本丛书由澳门基金会策划并资助出版

澳门研究丛书 MACAU STUDIES

澳门人文社会科学研究文选

The Selection of Studies
in Humanities and Social Sciences of Macau

历史卷(含法制史)
(上卷)
HISTORY

吴志良 林发钦 何志辉/主编

社会科学文献出版社
SOCIAL SCIENCES ACADEMIC PRESS (CHINA)

出版说明

一、2004 年，澳门基金会推动、组织了首届澳门人文社会科学研究优秀成果评奖活动；2006 年底，又主办了首届澳门人文社会科学大会。这两项活动，均得到澳门内外人文社会科学学者的广泛支持，为进一步推动澳门人文社会科学的发展创造了良好的条件。

二、在此背景下，澳门基金会决定编辑一套丛书，对过去 1/4 世纪的澳门研究学术成果进行系统地梳理和总结。2007 年初，澳门基金会邀请了一批专家学者，围绕《澳门人文社会科学研究文选》的编辑工作展开了讨论和论证，并取得共识。

三、为了扩大与深化澳门人文社会科学研究的传播和影响，2009 年中，澳门基金会与社会科学文献出版社达成多项图书出版合作计划，其中《文选》系列成为首批合作出版书目，全国发行。

四、《文选》分政治卷、行政卷、基本法卷、法律卷、社会卷、文化艺术卷、历史卷、教育卷、文学卷、经济卷、语言翻译卷和综合卷共 12 卷，每卷一册或多册。

五、文章选取标准为：①原则上主要在已发表的学术论文中选取；②文章研究的范围以澳门为主体；③作者以澳门人为主；④所选文章需具有较高水平，在发表当时具有一定代表性；⑤文章的发表语言以中文为主，外语发表的暂时不收，由外文译成中文的可适当挑选。

六、文章的收集年限由各卷主编决定，但以 20 世纪 80 年代以来至编辑时出版、发表在期刊内的论文为主。

七、由于未能联系到作者而无法解决版权问题，主编选出的某些文章未能收入。

八、由于整套丛书原预计在 2007 年底前出版，最新发表之论文未能收入。待这套丛书出齐后，希望每两年不分学科再出一卷，以同样的标准收录最新的研究成果。

前　言

吴志良　　林发钦

　　如果我们以西方展开大航海探险作为全球化的开端，作为中国最早对外开放的港口城市，澳门就是早期全球化进程中一个不可忽视的地方。要全面认识全球化，要全面理解明代以降中国与西方的交流接触，就需要对澳门的历史意义和历史作用作出深入的考察和探索，对澳门的相关文献作一次系统的整理和回顾。

　　澳门历史研究的开山之作，中文当推印光任、张汝霖的《澳门纪略》（成书于1751年），西文则是龙思泰的《早期澳门史》（成书于1832年）。此后，澳门历史研究的成果汗牛充栋，不知凡几。1980年代起，澳门的历史问题逐渐引起海内外更大的关注和兴趣。回归前夕，在政治因素的驱动下，澳门历史研究出现空前热闹的景象。在澳门回归祖国十周年、中国经济持续高速增长、全球化进程进一步加快的当下，澳门历史研究不但没有停歇下来，而且少了一分政治的热情和赶时髦的躁动，增添了几分默默耕耘的平实和追求真相的执著，研究的着眼点和出发点也由外及里逐渐转入了内部社会，正在形成里应外合、内联外接、点面结合的新格局。

　　回顾澳门历史研究的成果，要从中选出一批有分量、有代表性的著作是一件困难的事情。因为基于澳门历史的特殊性，这些成果涉及多种语言，横跨多个世代，而且随着新史料的发现，同一个问题在不同时期的著作层出不穷，既有重复又有创新。所以，仅仅透过选辑数十篇论文去全面反映最近数十年来澳门历史研究的整体面貌，几乎是没有可能的，因为面面俱到，必会面面不到。再者，在篇幅有限、研究成果繁富的情况下，也不可能做到"面面俱到"，只能根据《澳门人文社会科学研究文选》的编纂体例勉为其难。

　　本卷选辑的论文，主要是1980年以来的中文研究成果，有个别重要的外国学者，其著作如有中译本，也被选入。根据入选论文的内容，历史卷分为三册，上、中册分为政治史、宗教史、经贸史、社会史及其他五大部分，下册为法制史专册。有些历史名家以研究个别主题见称，但我们倾向收入更多有关澳门社会内部历史的文章，故可能个别作者的入选文章并不一定是该作者最有代表性的作品。随着新史料的发现、对澳门历史的认识不断深化，以今天的史料和研究深度来看，有些入选论文或已"过时"，但它们反映了当时的研究水平和史料状况，并为后来的研究打下基础。部分已故的前辈学者，由于我们无法取得著作版权，只能空留遗憾。整体而言，辑选的论文不少，忍痛割爱者更多。在取舍之间，挂一漏万，沧海遗珠，在所难免，唯期望日后再有拾遗的机会。

编辑历史卷的过程，也是对澳门历史研究及其文献整理进行一次全面回顾、总结、反思的过程。澳门历史研究，并不局限在澳门学的范畴，也不仅仅被视为中国历史或葡萄牙历史研究的一部分，放在中国近代对外交流史和欧洲海外扩张史的视野中来考察，意义会更加重大、更加彰显。事实上，澳门史学贯通中西，远远超出了中国地方史或葡萄牙殖民史的范畴。因此，澳门学是中西交流研究的主要切入点之一，也为学术界研究晚近中国史开辟了新的路径。值得高兴的是，澳门问题的政治解决，不仅没有使澳门史研究降温，反而提供了更加宽阔的研究前景、更加开放的研究思维，研究人员也因为没有了历史包袱而可以更加客观理性。可以预见，随着澳门多语种史料整理工作的持续展开，澳门历史研究的视野将更加开阔，水平将不断提高。

但是，在浩如烟海的史料面前，在千头万绪的历史悬案当中，在质量参差不齐的研究成果涌现下，有时确实会令人感到一缕缕的迷思。晚近几十年，西方和中国的历史研究理论发展迅速，研究方法和史观都出现新的转变，文献资料数字化的实现，更为史料的检索和保存带来革命性的变化。凡此种种，都使我们不得不重新思考今后澳门历史研究的方向。

何志辉博士的《澳门法别史研究：回顾与展望》已经对中外整理出版的澳门历史文献及研究成果作了详尽的概述，并以法制史为例，列举了澳门法制史研究的代表性论著，对澳门法制史研究作出了有意义的展望。本文仅对澳门历史研究及文献整理的趋势作几点总结。

第一，挖掘整理档案史料不断深入。有关澳门历史的档案资料数量大、语种多、收藏地分散。最近20年来，澳门的公、私机构已经对中葡的档案史料整理做了大量工作，并出版了不少成果。虽然囿于时间和空间的种种局限，我们对其他语种以及散佚于世界其他国家和地区的相关档案还未能进行比较系统的收集和整理，对口述历史、实物史料和图像史料也未给予充分的重视和利用，但这一问题已经引起越来越多澳门史学者的兴趣和关注，相关的尝试和成果也已经初见端倪，相信澳门史研究必将向纵深、全面发展。

第二，史观分歧逐渐拉近，本土解释体系初步建立。澳门历史研究的缘起是中葡两国对澳门主权、治权的争议。早期澳门史著作也主要由外地学者撰写，澳门许多重大历史问题也因此一直存在立场和观点的分歧。随着大量档案史料的出版和翻译，不同史观产生了逐步接近的趋势，许多重大问题有望达成共识。而随着更多从本土视角审视内部社会演变的研究成果的出版，本土历史解释体系也将逐步建立起来。我们相信，在不久的将来，澳门可以开始进行澳门通史的编纂工作。

第三，本土历史研究队伍不断壮大。长期以来，澳门历史研究主要依靠外地力量，近年来，越来越多的本地青年学者开始投身澳门历史研究。他们强烈的本土情怀令其研究逐渐转向内部社会，并试图从本土立场出发来论述解释澳门人的历史，成果喜人。随着本土历史研究队伍的不断壮大，研究越来越接近澳门历史本真，成果也越来越得到澳门人的认同。

第四，更加注重研究方法特别是跨学科研究，研究领域也不断拓宽。澳门历史研究近30年的一大特色就是从掌故式走向学院式研究，研究方法从比较单一的政治学走向多学科和跨学科，研究主题也由中葡关系史扩散到澳门内部社会的诸多领域。随着研究方法的改进，研究成果越来越专业化，研究质量也不断提高，部门史论著与日俱增。

澳门历史城区已经在2005年被联合国教科文组织评定为世界文化遗产，澳门不同民族、不同文化、不同宗教和平共处的历史经验、价值和意义得到了世界的承认，城市文化形象也因此更加鲜明。然而，要弘扬澳门的历史文化传统，继续发挥澳门沟通东西文化的作用，为中华文化的繁荣和世界文明的进步作出新的贡献，史学界仍任重而道远。

目 录

上 卷

历 史 编

第一篇 澳门政治史

关于1887年中葡《和好通商条约》的订立 ……………… 费成康/005

清末（澳门）路环海盗及其与同盟会之关系 ……………… 郑炜明/014

从政治发展看澳门历史分期 ……………………………… 吴志良/031

清末澳门的勘界谈判 ……………………………………… 黄鸿钊/044

澳门与入关前的清朝

　　——从外文史料透视努尔哈赤死因真相

　　…………………………………… 金国平　吴志良/066

再论"蕃坊"与"双重效忠" ……………… 金国平　吴志良/085

试论澳门葡萄牙人居留地的形成 ………………………… 廖大珂/113

明中后期澳门葡人帮助明朝剿除海盗史实再考

　　——以委黎多《报效始末疏》资料为中心展开

　　………………………………………………… 汤开建/128

荷兰人东来与首航澳门 …………………………………… 林发钦/142

第二篇　澳门宗教史

澳门高等教育的第一章

　　——圣保禄学院历史价值初探 ……………………………… 刘美冰/163

福建人与澳门妈祖文化渊源 ………………………………………… 徐晓望/178

源远流长　文化瑰宝

　　——谈澳门庙宇体系 ………………………………………… 陈炜恒/197

澳门——16至19世纪中西文化交流的桥梁 ……………………… 黄启臣/208

明清时代澳门诗所反映的中西文化交流 ………………………… 章文钦/245

澳门圣保禄学院关闭时间之辨析 ………………………………… 李向玉/254

澳门三大古庙之历史源流新探 …………………………………… 谭世宝/267

澳门普济禅院所藏大汕自画像及大汕广南航行与

　　重修普济禅院的关连 ……………………………………… 姜伯勤/315

探讨澳门天主教文化及其文献宝库 ……………………………… 杨开荆/336

澳门与礼仪之争

　　——跨文化背景下的文化自觉 …………………………… 吴志良/362

西班牙方济会在华传教方法研究 ………………………………… 崔维孝/382

澳门早期西洋美术述论 …………………………………………… 莫小也/404

澳门与妈祖信仰早期在西方世界的传播

　　——澳门的葡语名称再考 ………………………………… 金国平/420

澳门妈祖文化的形成及发展

　　——从妈阁庙石殿神龛“万历乙巳四街重修”碑记谈起 …… 陈树荣/452

姗姗来迟的“西洋消息”

　　——1709年教皇致康熙信到达宫廷始末 ……………………… 韩　琦/473

种族中心论与辩护：澳门宗教史学之探讨

　　………………………… 〔葡〕苏一扬（Ivo Carneiro de Sousa）/486

加比丹·莫尔及其澳日贸易与耶稣会士的特殊关系 ……………… 戚印平/507

瀛洲圣阙关山重

　　——1709年教皇信滞留澳门始末 ……………………………… 韩　琦/526

中 卷

第三篇 澳门经贸史

澳门的苦力贸易及其对世界经济的影响 ……………………… 邓开颂/543

明代澳门与海上丝绸之路 ………………………………… 万 明/556

中国最早的彩票形式之一

——白鸽票考述 …………………………………… 赵利峰/566

17世纪以澳门为中心的东亚海上贸易网 ………………… 李金明/580

明季澳门与马尼拉的海上贸易 …………………………… 张廷茂/592

澳门博彩业探源 …………………………………………… 胡 根/605

第四篇 澳门社会史

澳门的奴隶买卖和黑人 ……………… 〔德〕普塔克(Roderich Ptak)/639

百年前的"华人区" ………… 〔葡〕潘日明(Benjamim Videira Pires)/648

澳门的日本人 ……………… 〔葡〕文德泉(Manuel Teixeira)/654

澳门莲系地名考 …………………………………………… 邓景滨/689

澳门地区台风考 …………………………………………… 叶 农/717

青洲沧桑 …………………………………………… 金国平 吴志良/735

澳门贫民医院再研究 ……………………………………… 董少新/752

澳门开埠初期葡裔人口辨析 ……………………………… 李长森/764

清中叶前的澳门平民阶层及社会流动 …………………… 杨仁飞/789

澳门路环岛九澳村:一条滨海客家村的历史考察 ……… 郑德华/811

兴盛与转折:澳门中立时期的

救亡赈难团体(1931～1945) ………………………… 娄胜华/824

第五篇　其他

浅话《澳门记略》及其校注 ······························· 赵春晨/839

伯多禄和高美士：闻名遐迩的澳门土生汉学家
　　······················ 〔葡〕何思灵（Celina Veiga de Oliveira）/845

《明清时期澳门问题档案文献汇编》序言 ··············· 韦庆远/850

澳门历史研究述评 ······································· 吴志良/887

伊比利亚文献资料中关于 MACAU 的由来
　　····················· 〔葡〕洛瑞罗（Rui Manuel Loureiro）/904

澳门考古学的反思 ······································· 邓　聪/935

下　卷

法制史编

澳门法制史研究：回顾与展望 ························· 何志辉/943

第一篇　主权·条约·法理

澳门主权问题始末 ······································· 黄启臣/993

葡萄牙 1783 年《王室制诰》剖析 ····················· 黄鸿钊/1009

鸦片战争前后葡萄牙寻找澳门主权论据的过程 ········· 吴志良/1024

中葡有关澳门主权交涉内幕
　　——从 1862 年条约换文到 1887 年条约谈判 ········· 黄庆华/1036

澳门主权归属争议的国际法分析 ······················· 谭志强/1054

1887 年《葡中和好通商条约》中有关葡萄牙
　　在澳门主权议题诠释问题
　　——《葡萄牙共和国宪法》第 292 条第 1 款重阅心得
　　··············· 〔葡〕萨安东（António Vasconcelos de Saldanha）/1064

1887 年《中葡和好通商条约》国际法简析 ……………………… 柳华文/1093

第二篇　政制·职官·管治

唐宋蕃坊与明清澳门比较研究 ………………………………… 邱树森/1117

澳葡殖民政府早期政治架构的形成与演变 …………………… 叶　农/1133

澳门地租始纳年代及其意义 …………………………………… 金国平/1151

论澳门总督制的缘起 …………………………………………… 张廷茂/1166

澳门议事亭考 …………………………………………………… 何永靖/1184

早期中国政府对澳门的管治与澳门同知的设立 ……………… 黄鸿钊/1206

清代香山县丞对澳门的管治 …………………………………… 杜婉言/1234

吏役与澳门 ……………………………………………………… 刘景莲/1252

澳门拱北海关的建立及其影响 ……………… 邓开颂　余思伟/1268

第三篇　立法·司法·交涉

皇帝的权威和对抗的象征：万历和乾隆“法典”在澳门 ………………
　………………〔葡〕萨安东（António Vasconcelos de Saldanha）/1285

走私与反走私：从档案看明清时期澳门
　　对外贸易中的中国商人 ……………………………… 杨仁飞/1301

康熙初年的澳门迁界及两广总督卢兴祖澳门诈贿案
　　——清档《刑部残题本》研究 …………………… 汤开建/1319

张汝霖诈贿隐史 ………………………………………………… 金国平/1346

澳门与乾隆朝大教案 …………………………………………… 吴伯娅/1369

清代条例的效力
　　——以澳门涉外命案的审理为视角 …………………… 乔素玲/1380

从东波档看清代澳门的民事诉讼及其审判 …………………… 刘景莲/1392

谢清高与居澳葡人
　　——有关《海录》口述者谢清高几则档案资料研究 ……… 刘迎胜/1407

论亚玛勒案件与澳门危机 ……………………………………… 郭卫东/1422

经元善避难澳门与晚清政治考辨 ……………… 侯　杰　高冬琴/1447

多元文化结构下的法律与正义
　　——关于一宗 1925 年发生的华人离婚案
　　………………………〔葡〕叶士朋（António Manuel Hespanha）/1460
20 世纪葡萄牙与澳门
　　——城市规划法律史之研究
　　………………………〔葡〕阿丰索（José da Conceição Afonso）/1477

第四篇　其他

澳门明清法律史料之构成………………………………………李雪梅/1533
澳门东西方法律文化初探………………………………………赵炳霖/1550

历史编

第一篇　澳门政治史

第二篇　澳门宗教史

第三篇　澳门经贸史

第四篇　澳门社会史

第五篇　其他

第一篇

澳门政治史

关于 1887 年中葡《和好通商条约》的订立

费成康*

签订于 1887 年的中葡《和好通商条约》，是有史以来中葡两国批准互换的第一个条约，其中最重要的内容是清政府允准葡萄牙"永居管理"澳门。此时，曾经称霸远东的葡萄牙殖民帝国早已衰落不堪，无论在政治、经济还是军事等方面都无法对清政府施加压力。然而，正处于所谓"同光中兴"时期的清政府却主动签署这一不平等条约，一度还自以为得计。因此，这一条约的内容及其订立的原因等都是值得探讨的。

一

在葡萄牙人入居后的近 300 年间，尽管在欧洲本土以及在果阿等地葡萄牙人经常宣称澳门是葡萄牙的"殖民地"，租居澳门的葡萄牙人则明了自己所处的地位。1777 年，代理总督的澳门主教基马拉士在给议事局的报告中指出："葡萄牙人承中国皇帝的恩惠，通过支付地租，才得到在澳门暂时居留等利益。"[1] 在这种情势下，葡萄牙人审时度势，从未向中国政府提出过订立条约，以确定他们在澳门地位的要求。以"天朝"自居，一直在澳门充分行使国家主权的中华帝国当然更不会签订这样的条约。因此，葡萄牙人是在没有任何条约为依据的情况下租居澳门达 300 年之久。

鸦片战争后，英、美、法等国或通过战争，或通过武力胁迫，先后将不平等条约强加于中国。鉴于形势的变化，有些葡萄牙殖民者认为，"或许我

---

* 上海社会科学院法学研究所研究员，复旦大学历史学博士。

① A. Ljungstedt, *An Historical Sketch of the Portuguese Settlements in China*, Boston, 1836, p. 13.

们可以冒最小的风险，得到很多东西"①，从而加紧侵夺中国在澳门的主权，并于1849年基本实现了他们的目标。从此，他们迫切希望与清政府签订条约，以便使这种侵夺合法化。不过，清政府虽已向英、美、法等西方强国的武力屈服，但深知葡萄牙"频年穷蹙"②，无意向这个贫弱的国家出让国家主权。1858年冬，葡萄牙使臣到上海来要求立约，便遭到清政府的拒绝。1862年，澳门总督基马拉士经法国驻华公使的支持，在北京草签了《和好贸易章程》，两年后又因新任总署大臣薛焕等发现该约几乎将澳门割让给葡萄牙，坚持要在换约前修改有关条款，终于使该约未能互换。此后，每当清政府面临列强的军事威胁时，葡萄牙人都乘机大谈对澳门的主权，企图"强迫中国接受"。然而，他们的这些活动仍旧一无所获。1883年9月，尚未取得领事裁判权的葡萄牙坚持要将葡萄牙人在广州杀死中国人的案件移交澳葡当局审理，激起了中国民众和官吏的同仇敌忾。于是，不少葡萄牙人已不指望清政府会订立承认他们占据澳门的条约，并认为这块既无正当贸易又未得到清政府承认的"殖民地"前景暗淡。

当时的世界头号强国英国也颇为关注澳门问题。在1842年割占香港后，英国人一直否认葡萄牙对澳门拥有主权，宣称在中国享有治外法权的英国人在澳门不受澳葡当局管辖，因而与葡萄牙人的关系十分紧张。进入1860年代，围绕贩运华工出洋问题，港澳之间互相攻讦，双方关系更趋恶化。特别是葡萄牙日益贫弱，法、美、俄、德等国都有向葡萄牙购买澳门，作为军事基地的可能，而这种可能一旦变为现实，将对隔水相望的香港构成严重威胁。因此，英国人希望清政府收回澳门。这时，就任中国海关总税务司的英国人赫德已深得清政府的信任，他们就通过赫德向清政府游说，声称葡萄牙"日渐贫困，如能乘机动之以利，澳门可望收复"。如果澳门为法、美、俄、德等国购得，"中国禁之不能，听之不可，必至束手无策，而其害尤不胜言"。③经过赫德的策划，清政府决定用白银100万两购买葡萄牙人在澳门的一切房屋设施等，以收回澳门的主权。不过，承担这一交涉使命的前西班牙驻华公使玛斯在回国后旋即病死，这一计划因而胎死腹中。

---

① Bento da França, *Subsídios para a História de Macau*, Lisboa, Imprensa Nacional, 1888, p. 178.
② 《筹办夷务始末》第80卷，中华书局，第3199、58、29页。
③ 《筹办夷务始末》第80卷，中华书局，第3199、58、29页。

中法战争爆发前后，法国对澳门的觊觎逐渐变为事实。1884 年初除了有些法国人在澳门"代招游匪，运动伙食"外，相传还有些法国人密谋向葡萄牙购买或租借澳门，借以"泊船屯兵，由五门窥省"，致使清政府急忙在澳门附近地区加强军事部署，并照会澳门总督，要求他遵守国际公法，"以敦友谊"。[①] 过了一年，在法军遭受更多挫败后，葡萄牙议会曾讨论过以法属刚果交换澳门和葡属几内亚的提案。由于代表澳门的议员激烈反对，这一提案才未能通过。不过，葡萄牙驻上海的领事便在这一年公然宣称，葡萄牙与中国"未换和约，可以不守局外之例"，大有让法军借用澳门的弦外之音。为此，清政府只得饬令有关官员对葡萄牙领事"婉辞羁縻"[②]。这种情况也使英国人极为焦虑，他们深恐澳门果真为法国占据。到中法战争结束后，法国又与英国争夺西江通商的利益，而澳门又紧傍西江主流的入海口。于是，英国人决定帮助葡萄牙获得占据澳门的条约，不让澳门落入其他西方列强之手。

当然，清政府并不会俯首听从英国政府的摆布。为了使清政府落入彀中，英国人利用了清政府将对鸦片进行"税厘并征"的机会。根据 1885 年 7 月中英两国订立的《烟台条约续增专条》，英国输入中国的鸦片只要一次交清关税和厘金，便可在中国自由运销。1886 年夏，港英总督等在江海关道邵友濂和赫德来港会商办法时，就提出"洋药税厘并征"澳门须与香港一体办理等八条要求。其目的即为了避免英国人在鸦片"税厘并征"时"吃亏"，也为了结束中国海关对出入港、澳的中国民船及所载货物分别按洋货和国内货物征税而不利于香港的状况，还为了逼迫清政府与葡萄牙举行正式谈判，进而承认葡萄牙人对澳门的占据。赫德自然要为推行大英帝国的政策效力，而且他正急于通过鸦片税厘并征来将海关总税务司的权力从洋关扩展到常关，并为了在洋关的岁入超过 1500 两后可根据清政府的章程使他个人增加巨额薪俸。因此，他就在清朝大吏中大造应与葡萄牙立约的舆论，声称用"巨款商换"澳门，"办法艰难"，葡萄牙人还可能"将澳门交与法、德、俄及他国"；鼓吹"将澳门永远租与葡萄牙而不收租银，此

---

① 《张文襄公公牍稿》第 4 卷，第 7 页；《张文襄公电稿》第 1 卷，第 4 页。
② 《清季外交史料》第 73 卷，第 26 页；第 67 卷，第 21 页；第 68 卷，第 6 页。

等办法，与国体无碍，且可守住洋药税厘"。①

经过赫德的蛊惑，财政拮据的清政府决定改变历来的政策，准备与葡萄牙订立双边条约，以同意葡萄牙人"居用"澳门的条款，来换取他们对鸦片税厘并征的合作。

二

中葡两国有关订立双边条约的谈判持续了一年多，前后分为三个阶段。在这三个阶段中，葡萄牙方面的谈判方针基本未变，而清政府的意图则发生了很大变化。

谈判的第一阶段于 1886 年 7 月开始，谈判地点在澳门，中方的代表是赫德，葡方的代表是即将卸任的澳门总督罗沙。对于罗沙等人来说，因"洋药税厘并征"事宜而能订立涉及"澳门地位"的条约，可谓始料未及。不过，在清政府有所求的情况下，他们自然要利用这一时机，尽可能扩展在澳门的殖民权益。所以，罗沙提出的要求远远超出清政府准备允准的范围。为此，清政府急电赫德，要求他"再与从长计议，倘彼仍执前说，只可暂行罢议"②。赫德却不顾总署的反对，几乎完全接受罗沙的条件，于 8 月 10 日与罗沙订了"拟议条约"和"续订洋药专条"。"拟议条约"的主要内容为葡萄牙按照"续订洋药专条"协助中国征收鸦片税项，中国允许"葡萄牙永远驻扎管理"澳门及"澳门所属之地"，允许葡萄牙在执行"续订洋药专条"时借用对面山等三岛，并同意停撤澳外征收税厘、稽缉走私的关卡和巡船。随后，赫德在给总署的报告中谎称这些条约是罗沙单方面的提议，并声称在条约内注写葡萄牙"驻扎管理"澳门的文字，停办澳外的关卡、出租对面山等岛屿都对中国有益无害。③ 由此可见，赫德为了大英帝国及其个人的权益，根本不惜损害中国的主权。遗憾的是，清政府却未能识破赫德的奸计，仍旧要他代表中国继续与葡萄牙进行谈判。

谈判的第二阶段自 1886 年 11 月开始，谈判地点在葡萄牙首都里斯本，

---

① 《清季外交史料》第 73 卷，第 26 页；第 67 卷，第 21 页；第 68 卷，第 6 页。
② 《清季外交史料》第 73 卷，第 26 页；第 67 卷，第 21 页；第 68 卷，第 6 页。
③ 中国近代经济史资料丛刊编辑委员会主编《中国海关与中葡里斯本草约》，中华书局，1983，第 7、28、92、91 页。

中方由赫德的私人代表、英国人金登干出席，葡方以外交部长巴罗果美为代表。此时巴罗果美等人的方针是要割占对面山的全部或部分，尽可能地扩展"永远驻扎管理"的范围。金登干则因总署大臣们反对撤除澳外关卡，拒绝割让或出租对面山，新任的总署大臣曾纪泽还力主在中葡条约中避开澳门问题，或写明澳门是中国领土，葡萄牙人系租居澳门，因而无法在谈判时任意让步，致使中葡条约大有流产的可能。对谈判进行遥控的赫德十分焦急，屡次通过金登干转告巴罗果美等人："目前的大好机会万一错过是决不会再来的。如果错过就不会有条约，中国将永远不肯承认葡萄牙在澳门的地位。"① 葡萄牙人也确实不愿错失这个难得的机会。几经周折后，他们撤销了有关对面山的要求，还提出两个谈判方案：第一方案为中国"承认葡萄牙永久占据和治理澳门及其附属地"，葡萄牙"未经中国允许，永不将澳门让与第三国"。根据这一方案，澳门及其附属地便明确地成了葡萄牙占据、治理的"殖民地"。第二方案则避开澳门问题，双方订立包括"一切通常条款"的通商条约。根据这一方案，葡萄牙获得渴望已久的条约，中国获得在鸦片税厘并征方面的合作。此时葡萄牙人主动提出第二方案，作出让步姿态，是因为在以往数十年中受澳门问题的牵累，他们一直未能与中国订立通商条约，一直未能享有片面最惠国待遇、领事裁判权等西方国家在华的种种侵略特权。所以，对他们来说，要是再次因"澳门地位"问题导致谈判破裂，又一次坐失良机，还不如退而求其次。当然，对于清政府来说，以一般的通商条约来换取葡萄牙有关鸦片税厘并征的合作，相对来说也较为有利。然而，这一避开"澳门地位"的方案，完全不符合英国促使清政府订立中葡条约的意图。而耐人寻味的是，总署领衔王大臣奕劻等竟不采择较为有利的第二方案，反而采择了第一方案。他们的理由是："澳门久为彼国盘踞，今纵不准永远居住，亦属虚文"；何况"葡国贫困日甚"，德、美、俄、法等强国都希望购得澳门"为驻兵之所"，届时"中国禁之不能，听之不可，尤为可虑"。所以，"不让其地于他国一层"，尤其应"切实声明"，以"杜绝觊觎"。② 这些言辞与 1868 年赫德的

---

① 中国近代经济史资料丛刊编辑委员会主编《中国海关与中葡里斯本草约》，中华书局，1983，第 7、28、92、91 页。

② 《清季外交史料》第 70 卷，第 20 页。

说辞如出一辙，由此可知是谁再次蛊惑了奕劻等人。不久，就在保留澳外关卡问题达成协议后，双方于 1887 年 3 月 26 日签署了共有 4 款的《中葡里斯本草约》。

谈判的第三阶段自 1887 年 7 月下旬开始，谈判地点在北京。葡方由罗沙任全权代表，中方出席谈判的是总署的大臣们。在这一阶段的谈判开始前，中国朝野获悉了里斯本草约的内容，已经舆论哗然。反对最激烈的是两广总督张之洞和广东巡抚吴大澂。他们指出，让葡萄牙"永驻管理澳门"，有可虑者七，后患极为严重。他们又指出，几十年来葡人不断蚕食澳门附近地区，澳门的界址现已十分复杂，应该迅速加以划分。他们还指出，鸦片自海外运入中国，皆先到香港，再分运各口，稽查的关键在香港不在澳门。即使葡人包揽走私，澳门一隅所销有限，中国政府还可在澳外水陆两途分防严缉。因此，不必为了稽查鸦片事宜而使澳门为葡所有。就在张之洞等人抗疏之际，刚刚抵达北京的罗沙根据尽可能扩大殖民权益的谈判方针，已向总署提出澳门及其"附属地"应包括整个澳门半岛以及六七个海岛的要求。面对这种局面，总署大臣们的态度不能不有所变化，表示"中国大可不必别人帮忙而自办洋药税厘并征"①，并重新酝酿"买回"澳门的方案。赫德慌了手脚，只得反复提醒罗沙，目前最稳妥的办法是不指明"附属地"，先签订条约，条约内有了"澳门及其附属地"等字，"将来日子一久，自会形成更有利的东西"②，从而使罗沙撤回了条约底稿中指明澳门"附属地"的条款。同时，他在总署大臣们面前拼命编造谎言，鼓吹与葡萄牙立约的必要性。经过赫德的大肆哄骗，并因李鸿章赞成议定条约，曾纪泽反对失信于外人，总署大臣们在对有关"澳门地位"等条款作了一些修改后，就决定签约。双方终于在 12 月 1 日签署了包括详细条约 54 款、缉私专约 3 款的中葡《和好通商条约》。

随后，罗沙唯恐清政府因大臣们的反对而再次反悔，急忙带着条约以最快速度赶回葡萄牙，请国王批准、钤玺，又以最快速度赶回中国，于1888 年 4 月 28 日在天津与换约大臣李鸿章互换了条约。至此，葡萄牙人终

---

① 中国近代经济史资料丛刊编辑委员会主编《中国海关与中葡里斯本草约》，中华书局，1983，第 7、28、92、91 页。
② 中国近代经济史资料丛刊编辑委员会主编《中国海关与中葡里斯本草约》，中华书局，1983，第 7、28、92、91 页。

于获得盼望了数十年的条约。

三

1887 年的中葡条约包括了当时中外约章中的"一切通常条款",从而使葡萄牙完全享受了西方列强在数十年间通过战争、讹诈等手段在中国获得的一切侵略权益。特别是这一条约还使葡萄牙获得了在澳门的"永居权"和"管理权",而这些权利几乎包括了一个国家在一片领土上行使的全部主权。因此,这一冠有"和好"之名的中葡条约,其实是个对中国危害甚烈的不平等条约。

清政府在并未受到胁迫的情况下同意订立这一丧权辱国条约,这是清政府昏庸、腐朽的又一次暴露。在最后签约之际,总署大臣们已明了要葡萄牙人在澳门襄助鸦片税厘并征事宜并没有多大的意义,同意葡萄牙"永居管理"澳门,其"第一要义"是为了获得不经中国同意葡萄牙不将澳门"让与他国"的保证,以防西方列强"购得"澳门。按照他们的想法,葡萄牙是个贫弱的国家,由它继续占据澳门对内地并无很大的威胁,而澳门一旦成为西方强国的军事基地,就将使广东地区防不胜防。正是出于对西方列强的恐惧,他们宁可出让澳门的主权,让葡萄牙"永居管理"这一地区。其实,在开展洋务运动后,清朝军队已在平定新疆之役及中法战争中显示了一定的战斗力,使入侵新疆的沙俄军队未敢轻举妄动,并沉重打击了侵略越南和中国的法国远征军。此时法、俄、德等国显然不会贸然地向葡萄牙人购买这片他们非法占据的中国领土,葡萄牙也未必会贸然出让这片有数千名葡萄牙人定居的土地,即使果真发生这样的事件,清政府也有予以制止的力量。在甲午战争中,清朝军队土崩瓦解。此后,日本割占了台湾和澎湖,德国强租了胶州湾,沙俄强租了旅大,英国强租了威海卫和九龙地区,法国强租了广州湾,列强已可以任意侵占中国最优良的港湾,根本不必备"巨款"去向葡萄牙"购买"港湾已经淤塞的澳门。可见,当清政府尚有力量与列强抗衡时,列强无法"购买"澳门;到清政府没有力量与列强抗衡时,即使他们蓄意"购买",清政府也只能首肯,"未经中国首肯,则葡国永不得将澳地让与他国"的条款只不过是一纸空文而已。因此,清政府为防止列强"购得"澳门而让葡萄牙"永居管理",确实是极为荒谬的。

不仅如此，这一条约中还有一些势必会导致更多后患的条文。首先，因赫德等人耍弄了花招，该约中文本的第二条款虽然删去"属澳之地"等字句，但因该约肯定了草约的第二款，因此这些删改并无实际意义。特别是该约的葡文本与作为标准文本的英文本与中文本还有出入，其文字为"中国完全批准里斯本草约第二款中'永驻管理'的内容"，更加明确地表明该约允许葡萄牙"永居管理"的仍是澳门及"属澳之地"。这样，葡萄牙殖民者就有了侵占"属澳之地"的条约依据。其次，由于总署大臣们认为如果要在目前划清澳门界址，势必彼此争执，终归罢议，"更恐激之生变，阴结强国为助"，转致棘手，因而决定暂不划界，只是在该约中规定，定界前"一切事宜俱照依现实情形勿动，彼此均不得有增减改变之事"，并认为如此处置，目前不至于龃龉，将来即或一时未能勘定，亦不致再被多占。其实，这种界址未定的状况给葡萄牙人提供了可乘之机。他们得以继续蚕食邻近澳门的地区，终于完全占据了关闸以南的整个澳门半岛以及青洲、氹仔、路环等三岛。再次，由于总署大臣们最后在引渡逃犯的问题上也作了妥协，该约只是含糊其辞地规定，对于逃往澳门的中国罪犯，可"由两广总督照会澳门总督，即由澳门总督仍照向来办法查获交出"。何谓"向来办法"？条约未加说明。这也给了澳葡当局拒交罪犯的借口，使澳门进一步成为中国罪犯的逋逃薮。

不过，应该指出的是，尽管清政府允许葡萄牙人"永居管理"澳门，几乎丧失了在澳门的全部主权，使澳门成为有不平等条约为依据的葡萄牙"殖民地"，但澳门与割让给英国的香港毕竟还有一些区别。第一，澳门并未割让给葡萄牙，仍是中国领土。当时的葡萄牙外交部长巴罗果美声称："我们从未指明，也不拟指明这是割让领土。"清政府则更不会承认这是割让。巴罗果美等人及其帮凶赫德正是为了不用割让之名，而在实际上攫取近乎割让的侵略权益，才以"永居管理"这种含糊的词语来欺蒙清政府。第二，中国保留了葡萄牙如将澳门让与他国，必须经过中国同意的权力。葡萄牙尚不能根据它自己的意愿，交换、出卖、割让或以其他方式来处置这块土地，这说明中国对澳门的主权尚未完全丧失，葡萄牙也尚未取得对澳门的全部主权。第三，澳门仍像以往那样，享有中国国内港口的优待。葡萄牙人为了使澳门继续享受这一优待，甘愿在该约中将澳门与其他中国港口相提并论。同时，清政府也一直未将澳门列为外国港口，而是继续予以国内港口的待遇。这也表明澳门仍是一个中国国内的特殊港口。由此可见，后来的一些中外著作称中国于 1887 年"割让"澳门，或称中国将澳门"永租"给葡萄牙人，都是不够正确的。

中葡《和好通商条约》签订后，有见识的中国官员纷纷反对这一丧权辱国的条约，并一致谴责因出卖中国主权而被葡萄牙授予基督十字勋章的赫德。过去，赫德在中国与英国、法国的迭次交涉中玩弄种种花招，曾使一些中国官员认为他肯为中国效力，是中国的好朋友。此次他的所作所为，就使他的真实面目大为暴露，而清政府在受骗之后对这个英国人也有所警惕，从此不再让他代表中国政府来与外国议定条约。

综上所述，可知不平等的中葡《和好通商条约》之所以得以订立，并非像人们常说的那样，是葡萄牙对清政府进行了胁迫，或是清政府为了实现鸦片的税厘并征。通过对这一条约及其订立原因的研究，人们可以看到，鸦片战争以来束缚中国的大批不平等条约，有些是清政府屈服于列强淫威的结果，有些则是清朝大吏愚昧无知的产物。同时，人们还可以看到，列强不仅凭借武力来侵夺中国的主权，而且通过安插在清政府内部的代理人来影响清政府的重大决策，以攫取更多的侵略权益。正因为外有狡悍的强敌，内有腐朽的政府，清朝末年中华民族才会面临如此严重的民族危机。

（原载《上海社会科学院学术季刊》，上海，上海社会科学院出版社，总第 14 期，1988 年第 2 期）

清末（澳门）路环海盗及其与同盟会之关系[*]

郑炜明[**]

一 前言

海盗问题，在澳门史研究的范畴里，一向占有一个很重要的地位。1957年戴裔煊教授便在《中山大学学报》社会科学版第三期发表《关于澳门历史上所谓赶走海盗的问题》一文，从此基本上辨正了某些海外史学家的所谓澳门主权乃葡人因助中国政府剿灭海贼而得赏赐的论点，为澳门史的研究，特别是在主权问题上，作出了极为重要的贡献。但假如我们异常严谨地看，则戴教授该文似乎尚嫌不够全面，原因有下列两点：

（一）该文没有解释"助剿得赐"说的起源，也没有追溯该说的原型。其实，该说的形成过程颇为复杂，始亦非全无根据；我们可以说，这件事在开始的时候是一种误会，但到了后来，就不得不视为葡萄牙人的别有用心了。[①]但这一点，并非本文的主题，所以这里就不赘述了。

（二）在澳门历史上，的确发生过一次葡人"赶走"海盗的事件。该事发生于清末，而戴文未提及。就该文的题目而论，就总觉有点未尽之意；所以本文就以此为主题，希望能略补前辈学者忙中未及的地方。事实上，严格来说，只有清末路环岛的海盗事件，才勉强可称为"澳门历史上的所谓

---

* 本文获得澳门社会科学论文三等奖。

** 香港大学饶宗颐学术馆研究主任、研究员，中央民族大学文学博士。

① 详细的论证，见拙著《澳门附近岛屿氹仔、路环历史初探》，澳门东亚大学研究院中文系未刊硕士论文，1987，第3章"葡萄牙人的占有氹仔与路环"附"可能引致整个澳门主权问题起争论的误会"，第83～85页。

海盗问题"，因为戴文所提及的，其实是指明世宗嘉靖四十四年乙丑（1565）春的广东东莞拓林兵变一事，那是叛军而非海盗①；但清末路环的海盗，却是名副其实的。路环岛虽然不属澳门，但既在澳门附近，对其威胁自然极大，这也是为什么后来澳葡要出兵攻灭他们的原因之一了。关于清末路环岛海盗史事的论著，就我的知识所及，专书只有久居澳门的葡籍历史学家文德泉神父（Pe. Manuel Teixeira）以葡文写成的《公元1910年路环岛上的海盗》（*Os Piratas em Coloane em 1910*）一书。② 该书只据澳葡官方所有的外文资料而写成，在资料及论述方面，就难免有欠全面和深入，尤其是关于该伙海盗与同盟会之间的一些较为特殊的关系，更未见提及。所以本文的撰述，在这方面会有所补充，以还该伙海盗一个较完整的历史面目。至于单篇的专论，可说是从未见过了。

历史研究，最重要的一点是不能为政治服务，因为只有这样，才能真正地实事求是，才是作研究的真科学态度。假如我们把清末盘踞在路环岛上的该群名副其实的海盗，说成都是平民（或在著作中故意不提"海盗"二字，从而误导读者使之以为都是平民），因此达到指责澳葡侵略、残暴等等罪状的目的，愚见以为大可不必。清末澳门附近的路环岛，有一班海盗聚居，但岛上的平民和他们相处得极为融洽，甚至听从他们的治安管理，是一个历史的事实；至于澳葡的武装攻打路环岛，攻战时宁枉毋纵的手段，以及之后的霸占不撤、强行施治等，都已经足够构成责难他们侵占、残暴的罪名，何况其行为更于国际法不合。③ 这也是个不容任何人狡辩的历史事实。（一切证据详后）因此，我们两者都不必讳言。本文所持的态度、立场，即如上述。

至于本文所征引的资料，除志书、当时的报刊报道外，更结合口述历史及外文的材料，互为考释，以求存真。至论该伙海盗与同盟会之关系一

---

① 关于拓林兵变一事，戴裔煊教授多有论述，除正文提及1957年论文外，尚可参考其所著的《明代嘉隆间的倭寇海盗与中国资本主义的萌芽》，中国社会科学出版社，1982，第57~58页；《明史佛郎机传笺正》，中国社会科学出版社，1984，第77~84页。

② Pe. Manuel Teixeira, *Os Piratas em Coloane em 1910*（《公元1910年路环岛上的海盗》），Centro de Informação e Turismo，Macau，1977。

③ 见拙著《澳门附近岛屿凼仔、路环历史初探》，澳门东亚大学研究院中文系未刊硕士论文，1987，第3章"葡萄牙人的占有凼仔与路环"，第47~101页（特别是该章注1，第87~89页）。

节，则引用同盟会的文献。本文的目的就是希望通过尽量利用较原始的资料，从而勾画出一个比较全面、深入而且可信的清末路环海盗史事来，供各位有兴趣从事澳门史研究工作的学者批评。

二　略说清朝末年之前的香山县海盗

香山县的三灶、横琴一带，向来多盗，方志亦屡有记载。著名的海盗计有元朝的刘进，元末的王一，明洪武初年的吴进添，清康熙初年的赵劈山、赵麟生，嘉庆年间的张保仔、郭婆带等。① 综合而论，可得到以下两点。

（一）氹仔、路环岛附近的大、小横琴岛、三灶等处，自元朝以来已屡为海盗占为巢穴，历明、清两代而不衰；氹仔、路环两岛（尤以后者为甚）更直接受到影响。

（二）香山县附近的海岛，自明朝以来，已是海寇盗贼的渊薮，尤以明亡后为甚。海盗的成员包括疍户、猺、蛮、畬，以至一小部分的"蕃"人和倭寇，其中有乡里豪强势家、有亡命之徒、内地的凶徒逃犯和沿海一带的渔民以至居民。②

据笔者对路环岛地名历史的研究，断论过路环（乃路环岛的旧岛名之一）这个名字本属大横琴岛东部的一个海湾③，则上述的所谓大、小横琴一带海寇的记载，亦应视为与路环岛有直接关系的；加上在清朝香山县政府的编制里，路环岛是向属横琴岛的，而横琴又向归三灶辖下④，故此方志中的所谓三灶、横琴海贼，就更显得是与路环岛有关的了。所以，假如说

---

① 详细的论述，见拙著《澳门附近岛屿氹仔、路环历史初探》，澳门东亚大学研究院中文系未刊硕士论文，1987，第 4 章"关于海盗与会党的问题"第一节，第 102～104 页。
② 见拙著《澳门附近岛屿氹仔、路环历史初探》，澳门东亚大学研究院中文系未刊硕士论文，1987，第 4 章"关于海盗与会党的问题"第 1 节，第 102～104 页。
③ 见拙著《澳门附近岛屿氹仔、路环历史初探》，澳门东亚大学研究院中文系未刊硕士论文，1987，第 2 章"氹仔、路环的别名"第 2 节"路环岛的别名"丙之"过路环"该段，第 35～40 页。
④ 见拙著《澳门附近岛屿氹仔、路环历史初探》，澳门东亚大学研究院中文系未刊硕士论文，第 37、72、389、398、401 页。

路环岛自元末海寇王一占据横琴（案关于王一占据横琴一事，各志所记皆同，故不赘引了）以来，已是个海盗出没聚首之处，也是合乎常理的：从地理位置上说，大横琴岛就在路环岛之西，两岛距离极近，相信它应该也属王一当年的势力范围。

其实，氹仔、路环两岛，向多盗踪，清季官员亦曾经提及。清光绪十三年（1887）闰四月二十一日《粤督张之洞奏葡国永租广东澳门请审慎立约折》中提到：

> 至于（澳门）民间，滥匪往来如织，尤无底止……澳门薮盗庇奸，由来已久……①

这虽然并非直接讲路环岛的，但以清末路环一伙海盗的首领林瓜四，本为香山县隆都村的农民，后因犯杀人罪而潜逃至路环岛，终于成为海盗一事来看（详后），张之洞所说的其实是个普遍的现象：香山县各乡犯了法的平民，大多会向澳门方面逃亡，最后沦为盗贼的几率相当高。同年的八月二十九日，《粤抚吴大澂奏查明澳门占界及将占界拟即清厘折》中更透露：

> 澳门之南，十字门以内，东有大拔岛、西有大横琴二岛；大拔岛之北鹿潭仔村，大横琴岛北面山坡有过路湾，皆与澳门不相连属……大抵海外荒岛，多有私枭洋盗，匿迹其间……②

案大拔岛即氹仔，过路湾即路环。③ 吴大澂已直言据他所知，氹仔、路环两岛是有私枭海盗藏匿其中的。至清末中葡两国就澳门附属地问题而召开勘界会议，期间，双方都曾提到氹仔、路环两岛向有海盗的事。

（一）清宣统元年（1909）六月十二日的《澳门勘界大臣高而谦呈外部澳门附属地应否承认乞裁夺电》文中提到：

---

① 王彦威辑《清季外交史料》第 3 册，卷 71，台北，文海出版社，1969，第 150 页。
② 王彦威辑《清季外交史料》第 3 册，卷 73，第 191 页。
③ 详细的考证，见拙著未刊硕士论文《澳门附近岛屿氹仔、路环历史初探》第 2 章 "氹仔、路环岛的别名" 第 1 节乙、第 2 节丙等段，第 14~16、35~40 页。

葡使说帖，大端以澳门全岛，所有附属地，全系得自海盗之手。①

当时所称的"附属地"，主要是指凼仔、路环两岛而言的。

（二）同年同月十四日外部复高而谦的《与澳不相连各岛无论已占未占均予力驳电》中，也不得不承认：

潭仔、过路环两岛……旧有盗占之处……②

由此可证，凼仔和路环两岛，的确是向有盗贼聚集栖身的。

在林瓜四之前，广东海盗与路环岛有关系的，要算鼎鼎大名的张保仔了。祝《志》卷四"海防篇"记：

横琴海……昔张、郭诸匪出入为常。③

案张即张保仔，郭即郭婆带；另横琴、路环仅咫尺之隔，所谓横琴海，即指大横琴与路环中间以至大、小横琴岛之间的海面，前者部分称之为路环海亦无不可，在潮退的时候，可以从路环岛谭公庙前下海，徒步涉水而至对面的大横琴岛，其距离之近可以想见；总之，横琴海是在十字门内的，故其范围应当包括路环岛西部对开的海面。既说张保仔等经常出没横琴一带，则路环岛亦属他的活动范围，是很顺理成章的。此外，据笔者在凼仔、路环两岛搜集所得的口述资料显示，几乎是众口一词，谓张保仔等曾登路环岛，且岛上有传说名叫张保仔洞的山洞（一说在石排湾，一说在九澳，但传是后者的居多）。因此，我们基本上可以相信张保仔等著名海盗曾经踏足路环岛。④

---

① 王亮编《清宣统朝外交史料》卷5，载王彦威辑《清季外交史料》（宣统朝）第7册，北京，编者自印，1933，第141页。
② 王亮编《清宣统朝外交史料》卷5，载王彦威辑《清季外交史料》（宣统朝）第7册，北京，编者自印，1933，第141页。
③ 祝淮主修《香山县志》，清道光七年刊刻，载吴相湘主编《中国史学丛书·中山文献》第3册，台北学生书局，1985，第623页。
④ 见拙著未刊硕士论文《澳门附近岛屿凼仔、路环历史初探》，第4章"关于海盗与会党的问题"第1节，第107页~109页。

三　清末路环岛林瓜四一伙海盗的事迹

真正以路环岛为大本营的海盗，是清朝末年的林瓜四一伙。据在路环岛搜集到的口述资料显示，这班海盗在百多年前活跃于路环一带。①

（一）路环岛余刚强先生讲：

> 这班海盗是百多年前的活跃人物，到西洋人打路环时，林瓜四等其实已经很大年纪了。

（二）路环岛黑沙村张标先生讲：

> 路环以前有海盗，头子是林瓜四……都是一百年前的事了，当时这班人有的也已经七十多岁了。

（三）路环岛九澳村钟宗先生讲：

> 约百年前……当时路环为一海盗巢穴……著名的海盗有林瓜四……

而《厉志》卷十六"纪事"篇所载的清光绪"十六年（1890）……大、小横琴海贼出没"一事，就是指这一班海盗。由此可证，这班人曾自1890年左右至1910年为止，盘踞在路环岛达20多年之久，势力范围且包括路环岛对面的横琴；而1890年左右，正是这班海盗的黄金时代，至1910年葡萄牙人进攻他们的时候，由于部分领袖已经年老，气势大不如前，方为葡人所乘。

据在路环岛搜集所得的口述资料，这班海盗分隶四个堂口，而以原香山县隆都村农民出身的林瓜四为总头领。林善泅，有武艺，枪法厉害，因在家乡杀了人，就逃亡至路环岛，初是做装船工作的，最后终于聚众为海

---

① 本文内的所有口述资料，皆由笔者亲自采访对象、录音，并加以整理。所谓整理，只是将原录音所得的粤口语资料翻译为白话文而已，希望尽量保持资料的原始面貌。本文内所引述的口述资料，详细的内容见拙著硕士论文附录3"有关氹仔、路环历史及传说的口述录音整理"，第392～405页。笔者尚存录音带，可供参考。下同，不再一一作注。

盗。当时这伙海盗中较著名的还有彭咤、梁先议（绰号杪公，乃一杰出的舵手，本是横琴岛的农民）、梁义华（本来是来自斗门的）、梁世华、扬江六、郑八和基仔等；另外林的手下中较著名的则有绰号鹤佬权的潮州人刘权、绰号大板脚的刘某、孖蟹四和长人等，这几个都属比较年轻的一辈；海岛中有一名叫陈容根的，其实是澳门葡萄牙人指派混进去做内应的密探，至于林瓜四的岳父东莞人佘老二，也是与西洋人勾结谋害林瓜四的一个内奸。

林瓜四一伙海盗，当年是很受路环居民爱戴的。据路环岛的余刚强先生讲：

> 路环荔枝湾的海盗，专门出海劫洋船，不劫渔船，有时还加以保护呢……林瓜四……是有民族思想的人，故不劫中国人，而且洋船的财物也比较多，他们劫船回来，就会把财物分给路环的人，人人有份，分钱均粮，他是个劫富济贫的豪杰。这班海盗绝不骚扰本地的居民，相反治安极好，可称夜不闭户；林瓜四更是本地的执法者，什么都是由他判断的。前面说过他是不劫中国人的渔船的，不过，若与他有过节，就当别论了。

路环岛黑沙村的张标先生也说：

> 他们（指海盗）在的时候……无论是路环、黑沙、九澳，都有很好的治安，他们是绝不侵犯本地村民的，相反若有人作恶霸道，若他们知道了，那些作恶的人就会连命都丢了。他们在外面发了财回来，就会周济这里的穷人。他们主要是出海打劫的，甚至出外洋，总之绝不打乡民的主意。

几乎是众口一词，至今仍受到路环土著的称颂，相信可靠性很高。其实，林瓜四一伙人的做法，是秉承了明中叶以后东南沿海一带海盗的传统：与群众打成一片，互为照应，并且劫富济贫。[①] 而清嘉庆年间粤东著名的海

---

① 戴裔煊：《明代嘉隆间的倭寇海盗与中国资本主义的萌芽》第 2 章第 2 节 "嘉隆间中国倭寇海盗的特点"，北京，中国社会科学出版社，1982，第 29~39 页。

盗张保仔，亦以善于笼络民心见称，其实也是秉承了明嘉靖、隆庆年间海盗的传统。

林瓜四等人，除了行劫洋船外，并干掳人勒赎、贩卖军火等营生，甚至与内地匪徒亦有密切的联络。据1910年9月28日出版的《东方杂志》第七卷第八号《澳门葡官攻剿海盗余闻》一文内，录的《旅港勘界维持会上袁总督书》提到：

> 查路环本属中国领土……恰值粤吏清理积匪……是以著名剧盗，乘两国界务鞅掌未了，群以此地为逋逃渊薮。
>
> 四出劫掠，打单行水，掳人勒赎。
>
> 况匪徒在澳贩运军装，久已传播中外。
>
> 据西报所云，近十年来，澳门外洋枪入口，不下五十万杆之数。忖其所销之路，大都接济党匪。盗贼所用枪支，想由该处而来。即路环此次贼匪所用，皆新式快枪，无不谓澳门乎日有接应之也。向来路环剧匪，布散内地……

据笔者在氹仔搜集所得的文献里，有一账簿记录了清光绪二十八年（1902）买入快枪四支一项①，足为前所引述资料的佐证。

可见当时的路环岛实在是一个粤省著名"剧盗"聚首的大贼巢，除了劫洋船、标参、贩卖军火外，在内地更是广布同党。案清末航经广东沿海的洋船、商轮，确是经常遭海盗行劫的，以至于当时的广东省督抚、粤海关税务司等大伤脑筋，研究对付办法，包括"沿途稽查商轮"、"派勇驻轮"、"严搜搭客挟带军火"、防止匪徒"由港澳两处私运军火来省"、"陆路设防与水路缉捕联同一气，剿灭海盗"等②，亦由此可见，当时的海盗，虽然声势不及他们的前辈张保仔那样浩大，但也绝非易与之辈。

路环岛的海盗，最后是因掳劫学生而惹上被剿之祸的。1910年9月28日出版的《东方杂志》第七卷第八号《澳门葡官攻剿海盗余闻》一文内，

① 见拙著硕士论文《澳门附近岛屿氹仔、路环历史初探》附录2"氹仔、路环的文献"，第380页。

② 见1908年5月24日出版的《东方杂志》第5卷第4号《广东整顿西江缉捕章程》及附录《粤海关税务司说帖》。时为戊申年（1908）四月。

录有《旅港勘界维持会上袁总督书》，里面提及：

> 今审入新宁，掳及学童，酿成如此巨祸。

又说到这班海盗更曾抢劫教堂，捉去教民子弟，因此澳门主教及葡领事便采取行动了，终使澳门葡军派遣了重兵，攻占了路环岛：

> 兹又闻开平信德里，匪抢教堂，掳去教民二子。经澳门主教，请由葡领事照会制宪严缉在案。此等匪徒，诚恐与路环剧盗同出一辙，所掳教民之子，或者仍藏匿于过路环……此次剧盗掳人勒赎，竟至十数名口，实为明目张胆，悍不畏法。

庚戌年（1910）六月廿五日出版的《外交报》第 283 期"外交大事记·葡人击匪之交涉"条下，亦有近似的记载：

> 五月，新宁县学生十余人被匪掳去，关禁勒赎，事主陈姓，禀由澳督派人往拿……①

在 1910 年的 7 月 12 日，葡萄牙人终于发兵进攻路环，意度亚马忌士花园石柱塔碑碑文有记：

> 攻战于路湾。柒月拾式拾叁，壹仟玖佰壹拾年。②

意度亚马忌士即当时下令进攻路环的澳门总督 Eduardo Augusto Marques。庚戌年（1910）六月廿五日出版的《外交报》第 283 期"外交大事记·葡人击匪之交涉"条下，有颇详尽的记载：

---

① 见《外交报汇编附索引》第 21 册，台北，广文书局，1964 年影初版，第 535～536 页。
② 见拙著硕士论文《澳门附近岛屿凼仔、路环历史初探》附录 1"凼仔、路环华文铭刻汇编"，第 291 页。

澳门附近路环地方，久为粤省匪薮……五月，新宁县学生十余人，被匪掳去……事主陈姓禀由澳督派人往拿，被匪击毙数人。六月初六日后，葡又派兵围拿，亦被匪击退……葡兵又伤毙数人。嗣由葡派兵轮用开花碰轰击……起出学生及他处被掳者十余人，匪多伤毙。连日葡兵围捕，不准行人船舶往来。①

另 Jorge Graça 的《Fortifications of Macau: Their design and history》一书 "Battery of Coloane" 一节里，也有所记述。"Coloane in 1910 was nothing, less than a meeting place and base for the gangs of pirates operating off Macau's waters. The Portuguese authority was represented by only one retired corporal and one Tipu. The Governor of that time, Edurado Marques, decided to occupy the Island by force. On 12ᵗʰ, July of 1910, a small body of troops desembarked in Coloane... About 26 children the pirates had kidnapped were set free. Afterwards, the Governor made the occupation of the Island permanent..."② 据 Jorge Graça 的说法，当时被掳的小童约有 26 个；而葡人也是自此役之后，始正式占据路环岛的。

葡萄牙人并非一举就击败海盗的。1910 年 9 月 28 日出版的《东方杂志》第七卷第八号《澳门葡官攻剿海盗余闻》一文，录有粤袁树勋致外务电，内说：

> 葡人于月前（案即七月）十九日第二次派往路环剿匪之兵，现留住该岛，约有百名，并未退出。

与 Jorge Graça 说得非常接近："The cleariry operations went on until 19ᵗʰ of the same month."③

此外，也有说葡人要直至八月四日才能登陆岛上的。④ 据庚戌（1910）

---

① 王亮编《清宣统朝外交史料》卷 5，载王彦威辑《清季外交史料》（宣统朝）第 7 册，第 141 页。

② Jorge Graça, *Fortifications of Macau: Their design and history*, Direcção dos Serviços de Turismo de Macau, Segunda Edição, 1984, p. 118.

③ Jorge Graça, *Fortifications of Macau: Their design and history*, Direcção dos Serviços de Turismo de Macau, Segunda Edição, 1984, p. 118.

④ 黄鸿钊：《清末的中葡澳门划界交涉》，载《广东文史资料》第 46 期，广东人民出版社，1958，第 81 页。黄文未说明资料出处。

九月初五日出版的《外交报》第 290 期"外交大事记·葡人击匪之交涉"条下记：

> 过路环匪徒四百五十余人已被葡人一律逮捕，将交华官惩治。①

足证当时海盗与葡人的战况，必然惨烈非常；而海盗的人数又必然不止于此（据在路环岛所得的口述资料，说众海盗在葡人进攻路环岛后，便退守横琴，可见被捕的只是一部分海盗而已）。

至于口述资料中说这班海盗后来退守横琴，其实也有迹象可寻。庚戌年（1910）六月廿五日的《外交报》"外交大事记·葡人击匪之交涉"条下载：

> 粤督袁制军派兵协捕，葡亦不愿。然仍恐该匪窜入内地，并虑澳兵越界滋事，因即会商水提，饬营派轮，驶往马料河、横琴岛等处防堵……粤督……电告枢府，谓葡人由澳门派小兵轮三艘……围困横琴岛，来势甚猛，恐致激变。②

由此可证路环岛余刚强先生讲的中国亦曾自湾仔派兵协助剿捕海盗一事，并不是完全没有根据的。不过，相信这班海盗在退守横琴岛后不久便四散了，因为中国方面后竟派了"筹办海军大臣萨军门（案即萨镇冰）以南洋舰队""奉调赴横琴岛"③，防止葡人的侵略，大军压境，众海盗又焉能不作鸟兽散呢？

葡人派兵进攻路环岛，采取的竟是宁枉毋纵的铁血手腕，滥杀了许多无辜居民。据《袁总督致外务部电》称：

> 该处居民，虽不乏与匪接之人，而安分良民亦尚不少。此次葡人剿匪，不分良歹，悉将民居轰毁，华人生命财产，损失甚钜。④

---

① 见《外交报汇编附索引》第 21 册，第 569 页。
② 见《外交报汇编附索引》第 21 册，第 536 页。
③ 见《外交报汇编附索引》第 21 册，第 536 页。
④ 转引自 1910 年 9 月 28 日出版的《东方杂志》第 7 卷第 8 号《澳门葡官攻剿海盗余闻》一文。

而《旅港勘界维持会上袁总督书》亦称：

> 讵料葡兵剿匪，水陆军舰轰击路环，如临大敌，遂至良莠不分，玉石俱焚，殊堪悯恻。甚至逃难民船，被葡舰马交轰沉，三十八人同归于尽，葡兵不施援救，实属不合文明法纪……现在居民围困路环，居民尚多避祸，死者不可复生，犹有未死良民，尤须设法补救……①

《香山旬报》1910年第67期第11～12页的时评《路环村民之惨死原于界务之未定》中亦提到葡兵在八月四日登陆岛上，大肆烧杀抢掠，以致"村民数百家惨遭锋镝以死"②。庚戌年（1910）六月廿五日的《外交报》第284期"外交大事记，葡人击匪之交涉"条下也提到："葡人由澳门派小兵轮三艘，借辞击匪，磁毁过路环村庄，施行军律。"③ 当时中国的外务部曾就此事向葡国索偿，而葡人后来亦应允赔款，也就间接地承认了滥杀无辜的罪行。此事庚戌年（1910）十二月初五日的《外交报》第299期"外交大事记，葡使允付华人赔款"条有载：

> 葡兵前在澳门搜捕海盗时，枪毙华人不少，曾经外部索偿死者一万元，伤者五千元。适葡革命事起，未暇照覆。近经外部迭催此款，闻葡使覆以死者偿一千元，伤者二百元。④

以上的史事，中葡双方的史料记载，大致相同。但关于海盗首领林瓜四的被捕以及内奸的问题，双方面的资料就有些差别了。

Padre Manuel Teixeira 在《Taipa e Coloane》一书的"Combates contra os piratas"一节中，有一段是这样说的：

> A polícia secreta de Macau havia capturade em 1908, numa loja de ar-

---

① 转引自1910年9月28日出版的《东方杂志》第7卷第8号《澳门葡官攻剿海盗余闻》一文。
② 黄鸿钊：《清末的中葡澳门划界交涉》，载《广东文史资料》第46期，广东人民出版社，1958，第81页。黄文未说明资料出处。
③ 见《外交报汇编附索引》第21册，第536页。
④ 见《外交报汇编附索引》第21册，第589页。

roz, o chefe de piratas Lam Kua Si. ①

说林瓜四是在 1908 年被一个澳门的密探在一间米铺内拘捕的。这就跟在路环岛得到的口述资料有出入了。路环岛的余刚强先生是这样说的：

> 西洋政府……出兵进攻路环……先后进攻了三次都不成功……第四次就向湾仔的清兵求助，一同出兵剿匪。众海盗见有官兵，便退守横琴，离开路环了。西洋政府得到路环后，还是怕众海盗会攻回来，必欲除去林瓜四……当时林瓜四住在小横琴，外父名佘老二……勾结西洋人……乃制一边有毒一边无毒的月饼，于八月十五日预约西洋人派船突袭小横琴，他则与林畅饮，骗他吃下月饼，这样西洋政府才成功地捉了林瓜四及其在小横琴的一伙人。林被捕后，先带回路环，然后解上广州交清廷发落，竟因此获得中国政府的赞许。

路环岛黑沙村张标先生所讲的大致相同，只是有关林瓜四被捕的时间，他的说法则比较接近 Padre Manuel Teixeira 所提供的资料了，他说在西洋人进攻路环岛之前，林瓜四已被害了，至于内奸，则由林的外父变成林的"契家婆"。由于两种说法都有疑点，这里就只好两说并存了：（1）林瓜四是在 1908 年被一个澳门的密探（或是内奸）在一间米铺内拘捕的；（2）林瓜四是在葡人攻占路环岛后，在小横琴为内奸出卖而被捕的。至于害他的人可能是他外父东莞人佘老二或是他的"契家婆"，而他在小横琴的一伙随从，亦可能与他一起被葡萄牙人捉了（这就为路环剧匪的下场除了放洋逃去之外提供了另一种说法）。至于余刚强先生提到的获中国政府的赞许一事，其实葡人也有记载，Padre Manuel Teixeira 在他的一部讨论路环海盗问题的专书《Os Piratas em Coloane em 1910》内，曾提到如下的一封信：

> Sir-The Chinese government being very glad to see the energetic and severe measures that your excellency is taking in the suppression of the pirates,

---

① Pe. Manuel Teixeira, *Taipa e Coloane*, Direcção dos Serviços de Educação e Cultura, Macau, 1981, p. 173.

who are doing so much harm and atrocities to the innocent people of the neighbouring villages of China, I have the honour to place at your command for the same purpose the service of all the ships and troops that have come near Colowan whenever needed. Your obedient Servant.

Woo King Yung, Command of the Chinese forces near Colowan. ①

这是 1910 年 7 月 14 日中国方面给澳门总督 Eduardo Augusto Marques 的一封信，信的内容是否确实姑且勿论，但 Woo King Yung 是确有其人的，他就是官居游击的吴敬荣了，在 1908 年 2 月的日本商船二辰丸一案，他是最关键的人物之一。② 另在 Padre Manuel Teixeira 的《Os Piratas em Coloane em 1910》一书中，曾提到有路环安义堂（Ang Ngiu Tóng）盖章及海盗之一的梁义华（Leang-Ngui-Vá）签署的文件。这些，都足以证明口述资料的可信性。

四　林瓜四一伙与同盟会的关系

有关清末路环岛海盗林瓜四一伙与同盟会之关系的文献，以笔者知见所及，仅得下列一条：

> 丁未冬冯据香山大盗林瓜四之弟瓜五报告，有澳门奸商柯某租用日轮，由日本私运军械至澳门附近华界海面起陆图利，即派同志温子纯偕瓜五赴澳，预备劫夺该械后乘势在香山、钱山聚众起事。其后查悉卸陆地点系在澳门，而非华界，恐因此惹起国际纠纷，遂尔中止。是即次年戊申（民前四年）正月中日发生大交涉之日轮二辰丸所运载武器也。③

---

① Pe. Manuel Teixeira, *Os Piratas em Coloane em 1910*, Centro de Informação e Turismo, Macau, 1977, 第 10~11 页。

② 见拙著未刊硕士论文《澳门附近岛屿氹仔、路环历史初探》第 3 章 "葡萄牙人的占有氹仔与路环" 第 3 节 "澳门划界交涉及关于氹仔、路环二岛的处理"，第 73~74 页的一段有关论述。

③ 冯自由：《华侨革命开国史》，台湾商务印书馆，1953。见 "中华民国" 开国五十年文献编纂委员会编纂《中华民国开国五十年文献》第 1 编第 12 册之《革命之倡导与发展——中国同盟会二》，台北，正中书局，1964，第 15~16 页。

　　这虽是孤证，但应视为第一手资料，因为这是当事人之一冯自由先生（即引文内的"冯"）亲笔著的记载。同盟会于乙巳年（1905）夏六月下旬假座东京赤坂区桧町黑龙会会所召开成立大会①，冯自由已为该会最核心的成员之一；同年八月十日，孙中山先生即委派冯自由与李自重二人至香港，组织香港澳门及广州各地分会②，至丙午年（1906）八月，冯更被推举为同盟会香港分会的第二任会长③，所载应属信史，这是我们不需要怀疑的。上面引的一段资料，虽然只是短短的几行字，但仍足以使我们得到下列几点重要的论证。

　　（一）所谓"香山大盗林瓜四"，应即指路环岛的林瓜四，盖路环岛向隶香山县，所以冯自由就称之为"香山大盗"了。另，冯这样写法，就显示了林瓜五向冯通消息，该是林瓜四首肯甚或授意的，否则，冯在记录此事时，只提林瓜五便可，何必要提及盗枭林氏呢？

　　（二）林瓜四肯定是海盗。否则，冯自由当不会妄称一个对他及同盟会革命事业有助力的人为"大盗"吧？

　　（三）林瓜四一伙海盗，肯定跟同盟会香港分会的关系非常良好，否则，当不至于共谋劫夺二辰丸上的军械吧？这样做，必须有互相信赖的基础。

　　（四）是以知林瓜四有一弟弟名叫林瓜五。

　　（五）不过，林瓜四、瓜五等人，只可算是同盟会的朋友，他们并未正式成为该会的成员，这可从冯自由于引文内称温子纯为同志却不称林氏两兄弟为同志，因而想见。

　　（六）"温子纯偕瓜五赴澳，预备劫夺……"，其实所谓"澳"，应该是指路环岛。我们几乎可以肯定，丁未年（1907）冬，身为同盟会香港分会成员的温子纯，曾经去过路环这个海盗巢穴，否则的话，如何"预备劫夺"二辰丸号呢？

　　（七）所谓"钱山"，亦即前山。引文称劫械后"乘势在香山、钱山聚

① 冯自由：《记中国同盟会》，载包遵彭、吴相湘、李定一编纂《中国近代史论丛》第 1 辑第 8 册之《中华民国之建立》，台北，正中书局，1973，第 31～42 页。
② 冯自由：《记中国同盟会》，载包遵彭、吴相湘、李定一编纂《中国近代史论丛》第 1 辑第 8 册之《中华民国之建立》，台北，正中书局，1973，第 31～42 页。
③ 冯自由：《华侨革命开国史》，台湾商务印书馆，1953；并见"中华民国"开国五十年文献编纂委员会编纂《中华民国开国五十年文献》第 1 编第 12 册之《革命之倡导与发展——中国同盟会二》，台北，正中书局，1964，第 1 页。

众起事"，则原来计划中的聚众起义，当亦包括路环岛林氏兄弟一伙江湖豪杰。路环岛向属香山县，且据本文前节引述过的资料，该伙海盗为数之多，不下四五百人；所谓"聚众"，该就是指在香山县路环岛所聚集的一伙以林氏兄弟为首民族思想极强的江湖好汉，以及邻接澳门的前山所驻扎的一团新军后来果然参加了革命，即庚戌年（1910）正月倪映典反正之役。①

（八）口述资料中，不见提及此事；大抵这是件极为机密的图谋，故此外间鲜有人知。若非冯自由有所记录，恐怕我们至今仍不会得知清末中、日、葡三国大交涉的二辰丸案一事，尚有这件内幕故事，而且更涉及香山县路环岛的林瓜四一伙海盗和同盟会。

（九）劫夺二辰丸号走私的军火这一计划，最后中止了，原因是"查悉该械卸陆地点系在澳门，而非华界"；即是说，假如该船一如林瓜五向冯自由报告的一样，是在"澳门附近华界海面起陆"的话，这个行动便会实行。所谓"澳门附近华界海面"，可能的地点只有十字门内四岛，即大、小横琴、凼仔和路环，其中又以路环与大横琴的可能性最高。因此，我们可以推测当时林瓜四、温子纯及林瓜五等人，是想在大横琴岛与路环岛之间的海面下手劫夺该批军火的，因该处是林瓜四的势力范围。后来只是因为该船的卸陆地点改了，才被迫放弃的。

虽然我们到现时为止尚无确实的证据，但从林瓜四兄弟一伙与同盟会的关系看来，则1910年7月的葡兵攻打路环岛海盗一事，就有可能不是那么简单的了，尤其因为文德泉神甫（Pe. Manuel Teixeira）所提及的吴敬荣那封致谢信，就更使人心生疑窦了：为什么葡人攻占了中国的土地后，中国的官员还要去函致谢呢？笔者此刻有一个非常的想法：是不是林瓜四一伙人跟革命党人的关系太密切了？而清政府一向视林瓜四等为盗，视革命党人为"匪"，当他们发觉这二者有合一的趋势时，就必欲除之而后快了。笔者也还记得口述资料中有说是清兵与葡兵合力攻打路环的记录。当然，这个谜不容易解开，也可能已是个根本不能解开的谜了；那么，笔者只能相信目前所能见知的一切了。

---

① 冯自由：《华侨革命开国史》，台湾商务印书馆，1953；并见"中华民国"开国五十年文献编纂委员会编纂《中华民国开国五十年文献》第1编第12册之《革命之倡导与发展——中国同盟会二》，台北，正中书局，1964，第15~16页。

关于清末路环岛海盗林瓜四一伙与同盟会的关系，见诸文献的仅得上述一条，但笔者认为这虽属孤证，亦已足够说明两者之间的密切关系了。严格地看，林瓜四一伙并非革命党人，但视之为同盟会香港分会（当时已包括澳门地区在内的了）的朋友，相信是绝不会有异议的。

五　赘言

地方史的研究，较诸历史学研究里的其他各部，无疑是受到较为冷淡对待的。不过，所谓研究的重要性，实在常常只是观点与角度的问题。本文所讨论的主题是关于清末澳门附近岛屿路环岛上盘踞的一伙以林瓜四为首的海盗事迹，本就是个很微不足道的研究，但对研究中葡关系史、澳门史、海盗史、方志学以至同盟会历史的学者来说，也许还会有微助的。笔者只是觉得地方史的研究，亟待提倡和鼓励。

澳门虽是个小地方，研究澳门史却可以有多个角度：宏观、微观以至二者合一的都可并存；而以地方史的角度去看待澳门及其有关的历史，回到以地方（意指当地）本位来作为研究的起点，应该是可行及不可或缺的一个方向。所以，笔者热情地希望，本文是一种尝试的开始。

六　后记

本文乃笔者据未刊硕士论文《澳门附近岛屿氹仔、路环历史初探》之第四章"关于海盗与会党的问题"第一节"海盗"部分增删而成。本文第四节"林瓜四一伙与同盟会的关系"所引的一段资料，实乃笔者于撰写另一篇名为《清末澳门之革命党人活动》（未刊）论文时无意中发现的，而文献资料竟然证实了口述资料的可信性（案指盗首名为林瓜四、富民族感等事，文献记载与口述材料皆相同），实为意外之外的收获了。今仍并志于此。1987 年 12 月 10 日修订于香港。又本文曾于 1987 年 12 月 16 日在澳门东亚大学澳门研究所的第一次学术讨论会上宣读。

（原载官龙耀主编《文化杂志》，澳门，澳门文化学会，

第 6 期，1988 年第三季度）

从政治发展看澳门历史分期

吴志良[*]

一 澳门历史向学术界提出的若干问题

中国与周边国家的关系，可以追溯到上古时期。但是，萌生时期的中外关系，由于生产力十分低下，交往范围还很狭窄。至秦汉时期，随着封建制度和统一中央集权政治的确立，生产力进一步发展，为对外交往提供了可靠的政治军事保证。张骞于汉武帝年间出使西域，建立中国对外关系史的一个重要里程碑，西汉王朝还同大秦（罗马帝国）建立了间接联系。继之而起的丝绸之路，更成为当时世界上最繁忙的国际商路之一。

中外海上交往，秦汉以前也已开始，而有记载的官方往来则始于汉武帝。当时中国商船从广东的港口出发，前往马来半岛、缅甸、印度次大陆和斯里兰卡等地。唐中叶以后，由于在西域军事失利，传统陆路交通受阻，海上交通日渐突出，以至于设立市舶司管理对外贸易，而文化交流也出现繁荣局面。宋辽金时期，诸王割据，丝绸之路时断时续，待元朝蒙古人远征欧亚大陆，陆路交通才畅通无阻，中外交流盛极一时。著名旅行家意大利人马可波罗（Marco Polo）和摩洛哥人伊本·拔都他（Ibn Batuta）便在此一时期先后游历中国各自写下脍炙人口的游记，尤其是《马可波罗游记》，更在欧洲掀起前所未有的中国热潮，将一个安定富饶的中华帝国铭刻于欧洲人的心中。[①]

丝绸之路在中外交通史的作用固然不能忽视，然而，利用当时陆上主要

---

[*] 澳门基金会行政委员会主席，南京大学历史学博士。

[①] 张维华主编《中国古代对外关系史》"前言"，北京，高等教育出版社，1993，第3~4页。

交通工具——号称"沙漠之舟"的骆驼所进行的经贸文化交流，无论从范围、速度、频率、规模还是从层次来说，都难以跟海路相比。早期开通的"海上丝路"，在隋唐得到较大发展，虽然明初一度海禁，但因永乐时期郑和于 1405～1433 年间七下西洋而达到极盛，中国船队远航东南亚、南亚，直达阿拉伯和非洲东岸国家。尤其是指南针的广泛使用以及造船航海技术的大大改善，更促进海上交通空前发达。

可是，"耀兵异域，示中国富强"① 的天朝船队并未勇往直前，绕过风暴角，扬威西方；相反，明中叶后，封建统治者开始故步自封，对外部世界的态度由开放趋向保守，采取闭关自守政策，中华帝国自此逐步走向衰落。而刚从中世纪黑暗中走出来的欧洲诸国，则着手进行原始积累，积极发展资本主义，努力向外殖民扩张，寻找黄金、香料和原材料。特别是 1453 年土耳其人攻陷君士坦丁堡后，切断了欧洲人通往东方的商道，欧洲被迫向西去寻找通往东方的新航路。处于欧洲最西角的葡萄牙，可谓生正逢时，充分利用阿拉伯人、意大利和中国的进步科技和航海技术，担当起航海大发现的先锋角色。经过近一个世纪的苦心经营，达·伽马（Vasco da Gama）率领的葡萄牙船队于 1497 年绕过好望角，正式开通往东方的新航路。于 1510 年和 1511 年分别占据印度果阿和交通要津马六甲后，葡萄牙人继续东进，在珠江口和浙闽沿海活动，寻求与中国贸易，至 1557 年终得以据居澳门。

葡萄牙人"立埠于澳门，实为泰西通市之始"②。此后，澳门迅速发展成为南中国的一个对外商贸中心，西方传教士也纷至沓来，将这块弹丸之地变成向中国传播天主教义的基地。自 16 世纪中叶起，澳门作为中国最早对外开放的一个港口城市，历尽兴衰，也经过了中葡两国多次改朝换代以及世界形势千变万化的洗礼，但始终在左右为难的夹缝中找到自己的生存空间而得以保全，不禁令人称奇惊叹。

无论从政治、法律还是从社会、人文角度看，澳门都好像一个虚构的现实，其奇特的发展演变过程不但在中国历史上独一无二，而且在世界历史上也绝无仅有。在没有任何协议的情形下，葡萄牙人如何神话般地在这"普天之下，莫非王土"的天朝土地上据居下来的？明清政府为何让他们

---

① 《明史》，北京，中华书局，1974，第 7766 页。
② 王之春：《国朝柔远记》卷 1，载《瀛海各国统考》，光绪十七年广雅书局刻本，第 8 页。

"筑室建城，雄踞海畔若一国"① 自治长达 300 多年，直到 1887 年才签订
《中葡和好通商条约》，初步确定澳门的政治法律地位？中葡两国不同时期
对澳门这个特殊地区的政治、经济、文化取向和政策有什么不同？澳门在
中西交通史和中葡关系史上作用如何，对中国近代化进程扮演着什么角色？
中葡民族怎样克服思想文化差异而和平共处分治？更令人深思的是，澳门
又怎样面对外来压力和威胁，自强不息，屡渡难关，在 400 多年的历史长河
中摇摆漂流，避免搁浅触礁而到达今天，并发展成为一个生机勃勃的现代
化城市？这些一直是史学界极感兴趣的题目。

二　澳门历史研究的现状

有关澳门早期的中西文献，自其开埠起便散见于各类典籍中，澳门史
研究也可追溯至 18 世纪中叶。② 完稿于乾隆十六年（1751）的澳门唯一地
方志《澳门纪略》，为先后出任澳门军民海防同知的印光任、张汝霖所撰，
第一次较全面系统记述了澳门的地理、历史、政治和社会，堪称澳门史研
究的发端。1832 年，瑞典人龙思泰（Anders Ljungstedt）在澳门出版《葡萄
牙在华居留地史纲》，并于两年后在美国波士顿发行修订版（1992 年在香港
重印）③，在因向华扩张势力而急于了解中国情况的西方殖民者中引起极大
的反响，同时亦由于他以确凿的葡萄牙文原始档案和史料否认了一直在西
方传教士和殖民者中盛传的 "葡萄牙拥有澳门主权" 的说法，而令葡萄牙
政府十分尴尬难堪，促使葡萄牙当局组织力量去搜集有关澳门的史料档案，
找寻有利于在国际上辩护葡萄牙拥有澳门主权论的立场和观点，从而也间
接推动了澳门史研究的蓬勃发展。

葡萄牙人自 19 世纪中不遗余力地研究澳门史，一个多世纪以来，出版
的论著难以尽举，较为后人重视的专著有法兰萨（Bento da França）的《澳

① 王之春：《国朝柔远记》卷 1，载《瀛海各国统考》，光绪十七年广雅书局刻本，第 8 页。
② 详见拙著《东西交汇看澳门》，澳门，澳门基金会，1996，第 43~64 页。
③ Anders Ljungstedt, *An Historical Sketch of the Portuguese Settlements in China and of the Roman Catholic Church and Mission in China & Description of the City of Canton*, Hong Kong: Viking Hong Kong Publications, 1992. 中译本为〔瑞典〕龙思泰《早期澳门史》，吴义雄、郭德焱、沈正邦译，章文钦校注，北京，东方出版社，1997。

门史初探》①、徐萨斯（Montalto de Jesus）的《历史上的澳门》②、科龙班
（Eudore de Colomban）的《澳门史概要》③、文德泉（Manuel Teixeira）的
《澳门及其教区》④、雷戈（António da Silva Rego）的《葡萄牙在澳门的影
响》⑤、白乐嘉（J. M. Braga）的《西方开拓者及其发现澳门》⑥、高美士
（Luís Gonzaga Gomes）的《澳门历史大事记》⑦等。英国学者博克塞（C.
R. Boxer）也有丰富的著述，但以史料整理和专题论文居多。不过，他对澳
门史研究的贡献并不比其他人逊色，特别是高度概括中葡关系的"授受之
道"⑧，尤令人深思。

近十多年来，澳门史苑更加生机勃勃，葡萄牙学者就澳门历史的各个
方面进行深入的研究，如文德泉的《16 世纪的澳门》、《17 世纪的澳门》和
《18 世纪的澳门》⑨，潘日明（Benjamim Videira Pires）的《16 至 19 世纪澳
门至马尼拉的商业航线》和《殊途同归》⑩，施白蒂（Beatriz Basto da Silva）
的《澳门编年史》⑪ 以及德国人普塔克（Roderich Ptak）的《葡萄牙在中
国》⑫ 和英国人科兹（Austin Coates）的《澳门记事》⑬ 等陆续问世，而潘

---

① Bento da França, *Subsídios para a História de Macau*, Lisboa：Imprensa Nacional, 1888.

② Montalto de Jesus, *Historic Macao*, Hong Kong：Kelly & Walsh, 1902. 第二版由 Salesian Printing
   Press 在 1926 年在澳门出版。葡文版依第二版译出，澳门东方文萃出版社，1990。

③ Eudore de Colomban, *Resumo da História de Macau*, Macau, 1927. 澳门文华印刷，1980 年再版。

④ Manuel Teixeira, *Macau e a Sua Diocese*, 16 Vols, Macau, 1940 – 1979.

⑤ António da Silva Rego, *A Presença de Portugal em Macau*, Lisboa：Agência Geral das Colónias,
   1946.

⑥ J. M. Braga, *The Western Pioneers and Their Discovery of Macao*, Macau：Imprensa Nacional,
   1949.

⑦ Luís Gonzaga Gomes, *Efemérides da História de Macau*, Macau：Colecção Notícias de Macau,
   1954.

⑧ C. R. Boxer, *Dares-e-Tomares nas Relações Luso-Chinesas durante os Séculos XVII e XVIII através de
   Macau*（《从澳门看 17 和 18 世纪中葡关系的授受之道》），Macau：Imprensa Nacional, 1981。

⑨ Manuel Teixeira, *Macau no Séc. XVI*, Macau：DSEC, 1981；*Macau no Séc XVII*, Macau：DSEC,
   1982；*Macau no Séc. XVIII*, Macau：Imprensa Nacional, 1984.

⑩ Benjamim Videira Pires, *A Viagem de Comércio Macau-Manila nos Séculos XVI a XIX*, Macau：Cen-
   tro de Estudos Marítimos de Macau, 1987；*Os Estremos Conciliam-se*, Macau：Instituto Cultural de
   Macau, 1988.

⑪ Beatriz Basto da Silva, *Cronologia da História de Macau*, 5 Vols, Macau：DSEJ, 1992.

⑫ Roderich Ptak, *Portugal in China*, Bad Boll：Klemmerberg Verlag, 1980.

⑬ Austin Coates, *A Macao Narrative*, Hong Kong：Oxford University Press, 1978. 其 1966 年出版的
   另一本著作《*Macao and the British*》（《澳门与英国人》）也在 1988 年由同一出版社重印。

日明的《殊途同归》全面论述澳门的文化交融，比黎沙（Almerindo Lessa）的《东方第一个民主共和国的历史和人物》① 更加深透。贾渊（João de Pina Cabral）和陆凌梭（Nelson Lourenço）的《台风之乡——澳门土生族群动态》② 再接再厉，以社会学和人类学理论进一步剖析澳门葡萄牙人后裔的历史和现状。

政治法制史的研究也已启动，有不少著作出版，如彭慕治（Jorge Morbey）的《澳门 1999》③、萧伟华（Jorge Noronha e Silveira）的《澳门宪法史初探》④、简能思（Vitalino Canas）的《政治科学道论》⑤ 以及叶士朋（António Manuel Hespanha）的《澳门法制史概论》。⑥ 此外，还有东方葡萄牙学会近年出版的《东方追忆》丛书——马加良斯（José Calvet de Magalhães）的《战后澳门与中国》⑦、迪亚斯（Alfredo Gomes Dias）的《澳门与第一次鸦片战争》⑧、格得士（João Guedes）的《宪政实验室》⑨、李志高（Francisco Gonçalves Pereira）的《中葡与澳门问题》⑩ 以及萨安东（António Vasconcelos de Saldanha）的《圣塔伦子爵关于葡萄牙人居留澳门的备忘录》。⑪ 萨安东主编的一套《葡中关系史料汇编》⑫，也正由澳门基金会和澳门大学陆续出版。

---

① Almerindo Lessa, *A História e os Homens da Primeira República Democrática do Oriente*, Macau：Imprensa Nacional, 1974.

② João de Pina Cabral, Nelson Lourenço, *Em Terra de Tufões-Dinâmicas da Etnicidade Macaense*, Instituto Cultural de Macau, 1993. 中文版 1995 年面世。

③ Jorge Morbey, *Macau 1999*, Lisboa, 1990.

④ Jorge Noronha e Silveira, *Subsídios para a História do Direito Constitucional da Macau*：（*1820 – 1974*），Macau：Publicações O Direito, 1991.

⑤ Vitalino Canas, *Preliminares do Estudo da Ciência Política*, Macau：Publicações O Direito, 1991.

⑥ António Manuel Hespanha, *Panorama da História Institucional e Jurídica de Macau*, Fundação Macau, 1995；中文版于 1996 年也由澳门基金会出版。

⑦ José Calvet de Magalhães, *Macau e a China no Após Guerra*, Macau：Instituto Português do Oriente（IPOR）, 1992.

⑧ Alfredo Gomes Dias, *Macau e a I Guerra do Ópio*, Macau：IPOR, 1993.

⑨ João Guedes, *Laboratório Constitucional*, Macau：IPOR, 1995.

⑩ Francisco Gonçalves Pereira, *Portugal, a China e a "Questão de Macau"*, Macau：IPOR, 1995.

⑪ António Vasconcelos de Saldanha, *A Memória Sobre o Estabelecimento dos Portugueses em Macau do Visconde de Santarém*（*1845*），Macau：IPOR, 1995.

⑫ António Vasconcelos de Saldanha（organização）, *Colecção de Fontes Documentais para a História das Relações entre Portugal e a China*, 4 Vols., Macau：Fundação Macau e Universidade de Macau, 1996 – 1997.

近代中国学者对澳门史的深入研究，则在民国建立后特别是 1887 年《中葡和好通商条约》的划界问题引起争议和 1928 年《中葡友好条约》签订之后，出版的专著有黄培坤《澳门界务争持考》（广东图书馆，1931 年）、张天泽的《中葡早期通商史》①、张维华 1934 年的《明史佛郎机吕宋和兰意大里亚四传注释》（1982 年由上海古籍出版社再版，易名为《明史欧洲四国传注释》）、周景濂的《中葡外交史》（1937 年商务印书馆初版，1991 年重印）。50 年代后，中国学者研究澳门史虽未中断，但显得零散疏落，论文和专著并不算多，较为人熟知的如戴裔煊的《关于澳门历史上所谓赶走海盗问题》（载《中山大学学报》1957 年第 3 期）、全汉昇的《明代中叶后澳门的海外贸易》（载香港中文大学《中国文化研究所学报》1972 年第 2 期）、介子编的《葡萄牙侵占澳门史料》（上海人民出版社，1961 年）、丁中江等编撰的《澳门华侨志》（台北华侨志编纂委员会，1964 年）等。罗香林弟子林子升 1970 年在香港大学答辩的博士论文《16 至 18 世纪澳门与中国之关系》，是一部较为全面的澳门断代史，但至今未刊印（本文已由澳门基金会于 1998 年编印出版。——编者注）。霍启昌 1978 年在夏威夷大学完成的博士论文《澳门模式：论 16 世纪中至鸦片战争中国对西方人的管理》②，也只有部分内容发表于澳门文化司署的《文化杂志》（1991 年葡文版第 16 期）。

到了 80 年代，中文澳门史研究有长足的发展，仅澳门通史便有 6 部——黄文宽的《澳门史钩沉》（澳门星光出版社，1987 年），黄鸿钊的《澳门史》（商务印书馆香港分馆，1987 年；修订本《澳门史纲要》，福建人民出版社，1991 年），元邦建、袁桂秀的《澳门史略》（香港中流出版社，1988 年），费成康的《澳门四百年》（上海人民出版社，1988 年）以及黄启臣的《澳门历史（自远古至 1840 年）》，邓开颂的《澳门历史（1840—1949 年）》（均为澳门历史学会 1995 年出版）。国内和澳门学者的澳门史专题论文和资料汇编，数目更多。不过，从政治和政治制度角度来开展的研

---

① Chang T'ien-tse（张天泽），*Sino-Portuguese Trade from 1514 - 1644：A Synthesis of Portuguese and Chinese Sources*，Leyden，1934。姚楠、钱江译中文本《中葡早期通商史》，1988 年由香港中华书局出版。

② K. C. Fok，*The Macao Formula：A Study of Chinese Management of Westerners from the Mid-Sixteenth Century to the Opium War Period*，unpublished PhD dissertation，The University of Hawaii，1978.

究尚不多见，谭志强在台湾政治大学完成的博士论文《澳门主权问题始末》（台北永业出版社，1994年），从国际法角度探讨澳门政治史，是一项新的研究成果。拙著《澳门政制》（澳门基金会，1995年），也对澳门政治制度沿革作出初步的探讨。

三　本文的写作意图、理论框架和研究方法

澳门开埠后长达300年的政治经济活动，主要是在不到3平方公里、人口在数千至数万人之间浮动的澳门半岛进行的，规模不大并深受中葡政局尤其是国内局势的影响，因此，研究澳门史也无可避免要考虑这些因素。这些因素，通常对澳门政治社会发展是决定性的。事实上，自19世纪中澳门主权问题产生后，中葡澳门史研究也大多是围绕此一主题而展开的，澳门史在某种意义上变为中葡外交史或交涉史；且立场观点在很大程度上带有浓厚的民族主义色彩。可以说，除开一些考证研究外，传统的澳门史研究基本上都属于政治史范畴。近年来澳门"内部"社会发展的历史才逐渐受到史学界的关注，而中葡澳门史学者亦日益重视不同文字特别是对方的档案资料，创新研究理论和方法，以实事求是的理性态度正视和探讨澳门历史上一些较具争议性的问题，有关观点也越来越接近。但不可否认的是，时至今日仍缺乏一部获中葡双方和澳门居民基本认同且在学术界具起码共识的《澳门历史》。在此一背景下，我们尝试在现有研究成果的基础上，运用政治发展理论对澳门史作一番考察。

长期以来，澳门史研究与澳门历史发展过程一样，存在着明显的双轨——华人社会一条线、葡人社会另一条线，二者虽偶然相遇汇合，但由于政治文化背景的巨大差异，基本上保持平行。[①] 换言之，中葡学者对"澳门史"概念有不同的理解，中国学者一般将澳门史视为中国地方史，虽有其特殊性，但本质不变；而葡萄牙学者也向来把澳门史作为海外殖民史的一个组成部分。澳门是中国固有领土，治权虽有变化，却从未成为独立的政治实体，将澳门史列入地方史范畴是合情合理的。然而，这块弹丸之地在400多年的演进中，华洋共处分治，和睦相邻，虽长期"葡"河汉界，

① 吴志良：《东西交汇看澳门》，第65～67页。

各自为政，却也不无交融汇合，基本上能够共存并进，创造出独一无二的澳门历史。因此，澳门史研究虽不可避免地以中葡两国作为重要的参照系，大量涉及两国的政治、经济和外交关系，但必须力求以澳门为主体，真实反映中葡（包括其他民族）居民在澳门地区共同生存发展各个方面的历史，华洋不可排斥偏废，双轨定要交会合一。再者，"历史不只是某种过去事件的记录，也不只意味着人可以从中获得关于生活的经验和知识，更重要的是，历史就是我们自身生存的方式"①。概言之，以政治发展理论探讨澳门历史，从根本上是探索澳门的生存之道。

缘起于 1960 年代的政治发展理论近年已热潮渐退，且不能全盘照搬应用于澳门这个非典型个案，但政治发展论者建构起来的用以分析不同发展形态和程度的政治变迁及其适应问题的理论框架和概念工具，仍值得我们宏观考察历史时借鉴，因为政治发展实质上是历史和演化的过程。柯尔曼（James S. Coleman）认为"可以从历史、类型学和演化三个方面来观察政治发展的过程。从历史观点来看，政治发展指 16 世纪首度发生于西欧的社会和经济现代化的变迁，后随历史演进，这种变迁不平均亦不完整地传播到全世界……从演化观点来看，政治发展的过程是在增进政治人创发的能力使新结构及文化趋于制度化以应付或解决问题，吸收和适应继续的变迁，有目的地或积极地努力完成新的社会目标"。他还指出，"政治发展过程的概念是结构分化，平等的无上命令，政治系统的整合、适应和反应能力等三种过程之间的持续互动关系。这三种因素的互动关系，构成'并合发展'。"②

综合政治发展理论的各家之说，"政治发展的概念可界定为一个政治系统在历史演进过程中，其结构渐趋于分化，组织渐趋于制度化，人民的动员参与支持渐趋于增强。社会越趋于平等，政治系统的执行能力也随之加强，并能渡过转变期的危机，使政治系统之发展过程构成一种连续现象"③。

---

① 韩震：《历史是人类社会的存在方式》，《史学理论研究》1995 年第 4 期，第 5～13 页。

② James S. Coleman, The Development Syndrome: Differentiation-Equality-Capacity, in Leonard Binder, et al., (eds.), *Crises and Sequences in Political Development*, Princeton University Press, 1971, pp. 73－100. 译文转引自陈鸿瑜《政治发展理论》，台北桂冠图书公司，1985，第 26～27 页。

③ 陈鸿瑜：《政治发展理论》，台北桂冠图书公司，1985，第 30 页。

正如前述，澳门史是中国地方史，但与其他地方史比较有很大的特殊性。自葡萄牙人据居后，明清政府一直把澳门视为另类"蕃坊"，居澳葡人依自身的风俗习惯和法律建立自治组织来管理内部事务，至鸦片战争后葡萄牙更推行殖民管治。所以，澳门虽然从未成为独立的政治实体，于中国有强大的依附性，却是中国领土内的一个政治行政异体，构成独特的"政治系统"或"政治子系统"。考察澳门政治发展，亦即研究澳门政治系统的变迁过程及其内外部诸因素的互动关系，研究其赖以持续生存的自我调节能力。

显而易见，政治系统只是社会系统的一部分，当政治系统所执行的社会功能有了改变——扩张、减少或重新安排时，它本身也会发生变化或变迁。[1] 从变迁动力来源看，政治变迁的形式可分为三类：①来自上层的动力，即统治者或由于人事变动或由于意识形态的转变而决定推动政治变迁；②来自下层的动力，即因民间诉求而发生政治变迁；③来自国际的动力，即受到国际势力干涉而促发政治变迁。从变迁速度和范围看，政治变迁的形式可分为两种：①革命，指以激烈手段急剧改变整个社会结构；②改革，指和缓地、不同时地改变政治系统内的政策、领导人和政治制度，削减特权，提高人民的经济和社会地位。[2]

具体到澳门，考察其历史发展的不同时期，我们可发现上层的动力主要或基本上全部来自中国和葡萄牙。因为在 1849 年前，中国虽然默认葡人居澳自治，但完全拥有澳门的主权和治权；此后，葡萄牙实际掌握了澳门的行政管治权。这种状况，于 1887 年《中葡和好通商条约》签订后获得清朝政府的正式确认，虽然此一确认可以在某种意义上理解为一种授权，且此一授权不无含混不清之处。而综观澳门历史，也未曾发生过彻底的革命，整体政治发展是一个为适应形势变化而和缓改革的过程。1822 年居澳葡人的宪政改革昙花一现，未有造成整体社会结构之变化。1849 年葡萄牙驱逐清朝驻澳官员出境，关闭中国设在澳门的海关机构——关部行台，也仅是由于鸦片战争后国际局势的根本改变而造成中葡两国在澳门的权力行使失衡，只对中葡关系造

---

① Nicholas Berry, *Political Configurations*, *An Analysis of the Political System in Society*, Goodyear Publishing Company, Inc, 1972, p. 49.
② 陈鸿瑜：《政治发展理论》，台北桂冠图书公司，1985，第 57~59 页。

成严重冲击，从外部看可算是一场革命，但澳门社会内部结构并无实质变化，中国对澳门的影响亦未完全丧失。澳门政治发展的根本变革，要到20世纪70年代中期葡萄牙推行非殖民化政策、颁布《澳门组织章程》时才开始。1987年《中葡联合声明》签署和1993年《澳门特别行政区基本法》颁布后趋向现代化。可以预见，1999年12月20日起澳门政治发展将步入一个新纪元。

为了方便分析，我们以中葡两国作为主要参数，将澳门政治发展划分为七个阶段，并绘成图表如下（见图1）：

1) 中葡早期交往(1514~1583年)

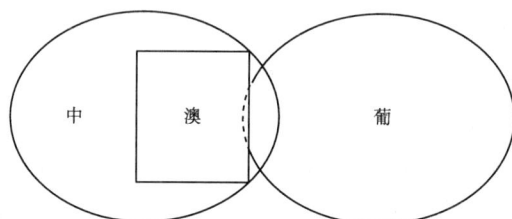

2) 议事会时期(1583~1783年)

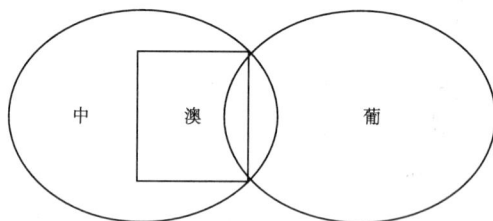

3) 议事会衰落时期(1783~1849年)

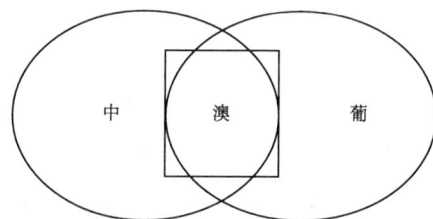

4) 殖民管治时期(1849~1976年)

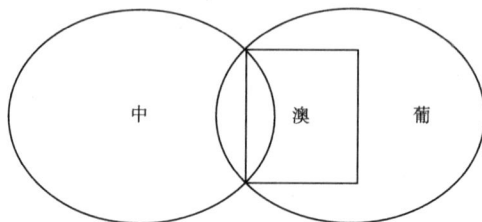

5) 葡管中国领土下地区自治时期(1976~1988年)

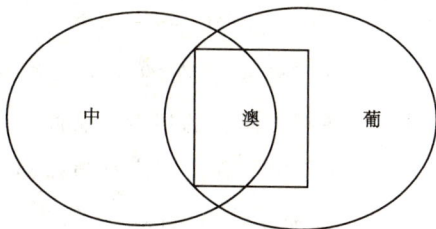

6) 过渡时期(1988~1999年)

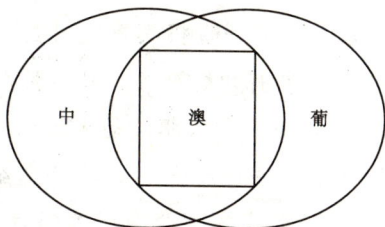

7) 21世纪中葡在澳合作关系(1999年12月20日起)

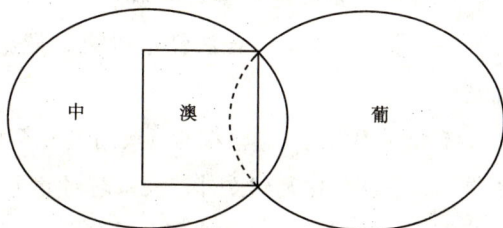

图1　澳门政治发展的七个阶段

事实上任何社会的发展或现代化过程都会经历一系列政治危机,"诸如认同、合法性、参与、分配与深入等危机"①。自1514年欧维治(Jorge Álvares)成功航行至珠江的屯门岛,中葡早期交往正式开始,直至1557年葡萄牙人居澳并于1583年成立议事会(Senado)。这一时期,可视为解决认同危机的时期。中葡经过40年来的长期接触交锋,广东当局出于内外政经局势的考虑,终于摸索找到管理外贸的对策,默许葡人在澳门互市。东来的葡人也逐渐形成正确的中国观,以柔制刚,向明朝臣服纳税而获准在澳栖息经商。但是他们又不能完全舍弃对葡萄牙的归属感,尤其是面临西班牙人的竞争和威胁时,维系与葡萄牙的传统联系便变得更加迫切和必要,

① 吕亚力:《政治学》,台北,三民书局,1993,第397页。

故而依葡萄牙中世纪的市政传统成立议事会，进行自我管理，以双重效忠为生存方式。认同危机过后，澳门地方社会才加速形成发展。

议事会时期最长，一直到 1783 年颁布的《王室制诰》（*Providências Régias*）强化代表葡萄牙中央政权的总督的权力。从此，澳门进入议事会衰落期或殖民管治前期，至 1849 年中国驻澳官府被迫撤离出境。此后，开始长达百多年的殖民管治时期，葡萄牙管理澳门的事实也在 1887 年获《中葡和好通商条约》的认可。议事会是居澳葡人自发组织建立的，其角色和功能获得他们的普遍接受，明清政府亦一直将其看成另类"蕃坊"的内部管理机构而默认之，除开在司法上偶有纠纷冲突，其政治合法性本来没有什么重大争议。18 世纪末总督代表王权介入澳门葡人政治，导致与议事会的权力纷争令澳门葡人内部管治的合法性产生危机。19 世纪中总督彻底获得澳门政治行政的主导地位后，又造成中葡两国对澳门管治合法性的斗争。虽然葡萄牙在《中葡和好通商条约》签订后获"永居管理澳门"的权力，但因为澳门划界问题一直悬而未决，合法性危机也长期潜在未解。这是澳门殖民管治时期的突出特征。

1976 年葡萄牙颁布赋予澳门地区自治权的《澳门组织章程》，承认澳门是葡萄牙管治下的中国领土，三年后中葡建立外交关系时对此予以正式确认，从而开始葡管中国领土时期。这一时期，也是澳门政治经济现代化的启动成长期。由于政治变迁和经济发展而产生的许多新兴团体尤其是华人社会团体，在澳门政治法律地位明朗化后开始争取政治参与，本地华人精英趁势崛起成长，迫使一直主要由葡人精英垄断的政坛逐步开放，令传统的社会价值体系及其势力分配受到前所未有的冲击，政治社会结构产生快速而根本性的变化。此一趋势在 1987 年签订解决历史遗留下来的澳门问题的《中葡联合声明》后更为明显。待 1999 年 12 月 20 日中国恢复对澳门行使主权、澳门特别行政区成立后，澳门在经济、社会和法律制度基本维持不变的前提下，政治发展势必更加深入①，社会

---

① 准确地说，这可作为澳门现代政治发展之始。因为"政治发展"原是"政治科学中用于描述民族统一构设和国家建立的过程，特别是第二次世界大战摆脱殖民统治的亚洲、非洲新独立国家建立过程的一个概念"（见邓正来等译《布莱克维尔政治学百科全书》，北京，中国政法大学出版社，1992，第 552 页）。只不过澳门历史发展过程绝无仅有，而 1999 年 12 月建立的高度自治的特别行政区亦前所未有，所以，正如前述，不能将澳门这个独特的政治经济单位视为典型案例，但这并不妨碍我们分析政治发展的历史性。

可望步入全面现代化阶段，中葡在澳门的合作关系也将产生质的变化。

从此可以看出，澳门历史与中葡两个国家和民族的交往息息相关，澳门政治发展亦深为中葡关系的高低起伏所左右，周围环境构成的外部因素及其互动作用无处不在。不过，作为中国领土内政治行政异体的澳门才是我们分析论述的对象，澳门社会内部的变迁才是我们关注的焦点。我们将充分参照利用中葡及其他文字的档案史料，并在必要时辅以政治社会学、经济学等社会科学的研究方法，力图梳理清楚澳门政治发展错综复杂的历史脉络，勾勒出澳门生存之道的基本轮廓。

（原载《学术研究》，广州，广东省社会科学界联合会，

1994 年第 4 期）

清末澳门的勘界谈判

黄鸿钊[*]

一 澳门划界争端的由来

澳门本是香山县南面一小岛，孤悬海中，未与内地相连。其后，因西江堆积之泥沙，于澳门与内地之间冲积成一沙堤，遂将澳门与内地相连，而成一半岛。葡人约于 1553 ~ 1557 年间，进入澳门贸易和居留。他们大兴土木，建造居室，很快把茅棚变成瓦屋，始初并未划定界址。1622 年，葡人私自建造围墙一道，聚居墙内，这道围墙便成为澳门的自然界址。城墙有三道城门，即三巴门（上有大炮台）、水坑门和新开门。这个原租界一直维持到 1849 年。在此期间，澳门一直是在香山县管辖之下，并不存在任何的界务争端。

1849 年，澳葡兵头亚马勒挑动澳门事件，不仅破坏我国对澳门行使主权，而且开始向澳门以外地区扩张。1863 年，葡人拆毁澳门城墙，先后占领了附近的塔石、沙岗、新桥、沙梨头、石墙街等村庄；在澳门南面的西沙、氹仔、路环等海岛上建造炮台，作为殖民据点。这些都发生在 1850 年代至 60 年代之间。

1870 年代至 80 年代初，澳葡先后占龙田、旺厦（即望厦）、荔枝湾、青洲等地。这样从围墙以外到关闸地方都被澳葡兼并。

1880 年代以后，出现了有利于葡萄牙对中国进行外交讹诈的形势。在 1883 ~ 1885 年的中法战争中，清政府打了胜仗，却签订了屈辱的和约，其昏庸腐败暴露无遗。此后，帝国主义列强在中国的扩张更加猖獗。盘踞澳

---

* 南京大学历史学系教授。

门的葡萄牙殖民者虽然"生计日蹙，贫不能自给"，也跃跃欲试，乘机扩张。其目的，一是逼迫清政府承认葡萄牙统治澳门的现状，并企图占领澳门西面的拱北48乡的大片土地，还想占领大、小横琴岛。从而挑起澳门与香山之间的界务争端。当时清政府战后国库空虚，又因创设海军和推行新政需要筹集巨款，急于实行鸦片税厘并征办法，以增加税收。这就为葡萄牙的外交讹诈提供了可乘之机。葡萄牙利用清政府急需筹款的迫切心情，同英国勾结，设下圈套，迫使清政府就范。

1887年3月，赫德与葡萄牙外长巴罗果美拟定了草约底稿，主要有以下四条。

（一）定准在中国北京即议互换修好通商条约，此约内亦有一体均沾之一条。

（二）定准由中国坚准，葡国永驻、管理澳门以及属澳之地。

（三）定准由葡国坚允，若未经中国首肯，则葡国永不得将澳地让与他国。

（四）定准由葡国坚允，洋药税征事宜应如何会同各节，凡英国在香港施办之件，则葡国在澳类推办理。① 3月17日，清政府谕旨授权金登干签订草约。

中葡条约拟订期间，围绕澳门划界问题，中葡双方曾有过激烈斗争。葡人与英国人赫德、金登干相勾结，擅自在条约中"永驻管理澳门"一款后面，加进了"及属澳门之地"等字，为以后借口划定"属地"、任意扩占我国领土埋下伏笔。当时两广总督张之洞、广东巡抚吴大澂等人察觉到葡萄牙人的阴谋，主张首先划定澳门界址，才能与葡萄牙签约。张之洞认为，应把澳界分为陆界和水界两个部分。陆界方面，"应于立约时坚持围墙为界，不使尺寸有逾"；水界方面，"所有水道，准其船只往来，不得援引公法，兼管水界"。② 但是张之洞等人这些明智的意见，没有为总理衙门所采纳，总理衙门主张采取"急脉缓受之策"，"于约内言明澳门界址，俟勘明

---

① 王铁崖：《中外旧约章汇编》第1册，第505~506页。
② 《清季外交史料》卷71《粤督张之洞奏葡国永租广东澳门请审慎立约折》。

再定，并声明未经定界以前，不得有增减改变之事"①。澳门划界问题就这样被搁置起来。

然而，中葡条约墨迹未干，葡萄牙便开始在澳门附近地区进行扩张活动了。19世纪末20世纪初，帝国主义列强掀起瓜分中国的狂潮，澳葡表现也愈益猖狂。当时澳葡的扩张活动包括以下几个方面。

（一）北面，侵略关闸以北地区。1890年在关闸外设立路灯，宣布不许中国在北山岭炮台和汛房驻军。

（二）西面，占领对面山各乡村。借口曾在湾仔和银坑附近水面设立过航标，宣称这些乡村在其统治之下。1900年，香山县令孙盛芳乘船经过湾仔附近海面，竟被澳葡指为侵犯其水界而强行扣留。1907年，葡萄牙当局派兵侵入湾仔和银坑，向村里的渔民草油厂和医院勒缴捐税。

（三）南面，夺取十字门的几个岛屿。1890年，葡萄牙强行在氹仔岛和路环岛上修建炮台和兵房，并向当地人民勒收船税和房产税。后又一度侵入大、小横琴岛，在岛上修建兵房，并公开向中国索取这两个岛屿。两广总督谭钟麟严正拒驳，并拆毁葡建兵房。1902年，葡萄牙公使白朗谷仍照会清外务部，借口疏浚河道，索取大、小横琴岛为澳门属地。1908年，葡人在九澳修建兵房，开辟马路。

（四）东面，则企图把澳门水界扩展至九洲洋的中心。

葡萄牙的扩张活动还伴以外交上的讹诈。1889年12月11日（光绪十五年十一月十九日），拱北关税务司贺璧理（英国人）作为葡萄牙的交涉使来到前山，向澳门同知蔡国桢出示一份《澳门水陆地图》。② "该图东至九洲洋；南至横琴、过路环；西至湾仔、银坑；北至前山城后山脚，周围百余里，皆加以红线划入葡人界内"。葡人据此反诬中国轮船停泊青洲海面是侵犯澳门水界。蔡国桢予以驳斥，严正指出："若徒以一国所绘地图红线即云定界"，则"我亦可另绘一图，自三巴门起加一红线至海边为止，谓葡人仅管澳门半岛，并无水界，彼允乎不允？"贺璧理理屈词穷，竟蛮横地威胁说澳葡当局准备出动军舰轰开中国轮船。蔡国桢当即指出："若说到轰船之

① 《清季外交史料》卷73《总署奏葡约现有成议谨陈办理情形折》。
② 蔡国桢：《澳门公牍录存》，第5、7~8页。

话，一切道理都不必说，请阁下代为寄语，等他轰轰看……原想他派兵轰船，由他开端起衅，我方好乘机做事，愿他速轰为幸。"贺璧理见讹诈不成，只好灰溜溜地返回澳门。

1902年初，葡萄牙派上院议员白朗谷（José d'Azevedo Castello Branco）为公使前来北京议约。主要是想乘机划定澳门界址、扩大占领地，以及在华攫取其他利权。他一到北京，就向外务部递交照会，要求划定澳门"属地"和兴建广澳铁路。他认为："前定和约已认澳门附近属地为葡国永居管理，应将该属地之界址广阔等项，丈量妥订。"他提出，"按对面山一岛居澳门之西，小横琴、大横琴二岛居澳门西南，各该岛系澳门生成属地"。他还声称，如要葡萄牙同意签署新税则，清政府除按上述要求划定澳门属地之外，还应让葡萄牙享有另外两项特权，即允许葡人在附近地区兴建各种工程，及"由澳至广东省城修造铁路"①。白朗谷威胁说，中国如不答应其订约要求，葡萄牙在对华进口贸易上将坚持仍按旧税则纳税。而这样就会使《辛丑和约》所规定的制定和实施新税则无法进行。

当时清政府外务部官员认为，葡萄牙以拒签新税则为手段要挟，目的是为了"暗侵界址"。外务部坚决拒绝了其无理索地要求，但对兴建铁路则予以考虑。在其后的交涉过程中，白朗谷表示："愿将界务暂置不提，但求扩充商务，以期彼此有益。"1902年10月15日，外务部在回复葡国使臣的一份照会中，明确"许在大西洋国地方（指澳门——笔者注）欲设之中葡铁路公司，安造由澳门至广东省城之铁路"，同意修筑从澳门经香山到广州的铁路，全长120公里。作为条件，中国必须在澳门设立海关分关征税。但葡萄牙反对中国在澳门设立海关，提出"澳门铁路告成后，中国所来货物、澳门所出货物，由两国采最利贸易之地查验收税"。中葡双方为此进行了多次争论。双方最后谈妥一个包括九款的新约。其中有中国同意葡人修建广澳铁路，规定铁路建成使用50年后归还中国，并在通商方面给予一系列优惠待遇。②10月，中葡签订《增补条款》和《广澳铁路合同》。但是在此后七八年间，由于葡商财力不足，集股不成，铁路始终未见动工。

---

① 《清季外交史料》卷165《外部奏增改中葡条约缕陈商办情形折》。
② 〔英〕莱特：《中国关税沿革史》，商务印书馆，1964，第381页。

二　日本二辰丸走私案引发海权争议

1908 年 2 月 5 日，日本商船"二辰丸"偷运枪炮弹药，非法进入我九洲洋路环岛附近的大沙沥海面，自早 10 时至晚 6 时，停泊有 8 个小时之久，并准备起卸军火，被我拱北海关官员会同缉捕队率领四艘水师巡艇截获。当时中国官员与洋员一起测定，"二辰丸"停泊位置在东经 113°37′30″，北纬 22°8′10″，确认此处是中国领海。船上装有枪 2000 余支、子弹 4 万发，并无中国军火护照。该船主见走私事情败露，无可置辩，便邀请中国官员到卧室去，行贿白银 100 元，后又增加至 1000 元，意欲私了此事。中国官员不为所动，将船械暂扣，请示两广总督张人骏后，"将船货一并带回黄埔，以凭照章充公按办"①。

"二辰丸"军火走私完全是有计划、有预谋的事件。这批枪支是以澳门广和店华人谭璧理等出面向日本神户商人购买，转卖广东贼匪集团。澳葡当局在其中扮演极不光彩的角色。葡人发给准许日本军火运入澳门的执照。并且明知"二辰丸"船体高大，吃水深，满载时吃水达 23 尺以上，而澳门海区狭小，水线又太浅，最深处只有二寻，"二辰丸"无法停泊该处。经双方商定，安排该船在中国九洲洋面抛锚，那里的水深达四寻。葡人皮雷斯用澳门梁就利号盘艇，连同船户梁亚池、冯亚一等人，由澳葡巡船拖往路环岛以东海面，准备驳载"二辰丸"的军火进入澳门。梁亚池等人曾询问葡人，该处是中国海面，接运军火应有拱北海关准单，但葡人却声称无须向拱北海关申请领取准单。这说明葡人蓄意在中国海面走私军火图利。后"二辰丸"在向驳船钩吊军火箱时，"二辰丸"上连接驳船缆绳忽然折断，驳船即从船头流到船尾部，延误货物吊运，致使"二辰丸"被中国拱北水师巡船扣留。② 由于罪证俱在，日本船主不得不承认犯罪，表示服从惩处。但是日本政府和葡萄牙殖民者恃强交涉，公然声称"二辰丸"下锚地点不是在中国领海内，"今贵国炮舰忽将商船第二辰丸拖去拘留，显系违约。若

---

① 《清季外交史料》卷 21 《粤督张人骏致外部辰丸私运军火应按约充公电》、《粤督张人骏致外部辰丸事请商日使照章会讯电》。

② 《清季外交史料》卷 212 《粤督张人骏致外部录呈代日船驳运军火船户梁亚池等供词电》、《粤督张人骏致外部辰丸军火系澳门华商广和店所购电》。

1887 年中葡条约签订以前，就在此处设卡驻兵，"此次粤督因整顿捕务，饬于旧址驻营，即属遵约办理，未便令其撤回"①。

其次，是移动湾仔河浮标问题。澳门与湾仔河中央原设有浮标，本来是用以停船之用，并非界标。但是习惯上，中国民船往往沿浮标左侧湾仔岸边航行；而葡船则沿浮标右侧之澳门岸边航行。自从 1908 年初"二辰丸"走私军火案件发生后，澳葡当局竟然偷偷地将浮标从河中心移至湾仔岸边；同时又在鸡头山外海道添设浮标。其险恶用心，就是"意欲占领水界，并觊觎环澳岛地。纯用阴险影射手段，以无据为有"。因此，中国政府于 5 月 22 日照会葡使，严正指出这是一种违约行为，责令立即"撤去浮标"②。

再次，澳葡当局居然在中国领海上巡逻，并稽查中国民船乃至兵船。1908 年 6 月 9 日，广东水师"广元"号兵船在澳门对岸银坑河边停泊。澳葡兵船竟然闯入中国海面，进行稽查，并将一张表格勒令"广元"号兵船填写。表格内容是：这是到哪里去的兵船，兵船指挥官是谁，船的马力多大，载重量是多少，船上官兵有多少，枪支子弹有多少，驶到此处干何事，等等。"广元"号指挥官认为："银坑系中国河面，未便任令葡人稽查，致失主权，不允填单。随因有事，驶赴马骝洲巡缉。"③ 这是中国兵船官员维护主权的正义行动。然而葡使当天就向清外务部照会，公然颠倒黑白，声称："中国官船一只驶进澳门内口"，船长拒不在该口进口册登记画押，遂令其离开口岸。希望今后中国船长不要再有此种举动，以敦睦谊。④ 对此，外务部于 6 月 23 日给葡使照会答复称："本部查银坑在澳门对岸，距澳已远，向系中国管辖河面。葡轮不应驶入，勒令该轮管带照式填单。似此举动，实属侵我主权。来照以停泊华属之华轮，谓为驶进澳门，既属不符，且未将银坑地名列明，浑而称之曰澳门内口。是知银坑本系中国管辖河面，所以浑含其词。即此足见葡轮所为，殊属不合。相应照覆贵大臣查照，转报贵国政府，此次华轮停泊中国银坑河面，自无画押之理。并电饬该处葡

---

① 《总署发葡森使照会》，载黄福庆主编《澳门专档》（一），台北，"中研院"近代史研究所，1992，第 500 页。
② 《外部发葡公使森德照会》，载《澳门专档》（二），第 67 页。
③ 《外部收粤督张人骏电》，载《澳门专档》（二），第 71 页。
④ 《外部发粤督张人骏电》，载《澳门专档》（二），第 71 页。

轮嗣后不得驶入中国管辖河面任意稽查，以免纠葛，是为至要。"①

外务部的照会反驳葡人的无理指责，揭露葡人的侵略阴谋，义正词严，充分反映了中国政府对澳门海权的原则立场。但是葡萄牙殖民者并不甘心就此放弃对中国海权的侵犯。与此同时，中国政府还揭露和谴责了澳葡当局的其他侵略活动。湾仔河道和银坑河道历来有中国船只停泊，近年来，葡人巡船竟闯入稽查，多次迫令停泊湾仔的中国渔船领照，如不遵从，则任意扣罚。1908 年 4 月初，东莞县三艘出港蚝艇驶到银坑河道，被葡人巡船勒令交费领照。蚝艇认为葡人违反条约，断然拒绝。葡人遂将该艇扣留，逮捕艇主，罚款五元。此外葡人又在路环九澳地方大兴土木，建造兵房。中国外务部向葡萄牙政府进行质问，并要求葡国保证今后不再做此类违约举动。但是葡萄牙政府对所有这些罪行一概予以否认。6 月 28 日，葡萄牙外交部官员答复中国公使，称"建兵房设浮标查无其事；拘蚝艇系在澳门界内。总之，彼此各执，难以悬断。似宜派员会查，将所有纠葛及界址妥为商定"②。很明显，葡人一方面极力抵赖侵略罪行，另一方面又明确要求扩张澳门海权，并希望通过会查界址达到其扩张目的。

7 月 17 日，葡使照会清外务部，再次声称，中国在湾仔、横琴等处驻兵，"有背条约"，希望中国政府迅速将驻兵撤去，并且今后澳门划界时，不能以曾经驻兵作为这些地方应属中国的证据。③ 这种无理态度，遭到了中国政府的有力反驳。7 月 31 日，中国外务部复照葡使，严正指出："查本部前次照会中曾以横琴岛各处向隶香山县管辖，本有防营驻扎……来照所请将湾仔、横琴各处驻兵退去，并谓立约以前管守各地，应永归贵国管理等节，本部难以承认。相应照覆贵署大臣查照可也。"④ 至此，澳门附近的海权争端日趋严重。

三　香港谈判的艰难开始

清政府同日本关于"二辰丸案"交涉失败的消息传到广东，舆论哗然。

---

① 《外部发葡署公使森德照会》，载《澳门专档》（二），第 74 页。
② 《外部收驻法大臣刘式训电》，载《澳门专档》（二），第 77 页。
③ 《外部收葡国署公使柏德罗照会》，载《澳门专档》（二），第 79 页。
④ 《外部发葡国署公使柏德罗照会》，载《澳门专档》（二），第 80 页。

香山县绅民自发掀起了抗议示威和抵制日货运动。这一运动很快蔓延至广东、上海、香港、广西等地，南洋华侨也加入了爱国运动中来。与此同时，中国人民对与日本朋比为奸的葡萄牙殖民者也表示了极大的愤慨。香山人民对澳葡肆意扩占澳门以外领土的行径本来就深恶痛绝，早在1907年底，香山县的绅商士民就纷纷请愿，要求政府"派员来澳（门）划分界限"①。"二辰丸案"的发生，更使要求划界的运动迅速发展起来。

1908年底，在人民的强烈要求下，清政府指派驻法公使刘式训前往里斯本，同葡萄牙政府商谈澳门划界问题。1909年2月，中葡双方达成协议，决定派员查勘澳门界址；并规定划界期间，澳葡必须停止在中国领土上征收地钞，并不得借浚海或浚河名义扩占领土；已经侵入中国内地的船舰必须撤出；等等。葡萄牙表面上表示接受这些规定，但又提出要中国撤走前山至北山岭一带的驻军，以作为交换条件。② 实际上，当中国方面忠实履行协议撤走北山岭驻军后，葡舰游弋内河、勒收船钞和浚海活动却没有停止。③

1909年上半年，中葡双方为划界谈判做准备工作，首先确定谈判地点和代表人选。中国方面主张谈判在广州举行。但是澳葡当局对广东人民声势浩大的反抗怒潮非常恐惧，他们与港英当局串通，提出以香港为谈判地点，其目的是为了便于向中国施加外交压力。

葡萄牙派马沙铎担任谈判代表。此人曾任葡属东非殖民地总督。在马沙铎到达中国的同时，一艘葡舰开抵澳门，向中国炫耀武力。清政府原拟派广东籍官员担任谈判代表，但葡人断然拒绝，清政府只得改派曾任中法云南交涉使的福建籍官员高而谦担任谈判代表。

1909年7月15日（宣统元年五月二十八日），中葡谈判在香港开始举行。会议首先商定会议程序，以及有关议事章程。接着在7月22日（六月初六日）举行的第二次会议上，马沙铎便宣读了事先炮制好的一份"说帖"（或称"节略"），抛出了他的勘界方案，声称葡萄牙管辖的澳门包括：①澳门半岛，由妈阁至关闸；②海岛，有对面山（包括湾仔、银坑、南屏、北

---

① 郑勉刚：《澳门界务录》卷1《香山县士绅请粤督力争海权书》。
② 《清宣统朝外交史料》卷1《外部致张人骏准刘使电澳门事葡请两国各派员会勘电》。
③ 《清宣统朝外交史料》卷1《粤督张人骏复外部葡领云澳门勘界请先议撤舰撤兵等事以示和平电》。

山等28乡）、青洲、氹仔、路环、大小横琴，以及马骝洲等小岛；③领水，以附近小岛的水路为领水；④关闸至北山岭为"局外地"。① 按照这个方案，葡萄牙新扩占的领土将比原租居地面积大30倍。马沙铎在谈判中声称：澳门从来不是中国领土，早在1574年葡人已占领关闸以南整个半岛，因此，1887年条约所说的"属地"，应当是指澳门以外的各个岛屿。马沙铎还公然把澳葡多年来闯入澳门附近各乡村张贴的告示，勒收租税的单据，以及擅自建造炮台和开辟马路等等，都作为葡萄牙已对这些地方拥有主权的证据，并声称："久占之地，即有主权。"② 企图以这种强盗逻辑来为其殖民扩张主义辩护。当时清政府明知马沙铎的种种谬论不值一驳③，却准备以让步谋求妥协。外务部当时的主张是，查明葡人的原租界作为澳门本土，原租界围墙外已被占领的地区划为属地；至于澳门附近岛屿，不论是否已被占领，一概极力驳拒，并不许葡萄牙人在澳门附近划定水界。至于葡萄牙人在氹仔、路环两处占领地所建立的炮台，则计划在澳门半岛上觅地抵换，收回炮台。④ 这些意见传达到谈判代表高而谦那里时，他又擅自作了修改，变为允许澳葡在氹仔和路环已占地居留，而不作为属地。⑤ 但马沙铎对中方这种妥协仍不满足，划界交涉从一开始便陷入僵局。此时葡萄牙人加紧采用讹诈手段，企图以炫耀武力打开僵局，达到其侵略目的。谈判期间，他们不断向澳门增兵，使澳门驻军由400人增至700多人。同时，增派兵舰，扩建炮台，不断加强其作战力量，并侵扰附近各岛各村。⑥ 7月底，葡萄牙兵舰侵入我内河游弋、测绘，夜间停泊南屏乡河岸，用探照灯照射村庄，惊扰村民。8月21日，澳葡当局勒限望厦村居民一周内拆毁该村全部民房。⑦ 与

---

① 郑勉刚：《澳门界务录》卷2《澳界骇闻》；又见黄培坤《澳门界务争持考》，广东，广东省图书馆，1931年刊印，第13～17页。

② 《清宣统朝外交史料》卷6《澳门勘界大臣高而谦呈外部葡使谓久占之地即有主权应调查再议电》。

③ 《清宣统朝外交史料》卷9《澳门勘界大臣高而谦呈外部报与葡使议潭仔路环及内河海面事彼置若罔闻电》。

④ 《清宣统朝外交史料》卷5《澳门勘界大臣高而谦呈外部澳门附属地应否承认乞裁夺电》；卷7《外部致高而谦葡人所占潭仔路环可以龙田旺厦抵换电》。

⑤ 《清宣统朝外交史料》卷1《澳门勘界大臣高而谦呈外部澳门划界葡使奢求只得停议请旨定夺电》。

⑥ 郑勉刚：《澳门界务录》卷5《黄士龙禀陈澳界情形》。

⑦ 《论葡人蔑视我国》，载《香山旬报》1909年第35期。

此同时，葡萄牙在外交上不断向清政府施加压力。葡外交部宣称，中国如不满足它的索地要求，将把澳门划界问题提交海牙国际法庭"公断"。如果清政府既不妥协，又拒绝接受公断，他们就要把澳门送给其他大国，而向中国宣战。① 葡萄牙还利用英国的势力逼迫清政府屈服。8 月间，英国公使公然出面干预中葡谈判，对清外务部宣称，中国应无条件地接受葡萄牙的全部要求，否则就交由海牙法庭"公断"。面对葡、英两国的恫吓威胁，清政府态度软弱，步步退让。高而谦向葡使提出，中国愿意"割弃澳门半岛（由妈阁至关闸）。以及青洲、氹仔、路环等地，附近内河和海面由中葡共管"。② 他认为既然上述这些地方已被葡人占领，或已处于其势力范围之内，"无索回之望"，不如奉送葡人以达成协议，澳界"尚有得半失半之望"。③ 但葡方并不因此而满足，仍坚持索取对面山和大、小横琴岛，全部控制"水界"。清政府想以妥协求和平，结果更助长了侵略者的凶焰。

但最终在爱国民众团体的压力下，清政府不得不表示"此事上关国家疆土，下系舆情，自应格外审慎，妥筹兼顾"④，驳拒葡人的无理要求，并提出将谈判地点移至广州，"借示葡使以粤民固结，不肯弃地之意"⑤。马沙铎见讹诈手段难以得逞，在 11 月 14 日第九次会议上"拂衣而去"⑥，悍然破坏谈判。

香港谈判失败后，英国跳出来横加干涉，向清政府施加压力。1909 年 12 月24 日，英国公使朱尔典照会清政府外务部称，葡国提出将澳门界务提交其他国家"调处"（即公断），英国认为这个解决办法"颇属有理"，但中国政府予以拒绝，英国认为十分可惜，因为英葡两国有盟约，"凡遇无故侵攻葡境之事，英政府即有保护之责"，因此，希望中国政府对"调处"之事，"再行斟酌"。在照

---

① 《清宣统朝外交史料》卷 6《外部覆高而谦葡若借他国势力强占小岛人心不服希婉劝葡使电》；卷 12《外部致袁树勋澳门界事停议请饬维持旧状勿生事端电》。
② 《清宣统朝外交史料》卷 7《澳门勘界大臣高而谦呈外部澳门事似以延宕为愈电》。
③ 《清宣统朝外交史料》卷 7《澳门勘界大臣高而谦呈外部海牙判断恐各国祖葡不如自与磋议电》。
④ 《清宣统朝外交史料》卷 8《外部复高而谦青洲潭仔路环不得割予应妥筹电》。
⑤ 《清宣统朝外交史料》卷 9《外部复袁树勋澳门事如移省议仍由高使会商电》。
⑥ 《清宣统朝外交史料》卷 1《澳门勘界大臣高而谦呈外部澳门划界葡使奢求只得停议请旨定夺电》。

会中，还特地附上英葡盟约的全文，很明显要威胁清政府就范。① 当日下午4时，清外务部大臣那桐约见朱尔典，明确告诉他，中国不能同意马沙铎所提出的将澳门界务提请"海牙公断"，这是因为："中国以此事关系中葡两国尽有机会可以和平之结，不必由海牙公断。"② 但朱尔典仍提出，中国不愿交海牙公断，英国很希望见到中国提出由其他国家公断的办法来。那桐答称，关于这一点，今天不能作答，待仔细研究再定。

12月30日，外务部复照英使朱尔典，再次明确提出，关于海牙公断之事，早已在中葡双方交涉中表明了中国的态度："中葡敦睦已数百年，该处界务系属中葡两国之事，所关系者系属中葡两国之民，非局外所能制定，应始终由我两国和商议结。但能彼此退让，则现虽停议，将来派员接续会商，尽有机会，无庸交公会公断。"③ 这样，英国插手澳门界务的企图遭到了失败。

接着12月31日，葡萄牙公使柏德罗又来函称，葡国界务大臣马沙铎已来到北京，希望拜晤外部，举行会谈。外务部定于1910年1月4日与其会见。外务部由梁敦彦、联芳和邹嘉来三位大臣与其会谈。马沙铎一开口就大肆攻击中方的政策，他声称，本大臣是为了澳门划界而来，可是高而谦大臣却把谈判视为要求澳门"割地归还中国"。对此，外务部官员也毫不示弱争辩道："中国所争者，并非欲葡国割地还我，只愿取还中国所固有者耳。"④ 中国希望马沙铎回国后告诉本国政府，澳门并非军事要地，葡国何必力争各处炮台营垒，扩张占地，而应当致力于使澳门华人与葡人和平相处。马沙铎却坚称，现在澳门界务中葡双方各执一词，不如由第三国公平评断，得以迅速了结。但外务部坚持不让第三国插手的立场。这次会晤进一步表明，中葡双方对澳门界务的立场有根本性的不同，在当时情况下，是不可能通过谈判加以解决的。在中葡澳门界务交涉陷入僵局期间，葡人不遵守维持现状的协议，经常挑起事端，纠纷不断。这期间，澳葡强行在马料河勒收地钞；擅自在湾仔内河设置水泡，圈占水界；反对中国政府在小横琴岛缉捕盗匪，扣留匪船，要求将人、船交给澳门；又公然出兵路环

---

① 《外部收英公使朱尔典文》，载《澳门专档》（二），第433页。
② 《英使朱尔典问答》，载《澳门专档》（二），第434页。
③ 《外部发英使朱尔典照会》，载《澳门专档》（二），第436页。
④ 《葡划界大臣马沙铎问答》，载《澳门专档》（二），第440页。

岛剿匪；等等。

这一系列事件使清政府认识到，对澳门界务采取延宕办法，并不能维持现状，制止侵略。因此，外务部于 1910 年 6 月 20 日，去电命驻法国公使兼驻葡国公使刘式训前往里斯本，同葡萄牙政府谈判，争取澳门界务获得解决。①

刘式训到里斯本后，同葡外交部商定在当年 10 月举行界务会议。而当刘式训留居里斯本等待会谈开始期间，葡萄牙于 10 月 4 日爆发了民主革命，推翻君主专制政权，建立共和国。消息传到中国，清政府顿时对澳门界务产生了幻想。10 月 15 日，外务部向刘式训发指示："惟未承认（葡国新政权）以前，能否利用时机，向新外部作为私谈探商澳界让步办法。如能满我之意，即先行承认亦无不可。"② 不过葡萄牙的临时政府外交部对刘式训的试探反应冷淡。

但是，葡萄牙革命后，政局动荡不定，香山人民和广东地方政府纷纷要求外务部，"趁此时机将澳界收回"。人民保卫家园的强烈愿望推动了政府当局。尽管当时清朝的统治已经处于风雨飘摇状态，外务部仍在澳门交涉中采取了比较积极的方针。11 月 13 日，指示刘式训与葡萄牙政府交涉，争取早日解决澳门划界问题。如果不能如愿，则声明以后划界事务仍由中葡两国直接商办，不容他国干涉。万一葡萄牙有将澳门转让他国的意向，则中国将根据非经中国允许，永不得转让的条款，乘机收回澳门，所耗费巨款亦将预为筹划。不过其后葡萄牙政府一口否认有转让澳门的意向。③ 而清政府也就将澳门问题搁置一旁。

四 香山人民对澳门划界的反应

中葡澳门划界谈判即将举行的消息传出，香山人民群情激奋。1909 年 3 月 8 日，香山县绅商学界代表 300 余人，在恭都北山乡举行会议，共谋对策。与会代表认为，"此次划界亟宜集合大团，力筹挽救"，一致决定成立

---

① 《外部发驻法大臣刘式训电》，载《澳门专档》（二），第 515 页。
② 《外部发驻法大臣刘式训电》，载《澳门专档》（二），第 570 页。
③ 《外部发驻法大臣刘式训函》、《外部收驻法大臣刘式训电》，载《澳门专档》（二），第 590～591、621 页。

"香山县勘界维持会"，发动民众，作为澳门划界谈判的后盾，"俟划清界限，妥善无误，始行解散"。

维持会提出了澳门划界的方针：在水界方面，坚持全部水界应属中国控制，但允许葡船在澳门水面航行；在陆界方面，坚持以澳门原有围墙为界，收复围墙外葡人占地，绝不容许葡人占领澳门以外一寸土地。① 在香山县勘界维持会的积极推动下，3月底4月初，在省府广州先后召开三次会议，宣布成立了"勘界维持总会"，并在香港成立分会（全名为"广东省勘界维持总会"、"旅港勘界维持分会"）。通过决议，决心把划界斗争进行到底。广东省自治会也接连三次召开特别会议，邀请香山县勘界维持会代表参加，共同商讨澳门划界问题，要求政府收回澳门主权。② 此后，北京、上海、梧州、厦门、长沙等地商民，以及海外檀香山、旧金山、东京、吕宋、西贡、仰光、曼谷、沙捞越等地侨民，纷纷发来电报，对澳门划界斗争表示坚决支持。三个月间，勘界维持会收到各处商民团体发来的声援函电数以百计，并筹集了大笔经费。③

香港谈判中清政府的妥协退让与葡萄牙人的蛮横无理，激起了广东人民的无比义愤。各地勘界维持会纷纷集会，发布抗议文电，声讨葡萄牙的侵略野心。他们要求清政府从速调派军队把守澳门附近关口，并从经济上封锁澳门，致其死命。④ 香山勘界维持会还决定，"为自卫计，赶置军火，举办联乡团防"。8月25日，香山县勘界维持会通过"联办九十八乡民团章程"⑤，宣布成立民团，拿起武器，随时准备给侵略者以迎头痛击。

澳门划界期间，革命党人郑岸父（即郑彼岸）⑥ 于1908年创办了《香山旬报》。郑彼岸为香山人，早年加入同盟会，与同县著名革命党人刘思复过从甚密。1903年，刘、郑等人在本县创办香山阅报社。1909年，他们又一起筹划暗杀清摄政王载沣，郑并参加了刘所组织的支那暗杀团。

---

① 郑勉刚：《澳门界务录》卷6《香山县士绅因中葡划界集议记事》。
② 《澳门划界初记》，载《东方杂志》第6卷第4期。
③ 厉式金：《香山县志续编》卷6《海防》。
④ 《论葡人蔑视我国》，载《香山旬报》第35期。
⑤ 《香山勘界维持会特别会议评论》，载《香山旬报》第34期。
⑥ 《香山旬报》于香山县城石岐创刊，是该县最早的刊物。开头为旬刊，从第84期起改为周刊，并易名《香山循报》。何时停刊未详。今见最后一期是第123期，1911年11月8日出版。参与创办该报的人士除郑岸父外，尚有刘思复、郑道实等人。

《香山旬报》从一开始就密切关注澳门的划界斗争。《香山旬报》创刊之初，便连续几期刊载《香山失地始末》的长文，痛述几百年来葡萄牙侵略澳门的史实。文中尤其对葡萄牙在光绪、宣统年间的侵略罪行作了详尽的揭露：

> 1909 年 7 月 1 日，中葡两国关于澳门划界问题的谈判开始在香港举行。谈判期间，《香山旬报》揭露了葡萄牙方面的无理要求和蛮横态度，也批评了清政府的软弱无力和妥协忍让。89 期发表度公《广东人大注意》一文，指出："以葡人之野心犹昔，以政府之暮气已深，则力争之说，恐不可期，而退让之事，恐不能免也。况政府当列强环视，纷言调兵之际，风声鹤唳，群相危惧，又乌有余力与葡人对抗？而欲拒葡人之要求，保故有之土地，以获最后之胜利，舍国民外交之力，无复制胜之策。为今之计，则应先事整备，以为后日交涉之后盾。若葡人强硬要求也，我国民何以助政府；若政府决意退让也，我国民何以阻政府。吾以政府诸公安处北京，以香山一隅之地，当不甚纷扰其神虑者，惟政府可以弃地，而我粤人不可弃也。结尔团体，预尔实力，头与璧俱碎，断不能拱手退让，一任外人之纵横也。我国之不亡者赖民气，而为民气之后盾者赖实力。吾邑南乡一带时有筹办乡团之议，即为实力之表征。循此以往，紧毅实行，成一最巩固之势力，足为勘界力者不少也。此又广东人所宜注意者也。"

该报在强调人民必须奋起自卫的同时，又进一步指出："自卫之道无他，曰速办民团而已。"[①]

当时澳门葡萄牙当局对香山人民的斗争极为恐惧和敌视，竟然无理要求中国政府解散"勘界维持会"、停办《勘界报》（即《香山旬报》）。旬报对此痛加驳斥，表示："姑无论非理之要求，为政府所不许，即政府诸媚外人，压制我民，我民乌低首下心，甘就缰绊！葡使之请，于事实上岂有济哉。""其欲解散维持会者，皆无识之举动也，不示之行为也。吾欲斥驳其说约有二端：①吾粤因勘界而设维持会，我行我法，固不受外人之干预。

---

① 《论邑人宜速谋自卫之策》，载《香山旬报》第 43 期。

②吾粤人之设维持会只欲研究国际理法，调查界地证据，以为政界交涉之助而已，彼葡为何而干预我事耶？夫葡国亦一立宪国，岂就不知人民有参预政治之特权耶？吾同胞自由集会，亦为立宪国所许，而葡使欲公然压制之何耶？"同时又指出澳葡要求停办《勘界报》，"为无理之干涉，是不独藐视我国民也，且侵犯我国之主权。"①

人民的奋起斗争，阻止了划界交涉中的妥协趋势。8月间，外务部给两广总督的电文中，虽然仍在指责勘界维持会"鼓吹舆论，广布危言"，"造言生事，扰乱治安"，并要求地方官员"严行出示禁止，以免酿成事端"。②但香山勘界维持会所发动的声势浩大的抗议运动，毕竟使清政府不得不有所顾忌。

9月间，高而谦会见勘界维持会代表时宣称，划界交涉有三条出路，即"和平"（接受葡萄牙的全部要索）、"公断"（提交海牙国际法庭裁决）、或"战争"（谈判破裂诉诸武力）；要求爱国民众接受他的以妥协求和平的方针。勘界维持会代表怒斥高而谦"以弃地弃民为和平办法"③。这位谈判大臣深感众怒难犯，民意难违，他向外务部诉苦道："谦身处局中，觉反汗之不易，虑旁观之有辞……既恐识见迂谬，贻误事机，又虑贪得无厌，难以为继。"④"意见参差如此，民情激烈如彼，稍一不慎，致酿事端。"⑤ 两广总督袁树勋也向外务部进言："现在民间保地之心甚切，勋有地方之责……若未能尽惬民情，此后于地方行政，必因之而生阻碍。"⑥

香港谈判破裂后，葡萄牙企图用武力实现侵略目标。它一方面借口澳界"各持旧状"，阻挠我在对面山、大小横琴、氹仔、路环各岛以及关闸至前山地区行使主权，并要求清政府"弹人民自发组织起来保卫家乡的爱国

---

① 《论葡使欲解散勘界维持会事》，载《香山旬报》第24期；亦进：《葡领越权干涉办报之无理》，载《香山旬报》第53期。
② 《勘界维持会又被干涉》，载《香山旬报》第36期。
③ 《澳门划界近闻》，载《香山旬报》第35期。
④ 《清宣统朝外交史料》卷5《澳门勘界大臣高而谦呈外部澳门附属地应否承认乞裁夺电》。
⑤ 《清宣统朝外交史料》卷1《澳门勘界大臣高而谦呈外部澳门划界葡使奢求只得停议请旨定夺电》。
⑥ 《清宣统朝外交史料》卷9《署粤督袁树勋致外部澳门事如移省办理应由高使与葡使直接商议电》。

行动①；另一方面则积极加强军事部署，武力侵犯这些地区。其攻击的重点在路环。路环岛原名九澳，以岛东北角之九澳湾而得名。后又以岛西部的路环村作为岛名。它位于澳门南面八公里的海上，是十字门的入口。当时岛上约有居民 1900 人，多以打鱼为生"。② 1864 年，葡萄牙侵入该岛的荔枝湾，占地数十亩，建造炮台，屯兵一二十人。1910 年 7 月，广东新宁、开平等县发生教案，某些天主教徒的子女被掳困在路环岛上。教民向澳门主教求救，主教怂恿澳葡当局趁机以"剿匪"为名，派兵进攻路环。岛民奋起自卫，三次打退侵略者的进攻，并夺回葡人在岛上建造的炮台。其后，澳葡增调军舰，倾其全力围攻。清军却坐视不救。岛民奋战半个多月，弹药缺乏。8 月 4 日，葡军在岛上登陆，大肆烧杀抢掠，"村民数百家，惨受锋镝而死"③。还有一艘满载难民的渔船被葡舰击沉，38 人无一生还。④ 这是葡萄牙殖民者欠下中国人民的又一笔血债。血案发生后，"举国士夫骇汗相告，各埠华侨函电询问"，强烈要求废约收回澳门。⑤ 1910 年 11 月 17 日，广州、香山、香港等地的勘界维持会分别举行特别会议，决定组织请愿，要求废约收回澳门；同时发动义捐，筹集经费，以加强民团武装，准备"赌一战以收回澳门"⑥。清政府再次派遣驻法公使刘式训前往里斯本，要求葡萄牙恢复澳门划界谈判。但同时指令广东各级官员对爱国民众加以"劝抚"。《香山旬报》发表《路环村民之惨死原于界务之未定》，对此事件猛加抨击，指出："葡人派兵围攻过路环，致村民数百家惨遭锋镝而死。噫，谁死之，葡人死之也！葡人何敢死之？实政府诸公假手于葡人以死之也。"⑦

　　一波未平，一波又起。葡萄牙武力占据路环岛后，气焰更加嚣张。1911 年初，又在澳门附近的海面和内河航道上大搞所谓疏浚工程，企图通过这种手段取得内河外海的控制权。其具体目的有三：①控制前山内河，即从澳门北至亚婆石，西至对面山岛岸边一带，为下一步侵入对面山和前山一

① 《清宣统朝外交史料》卷 12《外部致袁树勋澳门界事停议请饬维持旧状勿生事端电》。
② 缪鸿基、何大章等：《澳门》，中山大学出版社，1988，第 32、54 页。
③ 怂生：《路环村民之惨死原于界务之未定》，载《香山旬报》第 67 期。
④ 《旅港勘界会上袁督书》，载《东方杂志》第 7 卷第 8 期。
⑤ 郑勉刚：《澳门界务录》卷 3《省城勘界维持会布告》。
⑥ 茶圃：《今后之中葡交涉》，《国风报》第 1 年第 26 号。
⑦ 怂生：《路环村民之惨死原于界务之未定》，载《香山旬报》第 67 期。

带地区做准备；②控制十字门海面，进而入侵大小横琴岛、氹仔岛和路环岛；③占领九星洲海面，即西起马骝洲，东临九洲洋，北至香洲以北，南达路环一带，以控制珠江口，隔断广东西部高廉雷琼四府至广州的航道，扼杀新建的香洲埠。疏浚航道工程始于 1908 年。凡是已经疏浚过的海面，葡萄牙人均设置浮标，表示该段水界为其所占。由于中国人民的反抗，工程经常中断。1911 年 3 月初，澳葡当局又开始其疏浚活动。它派出军舰两艘、快艇 10 艘，运载工役 100 多名，曾两次闯入前山内河，掘毁白石角和亚婆石两处田基 123 米，强行疏浚。6 月间，葡萄牙又同香港麦端那洋行的英商订立合同，委托英国人疏浚氹仔以北海面。① 澳葡就是用这种"由水及陆"的侵略手法，蚕食澳门附近的中国领土。

香山人民奋起进行反疏浚的斗争。当时辛亥革命正在酝酿过程中，人民革命情绪十分高涨。他们指责政府在划界交涉中"柔懦不振，媚外辱国，放弃责任，不敢与较，徒放空炮以欺吾民"②。4 月间，香山勘界维持会上书请愿，提出了解决澳门划界问题的两点建议：①政府速派军队驻扎湾仔与前山要隘，并发枪给民团，做好武力抗击澳葡扩张的准备；②在广州重开划界谈判，广东官员和勘界维持会的代表共同参加。③ 请愿书受到各界人士的热烈支持。7 月，广东咨议局讨论了该请愿书，通过了相应的决议，要求政府认真对待葡萄牙的侵略企图。两广总督张鸣岐不得不表示俯顺舆情，对澳葡采取强硬态度。④

在舆论推动下，广东政府派了新军驻防香山与澳葡对抗，香山各乡也组织了民团进行斗争。当时派往前山的新军达 1000 多人，以及军舰 4 艘。新军倾向革命，曾参加 1910 年广州起义，与 1911 年 4 月黄花岗之役亦有联系。他们在驻地秣马厉兵，枕戈待旦。当地人民情绪热烈，纷纷筹饷劳军。香山县的地方民团也改编为人民义勇队，从政府那里领到部分枪械装备，活跃在前山防线上。《香山旬报》面对全民奋起反抗葡人侵界的大好形势，多次发表评论文章，鼓励军民合作，力挫澳葡侵略阴谋。尤其勉励军人把枪口对准澳葡。其中写道：

① 郑勉刚：《澳门界务录》卷 4《香山勘界维持会呈张督宪禀》。
② 《粤省辛亥革命回忆录》，载《近代史资料》1957 年第 1 期。
③ 李直：《论外部竟无一详细澳图》，1911 年 8 月 1 日《铁城报》。
④ 郑勉刚：《澳门界务录》卷 4《香山勘界维持会上咨议局请愿书》。

呜呼！吾粤练军有年矣，而以之对待外人者，当以此次新军之对葡始。我国自鸦片之战，情见势绌，起各强轻视中国之渐。虽有海陆军之役，陆军失败；近虽训练陆军，编成劲卒，而平内乱或有余，对外患则不足。凡交涉事件，稍有棘手，惟知退让，而不敢以兵力为解决之利器。呜呼！言念及此，岂第吾国之羞，抑亦吾国军人之憾事也。今新军之出驻前山，巩固国防，即为新军报国报民之日，亦以雪我国向主退让之大耻，其主要目的纯然为对外而来，比之磨刀霍霍，日以残杀同胞为能事者相去天渊矣。呜呼！新军乎，我之最亲爱之新军乎，尔其奋励猛进，毋忘我邑人之欢迎乎。①

同时，该报对各乡筹办民团、抗葡自保的行动也给予勉励："幸也，南乡已筹办民团矣。是举也，为民为劈头对葡第一举动，不特粤人须注目焉，即葡人亦当奔走不遑，动色相戒也。兹举虽小，谓关于南乡之安危可，谓关于一邑之安危亦无不可。为今之计，开始固难，持久亦不易。竭尔心力，固尔团体，卧薪尝胆以为之，事无不济。抑吾闻之，奉耶教之民，有勇敢好战之风；奉佛教之民，有轻视死生之概。吾民侠烈好义，自昔已然。事变之来，小子虽不武，亦堪执以相从也。诸君子其勉之哉。"②

旬报这些舆论宣传，大大增长了人民保卫乡土的斗志，大灭了葡萄牙人的侵界气焰。

清政府鉴于香山人民强大的反对澳葡扩张澳门界址的斗争形势，态度也强硬起来，令广东政府全权处理澳门划界交涉问题。7月，张鸣岐派员到澳门交涉，要求葡萄牙当局立即停止疏浚工程；同时又派25镇参谋官黄士龙巡查澳门附近的防务。黄士龙提出一个军事与商业并举以驭制澳葡的方案：军事方面，加强北山岭和湾仔炮台，使两处互为犄角，加强各关隘的防务；商业方面，鼓励和支持民间建设香洲埠，并在湾仔开辟商场，动员澳门商民移往开业，从经济上制裁澳葡。这样，"葡人不能以兵力自恃，商务又逐渐凋残，款绌兵单，彼焉能自立？"③张鸣岐采纳了这个方案。8月

---

① 愤血：《论邑人欢迎新军之心理》，载《香山旬报》第118期。
② 愤血：《勖南乡之筹办民团者》，载《香山旬报》第93期。
③ 郑勉刚：《澳门界务录》卷4《广东咨议局呈请督宪阻止葡人浚河及张督答咨议局文》。

25 日，广东政府向前山增派新军以后，照会澳葡当局，要求立即停止疏浚工程。[1] 当时派往前山的新军达千多人，以及军舰 4 艘。中国加强前山防务，使澳葡当局十分惊慌。它急忙从本国增调军舰和军队来澳，准备负隅顽抗；同时向其他帝国主义国家请求外交支持。当时，一些大国也企图插足其中。香港的《麻刺西报》首先发难，就新军驻防前山一事进行威胁恫吓，声称："中国岂不知如此一举，必令各国之有权利于中国者尽为葡人之助乎？"[2] 8 月 30 日，各国驻广州领事联合访问两广总督张鸣岐，要求"调停"。张鸣岐表示："新军驻澳门交界，国防所系，属我主权，断难撤退。"[3] 在中国方面坚持斗争之下，澳葡当局被迫表示"愿化干戈为玉帛"，疏浚工程终于停止。

划界交涉期间，澳门附近曾出现一个新开商埠，欲与澳门争夺商利，较量高低。商埠位于香山县下恭都属山场、吉大两乡交界处，该处原有一段民荒，土名沙滩坏，地甚宽广，横直 800 多亩。面临大海，背枕群山。距澳门陆路约 13 华里，同香港和广州的交通也很方便。以当时的水程计，由香港乘轮船约两个半小时，由广州乘轮船约 5 个小时，便可以抵达该地。1909 年，香山人民在这里创办了一个商埠。这是一座民办官助的新兴商业城市，以其在香山境内，又靠近九洲洋，故取名香洲埠。开辟香洲埠是香山人敢为天下先的重大事件之一，迅即引起广泛的注意。香山人当时开设商埠的一个重要原因是抵制澳葡，以争利权。19 世纪下半叶，葡萄牙在英国支持下，悍然使用武力霸占澳门，实行殖民统治，并不断扩占周边各乡村土地。香山人民无比义愤，奋起抗争，要求划定澳门界限，制止扩张。在此期间，香山人民采取了许多手段遏制澳葡，开辟香洲埠就是其中之一。据广东劝业道委员陈庆桂的说法，开辟香洲埠是"为釜底抽薪之计，使彼狡谋莫逞"，他在奏章中说："广东澳门划界一事，迭经磋议，至今数月，相持未决。臣屡接乡人函电，均以葡人不遵原约，恐酿事端为言，则此中为难情形，谅亦穷于应付。臣愚以为外人既不肯退让，我若急求了事，则所丧必多；然虚与委蛇，究难定议，须另筹办法，为釜底抽薪之计，使彼

---

① 郑勉刚：《澳门界务录》卷 5《黄士龙禀陈澳界情形》。
② 郑勉刚：《澳门界务录》卷 4《广东咨议局呈请督宪阻止葡人浚河及张督答咨议局文》。
③ 郑勉刚：《澳门界务录》卷 5《澳界片片录》。

狡谋莫逞，自然就我范围。盖葡人之欲推广澳界者，有利可图也。臣查澳门港地非冲要，每岁所入，全恃妓捐赌饷，以为大宗，均系吸内地游民之脂髓，我若相戒勿往，彼自无法取盈。为今之计，莫妙于附近自辟港埠，以为抵制之方。近闻香山商民，新得一港，开作商埠，取名香洲，今年开埠之日，经督臣张人骏亲临察看，批准商人集股开公司。"①

可见，同盘踞澳门的葡萄牙人斗争的政治因素，是促成创办商埠的重要推动力。

香山人创设香洲埠，既争国家之利权，又谋同胞之利益，是完全符合人民利益和愿望的壮举，爱国之士，无不欢欣鼓舞，争起而赞助之。而旅外华侨，亦延颈企踵，冀其速成。但在澳门葡人则相反，以其毗连澳门，不胜恐惧。葡萄牙殖民当局多次召开会议，密谋对策，务求阻香洲之发达，救澳门之危亡。1909 年 8 月，中葡举行澳门划界谈判，葡方特使马沙铎竟要求中国特使高而谦保证，"香洲埠不能妨害澳门之商业，一若香洲埠成立足以致其死命者"。由此可见，香洲埠虽然尚未建成，但已对澳葡产生了巨大的震慑力量。葡萄牙人向中国方面提出抗议，不但没有使国人因此害怕和退缩；相反，商埠所产生的威力和作用，使得人民爱国心日益增进，而使香洲埠的建设加快脚步。② 毫无疑问，在澳门附近建设香洲埠是对澳门的挑战。开埠一年之内，各项建设均有突飞猛进的发展，商埠事业呈现一片繁荣兴旺景象。据当时人记载："香洲埠近日生意日众，夜间南北环及公所直街，多燃点大光灯，甚为热闹。现中环街市已竣工，内有铺位甚多，于 14 日开场贸易。埠中至夏尾南村、翠微前山之东洋车马路，由康正公司承办，定于 5 日开工，拟该路告成后，即展筑至雍陌鸡柏唐家银坑上下栅（栅）等乡。"③ 人们期待着一座新兴的商业城市的诞生。而这座新城市已经越来越走近他们的生活中来了。

（原载曾向东主编《南京社会科学》，南京，
南京社会科学界联合会，1999 年第 12 期）

---

① 《陈庆桂奏筹办香洲埠原折》，载《香山旬报》第 48 期，己酉十二月初一日。
② 《速香洲埠之成立者葡人也》，载《香山旬报》第 33 期，己酉七月初一日。
③ 《香山旬报》第 72 期，庚戌八月廿一日。

澳门与入关前的清朝

—— 从外文史料透视努尔哈赤死因真相

金国平* 吴志良**

在刚刚过去的千年中，澳门曾四次成为中国历史的焦点。南宋在此凭险抗元，可歌可泣；袁崇焕运用由此传入的"西洋台铳"抗清保明；南明从此遣使教皇，图复破碎河山；孙中山奔走澳港，鼓吹革命，推翻清朝，创建共和。

一 明清宁远城争夺战

明亡清兴与清朝至共和兴革之际，粤东大地孕育了两位与中国历史有重大关系的伟人。他们或多或少均与澳门有关。一位是我们熟悉的推翻清朝、创建共和的香山孙中山，另一位则是运用"西洋台铳"抗清名将东莞人袁崇焕。[①]袁崇焕，字元素，号自如，祖籍广西梧州藤县。"万历四十七年进士。授邵武知县"。他虽为文官，但"为人慷慨负胆略，好谈兵。遇老校退卒，辄与论塞上事，晓其厄塞情形，以边才自许"。[②]天启二年（1622），来京述职，与友人畅谈"防辽"见解，不无真知灼见，遂为御史侯恂所赏识，保荐朝廷，获升兵部职方司主事。袁崇焕甫任兵部主事，王化贞大军覆没广宁，满朝惊恐。清兵强弓铁骑，势如破竹，锐不可当。自万历四十六

---

   * 葡萄牙中国学学院澳门研究中心研究员。

  ** 澳门基金会行政委员会主席，南京大学历史学博士。

  ① 有关资料选编，见阎崇年、俞三乐编《袁崇焕资料集录》第 2 册，南宁，广西民族出版社，1984。

  ② 《明史》，北京，中华书局，1974，第 6707 页。

年（1618）以来，明军数十万被歼，辽东多处失守，山海关朝夕不保。此关一失，清兵将长驱直取北京。京师戒严，人心惶惶。

关外局势紧张，京城谣言四起，一时真假莫辨。此时袁崇焕只身匹马，出塞勘察。返京后，他向上司详报塞上形势，言称："予我军马钱谷，我一人足守此。"① 后获升兵备佥事，受派助守山海关。时山海关守军以浙兵为主。他从家乡招募了一批兵员，另有广东水兵 3000 人，在其赴任后到达。广西狼兵素称勇捷善战，袁崇焕特抽调 2000 名北来戍关。他到任后办事干练，深得辽东经略王在晋器重。他在前屯卫收抚难民表现出众，颇得军心，声名大振。王在晋奏请实任他为宁前兵备佥事，镇守山海关外抗清第一防线。从地理位置上，宁远在前，前屯卫稍后。位于第一线的宁远一无围墙，二无防御工事，实际上无城可守，他只得驻守前屯卫。其他明军则集中守御山海关。此地号称"天下第一关"，为京师防守要塞，然而无外围阵地，清军出师，便兵临关下。孤守山海关，实为背城借一，只要一败，便会失守，清军可直取京师。从战略角度考虑，须将防线北移。越是推向北方，山海关越安全，北京也就越平安。袁崇焕力主此议，但其上司王在晋主张在山海关外 8 里的八里铺筑城守御。袁崇焕不以为然，他认为，8 里长的外围阵地太窄，无屏障山海关的作用，再向王在晋力陈己见，竭力坚持筑城宁远。对此，廷臣意见不一。多数人认为宁远远离明军主要阵地，不易防守。大学士孙承宗"巡边"后，"乃议守关外"。不久，孙承宗代王在晋出任辽东主帅。天启二年（1622）九月，新帅派遣袁崇焕与副将满桂携兵驻守宁远。宁远在山海关外 200 余里，只守八里的 8 里铺和守到 200 多里以外的山海关，战略形势与意义当然大有不同。天启三年（1623）九月，袁崇焕抵宁远。"初，承宗令祖大寿筑"，但"大寿度中朝不能远守，筑仅十一"②，敷衍了事。袁崇焕经过一番实地考察后，决心进驻宁远，修筑防御工事。此议获朝廷批准。

他立下了筑城规格："高三丈二尺，雉高六尺，址广三丈，上二丈四尺"，并派祖大寿等督工。次年完工，城高墙厚，各种火器、大炮齐备，宁远城（今称兴城，为中国少数保存完整的明城之一）遂成为"关外重镇"。

---

① 《明史》，北京，中华书局，1974，第 6707 页。
② 《明史》，北京，中华书局，1974，第 6708 页。

这是袁崇焕日后一生功名的基业。关外终于出现了一磐石之地，清朝重兵为此城抵挡于山海关外达21年之久。若非吴三桂引清入关，或许还会阻挡多年。"由是商旅辐辏，流移骈集，远近望为乐土"。宁远城一筑成，朱明国防前线向北推移多达200余里。天启四年（1624），袁崇焕率万名骑、步兵东巡广宁。在此之前，尚未与清军有过短兵相接，故这次行动不无主动挑战之意，清兵不予应战。三四年中，从京师戒严到东巡广宁，明军转守为攻，袁崇焕功不可没。天启五年（1625）夏，孙承宗依袁崇焕之议，遣将分屯锦州、松山、杏山、右屯、大凌河及小凌河诸塞，"自是宁远且为内地，开疆复二百里"①，辽西旧地几乎收复。

明军稳扎稳打，步步为营。四年之中，清军无敢来犯。但努尔哈赤未放松军备，他移都沈阳，以便南下攻明、西取蒙古。

天启五年（1625），内有魏忠贤一伙阉党把持朝政，外有努尔哈赤不断举兵辽东。萨尔浒大战后，京廷指派老将熊廷弼经略辽东。广宁巡抚王化贞与其争权夺利，千方百计阻挠熊的指挥。清军兵临广宁，王化贞竟鼠窜塞内，熊廷弼无法孤军抵御，抚辑流民入关。广宁失守，熊廷弼、王化贞共入大牢。魏忠贤诛除孙承宗后，遣其同党高第坐镇塞外军事。

> ……高第来代，谓关外必不可守，令尽撤锦、右诸城守具，移其将士于关内。督屯通判金启倧上书崇焕曰："锦、右、大凌三城皆前锋要地。倘收兵退，既安之民庶复播迁，已得之封疆再沦没，关内外堪几次退守耶！"崇焕亦力争不可，言："兵法有进无退。三城已复，安可轻撤。锦、右动摇，则宁、前震惊，关门亦失保障。今但择良将守之，必无他虑。"第意坚，且欲并撤宁、前二城。崇焕曰："我宁前道也，官此，当死此，我必不去。"第无以难，乃撤锦州、右屯、大、小凌河及松山、杏山、塔山守具，尽驱屯兵入关，委弃米粟十余万。而死亡载途，哭声震野，民怨而军益不振。②

努尔哈赤见明军狼狈撤退，于1626年初亲率10万大军，横渡辽河，进

---

① 《明史》，北京，中华书局，1974，第6708页。
② 《明史》，北京，中华书局，1974，第6708～6709页。

取宁远。宁远已成孤城一座，"城中戍守数千人"，处境艰难。攻城之前，努尔哈赤曾企图收买袁崇焕。对此，卫匡国记载说：

> 直至 1625 年，鞑靼人按兵不动。从那时起，举重兵攻打这新都城①。先以重利许诺毛文龙②，企图瓦解他的一贯信仰，未遂。在他出发时，甚至许诺说，只要他率部下协助他们征服中国，事成之后，以半壁江山相赠。他们知道他的手下个个为精兵强将。这位将领无愧忠勇双全，不为所动，万分珍重名誉。他是位谨慎、高尚的人。他最大的美德是将唾手可得的一切视若粪土，何况还是不义之财。他率众救援宁远。鞑靼人在此损失士兵万人，其中包括一个国王的儿子（regis fillius）③。④

对宁远之役，《明史》有载："崇焕闻，即偕大将桂，副将左辅、朱梅，参将大寿，守备何可刚等集将士誓死守。崇焕更刺血为书，激以忠义，为之下拜，将士咸请效死。乃尽焚城外民居，携守具入城，清野以待。令同知程维楧诘奸，通判启倧具守卒食，辟道上行人。檄前屯守将赵率教、山海守将杨麒，将士逃至者悉斩，人心始定。明日，大军进攻，戴楯穴城，矢石不能退。崇焕令闽卒⑤罗立，发西洋巨炮⑥，伤城外军。明日，再攻，复被却，围遂解，而启倧亦以然炮死。"⑦ "西洋巨炮"重创金兵，一决胜

---

① 宁远。
② 应为袁崇焕之误。
③ 《明熹宗实录》卷 88 记载为："……王子浪荡宁谷……"，转引自杨继波、吴志良、邓开颂等主编《明清时期澳门问题档案文献汇编》，汤开建主编第 5 卷，中国第一历史档案馆、澳门基金会、暨南大学古籍研究所，北京，人民出版社，1999，第 53 页。
④ 〔意〕卫匡国：《鞑靼战纪》，罗马，1654 年拉丁文版，第 18～19 页。此书有一从英语翻译过来的文本，收入杜文凯《清代西人见闻录》，北京，中国人民大学出版社，1985，第 1～68 页，以及何高济译《鞑靼征服中国史 鞑靼中国史 鞑靼战纪》，北京，中华书局，2008，第 337～398 页。
⑤ 历史上，许多朝代常用所谓"闽卒"参与对匈奴、鲜卑的战争，充当炮灰。
⑥ 一般指来源于澳门的火炮。例如何乔远撰若翰哥里亚（João Correia）墓志铭云："奴酋作乱，失我辽左，于今五年矣！我所以御之者，莫如火攻；火攻之器，铳最良；铳之制造，西洋国最良；发铳之法，西洋国之人最良。"见《镜山全集》卷 66《钦恤忠顺西洋报效若翰哥里亚墓碑》，转引自《明清时期澳门问题档案文献汇编》第 5 卷，第 315 页。关于"铳"的词义，明人丘浚在《大学衍义补》中解释说："近世以火药实铜铁中，亦谓之炮，又谓之铳。"
⑦ 《明史》，第 6709 页。

负。"至于来战的鞑靼人，由于被宁远堡垒击退（此事发生于去年。年度报告中对此有叙述），已无指望夺取该地，而且被汉人不断从城内发射的火炮吓破了胆。炮火杀死了一万多鞑靼人。于是，他们向空中放射乱箭。这些箭如同出手的短剑落入城墙内，多多少少刺伤了一些人。都堂下令收集落箭，共有 30 多万支。然后鞑靼人退去"①。"宁远大捷"为明军关外抗清的首次胜利，意义重大。

二 努尔哈赤死因新探

清太祖努尔哈赤于 16 世纪末统一建州女真各部，1599 年下令以蒙古字母为基础创制满文，1601 年设立八旗。1616 年称汗，建后金，年号天命。1618 年进攻抚顺，1621 年进占辽沈。1622 年乘胜一举攻克广宁，自此辽河东西落入后金手中，不久建都东京城。1625 年 3 月迁都沈阳，称为"盛京"。同年 9 月，明宁远、山海关守兵夜攻耀州城，未克败走，且遭后金官兵追杀。1626 年 1 月，努尔哈赤再度统兵征明，后金军不战而得 8 所城池。2 月 19 日，努尔哈赤率大军至宁远城 5 里处，派人向明守军招降，但为宁远道袁崇焕所拒。3 月 21 日，努尔哈赤命部下以战车攻城，首先凿城堕墙。史称：

> 十一年丙寅春正月戊午，上起兵伐宁远。至右屯，守将遁，收其积谷。至锦州，戍将俱先遁。丁卯，至宁远。宁前道袁崇焕偕总兵满桂、副将祖大寿婴城固守。天寒土冻，凿城不隳，城上放西洋炮，颇伤士卒，乃罢攻。②

> 六年正月，我大清以数万骑来攻，远迩大震，桂与崇焕死守。始攻西南城隅，发西洋红夷炮③，伤攻者甚众。明日转攻南城，用火器拒

---

① 《耶稣会 1626 年年札》，葡萄牙里斯本阿儒达宫图书馆《耶稣会会士在亚洲》丛钞第 49 - V - 6 号手稿，第 313 页反面。
② 《清史稿》，北京，中华书局，1977，第 16 页。
③ 关于红夷炮，见台湾学者黄一农的系列研究论文和汤开建的新著《委黎多〈报效始末疏〉》，广东人民出版社，2004，第 106 ~ 111 页。

却之，围解。①

努尔哈赤之死因一直是学界和坊间聚讼不绝的话题之一。② 一般认为，他是在宁远城下受伤，"耻宁远之败，遂畜愠患疽死"③。

《太祖高皇帝实录》中记努尔哈赤七月"癸巳，上不豫，幸清河坐汤。八月庚子朔，丙午上大渐，欲还京，乘舟顺太子河而下，使人召大妃来迎。入浑河，大妃至，溯流至暖鸡堡，距沈阳城四十里。庚戌未刻上崩，在位十一年，年六十有八"。④《清史稿》称："（天命十一年）八月丙午，上大渐，乘舟回。庚戌，至爱鸡堡，上崩，入宫发丧。在位十一年，年六十有八。"⑤ 由此可见，有清一代对努尔哈赤疾终之史实并无不同看法。但是，关于努尔哈赤因何病而死，清代官书讳莫如深。

《明熹宗实录》中有数条关于宁远战事的珍贵史料，兹摘录如下：

> 辽东经略高第塘报。本月二十三日，大管达子俱到宁远扎营一日，至二十四日寅时，攻打西南城角，城上用大炮打死无数，贼复攻南角，推板车遮盖，用斧凿城数处，被道臣袁崇焕缚柴浇油，并掺火药用铁绳系下烧之，至二更方退。又选健丁五十名缒下，用棉花火药等物将达贼战车，尽行烧毁。⑥

> 天启六年二月甲戌朔，兵部尚书王永光奏：据山海关主事陈祖苞塘报，二十四五两日，虏众五六万人，力攻宁远，城中用红夷大炮及一应火器诸物，奋勇焚击，前后伤虏数千。内有头目数人，酋子一人⑦，遗弃

---

① 《明史》，第6958页。
② 严衡山、马和平：《近十年来对努尔哈赤的研究综述》，《文史知识》1988年第10期，第122～125页。有关其死因研究的回顾，见同文第124～125页，又见李鸿彬《满族崛起与清帝国建立》，天津古籍出版社，2003，第111～114页。
③ 《明熹宗实录》，天启元年九月戊戌。
④ 《太祖高皇帝实录》卷10，第79页。
⑤ 《清史稿》，第17页。
⑥ 《明熹宗实录》卷67。
⑦ 卫匡国根据耶稣会1625年年札亦说："鞑靼人在此损失士兵万人，其中包括一个国王的儿子（regis fillius）。"见《鞑靼战纪》，第19页。

车械钩梯无数。

> 丙子，经略高第报：奴贼攻宁远，炮毙一大头目，用红布包裹，众贼抬去，放声大哭。①

> （天启七年五月）癸巳，袁崇焕出宁远城十里，虏大至，诸将击之，杀王子浪荡宁谷，箭伤召力兔及固山四人、牛鹿二十余人，虏退东山坡。次日，发红夷炮击建虏，毙八百余人，俘八人。②

张岱《石匮书后集》中亦有如下记载：

> 丙寅，北骑四十万逼宁远城。城中戍守数千人，兵势单弱。城外有红炮③数门，无敢发者。崇焕事急，勒唐通判亲自发炮。凡放红大炮者，必于数百步外，掘一土堑，火着线，即翻身下堑，可以免死。唐通判不晓其法，竟被震死。炮过处，打死北骑无算，并及黄龙幕，伤一禅王。北骑谓出兵不利，以皮革裹尸，号哭奔去。捷闻，上大喜，拜崇焕为都察院右佥都御史，巡抚辽东，寻晋兵部右侍郎。辽东人谣曰："苦了唐通判，好了袁崇焕。"④

当然，上引史料无一记载努尔哈赤受伤一事，但后金方面伤亡众多，努尔哈赤作为大军统帅中计来到宁远外城督战，对明使用新式火器毫无思想准备，受伤，甚至被炮毙的可能性极大。上述史料均称"前后伤虏数千。内有头目数人，酋子一人"，"奴贼攻宁远，炮毙一大头目，用红布包裹，众贼抬去，放声大哭"。"炮过处，打死北骑无算，并及黄龙幕，伤一禅王。北骑谓出兵不利，以皮革裹尸，号哭奔去"。由此可知，当时后金方面伤亡

---

① 《明熹宗实录》卷68。
② 《明熹宗实录》卷88。
③ 红夷炮之略称。
④ 张岱：《石匮书后集》卷11《袁崇焕列传》，《袁崇焕资料集录》下册，第47页。

十分惨重，明人说"杀其贵人"①，"伤一裨王"，但不知"贵人"、"裨王"系何人。

在众多的历史文献中，只有朝鲜李星龄的《春坡堂日月录》中记载了努尔哈赤在攻打宁远时为明军炮击"重伤"：

> 我国译官韩瑷，随使命入朝，适见崇焕。崇焕悦之，请借于使臣，带入其镇，瑷目见其战。军事节制，虽不可知，而军中甚静，崇焕与数三幕僚，相与闲谈而已。及贼报至，崇焕轿到敌楼，又与瑷等论古谈文，略无忧色。俄顷放一炮，声动天地，瑷怕不能举头。崇焕笑曰："贼至矣！"乃开窗俯见，贼兵满野而进。城中了无人声。是夜，贼入外城。盖崇焕预空外城，以为诱入之地矣。贼因并力改（攻）城，又放大炮。城上一时举火，明烛天地，矢石俱下。战方酣，自城中每于堞间，推出木柜子，甚大且长，半在堞内，半出城外，柜中实伏甲士，立于柜上，俯下矢石。如是曾（屡）次，自城上投枯草油物及绵（棉）花，堞堞无数，须臾，地炮大发，自城外遍内外，土石俱扬，火光中见胡人，俱人马腾空，乱堕者无数，贼大挫而退。翌朝，见贼拥聚于大野边，状若一叶。崇焕即送一使，备物谢曰："老将横行天下久矣，今日见败于小子，岂其数耶？"努儿（尔）哈赤先已重伤，及是俱礼物及名马回谢，请借再战之期。因懑恚而毙云。②

这一段对宁远之战的叙述，与明、后金历史记载基本相符，而且提供了一些宝贵的细节。宁远攻城战中，努尔哈赤骄纵轻敌，率众攻闯外城，陷入袁崇焕设下的火炮阵。激战中，努尔哈赤受炮伤，退走。复受袁崇焕冷言讥讽，于是"大怀忿（愤）恨"而回沈阳。"二月壬午，上还沈阳，语诸贝勒曰：'朕用兵以来，未有抗颜行者。袁崇焕何人，乃能尔耶！'"③ 当时沈阳的宫殿尚未完全建成，努尔哈赤对宁远之败耿耿于怀，怒火中烧，伤口恶化，造成"疽发背"的重病，虽后经清河坐汤治疗，但"老贼因此

---

① （明）彭孙贻：《山中闻见录》卷4。转引自潘喆、李鸿彬、孙方明辑《清入关前史料选辑》第3辑，北京，中国人民大学出版社，1991，第50页。
② 《日月录》，载《燃藜室记述》卷25，转引自《袁崇焕资料集录》下册，第111页。
③ 《清史稿》，第16页。

大挫，缺望而死"①。

这便是"死于重伤说"，由稻叶岩吉据前引《春坡堂日月录》首创。

1980年代，出现了"死于毒疽说"。主要代表人物是孟森、商鸿逵和李鸿彬。②清史大家孟森的遗作《清太祖死于宁远之战之不确》③为其开山作，流传甚广。孟森在《东华录》、《太祖高皇帝实录》、《明史》及马晋允的《明纪辑要》中，未见关于努尔哈赤死因的记载，于是据《明纪辑要》中"努尔哈赤疽发背死"一语而提出"死于毒疽说"。孟森的高足商鸿逵在"赘言"中，进一步论述说：

> 关于努尔哈赤的死因和病状，官书不载。私家所述有二说：一、马晋允说："疽发背死"；二、稻叶岩吉说："（在宁远战中）先已负伤……因愤恚而死"……努尔哈赤于宁远之役并未受伤，更谈不到受重伤。他在死前还能率兵出征朵颜三卫，还能接待来附蒙古科尔沁台吉奥巴，还在叫喊准备和明军再战。在他死后第二年（天聪元年）皇太极即由广宁进兵围攻宁远，虽然仍未取胜，总可以说是执行其父的遗志吧。至于努尔哈赤的死因和病状，朝鲜实录所记被俘人员的讲话，应当是可信的。他所患的病为"肉毒病"④，即俗称"搭背疮"，为老年人的危难大症，极难治愈。这和"疽发背死"之说相合。再从宁远战败，大怀忿（愤）恨的情绪和精神来说，也可成为发病的诱因。当然这只是一个初步分析，更期待将来能从旧文件中发现直接的记录数据来作证实。⑤

孟森的论文多次指出，所引用的史料，"各传不合。应附带研究其孰确。"商鸿逵的"赘言"提供了一些"他在死前还能率兵出征朵颜三卫，还能接待来附蒙古科尔沁台吉奥巴，还在叫喊准备和明军再战"的例子，以证明"努

---

① 《徐光启集》卷4《练兵疏稿二》。
② 李鸿彬：《努尔哈赤之死》，《社会科学战线》1980年第2期，第194~196页。
③ 孟森：《清太祖死于宁远之战之不确》，载满学研究会编《清代帝王后妃传》上册，北京，中国华侨出版公司，1989，第24~31页。
④ 中医对此症的理论，可见邹兰欣《关于努尔哈赤之死》，载《清史论文集》，沈阳，辽宁人民出版社，1987，第171页。
⑤ 《清代帝王后妃传》上册，第29、30~31页。

尔哈赤于宁远之役并未受伤，更谈不到受重伤"。孟、商师生二人所使用的数据大部分都是清朝编撰的，我们认为，也应"研究其孰确"。需要指出的是，商鸿逵列举的努尔哈赤频繁活动的关键词句，均不见于《满文老档》。①因此，孟、商二人系未考虑到所使用的史料的可靠性而据以立论。

80 年代后，出现了"先负重伤，后死于毒疽说"。持这一观点的主要论者有阎崇年②、滕绍箴③、左步青④及邹兰欣⑤等。

20 世纪初，李鸿彬在一部专著中，对努尔哈赤炮伤而死论的关键证据《春坡堂日月录》提出了质疑。⑥而且断定"这个论断唯一的史料根据是朝鲜李星龄撰写的《春坡堂日月录》"⑦。

下面我们将看到，在华外国传教士也有多次涉及，因而朝鲜李星龄的记录不是"唯一的史料根据"。考证是否有韩瑗其人也失去了意义。

李先生的结论为："可以认定'努尔哈赤先已重伤'的说法是不可靠的。努尔哈赤之所以放弃攻打宁远，退回沈阳，并非他身负'重伤'所致，实是军事上失利和挫败的结果。"⑧

迄今为止，西方汉学在努尔哈赤死因研究上，未超出中国学者的深度和广度，亦未发掘、利用在华传教士留下的史料，因此，尚无领先的论文。⑨

---

① 可见邹兰欣《关于努尔哈赤之死》，载《清史论文集》，沈阳，辽宁人民出版社，1987，第 168 ~ 170；及阎崇年《努尔哈赤传》，北京，北京出版社，1983，第 270 页注 1。

② 《努尔哈赤传》，第 291 ~ 293 页。

③ 滕绍箴：《努尔哈赤评传》，沈阳，辽宁人民出版社，1985，第 375 ~ 376 页。

④ 左步青主编《清代皇帝传略》，北京，知识出版社，1998，第 35 页。

⑤ 中医对此症的理论，可见邹兰欣《关于努尔哈赤之死》，载《清史论文集》，沈阳，辽宁人民出版社，1987，第 163 ~ 172 页。

⑥ 《满族崛起与清帝国建立》，第 111 ~ 114 页。

⑦ 《满族崛起与清帝国建立》，第 111 页。

⑧ 《满族崛起与清帝国建立》，第 112 ~ 113 页。

⑨ 《剑桥中国明代史》，北京，中国社会科学出版社，1992，第 620 ~ 629 页；〔美〕魏裴德：《洪业：清朝开国史》，陈苏镇等译，南京，江苏人民出版社，2003，第 22 页。2002 年才出版的权威的《剑桥中国清代史》基本持《明熹宗实录》的"耻宁远之败，遂畜愠患疽死"说："This legacy may not have been visible to Nurhaci, who, after his defeat at Ning-yüan, returned to Shen-yang, humiliated, wounded, feeling weak, and without a designated heir. Once more he called his sons together and admonished them to be of one mind and rule collectively after his death. Later, still feeling ill, Nurhaci went to seek a cure in hot springs near Ch'ing-ho. He died on a boat returning from the springs in September 1626." 见 *The Cambridge history of China*, Vol. 9: The Ch'ing Dynasty, to 1800, Part 1, ed. by Willard J. Peterson, Cambridge: Cambridge, University Press, 2002, p. 51.

2001 年，本文作者勘比中外史料，首次提出"先受'西洋大炮'重创，后死于毒疽说"①。最近，我们又发现了一些新的耶稣会史料，推进了我们对努尔哈赤死因的认识。耶稣会会士卫匡国记载说：

> 该年②，鞑靼国王天聪③（Eodem anno moritur Tarrarus Rex Thien-zungus）死了……④

稍后，另外一位耶稣会会士鲁日满却斩钉截铁地说：

> 那些汉人称为"建州鞑靼"的鞑靼人帝国历史不长，至今统治过的国王只有四人，其中第一人被汉人背信弃义地杀死了（Dos quaes, fendo o primeiro morto pellos Chins com infame aleiuozia），所以后来的三王⑤对（中华）帝国继续残酷的战争，以报此大仇。⑥

卫匡国使用的是主动式（moritur），而鲁日满明确使用的是被动式（fendo o primeiro morto pellos Chins）。换言之，努尔哈赤不是病死，而是被打死的。我们认为，鲁日满的记录符合商鸿逵所说的"旧文件中发现直接的记录数据"。

卫、鲁二人都是耶稣会在华的传教士，为何会有不同的记载呢？似乎可以作如下的解释：他们二人在华的时间不同，卫前鲁后。因为清朝的严格保密，努尔哈赤死因有个逐渐透露的过程。到鲁日满时代，耶稣会会士进入了清廷，而且有人还学会了满语，因而得到了努尔哈赤之死的真相，在同会人士之间流传。鲁日满于 1668 年 12 月 16 日在广州将其落成文字。

---

① 金国平、吴志良：《澳门与入关前的满清——从耶稣会文献重探努尔哈赤死因》，载《镜海飘渺》，澳门，澳门成人教育学会，2001，第 51 ~ 85 页。

② 1627 年，应为 1626 年。

③ 为"天命"之误。

④ 《鞑靼战纪》，第 2 页。

⑤ 皇太极、顺治和康熙。

⑥ 〔比利时〕鲁日满（François de Rougement）：《1659 年至 1666 年中华帝国政治及精神状况录》（Relaçam do estado politico e espiritual do Imperio da China pellos annos de 1659 até o de 1666），里斯本，1672，第 1 页。何高济将此书译为《鞑靼中国史》，似与原文不符。

1672 年，从拉丁文原稿翻译过来的葡语版在里斯本刊行。拉丁文版于 1673 年在鲁汶问世。

总而言之，在清、明、耶稣会三种资料中，关于努尔哈赤死因的清朝史料可信性最低。谓其毫无价值实不为过，因为它都是"加工"过的数据。孟、商二人因此被误导。明朝的史料因清朝的消息封锁，大多模糊不清；勘比耶稣会的史料，明朝的记载才表现出更为清晰而重要的史料意义来。

假设鲁日满的记录属实，明朝有关史料可有新解。

首先，确实了的确"炮毙一大头目"。"用红布包裹，众贼抬去，放声大哭"的人应该就是努尔哈赤，"以皮革裹尸，号哭奔去"的"裨王"、"贵人"应该就是正王努尔哈赤。"黄龙幕"大概也只有努尔哈赤才有权使用吧。

李恒茂的奏报也提到"红巾裹尸，哭声震地"[1]。

邹兰欣分析说：

查宁远之战后金的伤亡情况，据《太祖高皇帝实录》和《清太祖武皇帝实录》记载：宁远之战"二日攻城，共折游击二员，备御二员，兵五百。"除此之外，后金再无提到其伤亡情况。很显然，游击、备御乃统兵的小官，其死亡决不至于使后金军震惊，以至于恸哭甚至放弃攻城，草草收兵。自努尔哈赤征战以来，军队所到之处，真所谓攻无不克、战无不胜。尽管如此，八旗军在战争中，官兵伤亡也是很常见的事，而宁远之战怎会因折损几员小官而动摇全军呢？所以用红布裹身的大头目绝非游击之辈，当是八旗军最高统帅部的人。再者，《明实录·满洲篇》兵部尚书王永光奏山海关主事陈祖苞有一塘报，提到"城中用红夷大炮及一应火器诸物……前后伤虏数千，内有头目数人，酋子一人"。这一塘报很笼统，但伤一"酋子"似乎确凿。宁远之战，努尔哈赤及大贝勒是全力以赴的。如果其中一贝勒伤亡，也可能使后

---

① 见邹兰欣《关于努尔哈赤之死》，载《清史论文集》，沈阳，辽宁人民出版社，1987，第 164 页。

金军为之震动而影响战局。但通览诸书，这次跟随努尔哈赤攻打宁远的"酋子"并无伤亡。因此，塘报所载"红布包裹，众贼抬去，放声大哭"者，可能是努尔哈赤本人。当然努尔哈赤在此次战争中，并没有被击毙。而受伤后，被八旗兵用红巾包裹抢救下去的过程，被明军误认为是击毙者，这是完全可能的。因为明军在城上远眺，看得并不一定十分清楚。由此可以推想出明朝奏报的被击毙的红巾裹尸之人，十分可能是受伤的后金主帅——努尔哈赤。①

实际上，高第的奏报已经很清楚了。联系"炮毙"，"用红布包裹"的显然是尸体。"以皮革裹尸，众贼抬去，放声大哭"指的应该就是努尔哈赤。"以皮革裹尸"及"红巾裹尸"那就更清楚说明努尔哈赤被打死了。如果说仅仅是受伤，即便是重伤也不会"放声大哭"、"号哭奔去"、"哭声震地"吧？

《明实录·满洲简》天启六年（1626）四月壬寅条下记载："登莱巡抚李嵩言，天启六年四月十五日，准平辽总兵官毛文龙揭回乡张有库等口称：'新年老汗于二十四日在宁远等处攻城，不料着伤。'"② 邹兰欣对此进一步分析说："这条情报是张有库等口称，通过毛文龙和登莱巡抚李嵩而传至明廷的。张有库是何许人暂且不论，但他对老汗王在新年攻宁远着淘（原文如此）显然是耳闻或目睹者。因此，他作为一个普通百姓传出来的这一重大机密情报非同小可。从情报的内容分析，是完整的，无论时间、地点、人物和情节，与明、金对宁远之战的记载完全相符。"③

李先生认为："这两条材料分别来自明朝和朝鲜，而且都是从后金内部传出的消息，其情节同清人记载也很一致，因此这种记载是可信的。"④ 以努尔哈赤受伤来掩盖其被炮毙的真相，即后来的病死说可能都是清朝施放

---

① 见邹兰欣《关于努尔哈赤之死》，载《清史论文集》，沈阳，辽宁人民出版社，1987，第164页。

② 见邹兰欣《关于努尔哈赤之死》，载《清史论文集》，沈阳，辽宁人民出版社，1987，第165页。

③ 见邹兰欣《关于努尔哈赤之死》，载《清史论文集》，沈阳，辽宁人民出版社，1987，第165页。

④ 《满族崛起与清帝国建立》，第114页。

的假军事情报。这如何可信？高第的奏报相对而言最准确，但他不知道"炮毙"的就是后金的主帅努尔哈赤。

邹兰欣所列举的宁远战后，明金的暂时休战期正是说明了金军失去了主帅，而不是无能力大举攻明。

至于"上谕增多的原因，是为了安排后事"①，我们认为，这也可能是后金掩盖努尔哈赤被击毙之耻而炮制的。

总之，在努尔哈赤死因这个历史悬案的探讨中，耶稣会史料具有决定意义。这些史料一方面揭穿了清朝史料的虚假，核实了朝鲜史料；另一方面又帮助我们更好地解读明朝史料。

2004 年，福建石狮市博物馆征集到一块明代墓碑，提供了一些新史料。此碑系蚶江镇石壁村一村民主动捐赠。长 50 余厘米、宽 30 余厘米的青石墓碑，除了边缘部位有些许残破外，其余部分基本完好，其上所刻蝇头小楷仍清晰可辨。这是墓主的堂弟——明代兵部尚书黄克缵于天启年间所作。碑文曰：

> ……兄亡（明万历己卯年）四十年，而余为戎政兵部尚书。值建贼攻辽阳，京师大震。余命兄孙调焕募同安善铸吕宋铜炮者十四人携之入京，铸三十门。而上疏解其六于辽，令焕为守备，将南京所携工用炮者三十人与之偕。内一炮重三千斤，为参将李秉诚取守奉集堡。夷将火狐狸将二万人来攻城，炮一发击死贼八百人；歼其二将，乃（火）狐狸与（努尔）哈赤侄也……②

据查，天启元年（1621）四月壬辰，刑部尚书黄克缵有一内容相同的奏疏：

> 臣任协理戎政时，曾募能铸吕宋大铜炮匠人来京，铸完大炮二十八位，遣援辽宁备黄调焕，同壮士陈有功、顾应泰等三十人，解去辽

---

① 见邹兰欣《关于努尔哈赤之死》，载《清史论文集》，沈阳，辽宁人民出版社，1987，第 166 页。

② 陈德山：《闽南大炮炸死努尔哈赤——石狮——明代墓碑文揭秘"宁远大捷"》，载 2004 年 5 月 15 日《海峡都市报》，第 A1 版。

阳七位。其一位重三千余斤，为李秉诚请去，奉集一发，击毙建夷七百余人，将官二人。此道臣高出之所目击。其余重二千余斤，及一千斤者，分守辽阳山东，闻再发击毙建夷二千余人。此袁经略之所面赏。今三炮一埋地中，其二击破，惟有四号者三位，为建夷所得，然彼亦不能用也。所遣三十人，初以为尽于辽矣。今尚存二十六人在宁前，真壮士也。戎政府中尚有大炮十七位，大佛郎机十二位，若募百人演习而善用，当可当浙川兵一二万人。此则神器所当急演者也。①

汤开建对此问题有精深的研究：

> 1620 年从马尼拉买回了七门西洋大铳，1621 年又从马尼拉买回 12 门，则知在 1620~1621 年间澳门葡人已从马尼拉引进了 19 门西洋大铳。从马尼拉（吕宋）引进的"西洋大铳"，故中文文献中亦称"吕宋大铜铳"。

程开佑《筹辽硕画》卷三十八载户科给事中应震万历四十七年疏：

> 在岁癸卯（1603），西洋人仅四百计耳，以用火炮，致我闽漳泉贩夫贾子被歼于吕宋者四万。今西洋人潜住粤澳，实繁有徒，闽人尚多传得其法。戎政尚书黄克缵业捐多金，购闽人之善造者十数人辈至京，同泰宁侯造炮于京营，已造成大炮一位，铜重三千斤。②

同书卷三十九载彭鲲化万历四十七年（1619）《通州兵哗幸定疏》称：

> 戎臣欲制吕宋炮，一可当万，闽中行之既效。③

《明熹宗实录》卷九载：

---

① 《明熹宗实录》卷9。
② （明）程开佑：《筹辽硕画》卷38，万历四十七年应震疏，清史资料丛书影印万历刊本，第21~31页。
③ （明）程开佑：《筹辽硕画》卷39，万历四十七年彭鲲化《通州兵哗幸定疏》，第18~22页。

（天启元年四月壬辰）臣任协理戎政时，曾募能铸吕宋大铜铳匠人来京，铸完大炮二十八位。①

兵部尚书崔景荣天启元年（1621）五月初一日上疏称：

先是刑部尚书黄克缵疏请吕宋大铜铳，发去辽阳，试有成效。②

徐光启万历四十七年（1619）九月十五日上疏称：

广东募送能造西洋大小神铳巧匠、盔甲巧匠各数十名，买解西洋大小诸色铳炮各十数具，铁盔甲十数副。③

此处"西洋神铳"即吕宋铳。可知，万历四十七年（1619）年前福建、广东均能制造吕宋铳即西洋铳。宋应星《天工开物》第9、第12及第16中分别谈及当时的外国炮：

凡铸炮，西洋、红夷、佛郎机等用熟铜造……奇炮出于西洋、红夷……西洋炮熟铜铸就……红夷炮铸铁为之。④

除佛郎机外，可见当时的外国炮，宋应星认为就是两种：一是西洋铳，一是红夷铳，而无吕宋铳。为什么？因为"吕宋铳"就是"西洋铳"。澳门葡人先从吕宋（西班牙人）引进来，然后又进献给明朝，输入内地，故遂以"西洋大铳"名闻于天下。"香山澳夷所传西洋大铳为猛烈神器"⑤；"西洋大炮我首称长技前无横敌者"⑥，"我之用西洋大铳，授自异人，斯器一

---

① 《明熹宗实录》卷9，天启元年四月壬辰条。
② （明）崔景荣：《题为制胜务须西铳敬述购募始末疏》，载《徐光启集》卷4，附录2，第181～183页。
③ 《徐光启集》卷3《练兵疏稿》、《恭承新命谨陈急切事宜疏》，第125页。
④ （明）宋应星著，潘吉星校注《天工开物》第9《冶铸》、第12《燔石》及第16《佳兵》，成都，巴蜀书社。
⑤ 《明熹宗实录》卷33，天启三年四月辛未条。
⑥ 《徐光启集》卷6《钦奉明旨敷陈愚见疏》，第310页。

精，诸器可废矣"。① 为什么以"西洋"二字为大炮名。葡人初来华时，均以"佛郎机"称之，对西班牙人亦称"佛郎机"。② 后来此一称呼逐渐改变，特别是大批欧洲传教士通过澳门进入中国后，均自称"大西洋人"。《明史·佛郎机传》："其时，大西洋人来中国，亦居此澳。"③ 故将葡萄牙称之为"大西洋"，而将果阿称之为"小西洋"。这一点，公沙·的西劳（Gonçalves Teixeira）《西洋大铳来历略说》一文说得最清楚：

> 西洋统领公沙等系西极欧罗巴沿海国土人，在小西洋（果阿）之西，故称曰大西洋，其总名也。④

公沙·的西劳为葡萄牙人，故知当时称葡萄牙为大西洋国，而当时葡、西已合并为一国，故"大西洋国"⑤ 实指葡、西联合王国（有时则省称"大西国"⑥），这就是为什么"吕宋大铳"就是"西洋大铳"之原因。⑦

此碑的发现有三个重大意义：①披露了被歼二将的名字；②以前，"闽卒罗立"常常被理解为一人名，实际上是动词；③"吕宋铜炮"并非舶来品，而是从澳门学到铸炮技术的同安人铸造的。

不过，福建本地学者立即宣布的"闽南大炮炸死努尔哈赤"，还只是一种推测。

此墓碑仍为一孤证，需要有其他史料的印证。

有其他史料说明，袁崇焕所使用的是澳门提供的"西洋大炮"⑧，因此同安人铸造的"吕宋铜炮"可能是辽东前线部署的火炮的一部分。

---

① 《守圉全书》卷3之1王懋官《制器篇序》，第1页。
② 《东西洋考》卷5《吕宋》称："有佛郎机者，自称干系蜡国，从大西来"，第89页。
③ 《明史》，北京，中华书局，1974，第8434页。
④ 〔葡〕公沙·的西劳（Gonçalves Teixeira）：《西洋大铳来历略说》，《守圉全书》卷3之1，第95~96页。
⑤ （明）徐昌治：《圣朝破邪集》，香港，香港建道神学院，1996。该书卷4许大受《圣朝佐闻》第194页称澳门葡人"彼诡言有大西洋国，彼从彼来，涉九万里而后达此"。可证，当时士大夫多认为葡人称自己是"大西洋国人"为一骗人的谎话。
⑥ （明）李日华：《紫桃轩杂缀》卷1《大西国》，四库存目丛书本。
⑦ 《委黎多〈报效始末疏〉》，第102~104页。引文内注释为原注。
⑧ 金国平、吴志良：《澳门与入关前的满清——从耶稣会文献重探努尔哈赤死因》，载《镜海飘渺》，澳门，澳门成人教育学会，2001。

"哈赤侄" 可能便是明代文献所称的 "酋子一人"，"裨王"，即耶稣会原档中的 "国王的儿子"。① 但从 "黄龙幕"、"贵人" 及 "大头目" 来看，似应为清太祖本人。

大清一代开国君主，竟葬身 "西洋大炮" 口下。为固军心，隐瞒、迟报主将伤亡乃古今中外兵法惯技，因此在无新数据披露之前，似乎可以结论说：努尔哈赤在宁远之战中，直接被明军装备的西式大炮击毙。

我们将继续爬梳耶稣会的史料，重点是原文件，以期获得更多的直接证据。若此史实在当年得以澄清，清朝被迫要报复澳门，澳门便不会存在了。清朝正是领略了 "西洋大炮" 的厉害之后，在入主中原前便形成了对澳门葡萄牙人将加以安抚、限制与利用的基本政策。入关后，"清朝基本上因袭了明朝防范、限制和怀柔相结合的政策"②。非但未报复曾助明抗清的耶稣会会士及澳门葡萄牙人，反而大力起用汤若望等耶稣会会士，巧妙地利用澳门的特殊地位为清朝的政治、军事及外交各项政策服务。③

三 余论

盛世修史。中国政府决定启动 "清史纂修工程"。这是 21 世纪中国重大的文化工程，也是中华民族昌盛、崛起的标志之一。李岚清先生在 2003 年 1 月 28 日的 "清史编纂工作座谈会" 上指出，编写清史 "要有世界眼光，要把清史放到世界历史的范畴中去分析、研究和评价。既要着眼中国历史的发展，又要联系世界历史的发展进程"。中国国家清史编纂委员会副主任马大正先生在 2004 年 8 月 19～22 日于上海举办的 "世界中国学论坛" 作了进一步的阐述：

> 清史编纂要有世界视野，既要着眼于中国历史的发展，又要联系世界发展的进程。清朝在中华民族历史上第一次全方位地进入到世界

---

① 《耶稣会 1625 年年札》，第 216 页。

② 吴志良：《生存之道——论澳门政治制度与政治发展》，澳门，澳门成人教育学会，1998，第 61 页。

③ 韦庆远先生利用清文件数据，精辟地论述了这一课题。见《澳门在清代康熙时期的特殊地位和作用》，《中国史研究》1992 年第 1 期，第 85～98 页。

史中，其兴、盛、衰、亡，无一不是在世界格局里发生的。清史编纂中的世界视野包括三个方面的内容：一是今人的世界视野，把清朝的中国作为世界的一个部分来看待；二是清朝人的世界视野，把清朝人如何看待世界（也包括外国人如何看待清朝）在清史中体现出来；三是，清史编纂在史料的利用和研究成果的吸纳也应有世界视野。我们要尽可能利用收藏于世界各国的清代档案文献和充分吸收各国史坛同行清史研究的创见。

编纂清史要有世界眼光，已成为一种共识。新清史的世界视野实在令人振奋！中国正在全方位地重返国际社会，中国的社会科学也在努力现代化。我们相信，在着眼中国历史的发展，又联系世界历史的进程，放眼世界，博采众长，搜集世界各国关于清代中国的记录，吸取外国清史研究的有益成果这一基本原则的指引下，新清史定会成为一部旷世杰作。

满族兴起东北，逐鹿中原，清亡民兴，面临了"世界化"的国际大趋势，同东西各国有了全方位的接触，欧力东渐，华风西传，各国传教士、商人、外交官、探险家、科学考察家等类人物频频来华。出于种种不同的目的，他们以各种文字记录下的所见所闻，数量浩瀚，庋藏于各种馆档及私人手中。这是了解清代历史的珍贵资料。

新清史的外语史料搜集、编译计划不仅是保障这项工程顺利完成的条件之一，而且是一种进一步推动清史各类细部研究的基础工程，意义深远。

通过澳门与中国有关的各种文献散藏于世界各地，其中大部分是以葡萄牙语撰写的。我们认为，今后的澳门史料出版及史地研究应该与清史工程挂钩。从我们研究早期中葡关系史的经验看，只要充分地利用在华传教士留下的宝贵历史遗产，比勘汉语史乘，从新的视角对已知史料进行新的诠释，披沙觅金，某些较具争议的重大历史事件真相的发潜彰幽不无可能。例如，我们在较全面地爬梳了国外的档案及罕见的出版物后，获得了有关顺治晚年的几个疑案、康熙继位及雍正继位的新史料。这些史料参考、实证价值颇高。我们将陆续予以翻译和发表。

（原载金国平、吴志良著《镜海飘渺》，澳门，澳门成人教育学会，2001；作者于2009年7月有所修订）

再论"蕃坊"与"双重效忠"

金国平[*]　吴志良[**]

编写一部以中外史料为基础，试图达到基本共识的澳门史，已是学界今后面临的首要任务。后朝为前朝修史是中国的史学传统，澳门特区也应该有一部自己的澳门史，象征一个时代的终结与另外一个时代的起始。澳门为东西交汇的结晶，是具有多种文化特征的历史名城，这样一部历史的撰写和出版，无疑将具有很高的学术价值并对澳门的主要经济支柱——旅游业有所促进。它应该尽量吸收澳门史研究各个领域的新成果，力求包容最大中外文献资料的信息量，比以往任何一部同类著作更具深度与广度。

近年来，中国内地、台湾、澳门，尤其是澳门基金会参与组织出版的多种史料汇编，为此提供了工作平台。在此基础上撰编一部澳门史，无论从内涵到外延，都将超前丰富，超前广阔。某些陈念的更新及对某些重大历史事件的重新评价，肯定将成为其与众不同之处。这样一部澳门史要求有机地联系一切同澳门社会、政治、经济、历史、文化发展有关的诸方面，不仅需要立足于粤澳相互关系的考察，更有必要将澳门的整个历史进程及某些重大事件置于中葡两国乃至世界政治、经济的大环境中进行比较研究与表述，也就是努力撰写一部"宏观历史"。只有这样，才能高屋建瓴、提纲挈领。也只有这样，我们才能冲出窠臼，避免再进行仅仅罗列事件，停留于历史表象叙述的史学研究。我们应努力借助于新披露的中外原始文献，客观地研究揭示历史上澳门的开埠、生存与发展所包含的中葡制度史渊源及其结构模式。

我们认为，澳门早期历史研究中尚有两个值得深入探讨的问题：一是

---

*　葡萄牙中国学学院澳门研究中心研究员。

**　澳门基金会行政委员会主席，南京大学历史学博士。

明朝政府如何让葡萄牙人据居澳门，二是葡萄牙人怎么可以长期居住澳门。澳门的开埠，除了京廷访求龙涎香、广东开辟饷源①等即时因素外，有其制度渊源。从此层面来探讨澳门的起源，才能对中国政府管制澳门的措施有实质性的理解。否则，我们对澳门历史的研究将停留在隔靴搔痒的表象平叙，对澳门历史的起源和演变的理解和认识亦无法进入更深更高的层次。在历史的沧桑中，澳门这个"异体"顽强、奇迹般地在中华体统内生存了四个半世纪，应该说是有其生存之道的。历史悠久的唐宋广州蕃坊，应为朱明同意葡人租居澳门的制度渊源。而澳门葡人长期奉行的"双重效忠"策略，则令澳门这个西方在华最早的居留地成为西方在亚洲最后撤出的管治地。

吴志良的博士论文《生存之道》（该书1998年在澳门出版，1999年由上海社会科学院出版社在内地出版，易名为《澳门政治发展史》）以大量中西史料为基础，从上述两点出发，明晰地分析揭示了澳门政治制度与政治发展的历程，也部分解答了这两个问题。该书出版后，受到国内外澳门史学界的关注，内地、香港、澳门三地华人学者都先后撰文评价了该书的学术价值和观点。②此书葡文版去年底问世后，也获得了著名历史学家萨拉伊瓦（José Hermano Saraiva）③以及澳门史学泰斗文德泉（Manuel Teixeira）蒙席的高度评价："此书的出版，澳门值得庆贺。澳门、吴博士应同喜……它填补了汉语澳门史上的一大空白……我们万分感谢吴博士所进行的这项极

---

① 所谓军饷问题，不是指广东当局缺乏基本的财政预算。我们知道，当时的正规军数目不多。遇有边警，临时扩充，组织征讨。广东当局所不能维持的是常年戒备的费用。因此，将葡人与中国海盗分离既可通过抽税补充军饷，又可避免额外的军事支出。

② 邓正来：《澳门政治发展与宏观政治研究》，载《中国书评》，香港，1998年2月总第11期（复刊号），第132~139页；何亮亮：《澳门问题的必读书——读吴志良博士的〈生存之道——论澳门政治制度与政治发展〉》，1998年5月31日香港《文汇报》；徐新：《〈生存之道〉与澳门学》，载《澳门研究》第11期，第124~129页；黄枝连：《在"前五百年"和"后五百年"之间——评吴志良〈生存之道：论澳门政治制度与政治发展〉》，1998年10月15日香港《文汇报》；于沛：《一部研究澳门史的力作——读〈生存之道——论澳门政治制度与政治发展〉》，载《史学理论研究》1998年第3期，第157~159页；汤开建：《评吴志良〈澳门政治发展史〉》，载《澳门研究》第13期，第141~150页；张海鹏：《居澳葡人"双重效忠"说评议》，载《近代史研究》1999年第6期，第1~17页，并在"Yahoo中国"上有一基本相同的网络版。

③ 中国学者经常引用的《葡萄牙简史》的作者。

有新意的研究,更期待有新的佳作问世"。① 当然,对《生存之道》的评价
有褒有贬,这是十分正常的。值得庆幸的是,得到的评价多为正面,但亦
有从根本上质疑书中基本观点的。中国社会科学院近代史研究所所长张海
鹏教授便提出以下四大质疑②。

(1) 议事会是否得到中国官方的承认,中国官方是否把澳门议事会当
作古代实行过的蕃坊?

(2) 如何理解议事会的自发成立,如何理解议事会与总督的矛盾以及
葡萄牙政府行为在澳门议事会上的表现?

(3) 如何理解《王室制诰》的颁布及其实行?

(4) 如何看待中国政府在澳门行使权力?

这些都是我们关心的问题。我们谨就该书中"另类蕃坊"和"双重效
忠"观点作出进一步的阐述,以及就张海鹏教授对此提出的强烈质疑谈谈
自己的看法。

一 广州蕃坊与澳门

(一) 蕃坊之沿革

统观中国历史,最早出现的外人居留区应数西汉时位于京师长安城内
的槁街蛮夷邸。③ 北魏京城洛阳南郊,也曾建立四个外人居留区。南北朝
中,外人在华聚居地继续存在。唐朝时,长安、扬州、广州都有过外人聚
居区。宋代,大批阿拉伯人、波斯人入居当时中国最大的通商口岸泉州,
形成了"蕃人巷"。元代是中国历史上一个开放的朝代,外人大量来华,因
此各地均出现过外人聚居地。元大都内设立了会同馆,招待外国访元使团。
宋亡元兴后,对外贸易的中心从广州转向泉州,但广州的蕃坊依然存在。由

① 《今日澳门》(*Macau Hoje*),2000 年 5 月 23 日,第 4 页。
② 张海鹏:《居澳葡人"双重效忠"说平议》,载《近代史研究》1999 年第 6 期,第 5 页。
③ 早期葡语文献对此有记载。"在中国不仅仅是澳门,因为在中国陕西省某城的城墙内摩尔
人也有他们的居留地"。参见阿儒达宫图书馆《耶稣会会士在亚洲》49 - V - 4 号钞件,第
11 页。

此可见，外人来华贸易、居留，乃至建立其聚居地，在中国历史上源远流长。

广州蕃坊与后来出现的澳门有着渊源关系。入唐后，广州成为中国最繁盛的对外贸易口岸。数以万计的大食、波斯商人来此经商，起初与华人杂居。至公元9世纪，位于广州城南、珠江北岸的现光塔街一带逐渐成为他们的集中居留区域，人称蕃坊。唐末黄巢攻陷广州时，大肆屠杀侨商。战乱的幸存者弃离广州，蕃坊一度衰落。宋太祖一统中原后，随着对外贸易的恢复，蕃坊重新复兴、蓬勃并维持至元。明初，因海禁之厉，外商不得入华，延续了几百年的蕃坊才永远地成为一个历史名词。两广当局将外贸从广州迁往外海，最后把澳门发展为一个交易港口，从而使澳门成为一个无名有实的蕃坊。

（二）蕃坊与蕃长名考

蕃坊为中国古代对外侨居住区的称呼。《旧唐书》称："在邑居者为坊，在田野者为村。"① 由此可见，坊乃唐时对城市街区的通称。唐时城市呈正方形，切分成若干街区，大抵以"坊"名之。广州外国人聚居的街区发端于唐，自然亦不例外，故称蕃坊。

学者通常认为蕃长为一种官职。据查，中国历代职官中无此职称。笔者以为，蕃长为一普通名词，泛指蕃人头目。仅从二十五史中撷取数例：

> 时西蕃酋长阿史那斛瑟罗家有细婢，善歌舞，俊臣因令其党罗告斛瑟罗反，将图其婢。诸蕃长诣阙割耳劙面讼冤者数十人，乃得不族。时綦连耀、刘思礼等有异谋，明堂尉吉顼知之，不自安，以白俊臣发之，连坐族者数十辈。俊臣将擅其功，复罗告顼，得召见，仅而免。②
> 太宗伐高丽，至营州，会其君长及老人等，赐物各有差，授其蕃长窟哥为左武卫将军。二十二年，窟哥等部咸请内属，乃置松漠都督府，以窟哥为左领军将军兼松漠都督府、无极县男，赐姓李氏。显庆初，又拜窟哥为左监门大将军。其曾孙祜莫离，则天时历左卫将军兼

---

① 《旧唐书》，第2089页。
② 《旧唐书》，第4840页。

检校弹汗州刺史，归顺郡王。①

十一月，以王侄大能信为左骁卫中郎将、虞候、娄蕃长，都督茹富仇为右武卫将军，放还。②

长寿中，还授殿中丞，坐赃贬同州参军事，暴纵自如，夺同僚妻，又辱其母。俄召为合宫尉，擢洛阳令，进司仆少卿，赐司农奴婢十人。以官户无面首，闻吐蕃酋阿史那斛瑟罗有婢善歌舞，令其党告以谋反，而求其婢，诸蕃长数十人，割耳劓面讼冤，仅得解。③

元庆累拜镇国大将军、行左威卫大将军。武后擅命，率诸蕃长请赐睿宗氏曰武，更号斛瑟罗曰竭忠事主可汗。长寿中，元庆坐谒皇嗣，为来俊臣所诬，要斩，流其子献于振州。④

天子封禅，邵固与诸蕃长皆从行在。⑤

小绫纸一等。（五张，黄花锦褾，次等角轴，青带。诸军指挥使以下用之。如加至爵邑者，同上。）凡封蛮夷酋长及蕃长绫纸两种，各一等……⑥

三佛齐国……泛海使风二十日至广州。其王号詹卑，其国居人多蒲姓。唐天佑元年贡物，授其使都蕃长蒲诃栗立宁远将军。⑦

昨在本国，曾得广州蕃长寄书招谕，令入京贡奉，盛称皇帝圣德，布宽大之泽，诏下广南，宠绥蕃商，阜通远物。臣遂乘海舶，爰率土毛，涉历龙王之宫，瞻望天帝之境，庶遵玄化，以慰宿心。今则虽届五羊之城，犹赊双凤之阙。自念衰老，病不能兴，遐想金门，心目俱断。今遇李亚勿来贡，谨备蕃锦药物附以上献。臣希密凡进象牙五十株，乳香千八百斤，宾铁七百斤，红丝吉贝一段，五色杂花蕃锦四段，白越诺二段，都爹一琉璃瓶，无名异一块，蔷薇水百瓶。⑧

熙宁中，其使辛押陁罗乞统察蕃长司公事，诏广州裁度。又进钱

① 《旧唐书》，第5350页。
② 《旧唐书》，第5362页。
③ 《旧唐书》，第5907页。
④ 《旧唐书》，第6065页。
⑤ 《旧唐书》，第6170页。
⑥ 《宋史》，第3846页。
⑦ 《宋史》，第14088页。
⑧ 《宋史》，第14119页。

银助修广州城，不许。①

炎海之墟，淳泥所处。煦仁渐义，有顺无迁。懍懍贤王，惟化之慕。导以象胥，遹来奔赴。同其妇子、兄弟、陪臣，稽颡阙下，有言以陈。谓君犹天，遗以休乐，一视同仁，匪偏厚薄。顾兹鲜德，弗称所云。浪舶风樯，实劳恩勤。稽古远臣，顺来怒趑。以躬或难，矧曰家室。王心亶诚，金石其坚。西南蕃长，畴与王贤。蠢蠢高山，以镇王国。镵文于石，懋昭王德。王德克昭，王国攸宁。于万斯年，仰我大明。②

（三）广州蕃坊

广州的海外贸易始于秦汉。唐代，广州的海外贸易出现鼎盛，大批外商东渡，麇聚于扬州、广州等地，尤以羊城为碇泊贸易之点。华商出海贸易，亦多数经广州起航。当时有部分外人，因商务需要，定居了下来，遂被称为蕃客。"……来到中国通都大邑的外国商民人等往往集中居住在当地的某一区域。这一方面因为远道而来的外国商民在抵达语言、习俗、宗教等均不相同的异邦他乡后，出自便于生活、贸易、祈祷及进行自卫等方面的考虑，通常有聚居一处的愿望；另一方面因为历代中国政府也常常要求他们集中居住，以便于对他们的防范和管理"。③ 李肇著《唐国史补》称："南海舶，外国船也。每岁至安南、广州。师子国舶最大，梯而上下数丈，皆积宝货。至则本道奏报，郡邑为之喧闻。有番长为主领"。该书成于元和年间（806~820）。蕃长为管理蕃坊公事的负责人，由蕃人充当，既然元和时广州已有番长之设，则广州的蕃坊亦相应的存在，为此，广州蕃坊创建的时间应在公元820年之前。广州蕃坊创建于唐，兴盛于宋，消亡于明。

（四）广州蕃坊与澳门、蕃长与理事官之异同

广州蕃坊消失近两个世纪后，香山县南海滨出现了一块葡萄牙人居留地。如前所述，澳门的出现，除了京廷访求龙涎香，广东开辟饷源等即时

---

① 《宋史》，第14121页。
② 《明史》，第8414页。
③ 费成康：《中国租界史》，上海社会科学院出版社，1991，第1页。

因素外,有其制度渊源。历史悠久的广州蕃坊,应为朱明同意葡人租居澳门的制度渊源。因此,广州蕃坊与澳门有许多相似之处。言及蕃坊,人们总要引用《萍洲可谈》的记载:"广州蕃坊,海外诸国人聚居。置蕃长一人,管勾蕃坊公事,专切招邀蕃商入贡,用蕃官为之,巾袍履笏如华人。蕃人有罪,诣广州鞫实,送蕃坊行遣……徒以上罪,则广州决断"。按照朱彧的记述,构成蕃坊的要素有三:其一,外人聚居于某地;其二,启用外籍统领,其主要职责为管理公共事物,尤其招徕外商;其三,执行中国政府的司法决定。本文即以此为标准来论述广州蕃坊与澳门的异同。

首先,有学者认为,广州蕃坊与澳门的区别在于前者位于城市中,而后者地处海隅。值得注意的是,《萍洲可谈》并未对蕃坊应处于的位置加以严格的界定。它所强调的是"海外诸国人聚居"。澳门历来的人口构成符合这一要素。广州蕃坊的范围大致相当于今光塔街一带。当时外人在华的分布状况为大分散,小集中。这是世界各地侨民社团的主要居住形态。广州外侨社团亦不例外。就整个城市而言,先是外人与当地人混居①,然后才逐渐形成了外人相对集中的专门街区。散布世界各地的唐人街也经历了这一发展过程。因此,仅以"聚居"或"杂居"来判定蕃坊是不充分的。葡人主要从事海外贸易,但其日常生活所需各式工匠为华人,因此在澳门造成了"华夷杂处"的局面。其混杂性甚至高于广州,原因是在广州较容易在本地或近处获得各种工匠,而偏远的澳门需要有常驻的"第三产业人口"来维持正常的社会生活。

明朝选择澳门作为葡人居留地的因素不一而足,但安全因素为主要考虑。唐乾元元年(758)九月"……大食、波斯寇广州"。②可见当时聚居广州的大食、波斯人口之众多,实力之雄厚。有此前车之鉴,有明一代才谨慎地将葡萄牙人安顿在澳门。③事实证明,靠"关闸"实施的"饥饿政策"胜过千军万马之力。

其次,在广州蕃坊内"置蕃长……用蕃官为之……"。这一原则亦适用

---

① "广人与夷人杂处"见《旧唐书》,第 4060 页。"先是土人与蛮僚杂居,婚娶相通。吏或挠之,相诱为乱。钧乃立法,俾华蛮异处"。《旧唐书·卢钧传》,第 4592 页。

② 《新唐书》,第 161 页。

③ 葡人起初的念头是前往粤闽之交的南澳。见金国平《南澳三考》,载《西力东渐——中葡早期接触追昔》,澳门基金会,2000,第 74~82 页。

于澳门。从广州蕃长的身份来看，他是代表唐宋政府管理外国人居住区的人员，由中国政府任命。从澳门情况来看，理事官虽非中国政府任命，但至少是得到中国政府认可的①，否则不会与其公事往来。有无正式任命并不重要，重要的是他具有中葡双方"代理人"的实际地位，因此具有实际的官员作用。"用蕃官为之"正体现了传统的"以夷制夷"的管理原则。

蕃长的主要职能如下。

第一，代表中国政府在蕃坊内行使部分行政管理权，即治权。澳门情况亦如此。澳门华夷共处，因风俗、习惯，语言的差异，自然会产生不少问题。尽管明朝设有驻澳机构，但琐碎的日常事物由中方直接管理显然不便。为方便管理，保证社会生活的正常运作，明清政府利用理事官②与葡方沟通联络，由他执行中国政府的某些政令，处理澳门日常事务。

第二，代替中国政府在蕃坊内行使部分司法执行权。唐宋政府对外人在华境内犯罪制定有特殊法律，规定了不同的处罚。"蕃人有罪，诣广州鞫实，送蕃坊行遣……徒以上罪，则广州决断"。轻罪由中国地方官员审理，然后交蕃长执行。徒刑以上的惩罚则由中国官方执行。这里又有两种情况：同类相犯，由蕃长施行处罚，如"蕃客杀奴，市舶使据旧比，止送其长杖笞，涣之不可，论如法"③；异类相犯，"外人有凌虐土者，经略帅府辄严惩之"。④ 但无论哪一种情况，审判权皆归中郡邑国地方政府，蕃长仅是有时执行审判结果，即受命或被授权行使部分司法执行权。澳门的情况较复杂，蕃长执行权力的大小需按年代及重大案件进行具体的分析。⑤

第三，协助官府推广外贸并管理港口。"专切招邀蕃商入贡"，"南海舶，外国船也。每岁至安南、广州。师子国舶最大，梯而上下数丈，皆积宝货。至则本道奏报，郡邑为之喧闻。有番长为主领"。澳门理事官亦具有

---

① 见金国平《夷目委离哆考正》，载《西力东渐——中葡早期接触追昔》，第108~113页。
② 葡语作 procurador，即代理人。
③ 《宋史》，第11001页。
④ 《天下郡国利病书》卷104，引自廖大坷《谈泉州"蕃坊"及其有关问题》，第83页。
⑤ 在我们主编、校注的《粤澳公牍录存》中有大量的司法个案，可供具体研究。2001年2月，刘景莲根据里斯本国立档案馆所藏汉语文献在澳门大学完成了《东坡档汉文司法文书所示澳门司法与法制》的硕士论文。某些重大的司法案件，必须比照葡中双方的文献才能对个案有一全面的了解。如著名的谢清高房租案，汉语部分只是谢本人的一面之词，葡语部分保留的其他文件证明此案另有别情。

此种职能。

第四，协助办理外交事务，沟通中外双方。在早期中国与欧美的关系中，澳门理事官曾起到过十分重要的沟通多边外交的职能。

因此，澳门理事官具有蕃长所行使的行政、司法、商务、外交诸方面职能。二者之间的渊源关系毫无疑问。

基于上述几个方面以《萍洲可谈》为蓝本的对比分析，可以看到蕃坊这一社会结构、居留形态在中国源远流长，中国的治澳模式实源于广州蕃坊之制。而从历史上看，虽然自1623年澳门便有了总督，但明清大小官员基本上都只跟理事官打交道，即使在鸦片战争后，与澳葡当局的公事往来亦透过理事官进行。这是议事会与总督产生权力斗争以及里斯本政府后来谴责理事会软弱无能并逐步取消其基本职能的重要原因。有理由说，议事会和理事官是中国政府认可的机构和官员。我们认为，学术界应加强对澳门制度起源的研究，将其置于中国大历史的范畴内进行综合分析，这样才能触摸到澳门发展的历史脉搏。

实际上，蕃坊的制度渊源更早可以追溯到汉人对少数民族的政策。

万历年间至粤办案的京官王临亨称"瑶民处深山之中，居无栋宇，以芒为命。芒似芋，遍山种之，食一山尽，复往一山，与北虏之逐水草驻牧者相类。共密迩正朔之地者，践更之役稍稍与汉人等。有力者从藩司纳银若干，给札为瑶官，诸瑶听其约束，然亦仅能羁縻其下而已，不能用汉法也"。[①] 王临亨为司法官员，其言"有力者从藩司纳银若干，给札为瑶官，诸瑶听其约束，然亦仅能羁縻其下而已，不能用汉法也"当具有权威性。我们以为，这是明朝允许葡人在澳门享有一定自治权的制度渊源。入清以后设立前山寨海防军民同知也是"用理猺南澳同知故事"。《澳门记略》曰："今上御宇之九年，始以肇庆府同知改设前山寨海防军民同知，以县丞属之，移驻望厦村。用理猺南澳同知故事，增设左右哨把总，马步兵凡一百名，桨橹哨船四舵，马十骑，于香、虎二协改拨，别为海防营，直隶督标。辖首邑一，曰番禺；支邑三，曰东莞、曰顺德、曰香山。一切香虎各营春秋巡洋，及轮防老万山官兵沿海泛守机宜，皆得关自办理。"另《明清史料》乙编第八本第800页上，有题为《防夷防瑶残稿》的明末残档。因而

---

① 王临亨：《粤剑篇》，北京，中华书局，1997，第76页。

得知，明清两朝将当时的"澳夷"与僮人同等对待。这大概是中国治澳模式的基本制度起源。虽然我们知道，中国治澳模式和政策是在实践中摸索总结出来的，但如果仅从具体的治澳措施来归纳什么"澳门模式"，似乎过于简单，难得要领。

（五）澳门是另类"蕃坊"？

中国学者最早涉及此问题的是张天泽①，吴志良对此作出进一步的阐述。张海鹏教授撰长文对此提出了根本性的质疑：

> 先说质疑之一
> 吴志良在书中一再指出，明清政府一直把澳门议事会当作另类蕃坊，或者把澳门葡萄牙人社群看作一个特殊的蕃坊，是唐宋以来泉州、广州蕃坊的延续。较早提到明政府仿照唐宋两代管理广州外国侨民的"蕃坊"制度，将葡萄牙人的首领视同"蕃长"的是上海的研究者费成康。只是费成康，没有把议事会与"蕃坊"等同起来。不论是《澳门四百年》，还是《生存之道》，都没有人从明清两代的历史文献中举出具体的历史证据，证明明清政府如何把澳门议事会当作"蕃坊"。究竟是尚未翻检全部历史文献呢，还是根本没有这样的历史文献？也许这正是值得提出的一个疑问。②

对此，首先应该指出的是，张海鹏教授提出讨论的是澳门是否为蕃坊这一问题，而不是"尚未翻检全部历史文献呢，还是根本没有这样的历史文献"的问题。关于所指的历史文献，早已有人翻检，近年的研究还相当深入。③ 当然，史料浩瀚，我们很难完全掌握。然而，漫漫历史长河中发生

---

① 汤开建：《明代管理澳门仿唐宋"蕃坊"制度辨》，载《澳门开埠初期史研究》，北京，中华书局，1999，第203~222页。
② 张海鹏：《居澳葡人"双重效忠"说平议》，载《近代史研究》1999年第6期，第5页。
③ 张天泽在1930年代对此问题有过论述（参见张天泽著，姚楠、钱江译《中葡早期通商史》，香港，中华书局，1988，第1~34页），1980年代内地一份著名研究中西交通史的杂志《海交史研究》上刊登了几篇关于"蕃坊"的基本论文（邓端本：《广州蕃坊考》，1984年第6期，第74~79页；廖大珂：《谈泉州"蕃坊"及其有关问题》，1987年第2期，第78~84页及陈达生：《论蕃坊》，1988年第2期，第67~74页）。

过的许多事件,并不一定都能保存在我们今天所拥有的资料之中,但人们却不能因此而否定其确实存在过。虽然至今未见足以"证明明清政府如何把澳门议事会当作'蕃坊'"的"具体的历史证据",但澳门议事会与其理事官存在的本身便证明此说不虚,澳门议事会与其理事官具有"蕃坊"及"蕃长"的大部分职能却是的的确确的事实与史实。我们应从中国制度史及史实的角度来探索澳门的起源,而不是冀望于寻得一两件"具体的历史证据"来加以肯定或否定的绝对证实。澳门早期史扑朔迷离,许多历史问题仍未完全清晰,需要分析相关史料进行推论,透过现象看本质。众所周知,1887年《中葡和好通商条约》签订前,葡萄牙人不是也在无任何"历史文献"的情况下在澳门足足呆了330年吗?中国官书方志中不见关于沙勿略在上川行迹的记载,其衣冠冢不至今仍存该地?广东文武大吏未上报京廷葡人助剿,柘林水兵起义的镇压不是靠了澳门的坚船利炮?

正是通过对广州蕃坊与澳门的源流关系分析,我们认为澳门是一个另类蕃坊,"另类"乃特别、特殊之意,虽然无蕃坊之名,却有蕃坊之实。是否能因为未见"具体的历史证据"就断然加以否认,见仁见智,但它的存在及其性质是难以也不容我们任意、轻易抹杀的史实。

张海鹏教授在"质疑之一"继续说:

> ……重罪,其审判及执行必须由广州官府办理。这里没有说到蕃人与华人之间发生的纠纷。照上引文字看来,司法权完全在广州官方是没有疑问的。
>
> 澳门葡萄牙人居留地与上述广州蕃坊似有不同。广州蕃坊没有说到地租,而葡萄牙人是要交地租的。广州蕃坊是广州当局指定的,澳门葡萄牙人居留地则是葡人行贿、地方当局受贿产生的。澳门边鄙,地方当局允诺,习久而成事实,两广总督发现后已经尾大不掉,朝廷接报后只得默许,于是相沿成习。广州蕃长衣着如华人,这是服从管制的外在表现。澳门则不存在这种情况。"夷目"与"蕃坊"在名称上有相似之处,但蕃长完全没有司法决断权,夷目却存在一定的司法决断权,而且在一定程度上可以管理辖区的华人。实际上,澳门葡萄牙人居留地是明季地方官贪图小利、玩忽职守造成的。这是与广州蕃坊最大不同之点。把它看成是另类蕃坊、特殊蕃坊或者唐宋蕃坊的延续,

使人感到有那么一点不大贴切，不仅在于时代背景不同，从形式到实质也都不那么符合的。

实际说来，蕃坊是设在中国土地上的外国人街区，那里必须服从中国政府的管制，必须执行中国的法律。澳门这个街区却大不相同。这个居民点四周筑有城墙，甚至每条街都有街门。澳门议事会设法制定政策，禁止中国人入住。龙思泰根据古代的记载，指出："所有在此没有固定居处的中国人，晚上都离开城区，不仅城墙几座大门紧闭，而且各街的门也关起来。1697 年，作出一项决定，除了那些名字已经在议事会登记者外，其他中国人不得留在这里……1749 年，在中国官员的同意之下，议事会规定仅 70 名木工和泥瓦匠、10 名屠夫、4 名铁匠和 100 名苦力，可以留住城里，而且不准他们在此地定居……也不准出售房屋给中国人。"一个大臣的备忘录写到："没有议事会理事官的许可，任何中国人不得在澳门兴建或拥有房舍。"显然，这是反客为主的不合法行为。客人不许主人在家里住，这样的客人只能解释为强盗。如果唐代的广州蕃坊也是如此的话，它决不会存续到宋代。①

对此，我们认为：

（1）广州蕃坊与澳门之起源无论从空间还是时间上都相距甚远，其原因当有不同之处。传统的葡人行贿、广东地方当局受贿说已由本文作者之一金国平撰文澄清。② 对此问题，中国学者的看法日趋一致，这里不拟深入讨论。需要指出的是，行贿的确是葡人在澳门立足生存的一种手段，但我们并没有像张海鹏教授在"质疑"最后一点即文末所说"勉强""把它解释为对明清政府的效忠"。③ 关于这点，容后讨论。

---

① 张海鹏：《居澳葡人"双重效忠"说平议》，载《近代史研究》1999 年第 6 期，第 6 ~ 7 页。

② 金国平：《莱奥内尔·德·索萨与汪柏》，载《澳门研究》，澳门基金会，1998 年第 7 期，第 122 ~ 143 页。金国平此文发表后，谭世宝于 1999 年 3 月在"澳门与海上丝绸之路国际研讨会"上宣读《澳门开埠四百多年历史的一些重大问题探真——以昭示汪柏与索萨的和谈之历史真相意义为中心》之论文，后以《澳门开埠的若干历史问题》为题，刊于《学术研究》1999 年第 8 期。《文化杂志》等 40 ~ 41 期合刊上，刊登了谭世宝、曹国庆《对汪柏与中葡第一项协议的再探讨》一文，补充了一些汪柏生平资料，对其人政绩的重新评价与金国平前引文比较，在学术观点上并无任何突破。

③ 张海鹏：《居澳葡人"双重效忠"说平议》，载《近代史研究》1999 年第 6 期，第 17 页。

（2）关于议事会理事官反客为主的做法，我们不应忘记大家所讨论的澳门是开埠期的澳门。不过，其后情况虽然有所起伏和发展，但本质上变化不大。议事会的有关决定是 1697 年的，"一个大臣的备忘录"撰写于 1783 年 2 月 18 日①，这两件 17、18 世纪的葡语文献，只是特殊的例子，不足以用来说明 16 世纪中叶澳门的总体情况，也难以概括 1849 年以前澳门的政治社会现实，而《生存之道》对议事会权限的演变已经作出全面论述。实际上，议事会不仅曾对中国反客为主，对葡萄牙亦有反叛的做法：1822 年，议事会一度推翻代表王权的总督的统治，导致葡印总督派遣军舰前来恢复秩序。这个例子，也可部分解答"质疑"的第二点。

（3）至于澳门地租，《澳门记略》的记载十分清楚："其澳地岁租银五百两，则自香山县征之。考《明史》载濠镜岁输课二万，其输租五百，不知所缘起，国朝载入《赋役全书》，《全书》故以万历刊书为准，然则澳有地租，大约不离乎万历中者近是。"② 因此，以广州蕃坊无地租而澳门有地租来否定二者之的源流关系，不足令人信服。研究澳门史的人，都知道澳门初无地租这一基本事实，而且葡人输课输租被认为是"忠顺赤子"③，正好说明澳门乃中国地方以及葡人接受并遵守中国律例。

（4）"实际说来，蕃坊是设在中国土地上的外国人街区，那里必须服从中国政府的管制，必须执行中国的法律。澳门这个街区却大不相同。"我们要试问的是：难道澳门不是"中国土地上的外国人街区"？早期澳门不"必须服从中国政府的管制"？不"必须执行中国的法律"吗？"澳门这个街区却大不相同"是 1849 年以后的事情，我们不能否定亚马留政府之前中国拥有的对澳门的一切主权权利。此一思路，贯穿于《生存之道》全书，亦与张海鹏教授"葡萄牙人的政治势力从小到大、从局部到全部、从形式到实质、从自发到受到葡萄牙政府支配，终至于全部掌握澳门的政治局势"④ 之

---

① 〔葡〕曼努埃尔·木里亚斯（Manuel Múrias）：《给北京主教的指示和澳门史的其他文献》，澳门文化学会，1988，第 46 页。

② 《澳门记略》，广州，广东高等教育出版社，1988，第 43～44 页。

③ "广东澳商，受尘贸易，纳税已经一百年，久为忠顺赤子，偶因牙栊争端，阻遏上省贸易。然公禁私行，利归于奸民者什之九，归于府库者什之一。"见杨继波、吴志良、邓开颂主编《明清时期澳门问题档案文献汇编》，中国第一历史档案馆、澳门基金会、暨南大学古籍研究所合编，北京，人民出版社，1999，第 5 卷，第 427 页。

④ 张海鹏：《居澳葡人"双重效忠"说平议》，载《近代史研究》1999 年第 6 期，第 4 页。

表述相吻合。

（5）"广州蕃坊是广州当局指定的……"此说似乎并无"具体的历史证据"。蕃坊随海外贸易的发展而自然形成，不是人为特别指定的某一区域。《萍洲可谈》亦未对蕃坊应处于的位置加以严格的界定。

（6）"广州蕃长衣着如华人，这是服从管制的外在表现。澳门则不存在这种情况。"细读《生存之道》，并无将澳门百分之百等同广州蕃坊之意，这正是"另类"之处。现在中国人也常常"洋装"在身，某些崇尚中国文化的外人则常常身着具有民族特色的"旗袍"，这是服从管制的象征吗？很难以衣着打扮的外表来判定是否服从某种管制的内里。如此论述，未免过于牵强，已超出学术讨论的范围了。

（7）广州蕃坊"司法权完全在广州官方是没有疑问的"。"'夷目'与'蕃坊'在名称上有相似之处，但蕃长完全没有司法决断权，夷目却存在一定的司法决断权，而且在一定程度上可以管理辖区的华人"。这点前面已述，正是"另类"之意所在。但值得注意的是，夷目早期并不具有这些职能，否则有何必要在澳门设立"提调、备倭、巡缉行署"？

二　也谈"双重效忠"

在进入对此问题的辨析之前，首先应该确定"双重效忠"的讨论范畴。《生存之道》提出的"双重效忠"，显然是指一种策略上的效忠。若大着笔墨刻意论证葡人实际效忠的对象，这个命题的设立如同力图探讨宋元、明清兴革之际的"贰臣"的真忠假忠，似乎意义不大。分析葡人的政治认同，必须放在特定时期的特定事件里。关于这点，该书在"导论"中已经开门见山地指出来了。葡人作为葡王的臣民自应效忠其主，但不尽然。在特定的历史条件下，完全可以有时甚至不得不有两个政治认同，甚至多个政治认同。所谓的第一或第二效忠，随着具体情况是可以交换其位置的，尤其在澳门的特殊情况下，葡萄牙犹如澳门葡人的亲生父母，而中国则为其衣食父母。

在中国历史上，策略效忠的例子也举不胜举，即所谓"人在曹营心在汉"。某些明朝遗民薙发后，不仍怀灭清复明之志？就效忠而言，在租居澳门之前，葡人就派遣了大使携带贡品，向明朝表示效忠与臣服，以后又多次派遣使团，企图建立朝贡贸易的关系。入清以后派遣的三次大型使团更是具有此种意义。龙思泰在论述澳门与中国的政治关系时，明确指出："明王朝允许葡萄牙人在澳门定居以后，葡萄牙人对明朝的臣属关系即已开始，尽管某大臣的备忘录中对此另有说法。澳门政府像朝鲜、交趾支那、暹罗、马六甲等国的政府一样，在我们所论述的时代，通过遣使朝觐和交纳贡金①，一再表示对其最高宗主的臣服"②，"以示效忠归顺"。③

西谚曰："比教皇还教皇。"居澳葡人唯恐不得当地官员的青睐，自然对朝廷命官毕恭毕敬。"且入国问禁，出使从俗，况在陪藩，尤宜恭顺"④，他们在聚居澳门时，早就总结出和天朝政府及其官员打交道的金科玉律：卑词厚贿。对朝廷更是竭尽恭顺，不放过任何表示的机会。试列一些充分说明澳门葡人至少是外在形式效忠清朝的例子：

1720年，康熙帝喜得龙子，澳门葡人大事庆祝；

1722年，康熙驾崩，议事会要求各炮台及泊船鸣炮24时，市政官员及军官服丧三月；

1723年，雍正登基，澳门鸣炮、鸣钟致贺；

1735年，雍正逝世，居民服丧27天，大炮台隔时鸣炮一次，继续了24小时，然后鸣放王家礼炮致哀；

道光即位，议事会大事庆祝。

张海鹏教授对"双重效忠"所提出的质疑、批判和否定，为这一命题的进一步探讨提供了讨论空间。虽然我们认为，就其命题而言，论证澳门葡人是不是真心效忠并无任何学术意义，正如中国明清史学界从未讨论过贰臣是否真心效忠清朝那样，但"双重效忠"本身，却值得深入探讨，我们亦将以明清交际的澳门为切入点，对此作出进一步阐述。

应该指出的是，人类共有的求生精神及对生命的尊重往往会使人妥协或屈服于时政。贰臣与葡人在清朝入主中原鼎定的局势下，归顺新朝，借以自保。明朝遗民尚可隐名埋姓消极抵抗，以求有日灭清复明，而寄人篱

---

① 具体指地租。
② 《早期澳门史》，第92页。
③ 张天泽著《中葡早期通商史》，姚楠、钱江译，香港，中华书局，1988，第20页。
④ 张甄陶：《论澳门形势状》，见《明清时期澳门问题档案文献汇编》第6卷，第611页。

下的葡人则无此政治与社会空间，必须长期奉行"双重效忠"的政策。近期中国史学界重新评价了洪承畴的功过。他为福建避免了一场灾难性的战争，保护民生的历史功绩得到了新的肯定。葡人在清军排山倒海之势面前，及时输诚，既自保又避免了澳门汉人生灵涂炭。开城迎解放军入北京的傅作义将军不也名垂史册，留芳万古吗？由此可以看出，"双重效忠"具有高度的灵活性，必须放在宏观历史上来考察。

（一）明清对澳政策之异同

公元 1368 年，曾横扫欧亚大陆，天下无匹的元蒙帝国终在一片揭竿而起的农民起义中崩溃。朱元璋脱颖而出，创立大明王朝。不幸的是，中华民族并未因此获得一丝希望，等待她的是又一漫长的黑夜。由一介布衣朱元璋建立的明朝，经 20 载努力经营，一统华夏。有明一代，朝廷极度中央集权。"得天下，杀忠臣"。朱家子子孙孙无不以此愚昧至极的心态治理中国，虽有效地保持了王朝的稳定，并采取"休养生息"的政策令国力复原强盛，但却将神州大地笼罩在一片恐怖之中。此时的欧洲已进入文艺复兴时代，而中国人仍生活在一片封建黑暗之中。朱明的海上扩张由郑和所带领，但其真正动因至今尚未完全明晰。史家一般认为，郑和航海的政治目的高于经济目的。中国是一个农业帝国，对从事海外事业可能获利不感兴趣，遂将海洋留给了善于经商的阿拉伯人和欧洲人，明朝亦从此由盛入衰。明末，宦官专政，内忧外患。为镇压闯王李自成的流寇及对付女真后金的侵扰，不断加税，加之政治腐败，官贪成风，军心涣散，武备废弛，汉族最后一个王朝终于灭亡了，举而代之的是兴起于北方的满清王朝。从当时的民族感情出发，汉人明朝的覆亡令人思痛，但站在中国历史的高峰回顾这一改朝换代，腐朽的明朝连 1599 年才有自己文字的满族都无法对付，如何能在 19 世纪抵挡欧洲列强的坚船利炮？若明代未亡，有可能扭转大势，改写历史吗？

清朝是中国历史上最后一个封建王朝，共历 12 帝。17 世纪中叶，满族在清太祖努尔哈赤的领导下，在中国东北兴起，建立"后金"政权。1636 年，努尔哈赤的儿子皇太极改国号为"大清"，中国历史上最后一个封建王朝由此诞生。1644 年，明山海关守将吴三桂引清军入关。同年，李自成军放弃北京。清军从沈阳迁都北京，开始长达 268 年的统治。清军入关后，汉族人民奋力反抗。之后，清朝统治者花费近 20 年时间镇压了全国各地的割据政权与农民起义，同时收复了被荷兰占据的台湾，统一了中国。为巩固统治，新建立的清王朝全面接受了明王朝的政治制度，对广大汉族地区实行高压与怀柔的两面政策，同时调整土地占有关系，整顿吏治，使社会矛盾得以缓解。加上清初的几任皇帝励精图治，政治清明，社会经济得以迅速恢复，为以后百余年的社会安定局面打下了基础。清王朝在它两百多年的历史中，由盛而衰。尽管如此，两百多年间，中国人民在思想学术、文学艺术及史学等领域仍然创造了辉煌的成就。此外，清代在史学、天文学、数学、医学等方面也取得一定成就。总之，清朝作为中国历史上最后一个封建政权，在它的前期曾创造了晚期封建社会的繁荣，并最后奠定了多民族统一国家的基础。在它的后期，由于西方帝国主义的侵略，中华民族面临着被肢解、被瓜分的危机，中国人民备受耻辱。但是，清代两百多年间中国人民创造的精神和文化财富却是永远值得中国人骄傲的。清朝曾为中华帝国开创了一段强盛时代，其中康熙皇帝更是中国历史上少有的英明君主。

明清对澳政策有所不同。有明一代将澳门视为获得西洋奇器的孔道，以满足皇室贵族、达官贵人的奢欲，直至清朝侵扰北疆，河山将破之时，才联络澳门葡人，购买大炮，抵御清军。退守粤东的南明政权乞求澳门援助，甚至派人到罗马教廷求援，企图以此恢复被清军占领的大壁河山，但为时已晚。清军于 1647 年首次占领广州，但并未因澳门曾援明抗清而采取任何报复性措施，继续采取收税的具体做法来承认葡人在澳门的存在。清军为何未趁势而下一举驱逐葡人，回收澳门？对于此问题，澳门史学者鲜有涉及。博克塞在研究了 1621～1647 年间葡人援明抗清的情况后，大惑不解地写到：

> 值得庆幸（此点无法解释）是，似乎满人未因澳门或耶稣会会士对衰落的明朝予以坚定支持而记恨在心。新朝比前朝更加尊敬地对待外国人。对此，基督徒从很大程度上来讲，应该感谢在京廷的耶稣会会士的外交周旋。在京廷，由于他们的科学知识，他们很快获得了新执政者的青睐。这些知识包括铸炮术。在此方面，汤若望神甫曾名噪一时。此外，澳门及欣欣向荣的传教团的生存还要归功于见风使舵的

高深学问。①

耶稣会对澳门生存所起过的作用无可否认，但不应无限夸大。清朝对澳政策是由最高统治者在其他大臣的辅佐下制定的，耶稣会至多施加了一些影响。只有在当权者的政治、经济利益与耶稣会的建议不发生冲突的情况下，才产生了某些对澳有利的政策。我们以为，应在清朝的全国性政策的范围内探讨这一问题。清朝时期澳门的存留主要取决于国内政策，而非国际政策。严格来讲，它是一项具有国际影响的国内政策。这一政策的渊源，可以追溯至清朝入关之前。

努尔哈赤对被征服的汉人，采取了安抚政策。对服从后金统治者，"为我们筑城郭、纳贡赋的人，要加以收养"。所谓"收养"就是进行"编庄"："男丁十三人，牛七头，编一庄。"此外还规定："田百日，其中二十日为贡赋，八十日归自己食用。"被收养编庄的人有自己的粮食、房屋、工具。另外，努尔哈赤对汉官也给予照顾，允许他们"收取各自的近亲"，"一备御各编一庄"。为壮大后金的力量，努尔哈赤十分重视招抚其他少数民族。努尔哈赤之所以重视招抚边疆少数民族，是因为这可以壮大后金的有生力量。为加强后金国的实力，对付明朝、察哈尔、喀尔喀的联合进攻，暮年的努尔哈赤还完成了一件关系着后金国命运的大事，那就是同蒙古科尔沁部的联盟。可以说，努尔哈赤奉行的安抚政策，是清朝入关后对澳政策的基石。1616年，努尔哈赤建立后金政权。皇太极时，改国号为"清"。清朝初年以满洲贵族为统治主体，但对明朝降官一般予以重用。这是清朝得以入主中原的重要因素。入关后，建立了多民族的统一王朝。清袭明制，继续强化专制中央集权体制。自康熙建立南书房掌机要、雍正设立军机处为朝廷中枢后，广泛吸收汉族知识分子参与政治。

尽管清朝一贯奉行安抚政策，根除汉人"反清复明"的恻隐之心并非易事。明朝的对澳政策是随着澳门的发展逐步制定的，但清朝在入关前大致有了对澳政策②的基点。就全国政策而言，为避免引发更大的社会动荡，

① 〔英〕博克塞（C. R. Boxer）：《澳门史研究集》，里斯本，东方基金会，1991，第1卷，第132页。
② 见《澳门与入关前的满清——从耶稣会文献重探努尔哈赤死因》一文。

清朝基本承袭明制，自然在澳门问题上也会维持"明季成议"。清朝推翻了朱明汉族王朝，形成了与汉人不可调和的民族矛盾。正因为他们自己也是少数民族，所以较注意民族政策，同时利用安抚、起用贰臣、免除赋税等具体政策来笼络占中国人口多数的汉人。入主中原前50年仍处于游牧、无文字状态的清朝，为了在军事征服全国后，发展经济的同时能控制文化发展程度远远高于他们的汉族知识分子，使其心服口服，清朝统治者需要一批具有与汉文化发展水平相同或在某些方面领先的人员来辅佐执政。例如在中国无先进科技人才，就必须引进。澳门是获得外来人员的唯一渠道，因此在康熙执政时颇得重视。一般学者认为，康熙帝对西洋科学的兴趣属于个人爱好。实际上，他的孜孜苦学完全是为了其统治的需要，借西洋科学提高自己的文化水平，以便更有效地治理国家。为此，清朝初期不断从澳门寻找具有各类专业知识的传教士为其效劳。

在地方行政管理方面则恢复省的建制，以京廷命官"封疆大臣"督、抚管理。清廷还通过各种措施，加强了对各边疆地区的统治，并在台湾设置府县。对澳门的管制，撤三署，设县治，但采取了较为严格的制度措施。军事方面，于顺治四年（1647）添兵加将驻防于前山寨，至康熙三年（1664），"改设副将，增置左右营都司金书、守备，其千总、把总如故，共官兵二千名"。[①] 不仅驻军人数增加，指挥官亦由参将升格为副将。从司法行政上，继清廷于康熙二十四年（1685）建立粤海关后，澳门亦设立一个总口（又称海关监督行台），定则征税。雍正九年（1731），"移香山县丞于前山寨。议者以澳门民蕃日众，而距县辽远，爰改为分防澳门县丞，察理民夷，以专责成"。[②] 乾隆八年（1743），广东按察使司潘思榘向朝廷提出"县丞职分卑微，不足以资弹压，仍于澳地无益，似宜仿照理猺抚黎同知之例，移驻府佐一员，专理澳夷事务，兼管督捕海防，宣布朝廷之德意，申明国家之典章"，次年获准设立海防军民同知，统管县丞衙门和驻军，县丞衙门移驻望厦。从此"凡驻澳民夷，编查有法，洋船出入，盘验以时，遇有奸匪窜匿，唆诱民夷斗争、盗窃，及贩买人口、私运禁物等事，悉归查察办理、通报查核，庶防微杜渐，住澳夷人不致蹈于匪彝，长享天朝乐利之休，而海

---

① 《澳门记略》，第23页。
② 《澳门记略》，第24页。

疆亦永荷妥宁之福矣"。① 除设官建制外，还相应制定了治澳条例多种。明清两朝的对澳政策，基本上可以概括为怀柔、防范、限制与利用。

（二）葡人效忠明廷

陈瑞在确定中国与澳门葡人的正式关系中，起到了决定性的作用。因利玛窦非为当事人，其《中国札记》中的有关叙述并不完全。我们将适时披露陈瑞与马尼拉西班牙人及澳门葡萄牙人交往的原档，陈瑞的人品及政绩将得到新的的历史评价。下引文字说明了从 1582 年起，澳门葡人已正式向明廷效忠：

> 新上任的总督②一直在调查葡人凭何权利居住澳门。他收到广州府送来交他核实的判决时，问一个会葡语的华人说，那些想去澳门的是什么人。华人回答说是几个西班牙海盗，他们是间谍，来窥探中国的各个港口。听到此话，总督派了一位官员前往澳门，要驻在那里的葡萄牙人舰队司令来肇庆。葡萄牙人舰队司令没有来，来的是已在广州的罗明坚神父及澳门王室大法官。他在司法方面是舰队司令的副手。罗明坚神父与中国官员及当局有过交道，因此熟悉情况。他同澳门王室大法官约定了在总督面前应该有的表现。总督严厉地对两人说，他们在澳门并未得到历任总督的特许。王室大法官恭敬地回答道，葡萄牙人从来是中国国王的臣民，他们的唯一庇护人就是总督，恳请开恩。这一回答收到了预期的效果，因为总督息了怒，还回答说从今以后将葡萄牙人收作子民。他给两人颁发了剳谕与特许（chapas y provinsiones），尤其是允许罗明坚神父可自由出入中国，任何人不得加以阻拦，并允许他在广州城内拥有住处及小教堂。罗明坚神父见到教堂兴致很好，于是请求他允许在广州城的西班牙人（桑切斯神父及其同伴）前往澳门。总督说如果他替他们及在福州港的三桅船上的人员担保，他可满足请求。罗明坚神父为所有人作了保，总督满足了他的请求。③

---

① 《澳门记略》，第 25 页。
② 陈瑞。
③ 〔西〕保罗·帕斯特尔（Pablo Pastells）：《菲律宾通史》，巴塞罗那，1926，第 2 卷，第 CLV 页。

由此可推测,朝廷封疆大臣陈瑞召见葡人前往肇庆的目的,是要了解他们凭什么在澳门居住及其管理方式,而陈瑞所颁发的"劄谕与特许(chapas y provinsiones)"直接导致了 1583 年自治议事会的诞生。实际上,这并非陈瑞的创举,乃是理傜措施的翻版。"瑶民处深山之中,居无栋宇,以芒为命。芒似芋,遍山种之,食一山尽,复往一山,与北虏之逐水草驻牧者相类。共密迩正朔之地者,践更之役稍稍与汉人等。有力者从藩司纳银若干,给劄为瑶官,诸瑶听其约束,然亦仅能羁縻其下而已,不能用汉法也"。① 换言之,澳门葡人的自治形式议事会,最初源于中国制度并得到了中国官方的首先认可,后来才先后获得印度总督和葡萄牙国王的承认。因此,作为澳门初期政权机构的澳门议事会,从一开始就具有双重政治认同。在 1849 年之前,澳门议事会始终接受着中国政府的主权管辖。

无疑,澳门葡人决定建立议事会是为了更好地保护自身的利益,可我们不应该忘记的是,议事会在陈瑞召见他们前往肇庆之后才成立。1623 年派出首任澳门总督以前,代表葡王的葡印总督对澳门议事会无实际管辖的作用,充其量是加以指引,予以影响罢了。就此意义而言,1623 年以前的澳门议事会,为了其自身的经济利益,所选择的第一效忠对象是近在咫尺的衣食父母——中国,而不是远在天边的、他们应该自然效忠的伊比利亚联合王国国王。退一步说,如果在葡萄牙沦为西班牙附属的 60 年内,因葡国无君主,那些不愿臣服西班牙国王的澳门葡人不只有一个可能效忠的对象吗? 虽然 1580 年西班牙菲利帕国王继承葡萄牙王位后,澳门议事会曾举行公开宣誓仪式,效忠新主②,但根据有关研究结果表明,澳门葡人此举实为保护澳门不受有可能来自马尼拉西班牙人的入侵与镇压,并非真心效忠一个具有百分之五十葡萄牙血统的国王。这一点,在 1640 年葡萄牙复国后澳门葡人欢欣鼓舞大事庆祝时表露无遗。而另一个通常被认为对葡萄牙君主忠贞不贰的举动——澳门葡人没有在西班牙统治期间改挂国旗,实际上也在西葡合并前已经有所规定,但不能否定的一个主要的原因是,澳门葡人担心引起中国当局的怀疑和猜测,从而影响其在华的贸易地位。可见,

---

① 王临亨:《粤剑篇》,北京,中华书局,1997,第 76 页。
② 高美士(Luís Gonzaga Gomes):《对西班牙主权的承认及澳门市之所始》,载《贾梅士学院院刊》第 4 卷,1970 年第 1 期,第 105~136 页。

效忠与否完全要看形势和实用价值，难以一概而论。

其他效忠的例子，以葡人援明抗清一事最为突出。

> （天启三年四月辛未）兵部尚书董汉儒等言：澳夷不辞八千里之程，远赴神京，臣心窃嘉其忠顺。①
>
> （崇祯五年四月）兵部尚书熊明遇疏言：澳人慕义输忠，见于援辽守涿之日，垂五年所矣。②

葡人也自认为这是一种效忠行为。领队的葡萄牙耶稣会神父陆若汉关于此事的记录便名为《公沙效忠纪》。艾儒略在《陆若汉公沙的西劳遵旨贡铳效忠疏》中称：

> 臣汉至澳已伍拾余年，臣公沙偕妻孥住澳国已贰拾余载……崇祯元年两广军门李逢节、王尊德奉旨购大铳，臣汉、臣公沙欢喜报效，挺身首出。故该澳臣委黎多等付臣汉以训迪统领、铳师诸人之任，责臣公沙以管约铳师、匠役诸人之任也。③

可以设想，澳门葡人若无此地位，艾儒略在此奏疏中断然不敢以此相称。崇祯皇帝"嘉其忠顺，宴劳至再"。何乔远在《镜山全集》卷66《钦恤忠顺西洋报效若翰哥里亚墓碑》中详记此事曰：

> 奴酋作乱，失我辽左，于今五年矣！我所以御之者，莫如火攻；火攻之器，铳最良；铳之制造，西洋国最良；发铳之法，西洋国之人最良。天启元年，太仆少卿李公之藻奉朝命治战事、练火器。李公言于朝，请召西洋之贾于广东香山者，遂有学道人龙华民等，率其族二十四人，至于京师。图形上览，上嘉其忠顺，宴劳至再。居数月，教艺炼药，具有成绩，朝中诸公，请演于草场。发不费力，可及远，诸

---

① 《熹宗实录》卷33，见《明清时期澳门问题档案文献汇编》第5卷，第38页。
② 《崇祯长编》卷58，见《明清时期澳门问题档案文献汇编》第5卷，第46页。
③ 〔意〕艾儒略（Giulio Aleni）：《熙朝崇正集》卷2《陆若汉公沙的西劳遵旨贡铳效忠疏》，参见《明清时期澳门问题档案文献汇编》第5卷，第349页。

公奇之。演三日，若翰哥里亚炸殇焉！上闻悼惜，赐葬于西便门外，青龙桥之阳，柔远人也，奖忠义也。①

《钦恤忠顺西洋报效若翰哥里亚墓碑》更称："视此翰哥，如山比畚，彼生而珍，此没而闻，遥遥西极，泷泷忠魂。"②

（三）葡人效忠清廷

清朝保留澳门最大的政治得益，应该是借葡人的效忠为汉人树立一个恭顺的榜样③，使得"不但粤民可以食力而不为盗，远方诸国亦闻风感戴皇恩，舞跃贡琛，当原原（源源）而恐后矣"。从葡人方面而言，大概能够抵挡住千军万马的法宝莫过于向清廷俯首称臣。葡印总督向国王汇报对澳门总督若些的处理报告，便说明为了保住澳门甚至可以撤换澳门总督。"通过澳门议事会，该教区主教大人及其他人士函件的副本，我向陛下汇报去年澳门因总督若些的冒失举动两次所经历的危险。他刚愎自用，未采取任何措施，亦未执行陛下的有关政策，即顺从华人，致使他们无机会在我们头上发泄怒火或动武。原因是若发生此种情况，无法救援；对澳门进行封锁与否取决于华人的意愿。只要禁运食物，便可将澳门居民置于死地。"由此可知，澳门葡人的双重效忠出于生存的需要，在某种意义上以及在相当长的时间里，系葡萄牙国王钦定的国策。④ 葡人在澳门虽然有喜怒无常之情事发生，但保存澳门的基本战略思想一直是"保留住阵地的人才是胜者"。效忠清廷无所失，却有大得。何乐而不为呢？

面对中国骤变的政治、军事形势，耶稣会也很快调整了政治认同的对象。满人入主中原后，汤若望为维护天主教会的既得利益，图求长远发展，立时输诚，后获重用。事实证明，顺、康两朝内天主教的蓬勃发展大大受益此举。

葡人效忠清廷一事仍有案可稽。

清朝首任两广总督兼巡抚佟养甲于 1647 年 6 月 5 日题请"怀来远人，以通财用"：

---

① 《明清时期澳门问题档案文献汇编》第 5 卷，第 315 页。
② 《明清时期澳门问题档案文献汇编》第 5 卷，第 315 页。
③ 葡人贡狮，康熙令一班汉族文人作诗庆贺也有此种政治意义。
④ 金国平：《西力东渐——中葡早期接触追昔》，第 83～107 页。

前朝广省内外货物流通，番舶巨商富贾争相贸易，民获资生，商歌倍利，岁额饷二万二千两，每年不缺。厥后官弊积，需索繁苦，以激怒杀兵之隙，禁不许来，止令商人载货下澳。此前朝崇祯十三年事。自后商复困累，货复阻塞，往来不戒于涂，民生因之困惫，饷额多减，仅以千数计。此濠镜澳之人来则利于广，不来则无利于广之明验也。今我大清一统，浙、直、山、陕、河南，坦然周行，达京甚便，必商贾辐辏皇都矣。广商跂想北贩广货，亦欲望北疏通。但商人载内地丝缕品物来粤，即易檀香、胡椒、犀角、羽毛之属以达京省。通商阜财，势所必需，然仍准澳人入市广省，则又通商之源也。往例设海道兼督市舶提举专理，惟此之故，臣思天地生财有数，内地民力计亩征收，血力几何。通商固以裕国，而通番国之商，尤所以裕广省之饷，益中国之赋，合应仍复古例，每岁许濠镜澳人上省，商人出洋往来。税验之官，臣严核才品，共相砥砺，洁己抚绥。不但粤民可以食力而不为盗，远方诸国亦闻风感戴皇恩，舞跃贡琛，当原原（源源）而恐后矣。①

1650年，平南王尚可喜"与将军督抚会题""请定吞彝去留"。②

1651年1月27日，澳门理事官呈投诚状："……哆籍在西洋，梯山帆海，观光上国，侨居濠镜澳，贸易输饷，百有余年。兹际清朝阆泽，举澳曳童，莫不欢声动地。前月拾玖日，已有状投诚香山参将代为转详，惟祈加意柔远，同仁一视，俾哆等得以安生乐业，共享太平。"③ 此请后经钦差巡抚广东等处地方·提督军务·兼管粮饷监法·都察院右都御史臣李栖凤题奏④获准：

---

① 《明清时期澳门问题档案文献汇编》第1卷，第22~23页。
② 《澳门问题史料集》上卷，北京，全国图书馆文献缩微复制中心，1998，第695页。
③ 《明清时期澳门问题档案文献汇编》第1卷，第23页。
④ 奏本中"题报澳门夷目呈文投诚本贴黄"与正文略有不同。"钦差巡抚广东等处地方·提督军务·兼管粮饷监法·都察院右佥都御史臣李栖凤谨题，为恭报远人归顺，仰祈圣鉴事。
   据海道李士琏呈，据澳彝哆嚛哆等呈称，哆侨居濠镜，贸易输饷，百有余年，兹举澳投诚，祈同仁一视。等情转报到臣。该臣看得，西洋彝人托处香山濠镜澳，贸易输饷养兵，百余年于此矣。今省会既平，诸君归附，洋彝投诚，实我皇上德教覃敷，迩遐咸服，以故洋人莫不畏威怀德，愿为太平之民也"。见《明清时期澳门问题档案文献汇编》第1卷，第24页。

……该臣查看得，西洋彝人托处粤之香山濠镜澳，往来贸易，输饷养兵，考之故籍，实百余年于此矣。迄今省会既平，诸郡归附，洋彝相率投诚，此固诸人之恭顺，实由我皇上德教覃敷，遐迩咸服，以故洋人莫不畏威怀德，愿为太平之民也。

除行该道加意安抚，以示怀柔外，理合题报，伏祈圣鉴施行。

缘系恭报远人归顺，仰祈圣鉴事理，未敢擅便。为此，具本专差官赵登魁赍捧。谨题请旨。

（批红）：这远人归顺，知道了。该部知道。①

收复台湾后，康熙即派吏部侍郎杜臻、内阁学士石柱往澳门巡视。葡人借此机会再次效忠：

上顾石柱曰："你至广东，想至香山岙。"石柱奏曰："臣曾至其处。香山岙居民以臣为奉旨汗展海界之官，皆放炮远接，甚为恭敬。其本地头目至臣前跪云：我辈皆海岛细民，皇上天威，平定薄海内外，克取香山岙，我等以为必将我辈迁移，蒙皇上隆恩，令我辈不离故土，老幼得仍守旧业谋生。今又遣大臣安插沿海居民，我辈庶获互相贸易，此地可以富饶，我等诚欢欣无尽矣。皇上浩荡洪仁，我辈何能酬答，惟有竭力奉公以纳贡赋，效犬马之力已耳。"上曰："闻香山岙地方周围皆水，惟北有一小道通旱路。"石柱奏曰："皇上洞悉万里之外，较臣等亲至其地更为真切。彼处武官云，前荷皇上威灵，大军直入，岙内人等莫不震惊，故不敢即降。"②

由于康熙对传教士及澳门葡人优待有加，与康熙贴身近臣赵昌等身的葡萄牙传教士穆敬远（João Mourão）③出谋划策时，竟然上书里斯本，请求葡王允许他的臣民认同为中国皇帝的臣子：

---

① 《明清时期澳门问题档案文献汇编》第 1 卷，第 23 页。
② 《康熙起居注》，二十三年七月乙亥，中国第一历史档案馆整理，北京，中华书局，1984，第 1202 页。
③ 后与赵昌一道为雍正所杀。

我认为在吾王致皇帝的信件中应该向他请求两件事：第一，请他继续关照澳门居民。比较其他臣民，吾王更加尊重澳门居民，因为同时将他们视为皇帝陛下的臣民。第二，似乎此时吾王可致函澳门议事会，命令他们千方百计为皇帝服务，博得其欢心。在他们取悦于他的时候，让他将他们视为子民。①

旁观者清。其他欧洲国家的人对葡人效忠朱明和清朝有何看法呢？1584年曾访问澳门的西属殖民地菲律宾政府的第二号人物、王家商业专员罗曼（Juan Bautista Román）向葡西联合国王菲利帕二世汇报说：

> 住在澳门这里的葡萄牙人，如同中国皇帝的藩臣，因此，服从与承认广州的管辖，每年缴纳贡银五百两……②

另外一个曾在澳门逗留的西班牙传教士闵明我（Domingo Fernández Navarrete）③ 也有同样的记载：

> 中国人统治时期，澳门人俯首称臣。现在鞑靼人当政，他们又成为鞑靼人的臣民。城里买卖（要交易）时，要派人去见驻在离城不远的官员，跪下向他申请。官员在公文上批示："这些蛮人乞求此事；准或不准。"然后他们肃穆地返回城里。办这些事情由绅士出面，胸前佩戴基督的标志。那里现在有一个我熟悉的人，他被人在脖子栓上两条锁链带去广州，投入监狱、交了六千银币才获得自由。如果他的国王知道这些事情，很难允许。④

的确，出于时空的因素，澳门葡人虽然接受中葡政府的双重领导，尤

---

① 里斯本海外历史档案馆，澳门档，第32函盒，第22号文件。
② 《文化杂志》第31期，第101页。
③ 中国传教史上，曾有两个闵明我。"闵明我殆为（Dominique Navarrete）之汉姓名，Grimaldi神甫顶替其人，因而承袭其名"，见〔法〕费赖之（Aloys Pfister）《在华耶稣会士列传及书目》，北京，中华书局，1995，上册，第369页。
④ 《文化杂志》第31期，第187~188页。

其是在他们的经济利益受到危害时，更多地倾向于接受中方的领导。也正因为这样，葡萄牙王室在 1783 年的《王室制诰》中对澳门议事会有十分严厉的指控：

> 由于议事会的过失、无知及疏忽大意，以及他们虚构出的中国人将带来的恐怖，该议事会几乎失去了（中国）前朝皇帝同意给予该葡萄牙据点的全部特权、豁免及自由。而造成这一无法弥补之损失的原因，除了中国官员的野心之外，就是议事会对中国官员的畏惧和卑躬屈膝。
>
> 这一严重不妥导致中国官员对我们的一再辱骂，因为他们看不到令其害怕的人。中国官员进入澳门，将陛下臣民视若奴仆，而议事会则卑躬出迎，毫无怒色，用王库之财产大事迎送，犹如对待其真正主人一样。①

至此，请允许我们对《王室制诰》颁布的背景作出简单介绍。1640 年葡萄牙摆脱西班牙统治复国后，开始加强中央集权，殖民地也不例外。不过，我们都很清楚，澳门在 17 世纪中叶后已经逐步失去其重要贸易港口的地位和作用，中央集权政策亦没有推行到澳门。1783 年颁布《王室制诰》，一方面是为了配合实行彭巴尔（Marque Pombal）早已开始的新政，加强对殖民地的管理；另一方面，也是更直接的，是为了挽救因为其他西方势力在华迅速崛起而严重受到危及的葡萄牙在东方的保教权，从而必须加强对澳门的控制，以重整澳门作为对华扩张基地的功能。不得不承认的是，虽然议事会受到严厉指控，但葡萄牙王室权力并未渗入澳门，议事会仍然对中国官员畏惧和卑躬屈膝。

难道澳门葡人不知道何谓民族尊严吗？当然不是。他们那么做，只是为了生存的需要。著名澳门历史学家黎沙教授分析说："甚至因为在受到外国军队的威胁下，（只要有'即便不是实际的或带来的战争的可能因素'，1793 年圣约瑟修道院院长这样写道。）澳城宁愿指望并不是立即、但总是可以获得的中国皇家军队的援助，而不是任何一个可能的欧洲盟国的按兵不

① 吴志良：《生存之道——论澳门政治制度与政治发展》，第 386、389 页。

动。在法英欲强行或以友好方式入澳城并占领附近的情况下，总是引用'禀告官员'这一套语加以婉拒。澳城从来便对里斯本及北京有着一种双重责任感、一种双重承诺。仅举一明例，1808 年，澳城对英国人以盟国的名义欲登陆无可奈何时，感到可以指望'澳城所属'的华人，于是教区省长建议将所有居民迁往巴西。在 9 月 20 日的同次会议上，其他教长也曾涉及与中国结盟，与北京保持道义上的承诺，以及地域经济上的局限，'澳城无供其居民一日食用的给养。'"①

我们知道，在英国人的多次夺澳企图中，澳门葡人曾求救天朝。② 也正是在天朝的护荫下，葡人在澳门才能几经风雨、屡渡难关，奇迹般地生存发展下来。而葡人的"双重效忠"，则是获得明清两朝庇护的法宝，亦是澳门数百年来生存之道的精髓。

（原载金国平、吴志良著《镜海飘渺》，澳门，

澳门成人教育学会，2001）

---

① 〔葡〕黎沙（Almerindo Lessa）：《澳门——热带葡萄牙人类学札记》（*Macau：Ensaios de Antropologia Portuguesa dos Trópicos*），里斯本，1996，第 174 页。
② 吴志良：《生存之道——论澳门政治制度与政治发展》，第 106～114 页。

试论澳门葡萄牙人居留地的形成

廖大珂*

澳门葡萄牙人居留地的形成并非一蹴而就，而是一个渐进的过程。明人王士性谈及："香山岙乃诸番旅泊之处，海岸去邑二百里，陆行而至，爪哇、渤泥、暹罗、真腊、三佛齐诸国俱有之。其初止舟居，以货久不脱，稍有一二登岸而拓架者，诸番遂渐效之，今则高居大厦，不减城市，聚落万头。"①即葡人入住澳门的过程分为舟居、旅居和定居三个阶段。

一

第一个阶段是嘉靖八年（1529）后，明朝开辟澳门为通商口岸，葡人混在其他国家商人之中，到澳门泊舟互市，其居留状况为"舟居"，并未登岸定居。

最早提到澳门的葡萄牙人是皮里士，1514 年他在马六甲所著《东方诸国记》中说："除广州港之外，还有一个叫蚝镜（Oquem）的港口，从广州去那里陆行三日程，海行一昼夜。"②葡萄牙人最早于何时来到澳门？《明实录》载：正德十六年（1521），"佛郎机火者亚三等既诛，广州有司乃并绝安南、满剌加，诸番舶皆泊漳州，私与为市。至是（嘉靖八年，1529），提督两广侍郎林富疏陈其事，下兵部议。言：安南、满剌加自昔内属，例得通市，载在《祖训》、《会典》。佛郎机正德中始入，而亚三等以不法诛，故驱绝之，岂得以此尽绝番舶？且广东设市舶司，而漳州无之，是广东不当阻

　厦门大学南洋研究院教授。
①　王士性：《广志绎》卷 4《江南诸省》，北京，中华书局，1981，第 100 页。
②　Armando Cortesão, *The Suma Oriental of Tomé Pires*, London, 1944, Vol. I, p. 127.

113

而阻，漳州当禁而反不禁也。请令广东番舶例许通市者毋得禁绝，漳州则驱之，毋得停舶。从之。"① 林富奏请通市舶，凡"出于《祖训》、《会典》之所载者"，许其在洋澳"照旧驻扎"，但是"其《祖训》、《会典》之所不载者，如佛郎机者即驱出境，如敢抗拒不服，即督发官军擒捕"。② 然而，广东既通市舶，"虽禁通佛郎机往来，其党类更附诸番舶杂至为交易"③。即葡萄牙人利用了明朝允许其他国家商人通商的机会，夹杂在他们之中到广东贸易。嘉靖中黄佐亦说："嘉靖中，（佛郎机）党类更番往来，私舶杂诸夷中交易，首领人皆高鼻白皙，广人能辨识之。"④ 可见，当时葡萄牙人到广东贸易已是广人皆知的事实，不过当地官府对此睁一只眼，闭一只眼罢了。

葡萄牙人在广东沿海，澳门很可能是其"驻扎"地之一。澳门及附近的港湾很早就是外国商船住泊的港口。正统十年（1445），有"流求使臣蔡璇等率数人以方物贡卖邻国，风漂至香山港"⑤。此"香山港"无疑即香山澳。天顺二年（1458）七月，"海贼严启盛寇香山、东莞等处。先是启盛坐死困漳州，越狱，聚众下海为患……至是招引番舶至香山沙尾外洋"⑥。"沙尾"即今珠海湾仔一带，其外洋即在濠镜近海处。嘉靖八年（1529），因林富之请，明朝开洋澳通商，澳门即其中一口岸。郭棐《广东通志》载："夷船停泊，皆择海滨地之湾环者为澳。先年率无定居，若新宁则广海、望峒，香山则浪白、濠镜澳、十字门，东莞则虎头门、屯门、鸡栖。"⑦ 所谓"夷船"无疑包括了葡萄牙船。郭棐又记载，自屯门、西草湾"佛郎机败后，其商舶由是渐不能绝，时与濠镜诸夷赴广贸易，但不复如异时虐焰云"⑧。可见，屯门、西草湾之战后，濠镜渐渐成为外国商人荟萃之地，葡萄牙人并未从广东沿海消失，不久即在蚝镜住舶，并从这里与其他国家的商人一

---

① 《明世宗实录》卷106，嘉靖八年十月己巳；林富的奏疏全文见黄佐《黄泰泉先生全集》卷20《代巡抚通市舶疏》。
② 黄佐：《黄泰泉先生全集》卷20《代巡抚通市舶疏》，康熙二十一年刻本。
③ 严从简：《殊域周咨录》卷9《佛郎机》，第324页。
④ 黄佐：（嘉靖）《广东通志》卷66《外志》。
⑤ 黄佐：（嘉靖）《广东通志》卷66《外志》。
⑥ 郭棐：《粤大记》载，卷3《海岛澄波》。
⑦ 郭棐：（万历）《广东通志》卷69《外志三·番夷》。
⑧ 郭棐：（万历）《广东通志》卷69《外志三·番夷》。

道常至广州贸易。黄佐《广东通志》亦记曰："布政司案：查得递年暹罗国并该国管下甘蒲沰、六坤州与满剌加、顺塔、占城各国夷船，或湾泊新宁广海、望峒，或新会奇潭、香山浪白、蚝镜、十字门，或东莞鸡栖、屯门、虎头门等处海澳，湾泊不一。"[①] 其中"满剌加夷船"即系来自马六甲的葡萄牙船。明人何乔远称："广东督臣林富更言许佛郎机市有四利焉……从之。以此佛郎机得入广东香山澳为市。"[②] 查继佐亦云："广东督臣林富上言，许市佛郎机有四利，诏许市香山澳。"[③] 虽然所云"林富上言，许市佛郎机"不确，但可以说明，香山澳开埠后成为葡萄牙人之住舶地。另据1629年荷兰驻台湾长官讷茨在给国王的报告，说："在澳门的葡萄牙人同中国贸易已有113年的历史了。"[④] 换言之，葡萄牙人甚至早在嘉靖八年（1529）之前，就已来到澳门住舶贸易。

林富请通市舶，明廷允准中外"海市"。所谓"海市"，即各国商船到港，一般都是就船做买卖，外国商人都在船上居住，交易完毕，即行开船离去，外商登岸居住仍属禁止之列，即"市之可也，居之不可也"[⑤]。嘉靖四十四年（1565），叶权指出："广东军饷资番舶，开海市（即指林富奏请开海市，以充军饷之事），华夷交易……盖海市当就船上交易，货完即行，明年又可至也。"[⑥] 因此，葡人初至澳门，亦未登岸搭屋居住，而是处于"海市舟居"的状态。当时"西洋之人（葡萄牙人）往来中国者，向以香山澳中为舣舟之所，入市毕，则驱之以去"[⑦]。王士性谈及葡人入居澳门前的情形："香山岙乃诸番旅泊之处，海岸去邑二百里，陆行而至，爪哇、渤泥、暹罗、真腊、三佛齐诸国俱有之。其初止舟居。"[⑧] 这证实了早期的澳门是外国商船，其中包括葡萄牙人海市舟居的场所。崇祯三年（1630），礼科给事中卢兆龙也论及葡萄牙人居留广东的前后三种状态："其初来贸易，

---

① 黄佐：（嘉靖）《广东通志》卷66《外志》。
② 何乔远：《名山藏·王享记·东南海夷》。
③ 查继佐：《罪惟录》列传卷35《佛郎机国》。
④ 《荷兰贸易史》，转引自《郑成功收复台湾史料选编》，福州，福建人民出版社，1962，第115页。
⑤ 章潢：《图书编》卷41《区处诸寇》。
⑥ 叶权：《贤博编·游岭南记（乙丑年）》。
⑦ 王临亨：《粤剑编》卷3《志外夷》。
⑧ 王士性：《广志绎》卷4《江南诸省》，北京，中华书局，1981，第100页。

不过泊船于浪白外洋耳。厥后渐入澳地，初犹搭篷厂栖止耳，渐而造房屋……"① 即葡人在澳门登岸居住之前是处于"海市舟居"的阶段。

总之，嘉靖八年（1529）后，明朝开辟澳门为通商口岸，葡萄牙人即已到澳门泊舟互市。葡人初至澳门，仅是在此住舶互市，属于短期的停留，尚未在岸上搭屋居住。因此，《明史·佛郎机传》称嘉靖八年（1529）林富奏开海禁，"自是佛郎机得入香山澳为市"②，并非是没有事实根据的忖测之词。

<h2 style="text-align:center">二</h2>

第二个阶段是嘉靖十四年（1535），明朝开辟濠镜为外国商人的居留地，少数葡人亦浑水摸鱼，"登岸而拓架"，即搭篷或草屋暂时居住，其时居留状况为"旅居"，并非定居。

关于葡人入居澳门，《明实录》载："先是，暹罗、东西洋、佛郎机诸国入贡者附省会而进，与土著贸易迁，设市舶提举司税其货。正德间，移泊高州电白县。至嘉靖十四年（1535），指挥黄琼纳贿，请于上官，许夷人侨寓蚝镜澳，岁输二万金。"③《明史》亦载："先是，暹罗、占城、爪哇、琉球、浡泥诸国互市，俱在广州，设市舶司领之……嘉靖十四年，指挥黄庆纳贿，请于上官，移之壕镜，岁输课二万金，佛郎机遂得混入。"④ 此"黄庆"与《明实录》中的"黄琼"当为同一人。不过，这两条记载往往被人们指为无稽之谈，不足凭信。然而这种观点值得商榷。

首先，《明实录》和《明史》为朝廷史官所修，是以官方档案为依据，如果没有确凿证据，不应轻易否定。

其次，黄琼纳贿，许诸国夷人侨居蚝镜互市，并非许佛郎机之人，而是许东南亚和琉球各国商人。这些国家是明朝的"藩属"，与明朝关系密切，其人因在广东贸易而居留广州由来已久。广东重新开海贸易后，随着中外贸易的发展，由于交易过程的日趋繁杂，外商需登岸居住较长的一个

① 《崇祯长编》卷34，崇祯三年五月。
② 《明史》卷325《佛郎机传》。
③ 《明熹宗实录》卷11，天启元年六月丙子按语。
④ 《明史》卷325《佛郎机传》。

时间，以完成交易，外商运来的大量商品在贸易季节一时不能售完，也必须搬到岸上存放，"海市舟居"已不能适应中外通商的需要。但是明朝政府在屯门、西草湾中葡冲突之后，出于"夷夏之防"，不许外国人在省城居住。在此情形下，指挥黄琼（庆）请准上司，选定远离广州的蚝镜作为他们的居住地，应该说不仅适应中外贸易发展的要求，而且也符合明朝统治者的防范心理。"嘉靖三十四年（1555）三月，司礼监传谕户部取龙涎香百斤，檄下诸番，悬价每斤偿一千二百两，往香山澳访买，仅得十一两以归"。① 说明香山澳作为外国人居留地不仅早为朝廷所知，而且朝廷从未有异议，还派人前往采办宫中所需的奢侈品。澳门开辟为外商居留地后，葡萄牙人冒用他国名，遂混在诸国夷人之中，亦随之入居蚝镜，应在情理之中。

嘉靖四十四年（1565），两广总督吴桂芳上疏云：自嘉靖八年林富"题准复开番舶之禁"，海外诸国"内如佛郎机诸国节奉明旨，拒绝不许通贡者，亦颇潜藏混迹射利于其间"；"佛郎机国夷人近年混冒满剌加名目，潜通互市"，其原因是"畏惧说出真籍，绝其交易之路，为此掩饰之词"；而官府则因其"地在海外，信息是非，无所折证"，自然无法查禁。并说："各国夷人据霸香山濠镜澳恭常都地方，私创茅屋营房……据澳为家，已逾二十载。"② 如此则外国商人入住澳门至少是在嘉靖二十四年（1545）之前，即嘉靖十四年之后。当时蚝镜的外国人居留地在九澳山，即今澳门路环岛。嘉靖二十六年（1547）的《香山县志》载："九澳山，其民皆岛夷。"③ 如果不是明朝政府允许外人在蚝镜居住，九澳山何来"岛夷"之居民？不言而喻，此所谓的"岛夷"包括了葡萄牙人在内。如平托（F. Mendes Pinto）于1555年前往澳门时，就发现有葡人居住，他于1555年11月20日的信中言："今天，我从浪白澳到距离六海里远的澳门，遇到了努内斯·巴雷多神父（Nunes Barreto），他自广州回来，辗转25天，花1000两银子赎回曼苏斯·德·贝力多及另一名被囚的葡萄牙人，游览了城市，了解那里风情，并就戈伊斯的兄弟路易斯留在广州学习语言的事，进行了试探。"④ 平托和

① 张燮：《东西洋考》卷12《逸事考》。
② 吴桂芳：《议阻澳夷进贡疏》，载《明经世文编》卷342。
③ 邓迁：《香山县志》卷1《风土第一》。
④ *Cartas dos Jesuítas na Asia*, codex 49 – IV-49, Lisboa：Biblioteca da Ajuda. 转引自万明《中葡早期关系史》，北京，社会科学文献出版社，2001，第82页。

巴雷多神父在澳门还遇上返航的日本航线船队长官达·伽马（Duarte da Gama）及其指挥的大帆船。① 这一年来到澳门居住的还有受马六甲教会派遣的传教士贡萨尔维斯（Gregorio Gonzales）和其他七名葡萄牙人。他说："在第一年，我和七个教友住在内地（澳门）；在第二年，仰赖上主的光照，我能用基利斯督的信条劝化几个中国人入教，仍是住居在内地所建的草屋圣堂。"②

其实，葡人于嘉靖十四年（1535）开始入居澳门之说早就为人们所认同。如：隆庆三年（1569），"工科给事中陈吾德条陈广中善从事宜……一，禁私番，言满剌加等国番商素号犷悍，往因饵其微利，遂开濠境诸澳以处之，致趋者如市，民夷杂居，祸起不测。"③ 万历四十六年（1618），"于是总督许弘纲、巡按御史王命璇奏：澳夷，佛郎机一种，先年市舶于澳，供税二万以充兵饷。"④ 陈吾德、许弘纲等人所奏无疑即指嘉靖十四年黄琼（庆）请准夷人侨居濠镜，葡萄牙人乘机登岸居留之事。

又：乾隆九年（1744），清朝第一任澳门同知印光任和曾任香山知县和澳门同知的张汝霖认为："（嘉靖）十四年，都指挥黄庆纳贿，请于上官，移舶口于濠镜，岁输课二万金。澳之有蕃市，自黄庆始。"⑤ 大约与印、张同时，曾任香山知县的张甄陶亦认为："先是，海舶皆直泊广州城下，至前明备倭，迁于高州府电白县。后嘉靖十四年，番舶夷人言风潮湿货物，请入澳晒晾。许之，令输课二万两，澳有夷自是始。"⑥ 总之，《明实录》与《明史》的记载不能说是"无稽之谈"。

不过，由于当时葡人在澳门的居留权未得到明朝的认可，广东当局允许葡人贸易，"始终附有这样的条件：即贸易时期结束后，葡萄牙人就要带

---

① C. R. Boxer, *The Great Ship from Amacon*（*Annals of Macao and the Old Japan Trade, 1555 - 1640*）, Lisbon, 1963, p. 22.
② 〔法〕裴化行（Bernard P. R. Henri）：《天主教十六世纪在华传教志》，上海，商务印书馆，1936，第95页。
③ 《明穆宗实录》卷38，隆庆三年十月辛酉；另见陈吾德《谢山楼存稿》卷1《条陈东粤疏》。
④ 《明穆宗实录》卷576，万历四十六年十一月壬寅。
⑤ 印光任、张汝霖：《澳门记略》卷上，《官守篇》，广州，广东高等教育出版社，1988，第20页。
⑥ 张甄陶：《澳门图说》，载《小方壶斋舆地丛钞》，第9帙。

着他们所有的财物立即返回印度"①;"中国官方禁止葡萄牙人建造任何种类的坚实房屋,他们的一切建筑都要在他离开时任其荒废"②。因此,葡人在濠镜的居留状况并非定居,而是"旅居",仅搭篷或草屋居住,具有临时居住的性质。值得一提的是,当时的濠镜并非是葡人唯一的暂住地,其后葡人大批转往闽浙,先后在双屿和浯屿开辟居留地;在被逐出闽浙,返回广东沿海后,又先后在上川和浪白澳建立暂居地。在葡萄牙人获得在澳门居留权之前,这些居留地和暂居地都比濠镜更为繁荣和重要。

关于早期葡人在澳门搭建草棚临时居住的状况,明人有如下记载:

嘉靖四十三年(1564),庞尚鹏疏云:"每年夏秋间,夷舶乘风而至",络绎不绝,"往年俱泊浪白等澳(包括濠镜)……守澳官权令搭篷栖息,迨舶出洋即撤去"。直至葡人获得在澳门的居留权后,"始入濠镜澳筑室,以便交易"。③

万历十四年(1586),蔡汝贤记:"粤有香山濠镜澳,向为诸夷贸易之所,来则寮,去则卸,无虞也。"④

万历四十一年(1613),郭尚宾疏云:"查夷人(佛郎机)市易,原在浪白外洋,后当事许其移入濠镜……原止搭茅暂住,后容其筑庐而处。"⑤

万历四十三年(1615),两广总督张鸣冈奏:"前此贾夷(佛郎机人),栖篷诛草于澳中,次第柴屋筑城。"⑥

天启四年(1624),吏科给事中陈熙昌奏:"自佛郎机猫眼儿挟贽而来,无处栖泊……亡何而移入蚝镜澳,则距香山县治仅数舍而遥。其初止搭窝铺,以汛为期。"⑦

---

① 何高济等译《利玛窦中国札记》,北京,中华书局,1983,第140页。
② 何高济等译《利玛窦中国札记》,北京,中华书局,1983,第137~138页。
③ 庞尚鹏:《百可亭摘稿》卷1《陈末议以保海隅万世治安疏》。
④ 蔡汝贤记:"粤有香山濠镜澳,向为诸夷贸易之所,来则寮,去则卸,无虞也。嘉靖间,海道利其饷,自浪白外洋议移入内,历年来渐成雄窟,列廛市贩,不下十余国。"见《东夷图说·东夷图总说》。
⑤ 郭尚宾:《郭给谏疏稿》卷1。
⑥ 方孔炤:《全边略记》卷9《海略》。
⑦ 高汝栻:《皇明续纪三朝法传全录》卷13《陈熙昌奏疏》。

葡人亦有类似的记载。1570 年左右，神父格里高里·冈萨尔维斯说："最初的移民是未经官方允许的非法居住者，在莲花半岛取一个中国人的名字度过数月。"① 即葡人在澳门并非定居，而是旅居。1623 年，澳门市政厅书记官葡人迪奥戈·卡尔代拉·雷戈（Diogo Caldeira Rego）亦说：葡萄牙人发现了澳门港（Amacao）后，"觉得这里便于做生意和保存货物，一些人或另一些人就在此停留，建造房屋，一开始建的是草房，后来建的是土坯房。"② 中外双方的记载都证实，葡人在获准筑室定居之前，在澳门是搭茅棚暂住的。

16 世纪澳门耶稣会修院的一份记载云："1557 年，广州的官员把澳门港赠予了居住那里的葡萄牙人。"③ 换言之，即葡萄牙人是先入居澳门，尔后才获得居留权的。在此之前，"一般葡萄牙人来到澳门之后，并没有人前去干涉，相信是暗中许可，又因为在这里没有存身之处，实在太不方便，遂在适宜之处造成房屋数所"④。

综上所述，嘉靖十四年（1535），葡萄牙人以东南亚国家商人的名义，以贿赂为手段，以纳税为条件，开始进入澳门，在此搭建茅棚临时居住。不过，其时居留地不在澳门半岛，而在九澳山，即今路环岛；澳门的地位也不如后来的双屿、浯屿、上川和浪白澳来得重要。

三

第三阶段是明朝广东当局给予葡人在澳门的居留权，葡萄牙人"自浪白外洋议移入内"⑤，遂蜂拥而至，修建永久性建筑，公然居住，开始了在澳门的定居，形成葡萄牙人居留地。

如上所述，葡人最初是以东南亚国家商人的名义，混在各国商人之中

---

① 〔英〕C. R. 博克萨：《16～17 世纪澳门的宗教和贸易中转港之作用》，《中外关系史译丛》第 5 辑，上海，上海译文出版社，1991，第 82 页。
② 〔葡〕迪奥戈·卡尔代拉·雷戈（Diogo Caldeira Rego）：《澳门的建立与强大纪事》，《文化杂志》第 31 期，澳门，澳门文化司署，1997，第 146 页。
③ J. M. Braga, *The Western Pioneers and Their Discovery of Macao*, Macao, 1949, p. 109.
④ 〔法〕裴化行（Bernard P. R. Henri）：《天主教十六世纪在华传教志》，上海，商务印书馆，1936，第 94 页。
⑤ 蔡汝贤：《东夷图说》。

入住澳门，属于临时居留，其居留权并未获得明政府的承认。正如 1623 年澳门市政厅书记官葡人迪奥戈·卡尔代拉·雷戈（Diogo Caldeira Rego）所说："因为最早的（澳门）创建者们在平和的气氛中与中国人做生意，前往印度、日本、暹罗和其他地方的航行也不用担心有敌人……建立本市未经中国国王允许，所以它只能在统治该地的中国官员为了王国的共同利益和自身的好处而佯装不知的情况下发展。"① 关于葡萄牙人在澳门定居并获得居留权，有不同的说法。

万历三十年（1602），郭棐《广东通志》载："嘉靖三十二年（1553），舶夷趋濠镜者，托言舟触风涛缝裂，水湿贡物，愿借地晾晒。海道副使汪柏循贿许之。时仅篷垒数十间，后工商牟利者始渐运砖瓦木石为屋，若聚落然。自是诸澳俱废，濠镜为舶薮矣。"②

万历四十一年（1613），广东监察御史王以宁《条陈海防疏》："国初，占城诸国来修职贡，因而互市，设市舶提举以主之。然稍载而来，市毕而去，从未有盘踞澳门者。有之，自嘉靖三十二年始。"③ 印光任、张汝霖《澳门纪略》亦载："（嘉靖）三十二年，蕃舶托言舟触风涛，愿借濠镜地暴诸水渍贡物，海道副使汪柏许之。初仅茇舍，商人牟利者渐运瓴甓榱桷为屋，佛郎机遂得混入。高栋飞甍，栉比相望，久之遂专为所据。蕃人之入居澳，自汪柏始。"④ 实际上，这两条记载都是根据郭棐的《广东通志》。

所谓汪柏许蕃人入居澳门之说，盖源自嘉靖三十三年（1554）苏萨与汪柏之协议。然而，苏、汪协议并未涉及葡人在澳门的居留权，苏萨在信中谈及谈判经过只字未提澳门。该协议只是允许葡人在广东的贸易，并将贸易限制在某些港口，澳门虽可能是对葡人开放的港口之一，但未允许其人在此居住。只是中葡广东贸易恢复之后，由于"自佛郎机猫眼儿挟赀来，无处栖泊，暂借浪白互市，然犹海外也"⑤。即广东地方当局借与葡萄牙人的住舶地是浪

① 〔葡〕迪奥戈·卡尔代拉·雷戈（Diogo Caldeira Rego）:《澳门的建立与强大纪事》,《文化杂志》第 31 期，澳门，澳门文化司署，1997，第 146 页。
② 郭棐:《广东通志》卷 69《番夷》。
③ 王以宁:《东粤疏草》卷 5《条陈海防疏》。
④ 印光任、张汝霖:《澳门纪略》卷上《官守篇》，广州，广东高等教育出版社，1988，第 20 页。
⑤ 高汝栻:《皇明法传录续纪》卷 13《陈熙昌奏疏》。

白澳，而不是澳门。葡人在浪白澳的居留也是"守澳官权令搭篷栖息，迨舶出洋即撤去"①。即只同意葡人在贸易季节在浪白澳临时居留，并非是常年的居住。因此，嘉靖三十二年葡人得允入居澳门之说难以凭信。

葡萄牙方面的说法则有不同，多谓葡萄牙人获允在澳门定居始于 1557 年。平托记述：1555 年，他从满剌加前往日本，"离开占岛后，我们向广东诸岛驶去。航行 5 天之后（7 月 20 日），上帝保佑我们来到上川岛……第二天（8 月 3 日）早晨，我们自上川岛出发。太阳落山时抵达往北六里格处的另一岛屿。该岛名为浪白滘。其时葡人与华人在岛上交易，直至 1557 年广东官员在当地商人的要求下，将澳门港划给了我们做生意。以前那里是个荒岛，我们的人把它建成了一个大村落。里面有价值三四千克鲁扎多的房屋，有大堂，代理主教，有受俸教士，城防司令，王室大法官，司法官员。众人在那里感到非常的安全，如同在自己的家园一样，如同该岛在葡萄牙最安全的一个地方。"② 平托说葡人定居权之获得乃应当地商人之请，个中原由则语焉不详。16 世纪澳门耶稣会修院的文献记载云："1557 年，广州的官员把澳门港赠予了居住那里的葡萄牙人，他们早先住在上川岛，后来住在浪白澳，并在这些岛屿同中国人做生意。"③ 亦未谈及把澳门"赠予"葡人的原因。1635 年，安东尼奥·博卡罗（António Bocarro）的《要塞图册》也说："从尊贵的唐·曼埃尔国王的一个使团于 1518 年第一次来到中国以后，葡萄牙人开始与这个王国的几个港口做生意，最后到了上川岛的港口，这是建立本市的开始；1552 年，印度第二位使徒、本市（澳门）的保护神方济各·沙勿略在上川岛逝世。1555 年，转往浪白滘岛进行贸易，1557 年又转到本澳门港。"④ 1649 年，葡萄牙传教士曼里克说：1557 年"这一年，应广东王国商人们和该王国总督的请求，（葡萄牙人）又从浪白滘转移到澳门岛，并逐渐把澳门建成了一座有豪华庙宇和高雅的房屋的美丽城市。"⑤ 依然没有说明具体的原因。

---

① 庞尚鹏：《百可亭摘稿》卷 1《陈末议以保海隅万世治安疏》。
② 〔葡〕费尔南·门德斯·平托（Fernão Mendes Pinto）：《远游记》，金国平译，澳门基金会，1999，第 698、701 页。
③ J. M. Braga, *The Western Pioneers and Their Discovery of Macao*, Macao, 1949, p. 109.
④ 《文化杂志》第 31 期，澳门，澳门文化司署，1997，第 160 页。
⑤ 〔葡〕塞巴斯蒂昂·曼里克教士（Sebastião Manrique）：《东印度传教路线》，《文化杂志》第 31 期，澳门，澳门文化司署，1997，第 179 页。

然而，葡萄牙传教士曾德昭在 1638 年完成的《大中国志》中说："离那里（上川）54 英里之处，有另一个叫香山（Gan Xan）的岛，葡人称之为澳门（Macao），它很小，而且布满岩石，易于防守，有利于海盗和盗贼藏身；确实，在那时，有很多盗匪集中在该地，骚扰附近的海岛。中国人商议如何消弭这种祸害，但或者他们缺乏勇气去解决它，或者他们宁愿不冒任何危险，再丧失人，因深知葡人的勇气，就让他们去干这件事，答允他们说，如果他们能逐走海盗，则给他们一处居留地。葡人满意地接受这一条件，尽管他们人数比海盗少许多，但在军事上则很有技巧，他们列成阵势，英勇地向海盗进攻，他们未损一人，而敌人伤亡很重，马上成为战场和岛屿的主人。他们很快开始在岛上进行建设，每人取一块他选中的土地，开始不值一文的地方，后来都高价出售，今天要在城里买一小片盖房的地，其价钱高得令人难以置信。"① 即葡人得允在澳居住乃与其助剿海盗有关。

类似的说法在西人的文献中比比皆是。如：与曾德昭同时代的葡人曼努埃尔·德·法里亚·苏萨（Manuel de Faria e Sousa）著《葡属亚洲》载："澳门土地硗薄，多岩石，为海盗渊薮，中国官吏欲除灭之，然畏怯不敢动。时葡人寄居上川，遂与之约，如能代为歼除，即以澳门赠予。葡人垂涎澳门已久，深欲假扫除海寇之功以得之，遂允其请。海寇虽谙于道路，然战术则远不及，故终为葡人所驱除。葡人乘战胜之余，即于澳门建城筑室以居其民。"② 所谓"以澳门赠予"当然不是赠以土地，而是如曾德昭所言，给他们作为居留地。

曾德昭与法里亚·苏萨均未说明助剿海盗的年份，从葡人尚在上川岛推之，其事应在 1550～1557 年之间。1646 年出版的 A. F. Cardim《1644 年前日本纪事》记："1557 年时有若干中国叛人凭据澳门，抄掠广州全境。省中官吏不能剿灭盗贼，求助于上川的葡萄牙人。葡萄牙人为数仅有四百，赖天主及圣方济各之助，击散群盗。中国人奖其功，许葡萄牙人在澳门停留居住，惟不许筑城置炮。"③ 即明确说葡人助剿海盗事在 1557 年。

1665 年，意大利传教士利类思（Ludovicus Buglio）说："至嘉靖年间，

---

① 〔葡〕曾德昭（Alvaro Semedo）：《大中国志》，上海古籍出版社，1998，第 208 页。
② 张维华：《明史欧洲四国传注释》，上海古籍出版社，1982，第 44 页。
③ 转引自汤开建《澳门开埠初期史研究》，北京，中华书局，1999，第 111 页。

广东海贼张西老，攘澳门至围困广州，守臣召西客协援解围，赶贼至澳歼之。是时，督臣疏闻，有旨命西客居于澳门，至今一百三十余年矣。"① 从1665年上溯130余年，即1525～1535年之间，但是没有任何证据表明当时明朝曾允许葡人在澳门居住，利类思之说显系杜撰。

1676年，多明我会修士多明戈·费尔南德斯·纳瓦雷特（Domingo Fernandez Navarrete）发表的《中国王朝历史、政治、伦理和宗教论》："澳门的许多（居民）说，那个地方起初是送给他们的，因为他们从那里驱逐了严重骚扰中国邻居的盗贼。"② 但他把允许葡萄牙人在澳门居住的年代说成是1547年，1547年应是1557年之误。

万历四十五年（1617），两广总督周嘉谟、巡按田生金上疏言："独计此丑（指澳门葡人）去故土几数万里，居镜澳已六十年。"③ 兵部的批复也同样有"澳夷去故土数万里，居澳六十年"之说。④ 从万历四十五年上溯60年即1557，恰与葡人的记载相吻合。另据嘉靖四十三年（1564）广东监察御史庞尚鹏上疏称：（葡人）"近数年来，始入蚝镜澳，筑室以便交易。"⑤ 即葡人获准入澳定居不过是前几年的事。由此可证葡人在1557年获准在澳门居住之说并非虚构。

关于葡萄牙人助剿海盗之说，一些史家斥之为谬论，然而征之中国史籍，其说亦非空穴来风。明代葡萄牙人定居澳门前助剿海盗，大者凡两次。

第一次：嘉靖二十六年（1547），葡人在浙江双屿附近助剿海盗林剪。林希元记其事：佛郎机"且其初来也，虑群盗剽掠累己，为我驱逐，故群盗畏惮不敢肆。强盗林剪横行海上，官府不能治，彼则为吾除之，二十年海寇一旦而尽。据此则佛郎机未尝为盗，且为吾御盗。"⑥ 嘉靖二十六年距准予葡人入居澳门之年代尚早，则此次助剿应与澳门无涉。

第二次：黄佐《广东通志》记载："嘉靖三十三年（1554），提督两广兵

---

① 〔意〕Ludovicus Buglio（利类思）：《不得已辨》，《天主教东传文献》第1册，第318页。
② 《文化杂志》第31期，澳门，澳门文化司署，1997，第185页。
③ 田生金：《按粤疏稿》卷3《条陈海防疏》。
④ 《明神宗实录》卷557，万历四十五年五月辛巳。
⑤ 庞尚鹏：《百可亭摘稿》卷1《陈末议以保海隅万世治安疏》。
⑥ 林希元：《林次崖先生文集》卷5《与翁见愚别驾书》，《四库全书存目丛书》集部，第75册，齐鲁书社，1996，第539页。

部侍郎鲍象贤、总兵官征蛮将军定西侯蒋傅讨平广东海贼。先是，贼首何亚八、郑宗兴等潜从佛大坭国纠同番船前来广东外洋及沿海乡村，肆行劫掠，杀虏人财，拒伤官兵。脱往福建等处收纳叛亡数千，辖同陈老、沈老、王明、王五峰（即王直）、徐碧溪（即徐铨）及方武等，分宗流劫……亚八等仍又遄向广东地方打劫。军门督行巡海副使汪柏，委指挥王沛、黑孟阳等统领兵船，分东西哨，随往剿捕。王沛擒获何亚八等于广海三洲环。"①

值得注意的是，主持剿灭何亚八的正是与葡萄牙人素有交易的广东海道副使汪柏！《明实录》载："嘉靖三十三年八月乙未，以广东擒剿海寇功升副使汪柏俸一级，都指挥蔡祯等准赎，指挥王沛赏银十两。初，东莞剧贼何亚八等纠聚番徒，沿海劫掠。祯及知县何蚧等以计抚其党，伺贼众少懈，遣沛督兵捕之，凡斩首一百余级，俘获四人，驱还所虏一百五十人。事闻论功，因有是命。"②

那么，汪柏对于准许葡萄牙人入居澳门究竟起了什么作用？

原来，在苏萨与汪柏达成口头协议后，葡人虽暂借浪白澳作为交易之处，但是浪白澳并不尽如人意，它位于珠江出海口的崖门三角洲外，珠江带来的淤泥沉积非常严重，不适于大船停泊；且"限隔海洋，水土甚恶，难于久驻"③。葡萄牙人不愿在此久栖，而亟欲另觅他处。1555 年葡萄牙船队长官雷奥尼尔·地·苏沙就说："我们不想久泊于浪白溜，因为它正处在一个河口上。"④ 其实，葡人早就窥伺离广州较近、交通也更加方便的濠镜，"觉得这里便于做生意和保存货物"⑤。"夫濠镜距香山邑治不百里，香山距会城百五十里耳，有陆路总经塘湾，径达澳中，其三面俱环以海。在广州以澳为肘腋近地，在夷佛郎机以番舶易达，故百计求澳而居之"⑥。因此，

① 黄佐：(嘉靖)《广东通志》卷 66《外志三》；另据胡宗宪记载："嘉靖三十三年（1554），海寇何亚八等引倭入寇，提督侍郎鲍公象贤、总兵定西侯蒋公傅讨平之。先是，亚八与郑宗兴潜从佛大坭国引番舶于沿海劫杀，逸往福建，收叛亡数千人，与陈老、沈考、王明、王直、徐铨、方武等流劫浙、福建，复回广东。"见胡宗宪《筹海图编》卷 3《广东倭变记》。

② 《明世宗实录》卷 413，嘉靖三十三年八月乙未。

③ 庞尚鹏：《百可亭摘稿》卷 1《陈末议以保海隅万世治安疏》。

④ 引自张增信《明季东南中国的海上活动》上编，台北，中国学术著作奖助委员会，1988，第 251 页。

⑤ 〔葡〕迪奥戈·卡尔代拉·雷戈（Diogo Caldeira Rego）：《澳门的建立与强大纪事》，载《文化杂志》第 31 期，澳门，澳门文化司署，1997，第 146 页。

⑥ 郭尚宾：《郭给谏疏稿》卷 1《防澳防黎疏》，《岭南丛书》本，清道光同治间刊。

葡萄牙人"以浪白辽远，重赂当事求蚝镜为澳"①。此当事者无疑即汪柏也。从苏萨致路易斯亲王函来看，汪柏与苏萨在商谈时，没有应允葡人的要求，却在会谈结束后提出海盗的问题："一些流亡马六甲或其他国家的人，经常劫掠沿海。"② 显然汪柏所指即何亚八等海盗。

澳门所在的香山县素为海盗出没之地。嘉靖三十年（1551），何亚八海盗集团在广东沿海活动，就横行于珠江口，尤其是香山县一带。据霍与瑕云："嘉靖三十年（1551），乡多寇祸，窃横行香山、新会、番、南之郊。"③ 又据载，"辛亥（嘉靖三十年）六月，海盗何亚八同番贼由石岐抵瀛，纵火劫村。"④ "石岐"即香山县的一个镇，由此可见何亚八一伙甚至已占据香山的一些地方作为巢穴，故俞大猷将其称为"香山贼"⑤。汪柏向苏萨提出海盗问题，是否确如曾德昭所言，"因深知葡人的勇气，就让他们去干这件事，答允他们说，如果他们能逐走海盗，则给他们一处居留地"？从郭棐的一则记载或许有助于找到答案，"时佛郎机夷违禁潜往南澳，海道副使汪柏受重贿从臾之。（丁）以忠曰：此必为东粤他日忧，力争弗得。寻擢右布政使。时征何亚八、郑宗兴诸贼。"⑥ 此"南澳"指广州以南的澳门。郭棐一语道出了葡人"潜往南澳"确与"时征何亚八、郑宗兴诸贼"有关，而且事后葡萄牙人在澳门定居确实是得到汪柏的许可。万历时郭尚宾亦回顾："且夷人在昔，行贿济奸以得入澳，得结庐"；"查夷人市易，原在浪白外洋，后当事许其移入濠镜。"⑦ 这也进一步证实葡人从浪白澳移居澳门是得到汪柏认可的。⑧

另外，大约在隆万之际，即剿平何亚八之后仅十余年，霍与瑕有议：

---

① 屈大均：《广东新语》卷2《澳门》，北京，中华书局，1985，第36页。
② 见张海鹏主编《中葡关系史资料集》，成都，四川人民出版社，1999，第250页。
③ 霍与瑕：《勉斋集》卷17《职方杂著》。
④ 黄佐：（嘉靖）《广东通志》卷70《外志》。
⑤ 俞大猷：《正气堂集》卷9《论邓城可将书》。
⑥ 郭棐：《广东通志》卷13《丁以忠传》。
⑦ 郭尚宾：《郭给谏疏稿》。这则材料还说明，汪柏先许葡人在浪白澳贸易居住，后许其入居澳门。
⑧ 近来万明教授认为，对葡人入居澳门起关键作用的是当时的澳门守澳官王绰（见万明《中葡早期关系史》，北京，社会科学文献出版社，2001，第88~90页）。但是，一则王绰"以诸生中嘉靖乙卯（1555）、戊午（1558）两科武举"，因功"升昭武将军，移镇澳门"，其事在1558年后［见暴煜（乾隆）《香山县志》卷6《人物·王绰传》］，时葡人已定居澳门；二则王绰位卑言轻，恐怕无权做出如此重大的决定，而中外史籍都有充分证据表明：当时担任广东海道副使的汪柏才是关键性的人物。

"两广百年间，资贸易以饷兵，计其入可当一大县。一旦弃之，军需安出？一不便也。香山海洋得澳门为屏卫，向时如老万、如曾一本、如何亚八之属，不敢正目而视，阖境帖然。若彻去澳夷，将使香山自为守，二不便也。"① 于此可见，海盗何亚八等曾进犯或占据澳门而被葡人所逐，广东当局确实有赖葡人驻守澳门以为屏卫，从而使香山一带，海盗"不敢正目而视，阖境帖然"。如此，西人关于葡人因助剿海盗得以定居澳门之说并非谬说，而是可以从中国载籍中得到验证的。

综上所述，中葡恢复广东贸易之后，葡萄牙人既得上川、浪白澳为商业居留地，又复求澳门，他们通过帮助驱逐海盗，而换取广东地方当局同意其定居澳门，"即为了酬谢葡萄牙人的效劳而给予他们在澳门居住的权利"②，尽管他们的这种权利在当时没有得到明朝廷的正式承认。③ 然而正如博卡罗所言："1555年，这种贸易转移到浪白，1557年又从这里转移到澳门"④，从而定居下来，"渐则不可收拾"⑤。起初，澳门并非是葡萄牙人的专有居留地，后因葡人"则挈家至焉，盘踞其中，建屋、建寺、建铳、建风信庙"⑥。"久之，其来益众。诸国人畏而避之，遂专为所据"，形成葡萄牙人居留地。⑦ 不言而喻，在这一过程中，葡人所惯用的贿赂手段也起了重要作用⑧，据说为了取得汪柏同意其定居澳门，葡萄牙人每年向他行贿白银500两。⑨

（原载黄晓峰主编《文化杂志》，澳门，澳门特别行政区政府文化局，第49期，2003年冬季刊）

---

① 霍与瑕：《勉斋集》卷19《处濠镜澳议》。
② 张天泽：《中葡早期通商史》，姚楠、钱江译，香港，中华书局，1988，第108页。
③ C. R. Boxer, *Fidalgos in the Far East, 1550－1770*, The Hague, 1948, p. 8.
④ C. R. Boxer, *Seventeenth Century Macao on Contemporary Documents and Illustrations*, Hong Kong, 1984, p. 16.
⑤ 徐学聚：《初报红毛番疏》，载《明经世文编》卷433《徐中丞奏疏》。
⑥ 高汝栻：《皇明续纪三朝法传全录》卷13。
⑦ 《明史》卷325《佛郎机传》。
⑧ 《明史》卷223《吴桂芳传》。
⑨ Montalto de Jesus, *Historic Macao*, Hong Kong：Oxford University Press, 1984, p. 42.

明中后期澳门葡人帮助明朝剿除海盗史实再考

——以委黎多《报效始末疏》资料为中心展开

汤开建[*]

葡萄牙人进入中国东南沿海展开走私贸易后，一方面与东南沿海的海商集团保持密切的关系，以便达到走私货品的目的；另一方面由于葡萄牙人的海上贸易也经常遭到海盗的袭击，故剿灭东南沿海地区的海盗，也是其海上贸易安全的需要。在澳门开埠前，被葡萄牙人剿灭或葡人参与剿灭的海盗较著名的有 Coje Hazem、林剪、何亚八等，[①]嘉靖三十六年（1557），葡萄牙人更以"驱盗"之功得以入居澳门。尔后，明政府则以澳门葡人为"香山海洋"的"屏卫"，（明霍与瑕《勉斋集》）"为天朝守海门而固外围"，[②]并在一系列的广东海防保卫战中，葡萄牙人多次出兵帮助明朝歼灭海盗。[③]由于近来从韩霖《守圉全书》（台湾中研院傅斯年图书馆藏崇祯刊本）卷三之委黎多《报效始末疏》（以下简称《报疏》）发现了很多十分重要的澳门葡人帮助明朝驱除海盗的新史料，且为其他中文文献缺载，故在我们已研究的基础上再证葡萄牙人帮助明朝剿除海盗这一颇有争议的史实。澳门葡人驱除海盗之事是《报疏》中十分重要的内容，全疏涉及驱海盗事共四次，本文分为三部分考述如次。

---

* 澳门大学社会科学及人文学院历史系教授，暨南大学文学院中国文化史籍研究所兼职教授。

① 汤开建：《澳门开埠初期史研究》，北京，中华书局，1999，第104~130页。

② 印光任、张汝霖著，赵春晨校注《澳门纪略校注》卷下《澳蕃篇》，澳门，澳门文化司署，1992，第148页。

③ 汤开建：《澳门开埠初期史研究》，北京，中华书局，1999，第80~130页。

一　嘉靖三十六年葡人除海盗"阿妈贼"入居澳门

《报疏》称：

> 迨至嘉靖三十六年，历岁既久，广东抚按乡绅悉知多等心迹，因阿妈等贼窃踞香山县濠镜澳，出没海洋，乡村震恐，遂宣调多等，捣贼巢穴，始准侨寓濠镜。

这里十分明确地记载了嘉靖三十六年（1557）葡人镇压澳门海盗而获得澳门居住权。

嘉靖三十三年（1554）葡萄牙人帮助广东政府剿灭何亚八海盗集团，获得葡人进入广州城及周围其他地方（包括澳门）贸易的承诺；[①] 嘉靖三十六年（1557）广东政府又宣调葡人剿除"窃踞香山县濠镜澳"的"阿妈贼"。值得注意的是，这批海盗之名叫"阿妈贼"。这个"阿妈贼"很可能是指一批信仰"妈祖（天妃）"女神的福建海盗。怎么知道这批海盗信仰"阿妈"神？1581 年到澳门的利玛窦曾称：那里（指澳门）有一尊叫做阿妈（Ama）的偶像。今天还可以看见它。[②] 正因为这批占据濠镜澳的海盗供奉的神是阿妈女神，故葡人将这一批盘踞在濠镜澳的海盗称之为"阿妈贼"。1555 年，平托从澳门发出的信中称：Amacauo[③]，即阿妈港，也就是当时正是因为有一批信仰"阿妈"神的海盗占据了濠镜澳，因此，也就将"濠镜澳"称之为"Amacauo（阿妈港）"，而这一称呼被沿袭下来。故 16 世纪后期及 17 世纪初期在葡文和日文文献中多称之为"Amacao"[④]、"阿妈港"[⑤]，甚至在中文海图上居然也出现了"亚马港"。［（明）郭棐《粤大

---

① 汤开建：《澳门开埠初期史研究》，北京，中华书局，1999，第 80～130 页。

② 〔意〕利玛窦（Matteo Ricci）、〔比利时〕金尼阁（Nicolas Trigault）：《利玛窦中国札记》，北京，中华书局，1983，第 140 页。

③ 〔葡〕罗理路（R. M. Loureiro）：《澳门寻根》"附录文献"，澳门海事博物馆，1997。

④ 〔葡〕罗理路（R. M. Loureiro）：《澳门寻根》"附录文献"，澳门海事博物馆，1997。

⑤ 〔意〕利类思（Ludovicus Buglio）：《不得已辨》，载《天主教东传文献》第 1 册，台北，学生书局影印本，1965，第 167～181 页。

记》] 这应是关于"Amacao（阿妈港）"之名的真正来源。

嘉靖三十六年（1557）葡人剿灭盘踞濠镜澳海盗"阿妈贼"之事，葡语资料中记载颇多。1621 年，澳门大三巴学院院长、耶稣会会士卡布列托尔·德·马托斯（Gabriel de Matos）称：

> 此地原属中国国王，但现在属于葡萄牙国王及在这里居住的葡萄牙人。之所以成为他们的凭据是广东官员将此地给了他们而中国国王核准了日期。此事原为口头传说，后见之出版的史书。直至 1553 年，葡萄牙人与华人在上川岛进行交易。华人于 1555 年将他们由此移往浪白滘并于 1557 年迁至澳门。官员将此港给他们进行贸易。几年来，他们已了解到这些商人为守本分、诚实之人，所以允许他们入广州贸易。是费尔南·佩雷斯·德·安德拉德（Fernão Peres de Andrade）为葡萄牙国王在广东设立了商站。葡萄牙人为中国立下的汗马功劳确认了澳城其港、其地的让与。这汗马功劳便是歼灭了一骚扰广州的巨盗。为此，他们（华人）将葡人迁至距广州较近的这一港口。对此，本澳较年长的居民言之凿凿。多亏此种效劳，他们在此扎下了根，大宪亦颇感满意。作为感谢，为每个葡萄牙人颁发了一"chapa de ouro（金札）"，上有提及此丰功伟绩的文字。对此感谢，广东省官衙簿籍中有载。各级大吏给本议事亭的劄谕中多有涉及。[①]

1682 年，澳门议事亭上书葡西联合国王菲力普（Felipe III）三世：

> 因该城居民于 1557 年击溃一横行中国沿海的漳州巨盗，所以从伟大中国国王处获一"chapa（金札）"将他们现居住的港口及其地赐给了他们。[②]

澳门议事会文件指的"漳州巨盗"，当即《报疏》中的"阿妈贼"；澳

---

① 高美士（Luís G. Gomes）：《荷兰殖民档案馆所藏葡萄牙十七世纪文献》（Documentos Sete-centistas Portugueses no Arquivo Colonial da Holanda），载《贾梅士学院院刊》（Boletim do Instituto Luís de Camões）1975 年第 1 期。

② 金国平：《中葡关系史考证》，澳门，澳门基金会，2000，第 65~66 页。

门议事会文件称葡人击败漳州巨盗的时间为 1557 年,《报疏》称嘉靖三十六年（1557），葡人捣毁盘踞濠镜的阿妈贼的巢穴；澳门议事会文件称，中国国王把澳门这个港和地区赐给他们，《报疏》称，"始准侨寓濠镜，比作外藩子民"。1646 年出版的嘉而定（António Francisco Cardim）《1644 年前日本纪事》中亦有完全一致的记录：

> 一群华人造了反，我不知为何原因。他们在澳门安营扎寨，骚扰整个广州地区……省中官吏无法制止叛贼，无奈之下，求助于居住在上川并在那里同华商交易的葡萄牙人。他们认为，只有葡萄牙人才能控制叛匪。他们没有搞错，因为葡萄牙人通过他们光荣的主保圣方济各的功绩，寻求神佑。他们仅仅为数四百人，却击散、打败了围困（广州）城的群盗。华人为了向葡萄牙人表示感谢，准许葡萄牙人在澳门停留居住，就在叛匪以前盘踞的地方，惟不许筑城置炮，他们很害怕，尤其是怕葡萄牙人倒戈。对华人的让步，葡萄牙人暂时感到满意。通过他们的军事实力及巧智，他们得到了以前拒绝他们的东西，因为一开始建房屋，必须建筑后来兴建起来的城墙。他们将房屋排列在一大街两侧，将大炮隐藏其中。①

《报疏》中向明朝政府奏报的关于嘉靖三十六年剿灭澳门海盗阿妈贼而获"始准侨寓濠镜"事，与 1628 年澳门议事会文件及嘉而定（António Francisco Cardim）《1644 年前日本纪事》一致，只不过《报疏》措词更为准确。"始准侨寓濠镜"正是当时的历史事实。

能佐证上述事实的还有萨赖瓦（Joaquim de Sousa Saraiva）主教手稿。② 该手稿完成于主教居留澳门圣若瑟修院期间，大约在 1818 年前，其中保存和抢救了"大量与澳门有关的濒于毁灭的资料，它们都是原始记录的资料"。③ 该书以编年体形式，其中载 1557 年时称：

---

① 〔葡〕嘉而定（António Francisco Cardim）：《1644 年前日本纪事》，巴黎，1646，第 6 页。

② 〔葡〕萨赖瓦（Joaquim de Sousa Saraiva）主教手稿原藏埃武腊公共图书馆及档案馆 Cod CX-VI2 - 5，〔葡〕白乐嘉（J. M. Braga）于 1964 年以《往昔之声——名城澳门史实汇集》为题在《澳门教区月刊》发表，1987 年澳门文化司署据原刊本影印出版。

③ 〔瑞典〕龙思泰（A. Ljungstedt）：《早期澳门史》，北京，东方出版社，1997，第 8 页。

1557——是年，广州官员及商人从中国皇帝处获准将葡萄牙人安置于澳门岛，后通过上谕对此加以确定。本城议事亭中尚有此类上谕的石碑、牌匾……

该书中又称，中国皇帝确定了澳门港对我们的让与，其原因为我们击溃一危害中国沿海岛屿骚扰华人船只的叛逆盗贼。"中国皇帝对此龙颜大悦，为击溃上述盗贼的我方船队军官颁发一'chapa de ouro'，以示感谢。此大名仍残留一岛屿称谓中。他率众潜逃该岛，人称'老万山'，为入澳门诸岛之门户。此事除了在议事亭中有案可稽外，广州华人档案中亦有文件备考。此事发生于 1557 年 12 月 2 日星期五，即耶稣会圣方济各·沙勿略神甫在中国上川岛与世长辞的同一日期。"

萨赖瓦主教所见到的原始资料明显与《报疏》、1621 年澳门大三巴学院马托斯所引葡文文献、1628 年澳门议事会文件及 1646 年嘉而定出版的《1644 年前日本纪事》中的记录同出一源。不同的是，萨赖瓦在有意抢救原始资料，故记录 1557 年葡人驱盗入居澳门事远比其他文件记录详细。

一是他称 1557 年葡人驱盗而获准入居澳门事发生在 1557 年 12 月 2 日星期五，还称与沙勿略逝世是同一天。如果没有当时详细的文件记录此事，萨赖瓦主教不可能有如此细致的记录。有许多人（包括中外学者）毫无事实根据地说，主张 1557 年葡人驱盗入居澳门说者是混淆了 1564 年葡人平定柘林兵变之事，将 1564 年平叛兵事记到 1557 年。据当时记录确切的葡文资料，1564 年葡人帮助明朝驱海盗时间是"科斯莫节（9 月 27 日）"这一天，[①] 而 1557 年驱海盗是"12 月 2 日星期五"，可证，持混淆说者为误。

二是关于葡人驱海盗而入居澳门，"本城议事亭中尚有此类上谕的石碑、牌匾"为证。这也是可以证实的。英使团成员斯当东（George Stauntor）1793 年出使北京后返回澳门见到"议事亭"时称："澳门政府大厦（即议事亭）是一所二层花岗石的建筑，花岗石柱上用中文刻着中国皇帝割让澳门的文件。"[②] 割让是斯当东理解的失误，应是允许葡人居住澳门的文件。

---

① 〔葡〕若昂·德·埃斯科巴尔（João de Escobar）：《热尔·哥依斯使团纪实》，载《文化杂志》，澳门，澳门文化司署，总第 31 期，1997，第 68 页。
② 〔英〕斯当东（George Staunton）：《英使谒见乾隆纪实》，上海，上海书店，1997，第 524 页。

但可证明，萨赖瓦主教称议事亭还保存中国方面对 1557 年葡人驱海盗准予居澳门的石刻文件是实。

三是萨赖瓦主教记录 1557 年驱逐的海盗名为"老万"，虽与 1628 年议事亭文件中的"漳州巨盗"、《报疏》中的"阿妈等贼"文字上歧异，但可以统一起来。这个名叫"老万"的海盗可能就是漳州人，故称"漳州巨盗"。又因为他们均信仰"阿妈女神（天妃）"，故葡人又称他们为"阿妈等贼"。更重要的是，广东学者霍与瑕在隆庆年间（1567～1572）完成的《处濠镜澳议》有一段文字是关于葡人驱盗入澳门的重要线索。而萨赖瓦主教抢救的这一原始记录挖掘出来，霍与瑕的记录就表现出更为重要的史料意义来。其卷 19 称：

> 香山海洋得澳门为屏卫，向时如老万、如曾一本、如何亚八之属，不敢正目而视，阖境帖然。若撤去澳夷，将使香山自守。

霍与瑕提到的三位海盗对澳门"不敢正目而视"，为什么会对澳门"不敢正目而视"呢？因为他们均是被澳门葡人曾经击败的海盗。曾一本是隆庆二年（1568）曾被澳门葡人击败的粤东巨盗（详见本节后叙）。老万亦是一海盗名。《澳门记略》卷上："又东南为老万山……后有万姓者为酋长，因呼今名。"① 可见这个"老万"就是 1557 年被葡人击败的窃居濠镜的"漳州巨盗"，也就是"阿妈等贼"。

二 隆、万间澳葡助剿曾一本、林道乾海盗集团

《报疏》："奈贼党众多，尽心捍御，协擒曾一本于海上，追获逃奸林道乾于国外。"关于澳门葡人歼灭曾一本海盗集团，中葡文献均有记载。曾一本，漳州招安人，原为吴平海盗集团的部属，吴平死后，他纠集吴平余党，重新发展势力。隆庆元年（1567），占据南澳岛，成为闽粤海上势力最强的海盗集团。隆庆二年（1568）率海舰数百艘劫掠于海外洋（林大春：《井丹

---

① 印光任、张汝霖著，赵春晨校注《澳门纪略校注》卷下《澳蕃篇》，澳门，澳门文化司署，1992，第 50 页。

先生集》卷 15）并进攻澳门和广州。陈吾德《谢山楼存稿》（卷 1《条陈东粤疏》）及张瀚《台省疏稿》（卷 5《查参失事将官疏》）均有记载，从中可见澳门葡人参与平定曾一本海盗集团之事。

关于澳门葡人参与歼灭曾一本海盗集团事，当时的葡文文献福鲁图奥佐（Gaspar Frutuso）《怀念故土》一书中则有较为详细的记录：

> 他（指葡萄牙特里斯藤·瓦斯·达·维加船长）于（15）68 年初，从日本到达在中国葡人居住的上帝圣名之港……很多年来就有一个中国籍的海盗在那里活动，开始时势力很小，后来强大起来，俨然成了中国沿海的一霸。由于除了葡人之外没有人敢与之交手，于是他决定攻击葡人的居民点，为此他选择了那里人最少的时机，即船队长启程前往日本（之后），此时上一个季风时节要来的船只尚未到达。
>
> 6 月 12 日，一百来艘帆船在距港口一里格左右的海面出现，大概有四十艘大船于第二天拂晓前来登陆。（当时）居民点上的葡人不到一百三十个，其中还有很多老人和孩子。特里斯藤·瓦斯·达·维加打发在港口的（一些人），大概有三十五个或者四十个，到船上去保护船只，他自己则带领余下的人到居民点外面迎击敌人，走出不远便停下来等待敌人放弃他们的船。看到他们下了船，他立即发动进攻，感谢上帝，对方有三四千人，一千五百多支火枪，而他们只不过九十个葡人和他们的奴仆，却把对方打败了。在那一天曾四次把敌人赶回船上，打死了许多人，还夺取了许多条火枪。因为敌人为了减轻负担把火枪和武器扔下了，争先恐后地逃命，结果有几条船翻了，很多人当场淹死。
>
> ……后来他们的船长试图夺取大黑船，与大黑船搏斗了两三天，先是从划桨的船上用火炮轰击，想把它打沉。后来来了六只大船，是他们当中最大的船，用铁索连在一起，试图把大黑船撞坏。但大黑船上的人坚决抵抗，于是对方在海上和陆上都没有占到什么便宜……
>
> 他们（海盗）离开了本港口，到了离葡萄牙人居民点七八里格的老麻（当为"老万"岛）一带，在那里准备再次与广州的中国官员们较量一番。此人很精明，设法与中国官员们周旋，使他们怀有让他归降（中国）国王的希望，以便重整旗鼓。后来他进攻广州城（此城既大又繁华），抢劫并烧毁了该城的郊区，夺取了停泊在河上的整个船

队，计一百多只船，其中有些船非常大；他选择最好的留下，把其余不用的统统烧掉。此次围攻持续了十五天或二十天之久。

这个消息传到了澳门，特里斯藤·瓦斯得知海盗们聚在一起，说要再次攻击葡萄牙人。此时唐·梅尔希奥·卡内罗受唐·塞巴斯蒂昂之命已经来到这里，准备就任这一带的主教。大家都认为，应当在居民点修建工事之类的东西用以自卫，并且必须在彼岸的船只开来、陆地上人数增多之前完成。主教和耶稣会的神父们劝特里斯藤·瓦斯建工事，同时鼓励人们帮助他。他认为，要建的工事不应仅着眼于目前的需要，所以他命令建一道土坯围墙……正在着力进行这项工程的时候，特里斯藤·瓦斯还必须派人去打击另一个海盗。此人拥有二十三艘船，经常在离（葡萄牙人居民点）很近的地方抢掠，妨碍向本地运送食品。中国官员一再向他求助，派几条船来到本港。特里斯藤·瓦斯给他们当中的四条船派去了五十个葡萄牙人和几个当地基督教徒及他们的奴隶。他们在傍晚时分驶离澳门，凌晨时分与海盗交战，夺取了海盗的二十三艘船中的十一艘，俘获了许多人，并缴获了许多军火。（其余）十二艘快船得以逃脱。①

从福鲁图奥佐的记录中，我们可以看出，发生在隆庆二年（1568）的澳门葡人与曾一本海盗集团之战共分三个时段进行：第一时段是1568年6月12日，百余艘海盗船到达澳门海面，其中40艘于6月13日在澳门登陆，当时澳门葡人仅90人，其余均为葡人的奴仆，而海盗则拥有"三四千人，一千五百多支火枪"。但澳门葡人以少胜多，曾四次将海盗赶回船上，还打死了许多海盗。第二时段约6月14~22日，澳门葡人与海盗在海上激战，双方战斗八天，海盗被击败，损失600人，被迫撤离澳门，后进攻广州。据《明穆宗实录》卷22，曾一本"以六月十一日寇省城"，则知曾一本进攻广州是1622年7月5日。第三时段是7月26日，在明朝官员的求助下，澳门葡人派出四艘战船由50名葡人及几名澳门华人率领参战，再一次将海盗集团击败，缴获11艘海盗船及许多俘虏和军火，其余船只逃脱。可知，福鲁

① 〔葡〕加斯帕尔·福鲁图奥佐（Gaspar Frutuoso）：《怀念故土》之第二篇手稿，载《文化杂志》，澳门，澳门文化司署，总第31期，1997，第121~124页。

图奥佐所记 1568 年在澳门与澳门附近剿灭之海盗当即为曾一本集团。陈吾德所记之"曾贼悉众攻之（澳门），夷人兵不满千，而贼皆扶伤远行"，与福鲁图奥佐所记 1568 年 6 月 13 日海盗进攻澳门事相合，而张瀚所记"七月初三日，白艚贼船二十余只突至香山县唐家九洲地方打劫……夺获大白艚船九只，冲沉大船三只"，与福鲁图奥佐所记"拥有二十三艘船，经常在离葡萄牙人居民点很近的地方抢掠……夺取海盗二十三艘船中的十一艘"基本相合。而且，连战斗爆发的具体时间也完全相同，张瀚称战斗是"自寅至午"，福鲁图奥佐称："凌晨时分"，寅时即凌晨。张瀚提到的"头目林弘仲"，即是澳商之名。俞大猷《正气堂集》卷十五称：

> 叛兵事为攻剿之图，亦须旬日后，乃可齐整香山澳船，猷取其旧熟，用林宏仲数船。

此"林宏仲"即张瀚书中的"林弘仲"，林弘仲是澳门华商，也就是福鲁图奥佐所记"几个当地基督徒"。可见，这次剪除活动在澳门近海海盗曾一本集团的战斗不仅有澳门葡商参战，还有澳门华商参战。

林道乾，潮州惠来人，原亦为吴平海盗集团之部属。吴平死后，即与曾一本分别纠合吴平余部，并各自发展自己的势力，后占据南澳，入据澎湖、台湾，再次返回潮州，在闽粤海上活动，为当时著名海盗。万历元年（1573）两广总督殷正茂率军击破林道乾，林被迫逃遁海外，先至占城，后至浡泥（即北大年，当时属暹罗）。澳门葡人为了向明王朝表忠心，主动要求派船队剿灭海外林道乾集团。事见明瞿九思《万历武功录》卷九。万历四十五年（1617）《庞迪我、熊三拔具揭疏》又称：

> 颇闻林道乾之乱，有在澳商人等自备舡粮器械，协力攻击，督府曾上其功……欲求海中安靖，中国欲仿林道乾事例，与各国市舶协力擒剿，庶免贻祸将来。①

---

① 〔比利时〕钟鸣旦：《庞迪我、熊三拔具揭疏》，载《徐家汇藏书楼明清天主教文献》第 1 册，台北，辅仁大学神学院，1996，第 71～140 页。

博卡罗的《旬年史之十三》中记载二盗：

> 从前一名叫 Charempum Litauqiem 的海盗与该省的官员和国王作对。他犯上作乱，准备夺取广州。于是，中国官员招我等前去与他们并肩作战。我们出银两、人手、船只与军火。敌众我寡，但我等毫无畏惧，奋不顾身杀敌，将其全歼并俘九艘船只①。

此处，"Charempum"当为中文"曾一本"之译音，而"Litauqiem"则当为中文"林道乾"之译音。曾、林均是隆庆末、万历初活跃在广东海洋的巨盗，吴桂芳《请设沿海水寨疏》（应槚、刘尧诲：《苍梧总督军门志》卷25）称：

> 况今海上曾三老（曾一本）之外，惟林道乾一二辈仅存乎……今虽尽殄曾三老、林道乾辈，而海上之为曾三老、林道乾者，兵罢而复出矣。

博卡罗的《旬年史》所记史实与前引张瀚书及福鲁图奥佐书大体一致。但此处将曾一本、林道乾两位海盗的名字误认作一人。根据吴桂芳的奏疏，也可以理解，因为当时人常常把曾、林二人同时并提，故博卡罗将二人误认作一人。实际上，博卡罗所言之史实仅指曾一本，并未涉及林道乾，因林道乾从未进攻过广州。葡人协助明朝歼灭曾一本在隆庆二年（1568），而葡人协助明朝出兵船赴浡泥歼灭林道乾则在万历八年（1580）。《报疏》载："协擒曾一本于海上，追获逃奸林道乾于外国"，实为历史之真实记录。

三　天启二年澳葡平海寇谢天佑

《报疏》云：

> 天启二年春，海贼谢天佑劫掠广海、电白各洋，多等自备船只，捉获贼首党孽二百余人，缚送军门，金牌功票证。

---

① 金国平：《西力东渐——中葡早期接触追昔》，澳门，澳门基金会，2000，第288页。

关于天启二年（1622）春天澳门葡人在广海、电白外洋平定海盗谢天佑之事，亦未见其他文献记录。但教中文献似有记录。利类思《不得已辨》称：

> 至天启元年，海寇攻澳门，西洋人出敌，杀贼一千五百有奇，活擒数百人。两院疏叙首功，蒙旨嘉奖，守城有功，且赏官职。[①]

徐萨斯《历史上的澳门》则称：

> 天启元年，即1621年，中国陷于内乱，海盗势力日渐强大，甚至企图攻占澳门，把它变为他们活动的基地。葡人勇敢出击，与之短兵相接。此次战斗，有1500多个海盗被杀死，还有许多被俘。总督和巡抚向皇帝报告了这一巨大胜利，皇帝回复了一封贺信，高度赞扬了葡萄牙人向中国提供的高尚帮助。[②]

很明显，利类思、徐萨斯所记事完全相同，两位相隔两百多年的人记同一事，可见此事尚有更早的葡文资料，因徐萨斯看不懂中文，笔者疑此处"元年"乃二年之误，与《报疏》当为同叙一事。又《正教奉褒》亦载：

> 天启二年，广东福建一带，海疆不靖，盗劫肆行，西士奉旨往澳，商请葡萄牙国水师官员，拨发炮船兵捕剿，葡官允之。未几，盗悉扑灭。[③]

可惜的是，我们在现在的汉文文献尚未发现海盗"谢天佑"之名。《明神宗实录》卷593，（万历四十八年四月辛未）巡按广东王命璿奏："粤海

---

① 〔意〕利类思（Ludovicus Buglio）：《不得已辨》，载《天主教东传文献》第1册，台北，学生书局影印本，1965，第31页。
② 〔葡〕徐萨斯（Montalto de Jesus）：《历史上的澳门》，澳门，澳门基金会，2000，第51页。
③ 黄伯禄：《正教奉褒》"熹宗天启二年条"，载《中国天主教史籍汇编》，台北，辅仁大学出版社，2003，第476页。

逋寇许彬老、钟大番、余三老等系袁进余党，出没海岛，啸聚剽掠，跳梁于白沙、虎门、广海、莲头之间，商民受其荼毒。业经督臣申饬，兵将侦捕于海之东西。其擒贼有功，及碣石失利官员，应叙责罚治有差。"疏下兵部。

万历四十八年（1620），离天启二年仅隔两年，天启二年春"劫掠广海、电白各洋"的海盗谢天佑是否即这一批"袁进余党"之中人呢？明人邓士亮《心月轩稿》（四库未收书辑刊本）卷 17 记载了一件事：

> 取铳事竣，值有贼船二十余只，每只数百人，逼近阳江青洲海，事变叵测，城门尽闭，职檄集各寨兵船，料理战具，伏兵险要处，架所取大铳击之，贼众惊遁去。

而此事在邓士亮另一处《屏史前卷》（四库未收书辑刊本）中记载略有不同：

> 自惟在粤东时，曾有夷舡二十只飞帆报警，郡壤皆惊，予奉檄往驭之，越两月而贼退，恨未以一炬烧杀也。

前作"贼船"，而后作"夷舡"，这一字之差，就会导致人们对这一事件产生完全不同的认识。天启二年（1622）春，有一支中国海盗劫掠广海、电白各洋，而夏，则有一支荷兰武装船队攻掠澳门，正如《报疏》中言"伊时半载，盗寇两侵"。邓士亮所载如是"夷舡"，那讲的就是荷兰入侵澳门之事；如是"贼船"，则讲的是中国海盗之事。笔者认为，邓氏所见当作"贼船"，即中国海盗之船。其理由是，邓士亮记录为"夷舡"者仅一处，而记录为"贼船"者则为三处，除前引文一处外，还有邓士亮致东安县令之信："青洲海贼船二十余只，扬帆插空，邑城震惊，借此铳击之而退。"（《屏史前卷》卷 12）邓士亮还有诗一首称《贼船报警防海》（同上卷 5）。海贼船，即海盗船。可见，其准确记录应不是"夷舡"而是"贼船"，而"夷舡"当为"贼船"之误。

据邓士亮文，这"二十余只贼船"到阳江海面时间是在"取铳事竣"。这一次取铳事件见于邓士亮《心月轩稿》卷 1：

万历四十八年，有红夷船追澳夷船，遭飓风，俱沉阳江县海口……寻觅善水者捞探……阅九十日，除中小铳外，获取大铳三十六门。总督胡将二十余门运解至京，此则取铳之所由来。

又《明熹宗实录》卷17：

（天启元年十二月丙戌）仍令赴广取红夷铜铳。

这就是所谓"取铳"之事。胡应台解运至京的红夷铳上现有保存者，其炮身上款题为"天启二年"。[①] 而据库恩1622年1月21日的信中称："在中国沿海搁浅的英国海船 Unicorne 上的大炮均被中国人卸下运走。"[②] 那我们可判断，所谓"取铳事竣"当亦即在天启元年十二月间完成。而前引《屏史前卷》又称："越两月而贼退"，则可确证，这次在广海、电白处击退谢天佑海盗集团应是天启二年的春季，与《报疏》的时间吻合。邓士亮称海盗船为20余艘，每艘数百人。如以每艘200人计算，则这次劫掠广海的谢天佑海盗集团至少在4000～5000人之间，而利类思称这次战斗葡人"杀贼一千五百有奇，活擒数百人"，这一规模亦与邓士亮记录海盗参与的总人数相合。由此基本可以推断，天启元年十二月至天启元年二月间，在广海、电白一带劫掠的海盗即是谢天佑集团。如上证不误，《报疏》的记录通过邓士亮的文献又为我们证实了澳门开埠后，葡萄牙人帮助明朝剪除海盗的事实。

参考文献

1. 汤开建：《澳门开埠初期史研究》，北京，中华书局，1999。
2. 印光任，张汝霖著，赵春晨校注《澳门记略校注》卷下《澳蕃篇》，澳门，澳门文化司署，1992。
3. 〔意〕利玛窦（Matteo Ricci），〔比利时〕金尼阁（Nicolas Trigault）：《利玛窦中国札记》，北京，中华书局，1983。

---

① 周铮：《天启二年红铁炮》，载《中国历史博物馆馆刊》1983年第5期。
② 程绍刚译注《荷兰人在福尔摩莎》之一《库恩（Jan Pictersz. Coen）1619－1623》，台北，联经出版公司，2000，第5页。

4. 罗理路（R. M. Loureiro）：《澳门寻根》 "附录文献"，澳门，澳门海事博物馆，1997。

5. 〔日〕近藤守重：《近藤守重全集》，东京，国书刊行会，明治 38 年。

6. 高美士（Luís G. Gomes）：《荷兰殖民档案馆所藏葡萄牙十七世纪文献》（Documentos Setecentistas Portugueses no Arquivo Colonial da Holanda），载《贾梅士学院院刊》（*Boletim do Instituto Luís de Camões*），澳门，1975 年第 1 期。

7. 金国平：《中葡关系史考证》，澳门，澳门基金会，2000。

8. 〔葡〕嘉而定（António Francisco Cardim）：《1644 年前日本纪事》，巴黎，1646。

9. 〔瑞典〕龙思泰（A. Ljungstedt）：《早期澳门史》，北京，东方出版社，1997。

10. 〔葡〕若昂·德·埃斯科巴尔（João de Escobar）：《热尔·哥依斯使团纪实》，载《文化杂志》，澳门，澳门文化司署，总第 31 期，1997。

11. 〔英〕斯当东（George Staunton）：《英使谒见乾隆纪实》，上海，上海书店，1997。

12. 〔葡〕加斯帕尔·福鲁图奥佐（Gaspar Frutuoso）：《怀念故土》之第二篇手稿，载《文化杂志》，澳门文化司署，总第 31 期，1997。

13. 〔比利时〕钟鸣旦：《庞迪我、熊三拔具揭疏》，载《徐家汇藏书楼明清天主教文献》第 1 册，台北，辅仁大学神学院，1996。

14. 金国平：《西力东渐——中葡早期接触追昔》，澳门，澳门基金会，2000。

15. 〔意〕利类思（Ludovicus Buglio）：《不得已辨》，载《天主教东传文献》第 1 册，台北，学生书局影印本，1965。

16. 〔葡〕徐萨斯（Montalto de Jesus）：《历史上的澳门》，澳门，澳门基金会，2000。

17. 黄伯禄：《正教奉褒》 "熹宗天启二年条"，载《中国天主教史籍汇编》，台北，辅仁大学出版社，2003。

18. 周铮：《天启二年红铁炮》，载《中国历史博物馆馆刊》，1983 年第 5 期。

19. 程绍刚译注《荷兰人在福尔摩莎》之一《库恩（Jan Pictersz. Coen）1619 – 1623》，台北，联经出版公司，2000。

［原载《湖北大学学报》（哲学社会科学版），武汉，湖北大学，第 32 卷第 2 期，2005 年 3 月］

荷兰人东来与首航澳门

林发钦*

一 荷兰人对东方新航路的探索

16世纪末荷兰崛起成为欧洲新的海上强国，继葡萄牙和西班牙之后，展开海上扩张活动。16世纪末17世纪初，荷兰人为与东方建立贸易关系，对通往东方航路的探索有三条路线：北线、东线和西线。北线试图穿过北冰洋前往东方；东线就是通过非洲南部的好望角；西线就是绕经南美洲的麦哲伦海峡。比较这三条航线，北线面对严寒冰封的北冰洋，而且与东方背离，显然不可行；西线必须穿过一望无际的太平洋，遥远而艰辛；唯有东线最为便捷，但这条航路是传统的"葡属航线"，沿途随时会遭到葡萄牙和西班牙船队的攻击。基于这种背景，荷兰人早期主要经营北部航线，但由于贸易利润的吸引，在尝试打开东北航路的同时，并没有放弃沿非洲南部前往中国的探索，后来东北航路的失败，更坚定了他们的信念。

1594年，荷兰第一家公司"远方公司"（Compagnie van Verre）成立，为建立与东方的贸易，于翌年派遣船队远航东方。荷兰人第一次远征东方的船队由四艘船只组成，司令官是豪特曼（C. Houtman）。他曾在里斯本经商，此次首航，随身携带着范·林斯豪登（Jan Huyghen van Linschoten）的《葡属东印度游记》（1579～1592）[①]一书，希望找寻通往东方之路。远方公

---

* 澳门理工学院语言暨翻译高等学校副教授，澳门历史教育学会会长。

① 〔荷〕范·林斯豪登（Jan Huyghen van Linschoten）曾在葡国生活4年，1583～1589年期间，又成为果阿大主教的秘书，在葡萄牙属地果阿工作了5年，巡游于东印度各地，对亚洲的情况有相当的认识。1592年，他带着有关印度洋贸易和航海的丰富知识，回到祖国荷兰，并于1595年出版著名的《葡属东印度游记（1579～1592）》（*Itinerario Voyage ofte Schipvaert van narr Oost-ofte portugaels Indien 1579 – 1592*），较详细地向荷兰人介绍了亚洲包括中国的种种情况。此书不但向荷兰人展示了东方异域的实况，还预言葡萄牙人在东方的航海贸易事业将会走向衰落，为荷兰人远航东方描绘出一幅充满机会和前景的美好图像，是荷兰人早期东航必备的指南。详见拙作硕士论文《明季澳门与荷兰关系研究》，未刊稿。

司给豪特曼下达指令，要船队尽量避开葡萄牙人，到达葡萄牙人尚未到达的地区，与当地人建立贸易关系。① 基于这项指令，豪特曼的目的地是爪哇西部的万丹，根据范·林斯豪登提供的资料，没有葡萄牙人在万丹活动。事实当然不是如此。据沈铁崖《兰领东印度史》载，豪特曼的船队于1595年4月2日由荷兰特塞尔（Tessel）港出发，历时14个多月，于1596年6月23日抵达万丹。② 荷兰人随即发现，当时万丹已有葡萄牙人居住。最初，豪特曼他们受到当地人良好的接待，与万丹华人之关系尤为密切，"远来之客，受非常之优遇，公然得加入通商，在曼丹（即万丹）中国人部落内，设立事务所，开始营业，初时颇呈圆滑之状"③。

但荷兰人在万丹的蜜月期并不长久，葡萄牙人担心荷兰人侵害其在东印度的利益，"不择手段在万丹王室那里攻击荷兰人"④，终于引发荷兰人与万丹王室的冲突，豪特曼和其他一些船员被万丹人囚禁起来。荷兰人把这个结果完全归罪于葡萄牙人的挑拨。但事实上，与荷兰人特别是豪特曼本人蛮横无理的态度也有很大的关系。豪特曼缺乏指挥的才能，"是个蹩脚的指挥官，会吹牛皮而又粗鲁残暴。牛皮大王，他的'乖戾的'行为，几乎使这次远征归于失败"⑤。后来，荷兰人炮轰万丹城，一个月后，豪特曼才被赎救出来。在这次冲突中，荷兰人得到华人的帮助。其时华人聚居在万丹城外围，形成早期的"唐人街"，荷兰人就在靠近华人的区域驻扎下来，"并在中国东道主那里得悉葡萄牙人的种种阴谋"⑥。这是荷兰人首次与中国人的一次集体接触，在此之前荷兰人达克·庞帕虽随葡萄牙船到过澳门，但这毕竟是他个人之行，此次发生在万丹的中荷交往，成为中荷历史上一

① 〔荷〕包乐史（L. Blusse）：《中荷交往史》，庄国土、程绍刚译，〔荷〕高柏（K. Kuiper）校，阿姆斯特丹，路口店出版社，1989，第31页。
② 沈铁崖：《兰领东印度史》，1924，台湾中华学术院南洋研究所，1983年重刊，见杨建城主编"南洋研究史料丛刊"第5集，第22页。
③ 沈铁崖：《兰领东印度史》，1924，台湾中华学术院南洋研究所，1983年重刊，见杨建城主编"南洋研究史料丛刊"第5集，第22页。
④ 〔荷〕包乐史（L. Blusse）：《中荷交往史》，庄国土、程绍刚译，〔荷〕高柏（K. Kuiper）校，阿姆斯特丹，路口店出版社，1989，第32页。
⑤ 〔英〕D. G. E. 霍尔（D. G. E. Hall）：《东南亚史》上册（*A History of South-East Asia*），中山大学东南亚研究所译，北京，商务印书馆，1982，第360页。
⑥ 〔荷〕包乐史（L. Blusse）：《中荷交往史》，庄国土、程绍刚译，〔荷〕高柏（K. Kuiper）校，阿姆斯特丹，路口店出版社，1989，第32页。

次富有象征意义的开始，亦为 1601 年荷兰人驾船到达中国提供了基础。

豪特曼被救出后，荷兰人离开万丹，沿爪哇北海岸继续向东航行，到达雅加达和其他一些岛屿，并多次与当地人发生冲突。后来由于船员反对继续东航，豪特曼只好率领船队起程回国。1597 年 8 月，原本出发的 4 艘船和 249 名船员，只有 3 艘船以及 89 名船员回到荷兰特塞尔港。

从商业角度出发，荷兰人首次远航并不成功，人员伤亡惨重，运回荷兰的货品也不多。但船队回到荷兰后，还是受到荷兰人盛大的欢迎，因为他们觉得"经好望角的航线已探明，荷兰人总算依靠自己的力量到达东印度"①。

此后，有越来越多荷兰船只沿非洲好望角远航东方。"1598 年，不下五支远征队（共计船只 22 艘）离开了荷兰往东印度。其中 13 艘经好望角，九艘经麦哲伦海峡"②。荷兰在 1598 年派出的这些舰队中，以远方公司从阿姆斯特丹派出的一支规模最大。该舰队有 4 艘船只，由雅可布·范·纳克（Jacob van Neck）任指挥官，明朝史书上习称的韦麻郎（Wybrandt van Waerwyck）任副指挥官。范·纳克的舰队只用了 6 个月时间就到达万丹，由于万丹当时正与葡萄牙人发生冲突，加上范·纳克为人机警圆融，使此行的荷兰人与当地人建立起良好的关系。范·纳克和四艘满载胡椒的船只在起程 14 个月后顺利回到荷兰，获利颇丰，受到热烈的欢迎。另外 4 艘船也分别在 1599 年和 1600 年返回荷兰，同样获得丰厚的利润。范·纳克之行的成功，进一步刺激了荷兰人远征东方的热情，几家公司相继成立，互相竞争派船出航，"以致直到 1602 年联合东印度公司成立为止的这个时期被称为'航海狂'时期"③，当时东南亚几乎所有重要的港口，都有荷兰船只的踪迹。

还要一提的是，范·纳克和韦麻郎两人，后来都成为荷兰与中国交往的重要人物。范·纳克于 1601 年首航中国，并到达澳门，是首位率领船队

---

① 〔荷〕包乐史（L. Blusse）：《中荷交往史》，庄国土、程绍刚译，〔荷〕高柏（K. Kuiper）校，阿姆斯特丹，路口店出版社，1989，第 32 页。

② 〔英〕D. G. E. 霍尔（D. G. E. Hall）：《东南亚史》上册（*A History of South-East Asia*），中山大学东南亚研究所译，北京，商务印书馆，1982，第 361 页。

③ 〔英〕D. G. E. 霍尔（D. G. E. Hall）：《东南亚史》上册（*A History of South-East Asia*），中山大学东南亚研究所译，北京，商务印书馆，1982，第 362 页。

抵达中国的荷兰司令。韦麻郎则于 1604 年率船企图攻夺澳门，但因中途遇上台风，遂转航澎湖，并在那里停留了 131 天，这是荷兰人首次占领澎湖。有关范·纳克和韦麻郎两人与澳门的关系，下文将有详细的论述。

二 澳门与中荷首次接触

公元 1601 年，荷兰船只首次出现在中国沿海，并进入珠江口，驶进澳门对面的海面。这是中荷两国历史性的第一次接触。

在荷兰文档案中，对第一批到达中国的荷兰商船有详细的记载。1600 年 6 月 28 日，荷兰老牌公司（De Oude Compagnie）派范·纳克（Jacob van Neck）将军率领 6 艘船只，从荷兰出发远航东方，老牌公司是联合东印度公司成立前荷兰最具实力的公司。这是范·纳克继 1598 年首次东航后的第二次远征，他第一次东方之行的成功，无疑增进了荷兰人东进的兴趣。第二次东方之行，荷兰公司给范·纳克一个非常清楚的指令：舰队到达远东后，派遣其中两艘船航向中国。[①]

范·纳克本人乘坐的船只并不是要前往中国的那两艘船中的一只，但历史似乎偏要使"范·纳克"这个人，成为中荷首次交往的荷方领导人。范·纳克的船队到达东南亚后，即遵照公司的指示，派佛勒斯伯尔亨（Gaspar van Groesbergen）率领两艘船开往中国。[②] 但那两艘船，实际最远只到达安南海岸，并没有成功航向中国。范·纳克所搭的船首先到达摩鹿加群岛，再从德那地（Ternate，在印尼）航向原定舰队集合地北大年。但由于风向转变，无法航向马来半岛，经过讨论，范·纳克决定转航中国，期望与庞大的中华帝国建立贸易往来，后来在中国沿海渔民的帮助下，船队找到进入珠江口的通道。就这样，这一年——1601 年，即明万历二十九年成为澳门与荷兰关系的开端，也成为中荷交往的开端。

有关 1601 年荷兰人初到中国一事，汉文典籍最早见载于王临亨《粤剑编》（完成于 1601 年），翌年朱吾弼上《参粤珰勾夷疏》参奏内臣李凤，也

---

① 〔荷〕包乐史（L. Blusse）：《中荷交往史》，庄国土、程绍刚译，〔荷〕高柏（K. Kuiper）校，阿姆斯特丹，路口店出版社，1989，第 34 页。

② 曹永和：《荷兰与西班牙占据时期的台湾》，载曹永和《台湾早期历史研究》，台北，联经出版公司，1979，第 28 页。

述及此事。荷兰人在广州及澳门的活动，后来又先后见于郭棐《广东通志》（完成于 1602 年）、沈德符《万历野获编》（完成于 1607 年）、张燮《东西洋考》（完成于 1617 年）。后世有关荷兰人初到中国的情况的记载，基本上都是出自上述文献。如《明史》卷三二五《和兰传》，主要就是根据《东西洋考》有关荷兰的部分撰写而成，而后来的《澳门纪略》对荷兰的记载又基本出自《明史》。所以，上述的《粤剑编》、《参粤珰勾夷疏》、《广东通志》、《万历野获编》、《东西洋考》等文献是记录荷兰人初抵中国最重要的汉文资料。

比较中、葡、荷三方的文献，发现对荷兰人初访中国的记载各有缺失，将三方文献细加比照和互证，当能更清楚地还原历史的原貌。荷兰文和葡文文献都记载，范·纳克的船队于 1601 年 9 月 27 日到达澳门。[①] 但当中有一个非常重要的细节，即荷兰人被邀到广州"游处一月"一事，在荷文和葡文文献中均不见记载。王临亨《粤剑编》载：

> 辛丑九月间，有二夷舟至香山澳，通事者亦不知何国人，人呼之为红毛鬼。其人须发皆赤，目睛圆，长丈许。其舟甚巨，外以铜叶裹之，入水二丈。香山澳夷虑其以互市争澳，以兵逐之。其舟移入大洋后，为飓风飘去，不知所适。[②]

王临亨为刑部官员，当时正奉命在广东审案，亲眼目睹了荷兰人到中国求贡，所录十分可信。后来郭棐《广东通志》卷六九《番夷》所载比王临亨更为详细，并且首次披露有明朝官员邀请荷兰人到广州游处一月：

> 红毛国不知何国，万历二十九年冬，二三大船顿至濠镜之口，其人衣红，眉发连须皆赤，足踵及趾长尺二寸，形状大倍常，似悍澳夷。数诘问，辄译语不敢为寇，欲通贡而已。两台司道皆讶其无表文，谓

---

① 〔荷〕包乐史（L. Blusse）：《中荷交往史》，庄国土、程绍刚译，〔荷〕高柏（K. Kuiper）校，阿姆斯特丹，路口店出版社，1989，第 34 页；庄国土：《早期的中荷交往与荷使来华》，载《〈荷使初访中国记〉研究》，厦门大学出版社，1989，第 28 页；〔葡〕施白蒂（Beatriz Basto da Silva）：《澳门编年史（16~18 世纪）》，澳门，澳门基金会，1995，第 31 页。
② 王临亨：《粤剑编》卷 3《志外夷》，中华书局标点本，1987，第 92 页。

不宜开端。时李榷使召其酋入见，游处会城，将一月，始遣还。诸夷在澳者，寻共守之，不许登陆，始去。①

郭棐《广东通志》完成于 1602 年，离荷兰人初次来华只有一年，而且所记与亲身经历事件的王临亨又大致相同，所以可信度十分高。稍后沈德符《万历野获编》也有关于荷兰人东来通贡，最后被拒而去的记载：

> 红毛夷自古不通中国，亦不知其国何名？其地在何所？直至今上辛丑，始入粤东海中。因粤夷以求通贡，且于彭湖互市，不许。②

上文所载的"今上辛丑"就是万历二十九年，即西历 1601 年。这个时间与王临亨和郭棐的记载又是一致的。后来张燮《东西洋考》在郭棐《广东通志》的基础上载：

> 红毛番，自称和兰国，与佛郎机邻壤；自古不通中华。其人深目长鼻，毛发皆赤，故呼红毛番云。一名米粟果。佛郎机据吕宋而市香山，和兰心慕之；因驾巨舰，横行爪哇、大泥之间，筑土库为屯聚处所。竟以中国险远，垂涎近地。尝抵吕宋，吕宋拒不纳。又之香山，为澳夷所阻，归而狼卜累年矣。③

上文显示荷兰人到中国前，曾到菲律宾群岛之马尼拉，但为占据当地的西班牙人所阻。及至来到澳门，同样被葡萄牙人所拒。张燮还载红毛番一名"米粟果"，何乔远《名山藏》作粟果国，云："有红毛番夷，利兰也（即和兰）。深目长鼻，毛发皆赤，故曰红毛，一名粟果国。"④ 据张维华先生考证，粟果国即米粟果，即美洛居，即今摩鹿加岛，万历天启年间，西班牙和荷兰迭互争雄其地，海上商民，因而传言各异，或归之西班牙，或

---

① 郭棐：《广东通志》卷 69《番夷》。
② 沈德符：《万历野获编》卷 30《外国·红毛夷》，北京，中华书局标点本，1959，第 782 页。
③ 张燮：《东西洋考》，北京，中华书局，2000，第 127 页。
④ 何乔远：《名山藏》之《王享记·美洛居》，崇祯十三年刊本。转引自张维华《明史欧洲四国传注释》，上海古籍出版社，1982，第 85 页。

属之和兰，荷兰因而又有"米粟果"之名。①

后来《明史·和兰传》在上述文献的基础上，又有所拓展，载：

> 和兰，又名红毛番，地近佛郎机。永乐、宣德时，郑和七下西洋，历诸番数十国，无所谓和兰者。其人深目长鼻，发眉须皆赤，足长尺二寸，顾伟倍常。

> 万历中，福建商人岁给引往贩大泥、吕宋及咬𠺕吧者，和兰人就诸国转贩，未敢窥中国也。自佛郎机市香山，据吕宋，和兰闻而慕之。二十九年驾大舰，携巨炮，直薄吕宋。吕宋人力拒之，则转薄香山澳。澳中人数诘问，言欲通贡市，不敢为寇。当事难之。税使李道即召其酋入城，游处一月，不敢闻于朝，乃遣还。澳中人虑其登陆，谨防御，始引去。

综合上述所辑引的一系列材料，可看出三点重要的内容：①荷兰人于万历二十九年，即1601年抵达中国珠江口求贡，但无表文被拒；②有明朝地方官员召荷兰人头目到广州游处，试图交结；③荷兰人曾试图靠岸澳门，但为居澳葡人所挡，没有成功。

在中荷首次交往中，有一个人扮演着十分重要的角色，这个人就是召荷人头目入广州游处一月的明朝地方官员。此人，郭棐《广东通志》称其为"李榷使"，《明史·和兰传》则呼之为"李道"。据张维华考证，"李榷使"或"李道"，应为李凤之误。②王川在《市舶太监李凤事蹟考述》③中，通过大量材料亦印证了张说的正确性。李凤是明万历中后期的太监，万历二十七年（1599）二月，被明神宗委派入粤掌管广东市舶，至万历四十二年（1614年）病卒任上。李凤在广东任官15年，身为皇帝的内臣，他利用自己的特权，横征暴敛，贪赃枉法，无恶不作，但凡广东一地的政治、经济、军事、宗教、对外关系等大小事务，都要插手干涉。《神宗实录》称他"广置腹心，众树爪牙，委官参随，多亡命无赖，掘人冢，坏人庐，淫人

---

① 张维华：《明史欧洲四国传注释》，第85~86页。

② 张维华：《明史欧洲四国传注释》，第91~92页。

③ 王川：《市舶太监李凤事蹟考述》，载蔡鸿生主编《广州与海洋文明》，广州，中山大学出版社，1997，第127~182页。

室，荡人产，劫人财，以济溪壑之欲"①。据汤开建教授《明朱吾弼〈参粤珰勾夷疏〉中的澳门史料——兼谈李凤与澳门之关系》一文的考证，李凤入粤后将广东税额提高到 20 万两，其中向澳门葡人加派 2 万两，葡人不肯合作，卒与之结怨。其时适逢荷兰人东来，李凤为公报私仇，亦为逼葡人就范交纳加派税款，遂唆使荷兰人侵夺澳门。②

对李凤勾结荷兰人侵夺澳门一事，朱吾弼在万历三十年（1602）的一份奏章《参粤珰勾夷疏》有详细的揭发：

> 上年（万历二十九年）八月，突有海船三只，其船与人之高皆异常，而人又红发红须，名曰红毛夷，将至澳行劫，澳夷有备，执杀红夷二十余人而去。皆谓李凤深恨澳夷，曾遣人啗（啖）之以利，勾来灭澳，此实澳门前所未有。李凤仍遣船追送不及，澳夷且日惧红夷，必怀报复，再拥众至矣。③

朱吾弼的奏章，清楚指出荷兰人初抵中国，李凤即唆使他们侵夺澳门。综合各方文献，不难看清荷兰人在 1601 年首航中国的遭遇和具体时间。首先，范·纳克率领的船队在 9 月 20 日到达了中国海岸。包乐史（L. Blusse）载："9 月 20 日，前方大陆在望了。多亏中国渔民的帮助，范·纳克找到了进入珠江的通道。"④ 1601 年 9 月 20 日，即万历二十九年八月二十四日，这与朱吾弼说"八月，突有海船三只"在时间上相同。接着，荷文和葡文文献记载称，9 月 27 日荷兰船只试图登陆澳门。⑤ 9 月 27 即农历九月初二，这与王临亨"辛丑九月间，有二夷舟至香山澳"所载也吻合。根据中文文献，荷兰人到澳门前，其头目已先被李凤邀到广州居住，这个人很可能就

---

① 《明神宗实录》卷 370，万历三十年三月壬申条。
② 汤开建：《明朱吾弼〈参粤珰勾夷疏〉中的澳门史料——兼谈李凤与澳门之关系》，载汤开建《澳门开埠初期史研究》，北京，中华书局，1999，第 154~173 页。
③ （明）朱吾弼：《皇明留台奏议》卷 14《参粤珰勾夷疏》，苏州图书馆藏明万历三十年刻本。
④ 〔荷〕包乐史（L. Blusse）：《中荷交往史》，庄国土、程绍刚译，〔荷〕高柏（K. Kuiper）校，阿姆斯特丹，路口店出版社，1989，第 34 页。
⑤ 〔荷〕包乐史（L. Blusse）：《中荷交往史》，庄国土、程绍刚译，〔荷〕高柏（K. Kuiper）校，阿姆斯特丹，路口店出版社，1989，第 34 页；《早期的中荷交往与荷使来华》，第 28 页；《澳门编年史（16~18 世纪）》，第 31 页。

是范·纳克本人，而他显然是在 9 月 20 ~ 27 日期间抵达广州的，在与李凤会晤后，即指示荷兰船只于 9 月 27 日叩探澳门的虚实，但这时荷兰人还未有要侵略澳门之意。后来，由于葡萄牙人的阻挠，荷兰人登陆澳门失败，所以"10 月 3 日，舰队指挥部决定起锚回国"①。但荷兰人起锚离开澳门海岸后，并无立即离开中国的范围，因为直至农历九月十四日，即西历 10 月 9 日，王临亨尚与两广总督讨论如何应对荷兰人。② 这就是说，范·纳克的船队，最早也不会早于 10 月 9 日离开中国，从 9 月 20 日至 10 月 9 日，荷兰人之首航中国，在中国沿海逗留约一个月，故郭棐《广东通志》有"李榷使召其酋入见，游处会城，将一月，始遣还"之载。至此，荷兰人首航中国与澳门的过程已大致清楚。

荷兰人在 1601 年首次来到中国，并到达澳门，在中文文献中的记述是非常清楚的。这个过程显示，荷兰人从初到中国起，就有意试探葡萄牙人在华居住地——澳门的虚实。在中荷两国历史的首次接触中，澳门始终扮演着重要而独特的角色。

三 荷人东来与明朝官员的应对

明朝官员对荷兰人东来的态度与应对，成为荷兰能否打开中国贸易之门的关键因素。张嗣衍《广州府志》载："凡入贡者，番邦先给符簿。及至，三司与合符，验视表文方物无伪，及津送入京。"③ 荷兰自古不通中国，不在《皇明祖训》和《大明会典》所载的朝贡国之列，所以荷兰人之东来，似乎注定是要失败的。荷兰人来到中国的时候，葡萄牙人在澳居住已近半个世纪，但澳门的主权在中国，中国广东地方官员对荷兰人与葡萄牙人的态度，对葡萄牙人是否可以继续长居澳门起着关键的作用。王临亨在《九月十四夜话记附》有一段详细的纪实对话，反映了当时中国官员对荷兰人

---

① 〔荷〕包乐史（L. Blusse）：《中荷交往史》，庄国土、程绍刚译，〔荷〕高柏（K. Kuiper）校，阿姆斯特丹，路口店出版社，1989，第 34 页。

② 王临亨：《粤剑编》卷 4《九月十四夜话记附》，第 103 ~ 104 页。

③ 张嗣衍：《广州府志》，乾隆二十四年刊，卷 8《关津》，第 2 页。转引自章文钦《明清时代荷兰与广州口岸的贸易和交往》，载蔡鸿生主编《广州与海洋文明》，广州，中山大学出版社，1997，第 287 ~ 288 页。

的不同态度：

> 大中丞戴公，再宴余于衙舍。尔时海夷有号红毛鬼者二百余，挟二巨舰，猝至香山澳，道路传戴公且发兵捕之矣。酒半，余问戴公："近闻海上报警，有之乎？"公曰："然。""闻明公发兵往剿，有之乎？"公曰："此参佐意也。吾令舟师伏二十里外，以观其变。"余问："此属将入寇乎？将互市乎？抑困于风伯，若野马尘埃之决骤也？"公曰："未晓，亦属互市耳。今香山澳夷据澳中而与我交易，彼此惧则彼此必争。澳夷之力足以抗红毛耶？是以夷攻夷也，我无一镞之费，而威已行于海外矣；力不能抗，则听红毛互市，是我失之于澳夷而取偿于红毛也。吾以为全策，故令舟远伏以观其变。虽然，于公何如？"余曰："明公策之良善，第不佞窃有请也。香山之夷，盘据澳中，闻可数万。以数万众而与二百人敌，此烈风之振鸿毛耳。顾此二百人者，既以互市至，非有罪也，明公及发纵指示而歼之，于心安乎？倘未尽歼，而一二跳梁者扬骊逸去，彼将纠党而图报复。如其再举，而祸中于我矣。彼犬羊之性，安能分别泾渭，谓曩之歼我者非汉人耶？不佞诚効愚计，窃谓海中之澳不止一香山可以互市，明公诚发译者好词问之，果以入市至，令一干吏，别择一澳，以宜置之。传檄香山夷人，谓彼此皆来宾，各市其国中之所有，风马牛不相及也，慎毋相残，先举兵者，中国立诛之。且夫主上方宝视金玉，多一澳则多一利孔，明公之大忠也。两夷各释兵而脱之锋镝，明公之大仁也。明公以天覆覆之，两夷各慑服而不敢动，明公之威也。孰与挑衅构怨，坐令中国为池鱼林木乎哉！"戴公曰："善。"遂乐饮而罢。①

文中所称的"大中丞"是指当时的两广总督戴燿，他因兼任都察院副都御史，故有此称。戴燿当时所持之态度，是明朝士大夫中传统的"以夷攻夷"策略。他对荷兰人与葡萄牙人争夺澳门，不偏帮任何一方，只是"令舟远伏以观其变"。戴燿的这种思想，在本质上与李凤并无不同，不同的是，李凤从中夹带着私利，有公报私仇的味儿。而王临亨却认为荷兰人

---

① 王临亨：《粤剑编》卷4《九月十四夜话记附》，第103～104页。

"既以互市至，非有罪也"，他们与葡萄牙人同是"来宾"，若然确定他们是来做生意的，可"令一干吏，别择一澳，以宜置之"。王临亨的思想，一定程度上代表了晚明部分知识分子对与外国贸易持开放的态度。然而，王临亨的意见在当时并不是应对荷兰人的主流思想，戴燿和李凤才是处理荷兰人东来问题的两个关键人物。其结果是，在明朝朝贡贸易制度下，加上戴燿和李凤"以夷攻夷"的应对，荷兰人的首次中国之行完全失败了。

四　荷船泊澳与居澳葡人的应对

澳门位于珠江口的西岸，当荷兰人首次到达澳门的时候，它已被葡萄牙人租居近半个世纪，发展成一个重要的中西贸易港口。荷兰人早就通过范·林斯豪登著名的《葡属东印度游记（1579～1592）》一书，对澳门有无限的憧憬和初步的认识。1601年9月27日是澳门与荷兰关系的开端，随着船队向前航行，一座城市的侧影出现在地平线上——荷兰人望见了澳门。"这是一个很大的城市，遍布西班牙风格的建筑。山顶上矗立着一个葡萄牙教堂，教堂顶端有一个巨大的蓝色十字架"。范·纳克对照范·林斯豪登《葡属东印度游记（1579～1592）》描绘的澳门情况，断定这座城市就是澳门。①

如前所述，荷兰人初到中国求贡，因无表文而被拒，后受李凤唆使航向澳门。但其实荷兰船只首次泊靠澳门，除受李凤影响外，还是为了"装贮食物并顺便了解与中国进行贸易的情况"②。澳门当时作为一个中国对外贸易的重要港口，即使没有李凤的唆使，为发展对华贸易，荷兰人也会到澳门一探虚实，只是李凤的话可能催化了荷兰人的这种意愿。③荷兰人开始出现在东方，与葡萄牙争夺殖民地已成为一种无可避免的现实，但当时澳

---

① 〔荷〕包乐史（L. Blusse）：《中荷交往史》，庄国土、程绍刚译，〔荷〕高柏（K. Kuiper）校，阿姆斯特丹，路口店出版社，1989，第34页；庄国土：《早期的中荷交往与荷使来华》，第28页。

② 〔荷〕包乐史（L. Blusse）：《中荷交往史》，庄国土、程绍刚译，〔荷〕高柏（K. Kuiper）校，阿姆斯特丹，路口店出版社，1989，第34页。

③ 〔荷〕包乐史（L. Blusse）：《中荷交往史》，庄国土、程绍刚译，〔荷〕高柏（K. Kuiper）校，阿姆斯特丹，路口店出版社，1989，第34页。

门的地位是葡萄牙人居住下的中国领土，在各种关系未有弄清楚前，范·纳克的舰队并无即时侵夺澳门之意。然而，荷兰人之东来，还是给葡萄牙人极大的震动，葡萄牙人对荷兰人到澳门刺探对华贸易的情况，表现出极大的反应，他们担心与中国贸易的特权受到损害。正如有学者所说，"范·内克（van Neck，即范·纳克）的舰队在亚洲海域的出现，预示着荷、葡之间激烈竞争的时期即将来临。"① 葡萄牙人的过激反应，使荷兰人与澳门首次接触，即付出重大的人员伤亡，这为今后荷兰人在亚洲与葡萄牙人交恶埋下重大的伏因。

范·纳克船队到达澳门的过程，荷文和葡文都有较详细的记载。施白蒂《澳门编年史》"1601 年条"载："（9 月 27 日）澳门海面出现了荷兰'阿姆斯特丹'（Amsterdam）和'戈乌达'（Gouda）号战船及雅各·万·奈克（Jacob van Neck，即范·纳克）海军上将船队的一只双桅小船。"② 这则资料清楚地指出了由范·纳克率领首航澳门的荷兰船只共有两艘战船和一艘小船。王临亨《粤剑编》称"有二夷舟"显然是指大战船，朱吾弼《参粤珰勾夷疏》则把那只小船也计算在内说"有海船三只"，而郭棐《广东通志》就概而言之有"二三大舶"。澳门当时缺乏足够的军事防御工事，葡萄牙人看见荷兰战船，"纷纷聚集至一个高地上"③。这时首航中国的荷兰人开始了对澳门的侦测和试探，包乐史载："一位名叫马丁·阿朴（Maarten Aap）的水手和同伴乘船板驶向澳门城，但他一到岸就连同其伙伴被拘留起来。隔天，范·纳克又派一条舢板为舰队寻找较好的停泊处，这条舢板的水手又被拘禁。"④ 葡文文献方面，徐萨斯《历史上的澳门》也有相近的记载："荷军派两名探子上岸，被葡军抓获，荷军又派一队人前来测量港湾深度。他们与葡人发生了激烈的战斗，最后被俘。"⑤ 张天泽也记："两名探子

① 张天泽：《中葡早期通商史》，姚楠、钱江译，香港，中华书局，1988，第 135 页。
② 〔葡〕施白蒂（Beatriz Basto da Silva）：《澳门编年史（16～18 世纪）》，澳门基金会，1995，第 31 页。
③ 〔葡〕徐萨斯（Montalto de Jesus）：《历史上的澳门》，黄鸿钊、李保平译，澳门基金会，2000，第 43 页。
④ 〔荷〕包乐史（L. Blusse）：《中荷交往史》，庄国土、程绍刚译，〔荷〕高柏（K. Kuiper）校，阿姆斯特丹，路口店出版社，1989，第 34 页。
⑤ 〔葡〕徐萨斯（Montalto de Jesus）：《历史上的澳门》，黄鸿钊、李保平译，澳门基金会，2000，第 43 页。

奉命上岸，搜集有关那个殖民地的更多情报，他们却一去不复返。荷兰人又派了一队人前去侦察港口，经过一场激战之后，他们被葡萄牙的五艘战舰俘获。"① 包乐史、徐萨斯和张天泽三人的记载基本相同，都指出荷兰先后两次派人上岸刺探情况，第一次派出的两人马上就被拘禁，第二次派出的小分队人马更与居澳葡人发生武装冲突，全部被俘获。但施白蒂《澳门编年史》所载略有不同，指第一次被派上岸的荷兰士兵是 7 人，而非两人："当时澳门兵头是唐·保罗·德·博图伽尔（D. Paulo de Portugal）。船上有七百荷兰人，其中七人乘小船上岸，立即被俘虏。第二天，荷兰人又命令双桅小船闯入澳门，船和船上九个人也被立即俘获。保罗试图用六艘澳葡武装划桨船追捕荷兰船，未获成功。被俘的荷兰人尽管改信天主教，还是被处以死刑。"② 根据施白蒂上文的记录，被俘的荷兰士兵总数只有 16 人，但事实是后来有 17 名荷兰士兵被处死③，这显示施白蒂对被俘虏的荷兰士兵人数的记录有误。张天泽《中葡早期通商史》载："20 名战俘中有 17 名被酷刑处死，另外三名被押往马六甲，其中包括马尔蒂吕·阿皮于斯（Martinus Apius）。阿皮于斯后来回到了他的祖国，讲出这件事。"④

两批士兵被俘虏后，舰队为营救战俘作了许多尝试，但都没有效果。最后，范·纳克考虑使用武力，但双方实力的悬殊，使荷兰人感到成功的几率极低。范·纳克在航海日记中，对荷兰人若以武力从澳门营救战俘有这样的比喻："就如准备单凭两艘舰只征服整个荷兰省。"⑤ 在这种形势下，

---

① 张天泽：《中葡早期通商史》，姚楠、钱江译，香港，中华书局，1988，第135页。

② 〔葡〕施白蒂（Beatriz Basto da Silva）：《澳门编年史（16~18世纪）》，澳门基金会，1995，第31页。

③ 张天泽、包乐史、博克塞均记有17名荷兰士兵被处死。就是施白蒂在《澳门编年史》"1601年条目"中亦有相同的记载。参见张天泽《中葡早期通商史》，姚楠、钱江译，香港，中华书局，1988，第135页；〔葡〕施白蒂（Beatriz Basto da Silva）《澳门编年史（16~18世纪）》，第34页；〔英〕C. R. Boxer（博克塞），*Fidalgos in the Far East, 1550 – 1770*, Martinus Nijhoff, The Hague, 1948, p. 49；〔葡〕施白蒂（Beatriz Basto da Silva）《澳门编年史（16~18世纪）》，澳门基金会，1995，第31页。

④ 马尔蒂吕·阿皮于斯（Martinus Apius）即上文包乐史《中荷交往史》提到的马丁·阿朴（Maarten Aap），此人是被派往登陆澳门的第一批士兵中的一员。

⑤ 〔荷〕包乐史（L. Blusse）：《中荷交往史》，庄国土、程绍刚译，〔荷〕高柏（K. Kuiper）校，阿姆斯特丹，路口店出版社，1989，第34页。

范·纳克到了 10 月 3 日，命令舰队起锚离开澳门。① 令范·纳克想不到的是，葡萄牙人竟以最残酷的手段对待他被俘的荷兰同胞，荷兰与中国及澳门地区历史性的第一次接触，并未能打开中国的贸易之门，并以损兵折将的高昂代价而结束，这是荷兰人始料不及的。

五 影响：葡荷冲突升级，澳门海患接连

当荷兰人后来得知他们被捕的同胞有 17 人被杀后，随即在亚洲海域展开疯狂的报复行动，大肆截劫葡萄牙的商船，并接连试图攻占澳门，这又是葡萄牙人始料不及的。新崛起的荷兰，凭借雄厚的舰队实力，在广大的东方海域拦截葡萄牙船只取得了成功。张天泽的《中葡早期通商史》记载颇详：

> 澳门的葡萄牙人不久就要为这些暴行付出惨重代价。荷兰舰队司令雅科·范·黑姆斯凯尔克（Jacob van Heemskerck）盛怒之下，率领他的部下守候在马六甲海峡内，等待在澳门满载货物的葡萄牙船只到来。第一艘大帆船从拦劫者的手中逃脱了。另一艘名为"卡特琳娜"号（Catharina）的大帆船满载着贵重的艺术品、漆器、丝绸和陶瓷等物在 1603 年初被荷兰人发现，经过一阵顽强抵抗终于被荷兰人停获。这些战利品被运送到阿姆斯特丹，在当地居民中引起了轰动。其拍卖的总收入几乎达到 340 万盾。现代荷兰语中的 Kraakborselein 一词，即"中国瓷器大帆船"，正是得名于这艘不幸的大帆船。对荷兰人来说，这次巨大的成功是一次巨大的鼓舞和新的刺激。此时，他们比以往任何时候都更加清楚地看到自己能够在中国或从葡萄牙人那里获得些什么东西。②

荷兰人一直认为，他们未能与中国直接进行贸易，是因为葡萄牙人从

---

① 〔荷〕包乐史（L. Blusse）：《中荷交往史》，庄国土、程绍刚译，〔荷〕高柏（K. Kuiper）校，阿姆斯特丹，路口店出版社，1989，第 34 页。

② 张天泽：《中葡早期通商史》，姚楠、钱江译，香港，中华书局，1988，第 135～136 页。

中挑拨。当然这是事实，但不是事实的全部，因为正如上文所述，荷兰不在明帝国的朝贡国之列，即使没有葡萄牙人从中阻拦和中伤，也不一定就能打开中国紧闭的贸易之门。格劳秀斯（Hugo de Groot）在其名著《截获敌船辩》（*De Jure Praedae*）中指出，荷兰人截劫葡萄牙人的船只，是对葡萄牙阻止他们在亚洲贸易的一种强烈反抗，但这使得荷兰人在中国人心中留下海盗的恶名。[①] 这就是说，葡荷在亚洲冲突的升级，尤其是荷兰人以抢夺商船的方式来实施报复的行径，使荷兰更难以和中国展开正常贸易。

荷兰人越来越意识到要在亚洲建立日益拓大的贸易网络，绝不能没有中国这个重要的组成环节，因而在劫夺葡萄牙商船的同时，荷兰人从没放弃叩探中国及攻打澳门的计划。1602 年东印度公司建立后，随即于 6 月 17 日向亚洲派出第一支远征舰队，由韦麻郎（Wijbrant van Warwijck）率领，经过 317 天的航行，船队于 1603 年 4 月到达万丹。根据公司的指示，舰队需派其中两艘船航往中国，韦麻郎决定由自己来执行这个重要的任务，为此他作了周详的计划，选定北大年（Patani 或 Pattani）作为航向中国的基地，并尽量利用福建海商水手的航海经验。一切准备就绪后，韦麻郎在 6 月展开了他的中国之行。[②] 澳门方面的资料载，"7 月 30 日荷兰两艘战船和一艘双桅小船进入内港，并夺取了贡萨罗·罗德里格斯·德·索萨（Gonçalo Rodrigues de Sousa）司令的大船，当时该船船员正在岸上为远航日本作准备。"[③] 张天泽的记载更详细："他们（指荷兰战船）发现有一艘巨大的帆船将驶往日本。这艘大帆船立即遭到攻击，由于船员们根本无意防卫，纷纷上岸逃窜，荷兰人不费吹灰之力就夺得该船。他们把船上的货物搬上荷兰船，并纵火焚烧这艘大帆船。后来荷兰人便撤回荷兰。这批战利品价值巨大。仅生丝一项，就有 2800 包，每包值 500 盾，总值为 140 万盾。"[④] 据

① 〔荷〕包乐史（L. Blusse）：《中荷交往史》，庄国土、程绍刚译，〔荷〕高柏（K. Kuiper）校，阿姆斯特丹，路口店出版社，1989，第 35 页。
② 杨彦杰：《荷据时代台湾史》，南昌，江西人民出版社，1999，第 8 页。
③ 〔葡〕施白蒂（Beatriz Basto da Silva）：《澳门编年史（16～18 世纪）》，澳门基金会，1995，第 31 页。
④ 张天泽：《中葡早期通商史》，姚楠、钱江译，香港，中华书局，1988，第 136 页；又见〔法〕C. Imbanlt-Huart：《台湾岛之历史与地志》，台湾研究丛刊本，第 7 页。转引自杨彦杰《荷据时代台湾史》，南昌，江西人民出版社，1999，第 8 页。

曹永和先生研究，当时抵达澳门内港的两艘荷兰船只为 Erasmus 和 Nassau 号。[①] 这是历史上荷兰船只唯一一次开进澳门的内港，他们掠货焚船，"葡萄牙人丧魂落魄，整整十天中不敢把货物装上其他船只。在澳各国商船的水手也纷纷弃船上岸，以躲避被荷兰人俘获的厄运。直到 8 月 10 日荷兰人烧毁那条大帆船、驾船驶往外洋，澳门才恢复正常"[②]。《台湾岛之历史与地志》载荷兰战船曾"开炮轰击，可是遇着一种完全出乎意料的抵抗，他们把一艘葡萄牙大帆船击毁之后便退走了"。各种文献显示，此次荷兰人没有非要攻占澳门不可的意愿，在马六甲海峡截劫"卡特琳娜"（Catharina）号获利无算的经验，使他们更热衷于劫船掠货，并以此报复 17 名同胞被残酷杀害之仇。正是基于这种背景，荷兰船只并无发动登陆战，抢到货物后就离开了。内港的商船被劫，使澳门的葡萄牙商人和传教士几乎丧失全部资本，但荷兰人尝到了甜头，对澳门产生更大的兴趣。

韦麻郎后来回到了北大年，其时北大年是中国商人云集之地，明朝政府允许商民前往贸易。荷兰人经常从北大年的华商手中购置中国商品，并打听有关中国和澳门的情况。暹罗国王正准备派使团到中国，他准许荷兰东印度公司派出几名人员随团同往，其中一人是韦麻郎的外甥。倒霉的是，暹罗国王突然去世，因而未能成行。

1604 年，韦麻郎决定再次亲自前往中国，他于"6 月 27 日从北大年出发到中国，因无法在澳门靠岸，所以 8 月 7 日停泊于澎湖岛西岸一个良湾。Sphara Munsi 号船受飓风肆虐后，也于 8 月 29 日停泊入港"[③]。韦麻郎的《航海日记》，亲身印证他此行原计划前往澳门，只因中途遇上风暴，才转航澎湖：

> （7 月）25 日航至广州附近将达澳门，因华人舵工生疏，不能发现入港水路，乃警戒葡船之袭击，而飘浮于附近海上。然至 28 日北东暴风大作，船为避免危险，遂离去沿岸，驶出大海，已无希望航抵澳门，乃决意将南针指向东方。航往 23 度半，回归线直下，南澳岛东 22 哩之

---

① 曹永和：《台湾早期历史研究续集》，台北，联经出版公司，2000，第 53 页。

② 费成康：《澳门四百年》，上海人民出版社，1988，第 77 页。

③ 〔英〕甘为霖（Rev. William Campbell）：《荷据下的福尔摩莎》（*Formosa Under the Dutch*），李雄挥译，台北，前卫出版社，第 38 页。

泉属澎湖。①

荷兰船只虽然未能抵澳，但荷兰人的行动还是惊动了澳门，《澳门编年史》"1604 年"条载："荷兰人企图袭击和占领澳门。"② 徐萨斯所记更详细："1604 年，一个荷兰使节试图与中国建立贸易关系，未果，荷兰认为这都是因为葡萄牙人从中作梗。荷军舰队司令马韦郎（von Waerwijk）立即率队起航，准备攻占澳门。可是舰队被一场台风吹到了澎湖列岛，又不得不驶往印度，因为他受到了福建省的 50 艘中国战舰的威胁。"③

韦麻郎到达澎湖不久，即被海防官员沈有容谕退，但荷兰人并无因此放弃沟通中国贸易的机会。1607 年，荷兰东印度公司派遣玛得力夫（Cornelis Matelieff）率船再到中国。荷文资料载："（船队）在南澳岛停泊，希望建立一个通商地点，而中国人只允许荷兰人先到澎湖岛去，答应派遣帆船前去同他们贸易。虽然这个诺言说得很重，可是却没有下文；荷兰人懂得了中国人的心意，并且不惯于受任何人的欺骗，于是决定把自己的企图贯彻到底。"④ 这一年荷兰人到中国，还未有完全接近澳门，就被葡萄牙人主动出击赶走了。徐萨斯载："1607 年，被派来侦察澳门虚实的马特里耶夫（Matelieff）海军上将正与中国官员进行谈判，六艘葡萄牙战船冲上了来，把他赶跑了。"⑤ 施白蒂的《澳门编年史》条目"1607 年"记载得更清楚：

（9 月 9 日）荷兰人企图袭击和占领澳门：由麦特利夫（Matelieff）

---

① 〔荷〕韦麻郎（Wijbrant van Warwijck）：《航海日记》，原载 Isaac Commelin, *Begin ende Voortgangh van de Vereenighde Nederlandsche Geoctrogeerde Oost Indiche Compagnie*, Amsterdam, 1645, 转引自杨彦杰《荷据时代台湾史》，第 9 页。

② 〔葡〕施白蒂（Beatriz Basto da Silva）：《澳门编年史（16~18 世纪）》，澳门基金会，1995，第 32 页。

③ 〔葡〕徐萨斯（Montalto de Jesus）：《历史上的澳门》，黄鸿钊、李保平译，澳门基金会，2000，第 43 页。文中所引"马韦郎"（von Waerwijk）即韦麻郎（Wijbrant van Warwijck）。

④ 厦门大学郑成功历史调查研究组编《郑成功收复台湾史料选编》（增订本）节译，〔英〕甘为霖（Rev. William Campbell）：《荷据下的福尔摩莎》（*Formosa Under the Dutch*），福州，福建人民出版社，1981。

⑤ 〔葡〕徐萨斯（Montalto de Jesus）：《历史上的澳门》，黄鸿钊、李保平译，澳门基金会，2000，第 43~44 页。

海军上将指挥的八艘荷兰船只——Orange 号（主舰）、Mauricio 号、Erasmo 号、Eunice 号、Delft 号、Pequeno Slo 号和一艘小艇，共五百五十一人——被六艘葡萄牙船只驱逐出澳门海域，荷兰人损失一艘战船和一艘小艇。①

在早期的中、葡、荷三角关系中，居澳葡萄牙人为维护自身的利益，总是"竭尽全力在他们（指荷兰人）的脸上抹黑"②，破坏荷兰与中国的接触。此次荷兰人的破冰之旅，"尽管这位荷兰舰队司令彬彬有礼，忍气吞声，但是所有与中国通商的谈判还是以失败告终。最后六艘葡萄牙战舰将其击败，并把他赶出了南头"③。对葡萄牙人的应对，荷兰人有这样的比喻："葡萄牙人守在广东，其作用犹如看门狗，阻挡其他国家与中国直接贸易。"④

自从荷兰人在 1601 年首航中国与澳门失败，与居澳葡萄牙人交恶后，葡荷关系日益恶化，澳门海患也越来越严重。1580～1640 年间，葡萄牙与西班牙合并，受同一国王统治，在 1607 年玛得力夫（Cornelis Matelieff）的中国之行结束两年后，西班牙与荷兰签订了一项为期 12 年的停战协议（Twelve Years' Truce），使荷兰人暂时停止了对澳门的滋扰。但在 1621 年荷兰与西班牙的停战协议结束的第二年，即 1622 年，荷兰人随即对澳门发动了一场规模空前的登陆战，最后大败而退。此后，荷兰虽多次觊觎澳门，但再没有对澳门构成重大的威胁。⑤

（原载李向玉主编《中西文化研究》，澳门，澳门理工学院中西文化研究所，总第 7 期，2005 年 6 月）

---

① 〔葡〕施白蒂（Beatriz Basto da Silva）：《澳门编年史（16～18 世纪）》，澳门基金会，1995，第 32 页。
② 张天泽：《中葡早期通商史》，姚楠、钱江译，香港，中华书局，1988，第 139 页。
③ 张天泽：《中葡早期通商史》，姚楠、钱江译，香港，中华书局，1988，第 139 页。
④ 〔荷〕包乐史（L. Blusse）：《中荷交往史》，庄国土、程绍刚译，〔荷〕高柏（K. Kuiper）校，阿姆斯特丹，路口店出版社，1989，第 40 页。
⑤ 荷兰人在 1601 年首航中国与澳门失败以后，在中国东南沿海的活动及与澳门的关系，可见拙作硕士论文《明季澳门与荷兰关系研究》，未刊稿。

第二篇

澳门宗教史

澳门高等教育的第一章

——圣保禄学院历史价值初探

刘美冰[*]

远东第一所高等学府在澳门创办

圣保禄学院（Colégio de São Paulo, 1594—1835）是澳门最早也是远东最早的欧洲中世纪式的高等教育机构，世纪圣保禄学院在澳门的诞生，不但是澳门高等教育的肇始，同时是澳门西式教育的肇始，而且还是中国土地上的第一个西式教育的样本。

经过了400多年的历史，圣保禄学院残存的前壁，仍傲立于本澳众多的中、西文化古迹之中，而且还拥有一个十分汉化而十分通行的名字——牌坊。它的宗教色彩、建筑艺术被广泛注意，成为天主教远东传教史的见证，成为世界游客心中澳门古迹的象征。但是，圣保禄书院在澳门教育史、在中国教育史、在东西文化交流史上的价值，其实是远远超过它作为历史文物的价值。在两个半世纪的岁月里，它不但是东方传教士的摇篮，还是双语精英的摇篮；它培养的传教士不但向东方传播西方的宗教，还架起东西文化交汇的桥梁，向东方传播了西方的文明，向西方又推介了东方悠久的文化，同时又为欧洲汉学奠基，催化了世界两大文明的融合。

耶稣会教育进入澳门

随着15世纪航海事业的发展，在"地理大发现"的胜利欢呼声中，欧

. * 澳门中华教育会副会长，华南师范大学教育学硕士。

洲多国，特别是西班牙和葡萄牙为扩展殖民主义而激烈角逐。1493 年，教皇亚历山大六世为此而裁定了两国的势力范围，以佛得角和亚速尔群岛以西为界，界以东属葡，以西属西，中国刚好被划进葡的保教权内。于是，耶稣会传教士就与葡萄牙商旅互相依靠，一道东来，前者以传教为职志，后者以追逐商业利益为目标。他们背后则有教皇和国王的支持。自 1553 年，葡人获准在澳门停泊，1557 年逐渐筑室居留，澳门的外籍人口不断增加。由于葡萄牙以天主教为国教，葡王葡商均支持教会在澳门的工作。1576 年澳门天主教教区成立，第一任主教卡内罗（Melchior Carneiro）即获准以葡萄牙海关 5‰的关税，来做教会的慈善经费，① 教友去世，也有自愿捐出产业支持教会的。因此，教会就先后在澳门开设教堂、仁慈堂、医院、麻风院、孤儿院。因为天主教的神职人员，要负责为当时在澳门居住的葡国商人、水手及家眷、家仆进行宗教仪式，除了圣洗圣事之外，还要发挥教化的作用，约束葡人的"不良行为"，使他们遵守教规，因此，按传统天主教的堂区和修会会院都设要理班，兼授语文和文法，开启民智，扫除文盲，其中有教育葡童的，也有教华童教友的。当时就在本澳大炮台山麓教堂旁边，天主教耶稣会开办了一所圣保禄公学。

---

① 〔法〕斐化行（Bernard Maitre）：《天主教十六世纪在华传教志》。

圣保禄公学升格为高等学府

从多份零散的史料来看，至迟于 1565 年，圣保禄公学已经存在。自 1574 年起，葡王每年从马六甲的税收中，抽出 1000 Cruzados 补助圣保禄公学的经费。圣保禄学院从一开始就是政府支持的天主教学校。1578 年起，葡商每年从获自中国的约 1600 担生丝中分出 50 担，让教士们贩运到日本，稳赚好几千块金币，作为办学的经费。1577 年，院长高斯达（Cristóvão da Costa）的报告中说："150 个孩童来上学。" 1584 年底，Lourenço Mexia 神父

的报告中说，会院内有 12 位会士，"学校里有 200 学生，大家学读、写、算和唱歌。" 此外，还有一些教士在这里学拉丁文、学汉语，利玛窦入中国之前，也在这里学汉语。1584 年以后，由于利玛窦成功进入中国的经验，影响到以后凡准备进入中国、日本、越南传教的，必须先到澳门学汉语，这差不多成为习惯。另一方面，耶稣会远东教务视察员范礼安渐渐意识到澳门的重要性。它不但是葡人远东贸易的中心，而且是欧洲商人和教士前往

日本的歇息地；更重要的是进入人口众多、幅员广大的中国的"候客室"。他决意让澳门成为培养精通汉语、熟悉中国礼仪的培训基地，使澳门成为天主教的传播中心。为了适应这些主观和客观的需要，范礼安即向耶稣总会长提出建议：要在澳门建立一所高等学校，培训东方传教士。1594 年，果阿耶稣会会长鲁德拉斯（Antonius de Luadros）批准了范礼安的计划，准许圣保禄公学升格，并且特别派了三位教士来澳主理其事。1594 年 12 月 1 日，圣保禄学院（Colégio de São Paulo）正式注册成立。一所高等学校正式在澳门诞生，它为澳门教育史揭开西式教育的第一页。

欧洲中世纪大学教育模式移植澳门

11 世纪中期，由于商业城市的出现和发展，欧洲出现了适应客观需要的高等教育机构。意大利的波伦尼亚大学（Bologna）、沙利诺大学（Salerno）的成立，先后提供了法律和医疗的高级课程，培养高级专业人才；接着法国巴黎大学（Paris）成立，设神学、法学、医学和文学四个系。三所大学出现以后，欧洲兴起办大学的风气，英国的牛津大学（Oxford）、剑桥大学（Cambridge）和葡萄牙的科英布拉大学（Coimbra）等纷纷出现。1200年，全欧只有 6 所大学，100 年后则有将近 30 所，到了 16 世纪初，西式的大学已达 80 所，遍布西欧、南欧，北非的摩洛哥、埃及也办了大学。

欧洲中世纪的大学，是具有重大影响的社会力量，它是自由与理性的象征。在大学里，教授和学生可以大胆、独立、自由地讨论国家和教会的大事。他们常被咨询，以裁决教义和异端的问题。为了保障其自由研究真理的权利，大学生有不受逮捕、不受审问的特权，当他们的自由受到干涉时，可以罢课。[1] 这些大学是以当时先进的知识和最新的科技成就来培训社会精英的。许多毕业生后来都成为国家和教会的领袖，其中不少后来成为文艺复兴的先驱。

16 世纪中，澳门还是一个荒凉的小渔村，从 1557 年后，人口才逐渐增加，固定人口以原居民和葡商家眷家仆为主，流动人口以商旅、教士和海

---

① 〔美〕柏克莱（E. P. Cubberley）：《西洋教育史》，杨亮功译，台北，协志工业丛书出版股份有限公司，1965。

员为多。商业的迅速发展和商人获利不菲为澳门的教育发展提供了有利的经济条件，但城市的发展、社会的结构则并未具有发展高等教育的客观需求。1594 年，一所欧洲中世纪式的大学能在澳门出现，除了商业发展之外，它与欧洲大学出现的历史条件、社会条件都有所不同。它是天主教士要进入东方传教的动机所促成的，是传教事业与葡国外交事务和商业事务的拓展、急需懂汉语人才而把大学搬到澳门办的。圣保禄学院比日本东京大学成立（1877 年）早了 283 年，比中国内地最早设立的上海圣约翰大学（1879 年）更早了 285 年，因它是特殊需求的产物。

圣保禄学院经费得到葡商的支持，一直维持到 1835 年被焚毁为止。1601 年它曾被火烧毁，得葡商捐款而能重建。学院拥有一个库藏丰富的图书馆，藏书一度有 4000 多册，当年很有可能是远东西方书籍最多的图书馆。后来又成立了一个印刷所，一个小诊所和药房，[①] 和一个供天文学科实习的观象台。

圣保禄学院的首任院长孟三德神父（Eduardo de Sande），任期为 1594～1596 年两年。第二任院长李玛诺（Manuel Diaz Senior），1596～1601 年和 1609～1615 年两度担任，其间的几年学院被焚停办。第三任院长陆安德（Andreas Lobelli），任期为 1671～1673 年。

不少著名的学者曾在此任教。例如被誉为"西来孔子"的艾儒略（Julius

---

① 〔葡〕吕硕基（Pe. Luís Manuel Fernandes Sequeira）：《圣保禄大学：传统与启示》，载《澳门研究》1993 年第 1 期，澳门，澳门基金会。

Aleni），翻译文字最艰深的《轻世金书》的葡籍神父阳玛诺（Manuel Diaz Junior），曾任院长并教授哲学的孟儒望（Joannes Monteiro），是《天学略义》的作者，① 以及中文造诣深、著书很多、第一个把西方幼儿教育理论介绍到中国的王丰肃，即高一志神父（Afonso Vagnoni）等，师资素质是优良的。

圣保禄学院课程特色与汉语法定必修科的地位

范礼安在澳门圣保禄学院的课程设计上是花了不少心血的。他既保留了耶稣会已经形成的课程结构，又借鉴葡萄牙科英布拉大学的规章制度，还进行了充分的探索，务使圣保禄学院的课程适应中国传教的需要。中世纪欧洲的大学，和现代的大学是不尽相同的，实际上是中等教育和专业教育结合为一体的学校，② 但无论如何，它确实属于高等教育。它的课程，开始时也是单科独系的，直到巴黎大学的成立，才同时设了神学、医学、法学和文学四科，是当时科目最齐备的大学，但仍以神学为主。巴黎大学1309 年的课程，亚里士多德的学说就占了很大的比重。③ 圣保禄学院的课程实质是培养教士的"神修课程"。其传统的课程，是以拉丁文为基础，以西方古典学术知识为主体，以神学为皇冠的结构。目的是培养"人性上杰出"和"学术上杰出"的传教士。④ 毫无疑问，这也正是圣保禄学院课程设置上的指导思想与基本模式。圣保禄学院的课程，分为三个大类别：

（1）人文科：汉语、拉丁语、修辞学、音乐等；

（2）哲学科：哲学、神学；

（3）自然科：数学、天文历学、物理学、医药学等。

从上列课程结构来看，它具有以下三个特色：首先，它是耶稣会神学院培养神职人员的高级课程。其次，它又是中世纪欧洲大学的类型。拿它与巴黎大学以七艺为教学内容的课程对比，它还较大学早年的课程丰富和充实，是高等通才教育的课程。再次，课程有汉语一科，是它最大的特色。

---

① 方豪：《中西交通史》，长沙，岳麓书社，1987。

② 吴式颖、赵荣昌等：《外国教育史简编》，教育科学出版社，1988。

③ L. Cole：*A History of Education Socrates of Montessori*，转引自林玉体《西洋教育史专题论文集》。

④ 于士净译《耶稣会教育的特征》。

在圣保禄学院里，汉语是必修科，人人要学，因为它是东方传教必需的沟通工具，不但每位学生要学，教授也要学。艾儒略在学院里是著名的数学教授，但他的名字却列在学院毕业生的名单中，就是这么一个道理。据说，在课程中，课时最多的也是汉语。① 由于不少东来的教士，本身在欧洲已接受了不同程度的文化知识和宗教教育，他们到了澳门，才开始学汉语，可以说最主要的学习任务就是要学习一种完全陌生而又十分艰深、被公认为全世界最难学的语言。《利玛窦全集》中的许多记录，都说明耶稣会神父们除了应酬客人之外，大部分时间都消耗在研究中国语文和中国的风俗习惯上。1605 年，利玛窦在北京给罗马总会卡阿桂瓦神父的信上说："在中国传教的'基督士兵'要费多少心血，才能把这些汉字记在脑海里！"

教士们不但在圣保禄学院攻读时学汉语，进入中国内地传教时还继续学汉语，他们不但能应对日常的交际，还能以汉语著书立说，介绍西方文化，不少成为精通汉语的专家。艾儒略就被称为"西来孔子"，汉语著作"凡数万言"，对中国学术有较大的影响。

教士们掌握汉语有利于传教。在中国，官方也感到西方传教士懂得汉语可以为朝廷效力。顺治、康熙两朝索性作出了规定，要求凡准备入华的

---

① 黄启臣：《澳门是十六至十八世纪中西文化交汇的桥梁》，载《行政》杂志总第 6 期，澳门，行政暨公职司，1989。

传教士必须先"赴广东澳门天主堂住二年余……学习中国语言"①。这一来，在圣保禄书院学汉语，已不单是语言能力的培训，同时是进入中国内地的许可条件了。于是圣保禄学院的汉语课，变成法定的必修科目了。此后，不仅是耶稣会的教士，就连其他会院的教士如方济各会、多明我会、遣使会等传教士都必须在此修读汉语至少两年，才能进入中国内地传教，这又增强了圣保禄学院以及其汉语课程的权威性。因此，汉语科不但是圣保禄学院课程的特色，还是学院培训目标的体现和学院历史贡献的所在。

圣保禄学院也仿欧洲大学的考试制度，考试及格将颁授学位；中国官方任用拥有该学院颁授学位的教士时，也按学位授官；其中，不少人直接在明、清政府中任职，可以说是当年对学历的认可。

双语精英的摇篮

圣保禄学院的拉丁语课程也有十分重要的地位，它是供东方学生——即准备修道的中国、日本等亚洲青年学习的，它的语言课程是为培养双语精英的。日籍传教士安治郎（Yajiro）曾被送来进修拉丁文和葡文；徐光启入教后，也曾到此研修天主教义。画家吴历，即吴渔山（1632～1718），也在圣保禄学院逗留进修，还留有诗百多首，包括《岙中杂咏》30首和圣学诗82首，都是在澳门作的，对圣保禄学院的生活作了珍贵的记录。②

吴渔山自小入教，40岁才经常和天主教教友往还。1680年他随柏应理神父赴欧，未能成行，于是从1680年底到1683年间就留在澳门。他的诗既描写了澳门的风物、中葡人士共处的情况，更描写了圣保禄学院的生活。其中有天主教盛会、圣像游行的描写："捧蜡高烧迎圣来，旗幢风满炮成雷。四街铺草青如锦，未许游人踏作埃。"有华、洋教士同窗，一同在学院学习的情景，不同语言和文字间的对比和沟通的描述："灯前乡语各西东，未解还教笔可通。我写蝇头君写爪，横看直观更难穷。"

圣保禄学院的国际性，在吴渔山的诗中，也看到一点痕迹。王漪《明清之际东学之西渐》说："利玛窦带给欧洲的震惊可谓不下于马可波罗。而

① 陈垣辑《康熙与罗马使节关系文书》，北京，故宫博物院，1932。
② 章文钦：《澳门诗词笺注》，澳门文化局，珠海出版社，2003。

中国恰如美洲之发现，在精神领域上，对欧洲人而言，也是一块新大陆。"
这块古老而文明的"新大陆"就成为新的研究对象，形成一个新的学
科——汉学。西方的汉学是在东方萌芽的，澳门的圣保禄学院就是教士汉
学家的摇篮。

教士汉学家队伍的形成与教士汉学译作的涌现

根据黄启臣的统计，1594～1805 年的 211 年间，曾在圣保禄学院毕业
而进入中国内地传教的耶稣会教士，共有 109 人（见表1）。在此攻读过的，
达 200 人左右。此表原刊于《行政》第 13～14 期，笔者对照方豪教授《中
国天主教人物传》（三四）、《中西交通史》（五四）及《中国天主教史论
丛》等作了一些修正。

表1　1594～1805 年在圣保禄学院毕业入华传教的耶稣会士修正列表

中文译文	外文姓名	抵澳年代	传教地点
郭居静	Lazzaro Cattaneo	1594	韶州
罗如望	João da Rocha	1594	韶州
苏如望	João Soeiro	1595	南昌
龙华民	Nicolas Longobardi	1597	韶州
庞迪我	Diego de Pantoja	1599	北京
王丰肃	Afnoso Valignoni	1599	
林斐理	Feliciano da Silva	1659	南京
黎宁石	Pebro Ribeiro	1600	南京
杜禄茂	Bartolomeo Tedeschi	1600	韶州
李玛诺	Manuel Dias Senior	1601	韶州
费奇观	Gaspard Ferreira	1604	北京
骆人禄	Jerónimo Rodrigues	1605	韶州
熊三拔	Sabatino de Ursis	1606	北京
毕方济	Francisco Sambiasi	1610	北京
艾儒略	Julio Aleni	1610	北京
金尼阁	Nicolas Trigault	1610	南京
阳玛诺	Manuel Dias Junior	1610	韶州
史惟贞	Pierre Van Spiere	1611	南京
曾德昭	Alvaro de Semedo	1613	南京

中文译文	外文姓名	抵澳年代	传教地点
陆若汉	João Rodrigues	1614	南京
邬若望	Jean Ureman	1616	南昌
罗雅谷	Jacobus Rho	1619	山西
邓玉函	Johann Terrenz	1620	杭州
汤若望	Johann Adam Schall von Bell	1620	北京
祁维材	Wenceslas Pantaleon Kirwitzer	1620	广东
傅汎际	François Furtado	1620	杭州
费乐德	Rodrigo de Figueiredo	1622	杭州
费玛诺	Manuel de Figueiredo	1622	
卡特添	António Francisco Cardim	1623	广东
瞿西满	Simão da Cunha	1624	福州
卢安德	Andrius Rudamina	1626	福州
皮玛罗	André Palmeiro	1628	琼州
聂伯多	Pietro Canevari	1630	福建
杜奥定	Agostino Tudeschini	1631	陕西
郭纳爵	Inácio da Costa	1636	陕西
孟儒望	João Monteiro	1637	江西
潘国光	Francesco Brancati	1637	江南
利类思	Ludovicus Buglio	1637	成都
安文思	Gabriel de Magalhães	1640	成都
卫匡国	Martino Martini	1643	杭州
穆尼阁	Johannes Nikolaus Smogolenski	1643	江南
陆安德	Andrea-Giovanni Lubelli	1645	琼州
瞿安德	André Xavier Koffler	1646	桂林
卜弥格	Michal Boym	1650	肇庆
聂仲迁	Adrien Greslon	1656	江西
柏应理	Philippe Couplet	1656	江西
方斯卡	Gonçalo da Fonseca	1657	?
穆迪我	Jacques Motel	1659	江西
殷铎泽	Prospero Intorcetta	1658	建昌
南怀仁	Ferdinand Verbiest	1659	陕西
毕　嘉	João Domingos Gabiani	1659	扬州

续表1

中文译文	外文姓名	抵澳年代	传教地点
鲁日满	François de Rougemont	1659	浙江
恩理格	Christian Herdtrich	1660	山西
闵明我	Philippus Maria Grimaldi	1669	广州
范方济	Francisco da Veiga	1671	琼州
徐日升	Tomás Pereira	1672	北京
苏　霖	José Soares	1683	江南
安　多	António Tomás	1682	北京
孟由义	Manuel Mendes	1684	江南
纪理安	Bernardus Kilian Stumpf	1694	北京
利国安	Joannes Laureati	1694	陕西
艾若瑟	Joseph-Antonius Provana	1695	江西
李若望	João Pereira	1696	广东
巴多明	Dominique Parrenin	1698	北京
思安当	António Dantes	1698	
李若瑟	Joseph Pereira	1698	福建
雷孝思	Jean-Baptiste Régis	1698	北京
殷弘绪	François Xavier d'Entrecolles	1698	江西
傅圣泽	Jean-François Foucquet	1699	福建
穆敬远	João Mourão	1700	北京
赫苍璧	Julien-Placide Hervieu	1701	广州
杜德美	Pierre Jartoux	1701	北京
冯秉正	Joseph Moyriac de Mailla	1703	广州
索玛诺	Manuel de Sousa	1703	镇江
费　隐	Xavier Ehrenbert Fridelli	1705	镇江
德玛诺	Romanus Hinderer	1707	杭州
麦大成	João Francisco Cardoso	1710	北京
马国贤	Matteo de Barou Ripa	1710	北京
山遥瞻	Guillaume Fabre Bonjour	1710	北京
郎世宁	Joseph Castiglione	1714	北京
罗怀中	Joannes Joseph da Costa	1714	北京
徐懋德	André Pereira	1716	广州
戴进贤	Ignatius Koegler	1716	北京

中文译文	外文姓名	抵澳年代	传教地点
罗皮斯	Caetano Lopes	1716	广东
平 托	Manuel Pinto	1720	江南
宋君荣	Antoine Gaubil	1722	北京
沙如玉	Valentin Chalier	1727	北京
孙 璋	Alexendre de La Charme	1727	北京
汪达洪	Jean-Matthieu de Ventavon	1734	北京
傅作霖	Felix da Rocha	1736	北京
鲍友管	Anton Gogeisl	1736	北京
魏继晋	Florian Bahr	1738	北京
刘松龄	Augustin de Hallerstein	1738	北京
汤执中	Pierre d'Incarville	1740	北京
蒋友仁	Michel Benoist	1744	北京
艾启蒙	Ignatius Sichelbarth	1744	北京
高慎思	José d'Espinha	1750	北京
钱德明	Jean-Joseph-Marie Amiot	1750	北京
毕安多	António Pires	1750	江南
安国宁	André Rodrigues	1758	北京
索德超	José Bernardo d'Almeida	1758	北京
韩国英	P. Martial Cibot	1759	北京
贺清泰	Louis de Poirot	1770	北京
潘廷璋	Joseph Panzi	1772	北京
李俊贤	Hubert de Méricourt	1773	北京
汤士选	Alexander de Gouvea	1784	北京
李拱辰	José Ribeiro	1801	广州
毕学源	Gaetano Pires	1804	广州
福文高	Domingos Ferreira	1805	广州

资料来源：根据 Aloys Pfister：Notices Biographiques et Bibliographiques sur les Missions de L'Ancienne de Chine（〔法〕费赖之：《入华耶稣会士列传》）各人传略编制。又 1594 年前圣保禄学院（小学规格）学习的 10 多个会士，未列入此表。1805 年的三人是根据《清季外交史料》（嘉庆朝一）。转引自郑炜明、黄启臣《澳门宗教》，澳门基金会，1994，第 38～40 页。

这 200 个教士之中，差不多包括了早期教士汉学家所有的骨干，其中许多是研究中国的学者,都有不少研究成果。

(一) 在中国经典方面

16 世纪末利玛窦奉范礼安之命译《四书》为拉丁文,寄回意大利,接着 1626 年,金尼阁又用拉丁文译了《五经》。殷铎泽和郭纳爵二人以拉丁文译了《大学》和《中庸》,分别以《中国之智慧》和《中国之政治道德学》为名刻印,他们还译了《论语》,是最早的译本。柏应理消化了中国经典的含义,写了一本《西文四书直解》,拉丁文书名为《中国哲学家孔子》,1687 年在巴黎出版。白乃心用意大利文写了一本《中国杂记》,也是 1687 年出版的,书末附了孔子传及《中庸》的译文。卫方济曾以拉丁文翻译了《四书》、《孝经》和《幼学》;他又以拉丁文著《中国哲学》发表他个人研究的心得。宋君荣也翻译了《道德经》、《书经》,并在《书经》译本后附了刘应的《易经概说》。刘应又以拉丁文译了《礼记》的部分内容。巴罗明作了《六经注释》。马若瑟节译《书经》、《诗经》,著《中国神话》。雷孝思也曾以拉丁文译了《易经》。中国传统的经典古籍,像磁石一样,吸引着西方的学者,他们如饥似渴地研究、翻译并热情地给予传播。

(二) 在语言文字方面

西方教士一直以"通语读书"作为"当务之急"。圣保禄书院的汉语课程,实际上是他们进入中国内地的敲门砖,后来更成为他们进入中华文化宝库的敲门砖。语言文字方面,教士们继利玛窦之后,研究成果也很可观。除利玛窦《西字奇迹》,利与罗明坚合编《葡华字典》及上述金尼阁的《西儒耳目资》等,为研究汉语方面打下一个科学的基础。卫匡国撰写了《中国文法》,钱德明译《梵、藏、满、蒙、汉字典》,马若瑟列 1.3 万余例,分析汉字的构造与性质,著《中文概说》等,都是汉学最早的、实用性强的工具书。

(三) 其他方面的译作

卫匡国写《中国上古史》、《鞑靼战记》、《中国新图》,其中《中国新图》附译文 171 页,图 17;宋君荣写《中国天文学简史》、《成吉思汗与蒙古史》、《大唐史纲》、《西辽史》、《中国纪年论》、《中国的犹太人》、《长城及满洲地区）；钱德明写《中国古史证实》、《孔门弟子传略》、《中国兵法考》、《中国古今乐记》；韩国英写《中国古史》，此外，许多中国的文艺科学著作都引起传教士们的注意，他们利用自己掌握的双语能力，在读懂了原作之后，《古文观止》、《赵氏孤儿》、《好逑传》、《本草纲目》、《中国脉诀》、《神农本草经》……都被他们翻译成欧洲文字出版。1652年，柏应理回罗马，把西方教士所翻译出的中文圣经，包括弥撒经、礼仪书、伦理神学纲要的中译本，以及他们在中国分别翻译的中国书籍1000多部呈献给教皇。① 这实在是翻译史上的壮举，也是中外文化交流史上的壮举。

1552～1687年，从沙勿略到达上川岛至天主教宗路易十四遣使来中国，礼仪之争白热化，导致天主教在华活动销声匿迹的135年间，史学家称之为教士汉学的时期。王漪按《在华耶稣会士列传及书目》（其作者为 Aloys Pfister）的资料作了统计，该时期教士的著作共644件，其中与中国报道而与往后汉学研究有关的69件，占10.7%（见表2）。

表2　1552～1687年教士汉学家著作之量化分析（与中国报道有关部分）

著作类别	数目	百分比（%）	备　注
1. 综合报道	21	30.4	包括手记、备忘、介绍中国见闻
2. 礼仪问题	17	24.6	1610～1700年礼仪之争的辩论
3. 历史	11	16.0	分传教史及明末清初中国史
4. 天文地理	2	2.9	
5. 宗教哲学	3	4.3	有介绍孔子
6. 自然科学	2	2.9	
7. 译书	4	5.8	利玛窦译四书
8. 字典与文法	9	13.0	包括中文与拉丁、意大利、葡、西对照字典
总　计	69	100	

资料来源：王漪据 Aloys Pfister《在华耶稣会士列传及书目》统计。

我们可以看到，在教士们前赴后继的努力下，研究中国的成果在不断

---

① 罗光主编《天主教在华传教史集》，台中、台南、香港，光启出版社、徵祥出版社、香港真理学会联合出版，1967。

积累，作为学科，汉学在逐步形成。作为研究人员，一支教士汉学的研究队伍也在逐步成长壮大。

今天，中、外史学家一致肯定，明末清初百多年间，以利玛窦为代表的天主教传教士，开拓了东西两大文明首次的、有一定规模的、有一定深度的双向交流，对人类的文明和进步作出了重要的贡献。从历史的轨迹里，我们可以寻找到许多动因，包括：教士们学识渊博、态度主动；中国人待客宽厚热诚、中华文化具有包容兼蓄的传统。这些都是异源文化得以交汇，异体排斥的现象得以消减，互相吸纳的速度得以加强的原因。而发挥语言沟通的功能，是一个先行的环节；我们进而要求异源文化有深层的接触，在深刻而持久的状态下互相融合，则必须充分发挥双语精英的功能。双语精英队伍的培养，离不开教育。本澳圣保禄学院从 16 世纪末至 19 世纪 30 年代，承担了培养双语精英队伍的历史任务，作出了富有世界历史价值的贡献，写下了澳门教育史上光辉的一章。

（本文于 1990 年交澳门文化司署，刊于官龙耀主编《文化杂志》，澳门，澳门文化司署，第 13、14 期，1993 年第二季度；后收入刘美冰著《澳门圣保禄学院价值初探》，澳门，澳门文化司署，1994）

福建人与澳门妈祖文化渊源

徐晓望*

澳门是中国妈祖文化较为发达的地区之一。在弹丸之地的澳门辖区，现存八座妈祖庙，其中列在首位的是号称岭南三大妈祖庙的澳门妈祖阁，它是澳门最早的建筑之一，几乎成为澳门的象征。在澳门有一个家喻户晓的传说：妈祖阁是闽人最早建筑的，远在葡萄牙人来澳门之前。据说当年葡萄牙人第一次航海来到澳门时，已见澳门半岛港湾里有一座妈祖庙，所以，他们将澳门称为"阿妈港"。迄今为止，葡萄牙人仍称澳门为"MACAU"，类似闽南语"妈港"的发音。[①]本文主旨探讨福建人与澳门妈祖文化的渊源，并试图就福建人与澳门妈祖阁的创建问题与谭先生商榷。不当之处，还请诸位同仁指正。

一 福建人对香山的开拓与妈祖文化的传播

从澳门西文名字"MACAU"或"MACAO"的由来我们已可看到福建人与澳门妈祖文化深切的关系，澳门的许多学者也认为福建人是澳门的最早开拓者。这一事实反映了中国对澳门的主权。那么，澳门与福建远隔千山万水，为什么福建人是该地的最早的开拓者而不是广东人？这便需要研究广东与澳门的地理环境和移民史。

澳门原隶属香山县，其主要部分位于香山县伸入大海的一个半岛的顶端。澳门的城市成长于明代，在明以前，澳门这个地方十分荒凉，人们推测当时只有渔民偶尔来到这里，当地是否有长期居民，尚待考古资料验证。

---

* 福建省社会科学院历史研究所所长、研究员。

① A. Ljungstedt, *An Historical Sketch of the Portuguese Settlements in China*; *and the Roman Catholic Church and Mission to China*, Boston, 1836.

澳门所在香山县开发较迟，这与广东的历史有关。我们知道，当代广东已成为内地经济最发达的区域，但在清以前，广东长期是中国较落后的省份。宋统一岭南之初，得两广户口为170263户，是当时中国人口最为稀少的区域之一；其后，两广人口缓慢增长，宋绍兴年间，广南东路户口为513711户784774人；元代为443906户775638人；直到明洪武二十六年（1393），广东人口也只有675599户3007932人①，其开发程度远远落后于相邻的闽赣等省。在广东诸县内，香山、澳门位于珠江三角洲，四面环水，交通十分不便，人口仍然稀少。嘉靖《香山县志》第一卷风俗志②记载当地民俗说：

> 土旷人稀，生理鲜少，家无百金，取给山海田园。

第二卷民物志又云：

> 邑本孤屿，土旷民稀。自永乐后，寇乱不时，迁徙归并。以故户口日就减损。

这些材料表明：直到明中叶澳门兴起前，香山县仍是地广人稀，这就给外地人开发香山提供了条件。

福建是广东的邻省，两地间一苇可航。自唐末五代开始，福建人口的增长即超过了广东，宋代福建经济、文化大发展，成为全国最发达的省份，而且是人口过剩的区域之一。所以，从五代以来，即有闽人移居香山县境内的记载。迄至南宋之后，福建沿海人民大量移民广东，成为广东汉族人口增长的重要因素之一。正是在这种背景下，闽文化因素传到广东。据笔者所见，唐宋间闽人移居香山县以五代圆明禅师为最早。嘉靖《香山县志》第八卷云：

> 圆明禅师，姓陈，唐福州人。参大沩得旨，尝游五台山，观文殊

---

① （清）阮元修，陈昌齐、刘彬华纂（道光）《广东通志》卷90《舆地略八·户口》，第1753页。上海古籍出版社，1990年影印；上海，商务印书馆，1934年影印本。
② （明）邓迁修，黄佐纂嘉靖《香山县志》，今存孤本原藏于日本，本文所用为广东中山图书馆藏复印本。

化现。开宝中从枢密使李崇矩巡护南方。因入院观地藏菩萨像间。问僧云：地藏何以展手？僧云：手中珠被贼偷却了也。李乃谢之。淳化元年示灭。寿一百三十六岁。后邑人建西林庵以祀之。

五代间闽中多名僧，他们云游四方，其中一些人来到岭南，实不足为怪。[①] 迄至宋代，从县志内可以看到一些闽人在香山做官，其中以宋代香山县令洪天骥最有名：

> 洪天骥，字逸仲，晋江人。少有异质。贯通经史百家。淳祐七年登进士，景祐四年校艺南宫，得文天祥卷，置之上第，人服其明。景定三年，授宣教郎，知香山县。至之日，以教养人才为首务，修复大成殿，明伦有堂，主敬美身，宾贤登俊有斋，皆捐奉为之。敛不及民。其为政，一裁于义。[②]

这一僧一官皆为当地闽人中的杰出人物。此外，宋代闽人移居该县的很多，有的成为当地巨族：

> 谷都南湖郑族。谷都始迁祖菊叟，于宋仁宗朝自福建兴化府浔阳（仙游）县入粤，任惠州路通判。家于都之榕树埔，徙桥头。子姓分支乌石、平岚、南屏、雍陌，丁口约万余人。
>
> 仁良都南湖郑族。莲塘始迁祖艺，宋以状元官广州郡。乾道壬子年七月，由福建莆田县徙香山，卜居莲塘……分居城内东里、深巷、厚兴街、基边、张溪、东了、库涌、柏山、沙溪等处。丁口约七千余。
>
> 良都长洲黄族，始迁祖献，字文宪，先世闽之福州人，避乱徙新宁潮境乡，凡八传至献。宋理宗朝宝祐进士。景定三年官行人，册封安南国王陈日煊。归舟遭风漂泊至香山。覆命后，遂卜居长洲。所娶平南林氏女为继室。生子佑孙广派定居良都，析居城北，分支大塱、

---

① 徐晓望：《论唐末五代福建佛教的发展》，载《南洋佛教》第 302 期，新加坡，1994 年 6 月。

② （清）无名氏：《香山县乡土志》卷 2《政绩·宋》。手抄孤本，北京，中国科学院图书馆藏，1988 年中山县方志委影印本。

麻洲、外界涌等处。丁口万余人。

仁都邑城高族，原籍闽之莆田，始祖师曾，官保昌县丞，遂家南雄。子南洲，宋宝祐乡举，初徙香城，孙参军添，献粟饷宋军，从端宗至冈州，御敌殉难。遗孤宸英，生子四，曰元生、梁生、洪生、忠生。其后分支城南麻洲马头街，治东节尾、新村、白庙，城西长塘街，隆都豪兔、岐坑，大石兜，青羌，良都，长环、尖涌、寮后、北台，磨刀等处，丁口七千余人。徙马澳洪简者，亦成巨族云。①

由此可见，宋代迁入香山的移民中，多有闽人。而且他们日后在香山发展很快。清代香山县以刘、黄、郑三大姓最为著名，丁口之多，为全县之最。以故，清代香山民间有"刘、黄、郑，杀人不用偿"的说法。三姓皆为宋代迁入的古姓，然而三大姓中闽籍占其二，这也可以说明闽人对香山汉人社会的形成有相当的影响。

宋元之际的福建对香山移民。宋末元初朝代的更迭在闽粤沿海掀起了大波澜。南宋最后的两个统治者在张世杰、陆秀夫的扶持下航海来到泉州。在泉州，他们征用了当地上百艘航海大船，并雇用了许多泉州籍水手，组成了一支大规模的船队，渐次航行至香山、新会一带沿海，最后集结于崖山。澳门港距崖山仅有数十里水路，所以当地留下了许多有关宋末小皇帝的史迹。《广东通志》载：张世杰等人"奉帝幸香山，以马南宝宅为行宫，复驻浅湾"；元将败张世杰于香山岛。② 澳门的学者都认为，所谓浅湾，应是澳门十字门一带的海湾，而香山岛，就是澳门附近岛屿的古称。可见，当时张世杰船队中的泉州水手也在这一带出没。张世杰败于元朝之后，船队溃散，成千上万的南宋遗民流散于当地，许多人定居于此，其中也会有不少闽籍遗民。这都加强了香山一带的闽文化因素。

入明之后，香山仍为地广人稀的区域，闽人继续移民香山。例如：

四都林屋边林族，始迁祖孟七，明初由福建至榄边。分支山洲坑、

① 《香山县乡土志》卷7《氏族》。
② （道光）《广东通志》卷186《前事略六》，第1753页。

陂头、窈窕、沙棚下、大岭各乡，丁口三千余。①

明代福建对香山的移民以客家人最为著名。客家人大多来自福建西部的汀州，他们先是移民广东梅州，而后陆续向各地迁移，成为广东汉族人口的主要组成部分之一。香山的客家人也很多，孙中山的祖先即是从福建汀州移民梅州，而后进入香山的。

广东的汉族有许多来自闽中，现在流行的三大粤方言中，闽南方语、客家方言都是来自福建，而操用这两大方言的广东人，即使在今天也占广东人口的 1/3 以上。由此可见，历史上闽文化对广东文化是产生很大影响的，其影响的力度，绝不会亚于今日广东文化对福建的影响。考虑到这个背景，人们对闽文化对香山县产生较大影响就不会奇怪了。

总的来看，福建对香山移民从宋元一直延续至明初，他们的到来对香山汉人社会的形成起了较大的作用。在长期的历史演化中，早期的移民陆续融合于当地的粤语社会，成为土著的一分子，但是，他们带来的闽文化因素也逐步融入香山社会中，并促进了香山妈祖文化的成长。

香山妈祖庙的建立。在对澳门的福建移民研究时，我们已指出：宋代福建人已移民香山县。其中，来自妈祖故乡的仙游郑氏与莆田郑氏在香山发展很快，后成为香山大族之一。由于家乡的关系，他们当然会成为积极引进妈祖香火的传播者。既然宋代即有大批福建移民进入香山境内，那么，香山的妈祖庙很可能最早出现于宋代。刊于嘉靖二十六年邓迁修，黄佐纂的《香山县志》第八卷的《杂志·杂考》内有以下记载："其尚鬼则天妃宫创自唐时，元丰堂在大榄都者，创自宋初。自余私造皆未建县而先创者，今皆毁，尽教谕颜阶之功也。"这条史料对当地出现妈祖庙的时间记载也过于早了。故老回忆家乡往事，时代有错是不奇怪的。但是，香山在宋代即出现妈祖信仰还是可能的。据道光《香山县志》第一卷的《建置志·坛庙》记载，该县的"月山古庙，在黄角山，宋咸淳间建，祀天后"。咸淳为西元1265～1274 年，时为南宋末年，已是刘克庄所说的"广人敬妃，无异于莆"② 的时代了。宋代妈祖信仰随着闽人的移民步伐和工商活动进入岭南各

---

① 《香山县乡土志》卷 7《士族》。
② 刘克庄：《后村居士集》卷 36《到任谒诸庙》。

地，当然也可能来到香山。所以宋代香山一带已有妈祖信仰是可信的。而且，香山人历来以重视民间信仰著称，其县志感叹宋代邑人云："邑氓兴起多建庵堂淫祠，不可尽纪。"① 在这种背景下，香山人不建妈祖庙，倒是不可思议的。与此成为映照的是：香港九龙、深圳赤湾的妈祖庙都建于宋代。总之，宋代香山已有妈祖庙。

明清以后，妈祖信仰在香山县扎根，发展很快。明代邓迁修，黄佐纂的嘉靖《香山县志》第三卷《政事志·坛庙》记载："天妃像在官船厂，备倭官船湾泊之所，正德中千户盛绍德立，后废，嘉靖二十四年指挥田倪重建。"其第八卷《祥异》又云："天妃废宫，在河泊所前，洪武中千户陈豫建，田八十亩有奇。"以上载入县志的天妃庙都是官府所建的，而民间所建天妃宫，除了个别著名者，县志是不载的。但据考古资料，香山县境的天妃庙不少，仅是香山县境的南水镇，便发现了八处妈祖庙遗址。② 全境妈祖庙的实际数量可想而知。香山四面环水，人民的生活与水运有相当大的关系，所以，当地人对妈祖的崇拜是很深的。明末崇祯年间香山县的《大榄天妃庙碑记》云：

> 粤与闽境相接，而妃之灵爽又每驾海岛而行，故粤不论贵者、贱者，贫者、富者，舟者、陆者，莫不香火妃，而妃亦遂爱之，如其手足。吾所居之里，四面皆海，出入必以舟；亦为山泽之薮，群盗乘以出没，而妃之相之者，纤悉不遗，故其间或宦、或士、或农、或商，或往、或来，有于海上遇危难者，群匍伏号泣呼妃，妃来则有火光从空而下，止于樯，无樯止于舟之背，或其橹柁，众乃起鸣金伐鼓而迎之。须臾舟定，火将往，众又鸣金伐鼓而送之。诸如此类，岭南人在在可据，大与寻常饰说鬼神者不同。③

由此可见，由福建传来的妈祖文化已在香山社会里扎下根了。

回顾以上澳门开发以前闽人与香山关系的历史，不难说明：福建人开

---

① （嘉靖）《香山县志》卷8《风俗志》。
② 梁振兴：《南水镇社会发展概述》，载《珠海文史》第8辑，第15页。
③ （光绪）《香山县志》卷6《建置·坛庙》。

发香山已有久远的历史，他们并不是偶然到达香山所属澳门的，所以，澳门开发史以前，当地早有一个浓厚的闽文化背景，正是在这一背景下，闽人成为最早的澳门开发者。

二 漳州人严启盛与澳门的开港

澳门作为一个海港城市，其发展在明代。不过，虽说明代的澳门在葡萄牙人占据之后进入了最繁荣时期，但是，其始创时期在葡萄牙人之前。明中叶的澳门尚是一个荒凉的海港，只有一些东南亚诸国商人与华人进行违禁的私人贸易，渐渐发展为一个聚落，葡萄牙人闻风而来，逐渐反客为主，成为澳门实际控制者。那么是谁最早在澳门一带海域进行私人海上贸易？这是决定澳门开发的历史性事件。《香山县乡土志》云：

> 天顺二年（1458）七月，海贼严启盛来犯。先是，启盛坐死，囚漳州府。越狱聚徒，下海为盗，敌杀官军。至广东招引蕃舶，驾至邑沙尾外洋。①

由此可见，是漳州严启盛最早在香山水域进行海外贸易。严启盛被明代官方诬为海盗，但他是一个不简单的人。他虽然"敌杀官军"，但其主要事务还是"招引蕃舶"。实际上，严格地说，他应是一个海商，而不是海盗！只是由于明政府荒唐的海禁政策，他才成为不遵守海禁的"海盗"。笔者认为，就现有材料而言，最早开发澳门的应是福建漳州人严启盛。

严启盛于明天顺二年（1458）来到香山海域，当时距郑和最后一次下西洋不过28年，距明政府于正统元年（1436）宣布正式罢造下西洋船也不过22年，所以，严启盛是明代较早进行海上私人贸易的海商之一。在严启盛到达香山海域时，葡萄牙人尚在非洲西岸航行，达·伽马绕过好望角进入印度洋是38年以后的事。由此可见，严启盛是澳门发展史上非常重要的人物，正是他奠定了香山海域走私贸易的基础，才有了东南亚各国船只在香山水域进行违禁贸易的事实。有了这一前提，才会有葡萄牙人混入东南

---

① 《香山县乡土志》卷3《兵事录》。

亚船队进入香山水域进入贸易的机会,最终才有了澳门中葡贸易的发展。

那么,为何是漳州人严启盛最先到香山一带的海域进行海外贸易?这就要说到漳州人在明代私人海上贸易史上的地位。众所周知,在明洪武年间朱元璋定下了海禁的政策,但在明成祖时,郑和七下西洋,实际上使海禁成为虚设。明成祖死后,其子明仁宗即位不到一年即死,明宣宗继位执政,他渐渐改变了明成祖的政策,任内仅派过一两次下西洋的船队,这与民间对海外贸易的需求相差很大,于是,民间开始出现私人海上贸易。而最早进行私人海上贸易的即为福建漳州人!据林仁川先生的研究,漳州人的走私贸易约在宣德年间发端。① 很快,漳州的月港成为东南沿海最有名的私人海上贸易港口。漳州这个地方位于福建南部,境内多山多海港,不仅具有丰富的木材可供建造船只使用,而且具有“天高皇帝远”的地理隐蔽条件。自宋元以来,福建路、省对漳州的统治一直是十分薄弱的。元代漳州曾是反元义军最为活跃的地区。到了明代初年,漳州成为走私贸易最盛的区域,其实是很自然的。而且,这种私人海上贸易一直未停止过。迄至明中叶,闽浙总督朱纨还以漳州为通倭的主要区域,这都是研究明代海上贸易史的人所熟知的。明初漳州人远航东南亚各国,往往成为对方国使者而代表其国进贡者,在《明史·外国传》内颇有记录。所以说,漳州人严启盛来到香山进行走私贸易,从当时漳州人在海上贸易中的地位看也是不足为怪的。

由此我们来看被一些人批评的曹思健老先生撰写的《澳门妈祖阁五百年纪念碑记》:

> 澳门初为渔港,泉漳人蔬止懋迁,聚居成落。明成化间创建妈祖阁,与九龙北佛堂门天妃庙、东莞赤湾大庙鼎足,辉映日月。居诸香火滋盛,舶舻密凑,货殖繁增,澳门遂成中西交通枢要。②

其文对澳门妈祖阁创建时间有臆测之处,但他认为福建泉漳人最先开发澳门是有道理的,并非空穴来风,而是和福建移民长期开发香山、澳门

---

① 林仁川:《明末清初私人海上贸易》,上海,华东师范大学出版社,1987,第147页。

② 此碑现存于澳门妈祖阁正觉禅寺前。

的历史相应的。现代历史学的发展早已不限于文献资料，而是注重文献、考古、口碑三方的结合与验证。福建人始到澳门是一个传说，但传说在现代人类学家看来即是一个极为重要的参照体系，从来没有无缘无故的传说。那些在某地人群中传说极盛的故事，往往有可靠的历史可以验证，这已为许多人类学家证实。福建人最早开发澳门的传说流传已久，如果它只是福建旅居澳门客商在清代"发明"出来的，肯定会遭到广东人的批评，然而事实上，在新中国成立之前，还没有人怀疑这一点。

漳州人是福建最早进行走私贸易的商人，其后，这股风渐渐席卷泉州、福州，所以明代福建沿海进行走私贸易的商人极多，形成了明清社会强大的福建海商集团。

三 明清澳门华人社会中的闽人

漳州海商是澳门的最早开发者，他们在东南亚海上的发展，还使他们最早成为与葡萄牙人接触者。我们看到，当葡萄牙初到中国并骚扰广东失利后，广东实行海禁，于是，"安南、满剌加诸番舶，有司尽行阻绝，皆往福建漳州府海面地方，私自行商，于是利尽归于闽，而广之市井皆萧然也"。[1] 他们之所以到漳州海面进行贸易，实际上与漳州人为其导航有相当大的关系。此时，葡萄牙人也来到漳州海面进行贸易，关于这一点，几部澳门史著都有涉及[2]，于是，葡萄牙人与漳州海商结下深厚的关系。

明白了漳州海商与澳门及葡萄牙人的关系，我们便可想而知漳州人在葡据澳门时期的地位。他们本是澳门港的最早开发者，又同葡萄牙人之间有深厚的关系，所以，在明代的澳门，漳州人是相当活跃的。在这个基础上，有不少福建及外地商人到澳门经商。明代嘉靖年间的名臣广东人庞尚鹏说澳门：

> 其通事多漳、泉、宁、绍及东莞、新会人为之，椎髻环耳，效番

---

① （明）严从简著《殊域周知录》，余思黎点校，卷9，北京，中华书局，1993，第323页。

② 费成康：《澳门四百年》，上海人民出版社，1988，第17页。黄启臣：《澳门历史》，澳门历史学会，1995，第36页。

衣服声音。①

这篇奏疏是研究澳门史的极为著名的文献，其重要性绝对不亚于新发现的一些石刻。它说明在澳门开港之初，福建的漳州人、泉州人，浙江的宁波人、绍兴人，在澳门都十分活跃，他们穿上有异于内地的奇装异服，且能用"番语"与葡萄牙人经商。为什么澳门多外地人呢？这是因为澳门从来就是一个国际城市，而不是一个广东的地方城市，在该地云集来自四方的商人实在是很正常的。在澳门的商人中，闽人十分活跃。在福建方志内，我们可以看到福建商人在澳门经商的例子：福清县施作岐之父，在澳门经商数十年不归，最后"在粤亡其赀，死于澳中"。②《澳门记略》记述妈祖阁前的洋船石说："相传明万历时，闽贾巨舶被飓殆甚，俄见神女立于山侧，一舟遂安，立庙祀天妃，名其地曰娘妈角。娘妈者，闽语天妃也。于庙前石上镌舟形及'利涉大川'四字，以昭神异。"③ 这也说明福建大船常往来于八闽与澳门之间。有名的福建南安人郑芝龙，早年就是在澳门给葡萄牙人做翻译的。据葡萄牙人的记载，郑芝龙在澳门还入了天主教，取教名为尼古拉。由于澳门闽商有语言之利，在从事中葡中介贸易时大占优势，因而明代澳门有不少成功的福建商人。郑芝龙的母舅黄程即为其中之一。江日升的《台湾外志》第一回云：黄程寓居澳门经商，"至天启三年癸亥夏五月，（黄）程有白糖、奇楠、麝香，欲附李旭船往日本，遣一官押去"。④ 据荷兰人著的《巴达维亚城日志》，1640 年，因澳门贸易异常不振，郑芝龙乃将在广东澳门之织工 150 家族召回安海城外，使就所业。⑤ 可见当时寓居澳门的闽人不少。这些都表明：在葡萄牙人租借澳门之后，闽人长袖善舞，在澳门的事业更有发展，并形成了一定规模的闽商集团。

---

① 庞尚鹏：《题为陈末议以保海隅万世治安事》，载陈子龙等编《明经世文编》，卷357，北京，中华书局影印本，第3835页。

② 饶安鼎、邵应龙修，林昂、李修卿纂乾隆《福清县志》卷15《孝友传》，福清县方志委点校本，第587页。

③ 印光任、张汝霖原著《澳门纪略校注》，赵春晨校注，上卷《形势篇》，澳门文化司署，1992，第24页。

④ 江日升：《台湾外志》第1回，上海古籍出版社，1986，第3页。

⑤ 转引自杨绪贤《郑成功与荷兰之关系》，载郑成功研究学术讨论会学术组编《台湾郑成功研究论文选》，福建人民出版社，1982，第311页。

　　清代澳门仍是中外贸易的一个焦点，到澳门的闽商与水手数量不少。据外人统计，1831 年澳门停泊的船中，"来自福建厦门者八十艘，来自福建漳州府者一百五十艘"。① 澳门到福建有一二千里的水路，在两地间航行的船舶至少在中型以上，所以，每艘船上的福建水手与商人应有数十人至上百人。由此可见，当时每年由福建到澳门的商人水手会有数千人至上万人。虽说他们不是常住人口，也不会是同时抵达，但只要有成百上千闽人同时在澳门出现，便会对只有数千常住华人的澳门产生较大影响。而且，他们中间会有些人移民澳门。澳门有一区域名望厦，当地有一传说：望厦或称旺厦，其村名是福建移民起的。由于他们大多从厦门航抵澳门定居，怀乡之情油然而生，以故，称定居之村为望厦。其意为：望厦门故乡，或兴旺厦门故乡。这一传说未必确切，因为厦门之名的出现是在明末，可能在望厦村出现之后。但之所以产生这一传说，确实表明当地福建移民众多，否则，这一传说便无从发展了。

　　清代澳门多闽商的情况一直延续到清后期。道光二十七年（1847），在澳门的泉州商人重修妈祖阁，于是立下了《香山濠镜澳妈祖阁温陵泉敬堂碑记》，该碑至今仍保留于妈阁庙后堂。碑文的后记里录了 155 位捐献者名单，他们全是泉州所辖诸县人，共出资 1276 元 1044 两，正如笔者在《从澳门妈祖阁碑记看清代泉州与澳门之间的贸易》一文中所指出的：这 155 人中有不少是巨商；当地漳州商人集团的财力更胜于泉州人。据梁嘉彬的《广东十三行考》，澳门闽商谢家梧，祖籍漳州诏安，后成为广东十三行的行商之一；这些行商的财富，多者达数千万元，少亦有数百万元，谢家梧名列其中，也是当时全国可数的华人巨富之一。关于闽商在澳门的影响力，我们还可以澳门庙宇的建设作为参考系数。去过澳门的人都知道，澳门最大的三座华人庙宇是：观音堂、莲峰庙、妈祖阁，其中观音堂与妈祖阁都是福建人所建，这一事实反映了明清之际澳门闽商的财力冠于华人社会。

　　必须说明的是，福建商人能在澳门呼风唤雨，与本地华人不善经商有一定关系。从文献中我们知道，直到明中叶以前，香山县民风相当质朴，本地人不从事商业，甚至不从事手工业。明代的嘉靖《香山县志》第一卷

---

① A. M. Matin, *China, Politcal, Commercial and Social*, Vol. 2., p. 137. 见黄启臣编《澳门港史资料汇编》，广东人民出版社，1991，第 169 页。

风俗志云：

> 织缝贸贩，东莞之民也；耕获版筑，新会之民也；斧斤木石，顺德之民也。皆顾觅为之，无务工商者。

如果说明代香山尚处在开发过程中，民不务工商情有可原，可是，清代该县人口大幅度增长后，重农轻商之风依然。乾隆《香山县志》评述当地人的"职业"：

> 习诗书，事艺植，不务工商。昔则土旷人稀，生计全无。今则民繁地瘠，家鲜余赀。衣食则取给于农、圃、渔、樵……织缝贸贩，东莞之民也；耕获版筑，新会之民也；斧斤木石，顺德之民也。皆顾觅为之，无务工商者。①

直到光绪年间，香山人对商业的观点仍无重大变化。县志云：

> 力农圃而厌工商……邑唯南乡人多商于外，余则专恃田产，邑城富者置田，贸易非所长。村落小民概业于耕，故农伤则举邑废弊。②

其中的南乡人主要是指香山县境的客家人，《香山县乡土志》第五卷《人类》云："客民……近多出洋贸易，捆载而归，屡丝曳缟，家拥素封者比比皆是。盖气象又一新矣。"孙中山的家族应就是这一类客家人吧？但总的来看，传统的重农轻商之风在很长时间内统治着香山县。由于香山本地人罕于经商，澳门才成为外地华商会聚的地方，这给福建商人较多的机会。

因为明清社会里存在着较多的福建人，而且他们较有财力，所以，他们在澳门历史上留下了深刻的痕迹。例如，明清时期在澳门十分有名的沈志亮、丁拱辰都是福建人。沈志亮是一位反抗葡萄牙人殖民统治的英雄。关于他的事迹，《香山县乡土志》记载：

---

① 暴煜修、李卓揆撰（乾隆）《香山县志》卷 3《风俗》。
② 田明耀修、陈澧纂（光绪）《香山县志》卷 5《风俗》。

　　沈志亮，名米，以字行。先世福建人，贸迁来澳门，遂家于前山寨南之龙田村。慷慨尚义。道光十六年，夷人辟驰道，毁居民塚墓，灭骸骨；和议成，复大辟之，酷甚于前。民诉官，置不问。志亮先墓亦受害，思所以报之……夷酋素负勇……偕西洋酋数骑出……（志亮）遂出刈刀鉤其颈坠马，杀之……西洋酋疾驰入关，皆惴惴不敢出驰马。未几，诣军门，索杀人者……（志亮）自投下狱……制府恐民变，昏后即弃市……时道光二十八年某月日。凡塚墓之受害者，其子孙墓祭日，必先望空拜志亮。后遂立庙祀之。

　　华人因反抗葡萄牙人的统治而牺牲，最后被祀为神，在澳门本土人士中，以沈志亮为最。他的事迹说明：在澳闽人富有反抗精神。

　　在鸦片战争中为清廷造炮的丁拱辰，也是长期居住澳门的闽人。丁拱辰是一个充满不解之谜的人。他生活于道光前后，在国人普遍不知海外世界的背景下，他居然掌握了西方科技与造炮术。关于他的事迹，人们一直是凭丁拱辰所著《演炮图说》之序去了解他，对他怎么掌握制炮技术是不了解的。澳门的学者大多也不知道其人。笔者在澳门的妈祖阁内的《香山濠镜澳妈祖阁温陵泉敬堂碑记》捐款碑铭上看到其人之名，丁拱辰为妈祖阁重修捐出 20 两银子。这说明他是当地的一个富绅，否则不会捐出那么多银两。而且，他定居澳门应有些年份，否则不会积累相当的财富。这也使我们得知丁拱辰何以掌握西方科技与制炮术，澳门的葡萄牙人一向以造炮术闻名于世，丁拱辰长期居住澳门，他的造炮术应是向在澳门的葡萄牙人学习的。在鸦片战争前后，他积极向国人介绍葡萄牙人的造炮术，并受广东官府聘用，亲自指导工匠制炮，受到朝廷的赏赐。因此，丁拱辰被誉为中国近代最早了解西方科技的学者。他也是澳门历史上最值得纪念的华人之一。

　　此外，我们还注意到一个现象：明清香山县官场多闽籍官员。例如，明代的香山县官吏中，有 43 人为闽籍，这无疑是个异数。请见《广东通志》的记载：

　　香山县知县：

　　　　王英，福建莆田县人，洪武二十七年任；

黄新，福建建阳人，宣德朝任；

陈瑜，福建建宁人，成化元年任；

朱显，福建延平人，成化十四年任；

刘信，福建晋江人，成化二十一年任；

杨昂，福建建宁人，弘治十四年任；

陈泽，福建建宁人，弘治十八年任；

王玉，福建浦城人，正德八年任；

林士元，福建闽县人，嘉靖七年任；

邓迁，福建闽县人，嘉靖二十五年任；

周行，福建长乐人，隆庆元年任；

张希虞，福建莆田人，隆庆年间任；

林适，福建莆田人，隆庆年间任；

丘时庸，福建漳浦人，隆庆年间任；

林成纲，福建人，隆庆年间任；

王应宾，福建晋江人，隆庆年间任；

邓思启，福建闽县人，万历朝任。

香山县县丞、主簿、典史：

刘景济，福建人，洪武十七年任；

潘子和，闽县人，洪武二十九年任；

蔡端，福州人，天顺元年任；

叶普，瓯宁人，成化二年任；

林贵，福建人，成化十七年任；

龚世杰，建宁人，正德四年任；

吴德玉，莆田人，正德九年任；

苏佑保，莆田人，嘉靖元年任；

陈汝廉，莆田人，嘉靖三年任；

陈侖，侯官人，嘉靖五年任；

李希贤，福清人，嘉靖十五年任；

姚鸿，福清人，万历十一年任。

香山县教谕、训导：

林应福，清流人，永乐五年任；

林公杰，长乐人，景泰五年任；

王浩，闽县人，天顺八年任；

徐轸，侯官人，成化元年任；

林希哲，莆田人，弘治元年任；

丘嵘，龙岩人，正德四年任；

钟佩，武平人，正德九年任；

杨松，建宁人，正德十年任；

魏元桂，古田人，嘉靖七年任；

郭文习，福安人，嘉靖十年任；

蔡节甫，福安人，嘉靖十年任；

林震元，莆田人，天启二年任；

叶梦嵩，福建人，天启七年任。①

　　按《广东通志》所录香山县明代官员共 229 人，闽人约占 1/5，这与福建只是明代 13 布政司之一相比，远远超过应占比例。其原因何在？因缺乏详细记载，很难得到妥切的解释。其中一个原因可能是，香山、澳门多闽人，而且他们能与葡萄牙人打交道，因故，选用闽人作香山县令，有利于对闽籍移民的统治以及与葡萄牙人来往。当然，这只是推测。这些闽籍官员内，有不少人被列入县志政绩传，如明代永乐年间的蔡惟溥，成化年间的朱显，嘉靖年间的邓迁。② 其中典型人物是隆庆年间的周行，他任香山县令时，"夷商丽处澳门，蕃舶至盘验，有例金，峻拒不纳。惟禁水陆私贩，及诱卖子女等弊而已"。③

　　清朝闽人在香山做官的不多，在嘉庆以前仅 8 位，主要分布于清顺治、康熙年间：

---

① （道光）《广东通志》卷 22《职官表》，第 413～417 页。
② 《香山县乡土志》卷 2《政绩志》，第 4、6 页。
③ 《香山县乡土志》卷 2《政绩志》，第 7 页。

香山知县：

> 陈常，福建莆田人，康熙三十一年任；
> 邱轸，福建龙岩人，康熙四十九年任；
> 陈栋，福建莆田人，雍正五年任；
> 吴光祖，福建人，乾隆四十四年任；

香山县丞、主簿、典史：

> 刘邦产，福建人，顺治三年任；
> 刘鼎，福建人，顺治八年任；

香山县教谕、训导：

> 王咸玉，福建人，顺治年间任；
> 罗圻彦，福建人，顺治五年任。①

可见，闽人在香山官场中的地位一直延续至清初。明清社会各阶层的等级是：士农工商，士列为第一位，而由士中选拔出来的官，更是社会的顶层，所以人们称古代中国为官本位的社会。不管对这种社会等级有什么看法，香山官场多闽人，这无疑加强了闽人在香山县的社会地位。在鸦片战争前，澳门尚属于广东地方官管辖，香山政坛多闽人，对闽人与葡萄牙人打交道也是有利的。在更高一级的官员中，也有不少人为闽籍，例如以禁毒闻名于世的林则徐，曾任雷琼兵备道的黄宗汉等，他们大多到过澳门，对保护在异乡的闽人是起了作用的。

四　闽人与澳门妈祖庙的建立

从上述对闽人在澳门社会影响的分析里可以知道，明清时期的闽人在

---

① （道光）《广东通志》卷45《职官表》，第755~757页。

澳门社会里有相当地位的，所以，有关闽人始建澳门妈祖阁的传说绝非空穴来风，而是要认真对待的。我们承认，由于澳门华文文化一向欠发达，所以对这些妈祖庙的建立时间、创建人、传播渊源等问题，缺乏详细记载，给这方面的研究造成了很多困难。澳门学者在这方面有过误导与失误，在这种背景下也是可以理解的。例如，人们曾认为弘仁殿是明弘光年间的建筑，其理由是传说弘仁殿曾有一块明末弘光年间的匾额；由此上推，人们又有个误解：妈祖阁不可能始建于明末，而明代年号内有"弘"字的，是明孝宗时的弘治。于是，人们以此为依据，将妈祖阁的创建定于明弘治元年，并将弘治前的成化年间括入。① 据说，这就是曹思健先生将妈祖阁定为成化、弘治年间的原因。现在看来，曹先生对澳门首先是由漳泉人开发这一点的定位是对的，但其对妈祖阁始建年代的蠡测则是错的，谭世宝先生近来在妈祖阁的"弘仁殿"神龛两侧发现"道光戊子年仲夏立吉日，沐恩郑树德堂敬立"的石刻，说明弘仁殿现有建筑肯定立于道光年间，所谓弘光年间的匾额肯定是误会。因此，围绕现存弘仁殿的猜测烟消云散，这是谭世宝先生在《澳门妈祖阁的历史考古研究新发现》一文中的贡献。

其次，谭世宝先生在妈祖阁的"神山第一"殿的神龛后石壁顶上，发现了"钦差总督广东珠池市舶税务兼管盐法太监李凤建"的石刻，参照"神山第一"亭横梁上的石刻"明万历乙巳年德字街众商建"，这说明官方有参与妈祖阁的建设。据清代的《澳门记略》一书载，迄至清代澳门仍多以福建商人闻名："其商侩、传译、买办诸杂色人多闽产，若工匠、若贩夫、店户，则多粤人。"② 可见，当时福建在澳门的商人数量可观，而且居于社会的上层。这与明代庞尚鹏的奏疏相互印证，可知澳门多商人是晚明一直到清代的特点。由于他们在澳门的一贯影响，澳门妈祖阁的每次修建都会有他们的参与。

其实，有关妈祖庙的产权很能说明问题。妈祖阁今属澳门漳泉潮三州理事会所有。从其名称即可看到，漳州人在三州理事会里起了重要作用。从方位来看，漳州位于泉、潮二州中间，若按地理顺序来排名，理应是

---

① 费成康：《澳门四百年》，第7页注。
② 印光任、张汝霖原著，赵春晨校注《澳门纪略校注》卷上"形势篇"，澳门文化司署，1992，第23页。

"泉漳潮"或"潮漳泉"，既然漳州反常地被突出于二州之前，显然表明他在三州中的特殊地位。实际上，从妈祖阁所藏碑文而论，在历次对妈祖阁的捐献里，也一直是以漳州人最多。民国时期，广东梁嘉彬教授在澳门妈阁庙见到一块立于嘉庆末的《重修妈祖阁碑记》（与赵允菁所撰碑不同，今已失），其中有广州十三行巨商为澳门妈阁庙捐献之碑，上款："谢东裕（原籍福建龙溪）行捐银肆佰壹拾员、伍诏光（原籍福建泉州安海）堂捐银贰佰壹拾员、卢胜余堂捐银贰佰壹拾员、潘同孚（原籍漳州龙溪，后迁泉州同安）行捐银贰佰壹拾员"[1]，其中以漳州籍商人起了主要作用。再以道光二十七年（1847）前后的重建来说，据黄宗汉《香山濠镜澳妈祖阁温陵泉敬堂碑记》云：泉州人在这次捐款中共出资 1276 元、1044 两，折合 2767 元，然而，该碑文中提到以漳州人为主的漳兴堂，有一次为妈祖庙捐银 4910 元，可见，当地漳州商人集团的财力更胜于泉州人。总之，从产权来看，妈祖阁首先应当属于福建漳州人，然后是泉州人与潮州人。

再次，我们必须指出一点：有关李凤碑铭的发现，仅是说明澳门现存妈祖庙建筑是明万历三十三年（1605）以后建设的，并不能证明此前当地有否妈祖庙宇。按照中国人的习惯，在民间有影响的庙宇建筑总是从简陋发展到繁复、壮丽。澳门现存"神山第一"与"弘仁殿"这两座建筑，都是全石结构，已是成熟的建筑。就一般规律而言，此前应有砖木结构的妈祖庙。此外，葡萄牙方面的材料表明，早在葡萄牙人来到澳门之前，此地即有妈祖庙存在，所以，葡萄牙人称澳门为"阿妈港"，即"Amaqua、Amacuao、Machoam、Maquao 等等……后来这一地名在葡文中简化为 Macau，在英文中写作 Macao"[2]。如果澳门妈祖阁是像谭世宝先生所说那样始建于万历三十三年，那是在葡萄牙人来到澳门（嘉靖三十三年，即 1554 年）[3] 后的 51 年，这显然不是葡萄牙人始进澳门所见的妈祖庙。合理的解释是：在后来被称为妈祖阁的地方，原有一座简陋的妈祖庙，是前来贸易的漳泉等地商人活动的场所。迨至万历三十三年，正当澳门历史上的黄金时代，在当地的福建商人与寓居澳门的各地商人联合起来，在官府的支持

---

① 俞永济：《澳门指南》，商务印书馆，1941，第 15 页。
② 费成康：《澳门四百年》，第 41 页。
③ 黄启臣：《澳门历史》，第 45 页。

下，建造了新的妈祖庙，这就是我们现知的妈祖阁。据此，我们认为，应当用考古的方式对妈祖阁地盘进行挖掘，只有对其遗物进行严格的分析，才能辨别澳门妈祖阁的始建年代。目前单凭现存庙宇上的碑铭，是无法说明妈祖阁始创于何时的。

从现有文献与碑铭材料看，笔者推测澳门妈祖阁应是在明天顺年间来到香山海域经商的第一批漳州人建造的，也就是说是由严启盛及其部下建造的。当时参与航海的福建人都以妈祖为第一保护神，他们长期在香山海域经商，必须建妈祖庙以保护其航海。由于他们进行的是必须避开官府的私人海上贸易，所以，他们选择的必是远离官府而又适于航海的港口作为根据地。而在香山的海域，符合以上条件的，当然是以濠镜澳——即今日的澳门为最。而澳门的港区被澳门半岛拦在内侧，如果在半岛伸入大海的地岬顶尖上修一妈祖庙，不仅有奉香火的作用，而且还有指示航道的作用，这一地点正是现在妈祖阁所在的位置。

就此而论，澳门妈祖阁应建于漳州人到达澳门之初，即明代天顺二年（1458）。

（原载官龙耀主编《文化杂志》，澳门，澳门文化司署，
第 33 期，1997 年冬季刊）

源远流长　文化瑰宝

——谈澳门庙宇体系

陈炜恒*

　　澳门现存庙宇近40所，和20余座教堂一样，同为澳门地区重要的文化遗产。澳门庙宇属于郊庙体系，别具一格，如此完整的体系，在内地、港、台地区任何城市均未见。本文梳理了大量史料，归纳总结出澳门庙宇体系的源流特色及历史、艺术价值。文章首次归纳出它的六种艺术类型与特征。

　　澳门政府文化司署最近拨款近100万元澳门币，对莲峰庙进行第一期修整。这是这一古刹自光绪二年（1876）重建以来的首次最有系统的维修。

　　文化司署承担着本地区的建筑文物保护与维修责任，近几年来，已经先后耗资数千万元对澳门地区的中、西式建筑物进行了维修与重建。这些建筑物包括圣母玫瑰堂、莲峰庙、圣若瑟修院、下环街福德祠、石敢当行台、大三巴教堂遗址、圣地牙哥炮台教堂等，有效地保护了本地区珍贵的文化遗产。

　　莲峰庙值理会主席龚树根说，莲峰庙自光绪二年重建后至今已有120多年未作全面维修，这一座砖木结构的古建筑不少砖瓦及木梁遭不同程度侵蚀，有必要作大规模重修。值理会在去年向文化司署提出维修申请，首期工程在8～10月进行，已经完成。庙体八成作了修整，更换了腐朽折损的木梁和砖瓦，并修葺粉刷了墙壁、梁木、牌匾、楹联、部分神像。

　　龚树根对文化司署的工作表示肯定。他说，这次维修，令这一座400多年历史、有很高价值的古庙得到有效保护。

　　他说，莲峰庙另一重要部分"客堂"的维修申请亦已递交，他希望不

---

　　*　已故《澳门杂志》编辑、专栏作家。

久可实现全面修缮"客堂"的计划。

他说，客堂虽不向外开放，但亦是莲峰庙的一个十分重要组成部分。作为清代官庙，清代中叶至晚清，上至钦差大臣，下至地方官员，曾使用过这一地方作为巡视澳门办公的临时驻节之处。对之进行保护，同样重要。

只有22平方公里的澳门地区，拥有20余座始建于明代中叶的教堂和近40座古庙，东西方文明在这里和谐共存，相互辉映，体现了本地区独树一帜的文化特色。

一 澳门唯一官庙

这一次获系统重修的莲峰庙，是澳门三大古庙之一，初建于明代中叶万历年间（1573～1620），由云游僧栖壑创立。当时只祀奉天妃。今庙内存万历壬寅年（三十年，1602）古匾"中外流恩"一帧，由"创建值事崔吟翰敬奉"，这一帧珍罕的明代古物悬挂庙内已长达396年，显示该庙至少有近400年的历史。

莲峰庙与妈阁庙、普济禅院（惯称观音堂），并称澳门三大古庙。以建筑规模计，为全澳之冠。其建筑艺术之高超，与普济禅院相比有过之而无不及。

乾隆年间先后担任澳门海防同知的印光任、张汝霖合著的澳门方志《澳门纪略》，对莲峰庙有所纪述："前山澳山对峙于海南北，茎以一沙隄亘其间，径十里，广五六丈。茎尽处有山拔起，附尊连蜷，曰莲花山。茎从山而名也……出闸经莲花山，下有天妃庙。"此"天妃庙"即莲峰庙。

由于莲峰庙建在独特的位置，处于与内地连接的必经之路，清代嘉庆年间，经香山县政府拨款扩建重修、拨出土地作为庙宇偿产，莲峰庙遂成为各官员临抵澳门驻节办公之处。该庙也由此成为全澳唯一一所官庙。

二 罕见的官庙志载

在莲峰庙现存的多帧古碑中，均可反映其官庙身份。

如立于雍正元年（1723）本地最古老的庙宇碑记《莲峰山慈护宫序》中，即志述了广州督粮分府兼摄香山县事李焞、香山协左营关闸汛总司刘发等人捐资兴修莲峰庙之事。

又存于庙中的嘉庆二十三年（1818）一方官碑中提及："澳外关内莲峰神庙系合澳奉祀香火，又为各大宪按临驻节公所"，故拨出土地予庙宇作出租之用，帮补经费。

再香山县左堂张裕立于三街会馆（今关帝庙）内的一方道光二十三年（1843）官碑亦有类似记载，重申"莲峰庙为阖澳门香火，旁连客厅，以备各大宪遥临驻节之区"，故官员曾拨出沙冈（今连胜街）及关前（今关前街一带）土地作该庙产业收租，帮补经营，禁止租赁者霸占土地及拒纳租金。

三　重要的历史场景

近代的澳门，在中外交往史上据有重要地位。莲峰庙拥有官庙身份，故而，在中外交往中，担当了不可忽略的角色。

道光十九年七月廿六日（1839年9月3日）钦差大臣林则徐入澳巡视，抵澳后即在莲峰庙内举办公事，召见夷目。他在日记及奏折中，均提及在庙中的活动。

其日记写道："过望厦村，有庙曰新庙（即莲峰庙），祀关圣，先诸神前行香。在中传见夷目，与之语，使通事传谕，即颁赏夷官色绫、折扇、茶叶、冰糖四物，夷兵牛、羊、酒、面并洋银四百枚。"上道光皇帝的奏折中亦提到是次召见："夷目嘧嚧吗哋咇具手版禀谒，命之进见，该夷免冠曲身，意甚恭谨。臣等宣布恩威，申明禁令，谕以安分守法……"

五年以后，即道光二十四年（1844）夏天，另一位钦差大臣耆英两次临澳，主持中国近代第二及第三个不平等条约《中美望厦条约》及《中法黄埔条约》谈判。耆英居住之处即为莲峰庙客堂内。

耆英居住在莲峰庙的记载，存在于葡文档案中。《葡萄牙在华外交政策：1841至1854》一书，对此有详细记述：

　　　　六月中旬，葡国钦差大臣吐唎喊啦边哆（Silveira Pinto）带着秘书、副官、"特茹号"船长、各炮台司令、议事亭理事官乘坐23顶大轿前去拜会耆英："待我进入莲峰庙时，才奏起国歌（无疑，华人最讲排场，越是这样越是被他们看得起），我一走近，顿时礼乐齐鸣。这是华人的欢迎仪式。我们的军乐队也奏响了《女王颂》，华人士兵持枪佩械……"①

澳门庙宇的价值，并不仅仅在于其信仰或宗教性质，其在中外交往上的角色，具有不可忽略的价值。

四　见证中西文化交流

澳门除莲峰庙外，妈阁庙亦是一座具代表性的重要庙宇。

这一座建于澳门开埠以前的庙宇，存有本地最早的石刻之一。在庙宇山门后的詹顼亭内神龛上方石横梁刻有："钦差总督广东珠池市舶税务兼管盐法太监李凤建"；在另一横梁则刻有"国朝祀典"字样。

此刻字对研究妈阁庙的起源及沿革，有重要价值。

从《明实录》的"神宗实录"卷中，可知李凤是在万历二十七年（1599）二月"以千户陈保奏，遣内官李凤开采雷州等处珠池，兼征市舶司税课"② 而抵粤的。李凤在粤为官时间颇长，贪赃枉法，恶贯满盈。詹顼亭与李凤的关系，仍有待发掘更多的史料加以探究。

妈阁庙是本地首座庙宇，所建远较莲峰庙为早。故而，在西方人所写的东方闻见录，常有记述。

如著名的传教士利玛窦著《利玛窦中国札记》，即提及他在明代中叶抵达澳门时见到的早期妈阁庙景象。

曾经为中西文化交流作出过重大贡献的传教士利玛窦是 1582 年抵达澳门的，1589 年从肇庆迁韶州，1593 年离开广东北上。他在书中是这样记述早期妈阁庙的："那里有一尊叫做阿妈（A Ma）的偶像。今天还可以看见它，而这个地方就叫做澳门，在阿妈湾内。与其说它是个半岛，还不如说它是块突出的岩石，但它很快不仅有葡萄牙人居住，而且还有来自附近海

---

① 〔葡〕萨安东（António Vasconcelos de Saldanha）：《葡萄牙在华外交政策：1841 至 1854》，金国平译，里斯本葡中关系研究中心、澳门基金会，1997，第 63 页。
② 《明实录·神宗实录》卷 331，台北，中研院历史语言研究所校印，1962。

岸的各种人聚集。"① 利玛窦的记述，是迄今为止已发现的关于妈阁庙的最早记录之一。从这一段文字可以知道，利玛窦述及的，正是妈阁庙最早形成的状态。由此我们可以想见，这里是先有信众在山上设立偶像，后来才有人兴建建筑物祀奉。而福建人正是将天后称"阿妈"。

在澳门，有多家庙宇均是先有偶像，后有建筑的。包括沙梨头土地庙、美副将马路观音古庙、渔翁街天后庙、氹仔观音岩、三婆庙等。

利玛窦的记述，是中西文化交流的重要例证之一。

妈阁庙独特的地理位置和悠久的历史，令它成为中外名士吟咏、记录的重要对象。

除利玛窦对之作过记述外，一系列早期来华的西方画家，亦屡次将妈阁庙入画；而且，妈阁庙还被法国摄影师拍入镜头，成为照相术发明后最早入镜的三个中国场景之一。

西方早期来华的画家绘画过妈阁庙的有博尔杰（Auguste Borget, 1808~1877）、普林普斯（William Princep, 1794~1874）、钱纳利（George Chinnery, 1774~1852）、希尔德勃朗（Edward Hildebrandt, 1818~1869）等。②

1844 年夏天，在照相术发明五年后，法国人埃蒂埃尔（Jules Itier, 1802~1877）作为拉萼尼（M. Lagrene）代表团随员，抵达澳门，参加中法《黄埔条约》谈判，他的照相机拍下了澳门的风光。其中一张就是妈阁庙的山门。这一帧银版照片，当年在洗印时还放反了，造成正反面互调。

妈阁庙成为照相术发明后，最早被摄入镜头的中国场景之一。妈阁庙是中西文化交会的重要见证之一。

五　完整的郊庙体系

澳门现存大小庙宇近 40 所，其宗教色彩并不十分浓烈，更大程度上来说，属于郊庙体系。

以现存被称作"禅院"的古老佛寺为例，在内里，偶像往往并不只是

---

① 〔意〕利玛窦、〔比利时〕金尼阁：《利玛窦中国札记》，何高济、王遵仲、李申译，何兆武校，中华书局，1982，第 140 页。
② 陈继春：《十九世纪外国画家笔下的澳门》，《澳门杂志》1998 年 3 月号。

清一色的佛像。

比如莲峰禅院（即莲峰庙），庙内除奉佛教的观音菩萨、地藏菩萨、韦驮天王外，还有属于道教范围的天后和关帝，更有民间的俗神土地公公、门官、贵人禄马、金花娘娘、痘母元君，甚至中国的远古之神神农大帝、仓颉、沮诵等，澳门庙宇往往是集佛道俗神于一身的。

又比如普济禅院，除奉三世佛、观音菩萨、地藏菩萨、弥勒佛、十八罗汉、韦驮、十殿阎王外，还祀天后、关帝。在庙宇后山，更有一尊在典籍上难以考究的被民间称为"瘦骨仙"的俗神。

而澳门庙宇内的信众行为亦别具一格，既有佛教式的拈香诵经，复有道教或民间祭祀形式的备三牲、焚纸烛。尤其是后者，比例大大超过前者。

"中国古乐府中有郊庙歌，是古代帝王祭祀天地神祇和祖先所用的乐章。实际上，早在远古时期，民间就广泛存在着对天地神鬼和人的各种祭祀活动。以后，随着历史的发展，随着宗教的出现和各地习俗的不同，祭祀天地神鬼和教祖教宗的活动，便呈现出多元化发展的面貌；对人的祭祀，则由氏族、家庭祭祖逐渐发展为以纪念中华民族杰出人物为主的广泛社会活动，经久不衰，绵延至今。所谓郊庙文化，即一切与祭祀有关的文化。它反映出精神信仰"。"祭祀、礼拜、瞻仰、纪念的场所作为郊庙文化的物质化表现，较为集中地体现在有关寺院、道观、祠堂、故居、摩崖、石窟、祭坊和陵与墓"①。澳门的庙宇体系正具上述特色。

六　庙宇体系传承自岭南

澳门现存的近40所庙宇，是自明代中叶以来日积月累而成的体系，其数量从未减少过。从明代迄今的文物，依然完好地保存着。

澳门郊庙体系，主要源自岭南与中原，尤其受中原影响较深。

《佛山忠义乡志》称："越人尚鬼。"这种遗风，在澳门有很深的影响。

澳门庙宇祀奉的神祇主要有两大来源，一是来自中原的佛、道、远古之神；二为来自岭南的民间俗神。

澳门随处可见的金花崇拜即源自岭南。金花娘娘的崇拜始自广州，相

---

① 《中国的佛寺》，天津人民出版社，第2页。

传这一位被视为儿童保护神的女性，不但可保胎儿顺产，更可佑护儿童平安成长。晚清广州河南的金花庙香火极为鼎盛，祀奉的金花娘娘神像多达80余尊，引起民俗学家、历史学家顾颉刚等人兴趣，并专程到此作研究。

目前，澳门祀奉金花娘娘庙宇超过10家，有莲峰庙、包公庙、医灵庙、吕祖仙院、莲溪庙、观音古庙、雀仔园福德祠、路环金花庙（又名三圣庙）等。其中，以莲溪庙、包公庙的规模最大。

在莲溪庙及包公庙内的金花殿，各自祀奉了15尊金花娘娘偶像。这些偶像，各有特色，或抱婴，或摇扇，或哺乳，显示了世俗的特色。其规模虽不及广州河南金花庙，但澳门的金花崇拜，却很好地保留了这种民俗。

路环谭公庙与九澳三圣滩中的三圣庙祀奉的水神谭公仙佛，俱是源自粤东惠州九龙山的民间崇拜；大三巴女娲庙内祀奉的悦城龙母，是源自粤西德庆市的对珠江三角洲地区有广泛影响的龙母庙中主神悦城龙母。

澳门部分庙宇祀奉的偶像来自岭南，显示岭南文化对澳门地区的深厚影响。而澳门地处岭表，大部分居民为粤籍人士，岭南信仰的影响，是占有天时地利人和之便的。

七　中原文化，根系深植

澳门庙宇的特色虽然深受岭南民俗影响，但是其根源是来自中原。

中原文化体系根深蒂固，源远流长，在澳门的庙宇体系中，可见其深刻而壮阔的影响。

澳门的民间崇拜体系，主流是传承自中原。我们看一看在澳门信众数量庞大的偶像观音、天后、关帝、北帝、佛祖、土神、太岁、吕祖等，莫不传承自中原地区。同时，中原地区的远古之神如女娲、炎帝、沮诵、仓颉、医灵、地母和民间俗神财帛星君、华光、鲁班先师等等，亦对澳门华人的信仰有着深刻的影响。直到如今，每逢佛诞、观音诞或相应的神诞，各庙宇尤其是大型寺庙，莫不信众盈门。虽然说，现代社会庙宇中的各种信众未有大增，却亦未出现大减，依然比较稳定，从中我们或可窥视传统崇拜文化在澳门的稳固基础。

澳门城市起源自明代，逾半数以上庙宇始建于清代，中原及岭南信仰、崇拜的流入以至生根兴盛，和明清政府着意推广，以行政手段提倡、敕封有助于道德教化的偶像在民间风行，或多或少都有所关联。无论如何，澳门民间信仰、崇拜体系的现状，让我们可见它与中原、岭南文化血脉相连、相互传承的关系。

八　庙宇艺术六大类型

"寺庙艺术一方面为膜拜活动布置一个跟日常环境不同的充满各种象征、充满各种超自然力和超自然物象的特殊环境，另一方面又以具有审美效果的一整套艺术形象和艺术手段加入膜拜仪式，以使顶礼膜拜的芸芸众生接受宗教形象、神话和观念，保持深厚的宗教感情和宗教感受"[①]。

澳门寺庙艺术，主要表现在六个类型：

（1）寺庙文学；

（2）建筑艺术；

（3）雕塑艺术；

（4）书法艺术；

（5）绘画艺术；

（6）戏剧艺术。

澳门庙宇文学艺术，源远流长，成绩斐然，是研究澳门文学史必不可少的专题。其形式有碑文、楹联、牌匾、游记、诗词五种。

澳门现存庙宇碑文多逾 200 帧，最古者为莲峰庙《莲蓬山慈护宫序》，刊刻于雍正元年（1723），距今已有 275 年历史。这些古碑，大多为有功名的名士所撰，文采风流，不但记述了相关庙宇的起源、沿革，还涉及本地区的历史、自然、地理、政治、民俗、神话、军事、外交诸方面。

"大哉华夏，盛极三唐，文明遐被，舟车四至。陆有丝绸之路，贯通大食波斯；水有沧溟之舟，泛航南海天竺，献琛执贽，重泽东朝……澳门初为渔港，泉漳人士蒞止懋迁，聚居成落。明成化间，创建妈祖阁，与九龙北佛堂门天妃庙、东莞赤湾大庙，鼎足辉映。日月居诸，香火滋盛；舶舻密凑，货殖繁增，澳门遂成中西交通枢要……"

这是当代文化名士、旅港澳人曹思健为妈阁庙所撰的《妈祖阁五百年

[①] 段玉明：《中国寺庙文化》，上海人民出版社，1994 年。

纪念》碑文。曹氏文采灿烂，文思奔放。此碑文不但为澳门庙宇文学珍品，亦为澳门文学的一流作品。

明清以降，中原及岭南大批文士来澳或旅行或公干或探亲或访友或流寓，他们的活动不少与寺庙有关，留下了大量的与寺庙有关的诗作、楹联、匾额。

如首任澳门海防同知印光任（1676～1744）在澳门任职期间，写过《濠镜十景》五言诗10首，脍炙人口。其中有一首是吟莲峰山与莲峰庙的：

> 莲峰来夕照，光散落霞红。
>
> 楼阁归金界，烟林入锦丛。
>
> 文章天自富，烘染晚尤工。
>
> 只恐将军画，难分造化工。

为澳门庙宇或在庙宇遗下唱咏诗词联句的文化名士有屈大均、释迹删、潘仕成、黄恩彤、汪兆镛、关山月、高剑父、黄文宽、刘逸生、关振东、崔师贯、潘飞声、饶宗颐、黎心斋、韩牧等等，作品数以百计，或颂扬江山秀丽，或就寺论事，或弘颂圣迹。这些作品或隽永可爱，或妙意无尽，或奔放豪迈，佳构颇多，洋洋大观，是澳门宝贵文化遗产。

九　建筑富丽巧小并存

庙宇是一种特殊的建筑，是人神共居的场所，一方面要具备开放性，但又要营造神秘色彩，以吸引信众。

澳门庙宇建筑形式主要有三大类。一是殿堂式；二是园林式；三是单体式。

澳门以殿堂式庙宇较多，占地宏大的有莲峰庙、普济禅院、莲溪庙；规模稍小的有康公庙、观音古庙、氹仔北帝庙、路环天后宫等。

殿堂式庙宇有四个特点：①规模较大；②平面布局，均衡对称；③组合式；④装饰华丽。

如莲峰庙和普济禅院，是三进三楹建筑，中轴结构，墙头、瓦脊、天井、走廊过道，用石雕、砖瓦、漏窗、壁画灰塑装饰，华美富丽，有极高的观赏性。

澳门与明清岭南民间艺术中心佛山近邻，这些殿堂式建筑构件或装饰，不少出自佛山能工巧匠之手，体现了极有代表性的民间艺术风范和源流。

澳门因为地小仄逼，园林式建筑并不多，只有三家：妈阁庙、渔翁街天后庙、氹仔菩提禅院。其特色是因地制宜，利用所在地势，不规则地布置构筑殿宇。

单体式庙宇在本地为数不少，有如龙田土地庙、路环三圣庙等。其大多因规模较小，造成观赏性不强。但是，我们从这些单体式庙宇，或可窥见庙宇发展初期的形式。

十　手法多样的雕塑

澳门近 40 家庙宇中，存有大小神像逾千尊计，这是重要的雕塑艺术种类。其余的还有建筑装饰，如墙头、瓦脊、砖雕、石雕等；另外是木雕装饰，如香案等。

如果以质量分，雕塑可以分为七种：①石雕：有神像、梁柱、柱础、瑞兽、酒船等。②木雕：神像、香案、高脚牌、法器等。③纸扑：主要形式是神像。④麻扑：主要形式同为神像。⑤陶瓷：如瓦脊公仔、神像、鳌脊等。⑥青铜器：如佛像、法器、烛台等。⑦泥塑：主要形式是神像。

澳门庙宇现存的雕塑艺术品中，不少是具有很重要历史价值的。如莲峰庙的木雕关帝、天后像，即为嘉庆年间作品，是林则徐曾祀奉过的。

又如莲溪庙内的金花娘娘塑像，每尊高不过 40 厘米左右，而且是泥塑品，但是神像衣饰华丽，浅雕的凤凰麒麟袍饰下，露出小脚脚尖，充满世俗风趣。

又如莲峰庙内"五龙"壁塑、"丹凤朝阳"壁塑，规模宏大，每幅达十数平方公尺，当为本地庙宇雕塑品的代表作。

澳门庙宇共有匾额楹联总数以千计，壁画、悬挂或秘藏纸、布本字画、摩崖石刻亦数以百计，其中不乏是名家作品。庙宇绘画、书法艺术，是最世俗和大众化的艺术形式，深受大众注目。

如妈阁庙正觉禅林外北侧墙上的《妈祖阁五百年纪念》碑记，题额是出自当代书法大家启功之手；柿山哪吒庙四方亭巨匾，出自光绪年间翰林何作猷之手；普济禅院内斋堂的巨幅中堂书法，出自清代知名书法家鲍俊之手；妈阁山上"海镜"、"太乙"等石刻，更是澳门的标志。

普济禅院、妈阁庙收藏的明清以降名家字画，更是一个仍待开发、研究的宝库。这些名家包括高剑父、关山月、徐悲鸿、康有为、淡归、释迹删、屈大均、梁佩兰、伊秉绶等。

神功戏贺诞，是澳门庙宇举办的重要公众活动之一。目前，每年平均聘戏班演戏贺诞的庙宇有妈阁庙、沙梨头土地庙、雀仔园福德祠、莲溪庙、氹仔北帝庙、路环谭公庙等。

澳门可考的演戏贺诞历史，迄今有 100 多年。这种现象，曾经引起西方画家注视。1860 年代同治年间，英国画家爱德华·希尔德布兰特（Edward Hildebrandt）绘有版画《妈阁庙的戏棚》，反映的即为妈阁庙神功戏演出盛况，距今已有 138 年的历史。此外，在莲溪庙、氹仔天后宫，均遗有光绪年间古匾，显示当年演戏的组织架构资料。

神功戏可以说是澳门华人最早的戏剧活动，这种人神共乐的公众活动，持续至少百余年而不衰，显示这种公众喜闻乐见的艺术形式，依然有着强大的生命力。

十一　体系完整，极富特色

澳门地处偏隅，城市体系与规模均不大，却是中国持续对外开放时间最长的城市。在这里，虽华洋杂处，但华人居民占绝大多数，这些来自五湖四海的民众，把华夏文明汇入澳门，经过多代人的积累和发展，终于缔造出奇迹。澳门拥有的明清庙宇体系之完整，特色之突出，文物之丰富，足堪澳门人、岭南人以至华夏子孙的珍视与自豪。研究和揭示澳门庙宇体系的内涵和价值，有着很深远的意义。

（原载《澳门杂志》，澳门，澳门政府新闻司，
第 7 期，1998 年 12 月）

澳门——16至19世纪中西文化交流的桥梁

黄启臣[*]

中西文化交流源远流长。但近代史上全方位的中西文化交流，似应从15世纪中叶葡萄牙人租居澳门始。此后，中西方的经济、政治和文化渐渐发生了前所未有的大规模频繁交往。本文旨在探索16世纪中叶至19世纪中叶（1553～1840年）以澳门为桥梁的中西文化交流。[①]

一 传教士是中西文化交流的沟通角色

贸易的航道同样是文化交流的通道。自从1553年葡萄牙人进入和租居澳门之后，他们很快开辟了澳门—果阿—里斯本、澳门—马尼拉—墨西哥、澳门—长崎三条国际贸易航线进行全球性的大三角贸易。于是，葡萄牙、西班牙、荷兰等早期西方资本主义国家的商人纷纷来到澳门贸易经商，营利发财。

与此同时，欧洲的传教士也随着商船纷纷来到中国进行传教活动，而宗教乃文化的重要组成部分。因此，早期西方国家传教士到中国传教，当然也构成了文化交流的一部分内容，而传教士亦扮演了沟通文化交流的角色，特别是耶稣会士和基督教（新教）的传教士更起到了突出的作用。

基督教三大教派传入中国的时间各不相同。在其尚未分裂之前，曾两次传至中国。第一次是唐代贞观九年（635），由基督教聂斯院脱派（Nestorians）主教、叙利亚人阿罗本（Olopen）传入新疆，唐朝人称之为景教，至

---

* 中山大学历史系教授。

① 这里所说文化交流是狭义的文化，即通常所说的哲学、科学、技术、文学、艺术、语言、音乐、宗教等。

会昌五年（845）便销声匿迹了。第二次是元朝至元三十一年（1294），由罗马教廷方济各会修士约翰·孟特高维诺（John of Montecovino）传入中国，并在北京、泉州等地建立教堂。当时蒙古人称之为"也里可温教"（Arka-gun）。第三次则是分裂后的基督教三大教派中的天主教于明嘉靖三十一年（1552）、东正教于清康熙二十八年（1689）和基督教（新教）于清嘉庆十二年（1807）传入中国，并延续至近现代。

（一）耶稣会士率先经澳门入中国传教

16 世纪中叶基督教分裂为三派后，为了挽救罗马教皇的危机，西班牙人依纳爵·罗耀拉（Ignatius de Loyola）于 1534 年 8 月 15 日，在法国与西班牙贵族方济各·沙勿略（Francis Xavier）等 7 人组织了一个旨在向新航路经过的国家和地区寻求新教区的传教团体，名曰耶稣会（Jesuitas，Jesuit）。1540 年 9 月 27 日，罗马教皇保罗三世颁布命令，正式批准耶稣会成立。次年的 4 月 13 日，教皇任命罗耀拉为第一任总会长。他非常积极地支持耶稣会传教士到东方传播天主教。时值葡萄牙国王约翰三世（John Ⅲ）向教皇申请委派传教士与新任果阿总督同行，于是教皇将此事委托于罗耀拉。罗氏即派沙勿略为"教廷远东使节"随总督同去果阿。他于 1541 年 7 月由里斯本出发，次年 5 月 6 日到达果阿。1542 年，沙勿略由果阿去马六甲，后又在日本逃犯安日禄（Anjiro）陪同下，于 1549 年 8 月 15 到达日本沿海的鹿儿岛商埠。但当看到日本很多人信奉佛教时，他认为要在日本传教，最好的办法就是先去"感化"中国人，因为中国是日本文化和思想的策源地。他回到果阿后向葡萄牙国王提出到中国传教的计划。获得批准后，他于 1552 年 4 月 14 日离开果阿前往中国。8 月，他到达广东省台山县的上川岛后曾设法与中国商人联系，希望他们能够带他到广州传教，尽管费了不少周折但仍遭到拒绝。后来，他花 200 元钱雇了一只小船，企图秘密驶入广州，也未能如愿。到了 12 月 2 日晚上，他突然疟疾发作，高烧不退，于 12 月 3 日躺在一块大石头上死去了。一个曾经到过果阿公学读书的名叫安多尼的中国人为他料理后事，将其尸体运往果阿埋葬。后来天主教教士称他为"远东开教之元勋"。

1553 年葡萄牙人进入和租居澳门之后，耶稣会士纷纷随商船前来澳门传播天主教。第一个来澳门传教的耶稣会士是公匝勒斯（Gregorio Gonzales）。他和耶稣会士伯莱笃（Melchior Nunez Barreto）于1555年7月20日到达三年前沙勿略到过的上川岛。8月到11月中旬，当伯莱笃两次进入广州，企图去援救被广东政府视为"奸细"而抓起来的耶稣会士布利道（Matthieu de Britto）等二人时，公匝勒斯自动从上川岛移居澳门进行传教。1561~1563年，在日本养老的神父巴尔达·撒加高（Balthasar Zagago）、狄野高·贝勒拉（Diego Pereira）、方济各·贝勒兹（François Perez）、代宰拉（Emmanuel Teixeira）和平托（F. André Pinto）等相继来到澳门传教，并征得广东地方政府的允准，在今圣安多尼教堂附近用稻草盖起一间名曰天主教之圣母堂的小教堂，作为传播天主教的场所。至1563年，澳门至少有8名耶稣会士进行传教，发展教友600多人。当时在澳门进教的中国人有两种，一种是澳门的居民直接进教，一种是广东各县的人每年一次赴澳门进教。家居澳门的教友，有改穿洋服、改用葡名者。由此可见天主教在澳门影响之深。眼见天主教在澳门传教业已开展起来，教宗庇护五世于1566年任命卡内罗（Melchior Carneiro）为澳门主教，后者于1568年5月抵达澳门。当时澳门还未建立教区，所以卡内罗不能在职衔上称为澳门教区的第一任主教，但实际上已执行第一位主教的职务了。因为卡内罗主教到澳门任职，公匝勒斯即被马六甲主教召回马六甲，被派到摩洛哥群岛去视察教务。所以，卡内罗应该说是公开以主教身份到澳门传教的第一位主持人。

卡内罗到澳门任主教后，从1562年开始，陆续修建仁慈堂（Santa Casa da Misericórdia）辣匝禄麻风院（Hospital de Lazaro）和拉法医院（Hospital de Rafael，又称白马行医院），以收容弃婴孤儿、替人治病为手段，号召和劝诱澳门华人居民信奉天主教。同时于1569年在澳门建立第一个正式天主教堂圣母望德堂（Igreja de São Lazaro）进行传教活动。从此，澳门遂成为天主教在远东的驻地。在澳门传播天主教取得顺利进展的情况下，教宗格雷高利十三世（Gregorius Ⅷ）即于1576年1月23日，承葡萄牙国王士巴斯梯亚斯的请求，颁布诏令：正式成立澳门教区，负责管理中国、日本和越南的天主教传教事务，受印度果阿教宗管辖。因日本于1588年单独设立教区而脱离澳门地区，1618年，耶稣会总会会长委特尔斯奇（Vitelleschi）即将澳门教区隶属罗马耶稣会直接管辖。在设立澳门教区的同时，教宗正式任命远居里斯本的费基拉（Diogo Nunes Figueira）神父为澳门教区的第一任主教。但因费基拉神父坚决推辞任职，卡内罗即以署理主教身份继续主持管理澳门教区的教务工作。由于建立了澳门教区，来澳门传教的耶稣会士更是络绎不绝。其他教会的教士也接踵而来。方济各会士于 1579 年来澳门，奥斯定会士于 1586 年来澳门，多明我会士于 1587 年来澳门传教。他们不断兴建教堂如圣母望德堂（1569 年）、圣老楞佐堂（1558－1560 年）、圣方济各堂（1579 年）、圣保禄堂（1582 年）、圣多明我堂（1587 年）、圣安多尼堂（1608 年）、圣嘉勒修院教堂（1633 年）等，作为传教的场所。其中以望德堂、老楞佐堂和安多尼堂最著名，至今仍被称为澳门三大古教堂。随着教堂的兴建和传教活动的开展，信仰天主教的澳门居民与日俱增，至明朝的最后一年（1644），澳门已有天主教徒 4 万多人。这表明澳门已经成为天主教卓有成效的传教基地和天主教在远东活动的中枢。不过，耶稣会士并不满足于在澳门传教，而是要以澳门为基地进入中国内地开展更广泛的传教活动。鉴于贝勒兹等耶稣会士因为不懂中国语言不能进入内地传教的教训，耶稣会决定派遣懂得中国语言的意大利会士范礼安（Alexandre Valignani）为远东教务视察员，带领 41 位新会士（其中有意大利人、西班牙人、葡萄牙人，但以西班牙人居多）于 1578 年 7 月到达澳门视察。他在澳门住了 9 个月之后，写信给耶稣会总会长说，要打通进入中国传教的道路，必须改变目前在其他国家所采取的办法。最重要的条件是耶稣会士会读、会写、会讲中国话，并尽量熟习中国的礼仪和民情。同时，他认为要进入中国内地传教，必须另派一批新的有中文基础的会士来中国传教。他还写信给驻果阿的耶稣会籍省长，积极推荐主张用中国语言文字在中国传教的意大利会士罗明坚（Michel Ruggieri）来到澳门和中国内地传教。罗明坚即于 1579 年 7 月 22 日抵达澳门。当时他听到 10 多年前明朝的澳门官员拒绝贝勒兹入中国内地传教的对话：

你会说中国话么？

不。

那么，顶好你先去作学生，学习我们中国的话，以后你再作我们的老师给我们讲解你们的教理。[1]

---

[1] L. J. M. Cros, *Saint François de Xavier, sa Vie et ses Lettres*, Vol. II, Toulouse, 1900, p. 103 （克罗斯：《沙勿略传》）。

罗氏从中悟出一个道理，要进入中国内地传教，非掌握中国语言不可。于是，他在澳门请了一个中国画家教他学习中国语文。经过两年零两个月的刻苦学习，他掌握了 12000 个中国单字。那时他已 36 岁，学说中国话仍感困难。于是，他在 1580～1583 年间，跟随葡萄牙商人四次进出广州，参加在那里举行的春秋交易集会，以此练习讲中国话和接近广东地方政府的官员。与此同时，卡内罗又教他学习中国的礼仪：

> 在你参见中国长官的时候，要下跪，要磕极深而又经过工夫很长的头；在提起别人的时候，要用赞美的口吻；在说到自己的时候，却要用很谦卑的词句。[①]

由于罗明坚会说中国话且彬彬有礼，故博得当时的两广总督陈文峰的好感，于 1582 年承总督之请到肇庆（总督驻地）去居住。为了传教，罗明坚又在澳门耶稣会修院旁边建立一间很小的学校，名为"圣马尔定经院"，一方面向澳门居民讲授天主教教义，另一方面为新来澳门的耶稣会士提供学习中文的场所。1582 年 8 月 7 日抵达澳门的意大利会士利玛窦（Matteo Ricci），就是先在圣马尔定经院"学华语、读华书"，很快稍有成就，最后陪罗明坚到肇庆布道，进而入韶关、南昌、南京、北京等内地传教，成为在中国传教最有成效的领导人和创始人。到 1610 年，中国内地的天主教徒已发展到 2500 人，其中包括徐光启、李之藻、杨廷筠等有学问的明朝高级官吏。

罗明坚、利玛窦两人利用中文入内地传播天主教的成功，使耶稣总会长充满了信心。于是，他责成 1609 年新任中国传教区区长龙华民（Nicolas Longobardi）根据罗、利的成功经验，规定：凡入华传教的耶稣会士，一律要先在澳门学习中国语言文字和礼仪，并接受范礼安关于在澳门建立一间大学来专门培养进入中国内地以至日本传教的耶稣会士的建议。耶稣会长鲁德拉斯（Antonius Luadros）即委托贝勒兹、代宰拉和平托三人，将原来只有小学规格的圣保禄公学升格为大学规格的圣保禄学院，于当年 12 月 1 日正式注册成立。圣保禄学院成为澳门历史上第一所高等学校，专门培养

---

① 〔法〕裴化行（Bernard R. P. Henri）著《天主教十六世纪在华传教志》，肖濬华译，商务印书馆，1936，第 98 页。

入华传教的耶稣会士。圣保禄学院设置的课程有数学、天文、医学、神学、哲学、汉语、拉丁文、音乐等，其中汉语是学时最多的必修课。两年后毕业授予学位。曾在圣保禄学院攻读毕业而入华传教的耶稣会士有 200 多人，占明清时期入华传教的 472 名会士中的 50% 左右，其中有年代可考者 109 人。

在澳门经过圣保禄学院培训的中外耶稣会士纷纷进入内地传教之后，天主教的传教活动在中国的南北直隶、山东、山西、陕西、河南、四川、江南、浙江、江西、广东、广西等 12 个省区迅速发展起来，信教者与日俱增。据统计，信教者由 1585 年的 20 人增至 1617 年的 1.3 万人，1644 年又增至 15 万人。在这些天主教徒中，不仅有一般的平民百姓，也有明朝的宗室内臣、皇亲眷属和达官贵人。据 1636 年统计，信奉天主教的亲王有 140 人，皇族 40 多人，皇帝赐封的诰命夫人 80 多人，一品大官 14 人，进士 10 人，举人 11 人，生员 300 多人。例如，礼部尚书兼文渊阁大学士徐光启、南京工部都水局郎中李之藻、监察御史杨廷筠、司礼监总揽军政大权的宦官庞天寿，以及瞿太素、冯应京、李天经、张焘、孙元化、韩霖、段滚、金声、瞿式耜、张庚等，均笃信天主教，并协助利玛窦等天主教徒进行传教活动。整个中国当时建教堂 159 处，教士处院 42 处，可见天主教在中国各地传教之深广。

（二）基督新教经广州、澳门入中国传播

基督新教曾于天启六年（1626）由荷兰人传入台湾，到了康熙元年（1662），郑成功将荷兰人驱逐出台湾后便销声匿迹了。18 世纪末，英国击败了西班牙、荷兰的竞争，夺得了海上霸权之后，英国国内纷纷成立了对外传教的基督教新教的差会机构，如 1795 年成立的伦敦差会、1796 年的苏格兰差会、1800 年的基督会差会等，并不断派出教士到亚洲和非洲各国进行传教活动。19 世纪初，伦敦差会选中教士罗伯特·马礼逊（Robert Morrison）来中国传教。

马礼逊于 1807 年 1 月 3 日起程，先到美国纽约，得到美国国务卿麦迪逊的协助，写了一封介绍信给驻广州的美国商馆的官员。他带着介绍信于 1807 年 5 月 19 日在纽约乘坐"三叉戟"号美国货轮横跨太平洋，于 9 月 8 日抵达广州。他受到美国领事卡林顿的热情接待，隐居在一间美国商馆的

货栈里，学习中文，并在生活起居上仿效中国人的习惯。1808 年，他从广州前往澳门居住。为了避免被澳门葡萄牙当局发现他的正式身份，他隐居在英国驻澳门的东印度公司内，并在那里认识了该公司一位高级职员的女儿玛丽·摩登小姐。两人彼此产生爱情，于 1909 年结婚。他的处境得到东印度公司的同情，聘他担任公司的中文翻译，年薪 500 英镑。这样一来，他既可以为东印度公司服务，取得合法身份公开活动，又免去被中国政府驱逐的担心，从而大胆地为传教工作做准备。这以后，他一边办公，一边翻译《圣经》，经常来往于澳门和广州之间，并以英国使臣、商务监督律劳卑的"秘书兼译员"的身份在澳门开展基督教新教的传教工作。这是基督教新教传入澳门（也是传入中国）之始。当时澳门天主教会禁止教徒同马礼逊来往，所以他平时就在广州自己的寓所里举行家庭礼拜，每逢星期天才到澳门举行正式的礼拜仪式。他一个人在澳门与广州进行传教工作 6 年之后，伦敦布道会才于 1813 年派教士米怜（Milne）来澳门协助马氏工作。但因受清朝官府和东印度公司之反对，米怜即于 1815 年 4 月 17 日到马六甲去另设基地进行传教活动。

为了便于传教，马礼逊首先把《圣经》新约全书译为中文，于 1814 年在广州出版 200 本；接着又和米怜合译了《圣经》旧约全书，于 1823 年在马六甲正式出版。基督教的全部原始教义得以在澳门及广州传播。他还编辑《神道论》、《救赎救世总说真本》、《问答浅说》、《耶稣教法》、《古时如氏亚国（即犹太国）历代传略》、《养心神诗》等布道的小册子，请澳门的印刷工人帮助印刷发行。有一位帮助马礼逊印刷的澳门印刷青年工人蔡高（亦称蔡亚高），因为经常要到马礼逊家中去联系工作而听其讲《圣经》，深受影响，请求入教。于是，马礼逊即于 1814 年 7 月 16 日，在澳门海滨小山侧的泉水中为之洗礼入教，成为澳门（也是中国）信仰基督教新教的第一个教徒。另外一位帮助马礼逊雕刻和印刷《路加福音》、《新约》的工人梁发也于 1816 年 11 月 3 日 12 时在马六甲接受米怜的洗礼而成为第二个教徒，并于 1823 年被马礼逊授封为第一个华人牧师。

梁发，1786 年生，广东高明县三洲司古劳村人，贫农家庭，读过 4 年私塾后，15 岁时来省城广州谋生。他最初学整毛笔，后改学雕版 4 年，技术甚精。1810 年，他在广州离洋行区不远的一个印刷所当印刷工人。他和蔡高一起为马礼逊刻印翻译《圣经》等书并与之来往密切，并深受其影响而入教。梁发于 1824 年从马六甲回澳门，并协助马礼逊以澳门为基地积极开展基督新教的传教工作。

当梁发还在马六甲传教时，因他妻子黎氏生小孩，而于 1820 年春天回高明一次。他回家后，经常向其妻谈论《圣经》，并耐心解释教义，并与其妻子一起祈祷，后其妻果然信教。梁发妻黎氏算是中国第一个信奉基督教新教的妇女。梁发还屡次劝其父亲梁冲能信教入教，但未成功。1823 年 10 月 21 日，梁发将其 3 岁幼儿梁进德带来澳门，由马礼逊洗礼入教。12 月，马礼逊封立梁发为宣教士。此时，马礼逊也在澳门和广州进行传教活动。他每年 8 月至次年 3 月到广州活动，夏季则在澳门居住。当时许多外国妇女经常到他家里听讲《圣经》。他循循善诱，博文约义，使听者顿开茅塞。梁发于 1827 年 9 月 26 日再回高明老家，发现少年古天青对基督教新教的圣道很感兴趣。经启发善诱，梁发于 1828 年 1 月在村内为其举行洗礼入教。1829 年，梁发大部分时间在澳门传教。一方面教授一班儿童以教理，另一方面，努力撰写《劝世良言》等12 种传教小丛书，向社会广泛宣传基督教新教。花县的洪秀全此时在广州应试落第，偶得《劝世良言》回家研读，深受影响而感动，并吸收基督新教义中的平等思想，于 1843 年创立拜上帝会，并以此号召组织群众，发动太平天国革命。梁发一生努力传播基督新教，1855 年 4 月 12 日在广州逝世，终年69 岁。其墓葬在广州河南的龙导屋与康乐村之间的小山上。50 年后，岭南大学由澳门迁到广州河南康乐村。学校扩大，将附近坟地购入，并通知坟主迁坟别地。此时，岭南大学副总监督钟荣光（后为校长）接到马来联邦美以会教士冯炎公的来信，说其妻子是梁发的曾孙女，其高祖梁发宣教士坟在所购地中，请予保留。1918 年，钟荣光带着宣教士到凤凰岗视察梁发祖墓，发现梁发和他父亲、妻子都葬在这里。1920 年 6 月 7 日，岭南大学把梁发遗骸迁葬于该校中央——礼拜堂前草地，并请梁发的曾孙女婿冯炎公先生发表演说，赞美梁发在澳门、马六甲和广州传教的功劳。

正当梁发在澳门、广州极力传教期间，西方国家的 10 多个传教士接踵而来进行传教活动。首先是对中国贸易已上升到第二位的美国，其基督教差会的"美部会"于 1830 年 2 月派遣教士裨治文（Elijah Coleman Bridgman）到达广州，于 1832 年 5 月创办《中国丛报》。1834 年他来澳门，并于1839 年将《中国丛报》迁来澳门出版发行，以宣传教理。1831 年底，荷兰教会派德国籍教士郭实腊（Karl Friedrich August Gützlaff）抵达澳门传教，受到马礼逊的热烈欢迎和款待。郭实腊利用自己会说流利的中国话的有利条件，既在澳门传教，又到内地收集情报。同时，他又让英国籍的妻子温施蒂（Wanstall）在澳门自己的寓所内办起一间女塾，专门招收一些贫穷家庭的女孩子入学，向他们宣传基督教新教的《圣经》。1834 年 8 月 1 日，马礼逊突然得急病去世。1836 年 9 月 28 日在英国大鸦片商查顿（William Jardine）和颠地（Lancelot Dent）等人的倡议和组织下，成立"马礼逊教育会"，从英、美国内募捐一笔资金，每月向温施蒂提供 15 英镑的资助，在她的女塾中附设男塾，作为马礼逊学校的预备。家住在澳门一水之隔的南屏乡仅 7 岁的容闳，就是这所男塾的学生。在学校中温施蒂除了用少量的时间教学生读英语外，大部分时间是向这些孩子灌输基督新教的教义。1839 年 11 月 4 日，在温施蒂关闭其所办的女塾及男塾之后，与应邀前来的美国传教士、耶鲁大学毕业生塞缪尔·布朗（Samuel Robbins Brown）在澳门办起了中国第一所西式学堂——"马礼逊学堂"，最初招收 6 名学生读书。这是一所基督新教为传教而创办的"洋学堂"，学制为 3~4 年，课程有英语、汉语、算术、代数、几何、物理、化学、生理卫生、地理、音乐、美术等。课时安排半天读汉语，半天读英语，早上 6 点钟开始，晚上 9 点钟才结束，给学生以一个基督徒家庭的教育。许多中国近代的思想家和技术人才就是在这所学校里培养出来的。例如近代改良思想家容闳和中国近代第一位著名西医黄宽，就是马礼逊学堂的高才生。他们后来成为中国近代第一批到欧美各国的留学生。

1833~1834 年间，美国基督新教"美部会"又派教士卫三畏（Samuel Wells Williams）和伯驾（Peter Parker）来澳门帮助马礼逊传教。伯驾曾在澳门开设一间医院，一边为人医病，一边宣传基督教新教。1836 年，美国南浸会传教士叔未士（John Lewis Shuck）带家眷一起来到澳门传教。罗孝全（Issachar Jacox Roberst）亦于 1837 年自费城来澳门传教达 7 年之久。他于 1842 年经香港入广州开礼拜堂传教，向洪秀全、洪仁玕讲授基督教新教义。洪秀全在罗孝全处"学道"两个月，查考了中译本《圣经》，参加了礼拜。1844 年 10 月 22 日，美国长老会第一位传教士哈巴安德（Happer）抵达澳门传教。他先在澳门办一所学校，招收 30 个学生一边教学生学习文化，一边向学生宣传教义。1847 年 3 月，他将学校由澳门迁到广州故衣街，继续办学传教。

基督教新教传入澳门后，马礼逊等传教士虽然作出了很大的努力去进行传教活动，但由于当时是清政府禁教时期，加上澳门耶稣会士又禁止天主教徒与基督教新教来往，因此，基督教的传播并不快。到 1830 年代，澳门的基督教新教徒不过 10 多人而已，其中有记载姓名者是蔡高、梁发、蔡兴、蔡亚三、古天青、屈亚昂、李新、梁冲能（梁发之父）、梁进德（梁发之子）、黎氏（梁发之妻）、刘广泉、何福堂、周学、林某等。

以上耶稣会士和基督教新教传教士来中国传教的目的是"使中国人同基督教国家的大众一起承认和崇拜真神上帝"。但是，正如《明史》外国传所记，由于这些"东来者，大都聪明特达之士……所著书多为华人所未道"，特别是"意大利耶稣会士利玛窦等；以传授科学知识为布道手段，他们带来的科学知识不仅为中国所无，而且在西方也还是很新颖的"。① 因此，一个不以传教士的主观意志为转移的客观效果和历史作用得以实现，这就是：耶稣会等传教士努力了解、熟悉和研究中国文化，并向欧美他们自己的祖国传播，同时又把西方国家的科学文化知识介绍到中国来；而中国的有识之士又通过耶稣会等传教士学习和吸收西方国家的先进科学文化知识，促进中国近代科学文化的发展。

二 中国优秀文化经澳门向西欧国家传播

随商船而来澳门和进入中国内地传教的耶稣会士和基督教新教传教士，为了达到他们在中国传教的目的，十分注意学习中国的语言文化，研究中国儒家哲理，翻译和诠释中国的古典经籍，并向欧洲国家介绍宣扬。于是，中国儒家经籍流行于欧洲各国，传诵一时，并激起了欧洲知识分子的"中国热"，产生了所谓的"中国风"（Chinoiserie）。欧洲知识界顿时兴起研究汉学（Sinology）的热潮，出现了研究汉学的组织，使汉学在欧洲国家的文化界独树一帜。其结果是使中国优秀传统文化在欧洲国家广为传播，并产生了深刻的影响。

（一）儒家哲理对德国古典哲学的激荡

著名的耶稣会士罗明坚、利玛窦等经澳门到肇庆、韶关、广州、南昌、

---

① 周扬：《三次伟大的思想解放运动》，载 1979 年 5 月 8 日《光明日报》。

南京、北京等地传教，非常重视研究儒家的哲学，崇拜儒家的自然神观，并向欧洲国家介绍。比利时会士柏应理（Philippe Couplet）于 1681 年著《中国之哲学家孔子》（*Confucius Sinarum Philosophus*）一书，此书分四部分：①柏应理上法王路易十四书；②论原书之历史及要旨；③孔子传；④《大学》、《中庸》、《论语》译文。接着，比利时会士卫方济（François Noël）著《中国哲学》（*Philosophia Sinica*）和翻译《四书》、《孝经》、《幼学》等书，向欧洲国家介绍自己研究儒学的心得和体会。18 世纪中叶，德国会士魏继晋（Florian Bahr）编辑了一本《德汉字典》，有助于德国人学习汉学。

真正把儒学引进德国创立古典哲学的是著名哲学家莱布尼兹（Gottfried Wilhelm Leibniz）。他虽然未来过中国，但他深受来华耶稣会士的影响，对中国儒家文化十分感兴趣。1687 年前，他阅读过西传的孔子、老子的译著。1689 年他在罗马旅游时，邂逅了在中国担任过钦天监的意大利会士闵明我（Philippus Maria Grimaldi）等人，以后从与他们的通信中获得更多关于中国文化的知识。从此，他奋发细读儒家经典译著和耶稣会士撰写中国文化的著作，如柏应理的《中国哲学家孔子》等，然后根据这些著作提供的资料，于 1697 年编辑出版了他的重要著作《中国近事》（*Novissima Sinica Historiam Nostri Temporis Illustratura*），全面地向欧洲国家介绍中国儒家文化，高度赞扬中国文化的伟大，他说：

> 我们从前谁也不相信在这个世界上还有比我们伦理更完善、立身处世之道更进步的民族存在，现在从东方的中国，竟使我们觉醒了。

他还在书中明确指出，中国儒家哲学是超过欧洲哲学的：

> 欧洲文化的特长在于教学的、思辨的科学，就是在军事方面，中国也不如欧洲；但在实践哲学方面，欧洲人就大不如中国人了。

于是，他向欧洲国家的有识之士呼吁：

> 我甚至认为，必须请中国派出人员，前来教导我们关于自然神学

的目的与实践。①

莱布尼兹极力吸收儒家的哲学思想，特别是吸收老子关于"道"的思想精华，创立他的哲学思想中的单子学说（Monadenlehre），从而开创德国古典思辨哲学，即他于 1714 年发表的《单子论》。他肯定中国理学的"理"与他的"单子"是相通的。

晚年，莱布尼兹把古典思辨哲学传授给他的学生沃尔夫（Christian Wolff）。沃尔夫经过努力研究后，于 1722 年在哈勒大学发表了题为《论中国的实际哲学》（*Oratio de Sinarum Philosophia Practica*）的演说，把思辨哲学进一步系统化、理论化，首次将哲学分为本体论、宇宙论、心理学、自然神学、伦理学、经济学、政治学等七部分，认为哲学的一切原理均可以用教学或演绎的方法建立起来。1730 年，沃尔夫又在马堡大学发表题为《论哲学王与治国哲人》的演讲，把中国的实践哲学与德国思辨哲学联系在一起。他的思想又为其学生康德所批判接受，进而创立了德国古典哲学。可见，德国成为近代古典哲学的故乡，与中国儒家哲学的影响和激荡不无关系。

（二）中国重农思想促进法、英古典政治经济学的形成

中国以农立国，历代君主都实行重农政策。这种重农的经济思想传至欧洲后，为马克思所说的"现代政治经济学的真正鼻祖"——18 世纪法国资产阶级重农学派（physiocarts）学说的形成提供了养料。被誉为"欧洲的孔子"的重农学派创始人魁斯奈（François Quesnay）从传至欧洲的中国经籍中，研究伏羲氏、尧、舜和孔子的思想，深受中国古代自然秩序思想的影响，并将自然秩序视为法则加以具体化，于 1758 年撰著《经济表》（*Tableau Économique*），1767 年又著《中国的专制制度》（*Le Despotisme de la Chine*）和《自然法则》两书。《经济表》把中国《易经》的六十四卦内容"巧妙地译成为数学的公式"。② 在《中国的专制制度》一书中，魁斯奈以

---

① 〔德〕利奇温（Adelf Reichwein）著《18 世纪中国与欧洲文化的接触》，朱杰勤译，商务印书馆，1991，第 71、317 页。

② 〔德〕利奇温（Adelf Reichwein）著《18 世纪中国与欧洲文化的接触》，朱杰勤译，商务印书馆，1991，第 71、317 页。

七章篇幅系统地介绍中国文化。其中第八章列举了 24 条道理，呼吁欧洲国家学习中国按自然法则，建立重农制度，提倡以农为本，并指出只有农业才能增加财富，要求政府改变轻视农业的观念，改变束缚农业的政策。他希望法国政府倡导"中国化"。他利用充任御医之便，鼓动法王路易十五（Louis XV）于 1756 年效法中国皇帝举行春耕"藉田大礼"的仪式。他深受《周礼》一书关于均田贡赋法的启示，主张法国应像中国一样向土地所有者征收田赋，以提供国家财政的需要。可见中国重农思想和政策对法国重农学派的形成影响之深。之后，重农学派的改革家法国财政大臣安·罗伯特·雅克·杜尔哥（Anne Robert Jacques Turgot），发展了魁斯奈的重农思想，把"重农主义体系发展到最高峰"。[1] 他除努力学习中国古典经籍的重农思想外，还说服法国政府邀请两名留法的中国学生高类思、杨德望回中国为他收集中国的土地、劳动、地租、赋税等资料 30 条，造纸、印刷、纺织等资料 30 条，物资、地理资料 7 条，为他进行改革作参考。最后他利用这些资料写成《关于财富形成和分配的考察》一书。他在书中接受了徐光启关于"工与贾则农之自出"[2]，"商出于农，贸易于农隙"[3] 的思想，提出了国王和人民一样绝不能忘记"农业是国家收入的唯一源泉"的观点和农业生产剩余的思想，首次回答了价值与剩余价值的问题，并指出地租是剩余价值的唯一形式。马克思赞扬了他"在这方面的首创精神"。[4]

其他重农学派思想家也深受中国重农思想的影响，如鼓吹"全盘华化论"的伏尔泰（Voltaire）、霍尔巴赫（Baron d'Holbach）、孟德斯鸠（Montesquieu）等，都是赞扬中国重农思想和政策的。他们说：

中国皇帝，每年有一次亲耕的仪式，这种公开而隆重的仪式的目的，是要鼓励人民从事耕耘。[5]

于是向欧洲国家的国王发出呼吁：

---

① 〔德〕马克思：《剩余价值理论》第 1 册，人民出版社，1975，第 28、23 页。
② 《明经世文编》卷 490 徐光启《拟上安边御虏疏》。
③ 徐光启：《农政全书》卷 3。
④ 〔德〕马克思：《剩余价值理论》第 1 册，人民出版社，1975，第 28、23 页。
⑤ 〔法〕孟德斯鸠著《论法的精神》，张雁深译，上册，商务印书馆，1982，第 102 页。

我们欧洲的统治者们知道这些事例之后，应该赞美啊！惭愧啊！尤其是模仿他们啊！①

中国重农思想也影响了英国古典政治经济学。1764～1766 年间，英国古典经济学家亚当·斯密（Adam Smith），在陪同巴克勒公爵在法国游历两年中，结识了魁斯奈及杜尔哥，并建立了密切的友谊。他从魁、杜两人处了解中国重农思想和政策的资料，并吸收了孔子的"天然自由"和司马迁的"自由经济"的思想精华，于 1776 年写成和出版其政治经济学名著《国民财富的性质和原因的研究》（简称《国富论》）一书。书中多次提到"天然自由"、"自由经济"，抨击英国重商主义的理论和政策，其受中国重农思想影响之深跃然可见。因此有学者认为，"没有斯密与重农学派的接触，就没有他的《国富论》"。② 依我看，评价是恰如其分的。

（三）中国古典经籍经澳门西传欧洲国家

耶稣会士在中国传教的过程中，在攻读和研究中国儒家经典之余，又将这些经典译为西文出版，使之在欧洲国家得以广为传播。1593 年，利玛窦率先将《大学》、《中庸》、《论语》、《孟子》翻译成拉丁文，寄回意大利出版发行。1626 年，比利时会士金尼阁（Nicolas Trigault）将《诗》、《书》、《易》、《礼》、《春秋》五经译成拉丁文在杭州出版。1772 年，法国会士傅圣泽（Jean F. Foucquet）回国时带去中国古籍共 3980 种（本），全部捐献给法国皇家图书馆，为法国以至欧洲国家学者阅读和翻译中国古典经籍提供极大方便。于是，1735 年法国会士马若瑟（Joseph Marie de Prémare）节译《诗经》、《书经》为法文出版。1752 年，孙璋（Alexandre de La Charme）翻译《礼记》出版。1770 年，雷孝思（Jean-Baptiste Régis）翻译《易经》为法文出版第 1 册，1839 年出版第 2 册，供法国学者研究。直至今天，在梵蒂冈图书馆还可以看到当时耶稣会士研究《易经》的中文著作稿本 14 种，名曰：《易考》、《易稿》、《易引原稿》、《易经一》、《易经外篇》、《总论布列类洛等方图法》、《据古经考天象齐》、《天象不均齐考古经籍

---

① 转引朱谦之《中国哲学对欧洲的影响》，商务印书馆，1940，第 294 页。
② 宛橚、吴宇辉：《亚当·斯密与〈国富论〉》，吉林大学出版社，1986，第 16 页。

解》、《大易原义内篇》、《易钥》、《释先天未变》、《易经总说稿》、《易考》、《太极略说》等。19 世纪中叶后，法国神父顾赛芬（Couvreur）编译了法汉对照的《四书》、《诗经》、《尚书》、《礼记》、《左传》、《春秋》等书，更加方便了法国学者攻读中国古典经籍，深受各界人士欢迎。

（四）中国语言文字经澳门西传欧洲国家

来华传教的传教士为传教需要，努力学习中国语文，并根据自己学习汉语和掌握的经验，编写了不少字典、辞典，寄回欧洲出版，为欧洲各界人士学习汉语提供方便。1626 年，金尼阁在中国学者王征、吕维祺、韩云等人帮助下，完成了拉丁化拼音汉字的字汇书《西儒耳目资》一书。他用 5 个元音（自鸣字母）与 20 个辅音（同鸣字母）互相结合，配上 5 个声调记号，拼切出汉字的读音。1687 年，白晋（Joachim Bouvet）编写了一本《中法小词典》，以拉丁文和法文写成中文研究法。在此基础上，马若瑟（Prémare）于 1728 年编成《中文概说》一书，分析汉字结构与性质，被誉为欧洲国家研究和学习中国语文的"鼻祖"书，全书列举中文例词 13000 多条。后法国学者傅尔孟（E. Fourmont）据此书编成《中国文典》一书，由马六甲英华书院印行。1894 年香港纳匝肋印书局重印此书，发行甚广，至今仍流行于欧洲国家。其他国家的会士也纷纷编写各种字典，方便其本国人士学习中国语文之用，计有：1685 年，闵采文编的《拉丁字汇手册》；1732 年，卡斯特拉纳（Fr. Carolus Horatius Castorano）编写的《拉意中字典》；1733 年，格拉蒙纳（Basilio da Gemona）编写的《中拉字典》；1762 年，罗马教廷出版奥斯定会士 Horatio della Penna 编写的《藏文字典》；1789 年，钱德明（Jean-Joseph-Marie Amiot）编写和出版的《满法辞典》；19 世纪初，马礼逊编写和出版了一部六卷本的《中英字典》，以及麦都思（W. H. Medhurst）编写的两卷本《汉英字典》；等等。这些字典均为欧洲国家有关人士学习中国语文和中国文化提供了很好的工具书。

（五）中国古典文学经澳门西传欧洲国家

明末清初，中国流行一部才子佳人小说《好逑传》，又名《侠义风月传》。书中描写了青年男女铁中玉和水冰心的婚姻故事。1719 年，一个在广州、澳门做生意的英国商人魏金森（James Wilkinson）率先将《好逑传》翻译为英文（其中 1/4 译为葡萄牙文）。1761 年，托马斯·珀西（Thomas Per-cy）将其中的葡文译为英文，并调整了全书，加上副标题"愉快的故事"（Hau Kiou Choaan—The Pleasing History），又附加注释出版发行。

《好逑传》英译本出版不久，引起了欧洲各国极大反响。于是 1766 年，有一署名 M 的人将书译为法文出版；接着慕尔（Murr）将之译为德文出版；1767 年，又有人将其译为荷兰文出版。这样一来，《好逑传》得以在欧洲国家广为传播和发生影响。据统计，从 18 世纪中叶至 1904 年，《好逑传》的外文译本和改编译本达 20 多种，并被评为"十才子书"中的第二才子书，受到欧洲国家人民的喜爱和赞赏。德国著名作家歌德（Goethe）高度评价说：

> 中国人有千万部这样的小说，他们开始创作的时候，我们的祖先还在树林里生活呢！①

与此同时，元人纪君祥著的元北曲《赵氏孤儿》也西传欧洲。先是会士马若瑟于 1732 年将《赵氏孤儿》翻译成法文，取名为《中国悲剧赵氏孤儿》；1736 年译为英文出版；1744 年译为俄文出版；1749 年译为德文出版。于是《赵氏孤儿》剧本流行欧洲并风靡一时。1753 年，法国著名作家伏尔泰将《赵氏孤儿》改编为《中国孤儿》（L'Orphelin de la Chine），于 1755 年 8 月 20 日在巴黎上演，引起强烈反响，并于同年在巴黎出版发行。1759 年，英国谐剧作家阿瑟·谋飞（Arthur Murphy）又把《赵氏孤儿》改编并在伦敦上演，使其成为显赫一时的悲剧作家。《赵氏孤儿》不断在欧洲国家上演，引起了欧洲文学界的关注和好评。法国作家阿尔更斯（Marquis D'Argens），英国文学批评家理查德·赫德（Richard Hurt），作家恰切特（William Hatchett），瑞士作家让·乔治·努瓦尔（Jean-Georges Noverre）等均给予很高的评价：

> 我们必须承认，杜赫德给我们的那个中国悲剧……连欧洲最有名的戏剧也赶不上。中国人是一个聪明而有见识的民族，在行政管理方

---

① 转引自沈福伟《中西文化交流史》，上海人民出版社，1985，第 469 页。

面是非常有名的。因此，毫不奇怪，这戏的情节是政治性的。①

因此，中国文学在欧洲产生深刻的影响，歌德就是一个很好的例子。他阅读过不少有关中国的文学著作，如《马可·波罗游记》，也多次读过《赵氏孤儿》译本。1781 年 8 月，他还根据《赵氏孤儿》和《今古奇观》改编成剧本《埃尔彭罗》（Elpenor）在德国上演，轰动一时。1796 年，他又读《好逑传》德译本，1827 年读《花笺记》、《玉娇梨》和《中国短篇小说集》等，并于 1827 年根据中国《花笺记》创作了《中德四季晨昏杂咏》14 阙。他还认为《好逑传》、《赵氏孤儿》影响了他写《赫尔曼与窦绿台》，"书中的人物，思想、行动，感受都和我们十分相像"。由此足见中国文学对欧洲文学的影响至深。

（六）中医学和中药学经澳门西传欧洲国家

外国传教士在中国传教，对中医治病均感到神奇，纷纷加以研究，并把中医术、中草药向西方国家传播，产生了深远影响。

首先是接种人痘防天花的防疫医术西传欧洲。根据地方志记载，中国于隆庆年间（1567～1572）在安徽宁国府太平县（今黄山市）一带已流行人痘接种防天花的医术了。到了康熙二十七年（1688），经陆路传至土耳其与俄罗斯相邻的高加索锡尔夏西地区。后来又经俄国人传至土耳其。英国驻土耳其君士坦丁堡大使夫人蒙塔古（M. W. Montague）于 1716 年向英国介绍了亲眼看到接种人痘防天花的医术。同年 3 月，她给自己年仅 6 岁的儿子接种人痘。1718 年她回到英国，1721 年正赶上伦敦流行天花病，"100 人中有 95 人得病，7 人中有一个人死亡"。② 有鉴于此，蒙塔古女士又给她女儿接种人痘，并请伦敦人和医生观摩效仿。从此，人痘接种医术便在英国及欧洲国家传播开来。英国医生詹纳（Edward Jenner）注意到了中国人痘接种医术的免疫功效，但又尝试寻找一种避免重症天花的更好的接种痘苗。后来，他从德国一个挤牛乳者从不染天花病毒之事中得到启发，并进行试

---

① 转引自范存忠《中国文化在启蒙时期的英国》，上海外语教育出版社，1991，第 124 页。
② 〔法〕布罗代尔（Fernand Braudel）著《15 至 18 世纪的物质文明、经济和资本主义》，顾良译，三联书店，1992，第 88 页。

验获得成功。这是世界上天花预防史上的一次革命。据此,他于 1798 年撰写和出版了《对天花牛痘疫苗的成因及其效果和研究》,几年之内再版数次,并被翻译成多国文字出版。詹纳发明的牛痘接种技术的获得成功,从此风靡世界,后来传到中国(详见下节)。

把中医术介绍到欧洲国家的首功者是波兰会士卜弥格(Michal Boym),他于 1658 年著《中医津要》(*Clavis medica ad Chinarum doctrnàm de pulsibus*),译出晋代医学家王叔和的《脉经》,和中医以舌苔、气色诊病法,并列举中药 289 味。该书于 1688 年出版后,又译为欧洲各国文字相继出版。该书原由柏应理带回欧洲,中途交给巴达维亚耶稣会士,后被荷兰的外科医生克莱耶(A. Cleyer de Cassel)攫为己有,并于 1682 年改名为《中医临床》(*Specimen Medicinae Sinicae*)出版,并附有木刻插图 143 幅,铜版图 30 幅。从此,中医学在欧洲广为流传。1671 年,在广州居住的法国人又将王叔和的《脉经》译为法文,名曰《中国脉诀》,寄往格莱诺布尔出版。

对把中医传至欧洲有突出贡献的应是法国会士巴多明(Dominique Parrenin)。他科学地评价中医,认为中医在治疗效果方面是显著的,但在理论方面不如西医,表现在解剖学落后。这个结论后来为伏尔泰所接受,他在《论各族风俗精神》一书中论及中医学时说:

> 在他们(中国)那里,医学理论仍属无知和错误,但中国医生在实践上却是相当成功的。[①]

传教士对中草药能治百病感到不可思议,但毕竟又是事实。于是,他们亦注意研究中草药,并与植物学联系起来,促进了欧洲国家植物学的进一步发展。英国伟大的生物学家达尔文(Charles Robert Darwin)著《人类的由来》(*The Descent of Man*)一书时,就引用《本草纲目》一书关于金鱼颜色形成的资料来说明动物有人工选择问题。他在另一著作《动物和植物在家养下的变异》第二章"人工选择"中,一再提到《本草纲目》。据统

---

① 〔法〕伏尔泰:《论各民族风俗精神》(*Essai sur les Mœurs*),巴黎加尼埃出版社,1963,第 2 册,第 398 页。

计，在达尔文的著作中，提到中草药、中医学的地方达 104 处之多。① 这说明中国医学和中草药对达尔文的进化论也是有相当大影响的。

（七）中国数学经澳门西传欧洲国家

自从耶稣会士把《易经》翻译西传欧洲国家后，也对欧洲的数学产生了良好的影响。作为微积分创始人之一的莱布尼兹（Gottfried Leibniz）受到《易经》影响而发明了二进位数学。他在给普鲁士国王的一份备忘录中说，中国 2000 多年前的《易经》中的一些古老符号，虽然现在鲜为人知，但其中确是保存了某种"新的数学钥匙"。这里已涉及他的"函数论"（Ars Combinatoria）的思想。他认为《易经》的六十四卦的符号含有二进位数学的因素。如阴爻（－－）表示"零"，阳爻（—）代表"壹"。《易经》的六十四卦来自各有三行的八卦，根据数学的规则，可变为各有六爻的"六十四卦"。此六十四卦又可根据各种不同的序列排出。此序列开始于第二卦的"坤"，直至第一卦的"乾"，其中还包括另外的六十二卦。这个序列代表逐渐有规律地减少阴爻，增加阳爻。莱布尼兹将"坤"卦等于"零"，却发现此序列逐点与自己的二进位数学相应，直到最后的"乾"卦，即他的111111 或 63 为止。唯一区别是此种数字排列恰将其自己的数字排列倒转过来，从终点的数字开始，回溯到始点的数字。此一事实恰似东西文化既相似，又互成倒影，犹如照镜一样。对他来说，从《易经》中可以得到另一个有力的证据，表示精神方面的真理亦可以由数学的发现加以证实；而数学的真理，是不可否定的。于是他给二进位数学以一种宗教的意义。他说：

> 所有的结合都始自"壹"与"零"。这等于是说，神造万物于"无"；而世上只有两项第一原则：神与"无"。②

这就是说，他从《易经》的易卜序列中发现了二进位制数学的原则，只有"0"和"1"两个数字。据此，零加在任何数字之后，只为该数字增多 1 倍（不是 10 倍）。数字序列是如下形式：1，10，11，100，101，110，

---

① 潘吉星：《中国文化的西渐及其对达尔文的影响》，载《科学》，1959 年 10 月号。
② 见莱布尼兹致 Rudolph August 公爵的信。

111，1000，等等。

（八）中国工艺美术经澳门西传欧洲国家

16～19 世纪中叶，由澳门起航经果阿到里斯本，再运往欧洲国家的中国丝织品、瓷器、漆器等商品，既是精湛的高级消费品，又是优美绝伦的工艺品，深受欧洲人民的欢迎和称赞。特别是各国君主均酷爱中国的瓷器，法王路易十四（Louis XIV）命令其首相马扎兰创办中国公司，派人经澳门入广州定做有法国甲胄纹章的瓷器，运回巴黎凡尔赛宫设专室陈列展览。德国一些罗柯柯（Rococo）式的宫殿也以收藏陈列华瓷炫耀一时。英国女王玛丽二世（Mary Ⅱ）更醉心于中国瓷器，在宫内专设玻璃橱窗陈列各式华瓷。有鉴于此，欧洲各国纷纷掀起仿造中国瓷器的热潮，并有专家对瓷器进行研究，撰写专著加以阐释和宣扬，使中国的工艺美术得以在欧洲广为传播和影响。1677 年，法国人查尔丹（Chardin）在布撒诺开设瓷厂，仿造中国青花软质瓷。1717 年，在江西传教的耶稣会士殷宏绪（François Xavier d'Entrecolles），将景德镇的高岭土标本寄回法国。1750 年，杜尔列昂公爵下令在法国勘察和开发瓷土。1768 年，法国发现了类似景德镇的高岭土瓷土层，即设立塞夫勒瓷厂制造出硬质瓷器。1750 年，英国在斯特拉福设立瓷厂，仿制出首批中国软瓷。1760 年，英国又在博屋（Bow）建立"新广州瓷厂"，招收工匠 300 多人，利用广州运去的制瓷设备，仿制出中国硬质瓷器。1752 年，英国建立伍斯特（Worcester）瓷厂。罗斯托夫特（Lowestoft）瓷厂；德国的迈森瓷厂和法国的塞夫勒瓷厂，均仿中国瓷器的模式和图案工艺制造瓷器，而且制造瓷器的质量已接近中国瓷器，以致一些欧洲陶瓷史专家把罗斯托夫特制造的瓷器误认为中国制品。1763 年的《牛津杂志》载文夸耀说："中国瓷器和伍斯特瓷器可以搭配使用，毫无差别。"这说明中国的制瓷方法和工艺美术已被欧洲国家掌握得差不多了。

与此同时，欧洲国家也不断仿制中国的漆器。1730 年，法国人罗伯特·马丁（Robert Matin）独立仿制中国漆器，以蓝、红、绿和金色为底色，以中国妇女、中式栏杆、房舍和牡丹花为图案，深受法国人喜爱。路易十五的情妇蓬巴杜尔夫人宅邸的漆制家具全用此种有中国图案工艺特征的制品。耶稣会士汤执中十分注意研究中国漆器的工艺美术，于 1760 年撰写和发表题为《中国漆考》的论文，附有中国精美漆器图片多幅。英国商人为了满足英国人酷爱中国漆器的需要，先是到广州购买大块漆器运往英国，然后改制成各种规格的屏风出售。甚至有时将英国的木制家具运来广州，请广州漆工师傅上漆加工，然后运回英国出售。18 世纪的英国上层妇女以学绘工艺美术为时尚，绘漆竟成为女子学校的一门美工课程。也有不少专家研究中国漆器工艺。著名家具设计师汤姆·齐本达尔（Tom Chippendale）和海普尔·华特（Heppel White）设计和制造的橱、台、椅等家具，全部仿制中国式样，采用上等福建漆，绘刻龙、塔、佛像和花草图案，使英国 18 世纪的家具称为齐本尔时代。直到今天，人们还可看到英国家具保存着中国风格的痕迹。英国建筑师威廉·查布斯（William Chambers）到中国考察后，于 1757 年写成和出版了《中国建筑·家具·衣饰·器物图集》（Designs of Chinese Buildings, Furniture, Dresses, Machines and Utensils）一书，向欧洲国家系统地介绍中国的家具、衣饰工艺美术。

中国的壁纸（墙纸）亦于 16 世纪中叶由西班牙、荷兰的商人从广州购买后经澳门运往欧洲出售，这种每幅通高 12 尺，阔 4 尺的墙纸，上面绘有花鸟、山水和人物图案，甚受英国和法国顾客的欢迎。不久，欧洲国家也仿制中国墙纸，生产大批中英、中法混合式墙纸，并于 1688 年仿制成功。虽然如此，但英法所制墙纸仍逊色于中国墙纸。所以，直至 1766 年，英国仍从广州、厦门等地贩运大批中国墙纸供其本国需要。今天伦敦古斯银行客厅内还保留着当年英国特使马卡特尼觐见乾隆皇帝后带回去的花墙纸，上面绘有 302 个各不相同、栩栩如生的人物，表现了中国工艺美术的极高造诣。中国丝绸的工艺美术更为欧洲人（特别是妇女）所艳羡，尤其是刺绣工艺在罗柯柯风行时期，竟将著名的科布林花毡取而代之。在法国，直到 18 世纪，里昂生产的丝绸仍然保持着强烈的中国工艺美术风格，可见中国工艺美术对法国影响之深。

（九）中国绘画和建筑术经澳门西传欧洲国家

中国绘画艺术对西欧国家的影响远远超过工艺美术。明清时期中国的山水、人物画成为欧洲著名画家的摹本。例如法国最杰出的画家华托（Jean Antoine Watteau）的作品，常常仿照中国画的黯淡流云和淳朴山景构成画面中烟雾迷蒙的韵致，被人誉为深得中国作画六法之佳作。他所作《孤岛帆阴》一画，更是一派中国画风格。英国著名画家柯仁（John Robert Cozens）

的水彩画，亦深受中国画风之影响。他画的设色山水，与中国画毫无二致，常常用棕灰作为底色，再涂上红、蓝二色烘托。他作画时仿照中国画家好用毛刷蘸色和墨，以墨草图，使水彩画在欧洲初期发展时，就显出了特色。其学生特涅（Turner）等人的人物水彩画，亦继承他的笔法。另一位著名画家康斯保罗的作品亦受中国画之影响，其杰作《绿野长桥》洒脱而出，一如中国江南风光。直到 19 世纪，法国的印象派画家仍然受到中国画风的感染，常用中国的泼墨法作画。其中莫里斯（Malisse）尤以模仿中国瓷器工艺美术画见长而深受人们喜爱。

中国建筑艺术和风格对西欧国家的影响也是广泛而深远的。特别是中国庭园艺术匠心独运、迎合自然的风格，更使欧洲的布置呆板、单调的园囿建筑大为逊色，因而欧洲国家纷纷仿照中国建筑艺术和风格建筑房屋或园囿，蔚然成风。德国华肯巴特河旁边的费尔尼茨宫（Phillnitz），开了按照中国式屋顶建筑的先河，以后德国波茨坦和荷兰、法国、瑞士等国家也多竞相修筑中国式的钟楼、假山、石桥和亭榭。威廉·查布斯在他所著的《东方艺园》（*A Dissertation on Oriental Gardening*）一书中高度赞美说，"中国人设计园林的艺术确实无与伦比。欧洲人在艺术方面无法和东方灿烂的成就相提并论，只能像对太阳一样尽量吸收它的光辉而已"。1750 年，他为丘城（Kew）设计一座中国式庭园——丘园。园内有湖，湖中有亭，湖旁有耸高 163 尺的 14 层角形塔，角端悬以口含银铃的龙。塔旁建有孔子楼，图绘孔子事迹，一派中国建筑风格。1763 年，他把丘园的建筑撰写成专书《丘园设计图》（*Plans, Elevations, Sections and Perspective Views of the Gardens and Buildings at Kew in Surrey*）出版。另一建筑师哈夫佩尼（W. Halfpenny）也出版了《中国庙宇·穹门·庭园设施图》（*New Designs for Chinese Temples, Triumphal Arches, Garden Seats, Paling, etc.*）一书，系统地介绍了中国庭园建筑艺术，使中国庭园建筑在英国日趋完善，被誉为"中国式花园"。1773 年，德国派出园林设计家西克尔（F. L. Sekell）亲自到英国研究中国庭园建筑后，于同年出版了温塞（Ludwig A. Unzer）所著《中国庭园论》（*Über die Chinesischen Gärten*），以示德国对英国所兴的中国式庭园建筑应迎头赶上之意。此后，卡赛尔（Kassel）伯爵在威廉索痕（Wilhelmshöhe）建筑木兰村（Moulang），村旁小溪启用中国名字吴江（Hu-Kiang）。村中一切建筑风格和艺术均模仿中国，俨然江南苏州园林。中国庭园建筑艺术对德国的影响跃然可见。

（十）中国风俗经澳门西传欧洲国家

随着中国茶叶在广州经澳门出口贩运到欧洲国家后，中国饮茶风俗也西传欧洲国家了。

1610 年，荷兰人从澳门贩运茶叶回荷兰后，揭开了中国与欧洲茶叶贸易的序幕，并在荷兰兴起饮茶的风气。1636 年饮茶传至巴黎；1650 年在英国伦敦，饮茶已成为人们生活的习惯；1659 年，饮茶传至俄罗斯的莫斯科。1685 年，海牙有一位医生编写了一本《奇妙的草药——茶叶》出版，系统地向欧洲国家介绍中国饮茶的方法和功能。1700 年，英国桂冠诗人纳厄姆·泰特（Nahum Tate）发表了《饮茶颂》的文章，大力宣扬饮茶的好处。他在书中说道：人们有了烦恼，总是去找酒神，哪知道多喝了几杯，烦恼未去而神志不清了。饮茶则不同，饮茶可以忘忧，而头脑仍然清醒。女王安娜（Queen Anne）也爱饮茶。诗人蒲伯说，女王陛下常在肯辛顿公园闲坐饮茶。蒙塔果夫人（Lady Montagu）是女士中的有名人物，也宣扬因为饮茶，社交活动更加有生气了，年老的变得年轻，年轻的更年轻了。① 于是，饮茶风气在欧洲国家兴起来了，成为时尚。中国茶叶更大量地自澳门运往欧洲，满足英国等国家人民的需要。据统计，17 世纪，每年从澳门运往欧洲的茶叶为 2 万磅；1769～1772 年，增至 200 万磅；19 世纪初又增至 2000 万磅以上。② 总而言之，18 世纪以降，饮茶已成为英国等欧洲国家人们日常生活的习惯和风气了。上至王公贵人，下至车夫百姓，均以饮茶为乐为荣。

由于中国轿子也作为商品从广州经澳门贩运到欧洲国家，乘轿也成为欧洲国家人们的一种风气和习惯。在法国路易十四时代，贵族官吏出行均兴乘轿。轿顶围帔的质料和色泽，还按等级严格规定，以示身份的高低和官阶的级别。轿身均以漆绘，流行于中国的牡丹、芍药等花卉均有漆于轿身，以示华丽。乘轿者多为贵妇人。但与中国乘轿略有不同者，是抬轿夫不用肩荷，而用手举抬，法语之意是"抬椅"（Chaise a porter）。"抬椅"

---

① 〔英〕Mary Wortley Montagu（蒙塔果夫人），*Letters and Works*（《书信与著述》），1837。

② H. B. Morse, *The Chronicles of the East India Company Trading to China, 1635 - 1834*, Vol. I, p. 295.

习惯还搬上舞台，1659 年演出的莫里哀（Molière）的喜剧《风流妇女》就有抬椅的场面。"抬椅"在法国、德国、英国、奥地利等国家一直流行，直至 1861 年，德国仍有禁止仆役乘轿的法令，可见乘轿风气影响之深远。

16~19 世纪中叶，作为中国优秀文化西传和影响欧洲国家的结晶，一批传教士翻译、编译或编著的大量中国古典经籍和著作传至欧洲国家出版发行，影响更为深远。据不完全统计，这样的经籍和著作有 70~80 种之多。直至今日，这些著作仍不断地再版发行。①

三 西方国家的科学文化经澳门传入中国

西方传教士为了达到在中国传教的目的，他们遵循"到中国来传教……要传扬圣道，总得凭书籍才行"的原则②，带来大量西方国家的书籍。1620 年金尼阁来澳门时，将"有装潢（璜）图书 7000 余部③ 经澳门运入中国内地，至今仍有 500 多部保存在北京图书馆。这 7000 余部书中"有水法之书……有算法之书……有万国图志之书……有医理之书……有乐器之书……有格物穷理之书……有几何原本之书。以上诸书，所非吾国书传所有"④，而"传教士之得以在中国立足唯一所依恃的是数学"。⑤ 下面，我们即从数学开始，阐述西方国家科学文化在中国的传播与影响。

（一）数学

前节说过，《易经》的六十四卦对魁斯奈创立近代数学有所启示。但中国近代数学和历法则又受到西方国家近代数学的影响。而近代数学经澳门传入中国的首功应归于利玛窦。他最初辑著《乾坤体义》两卷；又于 1606 年口授，徐光启翻译欧几里得（Euclid）的《几何原本》六卷；1607 年，

---

① 至于具体书名，限于篇幅，不一一列举，见笔者的《澳门是 16~19 世纪中西文化交流的桥梁》一书。
② 〔法〕裴化行（Bernard R. P. Henri）著《利玛窦司铎与当代中国社会》，王昌社译，第 2 册，第 216 页。
③ 杨廷筠：《代疑篇》，载杨振锷《杨淇园先生年谱》，重庆商务印书馆，1944。
④ 《徐文定公集》卷 60。
⑤ 〔德〕魏特（Alfons Vate）著《汤若望传》，杨丙辰译，第 2 册，台湾商务印书馆，1949，第 422 页。

与徐光启合译《测量法义》；1613 年口授，李之藻翻译《同文算指》以及他与徐光启合著《测量异同》等书，"在中国数学发展史上是为西方数学传入中国之始"。① 其内容包括笔算算法、几何学、平面几何、球面三角学、对数，等等。例如，《几何原理》六卷，"卷一论三角形，卷二论线，卷三论圆，卷四论圆内外形，卷五、卷六俱论比例"②；《测量法义》一书，介绍了勾股测量知识；《同文算指》论述比例、级数、开方等。《同文算指》还介绍了笔算的加、减、乘、除运算方法和验算方法。这是中国古代数学所缺乏的。

继利氏之后，会士艾儒略（Giulio Aleni）于 1631 年口授，瞿式谷笔录《几何要法》；邓玉函（Johann Terrenz）著译《大测》、《割圜八线表》；罗雅谷（Jacobus Rho）于 1744 年译《测量全义》、《筹算》；穆尼阁（Nicolaus Smogoleski）著《比例对数》、《天步真原》；杜德美（Pierre Jartoux）著《周径密率》、《求正弦正矢捷法》。这些书在中国的出版，对中国近代数学的发展起了推动作用。

从此之后，中国学者开始注意努力研究西方近代数学，并把它与中国传统的数学结合起来，推进中国数学近代化，出现了一批贯通中西的数学家和数学著作。据不完全统计，清代前期，从事西方数学研究的学者达 112 人③，撰写了不少中西结合的数学专著。例如，梅文鼎著有《筹算》三卷、《平三角举要》五卷、《弧三角举要》五卷、《方程论》六卷、《勾股举隅》一卷、《几何通解》一卷、《几何补编》四卷；王锡阐著《晓庵新法》六卷；李子金著《几何简易集》四卷；杜知耕著《几何论约》七卷；年希尧著《对数应运》一卷、《对数表》一卷、《三角法摘要》一卷；毛宗旦著《勾股蠡测》一卷；陈讦著《勾股述》二卷、《勾股引蒙》十卷；王元君著《勾股衍》；程禄著《西洋算法大全》四卷；戴震著《算经十书》、《策算》、《勾股割圜记》三卷；焦循著《加减乘除释》八卷、《开方开解》一卷、《释弧》二卷、《释椭》一卷；等等。这些著作宣告中国古代"本土数学"时期

---

① 钱宝琮：《中国数学史》，第 230 页。
② 《四库全书总目提要》卷 106《子部十六·天文算法类二》。
③ 诸可宝：《畴人传三编》。

即将结束①，为中国近代数学的发展奠定了良好的基础。

（二）天文学和历学

中国天文学和历学历史悠久，早就有"浑天仪"和历书。但中国历书需要年年制定，不够科学。利玛窦来澳门、肇庆、韶关、南昌、北京等地传教时，就带来有关天文、历法的仪器和书籍。如在肇庆时，他制作浑天仪、地球仪、考时晷、报时器，又翻译刻印世界地图，并让广东人民到肇庆参观。在韶关时，他又收瞿太素为学生，指导瞿仿西方天文仪器制作"天球仪（globes）、星盘（Astrolabes）、象限仪（Quadrants）、罗盘（Magnetic boxes）、日晷等其他仪器"。② 以后，利玛窦在南昌、南京、北京传教，又不断撰写天文学的教材，传播和宣扬地圆说、九重天论、四元行论、日大于地、月小于地和历法改革等理论。利玛窦于 1605 年著《乾坤体义》一书，上卷《天地浑仪说》详细地论述"日月地影三者定薄蚀，以七曜地体为比例倍数，日月星出入有映蒙，则皆前人所未发"。③ 继利氏之后，会士熊三拔（Sebatino de Ursis）于 1613 年口授，徐光启笔录《简平仪说》，周子愚、卓尔康笔录《表度说》，从理论上论证"地圆地小之说"。④ 阳玛诺（Manuel Dias）于 1615 年著《天问略》一书，进一步论证地圆之说。会士汤若望更是以介绍西方天文学和历学著称于世，他先后著《古今交食考》、《西洋测日历》、《星图》、《八线表》、《赤道南北两动星图》等 16 种天文著作，系统地向中国传播西方天文学的知识。南怀仁（Ferdinand Verbiest）制造了黄道经纬仪、赤道经纬仪、地平经仪、天体仪等 9 种天文仪器，改造、更新了北京观象台的仪器，并著《灵台仪象志》16 卷，详细地介绍西方近代天文仪器的制作方法、用法和安装方法，编订《康熙永年历法》32 卷，推算出康熙以后 2000 年的天文数据，为观测天文提供了重要的参考资料。据不完全统计，200 年间耶稣会士所著天文学著作 50 多种，制作天文、历法仪器 34 件，说明西方天文学在中国传播影响之深广。

---

① 〔英〕李约瑟（Joseph Terence Montgomery Needham）：《中国科学技术史》（中译本）第 3 卷，第 114～115 页。
② 《16 世纪的中国——利玛窦 1553 年至 1610 年日记》，第 231～232 页。
③ 《四库全书总目提要》卷 106《子部十六·天文算法类二》。
④ 《四库全书总目提要》卷 115《奇器图书提要》。

在西方近代天文学和历学的启示下，万历年间出现了修改《大统历》的动议和实践。本来元朝郭守敬撰有《授时历》一书，定一年为365.2425日，与地球绕太阳公转一周的实际数仅差26秒，是14世纪初最先进的历法了，但到了明成化年间，宪宗实行《大统历》，却差误过大，影响农时。于是南京太仆寺少卿李之藻于1613年向神宗上《请译西洋历法等书疏》：

> 伏见大西洋国归化陪臣庞迪我、龙华民、熊三拔、阳玛诺等诸人……洞悉历算之学，携来彼国书籍极多……有仪象之书，能极论天地之体，与其变化之理。有日轨之书，能立表于地，刻定二十四气之影线，能立表于墙面，随其三百六十向，皆能兼定气节，种种制造不同，皆与天合。①

同时，人们纷纷要求明政府吸收西洋历法修改《大统历》。1629年，崇祯皇帝批准修改《大统历》，任命礼部尚书徐光启为监督，李之藻为副（后因徐病改由李天经督修），组织李之藻、邓玉函、龙华民、汤若望、罗雅谷等中西人士，在北京宣武门内的"首善书院"成立"西局"，修改历书。1635年历书修改完成，定名为《崇祯历书》，又名《西洋新法历书》，清朝时易名为《新法算书》。此书集西方天文、历学之大成，采用欧洲近代科学方法编成，是一部天文学的百科全书，具有相当高的科学性和实用价值，"其中有解、有术、有图、有考、有表、有论，皆钩深索隐，密合天行，足以尽欧罗巴历法之蕴"。②

清朝康熙皇帝更重视历法。他觉察旧历法不准确的弊病，便毅然决然采用西洋历法，并征召有西洋历法专长的耶稣会士恩里格（Christian Herdtrich）、闵明我、徐日升（Tomás Pereira）入京恭奉内廷，日夜轮流讲解西洋天文学和历法。同时，康熙皇帝先后任用了汤若望、南怀仁、戴进贤（Ignatius Koegler）等15位会士为钦天监监正和监副。在皇帝重视西洋历法的情况下，知识界掀起一股研究西洋历法的热潮，涌现了一批中国的天文、历法学家和著作。例如，李之藻著的《浑盖通宪图说》，是中国第一部介绍

---

① 方豪：《中国天主教史人物传》上册，第118页。
② 《四库全书总目提要》卷115《奇器图书提要》。

西洋近代天文学的著作。到了清朝康、乾时代，融贯中西天文、历法而著书立说的学者和著作更是层出不穷。例如薛凤祚译穆尼阁著的《天学会通》、游艺著《天经或问》、揭暄著《写天新语》、江永著《翼梅》、王锡阐著《晓庵新法》和《历说》等，对近代中国天文学和历法作出了重要贡献。

（三）地理学和地图学

利玛窦在澳门及肇庆传教时，曾带来一幅《万国舆图》挂在卧室。肇庆知府王泮见之，喜其绘制之新鲜精巧，请利氏译为中文。利氏则据西文地图重新绘制，附中文注释，名曰《山海舆地图》。此是西方地理学、地图学传入中国之始。1602 年，利氏在北京为奉迎神宗之请，测量北京、南京、杭州、西安等地的经纬度后，特别绘制一幅符合神宗心意的《坤舆万国全图》，把中国画在地图的中央，此为中国有世界地图之始。全图把欧洲经纬度绘画法、有关世界五大洲和五带的科学知识介绍给中国。1605 年，利氏又著《乾坤体仪》，除了继续从理论上阐述地圆、五洲、五带等地理学说外，还特别叙说四季和昼夜形成的原因。利氏在制图时所测定的经纬度与今天的数据相差无几，地球半径为 6689 公里，近似于今天的 6378 公里。其绘制的五大洲的国家译名、五大洲名称，以及其以南北极和南北回归线划分的五带气候等地理学理论至今不变，相袭沿用。其他耶稣会士的作品，如庞迪我（Diego de Pantoja）为神宗绘制的《海外舆图全说》；1623 年艾儒略（Giulio Aleni）撰著的《职方外纪》六卷；1674 年南怀仁（Ferdinand Verbiest）著的《坤舆全图》、1672 年著的《坤舆图说》；蒋友仁（Michel Benoist）著的《增补坤舆全图》等，详细地叙述了各国的地理、物产、气候、风土、民情和阐述地质地理。据统计，在这 200 年间，耶稣会士著、画地理和地图书籍共 43 种，其中包括全中国地图一册，和蒙古、直隶、黑龙江、山东、山西、陕西、甘肃、河南、江南、河北、福建、浙江、江西、两广、四川、云南、贵州、两湖等分省地图 17 册。这可以说是中国近代地图学的创始。

在西方地理、地图学的影响下，康熙皇帝于 1708 年传谕会士白晋（Joachim Bouvet）、雷孝思（Jean-Baptiste Régis）、杜德美（Pierre Jartoux）和费隐（Xavier Ehrenbert Fridelli）等人，和中国学者何国栋、明安图等组成测绘队，走遍全国各省，费时 10 年（1708～1718 年），使用最先进的经纬图法、三角测量法、梯形投影法绘制成比例为 1：1400000 的《皇舆全图》，亦名《皇舆全览图》。这是当时世界上工程最大、最精密的地图。它不仅是"亚洲当时所有地图中最好的一幅，而且比当时的所有欧洲地图都更好、更精确"。① 该图于 1718 年由会士马国贤（Matteo Ripa）在欧洲制成铜版图 41 幅印行，现沈阳故宫博物院有藏本，名为《清内府一统舆地秘图》，可供阅览、研究、参考。1760 年，乾隆帝又命会士傅作霖（Felix da Rocha）、高慎思（Joseph d'Espinha）、蒋友仁等绘制《乾隆皇舆全图》（亦名《乾隆中国地图集》），比例为 1：1500000，共 104 幅，制作比上述《皇舆全图》更精密。同时，这显示了中国地图的绘制术走在世界前列的地位。所以时人剑华堂为此拍案叫绝："呜呼！今日之天下，与古之天下异矣……西人东来，地球图书，夫然后五洲之土地，数十国之名号，焕然而分（纷）呈。"② 这说明当时西方地理学、地图学传入中国的成就，确实使中国人周知世界大势，拓展世界眼光。

（四）西医学和西药学

西医学和西药学传入中国是以耶稣会士在澳门办西医院为张本的。1569 年，卡内罗在澳门集资"开设一座医院，不分教内教外之人，一律收容"。③ 这是中国第一所西医院，也就是张汝霖所说的"医人庙"④，即拉法医院（Santa Casa da Misericórdia），又名白马行医院。该医院分内外二科，看内科者除诊脉外，还以玻璃瓶盛溺水验其色，以识其病根。所用药品皆为露汁，此为西药蒸馏制造技术传入中国之始。徐光启对西药十分赞赏，他说："西国用药法……所服者皆药之精英，能透入脏腑肌骨间也。"⑤ 看外科者"有安哆呢，以外科擅名久"，所用"药露有苏合油、丁香油、檀香油、桂花油，皆以瓶计；永片油以瓢计。"⑥ 1755 年，方济各会士也在澳门办了医院。⑦ 1820 年，

① 〔英〕李约瑟（Joseph Terence Montgomery Needham）：《中国科学技术史》（中译本），第 5 卷，第 235 页。
② 《皇朝经世文三编》卷 49。
③ Lettre de 1575 dans Lettere，p. 215.
④ 印光任、张汝霖：《澳门记略》下卷《澳番篇》。
⑤ 转引自方豪《中国天主教史论丛》（甲集），第 118 页。
⑥ 印光任、张汝霖：《澳门记略》下卷《澳番篇》。
⑦ 《文献丛编》第 31 页，见《天主教流传中国史料》。

英国东印度公司的一名医生立温斯顿（John Livingstone）在澳门办了一间西医院；另一名医生郭雷枢（Thomas Richardson colledge）在澳门办起了眼科医院，免费为眼疾者治疗，据说五六年间有 6000 名眼疾者得到治疗。

与此同时，英国医生詹纳从中国人痘接种医术中得到启发，试验牛痘接种成功后，于 1781～1880 年撰文向中国介绍。其法是将牛痘之浆注入人体，使之产生防天花疫力而防止天花。1803 年，英国孟买总督赠给澳门东印度公司一批痘苗，首次在澳门试种牛痘，但未成功。1805 年（嘉庆十年）英国外科医生皮尔逊（Alexander Pearson）利用从马尼拉运来的另一批痘苗，再次在澳门种牛痘，取得成功，并撰文加以宣传。时适广州十三行商邓崇谦来澳门，将皮文译编成《牛痘奇书》出版。1805 年（嘉庆十年），皮氏到广州行医，得十三行巨富伍秉鉴、潘有度、卢观恒的资助，在洋行会馆设牛痘局施种牛痘，八日一次，计 30 年间种牛痘者达 100 万人。邱熹也奔走于澳门与广州之间，专种牛痘。从此，种牛痘甚多，正如《引痘略》一书所说："凡间途接踵而至者，累百盈千。"① 由于种牛痘效果显著，很快得以在全国传播开来。1828 年（道光八年）番禺人潘仕成到北京，设痘局于南海会馆，由广东人余心谷主办，北京的医生争相来学习种牛痘技术。从此之后，种牛痘防天花之医术遂传播中国各地，深得民众的欢迎和赞扬。有南海人伍秉镛的诗为证：

> 人事补天天无功，天心牖人人乐从。
> 牛痘自种始夷城，传来粤海今成风。
> 等此批却道大窍，化尽险厄调鸣蒙。
> 爹娘未省吃惶恐，保尔赤子硕且丰。
> 邱君挑剔最纯熟，两臂按穴霏轻红。
> ……
> 曲突徙薪计最早，汝独不有群儿童。②

与此同时，西医生和西药学的理论亦传入中国。其首功者亦推利玛窦。

---

① 《陈修园医书》（五十种）第 1 页，邱熹《引痘略》自序。
② 伍秉镛：《渊云墨妙山房诗钞》下卷。

他于 1594 年（万历二十二年）撰《西国记法》一卷，其中《原本篇》"记含之室在脑囊，盖颅囟后枕骨下"，是为神经学传入中国之始。其次是邓玉函于 1620 年抵澳门行医时已作临床病理解剖。次年，他以西欧解剖学始祖韦尔撒鲁斯（Andreas Versalius）的解剖理论为据，著《人身概说》两卷，上卷介绍人体的骨、肉、筋、皮、筋络、脉、血、神经等 50 个部位；下卷介绍总觉司、口、耳、目、鼻、舌、四体觉司、行动、言语等 8 个部位，所论生理器官、形态、部位十分详尽。此为人体解剖学传入中国之始。之后，罗雅谷、龙华民合译著《人身图说》一书，系统地介绍了人体内的脏腑、脉络、溺液、妇女子宫、胚胎、脐络等 28 篇和五脏躯壳 21 幅，成为上书的姐妹篇，使中国的人体解剖学知识日臻完善。到了康熙年间，西医学在中国进入实用阶段。1693 年，玄烨先后患疟疾、唇瘤、心悸等疾病，耶稣会士洪若翰（Jean de Fontaney）等用金鸡纳霜治愈其疟疾，又用西药医好其唇瘤和心悸等病。从此，康熙皇帝更加强了对西医、西药的信心，于是征召有西医专长的耶稣会士入宫充当御医，史称：

> 康熙沉入"深痛中，心脏弱，跳得很快，卧病几死"。罗德先进药痊愈，遂荣任内廷御医。[1]

在西医生和西药学的传播影响下，中国出现了一批有成就的西医生和西医学家，以及中西结合的医生。例如王宏翰研究并吸取艾儒略的《性学粗述》、高一志的《空际格致》和汤若望的《主制群征》等西医学理论的精华，于 1788 年写成《医学原始》一书，是为中国最早的西医生和西医学著作；王清任接受了邓玉函的《人身概说》和罗雅谷、龙华民的《人身图说》的人体解剖学的理论，于 1830 年著成《医林改错》两卷，论述了利用尸体解剖来验证病人生理和实施医疗措施，开创了中西医结合的医疗理论和医疗技术，使中医更加科学化。

---

[1] 阎宗临：《从西方典籍所见康熙与耶稣会之关系》，载《扫荡报·文史地周刊》（桂林），第 4 期，1941 年 3 月 19 日。

（五）物理学与工程物理学

西方物理学和工程物理学也是 16～19 世纪中叶由传教士经澳门传入中国的，内容包括物理、机械、测绘、水利工程等。1627 年，会士邓玉函到澳门后，由他口授，王征译绘《远西奇器图说》三卷，介绍重心、比重、杠杆、滑车、螺旋、斜面等近代物理学的基本原理和起重、引重、转重等力学的应用方法。这是传入中国的第一部西方近代工程物理学著作，"其制器之巧，实为甲于古今……书中所载，皆裨益民生"。① 汤若望于 1620 年携带新式望远镜来澳门，1626 年用中文著《远镜说》一书，详细介绍望远镜的性能、原理和制作工艺，是为西方近代光学传入中国之始。1634 年邓玉函将望远镜送给崇祯皇帝，中国学术界为之震动。清初，望远镜在澳门已甚流行，屈大均记述："有千里镜，见三十里外塔尖，铃索宛然，字画横斜，一一不爽。"② 在工程物理学的水利学方面，熊三拔于 1612 年著《泰西水法》六卷，集欧洲近代水利工程学的精粹，第一次向中国介绍西方水利科学的"取水蓄水之法"。③ 徐光启研究了熊氏本书，结合中国原有水利工程的知识，撰著《农政全书》60 卷，其中卷 12 至卷 20 的水利部分皆依据《泰西水法》，更系统更实际地介绍了西方有关修筑水库的技术方法，创立了中国的水利学。

（六）建筑学与建筑术

西欧近代建筑学和建筑术之传入中国是由耶稣会士在澳门建筑教堂开始的。据统计，自 1562 年至 1758 年，耶稣会士在澳门建有圣保禄堂、圣母望德堂、圣老楞佐堂等十大教堂。这些教堂多是"楼三层，依山高下，方者、圆者、三角者、六角、八角者、肖诸花果状者，其覆俱为螺旋形"④ 的西方近代建筑模式。其中最有代表性者是圣保禄堂（大三巴）。整个教堂宏伟巍峨，富丽堂皇，气概非凡。前壁有 16 根石柱并列鼎上，高峰四层，金字屋顶，中心为大圆顶。圣保禄堂集中了中式与长堂式结合的建筑，既有

---

① 《四库全书总目提要》卷 115《奇器图书提要》。
② 屈大均：《广东新语》卷 9《地语·澳门》。
③ 《四库全书总目提要》卷 115《奇器图书提要》。
④ 印光任、张汝霖：《澳门记略》下卷《澳番篇》。

古典建筑的艺术传统，又有新兴的巴洛克式的建筑风格。教堂虽然于1835年被雷击起火付之一炬，但前壁石牌坊一直巍然屹立，至今已成为澳门的象征，供游人参观凭吊。清朝广东十三行商馆多仿此而建。而欧洲建筑术传至内地，则以圆明园中的长春园最为典型。他们把意大利和法国巴洛克建筑艺术浑然一体，如郎世宁设计的"西洋楼"，有西欧建筑物12处，即大水法、谐奇趣、蓄水楼、花园门、养雀笼、方外观、海晏堂、远瀛观、观水法、行亭、线法山、湖东线法画，各具特色，至为壮观。在这一典型的中国园林中，人们能看到凡尔赛和德·圣克劳式的大喷池和巴洛克宫苑。这是世界造园史上堪称划时代的建筑物。所以，王致诚在1743年给沙达的信中，称赞圆明园是"万园之园"。乾隆皇帝为此景题诗序中亦称"用泰西水法引入室中以转飞扇。冷冷瑟，非丝非竹，天籁遥闻，林光逾生净绿"。[①]1933年，滕固著《圆明园欧式宫殿残迹》一书，是系统地介绍圆明园欧式建筑风格和艺术的专著，备受建筑学界的重视和推崇。

（七）语言学和音韵学

中国文字是表意文字，一字一音，不采用字母拼音制。耶稣会士为解决传教中汉语不易掌握的困难，利玛窦和罗明坚于1584年编写了一本《葡华字典》，运用罗马字母拼音方法，在每个汉字旁边，注上罗马拼音，见其字即能读其音。这是以西文拼中文汉字之始。利、罗两氏所注罗马拼音，共有26声母，43韵母，4"次音"，5字调符号。每个中文字，注有声、韵两字母，标明清平、浊平、上、去、入5声符号[②]，以便西人学习、掌握便利。1605年，利玛窦在北京著《西字奇迹》一书，是以拉丁字母拼汉字之始。金尼阁于1625年著《西儒耳目资》三卷，是更系统地用罗马字注音汉字的中文字典。全书三编，第一编是"译引首谱"，第二编是"列音韵谱"，第三编是"列边正谱"。其编排是按形、声、义为序："首册言文字学及译者之大意；次册是依字之音韵排列华字；末册是从字之边画排列华文，而以西字拼其音。"[③]本书不仅便于欧洲人学习中国语言文字，而且对中国汉

---

① 向达：《中西交通史》，上海中华书局，1934，第95页。

② 罗常培：《耶稣会士在音韵学上的贡献》，载《中央研究院历史语言研究所集刊》第一分卷，第3分册，1930。

③ 徐宗泽：《明清间耶稣会士译著提要》，第321页。

字拼音也发生了直接和深远的影响。方以智所著《通雅》一书中的《切韵声原》一章所附的音韵图表，四次直接引用《西儒耳目资》。民国初年，黎锦熙、钱玄同、赵元任、林语堂等语言学家，倡导以罗马字母拼音方法来注音汉字，与此书的罗马字注音汉字不无关系。

（八）哲学和伦理学

1605 年 5 月，南京教案发生，耶稣会士高一志被逮捕押回澳门居住两年，高氏在澳门静心著《斐录（哲学）汇答》（二卷）和《空际格致》两书，宣传火、气、水、土宇宙四大元素的哲理，是为西方希腊哲学传入中国之始。艾儒略于 1673 年著《性学粗述》一书，论及灵魂、知学、心梦、哲学、心理学等哲学原理。特别是傅汎际于 1628 年、1631 年与李之藻译著《寰有铨》六卷、《名理探》十卷，前书介绍古希腊亚里士多德的宇宙观；后者介绍伦理观。这是西洋哲学传入中国最系统的哲学著作。

（九）美术

利玛窦初抵澳门时，带来一幅天主像和两幅天主圣母像，并于 1600 年作为礼品呈送明神宗。此为西洋美术传入中国之始。时人顾起元将这些宗教画与中国画进行对比研究，认为西洋画是用一种透视方法作画，具有与中国画不同的优点和特点。他向利玛窦请教，利氏回答说：

> 中国但画阳不画阴，故看之人面躯正平，无凹凸相；吾国画兼阴阳写之，故面有高下，而手臂皆轮圆耳。凡人之面正迎阳，则皆明而白；若侧立则向明一边者白，其不明一边者，眼、耳、鼻、口凹处，皆有暗相。吾国之写像者解此法用之，故能使画像与生人亡异也。[①]

这就是西洋画立体感强，人物栩栩如生的奥妙。入清以后，耶稣会士利类思、南怀仁、郎世宁等更纷纷作画，使西洋画在中国风靡一时。郎世宁还口授，由数学家年希尧撰写了《视学》一书，向中国系统地介绍西洋

---

① 顾起元：《客座赘语》卷 6。

画透视法的知识和技术①，使中国美术别开生面。例如，明末福建人曾琼采用西洋透视作画，重墨骨而后附彩加晕染，使得写照传神，独步艺术，形成江南画派的写实手法。至康熙年间，钦天监官正济宁人焦秉贞和冷枚、唐岱等人亦效西洋透视法作画，出现了一派中西结合的画派风格。以后民间美术受西洋美术影响者亦屡见不鲜。例如，1747年刊本《西厢记》所附版画，即题名"仿泰西笔意"；《红楼梦》第29回，说到冯紫英向贾府求售的《汉宫春晓》屏风画，也是吸收了西洋透视法而画出的中国画，别具一格。

（十）音乐

西洋音乐传入中国，是随耶稣会士传入澳门始。王临亨记述：

> 澳中夷人……制一木柜，中置笙，簧数百管，或琴弦数百条，设一机以运之。一人扇其窍，则数百簧皆名；一人拨其机，则数百弦皆鼓，且疾徐中律，铿然可听。②

当时澳门的教堂中还流行一种演奏风乐的风琴。史称：

> 三巴寺楼有风琴，藏革椟中，排牙管百余，联以丝绳，外按以囊，嘘吸微风入之，有声呜呜自椟出，八音并宣，以和经呗，甚可听。③

这是西洋的大型乐器。另外，利玛窦初到澳门时，带有西琴一张，其结构"纵三尺，横五尺，藏椟中，弦七十二，以金银或炼铁为之弦，各有柱，端通于外，鼓其端而自应"。④ 后利玛窦到北京即作为礼品送给神宗，还特意编写了《西琴曲意》供以弹之。神宗对西琴甚感兴趣，特派乐师四人学习弹琴。

利氏还送给神宗一种"其制异于中国，用钢铁丝为弦，不用指弹，只

---

① 印光任、张汝霖：《澳门记略》下卷《澳番篇》。
② 向达：《瀛涯锁志——记牛津所藏的中文书》，载《国立北平图书馆馆刊》第10卷第5号，1936。
③ 王临亨：《粤剑篇》卷3《外夷志》。
④ 《续文献通考》卷120。

以小板案，其声更清越"① 的铁弦琴。除利氏外，当时的会士如徐日升、德理格等亦精通西洋音乐。康熙初年，南怀仁向玄烨推荐徐日升，玄烨即于1674 年派人到澳门请徐氏到京入内廷供职，曾以能仿奏中国乐曲而获赐锦绸。玄烨喜欢西洋音乐，于是又迎请德理格入宫教授皇子学习西洋乐理。史载：

> （康熙五十三年，即 1714 年）六月二十二日首领张起麟传旨：西洋人德理格教的徒弟，不是为他们光学弹琴，为的是要教律吕根源。若是要会弹琴的人，朕什么样会弹的人没有呢？如今这几个孩子，连乌、勒、明、法、朔、拉六七个字的音都不清楚，教的是什么？你们可以明明白白说与德理格，着他用心好生教，必然教他们懂得音律要紧的根源。②

于是，德理格在宫廷供职五年，专向皇子教授西洋乐理。今天的音乐所通用的"1、2、3、4、5、6、7"七音符，即沿西洋音乐传入的六音而来。德理格为教授皇子乐理，于 1713 年与徐日升合著《律吕正义》三编，上编为"正律审音"；下编是"和声定乐"；续编是"协韵度曲"。其中续编卷一，专论西洋音乐的乐理，特别是着重介绍西洋音乐五线谱的编制和唱法。此为五线谱传入中国之始。因为喜爱西洋音乐，康熙皇帝于 1699 年在宫廷建立了一个小型的西乐团，由徐日升任首席乐师。

此时，西洋音乐的管弦乐器和管弦乐也传入内地了，而且在各地教堂流行一时。赵翼曾详细地记述北京天主教堂盛行管弦乐的情形，说：

> 有楼为作乐之所，一虬须者坐而鼓琴，则笙、箫、磬、笛、钟、鼓、铙、镯之声，无一不备。③

为了进一步发展管弦乐，有些耶稣会士用西洋乐理作中国曲子进行演奏，可谓中西结合。例如，魏继晋、鲁仲贤曾谱写成 16 首中西音乐相结合

---

① 冯时可：《蓬窗续录》，转引自方豪《中西交通史》第 5 册，第 3 页。
② 《康熙与德理格》，载《扫荡报·文史地周刊》（桂林），1941 年 4 月 23 日。
③ 赵翼：《檐曝杂记》。

的乐曲和歌词，为宫廷演出。1760 年，意大利会士曾组织一个乐队，在清廷中演奏当时风行罗马和全欧洲的普契尼编的歌剧《赛乞娜》（Cecchina）。

以上是 16～19 世纪中叶西方国家的科学文化经澳门传入中国的具体情形。而其高层次的表现形式，则反映在传教士所撰写的各种著作中。据不完全统计，此一期间，传教士在中国撰写、翻译出版的各种科学文化著作共达 187 部之多，其中明代出版 102 部，清代出版 85 部。

综上所述，足可见 16～19 世纪中西文化的广阔与规模，而澳门在这个过程中所起的桥梁作用显然是十分重要和具有深远意义的。

（原载朱维究主编《比较法研究》，北京，中国政法大学比较法研究所，1999 年第 1 期）

明清时代澳门诗所反映的中西文化交流

章文钦[*]

一　引言

在浩如烟海的中国古代文献中，保留着大量中国与外国关系的史料，诗歌作为中国古代文化的一个重要组成部分同样如此。

中国与西方直接发生关系，始于葡萄牙人东来之后。嘉靖三十二年至三十六年（1553～1557）澳门成为在华葡萄牙人的居留地以后，自然而然地成为明清时代中西交往和文化交流的一个极其重要的窗口。

自1989年以来，作者在澳门文化学会（文化司署）的支持下，从事澳门旧体诗词的研究，将明清时代居住在澳门或来过这里的中国诗人吟咏澳门的诗篇，作为澳门历史文化的一个侧面来研究，于1992年写成《澳门诗词笺注：明清卷》。本文拟将明清时代澳门诗中反映中西文化交流的部分作为基本资料，结合其他文献，作一个简要的论述。

二　中西语言文化的交流

语言是人类最重要的交际工具，也是不同民族的文化之间进行交流的先决条件。中国诗人初到澳门时，往往对西方语言感到十分隔膜。17世纪中叶来到澳门的广东海阳（今潮州市）人陈衍虞，有"估客尽鸟言"的说法。^①康熙三十一年（1692）初到澳门的岭南诗僧释迹删亦有同类的描述："行

---

* 　中山大学历史系教授，中山大学历史学博士。

① 　陈衍虞：《莲山诗集》卷2，道光十九年补刊本，第10页。

逐鲛人趁番市，渐闻鴃舌杂华言。"① 鴃舌即鴃鸟之音，为"鸟言"的另一种说法。封建时代的士大夫囿于偏见，大多鄙薄外国语言，以其不齿于人类，称为鴃鸟之音。

这种偏见，固然成为中西语言文化交流的严重障碍，中西语言之间的隔膜，又使有志于学习者感到十分困难。康熙十九年至二十二年（1680~1683）在澳门三巴静院学道的中国名画家、诗人吴渔山，这样描述他学习拉丁文的艰苦情形："门（灯）前乡语各西东，未解还教（将）笔可通。我写蝇头君乌（写）爪，横看直视更难穷。"② 渔山在晚上静院课读之后，仍在灯前与西洋修士交谈以学习拉丁文。他与西洋修士用中西语言对话，语不达意时再加上笔谈。但写来写去，还是从左到右横排的西文对自上而下竖排的中文，横看与直视，更难穷究。然而，吴渔山终以惊人的毅力克服这种困难，完成学业，成为一名具有坚定宗教信仰和较高天学造诣的中国耶稣会士，晚年还通晓了拉丁文。

乾隆五十二年（1788），广东香山的青年诗人李遐龄游澳门，纳凉散步时碰到一个可爱的西洋小童，跑过来和他亲近交谈，可是他"独惭非郝隆，侏离昧一切。蛮语况不习，欲鹰舌箝闭。旁有航海客，为我述备细"③。"蛮语"本为中原士大夫对南方边远的少数民族语言的贬称。相传东晋郝隆为桓温的南蛮参军，曾以蛮语入诗。这里则为中国士大夫鄙薄西方语言的又一种说法。诗人自愧没有郝隆的才具，一点也不懂侏离难辨的西洋语，感到十分困窘。幸有一个以航海为业的中国人，懂得西洋语，为之居间传译，才使这场交谈继续下去。事后诗人写下《蕃雏》一诗，诗中虽然不无时代偏见，却留下了一个俊秀活泼、聪明好学、谦恭懂礼的西洋小童的可爱形象，也留下了中葡百姓友好往来的一段佳话。

李遐龄笔下的"蕃雏"，大约随父辈至澳门居住未久，不谙华语。康熙三十六年（1697）再度至澳门的释迹删，其《寓普济禅院寄东林诸子》诗

---

① 释迹删：《咸陟堂诗集》卷13，道光二十五年重刊本，第4页。
② 方豪：《吴渔山先生〈三巴集〉校释》，载周康燮主编《吴渔山（历）研究论集》，香港崇文书店，1971，第114页。圆括号内为渔山手写《墨井道人诗稿》原文，方豪教授用以与宣统元年李问渔刊《墨井集》互校。
③ 李遐龄：《勺园诗钞》卷1，嘉庆十九年刊，第7页。

有"番童久住谙华语"之句。① 道光七年（1827）至澳门的香山诗人蔡显原，其《听西洋夷女操洋琴》序称："译者导游夷人居。登其楼，夷妇款客。童男女五六人，貌秀美，能华语。"② 说明清代澳门已存在着一批土生土长或寄居稍久而谙熟华语的蕃童。在童年学习外国语言，显然比成年人要容易得多。

李遐龄笔下的"航海客"，因长期的航海生活而熟悉西洋语言；然而仅是偶尔为中国人与西洋人的交往居间传译。明清时代的澳门，还存在着一种经官方许可，在中西贸易中以传译言语，居间贸易为职业的人物，称为通事或通译。万历十九年（1591），明代大戏剧家、诗人汤显祖澳门之行留下的诗篇中，有《听香山译者》二首。③ 这里的"香山译者"和前引蔡显原诗的"译者"，都是这类人物。这类人物及其使用的混合语"广东葡语"，仍然有进一步研究的价值。

三 音乐美术的交流

西方音乐文化通过澳门和在北京宫廷供职的西洋教士传入中国，是明清时代中西文化交流的一个重要内容。方豪教授在《中西交通史》第五册中，汇集中西文献对此进行了探讨。④ 近年北京大学阴法鲁教授且撰有专文。⑤ 清代澳门诗的资料，可补中西文献在这方面的不足。

康熙二十一年（1682）前后初到澳门的两广总督吴兴祚，有《三巴堂》诗云："坐久忘归去，闻琴思伯牙。"⑥ 钟子期与俞伯牙因琴声而结知音的故事，早已为中国人所熟悉。而这令诗人流连忘返的琴声，即来自三巴堂内为配合诵经、讲道和唱诗而设的西洋风琴。康熙五十七年（1718）新会诗人梁迪的长诗《西洋风琴》，说这架风琴，"奏之三巴层楼上，百里内外咸

① 释迹删：《咸陟堂诗集》卷14，第7页。
② 蔡显原：《铭心书屋诗钞》卷2，同治二年刊，第15页。
③ 徐朔方笺校《汤显祖诗文集》上册，上海古籍出版社，1982，《玉茗堂诗集》卷6，第428页。
④ 方豪：《中西交通史》第五册，台北华冈出版有限公司，1977，第1～22页。
⑤ 阴法鲁：《澳门与中外音乐文化的交流》，中国历史文献研究会编《历史文献研究》新五辑，北京师范大学出版社，1994，第58～62页。
⑥ 吴兴祚：《留村诗钞》，康熙间刊本，第37页。

闻声。"其友人副将郎亦傅巡边至澳，欣赏西洋教士的演奏，归来仿制一架，音色更佳，拟献诸朝廷。诗人认为风琴可以列为雅乐，以登中国的大雅之堂。① 这种举动和见识，值得在中西文化交流史上书下一笔。

康熙间至澳门的士大夫，听到的是西洋教士在教堂演奏的西洋风琴。到嘉庆、道光年间，至澳的士大夫却可以听到西洋少女在其他场合的演奏。嘉庆二十一年（1816）游澳门的另一位新会诗人钟启韶，其《澳门杂诗》第八首云："要眇花鬟舞，风琴手自撞。"② 在这里我们仿佛见到装束华丽、容貌姣好的西洋少女，正在翩翩起舞，她们中的一位姐妹奏起风琴，以协节拍。

当时，风琴已从天主教堂逐步普及西洋人的家庭。奉江西巡抚阮元之命，至岭南缉逸犯朱毛里，与钟启韶同年至澳的汤贻汾，在其《七十感旧》第七十八首原注中称："琴制藏金丝于木椟，饰牙牌十余于椟面，按牌成声，牌仍随指而起。予以访缉朱逆，得遍历诸夷之家，夷女为予鼓琴一曲。"③ 道光七年（1827），蔡显原等为修《香山县志》至澳查访，由通事引导，访问西洋人的家庭。其《听西洋夷女操琴》序谓"夷妇""最后命长女出为礼，且操洋琴。纤妍婉约，微步安闲。缟衣素裳，薄如蝉翼。立而成操，数作数阕。累累珠贯，客去而后止焉。"诗末云："自来夷乐偏气胜，非邪则暴稀雅驯。铁角金筇既亢戾，此尤溺志昏精神。《明堂》、《清庙》正声在，宫自为君商为臣。中土弦歌尚雅乐，勿使奇技淫吾民。"④ 蔡氏一方面盛赞西洋风琴的制作精巧无匹，琴声优美绝伦；一方面却视为奇技淫巧、溺人心志的郑卫之声，与《明堂》、《清庙》一类的雅乐有如冰炭。其见解与康熙间梁迪认为风琴可列为雅乐，进诸庙堂的颇有气魄的见解大相径庭。这在某种程度上可以说明，在鸦片战争前夕万马齐暗的局面之下，相当一部分封建士大夫，已经失去学习西方先进文化的勇气。

---

① 见梁迪《茂山堂诗草》第二集，康熙间刊本，第42页。
② 钟启韶：《听钟楼诗钞》卷3，道光十年刊，第20页。原注："乐柜触其机则八音齐鸣，亦曰风琴。"
③ 汤贻汾：《琴隐园诗集》卷32，光绪元年刊，第22页。
④ 蔡显原：《铭心书屋诗钞》卷2，第15～17页；又见黄绍昌、刘熽芬《香山诗略》卷8，1937年铅印本，第209～210页。道光二十九年（1849）魏源至澳，则在澳葡理事官唠嘈哆的花园中听西洋少女弹洋琴，留下七言古诗《澳门花园听西洋夷女弹琴歌》，见《魏源集》下册，中华书局，1976年标点本，第739页。

　　西洋画之传入中国，方豪《中西交通史》第五册亦作了探讨。就诗歌方面的史料而论，康熙间岭南名诗人陈恭尹的《题西洋画》二首，要算较早的作品。第一首云："西蕃画法异常伦，如雾如烟总未真。酷似少翁娱汉武，隔帷相望李夫人。"第二首云："丝丝交织自成文，不画中间画四邻。亦是晋唐摹字帖，偏于无墨处传神。"① 时值西洋画传入之初，诗人一方面觉得其如雾如烟，难以捉摸；一方面又以对中国字画传统的鉴赏观念"无墨传神"来加以鉴赏，可谓贬褒参半。

　　到嘉庆年间李遐龄的《观黄总戎所藏西洋镜画》，对西洋画的认识更进一层。其诗云："将军十幅西洋画，镜里依稀记昔游。橘子围边多白屋，莲花茎外是青洲。华鬘细草开春宴，落日微风放晚舟。树影水光都曲肖，廿年如梦爪痕留。"② 西洋镜画又称玻璃画。印光任、张汝霖称："其余技有西洋画……有纸画，有皮画，有皮扇面画、玻璃诸器画。其楼台、宫室、人物，从十步外视之，重门洞开，层级可数，潭潭如第宅，人更眉目宛然。"③这首诗作于嘉庆九年（1804）。黄总戎名标，官至总兵，为清军水师名将，寄籍香山，与诗人交至笃。黄标所藏的十幅西洋画皆以澳门为题材，从画面中可以看到澳门海边黑奴居住的小屋；盛装的西洋妇女踏着细草去参加春天的宴会；夕阳下有人乘着微风在江面上荡舟。黄标家藏西洋镜画，说明当时岭南士大夫已有收藏西洋画的时尚。而从陈恭尹诗的"如雾如烟总未真"，到李遐龄诗的"树影水光都曲肖"，说明中国士大夫对西洋画从难以捉摸到开始接受的变化。

四　物质文化的交流

　　澳门诗中描述较多的是自鸣钟和千里镜。

---

① 陈恭尹：《独漉堂集》，中山大学出版社，1988 年标点本，第 260 页。关于陈恭尹与澳门的关系，汪慵叟（兆镛）谓其在明亡之后，与同里何绛"为澳门之游，后同渡铜鼓洋，访逃避诸遗臣于海外"。见汪慵叟《澳门杂诗》，1918 年铅印本，第 9 页。此外，作者颇疑其《崖门谒三忠祠》中的名句"海水有门分上下，江山无地限华夷"（《独漉堂集》，第 37 页。）亦因澳门之南有上十字门和下十字门，澳地自明末以来即呈华"夷"杂处的局面，有所感而移用于崖门，借以抒写亡国之痛。

② 李遐龄：《勺园诗钞》卷 2，第 29 页。

③ 印光任、张汝霖：《澳门纪略》卷下《澳蕃篇》，嘉庆五年刊，第 50～51 页。

　　自鸣钟之传入中国，始于明末利玛窦（Matteo Ricci）等耶稣会士。澳门耶稣会会院三巴堂的钟楼，安有一座当时远东罕见的大时钟，与教堂内的西洋风琴一样引起人们的注意。康熙三十年（1691）任粤海关监督的龚翔麟，注意到三巴寺已有一座大时钟，其《珠江奉使记》称："有定时台，巨钟覆其下，立飞仙台隅，为击撞形，以机转之，按时发响。起子末一声，至午初十二声。复起午末一声，至子初十二声。昼夜循环无少爽。"①诗僧迹删《寓普济禅院寄东林诸子》有"六时钟韵杂风琴"之句。②所谓"六时钟韵"，正是指巨钟按十二小时即六个时辰循环，有规律地发响报时。

　　19世纪初寄居澳门的瑞典学者龙思泰（Anders Ljungstedt）说，从当时三巴寺的巨钟"主齿轮所刻的文字来看，是路易十四（Louis XIV）送给这所耶稣会神学院的"③。法国耶稣会士白晋（Joachim Bouvet）等于康熙二十六年（1687）受法王路易十四派遣来华，未经澳门。三十三年（1694）奉康熙帝之命回国，招罗教士来北京宫廷供职，三十八年（1699）返华，往返皆经澳门。巨钟应为白晋返华时所携来，取代了原有的一座。

　　路易十四所赠的这座巨钟，可能就是当年澳门报时的标准钟。乾隆初年，第一任澳门同知印光任，因公久驻澳门，对钟声低回婉转，反复寻味，写下五律《三巴晓钟》："疏钟来远寺，籁静一声闲。带月清沉海，和云冷度山。五更昏晓际，万象有无间。试向蕃僧问，曾能识此关？"④诗人在五更时分，听到远处三巴寺传来稀疏清朗的钟声。在万籁俱寂之中，一声声是那么悠闲。钟声带着清澈的月色，沉入西面的海中；伴着清冷的寒云，消失在远山之中。在这黑夜与白昼交替之际，万物仿佛处在明灭有无之间，引起诗人的无限禅趣，不禁要向蕃僧询问其中的机要。"三巴晓钟"确实是当年澳门的一个胜景，连印光任这位统理民蕃、位尊权重的"天朝"命吏也为之陶醉。

　　至于千里镜，亦自明末经利玛窦传入中国。雍正十年至十三年（1732~1735）任广东按察使的张渠称："有千里镜，见数十里外塔尖，铃索宛然，字划

①　王士禛：《池北偶谈》卷21，清代笔记丛刊本，第12页。
②　释迹删：《咸陟堂诗集》卷14，第7页。
③　〔瑞典〕Andrew Ljungstedt, *An Historical Sketch of the Portuguese Settlements in China；and of the Roman Catholic Church and Misson in China*（龙思泰《早期澳门史》），Boston, 1836, p. 18.
④　印光任、张汝霖：《澳门纪略》卷下《澳蕃篇》，第24页。

横斜，一一不爽。"①

屈大均作于康熙二十八年（1689）的六首《澳门》五律，第六首首联和颔联云："五月飘洋候，辞沙肉米沉。窥船千里镜，定路一盘针。"② 这艘乘着初夏的西南风，从澳门出航东洋日本的海舶，出舶之前辞沙以祀妈祖，又将肉米沉入海中以祭孤魂，显然是一艘中国海舶。与其他中国海舶不同的是，舶上除了装有罗盘针指引航向之外，还带有千里镜作为瞭望工具。这大概是当年澳门的中国海舶所特有的。

中国诗人来到澳门，也每喜用千里镜来骋目远瞩。雍乾间岭南名画家汪后来作《澳门即事同蔡景厚》绝句六首，第三首云："南环一派浪声喧，镇钥惟凭十字门。借得西洋千里镜，直看帆影到天根。"③ 诗人站在南环（亦称南湾）海滨，从西洋人借得千里镜，远望十字门的帆影，直到天边的点点白帆都可以望到。千里镜为澳门西洋人常佩之物。④ 盖当时汪氏身边有西洋人同游。

乾隆间李遐龄的《澳门杂咏》绝句中，亦有咏千里镜之作："钟鸣月上三巴寺，风起潮生十字门。小立楼头闲照镜，员壶千里一规吞。"⑤ 这是诗人寓居澳门洋楼，悠闲地立在楼头，拿着千里镜瞭望远处的山光海色的情形。属于这一类的还有嘉庆间钟启韶《澳门杂诗》第六首首联和颔联："十字门当槛，零丁港近墙。都归千里镜，直过九洲洋。"⑥

五　宗教文化的交流

明清时代中西宗教文化的交流，以天主教在中国的传播为主要内容。天主教传入中国以后，封建士大夫以中国古典诗歌的文学形式，来描述代表西方文化的天主教；信奉天主教的少数中国士大夫，亦以同样的文学形

① 张渠：《粤东闻见录》卷下，广东人民出版社，1990 年标点本，第 140 页；印光任、张汝霖：《澳门纪略》卷下《澳蕃篇》，第 44 页作"有千里镜，可见数十里外"。
② 屈大均：《翁山诗外》卷 9，清初刊本，第 46 页。
③ 汪后来：《鹿冈诗集》卷 4，清刊本，第 33 页。
④ 屈大均：《广东新语》，卷 16《器语·刀》第 439 页称："刀头凡作两层，一置金罗经，一置千里镜。澳夷往往佩之。"（中华书局，1985）
⑤ 李遐龄：《勺园诗钞》卷 1，第 9 页。
⑥ 钟启韶：《听钟楼诗钞》卷 3，第 20 页。

式来表达他们对天主教的理解和信仰，这些都是中西文化交流史上值得探讨的文化现象。作者已在《清代澳门诗中关于天主教的描述》和《吴渔山天学诗研究》两文①中，以澳门诗为基本材料，结合其他文献作了初步探讨，兹不赘述。本文所要补充的是，从明代万历间汤显祖的一首澳门诗，来分析当时中国人对西方航海者的航海保护神崇拜的认识。

汤显祖于万历十九年（1591）在南京礼部祠祭司主事任上，因上疏抨击朝政，谪迁广东徐闻县典史。在赴徐闻途中，他来到香山澳，在其诗集中留下吟咏澳门风物的七绝四首。其《听香山译者》第一首云："占城十日过交栏，十二帆飞看溜还。握粟定留三佛国，采香长傍九州山。"②

交栏山为古代航行于东南亚南海一带的中国人一个非常熟悉的地方。随郑和出使西洋的费信，在《星槎胜览》前集《交栏山》条称："自占城灵山起程，顺风十昼夜可至。"

然而，诗中这艘沿着当年郑和船队的航路航行的，却是一艘一桅数帆、桅多帆众的西洋蕃舶，与一桅通常只有一帆的中国海舶大异形制。但蕃舶上和中国海舶一样设有神楼，供奉天主耶稣、圣母及其他具有航海保护神职能的神祇，与中国海舶供奉妈祖等神祇的神楼一样，是全体船员的精神支柱。"握粟"之典，出于《诗经·小雅·小宛》："握粟出卜。"意为以一把小米给卜人，作为占卜的酬劳。遣艘西洋海舶大概和中国海舶一样，以在神前祈祷、占卜的方式来决定船只的去留和航路。按照占卜的结果，先在南海古国三佛齐（地在今印度尼西亚苏门答腊）的港口寄碇停留，然后驶往马来半岛霹雳河口外的九州山，采购龙涎香及其他香料。汤显祖从当时活跃在澳门的中国通事（香山译者）的口中，得知西洋海舶亦以占卜的方式来决定航海活动，可以说是中国人对西方航海者的航海保护神崇拜认识的开始。

六　结语

明清时代的中国，处在封建社会的晚期，属于闭关自守的时代，谈不

---

① 见章文钦著《澳门历史文化》，北京，中华书局，1999。
② 徐朔方笺校《汤显祖诗文集》上册，《玉茗堂诗集》卷6，第428页。

上近代意义的开放。中国与西方虽然开始了直接交往，但交往的规模不大，也不太频繁。中国封建统治者对东来的西方殖民主义势力心存戒惧，仅仅在他们认为力能控制的地方开放一些窗口，以维持与西方交往。作为来华贸易的葡萄牙人及其他西方商人居留地的澳门，和作为进入中国宫廷供职的西洋教士居停之所的北京西洋堂，就属于这样的窗口。当年的中西文化交流，就依靠着这样的窗口，不绝如缕地延续下来。

北京西洋堂的"窗口"在中国进入近代的前夕已完全关闭，成为历史的陈迹。澳门却直到今天，仍然在中西文化交流中发挥作用。明清时代的澳门诗，从一个侧面反映了当时澳门这处"窗口"所进行的中西文化交流。

（原载章文钦著《澳门历史文化》，北京，中华书局，1999）

澳门圣保禄学院关闭时间之辨析

李向玉[*]

澳门圣保禄学院（Colégio de S. Paulo）于 1594 年设立，1762 年关闭，共有 168 年的历史。它非同一般的学院，它在澳门历史发展的进程中，曾发挥过举足轻重的作用，培养了一批历史文化名人，对中国的文化教育的发展及整个远东都有十分重要的影响。但是，它的历史作用，当初并未引起人们的重视，在它消失了 200 年后才逐渐引起国内外史学界的注意与研究。文史学家在研究澳门史时，无不涉及这所学院并给予高度的评价。上海社会科学院费成康先生 1994 年在他的文章中写道：

> 据粗略统计，列名中国《辞海》的圣保禄学院师生就有汤若望、毕方济、艾儒略等十余人……他们的名字为《辞海》载录，就充分说明他们是所在时代的风云人物。而规模十分有限的圣保禄学院，在短短一百多年间，就培养出一群在沟通东西文化方面颇有作为的历史名人，它的教育质量便得到了最形象的体现；它对当时中国直至整个东亚的影响，也就可以想见。[1]

这所学院虽然曾经培养出一群在沟通东西文化方面颇有作为的历史名人，它对当时中国乃至整个远东都有重大影响，但迄今为止仍未见有研究它的专著。近年来，一些有关这所学院的专论或散见在各种史书中，对于研究它无疑是有重要意义的，某些方面可以说是填补了这一段历史空白。

---

* 澳门理工学院院长、教授。

[1] 费成康：《从辞海说起——对〈澳门第一所大学——圣保禄学院〉的评论》，1994 年 12 月 27 日《澳门日报》。

但从历史、文化研究角度来观察，尚显不够全面、完整，涉及的有关内容缺乏系统考证，在内地，就连中国教育史这部重要文献中也只字未提，更遑论给予恰当的历史评价了。这就是促使我探讨这一问题的初衷。

一

1993 年以后，在中国内地、台湾及澳门关于圣保禄学院的研究文章才逐渐多了起来。1993 年，南京大学历史系教授黄鸿钊在题为《澳门和天主教在远东的开端》一文的第五节谈到了圣保禄学院的一些情况。1994 年，中山大学历史系教授黄启臣发表了第一篇有关圣保禄学院的专论，题为《澳门第一所大学——圣保禄学院》，同年中山大学历史系副教授章文钦在《吴渔山天学诗研究》一文中，亦从一个侧面触及了这所历史名校。

在台湾，辅仁大学教授张春申神父于 1994 年发表了题为《圣保禄大学为我们的启示》的论文。

在澳门，中华教育会监事长刘羡冰于同年发表了题为《圣保禄学院历史价值初探》的论文。《澳门掌故》的作者王文达先生在其《大三巴牌坊详考》中，以相当的笔墨介绍了"圣保禄修院"的概况。

在国外，一些国家如葡萄牙、美国以及日本的学者，也有不少研究圣保禄学院的文章，主要有：

（1）葡国历史学会会员多明戈斯·多斯·桑托斯（Domingos dos Santos）的《澳门远东第一所西方大学》；

（2）葡国新里斯本大学教授阿玛罗（Ana Maria Amaro）的题为《中医对圣保禄学院药房的影响》的文章；

（3）葡国耶稣会历史学家 António Lopes 撰写的论文《圣保禄学院为澳门居民提供的服务》；

（4）美国旧金山大学教授马拉特斯塔神父（Edward Malatesta）的论文，题为《圣保禄学院：宗教与文化的研究院》；

（5）日本长崎殉道者博物馆馆长迭戈·结成的题为《圣保禄学院与日本教会》的文章。

中外史书中提及圣保禄学院的有：葡国著名耶稣会士曾德昭（Alvare de

Semedo）于 1638 年完成的《大中国志》（*Relação da Grande Monarquia da China*），其中有一段关于圣保禄学院的记载，不过寥寥十数行，颇为简单。这是我阅读过的外文书籍中，第一本谈及圣保禄学院的历史著作。

另一本是被国际史学界公认为第一部科学地对澳门历史进行研究的权威著作，由瑞典史学家龙思泰撰写的《早期澳门史》[①]，其中亦有一段提及圣保禄学院。还有成书于 1875 年的《在华耶稣会会士列传及书目》[②]，作者是法国人，名叫费赖之，该书多处谈到圣保禄学院。法国神父荣振华所著《在华耶稣会士列传及其书目补编》以及利玛窦和金尼阁合著的《利玛窦中国札记》两部著作中都有不少篇章谈到了这所大学。

长期从事我国天主教史研究的方豪先生，是位神职学者，在他的著作《中西交通史》第 814 页，约用 120 个字介绍了圣保禄学院的情况。

中文版的澳门史书《澳门纪略校注》[③]，虽然从头到尾未曾提及"圣保禄学院"这个名字，但是仔细读来，即可发现其中所讲的"三巴寺"，有相当多的内容是关于圣保禄学院的。

综而观之，多数外国学者，尤其是葡国史学家均能从各自角度洞窥和研究圣保禄学院的部分历史，有一定深度，但由于他们不懂中文，未能参考中文的有关资料。如曾为圣保禄学院学生、我国清代著名画家吴渔山留下的珍贵史料，以及在该学院开办时刊印的《澳门纪略》中文版中的许多重要史料，在他们的著作中都未能纳入。所以，至今外国学者就有关圣保禄学院研究的成果仍嫌支离破碎，远未完整。

尽管华人学者力图对圣保禄学院进行全面的探索，但碍于有关这所学院的大部分原始资料多为葡文及其他外文，这也给他们在研究时带来不少困难，仅能依靠从法文或英文翻译过来的材料进行分析研究，有时难免疏漏、片面，甚至出现以讹传讹的现象，如大多数华人学者均错误地认为学院的关闭年代是 1835 年等，致使看不清或掩盖了它的历史真面目。

有鉴于此，本人首先是充分利用澳门档案馆所藏的澳门史料，对该院

① 〔瑞典〕龙思泰（A. Ljungstedt）：《早期澳门史》，东方出版社，1997。
② 〔法〕费赖之（Aloys Pfister）：《在华耶稣会士列传及书目》，中华书局，1995。
③ 印光任、张汝霖原著，赵春晨校注《澳门纪略校注》，澳门文化司署，1992。

历史尽可能进行系统深入的研究，并对它的教育思想、学术成果以及对中国近代教育史所产生的影响进行较全面的探讨。

为尽可能多收集资料，笔者多次拜访客居澳门数十年的葡国历史学家文德泉神父，他向笔者提供了不少有关澳门耶稣会的历史资料，弥足珍贵，参考价值极高。同时，笔者于1998年两次赴葡萄牙首都里斯本，到存有澳门圣保禄学院耶稣会档案的 Palácio da Ajuda 图书馆查核关于圣保禄学院的原始档案。在那里，笔者发现了至今尚无人提过的"圣保禄学院十三条规定"和教学方法记录等有关资料。可以说，这是十分重要的发现。此外，笔者还将葡萄牙 Ajuda 图书馆保存的圣保禄学院 1594～1738 年的葡文年报全部复印，带回澳门研究。1999年5月，笔者又远赴葡国中部城市 Évora 图书馆，该馆也保存有部分圣保禄学院的档案。这些资料对进一步研究澳门圣保禄学院具有十分重要的学术价值。

二

综观圣保禄学院的研究情况，笔者认为要想正确地还圣保禄学院历史面目，进一步深入地进行研究，首先必须澄清一个关系重大的问题，即圣保禄学院关闭的确切时间问题。

关于圣保禄学院的肇始日期，中外史学界具有共识，一致认为是1594年12月1日。但是，就它的关闭年代则众说纷纭，莫衷一是。大致可归纳为两种说法，或是两个不同的时间：一是多数中国学者认为圣保禄学院关闭于1835年；一是多数外国史学家所持的观点，即圣保禄学院于1762年关闭。

（一）持1835年说的，较具权威的论著

1.《澳门百科全书》（澳门基金会，1999）一书中写道："1594年起，耶稣会规定凡入华传教的耶稣会士，一律要先在澳门学习中国语言文学和礼仪，同年12月，果阿耶稣会长鲁德拉斯（António de Quadros）委托贝勒兹、代峰拉以及平托（André Pinto）三人将原来只有小学规模的圣保禄公学升为大学规格的圣保禄学院，是为澳门历史上第一所高等学校，也是远东最早的西式大学。升格为大学的圣保禄学院，经费仍得到葡商支持，直至

1835 年被焚毁为止。"①

2. 台湾辅仁大学神学教授张春申神父在题为《圣保禄大学为我们的启示》（1994 年）一文中，认为："澳门的圣保禄大学（Colégio de São Paulo，1594－1835）便是耶稣会士们在远东传播福音和介绍西洋文化的重要基地之一。"②

3. 澳门史学者刘羡冰说："圣保禄学院（Colélgio de São Paulo，1594－1835）是澳门最早也是远东最早的欧洲中世纪式的高等教育机构……在两个半世纪的岁月里，它不但是东方传教士的摇篮，还是双语精英的摇篮……"③

4. 南京大学历史系黄鸿钊教授认为："圣保禄学院原是一个简陋的修道所，至 1594 年 12 月 1 日扩展为神学院，又称圣保禄学院（Colégio de São Paulo）。它在圣保禄教堂之侧……它是远东第一所教会学校。至 1835 年被大火焚毁为止，共存在二百四十一年之久。"④

5. 澳门史专家、广州中山大学历史系教授黄启臣认为："澳门历史上的第一所大学，并不是 1981 年 3 月创办的东亚大学（现名澳门大学），而是早在 1594 年 12 月 1 日由小学规格的圣保禄公学升格而成的圣保禄学院（Colégio de São Paulo，1594－1835），至今足足四百年了。"⑤

6. 著名天主教历史学家方豪先生在他的《中西交通史》一书中，写得较为含糊："嘉靖四十四年（1565），澳门耶稣会院，附设学校。万历二十二年（1594）乃扩充为大学，教授神学、哲学、拉丁文学，有图书馆、观象台及药房等。乾隆二十七年（1763）葡王加以封闭；又毁于道光十五年（1835）一月二十六日、二十七日之大火。澳门早年之医事教育情形，遂不可考。"这里既说 1763 年葡国王对圣保禄学院"加以封闭"，又说 1853 年毁于大火。

① 吴志良、杨允中主编《澳门百科全书》，澳门基金会，1999，第 394 页。
② 张春申（Aloysius Berchmans Chang, S. J.，台湾辅仁大学神学系毕业，神学教授）：《圣保禄大学为我们的启示》，《文化杂志》第 30 期，澳门文化司署，1997，第 26 页。
③ 刘羡冰：《澳门圣保禄学院历史价值初探》，澳门文化司署，1994。
④ 朱维铮主编《基督教与近代文化》，上海人民出版社，1994，第 323 页。
⑤ 黄启臣：《澳门第一所大学：圣保禄学院》，载《文化杂志》第 30 期，澳门文化司署，1997，第 34 页。

（二）持 1762 年说的，大多数是外国史学家，他们均肯定地认为是 1762 年。有论著为证

1. 葡萄牙历史学会会员多明戈斯·马乌里西奥·多斯·桑托斯在《澳门远东第一所西方大学》中写道："1759 年，庞巴尔侯爵颁布严厉法令，驱逐耶稣会教士。1762 年，该法令在澳门实施，使天主圣母堂及圣保禄学院的教学活动从此打上一个终结的句号。"[①]

2. 美国旧金山大学马拉特斯塔教授在 1994 年澳门举办的"宗教与文化国际研讨会"上说："四百年后，我们聚集在澳门庆祝这个特殊机构的建立及其自建立至 1762 年（当时，耶稣会士被逐出澳门，圣保禄学院作为一个耶稣会的机构而不复存在）的 168 年间无与伦比的活动。"[②]

3. 澳门葡萄牙历史学家文德泉神父在《澳门教育》一书中说："圣保禄学院这一著名远东学习中心于 1762 年按照葡国王唐约瑟的命令被取消了，其成员亦被遣散。"[③]

4. 法国荣振华神父所著《在华耶稣会士列传及书目补编》（下册）中，虽然没有明确指出澳门圣保禄学院于 1762 年关闭，但清楚地写道："1762 年 7 月 5 日，在澳门的全部 24 名耶稣会士都被捕，关押在里斯本的篷巴尔监狱。"[④]

面对这两种说法或两个日期，到底哪一个符合历史真实情况呢？我们有必要弄清楚。

三

中国历史学家由于未弄清楚该学院的关闭日期，因此无法统计它开办

---

① 〔葡〕多明戈斯·马乌里西奥·戈麦斯·多斯·桑托斯（Domingos Maurício Gomes dos Santos）：《澳门远东第一所西方大学》，澳门基金会，1994，第 56 页。

② 〔美〕马拉特斯塔（Edward Malatesta）：《圣保禄学院：宗教与文化的研究院》，载《文化杂志》第 30 期，澳门文化司署，1997，第 6 页。

③ Pe. Manuel Teixeira, A Educação em Macau（《澳门教育》），Macau, Direcção dos Serviços de Educação e Cultura, 1982, p. 195.

④ 〔法〕荣振华（Joseph Dehergne）：《在华耶稣会士列传及书目补编》下册，中华书局，1995，第 832 页。

的确切年期，亦无可能计算出它的毕业生总数等。中山大学黄启臣教授在其《澳门通史》一书中，就错误地罗列了"1594～1805 年圣保禄学院毕业入华传教的耶稣会士名录"。随着内地学者对澳门的研究兴趣日益浓厚，陆续出版了一些有关澳门历史文化的书籍，但在谈及圣保禄学院时，均错误转引其关闭日期，如最近由广东教育出版社出版的《澳门教育概论》，仍重蹈覆辙。

为了弄清这一历史事实，避免谬误流传，我们首先有必要了解一下当时耶稣会在中国传教的背景及当时的国际背景，可能对弄清这个问题是有帮助的。

众所周知，自"1692 年康熙保教令"准许天主教在中国人中传播后，其发展蓬勃，人数日增，到 1710 年时约有教徒 30 万人。可是，进入 18 世纪，开始一场空前且旷日持久的"礼仪之争"，终于导致雍正皇帝于 1724 年下令封闭教堂。除在北京留下 20 余名"有技艺之人"外，其余传教士只能居于广东。在全国，约有 300 间教堂大部分均被改为公廨或仓库等。当历史车轮转入乾隆朝代，虽然这位皇帝继续允许传教士供奉朝廷，但对传教并不宽容。据统计，到 1765 年时，全国天主教徒人数锐减到 12 万人。

与此同时，轰动欧洲的"中国礼仪之争"终于导致欧洲各国纷纷驱逐耶稣会的悲惨结局。1773 年，教皇克莱门特十四世（Clement XIV，1769～1774）下令解散耶稣会。教皇的命令一公布，在澳门的圣保禄学院哪有可能开办至 1835 年呢?

实际上，在此之前，葡萄牙国内于 1758 年发生了一起严重的政治事件，葡国王若瑟一世被刺伤，有人怀疑是耶稣会所为。1759 年，历来仇视耶稣会的庞巴尔首相决意铲除该会及其传教士，颁布法律宣布耶稣会及其传教士为非法，被视为葡国王和国家的敌人与侵略者。1760 年，葡国王下令没收耶稣会在全国各地的财产，包括教堂、学校和其他布道场所。由葡国管治的澳门也未能幸免，必须执行这一命令。只是因为当时交通不便，晚了两三年，因为从葡国本土传达至澳门的命令一般需要两年左右时间。到了 1762 年 4 月 2 日，印度总督埃加伯爵果然向澳门当局传达了葡国王的命令，将耶稣会在澳门的全部财产充公并交予教区，其中有圣保禄学院、圣若瑟神学院、圣母教堂及其墓园。同年 7 月 5 日凌晨，澳葡当局查封了这两所学院，同时逮捕了圣保禄学院和圣若瑟神学院的耶稣会士，共 24 名，澳葡当局将被捕的圣保禄学院耶稣会士，交给澳门的多明我会会长监管，圣若瑟神学院的耶稣会士被交给方济各会监管。7月8日所有耶稣会会士被带到多明我会修院集中，24人中有13人属中国副省区的会士（原先居住于圣若瑟神学院），8人属日本教区，以及3人属法国使团（原先居住于圣保禄学院）。同年11月5日，他们被押解到澳门港，登上圣·路易斯号（S. Luís）船被解往里斯本，之后监禁在圣祖利昂达巴拉城堡（Torre de S. Julião da Barra）。属于耶稣会的财产在1762年交予澳门主教处理，一部分家具和服装被拍卖。

根据政府法令，圣保禄学院先交给澳门市政厅管理，之后变成兵营用以驻军。其中属于学院的设备和物品则匆匆忙忙分配给市政厅和国王财产处。一些无法搬走的物件则被弃置在校舍里，直到1835年一场大火将其全部烧毁。

幸运的是，由于圣保禄学院的耶稣会会士事先得知上述葡国国王法令及庞巴尔的命令，于是耶稣会会士若奥·欧华利斯（João Álvares）拯救了圣保禄学院图书馆"大量的、精心挑选的图书……他买了四个中国式的木箱，用红纸糊好，编成一至四号，把档案放在里边。每个箱子上有个注明内容的条子，并写上1761年3月14日这个日期"[①]。此后，这些珍贵的圣保禄学院档案先是运到菲律宾的马尼拉，继而运往欧洲，分藏于葡萄牙里斯本和西班牙三个不同的档案馆或图书馆。

据有关资料记载，1762年从圣保禄学院抓走的耶稣会士共11人，他们是：

（1）Francisco da Costa 神父，省会长；

（2）Silvestre Gonçalves 神父；

（3）Tiago Graff 神父；

（4）João Coff Kogler 神父；

（5）Alexandre Rodrigues 神父；

（6）João Álvares 神父；

（7）Luís Maria 神父；

---

① 〔葡〕施白蒂（Beatriz Basto da Silva）：《澳门编年史》，澳门基金会，1995，第157页。

（8）Gabriel Boussel 神父；

（9）João Silvano 神父。

　　另外二人的姓名已无法查找。但值得记述一笔的是，从圣若瑟神学院逮捕的耶稣会士中有一名是中国人，名字为 Francisco da Cunda，原籍江苏丹阳（Tan-Yang, Kiang-Su），他被押送到葡萄牙后，于 1765 年死于葡萄牙的圣祖利昂城堡。

　　澳门耶稣会被解散后，天主教从此衰落，教徒减少。"据统计，1700 年全澳门天主教徒有 1.9 万人，1818 年减至 5000 人，1834 年又减至 3000 人。并且从 1834 年起，澳门主教 13 年空缺……曾在澳门传播天主教，并以澳门为基地而进入中国内地传教达二百年之久的耶稣会士退出了澳门的历史舞台"①。

　　从上述历史事实，我们可以得出结论：澳门圣保禄学院的关闭年代是 1762 年，而非 1835 年。

四

　　我们不禁要问，这么多年来，为什么华人学者未能准确地掌握这一历史事实呢？我个人认为，大概有两个原因：一是在葡萄牙发生的重大历史事件均是用葡文写成的，由于他们看不到或看不懂第一手资料，因此不甚了解；二是他们误认为 1835 年是圣保禄学院的关闭日期亦是事出有因的。据历史记载，1835 年 1 月 26 日，大三巴教堂和圣保禄学院建筑物发生了一场大火，几乎烧毁了一切，仅剩下大三巴教堂正面墙壁及部分围墙和校舍。致使一般人误认为是由于大火的原因才使圣保禄学院于 1835 年关闭的。

　　为方便读者了解这一历史事实，现将 1759 年葡国王颁布的取消耶稣会的法令完整地译成中文，供大家对照分析，得出正确的结论。

　　　　朕，堂若泽（Dom José），以葡萄牙、阿尔加维斯和本土及海外属

---

① 黄启臣：《澳门通史》，广东教育出版社，1999，第 260 页。

地至高无上的国王的名义，以非洲几内亚的最高统治者，及征服埃塞俄比亚、阿拉伯、波斯和印度，并与之进行通航和贸易之统帅的身份，诏告天下：

自执行划分被征服属地疆界条约所实行的措施以来，朕不厌其烦以持续的宽厚和虔诚的仁慈关注有关消息和那些真实可靠的证据，审视那些无可置疑事关重大的事件，并寻求通过各种方式，以尽可能谨慎与温和的手段，使朕这些王国的各个省及其属地内耶稣会的长老们放弃他们那胆大妄为、野心勃勃的计划。但是他们为实施其计划，竟以虚伪和粗暴的手段，一直图谋并秘密进行强占整个巴西属地的活动；可是他们尚未做好准备，收效亦受到限制，否则不到十年的时间，巴西属地将变成整个连欧洲联军也无法进入的、不可战胜的属地。教庭和王室的最高司法机构在联合行动中（出于一贯所需之目的）使用了一切可能的方法，一方面，朕通过对教皇贝奈蒂托十四世（Benedito XIV）授予的审判权（我对此有幸福的回忆）进行改革而产生的内在及自然效力，迫使那些耶稣会长老们尊重他们的教庭；另一方面，朕责令他们不得干涉世俗间的事务，例如对村庄进行世俗的管理，对巴西属地的人员、对印地安人的财产和贸易实行控制。同样，朕就这些紧急事务所制定及鼓励制定的有益法律也产生了其本身及自然的效力。朕一直寻求通过所有这些方法使这些长老们摆脱世俗的政府传染给他们的对获得土地和属地、掠取商业利益的贪婪欲望，及由此而滋生的瘟疫般的腐败，让他们作为真正善良的教职人员和上帝的使者，服务于上帝，有益于他们身边的人，避免因其习俗的完全堕落，使耶稣会在朕的同样王国及属地中走向必然的灭亡；因为他们在进入这些地方后亦曾做出过榜样，亦曾体面地受到朕至高无上的先王们、受到本朝王室和从未间断过的仁厚之保护。朕曾颁旨为保存耶稣会的存在做出了所有的努力，但是受到该会的驳斥，而他们靠制造多次离奇的、前所未闻的刺杀事件以博得同情和特有的效果则一点未见成效；例如他们在众目睽睽的广大民众面前宣告，他们要在朕的海外领地继续同朕进行一场残酷的、背信弃义的战争，从而制造了一起大丑闻；他们并在朕的王国本土上煽动起了反对朕的内部暴乱，甚至策动反朕属下的一些大臣来逼迫朕让出王位。他们收买这些臣子，并迫不及待地鼓动他们演出了去年 9 月 3 日晚上那场凶恶的辱骂战，他们所表现出的那种憎恶感是葡萄牙国民从未见到过的。后来，被世人所诅咒的暗杀朕的图谋也遭到了失败，是上帝以他创造的无数决定性的奇迹护佑了朕的生命。他们又开始公开地诽谤朕的声誉，伙同他们在其他宗教内的同党制造流言蜚（飞）语并在整个欧洲散播，但他们的不义行为及谎言却弄得他们声名狼藉，并引来欧洲本身对这些耶稣会长老们进行了全面而有分寸的反驳。在此紧急时刻，必须责无旁贷地捍卫国王的声誉，因为这荣誉维系着上帝归还给我的整个王朝活生生的灵魂；必须保证权威不受损害及破坏，因为这与其独立的王权是不可分割的；必须保持朕的王国和属地的公众和平，必须保证朕值得赞美的、忠诚的臣民们的安宁和利益，不让那些离奇的丑闻波及他们，保证和庇护他们不受那些无法忍受的辱骂的伤害，不受一切不幸后果的影响，因为不对这些长老们进行惩罚，不幸还会降临到朕的臣民头上。在善意咨询并听取了充满激情捍卫上帝荣誉，热忱维护王室尊严并为之服务和保护朕的王国及臣民共同利益的其他教派领袖的意见之后，朕对他们的意见表示赞同。朕宣布这些耶稣会长老们已经以他们的方式腐败堕落了，他们可悲地远离了他们神圣的教会，很明显他们一直是众所周知的反叛者、叛徒、敌对者和掠夺者，所以他们无法带着众多可怕、根深蒂固及无法改正的恶习再为教会服务。目前，他们又与朕本人及各阶层为敌，破坏朕的王国和属地内的公众和平，损害朕忠实臣民的共同利益。朕特颁布本法令缉拿拘捕他们，并公布他们的罪行，朕一定依据本法令之效力剥夺他们的国籍，将他们流放，彻底根除他们；朕命令，必须真正"从朕所有的王国和属地中把他们驱逐出去，并永世不得再返回"。朕告诫所有阶层的人，不论在什么条件下都不准许让他们或他们的任何人进入朕的王国，不准结伙或个别同他们有任何言语及书信往来，即使他们已经脱离了耶稣会也不行，不准在朕的王国和属地以外的任何地方接纳他们或让他们宣誓入教，除非接纳他们或主持仪式的人就此接到了朕即时的特许，违者将被处以理所当然、不可饶恕的死刑，并将没收其所有财产，充实朕王室的金库。但是，鉴于相关的传教士可悲的堕落行为（不同于所有其他一直保持值得称颂立为楷模的服从精神的教团）不幸地发生在耶稣会由长老们和普通教徒构成的教团里，很可能其中的一些个人还没有被批准公开发愿入教。他们是无辜的，因为他们还未曾做出所需之考验，以便得以将与那些罪恶的阴谋和卑鄙的违法行为有关的令人毛骨悚然的秘密告知他们。鉴于此，尽管涉及战争和报复的一般法律被全世界所接受，而且每天都被作为所有文明国家的惯例所遵守，根据这些法律，耶稣会的所有人员，没有任何人可以排除在外，都应因该会堕落的领导层犯下的凌辱朕、辱骂朕的王国和臣民之罪行而受到同样的起诉。但是，朕认为对上述提及的那些个人所感到的巨大痛苦应施以宽厚的仁慈，因为他们不知道他们的长老们的阴谋，可他们也作为那邪恶及堕落的教团中的一部分遭到流放及驱逐。因此朕特此恩准，所有上述提及的那些在朕的王国和属地出生的个人，倘若尚未被批准公开发愿入教，他们只要向耶稣会巡视及总改革大主教呈交辞职书，他会宽容他们曾经许下的简单誓言，那么他们就可以留在原来的王国里和他们的属地中，作为那里的臣民，因为没有他们个人有罪过的证据，不可剥夺他们的臣民资格。为使朕的这一法令得到完全的执行和不可违背的遵守，并使之永远不会因时间的消失而放松及损害这一如此值得纪念和必须制定的法律，朕特此规定：违反本法律将被立案调查，所有各级主审民事和刑事案的大臣要亲自在其司法管辖权内进行调查，对现在将开始的调查案要一直保持公开性，不受时间限制和不规定证人的数目，但至少每六个月要询问十个证人，并将遵守这一程序的情况和宗教裁判所的结果向叛国罪审判法官报告，在他们没有出具相关的叛国罪审判法官的证明时，他们的住宅可以不必公开。

本法令之内容必须获得执行。因此，朕将本法令派发给王室审判官委员会、上诉法院院长或担任此职的人、朕的御前财政顾问和海外领地顾问、道德和秩序委员会、市政议会、本土及海外属地贸易署、公共储备署、军队将领、总督、审判官、地方法官、司法和军事法官及官员，他们要熟记本法令之内容，执行和捍卫本法令，并要毫不犹豫地排除任何阻碍，完整地去落实和保卫本法律的所有内容；任何与之内容相违背的法律、法规、许可证、规定或惯例，朕都宣布废除，不得再进行个人及公开的引用，仅为此效力，不然它们会一直有效。朕命令大学士、王室大法官、朕王国顾问团顾问及外交大臣马努埃尔·戈麦斯·德·卡瓦略（Manuel Gomes de Carvalho）于内阁发布本法令，并将抄写本发往所有法院、本土各地方及乡镇的首领，张贴在经常张贴同类法令的所有地方，并将原件送往东波塔收藏。

　　1759 年 9 月 3 日，于阿儒达宫圣母堂签署。　　国王

　　（原载《行政》杂志，澳门，澳门特别行政区政府行政暨公职局，总第 49 期，2000 年 9 月）

澳门三大古庙之历史源流新探

谭世宝[*]

　　澳门半岛的佛教三大古庙：在南端内港入口处马角山下的天妃庙（妈阁庙、正觉禅林）、在北部原望厦村的观音堂（普济禅院）、在莲花茎口莲花山下的慈护宫（新庙、莲峰庙、莲峰禅院），都是由官方或民间的宗教神祠与南禅佛教禅院结合演变而来的，具有大同小异的神、佛、仙聚合一庙的过程与结果。从明清时期的《香山县志》可知，天妃（后）庙、社稷坛、厉（无祀）坛、城隍庙、文昌庙、关帝庙、北帝庙、火神（华光）庙等本来都是国家祀典所确立，由官方主建和主祭的神庙。（图1）而一般的佛寺、道观，则属于民间私建的庙宇，为民间百姓可以自主的系统。但在澳门地区，两者往往因特殊的环境和历史变迁而出现合流，最后都变为民间化的寺庙。例如，正觉寺本来是临近于明末由官、商共同创建的马角天妃庙的一间禅院，最后被天妃庙兼并为其中之一部分。而莲峰庙则自官、商共创之初便已融合天后、观音、土地社等神、佛、仙为一庙，最后形成了把官方祀典以及佛、道两教的各主要神、佛、仙合为一庙的结果。至于普济禅院则是由望厦乡官民合建的祀坛、民建的观音堂与禅僧创建的禅院合并演变而成各种神、佛、仙合庙。由于明清易代、葡人在清末侵占了澳门地区（包括邻近原澳门城的望厦等七村及青洲、凼仔、九澳等三岛）、清朝及继起的民国都已灭亡等历史沧桑变化，在澳门地区以外的原香山县（包括今中山、珠海市）一带的明清官私庙宇大都已荡然无存或者面目全非，而在澳门地区内的一系列庙宇，无论是葡占前还是葡占后创建的，却都能够基本保存完好。虽然其中早期的庙宇变化巨大，但都是在和平的情况下伸缩改变，有实物及碑记的史迹可寻，只要认真研究探讨，是可以清楚看出其源流变化过程的。因此，澳门地区的众多庙宇尤其是三大古庙，是研究明清

---

　　*　澳门理工学院成人教育及特别计划中心教授，山东大学历史文化学院教授。

时期珠江三角洲的县以下城乡地区的官方神庙与佛、道两教寺院的活教材。

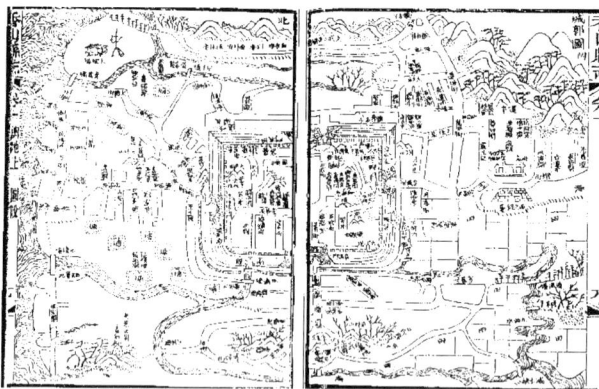

图1 清道光《香山县志》的县城城郭图，可见
各种官私寺庙宫观祠堂坛社分布林立

过去，由于不少论著都过于受一些后起的口头传说甚至赝品的影响，而忽略了对有关庙宇的原始碑铭的金石文字的研究，故难免有乖史实。本文特别着重对一些真实的文物资料作新的探讨，敬请方家指正。

一 马角山下的天妃庙与正觉禅林

如果把正觉禅林和天妃庙的部分合在一起计算，则其历史最悠久。因为天妃庙虽然并非如民间的新传说所云，是创建于明弘治元年（1488），但有在天妃像后面的石刻："钦差总督广东珠池市泊税务兼管盐法太监李凤建"以及门口的石横梁上所刻："明万历乙巳年德字街众商建……"等为铁证，说明该庙是官、商合力创建成于1605年的。[①] 但在清代以后，庙产渐

---

① 谭世宝：《澳门妈祖阁庙的历史考古研究新发现》，载《文化杂志》，第29期，澳门文化司署，1996。有关葡文Macau等非来自妈阁庙之证，见谭世宝《Macao、Macau（马交）与澳门、马角等词的考辨》，载《文化杂志》，第35期，1998。但是，最近有论者竟说谭世宝和黄文宽都根据此李凤建庙的石刻文字认为妈祖阁始建于万历三十三年，见石奕龙《关于澳门妈祖信仰形成问题的辨识》，载《澳门日报》，2001年2月11日，C8版。在此有必要郑重指出，无论是黄文宽的著作，还是本人的论文，都从来没有说过黄氏有引证过李凤的石刻文字。笔者最近还指出，澳门地区的各种官方及私人的合法建筑物的创建年代的上限，只能追溯到中国政府正式在澳门开埠的1535年。凡在此年之前为中外海盗或商民私建的寺庙建筑皆属非法，必被官方拆除，再次排除了妈阁庙创建于此年以前的可能性。见拙作《略析严启盛等开埠澳门并建妈阁庙》，载《澳门日报》，2001年3月25日，C6版。

为民间世俗人士为主的社团所拥有，实际管理庙宇的为民间的世俗商界人士，而礼聘以南禅大汕一系为主的澳门普济禅院的禅僧为兼任的住持。因此，天妃庙演变为一座天妃（天后、妈祖）与观音菩萨、土地神与阿弥陀佛等共处并存的庙宇禅林。此庙位居澳门内港入口处之要津，依山面水，沿崖而建，飞檐叠阁，古木参天。现在庙门前有一对精美的石狮子，据说是清朝的作品。其山门额名"妈祖阁"（图2），是清道光年间修建所改，明朝时本名"天妃宫（庙）"。进山门后首座石构的亭殿，门额石刻为"神山第一"，内供天妃像，像前石横梁有"国朝祀典"等石刻文字，像后石壁顶上有前述李凤的建庙题名石刻。这证明此殿是该庙于 1605 年由官方主建"天妃宫（庙）"后唯一留存至今的建筑物①。该殿不但在该庙内是名副其实的"神山第一"的亭殿，而且在澳门现存的中外庙宇教堂中，都可以说是保存原建年代最长久的建筑物。其后依山径而上为弘仁殿，是建于清道光八年（1828），也是供奉天后的小型石殿。再依山径曲折而上为观音阁，此阁现悬挂道光八年重修之木匾，足见其非原建之阁。本来观音与天妃是不同的神而各有其庙的，但明清时期的官方或民间所建庙宇多把观音阁与天妃宫相邻而分立②，随着官方主建神庙与佛寺禅林的融合与兼容，就逐步形成这种把天妃宫与观音阁合成一庙的格局。在"神山第一"殿亭之右为一片露空院场，内有两大巨石，都刻有"洋船石"的图画，应以靠外石栏的为古，靠内的为后来仿刻。中国的神庙而有"洋船石"，此为其可称一大"奇石"之因，堪为澳门早期中西文化交汇之一证。但今见其石刻之船已失西洋风味，因而多被论者解释为中国之"大眼鸡"船，这当是后人有所改刻的结果。场地靠山脚处建立了一座有瓦顶及两壁而无前墙的神坛，供奉有阿弥陀佛、石敢当等石碑神主香案。还有几间坐地或靠山径边的只有半

---

① 《澳门记略》的"娘妈角图"此庙山门额名为"天妃庙"，然该庙最古的"神山第一"亭殿有石刻楹联为"瑞石灵基古，新宫圣祀崇"，可证此庙原称为"宫"。同书"前山寨图"便有"天妃宫"一座。值得再次提出纠正的一点是，笔者在《澳门妈祖阁的历史考古研究新发现》一文中已指出今妈祖阁庙中现存最古的建筑名叫"神山第一"亭，但在 1998 年仍有人沿用误说称之为"第一神山"，见徐晓望等著《澳门妈祖文化研究》，澳门基金会，1998，第 111 页。

② 例如，李卓揆等撰，乾隆十五年（1750）刊的《香山县志·县城图》的城西门外建有天妃庙，其后邻为观音阁。印光任、张汝霖撰的《澳门记略》的"前山寨图"也有"天妃宫"与"观音阁"前后相邻。

米高的微型的石构土地神祠，内有石刻土地神主和观音瓷像数个等。（图 3 ～ 4）院场的右端为一最大的神殿，现在也是供奉天后的，但门额刻字则为"正觉禅林"，表明此殿本来是不属于天妃庙的另一独立的禅院名叫"正觉禅林"，至现代才被改建并成为妈祖阁之一大殿。[①] 所以，该庙虽然以妈祖信仰崇拜为主而著称于世，实际上包容了南禅佛教的成分在其中。庙后靠山虽小巧而蕴秀，山上属于庙宇范围的天然石壁、石岩上遍布"摩崖石刻"，上面刻有数十款历代文人武将、禅僧墨客的诗词题记，具有很高的历史文物价值。每年的天后诞、观音诞以及农历除夕、新年等传统节日，妈祖阁香火旺盛，前来进香的信众络绎不绝。除旧迎新之际带头主持进香者或为澳葡政府的总督，这隐含此庙原为中国官庙之一点遗风。在今普济禅院祖师堂的《西天东土历代祖师菩萨莲座》中，属于大汕一支而曾任妈阁或正觉住持的僧人莲座有："洞宗三十四世飞来主席、妈阁住持景曦旸老和尚"，"洞宗三十五世海幢当代、妈阁住持默潭达老和尚"，"洞宗三十六世妈阁住持遐龄大师"，"洞宗第三十七世普济、正觉主席慈航慈老大师"，"洞宗三十八世正觉主席广因永老大师"，"洞宗三十八世普济、正觉、莲峰住持慧因大师"。[②] 现该庙内早已没有出家僧人常住，目前仅由普济禅院住持机修大师（即慧因大师的继任人）兼任该庙住持。各殿阁神祠的香火清洁，皆由世俗男女管理。据机修大师解释，妈阁的正觉禅林之所以没有自己的祖师堂，而广因永老大师以前历任主席住持的莲座皆设于普济禅院，原因就是这些僧人原本就是普济的徒子徒孙，由普济派出分管正觉的。例如，广因就是慧因的师兄弟，依鼎湖山庆云寺的世次，是印字之下的永字辈，其莲座称"广因永老大师"的"永"字就是明证。

虽然，现该庙门前立有澳门政府的说明牌，指该庙"在 1555 年葡萄牙海军第一次登岸前建成"（图 5），庙内还竖有 1984 年立的"妈祖阁五百年纪念碑"，但据李凤的建庙石刻、神山第一亭门口石横梁上的万历三十三年

---

① 据道光《香山县志》卷五《寺观》引《采访册》说："正觉禅院在澳门妈祖阁海觉石下。"又查澳门《大众报》编印的 1959 ～ 1960 年《澳门工商年鉴》仍在"妈阁庙"专节以外，另立"正觉禅林"专节说："有正觉禅林者……建于康熙年间……院内有禅房三楹，客堂前满植盘栽……院内有漳泉义学……至后方旷地，则辟为百姓祠，凡客死异乡，无亲友供香火者，均得附祀于此。"但是，现在院内已无义学及百姓祠之踪影了。

② 转引自郑炜明、黄启臣《澳门宗教》，澳门基金会，1994，第 16 ～ 17 页。

（1605）建庙的石刻、道光九年（1829）赵允菁撰的《重修妈祖阁碑志》述其时该庙只有 200 余年等为证，足见该庙确为万历年间李凤等建，并无 500 年之久。而且今该庙前尚有官方建筑才有的两座旗杆础石，足证其本为官庙，而非坊间现时流传的民间私建之庙。由于其为澳门历史最悠久、最著名、传说最多之古庙，因而是最多人参拜游览，以及最多学者研究讨论的对象。又如曾流行极广的所谓外文 Macao、Macau 等是来自澳门妈阁的译音说，本人最近也发文提出了质疑否定。[①]（图 6）

图 2 法国摄影家于勒·埃及尔（Jules Itier）在 1844 年所摄影的妈祖阁正门，可惜以往此照常被反转印刷，笔者率先于 1998 年澳门大学中文学院主办的"澳门与中西文化国际学术研讨会"上发文纠正此误，现再将此照复正刊印，有关匾联的文字才清楚

---

① 谭世宝：《Macao、Macau（马交）与澳门、马角等词的考辨》，载《文化杂志》中文版，第 35 期，澳门文化司署，1998。《濠镜澳、澳门与 Macao 等的名实源流考辨》，载《文物》，1999 年第 11 期，北京，文物出版社，1999。

图3 观音与土地合供的祠宇

图4 妈祖阁内的佛、神合祭的祭坛

图5 镶嵌于妈祖阁外墙的金属铭牌说"该庙宇在1555年葡国海军第一次在澳门登岸前建成"，都是主观推测的，特别是所谓"1555年葡国海军第一次在澳门登岸"之说，是毫无史证的

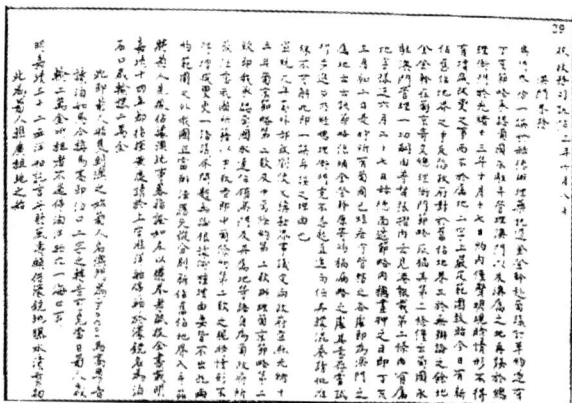

图6 1914年6月8日中国外交部请求派员调查澳门界务情形以作准备的说明书影印件（选自台湾中研院近代史所编印《澳门专档》第四册29号），其中据《赋役全书》所载明嘉靖十四年的史料指出："葡人船只到澳之始，葡人名澳门为Macao（马高），粤音读泊如马，今称马高，即泊口二字之转音。"

二　莲蓬（峰）山下的慈护宫与莲峰禅院

莲峰（蓬）庙位于澳门半岛"莲蓬山"下今提督大马路北头，创建于清康熙六十一年至雍正元年（1722～1723），本名莲蓬山"慈护宫"。① 后因山名被改为莲峰山，庙名亦被改称"莲峰庙"，现时正门匾额之名沿此。② 其始创之年自汪兆镛于1939年提出明季之说以来，便逐渐变成众说纷纭的疑案。当今主要有如下的误说流行：或说其建于明崇祯六年（1633）以前，

---

① 详见下文有关《鼎建纪事碑·莲蓬山慈护宫序》的论述。
② 道光九年祝淮主修的《香山县志·恭常都图》仍标此庙名"慈护宫"，同治、光绪的县志图沿之。今所悬挂于该庙正殿门之横木匾额名为"莲峰庙"，上款题："光绪二年岁次丙子重修"，下款题："知香山县事仁和许乃来敬书。"而许乃来实为嘉庆四年至七年（1799～1802）时的香山知县，此匾之题款会使人误会许乃来是光绪二年的香山知县。而汪兆镛《微尚斋诗稿续稿·己卯正月十三日偕张阆公莲峰庙礼佛作》诗之序云："庙在澳门莲花茎山麓，明季为楼墅和尚道场，旧名慈护宫，碑刻嵌壁。国朝道光十年（1830），香山县知县钱塘许乃来援西岳华山庙例，题门额曰莲峰庙，相沿至今"（转引自方宽烈《澳门当代诗词纪事》，第222页，澳门基金会，1996；而标点略有修改）。这就使人误会许乃来是道光十年的知县，其题此庙额是由此年一直相沿而悬挂至今天。至于汪氏又说此庙为楼墅和尚道场，也都是至今仍有相当影响的误说，今人误以为该庙创建于明代的各说，实滥觞于汪氏。

这固然是无据之猜测①；或说其建于万历三十年（1602）以前，所持之孤证颇有伪造之嫌疑（图7～8）；更有以此孤证加不具注来源的所谓"史料记载"，而定其创建于1592年②，这就更不可信了。总之，以上的后两说虽然日

图7 莲峰庙的明万历三十年（1602）匾与图8之匾字迹雷同，是其仿冒伪作之一大疑点

图8 普济禅院的清咸丰八年（1858）匾

① 前说是对汪兆镛的误说之继承发展。据《鼎湖山志》有关棲壑和尚曾于崇祯六年（1633）到香山讲经的记载，以及今莲峰庙内的祖师坛上祀奉棲壑为开山祖，便推断棲壑曾于此年到过澳门天妃庙讲经，并进一步推定：莲峰山下的天妃庙是在此年或其后建成的。其实这是臆断。莲峰庙的祖师牌位中列棲壑为鼎湖第一代祖师，在参（惨）为第二代。然后列"曹洞正宗博山下第四世文麟信大师莲座"等，是数十人集体共一大莲座神牌。单独居一座神牌的只有四人，首名即本寺开法祖师一本无相，其神牌上书："洞宗博山下第五世象林住持第五代开法莲峰无相本老和尚貌座。"其承传的祖师关系实际上是这样：他是棲壑的师侄，在惨的徒孙。其本师就是在惨的法子传信文麟和尚（即前述莲座中的"博山下第四世文麟信大师"）。棲壑是在1616年才成为鼎湖山的开山祖师，其师侄在惨是在1658年才继位为鼎湖第二代祖师。在惨于1664年建南海宝象林寺，1686年由传意空石继为宝象林第二代住持，空石去世于1707年，当由传扑雯衣继席。而一本无相之师为传信文麟，是为继雯衣之后的宝象林第四代住持。无相继文麟之后为第五代住持，兼开法澳门莲峰寺。因此，无相开法莲峰庙不会早于清康熙四十六年（1707）。观棲壑之传，一生从未踏足澳门半岛，其绝非是莲峰庙的开山祖师，可为定案。正如所有佛寺都奉释迦牟尼为始祖、所有禅宗寺院都尊达摩为初祖、所有洞宗博山派都奉元来无异为第一世祖师的道理一样，所有由棲壑的徒子徒孙在各地创建的庙宇，皆奉棲壑为本小宗派的初祖，明乎此中的关系，就不会把宗派的共同初祖与某一庙宇的开山祖师混为一谈了。

② 今莲峰庙内四角亭正面瓦檐下悬挂的金字巨型木匾，正中横书"中外流恩"，上款题"万历岁次壬寅年仲夏谷旦"，下款题"创建值事崔吟翰敬奉"。万历壬寅为1602年，有人据此而定莲峰庙创建于1602年，又有人据此而推断莲峰庙建于1602年以前，然后含混地说："据史科（料）记载，莲峰庙初时因陋就简创设于1592年"（见陈树荣《四百年古刹莲峰庙》，载《纪念林则徐巡阅澳门一百五十周年》，莲峰庙慈善值理会，1989。此类误说层出不穷，不再枚举）。

益普遍流行，但是所持理据皆不足信。① 根本原因，就在于前述持论者皆无视至今尚存的该庙一系列的创庙及修庙的碑记之准确而可信的权威记载。

因为莲峰庙与马角的天妃庙具有同是官、商共建，同把妈祖与观音共处一庙而分置于前后两间殿阁的特点，又因其建于马角庙之后，故又俗称"娘妈新庙"，略称"新庙"，故由此即可推断其始建年之上限不可能早于万历三十三年（1605），即妈祖阁的始建之年。又据今莲峰庙祖师堂内的祖师神牌位（图9），列鼎湖山庆云寺第二代祖师在惨和尚的徒孙一本无相为该庙的开法祖师，可进一步证明该庙的创建不会早于清康熙四十六年（1707）。② 再据清雍正元年（1723）罗复晋所撰《鼎建纪事碑·莲蓬山慈护宫序》之碑文③，可知今莲峰庙本名"莲蓬山慈护宫"（"慈"指大慈大悲的观世音菩萨；"护"指护国庇民的天后娘娘），该庙碑额名"鼎建（亦即创建）纪事"，意思就是表明其所记述者为创建该庙之时事。其内文记述筹建该庙的时间、选址、原因、过程、结果：

> ……独澳（门）为舆人所居，未有庙坛，以隆祀事。居者行者，恒叹于心。岁在壬寅，澳中诸君数十辈，偶集于入澳之莲蓬山，谋建庙于侧，以为二圣香火。因筮得吉，复得勤（襄）事者若而人，遂平基裂石，石随斧开；聚木取材，材随海至。人心欢协，时事顺适，不日告成。其外为天后殿，其内为观音殿，其后为无祀坛，其左为社、为客堂、为僧舍，统曰慈护宫。（图10）

---

① 此匾实为一伪造疑点甚多的孤证，因为庙内所有金、石、木刻都是清代的，独有此匾是明万历的，不可思议。历来论述莲峰庙的历史掌故者多矣，为何对于如此显著有力，而且是入庙门举头便见的有重要纪年创庙之匾，却一直没人提及？直到1986年李鹏翥的《澳门古今》也仍然没有提及此匾，只是靠楼壑的祖师牌位来推测其创庙之年。为何要到1989年在修建改装一新的莲峰庙举行纪念林则徐巡阅澳门150周年之时，才忽然有人"发现"了这块木匾的重要的历史年代价值呢？从考据学来说，这是它可能是后出伪造的极大疑点。对此，容后另文再详证。

② 同274页注①。

③ 此碑现镶嵌于今莲峰庙旁之莲峰普济学校的教师办公室内墙壁，以往只有章憎命（王文达）等人的掌故文章摘录过其中几句话，而从没有人提及其开头及结尾部分，以致有关建庙的年代及人员长期被误说掩盖。笔者有幸于澳门即将回归祖国之际，承蒙该庙值理会主席兼校长龚树根先生慨允笔者摄录此碑及其他各碑，从而得到最可信的原始证据，解开该庙的创建年代及规模等基本史实问题之谜。有关碑文的照片及校录说明，容后附文发表。在此谨向龚先生致衷心的感谢。此碑文详见本文附录1。

图 9　左起第二的神牌为"开法莲峰无相本老和尚貌座"，可证该庙创建不早于清康熙四十六年（1707）

　　由此可见该庙鼎建筹划于康熙六十一年壬寅之岁（1722），完全是在莲蓬山脚侧选一新址，劈山裂石而开基创建的。因为此前该处并无旧庙存在，所以说"未有坛庙"。由于众志同心，官、商协力，该庙工程虽宏大但进行顺利，至次年秋撰写此碑文时，已建成了两大殿宇及社、无祀坛、客堂、僧舍等建筑的巨刹。以其至今尚保存完好的四角石亭及天后与观音

图10　清雍正元年（1723）罗复晋撰《鼎建纪事碑》照片，可证该庙鼎建于1723年，以及该山原名莲蓬山。碑文内容见附录1

两殿，与明万历时所建的马角天妃庙的神山第一亭及其后的天妃神龛，以及较后建的观音阁等比较，就可以看出莲蓬庙的亭、殿建筑之高大，已达到马角庙同类建筑的两倍。如果我们尊重和相信鼎建碑的纪事是真实的，我们就应该而且可以确定该庙是在 1722～1723 年间劈石开基创建的，而且是一次性把天后殿与观音殿等建筑群配套建成，并非如以往澳门坊间流行的掌故传说所言，是在已有多年的一小间天妃庙的基础上再陆续加建观音殿等建筑物而成。因为其后乾嘉年间该庙重修、扩建的碑记，都公认此鼎建纪事碑所记述的这些创庙的年代及规模等基本史实。例如，乾隆十七年（1752）卢文起撰的《重修观音殿碑记·观音大士殿宇记》说：

> 其中基址广延，肇造宏丽，惟兹莲峰慈护一宫，直并象教鹫岭。其前为天后宫，其后为观音殿，建自雍正元年，迄今 30 余载矣。①

此碑记之权威性不仅在于撰碑文者为清朝中央政府的户部郎中，以及领头署衔、名捐资修建庙宇的有摄香山县事、左营关闸汛总司、左营都司、粤海关管理澳门税务等地方政、军、财的官员，还在于其末尾写有"……住持僧无相仝建"。（图 11）因为无相就是该庙祖师堂中列作开法祖师的一本无相。由此可推知，作为南海宝象林寺第五代住持的无相，当是在雍正元年莲蓬庙建成后即被礼请来担任开法的首任住持僧，一直到乾隆十七年仍在任。由他与其他地方官员共同主持重建的碑记，来再次确认该庙 30 年前的雍正元年的创建史实，当然毋庸置疑，更不可用当今才出现流行的一些传说、来历可疑的木匾来推翻或改变。又如嘉庆六年（1801）何昶所撰的《重修莲峰庙题名碑记》②，也再次肯定地说：

> 唯庙创于雍正初，部郎罗君（按：指罗复晋）记之。（图 12）

---

① 此碑今藏地点同第 275 页注③所述之碑。详见本文附录 2。
② 此碑现镶藏于莲峰普济学校施绮莲博士图书馆内墙壁。详见本文附录 3。

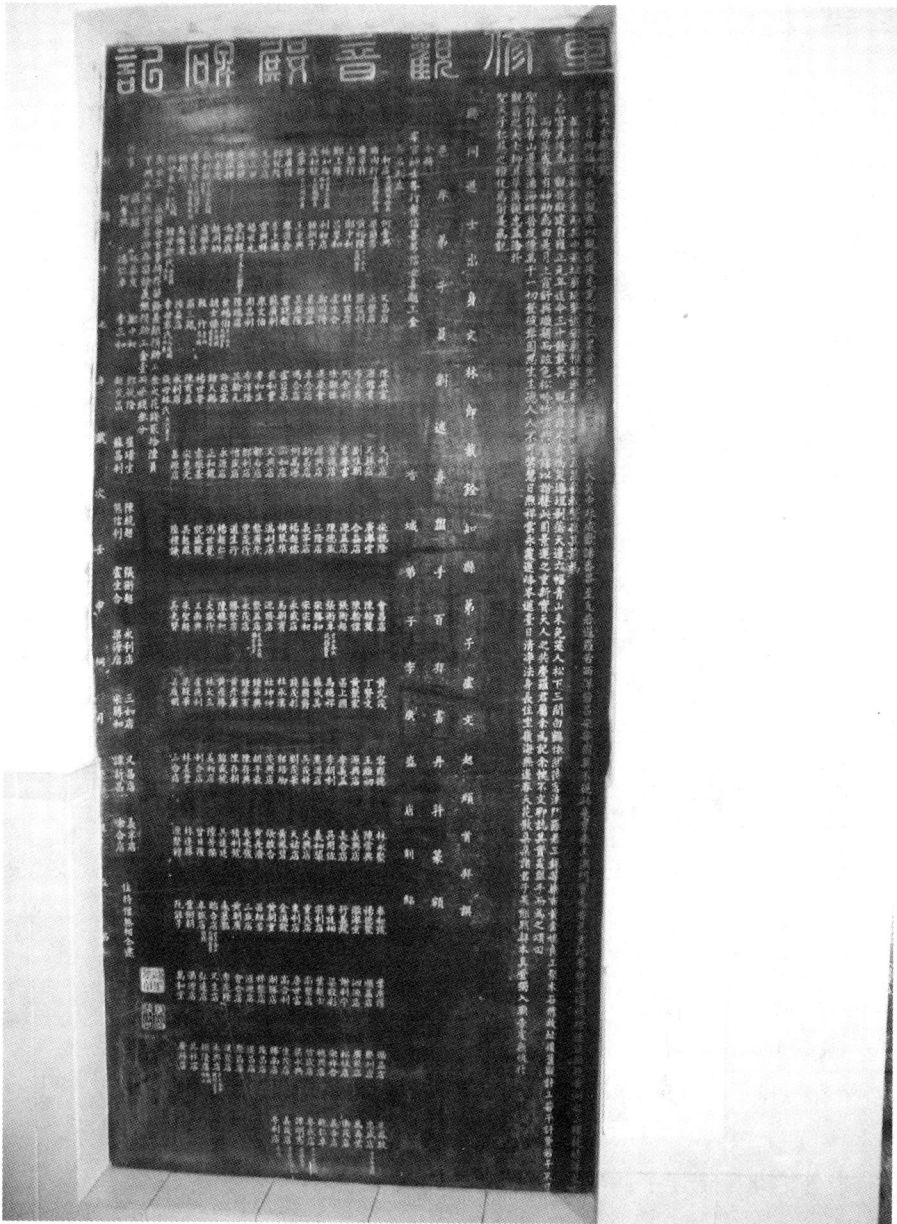

图 11　清乾隆十七年（1752）卢文起撰《重修观音殿碑记》照片，碑文内容见附录 2，可为该庙始建于 1723 年及无相参与始建之证

图 12　清嘉庆六年（1801）何昶撰《重修莲峰庙题名碑记》局部照片，碑文内容见附录 3，为该庙始建于 1723 年的又一证据

另外，此碑记述了此年重修后庙殿构成格局为：

> 天后殿居前，中为观音殿，后文昌阁，左关帝殿，右仁寿殿。

所增加的有居后文昌阁，以及分居左、右的关帝殿、仁寿殿。规模较前扩增达一倍之多，所以碑文接着说：

堂皇而深，瑰伟绝特，较前倍之。

至今莲峰庙后的文昌阁虽已荡然无存，只剩规模宏大的台基遗址，但仍然可以想见其当年的"堂皇而深"。但是左关帝殿，右仁寿殿，中间前为天后殿、后为观音殿的格局，以及客堂、僧舍，社稷坛、无祀坛等附属建筑设施，虽然有的移位变迁，而且后来又在奉祀神农的仁寿殿后增建仓颉和沮诵殿，在其后座又增建金花和痘母殿，但是嘉庆六年重修的莲峰庙的基本结构都保存至今。现在是既有僧人住持，又有在家人管理的众多神、佛合一的庙宇。而民国九年（1920）在庙内附设的莲峰义学，至今已办成有小学及幼儿园的莲峰普济学校，校舍面积有 3500 多平方米，与莲峰庙的仁寿殿为一壁之隔邻。

因为该庙靠近古关闸，故曾被葡人称为"关闸庙"。由此可见其与中国官方的重要设施——关闸有密切的关系。中国官、商共建此庙于关闸附近的原因，当与万历时建天妃庙于内港入口处之原因相同，首先是为了满足官方祭祀的需要，其次是要为赴澳公干的官员提供客房行馆。而其时妈阁庙已被人借明清易代之际化公为私了，要有一新庙为官商公众服务。而该庙的选址位于从陆路进出澳门半岛的唯一通道——莲花茎关闸口之前，又位于由香山石岐至澳门半岛的望厦汛口码头之后，与清代设置的望厦汛口兵营相近，所以是处于连接香山县城与澳门半岛的官商民往来的水陆要津，显然是很符合建官庙之要求。所以随着澳门半岛的人口与国际商贸事业的迅速发展，以及中国政府在该地的各种衙署机构的增建，对该地的行政、军事、关税的控制与管治的加强等因素，都必然会导致此庙在清代前期不断得到官方主持重修扩建的结果。例如，嘉庆二十三年（1818）九月（？）日，由署广州澳门海防军民府兼管顺德香山二县捕务水利稽查澳门总口税务李（璋？）、广州澳门海防军民府摄理香山县正堂加十级纪录十次钟（英）两人联合发出的告示碑文说：

> 为出示勒石晓谕，以垂永久事。现据香山县县丞申称："澳外关内莲峰神庙，系合澳奉祀香火，又为各大宪按临驻节公所……"① （图 13）

---

① 由于从没有历史专业研究者全文著录此碑文，至今有关澳门史的论著，多据一些报纸掌故文章，如《澳门古今》第 98 页所载转录此碑文，故有如下漏误：1）发告示者只提钟英一人；2）"澳外"句衍一"之"字，漏一"神"字；3）"系合澳"句将"合"改录作"阖"而不加说明。本文所引据原碑文实录，原碑现镶嵌于莲峰普济学校图书馆门外左转角墙壁。详见本文附录 4。

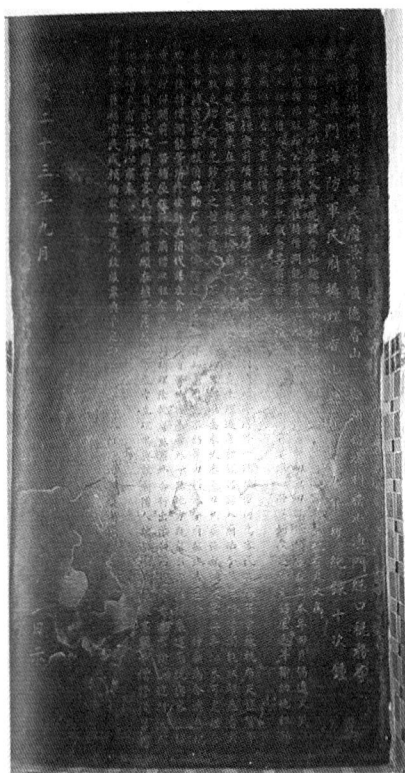

**图 13　清嘉庆二十三年（1818）九月由广州澳门海防军民府两位官员联署
的有关莲峰庙的告示碑照片（碑文内容见附录 4），可证该庙的官庙地位**

　　因此，县丞报告了官方虽然已将关前街、草堆街的铺屋地租拨供该庙
香火及住持僧润能等人生活之经费①，但尚嫌不足，还需其捐官廉银在营地
墟亭外一路地方起墟廊一条，交由该庙僧人管理出租给客民经商，收租供
庙之用。李、钟二官的告示即为批准此事，而竖碑勒石，晓谕当地绅民，
不要在日后侵犯官方赋予该庙的这些经济权利。因此，该庙的官方地位是
不容置疑的。直到道光十九年七月二十六日（1839 年 9 月 3 日），钦差大臣
林则徐会同两广总督邓廷桢率领香山县等地方官员巡阅澳门，过关闸即先
到莲峰庙关帝殿进香，然后在庙内传见租居澳门的葡人头目，宣示朝廷之

---

　　① 在祖师堂的四个莲座中润能居其一，上书："莲峰重兴住持菩萨戒比丘法名润能超老师太之
　　莲座。"又据 1843 年香山县丞张裕告示引润能禀称其为莲峰庙的第五世住持。详见附录 5。

恩威。① 该庙前广场上至今仍存有道光戊戌年（1838）香山知县三福、县丞彭邦晦竖立的两座旗杆础石②（图14），这是该庙原属于官方衙门机构产业的明显标志。从清代的《澳门记略》、道光《香山县志》的澳门图等可以看到，众多的中国庙宇只有莲峰庙及马角天妃庙的门前有两面官式旗帜立于础石上。其他私建之庙宇包括已发展为全澳规模最大的普济禅院，也是没有资格立旗杆础石在门前的。

图14 清道光戊戌年（1838）由香山县知县及县丞联名敬送给莲峰庙的旗杆础石，也可证该庙的官庙地位

直到道光二十三年（1843），香山县丞张裕仍出告示，以维护莲峰庙的官庙地位及权益。（图15）但是，自从1849年居澳葡人驱逐了中国驻澳门城及望厦地区的官员和衙署，侵占了整个澳门半岛之后，该庙就失去了中国官方的成分，终止了由中国官方支持维护的僧人拥有和管理该庙宇的历史。自1924年澳葡政府实行澳门社团法例后，澳门众多的中国古庙包括莲峰庙大都改由值理会主管。而主管莲峰庙的澳门莲峰庙慈善值理会，是以

① 《林则徐集·日记》，北京，中华书局，1962，第351页。
② 今人有指此旗杆础石是为纪念林则徐1839年巡阅澳门而立，又将三福误作汤聘三（见《林则徐与澳门》、《纪念林则徐巡阅澳门一百五十周年》的图片说明），皆误。

在家人为多数而且是在家人任主席组成的。虽然庙内的祖师堂仍供奉历代住持及僧人的莲座，但是自从与机修大师同时出家的莲峰最后一位徒孙净因圆寂后，该庙就没有本身的法脉子孙了。现在入住该庙的法师都是临时从中国内地请来的。

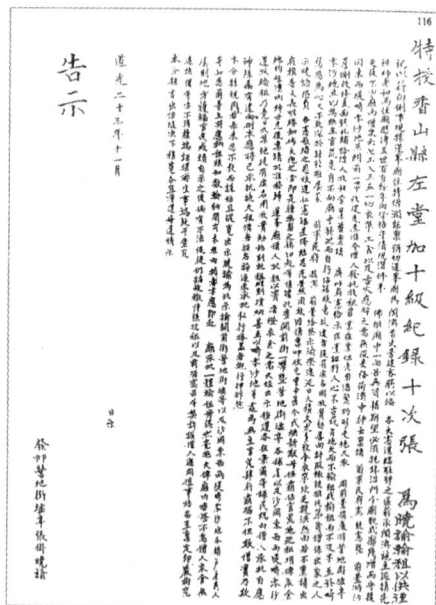

图15　清道光二十三年（1843）由香山县县丞张裕所发维护莲峰庙的官庙地位和收益的告示文稿影印件（选自台湾"中研院"近代史所编印《澳门专档》第一册116号），文稿内容见附录5

莲峰庙几经重修扩建，今日所见的庙貌为外庙三座，内殿二进，建筑宏伟，外貌庄严。现正殿首进为天后殿，高敞明亮，供奉护国庇民天后圣母，殿前是精美高大的四角石建亭台。正殿二进是观音殿，供奉"南无大慈大悲观世音菩萨"，观音左右两边分别供奉"南无地藏王菩萨"和"护法韦驮尊天菩萨"，殿内有一座重300斤的乾隆古钟。左右两边有武帝殿、仁寿殿、神农医灵殿、仓颉殿、华光殿、太岁宝殿、金花痘母殿等，分别供奉各种各样的神灵，有惠福普主金花夫人、护幼保赤痘母元君、仓颉二圣、医灵菩萨、华光大帝、文昌帝君、关圣帝君、神医华佗、唐三藏法师玄奘师徒以及六十太岁等，殿堂之多，祀奉神灵之多，在全澳是仅有的，是佛教与官方及佛、道两教的各种神、佛大汇合的典型。

为了纪念 1839 年 9 月 3 日林则徐巡阅澳门 150 周年，1989 年莲峰庙值理会在该庙前广场左侧建造了港澳地区第一座花岗岩的林则徐纪念雕像，像高三米（连座五米）。1997 年，在澳门即将回归之际，值理会在澳门各界人士和广州博物馆的支持下，又在该林则徐雕像侧后建立了一座二层楼的林则徐纪念馆，纪念馆已于 1997 年 11 月正式开幕。

三 望厦村边的观音堂与普济禅院

位于今美副将大马路（原望厦村东边）的普济禅院，是今澳门地区最大的一间寺庙。其前身本名观音堂，因供奉观音菩萨而得名。据传说，在古望厦村的西面，原有一所观音古庙（即今俗称观音仔之庙），是土著村民所建，规模较小，每逢观音诞时，只许土著村民膜拜，排斥外地信众，因此当时居澳的闽籍人士便发起建成比原古庙更为轩昂的观音堂。[①] 虽然此类传说目前流传甚广，但并无可靠的史料作证，故不可当做信史。根据普济禅院祖师堂的《西天东土历代祖师菩萨莲座》所列，辈分最高的是"洞宗第二十九世开建长寿、飞来石濂大汕太祖太老和尚"，其次是被称为"洞宗第三十世庆余兴宗太祖太老和尚"，然后才是"洞宗三十一世普济第一代住持主席长寿循智法楷祖太老和尚"，传至现任住持机修大师的前任为"洞宗三十八世普济、正觉、莲峰住持慧因大师"。（图 16）所以，和棲壑、在犙只是被莲峰遥尊为祖师一样，大汕、兴宗也只是普济遥尊之祖师，其本人并没有亲临澳门普济任住持。作为普济第一代住持兼长寿的主席循智，辈分属大汕的徒孙辈。而大汕生于明崇祯六年（1633），卒于清康熙四十三年至四十四年间（1704～1705），其约在中年（即康熙初年）始南游广州，成为开建广州长寿寺和兼管清远飞来寺的一个禅宗派系的祖师。由此可以推断，作为其徒孙辈的循智，即使是嫩祖的老孙，其任普济第一代住持兼长

---

① 黄德鸿：《澳门新语》，澳门成人教育学会，1997，第 100～101 页。

寿主席之年，最早只能是与大汕开建长寿寺同时，而不能比之更早。① 当然，大汕为曹洞宗二十九世之说是其本人标新立异制造出来的。② 清代的曹洞宗僧人多出自湛然圆澄和无明慧经门下，其中，前者习称云门系，后者习称寿昌系。清初曹洞宗中影响较大的禅师，乃多出自寿昌系。石濂大汕就是属于曹洞宗寿昌系的僧人，关于其禅法传承，历来争论颇多。大汕的早期学法经历，难以详考。据称曾印法于觉浪道盛，他也自称是道盛的嗣法弟子。大汕的法嗣归属与岭南名士屈大均的态度大有关系。屈大均（1630～1696），初名绍隆，字介子、翁山，广东番禺人，原是岭南故国派禅师天然函是的弟子，法名今种。天然是无明慧经—博山元来—长庆道独一系的粤中两个"怪杰"之一，是岭南故国派禅师的领袖人物。后来屈大均离开天然而师从觉浪道盛，道盛与天然的老师道独是同辈，这样屈大均就从天然的弟子转而成为天然的同辈。大汕作为觉浪门人，就是出自屈大均的证明，但这种证明一直没有确切的证据。据曾为大汕好友而后与其反目的潘耒透露，"大汕掌握清远飞来寺而作为长寿寺下院，'翁山有力焉'，而大汕'称觉浪法嗣'，则翁山实证成之。大汕'初来广州，不过卖画观音，称讲师而已，忽为善知识，称觉浪法嗣，则翁山实证成之。翁山本从天然剃染，复为觉浪门人，后返初服，与天然诸法嗣不相得。见石濂爱其聪慧，谓英年可造，就不惜口业，力为证明。翁山乃亲见觉浪者，翁山既以石濂为觉浪之嗣，其谁曰非觉浪之嗣？于是俨然为法门中人，欲与天然为兄弟，视阿字、淡归皆侄辈，而天然父子决不与通，若弗闻也'。当时曹洞宗'大字'辈个别法徒承认大汕为觉浪法嗣这一既成的说法，乃是一种'通融'的作法。潘耒与大汕反目前，曾以同乡之谊，受大汕之托，携《传

---

① 有关普济禅院祖师堂莲座大汕一系在曹洞宗的世数排列，与一般通行的排列有异。按大汕自称是天界系的祖师觉浪道盛（洞宗三十三世）的法嗣，故此理应为洞宗三十四世。与博山系的函是、在犙是同宗异系的同辈兄弟。因此，如果循智确是大汕的徒孙辈，则应与在犙的徒孙——莲峰庙开法祖师无相为同辈。故其开创普济禅院的时年也应与无相开法莲峰相近。而慧因也因为是普济的子孙而按大汕一支的方法计算，被列为第三十八世，实际他本是博山系的第十五世鼎湖山庆云寺的第七十代住持印洁质良的受戒弟子，理应为洞宗第四十七世。

② 例如潘耒《致粤东当事书》指责大汕"……擅改洞宗世系，删去五代，更换二代"。原载《遂初堂别集》卷四，转引自大汕著，余思黎点校《海外纪事》的"前言"，北京，中华书局，1987。

灯正宗》刻版往嘉兴楞严寺，访洞庭大灯（同岑师）。潘未曾问大灯，'石濂果是贵同门否？答云：若论先师塔铭后，实无其名，因彼久行于广东，且为先师刻书，只得通融'，即是说，由于大汕出力为觉浪刻书，大灯及觉浪门人屈大均等，均'通融'地把大汕视作觉浪的法嗣"。[1]

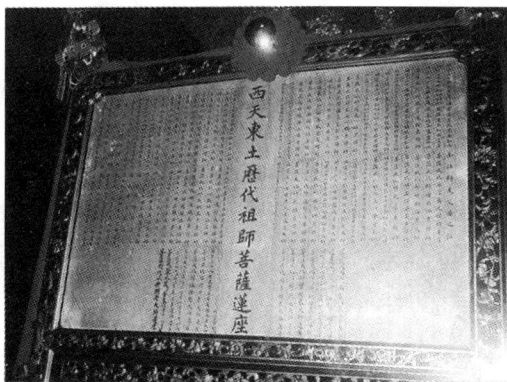

图 16　普济禅院的《历代祖师菩萨莲座》照片

　　大汕著有《证伪录》一书，批判由霁仑超永等编的有御制序的《五灯全书》。大汕反对《五灯全书》把觉浪定为曹洞宗三十三世之说，而将觉浪定为第二十八世，他自己当然也就是第二十九世传人。这一说法虽然在当时不能被大多数僧侣、文士所接受，但被澳门普济禅院所承认，原因就是该禅院实由大汕出资创建和发展，其实就是大汕一支的子孙庙。虽然大汕自我标榜为洞宗二十九世，给整个普济禅院的住持在洞宗的世次造成很大混乱和误差，但由于其本人及其后普济禅院几位住持的年代清楚，所以有助于确定普济首任住持循智的创庙年代不可能早于清康熙年间。例如，莲座所称与循智同为三十一世的"天澍注老大师"，应即普济《普同塔志》所提及的"雍正癸卯（1723）比丘天树（澍）"，由此可见，循智年位比天澍稍高而于康熙年间创庙是合理的推断。而被称为"洞宗博山下象林第十代普济住持、始创庆寿静持一览"，应即《普同塔志》提及的"乾隆丙午（1786）比丘静持"。静持一览之名正写应为一览静持，是博山下第五世的

----

① 姜伯勤师：《大汕大师与禅宗在澳门及南海的流播》，载《文化杂志》中文版第 13、14 期，澳门文化司署，1993。

一字辈，实为洞宗第三十六世。但依大汕的方法计算，静持可能被推前为洞宗的第三十二或三十三世。在其后的是被称为"洞宗三十四世长寿首座、重修普济"的秉机存老禅师，因其后第三十五世的"重修普济、庆寿两寺，主席长寿"的畅澜活老和尚，是在同治癸酉年（1873）重修普济普同塔的。故秉机存老禅师应是在嘉庆或咸丰年间重修普济禅院。

今天普济禅院祖堂中的《西天东土历代祖师菩萨莲座》，上写"洞宗第二十九世开建长寿飞来石濂大汕太祖太老和尚"，将大汕视为太祖师，尊崇备至。今禅院内设有祖师堂，是专门纪念大汕和尚的内堂，堂内悬挂着大汕的自画像。两旁的对联"长寿智灯传普济，峡山明月照莲峰"（图17），透露出这些寺院都属于大汕系统的密切关系。普济禅院后花园有一"大汕宗风"的牌坊（图18），为前任住持慧因于丁巳年（1977）所建立，更显示了大汕独树一帜的禅风至今绵延不绝。

图17　普济禅院的《历代祖师菩萨莲座》两旁的对联

图18　普济禅院的"大汕宗风"牌坊，表明了该禅院独特的禅风之渊源

1696年秋大汕自越南回广州后，出巨款修建长寿寺、峡山寺，并出资扩建由其徒孙循智创建的澳门普济禅院。澳门普济禅院是由大汕徒孙循智在澳门望厦村旧有的观音堂基础上创建的，故此是大汕长寿寺分支的下院

子孙庙。其前期五世的住持每每由长寿寺的首座兼任①，而其由普济本庙的子孙任住持，当自 1881 年 11 月 16 日广州长寿寺被捣毁之后。②

查现存文献中最早提及普济禅院之名者，为临济宗诗僧成鹫迹删于康熙三十一年（1692）写的《游澳门宿普济禅院赠云胜师》诗，而在此之前三年康熙皇帝才给普陀山观音道场的主刹赐额名"普济禅寺"，故有论者认为澳门观音堂取新名为普济禅院，是该寺住持僧和信众十分重视官方动向的表现。③ 笔者认为，这应是确定循智开始创建和住持该庙的年代的一个参考坐标。而循智所创建的普济禅院应是以原观音堂为基础的。乾隆年间的《澳门记略·县丞衙署图》在望厦村边仍只标出观音堂，当是因为普济禅院之新名尚未为人熟知而取代观音堂之旧名。总之，严格说普济禅院的创建年应在 1689～1692 年之间。至于其前身的观音堂及后来被其兼容并蓄的年代较早的近邻土地社、祀坛等的创建年代，都只可作为禅院的部分前身的创年，而且必须尽量讲清楚，不可含混或张冠李戴。

综上所述，普济禅院实由大汕的长寿寺派员及出资，而具体是由其徒孙循智创建和发展的。汪宗衍于 1938 年 3 月 5 日致信陈垣说："顷游普济寺，寺为大汕建。"但汪氏后来的著作指其为"重建"。④ 这后出的"重建"说，在当今的有关澳门掌故小品文以至专业的史学论著中都很流行，其实都是源于前任住持慧因（1931～1979 年在任）对天启七年（1627）的祀坛石、崇祯五年（1632）的铜钟与普济禅院的关系的误解。本来，慧因的前任济航是普济禅院土生土长的出家人，对普济禅院的早期历史及资料的掌握应不会比其后任的慧因差。他于 1928 年重修普济寺普同塔（塔）的碑志右边只刻写："乾隆丙午比丘静持募修，同治癸酉比丘畅澜重修。"左边刻写："岁次戊辰比丘济航再修。"（图 19）笔者认为，"募修"可能是指初建，也可能是指首次扩展的修建。因为普同塔本来是为一般寺僧营建的大

---

① 姜伯勤师：《澳门普济禅院所藏大汕自画像及大汕广南航行与重修普济的关连》，"澳门与中西文化国际学术研讨会"会议论文，澳门大学中文学院主办，1998。

② 姜伯勤师：《大汕禅师的澳门南海航行与唐船贸易圈中的禅宗信仰及妈祖礼拜》，载《澳门妈祖论文集》，澳门海事博物馆等编，1998。

③ 章文钦：《澳门与中华传统文化中的航海保护神》，载《澳门妈祖论文集》，澳门海事博物馆等编，1998。

④ 姜伯勤师：《大汕大师与禅宗在澳门及南海的流播》，载《文化杂志》中文版，第 13、14 期，澳门文化司署，1993 年第 2 季。

型合葬的墓塔，逻辑上只有在创庙的首批僧人中有人圆寂或即将圆寂，才会有营建墓塔的需要。而且是只有僧人众多的大庙，在圆寂者渐多的情况下，才有营建此类众僧共葬一塔的普同塔的需要。因此，在循智于康熙年间始草创普济禅院时，普同塔的创建应未提到该寺建设的日程上。在第三代的住持静持才开始营建普同塔，应是在适当的时候做了应做之事。由此可见，济航没有提及静持之前两代住持对此普同塔的任何贡献，不是对其创建史的忽略遗漏，而是因为实际上他们并无功于此普同塔的创建。否则，是绝对不会不写入此塔志的。但是，在济航之后的慧因另写的《普同塔志》却作了很大的修改增加，其内容如下：

普济普同，本山自天启三年由循智祖师斥衣钵（钵）资购下，崇祯五年建斯普同墙（塔），雍正癸卯比丘天树、乾隆丙午比丘静持、同治癸酉比丘畅澜均重修之。民国丙子墙（塔）渐损毁，比丘遐龄、比丘济航经营之，遂成今观焉。慧因志。（图20）

图19　1928年济航重修普济禅院普同塔的碑志，较为原始准确

图20　慧因新撰的普同塔碑志，内容增添而有点失实

　　慧因如果补充济航之后发生之事，当然是合理的。问题是所补充增加的内容，大都是在济航之前而为其所不记载之事，这就显得很奇怪而令人有理由质疑其所增加的内容之根据了。

　　所谓"本山自天启三年由循智祖师斥资购下，崇祯五年建斯普同墙（塔）"之说，其依据首先是来自对现藏于普济禅院的祀坛碑的纪年及其性质的误解。据一本著名掌故之书中的《澳门最古老的巨刹》一文说："由于缺乏碑志，普济禅院的兴建日期，至今难考。根据寺旁的寺坛，石上刻着'天启七年七月吉日立'，重修寺坛石碑则刻有'澳门望厦村之观音堂，创自明末天启年间……'等寥寥文字，可知禅院兴建不会迟于公元1627年。"[1] 而同书中紧接的另一小文《樟树小亭建殿堂》又说：该祀坛碑石"高逾四尺，是花岗岩石，俗称麻石，中间刻着'祀坛'两个大字，两边各有一行小字，一为'天启七年七月吉日立'，一为'南邑许望官喜舍'。"又据说，收藏此碑的小屋内还有两块重修望厦祀坛碑记：一块立于清朝道光十三年（1833），另一块立于清朝光绪八年（1882），碑上刻道："普济禅院

---

① 《澳门古今》，第213页。

祀坛之建创自明天启七年闽省南邑许望冠所造也向在院外之右"，"道光十三年集众捐资重修……将祀坛迁建于院内之花园俾香烟有赖且可免设司祠之人"。① 这前后两篇掌故小文所述有"寺坛"与"祀坛"之异，而所引"重修寺坛石碑"之文，又与两块"重修望厦祀坛碑记"的题名及内容都差异甚大。究竟其中是非对错如何呢？笔者曾亲到该屋考察拍照研究，证明前篇的"寺坛"及"寺坛石碑"和所引该石碑之文皆大误，实际是不存在那名为"寺坛石碑"之碑文。② 而后篇所记述的碑记名及引文，才是实存而且无误。笔者可进一步补充说明，该屋的门楣上镶嵌花岗岩石额，中正书："祀坛"，上款："道光十二年仲春"，下款："重修立石。"而屋内光绪八年之碑文如后篇之文所引述。③ 至于其提及而未引述的道光十三年的碑文首句更明确说："澳门望厦村普济禅院侧祀坛之建，前明天启七年……"都可证流行的祀坛碑石刻于天启二年（1622）之说实误。同时，上引碑记之题名及内文都表明该坛为望厦村的"祀坛"，而非观音堂或普济禅院的"寺坛"。重修碑记还表明此"祀坛"原本是在普济禅院之外右侧边的，而且在普济禅院创建之前约80年就已经竖立了，是在道光十三年的重修中才把它"迁建于院内之花园"。（图21－24）由此可见，此祀坛本来是不属禅院的。又据明邓迁《香山县志》卷三《坛庙》说："坛则不屋，达天阳也；庙则不坛，兼人享也；幽明屈伸之义也。国之大事在祀与戎，祀事孔明，后世所忽……"申《志》卷二《坛庙》所记与邓《志》基本相同。明清城乡之坛有社稷坛、风云雷雨山川坛、厉坛等，本来都是属于官方建立和主持拜祭的。普济禅院所藏的祀坛在县志中的本名为"厉坛"，至清初曾改名为"无祀坛"，后来才改称"义祀坛"或"祀坛"，又俗称"百姓祠"（见妈阁庙的掌故）或"百姓庙"（据机修大师口称望厦祀坛为百姓庙）。例如今莲峰庙旁就有一义祀坛（图25－26），在清代本名无祀坛，是用作祭祀无后裔的孤魂野鬼的。

---

① 《澳门古今》，第213～214页。
② 最近仍有记者发文说："祀坛内另一块重修碑遍寻不获，相信应是在入门处的左侧墙上。"见《澳门日报》，杨仁飞《小祀坛碑石可见证观音堂庙史》（上），1999年3月8日。子虚乌有之碑，是永远无寻获的，笔者奉劝世人不必再费心神寻此碑了。
③ 天启二年说见于布衣《澳门掌故》，香港，广角镜出版社，1979，第62页。黄启臣：《澳门历史》，澳门历史学会，1995，第252页。

图 21　普济禅院收藏明代祀坛古碑的屋外门额清代石刻

图 22　藏于屋内的明天启七年（1627）望厦村祀坛古碑

图 23　屋内左壁的清道光十三年（1833）"重修望厦村祀坛碑记"

图 24　清光绪八年（1882）的"迁建碑记"

图 25　莲峰庙旁的莲峰义祀坛外观

图 26　莲峰庙旁的莲峰义祀坛内貌

　　在明清的《香山县志》中，坛庙是属于官方建置的系统，与之相应的官方拜祭是属于"政经类"下的"祀典"，而佛寺、道观则多属于民间私建的，而另附入"古蹟（迹）类"之卷末。① 由此可证，此望厦村的祀坛本属行政村建之官方祀典之物，既不可能是属于纯民间私建的观音堂，也不可能属于同样是民间私建的普济禅院。至于妈阁庙有百姓祠，莲峰庙有无祀坛，则是因为它们自始就是官建之庙。把官方的坛庙都集中一处，当是因应澳门半岛地小而近乎城乡之间的客观环境。所以，此祀坛虽然现存于今普济禅院的花园内，但其最初实与禅院无涉，其纪年不可当做普济禅院的建年，也不可看做创建观音堂之佐证。可能慧因是既误会祀坛自始就是属于普济禅院的，又一时看错其建年为天启二年，所以就据此推出循智在天启二年已创建普济禅院的祀坛及在天启三年已斥资购塔山之说，并由此衍生出普济禅院创建于明天启二年或以前之说，诸如此类的误说互为支持，几十年来一直流行，就连现任住持机修大师也曾被误导而主张祀坛碑是建立于天启二年之说。② 慧因连实物尚存的祀坛年代尚且弄错几年，故据此来推断和补记普同塔的创建年代，出错也就不足为奇了。

至于慧因所谓循智于崇祯五年创建斯普同墙之说，唯一可资助证的就是道光《香山县志》卷五《金石·普济院钟款》曾载："右钟在澳门望厦村，款云：崇祯五年。"今人亦有据此而断普济禅院创建于崇祯五年以前。③其实，依正确的逻辑推论，这只能说明在望厦村普济院有一个崇祯五年的钟。而不能说这个钟是为普济禅院的创建而铸。如果普济禅院是创建于天启七年，则应该在当年就铸钟，不应等到崇祯五年才补铸或重铸。因此，这很可能是原观音堂的钟，因为该观音堂后来被康熙时才创建的普济禅院兼并，从而成了清代普济禅院之藏品。所以其款年不能作为普济禅院及其普同塔的建年之证。另外，据说此铜钟现悬于普济禅院的大雄宝殿，④ 但笔者实地研究，看到该钟实为铁铸而非铜钟，另外也没有某掌故文所说的重逾千斤。其铭文说：

---

① 见道光及光绪的《香山县志》卷首总目。
② 章文钦：《澳门与中华传统文化中的航海保护神》，载《澳门妈祖论文集》，澳门海事博物馆等编，1998。
③ 见《澳门古今》，第212、215～216页。其215页所引《香山县志》之小题《普济院钟款》变为内文之首句，且加一禅字，变成"普济禅院钟款，右钟在澳门望厦村……"有失准确。
④ 见《澳门古今》，第215页。

……钟壹口重四百余斤，奉于观音堂永远供奉，祈求诸事胜意。崇祯五年正月吉日立。（图27）

这与笔者上文的推断吻合。如果观音堂也是按常规，在建庙时即配置这永远供奉的铁钟，则由此可证望厦观音堂的创建是在崇祯五年。

图27　观音堂的崇祯五年（1632）铁钟，重四百余斤

此外，在观音殿两侧设有十八罗汉像。民间掌故流传说，其右边末座竖起右膝、发曲卷、上唇留一字胡子的，就是元朝来华的意大利威尼斯商人马可·波罗（Marco Polo）。（图28）而葡国的澳门史家徐萨斯（C. A. Montalto de Jesus）的名著《历史上的澳门》（*Historic Macao*）在记录此说的同时，又载另一传说，认为此像为人们因对一名葡萄牙人的敬意而把他神佛化。[①]　其实，马可·波罗被当成"德善尊者"罗汉源自浙江净慈寺。

---

① 〔葡〕徐萨斯（C. A. Moutalto de Jesus）著《历史上的澳门》（*Historic Macao*），黄鸿钊、李保平译，澳门基金会，2000。该书第19～20页说"在广州的五百罗汉寺中，一尊明显带有欧洲人特征的雕像（显然就是现在人们所说的马可·波罗像）曾被认为是几百年前因翻船而登岸的葡萄牙水手，他乐善好施，死后被敬为神明"。

（图 29）道光末年广州华林寺长老只园法师模仿浙江净慈寺的五百罗汉，在华林寺建五百罗汉堂，马可·波罗便已被引进了该罗汉堂。[1] 马可·波罗之所以被引入普济禅院的十八罗汉像中，当是因为普济有一任住持为"临济正宗华林第三十八世普济住持曜明相老大师"。今人既昧于澳门的早期乡村史、庙宇史，又不了解马可·波罗进入普济禅院十八罗汉的历史渊源，因而就有人误以为这罗汉像可以作为普济禅院创建于元朝之证。就连美国新墨西哥大学历史系主任乔纳森·彼特（Jonathan Porter）教授的《中国民间宗教与澳门的居民》一文，也说观音堂可能是于元朝修建的。[2] 而澳门政府旅游司出版的一本英文书《石刻中的编年史》也认为观音堂始建于 13 世纪。[3] 同时，澳门政府至今仍在普济禅院门前树立着一个金属铭牌，上有中、英、葡三种文字说："观音堂初建于元朝（1279～1308 年）。"（图 30）（按：元朝下限为 1368 年，此牌上的建庙之年，可谓错上加错，误导中外游人不浅，理应提出勘正）

图 28　普济禅院中传为马可·波罗的罗汉像

---

① 邓端本、欧安年等著《岭南掌故》下册，广州，广东旅游出版社，1997，第 455 页。
② 见《文化杂志》英文版，第 10 期，澳门文化司署，1990，第 51～67 页。同期《文化杂志》中文版也载此文，1993，第 29～41 页。
③ Shann Davies, *Chronicles in Stone*, Macau：Department of Tourism, 1985, p. 101.

图 29　传为马可·波罗或葡国某水手的广州五百罗汉寺的罗汉像，引自徐萨斯《历史上的澳门》

图 30　普济禅院外的银色金属铭牌称观音堂初建于元朝，严重失实

　　循智创建的普济禅院表面上是向康熙钦定的普陀山普济禅寺效法，实际上是奉行大汕所倡导的政治上的拒清和文化上的世俗化、儒商化的宗风。在清初的岭南乃至全国，由于朝代的变更，佛门中出现了故国派和新朝派的分野。这种分野和争执，实际上反映的是政治上不同趣向的斗争，也就是降清派和拒清派的斗争。在这一佛门纷争中，大汕毫无疑问是站在故国派一边的。大汕之所以披一头长发，以头陀行世，就含有不肯剃发，不肯降清的意思。大汕的著作《离六堂集》在乾隆年间被列入《禁书总目》的《浙江省查办应缴应毁书目》和《江苏省奏缴咨禁书目》这一事实，也一定程度上证明了大汕的反清倾向。在越南《大南实录》中也保存了大汕不肯降清的旁证：

　　　　石濂和尚，号大汕厂翁氏，清浙西人，博雅恢奇。凡星象、律历、衍射、理数、篆隶、丹青之属，无有不会，而尤长于诗。明季清人入帝中国，濂义不肯臣，乃拜辞老母，剃发投禅。[1]

　　大汕作为开创南禅一支派的宗师，绝非等闲之辈。其性格异常复杂，既有十分超卓高贵的一面，也有不受一般的清规戒律所约束局限的一面，有时甚至交结权贵而行为狂放，惊世骇俗。潘耒在《救狂后语》中曾指责他是"臂带金镯"、"衣红衫、着红褂"的"人妖"。对此，大汕提出了他著名的命题："茶坊酒肆为佛事，柳巷花街作道场。"认为自己放浪形骸的所作所为，其实与佛教的思想并不相悖，而是"逆行菩萨"，是"过量境界"。这一命题的提出，"说明他已在宗教伦理的'俗世化'方面走得非常远"，也"反映了清初苏州及广东城市商品货币关系发展中的市井风俗"。[2]

　　大汕的禅法思想和人格特征，包括其俗世化倾向、三教合一观念、禅净一致理论与实践、不忍忘世的情怀、富有商人气息的风格等。所有这一切，都对澳门佛教的发展产生了重大的影响。

---

[1]　《大南实录·大南列传前篇·石濂传》。
[2]　姜伯勤师：《大汕大师与禅宗在澳门及南海的流播》，载《文化杂志》中文版第13、14期，澳门文化司署，1993。

大汕晚年虽然受到清朝当局的逮解和许多士大夫的冷落与批评，被贬为"混迹法门，追逐名利的投机家"，被称为"妖僧"，以至于死于押解途中，但在澳门，由于普济禅院是大汕派人和出资创立的子孙庙，更由于他开创的宗风很适应澳门地区的禅院的生存发展，深得其徒子徒孙及广大信众（包括官民士庶）的信仰和坚持，故普济禅院的发展超过了澳门其他庙宇，成为目前澳门中式庙宇中规模最大的一座。其政治文化意义，既在于使有清一代的具有拒清思想的教内外的僧人文士有一雅集之所，同时又在葡人统治澳门的百多年间成为弘扬中国传统宗教文化的重要中心。至今普济禅院仍存有清初著名的一些禅僧，诸如临济宗成鹫迹删的草书屏条，曹洞宗天然函昰的行书诗轴，淡归和尚的《丹霞日记》和行书条屏，还有历代著名文士，诸如董其昌、黎简、陈恭尹、刘墉、章太炎等人的墨宝。罗岸先画的《米南宫拜石图》以及近现代曾居留普济禅院的岭南画派大师高剑父、关山月等人的杰作。"普济禅院在三个多世纪中成为了在澳门这个中西文化杂陈的都市中保存和展示中华文化的中心地"①，这与大汕及其后历代住持僧的贡献是分不开的。

观音堂经过大汕、循智的改造创建为普济禅院之后，清嘉庆戊寅年（1818）又重修了一次。到咸丰年间，住持畅澜和尚发起募捐，于咸丰八年戊午（1858）大事重修。今日所见的普济禅院，其大致规模，即于是次重修扩建而奠定。本世纪初以来，该禅院历任住持济航（1939 年圆寂）、慧因（1979 年圆寂）和机修（现任）皆对禅院的建设作出了自己的巨大贡献。作为集澳门三大古禅院的现任住持于一身的机修大师，既是南禅大汕宗风的传人，又是澳门佛教南禅的古老传统的代表。他不但对弘扬佛教禅门的事业有突出的贡献，而且对澳门现实的社会政治文化也有参与和作出应有的贡献。他既是中华人民共和国澳门特别行政区的基本法起草委员会中唯一的一个佛教界的委员，又是首届澳门特别行政区行政长官推选委员会的两名佛教界的推委之一。可以说，机修大师是澳门人数众多的佛教传统派的领袖。

目前的普济禅院，已非望厦乡村的小庙，而是位于闹市中的巨型古刹

---

① 姜伯勤师：《大汕大师与禅宗在澳门及南海的流播》，载《文化杂志》中文版，第 13、14 期，澳门文化司署，1993。

静地，不但有历史悠久的佛像法器、殿堂和书画精品真迹等，而且在幽雅的园林中保存了1844年《中美望厦条约》签约处的旧址遗物。故平时信众游人不绝，每逢传统的佛教节日更是香火旺盛。特别是农历正月廿六日子时至亥时，是广东尤其是珠江三角洲各地包括港澳的观音堂、庙自古流行的"观音开库"的时刻。[①] 澳门普济禅院一直保持了其前身观音堂的这一传统习俗，各方善信如潮水般涌来向观音神像进香，其中想发财者是许愿借钱、已发财者是还愿还钱，热闹非常。

随着澳门于1999年回归祖国怀抱，澳门的三大古庙将会有新的发展，这是可以预期的。

图31　左为原有的莲蓬社稷之坛　　图32　右为被改为现在的莲峰社稷之坛

四·结语

总而言之，现在一般最常见的错误，就是缺乏对原始资料的全面发掘和细致研究，而又从个人的主观感情喜好出发，都想把古庙的历史往前推早一两百年，因而造成了澳门早期历史的极大混乱。所以，尽可能把现存的资料公布于世并作出客观理性的研究分析，澄清有关疑误问题，对于澳门全史的研究都有重要意义。本文遗漏问题，容后再作研究。

---

① 韩伯泉、陈三株：《广东地方神祇》"观音开库"，香港，中华书局，1992，第20～22页。

附 录

以下各碑点校体例：①录文尽量照原格式排列，原碑文每行之末尾加"｜"及空一字表示；②异体字加括号注今通行之字；③缺字少者加"□"，多者或难计其数者加括注说明；④篆印用"□"，并将篆文转录为楷书附于其旁。

附录 1：鼎建纪事碑

地点：镶嵌于莲峰普济学校的教师办公教室内墙壁，高：165cm，宽：77cm

篆额：（右起横书）鼎建纪事碑[①]

小题：（右边竖写，正楷）莲蓬山慈护宫序[②]

内文：（右起竖写，正楷）

五岭之南，皆濒大海，而澳门尤为南交极塞，明万历间，彝人叩准卢居聚，其族须载货与海外诸番往来，遂以其地为聚货之乡。｜而中华旅客，亦以其地为聚货之乡。然由陆而来，踰岭度山，路纡而阻险；由海而至，巨浪滔天，洪涛荡日。非有神相，不敢鼓枻而｜行。侧闻载货之舟，当风波震作，辄有祥云覆盖，赤火驻桅，其舟遂定。卜者谓祥云为观音降神，赤火为 天后显圣，以

---

① 时人有将此碑篆额及序题连录作《莲峰庙鼎建纪事碑莲峰山慈护宫序》（见《澳门总览》，澳门基金会，1996，第 387 页），加了"莲峰庙"及把"蓬"改作峰，皆不合实录的原则，而会使人误以为雍正元年时已有"莲峰庙"之名。其实此名为后来嘉庆年间香山知县许乃来所改。"莲蓬山"之名至乾隆六年岁次辛酉（1741）的观音殿铁钟的铭文上仍用，今人也有误录为"莲峰山"（见李鹏翥《澳门古今》，第 91 页）。至乾隆十七年（1752）卢文起所撰《重修观音殿碑记·观音大士殿字记》改称为"莲峰山"，但嘉庆六年（1801）何昶所撰《重修莲峰庙题名碑记》，内文用了"莲蓬山"与"莲峰庙"。此外，"莲蓬"之名又见于"莲蓬社稷之神"坛石刻。

② "莲蓬山"后又称为"莲花山"（见《巡视澳门记》、《澳门记略》），"莲峰"本是诗歌中对"莲蓬山"、"莲花山"的省称，峰字已含山之义，后再加字称"莲峰山"，变得重复费解。时人亦有录此题为《莲峰山慈护宫序》（见同前书页），今依原文作"莲蓬山"，下文同此。

二圣」为群生大母。其于舟人急遽，犹孩赤之呱呱，其极而救之也固宜。独澳为彝人所居，未有庙坛，以隆祀事。居者行者，恒叹于心。岁」在壬寅，澳中诸君数十辈，偶集于入澳之莲蓬山，览其奇胜，谋建庙于侧以为 二圣香火。因筮得吉，复得勷（襄）事者若而人，遂平」 基裂石，石随斧开；聚木取材，材随海至。人心欢协，时事顺适，不日告成。其外为 天后殿，其内为 观音殿，其后为无祀坛，其左」为社、为客堂、为僧舍，统曰慈护宫。予告假南还，偶游其地，与澳中诸亲友登莲蓬之顶。东望扶桑，西瞰瑶池，银波碧浪，万里澄空，」而南海孤屿，所谓罗万山、横琴山、零丁、鲅（鼓）角、牛角、飞沙，森森罗列，如髻如螺。庙旁则怪石峋嶙，如龙翔、如凤舞、如屏列千寻、如」铺席十亩，千形万象，不可名状。俯而睇之，芦花钓艇，与江凫出没于波心；近而听之，断屿（岸）渔歌，与羌（羌）笛游扬于水面。青洲烟树，隐含」出塞雄关；锦石烟村，间接望洋古寺。深叹其地擅山川之胜，其 神必萃天地之灵。况澳中人物日蕃，土风日上。春秋俎豆，集彼」都人士，济济跄跄，将使衣冠礼乐，大变其毛衣披发之风。其于」

圣天子休明之化，未尝无补焉。因述其事以为序。 旹（时）」

雍正元年岁次癸卯仲秋谷旦」

诰授朝议大夫户部河南清吏司郎中加三级罗复晋薰沐拜撰 □罗复晋 □荔山 □秋署」

广州督粮分府兼摄香山县事李烨题银壹两	香山协左营关闸汛总司刘发题银叁两
护理香山协副府事左营都司钱寿题银贰两	粤海关管理澳门税务事周镇题银贰两
黄楚合题银捌两七钱货银贰两贰钱	陆 积题银五两货银壹两四钱	谭宗利题银拾两货银壹两捌钱

黄楚合题银捌两七钱货银贰两贰钱	陆 积题银五两货银壹两四钱	谭宗利题银拾两货银壹两捌钱
谢冯兴题银玖两贰钱货银捌两五钱	冯德昌题银七两货银壹两壹钱	杨华盛题银伍两玖钱货银捌钱
首事崔五珠题银贰拾（?）贰两	区联合题银四两壹钱货银贰两	区源利题银玖两伍钱货银三两七钱
蔡璋合题银拾六两六钱货银四两玖钱	谭万信题银三两五钱货银贰两六钱	郭三多题银拾两零四钱货银叁两玖钱

杨华卷题银拾两零伍钱货　　吕兴源题银四两货银壹两七钱　　徐耀利题银五两四钱货银壹两
银壹两五钱　　　　　　　　　　　　　　　　　　　　　　　　五钱

（上接谭宗利行）殷聚乐题银贰两玖钱货银贰钱　　宋　利题银五两货银三两一钱

（上接杨华盛行）杨华联银伍两　　　　　　　　　陈有合题银贰两

（上接区源利行）朱三和题银四两六钱货银四　　文昌合题银七两货银一两　　□□（两印文待考）」
两贰钱

（上接郭三多行）杨恒盛题银四两八钱货银贰　　何会兴题银六两货银二两五钱
两捌钱

（上接徐耀利行）钟和合题银拾两货银一两　　　宋绍隆题银三两货银五钱
一钱

（谭世宝录文点校于 1999 年 4 月 10 日，补改于 2004 年 2 月 18 日。）

全碑简介及校注体例说明：

此碑篆刻于清雍正元年（1723），为澳门现存最古老的一块建庙纪事碑刻，极有历史研究的价值。但令人十分惊奇而可惜的是以往只有个别人曾引述其中个别句子，至今未见有人公开发表著录其全文，更谈不上对它作全面的研究论述了。笔者最近才幸运地承蒙莲峰庙值理会主席龚树根先生准予摄录此碑作研究之用，谨此致以衷心感谢。因为一直令人困惑的有关莲峰庙的创建年代之谜，将因此碑文而得到破解的确证。而有关葡人租居澳门的年代问题，以往众说纷纭，今据此碑文所载"明万历间，彝人叩准卢居聚"之证，也可明确定在明万历元年（1573）或以后。笔者除将另文发表研究分析结果外，特此发表原碑照片，并作录文点校如上，以供同好者共同利用研究之便。

附录 2：重修莲峰庙观音殿碑记

年代：清乾隆十七年（1752）
地点：莲峰庙莲峰普济学校教师办公教室内墙壁
作者：卢文起（广东香山）
书者：刘述熹（广东香山）
篆额：重修观音殿碑记（右起横书）
小题：《观音大士殿宇记》（小题及内文皆楷书右起竖写）

圣天子自御极以来，既观民以观我，复克宽而克仁。军叶重熙，慈德丕著，广矣大矣。中外咸欢，诸蕃毕至。凡若暹罗、若西洋、若吕宋等国，莫不从此来享来王。澳门实为香邑重地。层峦迢遰，绝磴逶迤。拱挹青洲之山，环绕绿洋之水，」
星桥萦暎（映），云榭参差。而其中基址广廷，肇造宏丽，惟兹莲峰慈护一宫，直并象教鹫岭。其前为」
天后宫，其后为 观音殿。建自雍正元年，迄今三十余载矣。观音殿木蠹为灾，墉（墙）垣剥落。天边六幅，青山未免笑（笑）人；松下三间，白鹤依然待客。澳门罗君三锡等乐布黄金，鸠良工，聚木石，修故址，复旧观。计工若干，计费若干，不日」
而告落成，若有神助焉。由是月上霞舒，与璇题而竝（并）色；松吟竹啸，共宝铎以谐声。此固景运之重新，实天人之共庆。罗君属余为记，余愧不文，聊志其实。爰盥手而为之颂曰：」
圣迹住香山，莲华涌海畔，普度亿万千，一切登彼岸。因思生生德，人人不可禁。慧日煦祥云，永覆莲峰岑。莲台月清净，法身长住坐。岭海无边春，天花散朵朵。诸君子果能默契本真，岂独入庙告虔，无愧于」
观音大士。抑且革薄从忠，益洽于」
圣天子仁慈之推化焉尔。是为记。」

赐 同 进 士 出 身 文 林 郎 截 铨 知 县 弟 子 卢 文 起 顿 首 拜 譔。」
邑 庠 弟 子 员 刘 述 熹 盥 手 百 拜 书 丹 并 篆 额。」
今将」
宰官绅士各行众善男信女喜题工金　　香城弟子李广盛店刻铭。」
芳名列左。」
三和店大花钱叁拾员何奋兴　又昌店　陈英富　又利店　宋穗隆　会昌店　黄允茂　容照德　林永聚　泰和号　业广隆　满益店　朱凤启」
猪肉行大花钱贰拾员梁兰芳　正聚店　唐修贵　又胜店　广泽堂　陈翰楚　丁贤文　王维初　陈常澳　杨德聚　顺益店　聚利店　忠盛店」
广孚行　黄裕隆以上各花钱伍员熊信利　李天秀　刘佳朝　合益店　陈翰伟　黄聚家　源兴店　义兴店　滋泽堂　泗源店　广聚店　万寿堂」
上架行　郑中和　杜吉店　何会利　常学富　源益店　张衡超　区上国　李义益　长合店　行义号　谢利宁　松桂店　洪茂店」

邓上隆　吕粤和　卢生合　涂显德　劳源店　陈德盛　张衡卓_{以上各花钱}贰员 马德祥　李朝利　吴用佐　李廷相　梁殿彩　宋祥合　义合店」

杨如梅_{以上各大花钱拾员}利和店　郑四得　莲庆会　厚兴店　三隆店　宋胜和　苏成美　惠源店　义和装　宗利店　叶超士　穗兴店　鲍仁卓」

茂和号_{大花钱捌员}钟朝子　莫锦益　卓合店　新昌店　义孚店　宋宗和 苏国爵　吴茂祥　天兴店　重茂店　南聚店　皆盛店　粤成店_{以上叁钱}」
正华号_{大花钱柒员}王东兴　吴广隆　冯合店　何万源　杨超儒　永盛店 钱茂彩　刘茂华　天祐店　东利店　唐世富　梁永兴　谭朝宪_{壹钱伍分}」

黄广隆　廖道合　霍廷超　卢巨昌　三如店　横琴埠　马朝宾　杜永汉　郭培卿　黄凤碧　金满号　高合利　生茂店　义茂店_{壹钱三分}」
邓悦隆　李上进　苏广利　崔和丰　又兴店　满利店　源胜店　杜坤仲　茂兴店　张启合　黄朝重　潮胜店　胜南店　粤利店_{壹钱}」
允昌店　霍兴祥　廖文伯　李和生　都合店　黎广茂　聚益店_{以上各花钱壹员}钟华兴　胡平最　黄长济　区维芳　祥聚店　茂昌店」

潘三田　杨世元　周昌利　李泽隆　都利店　丰茂行　永茂店　钟华有　陈存兴　义来号　三盛店　汇源店　遂昌店」
长盛号　丰利号_{以上各大花钱肆员}陆瑞店　吴翰元　怡盛店　道生行　胜聚店　黄彦广　陈存朝　积利号　黄朝广　会合店　聚昌店」
黄球辉　冯兴店　叶畅伯_{以上各大花钱叁员}许亚寓　永源店　杨超仁　陈穗超　黄彦胜　锦盛号　吴达廷　朱芳韶　李茂隆　汉聚店」
何泰友　赵同炳　胡士杰_{大花钱贰员半}钟天赐　正和号　冯世觉　大盛行　林太立　义和店　陆芳杰　眙合店_{以上各大花钱壹员}又生店　永兴店」
合利号_{以上各大花钱陆员}卢联彦　鞋　行　杨世荣　袁振基　就盛号　王南兴　卢德利　利合店　曾日隆　卓盛店伍钱　弘远店　隆店」
莲茂会_{大花钱肆员又银壹两贰钱}卢有昌　罗三锡　陈有益　宋惠光　吴起凤 朱圣魁　梁殿华　林义丰　林逢胜　业弼朝　满源店　其祥店」
脩船行　马派源　陆益店　永利店　昌源店　陆礼谦　吴光贤　梁严

明　三合店　源聚馆　阮能子　万和堂　广发店」

何母朱氏_{大花钱五员}　钟母郑氏_{大花钱五员}李母容氏_{大花钱四员}　张母林氏_{大花钱壹员}」

庚申年　盂兰会首事将存留余美银捐助工金大花钱贰拾陆员」

丁卯年演戏首事将存留余美银捐助工金壹两柒钱叁分」□（印文：满街圣人）　□（印文：万福攸同）」

罗三锡'林奕友　郑中和　邓悦隆　崔璟生　陈统超　张衡超　永利店　三如店　又昌店　义孚店」

首事　　　　　　　　　　　　　　　　　　　　　　住持僧无相仝建」

何奋兴　冯仁卓　李三和　赵允昌　苏昌利　熊信利　卢生合　梁源店　宋胜和　谭新昌　涂合店」

　　　乾隆十七年岁次壬申桐月谷旦立石」

注：此碑文再次记载此庙"建自雍正元年"。

附录3：重修莲峯（峰）庙题名碑记①

撰者：何泉（昶）
书者：赵允菁
时代：嘉庆六年辛酉季冬（1802年1月）
地点：莲峰普济学校施绮莲博士图书馆内墙壁镶嵌
碑额：重修莲峯（峰）庙题名碑记（额及内文楷书，额右起横书，内文右起竖书）

泉少时游　瀚星卢夫子门，得读所作莲峰庙碑记，知其地为山海之胜，亟欲一至，以快游观，未暇也。吾师语泉：邑东南百里，重岚叠嶂，峭然秀出，为凤凰山。蜿蜒曲折，趋南一路，为莲根；二十里，」为莲

---

① 此碑文再次肯定了莲峰（蓬）庙"创于雍正初"。
韩愈：《送廖道士序》云："最远而独为宗，其神必灵……中州清淑之气，于是焉穷。气之所穷，盛而不过，必婉蟺扶舆，磅礴而郁积。其水土之所生，神气之所感……意必有魁奇忠信材德之民生其间。"可知碑文是有删节而引用。

花，即濠镜澳也。将至里许，攒矗一峰，横截海中，奇秀甲于诸峰，曰莲蓬山。比拱凤皇，群山拥卫，如儿孙、如狮象。献奇呈恠（怪），骇（骇）目惊心！庙处莲蓬中，插天之石、拔地之树，嶙峋蝄螃，盘踞门外，赫然」濯然，不可仰视。韩昌黎所云："众（按：韩文'众'做'最'）远而独为宗，其神必灵"者，殆是之谓欤！又言昌黎谓清淑之气盛而不过，蜒（蜿）蟺扶舆，磅礴郁积，水土之生，神气之感，必有忠信才德之人生其间。盖忠信者，神明之所依，而涉海者之所凭也。」是岂独此都人幸，抑亦为诸番幸！助 国家之化，节风雨之平。于 神明卜之，亦于此都人卜之。盛气所钟，彬彬乎以忠信之本发才德之华，将骎骎乎日上也。㫤志吾 师言，以」为他日游左骖（验）。今春承司马丁公延㫤主凤山书院讲席，书院胎息凤皇，门临澳海，左则莲根路也。暇与诸同学仰止莲蓬山川人物，果如吾 师昔之所言。晋谒 神庙， 天后殿居前，中为」 观音殿，后 文昌阁，左 关帝殿，右仁寿殿。堂皇而深，壮丽而固，瑰伟绝特，较前倍之。妥神灵而肃观瞻，于是至矣！吾 师碑文，屹然殿侧，回环朗诵，恍如昨日，裴（徘）裏（徊）不忍去。首事崔世泽等以重修碑」文属㫤。唯庙创于雍正初，部郎罗君记之。继脩而记，为吾 师。再而孝廉杜君。兹又属于㫤。屈指吾 师时，五十余年矣。㫤亦老矣。辞不获命，即以闻于 师者次弟（第）忆述之，此外无能为役矣，谨志。」

原任江西广信府铅山县知县署德安南康崇义县事壬子科江西乡试同考官丁酉科举人榄溪何㫤薰沐拜撰□（印文篆书：何㫤之印）

□（印文篆书：鸿文）」

辛 酉 科 举 人 赵 允 菁 盥 手 拜 书」

署 理 广 东 香 山 协 镇 都 督 前 待（侍）卫 府 加 三 级 纪录 四 次 榄 溪 何 士 祥」

署 理 广 州 澳 门 海 防 军 民 府 加 四 级 纪 录 四 次 满 州三 多」

特 调 香 山 县 知 县 前 知 海 丰 县 事 加 十 四 级 纪 录 八次 癸 卯 科 举 人 仁 和 许 乃 来」

署 仁 化 县 知 县 香 山 县 县 丞 加 三 级 纪 录 二 次 武 进吴 兆 晋」

署香山县县丞加三级纪录二次黔南王峤」

管理粤海关澳门总口税务加三级纪录二次满州

赏纳哈」

澳门海防军民府左部总司樊安邦」

香山协镇左营总司冯昌盛」

南湾税口　妈阁税口　码头税口　关闸税口」

李致远 钟恒昌 黄永清 容大振 合兴号

梁文迥 马敦源 元吉号 梁大任 上全号

等仝重修勒诸石」

住持僧智海仝立」

值事　崔世泽

赵漱六 梁东源 天合号 梁士琼 协栈号

叶崇本 德聚号 仁昌号 陈明馨 昌源号

嘉 庆 六 年 岁 次 辛 酉 季 冬 吉 旦 芳 名 立 石」

附录 4：广州澳门海防军民府官员李（?）及钟英联衔发立告示碑①

时代：嘉庆二十三年（1818）9 月

地点：莲峰普济学校施绮莲博士图书馆门外墙壁镶嵌

内文：（右起竖排）

署广州澳门海防军民府兼管顺德香山二县捕务水利稽查澳门

总口税务李②

广州澳门海防军民府摄理香山县正堂加十级纪录十次钟③为」

---

① 此告示碑文确证莲峰庙的官庙性质。原文无题，此为录者据发告示者的官衔概括加称。录
文体例同前碑。

② 约在嘉庆二十三年前后曾任此职的李姓官员有李溁及李璋，此是其中一人还是另有其人，
现存疑待考。

③ 在嘉庆二十三年任此职的钟姓官员查实为钟英（正白旗人）。

出示勒石晓谕以垂永久事，现据香山县县丞①申称："澳外关内莲峰神庙，系合澳奉祀香火，又为各大宪按临驻节之公所。该庙住持僧润能等五六人虔奉庙规，清修安静，向无田亩，仅铺屋数间，本年四月偶遭火灾②，以」致香火缺乏，僧人衣食莫给，卑职念其穷苦，钞化维艰，先经准令关前、草堆一带察铺改建砖瓦铺屋，递年输纳地租，归」入该庙，以供香火。业经备文申报」

前署宪在案。但查前项租银无几，仍不足资赡。兹查营地、墟亭、簪外一路地方，向为客民摆摊，售卖苏杭布疋襟货等」项，卑职现已捐廉，在于该处起墟廊一条，批与客民，摆卖生理，递年租银，仍归入庙给，令该住持僧润能收租，庶香火不致」缺乏，僧人可免钞化之苦。惟虑人心不古，若不勒石竖碑以垂永久，未免日久废弛。或致启衅兴争，均未可定。理合」具文，申请宪台察核，俯赐勒石晓谕。俾附近绅民一律知悉，用垂不朽"等由，到本分府。据此，查莲峰神庙，为合澳奉祀」香火，住持僧润能等清修安静，必须代谋衣食之资。所有营地、墟亭、簪外一路地方，既据该县丞捐廉建廊，批与客（民），摆卖生理，并关前一带铺屋，统归入庙僧收租，自应如请办理。除批详立案外，合行出示，勒石晓谕。为此示谕（附）近绅民人」等知悉：自示之后，尔等客民，如有情愿在墟亭、簪外地方摆卖生理，俱与该庙僧人批租。廊屋损坏，亦听寺僧修复召租。」俾寺僧衣有出，得以肃奉」

神明。地方获福，官民咸赖。倘敢故违，或致启衅兴争，定即究惩不贷，各宜凛遵（毋违）。特示

嘉 庆 二 十 三 年 九 月　　　　　　　　　　　　　　日 示

（谭世宝录文点校于 2001 年 4 月 18 日。）

---

① 此年香山县丞为周飞鸿（湖南湘潭人）。见刘芳辑、章文钦校《清代澳门中文档案汇编》上册，澳门基金会，1999，第 30、394 页。

② 有关此次火灾及其引起的中葡官私铺屋、地产的矛盾纠纷，可参见刘芳辑、章文钦校《清代澳门中文档案汇编》，第 37～45 页。

附录5：道光二十三年（1843 或 1844 年）香山县县丞张裕告示稿[①]

特授香山县左堂加十级纪录十次张为晓谕输租以供禋祀以符向例事。现据莲峰庙住持僧润能[②]禀称："切[③]莲峰庙为闽澳香火，旁建客厅以备各大宪遥临驻驿之区。[④]前承闽澳施主延请先｜祖师老和尚[⑤]住庙，历传五世，百有余年。[⑥]向皆恪守清规，潜修奉 佛。惟庙中一向苦无资借，朔望必须托钵沿门。今庙貌式廓几增，而守护｜更复不少。庙内僧众六七，工人三五。一切衣单工食以及香火应酬之需，无从支给。荷澳中绅士禀请 前军民府宪、 县宪暨前台[⑦]，将沙｜冈东西堤畸零沙地并关前一带改建瓦屋，准令僧人发批、收租、管业在案。但支用浩繁，仍形支绌。又承周前台捐廉，将营地街墟亭｜簷侧改修瓦面。该此铺给僧人收租管业，曾禀请广州府宪，给示在业（案）。讵料人心不古，或有拖欠而不输租，或输租而不及半。至于畸｜零沙地，且以为无主官荒，竟有不向庙中发批而自

---

① 此为进驻和主管澳门的香山县县丞（即左堂，其时县丞衙署在望厦村。或说早已迁至澳门"内港北湾"，见章文钦《澳门历史文化》，北京，中华书局，1999 年，第 213 页）张裕（山东人）所发告示文稿（原件现藏台湾"中研院"，刊登于该院近代史研究所编印的《澳门专档》第一册 116 号）。此告示再次确证莲峰庙在清朝的官庙地位性质。此一官庙地位性质一直延续到 1843（或 1844）年以后，直至 1849 年葡人驱逐了清朝驻澳的左堂、关部等衙门官员和开始霸占所有澳门官私地权之后，莲峰庙的地位性质才开始改变。录文体例同前碑。

② "切"或录作"窃"，见王文达《澳门掌故》，澳门教育出版社，1999，第 54 页。

③ 此句的"旁建"或录作"旁连"，"驻驿"或录作"驻节"，且云记载于"三街会馆内的一方官碑"，载《中国澳门》，澳门日报，1999 年，第 335 页。今按原告示稿末只令"发仰营地街墟亭张挂晓谕"，并无刻碑之命。现查该馆不见此官碑踪影，其他文献亦无征，姑存疑待考。

④ 此即前录嘉庆二十三年（1818）的告示碑提及的住持僧润能。

⑤ 此"祖师老和尚"即前录乾隆十七年（1752）碑提及的住持僧无相，亦即莲峰庙祖师堂神位所列的开法祖师一本无相。

⑥ 由此 1843（或 1844）年上溯五世百余年，与鼎建碑等提及的雍正元年（1723）完全吻合，这可为莲峰庙的创建及承传历史年代提供一个正确的坐标。

⑦ "府宪"即前附录 4 碑的"署广州澳门海防军民府兼管顺德香山二县捕务水利稽查澳门总口税务李（?）"，"县宪"即前附录 4 碑的"广州澳门海防军民府摄理香山县正堂加十级纪录十次钟（英）"，"前台"即本告示下文提及的捐廉者"周前台"，亦即前附录 4 碑提及的香山县县丞周飞鸿。

行占踞。故意抗违者，徒有虚名，罔收实效。屡向讨取，辄被推延。第贫僧系出家之人」，慈悲为心，又不敢深于计较。虽屡蒙 前军民府宪、 县宪、 前台给发示谕①，奈迁延日久，积欠尤多。致令衣单缺乏，说法无由。若不禀请出」示晓谕，恐负各宪栽培之恩。 欣逢仁宪，福星降临，恩光普照。用敢沥情禀叩，伏乞重申旧令，式焕新猷。毋任霸占官荒，拖延租项。俾衣食」有赖，香火长明。胜如布大地之金，即是种无穷之福。"切赴等情，据此，查关前街一带暨营地街墟亭各铺屋，以及沙冈东西两堤畸零沙」地，均经澳内绅士先后禀请，批准拨归 莲峰庙僧人批租，以资香灯衣食之需。久经出示饬遵，各在案。尔等铺民，既向僧人承批，自应」遵照输租。乃竟日久禁弛，徒有虚名，罔收实效。始则批租，继则捐纳。甚至以畸零沙地等处为无主官荒，肆行霸踞。不但欺僧，实乃欺」神。殊属有违向例，本应将已承批拖欠租价者，按名拘追。未承批私人，私行搭者，概行押拆。然」本分县视民若赤，未忍不教而诛。姑且从宽，出示晓谕。为此，示谕：关前街、营地街墟亭，以及沙冈东西两堤畸零沙地各铺户店②民人」等知悉，尔等立将应纳租银如数输纳。间有未经由批者，亦应即赴 庙承批，一体输租，毋得丝毫拖欠。俾庙内香灯不息，僧人衣食无」虞。则地方获福，官民咸赖。自示之后，倘有不法棍徒，仍蹈故辙，恃强抗租，以及霸踞窝匪等弊，许该僧人邀同值事，指名呈禀，定即严拘究」追。该僧等亦不得借端诬捏，滋生事端，致干查究。

本分县言出法随，决不稍宽。各宜凛遵毋违，特示。

道 光 二 十 三 年 十 一 月   日 示③

告示

发仰营地街墟亭张挂晓谕

---

① 前附录4的告示碑即为其中之一。
② 此字残半不清，也有可能是居字。
③ 道光二十三年十一月十一日为公元1843年12月31日，若此告示发出之日为十二日以后，即为1844年，否则就是1843年。因原文稿未写明具体日期，故暂取两可之说。

（谭世宝录文点校于 1999 年 4 月 10 日。2001 年 4 月 2 日再校）

（原载黄晓峰主编《文化杂志》，澳门，澳门特别行政区政府文化局，第 42 期，2002 年春季刊；后收入谭世宝著《澳门历史文化探真》，北京，中华书局，2006；作者于 2009 年 6 月有所修订）

澳门普济禅院所藏大汕自画像及大汕广南航行与重修普济禅院的关连

姜伯勤*

自 1992 年以来，在饶宗颐先生启发下及郑炜明先生向导下，笔者数度参访了澳门普济禅院。笔者深深为这所观音堂在近代澳门文化史上的丰富内涵所震动。

继笔者于 1993 年发表《大汕大师与禅宗在澳门及南海的流播》[①]之后，1995 年又发表了《大汕禅师的澳门南海航行与唐船贸易圈中的禅宗信仰及妈祖礼拜——兼论 17～18 世纪之交唐船海客的宗教伦理》。[②]讨论之余，仍有如下一类问题有待探索，如：

（1）据汪宗衍先生记载，普济禅院祖堂曾供奉有大汕自画像，这一自画像的来龙去脉怎样？

（2）盛传大汕自广南归来后，以所获巨资重修长寿寺的同时亦重修了普济禅院。大汕与普济禅院的紧密关系究竟形成于何时？且与大汕往广南（今越南）的航行有何关联？1997 年 10～12 月，笔者在池田温先生关照下，得日本学术振兴会资助在东洋文库访问研究两个月。1960 年陈荆和先生出版的《十七世纪广南之新史料》[③]，就曾利用了东洋文库的藏书。此行使我有可能在陈荆和先生工作的启发下研读了《大南实录前编》、《大南一统志》

＊　中山大学历史系教授。

①　姜伯勤：《大汕大师与禅宗在澳门及南海的流播》，载《文化杂志》中文版第 13、14 期，澳门文化司署，1993。

②　姜伯勤：《大汕禅师的澳门南海航行与唐船贸易圈中的禅宗信仰及妈祖礼拜——兼论 17～18 世纪之交唐船海客的宗教伦理》，载《澳门妈祖论文集》，澳门，1998。

③　陈荆和：《十七世纪广南之新史料》，台北，1960，第 18 页。

诸书。1995 年以来，笔者为大汕自画像事又先后参观访问了普济禅院、广州美术馆、广州博物馆、香港中文大学文物馆及钱穆图书馆。兹就近年读书所得，对前述有待考究的问题作一补论。

一　澳门普济禅院祖堂大汕自画像及《莲座》考察

汪宗衍先生 1938 年 3 月 5 日致陈垣先生信云："顷游普济寺，寺为大汕建，有其自画像。"这是目前所见的有关普济禅院祖堂大汕自画像的较早的系年记录。也就是说，1938 年时，普济禅院已藏有此像。汪兆镛先生《岭南画征略》① 卷十一陈良玉《半帆亭修禊诗》条按语云："案澳门普济禅院有大汕小像，亦一头陀也。"则此像为带发的肖像。陈良玉《半帆亭修禊诗》，见《梅窝诗钞》。

季子著《艺林丛录》，载《大汕和尚与王渔洋》，略云：普济禅院里祖师堂供奉大汕自画像乙帧，有作披发头陀像，面孔和《离六堂集》卷首插图相同。曾见《石涛种松图》临本（在石涛年谱里），也是个头陀像，他们就是不肯剃发，不肯降清的意思。这一个头陀像是很有意义的。②

陈树荣先生指出，澳门普济禅院祖堂画像于 1940 年代曾在香港《大风》杂志发表。

查 1941 年 9 月 20 日在香港出版的《大风》半月刊第 98 期，封面发表了《大汕和尚自画像》，下署"遐菴藏"，则本作品的公开发表，当与叶遐菴先生有关。该像大汕当为跌坐，双足为僧袍遮住，酸枝椅前有两只空履。

今考广州美术馆藏卢振寰先生摹本与《大风》发表本几乎雷同。此摹本题"石濂大汕禅师遗像"，下题"民国十八年浴佛节后三日博罗卢镇（振）寰绘　番禺胡毅生题"。此像绘大汕红袈裟，头陀装，手执拂尘，坐酸枝椅上。也就是说，氏摹本作于 1929 年。

关于卢振寰摹本，黄般若先生《大汕和尚自画像》③ 一文曾提及：

---

① 汪兆镛著《岭南画征略》，汪宗衍增订。
② 季子：《大汕和尚与王渔洋》，载《艺林丛录》第三编，香港，1975。
③ 黄般若：《大汕和尚自画像》，载《黄般若美术文集》，北京，人民美术出版社，1997，第 47~48 页。

"写真"这部门的艺术，在我国历史上虽然有过不少的名家，也有过不少有趣味的艺坛逸事，但是写真的专家，实在也不多见，如大汕和尚的写真艺术的成就，大概在民国前这二百多年，也可算数一数二的人才了。十年前，我和文友严南方、画友叶因泉、谢启们，同游清远峡山飞来寺，曾和寺僧借观飞来寺的寺宝大汕自画像，大汕画广州各大丛林的高僧图，大汕十八应真像册，黎简的金刚经墨迹，高僧的画志，传神唯妙唯肖，而最精的还是大汕的自画像。该画高约三尺，宽约二尺，像蓄发，作头陀状，身披袈裟，用笔细静，设色妍丽，袈裟的织锦巧夺天工，而这像庄严肃穆，是最大的成功。

黄般若先生又云：

偶读陈良玉《半帆亭修禊诗》曰："初地何尝感废兴，一番谣诼到南能。把公遗像还堪笑，我亦居家有发僧。原注：（寺）康熙中曾构狱事，顷睹（观）石濂画像，乃一头陀。"想陈氏所见之大汕像，即为此图。抗战前一年，飞来寺住持，由六榕寺僧铁禅兼领，后铁禅借故"重新装裱"，把这几种名贵的广东文献，带来广东六榕寺……（现六榕寺存的大汕像，是画友卢振寰摹临的）。

原藏清远峡山寺（峡山寺为大汕长寿之下院）的大汕自画像，黄般若先生早年曾前往拜观，1937年左右该画又被带到六榕寺，卢先生因有此摹本。黄般若先生对此画评价极高，认为是18～19世纪200年间写真画的极品，并认为清代陈良玉所见之大汕遗像，亦当是此像。

考传世之大汕画像挂轴，不止此一幅。1940年香港举行的广东文物展览会，展出黄般若藏释大汕像，绘一青年披发大汕，席地而坐于一大蒲团上。姿态优雅，似不属黄般若先生在清远峡山寺所见的"庄严肃穆"之自画像。

普济禅院祖堂今有楹联云："长寿智灯传普济，峡山明月照莲峰。"也就是说，澳门普济禅院将广州长寿寺、清远峡山寺看做其"上院"。而峡山寺藏大汕自画像、澳门普济禅院藏大汕自画像及卢振寰先生摹本，当出于同一祖本。澳门普济禅院此自画像属于何时奉来，则待考。

考 1662 年顷，屈大均尚为僧人且法名释今种之时，曾前往澳门。印光任、张汝霖所著《澳门纪略》① 中，收入释今种澳门诗多首。其《澳门诗》云："南北双环内，诸番尽住楼。蔷薇蛮妇手，茉莉汉人头。香火归天主，钱刀在女流。筑城形势固，全粤有余忧。"屈大均 1662 年还俗，1669 年顷曾为在广州城内西横街狮子林"卖画观音"的大汕和尚护法。因此，如果屈大均（今种和尚）曾于 1662 年去澳门②，则当时大汕尚未开法于长寿寺。此后与普济禅院有密切关系的一位僧人是成鹫。邓之诚先生《清诗纪事初编》卷二"释成鹫《咸陟堂诗集》十八卷文集二十五卷"条有云：

> 与陶环、何绛结生死之交。环字握山，绛字不偕。致握山（陶环）地下书，屡言握山失却出家机会。盖以出家为隐语，即谋恢复再造。环、绛皆熟于海上，奉永历正朔者。故成鹫往澳门主普济禅院，又尝渡海至琼州，踪迹突兀，实有所图。③

考 1697 年（丁丑）即康熙三十六年，成鹫曾住澳门普济禅院，赋诗寄铁城东林诸子：

> 但得安居便死心，
> 写将人物寄东林。
> 番童久住谙华语，
> 鹦鹉初来学缺音。
> 两岸山光涵海镜，
> 六时钟韵杂风琴。
> 只愁关禁年年密，
> 未得开心纵步吟。

成鹫曾在香山东林庵住锡七年。此时在香山附近的普济禅院怀想香山

---

① 章文钦：《〈澳门纪略〉研究》，载《澳门与中华历史文化》，澳门，1995，第 147～148 页。
② 赵立人：《屈大均澳门之行》，载《岭峤春秋——岭南文化论集（四）》下，广州，1997，第 763 页。
③ 邓之诚：《清诗纪事初编》卷 2，上册，上海古籍出版社，1984，第 294～295 页。

东林诸子。邓之诚先生据其在普济禅院的活动，进一步推证其参与"复明"运动。①

次年，即 1698 年（康熙三十七年），成鹫离开香山入鼎湖山修志。而1698 年正是大汕于 1696 年秋自广南（越南）航海归来的第三年。邓之诚先生注意到，成鹫"与屈大均、梁佩兰皆有唱酬，独无一字及大汕，或深鄙之"。② 值得注意的是，大汕与前举北田五子何绛等亦有交结。1940 年香港广东文物展览会展出霍炎昌藏《明遗民诗屏（之一）》有北田何绛诗，诗云："康州城接粤江湄，处士门前花满陂。"《明遗民诗屏（之二）》则有"长寿大汕"诗，诗云："西江澄练色，南极俯清溪。古柏流杯影，新诗选叶题。海云销客傲，山月傍人低。且喜周□□，天长逸老楼。"③ 则某年某月某日大汕与何绛一起在西江之康州，与某处士家祝宴，时值冬日。则大汕与北田五子之何绛等有来往，俱为遗民。而成鹫之不提大汕，似与两人曾先后与普济禅院发生干系一事有关。

可以这样推测：1697 年（康熙三十六年），成鹫离开普济禅院去鼎湖山。此时正值大汕自广南携修寺巨款归来。正如传说所云，大汕回国后出资重修普济禅院。因此，大体从表面上看，1698 年（康熙三十七年）以后，大汕因重修普济禅院而被认为是普济禅院的太祖和尚。

今澳门普济禅院祖堂有《西天东土历代祖师菩萨莲座》，其中有：

洞宗第二十九世开建 长寿 飞来 石濂大汕太祖太老和尚

洞宗第三十世庆余兴宗太祖太老和尚

洞宗第三十一世普济第一代住持主席长寿循智法楷太祖太老和尚

洞宗第三十二世崇嵩老大师

洞宗博山下象林第十代 普济住持 始创庆寿 静持一览太老和尚

---

① 姜伯勤：《澳门莲峰庙与清初鼎湖山禅宗史——新见史料澳门莲峰庙〈西天东土历代祖师菩萨莲座〉研究》，载《文化杂志》中文版，第 39 期，1999。

② 邓之诚：《清诗纪事初编》卷 2，上册，上海古籍出版社，1984，第 294~295 页。

③ 《广东文物》卷 2《出品摄影》，119《明遗民诗屏之二》，上海书店，1990，第 44 页。

洞宗三十三世　长寿首座　真源潘老大师
　　　　　　　建首庆寿

洞宗三十四世　长寿首座　秉机存老禅师
　　　　　　　重修普济

　　此祖堂谱系似由秉机存老禅师作为长寿首座而重修普济寺时所追述。
则自大汕（二十九世）至秉机存（三十四世）之五世间，普济寺一直是由
长寿首座掌管，亦即普济寺被看做长寿寺的下院。

　　如前已述，石濂大汕作为开建长寿寺之太祖太老和尚，其正式管辖普
济寺应在 1698 年以后。1696 年（康熙三十五年）大汕自广南传法归来，携
回重修诸寺的巨款。因此，我们不能不对大汕在广南的航行再作一探讨。

二　释"澳门帆挂"：大汕词《渡江云·安南书聘》笺释

　　饶宗颐先生《清词与东南亚诸国》有云："清初，越南英宗（即义王福
溙）尝令国恩寺僧谢元韶（潮洲程乡人）如广东，延请石濂和尚南来，招
聘至再。"石濂即广州长寿庵住持……《离六堂集》附诗余，有《渡江云·
安南书聘》一首云：

　　羁縻荒服国，版图曾定，航海便风潮。澳门帆挂入，岭去分苆，
土地颇丰饶。曾通短札，在前王，未及新朝。那知到，臭名犹在，书
聘竟相招。

　　难消。兼金一笏，花杖藤条。更奇南香表，专使敬，黄封手举，
焕烂龙雕。春明约驾红船候，望甘霖，沾洒枯苗。谁说是，乘桴叹为
无聊。

　　饶先生云："词不见佳，但可备中越文化交流之故实。"又谓大汕"在
越所见山川风土，题咏甚多，载于《海外纪事》中，大率皆近体诗。惟
《渡江云》为倚声，尤可珍异。"[①] 陈荆和先生著有《十七世纪广南之新史

---

①　饶宗颐：《清词与东南亚诸国》，载《文辙》（下），台北，学生书局，1991，第 789～790 页。

料》。《胡适的日记》1962 年 2 月 5 日（旧历壬寅元旦）日记有云：

> 看陈荆和的《十七世纪广南之新史料》。新史料是影印的大汕（石
> 濂）和尚的《海外纪事》六卷，原藏四明卢氏抱经楼，后归东洋文
> 库。……大汕和尚于康熙三十三年（1694 年）受"大越王"阮福周的礼
> 请，乘海船到顺化；次年十一月回程遇风，又折回顺化，住到康熙三十
> 五年六月始回广州。《纪事》所记只是卅三年八月到次年十一月的事。
>
> 这个和尚能诗，能画，"多巧思"，能做海外买卖，赚了大钱，交
> 结名士贵人，是一个有大魄力的狂妄和尚。[①]

兹参据陈荆和先生书及《大南实录》、《大南列传》、《华夷变态》、《救
狂砭语》诸书，将该词笺释如下。

曾通短札，在前王，未及新朝。

案："前王"指广南大阮政权英宗即义王阮福溙。《大南列传前编》卷
六："英宗皇帝尝令谢元韶如东求高僧，闻濂饱禅学，乃往请。濂喜，遂与
元韶航海南来。既至，居之天姥寺，显宗皇帝尝召见，与谈禅教。上爱其
精博，甚宠异之，善几谏，亦有补益。"此记须订正者，"遂与元韶航海南
来"一语不确。

考《大南列传前编·谢元韶传》云："谢元韶，字焕碧，广东潮州程乡
县人，年十九，出家投报资寺，乃旷圆和尚之门徒也。太宗皇帝乙巳十七
年（1665 年），元韶从商舶南来，卓锡于归宁府，建十塔弥陀寺，广开象
教。寻往顺化（今承天府）富春山，造国恩寺，筑同普塔。寻奉英宗皇帝
命，如广东延请石濂和尚及法象法器。还，奉敕赐住持河中寺。临病集僧
众嘱祕语，授笔作偈曰：'寂寂镜无影，明明珠不容。堂堂物非物，寥寥空
勿空。'书罢，端然而寂，法腊八十一岁。受戒宰官门徒众等，造化门藏舍
利，奏请记铭，奉显宗皇帝赐谥曰'行端禅师'，因为之记而铭焉。"

谢元韶南渡广南在康熙四年（1665 年）。如陈荆和先生云："其卒年虽
无史文可征，但考上引文，当在明王（即显宗福周）登位初年，且在大汕

---

① 胡适：《胡适的日记》（手稿本）第十八册，"1862 年 2 月 5 日"条，台北，1990 年。

来越之前，即康熙三十年至三十三年上半年之间，盖《海外记事》未曾言及其名。"① 则词中之"曾通短札，在前王"即指英宗时谢元韶联络大汕事，其时大汕应已收到一短札。

那知到，臭名犹在，书聘竟相招。

案：大汕于广南颇有名望。《大南列传前编·石濂传》云："石濂和尚，号大汕，厂翁氏，清浙西人，博雅恢奇，凡星像律历衍射理数篆隶丹青之属，无有不会，而尤长于诗。明季清人入帝中国，濂义不肯臣，乃拜辞老母，剃发投禅，杖锡云游，凡山川名胜，足迹几遍。"

《华夷变态》卷22，元录八年乙亥（康熙三十四年，1695 年）三十六号广东船之唐人报告："广南王一向皈依佛教，素慕居住广东之长寿庵禅僧石莲道德盛成，故去秋曾差陈添官两名为专使，前往广东招聘。石莲有感广南王正信之心，召集僧俗弟子凡百人，于今年正月中旬，自广东出船。"②

难消。兼金一笏，花杖藤条。更奇南香表，专使敬，黄封手举，焕烂龙雕。

案：《海外纪事》卷一云："讵（甲戌年，1694 年）八月初四日，知客叩门，称大越国专使至。见之。使，闽人也，捧黄封甚谨，拜而将命享礼南金、花藤、黄绢、奇南之属。献毕，踧而请曰：大越国王驰慕老和上有年，今特焚香遥拜，奉尺书聘于狮子座前，伏乞道驾往化。允行，则国之福也。计自前王有书，并今凡三次矣。"

广南之国书常附贡品，南金即南国所产金子，花藤作藤杖用。奇南又作"琦南"，为香料。广南王三次以"国书"敦请大汕，其礼不谓不重。赵执信《因园集》卷五有《长寿庵赠石濂上人（近始浮海归自安南）》，又有《石公刻所著海外纪游集未竟，余因以观海诗属之，复有此赠》，又有《酬石上人惠日南藤杖因以为别》，则大汕每以日南藤杖为馈赠物。

春明约驾红船候，望甘霖，沾洒枯苗。

"春明约"，当指甲戌年（1694）约定，明春即乙亥（1695）年春天启

---

① 陈荆和：《十七世纪广南之新史料》，台北，1960，第 18 页。
② 《华夷变态》卷 22，东洋文库版，东京，1982。

程。陈恭尹《独漉堂集》卷三中有《乙亥元日送石公泛海之交趾说法》。

"红船",如谢方先生指出,越南海船都是沿海航行的船只,红船长狭如龙舟。大汕云"因识红船利涉,为人力强,虽海涛奔涌,而能杀其势使平以随舟也"。① "望甘霖,沾洒枯苗",乃因广南天旱,闻大汕有求雨法术事。樊昆吾著《南海百咏续编》云:大汕"附贾舶至安南,时方亢旱。国主募术士祈雨,汕乃大书寓门曰'头陀有甘霖出卖'。国人震传,迎至郊坛,观其所为。汕作法三日,而甘雨大霈。国主延居王宫"。

潘耒《救狂砭语》载《与长寿院主石濂书》云:"座下在广州出卖风云雷雨,居然登坛祈祷,一验一不验,既为广人所笑,何复以此夸于海外耶?"其《致粤东当事书》云:"又自言有出卖风雷之举,皆诡诞不经。"同书《再与石濂书》云:"往年广州苦旱,公大书于门出卖风雨,致有迎请登坛。初得微雨,而公云:此非吾法所得之雨,吾雨当于某方起云,某时发风,某刻降雨,当几寸几分,已而皆不验……赖王将军力救,乃得免。"②

又据《海外纪事》卷一有云:"国中左右丞相、四大屯营,及国元老东朝侯、学士豪德侯、王兄醴泉侯、韶阳侯诸大老数与接见。闻余在中华,有出卖风雷祈雨之举,欲启王请祈一坛。"又云"随论及祈雨事。余默然良久,答曰:不消祈祷,老僧远来,感王信心,聊以风调雨顺国泰民安八字相报"。则大汕似未于广南祈雨,而《南海百咏续编》所记似属传闻,不确。

案:大阮王礼请事,饶宗颐先生、陈荆和先生均有详释,仅综录如上。而此词之首尾之句,可作进一步补注。其首句有:

羁縻荒服国,版图曾定,航海便风潮。澳门帆挂入,岭去分苛,土地颇丰饶。

据《海外纪事》卷一,正月十五夜,大汕率百余人登舟于西濠,海船则候于黄浦。平明达黄浦,登海船。过午开船,经番禺、东莞。"将近虎门

① 大汕撰,余思黎点校《海外纪事》,北京,中华书局,1987,《前言》,第8~9页。
② 潘耒:《救狂砭语》、《救狂后语》,载《瓜蒂庵藏明清掌故丛刊》,《金陵览古(外二种)》,上海古籍出版社,1983。

里许，舟忽浅，盖沙阜游移"。"停舟夜半，北风骤作"，"比晓，风雨连天"，此"航海便风潮"是也。

所谓"澳门帆挂入"，乃如《海外记事》卷一所云："顷之，一人坐小舟来，乃粤海关差收税票者。停舟复加整顿，驾小船，往山溪取淡水。水柜皆满载。引路两小船遣去，哀小脚船载之舟中，便复张帆。"此"澳门帆挂入"之谓也。

考清康熙二十三年（1684）开海禁。康熙二十四年（1685）设粤海关。则1695年大汕南海航行已在粤海关开设十年之后。梁廷枏《粤海关志》卷七《设官》云：粤海关"廨舍在广东外城五仙门内，康熙二十四年以旧盐政署改建，又有行廨在香山县澳门，监督时出稽查……管理总口委员七员，一大关旗员，一澳门总口旗员……以澳门为夷人聚集重地，稽查澳夷船往回贸易，盘诘奸宄出没，均关紧要，是以向设立旗员防御两员，一驻大关总口，一驻澳门总口，每年请将军衙门选员前往弹压。一切关税事务于大关、澳门为总口，又分附十小口"。卷七云："盖澳门为粤海关五大总口之一，设有旗员防御一名，又有总书一名，柜书一名，家人二名，水手十五名，火夫二名，以稽察进澳洋船，盘诘奸宄出没。"

大汕所谓"一人坐小舟来，乃粤海关差收税票者"，此人或为粤海关澳门总口之"行役"。则大汕所乘商船在黄埔起航前，已办妥纳税及"税票"手续。大汕此次出航当经历了与粤海关交涉的过程。

潘耒《救狂砭语》之《再与长寿石濂书》云："通洋一节，汝既甘心为贾竖之事，亦不汝责。所责者，私出禁物耳。而汝抵赖言，衣笼枕箱，皆经盘验，方许放行。不观汝纪事中诸诗，今日怀拜将军，明日怀张方伯，今日怀丁榷使，明日怀陈广州。一省贵官，皆汝交厚，而谁盘汝之衣笼，谁验汝之箱箧乎？干禁之物，历历可指，而我不遽形之纸墨者，正恐有碍地方官也。"

又，潘耒《救狂后语·别录》，《李莱圃来书》云："即其往安南，乃贿李承差，诈称职官，借用顶帽朝服，送至彼国。"所示"借用顶帽朝服"，或系谣言。

大汕《海外纪事》卷一《渡洋歌·寄怀琅公大司马》末云："怀公建节南交州，吾意与海同悠悠。"同书卷三有《寄丁常侍涤光榷使》，谓广南阮氏"虽不明纲常，尚复知臣主。问我中朝彦，承恩近谁溥。为述丁黄门，奉命来大庾。耳目寄亲臣，边关托肺腑"。"大越请贡心，归为陈缕缕"。则大汕果然与皇家驻粤之宦官榷使有所交结，并希冀其将阮氏欲进贡的信息带到京城去。

又，此词之末句为：

谁说是，乘桴叹为无聊。

案：潘耒《救狂砭语》《与长寿院主石濂书》云："海禁甚严，今虽暂开，而私通外洋，阑出禁物，终非美事，纵无祸患，而以堂头为贾竖之事，亦恐有玷门风。"

大汕受此"私通外洋"的指控后，曾"勃然发怒"，次日致书潘耒二通，逐条驳斥。潘耒《再与石濂书》谓："汝不知悔悟，而徒强辩饰（是）非。"此《渡江云·安南书聘》之末句，亦可视为对潘耒之流指责大汕南海航行的一种反驳。

三 大汕在广南顺化禅林寺会安弥陀寺传戒

大汕自1695年2月27日（正月十五）起程后，正月二十七日抵达会安港外尖碧罗（Poulo Cham），正月二十八日到达阮福周政权所在之顺化城，并进住禅林寺。《海外纪事》卷一云："归至禅林，巳（已）三鼓矣。"

当日大汕见阮王福周于宫中，阮王笃信佛教，宫中"金相俨然，幡幢鱼磬与丛林无别"。大汕礼佛，"王自掌磬炷香。已而设香案，以师席奉，退居弟子列"。阮王对大汕说："弟子心慕老和上道风，亦既有年，今幸不我遐弃，愿垂开示，得正所从。"可见，阮王的宗教要求，是促成大汕此次南海航行传戒的主因之一。

至禅林寺下榻后，"未明，而官民男女填塞阶下，见必携银钱、槟榔、鲜果。礼拜已，顶戴而献，俗为之贺云。洎是弥月不绝"。大汕在禅林寺独居之室，作《上王启》一通。其中，大汕有诗云："昨岁瑶缄到五羊，群称重道出殊方。轻杯敢负三生约，大海真成一苇航。"又云："大鉴当年庾岭回，于今吾道又南开。译华未共鸠摩至，应现聊随宝志来。"大汕回应去年阮王的邀请，一心继承六祖大鉴惠能禅师的精神，向南传法，此"于今吾道又南开"之谓也。

考禅林寺见于《大南一统志》①，其卷二"寺观"条云：

> 禅林寺，在安旧社，相传石濂和尚所造，景致幽寂。伪西太师裴
> 得宜占为居所，及宜败，邑人因旧址修葺。本朝嘉隆年间，承天高皇
> 后损赀重修。今渐倾颓，止存正寺。寺左有大铜钟一颗，高四尺，腰
> 围六尺，厚四寸，旁刻："黎永盛十二年（1716 年）铸。"永盛，黎裕
> 尊年号也。嘉隆初，既克北城，载回登库。后修寺，移置于此。

大汕有《禅林即事诗》，唱咏禅林寺，有云："禅林卓立板桥头，横出
山冈细路幽。""薜萝影里容僧卧，梵呗声中散客愁"。又云："丈室三间覆
白茆，高丘半亩入青郊。门前沙浦无蔬甲，户外围墙尽竹梢。善病任他尘
事扰，避喧犹恐志人嘲。归期风人占河洛，卜得重离第六爻。"②

《大南一统志》谓禅林寺"相传石濂和尚所造"，其实是阮王福周 1695
年旧历二月初三在禅林寺为大汕起盖一新方丈。《海外纪事》卷一云：

> 至次日三鼓，闻外面喧噪声，乃内监官一人，工部官二人，领军
> 工盈千来盖房屋。平明，竹者、木者、夹茆者、削藤者、锹者、锸者，
> 乘屋而呼、穴坎而下者，连昏达曙，三日夜而成。方丈五间三十二楹，
> 四围走廊，梁楣板壁地板整截骞举，又库寮五间二十楹，同时告竣。③

大汕以禅林寺为传戒道场，遂榜诸山门云："特设三坛大戒，上列三师
七证，严结坛仪，对八步龙天，云集四众，令求戒者，自将生平所作所为，
有过无过，发露忏悔。尤必三坛羯磨，四次审难，清洁法器，方许摄受，
至有过重而不许进戒者。"

阮王福周阅读了此件的抄文后，云："僧不守戒律，将行牌各府拘僧徒
到老和上处，求受三坛具戒给与戒牒，方免其身役税钱。老和上宜出报单，

---

① 《大南一统志》，东京，昭和十六年印度支那研究会。
② 大汕撰，余思黎点校《海外纪事》卷 1，第 14 页。
③ 大汕撰，余思黎点校《海外纪事》卷 1，第 21 页。

通知四月初一至初八为三坛圆满可也。吾统眷属文武诸臣，凡信心者，俱求摄受为菩萨戒弟子，乞赐法名道号焉。"

先是大汕自广州出发时，相随僧众 100 余人，并有大宗戒场法器，终因船上四五百人，货物填委，遂半分僧众行李，从二船继发。三月十三日，后船入至顺化港。三月初，"十方求戒僧投单已有六百余人"，三月中，"是时求戒僧已盈千"。

戒场的建设及时完成，"于是左则云厨、禅堂、云水堂，右则伺寮、斋堂、读律堂，庵主寮中为戒坛"，"云水戒子二千余众，各供其职"。"至廿四日，戒子进堂，威仪驯习，庄严刹土。阖国来观，莫不欢喜，叹未曾有。"

四月，大汕举行了以下几场传戒活动。

沙弥戒：四月初一，传沙弥戒。阮王福周"设放堂斋表礼，亲到拈香，请上堂法语别录"。大汕且奉一札报阮王福周，云："故老僧持赠法名兴龙，别号天纵道人。"

比丘戒：四月初六日，传比丘戒。国母王兄设斋。

菩萨戒：四月初八日为佛诞日。"王就内院结坛，佛诞日率国母、公主、后宫眷属，同受菩萨戒。王自为一坛"。① 大汕为阮王开示书卷示之曰："今王皈依老僧，受持菩萨大戒"，"老僧因以紫罗衣一顶，书此为他日悟道契券。惟王护持自肯，方亲不负老僧拭目之望"。② 因此，阮王福周于丙子年（1696）作《本师〈海外纪事〉序》，署名"大越国阮福周受菩萨戒弟子法名兴龙顶礼撰于西宫觉王内院之净名方丈"。当日王率王母、公主、后宫眷属同受菩萨戒，并跪受护法金汤书。

四月九日，为众戒子圆菩萨戒。

四月十二日，"率国师两序，领新戒子行古佛乞食法于国中，兼谢王成就功德。王搭紫衣，两僧持加持锡具，侍迎于西便门，幢幡引导。两序僧并新戒一千四百余众，各搭衣持钵，步立整齐，同音称谢。王莞尔喜，劳延两序，入供斋侍新戒茶。添钵钱三百贯，米一百石，着军人衰至禅林寺，戒牒悉钤王印"。③

---

① 《海外纪事》卷2，第38页。
② 《海外纪事》卷2，第40页。
③ 《海外纪事》卷2，第41页。

旧历六月廿八日，大汕及其随员离开顺化，"将午，抵河中寺。……寺处平壤，三面临水"。《大南一统志》卷二"承天《寺观》"条："河中寺在富禄县河中社，本朝显宗年间僧人焕碧住持于此。"暮至海口停船。次日于临时搭建的水阁中见前来送行的国王。卅日，与阮王一道游圭峰永和寺。七月初一，大汕辞别明王，访三台寺。《大南一统志》卷五"广南《寺观》"条云："三台寺在五行山之西，多古迹名胜。"三台寺为弘果法师道场。

七月二日抵会安，住弥陀寺，大汕原拟自此上洋艚返国。七月三十日鸣锣起碇，但天气不佳，大汕被风阻于岣嵝山，又因病回住会安弥陀寺。"王遽命撤禅林（寺）方丈，另盖于天姥寺，差人候请。"大汕在写给留在顺化的联络僧庆愚后堂、天雨知客二人的信中说："刻下国王又差内官持书请老僧上顺化，言方丈寮室、厨库围房，从新造在天姥寺，供应俱备，专候行李。"

《海外纪事》卷五记大汕自会安由陆路回顺化，住天姥寺。略云：（十月）十五夜雨，抵天姥寺。寺，旧王府也，周垣古木，门啖清流，渔罾樵斧，往来晨夕，画梁藻棁，此中之杰构。作诗二首：

> 梵王宫阙阮王开，玉殿朱门生绿苔。
> 一代荣光余草木，千秋花雨结香台。
> 庭前云影山连水，槛外帆飞去复来。
> 未识谪仙天姥赋，梦游可是此中来？
> 当年王气出中流，霸业还归梵贝修。
> 石阙不留奏岁月，敕书尚载汉春秋。
> 海潮沙界三千里，风雨钟鸣百八州。
> 佛火一龛烧柏子，坐消寒月不知愁。①

此天姥寺后因大汕在此留住八阅月，而成为一大名胜地。《大南实录前编》卷八，《显宗孝明皇帝实录》下，甲午二十三年条：

> 夏六月，重修天姥寺。命掌奇宋德大等董其役。其制由山门而天

---

① 《海外纪事》卷5，第109页。

王殿、玉皇殿、大雄宝殿、说法堂、藏经楼，两旁则钟鼓楼、十王殿、云水堂、知味堂、禅堂、大悲殿、药师殿、僧寮禅舍不下数十所，皆金碧辉煌。阅一年，工完。上亲制碑文记之，遣人如清购大藏经与律论千余部置寺院。寺之前临江建钓台。上尝临幸焉。（时有浙西和尚，名大汕，字石濂，以禅见得幸，复归广东，以所赐名木，建长寿寺。今有遗蹟在焉。）

天姥寺由此亦成为阮福周纪念大汕传法兼本人进行佛事活动的名寺。

四　后论

大汕自乙亥年（1695）正月前往，至丙子年（1696）六月返回，在广南滞留约一年半。有两件事给大汕留下了深刻的印象。

（1）当时处于汉字文化圈的广南的中华式大乘佛教的发展，给大汕留下了深刻的印象。由此，大汕亦意识到他掌管的长寿寺乃至澳门普济寺在这一文化圈中可能有的地位。

大汕此行先后巡礼广南顺化禅林寺、河中寺、圭峰永和寺、五行山三台寺、会安弥陀寺、顺化天姥寺等。受其传戒者累计 2000 余人。

如果说暹罗等地是小乘上座部佛教的流行地区，广南则是汉式大乘佛教流行的地区。《大南一统志》卷二《寺观》载有众多寺名，如：光德寺、庆云寺、天印寺、富屋寺、光葆寺、葆山寺、延寿寺、报国寺、金仙寺、国恩寺、慧林寺、慈县寺、圆觉寺、禅林寺、普光寺、净土寺、东禅寺、天台内寺、圆通寺、天和寺、慈孝寺、祇园寺、祥云寺、金光寺、灵觉寺、法雨寺、慈林寺、绍隆教主寺、庆山寺、广济寺、德山寺、葆林寺、天兴寺、慧明寺、崇化寺、河中寺、沂江寺、山松寺、慧雨寺、博望寺、皇觉寺、伏县寺。同书卷三《僧释》"谢元韶"条记及归宁府十塔弥陀寺、富春山国恩寺。

《大南一统志》卷五《广南·寺观》条又有：三台寺、宝珠寺、龙兴寺（先朝敕赐）、永安寺、弥陀寺（在东安洲，金扁金联，今废）、福海寺、宝光寺、福林寺、万德寺。

《大南一统志》卷十五《寺观》有：灵云寺（在宜禄县安场社，唐高骈所建）。

在这些汉式大乘佛寺中，不乏汉地前往的移民。如《大南一统志》卷三《僧释》"觉灵"条："觉灵，号玄溪和尚，广东人，临济正派三十五世也。少好游侠，精武艺，以仇杀人，遂逃于禅。初航海至东浦，为游方僧。"

在拙稿《大汕大师与禅宗在澳门及南海的流播》一文中，曾指出：中国禅宗三祖僧灿弟子毗尼多流支，在越南弘法，其法徒自法贤（626 年）下传至依山（1213 年）凡十九世。中国禅宗在越南影响最大的有四家：百丈怀海、雪窦重显、大慧宗杲、圆悟克勤。①

当大汕赴广南时，阮氏政权提倡佛教，提倡禅宗，极力阻挡天主教的进入。《大南实录前编》卷七己卯八年秋七月、冬十月："复命嘉定查捕花郎道，凡西洋人卒居者并逐归国。"

面对这种形势，大汕深感他自己所担任住持的广州长寿寺，具有极其重要的地位，把长寿寺称作"十州三岛沙门总马头"。大汕所写《重建长寿因缘疏》云：

> 惟兹长寿，敕赐前朝。区落三城之西，襟带百粤之秀。历皇图六代，衲子家乡；坐知识四负，檀那信地。机缘始启，乃唐卢祖手植菩提；梦感中兴，实明按台囊捐俸禄。王御史留方勒铭，炳焕精蓝；憨大师挂钵哦诗，指挥心要。②

故大汕又在《请募供众钱粮缘引》中写道："广东乃四海五湖云水来龙口，长寿系十州三岛沙门总马头。"③ 基于这种认识，大汕在广南时，应已计划将澳门普济寺作为长寿寺这个"总马头"的下院，大汕以"四海五湖"的传法使命为己任，因而在自广南回来后便加强了与普济寺的联系。

（2）大汕到达阮氏政权顺化、会安等地时期，正值清康熙海禁初开、洋船贸易急剧上升时期，对远洋贸易具有参与精神的大汕，由此益加意识到澳门在广州—广南航线上的咽喉地位，这也促进了大汕对普济寺重修工

---

① 〔日〕久野芳隆：《安南的佛教》，载《南方圈的宗教》，东京，大东出版社，1942，第 151～186 页。
② 《海外纪事》卷 5，第 109～110 页。
③ 《海外纪事》卷 3，第 60 页。

程的参与。

《海外纪事》卷三记 1695 年旧历六月阮王福周对大汕的谈话："自老和上到来，果叨风调雨顺国泰民安八个字之惠。况往年洋船所到，多不过六七艘，今岁十六七艘，国用饶益，咸然福庇也。"① 这即是说，入港洋船几乎相当于原来入港数的三倍。

《大南实录前编》卷十乙亥十七年夏四月：

> 上谓群臣曰：商舶之税，国初已有定额……国初商船税，以顺化、广南，海疆延亘，诸国来商者，多设该知国以征其税。其法：上海船，初到纳钱三千缗，回时纳钱三百缗；广东船，初到纳钱三千缗，回时纳钱三百缗；福建船，初到纳钱二千缗，回时纳钱二百缗；海东船，初到纳钱五百缗，回时纳钱五十缗；西洋船，初到纳钱八千缗，回时纳钱八百缗；玛瑞、日本船，初到纳钱四千缗，回时纳钱四百缗；暹罗、吕宋船，初到纳钱二千缗，回时纳钱二百缗。隐匿货项者有罪，船货入官。空船无货项者，不许入港。大约岁收税钱，少者不下一万余缗，多者三万余缗。

这即是说，大汕在顺化及会安滞留时，都曾亲见广东船及玛瑞船（即澳门船）来往于广南。大汕对阮氏政权的出入口贸易的管理，亦十分关心。《海外纪事》卷五云：

> 卧病会安时，果公（果弘国师）再四乞举刘清为管理洋货该府之职。偶误听，作札荐之。王批准用旧例，应纳国课银一万两，限十日完缴。刘以王批，四处强压勒借。逮途抵顺化，众客船主纷纷归怨，备述其人素为不端，凿凿有据。念荐贤为国，本系美举，若此其人，将必剥商害民，反为厉阶。正拟明悉其弊，且彼更欲恳余赞助速成。然一误不可，可再误乎！遂却之，而果公（果弘国师）甚为不悦。谋之近侍宠人，仍请老僧所荐。究成其事，日后伤败，罪过谁归？因与

---

① 《海外纪事》卷 3，第 63 页。

国王论用刘清书。①

如陈荆和先生指出，此刘清似为郑成功郑氏政权的余部，康熙二十二年（1683）清军攻台时归附清军之"蓝总兵"②，后移民广南。郑氏娴于海上贸易，刘清或亦略知进出口贸易知识。果弘国师与大汕之向阮王推荐此人，说明当时少数高僧亦对海上贸易甚为关心。

潘耒《救狂砭语》之《与长寿院主石濂书》指责石濂热心商业。书云："何又贩贱卖贵，逐什一而操奇赢，洋船往来如织，将种种干禁之物馈遗彼主，邀求厚报？"又云："海禁素严，今虽暂开，而私通外洋，阑出禁场，终非美事。纵无祸患，而以堂头为贾竖之事，亦恐有玷门风。"③

潘耒《救狂砭语》之《致粤东当事书》云："其尤不法者，则在通洋一节。海禁虽开，而出洋贸易，本商贾之事，僧而通洋，既非本分。乃石濂之通洋，则多将干禁之物，致诸交人，以邀厚利，有闻之命人缩舌者。如缎匹等，皆缕金于其端，作'王府用长寿定'六字。"潘耒建议粤东当事"严禁其通洋，会同关部，嗣后长寿之僧不得一人出海，长寿之物，不得一箱出海"。④

《救狂砭语》之《再与石濂书》云："康熙二十年以前，片板不许下海。开此禁未及二十年，非久禁暂开，而何飘（漂）洋？贸易本商贾之事，未闻禅师而通洋。且汝之通洋，非特私出禁物而已也。置幕客王三耀等于彼国，将内地动静一一报知，又令汝徒亦尔等，以重货往江宁苏杭等处采办出洋之物，辄诳当事起批。"⑤——则大汕所携出在江南采买的礼品，原系粤东当事批准出海者。

清代野史《秦鬟楼谈录》云："我国东南各省，与欧洲各国通商，自粤始。其奏许通洋舶，立十三行，便中外人贸易者，则在康熙中。其时，两广总督为吾乡吴留村兴祚。然吴督粤之先，有所谓石濂和尚者，已私与洋

① 《海外纪事》卷5，第115页。
② 陈荆和：《释大汕之广南旅行》，载《十七世纪广南之新史料》，第28页。
③ 潘耒：《救狂砭语》，载《瓜蒂庵明清掌故丛刊》，《金陵览古（外二种）》，第20页。
④ 潘耒：《救狂砭语》，载《瓜蒂庵明清掌故丛刊》，《金陵览古（外二种）》，第28页。
⑤ 潘耒：《救狂砭语》，载《瓜蒂庵明清掌故丛刊》，《金陵览古（外二种）》，第134页。

舶通贸易，则粤之通商，石濂实启之。"①

　　基于以上两项背景，大汕在广南期间筹措资金，作为重修长寿寺乃至澳门普济寺的资金，以使这些寺院作为完成他的抱负和使命的立足点。

　　1695 年旧历六月十六日，大汕回顺化天姥寺后，阮王福周问大汕："闻老和上常住经阁未成，是否？"余（大汕）曰："经阁系石制台、朱抚军领藩臬众宰官同建，诸料备矣，惟大雄宝殿粤西当道所许，近闻别陞（升），则大殿尚缺耳。"王曰："所费几何？"余（大汕）曰："若全须七八千金。今幸木料已有三四，更得五千金可成矣。"王慨然曰："老和上到来，某忝为弟子，毫无功德于老和上分中。今大殿钱粮，某欢喜肩任。明年归时如意创建费，不我惜也。"② 即如大汕《重建长寿因缘疏》所记："大越阮道者，五千金直下承当。阮王阅此疏后首肯曰：明春老和上归，代我修建长寿殿堂。"③

　　李鹏翥先生著《澳门古今·开山祖大汕和尚》条有云：

　　　普济禅院的开山祖可考者，人皆推大汕和尚……清朝康熙廿四年乙丑（1685 年），他应越王阮福周的邀请，前往安南（今越南）说法……奉为圣僧。他借盛名，积极串连志士，募得款项甚多，密谋推翻满清。归国时因海盗猖獗，幸他机警地将金帛藏于藤佛腹中，安全返穗。于是大修长寿寺，营缮白云山麓的弥勒寺、清远的峡山寺，并来澳重修普济禅院。④

　　李鹏翥先生对于广南航行募集资金，及大汕一系来澳重修普济禅院的关联问题，回答得非常明确。"金帛藏于藤佛中"事，见樊昆吾《南海百咏续编》，略谓：

　　　大汕号石濂，吴县人……居安南数载，积锱巨万，与其徒捆载以归，遂营缮兹寺……今佛阁有藤织大弥勒像，即汕藏锱南归具也。⑤

---

① 《清代野史》第七辑，巴蜀书社，1988，第 253 页。
② 《海外纪事》卷 5，第 109 页。
③ 《海外纪事》卷 5，第 110 页。
④ 李鹏翥：《澳门古今》，香港，三联书店，1988，第 218 页。
⑤ 樊昆吾：《南海百咏续编》。

王渔洋《分甘余话》卷四云：

> 后闻其（大汕）私贩往安南，致犀象、珠玉、珊瑚、珍宝之属，直且巨万，连舶以归。地方官亦无谁何之者。今河南布政使迁福建巡抚许中丞（嗣兴）为按察使，独恶之，辄逮治，诘其前后奸状，押发江南原籍，死于道路。①

如前所引，《大南实录前编》卷八记大汕"后归广东，以所赐名木，建长寿寺"。《大南列传前编》卷六《高僧列传》"谢光韶"条有云："显宗皇帝（阮福周）朝，尝召见（大汕），与谈禅教。上爱其精博，甚宠异之。善几谏，亦有补益。顷者都城外人家，常夜失火，上亲督兵往救之。濂谏曰：夜间昏黑，乘舆岂可轻出？白龙鱼服，古人垂戒，愿留意焉！上深嘉纳，自是不复夜出。久之，濂辞归广东，赆赠甚渥，又赐名木。归建长寿寺，自是不复往。"又云：

> 后因商舶南来，作寄怀诗四绝恭进，有引略云："一江烟浪，道限重云，八度春光，雪添花鬓。数人间之夏腊，忆天外之因缘。遥知绀殿蒲团，已证黄梅消息。爰遣渡江之苇，少伸缩地之怀。夜月通潮，驰来远信。新诗赠远，愧乏长言。诗其一云：
> 东风新浪满江苹，想见湖山雨露新。
> 自是阳和归草木，太平人醉海天春。
> 余见原集……明命年间，张好合奉派如东，登游其寺，住持僧犹能言石老故事。"②

大汕于 1695 年去广南，八年后即 1703 年左右，大汕托人往广南寄去此诗，诗中仍充满乐观精神。虽然在大汕去广南四年后，回广州三年后的 1699 年，潘耒大刻其书告发大汕通洋，但大汕仍无所畏惧地与广南旧好交往。大汕的见识与勇气，是永载史册的。

---

① 王士祯：《分甘余话》。
② 《大南实录前编》。

图1　澳门普济禅院真传大汕自画像（全幅 35×25cm），
澳门普济禅院住持机修大师提供

（原载黄晓峰主编《文化杂志》，澳门，澳门特别行政区
政府文化局，第 42 期，2002 年春季刊）

探讨澳门天主教文化及其文献宝库

杨开荆*

一　前言

澳门是个长期华洋杂处的特殊地区，被视为东西方文化交会之地，宗教信仰一向自由。虽然只是 24 平方公里、40 多万人口的小城，但澳门居民信仰的宗教众多，各式各样宗教徒的人数竟占澳门总人口的 86.13%。[①]可见宗教文化对澳门的影响很深。澳门居民主要信奉佛教及天主教，前者是因为澳门是华人群体为主的社会，自然亦以东方传统宗教为主；而后者是葡萄牙的国教，同时它与澳门的开埠、澳门的社会发展及东西方文化交流等有着密切关系，可谓具有重大的历史意义。这里，我们从澳门天主教文化活动所产生的文献资源展开讨论，当中有许多值得挖掘和研究的珍贵文献。例如传教士留下的早至 16、17 世纪的西方古籍，18 世纪中的辞典，19 世纪初的百科全书等等，为澳门特色文献资源宝典记下了精彩的一章。笔者尝试通过挖掘、调查、分析有关文献馆藏，探讨宗教文化对文献资源产生和发展的规律性。

二　天主教文化与文献资源的产生和发展

（一）天主教与澳门

天主教在澳门最早的史料，可追溯至 1555 年耶稣会士东来澳门，及 1576

---

*　澳门大学图书馆公共检索及文献组事务主管，北京大学图书馆学博士，中国科技信息研究所博士后。

①　郑炜明、黄启臣：《澳门宗教》，澳门，澳门基金会，1994，前言部分。

年天主教澳门教区正式成立始计，随后有圣方济各会、奥斯定会、多明我会、显士会等相继东来，迄今已有 400 多年的历史。

最早抵达澳门的耶稣会传教士，以澳门作为他们向东方传教的基地，经历过万苦千辛，兴衰起落。在展开澳门宗教文化序幕的同时，他们亦积极从事各项社会活动，包括教育、救济、医疗等事业。今天澳门这小城拥有较大规模的教堂 20 多座，由天主教主办的中、小学校有 30 多所，占澳门中小学校总数的 47%，在校学生占澳门中小学生的 52%。[①] 此外，还办托儿所、孤儿院、安老院、医疗院、伤残疗养院、青年中心等福利机构，为有关人员提供服务。澳门的第一份葡文报纸《蜜蜂华报》，便是多明我会士于 1822 年参与出版的。天主教对澳门的影响可说举足轻重。

文献资源作为社会发展的产物，宗教文化活动在其发展进程中有着相当重要的影响作用。与此同时，在宗教文化活动的促动下，许多相应的社会现象随之而产生，而社会现象亦影响着文化活动的发展，文献资源就在相互影响的作用下产生和发展。随着天主教在澳门推动的各项活动和涉及范围的扩大，在刻意或不经意间，令多元化的文献资源应运而生。事实上，传教士们不但竭力从事神学传播活动，同时亦将中国文化向西方国家传播，将西方的文明科学带到中国。在这过程中，他们从西方带来了大批文献，并且在澳门印刷图书，为澳门建立了相当重要和具特色的文献资源。除了主要的宗教文献外，相关的文献资源亦很丰富，有修道生用的课本、参考书、中国文化和中文学习教材、西方古典学术著作、教会档案、相片书信等等，都具有一定的历史价值。尤其是 16 世纪末至 20 世纪中期出版的西方古籍，仍保存于澳门教会图书馆内，它们反映了几百年来天主教的发展状况。传教士来华主要为了传教，却因为对文献的利用及文献的交流，为澳门筑起一座文献的宝库，文献传播亦成为思想文化传播的工具。因此，传教士被学者视为明末清初中西文献双向交流的主要传媒。

诚然，这些虽不完全是以耶稣会士意志为转移所产生的客观效应和社会功能，但历史已予以肯定，天主教对澳门，以及对明清期间的中西文化交流的推动都有着深远的影响和重要的历史意义。

---

① 黎小江、莫世祥编《澳门大辞典》，广州，广州出版社，1999，第 29 页。

（二）天主教活动有关文献资源调查

澳门历史上许多珍贵文化遗产是依赖于文献形式记录下来，而文献本身就是文化遗产之一。天主教活动所产生的相当部分文献能得以保存至今未被遗忘与散失，它们的存在价值应当在于有效利用和传播。为此，笔者有幸得到澳门多位神父的支持，能亲往最具代表性及藏量最多的几家天主教组织图书馆作专访及资料搜集，它们包括：①澳门主教府图书馆及林家骏主教藏书馆[①]；②澳门主教堂府管辖下的高德华公共图书馆；③澳门圣若瑟修院图书馆[②]；④澳门耶稣会图书馆[③]；⑤澳门利氏学社图书馆[④]。对有关文献展开了初步的挖掘工作。

由于天主教传教活动主要基于当时的实际需求而涉及其他附带因素，且在悠久的历史积淀下，文献馆藏甚为丰富，大部分 18～19 世纪的文献仍保存至今，唯 17 世纪及以前的文献仅存无几，寥若晨星。虽然当中一部分尚无编目，并已尘封数百年及破损得亟待修补，然而对于研究澳门问题学者来说，这些文献的重要性自当不容忽视。现结合天主教活动所涵盖的主要范畴，笔者将所搜集有关图书馆馆藏的文献资源进行分析，初步整理为表 1 的各馆分布情况，及总结如图 1 的各种主题文献的比例。

---

① 由 1576 年（明万历四年）元月二十三日，教宗额我略十三世颁布 *Super Specula Militantis Ecclesiae* 谕旨成立中国与日本教区起，澳门主教堂便开始成立，至今已 400 多年。现时，主教府附设天主教教会历史档案室，内藏古籍、18 世纪古画和手抄文件、图书馆内藏全套的文物杂志合订本多辑，故极具代表性。感谢林家骏主教的引领介绍及详细讲解。

② 修院于 1728 年创立，专为栽培在中国传教的神职人员，有"三巴仔"之称。修院附设"历史文物馆"（在筹设中）及"历史古籍图书馆"。该馆不对外开放，内藏有 18 世纪古画古籍。因此修院所收藏的古籍非常丰富极具研究价值。感谢圣若瑟修院院长李顺宗神父的支持，使笔者能在该馆进行资料搜集工作。

③ 耶稣会历史悠久，16 世纪中叶天主教传入中国，是以耶稣会士为滥觞，亦是近几个世纪最具影响的天主教传播者。内设图书馆，不向公众开放，感谢院长吕硕基神父的支持及有关图书馆的馆员协助和帮忙。

④ 耶稣会属下的新建学社，主要研究汉学及研究中国文化为主。筹备于 1999 年，于 2001 年 10 月正式使用。笔者采访期间仍在筹备中，尚未正式开放。感谢耶稣会院长吕硕基神父的支持及提供资料，并让笔者入内进行资料搜集。

表1　澳门天主教活动产生文献资源统计

文献主题	类型	%	总数	图书馆				
				主教府	耶稣会	圣若瑟修院	利氏学社	高德华
宗　　教	外文	28.43	21930	4900	7380	6000	150	3500
	中文	11.19	8633	4000	862	3501	170	100
	总数	39.62	30563	8900	8242	9501	320	3600
西方学术	外文	3.97	3062	—	1562	200	300	1000
	中文	2.31	1778	1480	98	200	—	—
	总数	6.27	4840	1480	1660	400	300	1000
中国文化	外文	4.14	3197	300	117	300	300	2180
	中文	11.81	9113	2700	48	365	2000	4000
	总数	15.96	12310	3000	165	665	2300	6180
工　具　书	外文	5.67	4376	1170	340	1450	416	1000
	中文	0.91	702	300	52	—	150	200
	总数	6.58	5078	1470	392	1450	566	1200
其　　他	外文	24.40	18822	2350	972	2000	2000	11500
	中文	7.16	5521	200	59	1962	1300	2000
	总数	31.56	24343	2550	1031	3962	3300	13500
期　　刊	总数	—	427	100	70	157	80	20
全　总　数	外文	66.62	51387	8720	10371	9950	3166	19180
	中文	33.38	25747	8680	1119	6028	3620	6300
	总数	100.00	77134	17400	11490	15978	6786	25480

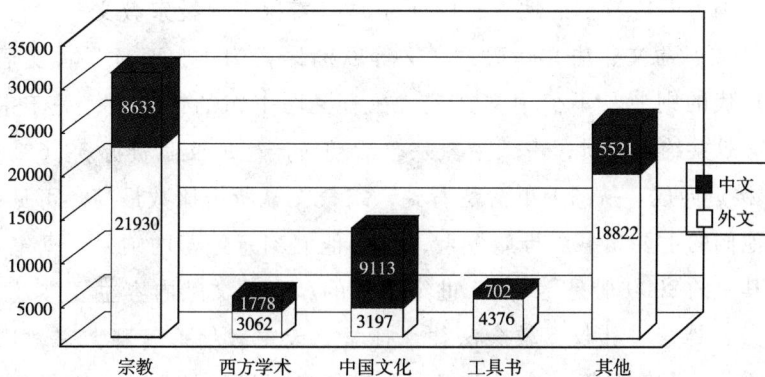

图1　天主教活动产生文献资源比较图

从这些馆藏，我们可探索文献资源与天主教发展的历史关系。由纵剖面分析，文献资源的产生和发展都是基于特定的社会活动、客观条件和各种需求而产生。由明末利玛窦入中国至今，天主教在澳门以至中国的发展大致分为三个阶段：始创期、禁教期、复苏及发展期。相关的文献资源，也因这几个时期而影响，其整体发展与天主教在东方发展的几个兴衰时期关系密切。另外，从横断面探讨天主教有关文献资源产生和发展之脉络，主要包括几个方面：①传教士东来传教，建立了宗教文献资源；②他们以西方的科技和文明作为打开中国大门之工具，产生了西方学术著作；③为了融入中国社会，神职人员努力学习中国文化，产生了由他们著述或使用的有关中国文化典籍和中国语言等藏书；④他们在澳门受训学习，形成了特有的参考书及教科书馆藏；⑤在从事其他相应之事务同时，留下了档案、照片等重要资料。文献资源的发展就在纵横交错的历史背景下得以产生，亦由此成为历史遗产的重要部分。这也使他们可据此为脉络探讨这些文献资源的产生与天主教400多年来发展的关系。

（三）宗教文献是传教的主要工具

文献资源的产生往往是源自某一特定的社会背景、团体或个人的特定目的或行为。传教是耶稣会士东来的主要目的，利用文献作为传播精神信息是为达成其目的之重要工具。而澳门这小城从16世纪开埠之初，便成为天主教向中国内地派遣传教士的基地。同时，当康熙、雍正禁教时，澳门又成为中国遣返传教士的地方，因而在澳门累积了一批宗教文献。它们主要以拉丁文、葡文、法文、意大利文等欧洲语言为主，而且是古文居多，近代和现代的则兼具不少中文文献。在有关图书馆的馆藏中，关于宗教、教义的文献共约3万册，占天主教宗教活动所产生的文献资源39.6%（见表1），接近四成。从图1更清楚看到，宗教文献所占比数最高。可见宗教文献是他们的主要馆藏。毋庸置疑，这是他们刻意经营的结果。据笔者的了解，其中约8000册是18～19世纪出版的。宗教文献内容主要涉及圣经学、教义、神修、礼仪、教会法律、神学、天主教信仰解释、宗教历史、弥撒程序、圣人传记等。这些文献主要供修道者进修神学，和进行传教活动之用，包括有西文、中文及期刊。

1. 西文宗教文献

据悉，澳门所收集和保存的西文天主教宗教古籍，是亚洲最丰富的①，当中有关教礼的书籍相对丰富。例如：1740 年出版的名为《圣教规条总览》（笔者译）"*Thesaurus Sacrorum Rituum*"的文献，此书以拉丁文撰写，作者为 Gavanto，出版地为威尼斯，书中详解了有关弥撒、礼仪形式及正统宗教各种形式的圣仪（见图2）。同时，天主教最重要的宗教活动之一是礼拜，他们对祈祷的内容、方式都很有规则。例如：西班牙 1880 年出版的《祈祷之规条》（笔者译）"*De la Oración y consideración*，*I-II*"、1864 年出版的《神职人员的宝库》（笔者译）"*Tesoro del Sacerdote*"或 1796 年出版的葡文文献《神圣幽灵的冥想》（笔者译）"*Meditações dos Atributos Divinos*"（共存有三册）等等，都是有关礼拜之文献。

图 2　1740 年出版的 *Thesaurus Sacrorum Rituum*

---

① 　与圣若瑟修院院长李顺宗神父作专访所提供资料。

现时笔者在有关图书馆搜集到最早期的天主教古籍是有关大公会议的文献——《大公会议历史实录》（笔者译）"*Vera Concilii Tridentini Historia*"（见图3），于1670年出版，以古拉丁文撰写，全套共三册（Pars I，II，III），每册共约900页，保存完整。所谓大公会议，是指世界各地主教集会，商议各地教会事务之会议。该书由 P. Joanne Baptista Giattino 编辑，出版地为 Antverpiae，即比利时的安特卫普省（Antwerp），文献内容涉及大公会议的历史及教务条文，并编辑了历代大公会议的记录。其中有关于各地教会的教条、教规及教义等重要议程记录，作为各地教区活动的指引，是具有权威性的重要天主教文献。此套文献虽然破损，但字迹仍清晰可见，现保存于圣若瑟修院的图书馆内，已经历了300多年的岁月，具有珍贵的天主教历史研究价值。由此可见，当时身在澳门的传教士时刻关注整个世界天主教的发展动向。

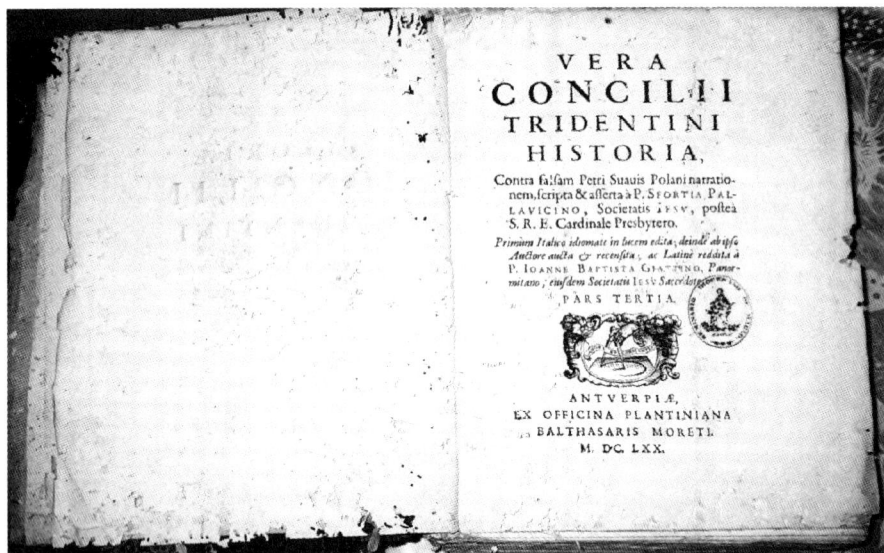

图3a　1670年在比利时出版的天主教古籍 *Vera Concilii Tridentini Historia*

文献传播是社会信息传播的一种方式，无论其传播结构的各个因素如何定位，都与社会结构融为一体；与此相适应，文献传播充分满足了社会的各种特殊和一般的需要。[①] 天主教丰富的古籍正好反映了当时对文献传播、

---

① 周庆山：《文献传播的人文研究》，北京，北京大学信息管理系博士研究生学位论文，1994，第37页。

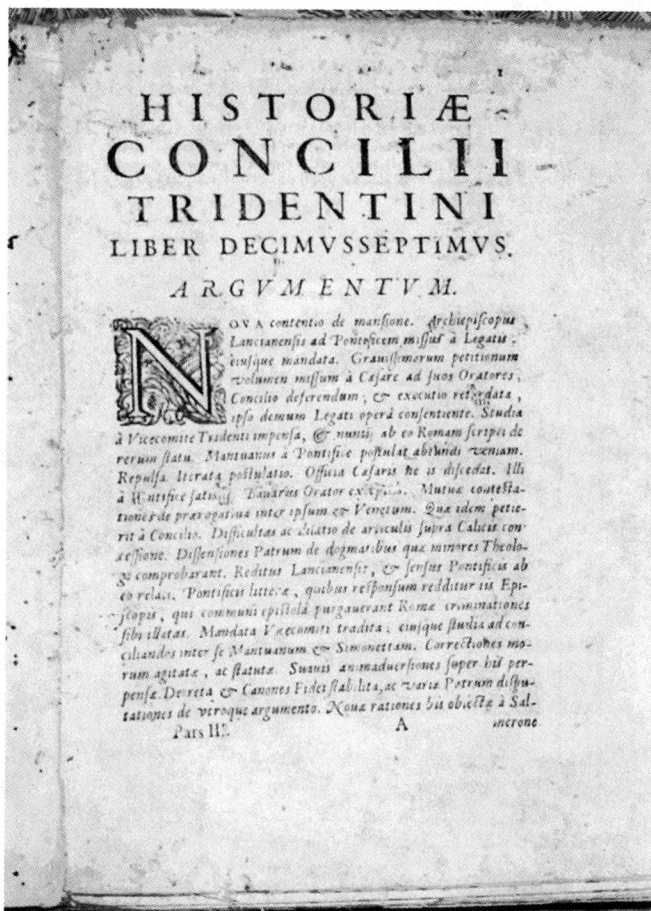

图 3b　1670 年在比利时出版的天主教古籍
Vera Concilii Tridentini Historia

利用、需要之社会现象。在澳门现存的天主教文献中，有关神学、圣经学的文献不胜枚举，以 18 世纪出版为最多。如 1770 年出版的《圣人遗嘱评论》（笔者译）"*Commentarius Literalis in Omnes Libros Veteris et Novi Testamenti Tomus III*"，作者是 R. P. D. Augustino Calmet，便是神职人员的教科书之一。另外，一些传播天主教的宗教丛书《耶稣基督的新使者》（笔者译）"*Novo Mensageiro do Goracao de Jesus（1882 – 1908）*"，以及《耶稣基督的使者》（笔者译）"*Mensageiro do Coração de Jesus（1918 – 1965）*"，皆在葡国出版，内容有关天主教宣传奉行对主的坚忠和有关耶稣圣迹的故事。

此外，从一些早期文献的载体中，可以看到传教士的学习教学方式。由于早期教学设备简陋，他们便利用自然条件，以原始材料玻璃将图片夹住，再用灯光使之能投射（见图4）。现存于圣若瑟修院的此类旧式玻璃图片约有300片，主要为宗教题材。这些亦成为我们追溯传教活动的重要参考资料。

图4a　传教士上课用的内容以宗教为主的玻璃投影片

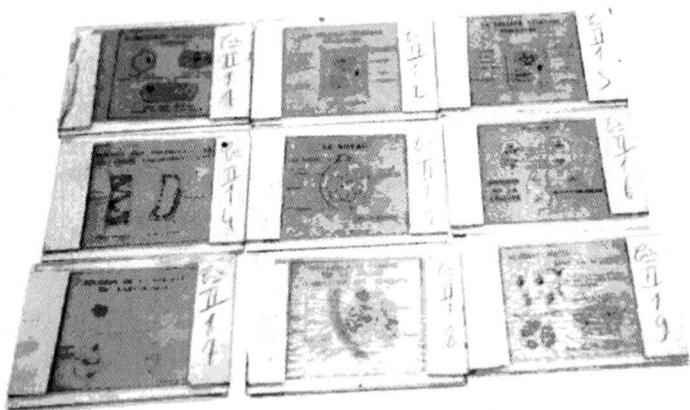

图4b　传教士上课用的内容以科学知识为主的玻璃投影片

2. 中文宗教文献

要在中国这泱泱大国传播其宗教，扩张势力，传教士必须以中文文献来传递有关信息。为此我们发现近9000册的中文宗教文献，占天主教宗教活动所产生文献资源的11.19%（见表1）。较为特别的典藏是一些翻译文献，例如，传教士翻译的《超性学要》（原名 *Summa Theologica*）全套，由圣多玛斯·阿奎那（Thomas Aquinas）原著，清顺治十一年（1654）初版，耶稣会会士利类思译，会士金弥格、郭纳爵、安文思审订，值会郭纳爵准刊，"民国"十九年（1930）秋再版。全套共分为：总目、降生论、天主本体论、三位一体论、天神论、灵魂论、首人论，每卷均有序，前两册为目录，每论皆有凡例。这是有关神学、礼教、圣经的条文、规条以及圣经学说之详尽解释的文献。又如：1873 年出版的《永福天衢》，是一套较为完整的中文天主教文献，由圣方济各会修士利安定神父著。此书亦有凡例及叙，主要是阐述道理、主张笃信耶稣、提倡立善好德之伦理思想。而其他大部分是近代和现代出版的文献，都以圣经、说教及讲道理为主。

3. 宗教期刊甚为丰富

天主教东来传教是有目的、有系统、有组织、有计划地从事宗教文化传播活动，因此他们也在澳门出版期刊宣传其宗教精神。澳门出版的天主教期刊保存很完整，例如《澳门教区月刊全集》 "*Boletim Eclesiástico*"（1903 年，1992 年停刊），出版者为澳门教区主教；《澳门晨曦月刊全集》（1955 年，1959 年停刊）；《澳门晨曦周刊全集》（1978 年起至今）；《星加坡澳门区圣堂团结月刊全集》 "*Rally Magazine*"（1948 年，1989 年停刊）。这些期刊描述澳门教区活动的情况，有的出版了近 90 年，内容详尽，有诗歌、散文，介绍澳门教徒礼拜的情况和教区活动等，亦列出一些教会开支的账目及教区活动状况。这些资料可以作为研究 20 世纪澳门及邻近地区天主教活动及关系的重要参考文献。

另外一些保存较好的外地出版的宗教版期刊有梵蒂冈出版的《教会宪报》 "*Acta Apostolicae Sedis*"（20 世纪全套）；《香港掌故月刊全集》（1971 年，1977 年停刊）；《香港神恩双月刊全集》（1989 年起至今）；《台湾神学论集全集》（1969 年起至今）；《台湾铎声月刊全集》（1955 年起至今）；《台湾见证月刊》（1965 年起至今）。① 还有葡萄牙出版的月刊全集，如 "*Lumen*"、"*Brotéria*" 等。《教育丛刊》亦是 20 世纪初的刊物，主要语言是英、意、法文，以发表文章形式出版，内容以天主教在中国传教的情况为主，当中不少涉及天主教 1940 年代在国内活动的情况。例如，1945～1946

---

① 与澳门天主教林家骏主教专访时所提供资料。

年（跨年刊）第 18 卷第 7/2 号一期中，作者 Juan Pablo 撰写的一篇文章，题为 "Why a Catholic Apologetical Association-Services LT Should Render to every Missionary"，文章描写当时在中国北平扩大教会事务的工作情况。

馆藏期刊当中，1970 年代后期出版的有《传教学志》、《神恩》、《神学年刊》等，都是近年宣扬宗教活动，及讲述有关基督徒伦理学方面道理的刊物。另外，有关神修、人伦关系、神学资料、礼教等方面的说教式杂志：《中国天主教文化杂志》、《铎声》、《神学论集》、《天主教神职杂志》、 "Apostolicum：Periodicum Pastorale et Ascetricum Pro Missionariis"；等等。

明显地，从数百年所积存的宗教文献资源，反映出传教士对传教锲而不舍的精神和对打开中国大门的决心。他们作为上主的信徒及为上帝服务、拯救人们心灵的教士，在行动上义不容辞。正因如此，为澳门形成了一批为数可观的天主教宗教文献资源。

（四）传教士研究中国文化及有关文献资源

传教士要打开中国的门户，就需对中国传统伦理思想进行深入了解，进而能融入中国社会。事实上，我们不得不承认，他们在中国传教的成功，与其"入乡随俗"和走上层路线的传教政策不无关系。1542 年，圣方济各·沙勿略由果阿去马六甲，后到日本传教，当他看到日本很多人信奉佛教时，他认为要在日本传教就要先去"感化"中国人，因为中国是日本文化和思想的策源地。因此他立志要打开中国的大门，并向葡萄牙国王提出到中国传教的计划。虽然他想尽办法仍未能进入广州传教，但他为天主教之后在中国的发展奠定重要的基础。故此，后来天主教士称他为"远东开教之元勋"。正是本着他那"感化"中国人的理念，传教士努力学习各方面知识，其中学习中国文化便是为在中国顺利展开传教活动而进行的。

由于传教士掌握了汉语有利于传教，而中国官方亦感到耶稣会士懂得汉语后他们的自然科学知识可以为朝廷所利用。故清康熙年间，规定凡不会中国话之入华传教士"教他在澳门学中国话语"；乾隆时，更规定他们"剃发易服，赴广东澳门天主堂，居住两年余……习知中国语言"。① 这样一

---

① 郑炜明、黄启臣：《澳门宗教》，澳门，澳门基金会，1994，第 36 页。

来，澳门便成了传教士学习中文的必然之地，也是有关文献资源产生的主要成因。在调查的图书馆中，有关中国文化的文献有 1.2 万多册，占天主教宗教活动所产生文献资源的 15.96%（见图 1），包括中国语言和中国地方风俗等方面。虽然早期（16~17世纪）这方面的文献已由于种种原因而流失，但我们可以从尚存的大部分 18~20 世纪初的文献馆藏状态探索他们贯彻始终的、立志要打开中国大门的精神及他们的学习方式。

1. 学习官话及中国各地方言

首先，他们要学习中国的官方语言——官话。欧洲来的传教士大都懂拉丁文，他们为了研读中国的古典经籍和学习掌握中国的语言文字，以拉丁文编写了中国语言文法书籍和字典，寄回欧洲国家出版，为欧洲国家的学者学习中国文化提供方便。例如于 1742 年出版的《拉丁语授官话》（笔者译）"Linguae Sinarum Mandarinicae"（见图 5），作者是 Stephanus Fourmont，出版者是 Hippolyte-Louis Guerin，出版地为 Lutetiae Parisiorum，便是以拉丁文为主要语言教授如何阅读和书写官话的文献。

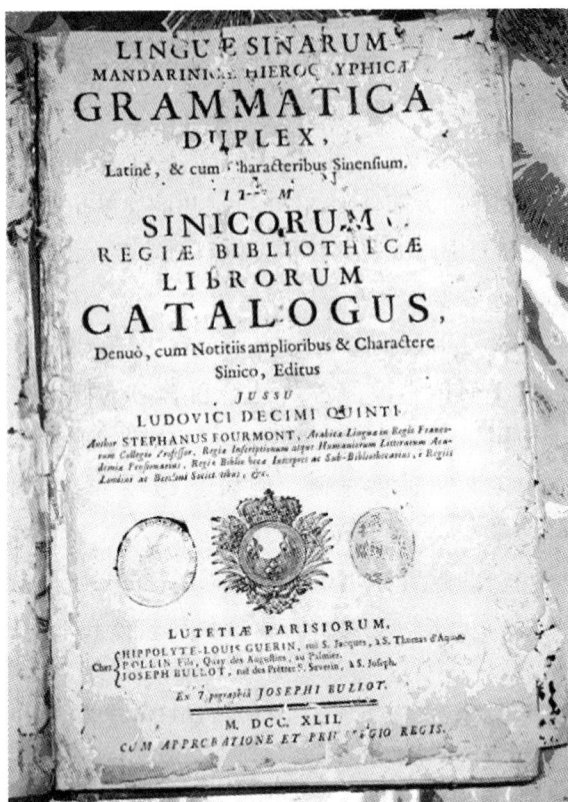

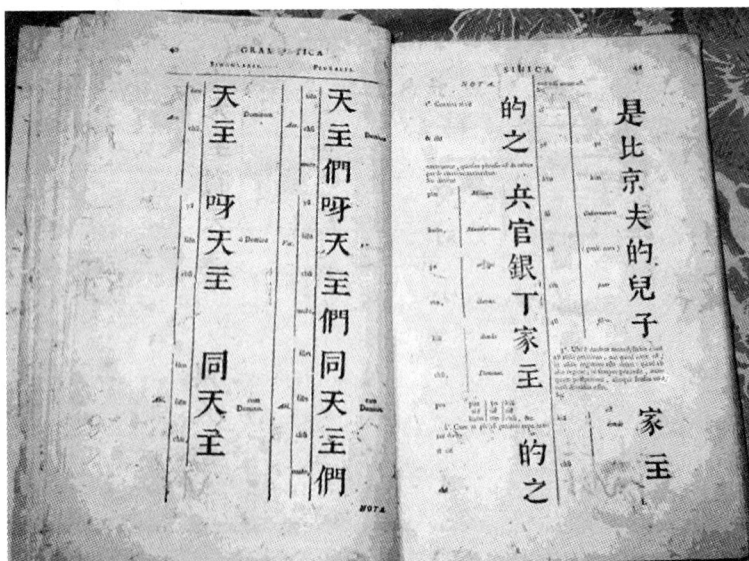

图 5　1742 年出版的 *Linguae Sinarum Mandarinicae* 及内页

另外，为融入各种地方文化，他们也学习各地方言，将广东白话、上海方言等以外文译音对照。广东是洋人进入中国的门户，而且在乾隆闭关自守期间，基本上禁止外国人进入，但广州仍是北京以外唯一允许西洋传教士居留的地方，直到当时的广东巡抚接到皇帝训斥他的谕旨后，才采取驱逐行动。对西洋传教士来说，广州可以说是最后防线，亦是他们活动较频密的地区，因而他们努力学习粤语作为重要的沟通工具。现时保存的此类文献亦以学广东话为多。例如：《精选广东方言短语》（笔者译）"Select Phrases in the Canton Dialect" 第七版，由克尔（J. G. Kerr）博士撰写，出版机构为 Kelly & Walsh 有限公司，于1889年由香港、上海、横滨、新加坡四地联合出版，该书的序由作者本人于广州撰写。全书内容围绕日常生活常用词的粤语加英文译音及英文解释对照（见表2）：

表2　广东方言的粤语加英文译音及英文解释

英文解释	粤音词句	英文译音（粤语读音）
Pour it full	斟满佢	Chum Mum K'u
Eaten Sufficient	吃饱咯	Yak Pau Lok
What are you doing now?	你而家做乜野？	Nei I Ka Tso Mat Ye

这些非常亲切和地道的通俗粤语，在澳门及广东等地是沟通的最好方法。作者细腻地观察具有浓厚地方色彩的语言特色，所用的词句中，充分表现传教士希望融入当地文化的热忱及严谨态度。

另外，上海也是他们当时向中国传教的重要城市之一，故此学习上海话的文献亦不少。例如：以法文教授上海方言的文献《上海方言学习课本》（笔者译）"Leçons sur le Dialecte de Shanghai"，当中从单词到句子，以法文译音对照及以法文注解。例如（见表3）：

表3　上海方言的法文译音对照及法文注解

单词	解义	译音	上海话
1ère personne	Mon, le mien	'ngou-ke'	我个
2ème personne	Ton, le tien, le votre	nong' – ke '	侬个
3ème personne	Son, sa, le sien	i-ke'	伊个

注：我个：即我的；侬个：即你的；伊个：即他的。

由于澳门是致力于培养入华传教士的基地，较正统的中国语言教科书成为不可或缺的文献之一。当中更不乏在澳门出版的语文教科书，《教话指南》"Bussola do Dialecto Cantonense"便是一个例子，由著名土生葡人翻译官 Pedro Nolasco da Silva 编著，现存于澳门共有七册，1906～1922 年期间出版，主要是欧洲语言对照中文粤音字、佐以拼音辅助学习的教科书。又例如：1956 以西班牙文出版的《现代中国语文》（笔者译）"El Lenguaje Chino Moderno"，由 Emiliano Martin, S. J. 撰写，以教授中国历史文化的方式学习中文。

另外，于 1938 年在上海出版的《英华合璧》"Kuoyu Primer: Progressive Studies in the Chinese National Language"，亦是中文语言教科书之一，由马非（R. H. Mathews）编著，以授国语为主；又如 1931 出版的《中文会话基础》（笔者译）"Introducción al Lenguage Hablado Chino"；天津崇德堂于 1938 年出版的《中文阅读基础》（笔者译）"Introduction to Spoken Chinese-Sermo Sinicas Vulgaris"以西班牙语译音教授中文等等，这类文献不计其数，都是为欧洲传教士学习中文的基础而出版的教科书。

不管怎样，他们历尽艰辛来到东方，踏上澳门这块宝地，在这里勤习中文，作为进入中国腹地的准备。因此，当他们掌握了一些基本语言技巧后，更需要掌握真正有利于传教方面的中文知识以向中国人传教。例如，《自我检讨：年轻信徒的粤语—法语练习》（笔者译）"Examen de Conscience: Cantonais-Français à l'Usage des Nouveaux Missionnaires"，1918 年香港出版，广东话和法文对照，并附以法文拼粤音读法（见表 4）：

表 4　法文拼粤音读法

1	Kô³ kái², pán shíng³ koung¹ 告　解，办　圣　工 Se confesser
2	K'ao₁ shan₁ fou₃ kong³ fouk⁴ ngo₂ tsoi₃ yan₁ kô³ kai² 求　神　父　降　福　我　罪　人　告　解 Je viens confesser et prie le Père de me bénir, moi pécheur

有些文献更是全篇文章用中文粤音及佐以英文译音对照，以便传教士向中国人传教时阅读之用。

传教士们对学习中国语言的诚意，对传教绝对坚持的精神，在所搜集的这些文献中亦可体现他们的刻苦和努力。这正是他们成功之所在。虽然经历过冲州撞府的岁月，他们仍能坚持不懈地为传教而努力至今，其坚守不渝的苦行精神可见一斑。

2. 研究中国文化

传教士如利玛窦和罗明坚等成为最早深刻了解大明王朝的外国人，有别于他们的前人（无论是传教士或商人），因为他们精通中国语言，故能经常往来于达官贵人之间和周游各地。事实上，不少留华多年的传教士，都深通中国语言文字，不但会说和写，而且更能读懂中国古书。因此在华传教士遂有研究中国文化者，著译了许多报告专书。[①] 更重要的是，他们对中国文化产生了浓厚的兴趣，除了便于他们传教活动外，更向西方国家介绍中国的文化思想及传统习俗，并引起欧洲一般知识界的新兴趣，这些都可以从文献资源中反映出来。例如，由 Fernando Bortone 以意大利文的编写的《利玛窦神父看东方：一位伟大的意大利在中国王国 1552 ~ 1610》（笔者译）"*Padre Matteo Ricci Saggio d' Occidente：Un Grande Italiano Nella Cina Impenetrabile，1552 – 1610*"，描述了利玛窦这位意大利神父于 1552 ~ 1610 年间在中国时的情况。书中表现出对中国的皇帝制度、汉字、易经、佛教发展、建筑、传统习俗、孔子、风物志、民间玩意等的浓厚兴趣，并对中国人过节的装饰物等等都进行了研究，对中国文化的热忱表露无遗。

耶稣会赴华工作的决策人远东教务视察员范礼安（Alexandre Valignano）主张，在中国要打开进路，唯一的办法是改变传教方式，必须熟悉中国礼仪和风俗民情才有打开局面的可能。在这种意识影响下，欧洲来华的传教士都努力钻研中国文化。正如他们馆藏的一套《中国民间信仰研究》（笔者译）"*Recherches sur les Superstitions en Chine*"，便能反映他们对中国文化深入研究的态度。这套丛书在上海出版，我们发现存有八套，以法文撰写，非常详尽地以民间传说之故事形式阐述了中国数千年文化、风俗、历史、帝王、宗教迷信、医学等等的情况。书中讲解何为"白衣大士送子观音"，并就《封神演义》的故事如"戴礼狗精"、哪吒、杨戬等人物亦作详细描述。同时，他们也探讨关于中国学术知识，如《中国科学美术杂志：科学、艺术、文学、旅

---

① 朱谦之：《中国哲学对欧洲的影响》，石家庄，河北人民出版社，1999，第 71 页。

游、射击、捕鱼》"China Journal：Science，Art，Literature-Travel，Shooting，Fishing"亦成为传教士收藏的文献。

事实上，中国儒家思想学说传入西方之后，也引起了很大的反应，受到一些哲学家和启蒙思想家的欢迎。德国哲学家莱布尼茨（1646～1716）、沃尔夫（1679～1754）、法国经济学家魁奈（1694～1774）、法国启蒙思想家伏尔泰（1694～1778）都赞扬中国的哲学与文化。① 他们被称为"儒化"教徒之说，在馆藏的以下文献就是例证之一。例如，《诸子集成》（蔡元培题词），共八册齐全，1935年国学整理社出版。此套书曾传到"上海耶稣会"（Jésuites de Shanghai），也传到"台湾天主教耶稣会图书馆"，最后流回澳门耶稣会属下的利氏学社，它们的"经历"可以反映出传教士们的沧桑往事。中国经书也是教会学校的必修课程，从《三字经》念起，一般都要读《四书》，让学生掌握读写汉文的能力。因此，传教士不断收集中国文学著作。一批由肇庆天主教图书馆迁来澳的中国文化典籍包括有：《诗韵集成》（咸丰四年新编），羊城古经阁藏版；上海锦章图书局出版的《新式标点·四书白话注解·中庸》；广州城内学院前博文图书局藏版《机器易经读本》（三册）；《翰文堂春秋离句读本》；1931年由吴敬恒署、商务发行的《说文解字诂林》及《说文解字诂林补遗》一至六十六卷（完整版本）等不胜枚举。

传教士对汉学的研究影响至今。1999年，法国及台北利氏学社编纂了《汉法综合字典》"Dictionnaire Français de la Langue Chinoise"、《利氏汉法大字典》"Dictionnaire Ricci de Caractères Chinois"等，致力弘扬汉学及中国文化。

文献在传播的过程是人类进行知识、信息分享的中介媒体。澳门所存的这些文献资源都充分显露了传教士们对中国文化的情结，他们的教理和教义被当时中国的一整套文化知识和观念同化了，为了传教付出了最大的努力。在传播人文信息和知识的基础上，经过岁月的不断社会化、系统化、市场供与求的变迁和发展中得以累积，文献资源在传播的过程中建立起来。

---

① 《世界名人论中国文化》，转引自张岱年《中西文化之会通》，载吴志良编《东西方文化交流——国际学术研讨会论文选》，澳门，澳门基金会，1994，第29～31页。

（五）西方学术文献为传教士打开中国之门

自古人们就有对知识追求的需要，并利用文献作为传播知识、交流思想和传播精神信息的工具，资讯及知识的交流是促成文献形成的因素。利玛窦 1582 年抵达澳门时，便开始学习中文，同年他随罗明坚到了大陆的肇庆传教，结果很快被逐出。他们回到澳门后开始明白，要在中国传教，必须赢得人心特别是上层人士的认同和尊重。因此，除了懂中文和中国文化外，要有效打开中国之门，他们更需以欧洲的知识与学术成就作为工具。

由于澳门只是他们的基地，他们真正的目的是中国这个巨大的"市场"，那些西方学术著作也成为他们在中国立足的"本钱"，故大部分经由澳门带到中国，留存在澳门的不多，主要为教学之用。从图 1 我们看到有关西方学术文献最少，只有 4000 余册，占天主教宗教活动产生文献资源的 6.27%。

事实上，自 1641 年以后，澳门教区取代了马六甲教区成为天主教在东亚及中南半岛的传教的中心，天主教在澳门办医馆及学校等，需要培训各种人才，使其发挥所长，以从事各项社会活动。仍保留在澳门的西方学术文献就是当时培训人才所用，当中有医学、地图册、西方文学、百科全书等。

有关医学文献有：上海土山湾图书馆印行的《小儿科》，介绍西药之效用撮要，梁卫遗记录 60 多种西药的效用。而较具特色的一套医学期刊辞典《妇女家庭医生》（笔者译）"*A Mulher Medica na Familia: Encyclopedia de Hygiene e Medicina Pratica*"保存良好，其特别之处是它以期刊及辞典形式出版，存 120~159 期。以葡文解义，以字母顺序排列，内容是一些医学名词的解释以及日常的医学名词，主要是有关家庭保健、医学常识、生理卫生等方面的知识。

尽管传教士东来的目的是传教，但客观上拉开了二次西学东渐的序幕，使清乾嘉时期一度中断了的中西文献活动又重新发展起来，从而使他们在中西文献交流史上有了一席地位。[①] 他们向中国介绍西方的国情，开阔中国人的视野。葡萄牙出版的《色彩缤纷的记录》（笔者译）"*Archivo Pittoresco: Semanario Illustrado*"便是一套介绍葡萄牙国情的文献，1857~1868 年以葡文撰写。书中附有风景图画，以文献作为载体，将西方社会的风土人情和

---

① 潘玉田、陈永刚：《中西文献交流史》，北京图书馆出版社，1999，第 66 页。

艺术带到了东方。

　　到目前为止，据笔者资料搜集及有关图书馆提供，我们发现天主教活动所产生最古旧的西方古籍是出版于 1578 年及 1602 年之拉丁文古文献，它们现在皆保存在历史悠久的圣若瑟修院图书馆内，得到院长李顺宗神父支持，笔者将该两册珍贵文献之书名页拍下与读者分享。出版于 1578 年的古拉丁文文献 "*M. Tullii Ciceronis Orationes Paulli Manutii Commentarius*"，作者为 M. Tullii Ciceronis （图 6），将有关 Paulli Manutii 在议会的演说进行注释、评论，该书主要内容是有关罗马帝国国会所涉及之国家政治、经济等社会事务。经历了 400 多年的岁月，已损毁严重，但其历史价值不容置疑。

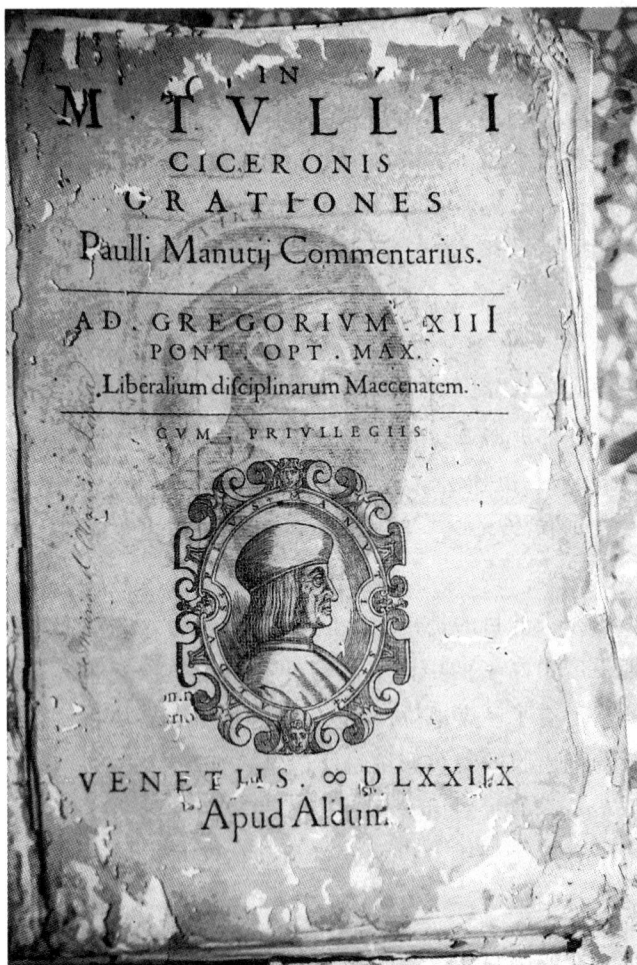

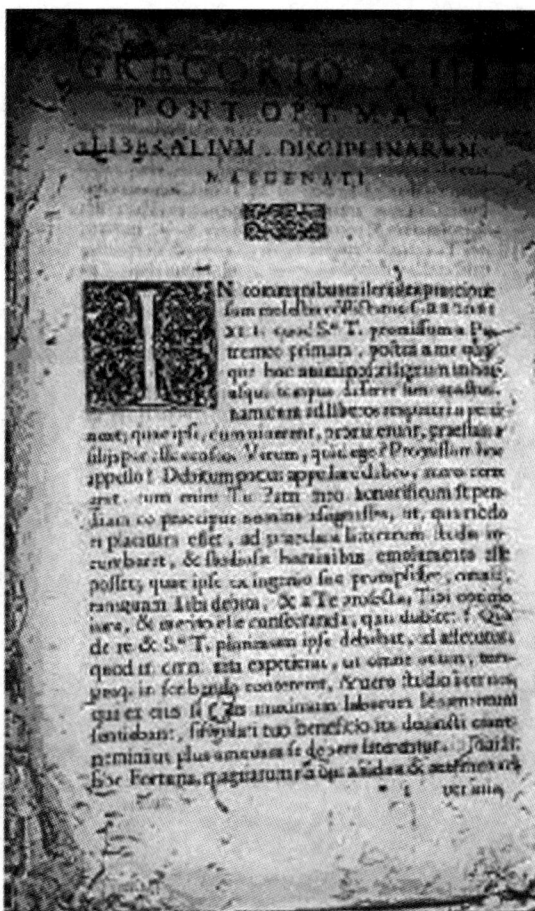

图 6　1578 年出版的拉丁古文文献

M. Tullii Ciceronis Orationes Paulli Manutii Commentarius

　　另外一册是出版于 1602 年的《拉丁文之作者》（笔者译）"*Auctores Latinae Linguae*"（图 7），编者为 Dionysii Gothofredi，出版地为 S. Gervasii，由 Aqud Haeredes Eustathij Vignon 出版。该古籍主要研究拉丁语言及文学，是西方学术著作。其体例与现代文献的分别之处是，此书不设页码，以栏目作识别，每版两个栏目，全书共有 201 个栏目。而其他则与一般现代文献相似，正文前有目录及绪论，正文后附有索引，有关编目资料亦有详录。从图中可看到印刷精致的古典西方图案，在书名页下方有"China"的手写字样，相信此书是当时带到中国内地使用后再流回澳门的。

　　利玛窦认为："到中国传教，决不是强大的舰队，声势浩大的军队，或是其他人类武力所能奏效的"，"传教必是获华人之尊敬，最善之法，莫若渐以学术收揽人心，人心即（既）付，信仰必定随之。"① 从有关文献资源中，充分显示他们所采取的政策确实得以实行，并因此达到了目的。由此可见文献交流传播对社会发展和文化交流所起的促进作用。

---

① 〔法〕费赖之（Aloys Pfister）：《入华耶稣会士列传》，香港，商务印书馆，1938，第42页。

图 7　1602 年出版的《拉丁文之作者》
（*Auctores Latinae Linguae*）及内页

（六）18、19 世纪的工具书、辞典及百科全书

宗教活动有关的文献资源与其他文献一样，它的产生和发展并不是孤立进行的，在它漫长的发展道路上，很多的因素对其有影响，而且曾对它起过有力的推动作用。传教士们向中国介绍西方学术及近代科学，希望让中国人在承认西方科学先进性的同时也承认西方政治体制及各方面的优越性，所以，致力向中国人传播近代科学，"甚至连康熙帝也听他们的课。"①

---

① 〔法〕安田朴（Rene Etiemble）、谢和耐（Jacques Gernet）等：《明清间入华耶稣会士和中西文化交流》，耿升译，成都，巴蜀书社，1993，第 3 页。

他们通过介绍西洋学术，在尊重中国风俗礼法的前提下开展传教的方法打开了局面，立稳了脚跟。因而，东来的传教士，一般都是很有学问的人，其中有不少人是著名的科学家和学者，除利玛窦外，如龙华民、庞迪我、熊三拔、阳玛诺、汤若望、南怀仁、邓玉函、艾儒略、金尼阁等等，他们将当时较为先进的西方科技，通过翻译或讲授介绍给中国，在天文、地理、数学、机械、测绘、绘画以及建筑等各方面带来了使人耳目一新的科学知识。因此我们发现，教科书从小学生文库到辞典及百科全书，是传教士在澳门建立的重要馆藏之一。从表 1 中看到，工具书、辞典及百科全书等约5000 册，占天主教宗教活动产生文献资源的 6.58%。

这些学术文献的产生主要受当时清政府对西方科技推崇的影响，中国政府对来华的传教士所持的态度是："防渐之术，当以输入新智，充实己为事"①，目的是要通过传教士输入西方科技。而传教士之目的是要凭借自己的西洋学术来传经布道。

事实上，在传教活动所产生的文献中，值得研究的工具书还有很多。调查所知，现存于澳门的最早期的辞典是出版于 1751 年的《通用农业辞典》（笔者译）"*Dictionnaire Universel d'Ágriculture*"，在法国巴黎出版。此为法文辞典，以法文作注解，是关于农业方面的知识。由于经过两百多年的岁月，图中可见该书的书名页已破损严重，部分文字如"Dict"已损毁。其他以期刊形式出版的辞典有不少，保存较完整的有由 R. Alexandre Herculano 编撰的《语言及百科通解辞典》（笔者译）"*Diccionário Universal Illustrado：Linguistico e Encyclopedico*"，该套葡文期刊出版于葡国里斯本，保存有1～159 期（其中 120～159 期是专门医学辞典），内容主要是语言以及百科辞典。另外还有 1904 年的《葡国历史辞典》（笔者译）"*Portugal Dicionário Histórico*"，是一套有关葡国历史、地理、艺术、传记等题材的期刊式辞典。另外，以上提及的《妇女家庭医生》（笔者译）也是保存良好的辞典期刊。

由于传教士来自欧洲，故在澳门存有不少当时他们使用的欧洲语言辞典和欧洲历史辞典。现存最早期的欧洲语言词典是 1778 年出版的法文、意大利文辞典《最新法、意文辞典：综合法国学术辞典》（笔者译）"*Nouveau Dictionnaire Français-Italien，Composé sur les Dictionnaires de l'Académie de*

---

① （清）阮元：《畴人传》45，上海，商务印书馆，1995，第 588 页。

France et de la Crusca" 第二版，在法国尼斯出版。当中收录了丰富的科学及艺术词句，对翻译工作及阅读人士皆非常实用，内附文章、地理等目录。

另外，按笔者所搜集资料，相信是现存于澳门最早的百科全书是 1819 年伦敦出版的艺术、科学和文学百科辞典，全套共存有 40 册，附有版刻图画，书名为《世界艺术、科学、文学百科辞典》（笔者译）"*The Cyclopaedia; or, Universal Dictionary of Arts, Sciences, and Literature*"，在伦敦出版。这一套非常珍贵的百科全书，是研究 19 世纪初历史背景资料及比较研究之珍贵馆藏。

值得我们留意的是保存在圣若瑟修院图书馆的 1833 年在澳门 "Regia no Real Collegio de S. Jose" 出版的《汉洋合字汇》"*Diccionario China-Portuguez*" 是一本中葡字典。相信是目前在澳门保存最早的葡中字典，而且在澳门出版的，其珍贵历史价值不论对研究澳门文献、澳门历史、中葡文字、文献版本等范畴的学者皆相当重要。

教科书方面，一套由商务图书馆发行出版的百科全书式的小学教科书——《小学生文库》，共 205 册，仍保存良好，其题材很广泛，包括有天文、史地、歌剧、农业等。当中甚至有图书馆学类，以生动手法介绍儿童图书馆的基本功能，如阅览室、编目、流通等项目。

在澳门的这些丰富的西方学术文献，除具有珍贵历史参考研究价值外，更反映了当时传教士为进入中国所作的努力。事实上，西方宗教，也是西方文明的象征。历史上，西方宗教曾两次传入中国，一次在唐朝，另一次是元朝，均曾盛极一时，只是产生纯宗教的影响，并没有带来一种新的文明。当时中国封建文明的发展水平高于西方，所以他们未能在中国立定脚跟，很快便销声匿迹了。然而，16 世纪西方宗教第三次传入中国时，西方社会发生了巨大的变化。随着文艺复兴运动的展开、资本主义的产生和科技的进步，思想活跃，观念更新，使西方文明登上了一个新台阶，在世界上领先于古老的东方文明。[①] 因此，他们以西方文明作为打开中国大门的手段，而西方学术文献就是重要的辅助工具。从文献的内涵价值，可见文献资源发展与社会的环境和需求是联系密切的。

---

① 黄鸿钊：《澳门在中西文化交流中的地位——论基督教的传入与澳门的关系》，载吴志良编《东西方文化交流——国际学术研讨会论文选》，澳门，澳门基金会，1994，第 295 页。

（七）档案、相片具有历史价值

自从 1576 年澳门教区辖区成立后，曾管辖着内地、朝鲜、日本、越南、老挝、暹罗、马来西亚的天主教会。档案、照片也是天主教文化活动的产物之一，它们将当时天主教活动的情况和重要事件如实反映出来。藏于主教府的澳门主教辖区档案可追溯到 1717 年。其中内容包括大量原始记录、每个属下教会之间的公函以至所有教徒的出身、洗礼、结婚及死亡等资料。由于早期澳门未设有正式领使，也没有如现时身份证明的正规个人资料档案，所以，这些资料当时被视为法律的依据，如财产继承权的享有、婚姻的证明等等。另外，由于澳门自 16 世纪起即成为天主教在远东的传播中心，亦是远东的交通和交流的中心，因而吸纳了其他地方的教徒将个人资料在澳门备案，以防其他伪造文件，故澳门主教府发出的资料得到其他地区的认可。[1] 年深岁久，累积了一批数量相当的档案，而且具有权威性，被澳门政府认可为官式档案。

这些一次文献井然有序地保管在澳门主教府的档案部，成为我们考究历史上在澳门登记受洗礼人士资料的参考工具，其潜在使用价值令澳门天主教活动在不知不觉中产生了重大的社会功效。1980 年，澳门政府征求教会意见，将这些档案资料全部复印制作为微缩菲林存于澳门历史档案馆及政府有关部门。澳门政府更颁布法令，这些资料被确认为官方档案，直至 1985 年前的档案仍在此列之内。

另外，笔者在调查过程中亦发现一批约 500 张 20 世纪初传教士在澳门及中国内地进行传教活动的珍贵相片，是极为重要的历史资料，尤其反映了天主教在澳门及内地的历史片段。例如，有 1937 年 8 月 29 日，"肇庆传教姑娘暨中学女生避静留影"；1932 年 4 月 8 日由澳门商会值理同人向雅神父敬赠的"罗若瀚大主教回拜澳门商会各值理留影纪念"；又或摄于 1948 年 5 月 6 日的"中山石岐教友欢迎罗大主教莅邑施行坚振留念"等等。这些珍贵相片若加以修补整理，如出版成影集及加以注解，将是探求澳门天主教历史资料的重要参考文献。

---

① 　与林家骏主教专访时所提供资料。

三 总结

天主教有目的、有系统地东来传教,与此同时也展开了一系列的社会活动。他们的本意为扩张宗教势力,为罗马教廷效忠,也为欧洲有关国家的政治野心服务。教士白晋便说过:"当初葡萄牙政府之所以要往中国派耶稣会教士,是想利用天主教的教化力以达成其政治上的野心,然而天主教也同样想利用葡萄牙的政治势力以完成其宗教势力的扩张。"① 无论如何,从他们的主观意图到客观现实的发展,都给中国带来了巨大的影响,亦为澳门建立了具有历史意义的特色文献资源。

总的来说,文献资源的产生与文化活动息息相关,活动范围越大、涵盖内容越多、涉及面越复杂,文献资源就越丰富。每个地区文献资源的产生和发展与当地的政治、经济、教育、历史背景、国际地位等等社会因素有着相当密切的关系,而文化只是其中一点。事实上,由于澳门历史上独特的社会环境,文献资源的含金量很高,当中可供研究的价值已成为国际共识,不少专门研究澳门的学者已纷纷提出要进行澳门文献史料的研究。因此,我们还应以多角度研究澳门文献资源产生因素,更全面地透析其发展规律和社会价值,作为规划澳门文献资源的发展策略的基准之一,以满足社会各界发展的需求。

笔者对澳门天主教文化所产生的文献资源以及其发展模式的探讨只属起步,错漏不足之处,敬希专家学者批评指正。惟望以此抛砖引玉,引起各界人士共同讨论并进行深层次的研究;更冀借此引起社会各界对澳门珍贵历史文献的保护意识。

(原载黄晓峰主编《文化杂志》,澳门,澳门特别行政区政府文化局,第 47 期,2003 年夏季刊)

---

① 方豪:《中国天主教史人物传》下册,北京,中华书局,1988,第 269 页。

澳门与礼仪之争

——跨文化背景下的文化自觉

吴志良[*]

澳门地域很小，人口也不多，但澳门作为南中国最早对外开放的贸易港口和中西文化交流的桥梁，是欧风东渐的突破口，在某种意义上，也成了近五个世纪中西文化交流碰撞的场所，身临其境地见证了其间的得失成败和高低起伏。

有趣的是，在方圆数里的弹丸之地，生活于此的华洋民族却能共处分治、和睦与谐，无论从政治上还是文化上都没有太大、太多的冲突。一直以来，我们更多地从利益驱动的角度去分析这一现象，很少从利益本身所蕴含的文化自觉的视角去考察中葡文化的各自基本特征和精神及其能够在澳门共处并进的底蕴。澳门跨文化环境的形成和发展，实与中葡文化的自觉及其包容性密不可分。

本文试图以澳门葡人的自我定位以及礼仪之争[①]时期中葡的反应和表现

[*] 澳门基金会行政委员会主席，南京大学历史学博士。

[①] 除了李天纲的专著（《中国礼仪之争：历史、文献和意义》，上海，上海古籍出版社，1998）外，近期中国学者讨论这个问题的论文有：顾卫民，《17世纪罗马教廷与葡萄牙在中国传教事业上的合作与矛盾》，载《文化杂志》，澳门文化局，第46期，2003年春季，第217~226页；周萍萍《清初法国对葡萄牙"保教权"的挑战》，载《文化杂志》，澳门文化局，第46期，2003年春季，第227~232页及郑妙冰《澳门——殖民沧桑中的文化双面神》，北京，中央文献出版社，2003，第55~66页。总体而论，西方学界研究的深度及广度均处于领先地位。至今重点是探讨爆发的原因及过程，但对这一争议对中国历史本身所产生的重大影响探讨较少。礼仪之争切断了中国与西方的科技、文化交流，是造成近代中国落后的一个重要原因。中国学界应从这个层面来加深对礼仪之争的研究。我们认为，在不久的将来，它将成为中国近代史的一门显学。2001年，澳门东方葡萄牙学会出版了〔葡〕萨安东（António Vasconcelos de Saldanha）编辑，金国平汉译目录的（转下页注）

为案例，从经验层次初步探讨跨文化背景下的文化自觉问题。

一 葡萄牙人在澳门的文化自觉

葡萄牙人"立埠于澳门，实为泰西通市之始"。[①]自 1557 年起，葡萄牙人在没有任何协议的情况下得以在"普天之下，莫非王土"的天朝脚下"筑室建城，雄踞海畔若一国"[②]，1887 年通过《中葡和好通商条约》获得"永居管理澳门"的权利，直至 1999 年才最后从中国领土上撤走，无论在西方殖民史上还是中外关系史上，都是一个异数。更加令人叹为观止的是，中葡人民在澳门的和睦共处虽然是基于不同社群分治的前提，但文化、思想和风俗习惯差异如此之大的民族，竟然可以在方圆数里之地共同生活几个世纪而不发生重大武力冲突。

正如我们之前有机会[③]指出，葡萄牙人之所以能够在澳门立足，是因为他们中国观[④]的变化。被称为欧洲第一个赴华使节的葡萄牙人皮莱资在 1516 年完成的《东方志》虽然对中国的不少事物惊赞不已，但是仍足足用了一个段落来讨论征服中国的可能性。他认为，控制中国沿海应是相对容易的事

（接上页注①）《葡萄牙及耶稣会参与中国礼仪之争及康熙皇帝与教廷关系研究及文献集》（*DE KANGXI PARA O PAPA, PELA VIA DE PORTUGAL – Memória e Documentos relativos à intervenção de Portugal e da Companhia de Jesus na questão dos Ritos Chineses e nas relações entre o Imperador Kangxi e a Santa Sé*）。全书 3 卷，总计 1382 页。第一卷为一长达 452 页的研究论文，余下二卷收录了皮藏于欧洲许多档案馆和图书馆的原档 191 件。它是继陈垣编《康熙与罗马使节关系文书》、李天纲《中国礼仪之争：历史、文献和意义》及〔美〕苏尔、诺尔编，沈保义、顾卫民、朱静译《中国礼仪之争：西文文献一百篇（1645～1941）》之后，最重要的历史文献集。这部著作对进一步推动礼仪之争的全面研究，尤其是探讨葡萄牙在康熙和教廷之间所起到过的外交作用具有重大意义。

① 王之春：《清朝柔远记》，第 361 页。
② 王之春：《清朝柔远记》，第 7 页。
③ 吴志良：《生存之道——论澳门政治制度与政治发展》，澳门成人教育学会，1998，第 341～353 页。
④ 吴志良：《16 世纪葡萄牙的中国观》，载《东西交汇看澳门》，澳门基金会，1996 年，第 149～170 页。这一变化的基因是，无论是葡人经商还是耶稣会传教，都必须同中国保持友好关系，否则一事无成。因此，可以从本质上理解葡萄牙人向来的"恭顺"和利玛窦所倡导的"适应"路线，这也是澳门几百年来的"宗教宽容"的深层原因。如果他们在澳门公开排斥中国宗教，如何入华传教？可谓"和气生财"、"宽容布教"。直至葡人撤退前，葡萄牙人又大唱友好歌，爆出一股"培育友谊的狂热"。见郑妙冰《澳门——殖民沧桑中的文化双面神》，北京，中央文献出版社，2003，第 193～216 页。

情："用印度总督（阿尔布克尔克）征服马六甲的十艘船只，便足以轻易控制整个中国沿海。"① 皮莱资之所以口出狂言，是因为葡萄牙当时是世界上最强大的海上帝国，在非洲和印度洋所向披靡，战无不胜。但从在福建死里逃生的葡商加利奥特（Galiote Pereira）1560 年前后成书的《中国见闻录》和加斯帕尔·达·克鲁斯（Gaspar da Cruz）1569～1570 年出版的《中国事务及其特点详论》看，葡萄牙人对强大明朝中国的现实情况则已明显有了更加全面正确的认识，这也促使他们改变态度，采取以柔制刚的对华商贸策略，并有意识地调整自己的角色——从印度洋的征服者逐渐转变为南中国海的贸易者，最终得以定居澳门。

明清政府基于其时国内局势，亦采取了较为务实的政策，一直视澳门葡人社群为一个特殊的蕃坊②，是唐、宋以来泉州、广州等蕃坊的延续。而居澳葡人自始至终保持高度的文化自觉性，奉行双重效忠的原则③：一方面循葡萄牙中世纪的市政传统，组织议事会（又称议事亭）依葡萄牙法律和风俗习惯进行内部自治；另一方面，他们深明对天朝帝国的致命性依赖，遵守中国律例，对广东当局、特别是直辖他们的香山县政府恭顺臣服，并缴交地租，在澳门半岛上也基本上能够与华人和平共处，甚至通婚生子。这一经济海防的互利性及葡人政治双重效忠的灵活变动原则，正是澳门长期生存发展的根本。

以下的文件，可以充分反映出不同时期葡萄牙人对自己身处澳门的境况的切身、客观认识。

早在 1582 年，一本佚名的关于葡萄牙王权在印度所拥有的城市和堡垒的书就指出："该城（澳门）的居民几乎全部是葡萄牙人、混血基督徒和本地人。虽然它是属于中国国王的土地，那里并有他的官员负责

---

① 〔葡〕阿尔曼多·科尔特藏（Armando Cortesão）：《皮莱资的〈东方简志〉及弗朗西斯科·罗德里格斯书》（A Suma Oriental de Tomé Pires e o Livro de Francisco Rodrigues），科英布拉，1978，第 364 页。

② 近期关于这个问题的讨论，可见〔德〕普塔克（Roderich Ptak），CHINA'S MEDIEVAL FANFANG – A MODEL FOR MACAU UNDER THE MING?, in Anais de História de Além – Mar, Lisboa, Unuiversidade Nova de Lisbioa, Vol. Ⅱ, 2001, pp. 47 –71 及邱树森《唐宋蕃坊与明清澳门比较研究》，载《文化杂志》，澳门文化局，第 47 期，2003 年夏季，第 147～154 页。

③ 金国平、吴志良：《再论"蕃坊"与"双重效忠"》，载《镜海飘渺》，澳门成人教育学会，2001，第 86～121 页。

征收当地的税项，然而，上述居民是由我葡萄牙王国的法律和法例来管治的……"①

1583年，两广总督陈瑞为了更好管理澳门，召见了两位澳门葡人代表。而这次召见，不仅确定了明朝政府治理澳门的模式，也直接催生了居澳葡人的自治组织议事会。当事人之一西班牙耶稣会桑切斯（Alonso Sanchez）神甫回忆召见过程时说：

> 两个人磕过头后，对都堂（陈瑞）说，葡萄牙人从来是中国国王的臣民及忠实仆人，将都堂大人奉为主人及庇护人。听了这话，都堂的态度缓和了下来，怒容烟消云散，还说想将葡萄牙人收作子民。他对两人大加恩施，给了他们几块银牌（hapa de plata），我看见他给了罗明坚神父的两三块这样的牌子。这是宽过于长的半块银板，如同盾牌。上面写着持有人有出入中国的特权，可晋见都堂，任何人不得加以阻拦。②

议事会1621年的一份文件也直截了当地指出："中国的皇帝是我们身处澳门这地方的主人……"，而1637年的另外一份文件则进一步阐述这一观点："在这里我们不是身处由我们征服的土地上，不像我们在印度的那些堡垒，那儿我们是主人……但是在中国皇帝领土上我们没有一掌之地，此外，虽然这城市是属于我们的国王，但所述的地方则属于中国皇帝……"

同一时期，葡印编年史家朴加罗也引用了议事会因为葡人被指窝藏日本人而给广东当局的一份"回禀"，来说明早期澳门葡人的状况：

---

① *Anónimo Livro das cidades, e fortalezas, qve a Coroa de Portugal tem nas partes da Índia, e das capitanias, e mais cargos qve nelas há, e da importancia delles*, Lisboa, 1960, p. 75.
② 《耶稣会桑切斯神甫受菲律宾总督佩尼亚罗沙（Don Gonzalo Ronquillo de Peñalosa）、主教及其他陛下的官员之命从吕宋岛马尼拉城使华简志》，西班牙塞维亚东西印度总档案馆，菲律宾档79-2-15。译自〔西〕欧阳平（Manel Ollé Rodríguez）：《菲律宾对华战略：桑切斯及萨拉查（Domingo Salazar）在中国事业中（1581~1593）》，巴塞罗那彭佩法不拉（Pompeu Fabra）大学博士论文，1998，第2卷，第89页。

关于我等蓄养倭奴一事，我等齐声回禀大人如下：谢天谢地，六十多年来我等被视若中国子民，遂得以安居乐业、成家立室、养育子孙。我等从未有违王法之举。从前，一名叫 Charempum Litauqiem（曾一本与林道乾）的海盗与该省的官员及国王作对。他犯上作乱，准备夺取广州。于是，中国官员招我等前去与他们并肩作战。我们出银两、人手、船只与军火。敌众我寡，但我等毫无畏惧，奋不顾身杀敌，将其全歼并俘获九艘船只。我等将船上俘获之物如数上缴官员。后王室大法官获一冠帽、通事获一银牌奖赏。因此，我等颇受敬重，加上我们的功劳，向来将我们视为良民。而所有这一切，全部在官府有案可查。①

1777 年，澳门主教兼总督基马良士（D. Alexandre da Silva Pedrosa Guimarães）在 8 月 8 日致议事会的一份鉴定书中，很好地阐述了澳门葡人的双重身份：

这些法律、命令在（葡萄牙）领地内得到了有效的贯彻。在那里，（葡萄牙国王）他的权力是绝对的、自由的、专制的、坚定的，而在中国这一角落里，国王陛下的众多权力仅仅对于他的臣民来讲是绝对的、坚定的、自由的、专制的，而这些臣民又受制于中国皇帝，因此，从制度上来讲是混合服从，即服从我主国王又服从中国皇帝，我不知如何可以强行并违背这块土地主人的命令。中国皇帝势力强大，而我们无任何力量；他是澳门的直接主人。澳门向他缴纳地租，我们仅有使用权：本地不是通过……征服获得的，因此，我们的居留从自然性质而言是不稳固的。②

议事会 1837 年 12 月 5 日向印度总督写信③，讲述澳门葡萄牙居留地的

---

① 〔葡〕朴加罗（António Bocarro）《印度旬年史之十三》（Década 13 da História da Índia），Lisboa，1876，Vol. II，第 729 页。译文见金国平《中葡关系史地考证》，第 73 页。
② 见《澳门档案》，第 3 系列，第 16 卷，第 4 期，澳门官印局，1971，第 206～207 页。
③ 全信于 1839 年在果阿官印局印刷的《观察家》（Observador）杂志第 8、9、10、11 期上刊登。1841 年 7 月的《海事殖民年报》（Anais Marítimos e Coloniais）第 8 期第 353～370 页转载。

起源及其当前政治社会情况时还承认：

> 本居留地并非葡萄牙征服所得，只是中国人不断特许（concessão）
> 葡商居住，没有国王与国王或政府与政府之间的协议或契约。澳门居留
> 地在中国以及葡萄牙法律管辖的情况如下：中国的土地给葡商使用，
> 葡商为葡萄牙臣民，一直服从葡萄牙的法律和风俗习惯。
>
> 澳门这一居留地最适合拥有一议事会或市政府形式的政府，目前，
> 因为它系一个温和的政府，可以保持与华人（这一土地属于他们）的
> 友好关系，避免他们产生妒忌。此形式最适于贸易，这是往昔葡萄牙
> 人唯一的目的。的确，与地方当局或官员的交往使得市政府成为了葡
> 中两国人民之间唯一的纽带，理事官则成为了与中国官员一切联络的
> 中介。此种情况延续至今。他是获中华帝国合法承认的唯一官员，在
> 皇帝面前对本居留地负责。因华人因循守旧，反对革新，所以派往澳
> 门的总督及按察使虽有管辖权及指挥权，至今只获承认他们对葡萄牙
> 人的权威。中华帝国官员并不承认他们，决不允许他们不通过理事官
> 进行合法联络。理事官使用议事会的公章，中华帝国官员仅仅承认它。

同一天，议事会以"从这天涯海角，从这遥远的中国发出的正义的呼
声"为理由上书葡萄牙议政会，更这样猛烈抨击那些将澳门等同于葡萄牙
王室其他领地并试图将王权渗入澳门的人的论点：

> 称澳门为与达曼（Damão）或第乌（Diu）相同的征服地系无稽之
> 谈，过去一直向皇帝缴纳，现在仍然在支付地租及沉重的船钞。因为
> 这一居留地的起源世人皆知，就连外国人都一目了然，并非要两下笔
> 杆子就可以在中国占得一席之地。英国凭它的威力，使尽了解数，至
> 今仍未在中国立住脚跟。任何一个欧洲国家从未与中国动过干戈，何
> 时葡萄牙人征服了澳门？皇帝未将其赠与，现仍收地租。本澳居民及
> 其财产仍在沉重的税收之下，何谓此系葡萄牙领土？①

---

① 里斯本地理学会图书馆：《庇礼喇（Marques Pereira）遗稿》，文档 A。

鸦片战争前的 1839 年 9 月 26 日，澳门法官巴士度（José M. Rodrigues Bastos）致函葡萄牙海事暨海外部部长时也对此直言不讳："从我们涉足此地起，政府从未就我们与华人、与这个国家的关系作出任何必要的指示。这块土地是中国的，为此，我们每年向中国皇帝缴纳地租。"约半年后，他更进一步指出"葡萄牙只有使用权，而无所有权。即便这一使用权也是有限的"。①

中华人民共和国成立前不久，葡萄牙总理萨拉查（Oliveira Salazar）1947 年 11 月 25 日在国会致词时表示：

> 远东战时和战后发生的事件——印尼的动乱、中国的解放、印巴的独立，都对我们在那些地方的细小领地造成影响，亦令政府产生担忧，虽然（那些领地的）居民都（对我们）全心全意……澳门背靠中国，作为其国民的休憩和避难之所，战后完成了欧洲在东方的使命，但一直未能享受应有的安宁。中国在作出牺牲和战胜数十年来处处为其完全行使主权而设置的所有限制后解放了，且做得很好。作为有关条约的签署国，葡萄牙也很高兴地赞同废除在其领土内那些可能伤害中华民族名誉和感情的机构或特权。由于对情况的不完全了解或某些中国报纸的煽情，（中国人）作出了既与事实不符亦跟我们所处环境不相称的推论。然而，葡中两国的良好关系、之间的友谊和相互的关照，并无受到这些事件的干扰。②

而 1966 年葡萄牙外交部长的诺格拉（Franco Nogueira）在澳门发生"一二·三"事件③后更加不无感叹地说：

> 我们从未真正拥有澳门的主权，我们的生存，全赖中国的善意，

---

① 〔葡〕萨安东（António Vasconcelos de Saldanha）著《葡萄牙在华外交政策》，金国平译，里斯本—澳门基金会，1997，第 14 页。

② Oliveira Salazar, *Discursos e Notas Políticas*（《政治演辞和笔记》），1943 – 1950, Vol. IV, Coimbra Editora, 1951, pp. 303 – 305。

③ 吴志良：《生存之道——论澳门政治制度与政治发展》，澳门成人教育学会，1998，第 259 ~ 286 页。

并一直与其分享权威。由于至今未明的原因，北京现在认为我们冒犯了应属于他们的那部分权威，并将这种感觉表现出来。我们需要承认此点，且在这方面予以让步。①

因此可见，葡萄牙人可以长期在天朝的土地上生存，根本的原因是他们从开始居留澳门就表现出比较清醒的文化自觉，面对强大的中国，只求经济互利共荣，不刻意也难以表现其政治、军事、科技或宗教、文化的优越性或将其价值观强加于华人，一旦有所表露，便遭到中国当局的抵制和压抑，最后以妥协或失败收场，回复平等相处的状态。换言之，只要西方文明具有文化自觉，抛弃其向来所表现的政治、军事、科技或宗教、文化优越性，是可以与非西方文明和平共处的。澳门便是一个活生生的例子。

二　礼仪之争与澳门

澳门从 16 世纪繁盛至 19 世纪衰落的近 300 年，也是中西文明初次大规模碰撞和交融缓进的 300 年，甚至可以说是西方文明在中国边缘上盘旋徘徊的 300 年。以利玛窦（Matteo Ricci）为首的耶稣会士一度令在华传教事业发展蓬勃，然而，他们毕竟是以儒法传圣教，当礼仪之争兴起，天主教宗教神权与中国封建专制皇权发生激烈冲突至无法调和时，曾经十分热衷"夷教"的康熙帝在晚年也怒斥罗马教廷干涉中国内政，颁令驱逐传教士出境，西方传教士只是在数学、天文学、医学、西洋艺术等方面为朝廷所用，中西文化深层的思想交流并无多少长进，礼仪之争互不相让，以致两败俱伤，清廷又将国门关闭。

在礼仪之争过程中，澳门也试图发挥作用，以调和清廷与罗马教廷的关系，可惜葡萄牙已经今非昔比，最后无功而返。不过，从其努力的过程，仍然可以看到澳门—葡萄牙的角色，特别是其文化的自觉。

我们知道，葡萄牙早在 1514 年就获得教宗尼古拉五世（Nicolau V）颁

---

① Franco Nogueira, *Um Político Confessa-se*（《一个政治家的自白》），Porto, Editora Civilização, 1986, p. 208。

发无限期征服异域的权利及其保教权①，而东方保教权的具体体现是：①任
何从欧洲出发的传教士前往东方必须取道里斯本，乘坐葡萄牙船只，并获
得葡萄牙宫廷的批准。传教士除开效忠教宗外，还需宣誓承认葡王的保教
权；②教宗向东方任命主教的人选，须得到葡王的认可。葡萄牙有权在传
教区建筑教堂，派遣传教士和主教管理这些传教区的教会，当然，有关的
费用也由葡萄牙提供或津贴。② 所以，早期的西方传教士完全是通过澳门进
入中国内地的。

耶稣会东方传教团巡视员范礼安（Alexandre Valignani）1578 年在澳门
曾经对传教工作发出指示，要求传教士必须了解中国的礼俗、社会和民情，
改变在其他国家采取的传教方法，并选派懂得中文的传教士进入中国传
教。③ 利玛窦 1582 年进入中国后，身体力行，实践此一策略，以移花接木
的形式，将天主教义融入儒学中来传播福音，且取得了相当的成功。正如
他的同伴罗明坚（Miguel Ruggieri）所言："在初期，我们必须在这个国家
小心行事，不宜操之过急，不然很容易丧失既得利益而无法补救。我这样
说，是因为这个国家对外国人极端敌视并特别惧怕葡萄牙人和西班牙人，
视他们为侵略民族。"④ 白晋（Joachim Bouvet）在 1697 年还认为："要使中
国人从情感和理智上倾向于我们的宗教，世界上没有比向我们显示基督教
合乎中国古代哲学传统更好的东西了。"⑤

到远东传教的耶稣会士利用自己的世俗知识结交当地的士绅阶层，用
当地的语言、文字、哲学讲解《圣经》，最终接近宫廷和皇帝，使全民族皈

---

① 〔葡〕瓦雷（António Manuel Martins do Vale）：《在十字架与龙之间：18 世纪葡萄牙在华保
教权》（*Entre a Cruz e o Dragão：O Padroado Português na China no Séc. XVIII*），里斯本新大
学博士论文，2000，第 81 ~ 82 页。

② 《早期澳门史》，第 174 页；罗光：《教廷与中国使节史》，台北，传记文学出版社，1969，
第 176 页及〔葡〕阿拉乌热（Horácio Peixoto de Araújo）：《耶稣会会士在中华帝国——第
一个世纪（1582 ~ 1680）》〔*Os Jesuítas no Império da China：O Primeiro Século（1582 -
1680）*〕，澳门，东方葡萄牙学会，2000，第 19 ~ 68 页及《耶稣会（传记—主题）历史词
典》（*Diccionario Histórico de la Compañía de Jesús：Biográfico - Temático*），罗马—马德里，
2001，第 3 卷，第 2943 ~ 2945 页。

③ 《利玛窦中国劄记》，上册，第 142 页。

④ 〔意〕王都立（Pietro Tacchi Venturi）：《利玛窦神甫历史著作集》（*Opere Storiche del P. Mat-
teo Ricci S. J.*），第 2 卷，第 420 页。

⑤ 〔法〕裴化行（Henri Bernard）：《中国圣人与基督徒哲学》，天津，1935，第 145 页。

依，也是 1552 年客死上川的圣方济各·沙勿略（Francisco Xavier）的理想。且不论他们的目的或者企图①，但他们在运用此权宜之计中表现出来的对中国文化的了解和尊重，也就是文化的自觉性，还是值得赞赏的。然而，利玛窦去世后，他的另一位同伴龙华民（Nicolas Longobardi）就以维护宗教的纯洁性为名，对祭祖敬孔畏天等中国礼仪提出了质疑，从而掀起了礼仪之争。幸好，由于葡萄牙拥有保教权，这时期耶稣会内部的礼仪之争在澳门得到了协调，其他教团没有卷入，没有扩散到欧洲，也没有惊动罗马。②

然而，随着葡萄牙东方帝国的衰落及其保教权逐渐旁落，特别是法国外方传教会的介入以及两国对保教权的争夺③，礼仪之争在康熙年间又再次爆发，且不可收拾。

礼仪之争为中西文化交流带来的灾难性深远影响④，至今仍然可以感觉到。对事件的性质，法国启蒙运动的精神领袖伏尔泰（Voltaire）在 18 世纪作出了生动的总结。实际上，他也对欧洲人缺乏文化自觉性作出了批判：

> 在非难这个大帝国的政府为无神论者的同时，我们又轻率地说他们崇拜偶像。这种指责是自相矛盾的。对中国礼仪的极大误会，产生于我们以我们的习俗为标准来评判他们的习俗。我们要把我们偏执的门户之见带到世界各地。跪拜在他们国家只不过是个普通的敬礼，而在我们看来，就是一种顶礼膜拜行为。我们误把桌子当祭台，我们就是这样地评论一切的。我们在适当时候将会看到，我们的分裂和争吵，

---

① 谢和耐认为，传教士利用中国古籍借题发挥，"他们的意图是清楚的，即使用这种方法使中国的传统内乱，从而从内部改造它们"〔〔法〕J. 谢和耐（Jacques Gernet）：《中国文化与基督教的冲撞》，于硕等译，沈阳，辽宁人民出版社，1989，第 48 页〕。实际上，西班牙人征服菲律宾并在美洲取得节节军事胜利后，一度也有对中国进行军事征服的念头，前述的耶稣会神甫桑切斯便是出谋献策者。只是他们所遇到的朱明帝国的文明发展程度远远超出被他们以血腥手段所征服的美洲印第安部落的社会形态，因此他们调整了对华策略。见金国平《耶稣会对华传教政策演变基因初探——兼论葡、西征服中国计划》，载《西力东渐——中葡早期接触追昔》，澳门基金会，2000，第 120～157 页。

② 李天纲：《中国礼仪之争：历史、文献和意义》，上海古籍出版社，1998，第 281 页。

③ 周萍萍：《清初法国对葡萄牙"保教权"的挑战》，载《文化杂志》，澳门文化局，第 46 期，2003 年春季，第 227～232 页。

④ 可以说 19 世纪中国各地爆发的教案是礼仪之争的直接恶果。多数研究者未注意二者之间的关系。

怎样导致了我们的传教士被赶出中国的。①

在中国，康熙皇帝一向对耶稣会士爱护有加，对天主教内部的礼仪之争虽早有所闻，但保持了宽容和中立。1700 年 11 月 30 日，康熙皇帝即应耶稣会士的请求，下达了关于祭祖祭孔只是爱敬先人和先师而不是宗教迷信的谕旨：

> 康熙三十九年十月二十日治理历法远臣闵明我、徐日升、安多、张诚等谨奏，为恭请睿鉴，以求训诲事。窃远臣看得西洋学者，闻中国有拜孔子，及祭天地祖先之礼，必有其故，愿闻其详等语。臣等管见，以为拜孔子，敬其为人师范，并非祈福祐、聪明、爵禄也而拜也。祭祀祖先，出于爱亲之义，依儒礼亦无求祐之义，惟尽忠孝之念而已。虽立祖先之牌，非谓祖先之魂，在木牌之上，不过抒子孙报本追远，如在之意耳。至于效天之典礼，非祭苍苍有形之天，乃祭天地万物根源主宰，即孔子所云："郊社之礼，所以事上帝也"。有时不称上帝而称天者，犹主上不曰主上，而曰陛下，曰朝廷之类，虽名称不同，其实一也。前蒙皇上所赐匾额，御书敬天二字，正是此意。远臣等鄙见，以此答之。但缘关系中国风俗，不敢私寄，恭请睿智训诲。远臣不惶悚待命之至。本日奉御批："这所写甚好，有合大道。敬天及事君亲、敬师长者，系天下通义，这就是无可改处，钦此！"②

教宗克莱门十一世（Clemente XI）派遣的特使多罗（又译"铎罗"，Carlo Thomas Maillard de Tournon）1705 年抵达中国后，礼仪之争的矛盾激化了。康熙年底第一次接见多罗后，觉察到教宗特使来华的真正目的，次年 6 月 24 日，下了一道御批，严正表明了朝廷的立场：

> 前日曾有上谕，多罗好了陛见之际再谕。今闻多罗言，我未必等

---

① 〔法〕伏尔泰著《风俗论》，梁守锵等译，北京，商务印书馆，1996，第 221 页。
② 方豪：《中国天主教史人物传》，香港公教真理学会及台中光启出版社，第二册，1970，第 317 页。

到皇上回来的话，朕甚怜悯，所以将欲下之旨晓谕。朕所欲言者，近日西洋所来者甚杂，亦有行道者，亦有白人借名为行道者，难以分辨是非。如今尔来之际，若不定一规矩，惟恐后来惹出是非，也觉教化王处有关系。只得将定例，先明白晓谕，命后来之人谨守法度，不能稍违方好。以后凡自西洋来者，再不回去的人，许他内地居住。若今年来明年去的人，不可叫他居住。此等人譬如立于大门之前，论人屋内之事，众人何以服之，况且多事。更有做生意，做买卖，此等人亦不可以留住。凡各国各会皆以敬天主者，何得论彼此，一概同居同住，则永无争竞矣。为此晓谕。①

同年 8 月，康熙在热河接见"愚不识字，妄论中国之道"的颜珰（Charles Maigrot）之后，更加对教宗特使在中国传教士中搬弄是非、制造混乱产生了厌恶。8 月 13 日（康熙四十五年七月初十日），他再次作了一个重要的谕批，加强对传教士的管束：

朕以尔为教化王所遣之人，来自远方，体恤优待。尔于朕前屡次奏称并无他事，而今频频首告他人，以是为非，以非为是，随意偏袒，以此观之，甚为卑贱无理。尔自称教化王所遣之臣，又无教化王表文。或系教化王所遣，抑或冒充，相隔数万里，虚实亦难断。今白晋、沙国安将赏物全行带回。嗣后不但教化王所遣之人，即使来中国修道之人，俱止于边境，地方官员查问明白，方准入境耳。先来中国之旧西洋人等，除其修道，计算天文、律吕等事项外，多年并未生事，安静度日，朕亦优恤，所有自西洋地方来中国之教徒，未曾查一次。由于尔来如此生事作乱，嗣后不可不查，此皆由尔所致者。再者，尔若自谓不偏不倚，先后奏言毫无违悖，则敢起誓于天主之前乎？朕所颁谕旨，及尔所奏行诸事，尔虽隐匿不告知教化王，然朕务使此处西洋人，费书尔西洋各国，详加晓谕……我等本以为教化王谅能调和统辖尔等教徒，原来不能管理。尔等西洋之人，如来我中国，即为我人也。若

① 陈垣：《康熙与罗马使节关系文书》（影印本）（二），北京，故宫博物院，1932，无页码。

尔等不能管束，则我等管束何难之有。①

然而，多罗依然我行我素，1707 年 1 月 25 日在南京发表公函，宣布罗马教廷已经禁止祭祖祭孔礼仪的决定，这样，迫使清廷采取更加严厉的措施：传教士要么具结"领票"，效忠皇帝，要么就被赶出中国了。同年 4 月 19 日，康熙在苏州向西洋教士发布谕旨，态度强硬：

> 谕众西洋人，自今以后，若不遵利玛窦的规矩，断不准在中国住，必逐回去。若教化王不准尔等传教，尔等既是出家人，就在中国住着修道。教化王若再怪你们遵利玛窦，不依教化王的话，教你们回西洋去，朕不教你们回去。倘教化王听了多罗的话，说你们不遵教化王的话，得罪天主，必定教你们回去，那时朕自然有话说。说你们在中国年久，服朕水土，就如中国人一样，必不肯打发回去。教化王若说你们有罪，必定教你们回去，朕带信与他说，徐日升等在中国服朕水土，出力年久，你必定教他回去，朕断不肯将他们活打发回去，将西洋人头割回去。朕如此带信去，万一尔教化王再说，尔等得罪天主，杀了罢。朕就将中国所有西洋人等都查出来，尽行将头带回西洋去。设是如此，你们教化王也就成个教化王了。你们领过票的就如中国人一样，尔等放心，不要害怕。②

与此同时，他派人到广州，要求多罗出示教宗的委任状，但遭到拒绝。于是，康熙下令将多罗押解到澳门，交由葡人严加看守，直到他派出的龙安国（António de Barros）及薄贤士（Antoine de Beauvollier）从罗马回来说明情况为止。此外，再派出代表在华耶稣会立场的艾逊爵（艾若瑟，Joseph-Antoine Provana）远赴罗马，向教宗陈情，希望解决争议。可惜，虽然多次催促，他派去的特使音信全无，令他既焦急又生气，直至康熙五十五年（1716），还令两广总督想方设法追问此事：

---

① 《康熙朝满文朱批奏折全译》，中国第一历史档案馆编，北京，中国社会科学出版社，1996，第 435 页。
② 陈垣《康熙与罗马使节关系文书》（影印本）（四），北京，故宫博物院，1932。

复于五十五年十一月内，奉旨兼武英殿监修书官伊都立等红字票一百五十张，散给各天主堂居住之西洋人，并外国洋舡内体面商人，俱给与带给往西洋去，催取回信；至今未见回信。事关奉旨事理，可传集在省各堂西洋人，谆切晓谕，仍着各堂西洋人应行转知澳门西洋人，一体上心，寄信前往，催促从前两次差去龙安国、艾若瑟等回信。此事西洋人关系重大，不可不同心设法，催取回信。倘或以国远延搁推诿，或恐自误矣！特谕。①

五十九年（1720），康熙闻说有传教士带来教宗告示，但没有轻信，依然要等候特使回来：

朕为此事差去的艾若瑟尚未回来，教化王岂有私传告示之理？看此必定是多罗、颜珰一党的小人坏事，说谎胡行之语。②

从前面可以看到，康熙在处理这件事情时充分表现出王者风度和前所未有的克制。我们再看看葡萄牙人在此过程中，特别是在多罗到澳门后采取的行动。

从沙勿略起，葡萄牙王室作为中国差会的保护人和赞助人，与耶稣会有着十分密切的相互利益关系。可以不夸张地说，在相当长的时间内，澳门是一个由议事会与耶稣会共管的城市。耶稣会的"宫廷神甫"在中国地位特殊，对维护葡萄牙王家保教权权利有着不同一般的功能，因此，葡萄牙政府常常与罗马的政策针锋相对，而保持与耶稣会的一致性。耶稣会依靠葡萄牙君主的支持，竭力维护在东方的传教霸权，而葡萄牙人也依靠耶稣会从皇帝处获得对其在华利益的恩泽与庇护，以扩大葡萄牙在整个基督教世界的声望，确保作为远东一个主要商站和罗马天主教传教基地的澳门的生存和发展。

这一奇妙的策略联盟，在多罗代表教廷出使中国造成的危机期间尤为

---

① 方豪：《中国天主教史人物传》，香港公教真理学会及台中光启出版社，第三册，1970，第32页。

② 方豪：《中国天主教史人物传》，香港公教真理学会及台中光启出版社，第三册，1970，第33页。

突出。他的行动虽然代表了罗马的利益，却对抗了葡萄牙王家保教权和葡萄牙耶稣会差会的利益，还严重危及澳门的安全。"礼仪之争"并不仅仅是中国与教廷之间的外交交涉，这一冲突涉及对远东持有保教权的葡萄牙王室及其同盟者耶稣会的传统利益，因此，葡萄牙人也积极参与了礼仪之争的外交交涉。

多罗于1702年7月4日以教皇特使的身份离开罗马。按照保教权的惯例，前往远东必须在里斯本启程。但通过与法王路易十四（Louis XIV）的磋商，多罗决定从西班牙南部的加的斯（Cádiz）乘坐一艘法国船东来，后又绕道去了马尼拉。在经澳门入华时，未进澳城，只是在附近的青洲作了短暂停留，便前往广州。这一切，极大触犯了葡萄牙保教权的权利，引起了葡萄牙及其盟友耶稣会的强烈不满与反弹。

此外，多罗曾在康熙皇帝面前，采取与葡萄牙人敌对的态度，要求驱逐葡萄牙传教士。如果这样，葡人认为势必导致澳门的毁灭。为了保全他们在澳门的生存和天主教在华的传教事业，葡萄牙王室和耶稣会的反应异常激烈，因而积极配合康熙皇帝智斗教廷特使。

中文史料中迄今为止未见康熙或广东督抚与澳门当局联络关押多罗的文件，但葡萄牙档案中却保留了康熙有关圣旨的葡译本：

> 康熙四十六年，康熙皇帝遣Topbao和Pacala①二位大人往广东传旨督抚："……此外，着Topbao向多罗传朕圣旨：你初来我朝当面禀朕言，此来仅为教化王谢朕之恩泽，可后来节外生事，前后言语相抵，实在可疑。你现去澳门，等待龙安国及薄贤士返回。待有分晓后，你事再作定夺。"
>
> 二位大人于6月17日抵达广州，20日，总督索尔图（Tsurató）及巡抚召见宗主教。他双膝跪地（这是习惯）接旨。宗主教的随行也获通知与他一同前往澳门。宗主教请求宽限几天做准备，获恩准了三天。据说，他一再说宁愿关在中国，也不愿落在其头号敌人葡萄牙人手中。6月30日，他在中国一位小官员的押解下抵达澳门，移交给议事会。

---

① 二人的满或汉名待考。

议事会出具了收据，必须在皇帝调取时随时交出他。①

　　在关押教廷特使一事上，中、葡、耶稣会三方有着不同的利益。康熙皇帝为多罗的"南京命令"所触怒，为维护传统的中国礼仪，为保持堂堂天子的尊严和大清国的国威，为确保其特使龙安国、薄贤士及艾若瑟安全回到中国，为保护他身边的"宫廷神甫"，从而毅然决定由澳门的葡萄牙人监禁教廷特使。这一做法并不过分，只是"以牙还牙"，而且棋高一招，不仅为自己留下盘旋的空间，也为葡萄牙政府直接介入此事创造了条件，令其有机会直接与教廷交涉。从葡萄牙方面来看，主要目的是坚定维护其在华的既得利益，力阻教廷干涉其保教权内的中国事务。耶稣会则为了保全它在中国宫廷的传统特殊地位。葡萄牙和澳门利用直接冲突双方所要求的居间调解，强化自己在罗马和北京之间的地位，对他们在澳门的生存更加是个有力的保障。葡人管治下的澳门通过耶稣会已同中国发生了密切的关系，在"礼仪之争"过程中，又发挥了巨大的中介作用。其中，信息传递及人员往来的桥梁功能尤为突出。

　　多罗被监禁在葡萄牙当局管辖下的澳门而造成的尴尬局面，造成了葡萄牙王室与教廷关系的空前紧张，为葡萄牙的外交带来了难题。教皇一再向葡萄牙国王要求恢复特使的自由并对大逆不道的澳门当局进行处罚。澳葡当局除开派重兵看管多罗外，还处罚了那些听多罗指示的人士。多罗去信教廷驻里斯本大使投诉说：

　　　　我在澳门的监狱中度过了六个月的流放生活。迫害我的人的野蛮远远超过了异教徒，简直骇人听闻。这个不幸的城市变成了人类的耻辱，成为了华人对热情的福音的传播者施行最严厉惩罚和折磨之地。

　　　　……我得知，几个神甫说一国的君王有权惩罚有所冒犯又不进行

① *Relação sincera, e verdadeira do que fez, pertendeu, e occasionou na Missão da China o Patriarcha de Antiochia Carlos Thomas Maillard de Tournon*, BA, cod. 52 – IX – 22. 译自〔葡〕萨安东（António Vasconcelos de Saldanha）《葡萄牙及耶稣会参与中国礼仪之争及康熙皇帝与教廷关系研究文献集》，澳门，东方葡萄牙学会，2002 年第 2 卷，第 49 号文件："康熙皇帝谕旨，勒令宗主教多罗退回澳门，在那里等候至皇帝特使龙安国及薄贤士神甫从罗马返回。1707 年 5 月 22 日。"

满意解释的他国国君的大臣。假设我发布了上述通谕（《南京命令》）而大大冒犯了皇帝的话，是因为这些被歪曲了的恶毒的话有时导致了这位异教徒君主（其本性是正义而怜悯的）采取暴烈的做法。

……（澳门葡人的行为）给我们的宗教、也给他们的国家带来了污点。这是无可补救的。该城唯唯诺诺，对与葡萄牙人的自由格格不入和对葡萄牙国王的统治有害的事情一概接受。这对葡萄牙王室的世俗统治的损害也决不算小。或许，（他们）会以失去澳城的危险或华人的暴力来作解释。这不过是借口，因为华人见到这些基督徒的做法，见到对教皇的大臣且得到了皇帝承认的陛下的代表如此粗暴，惊奇不已。即使在更糟糕的情况下，皇帝的对待也要好得多，（与葡人的粗暴行为）无可比拟……

糟糕的是，他们的暴行写进了呈送异教徒官员的报告里。他们在这些官员处滥用葡萄牙国王的名义来为亵渎王名的劣行寻找依据。说什么这样做是执行葡萄牙国王的命令。①

在欧洲方面，葡王遣使②罗马，企图从教皇处获得对多罗在华不当行为的惩罚，运用葡萄牙外交的所有影响力支持康熙皇帝的特使，以获得取消多罗在中国礼仪问题上所作的错误决定。在耶稣会传教士看来，康熙已经表现出极大的容忍，教皇应该三思而后行：

---

① *Carta do Cardeal de Tournon a Monsenhor Conti，Núncio Apostólico em Lisboa，relatando as circunstâncias da falência da sua Missão e atribuindo-as aos Padres da Carte；comportamento dos Bispos de Pequim，de Macau e de Ascalon；circunstâncias da sua detenção em Macau e responsabilidades dos Jesuítas e das autoridades portuguesas na mesma.* MS，I，pp. 125－137. 译自〔葡〕萨安东（António Vasconcelos de Saldanha）《葡萄牙及耶稣会参与中国礼仪之争及康熙皇帝与教廷关系研究文献集》，第 2 卷，第 56 号文件："多罗红衣主教致教廷驻里斯本大使孔迪（Conti）蒙席函，汇报其使命失败的情况，将其归咎于宫廷神甫、北京主教、澳门主教及阿什克伦（Ascalon）主教的表现；他在澳门被拘禁的情况及耶稣会及葡萄牙当局在此事件中的责任；艾若瑟（Provana）、陆若瑟（Arxó）及魏方济（Noël）神甫启程前往欧洲。1707 年 12 月 10 日～1708 年 1 月 11 日。"

② 国王于 1711 年 8 月 29 日为丰特斯（Marquis of Fontes）公爵大使下达的详细指令，可见〔葡〕布拉藏（Eduardo Brazão）：《唐若昂五世与教廷：1706～1750 年间葡萄牙与教廷政府之外交关系》，科英布拉，科英布拉出版社，1937，第 51～63 页。

这样一个伟大的君主，尽管是异教徒，却表现出了承认（教宗）陛下在宗教方面的主权权威。虽然对在他的帝国中出现反对他们的十分悠久的习俗的新做法怀有恼怒，还是将此争端及对此习俗的解释提交陛下的法院。在对上述礼仪的性质发表什么决定之前，实在应该听听他的意见。

……即便不是为了其他目的的话，通过重新审查也可以向世人表明教廷在这样重大的争端中是多么的严谨与成熟。当中国基督徒得知陛下了解了一切可以了解的情况后才作出的这些声明，他们将更加愿意顺从、尊敬地接受陛下的感情。①

在中国方面，葡王也制定了遣使中国的计划，试图向康熙皇帝说情，争取恢复教廷特使的自由。耶稣会负责人金弥格（Miguel do Amaral）神甫建议选择会士麦大成（Francisco Cardoso）神甫从印度出使中国。此议获葡印总督科斯达（D. Rodrigo da Costa）的赞成，国王也予以了批准。②

带着一批送给康熙皇帝的厚礼和在果阿以国王的名义写的指示信，麦大成神甫于 1710 年 5 月 10 日离开葡印。他的使命是：向皇帝赠送礼物，说服他允许澳门卸下监管多罗的负担并将多罗转往果阿，保护澳城的利益和支持专属传教士的保教权政策。

当麦大成神甫于 1710 年 7 月 26 日抵达澳门时，多罗已去世二个月。为此，此次使团的主要使命落了空，但麦大成神甫与数学家阳秉义（François

---

① *Representação dos Padres da Companhia de Jesus, Missionários no Império da China, ao Papa, alegando as graves perturbações causadas por Monsenhor de Tournon, o descontentamento do Imperador e o consequente risco da Missão, e solicitando-lhe, por isso, o adiamento de qualquer decisão em matéria de Ritos Chineses até à chegada a Roma dos enviados Padres Provana, Arxó e Noël.* ASV, Albani 234, fols. 142r–143v. 译自〔葡〕萨安东（António Vasconcelos de Saldanha）《葡萄牙及耶稣会参与中国礼仪之争及康熙皇帝与教廷关系研究文献集》，第 2 卷，第 68 号文件："在中国传教耶稣会神甫上教皇书，汇报多罗蒙席造成的严重混乱，中国皇帝的不悦及差会的危险，因此请求延缓任何有关中国礼仪的决定，等待特使艾若瑟（Provana）、陆若瑟（Arxó）及魏方济（Noël）神甫的到达。1708 年末。"

② 见国王 1711 年 3 月 22 日致总督函，里斯本国立图书馆，第 8529 号抄件《国王陛下国务委员会成员、印度总督兼总司令梅内泽斯（Vasco Fernandes Cezar de Menezes）1713 年 1 月季风回文集》，第 165 页。

Thilisch）神甫一起获得了康熙皇帝的接见。①

在礼仪之争中，康熙皇帝一再要求传教士遵守"利玛窦的规矩"，但罗马教廷明显缺乏自知之明，也缺乏解决问题的勇气和诚意。礼仪之争要到1939年才完全解禁，但仍然是被动的，被视为一种妥协和容忍②，令人叹息。值得庆幸的是，在利玛窦来华400年后，罗马教廷终于在1981年2月18日，由保罗二世（Paulo Ⅱ）在马尼拉对中国内地的基督徒说："无疑，你们的国家是一个伟大的国家。她不仅仅幅员辽阔，人口众多，尤其是历史悠久，文化丰富，拥有千百年来培育的道德价值。耶稣会会士利玛窦一开始便理解并珍重中国文化，他应该成为众人的楷模。然而，某些人却未理解中国文化。过去的困难再大，毕竟已是过去。现在我们应该着眼未来。"③ 1982年，教宗在庆祝利玛窦来华400周年纪念会上更加明确指出："尽管过去有过困难与不理解，而且目前仍存在，利玛窦在教会及中国文化之间筑起的桥梁屹立不倒。我坚信，教会会展望未来，勇敢地沿着这条路走下去。"④ 2001年10月24～25日在罗马举行的一个题为"利玛窦：中国与西方的对话"的国际研讨会上，教宗保罗二世向与会者发了贺词，其中有两段谈到礼仪之争：

> 利玛窦自与华人最早接触开始，便在两大支柱上创立了学术和传教方法，并忠贞不渝至死，虽然有很多内部和外来的困难和不理解：一方面，中国新信徒在拥抱天主教的同时，决不能放弃对其祖国的忠诚；另一方面，天主教对天主神秘性的表露非但不毁坏还补充和提升中国古老传统发幽和传递的善良、美丽、公正、神圣的价值……
>
> 本人对过去的那些错误和局限深表哀伤，对它们给不少人造成的天主教不尊重和崇敬中国人的印象以及引致这些人认为天主教存有敌视中国的感情表示内疚。为所有这一切，本人谨向所有那些受到伤害

---

① 丰塞卡（Francisco da Fonseca）神甫1714年3月11日致阿威罗公爵夫人函，ASV（Archivio Segreto Vaticano 梵蒂冈秘密档案馆），阿尔巴尼（Albani）档，第261号，第196正面－197反面。

② 李天纲：《中国礼仪之争：历史、文献和意义》，上海古籍出版社，1998，第108～122页。

③ 《耶稣会（传记—主题）历史词典》，第3卷，第3372页。

④ 《耶稣会（传记—主题）历史词典》，第3卷，第3372页。

的人请求宽恕和理解，无论他们是以何种形式感受到前述基督教行为方式的伤害……①

保罗二世的这几番话，反映出梵蒂冈对异端文化的逐步承认及其文化自觉性的日渐唤醒，也折射出礼仪之争的沉痛教训实在应该为世人深刻反省和吸取。

礼仪之争是中西文化第一次大规模的正面碰撞，也是中国历史上第一次同西方的重大交涉，其影响深远广大。事实上，其在欧洲涉及的范围更加大于它在中国的影响。但就历史意义而言，礼仪之争所造成的中国与西方文化交流的断裂，可以说既影响了中西文明的互相交融和理解，造成中西民族近代的严重隔阂，也深刻影响了中国近代历史的走向。在某种意义上，多元文化交流的中断尤其是中华帝国与世界的脱轨，一定程度上改变了世界文明发展的方向，更造成了近代中国的落后。我们应该多从这个角度来探索和反思礼仪之争对中国历史的深远影响，西方人士亦要从中认识和领会文化自觉对不同民族和不同文明和睦相处、共同发展的重要性。

（原载杨允中、黄汉强主编《澳门研究》，澳门，澳门基金会，第 16 期，2003 年 3 月；后收入金国平、吴志良著《过十字门》，澳门，澳门成人教育学会，2004）

① 《号角报》（Clarim），澳门，2003 年 2 月 28 日。

西班牙方济会在华传教方法研究

崔维孝*

　　方济各会第一次入华传教始于 13 世纪中国元朝时期，1290 年，罗马教宗尼古拉四世（Papa Nicholás IV）派遣方济会意大利传教士孟德高维诺（Juan de Montecorvino）作为特使，带领一个 30 多人的传教团前往中国传教。孟德高维诺是第一位天主教入华传播福音的传教士和第一位主教，在中国生活和传教 34 年，为天主教在中国的传播作出了重要的贡献，他死后亦葬在中国。方济会第二次大规模来华传教则始于 1492 年哥伦布发现美洲新大陆之后，1498 年葡萄牙航海家瓦斯科·达·迦马（Vasco da Gama）开辟了欧洲通往东方海上新航线，1519 年麦哲伦环球航行的成功又为西班牙人和葡萄牙人征服世界开辟了道路。在西班牙殖民者以"火与剑"征服了美洲之后，包括方济会在内的天主教各个修会派出的传教士跟随着殖民者的脚步，争先恐后涌向美洲，方济会传教士更是不甘人后。他们在美洲传教的同时，亦把目光盯在他们的前辈孟德高维诺曾经开创的中国教区上。

　　1533 年，方济会西班牙传教士马尔定（Martin de Valencia）率领 12 名传教士抵达墨西哥之后，曾"表示有意离开墨西哥到中国传教，可惜他却在次年去世，未得一偿心愿。12 年后，若望（Juan Zumarraga）请辞墨西哥主教，并要求往中国传教，却遭其上司反对。1577 年安多尼神父（Antonio de San Gregorio）连同 16 位西班牙方济会士出发到了菲律宾，在那儿展开了传教工作"①。两年之后，阿尔法罗神父（Pedro de Alfaro）又带领三位方济会传教士由菲律宾前来中国传教，令人意想不到的是，这次他们竟然如入无

---

① 方济会士〔荷兰〕金普斯（Camps, Arnulf）、〔美〕麦克罗斯基（McCloskey, Patrick）：《方济会来华史（1294~1955）》，李志忠译，香港天主教方济会，2000，第 4~5 页。

人之境般驱舟直达广州城下。尽管他们前后在广东停留了四个多月的时间，但终因当时中国锁国闭关的对外政策和入居澳门的葡萄牙人从中作梗，而被广东当局驱逐出境。在此之后，方济会传教士虽然又多次尝试进入中国，但都因不得要领而以失败告终。

但是，在方济会西班牙传教士尝试入华传教失败四年后，耶稣会传教士罗明坚和利玛窦却于1583年获得两广总督郭应聘的准许，得以在广东的肇庆居住传教，继方济会传教士孟德高维诺元朝来中国传教之后，耶稣会于明朝末年再度打开了天主教在中国传教的大门。在向中国的进军中，西班牙方济会传教士为什么落后了？他们究竟在哪一个环节上出了问题？笔者认为，回顾一下西班牙方济会是如何进入美洲和菲律宾传教，对于进一步回答这一问题是会有帮助的。

一 方济会西班牙传教士在墨西哥和菲律宾

方济会中国教区的开拓者利安当神父曾经说过："在印度、新西班牙、秘鲁、菲律宾以及日本所进行的异教徒皈依基督教的活动中，第一批传教士都是在葡萄牙与西班牙的商人或士兵的庇护下进入这些王国的。"① 在这里，利安当实际上将西方传教士进入东方和美洲地区的方式分为两种：第一种是以和平方式进入，即传教士跟随葡萄牙或西班牙商人进入上述地区或国家传教，例如：1549年8月进入日本传教的耶稣会传教士沙勿略；1579年6月由菲律宾来华的方济会西班牙传教士阿尔法罗神父一行；1680年和1682年两次随葡萄牙商人进入中国广东境内并试图留下传教的罗明坚，以及1683年罗明坚和利玛窦两人获准前往广东肇庆居留传教，他们应该说都是以和平的方式进入日本或中国的。而第二种则是在士兵的庇护下进入，即通过武力开辟道路而进入上述国家或地区传教。包括方济会在内的西班牙传教士，就是靠西班牙殖民者以"刀与火"为先导的武力征服而进入墨西哥和菲律宾的。

---

① *SINICA FRANCISCANA*, Vol. Ⅱ, Antonius A. S. Maria Caballero, *Epistola ad P. Provincialem*, Cinanfu, 3 ian. 1653, p. 420.

墨西哥学者亚历杭德拉·莫雷诺·托斯卡诺[①]把西班牙殖民者对墨西哥的武力征服分为两个阶段，第一阶段从 1519 年到 16 世纪中叶，这一时期的特点是西班牙王室授权私人对美洲新大陆进行征服活动，因其没有足够的财力来领导和支持这一征服活动。私人征服者的贪婪，导致他们以武力残忍镇压当地各个土著部落，肆意掠夺印第安人的财富，以补偿自己耗费的钱财和精力。从 16 世纪开始的第二个阶段则刚好相反，这一阶段为西班牙对墨西哥进行殖民的时期，"西班牙王室更多地参与决策，进一步限制了征服者的胡作非为，还专门制定政策，给予土著以法律保护"[②]。伴随"武力征服"的"精神征服"，从 1523 年第一个方济会传教团抵达墨西哥开始至16 世纪中叶为第一阶段，第二阶段则从 1555 年墨西哥教区首次会议为起点，直至殖民时期结束。[③]

第一阶段是很有特色的，那几年，传教士的活动比较自由，也有独立性。他们在传教中试用了多种方法，建立了某些很有特色的机构来感化印第安人。人们那时认为，利用当地人才是改变广大印第安人信仰的最佳方法。传教士集中力量为土著青年兴办教育，准备日后用他们去征服他们自己的世界并实现西方化。人们公开主张要训练土著进行神职活动；还认为，既然土著能接受圣礼，他们也就可以施播圣礼。在最初几年，人们学习土语，翻译了重要的基督教书籍，土语得到了保护。总之，人们认为基督教的纯正本意虽已在欧洲败坏，但可在美洲土著身上加以恢复。在第一批传教士看来，美洲这个土著的世界是实现人们本想在旧欧洲实现的乌托邦社会的好地方。[④]

由此可以看出，在这第一个阶段，应该说方济会传教士们在墨西哥所

---

① 〔墨〕丹尼尔·科西奥·比列加斯（Daniel Cosío Villegas）等：《墨西哥历史概要》，杨恩瑞等译，第二章，"殖民统治"之作者。

② 〔墨〕丹尼尔·科西奥·比列加斯（Daniel Cosío Villegas）等：《墨西哥历史概要》，杨恩瑞等译，第二章，"殖民统治"之作者，第 30～31 页。

③ 〔墨〕丹尼尔·科西奥·比列加斯（Daniel Cosío Villegas）等：《墨西哥历史概要》，杨恩瑞等译，第二章，"殖民统治"之作者，第 36 页。

④ 〔墨〕丹尼尔·科西奥·比列加斯（Daniel Cosío Villegas）等：《墨西哥历史概要》，杨恩瑞等译，第二章，"殖民统治"之作者，第 36 页。

进行的传教获得了成功，但显然他们并没有完全将在欧洲传播福音的那套方式方法完全照搬到墨西哥。他们开始根据当地实际情况，兴办教育，并主张训练土著居民进行神职活动，利用他们去征服土著人自己的世界；他们还学习土著语言，翻译基督教书籍，试图在墨西哥建立一个他们在欧洲没有实现的乌托邦社会。除此之外，他们还对当地居民精神和社会生活的各个方面进行了认真的探讨。

人们对土著的风俗、礼仪和宗教活动也写出了详尽的研究材料。其中最重要的无疑是贝纳迪诺·德萨阿贡神父的作品。这位圣芳济教会的传教士用了十年时间，耐心收集了土著提供的材料，完整地介绍了墨西哥人生活和宗教的情况。①

乞食修士们利用一切他们可以看到的机会，去创造一个乌托邦，创造一种复归原始使徒教堂纯洁的机会，创造一种不需要改革的天主教，因为只有这样，它才不会被欧洲的腐朽堕落所污染。②

但是，自 16 世纪中叶墨西哥进入第二个阶段之后，西班牙殖民当局为了建立正统的秩序，"为了防止美洲的教会发展成一支独立的势力，西班牙国王遂加紧对美洲教会的控制。'天主教国王'的继承人卡洛斯一世首创'西印度事务院'并明令将美洲的宗教事务置于西印度事务院直接管辖之下"③。王室越来越多地限制传教士们的自由行动，世俗和宗教的权力开始逐渐集中到西班牙国王的手中，教会团体也必须服从各地主教的领导，传教活动变成了一种例行公事，失去了最初的活力。在失望和挫折之中，墨西哥的西班牙传教士们开始把他们的目光投向远东的菲律宾和中国。

正是在这样的情况下，1565 年西班牙海军将领莱加兹皮率西班牙舰队征服菲律宾群岛之后，将菲岛纳入了新西班牙（即墨西哥）总督的辖区，并在菲岛全面推广西班牙人在征服美洲过程中所获得的"经验"，包括在文

---

① 〔墨〕丹尼尔·科西奥·比列加斯（Daniel Cosío Villegas）等：《墨西哥历史概要》，杨恩瑞等译，第二章，"殖民统治"之作者，第 38 页。

② Cummins, J. S., *Two Missionary Methods in China, Jesuit and Friar in the Spanish Expansion to the East* (Collected studies series; CS237), Variorum reprints, Great Britain, V- pp. 37–38.

③ 张凯：《庞迪我与中国》，北京图书馆出版社，1997，第 28 页。

化、宗教及社会的各个方面实现西班牙化。随后，包括方济会在内的托钵修会传教士纷至沓来，开始向当地土著居民宣讲基督教义，将天主教传播到了菲律宾，他们于1578～1595年先后建立了三个教区。"进入17世纪，菲岛西班牙传教士达250人并使600000菲岛居民皈依了天主教"①。自1579年开始，当方济会传教士多次尝试把福音化的进程向中国推进时，他们却屡遭失败。但是在方济会之后，1583年进入中国传教的耶稣会传教士罗明坚和利玛窦成功了，而方济会传教士却由于他们主观和客观上的原因，在耶稣会入华50年之后才最终进入中国传教。当然，在这漫长的50年中，方济会在日本的传教获得了成功。然而，造成这种状况的原因究竟在什么地方呢？

从西班牙传教士进入墨西哥和菲律宾的情况来看，不仅方济会，而且包括道明会和奥斯定会在内的托钵修会传教士似乎更适合于在被武力征服的社会和政治情况比较稳定的地区传播福音。由于有征服者为他们开辟道路和提供庇护，他们似乎更能从容面对温顺的、愿意一声不吭就接受别人灌输天主教义的当地居民。② 但是当他们来到中国时，由于失去了他们赖以成功的武力庇护，方济会传教士仿佛开始变得茫然不知所措了。正如当年耶稣会传教士沙勿略一样，当他来到中国广东近海的上川岛之后，由于曾许诺带他进入中国内地的葡萄牙商人及其所雇用的中国渔民食言，离他而去，使他处于进退两难的地步，最后在焦虑和疾病之中于上川岛去世。③ 在明朝政府末年闭关锁国，拒蛮于国门之外的对外政策面前，在入居澳门的葡萄牙人想方设法说服广东当局驱逐入华方济会传教士的策略面前，方济会传教士没有找到能够打开中国之门的钥匙。

相比之下，我们看到在耶稣会远东视察员范礼安（Alexandre Valignani）所制定"文化适应"策略的引导下，于1579年来到澳门的罗明坚首先开始学习中文，了解中国文化。在中国教师的指导下，他很快就掌握了中国传统礼仪和问答用语。1580年，罗明坚随葡萄牙商人进入广州，因其服饰与言谈举止的改进，而获得中国官员的欣赏。1582年利玛窦被范礼安派到澳

---

① 张凯：《庞迪我与中国》，北京图书馆出版社，1997，第31页。
② 〔法〕裴化行（Henri Bernard）：《利玛窦神父传》下册，管震湖译，商务印书馆，1998，第407页。
③ 金国平：《西力东渐——中葡早期接触追昔》，"方济各·沙勿略通讯录"一节，澳门基金会，2000，第294～296页。

门后，便开始随罗明坚一起学习中文，研习中国文化。1583 年，在罗明坚学习中文近四年，利玛窦学习中文不到一年的情况下，他们终于得到两广总督的批准，前往广东肇庆定居传教。因此可以说，耶稣会传教士是靠他们学会了说中国话，掌握了中文，充分了解了中国传统文化之后而进入中国的，这里面也包括了他们向中国官员馈赠礼品，因为这也是中国礼节的一部分。罗明坚和利玛窦之所以能够获得两广总督的批准定居肇庆传教，在很大程度上取决于他们向其所馈赠的丰厚礼物。

反观方济会西班牙传教士，尽管他们可能读过奥斯定会传教士拉达所写的《出使福建记》和《记大明的中国事情》，但他们在进入中国之前毕竟缺乏认真的准备，他们对中国社会的了解仅仅局限于书本之上，他们不懂中国话，不了解中国的文化习俗和礼节；他们以为只要凭借着他们的勇气，一而再再而三地闯关，就可以得到上帝的佑护，就可敲开进入中国传教的大门。但是他们大错特错了，他们为此付出的代价是比耶稣会晚了 50 多年才进入中国。当然，造成这一后果的另外一个直接原因是西班牙国王菲利浦二世于 1589 年 8 月 9 日下令禁止西班牙传教士进入中国，因为当时西班牙已经吞并了葡萄牙，菲利浦二世兼任葡萄牙国王，为缓和西班牙人同葡萄牙人在亚洲的对抗，保持葡萄牙人在亚洲各个属地政治和社会的稳定，他不得不以此策略来安抚葡萄牙人，但是，包括方济会在内的西班牙传教士却为此付出了沉重的代价。

二 方济会与耶稣会在华传教方法比较

1633 年，方济会西班牙传教士利安当等人进入中国来到福建省传教没有多久，便与道明会传教士一起在中国教徒祭祖祭孔礼仪上与耶稣会展开了争论，他们还将这一争论提交到了罗马教廷当局。"方济会传教士……满怀激情涌向中国，满怀希望地想要改变这些异教徒，但是他们失败了，因为他们拒绝向现存的习俗和信仰妥协……他们傲慢地宣称西方文化更为优越，要求中国人信仰他们的宗教"①。他们搬出了在欧洲实行的那一套传统

---

① Cummins, J. S., *Two Missionary Methods in China, Jesuit and Friar in the Spanish Expansion to the East* (Collected studies series; CS237), Variorum reprints, Great Britain, V- p. 34.

的传教方法，提倡以使徒式的方式传扬福音。"他们认为任何先于福音到来之前的东西都是迷信和偶像崇拜，是福音化的劲敌，是无可救药的，所以在确立基督教真理之前只能摧毁它们"①。于是在有关"中国礼仪"的问题上，方济会与道明会同耶稣会之间的关系从他们一进入中国就陷入了一种对抗的、互不信任的状态。英国学者卡明斯（J. S. Cummins）在评论到托钵修会同耶稣会之间在"中国礼仪"问题上的矛盾时，曾这样说：

> 他们有在格拉纳达（Granada）的摩尔人中间做福音传教士的经验，他们也有从印第安人和美洲殖民地以及菲律宾获得的经验，他们还有在马尼拉的中国人和日本中间获得的有益经验。最后，他们还有自己在日本大获成功的经验……但是我们要问，当托钵修士穿过南中国海的时候，他们这些丰富的经验又变成了什么呢？难道他们到了中国，到了这个"中央之国"以后，不但没有学到什么，反而把一切都忘记了吗？②

卡明斯在这里对于托钵修会在美洲、菲律宾和日本等地的传教所积累的丰富经验给予了充分的肯定，但同时又提出疑问，为什么当托钵修会传教士来到中国时却把这一切都忘记了呢？卡明斯认为之所以会出现这种情况，是耶稣会与托钵修会之间从一开始就存在着对抗、冲突和缺乏对话所致。笔者对此表示赞同，因为事实的确是这样的，从1579年第一批方济会传教士进入中国开始，耶稣会便与葡萄牙人站在一个立场上，对他们持不欢迎的态度。利玛窦也曾经这样写道：

> 从新世界或者说西印度来了一些西班牙人，是到我们东方来的。他们已驶向中国海岸。他们经历了许多危险，但葡萄牙人设法要中国人把他们放掉，这一点做到了，但有个条件：他们以后不许再来。他们中间有不少嘉布遣会神父（即圣彼得·达尔坎塔拉改革派跣足方济

---

① 〔意〕柯毅霖（Gianni Cirveller）：《晚明基督论》，王志成等译，四川人民出版社，1999，第91页。

② Cummins, J. S., *Two Missionary Methods in China*, *Jesuit and Friar in the Spanish Expansion to the East*（Collected studies series；CS237），Variorum reprints, Great Britain, V- p. 35.

各会士——原注）。①

在这里，利玛窦俨然把东方看成是耶稣会的地盘，因为根据教皇格列高利十三世（Gregorio XIII）1585 年颁布的教皇训令（Ex Pastorali Officio），来自澳门的耶稣会传教士拥有在中国传播福音的排外特权。利玛窦的这一态度应该说是具有代表性的，反映了耶稣会传教士担忧托钵修会的到来会影响和妨碍他们在中国的传教活动，后来的事实证明了他们的这种担忧是有道理的。但是，耶稣会的这一特权并没有维持多久，因为"就在格列高利十三世颁布训令这一年，教皇西克斯都五世（Sixtus V）授权在菲律宾的方济会大主教，可以'在包括中国在内的东印度任何国土上建立教堂和女修院'"②。1608 年，教皇保禄五世（Paul V）授权所有传教士可以通过任何他们想去的路线进入中国和日本。耶稣会借以垄断在中国传教的特权虽然被取消了，但是由于在传教方法和策略上的分歧，耶稣会对托钵修会的看法并没有发生根本的变化。

从方济会和道明会方面来看，他们与耶稣会之间的冲突则表现在他们对耶稣会试图垄断在中国传教而不满。"本是同根生，相煎何太急"，笔者认为用这八个字来描述方济会传教士抱怨耶稣会联合葡萄牙人阻挠他们进入中国再恰当不过了。正是这种不满与抱怨导致托钵修会传教士忘记了他们在墨西哥、菲律宾和日本曾经有过的传教经验，使他们不能以一种平常的心态去看待耶稣会在华传教活动所取得的成果，不能正确对待耶稣会传教士在"中国礼仪"问题上所推行的"文化适应"策略。他们忘记了在最初来到墨西哥的传教士中，他们的前辈方济会的贝尔纳·德·萨阿贡（Bernard de Sahagun）神父就曾提出过"适应"的观点，即他认为："使传道适应这些新民族是一个有利的前提。"③ 耶稣会远东视察员范礼安对此予以肯定，认为这个前提是不可缺少的，它不仅有利于了解过去，而且有利于明

---

① 〔法〕裴化行（Henri Bernard）：《利玛窦神父传》上册，管震湖译，商务印书馆，1998，第 58 页。
② 〔意〕柯毅霖（Gianni Criveller）：《晚明基督论》，王志成等译，四川人民出版社，1999，第 93 页。
③ 〔法〕裴化行（Henri Bernard）：《利玛窦神父传》上册，管震湖译，商务印书馆，1998，第 61 页。

智地预见未来。正如上文中所述，贝尔纳·德·萨阿贡和他的同伴们在传教中试用了多种方法，建立了一些具有特色的机构来感化印第安人；他们认真学习和研究土著人的语言，为他们的语言创造字母拼音，把基督教著作译成土语；他们还认为利用当地人来传教是改变当地土著居民最佳的方法。贝尔纳·德·萨阿贡所推行的这一系列的传教方法和举措，不正与耶稣会在中国所实行的"文化适应"策略同出一源吗？

由此可以看到，最初在托钵修会与耶稣会之间缺少的是一个可以公开、坦诚进行对话的平台，缺少的是一种相互间的真正理解与支持。相互对话可以使双方了解各自的长处和短处，从而达致相互补充；相互理解可以使双方对不同的立场和观点予以包容，允许保留；相互支持更可以令双方团结一致，取得事半功倍的效力。但可惜的是，在这两大修会间没有一个这样对话的平台，存在的只是相互的抱怨和指责。最后，双方在"中国礼仪"问题上的混战导致清朝政府和罗马教廷之间的摊牌，再次让所有创建一个强大的天主教中国的希望破灭。①

托钵修会与耶稣会之间的这种恩怨和对抗一直延续到 1672 年，时值西班牙传教士文度辣神父（Buenaventura Ibáñez）带领从西班牙招募的方济会传教士经澳门前往广州，然后准备从那里再前往山东传教。但无论是在澳门还是在广州，耶稣会都想尽各种办法百般阻拦文度辣神父一行的行程，甚至写信向广东官府报告方济会传教士的踪迹，导致他们被官兵捕获。后来，当方济会传教士在广州顺利开教，并恢复了方济会在山东和福建两教区之后，两会之间的关系才开始出现了缓和的迹象。

三 方济会与耶稣会在华传教对象比较

在中国传教的实践过程中，在如何确立传教对象的问题上，最初方济会与耶稣会之间存在着很大的分歧。后来，随着传教活动的深入开展，这种分歧在逐渐地缩小，但他们依然各自有着自己的重点和偏好。方济会中国教区的开创人利安当在他当年写给上级会长的一封书信中，谈到他山东

---

① 〔意〕柯毅霖（Gianni Criveller）：《晚明基督论》，王志成等译，四川人民出版社，1999，第 96 页。

发展教徒情况时，曾经作过这样深刻的划分和描述：

> 我们的教徒们可分为三个等级，第一等级为文人阶层，统治者是
> 从他们当中挑选出来的。这些人才智聪颖，他们以令人耳目一新的方
> 法、优美的文笔和典雅的风格创作和编写了许多经典的书籍。但是他
> 们的勃勃雄心、耽于声色和贪得无厌阻碍着他们走上获得拯救之路。
> 在这个帝国中的文人阶层中虽然有一些基督徒，但是他们在数量上极
> 少，他们在拯救自己的问题上热情也不是很高。到目前为止，没有任
> 何一个这个阶层的人通过我们而入教，尽管他们中的许多人听过我们
> 的说教，并就教义的真伪性同我们争吵和辩论过……第二等级为农民、
> 士兵和衙役，至今在这里接受我们洗礼的都是这类人。从人性和谋生
> 的角度看，他们都是有能力的人，但是在理解永生之路方面，这类人
> 却非常的孤寒、贫乏和困惑。正如我前面所说，为他们进行神圣的洗
> 礼很费气力，而随后让他们坚信真理则更加困难，因为每一个置身于
> 异教徒当中的基督徒都像一朵生长在充满芒刺的蒺藜中的玫瑰，他们
> 因成为基督徒而受到诅咒，他们的异教徒亲属或朋友的中伤、冷眼相
> 待和责骂，一些基督徒还因此而被指堕落并受到人身的攻击。第三等
> 级为商人、雇主和手艺人。这类人沉迷于贪婪和行骗渔利之中，至今
> 没有一个人加入我会，亦无人前来听传道。①

从利安当这段淋漓尽致的详细论述中，可以清晰地看到方济会早期在
华的传教路线、策略和对象，这对于分析方济会为什么始终将他们的传教
重点放在广大农村地区是非常具有说服力的。利安当写这封信的时间在
1659 年 3 月 7 日，这就从另一个侧面告诉我们，从 1650 年利安当山东开教
到 1659 年这九年多的时间里，他在文人和商人中间一个基督徒也没有能够
发展，说明利安当对中国文人和商人的看法颇为偏激，在他的眼里，尽管
文人阶层具有才华，但是他们"勃勃雄心、耽于声色和贪得无厌"，从这里
至少可以看到利安当对于他们是不屑一顾的。尽管利安当在山东也曾经交

---

① *SINICA FRANCISCANA*, Vol. Ⅱ, Antonius A. S. Maria Caballero, *Epistola ad P. Provincialem*, Cinanfu, 7 mart. 1659, pp. 468 – 470.

结过像尚祜卿和魏学渠这样的文人，而且他们两人还曾为利安当所著《天儒印》一书作过序，但是利安当都没有能够将他们转变成基督徒。究其原因，可能除了尚、魏二人无愿入教之外，恐怕与利安当对中国文人阶层所持有的偏见有关。对于接受了洗礼的农民、士兵或衙役，利安当则认为他们都是"生长在充满芒刺的蒺藜中的玫瑰"，其赞美之意表露无遗。对于商人、雇主和手艺人，利安当则认为他们过分"沉迷于贪婪和行骗渔利之中"，亦将他们排除在方济会的发展对象之外。

笔者认为：利安当对于中国文人和商贾等阶层的看法，不仅影响了他在山东的传教，使他将传教活动局限在以农民为主体的民众身上，而且亦影响到他对整个中国社会阶层的看法和分析，以及他在"中国礼仪之争"中所采取的立场。他的这种看法还通过他的信函影响了方济会菲律宾省会的领导层，对在他之后到中国传教的方济会传教士也有着某种程度的影响。利安当上述这段对权贵及商贾带有某种不屑一顾的描述，再清楚不过地展示了方济会在中国传教的主要对象是社会最底层的农民阶层，因为他们对于发展包括文人在内的其他社会阶层的人士入教从未抱有太大的希望。

在利安当之后来华的传教士，依然将他们的传教重点放在农村地区，并且还将这一点写入了 1678 年 5 月 17 日于马尼拉召开的方济会传教士大会通过的《方济会中国教区会规》里，其中第 19 条这样规定："应告诫全体传教士要全心致力于乡村传教团的工作，因为很明显在那里能够取得更大的成果，可以摆脱各种各样的阻碍，更好地撒播下福音的种子。"①由此可以看出，方济会在中国所确立的传教对象是非常明确的，要面向农村，面向处在社会最底层的农民。从后来方济会在山东、广东、福建和江西等省份的发展来看，西班牙传教士们基本上都是以某一个城市或市镇为中心或基地，以流动传教的方式，向周边的农村地区辐射发展。在山东省以省府济南及泰安、济宁等城市为中心；在广东以省府广州及东莞、潮州、惠州等城市为基地；在江西以南安、赣州和吉安城所建立的会院和教堂为基地；在福建则以宁德、将乐、泰宁和建宁等市镇为中心开展传教

---

① *SINICA FRANCISCANA*, Vol. Ⅲ, Augustinus A. S. Paschali, *Constitutiones Provinciales Pro Seraphica Missione in Sinis*, Manilae, 17 Maii 1687 Promulgatae. , p. 226.

活动。

从来华耶稣会方面来看，他们在传教对象问题上与方济会则采取了完全不同的路向，他们在中国士大夫阶层中间却取得了意想不到的成功。以利玛窦为首的耶稣会传教士在对中国社会进行了认真的观察和分析之后，开始把他们传教的对象放在了中国的士大夫阶层，并准备通过他们逐步地接近皇帝，因为利玛窦清醒地意识到，在中国这样一个等级森严的社会中，传教活动若能获得中国皇帝的认同，那将是基督教在中国取得的最大成功。1596 年 10 月利玛窦在写给罗马一位神父的信中曾这样说：

> 您要知道中国十分广大，大多读书识字，写好的文章，但对所有外国人十分敏感，好像所有外国人皆能够占他们的领土似的，不让任何洋人入境。因此对传教事业十分不利，我们不能聚集很多人给他们布道，也不能声明我们来这里是为传扬天主教，只能慢慢地、个别地讲道不可。现在我们所希望的，是无论采什么方式，务必先获得中国皇帝的青睐，准许我们自由传教，假使能办到这一项，我敢说，很快能归化几十万、几百万人，因为当我和他们辩论宗教问题，驳斥他们的迷信，介绍我们的信仰时，他们都感动的流泪，也感谢我给他们讲解这么深奥的道理。正如我所说的，目前我们不宜归化许许多多的中国人，主要的是为此伟大的事业做奠基工作，希望有一天仁慈的天主能把这个门敞开。①

正是在这一深刻分析的基础之上，利玛窦靠他的智慧获准在北京居留之后，推出了"科学传教"的策略，即通过向士大夫阶层介绍西方科学知识来循序渐进地推动天主教的传播。利玛窦认为："中国人一般而言，天质聪慧，他们的书籍、语言、衣冠及朝廷庞大的组织，整个东方无不对之景仰备至。因此如果我们能给他们教授科学，不但可以使他们成为专家，而且因此也能使他们接受我们的宗教，他们自然会感激所受的大

---

① 《利玛窦全集》第 3 卷，《利玛窦书信集》（上），罗渔译，台湾，光启社出版社、辅仁大学出版社联合发行，1986，第 219～220 页。

恩。"① 在中国天主教历史上被称为三柱石的徐光启、李之藻和杨廷筠都是在利玛窦推行"学术传教"的过程中，在西方文明和科学的感召下加入了天主教；由于他们是朝廷命官，他们的言行转而又影响到当时中国政府对待天主教的政策，利玛窦"学术传教"的策略在中国士大夫阶层取得了成功。

但是，在利玛窦去世之前，他所坚持的"宁可少要几名好的基督徒，也不要一大批滥竽充数的人"的观点，受到了来自耶稣会内部的挑战。"这就是龙华民于 1597 年在韶州、王丰肃从 1605 年起在南京、郭居静从 1608 年起在上海所着手的事业。由此相当迅速地增加了受洗者的数目"②。1616～1617 年发生"南京教案"期间，从官府捕获的教徒的口供之中，可知 1609～1616 年王丰肃神父皈依的天主教徒中，有卖糕点的商贩、书铺的掌柜、修理钓鱼竿的手工业者、制草帽者、园丁、木匠、镀金匠、士卒、挑水工人。③ 这充分说明在利玛窦推行"学术传教"的同时，他的同伴们已经把中国普通民众列为耶稣会传教的对象。

利安当及其后来的同伴们虽然对中国士大夫阶层看法偏激，但是每当他们受到地方官员的迫害时，又总是给在皇宫中任职的耶稣会传教士写信，请求他们出面帮助解决。1672 年，当从欧洲招募传教士回来的文度辣神父率领方济会传教士再次进入中国时，因秘密潜入广州而被平南王尚可喜之子尚之信所抓获。虽被困于尚之信府上，但因传教士中有人善于修理钟表而获尚氏之欢心，随后即获优厚待遇，尚氏还出钱出屋为传教士建立教堂。由于得到尚氏的庇护和帮助，方济会在广东的传教活动获得了较快的发展，

---

① 《利玛窦全集》第 4 卷，《利玛窦书信集》（下），罗渔译，台湾，光启出版社、辅仁大学出版社联合发行，1986，第 413 页。

② 〔法〕谢和耐（Jacque Gernet）：《中国与基督教——中西文化的首次撞击》，耿升译，上海古籍出版社，2003，第 28 页及注释 VI：晚期表现出了与利玛窦的策略相反的根本变化，后来更注重受归化的数量而不是品质，几乎全部受归化者均为平民百姓。对于 17 世纪末的情况，李明神父提供了如下数字："……共有 20 多个教堂或私人小教堂……四名外方传教会的教士，基本是同样多数量的多明我会神父，12 或 15 名方济各会士，三名或四名奥古斯丁会士。所有这些人均是从马尼拉前来的西班牙人。"但当他于 1691 年离开中国时，那里主要有近 40 名耶稣会士，也就是说共有 65 名左右的神父。他补充说："几乎每个人每年都为 300～400 人举行洗礼，这样在五年或六年内，便为 50000 名偶像崇拜者举行洗礼。此外，每年被遗弃在北京街头的 4000～5000 名儿童也都受了洗礼。"

③ （明）徐昌治：《圣朝破邪集》卷二，《会审钟鸣仁等犯一案》，第 107～114 页。

传教士们也常常借用同尚氏的关系帮助其他修会在广东的传教士。在实践中，方济会传教士看到了同政府官员保持良好关系或发展他们入教，对于传播福音事业是非常重要的。虽然他们过去曾批评过耶稣会传教士，认为"基督教传教士应过贫困的生活，在全国各地过行乞生活，而不是像耶稣会士那样坐轿子，穿昂贵的绸袍"①，但是在进入广州之后，在尚之信的劝解下，方济会传教士开始自觉或不自觉地改变了他们的生活，脱下了托钵修士的麻布教袍，穿上了中式的丝绸长衫；他们不再靠沿街行乞为生，而是建了教堂，住进了会院；他们也开始心安理得地接受中国人以"老爷"或"相公"等称谓来称呼他们。因为他们看到，只要他们像中国的文人一样生活，他们就会得到官员的尊重，就会得到老百姓的仰慕，官员和老百姓才乐意听他们的教诲，天主教就能得以在中国传播。

由此可以看出，以社会底层的农民大众为传教对象的方济会和以上层人士为主的耶稣会都看到了他们自身所缺乏的一面，并都开始在这一方面作出弥补。"对贫穷的献身让托钵修士们把注意力集中在社会的底层，因为他们相信，从下往上传教更容易成功。利安当认为：'我们觉得传播福音从穷人开始并不是一种坏的标志。'与此同时，在中国的托钵修士们当然也希望博得皇帝的欢心并允许他们自由传教，就像耶稣会修士那样，虽然他们主要关注上层，但并没有忽视穷人。每个修会都有自己的吸引力，他们不会把自己限定在特定的范围内"②。

但是，令人遗憾的是，托钵修会和耶稣会之间在传教对象的问题上缺少沟通，或者说他们之间在这一问题上从来就没有过交流和沟通，以至于他们都按照自己的既定方针和路线，走他们自己的路。耶稣会走上层路线，采取了"文化适应"和"科学传教"的迂回方法，传教士们入境随俗，用欧洲的文明和科学来教化中国士大夫阶层，然后再通过他们来接近中国的最高权力的代表——皇帝，以此来推动天主教在中国的传播。这种方法的好处是一旦成功，便能通过政府以行政的命令迅速将中国转变为天主教的

---

① 〔意〕柯毅霖（Gianni Criveller）：《晚明基督论》，王志成等译，四川人民出版社，1999，第96页。见 J. P. Wiest, *Learning from the Missionary Past*, 载 E. Tang 与 J. P. Wiest 编，*The Catholic Church in Modern China: Perspectives*, Maryknoll, New York, 1993, pp. 194-195。

② Cummins, J. S., *Two Missionary Methods in China, Jesuit and Friar in the Spanish Expansion to the East* (Collected studies series; CS237), Variorum reprints, Great Britain, V- p. 63.

王国。其危险性则在于，倘若其取得成功，教会的力量势必会在宫廷内坐大，传教士必然会干预政府的事务，从而引起统治阶层内部的恐慌和反对。耶稣会在欧洲的发展史已证明了这种做法正是导致后来耶稣会被禁的最主要的原因，而在中国，他们同样遇到了来自统治阶层的顽强抵抗。清朝初年，由朝廷重臣杨光先在宫廷内向耶稣会汤若望等传教士和亲天主教的大臣们提出参奏而导致的一场历狱，就是一个最有力的说明。其结果导致京城乃至全国各省的外国传教士及其教徒都受到了株连，天主教的传教活动受到严重的打击。反观方济会从社会底层民众及其农村地区开始传教的策略，由于其传教地域的广大和教徒的众多，往往能够避开与官府发生正面的冲突和对抗，即使发生教难波及传教士和教徒们，其造成的损失可能会小一些，官方也难以彻底清除天主教的影响，正如中国俗语所说"野火烧不尽，春风吹又生"就是这个道理。后来的实践也证明，当有方济会传教士在各地受到官府的迫害或官兵追捕时，往往会有中国教徒挺身出来保护他们，使他们可以避过风险，安全地生活在中国教徒们中间。

四 方济会西班牙传教士与中国士大夫的关系

从利安当神父 1649 年第二次进入中国传教后，特别是 1650 年在山东成功开教建立了方济会第一个教区之后，他深深地感觉到需要加强方济会的传教力量，需要增加一些年轻的、高素质的传教士，以满足在华传教的需要。利安当在 1659 年 3 月 7 日写给方济会菲律宾省会长的信函中，曾要求他向中国"派遣两位具有神德和学问的神职人员，年纪不要太大，他们愿意来我们的传教团，这样在天主呼唤我去之前，可以让他们在这里进行语言的训练，掌握同这里的人们打交道的方式"[①]。1660 年 1 月 4 日利安当又写信给省会长，再次要求马尼拉方面向中国传教团派遣两位高素质的传教士：希望他们能够具有坚实的道德信念和学识，因为无论是耶稣会还是道明会在中国的传教士都具有非常高的素质。传教士除了所需的道德信念之外，还必须具有渊博的学问和科学知识，因为中国的文人有自己的行为方

---

① *SINICA FRANCISCANA*, Vol. Ⅱ, Antonius A. S. Maria Caballero, *Epistola ad P. Provincialem*, Cinan, 4 ian. 1660, p. 486.

式，他们善于思考，他们已经写出了许多有关道德哲理的经典著作。他们当中许多人就是他们所崇拜的偶像之会团的首领；不少人还想博取功名；他们在推理方面也堪称大师，有些人甚至还同传教士们辩论过，但是他们所说的一切都是没有根据和道理的异端之幻想和荒谬之论。①

从笔者所接触查阅到的档案资料和史料中，可以看到利安当确实是方济会中最富有学识的传教士。但是在传教的实践中，他深感到他一人不足以应付同众多中国的文人阶层的交往；同时他也深深地感觉到了方济会传教士同耶稣会和道明会传教士相比，无论在学识还是在科学知识的掌握方面都存在着很大的差距。若不提高方济会传教士的素质和文化上的修养，他们便会无法或无能力面对知识渊博、充满智慧的中国文人阶层，只能把他们据有哲理的言论斥之为异端之荒谬学说。于是利安当曾多次向方济会菲律宾省会长要求派遣高素质的传教士，以满足中国传教团的需要。在利安当之后，方济会中国传教团会长文度辣神父也曾于 1679 年写信给菲律宾省会长，要求派遣具有忍耐和吃苦精神、年龄不超过 40 岁的传教士来中国，因为越年轻学起中国话来就越快。②

为了保证能够在中国的土地上安静而和平传教，方济会传教士们学会了如何同当地的官员打交道，如何得到他们的保护。他们知道中国的官员有收受礼品的习惯，从利安当时代就开始向官员们赠送一些西班牙特有的小礼品了，他们还不断向马尼拉方面索要，以满足他们在中国传教之需要。事实证明，尽管方济会传教士将他们传教对象的重点放在农民阶层，但他们也很注意同传教区当地的官员保持良好的关系。文度辣神父到广州后，已开始研究给中国官员的送礼规格，他了解到给巡抚一级的官员送礼应送"八大礼"③。1677 年在福建传教的石铎禄神父就很注意同当地官员的接触，他在一封信中曾这样写道：

---

① *SINICA FRANCISCANA*, Vol. Ⅱ, Antonius A. S. Maria Caballero, *Epistola ad P. Provincialem*, Cinanfu, 7 mart. 1659, p. 467.

② *SINICA FRANCISCANA*, Vol. Ⅲ, Bonaventura Ibáñez, *Epistola ad P. Provincialem*, 20 mart, 1679. p. 210.

③ S. Alcobendas, *Las misiones franciscanas*, pp. 10 – 11. 转引自〔比〕高华士（Noël Golvers）《耶稣会鲁日满帐本研究》（待刊稿），赵殿红译，第 21 页。

来到这座教堂之后，我决定前去拜会当地的官员，尽管我的中国话说得不怎么好，但礼节用语却学了很多，而且首要的是必须要使用它们。我拜访了两位政府官员、两位武官，我觉得一切都进行得非常顺利。他们所有的人都接受了我赠送的礼物，最少的那一位也收到了三件。后来，他们回访了我，尽管回赠的东西少，但我也接受了。现在我可以自由地行使我的职能。

两位回访我的官员向我提出请求，希望参观一下教堂。我们来到教堂里，他们向圣像鞠躬，问了我一些有关天主教的事情，还问我以什么样的方式同女教徒打交道，我一一回答了他们，他们非常高兴地说，天主教义所有的东西都非常好。愿天主能改变他们的信仰。其中一位官员还约我改天去饮酒，但我婉言谢绝了……他给我送来四种式样的干果，我收下了两种，我们成了朋友。至今，有几个官员正在学习祈祷，而其他几个人离开了那里。①

作为托钵修会之一的方济会，他们的传教经费主要来自西班牙国王每年定期发给他们的救助金，这笔钱是他们在中国的生活费，因此他们根本没有可能像耶稣会传教士那样从欧洲购买昂贵的礼品，如自鸣钟、望远镜，送给中国的官员。但他们根据自己的经济能力，或委托在菲律宾的传教士购买或向他们索要一些新颖别致的、独具西方色彩的小礼品，以它们的小巧精致、奇异和独特之特点来取悦中国的官员。在谈到同中国官员交往时，利安定神父曾这样说过：

在这块土地上和平宁静地生活取决于一个原则：必须讨得你所生活城市的官员之欢心。为此，需要一些欧洲或西班牙的小玩艺，而不是这个帝国中他们已有的东西。如果我赠送的东西是他们有的，他们会说他们有的是钱来买这些东西。他们更喜欢那些稀奇古怪、鲜艳夺目的小东西。他们会像孩子群中那些爱炫耀的孩子一样说：我有你没

---

① *SINICA FRANCISCANA*, Vol. IV – Pars prior, Petrus de la Pañuela, *Epistola ad Provincialem*, Ningte, 1 Nov. 1677, pp. 267–268.

有的东西。①

除了向中国官员赠送礼品借以讨得他们的欢心，保证传教事业可以安然无恙地进行之外，方济会传教士也十分羡慕在北京的皇宫中为皇帝服务的耶稣会传教士。1678 年，利安定在写给马尼拉省会长的信中，提到他收到了北京的皇宫寄来的一封用葡萄牙文写的信，信中说：

> 一位王爷，即当朝皇帝的一个叔叔，想要一位会修理机械钟表的传教士，如果这位传教士会弹管风琴更好；或者找一位会做这些事情的菲律宾土著也可以。这位王爷答应会在离皇宫五里路远的通州城（Tungcheu）为我建一教堂。我曾去过那儿，那是一个非常适合我们传教的地方。我觉得如果我们传教团能有一位传教士进入皇宫，那将是我们从天主手中得到的最大的恩赐，因为只要有个人在皇宫里，尽管他不传教，但我们整个传教团都可以安心地传播福音；他会做得非常出色的，只要我们在这里安心地传播教义，那么也就是他在通过我们所有人的口传教。②

利安定在信中再三恳请菲律宾省会长一定要找一位符合条件的传教士，因为若能有方济会传教士进皇宫效力，无论是中国人还是欧洲人都会对方济会刮目相看。但是很遗憾，马尼拉方面并没有为方济会中国传教团找到一位合适的人选，使他们失去了一次宝贵的机会。另外，利安定也深感方济会传教士在整体素质方面与耶稣会传教士相比有一定差距的，他也曾希望马尼拉方面能够向中国派遣一些高素质的传教士：

> 如果道明会的神父们向中国派遣传教士的话，请你恳求我们的省会长给我派一位有学问的伙伴来，没有学问的人用处不大，因为中国的文人们，不论是基督徒还是异教徒，他们提出的一些问题，要由有

---

① *SINICA FRANCISCANA*, Vol. Ⅲ, Augustinus A. S. Paschali, *Epistola ad P. Michaelem A. S. Maria*, 20 mart, 1679. p. 500.

② *SINICA FRANCISCANA*, Vol. Ⅲ, Augustinus A. S. Paschali, *Epistola ad P. Provincialem*, 10 dec. , 1687. p. 623.

学问的、善于说服他们的学者来回答。如果不能恰当回答他们的问题，他们会嘲笑我们天主教的学说。另外，中国的文人喜欢前来同神父们辩论，如果不回答他们的问题，他们不会说神父们无能，而会说我们的学说不是真理。他们同我争论的议题都是经常讨论的问题，例如：创世界之学说、造物主之功绩、天神之德，生灵不死不灭之性质、过失之赦免、德行之偿报和罪过之惩罚等。[①]

与来华耶稣会士人才济济的状况相比较，方济会传教士则显得比较单一，前者当中不仅有朝廷非常器重的数学家和天文学家，而且有机械师、音乐家和画家等，后者则基本上是从事传播福音为主的神职人员，他们更多专注的是从神学角度诠释天主教教义，讲解《圣经》，宣扬耶稣基督之精神。从方济会和耶稣会在中国传教的人员组成方面来看，耶稣会传教士的整体素质、修养和文化都高于方济会传教士，特别是后来的法国传教士，他们当中的不少人都来自法兰西科学院。而方济会则主要以愿意追随其创始人圣方济所提倡之"神贫"为宗旨的社会底层人士组成，他们以耶稣基督为楷模，实行使徒式的生活方式，以普罗大众为他们最终解救的目标。

五　方济会"会院男仆"与"传道员"

在利安当之后来华的方济会传教士当中，不少人在学习和掌握中国语言文字上有了很大的进步，有的还能够讲比较流利的中国话，但是在日常的生活和传播福音的活动中，他们依然需要华人来帮助或协助他们，于是，被方济会传教士称之为"男仆"（mozo）或"会院男仆"（mozo de casa）及"传道员"（catequista）便应运而生了。他们一般都是华人天主教徒中的中坚力量，前者是为传教士提供日常服务的年轻男佣，他们的主要工作是向传教士提供消息或在传教士之间传递信件，为传教士外出传教作向导，或负责管理教堂和会院的日常事务，有时还会受传教士之托向外省的传教区捎送传教经费等。这些年轻的仆人一般都是从最虔诚的男性青年教徒当中

---

① *SINICA FRANCISCANA*, Vol. Ⅲ, P. Fr. Augsutinus A. S. Paschali, *Epistola ad Sebastianum Rodriguez*, Fuan, 14 Sept, 1674, pp. 141 – 142.

挑选出来的，教堂或会院每月会支付他们一定的薪酬。而"传道员"则是方济会传教士培养的一群专门协助他们开展传教活动的"助理传教士"。他们主要分散在各个城市、乡镇及村庄上，一般都具有一定的文化水准，基本上都懂外文，可以为传教士做翻译。他们都是对圣经教义理解较深刻的天主教徒，是他们当中的骨干分子，同时亦是传教士在各地的联系人。例如，当年利安当在山东传教时，会院及教堂建在济南，他便以巡回的方式定期前往周边的农村地区传教，而当地的"传道员"在利安当到来之前则负责召集教友或教外人士，做好一切准备工作，在没有圣堂和祈祷室的地方，"传道员"还要准备场地。在利安当宣讲圣经或听完教友的告解离去之后，"传道员"则担当着联络和组织当地教友开展教会内日常活动的领头人之角色。可以试想，若没有这些"传道员"在各个教区或教堂所开展的日常活动，在传教士三四个月或半年以上才能巡回到达某个教区宣讲天主教义的话，那里的教徒们会处于一种什么样的状态呢？答案是显而易见的，正是这些活跃在方济会各个教区"传道员"一直在维系着方济会传教士与教徒们之间的联系。

利安当神父于 1689 年 10 月写给上级会长的一份年度传教报告中，谈到在华传教活动时，曾提到华人"传道员"在传播福音中的作用：

> 今年整个传教团洗礼的教徒不到 1000 人，确切数字为 900 多人，发展不够平衡。一些教堂的收获颇大，而另一些却完全没有收获，尽管付出的劳动是一样的。在广州的两座教堂里，感谢天主的佑护，传教士一直不停劳作，因为他们又增加了对番禺和顺德两县的照看，一年中更多的时间他们需要外出巡视，或建立教友团体或为生病的人做圣事。由于他们奔波于多个村庄，支出费用成倍地增加。我相信慈善的天主会唤起教友们的怜悯之心来救助我们，他们将用他们的施舍帮助我们建立起精神上的天主堂。我认为如果有人愿意帮助我们那些活跃在村庄里的传道员，我们将感激不尽，因为是他们更多地在引导着传教的事业……事实上他们是工具，通过他们，我们才能有所作为。①

---

① *SINICA FRANCISCANA*, Vol. Ⅲ, Augustinus A. S. Paschali, *Noticia de la Mission Serafica de China*, Canton, 14 Oct, 1689, pp. 748 – 749.

利安当在这里对 1688～1689 年之间方济会在华传教情况作了一个总结。一方面，从中可以看出当年方济会在中国的发展不是很平衡，全国共发展信徒不到 1000 人，但广东的情况看来好于全国；另一方面，也可以看出方济会在传教经费上存在着某种困难。此外，利安当神父在这里提到了华人"传道员"（Catequista）在传教活动中起了重要的作用，这些传道员一般都是乡村中有文化或知书识礼的教友，许多时候传教士与教友或异教徒之间的沟通都是通过他们进行的。巡回宣讲教义的传教士离去后，他们会就相关教义给予教友们进一步的讲解或释疑。利安当所说"是他们更多地在引导着传教的事业"以及"通过他们，我们才能有所作为"，是对这些华人传道员所起作用给予的充分肯定。而对于这些传道员所付出的劳动，方济会是给予一定报酬的。根据利安当 1688 年 10 月写的另一封信中所讲："维持一个传道员一年的生活费需要 12 两银子，薪酬要七两银子，一年之中其他的花费一两银子，共计 20 两银子，相当于 28 块银比索。"① 这个金额可以说是聘用一位华人传道员一年所需最低的花费，若按照利安当当时所统计方济会在中国的教堂共有 23 个②，若每个教堂聘用一位传道员，一年就要花费白银 460 两，若各地乡镇或农村都有传道员，这笔花费可能会更多。所以利安当希望能够从信徒们那里获得某种施舍，以帮助这些华人传道员，缓解方济会经费紧张的局面。事实上方济会在中国的成功与这批他们所雇用的懂外语的华人传道员所发挥的作用是分不开的，正是在他们的协助、支持和默契的配合下，方济会在中国的传教事业才取得了成功。

综上所述，从西班牙方济会传教士在华传教实践来看，他们在传教方法、对象、传教经费来源等方面，在与中国士大夫的关系上和如何利用当地华人传教员传播福音上，都与耶稣会不尽相同。方济会传教士寻求直截了当的传教方式，他们习惯于用他们追求神贫的理念、苦行僧般的言行和坚忍不拔的宗徒精神去游说和发展中国教徒。他们虽然对中国的官员绅士不屑一顾，但又渴望得到他们的保护，借以推进在华的传教事业。他们虽

---

① *SINICA FRANCISCANA*, Vol. Ⅲ, Augustinus A. S. Paschali, *Epistola ad P. Michaelem Flores*, 15 Oct. 1688, pp. 662–663.

② *SINICA FRANCISCANA*, Vol. Ⅲ, Augustinus A. S. Paschali, *Noticia de la Mission Serafica de China*, Canton, 14 Oct, 1689, p. 749.

未曾像耶稣会那样为培养本地神父而努力过，但他们亦知道借用华人传教员去发展和组织教徒，向民众宣讲天主教义。在传教经费方面，西班牙方济会亦有别于耶稣会，他们得到西班牙国王的大力支持和帮助，这为他们长久在华传教奠定了良好的物质基础。正是西班牙方济会这种与耶稣会不同的传教方式，使天主教在华的传播活动变得多元化起来，当耶稣会后来受到致命性打击被解散之后，包括西班牙方济会在内的其他天主教修会依然可以继续推进在华的传教事业。

（原载汤开建主编《澳门历史研究》，澳门，澳门历史文化研究会，第 3 期，2004 年 12 月）

澳门早期西洋美术述论

莫小也[*]

    澳门在中西关系史上占有极其重要的地位，在美术交流方面所起的作用更为显著。目前澳门保存的上百座中世纪样式建筑，世界各地珍藏的数以千计的澳门历史绘画（Historical Painting），能充分说明这一海上丝绸之路的交会点，与陆上丝绸之路的交会点敦煌有着相似的辉煌年代，同样价值的艺术财富。[①]然而，对澳门美术史的研究才刚刚开始，就从港澳收藏的历史绘画尚未能统一鉴定与正式面世，就可以知道任务是相当艰巨的。[②]本文时间跨度为1550年至1850年，以澳门早期的西洋画家作品为重点，从分期、画种、画家三个方面论述。敬请方家指正。

一 澳门美术发展的前后分期

    从纵向看，澳门美术的发生、发展、繁荣与衰退是与澳门走过的特殊历程相关的，与中国其他城市具有很大差异。因此，以1850年为分界将其划为前后两个阶段，有利于把握其时代特征与进行横向比较。应当说，在1550年左右葡萄牙人来到澳门之前，中国固有的民间美术已经在那里扎下了根。暂且勿论黑沙村考古所发现的远古至宋代的石器、陶片、青釉陶瓷器，就拿两座古老的寺庙妈祖阁与莲峰禅院为例，就足以证明中国传统建

---

[*] 浙江理工大学艺术与设计学院美术学系教授。

[①] 澳门已经评定为纪念物、有建筑艺术价值的建筑物就有上百栋。见《澳门文化特色的佐证》，澳门文化司署，1997；以及《历史绘画》，香港艺术馆，1999。

[②] 除了多次观赏展示的各地历史绘画之外，香港、澳门二艺术馆、日本东洋文库都为我提供馆藏作品单独鉴赏。在此致谢。

筑与装饰艺术早已播种于这一海岛。① 那时，在寺庙的周围已经有了内陆迁移去的渔民与农户。

但是，确切地讲，澳门美术的发生期应该在 16 世纪的中期至 17 世纪之初（1550～1620 年间）。这一时期，澳门由以前中国人与东南亚人自由互市之地逐步转变为中葡贸易为中心的港口、葡萄牙人的居留地。当欧洲人在东方大规模交易商品的同时，西方宗教团体耶稣会、方济各会也纷纷来到东方传播基督教，1576 年澳门正式设立了主教区，相继建立了一所所规模相当的天主教堂。1583 年正式建立了作为澳门城市管理的核心组织议事会。② 1622 年一个具有坚实的护城墙与装备了六座大炮台的新城镇出现了，葡萄牙人完全掌握了澳门半岛对外的防御体系。随着人口的定居与增长，原来临时搭建的茅棚改建为固定房屋。仅数年之间，"飞甍高栋，尽为西洋人所有"。③ 澳门城镇的形成，贸易往来的兴盛，不仅为西方美术的输入提供了较好的物质基础，也使得澳门人易于通过大量的舶来品如布料、自鸣钟、图书等认识与模仿西洋美术。例如，有一种"纸被"，"长丈余，如茧而空其首，可以御寒。其纸上者以树皮治，薄如美妇之肌，拊不停手"，"中有蕃像，面濡以矾"。④

澳门美术发源之时，最有代表性的建筑是至今尚存的圣保禄教堂前壁。但是以往人们并不了解，这里曾经是一所培养艺术人才的大学。大约 16 世纪末，耶稣会远东巡视特使范礼安（Alexandre Valignani）意识到日本大名封建纷争更迭的危险，便认为迫切需要在足够安全的地点准备一处避难所，作为收容受迫害者或进行培训的场所。由于印度果阿（Goa）太遥远，马六甲太易遭受战祸，于是就将它定在澳门。经罗马主教同意，他于 1594 年在澳门创建一所公学，这即是澳门最早的西方式学院——圣保禄学院。⑤ 该学院设有哲学、神学、人文等学科，有一座藏书 4200 册的图书馆及一个印刷

---

① 陈炳辉著《澳门史前考古与文化》，澳门艺术博物馆，2003。陈炜恒等编《澳门庙宇》，澳门民政总署，2002。

② 黄鸿钊：《澳门史》，福建人民出版社，1999，第 120 页。

③ （清）《说蛮》，《昭代丛书》已集，卷 34。

④ （清）印光任、张汝霖著《澳门纪略》，广东高等教育出版社，1988，第 76 页。

⑤ 〔日〕西贞村：《日本耶稣会的绘画活动与明末中国的西洋画》，载《南蛮绘画》，东京讲谈社，1958。见拙文《论澳门美术的肇起》，载《荣宝斋》2000 年第 5 期。

所。成立之时即有学员 200 人，其中有绘画班与音乐班。该学院培养的画家被送往中国内地，许多西方艺术品也经过澳门传入京城。当时日本的禁教运动，迫使那些有才华的宗教画家长期滞留于澳门，大量的宗教美术品也被转移至澳门。因此，可以说这一阶段澳门当地对美术人才的培养既为初创的澳门美术作出了贡献，又为日后美术的繁荣打下了一定的基础。

16、17 世纪之交，欧洲建筑艺术样式主要通过圣安东尼教堂、圣老楞佐教堂、圣保禄教堂等教堂的修建完整地传入澳门。另一方面，妈祖阁的修缮也形象地传播了东方艺术的特征。更多的相互独立，甚至有些对立的东西方艺术形式（如大量的民用建筑、宗教与民俗绘画）在和平共处的环境中生存下来。这即是澳门美术一开始就具有的特色。如果将 1550 年作为澳门美术史上限，1999 年作为其下限，那么可以将前期美术史的下限定为 1850 年。笔者认为，除了美术自身的发展趋势之外，还有以下一些值得注意的背景。

首先，1550～1850 年的 300 年间澳门半岛实际上是在中国政府管辖之下、由葡萄牙人经营的贸易特区。鸦片战争之前，尽管葡萄牙人的自治机构具有行政、军事、宗教、经济职能，也曾经有擅自建造炮台等行为，但明清两朝政府一直采取了"申明约束，设官驻军，严加管理"的对策，不仅起到管理澳门港口贸易、维护当地治安的作用，也从军事上遏制葡人的武力，使澳门基本上保持了和平稳定发展的局面。[①] 葡国与清朝的旗帜一直在南湾同时飘扬即是最好的说明。由于这样的环境，西方艺术家托马斯·丹尼尔与其侄子威廉（Thomas & William Daniell）、钱纳利（George Chinnery, 1774～1852）、博尔杰（August Borget），东方的画家吴渔山等相继来到半岛，创作了数以百计甚至千计的作品。而像传教士兼画家马国贤（Matteo Ripa）、郎世宁（Castiglione）那样顺道经过澳门的情况就更多了。然而鸦片战争以后，清政府国力的衰弱与帝国主义列强的联合侵略改变了这种情况。1849 年葡人总督亚马勒（Amaral）悍然以武力迫使清政府的税关与军队撤离澳门，此时开始澳门成了葡萄牙的"海外省"。[②] 战争使艺术家望而却步，70 高龄的钱纳利终日处于惶恐状态，他曾经写信给友人，"在利刃

---

① 吴志良：《生存之道——论澳门政治制度与政治发展》，澳门成人教育学会，1998，第 87 页。
② 黄鸿钊：《澳门史》，第 240 页。

刺身之前，我希望多画几幅好画！"① 政治地位的变化与珠江海面的战争影响了澳门的稳定局面，自然也阻碍了艺术家们来此游历并作画。

从艺术史角度而言，1852 年曾经居留澳门达 27 年的英国画家钱纳利的去世标志着澳门绘画进入缓慢发展期。因为钱纳利在澳门不仅仅为杰出的画家，"即他在技巧方面的多才多艺。他掌握了所有的表现手法，能够绘制很大的肖像画，也能绘小型作品，包括水彩、水粉与用铅笔、钢笔和褐色材料的速写"。② 重要的是，通过他的画室曾经培养了更多的人学会西洋画技巧，他的画风影响到同期来澳门的专业与业余画家。钱纳利以有色铅笔线条勾勒，辅之以淡彩的画法，几乎成为澳门画界流行的技巧。医生苏格兰人托玛斯·屈臣（Dr. Thomas Boswall Watson，1815～1860 年）"1845 年东渡濠江，受钱纳利指导后，画技日进，风格也酷似钱氏"。③ 无论是人物还是风景都能找到上述钱氏特殊技法。《方济各城堡和东望洋炮台》、《从大炮台看澳门景》可谓典型之作，那些用铅笔、棕色水彩笔起稿，以短小有力的重复线绘近处明暗，以淡彩渲染重点景物的方式表现得十分自如。④ 根据香港艺术馆的一次专题展览，人们可以看到钱氏的影响波及法国、英国、美国、中国等不同国籍的画家，他们是博尔杰、贝莱尔斯、屈臣夫妇、马礼逊、瓦南、巴普蒂斯塔以及一批中国的西洋画追随者。⑤ 中国画徒关乔昌从钱氏的学生到钱氏的画技与商业竞争者，他的画有时竟能乱真，以致后来的人将关乔昌的一些作品误以为是钱纳利的真迹。⑥ 钱纳利为中国人独立画室的崛起、成批贸易画的制作起了推动作用。可以认为，钱纳利时期（1825～1852 年）的澳门美术在持续发展中走向高峰。随着钱氏的去世，随着他的同行离开澳门，钱纳利的既明朗活泼又细微严谨的画风也结束了。1850 年以后澳门绘画领域出现了一段低谷，仅有个别寓居画家来此创作地志画。特别是

① 〔英〕康纳（Patrick Conner）：《钱纳利眼中的澳门建筑》，载《文化杂志》第 35 期，澳门文化司署，110 页。
② Robin Hutcheon, *Chinnery*, Hongkong, 1989, p. 27. 关于钱纳利见陈继春《钱纳利与澳门》，澳门基金会，1995。
③ 《珠江风貌：澳门、广州及香港》，香港艺术馆，2002，第 235 页。
④ 《澳门创意风景》，澳门市政厅，1996，第 44、45 页。
⑤ 《东土风物：钱纳利及其流派》，香港艺术馆，1985。
⑥ 胡光华：《一种特殊的中西绘画交流形式：关乔昌（蓝呱）与钱纳利的艺术竞争》，载《文化杂志》，澳门文化司署，第 35 期，第 119 页。

抗日战争时期，由于澳门是中立地区，一些画家来到那里生存。其中俄国人史密诺夫（Smirnoff，1903～1947）为澳门政府绘制了60余幅风景画。① 可以说1850年后的百余年间，美术水准基本停滞不前。直至1980年之后澳门美术才有了崭新的进展，出现了以现代艺术为主体的百花齐放的局面。

需要补充的是，澳门城市建设的现代化，城市环境发生的变化也制约着美术发展。自1863年起澳门半岛相继在南湾、北湾、浅湾填土筑堤，直到内港与新口岸大面积填海造地，使自然环境发生剧烈变化。过去海岛特有的海岸线失去了原始韵味，南湾海滩被筑起大堤，宽阔的马路失去海浪变幻无常的景色。人口与住宅的不断扩大，使原始农业林区面积急速缩小。过去建筑物曾经是画中的点缀，今天变成了画面的主体或孤立的景物。而20世纪初高楼的建立更使小海岛的天际线发生了变化，画家再也看不到远方的山体线条与云彩，使整体澳门景色变得乏味。通过《从西望洋山俯瞰澳门中部》（1780年）与《从主教山俯瞰澳门全景》（1870年）两图的变化就可以清楚这种环境的变迁。② 这种自南向北或自北向南描绘的俯瞰式全景画，在澳门前期美术作品中常能见到，其画面角度之奇特，景色之优美，画技之新颖，在世界各地的地志画中也极为少见。可惜此后由于建筑的增多、山体的破坏和大面积绿地的消失，这类作品就再也不能创作了。笔者认为，自然环境的变化会阻碍画家们来澳门滞留并作画的信心，必然对澳门后期美术发展带来负面影响。

如上所述，将澳门美术史分两个时期研究，强调早期美术的西洋化趋势，有利于建立比较与判断的标准，也能寻找更多的研究切入点。因为当时澳门由于地理位置的边缘，中华固有绘画传统尚未播及于此，而它作为近代西洋文明东传的第一站，正好促成了早期美术的相对独立，也促使这些美术创作基本上具备了西洋特征。

二　由宗教画转变为地志画

澳门美术大抵可以划分为六类：宗教画、地志画、外销画、文人画、

---

① 为纪念史密诺夫诞辰一百周年，澳门艺术博物馆举办展览并出版了《心灵驿站：史密诺夫诞生百年水彩画集》，载水彩、素描作品85幅，2003。

② 分别载《历史绘画》，香港艺术馆，1999，第54、70页。笔者认为，全景画的消失有摄影技术发展起来的原因，从某种程度上摄影作品取代了绘画纪实的作用。澳门是很早就受摄影师关注的城市。

民间绘画及现代绘画。在澳门早期美术发展过程中，主要是由宗教画转向地志画，这两方面的成果显得尤其突出。这是由于澳门美术的肇起，是与最早一批天主教题材绘画、雕塑与教堂建筑相关的。

目前，最有代表性的宗教艺术品分别存于澳门天主教艺术博物馆、圣物宝库、仁慈堂博物馆。艺术博物馆有六幅以人物为主体的大型油画。作于1640年的《日本的殉难者》记录了1597年在长崎大名藩王命令下，23名圣方济各修士被钉死在十字架上的事迹。[①] 17世纪初制作的木版油画《圣弥额尔大天神》则是东方武士与西方战神形象的综合。另一组可能作于18世纪的四幅画，描绘了圣方济各生活的四个片段：《受洗》、《决策》、《郊外讲道》、《受五伤印》。这些画出自有中日血统的青年画家倪雅谷之手。他早年在日本有马修士学院接受神学、绘画等课程的教育，成绩优秀。1600年澳门教堂失火，次年他作为"传教区的画师而到达澳门"。[②] 这几幅画都以油画颜料为媒介，利用了光影、明暗、解剖等西洋绘画的语言，具有西方古典主义绘画细腻而凝重的感觉，但同时又反映了画家特有的东方气质。造型被粗略的线条所概括，色彩也向着单纯化方向发展，尤其是那幅天神像，以深黑褐色为背景用上了许多金色，一眼望去，辉煌灿烂，令人难以忘却。现藏于其他地方的油画画面较小，是用作教堂祭台画的《圣母抱耶稣》、《耶稣复活》等。大概由于是复制品，许多作品水准还是较高的，其中少数藏品可能是从西方携入澳门。从当时有那么多的西洋教堂，还有不少民间的节庆活动，以及神学院培养了一批绘画人才角度而论，本地制作宗教绘画的数量是不少的。例如《澳门纪略》记载，天主教堂均有耶稣的"诞生图"、"被难图"、"飞升图"，用以说明"耶稣行教至一国，国人裸而缚之十字架，钉其手及四肢，三日苏，飞还本国。更越四十日而上升"的圣经故事。此书记述："岁中天主出游，三巴则以十月，板樟以三月、九月，支粮三月，大庙则二月、五月、六月，凡三出游，率先夕诣龙松庙，迎像至本寺。然灯达旦，澳众毕集，黑奴抬被难像前行。蕃童象天神，披发而翼，来往腾跃。诸僧手持香烛步其后，又用老僧抱一耶稣像，上张锦棚，随众

---

① 《文化杂志》，澳门文化司署，第3期，第50页。
② 倪雅谷，字一诚，西名Niva, Jacques。1579年生于日本，其父亲为中国人，母亲为日本人。见〔法〕荣振华（Joseph Dehergne）编《在华耶稣会士列传及书目补编》，中华书局，第459页。

如前仪。"这类捧耶稣像出游的民俗活动，更是普及了基督教绘画艺术。

澳门美术的初步发展、繁荣是以地志画为标志的。地志画（Topographical Paintings）一般被归属于"历史绘画"门类之中，目前港澳两大艺术馆在展出这一类绘画时均称为"历史绘画"。以往，人们更重视它们的文献价值，但事实上，地志画在澳门美术的发展中却体现出一种独特的地方特色。香港艺术馆曾柱昭认为："此批藏品的历史价值固然不容置疑，其艺术素质更不容忽视。"① 这意味着这类画应该作为艺术品来研究。地志画"在内容上具有记录性质，在技巧上以墨水素描为主，略施淡彩，它是水彩画的原始形态"。② 在汉语中"地志"即记载舆地的书，古籍版画插图即可理解为中国地志画。作为对译的 Topography 术语，大体包含了 Mapping 与 Descriptive art 两层意思：①对某一地区的描绘或制图，特别指强调自然的或人工的地形、地势特征的地图。②以油画、素描或水彩描绘的世俗（包含与景物相关的风俗人物）的山水与城镇景观。③ 其实，这两种形式在前期美术作品中并没有一个绝对的分界。从年代久远的《澳门早期全景》（约 1598 年）看，它既能标明澳门的海陆方位，又能显现澳门的建筑与人物风采。葡萄牙特色的多边体房屋、三桅大型海上帆船，正在农耕、放牧与做买卖的中国人都在方寸之间表现出来了。④ 另一幅《澳门地图》（约 1634 年）则以深蓝色的大海，衬托黄色土地与绿色山岭，将点点房屋处理得像幅图案，无疑带上了一点艺术趣味。⑤ 而到了 18 世纪后期，特别是进入 19 世纪以后，这类绘画数量就大大增加了。从目前香港、澳门、日本三地收藏估计，仅描绘澳门的地志画不会少于 3000 幅。澳门地志画是在一个极小区域被反复表现的景观，而且它的对象也被集中于一些特殊的景物，如具有葡萄牙建筑特色的南湾，中国传统古建筑之代表妈祖阁，自北向南或由南向北描绘的澳门全景图。

南湾是中外艺术家最喜爱的澳门景色之一，前期创作的南湾景观地志

---

① 《历史绘画》，香港艺术馆，1999 年，第 7、9 页。何金泉称历史绘画是一种"以视觉形式记录人们生活状态及地方外貌的途径"的绘画。

② 陈继春：《钱纳利与澳门》引言，澳门基金会，1995。

③ *The Dictionary of Art*, MACMILLAN, 1983, Vol. 31, pp. 151 – 157.

④ 《历史绘画》，香港艺术馆，第 52 页，狄奥多·德·布里作，铜版画，25.8×33.3 厘米。

⑤ 《文化杂志》，澳门文化司署，第 35 期，第 79 页。

画至少有数十幅。那里的东望洋山、西望洋山与远处海岛山脉形成美丽的山势曲线，与沙滩紧接的波浪总是迎来点点渔帆，而且由于那里的建筑在不断地发生变化，只要稍一移步或变化视平线，就能发现景色会变幻无穷。例如，劳里刻印的《澳门南湾景色》（1770 年）以嘉思栏炮台及大路为近景，远处是围绕着教堂的民居。我们从中可以看出，当时楼房并不多，有些人家都能为自己的建筑圈起围墙，岸边沙滩旁，一座炮台浸在水中。① 至罗伯特·埃里奥特绘制《由澳门北面看到的南湾》（1824 年）时，那里已经基本上是两层建筑，其中画面中心英国东印度公司的建筑十分显著，建筑立面中央有装饰三角楣，金字塔式的中国式屋顶被镶嵌中国釉彩瓷砖的西式矮挡墙遮住。画面右侧另一幢建筑，则采取西方围廊式的布局，四周各以五根柱子围成宽大的走廊，屋顶是双层的。最明显的是海滩已经被新建的大堤缩减，水中炮台与陆地连成一片。② 另一幅《澳门南湾街景》（约1850 年）也能够清晰地看到澳门海滨的变化，宽敞坚实的石板路完全改变了原有景象，这里已经初露欧洲南部城镇的风光了。③ 多幅从西望洋山半坡描绘的南湾景色，不仅扩大了海域、城镇直观面积，还增强了构图远、中、近三景处理的效果，使画面更增添了新意。

由于上述地志画对象的不断更新，也由于作画地点的流动性及表现手法的随意性，使澳门前期美术丰富多样，形成一种兼容东西方绘画技巧的地志画样式。首先，专门描绘乡土风情，具有浓重的澳门地方色彩。例如常常通过红与绿的对比来突出画面的浓重效果。其次，大部分画面的取景都以建筑为主体，可以是一幢特别的建筑，也可以是一组有特色的建筑，融合在自然风光之中。再次，为了重视景物实体，同时适应景物的变化，常常以线条来表现确切的建筑物外形特色，总是线面结合，运用铅笔、钢笔兼用淡彩墨水等工具以水墨淡彩形式快速地完成。绝大部分澳门地志画是在 1850 年之前完成的，尤其在 1800 年之后逐步形成了画家群体，创作出一批存世佳作。

需要补充的是，从 18 世纪后期起，作为商品的外销画在澳门兴盛起来。

---

① 《历史绘画》，第 53 页。画家佚名，铜版画，17.1×22.5 厘米。
② 《文化杂志》，澳门文化司署，第 7、8 期，水彩画，58×109 厘米。
③ 《昔日乡情：中澳葡风貌》展品之一，澳门市政厅，1995。

它往往是上述地志画的复制品，数量之多，令人目不暇接，而水准欠缺，又令人无法承认它们是"艺术品"。外销画与地志画的混淆会给鉴定具有艺术价值的地志画带来一定的困难。

三　艺术家向往的热土

随着全球地理大发现的进步，人们普遍对新发现、新建立的人群居留点的民俗、地貌发生了兴趣。16 世纪末就有了像《全球史事舆图》（1579年）、《世界城镇图》（约 1572 年）那样的以地志画为主体的巨型画册。当利玛窦（Matteo Ricci）将它们作为与中国文人交流的道具时，曾经引起很大的震动。另一方面，出使中国的荷兰贸易使团随行画家尼霍夫（Johan Nieuhof）所著报告的插图，亚历山大（William Alexander）、阿罗姆（Thomas Allom）等西方地志画家对中国形象的描绘，推动了西方画家到东方游历的热潮。[①] 艺术家们随着宗教、商业、政治外交团体，坐着海轮前往东方与新大陆，足迹常常踏至澳门。在澳门，他们有的是长期居留不归，有的是寓居一年半载，也有的穿梭往来于中国南方沿海城市。尤其是跟随科学考察船来华的韦伯（John Webber, 1750～1793）等画家，更是有目的地记录了澳门奇特的人文习俗、自然风光。[②]

然而最初为澳门美术作出贡献的是来自东西方的无名氏工匠。圣保禄教堂前壁的两块嵌板上的高浮雕："圣母指引贸易之船"，"圣母踏龙头"，前者刻画一艘远洋大帆船，船头的上方为圣母全身像，它体现了当地传教士、居民及航海者的特别崇拜。圣母像外形圆浑厚实，其间线条概括而又柔软，双目紧闭的脸庞与为祈祷紧合的双手构成一种安详的姿态，令人想到汉晋时期东方雕塑的古朴、拙重。第三层、第四层的两端各有一头石狮，骑在正面大墙上，它既是滴水嘴，又是呼之欲出的圆雕，手法粗犷，充满

---

① 《〈荷使初访中国记〉研究》，由荷兰学者包乐史 Leonard Blusse、中国学者庄国土合作，厦门大学出版社，1989。内有 80 幅水彩画手稿。另见李天纲编著《大清帝国城市印象——19 世纪铜版画》，上海古籍出版社，2002。原书名：China, The Scenery, Architecture, and Social Habits of That Ancient Empire，香港艺术博物馆有藏。

② 《财团法人东洋文库所藏历史绘画：以虚构的中国印象为中心》，载《东洋文库书报》，第 34 号，2002，第 2 页。

东方的神韵。据说，圣保禄教堂的立面是由意大利神父卡尔诺·斯皮诺拉（Carlo Spinola）设计的，而制作者是来自日本、中国及东南亚的耶稣会信徒，其中包含了擅长雕刻的能工巧匠。[①] 这些在人们共同努力下形成的融合之作，引起了后来艺术家们的兴致。那些来自英国、法国、葡萄牙及中国内陆的画家，除了天然美丽的景色之外，必然也受到早期东西方艺术交会产生的人文景象的感染。

18世纪初，环球旅行、历险、观光成为当时欧洲的社会风尚。先是瑞典籍制图员韦伯以全景式手法描绘了《妈阁庙》（见图1）和《贾梅士的居所》。接着，旅行画家托玛斯·丹尼尔与威廉叔侄于1785年来到澳门，逗留数月之后前往印度写生。返回英国后，他们将速写制作成套色飞尘蚀刻版画，《澳门贾梅士洞》是代表作品之一。丹尼尔的画构图十分完整，尤其强调对象的真实性，此外也注意了色彩的调和与户外光线的利用，因此有很好的观赏价值。[②] 接着又有英国画家威廉·亚历山大于1792年以绘图员身份随英国使团来中国，他在澳门逗留了两个月左右，创作有《停泊于澳门的狮子虎》、《贾梅士洞》等作品。[③] 另一位来自印度的业余画家普林塞普（William Prinsep）本是东南亚的商人，却满怀深情地以油画材料描绘了《澳门妈阁庙》（1838年）。由画面人们可以看到此时妈阁庙前的广场已经修成石砌码头，背景茂盛的绿树与前景中红瓦白墙形成了鲜明的对比，广场上有渔民、商贩及西洋人、富贵妇女，近处渔家女的红围巾将人们的目光吸引到水上生活的小船，更是增添几分浪漫色彩。[④] 以擅长素描的法国画家博尔杰（Auguste Borget）曾经周游世界，1839年在澳门逗留半年之久。他在日记中写道："不论是浓荫蔽日的上午，还是树木石块和蓝色的屋顶在阳光下熠熠发光的下午，或赤日炎炎须躲到阴凉处才能作画的中午，我几乎天天到这块叫'妈阁庙'的地方。任何时候，在任何情况下，这里的景色都引人入胜。"[⑤] 他说，

---

① 〔葡〕寇塞罗（G. Couceiro）：《澳门天主之母（圣保禄）会院教堂》，载《文化杂志》第30期，澳门文化司署，第18页。

② 《珠江风貌：澳门、广州及香港》，香港艺术馆，2002，第231~232页。

③ 陈继春：《濠江画人掇录》，澳门基金会，1998，第53页。

④ 《香港及澳门风貌》，香港艺术馆，1983，第41页。

⑤ 《一八三九年的澳门，博尔杰的记叙与绘画》，载《文化杂志》第10期，澳门文化司署，第83页。见同刊夏德新（Robin Hutcheon）《奥古斯特·博尔杰》。他的画风见澳门文化司署1993年出版的画册《中国与中国人》。

必须发明一种语言才能描绘这些十分精彩的景物。确实如此，他的画作《妈阁庙前的广场》、《从香山炮台俯瞰澳门景色》（图2）被反复印制成石版画或插图，后者同类画面达十余种之多。

图1　韦伯：《妈阁庙》，腐蚀铜版画，1788年，28×46cm

图2　博尔杰：《从香山炮台俯瞰澳门景色》，着色石版画，
1842年，23.6×40.8cm

　　真正为中国风情奉献终生，为澳门创造伟大艺术品的东渡画家是英国人钱纳利。他曾经在印度作画 20 余年，1825 年来到澳门后几乎没有离开过该地。作为一名有功力的西方画家，在滞留澳门的漫长岁月中，他的日常生活都是围绕着绘画活动展开的。在初到澳门的数年间，他主要以制作肖像谋生，此后虽然生活贫困，但却创造了数以千计的油画、水彩与素描作品。① 钱纳利居住在妈阁庙附近的鹅眉街，随时可以出入于方圆数百米远的各个风景区：南湾小炮台、妈阁庙前广场、教堂周围、内港疍家渔民区。因此，他能够画下许多铅笔速写。有寥寥几笔的简笔画：正在交易、休闲、牧业等的人物动态。疍家渔女肖像、全身像与一组人物特写都是速写的对象。有以慢写与完整的素描形式完成的繁笔画，表现一定的创作主题。为了应付即时的创作，他综合使用铅笔、钢笔及其他褐色墨水。可能数量不少的玻璃版印刷品，即以褐色墨水描绘的人物与风景创作在他晚年已经出版，以维持生活的需要。在此仅举两件作品为例。

　　铅笔速写《关部行台前的小食摊》（图 3），绘于 1839 年 1 月 9 日。② 关部行台是 1688 年起设立的清政府粤海关监督行署。18 世纪中期，建筑群门外以木栅围成广场，两侧分别开设东辕门、西辕门。此图中右上方之门牌即有"西辕门"字样，门后边可见中式屋顶建筑。画面中央是一组草伞下的小食摊，L 形摆开的简易桌子前，主人正弯腰切食物，有几位食客，或抓紧用食或正在选择。远处另有三组用食的人物，使画面主次遥相呼应，呈现一片热气腾腾的氛围。此画构图完整，注重人物与场景的关系，对草伞及人物简单的阴影处理，使画面充满阳光感。人物与道具线条是钱纳利最典型的笔法，短小弯曲、渐加层次，然后将重要部位以紧扣的线条加深。人物的脸、手与脚解剖准确而概括。因此，这样的速写实际上是一幅完整的创作稿。

---

① 钱纳利关于澳门的图画，主要参见《乔治·钱纳利：十九世纪的澳门》（澳门文化司署，纪念葡萄牙发现事业澳门地区委员会主办，1997 年），《乔治·钱纳利》（澳门市政厅与贾梅士博物院，1985 年）。理论研究可参考 Conner, Patrick：*George Chinnery* (*1774 – 1852*)：*Artist of India and the China Coast*, Woodbridge, Suffolk, England, 1993。

② 《澳门·创意风景》，澳门市政厅画廊，1996，图 11。见印光任、张汝霖《澳门纪略》后附《关部行台图》。

图3　钱纳利：《关部行台前的小食摊》，铅笔速写纸本，
1839 年，28×19.9cm

　　作于 1834 年的《烈日下的圣保禄教堂前地》（图 4）是以铅笔为基础加钢笔褐色墨水创作的。[①] 1602 年修建的圣保禄教堂是远东最大、最有代表性的东方基督教艺术建筑，可惜在 1835 年毁于火灾，仅留存花岗岩的石壁。画家将它置于一个重要位置——方形构图中的左上方，旁边即是火灾前完整的钟楼。教堂前面有宽阔的石阶及沿坡建筑，近处有带围栏走廊的南欧建筑，在另一石阶终止处一位农夫正看两个小孩玩耍。时值中午，阳光强烈，人物给宁静的场面增添了几分生机，全图反映了作为东西方交通之地澳门的建筑与民风特色。该图起稿线非常谨慎，有多处修改，用墨水时又反复推敲，才形成现在非常完整的效果。例如，画家将所有透视线都集中于教堂的前壁，画面的黑、白、灰色块分布合理，教堂立面既受天际空白的衬托，又与邻近其他白色、灰色产生对比。此画作于 60 岁，那时他的素描艺术也达到了顶峰。

───────────

① 《澳门·创意风景》，澳门市政厅画廊，1996，图 15。此画后来制作成玻璃版画，经常作为书刊插图。

图 4　钱纳利：《烈日下的圣保禄教堂前地》，
铅笔、褐色墨水纸本，1834 年，17.8 × 17.2cm

　　钱纳利画风的主要特征：非常勤奋，喜欢外光作业，大多数作品是一次性在户外完成，在详尽写实的基础上，创造了具有戏剧舞台效果的画面。在素描中，主次分明，出现特殊的聚焦点，在色彩中，光源被集中到某一块画面中心。这类作品，如《澳门慈善堂》、《湾仔水上人家》总是将社会人物活动放在画面的重要地位，突出人文精神与地方的人文风貌。

　　在中国内地赴澳门的画家中，有些人深受西洋画风的感染，以身兼天主教司铎的吴历最为有名，尽管至今人们对他赴澳门的经历以及是否采用西洋画法一事争议很大。[①] 他开始与比利时传教士鲁日满（François de Rougemont）交往甚密，并为鲁氏作《湖天春色图》（1676 年）。50 岁时（1681 年），吴历得知柏应理欲赴罗马，抛弃一切随之而往，住在澳门三巴寺（即圣保禄教堂）半年。一般认为，他西行未成，忙于学会规，读拉丁文、神学、教律等书，在澳门"且断涂鸦并废诗"，作画极少。但实际上，

---

① 吴历（1632～1718 年），字渔山，号墨井道人，他是明代名门后裔，知名诗人，同时也是天主教信仰者。他在澳门生活期间，有的认为是半年，但也有说三年。对他的晚年之作，王伯敏认为"似无参用西方痕迹"。见《中国绘画史》，上海人民美术出版社，1982，第578 页。

对西洋画他是多有观察的，他说："澳门一名濠境，去澳未远，有大西小西之风焉。其礼文俗尚，与吾乡倒行相背，如吾乡见客，必整衣冠；此地见人，免冠而已。若夫书与画亦然，我之字以点划凑集而成，然后有音；彼先有音而后有字，以勾划排散，横视而成行。我之画不取形似，不落窠臼，谓之神逸；彼全以阴阳向背形似窠臼上用功夫。即款识我之题上彼之识下，用笔亦不相同。往往如是，未能阐述。"① 现收藏于香港的《湖山秋晓》（见图5）能让我们感受其澳门之行的深刻印象。这幅画虽然是康熙四十一年（1704）之作，离他从澳门返回已经20余年，但透露出他对澳门地形的熟识。这是一幅纵17厘米、横600厘米的长卷，自右向左，景色大约可以分成四段：①珠江海口：描绘被两山峡谷所夹持、奔腾出海的江面；②唐家古镇：山林之中小溪涓涓，已经呈现街道规模的小镇，那时这里也是渔港与驿站；③莲花曲径：吴历模样的画家正带着童子走过绿色葱葱的关闸地段，前边不远处就是望厦山与望厦小村；④雄寺妈阁：面临大海的妈阁庙显得气势非凡，远处风帆扬起，近处两名戴西式帽子的渔人悠然自得地划着船，一位正在与中国渔夫对话。② 虽然从画面的形式到技巧都没有脱离

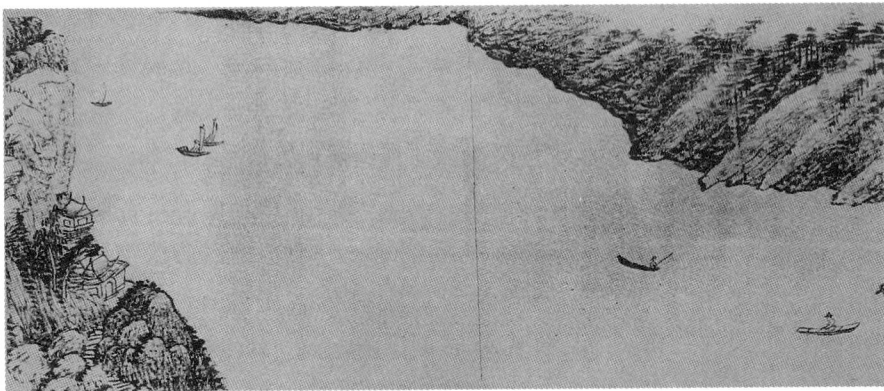

图5　吴渔山：《湖山秋晓》（局部），纸本墨笔，1704年，17×600cm

---

① 吴历：《三巴集》（即《澳中杂咏》），小石山房丛书第十三册。吴历留存的《白傅溢江图卷》图后有"偶检行笥得此图，以寄青屿老先生，稍慰云树之思"，是托人从澳门带给许青屿的。笔者在上海博物馆见过，笔触几乎不见，多以渲染表现烟雾茫茫之状，有真实的空间感。

② 《吴历画集》，上海人民美术出版社，1996，画载第50~77页。

中国绘画，连画家本人在题跋中也不愿意透露任何关于澳门的信息，但该画确实给我们一个认定画家曾经在澳门作过草图的印象。

另一位江南地区的画家张宝（1763～?），在嘉靖二十三年（1818）坐船到澳门作画访友，并且在珠海湾仔山上以俯瞰的角度绘《澳门远岛图》（图6）全景画。该画面呈现19世纪初澳门的繁荣景象，既有瓦顶重檐的妈祖庙，又有不少窗前布满鲜花盆景的西洋楼房。[①] 作者虽然采取一些西洋透视手法描绘建筑物，但总体上以传统木刻线条的表现、以诗书印配合的构图都为画面增添了无穷的趣味。

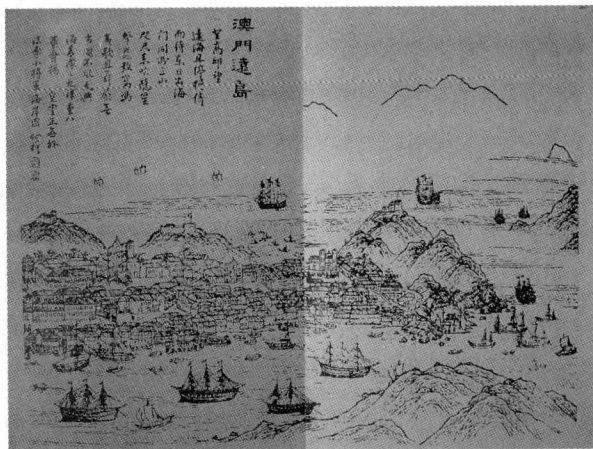

图6　张宝：《澳门远岛图》，木版画，1818 年

综上所述，澳门早期美术是在东西方宗教、经济、政治等方面交往的背景下展开的。社会发展的独特性促成了早期美术由宗教艺术逐渐转向地志绘画。这些成果的作者来自东西方的不同国家与地区，是他们创造了具有澳门地方特色的艺术传统，同时为人们留下了具有艺术性与史料性双重价值的宝贵文物。

（原载《美术观察》，北京，中国艺术研究院，2005 年第 1 期）

---

① 徐新：《画家张宝与〈澳门远岛〉》，载《文化杂志》第 46 期，澳门文化局，第 169 页。

澳门与妈祖信仰早期在西方世界的传播

——澳门的葡语名称再考

金国平[*]

一 妈祖信仰的国际化文字传播

天后信仰在中国是民间普遍的崇拜现象，在早期中外交流过程中，必定引起来华传教士及商贾的注意。长期以来，笔者浏览了大量西方文献，穷搜有关记载。在此，我们采撷散见于葡、西、荷兰及意大利语文献中 16 世纪的记述，为了解西方对妈祖文化的认识及其国际化的史实提供一些资料，以促进妈祖文化在欧洲文化圈内传播历史之研究。[①]

（一）西班牙人迪斯（Pero Diez）曾于 1544 年从南洋航行至福建漳州沿海，后访问了宁波。前往日本途中，他在普陀山参观了一座庙宇并有如下描写：

> 从漳州（Chincheo）他们去了一个名叫宁波（Lionpu）的城市；它宽大，人们按区居住，内有菜园；内有许多骑马的人。[②]从那里他们又去了位于海岸的一个名叫南京（Nequin）的城市。它也宽大，丝绸很多，

---

[*] 葡萄牙中国学学院澳门研究中心研究员。

[①] 目前在这方面的研究，见杨钦章《海神天妃的故事在明代的西传》，《海交史研究》1987 年第 1 期，第 66~70 页；黄晓峰《澳门与妈祖文化圈》，澳门海事博物馆及澳门文化研究会合编《澳门妈祖论文集》，1998，第 224 页；李露露《妈祖神韵——从民女到海神》，北京，学苑出版社，2003，第 202~208 页。

[②] 这是一个重要的军事情报，因为使用马匹的军队运动及作战能力高。西班牙人征服的美洲无马，所以他们对中国是否有马特别感兴趣。

420

其他城市有的东西它都有。那里有政府和官员，还有学习技艺的学校。也有启蒙的学校。有些地方有优质桂皮。整个沿海产生姜；武器不多；小地方普通人之间的械斗使用石头和木棍，这是因为国王不允许他们持有武器；当地人孤傲，胆小，却能吃能喝；精通百工技艺。

从那里他们渡海去位于 32 度的日本岛。从那里至宁波（Liampú）的距离是 155 里格，几乎是东西走向。

……

这个迪斯在中国海岸见到一个小岛①。上面有一个寺庙，内有 30 个教士。他们着宽大的黑服，戴开口的帽子；寺庙的房子很好，教士起居、饮食有规矩，不进血腥，仅食蔬果；禁止女子入庙。祭坛上供奉着一个他们称为 Varella② 的女子的漂亮画像，她的脚下画了一些面目狰狞的魔鬼；至于属于什么修会什么宗教，我们不得而知；人们虔诚庆祝，向她供奉一切。岛上只有这些教士。③

许多情况下，天妃与观音合祀。此处虽未准确说明这个"女子"是谁，但"她的脚下画了一些面目狰狞的魔鬼"一语为我们提供了将其推断为天妃的依据。所谓"面目狰狞的魔鬼"大概是千里眼、顺风耳二神将。④ 据《封神演义》及民间传说，二将原为殷纣时高明、高觉两兄弟，自封金王、柳王，为姜子牙所败。后化为妖鬼作乱，遂被妈祖收服为帐下二将，成为她的随从，与妈祖同享世人香火。

在天妃与观音合祀的情况下，一般是前殿奉祀妈祖，后殿供奉观音菩萨。此又可证所见的"女子"应该是妈祖。

---

① 普陀山。古葡语地图称其为"Ilha da Varella"（庙宇岛）。"往时日本、高丽、新罗诸国皆由此取道以候信风"。顾祖禹：《读史方舆纪要》卷 92，《浙江》，转引自林仁川《明末清初私人海上贸易》，华东师范大学出版社，1987，第 140 页。

② 这个词是马来语（barhala），义即"佛寺"、"佛庙"，亦指"佛像"。参见〔印度〕达尔加多（Rodolfo Sebastião Dalgado）《葡亚词汇》（Glossário Luso-Asiático）第 2 卷，1982，汉堡版，第 405 ~ 406 页。

③ 〔德〕舒马赫梅尔（Georg Schurhammer）:《东方集》（Orientalia），罗马—里斯本，1963，第 527 ~ 529 页。

④ 其形象可参见〔加拿大〕鲁克思《绘画和木版画中的海上保护神妈祖》，《澳门妈祖论文集》，第 233 页后〔图 23〕"神姑收服孽龙精"（枫亭妈祖庙壁画）；李露露《妈祖神韵——从民女到海神》，第 68 ~ 69 页。

迪斯可能是西方报道普陀山妈祖信仰的第一人。

入清以后，妈祖的官方地位很高，其祭祀被列为群祀。康熙五十九年（1720）诏令地方官春秋致祭，并载入祀典。春祀在农历三月二十三日妈祖神诞，秋祀在九月初九日妈祖升天之日。粤海关澳门行台的预算中，规定"各口神供银，以二百两为率"[①]。而且月有供奉天妃的"烛油"钱："澳门口月支银六钱，岁支七两二六钱。"[②] 这个数目不算小，因为澳门总口的"火伕厨子水伕……月各支银一两"[③]。也就是说，妈祖的香油费超过一个厨房勤杂人员月薪的一半。

（二）葡萄牙人对妈祖信仰的观察与记录远远比西班牙人准确。刊行于1553 年的《葡萄牙人发现与征服印度史》记叙说：

> 崇拜两位妇女的形象，将其视为圣人。其中一个名叫娘妈。海上人将其尊为保护神。他们对此神十分虔诚，常常为其进行祭祀。[④]

"两位妇女"无疑是天妃和观音。这说明葡人很早便注意到了天妃与观音合祀的现象。

天妃确实有"圣人"之称。"台湾林氏族谱所附的《天上圣母经》云：'文圣人，有孔子；武圣人，有关羽；女圣人，默娘儿。'"[⑤]

娘妈系闽人对天妃的俗称。这说明葡人可能是从为他们充当领水、翻译及买办的闽南人那里获得关于妈祖信仰的资讯。

（三）达米昂·德·戈伊斯（Damião de Góis）的《唐·曼努埃尔王编年史》（Crónica do Felicíssimo Rei D. Manuel）一书初版于1566 年。虽较晚于《葡萄牙人发现与征服印度史》，但其作者为唐·曼努埃尔（D. Manuel）国王的御用史官，所接触的资料较广。其中关于葡人曾将各种布绘神像带

---

① 梁廷枏：《粤海关志》（袁钟仁校注本），广东人民出版社，2002，第 325 页。
② 梁廷枏：《粤海关志》（袁钟仁校注本），广东人民出版社，2002，第 330 页。
③ 梁廷枏：《粤海关志》（袁钟仁校注本），广东人民出版社，2002，第 328 页。
④ 〔葡〕费尔南·洛佩斯·德·卡斯塔聂达（Fernão Lopes de Castanheda）《葡萄牙人发现与征服印度史》（História do Descobrimento e Conquista da Índia pelos Portugueses）卷 2，科英布拉大学出版社，1924，第 422 页。
⑤ 蒋维锬：《妈祖文献资料》，福建人民出版社，1990，第 379 页。

至埃武拉（Évora）敬献国王一事的记述，为其他同时期的史书所未载。关于妈祖，达米昂·德·戈伊斯记载说：

> ……华人信仰一个上帝，将其视为万物的创造者。他们供奉三个同样的神像。他们特别供奉一个妇女，将其视为圣人，称其为娘妈。她在上帝面前保护所有人，无论陆上还是海上人家……费尔南·佩雷斯·德·安德拉德（Fernão Peres de Andrade）曾带来这些神像。它们画在用木棍或树枝支撑的布上，如同在佛兰德（Flandres）生产的那种彩布。他将这些神像及该省①的其他物品在埃武拉呈献给唐·曼努埃尔国王。②

此处"三个同样的神像"，可能是福、禄、寿三星或下面西班牙人拉达所说的"三幅大娘妈像"。"特别供奉一个妇女"突出了妈祖信仰的人民性和普遍性。"她在上帝面前保护所有人，无论陆上还是海上人家"这一资讯也是正确的，妈祖不仅仅是海神，而且具有多种保佑功能。③

此文最重要的一点是，护送皮莱资使华的"甲比丹末"费尔南·佩雷斯·德·安德拉德在从广州返回葡萄牙后，将娘妈神像献给了国王。这说明，在1520年代，关于妈祖信仰的资讯及图像已经通过葡萄牙人传到了欧洲。

（四）嘉靖末年，为镇压柘林水兵起义，屡战屡败的广东总兵汤克宽曾临澳与葡人洽商助剿一事。④ 抵澳后，汤总兵于一庙中会见了葡人首领。对此，一份葡语手稿⑤有如下记述：

---

① 葡人时称中国为"中国省"。
② 〔葡〕达米昂·德·戈伊斯（Damião de Góis）：《唐·曼努埃尔王编年史》（*Crónica do Felicíssimo Rei D. Manuel*）第4卷，科英布拉大学出版社，1926，第58页。
③ 周立方：《谈妈祖传说的研究》，第60~61页；章文钦：《澳门与中华传统文化中的航海保护神》，《澳门妈祖论文集》，第187页；李露露：《妈祖神韵——从民女到海神》，第78~108页。
④ 叶权：《贤博编》，北京，中华书局，1987，第44页；〔葡〕罗理路（R. M. Loureiro）：《澳门寻根》，澳门海事博物馆，1997，第111~114页。有关叙述，可见吴志良《生存之道——论澳门政治制度与政治发展》，澳门成人教育学会，1998，第39~40页。
⑤ 《若昂·德·埃斯科巴尔关于崇高、强大的唐·塞巴斯蒂安国王遣华使团的评述》（*Comentários de João de Escobar sobre a Embaixada que Muito Alto e Mui Poderoso Rei Dom Sebastião mandou à China*）。原文庋藏耶稣会档案馆，果阿第38号卷宗，第47~73页。这是第二部分。已散失的第一部分可能包括有关澳门早期历史的重要资料。

　　事情至此，那位官员①派人对唐·若昂（D. João）②说，他将登岸到庙（varella）中与其会面，将事议妥。为不耽误时间，请他也照做。唐·若昂认为此议甚好，前往该地会面。它位于村落的端点，面对大海……③

　　从"位于村落的端点，面对大海"一语可知，此"庙"系指妈阁庙。也就是说，汤克宽与葡人首领会面的地点是妈阁庙。这一手稿成文年代是1565 年，汤克宽临澳求援一事则在 1564 年。换言之，妈阁庙于 1564 年已存在。此手稿的作者为《明实录》中所称"哑喏唎归氏"④使团的秘书埃斯科巴尔（João de Escobar），他至少在 1563 年或 1564 年已经在澳门，因此对妈阁庙地理位置的描述为他亲眼所见，其可信性不容置疑。

　　这段记载，有力地支援了流行甚广的利玛窦（Matteo Ricci）"阿妈庙说"，并将妈阁庙有确凿文字涉及的历史上限推至 1564 年之前。《澳门记略》称"相传明万历时，闽贾巨舶被飓殆甚，俄见神女立于山侧，一舟遂安，立庙祠天妃，名其地曰娘妈角"。1564 年为嘉靖四十三年。这一文献将"相传明万历时"向前推移了两个朝代，把妈阁庙传说建立的大致年代变为了有文字可考的年份。

　　目前尚未见到葡语资料确凿记录澳门的开埠日期，但许多西文史料显示，1553～1557 年间葡人抵澳时，业已存在一座妈阁庙。鉴于 1564 年距上述时期仅 7～11 年，即便不能肯定在此之前已建成一座较具规模的妈阁庙，难以否认的是，当时已存在妈阁庙。澳门葡语名称的词源便是这一史实的沉淀，为此假设提供了论据。

　　（五）利玛窦于 1582 年 8 月 7 日抵达澳门并在此生活了一段时间，因此，他对澳门名称的解释应该是可靠的时闻。由于刘俊余、王玉川及何高

---

① 汤克宽。

② 小横琴在葡语中称"D. João"。该名可能来自此人。他的全名是 D. João Pereira，费拉伯爵（Conde da Feira）之子。1556～1557 年间出任马六甲要塞司令。1565 年日航首领。

③ 引文由本文作者从葡语译出。见〔葡〕洛瑞罗（Rui Manuel Loureiro）《澳门寻根》（*Em Busca das Origens de Macau*），教育部葡萄牙海外发现纪念工作小组，里斯本，1996，第 154 页。

④ "哑喏唎归氏"葡语原姓名的考证，详见金国平、吴志良《"哑喏唎归氏"葡名原型考》，《过十字门》，澳门，澳门成人教育学会，2004。

济的有关译文与原文相差甚远，笔者据利玛窦著作意大利文版将有关段落
译注如下：

　　……那里敬奉一座庙宇（pagoda），叫 Ama。因此，称此地为 Amacao,
在我们的语言中，义即"阿妈港"。①

　　将"pagoda"译为"雕像"②和"偶像"③是错误的。意大利文中
"pagoda"仅作"庙宇"解④。从利玛窦的通信中使用的情况来看，此处的
"pagoda"当作"庙宇"解。⑤在葡语中，除了"庙宇"⑥的意思外，"塑
像"或"偶像"是另外一个词义。⑦至今，妈阁庙的葡语名称仍然是"Pa-
gode da Barra"⑧或"Templo da Barra"，意即"港口处的庙宇"。

　　利玛窦在其著作中，同时使用"pagoda"的意大利语义和葡语词意。⑨

　　尽管利玛窦解释说："因此，称此地为 Amacao，在我们的语言中，义即
'阿妈港'。""Amacao"也可能是"阿（亚）妈（马）阁（宫）"的对音，
详下。

　　（六）林旭登（1563～1611 年）的《葡属印度水路志》初版于 1596

---

① 译自〔意〕德礼贤（Paschal D'Elia）《利玛窦全集》（Fonti Ricciane），国家出版社，罗马，1942，第 1 卷，第 151～152 页。此句十分关键，特将原文转录备查："...dove era venerata una pagoda, che chiamano Ama. Per questo chiamavano quel luogo Amacao, che vuol dire in nostra língua Seno de Ama。"

　　德礼贤注释如下："...dove era venerata una pagoda, che chiamano Ama［阿妈］. Per questo chiamavano quel luogo Amacao［阿妈澳］, che vuol dire in nostra lingua Seno de Ama。"
② 《利玛窦全集》第 1 卷，刘俊余、王玉川合译，台北，光启出版社、辅仁大学出版社联合出版，1986，第 111 页。
③ 《利玛窦中国劄记》上册，北京，中华书局，1983，第 140 页。
④ 《利玛窦全集》第 1 卷，第 151 页，注释 4。
⑤ 〔意〕王都立（Pietro Tacchi Venturi）：《利玛窦神甫历史著作集》第 2 卷，马塞拉塔，1913，第 141、156 页。
⑥ 《葡亚词汇》第 2 卷，第 131～133 页。
⑦ 《葡亚词汇》第 2 卷，第 130～131 页；罗明坚、利玛窦：《葡汉辞典》（Dicionário Português-Chinês），魏若望序，里斯本，2001，第 126 页。
⑧ 〔葡〕白姐丽（Graciete Nagueira Batalha）著，金国平译《澳门地名考》亦曾涉及此问题，载《文化杂志》（中文版）1987 年第 1 期，第 8 页。
⑨ 具体例子参见《利玛窦全集》第 1 卷，第 151 页注释 4；《利玛窦神甫历史著作集》第 2 卷，第 141、156 页。

年，但他采用的资料均在 1587 年之前。该书第 43 章详细描写了出澳门内港
的水程：

> 从澳门（Macau）起航，如果起了锚，你们在东北方向可以看见一座
> 山①，上有一白色标记。东边还有两个山丘。在第二个山丘②与山之间的
> 那个丘陵③完全秃裸。见到它后，你们要在位于水道中央的沙梨头（Pa-
> tanas）的岩石及礁石之间穿行。该水道位于当地最后一批大宅
> （maifons）④ 附近。一到这些房子处，你们可以看到第三座山岗。⑤ 靠
> 近该地的岬角处称官庙（Varella dos Maodorins）。上述山丘几乎完全秃裸。
> 此处水深 5 托。往大海方向，水半深。过了这个岬角，水面加深，可至 5
> 或 6 托半。按此方法航行，你们可以见到马骝洲对面隆起的陆地。⑥

此外，文中还有“妈阁角”（pointe de Varella），“妈阁陆地”（terre de
Varella）和“妈阁庙”（Varella）诸形式。从水程的描写来看，无疑是指内
港出入口的妈阁角。尤其值得注意的是，林旭登均采用大写形式，这在外
语中表示一个专有名词。因此，“Varella”显然指妈阁庙。

沙梨头中的“头”大概是“埠头”、“码头”的意思。其相应的葡语名
称是“Patanas”，即“北大年”，可能因此地曾有过“北大年”人（泛指东
南亚人）的聚居地或船只停泊处而得名。

“一批大宅”这一资讯也十分重要。它说明，在 1580 年代，即澳门议
事会成立并获得中国广东最高当局认可的自治后，澳门的城市建筑有了迅
速的发展，从草木结构过渡到了砖石瓦屋。这可能便是汉籍所描写的“时

---

① 从位置判断，可能是对面山。
② 从位置判断，可能是凤凰山。
③ 从位置判断，可能是青洲。
④ 大概就是王士性笔下的："香山岙乃诸番旅泊之处，海岸去邑二百里，陆行而至，爪哇、
渤泥、暹罗、真腊、三佛齐诸国俱有之。其初止舟居，以货久不脱，稍有一二登陆而拓架
者，诸番遂渐效之。今则高居大厦，不减城市，聚落万头，虽其贸易无他心，然设有草泽
之雄，睥睨其间，非我族类，未必非海上百年之隐忧也。"见杨继波、吴志良、邓开颂主
编，中国第一历史档案馆、澳门基金会、暨南大学古籍研究所合编《明清时期澳门问题档
案文献汇编》第 5 卷，北京，人民出版社，1999，第 146 页。
⑤ 妈阁山。
⑥ 《葡属印度水路志》，1619 年法语版，第 43 章，第 113 页。

仅棚垒数十间，后工商牟奸利者，始渐运砖瓦木石为屋，若聚落然"。

如前所述，汤克宽与葡人首领会面的地点是妈阁庙。汤克宽临澳求援一事在 1564 年。换言之，妈阁庙于 1564 年已存在。现在所披露的这条史料不仅证明了会面的地点确实是妈阁庙，而且说明了它的性质。

这条资料最重要的资讯是，直接称其为"官庙"（Varella dos Maodorins），因而确切说明了妈阁庙的官方性质。

入清以后，妈祖的官方地位很高，其祭祀被列为群祀。正如前述，粤海关澳门行台的预算中，规定有供奉天妃的"烛油"钱。林则徐视察澳门时，亦曾专到妈阁庙行祭。

这两件事情完全说明，降至清朝，妈阁庙仍然具有"官庙"性质。

就寺院宗教建筑产权的种类来看，有官庙、民庙、会馆三种。官庙者，由官费所立；民庙者，系人民集资兴建；会馆者，得商贾捐资而设之寺院。

从庙宇发展的一般规律而言，初始很可能是从少数人甚至一个人对于某件事物的崇拜、祭祀开始，由于"灵验"而带来更多的信徒，随之建庙供奉。此时，多属于神龛、塑像或小庙、私庙的形态。然后，可能又因"灵验"或人为的因素（如因故发达或得救）而扩张成为大庙、公馆。若有政治因素介入，如政府公开祭祀、管理，或高官将其辟为临时驻节或集会之所，便成为"官庙"。这种后加的"官性"体现在两个方面：之一，官员本身的官方资格；之二，在此期间的支出，皆由其官衙负担。民庙系一同信仰的民众募金而建。会馆由各市街或同籍商人共同设立，尊崇同一神圣，集体祭祀之，因而成为商绅集议之所，维持费用也由众人分摊义捐。

乾隆《重修三街会馆碑记》载："市镇之有公馆，由来尚矣。盖所以会众议，平交易，上体国宪，而下杜奸宄也。前于莲峰之西，建一妈阁，于莲峰之东，建一新庙，虽客商聚会，议事有所。"[①] 因知，"妈阁"早在明朝便是华商的"议事亭"。

无疑，妈阁庙具有上述除官建以外的所有特征，而且历经了小庙→大庙→私庙→官庙这一发展过程。封建帝国时期，中国政府最低行政单位到县，县以下无行政官，因此，将某些民庙"官方化"，除了宗教因素外，也有延伸行政范围的意义。就此含义而言，令妈阁庙具有官庙的形态，巧妙

---

① 汤开建：《澳门开埠初期史研究》，中华书局，1999，第 272 页。

扩大了行政影响力，"上体国宪"，进而重申了中国的主权。

中国历史上兴建"官庙"的名堂繁多。有官建（敕建）者，官倡、民建者，民建、官用者等形式。从目前留存的碑文来看，早期妈阁庙应该属于民建的会馆式庙宇，后因官用而成为"官庙"。至于 1605 年李凤建的铭文，从神山第一亭正面石横梁上"明万历乙巳德字街众商建"的文字判断，很有可能是迎合官意的民建。为阿谀这位钦差大人，遂曲意刻下了"钦差总督广东珠池市舶税务兼管盐法太监李凤建"。更有可能的情况是，"神山第一"石殿由"明万历乙巳德字街众商建。崇祯己巳怀德二街重修"。背后的"钦差总督广东珠池市舶税务兼管盐法太监李凤建"的铭文是指这一神龛为李凤建，而不是整个建筑群。据前引葡语记载，妈阁庙至迟从 1564 年起便具有官庙的性质，因而李凤当年下澳也应该驻节于此。"雁过留声，人过留名"。1605 年铭记可能便是为记其驻节妈阁庙、捐建神龛一事而刻。

这一史料对澳门妈祖文化传播、早期城市沿革史及中葡关系史的深入研究，具有重要的学术价值。明朝官员下澳的驻地是妈阁庙似无疑问。迄今为止，汉籍中只有中国官员临澳驻节莲峰庙而将其称为"官庙"的记载，不见关于朱明官吏临澳驻地的记载。这一文献，正可提供足证并补汉籍之阙。

同治七年（1868）《妈祖阁兴堂会碑记》载："澳门濠镜向有天后庙，自明至今，多历年所，凡吾漳泉两地之贸易于澳者，咸感戴神灵，而敬奉弗息焉。"[1]"向有"二字果不虚传。妈阁庙作为"官庙"的历史至少可以追溯至汤克宽临澳求援的 1564 年。换言之，妈阁庙绝对建于 1605 年之前。

葡语航海资料[2]将越南的"亚马港"译为"o Porto da Varella"：

> 《从昆仑岛（ILHA DE CONDOR）至澳门（Macao）及中国（China）航路》
>
> ……
>
> 3 ……亚马港（o Porto da Varella）位于这些岛屿的末端。它是一个优良的大海湾。你们可以看到这庙是位于海边的一座很高的塔。从

---

① 郭永亮：《澳门香港之早期关系》，"中研院"近代史研究所史料丛刊，台北，1980，第 17 页。

② 由于篇幅的关系，我们将已翻译、注释完毕的一大批航海资料另文发表。

外边的海面看不见这一海湾，因为它的前面有一高地，而且很长。它来自内陆，伸入海中。最佳的识别标志是，它是制高点，有一个伸入海中的岬角，从此开始取西北 15 度向北行。这个亚妈港（Porto da Varella）将位于北纬 13 度处。①

此可佐证，澳门内港口的"Varella"就是"亚妈阁"或"亚妈宫"的葡语对译。

（七）佛罗伦萨人弗朗西斯科·卡勒其（Francesco Carletti）于 1598 年 3 月 15 日至 1599 年 7 月 28 日，在澳门逗留了一年多时间。其游记中反映了澳门妈祖信仰的时况：

> 在一重大的节日中上供上述东西时，人们在偶像（idolo）附近会餐。我在 Amacao 曾目睹此情形。于一旷野处，在他们敬拜偶像（idolo）的地方，有巨石数块，上镂刻鎏金大字；这一庙宇人称"Ama"，故本岛称作 Amacao 岛，义即 Ama 神像之地。该节日落在三月新月第一日，即他们的新年。作为最主要的节日，举国欢庆之。②

如前所述，"pagoda"或"pagode"在葡语中，还有"塑像"或"偶像"的意思，而且是主要的词义③。弗朗西斯科·卡勒其操意大利语，因此，当他听到葡人使用"pagode"时，自动将其作为意大利语的偶像（idolo）理解④，却忽视了葡语中"庙宇"的词义。根据这一推理，前段文字可改译如下：

---

① 《维森特·罗里格斯及现代领航员从里斯本至印度航路》（*Roteiro de Portugal pera a Índia por Vicente Rodrigues & Pilotos Modernos*），里斯本，1624，第 37 页正面。

② 〔意〕弗朗西斯科·卡勒其（Francesco Carletti）：《周游世界评说》（*Ragionamenti del mio Viaggio intorino ao Mondo*（*1594 – 1606*），都灵，1969，第 205 页。

③ 〔意〕罗明坚、利玛窦《葡汉辞典》（*Dicionário Português-Chinês*），魏若望序，里斯本，2001，第 126 页。

④ 改写利玛窦原著的金尼阁犯了同样的错误。他将"pagoda"改为"Idolo"。"那里有一尊偶像，至今仍可见到，它的名字叫阿妈，因此名而称 Amacao，义即阿妈湾"（"In quella vi era vn' Idolo, & hoggi vi se vede, che baueua name Ama, da quello fù detto il lito Amacao, cioè golfo di Ama."）。参见 Nicolao Trigauci, *Entrata nella China de' Patri della Compagnia del Gesv. Tolta da i Commentaij del P. Matteo Ricci di detta Compagnia*, Napoli, 1622, p. 111。

在一重大的节日中上供上述东西时，人们在庙宇附近会餐。我在 Amacao 曾目睹此情形。于一旷野处，在他们敬拜庙宇的地方，有巨石数块，上镂刻鎏金大字；这一庙宇人称"Ama"，故本岛称作 Amacao 岛，意即 Ama 庙宇之地。该节日落在三月新月第一日，即他们的新年。作为最主要的节日，举国欢庆之。

假设"Amacao"为"阿（亚）妈（马）阁（宫）"的对音，"Ama 庙宇"的解释正好与其吻合。

此目击记录十分重要。它与《澳门纪略》所载切合，验证有关传说属实。"相传明万历时，闽贾巨舶被飓殆甚，俄见神女立于山侧，一舟遂安，立庙祠天妃，名其地曰娘妈角。娘妈者，闽语天妃也。于庙前石上镂舟形及'利涉大川'四字，以昭神异"。既然弗朗西斯科·卡勒其在 1598～1599 年期间目击"于一旷野处，在他们敬拜庙宇的地方，有巨石数块，上镂刻鎏金大字"，至少包括保留至今的"利涉大川"四字。换言之，弗朗西斯科·卡勒其所见可能就是《澳门纪略》所述"于庙前石上镂舟形及'利涉大川'四字"。这段西文资料至少说明了在 1605 年之前已存在一座庙和数块石刻，而任何重修只会对其加以保留而不可能将其摧毁。

"人们在庙宇附近会餐"的传统至今不失。据徐晓望先生采访的澳门渔民互助会理事长冯喜先生的口述："每年农历三月二十三日在妈阁庙举行纪念妈祖诞辰的仪式，叫'贺诞'。没有出海的渔民就和陆上的居民一起到妈阁庙去。按照祭礼，要烧香烧纸钱，供蒸猪等'三牲'。当天下午四五点钟举办盛大宴会，就在庙门口摆几十桌酒席，酒菜是向餐馆订的。有时人太多，没凳子坐，有的人就只好蹲着吃。宴会完毕后就开始由请来的戏班演戏，戏台就搭在庙门口。延请戏班和演戏的事由渔民和陆上居民共同成立'妈阁庙水陆演戏会'负责筹资和安排。我们渔民互助会并不以组织的名义参加该会，而是由各位理事以个人的名义参加，大部分理事都参加了。演戏之后还要再举行宴会，称为'庆功宴'，各方面的负责人、一些头面人物，还有戏班的演员们一起吃饭。所有这些活动的资金都是由渔民和陆上居民捐出的。"[1]

---

① 徐晓望、陈衍德：《澳门妈祖文化研究》，澳门基金会，1998，第 137 页。

因知，传统是在"庙门口"摆宴，那么，弗朗西斯科·卡勒其"人们在庙宇附近会餐"一语不是印证了流传至今的口碑吗？"现代历史学的发展早已不限于文献资料，而是注重文献、考古、口碑三方的结合与验证。福建人始到澳门是一个传说，但传说在现代人类学家看来即是一个极为重要的参照体系，从来没有无缘无故的传说，那些在某地人群中传说极盛的故事，往往有可靠的历史可以验证，这已为许多人类学家证实"①。

（八）1556 年冬访问过广州的加斯帕尔·达·克鲁斯，在其《中国事务及其特点详论》中涉及华人的仪式和崇拜时说："所有航行的船只都在船头腾出一块地方设祭坛，供奉他们的偶像。"② 此处所言"偶像"显然是妈祖。天妃既为民众崇拜之海神，海舶无不奉之。众所周知，至今几乎所有的澳门渔船仍在船头供奉妈祖神像。

（九）1575 年 6～10 月曾出使福建的西班牙奥古斯丁会修士拉达（Martín de Rada）在叙述中国见闻时说：

> 然而航海家偏爱的一个女人叫娘妈（Nemoa），生于福建省兴化附近叫做莆田（Puhuy）的村庄。
>
> 他们说她在无人居住的湄州（Vichiu）岛（他们说那里有马）上过着独身生活，岛距海岸有三里格。他们也拜鬼，害怕鬼会加害于他们。
>
> 他们经常把同一人的三幅像放在一起，当问到为什么这样做时，他们说那三幅像实为一人。我们在料罗（Laulo）看见一个例子，三幅大娘妈像放在一起，还有一个格栏在祭坛前，就在一旁是一个红人的像，另一个是黑人的，在接受祭品。他们常在礼拜后献祭的是香和香味，及大量的纸钱，然后在铃声中把纸钱烧掉。他们也常给死人烧纸钱，如果死者是富人，也烧绸缎。
>
> 虽然他们不是很虔诚的人，他们仍在偶像前点上小灯。他也用整牛、猪、鸭、鱼和果品向偶像献祭，那些都生的放在祭坛上。在进行了许多仪式和祈祷后，他们极恭顺地取来三小杯酒，为他们的神（它

---

① 徐晓望、陈衍德：《澳门妈祖文化研究》，澳门基金会，1998，第 35 页。

② 〔葡〕加斯帕尔·达·克鲁斯（Gaspar da Cruz）：《中国事务及其特点详论》，里斯本，1997，第 252 页。

是天）献酒一杯，再喝掉余下的，并把食物分掉，当作圣物去吃。除
这些典礼仪式之外，他们有其他一些非常可笑的，如我们往驶近群岛
时船上所见。因为他们说必须举行欢送娘妈的仪式，她把我们护送到
此以保佑我们一路顺风。①

所谓的红、黑人像可能是千里眼、顺风耳二将。拉达对祭祀过程的描
写也是比较详细的。重要的资讯是，不仅开洋前祭妈祖，而且平安抵达后，
也有感谢妈祖保佑的仪式。

目前澳门妈阁庙建筑群中的四座神殿，有三座祀奉妈祖。通常而言，
同一庙宇内，无须三殿同祀一神。妈阁庙之所以三殿同奉妈祖，除了说明
早期澳门居民妈祖信仰之强烈外，可能的原因是三殿起造的时期不同，抑
或与"三幅大娘妈像放在一起"的习俗有关。

（十）曾在欧洲风行一时的西班牙人门多萨（Juan de Mendoza）所著
《中华大帝国史》对妈祖信仰记载如下：

> 此外，他们有另一个叫做娘妈（Neoma）的圣人，生在福建省
> （Ochiam）的 Cuchi 城。他们说她是该城一位贵人之女，不愿结婚，而
> 是离开她自己乡土，到兴化（Ingoa）对面的一个小岛上去，过着贞节
> 的生活，表现了很多虚伪的奇迹。②

《中华大帝国史》是 16 及 17 世纪欧洲关于中国的畅销书，因此妈祖
信仰通过该书在欧洲文化圈内的广泛传播是妈祖文化国际化的重要标志
之一。

（十一）曾三次代表马尼拉西班牙政府来澳的西班牙耶稣会桑切斯
（Alonso Sanchez）神父在一份于 1588 年呈交西班牙国王的关于中国国情的
详细报告中也描写了妈祖信仰：

---

① 〔英〕C. R. 博克舍编注《十六世纪中国南部行纪》，何高济译，北京，中华书局，1990，
第 217～218 页。
② 〔西班牙〕门多萨：《中华大帝国史》，何高济译，北京，中华书局，1998，第 41 页。

63 海之偶像

在船尾有一个祭坛，里面供奉着一个坐在椅子上的姑娘的半身像。她的前面跪着两个华人，如同天使。日夜香火不断。每次扬帆前，虔诚祭祀，仪式里钟鼓齐鸣，在船尾扬烧纸钱。[①]

"她的前面跪着两个华人"是千里眼、顺风耳二将，"日夜香火不断"足见妈祖信仰之烈。

65 庙宇

官员（Mandarines）一般到这些和尚（monjes）的庙宇（Barelas）或修院（Monasterios）中下榻；而且不醉不归；一般来说这些庙宇在城外；里面也有庙堂；在田野和其他标明要祭祀的地点，没有建筑，至多是一道土坯围栏，几只小鸡，权作祭坛。[②]

由此可见，无论寺庙官私与否，官员常常选择它们作为临时住处，使其"官庙化"，而且大摆酒宴。从庙宇的分布来看，城镇有庙堂，乡村及交通要津也有祀坛。

从前引史料中频频使用的天妃的俗名可以看出，初期的葡语记载可能来源于为葡人充当水手、导航和翻译的闽南人。稍后的葡、西、意文献的描述则得自个人在闽粤沿海和澳门的直接观察。正如钱江所言：

妈祖原为福建莆田湄洲屿的一个民间女巫，其之所以能够在宋元以后获得中国沿海港埠和部分内河口岸商民的普遍崇拜，除了漕运业的兴盛及朝廷官府的不断宣传、褒封等因素外，活跃于中国沿海各商埠的福建商人实际上起到了十分重要的推动作用。与此同时妈祖信仰也逐渐地流传到了东亚和东南亚的一些港埠。与国内的传播略微不同之处在于，在妈祖信仰向海外传播的过程中，几乎见不到朝廷官府介

---

① 见〔西班牙〕保罗·帕斯特尔斯（Pablo Pastells）《耶稣会在菲律宾群岛传教工作》第1卷，巴塞罗那，1900，第533页。

② 见〔西班牙〕保罗·帕斯特尔斯（Pablo Pastells）《耶稣会在菲律宾群岛传教工作》第1卷，巴塞罗那，1900，第534页。

入推动的痕迹，不自觉地自动承担起传播这一信仰文化的恰恰是被朝廷和士大夫所鄙视的中国海外贸易商人，其中尤以福建海商为著。①

在天妃的香火由华人信徒传入欧美之前，通过上述葡、西、意、荷文献可知，妈祖信仰从16世纪起在欧洲文化圈内得到了广泛的文字传播②，成为全人类的共同精神财富。澳门无愧为妈祖文化进入欧洲文化与世界文化体系的历史切入点，对妈祖文化的全球性流传功不可没。今后，澳门也应该继续扮演此一历史性角色，积极弘扬妈祖文化，向世界传播妈祖福音。

二　从澳门的葡语名称重建"亚马港"畔供奉妈祖庙宇的原名

妈祖信仰在澳门的传播与澳门历史有着直接而密切的关系。要真正、全面了解澳门，必须要从澳门的妈祖文化入手。妈祖崇拜在宋代产生之后，随着闽人的迁徙，向岭南传播，远至南洋。如果说大三巴牌坊为基督教文化在澳门的象征的话，号称岭南三大妈祖庙之一的澳门妈祖阁无疑是中国文化在澳门的代表。Macau 的词源，足以反映妈祖文化在澳门历史中的渊源，并在西方各种函件、史料、典籍和著作中流传了400多年，沿用至今。

前几年，澳门史学界有过一场关于妈阁庙始建年代的讨论。有人认为"由此可见，借有关清代中叶以后才出现流行的'妈阁庙'或'妈祖阁'之名（前此正式之庙名为'天妃宫'或'天妃庙'、'天后庙'），以证 Macao来源于妈阁庙或该庙的亚妈神，固然是无稽之谈，而反过来，借 Macao 之名以坐实葡人来澳门半岛之前，在该处早已建有一座供奉亚妈神的妈阁，因而该处早有'亚妈港'或'妈港'之称，也都是以讹传讹。"③

妈祖信仰发源地福建方志中的一则资料，可证上述被"批判"的说法

---

① 钱江：《妈祖信仰与海外闽商侨居社区》，《澳门妈祖论文集》，第94页。
② 关于图画的传播，可见徐新《西方画家与澳门妈阁庙》，《澳门妈祖论文集》，第226～230页。
③ 谭世宝：《Macao、Macau（马交）与澳门、马角等词的考辨》，《文化杂志》（中文版），第35期，第192～193页。

并非"以讹传讹":"湄州(孤屿也,周围四十里。上有天后妈祖宫,曰妈祖澳。内打水四托半,烂泥地。澳门有礁,出入宜防。南风,可泊船,潮退搁浅。隔海对面,即莆禧)。"① 由此可知,妈祖澳得名于妈祖宫。

此非孤证,同类记载比比皆是。

> 澎湖天后庙　在妈宫澳。澳以后得名。②
> 一在妈宫澳,澳以庙得名,即康熙二十一年靖海将军施琅克澎湖,入庙见神衣半湿处。③
> 澎湖天后庙:在妈宫澳(澳以庙得名,即康熙二十二年靖海将军施琅克澎湖,入庙见神衣半湿处)。④
> 大山屿妈宫澳　屿居澎岛正中,澳在屿之西南。上有天后庙,舟人称天后为妈祖,故曰妈宫。⑤

据此,我们推论,葡人初抵澳门见到的妈祖庙可能叫(亚)妈(马)阁或(亚)妈(马)宫,其畔的港湾称"亚马港"或"亚马澳"。因此,"妈阁庙"或"妈祖阁"之名不是清代中叶以后才出现流行的,其历史至少可以追溯到明朝嘉靖年间葡人抵达之前。

从语音角度分析,葡语中以 ama 或 ma 起始,以鼻音结尾的早期澳门名称可能是(亚)妈(马)宫的对音。所谓(亚)妈(马)宫,即娘妈宫或妈祖宫的缩写。"天后庙:俗呼'妈祖宫'……在厅治南街,东向"⑥。"夫闽省无处不有天后宫,俗称妈祖宫。所谓如水之在地中,无所往而不在。

---

① 周凯:《厦门志》,台北,台湾银行经济研究室,台湾文献丛刊第95种,卷4 防海略/(附)北洋海道考,1962,第143页。
② 王必昌:《重修台湾县志》,台北,台湾银行经济研究室,台湾文献丛刊第113种,卷6 祠宇志/庙/澎湖天后庙,第172页。
③ 刘良璧:《重修福建通志——台湾府》,台北,台湾银行经济研究室,台湾文献丛刊第74种,卷8 坛庙/坛庙/录自重纂福建通志卷二十八/台湾县,1961,第106页。
④ 谢金銮:《续修台湾县志》,台北,台湾银行经济研究室,台湾文献丛刊第140种,卷2 柏志/政志/坛庙,1962,第64页。
⑤ 《重修台湾县志》卷2 山水志/山水志/澳屿,第40页。
⑥ 陈淑均:《噶玛兰厅志》,台北,台湾银行经济研究室,台湾文献丛刊第160种,卷3(中)祀典/祀典/兰中祠宇,1984,第118页。

此儒者之言也"①。

以（亚）妈（马）宫为地名最著名者有澎湖马公市。其原名彭潮岛，马公系马宫之讹音。前清时代，马公市称妈宫城。光绪十三年（1887），始建城墙及城楼，澎湖先民以捕鱼为生，为感谢妈祖的庇佑，而在马公修建妈祖宫。为便于称呼，乃逐渐由妈祖宫转为地名而称为妈宫，1920年始改为马公。中外以妈祖命名的地名繁多，澳门远非唯一的。②

> 此外，在法国及原属葡国的殖民地巴西及莫桑比克都有名为 Macau 之地。可见，西洋诸国文字的 Macao、Machao 和 Macau 等的原意确实与澳门的妈阁庙无关。③

有所不知的是，巴西 Macau 的的确确来自中国澳门，并早在1995年就有了令人信服的结论。④

法国的 Macau 与中国的 Macau 无关。它是一个位于法国西南纪龙德（Gironde）河口的小岛，面积43公顷，低潮时与大陆相连。在1027～1311年的数种地图上曾使用 Macau、Machau 和 Makao 的形式。其词源有二说：①来自高卢语 Noviomagus（新市）；②源于拉丁语 Malum Cavum（不好的躲避处）。⑤

古巴的 Macao 可能与从澳门前往那里的苦力有关。据一大部头的权威西班牙百科全书解释："MACAO。地理名词。古巴一农村区名，今⑥废。"⑦ 在

① 周玺：《彰化县志》，台北，台湾银行经济研究室，台湾文献丛刊第156种，卷12艺文志/引/劝修王功港天后宫疏引（邓传安），1962，第429页。

② 金国平、吴志良：《粤东"亚马港"与越南"亚马港"》，《镜海飘渺》，第243～246页；王海涛：《妈祖与观音》，《澳门妈祖论文集》，第65页。

③ 《Macao、Macau（马交）与澳门、马角等词的考辨》，第191～192页。

④ 《欧美插图世界百科全书》（*Enciclopédia universal ilustrada europeo-americana*）第31卷，马德里，Espasa-Calpe出版社，1930，第1145页；〔葡〕达斯内维斯（João Alves das Neves）：《巴西人眼中的澳门》，《文化杂志》（中文版）1995年第22期，第46～53页；邓景滨：《澳门外文称谓 Macao 非借用于缅甸》，《澳门研究》1999年第13期，第126～128页；《澳门外文称谓 Macao 渊源考》，《历史研究》2002年第3期，第174～175页。

⑤ 《欧美插图世界百科全书》第31卷，第1145页；〔葡〕黎沙：《澳门——热带葡萄牙人类学研究》，里斯本，国际出版社，1996，第148页。

⑥ 《欧美插图世界百科全书》初版于1930年。1956年马德里出版的《西班牙语同名邮政地理词典》（*Diccionario Geográfico Postal de Homónimos Hispánicos*）第1册，字母 A-P 中不见此名。

⑦ 《欧美插图世界百科全书》第31卷，第1135页。

古巴西班牙语中，"MACAO"还是一种表示轻蔑、骂人的绰号。① 古巴有位诗人、律师、作曲家名叫 Miguel Angel Macau García（1886～1971 年）②，不知其父姓 Macau 是否从这一绰号演变而来。古巴的一种螃蟹也称"MA-CAO"。在西班牙语中，纸牌 21 点亦称"MACAO"。另外，在圣多明戈岛东岸的恩加纽（Engaño）角和圣拉斐尔（San Rafael）角之间西北有 Macao 港（el puerto de Macao）。③

莫桑比克的 Maçau④ 与澳门无关。它原是土王马甘贝（Cangu Macambe）的一阵地，位于赞比西亚（Zambezia）省木利亚斯（Múrias）河右岸巴尔维（Barué）地方，1902 年的巴尔维军事行动中遭摧毁。⑤

葡萄牙也有个地方叫 Maçao⑥，与澳门无关。

在葡语中，Macau 除了作专有地理名词外，还可作形容词使用，例如cetim macau（澳门缎子），在巴西指一种家猪。在安哥拉，macau 是一种用玉米发酵后制成的饮料。航海俚语中，有"à macau"这一短语，意即"不按照规定"⑦。还有一种鹦鹉科鸟（Ara macao, Lin），也以 macao 为名。⑧

最后再说勃固的 Macao。这个问题是伯希和提出的，但他不是发轫者。早在 1886 年，玉尔（Henry Yule）和布尔内（Arthur Coke Burnell）在《英—印口语词句及同源词综合词汇》（Hobson-Jobson: A Glossary of Colloquial An-glo-Indian Words and Phrases, and of Kindred Terms; Etymological, Historical, Geographical, and Discursive）中"Macao 条"内对此有所说明："Macao 或Maccao 也是勃固江（Pegu River）一地名。这是那个城市辉煌时代的港口。

---

① 《欧美插图世界百科全书》第 31 卷，第 1135 页。
② 《世界大百科全书》（Gran Enciclopedia del Mundo）第 12 卷，毕尔巴鄂，1976，第 279 页。
③ 《欧美插图世界百科全书》第 31 卷，第 1135 页。
④ Maçau 是一种小猴子的名称，参见〔葡〕马查多（José Pedro Machado）《莫拉伊斯新简明字典》（Novo Dicionário Compacto da Língua Portuguesa）第 3 卷，里斯本，1987，第 3 版，第 396 页。
⑤ 《葡萄牙及巴西大百科全书》第 15 卷，第 717 页。
⑥ 详见《葡萄牙大陆和海岛地方地理学词典》（Dicionário Chorographico de Portugal Continental e Insular)》第 7 卷，1940，第 849～852 页。
⑦ 〔巴西〕莫拉伊斯（António de Morais）：《葡语大字典》（Dicionário da Língua Portuguesa）第 6 卷，里斯本，1948，第 348 页。
⑧ 〔巴西〕莫拉伊斯（António de Morais）：《葡语大字典》（Dicionário da Língua Portuguesa）第 6 卷，里斯本，1948，第 348 页；《世界鸟类名称（拉丁文、汉文、英文对照)》，北京，科学出版社，1986，第 19 页。

至今①在当地仍存一同名村落。"② 两位作者摘录了四条文献。第一条便是1554 年安东尼奥·努内斯所著《葡印度量衡及货币换算书》（*Lyvro dos pesos da Ymdia，e Assy medidas e Mohedas，escripto em 1554 por Antonio Nunez*）一书。伯希和大概得灵感于此。伯希和引用了其中的两条，但未进一步发掘葡语史料。

著名的葡萄牙海外地理考证家拉格阿子爵（Visconde de Lagoa）解释说："MACAO 城：位于勃固江（rio Pegu）畔一城市，以前十分重要，现几乎为人遗忘。③ 在古图上出现在仰光（Rangum）河口。近勃固。"④

迄今为止，学者未注意到多拉多（Fernão Vaz Dourado）1570 年图中同时有 "macao" 和 "macham"⑤ 两种写法，而同一作者的 1571 年图上却标 "machoa"，均位于 "Pegu" 的下方，在它和 "tagalla" 之间。在 1595 ～ 1596 年间出版的林旭登图⑥上，也同时标有 "Macao" 和 "Macham"。"Macao" 在 "Pegu" 的左下，"Macham" 在 "Pegu" 的右上，均位于沿海，而且有表示城市的房屋建筑。林旭登航海图的全称是《中国、交趾支那、柬埔寨、暹罗、满剌加、若开及勃固所有海岸及陆地标示或准确绘图，以及周围大小岛屿，礁石、暗礁、沙洲、浅滩及低滩，一切从目前葡萄牙领航员所使用的最正确的针路及地图中辑出》。⑦ 林旭登显然是抄袭多拉多 1570 年图。

我们认为，多拉多 1570 年图及林旭登航海图中同时出现的 "Macao" 和 "Macham" 并不代表两个不同的地点。可能的情况是，由于早期葡语中

---

① 1886 年。
② 《英—印口语词句及同源词综合词汇》（*Hobson-Jobson：A Glossary of Anglo-Indian Colloquial Words and Phrases，and of Kindred Terms：Etymological，Historical，Geographical，and Discursive*），伦敦，1886，第 402 页。此书还有一个约定俗成的汉译名《印度古物类纂》。
③ 在 1727 年葡印总督签发的一份文件中仍见 "Macao"，参见《葡萄牙海外影像馆馆刊》1989 年第 49 期，里斯本，第 124 页。
④ 《古代葡萄牙海外史地名考——亚洲、大洋洲部分》第 2 卷，地理考察及海外研究委员会，里斯本，1953，第 205 页。Bago 是孟语 Pegu 的发音，见陈佳荣、谢方、陆峻岭《古代南海地名汇释》，北京，中华书局，1988，第 1017 页。
⑤ 《葡萄牙地图总荟》第 3 卷，里斯本，1960，第 270 图。《澳门：从地图绘制看东西方交汇》，纪念葡萄牙发现事业澳门地区委员会，第 96 页上的同图较小，而且不太清楚。
⑥ 上面也有广东的 "Macao"。
⑦ 原图存荷兰鹿特丹 Prins Hendrik 海事博物馆。

"Macham"亦作"Macao",导致多拉多和林旭登误认为是不同的二地。

从制图的准确性来看,多拉多1570年图及1571年图所标示的位置更加接近实际,因此"Macao"位于"Pegu"的右上方。

1600年《亚洲—远东平面图》将"Macao"标在"Pegu"的上方,但去掉了"Macham"。[①] 可见作者可能接触了更新的资料,修正了多拉多1570年图和林旭登航海图中"Macao"和"Macham"并存的信息。

比较1600年《亚洲—远东平面图》及现代图,林旭登航海图中表示的全中国及缅甸的位置,尤其是印支半岛过于平横,因此"Macham"位于"Pegu"之右。如果按照实际位置,将林旭登的表示向右扭转90度,"Macham"将位于"Pegu"之下。

我们看到,1600年图已将林旭登航海图的平横表示扭转了90度,因此林旭登航海图中在"Pegu"左下方的"Macao",在1600年图中居于"Pegu"之上了。此图中,多拉多1570年图和林旭登航海图的影响十分明显。

多拉多1570年图和林旭登图造成的这个疑难,需求诸文字资料加以判断与解决。"1586年12月,费茨(Ralph Fitch)从Cosmin[Cosmim[②],近勃生(Baçaim)]前往Medon[③],从此至Medon,然后过Dela[④],到Cirion(沙廉)[⑤],再到Macao,最后抵达Pegu(勃固Pegóu)城"[⑥]。从今图可知,勃生在勃固的西左下方。费茨的行程可能是从位于伊洛瓦底江口的"Cosmin"出发,进入位于莫塔马湾的"Medon"和"Dela",经过沙廉和"Macao",最后抵达勃固城。因此,"Macao"应该位于沙廉和勃固城之间,换言之,"Macao"在沙廉之上、勃固城之下。一份17世纪初的意大利语史料称:"……全勃固的主要港口沙廉与Macao之间的距离不超过18英里(miglia)。"[⑦] 平托说它"距

---

① 《澳门:从地图绘制看东西方交汇》,第153页。

② 参见《古代葡萄牙海外史地名考——亚洲、大洋洲部分》第1卷,第272~274页。

③ 今地不详。

④ 今仰光郊区一地,参见《古代葡萄牙海外史地名考——亚洲、大洋洲部分》第2卷,1953,第14页。

⑤ 参见《古代葡萄牙海外史地名考——亚洲、大洋洲部分》第3卷,1953,第165页。《清史稿》/列传/卷五百二十八 列传三百一十五 属国三/缅甸中作"悉林"。"进攻摆古河口之悉林工场,与葡萄牙所筑旧堡,悉取之"(第14682页)。又译"锡里安",位于10°42′6°16′。

⑥ 〔法〕伯希和(Paul Pelliot):《一部关于澳门早期历史的著作》(Un ouvrage sur les premieres temps de Macao),第77页。

⑦ 梵蒂冈秘密档案馆(A. S. V.),Fondo Confaloneri, vol. 31, fls. 414。

勃固二里格"①。1568 年一资料亦称 "Maccao 距勃固 12 英里"②。葡印官方
编年史家朴加罗（António Bocarro）则谓："……沙廉是条淡水河，流量充
沛，从内地经勃固河流出。它距 Macao 城一里格……"③

据葡萄牙史料记载，"Macao" 或 "Macham" 是勃固的旧城④，因此有
"cittá di Macao（Macao 城）"⑤ 之称，而且是 "cittá principale del Pegù（勃
固的主要城市）"⑥。据葡印官方编年史家朴加罗的记载，"……Macao 城亦
称 Boga⑦，曾是勃固皇帝的朝廷……"⑧ 实际上，Macao 城是勃固城的一部
分，位于它的右下方，即东南方向。

"阿（亚）妈（马）宫说"在西方学界流行已久。

1950 年，荷兰汉学家戴闻达（J. J. L. Duyvendak）在一篇关于博克塞
（C. R. Boxer）所著的《贵族在远东 1550～1770》⑨ 的书评中，建议说 Amacao
或 Macao 可能来自 "（A）Ma-kung 'the shrine of（A）Ma'（阿妈宫'阿马
庙'）"并引澎湖的"妈宫"为例。⑩

1953 年，博克塞在《十六世纪中国南部行纪》中将 Amacao 分别还原成
"A-ma-ao 阿妈澳" 和 "A-ma-kung 阿妈宫"。⑪

1959 年，通晓汉语和葡语的丹麦语言学家埃杰罗德（Søren Egerod）认

---

① 〔葡〕费尔南·门德斯·平托：《远游记》下册，金国平译注，第 582 页。
② 《英—印口语词句及同源词综合词汇》，第 402 页。
③ 《旬年史之十三》第 1 卷，里斯本，1876，第 128 页。
④ 据葡印官方编年史家科多（Diogo de Couto）的记载，新城由莽应龙（Bayin-naung, 1551～
 1581 年间在位）王"下令挨着旧城起造一座漂亮的城市作为他的朝廷。这一切在他高薪请
 来的中国工程师的指挥下，按照中国国王的形制为他建造宫殿"（《旬年史之七》第 1 部
 分，里斯本，1782，第 151 页）。新城于 1599 年若开（arracaneses）人入侵时遭毁。参见
 〔葡〕格德斯（Ana Maria Marques Guedes)《葡萄牙人在缅甸的干预与融合 约 1580～1630
 年》（Interferência e Intergração dos Portuguesas na Birmânia Ca 1580－1630），里斯本，东方基
 金会，1994，第 198 页，注释 4。
⑤ 梵蒂冈秘密档案馆（A. S. V.），Fondo Confaloneri, vol. 31, fls. 413v。另见《英—印口语
 词句及同源词综合词汇》，第 402 页。
⑥ 梵蒂冈秘密档案馆，Fondo Confaloneri, vol. 31, fls. 414v。
⑦ 《古代葡萄牙海外史地名考——亚洲、大洋洲部分》第 1 卷，第 118 页。
⑧ 《旬年史之十三》，第 128 页。
⑨ 《贵族在远东 1550～1770》，海牙，1948 年初版。关于澳门的辞源，见第 3～4 页。
⑩ 〔荷兰〕戴闻达：《书评：博克塞所著的〈贵族在远东 1550～1770〉》，《通报》第 39 期，
 1950，第 189 页。
⑪ 《十六世纪中国南部行纪》（英语版），伦敦，1953，第 365 页。

为，戴闻达提出的"妈宫说"很有说服力。①

行文至此，我们有必要解读澳门妈祖阁庙中的一副对联。"神山第一"的左右联是"瑞石灵基古"；"新宫圣祀崇"。第一句的大意是：瑞祥的石头和有灵气的地基久远已经存在；第二句可理解为：人们在新建的妈祖宫庄重地举行祭祀。这副对联的含义十分清楚，说明"神山第一"是在瑞灵古老基石上的新宫。既称新宫，不难推断必然有过旧宫。因此，"神山第一"石殿前横柱下方的"明万历乙巳德字街众商建。崇祯己巳怀德二街重修"，及背后的"钦差总督广东珠池市舶税务兼管盐法太监李凤建"的铭文，是指这一神龛为李凤建，而不是指整个建筑群。令人不解的是，凭当年李凤的钦差地位和权势，如果真是由他倡建，应该在明亮处立块大碑才符合逻辑，而不是现在所见的单行孤文。更令人不解的是，为何"钦差总督广东珠池市舶税务兼管盐法太监李凤建"隐藏在后？重重疑点有待专家学者共同努力破解。

仅凭"钦差总督广东珠池市舶税务兼管盐法太监李凤建"这一行字便否定澳门妈祖信仰悠久的历史似乎过于急功。为证明以"新石刻"为唯一支援的1605年说②，谭世宝有意避开了此联。1605年说难以令人信服，尤其是无法科学解释 Macau 的词源③和前引多条西方文字中早于1605年的对妈阁庙的记载。

---

① 〔丹麦〕埃杰罗德：《澳门名称起源注考》，《通报》第47期，1959，第64页。
② 《澳门妈祖阁的历史考古研究新发现》，《文化杂志》（中文版）第29期，第89～109页。
③ 宣统三年《澳门界务》称："此即葡人船只到澳之始。葡人名澳门为 macao（马高）。粤音读泊如马。今称马高即泊口二字之转音。"（台湾"中研院"近代史研究所编印《澳门专档》第4册，1996，第81页）此为"舶口"说之滥觞。何后阿大章、缪鸿基亦称："至于外人称澳门曰'马交'（Ma-Cao）一说为'舶口'之讹音，明嘉靖十四年，前山寨都指挥黄庆请上官蕃移舶于濠镜，名其地曰'舶口'或'舶澳'，葡人讹为 Macao。"（何大章、缪鸿基：《澳门地理》，广东省文理学院，1946，第3页）此议毫无论证，仅可算为"一说"。黄文宽将此说发挥得淋漓尽致，结论如山，但无任何考据，不过一家之言，学术意义不大（《澳门史钩沉》，澳门星光出版社，1987，第197～199页）。"推陈出新"者为谭世宝〔《Macao、Macau（马交）与澳门、马角等词的考辨》，《开放时代》1998年第6期，第78～79页；《Macao、Macau（马交）与澳门、马角等词的考辨》，《文化杂志》（中文版）第35期，第193～196页〕。实际上，白妲丽在《澳门地名考》中早就予以了驳斥〔《文化杂志》（中文版）1987年第1期，第9～10页〕。澳门土生学者高美士接触这一说法后，又辟一说："诚然，若接受澳门的初期居民及早期开发澳门的主要社团为福建人的假设的话，自然而然，出现在中国水域的早期葡萄牙人所打交道的是福建人。较之他省人士，福建人为优良的水手，胆大冒险，于是葡萄牙人耳闻了 má-kók（马阁）这一发音的福建发音 má-kauk（马阁）。广东话中仍以 má-kók 称呼我们称之为 Barra（作者案：原意为港口的狭窄入口处。此处指妈阁角外，进内港入口处的水域，即《苍梧总督军门志》中的"香山澳"和《粤大记》中的"亚马港"）的地方。因此，澳门一词的词源来源于 má-kók（转下页注）

　　"中国最古老的妈祖庙即莆田湄洲祖庙，香火绵延已历千年，为妈祖香火最源头，在妈祖庙中最具权威。世界上曾经存在和现存的数以万计的妈祖庙，就其香火渊源而论，都是直接或间接从湄洲祖庙分香过去的"[①]。澳门妈祖阁的名字也可能从莆田湄洲祖庙的朝天阁得灵感而起。宋徽宗宣和五年（1123），赐"顺济"庙额。元代，妈祖被敕封为"护国明著天妃"，朝廷派官修建湄洲祖庙。明洪武七年（1374），指挥周坐重建寝殿、香亭、鼓楼、山门，扩大规模，复塑神像。又有张指挥于正殿左边，建立朝天阁。

（接上页注③）（马阁）这两个音节的福建发音，即má-kauk（马阁）。由于讹音或其他语音原因，根据葡萄牙语的发音，结尾的腭音k消失了。但值得一问的是，我们葡语中不也存在结尾的腭音吗？可以通过在结尾加一个e将其软化，为何早期抵华的葡人不将Macau发成Macauque？诚然，这个问题只能由将400年前这些音节的实际发音或可能的发音调查清楚的语言学家来做解释。"（高美士：《澳门诸名考》，载《贾梅士学院院刊》，第3卷，第1期，1969年春季，第63～64页）通过高美士的论述，我们可以看到，若"舶口"说得以成立，循葡语发音规则，Macau应发作Macauque。迄今为止，葡语文献中不见Macauque这一形式。谭世宝引经据典，试图以"汉语中的声母b语m的对应转换关系"来进行"具体的语音分析论证"，坚实"舶口"说的立论基础，否则无法解释既然妈阁庙建于1605年，为何在1554年葡语中便出现了Macao的称呼以及1555年两信中诸多异体，如果伯希和有关中国的Macao来自缅甸的Macao的假设可以成立，在孟语中，Macao也是"舶口"的对音？而且缅甸的Macao只有四种形式：Machoa，Macham，Macao和Maccao，未见有带词首A，如Amacao等形式。按照伯希和的逻辑，1554年中国的Macao还不存在，因为1554年的《葡印度量衡及货币换算书》已出现Macao，因此前者来自后者。照此推理，无论中国Macao还是缅甸Macao的老祖宗应该是他们法国的Macau。如同法国的Macau，中国Macao和缅甸Macao应该是同音异源词。缅甸Macao的词源及词义待考。"舶口"或"舶澳"为普通名词。只有在特定的语言环境中才具有专有名词的意义，作者孤陋寡闻，至今未见汉籍中有以"舶口"或"舶澳"作为专有地名的用法。退一步说，即便"声母b语m的对应转换关系"成立的话，亦需解释其他带有a的书写形式。Amacao的汉语对音是否为"阿舶口"或"阿舶澳"？阿或亚只用在人名称呼词之前大概是常识吧。"语言的发展具趋简性，不可能出现由Macao变成Amacao再变回Macao的演变过程"（邓景滨：《澳门外文称谓Macao非借用于缅甸》，《澳门研究》第13期，1999，第135页）。"阿（亚）"在汉语中，是助词，用在称呼前，表现一定感情色彩，是一种可以省略的前缀，而且省略并不影响基本词意。从早期葡语文献中，我们可以观察到，Macao与Amacao并存，而且意义完全相同，可换用。这恰好反映了汉语的特点。此种现象在葡语语言学上称"Aférese（词首字母省略）"，例如，arecear［《利玛窦神甫历史著作集》（Opere Storiche del P. Matteo Ricci S. J.）第2卷，第145页］变为recear。因此，即便"汉语中的声母b语m的对应转换关系"可被用来穿凿释解Macao，但无论如何难以套用于Amacao。如果无法解释Macao的100%的同义词Amacao，那么对Macao的曲解是无效的。"'马'厦门语有二读，一读má，一读bé……"（苏继廎：《岛夷志略校释》，北京，中华书局，2000，第290～291页）可见，"舶口"是闽语对Macau的拼读法之一。如果说Macau来自"舶口"，那么为什么取其"bé读"而不取其"má读"？

① 章文钦：《澳门妈祖阁与中国妈祖文化》，《澳门与中国历史文化》，澳门基金会，1995，第253～254页。

据记载，台湾北港妈祖庙的神像便是清康熙三十三年（1694）树壁和尚从湄州祖庙朝天阁中请来奉祀的。① 值得注意的是，在奉祀妈祖众多的庙宇中，朝天阁和妈祖阁〔阿（亚）妈（马）阁〕是仅有以"阁"作庙名的。阁是古代一种类似楼的建筑物，分两层，底层为支撑层，上层立于支撑平座上，四周围起，有窗，视野高阔，通风良好，常建于园林中以供休憩，亦供置物藏书用。另指女子的房间。"娘妈角位于澳门半岛西南端，南临木帆船时代来往东西二洋的重要帆道十字门，西临澳门内港北湾的入口处。妈祖阁建于娘妈角山的山腰，背山面海，沿崖而筑。'妈祖阁'之得名，盖因'阁'为中国古代女子居室的特称，妈祖为女神，故其行宫以'阁'命名"②。据《中文大辞典》，"阁即宫阁。"③ 因此，阿（亚）妈（马）阁等于阿（亚）妈（马）宫。朱杰勤先生对为何称"宫"的解释鞭辟入里："台湾赤嵌城附近有天妃庙，亦称为马祖庙。闽人及土人称天妃神曰马祖，称庙曰宫。但吾粤多称天妃庙为天后宫，盖妃或后宜于处宫，不必指庙而言。"④

澳门祖籍八闽人士至今仍独钟情使用"妈阁庙"这一称谓。据黄晓峰先生言，"最近笔者在与澳门妈祖庙值理会主持人林先生伉俪的一次交谈中，发现他们虽用广州话交谈，却一直把'妈祖诞'称为'娘妈诞'，言谈中只称'妈阁庙'而没有称'妈祖庙'……MACAU 当然是'妈阁'（'娘妈角'）的闽语音译了。"⑤

黄先生这一结论与澳门土生学者高美士的"较之他省人士，福建人为优良的水手，胆大冒险，于是葡萄牙人耳闻了 má – kók（马阁）这一发音的福建发音 má – kauk（马阁）。广东话中仍以 má – kók 称呼我们称之为 Barra 的地方。因此，澳门一词的词源来源于 má – kók（马阁）这两个音节的福建发音，即 má – kauk（马阁）的论述不差累黍"⑥。

我们主张，妈阁中的"阁"不如通常认为的是"角"的变音⑦，而是

---

① 李献璋：《妈祖信仰研究》，澳门海事博物馆，1995，第 204 页。
② 章文钦：《澳门与中华传统文化中的航海保护神》，第 186 页。
③ 《中文大辞典》第 35 册，第 150 页。
④ 朱杰勤：《海神天妃的研究》，《中外关系史论文集》，河南人民出版社，1984，第 66 页。
⑤ 黄晓峰：《澳门与妈祖文化圈》，《澳门妈祖论文集》，第 221 页。
⑥ 《澳门诸名考》，第 63～64 页。
⑦ 《澳门名称起源注考》，第 63 页。

庙的本名。因此，马阁庙不等于马角庙，位于马角的庙。俗名"马角"可能是妈（马）阁角的简称，义即妈（马）阁所在的岬角。

1739 年雍正《广东通志》中的《澳门图》向我们展示，今妈祖阁庙作亚妈阁。[①] 这是目前所知最早的同时有图像、文字可考的名称。换言之，葡人到澳门时所见到的崇拜妈祖的庙宇的名称极有可能是亚妈阁。因此，葡语中以 ama 或 ma 起始，不以鼻音结尾的早期澳门名称反映了（亚）妈（马）阁的译音。

笔者在著名的《耶稣会会士在亚洲》手稿中检得一早于平托那封著名的 1555 年 11 月 20 日信的函件，其题目为《在日本王国丰后城的阿尔梅达[②]致在前往日本途中的中国港口 Macoa 的贝尔乔尔[③]神父函（1555 年 9 月 16 日）》（Carta qí eſcreveo luis dalmeida qí eſta é Būgo Çidade do Reino de Japáo pa o pe M. Belchior qí eſtaua em Macoa porto da China de caminho pa Japáo a 16 setenbro do anno de 1555）。

Macoa 可能不是 Macao 的笔误，因为多拉多的 1571 年图上已见"machoa"。而且贝尔乔尔（Belchior）神父 1555 年 11 月 23 日函的 1570 年葡萄牙语刊本及 1575 年西班牙语刊本中均作"Macoa"。[④]

此函的重大意义在于它证明了 1555 年澳门已开埠，而且贝尔乔尔神父当时人在澳门，因此他那封署期 1555 年 11 月 23 日的函件确实是由澳门发出的。

此函的抄件在里斯本阿儒达宫图书馆《耶稣会会士在亚洲》丛抄中有两种。[⑤]

---

① 有关论述，可见汤开建《嘉庆十三年"澳门形势图"研究》，《文化杂志》（中文版），第 40~41 期，第 90 页。

② 关于此人生平，见〔日〕Diego R. Yuuki S. J.《卢伊斯·德·阿尔梅伊达（Luís de Almeida），（1525~1583年）医生、行者、使徒》（葡日双语），澳门文化司署，1989。

③ 亦称梅尔乔尔。

④ 关于这个词的详细考证，可见金国平、吴志良《马珂与 Macoa：澳门中葡主流词源的一种异说》。

⑤ 其底本（大概也是抄本）可能在西班牙马德里皇家历史科学院。另外，里斯本社会科学院、外交部档案馆及罗马耶稣会档案馆各有一抄件。参见 Georg Schurhammer S. J., *Die Zeitgenössischen Quellen zur Geschichte Portugiesisch-Asiens und seiner Nachbarländer zur zeit des HL. Franz Xaver（1538 – 1552）*, Rome：Institutum Historicum S. I.（Bibliotheca Instituti Historici S. I. Gesammelte Studien, 20），1962, p. 456。

抄件一出现两种形式：标题中作 "amacao"。① 落款作 "Ex portu china"（发自中国港口），② 未具体说明是哪个港口。这是伯希和否认此信系从澳门发出的二论据之一。前引阿尔梅达致贝尔乔尔神父函中的 "Macoa porto da China" 为 "中国港口" 是澳门，而不是浪白澳提供了力证。

抄件二出现两种形式：标题中作 "De Macao porto da China"（从中国港口 Macao）。③ 落款作 "Deste Maçhoam porto da China"（从中国港口 Maçhoam）。④ "Maçhoam" 形式受拉丁语的影响，故誊抄者在题目中将其改为葡语的形式 "Macao"。

此外，还有三种早于上述抄本两个世纪的刊本。

（一）1565 年西班牙语刊本，标题作 "贝尔乔尔神父在去日本途中致欧洲耶稣会神父及修士一函的抄件"。⑤ 落款作 "Defte puerto de la China"（发自这个中国港口）。⑥

（二）1570 年葡萄牙语刊本，标题作 "贝尔乔尔神父在去日本途中从中国港口 Macoa 发出的另外一函"。⑦ 落款作 "Defte porto da China"（发自这个中国港口）。⑧

（三）1575 年西班牙语刊本，标题中作 "Macoa puerto de la China"。⑨ 落款作 "Defte puerto dela China"（发自这个中国港口）。⑩

看来，伯希和说平托和贝尔乔尔二信是写于浪白澳的观点应该彻底修正了。除了上述刊本的力证外，实际上，平托那封著名的 1555 年 11 月 20 日信对此有明确的涉及："今天，我从我们住泊的浪白澳来到了亚马港。亚

---

① 里斯本阿儒达宫图书馆：《耶稣会会士在亚洲》丛抄 49-IV-49，第 236 页。
② 里斯本阿儒达宫图书馆：《耶稣会会士在亚洲》丛抄 49-IV-49，第 237 页。
③ 里斯本阿儒达宫图书馆：《耶稣会会士在亚洲》丛抄 49-IV-49，第 237 页。
④ 里斯本阿儒达宫图书馆：《耶稣会会士在亚洲》丛抄 49-IV-49，第 241 页。
⑤ 《在日本的耶稣会神甫及修士从 1548 年开始至去年 1563 年致印度及欧洲同志函件》，科英布拉，1565，第 123 页。
⑥ 《在日本的耶稣会神甫及修士从 1548 年开始至去年 1563 年致印度及欧洲同志函件》，科英布拉，1565，第 144 页。
⑦ 《在日本的耶稣会神甫及修士从 1549 年至 1571 年致同志函件》，阿尔卡拉，1575，第 63 页。
⑧ 《在日本的耶稣会神甫及修士从 1549 年至 1571 年致同志函件》，阿尔卡拉，1575，第 68 页。
⑨ 《在日本的耶稣会神甫及修士从 1549 年至 1566 年致印度及欧洲同志函件》，科英布拉，1570，第 lxxxij 页。
⑩ 《在日本的耶稣会神甫及修士从 1549 年至 1566 年致印度及欧洲同志函件》，科英布拉，1570，第 xciiij-xcv 页。

马港在浪白滘前方六里格多处。在那里我遇到了梅尔乔尔神父，他从广州来此。25 天前，他去广州洽赎贵族马特乌斯·德·布里托（Mateus de Brito）及另一已在广州城狱中关押了六年的人。"① 学界对平托信是从澳门发出的已有共识，那么"他从广州来此"无疑是澳门。伯希和被认为是 20 世纪最伟大的东方学家，但从他关于澳门的几种主要论文、著作的参考书目来看，在葡语资料的运用方面，他从无查阅原始档案文献，都是征引他人的"纸上作业"，因此某些产生过巨大影响的涉及澳门起源的观点近来逐渐受到学者们的质疑与修正。

据笔者所知，在所有研究澳门名称起源的学者中，只有香港的葡人学者白乐嘉曾经查阅过庋藏在阿儒达宫图书馆的平托及贝尔乔尔函件的抄件，但他仅仅寓目了四件中的两件②，他所转写的形式与原抄件有所不同，例如"Amaqua"③ 原文作"Amaquá"。这个重音符号对"Amaqua"音值的确定有决定意义。在 16 世纪的古葡语中，在 a 上加重音符号，即 á，表示"去鼻音符号化（desnazalização）"④，因此"Amaquá"的实际音值是"Amaquã"或"Amaquam"。另外，"Machoam"⑤ 原文作"Maçhoam"⑥。

阿儒达宫图书馆抄件出现的众多异体，可分为三类：①题目中出现；②正文中出现；③落款中出现。函件一般无题目，因此现有题目是为了编辑而后加的。可以相信，阿儒达宫图书馆抄件的原本⑦也已经是抄件。因此，题目中的异体如不见于正文和落款中，对于研究意义不大，但可作为背景参考。最重要的是后两类中出现的形式。落款是函件的构成部分，因而其中的异体有誊写误识的可能，但绝对不可能为誊抄者所擅加。

平托的 1555 年 11 月 20 日函件在里斯本阿儒达宫图书馆《耶稣会会士

① 金国平：《一五五五年亚马港来信》，《中葡关系史地考证》，澳门基金会，2000，第 27 页。
② 〔葡〕白乐嘉：《西方先驱及其发现澳门》，澳门，1949，第 169 页注释 75 及第 172 页注释 103。
③ 〔葡〕白乐嘉：《西方先驱及其发现澳门》，澳门，1949，第 105 页。
④ 参见《葡汉辞典》，第 126 页上的"Palha ho cá zau 禾干草"。我们看到，会汉语的利玛窦与罗明坚用"cá"来注"gan（干）"。这类例子在他们的辞典通篇皆是，不胜枚举。
⑤ 〔葡〕白乐嘉：《西方先驱及其发现澳门》，第 105 页。
⑥ 里斯本阿儒达宫图书馆：《耶稣会会士在亚洲》丛卷 49-IV-49，第 237 页。
⑦ 大部分保存在西班牙马德里皇家历史科学院，详见 Josef Franz Schütte, El "Archivo del Japon", vicisitudes del archivo Jesuítico del extremo oriente y descripción del fondo existente en la Real Academia de la Historia de Madrid, Madrid, Real Academia de La Historia, 1964。

在亚洲》丛抄中有两种。①

抄件一出现两种形式：本文中作"Ama quão"。② 落款作"Ama Cuao"。③

抄件二出现三种形式：标题中作"Amaquá"。④ 本文中作"amaquã"。⑤ 落款作"amaquan"。⑥

上述五种异体中，除了"Amaquá"是誊抄者后加的外，其余应该是原文所有。四种不同的书写形式说明，两个抄件源自不同的版本，而不是抄写异体。四种异体的葡语实际音值是一样的，详见有关分析。它们共同具有"阿（亚）妈（马）"的成分。这足以说明澳门外语称谓所包含的妈祖文化历史渊源。从普通名词转来的汉语名称"澳门"反而显得平淡无奇。

意大利孟特（Jõao Baptista do Monte）神父于 1562 年 12 月 26 日从"Maquao porto da China"发出一函。⑦

如果说上述文献为抄件，不足完全凭信的话，那么下引资料是历经沧桑的原件，不可同日而语。

戈列高里奥·冈萨雷斯 1573 年⑧函件中作"Maquaó"。

在利玛窦与罗明坚合著的《葡汉辞典》内，我们仍然可以看到"Maquao＝蚝镜澳"。⑨

在"Maquaó"与"Maquao"中"u"不发音。⑩ 例如，在《葡汉辞典》

---

① 其底本（大概也是抄件）可能在西班牙马德里皇家历史科学院。另外，里斯本社会科学院、外交部档案馆馆及罗马耶稣会档案馆馆各有一抄件。参见 Georg Schurhammer S. J.，*Die Zeitgenössischen Quellen zur Geschichte Portugiesisch-Asiens und seiner Nachbarländer zur zeit des HL. Franz Xaver（1538 - 1552）*，Rome：Institutum Historicum S. I.（Bibliotheca Instituti Historici S. I. Gesammelte Studien，20），1962，p. 455。
② 里斯本阿儒达宫图书馆：《耶稣会会士在亚洲》丛抄 49-IV-49，第 253 页。
③ 里斯本阿儒达宫图书馆：《耶稣会会士在亚洲》丛抄 49-IV-49，第 255 页。
④ 里斯本阿儒达宫图书馆：《耶稣会会士在亚洲》丛抄 49-IV-50，第 95 页。
⑤ 里斯本阿儒达宫图书馆：《耶稣会会士在亚洲》丛抄 49-IV-50，第 95 页。
⑥ 里斯本阿儒达宫图书馆：《耶稣会会士在亚洲》丛抄 49-IV-50，第 98 页。
⑦ 里斯本阿儒达宫图书馆：《耶稣会会士在亚洲》丛抄 49-IV-50，第 601 页。
⑧ 详细考证见金国平、吴志良《葡人入据澳门开埠历史渊源新探》，《东西望洋》，澳门成人教育学会，2002，第 77～83 页。
⑨ 《葡汉辞典》，第 169 页。
⑩ 《葡汉辞典》，第 12 页。

内，"vaca（牛）"① 亦可写作 "vaqua"②；"Porco ciu（猪）"③ 亦可写作
"porquo"。④ 因此，"Maquaó" 与 "Maquao" 的实际音值是 "Macaó" 与
"Macao"。从葡语历史语音学来分析，在某些单词中 "qua" 演变成 "ca"，
例如，"areca（槟榔）" 的古体作 "arequa"，⑤ "barriga（肚子）" 的古体作
"barigua"。⑥ Malaca（马六甲）以前写作 Malaqua⑦，甚至 Malaqa。⑧ 基数词
"cinco（五）"⑨ 同时可以写作 "cinquo"。⑩ 因此，"Maquao" 与 "Macao"
完全同值。"q" 在元音 "a"、"o" 及 "u" 前发 "c" 音。举个最明显的例
子，"coco（椰子）" 古体作 "coqo"。⑪

另外，具有 "ch" 异体的形式，如 "Maçhoam" 和 "Machao" 等中的
"çh" 和 "ch" 可能是受拉丁语的影响，其后的 "h" 不发音，例如，不定冠词
"um"、"uma" 以前写作 "hum"、"huma"，"caos（混乱）" 的古体是 "chaos"
或 "chàos"。⑫ "caridade（悲悯）" 在利玛窦时代写作 "charidade"。⑬
"caríssimo（最亲爱的）" 在利玛窦的函件中写作 "charissimo"。⑭ 因此，出
现在 "Maçhoam"、"Machoa" 和 "Machao" 等中的 "çh" 或 "ch" 在元音
"a"、"o" 和 "u" 前的音值同 "c"。"发软音的 c 以 ç 表示，即便在元音 e
和 i 前也写作 ç"。⑮ 也就是说 "çe" 与 "çi" 等于 "ce" 和 "ci"。受此影
响，有时 "co" 写作 "ço"。在此情况下，"ço" 不发现在的 "so" 音，而

---

① 《葡汉辞典》，第 153 页上作 "Vacca gniu 牛"。

② 《利玛窦神甫历史著作集》第 2 卷，第 145 页。

③ 《葡汉辞典》，第 132 页。

④ 《利玛窦神甫历史著作集》第 2 卷，第 145 页。

⑤ 《葡汉辞典》，第 158 页。

⑥ 《葡汉辞典》，第 51 页。

⑦ 维克（J. Wicki）：《印度传教文献》（Documenta Indica）第 2 卷，罗马，1950，第 423 页。

⑧ 维克（J. Wicki）：《印度传教文献》（Documenta Indica）第 2 卷，罗马，1950，第 182 页。

⑨ 《葡汉辞典》，第 65 页。

⑩ 《葡汉辞典》，第 73 页。

⑪ 里斯本地理学会图书馆，特藏库，2-B-5 号钞件《4 月至 9 月从果阿或柯枝至勃固航路，
1634 年雷伊斯（Gaspar Pereira dos Reis）改定》，第 7 页。

⑫ Raphael Bluteau, *Vocabulario portuguez e latino*, Coimbra, No Collegio das Artes da Companhia
de Jesu, 1712, Vol. II, p. 273.

⑬ 《利玛窦神甫历史著作集》第 2 卷，第 159 页。

⑭ 《利玛窦神甫历史著作集》第 2 卷，第 162 页。

⑮ 《马可波罗游记》，里斯本，1922，第 XLI 页。

是发"ko"的音，例如，在鲁日满神父①的《1659 至 1666 年中华帝国政治及传教状况记》一书 1672 年葡语版的第 42 页上，郑芝龙的姓名同时出现"Nicolao"和"Niçolao"的形式。

总言之，早期外文的 amaquao、Maquaó、Maquao、Amacao 和 Macao 等形式的实际音值是相同的，尤其是"Macoa"和"Machoa"更像是闽南语②"妈 [mar]（马）[mar；bea③] 阁 [kog；koq]"或广东话"阿 [á°]④（亚 [á°]⑤）妈 [°má]⑥（马 [°má]⑦）阁 [kók]⑧"的对音，因为无鼻音。

Macao 的实际音值是 Macau。在成稿于 1606 年的罗明坚的《中国地图集》⑨ 中已出现"macao（macau）"⑩ 和"MACCAU"⑪。按照葡语的发音规则，词尾非重读音节中的"o"弱化，其实际音值是"u"。所以，罗明坚在"macao"后特别解释标明"macau"。在另外一处则仅仅使用"MACCAU"这一形式。在"MACCAU"中"CCA"等于"CA"，因此，"MACCAU"等于现代写法的"MACAU"。从已知文献来看，罗明坚是第一个使用"MACAU"这一形式的人。

从地图资料来看，荷兰人布利（Theodore de Bry）的 *Amacao* 图绘制于 1598 年⑫，但刊于 1607 年。⑬ 如果不是外文中已知澳门最古老的刊印地图，

---

① 目前最详细的传记著作是 Noël Golvers（高华士），*François de Rougemont, S. J., missionary in Ch'ang-shu (Chiang-Nan)：a study of the account book (1674 – 1676) and the elogium*, Leuven, Leuven University Press, Ferdinand Verbiest Foundation, 1999。赵殿红翻译介绍了部分内容，参见《耶稣会士鲁日满传》，《澳门历史研究》，澳门历史文化研究会，2002 年 12 月，第 71 ~ 94 页。

② 以下拼音均取自林继雄博士编《台湾现代语音辞典》（网络版）。斜体为白话音。

③ 例如 16 世纪在菲律宾闽南华侨中传教的西班牙多明我会士 Juan Cobo 的汉语名称是"高母嗥"。显然，母是 bo 的对音。

④ 《中葡字典》，澳门政府，1962 年版，第 2 页。

⑤ 《中葡字典》，澳门政府，1962 年版，第 1 页。

⑥ 《中葡字典》，澳门政府，1962 年版，第 420 页。

⑦ 《中葡字典》，澳门政府，1962 年版，第 420 页。

⑧ 《中葡字典》，澳门政府，1962 年版，第 334 页。

⑨ 〔葡〕洛佩斯（Fernando Sales Lopes）：《罗明坚的中国地图集》，《文化杂志》（中文版），第 34 期，1998 年春季，第 3 ~ 6 页。

⑩ 《罗明坚的中国地图集》，地图 1。

⑪ 《罗明坚的中国地图集》，地图 3。

⑫ 〔葡〕古杰龙（R. Beltrão Coelho）：《澳门市政厅大楼记略》（葡、中、英），澳门市政厅，1995，第 6 页。

⑬ 《澳门：从地图绘制看东西方交汇》，第 139 页。

也可算是其中之一。

总之，葡语中无尾鼻音的诸形式可能是阿（亚）妈（马）阁对音；有尾鼻音的诸形式可能是阿（亚）妈（马）宫，或阿（亚）妈（马）港的对音。换言之，葡人初抵"亚马港"时，在岸上见到的奉妈祖庙宇的原名可能为阿（亚）妈（马）阁，或阿（亚）妈（马）宫。① 按照前引妈祖信仰流行地区的方志所列举的一般命名规则，《粤大记》中的"亚马港"，因其岸上当时有或有过阿（亚）妈（马）阁或阿（亚）妈（马）宫而得名。

鉴于上引诸多中外史料，笔者难以苟同 1605 年说。"有关李凤碑铭的发现，仅是说明澳门现存妈祖庙建筑是明万历三十三年以后建筑的，并不能证明此前当地有否妈祖庙宇。按照中国人的习惯，在民间有影响的庙宇建筑是从简陋发展到繁复、壮丽，澳门现存'神山第一'与'弘仁殿'这二座建筑，都是全石结构，已是成熟的建筑。就一般规律而言，此前应有砖木结构的妈祖庙。此外，葡萄牙方面的材料表明：早在葡萄牙人来到澳门之前，此地即有妈祖庙存在，所以，葡萄牙人称澳门为'阿妈港'，即'Amaqua、Amacuao、Machoam、Maquao 等等······后来这一地名在葡文中简化为 Macau 在英文中写作 Macao，'如果澳门妈祖阁是像谭世宝先生所说那样始建于万历三十三年（1605），那是在葡萄牙人来到澳门（嘉靖三十三年即西元 1554 年）后的 51 年，这显然不是葡萄牙始进澳门所见的妈祖庙。合理的解释是：在后来被称为妈祖阁的地方，原有一座简陋的妈祖庙，是前来贸易的漳泉等地商人活动的场所。迄至万历三十三年，正当澳门历史上的黄金时代，在当地的福建商人与寓居澳门的各地商人联合起来，在官府的支援下，建造了新的妈祖庙，这就是我们现知的妈祖阁。据此，我们认为：应当用考古的方式对妈祖阁地盘进行挖掘，只有对其遗物进行严格分析，才能辨别澳门妈祖阁的始建年代。目前单凭现存庙宇上的碑铭，是无法说明妈祖阁始创于何时的"②。

万历三十三年以前的旧庙具有"官庙"性质似无可疑。难以确定的是，到底"官资官建"、"官倡民建"，还是"民建官用"？我们认为，最后一种

---

① 例如，台湾官渡妈祖庙又称官渡宫，参见方豪《方豪六十自定稿》上册，台湾学生书局，1969，第 759 页。

② 《澳门妈祖文化研究》，第 45~46 页。

可能为大。

笔者亦不认同 500 年说。"然而，澳门妈祖阁是否真的有五百年的历史，实物资料和文献记载的证据仍然十分缺乏，难以成为定论。但是，可以肯定，在嘉靖三十二年至三十六年（1553～1557）葡人入据澳门以前，这座妈姐阁已经存在，葡文 Amaquam 或 Macau 起源于对这座妈祖庙的音译，已经成为中国与西方学者的共识"①。

否定澳门妈祖信仰之悠久不啻否认澳门历史之古远。澳门与妈祖有不解之缘，澳门因妈祖而以 Macau 闻名于世。

古往今来，Macau 这个蕴藏着深厚天妃信仰内涵的称谓可能是继 China② 之后在世界上知名度最高的中国地名。

Macau 这五个字母不是妈祖文化寰宇传播永恒赞歌美妙的历史音符吗？澳门应该为有这样一个响亮的名字而感到骄傲！

（原载金国平、吴志良著《过十字门》，澳门，澳门成人教育学会，2004；后收入《妈祖文化研究：第一届妈祖文化研究奖得奖作品集》，澳门，澳门中华妈祖基金会，2005）

---

① 章文钦：《澳门妈祖阁与中国妈祖文化》，第258页。

② 西方研究 China 辞源的经典著作是 *Cathay and the way thither : being a collection of medieval notices of China*, translated and edited by Colonel Henry Yule, London, Printed for the Hakluyt Society, 1866, 4 vols. 中国著名海交史学者韩振华在 20 世纪 50 年代对其进行了编译，2002 年以《古代中西交通考》为题收入《航海交通贸易研究》（韩振华选集之三，谢方、钱江、陈佳荣编辑），香港大学亚洲研究中心，2002，第 1～191 页。胡阿祥的《伟哉斯名——"中国"古今称谓研究》（湖北教育出版社，2000）为目前此方面研究的集大成之作。《国际汉学》第九辑（大象出版社，2003）上刊登的吴焯《从佉卢文材料看 cîna 一词的本源及其成立的年代》（第 288～294 页）及徐作生的《China 缘起蜀身毒道新证》（第 295～306 页）提出了值得注意的新观点。谭世宝在《关于 "China"、"Cina" 等西文的中国名称的源流探讨——以利玛窦的看法为中心》一文结论说："虽然关于 'China' 等在汉文的来源字及本义，前人有很多异说，但是唯独没有提及 '晋'。"（蔡鸿生主编《澳门史与中西交通研究》，广州，广东高等教育出版社，1998，第 149 页）据笔者所知，生活于明末清初的葡萄牙耶稣会会士安文思早有此说。"Chin（晋）这一名称似乎是印度人因为耶稣基督前 169 年统治过的 Chin（晋）家族的关系而对 China 的称呼，而我认为，更可以相信的是来自耶稣基督前 246 年统治过的 Cin（秦）家族。其首领为全中国第一个领主。其中包括离孟加拉不远的云南。"（Gabriel de Magalhães, *Nova relação da China : contendo a descrição das particularidades mais notáveis deste grande Império*, Macau, Fundação Macau e Direcção dos Serviços de Educação e Juventude, 1997, p. 67）此书写于 1668 年。其作者大概可以算是"前人"吧。

澳门妈祖文化的形成及发展

——从妈阁庙石殿神龛"万历乙巳四街重修"碑记谈起

陈树荣[*]

澳门虽为一掌之地，但有八座妈祖庙殿，其中有多座由福建闽人明朝兴办。澳门之葡文名称 MACAU（中译为"马交"），亦与俗称妈阁庙的妈祖阁有关。澳门是全世界唯一以妈祖命名的城市；而历史逾五百年的妈祖阁也不同凡响，是岭南三大妈祖古庙之一；法国人于勒埃及尔 1844 年 10 月拍摄的澳门妈阁庙山门及天后大殿的照片，是在澳门、在中国最早拍摄的照片；澳门的邮票、钞票、硬币以及市标、广告、书刊等，不少以妈阁庙为图案；每年天后诞妈阁庙前搭棚演戏贺诞，具百多年历史，是澳门民间文艺重要资源；以妈阁庙命题的"妈阁紫烟"风景，是澳门八景之一。

图 1　澳门妈阁庙石殿外貌

图 2　妈阁庙石殿香火鼎盛

* 澳门历史学会理事长。

仅以上述数例，足可以印证澳门妈祖文化的丰富多彩，可见妈祖文化以及妈祖信仰（又可称为天后文化、天后信仰），在澳门影响深远，源远流长，有逾五个世纪之久。究竟妈祖文化如何在澳门引发、形成和发展，已引起不少学者研究，本文只据澳门的资料进行探讨，尤以妈阁庙石殿石神龛的形成和发展，作为重点研究。

图3　石殿与神龛侧面

一　先从石殿神龛碑石谈起

庙宇、社团和移民、渔民、渔商等是澳门妈祖文化萌生、传扬、发展的重要载体和途径，尤其是澳门妈祖阁的形成、扩建、发展，甚具代表性。

妈阁庙位于澳门半岛西南海岬角，所面对的古航道，是古代澳门十字门航道首要的、重要的入港通道，历史逾五百年。

妈阁庙由石殿、大殿、弘仁殿、观音殿、内殿、后山花园以及门楼、牌坊、两块洋船石、30多块摩崖石刻等组成。

以往的妈阁庙，被普遍认为弘仁殿历史最为悠久，但可惜历史遗留证物目前尚不充足，而石殿神龛的几块碑石，却颇能证明其为目前妈阁庙中历史最为长久的建筑文物，尤其是石殿内的石质神龛建筑，是澳门迄今所能见到的最早的古老的原创性建筑。

踏入山门，越过小型牌楼，石殿便呈现在眼前。这是妈阁庙供奉妈祖娘娘的第一座庙宇。天后大殿、弘仁殿等也供奉妈祖。

石殿虽小，却有多块木匾，还有三方石刻碑铭，最重要的一块，嵌镶在石殿的神龛的墙上，已被神台、锦帐等物遮掩，平时不易看到。这块石碑并不大，但刻着甚为重要的四个字："四街重修"，上款为"万历乙巳岁"，下款为"仲夏吉日立"。

这块石刻，显示了这座石殿的神龛，由当时的澳门"四街"闽商"重修"于"万历乙巳"年仲夏，即"重修"于1605年8月，迄今已400年。

这是澳门迄今所发现的最古老的庙宇石刻碑记。这块明代碑石，仅比现仍嵌镶于大三巴牌坊右下方刻有"1602"年字样的教堂重建奠基石迟几年，但比10年前筑路时偶然发掘出来的仁慈堂孤儿院的碑石（上刻"1637"年），早了30多年。

图4　石殿社龛"四街重修"石刻

二　"四街重修"说明什么？

"万历乙巳岁四街重修"碑石，具有很大的研究价值，它可以说明几个问题。

（一）石殿神龛三帧文字石刻

10多年前，在石殿内部空间重整时，暂时放下了那些挂着的牌匾、锦帐、神台等物品，洗刷一番后，平时被鼎盛的香火熏黑了的地方，露出了三帧文字石刻。

其中一帧，文字从右至左，横刻在石龛正面横梁上，长达21字：

钦差总督广东珠池市舶税务兼管盐法太监李凤建

这段文字可能反映官府有参与妈阁庙的兴建，但由于没有年份等刻记，难以说明这座石殿的兴建年份，亦难以说明李凤曾到过妈阁庙。

图 5　澳门妈祖庙石殿神龛上的"李凤建"碑石

这三帧文字石刻的另一帧，是刻在石殿门口的石横梁下面，有三行文字：

明　万历乙巳年德字街众商建
　　　崇祯己巳年怀德二街重修　　大清道光八年岁次戊子仲夏重修

上述三行文字刻记，站在石殿门口抬头上望，可以隐约识辨。这三行字，首两行纵排并列，字体较第三行小，而第三行字则独排一行，字体较首两行大。

刻三行字的用意，很可能是为了说明这座石殿的部分历史：兴建于明朝"万历乙巳年"（1605），重修于明朝"崇祯己巳年"（1629），再重修于清朝"道光八年戊子年"（1828）。

可是，这三行字的楷书字体以及刻功、风格都是一样的。显然，这三行字，是清朝道光戊子年重修妈阁庙石殿时，才刻在石殿横梁上的。首两行字，是这次戊子重修时才补刻上去的，是后人追加上去的。

这样的追加，如果正确，当然是好事，可补历史记载之不足。可是，偏偏是补之不甚准确，把"四街重修"变成了"德字街众商建"。尽管年份相同，都是"万历乙巳"（1605），可是，将"四街"改为"德字街"，将"重修"刻为"建"，几个字之差，价值便相差甚远了。

图6　石殿门口横梁石刻

（二）石殿神龛"重修"四百年

"四街重修"于"万历乙巳岁"，显示这座妈阁庙石殿的神龛，于"万历乙巳"年（1605）重修，而不是建于这一年。如果把石殿兴建之始，作为记录妈阁庙兴建的年份的话，那么，1605年并非妈阁庙面世之始。换言之，不能说妈阁庙只是兴建于1605年，迄今仅400年，这与以往通常所说的逾 500 年相差逾 100 年，可能会成为历史研究的误区。

1605 年仅是石殿神龛"重修"的年份，究竟石殿神龛什么年份兴建，目前尚缺乏新的碑铭资料。不过，妈阁庙建于 500 年前，是先有妈阁庙才有葡人在庙前登岸，这向有民间流传为口碑，有传教士的闻见录为佐证。对于历史研究来说，口碑、铭碑、文献等都可作为重要参照，可供相互结合与验证。

（三）石殿：神龛—凉亭—神殿

况且，澳门历史上的庙宇类型公共建筑，往往由小到大，从简陋到宏构，由茅棚到砖屋，由个体到群体。澳门大小 40 多座庙宇中，有多座是始有香炉，才有菩萨；先有茅棚，再有宏构。澳门妈阁庙的石殿以至整座妈阁庙，同样有类似的历程。

石殿如果是妈阁庙现存的早期兴建的几百年建筑，那也是经历了由石龛—凉亭—神殿的"三部曲"。初时只是一座就地取材建造的石龛，面积仅二三平方米，建于明朝中叶，距今 400 多年，是迄今存世的澳门最古老的原创性建筑。著名的大三巴牌坊大约建成于 1640 年，石殿与之比较还早建了几十年，而且是原创性建筑，几百年内均维持原状，未经改建，未有改容易貌，连建造初期石雕的原始神像仍刻留墙上，这是妈祖阁文物保护难能可贵的地方。

图 7　妈阁庙石殿神龛侧

（四）"詹顼亭"与"神山第一"

这座供奉妈祖娘娘的石龛，何时在前面加建风雨亭？一时难以考究，只是在清朝乾隆中期，仍然是一座风雨亭，这从1777年外国画家的妈阁庙前地的画作可以一目了然。

这座石龛前面的风雨亭，有没有名字？现今石殿前面有一座小型的石牌坊，在石牌坊的后面有"詹顼亭"三个字，这就是这座风雨亭的名字。"顼"字的粤音与"旭"同，意思相得益彰。"旭日东升"是早晨美景，"顼日西斜"则是落日前的晚霞壮观。澳门妈阁庙面向西南，常年都有阳光普照，庙宇色彩偏向金黄棕红暖色，令人心胸开朗。在"詹顼亭"这座风雨亭观赏日落晚霞壮观，会是一种享受，更能领略妈祖神女的爱心和力量，更易引发对妈祖娘娘的崇敬。

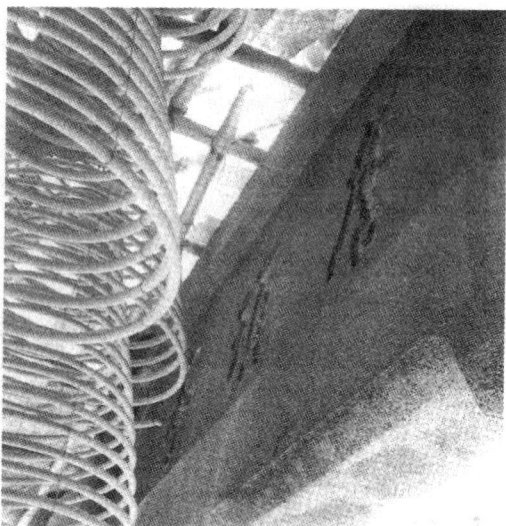

图8　石殿前的牌坊石刻"詹顼亭"

石殿正面门楣上刻着的"神山第一"四个字，并非这座风雨亭原创的名字，这座石殿并非叫"神山第一"殿。"神山第一"是一种颂语，相当于妈阁庙的摩崖石刻赞美诗中称颂妈阁庙可媲美蓬莱仙岛那样，都体现了对妈祖神女的赞美，对妈阁神庙的颂扬。这帧颂扬妈阁庙的古诗，由香山名将张玉堂（咸丰年香港九龙城寨首任武官）创作，他于咸丰八年（1858

从澳门走马上任九龙城寨之时，再拜谒妈祖阁，留下指画诗歌及拳书巨构"名岩"，令妈祖神女倍添光彩。

图9　石殿门口所见景物

（五）乾隆年间詹顼亭变石殿

"詹顼亭"何时在亭的两旁加建加封栋柱砖块变成神殿？乾隆十六年（1751）成书的《澳门纪略》的插图中有一幅"娘妈角"图，绘画出"詹顼亭"还未由风雨亭变成为石殿，1771年外国人笔下的画亦仍是凉亭。至清道光八年戊子年（1828）妈阁庙重修，石殿已经形成多年。

道光戊子年，在妈阁庙历史上可谓重绘彩墨。这一年的重修，工程浩大，几个殿都重修改观，牢牢奠定下今日的风貌。

妈阁庙的多次重修，石殿由石龛加建风雨亭后再改建为神殿，显示妈祖民间信仰越来越在澳门扎根，妈祖文化越来越发扬光大，兴建妈阁庙的闽商越来越支持妈阁庙和妈祖文化的发展。

为何说妈阁庙由闽商支持修建，这从石殿的神龛由"四街重修"可见一斑。

三　明"四街"在澳中多闽商

明朝，"四街"在澳门是指什么地方？这从清朝康熙《香山县志》可以找到答案：

万历中，督抚奏请，就其众庐中大街，中贯四维，各树高栅，榜以"畏、威、怀、德"，分左右定其门籍，以及《旅獒》"明王慎德，四译咸宾，无有远迩，毕献方物，服食器用"二十字，分东西各十号，使互相维系讥察，毋得客奸，听海防同知及市舶提举司约束。①

图 10　明万历乙巳年（1605）"四街"石刻

于此可见，明朝万历年间，澳门市区商业中心地方，已有以"畏、威、怀、德"四个字分别命名的四条大街，是在"聚庐中大街"，"中贯四维，各树高栅"。这四条大街，乃"四街重修"中的"四街"。

妈阁庙石殿的神龛，乃妈阁庙早期的建筑物，至"万历乙巳"年"四街重修"，而"重修"之前于何时兴建，虽尚难准确可考，但这些建庙者及"重修"者，大多是"四街"的商人，而"四街"的商人，则可能多是闽南海商，因为明朝远道来澳经商者多闽商。明朝嘉靖年间的粤人名臣南海庞尚鹏在其奏疏中有此记述：

　　其通事多漳、泉、宁、绍及东莞、新会人为之，椎髻环耳，效蕃衣服声音。②

庞尚鹏的奏疏，是澳门历史上的经典名作，最早使用"澳门"两字，

---

① （康熙）《香山县志》卷10《外志·澳蕃》。
② 庞尚鹏：《题为陈末议以保海隅万世治安事》。

面世于 1564 年，迄今刚好 440 年。庞尚鹏的奏疏，说明 440 多年前的澳门，在开埠之初期，不少外地人来澳，其中很多来自福建的漳州、泉州，以及浙江宁波、绍兴等地。闽商来澳，人多势大，把妈祖信仰传到澳门，并兴建妈祖阁，是顺理成章之事。

在澳商人多"闽贾"，不仅在明朝，而且延续两三百年，至清中叶仍如是。1751 年成书的《澳门纪略》亦有记载：

> 其商侩、传译、卖办诸杂色人多闽产，若工匠、若贩夫、店户，则多粤人。①

澳门自 1535 年开埠，在明朝有逾百年时间。百年内在澳门经商的闽贾。人数不少于粤贾，著名的闽商如郑芝龙及其母舅黄程等曾居澳，乃明朝时澳门的知名闽商。

图 11　妈阁庙内漳泉潮三州祖师堂

四　妈阁碑志记居澳多闽人

福建人经商、航运来澳者早且多，几百年薪火相传，至晚清仍如此，

---

① 印光任、张汝霖：《澳门纪略》卷上《形势篇》，台湾影印本。

从澳门妈阁庙的碑记亦可知一二。

澳门妈阁庙现存七块碑记：

道光六年（1826），妈阁庙打官司后捐款济赈碑记；

道光九年（1829），《重修妈祖阁碑志》（赵允菁撰）；

道光二十七年（1847），《香山濠镜澳妈祖阁温陵泉敬堂碑记》（黄宗汉撰）；

同治七年（1868），《妈祖阁漳兴堂碑记》（黄光周撰）；

光绪三年（1877），《重修妈祖阁碑记》（僧善耕撰）；

1984年，《澳门妈祖阁五百年纪念碑记》（曹思健撰）；

1990年，妈阁庙天后大殿重建碑记。

这七块妈阁庙碑记，包括道光三块、同治和光绪各一块、当代两块。其中，清代中后期的五块碑记，详细记载了闽南商贾多次重修妈祖庙的历史，深刻反映了福建闽人与澳门妈祖文化渊源深厚，剖析了闽南商人与澳门妈阁庙关系密切。

图 12　光绪三年（1877）重修妈阁庙碑记

至于 1984 年妈祖阁三州值理会立的碑记,因隆重盛典纪念妈祖阁 500 年而立。碑记由"里人曹思健"撰写。原来是由清史专家汪考博撰写的,后因无闲而委托曹思健执笔,结果还是两老反复考量,六易其稿,终成大作。

汪、曹两老,都是长居澳门的"里人"学者文人,他们对碑记中所述的澳门妈阁庙的史实,非常熟悉,深入研究。对于该碑记中的"明成化间创建妈祖阁"的学术性定语,是经过深思熟虑的。

20 年前的 1984 年,本人乘赴京探访中英会谈之机,在北京专程拜访中国书法家协会主席启功教授,得其鼎力支持,乐于当即题写"澳门妈祖阁五百年纪念"碑石题额。此时书写的,在"五百年"中有一个"周"字,即"五百周年"。启公笑语:"你能肯定今年刚好是妈阁庙创庙五百周年吗?"我摇头。启公于是再挥笔,欣然写了没有"周"字 的题额。启公面对一个字也深思熟虑,在学术上严谨的态度令人钦佩。

"明成化间创建妈祖阁"以及澳门妈祖阁"五百年",可否视之为研究澳门妈阁庙创建年份在学术上的"最大公约数",在尚未能最准确订定具体创建年份之时,这是明智可取的。

为了说明澳门妈阁庙已有逾五百年历史,曹思健老先生在《澳门妈祖阁五百年纪念碑记》中开篇写道:

> 澳门初为渔港,泉漳人莅止栖迁,聚居咸落,明成化间创建妈祖阁,与九龙佛堂门天后庙、东莞赤湾大庙鼎足,辉映日月。[1]

这段碑文,显示澳门妈阁庙由福建泉漳人始建于 500 多年前。

有关澳门妈阁庙由什么人建立于何年,以往引起不少学者关注并深入研究,徐晓望教授提出了新史科、新论证、新观点:

> 关于澳门妈阁庙的建立,我已在《福建人与澳门妈祖文化渊源》一文中作探讨。我的观点是:澳门妈阁庙建于明天顺年间,创建者是福建漳州人严启盛,他带领漳州人在澳门附近海域从事对外贸易,这是

---

① 曹思健:《澳门妈祖阁五百年纪念碑记》。

图 13 1984 年立的"妈祖阁五百年纪念"碑记

是明代澳门作为海上贸易重要港口发展的起点。①

徐晓望教授的"漳州人严启盛创立澳门妈阁庙"的论证，主要依据于几百年间众多有关漳泉闽人与澳门的史料以及《香山县乡土志》内一段记述：

> 天顺二年（1458）七月，海盗严启盛来犯。先是，启盛坐死，囚漳州府。越狱聚徒，下海为盗，敌杀官军。至广东招引蕃船，驾至邑沙尾外洋。②

---

① 徐晓望：《明清澳门妈祖庙的续建与澳门华人市区的扩展》，载徐晓望、陈衍德著《澳门妈祖文化研究》，澳门基金会，1998，第 107 页。
② 《香山县乡土志》卷 3《兵事录》。

《香山县乡土志》为清光绪末年无名氏著作，无著撰人，乃由旧志汇编而成，传世的手抄孤本，藏于北京中国科学院图书馆，1988 年才由中山市方志办影印出版面世，估计曹、汪两老可能未用过甚至未见过此志书。

上述有关严启盛的记述，是罕有的珍贵的澳门史料，为徐晓望教授开发引用并加深入研究论证，是对妈祖文化和澳门妈阁庙创立以及澳门海港的开发研究作出的贡献。今后如再发现此类史料，将更为充实此项澳门妈祖文化研究的深入，贡献会更大。

上述史料所载的严启盛于明"天顺二年"（1458）已"招引蕃船，驾至邑沙尾外洋"，确是重要的史料。其中的"邑沙尾外洋"，就是指古代香山的澳门古地区，"外洋"是指"沙尾"一带的古老海域。昔人将古澳门（香山澳）一带称为"沙尾"。而"天顺二年"距今已 540 多年，倘若此期间严启盛已开发澳门并创立妈阁庙，妈祖信仰、妈祖文化在澳门的萌生，将可延伸至 540 多年前，其意义及影响将会更大。

五　妈祖文化融合社会民俗

妈祖文化及妈祖信仰自明朝由福建湄洲传到澳门，经历 500 多年，已逐步融入澳门社会、民俗、民生中，发生了不少变化。这从澳门妈阁庙石殿的匾额、楹联亦可资说明。

（一）神龛石雕门联年代久远

妈阁庙石殿的石神龛，整体就地取材的石建造，门联也是石雕的，联曰：

> 显迹湄洲山三十六天齐胜聚
> 流芳东粤甸百千万载状咸光

这帧石雕门联，如果是随着石殿的兴建而同期存世，亦有几百年历史。这从石雕门联顶上刻着的石刻"万历乙巳岁四街重修"，可推测到此石刻对联，起码有 400 多年历史，从而成为澳门历史上年代最为久远的石刻门联。

（二）亭柱抱联从湄洲到镜海

神龛石刻门联，主要反映了妈祖文化的根源和初期入粤的流向，是"显迹湄洲山"、"流芳东粤甸"。距此石刻门联对开不足五尺之遥的木质亭柱抱联，则反映了妈祖文化融合澳门社会、民俗、民众中。200多年前兴建的"詹顼亭"中这对亭联，是值得回味的，联曰：

圣德齐天恩流镜海

母仪称后泽沛莲峰

图14　妈阁庙石殿内神龛的石刻门联上有"显迹湄洲山"刻字

（三） 母仪称后惠泽镜海莲峰

亭柱抱联中的"恩流镜海"、"泽沛莲峰"，是颂扬天后娘娘惠泽澳门。"镜海"、"莲峰"是澳门最优美的"古地名"，甚具地方性、代表性。"圣德齐天"、"母仪称后"，则最恰如其分地表达了天后娘娘尊贵高尚的身份和身价。

自北宋起，力挺男尊女卑的历代皇帝，出于其统治的需要，一反常态，竟然对一介渔港神女不断追封赐名，至清代英明皇帝康熙二十三年（1684），湄洲神女首次被加封为"天后"，成为与关公等与上帝同级的神祇，从此，妈祖娘娘又有天后娘娘之美称。澳门妈阁庙这一组"圣德齐天"、"母仪称后"联语，表达澳门信众对妈祖的尊崇。

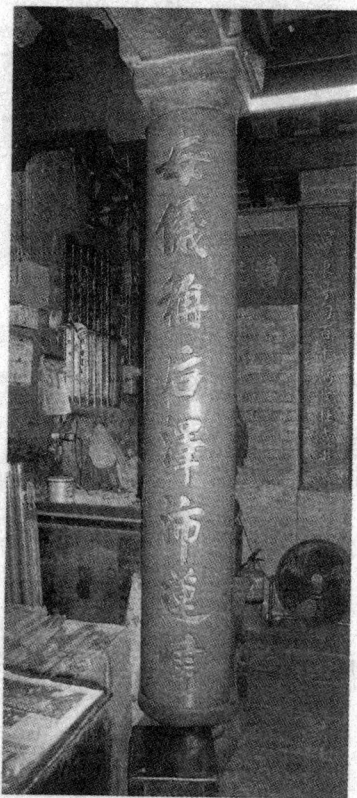

图 15　石殿内对联上有"母仪称后"颂妈祖

（四）期盼天后祖姑慈佑林裔

与此亭联同处一殿的，还有一块木匾别有特色。匾额为"慈佑林裔"，上款"天后祖姑神鉴"，下款"辛丑年正月望日林廷道敬献"。

这是林姓善信赠送的百年匾额，表达了林氏族人对"天后祖姑"的崇敬和期盼，希望本姓林名默娘的天后"慈佑林裔"。

图16 "慈佑林裔"牌匾

氏族社团各有各的崇拜偶像，具国际社团性质的"林西河堂"是为其一，崇敬的神祇是国际林氏社团高度认同的天后林默娘。澳门也有林西河堂分会，全称为"澳门林西河堂宗亲联谊会"，创办于1902年，是澳门寥寥可数的社团百年老字号之一，前年庆贺了百年诞辰。该会崇敬天后妈祖，每年会庆聚会前，必先赴妈阁庙进香，恭贺天后宝诞。

（五）渔商渔民弘扬妈祖文化

在妈阁庙石殿，还有一块百年老匾额"泽润生民"，由澳门鲜鱼行西家会友赠送于清朝光绪二十四年（1898），表达渔商渔民对"护海女神"妈祖娘娘的崇敬。

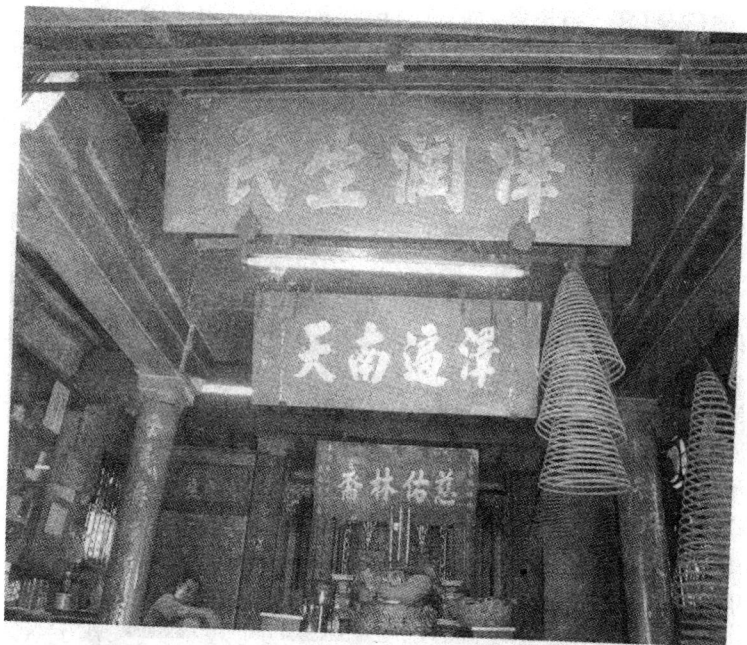

图 17 石殿内的几块牌匾

渔商渔民，向为妈祖文化的崇拜者和传播人以及重要载体。澳门渔业兴盛之时，亦是妈祖文化异常发达之日。20 世纪二三十年代，澳门渔业异常兴盛，妈祖文化蓬勃发展。1921 年，澳门渔业蓬勃，渔民有 6 万多人，占当时全澳人口的七成，妈祖文化特别发达，渔商渔民成为推崇妈祖文化的动力。渔民渔商都有供奉妈祖的传统习俗。渔船每次出入内港，途经妈阁庙前海面，例必烧香祷告，过年过节放炮竹贺诞，更是异常热闹。

（六）包容文化融合妈祖文化

澳门是一个宗教信仰自由且多元的地方，各种信仰可以合理定位，互相包容。天后文化、天后信仰在华人社会扎根推广，天主教也可以尊崇天后。1914 年，澳门天主教教会宣布允许华人教友也信奉天后，同时亦同意把天后娘娘作为圣母崇拜。路环天主教堂迄今还挂着一幅美丽的天后圣母像，供教友观赏、崇拜。

几百年来，澳门官民都重视妈祖文化，尤其重视其产生的亲和力、凝聚力，促进社群认同和谐共处。因而，在澳门使用多种以妈祖、妈阁庙为图案的邮票、钞票、硬币、商标等。1981 年澳门人口普查中，统计暨普查司特制天后娘娘精美大海报，赠送接受人口普查的渔船，备受欢迎。船家渔家乐于接受水上人口普查，高高兴兴把天后像海报贴在船头，显示已接受了人口普查。妈祖文化与人口普查拉起关系，此事在当年的澳门，一时传为佳话。

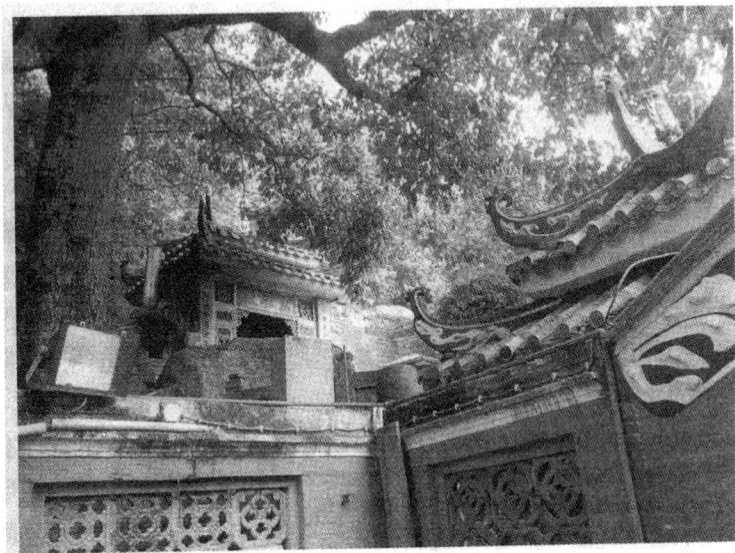

图 18　妈阁庙内的两座神殿：弘仁殿（左）、石殿神龛（右）

澳门历来推行包容文化，长期华洋杂处，东西文化交汇，促进妈祖文化的发展，融入澳门社会、民俗、民生中，增进凝聚力，促进社会和谐发展。

六　几点初步结论

本文可以作出以下几项初步结论。

1. 澳门妈阁庙石殿内的神龛，于明朝万历乙巳年（1605）由澳门"四街重修"（不是兴建），可见供奉妈祖的石殿神龛的历史，起码超过 400 年，是澳门存世迄今最古老的原创性建筑物，较之约建成于 1640 年的著名的大三巴牌坊还早建了几十年。

2. 妈阁庙石殿的神龛，在 400 年前已重修，亦即四五百多年前，早已建成，已是成熟的石建筑，可为妈阁庙历史逾 500 年的一项重要佐证。而石殿的形成经历了由神龛至风雨亭至神殿的历史过程，正是妈阁庙不断发展的见证。

3. 妈祖文化和妈祖信仰，500 多年前已在澳门萌发、产生，闽人海商严启盛当是其中的重要人物，澳门妈阁庙石殿也是重要的历史见证之一。

4. 福建漳泉闽南海商，最早开发澳门、创立妈阁庙、传扬妈祖文化，与同样为最早开发澳门的以供奉妈祖的居澳粤人、潮人一起，对澳门发展及弘扬妈祖文化都作出不少贡献，明朝澳门"四街"及闽商和妈祖庙就是其中明证。

5. 闽人与澳人关系密切，福建历史文化名城厦门对澳人影响尤深，望厦村、望厦庙的存在是重要依据。正名为普济禅院的观音堂，在 1926 年正式注册前的名字叫做"望厦庙"。百多年前《澳门政府公报》（俗称《宪报》）中，已刊有"望厦庙"之名称。望厦城隍庙的碑记上有"旺厦"之记，从中可见一斑。

6. 妈祖文化亦称天后文化，在澳门较为发达。弹丸之地的澳门有八间妈阁庙是有力的论证，本文开篇所列的例子也是很好的说明。妈祖文化已逐步融合澳门社会、民俗、民生。庙宇、社团、移民、渔商、渔民等，都是妈祖文化在澳门传扬、发展的重要载体和途径。由澳门中华妈祖基金会创办的路环妈祖文化村的建成启用，为已成国际文化的妈祖文化的弘扬发展，为澳门通过弘扬妈祖文化作为台海交往合作的平台，以及促进两岸和平发展，将作出不少贡献。

参考文献

1. 《香山县志》，嘉靖版、康熙版、乾隆版、光绪版等。

2. 《香山县乡土志》，光绪版，影印本。

3. 《澳门纪略》，台湾影印本。

4. 黄启臣、邓开颂编《澳门港史资料汇编：1553－1986》，广东人民出版社，1991。

5. 《澳门历史》，澳门历史学会，1995。

6. 徐晓望、陈衍德著《澳门妈祖文化研究》，澳门基金会，1998。

7. 中国第一历史档案馆、澳门基金会、暨南大学古籍研究所合编《明清时期澳门问题档案文献汇编》（五），人民出版社，1999。

8. 费成康著《澳门四百年》，上海人民出版社，1988。

9. 邓开颂、陈树荣著《99澳门》大型书画册，珠海出版社，1999。

（原载《妈祖文化研究：第一届妈祖文化研究奖得奖作品集》，

澳门，澳门中华妈祖基金会，2005）

姗姗来迟的"西洋消息"

——1709 年教皇致康熙信到达宫廷始末

韩 琦[*]

"礼仪之争"是中国天主教史乃至中外关系史上的大事,其中康熙时代最为关键,教廷在此期间曾两度派遣特使多罗(Carlo Tommaso Maillard de Tournon,1668~1710 年)和嘉乐(Carlo Ambroise Mezzabarba,1685~1741 年)来华,觐见康熙皇帝,其目的就是为了平息争论,禁止祭祖、祭孔,并希望天主教能在康熙皇帝的庇护和支持下日益发展。教皇对多罗来华期望尤大,但多罗出使不仅没有达到目的,反而使矛盾激化,最后被带往澳门关押,1710 年病故于囚所。

这一事件无疑也造成了清朝与罗马教廷的外交危机。双方事实上都为缓解矛盾作出了努力,康熙曾两次派遣耶稣会士作为使节,试图与教廷沟通,并屡次询问"西洋消息"。教皇格勒门德十一世(Clement XI)也在 1709 年 3 月 2 日致信康熙,请求厚待多罗。本文试图根据中西文献,分析教皇信到达康熙手中的经过,再现历史真实,从而对"礼仪之争"背景的复杂性有更深入的认识。

一 多罗使命失败及康熙遣使罗马

1700~1702 年前后,"礼仪之争"再次成为欧洲教会争论的焦点,也在中国引起了很大反弹[①],这是多罗出使的最直接原因。来华前,他被教皇任

---

* 中国科学院自然科学史研究所研究员。

① 韩琦:《奉教天文学家与"礼仪之争"(1700~1702)》,载《相遇与对话:明末清初中西文化交流国际学术研讨会文集》,北京,宗教文化出版社,2003,第 381~399 页。根据罗马耶稣会档案馆所藏档案,详细讨论了奉教天文学家、钦天监耶稣会士与"礼仪之争"的关系。

命为宗主教（Patriarch of Antioch），作为派往东印度和中国的全权特使[①]，1705 年 4 月到达广东。凡是多罗所经之处，督抚重臣皆"迎飨护送，时其安处，厚其廪饩"。12 月 4 日多罗抵京，受到康熙皇帝空前热情的接待，"戴病京都，肩舆入内。赐坐赐宴，亲垂顾问。命医疗病，命官宿候，汤泉浴疾，频频问慰。畅春灯火，新阁款宾，赐乳酪而示分甘之爱，奏御乐以表同庆之欢。日常大官给俸，时或内厨颁馐，种种殊恩，旷古且未有以待亲臣勋臣者"[②]，礼遇之高，可见一斑，康熙的"格外隆恩"，跃然纸上。

然而康熙对多罗的热情却是昙花一现。多罗来华，其目的是禁止祭孔、祭祖的礼仪，但起初他隐瞒来华的真实使命，只是说感谢康熙对传教士的"柔远重恩"[③]，含糊其辞，掩盖实情。当多罗公开来华使命之后，康熙大怒，命直郡王胤禔负责与传教士交涉。1706 年 12 月，康熙发布谕旨，要求在华传教士来京领"票"，以获取传教与居住的资格，同时准备派遣耶稣会士赴教廷斡旋。1706 年 8 月多罗已经离开北京，沿运河坐船南下。当多罗听到上述消息时，已到达南京，对此他采取了强硬的回应措施，于 1707 年 1 月 25 日发布了"南京敕令"（Regula），要求所有在华的传教士严禁中国礼仪[④]，这一决定使康熙更加震怒。

从 1706 年 12 月到 1707 年 3 月，多罗在南京停留了约三个月，然后赴广州，准备在那里等待法国或英国的贸易船只，返回欧洲。但是他刚到广州，就接到上谕，受命不得登船返航，而要他到澳门暂住。1707 年 6 月 30

① 关于多罗来华背景的研究，见 A. S. Rosso, *Apostolic Legations to China of the Eighteenth Century*, South Pasadena：P. D. & Ione Perkins, 1948. F. A. Rouleau, Maillard de Tournon, Papal Legate at the Court of Peking. The First Imperial Audience (31 December 1705), *Archivum Historicum Societatis Iesu*, Rome, 31, 1962, pp. 264 – 323. D. E. Mungello ed., *The Chinese Rites Controversy: Its History and Meaning*, Nettetal：Steyler Verlag, 1994. John W. Witek, *Controversial ideas in China and in Europe: A biography of J. -F. Foucquet, S. J.* (1665 –1741), Rome, 1982. António Vasconcelos de Saldanha, *De Kangxi para o Papa, pela Via de Portugal*, Instituto Português do Oriente, 2002. Vol. 1 – 3. 罗光：《教廷与中国使节史》，台中，光启出版社，1961 年。
② 罗马梵蒂冈教廷图书馆 Borg. Cin. 316 (7)，见韩琦、吴旻《"礼仪之争"中教徒的不同声音》，载《暨南史学》（二），广州，暨南大学出版社，2003 年，第 455 ~ 463 页。
③ 下面所引 1709 年 3 月 2 日教皇信中则称"代观天主教中之事"。
④ Edward J. Malatesta, A Fatal Clash of Wills: The Condemnation of the Chinese Rites by the Papal Legate Carlo Tommaso Maillard de Tournon, in D. E. Mungello ed., *The Chinese Rites Controversy*, Nettetal：Steyler Verlag, 1994, pp. 211 – 245.

日，多罗及其随员在官员们的护送下，到达远东天主教的堡垒澳门。至此，多罗实际上处在澳门的葡萄牙人和清政府的双重监视之下，失去了人身自由，被囚禁长达三年，直至 1710 年 6 月因病死于囚所。

多罗来华，在中国产生了很大的反响，不仅引起宫廷的关注，甚至还波及众多天主教徒。[①] 虽然康熙对多罗的所作所为十分不满，但仍试图与罗马教廷沟通。1706 年 10 月 1 日，派遣葡萄牙耶稣会士龙安国（António de Barros，1664～1708 年）和法国耶稣会士薄贤士（Antoine de Beauvollier，1657～1708 年）作为使节到罗马。他们于 10 月 27 日（九月初十）离开北京[②]，次年夏，到达巴西，在那里曾写信给耶稣会士总会长 Michelangelo Tamburini（1648～1730 年），解释到罗马之目的，以及准备火速赴罗马的计划。由于经费短缺，他们必须再筹经费，以达目的地。后来他们分别坐船从巴西出发，1708 年 1 月，在快到葡萄牙沿岸之时，两艘船都因遭风暴而沉没。

由于久未接到回音，1708 年康熙又派另外两名耶稣会士艾若瑟（Francesco Giuseppe Provana，1662～1720 年）和陆若瑟（José Ramon Arxo，1663～1711 年）前往欧洲。陆若瑟，1684 年到达广州[③]，先在山西，后在湖广传教，曾和法国耶稣会士刘应（Claude de Visdelou，1656～1737 年）在多罗面前辩论礼仪，使刘应无言以对[④]。也许是由于这一原因，他被选作康熙的使节之一出使罗马。艾若瑟和陆若瑟携带 69 份文件（其中的 50 份已由龙安国带往罗马，此次另加了 19 份）。艾若瑟还带了山西绛州人樊守义一同前往罗马。[⑤] 1709 年 2 月，艾若瑟到达罗马，交给教皇上述文件。遣使之后，康熙心情急迫，屡屡询问“西洋消息”。现举数例：

① 关于多罗来华及其反响，见《康熙朝满文朱批奏折全译》，北京，中国社会科学出版社，1996 年；以及《康熙罗马使节关系文书》，北平，故宫博物院，1932 年。此外，欧洲档案馆还保存有不少原始中文资料，尚待整理研究。
② 《康熙朝满文朱批奏折全译》，北京，中国社会科学出版社，1996 年，第 462 页。
③ Joseph Dehergne, *Répertoire des Jésuites de Chine de 1552 à 1800*, Roma, Paris, 1973, p. 16.
④ 〔法〕费赖之（Aloys Pfister）著《在华耶稣会士列传及书目》（上），冯承钧译，北京，中华书局，1995，第 416～417 页。
⑤ 关于樊守义，见〔澳大利亚〕鲁利（Paul Rule）《路易·范守易和澳门》，载《文化杂志》，第 21 期，1994，第 226～231 页。

康熙四十六年九月十八日（1707 年 10 月 13 日），康熙"询问西洋人，有何消息"。①

四十八年五月二十日（1709 年 6 月 27 日），康熙又命内务府官员李国屏："尔若得西洋消息，着即报来。"②

七月初三日（1709 年 8 月 8 日），又问"有西洋消息么"。③

五十年六月二十二日（1711 年 8 月 6 日），武英殿监造和素奏折也提到康熙询问西洋消息，苏霖等人告以"尚未得西洋消息"。④

七月二十日（1711 年 9 月 2 日），和素奏折：因康熙问及西洋消息，于是问苏霖（José Suarez，1656～1736 年）、纪理安（Kilian Stumpf，1655～1720 年）："按去年、前年惯例，本月便得消息，今年为何迄今未得消息?"苏霖、纪理安回答道："澳门商人每年冬往小西洋、嘎拉巴、吕宋等地船只，若售完其货，又得顺风，则当年便回。此来者从容。倘若商人又在别处停留交易，无风在彼住一年，明年返回，则此来者算早。前年前往贸易之人等，去年皆回，无在彼居住者，故今年来者比先年迟。"看了这个奏折，康熙称"现在西洋人所言，前后不相符，尔等理当防备。"⑤ 可见对西洋人已不信任。

1712～1713 年间，康熙也一直在询问西洋消息。如康熙五十一年（1712）二月十六日，广东巡抚满丕贡进葡萄酒，在奏折后康熙批道："目今已值西洋船抵广东之际，倘到，速问。"⑥ 据康熙五十一年六月二十一日（1712 年 7 月 24 日）和素奏折，康熙也打听西洋消息。⑦ 又据七月初十日（1712 年 8 月 11 日）和素、李国屏奏折，广东、广西总督赵弘灿家人告知西洋船到澳门，和素等转告苏霖、纪理安等，苏霖等答称"去年，一只船从葡萄牙起程，到嘎拉把后，因风不顺，今年五月始抵澳门，艾若瑟仍在

---

① 《康熙朝满文朱批奏折全译》，北京，中国社会科学出版社，1996，第 544 页。
② 《康熙朝满文朱批奏折全译》，北京，中国社会科学出版社，1996，第 621 页。
③ 《康熙朝满文朱批奏折全译》，北京，中国社会科学出版社，1996，第 633 页。
④ 《康熙朝满文朱批奏折全译》，北京，中国社会科学出版社，1996，第 735～736 页。
⑤ 《康熙朝满文朱批奏折全译》，北京，中国社会科学出版社，1996，第 741 页。
⑥ 《康熙朝满文朱批奏折全译》，北京，中国社会科学出版社，1996，第 768 页。
⑦ 《康熙朝满文朱批奏折全译》，北京，中国社会科学出版社，1996，第 798 页。

教化王处，教化王在等多罗之讯"。看了这个奏折之后，康熙说"观此可知，伊等已得讯隐匿矣"。① 直至五十二年六月初五日（1713 年 7 月 26日），康熙仍在询问："广东得西洋之讯乎?"②

此外，西文著作也记载了康熙向在宫廷服务的遣使会传教士德理格（Teodorico Pedrini, 1671～1746 年）询问西洋消息之事：

> 1713 年 8 月 24 日（康熙五十二年九月二十三日），德理格将新作好的管风琴献给皇帝，得到许多赞扬。皇上甚至召他进宫，向他表示祝贺。在对他说了很长时间的和蔼可亲的话之后，皇上让他和其他的官员一起告退……德理格刚刚跨出宫门之际，皇上又叫住了他。有一位官员也想和德理格一起留下来，但是皇上未允，于是德理格就单独和皇上在一起。皇上以一种非常和蔼的态度和他谈话，低声地询问他有没有什么新消息……他的回答大体内容是：关于（西洋）消息的事我很遗憾，因为今年我们不可能收到任何消息了。澳门人把我们联络人都关到监狱里去了。欧洲的船来到澳门，没有人去发收消息、信件和津贴。求皇上保护我们，以皇上的名义下令让他们恢复自由，让他们继续为我们做事，并且住到广州去吧……皇上和颜悦色仔细地听着；然后又问是不是有人在阻碍收信。德理格回答说假如在澳门船到之时没有人去收信，又怎么能收到信呢？最后德理格请他维护他们；皇上面容和善，点头示意，回答说他会办的，然后让德理格告退。③

德理格是 1710 年元月 2 日从欧洲经由马尼拉到达澳门，同时到达的还有传信部（Propaganda Fide）派遣的其他五位传教士，他们是马国贤（Matteo Ripa, 1682～1745 年）、山遥瞻（Guillaume Fabre Bonjour, 1669/1670～1714 年，O. S. A.）、庞克修（Giuseppe Ceru）、任掌晨（Gennaro Amodei）和潘如（Domenico Perroni）。④ 之后，因擅长音乐，德理格在宫廷服务，一

---

① 《康熙朝满文朱批奏折全译》，北京，中国社会科学出版社，1996，第 804 页。
② 《康熙朝满文朱批奏折全译》，北京，中国社会科学出版社，1996，第 868 页。
③ *La Congrégation de la Mission en Chine*, Paris, 1911, Tome I, pp. 179－181.
④ A. S. Rosso, *Apostolic Legations to China of the Eighteenth Century*, South Pasadena: P. D. & Ione Perkins, 1948. pp. 183－184.

度受到皇三子和康熙皇帝的重用，所以康熙向他询问有关情况。上述史实均反映了康熙在遣使欧洲之后，心情急迫，试图通过各种渠道打听"西洋消息"，但是一直没有得到明确的答复。

二　教皇致康熙书抵达宫廷及翻译的经过

与此同时，在欧洲当教皇格勒门德十一世从在华传教士的来信及返欧传教士的报告中得知多罗被囚之后，为使多罗早日摆脱囹圄，返回罗马，于 1709 年 3 月 2 日给康熙皇帝写了一封信，请求康熙善待多罗。这封信相当重要，体现了教皇为解决外交危机所作的努力。当时有传教士认为："这封信也许永远也不会到达皇上的手里；就算是皇上收到了信，我们也不知道翻译成中文的信是怎样的。"① 但事实上，尽管此信屡经波折，最终还是到了康熙手中。1997 年初，我们在罗马传信部档案馆找到了此信的中文译本，全文如下：

> 格勒门德第十一教化王谨奉中华并东西塞外大皇帝之表曰：天主降厥天聪之明，予厥圣衷之安，为大皇帝之功，此我之所深愿也。大皇帝秉广王之权，具异常之德，明哲至圣，不但遍及西洋诸国，而周天下之人，无一不知也。余先曾将信任之臣，姓多罗名加禄者，原任伊洋地俄吉亚大主教②，今为罗玛府圣教公会家尔地那尔③之职，特差伊往中华，第一代为感谢诸传教之士屡沾大皇帝柔远重恩；第二亦代观天主教中之事。随后得知多罗幸至大皇帝御前，亲受格外隆恩，彼时余心从来未有如此之忻愉者。及后又闻多罗不幸有失仁爱之泽，大皇帝疑惑多罗果真是余所差信任之臣否，而干大皇帝明恕之机，似获不谨之罪，此时吾心从来无有如此之忧闷者。然我之忧闷，虽然恒苦于心，但为默想，明知多罗原毫无获罪于大皇帝之心意，思至于此，足以略慰中心之忧虑也。向者多罗所寄之书，不止一次盛称目见大皇

---

① 巴黎外方传教会档案 AME 470A, pp. 277 - 285。
② 即 Patriarch of Antioch。
③ 即 Cardinal, 枢机主教。

帝非常之至德，详录屡屡身受洪仁之锡，而内云：今虽写书，亦不能备述大皇帝之恩德。想多罗寄我之书感恩如此，则多罗获罪之故，甚实难解。闻之大皇帝憎恶多罗，因论系天主教几端传于教中诸士者，有碍于中国之风俗。但彼所传者，非一己之私心，乃教化王本来之意，所传者与伊无干。想多罗原思我天主教普世之史书俱详记大皇帝，永不可忘圣恩，且幸数年前蒙准天主教行于中华，而中华之人入教者，凡事规矩，宜合于天主教行，彼时多罗不得不想，大皇帝已准行教，则亦准绝不合于天主教之风俗，是以多罗始传伊教中之言也。又未久有传教之士自中国至罗玛府①，报大皇帝之万安，并带中国风俗之辞论。余因报大皇帝之万安，着至于前，相待甚厚，再待愈厚，俟后细观所带辞论之时，更可详明之也。今不得不先暂说，吾原不敢诽谤中国名邦所有敬先祖敬先师之风俗，以报厥生教之本者，然而托赖大皇帝公义神明之德，敢求旧日所准在中国入天主教者，凡行敬先之礼，必皆合于天主教之清规，严为禁止，不可以敬至尊无对、造天地真主之礼，而敬凡如人类受造者也。再敢求大皇帝传命多罗，如先随意游行，复归于大皇帝洪仁之内。余因大皇帝先待多罗甚重，是以由大主教之位，又升伊至家尔地那尔之职，乃教化王之后第一之尊位也，然因选彼以代我住中华名邦大国，是以举之于我后第一尊位，以尽天主付我教化王爱人之任，又不得不仰求大皇帝保存天主教，并天主教中之事之人，平行于中国，盖此辈人之本分，不但应明见于所讲之道理，更应明见于所行之事，始不负大皇帝之德爱。盖圣教之终始，俱宜小心，谨慎和睦，众毫不得罪于人，蹈至顺无逆之路，丹心存敬，凡秉于天主之权者，由帝王至于官员之众，所命无伤于天主之戒，无有不遵奉者也。余实切望传教之众士，悉甘心以合于天主之戒，及我所嘱之训，皆守己分，不越规矩，又求保存之泽，倘有不明大皇帝之慈仁者，妄生议论，求为勿致阻格，俾得守分修道，而成己事。或者大皇帝有新禁之令，还望大皇帝洪慈柔远之德，宽其禁约，复使之安居。今托大皇帝异常之德，伏望大皇帝准行已上所求诸事，心欲仰报万一，唯求幸知大皇帝或有喜悦所能之事，余必尽心竭力图维，虽相隔东西

① 当指艾若瑟等人，1709 年 2 月抵罗马，见罗光《教廷与中国使节史》，第 145 页。

二海之远，断不致有负报答圣恩之意。天主降厥平安，予厥圣荣，以永大皇帝之躬，此乃余之深愿也。此表所发之处，系罗玛府圣伯多罗天主大殿渔人之印封。[1] 天主降生以后一千七百零九年马尔西约月初二日。[2]

那么康熙究竟是何时收到这封西洋来信的呢？我们在巴黎外方传教会（Missions Étrangères de Paris）的档案里找到这样一份中文材料：

巡抚满宪牌，本年九月二十二日，据该司呈称，据广州府申，据香山县据住居澳门西洋人罗若德呈称：四十九年七月内，有西洋嗻咕喇船董德略，带有教化王奏书一封，留在德处。今年有德理格、马国贤自北京寄书到广东，称说皇上问西洋的书信；又有抚院大老爷到澳讯问西洋书信，不敢隐瞒，故此将奏书献上。据此，除原书上御览外，合就饬行，修牌仰司，将罗若德交与澳门头目，在澳门候旨，仍具遵由报查。康熙五十一年九月二十九日。[3]

当时的广东巡抚满丕，是满洲正黄旗人，他提到的带信人董德略，则是比利时方济各会会士 Franciscus Drion（1674～1713 年）。[4] 由于多罗已经去世，董德略带来的这些信件由传信部管理澳门事务的意大利神父罗若德（Joseph Ignatius Cordero，1665～1740 年）收取[5]，但他当时没有将此事报告康熙。直到康熙五十一年九月，即 1712 年 10 月间罗若德才把这封信交给广东巡抚满丕。满丕在康熙五十一年九月二十四日（1712 年 10 月 23 日）的

---

① 圣伯多罗天主大殿即罗马圣彼得大教堂。"渔人之印封"即 Fishman's seal，因圣彼得是渔人出身。
② "马尔西约月"即 3 月。此信罗马传信部档案馆藏，Indie Orientali 1712 – 1714，Vol. 12，fol. 482。罗光《教廷与中国使节史》（第 146 页）也提到教皇的这封信。此外，梵蒂冈教廷图书馆也藏有教皇信中译本，承蒙 Michele Fatica 教授以复印件相赠，特致谢意。
③ 巴黎外方传教会档案 AME 430，fol. 707。
④ 据 G. Mensaert et al.，*Sinica Franciscana*，Roma，1961，Vol. 6，p. 289，注 116。董德略 1704 年 9 月 1 日从欧洲出发，被派往中国，1710 年到达澳门。但随后便前往越南（Tonkin），1713 年在那里去世。
⑤ 罗光《教廷与中国使节史》未考出此人的汉名。

满文奏折中已更为详细提及此事，称：

> 今年九月二十日，住澳门之西洋人罗若德呈文香山县称：四十九
> 年七月，西洋船抵澳门时，西洋人董德柳带来教化王此文书给多罗后，
> 命具奏万岁主子，业曾遣往。彼时多罗已病亡，因无具奏之人，将此
> 文书留给我离去。此文书做何处理之处，我亦曾咨文询问教化王，今
> 已二年，仍无回音。今年五月，在京城之德里格、马国贤等函告：万
> 岁主子曾问及西洋文书等语。适才巡抚抵澳门时，既又询问西洋文书，
> 岂敢把持不交出？请转告。等语。奴才即将此文书出示住省城堂之西
> 洋人庞可秀等人认看，俱称是教化王之文书。文书既已封牢，奴才岂
> 敢私自开启，特遣家人盛二赍捧敬谨奏览。查得罗若德系多罗手下之
> 人，原既住澳门，仍交付澳门之西洋头目卫里多等人。为此缮折，恭
> 奏以闻。①

满丕的奏折已大体讲明信的来历。从上述奏折可知，教皇信于康熙四
十九年七月，即 1710 年 8 月前后到达澳门②，而多罗此时刚刚去世，并未
见到此信。③ 由于康熙对"西洋消息"非常重视，经常向传教士询问，同时
命令满丕向他随时报告有关消息，因此满丕得到这封教皇信之后，立刻派
人将信送至京城。1712 年 11 月 29 日，这封信终于辗转到了康熙皇帝手中。

信到达的时候，由于精通满汉双语的耶稣会士巴多明（Dominique Par-
renin，1665～1741 年）一时不在，而另一位耶稣会士，曾经为康熙上过数
学课的白晋（Joachim Bouvet，1656～1730 年）当时正在畅春园，康熙立刻
召见他和马国贤、德理格翻译此信，耶稣会士傅圣泽（Jean-François Fouc-
quet，1665～1741 年）和奥古斯丁会士山遥瞻陪同觐见。④ 马国贤的日记里

---

① 《康熙朝满文朱批奏折全译》，北京，中国社会科学出版社，1996，第 823～824 页。董德柳
应为董德略，庞可秀应为庞克修。

② 据 John W. Witek，*Controversial ideas in China and in Europe: A biography of J.-F. Foucquet,
S. J.*（1665～1741 年），Rome，1982。此信在多罗死后一个月到达澳门，而多罗死于 1710
年 6 月。

③ 当时与此信一并带来的，还有其他从欧洲来的信，都是给多罗的。

④ John W. Witek，*Controversial ideas in China and in Europe: A biography of J.-F. Foucquet, S. J.*
（1665–1741 年），p. 221.

对翻译的过程有相当详尽的记载：

> 1712 年 11 月 29 日……皇上收到信之后，把白晋神父、德理格和我叫到了宫里。当我们陛见时，官员们以一种郑重的口气对我们说：你们看看这是否是教皇的信？我们看了信，一致同意说这是圣座的敕谕。皇上又问道：这封信是写给谁的？给我的还是给多罗的（指多罗枢机）？我们看了地址，说是写给陛下的。皇上以一种非常恰当的方式询问我们，教皇通常以这种方式写信给谁。我们三人回答说：给尊贵的人……他把打开的信递给白晋神父，让我们三个给他翻译，我们很准确地作了翻译……
>
> 在翻译教皇的敕谕之前，皇上带着一种震慑人的郑重和严肃；我们开始翻译之后，他极为仔细地听着每一句话。在他听到教皇对他的赞扬，对他皇位表示的崇高敬意，对他友好接待多罗枢机的感谢以及对他恩宠传教士的感激之时，我观察到他的脸上有非常喜悦的神情。当教皇随后谈到对礼仪的禁止之时，皇上表现出更大的关注，他重复了两遍：那么说教皇禁行了礼仪？——是的，我们回答说，他确实禁行了礼仪。——那么到底他禁行了哪些礼仪？皇上问道，看下去，看下去。——在这份敕谕里，我们回答说，教皇没有讲他禁行了哪些礼仪。——他在后面会讲到的，皇上说，继续，看下去。我们于是继续翻译敕谕，当看到教皇没有给出细节之后，他说：那么事情还是像过去一样？德理格回答说多罗枢机在他的"南京敕令"里已经解释了哪些礼仪是教皇所禁行的。——这个敕令是发布给谁的？皇上问。——给我们其他的传教士的，白晋和德理格回答说。然后对话就纠缠到很多细节当中。①

康熙在听到这封信的口译之后，仍要求白晋在数天之内呈上书面译文。

---

① *La Congrégation de la Mission en Chine*, Paris, 1911, Tome I, pp. 175–178. 见 Matteo Ripa, *Giornale* (1705–1724), Introduzione, testo critico e note di Michele Fatica, Napoli: Istituto Universitario Orientale, Vol. 1 (1705–1711), 1991, Vol. 2 (1711–1716), 1996, Vol. 2, pp. 92–100。

几天之后，白晋偕傅圣泽把信译好之后交给康熙。[①] 由于在打开信时，白晋和德理格、马国贤的意见不一，因此请康熙写了一个上谕。[②] 但由于多罗前后说法不一等原因，因此康熙要等待从欧洲来的新消息，再下谕旨：

> 康熙五十一年十一月十九日上谕：广东巡抚满丕奏折，为西洋人有信带至广东广州府事，有西洋密信一封，彼时即命白晋、德里格、马国贤在御前翻译，方知与多罗的书。马国贤、德里格云：在多罗的人都囚禁炮台，甚是受苦。朕又问及情由，白晋说近日闻得他本处，恐其有讹言，故有此禁。等语。朕览与多罗之书，事总未完结，无庸发旨，等再来书，自然才定。朕又将多罗的事偶尔提起，多罗之言前后参差，因而难信，故有先旨。今虽为西洋人照旧看顾，总不断孰是孰非，还等再奏，西洋书交赵昌等收讫。[③]

马国贤是由传信部派到中国的，因服从教皇有关礼仪的决定，而与耶稣会士的态度相左，也与康熙的看法相悖。虽然康熙曾对他表示不满[④]，但他身为皇帝宠爱的画师，仍一直被留在御前。他不仅自己在宫廷里站稳了脚跟，而且利用他的特殊身份帮助其他传教士。当时因不领票，许多传教士被放逐到澳门。1716 年，庞克修因拒绝领票，并散发多罗和教皇有关禁止祭孔、祭祖的文件而冒犯了皇帝，在将被放逐之时，马国贤利用他和康熙的关系，请求让庞克修待在广州，康熙看在马国贤的面子上批准了这一要求：

> 康熙五十五年十月初四（1716 年 11 月 17 日），赵昌、张常住请旨，马国贤跪求奏称皇上大恩，教庞克修在广东料理衣服。等语。具

---

① John W. Witek, *Controversial ideas in China and in Europe：A biography of J. -F. Foucquet, S. J. (1665 – 1741)*, p. 223.

② 关于此事，见〔法〕龚当信（Cyr Contancin），载 H. Cordier, *Revue de l' Extrême-Orient*, Ⅲ (1887), pp. 46 – 47.

③ 罗马传信部档案编号 Indie Orientali 1712 – 1714（Vol. 12）。此件又藏罗马耶稣会档案馆 Jap. Sin. 186，同页有纪理安手迹。

④ 见《康熙与罗马使节关系文书》，北平，故宫博物院，1932 年；以及方豪《中国天主教史人物传》（中）"马国贤"，中华书局，1988，第 343 ~ 348 页。

奏，奉旨：庞克修不曾领票，又私传告示，理宜逐回，但马国贤为他恳求，可传与马国贤，着他严禁庞克修，不可生事，留在广东罢。钦此。①

从上面所引中西史料可以看出，马国贤和德理格在"礼仪之争"中起到了康熙和教皇之间重要的中介作用。② 1714 年 12 月 9 日，他们还代表康熙给教皇 Clement XI 写信③，请求教皇选派一些天文学、数学、音乐、绘画、医学和外科的人到中国为宫廷服务。④

三 余论

18 世纪初，坐船从葡萄牙里斯本出发到澳门，即使不在中途停靠，大约也要经历八个月的时间。而从澳门到北京，邮递还要一个多月的时间，如果再考虑季风的影响，即使是在最顺利的情况下，往返罗马和北京两地至少也得两年多时间。空间的遥隔无疑延缓了教廷和清廷之间的沟通，加之其他因素，使交流更为复杂。

从上面的分析可看出，教皇信到达康熙手中的经过相当曲折。教皇信写于 1709 年 3 月 2 日，由董德略乘英国船带到澳门（1710 年 8 月间），但直至 1712 年 10 月 23 日才到达巡抚满丕手中，同年 11 月 29 日送达宫廷。因此，康熙见到教皇这封信时，已是近四年之后的事。在这一事件中，各方面的矛盾暴露无遗。

虽然耶稣会士早已知道教皇决意禁止祭祖、祭孔，但在派遣的使节没有返回之前，还心存幻想，希望教皇能够改变主意，因此在这段时间内，总是设法隐瞒"西洋消息"，免得康熙知道事情的真相，从而作出不利于天

---

① 巴黎外方传教会档案馆，AME 431（1715 - 1724）。
② 教皇信中译本之所以保存在罗马传信部档案馆，应该就是马国贤寄回的。
③ A. S. Rosso, *Apostolic Legations to China of the Eighteenth Century*, South Pasadena：P. D. & Ione Perkins, 1948. pp. 298 - 301. 亦见《康熙与罗马使节关系文书》，北平，故宫博物院，1932 年。
④ 韩琦：《从中西文献看马国贤在宫廷的活动》，in *Matteo Ripa e il Collegio dei Cinesi*（Atti del Colloquio Internazionale, Napoli, 11 - 12 febbraio 1997），eds. Michele Fatica and Francesco D'Arelli（Napoli, 1999），pp. 71 - 82。

主教在中国传播的决定。但最后，教皇方面的消息还是通过传信部传教士之手到达宫廷。即使在这样的情况下，康熙皇帝除了两次派遣特使之外，还于1716年印刷"红票"（Red Manifesto），"红票"附有满文、汉文、拉丁文三种文字，全文如下：

> 武英殿等处监修书官伊都立、王道化、赵昌等字寄与自西洋来的众人，我等谨遵旨，于康熙四十五年已曾差西洋人龙安国、薄贤士，四十七年差西洋人艾若瑟、陆若瑟奉旨往西洋去了，至今数年不但没有信来，所以难辨真假，又有乱来之信，因此与鄂罗斯的人又带信去，想是到去了，必（毕）竟我等差去人回时，事情都明白之后方可信得，若是我等差去之人不回，无真凭据，虽有什么书信，总信不得，因此唯恐书信不通，写此字，兼上西洋字刊刻，用广东巡抚院印，书不封缄，凡来的众西洋人多发与带去。康熙五十五年九月十七日。①

教皇信到了之后，康熙还是对它的真实性半信半疑，这可从所颁"红票"得到印证。康熙皇帝的本意想和教廷沟通，对"西洋消息"一直翘首以待。然而教皇和康熙的这次外交往来，最后以失败而告终。教皇所写的这封信，也未达到预期的目的。

教皇信到达澳门之后的两年内，信掌握在澳门传信部的传教士之手，迟迟没有交出，此事不仅与澳门当局、香山县、广州知府、广东巡抚有关，还和耶稣会士、传信部传教士相涉，因素十分复杂。对于期间澳门所发生的一切，将是我们下一阶段研究的重点。

（原载黄晓峰主编《文化杂志》，澳门，澳门特别行政区
政府文化局，第55期，2005年夏季刊）

---

① 法国国家图书馆东方手稿部藏，藏书号 Courant 1335，见 Monique Cohen & Nathalie Monneteds.，*Impressions de Chine*，Paris，1992，pp. 118 – 119。除巴黎以外，罗马、英国和美国也藏有多份红票。

种族中心论与辩护：澳门宗教史学之探讨

〔葡〕 苏一扬 （Ivo Carneiro de Sousa）*

    被天主教视为亚洲"皈依"之初的先锋人物——耶稣会会士圣方济各·沙勿略的死充满宗教传奇色彩，往往受到对澳门早期宗教史感兴趣者的注目。1552 年的头几个星期内，这位来自西班牙那瓦拉地区的耶稣会会士焦急地等待一艘承诺载他去广州港的华商帆船的到来。这一承诺从未兑现。从是年 9 月起，这位耶稣会神父与三个同伴已在上川岛。数十个葡萄牙人、他们的仆人和其他许多辅助人员在此与华商进行利润丰厚的贸易。这位那瓦拉耶稣会士在其晚年仍念念不忘入华的计划，准备向华人宣教，但他对华人的了解只是通过虚构成分远远高于实情的报告而获得的。11 月 21 日，这位西班牙耶稣会会士见到华商船前来的希望更加渺茫。他曾许诺送给华商几担胡椒，以换取运载他去广州。但是沙勿略不幸患了重疾。翌日，他不得不登上一条小艇，回到了圣十字号船。这是他的朋友与赞助人迪奥哥·佩雷拉的大船。似乎当时他曾苦楚地抱怨食不果腹。11 月 23 日清晨，虚弱的沙勿略高烧不退，他要求回到上川岛。身体虚弱，病入膏肓的他被带到了众多的葡萄牙商人临时栖身的草棚中的一座。给他放了两次血，他浑身无力，没有胃口，服了泻药，但高烧仍然不退，越来越危险。11 月 26 日，圣方济各·沙勿略已经说不出话来，认不得忠心追随他、伺候他的耶稣会会士安东尼奥了。安东尼奥是华人，在果阿受过教育。如果他的见证属实，沙勿略在 12 月 1 日恢复了一些清醒，但很快又情况恶化。这位那瓦拉耶稣会会士在来到印度"一带"努力传

---

    * 澳门圣若瑟大学副校长，波尔图大学葡萄牙文化博士。

教十载后①，可能于 12 月 3 日与世长辞。

宗教播扬从来都非易事，因文化差距常遭到社会孤立。的确，在沙勿略努力途经的各个亚洲沿海地区，他的宣教并未带来很多的信众。他宣教和举行仪式的对象主要是儿童和妇女、女奴、"有家室者"中的小部分天主教信徒及他们的"混血"后裔。他企图提高葡萄牙当局和商人的士气，以便在亚洲获得更多权力。然而，他狂热的天主教斗志和坚定的道德说教总是不能得到商人世界的接受。这些商人由欧洲人和亚洲人构成，在葡萄牙人控制的不同港口里丛生。沙勿略被誉为"印度使徒"，但身后却孤苦伶仃，其葬礼冷冷清清，躯体掩埋在上川一远离葡中交易点的偏僻海滩。严格地说，沙勿略被商人们敬畏而非尊敬，这批商人精心重建了与中国的贸易联系，并视沙勿略的宗教斗志为某种可能使同华商的基本贸易复杂化的扰乱因素。沙勿略于 1552 年长逝于中国，某程度上照亮了往后耶稣会会士在东亚传教的道路。奇怪的是，这些葡萄牙商人组成的社会集团当时对这一事件未予以任何重视，而沙勿略正是在它的冷落中去世的。这批商人消息灵通、积极踊跃，但不一定对信仰之类的事情感兴趣。圣方济各·沙勿略在亚洲海上旅途和在葡萄牙的飞地逗留中的传道常常得罪了他们，他曾多次通过正统的说教去批评欧洲商人及官方代表过度参与流通巨额资本的商业活动并非尽是有益于慈善事业。尽管通过他们的活动，这些贸易人士及其资本开辟了道路，缔造了后来葡萄牙在澳门的长期存在，尤其是它的经济及社会环境支持了天主教机构的运作。传统的宗教史学不无敌意地忘却了这些惊奇的贸易活动，而对圣方济各·沙勿略的去世大着笔墨，将其视为天主教差会在亚洲世界主要政策——皈依中国的第一位烈士。

反思欧洲宗教史学叙述在华设立天主教差会的这些从未得到质疑的戒律，似乎将圣方济各·沙勿略视为伟大中国传教活动的创始人或至少是倡

---

① 〔德〕舒马尔（Georg Schurhammer）：《方济各·沙勿略：其生平与时代背景》（*Francisco Javier: su vida y su tiempo*），第 4 卷《日本—中国（1549－1552）》，潘普洛纳，那瓦拉政府、耶稣会、那瓦拉主教府，1992，第 797－827 页。舒马尔于上文简述了方济各·沙勿略逝世的历史；然而，应该说明的是，这位耶稣会历史学家有意将此变为了一种真正的"论死艺术"的教诲，通过沙勿略之口说出了一套重要的"劝告"，几乎构成了一种精神遗嘱。这与文献记载甚至当时的编年史不多的证据相悖，当时的编年史将这位西班牙宗教人士的逝世变成了一种圣徒传教式的教诲。

导者的看法十分值得商榷。仔细阅读一下沙勿略的著作，分析一下他的神操（作为宗教及社会活动的专门术语），看不到他做了哪些传教士的工作。我们知道，这位耶稣会会士除将在其漫长的海上旅途中，多次被迫大讲特讲传道。这些旅行困难重重、危机四伏，经常是从亚洲船只的商人和船东处协商获得机会或出钱买来的。对于他们来说，圣人的话语，即便听得懂，也是与南亚及东南亚居民根深蒂固的宗教信仰冲突的。还应该承认，圣方济各·沙勿略在当地组织传教活动时常遇到重重困难，从讲解教义到参加礼仪，被动员起来皈依罗马天主教的人数不多，印度南部有些极少数的例外，几乎总是儿童、妇女，尤其是奴隶。这位斗志昂扬的耶稣会会士除将这些成绩不显的事实归咎于葡萄牙在这些地区当局协助的不力外，还将之归咎于当地居民的"不开化"及他会宗教人士的缺乏。他甚至卷入了同葡萄牙船长及官员的激烈争论，如在其逝世前几个月，在马六甲城发生的那样。无论如何，在圣方济各·沙勿略传教获得的虔诚的信众中，似乎未见任何有严格组织的、持续性的传教活动。即便这位那瓦拉耶稣会会士关心用亚洲语言传播教义时，也未考虑过采取切实的活动来建立未来的教区，为欧亚后裔及被迫皈依的奴隶努力设立学校。16世纪分布在亚洲某些沿海飞地中的葡萄牙人劳力的奇缺基本上是由他们解决的。

宗教史和天主教教会史的手册与教科书在以欧洲本位的葡萄牙亚洲传教史中居重要地位，这些文献开宗明义便会纪念这位神圣的耶稣会会士。不是根据其传播的宗教及社会效益，而是通过一些简短的信札进行重塑，尤其是通过其圣体的不朽这一杜撰的有效宣传，将他变成圣堂、圣遗物及崇拜的缔造者，塑造其烈士的圣洁形象，从而突显（西方）宗教的优越性可以从专制及古老的奇特宗教中拯救东方，最终使非主流的天主教于亚洲植根。尽管他在那遥远的上川岛死于疾病（可能是胸膜炎），但很快宗教编年史就将沙勿略之死升华为圣洁与殉难，进而塑造了一个主保。巧妙地利用他证明葡萄牙东方保教权，祝福圣地，大量颁发奖章，扩大誓愿，创造并传扬信仰的楷模精神，用来鼓励信徒们在最艰苦、最孤独时的意志。圣方济各·沙勿略生平传说的事迹与榜样逐渐构成了这个"东方"天主教主保的理念。它对基督信仰大有神益。

圣方济各·沙勿略的遗体在其逝世后两个月，从上川那贫寒的墓穴中取出后，获得了不朽之身的盛名。其遗体先是隆重安置在马六甲大堂中，然后迁往耶稣会在果阿的本堂安葬。这如同所有的神迹，是一种恩赐。如同所有的恩赐，此种传播在社会及文化层面试图引起回报、参与和动员。沙勿略的某些耶稣会的同伴几年后意识到了沙勿略的创造性和对其符合教规的承认有些过于乐观，但将这位神圣那瓦拉耶稣会会士的去世视为应该给予中国的恩赐，等待回报。1554 年，耶稣会会士巴雷多在一著名信件中描绘了耶稣会在亚洲的新成就。他甚至写到宗教人员应该学习方济各的神圣，因为"士兵应该前往连长逝世之处"。① 书信、报告、许诺不一而足。尽管 16 世纪下半叶，葡萄牙商人和他们的欧亚家庭及奴隶已在澳门立稳了脚跟，但中国的宣教仍无头绪。更值得玩味的是，仔细翻阅圣方济各·沙勿略和 16 世纪活跃在印度和日本之间的耶稣会会士留下的文献，看不到任何传教的概念和传教活动的表现，更不用说通过一批专门的"传教士"（missionário）实施中国"差会"（missão）的计划。作为宗教或社会范畴的概念在圣方济各·沙勿略及在亚洲世界从事宗教活动的耶稣会会士的心目中，所使用的葡萄牙语、西班牙语及拉丁语的词汇中毫无踪影。

一 史学概念及时代词汇

传统宗教史学或许"生来"便犯下了一种历史原罪——时代错误。② 圣方济各·沙勿略及活跃于某些有葡萄牙政治及贸易存在的区域的第一代耶稣会会士生平的历史充斥了理念的宣扬与概念，甚至还有与其时代不符的言语。先看最"明显"和类别的词语："差会"（missão）与"传教士"（missionário）。首先，我们在圣方济各·沙勿略从亚洲不同港口写出的为数不多的信件里，居然找不见这二字。信件记录的正是当时的概念——词语、词汇表、思维……这位那瓦拉耶稣会会士在其文章、信件中大肆使用，借以计划和宣扬他的宗教活动和旅行。

在这位西班牙教士于 1542 年 9 月 20 日以西班牙语写的第一封信中，确

---

① 〔意〕韦克（Josef Wicki）（编辑）《印度文献》（Documenta Indica），18 卷，罗马，耶稣会历史研究院，1948 ~ 1988 年，第 3 卷，第 124 页。见〔葡〕洛瑞罗《澳门历史指南》（Guia de História de Macau），澳门，纪念葡萄牙发现事业澳门地区委员会，1999，第 37 页。

② 我们使用〔法〕费布雷（Lucien Febvre）所作的经典定义的"时代错误"的概念，见《为历史而奋斗》（Combates pela História），里斯本，存在出版社，1974。

定其圣职委任："希望我主会让我明白在此让他们皈依其圣教的方法。"这一"皈依"活动，用沙勿略的话，具体是"在异教徒中扎根我们的信仰"，并应该发动众多的"员工"。[①] 同时，这位耶稣会会士还写了另外一封给罗耀拉的信，如同他后来常用的办法，要求派遣耶稣会人员来进行"忏悔、做终礼并同异教徒交谈"。[②] 两年后，他在于 1544 年 1 月 15 日从柯枝城发出的一封致罗马耶稣会会士的信中，再次提出了这样的问题"如果有员工的话，多少异教徒将成为基督徒。为此必须寻找和培养那些不徇私利，而是为耶稣基督谋利的人"。[③] 同年，于 8 月 20 日从马纳帕尔发出的以葡语写的致曼西雅的信中，沙勿略介绍了他的宗教活动，写道："你们可以看到在这一带我们有多少朋友帮助我们将这些人皈依为基督徒。"[④] 在另外一封于 1544 年 12 月 18 日从柯枝写给曼西雅的信中，圣方济各·沙勿略对"两个我们同伴"[⑤] 的来临感到高兴，再次使用了他的信件中常用的耶稣会会士的断言。自然，它接近"团队"（Companhia）的概念，却远离"传教士"（missionário）理想的任何意义。

这位耶稣会圣人同葡萄牙王室的通信可以帮助我们解释那个时代的文化、宗教词汇与概念范围。在另外一封于 1545 年 1 月 20 日从柯枝写给国王唐若望三世的信中，沙勿略不无苦楚地写道："此处的大量收益充实了王室金库，殿下仅将小小的一部分用来解决这一带严重的精神需求。"他接着写

---

① 《圣方济各·沙勿略信件及作品》（*Cartas y escritos de San Francisco Javier*）（朱彼亚哥版），马德里，BAC 出版社，1996，第 92 页。本文集的编辑使用的是 1994～1995 年间《耶稣会历史文辑》的注释版。他以"传教生活的甘苦"为总标题简述了这些概念。

② 《圣方济各·沙勿略信件及作品》（*Cartas y escritos de San Francisco Javier*）（朱彼亚哥版），马德里，BAC 出版社，1996，第 96 页。编者的概述写道："需要布道人员，需要传教士来皈依异教徒和教徒。"

③ 《圣方济各·沙勿略信件及作品》（*Cartas y escritos de San Francisco Javier*）（朱彼亚哥版），马德里，BAC 出版社，1996，第 111 页。编者这样进行了概述："总督对差会和耶稣会显示了友好。"

④ 〔西〕罗莫（Eduardo Javier Alonso Romo）：《圣方济各·沙勿略的葡语作品》（*Los Escritos Portugueses de San Francisco Javier*），布拉加，米纽大学，2000，第 451 页；《圣方济各·沙勿略信件及作品》（*Cartas y escritos de San Francisco Javier*），第 137～138 页。编者这样简括："差会的赞护者不多。"

⑤ 〔西〕罗莫（Eduardo Javier Alonso Romo）：《圣方济各·沙勿略的葡语作品》（*Los Escritos Portugueses de San Francisco Javier*），第 458 页；《圣方济各·沙勿略信件及作品》（*Cartas y escritos de San Francisco Javier*），第 152 页。编者将信的这部分以此标题简括："新传教士抵达印度。"

道："印度人民心灵的拯救处于何种状况，在其位者应谋之。"① 无论通过此
番话是否可以对当时占主导的葡萄牙商人的活动进行一初步的分析，似乎
重要的是可以重建圣方济各·沙勿略严格用来设想"心灵的拯救"的概念。
于是，在一封于 1545 年 1 月 27 日从柯枝写给罗燿拉的著名标准信件中，对
应召而来的传教士进行了规定。这位那瓦拉耶稣会会士请求耶稣会的创始
人发动更多的耶稣会会士来印度，并规定下了他们的特征："无天赋听忏
悔、布道或辅助耶稣会的人，在完成其静修和从事几个月的杂务后，如果
体魄和精神坚强，在此大有用处；因为在这些异教徒的地方无须许多文化，
只要会教祈祷和牧访各地，为新生儿洗礼便可，因为许多新生儿由于无人
为他们施洗，出世未洗礼就夭折了，我们无法顾及所有的地方。因此，那
些不宜入会的人，可以到各地施洗和教授祈祷者，就派他们来此，因为在
此他们能更好地服务于我主上帝。"② 这是一篇重要的文字，它揭示了一种
有局限的宗教活动——教授忏祷和洗礼——主要巡牧天主教占少数的地方
并对远离任何知识中心的地方进行组织。尽管有必要与不同的地方宗教进
行辩论，但同时还要同东南亚流行的伊斯兰争取新教徒的热忱进行斗争。
的确，沙勿略于 1546 年 5 月 10 日从安汶岛发出的信中，正是考虑到要揭露
伊斯兰教，再次强调了要紧急动员派往亚洲地区的耶稣会"人员"的特征：
"无文才、天才进入耶稣会的人，如果有志来此与这些人同生死，还是绰绰
有余。如果每年来十几个，要不了多少时间就会摧毁这个邪恶的莫哈默德
教派，将所有人归依为基督徒。"③ 之前，在 1546 年 2 月 2 日从柯枝发给罗
德里格斯的信中，他再次强调说："皈依异教徒不需要太多的知识，因为这
一带的人很不开化、无知；稍有一些知识、品德好、体魄强健便可为我主

---

① 《圣方济各·沙勿略信件及作品》（*Cartas y escritos de San Francisco Javier*），第 157 页。编者为
信文加了如下标题："国王过问差会的义务"和"全部差会的状况"。〔西〕罗莫（Eduardo
Javier Alonso Romo）：《圣方济各·沙勿略的葡语作品》（*Los Escritos Portugueses de San Fran-
cisco Javier*），第 459~460 页上有一不全的葡语版本。
② 《圣方济各·沙勿略信件及作品》'（*Cartas y escritos de San Francisco Javier*），第 162 页。编者
喜欢起这样的标题："印度传教士应有的品德。"
③ 《圣方济各·沙勿略信件及作品》（*Cartas y escritos de San Francisco Javier*），第 193 页。编者
选择了如下标题："印度希望有更多的传教士。"

上帝大效其力。"① 三年后，一回到印度，在 1549 年 1 月 12 日从柯枝写给罗耀拉的信中，沙勿略再次呼吁动员耶稣会会士："我会中某些无文才、无布道能力的人，罗马和其他地方均不乏其人，只要受过磨难，经验丰富，有其他帮助这些异教徒的品德，尤其是贞洁，有年纪和体力在此从事繁重的工作，我认为在此可以更好地为上帝服务。"② 这位那瓦拉耶稣会会士再次强调体力、受苦的能力，现在又加上了贞洁。但在这些限制的要求中，无任何宗教活动的字眼，而它却是当时"传教士"开辟"差会"时不可或缺的字眼。在 1549 年 1 月 14 日的一封信中，沙勿略向罗耀拉坚持向亚洲派遣宗教人士的必要性，在条件中，重复了贞洁的重要性："对于那些将在异教徒中工作的人来说，考虑到他们的皈依，不需要很多文才，但需要很多品德：服从、谦虚、顽强、忍耐、爱人、完全贞洁，因为有许多可以堕落的机会。必须头脑清醒，身体适合工作。"③

圣方济各·沙勿略对招募耶稣会会士来亚洲世界从事宗教活动作出了专门的规定，在其他几封信中还加进了"布道者"（pregador）的概念。1546 年 5 月 16 日，这位耶稣会会士从安汶岛致函唐若昂三世国王，正是强调了"印度亟需布道者，正是因为缺少布道者，我们的圣教在葡萄牙人中损失了许多信仰"。④ 对定居在葡萄牙飞地及一些欧亚商业流通地区中的天主教少数人的宗教及道德培养的迫切性是动员耶稣会宗教人员的主要因素之一。在 1548 年 1 月 20 日从柯枝致罗德里格斯神父的一封信再次肯定了"布道者"的概念："设法派遣我会的布道者，目前在印度亟需他们。"⑤

如果我们对在欧洲以外从事宗教活动的第一代耶稣会会士的文献和信件进行系统研究的话，很难找到传教士履行其差会职责的文献。严格来说，传教士这一类目在 16 世纪在亚洲活动的耶稣会会士的官方文献文化中显得

① 《圣方济各·沙勿略信件及作品》（Cartas y escritos de San Francisco Javier），第 294 页。编者认为应这样标题："在印度的传教士身上品德高于技艺。"
② 《圣方济各·沙勿略信件及作品》（Cartas y escritos de San Francisco Javier），第 271 页。
③ 《圣方济各·沙勿略信件及作品》（Cartas y escritos de San Francisco Javier），第 275 页。编者为文字加的标题是："前往印度的传教士的品德。"
④ 〔西〕罗莫（Eduardo Javier Alonso Romo）：《圣方济各·沙勿略的葡语作品》（Los Escritos Portugueses de San Francisco Javier），第 466 页；《圣方济各·沙勿略信件及作品》（Cartas y escritos de San Francisco Javier），第 201 页。
⑤ 《圣方济各·沙勿略信件及作品》（Cartas y escritos de San Francisco Javier），第 240 页。

格格不入。可疑的是，系统的调研也无法在当时其他任何地理区域见到这一概念，尚需在欧洲官方文化的其他领域研究这些概念的出现。从政治到宗教，包括史学和神学研究，涉及在南欧天主教国家广泛阅读的宗教及神修文学，对印刷文字的偏好显然占主导地位。① 自然，要进行深入的调研，非一人一力可以完成，需要制订研究小组计划（还要是国际性的），营造一个通过学科整合、系统地说明问题的研究环境，研究当时所确定的在欧洲以外空间的天主教宗教工作的时间及流通的范畴和概念。尽管无此种调研的努力，但至少应浏览从文艺复兴以来不断出版的书籍并从中得到的启迪。这些书籍以传统的拉丁语古典概念为准，确定了各欧洲标准语言的语汇。这些概念通过其威望及"科学"基础也规范了耶稣会成员的学习计划。②

迅速探查一下字典出版的情况，几乎不可避免地会涉及 15 世纪末、16 世纪初的一些工作。它使得欧洲一些最负盛名的人文学家致力于拉丁语语言—历史能力的恢复。在这些文艺复兴人文研究的大师中，西班牙文学家内布利加（Élio Antonio de Nebrija）的语法及词汇学著作在伊比利亚的知识分子、教师和学生中产生了广泛影响。其众多的研究及数次出版的拉丁语字典为一批专门的读者——主要是教士和启蒙的宗教人士十分准确而简明地界定了拉丁语传教士（missionis）的概念。从字面上翻译为西班牙语是"为派遣的业绩"。③ 在葡萄牙出版界，16 世纪后半叶出版的《拉丁—葡语字典》，尤其是卡多索编纂的诸卷偏爱遵循这一定义。在《拉丁—葡语字典》的各版中将"传教士"（missionis）干脆译为"派遣"（ho enviar）。④ 这一普遍的定义，在 17 世纪初的所有欧洲词汇中比比皆是。如果要找到相

① 〔葡〕苏一扬（Ivo Carneiro Sousa）：《1501～1700 年间葡萄牙神修文学编年书目数量研究的某些可能性》（*Algumas hipóteses de investigação quantitativa acerca da Bibliografia Cronológica da Literatura de Espiritualidade em Portugal（1501–1700）*），载波尔图《迪亚斯及其时代国际会议》，1989。

② 〔美〕奥马雷（John W. O'malley）：《首批耶稣会会士》（*Los Primeros Jesuitas*），毕尔巴鄂、信使出版社，1995，第 279 页。

③ 〔西〕内布利加（Élio Antonio de Nebrija）：《字典》（*Dictionarium*），萨拉曼卡，瓦雷塔出版，1516。

④ 我们参阅了如下版本：〔葡〕卡多索（Jerónimo Cardoso）《拉丁—葡语字典》（*Dictionarium Latino Lusitanicum*），科英布拉，巴雷拉，1570，第 129 页反面；里斯本，塞克拉，1592；里斯本，阿尔瓦雷斯，1601；里斯本，克拉斯贝克，1613；里斯本，克拉斯贝克，1619 及里斯本，克拉斯贝克，1630。

反的情况，看看从俗语到拉丁语的翻译，葡萄牙的情形类似。譬如，在许多例子中，可以列举科尔多纳（Filippo Cortona）的必读之作。它将"派遣"（mandato）一词译为"传教士"（missionis）。[①] 一个多世纪后，18世纪出版文化的勃兴使我们在呈现给当时葡萄牙文化阶层的各种字典内看到了给差会和传教士所下的最后定义。此时他们完全进入了葡萄牙语词汇。于是在那个不幸的1755年，席尔瓦（Miguel Manescal da Silva）在里斯本的印刷所里印刷出售了由福克曼（Carlos Folqman）编写的权威的《葡语—拉丁语字典》。这一著作将葡语的"传教士"（missionário）翻译为"宗教传教布道者"（Apostolicus Evangelii praeco）。[②] 这一定义也进入了俗语的语汇。1783年出版的"利马字典"，将"差会，传教士"（missão，missionário）理解为"送发上帝之言的活动"（acção de enviar a palavra de Deos）。[③] 但不要以为这一理解是万无一失的，因为在其拉丁语字典中，如著名的冯赛贾（Pedro José da Fonseca）编写的字典仍明显地坚持"差会，传教士"（missio e missionis）的古典概念，仍使用西塞罗"派遣活动，派遣"（acção de mandar，mandado）的含义。此外，拉丁语词典中还加上了"士兵的伤亡"和"向投降的斗士免死"的几近军事意义的词义。[④] 无论如何，尽管有这些特殊情况，差会和传教士的概念，从18世纪开始在葡萄牙固定了下来，沿用至今。其含义是：一种在不知"圣言"（palavra divina）的居民和地区传播"圣言"的宗教传播活动。值得一提的是，这一定义尽管简单，却涵盖了各种教会和体系的宗教的争取新教徒的活动，从天主教到佛教，从伊斯兰教到印度教。允许跨越地界传播宗教和宗教文化，而且允许由专门的人士来传播。的确，差会尤其是传教士的概念与基督教教会的"海外"努力紧密相连，从罗马天主教到各种新教开始，将欧洲殖民主义同差会联系在一起，将差会视为教会的文明传播者、教团、学院和司铎。这些新传教士很快为殖民文学及19世纪的游记所利用，

---

① 〔意〕科尔多纳（M. Filippo Venuti da Cortona）：《俗语—拉丁语字典》（*Dittionario Volgare & Latino*），威尼斯，贝尔塔多诺，1596，第 c.528，39 页。

② 〔葡〕福克曼（Carlos Folqman）：《葡语—拉丁语字典》（*Diccionario Portuguez e Latino*），里斯本，科斯塔，1755，第 272 页。

③ 〔葡〕利马（Bernardo de Lima）：《葡语字典》（*Diccionario da Lingua Portugueza*），里斯本，布永内斯印刷所，1783，第 443 页。

④ 〔葡〕冯赛贾（Pedro José da Fonseca）：《拉丁词汇》（*Lexicon Latinum*），里斯本，王家印刷所，1788，第 451 页。

将其视为滑稽的人、"民俗家"、崇高道德的"楷模"。后来的纪录片、电影或1930～1940年间的漫画，如"丁丁在刚果"（葡语初译为"丁丁在安哥拉"）将其加以重塑，通过天主教报纸产生、传播开来。① 进一步的研究可以发现，一大批西方出版物单方面解读传教是基督教争取新教徒的内在结构，把过去的扩张呈现成与欧洲文艺复兴有很深厚的渊源，同时视之为一种和平、传播文明和高尚的任务。无论如何，无任何于整个19世纪和20世纪头几十年所形成的思想和学科来论证天主教差会的历史，这是一种辩解时代的循环性的思维，摇摆于罪孽和拯救之间，镶嵌于一种从本质上来看术语挂靠历史的概念。对其而言，文化或社会差别毫无意义，突出的永远是历史的线性，不同的情节总是围绕无可回避的正史的轴心展开。

可以辩解说，圣方济各·沙勿略和第一代耶稣会会士的宗教活动是这一永恒差会的一部分，因此履行了传教工作。传教士如同最初基督教教会的传教团，是所有宗教人士说来说去要重新借鉴的参考与灵感。此观点不仅支配评论或宗教史学，其影响力更延伸至首批耶稣会会士手稿和信件的出版，编辑用改写、注释和标题等手段冠之传教士字眼的称呼。然而，即便不去质疑这一明显与历史的神学思维联系并充满了信念和信仰的概念，需要从史学准确的角度强调的是，"差会"和"传教士"这样的字眼并不是圣方济各·沙勿略和早期在亚洲活动的耶稣会会士词汇的部分。由于他们的活动不是以这些概念表现和组织的，更不是以从19世纪确立的对"差会"的理解为基础的。

这些概念的文化传播和社会—宗教适应的分期仍未得到研究。但是可以说明的是，在步入17世纪时，"差会"（missão）一词开始充斥文字、编年史和文件，用来概括欧洲宗教人士的活动。此时已经不单单出自葡萄牙和西班牙，企图扩大天主教在海外领地的扩张。在庞大的通信集中，有一葡萄牙著作可被视为编年的起始，其题目冗长"耶稣会神父及修士从日本及中华王国从1549至1580年写给印度及欧洲同会的信件，1598年刊印于埃武腊"。② 在

---

① 不应忘记的是，最早的《丁丁历险记》深有意味地刊登于比利时的天主教报纸《20世纪儿童报》（*La Petit Vingtième*）。

② 《耶稣会神父及修士从日本及中华王国从1549至1580年写给印度及欧洲同会的信件》（*Cartas que os padres e irmãos da Companhia de Iesus escreverão dos Reynos do Iapão & China aos da mesma Companhia da India & Europa, desde anno de 1549 atè o de 1580*），1598年刊印于埃武腊（加尔西亚作序影印版），马雅，卡斯托利瓦出版社，1997。

几十封信件中，某些是冗长、信息丰富、文笔严谨的文献，但找不到一个
"传教士"的字眼。然而具有深意的是，在这个集子中由埃武腊主教唐布拉干
萨撰写并献给圣方济各·沙勿略和罗德里格斯的前言中，却再次出现了第一
代耶稣会会士以"做皈依工作"思想为核心的经常的概念，而且在这第一本
印刷的葡萄牙文献中，第一次将差会的活动列入这一概念。① 在我们感兴趣
的地理区域内，"差会"一词于1600年才出现在澳门耶稣会的年报中，用
来界定在华的宗教人士，如龙华民或利玛窦的努力。一封1600年1月6日
从耶稣会澳门学院发给罗马的信中，描写了"中国差会目前的状况"。②

从17世纪上半叶的耶稣会通信开始，差会的概念在某些葡萄牙耶稣会
会士以其自身经验为基础的某些论述中稳稳地扎下了根。这些论述用来描
写中华帝国和耶稣会在其版图内的宗教活动。耶稣会会士曾德昭在于1642
年以西班牙语出版的《大中国志》中精心安排了第二部分"论中国基督
教"③，经常使用差会的概念，却仍未见传教士一语。该文继续偏用这个时
代的词汇，有时用些不同的形式，如"葡萄园的园丁"④、"这一事业的斗
士"⑤、"员工"⑥、"中国神父"⑦、"基督教神父"⑧、"同伴"⑨、"我们
人"⑩，不断强调神父这个明了的概念。四分之一世纪后，耶稣会会士安文

---

① "您们可以看到，他们在令人怀念的教皇保罗三世的派遣及在上帝的怀抱中安息的、十分
　虔诚的基督教国王唐若昂三世的请求，后来在神的命令下，他们二人来此王国，准备前往
　东印度去做皈依那些大省份的工作。在上述国王的特别关照下，给您们二人作了分工，一
　个乘船出发，另外一个留在王国，双方保持通信，在您们宗教的第一所科英布拉王家学院
　中培养完美无比的宗教人员。他们摒弃了世俗，准备从事任何工作，面对任何危险、受难
　（在那一带的人随时有此危险），以同样的精神，同样的拯救心灵的热忱，继续同样的征
　服"。见《圣方济各·沙勿略信件及作品》（Cartas y escritos de San Francisco Javier），第1页。
② 〔葡〕奥利维拉及平托（João Paulo Oliveira e Costa e Ana Fernandes Pinto）编《澳门学院年
　报（1594~1627）》（Cartas Ânuas do Colégio de Macau（1594-1627）），澳门，纪念葡萄牙
　发现事业澳门地区委员会、澳门基金会，1999，第93页。
③ 〔葡〕曾德昭（Álvaro Semedo）：《大中国志》（Relação da Grande Monarquia da China）高美
　士版，澳门，教育暨青年司、澳门基金会，1994，第289~410页。
④ 〔葡〕曾德昭：《大中国志》高美士版，澳门，教育暨青年司、澳门基金会，1994，第290页。
⑤ 〔葡〕曾德昭：《大中国志》高美士版，澳门，教育暨青年司、澳门基金会，1994，第290~
　291页。
⑥ 〔葡〕曾德昭：《大中国志》高美士版，澳门，教育暨青年司、澳门基金会，1994，第295页。
⑦ 〔葡〕曾德昭：《大中国志》高美士版，澳门，教育暨青年司、澳门基金会，1994，第296页。
⑧ 〔葡〕曾德昭：《大中国志》高美士版，澳门，教育暨青年司、澳门基金会，1994，第301页。
⑨ 〔葡〕曾德昭：《大中国志》高美士版，澳门，教育暨青年司、澳门基金会，1994，第303页。
⑩ 〔葡〕曾德昭：《大中国志》高美士版，澳门，教育暨青年司、澳门基金会，1994，第305页。

思的手稿，即后来的《中国新志》继续偏爱使用差会一语，却仍然不用传教士一词，仅仅承认在中国活动的耶稣会会士为"神父"。① 值得庆幸的是，这部手稿的刊印帮助我们了解传教士概念突出的文化及宗教背景。起初，安文思手稿的题目是"中国的十二特点"，1668 年左右完稿。在这位葡萄牙耶稣会会士于 1677 年在北京逝世后，他的手稿可能由中国差会的经理员、柏应理携带至罗马，后由贝尔诺修道院院长译为法语，于 1688 年在巴黎以《中国新志》为题出版，② 并附有与安文思共事的意大利耶稣会会士利类思所撰的《安文思传》③，正是这篇 1677 年于北京发出的圣徒传式传记的法文文本，将差会和传教士联系了起来。传教士的出现尤其是这个概念所强加的差会的宗教思想是一种文学、史学甚至是 17 世纪法国的政策。正是通过对这些至 16 世纪末仍为伊比利亚两国保教权广泛控制的亚洲及美洲差会的操纵（亦包括其经济及贸易地区），凸显了法国在国际宗教竞争发展中的作用。在诸多 17 世纪法国的政治—宗教及编年文献中，差会的概念被明显用来反对葡萄牙和西班牙的保教权。④ 宗教文献，还有世俗文献说明，差会的概念有利于划定传教区域，又可以将它与救恩史（historia salutis）所赋予的神圣职责的履行紧密联系起来。这一理解在政治上以路易十四的极端专制主义为基础。他资助法国传教士，尤其是由教廷任命的传教士乘坐法国船只出发，无人能够阻止他们在遥远的亚洲地区，如广东登陆。

17 世纪中，差会和传教士的概念在教规上也进入了教廷的概念范围。不应忘记的是，在 1568 年，教皇庇护五世还任命了一个由四位枢机主教组成的委员会，专门负责当时称为"皈依异教徒"的一切事宜。稍后于 1600 年，克列门八世竟将这一委员会变成了传信部（Congregação da Propaganda da Fé），汇集了 10 位之多的红衣主教，但西班牙菲利伯三世的代表援引通过伊比利亚王室合并，西葡联合的保教权，于 1604 年将其取消。1621 年 2

---

① 〔葡〕安文思（Gabriel de Magalhães）：《中国新志》（*Nova Relação da China*）高美士版，澳门，教育暨青年司、澳门基金会，1997。

② 〔法〕伊列娜·皮（Irene Pih）：《一位 17 世纪在华葡萄牙耶稣会会士安文思》（*Le Père Gabriel de Magalhães, un jésuite portugais en Chine au XVIIe siècle*），巴黎，高秉根基金会葡萄牙文化中心，1979。

③ 〔葡〕安文思：《中国新志》高美士版，澳门，教育暨青年司、澳门基金会，1997，第 51 页。

④ 〔法〕葛诺（Jean Guennou）：《巴黎外方传教会》（*Missions Étrangères de Paris*），巴黎，法亚尔出版社，第 198 页。

月 9 日获选的教皇戈列高利十五世后又重拾传信计划，成立了著名的传信部（Congregatio Propaganda Fide）。它于 1622 年 1 月 6 日的爱批法尼亚节正式成立。传信部于 1622 年 1 月 14 日隆重召开第一次会议，目的是"不是通过暴利，而是圣灵温和、慈善的途径：话语、教育、优秀榜样、宣扬、斋戒，获得神圣的悲悯"来传播基督教信仰。[①] 这些豁达、精神高尚的话语很快与葡萄牙和西班牙的保教权发生了冲突。当时两国在菲利伯王朝的坚定治理下，迫使传信部自筹资金和安排宗教人士的旅行。1822 年之前，自筹资金和安排旅行均从无实现。然而，留下了传信部专门讨论题目和问题，思想与概念的重要文件、会议记录和报告。它那勤勉的首任秘书英格利神父于 1625 年、1628 年和 1644 年写了三份长长的报告，描写了令人担心的差会的状况：天主教不同会团成员之间的纷争不绝，有时是激烈的；在派往海外的神父及宗教人员的选择及培养方面存在严重的松懈；不懂当地语言的教士及本地教士的缺少十分严重；教会人士干预民政事务及世俗当局干涉宗教事务的情况很普遍；再加上在外的宗教人士严重不足，缺乏条件和资金；这些问题已经很严峻，加上无马德里和里斯本的同意，教廷的决定根本无法在当地颁布和执行，问题就更加严重了。

二　澳门，差会的十字路口

脱离当时的词汇及文化—社会意义，未确立研究范围便订定研究策略，这种时空错置的研究方法不可能严格地考察出澳门的天主教传教士在亚洲活动的历史作用。这使得研究不得不屈从于某种辩护性传教史学。这种史学植根于永远的基督教的末世学的时代，对社会、政治、文化甚至其他的宗教表现无动于衷。此种选择继续下去，只能使研究者在这共知的历史中再添入例子、名称、传记、事实，并处于简洁圣徒传叙述的边缘，充满典型的伦理与楷模说教。

从认识论而言，欲强调的决裂有着十分简单的理解：在一个宗教团体看来，从教规和本质的神圣方面而言，差会是可以解释的，而对同一时代、同一区域对所面向的社会区域和人口集团而言，却是一种侵犯，而且通常

[①]　《传信部文献集》（*Collectanea S. Congregazione Propaganda Fide*），罗马，1907，第 1 卷，第 2 页。

是深重的，是从文字的文化和道德的"侵犯"到社会与经济的征服。同样，在16和17世纪的葡萄牙和西班牙王室看来，无可争议的保教权，不仅对当地居民与社会，而且对其他欧洲政治及宗教竞争而言，是一种统治权和派别观念。幸好，历史如与它试图理解的往昔社会有着不同，显然是多方面的。除了社会及文化层面外，还有许多取决于可变性的方面。还可从社会区域的多样性扩展到宗教区域的多样性。因此，尽管越来越紧迫的全球化进程占主导并试图获得不幸的文化同一性，我们无权将我们的区域强加于人，更不用说将我们民族区域的历史强加于古往今来构成多元文化世界的不同人民、社会和文化。

然而，目前尚无致力于澳门地区在文化、宗教及社会间关系的整体研究，我们需要全面地回顾一下那些以辩护方式启动的题目——不用说是令人疲倦的——如以中国天主教差会为基础的宗教史学，影响澳门地区的宗教研究，致其几乎忽略了当地有多种宗教表现形式与不同的宗教思维及表现。手册、专著和论文强调说，自1550年代葡萄牙人定居澳门以来，耶稣会将这一飞地变为了令人可喜的日本差会的辐射中心。这些差会在当地取得了大量的皈依，促进了以日本白银交换富丽的中国丝、瓷的航路及贸易。然而天主教宗教人士仍如圣方济各·沙勿略那样雄心勃勃，但入华计划终告失败，因为中国皇帝的命令，通过地方官员持续拒绝允许宗教人士进入中国领土。中国本土的崇拜、宗教、礼仪及社会—宗教态度足以提升皇帝的神圣性质及其对广阔国土超然的政治统治。另外，这些传教史学解释说，中国的情况改变了天主教宣教的固有行为模式，耶稣会东方巡视员范礼安（1539～1606年）1577～1578年途经澳门后，提出耶稣会会士要习华语和华习。① 1583年，定居于澳门的耶稣会会士终于获得广东中国官员的批准在肇庆立足。17世纪初，著名的利玛窦（1552～1610年）神父抵京，在那里建立了耶稣会会士差会的基础，吸纳了一些京城高官信奉天主教，如徐光启或李之藻，② 于是为17和18世纪来华工作的900多名耶稣会会士开辟了空间。事实上，传教士以半个中国朝官的形式存在，他们得到中国文人及宫内人

---

① 〔美〕马爱德（Edward J. Malatesta）：《范礼安（1593～1606）耶稣会赴华工作的决策人》，载《文化杂志》，澳门，第2系列，第21期，1994，第51～66页。
② 〔美〕比得信（Willard J. Peterson）：《杨廷筠、李藻、徐光启为何会成为基督徒》，载《文化杂志》，澳门，第2系列，第21期，1994，第79～92页。

的接受，也适应了朝廷的精英文化，从服饰到体态，从使用官话到传播用于占卜和历书的天文、数学知识，传教士适应或文化上妥协于中国上层社会①，加之有精通地图、钟表、天文及数学的"科技"光环，确保了耶稣会会士在明朝（1368~1644 年）倾覆后继续在北京居留。清军于 1650 年攻克广州后，尊重了澳门的贸易作用。② 澳门同以汤若望（主持修改中国历书，钦天监监正）为首的中国差会耶稣会传教士的宗教联系在澳门与清朝（1644~1911 年）的和解中起到了重要的作用。

至 18 世纪遭到镇压，耶稣会会士的在华宗教活动具有明显的上层路线性质，从上而下，企图通过中华帝国社会中较高社会集团精英的入教来形成一场皈依天主教的社会运动。利玛窦在中国朝廷发动的宗教辩论的胜利使得 3 名位居高官的著名学者徐光启（1562~1633 年）、李之藻（? ~1630 年）和杨廷筠（1557~1627 年）皈依了天主教。③ 他们很快成为耶稣会会士活动强而有力的宫廷施主和保护人。这些皈依是为耶稣会会士宣传的西方科学知识所驱使的。耶稣会会士吸引帝国朝廷的是新奇之物、思想及科学器具的实用。从上述精英的皈依开始，有明一代近 200 名宫人入教，尤其是太监和内宫后妃。这是一批特殊的基督徒，尽管接受了洗礼，但很难实行基督教的道德。尤其在家庭与性生活方面，他们很难放弃群妾或一夫多妻的做法。同时，首批耶稣会会士也经历了改朝换代，许多人仍忠于明朝，仓皇南渡。这一时期内，皇室内出现了皈依：永历帝的皇后、母后、其长子及其嫡母接受了洗礼，取用了基督教名字。④ 绝望、逃亡，这批皇室新皈依者最后求援于耶稣会总长和罗马教皇，请求他们祷告挽救在满族势如破竹的攻势面前已经垂危的明朝。从 1644 年起，在京的传教士企图向新建立的清廷献技。这一举动为新皇帝所接受，但在汉族学者、官员中引起了反

---

① 〔澳大利亚〕埃拉（Ian Rae）:《早期在华耶稣会传教士对"文化沟通"的论述》，载《文化杂志》，澳门，第 2 系列，第 21 期，1994，第 117~127 页。
② 吴志良:《生存之道——论澳门政治制度与政治发展》，澳门，澳门成人教育协会，1999，第 98~99 页。
③ 〔美〕比得信（Willard J. Peterson）:《杨廷筠、李藻、徐光启为何会成为基督徒》，载《文化杂志》，澳门，第 2 系列，第 21 期，1994，第 79~92 页。
④ 〔美〕科恩（Joanna Waley-Cohen）:《北京的六分仪》（*The Sextants of Beijing*），纽约、伦敦，诺尔顿出版公司，1999，第 67 页。

对和反感。这些争权夺利在靠近天子得宠的朝廷大员中是家常便饭。① 从 1630 年起，朝廷大员不见再有皈依者，尽管学者和下级官员中不乏其人。17 世纪中叶，中国某些阶层的基督教化不再具有明末那种初次接触的特性。许多中国基督徒不过是继承父母的宗教信仰。此种遗传仍未脱离儒家的孝道。这在为数不多的中国基督徒的社会思维中是一种根深蒂固的文化背景。他们努力以天主教的教义和伦理来调和儒家的五伦：君臣、父子、夫妇、兄弟、朋友及五常之德：仁、义、礼、智、信。这一特性增强了他们作为多元文化接触的中介及澳门这一最重要的历史战略要地文化及道德沟通的作用。

在此背景下，澳门在此过程中的作用之一便是收留、培养，尤其是从旅行到设备赞助这些"传教士"特别是耶稣会会士前往日本和中国的差会，其次才是前往东南亚其他地区。得到相当世俗权力支持的主教权包括在葡萄牙王室保教权内的坚定赞助。因此，必须简略地回顾一下这一保教权之所以在 16 和 17 世纪被定义为教廷给予葡萄牙王室在那个泛称为印度的在传教和教会管理方面的护教权。这个地区从好望角延伸至日本，沿途有葡萄牙的港口城市、碉堡和商站。从严格的文献角度而言，这些保教权复杂地散见于 1418～1690 年的文献及教谕中，规定了葡萄牙保教权在非洲和亚洲的特权及限制。经过国际政权和教权的多次周旋，有过修改和新规定。无论如何，在 17 世纪初，这些特权最重要的一点便是教皇的决定，任何前往印度的欧洲传教士必须在葡萄牙国王的明确同意下，从里斯本乘葡萄牙船只起航。进一步加强保教权的另一特权是，准许葡萄牙王室任命或确认对亚洲的空缺主教或其他高级教职的提名。这实际上给予了葡萄牙王室任命主教的权利。泛泛而言，保教权企图建立一种宗教和教会方面的垄断，以作为葡萄牙在印度洋商业统治的补充。就历史方面而论，保教权显然是对教会的操纵：主教不得与罗马直接联络，只有在按教会规定的 5 年一次赴罗马述职期间才可以同教皇联系。这是因为限于海外领土的距离，无法联系；差会宗教人士的收入一般由受到王室殖民统治管理的教会工资单支付；而后，进入 17 世纪，传教士的数目不仅仅要满足地区差会的需要，还要更多

---

① 科恩：《北京的六分仪》（*The Sextants of Beijing*），纽约、伦敦，诺尔顿出版公司，1999，第 67 页。

地满足葡萄牙殖民统治的需要。① 保教权将教会，从宗教人士到其学院，从主教到其他教阶置于王室的严密控制之下，深化了差会的垂直从属性，协助传播王室保教权的规模。保教权成为王室真正信教的一种表现形式。

从 1571 年起在菲律宾出现的西班牙殖民政权是对葡萄牙垄断权的第一次挑战。西班牙王室任命的官员拒绝中国沿海一带所有地区的保教权。于是马尼拉开始同澳门在领导及派遣远东的差会方面进行竞争。这一竞争很快变成了一场真正的争名位和传教代表权的斗争。立足马尼拉的托钵僧和集中澳门的耶稣会会士展开了文战，付诸了行动。为了挽救伊比利亚王室合并的脆弱的社会及贸易稳定，菲利伯二世从 1595 年起决定禁止在马尼拉的各有组织的宗教人士在中国和日本传教，只有扎根在华南葡萄牙飞地澳门的耶稣会会士才可以在上述地区传教，尽管这些措施规定，如有必要向上述地区派遣更多的宗教人士，可以破例允许马六甲的方济各会修士前往。这些命令未产生比禁止马尼拉—澳门之间贸易命令更大的效果。② 如同澳门与马尼拉居民之间的那种闹腾腾的非法贸易，不少宗教人士特别是托钵僧和奥斯丁会士前往上述地区。③ 历史文献的揭发和制止很容易说明了此种逾越。例如，在 1596 年，澳门主教唐马尔廷斯被迫抗议 8 名西班牙方济各会士在日本传教。他造成了更激烈的事件。他动员澳门的民政当局驱逐和监禁来自菲律宾的宗教人士。的确，为捍卫葡萄牙朝廷的东方保教权，澳门总督于 1686 年决定逮捕几个从菲律宾起程前往柬埔寨的西班牙教士。更严重的是，在教皇特使安提阿宗主教铎罗 1707 年从北京返回时，澳门总督将其逮捕。这说明了在葡萄牙国王保教权下，当地当局与被认为是罗马教廷对保教权的危险干涉之理解的差距。定居澳门的耶稣会会士、商人及葡萄牙官员认为，这只能给取得的同中华帝国的脆弱沟通带来麻烦。进入中

① 对殖民地天主教教会的利用，从其结构到差会这个问题见〔巴西〕奥尔纳尔托（Eduardo Hoornaert）、格立极（Riolando Azzi）、格里普（Klaus Van Der Grijp）及本诺（Benno Brod）《巴西教会史·人民看法研究》（*História da Igréja do Brasil. Ensaio de Interpretação a partir do povo*），佩特罗普利斯，声音出版社，1992，第 35～39 页。

② 〔葡〕施莉萝（Leonor Seabra）：《权利、社会及贸易·16 至 18 世纪之间的澳门与菲律宾历史关系》，载《文化杂志》，澳门，第 7 期，2003，第 46～58 页；罗利多：《葡人居澳，西人居马尼拉——窥视中国》，载《文化杂志》，澳门，第 7 期，2003，第 23～45 页。

③ 〔巴西〕特谢拉（Vitor Gomes Teixeira）：《从菲律宾派往 16 至 17 世纪在东南亚葡萄牙地区的差会》，载《文化杂志》，澳门，第 7 期，2003，第 68～79 页。

华帝国的人必须只服从于皇帝。在中国领土提出对罗马教皇的服从将骤然破坏现有的平静状态。

三 澳门，文化的十字路口

这些宗教矛盾和传教竞争形成了一个更大的十字路口。它基本上是文化的，是在澳门作为中华帝国和欧洲贸易实例的葡萄牙政治及贸易存在之间跨文化对话的战略区域的过程中真正形成的。澳门及中国天主教传教传统史学研究，讨论最多的一个题目便在于文化边界。由此造成了一个复杂的问题，充满了从中国主权概念到社会关系明显的冲突，通常称其为中国礼仪问题或礼仪之争。不应忘记的是，通常被天主教宗教史学尊为北京差会创始人——著名的利玛窦及其早期的耶稣会会士同伴，从实际的角度强调在孔子道德论及基督教伦理之间无本质的矛盾。[1] 纪念圣贤及先人的礼仪被这些定居在帝国朝廷中的耶稣会会士——显然是在努力进行社会适应和文化生存——认为是世俗的，无任何宗教意义。一小撮分布在澳门和北京之间的耶稣会会士接受利玛窦那巧妙的看法，即历代孔子的追随者相信一个普世上帝。从历史神学的角度来看，这个普世上帝只能是基督徒的上帝，同时解释说祭祖的正确理解是一种社会和家庭纪念死者的方式。利玛窦的解释受到了耶稣会会士思想家，如龙华民和陆若汉的质疑，亦引发了其他会团宗教人士的激烈反对，尤其是那些竞相在马尼拉立足的会团。一位在17世纪遭到激烈反对的主要人物是后来成为安第列斯圣多明各主教的西班牙多明我会会士的闵明我。他编写了一些引起争论的论述，指控耶稣会会士作假、违反贞洁愿、腐败，更严重的是指控耶稣会会士企图通过武力在宗教上征服中国。[2]

一是扩大具有宗教性质的欧洲在亚洲的殖民竞争，二是深化天主教各个会团之间的传教竞争。在此双重背景下，17世纪末，教廷将中国差会分为三个主教区：北京、南京和澳门。澳门主教区获得了对广东和广西的

---

① 王宾：《"上帝"与"天"》，载《文化杂志》，澳门，第2系列，第21期，1994，第51～66页。
② 〔西〕欧阳平（Manuel Ollé）：《中国大业·从无敌舰队到马尼拉大帆船》（*La Empresa de China. De la Armada Invencible al Galeón de Manila*），巴塞罗那，阿坎迪亚多出版社，2002。

"有限"管辖。这一教会的重组企图将差会概念的区域范围具体化，合法确立澳门主教的最后任命。他的前任，从卡内罗开始正式被任命为澳门及中国主教，驻扎澳门。第一任主教唐卡札尔试图保持保教权的基本权利，与企图改革中华帝国差会神学、道德和纪律秩序的教皇代表团进行了斗争。1705年，教皇特使铎罗在本地治理及马尼拉之行后，抵达澳门。他受命进一步加强教皇对容忍孔教礼仪的耶稣会传教士的谴责。澳门主教未承认铎罗的权威，理由是未得到葡萄牙国王的批准，而这是保教权的教谕规定的。主教拒绝颁布教皇特使已于1707年1月在南京公布的谴责中国礼仪的通谕，命令所有的澳门教会当局不服从宗主教，将他的任何申诉或革除教门视为无效。起初，唐卡札尔主教得到了占澳门多数的天主教教徒，从宗教人士到民政当局的广泛支持。但争论的继续使得先是奥斯丁会，后是多明我会决定支持教皇特使。最后，于1711年在果阿总督的命令下，主教被押离澳门。

尽管遭到耶稣会会士和强大的康熙皇帝（1662~1722年）的反对，教皇仍企图继续强加对礼仪的谴责。这是通过1715年3月在罗马颁布的"从那天起"教谕强烈揭露的，1716年8~11月间传至广东和北京的天主教教徒中。在澳门，教会及宗教当局从教皇的新特使亚历山大宗主教嘉乐手里接到了这些谴责。他谨慎地从里斯本乘葡船，在葡萄牙国王的适当批准下来澳门。嘉乐得以进入京廷，受到年迈的康熙皇帝的接见。在听取了特使的解释和"从那天起"教谕的翻译后，天子下谕旨说，欧洲人心胸狭窄，无法深入理解孔子哲理，将罗马天主教传教士比作迷信的和尚和道士。在耶稣会会士的解释和京廷接待失败的影响下，嘉乐仅在1721年11月4日发布了一条错误的指示，允许耶稣会会士无视教皇的要求。后来，教皇本托十四世于1742年7月14日，通过"自从上主圣意"教谕强迫在华及周边国家的传教士明确具签，反对礼仪。如果澳门方济各会出身的主教罗萨教士1748年致函国王，汇报他的同事南京主教威特伯教士抱怨耶稣会传教士煽动他教区的基督徒反对教皇简谕一事可信的话，这一强烈的声明亦未能给这场争论画上句号。耶稣会会士的态度说明了为何教廷反对确认若昂五世任命的北京主教索智能。这个问题还表明了葡萄牙王权的集中与耶稣会会士宗教及社会权利之间的剧烈对抗在彭巴尔时期便爆发了，其激烈程度人人皆知。

这一争论题目繁多的文献①揭示出围绕"差会"的真正中心问题还有广阔的研究领域，要系统地交叉研究中国皇权的普遍性和耶稣会传教士适应策略的多元文化方式。② 如何帮助澳城在很长时间内充当了中华帝国当局官僚和受到天主教教育的欧洲精英文化科技能力之间桥梁的重要角色。从文化史的角度来看，这方面的研究仍显不足。近年来，此种关系得到了进一步的研究，用来审视澳门的政治史，尤其是理解它同时作为近代和当代中国及欧洲政治和经济文化之间的桥梁与边界的多重功能，将澳门解释为一个真正的生存十字路口。③

四 澳门：文化及宗教历史的挑战

对澳门历史的进一步探问迫使对其独特的文化及宗教生存提出新的问题。不仅仅要回顾它的天主教景观，还要强调其他古老中国宗教的活力和占主导的人民性。通过庙宇、祝愿、神灵、算命及其他神的显灵，设立了不同的景观。历史研究一直过多地针对"天主教城"，这在时间上尤其是脱离了由其他中国宗教和信仰存在构成的逼迫及边界的空间是无法完全理解的。多元文化及多元宗教的研究表明，重要的不仅仅是理解各种权力交叉过程的一面，如围绕中国礼仪之争的始末，而且还要准确描写。然而总结以宗教文献和活动为基础的澳门社会与文化多元形式，这一历史仍然待写。必须从认识论的角度，对以往的澳门宗教历史的研究及出版物进行重新定义。澳门宗教历史通常被认为是其独特的文化生存以外历史的一章，将其

---

① 〔葡〕萨安东（António Vasconcelos Saldanha）：《葡萄牙及耶稣会参与中国礼仪之争及康熙皇帝与教廷关系研究及文献集》（*De Kangxi para o Papa, pela via de Portugal. Documentos relativos à intervenção de Portugal e da Companhia de Jesus na questão dos Ritos Chineses e nas relações entre o imperador Kangxi e a Santa Sé*），里斯本、澳门，东方葡萄牙学会，2003。

② 黄启臣：《澳门是 16～18 世纪中西文化交流的桥梁》，载《文化杂志》，澳门，第 2 系列，第 21 期，1994，第 153～178 页。

③ 霍启昌：《葡萄牙人居澳研究》，里斯本、澳门，葛拉迪瓦出版社、澳门海事博物馆，1996；张海鹏：《澳门史研究：前进和困难》，载《文化杂志》，澳门，第 2 系列，第 27～28 期，1996，第 5～23 页；〔葡〕洛瑞罗（Rui Manuel Loureiro，此书中文版译作罗理路）：《澳门寻根》，澳门，澳门海事博物馆，1997 年；〔葡〕洛瑞罗（Rui Manuel Loureiro）：《贵族、传教士与官员——16 世纪葡中关系》，里斯本，东方基金会，2000；以及吴志良：《生存之道——论澳门政治制度与政治发展》，澳门，澳门成人教育协会，1999，第 98～99 页。

纳入过时的殖民和帝国的史学。因此，我们的研究、讨论和出版基本是要在文化与宗教历史的范畴内。而这一范畴是一种专业的领域，它可以交叉研究不同的思维、表现、习惯及不同的文化、宗教团体区域及社团的形成。要科学地强调一个明显的跨学科研究的领域，从人类学到历史，比较、交叉、联系、重建并解释一种彻底远离了"仅仅"是宗教史学的狭小的通道。此种宗教史学受制于辩护和解释，失之于谴责和赎罪，充满了争论和偏好。

（原载《行政》杂志，澳门，澳门特别行政区政府行政暨公职局，

总第 68 期，2005 年 6 月）

加比丹·莫尔及其澳日贸易与耶稣会士的特殊关系

戚印平[*]

在讨论加比丹·莫尔（Capitão-mor）以及该体制下的澳日贸易时，我们无法回避这一商业运作与耶稣会士的特殊关系。从逻辑角度看，这一关系实际上潜含着互为因果的两个不同指向：由于葡萄牙人始终未在日本获得类似于澳门的居住地，前往经商的加比丹·莫尔当然离不开日本耶稣会士的协助与参与，然而，当江户幕府奉行禁教政策时，曾经盛极一时的澳日贸易也无法避免池鱼之祸，因此牵连而同归于尽；另一方面，寓居日本列岛的传教士也离不开加比丹·莫尔和澳门商人的支持，他们不仅依仗定期商船运送人员、物资，而且还因为生存需要，参与商业活动并从中获得传教经费。

正如人们将葡萄牙国王的海外政策归纳为"为了胡椒与灵魂的拯救"那样，为了帝国的根本利益，经商贸易与宗教传播关系密切，它们犹如一辆车的两个轮子，缺一不可。在 16 世纪之后的大航海时代，我们既找不到纯粹的宗教传播，也很少发现单纯的贸易通商。从这一意义上说，这种相互依存的连带关系不仅是那个时代的基本特征，亦为研究历史的主要通道。

一

关于那些葡萄牙船长，即加比丹·莫尔与传教士之间的密切关系，我们可以追溯到耶稣会士传教东亚的最初时间。在首位耶稣会士沙勿略（San Francisco Xavier）神父远东传教生涯的两个关键时期，有两位船长曾起过极

---

* 浙江大学哲学系教授。

为重要的作用。

第一位船长是名为阿尔瓦雷斯（Jorge Álvares）的葡萄牙商人，他在耶稣会士进入东亚地区之前就在那里经商多年。1547 年底，刚从日本返航的他在马六甲将偷渡出国的日本鹿儿岛武士池端弥次郎介绍给沙勿略，并应沙勿略所请，写下名为《日本见闻记》（Descripcion de la tierra de Japon）的报告。① 阿尔瓦雷斯与沙勿略有着长期的友谊，是沙勿略"极为信赖"的朋友。他的那份报告被认为是葡萄牙人有关日本的最早的正式记录②，而他介绍给沙勿略的日本武士弥次郎则被送往印度果阿圣保罗神学院接受训练，并迅速改宗，从而使沙勿略幻想可以很快在日本获得成功，最终导致他在 1549 年前往日本传教。③

迪奥戈·佩雷拉 [Diogo Pereira（Perejra）] 是对沙勿略产生重大影响的另一位商人。当沙勿略寻求进入中国的方法时，他不仅提出组建使团，与

---

① 在中葡早期关系史上，同名同姓的阿尔瓦雷斯至少有四人之多，其中包括 1513 年第一个抵达中国，并在广东屯门岛竖起刻有葡萄牙王国纹章的纪念石柱的阿尔瓦雷斯，他在 1521 年因病去世。与沙勿略交厚的阿尔瓦雷斯出生在葡萄牙与西班牙交界处（Freixo de Espada），曾在中国沿海和日本经商；〔日〕岸野久：《西欧人的日本发现》，吉川弘文馆，1989，第 47～48 页。关于阿尔瓦雷斯带来日本武士弥次郎，并将他介绍给沙勿略神父一事，平托（Mendes Pinto）的《远游记》（Peregrinação）中亦有相应记载，见平托《远游记》，金国平译，葡萄牙航海大发现事业纪念澳门地区委员会、澳门基金会等出版，1999，第 617～618，627～628 页。

② 向沙勿略提供日本情报的另一位船长是佩罗·迪茨（Pero Diez）。据说，这个出生在 Monterrey 的商人曾在 1544 年 5 月从马来半岛前往中国，经漳州、宁波、南京前往日本，后将他在中国与日本的见闻写入了阿尔瓦拉多（García de Escalante Alvarado）编集的《日本发现》的报告中。当沙勿略于 1546 年 7 月至 9 月滞留在印度尼西亚的特尔纳岛时曾与他见过面，见〔日〕岸野久《西欧人的日本发现》，第 21～24 页。

③ 沙勿略在 1548 年 1 月 20 日于科钦写给罗马某位耶稣会士的信中说："在滞留马六甲此城时，我极为信赖的葡萄牙人带来了重要情报，这就是最近发现的、被称为日本的很大的岛屿。他们认为，如果我们的信仰在这岛上得到弘布，就可以获得远胜于印度任何地方的成果，因为日本人拥有印度异教徒所没有的旺盛求知欲。有一位名叫保罗（弥次郎教名）的日本人与这些葡萄牙商人一起来到此地。他从于马六甲前往日本的葡萄牙商人阿尔瓦雷斯知道了我，于是来这里见我。这位保罗向葡萄牙人谈了青年时代所犯的罪，他来此是为了询问请求神宽恕如此大罪的方法，并向我告解……如果日本人都像保罗这样有着旺盛的求知欲，我想日本人就是新发现各地中求知欲最为旺盛的民族。保罗出席基督教讲座时记下了信仰条文，还一再前往教堂祈祷。他向我提出种种质问。他的求知欲被点燃了，这是极为进步的标志，我认为他会在短时间中达到对真理教诲的认识。"沙勿略著《沙勿略全书简》，河野纯德译，平凡社，1985，第 272～273 页。此外，关于沙勿略与日本武士池端弥次郎的邂逅，以及后者对沙勿略日本传教的帮助，见拙作《沙勿略对于中国文化的认识及其为传教中国所作的努力》，载《世界宗教研究》，2002。

神父一起进入中国的建议①，而且被印度总督诺罗尼亚〔Dom Afonso（Affonso）de Noronha〕任命为前往中国的正式使节后，还耗费巨资，用价值30000克鲁扎多的丝绸和麝香来装备船队。② 由于迪奥戈与马六甲要塞司令官阿尔瓦罗（Dom Álvaro de Atayde）的个人恩怨，这一大胆的计划化为泡影③，但迪奥戈还是慷慨解囊，为沙勿略的最后冒险提供经济支持。④

关于这两位商人，他们是否被正式任命的加比丹·莫尔，即拥有所谓"海上巡抚"或"移动总督"等行政权力，现在还找不到具体的证据，但他们作为船长的商人身份应该是毋庸置疑的。⑤

从整体上说，在所谓的大航海时代，传教士与商人的关系极为密切而复杂，既相互需要，又相互排斥。以沙勿略（San Francisco Xavier）为例，他一方面积极地传递重要的商业情报⑥，但同时又对商人们出手阔绰、挥金如土的行为举止

---

① 罗德里格斯记录说："由于迪奥戈·佩雷拉和与他一起来的商人们了解中国的事情，所以（沙勿略）神父向他们说明了自己的意图，与他们商量实现这一意图最恰当的方法。大家的意见是：最有效的手段也许是由印度副王派遣带有高价礼物的正式使节，前往中国国王那里，以葡萄牙国王的名义再次表明友好。如果这样，神父就可以和这位使节一起前往国王的宫廷，并有可能获得滞留在其国内的许可以及讲演神圣福音的自由。"见〔葡〕罗德里格斯（Joao Rodriguez）《日本教会史》，下，岩波书店，1979，第538页。

② 《日本教会史》下，第546页。

③ 《日本教会史》下，第555～563页。

④ 沙勿略在1552年11月12日于上川岛致信马六甲的佩雷斯神父说："从现在开始，我必须用八天时间等待带我去广东的商人。如果他能够平安无事地带我去广东，他就能从我给予的胡椒中获得350克鲁扎多以上的巨大利益，所以只要我不死，我相信他会来这里。这些胡椒是我的好友迪奥戈·佩雷拉给我的。"见《沙勿略全书简》，第736页。

⑤ 沙勿略在1547年11月29日的一封信中明确说道："我还见到了名为阿尔瓦雷斯的、（担任）某条船船长的葡萄牙人。" J. Wicki ed., Documenta Indica, Vol. I. Romae, 1948, p. 336. 转引自〔日〕岸野久《西欧人的日本发现》，第48页。

⑥ 沙勿略在他抵达日本两个多月后，即1549年11月5日于鹿儿岛寄给马六甲总督的信中特别提到："如果能得到上帝的许可，我期待着能在离（京）都两天陆上路程的堺设立可带来物上莫大利益的商馆。因为堺是日本最富有的港口，（日本）国内的金银大部分集中在那里。我将动员日本国王向印度派出使者，让他们观看印度的宏大与在日本所没有的物品，用这样的方法使（印度）总督和日本国王之间就设立上述商馆进行协商。"见《沙勿略全书简》，第516页。另一个重要的细节是，沙勿略等人在日本两年生活主要依恃马六甲总督提供了30桶胡椒（见《沙勿略全书简》，第432页）。由此看来，他给马六甲总督的上述信件可能是作为他赞助日本传教活动的一种回报。

当沙勿略前往中国进行最后的冒险时，他于1552年7月22日在新加坡海峡致信迪奥戈·佩雷斯，令人回味地重提他在数年前提过的建议。其曰："我带着你的奴仆弗朗西斯科·德·韦拉去中国，不是我认为他有必要，而是为了帮助托马斯·埃斯卡蒂尔，为了您船上的（货物）能够在中国进行交易。如果那是神的愿望，他可以乘从中国来的最早的船去马六甲。（转下页注）

颇有微词，甚至在私下里毫不留情指责他们支持耶稣会士秘而不宣的真正动机。①

二

　　传教士与商人的特殊关系与大航海时代葡萄牙帝国的整体利益有关，虽然双方的终极目标和自身的利益有所差异，但他们在"为了胡椒与灵魂的拯救"的基本国策指引下，不难找到利益共同点与合作基础。②

　　当传教士进入日本之后，他们与葡萄牙商人之间的合作日趋紧密，在当时传教士的许多信件中，我们很容易找到双方配合默契的记录。1551 年 9 月，加比丹·莫尔、杜阿尔特·达·伽马（Duarte da Gama）率船队来到日本

（接上页注⑥）我无论如何也想去中国，但如果我主之神没有打开去中国的道路让我去那里，我就乘从中国来的最初的船来马六甲，再乘到葡萄牙的船返回印度。如果能在中国设立商馆，国王陛下将会收到莫大的利益。我认为你必须向国王陛下详细说明这一点，并向印度副王报告此事。为此，我在一直开封的（由你送给国王与副王）信中写上了（在中国设立商馆）这一点。你可以看看。请你把写给国王的信函与我的信一起送去。见《沙勿略全书简》，第 716～717 页。

① 沙勿略在 1552 年 4 月 8 日写给葡萄牙国王的信中不无醋意地补充道："佩雷拉自费购买了许多物品作为献给中国国王的礼物，而且都是高价的。但无论任何礼物，以及东方诸王曾经赠与或现在赠与（中国国王）这一全东方最大君侯、领主的任何礼物，都无法与体察陛下圣意，并由我们所带去的物品相提并论，这就是我主耶稣基督的教诲与信仰。毫无疑问，如果中国国王充分理解这一点，他会比 15 个地方区（省）和全帝国的出色宝物更加重视它。"见《日本教会史》下，第 549～550 页。
　　另一个不可忽视的证据是，沙勿略在上述致马六甲总督的信后不久，就在 1547 年 11 月 29 日致果戈麦斯神父的信中表达了他对商人们的不信任："神父来日本时，请携带印度总督给日本国王的亲笔信和能够呈献的相当数额的（金）币和礼物。如果日本国王能归依我们的信仰，相信神会带给葡萄牙国王巨大的物质利益。堺是极大的港口，是有许多商人与金钱的城镇。比日本其他地方有更多的银子与金子，所以我想在堺设立葡萄牙的商馆。根据我在印度的经验，没有人会不考虑（物质利益），仅凭对神的爱而让神父们参加远航。"见《沙勿略全书简》，第 510～512 页。

② 对于这一利益共同点，桑切斯·阿隆索（Sanches Ayres）神父在 1587 年写给西班牙国王的信中说得极为坦率，其曰："凡基督教君王及其大臣不惜经费与辛劳而试图前往的所有国家，神职人员也随同前往。反之，神职人员亦裹足不前。在构建世俗（势力）基础时，神职人员亦倾力相助。而在其他国度，他们或无意前往，或无意长驻，或无所事事，或浅尝辄止，或归于灭亡。凡往者势大，则事有所成，并可保存至今，如佛罗里达（群岛）、新墨西哥、巴西、秘鲁、菲律宾、马提尼克（群岛）、妈港、马六甲，均有世俗者势力的保护。而同样在佛罗里达、蒂蒂迈哥斯、加利尼福亚、新墨西哥，亦有与之相反的例证。而巴西的许多地方、秘鲁的一部分，属于菲律宾的许多岛屿，Bubayan、Lequio、支那、柬埔寨、暹罗、爪哇、文莱等被发现之国，则与之相反。如果世俗之人前往当地，神职人员即使滞留于此，基督徒的势力亦微不足道，或无人改宗，即使有人改宗，亦人少而时缓。要完成日本的事业，葡萄牙国王承担经费，运送耶稣会员，但若获得成功，除经历千辛万苦，还须有葡萄牙船只、多数加比丹、士兵的支持。此后，为支持神父和这些新的基督徒，还须让葡萄牙人大量捐献，若无每年的资助，葡萄牙神父们将一事无成。"见 Pastels, *Historia General*, Ⅳ, p.69；转引自《日欧交通史研究》，第 522 页。

丰后的日出港。为提升传教士在日本人心目中的地位，他对沙勿略与大友
义镇的会面仪式作了精心安排与包装。在沙勿略入城的时候，三艘葡萄牙
商船挂满了彩旗，不停地轰响礼炮，以示对神父的敬意。船长和船员们身
着盛装，簇拥着沙勿略肃穆前行。队列前面还有一名指挥，舞动着光彩夺
目的金棒，指挥乐队前行。此外还有一人高擎圣母像，另外一人举着华盖，
紧随在沙勿略身后，以表明神父不同寻常的高贵身份。①

与杜阿尔特·达·伽马工于心计的精心设计相比，另一些船长的支持
似乎更多地源于同为基督徒的诚意。据著名耶稣会士弗洛伊斯（Luís Fróis）
记载，1563 年，由中国（澳门）前往日本大村的佩德罗（Dom Pedro de
Almeida）船长不仅与神父一起看望了当地领主大村纯忠，向领主赠送了极
为精巧的大批礼物，甚至还应托雷斯（Cosme de Torres）神父的请求，将自
己的卧床、衬衫以及心爱的宠物犬都捐给传教士，充作公关礼品。②

---

① 〔日〕和辻哲郎：《锁国——日本的悲剧》，筑摩书房，1985 年，第 195～196 页。对此，罗德
里格斯的《日本教会史》记载可引为旁证。其曰："当福者弗朗西斯科（即沙勿略）神父到
达丰后日出港时，那里有一艘葡萄牙人的船停泊在丰后国首府城附近。为在东方全境的未信
者中弘扬主的荣誉与荣光，这些葡萄牙人抓住机会，以表现对圣福音使者们的尊崇与信赖，
对他们的尊重、从属、心悦诚服、崇敬与崇拜之情，尤其是出于对福者弗朗西斯科神父及其
圣德的极大尊敬，船上的大炮在他们抵达时鸣炮以表示强烈的喜悦心情。与此同时，在福者
神父访问公爵时，船长本人和当地的葡萄牙人也一起随行。"见《日本教会史》下，第 492 页。
② 弗洛伊斯在 1563 年 11 月 4 日致欧洲某修道士信记述道："贝尔德拉曼（大村纯忠教名）为会
见神父和葡萄牙人而抵达当地（大村横濑浦港），我们与船长一起访问了他。我向他赠送了
从印度带来的海马念珠和被祝福过的镶金念珠。他极为珍重地挂在颈中……佩德罗（Dom Pe-
dro de Almeida）给予我们的东西在当地极为珍奇。我和费尔南德斯（Juan Fernandez）修士将
它送至领主的家中，他对此极为感谢。礼物为镀金的床，丝质坐垫和美丽的挂毯，还有天鹅绒
枕头和其他物品。佩德罗还送给他婆罗洲的精制蓆子和四五匹丝绸。"见〔日〕村上直次郎译注
《耶稣会士日本通信集》上，载《新异国丛书》II，第 1 辑，雄松堂书店，1984，第 318～319 页。
　　需要补充的是，作为乘坐佩德罗之船抵达日本的同行人，弗洛伊斯还在其名著《日本史》
中对此作了更为详尽的补充。他声称在收到托雷斯神父的信件后，佩德罗船长几乎是倾囊而出，
以满足传教士的要求。其曰："神父托雷斯通过一位神父与一位修道士给甲比丹（加比丹）佩德
罗送去一封信，向他说明，为确认贝尔德拉曼对于葡萄牙人的好意及其是否愿意改宗，并表示对
殿下改宗的欣喜，可由阁下向殿下进献某些礼物。这不是商船必须进呈的贡品，而是作为一种外
在标志……他接到这一通知后，非常高兴地说：'这正是我在日本交易所能获得的最好收益。这
里有供自己就寝的涂金卧床、琥珀别的挂毯、丝绒枕头、婆罗门的丝绸床罩、盛满葡萄牙的葡萄
酒的大酒缸，还有自己极为喜爱的宠物犬。'此外，他还取下镶着高价宝石的纯金戒指，从颈上
摘下金锁，让仆人打开皮箱，取出红色斗篷、丝绒帽子、衬衫、上等裤子、白色衬衣、新的帽子
以及现在记不清的种种东西。他告诉神父说：'自己是军人，所以并没什么值钱的东西。如果
船上有什么可用之物，无论何物，亦乐于奉献给贝尔德拉曼阁下。'"见〔葡〕弗洛伊斯（Luís
Fróis）著，〔日〕柳谷武夫译注《日本史》II，平凡社，东洋文库，1987，第 255～256 页。

不可忽略的是，葡萄牙船长与传教士极为默契的亲密合作，不仅仅因为葡萄牙的国家利益①，而且还源于具体历史情境的特殊需要。众所周知，在 16 世纪中期，日本正处于群雄并起、弱肉强食的所谓"战国年代"，出于封建割据或夺取霸权的需要，各地军阀（大名）均希望通过对外贸易来增加实力，在有着对外贸易传统、曾是倭寇主要根据地的九州地区，大名们争先恐后地讨好葡萄牙人，甚至以改变信仰为条件，换取金钱和武器方面的援助。②而他们的这一愿望，亦在客观上为传教士们纵横捭阖、长袖善舞的外交活动提供了可资利用的足够空间。关于其中奥秘，弗洛伊斯曾坦言道：

感谢神的恩典，驾乘帆船和索玛（中国的商船兼军舰。——原注）的中日通商贸易停止了。作为它的代替，只有葡萄牙人和载着西方商品的中国帆船每年来此一次。结果，这对于我们使灵魂回心转意的目的产生了极有利的种种机会。对于在"下"这个地方有身份的贵族，我们最初只能通过宣扬灵魂拯救和神圣福音的说教，寻求与他们接近的机会。但我们所说的都是有关宗教和神的极艰深的道理，所有这一切都与他们所考虑的现世的、人的、缺乏理性原理和真理的事物相抵悖。因此，要将他们导向直接的真正目标，即全善全能的始祖耶稣基

①　1586 年 4 月 12 日，印度副王在给澳门加比丹·莫尔的命令中明确说道："隶属于陛下枢机院、兼任印度副王等职的梅内塞斯（Duarte de Menezes），任命你为航行于中国海上以及日本的加比丹，现通知赶赴现任的多明戈斯·蒙泰罗（Domingos Monteiro）以及将来前往（此任）的所有人。陛下已获知消息，知道耶稣会神父们在日本于异教徒的改宗以及对基督徒的教育获得很大成果，而且上述神父们建立起许多的会馆、神学院与神学校，这些国家中已经拥有 200 多座教堂，我希望日本的改宗事业不断前进，上述神父接受援助及其对主的巨大奉献不受妨害。"转引自〔日〕冈本良知《基督教时代——其文化与贸易》，八木书店，1987，第 98 页。
②　这方面最典型的例子，是 1580 年有马晴信的改宗。当龙造寺军队兵临城下时，一再向传教士求救的他不得不赶走同居的未婚女子，受洗入教，而范礼安则立即向他提供价值 600 克鲁扎多的弹药与粮食。见〔日〕松田毅一等译《1580 年度日本年报》，载《十六、十七世纪耶稣会日本报告集》，第 3 期，第 5 卷，同朋舍，1994 年，第 228～232 页。这些改变信仰的领主被称为"基督教大名"，最为著名者有大村忠纯、大友义镇、小西行长等人。他们中的一些人的确成为坚定的信仰者，如被流放到马尼拉，并死于当地的高山右近。但更多的人则由于政治压力，很快抛弃信仰，转而成为基督徒的迫害者。关于这一问题，见〔日〕姊崎正治《切支丹宗门的迫害与潜伏》（养德社，1949 年），H. 切希里克《基督教人物的研究》（吉川弘文馆，1963 年），〔日〕清水弘一《基督教禁制史》（教育社，1995 年），〔日〕海老泽有道《基督教的弹压与抵抗》（雄山阁，1981 年）等书。顺便说一句，将他们与中国著名基督徒徐光启、李之藻等人进行比较，应该是十分有趣的课题。

督，首先要唤起他们对现世的兴趣和希望，此举对他们发现心灵通道
是必要的。在他们看来，葡萄牙人和我们是同国人，所以这些贵族认
为船只是否进入其领地内的某个港口，取决于神父的意志和命令。所
以，他们会对神父们表示出更多的敬重和好意。为了让商船来到自己
的港口，他们希望神父留在其领地内。①

弗洛伊斯此言为传教士与加比丹的合作前提做了最好的注脚。首先，
中日贸易的停止不仅使"每年来此一次"的葡萄牙人有机可乘，而且为耶
稣会士提供了"极有利的种种机会"；如果唤起他们对现世的兴趣与希望，
就能够"将他们导向直接的真正目标"。当然，传教士关注此事还有不便启
齿的自身原因，而葡萄牙商船驶入哪个港口也未必完全"取决于神父的意
志和命令"，但他们会因为前述基本国策，找到与加比丹的利益共同点，并
由此确定密切合作的基本立场。他们与平户领主松浦氏的明争暗斗，可谓
这一绝妙双簧的经典版本。

自从 1550 年葡萄牙船只首次进入平户之后，那里一直是葡日贸易的主要口
岸，出于丰厚利益的诱惑，领主松浦隆信甚至表示要皈依基督教。然而，当平
户成为定期商船的唯一交易港后，他对传教士的态度逐渐变得傲慢。为打破松
浦氏的垄断地位，托雷斯神父转而与附近的另一领主大村纯忠订立契约，以引
导葡萄牙商船进入其领内的横濑浦港为条件，换取他对教会的支持。②

---

① 《日本史》，第 2 册，第 211~212 页。此外，1599 年 2 月 25 日，克鲁士（Pedro de Cruz）神父
在于长崎写给耶稣会总会长的信中亦有相同的表述。其曰："改宗事业极大地依赖于人力与
世俗手段……这种人力手段有各种方法，但可以归纳为以下两种。一种是接受我们的援助，
或通过我们与定期船部分贸易的斡旋，或是为了与长崎周围基督教领主结成同盟，满足大人
物对我们的期待……我们在日本的一切几乎都依赖于贸易。这不仅是因为说教者通过贸易的
管道来到日本，而且因为有贸易的存在，说教才被许可或得以维持。它说明只有使用这一手
段，基督教界才得以发展，维持它的力量才得以进一步强化。"见〔日〕高濑弘一郎编译
《耶稣会与日本》第 1 册，载《大航海时代丛书Ⅱ》，6，岩波书店，1981，第 202、213 页。
② 关于教会与松浦氏的多个回合的反复争斗，见《日本史》，第 2 册，第 187~188 页。而另
一个很有说服力的典型事例是，当 1569 年天草领主向传教士提出相同请求时，有恃无恐的
神父们直截了当地提出了五项交换条件：1）领主写信通知其领内的贵族和各城城主，公
开宣布自己对基督教义在领内的弘布感到满足；2）领主本人听取说教一周；3）如果领主
认为得神的教诲是正确的，请让一个儿子接受洗礼，以表明接受基督教的诚意；4）在领
主本人居住的河内浦建造一座教堂，并赠送相应的土地；5）请大人明确地宣布，允许其
属地的子民在听取说教后自由地成为基督徒。见《日本史》，第 4 册，第 135 页。

由于澳日贸易的稳定性，每年前往日本的葡萄牙商船成为传教士可以倚仗的筹码，他们越来越熟练地使用这一世俗手段，充分利用各地大名增强实力的生存需要，使自己处于左右逢源的有利地位。对此，弗洛伊斯在1586年10月17日写给范礼安的信中颇为得意地声称：

> 在日本，有一点与我们所发现或知道的任何国家都不同，这就是在和平时期神约不可能弘布的诸国中，它已经得到更好的弘布与接受。到了战时，精神上的渔猎事业便开始进行。①

三

如前所述，耶稣会士与加比丹的密切合作还有其自身原因。由于传教经费的严重不足，他们必须以各种形式，参与以中国生丝为主要商品的海外交易，以贸易盈余来填补越来越大的经费缺口。②

有证据表明，耶稣会士参与生丝贸易的历史极为悠久，早在沙勿略时代，就是他们运送经费的一般方式。③ 1560年代后，时任日本布教长的卡布拉尔（Cabral Francisco）神父利用商人阿尔梅达（Luís de Almeida）加入修会时捐赠的私人资产，以委托代理的方式，介入澳日贸易。④ 1578年，首次抵达澳门的范礼安又与澳门商人正式订约，在每年前往日本的定期商船上，

---

① 《十六、七世纪耶稣会日本报告集》，第3期，第7卷，第146页。
② 关于与日俱增的经费需求和极不可靠的年金收入等等情况，见拙作《关于日本耶稣会士商业活动的若干问题》，载《浙江大学学报》，2003年5月。
③ 现存罗马耶稣会档案馆，编号为721-11-7的一份文献披露说："从澳门的耶稣会神父驻在日本的最初时起，神父的维持费就一直有必要从印度送来。从圣弗朗西斯科·沙勿略死于葡萄牙人进行贸易的港口上川岛时代起就是如此……但没有将银子运往日本的合适方法。因为日本存有大量的银子，这就像将银子从西班牙送往秘鲁，或反过来将胡椒和药品送往印度那样。无论从印度送给神父们的现金有多少，他们总是通过葡萄牙人，将剩下的钱换成生丝送往日本，这就是他们的收入来源。这一方法无人不晓，也没有人大惊小怪，认为神父们行事不端。"见〔日〕高濑弘一郎《关于日本耶稣会的生丝贸易》，载《基督教研究》，第13辑，吉川弘文馆，1970，第170~171页。
④ 布拉尔在1571年9月6日于日本长崎写给罗马神学院迪亚哥·米兰神父的信中承认，"修士阿尔梅达带着4000至5000克鲁扎多加入了修会。就是这笔钱开始了在日本和中国之间罪恶的商业贸易"。转引自〔日〕高濑弘一郎《基督教时代的研究》，岩波书店，1977，第582~583页。

为教会争取到 40 担生丝的固定份额和 50 担生丝的非固定份额。①

1582 年，范礼安以耶稣会印度管区长身份重返印度果阿，他派遣瓦斯·戈麦斯神父（Gomez Vaz）前往里斯本，向葡王递交请愿书和这份契约的文本，同时亲自向当时的印度总督德·弗朗西斯科·马什卡雷尼亚什（D. Francisco Mascarenhas）游说，并很快获得批准。1584 年，印

---

① 关于范礼安与澳门当局签订的这一契约，稍后 1579 年 10 月作于日本的《Sumario Indico》第 17 章解释说："日本耶稣会士主要依靠定期船贸易而维持。根据在中国（澳门）负责定期船事务的葡萄牙商人与我们订立的契约，日本耶稣会士每年从这一贸易获得大约 4000 克鲁扎多的收益。这一契约如下，澳门全体商人共同为向日本输出生丝成立了公司，在这一公司中，为了向日本耶稣会提供帮助，将 40 皮高——皮高大致相当于 quintal（公担，100公斤）——作为耶稣会的份额带到日本。他们应该在日本出售生丝，如果不能全部出售，也将按照该公司出售其他全部生丝的价格进行计算，将（相当于）40 皮高的出售价值给予耶稣会。从中大致可获得 2000 特卡特的利润。如果他们通常舶载的生丝不能全部出售，再从剩下的生丝中，将另外 50 皮高生丝以适当价格让给耶稣会。这部分生丝在定期商船离开后，由驻日本的耶稣会中的葡萄牙管区代表出售。从中也可能获得大约 2000 克鲁扎多的收益。"见《关于日本耶稣会的生丝贸易》，第 148～149 页。

在 1620 年 2 月 10 日作于澳门、名为《关于我们会员进行的中国与日本之间贸易的报告》中，亦有关于该契约的记述，但耶稣会的生丝份额稍有不同。其曰："本市与日本进行的生丝贸易，通常依据多年前由本地市民决定并采用的一种契约、即 Armação 来施行。这一契约由统治该市的三位市参事会员，或作为其替代的三位最年长、最有教养的重要人物逐年更新。他们或在这一契约中加入新的条款，或撤销并变更老的条款，与进行航海的加比丹订立契约。而加比丹除了 10% 的运费之外，还要交给他们被称为谢礼的 3000 或4000 克鲁扎多。加比丹必须遵守课给自己的条件，在满足本市的自己的定期船与其他船上运送一定数量的生丝，不能多运。无论目的是善是恶，他都不能介入生丝的买卖。为了在日本进行生丝买卖，三位市参事会员，即被选举们将任命一位代理商、一位书记、一位会计以及其他必要的辅助人员。这些人在宣誓后要尽心尽责地运送生丝，用自己的钥匙管理所有的生丝，贩卖并获取银子，生丝拥有者即使去日本也不能介入其中。

这三位市参事会员，即被选中者们，将按照各自家族与功绩，有区别地从本市市民中间分得搭载生丝的一定数量。但无论功绩多大，也没有人超过 12 皮高。我们是最初来到这块土地的修道士，所以一开始本市的居民也给予我们一定数量的生丝帕克（我们这样称呼各人的不同份额）。他们为了帮助全体人，对任何贫穷者也给予一定份额。但是，随着本地与日本（耶稣会）人员的增加，经费上涨，我们的份额不能成为维持费的充分收入。为此，范礼安出于对这一管区的爱心，了解到这一收入的匮乏，从印度总督那里获得以下内容的敕令，即在 Armação 中给予我们 100 皮高的生丝份额，我们可按照我们的希望，在任何时候，以任何方法出售这些生丝。在日本交给我们之后，将不在 Armação 有关人员的权限之下，并完全脱离他们的管理。但是，范礼安神父出于其他不同考虑，后来将这 100 皮高限制到 50 皮高。虽然这会给耶稣会带来不小的损失，但迄今为止，我们仍这样做。由于必须经费越来越多，而且每天都在增加，有时搭载的生丝也超过这一数量。所以不了解情况的人以及对此不满的人议论纷纷，甚至添加了不是事实的传言。因为耶稣会在这一点上行为谨慎。"见《耶稣会与日本》第 1 册，第 513～514 页。

度总督以菲律浦二世的名义颁布敕令，正式批准范礼安与澳门当局签订的契约。关于这一敕令，作于 1598 年的《Apologia》的第 16 章概要地摘述如下：

> 葡萄牙国王菲律浦向见到此函的所有人通告，即作为印度和日本管区之管区代表的耶稣会的瓦斯呈给我一份请愿书。我看到他的要求事项，并且重视这 35 年来开创并始终维持日本基督教界的神父所需要的经费大幅度上升一事，看到向我出示了巡视员与澳门市缔结的契约，我希望向神父们支付经费，勿使不足，并且排除澳门代表对此契约的任何变更。为此，在考虑到上述诸事之后，我判断认可巡视员与澳门市缔结契约的内容是好的，并用本敕令承认它。为此，我向现任此职以及将要担任此职的中国的加比丹·莫尔、我的高等司法官（Ouvidor）、澳门市的代表（Fleitos）和代理商（Feitores）、其他所有的司法官员、公务员以及隶属于他们的人们通告这一旨意。我还希望他们像这一认可敕令中所说的那样，不夹带任何怀疑和异议地完全执行并遵守它，我还命令他们执行并遵守它。而本敕令还命令在缔结上述契约的澳门城市的文件中记录在案。果阿市，1584 年 4 月 18 日。
>
> 　国王陛下命令德·弗朗西斯科·马什卡雷尼亚什制作此状。①

再印证于其他文献，我们注意到耶稣会商业活动与加比丹·莫尔的某些关系：①敕令中明确提到的三个主要告知对象，即加比丹·莫尔、高等司法官、澳门市的代表与代理商，实际上正是澳门自治机构三足鼎立的基本框架。② ②范礼安获取的生丝份额，是通过名为 Armação（阿尔玛萨）的商人行会与船长（即加比丹·莫尔）订立的合同送往日本。换句话说，身为货主的教会实际是

---

① 《关于日本耶稣会的生丝贸易》，第 152～153 页。
② 如前所述，自澳门开埠之后，加比丹·莫尔的权限范围已经开始逐渐退缩，但这并不意味着"移动总督"功能的完全丧失。1599 年克鲁士在写给总会长的信中说："1623 年之前，加比丹·莫尔停留澳门期间还带有当地统治者的权限。即使在停泊长崎时，他也具有统治当地葡萄牙人的权限。在幕府发布禁教令之前，欧洲人犯罪由他们进行处罚。"见《耶稣会与日本》第 1 册，第 237 页。

与澳门商人一起，与作为承运方的另一方加比丹·莫尔订立商务契约的。①

可以想象，出于自身利益的内在需求，耶稣会士不会在加比丹·莫尔制度的演变过程中置之度外。根据李玛诺（Manuel Dias）神父作于 1610 年的《关于澳门居民将生丝送往日本时的耶稣会契约以 Armação 的报告》，契约的最初订立，就得益于耶稣会首任主教卡内罗（Dom Belchior Carneiro，一译贾耐劳）的斡旋。② 在契约的实施过程中，耶稣会士亦扮演多种角色，他们或以神职人员的身份劝诫并威慑违约者③，或借助长驻日本的便利条件，直接参与商品交易。对此，李玛诺神父在报告中颇为自许地宣称：

> 由于日本人与葡萄牙人的交易和契约方式有很大差异，所以本市的被选举者常常要求代理人在有关商务及其他问题上求助于神父，并写信恳请神父在日本帮助代理人。另一方面，还命令代理人将船（货）

---

① 李玛诺在报告中说："以前，耶稣会士亦与世俗者同样，将尽可能多的生丝送往日本，但自从确定这一阿尔玛萨，即商务契约之后，只能按敕令的规定，运送 50 皮高而不是 90 皮高。此外还与澳门市达成共识，如日本人不希望购入大量生丝，而定期船送来的生丝不能全部在日本处理时，由于必须在日本出售而不能带回澳门，所以按日本的议定价格将 40 皮高交给驻日本的耶稣会管区代表。这样，神父们在有些年份就在日本拥有 90 皮高生丝，或仅仅只拥有 50 皮高。但是，大部分时候只有 50 皮高，这些年份日本购买了所有的生丝。将剩下的 40 皮高生丝转给神父的年份极为少见。"〔西〕José Alvarez-Taladriz 著《1610 年关于澳门、长崎间贸易船 Armação 契约的资料》，野间一正译，载《基督教研究》，第 12 辑，基督教文化研究会编，1967，吉川弘文馆，第 359～360 页。

② 李玛诺神父说："随着当地居民的增加，在当时于本地担任主教的卡内罗（Dom Belchior Carneiro，一译贾耐劳）神父的协助下，送往日本的生丝依据大小商人，人人有份的原则的商务契约来实施。"见《1610 年关于澳门、长崎间贸易船 Armação 契约的资料》，第 358 页。虽然作者没有提供更为确定的具体时间，但如果它真的是在卡内罗主教的协助下才得以实施，那么它应该是在后者担任澳门主教的期间。对此，龙思泰记述说："贾耐劳于 1568 年到达澳门，并经格列高利十三世的许可，管治该教会，直到 1581 年死于澳门，葬于圣保禄教堂"；见吴义雄等译《早期澳门史》，东方出版社，1997 年，第 176 页。换言之，卡内罗协调下订立 Armação 的时间，应在 1568～1581 年期间。但是，日本学者认为它的成立时间更早，并且明确地将此时间定为 1570 年。见〔日〕高濑弘一郎编译《耶稣会与日本》第 1 册，第 191 页，注 6。

③ 李玛诺神父的报告记述说："葡萄牙人出于除定期船所送商品之外，不得有任何东西被送往日本的这一本来目的，本市被选举者还禁止日本白银进入本市。因此，在与定期船船长签订契约时，还附加了这样的条款：不许带回日本的白银，如若违反，将不经审判，支付若干罚金。通常，他们每年还请求主教发布命令，不许葡萄牙人从日本带回白银，如若违反，给予其身败名裂的破门罪（excomunión ipso facto）的惩罚。"见《1610 年关于澳门、长崎间贸易船 Armação 契约的资料》，第 362 页。

委托给神父，与神父协商，大小诸事都听从其意见。为防止代理人与日本商人之间常有的生丝价格及重量变动，神父亦在日本为本市服务。因此，许多葡萄牙人说，如果没有神父参与议定价格的协调，帮助价格的决定，定期船就不能安心地交易，并在适当的时期返回。①

我们不清楚传教士在交易过程中是否真有如此权威，也不清楚澳门葡商及其代理人是否如此言听计从，但可以确认的是，耶稣会士利用其特定身份与长驻日本的地利之便，极深地介入或参与了交易过程，并在议定价格等关键环节中发挥了不可替代的重要作用。

四

或许是倚仗特殊身份以及在交易过程中的重要作用，对商业利益的极度渴求曾一再驱使传教士铤而走险，冲破契约的束缚。他们或不顾禁令，直接与停泊在外港的日本商船接洽②，或要求在定期商船之外加派船只，为教会运输物资。③ 而其中最大胆的想法，就是获取一次加比丹·莫尔的航海授权。

---

① 《1610 年关于澳门、长崎间贸易船 Armação 契约的资料》，第 366 页。

② 李玛诺神父的报告记述说："如国王的定期船之外有其他船只装运中国生丝及其他商品前往日本，定期船运送商品的价值将大幅度下降，所以城市的被选举者和代理人与利益一致的定期船的船长们加以协作，严密监视，不准在定期船之外将中国商品送往日本。因此，无论多大的小船也不准装运商品。当前往日本的其他船只通过附近时，船长应禁止其进入港口，如果已经入港，应命令其离开港口。此外，船长本人，或派遣士兵监视其他船只不得接受商品。此事对城市的共同利益关系重大，某年耶稣会管区代表神父试图前往停泊在港外的日本船只时，监视中的定期船船长一面通知本会的神父，一面仅凭推测其带有生丝或其他货物，便命令士兵开炮。"见《1610 年关于澳门、长崎间贸易船 Armação 契约的资料》，第 360~361 页。

③ 李玛诺神父的报告还记述说："1603 年，装货完毕，正准备出港口的定期船在本港口被荷兰人所俘虏。当时范礼安正滞留本港。由于日本耶稣会因这艘定期船而丧失几乎所有的财产，所以该神父来信说，将派遣小船去日本，考虑到神父面临的极为严重的贫困状态，解雇尽可能节减的同宿与仆人，其他费用也应至少减去一半。为此，他亲自前往市政当局，请求派遣小船的许可，但是，由于本会信徒都对此强烈反对为维护修道会而求助于律师。结果，居民最终同意此请，但与神父约定，无论是耶稣会的人还是其他人，此船除书信之外，不可携带任何商品。"我们不知道范礼安是否真的信守约定，只让此船带去了几封信件，但报告中的另一些段落显然暗示了不便明言的事实真相："1608 年，出于荷兰人的恐怖，定期船没有前往日本，所以滞留于当地的管区代表神父想派一只小船，将弥撒用的葡萄酒和主教用服等物送往日本，由于前年 1607 年也没有定期船，所以这些物品在日本非常缺乏。由于认为此事极为困难，对付妨害此事的船长的方法是选举本市主教为维护修会权利的仲裁人。主教让船长放弃顾虑，认可了他的日本之行，为了得到居民们的同意，向他们每人提供了三至四枚黄金，这些钱一部分来自耶稣会，另一部分来自于信徒。在接受这一航行的建议后，也给了主教本人八至十枚黄金。"《1610 年关于澳门、长崎间贸易船 Armação 契约的资料》，第 361、362 页。

1588 年 10 月 18 日，范礼安于澳门写给总会长的信中，明确提出这一要求：

> 我以日本管区全体人员的名义，请求阁下看到日本所蒙受的巨大破坏与损失的份上，向教皇与国王说明它的窘境，并以所能想到的最好方法加以救济……关于国王，我因上述窘境而设想的方案，是向国王乞求一次日本航海（权力）。如果出售这次航海（权力），可从中获得 15000 克鲁扎多。这笔钱与国王给予果阿大主教建设教堂的费用，以及为各城市防御而给予的数目相同。在当地，我想不出国王还能给予我们什么。①

由于相关史料的缺乏，我们还不清楚总会长是否向国王提出过这一请求。但在 1604 年初，当中国与日本准管区派往欧洲的管区代表弗朗西斯科·罗德里格斯（Francisco Rodrigues）神父于澳门出发之际，范礼安在交给他的备忘录中重提旧事，他在这份名为《罗德里格斯应与总会长交涉诸事的备忘录》的文献写道：

> 尊师于当地返回途中，应尽力请国王确认他在萨尔塞特（Salsete）承诺每五年给予日本 5000 克鲁扎多的捐款。此外，还要寻求该捐款不必逐次更新，或成为永久捐款，或作为长期捐赠的可能性。此外，如果察觉出教皇不想支付尚未支付的年金，就与（总会长）商量可使日本筹措某些资金的补给方法，请他向国王要求，就像将日本航海（的权力）给予果阿主教座堂、医院以及科钦市城防工程那样，给我们一次日本航海，并可将其出售的权力。②

由于罗德里格斯神父 1609 年 9 月在里斯本附近死于海难事故，范礼安等人的愿望化为泡影。但据范礼安继任者巴范济（Francisco Pacheco）神父在 1610 年 3 月 14 日写给总会长助理马什卡雷尼亚什（António Mascarenhas）神父的信件，一再受挫的耶稣会士并未放弃，他们锲而不舍的持续努力亦

---

① Archivum Romanum Societatis Iesu, Jap. Sin. 10 - Ⅱ, f. 336v. 转引自〔日〕高濑弘一郎《基督教时代的研究》，岩波书店，1977，第 369 页。

② 《耶稣会与日本》第 1 册，第 265 页。

终有回报，但令人啼笑皆非的是，国王赏赐的航海授权并不完整，而是与马六甲共同分享的半份。对此，巴范济神父在信中愤愤不平地申诉说：

> 葡萄牙及其政厅认为，（赠送）一次日本的航海权太奢侈。这么说是因为国王陛下只想赠送（航海权的）半份，另一半为加强要塞而给了马六甲。这实在太少了，因为一次航海权的售价相当于 10000 或 12000 克鲁扎多。只给我们一半的确太少了。而且如上所述，由于（荷兰人）捕获了定期商船，现在这一贸易已几近断绝，我们不知道这一恩惠何时才能实现。①

关于国王的这一荒唐决定和此后事态的发展，我们或可再作具体的分析，但我们不会不注意到这一请求的关键所在，即传教士孜孜以求的航行特权，并非是用于实际航行，而是公开出售，直接换取数目不菲的现金收入。关于范礼安等人极富想象力的大胆计划，或许是源于教会的有限财力与特殊身份的种种限制，但它同时也表明，神父们已不再满足于与加比丹·莫尔商业合作，而是试图从急剧变化中的加比丹·莫尔体制中获取更多的好处。

基于本文的主题，我们还意识到航海特权的出售亦表明加比丹·莫尔制度已今非昔比。很显然，日本航行的权力已不再是皇室贵族的专属特权，而是成为纯粹商业性质的投标竞争。可以想象，在这种情况下，每年的航行特权会被出价最高的人所获得，而如此轮流坐庄，又会促使加比丹·莫尔制度进一步市场化。②

---

① 〔日〕高瀬弘一郎、岸野久编译《耶稣会与日本》第 2 册，载《大航海时代丛书Ⅱ》，7，岩波书店，1988，第 11 页。

② 在耶稣会文献中，我们可以看到不少有关售航海权力之价值的记录。除上述范礼安信件中所说的 15000 克鲁扎多之外，1610 年 3 月为科钦防务之需出售的日本航海价值 27000 杰拉弗（xerafim）；1629 年 11 月，为曼里阿波尔城防务，以 306000 杰拉弗的价值出售了三次日本航海的权力；另 1637 年 1 月的记录表明，一次日本航海的售价各不相同，分别价值 102000 杰拉弗、38000 杰拉弗、36500 杰拉弗、22666 杰拉弗和 16000 杰拉弗。而在 1629 年，印度副王将一次日本航海的售价估算为 72000 杰拉弗。另据博克塞考证，在 17 世纪，一次日本航海的售价在 16000～40000 杰拉弗之间，但大部分买主支付的价格在 20000～30000 杰拉弗之间。另据考证，在当时，杰拉弗与克鲁扎多的比价为 3∶4，虽然具体的比值或有波动，但大致的收入还是可以换算为我们更为熟悉的克鲁扎多等通用货币单位。见《基督教时代的研究》，第 369～370 页。

五

在讨论教会商业活动时，我们多次提到范礼安首次远东之行带来的一系列重要变化。由于范礼安与澳门当局订立生丝贸易契约，以及管区代表制度的确立，教会的商业行为不仅由地下走向公开，而且呈现类似于计划经济的性质。[①] 但另一方面，出于宗教身份等出于宗教身份等诸多原因，耶稣会士的商业活动仍有所顾忌，不得不沿用传统的委托代理制。[②]

在前引李玛诺神父报告和其他一些公开文献中，委托代理制的合作双

---

① 关于耶稣会驻澳门管区代表的基本情况，见拙作《耶稣会驻澳门管区代表及其商业活动的相关问题》，载《浙江大学学报》，2004 年 9 月。

② 委托贸易制是教会商业活动的基本形式，具体过程是由上长将贸易资金交给某些与教会关系密切的商人，委托其代理商品采购、运输及出售的各个环节，然后再从他手中收取赢利。在作于 1598 年的《Apologia》第 16 章中，范礼安将坦陈道："这 4000 特卡特现金 [1552 年阿尔梅达（Luís de Almeida）在日本加入耶稣会时捐赠的私人财产，它被认为是教会从商的最初资本]，可经过与耶稣会神父交厚的其他葡萄牙商人之手，在中国购买生丝。并由他们自己装运上船，在日本出售，这样神父们就不会卷入其中，而只是从这些葡萄牙商人手中接受收益。"他随后还说："这一方式进行了若干年，而且传到了耶稣会总会长的耳朵里。总会长们虽然一直希望停止这种生丝贸易，但也明白如果废止它们，神父们就没有别的方式获得维持费，在神给予更为恰当的其他援助或救济方法之前，排除这一形式的收入来源，基督教界的维持与改宗事业的发展是不可能的，所以一方面要求上长们如有可废止这一贸易的方法就废止它，但另一方面也加以调整，指示说，如果别无良策，就在纯粹必要的范围内以慈悲为怀而认可它。1573 年，我由总会长默库里安作为印度与日本的巡视员从罗马派遣而来时，还带来包括其他问题在内的、调查这种形式的援助是否必要的备忘录，并给予我按照必要程度的判断，允许或全面禁止、或部分禁止的处置权限。"见《关于日本耶稣会的生丝贸易》，第 149~150 页。

关于这一委托贸易，卡布拉尔（Francisco Cabral）神父亦在 1584 年 10 月 6 日于澳门写给总会长的信中加以确认。他说："现实正如阁下所知道的那样，除了迄今为止的某种商业行为之外，无法使日本的神父们与改宗事业得以维持并获得前进。由于这一行为的确导致了某些反感，并为人们所厌恶，所以当时的管区长夸德罗斯（António Quadros）下令，即使不得不从事这一贸易，至少也应尽可能地减少招致反感的机会。为此，在派遣我去日本时，不允许我们耶稣会士的任何人负责这一财源的交易，也不准参与交易，将此事委托给二三位耶稣会的忠实朋友。命令他们尽可能秘密地作为自己的钱在这个港口投资于生丝。他们以自己的名义购入这些生丝，在自己家里打包，装上前往日本的定期船。他们还是在日本出售这些生丝，从赢利中留下当年改宗事业和补给我们耶稣会士的必要数额，剩下的余额再作为自己的钱带回澳门用作投资。"见《耶稣会与日本》第 1 册，第 16~17 页。

方被描绘成配合默契、亲密无间的合作伙伴。但可以想象的是，出于对现实利益的追求，商人和传教士既是荣辱与共、休戚相关的合作者，同时又是锱铢必较、钩心斗角的竞争者。对此，1611 年 2 月 10 日，卡斯帕尔（Manuel Gaspar）神父在于澳门写给总会长助理的信中曾毫不留情地斥责道：

> 苏阿雷斯长时间担任驻当地的管区代表，他因自己的工作得到某些人的帮助。当此人前往广东时，委托他置办送往日本的若干物资。该神父去世后，其他管区代表继任此位，与该人的关系更为密切深入。他就像是耶稣会管区代表的代理商人。他有女婿和亲戚，所以他们合伙成为耶稣会各种各样的代理商人。他们越来越强大，在当地就像是科英布拉的 Rodrigaires（Rodrigo Aires），他们拥有好几艘大帆船，进行规模极大的贸易。他们时常为提高自己的信誉而大量利用耶稣会的钱，由于这些钱和神父们与他们的来往——中国人知道这一关系——他们博得了极大的信誉，但随着这一趋势的发展，他们已经不再是代理商人，而似乎成了我们耶稣会士的主子。他们中的一人对担任日本管区代表的科埃里神父（他在 1611 年因痢疾而被主召去了）说，尊师只要负责货物的装卸即可，其余的事全部由他自己来承担。于是他们甚至与印度、科钦、马六甲、日本等地拥有交易关系，现在还与马六甲保持交易关系，大多数交易都是在耶稣会的庇护下进行的。[①]

或许是因为致信熟知内幕的知情者，卡斯帕尔省略了相关背景的说明，但依据其他材料，我们发现信中提到的诸位神父均非普通修道士，米盖尔·苏亚雷斯（Miguel Soares）和若昂·科埃里（João Coelho）是耶稣会驻澳门第二任、第六任管区代表。而作者卡斯帕尔本人亦曾担任第四任管区代表。也许正因为这一经历，他会对诸多细节了如指掌。而上述陈述亦应

---

① 〔日〕高濑弘一郎：《基督教时代对外关系的研究》，吉川弘文馆，1995，第 473 页。

当是身临其境者的切身感受。①

不知为何，卡斯帕尔没有点出这些代理商人的名字，但幸运的是，我们在皮雷斯（Francisco Pires）神父1616年1月7日于澳门写给总会长助理的信中找到了这些神秘人物的背景材料。其曰：

> 澳门重要人物中的两人，加伊奥·佩德罗·马丁斯（Pedro Martins Gaio）及其女婿维森特·罗德里格斯（Rodrigues Vicente）之间出现了矛盾。马丁斯是今年的市参事会员，曾几次担任澳门的加比丹，并一度担任日本航海的加比丹。在我们来当地的去年之前，他是我们教会的资产管理人。在范礼安神父、巴范济神父的管区代表苏亚雷斯神父和其他管区代表的时代，他时常参与耶稣会的工作。维森特是去年的市参事会员。他在日本为成为耶稣会士而曾是同宿。但由于摩里斯科人（残留在西班牙并接受基督教洗礼的摩尔人）的血统而结了婚。他始终为耶稣会服务，当佩索阿·安德烈（André Pessoa）的船烧毁时，他借给耶稣会5000塔艾尔的三年无息贷款。当米盖尔·苏亚雷斯（Miguel Soares）去世时，维森特去了日本。恰巧门多萨·努诺·德

---

① 《耶稣会驻澳门管区代表及其商业活动的相关问题》。需要补充的是，米盖尔·苏亚雷斯是耶稣会第二任驻澳门管区代表，其任职时间从1588年至1600年，若昂·科埃里（João Coelho）神父是第六任管区代表，其任期是从1609年至1611年1月。卡斯帕尔是1603年2月到达澳门的，随后接替因斯皮诺拉（Carlo Spinola）擅离职守而空置已久的这一职位。1605年，他曾前往印度，但不久又重返澳门，再任这一重要职务。1607年卸任，将管区代表之职交给维埃拉（Sebastião Vieira）。此后一直滞留于澳门，直到1615年才返回印度。见《基督教时代对外关系的研究》，第380~381、386、388页。需要指出的是，卡斯帕尔是第一位辞职的澳门管区代表，具体原因不明，但联系此信，可能是因为他对教会的商业活动及其与代理商人的合作关系有所保留。他在此信的其他段落中毫不留情地指责说："他利用耶稣会的财产就像是他自己的东西。他们希望用这一（耶稣会的）钱买下全世界。今年从印度送来10000至12000克鲁扎多，管区代表神父将一半支付给中国人——葡萄牙人让他们这样做，剩下的一半进行日本（耶稣会）的交易。他们将这一切视为己物，给了他想要的东西，将剩余的用于交易。将商品从当地送往遥远的科钦，代自己出售，运送，获得利润。管区代表神父在科钦有交易关系，从中获得了利益。结果按他们的希望做了。他用他们送往日本的四种礼物，前年他运来的几壶葡萄酒行了此事。而耶稣会一无所获，信誉尽失。决不能允许这种代理商人的存在。就像耶稣会前往任何地方那样，管区代表神父交易要获得总会长的命令是非常重要的。这样他可以很容易地交易。当地住院的交易应合乎时宜，我们不能被视作巧取豪夺和不详者。这会提高收益，不再有损失。神父们不会再在当地为他们所束缚，从中获得解放，靠捐款生活。他们将自己的东西给予耶稣会士，是想让我们给他们恩惠。"见《基督教时代对外关系的研究》，第473~476页。

(Nuno de Mendonça) 损失了将克船，几次航海都不能进行，所以耶稣会极为贫困，范礼安神父极为苦恼，维森特对范礼安神父说，苏亚雷斯神父将货物交给我，希望用我的船去印度，我将它们送去了。用这笔本金筹集了 8000 塔艾尔。神父，这笔钱就在这里。范礼安神父极为感谢他，说再没有必要为救济日本而向印度向总督和其他人去乞讨。①

　　与卡斯帕尔的无情斥责相比，皮雷斯对他们的印象极佳（也许这是他直呼其名的原因）。据其所言，加伊奥和他的女婿不仅向教会提供 5000 塔艾尔的三年无息贷款，而且还在苏亚雷斯神父做管区代表时去印度为教会做买卖，并在"几次航海都不能进行，所以耶稣会极为贫困"的关键时候，主动将增值至 8000 塔艾尔的巨款交还范礼安，以解燃眉之急。②

　　由于本文的主旨，我们对马丁斯翁婿的特殊身份颇感兴趣。很显然，他首先是一位财大气粗的富商，依卡斯帕尔所言，"拥有好几艘大帆船，进行规模极大的贸易"，"甚至与印度、科钦、马六甲、日本等地拥有交易关系"；其次，他还是一位官员，据皮雷斯介绍，"马丁斯是今年的市参事会员，曾几次担任澳门的加比丹"。

　　除此之外，马丁斯应当还有一些颇为隐秘的重要身份，卡斯帕尔信中所说的"教会资产管理人"，或许表明他曾是管区代表的代理商。印证于前引李玛诺神父的报告，作为去年和今年的"市参事会员"，马丁斯翁婿的这一职务或许暗示了他们曾担任（或正在担任）阿尔玛萨的召集者与协调者，

---

① 《基督教时代对外关系的研究》，第 478～479 页。
② 皮雷斯在信中还说："维森特·罗德里格斯还在去年 1615 年的夏天去了日本。这是为了在日本收取约 18000 克鲁扎多的定期船运费。该船的主人欠他这些债务。在他准备上船时，有几个人向市政府请愿说，由于对本市有害，不可让维森特·罗德里格斯前往日本。为此，维森特·罗德里格斯遭到逮捕，受到各种各样的辱骂。据我得到的传闻，其激烈程度使得维森特·罗德里格斯无法保护他的名誉。那天中午当我经过食堂时，从外面返回的我们会员中的两人正在吃饭，与其他会员谈论维森特·罗德里格斯的事。他们在外面听说，不让维森特·罗德里格斯离开本地的希望来自于我们的住院。大家都因为对维森特·罗德里格斯和佩德罗·马丁斯的爱而对此感到遗憾，但没有人问这是谁的希望。因为知道管区长神父很早就对他抱有不满。当时的日本管区代表巴雷托（Manuel Barreto）神父对我说，维森特·罗德里格斯告诉他，他没有制作管区长神父要求他写的文件，并丢弃它而蒙受与耶稣会伙伴产生裂痕的灾难。在一次说教中，管区长神父声称，要告别无秩序，但不能与人告别，所以他感到满意。出于对管区长神父的爱，没有人敢对此说三道四。"见《基督教时代对外关系的研究》，第 480～481 页。

出面与承担日本航海的加比丹·莫尔订立商务契约①。不光马丁斯"一度担任日本航海的加比丹",其女婿维森特亦曾前往印度交易,所以他应当也是前加比丹·莫尔。更令人回味的是,维森特不仅有着摩里斯科人的血统,而且还为了加入耶稣会在日本担任传教士的同宿。由此推测,翁婿两人与教会的渊源复杂而深刻。

关于马丁斯翁婿的特殊经历,我们或可再作细致的个案研究,但不管怎么说,如此多变而相互关联的不同身份已经表明,由于定期船贸易对加比丹、澳门市民以及耶稣会士所具有的特殊意义,尽管对切身利益的强烈渴求会诱发他们之间的许多尔虞我诈与钩心斗角,但这一动力同样会使他们在更多的时间中,成为一损俱损、一荣俱荣的共同体。

（原载黄晓峰主编《文化杂志》，澳门，澳门特别行政区
政府文化局，第 57 期，2005 年冬季刊）

---

① 李玛诺神父在作于 1610 年的报告中明言："治理该市的市参事会员按时召集大多数市民，在此时选举三名代表，让他们作为居民的代表，与航海的船长缔结契约，并负责与此契约有关其他事务。这些被选举者为居民的利益负责上述契约的各项事务，有时市参事会员本人也担任此职。"见〔西〕José Alvarez-Taladriz《1610 年关于澳门、长崎间贸易船 Armação 契约的资料》，第 359 页。

瀛洲圣阙关山重

——1709 年教皇信滞留澳门始末

韩 琦*

多罗（Carlo Tommaso Maillard de Tournon，1668～1710 年）使团来华是"中国礼仪之争"中的重要事件。教廷遣使的本意在于平息争端，然而多罗此行不仅没有达到目的，反而使矛盾激化。多罗在澳门被监禁，度过了他生命中的最后几年，直至 1710 年病故于囚所。澳门在当时不仅是西方对华贸易的重镇，而且成为天主教在远东的堡垒。多罗来华这一事件不仅牵涉清朝与罗马教廷，也与葡萄牙政府及澳门当局有关。尤其是教皇格勒门德十一世（Clement XI）1709 年 3 月 2 日致康熙请求善待多罗的信，在澳门滞留两年有余，充分体现了这一历史事件的错综曲折。①本文将根据档案文献，梳理历史脉络，从一个更深的层面认识"礼仪之争"的复杂性，并进一步理解澳门在"礼仪之争"中的特殊重要地位。

一　多罗与澳门

1701 年，深受教皇格勒门德十一世信任和赏识的多罗被选中出使中国，并加安提阿宗主教衔（Patriarch of Antioch），次年作为派往东印度和中国的

---

* 中国科学院自然科学史研究所研究员。

① 教皇信寄达康熙皇帝及翻译的经过，见拙文《姗姗来迟的"西洋消息"——1709 年教皇致康熙信到达宫廷始末》，载《文化杂志》，2005 年夏季刊，第 55 期，第 1～14 页。

全权特使，出发前往远东。①

当时，葡萄牙享有在远东地区的"保教权"，包括任命主教和宗主教，在没有得到国王的认可之前，教皇的敕谕不能在他们的势力范围内颁布等特权，垄断亚洲的传教事务。为了慎重起见，教皇分别致函当时欧洲强国的君主，如法国的路易十四、西班牙的菲利普五世和葡萄牙的佩德罗二世及中国的康熙皇帝，告知多罗出使之事，并请他们给予方便。葡王佩德罗二世尽管对特使人选没有异议，但仍然要求教廷将特使的权力告知他，以便查验是否与其保教权相冲突。然而教皇和教廷传信部（Propaganda Fide）早想打破葡萄牙的垄断，因此教皇在多罗临行前特颁上谕，委以处理一切宗教事务的全权，并且决定特使不按惯例途经里斯本，亦不乘坐葡萄牙船，而乘法国船前往远东。② 多罗出使之始，便与葡萄牙当局结下了矛盾。

1702 年 7 月，多罗特使率庞大使团出发，先由热那亚经马赛，过西班牙，再绕非洲大陆经由卡那利群岛去往印度，当年 11 月到达本地治里。③

与中国的情况相似，印度亦有争执不下的礼仪问题，即是否接受婆罗门习俗和礼仪以利传教。多罗到达印度之后，虽然卧病良久，仍然行使他作为教皇全权特使的权力，于 1704 年 7 月颁布公函严禁礼仪。这无疑是多罗处理中国礼仪的先声。

随后多罗前往菲律宾马尼拉，一部分使团成员于 1704 年底前往中国，而多罗率第二批人员于次年 3 月动身。1705 年 4 月，多罗等人抵达澳门，但未进城，直接前往耶稣会会院所在的小岛（青洲）。澳门总督和澳门主教均拜会了多罗。

翌日，使团赴广州。在广州期间，多罗训令各修会传教士服从各教区

① 关于多罗来华背景的研究，见 A. S. Rosso, *Apostolic Legations to China of the Eighteenth Century*, South Pasadena：P. D. & Ione Perkins, 1948；F. A. Rouleau, Maillard de Tournon, Papal Legate at the Court of Peking；The First Imperial Audience (31 December 1705), *Archivum Historicum Societatis Iesu*, Rome, 31, 1962, pp. 264 – 323；D. E. Mungello ed., *The Chinese Rites Controversy：Its History and Meaning*, Nettetal：Steyler Verlag, 1994；John W. Witek, *Controversial ideas in China and in Europe：A biography of J. -F. Foucquet, S. J. (1665 – 1741)*, Rome, 1982；António Vasconcelos de Saldanha, *De Kangxi para o Papa, pela Via de Portugal*, Instituto Português do Oriente, 2002, Vols. 1 – 3；罗光：《教廷与中国使节史》，台中，光启出版社，1961。

② A. S. Rosso, *Apostolic Legations to China of the Eighteenth Century*, South Pasadena：P. D. & Ione Perkins, 1948, pp. 130 – 131.

③ 罗光：《教廷与中国使节史》，台中，光启出版社，1961，第 108 页。

主教和宗座代牧的管理，但引起了反弹特别是西班牙籍方济各会士的群起抗议。① 由于看到传信部的传教士没有自己的住处，不得不寄居在别会的堂中，因此多罗为他们从巴黎外方传教会的手中买下一座闲置的房子，建立起传信部在广州的办事处，负责传达教廷命令，并分发津贴。②

1705 年 9 月，多罗起程北上，12 月 4 日抵京，受到康熙皇帝空前热情的接待，然而这种热情昙花一现。多罗来华，其目的是禁止祭孔、祭祖的礼仪，但起初他隐瞒来华的真实使命，只是说感谢康熙对传教士的"柔远重恩"③，含糊其辞，掩盖实情。当多罗公开来华使命之后，康熙大怒，命直郡王负责与传教士交涉。1706 年 12 月，康熙发布谕旨，要求在华传教士来京领"票"，以获取传教与居住的资格，同时准备派遣耶稣会士赴教廷斡旋。1706 年 8 月，多罗已经离开北京，沿运河坐船南下。当多罗听到上述消息时，已到达南京，对此他采取了强硬的回应措施，于 1707 年 1 月 25 日发布了"南京敕令"（Regula），要求所有在华的传教士严禁中国礼仪④，这一决定使康熙更加震怒。⑤

从 1706 年 12 月到 1707 年 3 月，多罗在南京停留了约三个月之后回到广州，准备在那里等待法国或英国的贸易船只，返回欧洲。但是他刚到广州，就接到上谕，受命不得登船返航，而要他到澳门暂住。1707 年 6 月，多罗及其随员在官员们的护送下，再度到达远东天主教的堡垒澳门，失去了人身自由。

多罗在 1707 年 10 月的一封信中是这样写的：

> 中国人对待我，甚至在去往澳门的这一行程中，一直都很尊重礼敬。他们给我提供小船、轿子，都有官员护送，他们对我都极为奉承，看起来他们倒不像是在看管我，而是在给我做随从了。他们一路走来，旌旗飘舞，不断鸣枪，给我的旅途增添乐趣。而澳门总督对待我的方

---

① 罗光：《教廷与中国使节史》，台中，光启出版社，1961，第 110 页。
② *La Congrégation de la Mission en Chine*, Paris, 1911, Tome I, p. 100.
③ 下面所引 1709 年 3 月 2 日教皇信中则称"代观天主教中之事"。
④ Edward J. Malatesta, "A Fatal Clash of Wills: The Condemnation of the Chinese Rites by the Papal Legate Carlo Tommaso Maillard de Tournon", in D. E. Mungello ed., *The Chinese Rites Controversy*, Nettetal: Steyler Verlag, 1994, pp. 211 – 245.
⑤ 关于多罗与康熙的冲突的具体情形，见拙文《姗姗来迟的"西洋消息"——1709 年教皇致康熙信到达宫廷始末》。

式使得他们非常反感。①

可以肯定的是，除非他与葡萄牙人谈妥了，皇上是不能把我幽禁在澳门的，他也不能在澳门确定地执行他的命令。由于葡萄牙人向皇上纳贡，因此在澳门他们对欧洲人有着绝对的权限，但不能管辖独立于他们的中国人。因此葡萄牙人不可能被皇上逼迫禁锢或是交出某个欧洲人，更不用说是他们理应十分尊重的教廷特使了，他们只需借故推脱这件差事就可以了。②

可见在被囚禁澳门一事上，多罗更多的是对于澳门葡萄牙人的不满。随同多罗到达澳门的一位传教士描写了多罗在澳门的情况：

> 特使于同年（1707）年6月30日到达澳门……指定给特使居住的是一间非常狭小的房子，除了一张床和一张桌子以外，空空如也。看到这种情况，特使请求方济各会院能够接待他，那些好心的方济各会士热情地接待了他。特使一直在那里滞留，后来获得陪同他来的中国官员的许可，用他自己的钱，以一年300块的价钱租了一幢房子。他直到1708年7月2日才搬进去住，在房子前面他看到有士兵站岗，这不是给他的荣耀，而是在看管他，把他自己的房子变成了一座监狱。除了给他做饭的人以外，任何人不得出入这幢房子，晚上房门是从外面反锁起来的。③

多罗与葡澳当局的矛盾还远不止如此。早在1706年，多罗就不仅公开指控，而且上书康熙皇帝，认为葡萄牙人阻碍了欧洲人自由进出中国。④ 而在1707年6、7月间，澳门主教向教皇上诉的同时，发布数封牧函，禁止特使在他的教区里行使权力，并且宣布特使的惩罚为无效。⑤ 到了1708年12

---

① *La Congrégation de la Mission en Chine*, p. 121.

② *La Congrégation de la Mission en Chine*. p. 120.

③ *La Congrégation de la Mission en Chine*. p. 149.

④ António Vasconcelos de Saldanha, *De Kangxi para o Papa, pela via de Portugal*, Instituto Português do Oriente, 2002, Vol. 2, documents 37, 39a.

⑤ António Vasconcelos de Saldanha, *De Kangxi para o Papa, pela via de Portugal*, Instituto Português do Oriente, 2002, Vol. 2, documents 47, 50, 53.

月，矛盾愈演愈烈，澳门总督发布公告，禁止服从多罗的任何命令，而多罗则回应以公告，不仅要求澳门教徒服从他的命令，还将澳门总督绝罚。①

教皇格勒门德十一世则始终表示对多罗的支持和嘉许，他于 1707 年 8 月 1 日将多罗擢升为枢机主教。任命书和枢机主教的冠带由传信部派遣的五位传教士带往中国。② 这五位传教士是马国贤（Matteo Ripa, 1682 ~ 1745 年）、山遥瞻（Guillaume Fabre Bonjour, 1669/1670 ~ 1714 年, O. S. A.）、庞克修（Giuseppe Ceru）、任掌晨（Gennaro Amodei）和潘如（Domenico Perroni），他们于 1708 年 4 月起程前往中国。在海上航行了一年多以后他们到达了马尼拉，在那里他们与遣使会士德理格（Teodorico Pedrini, 1671 ~ 1746 年）相遇，并一同继续航程，终于在 1710 年元月 2 日抵达澳门，并在次日由多罗使团的成员之一，传信部管理澳门事务的神父罗若德（Joseph Ignatius Cordero, 1665 ~ 1740 年）等人带领，瞒过卫兵进入囚所，拜谒了多罗。

1710 年 1 月 17 日，多罗在他的囚所秘密举行了仪式，接受了教皇的任命书和枢机主教的冠带。在场的除了新到的六位传教士之外，还有罗若德等在澳门的传信部神父及多明我会士、奥古斯丁会士和方济各会士。仪式过后不久，到了 1710 年 4 月间，多罗病情恶化，卧床不起，至 6 月 18 日便病故于囚所。

这个消息传到罗马，当然使得教廷特别是教皇格勒门德十一世十分哀恸。事实上，当教皇从在华传教士的来信及返欧传教士的报告中得知多罗被囚之后，曾多方努力希望能使多罗摆脱囹圄，返回罗马。特别是教皇曾于 1709 年 3 月 2 日给康熙皇帝写了一封信，请求康熙善待多罗。可惜这封信到达澳门时，已是康熙四十九年七月，即 1710 年 7、8 月间，多罗刚刚去世，这封信也就未起到预期的作用。③

① António Vasconcelos de Saldanha, *De Kangxi para o Papa, pela via de Portugal*, Instituto Português do Oriente, 2002, Vol. 2, documents 66, 67.
② A. S. Rosso, *Apostolic Legations to China of the Eighteenth Century*, South Pasadena: P. D. & Ione Perkins, 1948, pp. 183 – 184.
③ 有关该信情况，见拙文《姗姗来迟的"西洋消息"——1709 年教皇致康熙信到达宫廷始末》。

多罗来华，在中国产生了很大的反响。① 尽管康熙对多罗的所作所为十分不满，但仍期待与教廷沟通，不仅两次遣使远赴罗马，而且频频询问"西洋消息"。② 然而这一封十分重要的西洋来信迟迟未到皇帝手中，而是在澳门滞留了两年多之后，才于 1712 年 11 月 29 日寄达宫廷。

二 教皇信交出前后的曲折

我们知道，这封信是由比利时方济各会会士董德略（Franciscus Drion，1674～1713 年）带到澳门的。③由于多罗已经去世，董德略带来的这些信件由传信部神父罗若德负责收取。

事实上罗若德打开邮包后就发现了这封教皇的信，知道信是写给康熙皇帝的，并且有可能从别的信中得知该信的主旨。由于多罗枢机已经去世，于是他和在澳门的传信部及其他修会的神父商量，是否仍将信转呈康熙皇帝，而大家均认为此非明智之举，因此这封信就留在了罗若德手中，没有报告康熙皇帝。

既然如此，这封信本可以一直隐匿不报，那么罗若德忽然在两年之后的康熙五十一年九月，即 1712 年 10 月间交出此信，又是为什么呢？我们知道当时他并未收到任何教廷关于处理此事的指示。巴黎外方传教会档案所藏的一封法文长信 ④，则让我们了解了其中的曲折。

这封信的作者是该会传教士梁弘仁（Jean-François Martin de la Baluère，1668～1715 年）。⑤他出生于法国的布列塔尼地区，1698 年赴远东，在暹罗逗留一段时间之后于 1701 年到达中国，主要在四川传教。1707 年因不愿领

① 关于多罗来华及其反响，见《康熙朝满文朱批奏折全译》，北京，中国社会科学出版社，1996；以及《康熙与罗马使节关系文书》，北平，故宫博物院，1932。此外，欧洲档案馆还保存有不少原始中文资料，尚待整理研究。
② 见拙文《姗姗来迟的"西洋消息"——1709 年教皇致康熙信到达宫廷始末》，第 3 页。
③ 据 G. Mensaert et al., *Sinica Franciscana*, Roma, 1961, Vol. 6, p. 289。董德略 1704 年 9 月 1 日从欧洲出发，被派往中国，1710 年到达澳门。但随后便前往越南（Tonkin），1713 年在那里去世。
④ 巴黎外方传教会档案，Vol. 430, fol. 709 – 716。
⑤ A. Van den Wyngeart & G. Mensaert, *Sinica Franciscana*, Roma, 1961, Vol. 5, p. 498，注 9。巴黎外方传教会有两位汉名为梁弘仁的传教士，另一位是 Artus de Lionne（1655～1713），即下面信的开头便提到的 Rosalie 主教。

票被逐，离开四川，1708 年到达澳门。这封信写于 1712 年 12 月 15 日，信中追述了 1712 年 6 月直至 12 月间所发生的事情：

在我写给 Rosalie 主教的信中，我曾经提到葡萄牙人对我们的暴行：他们把我们关了五天，日夜有士兵看管，不放任何生活必需品进来，我们既没有木柴也没有水……

14 日（1712 年 6 月 14 日），他们也派兵把守了罗若德神父的房子，对他也实行了与我们一样的粗暴对待。同一天，中国的保长来了，代表葡萄牙人通知中国仆人，他们可以回去了，以免遭池鱼之殃。

……

6 月 17 日（1712），晚上 10 点半左右，一位叫佛朗哥（Gaspard Franco）的大法官（Auditeur），他是贵族上议院的大官之一……以及几位军官和法官带着一些士兵来到了沙国安（Sabino Mariani）、安德肋（Andre Candela）、铁多明（Dominique Marquini）① 和我的住处。大法官带着他的队伍撞了几次门，代表总督要与沙国安先生说话。沙国安拖延了一段时间，最终还是打开了门。大法官拿着一根白色的大棍棒，好像打猎用的长杆一样，用以表示他的高贵身份。他走进了一间大厅，身后跟着他荷枪实弹的队伍。他坐下之后宣布他代表总督勒令沙国安和我们所有的人签一份文件，保证在未经葡王同意的情况下，不在澳门和中国发表教皇的敕谕；如果我们拒绝的话，他将奉命把我们全体投入监狱。他又加上了一些威胁的话，还鼓励我们要和睦相处，团结一致，让我们签下这份可耻的与我们对圣座应有的服从相悖的文件……在提过抗议之后，看到他们就要把我们投入监狱，我跑到花园里去躲了起来。我躺在灌木树丛里，蜷缩着，而且被雨水浇得很不舒服。我是希望找到一个合适的时机，比如包围房子的士兵有一部分撤退了，或是睡着了，我就可以从花园的墙上逃出去，藏在一所中国人的房子里，到那时如果可能的话，租一条船进入中国内地，与李岱

---

① 这三位都是当年多罗使团的成员。Dominique Marquini 的汉名目前无考，但根据傅圣泽留下的一篇手稿，里面记载当时他所知的各会传教士的汉姓，写作 Tie，笔者揣测其可能的汉姓并加以姓名，暂译为铁多明。

（Philippert Le Blanc, 1644~1720)① 会合——这是在此次事件之前我就计划做的事。一个小时之后，士兵们打着灯笼进入花园来找我了。他们经过我身边很近的地方都没有发现我，直到后来有一个士兵站到了花园的墙上，居高临下，才发现了灌木丛中的我。别的士兵过来抓住了我，把我带到山上的圣母堂的堡垒中，沙国安和安德肋已经在这同一个监狱里了……大法官从我们的住处出来之后，就到了罗若德神父那里，对他做了同样的建议或者说是设下了同样的陷阱。当发现他毫不为所动，坚决不肯对教皇有丝毫不服从时，大法官把他也关到了我们的监狱里。因此午夜两点时，我们全部被关在一间虽说不算小，但对于四个人来说还是不方便的房间里……我们日夜都有士兵看守，一旦我们迈出大门一步，他们就跟得很紧。他们不让任何人进来看我们，只是允许一个仆人出去给我们买些日用品，另一个给我们带来水和木柴。对这两个仆人的检查很仔细，每一次他们进出都让他们脱了衣服，搜查每一处隐蔽的地方，每一个衣褶，怕他们带进信或者字条。尽管检查得如此严密，士兵们却从未发现那些经常带进带出的小字条……

8月17日（1712）一位官员带来总督的命令，准许我们回到自己的住处，但没有告诉我们这个令人高兴的消息从何而来，是谁解放了我们。我们全都住到了罗若德那里。这是我到澳门之后第七次搬家了。出狱几天之后，罗若德认为应该通知巡抚有关那封教皇于1709年3月2日写的信的消息。这是因为我们还被关在堡垒里监狱的时候，就已经给德里格写了信让他将此事报告给皇上。他认为这会使巡抚很高兴，或者说正好迎合了他曾经接到朝廷的旨意：让他留心一封他以前从不知晓的信；而我们所希望从中获得的最大好处就是保证我们在中国居住，使得葡萄牙人不能将罗神父和我押走，根据可靠消息，他们是有这种想法的（另外我们也有理由害怕罗若德写给德里格的信会在中途被截获或者丢失）。任掌晨（Gennaro Amodei）也已经告知巡抚信是在罗若德手中。

---

① 李岱生平见 Adrian Launay, *Mémorial de la Société des Missions Etrangères*, Paris, 1916, pp. 372-373。

事实上，1712年10月25日，已经在宫廷供职的德里格确实收到了任掌晨的信。信中告知德里格澳门葡萄牙人关押罗若德等人的情况，并且提到他们手中有一封教皇的信，希望德里格将此事报告给皇上。但是由于种种原因，德里格一直未找到合适的机会将此事报告给康熙，直至1713年8月康熙问及西洋消息时，德里格才提到澳门人将其同伴关押之事。① 而广东巡抚满丕得知这封信的消息之后，非常重视，立刻有所行动。

> 巡抚立刻派遣香山知县来迎取罗若德，而我则作为翻译……我们10月14日离开澳门，与他一起到香山县，又从香山去往广州。18日清晨我们到达广州，稍晚郭多禄（Pedro Munos）、庞克修、潘如和任掌晨就到我们的船上来看我们，和我们一起用餐。知县在通知巡抚我们的到来之后，在他的公馆里召见了我们，并且向我们要那封教皇的信。我们当然不愿意给他，之后我们就回到船上。
>
> 第二天（19日）早上，我们又到知县家里，然后又到了巡抚那里。巡抚又把我们打发到知府那里。知府问我们：是谁，坐的哪一艘船带来的这封信。罗若德回答说，是董德略（方济各会士Drione）于1710年乘坐一艘英国船带来的，此人随后去了东京（Tonkin）。知府又问为什么这么晚才交上这封信，我们回答说：这封信是写给多罗枢机的，再由他呈给皇上的。由于信到达的时候，多罗枢机已经去世，我们认为应该先写信向教皇请示如何处理。我们原以为教皇的指示今年就会到的，可是却没有收到任何来自罗马的信。加之我们得知皇上曾向德里格、马国贤询问过西洋消息，故而罗若德觉得不应该再拖延，向巡抚报告了该信的存在……罗若德非常恰当地声称要出示（给其余的官员和书记）教皇的信。于是我们就被带去见布政使，知府和知县均在那里。我们又等了很久，也不见人……接着我们又回到知县那里，他又向我们要那封给皇上的信以便验看。罗若德请他原谅不能给他信，并说如果巡抚怀疑这封信的真实性，罗若德可以带到他的面前让他检查，或者巡抚觉得有必要的话，可以传唤任何一位在广州的神父来为此信作证。知县对这个回答一点儿也不满意，声称如果罗若德不交出

---

① *La Congrégation de la Mission en Chine*, Paris, 1911, Tome I, pp. 174–175.

信的话，就把我们送回澳门。但他还是派人两次去叫李若瑟（Pereyra）神父来看这封信，但神父称病未来。争执了很久，最后罗若德同意将信送到巡抚衙门的门口，因为知县传巡抚之命将信送去给他看，当天信就送过去了。大约四时左右我们交出了信，然后我们一直等到晚上，等巡抚传唤我们并把信还给我们。入夜前一刻，我们被叫进了衙门，一位官员，仿佛是管家模样的人，过来告诉我们他的主人让我们先回去，他的主人要留下那封信给人验看，然后再叫我们说话。第二天早上，巡抚传唤了李若瑟神父，并问他是否确实是教皇来信。李神父检查过信件之后回答说是，当巡抚让他把信打开时，神父对他说，这是万万不可的，根据欧洲的习俗是不能打开别人的信的，更何况是君主的信。当巡抚问他，把罗若德和我留在广州等候皇上的回音有何不便时，神父不敢说没有什么不便，只说听从巡抚的安排……

21 日（1712 年 10 月），由于罗若德听说巡抚想立刻将信寄往北京，我们在刚刚入夜时来到了知县那里，对他说他当初要这封信只是为了看一看和请人查验，巡抚已有足够的时间来查验，所以现在请他把信还给我们。在未经罗若德的同意之前，不能试图将信寄往北京，除非皇上有特别的旨意要这样做。根据欧洲的习俗，这样做对教皇的信来说是极不礼貌，极不尊重的，也是冒犯了教皇。我们已经准备好经受所有的刑罚甚至是死亡，也不能让人如此不尊重地对待教皇的信而使他受到侮辱。第二天早上，罗若德给知县呈上一份文书要求传呈巡抚，文书中所写就是前一天晚上我们对知县所说的话。这份文书呈给巡抚的当天（10 月 22 日），我们就被巡抚传唤到衙门。巡抚问了几个我们在知府那里回答过的问题，之后就讲到他想将此信寄给皇上，并且同时写一份奏折替我们说好话，将我们为何迟交信件的理由等等写上。罗若德说，根据我们欧洲习俗，在接到皇上命令之前，我们是不能寄出这封信的。因为在皇上接受这封信之前，这封信还不算属于他，所以这封信应该留在我们手中，直到皇上接受了这封信并且命令将它交给他的某位官员。巡抚说，作为皇上的官员，根据大清的律例习俗，他有权利接受这封信。并且在五月时，他已经接到皇上的命令，一旦有西洋的信件，立刻寄往宫廷。如果像罗若德希望的那样，先报告皇上，再等待皇上的命令的话，那样就会耽误两个月，这将是巡抚之过。罗若德回答说，皇上五月的圣旨泛指欧洲来的信，而不是特指这封教皇的信。如果不能耽搁的话，他可以亲自将它送到宫里去。巡抚坚持他的立场，而罗若德也毫不让步，就这样僵持了大约半个小时，巡抚让我们告退。这时知县为罗若德和我请求巡抚的恩典，让我们留在广州，等待皇上的旨意。尽管巡抚有些烦躁，或是有些被罗若德的反对意见所激怒，他还是同意了这个请求，表示至少让我们有所满意……

李若瑟神父现在是……北京和里斯本宫廷及耶稣会的全权代表，管理着中国的传教士。他经常去巡抚那里，我们相信就是他使得这位官员食了言，后者在10月26日告知我们的命令里，将我们重新送回给澳门的"夷目"（他们就是这样称呼澳门的主管官员的），让他们保证看管我们，直至皇上的旨意到来为止……

29日（10月）……我们跟朋友告别之后，晚上就坐上了一条小船，跟着知县到了香山，在那里他派了士兵把我们押回了澳门。我们到达澳门的时候正是11月1日的清晨。我们以为会直接回我们的住处，罗若德在整个行程中由于结石痛得很厉害，需要休息和治疗……结果到了第二天上午10时左右，理事官（procureur de la ville）才让我们下了船，回到了我们的住处。葡萄牙人在我们的住处安排了士兵看管我们，他们说我们想要逃跑，并说他们在我们的事情上要对中国官员负责，还说我们在巡抚面前指控过他们。就这样在上帝的恩宠之下我们又一次入狱……

通过这封信，我们可以了解罗若德选择此时将教皇的信交出的主要原因。此外，我们在巴黎外方传教会档案馆中也找到两份香山县知县的公文，其中也提到罗若德交出教皇信的始末，和上述梁弘仁的记载可互相印证：

香山县正堂丘为历情报明，乞施转详事。康熙五十一年十月初六日，奉本府信牌，本年九月二十九日，奉布政司信牌，康熙五十一年九月二十六日，奉巡抚都察院满宪牌，本年九月二十二日，据该司呈称，据广州府申，据香山县，据居住澳门西洋人罗若德呈称：四十九年七月内，有西洋唉咭唎船董德略带有教化王奏书一封，留在德处；今年有德理格、马国贤自北京寄书到广东，称说皇上问西洋的书信，又有抚院大老爷到澳讯问西洋书信，不敢隐瞒，故此将奏书献上。伏乞转详，等情到县，转缴到府，缴报到司，据此合就缴报，等由到院。据此，除原书进呈御览外，合就饬行，备牌行司仰府，即便饬行该县，将罗若德交与彝目唛嚟哆等，在澳门候旨，仍具遵由通报，查靠毋违。等因。奉此，拟合就行，为此牌仰该县官吏，照依事理，即将罗若德交与彝目唛嚟哆等领，在澳门居住候旨，仍具遵由通报，查考毋违。等因。奉此，拟合就行，为此牌仰西洋理事官，照依事理，即将罗若德、梁弘仁到澳居住候旨，该彝出具收领，缴赴本县，以凭转缴，毋得迟违。速速。须牌。康熙五十一年十月初十日承发房承。①

香山县知县把罗若德、梁弘仁交给澳门的西洋理事官唛嚟哆收管，是由于耶稣会士李若瑟的建议，一位名叫丘若瑟的教徒曾透露了其中的秘密：

十二月二十一日，瑟到香山会县官，叙话间说至罗、梁二位老爷回澳之故，县官说令师回澳是第六铺的李若瑟先生在抚台处说，还叫他二人回澳住罢，在这里恐怕多事。抚台依了，也写了，在本上说，臣仍令献书人回澳候旨，故此不能挽回。这是前月二十四日我在抚台处见闻的。等语。丘若瑟亲听笔记。②

而满丕尽管未允罗、梁二人在内地居留，将之押回澳门，但仍希望他们留在澳门，故有"毋许别往之谕"。但是唛嚟哆显然另有打算，因此采取了搪塞推脱的方法，声称他们"现着唐衣，不论何处渡船，可以逃去，哆等不能信得他过，是以不能出具收管"，显然不愿意承诺把他们留在澳门。实际上，唛嚟哆的本意是想把他们押离澳门，因为如果罗、梁两人留在那里，显然会带来很大的麻烦。唛嚟哆还貌似恭顺地反将了中国官员一军："罗厶、梁厶二人如何看守，方得稳当，再恳太爷迅赐批示。"该材料全文如下：

督理濠镜澳事务西洋理事官唛嚟哆等为历情报明等事。康熙五十

① 巴黎外方传教会档案，Vol. 430, fol. 705–706。
② 巴黎外方传教会档案，Vol. 430, fol. 703。

一年十月初三日，奉天台宪牌行前事，奉台牌仰哆等照依事理，即将发回西洋人罗若德、梁弘仁二人查收，着在澳门居住候旨，毋令别往，该彝仍出具收领五本，缴赴本县转缴。等因。奉此，哆等接奉太爷宪牌，转奉抚都察院大老爷，面谕发来西洋人罗厶、梁厶。切罗厶、梁厶二人系与哆等素不和顺，不受哆等管辖，亦不听哆等说话，故此哆等不能收管他，恐怕收管，不得稳当，太爷牌内有毋许别往之谕，太爷疑虑罗厶、梁厶可能逃去，哆等亦因为伊系别国人氏，亦知伊与弗浪些、嘆咭唎俱系相交极厚，而且罗厶、梁厶现着唐衣，不论何处渡船，可以逃去，哆等不能信得他过，是以不能出具收管，今罗厶、梁厶仍住在伊屋内，至若梁若德自称病重，哆等叩恳太爷鸿裁，罗厶、梁厶二人如何看守，方得稳当，再恳太爷迅赐批示，哆等欢喜，素遵抚都院大老爷太爷宪令，故敢历备前情禀明，为此呈赴太爷台前，伏乞金批，作主施行。批仰即出具收管文结，以凭转缴毋违。①

香山县知县显然看出了澳门的理事官的做法是"俱以空文搪塞"，故而很不满意，并派人到澳门处理。然而我们在下文中将要看到，这一举措显然并未奏效：

香山县正堂丘为历情报明等事。本年十月初六日，奉本府信牌，奉布政司信牌，奉巡抚都察院宪牌行前事，仰该县即将罗若德交与彝目唛嚟哆等领，在澳门候旨，仍具遵由通报，查考毋违。等因。业经叠行该彝具出收管，领状缴报，该彝竟视泛常，俱以空文搪塞，藐抗极矣。所有番书通事，合亟拿究，为此票仰快头星速前去澳门，兼同地保立拿番书通事，带赴本县，以凭解究，仍取合式甘结缴报，去役狗（徇）纵，重责不饶。速速。须票。康熙五十一年十一月初十日承。②

葡萄牙当局在礼仪问题上一直和教廷有矛盾，我们看到葡王佩德罗二

---

① 巴黎外方传教会档案，Vol. 430, fol. 705 - 706。
② 巴黎外方传教会档案，Vol. 430, fol. 699。

世早在 1702 年 10 月就致信教皇格勒门德十一世，对于罗马关于中国礼仪之争的裁决表示不满。① 然而教皇的态度也很坚决，在多罗出使期间，他于 1704 年 11 月 20 日颁布敕谕，严厉禁止祭祖、祭孔礼仪。② 由于葡王是远东教会的主保，享有特权，如任命主教和宗主教，尤其是在没有得到他的认可之前，教皇的敕谕不能在他们的势力范围内颁布。因此葡王运用他的特权，禁止颁布教皇 1704 年的敕谕。而罗若德及其他几位神父或是多罗使团的成员，或是坚决追随多罗的传教士，澳门当局在无法保证他们不发表教皇敕谕的情况下，寻找借口将其逮捕，并想把他们押往别处。因此罗若德选择在此时把这封信交给广东巡抚满丕，其真正目的是想借此获得中国方面的干预，摆脱澳门葡人的控制，换取人身自由，留在中国内地。③ 但此举并未达到预期的效果，梁弘仁的长信中已经写到他们被迫又回到了澳门，回到了葡萄牙人看管之下。翌年 2 月，梁弘仁与罗若德一起被澳门葡人强迫上船，送到印度马德拉斯。梁弘仁之后到本地治里，于 1714 年又辗转回到澳门，从那里再度潜回内地，并于 1715 年回到他的传教地四川，当年在成都去世。④ 而罗若德则在印度，被羁留到 1721 年才得以返回欧洲。⑤

三　余论

目前对于"中国礼仪之争"的研究，大都比较关注神学、哲学、伦理、教义等思想文化层面，事实上这场争论同样是政治、外交与利益的角逐。从教廷特使多罗在澳门与葡澳当局冲突的经历中，我们可以很清楚地看出，这已不是简单的祭祖、祭孔和术语翻译等礼仪问题，实质上已经是教廷与享有保教权的葡萄牙在争夺传教主动权的交锋了。

---

① António Vasconcelos de Saldanha, *De Kangxi para o Papa, pela via de Portugal*, Instituto Português do Oriente, 2002, Vol. 2, document 25.

② George Minamiki, *The Chinese Rites Controversy from Its Beginning to Modern Times*, Chicago: Loyola University Press, 1985, p. 43.

③ John W. Witek, *Controversial ideas in China and in Europe: A biography of J. -F. Foucquet, S. J. (1665 – 1741)*, Rome, 1982, p. 222.

④ Adrian Launay, *Mémorial de la Société des Missions Etrangères*, Paris, 1916.

⑤ 传信部档案所藏德里格口供，提到罗若德在进了教皇信之后，在黑夜里被强迫上了去小西洋的船。

从 1709 年 3 月 2 日教皇致康熙的信件在澳门滞留两年后才交出这一事件中，可看出双方的矛盾更是暴露无遗。教皇写信的本意是为了通过中国皇帝的干预，使得身陷囹圄的多罗特使重获自由。由于多罗的去世，这封信到达之时已经失去了本来的意义。因此交涉虽则围绕信件展开，但焦点为是否在中国颁布教皇 1704 年严禁中国礼仪的敕谕。此事不仅与葡澳当局、香山县、广州知府、广东巡抚有关，还和耶稣会士、传信部传教士相涉，因素十分复杂。

而在此事中，我们更加不能忽略澳门的特殊地位和作用。它在当时不仅是西方与中国贸易的重要港口，而且也连接着东亚与南亚次大陆，更是远东天主教的堡垒。在那里各个修会各个教派都有会院，传教士来往频繁，信件、补给也是通过那里进出中国内地。在本文所论述的事件中，澳门正是作为一个特殊的历史舞台，成为"礼仪之争"中的一个矛盾中心。

（原载黄晓峰主编《文化杂志》，澳门，澳门特别行政区
政府文化局，第 59 期，2006 年夏季刊）

本丛书由澳门基金会策划并资助出版

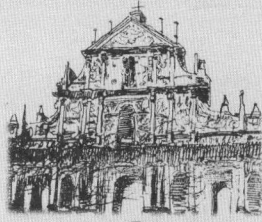

澳门人文社会科学研究文选

The Selection of Studies
in Humanities and Social Sciences of Macau

历史卷（含法制史）

（中卷）

HISTORY

吴志良　　林发钦　　何志辉／主编

社会科学文献出版社
SOCIAL SCIENCES ACADEMIC PRESS (CHINA)

目 录

上 卷

历 史 编

第一篇 澳门政治史

关于 1887 年中葡《和好通商条约》的订立 ……………… 费成康／005

清末（澳门）路环海盗及其与同盟会之关系 ……………… 郑炜明／014

从政治发展看澳门历史分期 ……………………………… 吴志良／031

清末澳门的勘界谈判 ……………………………………… 黄鸿钊／044

澳门与入关前的清朝

　　——从外文史料透视努尔哈赤死因真相

……………………………… 金国平　吴志良／066

再论"蕃坊"与"双重效忠" ……………… 金国平　吴志良／085

试论澳门葡萄牙人居留地的形成 ………………………… 廖大珂／113

明中后期澳门葡人帮助明朝剿除海盗史实再考

　　——以委黎多《报效始末疏》资料为中心展开

……………………………………………… 汤开建／128

荷兰人东来与首航澳门 …………………………………… 林发钦／142

第二篇　澳门宗教史

澳门高等教育的第一章

　　——圣保禄学院历史价值初探 ······················· 刘美冰／163

福建人与澳门妈祖文化渊源 ··························· 徐晓望／178

源远流长　文化瑰宝

　　——谈澳门庙宇体系 ····························· 陈炜恒／197

澳门——16 至 19 世纪中西文化交流的桥梁 ··········· 黄启臣／208

明清时代澳门诗所反映的中西文化交流 ··············· 章文钦／245

澳门圣保禄学院关闭时间之辨析 ····················· 李向玉／254

澳门三大古庙之历史源流新探 ······················· 谭世宝／267

澳门普济禅院所藏大汕自画像及大汕广南航行与

　　重修普济禅院的关连 ··························· 姜伯勤／315

探讨澳门天主教文化及其文献宝库 ··················· 杨开荆／336

澳门与礼仪之争

　　——跨文化背景下的文化自觉 ··················· 吴志良／362

西班牙方济会在华传教方法研究 ····················· 崔维孝／382

澳门早期西洋美术述论 ····························· 莫小也／404

澳门与妈祖信仰早期在西方世界的传播

　　——澳门的葡语名称再考 ······················· 金国平／420

澳门妈祖文化的形成及发展

　　——从妈阁庙石殿神龛"万历乙巳四街重修"碑记谈起 ······ 陈树荣／452

姗姗来迟的"西洋消息"

　　——1709 年教皇致康熙信到达宫廷始末 ··········· 韩　琦／473

种族中心论与辩护：澳门宗教史学之探讨

　　···················· 〔葡〕苏一扬（Ivo Carneiro de Sousa）／486

加比旦·莫尔及其澳日贸易与耶稣会士的特殊关系 ········· 戚印平／507

瀛洲圣阙关山重

　　——1709 年教皇信滞留澳门始末 ··············· 韩　琦／526

中 卷

第三篇 澳门经贸史

澳门的苦力贸易及其对世界经济的影响 ·················· 邓开颂/543

明代澳门与海上丝绸之路 ························· 万 明/556

中国最早的彩票形式之一

——白鸽票考述 ······························· 赵利峰/566

17 世纪以澳门为中心的东亚海上贸易网 ··············· 李金明/580

明季澳门与马尼拉的海上贸易 ···················· 张廷茂/592

澳门博彩业探源 ······························· 胡 根/605

第四篇 澳门社会史

澳门的奴隶买卖和黑人 ·········· 〔德〕普塔克（Roderich Ptak）/639

百年前的"华人区" ········· 〔葡〕潘日明（Benjamim Videira Pires）/648

澳门的日本人 ············· 〔葡〕文德泉（Manuel Teixeira）/654

澳门莲系地名考 ····························· 邓景滨/689

澳门地区台风考 ····························· 叶 农/717

青洲沧桑 ·························· 金国平 吴志良/735

澳门贫民医院再研究 ·························· 董少新/752

澳门开埠初期葡裔人口辨析 ···················· 李长森/764

清中叶前的澳门平民阶层及社会流动 ················ 杨仁飞/789

澳门路环岛九澳村：一条滨海客家村的历史考察 ··········· 郑德华/811

兴盛与转折：澳门中立时期的

救亡赈难团体（1931～1945） ················ 娄胜华/824

第五篇　其他

浅话《澳门记略》及其校注 ……………………………………… 赵春晨/839

伯多禄和高美士：闻名遐迩的澳门土生汉学家

………………〔葡〕何思灵（Celina Veiga de Oliveira）/845

《明清时期澳门问题档案文献汇编》序言 ……………… 韦庆远/850

澳门历史研究述评 ………………………………………………… 吴志良/887

伊比利亚文献资料中关于 MACAU 的由来

………………〔葡〕洛瑞罗（Rui Manuel Loureiro）/904

澳门考古学的反思 ………………………………………………… 邓　聪/935

下　卷

法制史编

澳门法制史研究：回顾与展望 ……………………………… 何志辉/943

第一篇　主权·条约·法理

澳门主权问题始末 ………………………………………………… 黄启臣/993

葡萄牙 1783 年《王室制诰》剖析 …………………… 黄鸿钊/1009

鸦片战争前后葡萄牙寻找澳门主权论据的过程 …………… 吴志良/1024

中葡有关澳门主权交涉内幕

——从 1862 年条约换文到 1887 年条约谈判 ……… 黄庆华/1036

澳门主权归属争议的国际法分析 …………………………… 谭志强/1054

1887 年《葡中和好通商条约》中有关葡萄牙

在澳门主权议题诠释问题

——《葡萄牙共和国宪法》第 292 条第 1 款重阅心得

……………〔葡〕萨安东（António Vasconcelos de Saldanha）/1064

1887 年《中葡和好通商条约》国际法简析 ······················· 柳华文/1093

第二篇　政制·职官·管治

唐宋蕃坊与明清澳门比较研究 ······························· 邱树森/1117

澳葡殖民政府早期政治架构的形成与演变 ················· 叶　农/1133

澳门地租始纳年代及其意义 ······························· 金国平/1151

论澳门总督制的缘起 ····································· 张廷茂/1166

澳门议事亭考 ··· 何永靖/1184

早期中国政府对澳门的管治与澳门同知的设立 ··········· 黄鸿钊/1206

清代香山县丞对澳门的管治 ······························· 杜婉言/1234

吏役与澳门 ··· 刘景莲/1252

澳门拱北海关的建立及其影响 ··············· 邓开颂　佘思伟/1268

第三篇　立法·司法·交涉

皇帝的权威和对抗的象征：万历和乾隆"法典"在澳门 ···········

·················〔葡〕萨安东（António Vasconcelos de Saldanha）/1285

走私与反走私：从档案看明清时期澳门

　　对外贸易中的中国商人 ······························· 杨仁飞/1301

康熙初年的澳门迁界及两广总督卢兴祖澳门诈贿案

　　——清档《刑部残题本》研究 ····················· 汤开建/1319

张汝霖诈贿隐史 ··· 金国平/1346

澳门与乾隆朝大教案 ····································· 吴伯娅/1369

清代条例的效力

　　——以澳门涉外命案的审理为视角 ················· 乔素玲/1380

从东波档看清代澳门的民事诉讼及其审判 ··············· 刘景莲/1392

谢清高与居澳葡人

　　——有关《海录》口述者谢清高几则档案资料研究 ····· 刘迎胜/1407

论亚玛勒案件与澳门危机 ································· 郭卫东/1422

经元善避难澳门与晚清政治考辨 ············· 侯　杰　高冬琴/1447

多元文化结构下的法律与正义
　　——关于一宗 1925 年发生的华人离婚案
　　………………………〔葡〕叶士朋（António Manuel Hespanha）/1460
20 世纪葡萄牙与澳门
　　——城市规划法律史之研究
　　………………………〔葡〕阿丰索（José da Conceição Afonso）/1477

第四篇　其他

澳门明清法律史料之构成 …………………………………… 李雪梅/1533
澳门东西方法律文化初探 …………………………………… 赵炳霖/1550

第三篇

澳门经贸史

澳门的苦力贸易及其对世界经济的影响

邓开颂[*]

葡萄牙人是从事中国苦力贸易的第一个殖民主义者，澳门则是中国苦力贸易的第一个市场和据点。澳门的苦力贸易大体说来，可分为三个时期。第一时期，从明嘉靖三十六年起到清道光三十四年（1557～1844）止，在这长达 280 多年的时间里，中国的苦力贸易不仅从这里开始，并一直是"以澳门为中心"来进行的。第二个时期，从道光二十五年到同治十三年（1845～1874），特别是从咸丰三年（1852）后，澳门的苦力贸易曾猖獗一时，可以说是"兴旺发达"时期。从光绪元年到辛亥革命（1875～1911年）为第三时期，澳门的苦力贸易被迫停止，名义上结束，实际上澳葡当局仍仿照香港的办法，将"猪仔馆"改为"自由客栈"，打着"自由移民"的招牌，继续贩卖苦力，可以说是"稍敛形迹"时期。因此，我们研究澳门的苦力贸易，对于了解中国苦力贸易的起源和发展，揭露西方殖民国家掠夺中国苦力的本质以及苦力（华工）对于世界经济的影响，都是很有意义的。

一

明嘉靖三十六年（1557）葡萄牙人远航东来贿赂广东地方官吏而租占我国澳门之后，就在澳门掠卖人口，进行苦力贸易活动。万历四十一年（1613）七月二十一日刑科给事中郭尚宾上疏说：

> 夷人佛郎机，以番船易达，故百计求澳而居之……有拐掠城市之

---

* 广东省社会科学院历史研究所研究员。

男妇人口，卖夷取货，每岁不知其数，而藏身于澳夷之市，画策于夷人之幕者更多为焉。①

有鉴于此，明、清政府曾多次下令禁止贩卖人口，万历四十二年（1614）规定："禁买人口：凡新旧夷商不许收买唐人子女，倘有故违举觉而占吝不法者，按名追究，仍治以罪。"② 乾隆十四年（1749）又下令："禁贩子女：凡在澳门华夷贩卖子女者，照乾隆九年议定之例，分别究疑。"③ 但是，葡、英殖民者对此置若罔闻。18世纪末以后，随着开发美洲殖民地的需要，殖民者在澳门变本加厉地进行贩卖人口的活动。嘉庆十五年（1810）葡萄牙人从澳门掠去几百名苦力，运往巴西种茶，不久这些苦力全部死亡。④ 英国殖民者也在澳门拐骗华工，嘉庆十八年（1813）十二月和十九年（1814）二月先后两次从澳门贩卖1700名苦力，运到英属东印度新殖民文岛。⑤ 这说明，在鸦片战争前，葡、英殖民者就在澳门进行大量贩卖苦力（人口）的活动了。鸦片战争后，中国逐步沦为半殖民地，禁止贩卖人口的禁令更是名实皆亡。于是澳门港的苦力（人口）贸易活动更加猖獗一时，葡、英殖民者公开设立"招工机构"来从事苦力贸易。据《1860年广州华商致英国领事馆文》称：

> 迩来不意葡萄牙人于澳门开设招工馆数处，串通彼等所庇护之华商……运用各种诡计，诱骗良家幼童，以及无知乡愚。一经拐骗或掳获，或称"猪仔"，即被置于海泊，囚于黑暗舱中，然后运往澳门"猪仔馆"……被拐带者六七万之众，家毁者可六七万户，兴言及此，谁不为之痛心哉!⑥

---

① 李长傅：《中国殖民史》，1936，第207页；（明）郭尚宾：《郭给谏疏稿》载《丛书集成初编》，1936，第1卷，第11页。
② 印光任、张汝霖：《澳门纪略》上卷《官守篇》。
③ 印光任、张汝霖：《澳门纪略》上卷《官守篇》。
④ 陈泽宪：《十九世纪盛行的契约华工制》，载《历史研究》1963年第1期。
⑤ Morse, *The Chronicles of the East India Company Trading to China* 1635－1834, Vol. 3, Chap. 69.
⑥ 转引自姚贤镐《中国近代对外贸易史资料》第1册，中华书局，1962，第470～471页。

以后"招工馆"与日俱增，拐卖人口的数目也不断增加。据估计，1865 年，澳门有 8～10 家招工馆（也叫"猪仔馆"），1866 年增至 35～40 家①，同治十二年（1873）发展到 300 多家，经营苦力贸易的商人达三四万之多。② 这么一来，把过去的非法偷运变成了"合法招工"；被掠卖的苦力（人口）变成了"自愿移民"。而且，不仅贩卖成年男女，还贩卖幼年儿童。据《中西闻见录选编》"澳门近事"记载：

> 澳门……上月有船载粤工出洋，共三百七十五名，续有尚未出洋二船，共载工人三百六十余名。闻每月更将幼童五六十名，潜匿各船出洋，每年不下五六百名。③

根据葡萄牙官方的公布，从咸丰六年到同治十二年（1856～1873）17 年间从澳门港运往古巴、秘鲁的苦力（人口）就有 18 万多人。详见下表。

表 1　1856～1873 年从澳门运往古巴、秘鲁苦力人数表

年代	总数	去古巴	去秘鲁	去其他地方
咸丰六年（1856）	2493	2253	—	325
七年（1857）	7383	6753	450	—
八年（1858）	10034	8913	300	—
九年（1859）	8969	7695	321	—
十年（1860）	8719	5772	2098	—
十一年（1861）	—			
同治元年（1862）	2536	752	1459	—
二年（1863）	6660	2992	3738	—
三年（1864）	10712	4469	6243	—
四年（1865）	13784	5267	8417	—
五年（1866）	24343	15767	7681	—
六年（1867）	—			
七年（1868）	12206	8835	3371	—

① P. C. Campbell, *Chinese Coolie Emigration to Countries within the British Empire*, p. 152.
② 彭家礼：《十九世纪开发西方殖民地的华工》，载《世界历史》1980 年第 1 期。
③ 〔美〕丁韪良（W. A. P. Martin）辑《中西闻见录选编》，第 26 页 "澳门近事"。

续表 1

年代	总数	去古巴	去秘鲁	去其他地方
八年（1869）	9000	4124	4876	—
九年（1870）	13407	1064	12343	—
十年（1871）	17083	5706	11377	—
十一年（1872）	21834	8045	13809	—
十二年（1873）	13016	6307	6709	—
合　　计	182179	94714	83192	325

资料来源：根据陈翰笙主编之《华工出国史料汇编》第四辑第 555 页的表而略有增加。

据上表统计，1856～1873 年，共从澳门出口华工 182179 人，占同一时期出洋华工总数的将近一半。

二

鸦片战争后，特别是从咸丰二年（1852）以后的 20 多年里，澳门的劳力贸易曾猖獗一时，形成高潮，其原因是错综复杂的，笔者认为主要原因有四个方面。

第一，西方殖民国家急于开发它们的殖民地和占领地，急需大批廉价的劳动力。它们视华工为最理想的对象。

19 世纪上半期，由于世界资本主义迅速发展，棉花、茶叶、蔗糖等热带经济作物在世界市场上竞争激烈。道光二十八年（1848）和咸丰元年（1851）北美洲西部的美国加利福尼亚和澳洲南部的澳大利亚发现金矿，引起掘金狂潮，加上铁路的兴建、农田的开垦、森林的采伐以及秘鲁、古巴的自然资源开发，还有马来西亚锡矿的开采，爪哇各岛香料、茶叶、蔗糖等种植园无不需要大量的廉价劳动力。与此同时，英国、法国等殖民国家，先后在西印度群岛和南美洲殖民地废除奴隶制度，禁止贩卖黑奴，饱受苦难的黑人和印第安人，一旦获得自由，纷纷跑入深山丛林，拒绝再到庄园中去工作，造成劳动力的短缺和危机。各种植园主和矿业主急需大批劳动力进行补充，他们把"中国看成是一个劳动力取之不尽的泉源"[1]，视华工

---

[1]　陈翰笙：《华工出国史料汇编》第四辑，第 3～4 页。

为最理想的对象。于是，西印度群岛中的英、法势力集团，向他们的政府提出向中国招工的要求，接着在外交上常与美英法处于对立的西班牙、葡萄牙和秘鲁等争先加入竞争行列，还有荷兰、美国、夏威夷（当时还是一个独立的国家）在掠夺华工上也不甘示弱。

古巴和秘鲁的苦力主要来自澳门，古巴是西印度群岛中最大的岛屿，当时还处在西班牙的统治之下，岛上的种蔗制糖工业需要中国的劳工。秘鲁是嘉庆二十五年（1820）脱离西班牙独立的国家，辽阔的国境只有200多万人口，从国外移民特别是中国契约工，来解决本国劳动力的不足，是秘鲁立国以来的国策。葡萄牙靠着她与拉丁美洲的历史关系，又盘踞澳门可以作为从中国内地掠卖人口的据点，便成为西班牙和秘鲁办理招工业务的代理人。

第二，沦为半殖民地半封建社会的中国，社会处于巨大的变革之中，造成了人口向国内外转移的压力，这成了澳门苦力出洋的来源。

鸦片战争前，清王朝是一个独立的主权国家，对人民出洋一向是严加禁止的，三令五申，不仅要严惩出国而回来的臣民，而且臣民本身也不敢回归。一些回来的苦力说："我们害怕中国官吏的检查，他们手下员司的压迫和自家族人和邻舍的虐待。在我们回到中国时，我们会被诬控为盗贼和海盗，被诬控为夷人的暗探，为奴隶的购买者和拐骗者。很多人长年的积蓄被盗窃了，另一些人，家里房屋被拆毁，而且禁止他重建新房；更有些人被迫要偿还伪造的借据。我们孤立无援，亲戚们视我们如路人。"①

鸦片战争后，门户洞开，一切听从侵略者摆布，腐败无能的清政府对华工出国的态度，完全是不顾人民死活，说什么"人已出洋，已非我民，我亦不管"，②并把私自出洋的华工说成"是敝国的坏人，死了不要紧"。③而对侵略者的非法掳掠，清政府则听之任之，还签署了一系列出卖人民的条约，使在华进行苦力贸易合法化。首先是两广总督劳崇光和广东巡抚柏贵，不经北京同意，于咸丰九年（1859）擅自与英国巴夏礼制定招工章程和契约，允许广州以及广东各海口设招工公所，公开招工，接着咸丰十

---

① 陈翰笙：《华工出国史料汇编》第4辑，第11页。
② 《旅居南洋华商宝商约大臣公禀》，《外交报》，光绪二十八年，第30期。
③ 熊理等著《荷属华侨废约运动》，上海，1927，第3页。

年（1860）的《北京条约》承认英、法在华的招工权利。同治三年（1864）清政府同西班牙签订《天津条约》准其在华招工。同年，清政府同英、法公使三方签署了外国（指有约国）在华招工章程条约22条，同治七年（1868）又与美国订立《中美天津条约续增条约》（亦称《蒲安臣条约》）。这些条约中所谓的"合法化招工"实际是拐拐合法化。

沦为半殖民地的中国，封建制度进一步解体，加速了阶级分化，农村破产，民不聊生。广东、福建等沿海地区都是"地狭人众，纵有大年，不足三月粮"的地区，常受粮荒的祸害，清政府虽从海外进口大量粮食，仍远不能解决人民的饥饿问题。沿海人民"耕三渔七"，然而出海捕鱼，一遭台风袭击，则人船俱亡，至于天灾人祸，更使人束手无策，所以人民视外出谋生为重要出路。更加上时值太平天国革命失败前后，在清政府疯狂镇压下，闽、粤地区的劳动人民，大批大批地逃往香港、澳门出洋避祸。人口的大批转移，为澳门的苦力提供了来源。

第三，澳门经济全面衰落、从劳力贸易中寻求出路、高额利润的引诱，这是澳门苦力贸易形成高潮的重要原因。

鸦片战争后，澳门的经济地位发生了急剧的变化，它作为中国沿海对外贸易的中转港和广州的外港，已从繁荣的顶点走向全面衰落。正如葡萄牙历史学家英素所说："尽管澳门在她坎坷的历史上经历了许多次危机，但1842年才是它真正衰落的日子。"①

首先，道光二十二年（1842）中英《南京条约》规定"广州、福州、厦门、宁波、上海等五处港口，贸易通商无碍"②，以后中国沿海对外贸易的中心从广州转移到上海，广州地位的跌落，直接影响澳门的繁荣。在这种情况下，葡萄牙人于咸丰初年另辟了澳门至北海港航线，用艋头船到北海运输来自"广西之北流、玉林、南宁、百色、归顺州、龙州及云南、贵州之货物"③，并向这些地方输入棉花、洋药、洋铁等，企图挽回他们在澳门贸易的败局。但是《烟台条约》签订后，北海港也开放了。至此，中国

---

① 〔葡〕英素（Capitão-Tenente Jaime do Inso）:《澳门——远东最古老的欧洲殖民地》（*Macau: A Mais Antiga Colónia Europeia no Extremo-Oriente*），Macau: Tipográfica do Orfanato，1929，第25页。

② 王铁崖编《中外旧约章汇编》第1册。

③ （清）梁鸿勋：《北海杂录》"原始"。

开放的通商口岸达 34 个之多，这样一来澳门再不是一个重要的海外贸易港口了。其次，道光二十二年（1842）英国占领香港后，他们利用香港优良的天然条件，很快把香港发展成英国在远东倾销产品的商业基地，成为中国沿海各口岸以及东南亚和欧美各地转口贸易的中心。昔日在澳门的洋行商馆，纷纷迁到香港经营，澳门的出入口生意一落千丈。其进出口的商品也发生了变化，过去进口的商品主要是棉花、棉布和棉纱，还有大量的鸦片走私贸易，出口商品除茶、丝之外，现在出现了大量的苦力贸易。再者，澳门港的自然条件不再适应大汽船停泊和近代化贸易的需要，澳门内港水位淤浅，水深不到一米，西洋较大的货轮无法直接驶入码头，外港虽然水位较深，但经常受台风袭击，不利于外轮停泊。葡萄牙当时的经济实力和技术力量，既不能像香港港英当局那样建造深水港码头，也不能深挖内港航道，澳门港对外交通范围大大缩小，与外洋直接往来日益困难，只好变作隔海相望的香港的附庸了。最后，葡萄牙本国经济的崩溃，使澳门的对外贸易受到严重的影响。由于以上的四个原因，澳门以出入口贸易为主体的经济完全走向衰落，社会经济异常萧条，关税收入锐减。道光二十八年（1848）亚马留任澳门总督时，甚至连公务员的工资都发不出来。后来，随着苦力贸易的兴旺，澳门的经济才有所转机。

> 自和议成后，澳夷不能专利，渐至穷蹙，而是时秘鲁、古巴等国，买华人回国供利，曰"猪仔"，在澳门设立招工馆，奸人借以为利，诱骗华人出洋，澳夷坐收其税。[①]

葡、美等殖民者通过澳门贩卖苦力，猎取了高额利润。据美国记者凯利报道：

> 劳动力的需要如此之大，种植园的资本家都愿花 500 元的代价买下一名能使用八年的中国佬，这种贩运的利润很容易计算。我到苦力船上看过，送到市场上去的 900 名活人，对于苦力进口商来说，就等于 45 万元的财富，而他们原来花费的成本，总共还不到 5 万元，运往古

---

① 陈澧：《香山县志》卷 8《海防》。

巴便可得到 40 万元的盈利，即使在非洲奴隶贸易的极盛时期也从来没有实现过这样惊人的利润。①

近代爱国思想家郑观应，在他的《贩奴》一文中说："粤东澳门……向有拐贩华人出洋之事……猪仔一名载至西洋，身价五六十元，税银一元，澳门议事务官收费二元。"②

苦力贸易成了澳门财政的主要收入。据特瑞修神父统计说："澳门政府每年通过苦力贸易，约有二十万银元的财政收入。"③ 这笔收入相当于道光二十五年（1845）葡澳海关税收总数的五倍。难怪，当 1873 年 12 月 20 日里斯本政府公布葡萄牙国王关于禁止澳门贩卖苦力的敕令时，澳门一片混乱：

就如青天霹雳，所有在澳门之洋人、华人，无不满街飞跑，打听此事实，如有贼杀来，又如大火的光景。

澳门地方葡、秘、西三国人所开招工局，计有三万余所，现俱关闭停业，管招工事务葡国委员及招工局各项人等，向来俱靠招华工发财，现在忽然无此生意，就如得重病一样，垂头丧气。

澳门地方，一无正经生意，专靠招华工一样坏事做生意，现在将招工之事禁止，这三四万人又靠何事活命度日。④

第四，咸丰二年（1852）厦门人民反抗拐骗华工后，澳门很快成为贩卖苦力出洋的最大港口，各国商人多在澳门设立据点。

西方国家从中国沿海口岸直接贩卖苦力，是从厦门开始的。道光二十五年（1845）厦门被掠卖的华工就有 180 多人，而到咸丰二年（1852）仅八个月的时间被掠卖的人数高达 1739 人。殖民主义者在厦门掠骗华工的罪恶活动，激起了厦门人民的愤怒和反抗。如咸丰二年（1852 年 11 月 21 日）厦门人民捕获了一个为英商合记洋行进行拐骗华工的拐子手，把他送交参

① 转引自陈翰笙《华工出国史料汇编》第四辑，第 197 页。
② 《郑观应集》上册，第 413 页。
③ 〔葡〕徐萨斯（Montalto de Jesus）：《历史上的澳门》。
④ 总署清档。

将衙门处理，但当天该洋行经理桑穆强令释放了这个拐子手。清朝地方官吏的腐败无能，激起士兵和人民的联合反抗。尔后，厦门人民相继罢市，集合示威。美国军舰"萨拉门特"竟开枪惨杀 8 名中国百姓，重伤 16 人，血腥的屠杀激起厦门人民的愤怒。此后，厦门每天几乎都发生制裁人贩子的事件，同时对厦门洋行的贸易也一致予以抵制。这样，任何国家都无法在厦门拐到一个华工了，经营苦力贸易的外国投机商"几乎不能继续在厦门做生意"。[①] 因此，苦力贸易的中心就南移到广东，澳门也很快成为贩卖苦力出洋的最大港口。这门生意导致澳门商业的迅速发展，到了同治五年（1866），已有大批的专在贩卖苦力生意中投机的各国商人涌至澳门。据广州美国领事馆译员梅辉立估计，1865 年间澳门的猪仔馆不过 8 ~ 10 家，而 1866 年竟增加到 35 ~ 40 家。1865 年间苦力的牌价是每一个人头 35 ~ 40 元，第二年则激增至每一个人头 60 ~ 80 元[②]，过了六七年，猪仔馆猛增加至 300 多家，以"卖猪仔"为业的由原来 800 人，剧增至三四万人。苦力贸易是澳门最大宗的生意。

澳门地方和它的居民都依靠贩卖这种人身货物所得利润而极度繁荣。[③]

三

资本主义的繁荣发展离不开对廉价劳动力的残酷剥削，出国华工艰辛劳动，创造财富，对世界资本主义社会和经济发展的影响是很大的。

（一）对东南亚国家的影响

主要表现在开发东南亚国家的生产和促进其经济发展上面。16、17 世纪初期，东南亚各国社会经济发展缓慢，程度参差不齐，有的国家进入了

---

① 〔美〕费正清（John K. Fairbank）：《中国沿海的贸易和外交》（*Trade and Diplomacy on the China Coast*），美国，哈佛大学出版社，1953，第 213 页。

② 英国外交部档案，梅辉光报告，1866 年 11 月 12 日。

③ 美国议会文件，第 16 号《罗伯逊致哈孟德文》。

封建社会，有的处于奴隶社会，还有少数国家停留在原始社会末期，生产工具落后，生产水平低下，经济很落后。从澳门运送出去的千百万苦力华工，散布在东南亚各国，明代后期已达 10 万人以上。这些苦力华工有的从事矿山的开发，有的在种植园种植胡椒等经济作物，有的垦种田地，生产稻谷，把无数的荒山野岭变为富源，用他们奴隶般的劳动把原来的一些不毛之地变为经济发展的地区。这种经济上的影响与作用，连前英属马来西亚总督瑞天咸也十分肯定，他说："开发马来西亚的锡矿，首推华工，由于他们的努力，致使马来亚能供应全世界用锡量的一半，是他们的才能和劳力，才造成今日的马来亚……英人初经营马来亚时，着手于道路建筑和其公共工程，皆成于华工之手。至于开矿事业，纯由华工开辟道路，投身蛮荒，冒万死，清除森林，开辟道路，每有牺牲性命的。此外做煤工、伐木工、木匠、泥水匠者很多。英国政府修铁路筑桥梁，全由华工包办。当时欧人不敢冒险投资的，华工则冒险为之。又经营商业，开半岛之航路，招致华工，开半岛未启之富源；英属马来亚政府十分之九的收入，皆出于华工之手。凡一事既成，应知其之所以成功，读此文者，均知华工有造于马来亚各国也。"①

所以，马来亚的殖民官巴素（Purcell）也承认说："假如没有中国人，就没有现代的马来亚，而且如果没有现代马来亚的橡胶，欧洲和美国的汽车工业也就永远不会有如此巨大的发展。"② 婆罗洲英属殖民地沙捞越王查理·乌拉勿格克也充分肯定中国华工对该地开发的重要作用："若无中国移民（华工），我们将一事无成。"③

16 世纪末，西班牙莫牙博士（Dr. Antonis Morga）亦进一步肯定华工对菲律宾城镇经济建设的作用，云：

凡一镇的建成，是不能缺中国人的。他们是各种事业的经营者，

---

① 〔英〕瑞天咸（Swettenham Frank）：《英属马来亚》（*British Malaya*），伦敦，1907，第 213~233 页，译文可参考李长傅《南海华侨史》，商务印书馆，1934，第 48 页。

② Victor Purcell, *Malaya*, p. 128. 译文参考彭家礼《十九世纪开发西方殖民地的华工》，载《历史研究》1980 年第 1 期。

③ 李长傅：《南洋华侨史》，商务印书馆，1934，第 65 页。

而且工作十分艰苦，工资很低。①

约翰·弗曼（John Foreman）对于华工在东南亚诸国及菲律宾经济发展所起的重大作用，也是肯定的。他指出：

> 中国人的确是首先是把贸易、工业和有成果的劳动等观念传给当地土番人的。他们教导土著很多其他方面有用的事物，如从甘蔗糖搾（榨）汁和锻练熟铁的劳动。他们首先把用直立的石搾（榨）取糖汁和用大铁锅熬糖的制糖法介绍到这个殖民地。②

到了近代，这种苦力华工在工厂、种植园等生产中更是有着决定性的作用。例如在马尼拉和甲来地（Cavite）有 9 家机械厂、造船厂和修船厂，雇用了 3782 名华工，但后来因排华法案实行以后，华工工人数大大减少，使工厂迅速陷于衰退。③ 马来亚的橡胶种植园的劳动力为 10 万人，其中华工 45700 人④，占 45.7%。可见，华工对开垦和发展橡胶种植园经济起着重要的作用。总之，明清以来，马来亚早期筚路蓝缕的开创，锡矿和橡胶事业的发展，印尼爪哇的胡椒园，勿里洞和帮加锡矿的开采，婆罗洲和苏门答腊烟叶园的开辟等均与华工奴隶般的劳动分不开。可以说，没有千百万华工的艰苦劳动，就没有近代东南亚各国经济的发展。

（二）对美洲国家经济的影响

在美洲各国的开发和经济发展中，华工也起着巨大的作用，如从澳门运去苦力最多的秘鲁。根据温贝托·罗德里格斯著《秘鲁的苦力华工》一书记述，1849 ~ 1874 年约有 10 万名华工被贩运到秘鲁，占当时秘鲁人口的 1.8%，其中 90% 以上集中在秘鲁沿海各地种植园和沿海岛屿鸟粪开采场劳动，大大促进了秘鲁两大经济支柱——农业和鸟粪开采业的发展。另外，

---

① Antonis Morga, *Philippines*（《菲律宾》），p. 394. 译文参看李长傅《南洋华侨史》，商务印书馆，1934，第 70 页。
② 转引自陈翰笙先生编《华工出国史料》第 4 辑，第 44、50 页。
③ 转引自陈翰笙先生编《华工出国史料》第 4 辑，第 44、50 页。
④ 转引自陈翰笙先生编《华工出国史料》第 4 辑，第 44、50 页。

秘鲁修筑铁路主要是依靠华工的力量，有些工段，华工竟占了全部筑路工人的一半。因此，该书作者最后说："亚洲人（指华工）在经济上的重要性，具有决定性意义。"[①] 又例如美国，在 1840 年代中期，西半部地区仍是一个人迹稀少的荒僻地方。可是当 30 万苦力华工被贩运到美国后，就逐步被开发起来了。1877 年美国官方承认：由于华工的廉价，美国加州和太平洋沿岸的资源获得更加迅速的开发和发展，增进了太平洋（美国西部）的物质繁荣。[②] 加州的矿产资源的开发主要是靠苦力华工，华工占加州矿工总数的一半以上。[③] 据统计，1849～1856 年，美国加州 11 个矿区所产黄金总值 3.22 亿美元，其中大部分是华工开发创造的。而加州农业生产的发展主要也是依靠华工，华工占农业工人的 75%。美国的资产阶级学者莱丹也说："加里福尼亚加速发展，没有中国劳工是不可能的。"[④] 这说明，美国的开发，华工是付出了巨大劳动的。又如旧金山，1850 年代初，附近有 500 多英亩的荒凉低洼地，经过华工的平整种植，变为肥沃的良田，地价由每亩 0.5～3 美元提高到每亩 20～100 美元，增长了 40～50 倍[⑤]，年产小麦 40 万吨。[⑥] 所以，郑观应说："美国之旧金山，向属荒野，招中国工人开垦，遂成富庶之邦。"[⑦] 华工对开发美国的贡献还特别表现在兴修美国第一条太平洋铁路上。华工是修筑中央太平洋铁路的主要劳动力。据美国国会调查，这条铁路全部工程的 4/5 是由华工承担的，人数达四五万之多。[⑧] 有 10000 名华工经常在工地上劳动，最多达到 14000 多人。这些华工担负着最沉重的劳动，如开方经凿路基、铺轨架桥、打通隧道。当时内华达山区遇上连续两年的特大风暴，大雪崩和大塌方经常发生，上万名华工惨遭不幸，可见中央太平洋铁路是由华工的血汗修筑而成的。而这条铁路对于沟通美国东

① 转引自张铠《秘鲁的苦力华工》，载《世界历史》第 1 期。
② 彭家礼：《十九世纪开发西方殖民地的华工》，载《世界历史》1980 年第 1 期。
③ 彭家礼：《十九世纪开发西方殖民地的华工》，载《世界历史》1980 年第 1 期。
④ 彭家礼：《十九世纪开发西方殖民地的华工》，载《世界历史》1980 年第 1 期。另见莱丹著《美国外交政策史》，王造时译，商务印书馆，1937，第 366 页。
⑤ 转引自张铠《秘鲁的苦力华工》，载《世界历史》第 1 期。
⑥ 转引自张铠《秘鲁的苦力华工》，载《世界历史》第 1 期。
⑦ 《盛世危言》，第 59 页"贩奴"。
⑧ 朱杰勤：《十九世纪后期中国人在美国开发中的作用及处境》，载《历史研究》1980 年第 1 期。

部和太平洋沿岸之间的联系，对于开发美国西部地区和发展美国经济起着巨大的作用。所以 1877 年 2 月 27 日《美国第 44 届国会参众两院调查华工入境问题联合特别委员会报告书》指出："美国加州和太平洋沿岸的资源，由于华工的廉价劳动力而获得更为迅速的发展。就物质繁荣而言，毫无疑问，太平洋是最大的受惠者。资本家因为有了华工而大获其利。这是确确实实……中国人入境的后果是大大增进了太平洋（指美国西岸）的物质繁荣。"①

可见，美国资本主义的物质文明和财富是离不开对华工廉价劳动力的残酷剥削的，是无数华工的血汗和生命凝聚而成的。

（三）对西方国家资本主义经济的影响

马克思认为，在西方国家资本主义原始积累的过程中，"贩卖人"原是主要来源之一。葡萄牙、西班牙、英国、法国等国家，在澳门经营苦力贸易，把华工运到东南亚各国和美洲各国出售，从中获得惊人的巨额利润。这些巨额的利润带回西方各国转变为货币资本，必然成为他们发展资本主义经济的雄厚资金，使之成功地建立和发展资本主义，成为近代世界的先进国家。所以说，近代西方资本主义的发展是建立在血腥的暴利基础上的。诚如马克思在《资本论》中指出的，新兴的资本"就是从头到脚，每个毛孔都滴着血和肮脏的东西"，"一有适当的利润，资本就会胆壮起来……有 100% 的利润，就会使人不顾一切法律……如果动乱和纷争会带来利润，它就会鼓励他们，走私和奴隶贸易就是证据。"

（原载《广东社会科学》，广州，广东省社会科学院，

总第 15 期，1988 年第 1 期）

---

① 转引自彭家礼《十九世纪开发西方殖民地的华工》，载《世界历史》1980 年第 1 期。

明代澳门与海上丝绸之路

万　明[*]

　　海上丝绸之路，顾名思义，是以中国享誉世界的丝绸命名的，以中国丝绸占主导地位的东西方交往的海上通道。它的产生正是由于自古以来中国丝绸就是这一通道上的主要输出品，丝绸自东到西，连接了东方与西方，成为中国与西方经济文化交往的海上纽带，而这条纽带的形成，是古代东西方各国人民共同劳动的结晶。就这个意义而言，16~17世纪中叶的海上丝绸之路，谈不上发生自东向西至自西向东的转向，毕竟当时的欧洲尚拿不出能够与东方抗衡的商品，中国丝绸仍旧在东西方交往中占有不可替代的重要地位。因此，不能把当时的海上丝绸之路完全简单地视为西方海外扩张的工具。

　　明代澳门的兴起和发展及其特性与海上丝绸之路的兴盛紧密相连，正好可作为一个例证。

　　然而，谈到澳门的海上贸易，以往大多只谈葡萄牙人建立并经营了以澳门为中心的多条国际贸易航线，即葡萄牙人开展了澳门的国际贸易。而事实上，明代澳门的兴起和发展、地位和作用都不能撇开它是在中国的坐标系上这一关节点而孤立看待。葡萄牙人的经营在澳门国际贸易中所起的中介作用，是重要和显而易见的，应予肯定，但主要以西欧的观点来解释历史已经过时，对澳门国际贸易作整体的论述，不能仅着墨于葡人的经营，这是以往学术界对澳门国际贸易研究的一个误区。

　　首先，葡萄牙人对澳门的占据有一个逐步发展的过程。在澳门作为贸易港口城市迅速兴起和极度发展的黄金时期，亦即16世纪中叶至17世纪中叶，明朝政府对澳门拥有和行使着完整主权。正是明朝海外政策的转变，使澳门成为一个中国对外的窗口，拥有了广州外港的历史地位，才促成了澳门成为远东国际贸易的重要中转港。

其次，澳门国际贸易的支点是中国商品，主要是中国的丝和丝绸等产品。可以说澳门是作为中国商品输出世界的辐射地兴起和发展起来的，中国商品对当时正在形成中的世界市场起了重要推动作用。澳门兴起及其贸易发展，具有明末中国商品经济和市场繁荣发展的历史大背景，是以中国腹地商品经济和市场的繁荣发展，以及中国社会内部的需求为依托的。澳门成为远东国际贸易的一个中心辐射地，是明代中西遇合和中国与西方直接交流的结晶。

此外，澳门是中国的领土，作为国际贸易重要中转港的澳门，其兴起和发展自一开始就是中国商民与居澳葡萄牙人共同努力的结果。

下面拟由此三方面展开论述。

一

明代是澳门兴起和发展的黄金时期。在这一时期，中国明朝政府对澳门拥有和行使着完整的主权。正是明朝海外政策的转变，使澳门成为一个中国对外的窗口，拥有了广州外港的历史地位，从而促使澳门成为远东国际贸易的重要中转港。换言之，澳门这一重要中转港的特性是为明朝对澳门政策所确定的。

葡萄牙人于嘉靖三十六年（1557）入居澳门后，开展了活跃的海上中转贸易活动，吸引了大量中国商民和工匠"趋者如市"。[1] 这种情况引起了明廷关注。嘉靖四十三年（1564）庞尚鹏上疏详细叙述了澳门地理状况，以及兴起由来。由庞疏可以得知，葡萄牙人入居澳门以前，澳门作为中外交易之地，明朝设有守澳官，严防走私贸易，收取贸易税。守澳官允葡人"搭蓬（棚）栖息，迨舶出洋即撤去"。疏中称："近数年来始入濠镜澳，筑室以便交易，不逾年多至数百区。今殆千区以上……而有夷众殆万人矣。"[2]

---

① 陈吾德：《谢山存稿》卷1《条陈东粤疏》，嘉庆刻本。
② 庞尚鹏：《百可亭摘稿》卷1《陈末议以保海隅万世治安疏》，清道光十二年叠滘敦睦堂刻本。

　　隆庆初年，明朝海外政策作出大幅度调整，主要体现在福建漳州开放海禁，允许中国商民出海贸易。伴随这一调整趋势，广东对澳门的政策也基本定型，澳门成为中国一个对外窗口的历史机遇到来。隆庆三年（1569），工科给事中陈吾德上疏，言及澳门葡人时称："今即不能尽绝，莫若禁民毋私通，而又严饬保甲之法以稽之。遇抽税时，第令交于澳上，毋令得至省城，违者坐于法。"① 此议得穆宗皇帝批准。自此，"禁私通，严保甲"成为明朝对澳门政策的基本点，而澳门也由此开始成为广州外港。

　　此后，万历初年地租银规范化，葡人原来私下给予海道副使的贿银500两，成为地租银纳入香山县收入之中②；明朝广东官府在澳门北面香山县咽喉之地莲花茎上，设立关闸，置官防守③，这是广东官府在中央对澳门政策基调已定情况下作出的新动作。地租银的形成和规范化，不仅从根本上说明了居澳葡人在中国的赁居地位，而且也表明，明朝广东官府在事实上已承认居澳葡人的赁居地位。自此，终明之世，葡人一直向明朝缴纳地租银，到明末一度增至一年10000两。④ 清朝时期仍继续沿用这一政策，直至道光二十九年（1849）。而关闸最初每五天开放一次，后改为两星期一次，开启之时定期集市，进行贸易和供给居澳葡人粮食等生活必需品。非定期集市时，关闸大门关闭，以六条封条加封。⑤ 这样就将居澳葡人控制在有限的区域内，便于管理；不仅使葡人不得随意扩张，同时也使明朝官员多所顾虑

① 《明穆宗实录》卷38，隆庆三年十月辛酉，台北"中研院"历史语言研究所校勘，1962年影印本。

② 〔葡〕徐萨斯（C. A. Montalto de Jesus）：《历史上的澳门》（Historic Macao），澳门，1926。根据里斯本阿儒达图书馆藏文献记载，将时间系于1572年左右，即隆庆六年左右，第42页。〔葡〕施白蒂《澳门编年史》则系于1570年"向中华帝国国库交纳第一次地租"，澳门，1995，第17页；印光任、张汝霖著《澳门纪略》上卷《官守篇》记载，"然则澳有地租，大约不离乎万历中者近是"，嘉庆五年刻本。

③ 关于建闸时间，印光任、张汝霖著《澳门纪略》上卷《官守篇》系于万历二年（1574）；〔葡〕徐萨斯著《历史上的澳门》，第40页系于1573年；又潘日明（B. V. Pires）也言建于1573年，见〔德〕克莱默（R. D. Cremer）编《商业和文化之城澳门》（Macao City of Commerce and Culture），香港，1987，第11页。

④ 《崇祯长编》卷四一，崇祯三年十二月丙辰，卢兆龙上言："某谋割澳地也，则要挟免其岁输地租银一万两。夫盘踞其地而不输租，此地岂复朝廷有乎？"台北"中研院"历史语言研究所校勘，1962年影印本。

⑤ 〔葡〕徐萨斯（C. A. Montalto de Jesus）：《历史上的澳门》（Historic Macao），澳门，1926，第41页。

的通番问题，得到了较妥善的解决。同年，明朝设广州海防同知于雍陌，以便就近弹压。① 万历六年（1578），明朝规定在广州定期举行贸易集市，葡人于是一年两次可到广州进行直接交易②，这成为澳门海上贸易发展的源泉。

万历十年（1582），两广总督陈瑞在居澳葡人答应"服从中国官员的管辖"③ 的前提下，以明朝广东地方政府最高官员身份代表明廷，在葡人居澳问题上公开表态，对澳门政策确定了下来。葡萄牙人租居澳门，那里成为广东香山县管辖下一个特殊的侨民社区。此后，广东地方官员按照地方管理的惯例，设立保甲，在澳门"中贯四维"的大街上"各树高栅，榜以'畏威怀德'四字，分左右定其门籍"。以《尚书·旅獒》篇中"明王慎德，四夷咸宾，无有远迩，毕献方物，服食器用"20字，分为东十号、西十号，"使互相维系讥察，毋得容奸"。④

分析明朝最终将澳门作为一个对外的窗口、广州的外港，最重要的是出于中外贸易需要的考虑。明末商品经济和商品市场发展，社会内部经济运作需要对外贸易，而对外贸易已成为中央特别是地方财政不可缺少的一部分。惟其如此，驱逐居澳葡人之议迭起。两广总督张鸣冈、广东巡按御史田生金与两广总督周嘉谟都曾上疏，表态不同意驱逐。作为管辖广东地方的高级官员，其着眼点是既保存海外贸易，又便于管辖控制。因此，明廷终未改初衷，坚持"防患未然，随宜禁戢"的既定政策。⑤

澳门是中国领土，在行政上，澳门地属香山县，由香山县主管。明朝政府在澳门设有提调、备倭、巡缉行署⑥，这些官员或称为"守澳官"。提调负责查验海商船舶进出口，代为向海道申报手续和征收进出口关税等事宜；备倭掌管海盗、倭寇的缉捕之事；巡缉则负责巡查缉捕走私等事。这些守澳官具有军事镇守之责。又设有海防同知，其上有海道副使，兼掌海

---

① 田生金：《按粤疏稿》卷3《条陈海防疏》，万历四十五年刻本。
② 〔意〕利玛窦、〔比利时〕金尼阁：《利玛窦中国札记》上册，中华书局，1983，第144页。
③ 〔意〕利玛窦、〔比利时〕金尼阁：《利玛窦中国札记》上册，中华书局，1983，第149页。
④ 万历《广东通志》卷69《番夷》，万历三十年刻本。
⑤ 《明神宗实录》卷557，万历四十五年五月辛巳，台北"中研院"历史语言研究所校勘，1962年影印本。
⑥ 《澳门纪略》上卷《形势篇》。

防和海上贸易事宜。澳门设有议事亭，广东地方官员到澳门处理政务，在亭内进行。明代守澳官、市舶司、香山县以及海道官员等均参与澳门的贸易关税的管理。

对于饷税的征收，《明熹宗实录》记载，澳门葡人"岁输二万金"。[①]这只是居澳葡人每年向广东官府缴纳关税的一个大致的数字。起初，广东市舶司饷额共 26000 两左右，其中包括澳门葡人所纳。[②] 万历二十七年（1599），明神宗派往广东搜刮税收的太监李凤，一度将广东税额增至每年 20 万两白银，又派澳门货税 20000 两。[③] 而澳门葡人有时达不到常数，如在万历三十九年（1611），由于那一年没有船只前往日本，只交纳 9000 多两。[④]

明朝广东官府对停泊与居留在澳门的外国商船进行登记，发给许可证"部票"。持有"部票"的外国商船才能进出澳门港。对于不按规定停泊，偷税漏税的外国商船的不法行为，要"执送提调司究治"。[⑤] 万历四十二年（1614）两广总督批准公布于澳门的《海道禁约》，对澳门的进出口贸易，著有明文加以管理。[⑥]

以上说明，正是在明朝对澳门政策确定和明朝地方政府的管辖下，作为广州外贸的门户和中国对外重要转口港，澳门进入了海上贸易的黄金时期，从而成为海上丝绸之路的重要辐射地。

二

葡萄牙人开展的国际贸易，是一种转运贸易，这已是国内外学界达成的共识。在东方，葡萄牙人建立了国际贸易网，转运贸易的重要支点之一是澳门。而澳门国际贸易的支点是中国商品，主要是中国的丝和丝绸等产品。可以说，澳门是作为中国商品输出世界的辐射地兴起和发展起来的，

---

① 《明熹宗实录》卷 11，天启元年六月丙子按语，台北"中研院"历史语言研究所校勘，1962 年影印本。
② 乾隆《广州府志》卷 53，李侍问《罢采珠池盐铁澳税疏》："香山澳税隶市舶司"，乾隆二十四年刻本。
③ 郭尚宾：《郭给谏疏稿》卷 1《防澳防黎疏》，载《岭南遗书》本，清道光同治间刊。
④ 王以宁：《东粤疏草》卷 5《条陈海防疏》，杭州，浙江图书馆油印本，1958。
⑤ 康熙《香山县志》卷 10《外志·澳彝》，广州，广东省中山图书馆油印本，1958。
⑥ 《澳门纪略》上卷《官守篇》。

中国的生丝和丝绸等商品从澳门大量出口，经由果阿销往欧洲，通过长崎销往日本，也经马尼拉销往美洲西班牙殖民地[①]。由此，海上丝绸之路得到了空前发展，中国商品对当时正在形成中的世界市场起了重要的推动作用。

澳门是以国际贸易重要中转港面貌出现的。葡萄牙人进行的中介贸易，需要两个条件：一是输入海外的货物，二是输出中国的货物。前者要保证有中国的市场，后者则完全依靠中国的商品经济发展。事实上，葡人是凭借中国的商品和市场立足的，澳门中转港特性的产生，具有明末中国商品经济和市场繁荣发展的历史大背景。

澳门国际航线的开辟和海上丝绸之路的延伸，建立在中国明末商品经济和商品市场蓬勃发展的雄厚物质基础之上。海上贸易的发展与中国商品经济发展产生对外需求，中国手工业产品寻求出口市场紧密相连，同时，又反过来刺激和推动了中国对外贸易的需求增长和发展。

以丝绸为例。江南是丝绸之乡，到明代桑蚕之盛达到了新的高度，出现了"湖丝遍天下"之说。[②] 明人王士性曰："浙十一郡惟湖最富，盖嘉湖泽国，商贾舟航易通各省，而湖多一丝，是每年两有秋也……农为岁计，天下所共用，惟湖以蚕。"[③] 湖州之外，嘉兴在弘治年间，已是"桑林稼陇，四望无际"[④]，到万历时"民皆力农重桑"。[⑤] 余杭"男务稼穑，女勤织纴尤善御蚕"。[⑥] 吴县到明中叶"以蚕桑为务，地多植桑"。[⑦] 桑蚕业的发展，使商品化和专业化成为可能，也使江南丝绸不仅享誉全国，拥有广阔的国内市场，而且大量运销海外。

澳门作为国际贸易中转港的兴起与发展，尤应置于珠江三角洲商品经济发展的进程中去考察。明中叶以后，珠江三角洲以经济作物为主的农业商品性生产迅速发展，种类繁多，主要有塘鱼、水果、香料、甘蔗、桑蚕、

---

① 有关这一时期丝绸贸易情况及其贸易额，见〔英〕博克塞（C. R. Boxer）《来自阿妈港的大帆船》（*The Great Ship from Amacon*），里斯本，1963；全汉升《明代中叶后澳门的海外贸易》，载《香港中文大学中国文化研究所学报》，1972 年第 5 卷第 1 期。

② 宋雷：《西吴里语》卷 3，吴兴张氏木刻本。

③ 王士性：《广志绎》卷 4《江南诸省》，中华书局，1981。

④ 弘治《嘉兴府志》卷 25《崇德县》，弘治五年刻本。

⑤ 万历《崇德县志》卷 2，万历三十九年刻本。

⑥ 万历《杭州府志》卷 19《风俗》，万历七年刻本。

⑦ 蔡升撰，王鏊重修《震泽编》卷 3《风俗》，万历四十五年刻本。

茶叶、棉花、烟草、花生等，形成了农业商品生产的专业区域。赋役折银和一条鞭法的推行，白银的大量流通，货币经济的发展，对外贸易的兴盛，更促发了商品经济的活力。蒋祖缘、方志钦主编的《简明广东史》认为："明代，广东部分地区或乡里商品经济的迅速发展，促进了广州对外贸易的发展，而广州对外贸易的发展，又反过来促进了广东社会经济的发展。可以认为，这两者的相互促进，是直到明代才非常明显的，显示出广州这个长期对外贸易的口岸，直到明代才真正发挥出联系广东农村和城镇的枢纽作用，在较大的程度上促进了广东社会经济的发展。"①

丝绸业的发展，颇具典型性。由于对外贸易中生丝的需求量不断增大，珠江三角洲的桑蚕生产迅速发展起来。明初自给性的塘鱼生产，发展到明中叶成为商品性的塘鱼生产，并逐步形成了"塘以养鱼、堤以树桑"的桑基鱼塘模式。这种三角洲低洼地开发的集约方式的出现，是生产经营方式的变化，促使养蚕植桑得到极大发展。按照《珠江三角洲农业志》的统计，明万历九年（1581）清理田塘的结果是：南海县有税鱼塘48326亩，顺德县40084亩，番禺县10702亩，新会县6588亩，三水县10250亩，香山县711亩，高明县7810亩，宝安县2698亩，东莞县32659亩，以上9县的鱼塘面积合计达159828亩。以顺德县为例，其自景泰年间就大量植桑，到明末崇祯十五年（1642）种桑面积达58094亩。② 大片桑塘的出现，使蚕丝生产成为三角洲生产的重要部分。同时，广东蚕茧在明代实现了六收、七收，直至八收。植桑的扩大和蚕茧的丰收，使广东丝织业获得了长足的发展。据乾隆《广州府志》引嘉靖《广州府志》记载："广纱甲于天下，缎次之。"在明代兴起的佛山，除了出产著名的铁器和陶瓷外，生丝和丝织品也成为重要的出口商品。到清初，佛山的丝织业已分为18行，有八丝缎行、杂色缎行、元青缎行、花局缎行、纟绸行、蟒服行、牛郎纱行、绸绫行、帽绫行、花绫行、金彩行、扁金行、对边行、栏杆行、机纱行、斗纱行、花绫绸行等，分工细密，发展到了相当的规模。③

---

① 蒋祖缘、方志钦主编《简明广东史》，广东人民出版社，1993，第238页。
② 李本立：《顺德蚕丝业的历史》，载《广东文史资料》第15辑，广州中国人民政治协商会议广东省委员会文史资料委员会编刊，1964。
③ 佛山档案馆编《佛山史料汇编》，载《明清广东社会经济研究》，广东人民出版社，1987，第36页。

明代广东桑基鱼塘的生产方式贯穿的是一条丝织品外销的道路。在对外贸易发展的刺激下，明代广东的外向型经济得到极大发展，而广州在明末国内商品经济发展和商品市场繁荣的大背景下，成为对外贸易的枢纽。珠江三角洲的广州外围城镇，在宋代有 8 个，明永乐时 33 个，到万历三十年（1602）达到 176 个。①

因此，澳门作为广州国际贸易的重要门户，成为国际贸易的重要中转港，与生丝出口，白银进口的明代外贸模式紧密联系，也与珠江三角洲商品经济迅速发展有着明显互动作用。

三

澳门是中国的领土，明代居澳葡人在明朝政府的管辖之下生活和从事贸易活动，当时的澳门与葡萄牙在东方实行殖民统治的其他地区在性质上是不同的。可以说，没有中国的政策，没有中国人的参与，没有中国的商品，没有中国的广大市场及其需求，澳门就不可能兴起。同时，作为国际贸易重要中转港的澳门，其兴起和发展自一开始就是中国商民与居澳葡萄牙人共同努力的结果。

在葡萄牙人入居以前，澳门地区就有中国人居住，地属广东香山县。嘉靖四十四年（1565）两广总督吴桂芳奏疏言："驯至近年，各国夷人据霸香山濠镜澳恭常都地方，私创茅屋营房，擅立礼拜番寺，或去或住，至长子孙。"② 查嘉靖二十六年（1547）修《香山县志》载："长安乡恭常都，故延福里，恭字围、常字围，在县东南一百里，图三。一百二十里内村二十二。"③ 明代县以下的建置系统，有乡、都、图，所谓"以县统乡，以乡统都，以都统图，如身使臂，臂使指，势联属而民用一矣"。④ 都、图是以人户划分为主的建置，葡萄牙人入居的澳门地方当是在香山县长安乡恭常都的范围内。

---

① 任美锷主编《中国的三大三角洲》，高等教育出版社，1994，第 250~251 页。
② 吴桂芳：《议阻澳夷进贡疏》，载《明经世文编》卷 342《吴司马奏议》，中华书局，1962 年影印本。
③ 嘉靖《香山县志》卷 1《风土志第一》，据日本国会图书馆藏嘉靖二十七年影印本。
④ 嘉靖《浦江志略》卷 1《疆域志·乡井》，《天一阁藏明代地方志选刊》本，1963。

  葡萄牙人初到广东浪白澳、澳门一带进行贸易时，就依靠中国人进行交易。《日本一鉴穷河话海》记载，周鸾号称"客纲"，"同装番货，市于广东城下，亦尝入城贸易"。[①] 入居澳门后，根据庞尚鹏疏，"不逾年，多至数百区，今殆千区以上。日与华人相接济，岁规厚利，所获不赀"。[②] 同时，由于中外贸易，大量中国商民和工匠"趋者如市"[③]，澳门出现了民夷杂居的状况。万历十年（1582），两广总督陈瑞在居澳葡人答应"服从中国官员的管辖"的前提下，允葡萄牙人租居澳门后，广东地方官员按照地方管理的惯例设立保甲。澳门妈祖庙神山第一亭横梁写有"明万历乙巳德字街众商建"的字样，是澳门四条大街之一德字街华商于万历三十三年（1605）集资建立妈祖阁庙的明证；其右刻有"崇祯己巳怀德二街重修"的文字，是澳门怀字、德字两条大街华商在崇祯二年（1629）重修妈祖阁庙的证明[④]。这都说明华商在澳门据有重要势力。

  荷兰人林乔藤《游记》记载，在1596年他所看到的是一个"葡人与华人杂居的澳门"。[⑤] 英人蒙地《游记》记载，在1637年的澳门，"据报道整个城中只有一名妇女是出生在葡萄牙的，居民的妻子不是中国人，就是中国人与葡萄牙人的后裔，教会和圣卡塔利那的混血儿"。[⑥] 而澳门史家潘日明（Benjamim Videira Pires）称："直至19世纪末，澳门才明晰地显露出其划分为两个风格迥异的区域，即'洋人区'和'华人区'的特点。"[⑦]

  中国商民大量涌入澳门，以福建人、广东人最多，情况有多种。万历四十一年（1613）郭尚宾曾上疏说明：有"亡命之徒，因之为利"的；有因澳门食粮依靠广州，"私澳之贩"的；有的从广州私买往贩刀剑武器弹药，许多还直接在澳门参与制造；此外有拐卖人口的；还有更多的是在澳门为葡人出谋划策的。[⑧] 明朝档案中有"香山县寨差官及提调、备倭各官，唤令通夷事

---

① 郑舜功：《日本一鉴穷河话海》卷6《海市》，据旧抄本1939年影印本。
② 庞尚鹏：《百可亭摘稿》卷1《陈末议以保海隅万世治安疏》。
③ 陈吾德：《谢山存稿》卷1《条陈东粤疏》。
④ 谭世宝：《澳门妈祖阁庙的历史考古研究新发现》，载《文化杂志》，1996年第29期。
⑤ 转引自〔葡〕莱萨《澳门人口：一个混合社会的起源和发展》，载《文化杂志》1994年第20期。
⑥ 〔英〕彼得·蒙地：《游记》（The Travels of Peter Mundy VIII, part I），弄德恩（列支敦士登），1967，第263页。
⑦ 〔葡〕潘日明：《百年"华人区"》，载《文化杂志》1989年第7、8期。
⑧ 郭尚宾：《郭给谏疏稿》卷1《防澳防黎疏》。

目、揽头至议事亭宣谕，督促各夷赴省"① 的记载。通事、揽头都是中国人。

重要的是，中国商人参与澳门的对外贸易。明末记载香山澳税"皆取诸丈抽，彝船与夫彝商、唐商之互市者"。"所抽者，皆于到澳番舶贸易之彝商，并唐商之下澳者"。② 由此可见，"唐商"在澳门贸易中占有一定的比重。而明末海禁时，则完全要靠中国商人运货到澳。

综上所述，对于澳门的兴起及其发展的黄金时期，我们不应仅强调西方海外扩张时代西方海上活动的一面，而忽视了从中国本体的角度看问题。澳门是中国的领土，当时中国政府在澳门全面行使主权。葡萄牙人不是作为外在强权施加给中国影响，而是作为中国皇帝的子民、在服从中国官府管辖的前提下租居在澳门。葡萄牙人经营海上国际贸易的重要中介作用是毋庸置疑的，而归根结底，外因通过内因起作用，明朝对澳门的政策，以及中国社会内部对海外贸易的需求，丝绸和白银为主的贸易结构，孕育了澳门作为新兴的国际贸易中转港的兴起和发展。澳门在明代社会经济变革中起过重要作用，主要是以广州外港的地位发挥了中国商品辐射地的历史作用。而这一历史作用的另一面，是将中国丝绸等商品传播到了全世界，为海上丝绸之路作出了历史性贡献。以澳门为辐射地的国际海上贸易，促使海上丝绸之路延伸发展，以丝绸为主的中国商品走向了世界市场，比以往任何时候的传播都广得多。中国丝绸在当时国际贸易中拥有优势地位，显示出中国积极参与了世界市场的形式，并在世界市场形成的过程中，具有重要意义。虽然在世界融为一体的过程中伴有血与火的洗礼，但是，以中国丝绸出口为导向的海上丝绸之路，仍是各种文明间交往和对话的通路。通过澳门，海上丝绸之路再度辉煌，中国积极参与了创造一个整体世界的历史，并且起了重要的作用。

（原载《世界历史》，北京，中国社会科学院

世界史研究所，1999 年第 6 期）

---

① 《明清史料》乙编，第八本，《兵部题〈失名会同两广总督张镜心题〉残稿》，上海商务印书馆，1936。

② 李侍问：《罢采珠池盐铁澳税疏》，见乾隆《广州府志》卷53《艺文》五。

中国最早的彩票形式之一

——白鸽票考述

赵利峰[*]

彩票，自 1980 年代中国开始发行各种福利奖券以来，已逐步进入普通百姓的生活之中，成为当今社会不可或缺的一部分。现在关于彩票问题的探讨，一般是将彩票目为舶来品，并非中国所固有。在中国出现最早的彩票，言者多以为源头是晚清时期在上海流行的西式彩票——吕宋票，但事实上彩票的形式在中国出现很早，即是自清雍正乾隆时期就已在粤东流行的白鸽票以及大约同时在闽浙等地出现的花会（拟另文讨论）。白鸽票可以说是中国最早的彩票形式之一，现在比较为国人熟知的香港六合彩——国内某些彩票的借鉴对象，究其渊源，就有白鸽票的影子。本文拟对白鸽票源流等问题作一简要考述，以求教于方家。

一 晚清时期的西式彩票被称为白鸽票

我们之所以认为白鸽票是中国最早的彩票形式之一，一个重要的原因就是晚清时期在中国发售的西式彩票，无论是国人还是西人都将其称为白鸽票。

在魏源《海国图志》中的"普鲁社国记"一节，提及普鲁社国的国帑收入中有彩票一项，此处即译为白鸽票：

> 国帑所入……矿铸五金、制造磁器九十一万七千圆，驿务百四十

---

* 暨南大学文学院港澳历史文化研究中心副教授。

万圆，白鸽标务九十二万九千圆，税饷四千七百二十八万圆，杂税五千五百八十六万圆。①

又如丁柔克《柳弧》中有白鸽票一条云：

> 吕宋白鸽票，以洋钱六元而博之，或以十二元博之，或一人而打数标者，或数人而打一标者。六元者，头标得二万五千元，上下夹者各得三百五十元；二标得八千元，上下夹者各得一百五十元；三标得四千元。其余或一千元，或五百元、二百元、五十元，最少者得三十元。十二洋，头标则得六万元。此吕宋财赋所出也，贵贱一体，丝毫不欺。闻发标时，国君亲以风肩肩之。予曾细算之，大约二十余人中可得一人。现在上海打者甚多，甚至蔓延各省。然一经华人手，往往作伪赝赝以欺人，故信者虽多，而疑者亦不少矣。②

又据《上海新报》所载的吕宋彩票：

> 前闻吕宋国人开设白鸽票局，有华人以五元而赢一千五百元者。如能操必胜之权，真天下营生第一。现又有彰明较著开设白鸽票，又岂西人互相赌博，华人不与闻耶？抑借西人出名，华人从中派份耶？即上海洋泾浜，昔年赌风最盛，经中外官设法严禁，此风始息，何今又肆行无忌也？据云英国律例于白鸽票禁之最严，若在英国界内，当不久自除矣。华人自爱者谅不至（致）入其彀中。③

外人亦将西式彩票称之为白鸽票。如同治二年（1863）澳葡政府发行的仁慈堂彩票，即后来在上海等地流行的"澳门彩票"，为便于向华人出售，特登中文告示，以白鸽票称之：

---

① （清）魏源撰，陈华等校注《海国图志》卷57，《北洋》，岳麓书社，1998，第1581页。
② （清）丁柔克：《柳弧》卷4，《白鸽票》，封面题光绪八年七月上浣重编，中华书局，第285页，2002。
③ 1870年11月3日《上海新报》第426号，《赌局宜禁》。

育婴堂（注：即澳门仁慈堂）设有白鸽票四千条出卖。每条取银贰元，共成银八千元，为抽用行衰矜所用。此票分为四起。每起该票壹千条，均照式样如左：一条中式银五百元，一条中式银二百元，两条每条中式银一百元共二百元，三条每条中五十元共一百五十元，八条每条中廿五元共二百元，三十条每条中五元共一百五十元，七十五条每条中四元共银三百元。中式票一百二十条，不中白票八百八十条，二共票一千条。一扣用银三百元，中式银一千七百元，二共银二千元。卖票自本洋月二十日起，开票四次，即每起一次。首起在番人本年十二月十九沙麻度日（注：葡语，星期六）开。次起在番人明年三月十九日沙麻度开，三起在番人明年六月廿一爹沙日（注：葡语，星期二）开，四起在番人明年九月二十爹沙日开。每起票一日开全，卖此票议开第一起，始卖第二起，以此次第清款。一千八百六十三年十月初八日育婴堂票式。①

还有，在外文记载方面，如在葡萄牙语中，澳葡政府一直是将白鸽票称之为"Lotaria de China"，意为"中国彩票"。② 在一些英汉字典、词典中，也是直接以"白鸽票"来解释"Lottery"一词。比如 1848 年在上海出版的《英华字典》，以及 1859 年在香港出版的《英粤字典》等。③

由此可见，西式彩票和中国固有的白鸽票之间，多有类通之处，在当时人们的眼中，被视为同一种东西。

二　白鸽票的渊源

晚清时，沪上赌风肆虐。有上海文人，目觇神伤，曾出一联，索人属对，曰："三鸟害人鸦雀鸽"。结果有人以"一虫利世茧蚕蛾"联之，可谓

---

① COTA：AH/SCM/029，MIC：A0312，澳门历史档案馆馆藏档案。

② 《澳门政府宪报》第 22 号，1872 年 5 月 25 日。

③ Walter Henry Medhurst, *English and Chinese Dictionary*, Shanghai：printed at the Mission Press, 1848，p. 807；John Chalmers, *An English and Cantonese Pocket-Dictionary*, *For the Use of Those who Wish to Learn the Spoken Language of Canton Province*, Hong Kong：London Missionary Society's Press, 1859. p. 86.

妙对。鸦是鸦片烟，雀是麻雀牌，鸽则是白鸽票。白鸽票，有时亦简称为鸽票，是粤东地区特有的一种博戏。

白鸽票之名从何而来呢？就字面上分析，票同标，表也。古时投壶饮毕，为胜者树标，故角胜负谓之夺标；鸽，广人俗称之为白鸽。屈大均云："鸽之大者曰地白，广州人称鸽皆曰白鸽，不曰鹁鸽。"① 《广东通志》称："吴人呼鸽曰鹁鸽。鹁白，一声之转。"② 粤东人家有养鸽之俗，成书于雍正年间的《粤中见闻》云："广人多畜鸽，俱称白鸽者。"③ 《九江儒林乡志》称："鸽多为人家所畜，野亦有之，以白色者为良。"④ 雍正年间曾任广东按察使的张渠《粤东闻见录》说："《天宝遗事》载，张九龄年少时家养鸽，与亲知书信往来，只以书系足上，依所教之处往投之，目为飞奴，是传书不独雁也。今贾舶出洋携驯鸽往，虽一二千里，可系书放归，云以某日至某处。其家得信，即可转报同伴家。闻此等鸽值价数十金。"⑤ 此外，"又有一种不能飞天者，名曰地白，可治白蚁。鸽能孵卵生雏，邑人多豢之图利者"。⑥ 因鸽可以供出洋传信及治白蚁之用，养鸽是为粤东人家一生利副业。因此之故，近于内地农村骡马交易大会之类，广东有评定鸽之良优的放鸽会。《广东新语》记载：

> 广人有放鸽之会，岁五六月始放鸽。鸽人各以其鸽至，主者验其鸽，为调四调五调六七也，则以印半嵌于翼，半嵌于册以识之。凡六鸽为一号，有一人而印一二号至十号百号者，有数人而合印百号者。每一鸽出金二钱，主者贮以为赏。放之日，主者分其二，一在佛山，曰内主者。一在会场，曰外主者。于是内主者出教。以清远之东林寺为初场，飞来寺为二场，英德之横石驿为三场，期以自近而远。鸽人

① （清）屈大均：《广东新语》卷20《禽语·鸽》。中华书局，1985，第528页。
② （清）阮元：《广东通志》卷99《舆地略十七·物产六"羽族类"》，同治甲子重刊本，第6页。
③ （清）范端昂：《粤中见闻》卷31《物部十一·鸽》，广东高等教育出版社，1988，第345页。
④ （清）冯栻宗：《九江儒林乡志》卷3《舆地略·物产》，光绪九年刻本，第42页。
⑤ （清）张渠：《粤东闻见录》卷下《传书鸽》，广东高等教育出版社，1990，第108页。
⑥ （民）周朝槐、何藻翔修，欧家廉、卢乃潼总纂《顺德县续志》卷1《舆地略·物产》，"白鸽"，民国18年版，顺德县志办公室重印本，1985。

则以其鸽往。既至场外，主者复印其翼，乃放鸽。一日自东林而归者，内主验其翼不谬，则书于册曰某月某日某人鸽至，是为初场中矣。一日自飞来归，一日自横石而归，皆如前验印书于册，是为二场、三场。皆中，乃于三场皆中之中，内主者择其最先归者以花红缠系鸽颈，而觞鸽人以大白，演伎乐相庆。越数日分所贮金，某人当日归鸽若干，则得金若干。有一人而归鸽数十者，有十人千鸽而只归一二者，当日归者甲之，次日归者乙之，是为放鸽会。[①]

从屈大均的记载来看，名为放鸽，品定鸽之良优，而其实已与一般博戏无大分别。另外，在阿拉伯数字未为国人采用前，人们常用千字文的"天地玄黄，宇宙洪荒"等编排计数，如天字第一号等等，放鸽时亦采用此法。仅此之故，白鸽票来源于放鸽会这一观点，得到不少人的认同。比如曾写过《香港赌博史》的鲁言（梁涛先生），即认为白鸽票是由放鸽会演变而来的。[②]《澳门掌故》的著者黄德鸿先生亦持同一观点，并且指出，"白鸽票为什么会有这样的名称，据说以前白鸽票的总场开出的'字'，以白鸽为通讯工具，将已揭晓的'字'，用白鸽由总场及时带到各地'艇仔'（即分场），所以名之为白鸽票"。这种说法"亦是人云亦云而已"。[③]

也有人认为白鸽票之得名另有来源。如梁绍壬所撰《两般秋雨庵随笔》中说：

> 粤有白鸽标之戏。标主以千字文二十句为母，每日于二十句中散出二十字，令人覆射。射中十字者，予以数百倍之利。其余以次而降，四字以下为负。其法以二文八毫为一标，由此而十而百而千，悉从人便。其名有一炷香、八搭二、九撞一、大扳罾、小扳罾、河汉、百子图等目。谓之鸽者，凡鸟雄乘雌，鸽则雌乘雄，且性喜合，以八十字之雌，而合十字之雄，最易合者也。意盖取此。[④]

---

① （清）屈大均：《广东新语》卷20《禽语·鸽》，第527页。
② 鲁言：《香港赌博史》，香港广角镜出版社，1978，第28～30页。
③ 黄德鸿：《澳门掌故》，中国文联出版公司，1999，第34～35页。
④ （清）梁绍壬：《两般秋雨庵随笔》卷4《白鸽标》，上海古籍出版社，1982，第221页。梁绍壬，乾隆五十七年生人。

张心泰《粤游小志》亦云："谓之鸽者，凡鸟乘雄乘雌，鸽则雌乘雄，且性喜合，以八十字之雌，合十字之雄，最易合者也，意盖取此。"① 两人记载几近相同，按成书先后，可知张文大约是抄自梁书。《（南海）九江儒林乡志》的撰著者朱次琦、冯栻宗在记述当地物产中的"鸽"时说："《衍义》谓凡鸟皆雄乘雌，惟鸽独雌乘雄。以今考之，非是。"② 由此观之，著者撰写此文，可能就是对人云亦云的白鸽票来由，提出的质疑。

咸丰时香山诗人蔡惠清所撰《挹瓮斋诗草》有"咏白鸽票"诗一首，其序曰："吾粤无赖子以千字文首八十字当作阄，三分之二不开，仅开二十六字。众于八十字内任意书八字成一票，纳钱十文，射之。中八字得上彩，七字六字以次减。开者名鸽头，往来传信招众者名鸽媒，射者名小鸽。骗法多端。"考白鸽票之取名，盖以鸽能招群，养鸽者往往能以小群之鸽招引大群之鸽，是小往大来之意。故开票者名鸽头，买票者名小鸽，而带票捐客名鸽媒。③

在一本 1864 年出版的西方汉学家所撰的中文语法书中，收录了一篇中国文人所作的关于白鸽票的文章——《白鸽票序》：

窃谓弈棋因学战，估字为无粮。诚哉是言。原夫开票之法，由来久矣。始自大汉，设于张良。因城中被敌所困，军粮断绝，欲加收民税，劝捐军饷，则又不能，故以估字诱民财宝，决输赢于旦夕，分胜负于暮朝。以百二十字为题，八字为一号，民输一号则杀民财三厘，民赢一号则赏民银十两。设此规例，谁不贪于小往而大来，旦夕两场，估之毋论男女，仅开十日，遂至积银过千，越至数旬，积银无限。获民财宝而军需是济，复振中原。是以律则有序，禁而不删。今人习此义而为业，借用千字文而开取字八十，新创形图。十字为一条，任人买之于多少。三厘博十两，令人贪之于无厌。若中五字博银五厘，中六字赢银五分，七字赢银五钱，八字赢银二两五钱。遂至九字赢银五两，十字赢银十两也。唯是设厂远方，通报非易，然输赢之间，人望

① （清）张心泰：《粤游小志》卷 3《风俗》，光绪二十三年上海著易堂铅印，《小方壶舆地丛抄补编》本，第 13 页。
② （清）朱次琦、冯栻宗：《九江儒林乡志》卷 3《舆地略·物产》，光绪十年刊本，第 42 页。
③ 祝秀侠：《粤海旧闻录》，台北，圣文书局，1988，第 40 页。

知快，遂用白鸽佩还通报，故今人俗称为白鸽票者云尔。①

此文言多不经，但透露出白鸽票之名来源与信鸽通报抽彩结果有关。清同光时期宦粤的陈坤，有白鸽票诗一首，内云："鸽铃响处送标来，妇稚同心苦相猜。空说利钱千百倍，误人深是纸棺材。"说明白鸽报彩，并非虚言。但他在自注中说："粤中白鸽标以雌乘雄取义，拣千字文中八十字，出二十字令人测猜，视中字多寡，分别赔偿，获利千百倍，故易惑众，谚以纸棺材譬之。"② 与梁绍壬等人的认识倒是相同。

在《中国丛报》中，西方的观察家则认为白鸽票（Peh-hoh-Piáu or Pi-geon Tickets）赌博形式系仿照澳门的葡萄牙人而创制。名称则是根据人们传送急件的习惯，用信鸽通知抽彩结果而来的。③ 以现在的所见材料，仿照说法，尚有待于进一步考察。因澳门葡萄牙人开始有正式发行的彩票是在1810年，该年澳门仁慈堂（Santa Casa da Misericórdia de Macau）被葡萄牙政府允准每年发行一次彩票，以所得之资为施药济贫事。④

以上诸种说法皆似有根有据，可谓聚讼纷纭。然而，雍正九年（1731）十月十七日福建观风整俗使刘师恕所上的一份奏折，值得引起我们特别的注意：

> 查赌博之禁，屡奉谕旨申诫再三，皇上为小民身家计者，至深且渥也。乃小民无知，近因赌具难得，更新造一种赌法，名曰夺标。其法用纸一百二十块，书千字文内一百二十字。打标者每人出钱二十二文，于一百二十字内认取八个字，用纸条书写送与放标之家，登记部簿内，每标或百余人或数百人，密约开期。至开标之日，或早或晚，聚众人齐集，将前书一百二十字分为四股，以四碗分贮，以三碗投于

---

① W. Lobscheid, *Grammar of the Chinese Language*, Part Ⅱ, Hong Kong Daily Press, 1864, pp. 156 – 157.
② （清）陈坤：《岭南杂事诗钞》卷6，光绪二年序，第3页。
③ *The Chinese Respository*, Vol. XVIII, Dec., 1849, p. 663 记载，1848 年 10 月，南海县颁布禁止彩票（Lottery）报告。
④ J. J. Silva, *Repertorio Alphabetico e Chronologico Indice Remissivo da Legislação Ultramarina*, "LO-TERIAS", Lisboa: TYP. J. F. Pinheiro, 1904, p. 183.

水，以一碗开看，其所认八字俱合者，为夺标。将众人所出之钱，独得而去。如无全合者，即以字合多者为头标，少者为二标，再少者为三标，钱照次第多寡分给。其放标之家，即于钱内加一加二抽扣不等。汀州府属之上杭县拿获一起，现在通详究审。据供，其法乃从广东学来。臣因偷越外洋之事寄粤省督抚，并将此事一并写去，令其一体查禁，为此缮折具奏，伏乞皇上睿鉴。谨奏。（朱批）赌法岂有底止，当择其盛行者禁之耳，不然则不胜其烦矣。①

这条史料，在中国彩票的发展历史中，应该说具有十分重要的意义。按照上文记述分析，这种规避功令的赌博新法是从广东地方学来的。在道光年间成书的《粤东成案初编》中记载有这样一则案例——"开设字标诱人猜赌照花会例治罪"：

嘉庆九年十月，南海县陈玉章等十五人，每人出番银贰元作本，赢钱按股均分……在县属白泥乡外荒僻地方搭盖草寮，开设诱赌……（其法）：检出千字文一本，以寒来暑往起，至有虞陶唐止，共八十字，作为字母用，裁成小方块，逐一书写，搓成纸团，随意分为四分，每分二十个字。又随意检取一分，用竹筒盛贮，听人书写猜买。买标之人各于字母内书写十个字，自行封固，写列字号投交……登记号簿。每标出钱三文，即有情愿多买，各计标加本，听从其便。开标时，先将竹筒内纸团打开，用纸誊出，再将各人投买标纸逐一拆封，如有十个字全中者，赔钱三千文，中九字者赔钱一千八百文，中八字者赔钱九百文，中七字者赔钱三百文，中六字者赔钱六十文，中五字赔还本钱三文，四字以下，将本钱输去。②

经过细心的考察，我们发现这里的字标和前面雍正九年出现在福建的

---

① 《福建观风整俗使刘师恕奏报近造夺标赌博新法情形并于上杭县拿获一起究审折》，雍正九年十月十七日，中国第一历史档案馆编《雍正朝汉文朱批奏折汇编》第21册，江苏古籍出版社，1991，第342~343页。
② （清）朱枟辑《粤东成案初编》卷30，《奸赌私贩》，"开设字标诱人猜赌照花会例治罪"，道光十二年刻本，第23页，该初编序中云所收乃嘉庆以来成案。

新式赌法"夺标"，尽管在彩金的分配上有些许区别，但依然能够判断出它们是一脉同源。由此推断，"夺标"和"字标"就是白鸽票的前身！另外，在《清史稿》中，嘉庆九年（1804），无锡人秦瀛擢任广东按察使时，曾有严禁白鸽票的记载。① 这是在《清史稿》中关于惩治白鸽票的最早表述。从时间来看，与《粤东成案初编》中所述案例应指同一事。需要注意的是，案例中只是称"字标"，而《清史稿》中则称之为白鸽票，进一步说明白鸽票之名是后起的。

综上所述，雍正年间出现的"夺标"赌博，随着时间推移，逐渐演变后被称之为白鸽票，这应与博徒为躲避官府查拿，白鸽票厂多开设在乡间荒僻地方有关。上文述及的嘉庆年间南海字标案即是一例。在道光二十六年（1845）刊刻的《新邑庠李捷舟戒白鸽票文》亦云："今有白鸽票者，荒村设厂，邻界开场，以笔墨为行头，借诗书为赌具，决输赢于数字，分胜负之通宵。"② 白鸽票厂，起初大多开设于乡野僻处，而买票之人多在市镇人烟密集之区，如何迅速通知获彩结果，最为便利的方式就是利用粤东地区常用的白鸽传信，所以，白鸽票之名来源于此，应是不误。

三 白鸽票的流播

白鸽票号称"刀仔锯大树"，有几文钱即可博十数两的巨大诱惑力，以致贪夫愚妇无不堕其彀中，使得白鸽票迅速发展，风行于粤东各地。到了道光年间，已是无处不有。当时的香山诗人黄承谦，目睹石岐城厢内外遍布白鸽票等各类赌博，曾写下了"杂感"诗四首，其中一首是写番摊、白鸽票的，诗如下：

---

① 《清史稿》卷 354《列传一百四十一秦瀛传》。秦瀛，字凌沧，江苏无锡人。乾隆四十一年（1776），以举人召试山东行在，授内阁中书，充军机章京，洊迁郎中。著有小岘山人文集 6 卷，诗集 28 卷。

② Thomas Francis Wade, *Wen Chien Tzu Erh Chi*（*a series of paper selected as specimens of documentary Chinese: designed to assist students of the language as written by the officials of China*）, part XVI, London: Trübner, 1867, pp. 127 – 129；又见《清代用文字赌博，戒白鸽票文》，《翁源文史》第 4 辑，政协翁源县委员会办公室文史科，1986，第 101～102 页。

　　枭卢雉犊塞，乌曹始造博。格五与双六，樗蒲骰子落。歌奴叶茂连，戏爱叶子乐。选佛与选仙，选采图交错。古人诸博具，不为适情却，官府借盟欢，士庶恒相约。即今煽赌风，固已属轻薄。摊钱仿意钱，久为世人虐。富向季伦抽，贫亦长卿掠。祸虽遍市廛，剥未到闺阁。不闻小儿女，并倾囊与橐。胡为以鸟名？白鸽肆吞嚼（原注：开厂聚赌名白鸽厂）。始尚翔乡间，近竟集城郭。有如张网罗，举国几若狂（原注：各县皆有）。勿使群飞鸣，亟须援弓缴。不见一枝栖，欣然有所托。①

　　1847 年，洪秀全、冯云山制定的拜上帝教《十款天条》中规定"买票、闹姓，皆是犯天条"。② 其中的买票即是指白鸽票。《十款天条》可谓拜上帝教早期最重要的文献之一，而竟然将白鸽票列入其中，由此也说明当时白鸽票是多么的盛行。同治年间依然如此，时《番禺县志》记载：

　　广州赌风甚炽，其名目有曰番摊者……有曰白鸽票者，取千字文前八十字，密点十字，令人亦猜点十字，猜得五字以上每一钱赢十钱，城乡各处俱开有票厂。猜票者以票投之，每日猜一次，于是老少男女均被诱惑。约千人之乡岁辄输银二千余两。妇女无知，有并举衣饰输尽而投缳服毒以死者。蠹害民生，莫此为甚。③

　　白鸽票还播及澳门、香港、广西、上海等地。据澳门历史档案馆的档案记载，大约在道光二十年（1840），澳门就有一间颇具规模的白鸽票厂——和生堂厂。文件记述了该厂所设白鸽票的诸种投票得彩规限。④ 形制之复杂完备，一点也不亚于当今流行的一些彩票。1847 年 1 月，适时的澳

---

① （清）黄承谦：《观自养斋诗钞》卷 1，第 7 页。黄承谦，字以受，号益斋。道光己亥科举人。

② 罗尔纲：《太平天国史·二》，卷 22，《志第一·上帝教》，中华书局，1991，第 706 页。

③ （清）李福泰修，史澄等纂《番禺县志》卷 6《舆地略四·风俗》，同治十年刊本，第 12 页。

④ 刘芳编，章文钦校《清代澳门中文档案汇编》，第 119 号档，《赌馆和生堂厂规限》，澳门基金会，1998。

督亚马留（João Ferreira Amaral）为弥补澳门财政出现的危机，允准白鸽票在澳门正式合法发售。① 白鸽票自此成为澳门专营承充赌饷中最经常性的收入之一，一直延续到现在。澳门也成为中国最早公开发行售卖中式彩票的地方。需要特别强调的是，这一时间也是澳门博彩业合法化的起点。1851年7月19日的《澳门政府宪报》登载了招人承充白鸽票的中文告示：

> 奉公物会宪命，缘澳内白鸽票厂于七月二十四日满期，是以预于六月十七日在议事亭从新出投夜冷（注：夜冷系葡文"Leilão"之音译，意为拍卖）。如有愿遵守规条及批出价最高者，准令承充。其白鸽票规条在亭与看。六月十二日谕。②

这是在澳门政府档案中关于招人承充博彩的首次记载，也是目前仅见的有关澳门博彩业的最早出投告示。

晚清时期的香港也有白鸽票流行的情形出现。1872年1月30日，在允许赌博合法经营约四年零四个月后，港英政府迫于舆论，发布告示禁赌，指出"示文中所谓赌博，其意包括一切闱姓、白鸽票、花会及其他有彩之赌博"。③ 就此可见香港白鸽票之一斑。

白鸽票除了在国内流行外，还跟随晚清出洋的华工漂洋过海，到达了北美、澳洲的旧金山以及东南亚等地区。在美国，白鸽票后来演变为现在依然流行的"奇诺（KENO）"彩票。④ 澳大利亚英语中有这样一个短语："like a pakapu ticket"，意指不可理解，不可思议的事物。其中"pakapu"

---

① 《澳门政府宪报》第11号，1888年3月21日，"Receita do Anno Economico de 1887 – 1888"，相应的在澳门公物会1847年1月至6月的收支明细表中，有准许开设5个月的白鸽票收益为720两的记录。见《澳门政府宪报》第27/28号，1847年8月12日。

② 《澳门政府宪报》第35号，1851年7月19日。

③ 鲁言：《香港赌博史》，香港广角镜出版社，1978，第28页。

④ John Scarne, *Scarne's Complete Guide to Gambling*, New York：Published by Simon and Schuster, INC. , 1961, pp. 432 –435. 奇诺一般是从1到80个数字中开出20个，作为中奖数字，而购买人则从80个数字中任意选取10个，如在10个数位中选对数个与所开出的数字相同，即可中奖，奖金的数额视中奖个数不同而异。另外，西方国家流行的 Bingo 彩票，亦可能渊源于奇诺。见同书，p. 185。

即是白鸽票的粤语译音。①

赌博百害无一利，随着白鸽票的发展，其弊端彰显，为害闾阎，殃及妇孺。遂为关心民瘼者，吁请予以惩治。如道光时期的广东清远县，"其时县差何孖二等，在县之西门外濠基开设白鸽票厂，日收票三十余万。有输至困极，因此悬梁者、服药者、投河者。自尽一道，妇女居多，至于作贼，男子不少矣"。当地举人郭志融，"通禀大宪，布政傅公立将票匪何孖二等按律严刑重办，县主梁某撤参，捕厅纪维钧革职，地方幸赖肃清。至今二十年未有敢开白鸽票者，皆公之力也"。②

劝善之士，亦谆谆告诫。现在发现的关于劝诫白鸽票等彩票最早的一篇文章，为道光二十六年（1846）的《新邑庠李捷舟戒白鸽票文》，流传最广，粤东许多戒赌之劝善文，多以此为蓝本。为存史料，兹录内容如下：

> 盖闻开场聚赌，乃匪类之生涯；设局骗人，是棍徒之手段。劫财者，称为强盗；害物者，为谓之小人。朝廷法律难容，官府刑诛不赦。今有白鸽票者，荒村设厂，邻界开场，以笔墨为行头，借诗书为赌具，决输赢于数字，分胜负之通宵。毒计瞒人，一本居然万利；甜言惑众，小往可以大来。即使应手得心，岂或转贫为富。乃有农工商贾弃本业以求财，三教九流舍正途而谋利。心上望生钱树，梦里想出银花，谓奇货之可居，似醉翁之不醒。甚至豪华贵介，穷巷愚民，学里生徒，闺中妇女，同生妄想，共起痴心。类飞蛾之扑灯，若游鱼之上钩。引人入胜，总是迷途；度尔升仙，无非死路。多来多受，洗清财主身家；小买小收，累起担头生意。此则言之切齿，闻者伤心。然而开场者非能劫夺，买票者自好贫穷。欲以三厘博人十两，不思入穴擒虎之难，枉有上树捉鱼之志，浪费精神，徒劳心计。造成格局，一字有见五见六之方；创出规条，各法有搭二搭三之例。并非良谋胜算，独夸玉尺量天，谁是未卜先知，不过盲人测月。试思此局，实属无凭。八十个字，困尽英雄，一掌纸模，阔如江海。开窗见月，明明在我眼前；遁

---

① 徐雅琴、朱永生：《澳大利亚文化与澳大利亚英语》，顾嘉祖、陆升主编《语言与文化》，上海外语教育出版社，1990，第198页。

② （清）吕相薆：《科场异闻录》卷8《国朝科场异闻录》，道光十四年甲午科乡试条，同治戊辰序，第7页。

地飞天，种种出人意外。任尔邀来鬼谷，岂有奇谋；即使修到神仙，亦无良策。通宵作字，捉李闯难得真身；昨夜输银，借荆州无还之日。问卜问神问鬼，字字抛空；射天射地射人，枝枝（支支）不中。恍似财主追帐（账），日日还钱；犹如差役催粮，时时纳税。岂无得微利于蝇头，遂乃乘势穷追，反至失势，剥周身之蛇壳，尚谓小财无出难得大财，谁知贪字算来反成贫字。从此金生丽水，也要淘沙，玉出昆冈，奚能反璧。至贫无立锥之地，斯时虽悔其已迟，妻子何以自全，性命亦终难保。曾闻冻馁，绝火米以投河；亦有凄（凄）凉，典裙钗而反目。嗟嗟！铜推山倒，白鸽全飞。腰上囊空，不晓悬崖勒马；床头金尽，竟然慢火煎鱼。谁叫尔来，惟君自取。真可怜也，不亦拙乎。伏望及早回头，登时变计，勿贪难得之利，勿追已去之财。后车可鉴前车，一误岂容再误。惜金银之浪费，利害分明；思产业之艰难，身家保重。生财有道，勤俭即是良图；大事竟成，戒忍全凭立志。莫投罗网，跳出泥涂，痛改前非，免贻后悔。丙午年二月十七日。①

同治十一年，粤省督抚更上奏朝廷，请以严法重惩：

嗣后广东省匪徒开设花会、白鸽票案内，伙开纠人之犯，但经出有资本，合伙开设，应一律照首犯，均发边远充军。其住城乡分收字标，例应满徒。此等收标之人，每多开有店铺，阳为贸易，阴收字标，应将收标之店铺房屋查封入官。至地保汛兵起意纠伙诱赌，即属知法犯法，自应于首犯罪上加等定拟。若并未自行纠伙，仅止得贿包庇，自应照闽省之例，与首犯一体问拟，计赃重于本罪者，仍从重论。此等开设花会赌匪有供亲老丁单者，如系聚众诱惑多人，不准声请留养。②

然而，由于粤东贪官蠹吏及劣绅棼弁的包庇纵容，白鸽票屡禁不止，

---

① Thomas Francis Wade, *Wen Chien Tzu Erh Chi* (*a series of paper selected as specimens of documentary Chinese: designed to assist students of the language as written by the officials of China*), part XVI, pp. 127 - 129.
② 《钦定大清会典事例》卷 827《刑部一零五·刑律杂犯·赌博二》，第 1011 页，历年事例。

愈演愈烈。光绪二年粤督又奏准加重罪名，仍然没有什么效果。甲午年前后，粤东赌商为求得白鸽票合法开设，又诡名而变为"小闱姓"。① 至李鸿章督粤时，白鸽票被清政府允准在粤省承充发售，遂得大行其道。粤督岑春煊时期，迫于时势，又立碑禁绝。然而余烬难灭，间有私开。民国时又易名为"八十字有奖义会"。白鸽票在澳门则一直都有开设，到现在依然生命力不衰，不过它是以电脑控制摇号抽彩，所以称之为电脑白鸽票。

粤东白鸽票作为一种新颖的赌博形式，能以小谋大，四两"博"千金，参赌者亦不必常厕身赌场，可谓别具特色，因而影响也特别深远。白鸽票还是粤东其他彩票类型的源流所在，由此而滋生变化出许多彩票形式，如闱姓、田票、基票、围票、山票、铺票等等。其中的闱姓，即是我国较早由国家正式认可发行的彩票，其开设一直持续到清亡，对清末其他省份影响甚大。清末各省盛行的彩票，大多即是援粤东闱姓案而开设。白鸽票在清后期的澳门又有变化，称为字胆（即在白鸽票抽中的 20 字内，再确定其中一字，是为字胆。类似现在的某些彩票中的幸运号码或特别号码）。至1970 年代，白鸽票的部分内容为香港六合彩所借鉴吸取（白鸽票的赌法这里从略。可参卫恭《广州赌害：番摊、山票、白鸽票》② 和郑砺石《害人最烈的赌博白鸽票和字胆》③ 两篇文章，对白鸽票赌法、舞弊情形等等，描述甚为详尽）。

[原载杨士宏主编《西北民族大学学报》（哲学社会科学版），

兰州，西北民族大学，2003 年第 3 期]

---

① 1894 年 6 月 21 日《申报》三，谁生厉阶：粤东白鸽票尤为民间之漏卮，向来悬禁綦严，仍未根株尽绝。前有粤绅吕某以闱姓已经承饷奉官开办，拟将白鸽票天地玄黄八十字，易以赵钱孙李亦八十字，每日点开一次，改其名小闱姓，亦拟缴饷承充。粤中大宪未准所请，遂航海北上斡旋此举。甫有眉目，而准其办理之某大僚作古，吕亦客死津沽。迄今数年，无人敢筹议及此。不料日间复有甲乙二人，囊资到津，拟赴京都提前事，不知能如愿相偿否？甚矣！人之见利忘义也。

② 《广州文史资料》第 9 辑，1963 年 11 月。

③ 《中山文史资料》第 3 辑，1965 年 6 月。

17 世纪以澳门为中心的东亚海上贸易网

李金明 [*]

　　17 世纪，东亚海域的贸易形势发生了巨大变化，东来的西欧殖民者为争夺中国的丝绸与日本的白银展开了一场激烈的竞争。留居澳门的葡萄牙殖民者为了避开荷兰殖民者的海上优势，放弃了原先使用的易被袭击的大帆船（Great Ship），改用快速航行的小船（Galliot）。为防止返航印度的船只在马六甲海峡遭到荷兰船只的伏击，澳门的葡萄牙人不得不放弃与印度果阿的贸易，将其贸易范围集中在澳门—长崎—马尼拉—望加锡一带。于是，形成了一个以澳门为中心的东亚海上贸易网。

一

　　葡萄牙人早在 1542 年就意外地发现日本，当时一些搭乘中国帆船的葡萄牙人被台风吹到日本的种子岛（Tanegashima），在那里他们受到九州大名的赞赏，并仿制了他们的火枪。自此之后，葡萄牙人即不断地派船到日本，他们的贸易深受日本人的欢迎，因为它既是日本岁入的来源，又为日本提供了改变战争方式的火枪，而且使日本的造船和航海技术得到很大的改善。更重要的是，这被认为是对明朝实行海禁的一种突破。[①] 1571 年，热心的葡萄牙传教士通过向好战的日本人提供他们所迫切想要的最新武器，为葡萄牙人在长崎谋得了一块基地。在这块基督教徒的新封地里，葡萄牙商人既可照常经商，又可安居度日，不久就形成了一个旺盛的卢祖—日人社区

※　厦门大学南洋研究院教授。

① C. G. F. Simkin, *The Tradition Trade of Asia*, London：Oxford University Press, 1968, p. 186.

（Luso-Japanese community）①，澳门与长崎之间的贸易从此亦迅速地发展起来。

葡萄牙船以澳门为基地每年定期航行到日本，它们主要的经营活动是以中国的生丝、丝织物和黄金换取日本的白银。17 世纪初的日本，虽然也是个产丝国家，但是日本人非常喜欢中国丝。不管是生丝或纺丝，他们都认为比自己的质量好。② 因此，在葡萄牙船运往日本的货物中，中国的生丝与丝织物占绝大多数。据荷兰东印度公司平户商站的头目伦纳德·坎普斯（Leonard Campus）在 1622 年 9 月 15 日寄给阿姆斯特丹荷兰东印度公司 17 人委员会的一份市场研究报告中称，在日本售卖的中国货物有 2/3 是生丝和纺丝，其中白生丝的需求量很大，每年约 3000 担。③ 下面列举的是 1600 年一艘葡萄牙船从中国载运到日本的货物备忘录，从中可以了解到当时澳门与长崎贸易的大概。

这艘葡萄牙船载运白生丝 500～600 担，每担从广州卖到澳门价 80 两，在日本卖 140～150 两。载运各种颜色的纺丝 400～500 担，优质纺丝买价 140 两，在日本卖 370 两，有时高达 400 两；普通纺丝在广州价 55～60 两，在日本卖 100 两。该船还载运织有鸟和其他图案的丝绸 1700～2000 匹，每匹价 11 钱，优质的价 14 钱，其中有长分别为 7、8、9 尺的，每块在日本卖约 2.5～3 两。另载运黄金约 3000～4000 两，普通黄金每两值银约 5.4 两，在日本卖 7.8 两；优质黄金在广州价 6.6 两（或 7 两），在日本卖 8.3 两。其他载运麝香两担，每斤在广州价 8 里亚尔，在日本卖 14～16 两，视市场的需求而定。载运化妆用的白粉 500 担，每担在广州价约 2.7 两，卖到澳门价 3 两，在日本卖 6.5～7 两，日本人使用的量相当大。载运棉线 200～300 担，在澳门买价每担 7 两，在日本售 16～18 两。载运棉布 3000 匹，大多数是白的，另有一些黑的和有颜色的，价格差别很大，大匹的 100 匹价 28 两，在日本卖 50～54 两；小匹的 100 匹在广州价 12 两，在日本卖 23～24 两；

---

① G. V. Scammell, *The World Encompassed — The first European maritime empires*, London: Methuen & Co. Ltd, 1981, p. 241.

② C. R. Boxer, *The Portuguese Seaborne Empire, 1415 – 1825*, New York: Alfred A. Knopf, INC., 1969, p. 63.

③ Kato Eiichi, "The Japanese — Dutch Trade in the Formative Period of the Seculsion Policy", *Acta Asiatica*, No. 30, 1976, p. 4.

有颜色的价 8.5 两，在日本卖 16～17 两。载运水银 150～200 担，有时多达 300 担，在广州价每担 40 两，卖到澳门价 53 两，在日本卖 90～92 两，有时卖不到 90 两。载运铅 2000 担，在澳门买价每担 3 两，在日本卖 6.4 两，赢利两倍。载运锡 500～600 担，买卖价不详（约 10 年后，锡在广州每担价 15 里亚尔）。载运 500～600 担菝葜根，每担价 1 两或 1.2 两，在日本售 4～5 两，赢利两倍。载运陶器约 2000 篓，在广州以各种价格买来，在日本可卖 2～3 倍价。载运大黄 100 担，在广州每担价 2～3.5 两，在日本卖 5 两，赢利两倍。载运甘草 150 担，在澳门买价每担 3 两，在日本卖 9～10 两，赢利 3 倍。载运白糖 60～70 担，每担价 1.5 两，在日本卖 3～4.5 两，但用量不大，因日本人喜欢红糖。红糖在澳门价每担 0.4～0.6 两，在日本卖 4～6 两，是一种赢利最大的商品，该船载运 150～200 担。[1]

17 世纪初澳门与长崎贸易的迅速发展，主要是借助于当时的政治形势。一方面，明朝政府对日本实行海禁，禁止中国商船往日本贸易，尽管这种禁止的执行不是很严格，但澳门的葡萄牙人从中已占有中日贸易的最大部分。另一方面，日本银矿的进一步开采，白银产量的急剧增加和中日之间白银差价的增大，使葡萄牙人更加有利可图。据记载，当时葡萄牙船从日本载运出来的白银数量相当巨大，如 1636 年 10 月，有四艘葡萄牙船返航澳门，载有白银 2350 多箱，按荷兰人的估计，价值 6697500 荷盾，比荷兰九艘船出口的价值（3129815 荷盾）高出两倍多。[2] 1637 年，尽管当时葡萄牙人在日本的贸易已陷入困境，但据荷兰方面记载，由西尔维亚（Dom Gonçalo da Silveira）率领的六艘葡萄牙船在 11 月 6 日返航澳门，"载有约 2600 箱白银，价值相当于 80 吨黄金，就贫困的市场而论，这是一笔极为可观的资金"。[3] 博克瑟（C. R. Boxer）曾对葡萄牙船每年从日本运出的白银数量做过估计，认为"在 16 世纪末，每年葡萄牙船从日本出口的白银约 100 万葡元（cruzado）。40 年以后，葡萄牙船每年出口估计超过 300 万葡

① C. R. Boxer, *The Great Ship from Amacon* (*Annals of Macao and the Old Japan Trade 1555 – 1640*), Lisbon, 1959, pp. 179 – 181.

② C. R. Boxer, *The Great Ship from Amacon* (*Annals of Macao and the Old Japan Trade 1555 – 1640*), Lisbon, 1959, p. 147.

③ C. R. Boxer, *The Great Ship from Amacon* (*Annals of Macao and the Old Japan Trade 1555 – 1640*), Lisbon, 1959, p. 152.

元。虽然这些白银有多少是真正属于中国人或日本人的资金尚无法确定，但是与 17 世纪上半叶欧洲人在亚洲其他地区的贸易相比，澳门与日本的贸易总额确实是异常难忘"。① 至于日本出口的白银数量，据日本学者岩生成一估计，在日本海外贸易的全盛时期（1615～1625 年），经日本、中国、荷兰、葡萄牙和其他船只载运出口的白银量极大，大概有 13 万～16 万公斤，相当于世界白银总产量的 30%～40%。②

其实，葡萄牙船从日本载运出口的白银，有相当一部分是属于日本人的资金。由于一些总部设在博多（现代的福冈）和九州其他城市的日本富豪很难参与海外贸易，即使在 1636 年幕府完全禁止日本船到国外贸易之前，该贸易也一直被限制在少数获得幕府颁发"朱印状"的幸运者手里，因此，这些日本富豪必须寻找一些贸易代理商。而当时到日本贸易的荷兰人和中国人都有自己足够的资金，唯有澳门的葡萄牙人缺乏资金，故这些日本富豪将资金以 25%～50% 的利率借贷给葡萄牙人，让他们以这些白银每年在广州交易会为日本市场购买生丝。这种借贷关系始于何时尚不清楚，但在1617 年已明确地形成，有编年史学家安东尼奥·博卡罗（António Bocarro）的一篇评论为证。他写道："当时日本航程的利润和澳门居民的财富都急遽地增长，原因是他们有借贷大量日本资金的习惯，这些资金有的作为佣金，有的则是船货抵押借款。"③ 由葡萄牙人代理的这种借款数额一般都比较大，如 1638 年 12 月 22 日的一份文件显示，澳门代理商佩罗·费尔南德斯·德·卡瓦尔霍（Pero Fernandez de Carvalho）这年在长崎以市政府的名义借了总共 97000 两的白银。④ 1639 年，由船长瓦斯科·帕尔哈·德·阿尔迈达（Vasco Palha de Almeida）率领的两艘葡萄牙船，分别于 8 月 17 日和 26 日到达长崎，船上载有价值 50 万两白银的货物，为的是偿还他们借日本人的债务，但当时因日本幕府正极力驱逐葡萄牙人，故不准日本债权人接受这

① C. R. Boxer, *The Great Ship from Amacon* (*Annals of Macao and the Old Japan Trade*, *1555 - 1640*), Lisbon, 1959, pp. 169 - 170.

② Iwao Seiichi, "Japanese Foreign Trade in the 16th and 17th Centuries," *Acta Asiatica*, No. 30, 1976, p. 10.

③ C. R. Boxer, *Fidalgos in the Far East*, *1550 - 1770*, The Hague: Martinus Nijhoff, 1948, pp. 115 - 116.

④ C. R. Boxer, *Fidalgos in the Far East*, *1550 - 1770*, The Hague: Martinus Nijhoff, 1948, p. 120.

些货物。① 此外，在葡萄牙船从日本运出的白银中，也有部分是属于中国商人的资金。据《吧城日志》（*Batavian Dagh Register*）在 1640 年记载，当时在日本贸易中与葡萄牙人合作的不仅有广东商人，还有福建和南京商人。1639 年澳门与日本贸易崩溃时，他们仍被澳门同行欠下相当于 150 万～200 万荷盾的债务。有关中国经纪人，安东尼奥·博卡罗在 1635 年写道："他们最值得尊重，他们之中有许多人把大笔款项和货物委托给葡萄牙人，从而与葡萄牙人进行合作。"②

然而，葡萄牙人在日本的贸易也不是一帆风顺，他们不仅要与到长崎贸易的大量中国船以及领有"朱印状"到东南亚贸易的日本船竞争，而且要经受荷兰与英国殖民者的联合袭击。1619 年 6 月，荷兰与英国在伦敦订立所谓的"防御条约"，两个东印度公司同意把香料群岛的贸易合伙，荷兰分得香料的 2/3，英国分得 1/3。每个公司在远东海域保持 12 艘船，组成"防御船队"。每艘船船长都接到命令："无论在何处遇到葡萄牙、西班牙及其追随者的船只，则袭击并俘获之。"他们无视幕府保护在日本领海的外国船只，声称"如果葡萄牙船敢再进入日本沿海任何港口，就让它在地下抛锚"。联合船队行动的主要基地在平户，捕获的船只、货物都是英荷平分。③不过，英荷联盟与联合的"防御船队"并没有维持多久，至 1623 年则宣布解散，其原因部分是英国没有派出定额的船只，但更主要是安汶岛上的荷兰总督以谋反罪处死了大量的英国人。就在这一年底，英国关闭了设在平户的商馆。④

给澳门—长崎贸易以致命打击的，实际是日本幕府对葡萄牙传教士的怀疑。他们认为，只要准许葡萄牙人来日本，他们与传教士之间的斗争就将长期存在，而传教士对他们将构成最危险的威胁，1637 年爆发的岛原起义就是明证。当时有磨村和天草郡受迫害的农民和秘密的基督教徒奋起反

① C. R. Boxer, *The Great Ship from Amacon* (*Annals of Macao and the Old Japan Trade 1555 – 1640*), Lisbon, 1959, pp. 159 – 160.
② C. R. Boxer, *The Great Ship from Amacon* (*Annals of Macao and the Old Japan Trade 1555 – 1640*), Lisbon, 1959, p. 169.
③ C. R. Boxer, *The Great Ship from Amacon* (*Annals of Macao and the Old Japan Trade 1555 – 1640*), Lisbon, 1959, p. 98 – 99.
④ C. R. Boxer, *The Great Ship from Amacon* (*Annals of Macao and the Old Japan Trade 1555 – 1640*), Lisbon, 1959, p. 109.

抗他们的封建压迫者，成为日本历史上最血腥和最著名的事件之一。起义者使用伊比利亚的口号"圣地亚哥"（圣·詹姆斯），并焚烧他们见到的佛寺和神庙，因此当局很自然就怀疑这个运动是由葡萄牙人发起和支持的。1639 年春天，幕府终于立法实施锁国政策，决定以禁止葡萄牙人与日本的所有交往来结束澳门贸易。幕府作出如此决定的根本原因，在于家光对基督教宣传所引起的破坏作用过于恐惧，担心由不满的浪人和受澳门暗中支持的秘密基督教徒结成的邪恶联盟可能会削弱德川王朝的霸权。[1] 此决定传至澳门，对葡萄牙人无疑是晴天霹雳。1640 年，他们不顾日本幕府的警告，决定派一个特别使团到长崎，结果使团中的 61 人被斩首，船只被烧毁，余下的 13 人被遣送回澳门，从此宣告了澳门—长崎贸易的终结。[2]

二

1565 年，西班牙殖民者为了维护其在菲律宾及拉丁美洲的殖民统治，开辟了从菲律宾马尼拉至墨西哥阿卡普尔科的大帆船贸易航线，把墨西哥银元载运到马尼拉换取中国的生丝和丝织品，使马尼拉成为当时东亚海域重要的港口之一。马尼拉与日本之间亦曾有过贸易联系，但至 1586 年则陷入僵局，其原因有三个。①西班牙人不像葡萄牙人那样迫切想要得到日本的白银，他们自己在墨西哥和秘鲁已有挖不完的银矿。②西班牙与日本在政治上互不信任，1591 年丰臣秀吉曾威胁要吞并菲律宾，六年之后又处死方济各会的修道士。继任的德川家康虽说改变了政策，向西班牙反复保证，希望与马尼拉乃至墨西哥建立和平贸易联系，但终因宗教问题，又禁止西班牙人到日本贸易。③1580 年西班牙与葡萄牙王室联合后，马德里政府基本同意葡萄牙的要求，把日本置于葡萄牙的影响范围之内，规定日本贸易

---

① C. R. Boxer, *The Great Ship from Amacon* (*Annals of Macao and the Old Japan Trade 1555 – 1640*), Lisbon, 1959, pp. 153 – 154, 158.

② 〔印〕桑贾伊·苏拉马尼亚姆（Sanjay Subrahmanyam）:《葡萄牙帝国在亚洲: 1500～1700，政治和经济史》（*The Portuguese Empire in Asia, 1500 – 1700*），何吉贤译，澳门，纪念葡萄牙发现事业澳门地区委员会，1997，第 182 页。

由澳门垄断。[①] 至于日本商船则经常到马尼拉贸易，他们在马尼拉可与中国商人或印度商人享受同等的待遇，不仅贸易不受限制，而且可减税，甚至不必被规定价格"整批交易"（pancada）。日本船载运到马尼拉的货物多数是当地市场的必需商品，如面粉、咸肉、咸鱼和水果。马尼拉总督摩加曾列了一份清单，他写道："他们也带来各种颜色的丝织品，精美的屏风，各种刀剑、大量的盔甲、矛枪等武器，还有制作很精致的写字盒、小木箱和其他漂亮的装饰品等等。"日本船载运回国的有"中国生丝、黄金、鹿皮、苏木、蜂蜡、棕榈油、卡斯蒂里安葡萄酒、茶具、玻璃、棉布和其他西班牙珍品。"当时因中国对日本实行海禁，故他们特别重视购买由中国船载运到马尼拉的中国生丝。1599 年，马尼拉总督特洛（Tello）因担心大量的日本人涌进马尼拉，把每年到马尼拉的日本船数限制为三艘。然而，两年之后，仍有大批日本船进入马尼拉湾，其中包括萨摩藩的船只，故马尼拉当局只好一再加以限制，至 1631～1632 年，两地之间的交通虽说有过短暂的复苏，但最终还是断绝了。[②]

澳门的葡萄牙人当然很乐意看到马尼拉与日本之间贸易的断绝，因他们正急于发展与马尼拉的贸易。虽然西班牙国王一再下令反对澳门与马尼拉之间的贸易，如 1608 年 2 月敕令，准许马尼拉每年派一艘船到澳门购置船上的补给品和战争用的军需品，重申禁止两个伊比利亚殖民地之间的正常贸易。该敕令与 1586 年、1636 年发布的其他敕令一样，都是绝对禁止两地贸易的命令，但事实并非如此，葡萄牙人在马尼拉的贸易依然很兴旺。据摩加总督描述，当时澳门人在马尼拉经营着一种庞大和赢利的贸易，葡萄牙船通常在 6～7 月到达马尼拉，翌年 1 月返航澳门。摩加列举了他们进口的主要商品：香料、黑奴、印度棉纺织品（包括孟加拉的蚊帐、被子）、琥珀、象牙、宝石饰物和宝石，"印度、波斯的各种玩具和珍品、土耳其地毯、床、写字箱、澳门制的镀金家具和其他珍贵的商品"。这些澳门船都不

---

① C. R. Boxer, *The Great Ship from Amacon* (*Annals of Macao and the Old Japan Trade 1555 – 1640*), Lisbon, 1959, pp. 3, 72.

② William Lytle Schurz, *The Manila Galleon*, New York: E. P. Dutton & Co., 1959, pp. 114 – 115.

必缴税，因为他们属于官方禁止的非法贸易。^① 除了澳门与马尼拉的直接贸易外，还有大量的葡萄牙小船从印度经澳门到菲律宾，返航时亦经过澳门，这已成为一种规律。当时的编年史学家安东尼奥·博卡罗就谈到，奴隶是这种贸易的重要商品之一，在长途航行中，奴隶贩运一般很少获利，而在马尼拉的奴隶贸易却可获大利。^②

葡萄牙人为了垄断澳门与马尼拉的贸易，一再阻止西班牙人直接与中国建立贸易联系，他们强烈要求中国官员禁止西班牙人到中国贸易。1598年里奥斯·科罗内尔（Ríos Coronel）写信告诉摩加说："葡萄牙人看见我们到中国贸易的辛酸感受是无法形容的。"英国地理学家珀切斯（Purchas）描述这两个伊比利亚民族的利益冲突时说："西班牙人到中国贸易可能导致澳门的衰弱，如果西班牙人把秘鲁和新西班牙的大量银元投入中国贸易，受到损害的不是西班牙而是葡萄牙，虽然他们现在同属一个国王的臣民，但各自的利益还是截然分开的。"此外，澳门葡萄牙人也设法阻止中国人到菲律宾贸易，他们造谣说西班牙在马尼拉的殖民地已濒临财政崩溃的边缘，无法偿付任何货款。为了使中国船不敢出海，他们甚至夸大荷兰海盗的危险，以利用中国船少到马尼拉的机会赢利。^③ 从澳门到马尼拉贸易的葡萄牙船日渐增多，特别是1619年以后，在1620年就有10艘，其装载货物的价值，仅1626年的一艘就超过50万比索。阿尔瓦拉多（José de Navada Alvarado）在1630年声称，从澳门进口的正常价值约150万比索。^④ 他们所取得的利润，据维尔霍（Lourenço de Liz Velho）说，澳门—马尼拉贸易每年为澳门赢得净利6万葡元，这笔款可用来兴建城堡。^⑤ 如此高额的利润是同时期在东方贸易的其他欧洲国家所无法比拟的，如阿卡普尔科大帆船在较好年份载运到菲律宾的银元大约200万比索，返航载运的中国丝绸一般值

① C. R. Boxer, *The Great Ship from Amacon* (*Annals of Macao and the Old Japan Trade 1555 – 1640*), Lisbon, 1959, pp. 74 – 75.

② C. R. Boxer, *The Great Ship from Amacon* (*Annals of Macao and the Old Japan Trade 1555 – 1640*), Lisbon, 1959, p. 94.

③ William Lytle Schurz, *The Manila Galleon*, New York: E. P. Dutton & Co., 1959, pp. 130 – 131.

④ William Lytle Schurz, *The Manila Galleon*, New York: E. P. Dutton & Co., 1959, p. 132.

⑤ C. R. Boxer, *The Great Ship from Amacon* (*Annals of Macao and the Old Japan Trade 1555 – 1640*), Lisbon, 1959, p. 102.

200 万 ~ 300 万比索，已被认为是在东方贸易最赢利的一条航线。而英国东印度公司在亚洲的贸易就比较适中，1640 年初他们派了四艘船到东方，载运的货物值 5 万英镑（相当于 40 万比索）；1636 ~ 1640 年，三艘驶往英国的印度船载运的货物值 109570 英镑。[①]

澳门与马尼拉贸易的发展，为西班牙大帆船提供了运往阿卡普尔科的中国丝绸，特别当中国商船较少到马尼拉时显得更加突出。马尼拉总督席尔瓦（Fernando de Silva）在 1626 年就说过："如果没有澳门载运来的丝绸，新西班牙的船只将无货可载。"然而，葡萄牙人从贸易中攫取的巨额利润很快就引起西班牙人的不满，他们感到葡萄牙人实际是在分享大帆船贸易的利润，尽管他们本身无法参与大帆船贸易。因此，不少西班牙人要求禁止澳门与马尼拉的贸易，而宁愿依靠中国商船载运来的丝绸。1633 年，西班牙王室终于下令，禁止澳门与马尼拉之间的联系。国王谴责葡萄牙人的高价勒索导致了马尼拉城的穷困，他们每年运走的白银是中国人运走的三倍。[②] 但是，澳门葡萄牙人绝不会轻易放弃与马尼拉的贸易。他们认为，禁令是轻率和行不通的，马尼拉航程所产生的大笔驻防费和城堡维修费是难以取代的。假如澳门人不再载运丝绸到马尼拉，广东人将会自己载运，并与福建人联合起来直接同葡萄牙人竞争，而不是像现在这样利用澳门商人作为他们的中介商。再说，禁令无论如何都不可能执行，因为中国商船经常与澳门商人合作载运货物到邻近小岛贸易。[③] 更有甚者，西班牙大帆船亦乘机借口购买军需品或为天气所迫航行到澳门，而澳门商人则暗中供给他们所渴望得到的丝绸，一艘大帆船从事这种走私贸易通常都带有 50 万银元。[④] 1639 ~ 1640 年，澳门—长崎贸易的最后丧失导致澳门议事会再次致信腓力普国王，强烈要求他正式批准他们到马尼拉，甚至到墨西哥或秘鲁贸易，以补偿他们的损失。他们指出，1633 ~ 1634 年王室禁令的严格执行，

---

① C. R. Boxer, *The Great Ship from Amacon*（*Annals of Macao and the Old Japan Trade 1555 – 1640*），Lisbon, 1959, p. 170.

② William Lytle Schurz, *The Manila Galleon*, New York: E. P. Dutton & Co., 1959, pp. 132 – 133.

③ C. R. Boxer, *The Great Ship from Amacon*（*Annals of Macao and the Old Japan Trade 1555 – 1640*），Lisbon, 1959, p. 135.

④ C. R. Boxer, *Fidalgos in the Far East, 1550 – 1770*, The Hague: Martinus Nijhoff, 1948, p. 136.

只是把波托西（Potosi）的财富从尊贵的天主教陛下的澳门臣民的口袋里转移到广东与厦门异教徒华人的金库里。他们抗议说："宁可把面包给孩子也不要给狗。"然而，当抗议书送到欧洲时，他们的君王已不再是哈普斯堡的腓力普国王，而是布拉干萨的约翰国王。[①] 1669～1677 年，曼内尔·德·利昂（Mannel de León）任马尼拉总督期间，曾恢复过澳门与马尼拉之间的联系，准许葡萄牙船重新到马尼拉贸易。但是，此时每年春天的季风期都有接连不断的帆船从中国各港口来到马尼拉，而葡萄牙人再也无法获得他们原先在马尼拉的地位，他们只能指定一名丝绸贸易的小代理商，而他们卖给西班牙的却是当地制造的商品和一些印度与欧洲商品。这条航线与印度葡萄牙人的多数航线一样，不大注意执行葡萄牙本国政府的官方规定，故一直到 1727 年 2 月，腓力普五世才下令废除所有的限制。[②]

三

澳门—长崎贸易的丧失与澳门—马尼拉贸易的受限制，对于澳门的葡萄牙人来说，无疑是个沉重的打击。为了生存，他们不得不把贸易重点转移到望加锡和帝汶一带。早在 17 世纪前 10 年，葡萄牙人已在望加锡建立了一个大的居留地，并逐渐发展成为印度尼西亚东南部的主要贸易中心。据1625 年一位从望加锡到巴达维亚的英国商人报道，每年大约有 10～22 艘葡萄牙船从澳门、马六甲和科罗曼德尔沿岸的港口到达望加锡，有时上岸的葡萄牙人多达 500 人。在那里，伊斯兰国家苏丹准许他们自由进行宗教活动。他们在 11～12 月到达，翌年 5 月离开，把望加锡作为售卖中国丝绸和印度棉纺织品的中心，换回帝汶的檀香木、马鲁古的丁香和婆罗洲的钻石。这位英国人宣称，他们每年的贸易额超过 50 万里亚尔，仅澳门的葡萄牙船就占 6 万里亚尔，难怪葡萄牙人把望加锡看成是比马六甲还要好的第二殖民地，他们自认为这里很安全，没有在印度遇到敌人，因为敌人从未进攻过

---

① C. R. Boxer, *Fidalgos in the Far East，1550－1770*，The Hague：Martinus Nijhoff，1948，p. 138.

② William Lytle Schurz，*The Manila Galleon*，New York：E. P. Dutton & Co.，1959，p. 134.

这里。①

在 1660 年荷兰人进攻之前，望加锡一直为葡萄牙人提供了一个赢利的商业基地，特别是澳门的葡萄牙人，望加锡的日益繁荣确实给他们以极大的促进。一些葡萄牙商人，如弗朗西斯科·维埃拉·德·菲盖雷多（Francisco Vieira de Figueiredo），从望加锡到澳门、帝汶、弗洛勒斯和科罗曼德尔贸易，成为苏丹哈桑·尤丁（Hassan Udin）的亲信。苏丹的大臣佩坦加洛安（Patengaloan）能流利地说、写葡萄牙文，是一位欧洲书籍和海图的热心收藏者。毫不夸张地说，菲盖雷多已成为群岛东部最有影响的人物。② 他名义上照管的范围是苏拉威西南部的一小片岛屿，即努沙登加拉群岛，群岛中有四个主要岛屿：索洛、英德、帝汶和弗洛勒斯。帝汶岛出产檀香木，1630 年代初，葡萄牙在这一地区的贸易已十分繁荣，据说当时澳门的葡萄牙商人贩运帝汶檀香木的利润达 150% ~ 200%。③ 编年史学家安东尼奥·博卡罗在 1635 年的著作中提到过索洛居留地的繁荣以及帝汶和澳门之间兴旺的檀香木贸易。这种贸易是由当地基督教徒操纵的葡萄牙船经由望加锡进行的，这些基督教土著很善战，1630 年曾俘获过荷兰船"耶格"（Jaeger）号及船上的所有船员。澳门—索洛—帝汶的贸易不像与日本贸易那样被垄断，而是由所有参加者自由贸易，这也许是它成功的原因之一。④

从 1660 年代末起，特别是 1669 年荷兰船队对望加锡进行决定性的攻击之后，澳门的葡萄牙商人只能零零星星地派船到帝汶贸易。他们逐渐把贸易延伸到努沙登加拉群岛和印度尼西亚的东部、马尼拉、雅加达、万丹、马六甲（甚至在马六甲已落入荷兰的掌握之后）以及东南亚大陆的其他地方，有时也向西扩展到果阿和古吉拉特。据估计，这些年中澳门的葡萄牙人经营的船只大约有 10 ~ 11 艘，在 1680 年代末和 1690 年代初，其中的 2 ~ 3 艘通常航行到荷兰控制下的雅加达，载运茶叶、丝绸、锌以及少量的贵金

---

① C. R. Boxer, *Fidalgos in the Far East*, *1550 – 1770*, The Hague：Martinus Nijhoff, 1948, pp. 177 – 178.

② C. R. Boxer, *Fidalgos in the Far East*, *1550 – 1770*, The Hague：Martinus Nijhoff, 1948, p. 179.

③ 〔印〕桑贾伊·苏拉马尼亚姆（Sanjay Subrahmanyam）：《葡萄牙帝国在亚洲：1500 ~ 1700，政治和经济史》（*The Portuguese Empire in Asia*, *1500 – 1700*），第 218 页。

④ C. R. Boxer, *Fidalgos in the Far East*, *1550 – 1770*, The Hague：Martinus Nijhoff, 1948, p. 178.

属，购买的货物主要是胡椒、其他香料、锡和铅。在 1670 年代初，大致相同数量的澳门商船也曾到过万丹进行贸易。此时澳门最著名的船商是佩罗·瓦兹·塞凯拉，他在 80 年代曾担任过暹罗阿瑜陀耶的大使，他经营着两艘与班贾尔马辛、帝汶、雅加达和阿瑜陀耶贸易的商船。① 澳门葡萄牙人在失去与日本、马尼拉的贸易之后，就是采取这种不断扩展其贸易网，不断开辟新市场的办法，来弥补其贸易损失，继续维持澳门在东亚海域的贸易中心地位。博克瑟在《葡萄牙绅士在远东》一书中评论道：

> 多种市场的存在是澳门依然相当富有和繁荣的原因，当荷兰封锁马六甲海峡，与果阿的交通实际已经断绝时；当在荷兰连续不断的袭击下，葡萄牙在亚洲的殖民地已渐渐消失时，满怀信心的澳门人有勇气和决心去开发这些新的市场，以维持他们在中国摇摇欲坠的立足地，尽管有多次他们几乎被遭受的种种困难所压倒。②

综上所述，17 世纪，在荷兰海上势力的不断袭击下，留居澳门的葡萄牙人不得不改变自己的贸易模式，即放弃与印度果阿的远程贸易，将贸易范围局限在东亚海域，开辟了澳门—长崎、澳门—马尼拉、澳门—望加锡的贸易航线，形成了以澳门为中心的东亚海上贸易网。至 1639 年以后，当澳门与长崎的贸易因政治和宗教原因被关闭，澳门与马尼拉的贸易因西班牙当局的限制而停顿，澳门与望加锡的贸易亦因荷兰的进攻而丧失时，澳门的葡萄牙人并没有因此失去信心，停止贸易，而是把市场开辟到荷兰进攻相对薄弱的小巽他群岛的外岛——帝汶岛、索洛岛和弗洛勒斯岛，利用贩运帝汶岛上檀香木的利润，继续保持着澳门在东亚海上贸易的重要地位。

（原载黄晓峰主编《文化杂志》，澳门，澳门特别行政区政府文化局，第 48 期，2003 年秋季刊）

---

① 〔印〕桑贾伊·苏拉马尼亚姆（Sanjay Subrahmanyam）：《葡萄牙帝国在亚洲：1500－1700，政治和经济史》（*The Portuguese Empire in Asia, 1500~1700*），第 220 页。
② C. R. Boxer, *Fidalgos in the Far East, 1550－1770*, The Hague: Martinus Nijhoff, 1948, pp. 10－11.

明季澳门与马尼拉的海上贸易

张廷茂[*]

西葡两国于 1580 年合并后，澳门葡人开辟了一条新的贸易航线——澳门—马尼拉航线。但是，由于受西葡两国官方的限制，直到 17 世纪初，该航线的贸易才真正获得发展。从 17 世纪第二个 10 年的后期开始，澳门—马尼拉贸易的发展步伐显著加快，其主要表现是：航行规模的扩大，贸易额的增长，利润的上升，以及澳门—马尼拉贸易在马尼拉市场上地位的增强。澳门—马尼拉贸易的发展，不仅为澳门葡人增加了一条输出中国产品的有利可图的通道，而且为他们开辟了一条新的"白银之路"；尤其重要的是，在 1620 年代后期，澳门—马尼拉贸易是澳门海上贸易中发展势头最强劲的一个领域，成为澳门经济生活的又一支柱。

一 航线的开通

葡萄牙人入居澳门后，除了大力发展已有的里斯本—澳门、澳门—日本的贸易外，还开辟了新的澳门—马尼拉航线。菲律宾的马尼拉成为澳门与东南亚地区开展海上贸易的重点地区，其重要性仅次于对日贸易。

在葡人入居澳门之前，中国东南沿海地区（主要是福建省）的商人早已同马尼拉建立起密切的贸易往来关系。在西班牙建立菲律宾殖民地后的最初 10 年（1571～1580 年），中菲间的贸易有了更大发展，每年有 20～30 艘中国商船开到马尼拉，运去的货物有供当地需要的农产品、军需品、低廉棉布和航运设备，还有供外部需要的产品，即运往西属美洲的丝绸、瓷器、铁、铜、水银等。葡人租居澳门的最初 20 年，一直未能实现澳门与马

---

* 暨南大学文学院历史系教授，暨南大学历史学博士。

尼拉之间的直接通航。1580 年，西葡两国合并，尤其是西班牙使节桑切斯赴华使命的失败，为澳门葡人提供了开通这条贸易航线的机会。

由于桑切斯的船被中国官员没收，他无法经由长崎返回马尼拉。1583 年，一位澳门船主兰代罗（Bartolomeu Vaz Landeiro）用自己的一艘小船将桑切斯神父（Pe. Alonso Sanchez）送回马尼拉。该船由若热（Sebastião Jorge）指挥，装载着葡国酒和橄榄油，印度棉布和麻布，中国的瓷器、塔夫绸、锦缎、丝绸、象牙和药品。葡船到达马尼拉后受到已故总督的侄子龙基罗（Diego Ronquillo）的隆重接待。运来的货物顺利脱手，双方都获得利润，于是达成协定，葡人将每年组织一次澳门到马尼拉的航行。1584 年 3 月，按照与西班牙当局达成的协定，兰代罗率两艘小船，满载货物抵达马尼拉，完成了贸易。① 这两次贸易航行的成功，开辟了澳门至马尼拉的新航线：商船自澳门港出海，经万山向东南行，航至东沙群岛附近，再折向东南方向，循吕宋岛西岸南下，航至菲律宾之马尼拉港。②

然而，新开辟的澳门—马尼拉贸易航线受到很大阻力。根据 1580 年西葡两国合并条约的规定，西葡两国王室领地间的一切交通和贸易被绝对禁止。③ 1587 年 1 月，西班牙的菲力浦二世给葡印总督梅内泽斯（D. Duarte de Meneses）下达指令，要他"阻止西班牙人与中国和摩鹿加群岛的贸易，同样要禁止澳门葡人与菲律宾间的贸易"。④ 类似的禁令在 1587 年、1590 年、1595 年又曾多次被重申。另一方面，澳门—马尼拉贸易亦受到里斯本和果阿当局的反对，其主要理由是：中国丝货出口到马尼拉和墨西哥，会使印—葡金库（the Indo-Portuguese Exchequer）丧失掉将这些货物运往马六甲时所征收到的税收；菲律宾的西班牙人对华丝的需求，将导致澳门葡人在广州购买销往日本的华丝价格的上涨。⑤ 一系列的官方禁令，使新开辟的

① Benjamim Videira Pires, S. J., *A Viagem de Comércio Macau-Manila nos Séculos XVI a XIX*, Macau: Centro de Estudos Marítimos de Macau, 1987, p. 9.
② 黄启臣：《澳门历史（自远古～1840 年）》，澳门，澳门历史学会，1994，第 71 页。
③ Benjamim Videira Pires, S. J., *A Viagem de Comércio Macau-Manila nos Séculos XVI a XIX*, Macau: Centro de Estudos Marítimos de Macau, 1987, p. 10.
④ Benjamim Videira Pires, S. J., *A Viagem de Comércio Macau-Manila nos Séculos XVI a XIX*, Macau: Centro de Estudos Marítimos de Macau, 1987, p. 11.
⑤ C. R. Boxer, *Fidalgos in the Far East, 1550 – 1770: Fact and Fancy in the History of Macau*, 1948, p. 133.

澳门—马尼拉航线受到很大限制。

西葡两国商人之间缺乏合作也是阻碍新航线贸易发展的重要因素。这条航线开通后的 20 多年里，西葡两国商人一直处于商业对抗状态，为澳门与马尼拉之间的贸易设置了人为障碍。1589 年，伽马率一艘葡萄牙船从澳门出发前往墨西哥。到达后，伽马被捕，其货物被没收，其他葡人幸免被捕，做完了买卖，带着大量白银乘船返回澳门。1590 年初，为了得到修建菲律宾的防御工事所需的建筑材料，菲律宾总督达什马里南（G. P. Dasmariñas）派一艘大船前往澳门。澳门葡人为了阻止西班牙人直接进入广州市场，将其全部钱款没收。直到 1592 年这场对抗才得到解决。[1] 由于存在着上述一系列阻力，澳门—马尼拉航线的贸易受到一定的限制，但除了少量的军需品外，两地间一般商品的直接贸易仍有一定的发展。

据驻马尼拉的西班牙官员 1587 年 6 月 26 日致菲力浦二世的信称：澳门葡萄牙人的两艘船抵达该市，运来新奇的商品，有生活必需品、大量生丝、塔夫绸、花缎及其他商品；他们从中获得大利，所以打算明年再来。[2] 马尼拉法院（The Manila Audiencia）1588 年 6 月 25 日致菲力浦二世的信称：澳门葡萄牙人开来一艘大船，运来大量货物；这些货物品质上乘，价值连城，与中国商旅（the Sangleys）运来的货物一样好[3]；另有一艘双桅小船（patache）来到马尼拉。[4] 1591 年，马尼拉的西班牙官员就澳门与菲律宾群岛的贸易关系问题作了一项调查，证词称：澳门的葡萄牙人来该市与那些岛屿的西班牙人贸易并保持着商务联系；他们从这种贸易中获得了巨额利润；他们未曾也将不会因为来这些岛屿贸易而遭受任何损失；如果马六甲以及印度其他地区的居民继续来此地区贸易的话，他们也将继续这种活动。[5] 调

---

① Benjamim Videira Pires, S. J., *A Viagem de Comércio Macau-Manila nos Séculos XVI a XIX*, Macau: Centro de Estudos Marítimos de Macau, 1987, p. 12.; G. B. Souza, *The Survival of Empire: Portuguese Trade and Society in China and the South China Sea, 1630 – 1754*, Cambridge University Press, 1986, p. 69.

② Emma Helen Blair & James Alexander Robertson (eds.), *The Philippine Islands, 1493 – 1898*, Cleveland: *1903 – 1909*, Vol. 6, pp. 303, 305. 按：Pierre Chaunu 没有提及此次航行。

③ Emma Helen Blair & James Alexander Robertson (eds.), *The Philippine Islands, 1493 – 1898*, Vol. 6, p. 316.

④ Pierre Chaunu, *Les Philippines et le Pacifique des Ibérques*, Paris, 1960, pp. 149 – 150.

⑤ Emma Helen Blair & James Alexander Robertson (eds.), *The Philippine Islands, 1493 – 1898*, Vol. 8, p. 180.

查结果不仅反映了澳门—马尼拉贸易关系进展的事实，还揭示了此一贸易关系的发展前景：如果这些岛屿与澳门的贸易关系得以确立，那么在短期内，该市、它的居民以及那些岛屿都将极大地富裕起来。[①] 一位证人说，他在马尼拉从一个葡萄牙人手中以高出成本价 60% ~ 65% 的价格购买了一批货物；葡萄牙船长说，投资马尼拉航运之所得较前往印度其他港口的收入多一倍。一位叫弗朗西斯科·索布利诺的人称，他于 1588 年运来 2000 多比索的中国货物，一年后离去时带走了 11300 比索。[②] 由此可见，官方禁令虽然对澳门—马尼拉航线的贸易造成一定的限制和影响，但并未完全禁绝两地间的贸易。事实上，除了军需品，一般货物的贸易也获得一定的发展，不仅如此，该条航线已经初步显示出了良好的发展前景。

二　澳门—马尼拉贸易粗具规模

澳门—马尼拉贸易毕竟是一种获利很大的商业活动。利之所在，人争趋之。两地的商人都不可能坐失发财的机会，必然要想方设法冲破禁令，前往贸易。更为重要的是，马尼拉对中国市场的依赖性，尤其是西班牙王室所需的军需物资须以大帆船从中国输入，而马尼拉的西班牙人又未能与中国建立直接的贸易关系，这就决定了两个王室的官方禁令是不可能持久的。16、17 世纪之交，国际形势的发展更加快了西葡两国在军事和政治领域里的合作，从而推动了澳门—马尼拉贸易的发展。

17 世纪初，荷兰和英国两个新教国家在东方，特别是东南亚地区与葡—西帝国展开竞争，威胁到西葡两国在东方的商业利益。面对这种日益加重的威胁，西班牙王室要求这两个天主教国家在东方采取军事合作，以共同对付荷兰。随着新世纪的到来，西葡两国开始了军事合作[③]，澳门与马

[①] Emma Helen Blair & James Alexander Robertson（eds.）, *The Philippine Islands, 1493 - 1898*, Vol. 8, p. 181.

[②] Emma Helen Blair & James Alexander Robertson（eds.）, *The Philippine Islands, 1493 - 1898*, Vol. 8, pp. 182 - 183.

[③] 关于澳门葡人与菲律宾的西班牙人军事合作的详情，见 G. B. Souza, *The Survival of the Empire: Portuguese Trade and Society in China and the South China Sea, 1630 - 1754*, pp. 70 - 71。

尼拉之间的商业关系亦随之获得改善。

1603 年以后，澳门与马尼拉之间开始有了比较经常性的商船往来：1604 年 5 艘，1605 年 2 艘，1606 年 1 艘，1609 年 1 艘，1612 年 7 艘。① 这时，尽管澳门—马尼拉航线的贸易量还不够大，带给西班牙王室的关税收入还不到总额的 1%，② 但是对于澳门葡人来说，这条航线的开辟意义非同一般，它将澳门的商业活动纳入了一种新的国际交换网络之中。以马尼拉为连接点，澳门商船与福建沿海的中国商船、马尼拉大帆船共同组成沟通中国与美洲的太平洋航线。澳门葡人多了一个活动舞台，澳门港多了一条生命线。每年一度的阿卡普尔科大船（O galeão de Acapulco）将西属美洲的产品特别是金和银运到马尼拉，澳门商船则将中国的丝绸、锦缎、瓷器、青铜、玉石、印度的纺织品运到马尼拉；交易完成之后，澳门船将西属美洲的贵金属和马尼拉的产品（糖、大米、巧克力、蜂蜡、马尼拉麻和贝壳）运回澳门，而阿卡普尔科大船则将来自中国的货运往大洋彼岸，在阿卡普尔科付税 10% 之后，转运西班牙的塞维利亚。③ 值得注意的是，在澳门—马尼拉贸易的早期阶段，丝绸和白银就占据了突出地位。萨拉沙主教（Saracha）称：

> （澳门）有商船载土产来此交易……除上举粮食之外，大部分为丝织品，包括花缎、黑色及有花样之锦缎，金银线织成之锦缎以及其他制品。④

据载，1608 年（万历三十六年）左右，从澳门输往马尼拉的货物总值为 20 万比索，其中丝织物就达 19 万比索。⑤ 白银则是澳门船运回货物中的

---

① Pierre Chaunu, *Les Philippines et le Pacifique des Ibérques*, Paris, 1960, p. 152. ; Benjamim Videira Pires, S. J., *A Viagem de Comércio Macau-Manila nos Séculos XVI a XIX*, Macau: Centro de Estudos Marítimos de Macau, 1987, p. 19. 按：Pierre Chaunu 没有提到 1609 年的航行。见 E. H. Blair & J. A. Robertson（eds.）, *The Philippe Islands, 1493 – 1898*, Vol. 17, pp. 129 – 130。

② 1600 ~ 1606 年为 0.5%。见 Pierre Chaunu, *Les Philippines et le Pacifique des Ibérques*, p. 201。

③ Benjamim Videira Pires, S. J., *A Viagem de Comércio Macau-Manila nos Séculos XVI a XIX*, Macau: Centro de Estudos Marítimos de Macau, 1987, p. 15。

④ 陈荆和：《十六世纪之菲律宾华侨》，香港新亚研究所，1963，第 67 页。

⑤ 全汉升：《中国经济史论丛》第 1 册，香港新亚研究所，1972，第 461 页。

首项：1598 年为 80 万～100 万比索，1602 年增加到 200 万比索，1604 年更高达 250 万比索。[①]

1608 年，西班牙制定了一项王家法令，允许澳门船队司令在菲律宾总督出于防务考虑而发出要求时将军需品从澳门运往马尼拉。王室还致信马尼拉总督，要求密切两个城市间的关系，按照需要随时进行军需品贸易。[②] 这时，澳门为马尼拉提供水银成为两地贸易关系中的突出现象。鉴于菲律宾战略防卫对此种产品的大量需求，西班牙官方把中国视为一个可选择性的水银供应地，希望从澳门得到稳定的供应。1610 年双方达成协定：澳门将为之提供所能得到的任何数量的水银，西班牙将以最高市价（即每担大约 50 比索）予以收购。席尔瓦（Dom Juan Silva）在 1610 年 9 月 9 日致菲力浦三世的信中说：运去 5 万比索到澳门购买水银，2.6 万比索采购火药等其他军需品。[③] 于是马尼拉大船从马尼拉启运的水银由 1609 年的 20 担增加到 1612 年的 200 担，至 1615 年合同临近终结之时，这个数目降至 36 担。[④] 尽管这个合同只持续了几年，但是仍具有积极的成果。它除了为澳门带来直接收益外，更重要的是它在实际上巩固了业已开始的澳门与马尼拉之间以白银为支付手段的商业关系，为此后澳门—马尼拉贸易的快速发展奠定了基础。

三　澳门—马尼拉贸易的迅速发展

自 17 世纪第二个 10 年的后期开始，东亚地区的形势变得对澳门葡人更加有利。前去菲律宾群岛贸易的华人与西班牙统治者发生冲突，尤其是 1603 年华侨暴动被镇压后，华人在菲律宾的势力遭削弱，赴菲贸易的华商和运入菲律宾群岛的华货亦随之减少。荷兰人以阻挠中国商船赴菲的策略

---

①　全汉升：《中国经济史论丛》第 1 册，香港新亚研究所，1972，第 444 页。

②　Emma Helen Blair & James Alexander Robertson（eds.），*The Philippine Islands*，*1493 - 1898*，Vol. 4，pp. 215 - 216.

③　Emma Helen Blair & James Alexander Robertson（eds.），*The Philippine Islands*，*1493 - 1898*，Vol. 17，pp. 130 - 131，149 - 150，237 - 238.

④　G. B. Souza，*The Survival of the Empire*：*Portuguese Trade and Society in China and the South China Seas*，*1630 - 1754*，p. 72.

打击西班牙，拦截和掠夺赴菲的中国商船，特别是 1624 年占据台湾后，自福建开往马尼拉的中国商船更遭到频繁骚扰。于是，自中国驶入马尼拉港的船只数由 1607～1612 年间的平均每年 37.8 艘骤减至 1620～1629 年的年均 13.8 艘。[①] 赴菲中国商船的减少，一方面减弱了对葡商的竞争，同时又造成马尼拉市场上丝货价格上涨，迫使西班牙统治者放松对澳葡商船的限制，为澳门葡人提供了贸易机会。1625 年，当时的葡属印度总督唐·法兰西斯科·达·伽马（Dom Francisco de Gama）给澳门总督马士加路也（Dom Francisco Marscarenhas）下达命令：为了王家国库而组织一次澳门到马尼拉的航海，将所获收入用于购买果阿炮场所需的日本铜材和维持印度洋舰队所需的中国黄金。澳门议事会对此持反对态度。经过一番斗争，最后达成一项协定：航海的部分收入专用于维持当地驻军和防御工事，而澳门总督、议事会成员和其他要人均从其中得到相应的份额。这项协定的达成，是对澳门—马尼拉贸易管理制度的一次大改革，是这一贸易走向公开化和合法化的关键一步。马士加路也的继任者罗保（Dom Filipe Lobo）继续维持这一协议，伊比利亚当局对此也予以默认。在这种背景下，澳门—马尼拉贸易自 1620 年代起迅速发展起来。具体表现在如下四个方面。

（1）商业航行的规模扩大。（见表 1）1620 年 6 月 14 日的一封信称，今年从澳门来了 10 艘葡萄牙船，运来价值巨大的商品。[②] 应澳门当局的要求，西班牙总督于 1621 年 1 月派一艘船抵达澳门，运来供澳门防卫所需的大炮，并于同年返回马尼拉，运回丝绸。同时，另有 3 艘葡萄牙船从澳门来到马尼拉，运载大量的丝绸和其他货物。[③] 1626 年 7 月 30 日席尔瓦主教（Don Fernando de Silva）给国王菲力浦四世的信称，6 艘船从澳门抵达马尼拉，运来货物。[④]

（2）贸易额大增。1616 年以后，澳门运入马尼拉的货物量开始显著增

---

① 据 Pierre Chaunu, *Les Philippines et le Pacifique des Ibériques*, pp. 148 – 149, 152 – 153, 156 之数字计算。

② Emma Helen Blair & James Alexander Robertson（eds.），*The Philippine Islands, 1493 – 1898*, Vol. 19, p. 69.

③ Emma Helen Blair & James Alexander Robertson（eds.），*The Philippine Islands, 1493 – 1898*, Vol. 20, pp. 31, 33.

④ Emma Helen Blair & James Alexander Robertson（eds.），*The Philippine Islands, 1493 – 1898*, Vol. 22, p. 96.

长。到 1619 年，来自澳门葡萄牙人的贸易已经被西班牙官员视为大宗买卖，以至于提出建议，采取措施迫使葡萄牙人放弃澳门。[①] 1620 年 6 月 14 日的一封信称，今年从澳门来了 10 艘葡萄牙船，运来价值巨大的商品。[②] 1626年，仅一艘船运去的货物价值就超过 50 万比索；到 1630 年，从澳门出口到马尼拉的货物价值一般在 150 万比索。[③] 值得注意的是，澳门葡人采取措施扩大其商船的载货量，或以保证 25% 的利润为前提，说服广州市场上的中国商人尽可能多地将货物卖给葡人而不是自备船只载货前往；或说服中国商人将其货物委托给葡人运往马尼拉，葡人收取 5% 的佣金。1630～1631年，葡人以这种委托方式将价值 15 万比索的货物运入马尼拉。[④] 作为回程货首项的白银的运载量由 1627 年的 100 万比索增加到 1630 年的 150 万比索。[⑤] 澳门葡人已经建立起了一条获得美洲白银的通道。

表 1   澳门到达马尼拉的商船数[⑥]

年期	澳门—马尼拉	年期	澳门—马尼拉	年期	澳门—马尼拉
1619	—	1627	六艘	1630	六艘
1620	十艘	1628	二艘	1631	三艘
1621	四艘	1629	二艘	1632	四艘

（3）利润丰厚。1621 年的一份报告称，澳门与马尼拉的贸易每年为澳

① Emma Helen Blair & James Alexander Robertson（eds.），*The Philippine Islands, 1493 – 1898*, Vol. 18, pp. 194 – 203.

② Emma Helen Blair & James Alexander Robertson（eds.），*The Philippine Islands, 1493 – 1898*, Vol. 19, p. 69.

③ W. L. Schurz, *The Manila Galleon*, New York：E. P. Dutton & Co., INC., 1959, p. 132; Emma Helen Blair & James Alexander Robertson（eds.），*The Philippine Islands, 1493 – 1898*, Vol. 25, p. 114.

④ Emma Helen Blair & James Alexander Robertson（eds.），*The Philippine Islands, 1493 – 1898*, Vol. 25, pp. 117, 119.

⑤ 全汉升：《中国经济史论丛》第 1 册，香港新亚研究所，1972，第 444 页；W. L. Schurz, *The Manila Galleon*, p. 132。

⑥ Pierre Chaunu, *Les Philippines et le Pacifique des Ibérques*, Paris, 1960, pp. 153, 156; Benjamim Videira Pires, S. J., *A Viagem de Comércio Macau-Manila nos Séculos XVI a XIX*, Macau：Centro de Estudos Marítimos de Macau, 1987, pp. 19, 24; G. B. Souza, *The Survival of Empire：Portuguese Trade and Society in China and the South China Sea, 1630 – 1754*, p. 75.。

门带来 6 万克鲁札多的运费收入，其中一艘船的贸易获利 8 万帕塔卡。1625年澳门同马尼拉的贸易扩大到前所未有的程度，这一年的航行带来 4 万歇勒芬的收入，付清了澳门的大部分债款。①

（4）澳门—马尼拉贸易在马尼拉进口市场中的地位得到增强。随着贸易量的扩大，澳门船在入菲华货中的比重显著提高，以马尼拉海关所征收的入华货物关税的比重为指标，可窥见澳门商人对马尼拉进口市场的占有率：1616～1620 年为 13.2%，1621～1625 年为 35.4%，1626～1630 年为 27.65%，而就 1620～1631 年而言，平均为 30.42%。② 另有记载说，1619～1632 年，马尼拉海关对澳门葡萄牙船运进货物年均征税额在 12000～20000 比索之间。③ 澳门葡人对马尼拉市场占有率的显著提高在当时颇为引人注意。当中国商船来数较少或不来时，澳门商船的到来更是不可或缺。前引席尔瓦（Fernando de Silva）在 1626 年的信中说："如果没有澳门船载来的货物，（前往新西班牙）的船只将无货可载。"④ 正如一份专门研究葡萄牙人在马尼拉贸易问题的报告所称："在 1619～1632 年间，澳门的葡萄牙人驾驶各种船来到该市贸易，每年不曾间断，运来中国商品在此销售；随着他们的到来，他们似乎已经占据了这种为各种法令所禁止的贸易。"⑤ 西班牙官员萨拉曼克（Juan Cerezo de Salamanca）1630 年称："与中国的贸易正在缩小，主要是由于澳门的葡萄牙人从中占去了许多。"因此，他提议禁止澳门同马尼拉贸易。⑥

1620 年代，除直接贸易外，澳门葡人还通过印度与马尼拉进行间接贸

---

① Benjamim Videira Pires, S. J., *A Viagem de Comércio Macau-Manila nos Séculos XVI a XIX*, Macau：Centro de Estudos Marítimos de Macau, 1987, pp. 19, 24, 22.

② Pierre Chaunu, *Les Philippines et le Pacifique des Ibérques*, Paris, 1960, p. 203.；G. B. Souza, *The Survival of Empire：Portuguese Trade and Society in China and the South China Sea, 1630 – 1754*, p. 83. 按：1621～1625 年及 1620～1631 年的百分比为笔者自算。

③ Emma Helen Blair & James Alexander Robertson（eds.），*The Philippine Islands, 1493 – 1898*, Vol. 25, p. 113.

④ Emma Helen Blair & James Alexander Robertson（eds.），*The Philippine Islands, 1493 – 1898*, Vol. 22, p. 97.

⑤ Emma Helen Blair & James Alexander Robertson（eds.），*The Philippine Islands, 1493 – 1898*, Vol. 25, pp. 111 –112.

⑥ Emma Helen Blair & James Alexander Robertson（eds.），*The Philippine Islands, 1493 – 1898*, Vol. 24, pp. 23, 287 –288.

易。葡萄牙商船从澳门出发，将黄金、中国及印度的棉布、丝绸等运至望加锡，再从这里将黄金、丁香运往印度，在果阿和柯钦以丁香和黄金交换硝石、火药，在马拉巴尔海岸购买奴隶，在克罗曼德尔海岸采购印度棉纺织品，运回中国。①

澳门—马尼拉贸易就其规模和利润率而言，均不及同期的澳门—日本贸易。但是，它的快速发展已经显示了它的重要性。它不仅为澳门商人增加了一条输出中国产品的有利可图的通道，而且为他们开辟了一条"白银之路"，源源而来的美洲白银为澳葡商人在华贸易提供了又一个重要的资金来源。尤其重要的是，澳门—马尼拉贸易正方兴未艾。在1620年代末期，它是澳门海上贸易中发展势头最强劲的一个分支，成为澳门经济生活的又一根支柱。

四　澳门—马尼拉贸易的极盛与中断

1630年代，当澳门—马六甲贸易和澳门—日本贸易陷入困境之时，澳门—马尼拉贸易却达到了极盛。1629年，卡尔瓦略（Lopo Sarmento de Carvalho）以306000歇勒芬的价格购买了此后三年内澳门至长崎和马尼拉的航行权。按照合同规定，卡尔瓦略每年至少派三艘船到马尼拉；在合同生效期内，澳门至马尼拉的航海由他独享。由于澳门议事会的阻挠，航行被推迟了两年。1632～1634年间，在卡尔瓦略的内弟费雷拉（António Fialho Ferreira）的指挥下，航海合同得到履行，其间共有九艘商船开到马尼拉，为卡尔瓦略带来11万帕塔卡的利润，为王室财政（Fazenda Real）提供的税收达7万帕塔卡。② 但是，澳门—马尼拉贸易仍受到限制。葡萄牙当局申斥印度总督将此贸易合法化的做法，严令他禁止这种贸易；西班牙的菲力浦四世也下令不得进行澳门—马尼拉之间的贸易。

然而，客观形势和菲律宾的切身需要，却使官方禁令不可能得到实施。一方面，正如以往那样，卫兵的军饷和维持要塞的费用要靠贸易的巨额收入来提供；另一方面，荷兰人在福建沿海的军事活动及其在台湾政权的建

---

① G. B. Souza, *The Survival of Empire: Portuguese Trade and Society in China and the South China Sea, 1630–1754*, p. 76.

② Benjamim Videira Pires, S. J., *A Viagem de Comércio Macau-Manila nos Séculos XVI a XIX*, Macau: Centro de Estudos Marítimos de Macau, 1987, p. 24.

立，导致了中国人在马尼拉商业活动的缩减，从而使澳门葡人得以改善他们在菲律宾的地位。1630 年代后期，西班牙驻菲总督和其他官员对此一贸易给予默认或支持，澳门—马尼拉贸易达到前所未有的繁荣。1634～1637 年，共有 8 艘商船进入马尼拉，来自这一航线的贸易收入占澳门每年赢利总额 400 万克鲁札多的半数；澳门商人的利润一般为 100%。① 由此可见，不论是贸易规模，还是实现的利润，澳门—马尼拉贸易在澳门的经济生活中均已跃居重要地位。据西班牙当局的文献记载，1638 年 5 月，一艘双桅轻型货船（patache）和另一艘大船（galleon）由澳门抵达马尼拉。同年 7 月 23 日，又有一艘澳门的双桅轻型货船抵达马尼拉，从柬埔寨运来稻米、安息香及其他药材。10 月间，有三艘船从马尼拉返回澳门，分别是澳门的那两艘双桅轻型货船和另一艘来自印度的船。此外，耶稣会的商船（cho）也在这一年由澳门抵达马尼拉。1639 年，一艘通信船（adviceboat）和另一艘双桅轻型货船由澳门抵达马尼拉。迪奥戈·巴巴迪拉（Diego de Babadilla）在 1640 年的一份报告中说，澳门的葡萄牙人每年派二至三艘船来马尼拉，运来丝绸、麝香、宝石等货物。② 1637～1640 年，共有 12 艘澳门船到马尼拉贸易。③ 在澳门—日本贸易陷入危机的情况下，澳门—马尼拉贸易为澳门提供了一个稳定的收入来源。1635 年，一位访问过澳门的英国人称，葡人自澳门开船到马尼拉贸易，往返一趟可赚得 100% 的利润。④ 1630 年代的一份葡萄牙文献显示，一艘双桅小船一次单程航海，货物售后可得 25 万～30 万帕塔卡。⑤ 费雷拉（António Fialho Ferreira）在 1640 年的一份报告中提供

① E. H. Blair & J. A. Robertson（eds.）The Philippine Islands, 1493 – 1898, Vol. 26, pp. 41, 274；Vol. 29, p. 32；Pierre Chaunu, Les Philippines et le Pacifique des Ibériques, Pairs, 1960, pp. 157, 159；José de Jesus Maria, Ásia Sínica e Japónica, Macau：Instituto Cultural de Macau & Centro de Estudos Marítimos de Macau, 1988, Vol. 1, p. 229.
② E. H. Blair & J. A. Robertson（eds.）, The Philippine Island, 1493 – 1898, Vol. 29, pp. 36, 41, 49, 142, 150, 159, 306.
③ Pierre Chaunu, Les Philippines et le Pacifique des Ibérques, Paris, 1960, pp. 157, 159.；Benjamim Videira Pires, S. J., A Viagem de Comércio Macau-Manila nos Séculos XVI a XIX, Macau：Centro de Estudos Marítimos de Macau, 1987, pp. 27 – 30.
④ C. R. Boxer, The Great Ship from Amacon：Annals of Macao and the Old Japan Trade, 1550 – 1640, pp. 17 – 18.
⑤ C. R. Boxer, Fidalgos in the Far East, 1550 – 1770：Fact and Fancy in the History of Macau, p. 137.

了一些关于澳门—马尼拉贸易的资讯：

> 澳门市的居民与菲律宾群岛的西班牙人进行并继续进行着贸易，他们每年去一至两次，运去大量的丝绸、麝香、珍珠以及其他类似的贵重货物。[①]

1640 年代最初几年，澳门—马尼拉的航海仍保持一定的规模。1642 年，两艘船由澳门抵达马尼拉，运去价值 43.46 万比索的货物，交纳关税达 25476 比索；1641～1642 年，共有三艘澳门船到达马尼拉贸易，每年上交给西班牙王室的税收平均为 15735.5 比索，相当于关税总收入 31425 比索的 50%。[②]

17 世纪 30 年代末 40 年代初，当澳门与马六甲、澳门与日本的贸易陷入困境之时，澳门与马尼拉的贸易却显得日益繁盛。但是，就在这繁盛的背后，矛盾也在发展着。首先，葡人在马尼拉市场上的地位对菲律宾的西班牙人构成威胁。1633 年，马尼拉总督萨拉曼克（Salamanca）在致国王的信中指出："与中国的贸易已经衰落了，原因是澳门的葡萄牙人控制了它。"[③] 1635 年，菲律宾检查总长蒙法尔坤（Juan Grau y Monfalcón）在给西班牙国王的一封信中不无怨恨地写道：

> 去年曾经向国王禀报，澳门葡人到中国广州购货物运往马尼拉出售，使该市的居民（指西班牙人。——引者注）蒙受到损失和伤害。他们在马尼拉市场上垄断中国货物的贸易，致使马尼拉的居民不能像从前中国商人运货来卖那样有所获利。中国人不仅要价合理，还给买者赊账，直到他们返回中国时为止。所以，马尼拉的居民不花本钱就

---

① Alberto Iria, *Da Navegação Portuguesa no Indico no Século XVII* (*Documentos do Arquivo Histórico Ultramarino*), 2ª ed., Lisboa: Centro de Estudos Históricos Ultramarínos, 1973, p. 79.

② G. B. Souza, *The Survival of Empire: Portuguese Trade and Society in China and the South China Sea, 1630 – 1754*, p. 81; Pierre Chaunu, *Les Philippines et le Pacifique des Ibériques*, pp. 160, 205.

③ E. H. Blair & J. A. Robertson (eds.), *The Philippine Islands, 1493 – 1898*, Vol. 24, p. 287; Vol. 25, p. 130.

能获利，运送商品到新西班牙，从中获得大利。随着葡萄牙人的到来，这一切都不复存在了。他们不仅不准买方赊账，而且索价高昂。如果在马尼拉不能按他们自己所希望的价格售出货物，他们便自己投资，将货物运入墨西哥出售。如果他们留在马尼拉，就把货物压到次年再销售。由于（葡人前来贸易而使）马尼拉居民不再获利，后者便越来越贫穷，没有资本营业，亦得不到帮助。原来他们所赚的钱现在为葡人所赚，葡人现在从马尼拉运走的银币，有过去中国商人运走的三倍那么多。中国人以其大部分商品交换本地的产品，而葡萄牙人则完全运走银块和银币。①

当日本贸易被禁止后，澳葡于1640年请求西班牙国王将澳门—马尼拉贸易合法化，并将这一贸易航线延伸到墨西哥的阿卡普尔科。葡人的这些要求如果实现，就会对西班牙人构成更加严重的威胁。西葡两国商人在马尼拉贸易中的利益冲突，为澳门—马尼拉贸易关系的破裂埋下了祸根。西葡两国的关系对澳门—马尼拉贸易具有决定性的作用。处在一个王室统治下的两国商人，纵然存在利益冲突，也不至于很快断绝澳门—马尼拉之间的商业往来。1640年12月，葡萄牙爆发革命，拥立葡萄牙王族布拉甘公爵为新国王，宣布葡萄牙摆脱西班牙而独立。祖国的光复激起了澳门葡人的爱国热情，他们向新国王宣布效忠，并为此进行了盛大的庆典活动；同时也触动了他们心中多年的积怨。当西班牙国王遣使抵澳，试图使澳门归属西班牙时，他们便将西班牙使者囚禁，拒绝归还拖欠西班牙人的欠款，随后又于1644年将包括传教士在内的西班牙人赶出澳门。②被激怒的西班牙人则将在菲律宾贸易的葡萄牙人赶出马尼拉，断绝与澳门的一切通商关系。澳门—马尼拉贸易就这样随着葡国的光复和西葡两国关系的恶化而结束了。

（原载张廷茂著《明清时期澳门海上贸易史》，澳门，

澳亚周刊出版有限公司，2004）

---

① E. H. Blair & J. A. Robertson (eds.), *The Philippine Islands, 1493 - 1898*, Vol. 25, pp. 135 - 136.

② E. H. Blair & J. A. Robertson (eds.), *The Philippine Islands, 1493 - 1898*, Vol. 35, pp. 15, 180, 182.

澳门博彩业探源

胡 根[*]

随着澳门博彩业的迅速发展，以及所获得的巨大利润，世界各国对澳门博彩业也逐渐关注起来了。尤其是美国内华达大学、澳大利亚西悉尼大学等博彩合法化地区的高等学府，已纷纷开展对澳门赌业的研究，都在关注澳门赌权开放后对周边地区大环境的影响，经常有学者来澳门进行学术交流。自2002年以来，澳门大学、澳门理工学院、澳门旅游学院、中西创新学院先后开办了与博彩业有关的课程，已经招收了一批学生，可授予博彩学士学位、副学士学位、博彩机械维修专科学位；将来还可能增设博彩研究硕士、博士学位课程。澳门大学还增设了博彩研究所。2003年8月25日，北京大学中国公益彩票事业研究所与澳门理工学院签订了"博彩研究合作备忘录"。按照这份备忘录，两校将建立博彩研究资料共用制度，设立博彩研究专项基金，联合申请经费，建立对澳门及亚洲博彩业未来发展有贡献的博彩学位教育和职业培训基地。如今，经济学、工商管理学、社会及人文科学、数学、心理学等学科都在研究澳门博彩业，想弄清澳门博彩业的真正起源和早期的经营状况，以利于日后开展相关学科和学术问题的深入研究。

赌博在中国内地、香港、台湾和世界上大部分国家均受禁，而在澳门是得到法律保护的合法产业。可以说，澳门博彩业的发展成功与否，也能决定澳门社会可否保持繁荣稳定。然而，由于人们长期把赌博视为偏门，即不正当的行业，澳葡政府与不少赌业经营者对这一特殊行业的经营取利手法讳莫如深，加上缺乏研究资料，澳门的博彩业由非法状态转为合法经营状态的过程欠缺考据，对其中的诱因和澳葡政府决策的形成过程，都没

---

* 澳门历史文化研究会理事长，暨南大学历史学博士。

有一个清晰的概念。本文主要是探讨猪仔贸易如何直接导致了澳门博彩业的勃兴，以及博彩业在澳门由非法状态转入合法化阶段的过程。

一　特殊的历史背景

鸦片战争之后，英国占领了香港并宣布香港为免税自由港。清政府被迫签订屈辱的《南京条约》，又增设了福州、厦门、宁波、上海等多个通商口岸，澳门不再是最重要的外贸港口，地位一落千丈。澳葡当局赖以维持"自治"的关税急剧减少，葡萄牙国内也笼罩着一种悲观的气氛，有些政客甚至建议把澳门"卖"给英国人或法国人，以免成为葡国的负担。[①] 对于这段历史，葡萄牙历史学家费尔南多·科雷亚·德·奥利维拉认为，作为新的海上强国，英国在世界范围内强制推行自由贸易。为了更好地进行贸易，英国要在中国领土上寻找一个据点，而用武力夺取或用金钱购买澳门是一种可能的选择。而鸦片战争的结果，是显示了中国的衰弱。其实在这一期间，葡萄牙也好不到哪里去，因为这个国家正陷于内战的混乱之中。[②]

自1835年10月1日起，仁慈堂彩票就有完整的销售发行记录。[③] 1846年8月11日，葡萄牙人在澳门宣布发行16000元彩票，作为仁慈堂的经费。在《澳门、帝汶、苏洛省政府公报》（*Boletim do Governo da Província de Macao, Timor e Solor*）刊登了彩票的赔率、发行时间和地点等，这是澳门官方准许赌博合法进行之后比较详细的早期记录。[④]

1978年在香港出版的《香港赌博史》一书中，将港英政府1867年6月17日颁布的《维持社会秩序及风化条例》，赋予港督公开招商承饷开赌一事，视为中国赌博史和香港赌博史上赌博合法化的创举。[⑤] 该书的作者认为：

---

① 〔葡〕费尔南多·科雷亚·德·奥利维拉（Fernando Correia de Oliveira）：《葡中接触五百年》（*500 Anos de Contactos Luso-Chinese*），杨立民，王燕平译，纪念葡萄牙发现事业澳门地区委员会、澳门东方基金会，1999，第134页。

② 〔葡〕费尔南多·科雷亚·德·奥利维拉：《葡中接触五百年》，《鸦片战争》，第113页。

③ 仁慈堂彩票1835~1871年销售情形，见 COTA：AH/SCM/029. MIC：A0312，澳门历史档案馆。

④ 《澳门、帝汶、苏洛省政府公报》，非官方文告，1846年8月15日，澳门历史档案馆藏葡文档案。

⑤ 鲁言：《香港赌博史》，广角镜出版社，1978，第12页。

在麦当劳未公开招商承饷开赌之前，香港固然没有前例，即在中国，甚至澳门，也没有先例……澳门今日虽有东方蒙地卡罗之称，但是澳门招商承投赌饷的历史比麦当劳晚，在 1870 年以后才开始的。因为葡国人一向本着香港可行之事，澳门亦可行的原则，对满清政府负责。故当香港开赌抽饷之后，澳门才效法麦当劳，也开赌抽饷了。[①]

其实，澳门的赌博合法化比香港和内地早得多。在麦当劳公开招商承饷开赌前 19 年的 1847 年 7 月，澳葡政府就把"中式彩票"即闱姓赌饷正式纳入财政收入之中，1848 年 7 月起又增加了"中式博彩"即番摊的税项。[②] 1851～1863 年，在基马拉士总督执政期间，澳门就开始实行赌博专营。[③] 而在香港"开埠"之前，获葡萄牙王室特许发行的澳门仁慈堂彩票，更已经卖得满街都是。

澳门不仅仅是公开发行彩票早于香港，中式赌博的合法化也起码比香港早 18 年。澳门历史档案馆的葡文档案中，有一份刊于《澳门、帝汶、苏洛省政府公报》(*Boletim do Governo da Província de Macao, Timor e Solor*) 的"澳门公物会"(Junta da Fazenda Pública de Macau) 的 1849 年上半年度收支总账目，其中一项为"中式赌馆"幸运博彩的税饷收入，数额为 576 两；而另一项来自"中式彩票"的税饷则达 30960 两。[④]

中式赌馆 (Casa de Jogo China) 的赌博以番摊为主，还有牌九、摇骰等。清代以前就已经存在着摊钱赌博，入清以后何时开始称为"番摊"已不可考，有人说是因盛行于广东番禺而得名，[⑤] 此乃广东人较喜爱的赌博种类之一。19 世纪末在澳门出版的中文报纸《镜海丛报》，经常在文章中提到"摊馆"，而未提及什么"中式赌馆"，也没有"牌九馆"和"骰馆"的称谓。到目前为止，尚无证据显示"摊馆"内禁止兼营牌九和掷骰，报刊和

---

① 鲁言：《香港赌博史》，第 18 页。
② 《澳门政府宪报》，1848 年、1849 年财政收支表，原文见澳门历史档案馆缩微菲林胶卷，以及 *Boletim Official do Governo da Província de Macau e Timor*, 1888－3－15, No. 11, p. 100: "Receita do anno Economico de 1887－1888"。
③ 〔葡〕施白蒂 (Beatriz Basto da Silva)：《澳门编年史》(19 世纪)，金国平译，澳门基金会，1998，第 112 页。
④ 《澳门、帝汶、苏洛省政府公报》，1849 年 8 月 11 日封面版，澳门历史博物馆藏文献。
⑤ 刘如仲、李泽奉主编《中国赌博史》，台北，文津出版社，1996，第 225 页。

档案文献也未出现过以番摊之外的中式赌术为主的"中式赌馆"文字，故可认定"中式赌馆"即"摊馆"的别名。至于"中式彩票"，当年最盛行的是白鸽票，只是被葡人误作闹姓。

根据上述葡文文献，可以看出，澳葡政府在1849年之前已经开放赌禁，并从赌博合法化过程中抽取极为可观的税饷。因为官方文告中有关"澳门公共财政委员会"（Junta da Fazenda Pública de Macau，又称为"公物会"）1849年上半年的账目首次将"中式赌馆"及"中式彩票"列入法定收益，其合法化当在1849年1月1日之前。不过，现存的葡文档案中，1839~1845年的《澳门、帝汶、苏洛省政府公报》全部缺失，1847年缺第18期，故未能断定这些缺失的官方档案中有没有更早的赌博合法化文告，只能依据现时已经找到的文献作出上述判断。

在澳门历史档案馆馆藏的葡文档案库里有一份1883年2月10日的 Boletim da Província de Macau e Timor（《澳门帝汶省政府公报》），其中特别说明"闹姓"博彩是于1847年1月，应华人之要求，由澳门总督批准设立的；所有的番摊赌馆则系根据1846年2月16日的总督训令，在1849年4月正式发给牌照的。[1] 在此前后的多份《澳门政府公报》中，都经常有这样的葡文注释。[2]

亚马留（Ferreira do Amaral）于1846年4月21日才开始其澳门总督任期，1846年2月16日的总督训令应该是其前任彼亚度（José Gregório Pegado）[3] 所发出的。为什么彼亚度总督签署了批准设立番摊赌馆的训令，却又没有立即实行呢？到目前为止，我们还找不到相关的档案文献资料可以说明这一点。但是，彼亚度总督签署那份训令之后两个月就去职返回葡萄牙了，最大的可能性不外乎两点：一是他来不及实施这一政策；二是当时的环境发生变化，暂时不能开设中式赌馆。亚马留上任后虽然一度让番摊承

---

[1] *Boletim Official do Governo da Província de Macau e Timor*, 1888 - 3 - 15, No. 11, P. 100："Receita do anno Económico de 1887 - 1888". (h) Estabelecida pelo governador a requerimento dos chinas em Janeiro de 1847. (i) As Licenças para as jogo foram estabelecidas em Abril de 1849 em virtude da portaria de 16 de Fevereiro de 1846.

[2] 1883年2月10日, *Boletim da Província de Macau e Timor*, p. 135, "Província de Macau e Timor Receita do anno económico de 1882 - 1883".

[3] 彼亚度，澳门第78任总督，任期由1843年10月3日至1846年4月20日。

饷，但直到 1849 年 4 月，才根据彼亚度在 1846 年 2 月 16 日签署的总督训令，正式向澳门的番摊馆发给营业牌照。

1851 年 6 月 19 日《澳门政府宪报》刊登了一份公开招投白鸽票的公告：

> 奉公物会缘澳内白鸽票厂于七月二十四日满期，是以预于六月十七日在议事亭从新出投夜冷（投标）。如有愿遵守规条及出批价最高者，准令承充其白鸽票，规条在亭与看。①

白鸽票属于中式彩票，在广东地方甚为流行，故此也是澳葡政府开放赌禁之后首批公开招商出投的彩票赌博品种。同治十年（1871）《番禺县志》载：

> 有曰"白鸽票"者，取《千字文》前八十字，密点十字，令人亦猜点十字，猜得五字以上，每一钱赢十钱。城乡各处俱开有票厂，猜票者以票投之，每日猜一次。于是老少男女均被诱惑，约千人之乡，岁辄输银二千余两。妇女无知，有并举衣饰输尽而投缳服毒自尽以死者。蠹害民生，莫以此为甚。②

签署批准设立番摊赌馆训令的虽然是彼亚度总督，但他在任内没能让番摊赌馆公开营业。中式赌博在澳门全面合法化时担任澳门总督者，正是积极推行殖民扩张政策的亚马留，他于 1849 年 8 月 22 日死于沈志亮等华人的复仇乱刀之下。③

施白蒂女士在《澳门编年史》中有这样的载录：

> 1849 年，亚马留总督第一次允许在澳门设立"番摊"赌博。④

现在从澳门历史档案馆找到的葡文文献可以证实，1849 年这一年份记

---

① 《澳门政府宪报》（第 35 号），1851 年 6 月 19 日。
② （清）同治十年《番禺县志》点注本卷六，《舆地略四》，广东人民出版社，1998，第 46 页。
③ 〔葡〕施白蒂：《澳门编年史》（19 世纪），第 100 页。
④ 〔葡〕施白蒂：《澳门编年史》（19 世纪），第 102 页。

载有误，因为澳葡政府早在 1848 年 7 月，就把"中式博彩"即番摊的税项纳入政府正式税收之中。在澳门第一次允许番摊赌博合法化的确是第 49 任总督亚马留，但博彩合法化的年份是在此之前。①

二 亚马留开赌的历史契机

（一）亚马留力图扭转澳门的衰落

第一次鸦片战争之后，英国人得到了香港，澳门的国际贸易地位急剧下降，澳府收入锐减，连生存也有问题。其实，在鸦片战争爆发之前，澳门的国际贸易港口地位已经衰落。正如陈炎教授所说：

> 1724 年（雍正二年），清廷下令对澳葡航运提出限制，指令将澳门原有 25 艘商船编号登记，但不准再增新船，出入港口要经中国港务监督官验查。就在这时，葡国王以前给澳葡通航葡国本土和葡属巴西的航行权，也宣布截止，中断了直接通航欧美的环球航线。再过两年，清廷鉴于南洋禁令给沿海依靠海外贸易为生的人民带来的苦难，地方官绅也因此失去税利，造成财政困难，不得不先后在粤、闽、浙等省开禁。这样，中国商船重新获得与东南亚各国的通航自由，在货源上与葡商展开激烈的竞争，澳葡失去了航运垄断权后，于是又进入一个新的低潮。②

陈炎教授认为，鸦片战争后，澳门走向历史性的衰落，其原因有三：

---

① 《澳门政府宪报》（1848～1849）中清楚地显示，澳门早在 1847 年 7 月就把"中式彩票"即闱姓赌饷纳入财政收入之中，1848 年 7 月起又增加了"中式博彩"即番摊的税项。原文见澳门历史档案馆缩微菲林，以及 *Boletim Official do Governo da Província de Macau e Timor*，1888 - 3 - 15，No. 11，p. 100："Receita do anno Económico de 1887 - 1888"。不过，该馆现存的葡文档案之中，1839～1845 年的《澳门啼汶苏洛省政府公报》全部缺佚，1847 年缺第 18 期，故未能断定这些缺失的官方档案中有没有更早的赌博合法化文告，只能依据现时已经找到的文献作出上述判断。

② 陈炎：《澳门在近代海上丝绸之路中的特殊地位和影响》，载澳门《文化杂志》第 13、14 期合刊，澳门文化司署，1993，第 44 页。

（1）中国被迫开放五口通商，中外贸易往来和文化交流，可以直接五口通航，不必再经澳门港；（2）英国从中国割取香港，原来旅居澳门的英国和外籍人士纷纷移居香港；（3）香港实行自由港政策后，各国商船可以自由进出香港，因而进出澳门港的外国商船急剧减少。①

葡萄牙学者徐萨斯指出："当澳门的门口崛起一个英国殖民地时，历史又重演了。就像孟买毁了果阿那样，香港现在又毁了澳门。"② 香港的崛起间接损害了澳门的利益，但葡萄牙人并不是和英国人算账，而是把矛头指向懦弱的清朝政府，以此为借口向中方提出许多蛮横无理的要求，例如拒绝继续向中方缴纳租金、禁止清朝官员在澳门鸣锣开道、拆毁清朝在澳门的关部行台、驱逐中国海关人员、扩张葡占领地等等。

1844 年 9 月 20 日，澳门、帝汶及苏洛组成一个独立于印度的海外省。1846 年 4 月出任澳门总督的葡萄牙上校亚马留③是一名强悍的军人和崇尚武力的扩张主义者，他在致两广总督徐广缙的公函中说：

> 葡萄牙是中国三个世纪的盟友，从来是最惠国，不可转瞬间成了次要国……往昔葡萄牙为唯一在华享有某些特权的国家，但诸条约签订后，中葡之间的一切章程及协议已失效。其原因为，要么上述章程及协议的条款优于条约的条款，但我们无法独享之，英国及其他国家亦有权享之；要么上述章程及协议的条款次于条约的条款，于是对我们毫无裨益。④

---

① 《澳门在近代海上丝绸之路中的特殊地位和影响》，第 47 页。
② 〔葡〕徐萨斯（C. A. Montalo de Jesus）：《历史上的澳门》（*Historic Macao*），黄鸿钊、李保平译，澳门基金会，2001，第 233 页。（原版于 1902 年由香港别笃洋行出版）
③ 亚马留（约 1803～1849），又译作阿马留、亚马喇、亚马勒。1846 年 4 月从里斯本抵澳门就任第 79 任澳督。亚马留是海军军人，其右臂在年轻时参加葡萄牙开拓巴西殖民地战争中被大炮炸掉，葡人称其为"独臂将军"。亚马留上任后，在澳门推行殖民扩张政策，1846 年 5 月，宣布对华籍居民征收地租、人头税和不动产税，把原只对葡人实行的统治权力，扩大到华籍居民。他又下令所有在澳门停泊的中国船只要向"船政厅"登记纳税。1848 年下令开辟马路，掘毁关闸一带村民的坟墓。1849 年 3 月 5 日，亚马留限令设在关前街的中国海关"关部行台"8 天内撤出，3 月 13 日派兵捣毁海关，并随即拆毁竖立在市政厅的刻有《澳夷善后事宜条议》的石碑；并擅自审判在澳门的华人。亚马留的行径激起了中国居民的义愤，1849 年 8 月 22 日在关闸附近，被望厦村民沈志亮等人刺杀。
④ 〔葡〕萨安东（António Vasconcelos de Saldanha）：《葡萄牙在华外交政策：1841～1854》，金国平译，葡中关系研究中心、澳门基金会，里斯本，1997，"阿马勒政府"，第 90 页。

亚马留敢于向中国发起挑战，一来是清廷的腐败软弱，二来是葡萄牙国内有此政治需要。1846 年 2 月，葡萄牙海事及海外部部长若阿金·若泽·法尔康（Joaquim José Falcão）在葡萄牙国会阐述其政策主张时认为，自 1843 年以来断断续续从中华帝国政府处获得的一切微不足道，因为"这些优惠根本无法补偿澳门失去的特权。因此，政府决定采取一所有熟悉澳门利益的人一致首肯的唯一可使澳门摆脱其目前江河日下困境的办法，尽快将澳门港口向所有国家船只开放，此措施的目的在于使澳门获得新生。同时，促进它同我朝廷其他港口的关系，取消一切海关税。这是在澳门征收的唯一税项，往昔足以支付政府开支并有结余。近来，因中国港口开放，所入稀少，但仍可暂时造成一些麻烦。该省新任命的总督为当地的税务部门带去了适应澳门近来变化的指令。"① 作者指出，"为新总督下达的指令十分明确——企图通过开港或采用指令中明确提出的三项措施（变相接受了澳门主教提出的三项建议，取消澳门葡萄牙海关、锐减公共开支、制定一套从未采取过的税收政策）彻底改革传统上被认为是澳门经济生活支柱的体系……"②

亚马留实际上在澳门推行的政策又是怎样的呢？连葡萄牙历史研究人员后来也"找不到任何关于他以头颅为代价完成的使命的另一部分，即由其发起的政治自主进程的指令。中国海关问题、取消中华帝国在澳门的管辖、领土扩展、取消泊费、占有潭仔等问题均被略去"。③

然而，在亚马留出任澳督期间，由于市议会内部的党派斗争，加上亚马留的作风得不到澳门议事会的支持，为此，亚马留曾经解散了一届市议会，又重新成立了一个服从其需要的市议会。虽然亚马留的强硬政策得罪了多方面势力——清政府、澳门议会、澳门华人居民，但欧洲历史的这一时期正以列强重新确定扩张规则尔虞我诈，亚马留推行的扩张政策正好符合葡萄牙当时的国家利益。所以后来有葡萄牙人视他为英雄人物，也是有其道理的。葡萄牙历史学家萨安东一语道破其中奥秘：因为亚马留使澳门"完全成为葡萄牙皇室领地的一部分，此举可满足历史声望及阻止第三国对

---

① 〔葡〕萨安东：《葡萄牙在华外交政策：1841～1854》，"破灭的幻想"，第81页。
② 〔葡〕萨安东：《葡萄牙在华外交政策：1841～1854》，"破灭的幻想"，第82页。
③ 〔葡〕萨安东：《葡萄牙在华外交政策：1841～1854》，"破灭的幻想"，第83页。

这一海外帝国领地的觊觎"。①

除了葡萄牙国内的政治需要,刚刚从鸦片战争中取得巨大利益的英国人,也满肚子密圈地对亚马留作出了政治支持。1847年12月底,亚马留曾经访问香港,得到港督德庇时爵士及驻华英军总司令德忌笠少将异乎寻常的隆重接待。"欲使澳门独立这一棘手的使命,在香港当局不加反对的情况下得以完成,此行必不可缺……"亚马留向里斯本发出的这份报告称,"驻华英军总司令德忌笠少将曾建议我请求我国政府要求英国政府命令港督在澳门受到非来自中国或来自于任何一个国家入侵的情况下,港督必须把澳门当作葡萄牙皇室的属地加以保护"。②

其实,英国人对澳门垂涎已久,明崇祯十年(1637),英国东印度公司威代尔率四舰抵澳门,要求互市,被葡人拒绝其登陆;③嘉庆七年(1802)二月十八日,曾有三艘英国船来泊伶仃洋水域,三名英国军官乘坐舢板到澳门,借口防止法国船只来澳抢掠,要向澳门提供保护云云。④但未得逞。此后,英国人还不死心,1809年再派兵擅入澳门,以至事情闹到北京,"天威震怒",几乎要用兵驱逐。⑤

英国人"支持"亚马留自有其道理,英国人害怕法国人在澳门问题上从中插一手,威胁大不列颠帝国在香港和华南地区的利益。

鉴于英国人在香港"开埠"大大促进了当地的贸易,澳门面临巨大的挑战。为了挽救澳门的贸易地位和地区公共财政,葡萄牙唐娜·玛丽娅二世于1845年11月宣布澳门为自由港,任何国家的船只向澳门输入货物均豁

---

① 〔葡〕萨安东:《葡萄牙在华外交政策:1841~1854》,"阿马勒政府",第87页。

② 1847年12月23日阿马留总督致葡萄牙海事及海外部的公函,葡萄牙海外档案馆,二部,澳门,1847年函盒。转引自萨安东《葡萄牙在华外交政策:1841~1854》,"阿马勒政府",第91页。

③ 林子升:《十六至十八世纪澳门与中国之关系》,澳门基金会,1998,第12章"澳门与英国之关系"。

④ 刘芳辑,章文钦校《清代澳门中文档案汇编》(葡萄牙东波塔档案馆馆藏)第16章"澳门与英国的关系"之四"英军图占澳门",第1439条,第744页,"理事官为英国兵欲图上岸占据澳门事呈香山县丞禀"(约嘉庆七年二月二十五日,即1802年3月28日),澳门基金会,1999。

⑤ 刘芳辑,章文钦校《清代澳门中文档案汇编》(葡萄牙东波塔档案馆馆藏)第16章"澳门与英国的关系"之四"英军图占澳门",第1453条,第750页,"香山知县彭昭麟为饬嗣后恭顺守法安居乐业毋庸惶惑事下理事官谕"(嘉庆十四年正月十二日,即1809年2月25日)。

免关税。1846 年 4 月亚马留上任后不久，就向关闸内所有居民征税；同年 9 月 12 日，亚马留总督宣布：所有停泊在澳门的船只必须向港务局登记并交纳一元税款；亚马留又于 1849 年 2 月停止向清朝政府缴纳地租。[①]

在这里，我们有必要回顾一下当年澳门的历史环境。道光二十四年七月初二日（1844 年 8 月 25 日），两广总督耆英、广东巡抚程矞采在奉上谕"体察澳夷实在情形"之后，向朝廷奏复：

> 澳门僻处海隅，民夷杂处。关闸以内、三巴门以外，多系民庄，计有天成、龙田、龙环、望厦、石墙、新桥、蒲鱼、沙冈等八村，共居民八百一十九户，田庐坟墓鳞次栉比。其夷人所建砲台名东望洋，系踞山临海，并不占碍民基。三巴门以内虽尽系夷楼，西洋聚族而处，而其间如芦石塘、赋梅里、沙梨头等二十一处，俱有民房交错其中，共计四百六十六户，均系世守祖业，并不输纳夷租，相传三百余年，由来已久。计现在澳内夷人男女约四千余口，而十九年所查民户人丁，共四千九百二十八口，故澳门乃民夷错杂之区，非徒夷人托足之地也。[②]

由此可见，在亚马留来澳之前，葡人仍是聚居在旧关闸以内，华人并不需向葡人缴纳什么公钞与地租。改变这一状态的是亚马留。

（二）由禁止"非法赌博"到开赌

亚马留曾经在非洲的殖民地打过仗，也把澳门当做葡萄牙的另一块殖民地。有了"尚方宝剑"在手，他就更加肆无忌惮地"钉关逐吏"，强行拆毁清朝驻澳门的海关，驱逐海关官员；[③] 他不但拒绝向清朝政府交租，还"将澳门各店铺编列字号，勒收租银，如不依允，即带夷兵拘拏（拿）鞭

① 〔葡〕萨安东：《葡萄牙在华外交政策：1841－1854》，"旧秩序的覆灭"，第 113、115 页。

② 《明清时期澳门问题档案文献汇编》（二），第 786 页，"两广总督耆英等奏覆体察澳夷实在情形折"，中国第一历史档案馆、澳门基金会、暨南大学古籍研究所合编，人民出版社，1999。

③ 《明清时期澳门问题档案文献汇编》（二），第 814 页，道光二十九年闰四月初七日（1849 年 5 月 28 日）"两广总督徐广缙等奏报酌移税口试办情形折"。

打。又在三巴门外开辟马道，平毁附近坟墓"。① 亚马留于 1847 年 2 月 27 日决定向北修筑通往关闸一带的马路，为此，他还下令迁走上述地段的华人坟墓。这样做的目的，是"以图造成既成事实，往北扩大地界"。②

有葡萄牙史学家分析，亚马留在彻底切断澳门与中华帝国内部体制的联系时，只要控制这三方面：领土、行政及税收，他便可确定澳门对中国的"独立"。领土方面：确定葡萄牙对周围水域及城区老墙以外土地的管辖权；行政方面：取消澳门社团对当地官员的世袭附属；税收方面：向葡萄牙人及华人社团征收政府税、取消中华帝国海关。③

亚马留把澳门与清朝的联系割断之后，清朝的禁赌律令就不能够再约束澳门的葡萄牙人了。澳门开放赌禁并非偶然，而是粤澳两地赌风历来炽盛，在特定的历史条件下，偏偏被亚马留抓住了一次难得的机遇。据《香山县志》记载，鸦片战争结束之后，香山一带"夷船复来，时洋船四五十只，华船蚁附，通市珍奇毕具，娼航赌艇比于珠江"。④ 当时社会环境的逐步稳定，中外贸易的恢复，为澳门开赌奠定了有利的基础。

而当时澳门本身的经济状况却十分恶劣，华人又抗拒向葡国人交税，亚马留开放赌禁弥补税收之不足也就顺理成章了。正如葡萄牙学者徐萨斯所说：

> 行商最终和澳门的其他外国公司一样，迁到了香港，随即靠这些行商生活的店主和劳工也都迁出了澳门。香港的行商终于有了起色，代价是牺牲了澳门的命根子。澳门出现了商业大萧条；葡萄牙船的货源越来越少；很多房子和货栈都空了，曾经富裕的家庭变得一贫如洗。澳门自取消关税以来，财政状况一直十分困难。政府从澳门市民贷款，从政府设在伦敦的金融机构抽取资金。税收资金很少，只好允许开设中式赌场来增加收入，虽然开赌场是违反葡萄牙法律的。香港的赌客成群结队来到澳门，那些赌窝纷纷挂出"一流赌场"的醒目招牌，这

① 《明清时期澳门问题档案文献汇编》（二），第 817 页，道光二十九年十一月十九日（1850 年 1 月 1 日）"两广总督徐广缙等奏报西洋兵头被杀业已缉凶正法折"。
② 吴志良：《生存之道——论澳门政治制度与政治发展》，澳门成人教育协会，1998，第 152 页。
③ 〔葡〕萨安东：《葡萄牙在华外交政策：1841－1854》，第 201 页，"王室训令体制的确立"。
④ （清）同治年《香山县志》卷 22，"纪事"，第 42 页。

让那些虔信派教徒和法利赛人感到非常可怕。①

1849 年 3 月 2 日，亚马留总督命令对所有在街上设点赌博和参与赌博的中国人施以二两银的罚款。② 但是，这只不过是亚马留禁止"非法赌博"所玩的小把戏，并非真的要禁赌。他野心勃勃，要打破清朝法统几百年来在澳门的权威。在 1848 年 7 月至 1849 年 7 月的财政年度，澳府首次把"中式博彩"即番摊的税收纳入地区公共财政范畴；1849 年 4 月，所有的番摊赌馆获亚马留政府正式发给营业牌照。③ 从此以后，博彩税就冠冕堂皇地纳入了澳门政府的公共财政预算之中，并且占有越来越重要的比例。

不过，亚马留在澳门开放赌禁之举并非什么高瞻远瞩的战略部署，那只是使澳门脱离中华帝国管治的一个象征，同时也是一个为葡萄牙人管辖下的澳门增加库房收入的尝试。不但他本人没有预见到澳门将因开赌而成为日后的"东方蒙地卡罗"，在他成为望厦村民沈志亮等人的刀下之鬼后三年，葡萄牙外科医生若泽·安东尼奥·马亚（José António Maia）完成了一篇题目为《澳门开港回忆录》的论文，由著名的葡萄牙经济学家奥利维拉·马雷卡（Oliveira Marreca）作序。马亚医生在这篇论文中主张"降低澳门华人居民的人数，以补充葡萄牙子民"，因为后者可能成为纳税者。④ 显然，包括他在内的葡萄牙人当时还未意识到，面对以华人世界为主的博彩业，日后可对澳门社会及经济的未来发展起什么样的作用。

三 澳门博彩业的兴起

非法的赌博在澳门变成合法的博彩业，这个转变过程可以说具有许多偶然的因素。鸦片战争后英国人占领了香港，直接威胁着澳门这个国际贸易港口的生命线；太平天国革命的爆发令大批内地难民涌入澳门，接踵而至的"猪仔贸易"，让澳门刚刚兴起的博彩业得到迅速的发展机会。港英政

---

① 〔葡〕徐萨斯：《历史上的澳门》，第 234 页。

② 《澳门、帝汶、苏洛省政府公报》，第 98 页。

③ 《澳门政府宪报》，1848 ~ 1849 年，以及 *Boletim Official do Governo da Província de Macau e Timor*，1888 - 3 - 15，No. 11，p. 100："Receita do anno Económico de 1887 - 1888"附注。

④ 〔葡〕萨安东：《葡萄牙在华外交政策：1841—1854》，"阿马勒政府"，第 89 页。

府在民间压力下的全面禁赌，则使澳门的博彩业锦上添花。由 1840 年到 1872 年，即鸦片战争爆发到港英政府禁赌这 32 年间，是澳门博彩业全面兴起的时期。

（一）太平天国和第二次鸦片战争的冲击

咸丰和同治年间爆发了震惊中外的太平天国起义（1853～1864），这是中国历史上重大的社会革命之一。太平军从广西出发，仅三年就到达并建都于南京。在 1853～1856 年间，太平军在迄自南京的长江流域频频获胜。在太平天国鼎盛时期，它已控制了中国中部的大部分地区，并多次威胁上海，甚至能够派出一支先头突击队指向北京。在 15 年中，它纵横 16 个省，攻占城池 600 多座。[1] 与此同时，广东、福建、浙江、湖南、江西、四川各省的天地会与三合会，上海的小刀会，安徽、河南的捻军又纷纷起义，清朝的统治处于风雨飘摇的状态。[2]

太平天国运动爆发后，因战事频频，清廷调动大批军队，军费开支当然极为庞大。清廷军费支出大增，而前线粮饷供给却不足。湘军统帅曾国藩在其致同僚及亲友的信札中，屡屡述及军队筹饷的困难。同治元年（1862）三月，曾国藩在"覆袁午桥星使"一信中提到：

> 东南饷源日涸，敝营亦欠发八九个月不等；后顾茫茫，绸缪非易。弟奏请办理广东厘金，专济皖、浙军饷。[3]

太平天国起义方兴未艾之际，英法等国为了扩大他们在第一次鸦片战争中所取得的政治利益和经济利益，于 1856～1860 年间又发动了第二次鸦片战争。这无异于雪上加霜，使清朝的统治更加危机四伏。一方面是华东华中各地战事需饷，另一方面是土地荒芜，海关停市，税收大减。最令朝廷恐慌的是，英法联军攻占了清政府关税及军饷主要来源地之一的华南重镇——广州，给清政府构成重大的政治压力和经济威胁。从 1853 年起，广

---

① 〔美〕芮玛丽（Mary Clabaugh Wright）：《同治中兴——中国保守主义的最后抵抗》，房德邻等译，中国社会科学出版社，2002，第 124 页。
② 魏建猷：《第二次鸦片战争》，上海人民出版社，1955，第 19 页。
③ 《曾国藩未刊信稿》，"覆袁午桥星使"，中华书局，1959，第 39 页。

东要临时筹拨巨额军费，协助邻省。1853年10月，广东即两次拨给福建军饷共30万两。①

为了筹集军饷，朝廷允准各省增加捐官学额。清人陈康祺在《郎潜纪闻初笔、二笔、三笔》一书中记述：

> 军兴，各省捐输量加学额，自咸丰二年太常少卿雷以诚奏请始。②

澳门的赌博和广东有密切的关系，晚清时的广东，赌风之炽为全国之冠。清律禁赌，但鸦片战争及太平天国运动后，因军费开支庞大，国库空虚，情况已发生微妙的变化。道光二十二年（1842）九月十七日，湘军统帅曾国藩在"禀祖父母"家书中称："英夷在江南，抚局已定。去年逆夷族广东曾经就抚，兵费去六百万两。此次之费，外间有言二千一百万两者。"③对付洋人之后，又是太平天国运动和捻军起义，战火蔓延半壁山河。由于军饷时有不敷，朝廷又催得急，这就为地方官僚和赌商找到了赌博合法化的理由。同治二年（1863），郭嵩焘任广东巡抚。他到任后先行发布禁赌告示，后查获天和等店开设闱姓，拿获到案讯明，以纳赎例判罚军饷14万。以后，他又准许闱姓立案，招商承饷。④

太平天国起义与第二次鸦片战争给澳门带来的直接冲击有二：一是促使澳门华人的人口急剧膨胀；二是促使澳门华人资本的大大增加，因为在避难进入澳门的华人人口中，有不少是广州及珠江三角洲地区的富人。澳门华人人口及澳门华人财富的大量增加，势必刺激澳门博彩业的发展。正如徐萨斯在《历史上的澳门》一书中所说：

> 要不是基玛良士总督的调和政府以及太平天国起义和"亚罗"号战争引起的百姓和商业的涌入，澳门的情况也不会好到哪儿。华人社区的人口现在已超过五万人。从1857年5月到6月一个月的时间里，

① 魏建猷：《第二次鸦片战争》，第54页。
② （清）陈康祺：《郎潜纪闻初笔、二笔、三笔》，"捐输加学额"，中华书局，1984，第115页。
③ 《曾文正公家书》卷1，台北，世界书局，2001，第7页。
④ 杨坚校补《郭嵩焘奏稿》，"天和等店闱姓罚款催缴完竣片"，岳麓书社，1983，第252页。

60 艘船驶进了澳门港口，这是从鸦片战争以来没有过的数量。政府对赌博的垄断使税收急剧增加，每年财政都有结余；澳门殖民地拿出了大笔款项来解其他殖民地因长期透支而造成的困难，真是此得彼失。

作者不无感慨地指出：

> 澳门殖民地失去了往昔的海上优势之后，于 1864 年建造了东望洋灯塔，这是中国的第一座灯塔。但愿这一灯塔能引导澳门走出衰败，但愿这座长明灯能保佑澳门之星永远不落![1]

（二）港督麦当劳的禁赌

香港与澳门一样，都是以广东人为主的社会，讲的是粤语方言，饮食和生活习惯、民间风俗，两地之间几乎没有什么分别。

《香港赌博史》提到：

> 香港在开埠初期，并未禁止赌博，因为自从鸦片流毒中国后，在广州及澳门，赌博已渐渐形成风气，但不很流行，所以在 1841 至 1844 年这三年间，香港并未禁赌。所谓赌博，也只是三几个人围在一起作局，小赌一番而已。[2]

到了 1844 年，一大堆法例先后在香港公布颁行。这一年共公布了 22 号法例，从法理的性质，可以看出属于两个方面，其一是维持治安，另一是征税。其中《禁止赌博条例》即属征税的，因为当时公布这些条例，主要是从罚款中取得政费。《禁止赌博条例》的内容，大意是规定凡聚众赌博以及找人赌博，最高罚款为 200 元，而赌馆主人或开赌者亦同样办理。《香港赌博史》的作者认为：当时香港禁赌的目的并不在于禁绝这种不良的风气，而旨在以罚款来增加库房的收入。这是香港开始立例禁赌的精神，一直维

---

[1] 〔葡〕徐萨斯：《历史上的澳门》，第 261 页。
[2] 鲁言：《香港赌博史》，第 2 页。

持到 1977 年才略为改变。①

既然禁赌是为了增加库房收入，所以港英当局也没有真正禁赌，"1844年有禁赌的明文，赌博却是越来越盛行。最初是三五人的聚赌，渐渐发展成几十人以至几百人的大聚赌。赌馆和赌场，在禁赌条例颁行之后越开越多，规模也越来越大"。②

当时在香港最大宗的赌类是番摊，而赌风和贪风又是一对孪生兄弟，当赌风于 1844～1855 年这 11 年间形成之后，1855 年 5 月 5 日就出现了首宗摊馆贿赂公务员的案例。此后，几乎年年都有警员涉及被赌馆贿赂的事件发生，以至于香港警方为了防止警员受贿，于 1857 年起在警员制服上钉上编号，以方便证人辨认勒索赌馆的警员。③

到了 1867 年，香港上环的水坑口、大笪地、四方街、华里、东街、西街，环绕着荷李活道与大道中的一些横街内，到处都是摊馆。这些摊馆差不多都是公开营业的，摊馆租用铺户来开设，其特点是门前垂下一块蓝布做的门帘，门外有人招徕赌客，高呼"发财埋底便！"④

香港警方虽然常常扫荡赌馆，但因警察受贿，常和赌馆主人串通做戏瞒骗官府，结果是扫之不尽，越扫越多。香港一位叫做域陶（Whittell）的立法委员在立法局的常会中提出，警方经常扫荡赌窟，而赌窟却野火烧不尽，春风吹又生，显见 1844 年的《禁止赌博条例》不足以达到禁止赌博的目的。他建议另订新的法例，准许开赌的人缴饷纳税，领取牌照开赌，这样既可纳赌博于正轨，也可扫除贪污。⑤

域陶这一"寓禁于征"的提议，获得了时任港督的麦当劳的支持，香港赌博合法化时代也就是由这一年（即 1867 年）开始的，是年 6 月 17 日，港府颁布了《维持社会秩序及风化条例》，该法例的第 18 条中，赋予港督公开招商承饷开赌的权利。博彩合法化从该年 7 月 1 日实行。《香港赌博史》认为："这是中国博彩史和香港赌博史上的创举。"⑥

---

① 鲁言：《香港赌博史》，第 5 页。
② 鲁言：《香港赌博史》，第 6 页。
③ 鲁言：《香港赌博史》，第 9～10 页。
④ 鲁言：《香港赌博史》，第 12 页。
⑤ 鲁言：《香港赌博史》，第 14 页。
⑥ 鲁言：《香港赌博史》，第 12 页。

香港总督麦当劳指定警察司及总登记官招商承投赌饷，由警察司发给赌牌。每一赌商用申请书列明赌馆所在的地点和赌馆街道门牌号码，愿缴纳的赌饷数额。首次竞投赌牌开票的结果，共有 12 人投得，即批准 12 间赌馆公开开设。这些赌馆分布在基利文旧街、大道中、上环水坑口、荷李活道、西街、西营盘和湾仔等地，每家每年缴纳牌照费（赌饷）10000 元，于 7 月 1 日正式营业。①

港英政府的这一措施，在民间引起过颇多反对的声音，基督教圣公会的牧师查理士华伦（Charles Warren）认为这样维持社会秩序和风化，简直是一种讽刺，他四处奔走，向宗教界及社会知名人士要求签名，上书反对政府这种赌博合法化的政策。当时主持《中外新报》的伍廷芳亦有签名，反对赌博在香港合法化。不过，因赌饷可观，而且确实能够起到遏制不良警察勒收贿款的作用，港督麦当劳没有收回成命。到了第二年再度公开竞投赌牌时，他干脆取消以年计算的方式，改为以月计算。②

港督麦当劳不顾社会人士反对，决意开赌，但中国的历朝法律都是禁赌的，赌博合法化所引起的各种负面效应也随之而来。继查理士华伦以及伍廷芳等社会知名人士提出公开反对之后，1867 年 12 月，英国贵族院议员丹顿、北擎咸公爵等指责香港公开承饷开赌是一种违反文明的政策，如属实当是英国这个文明国家之羞。③

香港华人的商业发展和雄厚的资金，在 1860 年代后期及 1870 年初期已经凌驾欧人。1870 年，伍廷芳与华人绅商梁安（仁记洋行买办）、韦玉（有利洋行买办）、曹雨亭（慎安号）、招雨田（广茂泰南北行）等，请求港督轩尼斯拨地兴建华商会馆。④ 华商在香港的经济实力以及社团组织能力渐大，在一些重大社会问题上，英国人也不得不看他们的脸色。伍廷芳后来成为香港第一位华人大律师（1877），首任太平绅士及立法局议员（1878～1880），开华人参政之先例。另外，他又在洋务运动中长期担任李鸿章的幕僚

---

① 鲁言：《香港赌博史》，第 16 页。
② 鲁言：《香港赌博史》，第 17 页。
③ 鲁言：《香港赌博史》，第 20 页。
④ 张云樵：《伍廷芳与清末政治改革》，台北，联经出版事业有限公司，1987，第 80～81 页。
　　澳门大学国际图书馆"伍廷芳博士遗属赠书 DS777，15，W77，CHA"。

（1862~1896），任翻译员并协助李鸿章对外谈判。① 在反对香港开赌的过程中，在华商中享有崇高声誉和地位的伍廷芳所起的作用甚大。

1868 年 5 月，香港西商会开会时一致指责，公开赌博令商业萎缩，不少客商原本携款来港购买洋货，却在赌馆把货款输光了；有些运土货来港的商人，卖出土货之后，原可办运洋货回内地，也将货款输光而无钱办货。面对社会上激烈的批评指责，港督麦当劳依然不肯回头。1871 年 1 月 12 日，第四届公开投承赌饷时，已经采用统一竞投赌权的方式。结果由赌商何亚锡以每月 15000 多元的赌饷投得赌权。港府的全年赌饷收入也增加至 189600 元。②

眼看港府在开赌问题上越走越远，全港市民于该年发动了一次上书英伦的请愿运动，由当时的社会知名人士和商界知名人士发起，所有的商号都在请愿书上盖章，请港府转英国理藩院。与此同时，西商会也采取了同样的行动，于是年 5 月上书英伦。这两封请愿书，都力陈赌博贻害社会之惨。香港总督麦当劳虽然一度扣压了两份请愿书，但赌害遗患之大，始终难以掩人耳目。结果，麦当劳于 1871 年 12 月由英国度假回港时，也带回了英国理藩院禁赌的命令。③ 促成香港禁赌的还有一位人士，他就是曾任英国驻华大使馆秘书，并在清政府外务部工作多年的罗向桥。他当时上书港督，痛陈赌害，请求勿弛赌禁。奈何港督一意孤行，不予理睬。于是，他又直接向英国政府上书，呼吁制止。英廷终于电谕港府不得弛禁，并复电罗向桥予以嘉勉。④

1872 年 1 月 13 日，麦当劳贴出禁赌告示，明示于 1 月 20 日起封闭所有赌场，所有开赌牌照一律取消；嗣后一切赌博如闱姓、白鸽票、花会及其他有彩私赌，一律禁绝，并加雇侦探严密侦缉，违者拘罚不贷。⑤ 香港严厉禁赌后，大批赌客从香港转往澳门，使澳门早期博彩业走向勃兴。

---

① 张云樵：《伍廷芳与清末政治改革》，第 63~96 页。
② 鲁言：《香港赌博史》，第 22 页。
③ 鲁言：《香港赌博史》，第 23 页。
④ 广东省文史研究馆编《岭峤拾遗》，上海书店，1994，第 128 页。罗向桥（1821~1900），字祥，又名森，广东南海西樵罗村人，前清孝廉，精通英语。
⑤ 郭双林、萧梅花：《中国赌博史》，台北，文津出版社，1996，第 128 页。

（三）"猪仔贸易"对澳门博彩业的影响

在研究澳门博彩业早期发展的过程中，有大量的资料指向俗称为"猪仔贸易"的苦力贸易，也不难发现"猪仔贸易"——苦力贸易与澳门近代赌业有直接的关系。贩卖人口虽然不是始于澳门，也并非中国才有的现象，但"猪仔贸易"盛行的时代，澳门周边的华南地区赌风极浓。清朝的法律禁赌，表面上无人敢公开与朝廷对抗，实际上民间的地下私赌一直没有停止过，南粤赌风历来炽热，一遇到适合的土壤就很容易滋生蔓延。澳门早就有仁慈堂彩票的存在，由于葡萄牙人治下的澳门并未严格禁赌，华人私下赌博比较普遍，内地的严禁赌博，正好为澳门的赌博合法化提供了生存的土壤。邻近广东的澳门在葡萄牙人统治下，成为一个与内地有着千丝万缕关联却又不受大清法律约束的"天朝特区"。尤其是自鸦片战争爆发后，清廷腐败懦弱的本质暴露无遗，葡人趁势实行扩张政策，清廷对澳门葡人越来越不听话也无可奈何。

1850 年代，太平天国革命爆发，一批失去土地的农民、失去谋生工具的城市小手工业者以及内地难民，逃到相对安全的澳门，成为国际人口贩卖集团的"货源"。[①] 香港割让给英国之后，中国内地多个口岸也在洋枪洋炮之下一个个地开放，这使澳门的国际贸易地位一日不如一日。澳门作为贸易港口的收入锐减，"猪仔贸易"这种能够暂时缓和经济困境的行当，便变得更加重要了。不过，香港崛起不久，就迅速取代澳门成为苦力贸易的最大转运中心。一如《中国殖民史》一书所说的那样：

> 猪仔贸易之输出地，本以澳门为中心；自香港割让与英国后，乃以香港代之。[②]

费正清《剑桥中国晚清史》称：

[①] 例如《遐迩贯珍》（1854 年 8 月朔旦，第八号）报道："十五、六间，省垣各富商室，畏乱先徙，多携眷附本港当行载运贸易之火轮船，赴本港及澳门寄寓。有一火船载至六百余人者，多妇女幼稚。亦有用中土快艇载人，以缆系于火船以行者。各船价水脚涌贵，闻一中土客赁一火船载眷，价至一千二百余元。"

[②] 李长傅：《中国殖民史》，台湾商务印书馆，1976，第 266 页。

那时在广州的中国人贩子，为了把劳工卖给外国的苦力贩运者，竟于光天化日之下在苦力家屋门外捉人。正义的中国群众处死了一批拐骗者，中国官吏也处决了一批。然而存在着当地的失业和贫穷以及海外的需要和机会，这些因素汇合起来使移民继续进行不辍……为了这个目的，总督劳崇光实际上已使移民在这个地方合法化了。结果是，英、中两国官吏联合监督移民所（奴隶收容所）的批准和审查工作，并规定在他们在场的情况下自由签订合同。可是广州的这个制度，受到了澳门及其他不在劳崇光或巴夏礼（英国领事）控制的沿海地方的洋人和华人的蔑视；因为在沿海地方，接收船像以前从事鸦片进口贸易那样从事"猪仔"（即人口）的出口贸易。对中外合搞的这种公害进行控制的企图，又给中、英两国地方当局创造了一种共同的利害关系。[①]

为了让苦力入彀卖身，人贩子设计了各种各样的赌档，谋取双重的利润。而骤然间得到一大笔卖身钱的苦力，也希望通过赌一把赎身，衣锦还乡。实际上，大部分人无法扭转命运的安排，输光了卖身钱之后就被送上"猪仔船"，远渡重洋做苦工。"猪仔贸易"刺激了澳门的赌业，而日趋繁荣的赌业又吸引了更多青壮年人由内地前往澳门碰运气。每个人都相信自己会有好运气，但输光最后一文钱之后，被关进暗无天日的"猪仔馆"和"猪仔船"时，后悔已经来不及了。"猪仔贸易"和番摊、骰宝等华人喜欢的杂赌，在澳门这个特殊的环境中相辅相成，形成了畸形的经济结构。澳葡政府虽不直接经营这种人口交易，但也从"猪仔贸易"中，取得一定的税收。[②]

1. 澳门与香港两地的"猪仔贸易"

葡萄牙殖民主义者占据澳门之前，已经有过买卖人口的记录。《澳门史略》提到：

---

① 〔美〕费正清（John King Fairbank）：《剑桥中国晚清史（1800～1911）》上卷，第282页。
② 《澳门政府宪报》（第6号），1847年2月11日，《澳门公物会1846年下半年财政收支报告》有如下记载："Idem dos Culi"（苦力项）"收入为255.621元"。

澳门的另一项罪恶贸易是人口贩卖。葡萄牙殖民主义者早就是人口买卖的著名行家。早在 1442 年就开始做贩卖黑奴的生意，因此，他们占据澳门以后，就继续经营这项罪恶的贸易活动。明朝正德年间，在中国的官方历史文献中，就已经出现葡萄牙人"掠卖人口"、"掠卖小儿"、"掠卖子女"等字样。据耶稣会士 1563 年的记述，葡萄牙人曾先向果阿遣送第一批奴隶妇女 450 名以上，第二批又遣送约 200 人。入清以后，也再三提出关于禁止澳门买卖人口问题。雍正九年（1731 年）设立澳门同知，专理夷务时，广东按察使潘思榘在《为敬陈抚辑澳夷之宜以昭柔远以重海疆事》中，又提到澳门葡萄牙人贩卖子女为奴仆的事。再次提出必须申明典章，对于贩卖人口罪案，应归澳门同知查察办理。①

乾隆十四年（1749），清政府下令：

> 禁贩卖子女，凡在澳门华夷贩卖子女者，照乾隆九年详定之例，分别究治。②

嘉庆十五年（1810 年），葡萄牙殖民者从澳门掠去几百名苦力。运往巴西，做种茶实验。这几百人到巴西后不久，全部死光。③

在澳门贩运苦力的不只是葡萄牙人，英国人也曾经参与了这一罪恶的交易。英国人于 1813 年 12 月 13 日和 1814 年 2 月 8 日，先后两次从澳门掳掠了 1700 多名苦力，运往英属东印度殖民地文岛。④ 咸丰四年至六年（1854～1856），英法美三国不满足于南京、虎门、望厦、黄埔等条约，要求增加新的条款，以便扩大在中国的势力。1854 年英国政府通过给驻华公使的训令向清廷提出的要求中，就包括"准许中国劳动者向海外移民"一款。这一"修约"要求，实际上是要把掠卖华工的行为合法化。⑤

---

① 元邦建、袁桂秀编著《澳门史略》，香港中流出版社，1988，第 112 页。
② 《澳门纪略》上卷《官守篇·政令附》，第 38 页。
③ 元邦建、袁桂秀编著《澳门史略》，第 113 页。
④ 陈翰笙主编《华工出国史料汇编》第 4 辑，中华书局，1985，第 181 页。
⑤ 魏建猷：《第二次鸦片战争》，上海人民出版社，1955，第 24～27 页。

中国沿海劳动人口到南洋等地做佣工，大约在明代就开始了。但是，作为契约劳工和贩运牟利的对象被诱骗出国，则是 18 世纪以后的事。由 19 世纪初开始，出国华工人数逐渐增多，到 19 世纪 50 年代达到高潮，直到 20 世纪 30 年代才告结束。粗略地估计，这前后 200 多年出国的华工有 1000 多万人次。① 彭家礼先生认为，"据不完全统计，自 1517 至 1840 年期间，掠卖的人口至少达到 30 多万人"。②

澳门作为掠贩人口的老巢，1855 年就有猪仔馆五所，1872 年这里的人口贩子达 800 人之多。据不完全统计，从 1856 年到 1873 年，西方侵略者从这里掠走了 20 万名华工；从 1847 年至 1874 年，古巴和秘鲁分别掠去 143000 名和 120000 名华工，大多数是从澳门运出的。在 1873 年，即澳门苦力贸易停闭前夕，仅葡萄牙、西班牙和秘鲁三国设的猪仔馆就有 300 多家，靠苦力贸易为生的人多达 3 万 ~ 4 万人。③

中国近代著名的思想家郑观应在《救时揭要》中，多处提到澳门的人口贩卖现象，他在文中写道："夫猪仔馆者，拐贩华人过洋为奴……奇货可居，获利极厚，每名归西洋国税洋一元，归澳门议事亭番官使费银两元。"④ 他在"求救猪仔论"中抨击"澳门西洋人收取陋规，暗纵拐徒，窝娼聚赌"；⑤ 在"续澳门猪仔论"一文痛心地写道："近读《香港日报》所云，吕宋国船，由澳门载猪仔往亚湾嗥（哈瓦那），已死三分之二……西洋人犹多方掩饰，谓保卫其当，所载之人皆愿去者。""余世居澳门，素知底蕴。非独窝娼聚赌，年投规银数十万，而又有贩人出洋之举。其中被拐见诱者，十居其九。"⑥ 郑观应这段话，比较准确地描述了澳门当时的社会特色，也揭示了澳葡当局窝娼庇赌与贩卖人口的"生存之道"。

鸦片战争前夕，无业贫民互相介绍在澳门受雇出洋的情形引起了朝廷的注意。钦差大臣林则徐在道光十九年（1839）七月二十四日发出的《奏查明外国船只骗带华民出洋情形折》中奏道：

① 《华工出国史料汇编》，第四辑第 1 册，第 1 页。
② 彭家礼：《十九世纪开发西方殖民地的华工》，《世界历史》1980 年第 1 期。
③ 《华工出国史料汇编》，第四辑前言。
④ 《郑观应集》（上），《澳门猪仔论》，第 6 页。
⑤ 《郑观应集》（上），《求救猪仔论》，第 10 页。
⑥ 《郑观应集》（上），《续澳门猪仔论》，第 8 页。

迫六月间钦奉谕旨，饬查夷人收买幼孩，臣当以澳门为众夷聚集之区，密札署澳门同知蒋立昂切实查禀。据蒋立昂等先后禀覆：每岁冬间夷船回国，间有无业贫民私相推引，受雇出洋，但必择年力强壮之人。①

殖民主义者为了开发南洋、北美、拉丁美洲和加勒比地区各殖民地，先是奴役印第安人等土著，后来又贩运黑奴，以弥补劳动人口的短缺。从19世纪上半叶开始，苦力贩运的影响越来越大，这是因为当时奴隶制已取消，大量的甘蔗、棉花种植园缺乏劳动力。② 1838年以后，由于资本主义工业的发展和自由贸易逐步取代了垄断政策，英国先后宣布废除奴隶贸易和奴隶制度，这使得美洲各个殖民地的劳动力供应更为紧张了。1848年和1851年，美国加利福尼亚以及澳大利亚先后发现金矿，对廉价劳动力的需求极为紧迫。而在这时候，中国内地爆发太平天国起义，社会动荡，广东、福建大批劳动人口纷纷逃到澳门和香港避祸，正好成为四处寻找劳动力新资源的西方殖民主义者猎取的对象。③

咸丰六年八月（1856年10月）的《澳门政府宪报》刊载了一段"猪仔头"引诱华工前往古巴的声明：

孟光来亭说称，旧年九月十八日，伊由汕头在洋船开身载客仔往哑弯嗱（Havana）埠，该埠之人待客仔甚好，每月有工银四元，并食东家，食用甚好，各客仔十分欢喜，每逢拜好日，各客仔穿着鲜明衣裳往各处游逛。又同埠内人入庙拜神，大家如兄如弟。埠内有富贵家甚多，每日晚上到五点钟时，客仔放工，任由行逛顽耍。又有客仔坐马车去逛的。其熟识工夫的客仔，每月受工银十元八元，亦有二三十元的。此埠所用系金银，不用铜钱。哑湾嗱地方之人，富者居多，贫者甚少，此皆亲眼见真实。所称是实。咸丰六年八月二十五日。孟

① 《林则徐集》奏稿九，道光十九年，中华书局，1985，第679～680页。
② 〔葡〕若昂·格德斯（João Guedes）：《哀萨、科尔沃和澳门的苦力贩运》，澳门《文化杂志》第7、8期合刊，1989年，第36页。
③ 《华工出国史料汇编》，第四辑第一册，第2页。

光洪。①

这段声明把悲惨的猪仔生涯美化成天堂般的生活，把葬送无数华工青春与生命的苦力场美化成海外蓬莱，不知多少华工被骗上当，就此一去不复返。《清实录》咸丰十年闰三月初二（1860年4月22日）载："粤东省城近有匪徒拐掳良民贩与夷人，男女被掳者以数万计。夷人以省城之西关，番禺县属之黄埔，香山县属之澳门，及虎门外之香港等处，设厂招买。每次买出外洋，皆满载而去。"②

香港、澳门这两个弹丸之地，在掠运华工方面大发横财，从而迅速繁荣起来了。苦力贸易的暴利是很吸引人的，从中国贩运苦力到古巴、秘鲁等地，一般成本为150元，其中包括船票约70元。当地苦力市价通常是400～500元，有时可达1000元，利润率为233%～567%。其中以航运商获利最大，从香港、澳门开往美国的苦力船，其航行成本，每人还不到5元，而船票的售价为55元，利润高达10倍多。暴利所在，必然竞争激烈。从1845年到1874年是苦力贸易极为猖獗的30年，几乎所有资本主义国家都参加了这一血腥贸易。③1856年，进入澳门的移民人数为2493人，10年之后，这一数字上升到10712人。到了1873年，又增加到13016人。这使得当时的澳葡政府受到国际上的谴责。④苦力被当做猪仔买卖，而且有价有市，既有现货也有"期货"。⑤据统计，当时在澳门从事贩卖人口的95家猪仔馆为：

德记猪仔馆、咭咕行猪仔馆、日斯巴里亚猪仔馆、大班地猪仔馆、来吉掳那哈猪仔馆、和生猪仔行、锡合猪仔行、合和猪仔行、和记猪仔行、和升栈猪仔馆、潮州礼猪仔馆、祥利行、锡记猪仔馆、高楼锡

---

① 《澳门政府宪报》（第50号），1856年10月4日。
② 《文宗显皇帝实录》第44册卷312，咸丰十年闰三月丙申初二日（1860年4月22日），中华书局，1987，第575页。
③ 《华工出国史料汇编》，第四辑第一册，第8页。
④ 〔葡〕若昂·格德斯：《哀萨、科尔沃和澳门的苦力贩运》，澳门《文化杂志》，第7、8期合刊，1989，第36页。
⑤ 1872年4月23日《申报》，《卖猪仔》。

记猪仔馆、白麻猪仔馆、白马猪仔行、和新猪仔馆、信合猪仔馆、新合猪仔馆、新义和猪仔行、同发猪仔行、新算合猪仔馆、合兴猪仔行、怡生栈猪仔行、饭焦猪仔行、房即答猪仔馆、新昌记猪仔馆、新全合猪仔馆、广记猪仔馆、新记猪仔馆、意生猪仔馆、义生猪仔馆、和益猪仔馆、茂林猪仔行、仁和猪仔行、兴昌猪仔行、三角市猪仔行、澳门公司猪仔行、新福泰猪仔行、新茂隆猪仔行、恒发猪仔行、信昌猪仔行、新祥泰猪仔馆、镇祥泰猪仔馆、义合猪仔馆、发合猪仔馆、增祥泰猪仔行、新风记猪仔馆、冯昌猪仔馆、照合猪仔馆、新捷元猪仔馆、新发猪仔馆、大光地猪仔馆、如意猪仔馆、来记猪仔馆、礼记猪仔馆、新财合猪仔馆、根泰猪仔馆、新发合猪仔馆、博罗阿堂猪仔馆、尽记猪仔行、新公司猪仔馆、安记猪仔馆、新泰来猪仔馆、仁济大街猪仔馆、利生猪仔馆、新万合猪仔馆、黎阿柏猪仔馆、晏记猪仔馆、泰来猪仔馆、赖记猪仔馆、有信猪仔馆、茂经猪仔馆、新长泰猪仔馆、六合猪仔馆、广福来猪仔馆、伙计猪仔馆、新泰利猪仔馆、新太和猪仔行、盛记猪仔馆、茂隆记猪仔馆、茂名记猪仔馆、黎阿昌猪仔馆、如意来猪仔馆、新发堂猪仔馆、大邦地猪仔馆、新金记猪仔行、和昌记猪仔行、新问合猪仔馆、新怡和猪仔行、广益隆猪仔行、新泰隆猪仔行、林茂记猪仔馆、新成发猪仔馆。[①]

这只是中国第一历史档案馆中能够找到的猪仔馆记录,还有许多华工是直接经海上夹板船而被贩运上苦力船的,也有部分由菲律宾等东南亚国家和地区被贩运出洋。

澳门的苦力贸易曾受到国际(主要是英美)舆论的谴责,但香港的赊单移民戴上了“自由移民”的桂冠。葡萄牙人曾反唇相讥,说香港的赊单移民同澳门的苦力贸易没有什么区别;香港和伦敦的英国商人从苦力贸易攫取的利润比澳门多得多。这是事实,但英国人恼羞成怒,断然下令禁止澳门的苦力船进入香港。澳门的苦力船无处修理改建和备办物料,不得不空船开走。在这一压力之下,里斯本当局被迫下令停闭澳门的苦力贸易,这一禁令于1874年3月生效。香港和澳门关于掠运苦力的竞争,以

---

① 徐艺圃:《清末澳门猪仔馆述评》,澳门《文化杂志》第19期,1994,第120页。

澳门失败而告终。此后，从中国非法掳掠华工的买卖几乎全由香港包揽了。[1]

2. "猪仔贸易"对澳门赌业的影响

进入 19 世纪 50、60 年代，中国内地半殖民化危机加深，大批无法维生的手工业者、农民和破产商人，纷纷离乡背井到外国谋取生路。澳门逐渐成为"苦力贸易"即人口买卖的港埠，聚集了数以万计的外来人口。拿到卖身钱的苦力，在等候船只的日子里聚赌，希望赢一笔大钱后赎身回乡过好日子。手上拥有众多苦力和金钱的人口贩子也想借此钦钱，便开起赌来。郑观应在《救时揭要》一文中，曾经披露人贩子与葡人勾结，利用赌博引人入彀卖猪仔的把戏：

> 吾闻拐徒与洋人串通，约有数万，专投人之所好。或诱以娼赌，或假以银钱，一入其饵，不拘多寡，偶不及偿，即拘而赴诸海外。[2]

郑观应这段文字，很形象地描绘出苦力贸易刺激澳门赌业蓬勃的过程，这是澳门博彩业早期发展的一个重要诱因。他在这里提及的"拐徒"即人贩子数目居然有数万之众。虽不知其消息来源及准确程度，但即使打个折扣，被拐骗的苦力数字也可想而知。

同治末年的《申报》曾有一则《卖猪仔》的报道：

> 澳门卖猪仔生意甚多，有佛兰西船一艘，现载人出洋贩卖，每名取水脚银十五磅（镑）。前数日，有船二艘开行，一载三百五十人，一载四百五十人。澳门今卖人之法，仿鸦片烟例，则有曰卖盘期，有曰卖现银。目下行情，卖盘期者，每人价银九十八员；卖现银者，每人一百二十五员至一百三十五员。赌博一事，虽不在禁，至于以人为奇货，何不严申厉禁，俾生民免受涂炭乎？[3]

---

① 《华工出国史料汇编》，第四辑第一册，第 9~10 页。
② 《郑观应集》（上），《求救猪仔论》，第 10 页。
③ 1872 年 4 月 23 日《申报》。

这则报道反映了猪仔头与赌馆勾结，借赌牟利兼且"以人为奇货"，从而达到陷人入彀将其抵卖出洋的史实。澳门虽不禁赌，以人为质仍属于违法行为，所以作者呼吁当局严厉禁止。不过，葡萄牙人对此只眼开只眼闭，清廷又鞭长莫及，澳门猪仔馆和赌馆的生意照做不误。葡萄牙学者安德拉德·科尔沃（Andrade Corvo）在《苦力移民》中指出：1867年，根据葡萄牙外交部的情报，由于澳门没有中国权力机构，有些外国商人转入地下招工，甚至出现了运送华工的船只悬挂别国国旗的现象。因为根据澳督的规定，运送华工的船只只能来自那些与中国签有移民方面条约的国家或者来自华工移民目的地国家。①

1870年以后澳门苦力贸易持续数年的兴盛，就是在这样的背景之下。从光绪初年的《申报》以下这段报道中，人们可看到澳门贩卖猪仔而令赌馆如何生意兴隆的景象：

> 澳门尚以贩卖猪仔为生涯，当未禁以前，招工者既辟馆以接纳，承招者亦附船以前来，而且拐骗之徒视为利薮，熙来攘往，累万盈千，食用未免繁多，衣物每易流畅，下而至于娼寮、赌馆，恒踵相接而肩相摩，则其生意之兴隆殆由此也。②

徐萨斯也揭露了人贩子以赌引诱苦力卖身出洋的事实：

> 中国大陆上有数十名人贩子，他们用美味可口的食物来引诱农村人，骗他们说要把他们带到黄金国去，或者借钱给他们赌博，强迫赌输了的人卖身偿还赌债。人贩子弄不到农村人口时，就把小贩、手艺人和仆役骗进招工馆，强迫他们和那些被海盗抓来的安南人一起登船去做移民。③

李长傅也提及：

---

① 〔葡〕安德拉德·科尔沃（Andrade Corvo）：《苦力移民》，澳门《文化杂志》第7、8期合刊，1989，第44页。
② 1876年1月21日《申报》，《论澳门缉私》。
③ 〔葡〕徐萨斯：《历史上的澳门》，第253页。

契约华工……其不幸的，被一班工头所掠卖，外人虐待，犬马不如，引嫖诱赌，借欠工资，呼吁无地，回国无期。就如南洋群岛的锡工，南非洲的矿夫，同十九世纪白人掠卖黑奴一般，呼做贩猪仔，可算我们独立国民最可惨最可耻（耻）的一桩事了。①

由此可知，澳门赌业的勃兴，实与苦力贸易密不可分。赌业本是应苦力贸易之运而兴盛，二者同步发展，成为澳门一种畸形的经济体系。葡萄牙人对此当然是乐观其成，因为这样等于把他们带出了可怕的经济深渊。

当世界各国对惨无人道的苦力贸易猛烈抨击并予以取缔之后，苦力贸易无法再公开进行，偷偷摸摸的生意既不光彩也不能够带来厚利。在亚马留一手扶持下，赌业遂成为澳门主要的税收来源。澳葡公开招商开赌，全澳赌馆林立。据郑观应回忆，到1870年前后，全澳"番摊之馆已有二百余号"。②

同治年间外务府档案《总署收到未具名寄来澳门拐骗华工情形八条》，其中提到"猪仔摊"的事：

猪仔头故意借银与人赌博，名为猪仔摊。赢则倍偿本银；若输，则将本身写与猪仔头作按而设摊，亦系猪仔头等串同棍骗。又有骗猪仔到澳门后，即逼其先写一二百银欠单，若不允写，则又拷打，如允写而仍不愿赌，即凭单告帐，系狱受苦，务使堕其术中。③

同治十三年（1874），陈委员（兰彬）、马税司（福臣）、吴税司（秉文）致总理衙门呈送《古巴华工事务各节》中呈，文中录得一批华工被诱落澳门出洋做工的申述，多人提及在内地赌输钱后才到澳门，但亦有一名华工是于同治七年（1868）在澳门被猪仔头诱到猪仔摊输光银子后卖身出洋的，原文为：

---

① 李长傅：《世界的华侨》，载《南洋史地与华侨华人研究——李长傅先生论文选集》，暨南大学出版社，2001，第23页。
② 《郑观应集》上册，《澳门窝匪论》，第17页。
③ 《明清时期澳门问题档案文献汇编》（五），文献卷，第681页。

莫阿冈供：年三十一岁，广东高要县人。我于同治七年到澳门觅工，有猪仔头给我银，到猪仔摊赌博输了，要我卖身出洋做工。拉见西洋官，打合同，无银给。①

据《番禺县志》载，番禺员村人钟有恒：

因赌负，自鬻身外洋。后由家人寄资赎回。②

这种以赌为诱饵的把戏，实际上就是让华工拿自己作为赌注，一旦输光了卖身的钱，马上就会失去人身自由，被猪仔头扣押起来，变做待价而沽的奴隶。正如《申报》所说的那样：

拐猪仔如诱豚入笠而复招之，布局委宛（婉），设谋暗密，使谋生之路者，自坠其术中而不觉。计岁作猪仔者，如此其繁，然十九由于诱拐，求其甘心自愿者略无一二。③

苦力贸易促进了澳门经济的畸形繁荣，赌馆、娼寮、食肆、当铺等行当的生意都逐渐好起来了。1876 年 1 月 21 日在上海出版的《申报》，以《论澳门缉私》为题，文内提及：

澳门尚以贩卖猪仔为生涯，当未禁以前，招工者既辟馆以接纳，承招者亦附船以前来，而且拐骗之徒视为利薮，熙来攘往，累万盈千，食用未免繁多，衣物每易流畅，下而至于娼寮、赌馆，恒踵相接而肩相摩，则其生意之兴隆殆由此也。④

贩卖劳工导致大量人口积聚，是形成澳门近代赌业第一个高峰期的重

---

① 《明清时期澳门问题档案文献汇编》（五），文献卷，第 713 页。
② （清）同治年《番禺县志》点注本，卷 24，《人物志七·钟有成》，第 437 页。
③ 1874 年 1 月 6 日《申报》，《澳门禁卖猪仔》。
④ 汤开建、陈文源、叶农主编《鸦片战争后澳门社会生活纪实》，花城出版社，2001，第 263 页。

要因素。也就是说，澳门的猪仔贸易直接导致了澳门博彩业的勃兴。

"卖猪仔"这种惨无人道的贸易方式把人视为畜生，在海上运输和抵达目的地后的劳役中，牺牲了大量"猪仔"的生命。这既抵触了《大清律例》，也受到文明世界的谴责。从 1850 年到 1872 年，至少有 34 艘苦力船遇难，其中 15 艘英国船，6 艘法国船，5 艘意大利船，3 艘秘鲁船，2 艘美国船，以及荷兰、比利时、萨尔瓦多各 1 艘。这些船中，有 13 艘是从澳门出发的，其他是从香港和中国其他港口出发的。至少有 15 艘船遇难后，厄运才于 1857 年第一次降临到从澳门出发的苦力船身上；从那以后，在 18 次遇难事件中，竟有 12 次之多都是发生在澳门的苦力船上。[①] 1859 年 10 月 14 日，排水量 1772 吨的美国轮船 "Flora Temple" 号从澳门起航，载运了 3850 名苦力前往古巴，但这艘满载华工的轮船不幸在中国海沉没，仅部分水手获救，所有苦力葬身大海。[②]

根据 1873 年 12 月 20 日的法令，葡萄牙政府宣布，出于人道主义情感，废除苦力贸易。不过，直到 1875 年 4 月 21 日，澳督才发出一道训令，宣布正式禁止从澳门港自由输出工（苦力）。[③]《中国殖民史》称：

> 澳门之葡萄牙政府，亦公布关于苦力契约之苦力保护条例，但不过形式而已，对于南美洲之苦力输出，实取不干涉主义。后经英德法政府之劝导，华乃于 1875 年明令禁止。[④]

葡萄牙历史学者徐萨斯说：

> 这种利他主义的措施给澳门的打击是毁灭性的，好几个贸易部门破产了，数千人失了业；接着又是人口外流，地产价格大跌；政府每年也损失平均 20 万元的岁入。英国官方担心澳门会像香港一样恢复苦力贸易。就像英国广州领事向北京公使所报告的，两广总督派一个军官到澳门告知，如果招工馆又在旅店恢复，中国就会派炮舰和军队去

---

① 〔葡〕徐萨斯：《历史上的澳门》，第 255 页。
② 〔葡〕施白蒂：《澳门编年史：十九世纪》，第 140 页。
③ 〔葡〕施白蒂：《澳门编年史：十九世纪》，第 200 页。
④ 李长傅：《中国殖民史》，第 267 页。

澳门捣毁这些旅店，带有关人员回广州接受惩罚。澳督欧美德对此答道，要是真有这么回事，葡萄牙军队会协助取消这一非法贸易的。①

据同治年《香山县志》记载，自鸦片战争爆发及《南京条约》签订后：

> 烟禁弛，澳夷不能专利，渐至穷蹙。而是时秘鲁古巴诸国买华人回国供役，曰猪仔。在澳门设立招工馆，奸人借以为利，诱骗华人出洋。澳夷坐收其税。迨来此风经定约禁革，而澳夷益穷。②

1874 年 1 月的《申报》称：

> 澳门猪仔生意现已停止，猪仔馆舍均已歇闭。其拐猪仔之头目皆已歇业，如有所失。③

香港《循环日报》1874 年 7 月 8 日报道：

> 澳门近日消息，有人自澳寄书于其友云：近日港中日报皆以澳门一隅，自严禁贩人出洋以来，市廛冷落，贸易寥寥，失业之人几将坐而待毙。

1874 年 5 月，澳门的苦力买卖已经受到有力的遏制，当时出版的《中西闻见录》说：

> 前闻葡萄牙国君禁止招工出洋一事，以三个月为限。届期闻有在澳门停泊招工出洋船七只，尽皆扬帆空舱驶去。④

当时澳门的赌业尚未自成气候，失去苦力这些赌业主要的客源，无异

---

① 〔葡〕徐萨斯：《历史上的澳门》，第 257 页。
② （清）同治年《香山县志》卷 22《纪事》。
③ 1874 年 1 月 6 日《申报》，《澳门禁卖猪仔》。
④ 1874 年 5 月 21 日，《中西闻见录》，《澳门近事》。

于釜底抽薪。因此，同治末年的禁止贩卖劳工，对澳门赌业影响甚大。至光绪初年，澳门的赌业一度进入低潮期，但买卖苦力的勾当仍在暗中进行。由同治末年、光绪及宣统两朝而至民国初年，澳门的苦力贸易一直在断断续续，澳门仍有西船载运猪仔出洋。如 1875 年 6 月的《申报》以《东洋查放猪仔》为题报道：

> 西字报云，前日船名麦利阿鲁思，由澳门载猪仔到皮鲁国（秘鲁），中途因遇大风，至长崎泊避。[①]

不过，此时的苦力贸易已经式微，无复当年的盛况了，赖此为计的澳门赌业也因而失去了最主要的客源。

（原载杨允中主编《澳门研究》，澳门，澳门基金会，
第 36 期，2006 年 10 月）

---

① 1875 年 6 月 29 日《申报》，《东洋查放猪仔》。

第四篇

澳门社会史

澳门的奴隶买卖和黑人

〔德〕普塔克（Roderich Ptak）[*]

16 世纪中叶，葡萄牙人从广东当局那里获得可在澳门半岛上定居的许可。当时，在那里只有为数不多的居民，他们大都是来自福建。葡萄牙人并不是像人们随便想象的那样只身来到澳门的。随他们一起前来的还有许多来自从里斯本经非洲、果阿、马六甲至日本这条印度航线沿岸诸国的人们。这条航线是葡萄牙人的船只最常航行的线路。这些同行者虽然种族、社会背景各异，但是他们与葡萄牙人都有着紧密合作的关系，有的是神职人员，有的是商人，有的是手工业者，还有士兵、水手和奴隶。与其他的殖民国家不同的是，葡萄牙设在亚洲地区的官方机构并不热衷于一种严格的种族隔离政策，而是更倾向于一体化，甚至主张那些在葡萄牙保护下生活和乐意在此保护下生活的亚洲人、非洲人和欧洲人混合杂居。

这与当时的历史情况有关：在与从南部威胁着欧洲的北非和近东的伊斯兰民族所进行的战争中，葡萄牙人取得了重大的胜利，同时他们建立了一个海军基地网。由于葡萄牙本土的人口不多，海路遥远以及后勤补给上的困难等原因，要想保住这些基地并非一件易事。由于缺少人（特别是缺少欧洲妇女）、交通不便以及尽快地在非洲和亚洲争取一些同盟者这种政治上的需要，那么就应当对其他有色人种采取一种开放和宽容的态度。综观葡萄牙海外政策的历史，在某些时期，葡萄牙最高当局甚至鼓励和要求欧洲人与非欧洲人的混合杂居。那位因攻占了马六甲而为史学家所熟知的 A. 德·阿尔巴奎克（Afonso de Albuquerque）就是这种多民族政策的倡导人之一。当然，在这种自由主义思想的背后也有对经济利益的考虑，这是不言而喻的。

一方面，在葡萄牙的海外领地里形成了一种多民族混合杂居的社会，与其他的殖民国家相反，在这些地域里人种混合所遇到的阻力比较小，这

---

[*] 德国慕尼黑大学汉学研究所讲座教授。

是一件富有积极意义的事。另一方面，这一多民族政策也为一层阴影所笼罩着，即存在着所谓的奴隶制度，这是消极的一面。有一点要强调指出的是，这些奴隶来自不同的民族。奴隶的地位决不取决于他属于哪一人种或民族。这主要是与处于奴隶地位的那些人的文化、教育水平和经济状况相联系着的。许多穷苦人不得不去当奴仆和陷入一种类似奴隶的劳动关系是屡见不鲜的。在中世纪，战俘沦为奴隶在大多数民族中是常见的现象，这一点我们姑且不论。葡萄牙人的奴隶大多数来自非洲，但是一些亚洲人有时也处于这种依附关系中。比喻说，一些年纪尚轻的女孩子为富有的商人所雇用，后来她们就成了这些商人的小老婆或与其姘居。

由于这种奴隶制度的存在，当然也就带来了奴隶买卖。在中世纪，几乎所有的国家都从事奴隶买卖，这在当时也是一种风尚。葡萄牙人也不例外。就葡萄牙的海外领地而言，奴隶买卖这种陋习主要是在其非洲和巴西的殖民地里盛行，当地人民的文化水平一般说来比较低。在亚洲情况就不一样了。就人种而言，为葡萄牙人服务的奴隶是印度、马来西亚和非洲人。但是这些奴隶的数量不多。奴仆的买卖是不人道的，但就其程度而言，亚洲的情况比在经济条件与亚洲完全不同的大西洋地区要好些。奴隶制度在当时并非为所有的人所接受，关于这一点，在葡萄牙与亚洲的关系史上可找到不少证据。果阿、马六甲以及其他地方的殖民当局，特别是天主教会，在不同的时期都曾试图阻止奴隶买卖和逐步地废除这种制度。我们可以列举一些法规和决定，从中可以看出某种自由主义的思想[①]：

1520 年，葡萄牙国王反对以任何方式将奴隶运往欧洲。

1567 年，在果阿通过了一项规定，按照这项规定，任何占有奴隶的天主教徒都要受到重罚。这一决定，也是对 1533 年颁布的一项相应的法令的印证。

---

① Manuel Teixeira, *Macau e a sua diocese*, Vol. 2, Macau, Bispos e governadores do Bispado de Macau, 1940, p. 92；

Manuel Teixeira, The So-called Slave Trade at Macao, 载 Chang Kuei-yung, *International Association of Historians of Asia (Second Biennial Conference Proceedings)*, 台北, 1962, 第 639~640 页；

Manuel Teixeira, Os cafres em Macau, 载 *Boletim Eclesiástico da Diocese de Macau*, Vol. 70, 1972, 第 264 页以下；

Manuel Teixeira, O comércio de escravos em Macau, 载 *Boletim do Instituto Luís de Camões*, 10/1 - 2, 1976, 12 页以下；

Bento da França, *Macau e os seus habitantes：relações com Timor*, Lissabon, 1897, p. 21。

1571 年，禁止购买日本奴仆，这项规定主要是针对澳门富商购买日本妇女一事而作出的。

1595 年，果阿的总督禁止在澳门购买奴隶，而且中国当局也禁止当地的人口买卖。

从 1599 年开始，拷打奴隶成为非法行为，犯有这种罪行的人将受到重罚。

1624 年，耶稣会坚决主张在澳门的华人不充当奴仆。

此外，除了若昂·平托·德·皮耶达德（João Pinto de Pidade）以外，绝大多数主教都反对贩卖奴隶。教会一直就照料着葡萄牙人居住地区的奴仆和穷人并建立了一系列专门机构。我们仍然可以列举下去，但是，让我们集中来谈谈澳门的情况。

在上述基础上，澳门与葡萄牙大多数海外领地一样，形成了一种多民族混合杂居的状况。今天的研究倾向于这种观点，即在最初的时候，葡萄牙人在数量上还占有优势[1]，但是在澳门城市建立起来以后（约 1570 年）的 15～20 年的时间里，邻近村庄的中国人大量涌入城市，他们有的是早来晚归，白天在澳门做工；有的是来安家落户；有的来与葡萄牙人或非中国人结婚，然后从这里前往葡萄牙其他的海外领地，人口结构发生了大的变化。中国人在数量上占有优势。换言之，从人口统计学的角度上说，澳门被逐渐地汉化了。

根据现存的一些古代原始文献记载，对于这种变迁我们多少有一个比较清楚的了解。但是关于古代澳门那些既不是葡萄牙人又不是华人而属于其他种族的人口，文献中却鲜有记载。因此，本文将对这些人种中的一种——黑人作一说明，如果说这是可能的话。葡萄牙人称他们为"cafres"（黑种人）、"negros"（黑色的人）和"moços"（侍者）。[2]

---

① Manuel Teixeira, *Os Macaenses*, Macau, 1965, 第 7 页以下；

Graciete Nogueira Batalha, *Língua de Macau, o que foi e o que é*, Macau, 1974, pp. 26–30；

Almerindo Lessa, *A história e os homens da primeira república democrática do Oriente: Biologia e sociologia de uma ilha cívica*, Macau, 1974, 第 100 页以下，第 152～153 页；

Roderich Ptak, *Portugal in China, Kurzer Abriß der Portugiesisch-chinesischen Beziehungen und der Geschichte Macaus im 16. und beginnenden 17. Jahrhundert*, Bammental/Heidelberg, 1982, pp. 82–83；

Roderich Ptak, The Demography of Old Macao, 1555–1640, 载 *Ming Studies*, 第 15 卷, 1982 年秋季号，第 27～28 页。

除以上诸书外，关于人口数字（除了 Batalha 的书之外），见 Eusébio Aruáiz, *Macau, mãe das missões no Extremo Oriente*, 从西班牙文译为葡文，译者 Artur Augusto Neves（Macau, 1957），第 36～41 页。

② 注 1 所列的 Manuel Teixeira 的三篇文章是关于这个问题的重要文章。

"黑人"的概念和以上葡文的概念在这里都不是没有问题的。因为"cafres"不仅是指非洲人，而且也包括其他深肤色人种的人在内，如孟加拉人。至于"moços"，一般也将所有的奴仆特别是侍从和家庭佣人归到这一范畴中来，这些人大都来自非洲。

一般来说，在澳门的所有人种中（华人、日本人、葡萄牙人、印度人、马来人、帝汶人、泰国人、西班牙人和越南人等等），黑人的社会地位是最低下的。他们大都来自非洲，几乎没有受过教育，只从事简单的体力劳动，如做水手、手工业者的帮徒，或者充当"moços"。《广东新语》对此亦有记载："其（即葡萄牙人）侍立者，通体如漆精……所衣皆多罗绒、辟支缎，是曰'鬼奴'……每晨必击铜钟，以玻璃器盛物，荐以白毡布。"[①] 在这些非洲人当中，大概许多人是来自莫桑比克或佛得角群岛。说这些人是来自莫桑比克，主要是因为它在地理上与亚洲地区十分接近。早在宋代与郑和下西洋的时候，中国就与东非有了接触。说他们大概是来自佛得角群岛是以一些语言研究的结果为依据的。按照一些语言学家的看法，澳门葡萄牙人所讲的那种混杂的葡萄牙语（或曰澳门语）受到了佛得角群岛语言的影响。比如说，我们知道马来语对澳门语言的影响，这种语言上的考察对社会学分析来说是十分重要的，尽管相当大的一部分黑人究竟是不是来自佛得角群岛的问题尚无法得到最后的证明。[②]

---

① 见屈大均撰《广东新语》卷二，"澳门"条。我将其译为英文，见 Notes on the Kuang-tung hsin-yü，载 *Boletim do Instituto Luís de Camões*，15/1 - 2，1981，第 141 页。在许多中文文献中也曾提及澳门的黑人，如张甄陶《澳门图说》，载贺昌龄编《皇朝经世文编》；田明曜修，陈澧等纂《重修香山县志》卷八；顾炎武修《天下郡国利病书》，第 29 册，"广东下"。16 世纪有关澳门的文献中，绝大部分没有提及黑人，如《野获编》。在张汝霖、印光任修的《澳门纪略》中尚有一些有趣的记载，与本文所引证的章节差不多，见该书卷下，19a-b，20b，21a。有葡文译文，见 Luís Gonzaga Gomes，*Ou-Mun Kei-Leok（Monografia de Macau）*，por Tcheong-ü-Lâm e Jan-Kuong-Iâm，Macau，1950，pp. 169 – 172。

② 关于这些论述见 Batalha，*Língua de Macau, o que foi e o que é*，Macau，1974，第 24、27 ~ 30 页；又见 Batalha，"A Contribuição malaia para o dialecte macaense"，载 *Boletim do Instituto Luís de Camões*，第 3 卷，1968 年，第 7 ~ 19 页和第 89 ~ 108 页。

C. A. Montalto de Jesus，*Historic Macao*，Hong Kong，1984 年再版，原版为 1902 年，第 50 ~ 51 页和这两页上的注释。

J. Morais Barbosa, A língua portuguesa de Macau，*Coloc. Prov. Port. Orient*，Lissabon，1968，第 2 卷，第 147、157 页（转引自 Almerindo Lessa，*A história e os homens da primeira república democrática do Oriente：Biologia e sociologia de uma ilha cívica*，Macau，1974，第 100 页以下，第 140 页和注 118）。

在澳门工作的非洲人中只有一部分是奴隶。奴隶主是葡萄牙人或其他国家的人。澳门没有像南美洲那样的大面积的种植园，澳门这个城市主要是靠贸易来维持的。因此，没有太大的必要收养大批廉价和简单的劳动力。澳门的经济，特别是丝绸和银器贸易，主要是建立在有效地使用资本的基础之上而不是建立在劳动力基础之上的。

从整体上言，澳门的经济是资本密集型而不是劳动密集型。这对黑人和奴隶的生活水平有着积极的影响，因为商人赚取的大量利润提高了人们的生活水平。一位名叫彼得·芒迪（Peter Mundy）的英国旅行家在1637年写道：那里的黑人身着锦缎，相比之下这是一种非常昂贵的织物，在欧洲，一些人是非常羡慕这种织物的。[1]

与其他种族的人一样，黑人往往也有信教和受教育的机会。在当时的澳门，入教和受教育是一个人社会地位上升的两项基本先决条件（从这点上说，黑人——其中不少人是奴仆——的处境显然比其他国家奴隶的状况要好些）。根据耶稣会传教士克里斯托旺·达·科斯塔（Cristóvão da Costa）的说法，早在1577年，人们就开始教授黑人语言课程。1564年，黑人的子女（可能是在澳门出生的）可以在当地接受教会的洗礼。[2]

一方面，上层对澳门的不同人种采取了某种宽容的态度，另一方面，关于奴隶的状况——这主要是指黑人而言——在文献中也有一些反面的记载。[3] 徐萨斯（Montalto de Jesus）就认为，1573～1574年间中国人修建的那座把澳门与内地分离开来的城门不仅是用来检查从广东输往澳门的生活用品的，而且也是用来阻止黑人逃跑的。[4] 前一论点有据可查，第二个论点尚无凭证。但是，根据其他一些原始材料的记载，我们知道许多黑人是下定

---

[1] C. R. Boxer, *Seventeenth Century Macau in Contemporary Documents and Illustrations*, Hong Kong, 1984，第56页，原版为1942年，书名不同；Manuel Teixeira, *O comércio*, p. 10。关于黑人的服饰见《广东新语》，卷二，"澳门"条；《澳门纪略》卷下，20b；以及 Gomes 的 *Ou-Mun Kei-Leok*，第171页两处均说"黑奴，男女皆衣布"，但这段文字的出现晚于《广东新语》。

[2] 两者均见 Manuel Teixeira, *O comércio de escravos em Macau*, p. 5。

[3] Montalto de Jesus, *Historic Macao*，第190页注。

[4] Montalto de Jesus, *Historic Macao*，第41页。

决心要逃跑的。[①] 据说，有的黑人甚至逃抵朝鲜沿岸，他们很可能是从一艘往返于日本和澳门之间的葡萄牙人的船上跳水而逃的。[②] 此外，英国的一位名叫威德尔（Wedell）的船长在试图直接与中国建立联系时（1637 年）在珠江口曾遇到一些从澳门逃跑的黑人奴隶，他们显然在中国南部已经生活了多年。由于他们的语言知识，这些黑人甚至为英国人充当翻译。[③]

在澳门，黑人与其他下层群众来往，其中不少是华人。通过这种交往他们掌握了澳门各式各样的语言。此外，他们还有另外的一些特点，例如，他们特别能战斗。1606 年，黑人和葡萄牙人一起参加了在青洲小岛的战斗。由于某种误会，中国人攻打了这座岛屿。[④] 1622 年，在葡萄牙人与荷兰人的战斗中，黑人对战斗的胜利起了决定性的作用。当时荷兰人企图攻占澳门，对此有许多文献记载。据一份荷兰文的原始材料记载："许多葡萄牙人的奴仆、黑人和其他的人都被酒灌醉了，他们毫不畏惧地向我们装备有滑膛枪的步兵冲来，其中的一位步兵被打断了气。"由于他们出奇的勇敢和可靠，后来葡萄牙以及中国当局都配给他们更多的口粮，以资奖赏。[⑤] 在澳门，当时尚无通常意义上的警察，黑人则常常充当随身保镖和从事维护社会治安的工作。关于这一点，不仅徐萨斯有过论述，而且安东尼奥·博卡罗（António Bocarro）在 1653 年对此也有过描述："'葡萄牙人家'平均每家都有六个适合于佩带枪支的奴隶，其中大部分是黑人，而且是最

① Mundy 的这段话引自 C. R. Boxer 的 *Seventeenth Century Macau in Contemporary Documents and Illustrations*，第 63 页，尚不能说明建立这座城门的原因。

② Koh Byong-ik, On Negro Slaves who Drifted to the Korean shore in the Year 1801，载 Chang Kuei-yung, *International Association of Historians of Asia* (*Second Biennial Conference Proceedings*)，台北，1962，第 647 ~ 655 页。在这篇文章里有第 641 页注 1 所说的那些章节的英译文。

③ C. R. Boxer, *Seventeenth Century Macao in Contemporary Documents and Illustrations*, p. 53; Austin Coates, *Prelude to Hong Kong*, London, 1966, p. 13; Montalto de Jesus, *Historic Macao*, p. 112.
此外，《澳门纪略》卷下，19a-b 以及 Gomes 的 *Ou-Mun Kei-Leok*，第 170 页都记载着当时黑人学习汉语的事。

④ 关于这一事件，见 Manuel Teixeira, *O comércio de escravos em Macau*, p. 6; Montalto de Jesus 的 *Historic Macao*，第 70 页；《明实录·天启实录》卷六，天启元年，六月，丙子；《明史》卷 325，第 8433 页；戴裔煊《明史佛郎机传笺正》，北京，1984，第 89 ~ 94 页。

⑤ 关于 1622 年的战争，见 C. R. Boxer, *Fidalgos in the Far East, 1550 - 1770*, Den Haag, 1948，第 72 页以下，引文见第 85 页；Montalto de Jesus, *Historic Macao*, p. 89; Manuel Teixeira, *O comércio de escravos em Macau*, pp. 6 - 9.

优秀的黑人……"① 他的这一段话被广为引证。

古代澳门的黑人人数究竟有多少，今天我们已无法查考。这不仅因为一些数字资料残缺不全，而且也因为人们常常把黑人——就像前面所谈到的那样——与来自其他国家的人用同一个概念来表示，同时又把他们笼统地称为"奴隶"。除去澳门城市初建时期不说，根据莱萨（Lessa）对1563～1582年间所作的说明和上面引用的博卡罗的那段话，估计当时澳门的黑人和奴仆的数目始终多于葡萄牙人。② 1640年以后，随着澳门经济的衰落，黑人的数量大概也随之减少。但是，一直到19世纪，澳门的非洲人及其后裔的数目仍是相当可观的。

对澳门的黑人，一些艺术作品也有反映。16、17世纪日本制作的南蛮屏风上就有一系列的描绘。③ 这些屏风大小不一，多至八扇，往往是按照某种统一的组合图案描绘了每年"黑船"从澳门抵达长崎时的情景。在船的甲板上不仅有白色的葡萄牙人和亚洲人，而且还有深肤色的来自非洲和亚洲的水手。屏风的构图上往往还有一个刚下船的船长，他走向在岸上等待着他的那些同乡。当然他不是单独一人，而是被侍从簇拥着，其中也有一些黑人，他们撑着一个大伞，为他遮挡太阳。

船长上岸的构图使人想起《澳门纪略》中的描述。该书是地方志，成书于1751年左右，其中有两幅插图，描绘一些富有的澳门人在其侍从的陪

① Montalto de Jesus, *Historic Macao*, p. 47; C. R. Boxer, *Seventeenth Century Macao in Contemporary Documents and Illustrations*, p. 15; Manuel Teixeira, *Macau através dos séculos*, Macau, 1977, p. 16. Boxer 指出，葡文的一些原始文献在这一点上有些矛盾之处。

② Almerindo Lessa, *A história e os homens da primeira república democrática do Oriente: Biologia e sociologia de uma ilha cívica*, Macau, 1974, 第100页以下, pp. 153 - 154; Manuel Teixeira, *Macau através dos séculos*, p. 5; Montalto de Jesus, *Historic Macao*, p. 51。

③ 关于这些屏风的文献极多。在日本的其他一些艺术品上也有葡萄牙人和黑人的图案。这里只选出一部分:《近世风俗图谱》第十三册"南蛮"，东京，1984年;〔日〕越中哲也、大户吉古编《江户时代图志》第二十五册"长崎、横滨"，东京，1976年;〔日〕坂本满等:《原色日本の美术》第二十五册"南蛮美术の洋风画"，东京，1970年;〔日〕武田恒夫:《原色日本の美术》第十三册"障屏画"，东京，1967年，第217页;〔日〕坂本满等:《日本屏风绘集成》第十五册"风俗画——南蛮风俗"，东京，1984年;〔日〕吉田光邦等:《日本の文样》第十七册"人"，东京，1974年，图10、79、80、87、89、90、91、95。此外，还可参阅 C. R. Boxer, *Fidalgos in the Far East, 1550–1770*, 20页以下; N. H. N. Mody, *A Collection of Nagasaki Colour Prints and Paintings: Showing the Influence of Chinese and European Art on that of Japan*, London, 1939, 图1、21、23、29、861、187、250等。

同下在市区游览时的情景。这些侍从并未标为黑色，根据大约同时成书的《中国与日本》（*Azia Sinica e Japonica*）一书的记载，当时在澳门尚有许多黑人，其中不少是莫桑比克人。①

　　如同那些存在着奴隶制度的城市和国家一样，在澳门这一多民族的社会里也有奴仆的买卖，其中备受其害的是黑人。所谓的奴隶买卖在澳门历史上对于经济并没有起什么作用。这是葡萄牙在亚洲的领地与其在大西洋地区的领地明显的区别之一。属于奴仆范畴的有佣人和姨太太，在这些妇女中，华人、马来人、日本人和印度人比黑人要多。她们是作为年幼的小姑娘被富有的人家所收纳并在那里长大和受到教育。其中的一些女子后来成为自由人，不再侍候他人。另一些则被送往马六甲、马尼拉或果阿，那里没有欧洲妇女，那些富有的商人需要本地年轻美貌的女子。② 1600 年以后，随着葡萄牙领地经济的衰落，这种妇女买卖，其中包括黑人妇女的买卖也大为减少。

　　最后，让我们再来谈谈 1640 年以前的那段时期。澳门史上的一次重大的转折是澳门与日本关系的终结。在 1600 年左右的那段时间里，葡萄牙人在日本这个太阳升起的国家遭受到官方和民众的敌视。1636 年，这种敌对行为变得严重起来了。澳门人决定，在 1640 年向日本派遣一个使团，希望这能使日本当局感到高兴。这一使团包括不同的人种和各阶层的人士。这一多种族的组织以其独特的方式反映出种族混合在当时的澳门是怎样受到欢迎的。然而，心胸狭隘的日本人对此却大为不解。根据皮雷斯的研究结果，这一使团中的 60 多名成员惨遭杀害。其中有 3 名莫桑比克黑人、13 名华人、18 名葡萄牙人和 25 名来自世界其他地方的人。③

① Manuel Teixeira, *Macau através dos séculos*, p. 24.《澳门纪略》中的章节也证实了澳门确有黑人，见第 642 页注 1 的说明。

② 耶稣会的一些教士曾促使澳门的葡萄牙人放弃那些剩余的妇女。她们被送往别处。见 Manuel Teixeira, *O comércio de escravos em Macau*, pp. 11 – 12; *Macau através dos séculos*, p. 5; *The so-Called Slave Trade at Macao*, pp. 644 – 641。

③ 关于在日本的葡萄牙人的问题，Charles Ralph Boxer 的 *The Christian Century in Japan, 1549 – 1650*,（Berkeley, 1967）一书仍是目前西方最好的著作。关于 1640 年使团的问题，见 Benjamim Videira Pires, *Embaixada Mártir*, Macau, 1965, pp. 9, 94 – 95, 163 – 164; 此外又见 Manuel Teixeira, *Os Macaenses*, p. 29（以上所给出的页数章节说的都是那三位黑人的事）。

这么多不同种族的人们同时遭受到同一命运的打击，世界上发生这类事情的地方大概不会很多。从其职能上说，澳门是将东、西方联系起来的第一座大门，也是远东第一个种族杂居的社会。

（原载《国外社会科学》，北京，中国社会科学院
文献信息中心，1985 年第 6 期）

百年前的"华人区"

〔葡〕潘日明（Benjamim Videira Pires）*

直到 19 世纪末，澳门才明显地划分为两个风格各异的城区，即"基督教区"（或称"洋人区"）和"华人区"。

"洋人区"里，具有葡萄牙建筑风格的住宅、小巧别致的宫殿及其花园和西方果树，遍布半岛中部、东南部古城一带，以及昔日教堂与修道院的周围。从晨曦微露到夜幕降临，教堂悠扬深沉的钟声，兵营里阵阵撼动山岳的战鼓声与雄浑激越的军号声，赋予澳门以独特的色彩，迥然相异于充满英国（和中国）务实精神的其他城市。在澳门，贸易活动融合了生活的所有表现形式。[1]

在城里"洋人区"以外的地方，南边的妈阁和主教山之间、北边的二龙喉花园、海边、沙梨头（Solidão）和马交石，以及被填平的路环黑沙海滨一带，澳门豪富和洋人在那里有大量的田地和庄园。湾仔岛是澳门蔬菜和肉类的供应地，岛上的（至少）10 幢别墅早在 1764 年前后就无人居住了。[2]

---

* 已故天主教神父，著名历史学家。

[1] 〔巴〕恩里克·C. R. 里斯波阿（Henrique C. R. Lisboa）：《中国与中国人》（A China e os Chins：recordações de viagem），蒙得维亚，1888，转录自《贾梅士研究院院刊》，第 9 卷，第 3、4 期合刊，1975，第 165～181 页。

[2] 〔葡〕潘日明（Benjamim Videira Pires）著，发表于《贾梅士研究院院刊》，第 1 卷，第 4、5 期，1967，第 331～332 页；〔葡〕文德泉（Manuel Teixeira）：《氹仔与路环》（Taipa e Coloane），澳门，教育暨文化司，第 19～22 页。我们至少认识湾仔岛 10 幢葡国庄园主人。如果算上湾仔的炮台和船厂，以及妈阁对面的大琴岛和小琴岛，总共 14 座房产。

亦请参阅〔英〕奥斯汀·果阿德斯（Austin Coates）的著作和《澳门记事》（A Macao Narrative），海尔曼，1987，第 32～33 页。关于昔日澳门的庄园，请阅施达时（António Júlio Emerenciano Estácio）《澳门的绿化区和植物之趣》（Dinámica das Zonas Verdes na Cidade de Macau），1982，第 10～16 页。

有关欧洲和远东人种、植物、花卉和日用品贸易史仍是一个空白点，有待研究。1960 年〔葡〕白乐嘉在香港发表的《香港与澳门》（Hong Kong and Macao：A Record of Good Fellowship），第 66～67 页，曾作了初步的对比和探讨。

澳门半岛最有名的庄园要算圣若瑟（或曼努沙伊）圣珊泽大宅、玛利亚·菲利帕、莱唐（位于旧西洋坟场对面）和马德雷斯·坎诺西阿诺（在黑沙）的庄园了。还有奥尔塔斯·达·米特拉、沙梨头、和隆（至 1894 年）、康帕尼亚、山水园、摩啰园和奥尔托·多·圣埃斯皮里托的庄园。

"华人区"位于妈阁庙到莲峰庙的内港沿岸。穿过水手西街、红窗门街、巴托尔（Bazar）和圣母望德堂，延伸到望厦山，直至北区三个农渔民聚居的村庄。

由同时代的四名向导〔曼努埃尔·德·卡斯特罗·桑巴约（Manuel de Castro Sampaio）、巴西人恩里克·C. R. 里斯波阿（Henrique C. R. Lisboa）、亚若索伯爵（Conde de Arnoso）和本托·达·弗兰萨（Bento da França）〕带领我们游览一下 100 年前的澳门"华人区"，了解他们的居民、服装、住宅、食品和习俗。[①] 在绘声绘色的旅途中，我们有机会看到，在某些像下环街、螺丝山、天神巷，特别是圣母望德堂和花王堂一带的住宅区内，分别具有葡萄牙和中国特色的两个社会，隔墙相望，和睦相处。

居住在广东省的民族，按其人数和重要性以次序排列，分别为汉、黎（在海南岛与泰人同种）、苗（北辽时期鼎盛）、越、回、侗和少量琼族。

这些民族在澳门都能见到，但主要还是汉族华人。

汉人迁自北方，并与越人（公元前 196 年）和后汉时期（25~220 年）的马六甲沿海居民通婚，讲土语或广东话，仅限于口语。从前广州的肇庆城乡的百姓讲这种话最纯正，当前推广的教学普及化缩小了各大城市——广州、佛山、澳门和香港发音上的差别。[②]

一个世纪以来，广东汉人面部特征是多肉、呈黄褐色、塌鼻梁、唇厚而苍白、深色或棕色的眸子、杏状眼、胡须稀少、头发黑亮。营养丰富的

---

① 曼努埃尔·德·卡斯特罗·桑巴约（Manuel de Castro Sampaio）：《澳门华人》（*Os Chins de Macau*），香港，1867；〔巴〕恩里克·C. R. 里斯波阿（Henrique C. R. Lisboa）：《中国与中国人》（*A China e os Chins: recordações de viagem*），蒙得维亚，1888，转录自《贾梅士研究院院刊》，第 9 卷，第 3、4 期合刊，1975，第 165~181 页；〔葡〕亚若索伯爵（Conde de Arnoso）：《世界之旅》（*Jornadas pelo Mundo*），1896；〔葡〕弗兰萨（Bento da França）：《澳门及其居民：与帝汶的关系》（*Macau e os seus habitantes: relações com Timor*），里斯本国家印刷局，1897。哈雷·劳伍和米歇尔·翁特唐两位先生分别写于 1829 年和 1857 年的见闻录，没在本章中参考。见〔葡〕文德泉《一位美国青年目睹的十九世纪澳门》，澳门，1981，及《贾梅士研究院院刊》，第 8 卷，1974，第 2、3 期合刊，第 83~88 页。

② 〔法〕路易斯. 安巴扎克（Louis Aubazac）：《法粤字典》（*Dictionnaire Français-Cantonnais*），香港，1912，第 IV 页。

西式食品使他们的肤色白皙，外貌逐渐温和，头发也逐渐变成亚麻色。清朝统治时期，华人用剃刀把除了头顶到颈部以外的头发剃掉，将留下的头发梳成辫子，用一条黑丝绒扎住发梢，辫子显得更长。干活时，工人、仆役和疍家婆都把辫子盘在头上，疍家婆还用布巾包住头。

富家妇女把头发扎在脑后，发髻紧贴两耳形若一对翅膀，用银（或金）簪子别住（蝴蝶把，满族女子的一种发式）。未婚女子则梳辫子垂在背后，经常在衣襟的右侧把辫子打成结。

澳门许多豪富华人通常是名誉官吏，他们为躲避内战或从事改良活动而寄居澳门。1911 年后，中国的文武官员纷纷迁居九龙也是出于这个原因。他们身穿绸缎长袍、马裤、细棉袜和白纸底黑丝面尖头鞋。冬天，长袍外再套件棉袄。出门坐轿子或轿椅，有些轿相当豪华气派，两侧各有一根温梓木长棍，由二名或四名轿夫抬扛。

富贵家妇女爱穿无袖或宽袖长袍，衣料名贵，她们浓妆艳抹，全身珠光宝气，特别喜爱佩戴玉器首饰。

工人和店主穿黑色或其他颜色的宽肥布裤。夏天他们光脚赤身在街上行走，不戴帽子。苦力戴宽边草帽，光脚穿凉鞋。

下层妇女穿黑色或蓝色短布衫和宽松长裤，她们几乎都光脚走路，如今这个习惯早已被摒弃了。

阳伞或雨伞都是用油纸制作而成，有竹骨架，五颜六色，耀目显眼，酷似日本古代的水彩画。欧洲人使用的太阳帽也已传入澳门。①

100 年前澳门"华人区"的住宅都是一层或两层小楼，光线暗淡，通风也不好。有钱人家的房子在结构上大同小异，四周围有一座砖砌的或石堆的高墙。有的住宅入口是石砌或木雕的拱形大门。门廊尽头开有另一扇大门直通庭院。会客室坐落在院内。住室为彼此相通但风格各异的独立建筑。庭院呈方形，盆景千姿百态，池塘水平如镜，与环形的门廊交相呼应。妇女的闺房常常是在庭院深处的楼阁内。

穷人住在郊区用土砖砌墙、茅草盖顶的棚子里。在新桥和沙岗的沼泽区盖起了一幢幢木桩支撑的小屋。福州来的疍家婆和她们的家庭生活在社会最底层。他们与子女、丈夫（可以在城里干活）以船为家，泊在内港或

---

① 〔葡〕弗兰萨（Bento da França）：《澳门及其居民：与帝汶的关系》（*Macau e os seus habitantes: relações com Timor*），里斯本国家印刷局，1897，第 125 页。

南湾，与鸡、狗、猪同吃同住。

巴扎尔（Bazar）曲折、狭窄的街道纵横交错，许多马路至今仍然存在。低矮的住宅鳞次栉比，杂乱无章。不计其数的竹竿、招牌与晒在楼前或横过马路悬于高处的衣服、绳子和各式各样的器皿纵横纷杂，令人眼花缭乱。

人口高度密集，只有正面没窗的房子连绵不断，狭窄拥挤的街道，人畜混居，商业区和住宅区混杂在一起，贪婪地将所有的底楼用来做生意，中国人固有的惰性与肮脏，使庞大的住宅区整天散发着麝香、鸦片、油漆、做饭的油烟，特别是鱼腥和牲口粪便混合的令人恶心的怪味。① 就是今天走过米糙街、营地街、锺家里和其他一些交通要道时仍须赶紧掩鼻而过……

中国人家里摆设的家具同 18 世纪欧洲人使用的迥然不同，是用优质木料和名贵大理石精心雕刻、镂空并镀金，造型美观。中国工匠技术精湛，巧夺天工。②

肉档里，人们可以看到悬挂着的大块肉和褪了毛的鸡鸭。路边的遮阳篷下和板凳旁边润茶烧水，炉子上煮着东西，就像节日的小酒店里一样热闹。流动摊贩高声叫卖水果。鲜嫩可口的荔枝，色如黑刺李般暗红，味似玫瑰香葡萄那样鲜美。有的大声叫卖新鲜蔬菜，大街上华人你来我往，熙熙攘攘。偶尔可见到高挂"按"字的当铺。有一家当铺有六层高，底楼的铺面雇工们正忙着记账造册，接待顾客。从一座狭窄的楼梯爬上其余五层，每层都没有隔断，整个层面上，从高到低，从这头到那头，随处可见挂满当物的精制木柜。每行柜子之间，只留出仅够通往柜子的空位。当铺经营得相当出色，就连不等钱用的人，为了保存好衣物，也在不同的季节把用不着的衣服存放在那里。澳门旧货摊使人联想起里斯本的狗叫集市上摆卖的东西。

酒楼的楼梯宽畅而豪华，每层都安放一块镀着金边的大镜子。有的酒楼配有睡房接待客人住宿。华人喜欢与亲朋好友在酒楼相聚。跑堂儿的在

---

① 〔葡〕弗兰萨（Bento da França）：《澳门及其居民：与帝汶的关系》（Macau e os seus habitantes：relações com Timor），里斯本国家印刷局，1897，第 128～130 页；〔巴〕恩里克·C. R. 里斯波阿（Henrique C. R. Lisboa）：《中国与中国人》（A China e os Chins：recordações de viagem），蒙得维亚，1888，转录自《贾梅士研究院院刊》，第 9 卷，第 3、4 期合刊，1975，第 120～121 页。

② 〔葡〕弗兰萨（Bento da França）：《澳门及其居民：与帝汶的关系》（Macau e os seus habitantes：relações com Timor），里斯本国家印刷局，1897，第 130 页。

楼梯上大声吆喝着客人点的菜名，如："来半个牛排！"①

澳门番摊赌馆比比皆是。这些赌馆高挂灯笼和油灯，全天接待客人，午夜才停业。为了不与贱民混在一起，富裕华人和欧洲人总是坐在二楼雅厅的围栏四周行赌。这围栏正好在楼下衣衫褴褛的穷人的头上。赌注放在用绳系于栏杆上的草篮里送上送下。番摊的主人每年向财政部门缴纳 12 万澳门元。

闱姓（Vae-Seng）的彩票是（100 年前澳门）华人的另一种嗜好。每当北京或广东省府举行三年一次的乡试时，每张彩票上写有 20 位应试者姓名。1000 张彩票为 1 组，每组 3 个数字。中举者名字最多的彩票得奖。彩票面值有 5 毫、1 元、2 元、3 元、5 元、10 元不等。10 元的彩票奖金为 6000 澳门元。中国政府允许在广东出售彩票后，澳门闱姓老板每年只向葡萄牙政府缴纳 36000 澳门元。

当时澳门有些行业比较发达：多家生意兴隆的制茶厂、1 家烟草厂、1 家鸦片加工厂、青洲水泥厂和 3 家缫丝厂，其中最大的一家雇用了 400 多名妇女。这样大大减少了沦落卖淫行业的不幸者人数。

19 世纪后期，至少有 1 万人从事捕鱼和腌制咸鱼业，年产值达 80 万澳门元。

最后要说的是"华人尸体上剪下的辫子"出口欧洲，加工成假发出售。还有一间个人鸦片烟馆，亚诺索伯爵曾作详细描写。

上一世纪末，澳门华人早晨在茶馆吃点心或饮茶，十月初五街至今仍有开业茶馆。两餐正餐，一餐中午 12 点左右，另一餐傍晚 6 点前后，睡觉前或玩过麻将后吃夜宵。

早茶（当今已被西方人的咖啡替代）是亲朋挚友聚会的好机会，座无虚席的茶馆里，说话比吃东西声要高得多。人们饮着不加糖的浓茶，一边吃着鸡粥，一边品尝虾饺、肉馅小点、马蹄糕、萝卜糕、糯米鸡；等等。食品装在竹编圆形小蒸笼里，每笼四只，用小车送到客人桌上。如今，这美妙的饮茶习惯依然如故。

两顿正餐也像今天一样，主食是锅煮的无盐大米饭，菜有鱼或肉和青菜，最后上热汤和水果。华人从来不喝凉水，也不吃耕地牲口的肉，如黄牛、水牛和马的肉。包裹在泥里的皮蛋过去（和现在）都是一道可口的佐餐菜。他们过去吃饭时不用桌布。

---

① 〔葡〕亚若孛伯爵（Conde de Arnoso）：《世界之旅》（*Jornadas pelo Mundo*），1896，第 130、140、142～143 页。我们所用的动词都为过去时，但澳门市中心的酒楼至今依然令人赞叹不已。

节日菜肴极为丰盛，多达 10 几种（比现在多），互相劝喝稻米酿成的烧酒。美味佳肴有海参、鱼翅、燕窝、烧鸭（澳门人对它已感厌恶）、用酱油汁炮制的"醉乳鸽"（佛笑楼餐厅的名菜）……

华人对澳门有些菜并不感兴趣，特别是甜食，如粑粞荸（印度甜饭）、安地—安地（东南亚各国流行的甜食）、牛油糕、南瓜酱（南瓜泥加冰糖）、蛋丝（天使的头发、梅·法乌康曾把它带到泰国）……①

持续两周的春节、关帝日祭祖、清明节（四月五日）和重阳节、扒龙舟、吃月饼、把陶瓷公鸡放在房梁上防白蚁、乞丐、装腔作势的中国人、进香朝拜、周末供英国人狂欢的彼得罗宴客饭店、闹蟋蟀、斗公鸡（从印度尼西亚传入）和其他众多的稀奇古怪的事，从那时起很少甚至没有变化。

辫子和打赤脚的现象已见不到了。一般来说，典雅的长袍也难以寻觅。缎子鞋和诸多古老的中国时髦也都消失了。上海一名时装设计师把长袍加以改进，供现代女士享用。

1878 年的人口普查显示，澳门住有 68086 人，而本托·达·弗兰萨却认为那时已达 100000 人。

1851～1874 年间，华人苦力贸易使西班牙、秘鲁和古巴的人口贩子大发其财。然而，1874 年之后，欧洲人的狂热与奢侈大为收敛（像塞卡尔男爵夫人这样的女士竟在一次晚会上三次换装，三次化妆；婚宴上华人新娘到现在仍然保留这种排场）。

"华人区"给这座古老的城市增添了风格、色彩、韵味与喧闹。

驻扎在昔日圣多明我教堂的土生填补了欧洲军士的空缺。他们穿中式鞋、宽大的蓝布裤和宽衫，打绑腿，腰间扎着一条皮带，头上戴中国草帽，炮枪筒上写有"澳门警备队"字样，挎一枝"雷明顿"长枪。

位于"华人区"中心的"营地街"之名就来源于这座兵营。

（原载潘日明著《殊途同归——澳门的文化交融》，
苏勤译，澳门，澳门文化司署，1992）

---

① 另一个有趣的问题是澳门烹调中如此结合东方和葡萄牙的用糖方法。在这方面，科莱斯蒂娜·梅洛（Celestina de Melo）和安东尼奥·维森特·洛佩斯（António Vicente Lopes）各为我们留下了一部著作。在 1999 年以前，相信健在的土生葡人女士可以提供更多有关资料。

澳门的日本人

〔葡〕文德泉（Manuel Teixeira）[*]

一 引言

日本基督教百年史中鲜为人知但又十分令人饶有兴趣的一面是澳门作为一个港口的作用。澳门是传教路线上的一个主要港口，后来发展成为传教士和日本教士的一个激发灵感之地，最后又成为被逐的日本基督徒之家，以及许多日本殉道者安息之所。

葡日关系的特点使这一段历史时而出现某些颇具希望的时刻，但最后以失望告终。

圣保禄（大三巴）教堂是日本在澳门的这段历史的最终联结物和最后的纪念标志。圣保禄教堂是耶稣会研习宗教之地，其后由于日本工匠建造了牌坊使其大为增色。三百年来，大三巴牌坊不仅是传教士而且也是葡萄牙诗人和新教圣歌作者的灵感源泉。

澳门现仍保存这一光辉的历史遗迹。

军事博物馆。馆中保存最近在长崎港海底发现的一颗炮弹。这颗炮弹是诺萨·森奥拉·达格拉萨号船上的。1610 年，船长安德烈·佩索阿为了避免连同其货物一道被日本人活捉而将此船沉于港口。

圣保禄（大三巴）教堂。富丽堂皇的圣母院建于 1602～1603 年，现存者仅有牌坊。这座牌坊竣工于 1640 年，为被逐的日本天主教徒和他们的传教士所建。

路环岛上的圣方济各教堂。教堂龛中供奉日本殉道者的遗骨和圣方济

---

[*] 已故天主教神父，著名历史学家。

各的一片遗骨。圣方济各的遗骨于 17 世纪初送去日本，传教士在圣若瑟修院研习时又迁返澳门。教堂中有一幅米迦勒圣像，历时已三百年，圣像系一日本画师所绘。另外还有一幅长崎殉道者图。

本文述及有关殉道者遗骸方面的细节，以及 16～17 世纪日本人在澳门的情形。

日本殉道者图

二　圣母院

1563 年 7 月 29 日，耶稣会的弗朗西斯科·佩雷斯（Francisco Perez）、曼努埃尔·特谢拉（Manuel Teixeira）神父和教友安德烈·平托（André Pinto）等三人抵达澳门。他们于 1565 年在圣安多尼修道院附近修建了第一座耶稣会馆和教堂，均为茅屋草房。教堂后毁于大火，重建时改为木瓦结构。

耶稣会士于 1579 年另筑了一所会馆，并于 1582 年在山上修建了一座新教堂，坐落于现已毁坏的圣保禄教堂的基址上。1595 年，他们又建了一所神学院，附属于教堂。

1597 年，日本教区主教佩德罗·马丁斯（Dom Pedro Martins）的副手路易斯·塞尔凯拉（Dom Luís de Cerqueira）在澳门为第一批日本人加授神职。这些日本人均在圣保禄学院研习过。

1601 年，教堂焚于火，火蔓延至学院，将其部分烧毁。

教堂于 1602～1603 年重建，教堂中的一些装饰为日本工匠所制。重建的教堂虽于 1603 年圣诞节前夕开放，但其耗资 3000 银两的著名牌坊直至 1640 年方告竣工。

牌坊左侧基石上镌刻有"澳门城 1602 年兴建此教堂奉祀大圣母"的铭文，字迹仍清晰可读。

费尔南多·格里罗（Fernando Guerreiro）神父有下列记述：

> 全城居民为博爱和同情之心所感动，在总督面前集会，并一致决定，若上帝保佑他们所期待的失踪船只返回，他们则为修建耶稣会教堂捐献他们在日本的财物的百分之一的一半。此船果然返回，在上帝保佑下带回盈利极丰的货物。他们捐献的数量不少，总共 3130 帕多。

因此可以说，教堂重建的经费系来自日本的贸易。

据传耶稣会士使用日本难民重修教堂。这种做法比现代的仅发放布施而不安排工作的制度更好。这一传说被这种事实所证实，即雕刻在牌坊上的中国字不甚完美，颇似日本字体。M. 乌戈 - 布伦特（M. Hugo-Brunt）引述阿胡达图书馆的一份报告描述这座教堂如下：

> 内部系以产于日本名叫 Joniquini 的优质木材装饰。报告提到，教堂有一雕刻精致、镏金木浮雕银器嵌于墙上，木条弯曲如绳状。所叙述的装饰物中有盘蜗状装饰、图案花饰，以及金色和朱色的玫瑰饰物。

彼得·蒙迪（Peter Mundy）于 1637 年到过澳门。他对圣母院叙述如下：

> 附属神学院（今称圣保禄学院）教堂之屋顶是我所记得、所见过的最优美的建筑，制作精巧。木雕出自中国工匠之手，描金、彩漆，

彩漆有朱红、天蓝等，斑斓绝伦。屋顶为方格组成，方格结合处则为一硕大的玫瑰，瓣叶重叠，进而逐渐缩小为一小圆球。玫瑰大可一码，垂悬于屋顶之下一码。此外，教堂前尚有精美的牌坊，可循宽阔的多级台阶而上。牌坊和台阶均为石雕。

据卡尔丹（Pe. Cardim）神父说，1640 年澳门正当最繁荣的时代，新建的教堂反映出该城的富裕景象。他说：

> 澳门是一座建筑优美的城市，因商贸和日夜繁忙的交通而十分富裕。澳门公民正直、高尚。由于澳门备有各式货物，如金、银、丝绸、珠宝及其他珍宝，以及来自中国、日本、东京、交趾、柬埔寨、望加锡和索罗尔等地的药材、调料和香料，因此在东方远近闻名。更有甚者，澳门还是基督教在东方的首要之地。

圣保禄教堂的废墟已是往日风光的残迹了。但在其断垣残壁中，澳门昔日的繁盛仍依稀可见。

三　大三巴牌坊

大三巴牌坊于 1602 年兴工，多年之后才建成。它集古典和东方建筑艺术于一身。17 世纪初，澳门有很多逃避国内迫害的日本基督徒，其中有不少能工巧匠参与了牌坊的建造。牌坊上雕刻有菊花，菊花是日本的象征。

牌坊共四层，其中为一三角顶饰。三角顶饰中央有一铜鸽代表圣灵。铜鸽双翅展开，其旁有日、月和四颗星。三角顶饰两旁直立方柱四根，柱顶为一圆球。

三角顶饰下层中央的壁龛中为耶稣铜像，右手指天，左手平伸，似曾握有一物，或许为一圆球，但早已失落。铜像四周为百合花和菊花。耶稣两旁有十字架刑具。向牌坊望去，耶稣右边有梯子一架、钉子三枚、绿色芦苇一杆和罗马旗帜一杆，左边有棘冠一顶、鞭一条、斧一把、钳一把和长矛一支。这一层有圆柱四根，每对圆柱缀一天使。右侧天使持一笞杖；左侧天使持一十字架，上书 I. N. R. I.，即犹太王拿撒勒的耶稣之意。右侧圆柱之外有麦一束，象征最后的圣餐；另一端的圆柱外有绳索一条，代表捆绑耶稣的绳索。这一层两端各有一方柱，柱顶为一圆球。右侧方柱底座上有圣保禄的名字，方柱两边各有小方柱，基座上刻有东方含笑狮子，象征勇敢和力量。

下面一层的中央壁龛中供奉圣母铜像一尊。圣母双手交叉于胸前，壁龛饰以玫瑰花边，拱顶中央缀一百合花，象征圣洁。壁龛两旁的石板上各刻有三位天使。上面二天使在祈祷，中间的二天使在奏乐，下面的二天使则在摆设香炉。

这一层共有圆柱六根，壁龛左右各三根。右侧紧随天使的第一方石板上饰有生命之树，第二方石板上刻有一条七首龙，龙上方有一贞女在祈祷，并有"圣母踏龙头"中文铭文。第三方石板上刻有一具骷髅和一把镰刀，象征死亡；骷髅躺卧在地，为二箭所穿，一箭刺入腰间，另一插入肋骨之间，并有"念死者无为罪"的中文铭文。二方柱间的第四方石板上则是一顶冠，为交叉的双箭所刺穿。

这一层紧挨天使的左边第一方石板上刻有生命之泉，第二方石板上有一艘三桅船在海上破浪前进；船上方为海上之星童贞圣母。其旁的一方石板上为一鬼头女身妖魔，象征世上的诱惑。魔鬼被箭所穿，卧地呻吟；中文铭文为"鬼怪诱人为恶"。在方柱间的第四方石板上刻有一鸽。

这一层的石壁之下均有较小的石壁雕刻。向牌坊望去，自左往右依次是：神门（鸽之下方）、当地的罂粟花和荔枝花（魔鬼下方）、七分支的烛台（生命之泉的下方）、圣杯和纱布覆盖的圣饼（骷髅下方），以及鲜花环绕的窗门（棘冠下方）。这层两端各有方柱五根，最后边的柱刻有含笑狮子一只。

其中一层共有三扇大窗门和四位耶稣会圣徒。中间的窗门两旁有石刻棕榈树。向牌坊望去，自左至右为：圣弗朗西斯·博尔吉亚（S. Francisco Bórgia）、圣伊格内修斯·洛约拉（S. Inácio de Loyola）、圣弗朗西斯·沙维尔（S. Francisco Xavier）和圣路易斯·贡萨加（S. Luís Gonzaga）的塑像之下镌有字母 S，即圣徒之意；二人均于 1662 年被封为圣徒。圣弗朗西斯·博尔吉亚和圣路易斯塑像之下镌有字母 B，意为受教皇宣福礼之亡故者；二人在其塑像奉祀于牌坊之上时尚未被封为圣徒。博尔吉亚于 1634 年受宣福礼，其塑像可能在此之后祀于牌坊之上。圣弗朗西斯·博尔吉亚直至

1671 年才被封为圣徒，圣路易斯于 1605 年 10 月 10 日受宣福礼，1726 年封为圣徒。

牌坊底层有铁栅门三道。主门上刻有教堂的名称，即圣母院。另外二门上方镌有 I. H. S. 字母，意为"救世主耶稣"。基石上的题刻为：

1602 年澳门城虔诚为童贞大圣母兴建。

四　圣保禄教堂的日本工匠

乔瓦尼·尼古劳神父（Pe. Giovanni Nicolao，或简称科拉神父 Cola），是日本绘画学校的创建人。他在 1560 年出生于意大利萨莱诺（Salerno）附近的诺拉 Nola。1577 年 12 月入耶稣会，1581 年 4 月 8 日乘赖斯·马戈斯号（Reis Magos）离开里斯本前去果阿。1582 年 4 月 26 日与另六位耶稣会士，其中包括著名的利玛窦（Matteo Ricci），离果阿去澳门。他们于 6 月 14 日抵马六甲，8 月 7 日到达澳门。尼古劳神父画过一幅耶稣基督图，此图系 1583 年 2 月弗朗西斯科·帕里奥神父（Pe. Francisco Pasio）为教堂向其订购。尼古劳神父并在澳门设立了一所绘画学校。

1583 年 7 月 14 日，尼古劳神父乘船去长崎，于 7 月 25 日抵达。1601 年在有马设立了一所学校，1603～1613 年在长崎又开办了另一所学校。尼古劳神父不但是一位画家，而且善于制作机械器件，如钟、乐器和竹管风琴等等。耶稣会的若昂·罗德里格斯（Pe. João Rodrigues）曾送给德川家康将军奇巧的自鸣钟一座，据说是尼古劳神父所制。自鸣钟除报时外，还能显示日期以及日、月之运行。德川家康十分喜爱西洋自鸣钟，并将钟安放于富士味（Fushimi）城堡的塔上。

17 世纪初，基督徒被逐出日本，于是尼古劳神父与他们一道于 1614 年去澳门。尼古劳神父死于 1626 年 3 月 16 日，毕生绘画授徒不辍。他葬于圣保禄教堂中的圣灵礼拜堂的旁边。

来澳门的尼古劳神父的日本弟子中有大竹曼西奥。大竹于 1607 年在日本加入耶稣会，1614 年避难于澳门，死于 1615 年 1 月 20 日，葬在圣米迦勒圣坛附近。另一日本弟子奇川佩德罗，又名佩德罗·若昂（Pedro João），

1585 年入耶稣会，可能于 1614 年来澳门。于 1622 年 11 月 28 日死于澳门。还有一弟子田手乌于 1590 年入耶稣会，1627 年 11 月 16 日死于澳门，葬于教友安德烈·平托和奇川佩德罗墓碑之间的圣米迦勒圣坛入口处。

尼古劳神父杰出的弟子是雅各布·内瓦（Jacob Neva），又名雅各布·努雅（Jacob Nuia），中国名为倪一诚（译音）。1579 年出生于日本，父为中国人，母为日本人。在天草的志岐神学院学习，年轻时即从居住在天草的尼古劳神父习西洋画。雅各布后被派往中国传教，于 1601 年至澳门。在澳门为圣保禄教堂绘制了一幅圣母升天图和一幅 11000 殉道贞女图。教堂被焚后，又为重建的教堂制作图画。

1602 年，努雅去北京，作为耶稣会传道候选人留居北京。他精于绘事，所绘之圣母怀抱圣婴基督图被利玛窦呈献中国皇帝。1604 年圣诞节时，此图公开展出。据利玛窦说，中国人对这一幅图画和其他图画深表惊讶，认为无可比拟。在此之前，中国人一向认为他们自己的绘画独一无二。努雅于 1606 年返回澳门。此后努雅一直在中国内地和澳门从事绘画，死于 1638 年 10 月 26 日，时年 58 岁。他在南昌做见习修道士期间为教堂绘制过耶稣和圣母图。南昌的基督徒都有图像的复制品。1609 年，他成为耶稣会士。1623 年 12 月的耶稣会士录说他身体虚弱无力，然而他仍又活了 15 年多才死于澳门，葬于圣保禄教堂中的圣米迦勒圣坛附近。

五　日本使团

耶稣会视察员范礼安于 1582 年计划组织日本使团前往罗马和里斯本。九州大名小村澄忠、乙供曾林和间治信均同意派两个青年人伊藤曼曼修和千千石米格尔为其代表，其由二童子中浦·朱利安与原·马蒂纽陪同。耶稣会神父迪奥戈·德·梅斯基塔（Pe. Diogo de Mesquita）作为向导同行，范礼安神父也有意随行。

他们于 1582 年 2 月 20 日乘伊纳西奥·利马号（Inácio de Lima）驶离长崎，3 月 9 日到达澳门，受到了里昂纳多·德萨（D. Leonardo de Sá）和澳督和阿尔梅达及耶稣会士之欢迎。他们下榻于耶稣会馆，在澳门停留近 10 个月，在此期间读书、写作、演奏音乐、同耶稣会神父交谈。

1582 年 12 月 31 日，他们乘坐圣地亚哥号（Santiago）到马六甲，陪同的有神父范礼安、德·梅斯基塔和奥利维拉·托斯卡内罗（Oliveira To-scanello），以及一位耶稣会日本教友。数月后，他们抵达果阿，范礼安神父被任命为当地的大主教，只得留下；努诺·罗德里格斯（Pe. Nuno Rodrigues）代替其位置，陪同日本使团于 1584 年 8 月 10 日到达里斯本。

他们在葡萄牙和西班牙访问了几个城市后去罗马，于 1585 年 5 月 23 日在罗马受到教皇格里戈里十三世（Pope Gregory XⅢ）正式接见。

他们于 1586 年 4 月 13 日自里斯本返回，1588 年 7 月 28 日到达澳门，仍在圣保禄教堂下榻，1690 年 6 月 23 日，在范礼安陪同下返回长崎。

1582 年日本使团离日时，基督徒在日本受到织田信长将军的庇护。未及一年织田信长被杀，职位由其下属将领丰臣秀吉替代。基督徒在丰臣秀吉治下继续享受太平和繁荣。但不久情况发生变化，迫害开始。但日本使团返回时，丰臣秀吉同意接见他们，一同被接见的还有范礼安神父，因为他是果阿总督的使节。

日后日本使者虽在九州一些大名的宫廷中讲述西洋见闻和展示所带回的各种器物，但无法将其经历让全国知道。事实上，有讽刺意味的是，他们返回后的二百年中，日本几乎完全处于封闭状态之中，日本使团虽鼓励教皇将日本明确置于耶稣会教区之内，并获得成功，但不久，事实上连耶稣会士都被禁止进入日本。

日本使团中年青使者都加入了耶稣会，其中著名的为 1663 年殉道的朱利安。此前，伊藤曼曼修于 1612 年自然亡故，米格尔后来脱离了耶稣会，马蒂纽在澳门教授日文终其一生。

六　圣若瑟学院中的殉道图

1579 年 2 月 5 日值得牢记。这一天是日本基督教史上最辉煌的一日。26 位信徒用鲜血实践了他们的信仰。

他们殉道之地为西泽山，现称殉道山。他们所行经的途径现称为殉道小道。他们被割去右耳，自京都赤足步行一个月至长崎。

这是历史上著名的一次殉道。

他们被丰臣秀吉判决。丰臣秀吉通常被尊为太阁。丰臣秀吉判令中的理由是：

此等徒众均系以伎者之名来自菲律宾，居住于都，传布数年前即
为我所严禁之基督教旨，着将彼等及凡皈依基督教旨之日本人一并
惩处。

澳门圣若瑟学院中现存一幅他们的殉道图。此图作于 1640 年，耗费 33
帕特卡，费用由市政厅支付。

1981 年，此图由艾伦·布拉德福德（Alan Bradford）在伦敦修复，修复
耗资 45 万港币，费用由何鸿燊先生负担。

殉道图忠于史实。图右为耶稣会本主教佩德罗·马丁内斯（D. Pedro
Martins）及耶稣会士居住的耶稣会神学院院舍。佩德罗·马丁内斯身旁有
二人。该主教是这次殉道的见证人，并首先对其经过作了报道。

在他的左侧后面是一艘平底船，漂浮于长崎湾中。这艘船代表澳督费
格雷多（Rui Mendes de Figueiredo）的船只桑托·安东尼奥号（Santo
António）。费格雷多也是这次殉道的目击者。风平浪静的海水象征殉道者争
斗和受苦之后，上天晴朗安详的情景。

图中十字架近处的刽子手手执长矛刺穿殉道者心脏，妇女用枕垫收集
鲜血。前面，骑马的武士监刑，跪地祈祷的基督徒代表 4000 名虔诚的、哀
哭祷告的徒众。

一位妇女手指殉道者，向其子表明人们须为基督殉道，殉道者前面有
两个空十字架。

图中央的天空中，钉在十字架上的耶稣在给殉道者以鼓励，并为他们
打开天国之门。两旁有飞翔的天使，在等待为这些斗士加冕的时刻。

天边的乌云表示这一暴虐之恐怖。画板上的颜色为深褐（象征受难）
和天蓝（象征暴风雨后的宁静）。

殉道者的面容十分安详，毫无抽搐痛苦之状。

前面两个小十字架上之孩童，一为路易斯，12 岁，一为安东尼奥，
13 岁。

图中情景对比强烈。一方面是对暴虐残忍所表示的恐惧，另一方面是
报以清白纯真的笑容，以及对含苞未放的两朵幼小花朵的英雄气概所表示
的同情和赞美。

殉道者可分为六组。

（1）方济各修士会6人。神父佩德罗·包蒂斯塔、马丁·德拉·阿森西奥恩和弗朗西斯科·布兰科；教友弗朗西斯科·德·圣米格尔和贡萨洛·加西亚；以及学习教士费利佩·德·热苏斯。

（2）耶稣会士。教友三木保罗，以及后藤若昂和喜斋迪奥戈等二辅助人员。

（3）方济各修士会口授教义者7人。科斯梅、布埃纳文图拉、加布里埃尔、椴木托马斯、茨木保罗和乌丸莱昂兄弟，以及圣若瑟医院区公所弗朗西斯科。

（4）方济各修士会辅助人员6人。小崎米格尔及其15岁之子小崎托马斯、保罗、若昂、马蒂亚斯和厨师若阿金。

（5）二童子。茨木路易斯，12岁；安东尼奥，13岁。

（6）二新教徒。佩德罗助次郎和京都木匠弗朗西斯科。此二人在去长崎路上加入原先的24位殉道者一道。

兹将上面的殉道者略述如下。

（1）佩德罗·包蒂斯塔·布拉斯克斯（Pedro Bautista Blázquez）（1549～1597年），〔西〕阿维拉人，48岁，哲学和神学博士，主教代表，麻风患者之神父。

（2）马丁·德拉·阿森西奥恩（Martin de la Ascensión）（1567～1597年），〔西〕吉普斯夸人，30岁，塞维利亚修道院神父。图上铭文为"马蒂纽·德·卢格兹（Martinho de Lugnez），比斯开的瓦拉古耶扎人"。

（3）弗朗西斯科·布兰科（1567～1597年），加利西亚蒙特雷人，30岁，在墨西哥、菲律宾和日本等地的传教士。

（4）贡萨洛·加西亚（Gonçalo Garcia）（1557～1597年），葡属印度伯塞恩人，父为葡萄牙人，母为印度人，耶稣会在日本的口头传教士，在澳门从商7年，1588年7月3日在马尼拉方济各修道院宣称信奉基督，日语流利，孟买教区创建人。

（5）费利佩·德·热苏斯（Felipe de Jesús）（1573～1597年），墨西哥人，24岁，以前用名为弗朗西斯科·德拉斯·卡萨斯（Francisco de las Casas），圣咏队的领唱，殉道第一人。

（6）弗朗西斯科·德·圣米格尔（Francisco de San Miguel）（1544～

1597年），[西]瓦利阿多里德人，53岁，方济各修道会会外教友，曾在罗马、墨西哥、菲律宾和日本工作。

（7）茨城路易斯（Luís Ibaraki），小和良人，12岁，茨木保罗和乌丸莱昂之侄，耳朵被割后一路边唱边笑从容赴难殉道。

（8）出井安东尼奥（António Deysan），长崎人，13岁，父为中国人，母为日本人。

（9）崎托马斯（Tomás Kozaki），伊势人，15岁，大阪方济各修道院口头传教士。

（10）茨木保罗（Paulo Ibaraki），小和良人，武士，受洗于耶稣会，生活贫穷，受京都方济各修道院之庇护，帮助种稻、酿酒，扶贫济苦，是一热心使徒。

（11）马蒂亚斯（Matias），都（现为京都）人，方济各修道院辅助人员。官兵搜捕另一名叫马蒂亚斯者未获，自代殉道。

（12）乌丸莱昂（León Karusumaru），京都人，茨木保罗之弟，方济各修士会之口头传教士，皈依基督前为一名和尚。图上所书姓名为："莱昂·卡兰马罗·德·格拉萨（Leão Carainmaro de Grasa）。"

（13）布埃纳文图拉（Buenaventura），京都人，方济各修道院的口头传教士。

（14）榊原若阿金（Joaquim Sakakibara），大阪人，40岁，大阪方济各修道会圣若瑟医院厨师。

（15）弗朗西斯科（Francisco），京都人，46岁，京都方济各修道会的圣若瑟医院医生。

（16）椴木托马斯（Tomás Danki），伊势人，方济各修道会口头传教士。他是一位药剂师，免费为贫苦人治病。图上所书姓名为："托马斯·达诺基丹克（Thomaz Danoquidanque）。"

（17）杵屋若昂（João Kinuya），京都人，28岁，方济各修道会辅助人员，丝绸制造商。图上所书姓名为："若昂·基诺亚（João Chinoya）。"

（18）加布里埃尔（Gabriel），伊势人，19岁，方济各修道会口头传教士。图上所书姓名为："加布里埃尔·多德雷诺·德·伊斯卡（Gabriel do Reino de Isca）。"

（19）铃木保罗（Paulo Suzuki），小和良人，49岁，方济各修道会口头

传教士，负责京都圣若瑟医院事务。图上所书姓名为："小原王国，保罗·
苏奥克罗（Paulo Suoquero）。"

图中共有 23 名殉道者，仅有 19 人的姓名。其他四人为：

（1）竹屋科斯梅（Cosme Takeya），小和良人，受洗于耶稣会，方济各
修道会的口头传教士，铁匠；

（2）佩德罗助次郎（Pedro Sukejiro），京都人，受耶稣会神父奥尔加蒂
诺（Pe. Organtino）派遣帮助原先的那些殉道者，不幸途中被捕一同殉道；

（3）小崎米格尔（Miguel Kozaki），伊势人，46 岁，弓箭匠，曾协助筑
京都和大阪的方济各教堂；

（4）弗朗西斯科（Francisco），京都木匠。

图中略去的三位耶稣会士为：

（1）后藤若昂（João），五列岛人，19 岁，耶稣会口头传教士；

（2）喜斋迪奥戈（Diogo Kisai），岗山人，64 岁，耶稣会副主教；

（3）三木保罗（Paulo Miki），津之国人，33 岁，耶稣会神学院学者。

七 长崎殉道者

马丁内斯主教拟往观察殉道，但未获准，只得从其住所的窗口察
看殉道者情况。殉道者惨死数小时后，他去察看刑场。见到殉道者为
耶稣献了鲜血，他跪下，呼唤他们的圣名，作殉道弥撒讲话，在上帝
面前将自己托付给他们。随后，他写信给方济各修道会马尼拉大主教，
通报他们已殉道，并应方济各澳门—中国教区监护长之请另写一信，
证明方济各会士及其同伴殉难的情形。

兰德乔（Landecho）长官和西班牙人于 4 月到达马尼拉。新总督弗
朗西斯科·特略·德·桑多瓦尔（Francisco Tello de Sandoval）获悉这
一惨案后，遣使日本收取方济各会殉道者的遗骸，并要求说明此案真
相和作出今后西班牙船抵日本免受迫害的保证。使者于 8 月到达日本，
携带一头装饰华美的大象，以及身穿与此相匹制服的大象看管人。太

阁以礼接见，对自己的行为准备了严肃的辩解。太阁见大象表演出色
十分高兴，愿将殉道者的骸骨与之交换，认为划算。不幸的是已无骸
骨可以交换。监守殉道者遗骸的兵丁对于将遗骸肢解出卖并不认为是
自私自利之事，他们早将遗骸肢解出卖，获得厚利。因此，仅收回少
量骸骨。遗骨装箱后运往马尼拉，但在海上失落。

殉道事件发生后，许多日本和葡萄牙基督教徒每天都去不久便称之为
"圣山"的立山向殉道者致敬，请他们代向上帝求情，并收集他们的
遗骨。

根据日本习惯，殉道者的遗体须留在十字架上很长一段时间。这样便
迫使主教禁止教徒取走骸骨，违者逐出教门，同时也迫使当局在刑场入口
处配置护兵。但这些防范措施并没有阻挡虔诚的基督徒前去盗窃骸骨。在
马尼拉派遣的使者路易斯·纳瓦雷特（Luís Navarete）坚持下，丰臣秀吉九
个月后允许将殉道者的遗骸移去，许多人蜂拥至圣山争取骸骨。里瓦德内
拉（Ribadenera）说："等到使者自京到达长崎时，遗骸已所剩无几，甚至
十字架均已不见。"

四位仍然幸存的托钵僧在一艘葡萄牙大帆船甲板上目击这场惨剧。被
禁止离开住所的马丁内斯主教自其窗口也目睹了这一惨剧。后来，他着手
给罗马准备了证明文件。其他人也对此惨剧有各自的论述。关于惨剧的传
闻也有较全的记载，其中包括据说发生于殉道者遗体留在十字架数月之中
所出现的奇迹：

> 往往是迅速将死者的尸体吃得仅剩骨头的乌鸦在麦山上空飞旋，
> 不动殉道者尸体；令人生畏的各色亮光在天空中出现，佩德罗·包蒂
> 斯塔神父从十字架上走下为日本人多次举行弥撒祷告。

八　传教士被逐出日本

1614年1月27日德川家康下令所有传教士离开日本，所有的日本天主
教徒改皈自己祖先原有的宗教。

11月7日和8日，许多教士和基督徒分乘五艘大船离开日本，其中两艘驶往马尼拉，三艘去澳门和暹罗。

在马尼拉的日本基督徒1592年有300人，1606年有1500人，1628年有3000人。他们在菲律宾建立了两个城镇，其中迪劳建于1592年，圣米格尔建于1615年。

1636年，嫁给葡萄牙人的日本妇女及其子女共287人被流放至澳门。有一名叫约翰·帕切科（John Pacheco）的日本人，1668年3月8日出生于澳门，曾在圣伊纳爵神学院学习，1694年被任命为牧师，死于1725年4月4日，葬于圣保禄教堂。死亡登记上葬于圣保禄教堂中有姓名的日本人共25人。

九　大天使圣米迦勒（São Miguel Arcanjo）圣像

遵照德川家康1614年1月27日颁布的旨令，所有传教士均被逐出日本。曾在日本创办两所西洋绘画学校的耶稣会神父乔瓦尼·尼古劳将他的弟子带走，在澳门圣保禄学院继续办学，圣母院（通称大三巴教堂）于1835年1月26日焚于大火。圣米迦勒圣像幸免于难。据称此圣像是他们所绘，现存于圣若瑟修院中。

大天使米迦勒是众所周知的带领天神同明亮之星及其徒众战斗的首领。他的名字为"彼那同上帝"之意。他的形象是一与地狱之龙战斗的勇士，胸前有一小小的圣母像。

圣像的模样颇像日本武士：东方式的眼睛，武士的弯刀和铠甲，头盔上有光芒四射的光环。日本画工选取武士的形象为圣像的模型并不足怪。

大天使的姿态犹如与一无形之敌争斗，但可以猜出这一无形之敌乃在大天使右足近旁喷出熊熊火焰的地狱之龙。

大天使左足下面若没有安放耶稣受难像的圣骨盒，则将被认为是一位东方武士镇守佛寺山门持刀的怒目金刚。

圣骨盒中为何有耶稣受难像？这只能假定它代表教会神学学者的这一概念：上帝告诫明亮之星对耶稣造人之事要尊崇，而明亮之星却反叛了上帝。

这座以上帝之名为名的城市有着令人惊奇的东西方两种截然不同的文化的融合。这座城又是以佛教妈阁娘娘之名命名的城市。圣米迦勒是天下各教的庇护神。

圣米迦勒节是 9 月 29 日。

十　遗骨保存于澳门的日本殉道者

遗骨均已混杂，但均保存路环岛上的圣方济各教堂之中：

表 1　遗骨保存于澳门的日本殉道者

殉道者姓名	殉道地点	日本名
1. 华纳·泰萨法克西	有马,1613.10.7	高桥华纳
2. 佩德罗·基埃因	有马,1614.11.22	久安佩德罗
3. 佩德罗·廷塔罗	八代,1609.1.11	真鸟寅太郎佩德罗
4. 托梅·沃雷奇	有马,1613.10.9	川上托梅
5. 若昂·内西	生丹,1609.11.14	仁志若昂
6. 马尔·费阿西达	有马,1613.10.7	森田马尔达
7. 若昂·塔顿		
8. 莱昂·泰阿西达	有马,1613.10.7	森田营卫门莱昂
9. 雅各布·泰阿西达	有马,1613.10.7	森田哈科(沃迪奥戈)
10. 若昂·塔菲奥尔	八代,1609.2.4	服部若昂
11. 西芒·塔杰达	八代,1603.12.8	武田吾兵卫西芒
12. 托梅·瓦达·塔巴耶	有马,1613.1.28	远田托梅
13. 莱昂·基塔	有马,1612.8.22	喜多左卫门莱昂
14. 米格尔·芬赫芒	平户,1624.3.6	山田喜也门米格尔
15. 马尔塔·沃达	有马(北冈),1613.1.28	远田马尔塔
16. 雅各布·沃达	有马(上冈),1613.1.28	远田哈科沃
17. 托梅·迈泰提	八代,1609.2.4	三石托梅
18. 伊内斯·延格洛	八代,1603.12.9	武田伊内斯
19. 莱昂·塔普米达		
20. 若阿金·瓦塔纳比	熊本,1606.8.26	渡边次郎左卫门若阿基姆
21. 胡斯托·韦达	有马(北冈),1613.1.28	远田胡斯托
22. 华纳·塔杰达	八代,1603.12.9	武田华纳
23. 米格尔·瓦塔纳比	有马,1612.7.25	渡边(伊藤)米格尔

殉道者姓名	殉道地点	日本名
24. 保罗·达杰多米	有马,1613.10.7	武富保罗
25. 马蒂亚斯·瓦塔纳比	有马,1612.7.25	渡边(伊藤)马蒂亚斯
26. 路易斯·米纳米	八代,1603.2.11	南路易斯
27. 马达伦纳·泰阿西达	有马,1613.10.7	森田马达伦纳
28. 若昂·夸戈	长崎,1622.8.19	扬戈若昂
29. 多明戈斯·若热	长崎,1619.11.18	若热
30. 加西亚神父		
31. 迪奥戈·基赛		
32. 玛丽亚·马达伦纳	八代,1603.12.9	马达伦纳
33. 米格尔·米图阿热	八代,1609.2.6	三石米格尔
34. 华纳·坎夸扎基		
35. 安德里奥·扎卡塔西	有马,1613.10.7	高桥门多阿德里安
36. 迪奥戈·坎古格米		加贺山迪奥戈
37. 托梅·塔马基希	口之津,1614.11.22	寺町托梅
38. 莱昂纳多斯·马加塔西		
39. 埃斯特旺·米塔莱		
40. 莱昂·达杰多米	有马,1613.10.7	武基近卫门莱昂
41. 托梅·米特阿米	有马,1613 – 1614	松岛托梅
42. 佩德罗·蒂图罗		
43. 若昂·纳科		
44. 胡斯托·沃达	有马,1613.1.28	远田胡斯托
45. 托梅·韦格纳比	福冈,1614.3.24	渡边托梅
46. 若昂·米纳米	八代,1603.2.11	南若昂
47. 达米昂·塔马基奇	山口,1605.8.16	山口达米昂
48. 本托·塔巴雅		
49. 保罗·达杰多米	有马,1613.10.7	武富保罗
50. 马达伦纳·米诺尔米	八代,1603.12.9	南马达伦纳
51. 伊纳西奥·塔		
52. 西芒·维利乌		
53. 维森特		
54. 弗朗西斯科·托拉米	广岛,1624.2.16	富山弗朗西斯科
55. 霍拉奥·布戈	野津,1588	仲霍拉姆
56. 加斯帕·内西	1609.11.14	贺原西加斯帕

续表1

殉道者姓名	殉道地点	日本名
57. 乌乐苏拉·内西	1609. 11. 14	西乌尔苏拉
58. 马蒂亚斯·沃达	有马,1613.1.28	远田马蒂亚斯
59. 雅各布·康诺夸·休基罗	澳门,1627.11 – 12	古西忠次郎雅各布

十一 越南殉道者

在圣骨柜中，除日本殉道者外，还有交趾殉道者的骸骨：

表2 遗骨保存于澳门的交趾殉道者

殉道者姓名	殉道者姓名	殉道者姓名
多明戈斯	贝内迪克托	佩德罗·丹
托马斯	马蒂纽	维森特
佩德罗	阿戈什蒂纽	阿莱绍
卡约	伊纳西奥·菲隆戈蒂斯	安德烈,交趾的首要殉道者
若昂	马里尼奥	

所有的圣骨柜都存放在大三巴教堂中的圣方济各圣堂口。

大三巴教堂1835年1月25日焚于火。1835年2月3日殉道者的骸骨被移至圣安多尼堂，19日又迁至天主堂中安放于圣饼堂地板下。1937~1938年天主堂重建，殉道者的骸骨迁至圣饼堂后面楼上一小室中。骸骨已杂乱，无法辨清。

殉道者的骸骨一直存于圣饼堂楼上小室中，至1974年10月4日迁至路环岛圣方济各堂神学院，1976年9月迁至岛上的圣方济各堂。

十二 日本神学院

澳门圣伊纳爵神学院是一位日本神父和一位耶稣会殉道者所建。日本神父保罗·多斯·桑托斯（Paulo dos Santos）出资约3000两银，耶稣会殉道者弗朗西斯科·帕切科用这一笔款项于1623年建立这所神学院。

帕切科神父是加西亚·洛佩斯（Garcia Lopes Pacheco）和玛丽亚·博尔热斯·德·梅斯基塔（Maria Borges de Mesquita）之子；1565 年出生于葡萄牙利马角。1592 年乘船去印度，从印度至澳门，后又去日本。从日本被召回后，任澳门圣保禄学院院长（1604～1609）。1612 年返回日本，两年后被放逐至澳门。1615 年再回日本，1622 年被教皇任命为日本教区主教和耶稣会首领。

1625 年帕切科神父被捕，次年被活活烧死，同时受难者还有若昂·巴菖蒂斯塔·左拉（João Baptista Zola）和巴尔塔萨·德·托罗斯（Baltazar de Torres）2 位耶稣会神父，1 位高丽耶稣会士，9 位教外日本人，以及林燮·佩德罗（Pedro Rinxei）、贞松加斯帕（Gaspar Sadamatsu）、辛田纪保罗（Paulo Xintaki）和均左久若昂（João Kinsako）等 4 位日本耶稣会士。这 17 位殉道者于 1867 年 7 月 7 日受到教皇庇护九世（Pope Pius IX）的赞扬。

根据 C. R. 博克瑟的记载，伊纳爵神学院创办人保罗·多斯·桑托斯曾卷入下述日葡纠纷：

1634 年 8 月 1 日，桑托·安东尼奥号旗舰在洛波·萨尔门托·德卡瓦略（Lopo Sarmento de Carvalho）率领下驶离澳门前往长崎，虽路遇飓风，但于 8 月底到达长崎。

桑托·安东尼奥号这艘孤船抵港后，葡萄牙人遭遇到的麻烦并不因此而结束。船上一名商人赫罗尼莫·路易斯·德·戈维亚（Jerónimo Luís de Gouveia）轻率地带了一封信。这封信是澳门一个日本神父保罗·多斯·桑托斯写给一个在长崎的日本人，向其催讨债务的。信被口岸官员查出。德戈维亚不幸被投入监狱。最后，于次年 10 月被判火刑处死。查出这封信后，长崎当局即致函澳门议事会，要求将保罗·多斯·桑托斯遣去印度或遣送至与日本无法通信的其他地方。这一要求受到关心对日贸易的葡萄牙人的有力支持。保罗·多斯·桑托斯虽极力反对，但仍被遣送去印度支那教区。然而，数月后，他又回到澳门。1635 年澳门的法官曼塞尔·拉莫斯（Manuel Ramos）致函总督要求断然下令将此日本神父遣送去交趾，因为长崎当局不会容忍受到玩弄的。这一年在长崎的葡萄牙人被禁止公开佩戴念珠和十字架，澳门教区代理主教强烈谴责他们屈从这一禁令。他还诬称居住在日本的许多葡萄牙人的子孙公开收纳日本妇女和叛教妇女为妾，这些葡萄牙人的子孙都没有受过洗等。

博克瑟在注脚中说：

> 关于此事，日本人最为恼怒的是，保罗·多斯·桑托斯是在募集钱财供养在澳门的十二名日本青年基督徒，以便日后暗中将他们遣返日本传教，而无视幕府发布的旨令。

澳门议事会委员会洛博·萨尔门托·德·卡瓦略（Lopo Sarmento de Carvalho）、曼努埃尔·德·塞凯尔（Manuel de Sequeira）、贡萨洛·达·席席瓦（Dom Gonçalo da Silva）、安东尼奥·德·奥利韦拉·阿拉尼亚（António de Oliveira Aranha）、若热·巴斯蒂安（Jorge Bastiam）、格雷戈里奥·德·莫赖斯·萨尔门托（Gregório de Moraes Sarmento）、曼努埃尔·阿多·德·索萨（Manuel Sanhado de Sousa）、弗朗西斯科·路易斯·莱亚尔（Francisco Luís Leal）、热罗尼莫·里贝罗（Jerónimo Ribeiro）、曼努埃尔·卡尔代拉·洛博（Manuel Caldeira Lobo）和洛伦索·贡萨维尔斯（Lourenço Gonçalves）等人于 1634 年 10 月 5 日写信给日本当局，博克瑟将此信翻译如下：

> 河内水野时期即有禁令不许为在这些地区暗中活动的神父传带信件、单据或补给物。同时，澳督及其他人也签署了文件表示愿遵守这一禁令。今年，克里斯托旺·保罗（Pe. Christóvão Paulo）神父寄过数函，对此我们极为遗憾，在这一点上，我们没有正当道理可言，深感内疚。
>
> 上述保罗神父的信件是用日文写的，付与一澳门之日本人转交赫罗尼莫·路易斯，嘱其将信件带去长崎递交中屋右卫门和加贺帅兵卫。赫罗尼莫·路易斯认为是一日本人写的。倘若他知道信件是保罗神父的，由于澳门禁止此种信件往来，他是会拒收这些信件的，即使收了，其后也会将信件扔进海中的。从这一点上看，以及他将这些信和其他葡萄牙人的信件都上交给港口官员，都可表明他是无辜的。我们知道，这仍不足证明合法合理，这只是我们的一点说明而已，我们不想引出更多的争论。
>
> 至于保罗·克里斯托旺神父，他的行为不像是一个神父，显系以

经商为主，我们认为他是一个商人神父。由于他是一个神父，我们不便说他的坏话。因为他卷入了违反旨令暗中传递信件一事，最好是将他流放印度，我们料想这可能是合乎诸位大人的旨令的。

保罗·克里斯托旺·多斯·桑托斯继续资助圣伊纳爵神学院，该院有日本修士学习，学习完后派去日本传教。1672 年自马尼拉到澳门的西班牙籍方济各修道会士胡安·马丁·克利门特（Pe. Juan Martin Climent）神父提到这所日本和交趾青年人接受神职训练的神学院。

1762 年，耶稣会士被逐出日本。1775 年 8 月 5 日澳门主教亚历山大·佩德罗萨·吉玛良士上书葡萄牙国王说，由于日本已经锁国，请国王允准保罗·多斯·桑托斯的遗产自圣保禄学院迁至圣若瑟修院。当时圣若瑟修院在培养中国教区传教青年。这一要求在 1783 年玛丽一世女王给亚历山大·德·戈维亚主教的信中得到批准。

十三　葬于大三巴教堂的日本人

托巴·玛丽亚·比库尼（Toba Maria Bicuni）。她被逐出日本，并葬于耶稣堂（Jesus）靠近布道讲坛的侧廊。

路易斯和利诺（Luís and Lino）。他们葬于万圣堂（The 10000 Virgins）的侧廊。两人均为"多朱库"，这个日本词的意思是客人或房客。博克瑟的解释说：

> 耶稣会吸收新成员唯一可能的来源是多朱库或多舒库，他们成为传教士的教义讲授者、侍僧、教学司事等，并且范礼安（Valignano）神父坦白承认，他们确实承受了当时的负担和压力。耶稣会从其对手佛教徒那里把语言和思想接过来，因为多朱库是执行修道院中普通日常职务的门徒或候补僧侣。虽然他们不懂拉丁文，并且有时对《教义问答手册》只略知一二，他们却是最有希望的人才，如能在一所神学院中得到适当的培训，就会成为杰出的新手。他们当中的很多人就是根据这种认识接受教育的，如果他们期待能够在适当的时候进入耶稣会的希望落空，他们可能被激怒，甚至会背教。主要的困难是他们不

懂拉丁文，因为成年的日本人实际上不可能攻克这种语言，只有那些从儿童时候起就学习拉丁文的多朱库才有希望达到耶稣会通常对其成员所要求的标准。①

雷吉纳·佩雷拉（Regina Pereira）。她于 1648 年 9 月 7 日去世，葬于圣保禄教堂。

一位日本妇女，加斯帕尔·巴尔博扎（Gaspar Barbosa）的母亲，1648 年 1 月去世，也葬于大三巴教堂。

玛丽亚·迪亚斯（Maria Dias），1649 年 11 月 3 日去世，葬于布道讲坛的前面。

托马济斯·达·科斯塔（Tomásia da Costa），日本人，巴托洛梅乌·达·科斯塔（Bartolomeu da Costa）教友的母亲，1652 年 10 月 7 日葬于加斯帕尔·巴尔博扎（Gaspar Barbosa）的母亲先前所葬的墓穴。

马尔塔·索瓜（Marta Songua），1654 年 4 月 10 日去世。

玛丽亚·费尔南德斯（Maria Fernandes），希翁·多诺（Xivon Dono）医生的姑妈，1655 年 3 月 10 日去世。

一位日本妇女，耶稣会见习修道士安东尼奥·罗德里格斯（António Rodrigues）的母亲，1655 年 8 月 10 日去世。

安德雷·古萨基（André Cusaki），希祖贝·多诺（Xizube Dono）的儿子，1658 年 6 月 19 日去世。

保罗·沙罗贝·多诺（Paulo Xarobe Dono），1670 年 10 月 5 日去世，他的妻子伊莎贝尔·若泽（Isabel Jozze）于 1685 年 1 月 10 日去世。

莫尼卡·若泽（Moncia Jozze）葬于圣保禄教堂。

莫尼卡·皮雷斯（Moncia Pires），1687 年 1 月 17 日去世，她的姐姐热罗尼马·皮雷斯（Jeronima Pires）比她先去世。

莱昂纳达·达·丰塞卡（Leonarda da Fonseca），1688 年 9 月 15 日去世。

---

① C. R. Boxer（C. R. 博克瑟）：*Macau na Época de Restauração*，Macau：Imprensa Nacional，1942，pp. 41 – 42。

十四 耶稣会的路易斯·德·阿尔梅达
(Luís de Almeida)

耶稣会的路易斯·德·阿尔梅达大约在 1525 年生于里斯本，1583 年在日本去世。在天草群岛（Amakusa Islands）的首府本渡（Honda）为他建立了一座纪念碑，1967 年 10 月在长崎举行墓碑落成仪式，墓碑上镌刻有如下的碑文：

> 路易斯·德·阿尔梅达，医生和传教士。1567 年到达长崎的第一个葡萄牙人！

日本大分（Oita）最大的医院也以他的名字命名。阿尔梅达是一位医生、传教士和商人。他与日本关系密切，因为他把欧洲的医学介绍给日本人。他是那个国家最伟大的传道者之一。

他也同澳门有联系，因为他在那里接受授任的神父圣职。

耶稣会的一位视察员范礼安（Alexander Valignano）于 1579 年 7 月 7 日乘坐莱昂内尔·德·布里托（Leonel de Brito）司令官的船前往日本，并于 7 月 25 日到达口之津（Kuchinotsu）。这位视察员派遣四位耶稣会教友前往澳门，接受神父这一圣职的授任。他们是弗朗西斯科·拉贡纳（Francisco Laguna）、弗朗西斯科·卡里恩（Francisco Carrien）、米格尔·瓦斯（Miguel Vaz）和路易斯·德·阿尔梅达。他们乘坐同一条船，并由耶稣会的梅尔基奥尔·卡尔内罗（Melchior Carneiro）主教在大堂授任神父圣职。

他们乘坐米格尔·达·伽马（Don Miguel de Gama）的船返回日本，并于 1580 年 7 月到达长崎。

十五 葡萄牙人"策划侵犯"中国

1606 年重建圣保禄教堂与日本人入侵广州之间的联系不可能是一目了然的，但是，在澳门的日本人历史上这一奇怪事件的背后存在着一些事实，

C. R. 博克瑟和徐萨斯（Montalto de Jesus）把这些事搜集起来。① 博克瑟的叙述记录下这一时期：

> 1606 年。这一年迪奥戈·德·瓦斯康塞洛斯（Dom Diogo de Vasconcelos）成功地进行了一次远赴日本的航行，这次航行之所以值得注意，还因为目睹了荒谬地认为外国人会入侵广州所引起的恐慌。充满敌意的广州人控诉迪奥戈和耶稣会征募日本的基督教徒雇佣兵，与澳门的葡萄牙人及荷兰人相配合，来侵略中国！这种万分紧张的恐慌只是在费尽周折，并且在一位中国耶稣会教友在广州监狱中被折磨致死之后，才有所减轻。②

徐萨斯作了解释：

> 中国人极其多疑，并且总是容易受一些排外的危言耸听者欺骗，现在甚至被人引导到把教堂错误地当作堡垒的地步——误会可能来自修建圣保禄教堂的不寻常的情况。一天，所搭的蓆棚突然拆掉，钟声欢乐地响起来，公众蜂拥前去仔细观看漂亮的建筑物，而在那一天以前，这座巨大的建筑物被小心地隐蔽起来，不让公众看见；而工人是日本人这一事实可能使中国人关于秘密修建了一座巨大堡垒的猜想显得十分可信。另外，在青洲（Ilha Verde），耶稣会修建了一座教堂，中国人认为那是堡垒；并且，当宗教争论发生时，耶稣会的教区长在这场争论中说服别人同意自己的观点，中国人恶意地认为，他是打算彻底改革并征服中国。
>
> 为了防御目的而修建城墙证实了这种怀疑，谣传葡萄牙人拟订了对中国的侵略计划，并且修筑了一些堡垒——人们这样称呼教堂——后 1606 年要在海岸设防。甚至暗中传说，一位耶稣会会士卡塔内奥（Cataneo）已经被选为皇帝……

---

① C. R. Boxer（C. R. 博克瑟）：*The Great Ship from Amacon*（《从阿妈港的大帆船》），Lisboa，1959，p. 70；Montalto de Jesus（徐萨斯）：*Historic Macao*（《历史上的澳门》），Macau，1926，p. 69。

② C. R. Boxer（C. R. 博克瑟）：*The Great Ship from Amacon*（《从阿妈港的大帆船》），p. 70。

很快再次燃起怒火；一位中国学者在一篇关于外国入侵的文章中，用恶毒的笔调（保留原引文）谴责卡塔内奥是一位觊觎王位者，说他事先拟好计划，访问从澳门到北京的中国各主要城市，去熟悉帝国的陆路和海路以及语言和风俗习惯，并且获得很多信徒，他只是在等待早已从葡萄牙派出的强大的舰队和来自日本及马六甲的援军——时刻盼望着的令人生畏的军队——使中国人成为奴隶，使锦绣王国落入野蛮人之手。在澳门，这篇文章广为流传，人们争相阅读，在中国人当中造成恐慌，他们逃往广州……

澳门商业停顿，饥荒即将来临。议事会派出一个级别很低的代表团向总督说明，少数商人具有拟订做梦也不敢想的计划这样的野心是十分荒谬的。由于允许少数中国人回澳门旁听审讯并调查事实真相，广州出现了煽风点火的情况；有人以一种愚蠢的借口，声色俱厉地控诉说，海涛汹涌而来，冲垮了很多房屋，还有人强烈要求得到赔偿，并且把卡塔内奥押解到北京去审判和定罪……

为了在公众面前替自己辩护，卡塔内奥迫不及待地利用对他的指控来反对一位年轻的澳门传教士马丁内兹（Martinez）。这位对基督教徒充满敌意、背教的新受圣职的教士，在一场大的骚动中，谴责马丁内兹是觊觎王位者的间谍和帮凶，为在那个国家举行暴动做好准备之后，又在打算为预期到达澳门的外国军队充当向导，而这个时候，马丁内兹刚刚从内地到达澳门……

由于总督进一步的严刑逼供和审问，马丁内兹遭到残酷的鞭打并被处以死刑。他已经遍体鳞伤，在被带往代表王权的法庭的路上断了气。于是总督命令地方军事长官继续派军队包围澳门。这位精明的军事长官认为，最好还是事先查清事实真相。他手下的一位官员到达澳门后就去神学院，要求面见渴望获得天朝王位的著名的柯第良（Ko-ti-nion）。这位脾气极好的神父让他去图书馆，并且使他相信，那不是装满武器弹药的火库。柯第良指着图书馆里的书籍说，那些书就是他打算用来征服帝国的武器。这位官员露出笑容，似乎不再感到害怕。柯第良再把他引入神学院学生正在安静学习的大厅内，并且说，他们将是在他指挥下作战的军人，并将帮助他登上王位。官员现在完全消除了疑虑，然后又去看了教堂、修道院和其他机构。他的报告使广州当局醒悟过来，逐渐解除了武装，恢复了平静，继续照常做生意。①

这些荒诞谣传的唯一牺牲者是清白的耶稣会教友弗朗西斯科·马丁斯（Francisco Martins），他成为中国第一个殉教者。

十六　澳门的一场骚乱

1608 年 11 月 30 日在澳门发生了一场涉及两艘日本帆船船员和葡萄牙军人的严重骚乱。两艘帆船都已抵达澳门，遗憾的是，其中一艘在附近失事。没有记录可以说明，为什么两艘帆船的船员后来在澳门采取威胁的方式。

他们三四十人一伙，手持武器，在城内各处走来走去。这种傲慢蛮横的行为使很多市民感到恐惧，他们要求当局把日本人赶出去。而市议员们却宁可规劝日本人对自己的行为有所节制，并且穿上像中国市民一样的衣服。

日本人拒绝这些要求。因此，城内发生了严重的骚乱。在冲突的过程中，澳门的审判官即法官受了伤，有一些日本人被杀害。

教堂的钟声发出警报，司令官即地方长官安德雷·佩索阿（André Pessoa）带着士兵到达骚乱现场。日本人迅速进入一所房屋进行抵抗；他们当中的一些人投降了，事后在监狱里关了不长的时间。他们当中大约有 40 人坚持到最后。

没有参加骚乱的另一群 50 名日本人，躲在另外一所房屋内。若奥·平托·里贝罗·达·皮埃达德（João Pinto Ribeiro da Piedade）主教（1604~1626）和一些耶稣会会士进行调停。如果日本人投降，保证他们的生命安全和自由。他们中大部分人最后获得自由，不过有一两个头目被投入监狱。

1609 年安德雷·佩索阿乘坐慈悲圣母号商船前往长崎。他于当年 7 月 29 日抵达。与此同时，那些在澳门被杀害的日本人的亲属向春野武（Daimyo Arima Harunobu）提出申诉，要求他惩罚佩索阿。日本人拟订了攻击佩索阿的计划。1610 年 1 月 3 日他的船受到几十只日本船的攻击。这支

---

① Montalto de Jesus（徐萨斯）：*Historic Macao*（《历史上的澳门》），第 39~74 页。

攻击力量得到 1200 名武士的支援。战斗持续了三天三夜。船上的葡萄牙人以为胜利在望，开始雀跃欢呼，这时突然一艘日本船发射的炮弹落入一个葡萄牙人正在准备投掷出去的纵火罐旁，纵火罐点燃他脚下的火药，火势开始蔓延，无法控制。船长知道他和他的船员可能被俘，便下令烧毁火药库，结果商船发生猛烈爆炸，爆炸声在离长崎很远的地方都可以听见！商船被炸成两半，并且很快就沉入深达 32 尺的海底。

在以后的两百年间，日本的潜水员试图重新找到船上贵重的货物，但是徒劳无功。1928 年，后来又在 1933 年，潜水员找到一些物品：航海星盘，一门青铜大炮和其他东西，并从水下把它们带回来。在澳门军事博物馆的圣弗朗西斯科总部，参观者可以看到慈悲圣母号弹药舱中的一枚大炮炮弹。

十七·圣方济各圣堂的圣骨

圣方济各（S. Francisco Xavier）于 1552 年在上川岛（Sancian Island）去世，他不朽的遗体被送到马六甲，然后再送到果阿（Goa），安放在博穆热苏斯大教堂（Basilica of Bom Jesus）中供人瞻仰。

由于日本对天主教的猖狂迫害，耶稣会传教士写信给罗马教皇穆西奥·维提列希（Mucio Vitellesci），请求把圣者的圣骨送往日本。教皇同意这一请求，命令果阿的天主教雅科梅·德·梅德罗斯（Jacome de Medeiros）割下圣者的手臂。他是在 1619 年 4 月 27 日遵命照办的："我们取出右臂从肘部到肩部的骨头，并把它交给加布里埃尔·德·马托斯（Gabriel de Matos）神父带到日本去。"圣骨是圣者的肱骨，长度为 13 厘米。

当时，日本的主教、耶稣会的迪奥戈·科雷亚·瓦伦特（D. Diogo Correia Valente）正在果阿，他是 1618 年 11 月 4 日从葡萄牙到达果阿的。

圣骨交给他。他于 1619 年 5 月 20 日乘船去澳门，并于 7 月 18 日抵达。圣骨保佑旅客一路平安。他们为了感恩，做了一个银制的臂状盒子来放圣骨。

因为迫害使主教不能前往日本，是日本人主教辖区代理人加布里埃尔·德·马托斯神父在 1619 年把圣骨带到日本。1620 年 1 月 15 日，日本巡视员热罗尼莫·罗德里格斯（Jerónimo Rodrigues）神父为了宝贵的圣骨写信给穆西奥·维提列希表示感谢。

由于日本继续进行迫害，把圣骨保存在那里不安全，1635 年之前，圣骨又被送回澳门。博卡罗在 1635 年写的文章中提到这一情况：

> 从前那里（在澳门）经常出现叫做台风的巨大风暴，这种风暴把大树连根拔起，猛烈地把人推倒在地上；但是，自从光荣的圣方济各的手臂送往那里之后，这种风暴现在已经很少出现。[①]

圣骨供奉在圣保禄教堂已达二百年；当圣保禄教堂于 1835 年被火烧毁时，圣骨被送往圣安多尼堂，后来又送往大堂。圣骨供奉在圣若瑟教堂的圣若瑟圣坛上。它保存在纯银做成的贵重的圣骨箱内，该箱高 72 厘米，上面有这样的题词："本圣骨箱是由安东尼奥·佩雷拉及其儿子和媳妇们在伦敦定做的，谨呈献给澳门大堂，1865 年 9 月 1 日。"

1952 年 12 月，圣方济各的圣骨暂时送往马六甲，在纪念圣方济各逝世四百年之际供成千上万的人瞻仰。1965 年，应纽约大主教弗朗西斯·斯皮尔曼红衣主教（Cardinal Francis Spelman）的请求，圣骨曾在美国短期展出。在新泽西州纽瓦克（Newark）市，数十万人前往瞻仰圣骨。1974 年 10 月 5 日，圣骨被送往路环岛的圣方济各教堂。

十八　海崖圣母教堂（西望洋圣堂）

这座教堂位于西望洋山的顶峰，可以眺望澳门、冰仔岛、路环岛、珠江、湾仔岛和中国内地。

根据牌坊上的题词，达佩尼亚·德·弗兰萨修道院是由奥古斯丁教徒于 1622 年修建的，题词上说：

CONSTRUÍDA

EM

1934 – 1935

EM SUBSTITUÇÃO

DA

---

① C. R. Boxer（C. R. 博克瑟）：*Macau na Época de Restauração*，p. 38。

PRIMITIVA CAPELA

EDIFICADA EM 1622

E

REEDIFICADA EM 1837

译文是：

建于

1934～1935 年

用于代替

原来的教堂

原来教堂 1622 年建

并于

1837 年重建

这座教堂与日本有关系。

1620 年 7 月 28 日，小船圣巴托罗缪号（St. Bartolomeu）在若热·达·席尔瓦（Jorge da Silva）的指导下，在从澳门至日本的商业航行中，遇上一艘荷兰船，当时，另外三艘葡萄牙船也在那里。荷兰战船开始向这三艘船开炮，但是这三艘船比较轻便灵巧，于是设法逃走。荷兰战船转而向小船发起攻击，命令它投降。葡萄牙船员发誓，如果海崖圣母拯救他们脱离这次危险，他们把船上的全部货物都给她。他们准备放火烧掉小船，宁可与小船同归于尽，也不愿投降。最后，他们居然死里逃生，并且抵达澳门。

在返回澳门的途中，他们把钱交给圣奥古斯丁修道院院长弗里亚尔·奥雷利奥·科里托（Friar Aurélio Coreto）。市政厅提供了西望洋的一块土地，在那里修建了一座教堂。1622 年 4 月 29 日，圣奥斯丁修道院的新院长弗里亚尔·埃斯特旺·达·克鲁斯（Frair Estêvão da Crus）在新教堂中做弥撒。那里还修建了一座堡垒。

博卡罗（Bocarro）在 1635 年写道：

海崖圣母教堂（Nossa Senhora da Penha de França）位于比刚才提到的烧灰炉堂圣母院（Nossa Senhora do Bom Parto）的堡垒更高的山上，那里也有一个小堡垒，装有两门青铜小炮，每门小炮发射重量为七磅的铁弹。[①]

马尔科·达弗洛（Marco d'Avalo）在 1638 年说道：

第二个堡垒叫做天主（Nostra Seignora de la Penna de Francia），在它的墙内有一座同样祈求神灵保佑的修道院，它有六门轻炮，发射六至八磅的铁弹。[②]

徐萨斯（Montalto de Jesus）说道：

在澳门曾经修筑堡垒是不容置疑的。在一份古老的法文手稿中，把澳门描述为在山脚下的海边的一个地方，从前葡萄牙人在那里修筑了堡垒，堡垒内住有很多葡萄牙人。按照德·吉内斯（De Guignes）的说法，佩尼亚（Penha）修道院最先是一个堡垒。《澳门记略》叙述说，葡萄牙人为了防御荷兰人，完全根据一座已被拆毁的堡垒的设计修筑了一座堡垒。拆毁堡垒的理由显然就是修建围墙、构筑堡垒的侨民们现在同样要考虑的理由，那就是中国人的担忧。中国人极其多疑，并且总是容易受一些排外的危言耸听者欺骗，现在甚至被引导到把教堂错误地当作堡垒的地步——误会可能来自修建圣保禄教堂的不寻常的情况。[③]

徐萨斯大量的叙述是不正确的。《澳门纪略》中根本没有谈及 1622 年后重建佩尼亚堡垒是为了抵御荷兰人。所以，马斯卡雷尼亚（Mascarenha）与此毫无关系。1623 年之前，那里存在的堡垒并未被拆毁，把堡垒的拆毁

---

① C. R. Boxer（C. R. 博克瑟）：*Macau na Época de Restauração*，p. 18。
② C. R. Boxer（C. R. 博克瑟）：*Macau na Época de Restauração*，p. 72。
③ Montalto de Jesus（徐萨斯）：*Historic Macao*（《历史上的澳门》），p. 69。

归因于中国人的担忧，纯粹是想象出来的。

堡垒很久以前已经拆毁。

1927 年 1 月，一个大理石圣坛放置在该处，那是安东尼奥·阿图尔·德萨（António Artur d'Eça）捐献的。

在空旷地的中间，在露德圣母院（Our Lady of Lourdes）的洞室前，经常放置一块镶嵌着两块铜牌的大理石板。在铜牌上刻有若奥·保利诺（Dom João Panlino）的名字和纹章以及下面这些字：你进入你的天国。下面的铜牌上刻着这样的题词：

A PΩ[①]

HEIC ADQUIESCIT

D. JOANNES. PAVLINVS. DE AZEVEDO. ET. CASTRO

MACAUNENSIS. EPISCOPVS

VIR. EXIMIA. IN DEVM PIETATE

MORVMQUE INTEGRITATE CONSPICVVS

AMOREM. PATRIAE. ET. LAVDEM. EMERITVS QVI. ANNOS. NATVM. LXVI

MACAI. VITA. EXCESSIT. XIII KAL. MART.

MDCCCXVIII

PAX. TIBI. ET GAVDIA. CAELESTIVM

题词的下面部分是：

O CABIDO DA SÉ CATEDRAL DE MACAU

OFERECE E DEDICA ESTE MONUMENTO

题词的上面部分是：

---

① A = 阿尔法（Alfa），意思是"开始"；Ω = 亚米茄（Qmega），意思是"终结"；P = "基督"（Christus）。那就是说，"基督是万物的开始和终结"。

TRASLADADO EM 6 - 2 - 1923

PARA A VILA DAS LAGES DO PICO-AÇORES

这些话的意思是：

基督：开始和终结。这里长眠着澳门主教若奥·保利诺·德·阿泽维多·埃·卡斯特罗（Dom João Paulino de Azevedo e Castro），一个对上帝十分虔诚的人，他以其生命的完善，以及对祖国的热爱和献身精神而著称。他于 1818 年 2 月 17 日在澳门去世，终年 66 岁。安宁和进入天国的幸福伴随着你。

澳门大教堂的牧师会奉献此纪念碑，并为之举行落成仪式。1923 年 2 月 6 日转让给拉热斯·多·皮科-阿索内斯（Lages do Pico-Açores）。

这块铜牌在中日战争期间丢失。

1835 年，随着女修道院的废除，教堂成为公共财产。它被 1835 年 8 月 5 日的台风毁坏。40 名信徒向市政厅申请，对教堂进行管理和使用。1836 年 6 月 8 日同意了他们的这一请求，直到上级可能作出决定为止。于是他们在 1837 年重建该教堂。1846 年 9 月 12 日的皇家法令批准 1836 年参议院的决议，把教堂交给信徒。1909 年，在面对教堂的空旷地北端，建立了圣灵怀胎的雕像。

教堂的这块空旷地，即有两个楼梯通往下面的空旷地，露德圣母院的洞室就在那里。这块土地属于若泽·马利亚·德·卡斯特罗·埃·巴斯托（José Maria de Castro e Basto）和他的妻子卡西米娜·德·塞纳·费尔南德斯·巴斯托（Casimira de Sena Fernandes Basto），他们把它赠送给若奥·保利诺·德·阿泽维多·埃·卡斯特罗（D. João Paulino de Azeredo）主教。1908 年主教修建了一个 5 米高和 5 米宽的拱形门，在门的下面，是安放露德圣母的大理石雕像的洞室。这尊雕像是热那亚的维托里亚·斯皮诺拉·帕拉维希诺（Vittoria Spinola Pallavicino）赠送的。

十九　在澳门的日本避难者

1685 年 3 月 10 日，有人发现一艘日本帆船在澳门附近的马卡里拉岛［Macareira Island，从前叫做若奥岛（Dom João Island）］搁浅。当葡萄牙当局前去查看这艘船时，他们还发现 12 名日本船员，这些船员跪在地上，举起手臂，祈求葡萄牙人搭救他们。船员们惊慌失措，十分饥饿。船上装载着 74 大包烟草。

船员们被带到澳门进行查问，但是，根本听不懂他们的话。

日本人起初害怕自己会被抓获他们的葡萄牙人杀掉。但是，他们得到丰富的食物，并且狼吞虎咽地吃掉这些食物，因为他们十分饥饿。这时，找来一位上年纪的日本妇女，让她讲日本话。但是，最初她也无法听懂他们说些什么，因为她已经忘记了她本国的语言。慢慢地，她能够弄清楚他们的经历：

这些日本人生活在日本的伊势，他们居住在一条叫做神馆（Kamijashiro）的街道上。船长的名字叫田吹（Tafek），是这艘船的船主。船员们的名字是太郎兵卫（Tarobe）、外间（Gempachi）、银财（Ginzabro）、出四方（Diyomu）、少财（Shoza）、矢茸（Yafek）、三喜卢（Sankiro）、二郎（Jero）和十美（Jubi）。

船长花费 1500 两银子建造了自己的这艘船，船上烟草的成本是 98 张金票。船上货物的一半归船主所有，另一半归船长雇用的船员所有。该船从伊势驶往长崎，但是途中遇到暴风雨，大部分货物从船上落入海中。在以后的 5 天中，因为气候极其恶劣，天昏地暗，他们在船上彼此不能看见对方，11 天后，他们抵达马卡里拉岛，葡萄牙人在那里发现了他们。

葡萄牙当局决定把帆船带到澳门，并且把船上的货物清点造册，当他们回到帆船搁浅的地点时，大吃一惊，全副武装的 40 名中国人已经接管了这艘船。因为没有力量迫使中国人离开这艘船，他们就告诉中国人，政府命令 3 艘船和 70 个人把这艘帆船带到澳门。这些中国人听说大批武装人员即将到来，就安静地离去。帆船被带到澳门，日本人由当局供给住房。

葡萄牙人认为这件事是天意的征兆。他们在 47 年前被驱逐出日本，现在，在他们的照顾下，给日本人提供了安全的避难所，希望他们有朝一日能够重返日本，在那个国家布讲福音。

在这期间，中国人已经知道日本人出现在澳门，派出三名官员去询问市议员和日本人。但是，这些官员对日本人的命运不感兴趣，却十分关心金银和日本刀的下落。他们来到这座城市，给市议员带来很多麻烦。

当葡萄牙人决定把日本船员遣返回国时，他们发现日本船员没有足够的钱购买船只。耶稣会会士请求市议会的帮助，住在圣保禄学院（St. Paul's College）并且是日本耶稣会大主教辖区代理人的菲利波·马里亚·菲谢（Filippo Maria Fieschi）神父写了一封信给市议会，并在信中提出如下建议：他与佩德罗·瓦斯·德·塞克拉（Pedro Vaz de Sequeira）①、若泽·皮涅伊罗·德·法里亚（José Pinheiro de Faria）和贝尔纳多·达·席尔瓦（Bernardo da Silva）共同购买一艘船，并把该船提供给市议会，把日本人送回他们自己的国家。

但是，他们未能尽快地买到一艘船，佩德罗·瓦斯·德·塞克拉提供他自己的名叫圣保禄的帆船。在支付旅途费用方面，菲谢神父同意支付三分之一，皮涅伊罗·德·法里亚支付其余部分。当这件事情最后定下来时，日本船被拆卸成好几部分，运到圣保禄号帆船上。曼努埃尔·德·阿吉亚尔·佩雷拉（Manuel de Aguiar Pereira）被挑选担任船长。日本人在起程离开澳门之前，市议员送给他们新的丝绸衣服。帆船终于在 6 月 30 日起航，于 7 月 3 日抵达长崎。令葡萄牙人大失所望的是，不允许他们重开与日本人的贸易；但是，允许帆船上的日本人上岸回家。圣保禄号帆船于 8 月 30 日回到澳门。

---

① 佩德罗·瓦斯·德·塞克拉是葡萄牙驻日本大使（1644～1647 年）贡萨洛·德·塞克拉·德索萨（Gonçalo de Sequeira de Sousa）上尉的儿子。1657～1659 年，他还在印度，在路易·德·门东萨·富尔塔多（Luís de Mendoça Furtado），在海上舰队服役，1659 年参加从荷兰人手中夺回广州的战斗，以及为保卫交趾（Cochin）再次与荷兰军队交锋的战斗。后来他定居澳门，被任命为司令官即地方长官。他在 1698～1699 年和 1702～1703 年曾两次出任公职。他的儿子安东尼奥·塞克拉·德·诺罗尼亚（António Sequeira de Noronha）在1711～1714 年也成为澳门的司令官。司令的儿子曼努埃尔·德·卡马拉·德·诺罗尼亚（Manuel de Câmara de Noronha）在 1743 年获得高贵骑士这一贵族称号。

在澳门和香港，仍然还有很多姓诺罗尼亚的人，他们可能是这个家族的后代。

还有另一个曼努埃尔·德·卡马拉·德·诺罗尼亚，他是 1631～1636 年的澳门司令官。关于贡萨洛·德·塞克拉大使的情况，参看 C. R. Boxer（C. R. 博克瑟），*The Embassy of Captain Gonçalo de Sequeira de Souza to Japan in 1644 - 1647*（《1644～1647 年贡萨洛·德·塞克拉·德·索萨上尉出使日本记》），Macau，1938。

二十　日本船只失事

1832 年，一艘有 14 名船员的商船在从名古屋驶向东京的途中遭到严重破坏，只有 3 名船员生还，他们是教友岩吉（Iwakichi），28 岁；弓吉（Kyukichi），15 岁；乙吉（Otokichi），14 岁。他们像漂浮在水面的船只残骸和货物那样，在太平洋上漂浮，最后终于到达加拿大英属哥伦比亚的夏洛特女皇群岛（Queen Charlotte Islands）。

在以后的两年，他们经历了很多艰难困苦，有一段时间，他们被抓获他们的印第安人部落强迫从事艰苦的劳动。他们甚至失去了回到祖国的希望。

但是，1834 年 5 月，属于哈德逊湾公司（Hudson Bay Company）的一艘英国船抵达夏洛特女皇群岛。船长麦克尼尔（MacNeill）在同印第安人做生意时看见了这三个日本俘虏。他同情他们，并且把他们带回自己的船上。到达温哥华后，他委托该公司的麦克法伦（MacFarling）医生保护这三个人，医生答应帮助这些日本人返回日本。

他们搭乘一艘鹰号英国船离开温哥华前往伦敦。在开往英国的途中，鹰号曾在夏威夷停靠，然后绕过南美的合恩角，驶抵伦敦。在伦敦城，日本人受到很好的接待，请他们游览城市，包括去白金汉宫、伦敦塔、威斯敏斯特教堂和圣保罗大教堂。

英国政府决定把日本人遣送回国，他们乘坐的是帕尔默将军号（General Palmer），这是属于哈德逊湾公司的另一艘船。该船经好望角驶往日本，于 1835 年 12 月抵达澳门。

在澳门，波美拉尼亚地区的基督教传教士卡尔·古尔兹拉夫（Karl Gulzaff）① 负责照料这些日本教友。他安顿他们住在自己的家里，直到关于

---

① 卡尔·古尔兹拉夫出生在德国北部波美拉尼亚省（Province of Pomerania），现在该省已经归还给波兰。23 岁时，他乘船去印度尼西亚的巴塔维亚（Batavia）（雅加达），他在那里学习华语、马来语，还学习了一点日语，但是他不在那里布讲基督教。后来他乘船去泰国，在那里学习泰语，并且把路加福音和约翰福音翻译成泰语。他于 1835 年 12 月 30 日到达澳门，他的妻子在那里开办了一所学校。他仍然对自己沿中国海岸线的"圣经航行"感兴趣：他去过满洲；在朝鲜，他访问过济州（Cheju）和冲绳（Okinawa）。他还从那里去了台湾，台湾更多地被称为"福尔摩萨"。他在香港去世，并葬于香港。

教友返回日本的事情安排妥当为止。在此期间，他向他们宣讲基督教，并向他的客人学习日语，成功地翻译了约翰福音及三篇使徒书信。这对于古尔兹拉夫来说不是一件容易的事情，因为他们都是地位低下的农民，并且只有一个人会书写。这些日本人讲他们家乡的尾纳廖（Owairiyo）土语。卡尔·古尔兹拉夫的约翰福音译稿终于在 1836 年完成，并在新加坡付印。在此期间，合众国政府试图与日本开展贸易，但收效甚微。

1837 年 7 月，美国船莫里森号访问澳门。卡尔·古尔兹拉夫利用这一机会带着这三个日本人登上该船。这艘美国船于 7 月 27 日抵达东京。古尔兹拉夫请求让这些日本人上岸，遭到拒绝。日本当局向他出示 1837 年颁布的一项法令，该法令判处任何从国外回来的日本人死刑。也许，谈判惹恼了日方，当局下令向莫里森号开火。船长并不泄气认输，而是从东京驶往名古屋。但名古屋的强风使他无法抛锚。船继续往南向鹿儿岛（Kagoshima）驶去。莫里森号再次遭到海岸炮火的攻击，不得不向公海驶去。

三名教友在亲眼看见自己的祖国及其城镇、山脉、树林和湖泊之后，不得不回到澳门避难。他们后来的情况如何？谁也不知道！最大的可能是，他们成为基督教徒，同中国妇女通婚，娶她们为妻，隐姓埋名地在澳门的中国社会中生活。有些人说，他们当中的一个人搭乘莫里森号去了美国。至于约翰福音的译本，著名的美国传教士海普伯恩（Hepburn）牧师在新加坡发现了这个译本，它被用于把《圣经》翻译成日文（1880～1888）。

所有这些事情的发生，都是因为三名地位低下的日本人 1832 年在海上遇险。

上帝的安排是多么不可思议！

（原载官龙耀主编《文化杂志》，澳门，澳门文化司署，

第 17 期，1993 年第四季度）

澳门莲系地名考

邓景滨[*]

一

　　澳门特别行政区的区旗是绘有五星、莲花、大桥、海水图案的绿色旗帜。

　　澳门特别行政区的区徽，中间是五星、莲花、大桥、海水，周围写有"中华人民共和国澳门特别行政区"和葡文"澳门"。

　　上述两段文字摘自 1993 年 3 月 31 日颁布的《中华人民共和国澳门特别行政区基本法》第 10 条。澳门特别行政区的区旗、区徽均以莲花作为主体图案，而莲花图案中的三片花瓣则表示澳门由三个地方组成：澳门半岛、氹仔岛和路环岛。

　　此后，澳门政府在松山东隧道口设计竖立一座中葡友谊纪念物，并于 1995 年 6 月 10 日落成揭幕，此金属纪念物命名为"莲花"。

　　1997 年 3 月，澳门政府环境技术事务办公室创办了一份以再造纸印制的环保杂志（季刊）亦以"莲花"命名。

　　一个旨在推广莲花种植、开展与莲花有关的文化艺术活动的民间社团于 1997 年 7 月乘势创建。此团体名为"澳门莲艺文化协会"。随后，由"荷花老人"王其超、张行言教授夫妇主理的"中国荷花研究中心"亦在澳门设立。

　　1998 年 6 月 29 日，连贯珠海横琴与澳门路氹，全长 1300 公尺、六线行

---

　　*　澳门大学社会科学及人文学院中文系教授。

车、造价高达两亿澳门元的跨海大桥正式动工兴建。这座具有历史意义的跨海大桥由中葡关于澳门与内地大型基建协调小组经过反复磋商，最后一致同意命名为"莲花大桥"。

……

莲花，究竟与澳门有何关系？莲花，作为澳门特区的区旗、区徽的主体图案究竟有何依据？曾经有人表示质疑。然而，根据笔者的考证，可以绝对肯定：澳门自古以来，就与莲花结下不解之缘。澳门的一系列与"莲"有关的地名，蕴涵着极其丰富的文化内涵。现试从如下四个方面加以论述。

（一）史家记录的澳门地貌

澳门的地貌，曾有多部古籍作过生动形象的描述。

清初著名学者屈大均（1630~1696）的《广东新语》卷二"澳门"将莲花山喻为"莲茎"，将澳门喻为"莲叶"：

> 自香山城南以往（一百）二十里，一岭如莲茎。踰岭而南，至澳门则为莲叶，岭甚危峻，稍不戒，颇坠崖下。

江苏陆希言于康熙十九年（1680）随吴历入澳学道，撰《墺门记》，内将澳门喻为横披水面的"荷葵"：

> 遥望如一叶荷葵，横披水面。迨其茎，则有关焉。

浙江杜臻于康熙二十二年（1683）奉旨巡视闽粤两省，二十三年二月莅澳。其《闽粤巡视纪略》将澳门喻为莲之"菂"（莲子）：

> 诸岛虽为省会之案砂，而周罗环匝，岙门独居其中，如莲之有菂，亦一奇也。

清代乾隆六年（1741）举人、山西暴煜于乾隆十六年（1751）任香山知县。在其编纂的《香山县志》卷八"濠镜墺"将关闸沙径喻为"莲根"，将澳门喻为"莲花座"：

> 前山南二十里，陆路沙径，状如莲根；彝人居澳中，自名为莲花座。

田明曜编纂的《香山县志》卷八收录张甄陶《论澳门形势状》一文，内将前山喻为"荷根"，关闸沙径喻为荷"茎"，澳门周围之大小十字门、九洲洋、鸡颈头、金星山、马骝洲等喻为"花之瓣"，而澳门则喻为"荷心莲蕊"：

> 前山如荷根，山路一线直出如茎，澳地如心。此外如大小十字门、九洲洋、鸡颈头、金星山、马骝洲，星罗棋布，宛如花之瓣。澳夷男妇共有二千余人，如蝤蛑蟛蜞动于荷花莲蕊之中……

清嘉庆六年（1801）的《重修莲峰庙题名碑》记录了当时的澳门形貌，亦将"濠镜澳"喻为"莲花"：

> （香山）邑东南百里，重岚叠巘，岿然秀出，为凤凰山，蜿蜒曲折，趁南一路，为莲根；二十里，为莲花，即濠镜澳也。

营地大街、关前街、草堆街三街会馆内有《三街会馆碑》，碑文将澳门喻为"莲花"：

> 澳门则如莲花，其地三面环海……

（二）诗家描绘的澳门形胜

清初画坛六大家之一的江苏天主教徒吴历，于康熙十九年（1680）冬莅澳，寓大三巴，后著《三巴集》，内有《澳中杂咏》30首，其一云及"濠镜山形可类花"：

> 关头阅尽下平沙，濠镜山形可类花。
> 居客不惊非误入，远从学道到三巴。

诗末原注："山色紫黑，形类花朵。"番禺诗人汪后来（1678～1752）是武举人，历官千总、守备，曾巡视广东边海，在《澳门即事》中将澳门地形喻为"莲花"：

> 莲花出水地形奇，为问何年借岛夷。
> 却怪伏波征戍日，不将铜柱立江涯。

汪后来又在《初至澳门回柬吴都阃》诗中言及澳门"势作莲花"：

> 名驹借得不知穷，潦倒生涯旅病中。
> 口腹累人闵仲叔，山川成癖米南宫。
> 声传海市浮天白，势作莲花拔地红。
> 井澳有门天设险，只今翻为岛夷雄。

道光二年（1822）进士、高要诗人黄德峻于嘉庆十五年（1810）写了一首《澳门》诗，首句便说"形胜似莲花"：

> 传闻形胜似莲花，孤屿南浮水一涯。
> 潮落海门分十字，钟鸣山寺礼三巴。
> 鲸鲵浪静通番舶，蚝蛤塘宽占蜑家。
> 好是葡萄新酒美，高台风月不须赊。

也有诗人将澳门喻为"芙蓉"（莲花之别称）。明代香山诗人黄畿便在《登莲峰》诗中写出气象瑰丽的名句："芙蓉千丈海中出。"清代番禺诗人苏鸿亦在诗中将澳门描绘为"宛似芙蓉出水浮"。

也有诗人将澳门地形描绘为"莲叶"。雍正七年（1729）武举人、顺德诗人潘宪勋曾写下《澳门曲》三首。其中第三首末句便说"莲茎莲叶似蓬莱"：

> 钳髡欲赎罪难开，汉官番官不爱财。
> 东国共传有声教，莲茎莲叶似蓬莱。

另一位顺德诗人廖赤麟（1775～1823）有《澳门竹枝词》10 首，其第一首次句便将澳门喻为浮在海面的"莲叶"和"出水"的荷花：

> 波光错绮涨晴霞，莲叶形浮出水花。
> 一角天开航海径，果然无外是中华。

乾隆元年（1736），居于广州城南濠畔街的南海诗人冯公亮开设白兰堂诗社。其后曾来澳门，并写下长诗《澳门歌》，将"濠镜"喻为"莲花座"：

> ……
> 濠镜由来荒僻滨，今成戍蛮贸易津。
> 十字门中拥异货，莲花座里堆奇珍。
> ……

第三任澳门同知张汝霖（1709～1769）在七律《寄榷青洲饭罢抵澳》末句将澳门地形喻为"莲台"：

> 楼船鼓角晓风催，载到厨烟翠一堆。
> 山势不根浮树出，钟声微浊带潮来。
> 已同纳秸孥西至，犹见倾葵户北开。
> 一段海霞红蘸处，粉墙高下簇莲台。

（三）形家口中的澳门风水

形家，即堪舆家，又称地理家、地舆师、地师，俗称风水先生。形家根据地形、环境、方位、山水、气象诸因素，以相度地形凶吉。历代形家对澳门的风水大都赞不绝口。据王文达《澳门掌故》一书所载，澳门地脉属赣粤龙脉入海处之一：

> 宋代名堪舆家赖布衣……弃官浪游，沿江西追"龙"南下，至广

东见"龙脉"分为两支，其一趋向香港与宝安之间，因名该地曰九龙；其一则趋于澳门莲峰山下，其地冈陵环抱，田亩纵横，因取名龙环及龙田云。

龙环遗址现在濠江中学球场处，龙田遗址则在罗沙达街、巴士度街、飞良绍街及文第士街一带。因龙脉"趋于莲峰山下"，而莲峰山貌酷似莲花，故此地便称为莲花地。为强调其地风水佳胜，便冠之以"宝"、"胜"、"福"等吉祥字眼，故又称"莲花宝地"、"莲花胜地"、"莲花福地"。

形家对澳门风水的直接记录似乎难得一见，但借着诗人的笔录，仍可窥见片麟只爪。

例如清代香山诗人吴亮斑在《澳门》二首之二的"十载兴衰客惯论"句末加注云："指形家言澳门为莲花地，当十年一消长。"可见风水先生早已有"澳门为莲花地"之说。

风水先生所说的"莲花地"，是指永无血兵之灾的福地。历史真乃巧合，澳门开埠至今的四百多年间，中国虽经多次改朝换代及战争浩劫，但澳门能一一渡过危机，不染血兵之灾。

澳门近代名人郑观应（1842～1921）颇好形家之道，曾拜师学过堪舆学，亦曾亲身考察过风水。他的名著《盛世危言续编》卷十五"杂著"，收录了他写的多篇有关风水的文章和信札，如《望气寻龙诀》、《致王爵棠方伯论考地师书》、《致陈盘溪地师论风水书》、《与欧阳伟南地师书》等。光绪十一年（1885），郑观应为其在澳门下环妈阁街龙头左巷10号的新居留下《题澳门新居》二首。其一云：

> 群山环抱水朝宗，云影波光满目浓。
> 楼阁新营临海镜，记曾梦里一相逢。

作者于末句自注："先荣禄公梦神人指一地曰：此处筑居室最吉。后至龙头井，适符梦中所见，因构新居。"诗中以"山"、"水"、"云影"、"波光"描绘新居环境之秀丽风光，末句借神人托梦，以形家之风水观念，道出澳门之地"筑居室最吉"。

郑观应在《题澳门新居》之二中更以形家兼诗家的触觉，尽道新居环境之幽清祥端，并直呼澳门为"莲花地"：

> 三面云山一面楼，帆樯出没绕青洲。
>
> 侬家正住莲花地，倒泻波光接斗牛。

比郑观应早二百多年的顺治进士、工部尚书杜臻（？～1703），曾奉清廷之命与内阁学士石柱巡视粤闽沿海，有长篇七言古风《香山澳》传世，开篇六句为：

> 香山之南路险巇，层峦叠嶂号熊黑。
>
> 濠镜直临大海岸，蟠根一茎如仙芝。
>
> 西洋道士识风水，梯航万里居于斯。
>
> ……

诗中云及"西洋道士识风水"，其实是作者的风水意识透过"西洋道士"而折射出来。连"西洋道士"也认为澳门利于居住、利于贸易，故不远万里而选择"居于斯"，足证澳门是一块风水宝地矣。诗中第四句形容澳门的地形如一株茎部盘曲的仙灵芝，这较之以"莲茎"、"莲花"喻澳门地形更为别开生面。杜臻在《粤闽巡视纪略》称澳门"形如灵芝，广二十里，长半之。正北一石埂贯大海而属于前山寨，广十余丈，长六里，如芝之有茎"。此言直可作为第四句诗之最佳注脚。

光绪庚子年（1900），顺德诗人梁乔汉于澳门设馆授徒，并于教余作《镜湖杂咏》50首，其诗序尽道澳门风水之来"龙"去"脉"，指出澳门"向号莲花出水之地"的由来：

> 近自前山城白石村来龙，脉沉海底，有随龙砂由北山岭出，蜿蜒数里，是名高砂。护障东海，到头突起。青鳌（洲）山在西北作迎龙，跌断，复由砂冈上。脉起红毛山（又名金字冈），开帐；再起柿冈，连复开帐；南走大庙及龙嵩庙，至风信庙，高竿转侧，出西望洋山，结马角庙。一路起伏活动，是为正干龙，发祖自青鳌山。其右边由红毛山帐角，拖出白鸽巢山，为右迎龙。对正青鳌山，为顾祖回龙之局。

其左边起莲峰山，在正北方为左迎龙。东走望厦冈、金菊冈，转折南
走猪头冈，起东望洋山，出雀仔园山至南湾花园。尽结一带，陇断冈
连，行度屈曲，皆为干龙作护障东海之势，补其空缺，是为枝龙。故
全澳向号莲花出水之地。其发脉处为莲峰，下为莲溪，外接高砂如莲
梗，内绕众山如蓬如叶，正结马角山则为莲花，石瓣透露，如跗萼相
衔，诚逼肖矣。

《镜湖杂咏》有多首诗作提及澳门的山石地形宛若莲花或花瓣。例如开
篇之作即描写了龙脉结穴处的"马角"（即"妈阁"）正是"满山蟠结莲花
石"的真龙灵地：

> 神母风帆择地来，灵祠马角郁佳哉。
> 满山蟠结莲花石，占尽真龙海岛回。

又如杂咏第 15 首描绘了澳门数里之地宛如重重的莲荷花瓣：

> 莲峰古庙接来龙，蠔镜全窥入首踪。
> 直干蜿蜒经数里，平阳开放瓣花重。

（四）佛家眼里的澳门净土

佛家眼里的净土，是充满祥和宁静、无灾无劫的莲花世界。可以说，
莲花是佛教的吉祥物。在中国影响至深、信仰最广的佛家如来之一观世音
菩萨（又名观自在、光世音，唐朝为避唐太宗李世民讳而简称观音）的造
像，均以莲花为座。此座台便称为莲花座、莲座、莲台等。澳门有八座观
音堂分布于莲花三岛之上，最早的是建于明代天启七年（1627）的望厦观
音堂（即普济禅院），已有 370 年的历史，足证澳门人对此信仰之悠久普
及。信奉佛教的人，往往将佛家的修行胜境比喻人间的佛国净土，以引发
信徒参禅礼佛，共证菩提。澳门有不少诗联将澳门喻为莲花地或莲台、莲
座，将澳门当做想象中的佛国胜境而加以描绘和赞美，使澳门这块"莲花
地"的形象更加深入人心。

妈阁石刻诗中有一首署名"布衣"的五言律诗。此"布衣"是否赖布衣，不可考。诗中充满禅味，将澳门喻为佛家的莲花世界：

> 古木涵江影，峰奇挛石亭。
> 鱼龙沾佛法，鸟雀带仙灵。
> 水镜云磨碧，山屏雨洗青。
> 莲花开世界，烟霭遍南冥。

清代乾隆五十五年（1790）任香山知县的许敦元，在巡视澳门妈阁庙时，写了《游海觉石下》诗两首，其一描绘了海觉石周围的美景，并将澳门喻为"莲花"似的吉祥"佛地"：

> 石磴盘纡入，山阿结小亭。
> 莲花开佛地，蓬岛宅仙灵。
> 岩树千年碧，中洲四面青。
> 鸿蒙原一气，天水共冥冥。

清代道光癸卯年（1843），广东大鹏协副将、自号翰墨将军的张玉堂，在澳门妈阁庙留下了拳书"名岩"二字及七律一首。其诗风格豪迈，出语不凡，飘然有道佛之气，当然亦少不了"莲花"之语：

> 何须仙岛觅蓬莱，海觉天然古刹开。
> 奇石欲浮濠镜去，慈云常拥凼帆来。
> 莲花涌座承甘露，榕树蟠崖荫玉台。
> 谨向名山留妙笔，淋漓墨沷破苍苔。

至光绪二十一年（1895），黎中岳在庙内观音阁题撰了一副木刻联，佛味更浓，且不忘"莲花座"上的"妙香"：

> 南海善慈悲，杨柳瓶中生，生意满
> 西方大欢喜，莲花座上妙，妙香来

此联与莲峰庙天后殿陈子清撰书的木刻联稍有不同：前者为赞颂西方佛家之联语，而后者则赞颂中国沿海的天后女神。然两者均与"莲座"或"莲台"发生了联系：

> 德可配天，现莲台大造
> 仪咸奉母，惠镜海群生

类似的对联，在澳门三岛的庙宇中有十余副。或曰"莲座"、"莲花座"、"座下莲花"、"座涌莲花"，或曰"莲台"、"莲华台"、"白莲台"，或曰"莲华妙法"、"莲花说法"等等，通过各种方式将佛家的"莲花"与"澳门"牢牢地连在一起。

综上所述，可见澳门与"莲花"之缘是多个不同文化层面的融合，其内涵丰厚而悠久，其影响深远而广泛：史家从地貌角度指出澳门形似莲花；诗家既从陆路上描绘澳门的莲花茎和莲花山，又从海面上描绘澳门如"出水"之"莲花"，依山而筑的白色建筑物又如"莲瓣"拥"莲台"；形家从风水角度宣扬澳门为吉祥宜居之"莲花宝地"；佛家则将澳门视作佛门修行的莲花胜境……这些文化层面虽各有不同，渊源各异，但将澳门视作"莲花"是一致的。如是，澳门开埠几百年来，不断受到这些不同的文化意识的浸淫，其结果必然会将不同文化层面的"莲花"意念深扎于澳门的土壤之中。澳门有众多的"莲"字地名，其主因亦源于此。

二

笔者从方志、史书、笔记、杂志、掌故、诗集、图册甚至石刻、楹联中搜集了27个澳门"莲"系地名，其中有作为特指的局部地名，也有作为泛指的澳门雅称。值得注意的是，可以用作泛指的澳门地名，有些是属于史地书籍的用名，具史舆性；有些只是文人骚客在吟咏时运用借代手法，以小喻大，将专指的地名转为泛指的文学性雅称，这是需要加以区别的。

（一）莲花山

此名属专指地名。

清代乾隆九年（1744）担任首届澳门同知的印光任，曾与张汝霖合著《澳门记略》，其"形势篇"有云：

> 出（前山寨）南门不数里为莲花茎……茎尽处有山拔起，跗萼连蜷，曰莲花山。

乾隆十年（1745）二月，分巡广南韶连道薛韫巡视澳门，并撰写《澳门记》，内云：

> ……断亘沙堤如长桥，曰莲花茎。茎末，山又特起，名莲花山。

又据王文达《澳门掌故》所载，此山"所以名曰莲花，除了在地形上它在莲茎的尽处，突然拔起，宛如花球外，而它亦多奇石，千形百态，旧日其山顶的岩石，远望之如一位观音立在莲瓣上，其他岩石拱托如云，更像是莲花盛开"。

《昔日澳门》明信片集中有多幅莲花山旧貌照片。其中一幅摄于1890年，内有中葡说明文字，均提及"莲花山"之名：

> 从马交石炮台马路眺望螺丝山（近处）及莲花山（远处），可见黑沙环海滩全景。

另一张明信片说明文字为：

> 从渔翁街远望黑沙环马路及位于莲花山的望厦城堡。

岳铭于1978年仲夏出版的《濠江溯源》，内有作者所撰七律三首。其《铜马像二首》之一首句便有"莲花山"一名：

> 莲花山下起仓惶，骄马悍夷气嚣张。
> 澳督有心扩地界，清兵无力保家乡。
> 村夫奋臂断酋首，壮士从容赴法场。

为解敌军攻寨急，挺身就义一肩当。

莲花山因坐落于望厦村，故又名望厦山；又因葡人于 1849 年在此修筑炮台，并派肤色黝黑的来自葡国在非洲殖民地的雇佣兵把守，故又名黑鬼山。

（二）莲华峰

莲华峰即莲花山之异名。华，读如花，通花。此名见释纯谦之《重游澳门普济禅院与秉上人》诗。释纯谦，字涉川，曾为广州海幢寺住持，著有《片云行草》。秉上人即澳门普济禅院秉机存禅师。诗云：

数载曾经望厦村，黄花晚节喜君存。
远钟声彻三巴寺，番舶帆收十字门。
万里潮音来有信，一轮蟾影淡无痕。
莲华峰上披襟坐，共向清宵话故园。

（三）莲叶峰

莲叶峰即莲花山之又称，因山上巨石似莲叶而得名。此名见南海诗人黄呈兰（1705～?）《云谷诗草》之《澳门》诗：

莲叶峰头抹紫霞，烟开濠镜百蛮家。
星占牛女仍分野，地尽东南尚有涯。
海市远通门十字，蜃楼高耸寺三巴。
怪来异域乘潮至，争说中原盛物华。

（四）莲峰山

莲峰山是莲花山之又名。此名见广东化县诗人黄秀松写于 1951 年的《冬夜怀龙思鹤先生》诗：

莲峰山下一诗人，霭霭风光九十春。

梅鹤双清超绝代，魔高十丈存其真。

首句原注："公寓居莲峰山下。"诗题的"龙思鹤先生"自号"双清白斋"，能诗，曾任粤军总司令许崇智参谋、广东茂名县县长，晚年居澳门，与夫人刘均皆为基督教信徒。

（五）莲峰

莲峰，原为莲花山之又称。莲峰庙内观音殿前有一石砌荷池，池壁有铭文四句，首句"峰以莲名"点出了"莲峰"得名之由来：

峰以莲名，池发其馨，

擢青挺秀，应地之灵。

此铭文为钟士超、李大临撰题于清代嘉庆四年（1799）春。

历代诗人均有吟咏莲峰之诗作，如明代景泰丙子年（1456）举人、香山直臣黄瑜有五律《莲峰瑞云诗》，其子黄畿（人称粤州先生）亦有《登莲峰》七绝一首：

振衣舒啸凌崔嵬，紫翠簇簇临风开。

芙蓉千丈海中出，文笔一枝天外来。

"芙蓉千丈海中出"极言莲峰耸峙海中的雄姿。此两诗题中的"莲峰"均为专指地名。以下各例的"莲峰"，则泛指澳门。

郑观应在《澳门感事》一诗中介绍了澳门的历史、风俗和制度。首句点出了"澳门上古名莲峰"的史实：

澳门上古名莲峰，鹊巢鸠占谁折冲。

海镜波平涵电火，山屏烟起若云龙。

华人神诞喜燃炮，葡人礼拜例敲钟。

华葡杂处无贵贱，有财无德亦敬恭。

外埠俱谓逋逃薮，各街频闻卖菜佣。
商务鱼栏与鸦片，饷源以赌为大宗。
历查富贵无三代，风俗浇漓官势汹。
屋价千金抽八十，公钞不纳被官封。
昔有葡督极暴虐，竟为义士诛其凶。
自谓文明实昏瞆（聩），不识公法受愚蠢。
请问深知西律者，试思此事可曲从。

1954 年，诗人龙思鹤携其所藏古物来澳展览，居澳的顺德诗人欧阳韶为劝诗侣龙思鹤定居澳门，便写了一首七律《龙鹤翁絜其所藏古物来澳展览，赋此贻之》，末句以"莲峰"喻澳门：

六年古澳养疏慵，粤北湖南溯旧踪。
劫外江山容隐豹，兵中诗酒识元龙。
当年吟侣欣无恙，希世奇珍幸偶逢。
听说移居知有意，莲峰烟景胜炉峰。

"炉峰"原指香港的香炉峰，在此借喻香港。末句意谓：澳门风光胜过香港！
普济禅院龙华堂内的楷书木刻联嵌有"莲峰"一名：

长寿智灯传普济
峡山明月照莲峰

妈祖阁正门刻于道光十九年（1839）的金字石刻联亦以"莲峰"喻澳门：

圣德齐天恩流镜海
母仪称后泽沛莲峰

莲峰下的莲峰庙、莲峰学校、莲峰球场等，均取名于此。

（六）莲峰半岛

澳门半岛三面环海，北连前山，因有莲峰而名莲峰半岛。民国饶平诗人甄陶曾来澳写下《翠楼吟》词，其上阕有"莲峰迤半岛"句：

> 万里寻幽，一岩托迹，支那别开天地。莲峰迤半岛，珠海外受廛城市，华夷楼止。溯四百年前，葡帆东指，依稀似，帝秦求药，遣来方士……

此词摘录自甄陶之《袖兰馆词》。

（七）莲山

莲花山简称莲山。

莲峰庙内观音殿有嘉庆庚申年（1800）的木刻联嵌有"莲山"之名：

> 镜海覆慈云，紫竹风摇千里泽
> 莲山开宝座，绿杨露拂万家春

妈阁庙内观音阁正门石刻联有"莲山"之名，此"莲山"已属澳门雅称。

> 镜海渡慈航，人登觉岸
> 莲山开法界，座彻禅灯

（八）莲岫

莲峰又称莲岫。岫音袖，峰峦。莲岫，即莲峰。此名仅作莲花山之别称，出自明代香山诗人黄瑜《莲峰瑞云诗》之首句：

> 莲岫倚空苍，卿云忽降祥。
> 九霄悬锦绮，五色焕文章。
> 远霭兼山碧，非烟带日黄。

虞廷如可献，将补舜衣裳。

此诗见于刘熽芬、黄绍昌编纂的《香山诗略》。

（九）莲岛

此名属澳门雅称。王文达在《澳门掌故》中曾写道："明时，有称澳门为莲岛，那是以莲峰为澳门名矣。"

莲溪新庙正门石刻联以"莲岛"喻澳门，充满祥和瑞气：

镜湖恩曜聚
莲岛瑞葩重

镜湖医院始创时设址祠庙，并在庙门石柱刻上一联，联中嵌有"莲岛"之名：

一脉分来莲岛秀
万株移到杏林春

渔翁街天后古庙内的天后像前有同治四年（1865）孟春勒石的对联，联中嵌有"莲岛"之名：

莲岛承恩，圣麻曜日
莆田著迹，母德齐天

连胜巷先锋庙内堂有光绪四年（1878）季春所立的木刻联亦有"莲岛"之名：

庙貌重新，马饮镜湖尘亦净
声灵显赫，鸿施莲岛福无疆

建于清初的柿山哪吒古庙石刻以"莲岛"喻"澳门"：

二百余年赫声濯灵，泽敷莲岛

数千万众报功崇德，亭建柿山

（十）莲花岛

此名属澳门雅称。

山西浮山人张道源于乾隆四十九年（1784）任广州知府，以职事巡历香山而至澳门妈阁，即景题诗勒石，后踵而咏和者历二百余年而不衰，诗中直呼澳门为"莲花岛"：

遥转莲花岛，天然石搆亭。

当轩浮积水，护楫有仙灵。

海镜终宵碧，榕垂万古青。

鲸波常砥定，风雨任冥冥。

葡国著名汉学家高美士在《澳门的中国神话》（澳门知识丛书，澳门1951 年出版）一书中提到"莲花岛"的雅称。

（十一）莲花仙岛

乾隆三年（1738）仲夏，林国垣与康健生同游妈祖庙后题诗勒石。此为妈阁摩崖廿四诗中最早的一首。诗内有"莲花仙岛"语：

水碧沙明远映鲜，莲花仙岛涌清涟。

岸穷海角应无地，路转林深别有天。

一任飞潜空际色，半分夷夏杂人烟。

幽心已托南溟外，独坐松阴觉妙禅。

（十二）莲花三岛

澳门由澳门半岛、氹仔岛、路环岛组成，故澳门特别行政区区徽用三片莲花瓣组成含苞待放的莲花以代表澳门三岛，此亦符合自古以来以莲花喻澳门的习惯，以莲花三岛喻澳门三岛亦在情理之中矣。1997 年 4 月 7 日，澳门近代文学学会会长邓景滨在《镜海钩沉》的发行仪式中，曾以七绝一首明志，其中便有"莲花三岛"一语：

> 贝海琼山何处寻？波光岚影醉乡心！
> 莲花三岛堪垂钓，漫放银钩送月沉。

（十三）莲花茎

莲花茎因莲花山而得名。此茎为莲花山北的一条沙堤，"径十里，广五六丈"。莲花山如莲花盛开，此茎则如莲花之茎，颇为形象。

莲花茎又作莲花迳、莲花径，或简作莲茎，均属专指地名。

清代嘉庆香山诗人李遐龄（1766～1823）以诗鸣世，被时人誉为"白香山后李香山"。他在《观黄总戎所藏西洋镜画》诗中提及"莲花茎"之地名：

> 将军十幅西洋画，镜里依稀记昔游。
> 橘子围边多白屋，莲花茎外是青洲。
> 华鬘细草开春宴，落日微风晚放舟。
> 树影水光都曲肖，廿年如梦爪痕留。

顺德诗人张琳（1770～1825）著有《玉华诗集》，内有《澳门竹林词》七首，其一提及"莲花一径"：

> 莲花一迳跨岩疆，险设关门善制防。
> 试向青洲林外望，层层楼阁白如霜。

清代道光七年（1827），"粤东三子"之一的香山诗人黄培芳访澳，有《澳门莲峰寺》提及"莲花径"：

> 奇辟莲花迳，莲峰翠作屏。

海浮天外白，山拥寺前青。

薄岸鱼龙跃，虚堂草木灵。

南隅原不尽，一气接沧溟。

此诗录自《粤东三子诗钞》。又汪兆镛《微尚斋诗续稿》中有五言古诗《己卯正月十三日偕张闇公莲峰庙礼佛作》，诗前小序首句云"庙在澳门莲花茎山麓"，诗内有"莲茎望嶙峋"句。

汪兆镛在《澳门杂诗》中另有一首题为《莲花茎》的五言诗，直道澳门之地貌"俨如莲茎植"：

北自前山来，沙堤平而直。

路南一山竿，俨如莲茎植。

跗萼连踬中，秀采森辈崒。

怪石高逾寻，惜今文字泐。

徘徊一瞻眺，天然树封域。

（十四）莲茎

莲茎是莲花茎的省称。清初"岭南三大家"之一的屈大均，曾在《澳门诗》中提及"莲茎"之地名：

路自香山下，莲茎一道长。

水高将出舶，风顺欲开洋。

鱼眼双轮日，鳍身十里墙。

蛮王孤岛里，交易首诸香。

清代乾隆年间，香山诗人陈官有七律《望濠镜澳》，内有"白满莲茎屋作花"句，并自注云："夷人皆垩其屋，以取象莲花云。"陈官另有一首《澳门竹枝词》，亦提及莲茎：

澳门东接大洋边，十字门开天外天。

澳头一直莲茎路，侬是中间一朵莲。

乾隆举人、顺德罗天尺（1685～1764）有《题澳门图》诗提及"莲茎"：

澳口东风未易寻，莲茎关外大洋深。
谁当海不扬波日，写出人来归市心。
鱼撼腥风疑岛动，蜃浮楼气入春阴。
天边不用乘槎去，酒后青山画里吟。

另一位乾隆年间的顺德诗人何松亦有一首《澳门》诗提及"莲茎"：

路断前山锁暮烟，莲茎关外大洋边。
插天楼矗三巴寺，入贡人来万里船。
绕渚太平峃长集，沿崖多事炮台迁。
日南忝处安居好，犹胜寰中陆地仙。

道光三年（1823）进士、香山诗人鲍俊于咸丰、同治年间来过澳门，填了一阕著名的《行香子》，内有"山锁莲茎"语。

上述之"莲茎"均为特指地名。至于"莲花茎"、"莲花围"等街名，即源于此。

"莲茎"一名，除特指外也有借喻整个澳门的，妈祖阁内正觉禅林殿柱木刻联的"莲茎"，当指整个澳门：

南海香分，泽播莲茎开澳表
东洋迹著，恩流濠镜自闽中

（十五）莲花地

此名属澳门雅称。

清代香山翠微诗人吴亮埏在七律《澳门二首》之二的首句"十载兴衰

客惯论"中自注："指形家言澳门为莲花地，当十年一消长。"足证"莲花地"之说久矣。

澳门三大庙宇之一的莲峰庙，其客堂大门侧有一木刻联，联语整嵌"莲花地"之名：

> 慈云密绕莲花地
> 皓月长留贝叶天

清代康熙二十三年（1684）举人、香山诗人刘世重（？～1702）在其《东溪诗选》中有一首五律《望洋台》，首句便提到关闸外的"莲花地"：

> 关外莲花地，莲花山半腰。
> 筑城陶甓垒，对岸海门潮。
> 怪浪排空黑，惊涛带日摇。
> 望洋人不见，台畔草萧萧。

道光丁酉年（1837）孟夏，番禺诗人苏鸿曾写过一首七律《丁酉四月初六日郑梦生招游澳，同游李容斋、吴渊海、何槐林》：

> 中原一线抵迢陬，宛似芙蓉出水浮。
> 绝岛有天皆化日，夷人无地不巍楼。
> 羁縻可想垂裳略，密迩应烦食肉谋。
> 控制抚绥原匪易，莠良难辨是诸酋。

原诗第二句有注云："澳门是莲花地。"

郑观应在《题澳门新居》二首之二中，曾满怀深情地将自己居住的澳门喻为"莲花地"：

> 三面云山一面楼，帆樯出没绕青洲。
> 侬家正住莲花地，倒泻波光接斗牛。

（十六）莲瓣地

此名属澳门雅称。

清朝雍正年间香山诗人李珠光在《澳门诗》二首之一中，将澳门喻为"莲瓣地"：

> 无多莲瓣地，错杂汉蛮居。
> 版籍南天尽，江山五岭余。
> 一邦同父母，万国此车书。
> 舶趋浮青至，微茫极太虚。

（十七）莲地

莲地是"莲花地"之简称，亦属澳门雅称。

清乾隆三年（1738），康健生于妈阁庙山径题诗刻石，诗题《同游步林国垣原韵》，内有"莲地"一语：

> 岛幽满泗庙亲鲜，门凭井麓拱漪涟。
> 盘空磴石开莲地，向日东洋泛海天。
> 风度远航归镜水，鹤楼高树绝虚烟。
> 我来面壁寻诗句，净业同参白社禅。

抗战期间，新会诗人吴鸣医师来澳门设诊所，曾作七律《白鸽巢公园》，首句即有"莲地"一名：

> 莲地到今气尚温，步随殊景已难轩。
> 密林狐鼠声相接，横野丘墟望欲昏。
> 曲径迂回多草木，石台重叠类笕樊。
> 诗人去后余岩窟，如此流风日国魂。

莲峰庙正门前柱曾有纸写联一副，以"莲地"喻澳门，善颂善祷：

　　莲地之灵，千载繁荣千载盛

　　峰林之茂，万年毓秀万年青

　　普济禅院大雄宝殿有一立于咸丰八年（1858）的木刻抱联，将"莲地"分拆倒嵌成"地生莲"，颇为别致：

　　妙相群瞻，海月澄空濠有镜

　　慧光普照，慈云拥座地生莲

（十八）莲花宝地

　　澳门既有"莲花地"之名，为强调其"宝"、其"胜"、其"福"，便有"莲花宝地"、"莲花胜地"、"莲花福地"之誉称。此均属澳门雅称。

　　中国楹联学会副会长毛智汉在《澳门名胜楹联辑注·序》中写道：

　　澳门虽地域狭小，但素有"莲花宝地"之誉，开埠四百余年社会安定，无兵燹之灾，名胜古迹保存完好，同时也留下了许多楹联作品。

　　澳门莲艺文化协会副理事长杨允中博士曾在《莲花与澳门特别行政区的区旗区徽》一文中写道：

　　由于莲花造型被采用于特别行政区的区旗、区徽，莲花在澳门必将受到更多的重视、爱护，在澳门的公园、水域出现越来越多的"君子之花"，使莲花宝地更加名实相符，这会是澳门走向更加繁荣的一个信号。

（十九）莲花胜地

　　澳门知名人士马万祺先生在 1942 年曾写过一首七律《濠江立业》，诗前有小序："港陷留澳，立业安身，关心国事，无时忘怀。"诗云：

故乡陷敌两年长，刻苦筹谋复创伤。
炮火无情摧港岛，莲花有意护牌坊。
青山留得仇当记，瀚海飘零恨未忘。
虽是安居观静变，深祈国土早重光。

诗末有注云："莲花，象征澳门。此地常能避过灾难，故有莲花胜地之称。"

（二十）莲花福地

澳门环境技术事务室出版的《莲花》总第 5 期，内有《澳门日报》副总编辑陈树荣的一篇文章，题目是《澳门与莲花不解之缘》，文中多次提及"莲花福地"：

澳门与莲花结缘，一向被誉为莲化福地……让莲花福地造福澳门。

（廿一）莲城

此名属澳门雅称。

澳门因"濠江"而有"濠城"之称，亦因"莲花"而有"莲城"之誉。澳门楹联学会同仁在悼念其名誉会长何颂恒校长时，写了数十副挽联，其一内有"莲城"之名：

联苑誉声传玉宇
杏坛功业耀莲城

（廿二）莲埠

此名属澳门雅称。

昔日澳门，因盛产咸虾，故有"咸虾埠"之名；又因有赌场，往往令游客输光输尽一如衣袋被梳打漂洗般，故又称"梳打埠"。现澳门以莲花为特别行政区之标志，故人们改称为"莲埠"。《莲花》总第 5 期，有一篇由

《华侨报》记者萧德创撰写的文章，题目为《澳门——莲花之城》，内文多次提到"莲埠"和"莲埠人"：

> 澳门素有"莲埠"誉称，却没有"万顷波光摇月碎，一天风露借花香"的自然风貌，作为一个国际都市，实属遗憾……
>
> 莲埠人当倡扬"出污不染"的品德……莲埠人当推崇"悉身奉献"的精神……

（廿三）莲洋

莲洋本指莲花山下的海面，也特指与莲花山相对的青洲岛一带的海面。1957 年澳门政府出版的《澳门市街名册》，在"前言"中有如下记载：

> 澳门之中国名称甚多，其主要者并依使用多寡之次序排列如下：
> 澳门、濠江、濠镜、镜海、镜湖、海镜、海觉、莲洋。

上列最后的一个"澳门之中国名称"就是"莲洋"，于此作为澳门之雅称。此名在其他典籍并不多见。据笔者手头的资料，仅见于乾隆年间新会诗人钟启韶《澳门杂诗》12 首之一：

> 抱琴游镜海，欹箧帆莲洋。
> 汗漫神仙气，空明水月光。
> 登台发长啸，倚醉问扶桑。
> 北乡冰天雁，先春半欲翔。

原诗末有注云："澳门一岛状如莲花。香山尽处有路名关闸沙，直出抵澳，若莲茎矣。其两傍为内外洋，水分二色，内红外黑，亦曰红黑海。中有关曰飞沙。时于珠江饶送公车，即放舟南下。"

另在澳门三大古庙之一的莲峰庙内有"泽普莲洋"之匾额，红底金字，光绪九年（1883）立，足见"莲洋"早已成为澳门古称之一。

（廿四）莲海

莲海当指莲岛周围的海面，借代为澳门的雅称。

1998 年 8 月出版的《澳门手册》，在《澳门概况·名称》中先后两次提到"莲海"一名：

> 澳门自古以来是中国的领土。在明朝，澳门已名为蠔镜澳、香山澳。后来，又名濠镜、镜海、镜湖、蠔海、海镜、濠江、莲峰、莲洋、莲海、莲岛等。……
>
> ……古人把澳门比喻为飘入海洋的一簇莲花，澳门便有莲海、莲岛、莲洋之誉。……

以上两段文字均为"莲海"的今典，至于其古典出处，待考。

（廿五）莲溪

莲溪原是水名，惜已淤积湮灭，徒留其名。王文达在《澳门掌故》追溯新桥历史时曾提及"莲溪"：

> 何以曰新桥，乃该处昔有溪水灌注其间，为了交通方便，村人架以木桥，而旧桥圮（圯）毁，又换以新桥，故曰新桥也。

《香山县志》称该水曰莲溪，俗称为咸涌。

莲溪之畔，有莲溪庙，始建何年已不可考。清道光十年（1830）曾扩建重修，故又有"莲溪新庙"之称。庙宇三进，两叠为神殿，供奉之神颇众，而以华光大帝为主。庙前空地原有同治六年（1868）兴建的、由花岗岩石砌成的椭圆龟池，供人放生之用，名曰"莲溪新池"。1960 年代，该龟池被移往白鸽巢公园。莲溪前地由新桥坊会出钱出力建成了一个篮球场。1981 年 7 月又修建了一座六角形的莲溪亭，由唐平题写亭匾。1983 年仲春，谭允猷为亭柱题刻了一副楹联：

新貌胜有桥，坊众寄闲花香鸟语

莲溪名依旧，回廊亭外永乐笙歌

联语巧妙地嵌上了"新桥"、"莲溪"和"永乐"（戏院）诸名。1986年，莲溪前地扩建为新桥花园。

（廿六）莲花村

自拱北入澳，必经莲花茎。莲花茎西侧，本是云水相接，海天一色。岸边有一渔村，因坐落莲花山下，故名莲花村。其后日渐填海，海面越窄。20 世纪初，曾在莲花村之填海地建了一间"台山炮竹厂"，至1924 年该厂爆炸后，莲花村及其周围统名为台山。莲花村之名便成为历史了。

（廿七）莲花洲

广州暨南大学中国文化史籍研究所教授汤开建在其《澳门诸名浅议》（《文化杂志》总 26 期，澳门文化司署，1995，第 29 页）一文之首段列举澳门诸名时提及"莲花洲"一名，但未有任何论述，不知典自何处。姑且记存备考。

为方便读者了解上述 27 个莲系地名及本文第一部分提及的另外 4 个地名（共 31 个地名）的相互关系，兹列"莲系地名示意图"如下（见图 1），凡两个地名之间有箭头者，当指直接的传承关系。

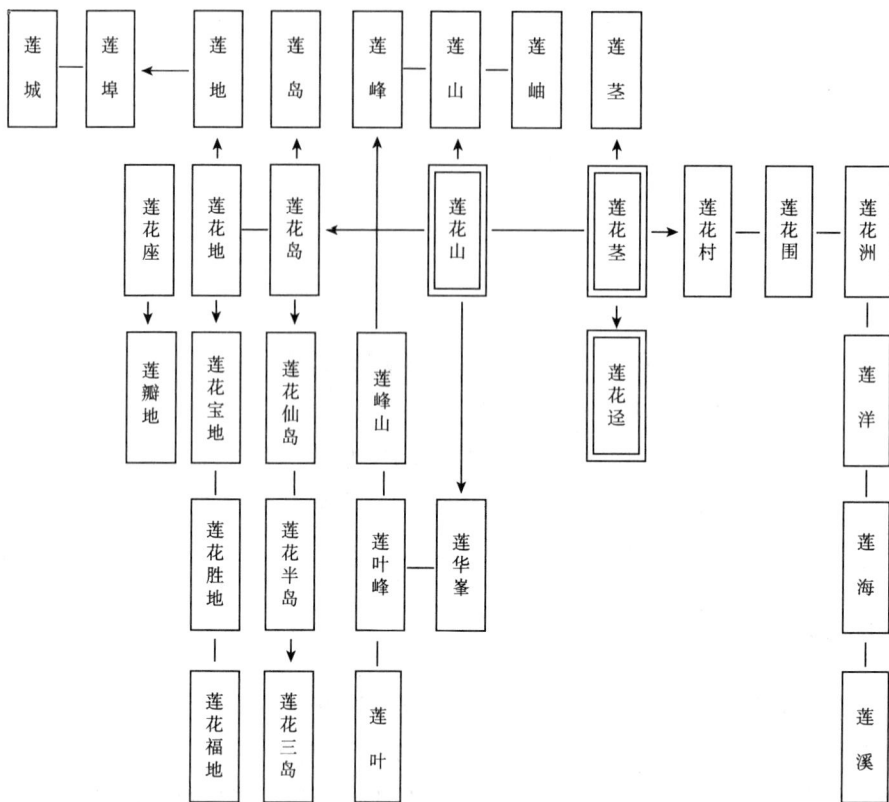

图1　莲系地名示意图

（原载邓景滨著《澳门莲系地名考》，澳门，
澳门语言学会，2000）

澳门地区台风考

叶 农[*]

一 前言

台风是指形成于热带太平洋西部南海的发展至一定强度的热带气旋。它直径不大，但中心气压很低，来临时往往带来狂风暴雨和惊涛骇浪，具有很大的破坏力，是一种灾害性天气。珠江口是台风影响或登陆频繁的地段之一。

澳门地区过去属于广东省广州府香山县管辖，于珠江口西侧，也常受台风影响，形成风灾。这些风灾亦成为澳门历史中特别是城市发展史、救灾史、航运史、气象史的重要内容。例如，"1775 年 10 月 21 日，印度总督询问为什么在澳门没有海关？议事会回复说：'澳门从建埠以来一直没有海关，这是因为，关税以实物交纳，并且港口经常受台风袭击，大家都急于忙卸货，如果集中四五条船才卸货会给货主造成巨大损失'"。[①]

本文选取从澳门 1554 年始有葡萄牙人入居，至澳门于 1881 年开始有正式气象观测这个时间段，从中外文献中选取有关史料，来探讨以下问题：①台风的历史记载；②台风给澳门地区造成的损失；③在这个时期内的台风气象观测。

二 台风的记载

通过对下列中外文献的研究，我们可以对上述研究时间内的台风有一个

---

* 暨南大学文学院中国文化史籍研究所副教授。
① 〔葡〕施白蒂著《澳门编年史（16～18 世纪）》，澳门基金会，1995，第 171 页。

清楚的了解：

① （元）脱脱等撰《宋史》，中华书局，1977 年 11 月；

② （明）黄佐等纂《广东通志》，明嘉靖四十年（1561）刻本；

③ （清）瑞麟、戴肇辰等纂《广州府志》，清光绪五年（1879）刻本；

④ （清）李卓揆等纂《香山县志》，清乾隆十五年（1750）刊本；

⑤ （清）许乃济等纂《香山县志》，道光八年（1828）刊本；

⑥ （清）陈沣总纂《香山县志》，清光绪五年（1879）刊本；

⑦ 《东莞县志》，民国十六年（1927）本；

⑧ 《龙山乡志》，民国十九年（1930）本；

⑨ 赵尔巽等撰《清史稿》，中华书局，1976 年 7 月；

⑩ 邹鲁等纂《广东通志稿》，民国二十四年未成稿；

⑪ 《中国丛报》（*The Chinese Repository*）。它是当时在华外国人创办的一份英文报刊，先后在广州、澳门、香港等地出版，出刊时间为 1832 ~ 1851 年，刊期为每月一期，每年一卷；

⑫ 〔葡〕施白蒂著《澳门编年史（16 ~ 18 世纪）》，澳门基金会，1995；

⑬ 〔葡〕施白蒂著《澳门编年史（19 世纪）》，澳门基金会，1998。

通过对上述资料的研究，在这时段内影响澳门地区的台风情况可见下列统计：

表 1　澳门地区在 1569 ~ 1875 年间台风一览表

明隆庆三年（1569）	六月二十九日飓风大水坏屋（清乾隆十五年《香山县志》卷八祥异）
	六月飓风大水坏屋（清光绪五年《广州府志》卷七十八前事略四；清道光八年《香山县志》卷八事略；清光绪五年《香山县志》卷二十二纪事）
明隆庆五年（1571）	九月飓风伤禾稼大饥（清光绪五年《广州府志》卷七十八前事略四）
	九月飓风作水大至岁饥（清乾隆十五年《香山县志》卷八祥异；清道光八年《香山县志》卷八事略；清光绪五年《香山县志》卷二十二纪事）
清顺治九年（1652）	八月朔……是日飓风大雨三至晚禾灾谷贵（清光绪五年《广州府志》卷八十前事略六；民国二十四年《广东通志稿》不分卷广州府前事略）
	八月飓风大雨三至晚灾谷贵民饥（清乾隆十五年《香山县志》卷八祥异；清道光八年《香山县志》卷八事略；清光绪五年《香山县志》卷二十二纪事）
清康熙元年（1662）	六月内飓风霪雨古榕吹折（清道光八年《香山县志》卷一山川）

清康熙十八年 （1679）	八月飓风（清光绪五年《广州府志》卷八十前事略六） 八月二十八日飓风〔清乾隆十五年《香山县志》卷八祥异；清道光八年《香山县志》卷八事略；清光绪五年《香山县志》卷二十二纪事〕
清康熙三十三年 （1694）	八月初一日飓风水涨至城脚城外街道尽淹陆地撑船郊野民居倒塌越两日飓息水消（清乾隆十五年《香山县志》卷八祥异；民国二十四年《广东通志稿》不分卷广州府前事略） 秋八月初一日飓诏免被灾粮钱三分之一（民国十九年《龙山乡志》卷二灾祥）
清康熙三十六年 （1697）	八月飓风（清光绪五年《广州府志》卷八十前事略六） 六月二十九日飓风大水（清乾隆十五年《香山县志》卷八祥异；清道光八年《香山县志》卷八事略；清光绪五年《香山县志》卷二十二纪事）
清康熙四十一年 （1702）	八月初八日飓风大雨（清乾隆十五年《香山县志》卷八祥异） 八月飓风大雨（清道光八年《香山县志》卷八事略；清光绪五年《香山县志》卷二十二纪事）
清康熙五十年 （1711）	秋七月飓风（清光绪五年《广州府志》卷八前事略六） 七月十七日飓风（清乾隆十五年《香山县志》卷八祥异；清道光八年《香山县志》卷八事略；清光绪五年《香山县志》卷二十二纪事）
清康熙五十一年 （1712）	四月二十三日飓风拔木次日大雨（清乾隆十五年《香山县志》卷八祥异） 八月二十九日飓风（同上） 四月乙亥飓风拔木（清乾隆十五年《香山县志》卷八祥异；清光绪五年《香山县志》卷二十二纪事）
清康熙五十六年 （1717）	七月十六日飓风大雨坏屋（清乾隆十五年《香山县志》卷八祥异；清光绪五年《香山县志》卷二十二纪事） 七月戊辰飓风坏屋（清道光八年《香山县志》卷八事略）
清康熙六十一年 （1722）	九月飓风平岚诸乡民多溺死（清光绪五年《广州府志》卷八十前事略六） 九月初六日飓风；棂星门义路门俱倒塌市可行舟平岚诸乡民多溺死（清乾隆十五年《香山县志》卷八祥异；清道光八年《香山县志》卷八事略；清光绪五年《香山县志》卷二十二纪事）
清雍正元年 （1723）	五月十九日飓风大雨市可行舟（清乾隆十五年《香山县志》卷八祥异；清道光八年《香山县志》卷八事略） 五月丁酉飓风大雨市可行舟（清光绪五年《香山县志》卷二十二纪事） 六月初二日飓风水高七尺（同上） 十六日复飓风折树倒屋覆舟（同上） 夏五月飓风大雨（清光绪五年《广州府志》卷八十一前事略七）
清乾隆三年 （1738）	秋七月飓风（清乾隆十五年《香山县志》卷八祥异；清道光八年《香山县志》卷八事略；清光绪五年《香山县志》卷二十二纪事） 西历9月5日澳门遭到强台风袭击造成的损失和灾难都是其历史上从未有过的〔《澳门编年史（16至18世纪）》，第126页〕
清乾隆十年 （1745）	秋九月飓风（清乾隆十五年《香山县志》卷八祥异；清道光八年《香山县志》卷八事略；清光绪五年《香山县志》卷二十二纪事）
清嘉庆元年 （1796）	六月飓风（清道光八年《香山县志》卷八事略；清光绪五年《香山县志》卷二十二纪事；清光绪五年《广州府志》卷八十一前事略七）

清嘉庆二年（1797）	闰六月飓风大水（清道光八年《香山县志》卷八事略；清光绪五年《香山县志》卷二十二纪事）
清嘉庆五年（1800）	五月癸未飓风拔木（清道光八年《香山县志》卷八事略；清光绪五年《香山县志》卷二十二纪事）
清嘉庆十四年（1809）	在这里以及吹到更内陆的地方的这次风暴远比1831年8月的那次大（《中国丛报》第1卷第156~157页）
清嘉庆十六年（1811）	六月丁酉飓风拔木（清道光八年《香山县志》卷八事略；清光绪五年《香山县志》卷二十二纪事）
清嘉庆十七年（1812）	八月壬辰飓风（清道光八年《香山县志》卷八事略；清光绪五年《香山县志》卷二十二纪事）
清道光六年（1826）	五月飓风（清光绪五年《香山县志》卷二十二纪事；民国二十四年《广东通志稿》不分卷灾变）
清道光十年（1830）	八月十四夜飓风大雨三日（清光绪五年《香山县志》卷二十二纪事；民国二十四年《广东通志稿》不分卷灾变）
清道光十一年（1831）	同嘉庆十四年
清道光十二年（1832）	六七月间飓风五学宫棂星门圮乔木折屋瓦飞去（清光绪五年《香山县志》卷二十二纪事；《中国丛报》第1卷第156~157页；民国二十四年《广东通志稿》不分卷灾变）
清道光十三年（1833）	七月飓风西潦大至（清光绪五年《香山县志》卷二十二纪事；民国二十四年《广东通志稿》不分卷灾变）
清道光十五年（1835）	闰六月十二日飓烈甚学宫戟门破（半山书院《龙门坊志》；清光绪五年《香山县志》卷二十二纪事；《中国丛报》第4卷第197~198页；民国二十四年《广东通志稿》不分卷灾变）
清道光十六年（1836）	西历7月30日澳门遭上飓风袭击［《澳门编年史（19世纪）》第63页］
清道光二十年（1840）	西历7月19日东面来的飓风吹过澳门（《中国丛报》第9卷第166~167页）
清道光二十一年（1841）	六月初四日飓风初九日飓风从西北来水大至早禾大伤（清光绪五年《香山县志》卷二十二纪事；《中国丛报》第10卷第421页；民国二十四年《广东通志稿》不分卷灾变）
清道光二十八年（1848）	秋八月初三日飓风风过有光如电［清光绪五年《香山县志》卷二十二纪事；《中国丛报》第17卷第540~542页民国二十四年《广东通志稿》不分卷灾变；《澳门编年史（19世纪）》第97页］
	秋九月二十四日夜飓风复作海涨潮既落复风三日乃止（同上）
	十五日至三十日黄梁都飓风三次山田禾稻杂粮俱坏（同上）
清咸丰四年（1854）	秋日飓风大雨（清光绪五年《香山县志》卷二十二纪事）
	西历10月6日11时，发布了将有暴风雨从东登陆、预计大风将持续到第二天、风向转往东南的消息［《澳门编年史（19世纪）》第119页］
清咸丰五年（1855）	西历9月29日强台风肆虐，造成很大损失［《澳门编年史（19世纪）》第123页］
清同治元年（1862）	西历7月27日由于特大飓风袭击，造成广州、香港、澳门等地四万人死亡［《澳门编年史（19世纪）》第148页］
	秋七月朔飓风已时风息午后复大作雨甚水至高丈余濒海民居淹没甚多（清光绪五年《香山县志》卷二十二纪事；民国二十四年《广东通志稿》不分卷灾变）

清同治八年 （1867）	西历 10 月 1 日澳门遭遇一股飓风袭击 ［《澳门编年史（19 世纪）》第 169 页］
清同治十年 （1871）	五月二十八日飓风；六月初八日复飓风大雨损禾；秋七月十八夜飓风大作拔木扬沙岐头树偃毙二人民居多损坏海舟多漂溺（清光绪五年《香山县志》卷二十二纪事；民国二十四年《广东通志稿》不分卷灾变）
	西历 9 月 2 日强台风袭击澳门 ［《澳门编年史（19 世纪）》第 183～184 页］
清同治十三年 （1874）	西历 5 月 31 日澳门遭一场强台风破坏 ［《澳门编年史（19 世纪）》第 195 页］
	秋八月十二夜飓风大水害稼拔木坏屋无算（清光绪五年《香山县志》卷二十二纪事；民国二十四年《广东通志稿》不分卷灾变）
清光绪元年 （1875）	西历 5 月 31 日第 23 期政府公报提及于 31 日夜晚至 6 月 1 日又一次强台风经过澳门 ［《澳门编年史（19 世纪）》第 201 页］

本表按时间顺序排列，中文文献的记载因字数较少，全录；同一记录在文献中有记载时，完全相同者在后列明出处。不同，则另注出处。外文文献如字数较多，则注明出处，并参见第三部分"台风给澳门地区造成的损失"。

三 台风给澳门地区造成的损失

澳门地区历来是台风破坏的重灾区。每次台风过后，总是给澳门地区带来很大的损失。从这些台风来看，它们给澳门地区造成的灾害主要有以下几个方面。

（一） 对澳门地区植物的破坏

从中文文献来看：清康熙元年六月内飓风霪雨，古榕吹折。清康熙五十一年四月二十三日飓风拔木，次日大雨；八月二十九日飓风。清雍正元年六月初二日飓风，水高七尺，十六日复飓风折树。清嘉庆五年五月癸未飓风拔木。清嘉庆十六年六月初四日飓风；初九日飓从西北来，水大至，旱禾大伤。清道光二十八年（1848）秋九月二十四日夜飓风复作，海涨潮，既落复风三日乃止；十五日至三十日黄梁都飓风三次，山田禾稻杂粮俱坏。清同治十年六月初八日复飓风，大雨损禾；秋七月十八夜飓风大作拔木。清同治十三年秋八月十二夜飓风大水，害稼拔木。①

从外文文献来看，"在这次台风（1841 年 7 月 21 日至 26 日）中来自北面的风以其威力和持续时间著称，对澳门的植物的影响是摧毁性的，任何

① 除另行标明外，本处及以下各处所引的出处均见在一览表中所注明的出处。

东西都像被火烧过表面似的，空气中弥漫着盐雾。幸运的是，这个地区的大部分水稻已经收割了"。① "1867 年 10 月 1 日，澳门遭遇一股飓风袭击，受损严重，南湾一带的大树刮倒。"②

（二）对澳门地区建筑物的破坏

1. 台风对澳门地区的教堂、公私建筑物造成严重损坏

从教堂来看，遭破坏过的教堂有：① 望德堂。"1571 年贾内洛主教，在此搭木作宇，以作为他的办公署，直至 1623 年，新主教座堂未落成之前，未尝搬迁，或改变形状。1623 年，大庙粗成，主教公署也就迁出望德区。后来，因台风袭澳，望德旧堂，破坏不堪，遂于 1637 年，重加修建。"③ ② 圣多明我教堂"1738 年 9 月 5 日，澳门遭到强台风袭击，造成的损失和灾难都是历史上从未有过的。……在圣·多明我教堂（玫瑰圣母堂），水位到达其正面墙的高度。"④ ③ 风顺堂。"1801~1803 年，马塞利诺·若泽·达·席尔瓦（D. Marcelino José da Silva）主教领导了圣·洛伦索（S. Lourenço）教堂的重建工作。由于飓风的破坏，教堂先后……进行了修复。"⑤ ④ 主教座堂。"今天的主教座堂，或称大堂，乃建于 1622 年。但于 1836 年 8 月 5 日，因遭台风吹袭，损坏不堪，而须加修建，故曾一度借用玫瑰堂……"⑥ ⑤ 圣奥斯丁教堂。"1867 年 10 月 1 日，澳门遭遇一股飓风袭击，受损严重……圣·奥古斯汀（Sto. Agostinho）教堂等均受到损坏。"⑦ ⑥ 花王堂。"……在 1874 年 9 月 22 日晚上，台风袭澳，花王堂遭雷击起火……花王堂翌年重修完竣。"⑧

2. 对城区建筑物的破坏

从中国文献来看，明隆庆三年六月二十九日飓风大水，坏屋。清康熙三十三年，八月初一日飓风，水涨至城脚，城外街道尽淹，陆地撑船，郊

① 《中国丛报》第 10 卷，第 421 页。
② 〔葡〕施白蒂著《澳门编年史（19 世纪）》，澳门基金会，1998，第 169 页。
③ 郭永亮：《澳门香港之早期关系》，台北，"中研院"近代史研究所，1990，第 46 页。
④ 〔葡〕施白蒂著《澳门编年史（16~18 世纪）》，澳门基金会，1995，第 126 页。
⑤ 〔葡〕施白蒂著《澳门编年史（19 世纪）》，澳门基金会，1998，第 4 页。
⑥ 郭永亮：《澳门香港之早期关系》，台北，"中研院"近代史研究所，1990，第 44 页。
⑦ 〔葡〕施白蒂著《澳门编年史（19 世纪）》，澳门基金会，1998，第 169 页。
⑧ 黄汉强、吴志良主编《澳门总览》，澳门基金会，1996，第 435 页。

野民居倒塌，越两日飓息水消。清康熙五十六年，七月十六日飓风大雨，坏屋。清雍正元年，五月十九日飓风大雨，坏屋。清雍正元年，五月十九日飓风大雨，市可行舟。清同治十年……秋七月十八夜飓风大作……民居多损坏。清同治十三年，秋八月十二夜飓风大水，坏屋无算。

从外国文献来看，"1738 年 9 月 5 日，澳门遭到强台风袭击，造成的损失和灾难都是历史上从未有过的。许多房屋屋顶被吹走，受到严重的损害。南湾、嘉思栏和市集区（Bazar）一带成一片泽国"。"1784 年，由帕德利希奥·德·圣若泽（Patrício de S. José）神父设计，工程耗资八万两的议事会会址建成……1874 年的台风使这幢建筑物遭到严重破坏。"① "1836 年 7 月 30 日，澳门遭受强飓风袭击。10 月 7 日，澳门检察官致函前山寨守官，请求允许修复妈阁炮台，称该炮台是公众须臾不离的设施。炮台是被上次飓风大雨冲坏的。"② "它（1841 年 7 月 21 ~ 26 日）的暴风和灾难性的影响对城市的东、西两边有明显的不同，在南湾房屋只遭受了部分损坏……在沿岸，25 所中国人的砖房、30 间茅棚和木屋及 12 间水边住宅被毁。"③ "1854 年 10 月 9 日，发布了将有暴风雨从东登陆、预计大风将持续到第二天、风向转往东南的消息之后，罕见的大雨倾盆而至，给房屋等造成了很大破坏。""1865 年 9 月 27 日……松山灯塔正式启用……1874 年 9 月 22 日飓风曾给灯塔造成损坏。""1869 年 10 月 1 日，澳门遭遇一股飓风袭击，受损严重，南湾一带的大树被刮倒，该处一段城墙被毁，各处炮台以及一些公共建筑物，如军事医院（位于圣·奥古斯汀修院）、圣·奥古斯汀（Sto. Agostinho）教堂、伯多禄五世剧院等均受到损坏。""1874 年，特强台风在（9 月）22 日夜间至 23 日袭击本市，毁坏了大量政府与私人楼宇，并造成多人死亡，在氹仔和路环亦造成很大破坏……氹仔与路环军事长官瓦吉尼亚斯（José dos Santos Vaquinhas）中尉在第 39 号公文中向政务司描述了岛上这场给留下惨痛记忆的灾难性台风后果。他在公文中扼要介绍说……村屋完全倒塌……到处都是废墟，甚至码头、栈桥和兵营围墙亦只剩下地基。只有总督最近命令修建的新楼房才需要小规模修理。这次台风还袭击了澳门，摧毁了市政厅部分建筑物。

---

① 此两处引文见〔葡〕施白蒂《澳门编年史（16 ~ 18 世纪）》，澳门基金会，1995，第 126、189 页。
② 〔葡〕施白蒂著《澳门编年史（19 世纪）》，澳门基金会，1998，第 63 ~ 64 页。
③ 《中国丛报》第 10 卷，第 421 页。

修复及扩建工程成为当务之急。"①

3. 对航运业的破坏

台风袭击澳门时，对当时澳门的航运业造成了很大的破坏，大量的中外船只损毁。从中国文献来看，清雍正元年六月初二日飓风，水高七尺，十六日复飓风……覆舟。清同治十年七月十八夜飓风大作……海舟多漂溺。从外国文献来看，"1738 年 9 月 5 日，澳门遭到强台风袭击，造成的损失和灾难都是其历史上从未有过的……无数中国船只在海滩上粉身碎骨，所有在港口的轮船——十或十二艘——都被刮到了湾仔和澳门的几处地方，一些完全报废，例如在银坑（湾仔）的布莱吉·博义号、彭达·达·雷德号及科尔萨里奥号。"②"在这里及吹到更内陆的地方的这次风暴（1809 年），远比 1831 年 8 月的那次大。它不寻常地吹到了更北的方向。它在澳门对澳门内港的船运业和本地船员造成了很大的损害……一艘荷兰船几乎是在伶仃洋与澳门的视线范围内完全沉没。亦被冲出海的斯巴达人（Spartan）号则成为拯救大约 40 名船员的幸运设备……从海南、暹罗和新加坡来的中国帆船员在伶仃洋与澳门的邻近地区遭遇到了这场台风，它们或是被打断桅杆，或是失事沉没了。在一些失事的事例中，船只上大量的货物被抛入水中，一些承受不了的船只沉没。一艘载有 12000 袋货物、驶回厦门的帆船被冲到了 Cabreta Point 的岸上。货物被抢，船只沉没。几艘水师船亦出事……""在最近（1835 年 8 月 5 日至 6 日）这一次风暴中……另一艘英国船只 Caur de Lion 号在潭仔搁浅。两艘停在澳门内港入口处的西班牙船只被冲上岸；两艘用于载货的大型船只——葡萄牙快艇完全失事，其中之一的船员死亡。在广州与澳门之间运行的欧洲旅客船只之一的圣乔治号，停泊在澳门内港，被大风吹得随风漂流，在一艘葡萄牙快艇船首翻侧、沉没，船员获救。三艘同样情形的船只，气精、鹰（Hawk）和潜鸟（Loon）号，它们的桅杆被砍掉，船被风暴吹了出去……""它（1841 年 7 月 21 日至 26 日）的暴风和灾难性的影响对城市（澳门）的东、西两边有明显的不同，在南湾房屋只遭受了部分损坏，船只的损失是巨大的……8 只葡萄牙快艇、11

---

① 〔葡〕施白蒂著《澳门编年史（19 世纪）》，澳门基金会，1998，第 119、160～161、169、195～196 页。
② 〔葡〕施白蒂著《澳门编年史（16～18 世纪）》，澳门基金会，1995，第 126 页。

艘快船、2 艘小渔船、5 艘小渔船、5 艘旅客船、7 艘大船、54 只疍家艇损失了；瑞典船 Cart Joan 号、葡萄牙双桅帆船 Geneveva 号、英国船 Calder 号、汉堡的纵帆船 Sylphide 号和纵帆船 Mayflower、Raven、气精和 Alpha 号，全部在内港被吹上岸。"① "1855 年 9 月 29 日，强台风肆虐，造成很大损失。英国双桅船 Hornet 号被刮离锚地，后不得不去哈港（Bugio）避风。" "1871 年 9 月 2 日，强台风袭击澳门，导致荷兰船罗琳娜·玛丽亚（Rolina Maria）号和俄国船维斯多拉（Vistula）号在路环岛附近沉没……满载食粮和葡萄酒准备驶往横滨的葡国多桅船贡萨桑·德·玛丽亚（Conceição de Maria）号——归弗朗西斯科·曼努埃尔·达·库纳（Francisco Manuel da Cunha）所有，在 Kaikiao 处遇难，全体船员脱险。戈雷戈里奥·若泽·里贝罗（Gregório José Ribeiro）海军中校指挥的帕米拉公爵（Duque de Palmela）号巡洋舰、D. 玛丽亚·皮亚（D. Maria Pia）号大船和贾梅士（Camões）号炮艇由于相继撞上了中国船，受到不同程度的损坏……" "1874 年 5 月 31 日，澳门遭一场强台风破坏，鄱阳号船失事……"②

4. 造成大量人员伤亡

从外国文献来看，"（1809）在这里及吹到更内陆的地方的这次风暴，远比 1831 年 8 月的那次大。它不寻常地吹到了更北的方向。它在澳门对澳门内港的船运业和本地船员造成了很大的损害，在那片狭窄的区限内，据说有多达 100 具死者的尸体被冲上了岸……几艘水师船亦出事，船上的一些官员和士兵被淹死。一名有相当职位名叫潘高（Pwan Gau）的军官亦在其中。我们听说许多载客船只亦出事，大量人员被淹死。在广州、澳门及其他地方的沿岸地区，许多人被倒下的墙和梁柱等砸死砸伤。"

在最近（1835 年 8 月 5 日至 6 日间）这一次风暴中……广州所蒙受的由风暴引起的损失不大，但在金星门、澳门和其他沿岸地区却不这样。下列的特例搜集自许多途径，但主要是《广东记录报》：

它（1841 年 7 月 21 日至 26 日）的暴风和灾难性影响对城市（澳

---

① 此三处引文见《中国丛书》第 1 卷，第 156 ~ 157 页；第 4 卷，第 197 ~ 198 页；第 10 卷，第 421 ~ 423 页。

② 〔葡〕施白蒂著《澳门编年史：19 世纪》，澳门基金会，1998，第 119、123、183 ~ 184、195 页。

门）的东、西两边有明显的不同。五人被淹死，詹姆斯·麦克穆勒
(James McMurray) 先生与其他人，组成了每组五个人的两个愉快聚会，
同样被淹死，城市内或附近有大约 100 名中国人死亡。①

1862 年 7 月 27 日，由于特大飓风袭击，造成广州、香港、澳门等
地四万人死亡。

1871 年 9 月 21 日，强台风袭击澳门，导致……荷兰船上 16 名水手
中有 7 人遇难……戈雷戈里奥·若泽·里贝罗 (Gregório José Ribeiro) 海
军中校指挥的帕米拉公爵 (Duque de Palmela) 号巡洋舰、D. 玛丽亚·
皮亚 (D. Maria Pia) 号大船和贾梅士 (Camões) 号炮艇由于相继撞上了
中国船，受到不同程度的损坏，相撞中，共有 150 余人受伤。

1874 年 9 月 22 日，氹仔与路环军事长官瓦吉尼亚斯 (José dos San-
tos Vaquinhas) 中尉在第 39 号公文中向政务司描述了岛上这场给留下
惨痛记忆的灾难性台风后果。他在公文中简要介绍说：26 日从早上 7
点 30 分到晚上 8 点焚烧及掩埋了两条村的尸体。氹仔约有 1000 名遇难
者，路环有 400 人丧生，尽管该数字亦包括了 300 艘船只的遇难者，该
数字后来因另一些伤亡消息而被修正。②

在 1874 年 9 月 23 日，一股强烈的台风袭击澳门的时候，嘉思栏炮
台的守兵，除一人外，全部罹难。③

四 在这个时期内的台风气象观测

澳门的定时气象观测在 1881 年才开始由葡萄牙驻澳海军负责进行。在
此之前对台风进行的观测记录，主要是私人，尤其是在澳门、广州居住的
外国人及在中国海航行的外国船只上的人员进行。《中国丛报》刊登了部分
这类气象资料。这样的观测在中国历史上是很早的，它完全可以填补中国
在台风观测这个方面的空白。

---

① 此两处引文见《中国丛书》第 1 卷，第 156~157 页；第 10 卷，第 421~423 页。
② 〔葡〕施白蒂著《澳门编年史：19 世纪》，澳门基金会，1998，第 148、183~184、196 页。
③ 郭永亮：《澳门香港之早期关系》，台北，"中研院"近代史研究所，1990，第 32 页。

（一）第一次为 1809 年（嘉庆十四年）

据其记载：

在 1809 年，当"特里·布里顿"（True Briton）号带着其官员、乘客和海员失事时，气压下降到仅有 28.30。[①]

（二）第二次是 1835 年（道光十五年）8 月 5 日至 6 日间

据其记载：

台风　本月（1835 年 8 月）5 日和 6 日经历了在中国沿岸所知的最严重的风暴。在 1809 年发生的那次，水银柱下降到 28.30。在 1832 年 8 月 3 日，它下降至 28.10，一些仪器还降到更低。

……下列澳门的水银柱升降记录将作为测量这场风暴的威力和发展过程的一些手段（见表 1）。

表 1　风暴期间（1835 年 8 月）澳门的水银柱升降记录

	时间	上午/下午	数值		时间	上午/下午	数值
5 日	1 时 00 分	上午	29.47	6 日	2 时 00 分	上午	28.37
	2 时 30 分	下午	29.28		2 时 25 分		28.56
	5 时 00 分		29.20		2 时 45 分		28.68
	7 时 20 分		29.12		3 时 10 分		28.75
	9 时 00 分		29.08		3 时 40 分		28.83
	10 时 20 分		28.95		4 时 10 分		28.90
	10 时 45 分		28.90		4 时 45 分		28.97
	11 时 05 分		28.85		5 时 15 分		29.02
	11 时 30 分		28.75		6 时 00 分		29.08
	11 时 53 分		28.65		6 时 45 分		29.12
6 日	0 时 15 分	上午	28.50		7 时 45 分		29.20
	0 时 30 分		28.40		8 时 15 分		29.21
	0 时 45 分		28.30		8 时 45 分		29.23
	1 时 20 分		28.05		9 时 30 分		29.27
	1 时 25 分		28.08		10 时 25 分		29.30
	1 时 45 分		28.20		11 时 00 分		29.34
	1 时 55 分		28.30				

[①] 《中国丛报》，第 1 卷，第 156～157 页。

在（6日）下午2时，它位于29.42，并不断上升至29.65，这一点通常是好天气时的情况。①

在第8卷中刊登了一篇题为《在中国与日本海域的台风发展过程，附录雷德弗尔德（Redfield）先生的图一份；风暴的统计数据与理论；大西洋飓风；在马德拉斯观察台的观测》，文章对于这次台风的活动范围与行进情况进行了研究。

关于这个风暴西移过程的实际情况主要包含在英国皇家船员锐雷的报告中。该船在这次风暴中于中国海航行时遇险，倾覆并无法再航行，该报告我引用如下：

"英国皇家船只锐雷号。1835年8月1日。在澳门港外工作。中午，大横琴岛弯曲的一端，东，南90。8月2日，中午，台湾东南端，北东85，340海里，整天好天气。8月3日，中午，台湾南端，北，东82.5，252海里，整天好天气。8月4日，上午10时20分，收顶帆和下桁大横帆；下午12时30分，气压表从中午以来下降了13/100；收中桅帆和前帆；在1时30分，准备防风暴；航速三到四海里；气压表为29.40，下降；在7时30分，风向转为北、东北，台风开始了；下午8时，气压表为29.36，下降；8时30分，台风正在增强；下午10时，收顶斜桁纵帆，绑好；台风转向为东、东北，海上波涛汹涌；半夜，台风正在增强，气压表为29.04，下降。

8月5日，上午3时，台风转向为东，东南，强度仍在增加；6时30分，气压表为28.25；上午8时，台风正在增强；上午9时30分，如果风再大一点，将翻船。在这种可怕的形势下，本船等待了20分钟；9时50分，下帆被抛入海中，底舱入水七英尺；气压表没有下降到更低，在中午，台风减弱了一点；在下午6时，台风又减弱了一些，但海上仍然波涛汹涌；半夜，从南面吹来了强阵风，并带来汹涌的波涛。"
（节选自《广东记录报》1837年3月14日）

---

① 《中国丛报》，第4卷，第197～198页。

在澳门，台风于5至6日经过，许多房子损坏严重；许多人在内港丧失了生命，一些船只被冲上了岸。在澳门，台风的风向和变化没有说明，但我们得益于下列台风期间气压状况的、有价值的图表（见表2）。

表2　台风期间澳门的气压状况

日期	时分	气压	日期	时分	气压
8月5日	1：00p. m.	29.47	8月6日	2：00a. m.	28.37
	2：30p. m.	29.28		2：25a. m.	28.56
	5：00p. m.	29.20		2：45a. m.	28.68
	7：20p. m.	29.12		3：10a. m.	28.75
	9：00p. m.	29.08		3：40a. m.	28.83
	10：20p. m.	28.95		4：10a. m.	28.90
	10：45p. m.	28.95		4：45a. m.	28.97
	11：05p. m.	28.90		5：15a. m.	29.02
	11：30p. m.	28.85		6：00a. m.	29.08
	11：53p. m.	28.75		6：45a. m.	29.12
8月6日	0：15a. m.	29.50		7：45a. m.	29.20
	0：30a. m.	28.40		8：15a. m.	29.21
	0：45a. m.	28.30		8：45a. m.	29.23
	1：20a. m.	（最低）28.05		9：30a. m.	29.27
	1：25a. m.	28.08		10：25a. m.	29.30
	1：45a. m.	28.20		11：00a. m.	29.34
	1：55a. m.	28.30		2：00p. m.	29.42

并继续上升至29.63。在这一点，通常是好天气时的气压。（这里涉及的是在西南季风时的好天气；用气压的方法表示，在广州的7月和8月，比东北季风季节的12月和1月低0.4英寸。在澳门的气压，根据《广东记录报》比广州低0.15或0.20英寸。5年的测量为30.027……——原注）

这张表提供了旋风中心在澳门附近经过的最好证据。

"在本月5日星期三，一个台风扫过广州城。……由台风引起的损失在广州是小的，但沿岸的金星门、澳门和其他地方却不是这样"《广州新闻报》（*Canton Paper*）。

从嘉斯柏（Gasper）岛出发，经过 14 天航行……于 7 日到达的美国船"利温特"（Levant）号，船长 Dumaresq，在中国海航行时，沿途都是轻风，没有感受到台风，这个重要的情况刊登在《广东记录报》8 月 11 日上。

图 1 摘自从海斯女士号上发出的一封私人信件。它在风暴前一或二日离开澳门街，在风暴后返回金星门。

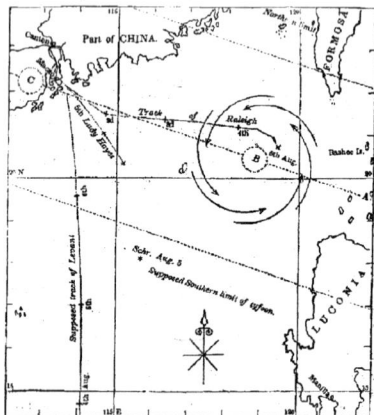

图 1　台风路径图

"在 5 日早晨，我们观察到了坏天气的种种迹象。在上午 10 时，风力增强了一些，风向与过去 24 小时一样，仍然是北，考虑到我们离开陆地有 35 海里，所以我们想到最好是调转船头，寻找避风处；我们满帆航行至中午，当我们发现我们在到达避风处还有太远的距离要航行……我们便调转船头驶向大海，匆忙升起她所有的帆，使她摇晃着前进，航向由东改为东南。风向为北，我们渴望离陆地尽可能远，并希望风向转为东，因为我们嗅到那里有大风吹来。在下午 4 时，吹起了强阵风，我们航行了许多距离，船只变得难以操纵，在 8 时 30 分，风向改为西，但强度与以前一样，直到半夜，风向改为了南，风力减弱了一点，它继续在那个方向强劲地吹到 6 日中午；当它很快速减弱时，我们收起了一些其他的帆。当风暴开始时，我们认为当时是 5 日下午 1 时，我们在 Lema 岛大约 20 英里以东；当它停止时，很难说是至 7 日早晨，此

时我们在 Modego 岛……"（节选自《广东记录报》8 月 18 日）

在这里引用的图表上，海斯女士号和利温特号的航迹被估计并绘了出来。由风暴包围的小圆圈 B 用于指示在锐雷号倾覆时风暴中心的位置；后者根据里德（Reid）上校的航海日志中绘出的经纬度在某种程度上靠近这个中心。这个风暴出现在北偏西 72°；它的中心推测为 5 日 8 时 20 分锐雷号所在的位置。因为在这个糟糕的时候，气压表没有被严密地监读和记录。

通过出示这个最严重风暴的旋转图，我以为同其有关的气压下降，是由于其旋转，气压最低点指示出其真正的中心或风暴的旋转轴。

从我们面前的线索，我们得到下列事实：

1. 锐雷号遇到风暴时，风向为北，它后转向为东、东南、南。

2. 在（澳门、金星门等）及广州内的港口和街道内，风暴在稍后的时候降临；风亦按锐雷号报告的那样，从北方吹来，并改变为东及东南。

3. 根据在澳门附近岛屿的海斯女士号，风亦起于北方；但船只在帆受到的压力下，通过东面转向东南（并毫无疑问地从东面吹起，引起海面波涛汹涌）。风向在风暴的中期，开始转向西方，当它转向南面时，风暴接近尾声。

4. 风的强度，锐雷号感觉到，明显强过海斯女士号。

5. 英国纵帆船（锐雷号）于 8 月 5 日在北纬 18°2'，东经 115°50' 经历该风暴，但航程经过中国海的利温特号在 7 月到达时没有遇到风暴。

6. 在澳门及锐雷号气压计的升降及后者所感觉到的风的强度与变化，经常地在飓风中心出现，大约在锐雷号之后 17 小时在澳门出现了最小的下降。

这些事实似乎能确立下列的结论：① 台风的方向是西进。② 相反——它不是从东北到西南，也不是从西南到东北穿过中国海。③ 它是一个发展中的旋风，围绕其旋转轴向左转。④ 它的旋转中心通过了北面的海斯女士号，并到南面的锐雷号和广州及澳门的锚地；几乎靠近我们图中的直线 A、B、C。⑤ 它的前进速度为每小时 17 海里。⑥ 从其减弱与减速的地方算起，它最强的部分延伸或直径有大约 400 海里或等于纬度 6 或 7 度。⑦ 以后的归纳证实了该风暴地理情况。

台风移动的速度在 17 海里，它先在东面遇到锐雷号，后在西南遇到海斯女士号，由此推测它以圆的形式旋转，其旋转速度达每小时 30 英里……如果这个圆在图上 B 与 C 间出，半径有纬度 3 或 3.5 度。这个圆近似地覆盖了（锐雷号 8 月）5 日上午 9 时至 6 日上午 2 时之间风暴的活动范围。①

（三）第三次为 1841 年（道光二十一年）7 月 21 日至 26 日

据其记载：

本月 21 日和 26 日的台风和其有关的损失引起了大量的不幸出现。

澳门的大气情况由 Beale 先生编制的下表指示出来（见表 3）。

……

表 3　1841 年 7 月澳门的大气状况

星期三，21 日				星期一，26 日			
8：00 a. m.	29.42	西北	阵雨，大风	7：30 a. m.	29.17	西北	雨
9：30	29.32	西北	大风	9：00	28.94	西北	大雨
10：00	29.25	北	雨	10：00	28.94	西	大风
11：00	29.15	北	雨，起风暴	10：40	29.00	西南	雨，大风
12：00	29.03	东北	强风	11：00	29.08	西南	雨，大风
1：00 p. m.	28.96	东北	强阵风	0：25 p. m.	29.25	西南	雨，大风
2：00	28.92	东北	更强阵风	1：00	29.33	西、西南	雨，中大风
3：00	28.94	东		2：00	29.37	南	阵风
3：30	29.04	北		3：00	29.40	南	弱风
4：00	29.10	东	薄雾	4：00	29.41	南	大雨
5：00	29.21	东南	雨、阵风	5：00	29.49	南	大雨
6：00	29.27	南	浓雾	6：00	29.53	南	来自风的大雨
7：00	29.34	南	中雨	7：00	29.58	南	大微风
8：00	29.38	南	中雨	8：00	29.58	南	雨
9：00	29.45	南	雨，大微风	9：00	29.64	南	雨
10：00	29.53	南	雨，强微风	10：00	29.68	南	雨
11：00	29.54	南	雨	11：00	29.70	南	阵微风
12：00	29.54	南	阵微风	12：00	29.70	南	阵微风

---

① 《中国丛报》，第 8 卷，第 232～237 页。

上表显示，第二日的风的方向由北逐渐转为西和西南；我们被告知，在黄埔与香港，它由北转向东、东南和西南；这表明，根据雷德费尔德的理论，在澳门与香港之间是旋流。

（四）第四次为 1848 年（道光二十八年）9 月 1 日

据其记载：

在上月 1 日，一次严重的台风在这一带的海岸发生，它经过了更大的地区，引起了比以前记录的更大的生命和船只损失。风来的前一日所做的预测显示一个最糟糕的（台风）将要到来，所以，所有的船只能够开始做好准备。在香港，风是从东北开始的，当转向东时增加到猛烈，在夜间，吹强阵风；破晓时减弱，沿东南转向到南；在澳门，它的方向从北经过西到西南。下面的记录表包含了在两地做的观察；气压计在澳门总体上在 29.60 到 29.65 之间（见表 4）。

以下是在澳门的观察：

表 4 台风到来之前（1848 年 9 月）香港与澳门的天气状况

时间	气压	风向	天气情况	时间	气压	风向	天气情况
8 月 31 日				2.30	28.43	西北	
7.00p.m.	29.35	北	雨	2.45	28.33	平静	雨停
8.40	29.29	北	雨	3.00	28.33	平静	雨停
9.20	29.27	北	雨	3.15	28.33	平静	雨停
9.35	29.25	北	雨	3.38	28.33	西和南	微风
9.55	29.22	北	雨	3.45	28.35	平静	下雨
10.45	29.19	北	雨	4.20	28.39	南	阵风
11.00	29.16	北	雨	4.25	28.47	南	风力增强
9 月 1 日				4.35	28.57	南	风力增强
1.15a.m.	28.82	西北		4.45	28.61	南	风力增强
1.25	28.79	西北		5.00	28.70	南	风力增强
1.30	28.72	西北		5.15	28.75	南	风力增强
1.40	28.63	西北		5.30	28.82	南	风力增强
2.00	28.54	西北		5.45	28.90	西南	强阵风
2.10	28.52	西北		6.00	28.93	西南	强阵风
2.20	28.48	西北		6.15	29.00	西南	强阵风

续表4

时间	气压	风向	天气情况	时间	气压	风向	天气情况
6.30	29.03	西南	强阵风	7.45	29.16	西南	强阵风
6.45	29.06	西南	强阵风	8.00	29.20	西南	强阵风
7.00	29.09	西南	强阵风	8.15	29.25	西南	强阵风
7.15	29.12	西南	强阵风	8.30	29.30	西南	减弱
7.30	29.14	西南	强阵风				

......①

（原载黄晓峰主编《文化杂志》，澳门，澳门特别行政区
政府文化局，第43期，2002年夏季刊）

---

① 《中国丛报》，第17卷，第540～542页。

青洲沧桑

金国平[*]　吴志良[**]

中葡四个多世纪的关系史上，青洲曾多次成为双方交涉、冲突的起源。汉籍所载多有模糊不明之处，而葡语资料相对而言则较完整而详细。中葡学者对此问题论述颇多，但尚缺乏系统及实质性探讨。本文拟从梳理中外史料着手，试图对青洲的史地变化作一回顾。

一　青洲称谓之嬗变

多数澳门地名在中葡两种文字中风马牛不相及，但青洲一名颇相像。葡语称青洲为 Ilha Verde，义即"青岛"。[①]青洲中洲字实际上在汉语中也作岛解，因此两种语言中的名称几乎异曲同工。

青洲在葡语图籍及文献中出现的年代较汉籍为早。在一幅作于 1574 年以前的古航海图中，在内港近莲花茎处已出现一岛，但无图例。在一稍晚的图上，同一岛有了 I. Verde 的标示。此图与前图基本一样，所不同的是在今青洲上有了图例并标明了关闸。由此可以推断其成图日期在 1574 年之后，但不会太晚[②]，因为两图所使用的墨水、字迹、绘制方法无甚区别。因此可以设定，今青洲在 1574 年左右便有了其第一个葡语名称。

从文字记载来看，在 1603 年耶稣会正式占据其地之前，曾称"鬼岛"。一份 1621 年的葡语手稿称："1603 年，耶稣会驻澳视察员为范礼安神父，耶稣会

[**]　澳门基金会行政委员会主席，南京大学历史学博士。

①　大部分澳门掌故文将 Ilha Verde 译为"绿岛"，但从葡语语义学的角度来分析，verde 可译为"青"。见《中葡字典》，澳门政府，1962，第 59 页上"青"字条。

②　我们认为不迟于 1603 年，原因是葡语文献中出现 Ilha Verde 始于是年。

会院长①为瓦伦丁·德·卡尔瓦略（Valentim de Carvalho）神父。澳地水土甚恶，加之会院房屋窄小，无法为患病神父提供养休之所，因此视察员为会院的神父及修士寻找一课余休憩及养病的安静之处。他同几名神父无意中乘船到了青洲。此地时称鬼岛（ilha dos Diabos），因为传说岛上闹鬼。那里土地荒芜，为盗贼及逃仆的巢穴。视察员登岛后，发觉此地可派他所渴望的用场。他下令在水畔打扫出一块地方。过了一段时间，发觉该地还有其他便利。因无任何不妥，逐渐平整土地，起造数间小屋，在岛上耕作，还栽植了许多果树。"②

耶稣会大概从 1603 年开始经营"鬼岛"，开植林木后，始有 Ilha Verde 一名。曾住澳门三巴寺学道的吴历作有《岙中杂咏》，其中第 12 首云："一发青洲断海中，四围苍翠有凉风。昨过休沐归来晚，夜渡波涛似火红。青洲多翠木，为纳凉休沐之所。海涛夜激，绝如散火星流。"巡视闽粤至澳门的焦祈年记称："青洲，草木蓊翳……"岭南文豪屈大均在《广东新语》中亦谓："青洲，林木芊森……"

在 1615 年至 1622 年间绘制的《澳门平面图》上，青洲为一荒岛。③ 1626 年绘制的一澳门图上仍不见青洲上有树木、房屋④，但同年的另一图上出现了青洲。⑤ 至 1635 年，在佩德罗·巴雷多·德·雷曾德（Pedro Barreto de Resende）所绘制的彩色澳门图中已出现有树木、房屋的青洲。⑥

查明季《苍梧军门志》及《粤大记》广东沿海图均不载今青洲，入清以后的通志、县志及《澳门记略》中始见《青洲山》图。从文字记载

---

① 原文"Reitor"。方豪将其译为"会院院长"，见《中国天主教史人物传清代篇》，台北，明文书局，1985，第 269 页。〔德〕莱布尼兹《中国近事——为了照亮我们这个时代的历史》，梅谦立等译，郑州，大象出版社，2005，第 1 页上作"院长"。待查时译。

② 阿儒达宫图书馆：《耶稣会会士在亚洲》钞件 49-V-5，第 344 页。

③ 《澳门：从地图绘制看东西方交汇》，第 112 页。〔葡〕施白蒂：《澳门编年史》（葡语版），第 1 卷，第 85 页上图所标的年代"约 1607"有误。我们核实了卢伊斯·达·席尔瓦（Luís da Silva）所汇集的地图第 837 号，此图的制作日期不早于 1625 年。

④ 〔葡〕黎沙（Almerino Lessa）：《澳门——热带葡萄牙人类学研究》，里斯本，国际出版社，1996，第 299 页，上图。

⑤ 郭永亮：《澳门香港之早期关系》，台北，"中研院"近代史研究所，1990 年，正文前 1626 年澳门图。

⑥ 郭永亮：《澳门香港之早期关系》，台北，"中研院"近代史研究所，1990，第 118 及 130 页。

的角度来看,《明实录》里提到,"……万历三十四年,于对海筑青洲山寺;高可六七丈,闳敞奇秘,非中国梵刹比。县令张大猷请毁其垣,不果"。① 这一天启朝补记万历年间事的记载可能是汉籍对青洲的最早涉及。《澳门记略》对青洲的地理描写最为详尽,且录有释迹删《青洲岛诗》、印光任《青洲烟雨诗》及张汝霖《寄楂青洲饭罢抵澳诗》。此外,还有许多文人墨客为我们留下了不少赞美青洲的诗句。

今青洲在葡语中有过上述两个不同的称呼。其汉名除青洲山、青洲岛及简称青洲及青山②外,还有一个从葡语音译过来的"伊立湾列地"。③ 葡语"Ilha Verde"的图籍标示及文字记载均早于汉语青洲,其地及其周围大多秃山荒野,由耶稣会垦殖后才成为苍翠的"青岛"。从其名称演变及岛貌变化来看,青洲源于"青岛"似为定论。

二 青洲失地小史

从 1583 年利玛窦、罗明坚入肇庆至 1601 年利玛窦入京,天主教在华传教事业一度大获成功,但在利玛窦逝世后不几年;明廷内外反教势力再占上风,南京教案遂起。1617 年,耶稣会会士在华财产遭禁没,人被逐至澳门并限令归国。鉴于对耶稣会谋反的指控,中国官方再议逐葡人出澳,以铲除天主教的传播中心。政治嗅觉灵敏的耶稣会立即意识到了证实葡萄牙居澳合法性的必要性与迫切性,借以保护澳门这一在中国及远东的传教中心。于是,根据口碑传说及 1613 年劳伦索·卡瓦略(Lourenço Carvalho)的申呈,由大三巴会院④院长卡布列尔·德·马托斯(Gabriel de Matos)于 1621 年以同议事亭就青洲房屋建造问题发生争执⑤的方式,抛出了"海盗

---

① 《熹宗实录》,卷 11,载杨继波、吴志良、邓开颂总主编,中国第一历史档案馆、澳门基金会、暨南大学古籍研究所合编《明清时期澳门问题档案文献汇编》,北京,人民出版社,1999,汤开建主编第 5 卷,第 36 页。

② 《皇明续纪三朝法传全录》,载《明清时期澳门问题档案文献汇编》,第 5 卷,第 77 页。

③ 赵春晨校注《澳门记略》,广州,广东高等教育出版社,1988,第 86 页。

④ Colégo 似乎不作"学院"解。为耶稣会在某地的最高管理机构。关于此问题,我们拟另文叙述之。

⑤ 耶稣会通常与葡萄牙人保持政治上的一致,但在此问题上双方之间出现了不可调和的歧见。

说"、"银札"诸说，为日后长达数世纪的澳门主权问题之争埋下了契机。①

国际政治角力经验丰富的耶稣会充分意识到澳门有可能不复存在。面对这一可能，耶稣会采取了在澳门周围寻求新基地的战略，而选择的对象便是青洲。

耶稣会染指青洲的政治目的十分明确：在澳门这一传教基地万一消失的情况下，将其开辟为新的传教中心。为此目的，第一个步骤是确定青洲作为澳城以外的耶稣会"游眺地"的法律地位。

南京教案后被驱逐至澳门的耶稣会会士王丰肃（Alfonso Vagnoni）在耶稣会与澳门议事亭关于青洲产权的争论中，撰有《论耶稣会对青洲所拥有的权利》一文，企图阐明耶稣会进入青洲兴建的法理依据：

1603 年，耶稣会驻澳视察员为范礼安神父②，耶稣会会院院长为瓦伦丁·德·卡尔瓦略（Valentim de Carvalho）神父。澳地水土甚恶，加之会院房屋窄小，无法为患病神父提供养休之所，因此视察员为会院的神父及修士③寻找一课余休憩及养病的安静之处。他同几名神父无意④乘船来到青洲。此地时称鬼岛（ilha dos Diabos），因为传说岛上闹鬼。土地荒芜，为盗贼及逃仆的巢穴。视察员登岛后，发觉此地可派他所渴望的用场。他下令在水畔打扫出一块地方。过了一段时间，发觉该地还有其他便利。因无任何不妥，逐渐平整土地，起造数间小屋，在岛上耕作，还栽植了许多果树。过了一段时间才得知沙尾的一些华人居民在岛上有祖坟。视察员带领几位神父数次亲自与他们交涉，最后约定给他们相当大一笔银两，让他们将墓迁至他处，由视察员继承

---

① 金国平：《TCHANG-SI-LAO 其人文海鈎稽"海盗说"溯源》，载《澳门研究》，澳门，澳门基金会，第 9 期，1998 年 11 月，第 70～109 页。另见《中葡关系史地考证》，澳门，澳门基金会，2000 年，第 61～100 页。〔葡〕阿尔维斯（Jorge dos Santos Alves）：《青洲之争——关于葡萄牙居澳合法性的首次讨论（1621 年）》，载《两个帝国间的一个港口——澳门及葡中关系研究》，澳门，东方葡萄牙学会，1999，第 125～165 页。
② 范礼安因肠梗塞，于 1606 年 1 月 2 日逝世于青洲，两天后移葬澳门。
③ "1603 年大部分时间内，本会院常住 63 名耶稣会会士，其中 31 名为神父，余为修士。"见阿儒达宫图书馆《耶稣会会士在亚洲》钞件 49-V-5，第 20 页。
④ 皮藏里斯本国立图书馆的一绘制于 1574 年以后的 D89R 航海图中已标有青洲，并配有 I. Verde 图例。

他们在岛上的权利。他们用视察员分两次给他们的银子在别处购买了墓地。有了此约，视察员放下了心，更有了把握，开始斥资整治岛屿。约两年后，神父们已启用该岛。一些心术不正的华人想找他们的麻烦，企图从神父及地主处获得更多的银子，于是到官员处去告地主的状，说他出卖墓地。官员出于对外人的嫉妒与恐惧，设法阻止我们起造房屋，于是悄悄来到岛上，将所有草顶房屋付之一炬。这些房子里设有一圣米格尔小堂。但官员未有将神父们赶出该岛的想法。在焚烧房屋时，神父各个群情激愤，于是率领仆人及从外面赶来的学员向官员示威。① 后来得知，在广州不仅没有因此控告我们，反而惩罚了这些官员，革了他们的职。

　　之后，神父们开始重建房屋，没有人再找他们的麻烦。他们已拥有该岛多年，不曾有人找他们的麻烦。过了一段时间，官员们又谈起了该岛，决定派一姓俞②的海道来澳门，巡视此地一带。他沿海围绕该岛转了一圈，笑着说那是什么，好像一只倒扣着的瓷碗，并称中国国王不会给人寸土。之后，官员们再未提起该岛。后来，又有一位姓刘③的海道来巡视澳门，他见到该岛，亦未予以理睬。如果不是后来盖起了楼房，也不会引起澳官们的注意。守澳官们前去视察这些房屋，他们见到是盖在旧基上的，于是向上汇报了情况。前山官员也如实禀告了海道。海道来到当地视察，证实情况与议事亭的公函相符。实际上，这位海道并不相信当地官员，认为他们有受贿之嫌。他命令香山县令④来查看这些房屋，核实是否建造在旧址之上，还是新建筑。香山县令来视察，糟糕的是正好看见几个佣人手持砍刀在劳动，他以为是蔑视他，向其示威。此外，由于未向其献金，他耿耿于怀，决定向其上司大说坏话。的确，他向海道及都堂这样做了。他说是新建筑，请下令拆除。就此，广州官员及守澳官们与议事亭几经交涉。最后，通过都堂的声威要求将其拆毁。但由于一再向其

---

① 疑汉籍"敌杀官军"即指此事。
② 俞安性。
③ 刘承諆。
④ 张大猷。

呈请，未实施。① 去年广州交易会时期，陆若汉②在广州与葡萄牙人见了面，并在海道处办妥了此事。海道后见都堂，决定既然有言拆除那些房屋，但他作为澳城的上司，以他的权威为解决此事辟一蹊径，于是同意在那些房屋（不予以拆除）中设立两座小教堂，一座供奉圣母，另一座敬拜圣地亚哥。然后，还下令核实此命令执行的情况。海道本人也将此情况告诉了来此取炮的两位杭州籍入了天主教的文官。③ 通事弗朗西斯克·瓦雷拉（Francisco Varela）以海道的名义，将此以书面形式通知了议事亭。议事亭又提出请海道马上执行一切有关命令。海道也这样做了。

广州交易会结束后，一切安宁，不再提及青洲之事。但在这位海道逝世后，与我们作对的那位县令因未达其目的仍不肯罢休，于是旧事重提，欲拆除那些房屋，但无从下手。他待到葡萄牙人参加广州交易会的时候，设法让福建商人扣留葡萄牙人的船，直至拆除那些房屋为止。这便是获得青洲至今的简史。④

下面我们来看一下1621年耶稣会年度报告对此问题的记叙：

……神父们在我们拥有了好几年的青洲岛上修整了一些房屋，以便在那儿远离喧闹，学习重要的功课。已经有了大致规模。神父们学习十分努力。如果不是人类的敌人以为我们以上帝神圣之言之剑与其战斗的话，神父们可以安享其劳动成果了。华人受到了挑拨，气势汹汹，拆毁了房屋，逼我们退回澳城。不仅如此，还想从我们手中夺走青洲岛这一本会院唯一的去处。他们没有使用他们根本不会使用的进攻型武器，而是玩弄一些卑鄙伎俩。主管本省的海道驻扎广州。当时，

---

① 《明实录》中"县令张大猷请毁其垣，不果"的记载与此说吻合。葡语文献并说明了不果的缘由。
② 关于此人物，有一本很好的传记著作。见〔美〕库伯（Michael Cooper, S. J.）《通事陆若汉——一位耶稣会会士日华经历录》。近期关于陆若汉的重要研究有刘小珊著、汤开建导《明中后期中日葡外交使者陆若汉研究》，暨南大学博士论文，2006年；以及汤开建和刘小珊系列文章。陆若汉离日赴华原因似乎还有商讨的余地。
③ 张焘与孙学诗。
④ 见阿儒达宫图书馆《耶稣会会士在亚洲》钞件49-V-5，第344~346页。

葡萄牙人正投入大量银钱在那里工作、贸易、购货。华人以为这是达到他们目的大好时机，于是派遣一官员来本澳，要求当政者①下令拆除神父们在青洲建设的房屋。如果不这样做的话，将扣押在广州的葡萄牙人及其钱财。本城市政议员们个个束手无策，回答说对神父们的事情无法介入，因为他们是宗教人士，不受他们的管辖。这样回答也无济于事，华人一再坚持拆除房屋。为了进一步威逼，竟然禁止附近村庄供应必需品。受损失最大的还是穷人。议事亭成员向我们的人通报了所发生的情况，请求我们尽可能设法解决这个麻烦。我们看到，只有我们可以平息这场暴风骤雨，保住我们的房屋。这房屋对我们来说十分重要。但华人并不善罢甘休，一直逼得我们同意将这些房屋拆除为止。为避免议事亭遭受更大的麻烦，我们同意了。在那里居住、学习语言的人退回了会院。人人心怀不满。此情难以言状。

经过这一大风波后，不仅因为失去了那些房屋，在那里休憩的人不得停留该岛，而且还因为饱尝了妒恨我们的人给我们造成的苦果，我们只得随遇而安，幸好保住了青洲。但官员们却又勒令我们从岛上全部撤退，将树木伐倒。然而，此时在广州的葡萄牙人已回到本城，危险小了一些，这才可以作些抗争。于是官员们至此罢休，在岛上竖起了一块石碑，铭文禁止无中国国王的同意不得在此兴建房屋。但时间可解决一切，现在在官员的同意下，我们又有了几间草棚，青洲似乎更加屹立了。②

荷兰驻巴达维亚总督让·皮特尔颂·科恩（Jan Pieterszoon Coen）在一封于 1622 年 1 月 21 日写给荷兰东印度公司大班的信中说："……他们（华人）强迫葡萄牙人拆毁并放弃 18 年前耶稣会会士在某一岛上构筑的几间砖石小屋。"③ 可以说，此信从第三者的角度证实了耶稣会 1603 年入青洲说。

---

① 澳门议事亭。

② 罗马耶稣会档案馆：《日本—中国档》，第 114 号，第 268～269 反面页，转引自〔葡〕若昂·保罗·奥利维拉·科斯达（João Paulo Oliveira e Costa）《澳门圣保禄会院年度报告（1594～1627）》，澳门，纪念葡萄牙发现事业澳门地区委员会、澳门基金会，1999，第 236～238 页。

③ 〔英〕博克塞：《1622 年澳门击退荷兰人之役》，载《澳门历史研究（16～18 世纪）》，第 1 册，里斯本，东方基金会，1991，第 75 页。

值得注意的是，利玛窦及 1621 年耶稣会年度报告对耶稣会"据有"、"拥有"青洲的事实直言不讳。而王丰肃购买墓地说难以核实，不无一面之词之嫌。无论如何，占地之事实先于买地之解释。即便是买地，其契约需要经官方核实方为有效。耶稣会早期在澳门、中国内地传教的文献保存完整，但至今未见这花了"相当大一笔银两"的契约。如果确实存在过的话，发生"青洲争端"时，耶稣会也应向议事亭出示。这也许是另外一个类似"金札"的历史谜团。

至于耶稣会正式占据青洲的年代，从该会的记叙、荷兰人的旁记及 1606 年郭居静事件来看，1603 年说是可信的。

汉籍对耶稣会在青洲历史起始的记载稀少。曾于万历四十六年（1618）出任广东按察司副使的徐如珂①在《望云楼稿》中为我们提供了一条线索，并证明他对耶稣会的企图有所洞察：

> ……青洲山事，仰杖威灵，尽撤而毁之。此数十年来所姑息养成而不敢问者也。而一旦伐其狡谋，破其三窟，非神谋伟略，出人意表，何以有此？②

万历四十六年为公元 1618 年，推溯"数十年"，虽略有夸大，但亦可能泛指对澳门葡人的"姑息"，大致与外籍记录相合。《明实录》在天启朝补记万历年间事说：

> ……万历三十四年，于对海筑青洲山寺；高可六七丈，闳敞奇秘，非中国梵刹比。县令张大猷请毁其垣，不果。③

万历三十四年为公元 1606 年，至此耶稣会已在青洲经营了四年，但只是"已经有了大致规模"，并无"高可六七丈，闳敞奇秘，非中国梵刹比"的教堂。《明实录》此记载言过其实，大概系由张大猷谎报造成。葡语中教

---

① 阮元：《广东通志》第 1 卷，第 375 页。
② 徐如珂：《望云楼稿》卷 11《覆冯云冲道尊》，载《明清时期澳门问题档案文献汇编》，第 5 卷，第 313 页。
③ 《熹宗实录》卷 11，载《明清时期澳门问题档案文献汇编》，第 5 卷，第 36 页。

堂为 igreja，一般指高大宏伟的建筑，且对外开放。青洲当时仅为耶稣会的休憩地，无其他常住人口，因此无必要起造教堂。从上述葡语文献来看，当时的简陋草棚中设有两个小教堂。小教堂在葡语中作 capela，它并不是小的 igreja，而是某所建筑物中派宗教用途的部分，犹如中国建筑物中所设立的佛堂、道场。青洲的小教堂为耶稣会会士在那里休息期间所使用的私人小堂，其建筑规模不会超过容纳它的"草顶房屋"。如果我们考虑到同年发生惊动朝野的郭居静事件时①国人耸人听闻的言论，说"于对海筑青洲山寺；高可六七丈，闳敞奇秘，非中国梵刹比"，实不足为怪。

> （崇祯三年五月）礼科给事中卢兆龙上言……臣生长香山，知澳夷最志，其性悍桀，其心叵测。其初来贸易，不过泊船于浪白外洋耳。厥后渐入澳地，初犹搭篷厂楼（栖）止耳，渐而造房屋，渐而筑青洲山，又渐而造铳台、造坚城，为内拒之计；蓄夷众、聚兵粮，为颜行之谋。②

卢兆龙为香山人，其言"渐而筑青洲山"当为可靠。作为"言官"，若青洲曾有过高大的教堂，他不会不禀告朝廷。

从前引葡语文献中，我们可以获得补充中国正史、方志记叙简略的细节，并澄清一些事件的来龙去脉。

王丰肃（Alfonso Vagnoni）所称青洲系耶稣会于 1603 年从在青洲拥有墓地的几名华人手中购得一说，不见汉籍有载，待考。但从耶稣会大量投资青洲一事来分析，若无任何依据，对中国文化历史有着精深了解的耶稣会也不会轻出此举。但他们获得的权利至多是土地的使用权，不具备产权，"地主"仍然存在。耶稣会从私人处购得使用权，"地主"则承担向国家纳税的义务。这与葡萄牙人在澳门半岛的法律地位完全相同。所不同的是，葡萄牙人需向中国官方纳租，而耶稣会在青洲一次买断了永久使用权。

汉籍言之凿凿的"敌杀官军"事件，实际上是"在一官员的带领下，

---

① 〔葡〕徐萨斯：《历史上的澳门》，黄鸿钊、李保平译，澳门，澳门基金会，2000，第 45 ~ 48 页。
② 《崇祯长篇》卷 34，载《明清时期澳门问题档案文献汇编》，第 5 卷，第 41 页。

群情激愤的华人占领了青洲，摧毁了草顶房屋及圣米格尔小教堂，亵渎了圣米格尔塑像。一得知此事，会员院的佣人冲向官员，将其逮至三巴。后经唐·迪奥戈·德·瓦斯孔塞罗斯·梅内泽斯（D. Diogo de Vasconcelos Meneses）① 的干预才获释放"。②

葡萄牙人及其佣人（一般是黑人或印度、马来、帝汶人）在宗教热情的驱使下，见到他们信仰的宗教物受到亵渎，作出超出平常道德水准的举动在澳门历史上屡见不鲜。葡萄牙人的黑佣除了从事粗重的家务外，还兼任保镖。③

耶稣会对青洲的经营至 18 世纪。至其时，中国地方官员也不得不承认："由澳稍西，为青洲，其地多树木，有台榭园囿，夷之别业也。"④

1705 年 4 月 2 日，教皇遣华特使多罗（Tournon）宗主教曾借寓青洲耶稣会住院，次日即动身前往广州。⑤

《澳门纪略》称："今西洋蕃僧构楼榭，杂植卉果，为澳夷游眺地。"《澳门纪略》付梓后不几年，青洲易手私人。

澳门政府执行庞伯尔（Pombal）侯爵制定，以葡王名义于 1759 年 9 月 3 日在里斯本颁布的取缔耶稣会的敕令⑥，于 1762 年在澳门逮捕了所有耶稣会会士，并将他们从海路押回里斯本待审。当时耶稣会亏欠富商西孟·维森特·罗纱（Simão Vicente Rosa）⑦ 的债务高达 6147 两。1765 年，西孟·维森特·罗纱同意接受耶稣会拥有的青洲抵偿这笔债务，于是成了青洲全岛的"地主"。

1813 年，葡人曼努埃尔·奥门·德·卡尔瓦略（Manuel Homem de Car-

---

① 当时的澳督。
② 〔葡〕文德泉：《17 世纪澳门》，澳门，教育文化司，1982，第 9 页。
③ 金国平、吴志良：《郑芝龙与澳门——漫谈郑氏家族的澳门黑人》，载《早期澳门史论》，广州，广东人民出版社，2007，第 368～391 页。
④ 张甄陶：《澳门图说》，载《明清时期澳门问题档案文献汇编》，第 6 卷，第 607 页。
⑤ 《在华方济各会会志》第 5 卷，第 506～511 页；以及罗光《教廷与中国使节史》，台北，光启出版社，1972，第 109 页。关于华方济各会研究，近期有崔维孝著《明清之际西班牙方济会在华传教研究》，北京，中华书局，2006。
⑥ 全文见李向玉《澳门圣保禄学院研究》，澳门，澳门日报出版社，2001，第 283～287 页。
⑦ 澳门古今掌故文中每每出现的"泗孟街"，"泗孟街市"及"泗孟码头"中的"泗孟"及道光《香山县志·濠镜澳全图》中"士孟步头"中的"士孟"均是西孟·维森特·罗纱中 Simão 的对音。

valho)① 及贝尔那尔德·戈麦斯·德·雷莫斯（Bernardo Gomes de Lemos）以 200 两白银在一次拍卖中购得青洲。

1828 年，三巴仔修院②从葡人贝尔那尔德·戈麦斯·德·雷莫斯手中③以 2000 西班牙银圆（元）购下青洲。当时签订的买卖合同中约定的价格如下："……再次声明，将上述青洲（位于内港，沙梨头对面）、果树及上面的建筑物以 2000 西班牙银圆的价格出售给三巴仔王家修院院长尼古拉·罗德里格斯·佩雷拉·达·博尔查（Nicolau Rodrigues Pereira da Borja）……"④

贝尔那尔德·戈麦斯·德·雷莫斯出售的原因是："……为了偿还结婚时所欠下的旧债并防止华人占有上述岛屿。这已不可避免，因为他欠了华人许多债务。可以看到，为讨债，华人天天找他，加以谩骂（骂）。如果不加以修缮的话，华人将逐步侵占其地，搭造棚寮等。这样便会失去对此岛的所有权，无法再恢复，因而给我们民族及澳城造成损失。为迫使华人离开那里并不再将其视为己物或无主之物而任意出入，费了九牛二虎之力。"⑤

由此可知，此次收购行动具有一定政治成分在内。

从 1828 年起，青洲的业主是三巴仔修院。

1844 年，《望厦条约》签订后，旅澳美侨渡海至青洲欢庆。⑥

1873 年，澳门王室财政检查官为将青洲开辟为公众游地，要求法院查核三巴仔修院对青洲持有的权利。官方败诉。⑦

1886 年青洲的产权登记如下："……周长约 1000 米。其售价估计为 10000 澳门圆（元）。"⑧

1886 年 5 月 3 日，澳门主教明德禄（D. António Joaquim de Medeiros）

---

① 西孟·维森特·罗纱的曾孙女婿。
② 亦称圣约瑟修院。
③ 另一股东曼努埃尔·奥门·德·卡尔瓦略（Manuel Homem de Carvalho）当时在巴西，所以合同仅以贝尔那尔德·戈麦斯·德·雷莫斯（Bernardo Gomes de Lemos）一人签署。
④〔葡〕文德泉：《澳门地名》，澳门，官印局，1979，第 1 卷，第 550 页。
⑤〔葡〕文德泉：《澳门地名》，澳门，官印局，1979，第 1 卷，第 550 页。
⑥〔葡〕文德泉：《澳门地名》，澳门，官印局，1979，第 1 卷，第 550 页。
⑦〔葡〕文德泉：《澳门地名》，澳门，官印局，1979，第 1 卷，第 550 页。
⑧〔葡〕萨安东主编《葡中关系史资料汇编》，金国平汉译，专题系列，卷 3，《澳门问题备忘录》，澳门，澳门基金会、澳门大学，1999，第 31 页。

将青洲部分以 1200 两年金①租与"青洲英坭有限公司"（The Green Island Cement Company Limited），② 同年 5 月 11 日，批准香港律师艾云斯（Creasy Ewens）③ 在青洲设立水泥厂之申请。④

1889 年 5 月 4 日，澳门主教明德禄又与艾签订一补充合同⑤，但未加租金。

其原料"系用澳门之泥，英德县之灰石合炼……"⑥ 生产矽酸盐（Portland⑦，又称波特兰水泥）水泥。产品除本地使用外，还输往中国内地⑧和帝汶。⑨

1887 年 8 月，澳门当局批准该公司挖掘内港河泥。⑩

同年，在青洲山南麓，灰泥公司新建粉红色洋房二所、淡黄色窑房一所、黄黑色砖彻高方烟囱一座。山西及北，小屋数处，为工人居住。⑪

或曰，该公司乃光绪八九年间⑫，由香山商人余瑞云"合资 10 万元"⑬

---

① 民国《香山县志》称："每年收租银一千二百两。"见《中山文献》，台北，学生书局，1985，第 7 卷，第 2247 页。
② 〔葡〕萨安东主编《葡中关系史资料汇编》，金国平汉译，专题系列，卷 3，《澳门问题备忘录》，澳门，澳门基金会、澳门大学，1999，第 32 页。
③ 王燕谋编著《中国水泥发展史》，北京，中国建材工业出版社，2005，第 38 页。
④ MCAHM/AC/31/700/A. G12，Fundo de Administração Civil（民政总局档）：Processo 662：Licenças concedidas ao solicitador Judicial de Hongkong，Creasy Ewens do estabelecimento na Ilha Verde，de uma fábrica de cimento，1886 Maio 11. 关于这个工厂及污染的研究，见赵利峰《晚清澳门环境问题两则》，载《澳门历史研究》，第 2 期，2004 年 12 月，第 131～135 页。
⑤ 王燕谋编著《中国水泥发展史》，北京，中国建材工业出版社，2005，第 32～33 页。
⑥ 南京大学经济研究所、南开大学经济系编《启新洋灰公司史料》，北京，三联书店，1963，第 20 页。
⑦ "O Macaense"，4（176）de 13 de Maio de 1886，p. 200.
⑧ 莫世祥、虞和平、陈奕平：《近代拱北海关报告汇编：1887～1946》，澳门，澳门基金会，1998，第 322、328 页。尤其是邻近的中山，"进口货中之水泥一项，因中山县大兴土木，江口甚多"，第 373 页。另见王燕谋编著《中国水泥发展史》，北京，中国建材工业出版社，2005，第 38 页。
⑨ MCAHM/AC/242/907/B. G4，Fundo de Administração Civil：Processo 5472：Aquisição e envio de 300 barris de cimento para a Província de Timor，1916 Setembro 15 a 19.
⑩ 申请挖掘内港河泥之申请，见 MCAHM/AC/33/702/A. G12，Fundo de Administração Civil：Processo 774：Acêrca da extração do lôdo do Porto Interior pela Companhia Industrial de Cimento que trabalha na Ilha Verde，1887 Agosto 10。
⑪（民国）陈沂著《澳门》，载《明清时期澳门问题档案文献汇编》，第 6 册，第 534 页。
⑫（民国）陈沂著《澳门》，载《明清时期澳门问题档案文献汇编》，第 6 册，第 534 页。
⑬ 南京大学经济研究所、南开大学经济系编《启新洋灰公司史料》，北京，三联书店，1963，第 22 页。

倡办。据清光绪十五年（1889）十一月初五日，唐延枢上李鸿章禀帖称：
"……再查澳门土厂，资本十万元，久已用罄，其厂现已停工，现闻香港有
人复行招股接办，至将来所制土，如比去年所制加好，职道自当购送天津
军械局，再行试用。"①

灰泥公司为集股开设，至光绪十五年（1889），公司股本银 25 万元，
分 1 万股，每股银 25 元，每月可制造灰泥 4000 桶。当年 2 月，该公司扩股
改造，以便每月可造泥四倍之多。是以再创一公司，凑本银 100 万元，分作
2 万股，每股银 50 元。将拨银 50 万元以为购买旧公司之机器物业等，其旧
股份人应将欠旧股本之银交足，其余 1 万股，每股应交银 50 元。

至于分派新股之法，凡有旧股两份则派一新股，已派去 5000 股；又有
3000 股早已应承分派与人，尚剩 2000 股，以 1000 股份派与澳门人。其旧
股份之银，限 15 日交足，然后派新股份。②

1889 年 7 月，它宣布成为受葡萄牙法律管辖的公司。③

同年 9 月，澳葡与该公司签订内港填海条约。④

至于其关闭之原因与时间，一说 1930 年，粤省当局禁水泥进口该公司
收入大减，于 1936 年被迫关闭其澳门厂房。⑤ 一说陈济棠主粤期间，限制英
德石出口，该厂原料无以为继，生产难以维持，宣告破产，迁往香港九龙。⑥

真正原因是 1933 年，"本年 5 月修正海关进口税税则施行后，进口税率
多予提高，而本埠进口之主要货物，所遭打击尤甚，进口统计数字因之锐
减。如水泥一项，进口税率，激增一倍，复有地方各项捐税，负担益重。
故澳门青洲英泥工厂出品，不克与国产争衡，输入锐减。计由上年之一百

① 南京大学经济研究所、南开大学经济系编《启新洋灰公司史料》，北京，三联书店，1963，第22页。
② 《澳门宪报》，1889 年 3 月 7 日第 10 号。
③ MCAHM/AC/38/707/A. G12, Fundo de Administração Civil: Processo 911: Termodas declarações prestadas pela Companhia "Green Island Cement Company Limited" para ter existência jurídica nesta Cidade, 1889 Junho 7.
④ MCAHM/AC/38/707/A. G12, Fundo de Administração Civil: Processo 929: Termo do contrato feito entre o Estado e a Companhia "Green Island Cement Company Limited" para proceder o aterro do porto interior, 1889 Setembro 2.
⑤ 王燕谋编著《中国水泥发展史》，北京，中国建材工业出版社，2005，第38页。
⑥ 李鹏翥：《澳门古今》，三联书店香港有限公司、澳门星光出版社，1986，第59页。

万担降为四十一万一千担，驯至营业无法维持，而致搁浅。"[①]

1934 年 12 月，中止 1926 年 2 月 8 日签订之 13.335m² 租约合同。[②]

1935 年，"澳门青洲英泥工厂出品之水泥，向为进口大宗，本年输入锐减，由二万三千五百九十八公担，降而为一千五百二十四公担，是可知省政府减少洋货进口政策之运用，业已见效也……"[③]

1936 年，宣布破产。[④]

1937 年 6 月，取消 1889 年 8 月 29 日填海地租约。[⑤]

海军军官博尔札（Custódio Miguel de Borja）于 1890 年 10 月 16 日出任澳门总督。上任后 11 天，他便颁布了 1890 年 10 月 27 日第 146 号训令，决定建筑一长堤，连接青洲与澳门。工程预算为 23800 澳币，施工期为两年。堤上的大道后命名为 Avenida do Conselheiro Borja（博尔札参政大臣大马路），其汉名作青洲大马路。

早在 1621 年，议事亭为了保护澳门立身的根基——对外贸易，与耶稣会在青洲房产是否违背"五禁"第 5 条问题上发生了争执，以致在葡人内部引发了一场关于葡萄牙居澳合法权的辩论。几个世纪之后，澳门教会为保护自己的权益，与博尔札总督又斗智一场：

> 当长堤筑了相当远的时候，手腕强劲的明德禄失眠，他下令在青洲筑起一道围墙。
>
> 大堤落成剪彩那天，他致函博尔札总督，表示祝贺，并为他在青洲提供住宿：

---

① 莫世祥、虞和平、陈奕平：《近代拱北海关报告汇编：1887～1946》，澳门，澳门基金会，1998，第 375 页。

② MCAHM/AC/579/1240/B. G9, Fundo de Administração Civil: processos 15162 a 15175, Processo 15171: Rescisão do contrato de arrendamento do terreno a sul da Ilha Verde, com a área de 13.335m2 feito a favor da "The Green Island Cement Co Ltda" em 8 – 2 – 926, 1934 Dezembro 27.

③ 莫世祥、虞和平、陈奕平：《近代拱北海关报告汇编：1887～1946》，澳门，澳门基金会，1998，第 377 页。

④ Luís G. Gomes, *Efemérides da história de Macau*, Macau: Edição de Notícias de Macau, 1954, pp. 88 – 89；王燕谋编著《中国水泥发展史》，北京，中国建材工业出版社，2005 年，第 38 页。

⑤ MCAHM/AC/629/1289/B. G10, Fundo de Administração Civil: processos 16222 a 16254, Processo 16250: Anulação do arrendamento do terreno conquistado ao mar pela Companhia "Green Island Cement, Co Ltd." concedido ao mesmo por escritura de 29/8/1889, 1937 Junho 9 a 11.

——您要是想去青洲休息或避暑，尽管向会院院长索取钥匙，他定会满足您。

博尔札咽下了……

当然他可以随时出游他称之为"近岛"的青洲，不过也当然要得到主人的同意啊。①

1887年中葡条约谈判、签订过程中，1909～1910年中葡香港勘界会议上及1910～1923年内港疏浚期间，青洲水界均成为中葡交涉的焦点。

南京教案前，葡人居澳合法性从未引发过争论，耶稣会也心安理得地将澳门作为其远东的传教基地。教案发生后，为保护其传教利益，他们先后抛出了"海盗说"、"银札说"、"金札说"、"赐予说"，试图以此证实葡萄牙人居澳的合法性，但他们十分清楚这几枚"历史烟幕弹"总有烟消云散的一天。作为第二步，他们需要在澳门城以外寻找一新基地。恰好从1603年起他们已开始经营青洲，但他们对青洲的权利也是可质疑的，因此借明廷在澳门购炮之政治良机②，通过与议事亭辩论的形式巧妙托出葡萄牙人居澳合法性的辩论，试图彻底解决青洲的法律地位。鉴于青洲面积狭小，无法作为长远基地，于是他们又策划了第三步，将目光投向了大澳门半岛数十倍的对面山。携炮北上援明抗清有功的陆若汉逝世后，他们请求京廷在蚝田赐地③安葬这位"功臣"，借此获得对蚝田④的所有权。这样，即使在澳门不复存在的情况下，他们也可将传教大本营迁移至蚝田。这三部曲可谓用心良苦，谋虑至远！

耶稣会私占青洲是件大事，对此广东各级官吏竟然不闻不问。明副使

---

① 〔葡〕文德泉：《澳门地名》，第1卷，第558页。
② 金国平、吴志良：《努尔哈赤死因新证》，载《早期澳门史论》，第512～535页；黄一农和汤开建系列研究，以及黄洁娴《明末葡国铸炮业在澳门与中西关系》，澳门大学葡文学院硕士论文，第19～71页。
③ 黄伯禄：《正教奉褒》，崇祯十二年十二月六日毕方济奏，载《明清时期澳门问题档案文献汇编》，第5卷，第109～110页；钟鸣旦等编《徐家汇藏书楼明清天主教文献》，第2册，《毕方济奏折》，载《明清时期澳门问题档案文献汇编》，第5卷，第427～428页。近期关于毕方济的重要论文有汤开建、王婧《关于明末意大利耶稣会士毕方济奏折的几个问题》，载《中国史研究》，2008年第1期，第139～162页。
④ 〔瑞典〕龙思泰著《早期澳门史》，吴义雄、郭德焱、沈正邦译，章文钦校注，北京，东方出版社，1997，第166～168页。

徐如珂曾谓："……青洲山事，仰杖威灵，尽撤而毁之。此数十年来所姑息养成而不敢问者也。"反而是澳门其他教团因嫉妒耶稣会在中国传教事业的蓬勃发展引发了郭居静事件。从 1583 年陈瑞批准耶稣会留居肇庆传教，至1598 年戴耀出任两广总督，广东大吏对葡人及耶稣会种种破坏中国主权的行为实不能辞其咎。葡人入澳与居澳，同广东官员的姑息大有关系。至于葡人居据澳门的起因，近年流行一种超商业行为说，将这一复杂的历史事件简单地归咎于葡人的扩张。在葡人入澳的几年前，朱纨成功地铲除了双屿及浯屿的葡人居留地。如果广东当局也像朱纨那样令行禁止的话，葡人很难在广东沿海立足、生根。以往，通常将剿匪、充饷视为葡人入居澳门的主要原因。但不应忘记的是，当时朝廷命寻找龙涎香，且需要以澳门购炮。剿匪充饷为地方利益，而寻香是天子的圣旨，佛郎机炮更可以为明朝续命。或许不难回答，在这二者之间广东当局以何为重。利玛窦推行的走上层路线的传教政策，很快在各省大吏、京官中奏效。各级官员猎珍、容教保教，对澳门形成了强有力的政治保护伞。澳门葡人的许多政治举动、宗教攻势、商业推广，甚至侵占中国领土的行为，皆未得到广东各级官员的有效管辖与制止。

从最近披露的部分明档来看，针对葡人的上述几近猖狂的活动，明末时北京不得不采取了一系列军事、行政措施，以制约葡人，而作为封疆大吏两广总督却对葡人、耶稣会筑城建房等侵犯中国主权的行为一味姑息。"督粤十有三载"的戴耀①向为史家所指斥。明人沈德符揭露说：

> 丁未年，广东番禺举人卢廷龙，请尽逐香山岙夷，仍归濠镜故地，时朝议以事多窒碍，寝阁不行。盖其时岙夷擅立城垣，聚集海外杂香住居，吏其土者皆畏惧莫敢诘，甚有利其宝货，佯禁而阴许之者。时督两广者戴耀也。②

戴耀坐镇两广十余载，一代显宦，《明史》不为其立传，反采沈德符

---

① 据耶稣会史料，戴耀曾经建议耶稣会以"天竺国"的名义出使中国。"天竺国"音同"天主国"，借以鱼目混珠。

② 沈德符：《万历野获篇》，北京，中华书局，1997，下册，第 785 页。

说，予以抨击：

> 知县张大猷请毁其高墉，不果。明年，番禺举人卢廷龙会试入都，请尽逐澳中诸番，出居浪白外海，还我壕镜故地，当事不能用。番人既筑城，聚海外杂番，广通贸易，至万余人。吏其土者，皆畏惧莫敢诘，甚有利其宝货，佯禁而阴许之者。总督戴燿在事十三年，养成其患。①。

连熟悉澳门故事的《澳门记略》的两位作者也对戴燿大张挞伐："吏兹土者，皆畏惧莫敢诘，甚有利其宝货，佯禁而阴许之者。总督戴燿在事十三年，养成其患。"明清两代史家对戴燿的评价如出一辙，可见戴燿的劣迹的确昭彰。

从以上所披露的关于郭居静事件处理的葡语资料可知，是戴燿下令不拆除耶稣会在青洲私建的房屋，还允许在内添加小教堂。戴燿当在《明史》所痛斥的"将吏不肖者"之列。总督戴燿如此失职，自然"吏其土者，皆畏惧莫敢诘，甚有利其宝货，佯禁而阴许之者"。戴燿素有"劲吏"之誉，但督粤期间对葡人及耶稣会侵犯中国主权的行为放任自流，究其原因，大概可有以下几点：

（1）"以'老迈昏庸，不足弹压'，为沈凤翔所劾的两广总督戴燿，（《万历实录》卷四一七万历三十四年正月癸巳条）未奉有朝廷明令，自然更不敢有所举动。"②

（2）万历年间，京廷仍在粤闽寻访龙涎香，仍需保持从澳门购炮这个渠道。为得此两物，朝廷不可能有"弹压"葡人之"明令"，戴燿也自然需要与葡人保持友好关系。

（3）迎合神宗的意图，确保广东市舶税的征收。

（4）以利玛窦为首的"宫廷神父"在京广交达官贵人、文士骚客，风云一时，成为澳葡的政治保护伞。

（原载金国平、吴志良著《东西望洋》，澳门，
澳门成人教育学会，2002）

---

① 张廷玉：《明史》，北京，中华书局，1974，第8433页。
② 戴裔煊：《〈明史·佛郎机传〉笺正》，北京，中国社会科学出版社，1984，第95页。

澳门贫民医院再研究

董少新[*]

葡萄牙早期海外扩张要面临多种困难，其先进的航海技术和武器装备固然在此过程中具有决定性的意义，伴随其势力扩张所建立起来的海外医疗体系，对此也发挥了不可忽视的作用。漫长的航海生活、船上恶劣的营养卫生条件乃至各种战争所造成的伤病，都要求船队医疗的改善。[①]16 世纪葡萄牙在东方的多数据点上，均建有医院、仁慈堂、药房等医疗救助机构。[②]其中最早也是级别最高者，当属果阿"皇家医院"（Hospital Real），它是葡萄牙在亚洲所建立的其他医疗机构的总部，为阿丰索·德·阿尔布克尔克（Afonso de Albuquerque）建立于 1510 年第二次攻打果阿的战役之后，其建立目的主要是为征服战争服务。[③]

平托《远游记》中说，葡人在双屿所建的据点已经有了仁慈堂和两所

---

[*] 复旦大学文史研究院副教授。

① 关于葡萄牙海外扩张时期的船上医疗，参见 Joseph Rodriguez de Abreu, *Luz de Cirurgioens embarcadissos, que trata das doenças epidêmicas de que costumam enfermar ordinariamente todos, os que embarcão para as partes ultramarinas*, Lisboa na Officina de António Pedrozo Galram, 1711; Luís de Pina, Medicina Embarcada nos séculos XVI e XVII, in *Arquivo Histórico de Portugal*, Vol. IV, Lisboa, 1940; Ana Maria Amaro, *Medicina Popular de Macau*, Vol. 1, Tese de Doutoramento apresentado na Faculdade de Ciências Sociais e Humanas da Universidade Nova de Lisboa, Lisboa, 1988, pp. 648 – 680。关于船上医疗史的综合研究，见 Joan Druett, *Rough Medicine*, *Surgeons at Sea in the Age of Sail*, New York: Toutledge, 2000。此书承蒙范岱克先生相告，深表谢忱！

② 亚洲建有医疗机构的葡萄牙据点有：霍尔木兹、马斯喀特、第乌、大芒、果阿、科钦、马六甲、宁波、澳门、暹罗及日本丰后高田、长崎，等等。见 P. J. Peregrino Costa, *Medicina Portuguesa no Extremo-Oriente, Séculos XVI-XX*, Bastorá: Tipografia Rangel, 1948, pp. 5 – 55, 58。

③ 关于果阿"皇家医院"，见 Vítor de Albuquerque Freire da Silva, *O Hospital Real de Goa (1510 – 1610), Contribuição para o Estudo da sua História e Regimentos*, Lisboa: Dissertação de Mestrado em História dos Descobrimentos e da Expansão Portuguesa, 1997。

医院，① 鉴于《远游记》内容多有失实及尚未发现其他资料证明其存在，我们只能对平托这一记载持保留态度。

澳门仁慈堂及其附属医院建立于 1568 年，在时间上晚于葡人在日本大丰高田（Bungo）② 所建立的医院（1556 年）。③ 澳门仁慈堂纯属宗教慈善机构，并没有军事目的。关于此医院的情况，葡萄牙学者已经有了一些基本的研究。④ 本文在前人研究的基础上，对研究较弱的早期历史再作探讨，以求教于学术界。

一　建立

1553～1567 年间，澳门中外居民的医疗状况与方式，由于文献阙如，我们知之甚少。当时澳门处于开发初期，且居民多从远方而来，环境状况对身体健康是一种不小的挑战。妈祖庙和传教士建立起来的简陋教堂，可能对当时为数不多的中外居民提供着各自的传统医疗救助服务。

1568 年 5 月，受罗马教皇之命，耶稣会士贾尼劳⑤（D. Melchior Miguel Nunes Carneiro Leitão，1516～1583）抵达澳门，担任日本和中国教区代牧主

---

① 〔葡〕费尔南·门德斯·平托：《远游记》下册，金国平译，澳门，葡萄牙航海大发现事业纪念澳门地区委员会、澳门基金会、澳门文化司署、东方葡萄牙学会，1999，第 699 页。

② 属日本大分县。

③ 关于早期西洋医学在日本的传播，见 Dorotheus Schilling, *Os Portugueses e a Introdução da Medicina no Japão*, Coimbra: Instituto Alemão da Universidade de Coimbra, 1937; P. Charles, L' introduction de la Médicine au Japon par les Portugais au XVI Siècle, *Actas do I Congresso de História da Expansão Portuguesa no Mundo*, Lisbon, 1938; Yuuki, R., *Luís de Almeida (1525 – 1583)*, *Médico, Caminhante, Apóstolo*, Macau: Instituto Cultural de Macau, 1989.

④ 前人的研究主要有 P. J. Peregrino Costa, *Medicina Portuguesa no Extremo-Oriente, Séculos XVI-XX*, Bastorá: Tipografia Rangel, 1948, pp. 57 – 69; José Caetano Soares, *Macau e a Assistência*, Lisboa: Agência Geral das Colónias, 1950, pp. 146 – 152; Manuel Teixeira, *A Medicina em Macau*, Vol. 1, Macau: Imprensa Nacional, 1975, pp. 239 – 257。

⑤ 此名有多种中译形式，如卡内罗、贾尼路、加奈罗等，2000 年 6 月澳门特区政府在仁慈堂右侧为创建人立纪念雕像一座，铭文译做"贾尼劳"，本文从之。关于贾尼劳，参看〔法〕费赖之《在华耶稣会士列传及书目》之《加奈罗传》，冯承钧译，北京，中华书局，1995，第 18～20 页；〔法〕荣振华《在华耶稣会士列传及书目补编》之《加奈罗传》，耿升译，北京，中华书局，1995，第 109～111 页；Manuel Teixeira, *Melchior Carneiro, Fundador da Santa Casa da Misericórdia de Macau*, Composto e Impresso na Tipografia da Missão do Padroado, 1969。

教。他在写于 1575 年的一封信中说："当我于 1568 年 5 月末抵达时，那里只有很少的葡国居民，以及一些当地天主教徒的家庭……""我们没有给异教徒们任何轻蔑基督教的机会，我们的富人和豪商也没有引起那里人们的不满，这是我们所获得的第一个果实"。"我一到达这个岛（按：应为半岛），便命令为本地人和基督教徒建立两所医院，接收所有天主教徒和异教徒。我还建立了一所仁慈堂，与罗马的慈善组织相仿：为所有赤贫的人们和其他贫困地区提供帮助。这可以对那些中国人产生好的影响。据我观察，他们中没有人对患病者抱有同情心，即使是亲密的朋友和亲属也不例外：比如，如果婴儿生了病，他们的父母便弃之于垃圾和粪土堆中。如果谁有些可自助的东西，这只对他自己有好处；那些一无所有者，便处于痛苦之中，并伺机抢劫。然而，其他人却懂礼貌，讲究公共秩序，这真是个难以置信的奇迹。"①

1569 年 12 月 2 日，克利斯多万·达·科斯塔（P. Cristóvão da Costa）在马六甲给耶稣会总会长写了一封信，信中介绍了贾尼劳所开办的仁慈堂和医院，说："今年没有船从中国来。我们知道去年那里的情况与以往一样。我们的（耶稣会士们）在澳门与葡人相处在一起，在精神上帮助他们，祈求天主的仁慈。""贾尼劳主教在其职位上，犹如上帝的忠诚奴仆，待我们的教士如同兄弟一样，邀请他们到他的家中与他一同进餐，并趁此机会给他们以精神食粮。这种方式人人喜欢。他与教外人同样相处融洽，并用善良的话语和仁慈的典范来劝诫他们……很少惩罚他们（指麻风病人），也从不接他们到自己的家中，而是将他们送到一个医院中去。该医院是他命令为麻风病人建的，那个国家有很多麻风病人：通过这种途径，麻风病人们获得了通向我主基督的灵魂"。②

贾尼劳所建立的两所医院，一个是科斯塔在信中所说的收留麻风病人的麻风病院；③ 另一个，贾尼劳也没有说医院的名字，据戈列高里奥·冈萨

---

① *Lettere dell' India Orientale, scritte da' Reverendi Padri della Compagnia di Giesu...*, In Venezia, appresso Antonio Ferrari, 1580, pp. 215 – 219, 转引自 Manuel Teixeira, *A Medicina em Macau*, Vol. 1, p. 240。

② Del Padre Christoforo d'Acosta, di Malaca al Padre General. 2-XII-1569, in *Lettere dell' India*, p. 71, 转引自 Manuel Teixeira, *A Medicina em Macau*, Vol. 1, pp. 240 – 241。

③ 关于澳门麻风病院，笔者另有专文论述。

雷斯（Gregorio Gonzalez）致西班牙驻里斯本大使胡安·德·博尔阿（Juan de Borja）的信函（1573 年 11 月下旬）说："因此在 12 年的时间，在称为 Maguão 的一陆地顶端形成了一巨大的村落。有三座教堂，一所济贫医院（Hospital dos Pobres）① 及一所仁慈堂。现在已成为拥有 5000 基督徒的村落。"② 冈萨雷斯于 1569 年或 1570 年受马六甲主教之命离开澳门，他所说的应为医院建立之初的情况。他第一次提到了医院的名字叫做"贫民医院"，但他说只有一个医院，对此葡萄牙历史学家文德泉神父（P. Manuel Teixeira）解释说，这是因为当初医院中有一个隔间，专门收留麻风病人。③

通过上述资料所提供的资讯来看，澳门仁慈堂和两所医院是贾尼劳主教于 1568 年④建立的。贾尼劳是葡萄牙人。1498 年，葡萄牙第一个仁慈堂机构成立于葡萄牙首都里斯本，⑤ 此后，随着葡人海外扩张的进程，仁慈堂这一慈善组织也传播到非洲、美洲和亚洲各地。葡人建立仁慈堂的兴趣如此之浓，以至于当时在巴西流行着这样的话："两个葡人相遇，是一个拥抱；三个葡人相遇，是一桌酒宴；四个葡人相遇，建立一个仁慈堂。"⑥ 从这一大背景来看，澳门仁慈堂不过是葡萄牙海外仁慈堂体系中的一个，并无特别之处。但考虑到澳门当时的特殊环境与背景，我们发现贾尼劳建立澳门仁慈堂及其医院，有特殊原因。

贾尼劳在来澳门之前，虽是尼斯主教（Bispo de Nicea），但只是埃塞俄比亚教区总主教（Patriaca）若奥·努内斯·巴雷多（João Nunes Barreto）的第二副主教，第一副主教是安德莱·德·奥维埃多（André de Oviedo）。

---

① 本文采取直译法，译为"贫民医院"。

② 转引自金国平、吴志良《葡人入据澳门开埠历史渊源新探》，《文化杂志》，第 43 期，2002 年夏季刊，第 48 页。

③ Manuel Teixeira, *A Medicina em Macau*, Vol. 1, p. 241.

④ 关于建立时间，贾尼劳在信中明显说是 1568 年刚到达澳门之时，科塔斯所提到的麻风病院情况也是 1568 年的，但不知道为什么，Soares 推测建立时间为 1569 年或 1570 年（参见 José Caetano Soares, *Macau e a Assistência*, p. 147），而文德泉则直接说建于 1569 年（参见 Manuel Teixeira, *A Medicina em Macau*, Vol. 1, p. 241）。

⑤ 关于里斯本仁慈堂，见 Joaquim Veríssimo Serrão, *A Misericórdia de Lisboa-Quinhentos Anos de História*, Lisboa: Livros Horizonte e Misericórdia de Lisboa, 1998。

⑥ José Manuel de Sousa & Faro Nobre de Carvalho, *IV Centenário da Santa Casa da Misericórida de Macau 1569 – 1969*, Imprensa Nacional, Macau, 1969, p. 10.

1566 年，教皇庇护五世（Pio V）发布敕令，命奥维埃多到日本，开辟日本和中国教区，由贾尼劳协助其工作。但奥维埃多辞却不就，开辟日本和中国教区的任务便落在贾尼劳身上。[①] 贾尼劳到达澳门后，并未去日本，而是留在澳门。由此看来，初来乍到的贾尼劳，在那些已来澳门多年的传教士中并没有多少威信，故要邀请教士到自己家中进餐，以笼络人心。当时澳门的耶稣会士在进入中国内陆传教问题上意见分歧很大，譬如两个西班牙耶稣会士在未得到广东官方同意的情况下偷偷进入广州，后来被他们的上级强行带回澳门，引起不少争执。[②] 贾尼劳"新官上任"，为解决这些争端，他首先通过建立仁慈堂及医院等机构，在传教士中树立权威。

1568 年，澳门有人口 6000 人，其中大部分应该是华人，因为在 1563 年，澳门人口为 5000 人，其中华人有 4100 人，葡萄牙人有 900 人。[③]

华人在数量上占了绝对优势，盘踞澳门未久的葡人要想在澳门站稳脚跟，首先要与这里的华人和睦相处。从贾尼劳的记述来看，当时澳门社会并无安全保障，特别是那些赤贫的华人，在无法生活下去的时候会"铤而走险"。建立仁慈堂和医院，救助贫穷的中国人，显然会对葡萄牙"富人和豪商"有安全保障作用。耶稣会士对商人的帮助，也因此由单纯的"祈求天主的仁慈"而落到了实处。妈祖信仰[④]是早期澳门中国居民的主流信仰之一，天主教要在澳门扎根，便要在华人中扩大影响。通过救助和治疗的方式，显然是达到此目的的最佳方式。而事实上，澳门仁慈堂及其附属医院的建立，确实收到了非常好的效果，其发挥的作用被贾尼劳称为"第一个果实"，即天主教没有引起异教徒的轻蔑，葡萄牙富人和豪商也没有引起当地人的不满。贾尼劳通过建立仁慈堂和附属医院，确立了自己的权威，扩大了天主教在当地华人中的影响，也稳定了澳门的社会秩序，从而保护了葡萄牙商人的利益，实乃三得之举。

---

① Manuel Teixeira, *Melchior Carneiro, Fundador da Santa Casa da Misericórdia de Macau*, Composto e Impresso na Tipografia da Missão do Padroado, 1969, pp. 21 –31.

② Manuel Teixeira, *Melchior Carneiro, Fundador da Santa Casa da Misericórdia de Macau*, p. 42.

③ 黄启臣：《澳门历史（自远古～1840)》，澳门，澳门历史学会，1995，第 9 页。其实当时澳门人口成分比这要复杂，起码还有一些上文提到过的西班牙人。

④ 关于澳门妈祖信仰，见姜伯勤《大汕禅师的澳门南海航行与唐船贸易圈中的禅宗信仰及妈祖礼拜》；章文钦《澳门与中华传统文化中的航海保护神》；黄晓峰《澳门与妈祖文化圈》，均载《澳门妈祖论文集》，澳门海事博物馆、澳门文化研究会合编，1998，第 174～225 页。

二 仁慈堂对贫民医院的管理

现存澳门仁慈堂档案中最早的一份，是当时仁慈堂书记员安东尼奥·格拉塞斯（António Graces）于 1592 年 8 月 6 日记录下来的一份遗产捐赠书，[①] 捐赠人是安东尼奥·派斯（António Pais），他在妻子去世后，将她住过的两座房产捐给贫民医院，"以供病人食物开销"。可见，医院经济来源之一是靠葡萄牙商人对仁慈堂的捐赠。

研究早期贫民医院的历史，最主要的资料是颁布于 1627 年的《澳门仁慈堂章程》，（以下简称《章程》）[②] 通过此章程，我们可以大致了解仁慈堂对贫民医院的管理及贫民医院的运作情况。

仁慈堂每个月底都要选举一名修士（Irmão）来管理医院，[③] 该名修士当选后就成为当月的医院总管（Mordomo do Hospital）。"医院总管有义务协助医生和外科医生的每一次出诊及对病人的每一次治疗"。[④] 此《章程》的最后一款中，对医院总管作了更详细的规定，譬如："必须每天上午和下午留守医院，并要出席病人的治疗现场；给病人分发食物，满怀关心地探望他们，给予每一位病人充足的必需品。""给医院的服务人员提供鱼和米，数量上只要够吃就可以；禁止使用大锅以外的炊具烧饭，以免因此带来麻烦"。"未经总管批准，任何男仆不得离开医院"。"月底总管进行交接时，前任总管要将钥匙、财产清单、白色衣物以及箱子里所有属于病人的物品交给继任者，让后者了解缺少什么必需品，以便补充"。[⑤]

医院总管之下，还有一名男性护理人员（Enfermeiro），[⑥] 其职责主要

---

① 澳门历史档案馆仁慈堂档：AHM/SCM, N. 302, Microfilm A0370, p. 3。

② *Compromisso da Mizericordia de Macau, Ordenado, e Acceitado em Janeiro de MDCXXVII*, 关于此《章程》，见董少新《关于〈澳门仁慈堂章程（1627）〉的初步研究》，《澳门杂志》总第 34、35 期，2003。

③ *Compromisso da Mizericordia de Macau, Ordenado, e Acceitado em Janeiro de MDCXXVII para Maior Gloria de Deos, e da Virgem Nossa Senhora*, Macau：Typographia Activa de João José da Silva e Sousa, 1843, p. 25.

④ *Compromisso da Mizericordia de Macau*, pp. 57 – 58.

⑤ *Compromisso da Mizericordia de Macau*, pp. 102 – 103.

⑥ 该词直译为男护士，但从其工作职责来看似不恰当。

有："守护医院四周栅栏，不要让任何携带刀剑或其他武器的人翻墙而入。""监督病人，不准男女病人互相来往，除非他们是夫妻、兄妹或母子"。"注意不准人从外面带任何吃食进医院，除非是内科医生所允许的"。"如果病人的病情十分严重，则让仁慈堂的侍从来照看，如果这个侍从已婚，允许他的太太住进诊所"。"如果有人在医院中去世，负责将其财物交给总管，然后由总管交给董事会"。"若病人病危，负责为其找遗产见证人，并向其证明仁慈堂的开销"。① 男性护理人员每个月可以从总管那里领取现银五两六分三钱，并可以得到适量的灯油、橄榄油和柴火。②

医院里有男性侍从（moço）数名，负责照料病人、打扫卫生之类的事物。医院费用从仁慈堂司库处支取，即《澳门纪略·澳蕃篇》所谓"其费给自支粮庙"。每笔花销都要由总管报给仁慈堂书记进行记录，总管"每月底要向仁慈堂司库汇报医院开销情况，并将剩余的银子交给司库"。③

以上诸类管理可算做仁慈堂对医院的世俗性管理，除此之外，还有宗教性的管理。仁慈堂是慈善机构，同时也是宗教机构，由教会开办，管理人员从董事会成员到各级总管、书记、司库等，都是教中人士。作为仁慈堂的一个分支机构，贫民医院也带有强烈的宗教色彩。仁慈堂共拥有三个小礼拜堂，一个在仁慈堂内部，一个在麻风病院附近，另一个便在贫民医院中。④ "医院总管要立刻使那些由主席和巡查员选送来的人们进行忏悔"。"在医院举行弥撒的那些日子里，总管要使医院所有侍从和病人在弥撒中各就各位；另外，每天晚上要向他们讲解基督教义"。⑤ 可见，从基督教义的角度而言，贫民医院担负着拯救贫穷病人身体和灵魂的双重任务；对初来不久的耶稣会来说，贫民医院是一个笼络人心、扩大其势力和影响的布道场所。

---

① *Compromisso da Mizericordia de Macau*, pp. 103 – 104.
② *Compromisso da Mizericordia de Macau*, p. 103.
③ *Compromisso da Mizericordia de Macau*, p. 58.
④ *Compromisso da Mizericordia de Macau*, p. 58.
⑤ *Compromisso da Mizericordia de Macau*, p. 102.

三 贫民医院里的病人

仁慈堂建立伊始，贾尼劳便提出"接收所有天主教徒和异教徒"。可见对病人不加选择，只要有需要，便可以得到贫民医院的帮助。中文资料只说"凡夷人鳏寡茕独有疾不能自疗者，许就庙医"，"夷病不能自疗者就医"，[①] 并没有提到华人到贫民医院求医，当属疏漏。陆希言的记述则比较全面："又有别一堂，以病院为名，凡有病之男女老幼无扶持者，远来孤旅无依者，皆归于是愿护之……至于济众博施，不特愿病者幼者，而贫者苦者，七日之内，两给其衣食用。"[②]

但从 1627 年《章程》上看，贫民医院在接收病人方面，是有一定限制的。《章程》中有一条规定："对来自任何船上的印度水手（Lascar），均不予以接收和治疗；没有主席的特殊命令，也不接收被监禁的仆人；所有病人的被接收都须主席的批准。"[③] 18 世纪初，仁慈堂接收了一个被某澳门市民打伤的华人，当时澳门总督弗朗西斯科·德·梅洛·伊·卡斯特罗（Francisco de Melo e Castro，1710～1711 年在任），以"如果这个中国人死了会给澳门带来很大麻烦"为由，逮捕了当时仁慈堂的主席弗朗西斯科·兰吉尔（Francisco Rangel，1700～1711年在任）。[④] 尽管此事所反映的是总督与仁慈堂主席之间的矛盾，但也说明贫民医院在收留病人问题上，并不能完全执行其创建人的遗言。

仁慈堂设巡查员（Visitadores）一职有多人，按规定他们"要双双为伍，每月在各自的责任区域内，细心地看望赤贫者和患病者"。"同样，与仁慈堂的内、外科医生（如果需要或患者的特殊请求，也要与相应的其他人）一道，要认真地探望其责任区域内的贫穷病人，并按照主席和董事会修士的要求，携带上药品和床褥。对这些贫穷的病人要每天精心护理，对他们的请求要尽快作出安排。"[⑤] 对于无法通过出诊治愈的贫穷病人，巡查

---

① 印光任、张汝霖：《澳门纪略·澳蕃篇》；祝淮：《新修香山县志》，卷四《海防·附澳门》。
② （清）陆希言：《㟼门记》，BNF: Chinois 7043。
③ *Compromisso da Mizericordia de Macau*, p. 103.
④ Manuel Teixeira, *A Medicina em Macau*, Vol. 1, p. 34.
⑤ *Compromisso da Mizericordia de Macau*, pp. 45－46.

员要把他们带到医院，"医院总管要接受这些病人，并使他们得到仁慈的治疗"。①

从《章程》上看，仁慈堂管理者对医院中的病人也算仁至义尽了。"仁慈堂主席有责任在董事会修士的陪同下，每个礼拜四造访贫民医院，以了解医院的进展情况，并对病人的需要、治疗和卫生进行更为方便的安排。如果主席卧病或有其他事，便要差书记员来做此造访；若当时缺少书记员，则由董事会的一个修士代替，然后在接下来的董事大会上汇报医院所需要的援助和治疗，董事会将对此做最快的安排"。②

但病人的人身自由受到一定的限制，"不准男女病人互相来往，除非他们是夫妻、兄妹或母子"。此时医院的规模较小，男、女住院部未有明确的界限，所以有专人把守，禁止男女病人往来。

由于文献阙如，目前尚不知道 16～17 世纪贫民医院的病人数量。1747年澳门贫民医院扩建后，不但扩大了规模，而且分开男、女两个住院部，各有 30 张床位。③ 到了 18 世纪后期，根据仁慈堂档案中 1756～1768 年的收支账单，其间每月的住院人数都不超过 30 个。④

四　历史沿革

（一）名称

如上文所说，在建立之初，仁慈堂医院被称为"贫民医院"。该名字在澳门葡人中一直使用至 19 世纪。大约在 1834 年之前，这所医院也被称为"市民医院"（the Civil Hospital），见于龙思泰的记载。⑤ 1841 年，仁慈堂对贫民医院进行了大规模的扩建，并在正门之上辟一神龛，内中置有圣徒传记中的病人保护神圣拉法艾尔（S. Rafael）像，大概从此人们开始称这所医

---

① *Compromisso da Mizericordia de Macau*, p. 57.

② *Compromisso da Mizericordia de Macau*, p. 29.

③ Biblioteca da Ajuda, *Jesuítas na Ásia*（*China*）, Cod. 49-v-29, fl. 225.

④ AHM/SCM, N. 277, microfilm A0367.

⑤ 〔瑞典〕龙思泰：《早期澳门史》，吴义雄等译，章文钦校，北京，东方出版社，1997，第 56 页。

院为圣拉法艾尔医院（Hospital de S. Rafael）。①

贫民医院在华人之中被称为"医人庙"②或"医人寺"，③也有称其为"白马行医院"的，因为华人称医院前面的街道为"白马行"。据说源于举行佛教游行仪式时白马偶像由此经过，④ 医院由此得名。白马行在葡人中称为"医院街"（Rua do Hospital），街因医院而得名，与汉名恰好相反，倒也相映成趣。

（二）建筑

贫民医院位于三巴炮台山南麓、板樟堂之东及白马行（现名伯多禄）街最末，距水坑尾街工务局西北面一箭之地，在400多年的岁月中一直没有变化。其主体建筑的扩建与重修情况在建立后近两个世纪中，均无史籍可考，只知道在1640年贫民医院曾有一次改建。⑤

1747年，仁慈堂主席路易斯·科埃略（Luís Coelho）针对当时医院建筑的情况，决定投资进行改建。这一年仁慈堂董事会会议记录载："仁慈堂所属医院，特别是医院的小礼拜堂，已经彻底成了废墟……病人所在的诊室，脏乱不堪，几非人所处之所。鉴于这种情况，仁慈堂董事会当值主席路易斯·科埃略先生及其他成员，建议动用教友们通过遗产代理人捐给本堂的遗产500两以上，对此医院进行重建，并建成男女病人可以分开住院的形式。如果500两不够，则再加大投资数额；如果仍无法使医院建得尽善尽美，则由下届董事会来完善。"⑥

据一份工程进度报告称，工程开始于1747年4月10日，至7月2日已有了相当大的进展，共使用了750两银子。已完成的一段墙为东西走向，宽38掌。小礼拜堂居中，正对大门。新建部分一侧为男部，另一侧为女部，

---

① José Caetano Soares, *Macau e a Assistência*, p. 160.

② 印光任、张汝霖：《澳门纪略·澳蕃篇》："别为医人庙，于澳之东，医者数人。"祝淮：《新修香山县志》卷四《海防·附澳门》："医人庙在澳东。"

③ 申良翰：康熙《香山县志》卷八《濠镜澳》："俗好施予，建寺独多，枕近望夏村，故有东、西望洋寺，又有三巴寺……医人寺……"。

④ José Caetano Soares, *Macau e a Assistência*, p. 148.

⑤ José Caetano Soares, *Macau e a Assistência*, p. 150.

⑥ José Caetano Soares, *Macau e a Assistência*, p. 151.

各有 30 个床位，而旧的部分则仍为女部。① 这一工程的奠基石，至今仍在，上面刻着："此仁慈堂医院由路易斯·科埃略主席于 1747 年下令修建。"因为这块碑石，很多人误认为仁慈堂医院始建于 1747 年。②

新工程最大的特点，便是分男女两个住院部，中间是小礼拜堂，其形式对这个宗教慈善组织来说，显然再合适不过了。

此次重建后不久，1766 年又有一次重建。③ 在 19 世纪和 20 世纪前期，此医院又经过多次重建，现在所看到的建筑的基本面貌，是 1939 年重建的。④

（三）机构

前面说过，贫民医院有专门负责的总管，有外出察看病人的巡查员，有带薪的男护理员，有小礼拜堂神父，还有许多仆人。此外，还有内、外科医生和放血师，他们"有义务给仁慈堂制药膏，总管要给他们提供制药所需；如果他们向仁慈堂申请蜂蜡，也要经过总管的批准"。⑤ 除上文提到的病房、诊室和小礼拜堂之外，还有药房。总管对药房要严加管理，"任何男仆都不得入内，除非得到为仁慈堂制药的医生的允许；只有经过医生检查了数量，才能把药物交给男仆带出"。⑥ 无论从人员配备还是从部门设置来说，贫民医院都算得上齐备了。

但事实上，在贫民医院的历史中，其人员和部门也是根据实际情况而不断变化的，缺医少药的情形经常发生。从 18 世纪初开始，澳门市政厅开始聘任医生。受聘医生部分职责是到医院治疗病人及到穷人家中出诊。市政厅由于缺乏资金，有时会长时间不聘任医生。没有医生，药房也就形同虚设。在 18 世纪中期，由于缺乏医生和药物，住院病人长期得不到康复，有些因此而丧生。⑦ 耶稣会被驱逐以后，澳门的医疗状况一度十分糟糕。从

① Biblioteca da Ajuda, *Jesuítas na Ásia*（*China*），Cod. 49-v-29, fl. 225.

② 如 http：//www.laoluo.net/history/sssy/macau/history.htm，"澳门专题"的 1747 年条。

③ José Caetano Soares, *Macau e a Assistência*, p. 152.

④ 郭永亮：《澳门香港之早期关系》，台北，"中研院"近代史研究所，1990，第 73 页。

⑤ *Compromisso da Mizericordia de Macau*, p. 103.

⑥ *Compromisso da Mizericordia de Macau*, p. 102.

⑦ José Caetano Soares, *Macau e a Assistência*, p. 181.

1762 年至 1790 年，澳门一直没有一个药房。在仁慈堂和市政厅拉锯式的交涉后，终于在 1790 年由市政厅出资重新建了药房，第一位药剂师是若阿金·若泽·多斯·桑多斯（Joaquim José dos Santos）。[1]

1784 年，澳门第一支正规部队由果阿抵达。[2] 按照当时果阿总督的要求，军队中患病的军人被澳门总督安排到贫民医院住院就诊。为此，仁慈堂在贫民医院中专辟一处接收军人。这样，本不算大的贫民医院显得有些拥挤、秩序混乱；军人患者的入住，与贫民医院"接收贫民"的宗旨相违背。于是，仁慈堂主席多次向澳门总督表示，贫民医院无法为军队服务，应该由市政厅出资建一专门的军事医院。此事交涉多年，涉及澳门总督、印度总督，甚至还闹到了葡国王后那里了。终于在 1798 年，仁慈堂的建议被接受了。市政厅在贫民医院的附近划出一块地，建立了一所小型的军事医院，以治疗驻扎澳门的葡萄牙士兵和军官。[3] 这是中国领土上出现的第一所西式军事医院。

澳门贫民医院在 19 世纪也有所发展，著名的西洋牛痘法便是通过这里传入中国的。[4] 贫民医院一直到 1973 年才结束其历史使命，其 400 多年的历史，也是澳门历史发展的一个投影。1999 年，原贫民医院的建筑变成葡国驻澳门总领事馆。

（原载黄晓峰主编《文化杂志》，澳门，澳门特别行政区政府文化局，第 51 期，2004 年夏季刊）

---

① José Caetano Soares, *Macau e a Assistência*, pp. 181 – 187. 关于药剂师桑多斯，见 Manuel Teixeira, *A Medicina em Macau*, Vol. 1, p. 11 之注释。

② 〔葡〕施白蒂：《澳门编年史》"1784 年"条，小雨译，澳门，澳门基金会，1995。

③ Manuel Teixeira, *A Medicina em Macau*, Vol. 1, pp. 25 – 37.

④ 关于牛痘法经白马行医院传入中国，见 Manuel Teixeira, *A Medicina em Macau*, Vol. 2, Macau: Imprensa Nacional, 1975, pp. 163 – 170.

澳门开埠初期葡裔人口辨析

李长森[*]

　　在分析历史上澳门土生族群人口问题之前，首先需要澄清一个问题，即在统计澳门早期人口数字时，中国和葡萄牙史料上的记录方法是不同的。中文史料中，一般按人头来计算人口，而葡文史料在许多数情况下，尤其是统计澳门开埠初期的人口数字时，会按"户"来计算人口。但葡文又不会使用"户"的概念，而是使用"已婚者"的概念。这点是中国人难以理解的。在分析、研究葡文史料时，一定要注意这个问题，否则就会造成统计数字的混乱。譬如谈到某一时期有多少"已婚者"，实际上就是指有多少个"户主"，而其他家庭成员特别是妇女、儿童以及家奴等一般并未计算在内。这种错误已见诸不少国内学者发表的论著之中，不仅有违历史事实，而且误导读者，贻害不浅。[①]这种情况不仅发生在中国学者身上，而且也发生在葡国学者身上。譬如澳门土生历史学家徐萨斯在引述澳门开埠之初人口情况时，可能是担心读者对"已婚者"概念不理解，因而将"已婚者"改为"人"。幸好他在后面又加上"其中不包括妇女和儿童"予以说明。然而中国学者在征引有关数字时，却往往会忽略后面的说明。例如《澳门通史》是一部常用的澳门史参考书，其中关于澳门开埠初期的人口统计数字显然是引用了外文史料，但在"葡国籍人"一栏中所征引的数字仅是"已婚者"数字，并未把葡国学者在后面附加语中所指的其他人包括在内。[②]

---

[*]　澳门理工学院语言暨翻译高等学校教授，中西文化研究所常务副所长，暨南大学历史学博士。

[①]　《澳门通史》，第9页：1621年葡籍人口为700～800人，而英国史学家博克塞则说1621年"……在荷兰人进攻的前夕，葡亚裔社会有700至800名'已婚者'"，显而易见，博克塞在这里使用了葡文资料中"已婚者"的说法，而《澳门通史》中却使用了"人"的说法。

[②]　1563年葡籍人口为900人，而徐萨斯说"……1563年……该数字增至900，其中不包括儿童"，见《澳门通史》，第9页。

看来，由于征引澳门开埠初期人口数字时，没有注意到葡人对东方葡裔使用的"已婚者"概念，或者没有作出必要说明，已经在这个问题上造成了很大混乱，使人们对澳门开埠之初的人口数字产生误解。由此可见，对于澳门开埠之初至 17 世纪居澳葡人的具体人口数字至今还是不清楚，尚待人们发现新的史料予以确证。

其实，博克塞在《16～17 世纪澳门的宗教和贸易中转港之作用》一文中把澳门开埠之初的人口计算方法已经说得很清楚：

> 已婚的葡萄牙男子户主的人数 1601 年达四百人，1635 年八百五十人，1640 年六百人。如果我们以每户平均五人的系数来计算的话，那么这个数字就相当于二千至四千二百五十人。①

按照安东尼奥·博加罗的说法是：

> 葡萄牙人的家庭里至少平均有六名以上奴隶……如果把已婚男子同妻室、子女、女仆及女仆的子女都计算在内的话，总人数将由四千上升到八千五百。②

在葡文史料中，由于开埠之初一切尚未进入正轨，作为管理机构的市政厅尚未成立，所以未见官方统计数字。然而，零星的统计数字却不时见于各种历史资料之中，特别是在当时的船长、兵头及神父的来往书信或者其他文件中会提到某一方面的人口情况。因此，综合这些方面的资料，可对当时的人口情况有概括性了解。

显而易见的是，通过这些非官方文献获得的统计数字并不完全准确，甚至会出现相互矛盾的情况。但各方面的资料都说明，澳门开埠之初的葡裔尤其是欧亚裔人口已经相当可观。虽然许多史料指出，澳门开埠之初的

---

① 〔英〕C. R. 博克塞：《16～17 世纪澳门的宗教和贸易中转港之作用》，中外关系史学会、复旦大学历史系合编《中外关系史译丛》，上海译文出版社，1991，第 82 页。
② 博加罗引用了 1635 年果阿的统计资料。见 C. R. 博克塞《16～17 世纪澳门的宗教和贸易中转港之作用》，中外关系史学会、复旦大学历史系合编《中外关系史译丛》，上海译文出版社，1991，第 82～83 页。

葡裔及欧亚裔人在最高峰时不到 1000 人，但根据前面的分析，这些数字仅指男人，也就是所谓的"已婚者"，是有民事能力的"自由人"，按照中国人的传统看法他们就是"家长"，以他们为中心构成了一个个家庭。也就是说，在人口统计中，是指一家一个代表，这些数字并不包括妇女和儿童，以及其他家庭成员。另外，按照葡人传统，每个"已婚者"都拥有许多佣人和家奴，这倒不是由于他们生活奢侈，而是他们要常年在外从事海上贸易，家中妇女及诸多子女需要这些人服侍照顾。从福尔加斯的《澳门土生家族》中可以看出，土生葡人家庭子女甚多，一个家庭有七八名子女司空见惯，甚至有的夫妇竟有十五六名子女，最多的有 24 名子女。在当时的历史条件下，操持家庭各种杂务、保证家庭成员安全、充当轿夫杂役、照顾诸多子女等，都是很繁重的劳动，需要多名佣人及奴仆才能完成。

据印度学者桑贾伊·苏拉马尼亚姆研究，在印度地区葡裔人家中平均有 10 名奴仆，据统计，仅果阿一地就有 8000 名奴隶。他曾举一例，有一位名叫加西亚·米洛（Garcia de Mello）的财务官员，于 1611 年因诈骗被捕，当对其财产进行清点时，发现他家中有 19 名奴隶，其中 6 人来自孟加拉，6 人来自中国，7 人来自非洲。这些人均改变了宗教信仰，只有教名，没有姓氏。[①] 该案例亦说明，至少在 17 世纪初，就有华人被送往印度做奴隶或者家仆的情况。

澳门的情况虽然不可能完全相同，但据 1773 年的一份人口统计资料，当时澳门正值衰落时期，宗主国来的葡人仅 127 人，土生及混血"已婚者" 1325 人，但仍有奴隶 1100 人。[②] 博加罗提供了另一个数据，在 17 世纪 30 年代，澳门"有 5000 名奴隶，平均每个'已婚者'有 6 名奴隶"。[③] 这与桑贾伊·苏拉马尼亚姆分析的情况有很大差异，但亦说明将妇孺及家奴数字加上去，则总人数亦会很大。《澳门记略》也有"凡为户四百三十有奇，丁口十倍之"的说法。[④] 这样看来，庞尚鹏说澳门开埠之初葡人"举国而来，负老携幼，更相接踵，今夷众殆万人矣"是可信的，而并非史学界一般征引的

① 〔葡〕桑贾伊·苏拉马尼亚姆：《葡萄牙帝国在亚洲，1500～1700：政治和经济史》，何吉贤译，澳门，纪念葡萄牙发现事业澳门地区委员会，1997，第 237 页。
② Relação das cazas ricas de Macao, *AHU*, Macau, cx. 6, doc. 47, in *Os Portugueses em Macau (1750–1800)*, de A. M. Martins do Vale, Instituto Português do Oriente, 1997.
③ António Bocarro, *O livro das plantas de todas as fortalezas*, p. 261.
④ 任光任、张汝霖：《澳门记略·下卷·澳蕃篇·诸蕃附》。

数字 600~800 人。①

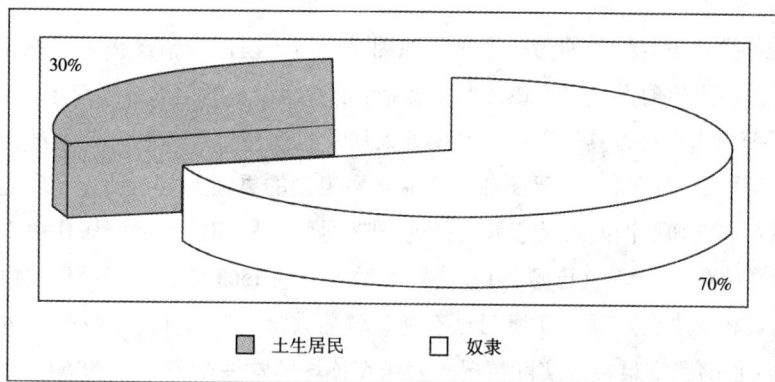

图 1　1791 年澳门土生族群中奴隶所占比例

桑贾伊认为，1640 年左右：

> 澳门总人口估计为四万人，其中约有二万人是葡裔或者葡亚裔血统的
> 人。17 世纪后半期，这一数字无疑大幅度减少，到 1669 年，澳门"已
> 婚者"人口下降到不足 1635 年的一半。②

桑贾伊根据康熙年间同时期（1665 年）的文献指出：

> 来此澳居住之夷人……查老幼男女五千六百余口。③ 人口减少的部分原
> 因是 1640 年代末发生的一场严重饥荒，导致该地区人口大量死亡，但
> 也可以认为是这一时期中国的统治王朝由明朝变成清朝的缘故，他使

---

① 庞尚鹏是嘉靖四十三年（1564）在《抚处濠境澳夷疏》中说以上这番话的，而史学界在征
　引该年居澳葡人数字时多称该年葡人为 600~800 人。该数字的来源应是《澳门教区教会通
　讯》分别记载的《1563 年 12 月 1 日 Manuel Teixeira S. J. 致果阿耶稣会士的书信》
　（Epístola de Manuel Teixeira S. J. aos Jesuítas em Goa, I-XII-1563）和《1564 年 12 月 1 日
　Manuel Teixeira S. J. 致 A Leonel de Lima S. J. 的书信》（Epístola de Manuel Teixeira S. J. a
　Leonel de Lima S. J., Cantão, I-XII-1564），但他们只引用了数字，却忽视了文中的说明，即
　这些人是指"已婚者"，其中并没有包括家人及奴隶。
② 〔葡〕桑贾伊·苏拉亚尼亚姆：《葡萄牙帝国在亚洲，1500~1700：政治和经济史》，何吉
　贤译，第 216 页。
③ 《明清时期澳门问题档案文献汇编·卷一》，"兵部尚书张凤翼等为广东深受澳夷之患等事题行
　稿"，第 112 页，"两广总督杨琳奏报巡查澳门谕令西洋人等须安分守法及沿海一带情形折"。

中国东南沿海的内陆市场变得不太稳定。①

但桑贾伊没有提到的另一个重要原因是，由于澳门政治经济形势恶化，导致大批澳门土生葡人又回流到其祖上数十年前曾活动过的望加锡等南洋一带。

目前尚未有官方具体资料可提供葡人居民在澳门开埠最初几年的准确人口数字，特别是"广义上关于来自（葡萄牙）王国的男性及其亚洲妻妾和混血子女，以及非洲和亚洲奴隶及家奴的情况"，②尽管人们相信第一个居住中心的居民人数在400~500人（已婚者）之间。③数年后的1563年，由于原居浪白澳的葡裔居民相继来澳定居，在澳门已有900名葡人（已婚者），当中并不包括儿童。④次年的数字最接近实际情况，表明在该城的常住葡裔人口为600人（已婚者），另外还有他们的家佣和奴隶。⑤而赴日船队在澳门停留的数月里，在上述人数中会加上商人、船员及船长，从而使总人数增加到800人。⑥

大约在1570年前后，澳门已经"有三个教会、一所贫民医院和一个称为'仁慈堂'的慈善机构，这个地方目前已发展为拥有五千多天主教徒的城市"，⑦说明人口规模已相当之大。1582年的一份西班牙资料确认"澳门已经是一个拥有五百户人口的重镇"。⑧但是，另一份资料显示1582年在澳

---

① 〔葡〕桑贾伊·苏拉马尼亚姆：《葡萄牙帝国在亚洲，1500~1700：政治和经济史》，何吉贤译，第216页。

② Gonçalo Mesquitela, *História Macau*, pp. 15 – 18.

③ Montalto de Jesus, *Macau Histórico*, Macau, (1.ª ed. 1926, 1990), p. 58, from Almerindo Lessa, *A História e os Homens da Primeira República Democrática do Oriente*, *Biologia e Sociologia de uma ilha cívica*, Macau, p. 15.

④ Montalto de Jesus, *Macau Histórico*, Macau, (1.ª ed. 1926, 1990), p. 58, from Almerindo Lessa, *A História e os Homens da Primeira República Democrática do Oriente*, *Biologia e Sociologia de uma ilha cívica*, Macau, p. 58.

⑤ Epístola de Manuel Teixeira S. J. a Leonel de Lima S. J., Cantão, 1/XII/1564, *Boletim Eclesiástico da Diocese de Macau*, 62 (724 – 725), 1964, pp. 766 – 767.

⑥ Epístola de Manuel Teixeira S. J. a Leonel de Lima S. J., Cantão, 1/XII/1564, *Boletim Eclesiástico da Diocese de Macau*, 62 (724 – 725), 1964, pp. 729 – 739.

⑦ 据塞维拉的印度档案馆收藏的一份文件，格里高里·冈萨尔维斯世俗教士曾亲身参加澳门开埠建设。这份文件由冈萨尔维斯于1570年写成，记述了其在澳门12年的所见所闻。转引自《16~17世纪澳门的宗教和贸易中转港之作用》，《中外关系史译丛》，第82页。

⑧ C. R. Boxer, *South China in the Sixteenth Century: Being the Narratives of Galeote Pereira, Fr. Gaspar da Cruz, O. P., Fr. Martin de Rada, O. E. S. A.*, (1550 – 1575), Londres, 1953, pp. XXXVI-XXXVII.

门计有 2000 住户，其中包括葡萄牙人、混血天主教徒以及当地土著。[1]

到了 17 世纪，这一特点更加明显。1601 年，澳门有 600 名葡裔"已婚者"，另外还有从事地区贸易及中日贸易航行的商人在那里临时停留。[2] 20 年后，在荷兰人进攻的前夕，葡亚裔社群有 700～800 名"已婚者"，而华裔人口达到 1 万人。[3] 然而，1624 年的一份史料提供了不同的数字，其数量更大一些：在澳门居民中有 840 名"已婚者"，其中 437 人是葡萄牙人和混血儿，而其他"已婚者"则是信奉天主教的华人永久居民，这些华人是通过"进教"才加入葡人社会的。[4] 在这一资料的基础上加上"已婚者"的妻子、子女和奴隶，再加上其他华人居民，博克塞认为澳门居民的人口总数接近 15000～20000 人。[5] 如果按照张汝霖"丁口十倍之"的计算方法，则得出的结果恰好与博克塞提供的数字相似。

1630 年代更为完整的统计数字显示了繁荣时期澳门各类人口的情况。该时期在澳门有 850 名葡萄牙"已婚者"和相同数目的当地土著"已婚者"。参与海上贸易的商人、船长以及船员有 150 人。另外还有驻守的军人，同时还显示有 5000 名各种奴隶，也就是说平均每个（葡萄牙）"已婚者"拥有 6 名奴隶。[6] 这应该是历史上居澳葡裔土生群族人口最多的时期，其人口总数甚至超过今天。

葡萄牙光复期间，澳门"已婚者"社会的人数有轻微下降：计有 600 名葡萄牙"已婚者"及其相同数目、适龄参军的儿子。[7] 500 名澳门本地土著"已婚者"和"单身者"，以及 5000 名奴隶。[8] 与此同时，澳门华人人口约有

[1] *Livro das fortalezas que a coroa de Portugal tem nas partes da Índia*, in ob. Cit., pp. 105–106.

[2] Carta régia ao vice-rei, 22/II/1601, publicada por C. R. Boxer, in *Estudos para a História de Macau*, Vol. 1, pp. 56–57.

[3] C. R. Boxer, *Estudos para a História de Macau*, Vol. 1, p. 24.

[4] C. R. Boxer, *Fidalgos no Extremo Oriente, 1550–1770: Factos e Lendas de Macau Antigo*, Macau, 1993, p. 100.

[5] C. R. Boxer, *Estudos para a História de Macau*, Vol. 1, p. 24.

[6] António Bocarro, *O livro das plantas de todas as fortalezas*, p. 261.

[7] 《澳门通史》中 1640 年的葡裔人口数字（6000 人）与前后数字悬殊甚大，即前面的数字 1621 为 700～800 人，后面的数字 1700 年为 900 人，估计为 José de Jesus Maria 所指"600 名葡萄牙已婚者"之误。

[8] José de Jesus Maria (1988 [1.ª ed. 1941]), *Ásia Sínica e Japónica*, Macau, p. 224.

2 万人。[①] 1644 年的葡裔居民及其家属有 2000 人[②]，总人口达到 4 万人。[③]

表 1 澳门开埠至 17 世纪中叶澳门葡裔"已婚者"统计数字[①]

年份	人　　　数
1557	400～500 人（已婚者）
1563	900 人（已婚者）
1564	600～800 人（已婚者）
1582	500 人（已婚者）[②]
1601	600 人（已婚者）
1621	700～800 人（已婚者）[③]
1624	840 人（已婚者,其中 437 人为葡人或者混血）[④]
1625	853 人（绝大多数为"已婚者",其中 75 人为暂住者,227 人为欧亚裔,551 人为土著居民）[⑤]
1630	850 人（已婚者）,另有同样数字的本地进教者
1635	850 人（已婚者）[⑥]
1640	600 人（已婚者,另有本地进教"已婚者"500 人）
1644	1000 个葡裔家庭,另有华人进教家庭 [⑦]
1662	300 人（已婚者）

资料来源：

①表中所列数字主要依据 A. H. de Oliveira Marques 主编的《葡萄牙人远东史》（葡文版），第 1 卷第 1 册中提供的资料重新整理。不属该书资料的数字另有出处注释。

②据博克塞提供的数字。

③据荷兰人科恩（J. P. Coen）于 1621 年记述，该年澳门葡裔社会有 700～800 户人，总人口达 1 万人（*Boletim Eclesiástico de Macau*, 1938, p. 97）；同年英国人里察德（Richard）亦证明该数字，并说明总人口中 3/4 是华人进教者，同时还包括有西班牙及日本的避难者。见《文化杂志》（葡文版）第 20 期，澳门文化局，第 75 页。

④C. R. Boxer, *Fidalgos no Extremo Oriente*, 1550 – 1770：*Factos e Lendas de Macau Antigo*, Macau, 1993, p. 110., 见《文化杂志》（葡文版），第 20 期，第 105 页，另见同期中文版第 125 页。

⑤Papéis de D. Francisco Mascarenhas, Biblioteca Pública e Arquivo Distrital de Évora, Cod. CXVI/ 2 – 5, fls', pp. 226 – 232. In Ana Maria Amaro, Filhos da Terra, *Revista Cultura*, n.° 20, Instituto Cultural de Macau, 1994.

⑥António BOCARRO, *Livro das Fortalezas da Índia*, 1635, *Revista Cultura*, n.° 20, Instituto Cultural de Macau, 1994, p. 75；另见《文化杂志》同期中文版，第 73 页，但中译本有误，将数字误译为 650 人。

⑦据卡丁神父（P⁰. Cardim）于 1644 年亲眼所见，当时居澳葡裔有 1000 户，每个土生家庭平均 20 口人。基督徒总数达 4 万人。见文德泉神父：Os Macaenses, *Revista Cultura*, N.° 20, p. 75。

---

①　C. R. Boxer, *Fidalgos no Extremo Oriente*, 1550 – 1770：*Factos e Lendas de Macau Antigo*, Macau, 1993, p. 154.

②　Arquivo Histórico Ultramarino, Lisboa. Macau, CX. 1, doc. 32, in *Consulta do Conselho Ultramarino*, 14 de Janeiro 1644.

③　G. Bryan de Souza, *A sobrevivência do Império*, Os Portugueses na China（*1630 – 1754*）, Lisboa, 1991, p. 50.

从表1可以看出，在澳门开埠之初的20～30年里，人口持续增长，至该世纪末保持稳定。1582年人口轻微下降似与西班牙吞并葡萄牙引起的震荡有关。由于日本从17世纪初开始驱逐基督徒，大量侨居日本的澳门葡亚裔人携家眷来澳门，致使1621年后人口大幅上升，令17世纪前半叶人口一直保持在高水平。1662年人口再次大幅下降，应与马六甲的失陷及南洋葡荷两国争夺势力范围有关。

关于澳门开埠初期的100多年间土生族群的人口发展演变情况通过下图（图2）可能会看得更加清楚一些。

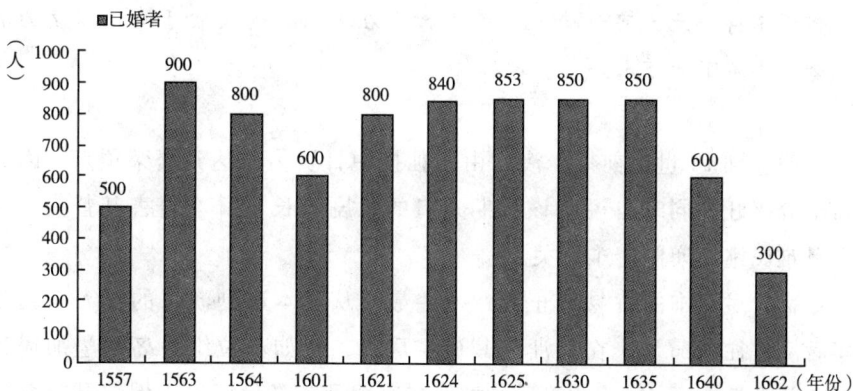

图2　1557～1662年澳门土生族群人口

到了17世纪后半期，统计资料显得比较少，这种情况反映了葡亚裔社会进入动荡时期，人口数字有所减少。这主要是由于1640年结束与日本的贸易关系，以及葡荷之间敌对加剧之故。"南方被荷兰人控制，与马六甲、苏禄和印度的联系更加困难"，[①] 土生族群中许多人离开澳门到其他地区定居。莱萨教授认为，"1662年，同中国的整个海上贸易被禁止，海上危险重重，饥饿越发严重"，[②] 这对于以海上贸易为生的土生族群来说，无疑失去了最主要

---

① 〔葡〕莱萨（Almerino Lessa）：《澳门人口——一个混合社会的起源和发展》，载《文化杂志》第20期，澳门文化司署，1994，第127页。

② 〔葡〕莱萨（Almerino Lessa）：《澳门人口——一个混合社会的起源和发展》，载《文化杂志》第20期，澳门文化司署，1994，第127页。

的维生手段。1662~1669 年，葡萄牙"已婚者"的人数不超过 300 人[①]，人口比高峰时期少了 2/3 还要多，从此，澳门土生族群的人数便一直维持在这个数字左右，直到 19 世纪末。

上述统计数字说明，直到 17 世纪中期，澳门葡裔"已婚者"社会的人口一直呈现迅速上升状态，后来趋于稳定，或者说略有上升，使人口数字到 1620~1644 年期间达到了比较稳定的高峰期。中国史料亦证明了这种情况。据明崇祯七年（1634）的一份档案记录：

> 往者夷数不满千人，近且报至数万……一旦有事，此数万夷人，何逞不得，此大可忧者也。而大蠹则在闽海。起聚食于粤，以澳为利者，亦不下数万人。[②]

说明直到 17 世纪前期，澳门由于独揽中日贸易而达到繁荣顶点，因此人口十分兴旺。同时也说明该时期人口的急剧增长与日本迫害基督徒，导致大量难民逃到澳门避难有关。

葡萄牙对日本的贸易终止后，一些最初从日本逃到澳门的葡人家庭于数年后又迁往葡萄牙人在亚洲的其他定居点，譬如苏拉维西岛的望加锡和暹罗南部沿海地区。[③] 从此以后，虽然在康熙及乾隆年间由于偶尔开放海禁有过短暂回升，然而居澳葡人总数还是逐年下降，越来越少。

葡国学者莱萨提供的资料似乎印证了乾隆年间土生族群人口回升的情况，关于该时期的人口情况，他一共提到两个数字，第一：

> 1743 年，在本市有常住华人，包括男人和女人，大约有三四千，而葡萄牙人在 30 年以后，即 1776 年（乾隆四十一年），才达到这个数字，尽管混血儿数量非常之大，以至于皇室在两年前就作出决定，在

---

① 〔葡〕莱萨（Almerino Lessa）：《澳门人口——一个混合社会的起源和发展》，载《文化杂志》第 20 期，澳门文化司署，1994，第 127 页。

② 《明清时期澳门问题档案文献汇编·卷一》，"兵部尚书张凤翼等为广东深受澳夷之患等事题行稿"，第 16 页。

③ Roderich Ptak, Portugal in China, *Kurzer Abriss der portugiesisch-chinesischen Beziehungen und Macaus*, Klemmerberg, 1980, pp. 45–47.

市政厅的督察员中，必须永远为混血儿保留六个职位。①

第二：

1776 年，编年史学家们说有三千个欧洲各国的人；第二年（1777 年）主教本人②说本市人口大约是六千葡萄牙人、混血儿和中国天主教徒，以及二万二千俗民。③

这两个数字看起来差别很大，但考虑到后一数字中包括中国天主教徒的话，就不会令人感到奇怪了。但无论如何，都能说明人口略有回升的情况。

表2　1745～1793 年澳门人口统计数字①

单位：人

年　份	非华人	华　人	总　计
1745	5212	8000	12312②
1750	4000③	—	—
1772	6000	20000	26000④
1775	4973	20000～22000	25000～27000⑤
1776	3000	16000	19000⑥
1777	6000	22000	28000⑦
1780	—	18000～20000⑧	—
1784	—	30000⑨	—
1788	—	30000⑩	—
1791	4851⑪		
1791	5233	22000	27233⑫
1793	6000	6000	12000⑬

资料来源：
①A. M. Martins do Vale, *Os portugueses em Macau*（1750 – 1800），p. 119.
②José de Jesus Maria（1988［1.ª ed. 1941］），*Ásia Sínica e Japónica*, Macau, p. 231.
③据印光任、张汝霖著《澳门记略》（葡文版），A. M. Martins do Vale 译，第141、208页。
④Relação da população da cidade de Macau, presumivelmente remetida pelo governador Salema de Sada-

① 〔葡〕莱萨（Almerino Lessa）：《澳门人口——一个混合社会的起源和发展》，载《文化杂志》第20期，澳门文化司署，1994，第131～132页。
② "主教"应是指 D. Alexandre da Silva Pedrosa Guimarães，于 1774～1779 年担任澳门主教。
③ 〔葡〕莱萨：《澳门人口——一个混合社会的起源和发展》，第133页。

nha a 22 de Janeiro de 1772, in *AHU*, Macau, cx. 6, doc. 48, from A. M. Martins do Vale, *Os portugueses em Macau* (*1750 – 1800*), p. 119.

⑤Rezumo de todos os homens de Macau, anexo ao relatório do bispo D. Alexandre Guimarães de 8 de Janeiro de 1775, in *AHU*, Macau, cx. 8, doc. 6.

⑥《东望洋圣母号》三桅船舰长 Nicolau Fernandes da Fonseca 于 1776 年 1 月 2 日写的报告, 海外历史档案馆澳门部分, cx. 10, doc. 2。转引自 A. M. Martins do Vale, *Os portugueses em Macau* (*1750 – 1800*), p. 119。

⑦Parecer do bispo D. Alexandre de Guimarães sobre a residência de estrangeiros em Macau remetido ao Senado a 8 de Agosto de 1777, publicado em *A. M.*, 3ª série, Vol. XVI, n.º 4, 1971, pp. 204 – 209.

⑧Carta do governador da Índia ao governador de Macau, de 9 de Maio de 1780, transcrita em *A. M.*, 3ª série, Vol. X, n.º 5, 1968, pp. 258 – 259.

⑨O termo do conselho geral de 15 de Junho de 1784, publicado em *A. M.*, 3ª série, Vol. IV, n.º 4, 1965, pp. 234 – 240.

⑩Carta do Senado à Rainha D. Maria I, de 12 de Janeiro de 1788, em *A. M.*, 3ª série, Vol. XVII, n.º 1, 1972, pp. 52 – 54.

⑪Mappa da população de Macáo, anexo à carta do governador de Macau, de 24 de Dezembro de 1791, em *AHM*, Macau, cx. 19, doc. 17.

⑫Cartas do bispo de Macau de 28 e 29 de Dezembro de 1791, em *AHU*, Macau, cx. 19, docs. 20 – 21.

⑬Relatório de George Stauton, secretário da embaixada inglêsa enviada a Pequim chefiada por M'Cartney, citado pelo Padre Manuel TEIXEIRA, *Macau no Século XVIII*, pp. 696 – 720.

表 3 显示 1774 年澳门土生族群人口构成情况。其中的"华人天主教徒"应该是指"进教者"，但并不包括与葡人联婚者的后代。

表3 1774 年澳门土生族群（葡籍）人口

单位：人

人口构成	堂区			修院				总计
	风顺堂	大堂	花王堂	多明我会	奥斯汀会	方济各会	圣衣会	
葡萄牙人（本土）	41	49	19	—	—	—	—	109
葡萄牙人子女	38	138	24	—	—	—	—	200
土生人	208	323	138	—	—	—	—	669
华人天主教徒	10	—	2	—	—	—	—	12
世俗教士	6	14	3	—	—	—	—	23
少数教派及僧侣	—	5	—	—	—	—	—	5
神职人员（男）	—	—	—	10	1	6	2	19
神职人员（女）	—	—	—	—	—	—	30	30
已婚妇女	262	175	90	—	—	—	—	527
寡妇	140	112	69	—	—	—	—	321
未婚妇女	728	437	189	—	—	—	—	1354
儿童	122	338	167	—	—	—	—	627
印度人	—	—	6	—	—	—	—	6

续表3

人口构成	堂区			修院				总计
	风顺堂	大堂	花王堂	多明我会	奥斯汀会	方济各会	圣衣会	
奴隶	238	523	299	—	—	—	—	1060
自由人	—	—	9	—	—	—	—	9
西班牙人	—	—	1	—	—	—	—	1
法国人	—	—	1	—	—	—	—	1
总　计	1793	2114	1017	10	1	6	32	4973

资料来源: Rezumo de todos os homens de Macau … e de todos os mais christaons Vassalos del Rey N. Snr. Anexo ao Relatório de D. Alexandre da Silva Pedrosa Guimarães, de 8 de Janeiro de 1775, in *AHU*, Macau, cx. 8, doc. 6, from *Os portugueses em Macau* (1750–1800), p. 131。

表4显示1791年澳门土生族群人口构成情况，表5显示1773年澳门土生族群人口结构。

表4　1791年澳门土生族群（葡籍）人口

单位：人

人口构成	堂区			修院				圣约瑟修道院	总计
	风顺堂	大堂	花王堂	多明我会	奥斯汀会	方济各会	圣衣会		
已婚男子	146	165	58	—	—	—	—	—	369
丧偶男子	14	16	7	—	—	—	—	—	37
未婚男子	147	138	46	—	—	—	—	—	331
12岁以下男童	123	200	59	—	—	—	—	—	382
已婚女子	172	197	62	—	—	—	—	—	431
丧偶女子	112	157	48	—	—	—	—	—	317
未婚女子	322	349	120	—	—	—	—	—	791
12岁以下女童	142	217	60	—	—	—	—	—	419
牧师	—	7	—	—	—	—	—	—	7
世俗教士	1	15	1	—	—	—	—	5	22
少数教派	—	5	—	—	—	—	—	—	5
修士	—	—	—	—	—	—	—	17	17
男性神职人员	—	—	—	7	3	8	2	—	20
女性神职人员	—	—	—	—	—	—	42	—	42
世俗人	—	—	9	—	1	3	—	—	13
男佣	1	2	—	8	3	—	2	—	16
女佣	—	61	—	—	—	—	15	—	76
成人男奴	209	229	90	7	—	6	6	5	552

续表 4

人口构成	堂区			修院				圣约瑟修道院	总计
	风顺堂	大堂	花王堂	多明我会	奥斯汀会	方济各会	圣衣会		
成人女奴	295	320	166	—	—	—	20	—	801
幼年男奴	23	42	—	—	—	—	—	—	65
幼年女奴	20	7	—	—	—	—	—	—	27
男性华人天主教徒	—	38	—	—	—	—	—	—	38
女性华人天主教徒	—	20	—	—	—	—	—	—	20
病残者	—	60	—	—	—	—	—	—	60
总　计	1727	2245	726	22	7	17	87	27	4858

资料来源：Carta do Senado à Rainha D. Maria I, de 12 de Janeiro de 1788, em *A. M.*, 3ª série, Vol. XVII, n.º 1, 1972, pp. 52 – 54。

表 5　1773 年澳门土生族群（葡籍）人口结构

类别	阶层	各阶层居民人数	各阶层居民平均拥有财产
葡萄牙人	一等	6	5 万～20 万两
	二等	21	4000～40000 两
	三等	100	舰队军官
葡裔或混血儿后裔①	一等	11	1 万～6 万两
	二等	14	1000～2000 两
	三等	1300	海员及士兵
华人或土著天主教徒（Naturais）②	一等	8	2000～3000 两
	二等与三等	1000	海员及士兵
奴隶	—	1100	—
总　　计		3560	

资料来源：A. M. Martins do Vale, *Os portugueses em Macau* (*1750 – 1800*), p. 134。

---

① 这里的"葡裔或混血儿后裔"指早期葡人与非华人种族通婚所生、具有葡萄牙血统的后裔，如具有印度人、马来人、香料群岛及马鲁古群岛血缘的葡裔。由于是澳门的开埠者，故自视为血缘高贵，在社会生活中地位明显高于具华人血统者。为区分两者的关系，前者可被视为"纯种土生人"，后者可被视为"本地土生人"。由此可见土生族群结构之复杂。

② 据 A. M. Martins do Vale 解释：华人天主教徒（chineses critãos）和土著天主教徒（Naturais）均与华人有关。"Notticias e Reflexões"的作者认为二者均为信仰基督的华人，但澳门教区主教却认为这二者是有严格区别的。对于教会来说，"华人天主教徒"是指华人中接受洗礼而"进教"的新天主教徒，在社会生活中具有自己的特点；而"土著天主教徒"则是指澳门的"老葡裔居民"与华人联婚的所有后代，在政治、行政及文化方面与葡国保持较为密切的联系。由此可见，"华人天主教徒"和"土著天主教徒"构成了"本地土生"的主体。前引 *Os portugueses em Macau*（*1750 – 1800*），p. 133。

图 3 显示 1773 年澳门土生族群的人口结构情况，从中可以看出各类人群的分布情况相当有趣。值得注意的是，长期以来，奴隶在土生家庭的人口数量中，一直占有很大比重；另外，在 18 世纪中后期，华人已经成为土生族群的重要血缘来源，而且许多人在加入土生族群后，仍保持着自己的文化传统。

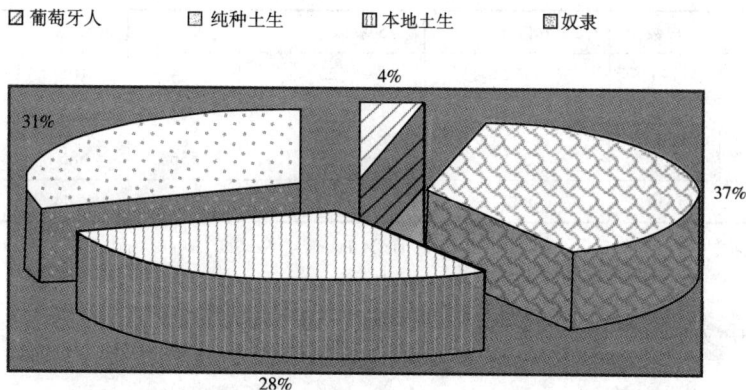

图 3　1773 年澳门葡人社会人口结构

关于 19 世纪的人口情况，莱萨提供了一个数据：

> 1822 年，本市有 4312 名基督徒，其中 2027 名是妇女，而女教徒中有 437 名年龄在 14 岁以下；有 637 个男女奴隶和约 8000 个中国人。[①]

数字显示，土生葡人族群中，男性流动情况减少，男女比例趋于平衡，同时，随着西方奴隶制的废除及人权意识的增强，土生族群中使用奴隶的情况也减少了，与表 4 中所列 1791 年的土生族群拥有 1447 名男女奴隶及其子女的情况相比较，人数已大幅度下降。嘉庆十七年（1812）六月二十九日，香山县左堂谕夷目传令各夷主约束黑奴时说道：

---

① 〔葡〕莱萨：《澳门人口——一个混合社会的起源和发展》，第 134 页。

澳内黑奴数百，每有呼群引队，在于街上。或抢果贩，或醉酒行凶，多端滋事，不可枚举。[1]

从中亦可看出澳夷奴隶数量大幅减少。

表 6　1856 年澳门天主教徒人口

堂区	户数	25 岁以上男子	25 岁以上女子	男童	女童	总计
花王堂	144	182	423	104	105	814
大　堂	560	379	650	413	413	1855
风顺堂	608	371	775	536	686	2368
总数计	1312	932	1848	1053	1204	5037

资料来源：Pe. Monsenhor Manuel Teixeira, Os Macaenses, *Revista Cultura*, n.º 20, ICM, 1994。

在中文史料方面，《澳门记略》引薛馧著《澳门记》说：

澳门夷西洋族，自嘉靖三十年来此，岁输廛缗五百一十有五，孳育蓄息，迄今二百有余年矣。其户四百二十有奇，其丁口三千四百有奇。白主黑奴，内刺兵一百五十名。

这里应该是指 18 世纪中期居澳葡人的数字。但早期在中文史料中很少见到居澳葡人的具体数字。最早提到澳门葡亚裔人口数字的应该是明人庞尚鹏。他于 1564 年在《抚处濠镜澳夷疏》中说：

近数年来，始入濠镜筑室居住，不逾年多至数百区，今殆千区以上。

当时葡人居澳不到 10 年，应该是最早的数字。关于人口，如前文所引：

故举国而来，负老携幼，更相接踵。今筑室又不知几许，夷众殆

---

[1] 李德超：《台湾出版之有关澳门史料及庋藏之澳门档案举隅》，《文化杂志》，第 19 期，澳门文化司署，1994，第 35 页。

万人矣。①

数字虽不具体，但也说明了澳门开埠之初人丁兴旺的景象。次年（1565 年）叶权说"今数千夷团聚一澳，雄然一镇"，②同年吴桂芳的数字较为具体，称"非我族类，不下万人"；③王临亨于 1601 年提出一个数字，认为"香山之夷，盘踞澳中，闻可数万"；④明末兵部尚书张凤翼于崇祯年间说"一旦有事，此数万夷人，何呈不得，此大可忧者也"。⑤以上数字有一个共同特点，虽不具体，但均"数以万计"，说明澳门开埠之初居澳葡人的人口数字，比人们想象的要多。关于澳门葡人的人口情况，多见于清朝康熙以后的记录。

康熙四年（1665），广东总督卢崇峻提奏称：

> 唯来此澳居住之夷人，年代已久，生齿日繁，集聚渐众，查老幼男女五千六百余口，彼等不事耕作，除经商外，委实无力谋生，自从禁止海船以来，苦不聊生。⑥

康熙五十六年（1717），两广总督杨琳奏报：

> 又据西洋人回称，我们西洋人在澳多年，孳生男妇大小有八千余口。奴才细访实有万余口。⑦

说明虽然与明末时期的数字相比大幅下降，但人口依然不少。雍正二年（1724），两广总督孔毓珣奏请准许西洋人在广州天主堂居住时称：

---

① 前引《抚处濠镜澳夷疏》。
② （明）叶权：《贤博编》附《游岭南记》。
③ （明）吴桂芳：《议阻澳夷进贡疏》，《明经世文编·卷三四三》。
④ （明）王临亨：《粤剑篇·卷三·志外夷》。
⑤ （明）张凤翼等：《为广东深受澳夷之患等事题行稿》。
⑥ 《明清时期澳门问题档案文献汇编·卷一》，第 46 页，"广东总督卢崇峻提议香山澳西洋人不宜准留本"。
⑦ 《明清时期澳门问题档案文献汇编·卷一》，第 112 页，"两广总督杨琳奏报巡查澳门谕令西洋人等须安分守法及沿海一带情形折"。

其澳门居住之西洋人，臣委员查点，男妇共计三千五百六十七名口，各有家室生业，与行教之西洋人不同，住经二百年，日久人众，无地可躯，守法纳租，亦称善良。①

关于雍正八年（1730）的澳夷人口，清朝乾隆年间的暴煜在《香山县志》中说：

雍正八年册呈，彝人五百一十七名，彝奴六百六十三名，彝妇一千三百九十七口，彝婢九百九十口。岁输租银五百两，解司库。②

总数仍为3567人，估计采用的依然是雍正二年的统计数字。而清人王植则说雍正乾隆年间：

澳地夷人计四百二十三户，男妇三千四百三十余口。汉民赁居澳地者计八百五十四户，男妇二千五百七十余名口。③

根据王植提供的数字，可以看出这段时期居澳华葡两族的人口有不同的特点。澳门土生族群户数少人口多，华族户数多但人口少，说明土生族群家庭的人口较多，规模较大，相比之下，居澳华人家庭的人口一般都比较少。出现这种情况的主要原因在于葡文史料中曾多次提到的特点：土生家庭子女多、妇女多、奴婢多。

中文史料中关于乾隆年间居澳土生族群的人口资料显示，其人数与雍正年间区别不大。广东按察使潘思榘在乾隆七年（1742）的一份奏折中说道：

现在澳夷男妇三千五百有奇，内地佣工艺业之民杂居澳土者二千

---

① 《明清时期澳门问题档案文献汇编·卷一》，第145页，"两广总督孔毓珣奏请准许西洋人在广州天主堂居住并限定澳门洋船数目折"。
② （清）暴煜：《（乾隆）香山县志》。
③ （清）王植：《崇德堂稿·卷二·香山险要说——覆抚都堂王》。

余人，均得乐业安居，诚圣天子复帱无外之盛治也。①

乾隆年间《重修三街会馆碑记》亦说当时的澳门"遂成一都市焉"。②
乾隆年间，由于居澳葡人晏些卢扎伤中国商人陈辉千致死，广州将军策楞
等于乾隆九年（1744）向朝廷奏报办理该案经过，谈道：

> 夷人寄居市舶，起自前明中叶，迄今垂二百年，中间聚集番男妇
> 女不下三四千人，均系该国夷王分派夷目管束。③

关于该时期澳门土生族群的人口情况亦见于印光任和张汝霖的《澳门
记略》，称乾隆十年（1745）澳门土生族群的人口是：

> 其户四百二是有奇，其丁口三千四百有奇。白主黑奴，内刺兵一
> 百五十名。④

到了19世纪初，土生族群人口似乎略有上升。1808岁末，英军未经中
国政府同意，悍然以保护居澳葡人为借口，在澳门登陆并占领炮台，两广
总督永保于嘉庆十三年（1808）奏复，将妥善办理英兵占据澳门炮台一事
的奏折中说：

> 即如澳门地方均称尽系西洋及各小国夷人在彼居住，设立洋行，
> 向与内地贸易，已数百年，房屋华丽，不下数千家人。⑤

数字虽不具体，但"不下数千家人"已能够说明人口的规模。嘉庆十四年

---

① 《明清时期澳门问题档案文献汇编·卷一》，第192页，"广东按察使潘思榘奏请于澳门地方移驻同知一员专理夷务折"。
② 《（乾隆）重修三街会馆碑记》，《澳门开埠初期史研究》，第249页。
③ 《明清时期澳门问题档案文献汇编·卷一》，第198页，"广州将军策楞等奏报办理晏些卢扎伤商人陈辉千致死案缘由折"。
④ 《澳门记略·上卷·形势篇·潮汐风侯附》，第3页。
⑤ 《明清时期澳门问题档案文献汇编·卷一》，第714页，"两广总督永保奏覆在途谕旨俟抵任将妥善办理英兵占据澳门炮台等事折"。

（1809）的数字较为具体，广东巡抚韩崶在谈到澳门形势的一份奏折中称：

> 近年生齿日繁，大小男妇约计共有三千余名口。其华人在澳开铺落业者，男妇共有三千一百余口，因夷人来往贸迁，凡百工所备，均需仰给于华人，而贫民亦可借此稍沾余利，历久相安，从无争竞。①

同年两广总督百龄在一份奏章中说：

> 随查在澳居住之西洋人唛嚓哆等男妇共四千九百六十三名，又有各国经理交易留寓之英吉利夷人喇佛等四十名，贺兰夷人立面爹等七名，瑞国夷人替麻吐等四名，吕宋夷人吗玉等九名，单鹰国夷人啤啼等二名，均极安静。②

很明显，其统计数字与广东巡抚韩崶的数字虽为同年所报，但出入较大。由于百龄提供的数字统计得颇为详细具体，甚至罗列出"各国经理交易留寓"的英国、荷兰、西班牙等国的商人数字，因而更为可信。同时，百龄提供数字的准确性亦可通过次年的一项数字得到证实。梁廷枏在《粤海关志》中提到嘉庆十五年（1810）的居澳土生族群时说道：

> 彼时人口未获盈千，今生齿日繁，男女计至五千余众。③

以上情况说明，澳门土生族群的人口自进入19世纪后有所增加，但增幅不大。

与前朝相比，道光年间（1821～1850）澳门土生族群人口的统计数字开始出现波动，反映了该族群在经济萧条的情况下，困居澳门一个多世纪后，随着中国近代政治社会形势出现的动荡而再次进入活跃期。道光三年

---

① 《明清时期澳门问题档案文献汇编·卷一》，第724页，"广东巡抚韩崶奏报查阅澳门夷民安谧并酌筹控制事宜前山寨关闸仍旧防守折"。
② 《明清时期澳门问题档案文献汇编·卷一》，第731页，见嘉庆十四年四月初八日"两广总督百龄奏覆查明上年英兵入澳系图占地并参吴熊光等办理不当各节折"。
③ （清）梁廷枏：《粤海关志》。

（1823），两广总督阮元等在给朝廷的奏折中提到：

> 澳内男夷一千余名，女夷二千余口，夷兵二百余名，在西洋诸国中为弱。①

道光十四年（1834），水师提督关天培在"奏覆查明澳门夷人炮台原委请免驱拆折"中提到：

> 驻澳夷人共五百余家，男丁大小一千余人，黑夷奴二百余人。该国派唛嚟哆一名，兵头、番差各一名。②

说明这期间由于"鸦片贸易"而使澳门土生族群人口有所上升。为了查禁鸦片，林则徐命令对澳门人口进行查点，于道光十九年（1839）向北京上报了"钦差两江总督林则徐等奏报巡阅澳门抽查华夷户口等情折"，据该奏折称：

> 造册呈送，计华民一千七百七十二户，男女七千零三十三丁口；西洋夷人七百二十户；男女五千六百一十二丁口；英吉利国傛居夷人五十七户。③

在严厉查禁鸦片的背景下，这次人口调查的数字应该是准确的。从数字中可以看出，澳门土生族群的人口明显增加，"西洋夷人七百二十户；男女五千六百一十二丁口"，其中尚未包括"英吉利国傛居夷人五十七户"，这是雍正以来的百年间十分罕见的现象，可见鸦片贸易带动了人口的发展。然而，随着鸦片战争的结束，澳门土生族群人口又明显下降。道光二十四年（1844），两广总督耆英就澳门夷情发出奏折，统计出：

---

① 《明清时期澳门问题档案文献汇编·卷二》，第 174 页，"两广总督阮元等奏陈饬谕小西洋人嗣后无须带领多船来粤片"。
② （清）关天培：《筹海初集·卷一》，"奏覆查明澳门夷人炮台原委请免驱拆折"。
③ 《明清时期澳门问题档案文献汇编·卷二》，第 345 页"钦差两江总督林则徐等奏报巡阅澳门抽查华夷户口等情折"。

現在澳內夷人男女約四千餘口，而十九年所查民戶人丁，共四千九百二十八人，故澳門乃民夷錯雜之區，非徒夷人托足之地也。①

从数字中可以看出该年"夷人男女约四千余口"，比 1839 年少了 1000 多人。仅仅五年时间，人口下降了两成多，显然不是自然的负增长率，而是大量人口外流所致，其中最主要的，就是许多澳门土生葡人流向了中国新开埠的香港和上海等地。

同治年间，由于许多土生葡人继续在港、沪等地定居，该族群在澳门的人数依然维持在不高的水平。同治三年（1865），广东巡抚郭嵩焘在查明澳门前后大概情形的奏折中称：

澳城內逶西為商賈麇聚之處，西北皆民居，西南下環沿海以至南環為夷房，約五六百家，鋪戶千五六百家，商賈麇集，無藝游民常至萬人。②

奏折中说夷人"约五六百家"，多集中在下环至南环一带，而且此时几乎每户都有人在港、沪一带发展，留澳家庭中的人口并不如以往多，所以虽有"约五六百家"，但总人数不会太多。

光绪年间（1875～1908），人口依然维持在 4000 人左右：

葡夷男婦丁口約四千人，水師二百，陸師八九百人，其國募來者約三百人，土著三百，其餘華人。③

从该时期人口数之中可以看出一个明显的特点，即葡萄牙已经逐渐占据澳门。首先是军事力量加强，并且实现了正规化，从历史上由少数葡裔及"能拿起武器的男性已婚者"所组成、半军半民性质的两三百人的武装

---

① 《明清时期澳门问题档案文献汇编·卷二》，第 532 页，"两广总督耆英等奏覆体察澳夷实在情形折"。
② 《明清时期澳门问题档案文献汇编·卷二》，第 755 页，"广东巡抚郭嵩焘委员赴澳查明各项事宜并由驿附呈事至总理衙门函·附件·广东巡抚郭嵩焘查明澳门前后大概情形清折"。
③ 《明清时期澳门问题档案文献汇编·卷三》。

力量，转而建立了团一级建制的正规军队；另外，澳葡当局已经能够从居澳华人中征募兵员了，而这些华人在以前一直是"天朝"的臣民，属香山县管辖。澳葡当局还第一次为华籍军人设计了军服，"按照中国的风俗习惯为他们配备了竹笠及中式布鞋"。①

图 4 显示据中文史料整理的 1665～1875 年澳门土生族群的人口情况：

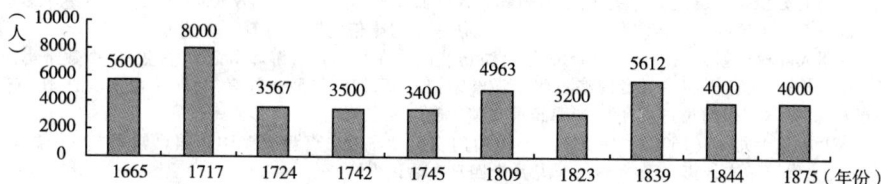

图 4 据中文史料整理的 1665～1875 年澳门土生族群人口

表 7 据中文史料整理的澳门葡裔人口数字①

年 份	人 数
嘉靖四十三年(1564)	1 万人②
嘉靖四十四年(1565)	数千至 1 万人③
万历二十九年(1601)	数万人④
崇祯七年(1634)	数万人⑤
顺治元年(1644)	20000 人⑥(包括华人天主教徒共 40000 人)
康熙四年(1665)	5600 人
康熙五十六年(1717)	8000 人
雍正二年(1724)	3567 人
乾隆七年(1742)	3500 人
乾隆十年(1745)	3400 人
嘉庆十四年(1809)	4963 人
道光三年(1823)	3200 人
道光十九年(1839)	5612 人
道光二十四年(1844)	4000 人

---

① Manuel A. Ribeiro Rodrigues, *400 Anos de Organização e Uniformes Militares em Macau*, Artilharia, Instituto Cultural de Macau, 1999, pp. 255 - 256.

785

续表 7

年　份	人　数
同治三年（1865）	500～600 家，估计约 4000 人⑦
光绪年间（1875～1908 年）	4000 人（另有军人 800～一百 900 人，含华裔兵勇 300 余人）

资料来源：

①表中所列数字主要依据 A. H. de Oliveira Marques 主编的《葡萄牙人远东史》（葡文版）第 1 卷第 1 册中提供的资料重新整理。不属该书资料的数字另有出处注释。

②《抚处濠镜澳夷疏》："今筑室不知其几许，而夷众殆万人矣。"另据同文"……不逾年多至数百区，今殆千区以上"，每区为一户，按印光任"丁口十倍之"的计算，亦达万人。

③明人叶权于嘉靖四十四年（1565 年）游历澳门，在其所著《游岭南记》中说，"今数千夷团聚一澳，雄然巨镇"。前揭《贤博编》附《游岭南记》；另据同年吴桂芳言，"……况非我族类，不下万人"。见《议阻澳夷进贡疏》，《明经世文编·卷三四三》。

④万历二十九年（1601），明人王临亨游澳门言，"香山之夷盘踞澳中，闻可数万"。王临亨：《粤剑篇·卷三·志外夷》及《卷四·九月十四日夜话记附》。

⑤《兵部尚书张凤翼等为广东深受澳夷之患等事题行稿》载："往者夷数不满千人，近且报至数万……一旦有事，此数万夷人，何呈不得，此大可忧者也"。

⑥当时到过澳门的英国人卡丁神父（Pe. Cardim）确认澳门"有四万天主教徒分属一千左右的葡人家庭及华人基督徒家庭"。他认为每个葡裔家庭平均有 20 口人，故估计葡裔人口总数为 20000 人。据文德泉《澳门土生葡人》，载《文化杂志》（葡文版）第 20 期，第 75 页。另据澳门主教林家骏提供的数字，该时期澳门人口亦为 4 万人。见汤开建《明代澳门城市建置考》，《澳门开埠初期史研究》，第 229 页。

⑦据广东巡抚郭嵩焘"西南下环沿海以至南环为夷房，约五六百家"之说。按印光任"丁口十倍之"的计算方法应为 5000～6000 人，但 19 世纪已不同于印张二人所处的年代。考虑到葡国宣布奴隶制的废除，居澳土生葡人已不可能蓄养大量奴隶，加之许多家庭有人赴香港、上海等地谋生，故总人口应维持在该年前后的水平，即为 4000 人左右，甚至达不到这个数字。

　　根据以上列举的葡文和中文史料，由于年份及来源不同，可以发现双方提供的数字有很大差异。现不妨将以上数字进行整理后绘成图表，比较当中异同之处。

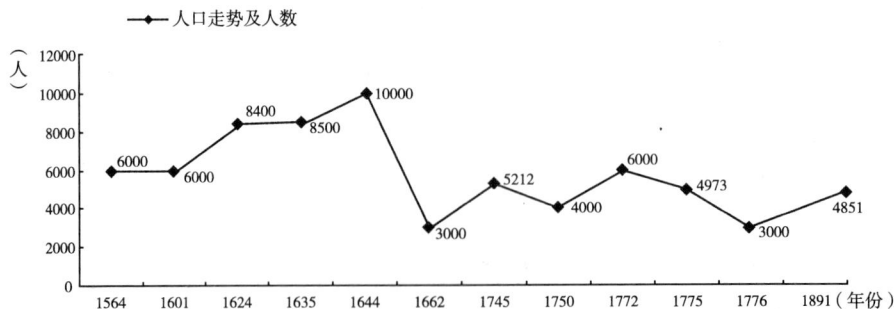

图 5　根据葡文史料整理的澳门土生族群人口走势图

说明：图中 1662 年以前的数字，乃依据葡文史料中"已婚者"数字，再按印光任"丁口十倍之"的计算方法得出大概人数。1745 年以后的人口则为史料提供的具体数字。

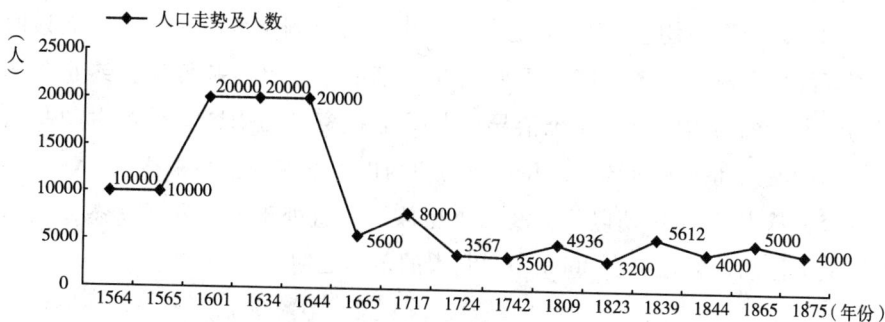

图 6　根据中文史料整理的澳门土生族群人口走势图

说明：图中 1644 年以前的数字为中文史料中的概略数字或间接数字，1665 年以后的数字为清康熙以后各种史料中提供的具体数字。

从以上图 5、图 6 比较中可以看出，虽然中西文献提供的不是同年份的数字，而且由于计算方法不同，使数字差异很大，甚至有互相矛盾的情况，但仔细研究，却会发现两幅图有以下共同特点。

（1）中葡双方史料对 17 世纪中期以前的居澳葡人统计数字均较模糊，没有官方的正式统计数字。葡方在教会的来往书信及访澳西方人士的记录中使用了令人费解的"已婚者"概念，使人口统计十分困难。而中方在雍正以前亦无确切统计数字。说明从澳门开埠至 17 世纪中期的百多年时间里，中葡官方均未对居澳葡人确切人口数字进行过统计。

（2）双方史料均说明澳门开埠之初的葡裔人口数字起点较高，并非人们一直认为的仅有数百人。对于西方史料，即使选择文献中提到的最小数字 400 人，但根据前面保守的分析亦要"丁口十倍之"[①] 才能得出大概人数，那就是 4000 多人；中文史料虽未指出 1557 年的具体人数，但庞尚鹏于 1564 年就说葡人"今筑室不知其几许，而夷众殆万人矣"。

（3）双方史料提供的土生族群人口四个半世纪的发展演变曲线，大体上是一致的。最明显的是开埠以后澳门土生族群人口急剧上升，至 17 世纪中期以前人口一直处于高位状态，形成澳门开埠 100 年来，葡裔人口迅速发展兴旺的繁荣时期，而该时期正好与葡人与日本及马尼拉开展贸易的黄金时期相吻合。

---

① 英人里察德于 1640 年认为土生葡人平均每户有 15 口人，而卡丁神父于 1644 年则认为土生葡人平均每户有 20 人。

（4）两个图表均显示 17 世纪中期土生人口急剧下滑至最低点，而该时期正好发生了对土生葡人至关重要的几件事：日本驱逐基督徒并终止与澳门的贸易；葡国摆脱西班牙统治导致与马尼拉贸易的中断；荷兰占领马六甲，切断澳门和果阿的联系，并中断澳门与巴达维亚的贸易来往。

（5）从 17 世纪中期以后，澳门土生族群一直处于低位发展状态，虽然不停上下浮动，但始终在 3000～6000 人的范围之内。

（原载李向玉主编《中西文化研究》，澳门，澳门理工学院中西文化研究所，总第 8 期，2005 年 12 月）

清中叶前的澳门平民阶层及社会流动

杨仁飞[*]

我们应看到明清时期澳门的平民阶层是动态的阶层，首先是这个阶层不同群体成员来源是动态的，澳门的商业、就业机会吸引着许多外地民众涌入澳门。事业成功与否，总有一些人慢慢地在澳门定居下来，与澳门土著中的一部分人构成澳门的平民阶层。而作为平民阶层，它的社会流动性呈现阶层内与阶层外之间向上晋升与向下沉沦的两种趋势。在向上流动方面，由于科举制度与捐纳制度的盛行，容许人们很快地转换自己的身份，晋升为绅士阶层。这一阶层的平民一旦生活陷于困顿，则有可能向下流动，即沦为奴仆、差役之类的"低贱"阶层。在明清社会里，一个具有流动性的城市，往往为改变身份与社会地位提供了某种动力和机会，而社会群体之间的流动则使这个社会充满了活力。^①澳门是我们了解封建时代商业化程度较高的城市社会阶层流动的一扇窗户。

清朝法律有所谓良人，特权等级当然是良人，但不是一般意义的良人。良人，也即平民，系指无特权而又不是贱民的人。在清代一般由地主、商人、自耕农、手工业者、佃农、渔民、一部分佣工、僧侣构成。平民等级的特征主要体现在以下几个方面：一是国家法令的平人、良人、凡人，没有特权，受到政府的控制和特权等级的欺凌，但是比贱民社会地位高。其中富有者和少数平民追求特权，求助于科举与捐纳，脱离平民阶层。二是平民等级的成员，经济状况相差悬殊，自耕农虽列为四民之前列，但不乏贫困者。三是平民，是政府赋役的主要承担者。清朝政府财源有三大项，即

---

* 厦门市台湾学会副研究员，厦门大学南洋研究院博士。

① 萧凤霞、刘志伟：《宗族、市场、盗寇与蜑民》，《中国社会经济史研究》2004 年第 3 期，第 7 页。

土地税、商税、盐税。地主、自耕农、商人是主要纳税人，所以说平民经济是政府的经济基础。四是平民等级所包含的社会成员，比起其他等级，在成分上最复杂，在数量上最为众多，如小手艺人、医卜、佃农也是平民，他们是平民中的下层。① 本文通过分析澳门地主、商人、买办、通事、工人、雇工的情况以及平民阶层内部之间、平民与其他群体之间的流动，旨在揭示这一时期澳门平民社会的丰富多彩。

一 清代澳门档案中的民人

从目前作者所掌握的清代澳门中文档案来看，民人所涉及的案件占了很大的比例。清地方官员有时直接指与案件有关的人员，凡属平民身份的，称为"民人"、"铺民"，而百姓也自称"民人"、"民女"，身份的标签与自我认同表明民人与其他社会阶层是有区分的。这些中文档案中所提到的民人，他们所从事的工作有农业、手工业、商业服务业等各行各业，他们的具体身份因为工作的不同，有了农户、雇工、铺户、商人等的区分。

表 1　澳门部分档案中提及民人的资料

姓名	年代	事项、身份	资料来源
杨亚苟、黄平章	乾隆五十八年（1793）	私行开垦、把截山泉	刘芳辑，章文钦校《清代澳门中文档案汇编》上册，第 2 页
邓朝籍	嘉庆二十三年（1818）	手艺营生	刘芳辑，章文钦校《清代澳门中文档案汇编》上册，第 11 页
陈辉长、谭三龙、陈亚华	道光六年（1826）	冒充夷人，串局捏欠夷货	刘芳辑，章文钦校《清代澳门中文档案汇编》上册，第 13 页
邓华瑞	嘉庆十二年（1807）	铺民，在三巴下开张源源裁衣店营生	刘芳辑，章文钦校《清代澳门中文档案汇编》上册，第 20 页

---

① 冯尔康、常建华：《清人社会生活》，沈阳出版社，2001，第 14 页。本文所提到的民人并不包括"列为齐民之首"的士绅这一群体，因为士绅群体不但不承担国家的赋役，而且还享受一定的特权。

姓名	年代	事项、身份	资料来源
黎东利、韦亚元	嘉庆十三年(1808)	铺民,承买芦石塘海边白地	刘芳辑,章文钦校《清代澳门中文档案汇编》上册,第25页
廖亚笃	约嘉庆二年(1797)	向在澳门挑油卖,做买卖经纪、私运铁锅出洋	刘芳辑,章文钦校《清代澳门中文档案汇编》上册,第119页
陈和	嘉庆二年(1797)	勾串夷人私运铁锅出洋	刘芳辑,章文钦校《清代澳门中文档案汇编》,上册,第118~119页
郭丽彬、黄显		开铺营生,租夷人房屋	刘芳辑,章文钦校《清代澳门中文档案汇编》,上册,第258页
黄玉成		承租夷人房屋,纳地租银三十两零三钱	刘芳辑,章文钦校《清代澳门中文档案汇编》,上册,第260页

二 上层平民

(一) 拥有小量土地的"地主"

从占有土地数量和经济状况看,清代地主有大中小的区别。大地主占有数百亩以至成千亩的土地,个别的可达到几千亩。在南方有四百亩耕地、二三十位佃农即为大、中地主。一般来说,小地主的数量最多。地主之所以为地主,是拥有耕地出租。在经营方式方面,绝大多数地主像先辈一样采用租佃,向佃农收取实物地租,当然也有征收货币地租,但不普遍。地主收租,同时向政府交税,这是对政府隶属关系的直接表现。①

在这些大大小小地主中,大、中地主往往是乡绅阶层,与官府有密切的关系,有较高的社会地位。而真正属于平民的应是小地主,他们不享受特权,只是与其他平民群体相比,他们的生活境况稍好些。

澳门是从一个小渔村发展起来的商业化程度较高的市镇,本来可耕农地就少,不易产生大中地主。在清代,澳门最大的地主可能要算那些庙宇

---

① 冯尔康、常建华:《清人社会生活》,第14~25页。

了。鸦片战争之前，拥有土地最多的要算普济禅院，有 189 亩之多。除去普济禅院外，澳门拥有土地最多的要算沈家沈遐龄，有税田 51 亩多。其次是胡徐亮与何积善堂，有 30 亩左右的税田。相比中国其他地区，澳门沈、胡、何家所拥有的土地数实在不多，只能是小地主而已。与其说他们是地主，还不如说他们是自耕农。表 2 所列的税亩土地拥有人应该归类为自耕农之列。因为根据冯尔康等人的研究，自耕农拥有的土地一般为几亩到几十亩不等。自耕农与政府发生直接的关系，是政府的编户齐民，完纳赋役，不履行这种义务将构成犯罪。

表 2 鸦片战争前后澳门纳田税名录

税田拥有者	地　点	税　亩
柯亮华	望厦村砂岗	二亩七分
柯亮明	西宅下仔	九分九厘
沈遐龄	望厦半边月等处	共五十一亩七分五厘九毫
吴尚灵堂	水雍塘	十亩
高睿贤	坑口	三亩八分四厘四毫
沈振江	望厦后山水雍海	五分二厘
沈琥珀	望厦后山水雍海	九分一厘
沈登有	望厦后山水雍海	一亩六分六厘
沈头有	龙田村白石头	一亩二分
林连号	龙田村中塘等	十三亩五分七厘八毫三丝
黄朝业	大界尾等	一十五亩四分五厘五
李玉号	望厦	十亩二分
陈惠成	新桥	八亩
钟宅		一分二厘八丝
普济禅院	共二十九处	一百八十九亩三分六厘
佘腾号	横界	九分
陈裕宁堂	望厦、龙田村等	共八亩八分正
陈宅	龙田村	九厘六丝六毫六
容福源堂	龙田村	八亩四分一厘四毛
区滋本	龙田村	八分九厘六丝
张阶祖	三巴门外上望厦等	九亩

续表 2

税田拥有者	地　点	税　亩
陈光绍	望厦等	十一亩一分五厘
何积善堂	望厦、龙田、龙环等	三十一亩九分
胡徐亮	望厦村、龙田村	三十亩一分六厘五毫

值得指出的是，由于有关土地拥有者的资料非常零星，而且仅局限于鸦片战争前后一段时期的情况，因此本文难以深入了解澳门农村土地主的资料及由此引起的租佃关系。

（二）商人

清代商人的概念，一般分为三种类型：一是经营商品交易，通常所说的商人大体是这类人；一是手工业商品生产的专业经营者或兼营者；一是商人兼经营土地，有的做生意赚了钱购置田地，出租给佃农成为商人兼地主。商人中大商人的人数不多，但他们经营的商品占整个商业流通的比例较大；小商小贩人数庞大，势单力薄。作为一个高度对外开放而且土地资源有限的商业化城市，商人兼地主在澳门历史上并不多，主要还是以外贸商人为主。

1. 澳门的外贸商人

1553 ~ 1644 年是澳门对外贸易的兴盛时期，世界各国的商品云集澳门。对于外国商人运来的货物，自有一批官商与之交易，即澳商又为三十六行官商。霍与瑕曾提议，由广州府召集澳票商人，先行把澳票交与他们，然后由这些商人与葡人进行交易，最后由澳票商人代葡人交纳出口税。[①] "洪武初，令番商集止舶所，不许入城。正德中，始有夷人始筑室于番澳者，以便交易。每房一间更替价至数百金。嘉靖三十五年汪柏乃立客纲、客纪，以广人及徽泉等商为之"。[②]

与官商相对的是一些私商。终明一代，私商也是澳门对外贸易中不可忽略的一个方面。私人贸易或走私贸易，不仅是明海禁政策的副产品，也

---

① 霍与瑕：《霍勉斋集》，转引自《明经世文编》卷 368。
② 严如煜：《洋防辑要》卷 15，《广东海略》。

是官商垄断制度的副产品。王临亨在《粤剑篇》卷三《外夷》称"西洋人往来中国者，向以香山岙为舣舟之所入，市毕则驱之以去，日久法弛，其人渐蚁聚蜂结巢穴澳中矣。当事者利其入市，不能尽法绳之，姑从其便而严通澳之令，俾中国不得输之米谷种种，盖欲坐而困之，令自不能久居耳。然夷人金钱甚多，一往而利数十倍，法虽严，不能禁也"。私商直接或间接地参与走私贸易。1615～1616年任职广东巡抚的田生金指出："近来闽粤奸徒，以贩为业，违禁通倭，踪迹不事究诘。近臣等缉得通倭真犯，有饱载而归，真赃可据者；有满贮倭货未下洋者。利之所在，此辈走死地如骛。"①明万历四十一年（1613）郭尚宾请逐葡人离澳时曾指出，"闽广亡命之徒，因之为利，遂专为肆奸，有见夷人之粮米牲菜等物，仰于广州，则不特官澳运济，而私澳之贩米于夷者更多焉；有见广州之刀剑、硝磺、铳弹等物，尽中于夷用，则不特私买往贩，而投入为夷人制造者更多焉"。②

清代广州独口贸易之前，特别在海禁期间，官商与私商实难区分。清初迁界时期，一些官商干私商的行当，直接参与走私贸易。尚可喜多次派商人、家人到澳门贸易，甚至出洋经商。"藩棍沈上达乘禁海之日，番舶不至，遂勾结亡命，私造大船，擅出外洋为市"。两广总督卢兴祚与香山知县姚启圣在迁界、海禁甚严之时，私自下令与澳门葡商交易。在这起走私案中，有不少官商与私商参与其中。"据知县姚启圣口供，总督卢兴祚差我追要入官五船货物去来，我同詹其祯等到澳，叫鬼子委黎多，说将五船入官货物收了给我。委黎多等向我们说，五船货物所到之年，我们就送总督一万三千两，将货物退给我们卖讫。若要赔补入官货物，商人所买旧货因禁截在此，你们拾分抽出四分，给予商人陆分。及告诉总督商人程之复、李之凤等……如此告诉李之凤等先往澳去，我后去了，将商人所买物件俱抽取四分，奉有不叫澳门不迁之旨。我等带领众商人出所禁之界，非系我私到澳贸易等语。"③参与这次违禁贸易的官商有程万里、李之凤、吴培宇、黄拔华、方玉、李启、程之复、原六、程启文。官商参与走私贸易实际上对违禁贸易的泛滥起了推波助澜的作用。

---

① 田生金：《按粤疏稿》卷3《大计刻方面疏》、《参防汛把总疏》、《问过钦总林荣疏》。
② 《郭给谏疏稿》卷1，第12～17页。
③ 赫玉麟：《广东通志》卷62，吴兴祚：《议除藩下苛政疏》，《明清史料》己编，"刑部残题本"。

　　1757 年广州独口贸易后，中国对外贸易基本上由粤海关管理，通过十三行商人来进行的。清政府对澳门的管理规则十分严格，粤海关在澳门设立总口税务，又称澳关委员。其职能是"粤海关管理总口七处，以省城大关为总汇，稽查夷船往回贸易，盘诘奸（宄）出没，均关紧要。是以向设立旗员防御两员，一驻大关总口，一驻澳门总口，每年请将军衙门选员前往弹压"。澳门为粤海管理的七处总口之一，辖关闸、大码头、南湾、娘妈阁四个小口，居于省城大关同等重要的地位。① 作为清朝垄断贸易制度的一部分，清政府在澳门也安排了一些"官商"参与其中的贸易，叫澳商，他们专门承充澳行，承担起保商的作用。② 澳商是澳门官商的总负责人，代各官商报输进出口税，责任较重大。如专门从事硝生意的，是地地道道的官商。③ "署军民府熊，为披沥苦情事。嘉庆十三年二月二十一日，准广州府关开、奉布政使司衡批。据有硝商冯卓干、吴荣山，保商李大成、曹安堂等禀称，现奉南海县谕开，奉藩宪批，据具禀委员押同硝商赴澳议买咸砂未成，请示办理缘由。奉批。查上年硝商曾买咸砂一百余万斤，每百斤价六、七、八圆。该商等自向夷人议买，并未报司。今此次奉行准买，何至骤然增昂？该商与夷人买卖情熟，更难保无串通抬价居奇情事"。④ 地方官员对硝砂之进口及价格十分关心，因为硝砂属于军用物品，由专门的商人负责进口，每年朝廷均有资金拨出，专供采购。硝商冯卓干等称："切洋砂一项，上年奉宪议定□□（章程），所有夷船带到，由关部宪丈量时查明移咨，饬着洋商公同估价给照，然后商等备价赴买煎解。等因。兹本年三月内，有吕宋夷船带有洋砂二千担，收泊澳门地方，已有经纪到厂言买。商等以奉有立定章程，未敢擅为交易。现查该夷船货物系投东生洋行上饷发售，其带到洋砂，未奉查明饬知赴买。但洋砂在澳每有匪徒私贩。"⑤ 外国商人见清政府有收购硝砂之需求，便大量运进硝砂，这不仅导致硝砂价格波动较大，而且也导致大量违禁私买之事屡屡发生。如澳葡商人央那里向

---

① 梁廷枏《粤海关志》卷7《设官》，第 4～5 页。
② 刘芳辑，章文钦校《清代澳门中文档案汇编》下册，澳门基金会，1999 年，第 633 页。
③ 章文钦在《清代澳门中文档案汇编》第 279 号档案（第 162 页）中也指出，硝商是清代官方特许商人之一，专门承买洋船蓄舶所带压舱硝砂，以供军需。
④ 刘芳辑，章文钦校《清代澳门中文档案汇编》上册，第 177 页。
⑤ 刘芳辑，章文钦校《清代澳门中文档案汇编》上册，第 161 页。

海关申报运进 38 担 25 斤，而实际还在澳门存放 4123 包，每包有 100 余斤，共计有 40 余万斤。故香山知县等认为葡商是违例私带私售，已干禁令。①而澳门葡人所需出口的白铅由澳商代为采购。澳葡商人因此新条例而受影响，故要求从额定的 70 万斤中拨出 30 万斤给澳门葡商。"查历年所买货物，首重白铅，为大小西洋各埠所必需，皆由澳商代夷接办，前往佛山采买，至省报明关宪，输税给照，运回澳门，统计每年不下万万斤。历年开行报单可据，相沿无异。去年新例，东省洋船买运白铅，止许七十万斤。省城贴近佛山，递年尽归洋商收买，转售黄埔各国夷船，致令澳夷欲买不得……只得禀乞转请督、关二宪，将每年额定白铅七十万斤拨三十万斤采买，澳商承接往佛山置办到省，报明关宪，输税给照下澳"。②后清廷允许拨出 14 万斤给澳葡商人，由澳商采买。当时做白铅生意的澳商有王文德③、叶柱、李芬、王章瑞、纪荣和等。④道光初年获准从事对外贸易的中国商行有泰记、景记、瑶记、荣记、兴记、中记、顺记、吉记、恒记、升记、佳记、雍记等，道光二年（1822）他们在向葡商承买入口货物后，因存放货物，被澳葡设立的抽分馆执锁人役偷窃客货，又向客商出货船私抽规银，以致这些商行投诉至澳葡理事官。⑤澳门王文德最后希望辞去澳商之责，也因行商所负的责任太重之缘故。

垄断贸易制度下，自然难免有走私贸易，私商参与其中不乏其例。一些私商也卷入私买之列。如嘉庆十四年（1809）红单船户梁顺和从澳门夷人购买炮位、火药等。⑥沙尾村民人容亚骚等与容廷满，顺德人关亚四与澳门人吴亚元一起向澳门葡人白眼大仔家购买存于货仓的硝砂，自行煮制售卖。⑦除硝商外，澳商有从事经营出口白铅的权利。《粤海关志》载，嘉庆十三年（1808）特别规定："夷船回货置买白铅，每年统计各船，先以最少年分七十万斤为率"。⑧由于澳门是各国商人居住、贸易的重要之地，澳门

---

① 刘芳辑，章文钦校《清代澳门中文档案汇编》上册，第 170~171 页。
② 刘芳辑，章文钦校《清代澳门中文档案汇编》上册，第 108 页。
③ 刘芳辑，章文钦校《清代澳门中文档案汇编》上册，第 111 页。王文德本为通事。
④ 刘芳辑，章文钦校《清代澳门中文档案汇编》上册，第 346 页。
⑤ 刘芳辑，章文钦校《清代澳门中文档案汇编》上册，第 351 页。
⑥ 刘芳辑，章文钦校《清代澳门中文档案汇编》上册，第 179 页。
⑦ 刘芳辑，章文钦校《清代澳门中文档案汇编》上册，第 160 页。
⑧ 梁廷枏：《粤海关志》卷 17《禁令》。

大大小小的商人实际上均有与外国人做生意的机会。嘉靖、万历年间澳门已是"其商侩、传译、买办诸杂色人多闽产，若工匠、贩伕、店户则多粤人，赁夷屋以居，烟火簇簇成聚落"。① 乾隆五十五年（1790）后，营地街有墟亭，各行商贩在此经营。华夷杂处给许多商人带来贸易机会，也形成了一支数量可观的私商。② 清代盐为专卖品，严禁私盐，但是贩卖私盐现象在澳门也屡见不鲜。如嘉庆九年（1804）林亚炳贩运私盐，寄放在澳门外国人的楼中，被香山县丞缉拿归案。③ 铁也是清政府严厉管制的出口商品，严禁私自出口，《粤海关志》载："内地商人私行夹带不成器皿之铁至五十斤者，将铁入官。百斤以上者，照例治罪"。雍正七年（1729）规定，"凡有海洋贩卖铁者，一百斤以下，杖一百，徒三年。一百斤以上，发边卫充军。若卖与外国，及明知海寇与者绞监候"。④ 雍正九年（1731）还规定铁器之类之出口也有限额。乾隆六十年（1795）粤海关澳门口委员派人拿获走私生铁的容亚安、王亚英等人。⑤ 嘉庆二年（1797）娘妈阁水手查获三板船运铁锅 412 件，是由澳门葡人鲍咃咃向本澳唐人陈和所买。⑥ 当时参与这次铁品走私的商人陈和和廖亚笃招认，他们都是做买卖经纪生意的。除走私上述禁品外，鸦片是清代中叶最严重的走私品，大量的商人卷入其中，与政府官员构成庞大的走私网络。林谦在《禁烟议小注》中指出："澳门设有划艇，包载鸦片、私货，入口总派陋规。年终则统计所获，按股均分。而妈阁之关税不能逃。所以澳门之船钞少而货税多，洋货之公税少而鸦片之私税多，鸦片入口之夷税少而鸦片出口之民税多。故省城之关税渐亏而澳门之关税独裕，澳门之总口稍裕而妈阁之子口独丰也。"⑦

三　平民中的下层：各行各业中的民人

平民中占最大份额的是各行各业中的民人，他们是澳门社会的主体成员。

① 印光任、张汝霖：《澳门纪略》卷上《形势篇》，第 3 页。
② 参见刘芳辑，章文钦校《清代澳门中文档案汇编》。
③ 刘芳辑，章文钦校《清代澳门中文档案汇编》上册，第 120 页。
④ 梁廷枏：《粤海关志》卷 17《禁令》。
⑤ 刘芳辑，章文钦校《清代澳门中文档案汇编》上册，第 117 页。
⑥ 刘芳辑，章文钦校《清代澳门中文档案汇编》上册，第 118 页。
⑦ 陈澧：《香山县志》卷 22《纪事》。

（一）服务行业

1. 泥水、木匠行与工匠

替澳门外国人修理房屋的泥水匠是一个特殊的群体，明清政府对其管理比较严格，设立泥水头、行长，制定章程、规范房屋修葺事宜。一是规定泥水匠名额。"查澳内承修夷屋坭水以及各行工匠，原有定额名数，夷屋破烂倒塌，原许照依旧地修复，不许添建增盖一椽一石"。① 二是葡人若要葺修房屋、城墙均要报批。如嘉庆二十五年（1820），西洋理事官"为禀恳批照，雇匠承修有凭事：切澳内大炮台围墙壹幅，长叁丈贰尺，日久被风雨坍塌，呵咛拟欲雇请坭水匠人容亚英照旧修复，未敢擅便。除该匠人容亚英禀恳批照外，理合禀明，伏候恩批准照"。② 三是向政府申请行业执照，规定泥水木匠，修理船只、房屋，必由分府、分县递禀请牌。③ 四是泥水头、行长负责议价议工派工之任务。嘉庆六年（1801）香山县丞下令让"坭水头、行长议立章程，自后遇有夷屋坏烂，应行修葺。无论大小工作，悉与坭水匠头并行长议定工价，即行绘图禀报，随即派诚实坭匠承修，速为完竣，不得迁延日欠。如散匠不为完工，即着落匠头、行长加匠修完，倘有推延□（拐）价逃匿等弊，许该夷目据实禀报，以凭严拿究惩……谕到该夷目，即便遵照，传知澳内各夷人，嗣后如有夷屋渗漏坏烂修葺，务俱向匠头、行长议工议价，着匠头、行长派给散匠承修"。④ 五是泥水等工匠与夷人雇主签订修葺合约。乾隆五十七年（1792），陈亚富、郑玉屏、容业长、容平立等均与夷人签有合同，合同内容一般包括合同承接人、维修内容、材料工钱价格、完工约定等。如乾隆五十七年陈亚富、郭亚保所签的承接维修大庙泥水修葺合同："立明合同人陈亚富、郭亚保，承接到管库呫嘛大庙后座壹间，深四丈贰尺，阔一丈□□（尺），其墙壹幅，修整瓦面，并前座吹烂瓦面修回。其砖灰、木料、铁器、石、宜茶、系管库自出。所有禾草、篓缆藤、纸根、锄头、锛（？）口、水桶，系富自办。言定人工、批手本银并禾草……共计番面银五百□两正。二面言明，其银两陆续

① 刘芳辑，章文钦校《清代澳门中文档案汇编》上册，第428页。
② 刘芳辑，章文钦校《清代澳门中文档案汇编》上册，第32页。
③ 刘芳辑，章文钦校《清代澳门中文档案汇编》上册，第2页。
④ 刘芳辑，章文钦校《清代澳门中文档案汇编》上册，第428页。

交富手，应交人工费用等项。其庙后座壹间，照旧修整，及前座吹烂瓦面修起，交与管库。□□银须要交清富手收用，毋得推延。此系两家情愿。今欲有凭，立承接单壹张，交与管库收执为据。即日收定银贰百两正。乾隆五十七年十一月十五日，立承接人陈亚富、郭亚保。"①

一般承接澳葡政府或公共工程的工程量大，造价也高，因此签订正式合同，规范双方的行为。如郑屏玉承接修大庙泥水修葺，价银550两；兴源号麦亚星承接三巴寺、东望洋教堂等处泥木修葺合同，共计材料、工钱507两，银70元。②

表3　清中叶前澳门泥水匠档案资料

姓名	身份	年代	事项	资料来源
容亚英	泥水匠	嘉庆二十五年(1820)	替葡人修三巴炮台围墙	刘芳辑，章文钦校《清代澳门中文档案汇编》上册，第32页
吴亚美	泥水匠头	嘉庆六年(1801)	查泥水匠是否有私自替夷人修补房屋	刘芳辑，章文钦校《清代澳门中文档案汇编》上册，第428页
吴泽亮	行长	嘉庆六年(1801)	查泥水匠是否有私自替夷人修补房屋	刘芳辑，章文钦校《清代澳门中文档案汇编》上册，第428页
郑亚允	泥水匠	乾隆五十八年(1793)	承修大庙传教士屋宇	刘芳辑，章文钦校《清代澳门中文档案汇编》上册，第3页
宋亚晓	泥水匠人	嘉庆十七年(1812)	替葡人翻修房屋	刘芳辑，章文钦校《清代澳门中文档案汇编》上册，第27页
容业长	泥水匠	嘉庆元年(1797)	与António Vicente订有泥水修葺合同	刘芳辑，章文钦校《清代澳门中文档案汇编》上册，第53页
容平	泥水匠	嘉庆二年(1797)	与理事官订有泥水修葺合同	刘芳辑，章文钦校《清代澳门中文档案汇编》上册，第53页
黄亚汉	泥水匠	嘉庆二十一年(1816)	替葡人修筑下环街房屋，工银890圆	刘芳辑，章文钦校《清代澳门中文档案汇编》上册，第299页

① 刘芳辑，章文钦校《清代澳门中文档案汇编》上册，第52页。
② 刘芳辑，章文钦校《清代澳门中文档案汇编》上册，第52~54页。

续表 3

姓名	身份	年代	事项	资料来源
黄　朝	泥水匠	嘉庆九年（1804）	修南环公司行内围墙	刘芳辑,章文钦校《清代澳门中文档案汇编》上册,第48页
郑玉屏	泥水匠	乾隆五十七年（1792）	与大庙订立修葺泥水合同	刘芳辑,章文钦校《清代澳门中文档案汇编》上册,第52页
陈亚富郭亚保	泥水匠	乾隆五十七年（1792）	与大庙订立修葺泥水合同	刘芳辑,章文钦校《清代澳门中文档案汇编》上册,第52页

2. 铺户（小商小贩）

澳门作为商业化程度较高和消费型城市，存在一大批铺户商贩，他们是活跃自由的平民群体，为社会各阶层提供必要的生活用品。

在澳门的营地墟市中，猪肉、鸡鸭、瓜菜行已有行业公会雏形，如有猪肉行长吴中和、鲜鱼行长何大兴、鸡鸭行长鲍永举、瓜菜行长郑燡南。[①] 而经营杂货、南北行的铺户大有人在。如张廷芳、韦学众等，他们从事贩卖米酒、油漆、洋毯等与民生有关的商品。

表 4　清中叶前澳门铺户档案资料

姓名	身份	年代	事项	资料来源
张廷芳	铺户	嘉庆六年（1801）	开张油漆生理,租夷人房屋,纳地租18元	刘芳辑,章文钦校《清代澳门中文档案汇编》上册,第262页
韦学众	铺户	乾隆五十八年（1793）	开泗合酒米铺	刘芳辑,章文钦校《清代澳门中文档案汇编》上册,第47页
郭丽彬黄　显	铺户	乾隆五十八年（1793）	租夷人房屋、开铺营生	刘芳辑,章文钦校《清代澳门中文档案汇编》上册,第258页
黄玉成	铺户	嘉庆四年（1799）	承租夷人房屋,纳地租银30两零3钱	刘芳辑,章文钦校《清代澳门中文档案汇编》上册,第260页

---

①　刘芳辑,章文钦校《清代澳门中文档案汇编》上册,第14页。

姓名	身份	年代	事项	资料来源
区亚兴	铺户	嘉庆八年（1803）	向租澳门呢啮寺（嘉辣堂女修道院）水坑尾屋一间做生意,屋租银77元	刘芳辑,章文钦校《清代澳门中文档案汇编》上册,第265页
王维新	铺户	嘉庆九年（1804）	租夷野仔对街小铺一间租银36元	刘芳辑,章文钦校《清代澳门中文档案汇编》上册,第265页
吴起观、吴亚耀父子	铺户	嘉庆十年（1805）	租夷John铺屋两间租银13两5钱	刘芳辑,章文钦校《清代澳门中文档案汇编》上册,第269页
谢清高	铺户	嘉庆十一年（1806）	租夷罢德肋安哆呢桔仔围铺屋卖果生意租银7元	刘芳辑,章文钦校《清代澳门中文档案汇编》上册,第272页
文亚雄张允平	铺户	嘉庆十二年（1807）	承租夷人空地建屋形式张裁缝杂货生理,年纳地租银18元	刘芳辑,章文钦校《清代澳门中文档案汇编》上册,第274页
叶琼彩	铺户	乾隆五十三年到嘉庆十三年（1798~1808）	红窗门铺户,洋货生意,承租夷人铺屋纳租银24~60元	刘芳辑,章文钦校《清代澳门中文档案汇编》上册,第275页
杨亚旺	铺户	嘉庆四年（1799）起	租夷人在圣多明我堂旁的铺屋年租银72元	刘芳辑,章文钦校《清代澳门中文档案汇编》上册,第278页
杨老旺张老济	铺户	嘉庆十七年（1812）	租理事官板樟堂附近屋一间租银72元	刘芳辑,章文钦校《清代澳门中文档案汇编》上册,第280页
苏超元	铺户	嘉庆十一年（1806）	租夷屋一间租银60元	刘芳辑,章文钦校《清代澳门中文档案汇编》上册,第280页
叶亚息林述苍	铺户	嘉庆七年（1802）起	租夷人风顺庙铺（圣老楞佐堂）一间月租银4元开张生意	刘芳辑,章文钦校《清代澳门中文档案汇编》上册,第283页
鲍仁伟鲍仰云	铺户	乾隆五十八年起至嘉庆二十年（1793~1815）	租夷人三层楼铺开张生意	刘芳辑,章文钦校《清代澳门中文档案汇编》上册,第283页
郭端盛号（吴亚棠）	商号	乾隆五十八年（1793）	经营洋毡、洋布、手巾等杂货	刘芳辑,章文钦校《清代澳门中文档案汇编》上册,第287页
陈维茂	商号	乾隆六十年（1795）	经营铜器,代做铜馍、（绅）伞等铜器生意	刘芳辑,章文钦校《清代澳门中文档案汇编》上册,第289页
梁亚信	铺户	嘉庆五年（1800）	在营地大街有商铺替外国人承办货物	刘芳辑,章文钦校《清代澳门中文档案汇编》上册,第291~292页

续表 4

姓名	身份	年代	事项	资料来源
悦茂店 区士奇	铺户	嘉庆十二年（1807）	经营酒米生意	刘芳辑，章文钦校《清代澳门中文档案汇编》上册，第296页
锦纶店 德聚店	铺户	嘉庆二十四年（1820）	接办各澳船货物	刘芳辑，章文钦校《清代澳门中文档案汇编》上册，第300页
广源号 韦鲁起 沛源号 钟达常	铺户	乾隆五十七年（1792）	在下环街开果子杂物铺	刘芳辑，章文钦校《清代澳门中文档案汇编》上册，第307页
吴亚表	铺户	嘉庆十七年（1812）	在澳三层楼开张文盛店卖果子面包	刘芳辑，章文钦校《清代澳门中文档案汇编》上册，第327页
郭宁远	铺户	嘉庆十七年（1812）	在澳三层楼开张丽盛店卖果子面包	刘芳辑，章文钦校《清代澳门中文档案汇编》上册，第327页
黄亚意	铺户	嘉庆十七年（1812）	在澳三层楼开张玉兴店卖果子面包	刘芳辑，章文钦校《清代澳门中文档案汇编》上册，第327页
大利店	铺户	约嘉庆二十三年（1818）	木料、铁丝、五金店	刘芳辑，章文钦校《清代澳门中文档案汇编》上册，第60页
复源店	铺户	约嘉庆八年（1803）	复源店	刘芳辑，章文钦校《清代澳门中文档案汇编》上册，第58页
鲍亚何	铺户	嘉庆十二年（1807）	开卖水手黑奴酒食	刘芳辑，章文钦校《清代澳门中文档案汇编》下册，第663页
方亚豪	铺户	嘉庆十九年（1814）	下环街开同盛番衣铺	刘芳辑，章文钦校《清代澳门中文档案汇编》下册，第665页

3. 买办、引水等群体

澳门作为对外贸易的城市，在明清政府的管理下，产生了一批与外国人打交道的专业人员，如买办、通事、引水，政府对他们实行严格的人员与行为规范管理。

明朝庞尚鹏《抚处濠镜澳夷疏》云："其通事多漳、泉、宁、绍及东莞、新会之人为之，椎髻环耳，效番衣服声音。"① 清申良翰《香山县志》卷十外志澳夷条介绍通事称："凡文武官下澳，率坐议事亭上。夷目列坐进茶毕，有欲言则通事番译传语。通事率闽粤人，或偶不在侧，则上德无由宣，下情无由达。夷人违禁约，多由通事导之。"地方官员多次警告通事、番书不要一味糊涂，任听夷目指使。② 明末清初之时，有通事带英国船只强闯广州，引起轩然大波。另有通事刘德为葡人服务。③ 两广总督百龄于嘉庆十四年（1809）奏酌筹民夷交易章程，其中规定引水："夷船到口，即令引水先报澳门同知，给予印照，证明引水船户姓名，由守口营弁验照放行，仍将印照移回同知衙门缴销"。对于买办，则要求"夷商买办，应令澳门同知就近选择土著殷寔之人，取具族长保佾（邻）切结，始准承充，给予腰牌印照。在澳门者应由该同知稽查，在黄埔者即交番禺县就近稽查。如代买违禁货物，及勾通走私，并代雇民人服役，查出重治其罪，并将狥纵之地方官一并查参"。④ 道光十五年（1835）两广总督卢坤规定："夷船引水、买办应由澳门同知给发牌照，不准私雇。查澳门同知衙门向设引水十四名，遇夷船行抵虎门外洋，应报明该同知，令引水带引进口。应用买办，亦由该同知选择土著殷实之人承充。近年来每有匪徒在外洋假充引水，将夷人货物诓骗逃走，并有匪徒诡托买办之名，勾串走私等弊，迨事发查拿，因该匪徒诡托姓名，无从缉究。嗣后澳门同知设立引水，查明年貌、籍贯，发给编号印花腰牌，造册报明总督衙门与粤海关存案。遇引带夷船给予印照，注明引水船户姓名，关汛验照放行。其无印花之人，夷船不得雇用。至夷船停泊澳门、黄浦时，所需买办，一体由该同知给发腰牌，在澳门由该同知稽查，在黄浦由番禺县稽查。如夷船违例进出，或夷人私驾小艇在沿海村庄游行，将引水严行究处。如有买卖违禁货物，及偷漏税货，买办不据实禀报，从重治罪。"⑤

① 顾炎武：《天下郡国利病书》第28册《广东》（中）。
② 刘芳辑，章文钦校《清代澳门中文档案汇编》上册，第356页。
③ 《失名会同两广总督张镜心题》残稿，《明清史料》乙编第八本。
④ 刘芳辑，章文钦校《清代澳门中文档案汇编》上册，第417页。
⑤ 卢坤：《广东海防汇览》卷37《方略》26，驭夷二。

表 5　清代澳门买办档案资料

姓名	身份	年代	事项	资料来源
郑信周	买办	乾隆五十八年（1793）	香山县城濠头村人充当夷人买办八年	刘芳辑，章文钦校《清代澳门中文档案汇编》上册，第 309 页
江亚灿	买办	嘉庆六年（1801）	为夷人嗳哆咏充当买办	刘芳辑，章文钦校《清代澳门中文档案汇编》上册，第 341 页
杨光	买办	道光六年（1826）	接办夷船食物	刘芳辑，章文钦校《清代澳门中文档案汇编》上册，第 239 页
何敏汉	船匠	嘉庆十三年（1808）	承办澳门洋船维修	刘芳辑，章文钦校《清代澳门中文档案汇编》上册，第 243 页
梁钟合	船户	嘉庆七年（1802）	盐船被葡船撞坏	刘芳辑，章文钦校《清代澳门中文档案汇编》上册，第 250 页
陈有胜	引水人	嘉庆九、十四年（1804、1809）	禀告英国、美国商船船内有无货物情况	刘芳辑，章文钦校《清代澳门中文档案汇编》上册，第 121 页；下册，第 690 页
刘启芳	引水人	嘉庆九、十三、十八年（1804、1808、1813）	向署左翼镇中营守备报告夷船船主乘客数目	刘芳辑，章文钦校《清代澳门中文档案汇编》下册，第 572、690、695 页
梁显茂	引水人	嘉庆十九、二十二年（1814、1817）	盘查在鸡颈洋的法国、俄罗斯商船	刘芳辑，章文钦校《清代澳门中文档案汇编》下册，第 677、702 页
吴朝宁	引水人	嘉庆十二年（1807）	盘查停在潭仔海面的美国船只发现船上有铜条 200 多箱、大炮 4 门、枪 20 支、剑刀 20 口、火药 200 斤	刘芳辑，章文钦校《清代澳门中文档案汇编》下册，第 692 页
王绍禹	引水人	嘉庆三年（1798）	盘查英国商船嗹嗺号	刘芳辑，章文钦校《清代澳门中文档案汇编》下册，第 759 页
宋德宽	引水人	嘉庆七年（1802）	盘查英国商船啉呕号	刘芳辑，章文钦校《清代澳门中文档案汇编》下册，第 760 页

（二）澳门的雇工与雇工人

在清代社会中，农业、商业、手工业中都有不少的佣工，他们被主人雇用，但没有卖身，只按做工时间领工钱。他们和雇主订有文字合同或口头协定。雇工有两类，一是与平民身份相同的佣工，另一种是低于平民身份的雇工人。明万历十六年（1588）条例规定：凡官民之家雇请工作之人，定有文券，义有年限者，以雇工人论。目是短雇月日，受值不多者依凡论。① 清乾隆五十三年（1788）规定："凡官民之家，除典当家人，隶身长随，仍照定律治罪外，如系车伕、厨役、水火伕、轿伕及一发打杂受雇服役人等，平日起居不敢与共、饮食不敢与同，并不敢尔我相称，素有主仆名分者，无论其有无文契、年限，俱以雇工人论。若农民佃农雇请耕种之人，并店铺小郎之类，平日共坐共食，彼此平等相称，不为使唤服役，素无主仆名分者，亦无论其有无文契、年限，俱依凡人科断。"② 雇工人与凡人主要以雇主身份、工作性质、生活习俗、受雇时间、称谓进行区分。由于雇工人与凡人不同，他们的法律地位低于一般的平民，雇主、雇主家人对雇工人的伤害只要不成伤，政府就不治罪，如果雇工人得罪、侵犯了雇主及家人，罪比凡人加一等。③

澳门明清中文档案中记载了工商、服务业中雇工与雇工人的工作、生活情况，但对农村的雇工情况记载甚少，从现有的资料还可以看出澳门雇工、雇工人在社会中的地位是低下的，时常受到雇主的欺凌，收入十分微薄，有的月收入仅一元，有的干脆没有收入。

表6　澳门有关档案中提及雇工人、凡人的资料

姓名	身份	年代	事项	资料来源
陈亚则	托养小孩	乾隆五十九年（1794）	代葡人照料小女孩	刘芳辑，章文钦校《清代澳门中文档案汇编》上册，第4页
毛亚炳 杨亚明	雇工人	嘉庆六年（1801）	被潮州流匪所伤	刘芳辑，章文钦校《清代澳门中文档案汇编》上册，第4页
漆垚峰	客民（佃农）	嘉庆二十二年（1817）	欲承租莲峰新庙官地计地纳租	刘芳辑，章文钦校《清代澳门中文档案汇编》上册，第27~28页

---

① 《明律集解附例》卷20《刑律斗殴·奴婢殴家长》，光绪三十四年刊本。
② 光绪《大清会典事例》卷810，《刑律斗殴》。
③ 《大清律例案语》卷59，《刑律斗殴·奴婢殴家长》。

姓名	身份	年代	事项	资料来源
邓亚迭	雇工	嘉庆、道光年间	长期在澳门裁缝"番衣"店做"番衣"	刘芳辑，章文钦校《清代澳门中文档案汇编》上册，第70页
陈贵良瑞	家人	乾隆六十年（1795）	澳门关口委员家人	刘芳辑，章文钦校《清代澳门中文档案汇编》上册，第117页
徐德昂	木匠	乾隆五十九年（1794）	受雇于夷人修屋	刘芳辑，章文钦校《清代澳门中文档案汇编》上册，第259页
何亚提	佣工	嘉庆四年（1799）	受雇于夷人若瑟家10余年	刘芳辑，章文钦校《清代澳门中文档案汇编》上册，第290页
韦亚源	搬运工	乾隆四十五年（1780）	受雇夷人搬运船货物，领分工钱	刘芳辑，章文钦校《清代澳门中文档案汇编》上册，第303页
文亚平	佣工	乾隆五十七年（1792）	在澳门夷妇家中佣工四年并无工钱仅供吃住称雇主为主妇	刘芳辑，章文钦校《清代澳门中文档案汇编》上册，第305页
唐亚苟	佣工	乾隆五十七年（1792）	受雇于第14号额船，家中贫乏每月工银1元	刘芳辑，章文钦校《清代澳门中文档案汇编》上册，第308页
杨亚妙	佣工	嘉庆元年（1796）	受雇于兵总马诺哥斯达牒家使唤	刘芳辑、章文钦校《清代澳门中文档案汇编》上册，第312页
鲍亚旺鲍亚柄	佣工	嘉庆十三年（1808）	受雇于夷商嗲呸呕家使唤	刘芳辑、章文钦校《清代澳门中文档案汇编》上册，第316页
叶亚满	工人	嘉庆十三年（1808）	受雇于澳夷咈唥哂咕吡喇哪	刘芳辑、章文钦校《清代澳门中文档案汇编》上册，第316页
陈亚连	水手	嘉庆十年（1805）	受雇于唧辰夷船	刘芳辑、章文钦校《清代澳门中文档案汇编》上册，第337页
陈成富陈成斌兄弟	佣工	乾隆五十九年（1794）	受雇于英国东印度公司二班啥啰家佣工	刘芳辑、章文钦校《清代澳门中文档案汇编》下册，第716页
刘亚苟	佣工	嘉庆三年（1798）	受雇于澳葡嗎喊充当火工	刘芳辑、章文钦校《清代澳门中文档案汇编》下册，第718页
杜亚日	佣工	嘉庆六年（1801）	受雇于外国妇女家中作佣工	刘芳辑、章文钦校《清代澳门中文档案汇编》下册，第719页

续表 6

姓名	身份	年代	事项	资料来源
郭遂意	佣 工	嘉庆十年(1805)	受雇于澳夷行内做火工	刘芳辑、章文钦校《清代澳门中文档案汇编》下册,第 764 页
宋定荣	佣 工	嘉庆九年(1805)	受雇于英人家中伙头(厨师)	刘芳辑、章文钦校《清代澳门中文档案汇编》下册,第 761 页
汤亚珍/郭亚大	工人(铺民)	乾隆五十七年(1792)	受雇于铺主	刘芳辑、章文钦校《清代澳门中文档案汇编》上册,第 332 – 335 页
吴宗显	铺 民	乾隆四十五年(1780)	私与葡人贸易	刘芳辑、章文钦校《清代澳门中文档案汇编》下册,第 618 页
郑亚二	铺 民	嘉庆十四年(1809)	代人租赁	刘芳辑、章文钦校《清代澳门中文档案汇编》下册,第 645 页

清朝虽定有条例严禁外国人雇用中国居民,但事实上澳门的外国人都不遵守这一规定,请中国工人作雇工的现象很普遍。而夹在政府与外国人之间的雇工人,其工作是受到中外关系、清政府政策影响的。《海国图志》写道:"外夷雇中国人供役曰沙文(仆人,Servant),故华夷有事,官府辄先以禁买办火食及撤退沙文为首务。嘉庆十二年兵头特鲁里带兵上澳,及嘉庆十九年英兵头那列士到澳门,道光十九年律劳卑到省城,均即封港停止贸易,驱逐沙文,打破夷馆,提拿通事,必待事定,始开舱发沙文也"。①

四 澳门平民阶层的流动

我们应看到明清时期澳门的平民阶层是动态的阶层,首先是这个阶层不同群体成员来源是动态的,一部分是世代定居于此的土著,而大多数是移民,来自中国其他省份,其中以福建、广东两省的民众为多,另外还有浙江、安徽、江西等省。澳门的商业、就业机会吸引着许多外地民众拥入澳门,事业成功与否,总有一些人慢慢地在澳门定居下来。而世世代代都有来自不同地方的人到澳门经商、谋生,他们作为平民阶层最终与当地土

---

① 魏源:《海国图志》卷 86《夷情备采》三。

著一起构成了澳门的平民阶层。这种流动性与稳定性正是澳门现代社会构建过程中的常态。

其次，作为平民阶层，它的社会流动性呈现阶层内与阶层外之间向上流动与向下沉沦的两种趋势。

在阶层之间的流动方面，明清政府推行的保甲制度，一方面强化了阶层与群体的分野，另一方面，由于科举制度与捐纳制度的盛行，容许人们很快地转换其身份。接受教育与参加科举考试使人们有改变自身地位与命运的机会；商业型的社会则孵化出一批批富商大贾，他们则通过金钱的力量跻身向上。科举制度、财富捐纳是明清时期澳门平民提升社会身份与地位的重要渠道。

本文作者在《明清时期的澳门绅士》一文中曾指出士绅尽管是"齐民之首，乡民之望"，但由于他们较之一般平民百姓拥有较高的社会地位与较多的权利，因而士绅群体不是一般意义上的平民阶层。而士绅群体正是平民阶层中一小部分人向上流动的结果。

在澳门，科举出身并有过官职的有赵允菁。赵允菁，字孔坚，号筠如，赵元辂之长子，例授文林郎，嘉庆辛酉科中式，广东乡试第四名举人。道光丙戌乡科会试后大挑二等，授南雄始兴县教谕，专管学校教育及儒学督导之事，为官两年，两广总督李鸿宾谓其足为文士之楷模，调任越华监院，癸巳年升授平州学正，改就京职，后升到翰林院典簿，著有《书泽文稿》，卒于道光甲午年。①

乡试中举人的有赵元辂。赵元辂，字任臣，号九衢，例授文林郎，以府案首入泮，补廪缮生，乾隆丁酉科中式，广东乡试第十八名举人。著有《观我集》，会试时死于京城。②

通过捐纳出身的上层绅士有叶恒澍（鸦片贸易商人，捐香山县六品职衔；另外，两广总督阮元在奏折中指出，其捐纳州同职衔）③。练总、武官李大熊、陈纫兰、赵钊④、黄琼（道光年间，援例捐千总）⑤、杨云骧（北

---

① 王文达：《澳门掌故》，澳门教育出版社，1999，第315～316页。
② 王文达：《澳门掌故》，第315页。乡试即乡举考试之谓，中式称举人。乡试每三年一科，每逢子、午、卯、酉年称正科，遇庆典，加科称恩科。由于乡试一般在秋天举行，故乡试又称秋闱。
③ 中国第一历史档案馆、澳门基金会、暨南大学古籍研究所合编《明清时期澳门问题档案汇编》第2册，人民出版社，1999，第164页。
④ 刘芳辑，章文钦校《清代澳门中文档案汇编》下册，第777页。
⑤ 田明曜：《重修香山县志》卷16《列传·忠义》，光绪五年刻本。

山村人，咸丰年间协助官兵，率船援剿土匪，江苏巡抚吉尔杭阿保奏，奉旨戴蓝翎，相当于六品，以都司用。后补为和平营都司，后辞官回乡里）①、胡慕超［浙江布政使林福祥之外甥，咸丰四年（1854）跟从林福祥宦江西，选充勇目，有功给六品顶戴蓝翎，后有功补千总］②、蔡全清（原为澳门县丞府职员，捐纳出身）、何广成（望厦职员）、朱作宁（又叫朱梅官，由监生捐纳州同职衔，在澳门贸易，同时兼做鸦片贸易）、朱哲堂（由监生捐纳州同职衔，六品职衔，鸦片贸易商人）、郑怀魁（由监生捐纳州同职衔，六品职衔，鸦片贸易商人）。③

属于下层绅士的人数比上层绅士人多一些，其中正途出身的生员有钟士澜、宋壁、赵勋④、杨钟麟（翠微乡人，后定居澳门）。⑤ 捐纳的监生有王邦达（原籍安徽人，在澳门贸易）⑥、史惠元（在澳门做包括鸦片贸易在内的生意）⑦、曾永和、郭亚厚⑧（贸易商人）、黄际勋⑨、冯起驹、梁大任、赵允麟、钟士超、蔡兆文、赵允禧、林作典、赵允龄、梁贤昭、林宗礼、林作勋、胡廷玑⑩、王文德（澳门行商）⑪、胡连官⑫、容大振⑬、陈荣禧、许鸣乔。⑭

另外，由于资料关系，一些士绅是否正途或异途出身未明，他们有李晋⑮、李德兴⑯、蔡保官永清、黄保官尔善⑰、赵元儒、钟岳乔、毛澄客。⑱

平民这一阶层一旦生活陷于困顿，则有可能向下流动，即沦为奴仆、

---

① 《重修香山县志》卷15《列传·国朝》。
② 《重修香山县志》卷16《列传·忠义》。
③ 《明清时期澳门问题档案汇编》，第2册，第41页。
④ 刘芳辑，章文钦校《清代澳门中文档案汇编》下册，第777页。
⑤ 田明曜：《重修香山县志》卷16《列传·忠义》。
⑥ 刘芳辑，章文钦校《清代澳门中文档案汇编》下册，第685页。
⑦ 刘芳辑，章文钦校《清代澳门中文档案汇编》上册，第325~326页。
⑧ 刘芳辑，章文钦校《清代澳门中文档案汇编》下册，第300页。
⑨ 刘芳辑，章文钦校《清代澳门中文档案汇编》上册，第299页。
⑩ 刘芳辑，章文钦校《清代澳门中文档案汇编》下册，第777页。
⑪ 刘芳辑，章文钦校《清代澳门中文档案汇编》上册，第111页。
⑫ 刘芳辑，章文钦校《清代澳门中文档案汇编》上册，第30~31页。
⑬ 刘芳辑，章文钦校《清代澳门中文档案汇编》上册，第261页。
⑭ 《明清时期澳门问题档案汇编》第2册，第41页。
⑮ 刘芳辑，章文钦校《清代澳门中文档案汇编》上册，第470页。
⑯ 刘芳辑，章文钦校《清代澳门中文档案汇编》上册，第292页。
⑰ 刘芳辑，章文钦校《清代澳门中文档案汇编》上册，第65页。
⑱ 刘芳辑，章文钦校《清代澳门中文档案汇编》上册，第335页。

差役之类的"低贱"阶层。清法典规定："四民为良，奴仆及倡优为贱。凡衙属应役之皂隶、马快、禁卒、门子、弓兵、仵作、粮差及巡捕番役，皆为贱役，长随与奴仆等。"[①] 法律还规定："倡优隶卒及其子孙概不准入考捐监，如有变易姓名，蒙混应试报捐者，除斥革外，照违例律杖一百"。[②] 以差役这一群体为例，看门的门子、牢房的禁卒、捕捉盗贼的捕快等，在官府内听人差遣，虽表面风光，不少时候可以依仗官府之势，在执行差遣时滥发威风，敲诈勒索，但是他们的法律身份是贱民，不得进学，做官更无指望。

粤海关澳门总口有巡役5名，内澳门口、关闸口、大马头口、南湾口、娘妈阁口各1名，水手15名，伙夫2名。这些吏役每年更换。[③] 澳门军民府衙门中，门子2名，皂隶12名，马快8名，轿伞扇夫7名，澳门县丞衙门门子1名，皂隶4名，马夫1名。[④] 而奴仆，则"子孙冠婚、丧祭、屋制、服饰，仍要守奴仆之分，永远不得创立大小祠宇"。[⑤]

在平民阶层之间的上下流动现象是十分普遍的。有办法承接到澳葡政府大型泥水工程的匠头，往往获得的利益最多。经营对外贸易的商人与服务于外国商人的买办也可利用对外贸易的机会，走上致富之路，不但晋升到平民阶层的上层，而且有可能向更高层次——士绅阶层流动。

在明清社会里，一个富于流动性的城市，往往为人们改变身份与社会地位提供了某种动力和机会，而社会群体之间的流动则使这个社会蓬蓬勃勃充满了活力。[⑥] 明清时代澳门多姿多彩的社会特性，为我们了解封建时代商业化程度较高城市社会阶层流动打开一扇窗户。

（原载黄晓峰主编《文化杂志》，澳门，澳门特别行政区
政府文化局，第57期，2006年夏季刊）

---

① 《清史稿》卷120《户口》第13册，第3481页。
② 光绪《大清会典事例》卷752《刑律·户律·户役》。
③ 梁廷枏：《粤海关志》卷7《设官》。
④ 乾隆《香山县志》卷2《户役》。
⑤ Liu Zhiwei, Lineage on the Sands: The Case of Shawan, *Down to Earth*, 1995, p. 14.
⑥ 萧凤霞、刘志伟：《宗族、市场、盗寇与蜑民》，《中国社会经济史研究》2004年第3期，第7页。

澳门路环岛九澳村：
一条滨海客家村的历史考察

郑德华*

在澳门的历史研究中，客家人的研究几乎是一片空白，以至于一般人对澳门客家人的历史都不甚了了，更遑论客家人与澳门历史发展的关系了。在 2005 年出版的《澳门百科全书》（修订版）中，作者把客家人看成一种由少数民族混合而成的方言群，且把他放在"澳门原住民"的条目之下："傜、畲、蜑三族应该为澳门地区最原始的居民。傜、畲、蜑三族同源客家，因此，客家文化是澳门历史文化的起始成分。"[1]在该条目中，有一句是涉及九澳村的人口历史的："其早期村民为客籍。"[2]因本文不是讨论客家方言群的起源的文章，也不打算全面研究澳门地区客家人的来源问题，只是就九澳村客家人的历史做初步的探讨，是属于个案研究，故并不打算详细分析这些近期发表的有关澳门客家问题的言论，但对涉本文研究内容的个别论点，则会清楚地阐明作者的看法。

本文重点关注的是九澳村客家人发展的历史主线以及他们凝聚的方式。由于澳门现存有关九澳村的文献资料甚少，故本文所用资料除历史文献、历史地图等外，很多是实地访问、调查的资料，希望透过这些资料的分析，重构这条滨海客家村的历史。

一 从山区到海滨：清代广东客家人迁移的路线之一

笔者一向认为，客家人是历史上北方汉族南迁过程中，不断融入沿途地

---

* 澳门大学社会科学及人文学院中文系教授、中国文化研究中心代主任。

① 吴志良、杨允中主编《澳门百科全书》（修订版），澳门基金会，2005，第 490 页。

② 吴志良、杨允中主编《澳门百科全书》（修订版），第 16 页。

方的血统（包括汉族和其他少数民族），最后在粤、闽、赣三省交界处形成具有独特方言和习俗的方言群体。客家人在形成方言群后，无疑仍然属于汉族的范畴，所以在学术界客家方言一向被认为是汉族方言的一种。明清时期，粤、闽、赣三省交界的客家人开始不断向外扩散，其中广东粤东的一支向西南方向迁移，沿今河源、紫金、惠州进而到达中山、珠海、新安一带。①

客家人迁移海滨，其重要原因与雍正年间清政府的鼓励直接相关。康熙年间东南沿海地区的迁海运动使广东沿海地区的人口数量急剧下降，雍正年间清政府颁布的垦荒优惠政策，就是为了解决沿海人口不足的问题。

雍正十年（1732），广东巡抚鄂尔达在委派陶正中勘察广东中、西路土地的基础上，提出以业户招佃承垦的办法来推动沿海垦荒计划的实行：

> ……因该处地广人稀，虽有藩库垦荒银两，莫肯赴领承垦。臣等谕令有力商民召集惠、潮等处贫民，给以庐舍口粮工本，每安插五家，编甲入籍，即给地百亩。复念各佃远来托居，虽有可耕之业，仍恐日后予夺凭由业户，不能相安，应为从长计议。凡业户领田百亩，各佃俱带领地五亩，与田主一例纳粮，永为该佃世业，田主不得过问。②

适逢此时粤东的客家地区人口与耕地资源的比例已经失调，存在人口过剩的社会问题。于是，客家地区部分人口在政府鼓励垦荒政策的推动下，向广东中路及沿海一带流动。相信早期迁入九澳村的客家人，就是属于粤东向西南方向迁移的客籍移民的后代。关于这个推断，从九澳村张氏和钟氏族谱均可以得到证明。

---

① 有关明清时期广东客家人的迁移原因和路线问题，见拙作《晚清以来客家研究述评》，《中文集刊》第2卷（1986～1988），第95～123页；本人在香港大学写的博士论文《广东中路土客大械斗研究（1856～1867）》第二章"广东中路的'土'与'客'"。

② 鄂尔达：《按察粤东穷民疏》，载仁和琴川居士编辑《皇清奏议》，台北，文海出版社，1967，第2565～2567页。

（一）《张氏族谱》

1. 螺旋形诗

> 永振家声　伦发南洋　义支并茂　气运中山　奥连紫金
> 隆盛河新　惠志太平　传我宗族　奕世其昌　安守全志
> 训道远长　洪忍可胜　转达明源

在诗两旁的联句是：

> 永源转伦从头起
> 后代宗枝顺行流

诗中提到，张氏家族在广东中山、紫金、河源、新安（深圳）、惠州、太平（东莞）等地均有落籍繁衍，还有部分到东南亚谋生。而与本研究有关的就是明确指出张氏家族一支到了中山县。

2. 族系资料

> 张氏二十一世祖
> 张云三……葬于惠州红田尾。夫人刘氏，生五子，葬于九澳村。
> 张氏二十二世祖
> 张廷湘（张云三儿子），生于乾隆四十九年（1784），卒于同治十二年（1873），葬于九澳村。
> 张廷海（张云三儿子），生于嘉庆三年（1798），卒于同治元年（1862），葬于九澳村。[①]

张氏的族系资料说明：其一，他们的先人在 21 世即祖先张云山的时期开始迁到九澳，而在 22 世祖时，开始定居于斯。虽然张云山本人不葬在九澳（按：许多宗族的历史都显示，第一代移民有回原居地安葬的习惯），但

[①] 《张氏族谱》，手抄本，藏九澳村，见附图 1。

夫人刘氏葬在九澳，而他的儿子张廷湘、张廷海均葬于九澳。其二，张氏的 22 世生活于乾隆晚期到同治年间，即从 18 世纪 80 年代到 19 世纪60～70 年代。由此推算，张氏先人大概应在乾隆中后期迁到九澳村的。

（二）《钟氏族谱》

钟氏约在宋哲宗时代（1086～1100）从江西、福建一带入迁广东，到长乐县（今五华县）、归善（今惠州）、龙川县、河源县、东莞县等开基立业。

来广东后的其中一支，在第 15 代程理公时入迁香山县下恭围。

来广东后的第 18 代立成公葬于九澳村。

来广东后的第 19 代贤彰公于光绪十四年（1888）安葬。①

《钟氏族谱》的资料说明目前居住在九澳村的钟氏家族，其先人自宋代以来活跃在江西、福建和广东三省，是典型的客家人。后来其中一支首先在粤东立基，然后再度向西南方向移动到了香山县。虽然《钟氏族谱》在年代的记录方面欠详，但按他们入粤后的第 18 代已生活在九澳，19 代死于光绪年间，大概可推算钟氏最迟在嘉庆到道光年间，已经来到九澳。

当然，目前所能看到的有关九澳村的家族资料不算太充分，但如果参照邻近地区，如中山、珠海、深圳、香港等地的客家族谱资料，便可清晰地看到清代客家人的迁移路线，他们中的部分从闽、赣、粤三省交界的山区逐步向平原和海滨迁徙。

二 九澳与九澳村

澳门地区路环岛，在历史上曾属香山下恭镇管辖。据有关澳门、香山的历史地图资料，"九澳"地名的出现，比"路环"早，约在清嘉庆到同治年间已经非常明显地出现在地图上。② 而到 1923 年厉式金编修的《香山县志续编》，在下恭镇属下的路环岛图，仍只有"九澳"一个地名，可见九澳

---

① 《钟氏族谱》，手抄本，藏九澳村。见附图 2。

② 参看嘉庆和同治时期绘制的《香山县图》，见中国第一历史档案馆、澳门一国两制研究中心选编《澳门历史地图精选》，北京，华文出版社，2000，第 79 页。

在历史上的重要地位。① 结合上文提及的有关族谱资料，我们有理由相信，九澳起码在清中叶，已经有人在这个地方活动并引起清朝政府的关注。虽然我们不敢武断地把历史上的"九澳"等同今天的九澳村，但历史地图所标的九澳方位与九澳村完全相同，均位于路环岛的中部偏北的一个小山沟。

九澳村是一个杂姓村，目前以姓钟、张、何、吴较多，全部自我界定为客家人。全村人口约 200 人，但常住人口不到 40 人，年龄平均超过 60 岁。他们的耕地大部分已经出卖，但除早已建成的发电厂和水泥厂外，新的土地主人对原农耕土地并未大量开发利用，所以基本上保持着自然村落的形态，是澳门地区仅存的郊野村落之一。我们把从村中访问调查所得的口述资料和文字资料互相引证，加以分析整理，把这个小村的历史发展线索简括如下：

> 清代乾隆年间，一些来自香山县的客籍人开始在九澳一带活动。他们的先民虽然并不是渔民，而是习惯于山区耕种的农民，但由于向香山一带迁徙的过程中，逐步学会适应滨海的生活。所以当他们到九澳后，最初在九澳湾（现九澳水泥厂位置）——一个非常原始的海湾以从事打鱼、煮盐为生。后来逐步迁往现在的村址，回复客家人以农业为主的生活形态。他们最初租地耕种，土地属于香山沙尾乡（现珠海湾仔后背南屏镇）人所有，后因地主觉得土地离他们居住的地方太远，管理不便，逐步把土地转卖给在九澳村落籍的客家人，于是他们便成为今天这里的原住民。②

在清代中后期，在九澳村的西面亦逐步形成另一个客家村落，名叫"黑沙村"。③ 这两个村和当时岛上和外界联络的唯一渡船码头距离较远，所以都没有发展为商业与居住结合的墟镇型的民居点，而是发展为以农业为主的村落形态，而它们之间的联系，因语言的沟通方便逐步加强，成为一

---

① 厉式金修、汪文炳等纂《香山县志续编》卷一"图"，1923。
② 口述资料的访问者：张国财、邓观爱、钟容根、张娇等；时间：2005 年 10～12 月；地点：澳门路环九澳村。本文口述资料之来源下同，不再一一作注。
③ 该村是澳门地区另一个客家村落，与九澳村有相似的历史发展过程。有关这个客家村的历史情况，容另文撰述。

种海岛型的客家聚落。九澳和黑沙村是澳门地区目前仅存的客家村。

九澳村人到路环后移动的历史痕迹，可以从庙宇的迁徙得到证实。现坐落于海边的三圣公庙，是于光绪九年（1883）新建的庙址。①

> 兹我九澳湾，有洪圣神也，由来古矣。迨至同治初年，人倡建增，劝捐重修，迄今多历年所。②

从碑文可见，此庙在最初供奉的是海神广利王洪圣。而据当地流传的口述历史，在九澳湾时的庙名叫"大王庙"，"三圣公庙"是迁到现址后改的名字。③

目前这座面临大海的神庙，邻近仍可见有几间半荒废的旧房屋、少量菜田，但只有一人居住，并与现在九澳村人口密集的地方有一段距离，说明这个地方已被逐步荒废。

现九澳村人均声称拥有道光年间的买地地契，可见这里一向属清朝管辖，但从1860年代开始，澳葡政府已经在路环开始实行行政管理，并征收地税。④ 在1887年的《中葡条约》签订后，路环完全被葡人纳入控制的范围，在九澳一带建麻风院、兵营、学校和教堂，开始了九澳村的现代转变。

20世纪初，是九澳地区发展的重要时期。1912年，澳葡政府在这里建筑一个兵营，随着这一设施的设立，许多配套的设施亦接踵而来，如兴建马路、水渠、邮局、学校。⑤ 这些转变，对九澳无疑产生一定的影响，但不是根本性的影响，因为澳葡政府在这里增设的只是一些非民用的设施，因而并没有刺激当地的生产和商业经济的发展，也没有改变九澳村客家村的特色，这里的主要人口（按：指男性人口）仍然是客家人，农业仍然是他们维持生计的主要手段。

---

① 此庙按老一辈的村民说，原址在现庙址的小山丘之背，即在名为九澳湾的地方，亦即他们开村先人最初到九澳落脚的地方。
② 见《新建九澳湾三圣公庙碑序》，载郑炜明编《葡占氹仔路环碑铭楹匾汇编》，香港，加略山房有限公司，1993，第92~97页。
③ 从庙宇名称的改变，可以看到九澳村民的神灵崇拜既包含了客家人信仰传统的继承，又显示了他们的信仰文化随着时代和迁移地方的变化有所改变。
④ *Subsídios para a História do Municípío das Ilhas*, Vol. 1, 1993, pp. 20–53.
⑤ *Subsídios para a História do Municípío das Ilhas*, Vol. 1, 1993, pp. 152–190.

三　九澳村客家人凝聚与发展的方式

本文在前面曾经提及，从可考的资料说明，九澳村建村至今有200多年的历史。这一村落最大的特点是一直保持客家村的特色。它与邻近地区所使用的方言完全不一样，生活的传统习惯也有较大的差别，可以说它是一个由各种偶然历史因素集合而成的方言孤岛。① 由于本文研究的重心是这一客家村落的发展历史，而不是作语言学方面的研究，所以对有关九澳村客家话的源流和变异不作具体的论述。

中国人口迁移的历史反复告诉我们，人口自然凝聚的因素主要是血缘、地缘和方言，而三种主要因素往往会因具体历史环境而有所偏重。

从九澳村的历史发展来看，该村凝聚的最重要因素是方言。

理由之一是九澳村一向没有建祠堂。这一点非常特别。从客家发展历史考察，我们发现这个方言群比较重视传统文化，宗族文化是中国传统文化的重要方面，自宋代以来，所有中国基层社会对宗族的三大支柱即族谱、族田和祠堂都十分重视。祠堂是宗族存在的标志，所以宗族建有自己的祠堂，这似乎已成了基层农村的定例。但是，九澳村的情况比较特殊。在20世纪以前，这里交通极为闭塞，对外联络极为不便。另外，加上在孤悬的岛上，会常遇海盗的侵扰，邻里的互助显得格外重要。如果强调血缘，势必各立门户，使人口本来不多的村落四分五裂，绝对不利于生存。

理由之二是他们比较重视客家方言的传递。从200多年前建村到1970~1980年代，九澳村一直保留客家方言的使用，嫁入这里的妇女都学会客家话。"宁卖祖宗田，不忘祖宗言"这条客家人的祖训在九澳村实行得很好。

正是由于以方言为凝聚的主要媒介，因此九澳村是一个杂姓的客家村，睦邻是他们生存的一项重要原则。

以方言为凝聚力的客家村，虽然没有依靠宗族势力作为支柱，但完全可以维持血缘纽带的存在。透过方言保持甚至加强血缘关系这一种理论，

① 有关客家方言孤岛的论述，见周振鹤、游汝杰《方言与中国文化》，上海人民出版社，1986，第33~35页。

在九澳村的历史发展中得到充分的证明。直至今天，村中各姓氏家族对本族、本房的世系仍然十分清楚，不少族姓都保留有自己的家族传统，如实行按字排辈，代代相传。村内每个家庭都有祖宗的神位，慎宗追远的观念仍然牢固，而九澳村的墓地，虽然经过数次迁徙，但先人的墓葬仍然可以上溯到晚清时期。因此，我们可以看到，语言和宗族文化相互依存的关系。无论哪种方言，它们总是和某种文化相结合。语言带着文化走的规律是使客家人始终没有脱离自身原有的文化的根本原因，居留地的转移，并没有使客家人群体失去它的凝聚力。

九澳村人能凝聚的另一最重要因素是有共同的神灵崇拜。

在九澳村，家庭内崇拜的神灵包括：祖先、土地、天官、观音、关帝等，而在村里，则有一座观音庙、一座三圣庙，还有一座伯公神坛、一座土地庙、一座海神神坛。

观音庙和三圣庙是村中的大庙，在澳门地区亦薄有些名气。观音是客家地区崇拜的重要神灵，作为客家村，有一座观音庙是顺理成章之事。三圣庙供奉的是：洪圣、关公和谭公。洪圣是海神，在明代以前是南海最高的神灵，后来虽然逐步被天后取代其首席海神的地位，但仍属重要的神灵。而关公作为正义、正气的社会象征，作为镇邪驱妖的神，对生活在社会下层的人士来说特别重要。谭公则是流传于惠州客家地区的神，所以拜谭公实际是表现了他们在宗教信仰上的客家人特性。[①] 从光绪九年（1883）的《新建九澳湾三圣公庙碑序》后面所列的善信捐工金银芳名中可以看出，当时崇拜三圣庙善信不少，特别应注意的是，芳名中有相当多的商铺名字，说明这座庙宇的威名远播，在澳门地区的神灵中属威望较高的一个。我们都十分清楚，在光绪年间从澳门半岛或香山到路环的交通仍然十分不便，水路是唯一的通道，所以更显得三圣庙神灵具有非同一般的吸引力。在中国古代，一个地方神灵的威望，实际上就是某一地方的威望。相信当年三圣庙的威望成为九澳村人的骄傲，这种精神上的满足使九澳村人的凝聚力更加巩固。

---

① 据考谭公原名谭峭，元代广东归善（今惠州）人，12 岁就得道，练成长生不老之术，并能预测天气，治病救人。他经常帮助、保护惠东一带的渔船和商船，故被当地人供奉为神灵，是客家人崇拜的神灵之一。见鲁金《香港庙趣》，次文化堂，1992，第 10～11 页。

在九澳村流传着一个有关伯公神的传说。一次，为了做庆观音诞的法事，请来一位道士。这位道士看到村里一切正常，想作法扰乱这里的正气，使九澳村人要常常请他来作法，以便从中图利。可是正当他想施法时，却看见一位高大威风的伯公对着他怒目而视，他大吃一惊，立即停止作法的歹念，并到处对同行说，九澳村的伯公真厉害，切不可在那里造次。

另一个是关于三圣公显灵的故事。九澳位于十字门的要冲，在19世纪是海上商旅的重要通道，亦是海盗活动猖獗的地方。当年的海盗不仅打劫商船，还常到岸上抢劫。有一次一群海盗驾船到九澳村企图抢劫，忽然见到村内旌旗飘飘，一队队兵将铁盔铁甲，装备精良，严阵以待，只好慌忙逃去。

我们从流传于九澳村有关伯公、三圣公显灵的故事可见，村民之所以构想出一种超现实的神灵力量，无非是为了保护地方安宁，使九澳村成为他们世代的安身立命之所。在这里的客家人，正是从神灵的崇拜中获取生存于这块土地的理由，从而产生出一种乐意生于斯长于斯的归属感，这种对神灵的崇拜，实际上已变成一种巨大的凝聚力。

九澳村的凝聚力，亦来自在历史发展过程中形成的团结互助的精神。

由于九澳村的形成不是由某一个姓氏的移居、繁衍发展而来，而是由不同姓氏的共同开发而逐步建立，所以团结互助精神便成为这个村存在和发展的重要因素。他们不仅通过使用共同的方言达到凝聚的目的，更因生活在共同的风俗文化中融为一体。村中的老一辈人家可以非常生动地叙述这个村子在春节、寒食、清明、盂兰、中秋、重阳、冬至、除夕等节日的活动，以及他们所共同爱好的客家饮食文化，如何使他们的祖先乐于生活于此。① 由此可见，相同的文化习惯和心理，就是九澳村人能够凝聚的另外一种力量。如果我们进一步研究和考察，更会发现，这种相同文化群体的结合，在有外部压力的环境中，不仅能够产生独立的村落形态，而且会形成特别团结的气氛。正如前文所述，客家人是在清代才逐步向广东沿海扩散的，他们往往以方言孤岛的形态存在。这种存在的形式决定他们必定会承受一定的外部压力。在清乾隆年间形成的九澳村就是其中的典型例子。

---

① 据现在九澳村内老人的回忆，这个村子最受欢迎的节日食品是用装糖的大瓦缸煮的客家盘菜、年板、葛扣肉等。

这个村地处偏远海岛，交通不便，加上附近一带都是广府方言群活动的区域，种种社会的因素都要求村落内部非常团结，才能生存下来。九澳村就是在内部具有客家人共同的方言和文化风俗、外部生活条件艰苦并不能一下子融入地方文化圈子的双重因素作用下，产生一种非常突出的团结精神，而这种团结精神，正是使这一客家村落能够凝聚和不断延续不可或缺的原因。

当我们考察九澳村客家人团结精神的原因和表现时，发现互助是他们促进团结的重要方法。我们知道，互助是人类在同自然和社会斗争过程中产生的必然现象，也是克服困难的重要武器。客家人在不断的扩散过程中，形成了一些与其他方言群不同的特性，其中对群体内部的互助特别重视，尤其在孤岛型的方言聚落中更是如此。九澳村为让人了解客家人这方面的特性，提供了一个个生动的实例。当笔者在口述调查时，所得的资料都显示，互相帮助是九澳村突出的文化传统。无论过去还是今天，无论是在生产还是生活上，如果一家有困难，其他家庭都乐意提供帮助。特别是于 1991 年成立的村组织，就叫"九澳村民互助会"，充分表现了这种互助文化传统的重要影响。

四　九澳村历史的研究价值和存在问题

九澳村研究价值在于：①由山区和半山区迁到海滨的客家人，他们仍然以方言群的形式存在，但在社会的形态上，如对宗族活动的模式却有所改变。②客家人一方面善于利用自然条件进行生产活动，但又往往不忘山区和半山区农业生产的经验，使新开拓的地方很快能从事农业生产，这对沿海地区生产多元化起了相当大的促进作用。③客家人善于调和处理方言群内部的各种关系，使社群和睦相处。④客家是澳门地区清代以后入迁较早的居民之一，他们带来的耕读文化，对沿海地区无疑存在一定的影响。

从 20 世纪 60 年代起，由于九澳村与外界交通的改善，封闭的村落形态迅速改变，到了 21 世纪，九澳村正面临一个重大的改变，他们可能永远告别过去的村落形态。由于时代的前进，传统村落的消失固然不可避免，但作为澳门稀有的客家村落，是否应该把它作为典型的地区历史，如氹仔旧市区那样保留下来？这很值得我们推敲、研究。

笔者认为，近年澳门特区政府在城区历史文化遗产保护和开发方面成绩令人瞩目，如果能在郊野村落的历史文化方面再加努力，使澳门成为一个既有城市都会历史文化，又有郊野村落历史文化的文化之城，这岂不是锦上添花，令人向往？

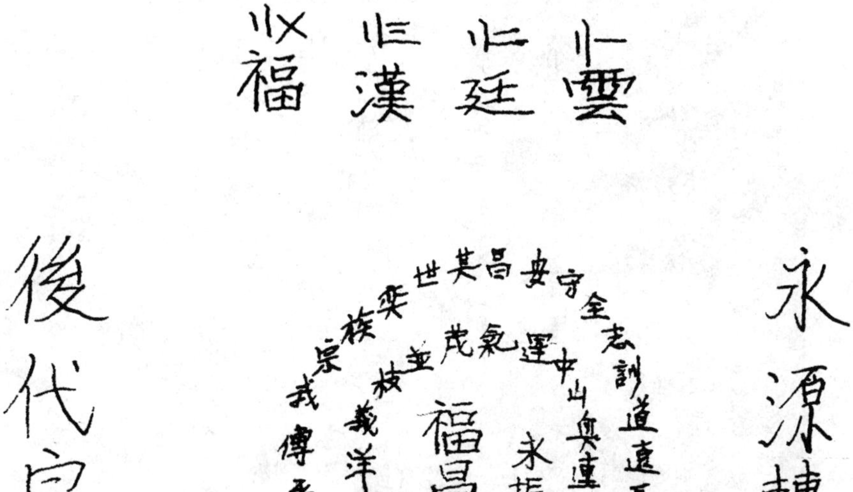

附图1　张氏族谱的螺旋形诗

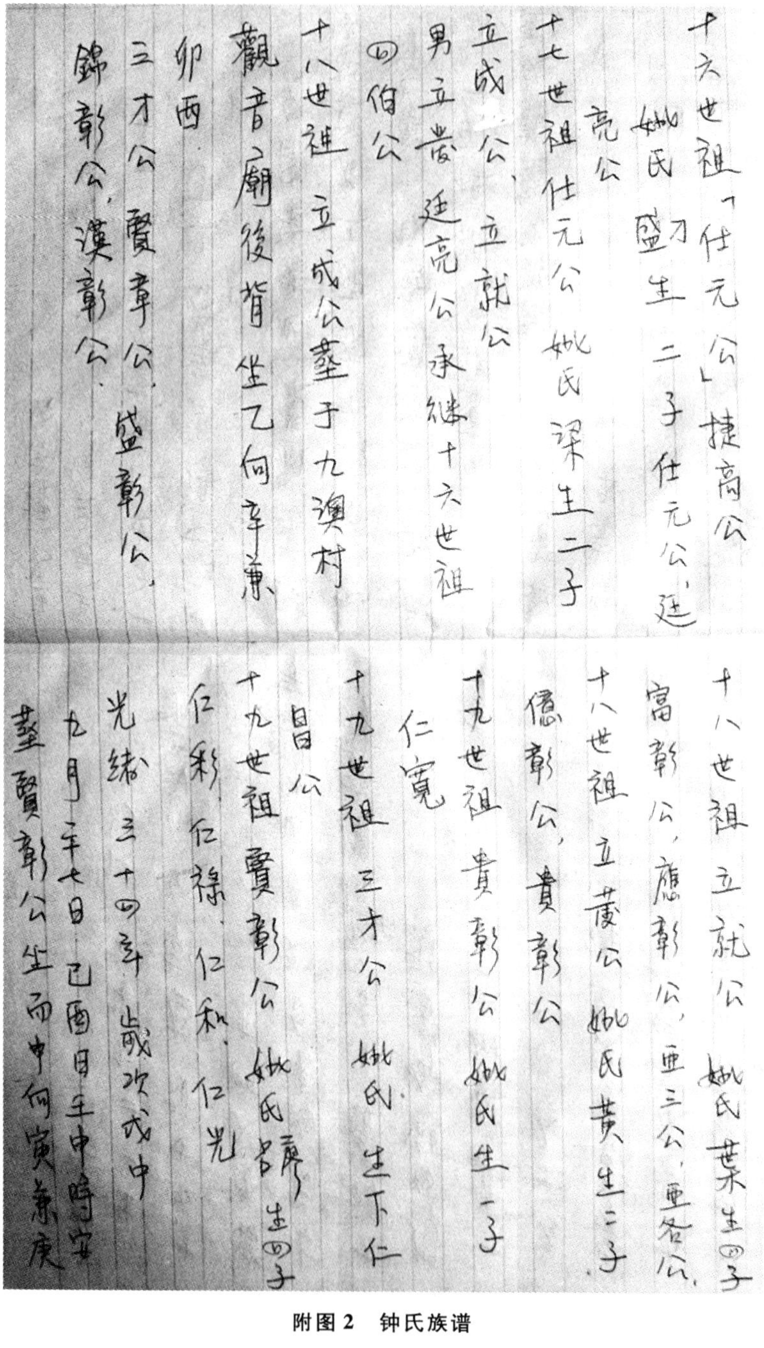

十六世祖「仕元公」捷高公

姚氏盛生二子仕元公、廷

十七世祖亮公

姚氏梁生二子

立成公、立就公

男立叢廷亮公承继十六世祖

四伯公

十八世廷立成公墓于九澳村

觀音廟後皆生乙向辛兼

卯西

三才公、霞章公、盛彰公、

錦彰公、漢彰公、

十八世祖立就公姚氏葉生四子

富彰公、應彰公、亞三公、亞咨公、

十八世祖立叢公姚氏黃生二子

億彰公、貴彰公、

十九世祖貴彰公姚氏生二子

仁寬

十九世祖三才公姚氏生下仁

昌公

十九世祖霞彰公姚氏謝生四子

仁彩仁禄仁和仁光

光緒三十四年歲次戊申

九月辛七日己酉日壬申時安

墓賢彰公生而中向寅兼庚

附图2 钟氏族谱

附图3　互助会部分女会员在村公所前合照留念（1991年）

（原载黄晓峰主编《文化杂志》，澳门，澳门特别行政区
政府文化局，第62期，2007年春季刊）

兴盛与转折：澳门中立时期的
救亡赈难团体（1931～1945）

娄胜华[*]

20世纪30～40年代的中日战争期间，是澳门的"中立"时期，[①]也是澳门社团发展的特殊阶段。自1931年中日战争爆发之后，日军对中国的侵略并不局限在东北地区，而是步步紧逼自北向南不断扩大侵略范围，中华民族面临着严峻的生存危机。面对民族危亡，国内外华人掀起了抗战救国的热潮。澳门华人虽然生活在"中立"的安全地带，几乎没有直接受到战火的侵袭，但是邻近地区的陷落，特别是蜂拥而至的难民同胞，激起了澳门华人的民族主义情感，组织起来支援中国内地抗战事业成为当时澳门华人共同的心愿与行动。然而，由于澳葡政府执行"中立"政策，千方百计在交战国以及周边多种政治力量之间寻求平衡，致令澳门公开的专门针对日本的敌对行为无法存在。特殊的政治环境，造就了澳门民族主义社团与国内乃至海外同期华人社团相异的特殊性：只能以救亡赈难的形式出现并活动，而不能有公开直接的抗日名称和行为。救亡赈难社团[②]是战时状态下

---

[*]　澳门理工学院公共行政高等学校副教授，南京大学历史学博士。

[①]　1931年，日本关东军发动九一八事变，侵占中国东北地区。"1932年3月5日，葡萄牙外长费尔多·阿乌古斯托·布朗克（Fernando Augusto Branco）根据海牙第十三号公约的规定，在日内瓦国联总部，发表在中日冲突事中持中立立场的声明，宣称葡萄牙是中日世代朋友，在第二次大战中取得了中立国的法律地位"。因此，受葡萄牙管治的澳门"也没有被日军占领过，一直维持着中立的状态"。分别见傅玉兰主编《抗战时期的澳门》，澳门，澳门文化局、澳门博物馆，2001，第22页；〔日〕宜野座伸治《太平洋战争时期的澳日关系——关于日军不占领澳门的初步考察》，《澳门研究》第5期，第76～84页。

[②]　现有的研究将二战期间的澳门社团称为"抗日救亡团体"，本文认为，如此结论是对同期国内或其他海外社团的袭用，而没有注意到澳门的特殊性所导致的。因此，本文未采用"抗日救亡团体"而使用"救亡赈难团体"概念，以求更符合历史事实。

澳门"中立区"社团发展的特殊形式，是民族主义社团的一种变体形态。其活动以慈善赈济为主，而不是直接从事政治的或武装的反抗。

一

考察该时期澳门救亡赈难社团，其演变主要受到两个因素的影响：一是国内及澳门周边地区的沦陷所产生的外部冲击，二是澳葡政府"中立"政策随形势发展而产生的摆动效应。

在澳门历史上，慈善赈济性社团称得上是最古老的民间结社形式，而1930年代救亡赈难社团在澳门再度勃兴并非仅是民间结社传统的现代延续，其骤起骤伏的演变特点反映了外部因素形成的冲击强度。从1931年九一八事变到1937年7月7日的卢沟桥事变，中日战争逐步升级，从局部冲突扩展到全面对抗。相应的，澳门救亡赈难团体从初兴走向高潮。澳门最早成立的有影响的救亡赈难团体是在九一八事变不久的11月27日由澳门商人范洁朋、李际唐、高可宁、毕侣俭等发起成立的"澳门筹赈兵灾慈善会"。慈善会成立后，召集澳门各行业，如匹头行、理发行、番摊行、鲜鱼行、火柴厂、戏院等商讨向中国内地抗日将士捐输事宜。该会1932年4月的工作报告声明：

> 本会成立，深荷各界代表，勇于任事，鼎力赞助……迩者沪战虽停，和约暂署，各方捐款似可结束。惟是撤兵弭祸，奚异止渴饮鸩。强寇方张，鲁难未已。况东北将士，恢复失地，奋斗犹烈，牺牲至多，告急呼援，势难坐视，故各地募捐工作，仍前进行，未尝中辍，本会不容独异，伏望我侨澳同胞、各界领袖，一本精诚团结之心，贯彻长期抵抗之志，合作到底，始终弗渝，有厚望焉。①

报告表明，该慈善会"不容独异"，是因为"各地募捐工作，仍前进行，未尝中辍"，反映出澳门所受的外界影响，同时也表明澳门华人社会的上层人士对因国内对日抵抗而引致的长期捐输存在心理准备。

---

① 傅玉兰主编《抗战时期的澳门》，第94~95页。

1935 年，华北事变和北平发生的一二·九运动催生了澳门的一批青年救亡及妇女互助团体，以读书会、文学社、剧社、音乐社、歌咏团等形式出现，如"炎青读书会"、"呐喊文学社"、"焚苦文艺研究社"、"青年音乐社"、"妇女互助会" 等。分散的以趣缘为纽带的青年救亡社团虽然自身不具经济实力，但所从事的宣传动员活动是无可替代的，并在日后与上层人士组织的慈善社团一起，成为大规模救亡赈难团体的组织基础与动员载体。

标志着中日之间战争全面爆发的卢沟桥事变，激起了澳门华人社群的民族主义义愤，澳门救亡赈难团体走向爆炸式增长。此后直到 1945 年 8 月中国抗战取得胜利，澳门救亡赈难社团潮起潮落，期间 1938 年 10 月广州陷落、1940 年 3 月日军攻占中山县、1941 年 12 月香港沦陷引起的难民潮对澳门影响至深。同时，澳葡政府的"中立"政策，随着战争发展引起的力量对比变化而不断摇摆。广州沦陷前，澳葡政府站在亲国民政府的立场执行其"中立"政策，在不刺激日本军方的前提下，经常以人道主义方式（如医疗救助）协助中国军民。对于澳门华人组织救亡社团及其活动，除了为避免刺激日本而不允许使用"日寇"、"敌寇"、"抗日"、"抗敌救国" 等词语名（报纸上登载的有关新闻稿件也不准出现这些字样，因为当时的澳葡政府不愿得罪日本人，实行严格的新闻检查，因此，报纸刊登涉及"抗日"等字样的新闻稿件时，均以"×"号代替。遇有因审查不通过而被迫撤稿时，报纸就可能出现"天窗"）外，通常干预甚少。广州失守特别是香港沦陷后，澳门处于日军直接威胁之下，澳门政府慑于压力改变原先亲中立场转而向日示好，对内厉行高压管制，在新闻检查与物品监管基础上，施行戒严防止内乱，限制公开集会结社，社团领导人选须经澳督认可方得上任。进入 1945 年后，随着世界反法西斯战争形势日趋明朗，澳葡当局为避免战后政治被动而适度拉开与日本的距离。总之，中日战争期间澳葡政府在社团政策上作出预防性限制的选择，其具体表现：一是限制社团自主冠名。禁止以"抗敌"、"抗日"为名的团体，准许民间成立以"救灾"、"慰劳"为名的组织。如中国国民党澳门直属支部在卢沟桥事变后发起组织"澳门各界抗敌后援会"，因该团体名称涉忌而遭澳葡政府禁止在澳门设立和活动，后被迫移设于澳门半岛对岸的中山县湾仔乡。① 二是限制社团活动内容。允许救亡赈难团体进行筹募活动，但规定以人道主义为限，如金钱、医药、粮食、物品等，禁止购置武器与军械。三是限制社团活动方式。澳葡政府规定，所有筹募活动必须事先申报，获批准后才能进行。一般户内的小规模筹集，须向警方办理申请。如果户外筹募活动，如售花、售旗、售章、沿门劝捐、兴办球赛等，须向澳督申请批准。对于风行澳门的义卖活动，除每个义卖单位须向警方申领"人情纸"（许可证）外，为防止不义之徒借机生财，警方还进一步规定，义卖发起社团对义卖单位负有监管之责（如给钱箱加封条）。1940 年春季之后，澳葡当局不允许进行一切户外筹集和宣传活动，只准户内非公开筹集。② 因此，除了得到政府支持或经济实力雄厚的上层人士组成的社团外，澳门一些救亡赈难团体于1940 年春之后陆续停止活动。

预防性限制而非禁止的政策导向，其意在将非常时期的澳门社团及其活动引向合乎官方需要的结构。内部的政策导向与外部的民族危机交互作用，推动了澳门救亡赈难性社团如春草怒生，蔚为壮观。

二

对非常时期澳门救亡赈难性社团，以活动内容为据进行分类，可分为以募捐赈济为主与以救亡宣传为主两大类；以存在方式为据进行分类，可分为本土社团与外来社团两大类，而本土社团还可以进一步分为新生社团与原有社团。在此以上述两个维度为观察视角，对来源报纸《华侨报》③ 所载其间澳门救亡赈难社团进行不完全分类统计，整理汇总成下表。

---

① 陈大白：《天明斋文集》，澳门，澳门历史学会，1995，第 154～155 页。
② 《天明斋文集》，第 144～147 页。
③ 选择《华侨报》作为来源报纸，首先是因为当时绝大部分新生救亡社团章程没有像以往那样被要求刊登在澳门政府官方刊物《澳门宪报》上，而事实上它们的成立及其活动需要澳葡政府的批准，接受澳葡政府的监控，出现这种现象的可能原因是澳葡政府避免因大量的救亡社团在澳门出现引起日方注意，而政府刊物登载社团章程有可能成为日方交涉凭据。其次，《华侨报》创刊于 1937 年 11 月 20 日，是目前所见的一份比较全面客观反映当时澳门社会现实且保存完整的唯一报刊。

表1　澳门"中立"时期民间救亡赈难社团概览①

		以募捐赈济活动为主	以救亡宣传活动为主
本土社团	新生社团	澳门筹赈兵灾慈善会 澳门各界救灾会 澳门四界救灾会 救国公债劝募委员会澳门分会 广东国防公债总会澳门分会 澳门救济广东难民慈善会 阊澳华侨赈济会（济难会） 澳门救济难民兼管理粮食委员会 澳门粮价平抑会 澳侨协助难民回乡会 澳门学生赈济会 澳门洋务工友赈灾会 澳门洋服行友救灾会 澳门花界救灾会	中国妇女慰劳会澳门分会 旅澳中国华侨青年乡村服务团 澳门四界救灾会回国服务团 澳门中国青年救护团 澳湾各界抗敌后援会 澳湾各界抗敌后援会救护团 旅澳青年救亡移动剧队 岐关车路公司职工同乐会 炎青读书会、起来读书会、呐喊文学社、焚苦文艺研究社、青年音乐社、中流剧社、剑电剧社、艺联剧团、前锋剧社等文艺团体
	原有社团	澳门中华总商会 同善堂 镜湖医院 澳门华侨联合会 中央国医馆澳门分馆	澳门中华教育会
外来社团		救护桑梓筹募委员会 中山民众御侮救亡分会 中山济难会澳门分会 广东辛亥救护医院附属辛亥救护队 华侨品物筹务赈灾会 广州中山大学北上服务团 中山中医救护队 香港中华学生救济会	澳门华侨新生活运动促进委员会 革命同志抗敌后援会澳门分会 澳门中国妇女生计促进会

　　募捐赈济活动均在澳门举行，各界救灾会以及原有华人代表性社团——中华总商会、镜湖医院慈善会、同善堂等充当倡议者与组织实施者的角色。筹款方式有献金运动、捐献运动、捐薪运动（工友）、"一仙运动"（学生）、各种游艺会、体育比赛、义演、义卖、义展、义舞、义拉（人力车）、义擦（擦鞋者）等。从1937年到1940年三年多的时间里，由澳门各界救灾会等团体组织的大小募捐活动100多次。② 其中，1939年的"八一

---

① 根据1937年11月至1945年9月《华侨报》刊登的有关社团活动资料整理而成。
② 张量：《澳门同胞支援祖国抗战初探》，《抗日战争研究》2003年第1期，第109页。

三"献金活动，"三天就筹得国币近十万元"。① 各界救灾会还组织"七七卖花队"，卖花筹款；中华妇女慰劳会澳门分会（简称"妇女慰劳会")② 出售"胜利灯"、"复兴灯"、"统一灯"筹款。③ 鉴于澳门各界救灾会筹款出色，1937 年 11 月 7 日中央侨委特致函嘉许，称其"同仇敌忾，踊跃捐输，至足嘉佩"。④ 除组织直接性募款外，救亡赈难团体还动员澳门各界踊跃购买各种救国公债，并专门成立了救国公债劝募委员会澳门分会。该会号召澳门同胞"购债救国……购债越多，国防越伟。劝君购债，一洗前耻。爱国者，必须购买救国公债！要抗战胜利者，必须购买救国公债！"⑤ 澳门各界群起响应，积极购买国债。例如，中央舞场的舞女曾以"义舞"形式，将某日收入全部用于购买内地发行的"救国公债"。募集现款与购买国债之外，根据国内前方将士之急需，澳门救亡赈难团体还组织有针对性的实物募集活动。一二·八淞沪抗战之时，正值寒冷季节。"镜湖医院劝各商捐棉衣食品……并捐助棉衣、食品、药物等件，寄沪散赈"。⑥ 在募集的实物中，最多的是药品与食品。同时，也有雨衣、胶鞋甚至蚊帐等。

虽然澳门救亡赈难团体举办的各种筹款募捐活动在 1931~1945 年的中国内地抗战期间从未停息，但是，在 1938 年 10 月广州失陷特别是 1941 年 12 月香港沦陷后，随着大量内地与香港难民涌入作为"中立区"的澳门，赈济难民活动成为该时期澳门救亡赈难团体的重点工作，并因此而形成澳门历史上规模最大、历时最久的难民救济。在战前，澳门人口约有 15 万人，广州、香港陷落后，澳门人口激增至 30 万人，高峰时达到 45 万人。其中，大部分进入澳门的人属于贫苦无依的逃难者，从而成为困栖澳门亟待赈济的难民。面对国内战争灾难与汹涌而至的难民，澳门救亡赈难团体立即展开赈济活动。与组织募捐活动一样，参加赈济活动的民间组织，既包括原有的民间社团，如澳门中华总商会、镜湖医院慈善会、同善堂、中华教育

---

① 1939 年 8 月 13 日《华侨报》。
② 内地抗日军兴后，澳门妇女界成立了"中华妇女慰劳会澳门分会"，该妇女团体后来改名为"澳门中华妇女会"（非如今之"澳门妇女联合会"）。
③ 1932 年 3 月 1 日《华侨报》。
④ 黄慰慈主编《濠江风云儿女》，澳门，澳门星光书店，1990，第 18 页。
⑤ 张量：《澳门同胞支援祖国抗战初探》，《抗日战争研究》2003 年第 1 期，第 110 页。
⑥ 1938 年 7 月 9~11 日、11 月 7 日《华侨报》。

会等，也包括新生的救亡赈济团体，如澳门各界救灾会、澳门四界救灾会、中华妇女慰劳会澳门分会、澳门花界救灾会以及按行业组织的各种救济组织，如澳门洋服行友救灾会等。中华总商会同样成为澳门华人社会救济活动的中心，同善堂、镜湖医院是直接实施救济的民间社团，澳门各界救灾会、中华妇女慰劳会澳门分会、澳门四界救灾会则是比较活跃的临时救济组织。它们开展的救济活动，除前述部分直接用于救济流落澳门的难民而进行的筹募救济款物外，还包括以下方面。

1. 协助收容难民与施粥派衣

镜湖医院、同善堂、各界救灾会等民间社团直接参与难民收容活动。内地抗战爆发后，澳门镜湖医院慈善会主席徐伟卿（也是澳门中华总商会主席）以及各界救灾会的有关成员受邀加入澳门政府组织的难民救济委员会，并参与了勘地搭建氹仔、路环难民营。1938 年 11 月，面对拥入澳门的内地难民，镜湖医院尽量收容，两周内收容难民达 2000 余人，并于 12 月分三批迁往氹仔难民营。1941 年 3 月 5 日，日军飞机轰炸中山，大批难民避入澳门，三天之内镜湖医院收容难民达 1371 名。① 在难民流入澳门之初，同善堂曾办理设于青洲工厂内的难民营。太平洋战争爆发后，同善堂向政府领米煮粥，运往莲峰庙附近的镜湖长亭施派，每日派粥约千份，最高时达到 16000 多份。1942 年春节前后，寒潮袭澳，同善堂值理连夜运送衣被向露宿街头的贫民发放。6 月，同善堂接办"青洲难民营"的煮粥施粥工作。从 1943 年开始，每日向流澳难童施粥千份，是为著名的"难童餐"。② 镜湖医院在战时收养了 400 余名难童，并设难童疗养所。该院还收留治疗若干名英、美、葡籍难民。③

2. 协助政府推行"以工代赈"的救济办法

澳门政府对流落澳门的内地难民中有劳动能力者，实行"以工代赈"的救济办法，交由澳门中华总商会具体组织实施。如商会组织青壮难民填筑南湾地段，向务工难民发放工资等。类似的雇用难民填壕、平地、耕种等"以工代赈"活动，多数由商会、同善堂等社团协助组织。对此，葡萄牙政府属务部曾专门致电澳门中华总商会表示感谢。④

---

① 1938 年 10 月 1 日、11 月 5 日、12 月 30 日；1941 年 2 月 2 日、3 月 8 日《华侨报》。
② 陈树荣主编《同善堂一百周年特刊》，澳门，同善堂值理会，1992，第 89 页。
③ 吴润生主编《镜湖医院慈善会会史》，澳门，澳门镜湖医院慈善会，2001，第 75 页。
④ 1940 年 12 月 12 日《华侨报》。

3. 兴办义学，收留流澳难童

面对蜂拥而至的难童，澳门民间社团再次掀起兴办义学的高潮，形式多样的"难童义学"纷纷出现。澳门中华教育会开办的6所难童学校，分设于崇实、陶英、越山、知用、孔教和知行6所会员校内。所有费用全免，并由教育会筹备书籍、笔墨纸张，分赠难童。"澳门救济难民兼管理粮食委员会"开办了"难童义学"，招收难民营中的失学儿童。妇女慰劳会、同善堂、镜湖医院等团体，先后在难民营筹办难民小学及设保育部、托儿所。粤华中学设立了难童小学及习艺所。庙宇和社团也开办义学，如"康公庙义学"、"望厦坊会义学"等。① 与此同时，因澳门属于"中立区"，广州当局将澳门列为战时学校疏散区。不少迁入澳门的内地学校在澳门民间团体的协助下继续办学。"至1939年，澳门共有中学和中专学校36所，学生三万余、小学140所，学生约四万"。②

相较募捐赈济活动而言，救亡宣传活动的地域范围更广，不仅在澳门，还逐渐延伸到邻近澳门的广东省中山甚至更远的地区，主要承担者是四界救灾会、中华教育会等团体。这些团体的成员以青年为主体，其领导人来自教育文化界，具有丰富的宣传实践与鼓动才能，且在青年学生中颇具影响力与号召力，从而使青年学生成为澳门救亡宣传的先锋与主体。1935年，北平爆发一二·九爱国学生运动，受其影响，澳门迅速出现了文化协会、妇女协会、剧社、音乐社和歌咏团等形式的团体。它们以不同的方式开展救亡宣传活动。例如，"绿光"、"晓钟"、"前锋"等话剧社，演出中国内地抗战内容的剧目。大众歌咏团曾在清平戏院演唱《义勇军进行曲》等救亡歌曲。"呐喊"、"起来"、"前哨"、"炎青"、"晓社"等读书会，阅读和赠送各种救亡进步书刊。1936年底，在澳门岐关车路公司工作的爱国进步青年廖锦涛与陈少陵等成立"澳门文化界救国会"，该会派员进入工厂、学校，在工人和学生中进行救亡宣传工作。③ 1937年8月，以廖锦涛、陈少陵等为首组织了"旅澳中国青年乡村服务团"（简称"旅澳服务团"）。8月12

---

① 1939年3月5日、3月30日《华侨报》；刘羡冰：《澳门教育史》，人民教育出版社，1999，第85页。

② 丁中江主编《澳门华侨志》，台北，华侨志编纂委员会，1964，第73、76页；张量：《澳门同胞支援祖国抗战初探》，《抗日战争研究》2003年第1期，第111页。

③ 张量：《澳门同胞支援祖国抗战初探》，《抗日战争研究》2003年第1期，第105页。

日，"澳门四界（学界、音乐界、体育界、戏剧界）救灾会"成立。① 该会成员实际还包括了澳门新闻、教育、美术等各方面的人士，具有广泛的群众基础，一时成为全澳最活跃的救亡宣传团体。1938 年 10 月 12 日，日军在大亚湾登陆，进犯广州。10 月 15 日，澳门四界救灾会召开全澳青年团体联席会议，协商发动青年回国参加战地服务。10 月 21 日，"四界救灾会回国服务团"正式成立，由廖锦涛任团长。该团成立后，先后组织 11 个队共 160 多名男女青年返回内地从事包括救亡宣传在内的大量工作。② 澳门妇女界成立的"妇女慰劳会"、"妇女互助会"等妇女救亡团体邀请当时著名的爱国"七君子"之一的史良前来澳门，史良在平安戏院全澳妇女界为她举行的欢迎会上发表《抗战与妇女》的演讲。③

需要说明的是，除前表所列的民间救亡赈难团体之外，组织难民赈济工作的还有澳门政府与教会组织，个别教会组织甚至参与了救亡宣传活动。为了赈济难民，澳门政府成立了处理相应事务的慈善组织。政府慈善委员会专门负责全澳难民救济事务，向民间慈善组织发放救济款。1944 年成立的"葡萄牙国红十字澳门分会"，属于半官方组织，以救济葡人为主。历史悠久的仁慈堂（Santa Casa da Misericórdia）也是以救济服务为主要活动内容的慈善团体。同期内参与难民救济表现出色的宗教组织还有澳门公教进行会、中华天主教救护总会澳门支会、基督教澳门志道堂、澳门女青年会、功德林等。天主教组织澳门公教进行会，不但参与慈善救济活动，甚至派遣人员前赴澳门附近的唐家湾和香洲宣传抗战、慰问同胞。佛教组织功德林于 1943 年举办粥厂，免费向平民派发白粥等。

<h2 style="text-align:center">三</h2>

综合分析澳门"中立"时期救亡赈难社团的活动内容、方式以及人员

---

① 傅玉兰主编《抗战时期的澳门》，第 70 页。
② 郭昉凌：《试论澳门在广东抗战中的地位和作用》，《湛江师范学院学报》1999 年第 4 期，第 99~104 页；左双文：《民主革命时期中国共产党在澳门的活动》，《中共党史研究》1999 年第 5 期，第 51~57 页。
③ 傅玉兰主编《抗战时期的澳门》，第 106 页；张量：《澳门同胞支援祖国抗战初探》，《抗日战争研究》2003 年第 1 期，第 107 页。

构成等因素，可以发现其具有的基本共同特征。

1. 骤兴骤落，存续时间短促

与原有社团的稳定性相比，绝大多数新生的救亡赈难社团寿命短暂，旋生旋灭，可谓"其兴勃矣，其亡忽也"，更不用说那些临时性在澳募捐的外来社团了。从1937年7月卢沟桥事变到1938年10月广州失陷期间，澳门救亡赈难性社团走向全盛。广州沦陷后，随着中国抗战持久阶段的来临与国内政治局面的复杂化（如汪伪政权的建立），澳门上层华人领袖开始观望，筹募工作趋于萎缩与停顿。至1940年春之后，各界救灾会停止募捐，走向沉寂。1941年冬，四界救灾会会务停顿。阖澳华侨济难会成立于1941年3月12日，解散于当年6月10日，前后不到三个月。① 1945年5月17日澳门绅商合组"粮食救济会"，6月28日决定停止工作，前后不过41天。② 甚至不乏仅成立了社团筹委会便永无下文之事。

2. 服务对象、活动内容与功能集中单一

澳门救亡赈难社团发起组织的救亡活动形式多样，仅以募捐为例，"募"的方式有出售救国公债、演剧、球赛、展览、卖物、卖花、卖旗等；"捐"的方式有商店的"一日捐"、工人的捐薪运动、学生的"一仙运动"、市民的捐米粮衣物药品等。虽然活动形式杂然纷呈，但社团活动的内容与功能却是集中单一，以筹募捐款及物品支持中国内地抗战与救济流落澳门的难民为主，以救亡宣传为辅，避免从事直接抗日活动以免刺激日领（当时日本在澳门设有领事馆），引起澳葡政府的干预。

3. 上层工商界人士主导，各阶层全面动员参与

新加坡学者吴逸生说："抗战是一个大烘炉，在这烘炉里，什么窳败的，腐化的，都要被熔蚀下去，重新改造过来。"港澳社会学者黄枝连认为，东南亚华族社会在"援华抗日运动"期间，经历了从"帮派社会"到"华侨社会"再演变为"华人社会"（1940～1950）的曲折发展历程。③ 同样，民族灾难引发的"烘炉效应"在澳门的一个显著表现是促进了民族凝聚与社群团结。救亡赈难运动波及澳门各行业各阶层。澳门救灾团体，既有行业、职业性的

---

① 1941年3月12日、6月11日《华侨报》。
② 1945年5月17日、6月28日《市民日报》。
③ 吴逸生：《抗战二周年与华侨》，1939年7月7日《南洋商报》（新加坡）；黄枝连：《东南亚华族社会发展论》，上海社会科学院出版社，1992。

界别团体，也有跨行业、职业的联合团体，还有全澳各行业各阶层的共同团体——澳门各界救灾会。在澳门各界救灾会的倡议下，澳门各行商号自动组织起来，银业、香业、洋货、鲜鱼、理发等都组织起本行业东家与西家的救灾会，长期捐薪，汇寄内地支援抗战。[①] 又如 1937 年 8 月 12 日成立的澳门四界救灾会，[②] 由澳门《朝阳日报》、《大众报》发起，联合澳门学术界、音乐界、体育界、戏剧界的 50 多个读书会、文学社、音乐社、剧社等文艺小团体组织，以"共拯我被难同胞于水深火热之中"为宗旨，以"只知工作，不求名利；工作至上，民族利益至上"为口号，汇集了澳门各阶层的青年爱国力量。甚至连素为世人所不齿的歌姬、舞女、妓女也组织"花界救灾会"，并在四界救灾会主席陈少伟帮助下，向澳葡政府注册成立，促进澳门筹募救亡运动。[③] 可见，民族危难引发的社会动员是空前绝后的。

在澳门形形色色的救亡赈难团体中，比较活跃的新生社团有澳门各界救灾会、澳门四界救灾会、中国妇女慰劳会澳门分会，尤其是由原有民间社团中华总商会、同善堂、镜湖医院、中华教育会，联合各行业各阶层救亡力量组成的各界救灾会，在其存在期间，集救亡赈济的组织领导者与动员实施者于一身，功绩卓著。其中起核心骨干作用的仍然是由工商界人士组成的中华总商会。中国内地抗日军兴，该会即发起救灾活动。至抗战胜利，中华总商会始终承担了筹募救济、宣传鼓动、沟通联络的重要职责。中华总商会成为澳门各方救亡赈难的指挥中心。其地位与作用得到澳葡政府当局以及中国国民政府的认可与表彰。国民政府领导人林森、蒋介石分别以不同方式予以嘉勉。[④] 澳葡政府不但以中华总商会为管理澳门华人社会的可靠合作对象，而且通过向领导商会的上层工商人士颁授奖章的方式对其行为予以肯定。当然，工商界上层人士及其组织中华总商会在澳门救亡赈难中核心地位的形成，在政府认可之外还不应当忽视救济活动所必需的财富条件，因此，在社会群体中商人所拥有的优势是不言而喻的。

4. 以民族主义与人道主义为文化价值认同

"在整个现代世界，民族主义都是组织和强化集体性认同（collective i-

---

① 1937 年 12 月 18～23 日《华侨报》。
② 有关澳门四界救灾会的详细材料，见黄慰慈主编《濠江风云儿女》。
③ 1938 年 6 月 7 日《华侨报》；陈大白：《天明斋文集》，第 151 页。
④ 1937 年 11 月 29 日、1938 年 4 月 28 日《华侨报》。

dentity）的一个关键方式"。"历史总是表明民族性是建构起来的而不是原生的。民族主义所谱写的自身历史始于民族认同之存在，这种历史通过英雄主义的行动（有时是反压迫的斗争）而延续下来，并以过去伟大的文化成就凝聚着当下的民族成员"。[①] 日本对华侵略与中国抗日战争促使华人在辨别共同敌人的过程中完成了民族身份的集体建构。民族主义的文化价值认同解决了从"我是谁？"到"我们是谁？"的身份归属上存在的疑问与困惑。救亡赈难社团的涌现反映了民族主义文化认同在当时所形成的高度社会整合。以澳门各界青年团结救亡团体——澳门四界救灾会所聘任的 28 位名誉顾问为例，他们的身份十分耐人寻味。其中有天主教澳门教区的两位华籍神父严绍渔、颜俨若，澳门政府华务局主管中文报刊检查与翻译工作的华籍官员徐佩之、何仲恭，警察厅葡籍华探长兼掌管批准华人筹募事宜的施基喇，还有澳门中共地下党活动家柯麟医生，国民党澳门支部负责人、教育会会长梁彦明，中山县县长杨子毅等人。[②] 如此无分政党派别、不论宗教信仰、不辨在朝在野的社会团结，若非共同一致的价值认同，是任何力量都难以联结的。

在救亡赈难社团建立及其活动中，中华民族传统文化中的人道主义资源得到发掘，并成为与民族主义同等重要的精神价值纽带。如救亡赈济团体组织的募捐活动，突出强调了"义"的文化力量。义演、义卖、义展、义舞、义唱、义赛、义拉等利他主义（altruism）行为反映了人道主义的精神诉求。义学作为一种物质之外的救助难童方式，其在中日战争时期的澳门兴起并形成高潮体现了人道主义的社会关怀。

对于宣称"中立"的澳葡政府来说，人道主义可以成为其容忍、接受甚至于鼓励救亡赈难社团普遍存在与广泛活动的价值底线。在澳葡政府明确宣示的有关战争引起的难民救济政策中，人道主义原则得到贯彻与尊重。澳门总督戴思乐（Gabriel Maurício Teixeira）于 1942 年通过电台公开宣布凡欲避难澳门者来者不拒。"按照 1938 年 9 月 17 日第 579 号立法例之引端已明白表示凡为政府与人民之职责必须以公益为依归故凡因战事影响避乱来

---

① 〔美〕克雷格·卡尔霍恩（Craing Calhoun）：《民族主义与市民社会：民主、多样性和自决》，载邓正来等主编《国家与市民社会——一种社会理论的研究路径》，中央编译出版社，2002，第 333、346 页。

② 名单见黄慰慈主编《濠江风云儿女》，第 243 页。

澳而托庇于葡国国旗之下者莫不竭力以保护之"。① 本着人道主义的精神价值，澳葡政府与民间救亡赈难社团共同合作将战前由民间社团内部救济（如堂会、同乡会、炮会等）与政府个别救济并行的救济制度发展为政府与民间社团分工合作的社会救济模式。政府开征慈善税增加救济收入，通过政府专事慈善救济的机构——慈善委员会与品物统制会向民间社团拨付救济款项，由民间社团具体组织施救。如同善堂办的"难童餐"、澳门中华妇女会经办的新口岸贫民粥厂与望厦粥厂均得到政府的拨款资助。"以工代赈"、"以粮代酬"制度也是通过民间工商团体组织实施的。新的社会救济模式摆脱了传统救济模式的缺陷，推进了现代社会福利救济制度在澳门的形成。

四

总之，澳门"中立"时期兴起的救亡赈难社团是非常动力作用的结果，代表了澳门社团发展史的一个过渡与转折的特殊阶段。民族危难激起的民族主义价值认同，不但使任何意识形态纷争失去存在基础，而且促进了社群之间的凝聚与团结，强烈的民族性构成了澳门救亡赈难社团的群体性特征，同时，民族主义的价值传承也体现了救亡赈难社团与此前澳门社团发展的连续性所在。然而，应当看到民族性社团兴盛与团结的动力并非出自于澳门社会自然生长的内部力量（如工业化等因素），而是民族灾难所引发的"烘炉效应"。民族危机作为一种救亡赈难社团兴盛的特殊基础，既是牢固的，甚而坚不可摧，可又是脆弱的。当对日战争以中国胜利而解除了中华民族覆亡的危机后，高度团结的民族性社团因其动力基础减弱而不可避免地走向分化，由此开始了澳门"中立"时期民族主义社团从非意识形态化向意识形态化的"左"右互争时代的过渡与转折。

（原载黄晓峰主编《文化杂志》，澳门，澳门特别行政区政府文化局，第 63 期，2007 年夏季刊）

---

① *Boletim Oficial de Macau*，No. 44，28 de Outubro de 1944（《澳门宪报》1944 年 10 月 28 日，第 44 期）；〔葡〕施白蒂（Beatriz Basto da Silva）：《澳门编年史（1900～1949）》，金国平译，澳门基金会，1999，第 293 页。

第五篇

其　他

浅话《澳门记略》及其校注

赵春晨[*]

距今 240 余年前，即清朝乾隆年间，有两位中国的学者，也是清朝的地方官员，合作写成了一部名叫《澳门记略》（记或作纪）的书。这部书后来成为世界上最早刊行的一部关于澳门史地的著作，也是中国古代方志类图书中专记澳门的唯一一种。

写作《澳门记略》的两位学者是江南宝山（今属上海市）人印光任和安徽宣城人张汝霖。他们都是通过保举到广东来为宦的文士，并且都曾担任过澳门同知一职。当时这个官职的全称叫"广州府海防军民同知"，是从清乾隆九年（1744）起开始设立的，职责是管理在澳门居住的外国人和海防方面的事宜（即所谓"专理澳夷事务，兼管督捕海防"），官署就设在距澳门不远的前山寨，属广州府管辖。印光任和张汝霖在先后担任这个官职期间，都很留心时事和地方上的情况，立意要撰写一部关于澳门史地的著作，以"补志乘之缺"。乾隆十年（1745）印光任在澳门同知任内就完成了这部著作的初稿，并将它交给了接署官职的张汝霖，"期共成之"，但是这部初稿后来不幸失落，所以直到乾隆十六年（1751）印光任在广东潮州署任知府时，张汝霖恰巧也到潮州署盐运通判，两人聚首，才重新"搜觅遗纸"，"大加增损"，终于写成我们今日所见的《澳门记略》一书。

《澳门记略》的内容是记述澳门的历史、地理和社会风情，全书共 6 万多字，分为两卷三篇。上卷包括形势、官守两篇，其中《形势篇》写的是澳门的地理形势、山海胜迹和潮汐风候等，《官守篇》则是记明清政府在澳门设官置守的情况和葡人入居澳门的经过。由于印光任和张汝霖都曾任职澳门同知，书中所记大量使用了衙署档案等原始资料，或是采自他们"历

---

* 广州大学历史系教授。

海岛、访民蕃"的考察见闻，这使得他们的记述具有很高的史料价值，成为明清中国政府对澳门拥有主权的确证和研究早期澳门史的珍贵资料。例如在《形势篇》和《官守篇》中，记载了明朝在澳门设有"提调、备倭、巡缉"三个官员行署，清朝在澳门设有粤海关监督行台和税馆，明清中国官府曾多次发布政令，对居澳葡人加以限制和管理，以及设置澳门同知、移驻香山县丞到望厦村"专司稽查民蕃一切词讼"，行使司法权等情况。关于葡人当时向中国官府交纳地租银的事实，《官守篇》中也有明确记述："其澳地岁租银五百两，则自香山县征之。考《明史》载濠镜岁输课二万，其输租五百，不知所缘起，国朝载入《赋役全书》。《全书》故以万历刊书为准，然则澳有地租，大约不离乎万历中者近是。"说明当时中国政府是以租赁形式，将澳门租给葡人居住的。

《澳门记略》上卷附有插图 11 幅，即海防属总图、前山寨图、青洲山图、县丞衙署图、正面澳门图、侧面澳门图、关部行台图、税馆图、议事亭图、娘妈角图、虎门图。这些插图绘制精细，对当时澳门的地理方位、居民分布、官府所在、建筑格式、炮台教堂等都标画得相当准确。如在"正面澳门图"和"侧面澳门图"中，很清楚地画出了清政府在澳门设立的粤海关监督行台以及大码头、娘妈阁、伽斯兰三个税口的所在。对当时葡人赁居的范围，以及他们在水坑门、三巴门至沙梨头一带所修筑的围墙等，图中也有明确的勾画。

《澳门记略》的下卷为《澳蕃篇》。所谓"澳蕃"，主要指的是居澳葡人。书中对他们的体貌服饰、生活起居、习俗风尚、物产器皿、船炮技艺、语言文字及其在澳的行政设施、教堂、炮台等有详细的记述，对当时经澳门从事对华贸易的各西方国家和地区的情况也有简单的介绍。由于澳门是明清之际中西贸易、交往的中心地，也是当时中国知识分子得以窥见西方世界和文化的唯一窗口，所以这些记述不仅十分生动地表现了早期澳门的社会生活状况，而且真实地反映出当时中西之间的经济、文化交流。例如书中记澳门葡人的饮食习俗："饮食喜甘辛，多糖霜，以丁香为糁。每晨食必击钟，盛以玻璃，荐以白氎布，人各数器，洒蔷薇露、梅花片脑其上。无几案匕箸，男女杂坐，以黑奴行食品进，以银叉尝食炙。其上坐者悉置右手褥下不用，曰此为'触手'，惟以溷，食必以左手攫取。先击生鸡子数枚啜之，乃割炙。以白氎巾拭手，一拭辄弃，更易新者……食余，倾之一器，如马槽，黑奴男女以手搏食。"记葡人婚姻："婚姻不由媒妁，男女相悦则相耦。婚期父母携之诣庙（按：指天主教堂）跪，僧（按：指教士）诵经毕，讯其两谐，即以两手携男女手，送之庙门外，谓之交印。"皆生动细致。关于西方器物传入中国的情况，书中详列草木、禽兽、虫鱼、食货、器用五大类，其中单是食货一类，就包括花露、药露、洋酒、洋烟、鸦片、珠宝、呢绒、羽缎、诸香、洋钱、银器等，器用类中则包括钟表、兵器、乐器、玻璃镜等。书中还介绍了西方技艺开始流入中国的情况，主要是西洋历法、铸炮、西医、绘画等。对于西洋绘画，书中介绍说："有纸画、有皮画、皮扇面画、玻璃诸器画。其楼台、宫室、人物，从十步外视之，重门洞开，层级可数，潭潭如第宅，人更眉目宛然。又有法瑯人物出水画、织成各种故事画、绣花画。"

《澳蕃篇》末尾附有《澳译》一篇，是用汉字注葡文单词的读音，分为天地、人物、衣食、器数、通用五类，共收葡文单词 395 个。据有的学者查对，这些"澳译"的译音相当准确。如关闸译为波打些芦古，即 Porta de Cerco；前山寨译为家自罢令古，即 Casa Branca；青洲译为伊立湾列地，即 Ilha Verde；澳门译为马交，即 Macau；兵头译为个患多虑，即 Governador，葡言总督也；管库译为备喇故路多卢，即 Procurador，葡言理事官也。这些真可称之为比"洋泾浜英语"资格更老的"澳门洋泾浜"，是中西文字翻译史上难得的资料。

《澳门记略》下卷也附有插图 10 幅，即男蕃图、女蕃图、三巴寺僧图、板樟庙僧图、噶斯兰庙僧图、龙松庙僧图、硬轿图、软轿图、女轿图、洋舶图。这里的"男蕃"、"女蕃"，画的是居澳葡人男女；"寺"、"庙"，指的是澳门的天主教堂；"寺僧"、"庙僧"指的是天主教堂的传教士。这些插图形象逼真，人物具有西洋人深目高鼻的显著特征，服饰则各具特色，可以说是生动地再现了当时澳门的社会场景。

《澳门记略》全书除正文和插图外，还在正文相关处注录了大量的诗歌。它们有的是印光任、张汝霖自己所写，有的是与友人间的酬唱之作，还有不少是选自其他人以澳门为题的作品。如明清之际岭南著名诗人屈大均、陈恭尹、梁佩兰、方殿元、方颛恺等人的作品，书中都有选取。这些诗歌内容丰富多彩，既是对正文形象化的注释和引申，又很富艺术特色和鉴赏性。例如屈大均（书中署名释今种）的《澳门诗》："广州诸舶口，最是澳门雄。外国频挑衅，西洋久伏戎。兵愁蛮器巧，食望鬼方空。肘腋教无事，前山一将功。"印光任的《濠镜夜月诗》："月出濠开镜，清光一海天。岛深惊雪积，珠涌咤龙旋。杰阁都凌汉，低星欲荡船。纤尘飞不到，谁是广寒仙。"写得都很有气势，韵味无穷。屈大均记澳门葡人习俗："礼拜三巴寺，蕃官是法王（按：指当时澳门的天主教主教）。花襦红鬼子，宝鬘白蛮娘。鹦鹉含春思，鲸鲵吐夜光。银钱么凤买，十字备圆方。"方颛恺（书中署名释迹删）记寓居澳门普济禅院（今望厦观音堂）的见闻："蕃童久住谙华语，婴母初来学鴂音。两岸山光涵海镜，六时钟韵杂风琴。"张汝霖记葡人在澳势力："居然百夫长，位极以权专。列炮遥堪指，为垣近及肩。舞戈当负弩，释甲学行缠。慎尔一隅守，蒙鸠击可坚。"可以说是当时澳门社会生活的生动写照。还有像区怀瑞的《机铳铭》，描写中国人初次见到的西洋手枪："有械咫尺，出自岛舶。具铳之型，焰烟小弱。支绪琐陈，炼钢而作。辐辏委蛇，洞空橐龠。节短势长，旋螺屈蠖。鱼乙畛分，犬牙绣错。关键相须，石金喷薄，浑合自然，不焚而灼。激射摧残，等于戏谑。迅击寻丈，不爽锱铢。蜕胎重器，巧捷于兹。触光毫末，锋镝为威。变生衽席，狃而不知。明信在躬，圣铁是衣。君子警斯，毋中于微。"梁迪描写澳门三巴寺（即圣保禄教堂）里的西洋风琴："西洋风琴似凤笙，两翼参差作凤形。青金铸筒当编竹，短长大小递相承。以木代匏囊用革，一提一压风旋生。风生簧动众窍发，牙签戛击音砑訇。奏之三巴层楼上，十里内外咸闻声。声非丝桐乃金石，入微出壮盈太清。传闻岛夷多工巧，风琴之作亦其征。"读来都十分有趣。

《澳门记略》一书因为有如此之高的史学和文学价值，所以自它问世以来，一直受到人们的重视，先后刊行的版本有十余种。在这些版本中，最早的一种是乾隆年间的刊本，它是乾隆十六年（1751）印光任、张汝霖合作完成书稿后不久付梓的。但目前这个初刊本已很罕见，比较容易找到的是嘉庆五年（1800）江宁藩署重刊本和光绪六年（1880）江宁藩署再刊本，此外还有道光年间的《昭代丛书》本、光绪十年（1884）广州萃经堂本、光绪十六年（1890）《岭海异闻录》本、《如不及斋丛书》本、民国年间的《笔记小说大观》本等。

台湾1960年代以来出版的《中国方志丛书》、《中国史学丛书》等所收入的《澳门记略》，则皆是据上述流行刊本影印的。另外据说《澳门记略》

还出版有日文译本和葡文译本，可惜笔者均不曾见到。就国内流行的刊本而言，比起乾隆初刊本来，错字均多，有的且有节删。如《昭代丛书》本将原书注录的诗文、奏议和所附插图基本上全行删去，文字仅有原书之半，只能算是一个节本。

因为流行刊本存在上述问题，所以对于广大读者来说，需要一个经过仔细校勘整理过的刊本，以完整、准确地阅读此书。有鉴于此，笔者曾以此书乾隆初刊本作为底本，校以流行诸本，并参校明清有关典籍，对原书标点分段、改正错讹，于 1988 年交由广东高等教育出版社作为《岭南丛书》之一种出版。但是校点只能解决刊本文字上的歧误和句读不便的问题，却无法起到帮助读者理解书中内容、考订史实的作用，更不要说对书中所涉及的问题作深入的探讨了。为了达到这一目的，笔者在校点本基础上，近年复对《澳门记略》一书的内容详加注释，共得条目 1000 余个。这些注释条目主要包括以下几个方面内容。

（一）对重要史实的考订，特别是书中记述有误或与其他史料不尽吻合者。如《官守篇》中记述葡萄牙商船首次来华事："明正德中，佛郎机（按：指葡萄牙）突入通贡，守臣以非例不许。"但据明胡宗宪辑《筹海图编》所收时人记载，广东地方长官对这次来华的葡人商船给予了相当友好的接待，并未"以非例不许"，故予注出。又如《澳蕃篇》中言道："佛郎机后又称干系腊国，今称弗郎西，或曰法郎西。"注释指出明代佛郎机是指葡萄牙，干系腊是指西班牙，弗郎西指今法国，这里是把这三个国家弄混在一起了。

（二）地名今释。《澳门记略》书中涉及很多中外地名，其中不少与今地名称不同。例如澳门最初被称为"濠镜"，氹仔岛在书中称为"鸡颈"，路环岛被称为"九澳"，今珠海市小横琴岛被称为"舵尾"，九洲列岛被称为"九星洲山"等。还有一些外国地名，像称呼葡萄牙为"佛郎机"、"博尔都噶尔"，西班牙为"大吕宋"、"干系腊"，荷兰为"和兰"、"贺兰"、"红毛番"，丹麦为"琏"，泰国为"暹罗"等。这些皆加以注释，使读者晓其方位，以免搞错或者莫知所云。

（三）人物简介。《澳门记略》书中涉及人物也很多，其中既有在澳门历史上曾起过一定作用的中葡双方人士，也有以澳门为题创作诗文的文人墨客。对所有这些人物，注释皆尽力介绍其生平简历，以使读者有所了解。

（四）对较特殊的物产、较费解的典章制度以及引用图书等的简释。如
《澳蕃篇》中记载的一些西洋草木、禽兽、虫鱼、器皿，中国古代的博买、
抽盘、题缺等制度，以及《破邪集》、《旷园杂志》、《坤舆外纪》等书名，
注释皆一一加以介绍。

（五）版本文字上的校勘。

现在这个校注本在澳门文化司署的大力支持下，即将在澳门出版发行。
在此我要深深感谢为此书出版而奔走操劳的诸位澳门朋友，同时笔者衷心
希望它能对广大读者有所帮助，并为进一步开展对澳门历史文化的研究提
供一个基础。

（原载官龙耀主编《文化杂志》，澳门，澳门文化司署，
第 13、14 期，1993 年第二季度）

伯多禄和高美士：闻名遐迩的澳门土生汉学家

〔葡〕何思灵（Celina Veiga de Oliveira）*

就政治和外交的艺术而言，澳门是藏有无尽资料的宝库，是一个值得研究和分析的课题，当时葡萄牙人要在澳门停留就要遵守中国朝廷所规定的对外关系的严厉规则。由于这种情况，葡萄牙人要在澳门安顿，就必须要有非常巧妙的外交手段不可。

其时，澳门的行政工作联系于果阿，有时因远程遥控和利益冲突而产生一些难题，虽然如此，但两地因使用同一种语言为沟通带来不少方便。而澳门与天朝帝国的联系就复杂得多了，如果没有懂双语的人作桥梁，根本就不可能沟通。在葡萄牙行政当局和当地社群的内部关系上，由于有人懂双语，所以困难并不大。当时的中国人受中国官员所管辖，他们与葡萄牙当局在政治行政上的关系几乎是不存在的。

自 19 世纪中叶开始，唯一的葡萄牙行政当局政治整合了中国居民，而当时的文化表现，尤其是语言就出现了二元性。①

由于形势使然，必须要设置懂双语的公务员，亦即译员。这些译员，为了行政效率和方便施政，必须要懂得管理者的文化和天朝的文化，借此确保把外交的词汇和信息正确无误地翻译出来。因此，由两种截然不同的施政理念可能衍生的麻烦便消弭于无形。

做译员要经过严格和多方面的培训，对同时期共存的两种社群的基层文化要有广泛的认识，他们在多方面都要具有译的才能，换句话说，译员如果能超越两种专业职能的狭窄目标的话，它便会成为一个汉学家。

---

* 葡萄牙特茹河女神出版社编辑，时为澳门总督顾问。

① 关于这个问题，见拙文《葡中关系背景下的中文翻译学校》，《文化杂志》第 18 期，澳门文化司署，1994。

今日，我们要向在当时能达到这境界的两位人士致意，他们就是伯多禄和高美士。

一　伯多禄是谁

要把一个最出色的大地之子的一生浓缩在一篇短文内，对我来说，并非一件容易的事。

伯多禄于 1842 年出生，14 岁开始在圣若瑟修院，又名圣若瑟学校读书。当时，一个青年人要在澳门受教育是绝不容易的，因为当时的澳门尚未从驱逐耶稣会士的国令下所受的创伤中复原过来，这件事波及所有的学校教师，因为他们大部分是耶稣会士。1862 年，耶稣会士返回圣若瑟学校，恢复教育澳门的青年。①

伯多禄是在圣若瑟学校的耶稣会士教导下的一名最出色的学生。虽然他是学生，但他已被录取为华务代理所的学生翻译员。在他的公职生涯中，担当的职务繁多。在这里有关他的记录中，他是华务代理所的第一个传译员，是圣若瑟修院、商业学校、商业学院和利宵学校的教师，是中国贸易行的临时代理人，是 1885 年设立的华务专理局的领导。

在公务生涯结束时，伯多禄说：我们所担任的一切公职，是要经过考试的，借此公开考核我们的才能资格。在这方面，我们是能孚众望的。②

有关汉学的研究方面，可以肯定地说伯多禄是众多研究博大中国文化的杰出学者之一，③ 同时他又写了多本教授汉语的书籍。

---

① 在香港出版的葡文周报 Echo do Povo 1862 年 6 月 15 日这样说："1862 年在澳门土生历史年鉴中将作为我们祖国的一段幸福时光永远令人记起。我们有幸在今年参加了两所学校的开幕礼（新澳门土生学校，于 1862 年 1 月 5 日开幕；圣若瑟学校，于 1862 年 6 月 8 日开幕），澳门无疑进入一新阶段，系我国完全遗忘这生活必需品多年后'澳门土生青年的教育复兴阶段'。昨天我们在圣约瑟学校的礼堂聚首，家长们将部分重要的父权交予尊敬的神父，他们尚不为人熟悉，会上清楚说明澳门需要一所招收全日制学生的学校，而这所学校刚好成立了；与此同时，会上亦借此感激多位知名人士，他们在近年来为推动本地青年教育出钱出力。"转引自〔葡〕文德泉蒙席（Manuel Teixeira）《十九世纪澳门名人录》（Galeria de Macaenses Ilutres do Século XIX），澳门，官印局，1942。
② 文德泉蒙席：《十九世纪澳门名人录》，第 293 页。
③ 〔葡〕António Aresta：《葡萄牙教育历史中汉学研究之总览》，澳门《行政》，第 38 期，澳门行政暨公职司，1997。

这些书籍如下（要注意其著作对教育的贡献）：

（1）葡文及中文的知识课程，为开始学习中文者之用；

（2）汉语实用语法；

（3）澳门葡文小学男校用的初级汉语；

（4）澳门葡文小学学生用的北京及广州话常用句子及会话汇编；

（5）汉语读写手册第一册及第二册；

（6）基础概念及进阶课程；

（7）澳门葡文学校适用的广州话指南；

（8）《圣喻广训》的译本。这是一本巨著，是真正的儒家教育手册，由清朝的开国君王顺治编撰，并由他的儿子康熙和孙儿雍正继续增订，这本书是用于教育人民的。透过这译本，我们明白了通过复兴儒家思想去维持国家统一的皇室策略。

1887 年，他以传译秘书的身份陪同澳门前总督罗沙前往北京，而后者是签署当年中葡条约的全权公使，这条约赋予澳门一个新的政治身份。在关于社会贡献方面，伯多禄是仁慈堂的领导人，他设立了孤儿院，他又是振兴学会的创办人、澳门市政厅的副主席及主席，曾是《澳门人报》、*Echo Macaense* 和 *Hong Kong Daily Press* 的记者，在邻埠香港出版的葡文周报 *Echo do Povo* 的编辑及国民教育监督委员会和海外省委员会成员。

伯多禄于 1912 年去世，在他的墓碑上有十分公正的碑文如下：

> 他为澳门贡献良多，其一生所为对澳门均是有利的，所以当受赞扬。①

---

① 转引自文德泉蒙席《十九世纪澳门名人录》，第 356 页；《澳门教区教会报告》第十卷第 111~112 号（1912 年 9、10 月，第 67~69 页）：

"伯多禄先生，大地杰出之子，于 10 月 12 日清早逝世，享年 71 岁。

他是澳门土生中较突出的人物，无可否认，在 50 年的社会生涯中，他为出生地的发展而努力。他绝顶聪明，热爱学习，有很强的工作能力，奋力为这殖民地谋幸福，以真正同胞的心为这地方作出贡献，伯多禄留下了一个难以填补的空缺。

他为澳门贡献良多，其一生所为对澳门均是有利的，所以当受赞扬。

在教育和公益事务上，很多是经市政厅而为的，他多次当市政厅的领导，在省行政上和在解决有关殖民地名声的严峻问题上，一切都为了公共利益，代表着澳门土生的功绩。毋庸置疑澳门失去了它最出色的儿子，他对这殖民地所做的事很多，他的离开将是我们重大的损失。

（转下页注）

二　近代的汉学家

高美士（Luís Gonzaga Gomes）可以说是华务专理局所属学校培养出来的最后一位伟大汉学家。

他生于 1907 年，曾就读于澳门利宵学校，在完成中学课程后进入华务专理局工作，并成为该机构的一等传译员。他走上汉语研究的路途，在他一生中都可以寻找到踪迹。他以热诚和毅力对中国文化进行研究，这些都远远超过作为华务专理局工作人员所要求的。

高美士并不仅是翻译员和传译员，他是汉学家，是中国人思想的解码者和揭示者，更是对澳门历史进程有很清楚认识且能提供这些重要资料的学者，这些可以透过其不同方面且数量众多的著作看到。

在众多作品中要提及的是，在中国文化方面有：《澳门的中国传说》、

（接上页注①）在圣若瑟修道院学习期间他已是一位出色的学生，完成学业后投身社会工作成为政府翻译员学生。

他醉心于学习中国语言，在翻译专业中表现出色，有理由相信他是首位的葡人汉学家。后来被委任为华务专理局的领导，并以新基础重组这个机关。

1887 年，以传译秘书身份陪同全权公使罗沙先生前往北京。他在商谈 1887 年条约时表现出积极和聪颖，这个条约确保了澳门的独立（当时，他是条约的葡文官方翻译），受到国人的感谢和友善对待。

教育事业是他生命后期值得我们特别关心的。澳门振兴学会便是由他一手创立的，这个学会出了不少学生，今天在整个远东他们都占有很好的地位。他还创办商业学院和利宵学校，编写了各式教科书，其中包括《澳门土生青年中文使用手册》。仁慈堂在澳门开设，并因他而茁壮成长。当他出任这个慈善机构的领导时（他多次担任此职位），成立了孤儿院，收养和教育了很多贫穷儿童，如果没有澳门土生慈善院的照顾，他们还生活在痛苦中。同时组织和规范该机构辖下的所有慈善服务，使仁慈堂在澳门作为慈善机构可以做很多有意义的事。

伯多禄系国民教育委员会成员，多年来参与省委会工作，亦以记者身份在多份定期刊物如 Echo do Povo、Echo Macaense 和《澳门人报》中发表文章。

参与多个处理殖民地整体利益的委员会工作，在各个委员会工作中，他的真知灼见和高标准令他懂得解决复杂的问题。

没有人像他那样认识殖民地最近 50 年的历史，当然，我们知道这是由于他经常参与省的行政和政治事务有关。

在繁忙的一生中，伯多禄从未忘记他的信仰。一直是个忠实的教徒，而他辞世前所做的一切均符合一个真正教徒的所为。

我们深深惋惜这个杰出公民的离去，他一生为善和具有高尚情操，给后代和同胞们遗下尊敬的模范，作为家长、祖国杰出政治家的模范。在此谨向其家人表示哀悼。"

《中国的领养制度》、《中国的寓言故事》、《中国人的言行举止》、《中国传统节日》、《中国艺术》等。

在语言方面有：《葡语粤语词汇》、《粤语葡语词汇》、《汉语基础理论》等。

在历史方面有：《旧澳门逸事》、《澳门手写本著作目录》、《澳门历史事件》、《土生葡人书目》以及关于澳门市政的一些重要作品。

在翻译方面有：《三字经》、《孝经》、《四书》、《澳门记略》、Álvaro Semedo 所著的《大中国志》以及 Gabriel de Magalhães 所著的《中国新志》。

高美士搜集在当时若不懂中文而难以明白的资料，借着这些资料，葡萄牙的汉学家便可以走进博大精深的中国文化里。

高美士不但是知识分子，亦是一位被认为对其出生地有大量贡献的人。他在一生当中做过多种工作，曾当过记者和《复兴杂志》等刊物的合著人、官立小学的教师和校长、利宵学校教师、市政厅副主席、澳门国立图书馆馆长、《贾梅士学会学刊》社长、贾梅士博物馆馆长等，同时亦是著名的音乐人，曾领导"音乐文化界"乐队和澳门电台。

在 1976 年去世后，他的一位朋友曾对他的生平作出了高度的评价：高美士为人特立独行，他以自己的努力而得到成功，他代表了澳门文化史的一个阶段。而这些都不是像今天所采用的宣传工具和赞美的方式而取得的，所以他的作品必能长存。[1]

本人对此毫无疑问。时间借着历史所筛选的自然进程，以凸显澳门历史上的伟大人物。今天我们在此追忆这两位具有汉学家、智者、外交家、政治家和具有公民风范的人物，他们在构筑澳门的特征方面作出贡献。而我们只要将这些回忆世代相传下去，就算尽了我们的责任了。

（原载《行政》杂志，澳门，澳门政府行政暨公职司，

总第 44 期，1999 年 6 月）

---

① 〔葡〕Túlio Tomás：《朋友和欣赏者证言》（Depoimento de um amigo e admirador），载《高美士影集》（Catálogo da Exposição Fotobibliográfica Luís Gonzaga Gomes），澳门，澳门文化司署，1987。

《明清时期澳门问题档案文献汇编》序言

韦庆远[*]

一

随着追求黄金和土地的狂潮，西欧各殖民主义国家也竞相发展半海盗式的航海通商事业。15~16世纪时期，曾作为航海大国的葡萄牙也极力注目于东方，葡人觊觎中国领土、资源和市场之心，早已策划于16世纪初叶，并一再采取过各种试探活动。最早在明代正德年间（1506~1521），便一再派遣以官方旅行团、远征队、外交使团等名义的组织前来中国广东沿海，甚至悍然入寇屯门，并以发展贸易为名驾驶武装船队闯入广州，一度因行使巨赂得到佞臣江彬等的庇护，曾派人到南京面觐明武宗正德皇帝朱厚照，以贡上"奇淫巧器"等西方享乐品，博取到"荡子皇帝"朱厚照的欢心，企图获得御准，得以建立据点，长驻中国。后因朱厚照猝死，江彬被处决，葡萄牙的使节和船队均被驱逐而未果。其后30余年，葡萄牙从未间断在中国粤、闽、浙三省沿海进行侵扰和走私活动，一再游弋于闽、浙海岸，寻觅可能建立的立足点，但活动的重点逐渐集中到广东省香山县属的澳门，认为是湾泊船只、起卸货物的良港，又因邻近广州，购销方便，故此，葡方的武装船队频繁地活动于澳门及其离岛过路环、凼仔海域之间，处心积虑地谋求登岸居留。直到嘉靖三十二至三十六年间（1553~1557），托言船只遭受风涛冲击渗漏破裂，所载商货俱受水渍，请求借地晾晒，以重金厚礼买通当时的广东海道副使汪柏，得允许在澳门盖搭临时蓆棚数十间以暂留。但葡人得到暂留后即盘踞不去，人员迅速麇集，来船每年增加，并在

---

[*] 已故中国人民大学档案学院教授。

澳门开展营销买卖，逐渐建盖起砖瓦木石房屋，以走私漏税牟取暴利为特点的商业规模日益扩大。直到隆庆五年（1571）之前，汪柏曾较长期担任海道副使之职，他每年收受葡人贿送白银500两及其他礼物，故对葡方据地营私，侵犯国家利权故意放纵包庇，葡澳势力遂得以恶性膨胀。及至汪柏调离广东，继任的海道副使才将此定额贿款改为葡方每年应缴纳给中国官库的地租。葡萄牙人在澳门亦从被准从暂住改为租住。

没有任何国际条约或法律作为依据，葡萄牙人从明代嘉靖中期入住澳门，其后又从恳准暂留演变为租住的体制，直到清代道光二十九年（1849）拒绝纳租，并相继提出扩界永踞的侵占要求，曾经持续维持了290余年。

自从道光二十年（1840），中英爆发鸦片战争，中方战败，被迫割让香港岛，签订丧权辱国的不平等条约之后，西方列强纷纷将侵略黑手伸向中国，谋取经济和政治上的各种特殊利益，原来久已租住在澳门的葡萄牙也狰狞毕露，乘中国积弱，不但停止纳租，而且相继提出扩界永踞，逐步侵占澳门及其附近海岛土地，宣布澳门是所谓葡萄牙属地，实行殖民地化，甚至企图改称之为葡萄牙澳门省。中葡围绕澳门问题的矛盾日渐激化。当时的清朝和民国政府虽然对葡方的侵占要求也有过一定的抵制和抗拒，但由于国势不振，外交部署失当，总未能有效地遏制葡方的侵占野心，屡有被迫妥协，相继丧失利权。中葡两国为澳门问题发生的冲突，进行的交涉和谈判，曾持续了100余年之久，它是随着国际风云的急剧演变，中葡两国各自国内形势的巨大变动，政权的更迭，国势强弱的易位而几经跌宕曲折，变化多端。只有在中华人民共和国成立以后，人民政府顺应全国人民殷切的反侵占要求，坚持必将收回澳门的主权，经过50年的稳妥准备，制定了"一国两制"的方针，与葡萄牙近几届政府反复谈判，终于达成在1999年12月20日收回澳门的协议，为这一绵亘400余年的问题画上完满的句号。

像澳门这样，从允准外国暂住，演变为租住，又发展为被逐步侵占，历经中国若干代人的交涉斗争，终于和平收回，在中国历史上是仅见的，在全世界国际关系史上亦属罕见。对于澳门地区数百年来特殊的历史发展，中外不少史家曾进行过大量的考订和论说，在有些问题上也确实取得过一定的成绩，但众说纷纭，迄今还存在不少疑点和难点，仍存在着许多分歧和争议。究其原因，除因观点、立场和方法的歧异外，还在于仍缺乏足够分量的原始史料以供稽考，对各种文献仍缺乏汇总齐全和进行认真的订正。

故此，前此有些著作或以一些二手三手的传闻资料作为依据，以讹传讹，显得单薄，难成信史；另一些著作则往往采取一些带倾向性的揣测之词以立论，甚至站在侵略者的立场来炫耀所谓殖民盛事，有失学术公平，违背了反对侵略是天然合理的道义原则。在当前，认真吸取中外各种有关澳门史研究的成果，扬弃其谬误和偏见；广泛搜集和充分利用形成于中外的历史档案、著作、评论、舆论报道等一切资料，严肃地订正各种史实，撰写出客观公正而且内容充实的澳门史论著，已经提到中外史学工作者的日程上来。

为适应上述学术和现实需要，作为明清历史档案保管基地的中国第一历史档案馆，与澳门基金会、暨南大学古籍研究所合作，共同编辑《明清时期澳门问题档案文献汇编》（以下简称《汇编》）一书。广东社会科学院历史研究所邓开颂教授在策划和联络过程中做了大量工作。全书由中国第一历史档案馆主持将有关澳门问题的明清档案认真筛选，加以系统整理和编纂，暨南大学古籍研究所负责辑录明清时期除档案以外的汉文文献资料，澳门基金会鼎力资助。该书篇幅浩大，分别收载明清历史档案2197件，收录明清文献397种，总字数达370多万字，分6册出版。

历史档案是各时期历史活动进行过程中的原始记载，是第一手的史料。该书收载的档案，既有以历代皇帝名义发出的谕旨、朱批；还有大量由内阁、军机处、总理各国事务衙门、吏、户、兵、礼等部、内务府、两广总督、广东巡抚、广州将军、粤海关临督等衙署的题奏本章和相互间的咨呈批示；以及御史、给事中等言官抒发意见的奏折，亦有负责具体处理澳门事务的澳门海防军民同知、香山县丞的禀呈和所获的批谕；还有清朝派外使节的咨呈奏报，清朝官方与葡国政府、葡澳理事官（总督）及与法、英、俄、美等国有关澳门问题的来往文书，照会、电文等等。特别是，《汇编》还收载了较大量自近代以来，澳门以及邻近地区广大人民群众，遍及五洲四海的海外侨胞寄发的公函文告，各种陈情书、呼吁书，为坚决要求反击侵略、坚定保土护权的倡议，表达出炎黄子孙的热血赤忱。更可喜的是，台湾"中研院"近代史研究所还书面授权，允准本书选载该所前些年出版《澳门专档》刊载的清档，使该书的内容更加充实。明清档案本来都出自故宫，本是同根同源，但由于众所周知的原因而分存两岸，今因两岸合作，使有关澳门问题的一部分得先"统一"，是很值得欣幸的事。

在文献方面，既包括一般官书、政书，也尽可能收集当时有关人员的文集、日记、信札，有关地区的地方志，时人或后人有关澳门问题各种事件的评述、笔记、诗文、著作，等等。用以从各个不同层面和角度核实史事，作为档案的补充。通过这一次对明清澳门问题汉文文献拉网式的搜集辑录，虽然未能说是已经完全，但漏网的鱼应该不会太多了。手此一编，对澳门问题研究工作者，应该是极为方便的。

以档案为主，兼详文献，本书可说已能充分反映明清两代各不同时期，上及廊庙，下至庶民，旁及海外和国际有关澳门问题始末的汉、满文记载和评议，其覆盖面是十分广泛的。特别可贵的是，中国第一历史档案馆为编辑本书，动员了馆内专家精搜细觅，发现了一些从未面世的明代有关澳门问题重要档案，从馆藏满文档案中也查找出若干史料价值甚高的精品，从而做到明档与清档相结合、满文档案与汉文档案相结合、大陆所存档案与台湾所存档案相结合、档案与文献相结合。这些特点构成的学术优势，使本书在内容质量上必然超出此前已出版的有关澳门问题的各种史料汇编，是对澳门和平回归祖国的重要献礼。

忝为档案学和澳门史研究工作者之一，笔者以极其喜悦和钦佩的心情阅读了本书的目录和大部分稿件，很为主持本书编纂出版的上述单位的灼见，参与辛勤工作诸同仁的敬业精神所鼓舞。本书必将推进澳门研究的深入，这是笔者深信不疑的。

二

回眸四百多年来澳门问题的历史发展，必然会为它的特殊曲折历程，为其跌宕起伏、波澜翻腾而惊叹。澳门以弹丸之地，因其特殊的地理位置和特定的国内国际环境，一时成为举世瞩目的地域。它在中国和世界历史上都是一个特例：在不同阶段间形势变化幅度之大，在不同时期与国际风云变幻、列强的利益角逐、东西方贸易和文化交流都存在着悠久和密切的关系，澳门的工商业，曾经有过畸形的繁荣，又有过几度急遽的衰替，近代则成为转贩鸦片和贩卖华工的渊薮，极大地激化了中葡和粤澳关系。中葡之间截至1949年前进行过马拉松式百年交涉谈判，侵占和反侵占斗争的长期尖锐持续，都使澳门成为一个敏感的特殊地区，澳门问题也成为一个复杂的研究课题。

明清澳门历史的发展过程，似可分成三个不同的大阶段，即：从明代正德、嘉靖时期到清初顺治时期（约 1506～1661），历经 150 余年，葡萄牙人交替使用着要挟和恭顺两手，以贿赂开道，取得了在澳门居留和租住的地位，是为第一阶段。从清代康熙年间（1662～1722），特别是康熙二十二年（1683）开海禁以后，继之以康雍乾盛世，以迄嘉庆、道光朝，在道光二十年（1840）鸦片战争以前，澳葡当局对清王朝和广东地方官极力表示感戴忠顺，"愿为外臣，代守疆土"，基本上不敢违规越境，历时将近 180 年，是为第二阶段。1840 年中英爆发鸦片战争，清方战败，被迫割让香港岛，签订丧权辱国的不平等条约。葡萄牙政府在这样的大气候下，翻然改态，反恭为倨，咄咄逼人。从道光二十九年（1849）起，单方面撕毁纳租借住惯例，逐步扩界侵权，企图将澳门及其邻近地域侵占为殖民地，中国官民为此进行持续的抵制抗拒，海内外人民群众展开此伏彼起的保土护权斗争，历时 60 余年，以至于宣统三年（1911）清朝灭亡，是为第三阶段。当然，斗争正未有穷期。转入中华民国时期以后，斗争仍当以更复杂更尖锐的形式在继续，但此段史事，已不属于本书记载的范围。

《汇编》对于上述三大阶段所发生的重大事件和人物活动，都收载有详细的记录。历史沧桑，档案为凭，文献亦资佐证。

三

首言第一大阶段的情况和问题，着重介绍《汇编》提供的珍贵史料。

葡萄牙人从明代正德年间开始窥测中国，但几度试探入扰均未得逞，直到嘉靖三十二至三十六年间（1553～1557），才通过行贿，被允许在澳门上岸晒晾水渍货物和暂住贸易。最初期，葡方来船和来人都很有限，外示谦卑恭敬，还能遵照在被准暂住的指定范围内活动，如额支纳贸易抽盘货税。但不久之后，葡萄牙人即携家带眷，簇拥而来，骤增至万人，围地建垣，俨然要作为"化外之区"。在入澳数年之后，葡萄牙人即暴露出要盘踞澳门为基地的野心，他们勾结闽粤沿海的奸商海枭，大肆进行非法走私贸易，甚至擅筑堡垒，设置军事设施，架设火器，恃势偷漏船钞货税，甚至抗拒抽盘，"凌轹居民，蔑视澳官"，[1] 十分猖獗。

尚在葡人入住澳门的最早期，嘉靖四十三年（1564），粤籍监察御史庞尚鹏即提出，在澳葡人"窃据内地，实为将来隐忧"。[2] 稍后，隆庆六年（1572），时任两广总督的吴桂芳更认为：葡人在澳门"聚落日繁，骜横日甚，切近羊城，奸宄叵测，尤为广人久蓄腹心深痼之疾"。[3] 万历四十二年（1614），两广总督张鸣冈也紧急上奏，说："粤之有澳夷，犹疽之在背也。澳之有倭贼，犹虎之傅翼也。"[4] 类似的奏疏和议论，正说明葡萄牙人进入澳门后的活动，已远远超出了正常贸易的范围，其野心已引起明朝有识之士的警惕。

《汇编》不但较充分地登载着有关文献，还较系统地介绍出，从嘉靖末年以迄明朝覆亡的 70 余年中，明代朝野对于应如何制裁澳葡日肆不法，应如何维护国权的问题，曾展开过长期而激烈的政策争论。嘉靖末年，以御史庞尚鹏和给事中郭尚宾等言官为代表，倾向于加强管制，饬令葡人拆除私建房屋堡垣，限期撤出澳门，仅允许它的商船可停泊在指定的浪白澳进行贸易，事毕即返航。[5] 以武职将领俞大猷和广东省本籍士绅、举人卢廷龙等为代表，则认为葡人入住，已扎下祸根，绝非"饬令"所能谕服，主张动用水陆兵力以驱逐之，嘉靖四十四年（1565），俞大猷提出用兵方略，甚至主动请缨"今与大做一场，以造广人之福"。[6] 主张在使用武力逐出之后，仍可以准许葡船湾泊于浪白澳从事正当贸易。以上两种主张的目的和善后措施并无不同，而在执行方式上则有区别。但两种主张虽然已提出四五十年，"时朝议以事多窒碍，寝阁不行"。[7]

到明末万历四十二年（1614），明王朝才决定接受两广总督张鸣冈和广东巡抚霍与瑕的奏请，放弃了"饬令"或"武力驱逐"的办法，采取允准葡萄牙人继续以租住方式仍居留澳门，但采取加强防范和管理的方针，所

① 庞尚鹏：《题为陈末议以保海隅万世治安疏》，《明经世文编》卷 357。

② 庞尚鹏：《题为陈末议以保海隅万世治安疏》，《明经世文编》卷 357。

③ 吴桂芳：《议阻澳夷进贡疏》，《明经世文编》卷 342。

④ 《明史》卷 325《外国六·佛郎机》。

⑤ 庞尚鹏：《题为陈末议以保海隅万世治安疏》，《明经世文编》卷 357；郭尚宾：《郭给谏疏稿》卷 1。

⑥ 俞大猷：《论商夷不得恃功恣横疏》，《正气堂集》卷 15。

⑦ 沈德符：《万历野获编》卷 30《香山澳》。

谓"建城设官而县治之"。提出这种方针，是因为明王朝当时正处在急遽衰败的过程中，内忧外患日益严重，满族首领努尔哈赤崛起于辽沈，民变的烽火遍燃于山陕，对于远在南疆的澳葡，既无威望以"饬令"，又乏实力以"驱逐"，于是采纳了这种自认为务实的折中方案。张鸣冈说过："粤之有澳夷……有谓宜剿除者，有谓宜移之浪白外洋就船贸易者，顾兵难轻动"，[1]正是如实地反映出明朝官方举棋难定的窘困。

当然，"建城设官而县治之"方针的出笼，也反映着明朝官方在对澳葡控驭策略、贸易、税费和防务等多方面的考虑。霍与瑕对此有一篇重要的论证，言：

> 岛夷关市与为寇异，四夷来王，无以绥之，仁者所不取也……不察其顺逆，不辨其奸良，一概名之为贼，非但俱焚玉石，将有俗疮月易一刀之虑，知者所不出也。或曰何如？曰：建城设官而县治之，上策也；遣之出境，谢绝其来，中策也；若握其喉，绝其食，激其变而剿之，斯下策矣……倘其哀乞存留，愿为编户，乃请于朝，建设城池，张官置吏，以汉法约束之，此谓用夏变夷，故曰上策……两广百年间资贸易以饷兵，计其入可当一大县，一旦弃之，军需安出？一不便也；香山海洋得澳门为屏卫，向时如老万，如曾一本、如何亚八之属，不敢正目而视，阖境帖然，若撤去澳夷，将使香山自为守，二不便也。今设城池，置官守，以柔道治之，不动而安，诚策之得。[2]

按照"建城设官而县治之"的原则规定，明朝政府将澳门划归香山县管辖，兼受广东海道副使管理，并在澳门派驻有提调、备倭、巡缉等三位职官，各设有衙署，分别掌管查验外商船泊进出口，征收船钞货税；防御倭寇海盗并流动巡查，缉捕奸宄，保持治安等事务，统称为守澳官。守澳官亦具有对居澳葡人监督管理之责，但不干涉其内部自治性质的事务。

明朝政府本以为，用上述方式处理澳葡问题，既能在行政管辖、贸易关税、治安防卫等方面保持主权，又可以对居澳葡人的活动加以防范和限

---

① 《明史》卷 325《外国六·佛郎机》。
② 转引自卢坤《广东海防辑览》卷 3《险要》。

制，但从万历末年颁行"建城设官而县治之"的规定以后，直到崇祯十六年（1643）明朝灭亡之前，这一套构想可谓完全落空。相反，葡萄牙的奸枭豪棍反而更利用此一合法形式，便于与中国国内的贪官污吏、奸商地痞盗贼等密相勾结，放肆地联手走私漏税，甚至以澳门为基地，在广东沿海各地抢掠和掳拐人口，演变成为海岸一大蠹患。《汇编》收载了从未公布过的明代有关澳门的档案，详细地反映出居澳葡人的猖獗活动，与广东地方腐败恶势力密相勾结为非作歹的实情，有关官员对此的急迫呼吁，以及崇祯皇帝的谕示，具有很高的史料价值。

崇祯四年（1631）九月，广东巡按御史高钦舜题报：

> 夫东粤之所大忧，有在肘腋间而中人膏肓者……省会密迩澳地，夷人实逼处此，非粤之利也。其初不过以互市来我濠镜，中国利其岁输涓滴可以充饷，暂许栖息，彼亦无能祸福于我。乃奸商揽棍，饵其重利，代其交易，凭托有年，交结日固，甚且争相奔走，惟恐不得其当，渐至从中挑拨，藐视官司，而此么么丑类，隐然为粤腹心之疾矣。
>
> 查澳关之设，所以禁其内入，惟互市之船经香山县，原立有抽盘科，凡省城酒米船之下澳，与澳中香料船之到省，岁有尝额，必该县官亲验抽盘，不许夹带盐、铁、硝、黄等项私货。立法之始，为虑良周。今甲科县官往往避膻，不欲与身其间，而一以事权委之市舶。市舶相沿陋规，每船出入以船之大小为率，有免盘尝例，视所报不啻倍蓰。其海道衙门使费称是，而船中任其携带违禁货物，累累不可算数。更有冒名饷船，私自出入游弈，把哨甲壮人役，托言挈接济，而实身为接济者又比比而是，不可致诘。总之，以输饷为名，以市舶为窟，省会之区，纵横如沸……番哨听其冲突，夷鬼听其抢掠，地方听其蹂践，子女听其拐诱，岂不亦大为失计，大为寒心者哉！①

崇祯七年（1634），粤籍监察御史胡平又紧急具题，奏报"澳夷日日杀掳"的情况，言：

---

① 兵部转奏高钦舜《摘陈粤事切要等事题稿》。

（澳夷）占住濠镜，而拦入之路不特在香山，凡番（禺）、南（海）、东（莞）、新（会），皆可扬帆直抵者。其舡高大如屋，上有楼栅，叠架番铳，人莫敢近。所到之处，硝、黄、刀、铁，子女玉帛，违禁之物，公然搬载。沿海乡村被其携夺杀掠者，莫敢谁何。官兵间或追之，每被杀伤，而上司亦莫之敢问，有掩耳盗铃而已。往者番哨不过数只，今打造至于近百，出入无忌，往来不绝，藐视汉法，挟制官司，居然有据防以叛之意矣。往者夷数不满千人，近且报至数万，试思此数万人者日食若干，无非粤人之膏血，犬羊鸳鹭之伦，肯贴然相安乎？人知澳夷叵测之为害大而且烈，不知其名为忠顺，实则日日抢犯，害久而且长也。①

这两份题本都先后经过各该时期的兵部尚书熊明遇和张凤翼奏报给崇祯皇帝朱由检，崇祯皇帝也对此专门颁发有"圣旨"，其内容无非是着令香山县知县"设法稽诘"，"躬亲盘验"，又饬令道府各官"弹压厘剔"，"如讥（稽）察无方，玩纵启衅，该抚按一并参来处治"等等官样文章，② 这两份明档有力地表明，当时覆亡已迫近眉睫的明王朝，已经绝无实力以对付猖獗无忌的澳葡势力，也绝无能力以遏制内部已深入骨髓的腐败，所谓"建城设官而县设之"，无非是一纸空文。

1644 年，明王朝覆亡，清代明以兴。

新兴的清王朝，自其建立开始，即对澳门问题给予充分的关注。

清初顺治年间（1644～1662），两广总督、广东巡抚及巡按广东监察御史等官，即不断向朝廷奏报有关葡人在澳动态、粤澳关系以及有关因应对付的建议。

顺治时期，清朝官方对于澳门问题主要是维持明季成议，暂不作太大更张。顺治四年到八年（1647～1651），首任两广总督兼广东巡抚佟养甲主张仍准葡人留澳，言："佛郎机国人寓居濠镜澳门，与粤商互市，于明季已有历年，后因深入省会，遂饬禁止，请嗣后仍准番舶通市。"（以上文字，暂转引自王之春《国朝柔远记》，卷1，《佛郎机来广东互市》，校订后转注

---

① 兵部转奏胡平《粤东有三可忧三大蠹等事题稿》。
② 均引自崇祯四年九月，兵部转奏高钦舜《摘陈粤东切要事题稿》所附崇祯"圣旨"。

为《汇编》顺治四年五月初三日佟养甲题本）。佟养甲作出上述建言，有其客观的原因和需要。当时广东地区先有明朝后裔朱聿鐹称号绍武，继又有已降清明故将李成栋的叛反，后又有靖南王耿仲明、平南王尚可喜二人的盘踞。两藩拥兵擅权，藩舡横行海岸，清朝督抚要着力应付这些关系存亡的大问题，加以兵力不敷，饷源不继，暂时维持澳葡成局，是有其必然性的。

但也必须看到，这是在截然不同背景下出现的局面。对于澳葡当局来说，他们面对的是清初南下的百战雄师（含叛乱前耿、尚二王兵力），绝不同于晚明衰朽的地方当局，不能不因此受到震慑。终顺治一朝，罕有澳葡船舶敢擅入内河登岸掳杀的活动，亦未见有如同明季严重瞒关漏税的行径，可见澳葡不法势力在中国换代之际，显然已受到新朝强大声势的威慑，不敢不有所收敛。他们在顺治八年（1651）闰二月，便由头目喥嘜哆向广东巡抚李栖凤"呈文投诚"，就足以说明，形势已经出现了实质性的转变。

四

档案和文献都以大量确凿的事实表明，从康熙时期（1662～1723）开始，清王朝虽仍允准葡萄牙人继续租居澳门，但切实加强了对澳葡的管制监督。在行政管辖、司法、财政贸易、防务各方面，都切实保证了对澳门拥有的领土主权；与此同时，又考虑到历史和地理上的原因，澳门百余年来，已成为东西贸易的枢纽转口港，中西科技文明的汇合处，人员来往的孔道和居留所，康熙帝亦思有必要妥善运用之，继续发挥其特殊地位和作用，因而制定并执行了一套行之有效的相对稳定和成熟的政策。

明代制定对澳门"建城设官而县治之"的原则，只有在清代康熙时期才真正得到实现，并且在政策和措置上作出了重要的充实。这样的情况基本上持续到1840年中英爆发鸦片战争之前。

兹分述之。

首言行政管辖权限方面。

广东省香山县知县一直被授权直接督管澳门事务。与明代不同，清代前期的香山知县是拥有实权，视澳葡理事官为辖下属官，随时随事可以根据中国政制法令，给予谕示、督办和纠正申斥。为专任责成，早在雍正八年（1730），署理广东巡抚傅泰即题请，建议增设专职的职官以就近控驭澳门事务。同年，经雍正帝批准，将香山县知县的副职、官秩八品的县丞任命为"分防澳门县丞"，以作为香山县衙门与澳葡理事官之间的官方联系人，并处理"民番一切讼词"。实际上，澳门的行政、海防、贸易和一般司法案件都归其管理，或经由他向香山县以至广东省督抚长官呈报，并接受各级上司的指示。到乾隆八年（1743），为进一步加强统率，又根据广东将军策楞和广东按察使潘思榘的奏请，乾隆帝批准了再设置一个作为广州府知府的副手，官秩为五品的"澳门海防军民同知"，驻扎在邻近澳门的前山寨，"以重海防"，香山县丞成为他的下属。到乾隆十年（1745）又谕示：因"广州海口紧要，香山县丞驻劄澳门，相应铸给钤记"，"就近弹压，以昭信守"。① 故此，澳门海防军民同知和香山县丞，就成为清朝主管澳门事务的法定长官，是澳葡当局的顶头上司。这样的体制曾长期延续，有效履行职任。直到道光二十九年（1849）以前，所有由军民同知、香山县丞发给澳葡理事官的文书，均以谕、札、牌、示等公文体裁下达，经常使用"仰即凛遵办理，切切勿违"等指示性的文句，而葡官亦一再表示"奉命唯谨"。

设置"分防澳门县丞"和"澳门海防军民同知"，在清代官制是特例，而非常例。由此可见，清代朝廷必须将澳门纳入行政管辖的态度是坚定的，措置也是及时的。

在当时，居澳华人所有户口人丁及其居屋和耕种的土地，均必须按照内地规制，统一编入土地赋册；人口编入保甲，每年向香山县衙门册报，并缴纳土地租税。澳葡作为租住的代价，每年必须向香山县交纳租金515两，仅在乾隆十一年（1746），因澳门地区发生特大风水等灾，经两广总督策楞等专门具折"奏请蠲免澳门夷人丁卯年（十二年）应完地租"，② 这虽然是皇家恩泽，但亦说明，交纳地租乃葡萄牙人得以被准居留的必要义务，除非得到钦准蠲免否则概不准拖欠。对于已入澳居住的葡人和其他国籍人员，也必须区别国籍、职业、性别、家庭人口、年龄等缮造清册，向香山

---

① 乾隆七年七月二十五日，《广东按察使潘思榘奏请于澳门地方移驻同知一员专理夷务折》。
② 《汇编》第1册，第217页。

县报送，请求审准。历届两广总督都应"题报清查澳门西洋人数"，① 直到道光十九年（1839）八月，中英鸦片战争爆发前夕，钦差两江总督林则徐还"奏报巡阅澳门抽查华夷户口"。② 凡此，都说明，即使在澳葡租居地范围之内，中国政府亦持续履行着包括葡萄牙人和其他外国人在内，所有居留人户监管核查的职能，历经100余年未有中断，作为体现主权的表现。

还必须注意，清代前期广东的满汉高级军政长官，也一直将严格监管葡人租住澳门一事作为要政。据档案和文献记载，早在康熙二十一年和二十三年（1682、1684），两广总督吴兴祚即两度巡视澳门，吏部侍郎杜臻、内阁学士石柱也奉命驰驿南下，进入澳门。其后，历任的两广总督、广州将军、广东巡抚、广东水师提督等要员，诸如满丕、法海、杨琳、管源忠、傅泰、福康安、那保成、韩崶、百龄、松筠、蒋攸铦、阮元、卢坤、关天培、邓廷桢、林则徐等，都在任内来澳视察，或在广州召见澳葡理事官员，对有关迁界、通航贸易、防务、华洋关系、禁止销售鸦片烟等问题作出训示，并检阅驻扎在澳门及其附近的中国军队。从康熙到道光的历次巡视中，澳葡当局都以恭迎上宪的仪式远接，一再表示"感戴皇仁"。

例如，康熙二十三年（1684），石柱公毕回京，康熙帝立即下谕，着石柱兼程前来驻跸的拜察地方陛见，君臣在御帐中进行了一番有关澳葡状况的谈话：

> 上顾石柱曰："尔至广东，想至香山噢。"石柱奏曰："臣曾至其处。香山噢居民以臣为奉旨开展海界之官，皆放炮远接，甚为恭敬。其本地头目至臣前跪云，'我辈皆海岛细民，皇上天威，平定薄海内外，克取香山噢，我等以为必将我辈迁移，蒙皇上隆恩，令我辈不离故土，老幼得仍守旧业谋生。今又遣大臣安插沿海居民，我辈庶获互相贸易，此地可以富饶，我等诚欢欣无尽矣。皇上浩荡洪恩，我辈何能酬答，惟有竭力奉公以纳贡赋，效犬马之力已耳。'"③

---

① 雍正二年十月二十六日，《两广总督孔毓珣题报清查澳门西洋人数并请限制洋船数目本》。
② 道光十九年八月十一日，《钦差两江总督林则徐等奏报巡阅澳门抽查华夷户口等情折》。
③ 《康熙起居注》，二十三年七月乙亥。

又例如，康熙五十一年（1712）七月，广东巡抚满丕用满文向皇帝奏报：

> 奴才抵澳门看得……西洋人无滋事之处，西洋人会晤奴才时，奴才训谕称：圣主一体惠爱天下万国，尔等西洋人现为朝臣效力，又如此守分安生，我定奏闻圣主等语。众西洋人不胜欢忭，脱帽向北叩头……驻澳门副将以下之员，奴才亦一一训诫。①

又例如，康熙五十六年（1717）正月，广东巡抚法海，遵照康熙的谕示，到任后即饬召澳葡负责头目前来广州，跪听"圣旨"。他也以满文奏报：

> 奴才法海于正月十八日抵达奴才之广州衙门，钦遵圣主训谕，携驻澳门之西洋人。二十五日，澳门首领沃利多、安多尼雅回喇、巴斯瓜罗萨……等六人前来。令伊等下跪传达圣旨：尔等于澳门之西洋人甚好。感戴圣主洪恩，甚为效力，等因。伊等具奏：圣主之恩无不尽施外国，惟我等西洋人蒙恩又重于他国，正思不能图报……我等西洋人虽肝脑涂地，亦不能报圣主仁养之恩，皆叩头不已。②

同年四月，新任两广总督的杨琳也奏报他履任后即赴澳巡视经过，以及澳葡的动态。言：

> 奴才于四月初十日到任，十八日就近先往澳门查阅，有住澳门头目带领夷兵百名站队迎接。奴才谕以皇上柔远德意，容你们在此居住，须安分守法，不许买中国的人，不许在界外又租民人地方盖造房屋。又据西洋人回称，我们西洋人在澳多年，孳生男妇大小共有八千余口。奴才细访，实有万余口，俱仰藉天朝衣食，又感慕皇上德威，寄居弹

① 康熙五十一年七月十二日，《广东巡抚满丕奏报巡查澳门等地接见西洋人，谕令守法并训诫驻澳副将等员折》，《康熙朝满文朱批奏折全译》。
② 《广东巡抚法海奏闻传召澳门夷目委黎哆等转宣谕旨谢恩情形折》，《康熙朝满文朱批奏折全译》。

九一舆，代守险要。①

以上几份档案，如实地反映出当时中葡之间在澳门问题上的地位和态度。一方面，清朝皇帝和封疆大吏十分重视和及时处置有关澳门的事务；而另一方面，澳葡头目则一再用隆礼卑词以求能继续租住营生，两方对于中国拥有对澳门完整的行政管辖权、领土所有权，是绝无任何异议的。有些外国史家侈言葡方400余年前即拥有对澳门的主权，实属背离事实的谎言。

第二是在执行司法审判权方面。

《汇编》以大量的判例表明，清朝在澳葡租居地内，长期拥有并持续行使着司法审判权，对于居住在澳门的华人与华人之间、华人与葡萄牙人及其他外国人之间，所发生的一切民、刑案件，一概应依照《大清律例》规定的量刑标准和程序进行审讯和判决。广东官方有权派遣香山知县或县丞前来澳门提讯犯人及查证案情；也有权饬令澳葡当局查缉逮捕指名的华洋人犯。按照清朝司法程序，凡被判决死刑的华洋人犯，均应逐级由香山县—广州府—广东提刑按察使司—广东督抚审核判决后，报送朝廷三法司（刑部、大理寺、都察院）复核，批示执行。澳葡当局只有奉谕配合缉捕提讯，并对应处死刑的洋犯，在清方官员专门赴澳监刑的情况下执行绞决，葡方并无参加审讯、驳回判决及自行处决的权力。

为慎重起见，当时对于华洋之间发生的人命案件，以及执行死刑的处理，均应由两广总督、广东巡抚或广州将军等，将每案案情缘由、审讯经过、判决依据的律例以至执行死刑的过程，专门上折奏报。此类的案卷多有保存，其中收载入《汇编》的亦不少，诸如：乾隆九年（1744）正月，《广州将军策楞等奏报办理住澳门夷人晏些卢扎伤商人陈辉千致死缘由折》；十三年（1748）八月，《广东巡抚岳浚奏闻澳门夷人哑吗哷等殴毙民人李廷富等依法办理情形折》；三十一年（1766）十一月，《署两广总督杨廷璋等奏报水手呷唑哝掷伤民人郑亚彩致死已在澳门勒死（按，即绞刑）折》；三十三年（1768）四月，《两广总督李侍尧等奏报澳门夷人唵哆吡殴死民人

---

① 康熙五十六年五月初十日，《两广总督杨琳奏报巡查澳门谕令西洋人等须安分守法及沿海一带情形折》，在《汇编》第1册，第112页。

方亚贵按律拟绞折》等。值得注意的是，直到道光六年（1826），仍有《两广总督阮元等奏报遵例审办致毙民命之夷人绞决折》，此折说明，直到中英鸦片战事爆发前不久，清朝在澳门按清律审讯并处决犯罪葡人，仍然是执行无碍的。

居住在澳门的华人与华人之间的刑民案件，当然也归由清朝官员审决，有关人命重案，也要专门具题奏向皇帝报告，如乾隆十四年（1749）十月，《广东巡抚苏昌题报香山县民陈亚二在澳门强奸蔡氏致该氏自缢身死案本》，即为一例。对于此类在澳门发生的案件，较之在内地发生的同类案件，查办奏报更为郑重。因为类似的因强奸致死人命的案件，如在内地发生，只需要在每年秋审和勾决册内汇总册报，并不需要一案一奏。至于一般户婚土田钱债等案，则由在澳华人居民径投香山县衙门控诉求断。这是中方在澳门履行司法权不可分割的一部分。

清廷要求严格按照《大清律例》办理涉外案件，但参照西方的习惯亦稍有通融。例如，《清律》规定的死刑本分斩（立决、监候）、绞（立决、监候）二级四等，但对在澳葡人杀伤人命，甚至杀伤多命，也避免施用斩首之刑。为防范失出失入，审核案件情节也比较认真，对上文引述过的乾隆十三年（1748），对殴毙民人李廷富的凶手哑吗咘竟潜逃出洋未获，广东巡抚岳浚为此"奉旨申饬"，并谕令将此案转由两广总督硕色办理。五十六年（1791）十一月，时任广东巡抚的郭世勋也因处理澳门夷人嘧哆咘（戮毙民命）案援例不当，也受到"传旨申饬"。可见，虽然贵为二品高官，在处理涉洋案件时如有疏虞失当之处，便会受到公开申饬的处分。另一方面，对于谋害夷人性命的华人凶徒，道光皇帝则下谕"严审"，"按律定拟"并严拿逸犯。[①] 这也体现出并未因华洋之别对本国凶徒略有庇纵，显示出司法公平。澳门在清代前期，社会治安较为良好，秩序基本稳定，与中国有效执法是密不可分的。

第三是制定和执行对外贸易政策方面。

清朝前期，澳门已逐渐形成为东西方贸易的聚散地和转口港。上文说到，顺治初年，清朝首任两广总督佟养甲建议仍准葡萄牙人继续租住澳门，

---

① 见道光八年九月二十六日，《谕内阁将擎获谋害夷人多命之凶犯解赴广东严审，按律定拟，并饬将逸犯严擎务获》。

很主要的动因也是为了保持"番舶通市",是从有利于对外贸易的角度着眼的。及至康熙皇帝主政之后,为保持和发展东西贸易和交往,也适时采取过一系列特殊的政策措施。

清朝初年,为有效镇压与海外联手的东南反清势力,防堵郑成功、张煌言等率军入犯,断绝他们从大陆取得给养和情报,清王朝先后于顺治十二年(1655)、十三年(1656)及康熙元年(1662)、四年(1665)、十七年(1678)五次颁行"禁海令";更于顺治十七年(1660)、康熙元年及十七年(1662、1678)三番下谕强制进行"迁海",规定凡商民船只私行出海,或有与海外擅自贸易的,俱行奏闻处斩。但是,对于澳门却另有特殊处置,表面的原因是,"香山外原有澳夷,以其言语难晓,不可耕种内地,况驻香山数百年,迁之更难,昨已奉命免迁矣"。[①]实质性的意义则远过于此。康熙皇帝是在 17 世纪中期最具有高瞻远瞩眼光,能着眼于境外海外的最高统治者,他在早年即没有批准广东总督卢崇峻认为"香山澳西洋人不宜准留"的题本,[②]也不支持以顽固守旧大臣明珠、李光地等为代表的,认为"海舡不宜入大海"的意见,他坚定认为,由于历史形成和地理所在的原因,保留澳门作为与东西洋、南洋交往的渠道,特许各国商舶仍可进出于澳门,继续进行海外贸易,是符合中国根本利益的。故此,不但在厉行"禁海"时,特许澳门"免迁",还在康熙十八年(1679),就专门批准开放广州与澳门之间的陆路运输贸易,某些外洋货物及经批准的人员俱可经此途径进入内地。对澳门华洋人士的生活必需品,如粮食柴菜等亦特准运进,以保持澳门生活秩序的稳定。凡此种种,与在内地执行"不许片帆入海"的规定是截然不同的。从长远效果来检验,显然都是明智之举。

康熙执行通过澳门进行"互相贸易"的政策,不但符合澳葡当局和当地人民的利益和愿望,也顺应了当时中国社会发展对外贸易和加强对外交往的要求。在康熙二十三年(1684)废除海禁之后,更公开颁旨"开海贸易"。

但是,所有通过澳门进行的对外贸易,绝不允许自流发展,而是必须在清朝严格管制之下营运。清朝官方牢牢地掌握住"开海贸易"的主权。

---

① 江日升:《台湾外纪》卷 14。
② 康熙四年二月十四日,《广东总督卢崇峻题议香山澳西洋人不宜准留本》。

紧随着明令开海的第二年，即在康熙二十四年（1685），便宣布在粤海关之下设立澳门总口，设置澳门关部行台，在澳葡租住境内设置大码头、南环、娘妈阁等税馆，负责办理报关和征收船钞货税。当时，澳门总口征得的关税数额，在全国各海关中占有较大的比重。清朝政府还相继给予澳门一些特惠，例如康熙三十七年（1698）准许在澳门登记的船舶较其他外国减低三分之一的港口税；卸储在澳门的货物，可以估出后再报验纳税；在澳门本地，由一些葡萄牙人或当地华人经营的商船，叫做"本澳洋舡"，或简称为"澳舡"，可准保留 25 艘的定额，并可准自由载运客货来往于欧洲及南洋各地。所有这些措施，都是为了扶持澳门的航运业和外贸业，而又直接有利于发展中国的对外贸易，澳门实际上已经成为广州的外港，成为中外进出口贸易的重要转口港。

但是，与此同时，又规定，不准擅自增加"澳舡"的数目，只有旧舡朽坏报废才能经报准后用新舡代替。每一澳舡出洋的路线、目的地、回澳日期、装卸货物的品种数量也必须向粤海关澳门总口申报清楚。每年，两广总督都要向皇帝奏报澳门港进出西洋船只的数目，不得超过限制。还规定，其他外国商船必应先在澳门湾泊，经批准给予印照后，才得驶入广州黄埔港，因此，澳门总口又起到第一层检验关卡的作用。乾隆二十二年（1757），撤销了松江、宁波、泉州三海关，独留广州一口通商，澳门总口的作用就显得更为重要。闽浙总督和两广总督一再发出公告，晓谕各国商船不得再到除广州（澳门）以外的港口停泊和贸易。所有这些管制措施，曾经在较长期间严格执行。嘉庆十年（1805），粤海关监督延丰因擅准俄罗斯国商船来粤卸货交易，内阁和军机处分别传询和奏报议处情况，嘉庆皇帝下谕将延丰革职，两广总督吴熊光亦因失察，办理未协，受交部议处的处分。又寄谕给吴熊光，着他晓谕俄罗斯来人，再有该国船只来澳门，便"严行饬驳，不得擅与通市"。这一案件的处理前后经过两个月，屡经两广总督及吏、户两部和内阁、军机处等高层官吏衙门，反复核查奏报，最后还由皇帝下谕，处分了两广总督这样的封疆大吏，足以说明朝廷的重视。

第四整顿防务以捍卫澳门领土不受侵扰方面。

以武装力量保卫本国领土，是体现国家主权的重要标志。清朝直到1840 年鸦片战争爆发之前，一直在澳门及其周边地域驻有军队，承担着捍卫边疆、不容侵犯的责任。早在康熙五十年（1711）十月，广东巡抚满丕即从军事的角度，奏报广东驻军兵额满员，装备齐全，并专门提出"澳门地方海疆要地，拟亲临视察以勉励文武各官"，① 完全是将澳门视为自己管辖的土地。葡萄牙人在租住范围内一切防务设施，亦必须受清朝广东地方长官的严格监管，不容随便增置。乾隆四十年（1775）四月，因传闻澳葡当局竟擅自增筑炮台，乾隆谕令彻查，时任两广总督的李侍尧经核查后，奏复"澳门夷人并非另筑新台"，对澳葡头目味吰可免议处，② 此亦足以证明，清方对于澳葡当局在防务上一切措置，绝不许超逾限度，从不放纵。

葡萄牙人自获准租住澳门后，即以此为据点，大力发展东西方转运贸易，从中大获利益，一再引起了西方诸国如西班牙、荷兰、英国等的嫉妒和觊觎，企图分享利益，甚或取而代之。从明代万历初年起，这几个国家相继来澳要求通商贸易，甚至企图恃强占领澳门，并以此为跳板，进入内河，窥测内地。几乎每一次发生事故，澳葡当局都禀求中国政府出面交涉保护，或出兵驱逐来犯的敌船。

最典型的事例，是在清代嘉庆七年（1802），因英法交战，英国托言为防止法国侵占澳门，要求派兵入澳"协助"葡萄牙人防守，澳葡当局明知英国舰队企图借此夺取澳门，便急忙向清朝两广总督吉庆报告，请吉庆出面交涉，吉庆遂饬令洋商转谕英国战舰立即驶离澳门海岸，并向清朝廷奏告，嘉庆皇帝对此采取了更为强硬的态度：

> 居住澳门之大西洋夷人禀称，有英吉利夷船湾泊零丁洋，距澳甚近，欲登岸借居夷房，恐其滋事，恳求保护。当即饬谕英吉利夷船回国，毋许登岸，澳门情形安静。得旨：有犯必惩，切毋姑息。无隙莫扰，亦勿轻率。③

英军头目开始时并不接受吉庆的饬令，但因广东官方断绝其粮食供应，且陈兵备战，严厉戒备，英军知难久留，只好开船离开零丁洋海面。

---

① 康熙五十年十月初四日，《广东巡抚满丕奏闻广东兵额俱满，澳门地方海疆要地拟亲临视察以勉励文武各官等情折》。
② 乾隆四十年四月二十四日，《两广总督李侍尧奏覆澳门夷人并非另筑新台味吰免议折》。
③ 《东华续录》卷12《仁宗圣训》卷107，见本《汇编》收载嘉庆七年八月初二日，《内务府大臣苏楞额奏报西洋人索德超呈有英国战船逼近澳门蓄谋叵测折》。

但是，英国人觊觎澳门之心不死，从嘉庆八年至十二年（1803～1807），仍屡来干扰。最突出的是到嘉庆十三年（1808）九月，英国突派军舰 10 艘，载官兵约 4000 人进逼澳门海岸，其中数百人恃强登岸，仍借口所谓防止法国侵澳，分别占领了澳门境内东、西望洋、三巴寺、龙嵩庙等要塞。两广总督吴熊光、广东巡抚孙玉庭当即晓谕英军："澳门非葡萄牙所有，乃我大清土地，法焉敢侵？且边寇有警，中国自能御之"，饬令英军即退出澳门。当英军拒不撤兵时，吴熊光便下令封舱、停止贸易，断绝其买办，并奏报朝廷。嘉庆帝获悉后，采取了更为坚定强硬的方针，朱批斥责吴熊光"所办太软"，并谕示："边疆重地，外夷敢存心觊觎，饰词尝试不可稍示以弱，此时如该国兵船业经退出澳门则已……若再有延挨，不遵法度，则不但目前停止开舱，一面即当封禁进澳水路，绝尔粮食，并当调集大兵前来围捕，尔等后悔莫及。"此后，清朝便使用军队驱逐窜入省河的英军，毙伤其数人，更禁止所有英船进入黄埔港，已入港船只亦一律逐出零丁洋外。英国知难得逞，乃敲诈葡人若干银两后，撤兵开船而遁。吴熊光为办理此事不善，被撤职查办，谪戍伊犁。翌年二月，新任两广总督百龄、广东巡抚韩崶一到广东，便先后前去澳门"查阅"，决定加强澳门的防御工事，奏称"澳门西洋人旧设炮台六座，自伽思兰至西望洋，炮台迤南沿海一带，石坎形势低矮，上年英吉利夷兵由此登岸，今拟加筑女墙一道，增高四五尺，共长二百余丈，该处夷民等亦欢欣愿办"。[①] 此外，又决定在澳门周边地区增设游击、守备、水师千总各一，"层叠钤束，以资控制"，必要时可快速开入澳门作战。所有这些军事防务措施，都得到嘉庆皇帝的批准。《汇编》收载了从嘉庆七年至十四年（1802～1809），嘉庆帝为抗击英国企图入侵澳门问题全过程中，曾连续给先后任的两广总督、广东巡抚、广州将军，内阁、军机处等十多次上谕，以及上述职官历次的奏章题报，可见在卫权保土上是十分认真的。嘉庆一再严申"天朝禁令甚严，不容稍有越犯"。澳葡当局因得到中国在军事和交涉上的坚定支持，已登岸的英军被迫撤走，亦多次表示对中国的感戴，"我们西洋人仰受天恩"，澳葡理事

① 嘉庆十四年四月二十日，《两广总督百龄奏覆等议控制澳门添设营汛并酌建炮台各事宜折》。

官唛嘇哆为英兵登陆未能阻止，亦专门给中国官宪呈上一份"请罪"的禀文，① 等等。从这一类突发事件中，可以清晰地看到，清朝政府曾长期严密掌握对澳门的防务，视澳门为不容侵犯的神圣领土，甚至不惜为此一战，曾多次有力地挫败前来侵扰的外国势力。

以上从行政和司法管辖、控制外贸、主持防务等方面，都有力地说明，直到1840年中英鸦片战争爆发前，中国一直是澳门领土和主权的当然主人，澳葡仅是受特许租住，并经常因受到中国的保护而得以保持租住权利的客户。《汇编》公布的大量档案，收载的丰富文献，均以事实证明了这样的关系。

五

或有论者提出，上文说到清代康、雍、乾时期的鼎盛，国势的兴隆，又一直牢牢掌握着对澳门各方面的主权，为什么还让蕞尔小国葡萄牙仍旧租住？仍能俯允继续维持前朝的许诺？按照当时的国力对比，宣布废除旧约，饬令葡人撤走，将澳门重新划回香山县辖区，仗雷霆万钧之威，挟泰山压顶之势，水陆雄师并进，在澳葡方势力是绝难抗拒的。之所以弃此而不为，显然不是由于最高决策的疏忽或姑息，而是由于存在着从另一角度出发的政策考虑：一则以为，既然保有着可以充分行使的对澳门在行政、司法、财政、贸易、防务的统率监管之权，又严定了澳葡当局的管理范围和必应恪守的禁约，认为仅准许葡人借住居留，并未有损主权；二则看到，由于历史和地理的原因，百余年来，澳门久已成为东西贸易的枢纽转口埠，中西科技文明的汇合处，人员来往的孔道和居留所，亦可以在必要时，作为外国与中国内陆间的一个缓冲区，对有些来华人物或涉外事件，先让停留在澳门，经过考察或初步处理后，再决定是否准许有关人物入境。有关船只也必须在澳门经估算并征纳关税，卸除为航海自卫用的枪炮后，才准许其驶入内河。澳门实处于由中方控制的"外港"的地位。清朝亦欲运用之，继续发挥其特殊作用。清朝前期对澳门问题的处置，是强者在清醒权衡后的抉择，而非弱者昧于形势的屈从。

---

① 嘉庆十四年三月二十四日唛嘇哆的禀文，载《明清时期澳门问题档案文献汇编》。

澳门是 16～19 世纪东西方文化的交汇处。康熙是一个有见识有作为的皇帝，他勤奋好学，对新鲜事物抱有敏锐的认知和积极接受态度。他主政以后，逐渐认识到，"天朝"并不是真正统辖着"万邦"；在远洋之外的西方，还存在着若干个国力亦相当强大，挟有众多贸易商船和较高科技能力，拥有自己语言文字和宗教哲学思想，具有不同生活方式和习惯的国家。他从年轻时期开始，就接触过一些外国传教士兼科技专家，从他们那里了解到一些外洋诸国的情况，以及某些科学部门和技术的发展状况，引起了他对西方科学、技术、艺术等方面的浓厚兴趣，逐渐形成了在坚决捍卫中国原有传统纲常伦理的基础上，大力吸收西方科技及其人才的思想，而利用澳门作为渠道，则被认为是现成的便捷途径。

康熙经常通过垂询，了解来华人员的情况及其专长，主动征调有才能的人入京候用。例如，康熙十一年（1672）闰七月，他下谕礼部并咨兵部，命礼部立即派员到澳门调取通晓历法的传教士徐日升来京，为郑重起见，还指示，应着已在钦天监服务的传教士南怀仁也加派同去，由兵部派兵护送。[1] 又如康熙二十四年（1685）二月，他亲自询问南怀仁："现在香山嶴熟练历法及精善医学者有几人并何姓名？"南怀仁答："熟使历法者仅有一人，姓名安多，精善医学者不知尚有人否。"[2] 康熙在谈话后，即派礼部郎中黄懋偕同已在京服务的传教士闵明我驰驿往澳门，面召安多并陪同他入京，到京后即派入钦天监工作。[3] 后来，这个安多一直在钦天监工作，以至到康熙四十八年（1709）病逝，康熙还亲自下谕"殊觉恻然"，着令给予厚葬。

康熙四十二年（1703）六月，他用满文写了一道"朱谕"，内说：

传谕西洋人：用外科甚属紧要。无论其修道人或澳门地方人，若能得外科者，则当速找预备，勿致稍息，关系紧要，等语。其如何说，现有无人之处，从速奏来。[4]

---

[1] 黄伯禄：《正教奉褒》卷上。
[2] 黄伯禄：《正教奉褒》卷上。
[3] 黄伯禄：《正教奉褒》卷上。
[4] 《康熙朝满文朱批奏折全译》，第 284 页。

从上述事实可以看到，康熙对于通过澳门以引进西方科学技术，吸收使用外国科技人才，是抱着认真的态度。《汇编》收载了数量颇多的有关资料，例如，康熙四十六年（1707）二月和八月，两广总督赵弘灿先后奏报该年"新到西洋技艺人情况"，以及"将通晓制药天文之西洋人魏哥儿等三人伴送来京"的折子；四十七年（1708）广东巡抚范时崇等奏报"差人前往澳门寻药，西洋人送到格尔墨斯药"的折子。特别是，在康熙五十二年（1713），钦派西洋人费隐等前往四川等九省绘制各该省的地理图。允许这些人实地勘察，依地形地貌，用西方测量方法绘成的地图，较中国原来绘制的地图，在准确度上有了很大的提高，具有较大的实用价值。

康熙对于传教士中兼怀有科技专长的人与单纯为传教而来的人，持有严格的区别，他在四十六年（1707）六月，为此亲笔谕示两广总督赵弘灿、广东巡抚范时崇："见有新到西洋人，若无学问只传教者暂留广东，不必往别省去，许他去的时节另有旨意。若西洋人内有技艺巧思或系内外科大夫者，急速着督抚差家人送来。"① 当时，清朝政府对于征召使用西方来人，是要经过一定筛选然后择优录用的，其主要条件就是学术与技艺水平。大都是要经过先来的传教士的推荐，有时还要再经广东督抚派人到澳门考察，然后再奏请裁定。在这个过程中，来人也只能在澳门等候，于是，澳门便成为西方来华科技人员的立足点、预备站和候聘所了。

积极而慎重地选用西方科技人员的政策，在雍正、乾隆、嘉庆等朝一直继续，并未因康熙去世而中断。《汇编》收载了雍正七年（1729）正月，《礼部尚书常寿题报西洋人等精通历法请准伴送进京效力本》，乾隆二十八年（1763）十二月，《两广总督苏昌奏报意大利人叶尊孝到澳门情愿进京效力折》；三十七年（1772）五月，《两广总督李侍尧奏报西洋人李俊贤等到广情愿进京效力代为转奏折》；四十六年（1781）闰五月，《两广总督巴延三奏覆遵旨访查情愿进京效力之西洋人情形折》；直到嘉庆九年（1804）二月，还有《两广总督倭什布等奏闻谙晓天文之西洋人高守谦等情愿进京当差折》；等等。

从明末到清代前期漫长的时期中，特别是由于康熙以来，清代朝廷的大力引导，西方国家的科学文化经澳门较系统地传入中国，其中包括数学、

---

① 《康熙朝汉文朱批奏折汇编》第 1 册，第 701～704 页。

天文学、历法学、地理学、医药学、物理学、建筑学，也还有哲学和伦理学、工艺美术，等等。但必须注意，当时不但有西学东来，也存在着较系统的东学西去。中国的重农理论和精耕细作的农业技术、积累了数千年治河治水经验的水利学、中国卓有成效的中医中药学、具有特色的中国古代建筑和工艺美术及手工业技术等都相继传进西方。翻译中国儒家经典书籍，如《大学》、《中庸》、《论语》，介绍中国古典作品，如《诗经》、《易经》、《书经》等，在西方住华科技人员中蔚成风气，有相当一部分著作，就是他们在澳门旅居时翻译或写作的。在东西方文化交流中，康熙帝本人带头亲自与西方学者对哲学和自然科学一些问题进行讨论。满文档案中记载有，他曾对传教士兼哲学家博津和富生哲二人关于对《易经》的研究和理解提出不同意见；对闵明我、吉利安等在天文学中计算太阳位置不准确提出批评；他还命皇三子胤祉鉴定戴进贤、颜家楼、倪天桥三人在天文、律吕等方面的学术水平，并希望能得到有关简便计算表、开方方法的书籍。康熙好学不倦，孜孜钻研学术，对当时东西方文化交流实起到重大推动作用。

在康熙年间，对外最重大的交涉事件之一，是清朝廷与天主教罗马教廷之间，关于是否准许在中国境内传教，天主教徒是否仍应恪守原有的敬天事君祀祖敬孔子等习俗，改而遵从教规的禁约。

康熙对天主教在西方传播较广，受到相当一部分人民的信仰是了解的，对于天主教教义亦略有所知。他承认这一重要宗教在西方的存在和具有的重大影响，只是反对它在中国传布，反对以它的教规教义来干扰甚或取代中国的传统信仰和国情民俗。康熙二十六年（1687），他曾对此作过一次明确批示：“天主教应行禁止，（礼）部议极当。但见地方官禁止条约内，将天主教同于白莲教谋叛字样，此言太过，着删去。”① 从康熙开始以至道光前期，清朝官方对于天主教的态度是允许存在，但限于只让西方各国人供奉。

清朝朝廷与罗马天主教教廷关系的激化，是出现在康熙四十三年（1704），天主教罗马教皇格勒门第十一接受传教士龙华民等人的怂恿，对中国教徒颁布了禁约七条，规定天主教堂不得再悬挂“敬天”匾额，不准再用“天”作为尊崇的用语，禁止教徒参加祀天敬孔祭祖先的任何活动，

---

① 《康熙朝汉文朱批奏折汇编》第 7 册，884~885 页。

不准再进入孔庙或家族祠堂，不准再保留祖先神主牌位，等等。并专派主教多罗持教皇谕旨来华，要求面见康熙，并要康熙转饬所有教徒遵行，"永远世世悉知"。① 凡此，都是与在中国根深蒂固的伦理礼仪制度以及康熙本人的哲理信仰从根本上抵触的，自然引起康熙极大的反感，逐条予以驳斥。② 在此后十多年间，教皇曾再派嘉乐主教充当使节前来重申禁约，康熙亦一再派遣某些西方传教士作为信使，远渡重洋前往罗马申明自己的见解，形成了若干记录和来往文书。《汇编》连载有关艾若瑟、罗若德、李若瑟等持信经澳门往来罗马的信息，以及康熙对此事的连续关注和亲自掌握。中外史家称之为"礼仪之争"。

所谓"礼仪之争"，实际上反映着东西方文化哲学伦理思想的歧异和碰撞，反映着外来宗教权威与中国专制皇权的冲突和不可调和。清朝不但坚拒将教皇禁约施用于中国，亦断不许教廷或澳葡当局在澳门禁行中国礼教。雍正和乾隆时期严禁传教士经澳门潜入内地传教，正是"礼仪之争"的延续。澳门以弹丸之地，却因为其具有的历史和地区特点，成为双方信使往来的交接点，取得情报信息的来源地。

每逢国内对通西洋、南洋等政策发生转折之时，澳门往往显示出与内地迥异的特殊性，起着与内地一般口岸有所不同的作用。

清朝将澳门作为对外贸易的特别渠道，额外给予优惠和加强管制的情况，上文已有论及。到康熙五十六年（1717）因厉行"禁通南洋"，其后又颁布了"禁止出洋贸易"的政策，起因是康熙认为本国商人制造的舟船航行到南洋诸国贸易，多有将船只转卖给当地人的，又有多携粮米卖给外国以牟利的，更有人留居在当地做生意而不回祖国的，所以决定禁止。当时禁令极严，规定"凡商船照旧东洋贸易外，其南洋吕宋、噶啰吧等处，不许商船前往贸易，于南澳等地截住，令广东、福建沿海一带水师各营巡查，违禁者严拿治罪"。③ 但与此同时，又宣布澳门商船，即所谓澳舡不受此限制。两广总督杨琳在视察澳门时，就一再面谕当地的葡萄牙头目，"南洋不许中国人行走，你们原是外国人，皇上恩典任凭你们行走就是"。④ 因此，

---

① 故宫博物院编《康熙与罗马使节关系文书》（影印件），禁约译文。
② 故宫博物院编《康熙与罗马使节关系文书》（影印件），禁约译文。
③ 《清圣祖实录》卷271，康熙五十六年正月乙丑庚辰两条。
④ 《康熙朝汉文朱批奏折汇编》第8册，第268、524、905~906、884页。

澳舡取得了中国商船根本无法得到带垄断性的通航权利，这自然极有利于澳门工商业的繁荣。

康熙之所以颁行如此特殊的规定，并不是一时性的随意措置，而是基于对某些重要国内外事务的郑重考虑。事实上，要完全割断已经长期存在的中国与南洋诸国间的贸易，不但绝不可能，而且还有许多涉及南洋的问题，仍将继续存在并有待处理，利用澳门的特殊地位以实现大禁小开，有意保存一个半公开的合法通道，既可堵杜私卖船只、私运粮食和人口私留外国诸弊，又仍可保持着某些重要商品的进出转口，某些人物信息的往来，有利于接回滞留在南洋的中国居民，便于遣回那些遭海难盗劫等流入中国的南洋"难民"，等等，保持着机动。

正是由于以上各种复杂的原因，盛清时期仍然能允许澳葡继续租住澳门。

六

其实，澳葡当局在清代顺康雍乾时期表现"忠顺"，对清朝颁定诸种规章基本上"凛遵恪守"，其之所以不敢像明末时期那样放肆侵扰，无非是因为力量悬殊，不得不约束收敛，并极力表态，在"结好天朝"的前提下图得存在并谋取利益。一旦形势有变，便必然会在态度和手法上逐步改变。

澳门的地位和澳葡的态度是与当时国际风云变幻密切相关的。

进入 19 世纪，随着西方资本主义国家和封建中国的交往逐渐频繁，两者在生产力水平、社会制度等方面的差距十分明显。英、法、美等国相继将澳门作为在华的活动基地和侵华的跳板，而中国从嘉庆初年起便国势颓弱，民变蜂起，内外交困，也逐渐为包括葡萄牙在内的西方诸国所洞晓，澳葡当局逐渐采取以戕害中国人民的手段来牟取非法利益，即将澳门发展为向中国输入鸦片的集散地。澳葡当局从 18 世纪末叶，即嘉庆初年，便大力支持葡国商船进行鸦片走私贸易，以澳门为据点，渗运入广东。其规模和毒害已逐渐引起清朝廷的重视，嘉庆十九年（1814）五月，嘉庆皇帝即寄谕两广总督蒋攸铦，着令"严禁携带鸦片入关"，蒋攸铦亦奏复："有本地奸商在澳门设立窑口，贩卖鸦片”。[1] 道光元年（1821），两广总督阮元更具体指出：“大西洋（葡萄牙）住居澳门，每于赴本国置货及赴别国贸易之时，回帆夹带鸦片，回粤偷销。”[2] 到中英鸦片战争爆发前夕，即在道光十九年（1839）三月，钦差大臣林则徐奉命来广州查禁鸦片，更深刻认清澳葡当局将澳门营建为倾销鸦片基地的恶劣作用，故于该年三月，与两广总督邓廷桢联衔，发指示给澳门海防军民同知，着即转谕澳葡当局：

> 前已访得，该西洋住澳夷人，多有私将鸦片存贮夷楼，贩卖渔利，历次拿获烟匪，供指买自澳夷，确有案据。叠经本大臣、本部堂谕饬该同知，转谕该夷目唩嚟哆遵照，毋许奸夷囤贮售卖，并令将所存烟土呈缴。[3]

接着，林则徐还严肃警告，如果澳葡当局继续庇纵或抗拒，甚至会导致撤销他们已享有200余年的租住权益，声言：

> 限三日内开单尽数呈缴该同知收贮，听候本大臣、本部堂赴澳门亲督验收……倘再执迷不悟，不肯尽数缴呈，妄思存留售卖，是其有心违抗，怙过不悛，虽天朝柔远绥怀，亦不能任其藐玩，惟有撤去买办，封澳挨查，从重惩罚，恐该夷不能久居澳地也。[4]

细读以上数则史料，就不难看出，从嘉庆中叶到道光中叶的30余年间，中国与澳葡当局的关系已发生了重大的实质性的变化，双方矛盾冲突日趋激化，山雨欲来风满楼。当时形势发展的特点是，或者是澳葡真正切断配合以英国为主的倾销鸦片势力，重新修补与中国的关系；或者是甘于为虎作伥，继续充当着蓄意戕害中国人民以牟取暴利的角色，两者已无回旋余地。

---

① 嘉庆十九年五月初四日，《寄谕两广总督蒋攸铦等严禁携带鸦片烟入关并晓谕西洋人不得传教惑众》。

② 《清季外交史料》道光朝1。

③ 林则徐：《信及录》，第51～52页。

④ 林则徐：《信及录》，第51～52页。

澳葡当局显然是选择了后者。当时中英之间已经剑拔弩张，战争随时可能爆发。一方面英国舰队不停游弋于粤澳近海，蠢蠢欲动；另一方面，早在道光十四年（1834）八月，两广总督卢坤即曾增派兵员入澳，"筹办澳门水陆防守"；① 十月，又奉谕彻查澳葡当局是否"自筑炮台，训练番哨"；② 道光十五年（1835）正月，广州将军哈丰阿等亦陈奏"查明澳门炮台等情形"。③ 很显然，清廷对于一旦战争爆发，澳门在攻防战守中将起到什么作用，澳葡是敌是友，已引起高度的警惕，并从军事角度采取过一些并非寻常的措施。当战端已开之际，湖广道监察御史石景芬也有预见地提出，必须"派妥员提防澳门"。④

澳葡当局在中英战争胜败未分之前，还不敢正面顶撞中国，他们采取首鼠两端的手法。一方面，对林则徐、邓廷桢的严厉谕令，表示愿意遵命禀报在澳葡人人数户口，具结保证不再囤销鸦片，不敢违犯中国政府的禁烟令；另一方面，则暗里仍与英国侵华势力互通消息，仍联手包庇、窝藏鸦片贩子。现在台北"故宫博物院"藏有两件在道光十九年（1839）五月，由澳葡理事官唉嘁哆亲笔签名，并盖有西洋公务火漆印的具结文件：第一件是《督理澳门西洋理事官唉嘁哆禀报澳门西洋人及其奴婢并呈缴具结》；第二件是《督理澳门西洋理事官唉嘁哆具结不在澳门囤顿贩卖鸦片》。在第二份具结文件中，有唉嘁哆表示情愿禁烟，如有违反，则甘照〔清〕国法办理的内容。这两份具结文件，充分说明了澳葡当局在时危势急，但大局势尚未明朗之前，仍在狡黠地使用两面派手法以麻痹清廷。虽有甘结，并不甘心。他们正在密切窥视着形势的变化，谋定然后动，要静待胜负分晓之后，才及时改变面目，变换姿态，迅速加入西方侵华列强的行列，企图分取一杯羹。果然，鸦片战争的炮声刚停歇，葡萄牙人便马上抛弃了"忠顺外臣"的虚饰面具，暴露出加紧侵占的野心。

---

① 均见有关载在《汇编》中的上谕和奏折。
② 均见有关载在《汇编》中的上谕和奏折。
③ 均见有关载在《汇编》中的上谕和奏折。
④ 道光二十年十二月初十日，《掌湖广道监察御史石景芬奏陈请饬进剿驱逐定海之夷并请派妥员提防澳门等管见折》。

七

道光二十年（1840）爆发的中英鸦片战争，以中国战败结束。清廷被迫割让香港，签订丧权辱国的《南京条约》。继此之后，美国和法国也紧相跟进，先后强迫中国签订了《望厦条约》和《黄埔条约》。列国纷纷伸出魔爪，企图宰割中国。中国社会渐沦入半殖民地半封建的境地。

清朝政府和中国人民都缺乏对此的思想准备。李鸿章说此一时期是"三千年未有之大变局"；中国许多志士仁人泣血椎心，认为此是"神人共愤"的时期。

在"大变"和"共愤"的氛围中，葡萄牙当局也扮演着激进的侵略者角色，毫不掩饰地提出多种侵占的要求。

从 1840 年代到 1940 年代的 100 年间，中国与葡萄牙政府从未间断进行侵占与反侵占澳门地区的斗争，谈判交涉和冲突未断，其过程尖锐激烈而迂回曲折。从道光二十年到清末宣统三年（1840～1911），即到清王朝覆亡之前，大体上集中以下三个方面：一为葡方贪念大炽，要求永远侵占澳门，并扩大到附近地区，作为自己的殖民地；二为葡萄牙一直依靠法、英、美等西方列强的庇护以牟取侵略利益，法英等国为共同利益，也一再出面支持葡方，遂使中国反对葡萄牙侵澳的斗争必然与反对国际的侵略斗争汇合起来；三为与清朝廷的软弱畏懦相反，中国海内外同胞，包括少数广东的督抚大吏和地方官在内，对葡方侵占澳门的抵制抗争日趋激烈，舆论和措置逐渐有力，迫使葡方侵略意图部分受到遏阻。《汇编》对于这三个方面，都提供出翔实丰富的资料，可以作为撰写信史的重要依据。

首先评述第一方面的问题。

道光二十三年（1843）二月，鸦片战争的硝烟刚告平息，葡萄牙人便急不可待，澳葡总督边度便向清朝政府钦差大臣耆英提出，要大体仿照《南京条约》的内容，议定该国与中国的《通商章程》，在照会中还提出免交 200 余年来相沿为惯例的地租 515 两；还要求突破原定租住范围，要求从三巴门到关闸俱划为葡管地界，由葡兵把守；允准各国商船随便来澳停泊贸易，意即开放澳门为葡辖自由港；更要求葡船可自由开赴广州、福州、厦门、宁波、上海五口贸易；清方在澳门停止收取修理房屋船只及请领牌照各费，等等。一开口便要价很高，俨然将自己与所谓战胜国英国同列，要求索取与英国侵略者略同的利益。同年秋天，继任的澳葡总督彼亚度竟面向耆英提出，要派兵进驻澳门附近离岛氹仔岛。

对于以上无理要求，耆英和两广总督祈垍等虽然派员据理和澳葡谈判交涉，也赶忙给道光皇帝上奏报告，道光也寄谕耆英、祈垍等"熟筹事势，妥议具奏"，"变通办理"等，但在清朝君臣下谕上奏，议论未定之时，葡兵已径自入驻氹仔，并在道光二十五年（1845），由葡女皇宣布澳门为葡辖自由港，葡国商船更取得了携带包括武器及火器等商品进入澳门，并享受免税的自由。

道光二十六年（1846）春天，葡国任命一个狂热的扩张主义殖民者亚玛勒出任澳门总督。此人到任不久，即宣布废除清朝官府向澳门居民掌握户口和征收土地赋税的财政权力，改为由澳葡当局征收地租、不动产税和人头税；中国船只进入澳门港内亦必得缴交停泊税；翌年，他擅自开辟了从原租住地围墙直达关闸的道路，显示沿途均为葡占；到道光二十九年（1849）四月，他更出告示宣称：澳门既已成为葡辖自由港，不能再允许中国粤海关在澳门设立总口，他勒令澳门关部行台即日起停止征税，随后，又率葡兵钉锁澳门关部行台的大门，推倒门前的中国旗帜，驱逐中国官员丁役，捣毁竖立在市中心的《澳夷善后事宜条议》石碑，不认澳门是"天朝地界"。与此同时，又宣布香山县官府再无权审理涉及中国居民的案件，改由澳葡官所审办和处理。在中国境内犯法的葡人罪犯也要求解回澳门，由葡官处置。如此一来，实际上是将中国一向持有对澳门的行政管辖权，对财政海关贸易的控制权和司法审判权统统取消了，要将澳门变成纯粹的葡萄牙的殖民地。因激愤于亚玛勒的暴戾蛮横，澳门龙田村村民以沈志亮为首七人，相约在该年公历 8 月 22 日，将这个不可一世的侵略头目刺杀，是为人民群众挺身抗暴的第一声。清朝前后任的两广总督耆英、徐广缙等面对葡方咄咄逼人的气焰，除了驰奏上报外，一无良策，道光皇帝实际上也是步步退让，不敢坚持维护原有权益，他寄谕将被捣毁的粤海关澳门总口移入黄埔，又忍将爱国志士沈志亮"正法"（斩首）以徇葡方要求。当时的朝廷真正是"洋人的朝廷"。

在此之后，问题继续恶化。澳葡当局一再加紧进行扩界侵权的活动，先后侵占了氹仔、过路环、青洲等三个离岛，自三巴门到关闸地区开辟马路，在澳门全岛，包括历来由中方管辖的大小村庄编制户籍门牌设立警署，征收赋税。继而，又拔毁澳门与青洲之间的海上浮桩，驱逐清方的水师船只，声言此为澳门的内海，属于葡占的"水界"，甚至公然干扰清方在关闸以内的内地和澳门对海香山县属的湾仔行使职权，又提出对大小横琴岛的管辖权等。诸如此类的挑衅和交涉谈判，直到清末宣统三年（1911），还在进行之中。

八

葡萄牙本来是一个小国，到 19 世纪，早已丧失其一度据有的海上权威，陷于贫弱窘困的境地。其之所以敢于在澳门问题上向清朝官方一再要挟讹诈，以至使用暴力拆毁中国在澳衙署，驱逐中国官役，一是看清楚了中国积弱，清廷懦弱无能；二是恃着有主要侵略国家作为后台。而所谓列强特别是其中的法国和英国，为了共同的侵略利益，曾经一再出面，为葡侵占澳门撑腰，出谋划策。

到清代咸丰（1851～1861 年在位）、同治（1862～1874 年在位）时期，葡萄牙政府认为侵占澳门已是既成事实，便希望通过缔订正式条约的合法形式，取得清廷对其已攘有澳门主权的承诺。于是，其侵占手法的重点乃转移到外交方面，葡萄牙侵略者的口气很大，要价也很高。同治元年（1862）五月，葡萄牙使节基玛良士在致清朝政府的照会中，公然提出："本国大君主特派钦差前来，与贵国议立章程，俾本国所获利益，与大英国所得无异。"甚至自抬身价，说咸丰八年（1858），英法联军派军进逼天津，美、俄亦各派舰助威，"本大臣斯时亦可俱至天津议立章程，与各国无异"。他竟然还要挟说："英国与大西洋俱系外国，自应一视同仁，何以伊住香港则可听之，而大西洋住澳则必索还，未免不公……英国所以不要澳门而要香港，正以澳门有大西洋在彼占住也。"[①] 这些以强盗腔调说出来的强词歪理，正说明葡方已俨然自居于列强之列，居然以战胜国的态势对清朝压迫凌辱。

---

① 同治元年六月初三日，《总理衙门为与葡使面商删添条约及驻京还澳事致三口通商大臣崇厚函》，此材料暂引自《澳门专档》第 3 册，第 24～25 页。

但葡萄牙终究是贫弱小国，它气势汹汹，但其实色厉内荏，缺乏与中国独立进行交锋的实力支持。故此，自咸丰、同治到光绪年中葡为期约数十年的交涉谈判中，葡方无不是站立在主要侵略国家的黑幡底下跳腾鼓噪，企图借助它们的气焰以捞取非法利益。

在咸丰末期，葡萄牙政府主要是通过法国政府出面，请求允准派使来京开议以订约。在谈判开始之后，法国先后任的公使哥士耆、柏尔德和翻译官丰大业等人，都仿似作为葡萄牙利益的保护者和代理人，直接出面与清朝政府打交道，企图操纵谈判的进行。开议之初，哥士耆便以公函傲慢地照会清总理衙门，说什么"以澳门为中国之地，此亦捕风捉影之谈"，"欧罗巴大小诸国均已晓此情节，遂共推许澳门之地为大西洋所有，立即各派领事官往该处悬挂各国旗号，均视澳门地面与香港无异"。① 其后继哥士耆任的法国公使柏尔德及公使馆翻译官丰大业也持同一态度。丰大业甚至"友好"地建议，由葡萄牙委派人员担任澳门海关的税务司，并另派税务司一员来广东省城监察"公海关"的税务。如此一来，则中国不但未能恢复在澳门设立粤海关行台的既有权利，反而要将广东海关拱手让给葡萄牙监察。怪不得连参与谈判的中方官员也提出，法国使节"一味左袒大西洋"。② 总理各国事务大臣薛焕等亦觉察到，葡方之所以冥顽索取非法利益，"察其词意，不过恃有法国在京相助，故敢仍为崛（倔）强……其外强中干流露意之表。窥其立意，总恃法国为护符，想法国必来总理衙门饶舌"。③ 由于中方官员尚能看出，葡萄牙无非是借法国人之口说出自己的奢求，借法国之力以虚张声势，因此尚能够据理力争，对葡萄牙使节时而"历述从前友好，不胜忭庆"，时而在议席上咆哮叫嚣，时而"遽行回澳"，甚至扬言"要派军舰北来"等等，均不甚理会，故此，虽有法国助虐，时谈时停，历时 20 多年，葡方尚难达到如其要求订约的目的，各国亦未肯真正为它卖力。

但到光绪十四年（1888），中葡之间还是草签了一个《通商友好条约》，并于翌年正式换文缔约。这份条约的内容严重损害了中国的领土主权和国

---

① 同治元年七月初一日，《法国公使哥士耆为与葡国定约并请定期会晤事致总理衙门函》。
② 同治元年七月十三日，《总理衙门为葡约条款议成，定于本日与葡使盖印换约事致三口通商大臣崇厚函》。
③ 同治三年五月十八日，《总理各国事务大臣薛焕等为与葡约已定，碍难增人限制洋人入内地传教等事致总理衙门函》。

家尊严，因为它包括中国政府同意将澳门并澳门所属之地，交给葡萄牙永远驻扎管理；还答应撤走设在澳门附近的常关厘卡与巡船，并绝不在其他地方设立等条款，用以换取葡方"在澳门设法相助中国征收洋药（鸦片）税项"。① 所谓"设法相助中国征收洋药税项"，其实质内容只是"凡英国在香港施办之件，则葡国在澳类推办理"。② 很显然，清朝廷所以甘于出卖澳门的领土和主权，实基于"洋药税项"的经济收益。

　　这样的条约当然符合了葡萄牙的侵略利益，因为它梦寐以求的侵占澳门的图谋得到合法化，骗取到对澳门"永驻管理"的权利。但它也特别符合英国的侵略利益，因为港英政府不但由此可以得到同澳门一样按国内常关税则纳税的利益，而且可以免除澳门作为走私中心来和香港竞争。洋人控制下的港澳可以沆瀣一气，制定共同的"洋药税项"标准，联手贩毒并合力对付中国。英国老谋深算，蓄意牺牲中国的权益，使用狡黠的手段，以实现自己的企图。

　　受清朝政府聘用的英国人、海关总税司赫德及其助手金登干就是英国侵略方针的实际执行人，他们深切了解清朝廷的腐朽短视，或以鸦片烟税利息为诱饵，或以列国干涉的危词以恫吓，使用瞒骗欺诈的手法以促成《中葡通商友好条约》的缔订，为英葡侵略利益效劳。

　　缔订这份条约，早在光绪十二年（1886）春夏间即开始酝酿，赫德即以可以增收鸦片税款利益向时任北洋大臣的李鸿章怂恿建议。李鸿章和总理各国事务大臣庆亲王奕劻，着眼于眼前财利，甚至极其昏聩地竟然派赫德作为中方代表，三次往返于港澳之间，分别与港英总督波温和澳葡总督罗沙磋商，甚至背着清政府与罗沙达成了拟议条约的内容，回京前后，又一再致电李鸿章和奕劻，大肆兜售其"澳门永租葡国"无可避免的谬论，企图诱使清政府同意放弃澳门。李鸿章等不以赫德为居心叵测，反而大加信任，竟然正式委派赫德代表清朝政府，而金登干则全权代表赫德到里斯本与葡方进行谈判。这样一种授权于外籍人员进行重要外交活动，而且密切涉及该外籍人员本国的利益，本来是反常的方式，是世所罕见的。在华民指赫为异族，在葡人谓赫为华官，在英国视赫为心腹，由赫德操纵的谈

① 参见《中国海关与中葡里斯本草约》，中华书局，1983，第7页。
② 参见《中国海关与中葡里斯本草约》，第74页。

判的恶劣结果，是可想而知的。

果然，赫德和金登干在谈判和缔约过程中，曾连续使用极不光明正大的做法，以诱使李鸿章和奕劻入彀。他们多方为葡方出谋划策，建议澳葡总督兼葡方谈判代表，可以利用英文字句的多义译文作为骗取清政府对条约条款认同的办法，其用心实在卑鄙。例如赫德对罗沙出点子，说：

> 地位条约的英文字句必须仔细斟酌，使它包含了每一意义。我预料用 perpetual occupation（永久占据）等字就可以达到目的。中文文字不妨含蓄，只要提到就够了，不必说得太多。我原来拟的已经可以行了。新拟的条文首先带有强占意味，其次内中关于治理澳门的词句又意味着割让领土。①

赫德又示意罗沙，暂时不宜过细指明"属澳之地"的具体范围，先谋取囫囵通过，作为伏笔，"将来日子一久，自会形成更有利的东西"。② 他更利用中葡双方约定，条约分别使用中、葡、英三种文字书写，但以英文本为准的规定，根据中英文文体中某些关键词的含义不同，从中做了手脚，例如，中文本"永驻管理澳门"，则有意在英文中写成"perpetual occupation and government of Macao"，此语既可翻译为"居住"之意，亦可译为"占有"；把"未经大清国首肯"，写成"without previous agreement with China"，此语既可翻译为"未经中国事前同意"，也可译为"未经事先与中国商量"，等等。诸如此类的问题，都说明赫德、金登干之流，实在挖空心思以算计中国，时时处处埋下祸根。甚至赫德本人也承认，他是采取了"连哄带骗"的手段以促成这个条约的缔订。李鸿章、奕劻等原期待赫德等可以为中国利益服务，实无异于与豺共舞，与狼谋皮！

事实正是如此。葡萄牙侵占之心本不限于澳门本岛，而是包括与澳门邻近的水陆要塞百余里的地区。早在光绪十三年（1887）六月，罗沙即向总理衙门交出一份"属澳之地"的地图，东至九洲洋，南至大小横琴岛、过路环、氹仔，西至湾仔、银坑，北到前山后山脚，周围百余里陆地、岛

---

① 《中国海关与中葡里斯本草约》，第92页。
② 《中国海关与中葡里斯本草约》，第92页。

屿和海面俱以红线划入葡人界内，其面积反比澳门岛大出若干倍，当时被总理衙门拒绝，而赫德"指导"罗沙，暂先含蓄一些，"将来日子一久，自会形成更有利的东西"，就是指可以在条约上先取得"属澳之地"的笼统承诺，再作蚕食。

缔订条约的墨迹未干，由英国介入，中葡之间就"属澳之地"范围的争执即接续出场了。葡方一再扩张水陆界线，公然抗议中方在湾仔、舵屋山搭厂驻兵；反对中方在关闸至北山岭设置兵卡税站；擅自宣布所谓葡管澳门水界，驱逐中国在青洲水面的兵船；甚至强行在中国境内的大小横琴岛构建兵营，派兵占取；在香山县界内，葡人官役一再越界征收华民税钞；等等。所有这些活动，都是为造成既成事实，谋取"更有利的东西"，在划界谈判中取得优势地位。

英国政府并未因此而止步，他们的野心不息，竟唆使其外交官在赫德哄骗的基础上，再公然出面，在"属澳之地"问题上大做文章，企图配合葡方胁迫中国让出超越澳门范围以外的更多领土主权。

清末宣统年间（1909～1911）任英国驻华公使的朱尔典就是一个狂热的殖民主义者，他秉承英国政府之命，几次三番以公函及亲到总理衙门、外务部质询等形式，向中国施加压力。朱尔典先以"澳门界务有无进展，是否退让"要求中国表态；继又以所谓"中国不允调处，惟英葡有约，设葡境受侵，英有保护之责"，"澳界案，若中侵葡，中英恐将决裂"等言辞进行恫吓（以上引文均见《汇编》有关文电）。其实，所谓"英葡有约"云云，原来是英葡两国早在200多年前，即在1661年，即中国康熙元年签订过早已经废止的旧约，且英葡在嘉庆年间，亦因澳门问题发生过交战，英国无非是借此以作为对清朝进行恐吓讹诈的口实。清朝外务部即以"英葡前约于澳界案渺不相涉，未便牵扯插入"，将其伪托的历史谬论顶回去。

英葡共同采用的另一手段，是分别向中国提出，如果不满足他们的要求，便要将澳门问题"交海牙公断"，因为海牙国际法院其实是控制在英、法、美等列强手中的工具，如交其判断，必然是偏袒侵略者，是绝难有"公断"的。但这不过也是讹诈空言，因为海牙法院的实际约束力是很有限的，只有对患有"恐洋病"的人才有作用。

图穷匕见。原来英国之所以不惜声言"决裂"，乃基于它本身的侵略利益。当时中英之间，正为开平矿案和铜官山矿案进行激烈的谈判，中国为维护本身矿权，要求收回英国已攫取到手的部分利益，更不答允再让出其他利益。英国侵略者便企图将水搅浑，居然说什么"须将中国预允开平（和）澳界，如议不成，定归公断"等谰言作为恐吓的借口。当中国坚持开平矿利与澳门划界问题是中英、中葡分别交涉的事件，绝无理由混淆在一起驳斥，指出这是完全违反国际惯例的，英国外交部和朱尔典其人亦无辞以对。正当交涉胶着之际，葡萄牙国内爆发革命，废除君主，改为共和，居澳葡人亦分为拥护君主和主张共和两派，互相攻讦，且引起兵变。在欧洲，英德关系又急遽紧张，世界大战的危机又迫在眉睫，英国已自顾不暇。不久之后，中国亦爆发了辛亥革命，有关澳门地位和划界问题的交涉，遂成为悬案。

《汇编》收载资料可贵之处，还在于它将近代以来，为澳门问题与中国打交道的，诸如葡萄牙的亚玛勒、基玛良士、罗沙等人；法国的哥士耆、丰大业等人；英国的赫德、金登干等人的言论活动如实地记载了下来。这些分属于不同国家，但俱是以侵略中国为职志，借澳门问题以为其本国侵略利益服务的"知名人士"。他们或巧言如簧，或狰狞凶煞，脸谱和手法虽各有不同，而且还更番轮换，但总而言之，谋我之心是一样的。所有这些，都是极好的反面教材，它可以促使中国人民反省和深思，认识到国势衰弱是必然要招致侵略的，蕞尔小国葡萄牙尚敢对我压迫凌辱不留余地，围绕澳门问题所出现的诸多事故，无非是当时国际国内政治和形势的投射，无非是中国从封建社会转入半殖民地半封建社会的并发症状。它激发中国人民猛醒，"痛哉列国议瓜分，虎视眈眈伺我隙"。[①] 唯有奋起自强，坚决以反侵略的斗争来对待侵略和压迫，包括澳门问题在内的一系列中外关系问题，才可能得到合理的解决。

九

随着澳葡当局扩界侵占所到之处，不论过路环、氹仔、青洲等岛，龙田、望厦等村的人民群众，必起而抗争。他们或是对侵入境内的葡国官兵，鸣锣集众以驱逐；或是抗缴洋租洋税；遇有民、刑官司诉讼，仍然禀呈中

---

① 郑观应：《郑观应集·赠日本佐藤侯相三十六韵之一》。

国官府审断，拒绝葡官裁理。他们誓言，生为中国之人，死守中国之土，"联二十四村之众，振臂奋呼，有非官司所能禁止者"。①

反对澳葡侵占，反对签订丧权辱国《通商条约》的高潮，大体上是从光绪十年（1884）以后日趋高涨的，直到清朝在 1911 年灭亡，一波接一波，从未停息。望厦村村民为反对"澳葡越界收租"，反对"驻澳葡人收钞勒索"，一再向清朝官府呼吁维护主权，切不可将寸土片地轻让于人。稍后，在中葡关于澳门划界问题交涉期间，香山县各界、香港各界、广东省各界、各省人士，以及包括旅居欧、美、东南亚各地的侨胞，均以同乡会、商会、勘界维持会、中葡界务研究社等名义集会和发表宣言，或献上原葡方租居澳门岛界址的地图，或探求数百年来澳门被租住以至被逐步侵占的历史过程，用以供反抗侵占谈判的参考。有些人士甚至连续数十次上书，泣血椎心，要求废止条约，收复国土。海内外群情激奋，众志成城，足以表明民气不可夺，民心不可侮。这些活动也确实曾挫折过澳葡的侵占气焰，他们一再致函两广总督，要求限制抗葡"莠民"的活动。

还应该注意到，也是从光绪初年开始，在清朝统治集团内部，有一些督抚大吏，如先后任两广总督的刘坤一、张之洞、张人骏等人，曾任广东巡抚的吴大澂等人，都是对澳葡侵占有过抵制的。特别是张之洞和吴大澂，曾经一再实地履勘，剖陈利害，多次向清廷上奏，表示坚决反对签订有损国权的条约，反对让葡萄牙"永驻管理澳门"，认为此是"肘腋之患"。到光绪三十四年（1908）和宣统元年（1909），葡国军警包庇私运军火，窥伺关闸以内土地，张人骏毅然决定派兵驻扎拱北以保境护关，双方对峙数月，葡方不得不将官兵后撤。这不但说明，在清朝高级官吏中，已逐渐有人觉醒，必须以实力遏阻澳葡的侵占野心，还说明，直到清王朝覆亡前夕，在澳门问题上的对抗仍在激烈地进行着。《汇编》收载文件的内容，一直延续到宣统三年（1911）八月初二日，还有 17 天（八月十九日，公历 10 月 10 日）便是爆发武昌起义的日子了。可以说，是上溯至明末，又完整地包括了有清一代有关澳门问题的起伏跌宕，复杂变化的全过程，"黑龙王气黯然消，莽莽神州革命朝"。② 维护澳门主权的斗争，是与辛亥革命的浩荡潮流

---

① 《望厦等村绅民反对葡占廪文》。
② 马君武：《马君武诗词稿·去国辞之一》。

汇合在一起的。

当然，斗争正未有穷期。中葡之间、国际之间关于澳门问题的利害冲突，各种交涉谈判和抗争，在清朝覆亡、中华民国建立后仍然会继续发展。可以肯定的是，中国人民要求澳门回归祖国的决心绝不会减退。中华民国时期的历届政府未能做到这一点，只有在中国共产党领导下创建的中华人民共和国，才能稳步有序地达到澳门在 1999 年 12 月 20 日回归祖国的结果。当此 400 余年的历史公案即告一段落，当此举国同庆的日子，《汇编》的出版发行，不论在现实还是在学术上，都是有重大意义的。

笔者撰写这篇序文，旨在对《汇编》所收浩瀚史料粗加条理和介绍。如果能对读者诸君利用这些珍贵史料时提供一些线索和参考，则是笔者深感欣幸的。

（本文为中国第一历史档案馆、澳门基金会、暨南大学古籍研究所合编《明清时期澳门问题档案文献汇编》之序言，北京，人民出版社，1999）

澳门历史研究述评

吴志良*

我们一直认为，澳门作为第一块被西方人占领居住的中国土地以及中国最早对外开放的商贸港口，在相当程度上反映了近 500 年中国与西方交往角力的全过程，澳门历史亦从侧面清晰折射出中西文明交锋撞击的轮廓，而这种交锋撞击，不可避免地体现到澳门历史研究上。在这个意义上，我们透过总结澳门历史研究来考察中国与西方的观点和方法，了解其异同，可以使我们更好地把握自己对西方的认识，也可以使我们更好地看清楚西方人对我们的看法。虽然澳门历史只是个别案例，但通过对澳门历史研究的分析，足以勾画出双方对历史的不同阐述和解释以及其认知过程的演变。

此外，在人类进入 21 世纪的时刻，对澳门历史研究进行总结，也具有特殊的意义，因为澳门历史的发展过程充分表明，不同文明如果不去或缺乏沟通，如果想显示优势甚至互相征服，肯定会产生冲突，反之，则完全可以和睦共处，相安无事，携手并进。

一 澳门史研究现状

（一） 澳门史学之史学

澳门历史的第一部著作，中文的应该是印光任、张汝霖的《澳门纪略》（1751 年），西文的应为龙思泰（Anders Ljungstedt）的《早期澳门史》（1834 年）。恰好在这一段时期，特别是鸦片战争后，中葡以及其他一些西方国家意识到澳门的主权和治权的归属问题，并诱发了葡萄牙深入搜寻占

---

* 澳门基金会行政委员会主席，南京大学历史学博士。

据澳门的证据，澳门历史研究亦由此产生。从此可见，澳门历史研究一开始就染上了官方色彩，就有争议性。而其后澳门历史研究的高潮，都是在中葡之间出现争议的情况下产生的，例如 1887 年《中葡和好通商条约》签订前后，20 世纪初期中葡有关澳门划界、废除不平等条约、收回租界、抗日战争胜利后呼吁收回外国占领的港澳地区，中华人民共和国成立，1950 年代初关闸事件，1979 年中葡建交，1987 年签订《中葡联合声明》这几次重大变革和历史事件，有关研究成果不可避免地带有一定的民族主义色彩。

长期以来，人们很少关注澳门史学的史学。1980 年代起澳门历史研究大力起步后，才有几篇史学评论的论文相继问世。1994 年，黄启臣发表《澳门历史研究刍议》①，对至其时的澳门历史研究状况进行了介绍，提出了深入研究澳门历史的内容并阐述了一些研究方法。同年，邓开颂以《中国大陆之粤港澳关系研究概述》② 为题，对这方面的研究作了简介。1995 年，张海鹏在《澳门史研究：前进和困难——国内澳门史研究的动向》③ 中提出："从学术研究的意义来说，澳门史的研究，当以 1936 年出版的周景濂《中葡外交史》为发端。"他认为"档案史料的挖掘还有待继续努力"，"对澳门历史作用的分析要使人接受，还要作出巨大的努力"。④ 通过中外学者近几年的共同努力，上述两个困难已基本克服。1996 年，笔者曾撰有《澳门史研究述评》一文。⑤ 1997 年，笔者在南京大学答辩澳门史博士论文时，对中外澳门研究的情况作了进一步的评述。⑥ 1999 年，澳门回归前夕，龙心刚发表《近 20 年来澳门史研究综述》⑦，论述了澳门史中一些重要问题研究的进展与现状。

葡萄牙学术界因没有通中葡双语的人才，无法对中国的澳门史学加以

① 《文化杂志》，澳门，澳门文化司署，第 19 期，1994 年第二季度，第 156～160 页。

② 《文化杂志》，澳门，澳门文化司署，第 19 期，1994 年第二季度，第 161～167 页。

③ 张海鹏：《澳门史研究：前进和困难——国内澳门史研究的动向》，载《中国社会科学院研究生院学报》1995 年第 5 期，第 74～78 页。此文后发表于《文化杂志》第 27、28 期，1996 年夏秋季号。

④ 张海鹏：《澳门史研究：前进和困难——国内澳门史研究的动向》，载《中国社会科学院研究生院学报》1995 年第 5 期，第 74 页。

⑤ 《行政》杂志，澳门，澳门政府行政暨公职司，总第 32 期，1996 年第 2 期，第 509～520 页。

⑥ 吴志良：《生存之道——论澳门政治制度与政治发展》，澳门成人教育学会，1998，第 3～8 页。

⑦ 龙心刚：《近 20 年来澳门研究综述》，载《南京社会科学》1999 年第 2 期，第 41～44 页。

评论，对西方研究澳门历史的状况也缺乏总结，有关论文反而是由外国人撰写的。中国学界熟悉的德国学者普塔克（Roderich Ptak）于 1997 年撰写了《玩弄历史——中国大陆近代史中的清初澳门形象》① 一文。1998 年，他又以《澳门及中葡关系》② 为题，对中国的澳门史学进行了评述。上述两文的某些观点是值得商榷的，尤其是 1997 年那篇文章，火药味很浓，但未得到其所预期的中国学术界的反响。应《华裔学志》（Monumenta Serica）之约，普塔克近期将对澳门回归前后的有关研究进行再次评论。我们期待他的新作问世，并将届时一起评述。

（二）研究机构、人员及成果

鉴于澳门历史本身的特殊性，中国内地、澳门及葡萄牙为澳门历史研究的三大重镇，中葡学界近年逐渐形成一支老中青三结合的科研队伍，成为澳门历史研究的主力。欧美其他各国也有学者从事澳门历史的研究，但甚为分散且数量不多。

在中国内地，1980 年代中期以前澳门历史研究的力量主要集中于广东省社会科学院、中山大学和暨南大学以及南京大学。此后，上海、北京、福建等地的学者也先后加入研究行列，如上海社会科学院、中国社会科学院、福建社会科学院以及北京大学、复旦大学、厦门大学、华南师范大学等都设立了澳门或港澳台研究中心，加强对澳门历史的研究。回归前夕，澳门研究更加遍及全国各地，不少新闻媒体亦刊载了大量有关澳门方方面面的文章。

在澳门，官方、半官方机构如澳门文化学会（后来改名为澳门文化司署、澳门特别行政区文化局）、港务局及其海事博物馆、教育暨青年局、澳门基金会、澳门大学、东方葡萄牙学会，民间组织如《澳门日报》、《华侨报》、东方文萃出版社、澳门社会科学学会、澳门历史学会、澳门近代文学学会、澳门中华教育会、天主教会、澳门成人教育学会等，也发表或出版了不少澳门历史的文章和专著。

---

① 〔德〕普塔克：*Manipulating History*：*Modern Mainland Chinese Images of Early Qing Macao*，载《自由大海》（*Marum Liberum*）1997 年第 14 期，第 63～84 页。

② 〔德〕普塔克：*Macau and Sino-portuguese relations*，载《华裔学志》（*Monumenta Serica*）1998 年第 46 卷，第 343～396 页。

从研究人员年龄来分析，中国学者队伍老、中、青俱备，而西方学术界尤其是葡国，多为 40～50 岁这一年龄组的研究者。特别是近年来，国内许多研究澳门的青年学者刻苦学习葡萄牙语，因此，华人学者中可用中葡两种语言阅读、写作者越来越多，精通双语者不乏其人，而西方学者绝大多数只能以其母语或英语进行研究。长远来看，我们的研究深度和广度都有可能超出西方学者。

出版物标志着一个时代学术研究的数量与质量。在澳门回归热的效应之下，中国内地前些年所出版的有关书籍达到了空前绝后的规模，尤以各种通史型著作见多。而澳门本地的研究则是另外一种走向，有如下几个显著的特点。

第一，文献整理、出版形成了一个历史高潮。澳门基金会策划和出版了数量可观的中、葡文或中葡双语的文献集，并开始将中国古代文献以及西方语系，尤其是葡语的史料系统地引进澳门历史研究中。例如《明清时期澳门问题档案文献汇编》（6 卷，人民出版社，1999 年）、《葡中关系史资料汇编》（10 卷）及《粤澳公牍录存》（8 卷）。① 澳门文化局印行了多种文献目录②，为有关澳门档案的利用提供了方便。

第二，大量研究澳门史地的专著、专论问世。澳门基金会积极参与学术著作的出版，近年来，先后编辑出版了《濠海丛刊》、《澳门丛书》、《澳门论丛》、《澳门译丛》等大型丛书；澳门文化司署和东方葡萄牙学会也出版了多套极具分量的丛书，只因为大多以葡萄牙语出版而不为中文读者所知。

第三，编写出版大型基本工具书，如已出版的《澳门编年史》、《澳门总览》及《澳门百科全书》。澳门大学正在编写的《澳门历史词典》，将同时出版葡语及汉语版。它将为汉语学者进入广阔的西方语言文献天地提供捷径，使中国学术界与国际学术界迅速接轨。相比之下，各种西方文字有

---

① 吴志良、金国平：《挖掘原始档案文献 重现澳门历史原貌》，载《史学理论研究》，2000 年第 4 期，第 52～58 页。

② 《葡萄牙国立档案馆中的澳门及东方史料》，1995；《埃武拉公共图书馆及区档案馆中的澳门及东方史料》，1996；《海外历史档案馆中的澳门及东方史料》（2 卷），1996；《汉文文书》（2 卷），1997；《耶稣会会士在亚洲》（2 卷），1998；《阿儒达宫图书馆中的澳门及东方史料》，1998。

关出版物的总和不及汉语出版物的一半。①

　　以前，葡萄牙的研究与教学单位主要集中在里斯本，如里斯本古典大学文学系历史专业、里斯本新大学社会及人文科学系海外学院、里斯本科技大学社会及政治科学系国际制度研究中心、中国学院及东方学院、天主教大学葡语国家及文化研究中心。近来，北部的阿威罗（Aveiro）及米纽（Minho）大学也设立了汉学课程，部分研究澳门问题。东方基金会也设有一个汉学研究中心。葡萄牙政府机构中研究澳门的机构有：装备、计划及领土管理部下属的热带科研学院内的古图研究中心及亚非研究中心。几年前，科技部又与澳葡政府于里斯本设立了澳门科技文化研究中心（Centro Científico e Cultural de Macau）。该中心拥有一个专业书籍收藏丰富的图书馆和一个澳门博物馆。

　　葡萄牙似乎没有具一定规模的有系统、规划的澳门研究成果。然而，葡国学者的研究基本同国际学术界接轨，其主要形式为参加各种国际研究计划及会议。其次，葡国学术界开始系统利用以英法两种文字为主的国际书目。在此方面，中国较年青一代的学者，由于掌握了一定程度的外语，特别是英语，也开始参考国际书目，但所征引的具体书籍多为各学科的经典著作，对新著作、新观点的接触较少，因此，同国际学术界的研究水平仍然有一定的差距。

　　中葡两国学者对国际书目的利用目的也有所不同。葡国学者具有利用葡语早期汉学著作及档案的优势，但他们的中国文化、历史的整体知识较欠缺，所以他们利用国际书目加以补充。中国学者则将国际书目作为研究及著作的重要参考。澳门历史的先驱学者，如张天泽、张维华及戴裔煊等人之所以能独树一帜，无不得益于对中国史料的发掘及对外文资料的综合运用。

　　中葡学术界研究的共同趋势是以原档为研究基础。关于澳门的灰色文学，主要是博士及硕士论文，华人学者的博士论文数量超过西方学者，而硕士论文则不及。就质量而论，因中葡大学制度的不同，很难对其学术论文发表对比性的评论，但从里斯本新大学海外发现史专业及澳门大学葡文学院完成的硕士论文来看，二者之间的学术水平尚有一定的差距。从论文

---

　　①　详见《澳门历史指南（1500 - 1900）》，澳门，纪念葡萄牙发现事业澳门地区委员会，1999。

的主题来看，葡萄牙学者多半从事断代史、专门史及人物研究，如东方基金会组织编写的《葡萄牙人在远东史》（已出版 2 卷 3 册）和东方葡萄牙学会的《东方追忆》丛书（已出版 17 卷）。

华人学者中，有老一代补充再版通史型著作，也有同中、青年学者通力撰写的新编历史及专论粤澳及粤澳港关系的著作问世。葡语学界尚无此类研究书籍。据悉，他们亦无此方面的研究出版计划。另外一个新趋势是，华人研究人员中出现了一批以澳门及中葡关系史地考证见长的学者。[①] 他们努力搜寻中外新史料，重新解读史料，开拓新的研究方法，进而在史著中提出了新的观点，澄清了一些误区。例如，澳门地名的研究有了实质性的突破。汤开建考证出"蚝镜"为一种动物，笔者与金国平的共同研究证明"蚝镜"与"海镜"相同。我们在近期的一篇论文中，提出了"澳门"初为一普通名词的新观点。[②]

（三）澳门史主要问题

第一，政治史是澳门历史研究的古老课题，多年来，澳门历史研究基本上围绕着政治史特别是中葡关系史来展开。近年来，随着澳门问题的政治解决，在澳门起源方面，西方，尤其是葡萄牙学术界近年已逐渐放弃了带有明显殖民主义及民族主义倾向的观点。在某些华人学者中，受某一特定历史时期影响的某种具有政治意味的史学观念和某些支配性的传统思维亦正在渐渐得到更新。有学者开始从政治、军事及经济之外的角度探讨这一议题。我们以中外史料为依据，分析了京廷勉期寻求龙涎香这一向来不大为史家重视的原因，对澳门的出现提出了较接近历史本来面目的表述，证明了以"超商业行为说"为基础的霸占说缺乏历史依据。此外，笼罩澳门起源的许多历史谜团，如"张四老"、"海盗说"、"金札说"[③]，均已基本澄清并得到了双方学界的接受。尽管如此，在澳门历史上某些重大事件的论述上双方仍有一定分歧。例如，对亚马勒的评价、1887 年条约关于澳界

---

① 例如黄德鸿、唐思、邓景滨、章文钦、汤开建及金国平等。

② 详见金国平、吴志良《寻根探源话开埠》、《"蚝镜"与"海镜"》、《广东"蚝镜"与台湾"蚝镜"》及《澳门今名推陈》，载《镜海飘渺》，澳门成人教育学会，2001，第 215 ~ 239 页。

③ 金国平：《中葡关系史地考证》，澳门基金会，2000。

内容的解释以及"五二九"惨案、关闸冲突、"一二·三"事件等。

近年来大量出版的中、葡或中葡双语的档案资料，为中外学术界的对话提供了工作平台，为客观、科学评价某些重大历史问题提供了文字依据。此外，其他欧洲国家档案资料的运用也有助于中葡双方学界的对话。因此，本着寻求历史真实的精神，某些分歧会逐渐消除，乃至达成共识。例如，葡萄牙史学界一直认为，中国官方参与了亚马勒谋杀事件，但新近发掘的当时西班牙及法国驻澳门公使向各自外交部提供的情报报告表明，两广总督虽然事先得知此事，但并未正式参与。

第二，宗教研究是继澳门开埠史研究的第二大课题，亦是从文化视野去考察澳门并挖掘其内在价值的一条重要路径。澳门开埠以来，商贸蓬勃发展，迅速成为天主教远东传播中心。文德泉（Manuel Teixeira）神父的 16册巨著《澳门及其教区》（*Macau e a Sua Diocese*）（1940~1979 年）可作为澳门传教史来阅读。近期，中葡两国有四种关于澳门宗教问题的博士论文通过了答辩。应该指出的是，宗教研究主要集中于耶稣会。其他早期天主教会团，如方济各会、多明我会及奥斯定会入澳、入华史的研究，仍属空白。由原纪念葡萄牙发现事业澳门地区委员会、澳门基金会与澳门理工学院联合出版的《西方宗教人士与近代中国文献对照述评》（*Os Religiosos Ocidentais na China na Época Moderna – Ensaio de Análise Textual Comparada*）一书，为我们提供了一份较详细的由澳门进入中国的四个天主教主要会团——耶稣会、方济各会、多明我会及奥斯定会的西文研究书目。国内关于后三会的研究也是十分薄弱的，近来出版的某些关于基督教在华早期传教史的书籍，对耶稣会以外的会团几乎只字不提。实际上，上述三会都有自己的通史出版。而且还有记录在华传教的专史与文献集，例如多明我会有 7 卷本的《多明我会在华传教史》（*Historia de las misiones dominicanas de China*）。17 世纪末，澳门出现了第一位中国籍主教——多明我会士罗文藻（1616~1691年）。尽管罗文藻在中国教史上大名鼎鼎，但尚不见有一部较详尽的中文生平传记，彰其宣教业绩，倒是外国人写了厚厚的几百页，为其立传。① 方济各会从 1936 年起，编辑出版了 10 卷 15 册《在华方济各会会志》（*Sinica*

---

① 〔西〕何塞·玛利亚·贡萨雷斯（José Maria González）：《首位华人主教——罗文藻先生》（*El Primer Obispo Chino；Padre Lo*），维亚尔巴－潘普洛纳，1966。

Franciscana），记载了该会在福建及山东活动的许多事迹。

近年来，中葡学术界开始了对礼仪之争的深入研究。所谓礼仪之争，其实质是西班牙及法国的教团围绕葡萄牙王室的保教权同耶稣会展开的一场争夺。这一天主教内部教团之间的纷争卷入了中国的皇权。长期以来，学界认为，康熙大帝努力学习西方科技出于个人的爱好与兴趣，但事实上，问题并不如此简单。尽管清朝一贯奉行安抚政策，但根除汉人"反清复明"的恻隐之心并非易事。明朝的对澳政策是随着澳门的发展逐步制定的，但清朝在入关前大致有了对澳政策的基点。就全国政策而言，为避免引发更大的社会动荡，清政府基本沿袭明制，自然在澳门问题上也会维持"明季成议"。满族人推翻了朱明汉族王朝，形成了与汉人不可调和的民族矛盾。正因为他们自己也是少数民族，所以较注意民族政策，同时利用安抚、起用贰臣、免除赋税等具体政策来笼络占中国人口多数的汉人。入主中原前50年仍处于游牧、无文字状态的满族人，为了在军事征服全国后发展经济的同时，能控制文化发展程度远远高于他们的汉族知识分子，使其心服口服，统治者需要一批具有与汉文化发展水平相同或在某些方面领先的人员来辅佐执政。例如，中国无先进科技人才，就必须引进。澳门是获得外来人员的唯一渠道，因此在康熙执政时颇得重视。他的孜孜苦学完全是为了其统治的需要，借西洋科学提高自己的文化水平，以便更有效地治理国家。为此，清朝初期统治者不断从澳门寻找具有各类专业知识的传教士为其效劳。

从这个角度观察礼仪之争，我们才能看到康熙所采取的断然态度的根本原因。也正是从这个角度分析问题，我们才有可能评估礼仪之争及后来在欧洲取缔耶稣会给中西文化交流所带来的巨大破坏。1932年陈垣发表的《康熙与罗马使节关系文书》只是相当少的一部分文献。西方文字关于此问题的书籍论文多达数百种，更有大量的葡语及其他西方文字原档尘封于欧洲数个大图书馆及档案馆。葡萄牙著名澳门历史学者萨安东（António Vasconcelos Saldanha）正在整理这部分资料。借庆祝利玛窦入京400周年纪念之际，澳门东方葡萄牙学会将在《东方追忆》（*Memórias do Oriente*）这套高质量的丛书中出版一部有关史料精选集，随后可能接着发行汉语译注版。中国历史上著名的传教士，如罗明坚、利玛窦、汤若望、南怀仁等均系葡萄牙保教会属下的传教士，但他们现在大多被"国有化"了。他们的母国将他们引为与中国文化交流的使者，以各种形式进行研究。直至澳门回归前夕，一些不如上述人物有名的葡国传教士，如曾德昭、安文思、徐日升等人才引发了中葡两国的研究兴趣。中国科技部与葡萄牙科技部联合创办了中国—葡萄牙科学历史中心，着手对在京廷任职的葡萄牙籍传教士展开研究。

第三，外贸史是澳门历史的主体部分之一。这方面的论文向来很多，近年在里斯本新大学海外发现史专业及澳门大学葡文学院学习的学生答辩通过了数量可观的研究澳门与东南亚国家海外贸易情况的硕士论文。这些论文发掘了许多葡语档案资料，开始将统计数字引入澳门对外贸易研究。因此，较之以前的研究成果，这些论文更具科学性及准确性。从中国内地完成的某些有关博士论文所征引的书目来看，仍未能完全跟上时代的发展。在此领域的研究，中外的差距不小。海禁期间，澳门是中国外贸的唯一通道，因此，通过对澳门外贸的研究才可获得对同时期中国外贸的客观认识。这是澳门历史研究中应该加强的一个方面，而葡语档案及保留在葡萄牙国立档案馆中的汉语文书中，有大量这方面的资料可供研究使用。

第四，传教士的东来促进了东西文化的交流融合。澳门作为中西文化交流的窗口，其双向性尤应加以强调。葡国学术界以往侧重澳门政治、宗教及经济史的研究，对澳门的文化交流史较少问津，而中国学者这方面的研究可以说是处于领先地位。从1930年代起，张维华、方豪、林子升等学者陆续发表了数量可观的论文。方撰有专著①，详论中西文化交流之历史。林的博士论文②有过半的篇幅论述这一问题。20世纪80、90年代，中国内地学者邓开颂、黄启臣、黄鸿钊陆续发表有关论文。澳门《文化杂志》及《行政》上所刊登的这些论文的葡语版常为葡萄牙学者所引用。1950～1980年代，英国学者李约瑟所著《中国科技史》中有些章节涉及这个问题。1990年代，美国学者拉驰（Donald F. Lach）及科雷（Edwin J. Van Kley）的《亚洲在欧洲形成中的作用——蓬勃的世纪》（*Asia in the Making of Europe: A Century of Advance*）一书第3卷第4册使用了洋洋几百页的篇幅，专门论述中国文化西传及对欧洲文化所产生的影响。在中国学术界及一般读

① 方豪：《中西交通史》，台北，中华文化出版事业委员会，1953～1955年。
② 林子升：《十六至十八世纪澳门与中国之关系》，澳门基金会，1998，第185～273页。

者中，拉驰及科雷不如李约瑟知名，但他的著作专论中西文化交流，应该引起应有的重视。拉驰及科雷著作的深度与广度，可成为以后此类研究的参照。通常而言，澳门中西文化交流史在通史型著作中所占的篇幅很小，不能完全反映澳门在此方面所起过的历史作用。我们认为，澳门不仅是中西文化交流的窗口和桥梁，更是不同文明和睦相处的典范，值得深入研究。为此，有必要组织一个国际编写小组，采取新的研究、写作方法，引入更多的资料，通力撰写一部以澳门为背景的中西文化交流史。或许，中外史学界在此领域较易获得共识。

第五，澳门居民中，除了96%以上的华人外，还有一个很特别的族群——土生葡人。他们兼具不同的血缘和文化习俗，长期以来在澳门这个弹丸之地自成一体。这方面研究的先驱是葡萄牙人类学专家黎沙（Almerindo Lessa）教授，继黎沙之后的阿马罗（Ana Maria Amaro）出版了《大地之子——澳门土生葡人研究》。几年前，贾渊（Pina Cabral）等撰写了《台风之乡——澳门土生族群动态》一书，澳门《文化杂志》等亦曾刊登过一两篇关于水上居民的葡语文章。总体而论，此问题尚未引起中国学界澳门历史研究者的足够重视，而我们讨论澳门土生葡人时，也基本上停留在政治和语言文化层次，十分缺乏人类学和社会学方面深入研究的成果。

第六，也是我们认为最为薄弱的一点，是澳门华人社会的研究。澳门社会一向是华人居民占多数，澳门的原居民最初怎么形成、华人社会内部形态如何演变发展及其与内地地方当局的关系、华人社会又怎样与葡人社群及其政权相处，是撰写一部完整、客观澳门历史不可缺少的内容。长期以来，澳门历史研究者并未清楚界定澳门与澳葡——澳门葡人社群和政府的概念，经常把两个概念交叉使用，故而难以跳出澳门历史等于或基本等于中葡关系史的框框。近期，杨仁飞在这方面作了些努力[①]，金国平与笔者也尝试研究了澳门"原住民"，得出客家文化是澳门历史文化的起始成分的结论。澳门是客家先民从中原徙迁、开发华南的历史足迹之一。[②]

[①] 杨仁飞：《澳门近代化历程》，澳门日报出版社，2000。

[②] 金国平、吴志良：《澳门地区原住民研究》，载《镜海飘渺》，澳门成人教育学会，2001，第247~256页。

二 沟通中西观点与方法 推动澳门历史研究

(一) 澳门历史研究与澳门学

近年来，在中外学者的共同努力下，澳门历史研究无论是理论研究，还是基础科研均有了长足的发展。某些领域的研究成果已对明清史的深入研究作出了积极的贡献。我们认为，澳门史学对中国整体史学可有如下几个方面的学术推动：

(1) 促进中外交流史的研究；

(2) 促进欧洲列强在华关系史的研究；

(3) 促进明清史的研究，尤其是清史上几个历史疑案的澄清。

近来，金国平和笔者根据耶稣会的档案资料，对努尔哈赤的死因进行了新的探讨[①]并已发表研究成果。雍正继位为清初三大疑案之一，我们正在系统研究西方档案资料及流落在欧洲的汉语文献，试图为此悬案寻找历史答案。

澳门历史研究的意义不仅止于澳门学的范畴。它不仅仅是中国历史或葡萄牙历史的一部分，或许从欧洲海外扩张史及中国近代对外交流史的视野来研究澳门历史的意义会更加重大。因此，澳门学是中西交流研究的切入点。由此，我们可以进入欧洲、中国，乃至世界历史研究的广阔天地。就此意义而言，澳门问题的政治解决不仅不会使澳门史学降温，反而为澳门史学提供了更加广阔的研究前景，研究人员也因为没有了历史包袱而可以更加客观、理性。澳门史学不局限于澳门的史地研究，实际上，它贯通中西，博大精深，远远超出了中国地方史的范畴，为学术界开启了新的思维视野。

澳门史学应该有什么样的史学定位呢？

18 世纪启蒙运动以来，史学的重心在于"民族国家"。世界史，除了意识形态外，也几乎都是依据"近代民族国家"而形成的叙述架构。澳门独

[①] 金国平、吴志良：《澳门与入关前满清——从耶稣会文献重探努尔哈赤死因》，载《镜海飘渺》，澳门成人教育学会，2001，第 51~85 页。

特的社会、政治、经济、文化形态使其不得不但又无法完全被归入任何一个与其关联的"民族国家"或"近代民族国家"的范畴，因此具有独特性。

自 16 世纪以来，在相当长的一段时间里，澳门曾扮演着中外文化交流的窗口和桥梁的角色。多元化的语言、价值观念、宗教信仰、建筑风格、文化习俗在澳门相互影响，共存共生，从而在总体上形成了一种独特的文化形态：一方面，它植根于母体——中华文化，与其保持着千丝万缕的联系；另一方面，又与外来文化相交融。澳门各项科学文化事业，澳门居民的宗教信仰、民风民俗，都不同程度地反映了这一独特的文化特性。

从澳门历史文化的构成来分析，它以中华文化为主体，吸收了相当多的拉丁文化成分，但世界其他文化，如阿拉伯、印度、马来文化的成分也是不少的，尤其是从 19 世纪起，接受了大量盎格鲁撒克逊文化的养分。因此，澳门文化不是几种文化与中华文化的单纯总和，而是多元文化的融合体。在研究过程中，研究人员应透过中、西文化存在的总合，注重这些文化在相互融合时形成的关系，也就是说，注意文化"差异"在澳门历史发展过程中相互交流、包容或渗透以致产生一种新文化的形态。从此基本构思出发，澳门史学应以对多种文化整体造成了影响的一些历史事件作为论述核心。因此，它应该是一门具有主体特色，并能体现多种文化精神的世界史新学科。澳门史学应试图超越以往欧洲史与中国史的支配性思维，从一个更广泛的视角来回顾澳门的历史。

欧洲的海洋史源自地理大发现的航海殖民时代，原来就是一部鲜明的"欧洲扩张史"（European Expansion History），后转为多角度的海洋史（Maritime History）。在研究澳门历史时，传统的中国史学则较注重于海外交通史的视角。我们认为，基于上述独立性与独特性，加上有欧洲及中国通史这样一个广阔的大历史背景，再有欧洲扩张史及海外交通史所赋予的具体历史环境，澳门历史研究完全有依据形成一门独立的学科——澳门学（Macaology）。

十多年前，以陈树荣、黄汉强、杨允中为代表的一批澳门学者首先提出建立澳门学的构想，并进行了多次深入的探讨。[①] 1994 年，常绍温又对此

---

① 吴志良：《旧话重提"澳门学"》，载《东西交汇看澳门》，澳门基金会，1996，第 37~42 页。

问题进行了论述。① 汤开建则较好地论述了澳门学的概念。②

澳门学的葡语名称，除了 Macaulogia 之外，也可采用 Estudos Macaenses 或 Estudos de Macau 这两种译法。因此，澳门学与澳门研究可以交互使用。

要严格界定澳门学的范畴不是一件容易的事情，我们以为，其主要内容可包括下列诸项：

（1）澳门起源；

（2）澳门宗教及中国传教史；

（3）澳门港口都市发展；

（4）中西文化交流；

（5）澳门海外贸易及其在中国总体海外贸易中的地位与作用；

（6）原住民、民族融合及族群关系；

（7）以澳门为中心的华人移民史；

（8）涉外关系；

（9）海洋思想文化；

（10）文学史；

（11）语言史；

（12）世界澳门学资源普查；

（13）其他。

明清史专家韦庆远先生指出："澳门以弹丸之地，但 450 年来牵涉世界风云。它发展的每一阶段，都是与当时的国际形势、社会经济的发展潮流、中西文化的碰撞和融合、中国近代的改良和革命等息息相关的。它不但是西学东来的入口处，又是东学西渐的出发站。澳门的人口种姓、文化组合、建筑艺术、风俗习惯，都具有自己的特点，其影响远远超出本身的地理范畴。在前人研究的基础上大力建设'澳门学'已经提到了中外学术界的面前，它应该是一门涵盖面广泛，学科多样，需要深入分析和高度综合的学问。由于近年来，海内外先后公布了大量有关澳门问题的历史档案，更为

---

① 常绍温：《从澳门历史文化的特点略谈建立"澳门学"问题》，载《文化杂志》，澳门文化司署，第 19 期，1994 年第二季度，第 168 ~ 169 页。

② 汤开建：《澳门开埠初期史研究》（代前言），北京，中华书局，1999，第 1 ~ 8 页。

'澳门学'的研究，提供出前所未有的优越条件。'澳门学'必将成为重要的'显学'，需要若干代学人的潜心努力。"①

我们相信，韦庆远先生的预言与期望在不远的将来一定会成为现实。

（二）21世纪澳门学的挑战

展望21世纪澳门学，我们以为还有许多工作要做。

首先是人才的培养。在中国大学（包括澳门的高等院校）内，并无设置澳门文化历史本科专业课程。在一些开设澳门历史研究生课程的学校里，葡语也未成为研究澳门史的科研语言之一，为全面深入研究造成客观困难。葡萄牙语的确不是很容易学会，但我的母校北京外国语大学有很成功的经验可以借鉴。如何将澳门历史研究与葡萄牙语学习结合起来，是值得认真考虑的一个问题，因为只有不断培养澳门研究人才、壮大研究力量，澳门学才能成长发展。

第二，基础科研项目应列入日程。

其一为澳门历史研究题解书目的编写。从18世纪中叶《澳门纪略》问世以来，澳门历史研究至今已有250年的历史。20世纪为澳门历史研究勃兴的世纪，尤其是澳门回归前夕，各类有关著作论文似雨后春笋般涌现。曾有学者撰文介绍了1980年代以前的主要研究成果，一些书籍所附的书目也可作为参考②，但仍缺乏一比较全面的汉语澳门研究题解书目。葡语方面，有澳门土生学者高美士（Luís Gonzaga Gomes）编写的《澳门书目》（*Bibliografia Macaense*）。澳门文化局从1988年起出版《澳门图书目录》。③1999年，该局将其补充、汇集成书出版并有光碟版《中葡关系四百五十年》。英语方面，有里查德·卢伊斯·爱德蒙（Richard Louis Edmonds）的

---

① 韦庆远：《澳门史和澳门学院研究》，香港城市大学中国文化中心客座教授讲座演讲提要，2000，见 www.cciv.cityu.edu.hk/website/? redirect =/visitor/1999 – 2000 – b/wei/indnex-php。

② 例如林子升《十六至十八世纪澳门与中国之关系》，第286～317页；黄启臣、邓开颂：《中外学者论澳门历史》，第364～385页；谭志强《澳门主权问题始末》，第331～362页；汤开建《澳门开埠初期史研究》，第305～351页；吴志良、杨允中《澳门百科全书》，第716～748页及《明清时期澳门问题档案文献汇编》，第6卷，第871～885页。

③ 共计4卷：第一卷专题论文，第二卷期刊，第三卷报刊分析，第四卷图片。

《澳门》。① 上述两种著作对汉籍涉及甚少，即便是西方语言的书目也亟须更新。葡国学者洛瑞罗（Rui Loureiro）的新作《澳门历史指南（1500～1900）》（1999年）及何思灵（Celina Veiga de Oliveira）、若泽·加华列路（Jorge Cavalheiro）著、柯天莲译的《澳门历史文化指南》（1999年）更新了部分西语研究书目，并收入了澳门各类葡、英语中出版的华人学者论文译本的题目，但一部较全面的汉语研究书目仍属空白。因此，摆在澳门历史研究人员面前的一项当务之急，也可以说是澳门学的基础工作之一，便是编写一部汉语澳门历史研究题解书目。对于新的研究人员来讲，了解、研究历史及现状是一项很费时费力的工作。有些人往往因为无从下手而放弃某些项目的研究。即便对于在行的学者专家而言，此类工具书亦往往有事半功倍的功效。

澳门文化局在档案专家辛耀华（Isaú Santos）的策划与组织下，编辑出版了一系列葡萄牙及欧洲主要档案馆及图书馆有关澳门史料的文献目录。其中只有《汉文文书》有分卷的葡文和中文版。我们认为，除开继续挖掘整理原始档案外，将上述葡语文献目录汉译出版可被视为澳门学的基础工程之一。即便华人学者无法据此直接使用所登录的葡档，至少可以了解某些历史事件文献收藏的情况，并从档案收藏的日期来确定某些历史事件发生的时间，也可在了解文献收藏情况的基础上，调取某些关键的文件，请人翻译后用于研究。

其二，为了更好地研究澳门华人社会、弥补这方面的空白，从族谱资料研究澳门历史是一个有待开创的领域。香港于1950年便开始了族谱的收集工作，取得了一定的成绩。澳门也应从此类文献的征集开始这方面的工作。搜集的范围不应局限于澳门，应该向澳门居民主要来源地的澳门周围地区征集。此前，可对美国家谱学会所收集的中国家谱进行资源调查②，先探虚实。此外，以澳门为中心的华人移民史方面，大部分汉语研究论文仍停留在声讨阶段，缺乏根据有关史料所进行的学术性研究。这是一个涉及面极广的研究课题，其意义可能不在白银资本研究之下。我们在研究所谓

---

① 〔美〕里查德·卢伊斯·爱德蒙（Richard Louis Edmonds）:《澳门》（Macau），牛津，科里奥出版社，1989。这是一部简明扼要的澳门历史题解书目。
② 美国家谱学会:《中国族谱目录》，台北，成文出版社，1983。

"猪仔贸易"的负面效应时，是否也应分析它可能有过的正面效应呢？

其三，澳门军事史为澳门通史中较薄弱的研究领域。葡人治澳时期，基于此问题的敏感性，所披露的资料十分稀少，仅从某些阅兵仪式上可以见到一些武器装备，因此华人学者尚未进入这一课题的研究。葡语研究成果以文德泉神父的《澳门军人》（1974 年第一版，1976 年第二版）一书为集大成之作。此书大部分篇幅叙述澳门的起源、炮台的历史、重要人物，粗线条地回顾了澳门的驻军史，但对军事法令、葡军的编制、人员及武器配备无详细涉及。上述资料在里斯本军事历史档案馆有十分丰富、系统的收藏。关于澳门的资料共 43 盒，其时限为 1817～1975 年，计有军方的函件，澳门驻军年度报告（平均 150 页），军事立法条例，军事行动及作战总结，澳门军事地图、照片等文献。尤其是抗日战争及太平洋战争期间澳门的资料（第 11 函盒，D297 – 1938 年，D298 – 1939 年，D299 – 1940 年，D300 – 1941 年。第 12 函盒，D301 – 1942 年，D302 – 1943 年，D303 – 1944 年，D304 – 1945 年，D305 – 1948 年），显示了葡萄牙在澳门保持中立的军事实力。冷战期间的资料，为研究西方对中国防卫体系的部署提供了极其珍贵的原始资讯。上述资料原藏澳门独立军区司令部，1977 年转入里斯本军事历史档案馆，澳门目前无藏。鉴于这批资料的重要性，我们认为，澳门历史档案馆应复制收藏，以供有关研究人员使用。

其四，澳门语言研究也是一个需要启动的研究领域。澳门的语言系统十分复杂。除了汉语的各类方言（粤、闽为主）外，有正规葡语、澳门土语（patois）及华人使用的具有前二者成分及汉语的洋泾浜葡语。洋泾浜葡语只有不稳定的口头形式，而澳门土语的口语及书面语形式较为固定。葡语学术界从 20 世纪初开始了澳门土语的研究，主要是进行语言搜集，加以发表（不少刊于《大西洋国》、《澳门教区报》），随后又有一些论文发表。此领域的扛鼎之作为白妲丽（Graciete Batalha）的《澳门方言词汇》及《澳门方言词汇补编》。有关方面的研究仍停留在词汇的研究阶段。葡人学者中尚无掌握一定程度书面体汉语的研究者，因此他们无法进行澳门土语的深层研究。澳门土语的全面研究应由掌握中葡双语的华人学者或中葡学者合作进行。澳门语言的研究，尤其是早期语言的分析可以帮助我们解决一些澳门早期史的疑难，例如，为何葡语文献中称屯门为 Tamanlabua？Taman 是汉语屯门的音译，而 labua 在马来语中是港湾、澳口的意思。Tamanlabua 意即屯门澳。从现在掌握的资料来看，早期葡人与为他们充当舟师、翻译的粤、闽籍华人沟通的语言既不是葡语，也不是汉语，而是马来语。

其五，随着澳门史研究的深入化、精致化，澳门史教学也须与研究同步，将新的研究成果引入教学。除了教师队伍本身知识的更新之外，很重要的一点是澳门史教材的编写。澳门曾出版高美士（Luís Gonzaga Gomes）的《澳门史略》（1955 年），作为教材使用。澳门回归前夕，中国教育部出版了由汤开建主编的《今日澳门》，作为大学的辅助教材。澳门主要大学中均有设立澳门史这一课程，但处于有课无本的状态。历史书籍可以作为教学的辅助材料，但不可代替教科书。1998 年，澳门大学实验教材编写组出版了《澳门历史实验教材（第一册）》。此书篇幅偏小，仅仅 32 页，而且过半的篇幅为彩色插图，其中某些观点在学术上也不无商榷的余地，所以至今未公开发行。编写一部简明易懂的澳门史教材，对普及澳门历史知识、提升学生的文化素质、促进澳门青年一代的文化认同的形成有着积极的意义。

第三，我们认为，除开上述基础工程，澳门历史研究深入的关键在于研究理论的提升及专题研究的增加，在于中西学者观点和方法的沟通与接近。由于澳门历史研究起源于中葡两国对澳门主权治权问题的争议，中西、尤其是中葡学者已经在许多重大问题上存在立场观点的对立和分歧，语言的障碍更加令这种对立和分歧加深加大，本来比较容易解决的问题也变得复杂起来。可幸又可喜的是，借澳门回归的东风，不仅消除了许多政治上的干扰因素，中西文著作互相翻译也逐渐多了起来，虽然还远远不足够，可中西学者起码知道大家在做些什么，水平去到什么程度，哪些是分歧，哪些是误会，最重要的是，双方都逐渐找到一个共同的方向和目标，即怎样将澳门历史研究推上一个新的台阶，并在研究方法上努力创新，以最终写出一本大家都认为比较科学、接近事实而且有一定深度的澳门历史。

（原载《史学理论研究》，北京，中国社会科学院世界历史研究所、近代史研究所、历史研究所，2002 年第 1 期；后收入金国平、吴志良著《东西望洋》，澳门，澳门成人教育学会，2002）

伊比利亚文献资料中关于 MACAU 的由来

〔葡〕洛瑞罗（Rui Manuel Loureiro）*

　　一般说来，澳门的开埠是各种因素相互作用和补充的直接结果。首先是葡萄牙人为寻求一系列的和广泛的物质利益及宗教利益，特别是为了接近"天朝"，于1511年征服马六甲后便开始出现在远东的大海上。其次是葡萄牙航海家于1542年或1543年发现了日本，从而促进了南中国沿海港口城市商业的日益蓬勃发展，再就是当时中国的广东省存在着有利于同外国人进行和平交流的机遇。

　　葡萄牙人的澳门商埠大约出现于1557年，其原因至今尚不十分清楚。在此前两年，葡萄牙商人经常来广州湾的一个人烟稀少的小岛浪白滘（Lampacau）做生意，并利用澳门半岛作为定期去中国南方大都市广州的中途停靠站。[1]这个被命名为"MACAU"（马交）[2]的船舶码头当时位于该地区一个荒无人烟的或者说是人烟稀少的毫不起眼的地方。但在以后的几十年中，由于葡萄牙人的经营，它获得了飞速发展，直至发展成为亚洲海岸线上的一个重要港口城市。

---

* 葡萄牙拉各斯市政厅部门主管，里斯本大学历史学博士。

① Rui Manuel Loureiro, *Em busca das origens*, Lisboa, Grupo de Trabalho do Ministério da Educação para as Comemorações dos Descobrimentos Portugueses, 1996 [Reedição fac-similada: Macau, Museu Marítimo de Macau, 1997] doc. 1. 中文版见〔葡〕洛瑞罗（此书中文版译作罗理路）：《澳门寻根》，文献一，澳门海事博物馆，1997，第53~59页。

② "MACAU"这个名字的由来至今尚不十分清楚。最普遍的说法是说它与粤语"妈港"（"妈女神港"或"阿妈女神港"）有关。见 Graciete Nogueira Batalha, Este nome de Macau, *Revista de Cultura*（Macau），n. 1, 1987, pp. 7~15。中文版见〔葡〕白妲丽《澳门地名考》，载《文化杂志》第1期，1987年第二季度。

这个"天主圣名之城"①的形成，始终是学者研究最多的一个课题，是葡萄牙人在中国出现这段历史中最含混不清的历史问题之一，因为有关的文献相对缺乏，所以在这个问题的研究中出现了种种罗曼蒂克但实际上缺乏根据的说法。②正因为如此，或许利用现存的 15 世纪伊比利亚文献中的大量资料来解开当时在珠江口崛起的这个葡萄牙人定居点的谜团是很有意义的。

一 远东疆界上的澳门商埠

澳门的第一批西方居民中，可能包括格雷戈里奥·贡扎勒兹（Gregório González）。关于他的情况至今知之甚少。这位西班牙教士约在 1573 年给当时菲利普二世派驻里斯本的大使唐·胡安·德·博尔雅（D. Juan de Borja）的一封信中讲述了前几年南中国沿海发生的一些事情。看来，贡扎勒兹神父是中国"同葡萄牙人和解"③之后，即在莱昂内尔·德·索萨（Leonel de Sousa）同广州官员为葡中贸易关系正常化而于 1554 年签订了一个非正式协议之后从马六甲派往中国沿海港口城市的使节。莱昂内尔·德·索萨这位阿尔加维船长是在 1555 年 3 月才回到马六甲的。因此，贡扎勒兹神父只可能在这一年的季风季节抵达广东海岸。

1555 年，在以前的葡萄牙人被迫离开其临时居住地之后，格雷戈里奥·贡扎勒兹神父同"七个基督教徒"踏上了"这块土地"。据说，广东当局把他们

---

① 根据 17 世纪初的一份文件，"天主圣名"这个名称可能是在 1585 年由总督唐·杜阿尔特·德·梅内泽斯（D. Duarte de Meneses）授予马交的，见 Rui Manuel Loureiro, Visões da China na literatura ibérica dos séculos XVI e XVII, *Revista de Cultura* (Macau), n. 31, 1997, pp. 154 - 158。中文版见〔葡〕洛瑞罗编《16 和 17 世纪伊比利亚文学视野里的中国景观文献选集》，载《文化杂志》第 31 期，1997 年夏季号，第 146 页。在 1589 年，马交居民已经有了上面标明"天主圣名之城"的证件，见 *Boletim da Filmoteca Ultramarina*（《海外影像馆馆刊》），n. 15, 1960, p. 599。

② Rui Manuel Loureiro, *Fidalgos, missionários e mandarins-Portugal e a China no Século XVI*（《贵族、传教士与官员——16 世纪葡中关系》），Lisboa, Fundação Oriente, 2000。Jorge Manuel dos Santos Alves, *Um Porto entre dois impérios-Estudos sobre Macau e as relações luso-chinesas*（《两个帝国间的一个港口——澳门及葡中关系研究》），Macau, Instituto Português do Oriente, 1999。

③ Rui Manuel Loureiro, *Em busca das origens*, Lisboa, Grupo de Trabalho do Ministério da Educação para as Comemorações dos Descobrimentos Portugueses, 1996 [Reedição fac-similada: Macau, Museu Marítimo de Macau, 1997] doc. 12. 中文版见〔葡〕洛瑞罗（此书中文版译作罗理路）《澳门寻根》，文献 12，澳门海事博物馆，1997，第 139～146 页。

都抓了起来，并高声讯问神父"为什么来到这里?"① 贡扎勒兹没有直接回答，没有明确说出他们曾经在海上停留过的地方，没有提及以前被俘虏过的同伴，看来只是承认他同一些葡萄牙商人来到澳门。的确，就是在 1555 年初，一些葡萄牙商人，其中包括几个耶稣会士，曾在浪白滘岛上过冬，他们没有遭到广州官员的任何反对。可能当时只有位于大陆岸边的澳门码头是禁止外国人进入的，这一情况或许正好能充分说明这位西班牙教士为什么在来到这里后遭遇到种种波折，并被监禁了起来，直到海外贸易活动解禁时才被释放。

1556 年，形势又出现了反复。在这一年，当所有的葡萄牙船只离开澳门这个驶向广州的中途临时停靠地之后，已经使一些华人皈依基督教会并在澳门建起了一间茅草教堂的格雷戈里奥神父决定同他那"有 75 个基督徒"的小小教会团体一起在这个船只停泊地居住下来。结果，他们又都被广东省的官员监禁了起来，直到次年春才获得释放。在这一年，中国人第一次强迫外国人摧毁"搭建在那块叫做马交的坚实土地上"的临时茅屋，② 这或许是因为他们发觉这样的建筑当年在这处增加得太多了，怕今后要摧毁它们太麻烦，也或许是因为他们担心这些外国人逐步习惯于在这块曾经是人烟稀少的半岛上长期居住下去。

格雷戈里奥·贡扎勒兹神父以上所讲的至今没有得到同时期的任何其他文献所确认，因此他的说法有待于进一步证实。但这位西班牙教士的下述说法则是确定无疑的，1557 年后葡萄牙人可以在马交安宁地居住了，因此，"随着时间的推移"，这里逐渐变成"一个很大的村镇"，12 年之后便有"五千多个基督教徒"。③ 至于这个葡萄牙居民点创建的确切年份，看来

---

① Rui Manuel Loureiro, *Em busca das origens*, Lisboa, Grupo de Trabalho do Ministério da Educação para as Comemorações dos Descobrimentos Portugueses, 1996 [Reedição fac-similada: Macau, Museu Marítimo de Macau, 1997] doc. 12. 中文版见〔葡〕洛瑞罗（此书中文版译作罗理路）《澳门寻根》，文献 12，澳门海事博物馆，1997，第 139～146 页。

② Rui Manuel Loureiro, *Em busca das origens*, Lisboa, Grupo de Trabalho do Ministério da Educação para as Comemorações dos Descobrimentos Portugueses, 1996 [Reedição fac-similada: Macau, Museu Marítimo de Macau, 1997] doc. 12. 中文版见〔葡〕洛瑞罗（此书中文版译作罗理路）《澳门寻根》，文献 12，澳门海事博物馆，1997，第 139～146 页。

③ Rui Manuel Loureiro, *Em busca das origens*, Lisboa, Grupo de Trabalho do Ministério da Educação para as Comemorações dos Descobrimentos Portugueses, 1996 [Reedição fac-similada: Macau, Museu Marítimo de Macau, 1997] doc. 12. 中文版见〔葡〕洛瑞罗（此书中文版译作罗理路）《澳门寻根》，文献 12，澳门海事博物馆，1997，第 139～146 页。

至今难以确定，因为曾经在 1556 年游历过中国沿海的加斯帕尔·达·克鲁斯（Gaspar da Cruz）修士在他的巨著《中国事务论》中对于这个村镇都还没有任何提及。①

这位多明我会葡萄牙修士 1555 年 9 月离开马六甲前去柬埔寨王国，因为之前他听到在那个国家经营贵重木材的葡萄牙商人说，柬埔寨国王本人请求派一些传教士到他的国家去，他希望了解"福音和基督教教义"。② 这些关于可能皈依柬埔寨君主的传言后来得到费尔南·门德斯·平托（Fernão Mendes Pinto）的证实，他在 1555 年初可能同加斯帕尔传教士一同到达马六甲。③ 加斯帕尔·达·克鲁斯在柬埔寨王国待了一年之后，由于他感到继续待在那里"不会有什么大的作为"，加上染上"重病"，于是决定离开那些"信奉异教的，愚昧无知的"柬埔寨人。④

就是在这样的情况下，加斯帕尔修士于 1556 年下半年（确切日期不明）决定乘坐"当时停泊在那个国家的一艘中国帆船"来到中国的一些港口城市，因为他早就听人讲述过"中国及其人民的许多传奇故事"并为之而陶醉不已。⑤ 他首先抵达浪白滘，在那里当时停靠着许多来自马六甲和日本群岛的葡萄牙船只。之后，可能在 1556 年 12 月和次年 1 月之间，他在葡萄牙商人的陪同下参观了广州市，在那里停留了一个月。在那些年月，葡萄牙人去这个中国南方的大都市参观访问，都要事先得到广州官员的正式允许。通行证一般要申请后 30 天内才能获得，访问结束后书面"路条"作废，在外国人访问期间，任何本地人不得同他们接触。⑥

① Gaspar da Cruz, *Tratado das coisas da China*［Évora, 1570］（《中国事务论》），edição de Rui Manuel Loureiro, Lisboa, Edições Cotovia, 1997, cap. 29。
② *Documenta Indica*（《印度传教文献》），edição de Josef Wicki, 18 vols., Roma, Institutum Historicum Societatis Iesu, 1948 - 1988, vol. 3, p. 364。
③ *Documenta Indica*（《印度传教文献》），edição de Josef Wicki, 18 vols., Roma, Institutum Historicum Societatis Iesu, 1948 - 1988, vol. 3, p. 364。
④ Gaspar da Cruz, *Tratado das coisas da China*［Évora, 1570］（《中国事务论》），edição de Rui Manuel Loureiro, Lisboa, Edições Cotovia, 1997, cap. 1。
⑤ *Documenta Indica*（《印度传教文献》），edição de Josef Wicki, 18 vols., Roma, Institutum Historicum Societatis Iesu, 1948 - 1988, vol. 3, p. 152。
⑥ Gaspar da Cruz, *Tratado das coisas da China*［Évora, 1570］（《中国事务论》），edição de Rui Manuel Loureiro, Lisboa, Edições Cotovia, 1997, cap. 28。

　　这位心地善良的多明我会修士很快得出结论，如同柬埔寨一样，中国给予适合于传播福音的条件也是少得可怜。一方面，任何外国人都不能"在这块土地上久留"，因为当局只发给他们临时居住证。这样，他们就无法开展长久的传教活动，无法使其工作"取得和巩固丰硕成果"。另一方面，中国人又都非常听他们的官员的话，"在没有得到他们的许可，任何人都不敢擅自皈依天主教"。当时，要在中国的大地上传教，首先需要得到皇帝批准，然而这只能通过葡萄牙印度省派出的官方使节才可能实现。① 于是，在1557年的头几个星期，多明我会修士加斯帕尔只好返回马六甲，随后去了印度。几年之后他写出了《中国事务论》，该书于1570年在埃乌拉出版，作者在书中讲述了"天朝"的生活及风土人情。十分有意义的是，作品反映出作者对中国情况以及对当时的葡中关系了解非常深入，但是其中只字未提马交码头或村镇的任何情况。加斯帕尔在其作品中只是提到一些"安全的商埠"，葡萄牙商人在那里过着"安宁的、毫无风险的、没有任何人打扰的生活"。②

　　从这些讲述中可以得出这样的结论，直到1556年末，在中国的海岸线上尚不存在任何比较稳定的葡萄牙人定居点，葡萄牙人还像前几年他们做的那样，继续请求将他们的船只停靠在浪白滘，继续利用马交作为他们经过虎门和珠江前往广州的中途停留地。1557年末，一个居住在马六甲的传教士也提到过"葡萄牙人在中国做买卖的商埠"，但没有说到其他任何细节。③ 这样看来，马交的开埠在当时可能不是什么重要的事情，因此它并没有引起那段时间在广东沿海岛屿游历的任何葡萄牙观察家的重视。

　　几年之后，费尔南·门德斯·平托在其作品中写到，葡萄牙商人直到1557年都还在浪白滘"同中国人做生意"。之后不久，广州官员应当地商人的要求，准许他们"在马交口岸"进行商贸交流，之前，这个口岸只是一

---

①　"印度省"这个概念普遍使用于16世纪下半叶，它泛指葡萄牙人在东方建立的定居点所包括的广大地区，其政治及行政中心设在果阿。

②　Gaspar da Cruz, *Tratado das coisas da China*［Évora, 1570］（《中国事务论》），edição de Rui Manuel Loureiro, Lisboa, Edições Cotovia, 1997, cap. 23。

③　*Documenta Indica*（《印度传教文献》），edição de Josef Wicki, 18 vols. , Roma, Institutum Historicum Societatis Iesu, 1948－1988, vol. 3, p. 529。

个 "人烟稀少的岛屿"。① 在这种情况下，我认为已经没有理由来质疑这位知名冒险家的这些话了，因为稍后的其他文献资料也证实了他的说法。对此，我们在下面还有机会来进行进一步的证实。由此看来，现在有必要强调的是，葡萄牙人当时在马交定居下来并不是件什么大不了的事情，没有举行过任何正式的仪式，完全是十分节制的和普普通通的行为。

格雷戈里奥·贡扎勒兹神父在其信件中指出，从 1557 年底到来年初，数目不清的一批葡萄牙商人在商贸活动结束后就在马交那个口岸待了下来。

据梅尔希奥尔·努内斯·巴雷托（Melchior Nunes Barreto）神父所述，许多所谓 "奸商" 在 "许多年前就开始在浪白滘一声不吭地" 从事着一种规模并不算小的神圣职业。还有些流氓无赖在那里整天同一些亚洲女子鬼混，任何道德或宗教规范都不在他们眼里。但他们的这一行动并没有遭到中国官员的任何反对。② 在其后的数年，这个突然崛起的村镇发展势头一直不减，因为无论从从事商业活动的角度来说还是从获取食粮的角度来说，澳门半岛由于离广州更近，而且从这里可以直接进入内地，都比浪白滘具有更为优越的地位。当葡中贸易扩大到一个空前规模的时候，③ 加上当地中国官员的宽容，葡萄牙人的这个定居点不能不得到飞速的发展。根据费尔南·门德斯·平托所述，中国方面觉得，"本地商人" 同外国人进行贸易，对双方都有利。④ 在广州人看来，外国人迁到马交这个新的口岸，缩短了他

---

① Fernão Mendes Pinto, *Peregrinação*〔Lisboa, 1614〕, edição de Adolfo Casais Monteiro, Lisboa, Imprensa Nacional-Casa da Moeda, 1988, cap. 221, p. 698. 中文版见〔葡〕费尔南·门德斯·平托《远游记》，第 221 章，金国平译注，葡萄牙大发现纪念澳门地区委员会、澳门基金会、澳门文化司署、东方葡萄牙学会，1999，第 698 页。澳门实际上是个半岛，尽管 16 世纪的葡萄牙文献中有些说它是一个 "岛屿"。

② 广东官员表现出的这种好意或许正如当时人们所说的，是收受了丰厚的贿赂的结果，这一推测似乎得到了稍后的一些文献的证实。关于这一点，我们在下面还将提到。

③ 1555 年，中葡商人在浪白滘上的胡椒贸易额已高达 3 万多担，仅一艘商船就能从日本运来 10 万克鲁萨多银币，见 Rui Manuel Loureiro, *Em busca das origens*, Lisboa, Grupo de Trabalho do Ministério da Educação para as Comemorações dos Descobrimentos Portugueses, 1996〔Reedição fac-similada: Macau, Museu Marítimo de Macau, 1997〕doc. 2。中文版见〔葡〕洛瑞罗（此书中文版译作罗理路）《澳门寻根》，文献二，澳门海事博物馆，1997，第 60~69 页。

④ Fernão Mendes Pinto, *Peregrinação*〔Lisboa, 1614〕, edição de Adolfo Casais Monteiro, Lisboa, Imprensa Nacional-Casa da Moeda, 1988, cap. 221, p. 698. 中文版见〔葡〕费尔南·门德斯·平托《远游记》，第 221 章，金国平译注，葡萄牙大发现纪念澳门地区委员会、澳门基金会、澳门文化司署、东方葡萄牙学会，1999，第 698 页。

们到广州来的路程，这对双方也都是有利的。

尽管有了马交这个稳定的商贸中心，但浪白滘并没有立即被葡萄牙商人抛弃，他们仍然将一些船只停泊在那里。显然，并非所有的船长对中国人都完全相信，他们宁愿将其船只停泊在海中的某个岛屿，而不愿在靠近内地的海岸边寻找一个坚实的避风港来停靠，因为他们担心在这些地方容易遭到当地武装力量的突然袭击。也许是他们昔日在同中国沿海其他地区的官员打交道和发生冲突的经历使他们如今不得不采取更为小心谨慎的做法，希望通过这样的方式来改善他们同中国人的关系，进而获得更多的特许权利。①

当时在浪白滘以及在马交无疑笼罩着一种真正的不规范的边疆混乱气氛，因为那时还没有建立起相应的行政管理常设机构。大约从 1555 年起，这个葡人定居点的最高权限由一位名叫唐·弗兰西斯科·德·马斯卡雷尼亚斯·帕利亚（D. Francisco de Mascarenhas Palha）船长行使，但他于次年 5 月乘船去日本群岛的一些港口任职了。② 根据稍后的一份国王所签发的命令，这位船长有权管理"在日本所有口岸停靠的葡萄牙船只和上岸的葡萄牙人"。③ 这一事实表明这位船长在浪白滘和马交负责的时间实际上不到一年。在他离开后的时间里，葡萄牙商人只好自己管理自己，各自按照自己认为可以的方式或善于运用的方式行事。这样一来，在葡萄牙贵族或商人之间便经常发生分歧，出现了一些相互对立的派别，以维护各自团体的利益。

即使在 1555 年，尽管有唐·弗兰西斯科·德·马斯卡雷尼亚斯·帕利亚在浪白滘管理，生活在那里的葡萄牙人之间仍然存在着激烈的争斗。当

---

① 关于马交开埠之前的葡中关系，见 Rui Manuel Loureiro, Da passagem portuguesa pela China（《葡萄牙人经过中国》），in *Rotas da Terra e do Mar*, direcção de Martim de Albuquerque & José Manuel Garcia, Lisboa, Diário de Notícias & Comissão Nacional para as Comemorações dos Descobrimentos Portugueses, 1994, pp. 428 – 456。

② Fernão Mendes Pinto, *Peregrinação*〔Lisboa, 1614〕, edição de Adolfo Casais Monteiro, Lisboa, Imprensa Nacional-Casa da Moeda, 1988, cap. 123, p. 706. 中文版见〔葡〕费尔南·门德斯·平托《远游记》，第 223 章，金国平译注，葡萄牙大发现纪念澳门地区委员会、澳门基金会、澳门文化司署、东方葡萄牙学会，1999，第 706～710 页。

③ *Archivo Portuguez Oriental*（《葡萄牙东方档案》）, edição de Joaquim Heliodoro da Cunha Rivara, 6 fasc. / 10 pts. Nova Delhi: Asian Educational Services, 1992, fasc. 5, pt. 2, p. 538。

时住在这里的梅尔希奥尔·努内斯·巴雷托神父后来写道："当时在浪白滘存在着各种团伙帮派，一些船长相互敌视。"尽管这位耶稣会士没有说出他们争执的缘由，却写道：他不得不"成天往返于一艘艘船只"之间，试图平息同乡们的激动情绪，因为他发现他们甚至敌视到了双方都想"置对方于死地而后快"的地步。他经过巨大的努力，终于得以使一些本来相互充满敌意的商人和好了。①

巴雷托神父上述这些关于葡萄牙人当时在中国口岸发生冲突的情况，已得到另一个耶稣会士的证实。这个耶稣会士名叫安德雷·平托（André Pinto）。他在事情发生之后不几年曾回忆道，由于缺乏葡萄牙王国官员在那里进行管理，葡萄牙人之间"相互仇视和报复的大门始终敞开着"。此外，这位年轻的传教士还补充道，当时混乱的局面非常复杂，以至于所有的商人都随身携带着武器。② 在解决这些主要是因争夺某些物质利益而发生的各种冲突方面，看来耶稣会士经常起着十分重要的作用。据安德雷·平托修士本人回忆说，他仅在一年内就通过做调解工作，避免了 20 多起发生在同胞之间的激烈对抗，其中包括几次决斗。

除了在解决激烈冲突中充当调解人角色之外，神父们在日常生活中还竭力向商人讲解宗教道德规范。据巴雷托神父说，在浪白滘有许多"Chatims"，③ 他们不仅"已多年不进行忏悔"，而且也不从事神圣的职业。这位神父还说，还有些人甚至成天同他们雇来工作的一些亚洲姑娘鬼混在一起，无视道德或宗教规范。④ 面对这一混乱局面，这位传教士有时也感到"巨大的困惑"，但从未失去信心，他的不懈努力最终取得了惊人的成果，不仅向

① *Documenta Indica*（《印度传教文献》），edição de Josef Wicki, 18 vols., Roma, Institutum Historicum Societatis Iesu, 1948–1988, vol. 4, p. 99。
② Rui Manuel Loureiro, *Em busca das origens*, Lisboa, Grupo de Trabalho do Ministério da Educação para as Comemorações dos Descobrimentos Portugueses, 1996［Reedição fac-similada: Macau, Museu Marítimo de Macau, 1997］doc. 6. 中文版见〔葡〕洛瑞罗（此书中文版译作罗理路）《澳门寻根》，文献六，澳门海事博物馆，1997，第 88~96 页。
③ *Documenta Indica*（《印度传教文献》），edição de Josef Wicki, 18 vols., Roma, Institutum Historicum Societatis Iesu, 1948–1988, vol. 4, p. 98。"Chatim"一词源自印度南方的马拉巴尔词语"chetti"。它最初指印度南方的一类商人，后来被葡萄牙作家用来指那些以前当过兵、退役后从事商业活动的人。
④ *Documenta Indica*（《印度传教文献》），edição de Josef Wicki, 18 vols., Roma, Institutum Historicum Societatis Iesu, 1948–1988, vol. 4, p. 98。

越来越多的人"传了教，讲了道"，而且还使一些葡萄牙男子同其女奴成了亲。①

　　以上这些信息为我们勾画了一幅当时位于广州湾的葡萄牙人定居点的混乱图景，在这里"尔虞我诈，签约毁约成了每日的家常便饭"。② 1550～1557 年，来自马六甲和日本的船只根据周期性的风向几乎总是定期到达，又定期返回。葡萄牙人常常居住在一些修建在岛屿岸边的临时宿营地里，他们一次往往住上几个星期，甚至几个月，在这段期间，他们同中国人进行着紧张的交易。莱昂内尔·德·索萨同中国官员签订协议后，葡萄牙人获准到广州，并可以在这个城市居住一段时间。与此同时，那类临时修建的驻地则逐渐从一个岛屿发展到另一个岛屿，但每次都越来越靠近广州城。

　　这些一批批有实干精神的葡萄牙商人，已习惯于艰苦的生活条件，他们随着季风的变化规律来来去去，没有固定住所，更没有任何稳定的组织约束。不过，在每艘商船上都有相当严格的等级界限，都有相当严格的纪律规定，以适应共同对付变幻莫测的环境条件的需要和达到保护自身的目的。但是，当几艘船只聚集在一起，比如在浪白滘的情况，由于缺乏一个直接或间接由葡萄牙王国委任的合法的管理机构，贵族及商人之间为维护各自的利益而发生冲突的情形就屡见不鲜了。后来委任一个常从日本航行来澳的船长负责此事，这样便部分地解决了一些问题，因为他每次来都要在中国沿海停留几个月时间，一方面是为了做买卖，另一方面则是为了等待适合的季风的到来。然而，总的说来，葡萄牙人在来到浪白滘和澳门的初期，由于生活在所谓"印度国"的最边缘地带，所以难以受到果阿当局任何有效的控制，中国沿海一带主要是葡萄牙商人和冒险家任意驰骋的天地。

二　一个葡萄牙商埠的发展壮大

　　葡萄牙航海家最终获准在澳门半岛建立一个临时的基地，尽管获准的

---

① *Documenta Indica*（《印度传教文献》），edição de Josef Wicki, 18 vols. , Roma, Institutum Historicum Societatis Iesu, 1948–1988, vol. 4, p. 98。
② *Documenta Indica*（《印度传教文献》），edição de Josef Wicki, 18 vols. , Roma, Institutum Historicum Societatis Iesu, 1948–1988, vol. 4, p. 245。

原因至今尚不完全清楚。有些中国文献认为这一许可是"海道副使"汪柏于 1553 年给予的，因为他收受了以莱昂内尔·德·索萨为首的葡萄牙人赠送的贵重礼品。[①] 据说，这些外国人对汪柏说，他们船上的货物在暴风雨中淋湿了，在按惯例进行交易之前，需要在广州附近找个合适的地方晾晒一下。葡萄牙人利用这一借口，随后又经过半个世纪的富有成果的努力，终于得以在中国的大地上建立起了一个坚实的基地。[②] 迄今没有任何葡文文献能确认这一说法，尽管费尔南·门德斯·平托在其《远游记》中提到过一个在中国沿海其他地方发生的类似情节。[③]

两年之后，即 1555 年，根据门德斯·平托和梅尔希奥尔·努内斯·巴雷托神父的说法，前往广州的葡萄牙人常常要求利用马交码头来作为中途停靠地。开初，一般是临时请求使用，后来，至少从 1557 年起，就变成了葡萄牙商人的常设基地。在这一年，中国当局首次允许外国人离开他们的临时宿营地，搬进这个定居点。从此，马交这个定居点就逐渐发展壮大起来。

一方面，由于马六甲与日本之间的航行时间所决定，葡萄牙航海家需要在中国沿海做长时间的中途停留。在通常条件下，一艘去日本的船只在 3~8 月间从马六甲起航后，抵达广东的某个岛屿需要一个月左右的时间。这时，它在这里做一次中途停留是必不可少的，如果不在这停留期间装上许多中国丝绸，那它继续航行到日本群岛去就没有什么价值，因为日本人就是喜欢中国的丝绸。但是，从中国吹向日本的季风通常是在 5 月底至 7 月底这段时间才有的，因此，马六甲与日本群岛之间的整个航程通常不可能在同一年内实现。于是，航海者不得不在中国的口岸做 10 个月左右的技术性

---

① "海道副使"，是中国当时的一官职名，主要负责管理海事，并有权管理外国人事务。

② J. Gregório Pegado, Um inquérito do Visconde de Santarém, *Ta-ssiyang-kuo*（《大西洋国》）, Lisboa, sér. 1, vol. 1, 1899, pp. 141 - 160; Kai-cheong Fok（霍启昌）, *The Macao Formula: a Study of Chinese Management of Westerners from Mid-sixteenth century to the Opium War Period*（《澳门模式》）, Honolulu, University of Hawaii, 1978 [Dissertação de doutoramento inédita], pp. 150 - 151。

③ Fernão Mendes Pinto, *Peregrinação* [Lisboa, 1614], edição de Adolfo Casais Monteiro, Lisboa, Imprensa Nacional-Casa da Moeda, 1988, cap. 60, p. 171. 中文版见〔葡〕费尔南·门德斯·平托《远游记》, 第 60 章, 金国平译注, 葡萄牙大发现纪念澳门地区委员会、澳门基金会、澳门文化司署、东方葡萄牙学会, 1999, 第 176~178 页。

停留。只有在次年的 5 月或 6 月，商船才可以离开浪白澳或澳门前往日本，进行大约为期两个星期的航行。约在同年 9 月到次年 3 月间，商船满载着在日本赚得的银两返回中国广州湾，开始新的停留和等待，因为适合最后回到马六甲的季风要在 10 月至次年 2 月才有。在这种条件下，由于有数量众多的商船参与葡、中、日间的贸易，所以先是在浪白澳，后是在澳门半岛，全年都总是需要一个十分重要的人口集散中心。

另一方面，在"天朝"沿海存在一个葡萄牙人定居点，这势必会对生活在附近的中国人产生吸引力。浪白澳是个岛屿，进出显然有些麻烦，而马交位于一个半岛上，这里同毗邻的香山县人接触无疑要方便得多。而且，人们生存必不可少的基本食粮的供应以及雇用从事各种杂务的劳工在这里也可以得到更可靠的保障。奔波于中国海域的葡萄牙人只做商品运输工作和服兵役，而瞧不起直接的生产活动。于是，在亚洲海岸线任何一点上定居的葡萄牙人，在食品和其他生活必需品的获得方面，总是完全依赖于当地的经济。

葡萄牙人通过定期缴纳关税，通过给相关的官员慷慨地送礼，终于平息了广东官员的反对。这样一来，他们的正常贸易活动就通行无阻了，进而促进了葡萄牙马交商埠的持续发展。虽然关于马交开埠初期的生活情况的文献资料至今发现不多，但现有的文献已清楚地说明那时广东官员已允许葡萄牙人在正常贸易时间结束后继续居留在那个口岸。[①] 这样，葡萄牙人便可以利用广州官员给予他们的这一便利条件了。

当时的广东省政府对形势作了十分现实的评估。他们认为，同"佛郎机人"进行贸易对沿海经济的发展将很有利。第一，葡萄牙人可以为本地市场提供充足的贵重物品，比如胡椒和香料等，这些物品当时在本地非常缺乏。第二，同他们贸易可以为广东带来新的巨额关税，因为在这方面双方已签订了一个协议。第三，通过他们可以向外推销大批的丝绸、瓷器和其他中国特产，这样便可以换回大量的日本银子——这是当时中国人十分渴望得到的宝贝。第四，葡萄牙人在广州湾定居下来还有利于促进当地经济的发展繁

---

① 霍启昌也提到 1564 年的一份中文文献，其中清楚地指出，不几年之前外国人已获准永久定居马交，见 K. C. Fok（霍启昌），*The Macao Formula：a Study of Chinese Management of Westerners from Mid-sixteenth century to the Opium War Period*（《澳门模式》），Honolulu，University of Hawaii，1978 ［Dissertação de doutoramento inédita］，pp. 74 - 76。

荣，因为他们建立的商埠在日常生活品的供应方面将完全依赖于内地。最后一点好处是，通过葡萄牙的商船常常可以弄到譬如琥珀一类的珍稀物品，这些东西正是中国上层社会，尤其是皇宫里的达官贵人所钟爱的。①

在安全方面，葡萄牙人在马交定居同样可以给广东当局带来好处，因为这些外国人现在是集中住在一个限定区域里的，而不是游荡在毫无限制的广阔无垠的沿海区域。这样就能对他们的人员、船只及商品的往来进行戒备、监视和控制，中国人同外国人的接触也可以局限在一个最小的范围内。

葡萄牙人从浪白滘迁移到澳门是逐步进行的，但他们的贸易条件和所处的困难地位等都没有发生什么变化。比如，1557 年弗兰西斯科·马尔丁斯（Francisco Martins）船长指挥印度总督弗兰西斯科·巴雷托（Francisco Barreto）的商船从日本航行来到这里。② 由于他可能以前没有指挥商船来马交停泊过，因此他这次来这里的许可手续都是新办的，仍然费了许多周折。③

这位船长可能于次年同莱昂内尔·德·索萨的商船④一道又回了日本。后者这位阿尔加维船长，正如前面所述，以前曾同广州官员签署了一个协议，从而完成了他早在 1546 年就接受的一项葡萄牙国王的命令。过不多久他离开中国去了马六甲。没几年之后他又回到中国海岸。⑤ 这次随同他和马尔丁斯的船只一道离开澳门去日本的，还有船长吉列尔梅·佩雷拉（Guil-

---

① 巴雷托神父在 1555 年曾试图拯救一些被囚禁在广州的葡人，为此，他向当地有关官员送了一大块琥珀，见 Rui Manuel Loureiro, *Em busca das origens*, Lisboa, Grupo de Trabalho do Ministério da Educação para as Comemorações dos Descobrimentos Portugueses, 1996 [Reedição fac-similada: Macau, Museu Marítimo de Macau, 1997] doc. 2。中文版见〔葡〕洛瑞罗（此书中文版译作罗理路）《澳门寻根》，文献二，澳门海事博物馆，1997，第 60 – 69 页。另见 Jin Guo Ping, Wu Zhiliang, Reformular as origens de Macau-Imperadores, âmbar-cinzento e Macau, *Revista de Cultura* (Macau), ns. 38 – 39, 1999, pp. 3 – 22。中文版见金国平、吴志良《龙涎香与澳门》，载《镜海漂渺》，澳门成人教育学会，2001，第 38 ~ 50 页。

② Charles R. Boxer, *O Grande Navio de Amacau*（《亚马港大船》），Macau, Fundação Oriente & Museu e Centro de Estudos Marítimos de Macau, 1989, p. 23。

③ 迪奥戈·多·科托（Diogo do Couto）在讲述 1556 年印度发生的事情时首次提到"中国帆船"的结构和装备，见 Diogo do Couto, Década VII（《七十年代》），*Da Ásia* [Lisboa, 1778 – 1788], edição fac-similada, 15 vols., Lisboa, Livraria Sam Carlos, 1973 – 1975, liv. 2, cap. 11, p. 185。

④ Charles R. Boxer, *O Grande Navio de Amacau*（《亚马港大船》），Macau, Fundação Oriente & Museu e Centro de Estudos Marítimos de Macau, 1989, pp. 23 – 24。

⑤ Jordão Freitas, *Camões em Macau*（《贾梅士在澳门》），Lisboa, Imprensa de Libânio da Silva, 1911, pp. 26 – 27。

herme Pereira）的商船。① 这位船长是迪奥戈·佩雷拉（Diogo Pereira）的兄弟。在那些年里，他们两人是最经常出没在中国海域的葡萄牙富商。

那一年，他们在日本平户（Hirado）的生意特别好，因为莱昂内尔·德·索萨后来写道，他从那里带回了足以"令他致富"的"五千克鲁萨多银两"。但是，他的回程结局却是悲剧性的，因为，他在从中国回到马六甲的航行途中，"在中国海湾"遭遇海难，"受到毁灭性的损失"。② 几个月后，巴尔塔扎尔·加戈（Baltasar Gago）神父曾提到这次发生在"经过中国海岸时"的海难，③ 尽管没有具体说出事的确切地点，然而稍晚一点出版的一本关于航海的书籍则是十分明确地指出了"莱昂内尔·德·索萨他们遭遇海难的地方"，④ 大致位于中国南海中部帕尔塞尔（Parcel）群岛附近，那是一片布满小岛和暗礁的当时航海家最为惧怕的宽阔海域。这次惨剧后来有相当的名气，因为据说失事船上有一名乘客便是贾梅士（Luís de Camões），他在那个年代也常在东方的海域游历。⑤ 不管怎么说，那位阿尔加维船长最终还是得救了，他得以"坐上一只能载23个人的小船"，侥幸地到了马六甲，⑥ 然后他从那里前往印度，于1560年抵达目的地。

关于他们的航程，莱昂内尔·德·索萨这样评论道："这次生意的兴

---

① Charles R. Boxer, *O Grande Navio de Amacau*（《亚马港大船》），Macau，Fundação Oriente & Museu e Centro de Estudos Marítimos de Macau，1989，p. 23。

② Rui Manuel Loureiro, *Em busca das origens*, Lisboa, Grupo de Trabalho do Ministério da Educação para as Comemorações dos Descobrimentos Portugueses, 1996 [Reedição fac-similada: Macau, Museu Marítimo de Macau, 1997] doc. 4. 中文版见〔葡〕洛瑞罗（此书中文版译作罗理路）《澳门寻根》，文献四，澳门海事博物馆，1997，第77~80页。

③ *Cartas que os padres e irmãos da Companhia de Iesus escreuerão dos Reynos de Iapão & China* [Évora, 1598]（《耶稣会士书信合集》），edição fac-similada de José Manuel Garcia, 2 vols. , Maia, Castoliva, 1997, fl. 63。

④ *Le "Livro de Marinharia" de Gaspar Moreira*, edição de Léon Bourdon & Luís de Albuquerque, Lisboa, Junta de Investigações Científicas do Ultramar, 1977, p. 120. 根据这一大约于1595年编撰出版的书籍，那次海难可能发生在1、2月份，那时正是海浪最猛烈的季节，海浪将莱昂内尔·德·索萨他们的船只推到了一片充满暗礁的低洼地带。

⑤ Rui Manuel Loureiro, *Fidalgos, missionários e mandarins － Portugal e a China no Século XVI*（《贵族、传教士与官员——16世纪葡中关系》），Lisboa, Fundação Oriente, 2000。

⑥ Rui Manuel Loureiro, *Em busca das origens*, Lisboa, Grupo de Trabalho do Ministério da Educação para as Comemorações dos Descobrimentos Portugueses, 1996 [Reedição fac-similada: Macau, Museu Marítimo de Macau, 1997] doc. 4. 中文版见〔葡〕洛瑞罗（此书中文版译作罗理路）《澳门寻根》，文献四，澳门海事博物馆，1997，第77~80页。

趣"完全集中在指挥"那艘毒品船"上。至于说到"船长这个头衔",在那漫长的航程中给他带来的,"除了名声和无休止的工作以及指挥大家同风暴搏斗之外",就别无其他任何利益了。① 实际上这位船长遭受的都是大自然对他的严酷鞭打,而对自己所拥有的"支配权力的使用"则是谜一般虚幻。莱昂内尔·德·索萨断言他所担任的船长职务并没有给他带来任何好处,因为他没有领一分钱的薪水,得到的只是形式上的荣誉。因此,凡是获得日本之行机遇的贵族都只关心经营能给自己带来丰厚利益的毒品和香料生意,而对他们作为船长应做的"各项工作"不感兴趣。②

现有的关于那段时期的文献资料少有提及马交的这一事实,不能不说是值得令人深思的一个问题,这似乎意味着在那时马交还没有什么特别的重要性。可能马交当时确实只具有葡萄牙人在昔日漫长的大发现过程中所建立的那些定居点的特点,临时搭建的简陋的茅屋群,它们只是用来作为航海者在航行途中停留休整时的聚集地和商品的集散地,或者用来作为他们从当地最贫穷的家庭中买来做女奴的姑娘的集中地。③ 的确,马交当时还是位于"天朝"遥远边疆偏僻处的一个由葡萄牙冒险家及商人的活力和意志力所支撑着的小村镇,只不过这些葡萄牙人出于维护自身利益的需要已经善于尊重和忍受中国官僚施加的种种沉重的压力。

日本航线当时获得迅速发展,甚至设立了定期航班。尽管至今尚不清楚航行许可证为何拥有许多恩惠,但耶稣会的文献已经为我们勾勒出了一系列航行的相当严格的时间表。④ 在那些年里,"因为日本对中国不断开

---

① Rui Manuel Loureiro, *Em busca das origens*, Lisboa, Grupo de Trabalho do Ministério da Educação para as Comemorações dos Descobrimentos Portugueses, 1996 [Reedição fac-similada: Macau, Museu Marítimo de Macau, 1997] doc. 4. 中文版见〔葡〕洛瑞罗(此书中文版译作罗理路)《澳门寻根》,文献四,澳门海事博物馆,1997,第 77~80 页。

② Rui Manuel Loureiro, *Em busca das origens*, Lisboa, Grupo de Trabalho do Ministério da Educação para as Comemorações dos Descobrimentos Portugueses, 1996 [Reedição fac-similada: Macau, Museu Marítimo de Macau, 1997] doc. 4. 中文版见〔葡〕洛瑞罗(此书中文版译作罗理路)《澳门寻根》,文献四,澳门海事博物馆,1997,第 77~80 页。

③ *Documenta Indica*(《印度传教文献》), edição de Josef Wicki, 18 vols. , Roma, Institutum Historicum Societatis Iesu, 1948 – 1988, vol. 4, p. 98.

④ Charles R. Boxer, *O Grande Navio de Amacau*(《亚马港大船》), Macau, Fundação Oriente & Museu e Centro de Estudos Marítimos de Macau, 1989; Georg. Schurhammer, *Francisco Javier. Su vida y su tiempo*(《方济各·沙勿略:其生平与时代背景》), 4 vols. , [Pamplona], Gobierno de Navarra, Compañía de Jesús & Arzobispado de Pamplona, 1992, vol. 4, pp. 845 – 854。

战”，葡日贸易变得特别能够赢利。① 1555 年，一个耶稣会传教士写道：
"日本沿海一些王国的国王为了同中国海滨城市的总督打仗大办水师"。②这
位传教士在其作品中清楚地谈到了"倭寇（即席卷中国南海的海盗）对中
国沿海，尤其是对福建和浙江两省的掠夺性侵犯"。③ 为了对付海盗的威胁，
广东地区的民众也建立了强大的舰队。④ 由于这一缘故，日本和中国之间就
"没有商人来往了，港口也都关闭了"。⑤

面对这一局面，葡萄牙人没有卷入那些倭寇的劫掠行径，采取了一种
相对独立自主的立场。⑥ 在日中之间的冲突中，他们由于严格保持中立，
所以在日本群岛和中国边境贸易中得以扮演一个中间人角色。1554 年后
葡人同中国在广东地区的关系正常化看来有助于将当时活跃在东亚海域的
葡萄牙船只吸引到这一地区来，由于葡人按协议缴纳关税，葡萄牙商人同
中国的合法贸易比任何走私方式都遇到较小的风险，并进而获得较大的
利润。

马六甲同广州湾之间的以及日本群岛同中国沿海各口岸的频繁的商贸
往来显然促进了马交的飞速发展。⑦ 1559 年中，鲁伊·巴雷托（Rui Barre-

---

① Rui Manuel Loureiro, *Em busca das origens*, Lisboa, Grupo de Trabalho do Ministério da Educação para as Comemorações dos Descobrimentos Portugueses, 1996 [Reedição fac-similada: Macau, Museu Marítimo de Macau, 1997] doc. 4. 中文版见〔葡〕洛瑞罗（此书中文版译作罗理路）《澳门寻根》，文献四，澳门海事博物馆，1997，第 77～80 页。
② *Documenta Indica*（《印度传教文献》），edição de Josef Wicki, 18 vols., Roma, Institutum Historicum Societatis Iesu, 1948 – 1988, vol. 3, p. 361。
③ So Kwan-wai（苏均炜），*Japanese Piracy in Ming China During the 16th Century*（《16 世纪明代中国的日本海盗》），East Lansing, Michigan State University Press, 1975, pp. 145 – 160。
④ 根据巴雷托神父所述，广东省当局为了抵抗日本侵略者在不到一个月内就"装备了 280 艘帆船和一万人马"，见 Rui Manuel Loureiro, *Em busca das origens*, Lisboa, Grupo de Trabalho do Ministério da Educação para as Comemorações dos Descobrimentos Portugueses, 1996 [Reedição fac-similada: Macau, Museu Marítimo de Macau, 1997], p. 82. 中文版见〔葡〕洛瑞罗（此书中文版译作罗理路）《澳门寻根》，澳门海事博物馆，1997，第 63 页。
⑤ Rui Manuel Loureiro, *Em busca das origens*, Lisboa, Grupo de Trabalho do Ministério da Educação para as Comemorações dos Descobrimentos Portugueses, 1996 [Reedição fac-similada: Macau, Museu Marítimo de Macau, 1997] doc. 4. 中文版见〔葡〕洛瑞罗（此书中文版译作罗理路）《澳门寻根》，文献四，澳门海事博物馆，1997，第 77～80 页。
⑥ So Kwan-wai（苏均炜），*Japanese Piracy in Ming China During the 16th Century*（《16 世纪明代中国的日本海盗》），East Lansing, Michigan State University Press, 1975, pp. 145 – 160。
⑦ Roderich Ptak, The demography of old Macao, 1555 – 1640（《澳门早期人口，1555 - 1640》），*Ming Studies*（Geneva, Nova Iorque），n. 15, 1982, pp. 27 – 35。

to）船长指挥船队经过中国沿海驶向日本平户，数月后回到广东海岸。① 看来，官方所发的通行证并没有起到任何垄断作用，因为私商的船只继续不断驶向那个"太阳升起的地方"。比如吉列尔梅·佩雷拉就于同年将一艘帆船开到了日本的丰厚（Bungo）。② 次年，即 1560 年，若昂·德·门多萨（João de Mendonça）的侄子马努埃尔·德·门多萨（Manuel de Mendonça）又驾驶两艘帆船去了日本。③ 据说也是在这一年，有一位名叫埃雷斯·波特利奥（Aires Botelho）的葡萄牙人也驾船到日本口岸进行了一次私人之旅。④

　　在这段时期的头几年里主要有两方面的葡日贸易渠道。⑤ 一方面，葡萄牙王国或其在东方的代理人所进行的日本之旅始终保持着一定的连续性，在印度斯坦和遥远的日本群岛之间建立了经常性的贸易联系，首批受益者，比如弗兰西斯科·马尔丁斯、莱昂内尔·德·索萨、鲁伊·巴雷托和马努埃尔·门多萨等，看来是属于最亲近印度总督或马六甲首领的阶层。另一方面，那时马交通过最初在这里定居下来的葡萄牙商人，比如吉列尔梅·佩雷拉和埃雷斯·波特利奥等，已开始同日本保持着某种独立自主的贸易关系。这两个方面的力量都有助于马交这个年轻的葡中商埠的不断发展，

---

① Luís Fróis, *Historia de Japan*（《日本史》），edição de Josef Wicki, 5 vols., Lisboa, Biblioteca Nacional, 1976 – 1984, pt. 1, cap. 20（vol. 1, p. 131）。

② Charles R. Boxer, *O Grande Navio de Amacau*（《亚马港大船》），Macau, Fundação Oriente & Museu e Centro de Estudos Marítimos de Macau, 1989, p. 24。

③ Luís Fróis, *Historia de Japan*（《日本史》），edição de Josef Wicki, 5 vols., Lisboa, Biblioteca Nacional, 1976 – 1984, pt. 1, cap. 28（vol. 1, p. 183）。

④ Georg. Schurhammer, *Francisco Javier. Su vida y su tiempo*（《方济各·沙勿略：其生平与时代背景》），4 vols., [Pamplona], Gobierno de Navarra, Compañia de Jesús & Arzobispado de Pamplona, 1992, vol. 4, p. 847。费尔南·门德斯·平托在其作品中也提到一个名叫阿伊雷斯·博特略·德·索扎（Aires Botelho de Sousa）的人，说他在 1546 年前后常出没在泉州口岸，见 Fernão Mendes Pinto, *Peregrinação* [Lisboa, 1614]，edição de Adolfo Casais Monteiro, Lisboa, Imprensa Nacional – Casa da Moeda, 1988, cap. 221, p. 700。中文版见〔葡〕费尔南·门德斯·平托《远游记》，第 221 章，金国平译注，葡萄牙大发现纪念澳门地区委员会、澳门基金会、澳门文化司署、东方葡萄牙学会，1999，第 700 页。

⑤ 或许列举出在 1560 年及其后数年中进行的所有航将是单调乏味的，而且也是不必要的，因为已列举的已经足以说明问题了。见 Charles R. Boxer, *O Grande Navio de Amacau*（《亚马港大船》），Macau, Fundação Oriente & Museu e Centro de Estudos Marítimos de Macau, 1989, pp. 25 – 41（para viagens até 1583）；Georg. Schurhammer, *Francisco Javier. Su vida y su tiempo*（《方济各·沙勿略：其生平与时代背景》），4 vols., [Pamplona], Gobierno de Navarra, Compañia de Jesús & Arzobispado de Pamplona, 1992, vol. 4, pp. 847 – 854。

到 1560 年，在马交已常住着大约"五六百个葡萄牙人"了。①

与此同时，在一则由巴尔塔扎尔·加戈自东方发来的消息中明确提到"浪白滘过去几年是个商贸口岸"。② 这一消息毫无疑问地证明在 1561 年或 1562 年，商贸口岸已经不在浪白滘了，而可能迁移到了马交。也就是说，获准在中国内地定居之后最多不过四五年，葡萄牙人已经将其商业活动集中到了马交口岸，而他们之前在广州湾的一些岛屿上设立的居住地则都迅速消失了。马交由于与内地直接相连，从这里去广州又近，所以它的重要战略地位，特别是它在安全方面所具有的优势最终得到了优先的考虑。

三 广州湾的中国海盗活动

根据阿尔瓦罗·塞梅多（Álvaro Semedo）神父大约在 17 世纪出版的一部历史著作中的一种传统说法，马交的形成与葡人帮助抗击活跃在广东沿海地区的海盗这一因素有关。感到无能为力对付海盗猖狂活动的广州官员可能请求当时在漳州的葡人援助，这些葡人由于他们的武器威力巨大，很快就帮助他们解决了问题。于是，中国当局就允许他们在之前被海盗盘踞的澳门半岛上定居，以此作为对他们帮助的酬劳。③

这种说法尽管已得到广泛传播，④ 但我们绝不能像过去那样仅凭一些 16 世纪的文献资料来确认。1554 年莱昂内尔·德·索萨同海道副使汪柏签订协议之后，随着中国官员的正式承认，葡萄牙商人将其生意从漳州迁到浪白滘。1555 年他们在定期前往广州做生意途中，已开始常在马交短暂停留，

---

① *Cartas que os padres e irmãos da Companhia de Iesus escreuerão dos Reynos de Iapão & China* [Évora, 1598]（《耶稣会士书信合集》），edição fac-similada de José Manuel Garcia, 2 vols., Maia, Castoliva, 1997, fl. 95。

② *Enformação das cousas da China - Textos do século XVI*（《中国见闻史料：16 世纪的文献》），edição de Raffaella d' Intino, Lisboa, Imprensa Nacional - Casa da Moeda, 1989, p. 94。

③ Álvaro Semedo, *Relação da Grande Monarquia da China*（《大中华帝国志》），edição e tradução de Luís Gonzaga Gomes, 2 vols., Macau, Notícias de Macau, 1956 [Reedição de António Aresta & António Carmo: Macau, Direcção dos Serviços de Educação e Juventude & Fundação Macau, 1994], pt. 2, cap. 1 (vol. 2, pp. 9 - 10)。

④ Luís Gonzaga Gomes（高美士），Um entusiástico defensor da tese dos piratas，载 *Macau, um Município com História*，organização de António Aresta & Celina Veiga de Oliveira, 1997。他非常赞成关于海盗的这一观点，并在其作品中多处提及此事。

两年之后他们在得到当地中国官员批准的前提下便开始在马交定居。不过至今没有任何资料可以证明，他们在这里定居下来后的最初几年中曾经同当时在珠江三角洲一带活动的中国海盗有过交锋。

实际上抗击海盗的斗争发生在 1564 年。① 这一事实已从一些耶稣会传教士当时从澳门和广州发出的信件中以及从吉尔·德·戈依斯（Gil de Góis）大使的秘书若奥·德·埃斯科巴尔（João de Escobar）呈交北京的一份长篇报告中得到证明。② 在这年初的确有一支"中国皇帝的舰队"在征伐骚扰某些沿海地区的海盗后回广州的途中，因为广州官员拖欠了他们的薪俸，而举行了暴动。③ 暴动军人在多次击退派来征剿他们的部队之后，在沿海一带大肆进行破坏，甚至袭击了"广州的部分郊区"。有段时间，暴动者还打算进入"我们的口岸"，试图"从这里登陆，烧毁村镇，抢劫财物和杀死葡萄牙人"。④ 但是，他们遭到了"葡萄牙舰队"的顽强"抵抗"⑤，于

① Benjamim Videira Pires（潘日明），Os Três Heróis do IV Centenário（《三位英雄》），*Boletim Eclesiástico da Diocese de Macau*（Macau），vol. 62, ns. 722 – 726, 1964, pp. 687 – 728。

② Rui Manuel Loureiro, Em busca das origens, Lisboa, Grupo de Trabalho do Ministério da Educação para as Comemorações dos Descobrimentos Portugueses, 1996 [Reedição fac-similada: Macau, Museu Marítimo de Macau, 1997] doc. 9. 中文版见〔葡〕洛瑞罗（此书中文版译作罗理路）《澳门寻根》，文献九，澳门海事博物馆，1997，第 106 ~ 128 页。关于这位大使的情况，见 Alves, Jorge Manuel dos Santos – *Um Porto entre dois impérios – Estudos sobre Macau e as relações luso-chinesas*（《两个帝国间的一个港口——澳门及葡中关系研究》），Macau, Instituto Português do Oriente, 1999, pp. 51 – 102。

③ Rui Manuel Loureiro, *Em busca das origens*, Lisboa, Grupo de Trabalho do Ministério da Educação para as Comemorações dos Descobrimentos Portugueses, 1996 [Reedição fac-similada: Macau, Museu Marítimo de Macau, 1997] docs. 6, 8 e 9. 中文版见〔葡〕洛瑞罗（此书中文版译作罗理路）《澳门寻根》，文献六、八和九，澳门海事博物馆，1997，第 88 ~ 96、100 ~ 105、106 ~ 128 页。Kai-cheong Fok（霍启昌），*The Macao Formula: a Study of Chinese Management of Westerners from Mid-sixteenth century to the Opium War Period*（《澳门模式》），Honolulu, University of Hawaii, 1978 [Dissertação de doutoramento inédita], pp. 78 – 85。

④ Rui Manuel Loureiro, *Em busca das origens*, Lisboa, Grupo de Trabalho do Ministério da Educação para as Comemorações dos Descobrimentos Portugueses, 1996 [Reedição fac-similada: Macau, Museu Marítimo de Macau, 1997] doc. 9. 中文版见〔葡〕洛瑞罗（此书中文版译作罗理路）《澳门寻根》，文献九，澳门海事博物馆，1997，第 106 ~ 128 页。

⑤ Rui Manuel Loureiro, *Em busca das origens*, Lisboa, Grupo de Trabalho do Ministério da Educação para as Comemorações dos Descobrimentos Portugueses, 1996 [Reedição fac-similada: Macau, Museu Marítimo de Macau, 1997] doc. 9. 中文版见〔葡〕洛瑞罗（此书中文版译作罗理路）《澳门寻根》，文献九，澳门海事博物馆，1997，第 106 ~ 128 页。

是不得不放弃对马交的进攻，而撤退到邻近的"东莞"镇。① 接着，他们从这个"距离广州有一天路程的地方"加紧进攻中国的大都会广州。② 在这个时候，吉尔·德·戈依斯大使同葡萄牙人定居点当时的首领迪奥戈·佩雷拉一道向广东官员表示愿意伸出援助之手，因为如果广州方面有效利用他们船上的大炮，就可能迅速解决问题。③

一连好几个月，暴动的中国军队，乘着战船游弋在珠江口的各岛屿间，妄图俘获从东南亚各港口到马交的葡萄牙船只。7月初，路易斯·德·梅洛·塔·席尔瓦（Luís de Melo da Silva）从爪哇开来的一艘商船遭到暴动者的一支小型帆船队的袭击，不过因为船上装备有"精良的大炮"和配备有"技术高超的自卫人员"，所以没有遭受重大损失，并最终得以安全抵达目的地。④ 几星期之后，唐·若昂·佩雷（D. João Pereira）指挥的一艘驶向日本的商船⑤也遭到中国海盗的袭击，不过袭击者同样被大炮击退了。⑥

遭到这一连串失败的暴动部队并不甘心，于是他们集中了九艘"装备有

① Rui Manuel Loureiro, *Em busca das origens*, Lisboa, Grupo de Trabalho do Ministério da Educação para as Comemorações dos Descobrimentos Portugueses, 1996〔Reedição fac-similada：Macau, Museu Marítimo de Macau, 1997〕doc. 9. 中文版见〔葡〕洛瑞罗（此书中文版译作罗理路）《澳门寻根》，文献九，澳门海事博物馆，1997，第106~128页。

② Rui Manuel Loureiro, *Em busca das origens*, Lisboa, Grupo de Trabalho do Ministério da Educação para as Comemorações dos Descobrimentos Portugueses, 1996〔Reedição fac-similada：Macau, Museu Marítimo de Macau, 1997〕doc. 9. 中文版见〔葡〕洛瑞罗（此书中文版译作罗理路）《澳门寻根》，文献九，澳门海事博物馆，1997，第106~128页。

③ Rui Manuel Loureiro, *Em busca das origens*, Lisboa, Grupo de Trabalho do Ministério da Educação para as Comemorações dos Descobrimentos Portugueses, 1996〔Reedição fac-similada：Macau, Museu Marítimo de Macau, 1997〕doc. 9. 中文版见〔葡〕洛瑞罗（此书中文版译作罗理路）《澳门寻根》，文献九，澳门海事博物馆，1997，第106~128页。

④ Rui Manuel Loureiro, *Em busca das origens*, Lisboa, Grupo de Trabalho do Ministério da Educação para as Comemorações dos Descobrimentos Portugueses, 1996〔Reedição fac-similada：Macau, Museu Marítimo de Macau, 1997〕doc. 9. 中文版见〔葡〕洛瑞罗（此书中文版译作罗理路）《澳门寻根》，文献九，澳门海事博物馆，1997，第106~128页。

⑤ Luís Fróis, *Historia de Japan*（《日本史》），edição de Josef Wicki, 5 vols., Lisboa, Biblioteca Nacional, 1976–1984, pt. 1, cap. 63（vol. 2, p. 70）。关于该贵族的商船在1565年的日本之行的情况，见 Charles R. Boxer, *O Grande Navio de Amacau*（《亚马港大船》），Macau, Fundação Oriente & Museu e Centro de Estudos Marítimos de Macau, 1989, pp. 288–290。

⑥ Rui Manuel Loureiro, *Em busca das origens*, Lisboa, Grupo de Trabalho do Ministério da Educação para as Comemorações dos Descobrimentos Portugueses, 1996〔Reedição fac-similada：Macau, Museu Marítimo de Macau, 1997〕doc. 8. 中文版见〔葡〕洛瑞罗（此书中文版译作罗理路）《澳门寻根》，文献八，澳门海事博物馆，1997，第100~105页。

大量弹药的大帆船"沿珠江向上航行直逼广州，以猛烈的炮火加倍攻击其郊区，①使在这里做生意的商人遭受重大损失。②这时完全感到措手不及的广州官员决定接受马交葡人以前表示提供的援助。一位当时居住在马交的耶稣会会士曾十分惊讶地评论道，"这个帝国以前从未从任何外国人那里接受过这样的援助，更不用说是葡萄牙人"，因为他们知道这样会付出"巨大的代价"，再说他们总是认为自己是个"强大的国家，什么都很充足"，用不着求人。③

中国当局的决定确实不能不令人惊奇，因为它的确是空前的。广州的统治者首次向世人表明，他们对解决内部危机已无能为力，不得不绝望地利用他们一向认为野蛮的"佛郎机人"的军事援助。看来，部分广东海防部队的这一暴动使广州这个中国南方的大都市陷入了困境，因为它已不具有对付某些意外事件的应急手段。④基于对葡人军事能力及其经验的了解，广东省政府终于作出明确的决定，招募外国人来当雇佣兵。一方面，马交葡人拥有重型大炮和轻型火器，实践证明他们拥有使用这些武器的高超技能；另一方面，招募外国人当雇佣兵后，便可以防止他们同暴乱者进行任何形式的结盟，进而就可以避免在这方面可能给广州当局的利益带来损失。

广州官员通过一位葡萄牙富商给澳门带来口信，说迪奥戈·佩雷拉以

---

① Rui Manuel Loureiro, *Em busca das origens*, Lisboa, Grupo de Trabalho do Ministério da Educação para as Comemorações dos Descobrimentos Portugueses, 1996 [Reedição fac-similada: Macau, Museu Marítimo de Macau, 1997] doc. 8. 中文版见〔葡〕洛瑞罗（此书中文版译作罗理路）《澳门寻根》，文献八，澳门海事博物馆，1997，第 100~105 页。

② Rui Manuel Loureiro, *Em busca das origens*, Lisboa, Grupo de Trabalho do Ministério da Educação para as Comemorações dos Descobrimentos Portugueses, 1996 [Reedição fac-similada: Macau, Museu Marítimo de Macau, 1997] doc. 9. 中文版见〔葡〕洛瑞罗（此书中文版译作罗理路）《澳门寻根》，文献九，澳门海事博物馆，1997，第 106~128 页。

③ Rui Manuel Loureiro, *Em busca das origens*, Lisboa, Grupo de Trabalho do Ministério da Educação para as Comemorações dos Descobrimentos Portugueses, 1996 [Reedição fac-similada: Macau, Museu Marítimo de Macau, 1997] doc. 6. 中文版见〔葡〕洛瑞罗（此书中文版译作罗理路）《澳门寻根》，文献六，澳门海事博物馆，1997，第 88~96 页。

④ Kai-cheong Fok (霍启昌), *The Macao Formula: a Study of Chinese Management of Westerners from Mid-sixteenth century to the Opium War Period* (《澳门模式》), Honolulu, University of Hawaii, 1978 [Dissertação de doutoramento inédita], p. 78. 安东尼奥·佛郎哥神父在查阅了一些耶稣会会士所写的关于当时所发生的事件的文献资料后，指出，暴动部队由"两千名士兵"组成，他们从陆路进攻广州郊区，并当着官员们的面抢劫了这些地区，这些官员没有可以调动指挥的任何人马，只好眼巴巴看着暴动者劫掠，见 Pe. António Franco, *Imagem da Virtude em o Noviciado da Companhia de Jesus*, 2 vols., Évora & Lisboa, Oficina da Universidade, 1719, vol. 2, p. 402。

前建议的援助已予接受。① 这位富商出于对官阶的尊重，向当时已担任马交首领的唐·若昂·佩雷拉报告了此事。接着当时居住在马交这一村镇的一些"德高望重"的人士被召集起来商讨相关事宜，他们通过认真评估影响全局的各种战略问题，最后一致决定接受广东省政府的请求。根据弗兰西斯科·佩雷斯神父当时的陈述，这些人士作出这样的决策主要基于三个理由：第一，作为生活在异乡的外国人，葡萄牙人应当给予当地政府向他们请求的任何支持。第二，消灭所有的"盗贼"同样是葡萄牙商人所希望的事情，因为他们看到他们的生意受到暴动者行为的损害，他们同广州方面的联系也因此而中断。第三，积极回应广州官员的请求将有助于"同他们建立更为深厚的友谊"，② 进而淡化他们昔日对葡人一向的疑心。③

在澳门的葡人同意参与之后，广东"总兵"率领"五艘大帆船和七艘小帆船"来澳门迎接葡萄牙志愿者。马交兵团很快就组织了起来，仅几天工夫就"集结了250个到300个装备十分精良的葡萄牙士兵"，他们将大炮装配到中国帆船上。征讨部队分成两支，一支由迪奥戈·佩雷拉指挥，乘坐大帆船沿海岸行驶，另一支由路易斯·德·梅洛指挥，乘坐"小帆船"沿江而上，向广州市方向开去。④

看来事情并非如之前想象的那么严重，因为仅通过一次迅雷不及掩耳

---

① Rui Manuel Loureiro, *Em busca das origens*, Lisboa, Grupo de Trabalho do Ministério da Educação para as Comemorações dos Descobrimentos Portugueses, 1996 [Reedição fac-similada：Macau, Museu Marítimo de Macau, 1997] doc.9. 中文版见〔葡〕洛瑞罗（此书中文版译作罗理路）《澳门寻根》，文献九，澳门海事博物馆，1997，第106~128页。

② Rui Manuel Loureiro, *Em busca das origens*, Lisboa, Grupo de Trabalho do Ministério da Educação para as Comemorações dos Descobrimentos Portugueses, 1996 [Reedição fac-similada：Macau, Museu Marítimo de Macau, 1997] doc.8. 中文版见〔葡〕洛瑞罗（此书中文版译作罗理路）《澳门寻根》，文献八，澳门海事博物馆，1997，第100~105页。

③ Rui Manuel Loureiro, *Em busca das origens*, Lisboa, Grupo de Trabalho do Ministério da Educação para as Comemorações dos Descobrimentos Portugueses, 1996 [Reedição fac-similada：Macau, Museu Marítimo de Macau, 1997] doc.6. 中文版见〔葡〕洛瑞罗（此书中文版译作罗理路）《澳门寻根》，文献六，澳门海事博物馆，1997，第88~96页。

④ Rui Manuel Loureiro, *Em busca das origens*, Lisboa, Grupo de Trabalho do Ministério da Educação para as Comemorações dos Descobrimentos Portugueses, 1996 [Reedição fac-similada：Macau, Museu Marítimo de Macau, 1997] doc.6. 中文版见〔葡〕洛瑞罗（此书中文版译作罗理路）《澳门寻根》，文献六，澳门海事博物馆，1997，第88~96页。

的军事行动，葡萄牙武装力量就击败了中国暴动者。① 这一突袭看来有重要作用，因为暴动者根本没有想到葡萄牙的军人和武器会在他们帝国海军的战船上出现。正如安德雷·平托修士所写道的："他们仅仅看到基督教徒们的目光就已经被吓坏了"，因为他们一发现"中国船上坐的葡萄牙人"，就大批地向广州当局投降。② 根据另一份文献资料，其实被俘的帆船"非常之大，如同大战船一般"，但是，葡萄牙讨伐者作为英勇善战的军人的名声在外，所以"我们没有一个人员受伤，也没有任何东西受损"，仅"在半小时之内"就缴获了他们的全部船只。③

葡人的巨大胜利看来给广州当局留下了非常好的印象。至少这是那些见证这一事件的耶稣会士的看法。安德雷·平托说："他们感到非常吃惊"，从而"使他们对我们的人产生了加倍的信任"。④ 弗兰西斯科·佩雷斯也赞成这一看法，他甚至说广东"总兵"还亲口用下列的话语高度赞扬过葡人，"国王有这样好的臣属真可以说是有福气"。⑤ 与此同时，给予广东当局在消灭暴动方面的援助看来特别改善了葡人在马交定居点以前的不稳定地位，因为葡人远离了暴动者，积极同中国当局合作打击不法分子，这样就使自己最终被接受为一支拥有自治权的力量。这样一来，这些"佛郎机人"就

① Rui Manuel Loureiro, *Em busca das origens*, Lisboa, Grupo de Trabalho do Ministério da Educação para as Comemorações dos Descobrimentos Portugueses, 1996〔Reedição fac-similada：Macau, Museu Marítimo de Macau, 1997〕doc. 9. 中文版见〔葡〕洛瑞罗（此书中文版译作罗理路）《澳门寻根》，文献九，澳门海事博物馆，1997，第 106~128 页。
② Rui Manuel Loureiro, *Em busca das origens*, Lisboa, Grupo de Trabalho do Ministério da Educação para as Comemorações dos Descobrimentos Portugueses, 1996〔Reedição fac-similada：Macau, Museu Marítimo de Macau, 1997〕doc. 6. 中文版见〔葡〕洛瑞罗（此书中文版译作罗理路）《澳门寻根》，文献六，澳门海事博物馆，1997，第 88~96 页。
③ Rui Manuel Loureiro, *Em busca das origens*, Lisboa, Grupo de Trabalho do Ministério da Educação para as Comemorações dos Descobrimentos Portugueses, 1996〔Reedição fac-similada：Macau, Museu Marítimo de Macau, 1997〕doc. 8. 中文版见〔葡〕洛瑞罗（此书中文版译作罗理路）《澳门寻根》，文献八，澳门海事博物馆，1997，第 100~105 页。
④ Rui Manuel Loureiro, *Em busca das origens*, Lisboa, Grupo de Trabalho do Ministério da Educação para as Comemorações dos Descobrimentos Portugueses, 1996〔Reedição fac-similada：Macau, Museu Marítimo de Macau, 1997〕doc. 6. 中文版见〔葡〕洛瑞罗（此书中文版译作罗理路）《澳门寻根》，文献六，澳门海事博物馆，1997，第 88~96 页。
⑤ Rui Manuel Loureiro, *Em busca das origens*, Lisboa, Grupo de Trabalho do Ministério da Educação para as Comemorações dos Descobrimentos Portugueses, 1996〔Reedição fac-similada：Macau, Museu Marítimo de Macau, 1997〕doc. 8. 中文版见〔葡〕洛瑞罗（此书中文版译作罗理路）《澳门寻根》，文献八，澳门海事博物馆，1997，第 100~105 页。

被认为完全不同于"倭寇"了，就被认为是一个绝对温顺且愿意接受中国官员任何要求并因而获得商业特许权的人群了。看来他们当时出现在中国沿海地区对广东省官员来说，是有着广泛利益的。

四　天主圣名之商埠

从那时起，马交这个村镇就成了同中国南海地区不断进行海上贸易的场所，因而迅速发展壮大起来。葡人协助广州当局打击海盗和平息暴动显然加强了他们的地位，所以被广州当局看做能和平相处的并可给他们自己带来好处的邻居。看来葡中利益的结合使双方都获得了理想的结果。一方面，葡人从此拥有了一个有助于进行马六甲与日本之间航行的可靠基地，可以通过缴纳关税和大量送礼来改善其贸易机制，从而可以放手地做他们的生意。① 另一方面，广州官员通过把马交特许给葡人，便可以将他们限制在一个狭小的区域里，从而便于对他们进行控制。此外，他们还可以通过外国人活跃当地经济，可以征收到关税，可以随意弄到无穷无尽的来自东南亚和"太阳升起之地"的珍稀商品。②

根据当时居住在马交的传教士的报告，1564 年，在马交居住有"八百到九百葡萄牙人"。③ 1565 年，耶稣会负责人派安德雷·费尔南德斯（André

---

① 几年之后，一份在澳门写的佚名记载说，中国官员们的要求，是"靠源源不断由澳门运送白银到广州去才能得到满足的，非此不能维持"（"开始时的报告"，埃武拉公共图书馆，编号 CV/2 - 7，第 2 张），转引自 Rui Manuel Loureiro, *Em busca das origens*, Lisboa, Grupo de Trabalho do Ministério da Educação para as Comemorações dos Descobrimentos Portugueses, 1996 [Reedição fac-similada: Macau, Museu Marítimo de Macau, 1997] p. 60, n. 232。中文版见〔葡〕洛瑞罗（此书中文版译作罗理路）《澳门寻根》，注释 232，澳门海事博物馆，1997，第 48 页。

② 一个当时在广东省任职的中国高官之后曾列出一份葡人带来的贵重物品清单，其中包括胡椒、巴西木、象牙、神香和檀香木等，见 Kai-cheong Fok（霍启昌），*The Macao Formula: a Study of Chinese Management of Westerners from Mid-sixteenth century to the Opium War Period*（《澳门模式》），Honolulu, University of Hawaii, 1978 [Dissertação de doutoramento inédita], pp. 82 - 84。

③ Rui Manuel Loureiro, *Em busca das origens*, Lisboa, Grupo de Trabalho do Ministério da Educação para as Comemorações dos Descobrimentos Portugueses, 1996 [Reedição fac-similada: Macau, Museu Marítimo de Macau, 1997] doc. 5. 中文版见〔葡〕洛瑞罗（此书中文版译作罗理路）《澳门寻根》，文献五，澳门海事博物馆，1997，第 81 ~ 87 页。

Fernandes）神父来到马交，使其同马努埃尔·特谢拉（Manuel Teixeira）神父和安德雷·平托一道，对"数量很大的葡萄牙商人"提供宗教保护和支持。① 当然，在马交的葡人数量也不总是很大，因为有时可能在几个星期之内，在商船离港去日本和自马六甲开来的船队又尚未到达期间，马交的人口自然相应减少。比如在 1568 年，当特里斯坦·瓦兹·特谢拉（Tristão Vaz Teixeira）船长不得不到这里来过冬时，"村镇里只有不到 130 个葡萄牙人"。② 不过，这一说法是来自一个从未到过东方的人的作品，所以不值得完全相信，因为它可能依据的是某个不确实的资料。

更为可靠的说法应该是马努埃尔·特谢拉神父作品中提供的，他在马交居住四年后于 1568 年说那里估计还居住有"五六千基督信徒"，其中包括"带有中国血统"的葡人。③ 据估计在这些人中，葡人协助广州当局打击海盗显然加强了他们的地位，所以他们被广州当局看做能和平相处的可给他们带来好处的邻居。看来葡中利益的结合使双方都获得理想的结果。

有许多是妇女，因为任何一个葡萄牙商人通常都有几个在东南亚各口岸买来的女奴。耶稣会传教士为规范这个新城镇的道德状况，将 600 多个亚洲女奴航运到印度，在她们中间，有"两百来个是陷入情网最深，因而难以运走的女人"。④ 在那些年里，有一位很有名声的人曾到过马交，他对此曾经写道："她们中没有谁是必须离开这里的，我之所以这样说，是因为这里的每一个男人都有权利拥有妻子儿女"。⑤ 他这一观点或许是很有道理的。

马交这个村镇当时只有"中国允许修建的"木房，⑥ 还没有任何炮台或

---

① *Documenta Indica*（《印度传教文献》），edição de Josef Wicki, 18 vols., Roma, Institutum Historicum Societatis Iesu, 1948 – 1988, vol. 6, p. 607。

② Gaspar Frutuoso, *Livro 2° das Saudades da Terra*（《怀念故土之二》），edição de Damião Peres, Porto, Empresa Industrial Gráfica do Porto, 1925, cap. 23, p. 152。

③ *Documenta Indica*（《印度传教文献》），edição de Josef Wicki, 18 vols., Roma, Institutum Historicum Societatis Iesu, 1948 – 1988, vol. 7, p. 614。

④ Sebastião Gonçalves, *Primeira Parte da História dos Religiosos da Companhia de Jesus*（《耶稣会会士史第一部份》），edição de Josef Wicki, 3 vols., Coimbra, Atlântida, 1957 – 1962, liv. 9, cap. 25（vol. 3, p. 144）。

⑤ Benjamim Videira Pires（潘日明），Cartas dos fundadores（《创始人书信集》），*Boletim Eclesiástico da Diocese de Macau*（Macau），vol. 62, ns. 722 – 726, 1964, p. 799。

⑥ *Documenta Indica*（《印度传教文献》），edição de Josef Wicki, 18 vols., Roma, Institutum Historicum Societatis Iesu, 1948 – 1988, vol. 7, p. 585。

城墙，因为广州官员不允许修建石头建筑物。① 这一禁止或许表明这样的事实，中国人仍然只给予葡人这个定居点以临时的地位。虽然以前外国人已获准在中国的土地上建立一个商埠，但它仍然没有任何自治权。② 耶稣会教堂本来应该是马交最大的建筑，尽管也是用木料建成的，③ 但因为它建得很雄伟，并带有一个炮台，同样引起中国官员的抗议。不过，正如塞巴斯蒂昂·贡萨尔维斯（Sebastião Gonçalves）神父后来所说："通过再三向他们进行有说服力的解释和送礼后，他们也就不再吭声了，一切就没事了"。④

根据稍晚一点的一份文献资料，在 1568 年，葡人不得不修建首批防御工程，以巩固其在这块土地上的存在。关于这一点，是加斯帕尔·弗鲁托如（Gaspar Frutuoso）首先讲到的。他说，特里斯坦·瓦兹·特谢拉船长于 1567 年离开日本，本来打算返回马六甲，但由于错过了回到那里的季风期，被迫停留在中国的沿海过冬。⑤ 大约在 6 月中旬，马交整个村镇被横行于沿海各岛屿的中国海盗包围和进攻。特里斯坦尽管兵力很少，但通过巧妙地使用炮火，仍然给予了包围者沉重的打击，海盗们在几天的包围中所得到的只是自己的大量伤亡，所以最终被迫撤退。在整个抵抗过程中，特里斯坦·瓦兹·特谢拉精心组织战斗，"竭力让战斗在村镇外进行，设法避免敌人放火烧毁村镇"，因为这个村镇这时已经"很大"了，已经有不少"木房和茅屋"了。⑥

随后，特里斯坦·瓦兹·特谢拉命令修筑一圈土墙，高三米多，"长约四百四十米"，以保卫葡人的商埠未来不受仍然活跃在广东沿海地区的海盗

---

① Josef Wicki, Duas relações sobre a situação da Índia portuguesa nos anos de 1568 e 1569, *Studia* (Lisboa), n. 8, 1961, pp. 133 – 220, p. 142.

② Bodo Wiethoff, *Introduction to Chinese History – From Ancient Times to 1912* (《中国历史导言——远古至 1912 年》), Londres, Thames and Hudson, 1975, pp. 143 – 144。

③ *Documenta Indica* (《印度传教文献》), edição de Josef Wicki, 18 vols., Roma, Institutum Historicum Societatis Iesu, 1948 – 1988, vol. 7, p. 585。

④ Sebastião Gonçalves, *Primeira Parte da História dos Religiosos da Companhia de Jesus* (《耶稣会会士史第一部份》), edição de Josef Wicki, 3 vols., Coimbra, Atlântida, 1957 – 1962, liv. 9, cap. 25 (vol. 3, p. 142)。

⑤ Gaspar Frutuoso, *Livro 2º das Saudades da Terra* (《怀念故土之二》), edição de Damião Peres, Porto, Empresa Industrial Gráfica do Porto, 1925, cap. 23, pp. 152 – 156。

⑥ Gaspar Frutuoso, *Livro 2º das Saudades da Terra* (《怀念故土之二》), edição de Damião Peres, Porto, Empresa Industrial Gráfica do Porto, 1925, cap. 23, p. 153。

的袭击。马交居民在两周多一点的时间里修建起来的防御工程中还包括
"四个方形堡垒"和"一条在村外有出口的地壕"。① 加斯帕尔·弗鲁托如
感到有些奇怪地强调指出：这些工程在修建之前居然已经得到中国官员的
同意，要知道在这之前，尽管葡人通过大量"工作和送礼"，中国官员也才
只允许他们修建"一间茅屋"。②

除上述之外，这次葡人同中国海盗的斗争很少有当时的其他文献资料
予以证实。加斯帕尔·弗鲁托如在其晚年居住在亚速尔群岛期间，即在
1580~1591 年间，曾写了一部名为《怀念故土》的作品，其手稿至今尚未
出版。③ 作者试图通过其作品，以文献形式再现马德拉·亚速尔和加那利群
岛的历史，但他着重描写了土生土长于这些大西洋群岛上的船长们的生活。
1582 年马希科（Machico）船长将其职位让给特里斯坦·瓦兹·塔·维加
（Tristão Vaz da Veiga），这一事实恰好证明加斯帕尔·弗鲁托如这位著名的
编年史家在其作品中对特里斯坦这个贵族的赞美是完全有道理的。④ 不过，
现在还不清楚的是，他的作品中是否有些部分就是那位直到 1585 年还在担
任受赠船长本人直接撰写的，这是一种或许值得重视的假设，因为一方面
加斯帕尔这位知名的亚速尔编年史家的作品篇幅十分浩繁，汇集了大量资
料，共有 400 多卷。但另一方面，这部作品中关于赞美特里斯坦船长的手稿
字迹又与作者本人的书法特点相当不同。⑤ 至于作品中对马希科功绩的讲
述，有部分是涉及中国的，这说明作者确实通过各种途径十分清楚地了解
葡人在中国的各个停留处的生活情况。为了使其赞颂更加完善，加斯帕
尔·弗鲁托如在其作品中转抄了《围攻马六甲史》一书中的一些片段，当

---

① Gaspar Frutuoso, *Livro 2º das Saudades da Terra*（《怀念故土之二》）, edição de Damião Peres, Porto, Empresa Industrial Gráfica do Porto, 1925, cap. 23, p. 155。

② Gaspar Frutuoso, *Livro 2º das Saudades da Terra*（《怀念故土之二》）, edição de Damião Peres, Porto, Empresa Industrial Gráfica do Porto, 1925, cap. 23, p. 152。

③ Joaquim Veríssimo Serrão, *A Historiografia Portuguesa*（《葡萄牙历史编纂学》）, 3 vols., Lisboa, Editorial Verbo, 1972 – 1974, vol. 3, p. 311。

④ Carlos Francisco Moura, Tristão Vaz da Veiga – Capitão-mor da Primeira Viagem Macau-Nagasáqui（《特里斯坦·瓦兹·塔·维加——澳门—长崎首航船长》）, *Boletim do Museu e Centro de Estudos Marítimos de Macau*（Macau）, n. 3, s. d., pp. 106 – 107。

⑤ Carlos Francisco Moura, Tristão Vaz da Veiga – Capitão-mor da Primeira Viagem Macau-Nagasáqui（《特里斯坦·瓦兹·塔·维加——澳门—长崎首航船长》）, *Boletim do Museu e Centro de Estudos Marítimos de Macau*（Macau）, n. 3, s. d., pp. 107 – 108。

然在抄写某些片段时还做了适当的改编。《围攻马六甲史》这部作品描述的是 1575～1576 年间发生在马六甲的一些历史事件。当时，特里斯坦·瓦兹·塔·维加正是那里的首领。①

不管怎么说，《怀念故土》一书中提供的信息看来可以确认，大约在 1568 年，即在马交开埠十年多一点之后，马交这个村镇，一方面由于葡中贸易，另一方面由于广州官员的善意，获得空前迅速的发展。何况，葡人在这之前本来早就善于特别是通过诸如赠送珍稀物品和帮助维持海域治安等方式来讨中国人的欢心。澳门的迅速发展，加上基督教在日本传教使命的空前繁重，② 甚至使得有人认为有必要为东方这些遥远的地区委任一位主教。于是，在葡萄牙王国的直接过问下从印度派来了卡内罗（Melchior Carneiro）神父，他大约于 1568 年抵达澳门，并立即开始了紧张的宗教活动。③

从那时起，这位主教就同自日本航行回来的，在上文提到过的那位船长一道直接承担起马交定居点的政府管理工作，尽管其身份是非官方性质的。④ 因为那个时候马交还没有市政当局。位于广东沿海的这个商埠由于早就是丝绸、铜器、"金器、麝香、瓷器和其他物品"的交易中心，因此在经济方面已具有相当的分量。关于这一点，葡萄牙印度省当局已开始注意到，所以在他们心中逐渐产生了如何加强管理马交的各种想法。⑤ 于是也就在 1568 年，一位葡萄牙印度省行政管理高级官员向葡萄牙王国国王进言："马

---

① 这部史书的作者若热·德·莱莫斯（Jorge de Lemos）是否对撰写上述赞歌起过某种作用，这个问题难以回答，因为关于这个人物，至今几乎没有甚么可靠的资料，只知道他在印度省担任过各种行政职务。此外，加斯帕尔·弗鲁托如（Gaspar Frutuoso）也蜻蜓点水般地提到过"这个博学多才的若热·莱莫斯"用"优雅的文风"所撰写的作品，见 *Livro 2º das Saudades da Terra*（《怀念故土之二》），edição de Damião Peres, Porto, Empresa Industrial Gráfica do Porto, 1925, cap. 24, p. 157。若热·德·莱莫斯的史书于 1585 年在里斯本出版。

② João Paulo Oliveira e Costa, *O Japão e o Cristianismo no Século XVI – Estudos de História Luso-Nipónica*（《16 世纪日本与基督教——葡日史研究》）, Lisboa, Sociedade Histórica da Independência de Portugal, 1999。

③ *Documenta Indica*（《印度传教文献》）, edição de Josef Wicki, 18 vols., Roma, Institutum Historicum Societatis Iesu, 1948–1988, vol. 8, pp. 107–108。

④ Gaspar Frutuoso, *Livro 2º das Saudades da Terra*（《怀念故土之二》）, edição de Damião Peres, Porto, Empresa Industrial Gráfica do Porto, 1925, cap. 23, p. 154。

⑤ Josef Wicki, *Duas relações sobre a situação da Índia portuguesa nos anos de 1568 e 1569*, *Studia*（Lisboa）, n. 8, 1961, p. 143。

交应当有一个首领，为各个方面主持公正，并负责将财物从那里运往印度"。①

然而，这一建议直到许多年后才得以采纳。因此，马交尽管发展非常迅速，但仍然是位于印度省最直接利益边缘的一个边疆商埠。这个村镇仍然由自日本航行来的一些船长临时组成的联盟通过他们之间达成的共识来管理。这些船长每年来到这里一次，他们更为关心的是如何保护他们自己的财产，但居住在这里的葡萄牙商人则更关心这个"天主圣名之商埠"的永存。② 据估计，大约自 1568 年起，这两方面人的利益才终于得以结合起来，因为在这一年制定出这样一条规定，"所有来此口岸的船只，每年都必须交付一定数额的税金"，用以维修及保养已建成的围墙和一个必不可少的"火药及军需物资库"。③

在伊比利亚的文献中，关于马交的建立的资料并不多，因为葡萄牙人这个定居点当时的不稳定性以及这里进行贸易的私人性质等因素都不使人有兴趣撰写和注意保留当时情况的书面记载。唯独耶稣会有习惯收集整理其会员的经历。但令人遗憾的是，传教士着重关心的是他们的宗教活动，而不大留心葡萄牙商人为了使自己得以长久地居留在澳门半岛所做的一些承诺和所承担的一些责任。于是马交这个村镇就只好在它的永久性和临时性居民不太关心其住处的地位和身份的情况下，在令人不知不觉的状态中逐步形成和变得日益重要起来。

更晚的一些文献资料告诉我们，葡人实际上从他们来到马交的初期起就按规定向广州的官员缴纳"关税或停泊税"。除此之外，每年还交纳"一定数量的银两"，人们通常称它是"给海道副使上的贡礼"，因为该款项是由负责处理与"佛郎机人"之关系的这一高官为私利而亲自收取的。④ 1571年，当葡萄牙商人到中国的大都市广州去向这位官员纳贡时，一个名叫佩

---

① Josef Wicki, Duas relações sobre a situação da Índia portuguesa nos anos de 1568 e 1569, *Studia* (Lisboa), n. 8, 1961, p. 144.

② 对 MACAU 的这个命名，如我们所看到的，大概在 1585 年之后就开始普及了。

③ Gaspar Frutuoso, *Livro 2º das Saudades da Terra* (《怀念故土之二》), edição de Damião Peres, Porto, Empresa Industrial Gráfica do Porto, 1925, cap. 23, p. 156。

④ Jordão Freitas, *Macau - Materiais para a sua História no Século XVI* (《十六世纪澳门史料》), Macau, Instituto Cultural de Macau, 1988, p. 20。

罗·贡萨尔维斯（Pêro Gonçalves）的基督徒传译员无意中对海道副使说他
们带来的是澳门居民"应交纳的地租税 500 两银"。由于当时广州当局的其
他官员都在场，那位海道副使就不得不将他们交纳的款项作为澳门缴纳的
地租收下，为的是避免暴露自己以前曾经收受过外国人的贿赂。① 据说，从
此以后，每年缴纳 500 两银来作为葡人所占之村镇的"地皮和土地税"看
来就成了一种正式规定。② 葡人由于交清了广州当局要求缴纳的关税以及非
正式的居留税，从而确保了他们 1557 年之后能够在澳门一直居住下去。不
过，稍微晚些的文献资料证实，尽管他们不折不扣地满足了中国官员的各
种要求，他们的生活在往后的许多年内实际上仍然并不安定，因为中国官
员可以在任何时候切断对马交的食粮供应，可以随时取消他们特别给予
"佛郎机人"的居留许可。③

五　结论

　　1557 年，即在莱昂内尔·德·索萨同中国官员签订第一个令葡中关系
跨入妥协时期的协议不到三年时，葡人终于在澳门半岛定居了下来。在
"天朝"的大地上保持下来这个葡萄牙基地毫无疑问应该"归功"于葡萄牙
商人和冒险家们，是他们从邻近的大都市广州当局那里获得了值得信任的
对话者的地位。此外，马交也是广州官员异乎寻常的特许之物，正是他们
为外国人在中华帝国的疆界内建立起这个村镇开了绿灯，他们采取这种态

---

① Jordão Freitas, *Macau - Materiais para a sua História no Século XVI*（《十六世纪澳门史料》），
Macau, Instituto Cultural de Macau, 1988, p. 21。

② Jordão Freitas, *Macau - Materiais para a sua História no Século XVI*（《十六世纪澳门史料》），
Macau, Instituto Cultural de Macau, 1988, p. 20. 1621 年在澳门还居住着一个名叫安东尼奥·
加尔塞斯（António Garcês）的葡萄牙人，他在半个世纪之前曾经亲眼目睹了这些事件，见
J. Freitas, Macau, p. 21. 关于这个问题，见 Benjamim Videira Pires, O Foro do Chão de Macau
（《澳门的地租》），*Boletim do Instituto Luís de Camões*（Macau），vol. 1, ns. 4 - 5, 1967, pp.
319 - 334。

③ Chang Tien-Tsê（张天泽），*O Comércio Sino-Português entre 1514 e 1644 - Uma Síntese de Fontes
Portuguesas e Chinesas*, Macau, Instituto Português do Oriente, 1997, pp. 132 - 144。中文版见张
天泽《中葡早期通商史》，姚楠、钱江译，中华书局香港分局，1988 年。William Robert
Usellis, *As Origens de Macau*（《澳门的由来》），Macau, Museu Marítimo de Macau, 1995,
pp. 56 - 64。

度的原因至今都还完全没有正式公之于世。

　　大约于 1583 年，葡人终于在中国沿海牢牢地扎下根来，这虽然主要是由于某些地方官员同他们狼狈为奸的结果，① 但这也同中央政权的默认有关，因为万历皇帝本人就曾多次收到过广东省关于佛郎机问题的奏折。② 在那段时间里，看来葡人和华人共处的这个村镇对于广东省政府说来已经享有了相对独立的地位。在之前一年编辑出版的《城市和炮台记事》中已经写道，那里有"一个葡萄牙人居住的大村镇"，"居民已超过两千人"。③ 根据这本无名氏作品，"虽然这块土地是中国皇帝的"，但这里的居民"依照葡萄牙王国的法律及制度"行事。④ 此外，也是在 1583 年，马交市民正式获得了相对的独立，他们首次选出了一个"市政厅政府及其阁员"，这个政府几年后得到了于 1581 年已登上葡萄牙王国宝座的西班牙菲利普二世（Filipe Ⅱ）的承认。⑤ 直到进入 17 世纪若干年之后任命马交第一位总督之前，这个市政机构始终主宰着这个城市居民的命运。⑥ 同广州的商贸关系终于过渡到了取消关税的阶段。但是，同时代的一份文献也提到葡人"每年要缴纳捐税五百两银"，以换取其居留许可。⑦ 在我们看来，这实际上交纳的是

① *Instrução para o Bispo de Pequim e outros documentos para a história de Macau*, edição de Manuel Múrias, Lisboa, Agência Geral das Colónias, 1943［Reedição：Macau, Instituto Cultural de Macau, 1988］, pp. 116 - 118.

② Kai-cheong Fok（霍启昌）, *The Macao Formula：a Study of Chinese Management of Westerners from Mid-sixteenth century to the Opium War Period*（《澳门模式》）, Honolulu, University of Hawaii, 1978［Dissertação de doutoramento inédita］, pp. 99 - 105。

③ *Livro das cidades, e fortalezas que a Coroa de Portugal tem nas partes da Índia*, edição de F. P. Mendes da Luz, Lisboa, Centro de Estudos Históricos Ultramarinos, 1960, p. 158.

④ *Livro das cidades, e fortalezas que a Coroa de Portugal tem nas partes da Índia*, edição de F. P. Mendes da Luz, Lisboa, Centro de Estudos Históricos Ultramarinos, 1960, p. 159.

⑤ *Documentação para a História das Missões do Padroado Português do Oriente - Insulíndia*, edição de Artur Basílio de Sá, 6 vols., Lisboa, Agência Geral do Ultramar & Instituto de Investigação Científica Tropical, 1954 - 1988, vol. 5, p. 68.

⑥ Manuela Blanco Velez, A primeira Capitania Geral de Macau, 1623 - 1626（《澳门的第一位总督》）, in *As Relações entre a Índia Portuguesa, a Ásia do Sueste e o Extremo Oriente - Actas do VI Seminário Internacional de História Indo-Portuguesa*, edição de Artur Teodoro de Matos & Luís Filipe Thomaz, Macau & Lisboa, s. e., 1993, pp. 7 - 20。

⑦ Rui Manuel Loureiro, Visões da China na literatura ibérica dos séculos XVI e XVII, *Revista de Cultura*（Macau）, n. 31, 1997, pp. 154 - 158. 中文版见〔葡〕洛瑞罗编，《16 和 17 世纪伊比利亚文学视野里的中国景观文献选集》，载《文化杂志》第 31 期，1997 年夏季号，第 97～102 页。

一种地租税，这一做法至少自 1584 年就开始了。能够佐证这一事实的报告是由一个曾访问过澳门的西班牙人写的。他在这份报告中还指出，葡人在同广州官员打交道的过程中，总是非常低三下四的，唯一目的就在于使其生意得以顺利进行。因此，在他们会见中国官员时，常常"跪着"同他们说话，为了受到接见，有时甚至不得不"光着头站在太阳底下等候长达六个小时"。①

马交居民实际上自这个商埠诞生那一刻起就十分清楚地意识到自己地位的脆弱性。他们之所以能长期生存下去主要是多亏了势力强大的邻居的好心好意，因为他们不能自给自足，所有的生活必需品都得从邻近的村镇进口。假如中国官员对生活在这个广东海湾的葡人定居点实施任何封锁，他们都将立即陷入灭顶之灾。正如菲律宾总督辛酸地所说的那样，或许这就是马交的葡人总是对"中国人施加的百般压力报以低三下四的态度"，简直"就如同黑人一样"屈从于他们的原因所在。② 不过，葡人采取的这种卑微的态度对于保持他们所获得的这一村镇的治外法权地位，对于他们有机会通过同日本及菲律宾进行贸易来繁荣自己等确实是至关重要的。③

（原载黄晓峰主编《文化杂志》，澳门，澳门特别行政区政府文化局，第 45 期，2002 年冬季刊）

---

① Rui Manuel Loureiro, Visões da China na literatura ibérica dos séculos XVI e XVII, *Revista de Cultura* (Macau), n. 31, 1997, pp. 154 – 158. 中文版见〔葡〕洛瑞罗编《16 和 17 世纪伊比利亚文学视野里的中国景观文献选集》，载《文化杂志》第 31 期，1997 年夏季号，第 97 ~ 102 页。

② Léon Lopeteguí, Contactos entre España y China en el siglo XVI（《16 世纪中国与西班牙的交往》），*Missionalia Hispanica* (Madrid), vol. 1, 1944, p. 345。

③ Charles R. Boxer, *O Grande Navio de Amacau*（《亚马港大船》），Macau, Fundação Oriente & Museu e Centro de Estudos Marítimos de Macau, 1989；Benjamim Videira Pires, *A viagem de comércio Macau-Manila nos séculos XVI a XIX*, Macau, Centro de Estudos Marítimos de Macau, 1987。

澳门考古学的反思

邓　聪*

一　前言

澳门是由澳门半岛、路环岛和氹仔岛组成，地理的坐标是北纬 22°06′40″～22°13′01″，东经 113°34′47″～113°35′20″的范围。澳门的历史从来都是珠江地区的一环，与中国的传统文化一脉相承。澳门回归祖国后，澳门地区的考古亦进入一个新阶段。

澳门考古学的资料却显示，自新石器时代距今 6000 多年前起，此地就一直有人类在活动和繁衍。考古学对澳门近代史的研究，仍发挥着积极的作用。葡人东来澳门早期的活动，如 17 世纪初期耶稣会教士所建立的圣保禄教堂、圣保禄神学院及大炮台等辉煌的建设，是代表了葡国过去在东亚地区政治、军事、宗教与教育等方面重要的遗迹。迄今为止，澳门考古学的工作，主要是外来考古队所承担的。回顾澳门考古发展的历史，同样是认识澳门历史重要的环节。

二　澳门早期考古工作

澳门地区迄今仍未有进行全面的考古普查工作。这是很遗憾的事。由于近年澳门都市迅速的发展，即使过去已被发现的遗址，最近是否已被破坏，现今我们尚未能准确掌握。毋庸讳言，目前澳门史前或历史时期的考古工作，还是处于起步的阶段。

---

*　香港中文大学历史系教授、中国考古艺术研究中心主任。

　　澳门地区的考古工作起步很晚。迟至 1972 年 7 月 15 ~ 16 日间，香港考古学会一些业余的考古爱好者，在路环进行地表的调查工作，分别在竹湾、黑沙、路环村及九澳湾的五个地点发现了史前及唐宋历史时期的遗物。在竹湾西部岩荫及谷地，发现了一些夹砂几何印纹陶及相当风化的残块饰。黑沙分南北两个地点。南部的黑沙即现今黑沙公园的范围。在这里沙堤上暴露出较丰富的遗物，如夹砂绳纹或素面陶片、刻划纹残器座、砺石、石纺轮及砾石尖状器等。此外尚发现有一些带绿釉陶罐残片。黑沙的北部沙堤较窄小，地表暴露有夹砂粗陶及网状纹泥质陶及环砥石、有肩石锛等。路环村附近的路径，因修路暴露出不少夹砂粗陶及几何印纹硬陶残片。此外，尚发现有一件残石英环及"玉髓的刮削器"，该刮削器长 5 厘米、宽 2 厘米，有较全面的加工。九澳湾并没有形成第二级沙堤，湾内捡拾到若干的遗物，如绳纹及几何印纹泥质陶片、石网坠及一些带青釉陶片。根据以上的调查，W. 凯利（W. Kelly）认为这些遗物的年代，横跨新石器时代至宋元之间，路环村附近所发现"玉髓刮削器"，可能早于新石器时代。

　　1973 年 5 月 26 ~ 27 日，香港考古学会在黑沙遗址进行试掘调查。由 A 至 F 六个小探方南北向在沙堤上布置。E 探方内发现有"五铢"钱币。B 探方出土若干可能属于唐代的陶瓷。F 探方最丰富，发现有较多的陶片及石器，其中若干陶片为几何印纹泥质陶。1977 年及 1985 年，香港考古学会又在黑沙先后组织两次调查发掘工作。1977 年 10 月的调查共开 3 × 3 米探方 G、H 两个及 6 × 3 米 T 探沟一条，并在遗址的沙堤上钻探调查。这次调查发现自表土以下 20 ~ 30 厘米有若干清朝陶瓷残片及钱币。据调查发现，包括史前时期两个不同时期的文化堆积，下文化堆积出土可复原的圈足彩陶盘一件。1985 年 1 月香港考古学会于黑沙进行最后的发掘工作，共开三个 5 × 5 米探方及一个三角形的探方。据报发现了一些新石器时代的遗物。

三　香港中文大学在澳考古发掘调查

　　1990 年由北京文物出版社出版、文物编辑委员会编辑的《文物考古工作十年（1979 ~ 1989）》一书中，笔者所执笔的《香港和澳门近十年来的考古收获》一文，初步讨论港澳地区的史前文化的编年，尝试建立以东湾 I 期→东湾 II 期→黑沙期→鲋鱼湾期→蟹地湾期的五个代表的发展阶段。其中黑沙期就是以路环的黑沙遗址为代表。同文章中更指出黑沙期的文化是"代表沿南海沙丘的传统文化"。

1991 年笔者在《环珠江口史前考古刍议》中提出"大湾式彩陶盘"的概念，以涵盖珠江三角洲地区新石器时代出土的圈足彩陶盘。同年笔者所发表《香港考古之旅》中"南海彩陶的文化圈"的假说，其中收录有黑沙、大湾、后沙湾、龙穴、小梅沙、春磡湾六处遗址的完整圈足彩陶盘分布图的彩版。

1993 年香港中文大学黄韵璋人类学的学位论文《新石器时代环珠江口之彩陶》一文中，收录了黄氏在香港考古学会会所内所实测的七件黑沙遗址出土的彩陶陶片测量图。其后，1994 年黄氏测量黑沙遗址彩陶陶片的实测图在《大湾文化试论》一文中正式发表。《大湾文化试论》一文尝试就环珠江口的沿岸及岛屿约五六千年前新石器时期文化的分布、分期及文化的内涵特征、航海技术及源流等问题进行初步的分析。

1995 年 1 月，香港中文大学中国考古艺术研究中心与澳门大学中文系在澳门基金会的支持下，在澳门路环黑沙遗址发掘，发现了新石器时代两个不同时期的文化层。在距今约 4000 年前的文化层中确认了一处红烧土与砾石构筑遗址，同时出土的还有一些水晶玉石饰物制作相关工具和饰物的毛坯。是次的发掘其后由邓聪及郑炜明共同编著《澳门黑沙》专刊，在 1996 年由中文大学出版社及澳门基金会共同出版。

黑沙考古发掘的重要性确实有点始料不及。当时在考古工地工作完成后，我们在 1995 年 2 月 7 日举行现场新闻发布会。翌日澳门《华侨报》以"黑沙发现新石器时代文物"为题，副题是"包括整套整玉石工具料该处为饰物作坊，系对古东南沿海文化交流探索重要环节"，[①] 引起了社会普遍的关注。其后一年《澳门黑沙》出版后，也引起了学术界的注目。

浙江省文物考古研究所牟永抗先生是中国新石器时代玉器研究的著名学者。最近在他的《关于史前琢玉工艺考古学研究的一些看法》一文中，[②] 讲述到"回顾二十年琢玉工艺的研究过程中，有两件值得大家庆幸的事，

---

① 1995 年 2 月 8 日《华侨报》，第 1 版。
② 牟永抗：《关于史前琢玉工艺考古学研究的一些看法》，载《史前琢玉工艺技术》，台北，台湾博物馆，2003，第 19～40 页。

其一是研究的队伍扩大了……其二是研究的层位有了提高，《澳门黑沙》考古发掘报告之后……标志着琢玉工艺深层次研究的开始"。牟先生对黑沙遗址报告的错爱，不无可商榷之处。然而，对笔者来说迄今黑沙遗址的吸引力，有增无减，有如痴如醉的感觉。

《澳门黑沙》发表后，笔者在日后研究中发现从黑沙出土一种所谓"环砥石"，就是一种圆盘旋转机械中轴的承轴器，可简称为辘轳承轴器。①

最近笔者再次检查 1995 年黑沙发掘原始资料和幻灯片的资料，考察到辘轳承轴器的旁边有一处呈浅黄色的圆圈遗迹，直径约 5.7 厘米，中孔直径约 2.4 厘米。据发掘者黄韵璋氏的记忆，该圆圈遗迹的厚度约 5 毫米，用手铲水平削切数次就消失。该圆圈遗迹在原报告中图版 10－2 及 11－2 中已发表。然而在原报告相关探方图 12－3 中未有报道此遗迹的资料。这确实是笔者疏忽大意所致。经过多年来反复思考，今日笔者认为此圆圈遗迹很有可能就是空心木质管状轴的遗迹。辘轳承轴器两侧旋转研磨痕与管状轴遗迹的内径基本上一致，令人兴奋。从辘轳承轴器与管状轴遗迹两者相邻密切的关系显示，辘轳承轴器（直径 5.5 厘米）原来很可能是安装在木质管状轴（直径 5.7 厘米）上的一种设施。如果以上推测正确的话，澳门黑沙圆盘旋转机械很可能是水平的竖轴辘轳（相对于横轴辘轳来说），就是一种由圆盘带动水平旋转的平台装置。过去笔者谈及"黑沙 95A 探方第一层生活面中发现一处红烧土与砾石构筑遗迹。这里围绕红烧土的周围，出土环玦制品及芯。据观察，环的内壁及芯的管钻面上，均遗留有由于高速旋转形成的光泽及线状痕迹。同样就在红烧土的附近，出土一种长椭圆形的砾石，砾石长轴两端各有一处乳突，两处乳突周围亦可以见到有明显由于高速旋转带动而形成的光泽及线状痕。环、芯及上述砾石三者出土空间位置相当接近，而三者同样遗留有由高速带动旋转的摩擦痕迹，其中相互间的关系如何解释，引人入胜"。② 看来这个推测是有一定科学的根据。

本拙文中首次论证的圆盘旋转机械，很可能是用作玉石空心管钻穿孔加工。玉器管钻是中国新石器时代玉器制作所备受赞誉的工艺。距今约

---

① 邓聪：《环珠江口考古之崛起》，《珠海文物集萃》，香港中文大学中国考古艺术研究中心，2000，第 12～60 页。

② 邓聪：《史前玉器管钻辘轳机械的探讨》，《中国社会科学院古代文明研究中心通讯》2002 年第 3 期，第 49～51 页。

5000 年前长江流域良渚文化以玉工技术精湛，享誉于世。良渚玉工制作的玉琮，有的管钻深几达 50 多厘米，在世界人类史前机械工程的历史里，闪烁着耀目的光芒。然而，此种管钻技术具体的真面目一直是不解之谜。黑沙辘轳承轴器的发现，为中国新石器时代圆盘旋转机械首次重大的发现，也为史前管钻之谜的破译，提供了重要的根据。澳门 4000 多年前竖轴辘轳机械的认识，将为中国新石器时代玉器工艺史上很重要的突破，同时亦为中国科学技术上旋转机械历史重大的发现。这些实为笔者在澳考古所始料不及的，亦为在澳所留下最值得纪念的美事。

四 葡国学者及其他在澳考古活动

澳门水域的水下考古资源，更完全是未知之数。据闻澳门新机场兴建期间，曾发现过沉船，14C 测定其年代可能属于明代的末叶，可惜未有更进一步公布发现的情况。按现今于珠江口一带海域，屡屡打捞出唐代的陶器。1977 年中国渔民在外伶仃岛附近海域、1984 年在荷包岛海域附近，先后打捞过唐代的青釉四耳罐和碗。中国历史博物馆俞伟超认为，这些打捞所得器物均为古代沉船的遗物。元灭南宋之间有十字门大海战。十字门即珠海横琴与澳门至路环间海道，应当有大量沉没于海域中的船只。因此，未来澳门水域之水下考古工作，可能是大有可为的。

再者，从 16 世纪开始，"中葡两种源远流长的丰富文化在澳门这儿相遇相融，创造性地互相影响移植"。澳门近代历史考古学的价值，是众所公认的。1990~1992 年间，澳门政府集合建筑、工程、历史和考古专业人员对圣保禄教堂遗址进行大规模的科学研究工作，发掘深度达 4 米。并运用雷达探测记录，对教堂建筑遗迹进行了详尽的记录和复原。此外还发现了大量陶瓷的遗物。圣保禄教堂的发掘，是澳门历史考古学开创性的工作。1998 年澳门博物馆的开幕，同时出版了《与历史同步的博物馆——大炮台》，其中多篇文章揭示了 1990~1997 年间葡国考古学者在大三巴遗址发掘一些最新的成果。还有，郑炜明于 1993 年及 1995 年分别发表的《（葡占）氹仔路环碑铭楹匾汇编》和《（葡占）氹仔路环遗刻题记志》。1996 年 Lindsay 与 May Ride 的著作《东印度公司墓地》，由香港大学出版社出版。书中收录鸦片战争前后外籍人士 160 多人在澳门墓地的墓志资料，其中既有鸦片商人、冒险家，又有艺术家和学者，如著名学者马礼逊和龙思泰的墓地。本书提供了近代史上外籍人士在中国活动的实物资料。以上都是有关澳门历史考古学重要的著述。

五　展望

综观从 1972 年澳门路环发现的考古地点，迄今已有 20 多年。这 20 年间澳门的都市发展迅速，不少的考古遗址都受到相当程度的破坏，或被湮没。1993 年威斯汀酒店前门的建设，破坏了原黑沙北部的沙堤考古遗址。另一方面，香港考古学会在黑沙自 1973 年、1977 年及 1985 年的考古发掘调查工作迄今 20 多年，正式报告书尚未出版。近年大三巴遗址发掘的资料，尚在整理的阶段。现今要全面理解澳门考古的工作，尚有一定的困难。

1999 年澳门回归祖国的怀抱后，在考古事业上可发展之处甚多。澳门政府内部及大专教育界应增强田野考古专业的人员。其中以制定完善的文物法为首要之举。通过成立管理文物事业的机构，逐步在大专教育中培养本地考古的专业人才，建立本地考古文物的专业队伍，使文物考古专业性置于其应有的位置。此外，组织一次全澳的考古普查，制作本地区详尽考古资源的目录及地图等，都是当务之急。

最近澳门的考古活动也有了一些可喜的进展。2003 年 7 ~ 8 月间由澳门艺术博物馆主办"澳门史前考古与文化"的暑期研究班，很受本地青少年学生的欢迎。其后又举办了"艺博馆馆藏澳门黑沙遗址史前陶器展"，展出了一批最近复原史前的陶器，很惹人注目。[1] 我们期待澳门文化界对自身当地古文化以更大的投入与支持。6000 多年澳门的历史，必须要由澳门人自己动手动脚发掘和复原。当然，澳门历史也要融合到环珠江口的范围去考虑，澳、港及广东三地合作，势必为 21 世纪此地人类历史认识掀开新的一页。

（原载吴志良、杨允中等编《澳门 2004》，澳门，
澳门基金会，2004）

---

① 陈炳辉：《澳门史前考古与文化》，《澳门杂志》第 36 期，2003 年，第 64 ~ 70 页。

本丛书由澳门基金会策划并资助出版

澳门研究丛书 MACAU STUDIES

澳门人文社会科学研究文选

The Selection of Studies
in Humanities and Social Sciences of Macau

历史卷（含法制史）

（下卷）

HISTORY

吴志良　林发钦　何志辉／主编

社会科学文献出版社
SOCIAL SCIENCES ACADEMIC PRESS (CHINA)

目　录

上　卷

历　史　编

第一篇　澳门政治史

关于 1887 年中葡《和好通商条约》的订立 ……………………… 费成康／005

清末（澳门）路环海盗及其与同盟会之关系 ……………………… 郑炜明／014

从政治发展看澳门历史分期 ………………………………………… 吴志良／031

清末澳门的勘界谈判 ………………………………………………… 黄鸿钊／044

澳门与入关前的清朝

　　——从外文史料透视努尔哈赤死因真相

　　………………………………………………… 金国平　吴志良／066

再论"蕃坊"与"双重效忠" ………………………… 金国平　吴志良／085

试论澳门葡萄牙人居留地的形成 …………………………………… 廖大珂／113

明中后期澳门葡人帮助明朝剿除海盗史实再考

　　——以委黎多《报效始末疏》资料为中心展开

　　……………………………………………………………… 汤开建／128

荷兰人东来与首航澳门 ……………………………………………… 林发钦／142

第二篇　澳门宗教史

澳门高等教育的第一章

　　——圣保禄学院历史价值初探 ……………………………… 刘美冰/163

福建人与澳门妈祖文化渊源 ………………………………………… 徐晓望/178

源远流长　文化瑰宝

　　——谈澳门庙宇体系 ……………………………………… 陈炜恒/197

澳门——16 至 19 世纪中西文化交流的桥梁 ……………………… 黄启臣/208

明清时代澳门诗所反映的中西文化交流 ………………………… 章文钦/245

澳门圣保禄学院关闭时间之辨析 ………………………………… 李向玉/254

澳门三大古庙之历史源流新探 …………………………………… 谭世宝/267

澳门普济禅院所藏大汕自画像及大汕广南航行与

　　重修普济禅院的关连 …………………………………… 姜伯勤/315

探讨澳门天主教文化及其文献宝库 ……………………………… 杨开荆/336

澳门与礼仪之争

　　——跨文化背景下的文化自觉 ………………………… 吴志良/362

西班牙方济会在华传教方法研究 ………………………………… 崔维孝/382

澳门早期西洋美术述论 …………………………………………… 莫小也/404

澳门与妈祖信仰早期在西方世界的传播

　　——澳门的葡语名称再考 ……………………………… 金国平/420

澳门妈祖文化的形成及发展

　　——从妈阁庙石殿神龛"万历乙巳四街重修"碑记谈起 …… 陈树荣/452

姗姗来迟的"西洋消息"

　　——1709 年教皇致康熙信到达宫廷始末 ……………… 韩　琦/473

种族中心论与辩护：澳门宗教史学之探讨

　　………………………………〔葡〕苏一扬（Ivo Carneiro de Sousa）/486

加比丹·莫尔及其澳日贸易与耶稣会士的特殊关系 ……………… 戚印平/507

瀛洲圣阙关山重

　　——1709 年教皇信滞留澳门始末 …………………… 韩　琦/526

中 卷

第三篇 澳门经贸史

澳门的苦力贸易及其对世界经济的影响 …………………… 邓开颂/543

明代澳门与海上丝绸之路 ………………………………… 万 明/556

中国最早的彩票形式之一

——白鸽票考述 ……………………………………… 赵利峰/566

17 世纪以澳门为中心的东亚海上贸易网 ……………… 李金明/580

明季澳门与马尼拉的海上贸易 …………………………… 张廷茂/592

澳门博彩业探源 …………………………………………… 胡 根/605

第四篇 澳门社会史

澳门的奴隶买卖和黑人 ………〔德〕普塔克（Roderich Ptak）/639

百年前的"华人区" …………〔葡〕潘日明（Benjamim Videira Pires）/648

澳门的日本人 …………………〔葡〕文德泉（Manuel Teixeira）/654

澳门莲系地名考 …………………………………………… 邓景滨/689

澳门地区台风考 …………………………………………… 叶 农/717

青洲沧桑 ………………………………………… 金国平 吴志良/735

澳门贫民医院再研究 ……………………………………… 董少新/752

澳门开埠初期葡裔人口辨析 ……………………………… 李长森/764

清中叶前的澳门平民阶层及社会流动 …………………… 杨仁飞/789

澳门路环岛九澳村：一条滨海客家村的历史考察 ……… 郑德华/811

兴盛与转折：澳门中立时期的

救亡赈难团体（1931～1945）……………………… 娄胜华/824

第五篇　其他

浅话《澳门记略》及其校注 …………………………………… 赵春晨/839

伯多禄和高美士：闻名遐迩的澳门土生汉学家

　　……………………〔葡〕何思灵（Celina Veiga de Oliveira）/845

《明清时期澳门问题档案文献汇编》序言 ………………… 韦庆远/850

澳门历史研究述评 …………………………………………… 吴志良/887

伊比利亚文献资料中关于 MACAU 的由来

　　…………………〔葡〕洛瑞罗（Rui Manuel Loureiro）/904

澳门考古学的反思 ………………………………………… 邓　聪/935

下　卷

法制史编

澳门法制史研究：回顾与展望………………………………… 何志辉/943

第一篇　主权·条约·法理

澳门主权问题始末 ………………………………………… 黄启臣/993

葡萄牙 1783 年《王室制诰》剖析 ………………………… 黄鸿钊/1009

鸦片战争前后葡萄牙寻找澳门主权论据的过程………………吴志良/1024

中葡有关澳门主权交涉内幕

　　——从 1862 年条约换文到 1887 年条约谈判 ……………黄庆华/1036

澳门主权归属争议的国际法分析……………………………… 谭志强/1054

1887 年《葡中和好通商条约》中有关葡萄牙

　　在澳门主权议题诠释问题

　　——《葡萄牙共和国宪法》第 292 条第 1 款重阅心得

　　…………〔葡〕萨安东（António Vasconcelos de Saldanha）/1064

1887 年《中葡和好通商条约》国际法简析 ······················ 柳华文/1093

第二篇　政制·职官·管治

唐宋蕃坊与明清澳门比较研究 ························· 邱树森/1117

澳葡殖民政府早期政治架构的形成与演变 ················· 叶　农/1133

澳门地租始纳年代及其意义 ························· 金国平/1151

论澳门总督制的缘起 ···························· 张廷茂/1166

澳门议事亭考 ······························· 何永靖/1184

早期中国政府对澳门的管治与澳门同知的设立 ············· 黄鸿钊/1206

清代香山县丞对澳门的管治 ························ 杜婉言/1234

吏役与澳门 ······························· 刘景莲/1252

澳门拱北海关的建立及其影响 ·············· 邓开颂　余思伟/1268

第三篇　立法·司法·交涉

皇帝的权威和对抗的象征：万历和乾隆"法典"在澳门 ·············

················ 〔葡〕萨安东（António Vasconcelos de Saldanha）/1285

走私与反走私：从档案看明清时期澳门

　　对外贸易中的中国商人 ··················· 杨仁飞/1301

康熙初年的澳门迁界及两广总督卢兴祖澳门诈贿案

　　——清档《刑部残题本》研究 ············· 汤开建/1319

张汝霖诈贿隐史 ···························· 金国平/1346

澳门与乾隆朝大教案 ·························· 吴伯娅/1369

清代条例的效力

　　——以澳门涉外命案的审理为视角 ············· 乔素玲/1380

从东波档看清代澳门的民事诉讼及其审判 ············· 刘景莲/1392

谢清高与居澳葡人

　　——有关《海录》口述者谢清高几则档案资料研究 ····· 刘迎胜/1407

论亚玛勒案件与澳门危机 ······················ 郭卫东/1422

经元善避难澳门与晚清政治考辨 ·············· 侯　杰　高冬琴/1447

多元文化结构下的法律与正义
    ——关于一宗 1925 年发生的华人离婚案
        ………………〔葡〕叶士朋（António Manuel Hespanha）/1460
20 世纪葡萄牙与澳门
    ——城市规划法律史之研究
        ………………〔葡〕阿丰索（José da Conceição Afonso）/1477

第四篇　其他

澳门明清法律史料之构成………………………………………… 李雪梅/1533
澳门东西方法律文化初探………………………………………… 赵炳霖/1550

法制史编

第一篇　主权·条约·法理

第二篇　政制·职官·管治

第三篇　立法·司法·交涉

第四篇　其他

澳门法制史研究：回顾与展望

何志辉[*]

一 引言

经四百余年西力东渐，澳门作为华洋共处之地，积淀了丰厚而独特的文化内涵。与悠久的澳门历史相比，"澳门学"在中国虽可溯至 1751 年印光任、张汝霖合著的《澳门记略》（或作《澳门纪略》），在西方始于 1832 年龙思泰（Andrew Ljungstedt）的《葡萄牙在华居留地史纲》（*An Historical Sketch of the Portuguese Settlements in China*，今译《早期澳门史》），却自 1980 年以来才渐呈蔚然，澳门回归前达致高潮，延至当前退潮而更趋理性。学界关于"澳门学"的共识有三：其一，它是以澳门社会为研究对象，既从纵切面研究澳门社会发展过程，亦从横切面研究澳门社会各个方面，从而发现和阐明澳门社会及其发展规律的特殊性；其二，它不是仅仅冠上"澳门"两字的松散学科联合体，而是各学科融会贯通的综合区域学科；其三，它的研究对象不应是简单地包罗万有，也不应一味钻故纸堆，还应立足于澳门现在和未来的主要问题。[①]因此，"澳门学"是一门以研究澳门问题为导向的地区性学科，是一门关于澳门历史文化与社会发展的综合性学科。

结合"澳门学"的内涵，可见澳门法制史研究完全契合其基本宗旨。

---

[*] 澳门科技大学法学院助理教授，西南政法大学法学研究所专职研究人员。

[①] 据澳门史学者吴志良博士介绍"澳门学"之始末，一批致力于澳门研究的学者自 20 世纪 80 年代中期开始积极探索，先是举办"澳门文学座谈会"（1986 年 1 月）以及"澳门文化研讨会"（1988 年 7 月），随后于 1989 年 2 月 25 日在澳门东亚大学（今澳门大学）举行研讨会，与各界代表认真探讨建立"澳门学"的可行性。参见吴志良《东西交汇看澳门》，澳门，澳门基金会，1996，第 37～38 页。又见常绍温《从澳门历史文化的特点略谈建立"澳门学"问题》，载《文化杂志》1994 年第 19 期，第 168～169 页。

作为"澳门学"之有机组成部分，澳门法制史研究横贯史学与法学，又有自身的相对独立性。它以历史上的澳门法之制度、实践与文化为主要研究对象，不是孤立而机械的澳门法制发展的描摹，还须融贯相关学科如政治学、社会学、宗教学、人类学、语言学及其他邻近学科，从而全面、理性、深入地考察历史。它也不是一味钻故纸堆，亦非单纯印证所谓"一切历史都是当代史"[①]，用心毋宁在以古鉴今，使之成为当代澳门法制建设的历史参照，因而具有无可替代的学术价值与实践意义。在此，有必要认真回顾中外学界的相关文献及研究概况，以期推动这一交叉学科的长远发展。

二 1980 年前：中外相关文献及研究概况

（一）中文相关文献及研究概况

在卷帙浩繁的明清史料中，涉及澳门法制史者极为零散，分布于各地各类档案文献。除有谕旨、题奏、官衙往来文书等汉文及满文原始档案外，还见诸正史杂史类、地理方志类、奏议公牍类、类书笔记类、文集诗钞类，林林总总，不一而论。总体而言，明清时期澳门文献少有法政专题，尤其在涉及葡国法律与澳葡内部自治制度时，体察难免浮光掠影，记载多属只语片言，甚或带有志异色彩。

明代澳门史料分布甚广。明嘉靖四十三年（1564）庞尚鹏《陈末议以保海隅万世治安疏》[②]，是迄今所见最早记录"澳门"地名、详述葡人居澳情景并提出治理对策的中文文献。万历三十年（1602）郭棐修撰的《广东通志》卷六九"澳门"条，亦为后世研究早期澳门的必引之论。[③] 至于其他涉及明代澳门的文献，如正史杂史类有《明实录》、《国榷》、《明通鉴》、

---

① 这一命题为意大利著名史学家贝奈戴托·克罗齐（Benedetto Croce）所论，见〔意大利〕克罗齐《历史学的理论和实际》，傅任敢译，北京，商务印书馆，1982，第 2 页。

② 《陈末议以保海隅万世治安疏》又名《区画濠镜保安海隅疏》或《抚处濠镜澳夷疏》，初见庞尚鹏《百可亭摘稿》，后为《广东通志》、《明经世文编》、《天下郡国利病书》、《澳门记略》及多种《香山县志》辗转摘录。相关研究参见汤开建《庞尚鹏〈抚处濠镜澳夷疏〉初探》一文，载汤开建《明清士大夫与澳门》，澳门，澳门基金会，1998，第 3～4 页。

③ 参见费成康《澳门：葡萄牙人逐步占领的历史回顾》，上海，上海社会科学院出版社，2004，第 20～21 页。

《中西纪事》、《广东赋役全书》等，地理方志类有《东西洋考》、《广东通志初稿》、嘉靖与万历朝《广东通志》、嘉靖朝《香山县志》等，奏议文集类有《明经世文编》、《名臣经济录》、《甓余杂集》、《正气堂集》、《盟水斋存牍》等，类书笔记类有《万历野获编》、《春明梦余录》、《贤博编》、《粤剑编》等，以及《明清史料》、《徐家汇藏书楼明清天主教文献》与《散编海外档案文书》等涉及澳门史料者，① 可供明代澳门法制史研究参考。

清代澳门史料更为丰厚。成于雍正十三年（1735）的《明史·佛郎机传》，记载早期中葡往来与澳门状况，是后世研究欧亚交通史及早期澳门史的蓝本，但有若干错讹。张维华对此详加勘校，撰成《明史佛郎机吕宋和兰意大里亚四传注释》；戴裔煊亦对此详加考订，撰成《〈明史·佛郎机传〉笺正》。② 尤其是前述印光任、张汝霖合著的《澳门记略》，共两卷三篇，上卷"形势篇"与"官守篇"分述澳门地理形势与历史沿革，下卷"澳蕃篇"记澳葡风俗文化，全面介绍澳门历史、地理、海防、官守和租居澳门西洋人的贸易、宗教、文化、风俗、技艺等情况，并附插图 21 帧，书后附 400 多条中葡对照词语。作为专事澳门历史文化的地方志，该书虽有不可避免的时代局限性，却对澳葡乃至西方政法制度有所认知，为研究早期澳门法制史之重要文献。③

至于其他涉及清代澳门的文献，亦可谓蔚为壮观。正史传记类如《清

① 关于明代澳门文献汇编，详见中国第一历史档案馆、澳门基金会、暨南大学古籍研究所合编，杨继波、吴志良、邓开颂总主编《明清时期澳门问题档案文献汇编》第 5 卷，北京，人民出版社，1999。

② 张维华《明史佛郎机吕宋和兰意大里亚四传注释》1934 年由哈佛燕京学社出版，后改名《明史欧洲四国传注释》，由上海古籍出版社 1982 年重刊。戴裔煊《〈明史·佛郎机传〉笺正》，由中国社会科学出版社 1984 年出版。

③ 印光任、张汝霖均为雍乾年间的地方长官，于 1744 年（乾隆九年）和 1748 年先后出任澳门海防军民同知，治澳多年，通过"历海岛，访民蕃，搜卷峡"收集了大量材料。1751 年（乾隆十六年），两人在潮州任官时合作完成此书。作为乾隆年间（1736～1795）专记澳门的唯一志书，该书是中国历史上第一部系统介绍澳门的著作，也是研究澳门历史、地理、风物、文化的重要古籍，被选入《四库全书》，是当时政府和世人了解澳门的指南；并对后世产生了很大影响，如《皇清职贡图》关于琉球、佛郎机等附图及文字说明，《粤海关志》有关"夷商"部分，都是参考该书写成，魏源《海国图志》则将其上卷全部和下卷大部分予以收录。该书已知中文版本有 12 种之多，现存的有乾隆原刊本、嘉庆重刊本、光绪再刊本、1963 年台湾重刊本、1988 年《岭南丛书》点校本和 1992 年《澳门记略校注》本等，其全部或部分内容亦被译成日、法、英、葡等文。见（清）印光任、张汝霖《澳门记略》，赵春晨校注，广州，广东高等教育出版社，1988。该书在 1992 年由澳门文化司署推出繁体版，增补其他版本序跋、作者传记资料等内容。关于该书作者、版本、内容和特色之相关介绍，见章文钦《澳门历史文化》，北京，中华书局，1999，第 271～310 页。

实录》、《清会典事例》、《清朝文献通考》、《清史稿》、《国朝柔远记》等，地理方志类如《海国图志》、《粤海关志》、《广东海防汇览》、历朝《广东通志》及《香山县志》等，奏议公牍类如《清经世文编》、《国朝名臣奏议》、《抚粤政略》、《林文忠公政书》、《张文襄公全集》等，野史笔记类如《广东新语》、《澳门记》、《论澳门形势状》、《海国四说》、《澳门形势论》等，文集诗钞类如《小仓山房诗文集》、《三巴集》、《香山诗略》、《港澳旅游草》、《澳门杂诗》等，[①] 其间涉及澳门治理与澳葡社会情形，对研究清代澳门法制史与法文化大有裨益。

自光绪十三年（1887）《中葡和好通商条约》签订与宣统元年（1909）澳门勘界交涉以来，澳门主权问题遂成 20 世纪前期中国学者关注的焦点。截至 1980 年，国内的澳门研究集中在考证葡人据澳始末及主权交涉事宜，专题研究澳门法制史之论文仍然罕见，遑论著述。（以下罗列相关论著时，除有特殊说明，均按发表或出版时序排列）

关于民国时期学界相关论文，据不完全统计，[②] 1909～1929 年有《澳门之历史》（载《东方杂志》第 6 卷第 4 期）等九篇论文，主要内容是介绍澳门历史及划界等问题；1930～1949 年有张维华《葡萄牙人第一次来华使臣事迹考》（载《史学年报》第 1 卷第 5 期）、梁嘉彬《〈明史·佛郎机传〉考证》（载《国立中山大学文史研究所月刊》第 1 卷第 3、4 期合刊，1934年）、陈祖源《明代葡人入居濠镜考略》（载《历史学报》第 10 卷第 1 期，1936 年）、朱杰勤《葡萄牙人最初来华时地考》（载《社会科学》第 4 卷第 12 期）、梁嘉彬《论澳门在历史上条约上的地位》（载 1947 年 10 月 27 日《中央日报》）等 18 篇论文，主要阐述葡人非法租占澳门始末，申明中国对澳门拥有主权并望政府收回澳门等问题。

至于民国时期的相关著述，除前述张维华著作外，还有郑师许《澳门问题研究》（出版地不详，1911）、王仲达《澳门地图》（商务印书馆，1928）、刘万章《澳门考略》（广州省私立女子中学图书馆，1929）等。尤具代表性的作品有二：一是张天泽《中葡早期通商史》（*Sino-Portuguese*

---

① 此处所录不过冰山一角，详见前引《明清时期澳门问题档案文献汇编》第 5、6 卷。
② 相关统计及介绍参见黄启臣、邓开颂《澳门历史研究概述（代前言）》一文，载黄启臣、邓开颂编《中外学者论澳门历史》，澳门，澳门基金会，1995，第 2 页。

Trade from 1514 - 1644：A Synthesis of Portuguese and Chinese Sources），① 系
1934 年在荷兰莱登出版的博士论文。作者用中葡资料研究一些带有争议性
的问题，全书共七章：第一章，1513 年前中国海外贸易的历史概述；第二
章，中葡早期通商史；第三章，外国人被驱逐出中国与禁止对外贸易；第
四章，贸易还是不准贸易；第五章，澳门的兴起；第六章，其他欧洲人到
东方；第七章，风雨飘摇中的澳门以及中葡贸易之衰落与萧条。该书旁征
博引，论述详备。二是周景濂《中葡外交史》，1936 年由上海商务印书馆出
版，1991 年商务印书馆重印。这是一部研究澳门早期历史的重要著作，全书
共 15 章，分别对葡人东来、葡人被逐广东、屯门通商、浪白滘贸易、澳门居
留地之由来、青洲教堂被焚、澳门贸易和中葡关系总体情况及特征作了分析
研究，言简意赅，经络毕现，可资澳门法制史研究参考。

自新中国成立至 1980 年，囿于众所周知的种种原因，国内学界较少投
入澳门问题研究。据不完全统计，1950～1980 年国内学界发表的澳门研究
论文，仅有戴裔煊《关于澳门历史上所谓赶走海盗问题》（载《中山大学学
报》1957 年第 3 期）等五篇，主要内容是揭露葡萄牙人把澳门置于其殖民
统治之下的历史事实。此时港澳台地区学者对澳门法制史亦少关注，相关
成果仅有全汉升《明代中叶以后澳门的海外贸易》（载香港中文大学《中国
文化研究所学报》1972 年第 2 期）等数篇论文。

（二）外文相关文献及研究概况

15～16 世纪西方所存澳门史料，多附着于各类游记及信札等载体。迄今
所见西方文献中，最早提及"澳门"（Macau）者是葡萄牙人平托（Fernão
Mendes Pinto），其涉及游历中国东南沿海的遗作《远游记》（*Peregrinação*，
1614）亦非全然"吹牛说谎"。② 这类早期澳门史文献，经葡国学者费雷达斯

---

① 参见张天泽《中葡早期通商史》，姚楠、钱江译，香港，中华书局，1988。英国史学家博
克塞认为，张氏多沿袭前人数据，略有修正，观点无大创新。见 C. R. Boxer, *Fidalgos no
Extremo Oriente*（《远东的贵族》），澳门，东方基金会和澳门海事博物馆，1990，第 293 页。
② 早期葡萄牙旅行家平托（Fernão Mendes Pinto）1555 年 11 月 20 日致果阿耶稣会长的一封信是葡
文献记载澳门之始，其《远游记》更有专章记叙中国澳门之旅。相关内容参见 Fernão Mendes
Pinto, *Peregrinação*, Vol. 2, Lisboa, Publicações Europa-América, 1988. 中译相关内容参见〔葡〕
费尔南·门德斯·平托《远游记》下册，金国平译，澳门，葡萄牙大发现纪念澳门地区委员会、
澳门基金会、澳门文化司署、东方葡萄牙学会，1999，第 221 章，第 698～702 页。

（Jordão de Freitas）于 1910 年整理而成《16 世纪澳门史料》（*Macau: Mate-riais para a Sua História no Século XVI*，1988 年澳门文化学会重刊）。另据《葡萄牙人在华闻见录——16 世纪手稿》，[①] 除前述平托的游记外，还有一位先生向沙勿略神父提供有关中国的信息（1548 年），一位被囚中国六年之久的人士在马六甲讲述的中国风俗及法律（1554 年），佩雷拉关于中国近况的著述（1553～1563 年），以及巴洛斯所著《亚洲史》之节录文献等。

旅葡学者金国平多年潜心葡文史料整理，近年编译有《西方澳门史料选萃（15～16 世纪）》（广东人民出版社，2005），[②] 录有大量经仔细检索、研究、鉴别和翻译而成的早期澳门史料，如广州葡囚信、编年史家笔下早期中葡关系、《中国事务及其特点详论》等文献，早期西方来华传教士如利玛窦（Matteo Ricci）、范礼安（Alessandro Valignano）等人提及早期中葡关系与澳门社会的相关描述，以及诸如《王室大法官条例》与"葡、西征服中国计划"等文献，脉络清晰，译介精当，殊为难得。

17 世纪西方所存澳门史料，多受欧洲"中国热"之影响，数量增长，记载更详。在散佚的相关文献中，1648 年佚名耶稣会士的报告和两封澳门总督写给葡印总督的信函，收入英国学者博克塞（Charles Ralph Boxer）编《澳门在明朝覆亡中的角色》（*Papel de Macau na Queda da Célebre Dinastia Ming*，Macau，1938）一书，其中涉及澳门的内容是南明覆亡前明永历太后、皇后受洗天主教，南明王要求澳门葡人遣炮协助抗清复明，以及葡人提供人员、金钱、枪炮协助而未成功的过程。

同期下述文献亦值得注意：一是菩卡罗（António Bocarro）1635 年的《东印度政府所有要塞城镇图集》（*Livro das Plantas de todas as Fortalezas, Cidades e Povoacões do Estado da Índia Oriental*），简述澳门炮台、地理、历史、税收和社会情况，还谈及中国的城镇、税收和防卫，是早期描述澳门的一份完整文献。二是 1637 年随威德尔（John Weddell）船长到澳门游览的英国人孟迪（Peter Mundy）游记，形式较为松散，内容不甚准确，但对澳门风俗民情描写生动。三是意大利人达瓦罗（Marco d'Avalo）约于 1638 年间所写《澳门记》（*Description*

---

① 〔葡〕平托等《葡萄牙人在华闻见录——16 世纪手稿》，王锁瑛译，澳门文化司署、东方葡萄牙学会、海南出版社、三环出版社联合出版，1998。
② 金国平编译《西方澳门史料选萃（15～16 世纪）》，广州，广东人民出版社，2005。

of the City of Macao），介乎编年史和游记体之间，篇幅虽小，但对澳门地理、布防、近史、葡人与广州及其他地区商贸情况的描述清晰，史料价值较高。此外，费雷拉（António Fialho Ferreira）1643 年受命赴澳宣布葡萄牙复国消息后向国王所写的报告，门纳泽斯（D. Luís Meneses）《葡萄牙复国史》有关澳门的一章，以及曾任澳门主教的卡尔丁（António Francisco Cardim）有关同一事件的《备忘录》等，也是了解当时澳门葡人社会及早期澳门法制史与法文化的重要参照。这些文献亦由博克塞编成《复国时期的澳门》（*Macau na Época da Restauração*），1942 年于澳门出版，1988 年在香港再版时易名《17 世纪的澳门》（*Seventeenth Century Macau*）。[①]

曾在中国生活 22 年的葡萄牙传教士曾德昭（Álvaro Semedo），于 1640 年至葡萄牙成稿《大中国志》（初名 *Relação da propagação de Fé no Reyno da China e outros adjacentes*，即《中国及其邻近地区的传教报告》，又名《大中华帝国志》）。[②] 该书第一部分详细介绍中国情况，实与《利玛窦中国札记》不分伯仲；第二部分保留了南京教案许多珍贵史料，其中记载葡人协助朝廷赶走海盗而获皇帝赏赐澳门之事，成为后世所谓"驱盗得赏说"之蓝本。

18 世纪的相关史料文献，有 1710 年葡人索萨（Francisco de Sousa）所撰《果阿省耶稣会士所征服的东方》（*Oriente Conquistado a Jesus Cristo pelos Padres da Companhia de Jesus da Província de Goa*），其中详述澳门葡人 1582 年赴肇庆贿赂两广总督陈瑞以保居澳安身立命的整个过程，对澳门社会也有总体介绍。1735 年法国学者竺赫德（Du Halde，又译杜赫德）在巴黎出版的四卷本《中华帝国全志》（*Description de l' Empire de la Chine et de la*

---

① C. R. Boxer, *Macau na Época da Restauração*, Macau, Imprensa Nacional, 1942. 该书在 1988 年于香港 Heineman 公司再版英文本时，易名为《17 世纪的澳门》（*Seventeenth Century Macau*）。相关介绍见吴志良《澳门史研究述评》一文，载《史学理论研究》1996 年第 3 期。

② 该书作者曾德昭（Álvaro Semedo），字继元，原汉名为谢务禄，1602 年入耶稣会，1613 年来华传教，南京教案后被驱至澳门，继在圣保禄学院任教（1617～1620 年）。1620 年，谢务禄改名曾德昭，再入内地传教。曾将唐德宗建中二年所立之"大秦景教流行中国碑"译为拉丁文，轰动欧洲。1658 年殁于广州，享年 73 岁。在华 20 余载岁月中，他获得了中国历史、地理、文学、风土人情等方面的知识，在此基础上撰写此书。手稿于 1638 年在果阿完成，1640 年携至葡萄牙，1642 年即有西班牙文版，后相继有其他欧洲语言版本面世。葡语手稿早佚，今葡语版本为澳门汉学家高美士从意大利文版回译并于 1956 年在澳刊行。在圣保禄学院建院 400 年之际，教育暨青年司与澳门基金会重印葡文版。该书现有中译，见〔葡〕曾德昭《大中国志》，何高济译，上海，上海古籍出版社，1998。

Tartarie Chinoise，即《关于中华帝国及满蒙地理、历史、年代、政治及物产等的记述》，亦称《中国详志》或《中国通志》），其中涉及澳门时对曾德昭《大中国志》所载"驱盗说"多有沿袭。1740～1745 年间，多明我修士耶稣斯·玛丽娅（José de Jesus Maria）在澳门撰写的《中国和日本的亚洲》（*Ásia Sínica e Japónica*），① 搜集了许多后来流失的市议会档案，并有整整五编讲述澳门，阐述了澳门开埠至 1745 年的历史，尤其第二卷第八篇以后保存了大量议事会最早的文献，为研究澳门重要史料之一。

　　1783 年葡萄牙王室所发《王室制诰》（*Providências Régias*）及相关文献，则是研究 18 世纪中葡关系尤其是澳门法制史的重要文献。《王室制诰》猛烈抨击澳门议事会的不善管理，对居澳葡人对清政府的恭顺臣服表示不满，试图加强代表王室的总督权力，表明葡萄牙王室开始真正关注澳门，澳门葡人政治行政组织从此开始染上殖民色彩。与此相关的其他重要文献，还有受任北京主教的汤士选（D. Frei Alexandre de Gouvêa）神父于 1782 年带给印度总督的信，印度总督给汤士选的指示及其向葡印检察长征询在澳门实施《王室制诰》的信。这些文献于 1943 年整理而成《给北京主教的指示和澳门史的其他文献》，② 1988 年澳门文化学会重印。

---

① 据《澳门百科全书》相关词条介绍，《中国和日本的亚洲》（*Asia Sínica e Japónica*）成稿于1740～1745 年间。《大西洋国——葡属远东档案及年鉴》主编若昂·佩雷拉（João Feliciano Marques Pereira）于 1899 年发现此书 371 页抄件，立刻将其注释，连载于《大西洋国》。至1903 年，共披露原稿 81 页。1939 年，博克塞（Charles Ralph Boxer）在里斯本一旧书店购得可能是佩雷拉使用过的稿本并在阿儒达图书馆发现另一抄本。1940～1941 年间，博克塞在《澳门教区月刊》（*Boletim Eclesiástico da Doicese de Macau*）上连载至第一卷尾。后于1941 年在澳再刊单行本。太平洋战争期间，由白乐嘉（J. M. Braga）负责继续在《复兴杂志》上刊印第二卷。后于 1950 年由澳门官印局复以单行本印行。1988 年，澳门文化学会影印发行全书。作者受遣前来澳门对存于大三巴的耶稣会档案进行复制工作，故接触了大量葡文原档。参见吴志良、杨允中主编《澳门百科全书》（修订版），澳门，澳门基金会，2005，第 49 页。（以下部分西文书目提要，如非另行标注，均系参引《澳门百科全书》相关词条）

② 有学者分析上述文献认为，后来成为中葡关系主导和中心的所谓"澳门问题"是 18 世纪末才产生的。如果说葡萄牙国王在 1752 年（乾隆十七年）向中国遣使巴哲格（Francisco Xavier Assis Pacheco de Sampaio）只是一种友好表示，那么国务大臣卡斯特罗 1783 年委派汤士选出任北京主教进入清朝宫廷则有更深远的目的，希望汤士选可以探查清楚中国皇帝究竟给了葡萄牙什么优惠以及澳门的法律地位如何。换言之，葡萄牙除以强硬的总督夺取一向对清政府恭顺臣服的澳门议事会的权力外，已意识到澳门这块土地的所有权问题，除了继续宣扬所谓驱盗得赏澳门之说，开始更加主动地寻找据居澳门的法律依据。相关研究见吴志良《〈关于葡萄牙人居留澳门的备忘录〉——葡萄牙寻找澳门主权论据的过程》，载《近代史研究》1996 年第 2 期。

19 世纪前期，西方学界始有"澳门学"，标志即为前述瑞典学者龙思泰（Andrew Ljungstedt）1832 年在澳门出版的英文著作《葡萄牙在华居留地史纲》（*An Historical Sketch of the Portuguese Settlements in China*）。[①] 该书因应 19 世纪西方殖民者向华扩张势力而急于了解中国情况之需，上篇为"在葡萄牙居留地简史"，下篇为"在华罗马天主教会及其布道团简史"，附篇为"广州概述"，以第一手材料如实介绍澳门的历史、地志、人口、政府、对外关系、天主教会在华传教活动和葡人居澳的发展变化，以确凿史实否定了葡萄牙所谓拥有澳门主权之说，指出澳门一向是中国的领土。其中虽有不少舛错，特别是因对葡人偏见而有不少主观歪曲，但保留了很多后来散佚的原始资料，是西方学界第一部科学研究澳门历史的英文著作，也是国际史学界公认的研究澳门历史的权威之作，被西方学界誉为第一部"真正的澳门史"。

由于龙思泰的著作使葡萄牙政府陷入尴尬，尤其是鸦片战争前后因英国怀疑葡国捏造的种种谬说，葡人居澳的合法性遂成问题，里斯本当局唯有四处谋求所谓拥有澳门主权之证据，服务于这一目标的相关研究由此繁盛。作为这一特殊使命的代表性产物，一是 1835 年安德拉德（José Inácio de Andrade）编撰的《关于击败中国海盗和英国人登陆澳门及其撤退的备忘录》（*Memória sobre a Destruição das Piratas da China e o Desembarque dos Ingleses na Cidade de Macau e Sua Retirada*），为葡人打败难以考证的海盗首领 Cam-pau-sai 或时空倒错的张保仔树碑立传，重拾所谓"驱盗说"以掩人耳目。二是 1852 年葡国驻法大使圣塔伦子爵（Visconde de Santarém）在巴黎问世的《关于葡萄牙人居留澳门的备忘录》（*Memória sobre o Estabelecimento dos Portugueses em Macau*），对葡外交部责令其研究葡人居澳权利问题作出回

[①] 龙思泰爵士曾任瑞典驻华领事，因贸易和外交事务在澳门生活了 22 年，花了近十年时间在两位澳门葡人的协助下搜集有关澳门史料，于 1832 年（清道光十二年）完成《葡萄牙在华居留地史纲初稿》并于澳门出版，1835 年病逝于澳门，1836 年在美国波士顿出版了经修改的合订本。相关评价参见 Charles Ralph Boxer, *Fidalgos no Extremo Oriente*（《远东的贵族》），澳门，东方基金会、澳门海事博物馆，1990，第 291 页。在龙思泰著作 1992 年再版前言所附的讲词中，文德泉（Manuel Teixeira）神父也作出类似评价。该书中译本改名为《早期澳门史》，见〔瑞典〕龙思泰《早期澳门史》，吴义雄等译，北京，东方出版社，1997。关于该书作者、版本、内容及特点之相关介绍，参见吴志良《站在超民族的地位》，载 1995 年 8 月 20 日《澳门日报》；又见章文钦《龙思泰与〈早期澳门史〉》一文，载章文钦《澳门历史文化》，第 139～163 页。

应，由此挑出史学界与法学界共同关注的"澳门问题"，成为后世澳门法制史研究的主线和焦点。三是 1868 年佩雷拉（Marques Pereira）在《大西洋国》杂志（*Ta-Ssi-Yang-Kuo*）第一辑发表的《澳门历史和中国与基督人民关系史纪事》（*Ephemerides commemorativas da história de Macau e das relações da China com os povos Christãos*）。因圣塔伦子爵并未找到葡萄牙拥有澳门主权的可信证据和合理解释，加之 1862 年葡国试图与清廷缔结通商条约而终告失败，葡萄牙政府冀望学界继续搜求整理有关澳门史料，佩雷拉遂经整理《政府公报》而撰成此文。此外，佩雷拉（Marques Pereira）的《澳门的中国海关》（*As Alfândegas Chinesas de Macau*，Tipografia de J. da Silva，Macau，1870），及同一时期的其他葡文著作，亦可资相关问题研究参考。

19 世纪末至 20 世纪初，因 1887 年《中葡和好通商条约》签署，澳门地位虽定为葡人"永居管理"，唯划界问题悬而未决，西方尤其是葡国的澳门史研究再度兴起。例如，弗朗萨（Bento da França）的《澳门史初探》（*Subsídios para a História de Macau*，Imprensa Nacional，Lisboa，1888），除引言外，第一部分为"居初至中国海关之设 1556～1688"，第二部分为"中国海关之设至其毁 1688～1849"，书后附录 35 页中葡围绕亚马留之死的来往公函原件，为研究此事件真相提供了珍贵的原档。除此之外，他还有《澳门及其居民对帝汶关系》（里斯本官印局 1897 年出版），是较早叙述澳门、葡萄牙与帝汶关系的专著。徐萨斯（Montalto de Jesus）《历史上的澳门》（*Historic Macao*，Kelly & Walsh，Hong Kong，1902）亦以英文写作，试图反驳前述龙思泰之著作，论述葡萄牙对澳门从租借到占领的历史过程，并阐述葡萄牙人在澳门与内地及亚洲其他国家的贸易情况。该书原始资料丰富，但所论历史和观点有不少值得商榷之处，时代局限十分明显。因替殖民主义辩护的立场及观点深得葡国政府欢心，该书作者一举成名而为"英雄"人物。然 1926 年在澳门出版修订本时，因新增内容涉及对澳葡政府腐败行迹的抨击，加之里斯本政局变化，不仅该书被当局当众焚毁，作者也一夜之间沦为"叛徒"，在穷困潦倒中病死于香港一家慈善机构，实可谓"历史的嘲弄"。[1] 此

---

[1] 关于徐萨斯其人其书，见吴志良《历史的嘲弄》一文，载 1995 年 9 月 3 日《澳门日报》。该书现有中译本，见〔葡〕徐萨斯《历史上的澳门》，黄鸿钊、李保平译，澳门，澳门基金会，2000。

外，曾在中国海关担任税务司的美国人马士（H. B. Morse）在 1910 年和 1918 年于上海、伦敦出版的三卷本《中华帝国对外关系史》（*The International Relations of the Chinese Empire*），以及 1926~1929 年于牛津大学出版社出版的五卷本《东印度公司对华贸易编年史》（*The Chronicles of the East India Company Trading to China*，*1635 - 1834*），① 也有大量关于澳门史尤其是相关政治事件与司法实践的记载，具有一定的参考价值。

1930~1980 年间，随着西方殖民主义的盛极而衰，尤其是二战之后全球反殖民浪潮的掀起，西方尤其是葡国又有大量澳门史研究成果，对澳门法制史及相关研究具有重要参考价值。在此期间，葡语学界最具影响的学者首推文德泉神父（Manuel Teixeira）。他不仅毕生致力于整理档案史料，在传教史和澳门史研究领域亦劳苦功高，著有数十部相关作品，如《澳门耶稣会士四百年》（*The Fourth Centenary of the Jesuits at Macao*，Salesian School Printers，Macau，1964），《16~17 世纪澳门的日本人》（*The Japanese in Macau in the XVIth and XVIIth Centuries*，Imprensa Nacional，Macau，1974），《澳门王室法官》（*Os Ouvidores em Macau*，Imprensa Nacional，Macau，1976）等，更有洋洋 16 卷《澳门及其教区》（*Macau e a Sua Diocese*，Macau，Imprensas Diversas，Lisboa，1940 - 1977）②，资料浩繁，可资参考。另一学者是白乐嘉（J. M. Braga），享誉西方学界的代表作是《西方开拓者及其发现澳门》（*The Western Pioneers and Their Discovery of Macao*，Imprensa Nacional，Macau，1949），在全面阐述了葡萄牙海外发现的背景之后，回顾了葡中早期接触的始末，着重探讨了葡人入居澳门问题。该书初刊于 1949 年《香港葡萄牙学会会刊（历史部）》[*Boletim do Instituto Português de Hong Kong*（*Secção de História*）] 第

---

① 马士（H. B. Morse）的这两部名著皆有中译本，见〔美〕马士《中华帝国对外关系史》（全三卷），张汇文等译，上海，上海书店，2000；以及《东印度对华贸易编年史》（全五卷），区宗华译，广州，中山大学出版社，1991。

② 〔葡〕文德泉（Manuel Teixeira）神父所撰《澳门及其教区》（*Macau e a Sua Diocese*），编写时间跨越半个世纪，为关于澳门教区史之鸿篇巨著，堪称澳门宗教及历史之百科全书。有关澳门的卷册如下：第 1 卷《澳门及其离岛》，1940，第 250 页；第 2 卷《澳门主教区主教及管理员》，1940，第 538 页；第 3 卷《澳门宗教会团》，1956~1961，第 820 页；第 7 卷《澳门教区神父》，1967，第 651 页；第 8 卷《澳门教区神父》，1972，第 674 页；第 9 卷《澳门的圣母玛利亚信仰》，1969，第 468 页；第 11 卷《澳门善会》，1975，第 420 页；第 12 卷《澳门主教、传教士、教堂及学校》，1976，第 524 页。

2 卷第 7～241 页，同年由澳门官印局发行单行本，是葡萄牙史学界较系统地将有关汉籍（多取自周景濂《中葡外交史》）引入澳门史研究的先驱著作。此外，由于作者在文中搜集了大量葡语资料并附以英译，成为阿儒达图书馆《耶稣会会士在亚洲》中的珍贵史料，为海内外华人研究澳门学者的主要葡语资料来源。该书的上述两大特点，使其迄今仍为澳门史研究的重要参考书籍。此外，葡国学者布拉衷（Eduardo Brazão）亦有相关作品，代表作是《澳门：中国圣名之城》（Macau：Cidade do Nome de Deus na China，Agência Geral do Ultramar，Lisboa，1957），这是一部研究澳门历史的著作，叙述 1550～1887 年间澳门历史的发展，并附 1643 年葡王若奥公布的有关澳门的法令。

在其他语种的研究队伍中，前述英国伦敦大学教授博克塞（Charles Ralph Boxer）最为杰出。他从军队退役后投身学术研究，终生研究葡萄牙海外扩张及殖民史，对澳门史研究有较高造诣，所涉澳门史研究考据精湛，代表作是《远东的贵族：1550～1770》（Fidalgos in the Far East，1550 - 1770：Fact and Fancy in the History of Macao，Martinus Nijhoff，The Hague，1948），是研究澳门史的经典之作，论述了葡萄牙人在澳门寻求"自治"与贸易情况，书尾附有要籍介绍，保存了许多原始史料。另一作品是《热带地区葡萄牙社会——果阿、澳门、巴伊亚和卢安达的市议会（1510～1800）》（The Portuguese Society in the Tropics—The Municipal Councils of Goa，Macao，Bahia，and Luanda，1510 - 1800，The University of Wisconsin Press，Madison，1965），是作者 1964 年在威斯康星大学讲授葡萄牙海外扩张史的教材，其中有关澳门部分叙述了澳门议事会的产生及其运作。此外，还有 1969 年英语初版的《葡萄牙殖民扩张四百年：1415～1825》（Four Centuries of Portuguese Expansion，1415 - 1825：A Succinct Survey，2nd ed.，University of California Press，Los Angeles，1969），后于 1992 年由葡萄牙海外发现纪念委员会赞助 70 年代出版社出版葡语版，作者专为葡语版补充了某些为英语版所遗漏或新近出版的学术论文。此书共上下两部分，全面论述葡萄牙海上帝国横跨欧、非、亚、美的兴衰并分析其特征，书后附有近百页关于葡印前往东方各地航线、葡萄牙从巴西进口黄金及金刚石、巴西与西非之间贸易船只、安哥拉及孟加拉国的奴隶出口贸易，以及葡萄牙向其殖民地输出工业品的价值表等数据，在西方澳门史学界卓有影响。

西方其他相关著作中，科茨（Austin Coates）的《澳门与英国人》

(*Macao and the British*, *1637 – 1842*, Oxford University Press, 1966) 和《澳门记事》(*A Macao Narrative*, Oxford University Press, Hong Kong, 1978),[①] 英索 (Jaime de Inso) 的《澳门：远东最古老的欧洲殖民地》(*Macau：A Mais Antiga Colónia Européia no Extremo Oriente*, Escola Tipográfica do Orfanato, Macau, 1930), 萨博亚 (S. Saboya) 的《葡萄牙人在中国》(*Os Portugueses na China*, Editorial Labor, Lisboa, 1938), 亚玛勒 (Lia Arez Ferreira do Amaral) 的《澳门亚玛勒政府的意义 (1846～1849)》(*O Significado do Governo de Ferreira do Amaral em Macau：1846 – 1849*, Agência Geral das Colónias, Lisboa, 1944), 雷格 (F. de Carvalho e Rego) 的《澳门》(*Macau*, Imprensa Nacional, Macau, 1950), 高美士 (Luís Gonzaga Gomes) 的《澳门历史大事记》(*Efemérides da História de Macau*, Notícias de Macau, Macau, 1954), 潘日明 (Benjamim Videira Pires) 的《澳门耶稣会士四百年 (1564～1964)》(*Os IV Centenários dos Jesuítas em Macau, 1564 – 1964*, Macau, 1964), 塞瑠 (Joel Serrão) 的《葡萄牙历史词典》(*Dicionário de História de Portugal*, Iniciativas Editoriais, Lisboa, 1971), 亦在海外具有一定的影响。特别是黎沙 (Almerindo Lessa) 的《东方第一个民主共和国的历史和人物：文化岛之生物学及社会学研究》(*A História e os Homens da Primeira República Democrática do Oriente*, Imprensa Nacional, Macau, 1974), 是作者于 1970 年向法国图卢兹大学提交的博士论文《澳门人类学及社会人类学》(*Anthropologie et Anthroposociologie de Macao*) 的葡语增订版, 在葡萄牙海外扩张的背景下, 分析葡人在热带地区的人口殖民政策及其定居的五种形态, 并从人类学的角度探讨澳门早期居民的构成, 提供了十分翔实的澳门人口及都市发展资料, 结尾附有一汉语内容简介。该书后于 1996 年做较大幅度补充修改, 以《澳门：热带葡萄牙人类学试论》(*Macau：Ensaios*

---

① 《澳门与英国人》是一部研究鸦片战争前澳门与英国的历史英文著作, 全书共分九部分, 分别为威德尔 (John Weddell) 首航中国、法国人之出现、永久居住及司法、马戛尔尼使团、禁止妇女入城、第一次鸦片危机、海上鸦片走私、巴麦尊新统治、对抗。牛津大学出版社出版, 1966 年由 Routedge and Kegan Paul 公司印刷, 1988 年香港再版。《澳门记事》共分七章, 分别为"葡属亚洲"、"中国沿海之探索"、"日本贸易之黄金时代"、"荷兰人入侵澳门"、"澳门黄金岁月之消逝"、"欧洲人之居留地"、"主权", 1978 年于香港首印, 1983 年由 Heinemann 教育书社再版。

de Antropologia Portuguesa dos Trópicos）为题再次刊行，是研究澳门社会文化史的重要参考书目，亦对研究澳门史与法文化有较大参考意义。

三 1980 年以来：中外相关论著概况

（一）相关学术论文概况

1980 年以来，大陆及港澳台学界关于澳门研究的论文逐年增多。在内地学界较具影响的论文有，黄文宽《关于澳门史的考订》（载《岭南文史》1983 年第 1 - 2 期），黄启臣、邓开颂《明清时期澳门对外贸易的兴衰》（载《中国史研究》1984 年第 3 期），王昭明《鸦片战争前后澳门地位的变化》（载《近代史研究》1986 年第 3 期），韦庆远《澳门在清代康熙时期的特殊地位和作用》（载《中国史研究》1992 年第 1 期），费成康《重评澳门在东西方文化交流中的地位》（载《学术月刊》1993 年第 8 期），吴志良《〈关于葡萄牙人居留澳门的备忘录〉——葡萄牙寻找澳门主权论据的过程》（载《近代史研究》1996 年第 2 期）等。

澳门回归前后，内地"澳门热"带来相关论文的井喷。此时各类刊物所载相关论文，虽有大量应景之作，仍涌现一批颇具分量的力作。其中涉及澳门法制史及相关问题的成果，主要有汤开建《明朝在澳门设立的有关职官考证》（载《暨南学报》1999 年第 1 期），黄庆华《有关 1862 年中葡条约的几个问题》（载《近代史研究》1999 年第 1 期），吕一燃《葡萄牙强占澳门与清政府拒绝批准中葡〈和好贸易条约〉》（载《中国边疆史地研究》1999 年第 2 期），李雪梅《澳门明清法律史料之构成》（载《澳门论学》1999 年第 1 辑），刘小萌《葡萄牙与〈中葡和好贸易条约〉的签订》（载《中国边疆史地研究》2000 年第 2 期），黄庆华《中葡有关澳门主权交涉内幕——从 1862 年条约换文到 1887 年条约谈判》（载《中国边疆史地研究》2001 年第 3 期），刘景莲《从东波档看清代澳门的民事诉讼及其审判》（载《清史论丛》2001 年卷）、《明清澳门涉外命案的司法审判》（载《清史论丛》2002 年卷）等。

回归前夕，澳门出版界亦欣欣向荣。颇具影响力的期刊如《澳门研究》、《文化杂志》、《行政》、《濠镜》、《澳门法律学刊》、《澳门历史研究》

及其他涉及澳门法律或历史文化的连续出版物，以及各类学术会议研讨文集，刊发了大量的相关论文及资料。其中涉及澳门法制史及相关问题的研究成果，除吴志良、金国平等人发表的多篇澳门政法类论文外，还有邓开颂、余思伟《澳门拱北海关的建立及其影响》（载《澳门研究》总第 1 期，1993 年），谭志强《澳门主权归属争议的国际法分析》（载《文化杂志》总第 19 期，1994 年），叶士朋《多元文化结构下的法律与正义——关于一宗 1925 年发生的华人离婚案》（载《行政》总第 23 期，1994 年），萨安东《1887 年〈葡中和好通商条约〉中有关葡萄牙在澳门主权议题诠释问题——〈葡萄牙共和国宪法〉第 292 条第 1 款重阅心得》（载《澳门法律学刊》1996 年第 2 期），阿丰索（José da Conceição Afonso）《20 世纪葡萄牙与澳门——城市规划法律史之研究》（载《行政》总第 42 期，1998 年），金国平《澳门地租始纳年代及其意义》（载《澳门研究》总第 10 期，1999 年），柳华文《1887 年〈中葡和好通商条约〉国际法简析》（载《澳门研究》总第 10 期，1999 年），刘迎胜《谢清高与居澳葡人——有关〈海录〉述者谢清高几则档案资料研究》（载《文化杂志》总第 39 期，1999 年）等，不一一枚举。

澳门回归以来，"澳门热"虽已退潮，澳门史研究依然枝繁叶茂，研究日趋深入，考订日臻详备。涉及澳门法制史及相关问题者，主要有黄启臣《澳门主权问题的历史审视（1553～1999）》（载《文化杂志》总第 40～41 期合刊，2000 年），刘景莲《从东波档中禀文的变化看清朝中葡关系的变化》（载《文化杂志》总第 43 期，2002 年），杜婉言《清代香山县丞对澳门的管治》（载《文化杂志》总第 44 期，2002 年），萨安东《皇帝的权威和对抗的象征——万历和乾隆"法典"在澳门》（载《文化杂志》总第 44 期，2002 年），郭卫东《论亚玛勒案件与澳门危机》（载《文化杂志》总第 45 期，2002 年），邱树森《唐宋蕃坊与明清澳门比较研究》（载《文化杂志》总第 47 期，2003 年），杨仁飞《走私与反走私：从档案看明清时期澳门对外贸易中的中国商人》（载《文化杂志》总第 48 期，2003 年），黄鸿钊《早期中国政府对澳门的管治与澳门同知的设立》（载《文化杂志》总第 49 期，2003 年），叶农《澳葡殖民政府早期政治架构的形成与演变》（载《澳门历史研究 II》2003 年卷），何永靖《澳门议事亭杂考》（载《澳门历史研究 II》2003 年卷），刘景莲《吏役与澳门》（载《文化杂志》总第 54 期，2005 年），侯杰、高冬琴《经元善避难澳门与晚清政治考辨》（载《文化杂志》总第 54 期，2005 年），张廷茂《澳门总督制缘起》（载《文化杂志》总第 58 期，2006 年），林乾《论清代前期澳门民、番刑案的法律适用》（载《澳门研究》总第 40 期，2007 年），黄鸿钊《葡萄牙 1783 年〈王室制诰〉剖析》（载《文化杂志》总第 65 期，2007 年），乔素玲《清代条例的效力：以澳门涉外命案的审理为视角》（载《文化杂志》总第 65 期，2007 年），王巨新《乾隆九年定例研究》（载《澳门研究》总第 51 期，2009 年）等。此外，笔者近年亦在澳门各类刊物发表相关论文多篇。① 上述论文中的一部分，已纳入本卷文集，供读者参考。

（二）相关学位论文概况

在 1990 年以前，华人学者以澳门史为题材的博士学位论文屈指可数。代表作品有前述张天泽 1934 年于荷兰莱顿大学完成的博士论文《中葡早期通商史》（*Sino-Portuguese Trade from 1514 – 1644, A Synthesis of Portuguese and Chinese Sources*），另有林子升 1978 年于香港大学通过的博士论文《16 ~ 18 世纪澳门与中国之关系》，霍启昌 1978 年于美国夏威夷大学通过的博士论文《澳门模式：论 16 世纪中至鸦片战争中国对西方人的管理》（*The Macao Formula: A Study of Chinese Management of Westerners from the Mid-Sixteenth Century to the Opium War Period*）等，皆广泛征引中外文献，对研究澳门法制史具有一定参考价值。

1990 ~ 1999 年间，涉足澳门法或澳门史的博士论文渐增。其间涉及澳门法制史及相关问题者主要有：郑杨《澳门公司法律研究》（中国社会科学院，1992 年），谭志强《澳门主权问题始末（1553 ~ 1993）》（台湾政治大学，1993 年），孙大力《关于澳门法律问题》（中国人民大学，1994 年），吴志良《论澳门政治制度与政治发展》（南京大学，1997 年），张廷茂

---

① 笔者近年关于澳门法制史的系列论文主要有《明末葡人居留澳门之历史反思》（载《澳门科技大学学报》2008 年 12 月号），《共处分治中的主导治理——论明政府对澳门的治理措施》（载《澳门研究》2009 年总第 51 期），《全球史观与澳门法律史研究》（载《澳门研究》2009 年总第 52 期），《〈中葡和好通商条约〉与澳门地位条款》（载《澳门研究》2009 年总第 54 期），《明代澳门的特别立法与司法》（载《澳门历史教育》2009 年总第 1 辑），《〈澳门组织章程〉研究》（载《基本法研究》2009 年总第 2 辑），另有《从治理问题到主权问题——早期澳门与葡萄牙宪制的殖民背景》、《近代葡国宪制与澳门地位问题》、《鸦片战争前后的时局与澳门》等论文，刊载于各类学术会议论文集。

《16～18 世纪中期澳门海上贸易研究》（暨南大学，1997 年），曾忠恕《基本法所规范的澳门法制研究》（北京大学，1998 年），费成康《澳门主权丧失始末的研究》（复旦大学，1998 年），许昌《条约在特别行政区适用问题研究》（北京大学，1999 年）等。

澳门回归后，学界仍有不少博士论文涉足澳门法及澳门史。例如，陈卫忠《澳门公司法律制度比较研究》（中国政法大学，2000 年），张谦《国际战略大背景下"一国两制"在澳门的成功实践》（中共中央党校，2000 年），何超明《论澳门经济法之形成与发展》（北京大学，2002 年），庄天助《中国内地与香港、澳门民商事司法协助研究》（中国人民大学，2003 年），查灿长《澳门早期现代化研究（鸦片战争至 1945 年）》（南京大学，2003 年），何永靖《澳门早期议事会研究（1586～1850）》（暨南大学，2003 年），赵利峰《晚清粤澳闱姓问题研究》（暨南大学，2003 年），卜奇文《清代澳门与广州经济互动问题研究》（暨南大学，2003 年），娄胜华《转型时期澳门社团研究：多元社会中法团主义体制解析》（南京大学，2004 年），李长森《澳门土生族群研究》（暨南大学，2005 年），崔维孝《明清之际西班牙方济各会在华传教研究（1579～1732)》（暨南大学，2005 年），严忠明《一个海风吹来的城市——澳门早期城市发展史研究》（暨南大学，2005 年），唐伟华《清前期广州涉外司法问题研究》（中国政法大学，2006 年），刘然玲《文明的博弈——16 至 19 世纪澳门文化长波段的历史考察》（北京大学，2007 年），王巨新《清朝前期涉外法律研究——以广东地区来华外国人为中心》（山东大学，2007 年）等。笔者亦有《澳门法文化的历史考察——论明清澳门的华洋共处与分治》（澳门科技大学，2007 年）。上述博士论文已有部分以专著形式正式出版。（详见下文）

（三）相关学术著作概况

在 1990 年前，内地及港澳台的澳门史研究虽已起步，但涉足法制史及法文化者可谓少之又少。至澳门回归前夕掀起"澳门热"，相关著述开始增多。不仅前述张维华、周景濂、张天泽等民国时期著作得以重印出版，内地及港澳台的澳门史研究著述也不断增多，其间可资澳门法制史研究参考者，列举如下。

1980 年代的相关著作主要有中国近代经济史资料丛刊编委会编《中国

海关与中葡里斯本草约》（中华书局，1983）、戴裔煊《〈明史·佛郎机传〉笺正》（中国社会科学出版社，1984）、李鹏翥《澳门古今》（澳门星光出版社，1986）、张增信《十六世纪前期葡萄牙人在中国沿海的贸易据点》（台北，中研院三民主义研究所，1986）、戴裔煊《关于澳门历史上所谓赶走海盗问题》（澳门星光出版社，1987）、黄文宽《澳门史钩沉》（澳门星光出版社，1987）、黄鸿钊《澳门史》（香港商务印书馆，1987）、费成康《澳门四百年》（上海人民出版社，1988）、元邦建等《澳门史略》（香港中流出版社，1988）等。

1990 年至澳门回归前的相关著作主要有郭永亮《澳门香港之早期关系》（台北，中研院近代史研究所，1990），黄鸿钊《澳门史纲要》（福建人民出版社，1991），姜秉正《澳门问题始末》（法律出版社，1992），黄显辉《澳门政治体制与法渊源》（澳门东方葡萄牙学会，1992），徐建斌《港澳战事实录》（南京出版社，1993），黄启臣《澳门历史（远古～1840 年）》（澳门环球出版社，1993），邓开颂《澳门历史（1840～1949 年）》（澳门环球出版社，1993），余振等《澳门华人政治文化》（澳门基金会，1993），谭志强《澳门主权问题始末（1553～1993）》（台北，永业出版社，1994），李炳时《澳门总督与立法会》（澳门基金会，1994），林昶《中葡关系与澳门前途》（澳门基金会，1994），郑炜明与黄启臣《澳门经济四百年》（澳门基金会，1994），黄启臣、邓开颂编《中外学者论澳门历史》（澳门基金会，1994），魏美昌《澳门纵谈》（澳门基金会，1994），章文钦《澳门与中华历史文化》（澳门基金会，1995），李福麟编《澳门四个半世纪》（澳门松山学会，1995），杨允中《"一国两制"与现代宪法学》（澳门大学出版中心，1996），米也天《澳门法制与大陆法系》（中国政法大学出版社，1996），李鹏翥等《1976～1996 澳门立法会》（澳门东方文萃出版社，1996），苏健《海始于斯——话说葡萄牙》（澳门基金会，1996），吴志良《东西交汇看澳门》（澳门基金会，1996），吴志良《澳门政制》（中国友谊出版公司，1996），邓开颂、陆晓敏主编《粤港澳近代关系史》（广东人民出版社，1996），何芳川《澳门与葡萄牙大商帆：葡萄牙与近代早期太平洋贸易网的形成》（北京大学出版社，1996），方言《澳门问题始末》（文化艺术出版社，1997），中共中央文献研究室编《一国两制重要文献选编》（中央文献出版社，1997），郭展礼《孙中山先生与澳门之研究》（台北，中国文化大学，1997），邓景滨主编《镜海钩沉》（澳门近代文学学会，1997），何思灵编《宋玉生：公民、法学家和政治家》（澳门法学会，1997），吴志良《生存之道——论澳门政治制度与政治发展》（澳门成人教育学会，1998），林子升《16 至 18 世纪澳门与中国之关系》（澳门基金会，1998），蔡鸿生主编《澳门史与中西交通研究》（广东高等教育出版社，1998），庄文永《澳门文化透视》（澳门五月诗社，1998），汤开建《明清士大夫与澳门》（澳门基金会，1998），汤开建《澳门开埠初期史研究》（中华书局，1999），戴裔煊、钟国豪《澳门历史纲要》（知识出版社，1999），黄启臣《澳门通史》（广东教育出版社，1999），黄鸿钊《澳门史》（福建人民出版社，1999），许昌《澳门过渡期重要法律问题研究》（北京大学出版社，1999）等。

澳门回归后，澳门史研究仍薪火相传，新作频出。内地出版界以广东人民出版社之《澳门丛书》最具规模，相关著述除前述金国平编译的《西方澳门史料选萃（15 ~ 16 世纪）》外，还有何超明《澳门经济法的形成与发展》（2004 年），汤开建《委黎多〈报效始末疏〉笺正》（2004 年），娄胜华《转型时期澳门社团研究——多元社会中法团主义体制解析》（2004年），韦庆远《澳门史论稿》（2005 年），严忠明《一个海风吹来的城市：早期澳门城市发展史研究》（2006 年），查灿长《转型、变项与传播：澳门早期现代化研究（鸦片战争至 1945 年）》（2006 年），刘景莲《明清澳门涉外案件司法审判制度研究（1553 ~ 1848）》（2007 年），黄鸿钊《澳门同知与近代澳门》（2006 年），刘然玲《文明的博弈——16 至 19 世纪澳门文化长波段的历史考察》（2008 年）等著作。内地及港澳台的其他出版机构，亦有大量著述出版。相关著作如金国平《中葡关系史地考证》（澳门基金会，2000），金国平《西力东渐——中葡早期接触追昔》（澳门基金会，2000），杨仁飞《澳门近代化历程》（澳门日报出版社，2000），华荔《澳门法律本地化历程》（澳门基金会，2000），邓开颂等《澳门历史新说》（花山文艺出版社，2000），金国平、吴志良《镜海飘渺》（澳门成人教育学会，2001），万明《中葡早期关系史》（社会科学文献出版社，2001），金国平、吴志良《东西望洋》（澳门成人教育学会，2002），杨允中《"一国两制"：实践在澳门》（澳门基本法推广协会，2002），金国平、吴志良《过十字门》（澳门成人教育学会，2004），费成康《澳门：葡萄牙人逐步占领的历史回顾》（上海社会科学院出版社，2004），林发钦《澳门史稿》（澳门近代文学学会，2005），黄庆华《中葡关系史》（黄山书社，2006），谭世宝《澳门历史文化探真》（中华书局，2006）等等，均有可资参照之处。尤其是吴志良、金国平、汤开建主编的四卷本《澳门史新编》（澳门基金会，2008），是近年中外学界通力合作的最新成果，其中以第一卷涉足澳门法制史及相关问题较多。吴志良、汤开建等学者主持编纂的六卷本《澳门编年史》（广东人民出版社，2009），则是中外澳门史研究之集大成的鸿篇巨制，分为明代卷、清前期卷、清中期卷、晚清卷、民国卷与索引卷，囊括迄今所见各类文献资料及研究成果，嘉惠学林，值得重视。

至于近年直接涉足澳门法制史的著作，有黎晓平、何志辉《澳门法制史研究——明清时期的澳门法制与政治》（澳门 21 世纪科技研究中心，2008），刘海鸥《澳门法律史纲要——澳门法的过去、现在和未来》（吉林大学出版社，2009），何志辉《明清澳门的司法变迁》（澳门学者同盟，2009），何志辉《从殖民宪制到高度自治——澳门二百年来宪制演进述评》（澳门理工学院一国两制研究中心，2009）等，在此领域各有所探索。

（四）外文相关著述

1980 年以来，葡文、英文及其他语种的澳门史研究欣欣向荣，涉足澳门法制史及法文化领域的相关成果也逐步增长，其中一些代表性著作还被译为中文出版，并产生相当可观的学术影响。

前述葡国学者队伍中，文德泉神父（Manuel Teixeira）仍有大量澳门史著述问世，如《16 世纪的澳门》（*Macau no Séc. XVI*, Direcção dos Serviços de Educação e Cultura, Macau, 1981），《17 世纪的澳门》（*Macau no Séc. XVII*, Direcção dos Serviços de Educação e Cultura, Macau, 1982），《18 世纪的澳门》（*Macau no Séc. XVIII*, Imprensa Nacional, Macau, 1984）等，涉猎之广，著述之丰，鲜有匹敌，唯罗列资料不标来源，有时受到一些史家非议。另一代表人物是潘日明（Benjamim Videira Pires）神父，代表作是向第五届亚洲史学协会大会提交的《16 至 19 世纪澳门至马尼拉的贸易航线》（*A Viagem de Comércio Macau-Manila nos Séculos XVI à XIX*, 2nd ed., Centro de Estudos Marítimos de Macau, 1987），初载 1971 年《贾梅士学院简报》第 5 卷第 1~2 期合刊，后由澳门海事研究中心 1987 年出版第 2 版，澳门海事博物馆 1994 年出版第 3 版。此书回顾两地贸易的背景，分析 1639 年日本采取

锁国政策导致澳门—长崎航线中断后该航线曾起过的重要作用，详述多次政治动荡及经济萧条，结论是这一时期的澳门、马尼拉之间的关系是良好的，但不时反映了欧洲政治的起伏及列强之间的角逐。他的另一著作《殊途同归——澳门的文化交融》(*Os Extremos Conciliam-se*, Instituto Cultural de Macau, 1988) 于 1992 年由澳门文化司署出版，这是探讨澳门开埠迄今四百年历史奥秘的一部重要著作，侧重为葡中文化交流，由古至今，博大精深。其中第二章叙述葡人早期筹款纳租的方式为汉籍所不载，它以细腻的笔触描述澳门历史风貌，用透视人类精神历史发展的开拓眼光评价澳门文化形成的特殊意义，对研究澳门法文化之源流具有启发意义。此外，贡世生 (Lourenço Maria da Conceição)《与华两次缔约期间的澳门》(*Macau entre Dois Tratados com a China*, Instituto Cultural de Macau, 1988)，费雷达斯 (Jordão A. de Freitas) 的《16 世纪澳门史料》(*Macau: Materiais para a sua História no Século XVI*, Instituto Cultural de Macau, 1988)，埃德蒙 (Richard Louis Edmunds) 的《澳门》(*Macao*, Clio Press, Oxford, 1989) 等，从不同领域和视角可资澳门法制史及法文化研究参考。

除前述葡语澳门史研究队伍外，其他语种的研究队伍亦在壮大。如前述英国学者博克塞 (C. R. Boxer) 仍笔耕不辍，代表作是《从澳门看 17 ~ 18 世纪中葡关系的授受之道》(*Dares-e-Tomares nas Relações Luso-Chinesas durante os Séculos XVII e XVIII através de Macau*, Imprensa Nacional, Macau, 1981)，他所总结的中葡关系之"授受之道" (dares-e-tomares) 亦即澳门的生存之道，备受学界的重视。他另著有《17 世纪的澳门：当代文献与插图》(*Seventeenth Century Macau, in Contemporary Documents and Illustrations*, Heinemann Education Books, Hong Kong, 1984)，以及享有盛名的再版作品《澳门来的大帆船》(*The Great Ship from Amacon: Annals of Macao and the Old Japan Trade, 1555 - 1640*, Instituto Cultural de Macau, Centro de Estudos Marítimos de Macau, 1988)，该书 1959 年里斯本首版，1988 年澳门文化学会、海事中心联合再版，是一部研究澳门与日本早期贸易的著作，共分两大部分，第一部分介绍历年来往澳门—日本间的中日贸易船队情况，第二部分汇集 16 至 17 世纪中日贸易的有关资料。美国学者威尔斯 (John E. Wills) 的《使团及其幻想：荷葡使者觐见康熙 (1666 ~ 1687)》(*Embassies and Illusions, Dutch and Portuguese Envoys to K'ang-hsi, 1666 - 1687*, Harvard University Press，Cambridge and London，1984）是一部研究早期葡使赴华的重要著作，其中两章研究葡使出使情况及与澳门的关系，第三章关于巴哲格1667～1670年出使情况，第四章论述1678年白垒拉的赴华使团，还附二次使团的旅华日记，对澳门史尤其是中葡关系史研究具有较大的参考价值。德国学者普塔克（Roderich Ferdinand Georg Ptak）的早期作品《葡萄牙在中国：16世纪初及17世纪葡中关系及澳门历史概述》（*Portugal in China-Kurzer Abriss der Portugiesisch-Chinesischen Beziehungen und der Geschichte Macaus im 16. und beginnenden 17. Jahrhundert*，Kleinenberg-Verlag，Heidelberg，1980）研究葡人东来与入居澳门史，另有大量相关论文，也在西方学界颇具影响。

1990年以来，西方学界的相关研究更趋深入。除了前述英国学者博克塞（C. R. Boxer）《远东的贵族》（*Fidalgos no Extremo Oriente*，Fundação Oriente/Museu e Centro de Estudos Marítimos de Macau，Macau，1990），《澳门史研究》（*Estudos para a Históia de Macau*，2 Vols.，Fundação Oriente，Lisboa，1991），以及《葡萄牙海上帝国（1415～1825）》[*O Império Marítimo Português（1415 - 1825）*，Edições 70，Lisboa，1992]，还有葡国学者施白蒂（Beatriz Basto da Silva）的皇皇五大卷《澳门编年史》（*Cronologia da História de Macau*，5 Vols，DSEJ，Macau，1992 - 1998），取材自不同时代、不同种类、不同语言的文献和图书，内容除16～20世纪澳门编年史外，还附有澳门教区主教和署理主教名单、兵头、澳门总督名单及中国皇帝名单等部分。尤以19～20世纪编年史为全书主体，其中包括澳门历史中许多有趣的细节，书末附有40多幅具历史价值的彩色图片。该套著作虽少征引汉籍，难保客观全面，却对研究澳门历史（包括法制史）极有裨益。

此外，葡文及其他语种的如下作品值得参阅：彭慕治（Jorge Morbey）的《澳门1999：过渡的挑战》（*Macau 1999：O Desafio da Transição*，Lisboa，1990），是一本在《中葡联合声明》签署后较早对澳门过渡期政治及法制问题进行探讨的论著，在对澳门政治制度历史沿革的回顾及其现状的分析基础上，对澳门各界及其对澳门回归的态度进行反思。克雷默（R. D. Cremer）主编的论文集《商贸文化之城澳门》（*Macau：City of Commerce and Culture*，2nd edition，API Press Ltd.，Hong Kong，1991），汇集有关澳门论文多篇，所涉领域包括澳门早期贸易史、宗教史、中西文化接触史、澳门的地缘政治作用及澳门法律体系等，分别由各个领域的专家撰写。简能思（Vitalino Canas）的 *Preliminares do Estudo de Ciência Política*（Publicações O Direito, Macau, 1991），对澳葡时代的政府体制进行了系统介绍。林慕士（João de Deus Ramos）的《葡中外交关系史》（*História das Relações Diplomáticas entre Portugal e a China*, Instituto Cultural de Macau, 1991），详述张安多神父（António de Magalhães）作为康熙皇帝钦差出使葡萄牙的过程。马尔丁斯（A. M. Martins do Vale）的《葡萄牙人在澳门（1750~1800）》[*Os Portugueses em Macau（1750 – 1800）*, Instituto Português do Oriente, Macau, 1992]，是一部较详尽的澳门断代史，介绍了清代澳葡的政治行政组织、议事会的运作及其同政府的关系、澳门社会及经济，所载 21 种附录为这一时期的研究提供了翔实的参考资料。马加良斯（José Calvet de Magalhães）的《战后澳门与中国》（*Macau e a China no Após Guerra*, Instituto Português do Oriente, Macau, 1992），为葡萄牙驻穗总领事馆发葡外交部政治报告之一，作者以目击者身份叙述了解放军攻占广州的经过，汇报了中国对澳门的立场，建议葡政府承认新中国政府；书后所载附录之二，收入 1947~1948 年间葡外交部发驻穗总领事函电多则，为研究战后及新中国成立前夕中国内地、澳门和葡萄牙关系的重要史料。迪亚斯（Alfredo Gomes Dias）的《澳门与第一次鸦片战争》（*Macau e a I Guerra do Ópio*, Instituto Português do Oriente, Macau, 1993），着重分析澳门、中国与英国之间的关系，综述澳门在第一次鸦片战争期间所采取的政治—外交立场及当时总督边度（Adrião da Silveira Pinto）所扮演的角色。李志高（Francisco Gonçalves Pereira）的《葡中与澳门问题》（*Portugal, a China e "Questão de Macau"*, Instituto Português do Oriente, Macau, 1995），汇集作者已发表及部分尚未发表文章五篇，着重探讨澳门的政治地位及历史发展，阐述澳门的宪法地位和政府运作体系，同时回顾了中国对澳门的管制，并对《中葡联合声明》签署后的过渡模式和基本法进行了分析。格得士（João Guedes）的《宪政实验室》（*Laboratório Constitucional*, Instituto Português do Oriente, Macau, 1995），就澳门现代史中某些重大事件进行了新的探讨，对孙中山与澳门的关系，葡国"四·二五"革命在澳门的反响有较详尽的叙述。

此外，苏拉马尼亚姆（Sanjay Subrahmanyam）的《葡萄牙帝国在亚洲：政治与经济史（1500~1700）》（*The Portuguese Empire in Asia, 1500 – 1700: A Political and Economic History*, Longman, London, 1993），尤些里斯（W.

Robert Usellis）的《澳门的起源》（*As Origens de Macau*，Museu Marítimo de Macau，1995），吉马良斯（Ângela Guimarães）的《一种特殊关系：澳门与葡中关系（1780～1844）》［*Uma Relação Especial：Macau e as Relações Luso-Chinesas（1780－1844）*，CIES，Lisboa，1996］，波特（Jonathan Porter）的《澳门：想象之城的文化与社会（1557年至今）》（*Macau，the Imaginary City：Culture and Society，1557 to the Present*，Westview Press，1996），罗理路（Rui Manuel Loureiro）的《澳门寻根》（*Em Busca das Origens de Macau*，Museu Marítimo de Macau，1997）等，各有可资参考之处。尤其值得一提的是，马奎斯（A. H. de Oliveira Marques）主编的五卷本《远东葡萄牙人史》（*História dos Portugueses no Extremo Oriente*，东方基金会，1998～2003年），第一卷包括第一册《关于澳门：16～17世纪》和第二册《从澳门到周边》，第二卷《澳门与帝汶：帝国的衰落》，第三卷《澳门与帝汶：从旧制度到共和》，第四卷《澳门与帝汶：共和时期》，第五卷《索引》，均由各领域专家执笔，除第四卷直接引用汉语资料外，其余各卷以葡语史料及汉语资料译文为主，史料充分，图文并茂，印刷精美，关于澳门部分甚多，学术价值较高。

在此期间，葡国学者亦对澳门法制史有所涉足。尤其是萧伟华（Jorge Noronha e Silveira）的《澳门宪法历史研究资料（1822～1974）》（*Subsídios para a História do Direito Constitucional de Macau（1820－1974）*，Publicações O Direito，Macau，1991），叶士朋（António Manuel Hespanha）的《澳门法制史概论》（*Panorama da História Institucional e Jurídica de Macau*，Fundação Macau，1995），萨安东（António Vasconcelos de Saldanha）的《圣塔伦子爵关于葡萄牙人居留澳门的备忘录（1845）》［*A Memória sobre o Estabelecimento dos Portugueses em Macau do Visconde de Santarém（1845）*，Instituto Português no Oriente，Macau，1995］，《葡中关系论文集》（*Estudos sobre as Relações Luso-Chinesas*，Lisboa，Instituto Superior de Ciências Sociais e Políticas，Instituto Cultural de Macau，1996），以及博士论文《合法统治权：论作为葡萄牙东方帝国基石的条约》（*Iustum Imperium：Dos Tratados como Fundamento do Império dos Portugueses no Oriente*，Fundação Oriente，Instituto Português do Oriente，Macau，1997）及其他相关作品，对澳门法制史及相关论题的开拓性研究，使这一交叉学科初具规模。（详见下文第五部分介绍）

上述外文相关著作中，已有部分作品被译为中文出版。

在内地出版的葡文相关译作，如苏亚雷斯《轭下的葡萄牙》（李小冰等译，中国文联出版公司，1992），马丁斯《葡萄牙的机构及实事》（黄徽现译，中国文联出版公司，1995），马尔格斯《葡萄牙历史》（李均报译，中国文联出版公司，1995），阿尔布克尔克、阿尔萨达《葡萄牙的大发现：伟大的行程》（范维信译，纪念葡萄牙发现事业澳门地区委员会，1995），科尔特桑《葡萄牙的发现》（邓兰珍等译，中国对外翻译出版公司，1996~1997），卡蒙斯《卢济塔尼亚人之歌》（张维民译，中国文联出版公司，1998），萨拉依瓦《葡萄牙简史》（李均报等译，中国展望出版社，1988），莫嘉度《从广州透视战争：葡萄牙驻广州总领事莫嘉度关于中日战争的报告》（舒建平等译，上海社会科学院出版社，2000）等。至于其他语种（如英、法、意、日、德文等）的相关译作，例如，利玛窦、金尼阁《利玛窦中国札记》（何高济等译，中华书局，1983），马士《东印度公司对华贸易编年史》（区宗华译，中山大学出版社，1991），佩雷菲特《停滞的帝国——两个世界的撞击》（王国卿等译，三联书店，1993），龙思泰《早期澳门史》（吴义雄等译，东方出版社，1997），马士、宓亨利《远东国际关系史》（姚曾廙等译，上海书店，1998），马士《中华帝国对外关系史》（张汇文等译，上海书店，2000），滨下武志《近代中国的国际契机——朝贡贸易体系与近代亚洲经济圈》（朱荫贵等译，中国社会科学出版社，2004），赫德《这些从秦国来——中国问题论集》（叶凤美译，天津古籍出版社，2005），奥朗奇编《中国通商图——17~19世纪西方人眼中的中国》（何高济译，北京理工大学出版社，2008），冈恩《澳门史：1557~1999》（秦传安译，中央编译出版社，2009）等。

在港澳台地区出版的相关译作亦很丰富。例如，高德《欧洲第一个赴华使节：托佩莱斯，药剂师及其〈东方志〉》（李飞中译，澳门文化司署，1990），潘日明《殊途同归——澳门的文化交融》（苏勤译，澳门文化司署，1992），亚诺尔德《大发现时代》（范维信译，澳门东方文萃，1994），斯当东《英使谒见乾隆纪实》（叶笃义译，香港三联书店，1994），萨安东《1909年中葡政府的澳门勘界会谈及其在中葡关系中的意义》（金国平译，澳门行政暨公职司，1995），施白蒂《澳门编年史》（小雨译，澳门基金会，1995），叶士朋《澳门法制史概论》（周艳平、张永春译，澳门基金会，

1996），萨安东《葡萄牙在华外交政策：1841～1854》（金国平译，葡中关系研究中心、澳门基金会，1997），萧伟华《澳门宪法历史研究资料（1820～1974）》（沈振耀、黄显辉译，法律翻译办公室、澳门法律公共行政翻译学会，1997），苏拉马尼亚姆《葡萄牙帝国在亚洲：1500～1700政治和经济史》（何吉贤译，纪念葡萄牙发现事业澳门地区委员会，1997），尤些里斯《澳门的起源》（张东源、周卓兰译，澳门海事博物馆，1997），博克塞《澳门议事局》（谈霏、周庆志译，澳门市政厅，1997），平托等《葡萄牙人在华闻见录——16世纪手稿》（王锁瑛译，澳门文化司署等，1998），施白蒂《澳门编年史：十九世纪》（姚京明译，澳门基金会，1998），施白蒂《澳门编年史：二十世纪（1900～1949）》（金国平译，澳门基金会，1999），施白蒂《澳门编年史：二十世纪（1950～1988）》（思磊译，澳门基金会，1999），廉辉南《澳门：她的两个过渡》（曾永秀译，澳门基金会，1999），罗理路《澳门历史指南（1500～1900）》（陈用仪译，纪念葡萄牙发现事业澳门地区委员会，1999），马楂度《勘界大臣马楂度：葡中香港澳门勘界谈判日记（1909～1910）》（舒建平等译，澳门基金会，1999），平托《远游记》（金国平译注，纪念葡萄牙发现事业澳门地区委员会、澳门基金会、澳门文化司署、东方葡萄牙学会，1999），徐萨斯《历史上的澳门》（黄鸿钊等译，澳门基金会，2000），科斯塔（Mário Júlio de Almeida Costa）《葡萄牙法律史》（唐晓晴译，澳门大学法学院，2004），等等。

此外，在西方尤其是葡语学界，以澳门史为题材的学位论文也不断涌现。其中涉及法制史或可供相关研究参考者，例如，Maria Helena do Carmo的《18世纪葡萄牙在澳门的利益》（硕士论文，2000年），Maria Carla Faria Araújo的《葡萄牙法与土著居民：澳门（1846～1927）》（硕士论文，2000年），Alfredo Gomes Dias的《葡萄牙、澳门及鸦片问题的国际化（1909～1925）》（硕士论文，2002年），Sérgio de Almeida Correia的《澳门政治阶层（1986～1999）》（硕士论文，2002年），张增信的《从马拉巴至澳门：16世纪在华葡萄牙人》（博士论文，2002年），Carmen Isabel de Oliveira Amado Mendes的《葡萄牙与澳门问题的解决（1984～1999）：国际谈判中的实用主义》（博士论文，2004年），Moisés Silva Fernandes的《中国与澳门：澳门

"文化大革命"的起源及其对中葡关系的影响》（博士论文，2004年）等。[①]
限于种种条件，笔者所知有限，恕不再枚举。

四　中外相关文献整理概况

（一）相关档案资料整理概况

在1980年之前，关于澳门史料文献汇编十分匮乏，国内代表性成果仅有《葡萄牙侵略澳门史料》（上海人民出版社，1961）等寥寥几部。至1980年代，随中葡建交及澳门问题谈判的顺利展开，尤其是《中葡联合声明》关于澳门回归的庄严宣告，学术界对澳门研究不再有"禁区"意识，澳门地区进而发起"澳门学"之倡议，使内地及港澳台的澳门史与澳门法研究逐步繁荣，横贯其间的澳门法制史研究亦随之而有起色。

为研究奠基而整理文献，遂成为两岸四地学者的共识。他们就此多次发出强烈呼吁，有人认为广泛搜集中外文的文献资料，编辑出版澳门历史资料专辑，这是深入研究澳门历史的基础工程，舍此无法进行；有人认为在建立澳门学的计划中，当务之急是先要投入很大的力量，去系统地整理和出版澳门史料（包括中文、葡文和英文史料）；有人认为在澳门史的研究中，除了继续发掘中文史料外，还应直接利用葡文档案史料，否则谈不上全面地研究澳门四百多年的历史发展，也不能深入地研究澳门历史发展中的重大问题；还有人主张设立"澳门历史文献公共中心"，倡导建立"澳门史料学"，[②] 等等。

自1980年以来，学界开始注意相关文献整理，代表作有1985年澳门出

---

① 关于西方尤其是葡语学界涉足澳门史的学位论文概况，见前引金国平编译《西方澳门史料选萃（15~16世纪）》，吴志良《序》，第9~11页。

② 学界关于文献整理工作的呼吁，见黄启臣《澳门历史研究刍议》，载《澳门历史文化国际学术研讨会论文集》，澳门，澳门文化研究会，1995；黄鸿钊编《中葡澳门交涉史料》（第一辑）"序言"，澳门，澳门基金会，1998；张海鹏《澳门史研究：前进和困难——国内澳门史研究的动向》，载《中国社会科学院研究生院学报》，1995年第5期；梅士基德拉《建立澳门历史文献公共中心》，载《澳门历史文化国际学术研讨会论文集》，澳门，澳门文化研究会，1995；王国强《建立澳门史料学来研究澳门历史》，载《澳门研究》1994年第2期。

版的《澳门问题资料汇编：1553 至 1985 年》①。尤其在澳门回归前夕，相关文献整理全速推进，出版场面蔚为壮观。澳门回归后，仍有一大批中外原始档案、重要报刊、信札报告等珍贵文献，在澳门、内地、台湾及海外陆续整理出版。以下为 1990 年以来海内外出版的具有一定代表性或影响力的相关成果。

1991 年广东人民出版社出版《澳门港史资料汇编：1553 ～ 1986》②，选录 1553 ～ 1986 年澳门港口、澳门对外贸易兴衰史料，对研究澳门经济具有较重要参考价值。全书共分八章，包括：澳门港的自然地理条件，明代澳门港的兴起和繁荣，清代前期的澳门港，明清时期西方列强对澳门港的争夺，近现代的澳门港，澳门的鸦片非法走私和贸易，澳门的苦力贸易，当代的澳门港。书中附有大量统计数据、表格。

1992 ～ 1995 年台北中研院近代史研究所陆续出版四卷影印本《澳门专档》③，系清代外交档案中关于澳门事务的史料汇编，黄庆福等主编，收录晚清与民国政府有关澳门问题的各类档案。档案全部照原件影印，时间上起 1897 年，下迄 1928 年，内容丰富，包括奏疏、函札、照会、咨文、申呈、禀、告示、电文、会议记录、新闻纸等类别。档案内容可分三大部分：第一部分，关于中葡修约的资料，包括 1862 年与 1887 年中葡谈判修约档案；第二部分，关于中葡澳门界务纠纷和主权论争的档案；第三部分，关于清末到北洋政府时期中葡澳门勘界交涉过程的档案。所录原档文件，均为研究澳门近代史包括法制史的珍贵材料。

1996 ～ 2000 年澳门基金会、葡中关系研究中心与澳门大学陆续出版十卷系列《葡中关系史资料汇编》（Colecção de Fontes Documentais para a História das Relações entre Portugal e a China)④，收录葡萄牙"海外历史档案馆"、"外交部历史档案馆"等机构收藏的大量有关葡中关系和澳门的葡中

① 黄汉强主编《澳门问题资料汇编：1553 至 1985 年》，澳门，澳门《华侨报》编印，1985。
② 黄启臣、邓开颂编《澳门港史资料汇编：1553 ～ 1986》，广东，广东人民出版社，1991。
③ 台北中研院近代史研究所编《澳门专档》（共四卷），台北，中研院近代史研究所，1992 ～ 1996。
④ 〔葡〕萨安东主编《葡中关系史资料汇编》（Colecção de Fontes Documentais para a História das Relações entre Portugal e a China)，澳门，澳门基金会、葡中关系研究中心、澳门大学，1997 ～ 2000。

两种文字档案，分为专题系列和通史系列两种。其中，通史系列已出六卷，时间从 1840 年代至 1880 年代；专题系列已出四卷，第一卷《第一次鸦片战争期间葡萄牙中立问题文件》，第二卷《太平天国起义及新鸦片战争期间葡萄牙中立问题文件》，第三卷《澳门问题备忘录》，第四卷《省港罢工及其在澳门之影响》，蔚为大观，弥足珍贵。

1997～1999 年澳门政府、东方文萃出版社联合出版两卷本《澳门游记：外国作者的评论、描述和记录》①，收录大量的葡、英、法文多语种文献，非常珍贵。

1998 年澳门基金会出版两卷本《中葡澳门交涉史料》②，选辑第一手中文资料，包括档案文献、大臣奏稿、外交函电、清朝实录、方志记载、私人信件和日记等，同时也选用了一些外文资料，时间起自 1849 年，止于 1949 年，按 13 个专题归纳排列，每个专题前有编者按语，包括以下内容：新交涉的开端（1849 年澳门事件），1860 年代中葡澳门交涉，澳门苦力贸易交涉，1887 年中葡条约，澳门界址争端之开始，修约与广澳铁路问题，二辰丸案与澳门海权，澳门划界与香港谈判，澳门划界交涉及划界期间的人民运动，民国时期的澳门问题，澳门交涉的综述资料和附录。

1998 年中华全国图书馆文献缩微复制中心出版上下卷《澳门问题史料集》③，系从清代 29 种文献中节选或全书收录有关澳门的史料汇编而成，列为《中国公共图书馆古籍文献珍本汇刊·史部》中之一种。该书收录如下文献：卷一为清代抄本《澳门新闻纸》六册；卷二为《澳门记略》全书，另从道光、光绪、民国《香山县志》及《广东海防汇览》选录有关澳门内容；卷三主要从《柔远全书》、《（雍正）广东通志》、《小方壶舆地丛抄》、《清嘉庆新外交史料》、《筹海初编》、《林文忠公政书》等书摘录官员巡澳奏折记略之类；卷四主要从《中葡外交史》、《清史稿》、《平南王元功垂范》等 12 部书节选 121 篇有关葡萄牙与澳门及中葡交涉之奏折、照会、条约等；卷五、卷六收录《海国图志》、《达衷集》等 11 部书节选的 65 篇文

---

① 古靖仪、古维杰（Cecília Jorge e Rogério Beltrão Coelho）：《澳门游记：外国作者的评论、描述和记录》，澳门，澳门政府、东方文萃出版社，1997～1999。

② 黄鸿钊编《中葡澳门交涉史料》（共两辑），澳门，澳门基金会，1998。

③ 南京图书馆古籍部编《澳门问题史料集》（上、下），北京，中华全国图书馆文献缩微复制中心，1998。

章、奏折、夹片、书信等；卷七收录《澳门杂诗》和《墨井诗钞》。

1999 年四川人民出版社出版两卷本《中葡关系史资料集》①，收录自 1514 年葡萄牙"叩关求市"至 1987 年《中葡联合声明》签署为止的中葡关系史料，时间跨度长达 473 年，总字数为 300 多万字。该书以年为经，以事为纬，共分五编：第一编收入有关葡萄牙与澳门地理历史概括性资料；第二编为明代中葡关系；第三编为清代中葡关系；第四编为中华民国时期的中葡关系；第五编为中华人民共和国时期的中葡关系。每编下设若干大类，每类下系若干专题，每一专题再按时间顺序编排，难于归类或专门性较强的资料则作附录紧系于有关专题之后。所录中文资料，包括各类外交往来文书、官方档案、官员奏疏、方志传略，以及围绕中葡关系尤其是澳门问题的官私文献等。该书收入截至当时几乎全部的相关中文史料，外文方面尤以首次译出萨安东主编的《葡中关系史资料汇编》部分葡文档案极具参考价值。

1999 年中国档案出版社出版《广东澳门档案史料选编》②，收录近代以来粤澳间历次发生的重大事件演变与处理情况的史料。该书资料起自清嘉庆末期，止于 1970 年代后期，包括历史沿革、粤澳关系、通商贸易、拐卖华工、社会灾害等五个部分，所录文献有历届广东政府与澳葡当局及相关国家之间的照会、会谈记录、条约草稿，以及广东负责官员对澳葡理事官札饬的往来文书，还有中方各级地方官员为澳门问题对转述的奏报和对上级的禀告及有关批示，另有粤澳之间贸易活动、社会动态及灾害救济等方面的文献资料，梳理百余年间粤澳两地的密切关系。

1999 年浙江华宝斋古籍书社影印出版五卷本《明清澳门问题皇宫珍档》③，影印收录大量明清宫廷所藏澳门问题档案文献。该书所辑百余件鲜为人知的档案精品，记录了明清两朝在对澳门进行管理中商讨决策及其实施的情形，时间跨度从 1623 年到 1911 年，包括明清政府对澳门实施管理的诏令、地方官员呈报澳门情形的奏疏、中葡两国为澳门之事往来的照会，还有清晰直观的澳门地图，记录了一些重大历史事件，如教皇特使从澳门

---

① 张海鹏主编《中葡关系史资料集》（上、下），成都，四川人民出版社，1999。
② 广东省档案馆编《广东澳门档案史料选编》，北京，中国档案出版社，1999。
③ 邢永福主编《明清澳门问题皇宫珍档》（共五卷），杭州，华宝斋古籍书社，1999。

到北京、在澳门设立海防同知、英军兵犯澳门、中葡谈判缔约等。其中，葡人在澳活动的明代卷册、记载天主教在澳传播的满文原档，都是第一次发现的史料。

1999 年人民出版社出版六卷本《明清时期澳门问题档案文献汇编》，由中国第一历史档案馆、澳门基金会、暨南大学古籍研究所合编，邢永福、吴志良总策划，杨继波、吴志良、邓开颂总主编。该书采用编年体，收录明清档案 2197 件、历史文献 397 种，始自 1623 年，截至 1911 年，时间跨度达 288 年。收录的档案方面，有以历届皇帝名义发出的谕旨、朱批，由内阁、军机处、总理衙门、内务府、广东大吏、粤海关监督等衙署的题奏本库和相互咨呈批示，以及具体负责澳门事务的海防同知、香山县丞禀呈及所获批谕，还有清朝官员官方与葡国政府、澳葡官员及外国使节关于澳门问题的往来文书、照会、电文等；文献方面，既包括一般官书、政书，也收录有关人员的文集、日记、信札、方志、笔记、诗文，从不同角度补正档案资料，有 370 多万字。据称，中国第一历史档案馆过去馆藏澳门档案并未系统整理过，这次编辑出版，"80% 以上材料是第一次公布"。①

1999 年澳门出版两卷本《葡萄牙东波塔档案馆藏清代澳门中文档案汇编》②，根据澳门历史档案馆近年来从葡萄牙东波塔国家档案馆缩微复制回来的有关澳门的中文档案编注而成，主体是清代中国官员在管治澳门的过程中与澳葡当局之间的往来文书。全书共 18 章，包括：居澳民蕃，屋宇房舍，约单执照，田赋地租，对外贸易，贸易额船，民蕃交涉，澳门蕃官，清朝官员与澳门，官府政令文书，剿抚海盗，天主教与传教士，澳门与内地的关系，澳门与欧亚各国的关系，澳门与英国的关系，补遗，另有附录及 80 幅书影，收录各种文书 1500 余件，共计 100 多万字。

2000 年中国档案出版社出版两卷本《中葡关系档案史料汇编》③，为清宫所藏有关中葡关系的档案史料汇编，共计 48 万字，按文件形成时间排序，

---

① 《明清时期澳门问题档案文献汇编》（共六卷），北京，人民出版社，1999。相关介绍及评价见 1998 年 8 月 12 日《人民日报》，第 11 版。
② 刘芳辑、章文钦校《葡萄牙东波塔档案馆藏清代澳门中文档案汇编》（上、下），澳门，澳门基金会，1999。
③ 中国第一历史档案馆编《中葡关系档案史料汇编》（上、下），北京，中国档案出版社，2000。

辑录了从 1651 年至 1911 年中国与葡萄牙相互交往的档案史料共 930 件。内容主要包括：中葡两国互遣使臣、呈递国书、庆贺节日进献方物、设使领馆、接待游历等友好往来的有关文件，中葡通商、在澳各种工程建筑及设关征税等相关条款和往来文书，有关中葡之间在澳门的诉讼案件、审办条款、逃犯遣返等文件，中葡两国关于澳门勘界问题的有关文件，等等，是研究清代澳门史及中葡关系的重要档案汇编。

2000 年澳门基金会出版《澳门问题明清珍档荟萃》①，系中国第一历史档案馆所藏澳门问题珍贵档案集锦，收录 1623～1911 年珍档 125 件，影印出版，并配彩色插页，以图文并茂的形式展示关涉澳门史实的皇宫档案原貌，内容主要有：明清中央政府对澳门实施管理的诏令，地方官员呈报澳门情形的奏疏，中葡两国为澳门之事往来的照会，绘制精良清晰直观的澳门地图。这些档案文献具有可信性和权威性，其形成的时间跨度大，澳门史上的重大事件均有反映，且有相当一部分文献系首次发现，值得重视。

2000 年澳门基金会出版八卷本《粤澳公牍录存》［*Correspondência Oficial Trocada entre as Autoridades de Cantão e os Procuradores do Senado (1749 – 1847)*］②，是《葡萄牙东波塔档案馆藏清代澳门中文档案汇编》的葡文姊妹篇，时间上起 1749 年，下迄 1847 年。该书收录 1500 余份藏于葡萄牙东波塔国家档案馆的澳门理事官与广东当局的往来公函，其中一部分为"汉文文书"的葡译，另一部分为原始的葡文文献，内容更为丰富。编者还撰有长达 61 页的前言，并编制了 12 种附录。

2001 年澳门东方葡萄牙学会出版三卷本《葡萄牙及耶稣会参与中国礼仪之争及康熙皇帝与教廷关系研究及文献集》③，第一卷为长达 452 页的研究论文，其余二卷收录藏于欧洲各处档案馆和图书馆的原档 191 件。该书是继《康熙与罗马使节关系文书》（陈垣编）、《中国礼仪之争：历史、文献和意义》（李天纲编）和《中国礼仪之争：西文文献一百篇（1645～1941）》（苏尔、诺尔编）之后的又一重要文献汇编，是了解澳门宗教史与相关法文化的重要材料。

---

① 邢永福、吴志良、杨继波主编《澳门问题明清珍档荟萃》，澳门，澳门基金会，2000。
② 金国平、吴志良编注《粤澳公牍录存》（共八卷），澳门，澳门基金会，2000。
③ 〔葡〕萨安东辑、金国平汉译《葡萄牙及耶稣会参与中国礼仪之争及康熙皇帝与教廷关系研究及文献集》（共三卷），澳门，东方葡萄牙学会，2001。

2002 年中国书店影印出版 10 卷本《清宫粤港澳商贸档案全集》①，在浩如烟海的清宫档案中编选出反映粤港澳三地商贸历史的档案 1000 余件，旨在反映清代粤港澳三地商贸历史问题的全貌，篇幅浩大，内容丰富。

2003 年澳门历史文化研究会出版《澳门史料拾遗：〈香山旬报〉资料选编》②，收录 1908 年 10 月至 1911 年 10 月出版的近代报刊《香山旬报》中关于中葡澳门划界交涉的地方资料及相关的大量新闻与政论文章，是研究中葡勘界交涉的重要文献。

2004 年中华书局出版的两卷本《清代外务部中外关系档案史料丛编——中葡关系卷》③，辑录了有关中葡关系档案 553 件，时间为同治元年至宣统三年。全书包括国书、照会、条约、信函、电报等，内容涉及两国互设使领馆、呈递国书、通商贸易、澳门事务、文化交流等史料。

2005 年广东人民出版社出版《西方澳门史料选萃（15～16 世纪）》④，编译者金国平对 15～16 世纪有关澳门的葡萄牙文原始资料进行检索、研究、鉴别和翻译，比照中文相关史料进行勘比互证而编成，内容包括：第一部分，为 15 世纪史料，分为葡人东来与印度初识两章；第二部分，为 16 世纪史料，分为中葡初交与澳门曙光两章。该书补充了现有中文澳门史料的不足，对研究早期澳门史尤其是法制史与法文化大有裨益。

2006 年上海古籍出版社出版《香山明清档案辑录》⑤，由广东省中山市档案馆与中国第一历史档案馆合作，将馆藏明清档案中有关原香山县的部分进行复制分类整理，起讫时间由天启三年（1623 年）至宣统三年（1911年），时间跨度 280 多年；以时间为经，内容为纬，包括政务、军务、政法、外事、宗教、财贸、农务和文教八个类目，收录广东香山地区明代档案 4 件，清代档案 863 件，多达 1200 多页，150 万余言，被看做是新中国成立以来中山档案史上工作量最大、工作难度最大的一项编研工作。

---

① 中国第一历史档案馆、中国古籍整理研究会编辑《清宫粤港澳商贸档案全集》（共 10 卷），北京，中国书店影印，2002。
② 黄鸿钊编《澳门史料拾遗：〈香山旬报〉资料选编》，澳门，澳门历史文化研究会，2003。
③ 中国第一历史档案馆、北京大学、澳门理工学院编《清代外务部中外关系档案史料丛编——中葡关系卷》（上下卷），北京，中华书局，2004。
④ 金国平译《西方澳门史料选萃（15～16 世纪）》，广州，广东人民出版社，2005。
⑤ 中山市档案局、中国第一历史档案馆编《香山明清档案辑录》，上海，上海古籍出版社，2006。

2009 年广东省出版集团与广东教育出版社联合推出 16 卷本《葡萄牙外交部藏葡国驻广州总领事馆档案（清代部分·中文）》（影印版）。这批档案现藏葡萄牙外交部档案馆，内容丰富，形态多样，主体内容除了照会、函件外，还有抄件、副本、函封、名片、报刊、剪报、签条、法规等，涉及近代中西政治、经济、外交、军事、社会民生等方面。经多方努力，澳门基金会、葡萄牙外交部档案馆、广东省立中山图书馆、澳门大学图书馆合作编选，现已整理出版清代部分中文档案，共计 8000 余页，蔚为大观。其中录有大批法律文件、案件卷宗及其他相关材料，是研究近代澳门政治发展、法制建设与司法实践最新的一手文献。

上述文献弥足珍贵，正如整理文献的学者们所言，这些档案"原始地记录了明清两朝政府在对澳门进行经营管理过程中如何商讨决策及这些决策的实施情况，反映了中央政府和地方政府对澳门管辖的意志和行为，其史料具有绝对的可信性和权威性"①，从而雄辩地证明了中国历来对澳门拥有主权的事实。

（二）相关报刊文献汇编概况

1994 年澳门基金会影印出版《蜜蜂华报》（*A Abelha da China，1822 - 1823*）。该报亦译《中国的蜜蜂》，1822 年 9 月 12 日在澳门创办，以周刊形式出版，每周四出版，由当时澳门葡人主张变革的立宪派首领之一巴波沙（Paulino da Silva Barbosa）少校创办，多明我会教士编辑，主编为安东尼奥。系葡文周刊，并有增刊数种，是新政权的喉舌，宗旨是鼓吹立宪派的主张，攻击批评保守派。1823 年巴波沙被捕后，保守派大肆镇压立宪派，《蜜蜂华报》先是其中的一些版面被宣布为内容恶毒，旋又被阿利亚加（Arriaga）查封和焚毁。终刊于 1823 年 12 月 27 日，共出版 67 期。1824 年易名，两年后停刊。该报定期向国外传播关于中国的消息，虽只存在一年的时间，但它是中国境内出版的第一份近代报纸，外国人在中国境内创办的第一份报纸，澳门历史上第一份报纸。此后才有《澳门钞报》、《帝国澳门人》等葡文报刊出版，才有《广州记录报》、《中国丛报》、《广州周报》等英文报刊

---

① 中国第一历史档案馆编《澳门问题明清珍档荟萃》，邢永福：《前言》，澳门，澳门基金会，2000，第 5 ~ 6 页。

出版，也才有《东西洋考每月统记传》等华文报刊出版。①

1995 年澳门基金会影印出版三卷本《大西洋国》（Ta-Ssi-Yang-Kuo, 1863 – 1866）。② 该报系葡人在澳门出版的葡文报刊，社长为飞南地（José Gabriel Fernándes）。1863 年 10 月 8 日创刊，1866 年 4 月 26 日停刊。该报共出版 134 期，为一新闻、历史、文学杂志，曾刊载不少与澳门历史有关的文章，对研究早期澳门史具有参考价值。

1996 年澳门基金会与上海社会科学院联合出版两卷本影印本《知新报》。③ 该报原系康有为、梁启超创办，1897 年 2 月 22 日创刊，初为五日刊，不久改句刊；原先定名《广时务报》，因避免重复而用现名，1901 年 1 月停刊，共出版 133 期。《知新报》成为戊戌变法失败后国内外唯一继续鼓吹变法维新的报刊，是维新派在华南的重要舆论阵地，又在康有为等在海外成立保皇会后成为保皇会的喉舌。这份报刊也是澳门第二份中文报纸，对于近代澳门社会与政治研究具有珍贵的史料价值。

2000 年澳门基金会与上海社会科学院联合出版影印本《镜海丛报》。④ 该报全称《镜海丛报——政治、文学、新闻杂志》，于 1893 年 7 月 18 日创刊，周刊形式，葡文版逢星期二出版，中文版逢星期三出版，中文版及葡文版内容有异；中文版于 1895 年 12 月 25 日停刊，共出版 125 号，葡文版于 1899 年 9 月停刊。《镜海丛报》主要内容包括社论、新闻和广告三部分，所涉文章包含当时的政治、经济、社会消息和革命党的活动，是中国近代第一份与资产阶级民主革命密切相关的报纸，同时是澳门有史可查最早的中文报纸和第一份双语新闻报纸，有很高的史料价值。

2001 年花城出版社出版《鸦片战争后澳门社会生活记实——近代报刊澳门资料选粹》。⑤ 该书上起收录报刊之创刊年代，下迄于 1911 年 12 月，

---

① 《蜜蜂华报》（A Abelha da China），澳门，澳门基金会影印，1994。程曼丽博士对该报进行了相当系统深入的研究，其成果曾获第四届吴玉章人文社会科学优秀成果奖和北京市第六届哲学社会科学优秀成果二等奖。见程曼丽《〈蜜蜂华报〉研究》，澳门，澳门基金会，1998。

② 《大西洋国》（Ta-Ssi-Yang-Kuo）I-III 卷，澳门，澳门基金会影印，1995。

③ 《知新报》（上下卷），澳门/上海，澳门基金会、上海社会科学院出版社影印，1996。

④ 《镜海丛报》，澳门/上海，澳门基金会、上海社会科学院出版社影印，2000。

⑤ 汤开建、陈文源、叶农主编《鸦片战争后澳门社会生活记实——近代报刊澳门资料选粹》，广州，花城出版社，2001。

选录摘译《中国丛报》、《遐迩贯珍》、《中西闻见录》、《华字日报》、《申报》、《循环日报》、《点石斋画报》、《镜海丛报》、《知新报》、《博闻报》、《广东日报》、《东方杂志》等12种近代报刊有关澳门的资料，内容包括澳门近代城市发展与市政建设，葡华商工集团经济活动，市内司法治安行动，澳门博彩、鸦片、妓女、走私及移民等经济社会行为，华葡民众的宗教信仰、生活习俗、文化、教育与艺术活动等，颇具参考价值。

2002年澳门基金会出版《〈澳门宪报〉中文资料辑录（1850～1911）》。①《澳门宪报》是历史上葡澳政府出版的地方官报，也是澳门历史上出版发行时间最长的一份报刊。该刊从1850年起刊登中文，1879年正式以中葡双语出版发行。该书所辑资料来自该报自1850年12月7日第4号起至1911年12月30日第52号止所刊中文文字，凡与澳门有关的记载大都收录，但删去各种类型的重复记录及部分琐细杂事。

此外，澳门基金会1998年再版的六卷本葡语期刊《新生周报》（Vida Nova），澳门官印局1998年再版的四卷本葡语期刊《澳门档案》（Arquivos de Macau），澳门基金会2000年再版的六卷本葡语期刊《杂俎》（Mosaico）②，亦可资澳门法制史尤其是近现代史研究参考。

这些活态的报刊资料，是研究19世纪澳门历史与文化的重要文献。它们反映了当时葡萄牙、澳门以及大清帝国之间政治经济社会的变动与互动，对研究中国近代史、澳门政治变迁、澳门主权问题、中外文化传播交流等极具参考价值。其中涉及法律制度、司法实践及法律文化的有关内容，更

---

① 汤开建、吴志良主编《〈澳门宪报〉中文资料辑录（1850～1911）》，澳门，澳门基金会，2002。

② 《新生周报》（Vida Nova）系葡萄牙人在澳门出版的葡文周报，1909年1月创办，以报道政治消息和新闻为主要内容，曾因报道军队暴动消息而两次被勒令停刊，共出版100期。刘易斯·施利华（Luiz Nolasco da Silva）任社长。1910年被当局勒令停刊。《澳门档案》（Arquivos de Macau）时称《澳门故事》，经1924年1月19日第3期《政府公报》上刊登的第8号立法性法规决定，由官印局出版，作为葡萄牙人在东方历史的补充资料，宗旨为刊登存于本澳档案馆中、从葡萄牙及其他葡语国家或外国档案馆中获得的有关本地区历史文献的抄件或原件，为一重要的澳门史料汇编，从1981年起易名《澳门历史档案简报》（Boletim do Arquivo Histórico de Macau）。《杂俎》（Mosaico）系澳门葡文化协会（Círculo Cultural de Macau）机关报，以葡、英、中三种语言出版，由澳门瑞生中西印务局承印，从1950年9月1日至1957年12月共发行17卷88期。汉学家高美士许多重要论文在此发表，澳门基金会自1999年起重印。相关介绍见前引《澳门百科全书》（修订版），第383、548、579页。

是研究澳门法制史的重要参考资料。

上述文献整理出版，是澳门历史文化研究尤其是澳门法制史研究得以深入推进的坚实基础。"澳门学"历来在中外学术交流互补上做得不够，中国学者难于利用葡文，葡国学者很少参照中文，无法比勘原始文献，以致研究屡陷僵局。这些档案文献的整理出版，无疑打破了这一局面。在此项事业中，中国第一历史档案馆、澳门基金会等单位，吴志良、金国平、汤开建、张海鹏、黄鸿钊、黄启臣、邓开颂、黄庆华、章文钦、刘芳等中国学者，以及博克塞、白乐嘉、文德泉、萨安东、普塔克等西方学者为之付出了艰辛的劳动。

当然，档案文献整理工作是无止境的。随着中外学术交流日益密切，各种档案文献仍在陆续整理。挖掘不同国家和地区、不同语言的档案史料，仍是学界努力的基础性工作。有学者指出，近年整理出版的澳门史料尽管数量可观，但相比世界各地藏量巨大的相关档案文献，仍只占其中一小部分；尤其是葡萄牙和英、法、意、日、西班牙、荷兰等国所藏档案相关史料，以及相关报刊资料或手稿文集，发掘、刊布和翻译都很不够。① 还有学者呼吁加强澳门当代史资料的整理，它离我们最近却最不为人所熟悉，现有史料及相关研究甚少涉及澳门当代，因此建议从整理出版档案资料入手（如葡国萨拉查个人档、国际国防警察厅档、外交部历史—外交档等）②，开创澳门当代史研究的百花齐放时代。

五　澳门法制史研究代表性论著举要

在前述中外学界的相关文献及研究中，有一批专涉澳门法制史的成果值得瞩目。虽然相比"澳门学"其他领域，这个综合性与边缘性的交叉学科尚在起步，但在逐步探索不断开拓的过程中，已展示出良好的发展势头。在此摘要介绍如下。

葡国学者萧伟华（Jorge Noronha e Silveira）曾任教于澳门大学法学院，

① 赵春晨：《澳门历史研究与新史料的刊布和利用》，载《学术研究》2003年第6期。
② 金国平：《西力东渐——中葡早期接触追昔》，澳门，澳门基金会，2000，"后记"，第319~320页。

根据授课内容结集而成的《澳门宪法史初探 1820～1974》（*Subsídios para a História do Direito Constitucional de Macau 1820 - 1974*，1991），是澳门法制史领域的一部专题研究及文献汇编。该书 1997 年中译改名《澳门宪法历史研究资料（1820～1974）》，五章内容依次为：引言；统一同化阶段；相对特别处理阶段；真正特别处理阶段；1972 年至 1974 年间澳门的宪制法律状况。该书对澳门史上某些重大的问题，如澳门起源、议事会设立、总督权限、混合管制、地租交纳、议事会求存之道、1783 年《王室制诰》及澳门宪法制度的确立等进行阐述，随后回顾澳门在葡历次宪法及有关法令中地位的变化，并重点分析 1972 年至 1974 年间澳门之宪法地位问题。该书言简意赅，但仅参引葡文，未以中文互证，观点难以公允。为方便读者查阅论述涉及的部分法令，葡文版刊有详细附录，唯中译本略去未译。

葡国学者叶士朋（António Manuel Hespanha）曾执教澳门大学法学院，根据授课内容撰成《澳门法制史概论》（*Panorama da História Institucional e Jurídica de Macau*，1995）。该书 1996 年出版中译本，四章内容依次为：绪论；葡萄牙帝国；海上帝国的政治及行政结构；法律与正义。附录略去未译。该书篇幅短小，对葡萄牙历史上从海外扩张到 20 世纪初的海外法制体系，以及澳门立法、司法组织结构与特点进行了系统介绍，指出葡萄牙海外法制的特点是多轨制，即承认殖民地当地的特殊法制及多种体制并存；并从法学、政治学、人类学等理论出发，以葡萄牙当时的具体国情和各殖民地的实际需要为根据，对此论点进行阐述和论证，尤其是详细介绍这一多轨制的特点在当时澳门立法与司法组织方面的体现。该书是最早冠名"澳门法制史"的著作，然而，作者谈论的是葡萄牙帝国时期海外属地的法律特性、政治行政结构以及帝国扩张时期的政治法律人类学，这与通常所理解的"澳门法制史"相去甚远。

葡国学者萨安东（António Vasconcelos de Saldanha）长期从事葡萄牙法律史、国际公法及国际关系理论方面的教学工作，在葡萄牙法律史及中葡关系领域著述颇多。他的硕士论文《海外特别自治区：葡萄牙海外扩张过程中的地主所有制》（Lisboa，1992）与博士论文《合法统治权：论作为葡萄牙东方帝国基石的条约——国际法史及葡萄牙法律研究》 （Macau，1996），分别获得葡萄牙海外发现委员会"唐若奥·德·卡斯特罗奖"及东方基金会"东方葡萄牙学会奖"。在中葡关系史及澳门政治史领域，因掌握葡萄牙外交部和前殖民地部的大量原文件，他有更为深入的研究成果问世。他在此领域的代表作之一，是《圣塔伦子爵关于葡萄牙人居留澳门的回忆录——葡萄牙人居澳合法性探讨之始》(*A Memória sobre o Estabelecimento dos Portugueses em Macau do Visconde de Santarém – Os Primórdios da Discussão da Legitimidade da Presença dos Portugueses em Macau*, 1995)，全书共三部分内容，依次为：争取合法性，对葡萄牙在澳门主权三百年历史及法律求证过程中出现的圣塔伦子爵回忆录；圣塔伦子爵关于葡萄牙人在澳门居留地之"回忆录"；比加哆 (José Gregorio Pegado) "特别备忘录"。该书超越常见的民族主义倾向，以中外档案为研究基础，对葡萄牙夺取居澳权利之过程作出了较为全面而客观的分析。他的另一代表作是已译为中文的《葡萄牙在华外交政策 (1841~1854)》(1997 年)。该书共 18 章，详述 1841~1854 年间的中葡交涉诸事，如莲峰庙会议、对华谈判政策与展开接触、澳门议事亭九请、葡使广州谈判及其失意、葡英关于澳门主权之争、亚马留执政澳门及其遇刺事件，等等，对葡萄牙在华外交政策推本溯源，拾遗补缺，探疑索隐，资料披露之多，互相印证之细，在同类研究中鲜有比肩之作。

澳门学者谭志强的《澳门主权问题始末 (1553~1993)》(1994 年)，从现代国际公法的视角重新审视澳门史。该书共七章，依次为：葡人来华与澳门港的建立 (1513~1557)；明末至鸦片战争前后的澳门 (1553~1849)；《中葡和好通商条约》与清末中葡澳门划界交涉 (1887~1910)；中华民国在大陆时代的澳门 (1911~1949)；中共建政到中葡澳门前途问题谈判以前的澳门 (1949~1986)；中葡澳门前途问题谈判、澳门协议 (即《中葡联合声明》) 与澳门基本法 (1987~1993)；结论。该书广泛征引中、葡、英文资料，研究澳门主权问题和中葡关系的宏观演进，注重社会科学层面的澳门历史分析，尤其是国际公法层面的澳门主权归属分析，以及中国长期没有在澳门恢复行使主权的政治分析，颇多新意。

澳门学者杨允中的《"一国两制"与现代宪法学》(1996 年)，从宪法学角度全面考察"一国两制"的历史源流。该书共两部分：第一部分考察社会主义宪法自我完善的历史进程，阐述"一国两制"这一命题的含义、特征、理论与实践价值及其深远历史意义；第二部分论述澳门基本法这部宪制性法律文件的性质和地位，比较研究由《澳门组织章程》所确立的澳门现行政治制度与澳门基本法所设计的政治体制的异同，论证实现平稳过渡与顺利衔接的可行途径，解答澳门后过渡期所面临的若干现实社会问题，并提出制宪的趋同性与国情特色、"一国两制"与宪法学等理论课题，被视为一部颇具创意且具有中国特色与澳门特色的法学研究新成果。

澳门学者吴志良的《生存之道——论澳门政治制度与政治发展》（1998年），从政治学的视角全面考察澳门政治发展史。该书共七章，依次为：导论；中葡交叉航行与葡人据居澳门；澳门葡人内部自治时期；议事会权力衰落时期；葡萄牙殖民管治时期；实现地区自治与进入过渡时期；结语。该书广泛征引中、葡、英文资料，尤其是大量葡文档案史料，将其贯穿于政治发展理论分析之中，立论严谨，论证翔实，广征博引，深入浅出，深度冲出学界窠臼，所见尤多超越前人。该书以坚深的中葡文字造诣及广博的历史文化知识，赢得茅家琦、姜义华、邓正来与旅葡学者金国平等人的高度评价，尤以内部视角对澳门政治发展分期进行的"七阶段论"与"双重效忠"、"另类番坊"及"共处分治"等观点备受关注①，对澳门法制史研究极具借鉴参考意义。

澳门学者何超明的《澳门经济法的形成与发展》（2004年），是澳门经济法史的拓荒之作。该书共三篇九章，依次为：上篇"经济法产生、发展与功能模式的一般规律"，两章分别为经济法产生和发展的一般条件与规律、经济法功能模式的比较分析与借鉴；中篇"澳葡经济法的形成、规范体系与评价"，四章分别为澳门法制的历史演变、澳门经济法的形成与发展、澳门经济法的部门结构、澳葡经济法功能与结构问题的分析评价；下

---

① 相关评论参见茅家琦《序一》、姜义华《序二》、邓正来《序三》，以及金国平《跋》。学界评论参见邓正来《澳门政治发展与宏观政治研究》，载《中国书评》1998年总第11期，第132~139页；何亮亮《澳门问题的必读书》，载1998年5月31日《文汇报》；黄枝连《在"前五百年"和"后五百年"之间》，载1998年10月15日《文汇报》；汤开建《评吴志良〈澳门政治发展史〉》，载《澳门研究》总第13期，第141~150页；徐新《〈生存之道〉与澳门学》，载《澳门研究》总第11期，第124~129页；于沛《一部研究澳门史的力作》，载《史学理论研究》1998年第3期，第157~159页，等等。至于批评文章则有，谭世宝：《略评〈生存之道〉及其序跋等》，载氏著《澳门历史文化探真》，北京，中华书局，2006，第519~548页；张海鹏：《居澳葡人"双重效忠"说平议》，载《近代史研究》1999年第6期，第1~17页。作者对此批评的回应参见金国平、吴志良《再论"蕃坊"与"双重效忠"》，载金国平、吴志良《镜海飘渺》，澳门，澳门成人教育学会，2001。笔者对此问题所作的综述及评论，见《被误解与被遮蔽的——关于〈生存之道〉及其争鸣》（待刊稿）。

篇"澳门特别行政区经济法的发展方向"，三章分别为澳门特别行政区经济法发展的宪政基础与经济立法实践、澳门特别行政区政府经济职能定位与经济法功能模式选择、经济法的价值目标与澳门经济法体系的完整。该书直接选取地区经济法史论题，在路径上作了较大的理论跨越，使中国经济法史研究进入地区经济法史层面。

内地学者黄庆华的《中葡关系史》（2006 年），从国际关系的视角考察中葡关系及澳门政治发展史。该书共三卷八章，依次为：明代对外政策概述；葡萄牙海外扩张缘起；天朝体制与中葡关系；明朝末年的中葡关系（1573～1644 年）；清代中葡关系（1644～1840 年）；清季中葡关系（1840～1911 年）；民国时期的中葡关系（1912～1949 年）；从新中国成立到澳门回归（1949～1999 年）。该书广泛利用中、葡、法、英及其他语种文献，经由梳理澳门史而放大中葡关系，并通过大量史料论证若干历史疑案，是迄今所见中国学者独立撰写的篇幅最长、内容最丰、取材最广的澳门史研究之作，其间涉及法制史及相关问题，值得参考。

内地学者刘景莲的《明清澳门涉外案件司法审判制度研究（1553～1848）》（2007 年），是一部颇具深度的澳门司法史著作。该书共五章，依次为：明清时期的澳门与明清澳门涉外案件司法审判制度研究；明清管理澳门的行政机构与涉外案件司法审判机构；明清澳门涉外民事案件及其司法审判制度；明清澳门涉外刑事案件及其司法审判制度；明清澳门的司法审判权与主权。该书在葡萄牙国立东波档藏清代澳门中文档案及中国第一历史档案馆藏文献的基础上，从文书记载的大量涉外冲突案件入手，依据案件的恶性程度、主审官员审级状况与判决结果，将案件分为民事和刑事两类加以具体研究，初步再现清中叶澳门有序的经济运作程序及社会治安状况，论述澳门司法制度实施的具体程序、司法制度变化发展的基本脉络及特点。

内地学者刘海鸥的《澳门法律史纲要——澳门法的过去、现在和未来》（2009 年），是内地出版的第一部澳门法制史通史著作。该书共七章，依次为：葡人定居前后澳门行政及法律沿革；葡萄牙法律传统及殖民政策；葡萄牙法对澳门的初步影响；澳门葡萄牙法律体系的初步确立；葡萄牙法律传统对澳门的全面影响；回归后澳门法律的发展；澳门法律未来的发展趋势。该书梳理葡萄牙法在澳门的移植与变迁，侧重比较法与法律文化理论的运用，脉络清晰。唯相比前述研究成果，所引文献史料较为单薄，相关问题未及展开。

　　笔者近年涉足澳门法制史领域，除撰有博士论文《澳门法文化的历史考察——论明清澳门的华洋共处与分治》（2007 年），另已出版《澳门法制史研究——明清时期的澳门法制与政治》（2008 年）、《明清澳门的司法变迁》（2009 年）及《从殖民宪制到高度自治——澳门二百年来宪制演进述评》（2009 年），尚有《共处分治：明清澳门法文化研究》、《澳门法制史论》及《澳门法律文化研究》等著作即将出版。《澳门法制史研究——明清时期的澳门法制与政治》是继前述葡国学者叶士朋《澳门法制史概论》（*Panorama da História Institucional e Jurídica de Macau*）之后于澳门出版的第二部冠名澳门法制史的专著，八章内容依次为：明代澳门法制；清前期澳门法制；鸦片战争与澳门政治；中葡《通商互换条约》始末；同光年间中葡订约交涉；中葡《和好通商条约》始末；中葡《和好通商条约》内容；清末澳门主权交涉。《明清澳门的司法变迁》是国内继刘景莲《明清澳门涉外案件司法审判制度研究（1553~1848）》之后第二部专题研究明清澳门司法史的专著，六章内容依次为：明政府的治澳体制与司法；明末澳葡的自治体制与司法；清初澳门的司法体制；华洋命案交涉与权力较量；《王室制诰》与澳葡司法体制；乾嘉以来华洋民刑案件与交涉。《从殖民宪制到高度自治——澳门二百年来宪制演进述评》则是继前述葡国学者萧伟华《澳门宪法史初探 1820~1974》（*Subsídios para a História do Direito Constitucional de Macau 1820–1974*）之后于澳门出版的第二部澳门宪制史专著，八章内容依次为：《王室制诰》与殖民宪制下的澳门问题；鸦片战争以来之躁动、谈判与焦虑；20 世纪前期之共和宪制与海外自治；二战以来之反殖民浪潮与澳门章程；《澳门组织章程》之内容与进展；过渡期澳门政治之立法会和总督；过渡期澳门司法之改革与发展；"一国两制"与澳门基本法的诞生。上述专著均广泛参引中外文献，力求考证与阐释相结合，并在若干问题上尝试推进，使现有的澳门法制史研究得以拓展。

六　澳门法制史研究之展望

　　综上所述，中外学界关于澳门史的文献资料与研究成果相当丰富，唯独复合型的澳门法制史领域的研究相对薄弱。横贯历史、法律与文化之间的澳门法制史研究，既有必要继续展开宏观研究，从整体把握澳门法制史的整体架构、基本形态及其变迁规律，更需要深入微观研究，从细节入手探究澳门法制史上不同阶段各种问题之面目、性质与内涵，略陈如下。

第一，有必要从法制史的视角重新梳理澳门主权问题的源流、内容与性质。

由于澳门在中国历史尤其是中外关系史上具有极为独特的位置，它又是西方殖民主义向东方扩展到中国的第一个基地，它的沉浮起落不仅折射出明清时期中外关系与时局之间的内在关联，更承载着近代以来中国半殖民地半封建历史进程的无情风雨。这一进程始终贯穿着同样一个主题，即澳门主权问题。正是在此意义上，有学者认为它"反映了中外关系史上新老殖民主义在中国更替的历史进程以及帝国主义在中国侵略所造成影响的其他侧面"①，故而迄今所见的大多数澳门史研究，都会把主权问题视为核心亦即最具实质意义的学术问题。澳门法制史研究也不例外。

澳门主权问题的讨论往往涉及澳门史的分期问题。自澳门开埠以来的四百余年里，澳门主权问题可谓一波三折。从明清时期中国政府享有完全的主权但又允许澳门葡人在城区内有限自治开始，随着中葡关系乃至整个近代世界体系的局势发展，逐步演变为澳门葡人自治权的不断扩展和逐步逆转的局面，直至鸦片战争以来完全架空中国对澳门的主权行使，澳门主权问题的变易构成了澳门法制史之核心内容。这些内容大致包括以下值得探索的问题：一方面，作为中国属地的澳门，中国政府是如何逐步丧失对澳门主权的控制的，这里涉及明清政府对澳门葡人实施的基本政策与法律制度，鸦片战争以来中葡之间如何围绕澳门主权展开立约谈判以及谈判结果的基本内容，民国时期与新中国成立以来中国政府对澳门问题的基本立场与相关举措，等等。另一方面，作为明清时期葡人居留地的澳门，居澳葡人是如何建立自治体系并逐步扩展其自治范围的，19世纪以来随着葡萄牙对华政策的演变，他们又是如何配合葡国政府的意图步步为营，最终又如何通过缔约方式谋取到其企望已久的非分利益，并由此如何在澳门试图全面展开殖民治理，使澳门法制由传统中国法文化的支配转为葡萄牙法文

---

① 王昭明：《鸦片战争前后澳门地位的变化》，载《近代史研究》1986年第3期。

化渗透的混合法制形态。

事实上，澳门法制乃至于整个政治发展史，同时也是澳门主权问题发展史。"主权"作为一个近代国际公法与国际关系学的关键词，使澳门主权问题不仅是澳门政治史的研究对象，更是澳门法制史研究必须关注的基本内容。从法制史的角度重新考察澳门主权问题，我们更应该承认这样一个论断：认识澳门法制史，必须先认识澳门主权问题史，即澳门在中葡两国关系演变中的法律地位究竟如何。有学者曾经指出澳门问题的独特性所在："无论从政治、法律还是社会、人文角度看，澳门都好像一个虚构的现实，其奇特的发展演变过程不单在中国历史上独一无二，在世界历史上也绝无仅有。"① 这里的症结所在，恰是澳门主权问题关涉澳门在历史上和现实中的法律地位，不明白澳门主权问题的源流与归属就不可能真正认识澳门法制发展的历程。从另一角度看，澳门自身法律地位的变化，也是不同历史阶段澳门政治与法制发展演变的根本标志和实质原因。从澳门主权问题史入手，构成了我们今天回顾澳门历史文化的逻辑起点。

第二，有必要从法制史的视角重新考察澳门史上的各类立法活动及相关文献。

在明清时期，中国政府为治理澳门尤其是约束居澳葡人，一方面将适用于全国的律例同等推行于此，另一方面又针对澳门华洋共处的特殊情形有所变通，出台相应的专项法律规范。例如，明万历年间张鸣冈等拟订的五款《海道禁约》，清乾隆年间印光任拟订的七款《管理澳夷章程》，张汝霖等拟订的十二款《澳夷善后事宜条议》等，各有特殊的时代背景，亦蕴藏不同历史阶段对澳门问题及其治理的观念，是早期澳门法制史研究的重要内容。

澳门葡人自成立议事会这样的自治机构以来，也相继围绕澳门的社会治安等问题颁行禁令规章，使早期澳门法制打上了浓厚的混合法文化色彩。从1783年《王室制诰》到1822年葡萄牙第一部宪法颁行以来，葡萄牙政府开始高度重视澳门对于葡国自身的政治、经济与文化利益问题。纵观这一历史阶段的中葡关系及澳门社会自身所在的种种事件或问题，均可见葡萄牙政府对澳门政治的不断介入是深有政治意蕴的。这种试图把澳门纳入

---

① 前引吴志良《生存之道——论澳门政治制度与政治发展》，第3页。

葡萄牙海外殖民地体系的野心，自鸦片战争爆发至1911年辛亥革命期间，在葡萄牙不断将其本土的法典法体系强行延伸到澳门的过程中更趋膨胀。民国时期与新中国建立以来，澳门处于所谓"殖民管治"期间，以葡萄牙五大法典为核心的欧陆法文化已全面覆盖于澳门地区，使原本归属中华法系传统的澳门法制在形式上完全纳入大陆法系的范畴。

纵观澳门史上的各类立法活动及相关文献，可见它们既与澳门主权问题演变史息息相关，又有自身的相对独立性和完整性。在这些立法活动及相关文献里，潜藏的正是镶嵌于澳门主权问题史之中的澳门法制发展轨迹。因此，研究澳门法制史不能停留于主权问题史，还须重新认识这些立法活动及相关文本的历史面貌，考证这些立法活动的时代背景与深层动因，分析这些文本所透露或揭示的文化意涵。

第三，有必要从法制史的视角重新考察澳门史上的各类事件、讼案及相关交涉。

迄今所见的各类澳门史研究，往往是对澳门境内发生的各类政治事件及相关交涉的研究。在这些重大事件及相关交涉中，澳门法制史自身的脉络也毕现其中。这一问题涉及中葡两国围绕澳门主权展开的一系列政治斗争，其中蕴涵着以法律制度为武器的治理策略。这一问题还需要放在国际形势的变迁之下，以便清晰地把握澳门逐步卷入世界的复杂过程、表现及历史意义。这些事件及交涉所体现的澳门法制发展轨迹，从明清时期围绕澳门土地与居民管辖等问题起步，在鸦片战争期间围绕不平等条约及亚马勒事件等问题而日趋复杂，至清末围绕中葡《和好通商条约》及勘界谈判等问题而更趋激烈，在民国与新中国时期围绕如何收回澳门主权等政治问题而呈现新的特点，都需要从法制史的视角重新加以考订分析。

除上述宏大性质的政治事件及相关交涉外，澳门法制史还须关注微观性质的讼案及其交涉。澳门作为华洋共处之地，聚居人口成分复杂，利益关系亦盘根错节，基于利益与文化等因素而形成的冲突、发生的纠纷，屡屡升级而为各种形式的讼案。这些讼案同时交织着中国政府与澳门葡人如何行使司法管辖权的政治斗争，因而每宗讼案都并非如内地一样简单依照中国律例即可解决，更非如葡人所愿依照葡人法律予以解决，进而屡屡演化为一场接一场危机四伏的政治较量。其中，如1743年、1748年澳门相继发生的华洋命案及其交涉，1759年发生的洪任辉控粤海关监督案，以及华洋之间围绕租赁、借贷和其他类型的种种讼案交涉，就都体现了中国政府与澳门葡人之间错综复杂的政治较量。而这些讼案交涉本身，又是我们重新认识不同历史时期澳门法律如何运作的典范。诸如司法机关设置状况、司法体制运作状况、诉讼制度与相关程序等问题，均可在这些讼案本身及其交涉中得到展示。

第四，有必要从法制史的视角重新考察澳门史上重要人物的法政思想与普通民众的法律意识。

这一问题归属于澳门法文化的范畴，但同时也是澳门法制史的基本内容。就重要人物的法律思想而言，虽然澳门本地并没有诞生法律思想家，但关于澳门法制与政治等问题的基本认识，以明代为例，仍散见于诸如明末庞尚鹏等人的奏疏、张鸣冈等人的规约、颜俊彦等人的判牍之类文本，其中蕴涵的治理思想至今仍有启迪作用。至于近代以来，更有郑观应、张之洞、梁启超等人针对澳门各种问题的精彩论说，此外还有近代创办的一些报刊如《镜海丛报》、《知新报》等刊载的时文，都蕴涵着关涉澳门主权问题及澳门社会自身所存各类问题的种种思考。关于澳门华洋居民的法律意识，则是澳门法律文化中一个颇难把握的问题，但通过一些零散史料仍可循其踪迹，体察这一独特地区不同群体、各个阶层的风俗习惯与法律观念，认识这种中西文化尤其是法文化并存发展的可能与表现。这些问题一方面是澳门法制发展的附属内容，另一方面又在客观上推动着澳门法制的发展。

第五，有必要从法制史的视角重新考察澳门史上的经济、文化与宗教等因素在澳门法制发展中的角色及其影响。

综观澳门自开埠以来的历史，它不仅是一部独特的区域政治发展史，也是一部独特的地区经济发展史和地区文化变迁史，而它们又与法律制度及其实践有着或多或少、或隐或显的内在关联。葡萄牙人自 16 世纪初来华，即在殖民扩张过程中始终不改寻求贸易机会、追逐经济利益之基本目标，这与中国传统儒家义利观之间形成隐伏的冲突。为调整或压制这些冲突，明清政府在治理澳门的过程中，屡屡出台相关的禁令规范。为此，需要考察澳门经济之兴衰如何受制于特定时期的政策与法律，又是如何导致法律制度自身的变迁，例如明清时期的海禁政策及相关法律规范与澳门经济发展的关系。至于文化与宗教等因素对澳门法律发展的影响，亦是颇值得注意的问题。澳门作为中西文化传播与交融之地，杂糅不同性质的文化基因，这就使澳门法制难以承袭中华法系的单一风格发展，而势必通过两种甚至更多种文化的冲突与互补，逐渐演化成一种极为特殊的混合文化形态。自近代以来，澳门被纳入葡萄牙的殖民管治之下，既吸收两种文化之精华，又容纳两种文化之糟粕，通过各种法律、法令及其他方式来治理诸如鸦片走私、赌博泛滥、贩卖华工等社会问题，便成为近代澳门法制史研究的另一重要内容。

当然，澳门法制史研究殊非易事。它所横贯学科之多，涉及问题之杂，跨越时空之广，比预想的要艰难而复杂得多，的确任重道远。即便如此，中外学界的不断拓展，足以证明这一领域仍有深挖掘、广开拓的余地。假以时日，澳门法制史研究有望形成一门相对独立的复合型学科。这门学科旨在彰显特定背景下的澳门法律制度变迁及其实践的关系，立足于澳门自身与内部的历史文化，既不致简单化为中国法制史之地方志，更不致沦为葡萄牙法制史之海外殖民地史。它在立足史实的基础上展开更为深入的探究，并为澳门当前与未来的法制建设提供深具启发意味的历史参照。

最后应当说明的是，本卷澳门法制史文集选编工作，仅仅是一项初步的阶段性回顾与展望。上文虽已罗列目前笔者所见的相关文献，然更多未能寓目者不知凡几。在浩如烟海的中外文献搜罗过程中，选编论文难免挂一漏万。尤其是囿于文集篇幅及选编规则，取舍之后的遗珠之憾久久难挥，只能留待日后另觅他途再作弥补。至于选编文章之观点及立场，仅代表原作者的个人观点及立场；唯编校工作存有错漏，则概由主编者承担。

2007 年 5 月 7 日初稿于重庆
2009 年 8 月 18 日定稿于澳门

第一篇

主权·条约·法理

澳门主权问题始末

黄启臣[*]

澳门自古以来就是中国的领土，但自从 1553 年葡萄牙人进入、租居和逐步占领澳门的 400 多年来，关于澳门主权问题就成为热点。

不少西方的历史学家和政治人士，出于歪曲历史事实和政治偏见，断言"葡萄牙自始就拥有澳门主权"，或说"久占之地，即有主权"[①]，这完全是错误的观点；国内的一些历史学家和人士，由于对澳门历史缺乏具体细致的研究，认为"从公元 1553 年算起至今，葡萄牙殖民者入侵和统治澳门已有 434 年的历史"[②]，这不符合澳门历史事实。实事求是地说，只是到了光绪十三年（1887）签订了中葡《和好通商条约》并于次年换约生效之后，中国政府对澳门行使主权才遭到破坏，由"葡国永驻管理澳门以及澳属之地"。但葡萄牙"管理澳门"并不等同于对澳门行使主权，这是因为依国际法理而言，管理权不等于主权，而是低于主权。只要我们实事求是地审视 400 多年来澳门主权问题的历史轨迹，就能得到很好的证明。

一 明清中国政府对澳门行使主权（1553 ~ 1842）

自从葡萄牙人于嘉靖三十二年（1553）进入和租居澳门之后，明政府于万历四十二年（1614）采取"建城设官而县治之"的方针，在澳门设置

---

[*]　中山大学历史系教授。

[①]　《宣统朝外交史料》卷 6，第 6 ~ 7 页。

[②]　张锡群等：《中国近代割地简史》，郑州，河南人民出版社，1989，第 258 ~ 259 页；元邦建等：《澳门史略》，香港，中流出版社，1988，第 329 页。其中前书将澳门列入割地给葡萄牙是错误的，这是因为澳门与香港不一样，香港是通过签订《南京条约》割让给英国；澳门并非是割让给葡萄牙，而是由葡萄牙租居和"管理"，两者不能同日而语。

行政的、军事的、司法的、海关的行使主权的组织管理机构，并派遣相应的官员对澳门行使主权。

（一）行政方面

明朝政府规定由香山县主管澳门。但因澳门是港口城市，所以又受广东海道副使管辖。设守澳官以承皇帝之旨，同时管理澳门。守澳官是统称，按其职权分为提调、备倭和巡缉三职。到了清朝，雍正八年（1730），因澳门"距县辽远，改为分防澳门县丞"①，管理澳门民夷事务。按清代官制，县丞是知县的副职（副县长），说明清朝政府管理澳门的机构属于副县级。而且从雍正九年（1731）起至光绪三十二年（1906），任命、派遣朱念高、顾嵩、黄冕、廖鹏飞等57任县丞②，对澳门行使主权和进行直接管理。分防澳门县丞衙门初设在前山寨共12年，至乾隆八年（1743），"移县丞驻望厦村"③，后又移至葡人租居地内的佐堂栏尾（今草堆街与卢石塘之间）。同年，为了加强对澳门的管理，清政府又增设同知管理澳门，将肇庆府同知移至前山寨，关防名曰"广州府海防同知"，此官又称"澳门海防军民同知"。按清代官制，同知是知府的副职，正五品官阶，属于清廷批准的省一级政府管理比较重要地区的派出机关。管理澳门的行政机构在县丞级上再加副知府级，说明清政府对澳门行使主权的重视和加强。从乾隆九年至宣统二年（1744～1910），清政府任命、委派印光任、张薰、张汝霖、王朝俊、夏锡畴等64任同知④，对澳门行使主权。由上可知，清政府设置了从保甲、县丞、同知至巡抚、总督一整套行政官员及机构对澳门行使主权和实行有效的管理。

首先，向葡萄牙人征收地租。自万历元年（1573）葡萄牙租居澳门后，明清政府每年向葡萄牙人征收地租银500两，另加"火耗银十五两"，共515两。每年冬至前后，由香山县派书差前往征收，直到道光二十九年（1849）澳门总督亚马勒（João Ferreira do Amaral）非法抗拒交纳地租银为

① （清）印光任、张汝霖：《澳门记略》卷上《官守篇》。
② （清）祝淮：（道光）《香山县志》卷3《职官表》；（清）陈澧：（光绪）《香山县志》卷10《职官表》；（民国）厉式金：（民国）《香山县志》卷8《职官表》。
③ （清）祝淮：（道光）《香山县志》卷4《海防》。
④ （清）祝淮：（道光）《香山县志》卷4《海防》。

止，共 275 年。"澳门葡萄牙人一直向香山县完纳地租，这正是对（中国）领土主权的完全承认"。① 明清政府还严格规定，葡萄牙人不得在澳门买卖土地；未经中国政府批准，不得在澳门建造、改建和扩建房屋，如有"于旧有之外添建一椽一石，违者以违制律论罚，房屋、庙宇仍行毁拆，变价入官"②。有令必行。万历四十八年（1620），葡萄牙人借口防御荷兰人袭击澳门，在青洲建造房屋和防御工事，两广总督陈邦瞻和广东巡抚王尊德于天启元年（1621）初，派布政使司参政"冯从龙等毁其所筑青洲城，番亦不敢拒"③。嘉庆十三年（1808），两广总督百龄也强令葡萄牙人停止非法建筑房屋。

其次，把租居澳门的葡萄牙人的一切活动置于中国政府统一的、绝对的管辖之下，对葡人发号施令，制定各种法令、章程和条例，要求葡人切实严格遵守。如万历三十四年（1606），香山县知县蔡善继制定的《制澳十则》、四十二年（1614）海道副使俞安性发布的《澳夷禁约五事》；清乾隆八年（1743）首任澳门海防同知印光任发布的《管理澳夷章程》、十三年（1748）同知张汝霖发布的《澳夷善后事宜条议》、十五年（1750）署理香山县事张甄陶制定的《制澳三策》、二十四年（1759）两广总督李仕尧制定的《防夷五事》和《禁例九条》；道光十一年（1831）两广总督卢坤修订的《防范澳夷章程》、十九年（1939）钦差大臣林则徐发布的《传谕澳夷将夷船栈鸦片呈缴》和《传谕西洋夷目严拒英夷》等。

为了使禁令、章程和条例能够落实到葡萄牙租居地，万历十一年（1583），给租居澳门的葡萄牙人的市政议会民政长官授予"夷目"的职衔，或称"外国人的总管"，作为中国政府管理葡萄牙人事务的官吏。"夷目"向明清政府负责，遇事要到议事亭向守澳官请示报告；中国官员也经常在此召见"夷目"训示。

同时，为了监督、检查澳门民夷事务，明清政府的官员还要经常到澳门巡视，了解情况，传谕政令，而且每次出巡均事前通知澳葡当局，做好接待工作。据统计，自万历四十一年至光绪十三年（1613～1887），先后到澳门巡视的有广东海道副使俞安性，香山县令但启元，平南王尚可喜，两

---

① 〔美〕马士（H. B. Morse）：《中华帝国对外关系史》第 1 卷，张汇文等译，北京，三联书店，1958，第 48 页。
② （清）印光任、张汝霖：《澳门记略》卷上，《官守篇》。
③ 《明史》卷 325《外国六·佛郎机》。

广总督吴兴祚，钦差大臣石柱及杜臻，粤海关监督成克大，广南韶道劳之辨，两广总督杨琳，广州将军管源忠，广东巡抚法海、傅泰，广东观风整俗使焦祈年，两广总督福康安，吴熊光、韩崶、百龄、松筠、蒋攸铦、卢坤、邓廷桢，广东水师提督关天培，钦差大臣林则徐，广东巡抚吴大澂等人。这些人每次巡视澳门，均受到澳葡当局的隆重接待。这就说明，"中国官员拥有对澳门葡萄牙人居住澳门的严密的控制权"①。

（二）军事方面

明政府令广州海防同知"设参将于中路雍陌营"②，对澳门进行军事管理，并于"天启元年改设参将于前山寨……终明之世无他虞"。③ 按明朝武官制度，参将官属三品武官，说明明朝政府是相当重视对澳门的军事管理的。清承明制，在前山寨仍设参将把守。康熙三年（1664），委派从二品的副将前往澳门进一步加强管理，下设"左右营都司金书、守备，其千总、把总如故，其官兵二千名"。④ 为加强对澳门的军事管理，明政府屯驻军队于澳门外围防守，又于万历二年（1574）在莲花茎外建立关闸，设把总一名，领防员60名把守，防范葡萄牙人，并规定关闸每月启闭六次。

19世纪初至1840年前，尽管有荷兰、西班牙、英国等西方殖民国家多次侵夺澳门的军事行动，仍被把守澳门的中国军队一一击败。中国军队保卫了澳门的领土主权，所以马士说："中国人是不会错过表示他们是这块土地的主人的机会。他们在军事方面是最高的，例如1808年保卫本港以反对英国人，并在该市范围内握有征税权。"⑤

（三）司法方面

明清政府不在澳门设置具体的司法机构来行使司法主权，而是由香山

---

① 〔美〕H. B. Morse（马士），*The Chronicles of the East India Company Trading to China, 1635 ~ 1843*, Vol. I, p. 28。

② 《明神宗实录》卷557。

③ （清）印光任、张汝霖：《澳门记略》卷上《官守篇》。

④ （清）印光任、张汝霖：《澳门记略》卷上《官守篇》。

⑤ 〔美〕H. B. Morse（马士），*The Chronicles of the East India Company Trading to China, 1635 - 1843*, Vol. Ⅲ, p. 324。

县负责。《大明律》规定："凡化外人犯罪者，并依律拟断。"①

清乾隆十三年（1748）下令："嗣后如遇民夷重案，仍须按律究拟，庶几夷人畏罪奉法，不敢恣横滋事，地方得以宁谧"②。凡是葡萄牙人在澳门犯罪，在澳门的中国官员均坚持了对犯人的定罪、复审、监督、执行治罪等司法主权的行使，直至鸦片战争时亦未作任何改变。例如乾隆二十八年（1763），英国人斯琼特在澳门打死一名华人，葡萄牙自治法庭判其无罪释放，清廷闻此后，责成澳葡当局将罪犯交中国政府审理，并警告"如不献之出，必毁澳门一邑"③，最后由中国政府依法判处斯琼特死刑。

（四）海关方面

自嘉靖三十二年至康熙二十三年（1553～1684），澳门未设置正式的海关机构，由广州市舶司委托香山县负责管理，所谓"香山澳门税隶市舶司，而稽察盘验责于香山县"。④

到了康熙二十四年（1685），清政府在广州设置粤海关之后，才由海关监督成克大于康熙二十七年（1688）到澳门设置正式的澳门海关，名曰"粤海关澳门关部行台"，简称"澳门关部行台"，地址在今关前街和关后街之间的地方。行台下设大马头、关闸、娘妈阁、南湾四个税馆，具体负责征收关税事宜。行台的官员和职员共27人，计"有旗员防御一名，又有总书一名，柜书一名，家人二名，巡役五名，水手十五名，火夫二名"⑤。

从乾隆五十年至道光十七年（1785～1837），清政府委派黑达色、翰章阿、侯学诗、徐怀懋⑥等44任旗员防御到澳门关部行台管理澳门海关事务。明清政府均规定：凡是葡萄牙等外国商船进入澳门贸易和居留，必须持有明清政府发给的部票（入港许可证）；凡到澳门贸易的葡萄牙等外国商船必须向中国政府办理申报手续，向澳门海关缴纳关税。嘉靖时，"蕃商和藏货物至者，守澳官验实申海道，闻于抚按衙门，始放入澳，候委官封籍，抽

① 《大明律》卷1《名例律》。
② 《清高祖圣训》卷195《严法纪》。
③ （清）申良翰：(康熙)《香山县志》卷9《澳夷》。
④ （清）梁廷枏：《粤海关志》卷7《设官》。
⑤ （清）梁廷枏：《粤海关志》卷7《设官》。
⑥ （清）庞尚鹏：《题为陈末议以保海隅万世治安疏》，载《明经世文编》卷357。

其十二，乃听贸易焉"①。清代仍按明代抽丈之制向葡萄牙等外国商船征收关税，并将外国商船分为西洋船九等和东洋船四等，按等征收船钞。为了严格实行关税征收，"粤海关部派一工作委员驻在普拉亚·格兰德（Praya Gramda）码头地方处的临时居留区……向在澳门上岸或下船的客、货物征收捐税"②。

从上所述，可以清楚地看到，自嘉靖三十二年至道光二十九年（1553～1849）的296年，中国政府一直是设置各种管理机构对澳门的土地、军事、司法、行政、海关等全方位行使主权的，管理是得体的。当其时，澳葡当局和葡萄牙人士也是承认中国政府对澳门拥有主权，自认是租居澳门的臣民，服从管理的。1776年，澳门主教基马良士向葡萄牙的海外委员会写信说："（中国）皇帝拥有全权，而我们则无能为力。他是澳门的直接主人，收取地租；而我们只有使用权。"③ 1830年代，在澳门居住达22年之久的澳门史专家龙思泰（Andrew Ljungstedt）也说："尽管葡萄牙人占有澳门几乎达三个世纪之久，他们从未获得澳门的主权"，"葡萄牙人无权处理澳门，他们只是当地的租赁者，或者说更像是臣属"④。

二 葡萄牙当局破坏中国政府
对澳门行使主权（1843～1888）

鸦片战争之后，葡萄牙人眼见英国人通过《南京条约》的签订无条件地割得香港岛，便不甘示弱，利用其长期租居澳门的有利条件，对中国趁火打劫，不断破坏中国政府对澳门行使主权，直至最后骗取"永驻管理澳门"的特权。

（一）澳葡总督亚马勒疯狂侵占澳门

《南京条约》签订后不久，道光二十五年（1845）十一月二十日，葡萄

① 〔美〕马士（H. B. Morse）：《中华帝国对外关系史》（第1卷），第50页。
② 〔美〕H. B. Morse（马士），*The Chronicles of the East India Company Trading to China*，1635－1843，Vol. Ⅲ，p. 237。
③ 《中西通商原始记》，转引郭廷以《中国近代史》第1册，商务印书馆，1941，第531页。
④ 〔瑞典〕龙思泰：《早期澳门史》，吴义雄等译，北京，东方出版社，1997，第1、91页；《清高宗实录》卷436；（清）文庆等辑《筹办夷务始末》（道光朝）卷70。

牙女王玛丽亚二世（Maria Ⅱ）公然擅自宣布澳门为自由港，并发布敕令12条，其中"第一条：澳门城市的港口，包括内港及氹仔和沙沥向所有国家宣布为自由贸易港，允许他们可在这些港口利用、存放及再出口各种货物和经营各种贸易"，"第二条：本法令在澳门公布三十天后，进口到上述口岸的所有物品及货物，不论是哪一个国家的，完全免征进口税"。①

为了贯彻此敕令，玛丽亚二世于1846年4月21日任命海军上校亚马勒出任澳门总督。亚马勒抵澳门履新后，疯狂地破坏中国政府对澳门行使主权。

其一，1846年5月30日，亚马勒宣布在澳门颁布殖民地征税法，公然向在澳门居住的中国居民征收地租、商税、人头税和不动产税；规定停泊在澳门的中国船只一律要向澳葡理船厅登记，并每月缴纳一元税款。

其二，1849年3月13日，亚马勒率领数十名葡兵钉锁粤海关澳门关部行台的大门，推倒门前的中国旗帜，驱赶行台的官员、丁役，封存行台的大量财物。行台官员基溥被迫迁至广州黄埔办公。

其三，1849年8月，亚马勒命令黑人士兵拆毁租界围墙内的澳门县丞佐堂衙门，驱逐县丞汪政出澳门，县丞被迫"迁署前山寨"。②亚马勒还停止向中国政府缴纳地租。

其四，亚马勒擅自审理和判决涉及中国居民及外国居民的犯罪案件，破坏中国的司法权。例如，有一名黑人杀死一名中国居民，他自己决定将杀人凶手杀了算数；又有一名葡萄牙士兵侮辱把守关闸的中国官兵的妻女，他擅自打了这个士兵200鞭了事。凡此种种，说明亚马勒已公开破坏中国政府对澳门行使主权，由其实施对澳门的土地、行政、司法和海关的管治，企图将澳门变成葡萄牙"绝对自治的殖民地"。

澳门居民对亚马勒破坏中国政府对澳门行使主权的侵略行径极端愤恨，决心同亚马勒进行决死的斗争。1849年8月22日下午6时，当亚马勒照例在副官李特（Senhor Leite）陪同下，骑马前往关闸巡视时，早有策划的龙田村青年沈志亮、郭安、李保、张先、郭洪、周有、陈发等埋伏在离关闸约300米的亚婆石处刺杀了亚马勒。事发之后，葡萄牙借此扩大事端，一方

---

① 〔英〕J. R. Morrison（马儒翰）：《中国贸易指南》，广州，广东中国陈列室，1894。
② （清）祝淮：（道光）《香山县志》卷3。

面要求清政府惩办沈志亮等人，另一方面还不断扩大其侵占澳门的范围。至同治十二年（1873），澳葡当局占领了相当于今天包括澳门半岛、凼仔岛和路环岛的整个澳门地区。

葡萄牙当局破坏中国政府对澳门行使主权而取得的对澳门的管理权，是不可能获得清朝政府承认的。因此葡萄牙政府便千方百计包括以哄骗等手段与中国政府交涉、谈判以至签订条约，以使葡萄牙侵占澳门取得合法地位，企图取得澳门主权。

（二）《大清国大西洋国议定通商章程》的达成

1862 年 6 月 20 日葡萄牙派遣澳门总督基马良士（Isidoro Francisco Guimarães）为全权公使到北京，与中国政府的代表侍郎恒祺、总理衙门帮办大臣崇纶进行协约谈判。但由于恒祺代表中方提出"澳门必须仍归中国设官收税，并每年应输地租万金，方与议立条约"[①]，而基马良士正是想通过签约取得澳门主权，所以双方会谈八次，无法达成协议。后经法国驻中国公使团的一等秘书哥士耆（Count Kleczkowski）调处，以"中国仍在澳门设官，而纳租一节，彼此俱置不论"[②] 的双方妥协方法，于 8 月 1 日共同达成《大清国大西洋国议定通商章程》54 款。其中涉及澳门主权者是第 9 款：大清国皇帝、大西洋大君主，愿照彼此和好之谊定例……仍由大清国大皇帝任凭仍设立官员驻扎澳门办理通商贸易事务，并稽查遵守章程。但此等官员应系或旗或汉四五品人员，其职任事权得以自由之处与法、英、美诸国领事等官驻扎澳门、香港等处各员办理自己公务、悬挂本国旗号无异。[③]

按此款虽言及清政府仍设立官员驻扎澳门，但此官员"与法、英、美诸国领事等官驻扎澳门、香港等处各员办理自己公务、悬挂本国旗号无异"。言下之意，中国政府在澳门设官是一种领事性质，澳门无疑已不再是中国的领土了。所以，《大清国大西洋国议定通商章程》实际上已使葡萄牙取得澳门主权合法化。

幸好在换约前，清政府发现《大清国大西洋国议定通商章程》有丧失

---

① （清）文庆等辑《筹办夷务始末》（同治朝）卷 8。
② （清）文庆等辑《筹办夷务始末》（同治朝）卷 8。
③ 《澳门专档》（一），台北，"中研院"近代史研究所编印，1995，第 2～5 页。

澳门主权之嫌,所以到 1864 年 6 月 17 日换约时,清朝换约大臣薛焕首先提出"现奉我本皇帝谕旨"①,先修改第 9 款文然后换约。但葡萄牙换约代表澳门总督亚马廖 (José Rodrigues Coelho do Amaral) 则提出先换约后修改。由于双方各执己见,争持不下,遂使换约谈判中止,换约未成。结果,《大清国大西洋国议定通商章程》未能生效。葡萄牙首次企图以缔约方式取得澳门主权遭到失败。

(三) 葡萄牙骗取"永驻管理澳门"特权

上述《大清国大西洋国议定通商章程》换约失败后,葡萄牙人一直寻找机会与中国谈判签订包括澳门地位条款的通商条约。1876 年,葡萄牙人终于找到这个机会。9 月 13 日,中英签署的《烟台条约》,提出在香港实行鸦片税厘并征。中国于 17 日便批准这个条约。但英国政府迟迟未予批准,致使税厘并征难以实行。1886 年,中、英和港英政府在香港开会讨论实行税厘并征问题,港英政府为了使英国贸易船只得到同澳门一样的按国内有关税则纳税的利益,提出港澳一体办税的要求作为条件,如果澳门不参加缉私,香港也不执行《烟台条约》,从而诱迫清政府与葡萄牙谈判解决澳门问题。这给葡萄牙一个天赐良机。它即以此为本钱向中国索取澳门的主权。在此期间,发生中、法冲突,法国欲向葡萄牙购买澳门作为进攻南中国基地的谣言甚嚣尘上,清政府害怕澳门落入法国手上,加上清政府面临财政危机,希望以条约的形式来确定澳门的地位,从而取得鸦片税厘并征,以增加财政收入。这样,中葡关于澳门问题的谈判和签约又重新开始。

为了促成其事,1886 年 11 月 23 日,深受清政府宠信的任海关总税务司的英人赫德 (Robert Hart),授权并派出其心腹、拱北海关税务司金登干代表清政府去里斯本与葡萄牙代表、葡外长巴罗果美 (Henrique de Barros Gomes) 进行谈判。1887 年 3 月 23 日,草签了《中葡会议草约》四条,其中关于澳门主权问题是第 2、3 款两条款:"二、定准由中国坚准,葡国永驻管理澳门以及澳属之地。三、定准由葡国坚允,若未经中国首肯,则葡国永不得将澳地让与他国。"②

---

① 《澳门专档》(一),第 2~5 页。
② 《中国海关与中葡里斯本草约》,北京,中华书局,1983,第 74~95 页。

草约签字之后，赫德于 3 月 31 日致电葡国政府，请其任命澳门总督罗沙（Tomás de Sousa Rosa）为全权代表前来北京最后议定并签订条约。7 月 13 日，罗沙到达北京，与清政府进行谈判。中国代表由总理衙门以全体名义参加，议定后再选派两名大臣充任全权大使代表中国政府签约。12 月 1 日，中国政府全权大臣奕劻、孙毓汶同罗沙签订了中葡《和好通商条约》，内容共 54 款，其中涉及澳门主权的第 2 款、第 3 款，重述《会议草约》的第 2、3 款内容。条约签订后，罗沙立即携条约原本赶回里斯本，请葡萄牙国王钤玺批准，然后赶来北京，于 1888 年 4 月 28 日，在天津与中国换约大臣李鸿章互换条约。这样，葡萄牙殖民者 334 年来梦寐以求的"永驻管理澳门"合法化的目的实现了。这是赫德"逼着中国不过为了商务上的利益而付出了一种可耻的代价"。① 从此之后，中国政府对澳门行使主权遭到破坏。澳门从一个是中国领土、中国政府行使主权的葡萄牙人租居地，变为中国领土、由葡国"永驻管理"的特殊地区。中葡《和好通商条约》是葡萄牙政府破坏中国政府对澳门行使主权的唯一的条约，但它与中英《南京条约》毕竟有本质的区别。

其一，从国际法观点看，中葡《和好通商条约》本身并未表明中国政府将澳门割让（ceded）给葡萄牙，仅仅是允许葡萄牙永驻管理澳门罢了。而管理（Administration）权，只是一种事实，并非是主权本身，是低于主权的。因此，澳门仍然是中国的领土。这一点，在 1887 年中葡《和好通商条约》签约后的第三天，葡萄牙外交部长就声称过："我们从未指明，也不拟指明这行动是割让领土。"② 既然澳门未割让给葡萄牙，澳门的"所有权"（ownership）就属于中国。而就法理而言，"所有权"是主权最根本的标志。

其二，中葡《和好通商条约》表明，中国对澳门具有法定的最终处分权，这是因为"由葡国坚允，若未经中国首肯，则葡国永不得将澳地让与他国"。就是说，葡萄牙没有交换、出卖、出租、割让等澳门的最终处分权。澳门的最终处分权（主权）仍然由中国掌握。因此，著名历史学家、前北京大学历史系主任朱希祖早在 1922 年就肯定地说："葡国不得让其（澳门）地于他国一款，正约改为未经大清国首肯，则大西洋国不得将澳门

---

① 〔美〕马士（H. B. Morse）：《中华帝国对外关系史》第 2 卷，第 428 页。
② 陈飞霞主编《中国海关密档》（四），北京，中华书局，1992，第 396 页。

让与他国，是澳门主权，中国未全失也。"①

其三，中葡《和好通商条约》是一个不完全的条约，它留下一个葡国"永驻管理澳门以及澳属之地"的界址不清的问题，而且明文规定："俟两国派员妥为会订界址，再行特立专约。其未经定界以前，一切事宜俱照依现时情形勿动，彼此不得有增减、改变之事"（第2款）。既然连"管理澳门以及澳属之地"的界址都未确定，就更进一步证明中国没有将澳门割让给葡萄牙，甚至连"永驻管理澳门"的权利都是成问题的。依法理而言，中国也仅仅是承认葡萄牙暂时管理澳门的事实而已，这是因为条约规定，在"澳属之地""未经定界以前，一切事宜俱照依现时情形勿动"。所谓"现时情形"，就是指葡萄牙原来租居围墙以南的地区。

三 历届中国政府为对澳门恢复行使主权
而斗争（1889～1987）

如上述，葡萄牙政府并没有通过签订中葡《和好通商条约》取得澳门主权，只是破坏了中国政府对澳门行使主权而已。因此，中国人民和历届中国政府从未在澳门主权问题上作过让步，也从未在法律上将中国政府对澳门行使主权让于葡萄牙，并且以"澳门以及澳属之地"的划界为契机，开展对澳门恢复行使主权的长期斗争。

（一）晚清政府延宕澳门划界交涉，以限制葡萄牙"管理澳门"的范围

中葡《和好通商条约》签订后，葡萄牙殖民者利用"澳属之地"界址未定的机会，肆意进行扩界活动，企图使"永驻管理澳门"的地区扩至南北25公里、东西10公里的地域。②鉴于澳葡不断扩张管理澳门范围的情况，中国人民和清朝的一些开明官绅，纷纷呼吁和谘请清政府早日与澳葡进行划界。于是，1909年7月15日，中国派出曾任中法云南交涉使的高而谦为勘界大臣，葡萄牙派马查多（Joaquim José Machado），在香港举行勘界

---

① 《东方杂志》第19卷第11期。
② （清）蔡国桢辑《澳门公牍偶存》，丛书集成续编本，第5页。

谈判。

马查多在会上提出"葡国永驻管理澳门以及澳属之地"的勘界方案是：包括由关闸起至妈阁庙的整个澳门半岛、青洲、氹仔、路环、大横琴、小横琴、对面山以及附近一切岛屿和水域；自关闸以北到北岭为局外中立区，共计地域达 326 平方公里多，比原来葡萄牙的租居地大 30 倍。马查多还声称"久占之地，即有主权"①；"澳门全岛所有附属地，全系得自海盗之手，原始即有占据管理之实"②。

清政府的基本立场是："葡国永驻管理澳门"的地界应是原葡萄牙租居澳门城东起嘉思栏炮台，往西至水坑尾、大炮台、三巴门，转北至白鸽巢、沙梨头以南的地方，"作为澳门原界，于原界之外，查彼最先占据之地，作为附属"。③ 高而谦按此方针与马查多谈判，使第一次谈判陷入僵局。马查多见形势不利，遂于 11 月 14 日退出谈判，使划界谈判代表不欢而散。此后，中葡双方的勘界问题成为悬案，使得"葡国永驻管理澳门以及澳属之地"的界址始终没有获得法律的确认。因此，葡萄牙不拥有澳门主权。澳门仅仅成为"葡萄牙管治下的中国领土"。

（二）孙中山革命政府致力对澳门恢复行使主权

辛亥革命后，中国国民党在广州成立革命政府，孙中山定下对澳门恢复行使主权的方针，那就是不承认"不平等条约"和致力废除"不平等条约"，他说："余致力国民革命，凡四十年，其目的在追求中国之自由平等……废除不平等条约，尤须于最短时间促其实现。"④

1921 年 9 月 11 日，广州革命政府派出军队在广东沿海剿缉盗匪时，澳葡海军在银坑越界干涉中国军队的行动，并开炮轰击。中国军队当即反击。10 月 3 日，中华民国非常大总统孙中山命令中国海军前往澳门近海实行戒备。11 月 10 日，当广东交涉员李锦纶向广东省省长、粤军总司令陈炯明报告澳门事件并请示处理办法时，陈炯明指示李锦纶，中国军队一定要坚决反击葡军，绝不退让。

---

① （清）王彦威、王亮辑《清季外交史料》第 7 册，第 148 页。
② （清）王彦威、王亮辑《清季外交史料》第 7 册，第 141 页。
③ （清）王彦威、王亮辑《清季外交史料》第 7 册，第 142 页。
④ 《国父遗嘱》（1925 年 3 月 12 日）。

1924 年 11 月，孙中山发起召开国民议会和废除一切不平等条约的人民运动，得到中华各族人民的热烈响应，连北洋政府外交部也于 1925 年 6 月正式照会葡萄牙政府修改不平等的中葡《和好通商条约》，并于 1928 年 2 月 6 日，即在其覆灭前夕，电令驻葡萄牙公使王廷璋，在有效期为十年的中葡条约四次期满之际，预先向葡萄牙政府声明，双方应定期开议，改订以相互平等为原则的新约。

（三）民国政府宣布中葡《和好通商条约》期满失效

1928 年 6 月，国民革命军占领北京。7 月 10 日，民国政府外交部通知葡萄牙驻华公使毕安琪（João António de Bianchi），称中葡《和好通商条约》已经于本年 4 月 28 日期满无效。8 月 2 日，毕安琪在复照中否认条约已经失效，但表示愿在相互尊重领土、主权完整的基础上修订条约。到了 9 月初旬，中葡两方分别以外交部副部长唐悦良和毕安琪为代表，在南京开议新约。此时，民国政府已发出了废除一切不平等条约的宣言，当然不再承认葡萄牙"永驻管理澳门"。在谈判过程中，葡萄牙政府指令毕安琪，这一次修约以不涉及澳门问题为重要方针，否则宁愿处于无约国地位。但由于民国政府尚无在此时对澳门恢复行使主权的决心，因此在 12 月 19 日签订的中葡《和好通商条约》仅有五款条文，且其中完全没有提到澳门问题。这样，使葡萄牙得以按原来中葡《和好通商条约》继续管理澳门。澳门回归又成为悬案。

（四）民国政府图谋对澳门恢复行使主权

1945 年 8 月 14 日，当中国人民取得了抗日战争胜利的时候，再次掀起要求对澳门恢复行使主权的运动。首先是 8 月 31 日民国政府外交部提出《关于收回澳门的方案》，指出："电令驻葡张公使向葡政府表示我国收回澳门之决心，请由葡政府提出办法与条件以凭考虑。"[1]

10 月，当张发奎率领国民革命军第二方面军到达广州接受日本军投降后，即暗示中山县县长张惠长和驻军 159 师师长刘绍武共同策划一次反对葡萄牙占领澳门的运动。国民党先通过澳门支部在澳门内发动一些集会游行

---

[1] 《国民政府行政院档案》（18），第 1905 号。

示威，表示不满葡萄牙继续管理澳门，提出"收回澳门"的口号。这些行动引起澳葡当局的恐慌，于是即以维持社会治安为名，封锁关闸，限制内地中国人民进入澳门。

11月，张发奎命令刘绍武带军队从石岐进驻前山寨，封锁粤澳边境，断绝内地对澳门的粮食和副食品供应。同时，在湾仔、前山两地进行夜间军事演习。在这种形势下，澳葡当局十分恐慌。于是一方面通过英国政府向民国政府转令广州行营撤销对澳门的封锁；另一方面又致函广州行营，表示愿意将所有在澳门的日军交由中国政府处置，并允准中国军民自由出入澳门，允许中国一切党团在澳门公开活动。同时派官员向中国道歉。葡萄牙驻广州领事雅玛纽（Mario Gracia）还在广州记者招待会上表示："澳门交还中国极有可能，为求中国领土之完整，本人极愿对此作各种努力。"① 在此情况下，广州行营按照南京政府的指示，于9月下旬始撤除对澳门的封锁。

1946年2月5日，刘绍武带领武装警卫连到澳门示威，并在澳门各界人士招待会上发表演说："中国领土必须完整，澳门迅速收回，才可符合同胞之愿望。"② 1947年8月，南京政府参议会通过了"及早收回澳门"的议案；全国各省、市参议会也纷纷作出收回澳门的决议，并通电全国。立法院向外交部提出通过向葡萄牙收回澳门的建议。广东省参议会还组织了"广东民众收回澳门活动促进会"，研究收回澳门的具体方案，但后来由于民国中央政府态度不坚决，甚至认为"目前国际形势之下，此问题一时难以解决，俟时机成熟，再提出交涉收回"。③ 因此，在民国政府统治时期，收回澳门的愿望未能实现。

（五）中华人民共和国政府实现对澳门恢复行使主权

1949年10月1日，中华人民共和国成立。新中国人民和政府为实现对澳门恢复行使主权进行不懈的斗争，并最后得到圆满的解决。1955年10月26日，为了抨击澳葡当局筹备"纪念澳门开埠500周年"活动，《人民日

① 黄启臣：《澳门通史》，广州，广东教育出版社，1999，第518页。
② 黄启臣：《澳门通史》，第518页。
③ 《国民政府行政院档案》（2），第9224号。

报》发表了题为《警告澳门葡萄牙当局》的评论文章，表示收回澳门的强烈决心，指出："澳门是中国领土，中国人民从来没有忘记澳门，也从来没有忘记他们有权利要求从葡萄牙手中收回自己的这块领土……澳门至今还没有归还中国，并不等于说中国人民容忍澳门遭受侵占的情况长期继续下去。"

1963年3月8日，《人民日报》发表《评美国共产党的声明》一文，再一次重申中国政府收回澳门的立场，指出："我国政府在中华人民共和国成立时就宣布，对于历史上遗留下来的历届中国政府同外国政府所订立的条约，要分别按其内容，或者承认，或者废除，或者重订……在条件成熟的时候，经过谈判和平解决。在未解决以前维持现状。例如香港、九龙、澳门问题，以及一切未经双方正式规定的边界问题，就是这样。"

1972年3月8日，中国政府在致联合国非殖民化特别委员会主席的备忘录中，更坚定和更迫切要求对澳门恢复行使主权，郑重声明："香港、澳门属于历史遗留下来的帝国主义强加于中国的一系列不平等条约的结果。香港和澳门是被英国和葡萄牙当局占领的中国领土的一部分，解决香港、澳门问题完全是属于中国主权范围内的问题，根本不属于通常的所谓'非殖民化'范畴。我国政府主张，在条件成熟时，用适当的方式和平解决港澳问题。在未解决以前维持现状。"①

同年3月10日，中国驻联合国大使黄华在联合国大会上，代表中国政府再一次严正声明收回澳门的立场："香港和澳门系英国与葡萄牙政府所占领的中国领土；香港与澳门问题的解决完全是属于中国主权范围内而不能等同于其他殖民地。中国政府一贯认为，关于港澳问题，应在时机成熟时，以适当方法解决。联合国无权讨论此问题。"②

这就表明了中国政府对澳门恢复行使主权的坚定立场。于是联合国非殖民化特别委员会于当年6月5日通过决议，向联合国大会建议从殖民地名单中删去香港和澳门两个地区。11月8日，联合国大会通过决议，批准了该特委会的建议报告。这为中国政府对澳门恢复行使主权创造了良好的国际条件。

---

① 黄汉强主编《澳门问题资料汇编》第1册，澳门，澳门《华侨报》编印，1985，第78页。
② 《国民政府行政院档案》（18），第526页。

1974 年 4 月 25 日，由葡萄牙年轻军官组织而成的革命组织"武装部队运动"发动政变。1975 年 11 月 25 日，由埃亚内斯出任总统，使葡萄牙走上了民主化的道路。葡萄牙新政府宣布实行"反殖民地主义"的对外政策，决定从亚洲各葡萄牙属殖民地撤退。这一政策大大改善了葡中关系。1979 年 2 月 8 日，两国政府在巴黎签署了正式建立外交关系的联合公报，"决定自 1979 年 2 月 8 日起建立大使级外交关系，在三个月内互派大使"。

1984 年 3 月，中国外交部副部长周南前往里斯本参加葡萄牙新任总统马里奥·苏亚雷的就职典礼，拜会了葡国外交部长波雷斯·德米兰达，双方就通过友好谈判解决澳门问题取得一致意见，并分别在里斯本和北京发表新闻公报，决定于 1986 年 6 月最后一周，在北京就解决历史遗留下来的澳门问题进行会谈。经过 8 个月又 14 天的中葡关于澳门问题的会谈，终于取得圆满成功，并于 1987 年 3 月 26 日，在北京就《中华人民共和国政府和葡萄牙共和国政府关于澳门的联合声明》进行草签；又于 4 月 13 日在北京人民大会堂举行隆重的正式签字仪式，声明第 1 条指出："澳门地区（包括澳门半岛、凼仔岛和路环岛，以下称澳门）是中国领土，中华人民共和国政府将于 1999 年 12 月 20 日对澳门恢复行使主权。"

（原载官龙耀主编《文化杂志》，澳门，澳门特别行政区

政府文化局，第 40、41 期，2000 年春、夏季刊）

葡萄牙 1783 年《王室制诰》剖析

黄鸿钊[*]

一 颁布《王室制诰》的历史背景

1783 年，葡萄牙政府分管海外事务的内阁大臣卡斯特罗就澳门问题，向葡印总督索萨下达《王室制诰》。制诰是一种文体的名称，是帝王所下达的文告及命令的统称。所谓《王室制诰》，就是代表国王下达圣谕。此文件发给果阿总督，乃因果阿是澳葡的直接上司，责成他负责贯彻执行。而在这个时候发布《王室制诰》，目的是反对中国政府管治澳门，宣布澳门是葡萄牙的殖民地，建立葡萄牙对澳门的统治权。

葡萄牙人于 1517 年进入中国海域，先后在沿海一些岛屿居留贸易。1557 年入居澳门后，便意欲建立殖民统治。当时澳门的外国居民有几千人甚至近万人之多[①]。这样，澳门就成为一个颇具规模的葡萄牙人居留地了。其时，在中国政府的忽略之下，居留澳门的葡萄牙人开始形成一套行政机构。1560 年，居澳葡人自行选举产生了驻地首领（Capitão de Terra）、法官和四位商人代表组成的一个名为委员会的管理机构，这就是澳门议事会的雏形。

1583 年，澳门葡人举行选举，正式产生议事会（Senado）。1584 年，以果阿为总部的葡属印度总督孟尼斯（D. Duarte Meneses）不仅承认议事会为澳门的管治机构，而且宣布扩大议事会的权力，除由舰队司令执掌军事权之外，所有居澳葡人内部的政治、经济和司法管理权力均由议事会掌管，特殊的重大事件则召开市民大会（Conselho Geral）讨论和表决。这个大会

---

* 南京大学历史学系教授。

① 张天泽：*Sino-Portuguese Trade from 1514 to 1644*（《中葡通商研究》），Leyden, 1934, p. 97。

有大法官（王室法官）和主教参加。1586 年 4 月 10 日，孟尼斯又宣布将澳门命名为"中国圣名之城"，给予澳门和印度的科钦以享有与葡萄牙自治城市埃武拉（Évora）相同的地位和优惠；并规定澳门议事会每三年一次选举官员和普通法官。孟尼斯正式命名澳门为"Macau"，此举简直是把澳门视为它的殖民地。

总督（Capitão de Terra，又称兵头）、大法官（Ouvidor，又称判事官）则由葡国派人担任。其选举过程颇有特色：选举日一般是在圣诞节前后，所有居澳葡人均有选举权。选举时，由大法官或本地司法人员负责召集开会，会议地点在议事亭。选民通过秘密投票选举各自心目中的最佳人士，然后由法官依序列出得票最多的人，分成三个组，每组挑选出三名符合担任议员的名单，然后由大法官将这三份名单分别封好，放进票箱。这个票箱被送到果阿去，由果阿总督选定其中一份名单，幸运被选中的人即被批准为议员。议事会一般由三名议员（vereador）、两名普通法官（juiz ordinário）、一名检察官（procurador，又称理事官）组成，任期三年，可连任一次，主席由议员轮流担任。此外，这个新建立起来的葡人管治机构尚有主要成员总督、大法官和主教（bispo），他们几个通常由葡国任命，不是由选举产生（只有几次选举总督）。但他们成了议事会的当然议员，参加议事会对重大事件的讨论和议决。澳门议事会是葡人中各种权力的集合体，负责居澳葡人群体的一切事宜，权力很大。

葡萄牙是一个殖民国家，它有组织有计划地进行对东方的侵略活动。澳葡管治机构在一切重大问题上，都必须向本国政府请示报告，其主要官员也由葡国政府任命，或者由澳葡选举出来而经葡国政府批准，并须对它负责。此外，尚有理事官又名司库，负责财政税收和贸易事务。理事官自始至终都是由商人推举担任，任期一年，为义务职，无薪金。澳葡总督（兵头），是澳葡管治机构的首脑，兼掌军政大权，由选举产生的时候，常由文职官员担任；如果阿总督指派时，则往往是以中日贸易舰队司令兼任，其任期一般不超过三年。总督的年薪为 4000 葡元，由澳门税收支付。执掌司法权的是大法官，属下有两个法官协助工作，此外还有检察官。澳葡的监狱中国人称为"屎牢"。监狱看守和警察通常手拿红棍，中国人称之为红棍官，按其不同身份，有大红棍、二红棍和小红棍三种。

澳葡管治机构具有行政、军事、宗教、经济的职能。除了管理当地的市政卫生、市容、拨款支持医院和仁慈堂之外，还负责葡人群体中的治安和司法。在居民中组织"保安队"，擅自在居留地建造炮台等，都是议事会策划的。行政方面，负责维持澳门居留地的社会秩序。居澳的外国侨民发生的一切民事和刑事纠纷，均由法官审理；重大案件则由总督召集其他官员组成最高法庭，在议事亭商议处置，并报请果阿总督批示后执行。此外，葡人还企图实行治外法权，抗拒中国对澳门司法管理。但由于中国方面的坚决斗争，葡人的企图未能得逞。军事方面，澳葡违反中国规定，强行驻军，除了保证居留者自身安全之外，更主要的是向中国炫耀武力，伺机进行扩张活动。1615 年，葡萄牙国王命令澳门加强防卫。于是澳葡开始偷偷摸摸建造炮台[①]。至 1626 年间，在澳门建造了 6 座炮台，配置了 70 门大炮。据 1626 年的记载，当时大炮配置如下：三巴门炮台（Monte de São Paulo）15 门，东望洋炮台（Guia）10 门，嘉思栏炮台（São Francisco）8 门，南环炮台（São Perto）8 门，妈阁炮台（Barra）14 门，西望洋炮台（Nossa Senhora da Penha de França）15 门。值得注意的是，葡人把三巴门炮台列为重点。因为三巴门炮台靠近关闸和前山，可见其军事力量的重点是威胁中国。澳葡的军队由总督统领，人数历年不等，开始时大约有 100 多人，最多时为480 人，分别驻守三巴门、嘉思栏、妈阁、东望洋、西望洋和南环等 6 个炮台。

当中国政府发现葡人强行居留澳门并擅自建立管治机构与中国抗衡之后，感到十分震惊。面对澳葡咄咄逼人的嚣张气焰，又对澳门局势表示十分担忧。于是明朝政府内部展开了是否容留葡人的大争论。官员中意见分歧很大，议论纷纭，莫衷一是。归结起来，有三种不同意见。一是允许葡人居留澳门，但加强防范；二是迁移贸易地点，迫使葡人离澳；三是用武力把葡人从澳门驱逐出去。最后，明朝政府权衡利弊，基本上确定采取第一种政策，即容许葡萄牙人在澳门居留下去，而对其申明约束，设官驻军，严加管理。清朝入关后，也继续遵循了这种政策。

当时确定这种政策的背景是：主张驱逐葡人的官员多为京官，与地方贸易利益毫无关系，因此他们慷慨陈词，调子很高，恨不得立即将澳葡赶跑。但务实的广东地方官员就不这样想了。广东地处南海之滨，海外贸易

---

① 〔葡〕徐萨斯：*Historic Macao*（《历史上的澳门》），香港，牛津大学出版社，1984，第 76 页。

素称发达。到了明代中期，沿海地区商品经济发展迅速，对海外贸易要求尤其迫切。他们不满意北京官员只看到开放贸易不利的方面，看不到有利的方面，而且对不利方面又夸大其词、危言耸听。在他们看来，葡人居澳贸易，对广东地方有利，或至少利大于弊，因此主张允许葡人居留澳门贸易。他们的观点十分鲜明，主张容许葡人居留澳门，而设官管理。这主要是为了谋求通商的实利，但也要视葡人的表现而定。如果葡人居留澳门以后，还是像以前那样，在沿海地区剽劫行旅，横行不法，那就应采取坚决驱逐的方针。然而葡萄牙人这时的态度也变了，他们从多次失利和挫折中总结了经验教训，"在被逐 30 年后重新回到广东省时，他们完全抛弃了任何武力手段。他们采取了谦卑和恭顺的态度。换句话说，他们在中国采用不同的政策，即近乎拍马屁的贿赂与讨好的政策"①。

由于当时澳门税收可以解决广东官员的薪俸和军饷开支，贿赂收入也十分可观，因此，广东官员一般不愿实行驱赶葡人的政策。对于京官的激烈言论，他们听而不闻，你说你的，我干我的。"盖其时澳夷擅立城垣，聚集海外，杂沓住居，吏其土者，皆莫敢诘。甚有利其宝货，佯禁而阴许之者。时督两广者戴耀也"②。一方面，广东官员采取纵容庇护政策，另一方面，葡人居留澳门后，仍不断贿赂中国官员，以免遭到驱逐。于是葡人得以年复一年地在澳门居留下去。

早期中国政府对澳葡的管治最初侧重于防务，在澳门周围进行军事部署，防御侵扰、堵塞偷漏。1574 年，明政府在半岛通向香山县的莲花茎间建立关闸，"设官守之"。③ 实际上已把澳门视为特殊的贸易区域，不许外商越关进入内地，也不许内地居民随便进出澳门。每月开关六次，以供应外商粮食和日常生活用品。1614 年，关闸驻军增至千人，编为雍陌营，由参将（正三品武官）统领。1621 年，又加强了海防措施，建前山寨，于寨中设置参将府。清初派一名副将（从二品武官）统领。

澳门驻军的职责主要是加强澳门地区防务，从军事上遏制葡萄牙殖民者的扩张野心，确保边境地带的安全，但是早期对澳门的管治存在许多不

---

① 张天泽：*Sino-Portuguese Trade from 1514 to 1644*，p. 90。
② 沈德符：《万历野获编》卷 3《香山澳》。
③ 印光任、张汝霖：《澳门记略》卷上《官守篇》。

足之处。在相当长的时间内,政府只把葡人入居澳门看作对中国海防安全的严重威胁,因而着重于军事部署防范措施。而事实上,澳门繁杂的贸易事务,频繁的中外交往,以及随之而来的许多民事纠纷,清朝政府却恰恰忽略了,或者采取的管治措施不力。澳门地属香山,应由香山知县主管一切。但知县为一县之主,事务纷繁,对澳门事务其实只是兼管,又因远离县城,鞭长莫及。在将近 180 年的漫长岁月中,前山只有驻军和武官,没有文官,碰到澳门发生民事纠纷或各种案件无人过问,或有时由驻军武官负责处理。后来到了 1731 年,清政府开始意识到这一点,特地将县丞衙门移设前山,以便及时审理案件。但县丞毕竟职权有限,处理不了重大事件。而派驻前山的文武官员互不相属,互不配合,每遇突发事件,难以及时采取断然措施,以致拖延未决,贻误时机,往往不了了之。

与此同时,澳门开埠以后,迅速发展成为远东最著名的贸易港口,既是进出口商品的转运枢纽,又是东西方文化交流的中心。它的货运通达欧、亚、美三大洲许多城市,来往商船日益增多,港口繁荣,人口达万人以上。随着澳门贸易地位日渐提升,涉外事务也日益增多。澳葡不服管理,违法对抗事件更为频繁出现。在这种情况下,广东政府越来越认识到,有必要加强管治澳门的力量,设立澳门同知便是顺理成章的事了。

1743 年发生的陈辉千案,直接导致了澳门同知的设立。这年的 12 月 3 日,澳门华商陈辉千酒醉之后,途遇葡人晏些卢,口角打架,被晏些卢用小刀戳伤致死。香山知县王之正查验确实,要求澳葡交出案犯晏些卢,多次交涉均被拒绝。后来两广总督策楞亲自过问此案,葡人迫于压力,才表示愿意"仰遵天朝法度拟罪抵偿",结果杀人犯晏些卢被判处绞刑。但在处决犯人的过程中,葡人又做了手脚,故意破坏刑具,企图用假死刑蒙混过去。不过阴谋被中国官员识破,凶犯方才得以真正伏法。

这一案件的处置过程中,暴露了中国长期对澳门管治机制不健全,官员松懈怠惰,得过且过的问题。居澳葡人一贯"玩视官法"[①],每当发生案件,而罪犯又是葡人的时候,澳葡当局往往违反中国政府的规定,包庇本国罪犯,"不肯交人出澳"。他们或者胡搅蛮缠,声称要按葡萄牙法律审理;

---

① 潘思榘:《为敬陈抚辑澳夷之宜以昭柔远以重海疆事疏》,转引自印光任、张汝霖《澳门记略》卷上《官守篇》。

或者藏匿罪犯，公开对抗中国司法机关。百年以来，从不交犯出澳。地方官员对之无可奈何。于是隐瞒不报，即或上报，也是移易情节，避重就轻。如斗殴杀人改为过失犯罪，诸如此类，希图省事了结，"以致历查案卷，从无澳夷杀死民人抵偿之案"①。两广总督策楞有见及此，于本案结束之后，明确规定："嗣后澳夷杀人，罪应斩绞者，该县相验时讯明确切，详报督抚复核，饬地方官，同夷目将犯人依法办理，一面据实奏明"，并下令把这些规定在澳门刻石公布，以便监督澳葡执行。

与此同时，这一案件也使广东当局深刻反思管治澳门问题，认识到设立澳门同知的必要性和迫切性。1744年，清政府任命印光任为首任澳门同知。同知是知府级官员，正五品，职级均在知县之上。澳门同知的设立，是清政府加强澳门管治力量的重要步骤。

澳门同知的首要任务，是建立与健全管治澳门的组织体制和法例体制，依法治澳。

首先是组织体制。任命澳门同知后，自然形成了一个以澳门同知为核心的管制体制。澳门同知自其设立起，就赋予了超越一般府同知的权柄。它独立设置衙门，称之为厅。明确规定其职权包括军事防务，民事刑事案件，以及贸易事务等方面：对澳门管治的加强是整个管治体制的加强。澳门同知任命以后，同原有的香山知县、县丞衙门、海关监督、驻军长官一起，形成五官合作管治澳门的体制。其中澳门同知官职最高，肩负全面责任；知县次之；县丞分管各类案件，驻军分工防务，海关分工税收。这五个官员既有分工，又有合作，齐抓共管，每遇澳门发生事件，均分别从不同方面与澳葡交涉，对澳葡形成极其强大的压力，务使事件得以解决。

其次是治澳的法例。印光任刚履任，就颁布了《管理澳夷章程》，确定了澳门同知的职责范围和规章制度。澳门同知管治澳门的工作大体上包括：严格限制澳葡居住界限；审理澳门各类案件；管理澳门贸易事务；处理各国商人、教士往来澳门的事务；清除澳门海盗祸患；反对英国人入侵澳门，等等方面。1744~1849年的百多年间，澳门同知做了大量工作，措施得力，管治卓有成效，为澳门贸易港的安全、稳定与繁荣作出了积极的贡献。

澳门同知与澳葡当局的关系，是管治与被管治的关系，军民府是上级

---

① 《两广总督策楞等奏章》，转引自印光任、张汝霖《澳门记略》卷上《官守篇》。

管治机构，澳葡则是被管治的下属。所有上述各项事务澳葡必须请示军民府审批，不得擅自做主，自行其是。而且双方往来公文程序也反映了这种关系，作为上级的军民府等官员向澳葡理事官发文时，常常使用"谕令"或"饬令"的字眼，表示上级的威严；而理事官向军民府、知县与县丞发文时，均用"禀告"或"呈禀"等字眼，表示下属的谦恭。

一般来说，澳葡当局基本上都能按照中国政府的规定去做。中国政府强化对澳门的管治，尤其是澳门同知的设立，既维护了中国澳门主权的尊严，又保证了澳门贸易安全有序的进行，使葡萄牙商人获得贸易优惠利益。澳葡没有能力去撼动澳门同知的管治权威，无奈只好"恭顺守法"以求自保。这就是 18 世纪中期澳门局势的大体情况。

但是葡萄牙政府对中国建立澳门同知管治体制表示不满，为了扭转澳葡所处的不利形势，夺取澳门的殖民统治权，便于 1783 年 4 月 4 日下达了这个《王室制诰》。

二 《王室制诰》向澳门议事会开刀

《王室制诰》认为造成目前澳葡权力衰败的原因有三条：第一，没有葡人在北京及时地向皇帝和大臣报告澳门的事，因此中央政府不了解澳门的情况，未能及时解决澳门的问题。第二，广东负责管治澳门的官员狂妄自大，不讲理性，在澳门肆意使用暴力和镇压。第三，澳门议事会由一帮不良分子组成，他们只知道做生意发财，只关心如何小心行事，生怕触怒中国官员，而对葡萄牙民族的尊严及其在澳门"不可置疑的主权"毫不在乎。现在澳门管理权几乎全部落入议事会手中，它不仅拥有财政收支权，还拥有行政管理权和司法管辖权。而总督则被排除于议事会之决定和决议之外，只有对炮台和守卫炮台的士兵的指挥权。葡萄牙政府主观上认为，中国前朝皇帝曾给予葡萄牙据点享有特权、豁免和自由，可是由于议事会对中国官员的畏惧和卑躬屈膝等过错，导致这些特权几乎丧失殆尽。

此外，议事会还被指责没有设立海关征税，因此每年收支结余只有11004 里尔，等等。这样，葡萄牙政府就把矛头对准不敢反抗中国政府的澳门议事会。鉴于澳门存在这些问题尚未解决，而解决问题的关键是，总督尽快从议事会手中夺回澳门大权。这次针对议事会的夺权运动，又称为议事会改革。

鉴于澳门属于果阿管辖，因此向果阿总督下达六条"圣谕"，要求果阿方面痛下决心，进行这个"改革"，解决澳门问题。

首先，解决澳门总督选任问题。《王室制诰》第一条指出，要挑选一个廉洁奉公聪明能干的总督。好的总督三年任满还可再任一期，而不符合要求的总督则无须等三年任满便要撤职。

其次，处理好议事会与总督的关系，重新树立总督的权威。《王室制诰》第二条指出，由于议事会遏制总督，使其事事屈从。葡兵得不到应有的装备和待遇，像一支乞丐队伍。议事会对中国官员卑躬屈膝，忍受官员的辱骂。并指责对此状况不满的总督，认为总督企图丧失澳门。因此种种，葡萄牙政府认为有必要"给予澳门总督最大权限，并为之装配一定军事力量是多么必要，这会使他们更令人尊敬，同时也可保护该据点不受凌辱"。①

再次，葡萄牙政府要求确立澳门总督的司法管辖权。命令议事会在没有获得总督同意之前，不得决定任何有关中国或王库的事宜。又要求在澳门建立海关，设立关长和税务员，制定规章，征收关税。规章和征税表呈交王室审批（圣谕第三、四条）。此外，还命令从澳门议事会手中接管王室收益。为此命令议事会公布账目，加以查核之后，将王室收益通过果阿汇往葡国王库（圣谕第六条）。

《王室制诰》这几条圣谕，是文件的核心部分。在这里，葡萄牙政府的目的很明显：打击澳门议事会，树立澳门总督的权威，确立总督的全面权力，加强武装力量，抗拒中国对澳门的管治，破坏中国享有的澳门主权。那么，他所说的那支"令人尊敬"，并保护澳门使之"不受凌辱"的澳葡殖民军，由多少士兵组成呢？总共有150名士兵。其中步兵100名，炮兵50名，均由果阿总督挑选后派来澳门，替代原来的驻军。仅仅依靠这样百多名士兵和几十门大炮，便妄想对抗中国的管治权，葡萄牙政府未免太过狂妄自大而过分小视中国了！

葡萄牙政府还要求在澳门建立传教团，任命葡人主教，兴建教会学校，最好是在圣保禄教堂建教会学校，并要求教会为政府服务，由果阿派主教赴澳门，"着手了解中国皇帝给予葡国在澳门的特权、豁免和自由。以便在

① 吴志良、杨允中主编《澳门百科全书》（修订版），澳门，澳门基金会，2005，第665页。

北京寻求确认其存在的依据。同时重新寻回由于过失、大意或意外，而失去的特权、豁免及自由。这件事极为重要，须高度重视"（圣谕第五条）①。《王室制诰》告知北京主教汤士选（D. Alexandre Gouveia），要求他关注此事。汤士选是葡萄牙人，于1782年被选派为北京主教。葡萄牙政府认为由他处理澳门教务最为适宜。

《王室制诰》中的这一段话的重要性在于，它无意之中泄露了天机，原来直到这时候为止，即在葡人居留澳门230年之后，葡萄牙政府仍根本不知道究竟中国皇帝给了澳葡哪些特权、豁免和自由。葡萄牙政府一点资料也没有，这就足以证明中国皇帝根本没有给予任何这样的特权。澳门议事会也一直承认："本居留地并非葡萄牙征服所得，只是中国人不断特许葡商居住，没有国王与国王或政府与政府之间的协议或契约"，"皇帝未将其赠予，现仍收地租。本澳居民及其财产仍在沉重的税收之下，何谓此系葡萄牙领土？"② 而葡人曾德昭著书散布"因驱逐海盗有功而获得澳门"的说法，更是捕风捉影、牵强附会之谈。如果真有其事，为什么葡萄牙政府毫不知情，而要派主教去"着手了解"呢？

内阁大臣卡斯特罗要求果阿总督采取断然措施，坚决贯彻以上六条圣谕。具体包括：第一，迅速任命澳门总督，并派大臣陪同到澳门去。抵达后立即召开议事会宣读御旨。命令议事会立即交出账本，以及有关王库收益的文件，指定两名王库官员加以审核。第二，在查账时，应在议事会之仓库及库房内，查找有关中国皇帝给予葡人特权之金剳和特权书。第三，总督与大臣应在澳门建立海关和仓库。第四，由果阿抽调步兵和炮队保卫澳门免受海盗侵扰。

卡斯特罗估计议事会一定会尽力反对果阿派兵驻扎澳门，并会求救于中国官员，共同迫使这些部队撤回果阿。因此，卡斯特罗要求总督和大臣认真查出煽动阴谋的策划者，将其逮捕关押军舰中，并将其材料送往果阿，以便在那里审理和处置。如确有中国官员反对入驻军队，要加以解释。解释后如中国官员仍表示反对，亦应执行陛下圣谕，设立有关防卫。

这个葡萄牙内阁大臣俨然是一个运筹帷幄的指挥官，下达的命令目的

---

① 吴志良、杨允中主编《澳门百科全书》（修订版），第665页。
② 吴志良：《生存之道》，澳门，澳门成人教育学会，1998，第127～128页。

明确，布置行动十分具体，就只剩下准确执行了。只不过他的狼子野心未免太过猖狂，既不尊重中国对澳门的庄严主权，而又没有真正估量中国和葡萄牙的客观力量对比，缺乏冷静思考，便主观盲目地妄言兵戈。在当时的形势下，只凭这百多名葡萄牙士兵，能够在澳门担当起对抗中国的大任吗？

三 澳葡多次挑衅中国主权之失败

《王室制诰》下达不久，花利亚便于 1783 年 8 月 18 日被任命为澳门总督和兵头。同年 9 月 27 日，花利亚即要求议事会恢复每年节日给炮台士兵发津贴的惯例。1784 年 4 月 29 日，澳葡遵照本国国王指示，在澳门设立税馆，与中国的关部对抗。同年 7 月 28 日，葡萄牙政府又宣布澳门总督有权参与澳门各项事务，并对议事会任何议程有一票否决权。这对议事会的职权是莫大打击。为力挺澳督花利亚，果阿总督还从印度派出 100 名火枪手和 50 名炮兵替代原来的澳门卫队[1]。

与此同时，汤士选主教也来到澳门，趁中国政府失察，悄悄采取手段，卸下中国官员"刻在议事会和望厦石碑上针对葡国主权和天主教而规定的十二条例"[2]，公然向中国政府管治澳门的权威挑战。

澳门议事会对葡萄牙政府削弱其权力的做法甚为不满。同年 12 月 13 日，议事会去信果阿总督，表示不能忍受澳督在议事会中以一票抵制议事会决议的权力，不接受澳督的统治权，要求果阿收回成命。议事会很委屈地向果阿总督申辩道：

> 226 年来，本城居民建立并保存了陛下的这一方土地，完全不曾依靠过历任总督。即使中国人和荷兰人之间矛盾最严重的时期，议事会都未停止过其对城市的管理。本城居民累次偿还了所欠暹罗、柬埔寨和巴达维亚国王的债务。
>
> 他们努力促成使节面见皇帝，为保持本市耗资巨大。

---

① 〔葡〕施白蒂：《澳门编年史》，小雨译，澳门，澳门基金会，1995，第 180～184 页。

② 〔葡〕施白蒂：《澳门编年史》，第 182 页。

1622 年，他们与登陆的荷兰正规军作战，保卫了这座城市。

1641 年，他们用铜炮和金钱救援国王若奥四世，使之美名远扬。

为了在这个帝国中保持一块基督圣地，他们曾饱尝中国的迫害，历尽艰辛。

终于，他们以其锲而不舍的精神，保存了今天属于陛下的土地和财产；这一切都与总督无关，即使无数次遭受其他国家进攻的时候，也从未得到过总督的任何保护。

本议事会请求阁下向其宣布属于议事会的管辖权，因为现任总督正插手一切事务；当陛下未授予我们代表权以维护我们的权利时，我们无法知道我们具有哪些权力。①

与此同时，议事会深恐建立新税馆和增兵的做法破坏中葡关系，造成澳门局势紧张，于是又请示果阿总督：一旦此举引发中国人闹事，应当采取什么应变措施？但果阿总督坚决执行葡萄牙政府下达的《王室制诰》的圣谕，对澳门议事会的申诉和警示均一概置之不理。

澳葡完成其行政体制的"改革"，议事会失势，形成以澳督为主导的权力体制之后，总督花利亚开始挑衅中国政府的管治权。1787 年，检察官马托斯（Filipe Lourenço de Matos）奉命率领士兵和黑奴越界侵入望厦和沙梨头，强行拆除华人新建的三栋房屋，驱逐村民。这一侵略挑衅行为激起民愤，百多名华商奋起反抗。事件发生后，澳门同知府官员前往澳门交涉。澳葡大法官费雷拉（Lázaro da Silva Ferreira）手拍桌子，气焰嚣张地说：捣毁沙梨头和望厦新建房屋，驱逐村民，就是为了恢复殖民地的地位，重获被中国人夺去的权力。交涉出现僵局。澳门同知立即上报广州当局，下令停止贸易、封锁澳门。澳葡顿时孤立，饥馑流行，人心惶惶。花利亚开头仍不知悔悟，与大法官、检察官一道派军队守卫沙梨头和望厦，企图与中国对抗到底。但从一开始就被中国政府的封锁政策粉碎了。而当他们回过头来想同中国官员谈判时，中国官员又拒绝同这些新权力集团会谈，不承认他们的权力和地位。当时澳门形势万分危急，无奈之下，澳葡只好仍请议事会出面调停。肇事者检察官被撤职，向中国人让步

---

① 〔葡〕施白蒂：《澳门编年史》，第 183～184 页。

平息事态①。

在这次事件中，澳葡总督撇开议事会向中国主权挑衅，结果碰得一鼻子灰，到头来还是议事会出面收拾局面。

但澳葡总督并没有停止其向中国主权挑衅的行动。1790年，检察官通知香山县令，要求中国人在市场区附近立即停止建造房屋，否则他将按照澳葡拟定的建房规定，予以捣毁。香山知县当即回答道，澳门华人居住的是中国的地方，检察官根本无权过问。奉劝澳葡不要惹是生非，还要记住下面这一条：澳葡必须经过中国官员批准方可修缮房屋②。

1792年，中国官员再一次展示了对澳门的司法管辖权。这年有一名马尼拉水手在澳门行凶杀害了三名华人。最后凶手由中国官员下澳门公开审理此案，判处绞刑，立即执行。此案审理期间，附近村民蜂拥至澳门观看，许多人情绪激愤，围攻检察官和大法官。澳葡总督花露（Vasco de Sousa e Faro）不敢反击，并在案件结束后按照惯例鸣枪礼送中国官员。消息传到里斯本，葡国政府责备澳督胆小如鼠，不敢反抗中国，立即解除花露职务③。

关于这个案件，中国文献记载的是汤亚珍被戳伤致死案。汤亚珍是澳门下环街端盛杂货店工人，1792年12月20日，他前往蟾蜍石海边解手，返回时走到沙边巷内，巷路狭小，撞到西洋人万威哩亚斯（Manuel Dias），被用刀戳伤右胁下部，急奔回铺，报告店主。店主见状，立即报告地保，查验取证，并通报澳葡查拿凶手。次日汤亚珍不治而亡。此事迅即引起中国官员的高度重视，澳门同知、香山知县和县丞轮番向澳葡下达命令："谕到该夷目，立将戳毙汤亚珍凶夷是何名字，即速查明，先行拘禁，听候本县刻日验讯，毋稍疏纵"④。但澳葡借故推脱，不肯交出凶手。声称"汤亚珍之死，或因携带小刀弯腰出恭，以致自误致伤"⑤。但经过中国官员据理力争，反复交涉，历时一个多月之久。澳葡自知理亏，1793年1月10日，

① 〔葡〕徐萨斯：《历史上的澳门》，黄鸿钊、李保平译，澳门，澳门基金会，2000，第129页；〔葡〕施白蒂：《澳门编年史》，第189页。
② 〔葡〕徐萨斯：《历史上的澳门》，第130页。
③ 〔葡〕徐萨斯：《历史上的澳门》，第130页。
④ 《清代澳门中文档案汇编》上册，刘芳辑，章文钦校注，澳门，澳门基金会，1999，第332～336页。
⑤ 《清代澳门中文档案汇编》上册，第333页。

迫于无奈交出凶手万威哩亚斯，听候由澳门同知会同香山知县审理。

有趣的是，被葡萄牙政府免职的花露因其在任期间与华人关系口碑很好，因此，当他 1793 年去任时，澳门行商叶柱等四人联名禀报香山县，赞扬他"才猷练达，抚驭有方，凡遇唐番交涉之事，莫不办理周详，中外安宁，民夷悦服"，恳求向西洋国王申请"暂予留任"。后来香山知县许敦元根据民意，谕知澳葡理事官，"转达在澳各夷官，将唐商爱慕恳留该总兵官缘由，联名申请国王知照，可否暂予留任理事，仍候尔国王定夺可也"①。葡萄牙政府当然不允许花露留任。

1805 年陈亚连被戳伤致死案中，澳葡同中国官员的对抗也很严重。陈亚连是葡人即辰船上的水手。该年 6 月 18 日，被葡人晏爹礼时戳伤，在医人庙医治无效，次日身亡。尸亲同凶手妥协，私了此事，匿不报案，私自殡葬。但具有正义感的石工李亚五、丘永干将凶手晏爹礼时拿获，押交澳葡议事会拘押，获得兵头赏银 97 元。此事报告到中国官府后，香山知县和县丞等当即传唤尸兄陈奇燕、地保、更夫等到案，均供认不讳，又验明陈亚连尸伤备案。于 7 月 26 日，饬令澳葡送出凶犯审理。但澳葡拒不交出犯人，并进行抗辩，声称：陈亚连是因为上桅失足跌下受伤身死，船主与华人怜念陈亚连之妻儿孤苦无依，补回止泪花银 80 元。同时交出陈亚燕所写下的字据，证明事实，企图蒙混过关。香山知县据实驳斥，一再严令澳葡交出犯人，警告他们："倘再违抗迟延，即通禀大宪，从严究办。"澳葡当局却屡催屡抗，拒绝交出。先后拖了两个月，双方仍在僵持状态。在这种情况下，知县彭昭麟决定采取断然措施。1805 年 9 月 18 日，"示谕澳门商民及工匠人等知悉，所有一切与夷人交易货物，及工匠、木匠、泥水匠人等，暂行停止，俟该夷目将凶夷送出，方许买卖交易工作"②。这一招确实厉害，因为中国人不同葡人做生意，工人不为他们服务，当然也包括不供应粮食和副食品等。这样一来，葡人无法忍受，再也顽抗不下去了。9 月 20 日，澳葡理事官来禀，"恳求再宽限 20 天送出凶夷，并恳求照旧民夷买卖交易"。县官见澳葡态度虽有所软化，但仍不够端正，只允许恢复粮食买

---

① 《清代澳门中文档案汇编》上册，第 346 页。
② 《清代澳门中文档案汇编》上册，第 340 页。

卖，其余等结案之后再开禁①。由于中国官员坚持原则，严厉执法，最终处决了杀人凶手。

关于这一案件，《历史上的澳门》一书也有类似的记载：1805 年，葡人杀害了一名中国居民，凶手企图以赔偿死者家属 4000 元的代价逃脱法网。被人告发后，中国即通知澳葡缉拿凶手归案。但澳葡总督拒绝执行。澳门的粮食供应立即被切断。结果澳葡只得交出凶手，经过审判后处以死刑②。

这些事件充分说明，自从《王室制诰》下达后，澳葡对抗中国管治权的事件大为增加，但香山县官员在澳门司法的权威仍然是不可动摇的，澳葡总督为首的部分官员每次对抗均以失败告终。

尽管如此，澳葡始终没有忘记贯彻执行《王室制诰》，仍然千方百计图谋夺取澳门的管辖权。1810 年，澳葡自以为促使海盗张保仔投降有功，公然向澳门同知送交一份"意见书"，提出 17 点要求，企图否定澳门同知和县丞衙门对澳门的管辖权，使澳门变成自由港，进而确立葡萄牙的殖民统治权。鸦片战争后，中国开始沦为半殖民地。形势的变化又刺激了葡萄牙在贯彻执行《王室制诰》的信心。葡萄牙殖民者此刻认为：

> 现在有一个机会近在咫尺。根据古老的英葡联盟协议，葡萄牙的保护国英国本可以向澳门提供难以估量的帮助的。英国可以在不损害香港的情况下，向澳门伸出援助之手，使澳门从被贬抑的状态下解脱出来……慷慨地帮助澳门从中国官方的奴役中解放出来。③

正是在这种情况下，葡人开始向中国澳门的主权发起新的挑战。1843年夏天，清朝钦差大臣耆英在香港办理《南京条约》换文仪式之时，接到了澳葡总督的照会，提出改变澳门管理制度的一系列无理要求。当谈判无法达到其侵略目的时，葡萄牙积极策划使用武力。1845 年 11 月 20 日，葡萄牙女王唐娜·玛利亚二世公然宣布澳门为"自由港"，任命海军上校亚马留（Amaral）为澳门总督。葡萄牙殖民大臣法尔康特别指示亚马留"要确

---

① 《清代澳门中文档案汇编》上册，第 339～340 页。
② 〔葡〕徐萨斯：*Historic Macao*，第 250 页。
③ 〔葡〕徐萨斯：*Historic Macao*，第 310 页。

保殖民地的完全自治性"①。亚马留于 1846 年 4 月 21 日到达澳门出任总督后，就不断制造事端，用武力完成了《王室制诰》提出的夺取澳门殖民统治权的任务。

（原载黄晓峰主编《文化杂志》，澳门，澳门特别行政区
政府文化局，第 65 期，2007 年冬季刊）

---

① 〔葡〕徐萨斯：*Historic Macao*，第 318 页。

鸦片战争前后葡萄牙寻找
澳门主权论据的过程

吴志良[*]

一

在谈及英国派遣使节团的缘起时，斯当东（Sir George Staunton）写道：

> 两个世纪以前，最初来到中国的是葡萄牙人。在葡萄牙全盛时代以及以后的年代，葡萄牙人经常来到中国沿海一带经商。他们为中华帝国尽了很大义务，结果，他们在中国的最南端获得了一个安全港口来建立商埠并享受一些附随的利与益。虽然随着时代的进展，葡萄牙的势力逐渐衰微，所享受的特殊利益逐渐被剥夺，但由于他们和中国的长期往来关系，比起其他欧洲各国，中国人对葡萄牙人总还是更亲近一些，葡萄牙在中国还是处在比较优先的地位。[①]

事实上，在马戛尔尼（Sir George Macartney）1792 年 9 月起程出使中国前一个多世纪，英国商人便与葡属果阿总督达成了协议，获许在葡印和远东地区进行自由贸易，第一艘英国商船亦于 1635 年抵达澳门港。这是 1622 年荷兰人攻占澳门不遂后，首次有欧洲船只前来贸易。然而，虽然葡英关系良好，葡萄牙亦向英国开放了所占据的亚洲港口，但其与中国商贸关系的"优先地位"仍维持了相当长的时间，令英国人不得其门而入。

---

* 澳门基金会行政委员会主席，南京大学历史学博士。

① 〔英〕斯当东（Sir George Staunton）：《英使谒见乾隆纪实》，叶笃义译，香港，三联书店有限公司，1994，第 1 页。

马戛尔尼访华后路经澳门时，"澳门总督给以非常礼貌的欢迎"。但斯当东不客气地写道，在这块只有八平方里的弹丸之地：

> 葡萄牙长期垄断了不但对中国的，而且对东边的日本，西南的东京，交趾支那和暹罗的贸易。在贸易中他们获得了巨大财富，从现在澳门的很多高大华丽的公私建筑可以体现出来。有些建筑现在已经处于荒废状态。澳门纯粹是一商业性质的殖民地。葡萄牙政府按照一定利息出钱贷给愿来远东作生意的葡萄牙商人，将来他们赚了钱之后归还政府。发财之后继而产生奢侈，整个葡萄牙国家实在早已步入日趋没落的状态。澳门同时还受到热带气候的影响，变得更是衰弱。过去日本是澳门的财源之一，现在关系完全断了。其他一些国家内部发生动乱，贸易无法进行。澳门逐渐失去过去那样的繁荣了。
> ……
> 旧日的繁荣现在只留下一些残迹，整个地方同住在这块地方的全体殖民者一样，正在日趋没落。①

不过，斯当东虽意识到澳门葡萄牙人受到清朝政府的种种限制，但仍相信当时所传的流行版本："这块土地是在葡萄牙全盛时代中国赠与的"，澳门政府大厦"花岗柱上用中文刻着中国皇帝割让澳门的文件"②。

二

澳门史学家文德泉神父认为，马戛尔尼的使命既是为了让中国开放通商，也是为了侦察一下澳门的情况：

> 英国人本性妒忌。小小的葡萄牙在澳门扎根已有 250 年：英国人必须得到另一个澳门，否则就要夺走我们的澳门。马戛尔尼详细地记录了葡萄牙的防卫情况。传教士们没有为这种伎俩所欺骗！同中国一起

---

① 〔英〕斯当东：《英使谒见乾隆纪实》，第 454～458 页。
② 〔英〕斯当东：《英使谒见乾隆纪实》，第 455～456 页。

总是可以融洽相处。而同英国人则毫无办法!①

　　文德泉的分析是完全正确的。英国人若无法在中国建立据点直接与华通商，必然会找一个缓冲地，而澳门是最理想的选择。事实上，1787 年戴维·斯科特（David Scott）便已动了此念，"葡萄牙人从澳门得不到任何利益。我们可以从他们手里把澳门买过来。如能买来，则对我们是一个极大的收获"②。1802、1808 年，英国还分别以葡法联盟损害英国利益以及提供军事援助防止法国占领澳门的企图为借口，两次欲夺取澳门。

　　英国人虽然未能买到亦未能攻占澳门，但此时"已贿赂澳门政府，得设立货栈于澳门，以屯贮鸦片"，再以货船加载黄埔，公开买卖③。清朝政府决定厉行禁烟后，驻华商务监督义律及其他英国人于 1838 年 5 月被逐出广州前往澳门，继续利用澳门作为鸦片贸易基地。同年 12 月 31 日林则徐被任命为钦差大臣，使粤禁烟，并不久亲临澳门巡视，争取澳葡政府的合作，令义律及其他英商无法在澳门立足④，以断鸦片之源。

　　在这种情况下，义律于 1840 年 1 月 19 日致函英国外交大臣："女王陛下的臣民不能期待从这块殖民地的葡萄牙政府那里获得任何援助"。既然英国在澳利益不能得到安全保障，"占有澳门将最迅速地调整目前的困难状况，而且（从比较方面进行考虑）将把贸易置于一个安全的而且已大为改善的基础之上"⑤。2 月，提出割让澳门，3~4 月间，再拟订具体计划，建议军事占领澳门⑥。"我几乎不能够怀疑，女王陛下政府将会从里斯本朝廷那里设法获得占领澳门的许可。处在目前的控制下，澳门的态度几乎是敌视我们的，社会上主要团体的倾向性这么坏，而且政府是这么软弱"⑦。与此同时，印度总督提出的备忘录也毫不避讳地指出，"葡萄牙在澳门不享有

---

① 〔法〕佩雷菲特（Alain Peyrefitte）：《停滞的帝国——两个世界的撞击》，王国卿等译，北京，生活·读书·新知三联书店，1993，第 9 页。
② 〔法〕佩雷菲特：《停滞的帝国——两个世界的撞击》，第 51 页。
③ 姚薇元：《鸦片战争史实考》，北京，人民出版社，1984，第 13 页。
④ 陈胜邻：《论林则徐与澳门的关系》，载陈树荣、黄汉强主编《林则徐与澳门》，澳门，1990，第 23~34 页。
⑤ 《英国档案有关鸦片战争资料选译》，胡滨译，北京，中华书局，1993，第 588~589 页。
⑥ 《英国档案有关鸦片战争资料选译》，第 611、626 页。
⑦ 《英国档案有关鸦片战争资料选译》，第 632 页。

主权"①。

三

英国人对澳门的态度和企图，自然引起葡萄牙人的极度不满。清政府在鸦片战争中失利、允割香港的第二年即 1842 年，圣塔伦子爵卡瓦略萨（Manuel M. de Macedo Leitão e Carvalhosa）便向外交部长陈词：

> 如果考虑到葡萄牙在非洲、亚洲和大西洋拥有的许多殖民地与其他海上强国的居留地相邻，有些殖民地还处于与其纷争或未来可能产生纷争的位置，出版文献以清除发现和占有本国殖民地时期的未知因素，便变得更加重要和不可缺少。我们拥有的向她们和世界证明自身权利以及伸张正义的唯一手段，就是整理具有不可辩驳的权威性的文献和凭证，以证明我们优先发现、征服和拥有它们，纵然我们不能以海军来维护这些权利，也可以与那些列强进行争辩。②

葡萄牙海外扩张过程中，搜罗证据维护自身权益的情况并不鲜见。早在 1435 年，葡萄牙就因加纳利（Canárias）群岛的归属问题与西班牙进行过法律陈词和争辩，这种传统一直延续至本世纪中叶葡萄牙需要在海牙法庭和联合国为其殖民主义立场辩护的时候。然而，早期西班牙、法国、荷兰和英国人都未对其据居澳门的合法性表示过怀疑，在英国人垂涎澳门之前，葡萄牙政府也不欲因为这个模糊不清的问题与中国产生不必要的纷争，从未把澳门与其他殖民地等同视之。1776 年，澳门主教吉马良斯（D. Alexandre Pedrosa Guimarães）还这样向葡萄牙海外委员会写信："（中国）皇帝拥有全权而我们则无能为力，他是澳门的直接主人，收取地租，而我们只有使用权。这块土地不是征服所得，因此我们的居留权利也不能

---

① 《英国档案有关鸦片战争资料选译》，第 974 页。
② 〔葡〕António Vasconcelos de Saldanha（萨安东），*A Memória sobre o Estabelecimento dos Portugueses em Macau do Visconde de Santarém（1845）*〔《圣塔伦子爵关于葡萄牙人居留澳门的备忘录（1845）》〕，Macau, Instituto Português do Oriente, 1995, p.9.

确定"①。只是到 1783 年《王室制诰》颁布前后，葡萄牙王室才开始关注到
澳门，并彻底改变往日的立场，试图与中国讨论居澳权利问题。里斯本利
用乾隆皇帝派员往澳门征选传教士入宫之机，派遣汤士选（D. Alexandre
Gouvea）神父出任北京主教，意图恢复葡萄牙在华教团的势力，提高澳门
的地位。因此，葡萄牙政府向汤士选作出详尽的指示，并令果阿总督和澳
门议事会准备类似的指示，待汤士选路经时再交给他带往北京。

　　这是葡萄牙王室首次就居澳权利问题采取官方立场和作出正式指示。
海军暨海外大臣卡斯特罗（Martinho de Mello e Castro）1783 年 2 月 18 日指
令汤士选抵澳后，马上"了解中国历代皇帝赋予葡萄牙的特权、豁免和自
由，以便在北京力图确认尚存的特权、豁免和自由，并恢复由于不慎、疏
忽或其他事故而失去的部分"。但是，卡斯特罗这时仍承认"我们在中华帝
国并无进行征服（conquista），只是葡萄牙的显赫名誉令我们获得中国帝王
的敬重和友谊，并从而得以在该国的一些港口落脚，最后获让与（cessão）
重要的澳门港"②，虽然他在另一份致印度总督的"笔记"中谈及葡人据居
澳门经过时，也并列当时流行的协助中国赶走海盗，以鲜血征服澳门的说
法，供印度总督草拟给汤士选的指示时参考③。

　　澳门议事会在 1784 年交给汤士选神父的"指示"里也维持"让与论"，
并对皇帝在"金札"（Chapa de ouro）上赋予他们的特权、恩惠和豁免颇感
满足。值得注意的是，议事会只提到"金札副本存于广州"④，而不似斯当
东所说，有关文件用中文刻在澳门议事亭的花岗柱上。

　　然而，印度总督索萨（Frederico Guilherme de Sousa）则采用了卡斯特
罗提到的传统说法，提出协助平定海盗的"征服"。同年 4 月他向葡驻果阿

---

① *A Memória sobre o Estabelecimento dos Portugueses em Macau do Visconde de Santarém*（1845），
　 pp. 11 – 12.
② *Instrução para o Bispo de Pequim e Outros Documentos para a História de Macau*（《给北京主教的
　 指示和澳门史的其他文献》），Instituto Cultural de Macau，1988，pp. 41 – 46。
③ *Instrução para o Bispo de Pequim e Outros Documentos para a História de Macau*，p. 40. 徐萨斯错
　 将这份致印度总督的非正式"笔记"作为致澳门总督花利亚（Bernardo Aleixo de Lemos e
　 Faria）的正式指示。见〔葡〕徐萨斯：*Historic Macao*（《历史上的澳门》），香港，牛津大
　 学出版社，1984，第 40 页。事实上，里斯本当局并无给澳门总督任何类似的指示。
④ *A Memória sobre o Estabelecimento dos Portugueses em Macau do Visconde de Santarém*（1845），
　 p. 16.

检察长咨询有关在澳门执行王室命令和法例的意见时，声称"王室不仅占有澳门半岛，还拥有香山岛的大部分。这不是由于中国皇帝的恩赐或同意让与，而是建立在葡萄牙军队所进行的征服的权利基础上，是用鲜血换来的"①。虽然论调不一致，但鉴于海军暨海外大臣已正式提出"让与论"，索萨仍指示汤士选在澳门全力寻找皇帝向欧洲人让与澳门的谕旨，以确证"竺赫德所言是否真实"②。

海军暨海外大臣的"让与论"应源于平托的《远游记》。平托声称16世纪中到过澳门，但并无提及"赶走海盗"一事，1638年意大利人达瓦罗的记载也差不多。几年后，葡萄牙耶稣会士曾德昭在其《大中华帝国志》中改变说法，称澳门乃因葡人协助赶走海盗而获中国赐予，作为酬赏。但此一版本，却是1735年竺赫德在巴黎出版《中华帝国志》后才广为流传，以至后来的史学家以讹传讹③。印度总督索萨有"征服论"，便不足为奇。

卡斯特罗对流传的"征服论"姑存一说而正式提出"让与论"，是谨慎的做法。事实上，汤士选找寻"金札"的努力与其出任北京主教的使命均告失败。可是，随着西方列强对澳门兴趣日浓，葡萄牙越来越需要证明据澳权利带来的居澳合法性问题，而"征服论"和"让与论"——有时合二为一——便顺应形势成为此后维护其官方立场的正式版本。例如在1831年，英属印度总督本廷克（William Bentinck）不满葡印总督漠视东印度公司特选委员会的代表性，对葡萄牙在澳门的主权提出质疑。葡萄牙立即用"征服让与论"加以反驳：

> 长久以来，澳门小半岛已不是，而现在也不是中华帝国的领地，它属于葡萄牙王室的领土和殖民地已有300年。葡国王室并不是由于中国皇帝的恩赐或让与而取得的，而是以征服的权利获得的，当时葡萄牙兵力征服该殖民地以及差不多整个安琴岛（Island of Ançam），该岛的末端是澳门小半岛的所在，在那个时期，它是为一个有力的统治者所占有，他经过顽强的抵抗之后被压服，该岛被征服，胜利者是葡萄

---

① *Instrução para o Bispo de Pequim e Outros Documentos para a História de Macau*, p. 109.

② *Instrução para o Bispo de Pequim e Outros Documentos para a História de Macau*, p. 63.

③ 戴裔煊对此有翔实的考证，参见戴裔煊《关于澳门历史上所谓赶走海盗问题》，载《中山大学学报》1957年第3期，第143～166页。

牙国王的臣民，经剿平邻近海面的破坏中国商业与航运的海盗及暴民之后，顺而把它占有。葡萄牙人占领该岛后，在澳门建造了各种和欧洲一样的建筑物，一座主教的大教堂、二座教区的礼拜堂、二所书院、一所女修道院、一个慈善机构，后来又建筑了四座堡垒和二座炮台，派有驻军在内防守直至今天，又委派人员管理市政、教会、民事和军政事务……这就是我们获得上述殖民地和我们在该处的产业状况的简短历史，虽然由于征服的权利，葡萄牙人已占有该殖民地，但依赖于传统的看法，仍然有较大的保证，他们向皇帝要求有确定的占有权，于是，他通告说，葡萄牙人有将他的子民从海盗的凶残之下解救出来的好处，不仅答应他们的请求，而且还请他们永远居住该处，他和他的后继者，都给予他们以免税及特许的巨大特权。在上述情况之下，它表明中华帝国不能处置不属于它的一个领地，它是属于葡萄牙王室的，后者一方面由于征服的权利，另一方面由于长期地拥有和占领已有三个世纪；因此在讨论中的葡萄牙王家土地，其他国籍的子民不能居住，除非依靠款待客人的神圣权利，或者与葡萄牙最高政府签订条约，尤其是中国帝国政府开放广州口岸以便利欧洲国家贸易以后，澳门已保留给葡萄牙人、马尼拉给西班牙人。①

然而，葡萄牙此一官方立场次年即受到瑞典驻澳总领事龙思泰的公开挑战。这位历史学家在其《葡萄牙在华居留地史纲》的序言中指出②，30年前，很少人怀疑葡萄牙国王在澳门行使主权，而他本人也接受此一观点。直至1802年和1808年英国两次希望出兵澳门，协助葡萄牙人抵抗法国人的入侵，澳门政府因为中国当局的干预而婉谢英国人的好意时，他才意识到葡萄牙人尽管据居澳门三个世纪，但从未获得澳门的主权这一事实。经过对大量文献的研究和考证，他得出"澳门是中国领土"的结论。

---

① 〔美〕马士（H. B. Morse）：《东印度公司对华贸易编年史》（第4、5卷），区宗华译，广州，中山大学出版社，1991，第280~281页。引文中的"安琴岛"即香山。葡萄牙许多文献都错将澳门和香山看成一个岛，原因待考。

② 〔瑞典〕Anders Ljungstedt（龙思泰），*An Historical Sketch of the Portuguese Settlements in China and of the Roman Catholic Church and Mission in China & Description of the City of Canton*（《葡萄牙在华居留地史纲》），Viking Hong Kong Publications，1992。

澳门议事会重提《王室制诰》颁布前的版本，更加强了龙思泰观点的说服力。议事会 1837 年 12 月 5 日向印度总督上书道：

> 本居留地并非葡萄牙征服所得，只是中国人不断授予（concessão）葡商居住，没有国王与国王或政府与政府之间的协议或契约。澳门居留地在中国以及葡萄牙法律管辖的情况如下：中国的土地给葡商使用，葡商为葡萄牙臣民，一直服从葡萄牙的法律和风俗习惯。①

不同立场的这种平衡，最终为葡萄牙政府策略性地采纳到国际关系的实用模式上：放弃在中国面前要求或吁求主权，但当与不甚明了中葡关系史的欧洲诸强国产生纠纷时，则以"让与"和"征服"为辩词，并及时援引欧洲国家制度法律所接纳的传统凭证。② 换言之，中国对澳主权的立场未变，葡萄牙也不应为此问题引起争论，但对欧洲其他殖民者，则引用"征服让与论"据理力争，决不退让。

四

1842 年中英《南京条约》签订后，香港地位被确定，澳门的形势急转直下，葡萄牙与中国商贸联系的"优先地位"也告消失。"更为甚者，葡萄牙当局感到被抛在一边，难以接受似英国这样的商业国家竟以武力夺取葡萄牙居留该地区三个世纪以来持之以恒使尽妥协调和的手段都无法得到的地位"。③ 1843 年葡萄牙与清朝政府多次谈判澳门的地位，欲改变现状，取得香港的同等待遇。除开获允跟驻前山的澳门海防军民同知平行通信外，其他的要求均被拒绝，令其失落感更为强烈。尤为难堪的是，其欧洲盟友英国仍言之凿凿，称"澳门是中国辖境内的一个地方"，换言之，在华英国

---

① 全信于 1839 年在果阿官方印刷的《观察家》（Observador）杂志第 8～10 期刊登。1841 年 7 月的《海军殖民年鉴》（Anais Marítimos e Coloniais）曾转载。

② A Memória sobre o Estabelecimento dos Portugueses em Macau do Visconde de Santarém（1845），p. 21.

③ A Memória sobre o Estabelecimento dos Portugueses em Macau do Visconde de Santarém（1845），p. 26.

臣民的治外法权延伸至澳门。

为了进一步论证"征服让与论"，强化官方立场，葡萄牙政府接受了圣塔伦子爵的建议并委托他系统整理有关葡萄牙在澳主权的文献，其结果便是《关于葡萄牙人居留澳门的备忘录》（下称《备忘录》）①。

圣塔伦子爵1791年生于里斯本，1856年卒于巴黎，曾担任王室总管、内务部长、东坡国立档案馆馆长、海军暨殖民地部长和外交部长，在文史方面也有卓越成就。他花费28年心血，潜心整理国内外历史档案，挖掘葡萄牙对外关系史料，自1842－1854年在巴黎陆续出版了长达18卷的《葡萄牙君主制度建立后至今与世界各国政治外交关系概览》（下称《概览》）。他直言不讳地说，《概览》收编众多的文献，"是证明我们所拥有的权利的宝贵档案，而这些证据可以打击其他国家的企图……"② 这位政治家、外交家在维护葡萄牙海外帝国合法性上所作的努力，由此可见一斑。

圣塔伦子爵编辑《概览》时，当然不会忘记澳门。他在《备忘录》引言中这样说："至于澳门，本人在发表《概览》第28章前，试图找人自中国皇帝的年鉴中翻译有关向我们让与以及与我们发生关系的部分，现在对此只能作出简单叙述"。虽然翻译中国有关澳门的文献未能成事，但他的热忱和学问终于派上用场。

他很快便拟出一份四页纸的《关于葡萄牙人居澳的说明》，可惜得出的结论与议事会1837年致函印度总督所言相同，他不认为"该居留地为征服所得，依法也不属于我们，似是中国人不断授予葡商居住……"外交部尽管对结果大失所望，决定暂时不宜跟英国争论"澳门殖民地是葡萄牙君主国的一个组成部分"，但认为他的研究仍有价值，乃请他深入探讨下去，以找出对官方立场更为有利的论据。

圣塔伦子爵进行研究时，碰到不少"几乎无法克服的困难"。他在"引言"中诉苦说，由于"自唐·若昂二世（D. João Ⅱ）始，政府便就有关殖民地的问题在外国人甚至国民面前采取掩饰政策，而一部分历史学家出于

---

① 全文收入〔葡〕Carlos P. Santos, Orlando Neves, *De Longe à China*（《遥望中国》），澳门，澳门文化学会，1988，第345～369页。Saldanha 前引书亦选用此一版本，后面有关引文不一一注出。

② *A Memória sobre o Estabelecimento dos Portugueses em Macau do Visconde de Santarém*（1845），p. 24.

无知、另一部分迫于盲从，并无明确向我们交代清楚葡萄牙与亚洲和非洲各国各民族在那时完成的大部分（领土）转让"。所以，他在"结论"中亦客观地说明，"只好以历史论证来弥补中葡有关澳门归属的原始法律文件的不足"，参考了多位历史学家的记载，并于1845年7月4日完成了《备忘录》。

《备忘录》除"引言"外，共有六个部分：关于对华早期关系；关于早期在华建立的、包括澳门在内的居留地；澳门占有权性质的含糊概念；可以视作澳门被中国看成独立且不在中华帝国领土内的地区的证据；关于对华外交关系；结论。

他在第一部分评述了有关葡萄牙人航海到达中国的国内外学者的记载，在第二部分讲述了葡萄牙居留宁波、漳州、特别是澳门的过程，认为所谓的"金札"中"中国并无正式和正面宣布将那块土地授予葡萄牙王室"。虽然他在第三部分引用《明史·佛郎机传》有关澳门的记载，承认澳门只是中国皇帝不断授予葡商居住的地方，不是征服所得，也不存在国与国之间的让与，"否则，我们便无须每年向中国皇帝缴地租"，但在第四部分辩论道，既然葡人获许在澳居留三个世纪，肯定有其特殊性，清朝皇帝也不将澳门葡人与其他外国人等同视之。他大量引证耶稣会士和历史学家的著作以及比较新建立的香港殖民地与澳门的法制后，得出结论"似乎显示出中国人本身也将澳门看作一个独立且在（中华）帝国领土之外的城市"。

在总结前，圣塔伦子爵还在第五部分回顾了葡萄牙多次遣使中国受到礼遇的情况，但最后仍只能得出这样的结论：甚为不幸的是，"当我们是第一海上强国、海军震撼中国之时，葡萄牙的国王不未雨绸缪，忽视了以正式和强制性协议来确保澳门的所有权"。

五

圣塔伦子爵近万言的《备忘录》虽有许多不足之处，但应官方要求撰写仍能基本保持学术的客观性和科学性，是值得澳门史学者借鉴的。后来多位影响颇大的澳门史学者都有意无意地断章取义，令澳门史研究染上浓厚的民族感情色彩，令本来已复杂的一些学术问题变得更具争议性。实际上，当时寄居巴黎的他在《备忘录》结论部分，建议就此继续探讨，并提出六个需要澄清的问题：

（一）中国买卖占有土地的法例性质和外国人购买土地的条件；

（二）中国史料有关中葡关系和澳门的记载；

（三）澳门华人是否向中国皇帝纳税，中国财政报告有否提及澳门；

（四）细心整理传教士的信函；

（五）整理印度档案中有关澳门的资料；

（六）整理海军部有关中葡交往和澳门的史料，尤其是 1755 年前的资料。

他希望有人花时间和精力完成一份有关澳门的特别报告，"以作法律基础和论据，旨在用作与中国进行谈判的指南"。

然而，《备忘录》毕竟不是学术论文，而是葡萄牙政府欲与中国谈判争取澳门合法地位的野心勃勃计划的一个步骤。同年 10 月 10 日，负责澳门自治事务的海军暨海外部长法尔考（Joaquim José Falcão）便将有关"结论"寄送澳门总督彼亚度（José Gregorio Pegado），责成他对圣塔伦子爵提出的问题进行研究和作出澄清。彼亚度总督把前面三个问题变为四个：中国买卖占有土地的法例性质；中国是否只许葡人在华居留，其他外国人占有土地的条件和限制是什么；葡萄牙人从中国得到的真正让与是什么；澳门华人是否向中国皇帝纳税，中国财政报告有否提及澳门。并逐一详尽解答，从而形成一份《特别备忘录》①，于 1846 年 2 月 23 日呈交里斯本当局。

彼亚度总督的《特别备忘录》是一份颇具价值的史料，但是，里斯本政府已经迫不及待地要将澳门与香港看齐，于 1845 年 11 月 20 日便宣布澳门为自由港，任何国家的船只向澳门输入货物均辖免关税，"以确保澳门及其贸易的绝对独立"。事实上，在 1822 年葡萄牙颁布首部宪法时，已单方面将澳门列入其版图。不过，葡萄牙全面夺得澳门的管治权，仍是亚马留总督 1846 年上任、推行领土扩张等殖民措施后的事情。彼亚度的《特别备忘录》应该对里斯本政府有关澳门的决策、挑选继任总督和亚马留的殖民

---

① 全文及有关附录文件，载 *A Memória sobre o Estabelecimento dos Portugueses em Macau do Visconde de Santarém* (*1845*)，pp. 109 – 136，最早曾在 1889 年 12 月的《大西洋国》（*Ta-Ssi-Yang-Kuo*）杂志第 3 期上刊登。

行动产生了根本性的影响。他在"结论"中指出,"如果我们不全副武装与中国谈判",找到协议也帮助不大,甚至毫无帮助;就是使用武力,"我们也将面对巨大的困难和骚扰,因为我们相信,新邻居不会忘记使用调拨离间这些惯用的伎俩来对付我们"。

彼亚度的结论纵然不无道理,亚马留也终于在 1849 年以武力强行驱赶走中国驻澳官方机构,在澳全面推行殖民政策。但是,他意想不到的是,葡萄牙最后能够于 1887 年与中国签订梦寐以求的正式协议——《中葡和好通商条约》,获"永驻管理澳门"的权利,依然有赖于新邻居英国人在港澳鸦片"税厘并征"问题上对清政府的全力"调拨离间"和利诱,绝非"全副武装与中国谈判"的结果。

(原载《近代史研究》,北京,中国社会科学院
近代史研究所,1996 年第 2 期)

中葡有关澳门主权交涉内幕

——从 1862 年条约换文到 1887 年条约谈判

黄庆华[*]

自从 1553 年葡萄牙人以贿赂手段入居澳门，葡萄牙即对澳门的领土主权怀觊觎之心，然而，因为当时葡萄牙在军事上并不具备与明代或清代中国抗衡的实力，以及西方资本—帝国主义侵华势力尚未形成，所以，待清朝末年，中国积贫积弱、列强大举侵华，中国社会被变成半殖民地半封建社会时，葡萄牙才有了窃取澳门主权的机会。

一

清政府被迫签订《北京条约》并准许公使驻京，葡国遂在奔走钻营了近 20 年之后，于 1862 年在法国驻华公使馆的策划和支持下，骗取了中葡关系史上的第一个条约，即《大清国大西洋国和好贸易章程》。葡方议约代表、澳门总督基玛良士（I. F. Guimarães）与主持议约大局的法国公使馆一等秘书哥士耆（M. Alexandre Kleczkowski）通同作弊①，企图窃取澳门主权，

---

* 中国社会科学院近代史研究所研究员、教授。

① 议约之初，恒祺曾提出两个先决条件：声明澳门系中国领土，葡人居住仍须逐年纳租，并由澳门关部征缴；此后仍由中国设官驻澳征税、订立规章、条例，防堵走私漏税，葡国不得于此稍加干预。葡方代表不予接受，遂照会总理衙门，一面罗列纯属子虚的传说，声称澳门已由中国让予葡国；一面以前澳督被刺之事相要挟。双方争执不下，哥士耆出面"调解"，并另拟第 2、9 两款，以取代恒祺提出的先决条件。参见 AMNE（葡萄牙外交部历史—外交档案馆）– 3P. A19. M20 – "1862"；庄树华等编《澳门专档》（三），台北，1995，第 26~30 页；拙文《有关 1862 年中葡条约的几个问题》，载《近代史研究》1999 年第 1 期。

但在条约换文之前，葡方的阴谋即被中方代表识破①。两年后换约时，清政府要求葡方换约代表对条约中有关澳门地位的第 2、9 两款作出明确解释，并提议酌改。葡方换约代表、新任澳督阿穆恩（José Rodrigues Coelho do Amaral）不但拒不与商，且愤然离津回澳。

此后数年，葡国政府虽然屡邀俄、法等强国及其驻京公使转圜，但是，因为该条约是以欺诈手段签订的，以及葡国始终拒绝解释和修改条约中有关澳门地位的条款，所以，"没有一个强国愿意助葡国一臂之力"，或者"卷入其中"②，以致该条约未能互换生效。此后，葡国政府及澳葡当局也曾多次尝试另议新约，但都未能遂愿。直至 1886 年中国因要在香港实施洋药税厘并征有求于澳葡当局，葡国才得以在总税务司赫德（Robert Hart）的直接干预下，于 1887 年同清政府订立《和好通商条约》并获得"澳门地位条款"。

1864 年 5 月 20 日，澳葡总督阿穆恩未知照清政府，提前来到天津换约。在双方发生争执、换约难以进行的情况下，阿穆恩于 6 月 18 日照会总理衙门，抗议中国"拒绝换约"，同时照会法、英、俄、美四国驻华公使，希望唤起列强代表的同情和支持③。总理衙门担心各国公使听信阿穆恩一面之词，遂于 6 月 24 日将换约实际情况照会各国公使④。因为这个条约是在法国公使馆的直接干预下议订和签押的，换约出现了问题，葡方换约代表自然要请法国公使馆出面解决，希望做到"善始善终"。此时，曾因鼎力协助葡国立约而受到葡国国王嘉奖的哥士耆早已离任回国⑤。6 月 18 日，阿穆恩在照会四国驻京公使的当天致函法国驻华公使柏尔德密（Jules François

① 澳葡当局不仅于 1862 年 9 月 11 日公布了条约，而且还在"序言"中声称："葡萄牙王室在澳门的权益第一次得到明确……澳门的独立已通过此条约得到承认。"AMNE-3P，A19，M22 – *Tratado de Amizade e Commercio entre sua Magestade Fidelissima El-Rei de Portugal e sua Magestade o Imperador da China*，Macau，1862；AMNE-3P，A19，M20 – "1866-1867"。

② A. V. de Saldanha ed.，*Colecção de Fontes Documentais para a História das Relações entre Portugal e a China*，Vol. II，Macau，1997，p. 31 – Introdução。

③ 拙文《有关 1862 年中葡条约的几个问题》。

④《筹办夷务始末》（同治朝）卷 25，第 37~39 页。

⑤ 条约签订后，葡王曾封基玛良士为澳门"南湾子爵"，并为哥士耆等协助立约的外国人颁授勋章。*Portugal；diccionario historico，chorographico，heraldico，biographico，bibliographico，numismatico e artistico*，Lisboa，1885，Vol. V，N-P，pp. 1040-1041；AMNE-Cx. 950 – "1863"。

Gustave Berthemy）称：

> 中国全权代表无非坚持承认皇帝对澳门的主权。很显然，我们不可能就此达成一致。既然没有通过间接办法使北京政府改变态度的任何希望，我也不想在此忍受屈辱，我已决定下星期二，即 21 日动身返回澳门。①

柏尔德密 6 月 23 日复信说：

> 昨日恭亲王因事来署，我有意借机向他表示对天津发生之事感到惊讶。亲王殿下似对此一无所知。不过，他不理解阁下的态度，因曾与基玛良士约定，换约之前，可对个别条款再作商酌，何况，阁下抵澳之时，中国政府已将有关意图告知阁下。②

柏尔德密在 7 月 25 日给本国外交部的报告中说：

> 此次，恭亲王郑重声明："中国政府从未放弃澳门主权，中国所作的让步，仅仅是长期出租这块领土，放弃每年征收地租"……我们可以肯定，尽管条约中文本是由基玛良士的翻译拟定的，但是，由于其中最关键部分，各文本的一致性远不能令人满意，以致不可能为某种巧辩提供有利的依据……从条约第 6 款"葡国人以葡文本为准、华人以中文本为凭"这种违背惯例的规定来看，葡国政府今天的窘境，是基玛良士先生早已酿成的，是注定了的。③

---

① AMNE – 3P. A19. M22 – "Original do 1 vol. do Livro Branco: Negociações com a China", 1864 – 1885, doc. 22.

② 《阿穆恩呈外交部长报告·附件 B》（1864 年 8 月 8 日），*Negócios Externos: Documentos Apresentados às Côrtes na Sessão Legislativa de 1888 pelo Ministro e Secretário de Estado dos Negócios Estrangeiros-Negociações com a China*（白皮书），Macau, Imprensa Nacional, 1951, Vol. I, pp. 34，以下简称 *Negociações com a China*。

③ H. Cordier, *Histoire des Relations de la Chine avec les Puissances Occidentales (1860 – 1900)*, Paris, 1901, t. 1, pp. 144 – 145.

在柏尔德密看来，换约出现差错，完全是由基玛良士造成的，与法国公使馆无关。而阿穆恩却把责任归咎于哥士耆，认为他在把有关条款译成法文时，存心误译，并以"卑劣手段耍弄了缔约双方"①。阿穆恩希望柏尔德密协助澄清事情原委②，进行有力干预，逼使清政府承认葡国对澳门的主权③。柏尔德密虽然没有明确拒绝，但实际上却不愿插手其间。不仅如此，他还"曾多次秘密地"向俄国驻华公使表示：

> 我不可能支持有关澳门领土为葡国王室不可分割的一部分的说法，否则，将是肢解中国的开始。④

伯尔德密此说的本意，绝非出于维护中国领土主权，而是不希望别国帮助促成换约。1865年5月，柏尔德密被召回国，原公使馆秘书伯罗内（H. de Bellonet）任代办。8月1日，伯罗内直言不讳地向阿穆恩指出：

> 中国政府的答复已十分明确。请允许我将一年来中国的所有声明做如下概述：一，换约：我们准备随时换约。然换约之前，必须知道阿穆恩先生是否有意遵守条约。如有诚意，则即可换约并派官员入澳。如无诚意，或者先许诺，复又拒绝道台入澳，则错误在彼，我们将在适当时候进行报复。仍请阿穆恩先生按照条约规定，取消商人领事，或任命正式领事，或以他国领事代理。二，澳门主权：我们从未将澳门让与葡国，从前没有这种想法，将来也不会这么做。即使我们愿意，也不能这么做，因任何一位皇帝都无权出让帝国的一寸领土。澳门与

---

① 《阿穆恩致法国驻华代办伯罗内函》（1865年11月20日），《阿穆恩呈外交部长报告·附件1》（1865年11月30日），A. V. de Saldanha ed.，*Colecção de Fontes Documentais para a História das Relações entre Portugal e a China*，Vol. III，Macau，1997，pp. 107–108，113–120。

② 阿穆恩和柏尔德密都很清楚，换约受挫是由于哥士耆与基玛良士的欺诈行为造成的。阿穆恩所谓"希望协助澄清事情原委"，意在要求法国公使馆为葡国立约之事负责到底。

③ 《阿穆恩报告·附件2》（1865年11月30日），A. V. de Saldanha ed.，*Colecção de Fontes Documentais para a História das Relações entre Portugal e a China*，Vol. III，pp. 113–120。

④ 《葡驻俄公使呈外长报告·附件2》（1867年1月17日），A. V. de Saldanha ed.，*Colecção de Fontes Documentais para a História das Relações entre Portugal e a China*，Vol. III，pp. 169–172。

租借地虽未做区分，但蠲免葡国每年交纳租金500两则是事实。我们不想将葡人赶出澳门，他们可以在那里做他们愿意做的事，只是不要忘记，他们是在中国领土上。三、驻澳官员职责：我们需要设官管理居澳华人、征收田赋和关税，并且像帝国其他官员一样，行使管辖权。我们只求恢复1849年以前的状况……领事只能设在国外，而澳门是我们的领土。四、条约文本差异：条约葡文本如何，对我们本不重要。我们很清楚，我们没有出让澳门主权。不过，当听说澳门在庆贺承认葡国国王主权时，我们请人把葡文本译成中文，才发现条约内容竟被篡改。假如像议订英文、法文条约那样，这个条约是用葡文议订的，或许我们早就让步了，然而，当时使用的却是中文。按条约规定，中文本是唯一正式文本，而且葡人也承认中文本准确无误，因此，葡人不应该对译者在翻译条约时有意或无意造成的错漏小题大做。

伯罗内的概述，并非全是总理衙门的意见，他不过是假借总理衙门之口，间接地表达了法国公使馆及法国政府在澳门主权的归属、中葡换约失败的原因等问题上，不便直接表白的态度和立场而已。伯罗内接着指出：

先生，目前形势不容乐观。中国人之所以如此干脆果断，我认为，他们肯定在如何理解条约的问题上咨询过，并且得到了英、俄、美公使馆的赞同和道义上的支持。其实，就连我们也不得不在内心里承认，正义属于中国，而且，欧洲全权代表们本想尽可能表现得圆滑，结果他们却不得不承认中国对澳门的主权，仍像从前一样行使各种权力。①

阿穆恩对伯罗内的答复极为恼火。英国驻华公使阿礼国（Rutherford Alcock）在此问题上的态度更加明确："看来，议约之初即缺乏起码的诚意，因此很难插手这个如此麻烦的问题，何况法国公使为消除分歧所做的努力都未取得任何成效。"② 俄国驻华公使倭良嘎哩（A. Vlangaly）在协助葡国

---

① 《阿穆恩报告·附件1》（1865年8月31日），A. V. de Saldanha ed., *Colecção de Fontes Documentais para a História das Relações entre Portugal e a China*, Vol. III, pp. 97–100。
② 《俄国驻华公使致俄外交大臣函》（1866年11月27日），A. V. de Saldanha ed., *Colecção de Fontes Documentais para a História das Relações entre Portugal e a China*, Vol. III, p. 157。

换约方面进行了一番努力之后，也只好向本国政府阐明自己的看法："在（澳门）这块领土的主权问题上，他们（葡全权公使）不会得到任何一个强国的支持，同时也不可能与中国大臣达成任何谅解。"① 看来，他也不希望本国政府参与此事。

二

1872 年夏，奥地利驻华公使嘉理治（Heinrich Freiherr von Calice）访澳之际，澳葡总督若那略（Januário Correia de Almeida，一译欧美德）曾请求嘉理治回京后探听总理衙门对换约的态度②。不久，嘉理治向恭亲王及文祥等，婉转地提起了葡国请求换约的问题③。恭亲王于 1872 年 8 月 13 日致函嘉理治：

> 前此两国大臣所议条款，本王大臣极愿早为互换，以垂永久……其原议条款内既经载明，中国仍设立官员，自应仍照中国旧制，本王大臣特为开诚相告，俟大西洋大臣前来商办妥协，即可互换条约。至所设官员，原以稽查一切，于彼于此，均属有益，固为大西洋大臣所深悉，如拱北湾小马溜州一带设巡船，关系盘查缉私要务，何以大西洋有欲从中阻挠者，恐非大西洋大臣本意，此节亦希贵大臣转致大西洋大臣，详求事理之平，细审主客之分，酌夺妥协办法，毋使两益之事有所妨碍，是为至要。④

1872 年 10 月嘉理治回国述职，若那略只好请俄国公使倭良嘎哩继续帮忙，遂于 11 月 15 日致函倭良嘎哩：

---

① 《葡驻俄公使呈外长报告·附件2》（1867 年 1 月 17 日），A. V. de Saldanha ed., *Colecção de Fontes Documentais para a História das Relações entre Portugal e a China*, Vol. III, pp. 167 – 168。

② *Negociações com a China*, Vol. I, p. 4.; Lourenço Maria da Conceição, *Macau entre dois Tratados com a China, 1862 – 1887*, Macau, 1988, p. 118.

③ 《嘉理治致若那略密函》（1872 年 9 月 19 日），AMNE – 3P. A19. M20 – "1873"。

④ 《澳门专档》（三），第 174、223 ~ 225 页。总署函法译文及嘉理治函，AMNE – 3P. A19. M20 – "1872"。

阁下所言极是，条约批准书可以互换，只是目前不能提主权问题。我想，假如在谨慎交涉的同时，取消第 9 款并代之以另外一款，北京政府或许会接受换约……可否在此条件下换约？是否应在京换约？请阁下明示。①

其实，倭良嘎哩在 1866 年斡旋失败后，已不想再插手此事，何况当时总理衙门正在同他交涉俄军退出伊犁的问题，他根本无暇顾及与本国无关的事情②，但是，鉴于若那略来函言辞恳切，只好代为转达③。

若那略对 1862 年中葡条约第 2、9 两款的理解及对换约的看法，可谓与换约以来历任总督乃至葡国政府不甚相同。有关如何避免因澳门主权之争影响换文、阻碍两国关系发展，以及是否应该继续坚持条约第 9 款规定等问题，若那略在 1872 年 4 月 25 日呈外交部长的报告中提出：

鉴于目前情况，最恰当的办法就是取消第 9 款，将来缔约双方另议最佳专条替代，以便尽早促成换约……（条约）第 9 款，无论从哪方面讲，对我们都不利。因此，我们应该为这个条约没能互换而感到庆幸。现在看来，很难使天朝帝国放弃这一条款，因为他们很清楚，通过这条规定，他们将会获得极大好处。诸多好处不仅可以通过这一条款的中文本规定，依旧在澳门设官并声称他们拥有这方面权利来获得，而且还可以通过这一条款的葡文本规定，派一名与其他国家相同的领事驻扎澳门来获得……我们并不需要把彻底将澳门割让给葡国王室的声明写入一项专条。我认为，既然知道清政府只有面对武力威胁才肯将天朝帝国领土的一部分（哪怕是很小的一部分）让出，还要坚持将割让澳门加载条约，这种做法显然是错误的……列强不可能直接卷入我们早已拥有澳门主权这个如果可以称之为问题的问题去反对中国，我们应该巧妙处事，时刻戒备，避免抵触，同时，谨慎、圆滑、和平地发展同中华帝国的关系。④

---

① *Negociações com a China*, Vol. I, p. 67.
② 《筹办夷务始末》（同治朝）卷 88，第 34~54 页。
③ 《筹办夷务始末》（同治朝）卷 88，第 70~71 页。
④ *Negociações com a China*, Vol. I, pp. 62–64.

若那略在 1873 年 3 月 3 日报告中再次指出：

> 我们要求承认我们的权力，就是对我们在这里所行使的权力的怀疑……中国根本无意将澳门从我们手中收回，虽然过去可以这么做，但现在却做不到……当务之急是葡国如何把自己摆在与其他有约国相同的位置上，要做到这一点，只需删除条约第 9 款、修改第 2 款。[①]

为此，若那略擅自通过倭良嘎哩向总理衙门提出了一项替代第 9 款的草案：

> 其第 9 款之余意，两国议定，暂且推缓，俟两国秉权大臣俱以特颁之全权诏敕互阅，相商定妥该条之义。此代条从本日起，即作为大西洋国与大清国所立和约之一条。将来明确讲解第 9 款一事，不得将其余各条之理推延及更易。[②]

总理衙门于 1873 年 1 月 26 日复函倭良嘎哩：

> 查大西洋国在中国澳门地方租住通商，向为各国所共知，中国旧制于该处设有官员稽查一切，亦属共见。现在大西洋国既与中国换约，中国只以条约内设官一条，不得不照旧制办理。中国所以设官之意，亦不过因此稽查贩卖人口、出洋走私等弊，与大西洋国毫无妨碍，大西洋国既与中国换约和好，如遇与中国有损害之事，尚应帮助，岂有不愿中国仍旧设官稽查之理。[③]

若那略收到倭良嘎哩及总理衙门的复信后，立即向外交部长做了汇报。这里需要说明的是，葡国政府之所以对若那略于上年 5 月间提出的请求迟迟未做答复，一方面，葡国政府不同意若那略有关取消第 9 款及

---

① *Negociações com a China*, Vol. I, pp. 64 – 65.
② 《澳门专档》（三），第 177 ~ 178 页；《澳门专档》（一），第 68 ~ 69 页。
③ 《澳门专档》（三），第 181 ~ 182 页。

修改第 2 款的主张；另一方面，葡国政府也十分清楚，中国不会放弃在澳门设官并恢复旧制这个事关主权的问题，必须慎重考虑如何同中国另立新约。因此，外交部长在收到若那略 1873 年 3 月 10 日报告后，立即电示若那略"切勿换约"①。同年 9 月 8 日，葡外交部领事暨商务司向外交部长科尔沃（José de Andrade Corvo）提出了一个"葡中新约"草案，但此事没有任何结果②。

三

　　六年后，贾若敬（Joaquim José da Graça，澳门音译作贾色拉）出任第 91 任澳督，适逢两广总督张树声下澳巡视。

　　贾若敬会晤张树声时，有意提出了立约问题。他说：中西通商，唯葡国最早，然至今尚未立约，以致交往、通商、行船等事多受阻碍；葡国今之所愿，唯与中国缔约，享有最惠国待遇，与英、法、美、俄等国无异。张树声答曰：中葡定约既有成案，争议条款一经改订，换约当无窒碍；葡国如欲另立条约，宜妥速商办，届时愿从旁协助。之后，贾若敬在呈外交部长的报告中指出，葡国属无约之国，中国各大城市及口岸均无领事驻扎，因此，对华贸易非但不能享受最惠国待遇，且常常受到限制。既然两广总督愿从旁协助，陛下政府似应趁机利用，尽早同中国议约。未几，贾若敬再次致函外交部长：1862 年条约第 2、9 款引起的隔阂，至今仍是两国迟迟不能建立密切关系的主要原因，如欲消除分歧，陛下政府宜另拟条约、改变要求、酌删词句、增加保障，使每款皆可付诸商办。他还指出：缔约远非贸易所需，而是出于一种必不可少的政治要求。英、法、德、俄、美等同葡国关系密切的国家，都与中国立有条约，都有代表驻京，都有领事驻扎各大口岸城市。如陛下政府决定继续促成换约，似不应再有迟疑。此外，

---

① *Negociações com a China*，Vol. I, pp. 64－66, 69－71.
② 此条约草案共 54 款，其中绝大部分条款是参照此前清政府同英国、美国、法国、俄国、普鲁士及西班牙等国订立的条约拟就的。其在有关澳门主权问题上，非但没有丝毫让步，反倒做出了一些更加明确的规定。AMNE－3P, A12, M20；A. V. de Saldanha ed.，*Colecção de Fontes Documentais para a História das Relações entre Portugal e a China*，Vol. III, pp. 465－517.

仍不能放弃请求列强及其驻华全权公使给予支持，因为其在华权益并不会因中葡立约而蒙受任何损害①。

于是，葡国政府为了争取最惠国待遇，决定将澳门主权问题暂搁一旁，并于1882年致函英、法、德、奥、俄、西、比、美国政府，吁请相助，同时指示葡驻上述国家公使，请各驻在国外交部长训令本国驻华公使，协助葡国根据中英《五口通商附粘善后条款》中有关规定同中国议立条约。同时，葡外交部长又在给贾若敬的指示后面附上《暂立条约》5款②。

此前，葡国政府为确保谈判成功，还曾精心编印一份长达85页的《葡萄牙对澳门主权备忘录》③，分送各国政府及其驻华公使，为葡国拥有澳门主权大造舆论，并为贾若敬交涉澳门主权问题提供依据。贾若敬接到政府指示后不久，即照会总理衙门，先是说葡人于明嘉靖年间帮助粤东官员剿灭贼匪④，复又驱逐荷兰师船防守澳门⑤，甚至谎称入清以来，澳葡当局曾饬派精兵前赴内地协助拒敌⑥。接着又说葡国在中国与英、法等国战争中置身局外⑦，并且隐示中国皇帝曾将澳门赐予葡国。希望以此唤起清政府的同情，与葡国另立新约，给予最惠国待遇⑧。

其实，早在贾若敬向总理衙门呈递照会之前，总税务司赫德已将葡国政府拟遣使议约之事转告总理衙门，并且建议清政府坚持收缴澳门地租，以维护对澳门的主权。⑨ 因为中国在与葡国立约方面，政策十分明确，所

---

① *Negociações com a China*, Vol. I, pp. 71–72.

② 《葡外交部长 A. de S. 皮门代尔函》（1882年5月3日），*Negociações com a China*, Vol. I, pp. 78–87；《澳门专档》（三），第207~210页。

③ *Mémoire de la souveraineté du Portugal à Macao*, Lisbonne, Imprimerie Nationale, 1882. 此书编写于1881年，编著者 D. N. 苏亚莱士（Duarte Nogueira Soares）时任葡外交部秘书长。

④ 所谓协助广东官府击败贼匪，即嘉靖四十三年澳门葡人毛遂自荐，帮助总兵俞大猷镇压柘林叛兵。葡人希望通过效力广东官府，获得遣使入贡的资格。见拙文《早期中葡关系与澳门开埠》，载《史学集刊》1997年第4期。

⑤ 葡人抗击荷兰人，并非出于助中国戍边卫国，而是为了占有澳门，维持其对东西方贸易的垄断地位。

⑥ 有清一代，澳葡政府未曾派兵入中国内地协助拒敌。此处系指明崇祯初年借葡兵抵御后金事。见《崇祯长编》卷34、35、41、43、44、58。

⑦ 所谓置身局外，是因为列强认为葡国并不具备相当实力，并嫉恨其独据澳门，更不愿意葡人从中渔利。因此，是列强不需要他们参与战事，而绝非他们不想置身其中。

⑧ 贾若敬照会参见《澳门专档》（三），第207~209页；葡文原文见 *Negociações com a China*, Vol. I, pp. 84–86。

⑨ 《澳门专档》（三），第206页。

以，总理衙门大臣对赫德所言并无任何异常反应。

葡国提出《暂立条约》的最终目的，就是要求"利益均沾"①。葡外交部长在向贾若敬发出有关议约指示后，又于 1882 年 10 月 18 日给他颁发对华议约全权证书，并随信附上致清政府照会草稿及《暂立条约》法文本。与此同时，他还以 1881 年 10 月 3 日清政府与巴西所立《和好通商条约》为例，指示贾若敬在《暂立条约》中另加一款声明，即此条约之执行，在葡国以葡文本为准，在中国以中文本为凭，如有歧义，则以法文本为据。最后，他建议将《暂立条约》第四款改："嗣后，若此缔约方有利益恩施他国或他国臣民者，彼缔约方及其臣民亦得一体均沾。"②

1883 年 1 月 25 日，总理衙门在给贾若敬的复照中明确指出：

> 查同治三年五月间，贵国派阿大臣，中国派薛、崇大臣在天津会商时，曾以第 9 款澳门设官一节，将来中国应照约在该处设官，若不将如何设官之处预为言明，难免日后违误，是以，将应议各节面与阿大臣商议等因在案。是中国与贵国订约已有成议在先，自可无须另议。至投递国书一节，光绪三年九月间照会贵国施大臣（即施利华——引者注）业经声明，中国大皇帝未亲政时，概不举行。贵大臣如拟敦崇睦谊，即可查照薛、崇大臣前议办理，此次所送预议《暂立条约》，应毋庸议可也。③

德国驻华公使巴兰德（M. von Brandt）接到本国政府训令后，旋即致函总理衙门询问 1862 年中葡条约第 2、9 款中葡文本两歧原因，以试探清政府对另立新约的态度。总理衙门在 1883 年 2 月 17 日复函中，再次不厌其烦地叙述了换约原委，并且进一步明确了坚持修改原约的态度。

继德国公使之后，荷、俄、英、比、西、奥、法、美等国驻华公使，虽然接受了有关协助葡国立约的请求，并为此事或亲往或致函总理衙门，

---

① 贾若敬呈递《暂立条约》五款，葡文初稿系当时葡驻英国公使丹达（Miguel Juntins de Antas）拟就，汉文则由澳门政府译出。前四款译文大抵与葡外交部长皮门代尔转发之《暂立条约》葡文相符，但第五款却存在差异。确切的汉译应为："本约一经批准，即可遵行，不为换文所限，以及未由扩展条约替换之时，继续有效；或曰，十年之内及换文之前，继续生效。"

② *Negociações com a China*，Vol. I，pp. 87 - 88.

③ 《澳门专档》（三），第 211～212 页。

但是，由于清政府坚持"照前次换约之薛、崇大臣原议办理"，"《暂立条约》应毋庸议"，列强代表亦感到无能为力。正如贾若敬在向外交部长汇报时所说的："从总理衙门的覆照，我们不难看出，立约希望渺茫，想从中国政府那里争取到其他东西也很困难"；列强代表虽然支持，但"我认为，一切试图使总理衙门放弃第 9 款的努力都是徒劳的"①，都无法改变清政府在同葡国议立条约问题上采取的对策，即"只要澳门问题不解决，中国就不同葡国议立任何条约"。②

贾若敬出任澳督期间，曾为缔约作出了极大努力，但任期届满也只好无功而返。公平而论，此次议约失败，既不应该指责他无能，也不能说列强驻华公使对协助葡国立约没有尽心竭力，更不能把失败归咎于总理衙门态度偏激，而应归咎于葡国窃取澳门主权的企图。

鸦片战争以后，特别是通过几次换约、议约交涉，葡国的这一企图越来越明显。总理衙门大臣在葡国提出另议条约时，强调维持 1862 年两国业已订立的条约，并且坚持在阐明澳门设官问题的前提下互换批文，这种态度不但无可非议，而且还说明清政府愿意同葡国缔结条约、理顺两国关系。

列强之所以没有在中葡立约问题上横加干预，首先，列强对葡国觊觎澳门领土主权的企图是十分清楚的，对葡国是否在法理或事实上真正拥有澳门主权，列强及其驻华公使也是心照不宣的，只是在相互间不发生利益冲突的情况下，没有必要明言而已③。其次，第二次鸦片战争之后，列强在华权益已经得到了较为充分的保障，它们并不想而且也没必要为讨好葡国政府，对清政府兴师问罪。何况俄国驻华公使早已指出："在这块领土的主权问题上，他们（葡全权公使）不会得到任何一个强国的支持"。④

---

① *Negociações com a China*, Vol. I, pp. 88–97.

② 《葡驻比公使致外长函》（1883 年 5 月 13 日），A. V. de Saldanha ed., *Colecção de Fontes Documentais para a História das Relações entre Portugal e a China*, Vol. IV, Macau, 1997, p. 293。

③ 每当英葡两国发生利害冲突，英国人总会毫不客气地指出：澳门是中国皇帝的领土，葡人不过是侨居者，葡国并不拥有澳门主权。H. B. Morse, *The International Relations of the Chinese Empire*, Taipei, 1972, Vol. III, p. 379；*Negócios Externos: Documentos Apresentados às Côrtes na Sessão Legislativa de 1877 pelo Ministro e Secretário de Estado dos Negócios Estrangeiros*, Lisboa, 1877, doc. No. 2, p. 268。

④ 《俄驻华公使呈外交大臣报告》（1866 年 11 月 27 日），A. V. de Saldanha ed., *Colecção de Fontes Documentais para a História das Relações entre Portugal e a China*, Vol. III, p. 157。

　　贾若敬议约受挫，不仅令葡国政府大失所望，而且在澳门葡人内部引起了强烈反响。如何保住澳门这块所谓的殖民地，如何保障在华葡人的权益，已经成了葡国政府的当务之急。1884 年 6 月 2 日，《澳门土生葡人》报发表了一篇题为《葡萄牙与中国》的文章。作者的意图是借报端提请澳葡当局乃至葡国政府注意，不要失去澳门，同时促使葡国政府正确看待澳门的历史地位，尽快设法同清政府订立条约，彻底解决两国关系中长期存在的问题。其在谈到葡国是否拥有澳门主权的问题时指出：

　　　　三百年来，澳门一直为葡人占有，但至今还没有一项条约，一份能够证明这种占有权的文献。葡国是如何占有这块殖民地的呢？是通过割让吗？那么，是谁割让的？是中国的哪一位皇帝把香山岛南端的澳门半岛赐给葡国王室的？宣布这种领土割让的文献又在哪里？澳门是征服来的吗？谁征服的，征服谁？葡国曾否宣战？宣战的理由又是甚（什）么？要确切地回答这些问题，（我们）是拿不出任何证据的。但众所周知且无可否认的事实却是，中国只是容忍、准许葡人在澳门居住或贸易，而这种准许并非毫无代价，葡人不但要交纳赋税，还要履行其他苛刻的义务，这种情况直至前不久才告结束。①

　　此乃300 年来澳门土生葡人首次借报端公开葡人居澳史实。

四

　　贾若敬之后，罗沙（Tomás de Sousa Rosa）继任澳督。然而，因为以澳门总督身份同清政府议约多有不便，以及清政府已经表明，"只要澳门问题不解决，中国就不同葡国议立任何条约"，所以，罗沙出任澳督之初，葡国政府没有给他同中国换约或另立条约的指示，以致同中国议立条约的问题再次被搁置。

　　对中国而言，葡国属无约国，既无公使驻京，亦无领事驻扎各口岸，

---

① 《葡驻沪领事致外长函·附件》（1884 年 7 月 9 日），A. V. de Saldanha ed., *Colecção de Fontes Documentais para a História das Relações entre Portugal e a China*, Vol. Ⅳ, pp. 299 – 302。

因此，最初葡国在各通商口岸之商贸及领事事务，多请英国、法国、西班牙等国商人或领事代理。葡国以（他国）商人兼充领事，是清政府所不允许的，同时也与 1862 年中葡条约相违背①。葡国虽然后来在上海、广州等地设立了"领事"，但在 1887 年条约签订以前，并未得到清政府的正式认可。因此，无论是商人充任，还是他国代理，抑或擅自设立领事，葡国在华商贸和领事事务都无法得到及时有效的处理，更不可能享有最惠国待遇。葡国欲解决这些问题，唯有放弃攫取澳门主权的企图，同中国订立正式条约。

贾若敬议约失败后，刚刚就任葡国驻上海"领事"的贾贵禄（José Joaquim Coelho de Carvalho）未经本国政府同意②，即串通奥地利驻上海领事夏士（Joseph Haas）试图通过江海关道邵友濂与北洋大臣李鸿章的特殊关系，同中国议订领事章程，为葡国争取在华领事裁判权及其他有约国享有之一切特权，同时也为在列强面前挽回些许脸面。③ 1885 年 2 月 10 日，贾贵禄致函奥地利领事：

> 凡相待最优之国所得之于中国者，葡萄牙人亦当均沾。本总领事为此遵奉廷旨，为葡萄牙人设法欲于他国民人之在中土者，得其一体优待……特将草议一稿，附封呈览，即知此稿与各国议行诸约大旨相同。本总领事以为，此章经两国御笔批准，或可即在上海由本总领事与道台定妥，约期派员互换。④

夏士在会晤邵友濂时，除了代贾贵禄游说并转递《领事章程》（14 款）⑤。

---

① 1862 年条约刚刚签订，葡方即以英国宝顺行商人左欣那（Joan Hanna）充任驻天津领事。参见《澳门专档》（三），第 45～52、55、212～213 页；《筹办夷务始末》（同治朝）卷 26，《给大西洋国使臣照会》。

② *Negociações com a China*, Vol. I, pp. 97－98, 102.

③ 《贾贵禄致外交部长函》（1884 年 5 月 23 日、10 月 30 日），AMNE-Legação na China, Cx. 950, 3P, A19, M21, "1884"；《贾贵禄致外交部长函》（1885 年 2 月 18 日），*Negociações com a China*, Vol. I, pp. 97－98。

④ 关于《葡领事致奥地利领事函》，参见《澳门专档》（三），第 220 页。

⑤ 《领事章程》中译文参见《澳门专档》（三），第 220～223 页；葡原文参见 *Negociações com a China*, Vol. I, pp. 99－102。该《领事章程》是贾贵禄与夏士参考其他中外条约共同拟定的，并且在夏士转交上海道之后，才于 2 月 18 日随信呈送外交部长审批。*Negociações com a China*, Vol. I, pp. 97－98。

为迫使清政府就范，他还故意扬言：

> 时值中法交兵，澳门系属要隘，风闻法人欲向葡国租澳门①，为憩息兵船、屯（囤）积煤粮之所。葡国与中国未换和约，可以不守局外之规。万一竟将该处租给法人，则不利于中国，更恐与法人勾通，暗与中国为难，不可不防。②

南洋大臣曾国荃得报后，于 1885 年 3 月 4 日致函总理衙门：

> 查葡国前议条款，久置不论，此时遽欲另订领事章程，并以未换和约可以不守局外之例，藉词恫吓，冀遂要求。姑无论各国与中国立约通商，无此办法。即其所拟各条，亦有碍难照办之处。然当此法事方殷，若拒之太甚，亦非联络邦交之意，似不得不聊与羁縻。现已批令该道，婉词转覆。③

邵友濂遂致函夏士：

> 兹奉南北洋大臣曾、李先后批谕，承准总理衙门函覆：中葡换约一节，前议久而未定，极应早日会商办理。惟刻下中法参商，公事甚繁，未能兼顾。此事已隔十数年之久，亦不争在一时，应俟法事大定，彼此从长计议，更为妥善。饬即遵照。④

有关拟定《领事章程》的动机和目的，贾贵禄曾向外交部长作过详细汇

---

① 相关"传言"亦见 J. F. Marques Pereira, A Questão do Extremo-Oriente e o Papel de Portugal no "Desconcerto" Europeu, in *Ta-Ssi-Yang-Kuo*, Macau, 1995, Vol. I-II, p. 640。文章作者当时就在澳门，对中葡外交史及澳门问题颇有研究，曾于 1885 年奉命起草"葡中条约基础"，大部分为 1887 年条约所采纳。中葡里斯本谈判期间，金登干曾因《泰晤士报》记者撰文提到"中法交战期间，法国曾与葡国密商利用澳门事"，遂询问法国驻葡公使毕佑（A. Billot）、澳督罗沙及葡外交部长巴罗果美，然而，三人皆对此矢口否认。
② 《澳门专档》（三），第 216～218 页。
③ 《澳门专档》（三），第 216 页。
④ 《澳门专档》（三），第 207～208 页。

报，并在阐述每一条款的利弊得失的同时，着重指出了葡国根据各条规定将会"取得"的种种权益①。例如，通过第 1 款，中国在澳门设官之事已被排除，而清政府派领事驻扎澳门这一事实，恰好说明清政府承认澳门为葡国领土。通过第 5 款和第 11 款，葡国可以借巴西等国因废除农奴制而造成的劳动力短缺和经济危机，继续向拉美地区贩卖华工。由此我们还可以看出，葡国政府 1873 年 12 月 27 日禁止澳门贩卖苦力政令，以及澳葡当局 1874 年 1 月 28 日禁止契约华工自澳门出洋通告等②，都是为了欺骗世界舆论，欺骗清政府。

贾贵禄《领事章程》虽然内容广泛，既包含窃取澳门主权的阴谋，又可使葡国"与英德美诸大国并行"、"均沾最优之国所得"，但是葡国政府并没有为之所动，因为葡国政府要的是一项既明确澳门法律地位又包含最惠国待遇的正式条约，所以，葡外交部长 1885 年 5 月 9 日回信说：目前"对葡国而言，最简单、最适宜的做法，就是在享有纯粹最惠国待遇的前提下同中国签订一项条约"，希望"能像比利时领事那样，订立一项哪怕是临时性的协议"。③

由于贾贵禄三番五次请求本国政府授予议约全权，葡外交部长只好不抱太大希望地将曾被总理衙门拒绝了的《暂立条约》五款抄出，让他去同总理衙门交涉。为了不致囿于原约，并尽可能使之略有新意，贾贵禄又在五款《暂立条约》基础上增加两款，随信寄给邵友濂，请求转呈总理衙门，以期会商签押。贾贵禄 1885 年 8 月 17 日致函邵友濂称：

> 按照国际法准则，1862 年条约未在限期内互换批文，不能生效，何况时逾多年，是以必须另议条约……请阁下转告总理衙门，本国政府所求，惟中国皇帝陛下于（中英）续增条约中之许诺："给予此前在粤通商之各国，与英国相同之特权。"故此，本领事奉命向皇帝陛下及其政府呈递草约一件。其中各款，无不以最惠国待遇中最全面、最完美之互利为基础……望皇帝陛下政府酌夺并告知，以便尽早前往会商签押。④

---

① AMNE – 3P. A19. M20 – "1885".
② 邓开颂：《澳门历史》，澳门，澳门历史学会，1995，第 168 页。
③ *Negociações com a China*, Vol. I, p. 102.
④ *Negociações com a China*, Vol. I, pp. 109–110. 中译文（多处误译）参见《澳门专档》（三），第 235~236 页。

邵友濂在复信中说：

> 本道前奉总理衙门函谕，贵国立约一节，必须先将澳门设官、派巡各事筹划定议，即当奏请钦派大臣照章换约，以垂久远。兹阅尊函，仍将以上两层置为缓办，似与本道所奉总理衙门指饬不符……在本道之意，贵总领事既奉有议约之权，大可便宜行事。与其草率立约，仍为未了之局，与泰西各邦名实两歧，不若查照从前所以议而未定之处，酌中筹一妥协办法，期于彼此无亏，俟商有端倪，会同中国钦派大臣，妥筹详细章程换约通商，更属一劳永逸。①

接到邵友濂复信后的第三天，贾贵禄即约同夏士携带 1845 年钦差大臣耆英给比利时驻印度支那总领事兰瓦（Lannoy）信函抄件②，前往衙署面晤道台，并且扬言欲北上天津亲与北洋大臣李鸿章商办。此时，邵友濂尚未接到总理衙门有关拒绝与葡方商定《暂立条约》的批示③，故在答复贾贵禄时指出：

> 立约大事，必须两国钦派大臣会同商订，断非外省关道所能私议……且贵领事现拟草约内，于总理衙门前指设官、派巡两层如何筹覆并未提及，照案尤不便与闻……贵领事等欲赴北洋大臣衙门禀商，事无不可。何日起程，先行知会，以便照章禀报。④

可见，邵友濂既未接受《暂立条约》，亦未建议他去天津议约，总理衙门更没有邀请他赴京，实情与贾贵禄在致外交部长电报中所言大相径庭。⑤

---

① 《澳门专档》（三），第 238 页。
② 1845 年夏，比利时驻印度支那总领事兰瓦由法国特使拉尊泥（Th. M. M. J. de Lagrené）引荐，在广东面晤钦差大臣耆英，请准比利时商人照《五口贸易章程》来华通商贸易。清政府决定："着俟询查明确后，即将《五口贸易章程》一体颁发，以示怀柔"。见《筹办夷务始末》（道光朝）卷 74，第 2919～2920、2927～2929 页；钦差大臣耆英 1845 年 7 月 24 日致比利时驻印度支那总领事兰瓦函，中国海关总署编 China: Treaties, Conventions, Etc. Between China and Foreign States, Shanghai, 1917, Vol. II, p. 3.
③ 《总理衙门致曾国荃函》，《澳门专档》（三），第 240、243 页。
④ 《北洋大臣李鸿章致总理衙门函》，《澳门专档》（三），第 241 页。
⑤ 贾贵禄于 1885 年 9 月 17 日致电外交部长："道台指示海关，对待我们应像对待其他国家一样。草约已被接受。他们邀我赴京。请电示。"参见 Negociações com a China, Vol. I, p. 103.

因为清政府的态度十分明确，不彻底解决在澳门设官、设巡这两个事关行使澳门主权的问题，中国绝不同葡国订立任何形式的条约，所以，即便葡国政府信任并支持贾贵禄，他的活动也不会取得成功，何况葡国政府对贾贵禄根本就没抱任何希望①。而贾贵禄有意绕开澳门总督，独自与中国官员交涉，并且几次在报告中谗言澳督，强调"中国政府不愿同澳督议约"②，不仅引起了澳督对他的嫉恨，而且也使葡国政府对他在议约问题上积极活动的用心和目的产生了怀疑③。

清末中葡立约交涉时期，正是中国在西方列强的侵略和欺压之下，由一个完全独立主权的国家沦为半殖民地半封建社会时期，中国面临的是"数千年未有之强敌"，中外关系出现了"数千年未有之变局"④。从 1842 年中英《南京条约》到 1887 年中葡《和好通商条约》，近半个世纪，中国先后同 15 个国家订立百余项约章，绝大部分都属不平等条约。这些国家的军事实力，远远超出葡国者有之，远远不及者亦有之，而葡国在奔走钻营了 40 余年，最终仅仅是由于"机缘凑巧"才得以同中国立约，原因就在于葡国立约的目的并非仅仅为了"利益均沾"，而是为了攫取澳门的领土主权。鸦片战争后，中国虽然处于被动挨打的悲惨处境，但毕竟没有软弱到连葡国都可以任意欺凌、宰割的地步；清政府虽然昧于国际法，但并没有丧失领土主权的意识。因此，葡国要想以签订条约的形式"合法"占据澳门，除了在利害相关的情况下联合列强发动侵华战争，只有耐心地等待"天赐良机"。

（原载李大龙主编《中国边疆史地研究》，北京，
中国社会科学院中国边疆史地研究中心，2001 年第 3 期）

---

① 《外交部长致贾贵禄函》（1885 年 5 月 9 日），*Negociações com a China*，Vol. I，p. 102。
② 《贾贵禄致外交部长函》（1884 年 5 月 23 日），AMNE-Legação na China，Cx. 950，3P，A19，M21，"1884"；《贾贵禄致外交部长函·附件 D：奥地利领事夏士致贾贵禄函》（1885 年 9 月 17 日）、《贾贵禄致外交部长电》（1885 年 9 月 21 日），*Negociações com a China*，Vol. I，pp. 107，112。
③ 《外交部长致贾贵禄函》（1885 年 11 月 13 日），*Negociações com a China*，Vol. I，pp. 112 - 114。
④ 《李文忠公全集·奏稿》卷 24，清光绪三十一年本，第 11～12 页。

澳门主权归属争议的国际法分析

谭志强[*]

一　前言

　　自 1887 年中葡签署的《和好通商条约》规定葡萄牙可以"永居管理"（中文本）或"永占管理"（英文本、葡文本）澳门以来，长达 92 年的岁月中，澳门的国际法地位，亦即主权属中国或葡国，一直都是一件悬案。中国学者对此一致声称澳门仍是中国领土，葡国学者则声称葡国已通过"永占管理"而取得澳门主权，莫衷一是，众说纷纭。直到 1979 年 2 月中华人民共和国与葡萄牙共和国正式建交，在建交会谈记录中以秘密协议的方式确定了"澳门是葡国管理下的中国领土"，并经《葡萄牙宪法》与《澳门组织章程》确认后，澳门国际法地位才告澄清。不过，自 1887 年到 1979 年之间的澳门主权归属，仍然是一个历史之谜。本文便是试从国际法的角度，结合当时中葡双方缔约时发生的史实，与两位前辈学者（朱希祖、梁嘉彬）的研究成果作一综合分析，再辅以若干国际法上有关"时效"原则与领土主权归属之关系的著名案例，对此一历史之谜作一初步的探讨，以证明澳门一直是中国领土，并无将主权让与葡国。葡国拥有的不过是中国承认葡国可以"永居管理"澳门的既成事实为权利而已。

二　有意混淆主权归属的条约

　　要了解澳门主权究竟有无由中国"割让"（ceded）予葡国，关键在如何

---

* 澳门大学社会科学及人文学院传播学系兼任讲师，台湾政治大学法学博士。

解释清楚 1887 年《中葡和好通商条约》中有关澳门法律地位的相关条款。

在分析这个问题时，我们暂时不应采用民国以后"国府"及中共所抱持的"不承认一切不平等条约"的立场。因为，既然是不平等条约，亦即《中葡和好通商条约》无效，这个问题也就不必多作讨论，只要中国派一营军队自关闸开进澳门，便可以马上解决澳门主权归属问题。所以，即使我们对许多过去曾出现过的种种葡方辩称葡已经拥有澳门主权的说法不以为然，但是，暂时抑压下不满情绪，冷静地假设 1887 年《中葡和好通商条约》仍然在民国成立之前及之后生效，并对它作冷静的、整体的国际法分析，说不定更有说服力。

其实，这份条约是有意混淆主权归属的。因为条约如果写得太明白，中葡双方都不会满意，条约就不可能签署生效了。对中国而言，澳门主权属于中国，过去是，现在是，将来也是，葡人最多也不过是自"租借"变成中国准许它继续"永居管理"而已；对葡国而言，葡人则另有一套有关澳门的官书记录。他们一向认为澳门是葡人"流血流汗"争取回来的"居留地"（settlement）或"殖民地"（colony），是中国皇帝"赏赐"给他们的。明显的相反证据摆在眼前，大部分葡人是视若无睹的。因此，赫德为了调解中葡双方，便不能不用模棱两可手法，以中文是"永居管理"，英、葡文则是 perpetual occupation（永久占有）的字眼，"连哄带骗"地既说服清廷[1]，又满足葡国，蒙混过关地签署了通商条约，以后发生任何问题，则以后再说。

正因如此，赫德才会特别叮咛"地位条款的英文字句必须仔细斟酌，使它包含了每一意义……中文文字不妨含蓄，只要提到就够了，不必说得太多"。[2]

不过，尽管如此，我们也发现金登干在里斯本签署《草约》（Protocolo）时玩了一些手法，后来的《中葡和好通商条约》签署生效，也不能称之为"出卖"中国对澳门的主权。

三　金登干没有出卖澳门主权

我们的论据如下。

---

[1] 中国近代经济史资料丛刊编辑委员会主编《中国海关与中葡里斯本草约》，北京，中华书局，1983，第 95 页。

[2]《中葡里斯本草约》，见《中国海关与中葡里斯本草约》，第 92 页。

第一，《草约》与《条约》的字眼是有分别的。《草约》在主权问题上写得比较明白详细，是："China confirms perpetual occupation and government of Macao and its dependencies by Portugal, as any Portuguese possession."（定准由中国坚允，葡国永驻管理澳门，以及属澳之地，与葡国治理他地无异），但没说明"澳门及属澳之地"究竟有多大。《条约》则有意不提主权问题，却没明白指出如何划定"澳门及属澳之地"的程序，而是"俟两国派员妥为会订界址，再行订立专约。其未经定界之前，一切事宜，但依现时情形勿动，彼此均不得有增减改变之事"。对葡方而言，既然是中方同意"perpetual occupation and government"（永占管理），且"as any Portuguese possession"（与葡国其他所有地无异），自然认为已通过"占有"而取得澳门主权。但对中方而言，中国的理解却一直是中文翻译的"永居管理"澳门，及与葡国"治理他地无异"。换言之，由于赫德与金登干在文字上玩游戏，中葡双方在同一条文上的理解是不一样的。因此，要清楚地理解此条文的真正意义，必须要与其他条文合并比对。

从转让权来看，北京大学史学系前主任朱希祖早于1922年便指出："葡国不得让其地于他国一款，正约改为未经大清国首肯，则大西洋不得将澳门让与他国，是澳门主权，中国未全失也。"① 换言之，如果葡国拥有澳门主权，葡国自可任意处分澳门，又何必在将澳门让与他国之前要先征求中国同意呢？因此，这项条文实已埋下一个伏笔，即暗示葡国在澳门取得的权利并非完全且绝对的，最终处分权（主权）仍然保持在中国手中。葡国只是在"治理"（administration）澳门时与其他葡国所有地无异，如此而已。反过来说，中国让与葡国的只是低于主权的管理权，而非主权本身。

所以，从葡国一直无法取得澳门完全且绝对的领土支配权来看，中国根本就没将澳门主权"割让"（ceded）给葡国。

第二，历史根据上，中葡草约及条约与中国各租界的《土地章程》（land regulation）及威海卫租借地条约比较，实有大同小异之处。例如，中国各租界土地章程内多有"永租"（perpetual lease）字样，威海卫租借条约有"占领"（occupation）字样，可见中国的允许葡国的"永居管理"，只不

---

① 朱希祖：《葡萄牙人背约侵略我国土杀戮我国民拟废约收回澳门意见书》，载《东方杂志》第19卷第11期，第96～97页。

过是允许葡国"土地永租"和"市政管理"之权,但对澳门的主权绝未放弃。而且,葡国得到这种权利也不是没有条件、绝对永远保留得住的,而是要履行义务亦即助中国征收鸦片烟税才能保持的。[①] 所以,当中葡两国都相继禁止鸦片贸易,亦即葡国已经没有履行义务之后,葡国"永居管理"澳门已经丧失了法律上权利与义务之间须互相保证的根据。

第三,法律根据上,金登干与葡萄牙签订的《草约》中第 2 款,实在可能参考了 1878 年《柏林条约》的其中一款。《柏林条约》那一款载明:"波斯尼亚(Bosinia)、黑塞哥维那(Hezegovina)两州,仍构成土耳其领土之一部,但此两州划归奥国占领与管理……"这便说明不但中葡草约,就是《柏林条约》也是一方面承认甲国保留在某一地方的领土主权,另一方面又承认乙国在该指定地方的"占领权"与"管理权"的。换句话说,即一块土地的占领权和管理权的让与并不包括主权的让与,与领土割让还有一段距离,迥然不同。金登干充其量不过是拿澳门这块中国领土的"地上权",来抵押葡萄牙对中国应尽的义务(协助征收鸦片税厘)而已,并没有构成领土割让的行为[②]。所以,不管葡国在其《宪法》中如何定义澳门,及长期将澳门视为葡国的海外领土[③],那都只是葡国的一相情愿而已。这种单方面的宣示,是没有国际法效力的。

第四,自划界问题看,从"澳门及属澳之地"一直没有划分清楚,更进一步证明不但中国没有将澳门主权割让给葡国,甚至连条约中的"永居管理"或"永占管理"的权利,也是没完全生效的。因为,占有的标的物

---

① 梁嘉彬:《通论澳门在历史上条约上的地位》,载包遵彭等编《中国近代史论丛——边疆》第 2 辑第 7 册,台北,正中书局,1969,第 142~143 页。

② 梁嘉彬:《通论澳门在历史上条约上的地位》,第 143~144 页。事实上,《柏林条约》(1878 年)中,除波斯尼亚及黑塞哥维那被指定划归奥匈帝国管理外,土耳其的塞浦路斯也被指定划归英国管理,直到 1914 年 11 月 5 日英国正式兼并为止,土耳其仍然在名义上拥有塞浦路斯的主权,只不过无法在塞浦路斯行使而已。尽管如此,英国仍然要等到 1922 年的洛桑条约(Treaty of Lausanne)签订生效后,才获得土耳其同意割让塞浦路斯名义上的主权。与澳门情况不同的是,土耳其上述三块领土的划归奥匈帝国与英国管理,理由在一些实际的目的(笔者按:即对土耳其的惩罚及监视)。参见 L. Oppenheim(H. Lauterpacht ed),*International Law: A Treatise*, 8th ed., Vol. I, London: Longmans, Green and Co., 1958, p. 455. 至于波斯尼亚与黑塞哥维那,则于第一次世界大战后与塞尔维亚等合组成南斯拉夫,成为另一个独立国家的一个分子邦。

③ Jorge Noronha e Silveira: *Subsídios para a história do direito constitucional de Macau(1820 - 1874)*, Macau: Publicações O Direito, 1991.

范围不明，中葡两国能够承认的只是葡国实际上占领土地的现状，暂时不应更动而已。

为什么"永居管理"或"永占管理"在法理上并没完全生效呢？因为"占有"在法律上只是一种"事实"，并不等于"权利"。只有原主权国承认这种事实已经变成权利，对他国而言才可能成为一种权利。然而，1887年以来葡国在澳门行使的"永占权"，却一直只是一种"不完全的占有"或"未完全生效的占有"。"占有"的前提是一个边界明确的"标的物"，可是这个"标的物"（澳门及属澳之地）却一直未明确划分出来，法律上只是一个模糊的存在①。

中葡两国在"澳门及属澳之地"的争议上，双方达成而且生效的协议只是："其未经定界以前，一切事宜，但依现时情形勿动，彼此均不得有增减改变之事"，如此而已。如以民法上的转让作一比喻，在"澳门及属澳之地"的问题上，中国的转让（"永居管理"或"永占管理"）行为，其实仍未完成，葡国自亦未完全取得"永居管理"或"永占管理"的权利，所以，葡国不但澳门的主权没有取得，连管理澳门的权利都是有问题的。依法理而言，中国只是承认葡国暂时管理澳门的事实的确存在而已。

四　葡国无法依据"时效"原则取得澳门主权

至于葡国特使马沙铎一再在划界谈判中声称"久占之地，即有主权"，主张葡国早已通过"时效原则"取得澳门主权，其实只是一种强辩，经不起严格的法理分析。我们的论据如下。

---

① 郑炜明指出，从"澳门及属澳之地"一直没有划清，可证明澳门主权不可能已经割让给葡国。他认为清末广东历任地方重臣（特别是张之洞）与广东地方士绅民众的大力反对葡国企图扩大澳门地界，对维护中国在澳门的主权，是有相当重要作用的。见郑炜明《葡萄牙人占有澳门附近氹仔、路环二岛的经过与性质》，载吕一燃主编《中国边疆史地论集》，哈尔滨，黑龙江教育出版社，1991，第448～460页。张之洞是当时极力对清廷进谏，且在行动上反对葡人企图藉"澳门及属澳之地"扩充地界的官员。他的主要论据与行动，见张之洞《谘呈总署录澳门旧案》（光绪十三年五月初五日），载王树枏编《张文襄公全集》卷94公牍九，台北，文海出版社，1970，总第6572～6575页；《扎前山都司整顿边防》（清光绪十三年八月廿一日）卷94公牍九，总第6582～6584页；《详陈澳界利害之约尚宜缓定折》（光绪十三年四月十四日）卷20奏议20，总第1622～1637页；《再谢澳界胶葛立约必宜缓定折（并清单）》（光绪十三年七月廿八日）卷22奏议22，总第1771～1793页。

第一，就国内法而言，"时效"（prescription）这个观念源于古罗马。

在罗马市民法中 Usucapio，在万民法中有 Praescriptio，原义本稍有出入，但二义后来合并为后日的时效观念。在当时，罗马法中取得不动产或某种动产的所有权，须经过一些公开的仪式。有时这些仪式或因故未能完成，此种所有权便不完整，市民法中乃规定"善意、公开、继续的无争占有不动产二年或以上，动产一年以上，可取得所有权"，以资补救。万民法则因对外国人的若干不同规定，以及外省土地所有权的规定等，也不得不用时效观念以资补救。东罗马帝国优士丁尼（Justinian，527－567 A. D.）制定法典时，将 Usucapio 及 Praescriptio 的区别取消，但仍沿用此一时效观念。这便是罗马法的"时效"观念之大概。① 后来欧陆实施大陆法系的国家，也大多在其民法中作此规定，澳门目前沿用的《葡萄牙民法》，也规定土地或房屋的占有者，只要"和平占有"、"无争占有"20 年，原所有者一直未出现，便可通过登记取得该土地或房屋的所有权。②

属于大陆法系的中国台湾，其"民法"第 769、770 条也有类似规定，亦即"以所有之意思二十年间如果继续占有他人未登记之不动产者得请求

---

① 张彝鼎：《国际法中的时效原则》，载《国际法论集》，台北，亚洲与世界社，1986，第 27 页。William A. Hunter, *Introduction to Roman Law*, 9th ed.（revised by F. H. Lawson），London：Oxford University Press, 1934, pp. 56－57; Barry Nicholas, *An Introduction to Roman Law*, 3rd ed., Oxford：Clarendon Press, 1962, pp. 120－130; R. W. Lee, *The Elements of Roman Law*, 4th ed., London：Sweet & Maxwell, 1956, pp. 119－125; W. W. Buckland, (revised by Peter Stein), *A Textbook of Roman Law：from Augustus to Justinian*, 3rd ed., Cambridge：Cambridge University Press, 1966, pp. 249－252. 罗马十二铜表法中对"占有"的规定最宽松，土地只要占有两年，便可取得，但只限罗马公民。见 D. G. Cracknell, *Law Student's Companion*, No. 4：*Roman Law*, London：Butterworths, 1964, p. 13. 到了优士丁尼法典的"时效"（久占）观念，则发展成如果是不动产，在意大利要占有 10 年以上，在外省则要占有 20 年以上，才可有资格取得所有权。见 Lee, *Elements of Roman Law*, Ibid, pp. 127－129; Cracknell, *Roman Law*, Ibid, pp. 248－249. 代表海洋法法系的英国普通法，则对时效的适用范围限制极严。一般而言，英国普通法并不承认"长期无争占有"可取得土地或不动产的所有权，也不承认时效可以作为消失所有权的根据，与大陆法系相去甚远。不过，由于澳门主权争执双方（中国、葡国）都属于大陆法系，故暂不论列。

② 1991 年初，澳门曾发生一宗房屋与土地纠纷案（称"金辉大厦案"），其中一造律师引用了葡国民法中有关"和平占有"的条文，在澳门法院中诉讼得直，曾一度引起不少澳门居民的恐慌。因土生土长的澳门人中不少已移民海外，留下在澳门所拥有的不动产，由亲友代理收租，并以此供养年迈亲友。一旦这类案例陆续发生，许多倚赖租金生活的老人家便会顿失收入来源。最后此案一方面原诉讼人向澳门高等法院上诉，一方面澳门立法会进行研拟修改有关"和平占有"条文，澳门居民的恐慌情绪才告消失。

登记为所有人"及"以所有之意思十年间继续占有他人未登记之不动产，而其占有之给为善意其无过失者得请求登记为所有人"，亦即完成不动产所有权的取得时效。此取得时效完成后，如占有者为不动产，当办登记后，占有人便取得该不动产的所有权。[①]

换言之，罗马法、葡国民法与中国台湾的"民法"，虽然都存在时效观念，但"所有权"（ownership）、"占有"（possession）与"时效"（久占，prescription over a long period of time），三者并非等同。所有权是一种权利，占有只是一种事实而非权利，时效（久占）则是一种可以请求登记为财产所有人的事实（资格）。但是，时效（久占）能否通过登记而取得所有权，却不是必然的，仍需政府依法律（亦即时效须配合一切其他条件如善意，和平、无争等）来决定。一旦被证明缺乏善意、不和平或存在争议，时效（久占）观念便不适用了。

葡国是否缺乏善意暂且不论，葡国取得澳门排他管理权及扩充澳门地界时一再使用武力，而且中葡双方争议不断，最后连"澳门及属澳之地"迄今都未划定界限，所以，不管自罗马法、葡国民法或中国民法来做判准，葡国显然是不可能通过时效（久占）取得澳门所有权的。

第二，就国际法而言，时效（久占）观念也是来自罗马法，尤其是其万民法。

演变至今，时效（久占）虽已逐渐成为不少文明国家所承认的法律原则，但国际法院仍未根据国际法院组织法第38条将之宣布为国际公法的法源，只是在若干司法判例与国际仲裁中予以援引，以此原则作为判案根据而已。各国外交文件的援引，则只是各主权国的单独宣示，其效力的普遍性是有限的；至于国际法学者的著作，则更人言人殊，尚无一致结论。所以，"久占之地，必有主权"的说法，只是葡国特使在澳门划界谈判时的片面论据，作不得准。

当然，国际法上也不是没有过引用时效原则来做判决根据的案例，这些案例中最著名的便是"美荷帕玛斯岛仲裁案"（*The Island of Palmas or Miangas Arbitration*，U. S. Vs. Netherland，1928）、（丹挪东格陵兰岛案）（*Eastern Greenland Case*，Denmark Vs. Norway，1933）及"英法海峡岛屿

---

① 林纪东等编《新编六法参照法令判解书》，台北，五南图书出版公司，1989，第 203 ~ 204 页。

案"（*Minquiers and Ecrehos Case*，U. K. Vs. France，1953）。

在帕玛斯岛仲裁案中，国际常设仲裁法院法官胡伯（Max Huder）认为，西班牙虽于 1666 年发现帕玛斯岛，但该国并未对帕玛斯岛做有效占领（effective occupation），故西班牙的发现只可作为未来建立主权的根据。相反的，自 1700 年到 1906 年荷兰却在帕玛斯岛连续地、和平地行使有效主权，于是根据上述事实，胡伯法官判决帕玛斯岛是荷兰（按：即荷属东印度，今印度尼西亚）领土的一部分，美国不能以西班牙在菲律宾主权的继承者身份取得帕玛斯岛主权①。

在东格陵兰岛案中，常设国际法院认为先占（occupation）是否有效，取决于占领国是否拥有行使及取得领土主权的意愿，及适当行使及表示其主权。就拥有行使及取得领土主权的意愿而言，一个国家要在形式上正式宣告并通知其他有关国家有声明愿意将此领土永久置于其实际控制（physical control）之下。关于适当的行使及表示其主权，一个国家所行使的主权必须是和平的、真实的及由此赋予的有效权利名义是连续不断的。由于东格陵兰岛的自然环境条件严酷，丹麦即使未能完全满足上述条件，但并不阻碍丹麦拥有该地主权，故常设国际法院判决丹麦胜诉，挪威败诉②。

在英法海峡岛屿案中，国际法院认为具有决定一切的重要性者，并不是由中古事件绅绎出来的间接假定，而是与明奇耶（Minquies）及埃克里阿（Ecrehos）有关的直接证据。因此，国际法院驳回了法国以法兰西国王与诺曼底公爵的封建关系据此取得这些岛屿主权的说法。国际法院指出明奇耶、埃克里阿及其岩石，就其可能设定主权者而言，应属英国。英国的主权，主要建立于其 19 世纪与 20 世纪，不断地在这些岛屿上行使国家职权（state functions），如行政管理及司法管辖之上。反之，法国对其权利并未提出任

---

① William W. Bishop，*American Journal of International Law*，Vol. 22，1928，pp. 866 – 867；Jr. *International Law*，*Case and Materials*，3rd ed.，Boston and Toronto：Little Brown and Company，1971，pp. 404 – 405；Herbert W. Briggs，2nd ed.，*The Laws of Nations*：*Case*，*Documents and Notes*，New York：Appleton-Century Crofts，1966，pp. 245 – 247；D. P. O'Connell，*International Law*，Vol. 2，London：Steven and Sons，1965，pp. 471 – 472.

② John K. T. Chao（赵国材），*The Legal Status of Eastern Greenland Case*，载《政大法学评论》总第 27 期，1983，第 195～214 页；O'Connell，Ibid，pp. 473 – 474；*Eastern Greenland Case*，Permanent Court of International Justice，Ser. A/B，No. 53，1933。

何证据。①

然而，上述通过"时效"（久占）而取得主权的案例，对澳门是不适用的。因为：

其一，澳门并非无主地（terra nullius），葡人入居澳门（1553～1554年）之前，中国已在此地和平地、连续地、有效地管理了 402 年（按：香山县设治于 1152 年）。澳门当时不但有守澳官、河舶所，也有长期定居的中国渔民。

其二，直到 1849 年之前，葡人一直向中国政府缴纳地租，每年 500 两白银。同时，中国在澳门享有最高治权，葡人只不过在中国皇帝的恩准之下享有一定的自治权而已，最后的决定者仍是中国。

其三，1849 年中国无法在澳门行使主权的事实，是葡人运用武力手段造成的。这种手段与"时效"原则强调的和平手段截然相反。而且，中国如未正式宣布抛弃澳门主权，令澳门成为无主地，即使存在葡国和平地、真实地、连续不断地在澳门长期行使主权的事实（1849～1910），澳门的主权仍属于中国，葡国不可能通过"时效"（久占）取得澳门主权。

因此，葡国唯一取得澳门主权的途径只有通过中国的"割让"，然而，如本论文第三节所指出的，中国从来没有割让澳门予葡国，1887 年《中葡和好通商条约》，依法理而言，中国充其量只是承认葡国暂时管理澳门的事实而已。

总之，葡国方面宣称的"久占之地，必有主权"的说法，是没有法律效力的。

五　结论

即使 1887 年的《中葡和好通商条约》依英文本解释为"永久占有"，葡国也没获得澳门的主权；澳门主权一直属于中国，是毫无疑问的。历史

---

① 雷崧生编《国际法院成案》，台北，正中书局，1970，第 123～125 页；John K. T. Chao（赵国材），*The Minquiers and Ecrehos Case（France-United Kingdom）: Legel Analyses of the Decision of the International Court of Justice*，载《政治大学学报》总第 60 期，1979，第 61～65 页；O'Connell, supra note 114, pp. 474–475；*International Court of Justice: Reports of Judgments, Advisory Opinion and Orders*, 1953, pp. 47, 68–70。

上不但存在过主权一直属于中国但却可以被外国政府"永久占有"的租界，也存在过主权属于土耳其但却划归奥匈帝国占有与管理的波斯尼亚与黑塞哥维那等案例。按照国际公法，"永久占有"的意义不等于"割让领土"，更何况这种"永久占有"的权利也是"不完全的"或"未完全生效的"。因为，"澳门及属澳之地"至今都没划清界限，可以生效的只是"一切事宜，俱依现时情形而动，彼此均不得有增减改变之事"而已。

葡国方面宣称的"久占之地，必有主权"的说法，来自时效（久占）观念，但不管自罗马法、葡国民法、中国民法抑或国际法来看，这种说法都是相当牵强的，没有法律效力的。澳门不是无主地，一直是中国领土，只不过在1849年之后中国无法在澳门行使主权而已。葡国和平地、真实地、连续不断地在澳门长期行使主权，不能单凭此事实取得澳门主权。鉴于中国从来没有将澳门抛弃之意向与行为，令澳门成为无主地，让葡国可以依循时效（久占）原则取得澳门主权。所以时效（久占）原则不适用于澳门。

本文的结论非常平凡，此即：即使在1887年到1979年之间，澳门仍然是葡国管理下的中国领土。

（原载官龙耀主编《文化杂志》，澳门，澳门文化司署，第19期，1994年第二季度）

1887 年《葡中和好通商条约》中有关葡萄牙在澳门主权议题诠释问题

——《葡萄牙共和国宪法》第 292 条第 1 款重阅心得

〔葡〕 萨安东（António Vasconcelos de Saldanha）*

一 导论

1887 年《葡中和好通商条约》无愧为所有置身于葡中 19～20 世纪关系史这一复杂领域之研究者——法学家、外交家及史学家——必然涉及的基本材料。

1887 年条约为葡中关系第一则妥善换文、实施的国际条约。除此简单而重要的事实外，它是理解迄至 1887 为止葡中关系中最具深远意义的两个问题的基石。这两个问题为：澳门对中国地位确定问题及澳门勘界问题。

在此以前，我们曾有机会探讨了勘界问题[①]；我们现在的任务（这并不是一个简单的任务）是对 1887 年条约中确认的所谓"地位条款"的解释谈些看法。由此通过对这个问题的分析来试看现行的有关澳门地位的宪法规定，是否与从 1872 年起颇费周折寻求、直至 1887 年最后确定的解决办法形成决裂。

除其在条约范畴内的法律实施性外，"地位条款"乃一历史性转折的里程碑。一方面，因为这一条款以条约形式确定了一种实际状况。条约签订前二或三世纪中，中国方面曾直接或间接地为这种状况作了规定。另一方

---

① 萨安东：《1909 年中葡政府间澳门勘界会议及其在葡中关系中的意义》，葡文版载《行政》杂志总第 30 期，澳门政府行政暨公职司，1995 年 12 月，第 753～776 页；中文版载同期第 941～955 页。

面，是因为从历史的角度来看，它先于 19 世纪在中国出现的早期"租界"，1887 年对澳门地位条约的确定，为客观地探讨这一在国际法理论上引起广泛注意的原则的法律性提供了新资料。

一位法国政治家曾有如下撰述：在政治当中，持续性不在于永远干同一事情，而在于永远想干同一事情。由此而论，19 世纪之葡萄牙对华政策，尤其是外交政策，如果曾拥有某种基本特征的话，毫无疑问，它就是这里所说的持续性。

从第一次鸦片战争起，葡萄牙盼望的是澄清或仅仅是正式确定它的对华地位：在亚马勒政府之前，还通过与钦差大臣耆英的谈判，在中华帝国体统之内实现这一愿望①。实际上，从条约上确定"地位条款"的需要真正是中英条约即俗称为《南京条约》（1842 年）的必然结果。到那时为止，葡萄牙人十分明确他们对中华帝国长达数世纪之久的承诺，在中英冲突时保持明智的中立态度。从鸦片战争起，葡萄牙看到在西方与中国关系中强硬塞进了这一新格局，然而，它未卷入其中。

因此，不足为奇的是，1842 年印度总督府（当时澳门隶属于它）为澳门葡萄牙当局下达的关于已预定同钦差大臣依里布谈判的初期正式训令中便作了明确的规定："应竭尽全力，争取中华帝国以其法律所允许的最佳方式承认澳门为葡萄牙王室所属。因此，对现仍然上缴中国的贡赋或贡金的终止作出规定"②。

我们知道，上述训令后经更正。里斯本政府在发给与华谈判钦差大臣的正式训令中，在取得"地位条款"这个问题上有所退让，以换取更具实用意义的纯商业性的让步。我们亦知，正是由于上述要求之不果，直接导致了澳门单方面激进的"自治化"。亚马勒政府为其充当了工具③。

葡萄牙人并未因此而放弃从中国处获得澳门地位"契定"或某种规定的念头。尽管这种想法有可能违背其余欧洲国家（尤其是英国）的愿望，

---

① 萨安东：《"一块重新改建的居留地"——澳门及葡萄牙在华对外政策（1842～1853）》，载《葡中关系研究》（*Estudos sobre as Relações Luso-Chinesas*），Lisboa，Instituto Superior de Ciências Sociais e Políticas，Instituto Cultural de Macau，1996。

② 印度总督安塔斯公爵 1843 年 1 月 21 日致海事及海外部长和海事及海外国务秘书第 103 号公函，藏于"海外历史档案馆"，第 2 部，印度，1843 年函盒。

③ 萨安东：《"一块重新改建的居留地"——澳门及葡萄牙在华对外政策（1842～1853）》。

但它已超越了在浩荡皇恩下默认而存在的居留地这一模式，更加符合维护葡萄牙国家声望的需要。亚马勒总督遇刺后，利用中华帝国政府对此应作出解释的可能性（后如愿以偿），在给其继任者官也总督的指示中将其列为重点：

> 如果我们有幸如愿以偿的话，应不失时机地与中国签订一他们同英国签订的那种条约，免去澳门向中华帝国交纳的年金或地租，以任何外国列强无法置疑的坚实基础确保葡萄牙在这一居留地内的统治权。①

二 1862 年及 1887 年条约中的"地位条款"

1862 年，对所谓第二次鸦片战争的浩劫及其未同英国及其他参战并获胜列强合作而陷入四面楚歌的困境，葡萄牙记忆犹新。毫不奇怪，在这种新的政治与经济格局面前，葡萄牙政府寻求当时葡驻华公使所说的解决办法。"我们应该确定，或更确切地说是改变澳门的政治地位，谋求既成事实得到承认，即：使中国政府承认澳门地区为葡属地"。②

然而，中国方面在谈判伊始便对葡方要求确定澳门地位的愿望加以明显的反对。中国全权大臣恒祺做了一番斩钉截铁的解释，但他一语道出了天机（实际上一直存在的问题），这是理解葡中关系范畴内出现诸问题的决定因素：

> 其政府从未企图剥夺葡对澳门的占有权……但无缘无故地在条约中承认中国领土一部分之独立，事关重大，无人可以承担这一责任……③

---

① 1849 年 11 月 5 日外交部给官也总督的指示，藏"海外历史档案馆"，发澳门函件第 3 册，第 202~205 页。
② 澳门总督、葡驻华特使基玛良士 1862 年 4 月 22 日致外交部长公函，藏于"外交部历史档案馆"驻华公使馆，第 950 号函盒。
③ 澳门总督、葡驻华特使基玛良士 1862 年 4 月 22 日致外交部长公函。

尽管如此,谈判结束和 1862 年 8 月 13 日条约签订后[①],葡方全权大臣基玛良士自诩得到了无异于"地位条款"的条文:

> 第 2 款前在大西洋国京都里斯波阿订预立节略内,大西洋国永居、管理澳门之第 2 款,大清国仍允无异,惟先经商订,俟两国派员妥为会订界址,再行特立专约。其未经定界以前,一切宜俱照依现时情形勿动,彼此不得有增减、改变之事。[②]

正如葡方全权大臣所言,"葡萄牙王室在此权益首次以明确而体面的方式得到了确认"[③]。然而,上述澳门之独立是以迂回的方式获得的。亚马勒政府以前的各种作为,尤其是所谓的"1843 年协议"均告失效。这一协议是由吐唎威啦边哆(Adrião Acácio da Silveira Pinto)与钦差大臣耆英议妥的。它承认了交纳地租的义务、中国海关的存在及 16 世纪划定之澳门界址。[④]

然而,这种遁词并不见效。因为 1864 年准备对 1862 年签订的条约换文时,再次出现了因译文欠妥造成的分歧,1862 年谈判的结果因此而完全作废,并导致了中国政府在所有可能提及或促使旨在(如同中国全权大臣所担心的)"承认中国领土一部之独立"的"地位条款"的确定方面决不妥协的态度。

在嗣后的几年中,葡萄牙政府面对中国的强硬立场,亦无能将其观点强加于中华帝国政府的政治及外交办法,终于抛弃了幻想而采取了一种务实的态度,以保持澳门现状或将其"资本化"。它争取签订了一纯粹商业性质的条款,将"地位条款"条约化撤出了在华外交的工作范围[⑤]。1872 年,

---

① 尽管不乏肤浅之处,关于 1862 年谈判的研究,参见孔赛桑(Lourenço Maria da Conceição)《与华两次缔约时期的澳门》(*Macau entre Dois Tratados com a China*),Instituto Cultural de Macau,1988。

② 相关条文载《外交:外交部长及外交国务秘书呈阅 1888 年届议会立法会之文件——对华谈判》第 1 卷,里斯本,官印局,1888。

③ 1849 年 11 月 5 日外交部给官也总督的指示。

④ 萨安东:《"一块重新改建的居留地"——澳门及葡萄牙在华对外政策(1842~1853)》。

⑤ 萨安东:《"希图见好"中国购澳外交攻势——论总理衙门遭西方使团(1869~1891)》,载萨安东、阿尔维斯主编《葡中关系史研究》,澳门,东方葡萄牙学会,1996。

澳门总督及驻华特命全权公使喏哪略子爵（Visconde de S. Januário）曾对外交部长这样辩护说：

> 我们不需要将澳门地区完全出让给葡王室的声明写入某一专款，依我所见，我们坚持这样做乃一错误。世人皆知，中华帝国政府只有在武力之下才有可能将其版图之一部分，即便是芝麻大一块的出让写进条约。我们对澳门的占有权以用不可磨灭的大字写入了时间这本巨著之中……我们与中国从来以大国相待。条约换文后，更可视为我们自主权的又一证据。为何要纠缠不休地确定早已板上钉钉的东西？①

10 年后，1882 年外交部长就"澳门问题"发给葡萄牙驻伦敦、巴黎、维也纳、圣彼得堡、马德里、布鲁塞尔及华盛顿驻外代表的通知中，有相同的见解。"如今葡萄牙王室对澳门的主权是基于多不枚举、确凿不移的证据之上的，因此并不需要得到中国皇帝的正式承认"。此时，重要的是实现与中华帝国商业关系的正常化。仅以此寥寥数语便表明，葡萄牙在准备要求开始进行的谈判中，唯一的渴望是签订一份"基于最惠国待遇之上"的条约②。

无须在此对 1887 年以前所有争取签订葡中通商条约努力失败的主要政治与外交原因作一阐述，请允许我们对导致这一立场发生重大变化的情况加以分析。我们所指的是中国与香港政府签订的英国协助征收洋药厘税的条约草约。草约中的一条款造成了非与澳门签订同一内容条款不可的局面③。从北京刚到香港来谈判海关条约的总税务司赫德爵士，在 1886 年 7 月致其助手金登干函中，已将此问题讲得一清二楚：

---

① 《外交：外交部长及外交国务秘书呈阅 1888 年届议会立法会之文件——对华谈判》第 1 卷，1872 年 4 月 25 日若哪略子爵致外交部函，第 63～64 页。
② 《外交：外交部长及外交国务秘书呈阅 1888 年届议会立法会之文件——对华谈判》第 1 卷，1882 年 5 月 3 日外交部通知，第 78～83 页。
③ 魏尔特：《赫德与中国海关》，贝尔法斯特，WM，马兰及子女有限公司，1950；费正清等编《总税务司在北京：中国海关总税务司赫德致金登干书简（1868～1907）》，剑桥，马塞诸塞，哈佛大学出版社，1975；《中国海关密档：赫德、金登干函电汇编（1874～1907）》（简称 ACIM）第 4 卷，北京，外文出版社，1990，尤见第 2 册披露的函电。

要施行这一办法，我们就必须设法使澳门也照办，也就是说必须与葡萄牙谈判，而这也就意味着承认葡萄牙在澳门的地位。为了谈判，我们必须答应签订条约，而任何条约如果不用若干字句承认葡萄牙在澳门的地位，是决不会被接受的……①

赫德的这番意见，也许是当时同澳门总督正式接触后产生的，也许是在 20 载交涉"澳门问题"中形成的，而后看来是有先见之明的。考虑到中国为了有效稽查洋药厘税的征收极愿获得葡萄牙协助这一点，葡政府在强硬的谈判立场上，"把在中华帝国中的地位最终确定下来，使中国承认葡萄牙对澳门的占有权，并商定一通商条约，以结束对葡萄牙人在华不利的特殊情况"的大好时机到了②。

因此，1886 年 8 月，总税务司赫德爵士与澳门总督罗沙在澳门会谈后产生了一份联合文件，即所谓的《拟议条约摘要备呈中国葡萄牙核定之底稿》③：

查此拟订之约，应与通商各国和约大致相同，其优待一体均沾一条亦同一律。所载税则，亦应按照近年修订者更订办理。

第 1 款　中国以葡萄牙国人居住澳门及澳门所属之地业有三百余年，现允葡萄牙永驻扎管理，嗣后即凭此条为例。

第 2 款　葡萄牙国允按照此约续订之专条，会同中国在澳门设法相助中国征收洋药税项事宜，所有续订之专条与本约各条无异，应由两国一体遵守。

第 3 款　凡有中国人民因犯法逃往澳门并澳门所属之地，一经中国政府要求，向葡萄牙司法当局出示其罪证，并派见证二人前来，供明罪犯实系此人，则由澳门交送中国办理。

第 4 款　凡葡萄牙人民或居住或逃匿中国地界内，其引渡及领事治

---

① 《总税务司在北京：中国海关总税务司赫德致金登干书简（1868～1907）》，赫德致金登干函，1886 年 6 月 11 日，第 577 号。
② 萨安东：《"一块重新改建的居留地"——澳门及葡萄牙在华对外政策（1842～1853）》。
③ 《外交：外交部长及外交国务秘书呈阅 1888 年届议会立法会文件——对华谈判》第 2 卷，第 24 页。

外法权各节，均应按有约各国已订之章一体均沾办理。

文中除常见条款之外，还加入有关澳门情况的条款（澳门地位及勘界问题），及有关葡萄牙协助征洋药厘税的条款。然而，从严格意义上讲，澳门勘界问题并未得到解决，只是因《里斯本草约》第 2 款所确定的延期办法而得以回避①。

中国海关税务司金登干在里斯本同外交部所进行的繁重的谈判，导致

---

① 关于由此产生的诸问题，参见萨安东《1909 年中葡政府间澳门勘界会议及其在葡中关系中的意义》一文。某些学者认为，边界未勘导致了条约实施性的不成立。仅以杨连丰为例，该学者以地位条款形同"领土割让"这一错误原则为出发点，强调说："从法律角度来讲，尽管原则上确认了让与，澳门仍处于现状之中。自 1887 年条约起毫无变化，因为这一条约的待执行条件从未具备"。详见杨连丰《中国租借地》，巴黎，大学出版社，1929，第 13 页。谭志强亦持同样观点："更何况这种'永久占有'的权利也是'不完全的'或'未完全生效的'。因为，'澳门及属澳之地'至今都没划清界限，可以生效的只是'一切事宜，俱依现时情形勿动，彼此均不得有增减改变之事'而已"。详见谭志强《澳门主权归属及〈葡中和好通商条约〉的国际法分析》，载《文化杂志》总第 19 期，1994 年，第 80～88 页。上述论点的混乱不言而喻，溯其源乃对条约第 2 条内容的错误理解所致。"现状，明显仅指领土占领之现状"这些论点与国际法所承认的事实（即未勘界），并不一定意味着以某一地区为内容的公约或协议不具效力是并行不悖的。因此，这自然而然地为条约双方公认的效力，即在实践中总是为任何一方均承认的条约有效性所否定。令人遗憾的是，在第二位学者论文中（据我们所知，系用葡语撰写的第一位华人史学家）关于 1887 年条约解释问题立场的著作，因对葡中两国政府在谈判中各自立场的欠缺了解而造成的错误俯拾即是。因此，对赫德在此问题中所起的作用的分析，对所谓葡方谈判人员作为会谈中心论据的"时效"观点之探讨的大肆渲染，即业已阐明的"协议执行条款"未生效问题的论断不足为训。
　　关于这些问题，可参阅下列汉语著述。朱希祖：《收回澳门意见书》，载《东方杂志》第 19 卷第 11 期，1922 年 6 月 10 日，第 93～101 页；梁嘉彬：《通论澳门在历史上条约上的地位》，载包遵彭等编《中国近代史论丛——边疆》第 2 辑第 7 册，台北，正中书局，1969，第 137～146 页；丘宏达：《关于中国领土的国际法问题论集》，台北，台湾商务印书馆，1975；黄鸿钊：《清末中葡澳门划界交涉》，载《广东文史资料》（第 46 辑），广州，广东人民出版社，1985，第 65～86 页；王昭明：《鸦片战争前后澳门地位的变化》，载《近代史研究》1986 年第 3 期，第 46～73 页；邱克：《英人赫德与中葡澳门交涉史料》，载《岭南文史》1987 年第 2 期，第 65～66 页；郑炜明：《清末（澳门）路环海盗及其同盟会之关系》，载《濠镜》1988 年第 4 辑，第 86～94 页；郑炜明：《葡萄牙人占有澳门附近氹仔、路环二岛的经过和性质》，载吕一燃主编《中国边疆史地论集》，哈尔滨，黑龙江教育出版社，1991，第 447～461 页；黄启臣：《明清时期中国政府对澳门主权的行使》，载《港澳论丛》（一），广州，中山大学港澳研究所，1992；王之文：《港澳地区之相关法律问题》，载《法令月刊》，1993 年第 4 期，第 17～25 页；等等。本文作者未能参阅上述中国学者的论文，但认为不应不加以涉及。关于此问题值得一提的，还有夏本能《1822 年后澳门在葡萄牙宪法的地位》，尽管他对 1862 年及 1887 年两个条约的理解及对历届葡萄牙宪法的理解颇为欠缺。该文载《濠镜》1986 年 9 月第 1 期，第 12～20 页。

了 1887 年 3 月被称为《里斯本草约》的签订。《里斯本草约》（1887 年 3 月 26 日）全文如下：

> 大清国大葡国彼此相敦和睦已有三百余年，念愿重修旧好，俾永相安，是大清税务司金登干大葡外部大臣巴洛果美，因各奉有旨将会议之件画押为据，现将会议商定条款开列于左：
>
> 一、定准在中国北京即议互换修好通商条约，此约内亦有一体均沾之条。
>
> 二、定准由中国坚准，葡国永驻管理澳门以及属澳之地，与葡国治理他处无异。
>
> 三、定准由葡国坚允，若未经中国首肯，则葡国永不得将澳地让与他国。
>
> 四、定准由葡国坚允，洋药税征事宜，应如何会同各节，凡英国在香港施办之件，则葡国在澳类推办理。
>
> 光绪十三年三月初公历一千八百八十七年三月二十六日葡国京都画押（金登干之押，巴洛果美之押）

随后便是罗沙与总理衙门的北京会谈①，使盼望已久的《葡中和好通商条约》终于在 1887 年 12 月签字，1888 年 4 月换文生效。

我们现有三份主要文件：拟议条约、草约及条约，再加上其筹备工作的文件②。如通常做法，只要考虑到条约中用语通常的含义及条约的对象及目的，这些资料足以使我们对缔约双方的意向进行分析。

三 1887 年条约"地位条款"之产生

如果我们仅仅局限于对所谓"地位条款"（英语文献中使用"statute clause"）进行解释，首先应注意的是，只有从葡萄牙居澳所有权方面主要

---

① 总理衙门作为中华帝国的政府机构，权可比作外交部，见萨安东《"一块重新改建的居留地"——澳门及葡萄牙在华对外政策（1842~1853）》。

② 上述资料及条约文本和有关谈判文件，均见《外交：外交部长外交国务秘书呈阅 1888 年届议会立法会文件——对华谈判》第 2 卷。

观点出发才能理解葡萄牙的谈判立场。

这一观点是十分明确的：尽管坚持领土取得多种证据者大有人在，例如“让与”、“征服”或“时效”理论①，葡萄牙政府认为有必要将其理由基于持续及和平占有这一现实的论据之上——法律源于事实。

在 1909 年葡中勘界会议中，葡方勘界大臣采取了这一立场②。而早在 1845 年，圣塔伦子爵这位卓越外交家及杰出的历史学家，正是在有关澳门地位的问题上，在同英国发生的争执中，将此立场发挥得淋漓尽致③，也就是说：“这一长期的占有赋予了葡王室一种权利。即便不是为华人所承认的主权的话，至少是一种对此居留地拥有的特殊权利”④。于是我们看到了葡萄牙人寓于渴望获得的“地位条款”中的潜台词：对现状的承认，将自主永居及管理合法化。

这种状况几个世纪来一直为中国所默认。无论是在 1887 年条约签订之前还是之后，清朝大臣对于实际情况从未不承认过。的确，闻名遐迩的两广总督张之洞在 1887 年 2 月的一份奏折提出的意见⑤，与总理衙门王大臣、庆亲王奕劻遥相呼应。他在数月之后，即 1887 年 10 月（当时《里斯本草约》已签订，但条约谈判仍未开始）在奏折中写到：“澳门久为彼国盘据，今纵不准其永远居住，亦数虚文”，“并无收回该地之实”⑥。

正是在此前提的基础之上，在被称为《拟议条约摘要备呈中国葡萄牙核定之底稿》（1886 年 7～8 月赫德与罗沙会谈后，仍在《里斯本草约》之前成文）中，它提出了一种对葡萄牙利益有益的模式：

---

① 暂不论其重要性如何，且容我们不在此涉及以筹备工作作为检测国际条约中双方意愿的方法问题。为论证我们在本文中建议使用这种方法的合法性，见《维也纳公约》第 32 款 b 项。相关理论及立场的阐述，参见 H. 洛乌特尔巴切《以筹备工作解释条约之浅论》，载《哈佛法律评论》第 48 卷，1935 年；塞尔朱·人利《论国际法条约之解释》，米兰，1958；若阿金·莫雷拉·达·席尼瓦·库尼亚《从司法判例及理论来看条约之解释》，载《法律研究》卷 1，波尔图，1986，第 215 页始。

② 萨安东：《1909 年中葡政府间澳门勘界会议及其在葡中关系中的意义》。

③ 萨安东：《圣塔伦子爵关于葡萄牙人在澳门居留地之回忆录（1845）——葡萄牙人居澳合法性探讨之始》，澳门，东方葡萄牙学会，1995，导言部分。

④ 萨安东：《圣塔伦子爵关于葡萄牙人在澳门居留地之回忆录（1845）——葡萄牙人居澳合法性探讨之始》，第 91 页。

⑤ 《澳门为彼国盘踞今纵不准永远居住亦属虚文》，载《清季外交史料》卷 70，台北，文海出版社，1969，第 138～139 页。

⑥ 张之洞奏折参见《澳门专档》（一），第 171 号文件（此后以 AMZD 标出）。

第 1 款　中国以葡萄牙国人居住澳门及澳门所属之地业有 300 余年，现允葡萄牙人永驻扎管理，嗣后即凭此条为例。

我们知道，围绕上述文件①，里斯本外交部暨北京总理衙门，曾展开过详细、激烈的谈判。最后，总理衙门就此"地位条款"的草稿提出了三项对案供选择：②

（一）完全不提澳门，如此即可任一切照旧，葡萄牙得到条约，中国得到征税合作。

（二）中国同意永久租给葡萄牙以香山县境内，经葡萄牙占据，通称为澳门的那片土地，不收租金，并且还答应葡萄牙可以像以往一样治理这地方。

（三）中国答应葡萄牙可以像以前一样治理澳门，但澳门原来既系中国的，澳门必须每年向北京进贡关平银 500 两。

那么，究竟总理衙门为解决澳门地位这个"久议不决的问题"而提出的方案中包含了哪些解铃之术？

第一方案未影响到一份商约的签订，但却对"地位条款"避而不谈，不明不白的状况仍然如旧。实际上，如我们所见，这正是葡国政府在此谈判前 20 年中寻求的解决办法。

第二方案系中华帝国政府重新抛出 1864 年构思的一个提案③。我们认为，这一举动是前所未有的（请勿忘记，此时距 1897 年早期出现的胶州德租界仍有 10 年之遥），它企图通过"长期租借"（lease，葡语正式译名为 aforamento）这一形式来确定澳门的地位。的确，赫德爵士以此

① 上述文件均见《外交：外交部长及外交国务秘书呈阅 1888 年届议会立法会文件——对华谈判》第 2 卷。

② 赫德致金登干电（1887 年 1 月 5 日第 1451 号电），载《中国海关密档：赫德金登干函电汇编（1874～1907）》第 3 卷，北京，外文出版社，1990，第 1230 页（此后以 ACIM 标示）。

③ 驻京法国公使柏尔德密 1864 年 7 月 25 日致外交部长德鲁因·德·利乌斯："此次恭亲王正式声明说中国政府绝不放弃对澳门的主权。他唯一可以作的让步在于取消永租此地的年租……"载高迪埃《1860～1900 中国与西方列强关系史》，巴黎，费利克斯·阿尔坎出版社，1901，第 144 页。

词来译总理衙门文件中的有关词，由此我们可以推测在中华帝国政府提案中使用的中文词语为"租地"。该词在关于此问题的中国官方文件中出现率甚高，其使用率高于"租界"，尽管以后几乎仅用来称谓居留地或外国租界①。

第三方案建议如果不再使用"租地"（lease）这一概念的话，再恢复到亚马勒政府以前的情况，即重新成为中华帝国的贡城。只要再次交纳中国当局认为从 1849 年以来欠交的地租或贡金 500 两便可恢复原状。

葡萄牙与中国政府对此分歧明显是不难理解的。关于第一方案，在这个问题上，正如外交大臣巴洛果美所言，议会、报纸及公众舆论都知道即将与中国签订条约，内附关于澳门地位的条款。葡萄牙政府永远不会接受没有提到澳门条款的条约，否则，内阁必定会倒台②。

关于第二方案及第三方案，出于维护国家声望的原因，没有任何一届政府的外交部会屈从接受一个包括"租地"条款的条约，更不用说承认与葡王室对外关系传统大相径庭的臣属关系了③。

然而，值得注意的是中国竟然接受了初定于 1886 年的模式（"永居管理"）。我们可以看到，这一模式被写进了《里斯本草约》中，后又载入《葡中和好通商条约》内。为进一步了解中国这一表面让步的态度，我们简单地回顾一下这一方案从产生至最后写入条约所历经的沧桑。

"永居管理"这一方案的起源实非新闻。如同上述，谈判伊始便有此议，也就是说，可以追溯到 1886 年夏天赫德爵士与澳门总督达成的"拟议草约"。

---

① 让·埃斯卡拉：《在华外国租界》，载《资料汇编》第 2 卷第 27 册，1929，第 9 页。

② 金登干致赫德函（1887 年 1 月 11 日第 1490 号）称："……外交大臣立刻向我表示失望和诧异。他说这种'倒退式'的谈判使他在其同僚面前十分难处，因为阁员们都已知道因为您的过问，已有了取得条约和地位条款的办法。在将此事于星期三四提交部长会议之前，他不能擅自答复您的来电。他个人意见以为部长会议不会接受现在提出的谈判基础。议会、新闻界及公众都已获悉即将与中国签订条约，内附关于澳门地位的条款。如果接受条约而里面并未提及澳门，必定会令人群起攻击内阁而使其倒台……"见 ACIM 第 2 卷，第 385 页。亦见金登干致赫德函（1887 年 2 月 14 日第 1496 号），同前书，第 399 页。

③ 参见金登干致赫德函（1886 年 12 月 14 日第 1482 号与 1887 年 6 月 3 日第 1528 号），载 ACIM 第 2 卷，第 372～373、445 页。关于葡萄牙在"纳租"中遇到的无法令人容忍的情况，参见萨安东《豁免与主权：葡萄牙皇室对中国朝贡贸易制度的态度》，载《葡中关系研究》，里斯本，里斯本技术大学社会暨政治科学系、澳门文化司署，1996。

尽管我们不具有充分的材料来探明其产生的来龙去脉，但如下看法决不为过。它是确定澳门在中华帝国内长达数世纪地位问题（一外国小区，为其专门划出一块保留领土，获承认的特殊行政管理体系）最明了、最简单的提法。"居住"（ocupação）一词此处并不具有该词与"占有取得"相关的含义，仅指为这一小区专门划出的一块领土而"管理"（governo），是指行政管理体制，后补充说可以具有任何葡属地之规模，其永远不得转让性，正与中国在早期居留地（settlements）土地制度中发明并承认的"永租"概念相符。它给人一种居留地十分稳定的感觉，排除了任何所有权转让的迹象。

这些词的释义是十分平和的，以致在上述由赫德披露的三方对案中，中国已经使用了"居住"、"管理"这对词来确定所建议的"无租金租赁"的实质。两部之间真正的分歧似乎不在于使用上述概念，而是在于上述概念同"租赁"（lease）这一包罗甚广的概念的明显、正式的脱离或相连之关系上①。

现在我们来看一下这个问题是如何被绕过的。中国在反对"拟议条约"中首次提出的"地位条款"时，提出了一个不为葡方首肯的方案，即"无租金永租"。金登干在里斯本企图挽救谈判免于流产而急于请教霍金司（中国在伦敦雇用的律师），为用来说服葡萄牙人或中国人的两个办法之中的一个寻求法律依据：一是用来证明"无租金租赁"优于不存在任何正式"租赁"的论据或先例；二是"lease"（租赁、租界）除外的任何一种具有同样含义及效力的词或词组。据金登干致赫德函称：

---

① 尽管我们认为条约中的这些词语仅为修饰性的，其唯一目的在于确定澳门居留及管理之方式，并不就其居占之性质而言，亦即将澳门行政管辖之模式与葡其他殖民属地等同。这一论据偶为用来佐证那些"澳门华属"的论点。维护这种论点的人是这样认为的，条款中所说的"与葡国治理他处无异"中的"他处"系指葡国殖民地——葡萄牙对这些地区具有无可置疑的领土主权——亦可以此种方法将澳门类推为葡殖民地。例如，葡驻广州领事，1947年曾持有这一立场："葡方谈判人员巧妙地将'与葡国治理他处无异'这一尾句写进了条款，其目的在于避免日后对该款进行解释时产生疑问，因为中国一再坚持说我们居澳仅为'无租金租赁'。照此行文，如果我们对此条约作一正确充分解释的话，它明确地承认了我们的'完全主权'。"见若泽·加尔维特·德·马加良斯《中国对澳门之态度及我们这块殖民地之未来》（打字稿），藏于外交部历史档案馆，1947，第25页。

我向他提了几个问题。1）是否可以用论据和前例来论证"无租金租赁"较之全部租赁为佳；2）是否何以提出其他的讲法或可以保证具有某种意义或效力的协议。我把第960号电回复他的主要内容发给了他并将他致我函之摘要附入其中。（关于"权利恢复"的问题使我们重阅瓦特尔有关论述，这是为何我备忘录中第六点涉及此问题的原因）。我想冒险地加入一个完全是我们的私下想法，即草案中第2款写成"永不得将澳门让给除土地原主中国以外的任何国家"，但这也是有风险的，如同我在电报中讲的那样，是一种冒险的建议……①

霍金司毫不犹疑地认为，永久和租赁是矛盾的，法律中并无这样名词。据金登干致赫德函称：

> ……曾与霍金司密谈。他说永久和租赁是矛盾的，法律中并无这样的名词。何不管应给予"永久占据"等权，而保留"权利恢复"性质的权利，即宣布领土如经放弃即归还原主。国际法上对于占有权和使用权有严格区分。或者拥有所有权或者中国可以承认葡的占据权，其中包括行政管理权，只要它们实际上是在葡萄牙手中的。我个人意见第2款似可措词如下："永不得将澳门让给除土地原主中国以外的任何国家"，但这样也很冒险。②

最后，他建议简单地采用已提过的"永居管理"这一模式。据他讲，这是以国际法中承认的占有权与使用权的区分为基础的。另外，为了维护中国的利益还可以补充一点，即宣布领土如经放弃即归还原主③。极有可能这位法学家考虑到了刚刚发生的一件事情，即通过1878年签订的各项条约，奥匈帝国及英国从奥托曼帝国分别获得了对波斯尼亚省、黑塞哥维那省及

---

① 金登干致赫德函（第1492号），ACIM第2卷，第391页。
② 金登干致赫德函（第1563号），前引ACIM第3卷，第1233-1234页。
③ 嗣后，我们在修改1894年3月1日签订的中英关于缅甸和西藏协约的1892年4月2日协约之第2款看到了同一提法。参见让·埃斯卡拉《中国与国际法》，巴黎，A.佩唐内出版社，1921，第114页及注125。

塞浦路斯岛的"行政割让"①。这在国际法上被认为是"行政割让"的初例。

最后这竟成了共识。总理衙门接受了葡萄牙政府最初提出的"永居管理"这一方案，撤回了它的"无租金租赁"的办法，正是因两者异曲同工，为双方所承认。其之所以可行，乃因这种方案保留了中国提出"租赁"时所希望的两个特征。首先，它维护了"剩余主权"或"领土主权"。这明显地体现在给予葡萄牙人的仅是"居住"和"管理"的有限权利。其次，由此而产生的不割让义务，无异于中国对澳门拥有国家征用权。这种义务起初是由葡萄牙政府建议的②，并且因加入了一"领土不割让"条款而得到了明确的保障。1886 年 8 月的文件没有这一条款，以后的《里斯本草约》和1887 年的《和好通商条约》中都写进了这一条款③。这种义务并不与"居住"及"管理"所拥有权利的次要性质（即除了产权之外的所有权）发生冲突，也就是说，葡萄牙承诺的仅是在未征得中国同意的情况下，不得割让它的永居权。

值得注意的是，这一条款与在澳门获得事实上自主权之前，由葡萄牙当局提出来的那个用来解释澳门地区在中华帝国内部秩序中地位的方案竟不约而同。1840 年 2 月澳门法官致里斯本政府首脑的信函中，有如下的语句：

　　　　尽管葡萄牙人在中国犹如国中之国，然而葡萄牙国在澳门仅仅拥

---

① 奥匈帝国在对这些省份实施了 30 年绝对属地最高权后，才通过与土耳其（1909 年）签订的条约，获得了这一地区的领土主权。该条约规定奥匈帝国须向土耳其支付 5400 万金克朗。

② 金登干致赫德函（1887 年 1 月 17 日第 1491 号）称："外交大臣说，希望能够为澳门取得好处，一说起来他们对澳门负有这种道义责任——地位问题是至关紧要的问题。如果中国用'租赁'字样的意图只是想防止葡将澳门让给第三国，那么他想声明葡萄牙从未有过此想法，今后也决不作此想，并愿意照此意思在地位条款内加进一条规定……"载 ACIM 第 3 卷，第 1233 页。

③ 见《里斯本草约》（1887 年 3 月 26 日），另见《中葡和好通商条约》（1887 年 12 月 1 日）第 2 款及第 3 款。第 2 款为："前在大西洋国京都里司波阿所订预立节略内，大西洋国永居、管理澳门之第 2 款，大清国仍允无异，惟先经商定，俟两国派员妥为会订界址，再行特立专约。其未经定界以前，一切事宜俱照依现时情形勿动，彼此不得有增减、改变之事。"第 3 款为："前在大西洋国京都里司阿所订预立节略内，大西洋国允准，未经大清国首肯，则大西洋国永不得将澳门让与他国之第 3 款，大西洋国仍允无异。"

有使用权而不拥有所有权。上述使用权（已行使）也是受条件限制的；其主要条件便是不得转让他人……①

从葡萄牙人方面来讲，外交大臣巴洛果美向金登干证实了政府的满意及这方案所取得的和解意义。他承认，使用"永居管理"这一讲法，再补充割让一款是"一项十分符合中国愿望的保证，并且实际等于永久租赁不付租金，但如果这样行文的话，恐难为舆论及议会所接受"②。

从中国方面看，权倾一方的两广总督张之洞在《里斯本草约》签订后不久的一份奏折中，十分明确地解释了葡萄牙方案是完全符合中华帝国利益的：

> 其永住澳门一条，原因协办药征，格外允让租银，非划地为葡者可比，且约有不能转让他国之文，可见澳门系中国让与葡国居住，仍系中国领土，应声明澳门让与葡国永远居住，免其租银，不准租为葡国属地……③

最后，正是在赫德爵士本人在条约签字数天后写给金登干的一封信中的充满实用意味的话语里，我们找到他巧妙运筹的有益中国谈判的总结：

> 我们给予澳门的是中国为获得这两个地方的合作而付出的代价。至于我们给澳门的东西，中国让出甚小而葡萄牙受之甚大。葡萄牙人"居住"已逾三百年，而将其作为葡殖民地"管理"仅十五年。这一居住及管理已久，今已成为事实。中国决不想去破坏这一现状，其余国家也派遣了各自的领事，在不同程度上给予承认，等等。当然，总有一天中国会同葡萄牙闹翻，不允许这种状况再继续下去，葡萄牙要害怕和正害怕的东西远未消失。中国现在的做法可以说是"承认"这一状况，并不去破坏它。现状依然如旧而且有了"明文"或谓之给葡萄

---

① 阿尔弗雷德·戈麦斯·迪亚斯：《澳门与第一次鸦片战争》，澳门，东方葡萄牙学会，1992，文件1，亦见文件7。
② 金登干致赫德函（1887年1月19日第1558号函），载 ACIM 第3卷，第1233页。
③ 张之洞奏折，载 AMZD 卷1，第117号文件。

牙的文件使其更加友好地协助中国征收洋药厘税。葡萄牙应不失时机地利用"明文"即未经中国首肯不得割让澳门。两国政府的"自尊心"应该受到爱护。从另一方面来讲，应该实事求是。所以，我们认为宗这交易不失为一次不错的成功……①

四 "地位条款"内容之诠释

行文至此，我们可以进一步来对先写入《里斯本草约》后又收进"1887 年和约"中的"地位条款"的内容作一术语定义。首先，我们从三个问题谈起：①是否可以将澳门地位的方案，如同条约中的行文，比作一种长期租地（aforamento）或国际租界（lease international），将上述词语的省略仅视为一种并不影响条款实质及实施性的简单格式？②如果承认上述条款与"租地"（lease）类同，是否可效仿一重要理论学派对早期国际租界的解释对它作同样的解释，即置政治考虑于法律考虑之上，将这些条约视为某种变相的领土割让方案？③如果可以认为这种写进条约的方案具有"租地"的意思，缔约双方通过这一解决办法欲达何种效果或何种实施性？

关于第一个问题，我们认为早有结论。条约中未使用"lease"（租地）或"aforamento"（长期租借）这样的字眼是因为对葡萄牙政府的要求作了形式上的让步的缘故。这毫不影响实际体现中国"租地"概念条款的实质与实施性。

在第二个问题的范畴内，我们绝不使用无人不晓的那些可以使人在签订的条约中看到趋于某种领土割让的条文。根据这一观点，澳门主权在实际上有两种。这些论点产生于国际法中一强大的理论学派。它将国际关系中"租地"（lease）这一观念与普通的领土割让类同，也就是说与某种"心照不宣的割让"过程类同。上述心照不宣的割让，随着时间的推移最终会产生普通割让所具有的一切必然效果②。

---

① 费正清等编《总税务司在北京：中国海关总税务司赫德致金登干书简（1868～1907）》卷 1，第 657 页。
② 杨连丰：《中国租借地》，巴黎，大学出版社，1929，第 91 页及以下。

　　上述的模拟是不恰当的。原因之一，不可能将澳门"地位条款"的情况归入外国在华扩张史上出现的种类繁多、性质迥异的"租地"（lease）之中。上述理论对此颇有剖析。原因之二，此处援引的论点令人生疑，它使已对实际情况及政治时机（亦即缔约双方的实际愿望远超出它们的口头愿望和条约文字）的分析为出发点的。因此它绝不可用来解释 1887 年条约的真实性质。的确，在此情况下，中国从未对这种谅解有过任何微小的示意，葡萄牙也从未隐藏"地位条款"谈判中的真正愿望。我们已经看到过，这种愿望与领土割让毫不相干。中国是绝不允许这样做的。关于这一点，赫德爵士在谈判伊始即作了声明，葡萄牙政府亦不止一次地坚申不希望这样做①。

　　上述各点并未能阻止某些学者在涉及澳门地位时常常独树一帜地将其视为一种"lease"（租地）、"aforamento"（长期租借）或一种"bail"（租借地）。"1887 年和约"将它变成了一种中国割让给葡萄牙的领土。在此仅以欧内斯特·尼斯②，杨连丰（译音）③，让·埃斯卡拉④，或卡若·恩里科·巴尤西尼的观点为例⑤。

　　在葡萄牙，阿丰索·克罗亦持同样观点⑥。因此，他不得不将 1976 年宪法中关于澳门的条款解释为一种因适当需要而作出的倒退。这种需要是"迎合联合国宪章中的反殖思想，尤其是响应载入第十一章的托管地宣言，

---

① 海关密档在这一点上（当时在里斯本与外交大臣巴洛果美直接谈判的金登干的亲身见闻）是颇能说明问题的。据金登干致赫德函（1886 年 12 月 25 日第 1485 号函）称："外交大臣说，他极愿解决问题使两个都满意。他以为如将澳门对面，一向被葡占据并被认为是澳门属地的对面山之部分包括在'附属地'之内，他个人意见便感到满意了。这样可以没有割让土地的意味而仅是维持现状。"又据金登干致赫德函（1887 年 1 月 11 日第 1490 号函和 1887 年 4 月 15 日第 1513 号函）称："我依据外交大臣的口述草拟了第 908 号覆电，并给了他一副本。电文如下：'我们从未也不会将这一做法视为一种领土割让，但我们无法阻止恶意的或无从生有的报刊电文，等等。'"上述函件分别载 ACIM 卷 2，第 377、385、423 页。另有著作对这些重要的态度均有阐述，见《战后之澳门与中国》，澳门，东方葡萄牙学会，1992，第 1419 页。

② 欧内斯特·尼斯：《国际法：原则·理论·实践》卷 2，布鲁塞尔–巴黎，1905，第 126 页。

③ 杨连丰：《中国租借地》，第 12～13 页。

④ 让·埃斯卡拉：《中国与国际法》，第 114 页，注 125。

⑤ 卡若·恩里科·巴尤西尼：《中国之租界》，佛罗伦萨，G. C. 桑索尼出版社，1934，第 19 页。

⑥ "'澳门地区'如今看来并不是我国领土之一部分（宪法第五款）。1557 年中国曾将其'租让'给葡萄牙管理，通过 1887 年 12 月 1 日签订的《北京条约》才使其成为了我国领土一部分"，载阿丰索·克罗：《行政法教程》（复印版）卷 1，科英布拉，1976，第 378 页。

执行联合国大会的决议，尤其是 1970 年 10 月 20 日决议，贯彻著名的"24 国委员会"的指示，似乎不是因为中国的压力，以此方式取悦于我们。据我们所知（此外，这点从无涉及），中国对澳门并入葡萄牙领土的现状毫不反对。"①

恕我们不敢苟同大师之见。首先，如前所述，我们不认同那种把 1887 年条约中"地位条款"比作具有领土割让效力的观点。其次，1971 年，澳门地区已明确地脱离了 24 国委员会的工作范畴，因此，对所谓"殖民地"适用的体制不再对其有效。1974 年以后的葡萄牙国家对此屡有承认，有证为据②。其次，中国的确一贯反对任何旨在将澳门地区并入葡萄牙国的外部解决办法。再者，如同我们企图证明的那样，在葡萄牙宪法规定中，1887 年条约具有实质的连续性。而阿丰索·克罗提出的偏激看法中无任何连续性。

最后，关于第三个问题，如果可以认为这一成文的方案具有"租地"或"租界"的意义，缔约双方欲通过这一方式达到的条款实施性必导致私法上的"永租权"（enfiteuse）的典型效力；也就是说将产权（direito de propriedade）分解为两种所有权（domínio）（直接所有权，和用益所有权），由"永租人"（enfiteuta），使用权的持有人（物业的使用权归其所有）向业主（产权的持有人）交纳租金。

我们应看到这样一个事实：这个问题已显陈旧，与现代国际法的概念及提法不甚相符。然而，对过去的文件及条约进行解释，实必须考虑到当时主导或代表了缔约双方愿望的法律定义或原理③。

第二个问题是援用私法原则来类推解释国际条约。然而，据一位杰出的国际法专家劳特尔帕切的讲解，这正是需要使用这种办法的情况。这种援用是合理的、是人们所希望的。诚然，如果我们承认条约与合同之间的基本同一性，自然而然，双方在所有情况下都蓄意援用私法的概念，明文使用一些术语，如购买、委托、役权、使用权、时效或租赁。而法学家则

---

① 前引阿丰索·克罗《行政法教程》，第 379～380 页。
② 前引萨库安东《"澳门问题"的若干方面及其在联合国范畴内对葡中关系之影响》。
③ 研究这一问题的知名著作，见 C. H. 阿雷山德罗维克茨《东印度万国公法史入门（16、17、18 世纪）》，牛津，克莱伦东出版社，1967。

摆脱了为每种情况作合适解释的负担①。然而，"租地"是一个在理论上都不常用的术语，所以我们不可以草率地说，当它使用于一条约中已不具有其原来的含义。

在"1887年和约"情况下，我们看到这种情况未发生，缔约双方通过将"租地"与条约中模式类同的方法②，企图将财产所有权分离的概念确定下来。在国际法律体系中，对所有权和使用权是有公认的区分的③。如今理论仍将这种区分列在以罗马法中产权的概念为基础的领土主权的定义之中。

中国在"1887年和约"中对一种过去与现在均独立于土地所有权之外的主权权利部分放弃，是以这种区分为依据的。总之，这并不是一种毫无后果的空想。尽管没有带来及时的法律效力，但实际上的重要性是巨大的。

的确，领土割让构成一种财产转让。转让人将权利转给受让人，但实际情况是"1887年和约"既未转让权利亦未形成权利，仅仅确认了一种事实状况；它未将澳门主权从中国转让给葡萄牙，也未给予葡萄牙某种有关土地产权的法律凭证。这一点是十分重要的，因为在割让中，转让人失去了一切权利；但在占用的情况下，同意占用者仍保留不属于受让人的权利，可要求收回被占用物，只要占用结束时，有收回该物的权利④。这也是中国对葡萄牙态度的客观反应。在1976年开始并导致1987年《联合声明》的会谈中，中国便持这一态度。这些谈判产生于葡萄牙准备就其行政管理终止而进行接触的愿望。

最后，如前所述，国际法中关于所有权内含划分法的可接受性有其坚实的理论基础。桑蒂·罗马若的观点鲜明。是他创造了这种划分法，他还

---

① H. 劳特尔帕切：《私法之渊源及国际法之类推》，伦敦，朗曼出版社，1927，第181~182页。

② 关于"永租权"或"租赁"在葡萄牙法学中的概念，参见 M. A. 科塔略·达·罗沙《葡萄牙民法制度》第2册，科英布拉，大学出版社，1848，第415~432页。

③ 爱德·梅依尼亚尔：《12至14世纪罗马法中所有权划分制（财产权及使用权）理论形成之管见：法学教条研究》，载《菲亭杂集》，蒙比利埃，1908，第411~416页。关于所有权划分制理论之起源新探集发展，参见保劳·格罗西《所有权及所有物：对物权之中世纪及现代概念》，米兰，朱弗雷出版社，1992。

④ 1928年，在中葡关于1927年条约修正谈判时，中国外交部准备的一份意见书中，对此立场有明确的阐述。见 AMZD 卷4，文件30。

论述了一种称之为最高领土权的国家征用权①。

阿尔弗雷德·维尔德罗斯的观点略同。他赞成这种划分，建议对这两种概念，实际上是两种并置的概念："领土主权"和"属地优越权"加以区分。第一种概念是以罗马法产权概念制定的，它使一国对在国际法范畴内成立的某一地区拥有支配权。维尔德罗斯将割让权利或行政管理权（所谓的行政割让）归入这一范畴之内（这些权利与阻止他人使用同一领土的权利并行不悖）。第二种概念与私法中"所有权"相似，但就其实质而言是一国在某一版图内行使的"所有权"，一般是在其国土上，但在极其特殊情况下，可延伸至他国领土。从这一概念出发，遇到了一些重大的问题：首先，如维尔德罗斯指出的那样，一个被领土所属国家授权行使"属地优越权"的国家，是以它自己的名义而不是以领土所属国家的名义行使这种权利的。它所行使的完全的"属地优越权"是以它本国的法律系统为准绳的，自然，领土主权国的"属地优越权"会受到限制，甚至完全的忽视。其次，这一领土主权国家——尽管其有法律依据的"属地优越权"是属于另一国家的——保留其领土主权。也就是说，从国际法来看，这一领土仍然是属于它的，不需要拥有"属地优越权"的国家同意，它可对其割让或将其并入另一国家的版图②。

分析完这一观点，澳门地位豁然明朗。原因是维尔德罗斯——他强调说领土主权是一种可以成为领土主权国与实际控制这一领土的国家之间法律行为主体的自主权——援引了与1887年葡中和约中情况最为相似的一个实例，即土耳其就波斯尼亚和黑塞哥维那省对奥匈帝国的行政割让③。由同一区分法而造成的默认态度在其他一些学者，如巴亚多雷·帕耶里身上我可以看到相同的观点。尤其在涉及国际秩序中具有限制性内容的对物权时，

---

① 桑蒂·罗马若：《国际法教程》，帕多瓦，1926，第160页。

② 阿尔弗雷德·维尔德罗斯：《国际公法》，马德里，阿吉拉尔出版社，1957，第168～170页。该书西班牙语版由安东尼奥·特鲁约尔·赛拉据德文第3版直接译出，并加注，补充书目。

③ 阿尔弗雷德·维尔德罗斯：《国际公法》，第170页。关于奥匈帝国时期那几个奥斯曼帝国省份的情况，见萨安东《"一块重新改建的居留地"——澳门及葡萄牙在华对外政策（1842–1853）》的论述。

他正是用行政割让和"租地"（lease）这些概念来释义的①。阮国定将"无主权转让，但其原持有人停止其使用其主权的"领土割让归入国家"次要领土管辖权"中时，便是以"租地"（lease）（将澳门归入此类或许是不太严格的做法）和行政割让为例的②。

葡萄牙理论与上述观点大同小异。若尔热·米兰达视澳门为一"国际化领土"，也就是说，乃一特殊国际制度下的领土③。这一定义，从表面上来看，我们认为并不是最恰当的，原因是这种讲法与共管及国际地役权的概念有着关联。

我们认为上述概念——从其传统定义而言不适用于澳门的性质④。然而，援用维尔德罗斯提出的概念划分，若尔热·米兰达涉及澳门时，亦谈到了葡萄牙对澳门地区拥有的"次要领土权"⑤，这种权利事先已被纳入"无主权属地优越权"概念之中⑥。阿丰索·克罗最后也承认了这一原则的解释能力，他给澳门下的定义是"一块外人的领土"，葡萄牙国家从外对其行使完全的主权，几乎是一"对物权"的客体⑦。

---

① 巴亚多雷·帕耶里认为："在国际秩序当中，除了那些承认主权对物权的人之外，从未对另外一种内容较为局限的对物权进行驳论。此种权利与在内部秩序中称之为地役权利等同。然而这种疑问是毫无根据的，因为在国际秩序中无疑有此种权利存在。尽管未为众人所注意，但通常均接受之。我指的是所谓的行政管理出让及租让。"参见 G. 巴亚多雷·帕耶里《国际公法》（第2版），米兰，多特·A. 朱弗雷出版社，1938，第456~457页。

② 阮国定：《国际公法》（第5版），巴黎，法学及司法判例出版社，1994，第466页。还应指出的是，李同明（译音）《中英关于香港问题的联合声明及其法律瞻望》（俄克拉何马大学，1985）一书。倘若可信的话，英国政府对澳门宪法地位的解释基本与上述论点相同。

③ 若尔热·米兰达：《国际公法》，里斯本，1995，第231页。

④ 关于领土"国际化"的概念（并不是完全准确的），参见 R. 沃尔夫鲁姆《国际化国家自由区域》（外国官方法律及国际法文献），第85卷，柏林，施普林格·维尔拉格出版社，1984。关于"共管"这一特殊情况，另见 U. 努施鲍姆《南极周围地区原料之开采》，维也纳，纽约，施普林格·维尔拉格出版社，1985。

⑤ 若尔热·米兰达认为："根据上述情况，如同其他种类的次要领土权力，葡萄牙对澳门地区拥有的权力也是一种次要领土权力。澳门并不是葡国领土之一部分，但被包括在有关葡萄牙领土的规定之中。它同葡萄牙的纽带在于其持久性的并非不稳定的葡国行政管理体制"。载若尔热·米兰达《领土——宪法研究》（第2卷），里斯本，佩德罗尼书店，1978，第63~91页。

⑥ 若尔热·米兰达：《领土——宪法研究》（第2卷），第80页。

⑦ 阿丰索·克罗：《行政法教程》（卷1），第379页。

五 "地位条款"在葡萄牙共和国宪法中的
实质性的持续性

领土问题在国家政治组织一章中具有普通的政治—宪法重要性。除此之外，世人皆知，至 1976 年为止，所有葡萄牙立法者特别注意不断寻求可以总括葡萄牙国独特领土结构的宪法解决模式。这一领土结构历经数世纪形式，直至 1974 年一成不变。它以一宗主国及其非本土领土的海外领土这一构思为基础。从政治及法律的角度来分析，通常的趋势是后者为前者所同化①。

这种特殊注意——尽管这些领土的称谓五花八门，行政独立的程度有所不同——以不断证明上述领土的性质及将其列入葡萄牙国"领土"范畴为其标准线。由此而论，应注意的是，没有一份宪法文件在字里行间或明文规定中将澳门排除在"领土"的条款之外。

在 1882 年的宪法之中，将其视为葡萄牙领土一部分。第 20 条"欧洲"、"美洲"、"亚洲"、"西非"及"东非海岸"诸"省"及"王国"均系"葡萄牙、巴西及阿尔加韦联合王国领土"——明文提到澳门为"居留地"②。1826 年宪章及 1838 年宪法中对此完全沿用③。1911 年共和国宪法在其第 2 条中亦采用了笼统的提法——（葡萄牙国家领土为共和国宣布成立时之版图）④——1933 年宪法中又恢复了数例分布在各大洲领土的传统，但澳门作为"葡萄牙殖民帝国"的一部分，失去了"居留地"这一悠久的称谓⑤。始称为海外领土，被归入同年颁布的《殖民地宪章》第 3 条中："葡

---

① 萨安东：《合法统治权：论作为葡萄牙东方帝国基石的条约》，澳门，东方葡萄牙学会，1996。
② 若尔热·米兰达：《葡萄牙历届宪法》，第 8 页。"居留地"这一特殊的称谓，在 1822 年宪法及宪章中专指澳门及索洛尔和帝汶岛这些亚洲领土，然而在 1838 年的宪章中（第 2 款）专指澳门。
③ 若尔热·米兰达：《葡萄牙历届宪法》，第 80、144 页。
④ 若尔热·米兰达：《葡萄牙历届宪法》，第 185 页。
⑤ 若尔热·米兰达：《葡萄牙历届宪法》，第 219 页。

萄牙领土称之为殖民地，系葡萄牙殖民帝国之构成部分"①。1974 年之前，只有 1951 年作出的对 1933 年宪法修正案中就此做了修改：澳门——如同所有"葡萄牙国位于欧洲之外领土"——始不以"殖民地"而以"海外省"相称（第 133 条）。

我们不再赘述非本土领土法律称谓的问题②。如果说殖民地一词在官方语言中的使用系由 1910 年 10 月 8 日法令（这一法令将海事及海外部）改成为殖民部确定的，那么海外省一词（尽管宪章从未涉及之，宪法中为其专辟一编）③，亦未有资格可以引以为豪，因为它是在"自由派"理论家的影响之下出现在官方语言中的。这种或那种称谓的卫道士们，翻出了海外行政当局在几个世纪中用来称呼葡萄牙王室各种"被征服领土"及"领地"所使用的陈词滥调④，挥舞着传统与爱国主义这两面大旗帜。归根结底，作为"海外省"，从感性和政治的角度出发，表达了葡萄牙帝国的统一；作为"殖民地"则体现了各领土行政自治的构思及同"殖民意见"的吻合⑤。因此这些在历届宪法中，对澳门交替使用的称谓"海外省"或"殖民地"除了这一地区已确定的或欲获得的对宗主国行政自主权程度的可能反应之外，不过是一种纯历史——称谓的叫法。

在其由葡萄牙国家作为国际法主体保持的殖民状况的政治特点方面没有任何的增改⑥。1974 年军事政变发生时——尽管它的行政地位有所不同——澳门还是从前的澳门：国内公法范畴内的法人团体。宪法将其视为葡萄牙领土，至少表达了葡萄牙国家对其所拥有的法律及政治名分权。19 及 20 世纪中在不同的讨论"澳门问题"的时候，葡萄牙执政者曾不只一次地明文引用宪法规定，援用这一名分权。也就是说，这种后为"永居管理"

① 若尔热·米兰达：《葡萄牙历届宪法》，第 267 页。
② 关于此问题见阿德里亚诺·莫雷拉《海外政策》，里斯本，海外部，海外研究委员会，1956，第 290 ~ 291 页；马尔赛格·卡埃塔诺《葡萄牙与国际殖民法》，里斯本，1948，第 12 ~ 15 页。尤其可参见若泽·贡萨洛·桑塔里塔《宪法术语中的葡萄牙海外领土》，载《殖民地研究》（高等殖民学校校刊）第 1 卷（1948 – 1949）第 2 ~ 3 分册，第 630 页。
③ 桑塔里塔：《宪法术语中的葡萄牙海外领土》，第 5 ~ 7 页。
④ 萨安东：《合法统治权：论作为葡萄牙东方帝国基石的条约》，卡埃塔诺：《葡萄牙与国际殖民法》。
⑤ 桑塔里塔：《宪法术语中的葡萄牙海外领土》，第 29 页。
⑥ 卡埃塔诺：《葡萄牙与国际殖民法》，第 20 页。

这一模式所承认并写入"1887 年和约"中的实际占有状况与将澳门视为国家领土这一宪法规定是不相违背的。宪法规定同"1887 年和约"条款不断吻合的可能性，甚至必要性便是明证。不应忘记的是，如果没有明文（为立法者明确无误地确定葡萄牙对有争议或产权不明的主权的初衷所抹杀），通常情况下，应援引对殖民地和海外省有定义的制定法。在对澳门地区地位无宪法定性的情况下，如果不沿用制定法的话，必然要考虑到 1887 年和约中有关此问题的规定。

这种相互补充性不止一次得到证实。首先，在和约的筹备工作中，当强调无必要加进不割让条款时，巴洛果美外交大臣直接采用了关于澳门的宪法条文①。1909 年，在葡中澳门勘界会议上，钦差大臣马沙度当着中国钦差大臣面，援引了宪法的有关条款作为巩固澳门地位的论据。在这一开始就已流产、以"永居管理"澳门为中心议题的谈判中，他毫不犹豫地引用了宪法条文。1887 年和约正是这种"永居管理"的保证。

即使是在一僵硬教条盛行的时刻，按照 1933 年宪法及 1951 年修正案，澳门，如同其他"葡萄牙国位于欧洲之外领土"构成"海外省"。正是部长会议主席奥利维拉·萨拉查，在 1961 年 6 月的一篇关于海外政策的著名演讲中，由于解释我们居澳所有权合法性之需要，明确地援引了 1887 年和约："澳门作为葡萄牙主权管辖下的领土是以葡萄牙国王与中国皇帝之间历史悠久的条约为基础的。"②

的确，与中国的态度相反，当时中国已抛出了"不平等条约"的论据，葡萄牙国内仍存以下的共识。"1887 年和约"中的领土条约——其目的在于，产生重申或修改某一永久的状况。如果执行这一条款则为重申这一状况，使其具有永久性——并受到包含它的条约废除的影响，而 1928 年葡中条约的修改则影响了其他条款。这一条约在明确保证不动及 1887 年"地位

---

① 外交大臣巴洛果美至驻华特命全权公使罗沙函（1887 年 5 月 7 日）称："在有关澳门转让之条款中，我认为，如有可能的话，应写明这一条款规定的义务是与中国对我们对澳门的占有承认相辅相成的。但从这种行文来推理，在目前的情况下是无法进行转让的。之所以无法转让，是因为宪法规定了，只要将澳门视为王室领土之一部分，便不可转让……"见《外交：外交部长及外交国务秘书呈阅 1888 年届议会立法会文件——对华谈判》第 2 卷，第 59 页。

② 1961 年 6 月 30 日演讲，载《演讲集》（第 5 版）第 6 卷，科英布拉，科英布拉出版有限公司，1961，第 136 ~ 149 页。

条款"的情况，开始进行会谈和换文的①。

　　然而，这一立场同有关澳门宪法规定的补充性或共处，可以使我们相信有必要以目前与实际行使的管辖权，即便明知行使这一权利的国家并非一支配权法律行为的受益国，对"领土"这一词进行探讨。布朗利埃建议用来对国际法某些情况进行技术定性的"务实的方法"便是一例。据这位学者声称，司法权与领土主权的偶同可用来解释"领土"一词作为"一种缩写方式"使用。该词在"法律真空中"中具有解释意义，无需"详细地去了解某一保护国或委托地名称或法定资格之起源"②。

　　1974年4月25日以后，在1975年六个政党（会民主党、葡萄牙民主运动—民主选举委员会、葡萄牙共产党、社会党、人民民主党和人民民主

---

① 该条约于1928年12月19日在南京签字，1929年签署一项换文并届时生效。1930年10月，在外交部长给当时葡驻华公使那华禄先生的指示中有如下声明：

　　葡中之间的关系以《1887年和好通商条约》及1928年草约为准则。根据1887年条约，除了那些明文规定之外，其中最主要的一款为中国允许葡萄牙永居管理澳门，通过最惠国（条文条约之十款），葡萄牙享受所有中国恩施，通商行船之利益及各种取益之处，业经准给别国人民或将来准给者，亦当立准大西洋国人民。北京及南京政府分别通过1928年4月28日及4月16日照会宣布对1887年条约进行退约。南京政府在1928年7月11日照会中宣布废除该条约。葡政府在7月27日照会中回绝了中国的决定，拒不接受"草约"，但宣布随时可以进行修约谈判。由此产生了在南京签署的"草约"……然而，葡政府坚持认为，1887年条约仍然完全有效，业经1928年草约修改部分不在此例。葡政府准备就一正式的通商通航条约进行谈判。这不仅是1887年条约各款所规定的权利造成的结果，而且也是1928年签署草约时互换的秘密照会中言定的。这些照会宣布"草约"只局限于下述问题：税则及治外法权，同时无论在任何情况下，不得以任何借口将其视为对其他各款的囊括或影响。

参见《发驻华公使那华禄阁下的指示》（1930年10月2日），外交部历史档案馆，收藏号为30P.A12M.311，P351140，1946。外交部在关于"澳门问题"的通报中，也明确援引了上述指示，持有上述意见：

　　1928年条约仅涉及海关税则及领土管辖权并未包括任何有关澳门主权的条款。因此，由此而得出的必然结论是，1887年条约中有关澳门之条款仍然完全有效，因为单方面废弃不可视为中止国际条约的合法途径，更不必说此来取消一种历史上明确形成的，在法律监护下的地位。

参见迪奥戈·德·依瓦·布兰当《通报——澳门问题》（1946年3月），藏外交部历史档案馆，函盒5，"澳门界址"。

② 杨·布朗利埃：《国际公法原理》（第4版），牛津，克拉灵顿出版社，1991，第115～116页。

联盟）提出的宪法草案中①，有五个未涉及此问题，只有人民民主党的草案中，在国家领土一节中明确地提到了澳门："葡萄牙管理下的澳门地区拥有适合其情况的特殊地位"（第 4 条第 5 款）。这一模式确切的原文写进了立宪会议要求提交的意见书中，并由 1975 年 7 月 31 日基本原则委员会予以公布②。它几乎被全文抄来作为 1976 年宪法第 5 条第 4 款（"领土"）行文的基础③。

尽管我们手头的资料不多，让我们来了解一下这一在基本法范畴内用来确定澳门地位前所未有模式的产生经过。首先，我们应该记住的是，澳门推选的议员在立宪会议专门条款表决会上所作的重要投票声明中，提到澳门地区中葡居民未来所确享的利益时说："这些居民生活在一有借限的借地上"，并承认说"现写进宪法的澳门地区政治特点，作为唯一正确的写法，它仅仅在法律上承认了事实上举世公认的现实"④。此前不久，人民民主党议员麦斌图（科英布拉著名的法学家，这一行文可能出自他手）曾宣布说"宪法中确定澳门地位时"考虑到了三个方面的因素："国家独立的构思、民意、位于澳门所在地理区域内诸国之利益及其表态。"

提及泛泛的"立场表态"，我们必须阅读中国于 1974 年向葡萄牙驻联合国代表转达的声明：根据联合国于 1971 年关于将澳门列入非殖民化地区名单时的立场，应否定澳门的殖民地地位（"香港和澳门是被英国和葡萄牙当局占领的中国领土的一部分"）⑤，重申对现状的考虑，即葡萄牙管制下的中国领土，在适当的时候加以解决⑥。这一立场为外交部 1975 年 1 月 6 日照

---

① 若尔热·米兰达：《宪法资料及预备性文件》（卷 1），里斯本，官印局—货币局出版，第 231～512 页。社会党、人民民主联盟、葡萄牙人民民主运动——民主选举委员会及葡萄牙共产党的提案，仅将欧洲领土及亚速尔和马德拉群岛划作版图所在地中。社会民主中心党的议案在"领土"一节里简洁地写到："葡萄牙版图为目前在其管辖之下的领土"。

② 若尔热·米兰达：《宪法资料及预备性文件》（卷 2），第 537 页。

③ "在葡萄牙管制之下的澳门地区，由一适合其特别情况的组织章程所管理"。

④ 若尔热·米兰达：《宪法资料及筹备工作》（卷 2），第 960 页。

⑤ 萨安东：《1909 年中葡政府间澳门勘界会议及其在葡中关系中的意义》。

⑥ 安东尼奥·德·斯皮诺拉：《茫然的国度：一场革命史之初探》，里斯本，斯西雷出版社，1978，第 352～353 页。

会所默认①，1978 年 6 月 14 日由部长会议加以重申②，中国政府予以确认。葡萄牙在 1979 年 2 月 8 日的"澳门问题会谈纪要"（即俗称为《秘密协议》的那份文件）中，予以明确的承认。后两国重建邦交时，得到了签字确认③。在 1987 年 4 月 15 日的《联合声明》中，又以协约的方式确定下来："中华人民共和国政府同葡萄牙共和国政府声明：澳门地区包括澳门半岛、凼仔和路环岛，以下称澳门是中国领土，中华人民共和国政府将于 1999 年 12 月 20 日对澳门恢复行使主权。"

所以我们可以看到，这一宪法规定起源于将澳门对葡萄牙而言的实际情况同中华人民共和国同（继中华民国及其继清朝政府）对澳门的自始至终的企求相调和之急务。也就是说——也许从默认或心照不宣的方式，即通过一不具较深历史分析的纯粹术语——法律程序——宪法立法者，在 1976 年通过"葡管中国领土"这一模式被迫承认分为"领土主权"和"属地优越权"的"分离所有权"理论，作为唯一可在术语上解释解决澳门地位的办法。

因此可以毫不过分地说，如果说 1974 年 4 月的体制改变导致了澳门体制的变化，这些变化——政治上是需以一新方式来考虑葡中关系及澳门自治之需要决定的——主要是涉及澳门地区行政管理权利的数量及其同葡萄牙主权机构衔接方式，并未重新探讨澳门地位这一问题。只是在宪法中对其地位作了新的正式的确定，这是全面审定葡萄牙国领土结构时必然的做法。

1976 年提出澳门宪法地位唯一重大的变化是由《葡中联合声明》生效造成的。不应忘记的是，《葡中联合声明》规定："中华人民共和国政府和葡萄牙共和国政府声明：澳门地区（包括澳门半岛，凼仔岛和路环岛，以下称澳门）是中国领土，中华人民共和国政府将于 1999 年 12 月 20 日对澳

---

① "葡萄牙政府认为在两国政府认为适当的时候仍可就澳门地区进行谈判……"参见弗兰西斯科·贡萨尔维斯·佩雷拉《葡萄牙、中国及澳门问题》，澳门，东方葡萄牙学会，1995，第 68 页。

② 《葡萄牙宪法》专将澳门归入葡萄牙领土；将其视为在葡管辖之下。葡政府认为在两国政府认为适宜的时候可在中华人民共和国及葡萄牙之间就葡萄牙对澳门地区管理之终结进行谈判"。前引佩雷拉《葡萄牙、中国及澳门问题》，第 177 页。

③ 1989 年部长会议主席团发布的"官方文告"中使用了这一称谓，才使"秘密协议"一词不胫而走。前引佩雷拉《葡萄牙、中国及澳门问题》第 171～172 页转录了上述照会。

门恢复行使主权。"

如果说澳门"葡萄牙管理之下"这一地位写进了 1976 年宪法条文中，用若尔热·米兰达的话来讲是"持久性的，并非不稳定的"①（1887 年和约始定的"永居管理"的永不可转让性的直接后果。这种后果还表现在中国根本无理论上可以援用的词语，仅以作为一早期租界的香港新界为例)②，对中国对澳门行使主权时间的规定则确定了澳门与葡萄牙联系纽带的过渡时间。

因此在 1988 - 1989 年第一次由宪法立法者对澳门在联合声明签字后的宪法法律地位进行评估第二次修宪中，因无须重新探讨澳门地位问题（除了司法组织方面的改革及《澳门组织章程》修改办法之外），仍留意改变澳门地位处理的体系，将《葡萄牙宪法》第 5 款第 4 款"领土"中对澳门的涉及移至第 292 条第 1 款，并入基本法"最后及过渡规定"中，其行文与1976 年葡萄牙共产党的提案相似："在葡萄牙管治之下的澳门地区，由一适合其特别情况的组织章程所管治。"

六　结论

《1887 年葡中和约》确定由葡萄牙对澳门进行"永居管理"，它结束了寻求在条约上确定澳门对华地位之"地位条款"的漫长过程。

如前所述，从条约的准备工作中可以推断出，双方均企图——将"租界"与和约中的模式等同起来——将所有权划分的构思条约化，这种所有权即使用权的区分在国际法体系中是有效的，它以罗马法中财产概念为基础制定，为领土主权概念的理论所接受。属地优越权是与私法中的占有概念相近。中国在《1887 年葡中和约》对一种过去与现在均独立于土地所有

---

① 若尔热·米兰达：《领土——宪法研究》（卷 2），第 90 页。1975 年 8 月召开的关于澳门地位的立宪会议讨论中，葡共议员维塔尔·莫雷拉的提案（此处提及澳门时用了"在葡管理之下"这一讲法）遭到拒绝。人民民主党议员麦斌图当时宣布说："确定另外一种讲法，尤其是'澳门地区在葡管理之下'这种讲法，无论出于甚么企图，客观上对中华人民共和国施加了压力迫其改变现状"。前引若尔热·米兰达《宪法资料及筹备工作》（卷 2），第958 ~ 959 页。

② 彼德·韦斯利·史密斯：《1898 至 1997 年间不平等条约：中国、英国及香港新界》，香港，牛津大学出版社，1984。

权之外的主权权利的部分放弃是以这种区分为依据的。这并不是一种毫无后果的空想。尽管没有带来实时的法律效力，它实际上的重要性是巨大的。只要考虑一下这一于 1976 年有关宪法规定形成时产生的保留条款的可行性便可知其重要性。这一宪法条文尽将澳门视为“葡萄牙管理之下的领土”。尽管 1976 年宪法中这一模式的形成过程未经充分的探讨，无论从与《1887年葡中和约》条款（葡萄牙政府从未放弃）的平衡方面来讲，还是从历代中国政府确定澳门地位时千篇一律的牵强附会的解释来看，我们不得不强调这一模式有意或无意地所具有的实际效果。

1987 年《中葡联合声明》遇到的是它明确称之为“历史遗留下来”的问题。归根结底，它不得不承袭在其之前的一切模式的逻辑。我们认为，它在这个问题上的行文并非上乘之作，缺乏这种文件在涉及此类问题及其严肃性所要求的术语准确性。将宪法规定（“葡萄牙管理之下的领下”）与重申这一领土同时属于中国并继之提及由该国对其“行使主权”结合起来的前提必须对所有权的划分或领土“主权”及“属地优越权”进行概念分析，正是在这一点上《联合声明》的条文的阐述是十分欠缺的。

总之，将澳门系中国领土、葡萄牙行使的主权至某一预定日期为止，写进其第 1 条款中，无疑确认了“领土主权”与“属地优越权”之间的区分，这正是一百年前葡中谈判者在《里斯本草约》及 1887 年《和好通商条约》中解释“澳门地位”时所明确持有的愿望。

补充说明：本文是以作者在澳门大学法律系主办的“国际法上的澳门暨葡中修约研讨会”（1995 年 11 月 13～15 日）上宣读的同名论文为基础撰写的。借此机会谨向澳门大学法律系，尤向其系主任简利德教授致谢，感谢他们同意本文在研讨会论文集出版之前刊印。——原刊注。

（原载《澳门法律学刊》，澳门，澳门政府立法事务办公室，总第 3 卷，1996 年第 2 期）

1887 年《中葡和好通商条约》国际法简析

柳华文[*]

1887 年 12 月 1 日，清政府全权大臣庆郡王奕劻、工部左侍郎孙毓汶与葡萄牙全权大臣罗沙签署了《中葡和好通商条约》（计 54 款）和中葡《会议专约》（计 3 款）；另外，英国人赫德代表中国政府与葡萄牙参赞斌德乐签署了《会订洋药如何征收税厘之善后条款》（计 4 款）。

《中葡和好通商条约》是中葡两国第一个、也是今天中葡《联合声明》缔结以前唯——个涉及澳门法律地位的条约。本文拟通过对该约及相关史实进行国际法评析，对澳门的国际法地位及该约的效力进行讨论。

一 《中葡和好通商条约》"地位条款"分析

（一）条约内容与焦点

1887 年中葡两国所缔结的《会议专约》与《会订洋药如何征收税厘之善后条款》两约，主要是规定澳门当局协助中国查禁鸦片走私的具体措施和办法。

而 54 款的《中葡和好通商条约》，则是日趋衰落的老牌殖民主义帝国在窃据澳门 300 年后，不费一枪一弹，仅用协助中国缉拿鸦片走私一事便夺取了西方列强侵华的各种特权，包括：①片面的最惠国待遇。②葡萄牙得派公使进驻北京，并在通商口岸设领事；葡萄牙取得领事裁判权。③葡人在通商口岸有居住、租买土地、建造房屋、设立栈房、教堂和医院等特权。

最引人注目的，便是涉及澳门法律地位的所谓"地位条款"，主要是两款：

第 2 款　前在大西洋国（葡国）京都里斯波阿（里斯本）所订预立节略内"大西洋国永居管理澳门"之第二款，大清国仍允无异。惟现经商定俟两国派员妥为会订界址，再行订立专约。其未经定界以前，一切事宜，俱依现时情形勿动，彼此均不得有增减改变之事。

第 3 款　前在大西洋国京都里斯波阿所订预立节略内"大西洋国允准不经大清国首肯则大西洋国永不得将澳门让与他国"之第 3 款，大西洋国仍允无异。①

其中会订界址的规定为两国日后的谈判与争执埋下了伏笔，而其中对澳门的地位并未直接言明，更是两国政府及其学者之间争论的焦点。

不仅有葡萄牙的学者得出此约使葡国在澳主权"合法化"的结论②，有的西方学者，如前所引述的美国人马士，也认为条约把澳门"割让"给了葡萄牙③。

中华人民共和国成立前中国学者周景濂也在其《中葡外交史》一书中说："自光绪十二年（1886 年）以前，澳门在中国之地位，为葡萄牙之租借地，性质远未变更"，但缔约后，"于是中国于条约上正式承认葡国占领澳门矣"。④ 这里的"占领"意指非租借之割让。持此种看法的人是从现实主义的角度看问题的，却并未从法律角度和条约本身的意义来分析，其主张是错误的，且正中殖民主义者下怀——割澳门出中国，占澳门为殖民地。

（二）租借而非割让

其实，要清楚地理解"地位条款"的真正意义，需要将有关规定结合起来分析。

前北京大学史学系主任朱希祖早于 1922 年便指出："葡国不得让其地

① 王铁崖编《中外旧约章汇编》第 1 册，北京，三联书店，1957，第 505～506 页。
② 〔葡〕Arnaldo Gonçalves：《1999 年后处于中国与西方对外关系之中的澳门》，载《行政》1993 年第 3 期，第 726 页。
③ 〔美〕马士（H. B. Morse）：《中华帝国对外关系史》第 2 卷，张汇文等译，北京，三联书店，1957，第 429 页。
④ 周景濂：《中葡外交史》（影印本），北京，商务印书馆，1991，第 169～170 页。

于他国一款，正约改为未经大清国首肯，则大西洋国不得将澳门让与他国，是澳门主权，中国未全失也。"①

当代学者黄文宽认为："就条文来作分析，中国也还没有丧失澳门的所有权。从条文的意思表示来看，中国不把澳门让给葡萄牙，澳门仍然是中国所有的领土，不过设定地上权，允许葡萄牙人永住管理。葡萄牙人未得中国同意，不能转让给别国。这说明他没有处分权，他得到的至多只能是一种限制物权的'地上权'。"他认为葡萄牙享有的是"租赁权利"。② 黄先生的分析很精辟，法律逻辑亦严谨、准确，只是条约解释涉及的是国际法现象，如果仅从国内法角度做民法意义上的分析，恐仅有模拟意义，其结论尚欠说服力。

"地位条款"用语不甚明确乃是故意为之的结果，这一点从条约筹备工作的文件可见。

清政府总理衙门就此"地位条款"的草稿提出了三项对案供选择：

1. 完全不提澳门，如此即可任一切照旧，葡萄牙得到条约，中国得到征税合作。

2. 中国同意永久租给葡萄牙以香山县境内经葡萄牙占据、通称为澳门的那片土地，不收租金，并且答应葡萄牙可以像以往一样治理这块地方。

3. 中国答应葡萄牙可以像以前一样治理澳门，但澳门原来即系中国的领土，澳门必须每年向北京进贡关平银500两。③

关于第一方案，对于意欲获得澳门地位条款的葡萄牙来说显然不能接受，而对第二、第三方案，"出于维护国家声望的原因"，葡国亦不能接受一个包括"租地"字眼的条约，更不用说承认与葡王室对外关系传统大相

① 朱希祖：《葡萄牙人背约侵略我国土杀戮我国民拟废约收回澳门意见书》，载《东方杂志》第 19 卷第 11 期，1922 年 6 月 10 日，第 96 ~ 97 页。
② 黄文宽：《澳门史钩沉》，澳门，澳门星光出版社，1987，第 34 ~ 35 页。
③ 赫德致金登干电（1887 年 1 月 5 日，第 1451 号电），载《中国海关密档：赫德致金登干电汇编（1874 ~ 1907）》第 3 卷，北京，外文出版社，1990，第 1230 页。

径庭的臣属关系了。①

结果，中国接受的是"永居管理"模式。葡国外交大臣巴洛果美对此模式表示满意，他承认，使用"永居管理"这一讲法，再补充割让一款是"一项十分符合中国愿望的保证，并且实际等于永久租赁不付租金，但这样行文的话（指永久租赁），恐难为舆论及议会所接受"②。

结合"中国政府坚定而一贯地拒绝承认葡萄牙对澳门及澳门海面主权的要求"的立场③，巴洛果美"我从未指明，也不拟指明这是割让领土"的声明④，以及条约第3款中国保留葡国如将澳门让与他国须经过中国批准的权力——这一与割让的法律意义迥然不同的规定，地位条款的含义是非常明确的，即葡国永租澳门（而不付租金）。另外，澳门在缔约后仍然享有中国内港的待遇，这又是中国未失主权的佐证⑤。

（三）租借的法律意义

条约为澳门规定的是一种租借地的地位，其重要性是巨大的。赫德也认为：

> 葡萄牙人"居住"已逾三百年，而将其作为葡殖民地"管理"仅十五年……中国决不想去破坏这一现状……当然，总有一天中国会同葡萄牙闹翻，不允许这种状况再继续下去，葡萄牙要害怕和正害怕的东西远未消失。⑥

---

① 〔葡〕萨安东（António Vasconcelos de Saldanha）：《1887年〈葡中和好通商条约〉中有关葡萄牙在澳门主权议题诠释问题——〈葡萄牙共和国宪法〉第292条第1款重阅心得》，载《澳门法律学刊》1996年第2期，第40页。

② 〔葡〕阿尔费雷德·戈麦斯·迪亚斯（Alfredo Gomes Dias）：《澳门与第一次鸦片战争》，澳门，东方葡萄牙学会，1992，转引自〔葡〕萨安东（António Vasconcelos de Saldanha）《1887年〈葡中和好通商条约〉中有关葡萄牙在澳门主权议题诠释问题——〈葡萄牙共和国宪法〉第292条第1款重阅心得》，第44页。

③ 〔美〕马士（H. B. Morse）：《中华帝国对外关系史》第2卷，第428页。

④ 中国近代经济史资料丛刊编委会编《中国海关与中葡里斯本草约》，北京，中华书局，1983，第99页。

⑤ 黄启臣、郑炜明：《澳门经济四百年》，澳门，澳门基金会，1994，第113页。

⑥ 赫德在条约签字数天后致金登干电中语，见《中国海关密档：赫德致金登干电汇编（1874～1907）》第3卷，第1233页。

从国际法的角度看，租借与割让是截然不同的两个法律概念。割让是指一个国家把它对特定领土的主权按照条约让与另一国家，这是一个特定领土主权丧失的原因之一。而租借则是一种对主权的行使所进行的限制，它并不丧失主权的本质。租借地的地位以承租国和出租国之间的条约为根据，其中出租国保留主权，而承租国取得的是一种治权，或称"管辖权利"。那种把租地看作"伪装的割让"的说法，"在法律上不正确，也不符合实践"①。

确实，"租借"一词是从国内法移植而来，是以所有权与使用权的区分为基础的。"租借地"一词在现代国际法中并不常见，而对过去的国际条约进行解释应当考虑到当时主导的或代表了缔约双方愿望的法律定义或原理②。著名国际法学家劳特帕特认为，这时，需要援用私法原则来类推解释：这种援用是合理的、是人们所希望的③。

就国内法而言，租借的意义便是将物权分成所有权与使用权，二者分离便出现所有者与使用者（物的持有者），后者向前者交纳租金（可以由所有者减免），而不拥有物之处分权。这在当时的葡萄牙民法中亦是如此④。

在缔约过程中，中方代表金登干曾请教于中国在伦敦雇用的律师霍金司，提出两方面问题：① 用来证明"无租金租赁"优于不存在任何正式"租赁"的论据或先例；②"租界，租借"以外的，任何一种具有同样含义及效力的词或词组。霍金司支持"永居管理"的提法。学者们认为，极有可能霍金斯考虑到了刚刚发生的一件事情，即 1878 年签订的几项条约⑤。有的学者则认为《里斯本草约》便是抄袭了 1878 年《柏林条约》的一款。《柏林条约》的那一款载明："波斯尼亚、黑塞哥维那两州，仍构成土耳其

---

① 《王铁崖文选》，北京，中国政法大学出版社，1993，第 368 页。

② 〔葡〕萨安东（António Vasconcelos de Saldanha）：《"澳门问题"的若干方面及其在联合国范畴内对葡中关系之影响》，见萨安东《1887 年〈葡中和好通商条约〉中有关葡萄牙在澳门主权议题诠释问题——〈葡萄牙共和国宪法〉第 292 条第 1 款重阅心得》，第 47 页。

③ 〔英〕H. 劳特帕特（H. Lauterpacht）：《私法渊源及国际法之类推》，伦敦，朗曼出版社，1927，第 181～182 页。

④ 〔葡〕M. A. 科塔略·达·罗沙（M. A. Coelho da Rocha）：《葡萄牙民法制度》第 2 册，科英布拉，科英布拉大学出版社，1848，第 415～416 页。

⑤ 〔葡〕萨安东（António Vasconcelos de Saldanha）：《1887 年〈葡中和好通商条约〉中有关葡萄牙在澳门主权议题诠释问题——〈葡萄牙共和国宪法〉第 292 条第 1 款重阅心得》，第 42 页。

领土的一部分，但此两州划归奥国占领与管理……"①

著名国际法学家菲德罗斯提出两个相区别的概念：领土主权类似于国内法的所有权，是针对其他国家的一项国际法的权利，是按国际法对领土完全地予以处分的权利；而领土最高权类似于国内法的占有，是一个国家在一个特定的领土内对那里的人根据它自己的国内法律秩序实行的一种支配。有限的领土权利可以有不同的等级，其中最高一级，是占领外国的一个领土或其一部分，并在那里实行完全的领土最高权。对领土最高权的情形具体地举例便是"昔日曾让与少数欧洲列强的中国'租借地'"②。可见，澳葡当局依条约永租管理澳门并完全适用了葡国的国内法，享有的并非主权，只是一种领土最高权，这与我们与主权相对应的"治权"一词是一个含义。

（四）关于条约的用语

对条约"地位条款"的理解分歧主要源自其含混的用语。根据条约第50款的规定，条约用中文、葡文和英文译出，遇有中文与葡文"未妥协之处"，则以英文"解明所有之疑"。而在英文本中，第2款的"永居"一词，本应用"perpetual living"一词，却写为"perpetual occupation"，既可译为"永久居住"，又可译为"永久占领"。而且，葡方还在第2款中写入"与葡国治理他处无异"的字样。

英文本如此含混、含有歧义，是葡萄牙人和赫德别有用心、企图讹诈中国政府的结果。赫德在谈判中告诉葡方："地位条约的字句必须仔细斟酌，使它包含每一意义。我预料用 perpetual occupation（永久占据）等字就可达到目的。中文文字不妨含蓄，只要提到就够了，不必说得太多。"③ 于是葡人在文字上下工夫，把"永驻"改为"永居"，而英文本十分含混，写成："China confirms in entirety the second article of the protocol of Lisbon, relating to the perpetual occupation…"④ 赫德还曾在"属澳之地"的范围问题上劝告葡

---

① 谭志强：《澳门主权问题始末》，台北，永业出版社，1994，第194页。
② 〔奥〕阿·菲德罗斯（Alfred Verdross）等：《国际法》（上），李浩培译，北京，商务印书馆，1981，第319~323页。
③ 《中国海关与中葡里斯本草约》，第92页。
④ 〔英〕迈尔斯（W. F. Mayers）：《中外条约》（*Treaties between the Empire of China and Foreign Powers*），上海，1902，第157页。

方：要学会"连哄带骗"，"下种以后顺其自然，慢慢让它开花结果"。[1]

但是，结合条款中的有关规定及缔约过程中的有关文件，仅凭这种含糊的用语尚不足以作祟。笔者认为，用语含混乃是双方故意妥协的产物，但对中国来说更为有利。因为澳门的主权本来就在中国，企图改变澳门法律地位的是葡萄牙。抛开其他不谈，仅在语义含混情形下，中方立场不曾松动，葡国的主权觊觎就不足为凭。

而且，如果企图通过在文字上做手脚而把有关条款解释为割让的活，便构成了条约法上的欺诈行为，条约中欺诈的结果在国际法上是无效的。这在历史上亦不乏其例：1889 年意大利和阿比西尼亚签订了"友好条约"，该条约以意、阿两种文字写成，同一作准。但该约第 17 条关于阿皇帝在对外关系方面利用意政府帮助的规定，按阿文本是任意性的，而按意文本却是强制性的。根据这个规定，在缔约后不久，意政府即宣布了对阿国的保护关系。而阿国皇帝据阿文本拒绝对该约作此种解释，并通知对方废弃该约。结果意大利于 1895 年对阿宣战。后来双方均认为该约自始无效。国际法学家们认为：这就是因为意大利代表在缔约过程中是以欺诈的手段而取得阿国同意的[2]。

（五）"永久"与"租借"

从以上分析我们知道，条约"地位条款"是将澳门"永租"给了葡萄牙。这与明示确定期限的其他租地条约相比是有所不同的。

在缔约过程中，英国律师霍金斯明确地认为："永久和租赁是矛盾的，法律中并没有这样的名词。"[3] 但最后的条约并未解决这个矛盾。

笔者认为，"永租"中只有可分解出来的"租借"一词是法律词汇："永久"一词与该条约第 1 款中"永远敦笃友谊和好"一句中的"永远"一词一样具有一种表达诚意的修饰作用，并无法律上的严格含义。

其实，这与在该条约之后不久缔结的中国各租界的条约相比较，实有大同小异之处。例如 1897 年 12 月 9 日的《汉口俄租界购地条约》、1898 年

---

① 《中国海关与中葡里斯本草约》，第 95 页。

② 李浩培：《条约法概论》，北京，法律出版社，1987，第 264 页。

③ 金登干致赫德函（1887 年 1 月 20 日，第 1563 号），前引《中国海关密档：赫德致金登干电汇编（1874～1907）》第 3 卷，第 1233～1234 页。

7 月 16 日的《汉口日本专管租界条款》、1898 年 8 月 18 日的《沙市口日本租界章程》等约，都使用了"永租"字样[1]。它们的含义在本质上与其他租界、租地条约中的租借并无差别。列举的这三块租界，分别于 1924、1945、1943 年被中国收回或由外国交还[2]。

基于租赁的法律性质，即中国仍然拥有主权及由此产生的处分权，加上中葡条约中葡方承担不得割让（实指永居权）的义务，中国可以在适当之时结束租借，收回治权。

永租绝非不可变更，这在当代亦有例可证。1903 年 11 月，美国与新独立的巴拿马共和国缔结了《关于开凿通洋运河的条约》。据此，美国取得运河开凿权和对运河区的永久租让权。二战后，巴拿马人民要求收回运河主权的呼声日益高涨；1977 年 9 月巴美签署新的《巴拿马运河条约》，取代了所有以前的两国缔结的有关条约，并在承认巴拿马共和国对运河区拥有领土主权的基础上对运河的有关事务做了安排，还规定从 2000 年 1 月 1 日起巴拿马政府将单独管理和经营运河，负责运河的防务[3]。

可见在主权归属问题上，永租与有期限确定的租借是完全相同的。永租仍然是租借，是一种特殊的租借。

（六）"地位条款"是否附加条件

在"地位条款"的理解上，学者中有一问题存在争议，那就是有关条款规定之间的关系问题。

其一，条约中关于协助鸦片征税之第 4 款与"地位条款"的关系。

该条约第 4 款规定：

> 大西洋国坚允，在澳门协助中国征收由澳门出口运往中国各海口洋药之税厘，其如何设法协助并助理久长，一如英国在香港协助中国征收由香港出口运往中国各海口洋药税厘无异，其应议协助章程之大旨，今另定专约，附于本约之后，与本约一体遵行。[4]

---

[1] 王铁崖编《中外旧约章汇编》第 1 册，第 728、788、791 页。
[2] 费成康：《中国租界史》，上海，上海社会科学院出版社，1991，第 428、429、411 页。
[3] 王铁崖主编《国际法》，北京，法律出版社，1995，第 234~235 页。
[4] 王铁崖编《中外旧约章汇编》第 1 册，第 523 页。

中国学者梁嘉彬、谭志强认为:

> 葡国得到这种权利（永租权）也不是没有条件的，绝对永远保留得住的，而是要履行义务亦即协助中国征收鸦片烟税才能保持的。[①]

笔者认为，该约中涉及的两国间的权利、义务事项非止"地位条款"相关条款这几项，如果唯独把葡国租借澳门之权与协助中国征税义务放到一起，说后者的实现是前者成立的必要条件，这是缺乏根据的。以"和好通商"为名的整个条约并没有这样的意思表示[②]。诚然，争得葡国当局的征税合作是缔结的动机和起因，条约中的权利与义务也应当对等，但至少上述意见在表述上是不妥的，正确的表述应当是：中国对澳葡当局征税合作的需要乃是缔结条约的情势之一；当中葡两国都相继禁止鸦片贸易，作为缔约基础的情势有所改变，条约的效力则应重新审视，如其失效，则"地位条款"失效。

其二，勘界条款是否属于附加条件。

条约的第 2 款规定："前在大西洋国京都里斯波阿所订预立节略内'大西洋国永居管理澳门'之第 2 款，大清国仍允无异。惟现经商定，俟两国派员妥为会订界址，再行特立专约。其未经定界前，一切事宜俱依现时情形勿动，彼此不得有增减、改变之事。"

该款涉及两个问题。首先，抛开其他不谈，仅就界线未勘而言，对于葡国对澳门的租借权利在法律上有何影响。这将在后文中论及。其次，也是这里要讨论的，此款是否意味着勘界、约定之后，中国对葡萄牙永租澳门的允诺才生效？

谭志强对此问题持肯定意见，他认为:

[①] 梁嘉彬:《通论澳门在历史上条约上的地位》，载包遵彭等编《中国近代史论丛——边疆》第 2 辑第 7 册，台北，正中书局，1969，第 142～143 页；另见谭志强《澳门主权问题始末》，第 194 页。

[②] 在国内法的民法中，附条件的民事法律行为是指在民事法律行为中指明一定条件，把条件发生或出现作为该行为效力发生或终止的根据。参见李由义编《民法学》，北京，北京大学出版社，1988，第 122 页。

由于"澳门及属澳之地"的范围一直无法划定，《中葡和好通商条约》中有关葡国可以"永居管理"的条文，也是从来未曾完全生效的。所以中葡双方达成且生效的条文，只是"其未经定界以前，一切事宜，俱依现时情形勿动，彼此均不得有增减改变之事"而已……（因此）葡国不但澳门的主权没有取得，连管理澳门的权利都是有问题的。①

这显然是把勘界订约作为永租生效的附加条件了。遗憾的是，上述意见并未展开论证。

回顾缔约过程，其实，拟订条约期间，围绕澳门划界问题，中葡双方有过激烈斗争。清政府总理衙门在《总署奏葡约现有成议谨陈办理情形折》中说："惟界址一层，从前久经含混，刻下若欲与之划清，势必彼此争执，终归罢议"，因此主张采取所谓"急脉缓受之策"，"于约内言明澳门界址，俟勘明再定，并声明未经定界之前，不得有增减改变之事"②。可见勘界条款并未有作为附加条件的意思。

诚然，条款中"专约"、"一切事宜"、"现时情形"、"改变"几个词含义不甚明确，但从缔约后的交涉及官方主张看，尚得不出结论说它们不是指有关勘界事项本身。在此种情况下，下结论说勘界条款属于附加条件，笔者认为不妥。

二　缔约后中葡划界之争的法理分析

（一）划界之争的法律意义

1887年《中葡和好通商条约》缔结以后，澳门的水界与陆界（当然指居住与管理界线）的勘定，成为一段时期里中葡关系相关事件的核心。这正是条约第2款有关勘界规定遗留下来的问题。澳葡方面进行了一系列的扩

---

① 谭志强：《澳门主权问题始末》，第196，327~328页。
② 《清季外交史料》卷73，转引自黄鸿钊《澳门史纲要》，福州，福建人民出版社，1990，第191页。

张活动，并不惜使用武力，突出事件有"路环血案"等①。

1907 年 7 月 15 日中葡开始举行勘界谈判，却未成功。后来里斯本爆发革命，推翻帝制，成立共和国；中国则爆发了辛亥革命，一举推翻清政府，建立中华民国。社会动荡之际，澳门划界谈判中止。

首先，1887 年《中葡和好通商条约》缔结以后，中葡双方一直未能按第 2 款规定完成划界、达成协议。这在法律上有何意义？

杨里昂（音译）从地位条款形同"领土割让"这一错误立论出发，强调说：

> 从法律角度来讲，尽管原则上确认了让与，澳门仍处于现状之中。自 1887 年条约起毫无变化，因为这一条约的待执行条件从未具备。②

谭志强认为：

> 占有物标的物范围不明，中葡两国能够承认的只是葡国实际上占领土地的现状，暂时不应更动而已……1887 年以来葡国在澳门行使的"永占权"，却一直只是一种"不完全的占有"或"未完全生效的占有"。"占有"的前提是一个边界明确的"标的物"，可是，这个"标的物"（澳门及属澳之地）却一直未明确划分出来，法律上只是一个模糊的存在。③

---

① 路环是位于澳门南面八公里海上的一个小岛，岛上约有 1900 人，多以打鱼为生。1910 年 5 月，广东新宁县有十几人被路环匪徒掳去，关禁勒索。陈姓事主向澳督马葵士请求救人。早对路环抱有侵占野心的澳门葡人，遂以"剿匪"为名，派兵进攻路环。激战了近一个月，于 8 月 4 日登上该岛。由于战况激烈，岛上居民死伤数以百计。"剿匪"过后，葡军却未撤退，而是真正占领了整个路环。有关史实存有争议，一般中国的澳门史专家对路环村民是否盗匪颇有怀疑，澳门学者郑炜明的考证认为这些盘踞路环的匪徒，的确是林瓜四、林瓜五领导的海盗。见郑炜明《清末（澳门）路环海盗及其与同盟会之关系》，载《濠镜》1988 年第 4 期，第 88~89 页。
② 杨里昂：《中国租借地》，巴黎，巴黎大学出版社，1929，第 13 页。
③ 谭志强：《澳门主权问题始末》，第 195~196 页。另外该书中说："澳门大学讲师郑炜明指出，从'澳门及属澳之地'一直没有划清，可证明澳门主权不可能已割让给葡国。"循其注查阅《中国边疆史地论集》（黑龙江教育出版社，1991，第 447~460 页）相关文章，却无论如何也总结不出这个观点来，深为疑惑，恐是误解。

前文已经述及，条约中有关勘界规定并非葡国获得澳门权利的附加条件，那么，勘界未定，在法律上是否致使这种租借权利难以成立？

葡萄牙学者萨安东对上述两学者的观点不屑一顾，一言以蔽：未勘界并不一定意味着以某一地区为内容的公约或协议不具效力。①

笔者认同萨氏的观点。人们熟知的一个国际法知识是：国际法并未规定一个国家领土的界线必须是明确划定，有不少国家的国界线是有争议的②；而国家领空的高度界限，至今在法律上也是模糊不定的。当然，中葡条约中讲的划界是澳葡永居管理界线，并非国界。但此界线未划定，笔者认为并不能否定条约给予葡国对澳门的租借权利的存在。更何况第2款中已规定未经定界以前，"依现时情形勿动"（"现时情形"指缔约时的澳葡管治界线），因此严格按条约来说，也不存在租借权利行使的障碍。

其次，笔者倒是认为，葡澳当局违反条约义务，不断扩张居住、管理界限，公然粗暴侵犯中国主权，才是从根本上动摇了该条约以及葡人据此约而享有的租借权的效力。

如前所述，葡方不但没有在划界完成前"依现时情形勿动"，反而大肆扩张，并动辄以拥有主权为论；欺骗、讹诈、强取，甚至勾结他国，以武力侵略。纵然如同今日葡人的下述辩护即攻占路环是为了赶走海盗，维持岛上治安和居民的生命财产，是受岛上居民的"邀请"，葡澳占领路环亦无法律根据。首先，即使他们剿灭中国海盗合法，亦无理由在剿清匪徒后霸占中国的土地；其次，"邀请"他们的居民即使有也只是一小部分，更不能代表中国政府，况且案后，广东各界人民纷纷谴责澳葡当局滥杀无辜，霸占国土。

学者郑炜明这样分析：侵略，通常是指一国为实现对别国的要求而试图以使用武力来达到改变事态的目的的行为。这种意义上的侵略的客观条件，包括使用武力、首先使用武力以及企图使用武力达到改变事态的目的。葡萄牙人在霸占路环一案中扮演的角色，完全符合上述三个条件，不折不

① 〔葡〕萨安东：《1887年〈葡中和好通商条约〉中有关葡萄牙在澳门主权议题诠释问题——〈葡萄牙共和国宪法〉第292条第1款重阅心得》，萨安东并未加以论证。
② 王铁崖主编《国际法》，第66~67页。

扣是个侵略者。而侵略的行为是不容辩护的，不论是以政治性、经济性、军事性或其他性质为理由①。这种分析虽然适用的是现代国际法的标准，不无不妥，但至少说明葡澳当局的行为属于一种严重的违约。我们注意到，1899 年和 1907 年两个海牙《和平解决国际争端公约》都规定各国应尽量用和平方法解决争端。

1969 年联合国《条约法公约》第 60 条规定："双边条约当事国一方有重大违约情势时，他方有权援引违约理由终止该条约，或全部或局部停止其施行。"② 这是公约对国际法上"对于不履行者不必履行"原则的编纂，它被前常设国际法院法官安齐洛蒂称为"文明各国所承认的一般法律原则之一"③。1870 年 10 月沙俄针对 1856 年《巴黎条约》、1925 年秘鲁针对 1883 年《智阿和平条约》，就据此主张单方面废约或免除有关条约义务④。

关于澳门地位的中葡条约第 2 款乃是该约的根本内容（从条款所排顺序可见一斑），而葡方严重侵犯、僭越中国主权，违背了中方租借澳门"因愿倍敦友谊俾永相安"的订约宗旨⑤，因此系严重违约，动摇了该约的效力基础，中方已拥有了单方面废止该约之权。

（二）关于时效问题

在勘界谈判中，葡方代表一再主张"久占之地，即有主权"。这是中葡早期交涉乃至今天不少葡人所持的一种主张在澳主权的论调，其所谓的法律根据便是领土的时效取得。

国际法上时效的概念是指：一国对他国领土进行长期占有之后，在很长时间他国并不对此提出抗议和反对，或曾有过抗议和反对，但已经停止这种抗议和反对，从而使该国对他国领土的占有不再受到干扰，占有现状

---

① 郑炜明：《葡萄牙人占有氹仔路环二岛的经过》，载《濠镜》1990 年第 6、7 期合刊，第 35～36 页。作者参考了日本国际法学会编《国际法辞典》（中文版），北京，世界知识出版社，1985，第 678～680 页。
② 李浩培：《条约法概论》，第 722 页。
③ 李浩培：《条约法概论》，第 552 页。
④ 李浩培：《条约法概论》，第 553 页。
⑤ 王铁崖编《中外旧约章汇编》第 1 册，第 522 页。

逐渐符合国际秩序的一种领土取得的行为，而不论最初的占有是否合法与善意。①

国际法上的时效概念不同于民法上的时效概念。除不以善意为前提以外，其确立所有权的时间也是不确定的，取决于个案情况。另外，时效在国际法实践中并不能单独成为一项法律原则，其适用在很大程度上取决于某一特定情势的事实的评估，并且需要与其他领土取得的因素如默示、禁止反言等一并加以考虑。时效原则并没有为大部分学者所接受，也没有哪个判例专以时效原则裁决。②

时效取得对澳门是不适用的，因为③：

其一，在葡萄牙人入居澳门（1553 年）前，中国至少已在此地和平、连续、有效地管理了 402 年（香山县设治于 1152 年）。澳门在当时就有守澳官、河舶所，主权在于中国。

其二，149 年之前，葡人一直向国民政府缴纳地租，仅享有有限的自治权，而此后葡国以武力所取得的仅是一种治权，这种治权在 1887 年条约中以租借形式得到法律承认，但绝非主权。缔约之前以及以后，中国政府不但从未放弃澳门主权，而且不断主张主权，抗议澳葡当局对中国在澳主权的侵犯。不仅清政府如此，以后的历届中国政府均持此一贯立场。

也正因为如此，葡萄牙处心积虑，欲以在澳管治时间的延续来谋求领土权益的梦想只能幻灭。

三 《中葡和好通商条约》的废除及其效力

1928 年 2 月 6 日，中国北洋政府电令驻葡公使王廷章，在为期十年的中葡条约第四次期满之际，向葡国声明召开双方会议，改订相互平等的新

---

① 王铁崖主编《国际法》，第 237 页；陈致中编《国际法案例选》，北京，法律出版社，1986，第 35 页；谭志强《澳门主权问题始末》在论及此点时强调，澳门在葡人入居前并非无主地，有关事实系葡人以武力取得，显示其对时效概念的理解有所偏差。
② 端木正主编《国际法》，北京，北京大学出版社，1989，第 132 页。
③ 有关史实资料见刘羨冰《1553，1894：澳门历史上两个值得重视的年份》，载《文化杂志》第 19 期，1994，第 153～155 页；吴小宇《澳门历史上的行政管理》，载《行政》总 34 期，1996 年 12 月，第 1179 页。

约。同年 6 月，国民军占领北京。7 月 7 日，民国政府宣布已满期的不平等条约无效，另订新约；未满者应行重订；旧约期满，新约未定者，依临时办法处理。① 7 月 10 日，国民政府外交部照会葡驻华公使毕安琪，中葡条约于 1927 年 4 月 28 日期满失效，从而正式废除了该约。由于 8 月 2 日毕安琪在覆照中否认条约的失效，因此，该条约的废除属于中国政府单方面的废除。

1928 年 12 月 19 日双方签署的《中葡和好通商条约》以及 1947 年 4 月 1 日中国外交部长与葡萄牙公使就废除领事裁判权进行的换文，都回避了澳门问题。

"约定必须遵守"这是国际法上的一项古老原则，意思是合法的有效的条约必须严格遵守。但是，不平等条约则因为其非法性而成为该原则的例外。在中国的条约实践中，不平等条约有两个特征，它是武力使用或威胁所强加的，而且是违反国家主权和平等原则的；中华民国政府以及后来的中华人民共和国政府都认为包括 1887 年中葡条约在内的不平等条约是自始根本无效的。②

由于国际法上时际法的问题（即有关的法律原则、规则对具体个案的当时是否可以适用的问题）以及早期国际法体系及其原则、规则被认为主要适用于西方基督教"文明"国家间的关系之上（而中国被认为不是"文明"国家③）这种情形，要从法理上具体论证不平等条约的自始无效，是非常困难的。结合中葡条约的具体实践，笔者认为，退一大步讲，作为不平等条约的中葡条约是可以废除的；对该约来讲，就条约的废除进行法理分析因其废约的实践与争议而具有实际意义。

1928 年中国国民政府废除 1887 年《中葡和好通商条约》是否有效呢？多数中国学者认为，此后，该约即已失效，葡萄牙对澳门的管治失去了法律根据。④ 一些葡国学者甚至官员及个别澳门学者则认为，由于葡国公使复照否认，后来的谈判又回避了该问题，所以葡萄牙得以在澳门按 1887 年原

---

① 谭志强：《澳门主权问题始末》，第 209 页。
② 《王铁崖文选》，第 396~400 页。
③ 陈体强：《中华人民共和国和国际法》，载《达尔豪斯法律学报》第 8 卷，1984，第 161 页。
④ 如赵佳楹《中国近代外交史》，太原，山西高校联合出版社，1994，第 355 页。

约管理至今。①

从国际法看，1887 年的条约属于不平等条约，是非法的，可以单方面
废除的。

首先，至为明显的是，该条约违反了主权平等原则。主权原则是国际
法最早产生的原则之一，是国际法的基石。17 世纪的威斯特伐利亚公会、
1920 年建立的国际联盟，直至今天的联合国，都对主权平等原则进行了肯
定。中葡条约对该原则的违反表现在：

其一，从条约的内容上看，缔约双方的权益分配是极不均衡的。

葡萄牙通过条约，一方面向中国攫取了西方列强侵华造成的所有不平
等权益，即通商、司法、政治等方面的特权，包括单方面的领事裁判权、
片面的最惠国待遇等；另一方面又得到了中国澳门的永租权。而它所负的
有实际内容的义务仅是协助中方缉私鸦片。条约内容上的不平等是违反主
权平等原则的直接表现。

其二，从条约缔结过程来看，该条约属于强迫和干涉的产物。

表面看起来，中葡之间当时并未有战争发生，但实际情况是当时的清
政府正面临西方列强掀起的旨在瓜分中国的边疆危机，大国直接由武力获
取权益，而小国则"利用机会向中国榨取，它们有大国的支持"。② 葡萄牙
虽然国势已衰，但仍属于殖民者的行列；而清政府则是腐朽之封建王朝，
备受凌辱，任人宰割。尤其是 1882～1885 年的中法战争更使澳门有落入更
具危险性之侵略者手中从而使侵略更甚的危险。在列强压榨下的清政府财
力拮据，在缉私、收税问题上，港英当局借机要挟，控制中国海关的英人
赫德施以诱迫，于是清廷才以征税、缉私为名与葡国签约，兼以换得澳门
不被易手之保障。可见，战争及武力的威胁是存在的。强迫的因素不容忽
视，它是违反主权平等原则的重要原因。

该条约又是在以英国人赫德为代表的外籍官员的直接操纵和影响下达
成的。虽然赫德、金登干曾是清政府委派的代表，但他们处处考虑的不是
中国的利益，而是大英帝国的利益，为此他们又为葡国利益着想，而不惜

① 〔葡〕萨安东：《1887 年〈葡中和好通商条约〉中有关葡萄牙在澳门主权议题诠释问题——
〈葡萄牙共和国宪法〉第 292 条第一款重阅心得》；又见黄启臣、郑炜明《澳门经济四百
年》，第 113 页。
② 《王铁崖文选》，第 317 页。

牺牲中国权益。他们的所作所为基于以下目的：①使澳门由葡萄牙掌握而不落入法国或其他同英国进行殖民竞争的国家手中，并保障港英当局的贸易地位。②夺取澳门地区常关税厂的征税权力，征收大量的鸦片税厘，从而利用海关不断增加的税收，支持清廷日益紧迫的财政需要，以加强海关对清政府的影响力，进而控制清朝统治者，使其为英国利益服务，即加强干涉能力。③谋求赫德的私利。总理衙门曾有约章，海关每年征收的关税超过 1500 万两，总税务司每年可加薪俸 70 万两；缔约时海关每年已收 1400 万两左右，所以实现鸦片税厘并征、增加关税数百万两后，赫德便可增加巨额薪俸。

这三个目的是完全一致的。条约是由赫德发起，并由他一手越权秘密炮制了缔约之底稿，由他力主委派并指挥英国人金登干到里斯本谈判缔结草约；当条约遭到普遍反对而濒于破产时，身居幕后的他又极力诱迫、怂恿清政府缔约。在这些过程中，赫德对清政府极尽"连哄带骗"之能事，对葡国则不断地出谋划策。虽然他们曾利用其身份施加影响，在大部分活动中披着合法的外衣，但事实表明，他们的影响使条约更无主权平等可言，也脱不了干涉的嫌疑①。

在国际法上，主权平等原则又被公认为属于强行法原则。所谓强行法，是指那些地位高于其他原则和规则、已为国际社会公认的具有最高法律效力的国际法原则和规则。正如 1969 年《条约法公约》第 53 条所规定的"条约在缔结时与一般国际法强制规律（强行法）相抵触者无效"②，一般认为，该条款是对国际社会业已存在的一般法律原则的编纂，所以"可以溯及适用到该公约生效以前任何与国际强行法规则相抵触的条约"；联合国

---

① 由于赫德的特殊身份，在中国历史上复杂的作用，对他个人及其行为的评价并非易事，学者中亦有不少分歧。见邱克《英人赫德与中葡交涉史料》，载《岭南文史》1987 年第 2 期，第 57 页；司马富《赫德与中国早期近代化》，载《近代史研究》1989 年第 6 期。但本人倾向于认为，尤其在中英利益发生冲突时，赫德是为英人服务的。自苏伊士运河开通以后英国就把地中海视为生命线，而葡萄牙的地理位置正是地中海西口的咽喉孔道。英国为了控制地中海的交通，特别是为了巩固直布罗陀的战略据点，与葡萄牙保持同盟关系，遂成为英国的基本外交政策。而葡萄牙也只有靠英国的支撑才能保护它的殖民利益不被其他强大的国家夺去。澳门靠近香港，替葡国争得条约，也巩固了英国的势力范围。见介子编《葡萄牙侵占澳门史料》，上海，上海人民出版社，1961，第 17 页。笔者认为，英国的这种国家利益，主要是通过赫德、金登干实现的。

② 李浩培：《条约法概论》，第 720 页。

国际法委员会也指出，该条款具有追溯的效力是"不成问题"的①。而且，1919 年《国际联盟盟约》被认为是接近肯定强行法规则的国际立法②，其中第 20 条规定：

　　1. 联盟会员国各自承认凡彼此间所有与本盟约条文相抵触之义务或谅解均因本盟约而告废止并庄严保证此后不得订立此类协议。
　　2. 如有联盟任何一方会员国未经加入联盟以前负有与本盟约条文相抵触之义务，则应采取措施以摆脱此项义务。③

　　虽然它未规定会员国间此类条约的无效，却规定了会员国之间对与盟约相抵触的条约进行废除的权利。既然中葡两国同属国联创始会员国，既然盟约为会员国规定了"尊重并保持各会员国之领土完整及政治上独立"的义务④，中国当局就有权在 1928 年为实现领土完整和政治独立而废除 1887 年的中葡条约。这从早期强行法规则的适用（即盟约第 20 条）来看，或者如果站在今天的立场上从主权平等的强行法原则的追溯力（至少追溯到废约之时使该约无效）来看，都是在法律上站住脚的。
　　其次，国际法上的"事物如恒"原则也为中国废除该约提供了有力依据。事实上，1920 年代中国与某些国家谈判修约、废约时所强调的也正是"事物如恒"原则。该原则的含义是：缔结条约时存在一个假设，即以缔约时所能预见到的情况不变为条约有效的前提，一旦情势发生变化，缔约国便有权终止条约。这项原则在当代即体现于 1969 年《条约法公约》的第 62 条当中⑤。该条款被国际法院评价为"在许多方面可以视为关于由于情况变更而终止条约关系问题的现有习惯法的编纂"⑥。在实践中，不论是外交条

---

① 张潇剑：《国际强行法论》，北京，北京大学出版社，1995，第 120～121 页；又见李浩培《条约法概论》，第 299～303 页。
② 李浩培：《条约法概论》，第 292 页。
③ 李浩培：《条约法概论》，第 720 页。
④ 盟约第 10 条，见王铁崖、田如萱编《国际法资料选编》，北京，法律出版社，1986，第 853 页。
⑤ 李浩培：《条约法概论》，第 622～623 页。
⑥ 《国际法院报告》（1973 年），渔业权管辖案，第 36 段，转引自《王铁崖文选》，第 402～403 页。

约或国际法庭判决，都曾承认这个原则。1870 年代沙俄单方面解除《巴黎条约》黑海中立化条款、1908 年奥匈帝国违反《柏林条约》兼并波斯尼亚和黑塞哥维那等都引用了此项原则①。

就中国而言，国际法学家菲德罗斯指出，"国际法上权利完全平等的中国是国际联盟的创始会员国"，"中国的参加第一次世界大战，使它能在以后废除租借条约"②。此时，不仅由外国协助中国实行鸦片税厘并征的缔约基础不复存在，而且整个国际社会亦发生了变化。葡萄牙自己也曾于 1922 年在《九国公约》上签字，承诺尊重中国的主权、独立和领土完整。因此，按照"事物如恒"原则，情势既已变更，终止该不平等条约就是理所当然、于法有据的；而且正如《条约法公约》第 62 条所规定的，缔约方可以单方面废约，而不一定要得到对方的同意。③

另外，前文已经述及，葡萄牙方面所进行的严重违约行为亦从根本上动摇了中葡条约的效力，亦是中方废约的有力依据。

综上所述，中国民国政府 1928 年 7 月 10 日单方面宣布废除 1887 年的《中葡和好通商条约》是符合国际法的，是完全有效的。因此，之后葡萄牙对澳门的占领就丧失了条约的根据。它在中国的领土上所行使的治权，在事实上得到了中国政府的默许，而在法律上却没有任何依据，中国有权在认为适当的时候将其收回。

---

① 李浩培：《条约法概论》，第 536～546 页。
② 〔奥〕阿·菲德罗斯等：《国际法》（上），第 105～106 页。
③ 1887 年《中葡和好通商条约》第 46 款规定："此次新定税则并通商各款，日后彼此两国再欲重修，以十年为限；期满，须于六个月以前先行知照，酌量更改，若彼此未曾先期声明更改，则税课仍照前章完纳，复俟十年，再行更改，以后均照此限此式办理，永行弗替。"（见王铁崖编《中外旧约汇编》第 1 册，第 528 页。）可见，严格来说条约规定的是修约期限，而且似与规定永租权的地位条款无关。国际法学家周鲠生认为："从条约上说，有的租借地尚未满期，然而'情势变迁，条约解除'之原则，对于一切条约都适用。"见武汉大学法学院国际法所编《周鲠生文集》，武汉，武汉大学出版社，1993，第 67 页。可以说修约期满，只是废约的一个契机，而非必要条件。现在有论述的提法是：1887 年中葡条约有效期十年。例如黄启臣、郑炜明《澳门经济四百年》，第 115 页。这种说法其实不当。在国际法学界类似的错误，曾普遍发生在对《南极条约》修约的期限的认识上。见王铁崖主编《国际法》，北京，法律出版社，1981，第 162 页；梁西主编《国际法》，武汉，武汉大学出版社，1993，第 151 页等。

四　历史遗留问题的解决

1987 年 4 月 13 日，中葡两国在北京正式签署《中葡关于澳门问题的联合声明》，澳门问题终于得到解决。为贯彻实施《中葡联合声明》，1993 年 3 月 31 日第八届全国人民代表大会第一次会议通过了《中华人民共和国澳门特别行政区基本法》。

中葡联合声明和基本法对澳门"作为中国领土的一部分"的法律地位做了明确的规定。联合声明将澳门问题称为"历史遗留下来的问题"，基本法也仅在序言中提到澳门"自古以来就是中国的领土，16 世纪中叶以后被葡萄牙逐步占领"[1]。二者对葡萄牙侵占澳门的具体史实，葡萄牙管治澳门的权力性质，尤其对 1887 年《中葡和好通商条约》及其效力未有任何提及。

对此，葡萄牙学者萨安东批评道：中葡联合声明缺乏这类文件对所涉问题及其严肃性所要求的术语的准确性；有必要对所有权的划分或领土"主权"及"属地优越权"进行概念分析。正是在这一点上，中葡联合声明"的条文和阐述是十分欠缺的"[2]。

其实，这毋宁说是中国外交的务实与灵活，只要准确界定了澳门的法律地位，以及中国恢复行使主权的权利，大可不必拘泥于有关史实的评价、具体的法律概念的推演和论证，从而可以减免争执、节省精力、增加效率。当然，这也无疑给学者们留下了广阔的思维空间。

至于说为什么在法理依据十分充足有利的情形下，中国政府在 80 年代中期才开始谈判解决澳门问题并要等到 1999 年才最终恢复行使在澳主权，这就涉及一个现实社会对国际法的作用的认识问题。笔者认为：国际法是外交办案成功的必要条件，即没有国际法绝对不行，仅依靠国际法不一定可行。外交抉择与行动不仅要有法律角度的考虑，还要受国际环境、国家意识形态、政治、经济及军事等因素的综合影响。而国际法本身与国家实

---

[1] 杨静辉：《澳门特别行政区基本法 100 问》，南京，江苏人民出版社，1994，附录。

[2] 〔葡〕萨安东：《1887 年〈葡中和好通商条约〉中有关葡萄牙在澳门主权议题诠释问题——〈葡萄牙共和国宪法〉第 292 条第 1 款重阅心得》，第 59 页。

力、国家利益、意识形态、文化传统等也是密切相关的。①

（原载黄汉强、冯少荣主编《澳门研究》，澳门，
澳门基金会，第 10 期，1999 年 3 月）

---

① 李鸣：《关于新的国际法法理的探讨》，载《改革与法制建设》，北京，光明日报出版社，
1989，第 682 ~ 693 页。

第二篇

政制·职官·管治

唐宋蕃坊与明清澳门比较研究

邱树森[*]

本课题是澳门文化司署资助的研究课题，研究范围从公元 7 世纪 20 年代的唐初至 19 世纪中叶澳门结束葡萄牙人租居时期之前，实际上是中国历朝政府对外国人居留中国的政策进行比较研究。自秦汉以来的中国历代封建王朝，由于政治、经济、文化、军事、外交等原因，多数采取了对外开放政策，中国的周边国家和地区，使臣、商人、学者、宗教人士纷纷来华，有的定居不返，至迟从唐朝开始就制定了对待留华外国人的有关政策。明清以来，一方面中国封建社会进入晚期，封建专制制度日益膨胀和僵化，对外部世界十分漠视和排斥；一方面外部世界发生了巨大的变化，葡萄牙、西班牙、荷兰等西方国家由于海上交通的开拓，已进入东方寻求殖民地。明代晚期澳门问题的出现，实际上是西方殖民国家与东方封建大国中国两相妥协的结果。1553～1849 年澳门模式是世界历史上特有的统治模式。

一　从唐宋"蕃坊"到元"回回哈的司"

（一）唐朝政府对"蕃坊"的管理

唐朝前期留居京师长安的"胡客"主要来自漠北和西域的突厥系各种族人，其中很多在唐朝建立过程中立有战功，唐朝建立后，他们地位优越，长居不返，以至置田地、营第宅，娶妻纳妾；又有西亚中亚地区派来的使臣留居不返。以后，回纥人及其他胡客留居长安者更多，他们"或衣华服，诱娶妻妾"，有的"久者居四十余年，皆有妻子"。可见唐朝前期乃至中期，

对西域突厥系各族留居中国置田宅、娶妻纳妾，虽有所限制，但并不禁止或禁而不止。

自从穆罕默德于公元 7 世纪初创立伊斯兰教后，传教活动开始向世界各地展开。早在贞观年间或稍后，伊斯兰传教士开始进入中国，以后阿拉伯哈里发帝国使者也不断来华。从唐中期以后，来自阿拉伯、波斯等国的使臣、商人、传教士进入中国日益增多。大历五年（770）时，"西南夷舶……至者，乃四千余柁"，数量惊人。唐末黄巢起义军攻占广州时，被杀的伊斯兰教徒、犹太教徒、基督教徒、拜火教徒达 12 万人之多①。据阿拉伯史学家、地理学家麦斯俄迭统计，当时广州伊斯兰教人、基督教人、犹太教人、火祆教人多达 20 万人②。这些人当时称为"蕃客"、"胡商"。

唐朝政府对阿拉伯、波斯等海道来华的"蕃商"管制甚严。卢钧于开成元年（936）出任岭南节度使，对广州的"蕃客"（当然以穆斯林国家来客为主）作出了如下的规定："钧至立法，俾华蛮异处，婚娶不通，蛮人不得立田宅"③。京兆府也于开成元年六月上奏朝廷："中国人不合私与外国人交通、买卖、婚娶、来往；又奉取蕃客钱，以产业、奴婢为质者；重请禁之"④。由此可见，随着"住唐"蕃客的增多，从唐中期开始，在居住、婚姻、田宅等方面对蕃客有了明确的限制性规定。

蕃汉之间在政策上规定分居之后，对于蕃客聚居的"蕃坊"，唐朝政府则专设蕃长或都蕃长领之。唐宣宗大中五年（851）阿拉伯商人苏烈曼在其游记中所述广州蕃坊情况最为详尽：

> 中国商埠为阿拉伯人麇集者曰康府（即今广州）。其处有回教牧师一人，教堂一所……各地回教商贾既多聚广府，中国皇帝因任命回教判官一人，依回教风俗，治理回民。判官每星期必有数日专与回民共同祈祷，朗读先圣诫训。终讲时，辄与祈祷者共为回教苏丹祝福。判官为人正直，听讼公平，一切皆能依《可兰经》、圣训及回教习惯行

---

① 莱奴德：《阿拉伯人及波斯人之印度中国纪程》，载张星烺编《中西交通史料汇编》第 2 册，北京，中华书局，1977，第 207 页。
② 转引自《伊斯兰教在中国》，银川，宁夏人民出版社，1982。
③ 《旧唐书》卷 177《卢钧传》。
④ 《册府元龟》卷 999。

事。故伊拉克商人来此地方者，皆颂声载道也。①

据此，则知广州蕃坊由唐朝政府任命蕃长（判官）一人，蕃长依《古兰经》、圣训行事。

对于各类"住唐"的外国侨民，究竟用什么法律加以治理，《唐律》中制定了中国古代法律中第一个涉外条文。该律卷六《名例》云："诸化外人，同类自相犯者，各依本俗法；异类相犯者，以法律论。"《唐律疏议》对此专门作了解释：

> 化外人，谓蕃夷之国别立君长者，各有风俗，制法不同。其有同类自相犯者，须问本国之制，依具俗法断之。异类相犯者，若高丽之与百济相犯之类，皆以国家法律论定刑名。②

"化外人"即指"蕃夷之国别立君长者"，显然是指与唐朝接界或不接界的、自有君长统领的国家，也包括虽承认唐朝为宗主国而自有君长统治的中国周边少数民族政权。对于这些"化外人"，"同类相犯者，各依本俗法。异类相犯者，以法律论"。即同一国家或种族的人之间自相犯者，依具本国（或本族）之制断之，由蕃坊内之蕃长判定执行；"异类相犯者"是指不同国家（或种族）之人，如同高丽与百济为两个不同的国家，高丽人与百济人发生纠纷或触及刑律，"皆以国家法律论定刑名"，所谓"国家法律"是指唐朝的法律。

《唐律》中规定的"化外人"处理原则，是唐朝政府根据各国风俗法律不一，允许各国人根据本国法律来解决诉讼事务，显示了唐律的开放性与务实性，是刑法中的一大创造。有的学者说：

> 蕃坊……有特殊的政治地位，如蕃人犯罪不受中国法律制裁，由蕃长按照其本国法律惩处，这颇似后世由不平等条约形成的治外法权，而成为特殊区域蕃坊，亦颇似后世帝国主义列强在中国都市内划定的

---

① 《苏烈曼游记》，载张星烺编《中西交通史料汇编》第2册，第201页。
② 《唐律疏议》卷6《名例》。

租界。所不同的是主权没有丧失。①

这完全是一种误解。唐朝容许"化外人"在"蕃坊"内"同类自相犯者，各依本俗法"，这是中国政府赋予它的权利，与后世帝国主义的"治外法权"不仅在主权上完全不同，在内容与性质上也不可同日而语。

有关唐代"蕃坊"之内容与特征，归纳起来如下：

第一，由于蕃客人数的激增，蕃汉杂处引起的纠纷日增；自唐中期后，政府采取了禁止蕃客置立田宅、与华人婚嫁为亲，与华人杂居的政策；蕃客则因宗教活动、社会风俗、商业活动等原因也需要相聚而居，因而出现了"蕃坊"。这些"蕃坊"主要出现在首都长安和沿海广州、扬州、泉州、海南岛等城镇内。

第二，唐朝政府在蕃坊内任命德高望重的、为人正直的穆斯林任蕃长或都蕃长，负责伊斯兰教务和民事纠纷，负责广大穆斯林的宗教活动，依《古兰经》和圣训，调解他们之间的纠纷。为此，唐朝政府在《唐律》中制定了有关规定，即"诸化外人，同类自相犯者，各依本俗法；异类相犯者，以法律论"。允许各国人根据本国风俗、制法处理同族诉讼事务，这是刑法中的一大创造。

第三，在蕃坊内普遍建立清真寺，如广州的怀圣寺、西安的化觉寺，杭州的凤凰寺、太原清真古寺等最早均为唐代所建，说明唐时伊斯兰教在中国得以自由传播。

第四，蕃坊既是蕃客聚居之区，也是蕃商"列肆而市"之地，大宗蕃货在此集散，故蕃坊一般都在城市交通要道或河海之岸边。唐时广州的蕃坊即在珠江之畔（现在的珠江已经南移），怀圣寺、光塔在其中，光塔当时在珠江之畔，其光用以指引船舶靠岸。

（二）宋代明确规定："蕃坊"只有徒以下执行权

宋代来华的外国人，由于陆路不通，多由海道入华，所以以阿拉伯、波斯人和南洋各国、东亚日本、高丽人为多，其中阿拉伯、波斯人往返路途遥远，定居在华的人最多。宋朝政府不允许蕃商入城与市民杂居，故多

---

① 傅筑夫：《中国封建社会经济史》第4卷，北京，人民出版社，1986，第460页。

居城外海滨湾泊之地，但这些限制作用不大，如宋代广州蕃坊大体位置与唐代相同。

关于"化外人"的管理，宋朝全盘因袭唐朝法律，宋《刑统》卷六《名例》"化外人相犯条"的规定与唐律一样。有关蕃坊建置、职权等情况，寓居广州的朱彧在《萍洲可谈》中记载最详：

> 广州蕃坊，海外诸国人聚住。置蕃长一人，管勾蕃坊公事，专切招邀蕃商入贡，用蕃官为之，巾袍履笏如华人。蕃人有罪，诣广州鞫实，送蕃坊行遣，缚之木梯上，以藤杖挞之，自踵至顶，每藤杖三下，折大杖一下。盖蕃人不衣裈袴，喜地坐，以杖臀为苦，反不畏杖脊。徒以上罪则广州决断。①

这段记载中，明确记下了"徒以上罪则广州决断"，这是对化外人如何执行律法的重要说明。按唐宋刑法实行笞、杖、徒、流、死五刑，徒以下罪即笞、杖，宋朝政府把"化外人"犯轻微罪者，由政府判决后送蕃坊执行。宋制，用楚（即荆条）击之谓之笞刑，用杖击臀谓之杖刑。广州蕃坊"每藤杖三下，折大杖一下"，是将笞刑与杖刑结合在一起，互相折算，这是对穆斯林"喜地坐，以杖臀为苦"的照顾；泉州对蕃商处罚时"非至折伤，皆用其国俗，以牛赎罪"②，也是对穆斯林蕃客习俗的尊重。

综合上述史料，我们对宋蕃坊有以下几点认识。

第一，宋代蕃坊与唐代蕃坊的体制、职能基本相似，都是政教合一的组织。

第二，每一蕃坊置蕃长（或都蕃长）一人。蕃长由德高望重、财力雄厚者担任，其具体封职由皇帝下诏，或由皇帝令地方官裁定。例如神宗"熙宁中，其使辛押陁罗乞统察蕃长司公事，诏广州裁度"。熙宁六年（1073），"都蕃首保顺郎将蒲陀婆离慈表令男麻勿奉贡物，乞以自代，而求为将军，诏但授麻勿郎将"。③ 由此可见，宋时蕃长均授有一定的官阶，是

---

① （宋）朱彧：《萍洲可谈》卷3。
② （宋）楼钥：《玫瑰集》卷88《汪公行状》。
③ 《宋史》卷490《大食传》。

政府任命的官员，因而须穿戴政府规定的衣冠，"巾、袍、履、笏如华人"。

第三，蕃长"管勾蕃坊公事"，系据宋代刑法，用本俗法（伊斯兰法）处理蕃人纠纷和执行徒以下刑罚，包括用藤杖，但"徒以上罪，则广州决断"。可见，蕃坊并不具有所谓"治外法权"，凡触及徒以上罪，一律按中国法律处置。

第四，"专切招邀蕃商入贡"。宋政府通过蕃长招引海外商旅来华贸易，增加朝廷市舶收入，运进宫廷及市场需要的各国货物。淳化四年（993）来华的大食舶主蒲希密就是广州蕃长招引而来的。他说："昨在本国，曾得广州蕃长寄书招谕，令入京贡奉。盛称皇帝圣德，布宽大之泽，诏下广南，宠绥蕃商，阜通运物。臣遂乘海舶，爱率土毛，涉历龙王之宫，瞻望天帝之境。"①

（三）元"回回哈的司"：从"蕃坊"到"教坊"的转化

蒙古兴起后，不断发动对外战争，兵锋所及，远抵欧洲，大批来自中亚、西亚乃至欧洲（主要是俄罗斯）、非洲的军士、工匠被蒙古军队掳掠来华。战争结束后，中西交通畅通，大批商人、学者、教士等来华定居。其中信奉伊斯兰教的穆斯林占大多数，他们统称为"回回人"。

蒙古统治者入主中原，建立了元王朝。元朝皇帝自己以"统治世界的皇帝"②自居，视其统治范围之内的胡人、汉人、中亚人、西亚人，不论什么种族，统统都是他的臣民。太宗窝阔台于乙未年（1235）实施了"乙未括户"。圣旨说：

> 不论达达（即蒙古）、回回、契丹、女真、汉儿人等，如是军前掳到人口，在家住坐，做驱口；因而在外住坐，于随处附籍，便系是皇帝民户，应当随处差发，主人见，更不得识认。③

后来宪宗蒙哥二年（1252）的"壬子籍户"和世祖至元八年（1271）颁布的《户口条画》中把回回人正式"入籍"；即元朝的臣民。因此，元朝

---

① 《宋史》卷 490《大食传》。

② 〔伊朗〕志费尼：《世界征服者史》，何高济译，上册，呼和浩特，内蒙古人民出版社，1980，第218页。

③ 《通制条格》卷 2《户令》。

的法律中就不存在"化外人"这一条，前朝的"胡商"、"蕃客"，不复存在，统统成为按各种职业和民族划分的"诸色人户"。因为元朗统治者并没有"外国人"或"化外人"的概念，所以外国人聚居的"蕃坊"之名也不见了，但回回人聚居地依然存在，因而专立"回回哈的司"进行管辖。

元朝政府采取唐宋时期蕃长司的基本方式，正式成立"回回哈的司"，专门掌管穆斯林的宗教事务及刑名、词讼诸事，使自治其徒。哈的系阿拉伯语 Qadi 的汉译，是伊斯兰法官的称号。但元仁宗后，回回哈的司的权力受到限制，其职能只是"掌教"而已。至大四年（1311）十月初四日，仁宗爱育黎拔力八达即位后不久，下了一道圣旨：

> 哈的大师每只教他每掌教念经者。回回人应有的刑名、户籍、钱粮、词讼、大小公事，哈的每休问者，教有官依体例问者。外头设立来的衙门并委付来的人，每革罢了者。①

由此可见，元回回哈的司的职能，在元仁宗之前与唐宋"蕃坊"基本相同，元仁宗以后主要管理穆斯林的教务，回回人"应有的刑名、户籍、钱粮、词讼、大小公事"，统由"有司官依体例问者"，因而，回回哈的司成为只管教务的"教坊"。

二 明清政府对"化外人"的处置与澳门模式

（一）明朝政府对"化外人"的处置

14 世纪中叶，以汉族人民为主的反抗元朝蒙古贵族统治的斗争，导致元朝政权的覆灭，代之而起的明朝统治者进一步强化封建专制统治，从儒家华夷之辨思想出发，更加以"天朝"自居，妄自尊大，漠视境外世界的一切文明成果。明太祖朱元璋曾说："自古帝王临御天下，中国居内以制夷狄，夷狄居外以奉中国"②。这就表明，明朝中国试图扮演"天下共主"的

---

① 《通制条格》卷 29《僧道·词讼》。
② 《明太祖实录》卷 21。

愿望。他又说：

> 四方诸夷皆限山隔海，僻在一隅，得其地不足以供给，得其民不
> 足以使令。若其不自揣量，来扰我边，则彼为不祥。彼既不为中国患，
> 而我兴兵轻犯，亦不祥也。①

他还开列了从东北亚到东南亚的 15 个"不征诸夷国名"。这虽然是一种
和平外交的方针，但也定下了对外闭关的思想基础。到明成祖朱棣在位时，
明朝国力强盛，但这种"天下共主"的思想进一步得到发展。他明确宣布：
"华夷本一家，朕奉天命为天子，天之所覆地之所载皆朕赤子，岂有彼此"②。
所以从 1405 年开始派遣郑和下西洋，其主要目的也是"宣扬国威"。

在这种思想指导下，明朝建立后，对来自吐鲁番、哈密、撒马尔罕和
东南亚、南亚乃至西亚各国的"归附回回"、"寄住回回"，在总体观念上与
元朝皇帝视自己为"统治世界的皇帝"是相一致的，因而在法律上对《唐
律》"诸化外人，同类自相犯者，各依本俗法；异类相犯者，以法律论"作
了重大修改，不再赋予"化外人"有自治其徒的权利。《大明律例》卷一
《名例》："凡化外人犯罪，并依律拟断。（纂注：化外人，即外夷来降之人，
及收捕夷人，散居各地者皆是。言此等人原虽非我族类，归附即是王民，
如犯轻重罪，各译问明白，并依常律拟断，示王者无外也。）"

在具体执行过程中，明朝政府对"化外人"实际上采用了两种不同的
方式。

第一种方式是对待早在元朝时已"入籍"的"化外人"。这些从域外来
华定居的外国人，绝大多数已经"入籍"成为元朝的臣民。元朝灭亡后，
为了适应新的社会环境，他们有的改名换姓，避居山林、海边，有的服饰、
姓氏"华化"，与华人无异，绝大多数的"回回人"则保留着伊斯兰教信
仰、本族的生活习俗，形成了新的民族共同体——回族。明朝政府对在中
国本土形成的回族，与境内外新来的"寄住回回"和"归附回回"采取了
严格区别的政策。前者全部纳入其坊、厢、里甲管辖之中，而宗教事务则

---

① 《皇明祖训·箴诫篇》。
② 《明太祖实录》卷12。

由教坊负责。教坊往往以一个清真寺为中心，其范围与坊厢基层行政单位相吻合。教坊的管理，由坊内群众推举有名望的"乡老"为社头（堂董、学董），组成"伊斯力"（董事会）等管理机构，负责天课财务、寺院修建、延聘阿訇、兴办经堂教育、筹建回民公墓等有关民族、宗教集体事业。坊内的穆斯林，当地基层行政机关在行政、司法、税赋、差役等方面对其管理，其他一切婚、丧、礼、庆、生辰、斋节等民俗、宗教活动，以及不触犯刑律的民事纠纷调解，均由教坊安排和仲裁。明清"教坊"与唐宋"蕃坊"，作为宗教组织他们是相似的，但"教坊"已完全不具备侨民社团组织的性质。

第二种方式是对待新近来华或短期来华的使臣、商人，要求外国使臣、商人"务遵（中国）礼法"，而且"明定罪例，出榜禁约"。如永乐十三年（1415），琉球国使臣直佳鲁"擅夺海舡，杀死军官，殴伤中官"，被处死；其同伙阿勒马等67人"与之同恶，罪亦当死"，但明朝政府考虑到与琉球国的关系，"特遣归，俾王自治"。① 可见，在具体执行过程中比较灵活，也可以容许其"自治"。由此可见，明代对"化外人"的司法处理并没有脱离《唐律》的基本原则。

（二） 澳门模式的出现

正当明朝统治者仍以近千年前的唐朝法律处理来华外国人时，西欧伊比利亚半岛西部的葡萄牙进入了海上扩张的新时期。1488 年，巴托罗缪·迪亚士驾船抵达非洲南端到达好望角；1498 年达·伽马沿着非洲海岸南行绕过好望角到达印度。随后，葡萄牙轻易地占领印度的科钦、卡利卡特和果阿，1511 年占领马六甲，逼近中国。

封建大国中国与新兴的海上强国葡萄牙终于发生碰撞。葡萄牙人试图用占领印度果阿等地和马六甲的办法对付中国，结果在屯门、双屿等地连遭挫折，转而采取"恭顺"的办法，租居了澳门。

明朝政府在澳门开始仍以老办法进行管理，即视澳门为广州所属之官澳，随着澳门地位的变化，明清政府也在不断改变着澳门的管理方式，归纳起来主要有：

第一，设置守澳官员和官署。澳门开埠后，明朝政府将澳门仍归香山

---

① 《明太祖实录》卷 170。

县管辖，派驻香山县官差，另设提调、备倭和巡缉三个行署，海道副使代表中央政府也行使管理权。清代先后设香山县丞和澳门同知，不设提调、备倭、巡缉等守澳官。

第二，征行舶税。明朝在澳门妈祖阁附近设河舶所，后又在今关闸附近设海关专门负责夷舶抽税事宜。葡商所缴纳商税一般为每年二万两白银。

第三，掌握司法最终处分权。明清政府处理"化外人"的法律原则上为"化外人有犯，并依律问断"，不再遵照唐宋法律中"诸化外人，同类相犯者，各依本俗法"惩处。但面对澳门的新情况，在具体执行中还是遵照了唐宋法律原则。因为葡萄牙人已成立自治机构，自设法官判案，不愿把案犯交中国官府处置，故常以金钱疏通，中国官府在刑事诉讼程序上常常让步，执行方式上也"准诸夷法"，在华官监督下由葡官按葡法处决。

葡人租居澳门后，以欧洲中世纪城邦管理的传统方式在澳门建筑城堡，设立议事会自主政制，维持市民大会的地位和作用，对澳门市民（包括神职人员、王室贵族、富人、船主、公职人员和入教的华人）行使行政和司法权。1623年起葡印当局任命澳门总督，从此澳门自治机构形成总督与市议会并存的体制，而总督的权力则不断增强。

澳门开埠后近300年的管理制度，是一种双方妥协的结果。明清政府既保持了天朝上国的尊严，行使了行政、司法、贸易上的主权，葡萄牙人则获得了中国政府特许的自治权，特别在贸易、传教等方面获得极大的利益。

（三）澳门模式是中国近代租界的滥觞

澳门是中国的领土，是葡萄牙人向中国租借的一块土地。在这块租地内，中国政府默认由葡国政府和葡印政府委任的总督、大法官、大主教和由葡国臣民选举产生的议事会执掌行政、司法、财政、军事等权力。从这个角度看，澳门与西欧式的自治城市无异。但是，在明清政府眼里：澳门不过是一块葡人"蕃坊"，因为中国政府一直对澳门行使有效统治，包括接受葡萄牙人缴纳的地租，设立海关缴收舶税，置守澳官及香山县令或香山县丞行使行政管理权和最终司法处分权等。这样，澳门就出现了"双元管理"。这种"双元管理"事实上维持了近300年，创造了世界上独特的模式。然而，这种模式是不巩固的，一旦时机成熟，比如亚马勒利用鸦片战争后的国际形势，一脚把澳门县衙门踢出澳门，清政府眼睁睁地看着澳门这块"天朝地界"沦为葡萄牙的"海外省"、"殖民地"。

澳门模式虽然特殊，但又并不特殊，它实际上是近代半殖民地国家"租界"的滥觞。中国近代出现的"租界"，是鸦片战争的产物。西方列强和日本在中国通商口岸先后开辟了近 30 个"国中之国"的居留、贸易区域——租界。以咸丰四年（1854）上海英法美租界（即"公共租界"）为例，三国除缴纳租金取得永租权外，还成立了行政委员会（后改为市政委员会，中国人称之"工部局"），负责征税等行政事务；设立作为国家机器的警察武装（中国人称为"巡捕"）。上海的外人租地终于发展成拥有独立市政机构及警察武装，在行政体系上近似于西方自治城市，完全摆脱中国政府行政管理的"国中之国"。[①] 其管理模式与明清澳门自治机构相仿，但唯一的差别是明清澳门是"双元管理"，中国政府还保留了行政管理权和最终司法处分权。其租借方式、自治管理机构，与明清澳门自治机构相仿，从这点上来说，澳门开创了近代租界的先河。

三　唐宋"蕃坊"与明清澳门比较研究

（一）蕃客"住唐"与葡人居澳比较研究

16 世纪上半叶，商业资本的葡萄牙与封建农业自给自足的明朝终于发生了碰撞。因此，我们就可以在外国人入华问题上与前代进行第一次比较。

首先，从世界历史发展的角度进行考察，蕃客"住唐"与葡人居澳是两个不同时代的产物。

中国从周秦以来就进入了封建时代，在其漫长的发展过程中，经历了发生、发展、鼎盛和衰落的各个历史阶段。所谓"盛唐"时期，也就是中国封建社会鼎盛时期，这时的中国在科学文化、物质生产和社会制度上都是先进的。中国周边的国家、地区、少数民族，大多处于奴隶制、农奴制阶段，少数也进入发达的封建制社会，但比之于中国他们还是落后的。

中国是许多国家模仿的对象，对周边有着强大的吸引力。16 世纪以后，欧洲人"地理大发现"后的航海活动揭开了欧洲冲击世界的序幕，而葡萄牙

---

① 费成康：《中国租界史》，上海社会科学出版社，1991，第 20 页。

人充当了先锋的角色。"地理大发现"使人类对其生存的地球有了更全面的认识。欧洲人发现在欧洲以外竟还有这么多已开发和未开发的地方，新的航海为他们带来取之不尽的财富，奴役、掠夺别国是他们资本积累最有效的方式。于是，西欧的资本主义由萌芽进入了发展时期，伴随而来的科学技术得到突飞猛进的发展，资本主义生产方式终于使欧洲最早确立了资本主义制度。而16世纪以后的中国，正处于封建社会的后期，闭关自守，故步自封，夜郎自大，不仅阻碍了中国社会的进步，而且给统治者带来了对世界的罔然无知。葡萄牙人入居澳门后，两种不同时代的落差就明显地凸显出来。

第二，蕃客来华定居多为"向慕王化"；葡人居澳则是为了攫取暴利，并最终建立殖民地。

自唐宋开始，大批蕃客、胡商到中国"住唐"，大抵有入仕、求学、传教、经商四种情况。中国穆斯林中盛传穆罕默德生前有言："学问虽远在中国，亦当求之。"所以早在贞观年间，来自阿拉伯的伊斯兰教传教士就来到中国。宋大中祥符五年（1012），有大食国（阿拉伯）人无西忽虑华，已130岁，"自言远慕皇化，附古逻国舶船而来"[1]，元代来华之人更多，出现了"西域之仕于中朝，学于南夏，乐江湖而忘乡国者众矣！"[2] 在16世纪以前，中国丰富的物产和光辉灿烂的文化令世界各国来华人士羡慕，这是他们来华并"住唐"的原因。

葡萄牙人来到中国，其目的是攫取财富。他们凭借着地理大发现后科技的发展，航海术和火器制造术都已超过中国，当他们轻易地占领果阿、柯钦、马六甲后，又逐步在澳门站稳脚跟，使之成为从里斯本到日本长崎这条欧亚贸易航线中的枢纽。这是一条利润丰厚的贸易航线。巨额的海贸利润是西欧资本原始积累的主要来源。

自唐宋以来，大批胡商来华贸易，他们固然也是以攫取利润为目的，但其利润大部分留在中国置业、消费，如宋代舶主辛押陁罗愿进钱银助修广州城[3]；元代泉州巨商佛莲，拥有海舶80多艘，珍珠130石，病卒后"官没其家赀"。[4] 明以前在中国的胡商所处的时代还不是资本原始积累

---

① 《宋史》卷490《大食传》。
② （元）王礼：《麟原前集》卷6《义冢记》。
③ 《宋史》卷490《大食传》。
④ （宋）周密：《癸辛杂识续集》卷下《佛莲家赀》。

时期。

第三，唐末蕃客"住唐"基本上是个人行为，而葡人入居澳门则是政府行为。

唐宋以来入华的蕃客、胡商，成分很复杂，使臣是自己政府派遣的，传教士是教会派遣的，而商人、学者则大多数是自己来华的，然而一旦他们自己决定留在中国，则纯属个人行为。以使臣而论，唐朝时"蕃胡持节入唐，深慕华风，不忍遽去，遂受唐官为唐臣"。明时"归附回回"、"寄住回回"中大部分是使臣或冒充使臣，他们来华后不返原籍，本国政府又没有使馆在中国，所以既不是本国政府指令他们在华不返，也得不到本国政府的保护。至于商人、学者、传教士在华不返的更是比比皆是。

葡人入华则是有组织有目的的群体行为，他们是在葡王或印度总督直接指挥下进行的军事或政治活动。早在1508年，葡王唐·曼努埃尔一世给船队队长迪亚哥·洛佩斯·塞凯拉的敕令中，拟定了对中国进行调查的详细提纲。在占领麻喇加以后，便迅速派出舰队进入中国珠江口的屯门，先后任船长的阿尔瓦雷斯（欧维士）、佩雷斯、安德拉德、西芒、卡尔沃、库丁霍以及索札，他们无一不是受果阿总督或麻喇加总督指使的。他们是国王、总督支持下，由外交使节、军队、商人和海盗组合在一起的殖民集团。

第四，唐末以来的蕃客入华是和平的、友好的，葡人入澳则与种种罪行相伴随。

自唐迄明，中国与周边各国、各地区交往的历史很悠久，虽偶有战争，使战俘入华定居，但毕竟是极少数。蒙古西征情况特殊，蒙古军队返回时掳有大批军士、工匠、儿童、妇女来华。但总的来说，各国商人、学者、教士绝大多数是主动来华的。

早期来华的葡萄牙人，是一群资本原始积累时期的殖民者。他们经过冒险、奋斗，取得了地理发现的伟大成功，使分割的地球用航线联成一个整体，他们需要在商业上垄断利润，必须占领别国的领土，去征服、抢掠别国。这不是葡萄牙人固有的特点，西班牙人、荷兰人、英国人……早期的资本主义国家都具有这些特点。不过，葡萄牙人是最早的、最典型的。

（二）唐宋"蕃坊"与澳门"葡人蕃坊"本质上的差异

唐宋"蕃坊"与澳门"葡人蕃坊"虽然都是域外人在中国的居留地，

1129

但在本质上存在着差异。

第一，唐宋蕃客，包括元代的回回人、明代的"归附回回"、"寄住回回"，其居住地普遍存在着"大分散、小集中"的特点，而澳门葡人则集中居住于澳门半岛一地。

从唐宋蕃客到元明清回回人，从域外来到中土居留，其居住特点有一个形成过程。唐宋时蕃客、胡商从海上和陆上丝绸之路来华，经商者居于沿海城镇，使臣、学者则多居住政治、文化中心；元以后，为官、为军士者，往往随职守而分布于全国各地，经商者除居城镇外更深入边远地区，务农者则在农村劳作，所以史书上说"元时回回遍天下"，已形成了"大分散，小集中"的格局。葡人租居澳门则不同，来自葡萄牙本土和葡萄牙殖民地的葡人，由于明清政府严格限制他们进入中国内地，他们几乎全部集中于澳门一地。

第二，唐宋"蕃坊"不具有政权性质，而"葡人蕃坊"俨然是完整的政权机构。

唐宋政府为适应蕃客的宗教信仰和生活习惯，由地方政府任命蕃长以自治其徒，只管宗教事务；明清则完全演变成"教坊"，只管教务。明清时期的澳门"葡人蕃坊"则不同，它有完整的政权形式，其自治政府的官员或由选举产生，或由葡萄牙当局、或由葡印当局任命，明清政府从未任命过澳门自治政府的官员。所以，葡澳当局虽然表面上"双重效忠"，实际上这是表象，他们所忠诚的是葡萄牙国王和葡萄牙政府，1654 年葡王若奥四世就曾下令在澳门市政厅门上刻"无比忠诚的城市"的铭文，1814 年在里约热内卢避难的摄政王唐·佩德罗曾授予澳门市政厅为"忠诚的议会"的称号。①

第三，唐宋"蕃坊"不具有治外法权，而"葡人蕃坊"具有治外法权。

唐宋"蕃坊"的蕃长是中国地方政府任命的官员，其职责是"管勾蕃坊公事"，处理蕃人之间的争端，日常宗教事务，其行政权是中国政府赋予的。蕃坊长也有按本族风俗处理本族的民事纠纷，触及刑律的，量刑由地方政府按中国法律判决，徒以下刑罚交由蕃坊长执行。所以，司法权属于地方政府，蕃坊只有徒以下刑罚执行权，根本不具有"治外法权"。

---

① 韦列：《东南亚第一批葡萄牙社团起源》，载《文化杂志》1988 年第 4 期。

明清澳门自治机构则不然。虽然守澳官，香山县令或香山县丞拥有行使行政管理权和最终司法权，但由于中国政府默认葡澳当局设立自治机构，自设法官对当地葡人依葡国法律判案，而中国政府一让再让，所以他们事实上取得了治外法权。

第四，唐宋"蕃坊"不拥有任何武装，而"葡人蕃坊"拥有自己的军队。军队是国家机器的重要象征。从唐宋到明清，在华的"化外人"居住区内从来没有过自己的军队。葡萄牙向东方拓展市场，占领殖民地，是以舰队开路的，到中国沿海后，先后发生过屯门之战、双屿港之战等，租居澳门后，兵船和商船随之到达。据瑞典人龙思泰估计，1622 年时澳门军队人数达 150 人，1834 年时达到 240 人，"总督兼军事指挥官，在誓言中承诺保护这个地方"①。他们还设置炮台，建筑城墙，制造军器。明清官府对葡澳当局明显超越自治权限，有违中国法律的活动，有的予以驳回或制止，更多的则给予默许甚至认可，以致造成澳门实际上成了中国的"国中之国"，正一步一步地成为近代中国出现的"租界"。

（三） 土生蕃客与澳门土生葡人的异同

唐宋以来在华居住的外国人主要来自阿拉伯、波斯和其他信奉伊斯兰教的穆斯林，他们的后代中国史书称为"土生蕃客"，元代称为"回回人"，明代称为"归附回回"。他们与明清时期居住在澳门的土生葡人有许多共同点，也有很大的差别。

土生蕃客与澳门土生葡人的族源主流都是域外人，他们的先祖都是以商人为主，兼有使臣、教士和军士，他们入华的主要目的都是以获取商业利润为主，他们都以宗教（伊斯兰教或天主教）作为维系族群的纽带，他们都有自治的"蕃坊"（尽管两种不同的"蕃坊"在权力上有很大差异），他们也都不同程度地吸收了中华文明。这些都是他们的共同点，但他们之间还存在着更大的差别。

第一，土生蕃客与澳门土生葡人的先祖们，入华的目的和方式不同。

蕃客"住唐"与葡人居澳门是两个不同时代的产物，蕃客来华具有"向慕王化"心理，而葡人居澳不仅为攫取暴利，其最终目的是建立殖民

· ① 〔瑞典〕龙思泰：《早期澳门史》，吴义雄等译，北京，东方出版社，1990，第 79 页。

地；蕃客"住唐"基本上是个人行为，而葡人居澳是政府行为；唐宋以来蕃客入华是和平的、友好的，葡人入澳则与种种恶行相伴随。

第二，土生蕃客与澳门土生葡人的"祖国"观念不同。

从唐宋土生蕃客到明代"归附回回"，他们是数百年间来自数十个国家和地区的穆斯林，入华后与来自各地的穆斯林聚居一区，不可能来自单一国家或地区的穆斯林自成一区，由于年代长久，居住分散，又与华人杂居，子孙繁衍，久而久之，乐此忘返。到元代则正式入籍，成为蒙古皇帝的臣民，加入了中华民族大家庭中，他们之中"乐江湖而忘乡国者众矣"，他们"祖国"的概念相当淡薄，以作为中国人而自豪。

澳门土生葡人则不同。尽管欧洲的葡萄牙人并不认同他们为葡萄牙人，在澳门的欧洲葡萄牙人与他们也泾渭分明，但他们仍自认为葡萄牙人、入葡萄牙籍。因为他们是葡澳当局的臣民，而葡澳当局对葡萄牙"无比忠诚"。我们特别应该指出的是，葡澳自治政府拥有自己的士兵、军舰和炮台，虽说用来抵御海盗和西班牙、荷兰等国的入侵，但毕竟给土生葡人一种安全感，因而大大增强了他们对葡萄牙的依附性。

第三，土生蕃客的文化日益"华化"，而澳门土生葡人则以"葡化"为主流。

从土生蕃客到回回人，因为他们生活在以汉族为主体的广大华人中，因而"华化"是不可抗拒的历史规律。作为种族，他们融入中华民族大家庭中，作为文化，即伊斯兰文化与以汉文化为主的中华文化相融合的回族文化，是中华文明不可分割的一部分。

澳门土生葡人文化的形成与构成带有欧洲葡萄牙人的历史烙印，虽然东方文化对它有所渗透，但其基本生活方式仍是葡国式的。澳门土生葡人在澳门这块中国领土上繁衍了数百年，由于上述种种原因，他们融合了一些中国语言、中国习俗，但总体上未能成为主流。

（原载黄晓峰主编《文化杂志》，澳门，澳门特别行政区政府文化局，第 47 期，2003 年夏季刊）

澳葡殖民政府早期政治架构的形成与演变

叶 农[*]

关于澳门政治发展史的研究，随着澳门史研究的不断深入，已经获得了长足的进步，出版了不少著作。在众多的著作中，吴志良的《生存之道——论澳门政治制度与政治发展》[①]，对澳门政治制度的发展做了精辟的论述。在研究澳门政治发展的过程中，学术界相当重视研究葡萄牙人如何采取一系列措施从中国政府手中夺取管治权，但澳葡政府早期政治架构的形成与演变，并未给予应有的重视。

澳葡政府早期政治架构演变有三个阶段。第一个阶段是从澳门开埠后不久到 1835 年议事会被解散，葡萄牙人在澳门建立实施双重效忠的自治机构为主体的政治架构；第二个阶段是从议事会被解散至彼亚度（José Gregório Pegado）出任总督之前，葡人内部建立早期殖民政府政治架构；第三个阶段是亚马留（João Ferreira do Amaral）出任总督之后，公开完成组建澳葡殖民政府。

一

自明嘉靖三十三年（1554），葡人开始入居澳门后，明朝政府对葡人采取"不必与编氓一例"和"以夷制夷"的办法进行管理[②]。而葡人由于贸易兴旺，聚者日众，开始形成行政组织进行自我管理，它一直受到明清政府的严密监管。遥远的葡萄牙政府则从漠不关心到逐步加强管理，最后取

---

① 吴志良：《生存之道——论澳门政治制度与政治发展》，澳门，澳门成人教育学会，1998，第 6～7 页。

② 转引自黄启臣《澳门通史》，广州，广东教育出版社，1999，第 90 页。

1133

消自治。此时澳门政治架构演变的最大特点是居澳葡人在双重效忠的模式下，实施自治。虽然其自治受到葡萄牙政府的侵犯，但整体上自治仍是主流。

1560 年，居澳葡人已选出驻地首领（Capitão de Terra）、法官和四位较具威望的商人，形成管理组织，处理社区内部事务，这就是议事会的雏形。① 它并没有受到葡属印度的任何组织、控制和指示。它对外服从中国法律，接受明朝政府的管辖并交纳地租。军事上，则由一年一度赴日本贸易途中在澳门停留的舰队司令或巡航首领（Capitão das Viagens da China e Japão）代表②。1576 年 1 月 23 日，罗马教皇格雷哥利十三世（Gregório XI-II）颁令在澳门设立教区，故有任命澳门主教。1580 年，果阿派出的王室法官（Ouvidor，又称判事官）抵达澳门③，负责治安事务，这将葡萄牙法律延伸到居澳葡人。

1583 年，在萨（D. Leonardo de Sá）主教的倡议和主持下，居澳葡人首次举行选举，选出判事官（Juiz Ordinário）二人、长老（Vereador，市议员）三人、检事（Procurador，理事官、司库）一人，组成议事会（Leal Senado），得到葡属印度总督马士加路也（D. Francisco Mascarenhas）的认可。1584 年，印度总督孟尼斯（D. Duarte Meneses）扩大了议事会的行政、政治和司法管理权，军事权仍由巡航首领专掌。1586 年，孟尼斯授予澳门与印度柯钦（Cochin）等相等的自治特权，每三年选举官员、普通法官一次。澳门取得了"市"的资格，被称为"中国圣名之城"（Cidade do Nome de Deus）。1596 年 4 月 18 日，统治澳门的西班牙国王颁令，正式设立澳门市议事局④。至此，形成了早期的澳葡政府，即代表居澳葡人的自治机构——议事会，代表葡萄牙王室的兵头和王室法官及代表罗马教廷的澳门主教。在这三者中，以议事会为主体。对于此，在一些中外史料中均有记载。

从外文史料来看，据佚名著《市堡书（手稿）》（里斯本，约 1582

① 吴志良：《生存之道——论澳门政治制度与政治发展》，第 49 页。
② 吴志良：《生存之道——论澳门政治制度与政治发展》，第 50 页。
③ 〔葡〕施白蒂（Beatriz Basto da Silva）：《澳门编年史》，小雨译，澳门，澳门基金会，1995，第 18 页。
④ 吴志良：《生存之道——论澳门政治制度与政治发展》，第 53 页。

年）载：

> （澳门）居民受我葡萄牙王国法律与规章所管辖，在下受任命的官员，由我王国指派，由各总督自印度派出……（有）一位主教，称为中国主教，是由我王国派遣的……这个居留地从未有过常驻在此的都督，只有赴日船队的队长……该队长在当地停留期间，也兼任当地的长官……另外该地还有一位听审官（Ouvidor），一个公文、司法与记录文书官，他也兼任为死者与孤儿开证明的文书官。[①]

据博卡罗（António Bocarro）称：

> 本市还有管理战争事务的兵头，他有两名陆军上尉、两名少尉以及中士和班长、一名副官。另有一名王家法官和一名法官管理司法事务……神职人员，有一位主教。[②]

据曼里克教士（Fr. Sebastião Manrique）称：

> 在民事政府方面，根据尊贵的葡萄牙国王陛下的命令，有一位兵头、一位王家法官及民事、刑事和王家财政法官。所有人都安居乐业，像在葡萄牙本土生活一样。[③]

据龙思泰（Anders Ljungstedt）称：

[①] 佚名：《有关葡萄牙在印度各地拥有的市堡及其司令辖地以及各地之官职及其重要地位的书》（*Livro das Cidades e Fortalezas*），里斯本，海外历史研究中心，1906，第157~161页。转引自《市堡书》，载《文化杂志》总第31期，第94~95页。

[②] 〔葡〕博卡罗（António Bocarro）：《东印度州各要塞、城市和居民点图册》（*Livro das Plantas de Todas as Fortalezas*）第2卷，里斯本，伊萨贝尔·席德，1992，第260~272页，转引自《要塞图册》，载《文化杂志》总第31期，第160页。

[③] 〔葡〕塞巴斯蒂昂·曼里克教士《路线》（*Itinerário das Missões da Índia Oriental*）第2卷，里斯本殖民部署，1946，第143~149页，转引自《东印度传教路线》（第1版），罗马，1649，载《文化杂志》总第31期，第179页。

葡萄牙人……便在他们自己中间选出一位地方首领（Capitão da ter-
ra），接纳了一位判事官……同时又承认了一位主教……这个自命的权
力机构的一小部分权力，属于从印度来到澳门，并前往日本从事贸易
的葡萄牙船队的指挥官——"日本航线甲必丹末"（Capitão Mór da Via-
gem do Japão）……这一集体（议事会）由两名法官、三名高级市政官
和一名理事官组成。①

据徐萨斯（C. A. Montalto de Jesus）称：

殖民地政府由定期从日本往来途中停泊澳门的舰队司令领导，平
时由兵头、法官以及四名社区提名的主要商人组成的委员会领导……
1583 年……澳门议事会成立了。（它的官员有）二个法官、三个市政议
员以及一名检察官……另外，还有二名治安官……议事会还保持了一
支市卫队。②

从中文史料来看，据（乾隆）《香山县志》载：

国朝澳中彝目为西洋理事官，督理濠镜澳事务，通事一名，番书
一名。③

又据印光任、张汝霖《澳门记略》载：

司教者曰法王，由大西洋来，澳首无与敌体者，有大事、疑狱，
兵头、蕃目不能决，则请命，命出奉之惟谨……夷目有兵头，遣自小
西洋，率三岁一代，辖蕃兵一百五十名，分戍诸炮台及三巴门。蕃人
犯法，兵头集夷目于议事亭，或请法王至，会鞫定谳……夷目不职者，

---

① 〔瑞典〕龙思泰：《早期澳门史》，吴义雄等译，北京，东方出版社，1997，第 57～59 页。
② 〔葡〕徐萨斯：《历史上的澳门》（Historic Macao），黄鸿钊等译，澳门，澳门基金会，
2000，第 23～28 页。
③ （清）暴煜：（乾隆）《香山县志》卷八《濠镜澳》；另见《明清时期澳门问题档案文献汇
编》（六），北京，人民出版社，1999，第 176 页。

兵头亦得勃治。其小事则由判事官量予鞭责。判事官掌刑名……理事官一曰库官，掌本澳蕃舶税课、兵饷、财货出入之数……蕃书二名，皆唐人。外红棍官二等，曰大红棍，曰二红棍……其晨昏讥察，如内地保甲者，曰小红棍，兼守狱。①

以后祝淮撰《新修香山县志》、田明曜撰《重修香山县志》、梁廷枏撰《粤海关志》等，均引用了《澳门记略》的记载。

再据（清）汤彝称：

> 内刺兵一百五十名，其渠目：曰兵头一，掌兵；理事官一，司库；判事官一，司狱，而总领于蕃僧一人。②

此时的议事会，机构相当庞大。以 1777 年为例，职位有 24 个：

表 1　1777 年澳门议事会的构成

理事	Síndico
市场助理	Ajudante da praça
要塞司令	Alcaide
划船苦役头目	Cabeça da gale
城门队长（2 名）	Capitães das portas da cidade
监狱看守	Carcereiro
议事会传唤人	Chamador do Senado
外科医生	Cirurgião
议事会抄写员	Escrevente do Senado
市议会（议事会）书记员	Escrivão da Câmara（Senado）
法官书记员	Eserivão da vara
理事书记员	Eserivão do síndico
司库书记员	Eserivão do tesoueiro

---

① （清）印光任、张汝霖：《澳门纪略》，赵春晨点校，澳门，澳门文化司署，1992，第 151～153 页。

② （清）汤彝：《盾墨》卷 4《澳门西番》；另见前引《明清时期澳门问题档案文献汇编》（六），第 630 页。

续表 1

孤儿书记员	Eserivão dos órfãos
大炮台、城堡及城门守军	Guimação das Fortelezas, fortes e portas
新通事（译员）	Língua (intéprete) novo
旧通事	Língua velho
城市看门人	Porteiro da cidade
拍卖看守人	Porteiro do leilão
王室教师	Professor region
放血师	Sangrador
海军中士	Sargente-mor
新公证人	Tebelião novo
旧公证人	Tebelião velho

资料来源于澳门历史档案馆藏 AHU，Macau，Cx. 11 Doc. 36，转引自何永靖《澳门早期议事会研究：1586–1850》，暨南大学博士论文（未刊稿），2003。

从上述资料看，它们对早期澳门政治架构的记载还是比较简单的，一方面仍需要我们进一步发掘，另一方面我们从中已可对此时的情况有一定的了解。

二

从议事会成立以后，代表自治的议事会与代表葡萄牙政府的总督①和王室法官进行了长期的权力斗争，发生过多次冲突，特别是议事会与总督之间。议事会极力维持其自治权力，但最终是在里斯本王权侵入下逐渐丧失。其结果是澳葡殖民政府的建立。只不过在鸦片战争之前是在居澳葡人内部进行，清政府亦因其为葡人内部事务，未予干涉。

1640 年，葡萄牙脱离西班牙复国后，就开始加强集权，中世纪以来授予地方自治组织的优惠和豁免被逐渐取消。18 世纪中叶，庞巴尔侯爵（Marquês Pompal）执政后，开始推行一系列政治、行政、军事和经济改革，增加对海外属地的干预。随着中央集权的逐步加强，总督逐步变得名副其实，成为这个时期澳葡政府政治架构演变的重要标志。这一点在上引《澳

---

① 首任澳门总督马士加路也于明天启三年（1623 年 7 月 7 日）就职。

门记略》中亦有所反映："夷目有兵头……蕃人犯法,兵头集夷目于议事亭,或请法王至,会鞫定谳……夷目不职者,兵头亦得劾治。"从这段引文可以看出,兵头(总督)此时有主持庭审,弹劾议事会成员的权力,可见他已经开始干预澳葡的内部管治。

1783 年 4 月 4 日,海事暨海外部部长卡斯特罗(Martinho de Melo e Castro)以女王唐娜·玛丽亚一世(D. Maria I)的名义,向印度总督发布圣谕(即《王室制诰》),授予总督必要的权力,以便主导澳门政治生活,这成为澳葡殖民政府开始成立的标志。吴志良称:"自 1783 年《王室制诰》加强总督权力,澳门政治开始染上殖民色彩。"[1]

议事会对此亦愤愤不平。据施白蒂(Beatriz Basto da Silva)《澳门编年史》载:

> 1784 年 7 月 28 日,在原印度总督萨勒马·萨尔达尼亚的唆使下,殖民大臣马蒂纽·德梅罗·卡斯特罗对澳门总督的权利进行改革。兵头,或称总督,有权参预与殖民地福祉有关的各项事务,并且,对议事会任何动议有一票否决权。当时,一个由一百名火枪手和五十名炮手组成的印度兵团代替了市卫队……"高于一切"的议事会对于延续了二百年的条例被废除,其本身又被视为"愚昧无知"感到忿忿不平。1847 年 2 月 5 日《议事会备忘录》表达了议事会的愤怒。[2]

根据这道命令,在这之后的澳葡殖民政府,据龙思泰称,是这样组成的:

> 议事会:这个机构的选举和组成与以前一样,由两名法官、三名高级市政官,和一名理事官组成……
>
> 总督:"总督应掌管一切经济、政治、民政或军事事务"……
>
> 判事官:……议事会请求玛丽一世任命一位精通法律之士,作为澳门民政部门的首领……在总督制度的时候,判事官作为副主席主持

---

① 吴志良:《生存之道——论澳门政治制度与政治发展》,第 135 页。
② 〔葡〕徐萨斯:《历史上的澳门》,第 182~183 页。

议事会。他们同时也是海关税务官。判事官的权力甚大……国王金库
（Royal Chest）。①

此后，葡萄牙政府还采取一系列措施，来改变早期澳葡政府政治架构。
首先，在葡萄牙人内部，采取如下措施：

一是从葡萄牙宪制方面，宣布澳门为葡萄牙的"领土"，并多次与帝汶
（Timor）、索洛（Solor）分分合合，组织成为一个省份。

据《生存之道》载：

> 葡萄牙1820年君主立宪革命胜利后，于1822年颁布了第一部宪
> 法，首次将包括澳门在内的所有海外属地列为其领土的组成部分（第
> 20条），1826年的宪章的第2条以及其后颁布的三部宪法（1838年和
> 1911年宪法的第2条以及1933年宪法的第1、4条），均宣称澳门为葡
> 萄牙的领土。②

据徐萨斯称：

> 改革措施的最后一项是，澳门于1844年摆脱了果阿的有害无益的
> 监护。从此以后，澳门、帝汶和索洛尔（Solor）被破格组成一个省，
> 由澳门领导。③

二是与总督争斗的重要一方——议事会，被强迫解散和改组。
据施白蒂称：

> 1834年（1月9日）新实行的殖民地行政改革减少了澳门议事会
> 的权限，使它成为一个依附于总督的市政厅。晏德那（Bernardo José
> Sousa Soares Andrea）总督甚至在1835年2月22日解散了市政厅……

① 〔瑞典〕龙思泰：《早期澳门史》，第71~80页。
② 吴志良：《生存之道——论澳门政治制度与政治发展》，第135页。
③ 〔葡〕徐萨斯：《历史上的澳门》，第182页。

（1837年）澳门总督边度把"一直权力很大的议事会"当做一普通市政厅的做法引起当地民众的不满。①

据徐萨斯称：

> 1835年，澳督晏德拉解散了议事会。从此，澳督成了行政总督，被授予了最高权力，而议事会只能负责市政事务了。这一行动结束了澳门的议事会政体。②

从此，议事会沦为一个现代意义上的市政厅，只限处理市政事务。

三是三方权力争斗的另一方——王室法官，最终被取消。

1836年12月7日，葡萄牙改革果阿高等法院辖区，王室法官寿终正寝。据徐萨斯称：

> 葡萄牙的政治变革使澳门有了一种新的殖民政权。1834年王室命令，只要新政体适合当地情况，就应立即实行。其中一些措施有：废除王室大法官一职。③

据施白蒂称：

> 1836年12月7日……即日的司法改革也给澳门带来了影响，葡萄牙为澳门任命了一名初级法院法官，平民及士兵的刑事犯罪由司法委员会审理。④

这样，总督开始主宰澳门的政治生活，葡人内部从自治到殖民的过程接近完成。

其次，对外关系方面，葡萄牙政府开始公开要求改变以前的"双重效

---

① 〔葡〕施白蒂：《澳门编年史：十九世纪》，姚京明译，澳门，澳门基金会，1998，第55页。
② 〔葡〕徐萨斯：《历史上的澳门》，第182页。
③ 〔葡〕徐萨斯：《历史上的澳门》，第181～182页。
④ 〔葡〕施白蒂：《澳门编年史：十九世纪》，第64页。

忠”和主权属于中国的局面。

　　鸦片战争后，葡萄牙人看到清政府失败，决定利用此机会公开在澳门建立澳葡殖民政府。吴志良称：“1843 年，澳门葡萄牙人向清朝钦差大臣耆英多次恳请谈判澳门的地位，欲改变清廷继续视澳门为内港的现状取得香港的同等待遇”①。由当时的澳门总督边度（Adrião Acácio da Silveira Pinto），于 1843 年 7 月 29 日首次向清政府提出了九条要求。但要求中有关澳门政治地位的条款，都遭到清政府的拒绝。②

　　然而，葡萄牙仍继续执行在澳门推行殖民统治的政策。对外，于 1845 年 11 月 20 日，葡萄牙政府宣布澳门为自由港；对内，继续完成澳葡政府的组建。它基本上是在总督边度与彼亚度时期完成的。据施白蒂记载：

　　　　1844 年 3 月 2 日，根据玛丽亚女王二世的旨意，海外省事务大臣若阿金·若泽·法尔考（Joaquim José Falcão）即日签署法令，宣布成立海外省澳门政府，将原议事会降为市政厅。澳门与帝汶、索洛合并为一省，其政府独立于印度。省政府由总督及有法官、军事长官、税务官、宗教领袖等人参与的政务委员会组成。除上述人员外，还有政务委员会主席和澳门检察官两位人士。③

　　《中国丛报》所刊载的澳葡政府架构，正好反映了澳门殖民政府的建立情况。

表 2　澳葡政府架构

总督边度时期		总督彼亚度时期		
第 11 卷	第 12 卷	第 13 卷	第 14 卷	第 15 卷
总督	总督	总督	总督	总督
判事官	判事官	执行判事官	判事官	判事官

---

① 吴志良：《生存之道——论澳门政治制度与政治发展》，第 130 页。
② 吴志良：《生存之道——论澳门政治制度与政治发展》，第 138～142 页。
③ 〔葡〕施白蒂：《澳门编年史：十九世纪》，第 87 页。

总督边度时期		总督彼亚度时期		
第 11 卷	第 12 卷	第 13 卷	第 14 卷	第 15 卷
			判事官代替人	判事官代替人
副主教	副主教	(指定)主教	主教	主教
			辅助主教	
指挥官	指挥官	驻军指挥官		
		辅政司		
		总督副官		
议事会 　判事官 　市政官 　委黎多 　司库	议事会 　判事官 　市政官 　委黎多 　司库	议事会 　判事官 　市政官 　委黎多 　司库 　海关收税官	议事会 　判事官 　市政官 　委黎多 　司库 　职员 　海关收税官	
治安委员	治安委员	治安委员	治安委员	
		炮台指挥官 　娘妈角炮台 　大炮台 　伽思栏炮台 　东望洋炮台 　南湾炮台	炮台指挥官 　娘妈角炮台 　大炮台 　伽思栏炮台 　东望洋炮台	

资料来源: *Chinese Repository*（Jan. , 1842）, Vol. 11, No. 1, p. 54；（Jan. , 1843）, Vol. 12, No. 1, p. 18；（Jan, 1844）, Vol. 13, No. 1, p. 13；（Jan, 1845）, Vol. 14, No. 1, pp. 18 - 19；（Jan, 1846）, Vol. 15, No. 1, p. 10。

　　在总督边度与彼亚度时期，澳葡政府有所扩大，部门增到了九个。新增的部门主要有总督的附属机构，如辅政司，总督副官；这说明总督的权力大大加强，符合其在澳葡政府中占主导地位的情况。军事部门增加了炮台指挥官，这说明澳葡政府加强在澳门的驻军，准备以武力对抗中国的主权。为了在国际上、特别是英国人面前维护葡萄牙拥有澳门主权的立场，葡萄牙当局责令驻法公使圣塔伦子爵（Visconde de Santarém）和澳门总督彼亚度继续搜集有用的论据。彼亚度受命于 1846 年 2 月 23 日撰成的《特别备忘录》。他曾主张要用武力为后盾与中国政府谈判。据吴志良称："他在《特别备忘录》的'结论'中指出'如果我们不全副武装与中国谈判'，找到协议也帮助不大。"①

另外，议事会机构亦有所扩大。所属机构由四个增加到六个，特别是新增"海关收税官"，这说明议事会仍掌握着澳葡政府的财政权，亦说明澳葡政府夺取了澳门的税收权，为后来亚马留赶走澳门关部行台等中国机构的先声。"炮台指挥官"、"海关收税官"的出现，标志着澳葡政府向殖民统治又迈出了一大步。总之，这些变化可从澳葡政府架构对比表看出：

表3　澳葡政府架构对比

自治时期		从自治向殖民过渡时期的殖民政府	
		总督边度时期	总督彼亚度时期
总督		总督	总督 辅政司 总督副官
		判事官	判事官 判事官代替人
王室法官			
主教		主教	主教 辅助主教
议事会	理事 理事官 司库 孤儿法官 传唤人	议事会 判事官 市政官 委黎多 司库	议事会 判事官 市政官 委黎多 司库 海关收税员 职员
军事	要塞司令 城门队长 大炮台、城堡及城门守军 海军中士	指挥官	驻军指挥官 炮台指挥官
治安	监狱看守 城门看守 通事	治安委员	治安委员
医疗	外科医生 放血师		

---

①　吴志良：《生存之道——论澳门政治制度与政治发展》，第131～133页。

	自治时期	从自治向殖民过渡时期的殖民政府	
		总督边度时期	总督彼亚度时期
教育	王室教师		
民事	公证人		
其他	书记员		

三

亚马留任总督时,葡萄牙政府才完全建成早期澳葡殖民政府的政治架构。吴志良称:"葡萄牙全面夺得澳门的管治权,是亚马留总督 1846 年 4 月上任推行新的税收制度、扩张领土等殖民措施逐步落实后的事情。"①

1846 年 4 月,葡萄牙女王唐娜·玛丽亚二世派遣亚马留出任总督。他一上任,立即总揽军政大权,使葡萄牙的一系列殖民政策得以实现。从此,澳葡议事会自治体制宣告结束,代之以澳督的专制体制。其具体措施有:对外,要求停泊澳门的船只去澳门港务局登记、停止向清政府交纳地租、开辟通往关闸的马路并进而侵占关闸以南和凼仔的土地、驱逐中国驻澳海关行台。特别是 1849 年 3 月驱逐海关行台,迫使中国政府无法直接行使对澳门的主权和治权,结束近 300 年华洋共处分治的局面。对内,取消议事会,进一步加强澳督专制体制。至其被暗杀后,澳葡政府的组建基本完成。据施白蒂载:

> 1846 年 4 月 21 日,新任总督若奥·费雷拉多·亚马留(João Fer-reira do Amaral)就职后表示他管治的地方不能有第二个权力。1847 年,议事会 12 月 5 日致里斯本的申请书中抱怨总督的独断,而亚马留先通过训令,后又以法令的形式宣布解散议事会。②

据《中国丛报》载,亚马留时期的澳葡政府组成如下:

---

① 吴志良:《生存之道——论澳门政治制度与政治发展》,第 132 页。
② 〔葡〕施白蒂:《澳门编年史:十九世纪》,第 55 页。

表4　亚马留时期的澳葡政府组成情况

第 17 卷	第 19 卷	第 20 卷
总督		
判事官		
执行指挥官	执行指挥官	指挥官 临时指挥官
	议政公会 　主教 　主判事官 　少校 　判事官 　委黎多 　税收官	议政公会 　主教 　主判事官 　指挥官 　市政官 　委黎多 　税务官
主教	主教 　秘书	主教 　主教秘书
	总督公会 　辅政司 　总督副官 　职员	总督公会 　辅政司 　总督副官 　职员
	律政司	律政司
	船政厅	船政厅
	驿务司	驿务司
	按察司 　判事官 　判事官代替人 　书记员 　职员 　会计师	按察司 　判事官 　判事官代替人 　书记员 　职员 　会计师
	议事公会 　判事官 　市政官 　委黎多 　职员	议事公会 　判事官 　市政官 　委黎多 　职员
	华政衙门 　委黎多 　翻译官	华政衙门 　委黎多 　翻译官 　职员
	公物会 　税收官 　司库 　会计师	公物会 　税务官 　司库 　会计师

第 17 卷	第 19 卷	第 20 卷
	治安委员 职员	治安委员 职员
	公物库房 司库 职员	公物库房 执行司库 职员
	公钞房 职员	公钞房 秘书

资料来源：*Chinese Repository*（Jan, 1848），Vol. 17, No. 1, p. 10；（Jan, 1850），Vol. 19, No. 1, p. 13；（Jan, 1851），Vol. 20, No. 1, p. 15。

从上述可以看出，这时澳葡政府的架构出现了质的飞跃，政府部门多达 14 个，仅新增的就有总督公会、律政司、船政厅、驿务司、按察司、华政衙门、公物会、公物库房、公钞会。

从 19 世纪中叶以来，经过多次演变，最后澳葡政府形成了以由总督和立法会为首的管治机关（或称政府机关）及公共行政当局（俗称政府）组成的架构格局。公共行政当局是总督辖下的行政组织架构的总和，即各个政务司的总和。这些政务司主要有七个：即经济暨财政政务司、工务暨运输政务司、司法事务政务司、卫生暨社会事务政务司、行政、教育暨青年事务政务司、保安政务司、宣传、旅游暨文化事务政务司①。这些政务司的设立，与亚马留时期设立的这些政府部门存在紧密的联系。

首先，从总督公会和议政公会的设立来看。

在亚马留出任总督后，殖民管治制度在澳门的影响日益增加，作为葡萄牙国家代表的总督的权力也跟随扩充膨胀。总督公会，由辅政司、总督副官和一些职员组成，它实际上是总督私人班子，后来还增加了澳门总督衙门，辅政司亦独立。总督的班子不断扩大，与自治时期仅为“兵头”，是有天壤之别的，这开了澳门政治架构中，类似港英政府的“行政主导”制的先河。

而议政公会，即政务委员会，亦是澳葡政府的一个重要机构。它开始时还只是一个临时机构，只是在总督出缺或发生重大政治动荡时，才由一些政府官员和主教等组成来执政。在 19 世纪，它先后组织过几次：1823 年 9 月 23 日至 1825 年，由沙辛（D. Francisco da Luís Chacim）主教、依德费

① 黄汉强、吴志良主编《澳门总览》（第二版），澳门，澳门基金会，1996，第 92 页。

基（João Cabral d'Estefique）少校和市政厅当月市政委员组成；1827年11月15日至1829年，由沙辛主教、总特别法官科斯塔（Dr. Joze Philipe Pires da Costa）博士和格兰普莱（Alexandre Joaquim Grand-Pré）少校组成；1849年8月22日至1850年，成员参见上述；1850年7月7日至1851年，官也（Pedro Alexandrino da Cunha）总督病逝后，后来逐渐成为总督的一个重要咨询机构，并有立法职能。进入20世纪，它成为"总督之后首要和主要管理机关，依法密切协同总督动作"[①]。以后又分为立法会和行政会，再后几经分合，成为澳门立法会和咨询会。

其次，来看在自治时期占主导地位的议事会。

这时的议事会，已经变成澳葡政府的一个部门，改名为议事公会，只享有剩余权力，沦为单纯的市政机构。而根据1933年《殖民法》和《海外行政改革法》，它仅负责道路维修、市政卫生、屠场、坟场、市场的管理、发放车辆牌照和驾驶执照、编制门牌和街道名称等。到1976年时，其公共道路的建设、城市规划等职能亦被取消。至1988年，还被分为澳门、海岛两个市政厅。

议事会的其他权力，分别被独立出来，成为澳葡政府的新政府部门。一是将原理事官从议事会中划出，转归总督管辖，后改设华政衙门。它的设立，是一个重大变化。华政衙门改直属于总督后，成为总督管理在澳华人的机构，并有部分初级司法权，在此以前澳葡政府是无权过问在澳华人事务的。[②]

律政司与按察司是将原来自治时期议事会行使的司法权、法官的权力合并后新设立的，旨在强化澳葡政府在澳门的司法特权，它剥夺了清政府在澳门的司法权。而公物会、公物库房和公钞会，均是澳葡政府的财政税收部门，原来均为议事会的下属机构，现均转属于总督，它们成为现代澳葡政府七大政务司来源。

第三，除将议事会的部门独立成为政府外，此时还有一些为适应殖民统治的需求而设立的部门，如船政厅、驿务司。

总之，亚马留时期是澳葡政府政治架构演变最为重要的阶段。他推行

---

① 见《1917年澳门省组织章程》第54条，转引自黄汉强、吴志良主编《澳门总览》（第二版），澳门，澳门基金会，1996，第70页。
② 有关华政衙门的情况，见《生存之道——论澳门政治制度与政治发展》，第104～106页。

的一系列措施，奠定了现代澳葡政府的基础。关于这一点，我们可以参考殖民时期澳葡政府架构比较表：

表5　殖民统治时期澳葡政府架构比较

总督亚马留时期	总督施理华（Carlos Eugénio Correia da Silva）时期（1877年）
总督（议政公会）	澳门总督
	辅政司
总督公会	总督公会
	议政公会
	工程公会（工务司）
	工程公所
主教 　　秘书	主教
	管理教务公所
	教士议事公会
	管理中国传教业公会
	大堂、风信堂、花王堂、圣母堂、若瑟堂、嘉辣堂、龙嵩堂、育婴堂、板樟堂、西望洋小堂
指挥官	
	管理军器公物公所（管理军器公物使）
	西洋战船
	水师统领
	步兵营（步兵统领）
	民兵营（民兵统领）
	大炮台、加司栏炮台、妈阁炮台、竹仔室炮台、东望洋炮台、马交石炮台、望厦炮台、雀仔园炮台、加司栏下炮台、南湾炮台仔、十字门炮台
议事公会 　判事官 　市政官 　委黎多 　职员	议事公会
治安委员 　职员	
	水师巡捕所（水师巡捕官）
	巡捕兵营（巡捕官）
律政司	律政司
船政厅	船政厅（船政官）
驿务司	

1149

续表 5

总督亚马留时期	总督施理华（Carlos Eugénio Correia da Silva）时期（1877 年）
按察司 　判事官 　判事官代替人 　书记员 　职员 　会计师	按察司
	文谳公会
	武谳公会
	西洋政务厅（政务官）
华政衙门 　委黎多 　翻译官	华政衙门（理事官） 翻译官公所
公物会 　税收官 　司库 　会计师	公物会
	公物会公所
公物库房 　司库 　职员	公物库房
公钞房 　职员	公钞房
	公钞会公所
	商政公会
	契券注记公所
	太医局、武营医院、番人医院、麻风院
	管理育婴堂物业公会
	西洋坟场
	救火公馆
	洁净街道馆
	义学公会
	若瑟堂书院、罗沙利麻女书院
	二龙喉花园、加司栏花园

　　资料来源：《澳门宪报中文资料辑录：1850～1911》第 19 号，1877 年 5 月 20 日，澳门，澳门基金会，2002，第 7～8 页。

（原载汤开建主编《澳门历史研究》，澳门，
澳门历史文化研究会，第 2 期，2003 年 12 月）

澳门地租始纳年代及其意义

金国平[*]

众所周知，直至亚马勒政府[①]，中国每年向澳门征收地租 500 两[②]，但对此租金的源起尚无定论。

如同早期未见涉及澳门主权文字的情况一般，在被认为是第一份关于澳门的中国官方文件的庞尚鹏《区划濠镜保安海隅疏》中[③]，无对澳门地租的任何涉及，亦不见之于郭尚宾《粤地可忧防澳防黎孔亟》一疏[④]，然而多种 18 世纪的汉籍则谓澳门地租自始有之。

杜臻在《粤闽巡视记略》中称："初至时，每岁纳地税五百两"[⑤]。钦

---

* 葡萄牙中国学学院澳门研究中心研究员。

① 鸦片战争后，"自道光二十三年以后求免租银，屡经前督抚臣驳斥"。见《澳门专档》（一），台北，"中研院"近代史研究所，1992，第 241 页。亚马勒政府之后，作为葡萄牙居澳唯一法律依据的地租停缴这一事实并未使葡萄牙获得澳门的主权。相反，清政府在列强面前的地位越加脆弱。于是产生了重新缴纳地租的讨论。鉴于无法恢复原状，遂有通过外交谈判、签约解决之议。这是导致 1862 年条约谈判的一个重要因素。关于此问题，见〔葡〕萨安东（António Vasconcelos de Saldanha）：《葡萄牙在华外交政策》，金国平译，里斯本、澳门基金会、葡中关系研究中心，1997，第 204 ~ 206 页。

② 关于澳门地租额，见周景濂《中葡外交史》，商务印书馆，1936，第 74 ~ 75 页；〔葡〕潘日明《殊途同归——澳门的文化交融》，澳门文化司署，1992，第 93 ~ 104 页。后者所述葡人早期筹款的方式为汉籍所不载，应为治澳门史者所注意。关于澳门地租的政治—法律分析，见〔葡〕林安当（António da Silva Rego）《葡萄牙据居澳门史》，殖民地总局，1946，第 36 ~ 48 页；〔葡〕萨安东《圣塔伦子爵关于葡萄牙人在澳门居留地之"回忆录"》（1845）——葡萄牙人居澳合法性探讨之始》，澳门，东方葡萄学会，1995，第 18 ~ 21 页、第 72 ~ 75 页。

③ （清）印光任、张汝霖：《澳门记略》，赵春晨校注，广东高等教育出版社，1988，第 20 ~ 21 页。

④ （明）郭尚宾：《郭给谏疏稿》（卷 1），中华书局，1985，第 11 ~ 14 页。

⑤ （清）杜臻：《粤闽巡视记略》（卷 2），孔氏岳雪楼影钞本，第 15 页。

差大臣杜臻在广东巡抚李士桢陪同下，于 1684 年 3 月 13 日抵澳视察，翌日即离澳①。钦差杜臻所记载地租上缴年代及数额，应为广东巡抚李士桢或当地官员所提供。

在印光任及江日暄陪同下，曾于 1745 年 3 月 16 日巡视澳门的分巡广南韶连道薛韫②，在其《澳门记》中称：

> 澳夷西洋族，自嘉靖三十年来此，岁输廛缗五百一十有五，孳育蕃息，迄今二百有余年矣。③

广东按察使司潘思榘在《为敬陈抚辑澳夷之宜昭柔远以重海疆事》一疏中谓：

> 前明有西洋蕃船来广贸易，暂听就外岛搭寮栖息，回帆撤去。迄后准令岁纳地租，始于澳门建造屋宇楼房，携眷居住，并招民人赁居楼下，岁收租息。④

毫无疑问，这些阅视澳门的大吏所获信息当为本地官员所提供。曾先后担任第一及第三任前山同知的《澳门记略》两位作者关于地租的记述，与他们向上司提供的情况有所不同：

> 其澳地岁租银五百两，则自香山县征之。考《明史》载濠镜岁输课二万，其输租五百，不知所缘起，国朝载入《赋役全书》⑤，《全书》故以万历刊书为准，然则澳有地租，大约不离乎万历中者近是。⑥

---

① 关于杜臻巡澳情况，见章文钦《澳门与中国历史文化》，澳门，澳门基金会，1995，第 10～11 页。
② 关于薛韫巡澳情况，见章文钦《澳门与中国历史文化》，第 17～18 页。
③ 《澳门记略》，第 3 页。
④ 《澳门记略》，第 25 页。
⑤ 关于此问题的探讨，见费成康《明、清政府在澳门征收的商税、地租和丁银》，载《澳门研究》1988 年第 1 期，第 126～127 页。
⑥ 《澳门记略》，第 43～44 页。

万历中应为 1588 年至 1603 年。作者提出的日期与其著作中所引巡视记、奏折的日期不吻合。

关于此年份的差别，因无明档或明代书籍作为参考，很难得出有确凿文献支持的结论。

从中国政府方面而言，准葡人岁纳地租，更重要的可能是通过此种主客关系，将葡人作为怀柔的对象，安抚葡人，避免在中国境内发生任何冲突。中国学者一再强调的地租作为主权象征的概念大概是出现所谓"澳门问题"才引起人们注意的。有明一代从未涉及此问题，汉籍有关论述均为清初所追记。通过缴租这一行为，葡人获得了在澳门"旧租界"内居住的合法性。

这种情况到 1849 年才出现了改变。1849 年以前，中国对澳门的主权从未受到质疑。换言之，葡萄牙人"霸占"澳门，单方面解除租赁关系仅为 1849 年至 1887 年葡中条约签订时这 38 年。纳租的本身便意味着中葡之间的关系仅为主客关系，无任何主权转让的迹象。"也就是说将产权（direito de propriedade）分解为两种所有权（domínio）（直接所有权和用益所有权），由'永租人'（enfiteuta），使用权的持有人（物业的使用权归其所有）向业主（产权的持有人）缴纳租金"①。

但为何在当地官员为临澳大吏提供的情况与他们本人的著书立说之间存在差异呢？或许可有如下解释：①的确不知地租缘起；②他们为上司提供的情况是较为接近事实的数据。一旦落成文字后，作为下属的他们无法更改按照他们提供的素材撰写的视察报告或奏疏。另外，《澳门记略》后钦定收入《四库全书》，奏疏应有存档，故无法更改，以致出现上述年代差异。

尽管葡人入居澳门无任何以文字为依据的"条约权利"，但通过岁纳地租，他们获得了合法居住地位。从广东按察使司潘思榘的记载来看：

> 前明有西洋蕃船来广贸易，暂听就外岛搭寮栖息，回帆撤去。迨后准令岁纳地租，始于澳门建造屋宇楼房，携眷居住，并招民人赁居楼下，岁收租息。

---

① 〔葡〕萨安东：《1887 年葡中和好通商条约中有关葡萄牙在澳门主权议题诠释问题——葡萄牙共和国宪法第 292 条第 1 款重阅心得》，金国平、张正春译，载《澳门法律学刊》1996 年第 2 期，第 47 页。

可见葡人纳租在前，兴造在后。关键是确定葡人何时脱离篷寮这一居住形态，转向永久型建筑（可有两种含意：一是不需每年拆建的草木结构；二是较永久的三合土或砖木结构）。

被誉为澳门"奠基者"之一的葡萄牙神父戈列高里奥·贡萨维斯（Gregório Gonçalves）神父，称"我又着手建一教堂，葡萄牙人则开始建屋"①。当时营造的房屋，无非不随贸易完毕而拆除的篷寮一类建筑。

曾于1556年到过浪白澳的加思帕尔·达·克鲁斯（Gaspar da Cruz）称：

> 我在华的那一年，在葡萄牙人所在的那个港口②，他们指给我看一相当大的大船上的交通艇放在岸上的地方（台风把它刮上去的）。它距海边有一石之遥。许多人对我说，那风风力极大，将此艇翻滚吹至海水中。葡人所筑木质草顶房屋成片，均系桩屋，而且桩子又粗又短。尽数为风所毁，桩柱断裂。众人躲进一用四根缆绳固定的房屋中，后亦倒塌。只有一所在高坡下的房屋幸免。③

克鲁斯的这一记述十分珍贵。由此，我们对早期葡人"篷寮"的形式有了感性认识。这种桩屋至少可免去风浪颠簸之苦。

这是葡人认为澳门正式开埠的1557年以前的情况。1557年，葡人在澳门始建的"棚垒数十间"的大抵为此结构，"后工商牟奸利者，始渐运砖瓦

---

① 参见金国平《莱奥内尔·德·索札与汪柏》，载《澳门研究》总第7期，第128页。葡人当时在澳门的建筑无非篷寮之类。1556年到过浪白滘的加思帕尔·达·克鲁斯谓："葡人所筑木质、草顶房屋成片，均系桩屋，而且桩子又粗又短。尽数为风所毁，桩柱断裂。众人躲进一用四根缆绳固定的房屋中，后亦倒塌。只有一所在高坡下的房屋幸免。"见《中国风物志——十六世纪文献集》，第252页。

② 博克塞认为"好像是浪白滘，可能是澳门"。见〔英〕博克塞编《十六世纪中国南部行纪》，伦敦，1953，第224页。后注释此文的拉法尔·廷迪诺（Raffaella D'Intino）袭博克塞说，参见〔意〕廷迪诺《中国风物志——十六世纪文献集》，里斯本，官印局—铸币局，1989，第252页，注释317。〔葡〕洛瑞罗则认为肯定指浪白滘，但未出示论据，参见《中国事务志》，洛瑞罗注释，葡萄牙海外发现纪念全国委员会，1997，第262页，注释597。实际上，加思帕尔·达·克鲁斯书中就有答案。据克鲁斯自己的记述，他是取道西江入广城的，"在过河之处，一听到吹号角，马上让他们登船，如我有次去广州的途中在一名叫崖门的地方所见"。〔意〕廷迪诺：《中国风物志——十六世纪文献集》，第229页。从逻辑上讲，克鲁斯不会舍近求远，人到澳门后，再折回西江口溯流而上。

③ 前引〔意〕廷迪诺《中国风物志——十六世纪文献集》，第252页。

木石为屋,若聚落然"①。但从现有葡语文献——加斯帕尔·福鲁图奥佐的《怀念故土》来看②,直至1568年曾一本袭澳时,葡人的居留形态仍为"茇舍",尚无"高栋飞甍,栉比相望"的城市景观,但已出现"澳城"的雏形:

> 这位船长③在中国进行贸易航行。至其时,中国仅允许葡萄牙人从事贸易。他在那里留下经中国官员允许起造的城墙,大可称其为城堡。在此之前,费了不少力气,花了不少贿金,中国官员才允许起造一草屋。④

澳门第一座永久性建筑大概为此军事设施⑤,民用建筑仍未摆脱篷寮的形态。据福鲁图奥佐《怀念故土》载:

> 他(曾一本)将他们(澳门葡人)包围了八天。在此期间,特里斯藤·瓦斯·达·维加(Tristão Vaz da Veiga)率领他的人在村外的田野坚守,以防村落遭火焚,因为它很大,且分散,均为草顶木屋。⑥

澳门当时与浪百滘及其周围岛屿一道⑦,为葡印与日本贸易的中继站,因此尚无在澳门定居的需要,故无缴纳地租的必要,但向当地官员的贡奉是必不可缺的。葡日贸易中断后,葡人才萌生扎根澳门的念头,于是产生了解决澳门法律地位的需要。若无任何法律依据的话,很难设想葡人会斥资兴建永久性建筑。据史料载:

---

① (明)郭棐:《广东通志》卷69《番夷》,第72页。
② "他认为目前起造的碉堡不应只急眼前所需,于是下令建造土坯墙"。参见〔葡〕加斯帕尔·福鲁图奥佐(Gaspar Frutuoso)《怀念故土》(第二篇),波尔图,1925,第154页。
③ 指特里斯藤·瓦斯·达·维加(Tristão Vaz da Veiga)。
④ 〔葡〕加斯帕尔·福鲁图奥佐:《怀念故土》(第二篇),第152页。
⑤ 或许前引《澳门记略》第61页所载"澳城明季创自佛郎机",以及田志所称"澳旧有夷城,前明总制何士晋堕之",即指此三合土城墙。见《中山文献》(第5卷),台北,学生书局,1985,第542页。
⑥ 〔葡〕加斯帕尔·福鲁图奥佐:《怀念故土》(第二篇),第153页。
⑦ 参见金国平《Lampacau史地范围考》,待刊(后收录于氏著《中葡关系史地考证》,澳门,澳门基金会,2000。——编者注)。

> 澳门地方原系中华边壤。从前，尔等番船贸易远来多在澳门旁湾泊。嗣后，以风涛不测，难于久住，即在澳门内筑室寄住并岁纳地租，以舒忧惘。积久相沿，遂为余等世居。①

> 明嘉靖三十二年，番船趋濠镜澳者言舟触风涛，水渍贡物，愿暂借濠镜海地晾晒。海道副使汪柏许之。时仅草舍数十间。后商人谋利者，渐运砖瓦木石为屋，若聚落然，居住输租。②

综上所述，汉籍澳门自始缴纳地租一说，基本可以排除。

早期葡语文献亦对此重大问题无记载。下面我们来看一下其他西方文字对地租的记载。

1584 年 9 月 28 日，菲律宾驻澳门代理商胡安·巴蒂斯塔·拉蒙（Juan Baptista Ramón），在转发利玛窦从肇庆发来的一封信时写道：

> 居澳葡萄牙人被认为是中国皇帝的臣民，必须向广州效忠，每年缴纳 500 两贡金。这相当于同等数额的卡斯蒂利亚杜卡多（ducado，指一种西班牙金币）。③

闵明我（Domingo Fernández Navarrete）斩钉截铁地声称：

> 澳门从来就缴纳房屋及教堂的地租，亦缴纳舶费。④

西班牙人的记载较笼统。我们知道，从哥伦布开始，西、葡二王室为争夺"新世界"的霸权闹得不亦乐乎，后于 1494 年 6 月 7 日签订了《托尔

---

① 葡萄牙国家档案馆汉语文书原件 Caixa 1 Maço 2 No 101－250，微缩胶片 Rol 1175AT128。刘芳：《汉文文书，葡萄牙国立东波塔档案馆庋藏澳门及东方档案文献》，第 1366 号文件，澳门，澳门文化司署，1997，第 362 页。
② 《中山文献》（第 2 卷），第 946 页。
③ 引自〔法〕伯希和《一部关于澳门早期历史的著作》，载《通报》1935 年第 31 期，第 93 页。
④ 〔西〕闵明我（Domingo Fernández Navarrete）：《中国王朝历史、政治、伦理与宗教论》，第 18 章"澳城，其地，其军队及其他本身的情况"，马德里，王家印刷所，1676，第 363～364 页。

德西亚斯条约》才达成了瓜分世界的协议①。尤其西班牙人从“新西班牙”（今墨西哥）航行至菲律宾并于 1571 年占据马尼拉后②，便产生了觊觎中国之心。西班牙人称葡萄牙人从来纳租并非为证明葡萄牙人居澳的合法性，而是为他们企图在中国获得一通商地寻找依据。言外之意，澳门不是葡萄牙的领土，他们可代葡萄牙人而取之或以同样的纳租方式在中国领土上取得一居留地。事实上，西班牙人从占领菲律宾后，不断遣人来闽、粤、澳打探情况，以致引发 Pinhal 事件③。

18 世纪葡语文献中才出现关于地租的解释。

作为对击败这一叛匪，保障中国海航、陆行安全的感谢并应广东官员及商人之请，嘉靖皇帝于 1557 年将澳门港给我们永远安心居住。除了为我们提供的许多特权、恩准及豁免外，无任何年金、地租或进贡。此事见之上述皇帝给我们的 chapa de ouro。其副本勒刻在广州衙门一石碑上。1649 年鞑靼人征服中国后，下令将其收藏起来。

时光的坎坷，中国官员的贪欲，以及某些年我们的贫困又提起了我们现在缴纳的地租。此名称或其源起为获得皇帝或广东王爷④的恩施而向他们贡奉的礼物或特产。而后，华人将其视为一种必须严格缴纳的债务。⑤

葡萄牙学者一般忌讳使用贡金一词，因为它有臣服的含意⑥。龙思泰在阐述澳门与中国的政治关系时分析说：

---

① 〔葡〕卢伊斯·德·阿尔布尔克（Luís de Albuquerque）主编《葡萄牙发现史字典》（卷2），里斯本，1994，第 1039～1043 页。
② 《葡萄牙发现史字典》（卷1），第 425～428 页。
③ 关于葡萄牙与西班牙在中国的冲突背景，可见高美士《16 世纪西班牙人在澳门附近之暂短居留地》，载《贾梅士学院院刊》，1970 年第 4 期，第 325～339 页。关于这一居留地的考证，见金国平《O Pinhal 与 El Pinal 考》，载《澳门研究》第 10 期，澳门，澳门基金会，1993 年 3 月。
④ 可能指与澳门关系密切的平南王尚可喜。
⑤ 〔葡〕单尼路（Leopoldo Danilo Barreiros）：《致北京主教函》，载《澳门教区月刊》，1938 年8 月，第 128 页。
⑥ 吴志良：《生存之道》，澳门，澳门成人教育学会，1998，第 56～72 页。

明王朝允许葡萄牙人在澳门定居后，葡萄牙人对明朝的臣属关系即已开始，尽管某大臣的备忘录中对此另有说法。澳门政府像朝鲜、交趾支那、暹罗、马六甲等国的政府一样，在我们所论述的年代，通过遣使朝觐和交纳贡金，一再表示对其最高宗主的臣服……其时由于鞑靼人即他们的归附者的入侵，使皇室事务处于不稳定状态，使节或许也会有危险，可能由于认识到这一点，使中国政府将通常入贡的物品兑换成普通的银两，每年一度送交帝国财库，作为能够采用的最稳妥办法。①

葡人东来以通商为本。以此为一切分析的出发点，若称澳门像朝鲜、交趾支那、暹罗、马六甲等国一样，通过遣使朝觐和交纳贡金，表示对其天子的臣服，有欠全面。

首先，应该将中国传统贡国与葡萄牙加以区分，就其形式而言似无甚区别，但在葡萄牙的情况下，早期遣使朝觐为达到合法通商目的一种手段②，入清以后的四次大型使团则为了排解某些困扰澳门的难题③。

其次，贡物折变银两说无历史依据，乃因对地租起源不甚了解而作出的一种十分牵强的解释。中国自古以来，两国相交不斩来使。而且，如果我们翻阅一下历次使团的礼品单及使团备置礼物的清单，不难发现总值超过500两的几百倍。对500两白银，葡萄牙——承租人，中国——出租人的解释是相同的——地租。入清以后，500两地租银或多或少具有贡金的意义。通过它，澳门葡人愿继续居澳，当然其前提为对明室的推翻者清王朝——新出租者——的承认。清王朝则通过收租重申了其出租者的地位。清初暂免澳门租金或许是清皇室对澳门葡人的一种安慰表示。暂免租金本身难道不就意味着对承租人的一种承认吗？

地租问题的提出亦始于耶稣会，系又一与"海盗说"及"Chapa de Ouro"丛生的问题。

---

① 〔瑞典〕龙思泰（Anders Ljungstedt）：《早期澳门史》，吴义雄等译，北京，东方出版社，1997，第92页。
② 从托梅·皮雷斯（Tomé Pires）至葡人入居澳门前后的历次使团。
③ 详见《海国四说》，北京，中华书局，1993，第218~222、227~230页。

1621 年，就议事亭同意中国当局下令摧毁耶稣会在青洲某些建筑一事①，澳门耶稣会会院长卡布列托尔·德·马托斯（Gabriel de Matos）与议事亭发生了争执。他对议事亭提出了抗议，并向"王室大法官提交了一申请"②。

议事亭对他的抗议做出了如下的答复：

为满足澳门耶稣会会院长尊敬的卡布列托尔·德·马托斯神父提出的申请及抗议，我们答复如下：显而易见，在中国，根据它的法律，若不缴租，无人可拥有一寸土地。皇帝为所有土地的业主，尤其是我们所在的这块土地。无 chapa③ 证明这块土地是送给葡萄牙人的④。之所以允许我们在此，是因为我们同华人的贸易。官员不止一次宣布说，我们所在的这块土地属于皇帝，欲驱逐我们易如反掌。例如，前几年（指 1613 年事件）官员曾通知我们离开此地，我们必须离开。当时各位市政议员未辩护说此地属于我们，亦未出示任何可证明此地属于我们的凭证。后官员们放弃了初衷，完全是因为我们允诺一定执行五条。其中一条便是不得新建房产，尤其在澳城之外。当时的各位市政议员

---

① 关于耶稣会在青洲的情况，见金国平《青洲沧桑》一文。

② 高美士：《荷兰殖民档案馆所藏葡萄牙十七世纪文献》，载《贾梅士学院院刊》1975 年第 1 期，第 8 页。

③ 作中国官方文件解。详见金国平《从 Chapa de Prata 到 Chapa de Ouro》，载《澳门研究》第 10 期，1999 年 3 月。

④ 三个世纪前，澳门葡萄牙人议事亭便有此明确的结论。17 世纪的澳门议事亭十分清楚，而且公开承认无任何可以证明澳门是中国出让给葡萄牙的文件。缴纳年租的本身便说明从无出让，中国仍然是业主。至于 18 世纪葡国内阁政要，时任海事及海外国务秘书的马尔蒂纽·德·梅洛·卡斯特罗（Martinho de Melo e Castro）首倡的"征服说"，完全是出于某种政治需要。葡萄牙在西方列强纷纷而至的情况下，为保护澳门不受其他欧洲国家的染指，遂有此政治动作。原因是澳门若继续为中国主权下的领土，对中国虎视眈眈的列强，岂会放过澳门，因此必须寻找符合国际法原则的领土取得的依据。事实上，从荷兰人开始，对澳门的觊觎已形成。澳门侥幸击退了荷兰人的进攻，但将面临的是比荷兰人强大得多的英、法大国。面对这一新的国际形势，葡萄牙政府采取了一较实用、灵活的外交政策："在中国面前放弃对澳门权利的诉求或引据，'出让'与'征服'之类的论调亦息旗偃鼓。在与对葡中关系史不太了解的欧洲列强发生冲突的情况下，不失时机地将此问题以欧洲各国法律体系所接受的传统依据提出。"见〔葡〕萨安东《圣塔伦子爵关于葡萄牙人在澳门居留地之"回忆录"（1845）——葡萄牙人居澳合法性探讨之始》，澳门，东方葡萄牙学会，1995，第 21 页。从马尔蒂纽·德·梅洛·卡斯特罗开始的对葡人居澳合法权的探讨，主要目的是对付西方其他列强，但其客观后果之一是企图从中国手中获得领土最高权（supremacia territorial）。

曾具签，无异议。所以，据此推论，此地不属于我们，而是属于中国皇帝。我们需要声明及抗辩的是，我们必须依此进行管理，对尊敬的院长声称耶稣会拥有产权的青洲的事情作出妥善安排，避免给本城及其居民，现在及将来前往广州交易会的商人带来损害及不安。我们得天独厚，得以从事此贸易。鉴于此贸易为印度国（指葡属印度）及葡萄牙王国带来的巨大利润及益处，多少次我们为吾王陛下及总督保住了它。①

议事亭受制于俞安性五条，尤其是"禁擅自兴作"的第五条。诚然，建筑是耶稣会的责任，但由此而产生的政治后果将落在议事亭头上，因为是它签署了俞安性五条。为保住千辛万苦得来的澳门，议事亭不得不拒绝卡布列托尔·德·马托斯的申请。为此，卡布列托尔·德·马托斯再次对议事亭口诛笔伐，写下了《议事亭对耶稣会关于青洲抗议答复辩澳门城葡萄牙人权利》一文，论述中国的土地及赋税制度：

> 第一点，正式辩护如下：根据中国法律，若不向土地的业主缴纳地租，无人可拥有一寸土地。……
> 至于缴纳地租一事，在中国，土地通常是向皇帝租用的，但纳租并不否认纳租者为所拥有的土地的真正主人。向皇帝缴租亦不意味着他是土地唯一、真正的主人。首先，租用土地的人为土地的真正主人，因为显而易见，他可以出售、赠送、交换、出租，进行各种交易而无须皇帝及官员的批准；可作为遗产留给他的子女及亲戚，当然，他们是土地的真正主人；至于向皇帝缴纳的地租并不意味着他是土地唯一的主人。应值得注意的是，缴纳地租不过是表示臣服关系。如同在我们葡萄牙，公爵、伯爵的臣民要向他们的主人送缴按每五阿尔克伊尔（alqueire，古重量单位，在 13 升与 22 升之间）小麦、橄榄油及葡萄酒，应缴纳一阿尔克伊尔的贡品。此外，还有若干数量的鸡及其他家畜。布拉干萨（Bragança）公爵及维第格拉（Vidigueira）伯爵并非其臣民土地的真正主人，因为只有拥有土地的人才向他们纳贡或缴地租。中国情况亦然。皇帝的臣民向其缴纳地租并不意味着皇帝是所有土地

---

① 《荷兰殖民档案馆所藏葡萄牙十七世纪文献》，第 8～9 页。

的真正主人。为此，他诏令百官不得虐待土地所有者。违者论罪。某些企图以轻罪剥夺他人土地的官员，可成为上诉的对象、败诉、受到惩罚……①

耶稣会与议事亭围绕青洲建筑发生的争执根本不涉及物业权。表面上看来，议事亭为了澳门的安宁，严格执行俞安性五条，但其背后有更深远的意义。自南京教案发生后，耶稣会已意识到葡人居澳无任何官方文件为凭，时有覆没之灾，于是抛出了澳门地租问题：

> 为此，他（皇帝）诏令百官不得虐待土地所有者。违者论罪。某些企图以轻罪剥夺他人土地的官员，可成为上诉的对象、败诉、受到惩罚……

此语对当地官员无不是种警告，耶稣会在朝中有人近天子，若状诉京廷，当地官员必败无疑。

在"海盗说"、"Chapa de Ouro 说"及"地租"这三个丛生的问题中，唯一可以经得起推敲的便是地租。尽管无法确知其缴纳的起始时间，但缴租是一无法否认的事实。缴租的本身便说明了"海盗说"及"Chapa de Ouro 说"的虚渺。实际上，它是对中国主权的最明确的承认。文德泉神父曾断言：

> 中国皇帝通过某份 chapa 或文件承认葡萄牙人定居澳门？否。葡萄牙人在此定居勿需缴付高额税金？否。正是因为无 chapa，才支付巨额税金。②

此语可谓入木三分！

在此情况下，卡布列托尔·德·马托斯叙述了地租缴纳的演变过程：

① 《荷兰殖民档案馆所藏葡萄牙十七世纪文献》，第 11~12 页。
② 〔葡〕文德泉（Manuel Teixeira）：《澳门军人》，澳门，澳门官印局，1976，第 37 页。

　　若必须向皇帝缴纳的地租为缴租而占有或使用的财产权的象征的话，本城每年因占用的土地与田地向皇帝缴纳 500 两地租，自然是居澳的葡萄牙人为本城的主人（指使用权的主人）。这一地租的起源如下：从将此港及半岛交给我们葡萄牙人的那时起，除了关税或泊费外，还支付一定数量白银的地租，但这些年间此笔款项未入皇帝的金库，因为葡萄牙人将地租交给海道，他是本地的主管官员及保护人，他一人独吞、挥霍，以至于人们称其为"海道贿金"。这一情况持续了 10 年或 12 年。直至 1571 年或 1572 年，当葡萄牙人前往广州参加交易会时，官员按照惯例，身着红袍，出大城门来收葡萄牙人带来的税金。待官员照例送了他们一罐酒、一些糕点后，充当通事的一名叫佩得罗·贡萨尔维斯（Pedro Gonçalves）的混血儿对海道说：我们也带来了澳城的 500 两租银。海道看到这番话是当着其他官员的面说的，有可能给他带来危险，马上凑上来说：是的，这些银子交给提举司。这是澳城交的地租，要给皇帝的司库（指税监）。从那时至今，50 年来照纳，入皇帝金库。这不是税金、也不是田租、也不是水田租，而是本城的地租。当然这是地租，也包括了所拥有的土地的租金。若有人对此历史有所怀疑的话，可向当时在场现仍健在的安东尼奥·加尔塞斯（António Garcez）核实。①

　　这是学者常常引用的徐萨斯《历史上的澳门》中有关章节的原始材料。从 1571 年推溯 10 年为 1561 年，推溯 12 年为 1559 年，从 1572 年推溯 10 年为 1562 年，推溯 12 年为 1560 年。

　　存荷兰殖民档案馆的一抄件略有不同：

　　若必须向皇帝缴纳的地租为缴租而占有或使用的财产权的象征的话，本城每年因占用的土地与田地向皇帝缴纳 500 两地租，自然是居澳的葡萄牙人为本城的主人。若有人欲知此地租的历史，原委如下：从将此港及半岛交给我们葡萄牙人的那时起，除了关税或泊费外，还支付一定数量的白银。葡萄牙人将地租交给海道，他是本地的主管官员

---

① 阿儒达图书馆：《耶稣会会士在亚洲》，Cod 49 - V - 10，第 10 页反面~11 页。

及保护人，他一人独吞、挥霍，人们称其为"海道贿金"，但实际上是本城的地租，(15) 71 年才将此说明。当葡萄牙人前往参加交易会时，官员按照惯例，身着红袍，以示敬重，来收葡萄牙人带来的税金。待官员照例送了他们一罐酒、一些糕点后，充当通事的一名叫佩得罗·贡萨尔维斯人对海道说：我们也带来了澳城的 500 两租银。这以前是海道一人独享的。海道看到这番话是当着其他官员的面说的，若发现他每年侵吞皇帝的收入，有可能给他带来危险，马上凑上来说：是的，这些银子交给提举司送皇帝的司库，因为这是地租。从那时至今，50 年来照纳，入皇帝金库。这不是税金、也不是田租、也不是水田租，而是本城占地的地金。当然这是地租。葡萄牙人如同为田地纳租的华人一样是他们付租的田地的主人。若有人对此历史有所怀疑的话，可向当时在场现仍健在的安东尼奥·加尔塞斯核实。此事系他向我讲述。①

两个文献较大的差别在于，阿儒达图书馆的藏件将贿金变为租金的年代定于 1571 年或 1572 年，而存荷兰殖民档案馆的抄件则定于 1571 年。在无新的文献披露之前，1571 年或 1572 年应为澳门地租始缴年代。接纳葡人的地租无异于对葡人居澳的正式承认，因此"万历二年，茔半设闸，官司启闭"②。

耶稣会卡布列托尔·德·马托斯这一叙述具有可信度，为其提供情况的安东尼奥·加尔塞斯为事件的目击者。下令将 500 两白银改作地租充缴国库的海道不是汪柏。③ 这一偶然事件改变了葡萄牙人在澳门的法律地位，从"妾身不明"到"傥居者"。

醉翁之意不在酒。耶稣会与议事亭围绕青洲物业的纠纷实际上引出了一个十分重要的问题，即葡萄牙居澳的合法性。通过租赁关系的确立，葡萄牙人取得了合法居澳权。既然有合法居澳权，若发生新的教难或地方官员的刁难，可据此抗争。或许耶稣会坚持拥有青洲物业另一更加深远的目的在于，

---

① 《荷兰殖民档案馆所藏葡萄牙十七世纪文献》，第 13 ~ 14 页。

② 《澳门记略》，第 2 页。

③ 汪柏于嘉靖三十六年已调任按察使。见（清）阮元《广东通志》（卷 1），上海，上海古籍出版社，1990，第 369 页。

万一澳门保不住，可退至青洲。这完全符合耶稣会在华传教的基本政策。否则，耶稣会与议事亭的争端毫无意义。在得罪中国地方当局及议事亭和失去在华长久传教可能性之间，耶稣会作出了具有远见的决定——对议事亭进行抗争。虽然后来议事亭禁不住中方的压力，履行遵守俞安性五条的诺言，下令拆除耶稣会在青洲的物业，但耶稣会并未因此有所失。反而小失大得，将居澳的合法性巧妙地提了出来，为保护东方传教的大本营澳门做了舆论准备。

葡中双方载籍在葡人于万历年间便缴纳地租这一点是一致的，但对 500 两的含意有不同的理解：

> 从开始至那时（指 1571 年或 1572 年），所缴纳的钱仅为客气的表示，也许表示从属，是一种礼物或葡语当中所说的贿金。①

中国当地官员将此钱作为"礼物"笑纳。1571 年或 1572 年之后，葡人仍旧缴纳的 500 两白银成为了正式的地租：

> 但从 1571 年或 1572 年起，此笔款项具有了中国"贡金"的意义。既然中国将所有已知的国家列入其贡国之内，不也可将葡萄牙视为贡国吗？②

地租的金额对中国来讲并不十分重要，重要的是通过它证明中国对澳门拥有领土最高权（supremacia territorial）。就葡人而言，私下送金获得了当地官员的庇护③，"贿迁"澳门，"生聚日繁"。500 两白银改为正式地租，使他们意料不到地获得了使用权（domínio útil），得到了制度上的保证与相对的稳定，为澳门的政治、经济及城市发展提供了必要的条件。总而言之，正如萨安东所言：

---

① 《葡萄牙据居澳门史》，第 41 页。
② 《葡萄牙据居澳门史》，第 41 页。
③ "……但这些年间此笔款项未入皇帝的金库，因为葡萄牙人将地租交给海道，他是本地的主管官员及保护人……"

　　本居留地非系葡萄牙征服地，它是华人对葡萄牙人的不断特许的结果①，以便其居住，没有君主与君主之间、政府与政府之间事先的协议或契约。这便是澳门这一居留地在华的地位。葡萄牙对这一地区的权利在于：给葡萄牙商人使用的中国领土。因为他们是葡萄牙子民，所以按葡萄牙法律及风俗习惯生活。②

（原载黄汉强、冯少荣主编《澳门研究》，澳门，

澳门基金会，第 10 期，1999 年 3 月）

---

① 19 世纪著名葡萄牙海外历史学家圣塔伦子爵在《关于葡萄牙人在澳门居留地之"回忆录"（1845）》中对"不断特许"有明确的说明："华人对葡萄牙人作的不断特许见之称为 chapas 的文件中。我的外交档案中有几份这样的文件。还有那些勒刻在议事亭一石碑上的 chapas。曾出任该殖民地总督的陆军上校卢卡斯·若泽·德·阿尔瓦任卡（Lucas José de Alvarenga）向我提供了副本。遗憾的是，我手头无此文件。或许它们会更好地说明华人对我们不断特许的性质。然而，据我所记忆，无一份文件正式确切地说明华人将此地区出让给葡萄牙王室。"前引〔葡〕萨安东《〈圣塔伦子爵关于葡萄牙人在澳门居留地之"回忆录"（1845）〉——葡萄牙人居澳合法性探讨之始》，第 89 页。
② 前引〔葡〕萨安东《葡萄牙在华外交政策》，第 87 页。

论澳门总督制的缘起

张廷茂 *

一

葡萄牙人在获准定居澳门的过程中，逐步产生出了管理其内部事务的官员。最初有三人，即地方长官（中国人称之为兵头）、大法官（或称判事官）和主教。地方长官源于中日贸易船队司令。自1550年起，葡王任命一名为王室作出贡献的绅士作为中日贸易船队司令，授权他组织航行，同时任命他为中日海域范围内航行所到之处葡人的最高长官。因此，当商船停泊澳门期间，他就充当澳门葡人的地方长官。由于航期变化等原因，常常出现多个船队司令同时停驻澳门的现象，于是又规定长官之职由先到者充任。

第一个充当澳门临时长官的是马尔廷斯（Francisco Martins）。1562年俾利喇（Diogo Pereira）出任中日贸易船队司令，因而行使了澳门最高长官的职责。不过，在相当长的时期内，澳门并无民选的或任命的正式的民政长官。俾利喇作为船队司令的任期到1563年截止，但他实际履行澳门长官的职责，一直到1587年。此后澳门仍没有常驻的最高长官一职，其职权仍然由船队司令代行，这种状况一直持续到1623年正式任命澳门总督为止。

关于澳门总督制的缘起，英国著名史学家博克塞教授已注意到了澳门议事会① 给葡印总督的请求②。其实，这个问题涉及澳门居留地的成长，居

---

* 暨南大学文学院历史系教授，暨南大学历史学博士。

① 议事会（Senado），亦称议事公局，澳门葡萄牙人选举出来的自治机构，成立于1583年。

② 1622年6月战胜荷兰人对澳门的进攻之后，澳门议事会在向葡印总督报告胜利消息的同时，请求总督给澳门委派一位专门负责防务的总督。Charles Ralph Boxer, *Fidalgos in the Far East, 1550 - 1770: Fact and Fancy in the History of Macao*, The Hague, Martinus Nijhoff, 1948, p. 93.

澳葡人各派势力在澳利益的调整，西欧各国在远东的竞争格局，以及王权向海外属地的渗透等多个方面。本文将通过对上述因素的综合分析，揭示总督制的起源。

葡人租居澳门后，澳门迅速成长为重要的国际商埠。贸易的繁荣，为澳葡带来了巨额财富，也使澳门向港口城市发展。随着贸易的兴起，澳门的人口迅速增加。据西方史料记载，至 1564 年，在澳葡人已达 900 人，此外还有大量华人、印度人和奴仆[①]。当时的中国文献也有"夷众殆万人"的记载[②]。1582 年成书的《葡属印度城镇要塞图志》说：

> 该居民点在很短的时间里就迅速扩大起来，现在已经有 2000 多户人，而葡萄牙人来此定居尚不足 20 年。……以后，这个居民点必将不断扩大，因为，它是由印度运往中国、日本和东方其他地区以及由这些地区运回印度的所有货物所不可缺少的中转站。

> 由于外国人纷至沓来，大量的各类货物也从中国内地其他省份涌向该地。结果，澳门这个居民点成为著名的商业基地，整个东方的各种货物都向这里汇集。这样，由于这里进行的这种贸易，也由于它是块非常平静的土地，它的人口和规模不断在增长，可以预料，它将很快成为那一带最富庶最繁荣的城市之一。[③]

---

① "Contando apenas 900 portugueses, mas um grande número de chineses, índios e escravos pretos." -Pe. Manuel Teixeira, *Primórdios de Macau*, Macau, Instituto Cultural de Macau, 1990, pp. 36 – 37.

② 庞尚鹏：《陈末议以保万事治安事》，载陈子龙、徐孚远编《皇明经世文编》，卷 357，北京，中华书局，第 8 页。

③ "E foy em breue tempo crecendo esta pouoação demaneira, que tem hoje passante de dous mil vezinhos, auendo menos de vinte annos, que se começou a pouoar dos Portugueses, ... e irá sempre pollo discurso do tempo augmentandosse cada vez mais, por ser esta Ilha huã escala geral de todos as mercadorias, que da India vaõ para a China, e Iapaõ, e outras partes daquelle Oriente, e dellas vem para a India. ... por razão deste concurso de estrangeiros, que aqui há, concorrem das outras prouincias de dentro do sertaõ da China, muitas mercadorias de toda sorte: Do que todo resulta ser esta pouoaçaõ de Machão muy celebre en tracto, e auer nella grandissimo concurso deuarias mercadorias de todo Oriente: Pello que assi por causa deste commercio que nella há, como por ser terra muito pacifica, se vay accrecentando por momentos em póuo, grandeza, demaneira, que se espera que em muy breue tempo venha a ser huã das mais ricas e prosperas cidades daquellas partes." - Francisco Paulo Mendez da Luz (ed.), *Livros das Cidades e Fortalezas da Índia (1582)*, *Boletim da Biblioteca da Universidade de Coimbra*, Vol. XXI, 1953, p. 105.

到 17 世纪初，澳门已成为葡人东方居留地中最繁荣的地区之一。1621 年，澳门已有 700 ~ 800 名葡人及混血人以及大约一万名中国人。①

二

随着澳门的成长，各派势力在澳利益的调整成为一个突出的问题。船队总指挥在澳门的权力不断受到质疑，围绕澳门的航行权及其利益分配，葡印当局②、议事会、耶稣会③、船队总指挥各派，产生了严重的分歧。

自 1550 年起，葡萄牙王室对中日贸易实行王室垄断制度。葡王任命中日贸易船队总指挥（Capitão-mor das Viagens da China e Japão）④，授权他组织航行。这个船队总指挥就成为澳门最早的临时总督。

对日航行中最重要的人物是船队总指挥。他由王室任命，或者由葡印总督以国王的名义任命，起初是作为替王室效劳的一种酬劳。不久，这个职位不再是免费的馈赠物，而是要出钱购买，最后演变为每年在果阿将航行权出售给出价最高者。在 17 世纪期间，单程航行的售价在 16000 ~ 20000 歇勒芬⑤之间，但是，大部分购买者付款都在 20000 ~ 30000 歇勒芬之间。1635 年，葡印总督下令，对日航行此后应该直接由王室的代表来进行。在其存在的最后几年中，船队总指挥有了固定的薪水和津贴。这个职位自然是个肥缺，成为人人竞相争取的目标。据科托（Diogo do Couto）估计，一次往返航行船队总指挥可获得 70000 ~ 80000 帕尔道⑥的收入。⑦

---

① "Ao presente há em Macao uns 700 e 800 Portugueses e mestiços e cerca de 10000 Chineses." - Charles Ralph Boxer, *Estudos para a História de Macau*, *Séculos XVI a XIX*, 1.° Tomo, Lisboa: Fundação Oriente, 1991, p. 75.

② 葡属印度（India Portuguesa），亦称印度州（Estado da India），葡萄牙以印度果阿为中心建立的殖民政府，管理范围包括好望角以东所有王室属地和葡萄牙人的海外居留地。

③ 耶稣会（Companha de Jesus），天主教会派，1534 年由罗耀拉创立，1565 年在澳门建立会院，开始以澳门为基地传播天主教，在澳门获得日益重要的地位。

④ 明代中国文献译作"甲必丹末"。

⑤ 歇勒芬（Xerinfim），复数形式为"Xierinfins"，一般与帕塔卡（Pataca）同值。

⑥ 帕尔道（Pardao），金银货币，约等于 300 ~ 360 雷阿尔（Real）。

⑦ "Diogo do Couto estimated that the Captain-major made about 70000 or 80000 pardaus on the round voyage." -Charles Ralph Boxer, *The Great Ship from Amacon: Annals of Macao and the Old Japan Trade 1550 - 1640*, Lisboa, Centro de Estudos Historicos Ultramarinos, 1959, p. 8.

前引《葡属印度城镇要塞图志》写道：

> 该地从未有常驻此地的总督，只有对日航行的船队司令，正如我们前面已经说过的，他在停驻该地期间，行使陆地长官的职责。到他离去时，下一次对日航行的船队司令来到，所以，当地绝大部分时间里都有长官，甚至时时不缺长官。①

在那里驻留期间，他们就充当在那里的葡萄牙人居留地的行政长官，拥有民事和刑事司法权，同时也是停泊在那里的所有葡萄牙船的船队长。除了日本航行船队长的船以外，其他任何船不得从该港开往日本。因此，澳门地方的所有居民，以及在日本从事贸易的其他任何人，都将自己的货物装入船队长的船，付给他高额的往返运费。这种运费数额很大，构成这些航行的主要收入。

这些船队长们同时也担任在往返航行中或是在澳门去世的死者的管理人，这个职位给他们带来一大笔收入。授权航行的特许状上载明：（船队总指挥）也是死者的（财产）管理人。如果特许状上没有载明，总督也会在印度授予他们这种职位。②

从这份报告可见，船队总指挥在三个方面与澳门发生联系：①他在驻

---

① "Nesta pouoaçaõ naõ ouue nunca capitaõ que residisse ordinariamente nella，sómente o capitaõ das viagens de de Iapaõ，que se fazem cadãno，como diremos em seu lugar，serue de capitaõ da terra，em quãto nella está，e já quãdo se vay，hé vindo o outro capitaõ da outra viagem，demaneira que muito pouco，ou nenhum tempo，está sem capitaõ." -Francisco Paulo Mendez da Luz（ed.），*Livros das Cidades e Fortalezas da Índia*（1582），p. 106.

② "Em quanto nelle estaõ saõ capitães com jurdiçaõ ciuel，e crime da pouoaçaõ que nella temos，e capitaes mores de todos os nauios que estaõ no porto. Do qual pera Iapaõ naõ pode ir outro algum nauio，ou Náo，se naõ a do dito capitaõ mór desta viagem：Pello que todos os moradores do dito lugar de Machao，e assi qual quer outra pessoa，que tem tracto，e comerçio em Iapaõ carregaõ suas fazendas，e mercadorias na dita Náo do capitaõ mor pagandolhe muito grandes fretes a ida，e à vinda，que importão tanto que nelles consiste o prinçipal rendimento e proueito destas viagens. …Saõ os ditos capitaes mores juntamente prouedores dos defuntos que morrem assy na viagem a ida e vinda como em Machao，o qual cargo lhes importa hum bom pedaço…Nas patentes que se passão desta viagem se declara que seraõ tambem prouedores dos defuntos，e quando naõ vay declarado，os Viso Reys lhes passão prouisões na India pera isso." -Francisco Paulo Mendez da Luz（ed.），*Livros das Cidades e Fortalezas da Índia*（1582），pp. 128 – 129.

留澳门期间行使澳门临时行政长官的职权；② 他享有澳门航海的专营权；③他充当死者财产管理人的角色。随着时间的推移，这三个问题逐渐成为有关各方争执的主要问题。

船队总指挥作为澳门临时总督的地位，是导致他与议事会议员发生冲突的经常性原因。这些名人是每年年初从该殖民地符合资格的葡萄牙人中选出的，在远方殖民地（如中国之澳门、巴西之圣保罗）所享有的自治权，比在较大的中心（如果阿和巴伊亚）所享有的权利要广泛得多，在后者，他们是直接受总督的控制。澳门议事会经常请求王室取消船队总指挥在澳门的管辖权，要么任命一名总督专门管理澳门的军务防卫，要么授权议事会不受其他任何人干预地管理澳门。①

早在1587年，在澳门本地，人们对船队总指挥在其逗留澳门期间充当临时总督的权力提出质疑，船队总指挥与澳门议事会之间围绕权利分配问题发生争执。是年2月，国王派遣王室大法官前来澳门，以期削减船队总指挥在民事和刑事方面的权力②。然而他的地位仍是模糊不清的，临时性的船队总指挥与常驻的议事会议员之间，仍然不可避免地在许多其他场合发生冲突。

常常引起抱怨的原因还有，船队总指挥强行借用存放在仁慈堂和别处的孤儿的财产以从事对日航行，还随便拿了死者的钱财而拒绝归还。前引《葡属印度城镇要塞图志》写道：

> 这种安排对当事人，尤其是澳门居民是十分不利的，因为他们从死者那里拿了财产之后，迟迟或永远不交回到继承人手上，而是将货

---

① "These worthies, who were elected for an annual term at the beginning of each year from among the qualified property-owners of the colony, enjoyed a much wider measure of self-government in the remote settlments, such as Macao in China and São Paulo in Brazil, than they did in the large centres (such as Goa and Bahia) where they could be directly controlled by the viceroy or governor. The Senate or municipal council of Macao frequently petitioned the Crown to abolish the Capitain-major's jurisdiction in the colony; asking the Crown either to appoint a separate governor to supervise purely military and defence matters, or else to let the Senado da Camara govern the colony without interference from anyone else." -Charles Ralph Boxer, *The Great Ship from Amacon: Annals of Macao and the Old Japan Trade 1550–1640*, pp. 9–10.

② Arquivo Histórico de Macau, *Arquivos de Macau*, 1ª série, Vol. I, p. 57.

物并入自己的生意中，带回印度或葡萄牙，使这些货物永远不可能
追回。①

针对这种现象，该报告的作者提出了解决的办法：

> 所以，应该对这一职责作另外的安排，公开声明收到死者的全部
> 财物，一俟营运工作结束，即在果阿结账。这样就可以将这一职责交
> 托给高尚而有良心的人，使他在三年当中得 6000～7000 克鲁札多②的
> 收入。③

应澳门议事会的请求，王室对此种做法加以禁止④。事实上，船队总指
挥的不良表现也引起葡萄牙当局的不满。1592 年，对澳门贸易不能定期进
行的抱怨仍然是果阿和里斯本立法的目标。中日航行船队总指挥多次被指
控滥用职权，非法向澳门和别处的孤儿财产借款。1593 年通过立法，禁止
船队总指挥长时期在日本驻冬。1610 年的王室法令指出：

> 船队总指挥常常在应该进行下一次航行的季节停留在澳门，鉴于
> 对日航行未能每年如期进行给我的财产造成的巨大损失，上述航行应

---

① "Ó que he em muito perjuizo das partes prinçipalmente dos moradores de Macao: Por que tomaõ a
fazenda dos defunctos, e depois de huã vez entregues della, tarde ou nunca vem à mao dos herdei-
ros, por que a metem em seus tractos e se tornaõ com ella pera a India, e se vem pera Portugal, de
maneira que fica quasi impossivel a arrecadaçaõ della. " -Francisco Paulo Mendez da Luz（ed.），
Livros das Cidades e Fortalezas da Índia（1582），p. 129.
② 克鲁札多（cruzado），葡萄牙古金币，一般等于 400 雷阿尔。
③ "Pello que se deuia prouer este cargo a parte com declaraçaõ que se lhe fizesse reçeita de toda a
fazenda que reçebesse dos defuntos, e que per ella desse conta em Goa tanto que acabasse de se-
ruir, e desta maneira se poderia prouer em hum homem nobre, e de sam consciencia, e
importarlheá em tres anõs seis, ou sete mil cruzados. " -Francisco Paulo Mendez da Luz（ed.），
Livros das Cidades e Fortalezas da Índia（1582），p. 129.
④ "E asi me pedem lhe mande passar prouisaõ pera se naõ dar dinheiro ao guanho aos capitaes da uia-
gem de Japaõ por ser grande oppressaõ pera os moradores da terra. " -J. H. da Cunha Rivar（ed.），
Archivo Portuguez-Oriental, Fasciculo III, p. 288; Arquivo Histórico de Macau, *Arquivos de
Macau*, 1ª série, Vol. I, p. 57.

该每年如期进行，不得延误。①

澳门的航海权成为各派势力争夺的核心。航海资格的授予，起初是免费的，即作为对贵族为王室所提供的服务的奖酬。到 17 世纪初，王室开始实行航行资格的拍卖制度，即把航行资格授予出价最高者。王室政策的这一调整，更加剧了有关各方对航行资格的争夺。

1621 年，船队总指挥是洛波·萨门托·德·卡瓦略（Lopo Sarmento de Carvalho）。他于 1620 年在果阿以 68000 歇勒芬的总价格买下了三年期的对日航行资格。萨门托在澳门有许多对手，其中包括澳门议事会的几名议员。他们一方面在澳门阻止萨门托实施航行，一方面派代表前往果阿，向葡印总督面陈抵制他航行的理由。他们宣称："就其出身和个人性格来说，他没有资格出任船队总指挥的职位。"②

另一位批评家抱怨说：

> 对日航行是以一种系统地骗取王室收入的方式进行的。航行资格购买者在每次航行中至多花费 20000 克鲁札多（其中一半是在航行结束时才付讫），可是，他可以有把握地赚回 100000 克鲁札多。他的开销很少，他所租用的船也是在航行结束时才付租金。而且，商船返程时不在满剌加装卸任何货物，而且只有货单中所列的转运货品才纳税。这一情况本身就足以解释满剌加海关收入下降三分之

---

① "Querendo eu nisso prouer, ey por bem e me praz que da feytura desta minha ley em diante nenhum capitaõ das ditas viagens ynuerne no dito Japaõ, e que tanto que for monçaõ pera a China se tornem logo como sempre foi costume." -J. H. da Cunha Rivar（ed.）, *Archivo Portuguez-Oriental*, Fasciculo III, pp. 404 – 405; "Considerando o grande prejuizo que resulta a meu serviço e fazenda de se não fazer cada anno a viagem da China pera Japão, costumando os capitães dellas por seu interesse e respeitos particulares invernar no porto de Machao, e deixar passar a monção, e em que devião de seguir, para a fazerem no anno e monção seguinte, em que se avia de fazer outra, recebendo tambem os providos della da perda na dilação, ey por bem, e me praz que a dita viagem se faça infallivelmente todos os annos." -J. H. da Cunha Rivar（ed.）, *Archivo Portuguez-Oriental*, Fasciculo VI, pp. 848 – 849.

② "And claiming that he was unfitted for the responsible post of Captain-major by birth, character or qualifications." -Charles Ralph Boxer, *The Great Ship from Amacon: Annals of Macao and the Old Japan Trade 1550 – 1640*, p. 101.

二的事实。①

正像其他几位批评家所做的那样，这位批评家也提出建议，王室应当直接管理对日航行，将所获利润用于铸炮和造船，以便对付荷英联合防卫舰队②。罗伦索·德·利斯·韦略（Lourenço de Liz Velho）也称，澳门—马尼拉贸易每年为澳门带来 60000 克鲁札多收益，这笔钱足以支付在多疑的中国人许可范围内的防御工事的费用。但是，这个数目被认为是不足的，所以，议事会向王室提出，以原来的价格购买萨门托尚未完成的航行，把贸易收入用于防御设施的开支。满剌加也被授予一次赴日航行，以便将航行收入用于加强该要塞当时的防御设施。③

1622 年战胜荷兰人的进攻之后，在这个问题上的争论更为激烈，也更加复杂。澳门议事会反对卡瓦略的航行资格，理由是，澳门城必须自己进行下一次对日航行以支付防御工程的费用。而萨门托则在王室大法官和多明我会的管理者的支持下力争不放。争执再次被提交给了果阿。澳门议事会驻果阿代表除请求总督和王室派一名职权与船队总指挥相分离的总督前

---

① "That Japan voyages were conducted in such a way as to systematically defraud the Crown of its dues. Although each Japan voyage only cost the purchaser some 20000 cruzados at the outside (hail of which was paid at the end of the voyage), he could safely reckon on clearing 100000 cruzados. His expenses were few, and the galliots which he chartered were only paid for on conclusion of the voyage. Moreover, the galliots no longer transhipped or unloaded any of their cargoes at Malacca on their return voyage, but only paid duties on the transit cargoes which were shown in their books. This in itself was sufficient to account for the decline of over two-thirds in the customs receipts an Malacca. " -Charles Ralph Boxer, *The Great Ship from Amacon: Annals of Macao and the Old Japan Trade 1550 – 1640*, pp. 101 – 102.

② "The Crown should take over the direct management of the Japan voyages, and apply the resultant profits to casting artillery and building galleons to cope with the Anglo-Dutch Fleet of Defence. " - Charles Ralph Boxer, *The Great Ship from Amacon: Annals of Macao and the Old Japan Trade 1550 – 1640*, pp. 101 – 102.

③ "The Macao-Manila trade yielded the City of Macao a clear profit od 60000 cruzados a year on freight charges, this sun being earmarkde for building fortifications in so fa as the suspicious Chinese would allow them tobe build. It was not, howere, regarded as sufficient, since the Senate of Macao petitioned the Crown to buy Lopo Sarmento' remaining Japan voyagee from him at the original purchase price, and devote the profits to the fortification of their city. The city of Malacca was also granted a Iapan voyage for the streghtening of its fortification at this time" . -Charles Ralph Boxer, *The Great Ship from Amacon: Annals of Macao and the Old Japan Trade 1550 – 1640*, p. 102.

来取代萨门托外①，还极力主张不要再允许他回到澳门，他在那里的出现将继续成为内讧的一个根源，并坚持认为，他的日本航行应该由澳门城来进行，以便支付防御工程和果阿派来的士兵的费用。萨门托则力图说明，他被一群具有煽动性的不满意者不公正地剥夺了对日航行的权利。他还声称，澳门城可以通过在当地征税和利用它所经营的澳门—马尼拉贸易的利润来支付防御工事的费用。教会人士介入争执的双方，使得这一争执变得更加复杂，以致个人和派系的情绪都处于极度的狂热状态之中。②

由此可见，到 17 世纪早期，澳门航海权的问题已经变得更为复杂，与多方面的需要联系在了一起，成了各派利益争夺的一个焦点。在这一过程中，船队总指挥对澳门葡人的管辖权频频受到质疑，而以专职的行政长官取而代之的趋势日益明显。

三

同时，随着澳门的不断发展和繁荣，王权向其中的渗透便不可避免。王室不会容忍一个如此繁荣的国际商埠长期游离于它的海外属地之外。

其实，早在葡萄牙人入居不久的 1560 年代，就有人提出，王室应该委派常设官员前去管制澳门。③ 但是，由于各种条件的欠缺，此建议没有引起王室的注意，因而没有被付诸实施。17 世纪初期，随着澳门居留地的发展和繁荣，特别是国际形势的发展和演变，王室开始着手向澳门派遣驻地官员，以代表王室管理澳门。

1615 年 3 月，国王任命了一名王室贵族弗朗西斯科·洛佩斯·克拉斯

---

① "The representatives at Goa of the Macao Senate, petitioned the viceroy and the Crown replace Lopo Sarmento by a Governor whose functions should be quite separate from those of the Captain-major of the Japan voyage." -Charles Ralph Boxer, *The Great Ship from Amacon: Annals of Macao and the Old Japan Trade 1550 - 1640*, p. 107.

② "The dispute was complicated by the fact that members of the Religious Orders were involved on both sides, so that sectarian as well as personal passions were at fever-heat in Macao." -Charles Ralph Boxer, *The Great Ship from Amacon: Annals of Macao and the Old Japan Trade 1550 - 1640*, p. 108.

③ "Em Macao avia d'estar capitão ordinariamente, pera fazer justiça às partes, e pera fazer vir fazemdas pera à Imdia." -Wicki, Josef, Duas Relações sobre a Situação da India Portuguesa nos anos 1568 e 1569, *Studia*, No 8 (Julho - 1961), Lisboa, p. 144.

科（Francisco Lopes Carrasco）作为军事长官和王室大法官前来治理澳门，试图把他的权利与船队总指挥相分离。对此，国王在 1615 年 3 月 21 日给葡印总督的信中指出：

> 我认为，为实现上述目标，应该任命具有不同管辖权和名称的人前去驻扎澳门，并已最后决定，派王室贵族弗朗西斯科·洛佩斯·克拉斯科（Francisco Lopes Carrasco）前往澳门城，出任那里的军事长官兼王室大法官，他的任职与船队总指挥是否在澳门无关，也不隶属于他们当中的任何人；他将完全按照我的意志在那里为我服务……其首要任务是负责防御工事，他将获得一份薪水。①

一周之后的 3 月 27 日，国王再次给葡印总督写信，对此项任命做了进一步的批示：

> 我委托你们任命的澳门军事长官和王室大法官的职务，不论船队总指挥是否在澳门都要得到履行，也不隶属于他们当中的任何人……在航行事务方面，你们不要介入任何事情，由它的船队总指挥自由地进行，就像直到目前为止所做的那样。②

---

① "Me pareceu prover no negocio com differença na jurisdição e nome da tal pessoa que houvesse de assistir em Macau para os effeitos referidos, houve por bem de mandar, por ultima determinação, que Francisco Lopes Carrasco, fidalgo de minha casa, que aqui se achava, fosse á dita cidade de Macau, para servir n'ella de capitão da guerra e de ouvidor juntamente, em ausencia e presença do capitão da viagem, sem dependencia algum d'elle, confiando de sua pessoa que me servirá n'este negocio a toda minha satisfação: e post que d'aqui vai instruido da destreza com que se hade haver no modo da fortificação da dita cidade... que he hum dos principaes respeitos a que o envio... ordenado que ha de vencer..." -Raymundo António de Bulhão Pato & António da Silva Rego（dir.）, *Documentos Remettidos da India ou Livros das Monções*, Vol. III, p. 332.

② "Os cargos de capitão da guerra e ouvidor de Macau, de que vos encarrego, haveis de servir em ausencia e presença do capitão da viagem da China, sem dependencia algum d'elle, o que assi hei por meu serviço. ... E na materia da viagem vos não intromettereis em cousa algum, derxando-a livremente fazer ao capitão d'ella, assi da maneira que té gora o fazem." -Raymundo António de Bulhão Pato & António da Silva Rego（dir.）, *Documentos Remettidos da India ou Livros das Monções*, Vol. III, p. 336.

　　显然，国王任命克拉斯科出任澳门的军事长官和王室大法官，主要目的是要他推进澳门的防御工事建设和政府体制建设①。可是，克拉斯科到任后的表现却令葡印总督和王室以及澳门的葡萄牙居民大失所望。

　　1618 年，葡印总督致信国王，就克拉斯科到任后的表现向国王报告说：

> 　　在对陛下就克拉斯科的任命给我的命令所做的回复中，曾经提到，还没有得到有关他已经启动澳门城市防御工事的消息，而他在大法官职务的履行中也引起了严重的投诉，所以，他作出的许多判决到了果阿却被撤销……②

　　针对澳门各方面的抱怨，葡印总督将此问题提交印度的高等法院（Relação）进行了讨论。该院作出裁决——撤回克拉斯科。1619 年 2 月 20 日，葡印总督从果阿致信国王，就此裁决以及理由向国王作了陈述：

> 　　鉴于作为澳门军事长官的弗朗西斯科·洛佩斯·克拉斯科（Francisco Lopes Carrasco）在履行大法官职务期间犯了许多过错，已经按照印度高等法院的裁决将其召回果阿；他没有履行职责，在澳门的防御工事方面无所作为，人们普遍认为他不能再做别的事情，也没有必要再讨论这个问题；他与对日航行船队总指挥发生了争执，后者拒绝接受他的权力，他们当时正在澳门，认为他们才是那里的长官。③

---

①　"Ha de proceder na fortificação e governo da cidade de Macau, a que Vossa Magestade ora o envia por capitão da guerra e ouvidor." -Raymundo António de Bulhão Pato & António da Silva Rego (dir.), *Documentos Remettidos da India ou Livros das Monções*, Vol. III, p. 337.

②　"Em resposta do que Vossa Magestade me ordenou sobre Francisco Lopes Carrasco... disse a Vossa Magestade como não havia novas que elle tivesse dado principio á fortificação d'aquella cidade, e que do seu procedimento no cargo de ouvidor havia grandes queixas por muitas sentenças foram revogados em Goa." -Raymundo António de Bulhão Pato & António da Silva Rego (dir.), *Documentos Remettidos da India ou Livros das Monções*, Vol. IV, pp. 319 – 320.

③　"Na capitania de Machao que seruia Francisco Lopes Carrasco que mandey vir por parecer assi em Relação pelas culpas que se lhe acumularão no cargo de Ouvidor não prouy nenhum peçoa por que Francisco Lopes Carrasco não fez nenhuma cousa do que leuou a cargo na fortificação daquella cidade, e dizem geralmente todos o não poderá fazer nenhum outro, nem ha que tratar disso, e por se escusarem os encontros que ouue entre elle e os capitães da viagem do Japão que no entretanto a fazem e estão naquella cidade são capitães della." -Raymundo António de Bulhão Pato & António da Silva Rego (dir.), *Documentos Remettidos da India ou Livros das Monções*, Vol. V, pp. 189 – 190.

由此可见，克拉斯科的失败，除了自身表现不佳之外，船队总指挥的抵制也是一个重要因素。

此外，在克拉斯科到任后，澳门葡萄牙当局与中国官府的关系也比较紧张。而这种局面的出现似乎也与他的表现不佳相联系。王室在 1619 年 3 月 22 日写给葡印总督雷东多（Redondo）伯爵若昂·科蒂尼奥（João Coutinho）的信中说：

> 澳门军事长官兼王室大法官克拉斯科写来一封信，信中提到，海道（Tritão Cachem）曾发给他一道公文，对澳门进行威胁。我认为，应该与中国人和平相处，不要激怒他们，以免受到攻击，这对于保护澳门非常重要，因为，澳门缺少兵力，而且远离印度州的各个要塞，遇到战事时不能迅速得到援救……因此，我认为有必要把此信寄给你们，在印度委员会上讨论，阐明撤去其大法官职务的必要性，他与船队总指挥发生的争执以及对其表现的抱怨，如果这些得到证实，为有利于该城市的公众利益和有利于平息中国人的情绪（这一点很重要），就撤销他的职务，消除产生不满的全部可能性，以免带来严重的后果。①

国王看到葡印总督就撤销克拉斯科澳门市军事长官和大法官职务之理由所做的汇报后，于 1620 年 3 月 5 日通知葡印总督，已经批准他根据他所

---

① "Francisco Lopes Carrasco capitão e ouvidor de Machão me escreveo a carta... e havendo eu visto o que nella se refere aserca da chapa que o Tritão de Cachem lhe enviou ameaçando aquella cidade considerando o muito que importa a sua conservação proceder se com os chins de maneira que se não imquietem e venhão a comete la sendo assi que pella pouca força que tem e estando tão distante de todas as fortalesas desse Estado se podera mal defender em caso que a emprendão me pareceo remeter vos toda esta carta para que avendo a praticado em Conselho proveraes nella o que mais convier tirando ao dito Francisco Lopes Carrasco do cargo de ouvidor, vistas as competencias que ha entre elle e os capitães da viagem do Japão e as queixas que se fazem do seu procedimento se ellas se verificarem e parecer assi necessario ao bem comum daquella cidade e quietação dos animos, dos chins que sobre tudo importa ter sosegados removendo lhe toda a ocasião de se descontentarem e entrarem em receos de que tanto dano se pode seguir." -Raymundo António de Bulhão Pato & António da Silva Rego（dir.）, *Documentos Remettidos da India ou Livros das Monções*, Vol. Ⅵ, pp. 26–27.

陈述的理由所做的安排。^①

这样，克拉斯科的任期被证明是短暂的，他在澳门的防御设施建设方面毫无建树；船队总指挥也拒绝承认他的权力。结果，管理澳门的旧模式仍然没有因为这次任命而有所改变。然而，就葡萄牙当局来说，这却是改变澳门葡人管理制度的一次重要尝试。

四

随着澳门的成长，它也成了西欧国家争夺的目标。继 16 世纪末几次挫败西班牙人染指澳门的企图之后，澳门葡萄牙人又面对着荷兰和英国两个后起的欧洲国家（所谓"欧洲之敌"）的竞争。17 世纪初，荷兰人先后几次对澳门发动军事挑衅，企图从葡萄牙人手中夺占澳门。随着欧洲之敌威胁的日益严重，葡萄牙官方开始意识到在澳门设防的重要性。

国王在 1615 年 3 月 21 日给葡印总督的信中指出：

> 我认为，为实现上述目标，应该任命具有不同管辖权和名称的人前去驻扎澳门，并已最后决定，派王室贵族弗朗西斯科·洛佩斯·克拉斯科（Francisco Lopes Carrasco）前往澳门城，出任那里的军事长官兼王室大法官……其首要任务是负责防御工事。^②

1620 年 2 月 7 日，印度总督费尔南·德·阿尔布克尔克（Fernão de Albuquerque）在果阿给国王写信：

> 最令该市感到担忧的是欧洲之敌的舰队，目前，他们正为了争做 Maquiem 岛和特那德岛（Ternate）的主人而忙于马鲁古的战争，因此，这一年没有像过去几年那样来到马六甲海峡捕获自中国开来的小桅船

---

① "Me pareceo dizer vos que aprovey o que fizestes pelas que apontais." -Raymundo António de Bulhão Pato & António da Silva Rego（dir.），*Documentos Remettidos da India ou Livros das Monções*，Vol. VI，p. 412.

② Raymundo António de Bulhão Pato & António da Silva Rego（dir.），*Documentos Remettidos da India ou Livros das Monções*，Vol. III，p. 332.

(*galeota*)。①

1621 年 1 月 22 日，澳门议事会致信国王，再次陈述澳门所面临的威胁：

同年（指 1620 年）10 月和 11 月初，从日本传来消息说，荷兰人和英国人准备对澳门发动一次联合进攻，为此，他们准备好了一支备有很多军事装备的庞大舰队。对于这种情况，本市缺少任何必需的手段，没有防御工事、大炮和其他重要的东西，居民们难以解救它。②

澳门议事会的信，对此时澳门防御状况的描述虽有不确之处，但是，反映了澳门所面临的威胁还是现实存在的，也体现了澳门葡萄牙人加强澳门防御能力的愿望。时隔一年之后，荷兰和英国就对澳门发动了一次规模空前的进攻，荷兰军队甚至一度攻进了澳门半岛。葡印总督维迪盖拉伯爵在 1623 年 3 月 18 日给国王的信中报告说：

去年 6 月，荷兰人和英国人以十七艘战船联合进犯澳门，以战船对之进行了炮击之后，荷兰人开始登岸。蒙上帝保佑，（澳门居民）击败了这些敌人，他们的人死了一大半……③

---

① "Que mais se pode temer aquella cidade he de armadas dos enemigos de Europa os quaes andão occupados no tempo de agora com a guerra que tem com os ingrezes e tambem com o governador de Manila, em Maluco por se conservarem no senhorio que tem das ilhas de Maquiem e Ternate que foi causa de este anno não virem aos estreitos de Malaca fazer prezas nas galiotas da China como os annos atras fazião." -Raymundo António de Bulhão Pato & António da Silva Rego（dir.）, *Documentos Remettidos da India ou Livros das Monções*, Vol. VI, p. 28.

② "Em Outubro e principio de Novembro do mesmo anno vierão novas de Japão da pretenção da vinda dos enemigos olandezes e ingrezes confederados sobre esta cidade para o que ficavão aprestando huma grossa armada com muitos petrechos de guerra. Para tal ocaziam esta a terra falta de todo o necessario sem muros forteficação artilharia e mais couzas importantes e os moradores imposebilitados para poderem acudir a ella." -Raymundo António de Bulhão Pato & António da Silva Rego（dir.）, *Documentos Remettidos da India ou Livros das Monções*, Vol. IX, p. 285.

③ "Os olandezes e ingrezes cometerão em Junho passado a cidade de Machao com desasette naos e despois de a baterem com ellas desembarcarão os olandezes... e havendo estado a couza muy aventurada foi Deus servido desbaratar estes enemigos com morte da mayor parte delles..." -Raymundo António de Bulhão Pato & António da Silva Rego（dir.）, *Documentos Remettidos da India ou Livros das Monções*, Vol. IX, p. 177, 178.

在经历了荷兰人的几次侵扰之后，在议事会看来，由船队总指挥在驻澳期间代行总督权力的制度，不能有效地维护澳门的安全。与荷兰人的战斗促使了葡萄牙人的醒悟，使得他们很快意识到他们正处于严重的危险之中，因为缺乏组织，没有首领，没有军官，要战胜危险就大成问题。他们立刻向印度总督唐·弗朗西斯科·达·伽玛报告所取得的胜利，与此同时，向他陈述：

> 船队总指挥对本市是多余的无用的，因为他一年当中仅有少数几个月停留在澳门，而将大部分时间用于处理他自己的事务和对日本的航行，常常不在澳门。因此，考虑到所发生的事件……请求派一名总督或军事长官前来治理澳门并常驻于此，并派步兵前来驻守。①

此外，他们还请求派一名总督和 300 名士兵前来澳门，并答应一切费用由澳门本身支付。②

针对澳门议事会的请求，印度州委员会于 1623 年 3 月 13 日作出了下述决定：

> 本委员会认为，应该为那个城市（即澳门——引者注）任命总督，负责其防务，使该市建立起良好的秩序，以便对付敌人在那里可能发动的任何进攻，该职位应该委任给合适的人，他的品德和性格使他能够达到上述目的，保证那个城市的一切安全。③

----

① "Hera desnecessario e inutil Cappitão Mór nesta terra, pois em poucos mezes do anno nella rezidia occupado o mais tempo nas suas dependencias proprias e viagez do Japão, e a tudo o mais faltava; pello que em consideração do socedido lhe pedião. . . que fosse servido nomearlhe Governador ou Cappitão Geral que a regem, e nella rezidisse, mandando tambem Infantaria com que se prezidiasse." -José de Jesus Maria, *Ásia Sínica e Japónica*, Vol. I, pp. 197, 198.

② "Pedindo-lhe que mandasse um governador e trezentos soldados, que seriam mantidos e expensas suas e da cidade." -Charles Ralph Boxer, *Macau na Época da Restauração* (*Macao Three Hundred Years Ago*), p. 84.

③ "Pareçeo ao Conselho que se devia prouer capitão para aquella cidade que assistisse a sua defensão e a pusesse em toda boa ordem de guerra para qualquer commetimento que os enemigos alli tornassem a intentar, provendosse o ditto cargo em pessoa comveniente e das partes e qualidades que se requerião para com sua assistencia se conseguirem os dittos effeitos e toda a mayor segurança della." -*Livro dos Assentos do Conselho do Estado*, Vol. I, fls. 94, C. R. Boxer, *The Great Ship from Amacon: Annals of Macao and the Old Japan Trade 1550 - 1640*, p. 177.

为解决建立澳门防御设施的经费来源问题，印度委员会还提出建议：

> 陛下批准该市向萨门托购买他的航行，鉴于那个城市的安全对公众有利，他必须将航行出售给它。本委员会认为，鉴于萨门托所购买的三次航行在去年已经完成了一次，今年正准备进行第二次，因此，他只有一次航行可以出售给澳门城。至于购买价格，多数人的意见认为，除了本金和租金之外，澳门议事会应该依照签约人所达成的协议给他以额外的补偿。①

1623 年 3 月 18 日，葡印总督唐·弗朗西斯科·达·伽玛在果阿致信国王，汇报有关的决定：

> 这次惊扰迫使该市居民开始修建澳门城市的防御工事，就像他们正在做的那样……他们给我写信，并派来一位官员，急切地请求任命符合资格、品德优秀的长官，在和平和战时管理他们，使该市建立起良好的防御系统。我在印度委员会上讨论了这个问题，认为这样做非常必要，应该委派可信之人前去，委以军事上的全权，因为意识到敌人不会放弃这样的举动……同样，被任命者应该尊重该市的居民，并调解他们之间的不和，这也是他们在信中所要求的……为此，特别是为了对付敌人，他应该率领士兵驻扎澳门，尽管是按照命令前去，澳门将以输日货物进口税（Caldeirão）来支付

---

① "Se concederia a ditta cidade de Macao que comprasse a lopo sarmento as suas viagens obrigando-o a lhas vender visto ser para bem publico qual era o da segurança daquella cidade, e pareçeo ao Conselho que sy, visto tambem que das tres viagens que lopo sarmento comprou tinha ja feita o anno passado huma, e este havia de fazer outra, e assi lhe ficava huma somente que podia vender à cidade, e sobre o dinheiro da compra pareçeo aos maes votos que allem do principal que lhes custou a dita viagem e ganhos da terra do tempo da Compra ate o em que a vender a cidade, lhe devia ella dar alguma cousa mais conforme ao que se assentar por pessoas em que se comprometterem..." - *Livro dos Assentos do Conselho do Estado*, Vol. I, fl. 94, in C. R. Boxer, *The Great Ship from Amacon: Annals of Macao and the Old Japan Trade 1550 - 1640*, p. 177.

他们的费用。①

由此可见，在经历了荷兰人的多次军事进攻之后，不论是澳门议事会，还是葡印总督，都认识到，由船队总指挥在驻澳期间代行总督权力的制度不能有效地维护澳门的安全，而对于葡印总督来说，"这是（确立王权的）好时机，便很快任命王室贵族唐·弗朗西斯科·马士加路也（D. Francisco de Mascarenhas）前来澳门"②。马士加路也顺利到达澳门，并于7月17日就职。

五

综上所述，澳门总督制度的缘起问题，涉及澳门居留地的成长，居澳葡人各派势力在澳利益的调整，欧洲各国在远东地区的竞争格局以及王权向海外属地的渗透等多个方面。葡人租居澳门后，澳门迅速成长为重要的国际商埠。到17世纪初，澳门已成为葡人东方居留地中最繁荣的地区之一。随着澳门的成长，各派势力在澳利益的调整成为一个突出的问题。议事会、耶稣会、船队总指挥各派，围绕澳门的航行权及其利益分配产生了严重分歧，船队总指挥在澳门的权力不断受到质疑。同时，随着澳门的发展和繁荣，王权向其中渗透便不可避免，王室不会容忍一个如此繁荣的国际商埠长期游离于它的海外属地之外；议事会以总督代替船队总指挥的请

---

① "Este trabalho obrigou aquelles moradores a tratarem de se fortificar, como ficavão fazendo. . . e nas cartas que me escreveo e por hum clerigo que com ellas enviou me pede com grande instancia a proveja de capitão de qualidade e partes que na paz e na guerra os governe e ponha aquella cidade em toda boa ordem de defensão, tratando eu isto em Conselho pareceo que assi convinha muito e enviar tal pessoa de que se pudesse bem fiar tudo o tocante a guerra por se entender que os enemigos não desestirião da empreza. . . e que tambem devia ser passoa que se fizesse respeitar daquelles moradores e compuzesse as differenças que entre elles há. . . e que para isto e o mais que se offerecer contra os enemigos deve levar gente que fique assistindo lá de presidio, e post que ha de ir com ordem a cidade para a imposição do caldeirão lhes pagar." -Raymundo António de Bulhão Pato & António da Silva Rego (dir.), *Documentos Remettidos da India ou Livros das Monções*, Vol. IX, p. 178.

② "O dito Vice Rey comprehendendo que este era uma boa oportunidade para estabelecer a autoridade real." -Charles Ralph Boxer, *Macau na Época da Restauração* (*Macao Three Hundred Years Ago*), 1993, p. 84.

求，正好符合了王权向澳门渗透的意图。此外，随着澳门的成长，它也成为西欧国家争夺的目标。在经历了荷兰人的几次侵扰之后，在议事会和王室看来，由船队总指挥在驻澳门期间代行总督权力的制度，不能有效地维护澳门的安全。正是上述因素的相互作用，导致了总督制度在澳门的建立。

（原载黄晓峰主编《文化杂志》，澳门，澳门特别行政区政府文化局，第 58 期，2006 年春季刊）

澳门议事亭考

何永靖[*]

　　议事会作为在澳门的葡萄牙人自治机构，曾经在澳门历史上起过重要的作用，因而在澳门历史上留下了极其重要的一页。议事会创立于1583年，在1840年代以前，葡萄牙人尚未确立在澳门的殖民统治，它是澳门葡萄牙自治机构最高的管理机关，葡萄牙人内部的一切行政、军事、宗教、司法、经济等事务由其统辖。因此，它在澳门史上有着举足轻重的地位。其后，因葡萄牙政治改革，议事亭内的议事会被削权，沦为一个只有一般市政功能的机构。

　　研究澳门历史，特别是研究1840年代以前的澳门历史，不能不对议事会有所认识。目前中外许多澳门史学者对它的研究有相当的深度，出版了许多学术著作，但中外学术界对它的研究还有一些问题存在。本人在研读澳门史料的过程中，觉得有必要将下列几个有关议事会的问题，加以探讨，以澄清学术界的一些看法，不足之处还请各位专家学者指正。

一　议事亭的名称

　　从事澳门历史研究的学者，当阅读历史材料的中文版本时，都会为一个问题而觉得烦恼，就是在这些材料中的地方或人物的译名，时常都是冗长，既难记牢有时又容易和其他地名或人物混淆。就我们所知，葡萄牙人的全名是由名、父名、姓氏等多个部分组合而成，而每部分又是多音节，有时女士的名字又要加上丈夫的姓氏。如此，一个葡萄牙人姓名的译音就有十多个汉字，如"Eduardo Jorge Armas Tavares da Silva"。由于在澳门有很多街名、花园、纪念碑等地方名都是先以葡萄牙语命名，再以译音写成汉字；有时为了方便，把译音的汉字缩简，使人觉得更加混乱。

---

[*]　联合国教科文组织亚洲遗产管理研究院成员，暨南大学历史学博士。

有关议事亭的名称，中外学者对澳门古老"议事亭"的理解是有分别的。在明清时期的官方公文和其他私人著述中可以找到许多不同的说法，包括有：议事亭、议事庭、议事会（Senado）、澳门市议事局（Senado, Macau）、议事公（忠）局（Leal Senado）、元老院、金巴喇（Câmara）、澳门市政局（Câmara Municipal de Macau）、市政厅（Paços do Concelho）、市议会、事打丁（Cidadão）、事达丁、施打（Senado）、司打、司达等。上述名称大致上可分为葡文 Senado（议事会或议事亭）的汉语"意译"和音译两种。这就是澳门经过了 400 多年，中西文化交会所产生的结果之一。

汉文文献最早出现澳门"议事亭"一词的正式称呼，可以在汤开建教授所引述的《唃噪哆报效始末疏》中看到："住在广东广州府香山县濠镜澳议事亭西洋商舶臣唃噪哆谨奏，为历陈报效始末仰圣鉴事。"①

"议事亭"意解"澳门议事会"（Senado, Macau），是明清时期最常用的名称之一，不论是在明季或清代的中国官、私著作、地图里，或者是在葡萄牙国立东波塔档案馆收藏的"汉文文书"（Chapas Sínicas），都可以看到"议事亭"是指"议事会"。

王文达《澳门掌故》载："迨后更得到统治葡萄牙之西班牙的承认，乃于一五九五年三月三日，正式成立为'澳门市议事局'，或称'澳门市政厅'，或俗称'金巴喇'。"②

吴历《三巴集》记载："凡海上事，官绅集议事亭中，名议事亭。"③

印光任等在《澳门记略》谓："蕃人犯法，兵头集夷目于议事亭。"④

"议事亭"的葡语读音"事打的"，即 Cidade，是在《澳门记略》之"天地类"出现⑤。Cidade（事打的）在葡语中解"城市"的意思，而在《澳门记略》一书中则解为"议事亭"。如此，笔者推论清代乾隆年间的中国官员已使用葡语 Cidade（事打的）作为"议会亭"另一个异称。

---

① 参见汤开建《唃噪哆〈报效始末疏〉笺正》，广州，广东人民出版社，2004 年。
② 王文达：《澳门掌故》，澳门，澳门教育出版社，1999，第 119 页。
③ 《明清时期澳门问题档案文献汇编》（六），北京，人民出版社，第 744 页。
④ （清）印光任、张汝霖：《澳门记略》，赵春晨校注，澳门，澳门文化司署，1992，第152 页。
⑤ （清）印光任、张汝霖：《澳门记略》，第 189 页。

　　"四头人"亦是来自《澳门记略》之"人物类"的四头人（"事达丁"）①，"事达丁"即葡语的 Cidadāo，粤音读"事打登"，原意解"城市人"或"市民"。清代，"四头人"这个名词中之"四头"，可以理解为当时管治澳门最高权力机构中之四级人物：主教、兵头／总督、王室大法官和理事官。

　　王士祯《池北偶谈》载："澳中有议事亭，番目四人，受命于其国，更蕃董市事。凡市经四人议，众莫敢违及官司有令，亦必下其议于四人者，议得当以报闻。"②

　　为什么"四头人"可读"事达丁"？因为葡文名词 Cidadāo 较接近粤语发音"事达丁"，而粤音"四头"与葡语发音"事达"极为接近，而广东人也常把"人"作为"丁"字用。所以四头人以葡文"城市人"Cidadāo（事达丁）读出及"四头人"被解译为澳门最高的四类掌权人可以理解。因为"四头人"是当时澳门最高领导人，而又在"议事亭"工作，所以"四头人"亦成为"议会亭"其中之一的异称。笔者赞同金国平和刘芳的以下见解：

　　金国平先生引述《澳门记略》澳译人物类中有"四头人"，其对应的注音汉字为"事达丁"，"事达丁"即葡语译音③。他还在注释中指出："（Cidade）本意为城市。因议事亭为管理澳城的机构，故在葡语中以 Cidade'事打的'简称之"④。但是 Cidade 有另一解释；金国平引载艾儒略称："每年任命一教外人员管理本地，称之为 Cidade。汉语作理事官（Liszu Kuon）。"⑤

　　刘芳女士称"施打"又作"司打"、"司达"等，为葡文"Senado"的音译，意即议事会（议事亭）。在其所编《清代澳门中文档案汇编》之一条中，她注释道：

　　（原文）……兹据差役禀称：查得有即辰夷船，雇民人陈亚连为水

---

①　（清）印光任、张汝霖：《澳门记略》，第 190 页。
②　《明清时期澳门问题档案文献汇编》（六），第 598 页。
③　金国平：《西力东渐》，澳门，澳门基金会，2000，第 110 页。
④　金国平：《西力东渐》，第 110 页。
⑤　金国平：《西力东渐》，第 110 页。

手。六月十八日，夷人晏嗲礼时戳伤民人陈亚连，即用船装载回澳，在医人庙医治不效，到十九二身死。尸亲匿不报验，私自殡葬。凶夷晏嗲礼时经石工季亚五、邱永干等拿获，解交施打羁禁。等情。

（注释）当时，差役在禀中称"施打"为议事亭。凶夷晏嗲礼被解交议事亭内设的监房羁禁。①

议事会有很多名称是来自葡王封赐及印度总督的授予，理所当然，这些名称也成为"议事亭"另一类称号。由于这些名称在不同时期被不相同的人员翻译为汉语，那么，就出现意思相近，字体不同的中文名称。文德泉神父载述："印度总督唐·杜亚德·梅内泽斯（D. Duarte de Meneses）通过1586年4月10日的法令，批准'澳门市议会或市政厅（Câmara ou Conselho Municipal de Macau）'，选出他们三年一任的官员。"②

就"议事亭"被称为金巴喇，王文达《澳门掌故》载："议事亭，古之称号也，时人多以'金巴喇'（Câmara）名之。……在葡文上亦应写作 Câmara Municipal de Macau，即澳门市政局，乃合也。盖自澳葡于1595组织'澳门市议局'（Senado，Macau）"③。施白蒂《澳门编年史》则载"1584年市政府改名为市议事会"④。

16世纪，利玛窦神父用意大利文"la Camera della citta"（市议会）这个名词。而"市议会"（la Camera della citta）在德礼贤（Pasquale D'Elia）神父的著作《利玛窦》第一卷第212页（Fondi Ricciane I）可找到。文德泉神父引述："Arrivata la nave del G-iappane a Macao（25-2-1584），ritorno il P. Ruggero com assai anari, che e 'la Camera della citta' et altri amici gli avevano dati di limosina"⑤，意译为"一艘船从日本到达澳门，罗明坚带着由

---

① 《香山知县彭昭麟为提讯戳伤民人陈亚连，致死凶蕃晏嗲礼时事行理事官札》（嘉庆十年闰六月初一日，1805年7月26日），载《清代澳门中文档案汇编》（上），刘芳辑、章文钦校注，澳门，澳门基金会，1999，第337页。

② 〔葡〕文德泉（Manuel Teixeira）：*Toponímia de Macau*，Institute Cultural de Macau，1997，Vol. I，p. 49。

③ 王文达：《澳门掌故》，第123页。

④ 〔葡〕施白蒂（Beatriz Basto da Silva）：《澳门编年史：十九世纪》，澳门，澳门基金会，1998，第22页。

⑤ 〔葡〕文德泉：*Toponímia de Macau*，第48页。

'市议会'及其他朋友给他的相当多的施舍财物（从澳门到肇庆）返回"。

1642 年新国王唐·若奥四世授予澳门"Cidade do Nome de Deus Não Há Outre Mais Leal"（天主圣名之城，无比忠贞），到 1810 年，摄政王敕书同意澳门议会前加上"忠贞（Leal），议事会就称为议事公（忠）局（Leal Senado）"。施白蒂载述："1810 年 5 月 13 日，发自里约热内卢的摄政王敕书同意澳门议会前加上'忠贞'（Leal）字样。若奥五世（D. João V）给澳门此殊荣是为表彰澳门人在打击威胁殖民地利益的海盗张保仔行动中取得的功绩和澳门在很多危急时刻向印度提供的重要救护。"①

自此，葡文 Leal Senado（"忠贞"议事会）一直沿用至澳门回归前，而"议事亭"在回归前的中文名称则是"澳门市政厅"；回归后的议事会改名为"临时澳门市政局"，即现时的"民政总署"。

现今，澳门特别行政区政府仍采用"市政议会"（Orgão Munucipal）②这名称。

二 议事亭的建筑

位于澳门市中心的议事亭是澳门一座古老建筑物。它是 260 多年（1583 – 1844 年）来澳门最高权力中心的办公地方。但在现存的大厦之前，它的旧有建筑形式为何，建于哪个朝代，它除主体建筑外，还有哪些附属建筑物呢？

葡萄牙学者贝特龙·高爱里奥（R. Beltrão Coelho）认为：

> 亚妈阁（Amacao），Theodore de Bry（1598 年）绘，可能是最古老的一幅澳门画。画内有市政厅所在地的标记，但不太令人相信它被绘入画中。③

议事亭现存建筑位于澳门中区的金融商业心脏地带，是一座葡式建筑。但它是否一开始就是葡式建筑呢？这是值得深入探讨和研究的一个问题。

---

① 〔葡〕施白蒂：《澳门编年史：十九世纪》，第 14 页。
② 《单行刑事法例——附录》，澳门，澳门政府印刷署，1998，第 52、56 页。
③ 〔葡〕贝特龙·高爱里奥（R. Beltrão Coelho）：*Leal Senado de Macau：Esboço de um Edifício*，澳门，澳门市政厅，1995，第 6 页。

议事亭建筑开始应为中式建筑，其演变主要分为两个阶段：1583～1784年中式建筑及1784后西式建筑。

根据中文文献记载，议事亭是明清时期中国官员在澳门临时办公的地方，原址在澳门市政厅内。明朝嘉靖年间建筑的议事亭，是一个四面通风的木结构亭子，中摆桌椅。

这些记载包括：①彼得罗·巴雷托·德·雷津德（Pedro Barreto de Resende）在《东印度国》内绘制的澳门地图（1646年，大英博物馆藏）里，可在图里正四方形标记找出议事亭的所在地。②张汝霖、印光任于1751年成书的《澳门记略》，收集了由湾仔远眺澳门的地图，亦可找到议事亭的位置以及和原议事亭建筑物正面图。贝特龙又谓：

> 猜想该大楼的外貌正是这书所辑录的图画，该图画原载于澳门18世纪专题论文《澳门记略》，原著由两名经常赴澳门担任职务的高官张汝霖（Tcheong-Ü-Lâm）及印光任（Jan-Kuong-Iâm）撰写。这幅图画由一名中国艺术家单凭自己当时的想象描绘出来，象征着富有殖民色彩的庭院。假若留意到该书的初版日期是1751年，图画所指就是市政厅的第一座大楼，至于建成的日期便无从稽考。①

他还认为《澳门记略》的作者想让人们知道，他们描述的市政厅大楼肯定是第一座大楼，并引文献谓："明朝初期在澳门设有三个警察厅，今天只有议决事件的议事庭……刘易斯·江沙格·高美士（Luís Gonzaga Gomes）毫不犹豫地肯定这庭院就是市政厅。"②

王绍钧（Wong Shiu Kwan）对澳门旧建筑物研究有特别见解，认为葡国建筑学在澳门初期受到中国文化影响，而绘画《澳门记略》原"议事亭"这幅图画的画匠极富想象力，融入了中国建筑学的色彩。他说：

> 1557～1770年期间，昔日的澳门居民不论华人和葡萄牙人在建筑房屋时都倾注自己国家的特色，尽量在新环境中保持本身的传统生活，

---

① 〔葡〕贝特龙·高爱里奥：*Leal Senado de Macau：Esboço de um Edifício*，第9页。
② 〔葡〕贝特龙·高爱里奥：*Leal Senado de Macau：Esboço de um Edifício*，第9页。

可以不熟识外来新朋友的思想和技能。但随着时间的逝去，葡人逐渐利用当地的材料和中国工匠兴建楼房，所以，葡国建筑受中国的影响是无法避免的。例如建筑屋顶以及采用中国装饰。①

另一方面，用现今市政厅大楼的外貌与《澳门记略》1751年初版的原议事亭建筑物相比，并无很大的差别。所以，可以推测图画上的庭院建于1784年之前。贝特龙指出："澳门最古老的建筑物都是没有文献记载，市政厅大楼就是其中一个例子，它建于1583年，相信这是在同时成立的市政厅的第一幢大楼，该幢大楼矗立在市中心。估计就是今天的现址。"②

汤开建教授引用郭永亮先生的观点，与暴煜的《香山县志》记载互相印证："议事亭乃明朝驻澳官员与澳葡商议贸易及办理居留事宜之地点。议事亭始建于何时，郭永亮言：'建于万历十三至十五年（1585－1587年）'。"③

乾隆《香山县志》卷六亦称："（王）绰卒，设位议事亭，番人春秋供祀事。"④ 王绰出镇澳门在万历五年（1577年）后，卒亦在万历年中，可见议事亭之设当在万历中，与郭说相合⑤。

议事亭，相信在1582年已存在，并且发挥其政治功能。澳门葡萄牙人在该处集会，准备成立一个机构，实行自治。王文达谓："1582年（万历十年）澳葡于议事亭内筹划民选自治，组织议事局。"⑥

为什么两广总督陈瑞要在这时候召见澳门主教和市长？笔者认为他可能已经知道澳门葡萄牙人在"议事亭"集会，将要成立一个管治机构，统辖葡萄牙人内部的一切行政、军事、宗教、司法、经济等事务。因为过去20多年来，澳门葡萄牙人一向实行有限制的"自治"，而这时要成立"议事会"，是出乎陈瑞的意料。他为了详细了解澳门的"传教"及"指导和管

① 王绍钧：*Macao Architecture-An Integrate of Chinese：and Portuguese Influence*，1970，第39页。
② 〔葡〕贝特龙·高爱里奥：*Leal Senado de Macau：Esboço de um Edifício*，第9页。
③ 郭永亮：《澳门香港之早期关系》，第三章《澳门旧城墙考》，台北，"中研院"近代史研究所，1990。
④ （清）暴煜：《香山县志》，卷六，《宦绩·王绰传》。
⑤ 汤开建：《澳门开埠初期史研究》，北京，中华书局，1999，第238页。
⑥ 王文达：《澳门掌故》，第119页。

理外国商人"的情况，就召见有关负责人。利玛窦谓："他（陈瑞）声称他了解到澳门的主教和市长是外国商人的指导人和管理人，因此他正式通知他们马上去见他，不得迟误。"①

当陈瑞的邀请函到达澳门后，葡萄牙人召开会议商讨对策。利玛窦谓："这道（陈瑞）命令有点出乎意外，开会进行讨论后终于决定，奉行所下达的命令将会有损葡萄牙的尊严。"②笔者根据葡文史料的记载，认为开会地点可能是"议事亭"，因为澳门居民大会或重要会议都按惯例在议事亭召开。

此外，笔者认为以下两种可能性的存在是很低的，除非有新的证据被发掘出来：其一，当时的议事会为了迎合中国政府，而议事会又有接待中国官员的任务，故将议事亭有意建成中国式的；其二，议事亭原本就是西洋建筑，而《澳门记略》的作者故意将它描绘成中国式建筑。

澳门特别行政区政府文化局在其网页里肯定当时管治澳门最高机构"议事会"在 1783 年购买了议事亭地段及其后方的华人住宅，并于翌年改建为葡式市政厅。该网页载："1783 年（清乾隆四十八年），澳葡当局向中国有关方面购买了议事亭地段及其后方的华人住宅，并于 1784 年建成了葡萄牙风格的市政厅"③。这印证了中式建筑的"议事亭"并非是当时澳葡议事会的物业，更不能说由澳门葡萄牙人在别人的地段建中式或葡式"议事亭"，然后又在 1783 年去买议事亭地段及其后方的华人住宅。

葡式议事亭始建于 1784 年。通过征用土地和建筑两步骤：议事会成立后，澳门葡萄牙当局似向明朝政府购买议事亭及后面的民房，改建为议事会办公处及监狱。

文德泉神父（P. Manuel Teixeira）载述市政厅大楼："最初的建筑物像是要追溯至 1584 年，它已附设监狱或牢房。从那时起，旧监狱巷（Travessa do Tronco Velho）和牢房街（Rua da Cadeia）的命名与公共街道连在一起。它并于 1783～1784 年重建。"④

---

① 〔意〕利玛窦（Matteo Ricci）：《利玛窦中国札记》，桂林，广西师范大学出版社，2001，第103 页。

② 〔意〕利玛窦：《利玛窦中国札记》，第 103 页。

③ 见网址 http://icm.gov.mo/heritage/tour/despcc.asp。

④ 〔葡〕文德泉：*Toponímia de Macau*，Institute Cultural de Macau，第 62 页。

而"天通里"（Beco da Cadeia）（即监牢斜巷），位于天通街附近，其入口在该街 13 号与苏雅利医生街之间东方斜巷前。①

1783 年，议事会的判事官昆哈在其署名的档案中提及此事："尝与地段业主商定价值，承买该地以备新兴建议事会及监牢，并附送该建筑全面图则。1784 年，澳葡当局花了相当于当时 8 万两买下议事亭，并将其改建为上下两层的市政厅。"

1784 年有一座新大楼，根据刘易斯·江沙格·高美士（Luís Gonzaga Gomes）所说，今日之大楼始于 1783 年，这点正如市政厅档案内的文件记载。该年 12 月某日 Joaquim José Mendes da Cunha 法官将市议会大楼及监狱的重建图则寄给市政厅，同时告知为此已向屋主达成购买房屋和地段的协议。

该方案由帕德利奥·德·圣若些（Patricio de S. José）神父编制，而有关该大楼的记载很多都互不相符。

澳门市政厅并载："由冈顶前地、夜呣斜巷上端起，至苏雅利医生街与天通街之间止，正对天通里。以往名为'监牢斜巷'。"②

英国马嘎尔尼（Lord Macartney）使团的秘书斯丹东（George Staunton）在随团出使中国时（1792～1794 年）提到："市政厅大楼是用麻石建筑，楼高两层。内里有许多石柱，其上铭刻的中国文字是说皇帝将该地段出让。"

1784 年，由帕德利奥·德·圣若些神父设计，工程耗资 8 万两的议事会会址建成。龙思泰（Anders Ljungstedt）云：

> 它（议事亭）有两层楼高，基础部分是花岗石，其余部分，包括壁柱在内，用灰浆和砖头砌成。在上面看不到"任何中国字，表明本地是由中国皇帝庄严地割让的"。屋顶由柱子支撑着，檐口饰有绿色彩釉花瓶。这座宽敞的建筑物建于 1784 年，共计耗费了八千两银子。里面有一座"无原罪圣母小堂"。③

---

① 《澳门市街道及其他地方名册》，澳门，澳门市政厅，1993，第 36 页。
② 《澳门市街道及其他地方名册》，第 219 页。
③ 〔瑞典〕龙思泰（Anders Ljungstedt）：《早期澳门史》，吴义雄等译，北京，东方出版社，1997，第 28 页。

议事亭还建有一座小教堂。施白蒂谓："1762 年，这一年，议事会在其贵宾室建立一个小礼拜堂，堂内有圣母纯洁受胎像。"①

澳门葡萄牙人多信奉天主教，很多地方可以找到大小教堂。议事亭有一个小教堂，方便在每次开会之前祈祷。这一仪式有助于议员们灌输真正的基督教的温顺思想，只有具有这种思想才能忍受中国官员的压力。

三 议事亭的徽记

20 世纪末，对澳门采用的市徽仍众说纷纭。由若奥·沙文度（João Sarmento）所绘的 1876 年至 1939 年的市政厅大楼正面图②，顶部显示了当时议事亭的徽记为盾牌加皇冠，并有树叶环绕着。沙文度还绘画了 1940 年至 20 世纪末的市政厅大楼正面图③，其顶部则显示另一个徽记，那是大家比较熟悉的一对天使。

随着时光的过去，经历过很多变化。贝特龙·高爱里奥云："经过放弃、加入若干成分，现在市政大楼只有两个市徽式样：一个在入口正面的三角体上，与悬在礼堂的浮雕大墙上的式样相似，而现时礼堂只让主席团使用，另一个式样应早于以上两个悬挂在其中一个横门上。"④

（一）正门上面的市徽

一些学者认为议事亭大楼的市徽出自 1810 年，以及没有"无与伦比忠贞"字样，所得由来是若奥四世（João VI）赠给本市，由费苏沙（D. João de Sousa Pereira）总督在 1654 年命令将造数字样放在市议会大楼正门。

龙思泰云：

> 在大门的上方镌刻着葡萄牙纹章，在其下面有"上帝名城，忠诚无比"这段引以为荣耀的铭文，奉国王若奥四世之命，本城总督费苏

---

① 〔葡〕施白蒂：《澳门编年史》，小雨译，澳门，澳门基金会，1995，第 159 页。
② 〔葡〕贝特龙·高爱里奥：*Leal Senado de Macau：Esboço de um Edifício*，第 36 页。
③ 〔葡〕贝特龙·高爱里奥：*Leal Senado de Macau：Esboço de um Edifício*，第 47 页。
④ 〔葡〕贝特龙·高爱里奥：*Leal Senado de Macau：Esboço de um Edifício*，第 101 页。

沙，将铭文安放于此，以彰忠义于无穷。1654 年立。[①]

贝特龙形容 1940 年至 20 世纪末议事亭使用的徽记谓：

市徽上有两位天使，黑发披肩，穿着象牙色的长袍，有白底金色花纹，每位天使在两边同捧葡国盾牌，上面有五个蓝色小盾（每个小盾上有五个银币，代表葡国地区的一体），另外有七个红底金色的城堡。

大盾上端有一个王冠，上面有五个有徽号的塔，塔以城墙式连成一体，围绕在一个圆圈上。这圆圈，以前曾误认为 Santa Catarina de Se-na 圣女受罚的地方，这名圣女就是澳门的主保。这圈上有一个红色和金色的十字架及以绿线金字写成"天主圣名之城"的句子，两名天使有一对金色大翼跪在巴洛克式设计的缎带上，带上有果实，两端有一个硕大的蚌壳，与两位天使的脚相接，左边天使的头顶着一个基督十字架（类似盾上的十字架），右边天使顶着绿底金色镯形球体。

大楼门面的三角体又有澳门市徽，内有葡萄牙盾形国徽（有五个小盾及七个城堡，盾上有一个王冠），由两位天使跪地手捧，她们穿着花纹长袍，头上分别托顶基督十字及镯形球体，而这个式样则见有一条简单的缎带，其上写着"无比忠贞"的字样。[②]

（二）横门上面的市徽

横门上面的市徽与前述的截然不同——酷似大炮台的市徽——这市徽的两位天使略胖而且全身赤裸，横门三角体的市徽上有个太阳，太阳中间有个基督十字架，而王冠和盾各有十字架，镯形球体有一颗星。但长形缎带由于剥落的关系，上面有无文字已无从考证，但可能有一个如大炮台上的市徽写着日期。

① 〔瑞典〕龙思泰：《早期澳门史》，第 29 页。
② 〔葡〕贝特龙·高爱里奥：*Leal Senado de Macau：Esboço de um Edifício*，第 102 页。

四 明清时期的石碑法典

议事亭是澳门最早期及最重要的公共建筑物之一。它是明代中国官员在澳门临时办公的地方，亦是中方对澳门葡萄牙人传达政令的重要地点，后来成为澳门葡萄牙人议事、行政和司法办公的地方。葡萄牙人入居澳门后，明朝官员为了与葡萄牙人商谈贸易和居留等问题，特建此亭作为议事之处，故称议事亭。

当时，凡中国官员向葡萄牙夷目宣读政府命令，双方官员会谈政务，以及中国官员与葡商商谈贸易等重大问题，均在此亭进行。清朝政府还把重要的法令用中葡两种文字，刻在四块石碑上，竖立在议事亭内入口处，详细记载清帝敕谕特许葡萄牙人居留澳门的历史，作为官员办事时的依据。因此，它应该保存有相当多的重要公文，并且为了能保持长久，均以石碑与木刻形式保存。

传说最早放置在澳门议事亭内的石碑和木刻有中国皇帝谕旨，但现在不知所终。徐萨斯（Montalto de Jesus）谓：

> 同一年（1557年）广东的官员和商人得到皇帝的认可，让葡萄牙人在澳门定居下来。中国皇帝为此下了公文，公文内容后来被刻在澳门议事亭的石碑和木制品上。公文的下落始终是一个谜——甚至现在澳门连石碑文字记载也没有。①

明清时期，有两部法典被中国官员命人刻在两块石头上，并把它们放置在议事会里，以警示在那里办事的澳门官员。倘若有人违反了其中任何一条，必受到处罚，绝不姑息。

萨安东（António Vasconcelos de Saldanha）指出：

> 经过一个奇特的歪曲历史记录的程序，刻有那两部"法典"的石

---

① 〔葡〕徐萨斯（Montalto de Jesus）：《历史上的澳门》，黄鸿钊等译，澳门，澳门基金会，2000，第14页。

碑的意义被颠倒了，变成了澳门葡萄牙居留地依据的一个用葡萄牙文写的、郑重而实在的证明——皇家赠予。①

安东尼·达·施利华·雷戈（António da Silva Rego）神父谓："议事会官员对展示他们拥有的关于葡萄牙对这个领地占有的文献有抵触，对此感到不快……"皇家翻译和驻北京的法国使团负责人刘易斯·法兰梳斯·拉米柯（Louis-François Lamiot），于 1870 年用法文载述了议事会内的石刻禁令：

> On trouve dans cette maison du sénat deux ou trois pierres sur lesquelles les mandarins ont fait graver des ordonnances restrictives, en si totale opposition à toute ideé de donation du territoire, que les Portugais n'aiment pas à les montrer. （人们在议事会发现有两或三块石头，中国官员在上面刻上禁令。倘若与本地区的赠与之理念完全相反，葡萄牙人不喜欢把它展示出来）。②

这也可印证若瑟·伊纳西奥·德·安德拉德（José Ignácio de Andrade）于 1835 年前见到在澳门议事会 Leal Senado 的入口处的刻碑——有关万历年间的法令。

上述乾隆时期的"法典"是一部对民事、刑事和宗教方面有严格规定的法律文书。慕里亚斯（M. Múrias）《与澳门历史相关的给北京主教的指示和其他文件》指出：

> 这是一道于 1784 年交给北京主教的"完全摧毁了基督教义和葡萄牙王室主权的命令"。这部"法典"在澳门实施被形容为葡萄牙人之居留地经历最严峻的考验之一，甚至还被欧洲历史学家认为是葡萄牙统治者为使澳门脱离中华帝国取得独立而拟定最初对策的

---

① 〔葡〕萨安东（António Vasconcelos de Saldanha）：《皇帝的权威和对抗的象征——万历和乾隆"法典"在澳门》，载《文化杂志》2002 年第 44 期，第 45 页。
② 〔葡〕萨安东：《皇帝的权威和对抗的象征——万历和乾隆"法典"在澳门》，第 45 页。

基础。①

美罗·卡斯特罗（Melo Castro）对该规定不满，在其《备忘录》中指责这一治安条例并非以皇帝的名义，而是以两广总督及其下属的名义颁布。他们坚持将条例用葡文和中文铭刻在两块石碑上，并把它们竖立在澳门最显眼的地方。

中葡两国居民冲突的焦点在于葡萄牙司法机关的刑事职能问题。中国官员行使主权，将所有涉及华人在内的，甚至被告为葡萄牙人的刑事案件（包括死刑），由自己作司法裁决。

叶士朋（António Manuel Hespanha）在《澳门法制史概论》中指出：

> 葡萄牙当局对被剥夺这一王室司法权感到不平，特别是在被告为葡萄牙人情况下。葡萄牙当局也曾试图通过各种措施减轻造成的后果或羞辱，但仍要不断作出让步。其中一项措施是为被中国官吏判处死刑的葡萄牙人准备特制的绳索使其在行刑时断裂，这是一种较仁慈的欧洲传统方式。②

他还举了一个于1748年发生的典型例子：

> 当时两名葡萄牙士兵被控杀害了一名华人。华人强烈要求由他们来审理，葡萄牙人则坚持抵制，拒绝交出两个居民，特别这两人又是士兵。妥协的解决办法是中国官吏宽恕了两名被告，虽然没有产生任何的实际后果，但却保全了中国司法原则。另一方的葡萄牙军人总督拥有对士兵的特别审判权，他请求议事会不要把中国官员的宽恕在城内向公众公布。这样，在自家内部就好像士兵不曾被判过刑。③

---

① 〔葡〕慕里亚斯（Manuel Múrias）：《与澳门历史相关的给北京主教的指示和其他文件》（*Instrução para o Bispo de Pequim e outros documentos para a História de Macau*），1988年，第54～56页。

② 〔葡〕叶士朋（António Manuel Hespanha）：《澳门法制史概论》，周艳平、张永春译，澳门，澳门基金会，1996，第42页。

③ 〔葡〕叶士朋：《澳门法制史概论》，第42页。

萨安东引载的亚马勒总督在 1848 年 3 月 25 日致海军及海外事务部长公函写道："一个刻着市政厅与广东官员之间契约条款的石碑，其中一些攻击葡萄牙尊严（的条文），我下令将其清除。"①

五　议事亭建筑物受破坏

议事亭在过去 400 多年来，经历了多次天灾及人为的破坏，只在 1784 年重建一次，仍可将它保存至今，真是不可思议。

其一，原议事亭建筑物受到人为的破坏。

关于原议事亭的建筑（假设它的存在是由建立直至 1784 年），它受到"不良对待"是当时的总督与市政厅互不了解所致。

有关该事情已记载多次，现略述 1843 年在里斯本刊出的若瑟·依那西奥·德·安德拉德的印度与中国的手写信件 "Cartas Escriptas da India e da China"，其内载明：

> 1709 年澳门面临新的打击，即另一位总督戴冰玉（Diogo do Pinho Teixeira），是恐怖魔鬼，他曾命令炮轰市议会大楼，第二枚炮弹炸死了守门工并伤害若干市民。……大家有目共睹了并不是只有台风才能引致的损害……②

其二，受到天然灾害的破坏。

1876~1939 年议事会大楼已毁坏不堪，因为受到白蚁的侵蚀及台风的摧残，屋顶随时会倒塌，危害正在办公的职员。大楼最终在 1940 年获得维修。

六　议事亭的监牢

研究澳门历史的学者都知道中国官员到议事亭监牢办案及英军劫狱事件。

---

① 〔葡〕萨安东：《皇帝的权威和对抗的象征——万历和乾隆"法典"在澳门》，第 48 页。
② 若瑟·依那西奥·德·安德拉德：*Cartas Escriptas da India e da China*，Lisboa，1843。

（一） 中国官员到议事亭监牢查案

18 世纪，澳门发生葡人杀害华人案件，中国官员直接进入议事亭附设的监牢查案。施白蒂谓："1743 年 12 月 6 日，因为一位中国官吏带着士兵进入澳门，本市一片恐慌。他检查了在旧牢笼街（Tronco Velho，现东方斜巷），被一位名叫晏些卢（Anselmo）的澳门土生士兵杀害的中国人尸体，发现死者身上有五处伤口后离去，声称要求交出凶手。"[①]

文德泉神父对市政厅建筑物（Edifício do Senado）谓："从那时候起，就以旧监狱巷（Calçada do Tronco）和监牢街（Rua da Cadeia）命名，与公共街道相连。1783 年，早期建筑物在相同地点以更大面积重建。"[②]

当时的市政厅，前面是议事会办公室，后面是监狱。《澳门记略》云：

> 蕃人犯法，兵头集夷目于议事亭，或请法王至，会鞫定谳……闻判罪后，则羁押于庙后监牢内，取其便也。[③]

> 狱设龙鬆庙右，为楼三重，夷人罪薄者置之上层，稍重者系于中，重则桎梏于下。有土窟，委干牛马矢，炷火其中，名曰矢牢。[④]

文德泉神父对照市政厅建筑物在 1784 年后议事亭大楼后谓："人们对早期附设有监狱或牢房的建筑物一无所知。"[⑤]

施白蒂引述当时澳门总督对原议事亭扩建监牢的建议：

> 1754 年 1 月 12 日，沙丹耶总督向印度总督建议，把位于圣·奥古斯定教堂地段的监狱迁至议事亭旁边，并说明下列理由：监狱位置偏僻，前面只有座户向另一边开的房子和圣·奥古斯定修道院，而该院只有唱诗班的一个小窗口对着监狱，该监狱"既无能力，也无堡垒，更不安全"。在议事会附近有一幢政府房子，可将其改为安全的监狱。

---

① 〔葡〕施白蒂：《澳门编年史》，第 132 页。
② 〔葡〕文德泉：*Leal Senado*（《议事会》），Editado pelo Leal Senado de Macau，第 17 页。
③ （清）印光任、张汝霖：《澳门记略》，第 152 页。
④ （清）印光任、张汝霖：《澳门记略》，第 153 页。
⑤ 〔葡〕文德泉：*Leal Senado*，第 17 页。

印度总督征求议事会的意见，后者回答说要搬迁就需要费用，为此总督于 1776 年 4 月 30 日决定不搬迁；但后来还是搬迁了，将圣·奥古斯定前地的监狱搬到议事会旁边。这一座房子原来是耶稣会会员的，而新房子则属于政府。

这条街至今称为 "Tronco Velho"（意为旧牢笼，现为东方斜巷），而新的监狱所在的街取名为 Rua da Cadeia（监牢街），但在 1937 年改名为苏鸦利医生街。①

（二）英军劫狱

1849 年 6 月，还曾发生过英国军人在澳门议事亭监狱劫走一名英国人的事件，引起英葡之间的交涉。

1849 年 6 月 7 日，一位来自香港基督教会查普林殖民学校（Colonial Chaplain's School）的英籍新教徒青年教师——詹姆士·萨默斯（James Summers），趁暑假到澳门游览，适遇天主教圣体节的队伍沿着澳门的街道巡游，他为了满足一下好奇心和显示自己的固执，竟然拒绝脱下礼帽站在道路旁观看，这公然违反罗马天主教国家在这种庄严的场合所应有的礼貌。一位神职人员走出来，客气地请他在圣饼到达前脱下帽子，但他没有理会。该位神职人士以其既不下礼，又不肯脱帽致敬，告诉随行之澳葡兵头亚马留，随即下令将他拘押于议事亭后座狱中。

施白蒂谓："1849 年 6 月 7 日，亚马留总督命令逮捕英国人萨默斯，理由是在举行天主教圣像游时，拒绝脱帽致敬。"②

次日，适逢澳葡举行赛艇大会，港英军官施他夫厘（Staveley）及英舰马安打号（H. M. S. Maander）舰长贾蒲路（Henry Keppel）、英舰亚文松号（H. M. S. Alnazon）舰长吐鲁必治（Troubridge）三人，驾舰来澳参赛，停泊南湾。获知萨默斯被扣留，他们一起去见亚马留，恳请放人，但没有获准。王文达谓：

---

① 〔葡〕施白蒂：《澳门编年史》，第 151 ~ 152 页。
② 〔葡〕施白蒂：《澳门编年史：十九世纪》，第 99 页。

三人无奈，乃瞰亚马留乘船离岸，指挥赛艇之隙，实行劫狱。乃迅派水兵，乘二快艇直泊南湾督署前，登陆后急趋议事亭，先击倒守兵，再将戍卫缴械。直入拘留所，破门救出岑马士（萨默斯），欢呼回舰。费时不过五分钟，还再参加赛艇，获奖品后返港，见者莫奈伊何！①

七 殖民管治下议事亭的管理

（一）特许状

葡萄牙国王给予澳门议事会的特权包括 28 项特许状（alvarás），并于 1710 年获得确认②。议事会的权限（Privilégios do Senado）要受这些特许状的规范。据罗萨（Avelino Rosa）《澳门市议会》（*Os Municípios em Macau*）记载，特许状内容包括：

（1）给予市议会书记职能。

（2）每三年一次，选举孤儿法官及委任孤儿法官书记。

（3）给予监狱守卫职能。

（4）向白人城堡要塞司令提供司法权。

（5）给予全部职能，除了司法公证人的职能及其附注。

（6）向队长提供纪律人员和派人巡逻以及向出外航行的船只发证书和派人坐船上阅兵，不仅是城堡军队。

（7）总督和王室大法官必须在市议会登记用来支付他们的工资的出粮证，亦须登记他们的职位及职责的委任证；若没有登记，就被罚无收。

（8）在市议会会议中，兵头（capitão-geral）必须坐在理事官（vereadores）的右边，主教则坐在左边；在宗教游行时，兵头被安排在议事会的右边，而主教则在其左边，那么，议事会（成员）的位置，应该在兵头和主教之间。

---

① 王文达：《澳门掌故》，第 127 页。

② 施白蒂《澳门编年史》载："1710 年（7 月 16 日），于 1708 年作为议事会使节去里斯本的伽斯巴尔·弗朗西斯科·达·席尔瓦（Gaspar Francisco da Silva）乘'巡访圣母'（Nossa Senhora da Visitação）号战舰回到澳门，他已获得了对澳门特权的确认。"见〔葡〕施白蒂《澳门编年史》，第 81 页。

（9）总督不能干涉犯罪案件，也不能派人逮捕违法者（除非王室大法官请求），亦不能通过安全法。

（10）不准许总督干涉司法事务，也不准许干涉议事会的司法权。

（11）不准他们向邻近国王借款，也不准向市民借款。

（12）不准许总督或王室大法官逮捕或将任何一个女囚犯送往果阿（Goa），以损害公共事务，除非犯欺君罪之女犯人。

（13）王室大法官及普通法官有权限罚所有罪犯，同样远至兵头的仆人。

（14）禁止罪犯在公职或议事会服务。

（15）理事官、法官及议事会官员必须是资历长的基督徒、葡萄牙人及其后代。

（16）议事会有义务为那些被选出而拒绝接受那些职务的人承担责任。

（17）要召集所有有某些身份的人士为陛下以及公共事业服务。

（18）暂停拒绝诉讼人上诉的王室大法官以及审查这类案件的普通法官的职务。

（19）普通法官必须按规章审查案件。

（20）不同意卡斯蒂利亚（西班牙）或其他国家的教徒居留市内。

（21）理事官和检察官的年龄要求 40 岁以上，而法官则要 30 岁以上。

（22）书记们必须分别给予他们的办事处所要求的手抄本。

（23）允许居民每人每年派出他们的船只航行索洛（Solor）及地扪（Timor），按照处所申报。

（24）孤儿法官不能够把孤儿金钱给兵头（Cap. -Gerais），亦不能给有权势的贵族，但只给居民和有声誉的人士，提出必要的担保，以便转交本金及盈利。

（25）若能够在大炮台鸣炮，就废除在其他特状（alvará）里禁止所提及的鸣炮。

（26）禁止澳门基督徒与中国人对抗。

（27）规定一个方式，总督一定用来任命要塞兵头（capitães）。

（28）禁止马尼拉和澳门之间的商业活动。①

---

① Avelino Rosa, *Os Municípios em Macau*（《澳门市议会》），Macau, Imprensa Oficial de Macau, 1999, pp. 49 - 50。

法官（Juíz）有两名，执行议事会的命令，只要这些命令不违背已有的规章和法律，主要职务是负责审理某些民事和刑事案件，并作出裁决。如有人对判决不服，可以向王室大法官申诉，也可以上诉至以总督为首的果阿高级法庭（称 Relação），由六名高级官员组成，包括大法官在内，由总督（Viceroy or Governor General）主持，其判决为终审。

在殖民管治下，议事亭政制有所变化。华人可参与有关华人事务，并在其中起到积极作用。

（二）殖民管治下议事亭的规则

1842 年 3 月 18 日法令核准的《行政法典》，由 1868 年 12 月 7 日第 47 条训令在澳门殖民地颁布生效，总的来讲，维持由 1866 年 4 月 30 日海外部训令第 17 条订定的一个高级市政官的数目，并准许由 1844 年 9 月 20 日的法令授予保留特权，如正、副主席职位选举，依照 1855 年 7 月 6 日的法章。相同的训令规定议事会选举于同年 12 月 20 日举行。

澳门议事会在沦为一般市政厅时，它有其特殊性，可在 1842 年《行政法典》中找寻自己主要的框架。关于议事会的结构，有六个高级市政官，正、副主席即从中挑选，任期两年。据罗沙（Avelino Rosa）《澳门市议会》记载，议事会有如下一些主要规则：

（1）规管特有的行政模式及市政岁入。

（2）规定一种良好秩序及管理各码头人和商品上落的警察。

（3）规管小贩及经营估衣的人的警察，即流动商贩或有固定地方者。

（4）规管燃料库及守卫烟囱和炉灶清洁。

（5）禁止在街头游荡及畜养对公众健康或对街巷整洁有害的动物。

（6）规管某些不卫生和危险的场所。

（7）规管大厦外表及禁止有安全威胁物的存放，命令其拆毁。

（8）安排保存及清洁道路、广场、下水道及公众垃圾。

（9）规管所有市政警察的物品。

（10）建造及保存道路、街道、桥梁、喷水池及导水管。

（11）取得、出让及交换物业和预定财产使用。

（12）接受赠物及捐赠物。

（13）确定为委员会账户拍卖结果的条款和条件。

（14）造成医生、外科医生和药剂师利益要废除时为其设立工资制度。

（15）设立或废除市政学校及设立教师工资制度。

（16）设立、废除或更改市集和街市。

（17）准许及提名有用的人进入市政部门。

（18）按相同的法典，市政基本岁收有自己的商品收益、发牌照税收或提供服务、罚款、市政税收益。[①]

（三）在处理华人事务中议事亭所起的作用

议事亭，原为澳门葡萄牙人之市政厅，凡是一切与澳门有关的市政事务，均在此筹商办理。旧日澳门遇到有关华人事务，要开会时必请华人之三街会馆值事参加。所谓三街会馆值事，即是今天的华商总会值事，其参加席位，亦如今天的华人代表席位。王文达谓："且当时澳葡对华人之一切设施，亦常与三街会馆之值事商榷，或请其举派代表，出席议事亭会议。"[②]

议事亭，亦为澳门葡萄牙人之大会堂，凡是一切之澳葡集会或庆典，澳葡市民皆在此地举行。

八　总结

综上所言，澳门市政厅大楼前身是中国的议事亭，20世纪称为市政厅。议事亭始建于明朝万历年间（1573～1620年），名称数不胜数。议事亭建筑可分为两阶段，一是1583～1784年的中式时期，具亭台楼阁模式；二是1784年后的西式时期，带有葡萄牙风格。议事亭的徽记和大楼入口门楣上，刻有葡文"忠诚可靠，谨此天主圣名之城"（CIDADE DO NOME DE DEUS, NÃO HÁ OUTRA MAIS LEAL），都是富有皇室和宗教的色彩。虽然议事亭大楼遭受风灾、白蚁侵蚀和人为破坏，仍屹立不倒；监牢的故事及殖民管治下的政制改变，以及华人参与有关华人的事务，相信可吸引读者的注意。

鉴于澳门过去450多年的历史都与西方多国有关，特别是在18～19世

---

① Avelino Rosa, *Os Municípios em Macau*, 第82～83页。

② 王文达：《澳门掌故》，第237页。

纪时，它更成为西方列强的活动中心，很多史料都有中、葡、西、荷、英、法、意等国语言记载。因此，要研究澳门历史，学者对外文历史材料应该有一定的涉猎，这样才能拓宽自己的眼界，令视野涵盖古今中外，吸取更多的人类精神的财富。

（原载汤开建主编《澳门历史研究》，澳门，
澳门历史文化研究会，第 2 期，2003 年 12 月）

早期中国政府对澳门的管治与澳门同知的设立

黄鸿钊[*]

一 早期管治澳门体制的建立

澳门自从 16 世纪中期开埠以来，迅速发展成为一个国际贸易港口。澳门地位的极具特殊性、重要性和复杂性，要求中国政府必须制定完善的管治规章制度，建立有效的管治体制和设置高阶官员进行管理。

中国政府对澳门的管治向来是重视的，这表现在历来官员奏章以及各种举措上。16 世纪中叶，葡萄牙人入居澳门，建立起"自治体制"，挑战中国主权，威胁中国沿海地区的安全。面对葡人的挑战和威胁，中国政府予以认真对待，反复研讨对策，许多官员说出了他们对葡人居澳的忧虑。自称"生长海邦，习闻已久"的庞尚鹏的奏稿说：澳葡"诡形异服，弥满山海；剑芒耀日，火炮震天；喜则人而怒则兽"，而且勾结汉奸，"陵轹居民，蔑视澳官"，践踏中国法律，残害沿海居民。他日"若一旦豺狼改虑，不为狗鼠之谋，不图锱铢之利，拥众入据香山，分布部落，控制要害，鼓噪直趋会城，俄顷而至，其祸诚有不忍言者，可不逆为之虑乎？"[①]

经过讨论与多方利弊衡量，最后仍决定容留葡人而设官管治。当时采取容留政策是正确的，它符合世界大势发展的要求，以及沿海地区广大人民的利益。因为这样可以增进同世界各国的贸易文化往来，有利于中国经济的发展与文明的进步；也可以使沿海地区人民生活得到改善。正如广东

---

[*] 南京大学历史学系教授。

[①] （明）庞尚鹏：《百可亭摘稿》卷 1《抚处濠镜澳夷疏》。

巡抚林富所说，广东开放港口，实行互市政策有四大好处：其一，能增加中央政府的财政收入以充实国库；其二，可以用商税补充军饷；其三，增加商税以解决地方财政困难、减轻人民捐税负担；其四，有利于人民生活的改善。林富的奏疏是由当时广东著名学者黄佐操刀代拟的，事实上这几点正好反映了广东人的利益和愿望。

为此，在葡人居留澳门后，广东官员采取了宽容态度。但容留葡人的同时，也要设置官员，加强管治。

（一）军队驻防

最初的管治侧重于防务，在澳门周围进行军事部署，防御侵扰、堵塞偷漏。

1574 年（万历二年），明政府在半岛通向香山县的莲花茎间建立关闸，"设官守之"①。实际上已把澳门视为特殊的贸易区域，不许外商越关进入内地，也不许内地居民随便进出澳门。每月开关六次，以供应外商粮食和日常生活用品。1614 年（万历四十二年），关闸驻军增至千人，编为雍陌营，由参将（正三品武官）统领。1621 年（天启元年），又加强了海防措施，建前山寨，于寨中设置参将府，统率"陆军七百名，把总二员，哨官四员；水兵一千二百余名，把总三员，哨官四员，哨船大小五十号"，分别在澳门的石龟潭、秋风角、茅湾口、挂碇角、横洲、深井、九洲洋、老万山狐狸洲、金星门等处驻防。

清朝初年，政府厉行海禁，对澳门防范更严。1647 年（顺治四年），派参将把守前山寨，统领兵员 1000 名，分设左右两营，有两名千总（正六品武官），四名把总（正七品武官）。1662 年（康熙元年），兵员增加至 1500 名。1664 年（康熙三年），兵员再增至 2000 名，并派一名副将（从二品武官）统领。副将以下，增设左右营部都司（正四品武官）金书和守备（正五品武官）②。

当时珠江口的海防部署是这样的：

总兵（绿营兵正二品武官）驻扎顺德，"内为省城之保障，外为虎门、

---

① （清）印光任、张汝霖：《澳门记略》卷上《官守篇》。
② （清）印光任、张汝霖：《澳门记略》卷上《官守篇》。

澳门各紧要海口之应援"。

香山协额设副将一员，都司二员，守备二员，千把十二员，专管香山水陆地方。

前山寨于康熙五十六年间建筑寨城，拨香山协左营都司一员，守备一员，经制千总一员，外委一员，带兵 150 名，前往寨城驻防，以示控制。

前山寨有拊脊扼吭之势，是防御澳葡最重要之处，因此清政府不断加强这里的防御力量。嘉庆十四年总督百龄认为，前山寨"地要兵单，殊非慎重边防之道，必须设立专营，内护香山，外控夷澳，始足以壮声威而昭体制"①。

经过调整后的防务部署是：

前山营兵员 400 名，分左右二哨。由游击一员、守备一员驻扎寨城镇守；

关闸汛地，由把总一员，带兵 60 名驻守；

望厦村，外委一员，带兵 20 名防守；

水师千总一员，带外委一员，兵丁 100 名，驾坐桨船在澳门东西南三处海面巡查。

当时前山营有大炮 19 位，分防三汛：望厦、关闸、南大涌，是香山一带门户紧要之处。驻军的增加和指挥官级别的提高，反映了清政府对澳门防务的重视。1744 年（乾隆九年）以后，澳门驻军改隶属澳门同知。

澳门驻军的职责不仅是管理澳门港口贸易，维持治安，更重要的是加强澳门地区防务，从军事上遏制葡萄牙殖民者的扩张野心。

（二）澳官守澳

澳门在葡人居留之前便已是对外贸易的泊口，并设置官员负责港口的管理，通常被称为"守澳官"。守澳官一般由中下级武官担任，隶属海道副使，亦称澳官或管澳官。它并非单一职官，而是早期在澳门设置的若干职官的统称，包括提调、备倭、巡缉三种职官，以及其他曾派驻澳门的官员。据康熙《香山县志》卷十称："按澳门旧有提调、备倭、巡缉行署三。"印光任、张汝霖《澳门记略》亦称："前明故有提调、备倭、巡缉行署三。"

---

① （清）卢坤：《广东海防汇览》卷8，《营制（一）裁设》。

这些职官均是澳门守澳官。

提调又称提调澳官，负责征收海舶商税，是最主要的守澳官。郭尚宾奏稿说："我（在澳门）设提调司以稍示临驭，彼纵夷丑于提调衙门，明为玩弄之态以自恣"，可见提调是守澳官之一。又据庞尚鹏1564年的奏稿说："（澳门）乃番夷市舶交易之所，往年夷人入贡，附至货物，照例抽盘，其余番商私赍货物至者，守澳官验实，申海道闻于巡按衙门，始放入澳"，1565年游澳门的叶权说："今数千夷团聚一澳，雄然巨镇，役使华人妻奴子女，守澳武职及抽分官但以美言奖诱之"。

除提调之外，备倭官员即备倭指挥，也是守澳官。《明史·佛郎机传》称："嘉靖十四年指挥黄庆纳贿，请于上官，移之濠镜。"这里的黄庆，就是"备倭指挥"头衔的守澳官，他当时应该主要负责澳门海域的巡逻与安全。

此外还有巡缉，可能既是巡检，也是守澳官之一种。巡缉负责澳门缉捕盗贼，盘诘奸伪，整治城内陆上的治安。

葡萄牙人居留澳门后，管治澳门的职责加重了。明朝政府根据形势需要，有时调派高级武官镇守澳门。1564年，庞尚鹏曾建议将海道副使移驻香山。他在奏稿中说："臣愚，欲将视海副使移驻香山，弹压近地"，"使之悉遵往年旧例"①。但海道副使（即按察副使，正四品）总管广东海防，对澳门事务只能是兼理，而不能专职负责。海道副使即使去香山也只是短期视察性质，而不可能长期驻守该处。

鉴于澳门被葡人强行居留以后，对珠江口海防造成巨大威胁，明政府于1573年曾派海防同知坐镇香山的雍陌。海防同知也是海道副使的下属，正五品，官阶高于提调、备倭与巡缉，但不久即被调回广州。据田生金《条陈海防疏》称："查得广州府海防同知设于万历元年，原驻雍陌，后因税监以市舶事体相临，辞回省城"②。关于海防同知调回广州的时间，据估计大约应在1576年之前，因为正是在1576年，为了填补海防同知去职的空缺，另一个武官王绰被派来驻守澳门。因此海防同知驻守香山大约只有一至四年时间，其职责是会同把总训练士兵，加强对澳葡的防范，稽查往来

① （明）庞尚鹏：《百可亭摘稿》卷1《抚处濠镜澳夷疏》。
② （明）田生金：《按粤疏稿》卷3《条陈海防疏》。

贸易的番舶，又同市舶提举和香山知县相互配合，征收商税。

接替海防同知驻守澳门的是王绰。据《香山县志》王绰传的记载，此人是1555年（嘉靖三十四年）和1558年（嘉靖三十七年）两科武举，嘉靖末袭祖职为宣武将军，从四品武官。万历四年（1576年）平定罗旁徭后，升为昭武将军，正三品武官。随即"移镇澳门"，出任守澳官。其间，葡人表示"愿输税饷，求于近处泊船"，王绰代其申请，帮助葡人从"私番"而变为"饷商"。后来，葡人聚集澳门的人数增多了，经常闹事，"绰以番俗骄悍，乃就其所居地中设军营一所，朝夕讲武以控制之。自是番人受约束"①。

后来田生金在1617年又上奏章，提出仍将海防同知重新移驻香山，但这个建议似乎并没有被朝廷采纳。可能因为这时候香山兵力已达千人，并已于1614年派出参将（正三品武官）坐镇统领，参将地位高于海防同知，既然有了参将坐镇雍陌，明朝政府认为足以保卫澳门边地安全，没有再调来海防同知之必要。

（三）县官主管

澳门地属香山县，开埠以后，仍由香山县管辖，重大民刑事务均由知县亲自处理，或由知县报请总督决定。但其实只是兼管，一般均由驻扎澳门武官首先处理。

例如，雍正三年（1725年）三月十七日晚，澳门南湾口税馆差役食饭，有黑人一名入屋索酒，差役见其已醉，便将之推出门外。其后有葡兵数十名拥到税馆，将门扇打烂，打伤厨子一名，又将翟内司家人捉到葡人屋中捆打。把总刘发闻讯，立即前往解救，将其捉去之人放回。但民情愤慨，次日全澳店铺罢市。把总刘发报告香山协副将汤宽，汤宽派千总钟应选，会同香山知县于二十日到澳门劝谕，各店铺照常开张贸易。而澳门理事官嗫嘹哆亦向汤宽呈文道歉。事件始告平息。从处理过程来看，基本上是武官进行调处②。

不过知县对澳门事务也不是放手不管，而且某些官员管治澳门的表现

---

① （清）暴煜：《香山县志》卷1《王绰传》。
② 《广东提督董象纬奏报澳门洋人醉酒伤人业已平复结案折》（雍正三年），宫中朱批奏折。

尤为突出。例如:

> 周行,字鹿野,福建龙溪举人。隆庆元年任香山县尹,洁己惠民。时夷商丽处澳门,番舶至,奉檄盘验,有例金,峻拒不纳,惟禁水陆贩及诱卖子女等弊而已。①
>
> 孟习孔,字鲁难,武昌县人,登万历乙未进士,授香山令。蕃汉以互市趋争,孔单骑谕散。②
>
> 蔡善继,字五岳,湖州人,以进士万历三十六年任县令。刚上任,察访澳葡情况,向上级提出管治澳门的十点建议,均被采纳。善继平素清廉刚正,对澳门事务控制得法,为葡人所震慑。一次,澳葡发生内讧,蔡善继驰往澳门捉拿为首闹事的葡人至县堂下痛笞之。葡人竟然弭耳受笞而去。③
>
> 王之正,顺天通州人。举人。性廉介,伉直有威。乾隆九年署县事,甫到任,澳葡晏些卢殴毙汉人陈辉千,匿凶不献,檄饬之,不应。之正单骑驰谕,执法越坚,诸夷慑其威且廉也,卒献正凶抵法。④

在澳葡居留早期,管治中最重大的事件是反对窝藏倭寇的斗争。所谓倭寇,就是日本海盗商人集团。明代从嘉靖至万历年间,倭寇在我国东南沿海活动更加猖獗。他们既进行走私贸易,又从事海盗劫掠。倭寇与葡萄牙海盗商人,以及中国沿海的海盗勾结起来,在我国东南沿海造成极大祸患。

葡人居留澳门之前,在福建和浙江的海盗活动,是与倭寇勾结进行的。1557年葡人入居澳门以后,继续与倭寇暗通声息,狼狈为奸。万历年间,日本发动侵朝战争,中朝两国军队并肩作战,打击日本侵略者。当时明朝派指挥史世用假扮商人,随同海商许豫前往日本萨摩州侦察。1594年4月,许豫从日本返回,向明政府报告了葡人与日本封建军阀相勾结、刺探中国军情的问题。他说:

---

① (康熙)《香山县志》卷5《县尹》。
② (清)祝淮:(道光)《新修香山县志》卷5《宦绩》。
③ (康熙)《香山县志》卷5《县尹》。
④ (清)祝淮:(道光)《新修香山县志》卷5《宦绩》。

广东香山澳番（即澳门葡人），每年至长崎买卖，透报大明消息。仍带倭奴假作佛郎机（葡人）潜入广东，觇伺动静。①

澳葡除向日本提供有关中国的军事情报、窝藏日本间谍之外，还向日本提供武器。在葡人操纵下的澳门与日本的贸易，具有军火贸易的性质。葡人每年从日本购买大量的青铜，运往果阿和里斯本，以铸造铜币和枪炮，再将枪炮卖给倭寇使用②。葡萄牙还每年从中国偷运 200 担铅销往日本。据许豫报告说，"乌铅，大明所出，香山澳发船，往彼贩卖，炼成铅弹"。以上说明，葡萄牙在当时的中日冲突中，公开站在倭寇一边，与中国为敌。

葡人还利用倭寇的力量，与中国政府对抗。17 世纪初，曾发生澳葡"潜匿倭贼，敌杀官军"的事件③。关于"匿倭"，给事中郭尚宾的奏疏提到："番夷无杂居中国之理，彼且蓄聚倭奴若而人，黑番若而人，亡命若而人，以逼处此土。"④ 巡按广东监察御史王以宁的奏疏更明确指出，葡人借口防御荷兰海盗，"收买健斗倭夷，以为爪牙，亦不下二三千人"⑤。又据当时香山小榄人李孙宸说："澳故多蓄倭奴，托为备御红夷（即荷兰），而阴实示梗"⑥。

澳葡是利用"健斗"的倭寇，来壮大其武装力量，以对抗中国政府。他们驱使倭寇在澳门私筑城墙，中国政府官员前往禁阻，他们便公开对抗并指使倭寇"敌杀官军"，酿成流血事件。为此，两广总督张鸣冈向中央政府报告说：

粤东之有澳夷，犹疽之在背也。澳之有倭奴，犹虎之傅翼也。万历三十三年（1605 年），私筑墙垣，官兵诘问，辄被倭抗杀，竟莫敢谁何。今此倭不下百余名，兼之畜有年深，业有妻子庐舍，一旦搜逐，

① （明）许孚远：《请计处倭酋疏》，转引自张燮《东西洋考》卷11《艺文考》。
② 〔英〕博克萨（C. R. Boxer）：《16~17 世纪澳门的宗教和贸易中继港的作用》，载《东方学》1974 年第 6 辑。见张天泽《中葡通商研究》，第 104 页。
③ 《明史》卷 325，《佛郎机传》。
④ （明）郭尚宾：《郭给谏疏稿》卷 1《粤地可忧防澳防黎孔亟疏》。
⑤ （明）王以宁：《东粤疏草》卷 1《请蠲税疏》。
⑥ （明）李孙宸：《建霞楼文集》卷 4《送父母但侯入觐序》。

1212

倘有反戈相向，岂无他虞。①

针对上述情况，张鸣冈采取坚决措施驱逐倭寇。1614 年（万历四十二年），他"令道臣（海道副使）俞安性、香山县令但启元躬视澳中，宣上威德"，逼使葡人交出倭奴 123 名，"令归本国"，并且"逐名取船押送出境"②。接着，俞安性又草拟了《海道禁约》五款，报经两广总督和巡按御史批准后，在澳门议事亭前勒石立碑。其中第一条就是禁止葡萄牙人勾结倭寇，"敢有仍前畜养倭奴，顺搭洋船贸易者，许当年历事之人前报严拿，处以军法，若不举，一并重治"③。这个禁约外文亦有记载。据徐萨斯说：

> 1613 年（万历四十一年），中国官员又威胁要将葡萄牙人从澳门驱逐出去，除非他们答应以下这些强加于人的条件：不得引进日本佣人，违者处死……1614 年，帝国法令又对这些条件略加修改，刻在一块石碑上，立在议事亭大厅中。④

由于中国政府坚持斗争，终于肃清了澳门的倭寇，"数十年澳中之患，一旦祛除"⑤。

（四）官员巡视

除了上述管澳官员之外，广东省的总督和巡抚等重要官员每遇澳门发生重大事件，均会亲自巡视澳门，进行处理。中央政府在某些重要历史关键时刻，也会派出要员巡视澳门。官员巡视也是管治澳门的一种重要形式，并对及时解决某些重大问题起着决定性作用。据不完全统计，明清时期巡视澳门的官员如下：

---

① 《明神宗实录》卷 509，万历四十二年十二月乙未条。
② （明）方孔炤：《全边略记》卷 9。
③ （清）印光任、张汝霖：《澳门记略》卷上《官守篇》。
④ 〔葡〕徐萨斯（Montalto de Jesus）：《历史上的澳门》，黄鸿钊、李保平译，澳门，澳门基金会，2000，第 48～49 页。
⑤ （明）沈德符：《万历野获编》卷 3《香山澳》。

表1　明清时期巡视澳门的官员

巡视时间	官员姓名	职位	巡视内容	史料出处
1613 年	俞安性	巡视海道金事	清查与驱逐倭奴，禁止葡人蓄倭。	（康熙）《香山县志》卷 10
1662 年	尚可喜	平南王	迁海勘界至澳门，事后上奏章为葡人请命，免予迁界。获准。	
1682 年	吴兴祚	两广总督	撰诗《自香山县渡海赴濠镜澳》与《三巴堂》。	邓之诚《清诗纪事初编》下册，第 641 页。
1684 年	吴兴祚	两广总督		
1684 年	李士桢	广东巡抚	平定台湾，大开海禁之后，是年吴、李二人陪同杜、石巡视澳门。	杜臻《粤闽巡视记略》卷 2，第 16～21 页。
1684 年	杜 臻	工部侍郎		
1684 年	石 柱	内阁学士		
1685 年	劳之辨	广南韶道	为建立澳门海关事；撰写《同满汉榷部巡历濠镜四首》。	劳之辨《静观堂诗集》卷 4，第 1～2 页。
1685 年	宜尔格图	粤海关满监督	劳、宜、成三人同行。	
1685 年	成克大	粤海关汉监督		
1716 年	李秉忠	钦差	采办西洋物品。	《宫中档康熙朝奏折》第 6 册，第 617 页。
1717 年	杨 琳	两广总督	杨、管、法三人同行，禁止中国商船前往南洋贸易，澳葡商船不在禁止之列，照常贸易。	《康熙朝汉文朱批奏折汇编》第 7 册，第 883～884 页。
1717 年	管源忠	广州将军		
1717 年	法 海	广东巡抚		
1730 年	傅 泰	广东巡抚	查勘澳门防务，主张添设澳门同知于前山寨。	《雍正朝汉文朱批奏折汇编》第 18 册，第 202 页。
1731 年 1 月 15 日	焦祈年	观风整俗使	撰有《巡视澳门记》。	郝玉麟《广东通志》卷 62，艺文四，第 53～54 页。
1745 年 3 月 16 日	薛 韫	南韶连道	考察澳门海防，撰有《岙门记》。	印光任、张汝霖《澳门记略》上卷，《形势篇》。
1790 年 4 月 11 日	福康安	两广总督	检阅澳门同知所辖弁兵。	张伟仁编《明清档案》第 256 册，B144167～144169 页。
1807 年 5 月	吴熊光	两广总督	来澳门与提督李长庚商谈清剿海盗事宜。澳葡呈禀帖，提出放宽建筑新屋和修茸旧屋禁令，增添 25 艘额船，将澳门岸边之中国盐船与疍民茅屋移往别处等五项要求。吴认为"有违前例"，予以拒绝。	
1808 年 2 月	吴熊光	两广总督		
1809 年	韩 崶	署两广总督	英国人两次入侵后，查看澳门形势，拟定防范章程。	《清代外交史料》第 3 册，第 7 页。

巡视时间	官员姓名	职位	巡视内容	史料出处
1809 年 5 月 7 日	百 龄	两广总督	责问澳葡擅自允许英国人进入澳门缘由,澳葡诉说苦衷,请求原谅。严责英国出兵澳门"借词图占"的阴谋。英国大班拉佛表示道歉。又定《华夷交易章程》。	祝淮《香山县志》卷 4,海防附澳门,第 103 页。
1811 年 6 月 26 日	松 筠	两广总督	接见西洋番差和英国大班,查勘各处炮台,反复宣布禁止鸦片。	马士《东印度公司对华贸易编年史》卷 3。
1817 年 10 月 15 日	蒋攸铦	两广总督	在前山寨检阅官兵,查察澳门全部炮台,以及澳葡有无庇护中国天主教徒等弊端。	张鉴《雷塘庵主弟子记》卷 5,第 10 ~ 12 页。
1818 年	阮 元	两广总督	查勘澳门及其附近海防形势。	
1834 年	卢 坤	两广总督	在前山寨阅兵。奏称:澳葡十分恭顺,惟有乞怜之心,毫无倔强之状。其贸易进出船只,有委员查验,并有驻澳县丞随时稽察。一切造船修屋等项工作,均须禀明地方官,拨给工匠,不敢自尊造作。设夷人有时出外游行,从不越关闸半步。是澳夷之驯服,与英夷迥不相同。	关天培《筹海初集》卷 1,第 44 ~ 45 页。
1834 年	关天培	水师提督	查勘澳门及附近海防要地金星门、十字门、九洲、鸡颈山等处,寻求巩固澳门海防。	关天培《筹海初集》卷 1,第 13 ~ 14 页。
1839 年 9 月 3 日	林则徐	钦差大臣	林、邓自前山寨过关闸入澳门,从三巴门经三巴寺、关前街、娘妈阁至南湾,再从南湾返回前山。在莲峰庙接见澳葡理事官,"宣布恩威,申明禁令,谕以安分守法,不许囤贮禁物,不许徇庇奸夷"。	《林则徐集·奏稿中》,第 682 页。
1839 年 9 月 3 日	邓廷桢	两广总督		

表 1 说明,从 17 世纪起,中国政府就十分关注位于海防前哨的澳门,开始派出官员实地查察澳门海防形势,不断加强澳门周围的海防设施。而且随着时间的进展,巡视的次数显著增加。例如,17 ~ 18 世纪中国官员巡视澳门总共只有 11 次,而 1800 ~ 1840 年间便达 10 次之多,突出显示了澳门在当时对外关系中的特殊地位。[①]

二 管治澳门的内容

(一) 收缴地租

征收澳门地租,是香山县官员行使澳门管治权的一项基本工作。虽然

---

① 章文钦:《澳门与中华历史文化》,澳门,澳门基金会,1999,第 1 ~ 34 页。

租金不多，年租仅500两，外加养廉银15两，总共515两，但意义重大。它雄辩地说明，香山县依然是澳门土地的主人，葡萄牙人只不过是租客。每年冬至前后香山县发文向葡人催缴地租，收到地租银入库后，便发给澳葡收据。当香山县官员发现葡人所缴纳地租银两成色不足时，则责令澳葡补交短缺银两。

中国政府对澳葡征收地租，始于1570年代初，租额为每年500两银子。关于澳葡地租开始征收的时间，明代史籍没有确切记载，多为清初追记其事。1683年，工部尚书杜臻巡视闽粤两省，澳葡官员向他报告说，"初至时，每岁纳地租五百两"①。1745年，广东南韶连分巡道薛韫巡视澳门，撰写《岙门记》一文，也说澳葡"自嘉靖三十年来，比岁输银厘缗五百一十有五"，其中地租500两，火耗银15两②。火耗银是附加租金，供州县开销和官员养廉之用。但是说嘉靖年间葡人居留澳门时便开始纳地租，根据似乎不足，因为嘉靖年间的官员奏章中从来没有提及地租。据《澳门记略》和《香山县志》记载，"其澳地岁租银五百两，则自香山县征之。考《明史》载濠镜岁课二万……故以万历刊书为准，然则澳有地租，大约不离乎万历中者近是"③。此说比较可信。

葡人也认为澳门缴纳地租始于1572或1573年。据17世纪耶稣会提供的材料表明，葡萄牙人获准居留澳门后，除缴纳商船停泊税外，还要缴纳租金，当然还要赠送给海道若干珍宝。这种靠贿赂海道以维持在澳门的贸易的情况大约持续了10~12年之久。到1572年或1573年，葡人前来贸易时，海关官员循例身穿红袍，走出衙门来接受葡人缴纳的租税，这时葡人的翻译员佩德罗·贡扎韦斯对海道副使说：葡人还带来了500两银子作为澳门的租金。海道当着其他官员的面表示同意，并说将把这些银子送入铁柜。因为那是供御用的财物。此后每年500两租金之例就相沿下来。④

地租由香山县政府负责征收，收租有一定的手续程序。据香山县知县

① （清）杜臻：《粤闽巡视记略》卷中《巡视澳门条》。〔葡〕徐萨斯《历史上的澳门》，第84页。
② （清）印光任、张汝霖：《澳门记略》卷上《形势篇》。
③ （清）印光任、张汝霖：《澳门记略》卷上《官守篇》。又见（清）陈澧《香山县志》卷22《海防》。
④ 〔葡〕徐萨斯：《历史上的澳门》，第25页。

张璟棻的报告说："澳门为西洋人所住，始自前明嘉靖年间，载在县志，每年仅纳地租银五百两。向于十一月冬至前后，照会洋官，由县派拨书差前往澳门征收，附入地丁项内批解藩库投纳，递年列入地丁钱粮奏销。道光二十八年（1848 年）以前，均已征收完解清楚。"①

从 1651 年（顺治八年）起，清廷曾一度允许澳葡免租三年。恢复收租时葡人企图赖租。清官员扣押了葡人的翻译作为人质。澳葡最后不得不屈服，表示愿意继续交租，但仍请求减少为每年 300 两；但三年后又恢复为 500 两。杜臻《粤闽巡视记略》一书亦曾提到此事②。在葡萄牙里斯本东波塔国家档案馆中，至今保存着大量有关香山县与澳门关系的文献史料，其中包括征收澳门地租的文件。

澳门地租虽然只有白银 500 两区区之数，但澳葡有时也会故意拖延不交，于是便有香山县官员催促澳葡交租的文件。现摘抄一例如下：

> 署香山县正堂郑谕。夷目唛嚟哆知悉：照得濠镜澳地租钱粮银两，递年俱于冬至前后完纳，批解司库，附入地丁册内奏销。兹嘉庆十七年份澳地租银，迭经檄饬完纳，并专差守催去后，迄今日久仍未据禀请赴收，殊属疲玩。合亟严催。谕到，该夷目速将应纳本年份澳地租银五百一十五两，刻日照数备足纹银，禀请本县以凭差委更书赴收回县，立等批解，毋再刻迟，致干未便。速速特札。嘉庆十七年十二月十一日札。③

香山县官员收到澳门地租后，照例发给收据，交澳葡收存。现亦举一例如下：

> 特调广州府香山县正堂、加五级、纪录八次杨，为督征钱粮事。现据西洋理事官唛嚟哆等完解后项银两前来，除兑收贮库外，合给库

---

① （民国）厉式金：《香山县志续编》卷 6《海防》。
② 〔葡〕徐萨斯：《历史上的澳门》，第 84 页。另见（清）杜臻《粤闽巡视记略》卷中《巡视澳门条》。
③ 里斯本东波塔档案馆，*Chapas Sínicas*，CX01，R02，ANTT 0667。正堂即知县，夷目唛嚟哆即澳葡理事官。

收遵照。须至库收者。计实收濠镜澳乾隆四十一年份地租银五百两正。院司养廉银一十五两正。右库收给夷目唛嚓哆收执。乾隆四十一年十二月初四日承发房承。①

香山县官员对征收地租的工作十分认真负责。1801 年，澳葡缴纳地租短缺银两，针对这种情况，香山县官员便立即去函追讨，并对葡人的种种托词予以批驳：

> 香山县正堂许谕。夷目唛嚓哆知悉：照得嘉庆五年份濠镜澳地租，该夷等短纳银四两六钱三分五厘，业经谕饬补缴。兹据该夷目禀称，此项地租正耗银两，向例用议事亭码眼同书差兑收。今谕开短少银两，哆不明其故等情。查该地租银两，例应倾销足色解赴藩库，用部颁砝码兑收，丝毫不容短少。向来该夷等用洋平输纳，番面银钱仍照时价补足纹银水色，及不敷平头之项，饬着银匠代为倾销，方能转解。近因纹番并用，本县不令尔等补水，即将番面易换纹银，已经捐给解费，若照洋平弹兑，与部颁砝码分两悬殊，自当照数补缴，以凭转解。况该处地租，递年止征银五百一十五两，尔等转租与内地民人居住，岁收租银数千两。我天朝并不额外多取丝毫。兹尔等不知柔远深恩，意欲于项之内，短平交纳，实属非是。合行谕饬。谕到，该夷目等立即将短纳银四两六钱三分五厘，即日备足交差赍缴回县，立等转解，毋再抗违干咎。特谕。嘉庆六年二月初七日谕。

总之，葡人居澳以后，从 1573 至 1848 年的近 300 年间，一直都向中国缴纳地租。这是它承认中国对澳门的主权、接受中国管辖的一个基本标志。

（二）征收商税

中国政府除了每年收取澳门地租之外，还向澳葡征收商税。明朝隆庆以前，海道副使主持抽分之事。每逢商舶入澳，市舶提举司的抽分官查验后，报送海道副使然后收税。隆庆以后，则由市舶提举司和香山县令共同

---

① 里斯本东波塔档案馆，*Chapas Sínicas*，CX01，R02，ANTT 0667。

负责丈抽，照例算饷，详报布政使司和海道，批回后，照征饷银①。到康熙年间开放海禁，成立海关，则由粤海关设在澳门的分关负责征税。

据《明史》称，澳门"岁课二万金"。但这是明政府规定的税收指标。"虽有定额，实无定规"。它既不是由澳葡包税，也不是在澳葡商民中摊派税款，而是由中国政府向来华贸易的葡人商船和到澳门贸易的华商征收。向葡人征收的是船税，向华商征收的是货税，2 万两之税额就是两种税的相加的总和。

税收情况要看当年前来贸易的船只和货物多少而定，实际上未必能征满税额。1643 年李侍问《罢采珠池盐铁澳税疏》写道：

> 香山澳（即澳门）税初定二万六千，后征不足。万历二十六年（1598 年）议去四千，现在岁额二万二千。察所抽者皆于到澳之夷商，并唐商之下澳者。丈量尺寸，盘秤斤两，各有定例，按而抽之，莫能高下。其饷之足不足，在乎番船商货之大小多寡而盈缩焉。②

又据《广东赋役全书》称：

> 夷舶饷原额银贰万陆千两。续因缺额太多，万历三十四年，该司道议详两院会议，准允减银四千两，尚实额银贰万贰千两。③

乾隆《广州府志》说：澳门"每年正额税银及耗羡担规等银一万七八千两或二万余两不等，尽收尽解，并无定额"④。

征收商税原来采取"抽分"的方式，税率为十分之二。自 1535 年市舶迁澳贸易至 1557 年葡人居澳之后，都是如此。据 1564 年庞尚鹏奏疏说：

> （澳门）乃番夷市舶交易之所。往年夷人入贡，附至货物，照例抽盘。其余番商私赍货物至者，守澳官验实，申海道，闻于抚按衙门，

---

① 《广东赋役全书》，第 144 页，《澳门税银》。
② 转引自（清）潘尚楫《南海县志》卷 18。
③ 《广东赋役全书》，第 144 页。
④ （清）张嗣衍：《广州府志》卷 8《关津》。

始放入澳，候委官封籍，抽其十之二，乃听贸易焉。①

但这种征税办法到 1571 年（隆庆五年）有了改变：

> 明隆庆五年，以夷人报货奸欺，难于查验，改定丈抽之例，按船大小以为额税……西洋船定为九等，后因夷人屡请，量减抽三分，东洋船定为四等。②

关于这一点，葡人的记载也大致相同：

> 如船舶载货进口征收的舶税，它是按照船舶的大小缴纳的。例如 500 或 600 坎迪斯（candies）的大帆船，缴纳 500 或 600 珀塔加斯（patacas）。当验船官到来估量船的大小时，为使他们大大低估它，还要加上对他们的贿赂。③

征收船舶税的条例规定十分详细和具体，并随澳门贸易情况的变化而改变。在 1571 年开始征船舶税时，规定葡萄牙船按大小分为九等，其他各国商船分为四等，西洋船比东洋船税额要高得多，后因其贸易日趋衰落而酌减。到 1698 年（康熙三十七年），确定西洋船也按东洋船办法征税，此后税额大大减少。

表 2　船舶税征收情况

类别	一等税额	二等税额	三等税额	四等税额
东洋船	1400 两	1100 两	600 两	400 两
西洋船	3500 两	3000 两	2500 两	—

注：船体面积 18 平方丈者为一等船，15 平方丈者为二等船，12 平方丈者为三等船，8 平方丈者为四等船。

资料来源：《钦定大清会典条例》卷 335。

---

① （明）庞尚鹏：《百可亭摘稿》卷 1《陈末议以保海隅万世治安疏》。
② （清）梁廷枏：《粤海关志》卷 22《贡舶二》。
③ 〔英〕博克萨：《澳门复兴时代》，第 34～35 页。

表 3　新船的征税标准

等级	船体面积	每尺税银
一等	船体面积 154 平方丈以上	每尺税银 6.222222 两
二等	船体面积 154 平方丈以下	每尺税银 5.714285 两
三等	船体面积 122 平方丈以下	每尺税银 4 两
	另征收新船规银 70 两	

资料来源：梁廷枏《粤海关志》卷 29《夷商四》。

船舶税征收的手续程序是：

> 年年洋船到澳，该管官具报香山县，通详布政司并海道俱此。市舶司会同香山县诣船丈抽，照例算饷，详报司道批回该司，照征饷银；各夷办纳饷银，驾船来省，经香山县盘明造册，报道及关，报该司照数收完饷银贮库。①

1683 年，清朝统一台湾。次年解除海禁，奉行开放政策。1685 年，清政府宣布将广东广州、福建泉州、浙江宁波、江南松江开放为对外贸易港口，分别设立粤海关、闽海关、浙海关和江海关。②

粤海关建立后，"以澳门为夷人聚集重地，稽查澳夷船往回贸易。盘诘奸宄出没，均关重要"③。为此，清政府于 1688 年在澳门设立粤海关澳门总税口，即关部行台，又称监督行署，由政府派旗员主持征收税事宜；下面又分设大码头、南环、娘妈阁、关闸四个税馆，负责征收澳门的船钞货税。澳门总税口的设立，表明中国政府已经把澳门贸易正式纳入对外贸易管理

---

① 《广东赋役全书》，第 144 页。

② 关于四个海关所在地，（清）王之春《国朝柔远记》（卷 2）称"放广州之澳门、福建之漳州、浙江之宁波府、江南之云台山"。张维华《中国古代对外关系史》（第 463 页）认为是江南云台山、浙江宁波、福建漳州、广东广州。黄时鉴《中西关系史年表》（第 405 页）称"在广东黄埔、福建厦门、浙江宁波、江南云台山各设海关"。而（清）李士桢《抚粤政略》（卷 1）则称四海关，"江南驻松江、浙江驻宁波、福建驻泉州、广东驻广州次固镇"。各书互有差异，但李士桢当时任广东巡抚，所记似较切近，暂采其说。

③ （清）梁廷枏：《粤海关志》卷 7《设官》。

体系之中，直接征税，加强管理。

澳门为当时粤海关五大总税口之一，而它在五口之中地位又特别重要。1688 年，粤海关征税总定额为白银 83362 两，而澳门每年约征税白银 29600 两①，几乎占粤海关税收总数的 1/3。在开放四个港口贸易、设关管理的新形势下，澳门恢复了对广州的水路贸易。同时，澳葡商人不但可以进入广州贸易，还可自由通过关闸，"自与香山县牙行互市"②。

在税收方面，清政府考虑到历史因素，也给予澳葡商人特殊优待。例如外国商船要缴纳船税与货税这两种税，而澳葡只需要缴纳船税一种：

> 凡商船回澳止征船税，丈其货物而籍之，货入于夷室，俟华商迁出澳始纳税……凡新来外国洋船收银七十两……凡本澳洋船回帆收银三十五两。③

> 每番舶一只上税万金不等，惟澳夷之舶……并不上关，先将货搬入澳，自行抽收，以充番官番兵俸饷……至十三行商人赴澳承买，然后赴关上税，是所科乃商人之税，与澳夷无关。又则例甚轻，每一舶不过征税千金不等。④

当时清政府开放港口贸易，并不只是面对葡国商人，而是面对来华贸易的所有国家的商人。中国把澳门视为广州的外港，因此在澳门设立总税口，意欲使各国商人都聚集澳门报关纳税，进行贸易，然后再前往广州贸易。但这样一来，又使澳葡产生疑虑，害怕危及他们在澳门的特权地位，因此极力表示反对其他国家商船来澳门。于是又使出了一贯的贿赂广东官员的做法，阻止其他国家商船在澳门停泊，使这些商船改泊其他港口。1689 年，英国商船"防卫"号（Defence）便是改泊黄埔的一艘外国商船。此后许多国家商船纷纷前往黄埔。结果是，澳门与黄埔都成了广州的外港。葡人保住了对澳门贸易的独占地位，但却失去了广州唯一外港的独特地位，这不能不说是澳葡始料不及的意外损失。

---

① （清）梁廷枏：《粤海关志》卷 14《奏课一》；卷 1《税则三》。
② （清）阮元：《广东通志》卷 18《经政略》。
③ （清）梁廷枏：《粤海关志》卷 8《税则一》；卷 11《税则四》。
④ 《清经世文编》卷 83《兵政十四·海防上》，引（清）张甄陶《上广督论制驭澳夷状》。

必须指出，居留澳门的葡人，在贸易上享有非常优惠的待遇。这主要表现在葡人只缴纳船舶税，而其他国家的商船除了缴纳船舶税之外，还要缴纳货税，两者相去甚远。由于在商税方面有这种优待，"故澳夷得住澳之后，震夸诸国，以澳门地图为宝"①。葡人往往利用这种优惠待遇，把挂着葡萄牙国旗的商船租给别国运货；或亲自驾驶商船代别国运货入口，偷漏税金。如果任其不受限制地出租商船，则必然使中国海关税收受到严重影响。为此清政府于1725年（雍正三年）3月14日，根据两广总督孔毓珣的意见，将澳门商船数额限定为25艘，并将其船只丈量、编号，只准修理或补额，不准任意额外添增，以防弊端②。这样便大大限制了澳葡出租船只牟利，减少了中国税收的损失。

（三）防范走私

与此同时，中国政府又不断三令五申，反对商船偷漏商税。1614年，明广东海道副使俞安性颁布的五条禁约中，就有两条是专门打击走私和漏税的。如第三条规定："凡番船到澳，许即进港，听候丈抽，如有抛泊大调环、马骝洲等处外洋，即系奸刁，定将本船人货焚戮。"这一条是专门约束外国商人的。另外，又有针对中国走私贩子的规定：

> 禁接买私货。凡夷趁贸货物，俱赴省城公卖输饷，如有奸徒潜运到澳与夷，执送提调司报道，将所获之货尽行给赏首报者，船器没官。敢有违禁接买，一并究治。

到清乾隆年间，澳门同知印光任制定了有关外国商船进口贸易的七条规定，其中写道：

> 洋船到达之时，海防衙门拨给引水之人。引入虎门，湾泊黄埔，一经投行，即着行主。通事报有违禁夹带，查明详究。印光任尤其指出，洋船进口，必得内地民人带引水道，最为紧要。其有私出接引者，

---

① （清）陈澧：《香山县志》卷8，引（清）张甄陶《上广督论制驭澳夷状》。
② 《清世宗实录》卷29，雍正三年条。

照私渡关津法律从重治罪。①

这些规定，表明中国政府对澳门贸易管理越加重视，对偷漏税的防范日益严密。

（四）防止葡人越界滋事

葡人每年缴纳地租500两，并非拥有整个澳门的土地租权，而仅是拥有澳门已经建造了房屋的那部分土地租权。因此，广东政府早在17世纪初便有规定：

> 禁擅自兴作。凡澳中夷寮，除前已落成遇有坏烂，准照旧式修葺，此后敢有新建房屋、添造亭舍、擅兴一土一木，定行拆毁焚烧，仍加重罪。②

香山县按照这个规定，将葡人居住地方，严格限定在围墙范围以内所建造的房屋。不许葡人侵占公地，扩展地盘，增建房屋。并且不许香山的工匠擅自接受葡人委托修缮住房。所有装修工程均须制定施工计划和预算，由香山县丞批准，并派工匠为葡人装修。如果发现葡人私自雇用工匠装修，或在修理住房过程中擅自扩建面积，便立即下令拆除违章建筑，并处罚葡人和工匠。然而，尽管有明确规定，葡人仍屡屡违章扩建，挑起事端。但这种限制和反限制斗争的结果，总是葡人被迫认错受罚。

三　早期澳门管治存在的问题与对应政策

虽然早期中国政府对澳门采取了许多管治措施，但也存在偏差与不足之处。其主要表现是，在相当长的时间内，中国政府只把葡人入居澳门，看做是海防安全的重大威胁，因而着重于从军事上部署防范措施，不断加强澳门的防务，可是对民事方面的管治措施却很不得力。

---

① （清）印光任、张汝霖：《澳门记略》卷上《官守篇》。
② （清）印光任、张汝霖：《澳门记略》卷上《官守篇》。

事实上，自从葡人居留澳门以后，在这个华洋杂处的港口城市里，错综复杂的各种民事纠纷层出不穷，面广量大，且往往得不到及时有效的处理。澳门地属香山，理应由香山知县主管一切。但知县乃一县之主，事务纷繁，他对澳门事务其实只是兼管。又因知县远处县城，鞭长莫及。原先澳门有驻军、提调、备倭、巡检等官员，均为武官，没有专管民事的文官，碰到澳门发生民事纠纷或其他案件往往无人过问，有时则由驻军武官负责处理。

1631 年 9 月 19 日，兵部尚书熊明遇指出澳门存在的严重问题：

其一，澳门贸易法禁松弛。"奸商揽棍，饵其重利，代其交易，凭托有年，交结日固，甚且争相奔走，惟恐不得其当。渐至从中挑拨，藐视官司。而此么么丑类，隐然为粤腹心之疾矣。"

其二，县官失职。将一切查验抽盘，严禁走私等要务，一概委之市舶司去处理，而市舶司则相沿陋规，每船出入，以船之大小为率，有免盘常例，造成大量逃税；其海道衙门，收受好处费之后，任其携带违禁货物，累累不可算数；更有人冒充缉私船只，在海上游弋，自称缉拿走私，其实是接济走私，比比皆是，危害极大。

> 总之，公家一年仅得其二万金之饷，而金钱四布，徒饱积揽奸胥之腹。番哨听其冲突，夷鬼听其抢掠，地方听其蹂躏，子女听其拐诱，岂不大为失计，大为寒心者哉！①

1634 年 5 月 18 日，又有明崇祯时的兵部尚书张凤翼在其奏稿中，指出澳葡对广东所造成的严重危害：

> 彼占住濠镜，而阑入之路，不特在香山，凡番（禺）、南（海）、东（莞）、新（宁）皆可扬帆直抵者也。其船高大如屋，上有楼棚，迭架番铳，人莫敢近。所到之处，硝黄、刀铁、子女、玉帛违禁之物公然搬载，沿海乡村被其掳夺杀掠者，莫敢谁何。官兵间或追之，每被

---

① 《兵部尚书熊明遇等为澳关宜分里外之界以香山严出入之防事题行稿》（崇祯四年八月二十四日），载《明档兵部题行稿》。

杀伤，而上司亦莫之敢问，惟有掩耳盗铃而已。往者番哨不过数只，今打造至于近百，出入无忌，往来不绝，藐视汉法，挟制官司，居然有据防以叛之意矣。往者夷数不满千人，近且报至数万。试思此数万人者，日食若干，无非粤人之膏血，犬羊桀骜之伦，肯贴然相安乎？人知澳夷叵测之为害大而且烈，不知其名为忠顺，实则日日抢犯害久而且长也。一旦有事，此数万夷人，何遽不得，此大可忧者也。而大蠹则在闽商，其聚食于粤，以澳为利者，亦不下数万人。凡物通夷，勾引作歹，皆此辈为之祟。官兵盘获其船，则以匿金匿宝诬捏反噬。财力所至，鬼神为通，官司亦被其播弄。①

上述情况说明，明末国势衰落，边防吃紧，流寇猖獗。因此对澳门管治松弛，而澳葡则在表面恭顺的背后，日益肆行无忌。

此外，某些管治澳门的官员也有发生敲诈勒索受贿事件。

1627年（天启七年），广东总兵坐营祝世爵因贪赃枉法被革职。他的主要罪行是"框怯无谋，贪婪罔忌，以科剥为职业，借盘诘作生涯。天启四年八月内，奉委带管香山寨事，拿获私澳奸徒许佩玉等剪绒绸缎六箱，隐匿不解"②。但最大的澳门贿赂事件，发生于迁海时期。满族入关，建立清朝。清初大军南下，曾开入澳门，澳葡震慑，不战即降。澳葡在归顺书中说："侨居濠镜，贸易输饷，百有余年，兹举澳投诚，祈同仁一视。"③ 可是随后清政府颁布的"迁海"政策，却给澳门的对外贸易以严重的打击，并且还加上官员的趁机敲诈勒索。

清军入关建立全国政权之后，为彻底切断沿海人民与海上抗清力量的联系，从1655年开始，先后五次颁布禁海令，三令五申，"沿海省份，无许片帆入海"④。其后，清廷又于1660、1662和1678年三次下达迁海令，规定沿海居民内迁30至40里，筑边墙为界，不许逾越一步。海外贸易一概

① 《兵部尚书张凤翼等为广东深受澳夷之患等事题行稿》（崇祯七年四月二十二日），载《明档兵部题行稿》。
② 《兵部尚书霍维华为广东总兵带管香山寨事祝世爵拿获私澳奸徒隐匿不解应予革任事题稿》（天启七年八月初二日），载《明档兵部题稿》。
③ 《广东巡抚李栖凤题报澳门夷目呈文投诚本贴黄》，内阁吏科题本。
④ （清）蒋良骐：《东华录》卷7。

停止。迁海令中明确要求：

> 令将山东、浙江、闽广海滨居民，尽迁于内地，设界防守，片板不许下水，粒货不许越疆。①

按照迁海令，澳门也在迁移之列。迁海令下达后，清政府立即封锁了海上交通，居住澳门的华人全部迁入内地。1662 年，清政府又命令澳葡停止商业活动，夷平澳门所有炮台，以免被郑成功夺占②。这样一来，无疑会使澳门变成一个死港。1664 年，有 15 艘葡萄牙货船和 4 艘暹罗商船被迫停泊十字门外，不许进入澳门。广东政府还将违令的 10 艘葡船焚毁，没收了 7 艘葡船的货物。

1666 年，广东政府调动军队包围澳门，封闭关闸，强令内迁。对于居留澳门从事贸易的葡人来说，这道命令无疑使之被置于死地。此时，葡人只好采取贿赂广东官员的办法。当时广东官员索贿很重，澳葡议事会为此进行多次讨论，并同广东官员讨价还价。最后，葡人终于交付白银 128400 两，买通官员，上奏皇帝，使澳葡于 1668 年奉旨准予免迁入内地。关于这件事，当时的史书记载说：

> 香山外原有澳彝，以其言语难晓，不可耕种，内地既无聚扎之地，况驻香山数百年，迁之更难，昨已奉命免迁矣。③

澳葡经过一番周折，总算保住了居留贸易权，但由于迁海令明确规定沿海各地"片板不许下水"，使它同沿海各省的贸易往来大受影响。因而尽管他们仍可在澳门贸易，但没有外来商船，就不可能有生意可做。

澳葡为了达到贸易目的，由果阿总督以葡王阿丰索六世的名义派遣特使玛纳·撒尔达聂哈（Manuel de Saldanha）访问中国。使团由 22 人组成，并带有一批贵重礼物。1667 年使团到达澳门时，澳葡当局又赠送白银 3 万

---

① （清）夏琳：《闽海纪要》卷 2。
② 前引〔葡〕徐萨斯《历史上的澳门》，第 101 ~ 103、117 页。
③ （清）江日升：《台湾外记》卷 6。

两，供使团在北京活动的经费。使团于 1670 年抵达北京，由在京的耶稣会士南怀仁、利类思当翻译，觐见了康熙皇帝，但未能达到免除澳门海禁的请求。1671 年，澳葡满足了广东海道的要求，交付白银 11 万两，才获准进行海上贸易。尽管当时澳葡议事会经济拮据，还是同意了这些条件，缺乏现金，就以"礼品"支付①。及至 1678 年，葡萄牙又派特使本多·白勒拉（Bento Pereyra de Faria）晋京进贡狮子，仍由南怀仁当译员，叩见皇帝。这一次，葡使很幸运地得到康熙皇帝的接见并宴请。最后葡人的愿望也实现了。1680 年 1 月 5 日，清政府批准澳葡可以由陆路到广州贸易，同时宣布："其水路贸易，俟灭海贼之日，着该督题请，钦此遵行。"②

清初的迁海令虽然使澳葡贸易大受影响，但是经过其不懈的努力，仍使澳门贸易在整个禁海的 29 年间（1655～1684 年）得以勉强维持，并逐步得到了改善，可说是不幸中的大幸。而在以后，涉嫌受贿官员两广总督卢兴祖、香山知县姚启圣等人，均受到了审查惩处。

四 从县丞衙门的坐镇到澳门同知的设立

无数的事件教训了清朝官员，绝不能对澳门问题掉以轻心，必须强化管治澳门的力量。

早在雍正年间，广东官员就提出设立澳门同知的问题。1730 年（雍正八年），广东巡抚傅泰巡视澳门后，便上奏章提出在紧邻澳门的前山寨添设一员同知或通判，以便就近稽查与控制澳门。奏章说：

> 其香山县城南一百二十余里为澳门，现系西洋人居住，其交界处建设一闸，以分内外，关闸之北为前山寨，有香山协都司、守备驻扎防守。臣看前山寨系西洋人及内地人往来隘口，关系紧要，距县甚遥。其在澳贸易民人或有作奸走漏等弊，武员止司防守，不能弹压。似应于此处添设同知或通判一员，与武职协同稽察，遇有争殴、偷窃、漏税、赌博等事，便可就近发落。而文武互相牵制，其巡查亦必倍加勤

① 〔葡〕施白蒂：《澳门编年史》，小雨译，澳门，澳门基金会，1995，第 59 页。
② （清）李士桢：《抚粤政略》卷 2。

奋。至原都守二员，若添设文职，应酌撤一员回驻县城。①

其实傅泰并不是最先提出设澳门同知的人，广东布政使王士俊在傅之前多次提及此事。1731 年，澳门发生奸商林兴观等私买女婢，卖给吕宋番船一案。王士俊在处理此事件时，又重提添设澳门同知的旧案。他说：

> 澳内汉番杂处，并无文员驻扎，弹压稽查。臣前经屡请督抚二臣，议于该地添设海防同知一员，与香山协副将文武互相稽察，整辑番民，实为防患未萌之计。后奉督臣改详，只题添设香山县丞，驻扎前山寨。究属官职卑微，不能整饬。今因林兴观等私买女婢出洋一案，显犯禁令，似应仍于澳地添设海防同知，凡洋船在澳出口，责令该同知稽查夹带，以严中外。②

从以上可以看出，如何改善管治体制，以便管好澳门这个贸易港口，维护正常贸易秩序，保证关税收益，及时处理各种突发事件，使得这个港口的人们得以安居乐业，已经提到议事日程上来了。

广东高层官员虽然意识到由于澳门民事和刑事案件不断增加，确有必要增设文官管治澳门，但又认为澳门地方狭小，只需设置一个县级官员，就足以应付一切。于是 1731 年（雍正九年），两广总督郝玉麟奏请朝廷批准，在澳门前山寨设立县丞衙门，作为县政府的派驻机构。他在奏折中指出：

> 香山县属之澳门，离县城一百二十余里，地居滨海，汉夷杂处，县令远难兼顾。虽附近前山、关闸设有都司、千把驻守，但武官不便管理民事。臣等请添设香山县县丞一员，驻扎前山寨城，就近点查居民保甲，稽查奸匪，盘验船只，则弹压有官，奸匪自当敛迹矣。③

---

① 《署广东巡抚傅泰奏报请在前山寨添设同知或通判以便稽查控制折》（1730 年 5 月 3 日），载中国第一历史档案馆编《雍正朝汉文朱批奏折汇编》，南京，江苏古籍出版社，1986，第 18 册。
② 《雍正朝汉文朱批奏折汇编》第 20 册，第 336 页。
③ 《广东总督赫玉麟等奏报请添设香山县县丞驻扎前山寨就近控制折》（1730 年 5 月 12 日），《雍正朝汉文朱批奏折汇编》第 18 册。

乾隆八年（1743），县丞衙门从前山寨迁至关闸以南的望厦村，隶属于澳门海防同知，"专司稽查民番，一切词讼"①。直至1849年3月，澳葡总督闯入望厦村，捣毁衙门，县丞衙门才被迫迁回前山寨。从雍正九年（1731）至光绪三十二年（1906），清政府先后派出57任县丞。

据清代官制，知县为七品官员，县丞为正八品，仅次于知县。派出副知县一级官员专门驻守澳门，说明清政府开始重视澳门问题。但县丞毕竟职权有限，处理不了重大事件。派驻前山的文武官员互不相属，缺乏相互配合；遇到突发事件，难以及时采取断然措施，以致许多大案要案拖延未决，贻误时机，往往不了了之。

与此同时，澳门自开埠以后，迅速发展成为远东最著名的贸易港口，它既是中国进出口商品的转运枢纽，又是东西方文化交流的中心。它的货运通达欧、亚、美三大洲许多城市，来往商船日益增多。澳门作为一个国际贸易港，华洋杂处，商务频繁，关系复杂，随着澳门贸易地位的提高，以及在国际上的巨大影响，涉外事务也日益增多，中国政府觉得有必要加强管治力量。从乾隆初年开始，荷兰、西班牙、英国、法国等国的商船停泊澳门，要求进入广州的数量急剧增加；在澳门的中外商业纠纷和诉讼，甚至涉外刑事命案亦时有发生；澳葡不服管理，违法对抗事件也更为频繁出现。在这种情况下，中国政府越来越感到澳门问题的严重性，认为有必要设置比县丞更高一级的官员，以便更有效地行使澳门主权。

1743年陈辉千案件的发生，直接导致了澳门同知的设立。这年12月3日，澳门中国商人陈辉千酒醉之后，途遇葡人晏些咭，口角打架，以致陈辉千被晏些咭用小刀戳伤身死。香山知县王之正查验确实，要求澳葡交出案犯晏些咭，多次交涉均遭拒绝。后来两广总督策楞亲自过问此案，葡人迫于压力，才表示愿意"仰遵天朝法度拟罪抵偿"，结果杀人犯晏些咭被判处绞刑。但葡人又在处决犯人的过程中做了手脚，故意破坏刑具，企图用假死刑蒙混过去。据记载：

> 1744年，一名葡萄牙人被控杀害了一名华人，中国官员判处他在

---

① （清）潘思榘：《为敬陈抚辑澳夷之宜以昭柔远以重海疆事疏》，转引自（清）印光任、张汝霖《澳门记略》卷上《官守篇》。

板樟堂（圣·多米尼克教堂）附近的市场绞死；执行时的虚张声势表现出了对民族尊严的全然漠视。罪犯身着白色长袍，由举着旗帜、装束齐备的耶稣会教士和仁慈堂的徒众护送。阴郁的送丧队伍在仁慈堂前停下，在神父主持下，罪犯跪下作了祈祷。成群的华人在等着看行刑。执刑者是一个黑人，他按中国官员的吩咐，系好绳扣，绳子还是像往常一样被勒断了。于是，仁慈堂的徒众便用他们的旗帜把罪犯覆盖起来。但是华人鼓噪要绞死，因而在混乱之中又继续执行了死刑。①

由于中国商民和官员识破了澳葡所玩弄的预先勒断绞索、执行假死刑的阴谋，凶犯才得以真正伏法。

这一案件的处置过程中，暴露了中国长期对澳门管治机制不健全，官员松懈怠惰，得过且过的问题。居澳葡人一贯"凌轹居民，玩视官法"②。每当发生案件而罪犯又是葡人的时候，澳葡当局往往违反中国政府的规定，包庇本国罪犯，"不肯交人出澳"。他们或者胡搅蛮缠，声称要按葡萄牙法律审理；或者藏匿罪犯，公开对抗中国司法机关。百年以来，从不交犯出澳。地方官员对之无可奈何。于是隐瞒不报，即或上报，也是移易情节，避重就轻。如斗殴杀人改为过失犯罪，诸如此类，希图省事了结。"以致历查案卷，从无澳夷杀死民人抵偿之案"③。澳葡杀人犯居然逍遥法外，得不到应有惩罚，杀人偿命的法律得不到贯彻实施。长此以往，在澳华人生命财产无法得到保障，后果实在不堪设想。

两广总督策楞有见及此，于本案结束之后，明确规定："嗣后澳夷杀人，罪应斩绞者，该县相验时讯明确切，详报督抚复核，饬地方官，同夷目将犯人依法办理，一面据实奏明。"④ 并下令把这些规定在澳门刻石公布，以便监督澳葡执行。

与此同时，这一案件也使广东当局深刻反思管治澳门问题，认识到设立澳门同知的必要性和迫切性。1743年（乾隆八年），两广总督策楞、按察使司潘思榘等向朝廷提出，澳门为"夷人聚居之地，海洋出入，防范不可

① 〔葡〕徐萨斯：《历史上的澳门》，第 112~113 页。
② 《广东巡抚李栖凤题报澳门夷目呈文投诚本贴黄》，内阁吏科题本。
③ 《两广总督策楞等奏章》，转引自（清）印光任、张汝霖《澳门记略》上卷《官守篇》。
④ 《两广总督策楞等奏章》。

不周，现驻县丞一员，实不足以资弹压"，要求再增设职权更大的"前山寨海防军民同知"，亦即澳门同知，并发给"广州府海防同知关防"，明确规定其职权包括军事防务，民事刑事案件，以及贸易事务等方面"令其专司海防，查验出口进口海船，兼管在澳民番"，"遇有奸匪窜匿唆诱、民夷斗争盗窃，及贩卖人口、私运禁物等事，悉归查察办理"，并规定县丞衙门由澳门同知指挥，此外他还指挥一支武装队伍。"香山县县丞应移驻澳门，专司稽查民蕃，一切词讼，仍详报该同知办理"①。他们的建议很快获得了朝廷的批准。

1744 年，清政府任命印光任为首任澳门同知。同知是知府级官员，正五品，职级均在知县之上。澳葡常称澳门同知为 Casa Branca，意思是"白色的房子"，大概澳门同知衙门是白色的建筑物，因此得名。澳门同知的设立，是清政府加强澳门管治力量的重要步骤。

还应指出，对澳门管治的加强是整个管治体制的加强。澳门同知任命以后，同原有的香山知县、县丞衙门、海关监督、驻军长官一起，形成五官合作管治澳门的体制。其中澳门同知官职最高，肩负全面责任；知县次之；县丞分管各类案件，驻军分工防务，海关分工税收。这五个官员既有分工，又有合作，齐抓共管，每遇澳门发生事件，均分别从不同方面与澳葡交涉，对澳葡形成极其强大的压力，务使事件得以解决。

澳门同知肩负海防重任，政府对其要求极高，考察甚严。一旦发现官员失职，即刻撤换。例如 1760 年两广总督李侍尧参奏第六任澳门同知许良臣怠玩公务，请予革职。奏文说：

> 许良臣在任时，于商夷船只出口并不亲往稽查，止惟转报一文了事，所属把总兵丁，亦从未亲身督率训练，凡遇兵丁滋事不法，怠玩巡防，一味姑息徇纵，并不详革究拟，以致弁兵技艺生疏，营务日就废弛，毫无振作，而于所辖捕务，亦不实力督缉，怠玩快捕，从未提比一次。②

---

① （清）印光任、张汝霖：《澳门记略》卷上《官守篇》。
② 《两广总督李侍尧题参广州海防同知许良臣怠玩公务请革职本》（乾隆二十五年五月初七日），《内阁礼科题本》。

　　因此李侍尧认为这是一个沓茸废弛之员，决不能稍为姑息，以致贻误海防要务，而请求将他革职，以肃吏治。这说明，从乾隆年间设立澳门同知以后，清政府对澳门地区的管治十分重视。

　　澳门同知管治澳门的工作大体上包括：严格限制澳葡居住界限；审理澳门各类案件；管理澳门贸易事务；处理各国商人、教士往来澳门的事务；清除澳门海盗祸患；反对英国人入侵澳门，等等方面。从 1744 年至 1849 年的百多年间，澳门同知做了大量工作，措施得力，管治卓有成效，为澳门贸易港的安全、稳定与繁荣作出了积极的贡献。

（原载黄晓峰主编《文化杂志》，澳门，澳门特别行政区

政府文化局，第 49 期，2003 年冬季刊）

清代香山县丞对澳门的管治

杜婉言[*]

清代，在全国各省绝大多数县级的官制，都设有县丞一官，作为知县的助理，当时称之为佐贰之员。县丞"分掌粮马、征税、户籍、缉捕诸职"[①]，其职责也相当繁重，所以其职秩被定为正八品，仅比正七品的知县低一品，亦是县级政权中的重要官员。知县在县衙办公，升堂问案，被称为正堂。县丞亦有自己单独的衙署，规模较小于县衙，但书吏衙役俱全，被称为分县或佐堂。又因分管粮马，有时亦称为戎厅。这样的体制沿袭自前明，终清一代没有改变。

一　清代香山县丞的设置

一般县丞管理仅限于本县内的行政事务，从未有逾越此一权限的。但到了雍正八年（1730），情况有了变化。当时广东省的军政大吏，考虑到葡萄牙国租住澳门的特殊情况，认为有必要增设一个专门负责管治澳门的职官——香山分防澳门县丞。于是总督赫玉麟、署理巡抚傅泰为此上疏称：

> 香山县属之澳门，离县城一百二十余里，地居滨海，汉夷杂处，县令远难兼顾……臣等请添设香山县县丞一员，驻扎前山寨城，就近点查澳门居民保甲，稽查奸匪，盘验船只，则弹压有官，奸匪自当敛迹矣。[②]

---

*　原中国社会科学院历史研究所研究员。
①　《清史稿》卷 116《职官》3。
②　参见《广东总督赫玉麟等奏请添设香山县县丞折及朱批》（雍正八年三月二十五日）。

雍正帝很欣赏赫玉麟等的建议，朱批："甚属详细妥贴，非泛泛塞责草率办理之论……但事非细务，着廷臣再加详议"①。在详议中，一方面考虑到，对澳门"建城设官而县治之"，是明代嘉靖年间即已制定，在执行百年中被认为是行之有效的方针，香山县一直负责对澳门的管理；另一方面，进入清代以后，在澳门发生的华洋纠纷、海外贸易、城市治安以及维护国家主权等问题日益繁杂，确实需要作出特殊处置。于是雍正帝下旨："移香山县丞于前山寨……爰改为分防澳门县丞，察理民夷，以专责成"②。

为了显示郑重，广东巡抚策楞还奏请给该县丞颁发"香山县分防澳门钤记"印③，即授予香山县丞相对独立的外事职权。自此以后，香山县丞发给澳葡头目的正式文书，对于居澳华民的批示，都是盖这官印。

乾隆八年（1743），清政府又认为单设一个县丞仍"不足以资弹压"，又在广州府增设分防澳门海防军民同知一员，官秩正五品，以在较高层次控制澳门事务④，而香山分防澳门县丞则成了同知的直辖下属，"既设同知，所有香山县县丞应移驻澳门，专司稽查，民番一切词讼，仍详报该同知办理"⑤。从此，香山县丞的衙署便迁入澳门境内的望厦村办公，直到道光二十九年（1849）被澳葡当局强迫拆毁衙署、勒令停止职任、将官役人等驱逐出澳门为止，香山县丞共存在了118年，历届官员共34任。⑥

从现存大量华洋档案文献中，可见香山县丞曾处理了大量各种政务。所以，从总的来看，清政府针对澳门这样的特别地区，设置特定的官职，执行特殊的政策的做法，是有识见有成效的。

在道光和光绪朝《香山县志》中，分别列有历任香山分防澳门县丞的姓名、籍贯、出身、任期等资料。从中可以知道，此职位在百余年中，一直是新旧任衔接不断，而且是按照清朝人事回避制度的规定，一律由外省人担任，其资历则多数是已取得低级功名和出身的贡生、监生，极少数是

---

① 前引《广东总督赫玉麟等奏请添设香山县县丞折及朱批》。
② （清）印光任、张汝霖：《澳门记略》卷上《官守篇》。
③ 《广东巡抚策楞题请铸给香山县丞钤记贴黄》（乾隆十年五月十九日），引自《内阁礼科题本》。
④ 参见拙文《论澳门海防军民同知》，载《澳门历史与发展论文集》，澳门，1999，第89～90页。
⑤ 《广州将军策楞等奏请移同知驻扎澳门前山寨以重海防折》（乾隆八年八月初四日）。
⑥ （清）祝淮：（道光）《香山县志》卷3《职官志》；（清）陈澧：（光绪）《香山县志》卷10《职官志》。

笔帖式、荫生，没有捐纳人员。从大量现存的由他们经办的文案来看，不管是发给澳葡理事官的谕、牌、札、示，还是给同知以至广东督抚的禀、呈，大都是文理通顺，说理清晰，在承办公务时尚能恪尽职守，讲究效率。可见当时清政府是注意选派一些有相当文化水平、熟谙公文程序而且比较精明能干的人来任此职的。由此亦可见政府对设置此职官的重视。

二 香山县丞的管治范围及其与澳葡当局的关系

在《大清会典》和历次增订颁行的《吏部则例》中，对香山分防澳门县丞的职责权利，从未有具体的规定，但由于清廷设置它和澳门海防军民同知，都是为了加强对澳门的管治，所以实际上百余年来，此官职辖的事务很多，其中有些还关系到国内外的重要政事，不容忽视。

香山县丞对澳门的管治范围十分广泛，其在澳门军民同知和香山县知县的领导下，对居澳华人如同对在内地的民人一样，履行"决讼断辟，劝农赈贫，讨猾除奸，兴养立教"① 等职能，即对征税、户籍、诉讼、缉捕等各种政务，无所不理，是父母官。对于在澳葡人和其他外国人之宗教信仰、互相间的民刑事官司，县丞一般不干预，而允许由澳葡理事官（当时一般称之为"夷目嚟嚟哆"②）依据其本国的风俗习惯和法律来处理。但在华人与洋人间发生的一切纠纷官司，则全归县丞裁定或上报，澳葡理事官不得参与，也不得抗诉。对于允许葡人居住地域的限制、维持城市治安、管理通洋船舶和海上贸易、禁止传播洋教诱拐人口和鸦片走私等，亦都是县丞的职责。所以香山县丞是有清一代唯一兼管外事的县丞，拥有较大的权力，与内地各县丞的职守迥然有别。

香山县丞又是澳葡当局与清政府沟通的主要渠道。乾隆九年（1744）五月，首任分防澳门军民同知的印光任刚到任，便颁布了《管理澳夷章程》七条，其中一条明确规定：

---

① 《清史稿》卷 116《职官》。

② "嚟嚟哆"为葡语 Vereador 的音译，指理事官，并非人名。清方给澳葡头目的文件，开头多称"谕夷目嚟嚟哆"，即致澳葡理事官之意。参见刘芳辑、章文钦注《清代澳门中文档案汇编》，澳门，澳门基金会，1999，第 1 页。

　　　　澳门夷目遇有恳恩上宪之事……凡有呈禀，应由澳门县丞申报海防衙门，据辞通禀。①

　　这就体现了香山县丞在中国与澳葡当局间的特殊地位。

　　香山县丞在早期，由于是代表鼎盛的清政府管治澳门的，所以他如同海防同知、香山知县一样，实际上都是澳葡理事官的顶头上司。他给澳葡理事官的公文，一律用谕、牌、札、示等上级对下级指令性的文件形式，还要加上当时通行的"凛遵"、"毋违"、"切切此谕"、"毋得玩愒"、"毋稍捏饰，有干未便"等公文套语。而澳葡理事官给县丞的文件，则必须使用呈、禀等下级致上级的文件的形式；还要尊称他为大人、大老爷、太爷等；有时还要加上"彷徨无状"、"沾恩不朽"等套语。这当中尊卑之分，截然有别。

　　如嘉庆十六至二十三年（1811～1818），澳葡理事官咪嚟哋喠吃喫，在给清朝驻澳官员文件中，一再搬出"大西洋国内阁大臣参赞军机事世袭一等男爵分封噶哪㖿地方现任澳门西洋国使摄理澳夷事务"②，以葡萄牙高官和贵族身份作炫耀。但清政府对他呈禀的事，仍然一概照批照驳。他在历次呈禀中，亦不得不表白自己"奉差驻澳，摄理夷情，凛遵天朝之法度，亦当自守绳规"，还对时任香山县丞的周飞鸿极力奉承，谓"以周太爷久任澳门，人民畏敬。又素蒙相爱"，自己所有事务，均"禀赴太老爷台前恩准详请施行"③，如此种种，真是谦卑之态可掬。

　　对于澳葡官员不得亦不敢不接受清方县丞等官员管辖的情况，连英国史学家马士都指出：

　　　　租住澳门的葡萄牙人，可以封给自己好听的官衔。他们甚至可以给他们的长官封做广东巡抚同样的衔头。但他们必须明白最主要的事情——如统治权的问题，或其他有关变更中国的习惯问题，他们只隶

---

① （清）印光任、张汝霖：《澳门记略》卷上《官守篇》。
② 《判事官咪嚟哋喠为劝拆毁关前等处篷寮事告合澳民人书抄件》（嘉庆二十三年四月），载刘芳辑、章文钦注《清代澳门中文档案汇编》，第36～37页。此人在其他致官府文件中的具衔有些变动，但大同小异，不再赘引。
③ 《清代澳门中文档案汇编》，第37、113、130页。

属于一个驻在澳门的小官员（佐堂及军民府）。①

三 百年来香山县丞行使职权的情况及其作用

（一）对澳门行政、司法全权的行使

香山县丞对澳门行政、司法全权的行使，首先表现在对户籍管理方面。

中国自周秦以来，就把对人口和户籍的管理作为加强统治的基础，所以对居澳华、洋人的户籍管理很重视。对于居澳的中国人，早在乾隆九年（1744），军民同知印光任就已"责令县丞编立保甲，细加考察"②。而对在澳葡人及其他外国人，现存有嘉庆十三年（1809）十二月十一日，由署理香山县丞郑某下达给澳葡理事官，饬令限期编造户口丁册的谕示，谕令澳葡当局：

> 立将尔等澳夷每户丁口、姓名、年貌、妻室子女若干名口，并将各户生业注明备列，查造烟册。仍于册尾内开出管下若干户，男女若干口，逐一分晰开明。其别国寄寓夷人，一体查造，另列一册。限三日内缴齐，听候查核，毋得稽延玩视，大干未便。毋违。特谕③。

谕令中反映出香山县丞要具体掌握在澳葡人和外国人一家、一户、一人的情况。其后，又要求将每户占有的黑奴男妇的数量、名单补充入内，分拆开列。香山知县和县丞还要定期查点。

其次是严格规范澳葡在澳门住地及建筑、租赁房屋的情况。

明清两朝政府对澳葡住地，均限制在三巴门、水坑尾及新开门围墙之内。按照规定，葡人不得扩大用地，在租居范围内，亦不得随便增建房屋"擅兴土木"，还明确规定：

---

① 〔美〕马士（H. B. Morse）：《远东国际关系史（1635～1834）》，第 184 页。

② （清）印光任、张汝霖：《澳门记略》卷上《官守篇》。

③ 《署香山县丞郑为奉宪饬查澳蕃烟户口丁册事下理事官谕》，载刘芳辑、章文钦注《清代澳门中文档案汇编》，第 15 页。

　　澳夷房屋、庙宇，除将现在者逐一勘查，分别造册存案外，嗣后只许修葺坏烂，不得于旧有之外添建一椽一石。违者以违制律论罪，房屋、庙宇仍行拆毁，变价入官。①

　　根据记载，海防同知、香山知县和县丞对此规定，一向认真执行。嘉庆十三年（1808）正月至十四年（1809）四月，香山县丞吴兆晋和接任的县丞郑某，为发现有葡人历戚罗碧擅自在山水围地方起筑墙垣、暗自私建房屋一案，连续谕令理事官查究，并亲自带同弓丈手，会同澳葡理事官到现场"眼同丈明，绘图注说"②，在核实后饬令拆毁。类似的案件还有多起。

　　由于葡人借住原为海滨渔村的澳门较早，二百余年来先后建成的房屋较多，所以华人入澳谋生，多有租赁葡人房屋居住或开铺营商的。嘉庆时，"华人批住夷人铺屋，不下千余"③，这情况已成了澳门城市经济发展的特点和问题之一。康熙、雍正以至乾隆前期，华洋之间签订的房屋租赁合约，都规定了租值，但没有租期限制，一向亦相安无事。但到了乾隆中后期，由于澳门工商业日益繁荣，房地产增值，葡人业主希望提高收益，便对租用者"加租逼迁，纠纷不绝"④。现存此类案件的最早记录，是乾隆五十九年（1794）九月发生的，葡人业主嗍嚲叫嗳率领黑奴等人，持械入铺，拆毁瓦面，借口修整，逼迁租户鲍仁伟的案件⑤。其后这一类案件不断发生，均由香山县丞出面处理制止。对于华人有欠租不交，甚至伪造字约、拒交屋租的，县丞亦秉公核办，饬令清缴欠租，宣布伪约无效。这些合理判处，都有助于保持澳门社会秩序的稳定。

　　第三是处理华洋在贸易、借贷等等方面的债权、债务纠纷。

　　澳门是华洋杂处的商业城市，经常存在着贸易争执、钱账不符，以及承办建筑修缮工程、房产典押按揭、借贷取息、贷款未清等等财务关系。

---

① 张汝霖等：《澳夷善后事宜条议》碑文，乾隆十二年立碑于香山县丞衙署。
② 详见香山县丞吴兆晋及署丞郑某为此事下理事官的三次谕示，载刘芳辑、章文钦注《清代澳门中文档案汇编》，第49～51页。
③ 《香山县丞吴兆晋为铺屋仍由王岱宗交租居住事再下理事官谕》（嘉庆十三年三月初七日），载刘芳辑、章文钦注《清代澳门中文档案汇编》，第267～268页。
④ 《香山县丞吴兆晋为饬咟哎将叶罗氏铺屋照旧收租，毋得加租取回事下理事官谕》（嘉庆十三年正月二十五日），载刘芳辑、章文钦注《清代澳门中文档案汇编》，第275页。
⑤ 刘芳辑、章文钦注《清代澳门中文档案汇编》，第259页。

这当中既有"夷欠华款"，亦有"华欠夷款"，从而引发官司诉讼。所有这些债权、债务案件，按照规定，一律归由香山县丞负责裁理和审判。一些小额财产纠纷，县丞即可判决断案，而争议数目较大，或情节比较复杂、供证矛盾的案件，则由县丞初审初判，再禀告知县以至同知定夺。

华人华商控告洋人洋商的，都是具呈至县丞衙门，并呈交文契证据，经县丞审核立案后，牌行澳葡理事官传唤有关洋人，嘱令携同文契证据，前来县丞衙门听候质讯，或申述理由根据，写成诉状，由澳葡理事官转呈。洋人洋商控告华人华商的，一般应先经由澳葡理事官根据投诉情节，写成禀稿上呈县丞。但亦有洋人洋商直接向县丞、知县，甚至同知衙门具禀申诉的。对于所有案件的审判，中国官方掌有全部司法权，澳葡理事官只有遵谕传告当事人，或协助搜集证据、执行中方判决的义务，绝不允许干预审判。

从现存的乾隆十年（1745）到道光二十三年（1843）间的 30 件钱债个案①来看，有以香山知县和军民同知名义发出的牌示，但多数仍以县丞承办为主，澳葡理事官为有关案件给香山知县和县丞的禀稿，只有三件。中方官员在剖析案情和判决时，基本上都以《大清律·户律》作为依据，重视文契证据，强调"民欠番债，固当清偿；番欠民债，应同一理"②；"嗣后民夷交易，均要公平，彼此欠账，尤须清楚，毋得狡赖逞刁，互相控告"③。从判决结果来看，既有判令欠债洋人定期清偿旧欠；亦有代洋商将欠债华人"押候追比"，代追回欠款欠货给洋人领回的。对于提供伪证，捏造情节以抵赖的，不论洋人或华人，均予以申饬责罚。

所以总的来看，历任香山县丞通过裁理、判处民事债务案件，在维护中国法律的尊严，化解华洋冲突，保证澳门居民的正常生活和合法财务来往上，是做出了有益贡献的。

第四是处理华洋之间发生的刑事案件，包括斗殴伤害和杀人命案。

澳门由于是迅速发展起来的、华洋杂处的港口商业城市，人的来源和

---

① 刘芳辑、章文钦注《清代澳门中文档案汇编》，第 285～302 页。
② 《署香山县丞丁为蔡鸿德生前与番人嘤哆呢嚸嗑嚧等互有积欠事行理事官牌》（乾隆五十九年五月十二日），载刘芳辑、章文钦注《清代澳门中文档案汇编》，第 287～288 页。
③ 《署澳门同知嵩为蕃妇哑唧呀与铺户区士奇互欠事下理事官谕》（嘉庆十二年七月二十七日），载刘芳辑、章文钦注《清代澳门中文档案汇编》，第 296 页。

谋生手段复杂，所以这类案件很多。例如，回澳洋舶的水手上岸酗酒，致互相斗殴或与华民斗殴；在闹市中因挤拥争执，引起华洋人互相殴打；因钱债争执纠纷；因修缮房屋界限不清而动武；在打架中乘机毁抢店主的财物；报复对妇女的非礼等，均足以引发这类案件。其中还有些是为寻仇，故意收买打手行凶伤害对方的。在这些事端中，卷入受伤乃至被杀的，既有华人，亦有葡人及其所有的黑奴、外国人。而县丞职责之一，是"稽查民番一切词讼"，所以对这一切案件均得受理。

从现存文档中，可知香山县丞接受斗殴伤害案件后，都要"查明起衅行凶实情，按照从重究办"①。对于伤者，不论华人洋人，都要"验明伤痕，谕饬医调"。如嘉庆五年（1800），在华人李亚康打伤葡人啲诺的案件中，因澳葡理事官禀告啲诺家贫，难以医调，而李亚康又患疯病，无力赔偿，香山知县许乃来还专门发了五两银给啲诺，作为医疗费用②。又如嘉庆十六年（1811），英国人嗟敦及其妻被数华人在街道伏击致伤时，香山县丞周飞鸿就曾亲自到他家验伤③。

在审理这些案件的过程中，对于殴打他人致伤残的华民犯人，一律由县丞衙署派出差役"逐名严拘讯究"，按照中国法律量刑杖责，"分别逮籍约束，不许再至澳门滋事"④。对于行凶的洋人和黑奴，则饬令澳葡理事官将滋事夷兵、黑奴查明交出，听候审讯究办⑤。按照清政府制定的《管理澳夷章程》的规定，对于犯有一般刑罪的葡人，应判处流、徒、杖等刑的，均交由澳葡理事官"照依该国之法，严行鞭责"⑥。但对这些人的判惩，亦

---

① 《香山县丞贾奕曾为黑奴打伤杨亚熙等事下理事官谕》（乾隆五十九年十二月二十日），载刘芳辑、章文钦注《清代澳门中文档案汇编》，第321页。
② 《香山知县许乃来为发银医治被民人李亚康殴伤蕃人啲嗟事下理事官谕》（嘉庆五年十月初六日），载刘芳辑、章文钦注《清代澳门中文档案汇编》，第321页。
③ 《署香山知县郑承雯为民人劳赞辉等殴伤蕃妇事行理事官札引澳葡兵头禀文语》（嘉庆十六年九月初九日），载刘芳辑、章文钦注《清代澳门中文档案汇编》，第325页。
④ 《香山知县许敦元为民蕃斗殴案下理事官谕》（乾隆五十六年十二月十八日），载刘芳辑、章文钦注《清代澳门中文档案汇编》，第320页。
⑤ 《香山知县彭昭麟为洋船蕃人殴伤民人陈亚二等事下理事官札》（嘉庆十年六月十一日），《署香山县丞顾远承为铺户吴亚表等被蕃兵黑奴毁抢物件事下理事官札》（嘉庆十七年九月初十日），载刘芳辑、章文钦注《清代澳门中文档案汇编》，第322、328页。
⑥ 《香山知县许敦元为民蕃斗殴案下理事官谕》（乾隆五十六年十二月十八日），载刘芳辑、章文钦注《清代澳门中文档案汇编》，第320页。

要"禀请县宪察核批行"。对于犯罪的华民，则绝不允许澳葡当局按照葡国法律擅自审判。嘉庆七年（1802），香山知县许乃来为此对澳葡理事官重申：

> 尔夷人久居澳内，食毛践土，无异齐民。而一切作奸犯科，仍听照夷例办理，并未概绳以国法，岂可以尔夷人之例，反加之于华人乎?①

这种由中方主导执法，从严格、从公正办案，而又内外有别的方针，对于维持澳门的社会治安和秩序，曾经起过一定的积极作用。

由于对斗殴伤人的葡籍犯人定案后仍交由澳葡理事官依照葡国法律执行刑处，所以中葡双方在此类案件上，一般都能协作，未见有尖锐争议的记载。但在杀人命案罪犯的定案和执法上，却屡次出现过一系列重大的矛盾争议，一直存在着严肃执法和庇纵枉法的斗争。在这些争议和斗争中，香山知县和县丞一直处在第一线的位置上。

中国法律从来都重视人命，"杀人者死"、"人命关天"、"一命抵一命"，是历代中国法典不移的立法原则，它亦适用于居住澳门境内的一切居民。在经中葡双方协商同意并立碑确认的《澳夷善后事宜条议》中，即有明文规定：

> 夷犯分别解讯。嗣后澳夷犯命、盗罪该斩、绞者，照乾隆九年定例，于相验时讯供确初，将夷犯就近饬交县丞，协同夷目，于该地严密处所加谨看守，取县丞钤记收管备案……一面申详大宪，详加复核，情罪允当，即饬地方官眼夷目依法办理。

由此可见，犯有死罪的洋犯，应由香山县丞负责监管。

但是，当凶案发生后，澳葡头目总是砌辞狡辩，甚至捏造一些完全悖乎事实和情理的情节，以为葡人凶犯推卸罪责。

---

① 《香山知县许乃来为饬将司达充公黄亚苟银两给领事下理事官谕》（嘉庆七年十月十三日），载刘芳辑、章文钦注《清代澳门中文档案汇编》，第358页。

这样的案例很多。例如，乾隆五十七年（1792）十一月发生葡人听喊哩哑斯用刀戮死华人汤亚珍一案。在已经验明致命伤口确凿，还缴获凶器后，香山知县许敦元和县丞朱鸣和连续示谕澳葡理事官，令查报凶犯姓名，并立即拘捕，听候中国官员到澳门验讯审判。澳葡理事官先是禀称"凶夷查拿未获"，未肯交出凶犯姓名；继又编造"汤亚珍之死，或因携带小刀弯腰出恭，以致自悮致伤"等离奇情节，从而恳求由他们"自行法治"。很明显，这是用拖延、推诿、使用伪证等手法，以图包庇凶犯。对此，清方官员严正指出"杀人者，律应抵命。尔夷人致毙华人，必须正法，亦犹我华人致毙夷人，应置典刑"。后来清方官员又限令"务于两日内，迅将凶夷押交香山县审讯。事关民命，断难任听狡卸"。当查明杀人犯是听喊哩哑斯之后，香山知县和县丞又派出差役前往澳葡理事官办事处"守催"，勒令"立将凶犯听喊哩哑斯交出，小心押解本县公署，听候会同军民分府宪立等审详。如敢稍有推延，该役即将夷目、通事及担保不实商人等一并拿解究办"①。至此，澳葡理事官才不得不交出凶犯，把他押送到香山县丞衙署，接受中国法律的惩处。

又如，嘉庆十年（1805年）六月，华人水手陈亚连，被葡人嗳哆吼哜用刀戮伤致死，凶犯当场被华人工匠等拿获，并交由澳葡当局羁禁。对这样凶犯、凶器当场并获，尸身伤证齐全的案件，澳葡理事官竟然敢采取伪造现场，歪曲事实的手法，谎称"陈亚连系因上桅失足跌下受伤身死"，拒不交出凶犯。经香山知县彭昭麟、县丞吴兆晋一再催办，着将凶犯及凶器立即解交县丞衙门，但澳葡理事官仍然抵赖。于是香山县采取强硬措施，"示谕澳门商民及工匠、木匠、水匠人等，暂行停止，俟该夷目将凶夷送出，方许买卖交易工作"。在华人罢市，食物供应断绝的困窘情况下，澳葡理事官才承认嗳哆吼哜确实犯了杀人重罪，但又仍然请求由他们自行主持将凶犯"正法"。对此无理要求，香山知县立即予以驳回，明白谕示："不得任意私行正法，大干定例，后悔毋及"。到了这时，澳葡理事官才被迫将凶犯交出，由香山知县、县丞到刑场验明嗳哆吼哜正身、年貌、箕斗无误，

---

① 参见乾隆五十七年十一月初九日、二十八日，由香山县丞朱鸣和；十一月初十日、十二日、十五日、十七日、十九日（两次）、二十六日、十二月十一日，由香山知县许敦元；十一月二十日、二十三日，由澳门军民同知韦协中，先后给澳葡理事官的谕示，载刘芳辑、章文钦注《清代澳门中文档案汇编》，第331~337页。

"监同处决"①。清朝官方之所以坚持主刑，显然是为了维护中国不容侵犯的司法权。

在不允许澳葡当局窃冒司法权力，以偏袒葡人和凌辱华人方面，清朝官员与居澳华民的态度是一致的。道光六年（1826），发生了葡人吗唥厄尔杀害华民严亚照一案。当时澳葡理事官竟"将无罪之黑夷交出法场填抵"，这种冤上加冤的做法，"以至民心不服"②。当时任香山知县的蔡梦麟却受贿，同意"顶凶"。于是愤怒的居澳华民起来与澳夷斗，又被打死一人，以致几乎激起变乱③。最后，在澳门军民同知冯晋思的审理下，将凶犯吗唥厄尔判处死刑，并按照对居澳葡人杀死华民处死的惯例，将之绞决，这才结了案。④

可见直到道光二十年（1840）鸦片战争以前，清朝在澳门一直拥有执行司法的全权，在许多重大刑事案件中，葡方虽然蓄意阻挠、影响司法公正，但最终仍不得不勉强接受清政府的处理。在这当中，香山县丞始终是站在第一线，起了重要作用的。

（二）对澳葡经营外贸的管制

对外贸易是澳门的经济支柱，而货物出入口主要依赖海运，所以，清政府对澳葡经营对外贸易的管制，首先是从其辖有的通洋商船入手。

清政府对于澳葡拥有的通洋商船的数量，有严格的限制，目的是通过定额设船，以控制其贸易数额，乃至进入澳门居住的人数，防止"将来船日多，呼其族类来此谋利，则人数益众"。同时亦为了便于管理，防止失控。雍正二年（1724）十月，两广总督孔毓珣为此两次上疏，提出只应允准澳葡定额保有通洋商船25艘。对这25艘船只还要逐一编列字号，刊刻印

---

① 香山知县彭昭麟在嘉庆十年闰六月初一、初八、二十六，七月初三、二十六、二十八，八月十三、十七、十九、二十九日；香山县丞吴兆晋在嘉庆十年闰六月初三日给澳葡理事官的谕示，前引《清代澳门中文档案汇编》，第337～342页。

② 《民妇严徐氏为子严亚照被蕃人杀死事投词》（道光六年），载刘芳辑、章文钦注《清代澳门中文档案汇编》，第342页。

③ （清）祝淮：《香山县志》卷4《海防·附澳门》。

④ 据《两广总督阮元等奏报遵例审办致毙民命之夷人绞决折》（道光六年二月二十三日）称："今夷人吗唥厄尔致伤民人严亚照身死，讯认明确，照例拟绞，情罪相符……饬令夷目提出该凶夷吗唥厄尔审明，于本月初五日照例绞决。"

烙；对每只船的船主及舵工、水手等，都要详细登记；每船出入口装载的货物数量、航线和到达港口，亦必须如实申报，不准擅自更改或含混虚报，这些都由清方官员严格监管；除 25 艘已登记的定额船外，不许再添造；有朽坏的允准修理，也允许另以新船顶补①。

当时规定，所有以上事务一律应向香山县丞衙署申请和具报。香山县丞亦历年来都札示澳葡理事官："遇有船只到澳，该夷目自应随时禀报，毋得稽延。"② 但在事实上，澳葡当局对有关项目隐匿不报、伪造报表、拒不具结的事，屡屡出现。而香山县丞追查催报和申斥的文书，亦络绎不绝。

清政府与澳葡当局之间严格监管与力图简化或取消监管的斗争，是长期持续存在的。如乾隆三十二年（1767）九月，澳葡理事官竟以"本澳洋船开往别国贸易，所开船上商梢、炮械、货物，均属无几"为理由，提出不必逐一开报③。葡方所提理由显然是不符实际的、荒谬的，因为既然运销货物无几，又何必远涉重洋？贸易利润又从何而来？可见葡方提出的目的，是要试探清政府的态度，为简化乃至取消监管制造舆论。香山县丞兴圣让看清了葡人的阴谋，所以立即据理严词驳斥："牌仰该夷目唛嚓哆等，急照先□（今）事理，立将前项所报各号洋船实在船上商梢、炮械、货物，刻日□（据）实开报，毋得混行捏饰，致干未便。"④ 其后，亦多次发生过"洋船回澳禀内止开货物数目，并无商梢、炮械名数"的事件⑤，均被县丞一一驳回，饬令立即补码。但澳葡却总是以"疏虞不察"、"悬搁"、"漏报"、"错报"等种种方式来对抗，以致香山县丞以及香山知县、分防澳门同知、海关监督等官员，不得不对澳葡贸易额船的出航入口，采取逐船审核的办法，以确保对额船的监督管制。

---

① 参见《两广总督孔毓珣题报清查澳门西洋人数并请限定洋船数目本》（雍正二年十月二十六日），载《内阁礼科史书》；《请准许西洋人在广州天主堂居住并限定澳门洋船数目折》（雍正二年十月二十九日），均载《朱批奏折》第3册。
② 《署香山县丞顾远承为额船到澳应随时禀报事行理事官札》（嘉庆十七年八月二十八日），载刘芳辑、章文钦注《清代澳门中文档案汇编》，第 202 页。
③ 《香山县丞兴圣让为据实开报十一号船商梢炮械货物事行理事官牌》（乾隆三十二年九月初八日），载刘芳辑、章文钦注《清代澳门中文档案汇编》，第 189 页。
④ 刘芳辑、章文钦注《清代澳门中文档案汇编》，第 189 页。
⑤ 《署香山县丞朱鸣和为补报二十号船商梢炮械事下理事官谕》（乾隆五十七年七月初八日），载刘芳辑、章文钦注《清代澳门中文档案汇编》，第 194 页。

在东波塔中文档案中，收有从乾隆三十二年到嘉庆十九年（1767～1814）间，为管制澳葡贸易额船有关事宜，由香山县丞署名给澳葡理事官的谕、牌、札、示等文件四十余件，其内容有催报出入口货物品种数量，指出所报与实际不符的；有申斥逃避丈量抽检的；有催报有关船只为何未经领牌报修，而擅自购料、雇匠拆船改装，从而饬令停工待检的；有对于顶补已朽坏船只的新船，应听候检核，才准发给牌照的；亦有追查风、盗等灾案情，严禁利用舢板小艇接驳货物走私漏税的，等等。这些文件都反映出，县丞对于检查和管制澳葡贸易额船只活动这方面，内容是很广泛又很具体的。县丞衙署是清政府取得澳葡外贸资料的第一线哨口，是贯彻清政府意图，行使统治权力的基层代表，又是管理澳葡外贸的重要部门，它的稽查结果，完全可以作为粤海关澳门总口征收关税的重要参考。

（三）查缉、禁止澳葡鸦片走私贸易

18世纪中叶以来，澳葡当局为了攫取巨大利润，纵容其本国商人偷运鸦片入澳门，再偷销至中国内地，以致澳门逐渐成了西方殖民国家进行鸦片走私贸易的基地。有鉴于此，清政府责令香山县丞进行严格的检查和禁止。查禁鸦片走私贸易的战争，从18世纪末（嘉庆初年）即渐趋尖锐，到1840年中英鸦片战争爆发前更是全面激化。

早在雍正年间（1723～1735），便有葡萄牙商人从印度果阿和达曼，将200箱鸦片偷运入澳门销售，并获得了巨额利润。因此，澳葡当局力图将澳门变成葡人经营鸦片走私贸易的垄断市场。对此，两广总督阮元曾奏称：

> 大西洋（按：当时对葡萄牙国的另一称呼）人住居澳门，每于赴本国置货及赴别国贸易之时，回帆夹带鸦片，回粤偷销。[1]

但葡人货源不足，故亦允许英国人用自己的船偷运鸦片来澳，将澳门作为逗站，而由葡人收取租金及中介费[2]。乾隆四十一年（1776），葡人吉

---

[1] 《两广总督阮元奏请将经理不善之洋商摘去顶戴责令严禁鸦片折》（道光元年十月十四日），载《军机处录副奏折》。
[2] 参见张馨保《林钦差与鸦片战争》，福州，福建人民出版社，1989，第19页。

马良斯神甫甚至公开建议，要"允许外国人租用我们的船只，把鸦片和其他想运来的一切货物运进澳门"①。这些活动和放肆的言论引起了清政府的警惕，并采取了一些相应的防止措施。但葡人并不醒悟，反而在乾隆五十七年（1792）八月，在澳葡当局的内部通报中，谓"中国人试图增加对我们在广州货物的税收，并在澳门设立鸦片稽查，议事会投票表决，决定反对此等做法"②。当然，由于清朝当时尚处于国力强盛时期，所以澳葡内部的建议"投票表决"等等，丝毫未能取得鸦片贸易的合法地位。相反，清政府从中央到地方县丞，对在澳门偷贩鸦片猖獗活动的打击、查禁力度都在加强。

从嘉庆元年到道光二十年（1796～1840）的40多年间，是清政府大力查禁以澳门为基地非法经营鸦片贸易，而又遭澳葡以及其他外国鸦片烟贩子、华人奸商等联合抗拒破坏的时期，也是中英鸦片战争酝酿爆发的时期。

从现存文档中，可见嘉庆初年，粤海关澳门总口、香山知县和县丞等，已不断检查出入口船只的诡报漏报；采取派出巡船差役等盘验私运鸦片烟土的小舢板，查缴所载运的私烟，拘捕烟贩；传唤澳葡理事官严禁各国商人囤贩鸦片等措施。许多个案表明，清朝的查缉结果虽然未如理想，但反对贩运鸦片的态度，是鲜明的。而澳葡额船以及英国船只，却每当进入近海时，便招诱大量舢板小艇，将鸦片分散卸货，驳运入澳，将其中相当一部分储放在葡人居住的"夷楼"之内，名为"趸户"；或公然开张销售商铺，名为"窑口"，使华洋烟贩麇集，联成运、储、销系列，大量输入内地的水陆渠道。澳葡当局则暗中庇护，坐收烟利，甚至纵容居澳葡人以暴力抗拒中国官方的检查缉犯。例如，嘉庆十六年（1811）九月初五日，署香山县丞李饬令差役前往拘捕躲藏在葡人洋行中的中国烟贩时，竟被该葡人指使黑奴等人起而拒捕，并将差役毒打致伤。案发后，李县丞在给澳葡理事官的谕示中，详述了案情原委：

> 本分县访得杨逢泰江门渡船夹带鸦片，当经饬差拏获，并将管舱

---

① 〔葡〕施白蒂（Beatriz Basto da Silva）：《澳门编年史》，小雨译，澳门，澳门基金会，1995，第172～173页。

② 〔葡〕施白蒂（Beatriz Basto da Silva）：《澳门编年史》，第195页。

口船户郑亚五带案。讯据供称，系外海人陈美五及许迳运来澳，合伙容成彩等买回江门销售，并供开在澳之私贩铺户人等在案……本分县随即饬差将屯贩鸦片之许迳运、韦亚和等拏讯解究。初四日申刻，据差役等禀称：奉差前往夷人大鬼女婿行内，传唤许迳运、韦亚和赴讯。被该夷黑奴纠同一十二人逞凶庇护，执持木枋轿杠，将小的等凶殴，伙伴杨彪受伤仆地，仍被黑奴抬往夷目屋去，等情。①

李县丞的谕示还附有差役杨彪的验伤单，要求理事官缉凶治罪，并警告理事官不得庇护逞凶。像这类的案件，非止一端，说明了查禁与反查禁走私鸦片贸易的矛盾尖锐，而香山县丞则因职务攸关，责无旁贷。

嘉庆二十年（1815），清帝更为禁止贩烟，专门发出上谕，令进一步采取措施，其中有特别针对澳葡官方和不法商人的地方，指出：

> 鸦片烟一项，流毒甚炽，多由夷船夹带而来。嗣后西洋货船至澳门时，自应按船查验……如一船带回鸦片，即将此一船货物全行驳回，不准贸易。若各船皆带有鸦片，亦必将各船货物全行驳回，俱不准其贸易，原船即逐回本国……尔等在澳居住之人，既在天朝地方，即应遵奉天朝法度。若敢于私自制造，希图就近牟利，则法律具在……必重治尔等之罪，不能宽恕。②

但这上谕下达以后，斗争不但没有缓和，反而向更深的层次发展。嘉庆二十二年（1817 年）二月初二日，香山县丞周飞鸿根据举人赵允菁的揭发，谓大烟贩蔡保在葡人味兰商行楼下开设鸦片"窑口"，每年经澳门输出鸦片三千余箱的情况，除通缉查捕蔡保外，又下札令澳葡判事官"查明澳夷味哂楼下是否有蔡保租赁开张鸦片公司行情事，据实禀复本分县，以凭

① 《署香山县丞李为黑奴殴伤前往洋行传唤烟贩差役事下理事官谕》，载刘芳辑、章文钦注《清代澳门中文档案汇编》，第 129 页。
② 《寄两广总督蒋攸铦等着严禁夹带及私造鸦片烟并令地方官认真查验谕》（嘉庆二十年三月二十三日），载《上谕档》。

牒究"①。可是，澳葡判事官在复呈香山县丞的禀文中，不但否认蔡保与味哕之间存在租赁房舍为"窑口"的关系，而且说对蔡保三四年来从未见面，不知何往，无从查复②，竟将涉及葡商洋行的问题，推了个一干二净。

澳葡当局及在其庇护下的烟商，还极擅长于诡辩和推卸责任，他们将已被中方查获的鸦片诡称为什么"香饼"、"黑泥"、"是有些小（少）鸦片烟泡制的药材"，硬说不应列入查缉没收的范围。对于已被关口和中方官员扣留的鸦片，又说成是准备"自行载往外国售卖"的货物，请求免罚发还，等等③。

澳葡当局这些恶劣的态度，为中方在澳门查禁鸦片烟贸易制造了人为的障碍。所以香山县丞查缉烟毒，追捕烟贩，是在有多方面利益冲突、矛盾错综复杂的情况下进行的，难度是相当大的。

进入道光朝以后，由于中方进一步加强了查禁鸦片的力度，确实执行嘉庆二十年（1815）上谕的规定，矛盾便更趋尖锐。道光元年（1821），澳葡烟贩惊呼："为禁止鸦片生意，清朝官吏威胁要封锁澳门"④。道光二年（1822）三月，发生了两广总督阮元饬令分防澳门军民同知、香山知县、香山县丞率同差役营兵人等，登船认真检查三艘英国商船、一艘美国商船夹带鸦片，企图偷运入口的案件。这次，虽然因为四只船知道风声后，已将烟土抛入海中，所以未查获烟土，但供证确凿。于是阮元奏称"当饬将已卖货物核计余息共番银三千三百二十九元罚出，归库充公"⑤。而葡方档案则记载，"1828 年（道光八年）3 月 27 日，香山县丞命令澳门检察官立即驱逐由于故障而停泊在澳门湾泊的一条荷兰船"⑥，又在"1831 年（道光十一年）八月十八日，香山县丞沈大人（指沈继祖）发出布告，禁止鸦片交

① 《香山县丞周飞鸿为饬查举人赵允菁禀控蔡保租赁洋楼开设鸦片行事行判事官札》，载刘芳辑、章文钦注《清代澳门中文档案汇编》，第 141 页。
② 《判事官为复饬查举人赵允菁控蔡保租赁洋楼开设鸦片行事呈香山县丞禀稿》，载刘芳辑、章文钦注《清代澳门中文档案汇编》，第 142 页。
③ 参见澳葡理（判）事官四次呈复香山知县、县丞的禀文，载刘芳辑、章文钦注《清代澳门中文档案汇编》，第 130～148 页。
④ 〔葡〕施白蒂：《澳门编年史：十九世纪》，澳门，澳门基金会，1998，第 26 页。
⑤ 《两广总督阮元等奏报拿获贩卖鸦片烟人犯分别定拟折》，载《军机处录副奏折》。
⑥ 〔葡〕施白蒂：《澳门编年史：十九世纪》，第 41 页。

易，违者将被鞭笞一百下，发配三千里外"①。这些雷厉风行的做法，一时令以英国商人为首的鸦片烟商大为震惊，亦更激化了中英两国的矛盾。

道光十九年（1839）正月，奉旨禁烟的钦差大臣林则徐到广东就任后，雷厉风行，不仅严令英美烟贩缴出鸦片237万斤，在虎门当众销毁，而且拧紧了从分防澳门军民同知到驻香山县丞，这一专职管理澳门事务的职官系列，要求他们充分发挥作用，彻底查禁鸦片，并为战争爆发做好准备。在给道光帝的奏报中，他称：

> ……于四月间，檄委署佛山同知刘开域，署澳门同知蒋立昂，香山县知县三福，署香山县丞彭邦晦，仿照编查保甲之法，将通澳华民一体编查，毋许遗漏。并督同该夷目搜查夷楼，有无囤贮鸦片……如有澳夷囤贩禁烟及庇匿别国卖烟奸夷等弊，即行随时惩办，以清弊薮，而靖夷情。②

稍后，他又通过香山知县和县丞，饬令澳葡理事官查报了居澳葡人户口人数，英国人居住澳门的户口人数以及他们的动态。

当时，广东沿海已转入战时体制，弥漫着山雨欲来风满楼，大战一触即发的气氛。香山县丞由于长期驻澳门执行职务，与澳葡以及各国华人烟贩处于对峙的状况，所以难免会与不法澳葡官兵发生正面冲突。如道光十九年（1839），香山县丞根据线报，将贩烟疑犯、曾当过葡兵的葡籍华人芝咕拘捕。但是，还未来得及审讯，澳葡官兵多人即纠众来县丞衙署前，对署理县丞彭邦晦叫嚣威胁，企图抢夺罪犯。林则徐闻报后，立即下达文书严词申斥：

> 此次所获芝咕一名，既系华人进教，自应研讯确情，实则按律重办，虚即省释还夷。凡在天朝官宪，无不一秉至公，岂肯稍为屈抑。若未审讯明白，安能递准释回？且据禀称，该兵总率领多人，来至香

---

① 〔葡〕施白蒂：《澳门编年史：十九世纪》，第51页。
② 《钦差两广总督林则徐等奏报巡阅澳门抽查华夷户口等情折》（道光十九年八月十一日），《林则徐集·奏稿》，第681~683页。

山县丞衙署前，并各带有器械，阴有挟制之意，等语。此是何等举动，试问意欲何为？该夷在澳门附厘而居，有如累卵在泰山之侧，岂竟不自量度，转欲欺压官长耶？亦可笑之甚矣！设使是时该夷胆敢恃众，竟将芝咕夺回。本大臣定即带兵来澳，痛加剿洗，立将聚众打夺、哄堂塞署之人，先斩后奏，岂能宽贷一名？幸而该夷目等，于该署丞呵斥之后，即将夷众散回，敢候审讯。是该夷尚有造化，始迷终悟，才能免罹重罪。不然，覆巢之下，岂有完卵乎？①

这才将澳葡官兵的气焰压了下去。但是像这样公然纠众武装哄闹衙署的事，是香山县丞驻澳百余年来，从未发生过的事。而从这事件可以看出，一方面，香山县丞在风云急涌，时局瞬息变化的紧张时刻，为禁贩烟、维护国权，是置身于冲突漩涡之中；另一方面，鸦片战争虽然尚未开始，但注目于形势发展变化的澳葡已经看出端倪，因而从长期自认卑微恭顺、"甘为外藩"的态度中，开始暴露出狰狞的一面了。

1842 年（道光二十二年）中国在中英鸦片战争中失败，被迫签订了割让香港岛和赔款的不平等条约，使葡萄牙蓄意在中国殖民、占据澳门的野心公开化。澳门葡萄牙当局反恭为倨，咄咄逼人，在道光二十九年（1849 年），竟直接派兵捣毁在澳门望厦村的香山县丞衙署，驱逐县丞和所有官吏人员出境，声明不再接受分防澳门同知和香山县丞任何谕示性的文件。当时清廷国运衰败，无力抗拒，只好命将县丞衙署仍撤回前山寨。从此直到清末，广东香山县还一直设有县丞一职，但其对澳门"察理民夷"的职任，却已被迫结束了。

不管怎样，驻澳门香山县丞这样特殊的设置，以及其存在的一百余年中履行职务管治澳门、发挥特别功能的情况，是值得史学工作者深入探讨秉公评说的。

（原载黄晓峰主编《文化杂志》，澳门，澳门特别行政区政府文化局，第 44 期，2002 年秋季刊）

---

① 《林则徐集·公牍》，第 117 页。

吏役与澳门

刘景莲*

  澳门的吏役是明清官府与澳葡机构中名不见经传的小人物。在澳门日常社会活动中，在维护澳门社会治安稳定中，在澳门涉外案件司法审判过程中，都离不开他们的身影。

一　清代州县官府中与澳门有关的吏役

  在清代的州县公署中，印官、幕友、书吏及差役共处一衙，维系印官职掌的运转。

  幕友是由印官私人聘任的顾问和帮办，有监督检察吏役工作的权限。"幕友之为道，以佐官而检吏也"①。他没有品级俸禄，由印官支付束脩。幕友的出身，有一般文士，也有金榜题名者，甚至是社会名流、休致或失意的官员，他们共同的特点是学有专长，特别是在印官不擅长的刑名律例、钱粮会计、文书案牍等方面，因而深受印官信任倚重。

  清代州县聘请的幕友有五种。"曰刑名，曰钱谷，曰书记，曰挂号，曰征比。巨者需才至十余人，简者或二三人兼之"。州县印官可以根据自己的情况，考虑聘用的幕友种类和数量。但是，因为刑名、钱谷幕友的特殊工作性质，州县官府都必须聘用。"刑名、钱谷实总其要，官之考成倚之，民之身家属之"②。

  清代各级政府衙门，特别是州县衙门中都录用有一定数量的吏、役。

---

  *　中国社会科学院历史研究所副研究员。

①　（清）汪辉祖：《佐治药言》。
②　（清）汪辉祖：《佐治药言》。

吏、役与幕友不同，吏役都是由本地人充任，并从政府公署领取银两。吏支取"心红纸币费"、"抄写费"、"饭食费"；役支取"工食银"。

吏即书吏，又称胥吏、书识、书办、书差、书役、书手、招书等。吏作为官员的秘书和文案人员，主内勤，要求有一定的文化水平。因而，吏员都是由读过书，但又举业无望的人充任。吏员在公署中，一般分做吏、户、礼、兵、刑、工六科，分工处理事务。

役即差役，跑外勤，奔走于民间，更直接体现官府的意志。在官府衙门中，差役地位最低。嘉庆二十三年（1818年），澳葡机构贿赂澳门同知府中的书吏和差役，从好处费的数额看，众书吏好处费100元，而众差役只有30元，远远低于吏员①。

清朝州县官员的衙门中，都雇有许多差役。如刘衡在四川巴县的县衙内，有衙役7000②，按职掌分班工作。

清朝役有正役、帮役、白役之分。正役在衙门中有正式编制，帮役是经核准增加的名额，这两种人都被记入役册。白役是指跟随正役奔走效力的临时工，在役册内没有名分。

役以职务分，一般分作皂隶、捕快、民壮三班。皂隶俗称皂班，又分站堂、通事、刑杖等类，负责随同印官出巡、伺候审讯、刑讯人犯等。捕快俗称快班，负责传唤拘提被告、缉捕盗贼凶犯、管押招解人犯等。民壮选自民间体格健壮的壮丁，负责守护仓库监狱、护送过境饷鞘及人犯、保护地方及杂项差使等。此外，还有库丁、斗级、小马、禁卒、弓兵、仵作、粮差、茶夫、灯夫、伙夫、轿伞扇夫、铺兵、门子、斋夫、膳夫、更夫、吹手、钟鼓夫、鸣锣夫等。诸多杂役中，仵作与司法关系密切。《钦定大清会典事例》规定："凡州县设仵作，大县三名，中县二名，小县一名。并于额设之外，再募一二人，令其跟随学习。"

吏、役是地方司法事务的具体办事人员，是州县主官司法工作依靠的对象。所谓"抱案牍、考章程、备誊写，官之赖于吏胥者不少；拘提奔走，

① 刘芳辑、章文钦注《清代澳门中文档案汇编》，澳门，澳门基金会，1999，文书106号。此后所引文书档案，只简注文书号。
② 刘衡（1776～1841年），江西南丰人。嘉庆副贡生，官至河南开归陈许道。参见（清）刘衡《蜀僚问答》第6页，转引自那思陆《清代州县衙门审判制度》，北京，中国政法大学出版社，2006，第44页。

役之效力于官者不少"①。如果离开他们，整个司法工作将无法进行。

澳门同知府中建有幕厅两间，香山知县公署中有三间，那里是幕友们日常工作的场所。澳门同知府中、香山县公署中聘有多少幕友，每任知县聘用的数量肯定不一，但是，帮助香山县进行司法审判工作的刑名幕友，肯定在每任知县的聘任范围内。在澳门涉外案件的司法审判中，刑名幕友出谋划策，他们所做的工作融在每件案件的审判过程中，而取得的成绩淹没在知县的政绩中。

香山县丞公署中，是否聘请有幕友？从公署建置看，没有设置幕厅，只设有吏房 4 间。

澳门同知、香山知县、香山县丞三官日常对澳门的管理活动，特别是由他们负责的澳门诉讼程序的具体展开，离不开各自公署中吏、役的参与。而由吏、役参与的司法工作往往是日常繁琐的具体实际工作，他们的工作同样经常被埋没，在正书中很难体现出来，而在记述司法具体实施过程的档案中，却有所体现，为研究工作提供了难得的素材。

澳门同知府中有东西吏房 6 间，知县公署中有吏房 7 间，县丞公署中有吏房 4 间，那里是吏员的办公场所。

澳门同知公署内的吏，是因受贿而出现在档案中。吏分科办事，参与澳门事务的"军民府科"。嘉庆二十三年（1818 年），接受澳葡机构贿赂好处费 100 元，交姓欧、姓黎的两人带去。这种好处费每年付两次，这 100 元只是半年的。澳门军民府的众差役同时也接到贿赂，数额只有 30 元，远远低于吏员。这说明，公署中吏的地位高于差役。②

香山知县公署中的吏，在东波档的司法文书中没有出现，只出现在澳门知县催收澳葡机构交纳 515 两地租银的文书中。每年的地租银的征收，由香山知县"差委吏书赴收，解充兵饷"③，受差委的书吏，又称"书差"。

澳门同知、香山县、香山县丞公署中的衙役数量，有案可稽的只是正役的名额。各衙门实际雇有的衙役数量，肯定要远远超过这个数目，只是无数据可考。

---

① 《皇朝经世文编》卷 24 陈宏谋《分发〈在官法戒录〉檄》。
② 《清代澳门中文档案汇编》，文书 106 号。
③ 《清代澳门中文档案汇编》，文书 276、119、154～167、170～185 号。

澳门同知府中，东西辕门后面是皂隶房，为众班差役工作的场所。澳门同知府中有衙役 53 名，其中民壮 24 名、门子 2 名、皂隶 12 名、马快 8 名、轿伞扇夫 7 名。每年澳门同知要支给上述差役工、食银 318 两①。澳门同知府中差役，平常年份差役每人每年收入 6 两。文书中提到"军民府众班"，说明军民府差役根据承办公务之不同，而分作许多班。东波文件文书中出现有名字记载的同知府差役，有翁昭、高光。

香山知县、香山县丞在发给澳葡机构的公文中，经常会使用"当经饬差"四字，说明香山县及县丞公署中的差役经常会被派往澳门，依主官意图执行、处理公务。他们是诸差役中的哪班差役，职责为何，可探究的信息既不明确，也不完整。我们只能从文档中零星的个别字眼中，努力探寻。

香山知县公署中，雇有差役 74 名。其中，皂隶 16 名，雍正六年裁 4 名。民壮原 50 名，雍正十三年裁 20 名，乾隆十年拨 8 名归县丞供役。有门子 2 名、马快 8 名、轿伞扇夫 7 名、库子 4 名、斗级 4 名、禁子 8 名、仵作 3 名、学习仵作 2 名、铺兵 3 名②。每年共支工、食银 444 两。知县府中差役年薪，亦是每人每年 6 两。

东波文件文书有名字记载的香山知县差役，有徐忠、吴高、徐超、王亚九、陈昌、翁升、唐忠、邓昭、陈佑、缪泰、黄充、高光、汤英、林江，共 14 人。

香山县丞公署中，记入名册的正役、帮役共 14 名（另一说为 18 名），有民壮 8 名、皂隶 4 名、门子 1 名、马夫 1 名。每年共支给工、食银 84 两（另一说为 108 两）③。香山县公署中的差役，每人每年年薪同样是 6 两。

东波文件文书有名字记载的香山县丞差役，有高超、章耀、何坤、杨聘、章成、郭典、黄凤、何发、张瑞、郭彪、韦国安、梁意、杜灿、何光，共 14 人。

三府差役按规定可以拿到的薪水，与清代内地其他省份"差役一年仅六两至七两工食银"的水平相当④，且在低水平。

但是，如上所述，在清朝公署中，更多的是未记入名册的白役。即所

---

① （清）祝淮：道光《香山县志》卷 3《经政》。
② （清）田明曜：光绪《香山县志》卷 7《经政》。
③ （清）祝淮：道光《香山县志》卷 3《经政》。
④ 吴吉远：《清代地方政府的司法职能研究》，北京，中国社会科学出版社，1998，第 88 页。

谓"一名皂快，数十帮丁"①。

香山县丞及知县公署中，都有职责传讯、缉拿凶犯任务的捕快。他们为捉拿奸匪、缉拿凶犯、押解凶犯、传唤当事人及疑犯、执行行政及诉讼判决、与澳葡机构联系等事由，持有香山县丞签发的信票、票牌、印票、传票等证明文件前往澳门。他们统称"差役"，又称"差"，准确的称法是"票差"，意为持有票证的差役。例如，嘉庆七年（1802），香山县丞命令票差黄凤，前往澳门传唤陈亚容到庭，等待审讯②。

香山知县衙署中有探役，一艇为一班，负责驾艇稽查包括澳门周围海面在内的香山沿海安全。③

香山知县、香山县丞公署中都有仵作，负责殴伤及命案的现场勘验。嘉庆十二年（1807），澳门发生了鲍亚何（和）令伙计何亚悦、何亚甘械伤拖欠饭钱的吕宋水手宾拿度的刑事案件，香山知县命令县丞，"希即带同刑仵，验明夷人宾拿度伤痕，录供填单，移覆过县"。香山县丞立即做出处理，"除饬刑仵听候外，合行谕饬。谕到该夷目，即速将夷人水手喉啴喂解赴本分县，验明录供移覆"④。

澳门同知、香山知县及香山县丞三府公署中，都设有"澳差"，亦称"巡澳差役"、"澳役"。

文书中，有的只称澳差，后面省略差役的具体姓名，多数时候会加缀差役姓名。由此可知，澳门同知府中的澳差有嘉庆十七年（1812）的翁昭及道光二年（1822）的高光。香山知县府中的澳差有嘉庆十六年（1811）的高光，有嘉庆十二年（1807）、嘉庆十三年（1808）、嘉庆十九年（1814）、嘉庆二十一年（1816）及嘉庆二十三年（1818）的缪泰（太）及嘉庆十年（1805）、十二年（1807）的黄充。香山县丞府中的澳差有乾隆四十五年（1780）的杜灿，嘉庆八年（1803）的韦国安及嘉庆二十三年（1818）的何光。

乾隆四十五年（1780）的文书显示，香山县丞府内已经出现澳差。澳差在文书中的集中出现，是嘉庆年间的事情，香山县丞、香山知县及澳门

---

① 《诸罗县志》，转引自引吴吉远《清代地方政府的司法职能》。
② 《清代澳门中文档案汇编》，文书 483 号。
③ 《清代澳门中文档案汇编》，文书 808、765 号。
④ 《清代澳门中文档案汇编》，文书 1296 号。

同知府中都出现了澳差的身影。

从澳差出现在文书中的缘由看（附表1），澳差专门负责"查办澳门一切公务"①，澳差的主要职责在于维护澳门地方的社会治安，对澳门社会治安状况秘密调查并报告，"不时查访，如有滋生事端，照例查办"。②

澳差查访并报告的职责范围，包括一切危害澳门社会治安的事情。如澳门发生的斗殴案件、澳门躲藏的疑犯信息、鸦片走私、在澳门周边停泊的各国各类船只及澳门洋船的进出港及修理情况、澳门房屋的搭建及修理、押解凶犯、印官判决的执行等。

在维护澳门社会治安稳定的活动中，澳差常与下面将要提到的澳门基层社会中的重要人物，即澳门地保一起协作，共同行事。在发生涉外冲突时，两人之外，又会加上澳葡机构聘任的口语翻译通事，三人一起出现，各司其职，方便工作。

清广东地方政府的衙役，在澳门行事时，也会出现违法行为。例如，嘉庆十一年（1806），香山知县差役邓昭、陈佑率领众差在澳门沿海巡逻时，在蟛蜞石海边一带把三艇连环拴在一起，恣意扰乱，给此处船只的正常通行造成极大不便。

衙役在公署里地位不高，工资又少，但仍有许多人愿意从事这个职业，原因在于敛财赚外快的途径很多，最主要的就是收受各种"小费"和贿赂，而且名目极多。如检验现场时有命案检验费；勘测丈量时有踏勘费；传唤时有鞋钱、鞋袜钱、车马费、舟车费、酒食钱；拘提时有解绳费、解锁费；审讯时有到案费、带案费、铺堂费、铺班费；关押时有班房费；监禁时有进监礼；保释时有保释礼；纠纷调和解决完毕时有和息费；结案时有结案费；招解时有招解费。林林总总的费用多如牛毛，差役的腰包也就跟着鼓了起来。

嘉庆二十三年（1818），澳葡机构给各衙门中相关吏役好处费如下：

> 军民府科壹百元，两季的。每年分二次，交姓欧、姓黎。军民府众班，明十五元，暗十五元，交麦奇。香山县澳差缪泰四十元。左堂

---

① 《清代澳门中文档案汇编》，文书1023号。
② 《清代澳门中文档案汇编》，文书619号。

澳差何光十五元。麦奇、翁光共十五元。众班十元，又十元。①

从上引得知，嘉庆二十三年（1818），军民府中的吏员、众衙役，香山县府中众衙役、特别是澳差，县丞府中众衙役及澳差，普遍都拿到了好处费。

这里特别应该注意到两点：其一，这种由澳葡机构上贡的好处费，是每年按时发放的。澳门同知书吏拿到的劳务费，特别注明每年分两次发放，这次 100 元。其二，香山县的澳差缪泰。他从嘉庆十二年（1807）至二十三年（1818）间，一直在香山知县府中担任澳差，在嘉庆二十三年的受贿记录中，也有他的名字。

除了普遍都有的好处费外，衙役个人勒索小费的行为亦时有发生，特别多发在葡人房屋需要修理时。这与明清政府严格的房屋修理制度有关。

自从明朝起，中国政府就对澳门的房屋修建定有严格规定。万历四十二年（1614），海道副使俞安性发布《海道禁约》五条，其第五条为：

> 禁擅自兴作。凡澳中夷寮，除前已落成，遇有坏烂，准照旧式修葺。此后，敢有新建房屋，添造亭舍，擅兴一土一木，定行拆毁焚烧，仍加重罪。②

清朝延续明朝禁止澳门葡人在澳门新盖房屋的政策。乾隆九年（1744）印光任提出治澳七条建议，将加强对承修房屋的中国内地华人工匠的管理，作为实现禁止居澳葡人兴建房屋的主要措施：

> 夷人寄寓澳门，凡承造船只房屋，必资内地匠作，恐有不肖奸匠，贪利教诱为非，请令在澳各色匠作，叫县丞清查造册，编甲约束，取具连环保结备案。如有违犯，甲邻连坐。递年岁底，列册通缴查核。如有事故新添，即于册内声明。③

---

① 《清代澳门中文档案汇编》，文书 106 号。
② （清）印光任、张汝霖：《澳门记略·官守篇》。
③ （清）印光任、张汝霖：《澳门记略·官守篇》。

乾隆十三年（1748），被贬职的澳门同知张汝霖与香山知县暴煜详筹善后事宜，确立 12 条，其第七条为：

> 澳夷房屋、庙宇，除将现在者逐一勘查，分别造册存案外，嗣后，止许修葺坏烂，不得于旧有之外，添建一椽一石。违者以违制律论罪，房屋、庙宇仍行毁折，变价入官。

乾隆十四年（1749），广东督抚下令，将这 12 条刻在石碑上，葡汉文各刻一块。汉文的立在望厦香山县丞官衙，葡文的立在澳门议事亭。直至道光二十八年（1848 年）前，清政府对澳门房屋的修理、重建政策，始终没有改变。

由于有上述规定，葡人修理房屋，需要香山知县"逐一勘查，分别造册存案"。要拿到清政府准予修理的批文很难，手续相当麻烦。衙役采取伪造房屋档案，欺骗上级的办法，为葡人拿到房屋准修批文，从中大量索取好处费。正是由于差役的上下其手，造成澳门新建房屋的不断出现。

例如，嘉庆十年（1805），澳门理事官告发香山县丞、知县及澳门同知三府差役在葡人修理房屋时经常索诈使费的行为。广东布政使、按察使接到举报后下文，要求相关部门严厉查处。香山知县接文后，审查差役翁升、唐忠，"唐忠供，得过茶东"[1]。嘉庆十一年（1806 年），澳门理事官再次告发差役索诈使费，此次香山县差役翁升也被查出问题，由此革役[2]。香山知县只对翁升、唐忠进行审查，可能是因为此二人为专门负责澳门事务的澳差，嫌疑最大。

乾隆十一年（1746），香山县的两个澳差都有索要小费的问题。广州知府大为恼火，发文"其各公署差役一切规费，永远禁革"[3]，并改革澳门房屋修造的审批权，将继往房屋修造经知县核查备案即可生效的权利，追加澳门同知府存查的监督权，期望能够纠正差役在房屋修建中的索要

---

① 《清代澳门中文档案汇编》，文书 844 号。
② 《清代澳门中文档案汇编》，文书 804 号。
③ 《清代澳门中文档案汇编》，文书 804 号。

之风。

但是，经过嘉庆十一、十二年（1806～1807）的整顿，风声正紧的情况下，三府公署中差役勒索小费的行为，仍然没有多少收敛。

例如，嘉庆十三年（1808），澳门理事官再次指控，三府衙役仍然经常滋扰澳门，在房屋修理中索取规东。署理澳门同知为此下谕"衙役索取规东，一经访实，自应从重严办"①。衙役滋扰地方的行为，制度上的弊端，不是一纸禁令就能解决的。

嘉庆十三年（1808）正月，署澳门军民府熊同知前往澳门，经过山水围地方，亲眼所见夷人用木头围住荒地，私造房屋，发谕责成唛嚟哆查处。香山县知县、县丞恐上司怪罪，相继下谕严查，并将房屋拆毁入官。

嘉庆二十年（1815），举人赵允菁、监生叶恒澍与澳门地保，奉香山知县命令联合调查澳门沿海一带铺屋情况，其禀复中提到"澳门夷人历来添造房屋，俱系汉人瞒禀，照旧修复，拼工包整，已照界溢出数倍"②。尽管清政府有不许添建一椽一石的规定刻于碑上，立于官府门前。但是，1749～1815年的66年间，葡人溢出数倍的房屋面积，正是以大量金钱装入三府差役口袋才得以实现的。

二　澳葡机构中的吏役

澳门议事会中设有"番书"、"通事"、"小红棍"及"锁链头"，他们在澳门涉外案件的处理过程中，辅助澳门议事会工作。

"番书"、"通事"是活跃在澳门议事会与清政府之间的两个小人物，他们经常出现在档案文书中，在澳门涉外案件的司法审判中，其作用也很重要。

据《澳门记略》，19世纪中叶时澳门议事会中设"番书二名，皆唐人。凡郡邑下牒于理事官，理事官用呈禀上之郡邑，字遵汉文，有番字小印，融火漆烙于日字下，缄口亦如之"③。

---

①　《清代澳门中文档案汇编》，文书805号。
②　《清代澳门中文档案汇编》，文书1505号。
③　（清）梁廷枏：《粤海关志》。

番书又称"译书"、"唐书"、"夷书",是在澳门议事会中,"为夷官翻译文禀之人",负责翻译、誊写、起草议事会向中国政府的呈禀,将澳葡机构向清政府呈递的葡文禀文翻译成中文,然后呈递。

要求翻译出的禀文,语句文气顺通,字划工整,避免文字舛错、遗漏。澳葡机构所上禀文发生有违规定要求的情况时,中国官员首先严厉斥责的是番书。①

番书翻译的澳葡机构公文,一定要遵照清政府规定的文书格式书写,再者他有核实文书所写内容之责,特别是司法诉讼文书的内容,一定要属实:

> 伏查天朝律法,凡呈控事件,务须据情实书,不许捏饰,亦不许牵涉别事呈告。番书为夷官翻译文禀之人,如所禀非是,即应阻止。何得听从该夷目任意书写,妄行上控?②

番书一般由汉人担任,嘉庆十九年(1814)澳门议事会聘有"夷书"林亚沛。随着西方传教士为传教需要而积极努力学习中国文化,通汉语成为神父进入中国传教的必备条件,因而产生了一批精通汉语的传教士。乾隆五十九年(1794)六月,在京不安分的葡萄牙神父刘思永(Rodrigo da Madre de Deus)被发回澳门安置,第二年始任番书。"兹因永认识中国正字(言语),本国夷官请永就在此当番书"③。直到嘉庆十三年(1808)的15年间,刘思永一直受澳葡机构聘请,承担番书工作。负责"撰写公文、翻译收到的公文和教一个或多个人学中文"④。

澳门议事会中的通事,亦称"澳通事"。通事后一般不加缀姓名,这种文书在东波档中,有107件。"通事"职位后面直接加缀姓名的几份文书,使我们对澳门通事产生了一种真切认识的感觉。有关通事内容的大量文书,有助于我们了解澳门通事在澳门社会生活以及澳门司法活动中的作用。

---

① 《清代澳门中文档案汇编》,文书655、656号。
② 《清代澳门中文档案汇编》,文书498号。
③ 《清代澳门中文档案汇编》,文书1029号。
④ 〔葡〕施白蒂:《澳门编年史》,澳门基金会,1995,第198页。

明朝时澳门也有通事。葡萄牙人初到澳门时，就产生了通事这个职业。"其通事多漳、泉、宁、绍及东莞、新会人为之，椎髻环耳，效番衣服声音"。① 那时的通事，形象上要类同葡人，但他们并不一定就是澳葡机构聘请的正式人员，为葡商充当中间翻译的人员，也称作通事。

明朝有文字记载的澳门议事会的通事，有崇祯十年的刘德、林德赟及崇祯年间的王明起。

清朝的通事多由广东、福建地区通晓葡语的华人充任，且专指澳葡机构聘请的翻译。"通事率闽粤人，或偶尔不在侧，则上德无由宣，下情无由达"②。

澳门通事以华人居多。如嘉庆十年（1805）为通事的郭遂意，"兹据该夷目禀称：郭遂意系华人，宪台自可差拘"，如何认识他们"亦该夷官隶"的双重身份③。

对于澳门身为华人但却为澳门葡人服务的通事，清广东地方官员将其视作葡人范畴加以考虑，其身份、待遇类似葡人。

曾充澳门通事的陈亚满，与其他 31 户华人，在澳门发疯寺右边的高坡上建筑房屋。嘉庆十六年（1811），澳门同知为此而发文澳门理事官，"其民人邓朝籍等三十一家，架盖茅瓦房屋，系手艺营生，并无传教情事，仍听其自便。惟陈亚满一名，曾充通事，不应住居围外，应令夷目查明围内民房大小，价值相等者，押令更换"④。陈亚满是华人，但因他曾经充任通事，在清政府官员眼里，他应该属于葡人行列，必须住在澳门城墙内而与其他华人不同。

嘉庆十七、十八年（1812、1813），居住在城墙外的通事陈亚满被勒令迁入澳内居住，押迁工作由理事官负责。香山知县为此三谕理事官，令其汇报陈亚满迁居事件的执行情况。⑤

与前述番差情况相似，澳门通事亦存在葡人担任的情形。嘉庆六年（1801）、嘉庆十七年（1812）的澳门，有葡人担任的通事，即"番通事"

① （明）庞尚鹏：《抚处濠镜澳夷疏》。
② （清）申良翰纂修《康熙香山县志》卷 10《外志》之澳夷。
③ 《清代澳门中文档案汇编》，文书 1474 号。
④ 《清代澳门中文档案汇编》，文书 9 号。
⑤ 《清代澳门中文档案汇编》，文书 12，13 号。

的存在，"伏查西洋澳夷，向设有谙晓天朝官语之番通事嗳哋哩，传译夷语"①。

澳门通事的工作职责，表现在明清朝官员莅澳时，"彼国使臣率其部人奏番乐以迎入"。②澳门通事会出现在澳葡机构的迎接队伍中，充当中葡官员语言交流的工具。

广东地方官员派差役前往澳门执行公务时，与葡人交涉的场合，会有澳门通事相伴出现，协同工作。在澳门百姓的日常生常中，澳门葡人与华人发生细微冲突，发生盗窃、人命案件，会请通事、地保到场，帮助解决问题、佐证案情。这时的通事即使是华人身份，也已成为葡人相信的葡人利益的代表。

遇到中方与澳葡间冲突时，通事的中间人地位使得他常夹在中、葡之间，处于两难境地，他们通常选择躲避不出的办法，因此而被中国官员斥责误事。

议事会中的"小红棍"，负责"晨昏稽查"澳门社会治安，"兼守狱"。澳门议事会的监狱"设龙嵩庙右，为楼三重，夷人罪薄者置之上层，稍重者系于中，重则桎梏于下"③。

乾隆九年（1744）后，澳门涉外案件中的葡犯，经香山县审理后，交由澳门议事会收领监管，等待判决。监管期间，葡犯就关押在澳门议事会的监牢中，由"小红棍"具体负责。

澳门议事会亦聘请有差役。"锁链头"亦称"锁头"、"链头"，在澳门负责缉捕葡人人犯，以及在涉外案件判决后，参与葡人一方的判决执行工作。

综上所述，中国政府与澳门机构中的差役，为澳门社会发展做了很多工作，起了不可缺少的作用，他们的成绩虽然都淹没在官员的政绩中，劣迹亦遮封在历史的尘埃中，但我们应该注意到他们在澳门历史中的地位与作用，适当给予一些笔墨。

---

① 《清代澳门中文档案汇编》，文书 1202 号。
② （清）杜臻：《粤闽巡视记略》卷 2。
③ （清）印光任、张汝霖：《澳门记略·澳蕃篇》。

附表 1 东波档文书中的澳门差役

时间	称呼及姓名	派往澳门事由	文书号
嘉庆十七年 （1812）	（同知）澳差翁昭	巡查河面,发现越南遭风船只	1265
嘉庆十七年	（同知）差翁昭	唤讯案犯	543
道光二年 （1822）	（同知）澳差高光	报告在金星门寄泊的英国商船事	1410
道光二年	（同知）澳差高光	报告在金星门寄泊的英国商船事	1411
乾隆十一年 （1746）	（县丞）差役高超	在澳门青州海面查追私矿犯人	376
乾隆四十一年 （1776）	（县丞）差人	查清货物	1252
乾隆四十五年 （1780）	（县丞）澳差杜灿	葡人十八号洋船毁坏不报修自行拆开	439
乾隆四十五年	（县丞）澳差杜灿	县丞即将临澳,通知澳差、地保、通事等,通知理事官,准备公馆	774
乾隆五十七年 （1792）	（县丞）差役章耀、何坤	缉拿案犯	557
乾隆五十七年	（县丞）差役杨聘、章耀	到澳门协同澳门地保押拆泗和铺前槛柱	71
乾隆五十九年 （1794）	（县丞）来差章成	受命前往澳门销毁容亚骚等煮硝用具	277
乾隆五十九年	（县丞）差役郭典	报告到澳门办理陈亚则交还葡人孩子事	6
嘉庆七年 （1802）	（县丞）澳差	葡人告鲍亚福搭假货,澳差与地保一起,开箱验货	533
嘉庆七年	（县丞）票差黄凤	带陈亚容到庭审讯	483
嘉庆八年 （1803）	（县丞）差章瑞、郭彪	接收所借葡人炮械	899
嘉庆八年	（县丞）澳差	葡人告盗窃家财的黑奴藏匿在沈亚艺妻家,理事官令番番协同澳差、地保前去拘拿	839
嘉庆八年	（县丞）澳差韦国安	查办澳门一切公务,报告刘思永回国事	1023
嘉庆十年 （1805）	（县丞）戎差梁意、知县差役王亚九		886
乾隆五十七年 （1792）	（知县）差徐忠、吴高	持公文到澳门解押葡人凶犯到县	616
嘉庆二年 （1897）	（知县）差徐超	命其密拿奸匪	279
嘉庆七年 （1802）	（知县）巡澳差役黄凤	报告英吉利遭风船只到澳湾泊	1468
嘉庆七年	（知县）差役何发	押解犯人回县	658
嘉庆九年 （1804）	（知县）差役陈昌	报告蔡亚仓、黄亚全藏匿在澳门葡人处	1208
嘉庆九年	（知县）差陈昌	转解澳门夷船缉获的华人被劫船只	1500

时间	称呼及姓名	派往澳门事由	文书号
嘉庆十年 (1805)	(知县)差役翁升、唐忠	澳门理事官告澳门同知、香山县丞差役,在葡人修理房屋时,经常索诈使费。唐忠供得过茶东	844
嘉庆十一年 (1806)	(知县)差役翁升	澳门理事官告差役索诈使费,翁升被革役	804
嘉庆十年	(知县)探役邓昭	报告夷船事	983
嘉庆十一年	(知县)差役邓昭、郑超 (不在知县衙内)、陈佑	三艇连环滋扰澳内蟛蜞石河边一带	808
嘉庆十一年	(知县)差役邓昭、陈佑	二艇差役被审讯	765
嘉靖十一年	(知县)澳差	澳差禀报,查知一葡人将洋米运到鸡颈洋	274
嘉庆十二年 (1807)	(知县)澳差缪泰	禀报鲍亚何令伙计何亚悦、何亚甘械伤拖欠饭钱的吕宋水手唪哗喽。并将何亚甘、鲍亚和缉拿到县	1296
嘉庆十二年	(知县)澳差缪泰	从澳门理事官处接收借的炮	925
嘉庆十二年	(知县)澳差缪泰	从澳门理事官处接收借的炮	927
嘉庆十三年 (1808)	(知县)差缪泰	执行追缴欠款	508
嘉庆十九年 (1814)	(知县)澳差缪太	报告葡人戳伤方亚豪、甘亚拱事案	1302
嘉庆十九年	(知县)差役缪太	报告荷兰人在龙嵩庙前被葡兵戳死案	1402
嘉庆二十一年 (1816)	(知县)澳差缪太	报告杨亚五被黑人殴伤事及黑人数人在娘妈阁后山投掷石头事	851
嘉庆十年	(知县)差黄充	将嫌犯通事郭遂意领带回县	1473
嘉庆十年	(知县)差黄充	将嫌犯通事郭遂意领带回县	1474
嘉庆十年	(知县)差黄充	将嫌犯通事郭遂意领带回县	1475
嘉庆十年	(知县)差役黄充	回复郑亚佐筑屋事	41
嘉庆十年	(知县)澳差黄充	葡人二号洋船失火	465
嘉庆十年	(知县)澳差黄充	陈亚二、陈亚乌被葡人砍伤,刘亚全被刺伤事	591
嘉庆十年	(知县)差役黄充	澳门理事官将缉获的匪船转交黄充解送	876
嘉庆十年	(知县)差黄充	澳门理事官将缉获的匪船转交黄充解送到县	885
嘉庆十年	(知县)澳差黄充	报告巡船在鸡颈洋与葡人船只共歼海盗事	994
嘉庆十年	(香山县)差役黄充	转解梁意、蔡亚谷、吴亚二、谭亚福到县	885
嘉庆十二年	(知县)澳差黄充	报告冯高财渔船被葡兵拿获并拷打船上幼童事	663
嘉庆十二年	(知县)澳差黄充	报告冯高财渔船被葡兵拿获并拷打船上幼童事	664
嘉庆十二年	(知县)巡澳差役黄充	葡兵在关部前搭浮台事	57
嘉庆十六年 (1811)	(香山知县)澳差	闻知澳门关巡役发现鸦片后,赶往查问,并将情形报告知县	234
嘉庆十六年	(知县)澳差	令澳门理事官将鸦片船上的水手点交澳差	237
嘉庆十六年	(知县)差役高光	报告蔡亚仓躲藏在澳门夷人家。受命带回蔡亚仓回县	447

续附表1

时间	称呼及姓名	派往澳门事由	文书号
嘉庆十六年	（知县）澳差	押解外国水手回县	237
嘉庆十七年 （1812）	（知县）澳役高光	报告越南遭风船只事	1268
嘉庆二十三年 （1818）	（知县）澳差缪泰、左堂澳差何光及（知县或县丞）麦奇、翁光	收受贿赂银	106
道光五年 （1825）	（知县）澳差	报告小吕宋三船在零丁洋寄泊事	1506
道光二十八年 （1848）	（知县）票差汤英、林江	拘拿拐匪	227

资料来源：刘芳辑、章文钦注《清代澳门中文档案汇编》整理。

附表2 澳门议事会的番书

时间	称呼	文书中出现的事由	文书号
乾隆五十七年 （1792）	译书	所译各禀，非惟句语文气均少顺通，且字画潦草，又多舛错遗漏	347
乾隆五十七年	夷书	倘再隐匿，希图透漏，一经查出，定提该夷书查究不贷	297
嘉庆十二年 （1807）	夷书	并饬夷书，嗣后于具报洋船紧要各件，务宜留心查核，毋得遗漏	343
嘉庆十九年 （1814）	唐书	该夷何得胡涂具禀争竞……本应立提唐书责惩	46
嘉庆二十二年 （1817）	唐书	该夷何得胡涂具禀争竞……本应立提唐书责惩	65
嘉庆二十三年 （1818）	唐书	该夷何得胡涂具禀争竞……本应立提唐书责惩	66
嘉庆二十三年	唐书	该夷何得胡涂具禀争竞……本应立提唐书责惩	67
嘉庆二十三年	唐书	该夷何得胡涂具禀争竞……本应立提唐书责惩	68
嘉庆二十三年	夷书	林亚沛借银不还	544、545

资料来源：刘芳辑、章文钦注《清代澳门中文档案汇编》整理。

附表3 澳门议事会中的通事

时间	称呼	文书中出现的事由	资料来源
嘉庆十七年 （1812）	番通事	澳门同知请澳门番通事译书。伏查西洋澳夷向设有谙晓天朝官语之番通事嗳哋哩，传译夷语	文书1202
嘉庆六年 （1801）	番通事	关部饬番通事转饬夷目	文书1290
乾隆五十二年 （1787）	澳通事	望厦村里老等禀称黑奴骚扰。经投澳通事、练头知证	文书29

续附表 3

时间	称呼	文书中出现的事由	资料来源
嘉庆十年 （1805）	通事陈九细	香山知县探役向通事陈九细询问捕盗洋船回澳事	文书 983
嘉庆十年	通事郭遂意	私挖别人埋藏的燕窝	文书 1473、1475
嘉庆十九年 （1814）	通事陈大满	被夷人借钱不还	文书 544、545
嘉庆十六至二十三年 （1811～1818）	通事陈亚满	通事陈亚满载发疯寺山脚水坑尾盖房事	文书 9、12、13、17
嘉庆十三年 （1808）	通事杨超	兹据通事杨超禀，该夷苏振生业已回国	文书 1123
乾隆四十年 （1775）	通事陈保禄	额咃咦德窝系于四十年十一月内由西洋至粤东澳门，住通事陈保禄家	文献（一），第 481 页
嘉庆十七年 （1812）	通事嗳哆呢	去年张老济租屋的租银，俱已清楚交完，有通事嗳哆呢写得番字收单可据	文书 512
约嘉庆十六年 （1811）	澳门通事	陈亚蒂供称：王文德系澳门通事，一同到省，居住新城外普济桥同升洋货店内	文书 211
道光三年 （1823）	通事	探知吴辉充当夷人通事	文献（二），第 485 页

资料来源：刘芳辑、章文钦注《清代澳门中文档案汇编》，以及中国第一历史档案馆等编《明清时期澳门问题档案文献汇编》，北京，人民出版社，1999。

附表 4　澳门议事会中的差役

时间	称呼	事　由	资料来源
嘉庆八年 （1803）	锁链头	理事官禀，据锁链头投称，被戎台官亲勒索	799
乾隆五十二年 （1787）	链头	望厦村里老等禀称，黑奴骚扰。经投澳通事、练头知证	29
嘉庆七年 （1802）	锁头	香山县丞谕澳门理事官，速即饬锁头，押令夷妇搬出郭宁远铺屋	483
嘉庆七年 （1802）	锁链头	夷役锁链头投称，被官亲勒索	40
嘉庆七年 （1802）	锁链头	夷差锁链头到郑亚佐铺借钱不遂，捏空郑亚佐占据夷地，起筑铺屋	41

资料来源：刘芳辑、章文钦注《清代澳门中文档案汇编》整理。

（原载黄晓峰主编《文化杂志》，澳门，澳门特别行政区政府文化局，第 54 期，2005 年春季刊）

澳门拱北海关的建立及其影响

邓开颂[*]　余思伟^{**}

邓开颂[*]　余思伟[**]

拱北海关建立于 1887 年（光绪十三年）4 月 2 日。拱北关成立的历史背景极为复杂，它既是海关总税务司旷日持久最终夺取粤海常关征税权力的产物，也是代表英国利益的赫德诱引清朝政府以牺牲中国对澳门的领土主权换取实施对洋药（鸦片）税厘并征的结果。与其他海关相比，拱北关具有不同的特点，它作为打入常关的楔子，故兼有常关的性质。认识围绕着成立拱北关开展的不同寻常的政治和经济的斗争、角逐以及拱北关建立的作用颇有历史意义。

一

第二次鸦片战争后，素为鸦片走私渊薮的香港、澳门已取得鸦片贸易的合法化，为摒弃"鸦片"恶名，在 1858 年签订的中英《通商章程善后条约》中易称"洋药"雅名，"纳税"进口。中外烟贩便无所顾忌地大干起来，他们以港澳为基地，向中国沿海各地发起空前规模的鸦片走私（报关纳税的仅约一半）。这时无缉私机构干预的珠江口洋面便成了外国商船与华商民船交接鸦片的水上市场。作为管辖通商口岸的海关，却无法对这里往返于非通商口岸的民船鸦片走私实施征税。

广东地方政府为了整顿鸦片走私和开辟新的财政来源，1866 年 7 月在九龙边界东西两面和澳门各入口处设立厘卡，对运载走私鸦片的华商民船征收每箱 16 两银厘金后贴花放行，这些厘卡俱由粤海常关管辖。与海关每箱征税银 30 两相比，税厘相差悬殊。精于盘算的外国烟贩在轮船未抵达通

**　《华夏》杂志总编辑、研究员，广东省社会科学院特约研究员。

商口岸前就将鸦片卸于民船，这就影响了海关税收，引起了海关总税务司赫德的严重不安和对粤海常关的强烈指责。他首先同两广总督瑞麟提出要各地厘卡加征海关税，遭到拒绝后，于1870年向总理衙门要求在澳门的拱北湾、关闸、石角、前山四处和香港的佛头角、九龙、汲水门、长洲、榕树脚等五处设立公所，由海关税务司派员征收关税。清政府惧怕海关势力借此插入非通商口岸，谕示两广总督一并征收鸦片正税。1870年6月18日，开始征收鸦片税厘。赫德对常关妥善处理鸦片税厘合征一事，因无从非难，只好缄口。

但在拱北设税厂一事，却触动了对与澳门近在咫尺的拱北觊觎已久并试图占据其地的葡人的神经，在受到驻澳总督的反对之后，两广总督派出由八艘巡逻炮艇组成的缉私舰队封锁了澳门海面，本已贸易日见衰落的澳门更显得死气沉沉，澳督最后不得不做了让步，让常关在进出澳门的水路要道小马溜洲设税厂，征收鸦片税厘兼百货常税。

一直在旁虎视常关、征收鸦片税厘的总税务司赫德，此时亦不便露骨反对，于是借协助粤海关加强管理为名，通过粤海关税务司康发达派译员控制和约束常关的缉私活动。这一渗透方法，使海关在机会到来时能顺利迅速地控制常关。

1876年，英国政府借马嘉里事件胁迫清政府签订了《中英烟台条约》，英国取得了进一步控制中国经济命脉的关键一着。条约明确了海关具有统一征收所有进入通商口岸的税厘的权力。这样，常关原征收鸦片厘金的权力被吞并了。在清政府尚未撤销粤海关设在港澳外围的税厂之前，英政府借故一再拖延实施。直至1885年7月，中英双方才签订《烟台条约续增》（即《洋药税厘并征末条》），议定每箱洋药共征收110两税银。但在港澳不同等税利方面（澳门的民航运载的货物按国内货物征税）引起了港英当局的异议，港英当局提出，在洋药征收税厘等方面澳门必须与香港一致。为此，清政府派遣赫德（因海关税收日多，赫德赢得了清廷的信任）于1886年6月抵港协商，初步拟定迫使清政府承认葡萄牙在澳门的地位，以实现1885年中英洋药税厘并征的规定。赫德为此还亲自赴澳，与葡萄牙驻澳总督罗沙秘密商议，1886年9月12日，赫德在函件中说：

只要澳门在洋药征税问题上同中国合作，总理衙门大致可以应允订立条约，内附承认葡萄牙占据和治理澳门的条款，大概也可以答应停闭澳门四周的"关卡"。①

衙门只顾多征税厘这一眼前利益，所以默许赫德提出的让葡人"永驻"澳门（即出卖澳门主权）的请求。粤督张之洞极力反对，他直截了当地提出："朝廷所以允以澳予葡者，为其地可查洋药税厘也"②。

但驻澳总督罗沙还提出"要把借用或割让拱北作为必需的交换条件"③。另一要求是撤除澳门外围常关税厂。当这些过分要求遭到总理衙门的否决后，善于斡旋其间的赫德趁罗沙期满准备回国之时，于8月10日和罗沙达成拟议条约摘要底稿，共有四条，其中主要是允许葡萄牙国永远驻扎管理澳门和会同中国在澳门设法襄助中国征收洋药税项事宜。并同时与罗沙拟订了《续订洋药专条》，共有20条。该洋药专条非常详尽，尔后拱北海关的成立程序和管理职责基本照此办理。

在1886年11月，赫德征得清政府的同意，派遣其亲信金登干往里斯本，与葡萄牙外交部长巴洛果美进行谈判，金登干将谈判过程用电函向赫德汇报，并直接得到赫德的指示，同时，赫德多次致电葡总督，说明中国政府无论如何不会割让拱北，赫德在总督电文中说："中国拒谈拱北，但在条约和主权问题上大概可商量。两广总督反对停闭关卡（其实撤卡也违背赫德夺取常关的本意）。"④

赫德还暗示：

> 他们（指中国政府）大致将不要别人合作而独自进行洋药征税。此事必可办成，但他们的举动一彻底，可以对澳门造成极大的损害（言下之意收回澳门主权），因此我极力劝您收回关于拱北的要求。⑤

① 《1886年9月12日赫德致金登干函》，载中国近代经济史数据丛刊编辑委员会主编《中国海关与中葡里斯本草约》，北京，中华书局，1983，第2~3页。
② 《粤督张之洞奏澳界缪辖太多澳约宜缓定折》，载《清季外交史料》，卷73。
③ 《1886年9月12日赫德致金登干函》，载《中国海关与中葡里斯本草约》，第3页。
④ 《1886年11月30日赫德致金登干电》，载《中国海关与中葡里斯本草约》，第21页。
⑤ 《1886年11月8日赫德致金登干电》，载《中国海关与中葡里斯本草约》，第19页。

赫德还指示金登干，向澳葡摊明：

> 目前这个承认澳门地位的大好机会，如果错过了是决不会再来的。我们现在正不等候香港和澳门的合作而完成洋药税厘并征的布置。缉私措施必定极其彻底，澳门总督可以向外交大臣说明彻底缉私对澳门会怎样地不利（意下即缉私封锁，使澳门变成死港——笔者注）。①

12 月 12 日，赫德更明确地说：

> 我正为洋药税厘并征和防止洋药走私而工作，翌年（1887 年）2 月 1 日起，我将接管香港和澳门四周的关卡，也就是所谓'封锁'港澳的关卡。如有必要，我就叫他们，特别是澳门，晓得这些关卡的厉害。②

为不失去谋取澳门主权的时机，葡萄牙不得不放弃对拱北的割让要求。接着，赫德于 1887 年 1 月 13 日向葡外交大臣去电提出有关订立地位交换的八条建议：

> （1）澳门陆地领土由葡萄牙继续治理；
>
> （2）澳门水上的外国船只继续受葡萄牙的管辖；
>
> （3）澳门水上的中国船只，凡与税务无关的民刑案件，都受葡萄牙的管辖；
>
> （4）在拱北设中国海关，由总税务司属下的税务司管理（只查验单据，而不征税）按照通商税则征税；
>
> （5）各分卡由税务司管理，只查验单据，而不征税；
>
> （6）中国船只可以随意出入澳门，捐税上不受歧视；
>
> （7）澳门制定法令，规定所有中外船只将洋药卸入海关趸船；

---

① 《1886 年 12 月 10 日赫德致金登干电》，载《中国海关与中葡里斯本草约》，第 24 页。
② 《1886 年 12 月 22 日赫德致金登干函》，载《中国海关与中葡里斯本草约》，第 29 页。

（8）葡萄牙需于情势需要时，支持税务司。①

为此，葡内阁会议制定出两个方案。第一方案有四条：

（1）中国在修好通商条约内承认葡萄牙永久占据和治理澳门及其附属地，但拱北除外；

（2）葡萄牙有义务未经中国允许永不将澳门让予第三国；

（3）澳门当局对洋药征税给予合作，葡萄牙同意水上堆栈，即上设中国洋药处的浮趸，由总税务司所派欧籍税务司管理；

（4）停用澳门四周的关卡，水上堆栈成立后，此种关卡已无必要。②

在关卡问题上，或许葡方深恐陆上关卡扼澳门三咽喉，坚持要求关闭。赫德以出卖中国主权作为海关侵夺常关所设这些关卡的权力，在此问题上是不可能作任何让步的，他反复强调："为了一般货物的关税和厘金，并为了有必要使民船贸易在澳门能受到与在香港的同等待遇，我们必须保留关卡"③。2月15日，赫德在给金登干的电文中说：

总理衙门的奏折已经办好，谕旨料批准第一方案，但关卡必须留存，这已足证明谈判是有诚意，而且是有希望的。但是葡方如不在关卡问题上让步，谈判也必定决裂。请转告外交大臣④。

3月1日，赫德去电金登干，要他书面通知葡外交大臣，告知总理衙门批准六个条约的基础条款，其中再次表明："条约内订明澳门当局按与香港相同办法对于中国征收洋药税厘给予合作；关卡继续保留，但改归总税务司管辖"⑤。3月5日，赫德再次去函，用既成事实逼使葡方放弃坚持撤卡的要求。他在函件中说：

---

① 《1887年1月13日赫德致金登干电》，载《中国海关与中葡里斯本草约》，第41页。
② 《1887年1月19日金登干致赫德电》，载《中国海关与中葡里斯本草约》，第44页。
③ 《1887年2月13日赫德致金登干电》，载《中国海关与中葡里斯本草约》，第55页。
④ 《1887年2月15日赫德致金登干电》，载《中国海关与中葡里斯本草约》，第57~58页。
⑤ 《1887年3月1日赫德致金登干电》，载《中国海关与中葡里斯本草约》，第65页。

我们已自 2 月 1 日起在各口岸开征洋药税厘，工作一切顺利。4 月 1 日以后我将接管香港和澳门四周的关卡，由马根（Morgan）任九龙地区税务司，法来格（Faraso）任拱北地区税务司，管理六七处设在荒僻地点的关卡。[①]

最后，葡方只好委婉地放弃撤卡要求。尽管经反复周旋，葡方未能得到割让拱北和撤卡作为合作洋药税厘并征的条件，但得到了梦寐以求的"永驻"澳门的最大权益，已感到无比欣慰。葡外交大臣向赫德"致谢并致最大的敬意"，并称：

葡萄牙已准备遣派特命全权使节至北京议定条约，议约期间由葡萄牙国王颁布敕令，暂准自 4 月 1 日起在澳门实施与香港相同的征税合作，为此目的，可以允许大清帝国税务司在澳门有私人公馆，条件和在香港的相同，但办公处所则须在澳门和它的附属地以外……双方业已协议的基础，可作为草约的内容，于葡萄牙政府电准澳门自 4 月 1 日开始合作以前，在里斯本签字。[②]

3 月 26 日，金登干作为清政府的全权特使在里斯本签订了草约，即《中葡里斯本草约》，共有四个条款，主要内容：①互换修好通商条约，内容体现"一体均沾"；②中国坚准葡国永驻管理澳门以及属澳之地；③未经中国首肯，葡国永不得将澳地让与他国；④葡国坚允澳门的洋药征税事宜照香港类推办理。[③]

腐败的清政府为得到眼前的洋药税厘，不惜以牺牲澳门主权为代价。而真正的得益者却是海关总税务司。赫德如愿以偿地说：

这是因为我们办得很得法，也许是我们的幸运吧。我已经把原来

---

① 《1887 年 3 月 5 日赫德致金登干电》，载《中国海关与中葡里斯本草约》，第 66 页。
② 《1887 年 3 月 5 日金登干致赫德电（代葡外交大臣）》，载《中国海关与中葡里斯本草约》，第 67 页。
③ 《1887 年 3 月 23 日金登干致赫德电（代葡外交大臣）》，载《中国海关与中葡里斯本草约》，第 74 页。

在两广总督和粤海关监督手里的管理港、澳周围关卡工作弄到自己手里。马根现在是九龙关税务司，在香港附近管一个总关和五个分卡。这是一次不小的扩大权势，看上去总税务司早晚可以管理通商口岸以外的事情了。①

1887 年 6 月 11 日，赫德在致杜德维的信函中得意地说：

我们已经在粤海关监督制度的那棺柩上打进了另外一只钉子了。我可以说我注意这些沙船已有 25 年之久，最后到了现在，我们掌握住他们了。②

6 月 20 日，赫德在另一函件中说得更为露骨："我们业已胜利，现在我已将各通商口岸往来香港和澳门的民船贸易，从粤海关监督的手中抢了过来，置于税务司们的管辖下。"③

赫德的上述表白很清楚地告诉人们，拱北和九龙海关的建立，标志着长达 25 年之久的海关抢夺常关权力的胜利，也是海关从此完全夺取粤海关非通商口岸权力的开始，而粤海关受到了惨重的打击。总税务司在通告中宣称"粤海关监督第二次剪去了翅膀"④。此前所谓第一次被剪去翅膀，是在 1842 年，粤海关失去了对外贸易的垄断权。随着海关对非通商口岸的渗透和控制，更有利于英国在华的政治和经济利益，使其在对华贸易中凌驾于其他列强之上。

二

根据中葡签订的里斯本草约第四条规定，洋药征税事宜，"凡英国在香港施办之件，则葡国在澳类推办理"。这样，我们必须先看看赫德与香港副

① 《1887 年 4 月 1 日赫德致金登干函》，载《中国海关与中葡里斯本草约》，第 80 页。
② 〔美〕马士（H. B. Morse）：《中华帝国对外关系史》，第 2 卷，张汇文等译，上海，上海书店，2000，第 430 页。
③ 《1887 年 6 月 20 日赫德致金登干电》，载《中国海关与中葡里斯本草约》，第 89 页。
④ 〔美〕马士：《中华帝国对外关系史》，第 2 卷，第 429 页。

臬司劳士于 1886 年（光绪十二年）9 月 11 日议订的《管理香港洋药事宜章程》。其中主要条款是：

——凡洋药之数不及一箱者，不准贩运进口出口；

——除香港特准包揽洋药之公司外，他人不得违章私存洋药或管理不及一箱之洋药；

——凡洋药运抵香港口岸，须报明理船厅，如无理船厅所发之准单，不得将洋药由此船拨载彼船，暨起岸运栈互相移动装载复出口等事，并须通知包揽之公司知悉；

——凡洋药无论进口、出口及存储栈房，均须遵照香港督宪所谕，备有册簿登记，以便稽核；

——凡洋药囤存若干，并短少若干亦须立章，便于包揽之公司稽察究诘，且须订章，俾理船厅得悉存岸之确数。①

澳门总督罗沙与赫德订立的《续订洋药专条》正是以《管理香港洋药事宜章程》为蓝本的，《续订洋药专条》甚为完备，有 20 条之多，其中有关机构设置和管理事项方面的主要内容如下：

在澳门地方置洋药官栈一所，由理船厅管理，凡进口之洋药，均须囤入此官栈内；洋药官栈内分设一处名曰中国洋药处，凡拟复运出口往中国各处之洋药，须囤此处，即在此完清税厘；由中国饬总税务司派税务司及襄办各式人员驻扎澳门管理此项洋药处，并办理洋药税厘一切事宜；凡进口之洋药，须囤入中国洋药处，此处一切章程应由总税务司拟订，由澳门督宪核准；凡装运洋药进口之船，船主须将所运洋药开单持赴理船厅呈验，单内应将货色斤两、戳记、号数一一载明，并应同时将此项进口洋药，嗣后或留本口自用、或复运外国，或复运中国，须为分别报明；凡拟复运中国之洋药货主，须将所有洋药开单呈交栈房，以便栈房换给收货单持领，其洋药入栈后，须领有税务司之准单出栈；凡洋药拟复运中国者，在栈房之银号完纳，请领中国进口准单后，方准起货出栈，一面将出栈数目在收货单内注明；生洋药在中国完进口税，每百斤纳关平银 110 两（即进口税

---

① 《1886 年 9 月 11 日赫德与香港副臬司劳士议订》，载《中国海关与中葡里斯本草约》，第 8 页。

30 两、厘金 80 两合计之数）。①

光绪十三年三月初二日（1887 年 3 月 26 日），清政府专使金登干与葡外交大臣马罗果美签订《中葡里斯本草约》的同时，为使双方执行其第 4 条款，以便确定如何设法协助中国征收由澳门出口运往中国各海口洋药之税厘，在签订《中葡通商和好条约》（共 54 款，其中第 4 款说明洋药税厘并征）的同时，双方议定了《缉私条款》，作为专约附后。该专约共有三款，除第 3 款申明该专约共同遵守原则外，主要内容在第 1 款：

第 1 款　大西洋国应允颁行律例一条，以为饬令澳门洋药生意必须遵循后列三规例：

1）除洋药装满之外，其余零星碎件不准运入澳门。

2）大西洋国应派官员一员在澳门以为督理查缉出口入口之洋药，所有载运洋药入口，一经到澳，须立即报知督理官衙门。

3）所有运入澳门之洋药，如欲由此船搬过彼船，或由船而起上岸抑或运入栈房，或由此栈搬入彼栈，又或将该药转运出口，均须先报知督理官衙门，领取准照，方准搬运。

4）所有澳门出口入口洋药之商人，应有登记簿，而该簿之格式系由官酌定发给，其所有运入口之洋药，应照依官给予之格式，将该洋药卖出若干箱或卖与何人，抑或运往何处，以及在铺内存有若干箱，均须据实逐一注明簿内。

5）除承允澳门洋药之商人及领牌照售卖零星洋药之商人外，无论何人均不准收存不足一箱之生洋药。

6）此律例颁行之后，必须详细定立章程，俾令各人在澳门遵守，至于该章程应与香港办理此项之章程相同。

第 2 款　所有澳门出口前往中国各海口之洋药，必须到督理洋药衙门领取准照，一面由该衙门官员立将转运出口之准照转致拱北关税务司办理。②

---

① 《续订洋药专条》，载《中国海关与中葡里斯本草约》，第 10 页。
② 《清季外交史料》，卷 74，第 129～130 页。

当时总理衙门以为，洋药缉私的关键"全在澳门出口时立法严密，方免偷漏，复于专约内添写所有澳门前往中国各海口之洋药，必须由督理洋药之洋员给发准照公函，由该洋员将转运出口之准照转致拱北关税务司办理"。①

从《续订洋药专条》到《缉私条款》专约十分清楚地说明，拱北海关（及同时成立的九龙海关）与其他国内通商口岸海关的最大区别在于，海关的真正办事机构及其主要工作如验货、征收税厘等事务并不在拱北，而是在澳门，并且必须以澳门殖民当局的利益为准，并在其庇护下进行，正如曾经担任海关税务司的马士所指出：

> 九龙（香港）和拱北（澳门）关开辟了，但是，为了当地的英国和葡萄牙政府，以及各该国商人大众的便利，两处海关的总所并不设在这两地的外面，而是设在里面，并且一直就在那里 ②

而设在拱北的总关的主要任务，是复查从澳门进入中国各口岸的洋药准照及管理统计出入口货值、税收数字等任务而已，即：

> 按每担110海关两的税率征收鸦片的关厘税，并按照领自两广总督的省税则例所开税率收一般货载的省厘金和炮台经费。③

基于这一特殊性，马士把九龙（香港）和拱北（澳门）关用括号形式把香港、澳门巧妙地糅合在一起，再也贴切不过了。

拱北关名义上设在非通商口岸，实质性事务又在通商口岸，构成了其征课方面的复杂性，也使它一身兼备海关和常关的两种性质。简言之，除征收洋药税厘外，还兼为常关按常关税则规定征收常关税和为两广总督按地方税则规定征收厘金。

拱北海关建立后，接管了原常设的税厂，海关关员都是由海关总税务司派遣的洋员充任，只雇用原税厂少数人员充当杂役。若把拱北海关和粤

---

① 《清季外交史料》，卷74，第120页。

② 〔美〕马士：《中华帝国对外关系史》，第2卷，第430页。

③ 〔英〕莱特：《中国关税沿革史》，第315页。

海常关作一比较，可以明显地看出优劣。在机构人员方面，海关比常关精练得多。1872年，广东海面共有5个税厂，合计职员210多人，而海关管辖时职员只有85人①，比常关少了近两倍的人数。在制度方面，海关有一套较严密的验、估、征、收、保、报等制度，关员之间便于互相监督，而粤海关征税方面的用人，最主要的是粤海关监督的亲信、家人和各口的书吏、巡役，他们自立各种陋规，故实际征收的金额比正规税额增加了大约两倍。在人员素质方面，海关员司受过专门训练，各司其职，职责分明。奖罚、提升有章可循，工作效率较高；而粤海常关如一个分赃集团，以中饱私囊为己任，自然无法与海关比拟。

当然，我们应清楚地看到，作为中国雇员的海关洋员，并不是真正为中国服务，而是帝国主义控制清政府和掌握中国经济命脉的工具。

三

如上所述，拱北海关（及九龙海关）是海关总税务司为实现在澳门（及香港）洋药税厘并征而设置的，因此征收洋药税厘就成为拱北关最根本的任务。

因资料所限，在1908年以前，只能从马士记述的文献中了解港澳洋药税厘的合并数字，在1885年征纳关税的鸦片进口数量为2761担（合138050公斤），拱北和九龙海关成立后的1887年为10256担（合512800公斤），1889年为16684担（合834200公斤），1891年为16113担（合805650公斤）。②若以海关的1889年与常关的1885年相比，纳税的鸦片多出696150公斤，海关是常关的6倍。

清政府也从中得到了大量的税金，据马士记录，包括关税、厘金与经费在内，1888年九龙和拱北海关征收的税厘为1044868两，以后就维持在75万两~100万两之间③。根据《中华民国六年通商海关华洋贸易全年总册》中有关"拱北关"1908－1917年征收厘税经费按年各数列于下表，并推算出洋药所占之比例，见表1。

---

① 《赫德致马根函》，载《中国近代海关历史文件汇编》，第6卷，第54页。
② 前引〔美〕马士：《中华帝国对外关系史》，第2卷，第427页。
③ 前引〔美〕马士：《中华帝国对外关系史》，第2卷，第430页，注6。

表 1　拱北海关征收税厘经费按年各数（1908～1917 年）

年份	洋药		百货						统共	洋药所占比例
	税	厘金	进口税	出口税	进口厘金	出口厘金	进口经费	出口经费		
	关平两	关平两	关平两	关平两	司码平两	司码平两	司码平两	司码平两	两	%
1908	38327.251	102206.000	104026.087	6275.155	57064.130	13948.281	14547.852	536.278	336933.035	41
1909	31033.651	82756.400	98898.214	9405.103	53002.252	14412.804	12581.410	337.688	302427.522	47.6
1910	46512.835	124034.225	108421.753	13892.901	58701.670	16148.944	15225.881	387.366	383325.575	44.5
1911	42645.000	109354.500	96392.451	15162.988	52484.975	14368.295	12899.604	226.838	343534.651	44.2
1912	33240.000	83100.000	117274.977	12211.164	58629.839	14293.447	16421.818	397.685	335568.930	34.7
1913	17625.000	44062.500	128009.317	10393.853	61649.978	12952.108	18375.156	338.261	293405.873	21
1914	5880.000	14700.000	112595.538	12197.642	52351.478	11931.878	17417.555	256.553	227330.644	9.05
1915	1035.000	2587.500	100699.184	13546.767	46830.057	14140.068	17989.753	606.324	197434.887	1.8
1916	—	—	63210.125	12303.264	33345.832	13374.076	9463.233	1200.509	132897.039	
1917	—	—	73165.901	15092.831	36995.146	14221.648	10697.416	1187.273	151360.215	

资料来源：根据《中华民国六年通商海关华洋贸易全年总册》"拱北关"一节统计数字推算而成。

从表 1 可看出，在 1911 年以前，洋药税厘与百货税相比，大致相等，只是少几个百分点。但到了 1915 年后急剧下降，洋药所占比例仅 1.8%，此后几无洋药税厘可征，完全转向征百货税。

在洋药税厘并征及其他货物交往方面，澳门和香港之间的合作是一对亲密的伙伴，从 1897～1917 年港澳双方往来的贸易货价计值相比较，从香港输往澳门的货值比澳门输往香港的货值起码多出一倍甚至数倍，见表 2。

表 2　1897～1917 年澳门与香港贸易货价计值关平银数

单位：关平两

年份	由香港往澳门	由澳门往香港	合计
1897	2833498	1069537	3903035
1898	2974004	1371107	4345111
1899	3582630	1920310	5502940
1900	2442604	1871793	4314397
1901	2654280	1269254	3923534
1902	3067879	1225181	4293060

续表2

年份	由香港往澳门	由澳门往香港	合计
1903	2495879	825873	3321752
1904	2237583	742196	2979779
1905	1663900	589354	2253254
1906	1203700	286893	1490593
1907	1082892	225750	1308642
1908	932266	134676	1066942
1909	786457	147564	934021
1910	732587	119808	852395
1911	773522	123488	897010
1912	744663	190870	935533
1913	674320	227182	874502
1914	674932	171002	845925
1915	514701	118903	633004
1916	630059	184032	814091
1917	534851	210853	745704

资料来源：*China Imperial Maritime Customs Returns of Trade and Trade Reports for the Year*，Lappa Trade Statistics，1913-1917。

中国海关一直为帝国主义所把持，关税为洋人所掌握。在1927年4月，当民国政府在南京建都后，决定实行关税自主。截至1928年12月27日止，包括葡萄牙在内的各资本主义国家（日本例外）均次第签约，承认中国关税自主权。为此，本文将1928年以前的拱北海关划为洋关时期（即海关总税务司控制时期）。兹根据《华洋贸易总册》所提供的宝贵资料，整理辑录成下表，从中可看到拱北（澳门）海关进出口业务之全貌，见表3。

表3 拱北（澳门）海关华洋贸易进出口货价计值关平银（1887~1928年）

单位：关平两

年份	洋货进口	土货出口	合计
1887	1365046	1537597	2902643
1888	3484668	1629516	5114184
1889	3775336	1542061	5317397
1890	4270970	1846412	6117382

年份	洋货进口	土货出口	合计
1891	3656066	1918917	5574983
1892	3178519	1684635	4863154
1893	2863581	2046198	4909779
1894	3093158	1684127	4777285
1895	3075677	1739407	4815084
1896	3984481	2223005	6207486
1897	3514878	5894314	9409192
1898	3347717	5381959	8729676
1899	—	—	9233003
1900	2236289	4710359	6946648
1901	1868086	5239570	7107656
1902	2490550	4972068	7462618
1903	—	—	—
1904	—	—	—
1905	—	—	—
1906	5780198	4614785	10394983
1907	5844116	4091762	9935878
1908	5822398	4418406	10240804
1909	5321908	4674058	9995966
1910	7411383	4657317	12068700
1911	6508174	4744969	11253143
1912	6408412	4573098	10981510
1913	6596148	4952378	11548526
1914	5940221	4215921	10156142
1915	5246635	4949546	10196181
1916	5136244	3696572	8832816
1917	4654092	4939469	9593561
1918	4284993	4527716	8812709
1919	5053426	4714206	9767632
1920	9838792	4736820	14575612
1921	18168540	5754728	23923268
1922	11502102	4684971	16187073
1923	6235819	3967508	10203327
1924	7704923	5087214	12792137
1925	8284710	4068385	12353095

续表 3

年份	洋货进口	土货出口	合计
1926	3874629	2517148	6391777
1927	6710361	3878821	10589182
1928	8403176	4855789	13258965

资料来源：《华洋贸易总册》（*China Imperial Maritime Customs*）。

拱北海关是在以出卖澳门主权为条件后又与葡萄牙反复斡旋之下才建立起来的。拱北关建立后，对澳门究竟有何影响？应该说，自从五口通商后，原作为独占中国对外贸易的广州港外港的澳门，贸易已日见衰落，特别是香港成为英国殖民地，英人把有优良港湾的香港辟为自由港后，澳门更显得黯淡无光：

> 自英得香港，立为码头，澳门贸易顿减，商船并无一至，租界内之洋房大半现皆卖与华绅华商为业……葡人益形贫窘，每年入不敷出。[1]

因中国为了在港澳同时实行洋药税厘并征，中葡双方签订了《和好通商条约》，获得了"一体均沾"的好处。拱北关建立后，葡萄牙人发现原来的担心（用缉私船队封锁澳门），不但是多余的，而且看到澳门港重获生机：

> 澳门的各行各业中最引人注意的是帆船运输，由于与中国签订了条约，帆船业非常发达，大部分来自香港的进口货都是帆船运来的，另外还有大批沿海贸易。[2]

由此可见，拱北关的建立，澳门受益匪浅，产生了积极的影响。

（原载黄汉强、吴志良主编《澳门研究》，澳门，
澳门基金会，第 1 期，1993 年 9 月）

---

① 《清季外交史料》卷 73《粤督张之洞奏澳界辗辐太多澳约宣缓定折》。
② N. C. H，1890 年 10 月 1 日，第 453 页。

澳门人文社会科学研究文选

历史卷（含法制史）

第三篇
_____

立法·司法·交涉

皇帝的权威和对抗的象征：
万历和乾隆"法典"在澳门

〔葡〕萨安东（António Vasconcelos de Saldanha）*

如果权力和权威有一种象征的表达，在现象学自身范围内对这种表达的承认和确定又是重要的，那么普遍来说，那种面对一个已经存在的政治权力的自治化进程所频繁经历的，不仅是一种自身调整，而且更是一种令那些权力或权威的象征表达趋向消亡或中性化的可能，方可成为所需之合法性获得承认的基本条件。

由此看来，那个自 18 世纪末开始并于 1849 年逐步完成的澳门居留地从中国的皇权制度中自我分离的过程即毫不奇怪了，而且，对此问题的研究可能有助于对这样一个事实的全面理解，即对皇帝的权力和权威在澳门的确认及对抗曾经有过独特的象征意义。

历史编纂学已经揭示了长期争论的范围，这些争论涉及皇室官僚体制关于居留地，特别是导致批准居留地和出于政治控制和中国海防安全的目的而制定法律文件的过程和原因。葡萄牙对这些"行为法典"的归附是由于一个契约——葡萄牙人自己称之为"石头协议"①——即相当于中华帝国

---

* 葡萄牙里斯本大学教授。

① 金国平和吴志良编注的《粤澳公牍录存》文件中，多次提到这个奇怪的说法。例如，"至于自乾隆十四年起这个城市与中国人的协议，我们勒石记之，以期永志不忘"，或者"石头协议"。参见金国平、吴志良编注《粤澳公牍录存》（*Correspondência Oficial Trocada entre as Autoridades de Cantão e os Procuradores do Senado*，*Fundo das Chapas Sínicas em Português*，*1749－1847*），第二卷，澳门，澳门基金会，2000，1793 年 1 月 24 日第 4 号文件，1794 年 1 月 18 日第 79 号文件。

方面出于贸易和防卫的考虑①对领土占领做出的容忍。

在葡萄牙居留地生活中，这类性质的"法典"或以文字方式做出的整套规定的产生，与居留地的年代几乎一样久远②。第一部法律的出现可以追溯到万历年间，它们是针对州府当局在对建立于帝国土地之上的一个外国居留地进行管理时遇到的若干敏感问题而制定的。在海道俞安性的建议下，严格禁止畜养倭奴、禁止买卖人口、打击走私、控制在居留地土地上的营造，以及在澳门港水域海上运输方面的税收政策都被全面地包括在 1614 年在澳门执行的《海道禁约》中。两广总督张鸣冈受到万历皇帝的处罚③之后批准了这个文件。

第二部"法典"出现在 18 世纪中叶，起因是两名中国人死于澳门的葡

---

① 关于与中华帝国关系方式的特点及其对葡中关系更广泛层面的影响，见萨安东《葡中关系中契约行为的意义和重要性》（*O Significado e a Importância das Práticas Convencionais nas Relações Luso-Chinesas*），载《葡中关系研究》（*Estudos sobre as Relações Luso-Chinesas*），里斯本，里斯本技术大学社会及政治学高等学院和澳门文化司署，1996，第 13～23 页。

② 到目前为止，在澳门历史上，对这些"法典"的重要性最全面的论述和作为中、葡文资料的来源被广泛使用，见吴志良《生存之道》（*Segredos da Sobrevivência, História Política de Macau*），澳门，澳门成人教育学会，1999，第 75～86 页。费成康《澳门四百年》，上海，上海社科院出版社，1996，第 75～82、142～154 页。K. C. Fok（霍启昌），*The Macao Formula：A Study of Chinese Management of Westerners from the Mid-sixteenth century to the Opium War Period*，夏威夷，夏威夷大学，1978；节选刊登 "The Ming debate on how to accommodate the Portuguese and the emergence of the Macao Formula：The Portuguese Settlement and Early Chinese Reactions"，载《文化杂志》，1991 年第 13～14 期，第 328～344 页。

③ 《澳门记略》载："海道（副使）下设海防同知。海道俞安性令人将五条禁约勒石立碑永为遵守，与澳夷约定遵从海防同知的命令"。见印光任、张汝霖《澳门记略》（校注本）（*Monografia Abreviada de Macau*），赵春晨中文校注，金国平葡文译注，澳门，澳门文化司署。关于这个"法典"产生的时代环境，见金国平、吴志良编注《粤澳公牍录存》提及的作者。五条禁约的中文文本，见申良翰纂修《香山县志》（1673 年），卷 10，第 2 页；另见印光任、张汝霖《澳门记略》。中文的英译本，见前引费成康《澳门四百年》，第 84–85 页；《澳门记略》中文本不大可信的葡译本，见高美士《张汝霖和印光任》（*Tcheong-U-Lam e Jan-Kuong-Iam*），附载《澳门记略》（葡译第二版），里斯本，澳门半月刊出版社（Ed. da Quinzena de Macau），Tip. Mandarim，1979，第 139～148 页。因此，我们建议参阅吴志良的《生存之道》第 77～78 页的译文，或者新版《澳门记略》金国平慷慨提供的葡文翻译，该书将在近期由澳门文化局出版。较早的葡译本见 17 世纪的编年史，安东尼奥·博卡罗（António Bocarro）《印度历史上的第十三个十年》（*Década 13 da História da Índia*），里斯本，皇家科学院，1876，第二卷，第 724～733 页；若瑟·伊纳西奥·德·安德拉德（José Inácio de Andrade）：《1815–1835 年间的印度和中国来信》（*Cartas Escriptas da Índia e da China nos annos de 1815 a 1835*），第二版，里斯本，国家出版局，1847，T. I.，第 123～124 页。

人之手①而在 1749 年引发的一系列重大事件。张汝霖（前山海防军民府或称"白屋"的一个普通中国官员）将这些事件向两广总督策楞报告，总督又向乾隆皇帝报告。皇帝在批示中表明，要加强当时的法律规定以控制澳门的葡萄牙人。在接到皇帝关于杀人事件的批示后，策楞通过白屋官员在市政厅郑重交给理事官那封致葡萄牙国王的公文，要求对皇上的权威"恭敬顺从"②，指出这是澳门居留地存在并得以延续的基础：

> ……我一直认为，一百多年来，皇帝允许外国人居住在这里的土地上，过着和平的生活，他们得到皇帝如此恩泽，应当感恩守法。总督、理事官和外国官员应管好他们的群体，避免混乱发生，因为这样会有辱他们自己的职责，并且是对皇帝的不恭不敬……已经多次公布过法令，旨在告诫总督、理事官、神父们以及澳门的其他各类人等要遵守法律。因此，我在此通知国王，根据皇帝的圣旨，命令居住在澳门的外国人遵守法律，和平生活，与中国人和睦相处，这样，他们才可以长期安居在这片土地上……③

---

① 关于这个"法典"产生的时代环境，见金国平、吴志良编纂注《粤澳公牍录存》中提及的作者，以及文德泉的《十八世纪的澳门》，澳门，官印局，1984，第 427～448 页。这个问题的过程可以查询在里斯本的海外历史档案馆，"澳门"，第五箱，28 号和 30 号文件。一些澳门的档案文献资料，散见于《澳门档案馆》刊物各期。罗德里希·普塔克（Roderich Ptak）在 1999 年 10 月 21～24 日里斯本举行的"大西洋国、葡萄牙、澳门和欧中关系国际研讨会"上发表的论文《印光任、张汝霖和 18 世纪 40 年代的葡中关系》（Yin Guangren, Zhang Rulin and Luso-Chinese Relations in the 1740s），提到了这件事。五条禁约的中文文本，见申良翰纂修《香山县志》卷 10，第 2 页，以及印光任、张汝霖《澳门记略》。中文的英译本，见前引费成康《澳门四百年》，第 84～85 页。另一英译本比照中葡译文，见龙思泰（Anders Ljungstedt）《在华葡萄牙居留地简史》（An Historical Sketch of the Portuguese Settlements in China），香港，维京香港出版社，1992，第 168～174 页。《澳门记略》不大可信的葡译本，见前引高美士《澳门记略》（葡译第二版），第 139～148 页。因此，建议参阅吴志良《生存之道》附录二第 446～450 页，他参阅了《香山县志》。较早的葡文原文翻译可见上述文献中。

② 关于策楞的文书交接仪式的详细报告，见 1750 年 1 月 8 日市政厅文件，载《澳门档案》，第三系列，第 6 卷，第 4 号，1966 年 10 月，第 226～227 页。

③ 我们在这里使用的 1749 年 8 月 18 日广东总督致葡萄牙国王的文书，经耶稣会修士让·西尔万·德·纳维尔（Jean Sylvain de Neuvialle）翻译，现存海外历史档案馆，第五箱，第 30 号文件。转引自文德泉《18 世纪的澳门》，澳门，官印局，1984，第 429～432 页。另见若瑟·卡埃塔诺·苏亚雷斯（José Caetano Soares）《澳门及其帮助》（Macau e a Assistência），里斯本，殖民总局，1950，第 254～255 页。

这篇对皇帝权威恭敬顺从的守则就是这样要求遵守法律的，这些法律集中体现为由张汝霖替朝廷编制并在澳门公布的一部"法典"或一系列规定。

我们不想在这里探讨1749年的"法典"曾经将所有规定都来源于皇帝权力这个信念表达到何种程度，以及因此产生的作为决策机构的皇权和作为执行机构的管理权之间的复杂关系。我们也不想在这里强调这部"法典"所具有的双重作用的重要性，它既是一部确认对葡萄牙居民采取限制制度的告示，而且，当它被同时公示于市政厅和望厦佐堂官署的时候，它也是一部对中国地方当局和居民与澳门的葡萄牙人的关系作了严格规定的法律文书。

事实上，我们在研究前人当时所处环境和那部被称为乾隆"法典"的意义时，并不以此为基础。这部"法典"是一部关于民事、刑事和宗教的严格规定，一道于1784年交给北京主教的"完全摧毁了基督教义和葡萄牙王室主权的命令"①，其在澳门实施是居留地在历史上所经历的最重要考验之一，甚至成为里斯本中央政府为使澳门脱离中华帝国独立而采取的最初对策的基础②。

它之所以引起我们的兴趣，不仅仅是一经公布它便具有的使用功能，也不仅仅是它表明了澳门的葡萄牙人必须接受由一位中国官员起草的严格的行为法典，也就是说，是全面接受对皇帝权威的恭敬顺从守则，而是中国当局将它以一块碑刻的方式立于市政厅建筑内。当然，这并非一项独创。因为，前面提到过的1614年的万历"法典"就曾在同样的地点以碑刻的方式公布过。这个决定的象征意义是显而易见的，其目的是要表明，在澳门这块中国土地上，外国居民的活动能力所涉及的严格范围是由皇帝单方面规定的，而这个终极目的通过在澳门葡萄牙当局的办公地点放置一个朝廷权力和权威的象征物而得到了最好的表达。

为了便于对我们的题目进行讨论——尤其是为了理解葡萄牙人对这些

---

① M. 穆里亚斯（M. Múrias）：《与澳门历史相关的给北京主教的指示和其他文件》（*Instrução para o Bispo de Pequim e Outros Documentos para a História de Macau*），澳门，澳门文化司署，1988，第54~61页。

② 这是作者正在研究的一个课题，名为《澳门的中国"法典"：1749年"乾隆法典"在澳门"混合管辖"制度中的前因后果》（准备中）。

象征意义的反应——首先要谈的是，经过一个奇特的歪曲历史记录的程序，刻有那两部"法典"的石碑的意义被颠倒了，变成了澳门葡萄牙居留地依据的一个用葡萄牙文写就的、郑重而实在的证明：皇家赠予。①

这个过程是重要的并且可以重建。最早涉及保存在市政厅的写有著名特权的碑刻是可能写于 17 世纪下半叶的一份佚名手稿，现在保存于里斯本国家图书馆②；其中谈到，1557 年澳门出让给葡萄牙人可见于"若干文献，特别是中国人的文书"，这些文书确认了出让，"可见于该市市政厅内的石碑"③。徐萨斯（Montalto de Jesus）也许真的在这里为那部经典的《历史上的澳门》这段话寻找过支持：

The Emperor confirmed in documents which were subsequently records in stone and woodwork at the Senate-House of Macao. ④

但更有分量的见证来自 1797 年由马嘎尔尼勋爵（Lord Macartney）领导的英国驻华使团的秘书乔治·斯丹东先生（Sir George Staunton）：

In the Senate House, which is built of granite and two stories high, are several columns of the same material, with Chinese characters cut into them signifying a solemn cession of the place from the Emperor of China. ⑤

在没有直接的原始文献的情况下，斯丹东的这番话因其年代古老和作

---

① 关于这个问题，参见萨安东《圣塔伦子爵关于在澳门的葡萄牙人居留地的"回忆录"（1845）——葡萄牙人居澳合法性探讨之始》[A "Memória" sobre o Estabelecimento dos Portu-gueses em Macau（1845）——Os Primórdios da Discussão da Legitimidade da Presença dos Portu-gueses em Macau]，澳门，东方葡萄牙学会，1995。

② 里斯本国家图书馆，"总览"，第 9446 号，见 A. 席尔瓦·雷戈（António da Silva Rego）《葡萄牙在澳门》（A Presença de Portugal em Macau），里斯本，殖民总局，1946，第 32 页。

③ A. 席尔瓦·雷戈：《葡萄牙在澳门》，第 142～142 页后。

④ C. A. 蒙塔尔多·德·徐萨斯（C. A. Montalto de Jesus）：《历史上的澳门》（Historic Ma-cao, International Traits in China Old and New，据 1927 年的第二版），香港，牛津大学出版社，1984，第 23 页，第 3 条。

⑤ 乔治·斯丹东（Sir George Staunton）：An Authentic Account of an Embassy from the King of Great Britain to the Emperor of China，London，1797，第二卷，第 588 页。

者的权威性，从很早起就成了澳门被皇家出让给葡萄牙人的这种说法的决定性依据。潘日明（Benjamim Videira Pires）神父和安东尼奥·达·席尔瓦·雷戈（António da Silva Rego）神父收集到了这份资料①。经过对"出让"一说的研究之后，雷戈得出结论：

> 在出让和建立居留地之后，葡萄牙人也许还获得了过去存于市政厅的石碑上刻着的那些新的特许权……然而不幸的是，现在没有人知道那份文书和那些宝贵的石碑的事情。乔治·斯丹东先生断言那些石碑的存在。看来我们应当接受他的见证……②

从我们这方面来说，必须对其他人员和前面提及的研究者的观点进行分析。除非让我们亲眼所见。海外历史档案馆保存着一份 1776 年 1 月 19 日的文件，记载着若奥·巴蒂斯塔·埃·利马（João Baptista e Lima）神父曾提到有消息说：

> 市政厅有一些刻在石头上的欧洲文字和中文文字，我本希望去那里看一看是什么；当与告诉我这个消息的人谈时，我被告知不要这样做，因为市政厅委员们不喜欢有人做这样的调查，他们可能会对我的好奇而生怀疑。③

公布这份文件的雷戈坦言，澳门市政厅委员们对展示他们拥有的关于葡萄牙对这个领地占有的文献有抵触，对此他感到不快：

> 难道那里没有记载着给予特许权的石碑？习惯与澳门的中国官员邻居们——对于他们来说，贿赂比古老的碑刻和特权更有价值——打交道的市政厅委员们不希望避免企图用法律证明而不是用货币证明占

---

① 潘日明：《澳门的地租》（*O Foro do Chão de Maċau*），载《贾梅士学院院刊》，1967 年 3～6 月第一卷，第 4～5 期合刊，第 322 页。
② A. 席尔瓦·雷戈：《葡萄牙在澳门》，第 31～35 页。
③ A. 席尔瓦·雷戈：《葡萄牙在澳门》，第 33～34 页。

有的那些葡萄牙人可能的造次？①

但是，弄清楚澳门这些要员们抵触的原因并非难事。例如，1870 年，曾在澳门居住并了解澳门的圣拉撒路教派的教士刘易斯—弗朗索瓦·拉米奥（Louis-François Lamiot）——皇室翻译和驻北京的法国使团的负责人——这样解释说：

> On trouve dans cette maison du Sénar deux ou trois pierres sur lesquelles les mandarins ont fait graver des ordonnances restrictives，en si totale opposi-tion à toute idée de donation du territoire，que les Portugais n'aiment pas à les montrer...②

这里说的 "deux ou trois pierres sur lesquelles les mandarins ont fait graver des ordonnances restrictives" 证明：一块——1835 年以前若瑟·伊纳西奥·德·安德拉德（José Inácio de Andrade）在澳门见到的于 1614 年立于该市市政厅入口处的刻碑——就是所说的万历年间的法令③。另一块——有 "一些刻在石头上的欧洲文字和中文文书"，即 1776 年利马神父提到的情况——前面所说的 1749 年的 "法典"，这些对北京主教的指示被耶稣会教士原文翻译如：

> 广东总督以及其他下级中国官员（全部姓名见所说的文书或碑刻）命人将下列命令刻在两块石头上，一块刻中国文字，另一块刻欧洲文字，两块石刻必须放置在公共场所，以便所有的人，包括中国人和欧洲人，懂得应当永远遵守，如果有人违反了其中任何一条，必将受到处罚，决不姑息……④

---

① A. 席尔瓦·雷戈：《葡萄牙在澳门》，第 34 页。

② 阿兰·佩尔菲特（Alain Peyrefitte）：《停滞的帝国——两个世界的撞击》（*L'Empire Immo-bile ou le Choc des Mondes*），巴黎，Fayard，1989，第 404 页。

③ 若瑟·伊纳西奥·德·安德拉德：《1815 – 1835 年间印度和中国来信》（第二版），国家出版局，1847，第一卷，第 123 ~ 124 页。

④ M. 穆里亚斯：《与澳门历史相关的给北京主教的指示和其他文件》，第 33 ~ 34 页。

根据 1783 年海军和海外事务国务秘书对印度总督的解释：

> 这块碑于 1783 年 12 月被竖立于望厦，另一块立于市内，调查团从
> 后者撤除了一些不体面的和可疑的段落，假定从立于市政厅的刻石上
> 撤除，中文刻碑也应当这样，因为据说它与望厦的一样，如能严格遵
> 守，可随时撤销。市政厅为这些碑及将中文翻译为欧洲文字花了四十
> 澳门元。①

拉米奥神父的说法是有道理的，直到今天仍然可能确认市政厅内的一
些石刻文献对于葡人来说所具有的诋毁性质。18 世纪中叶，阿拉比多的修
士若瑟·德·热苏斯·马利亚（José de Jesus Maria）在谈到中国人有记录
"人们的行为和名垂青史"的习惯时，曾提到过澳门市政厅保存的文献；但
是，他却完全没有提到载有出让澳门内容的石柱，相反，他表示遗憾的
却是：

> （澳门当局竟然）像对待船务和公务条规那样，将内容并不重要的
> 中国文字刻在石板上，就像在市政厅的内墙上见到的那样，而为此只
> 需一本书或者一张羊皮纸就足够了，除此之外，竟然允许在另外两块
> 石板上刻上表明臣服于一个陌生皇帝的文字，对此，市政厅小心翼翼
> 地表示接受意见并在后来自己下令将这些文字从院墙上清除，因为它
> 们只适用于那些卑贱的葡萄牙人。更重要的事情和有利于名誉的活动
> 却不见一个字……②

经过一个奇特的歪曲历史记录的程序，刻有那两部"法典"的石碑的
意义被颠倒了，变成了澳门葡萄牙居留地依据的一个用葡文写就的、郑重
而实在的证明：皇家赠予。

现在再来回忆一下潘日明神父引用过的澳门市政厅档案馆第 69 号和第

① M. 穆里亚斯：《与澳门历史相关的给北京主教的指示和其他文件》，第 38~39 页。
② 若瑟·德·热苏斯·马利亚修士（Fr. José de Jesus Maria）：《中国和日本的亚洲》（Ásia Sínicae Japónica），澳门，澳门文化司署、澳门海洋研究中心，1988，第一卷，第 123~124 页。

74 号手抄件中的信息。

根据其中一份文献，耶稣会神父埃斯特望·洛佩斯（Estêvão Lopes）按照马尔克斯·德·阿罗那（Marquês de Alorna）总督的命令，于 1749 年翻译了当时市政厅保存的全部石刻和木刻的中文文书，这些译文后来被市政厅特别理事官、审判官安东尼奥·佩雷拉·达·席尔瓦（António Pereira da Silva）于 1750 年送到果阿。翻译工作似乎并未完成，因为在 1752 年 3 月马尔克斯·德·塔沃拉（Marquês de Távora）总督通过日本的耶稣会神父若瑟·蒙塔纳（José Montanha）要求耶稣会神父席墨内利（Simonelli）翻译市政厅的中文文书。①

为什么采取这样的措施？澳门历史上我们不知道的情况到底有多少？正是国务秘书马尔迪诺·德·梅洛·埃·卡斯特罗（Martinho de Mello e Castro）给印度总督堂·弗雷德里克·吉列尔梅·德·索萨（D. Frederico Guilherme de Sousa）的多次指示本身对此做了解释。当提到澳门市政厅对不断发生的对"葡萄牙王国在那里拥有的不容置疑的主权权利"的攻击事件应负的责任时，文献提到：

　　　在那里发生的事件，那是印度总督马尔克斯·德·阿罗那、澳门总督文东尼（António José Telles de Menezes）和神父们根据广东总督及其属下中国官员命令修建了石碑，目前在市政厅的院内就有一块这样的石碑，市政厅为此出资四十澳门元，另一块石碑建于望厦或白屋官署的前面，它们再清楚不过地表明必须有干练而睿智的人在北京，他可以将澳门的情况立刻呈报给皇帝、汇报中国官员的严酷与暴行，请求皇帝的恩准，挽救以往和现在的损失……因此，北京主教必须从果阿获知关于澳门的状况、利益及一切有关情况，同时必须也要掌握一切可能了解到的中国皇帝在不同时期给予居澳葡人的特许、豁免和自由，这些肯定记载在总数超过两百件的过去和现在的文书和特许书中。作为印度总督的马尔克斯·德·阿罗那公爵及其后来的"不幸公爵"（马尔克斯·德·塔沃拉）当时曾命日本耶稣会翻译它们，但由于无法理解，故后者写信给澳门市政厅，其回复之译文编号为第 7 号，如果它

---

① 〔葡〕潘日明：《澳门的地租》，第 322 页。

们没有在市政厅秘书处，一定存于澳门耶稣会或耶稣会的仓库中，因为有关文件是从那里取出翻译的，而且"不幸公爵"命令市政厅继续收集，并将有关文件译文送往果阿。这一切均记载于有关文件之中……①

这些文件（或者其中的一部分）的确在果阿或澳门找到了，并在北京主教开始其在京城的使命时提供给他。这样，我们就可能阅读到"澳门市政厅那些中文文书的摘要"（这是 1784 年 4 月作为对他指示的附件交给北京主教的一份冗长的文件）②，并由此得出这样的结论：在这一系列文件中，根本没有皇帝将领土出让给葡人的任何暗示，而且，在澳门较老的居民中进行过一项正式调查的结果完全表明，存在此类文件的说法是不能令人信服的。例如，应当注意，商人、市政厅从前的理事官安东尼奥·德·米兰达·埃·索萨（António de Miranda e Sousa），除了存于仓库和市政的那些市政厅委员们命令翻译并另外编辑成书的石刻之外，否认听说过任何"古代文书"的事情③，并谈到那块经路易斯·德·塞格拉（Luís de Sequeira）神父翻译过的载有明朝一个皇帝的直接代表的特许的"小石碑"当时已经不见了④。

现在，我们将澳门市政厅石刻的真实性简要地概括一下。直到若瑟·德·热苏斯·马利亚修士在 18 世纪中叶访问澳门市政厅时，还没有暗示领土出让的石碑或任何其他文献的消息。那里，有人说（至少根据斯丹东的证言）在 1794 年，石碑的确已经在那里存在了。分歧是显而易见的，这可以通过这样的事实解释，即阿拉比多的修士访问的时间是在 1749 年以前⑤，

① 《给印度总督堂·弗雷德里克·吉列尔梅·德·索萨的指示》，载 M. 穆里亚斯《与澳门历史相关的给北京主教的指示和其他文件》，第 11~13 页。
② M. 穆里亚斯：《与澳门历史相关的给北京主教的指示和其他文件》，第 110~130 页。
③ 根据商人若奥·里贝罗·吉马良斯（João Ribeiro Guimarães）的证言，仓库里的石碑谈到"船舶的测量和木匠们在船上工作的自由"。市政厅的石刻也许就是 1614 年和 1749 年的"法典"。
④ 1784 年 7 月 30 日审判官拉札罗·达·费雷拉（Lázaro da Ferreira）要求听取的见证人的谈话摘要，见外交部历史档案，3° P A19 M21。
⑤ 马利亚修士：《中国和日本的亚洲》（L. X.）称："在有些情况下，澳门的成就似乎比较显著，自 1740 年到 1745 年我们在那里，我完成了这件事情……"

这一点毋庸置疑，当时，正如我们已经说过的那样，有损名誉的石碑已经竖立在市政厅，而且上面的文字立刻被耶稣会修士们抄录下来并送往果阿。

关于斯丹东有关石碑上的文字内容的证言（似乎所有模棱两可的论据都由此而出），第一个对其产生怀疑的人是高美士（Gonzaga Gomes）。高美士强调这位英国外交官言谈 "轻率"，因为 "作为一个知名汉学家，不可能不知道市政厅石碑上文字的内容"①。然而，如果说高美士在指出斯丹东言论错误是正确的话，那么，他在使用的论据上却同样犯了一个错误。首先，作为反驳，他提到阿拉比多的修士的证言，认为这些证言早于斯丹东在澳门市政厅的确见到的石碑的竖立时间。其次，高美士把乔治·莱昂纳多·斯丹东（1737~1801年，马嘎尔尼使团的第二号人物和有关证言的作者，但从来不是一个知名汉学家，因为他从来也不懂中文）与他的儿子乔治·托马斯·斯丹东（George Thomas Staunton，1781~1859年）搞混了②，后者才是英国第一位汉学家。不是别的，正是这一点证明了外交家证言的错误，因为他的儿子，作为马嘎尔尼勋爵的侍从和使团的一员，同样参加了对市政厅的访问，而且可能读到了刻在石碑上的文字（尽管年轻，却在工作中学过两年，因此他是唯一懂中文的人）。在1794年1月访问市政厅时，他不相信葡人的解释（与拉米奥神父完全一样），在日记中揭露了石头上的真实内容：承认并服从天朝的命令。③

归根到底，还有最后一个决定性的证言：若瑟·伊纳西奥·德·安德拉德（José Inácio de Andrade）的证言，他是《中国消灭海盗回忆录》（Memória sobre a destruição dos Piratas da China）和《印度和中国来信》（Cartas Escriptas da Índia e da China）的作者、1815~1837年闻名于东方的旅行家和商人④。正是在后一著作中，安德拉德约在1826年写给妻子的第32封信中谈到 "澳门的现状"：

---

① 高美士译《澳门记略》（葡译第二版），第135页。
② 乔治·斯丹东：*An Authentic Account of an Embassy from the King of Great Britain to the Emperor of China*，London，第404页。
③ 乔治·斯丹东：*An Authentic Account of an Embassy from the King of Great Britain to the Emperor of China*，London，第404页。
④ 关于安德拉德的情况，参见冼莉萨（Tereza Sena）《谈对若瑟·伊纳西奥·德·安德拉德书信的再版》（*A Propósito da Reedição das Cartas de José Inácio de Andrade*），载《文化杂志》。

（曾经）认为这个小岛为卢济塔尼亚所属。今天，我却相信相反……。关于从前的错觉，我所能告诉你的一切就是，再没有什么比1614年立于市政厅入口处的神宗皇帝的石刻法令更具有说服力。①

在我们看来，鉴于这些证言，即使不是毫无用处，我们也对这个支持澳门被皇室出让说法的可信程度深感担忧。相反，葡萄牙当局对作为皇帝权威在澳门最重要的标志之一的这些石碑，本来的目的从来都是清楚的。事实上，在我们看来，从物质上消灭市政厅石碑的企图，是最早出现在澳门的正式抵抗皇帝权威的行为之一。我们详加论述如下。

尽管绝少被提及，却有大量的迹象表明，抹去的过程从 18 世纪末就开始了。例如，它也许是北京主教汤士选（Alexandre de Gouveia）在 1784 年他失败的外交使命中向皇帝提出的要求之一。事实上，海军和海外事务国务秘书卡斯特罗在 1783 年从里斯本发给印度总督索萨的指示正是这样要求的，而印度总督不但在给北京主教的指示中这样要求②，而且为此给当时他的属下、澳门总督花利亚（Bernardo de Lemos e Faria）发去了同样内容的训令③。根据卡斯特罗对印度总督的解释：

在上述石碑上，以中葡文写着以广东总督及另一些中国官员名义而不是以皇帝的名义发布的命令。这些命令完全摧毁了基督教义和葡萄牙王室的主权。而且，这些命令如不获得严格遵守、受到触

---

① 安德拉德：《1815~1835 年间印度和中国来信》（第二版），第 123~124 页。皇帝意志的表达实际上是对占领（而不是出让）澳门的理由的唯一支持。因此，安德拉德以此反驳英国人 J. F. 戴维（J. F. David）。戴维在他的著作中称："帮助打击中国海盗的事情和谋求一个皇帝法令表明出让澳门给葡萄牙人似乎没有事实依据；他们拥有的唯一特许权就是按照葡萄牙法律自我约束"。安德拉德批驳"言论轻率"的英国人说："关于澳门的事情他写的怎样？他在那里生活了许多年，连市政厅里神宗皇帝的石刻法令都没有见过！在这道法令中，不但确认了 16 世纪的占有，而且还确认了它被占有的条件"。安德拉德：《1815~1835 年间印度和中国来信》，第 256 页。

② 见 1784 年在果阿交给主教的第 18 号指示，M. 穆里亚斯《与澳门历史相关的给北京主教的指示和其他文件》，第 54 页。

③ M. 穆里亚斯再版著作中，记录了这个训令。参见高美士《历史的声音："圣名之城澳门的若干历史事件"的重新发现》（*A Voz do Passado, Redescoberta de "A Coleção de Vários Factos Acontecidos nesta Mui Nobre Cidade de Macau"*），澳门，澳门文化司署，1987（据 1964 年第一版复制），第 72~73 页。

犯，中国官员便有了一再掠劫的借口。而如果无人向皇帝及其大臣告知上述中国官员对澳门居民的暴力蛮横和他们对前朝皇帝们给予葡国的特许、豁免和自由置若罔闻，中国皇帝便无法相信葡国王室过去之陈述的公正性及理性，不能使他们采取有力措施，如命令撤走有关石碑。可以肯定的是，目前中国皇帝认为葡萄牙民族名声甚佳……①

几十年后，有必要以具体行为抵抗对葡萄牙王国主权的不断诋毁，这个信念仍然活在葡萄牙当局的头脑中。表达这一决心的机会于 1810 年出现了，当时澳门当局与广东省政府打击海盗张保仔的合作取得成功②。为了通过某种方式使其留下永久的类似居留地创始神话那样的影响，在总督华嘉龄（Lucas de Alvarenga, 1808～1810）的建议下，市政厅批准在其总部为合作的成功竖立两块纪念石碑③。正是在这个时候，作为计划的补充，总督建

---

① 《给印度总督堂·弗雷德里克·吉列尔梅·德·索萨的指示》，见 M. 穆里亚斯《与澳门历史相关的给北京主教的指示和其他文件》，第 11～12 页。

② 关于这个问题的初步研究，见维托尔·路易斯·加斯帕尔·罗德格斯（Vitor Luís Gaspar Rodrigues）：《18 世纪末、19 世纪初澳门与果阿当局在打击南中国海的海盗中的"协调"行动》，载萨安东、阿尔维斯（Jorge dos Santos Alves）编《16～19 世纪葡中关系史研究》，澳门，东方葡萄牙学会，1996，第 235～278 页；以及 Dian H. Murray, *Pirates of the South China Coast, 1790–1810*，斯坦福，斯坦福大学出版社，1987。

③ 据 1810 年 7 月 17 日文件载："为了不使后来人指责我们对前人的疏忽和遗漏负有严重的责任，现在有一个与当初最早的葡萄牙人在世界的这个地方的占领或占据相类似的事件，从正完全处在外国即来到广东这个港口进行贸易的那些国家的威胁中的中国政府那里仅凭这个城市的努力拯救市政厅，在为葡萄牙军队和这个国家的荣耀和摄政王的胜利而进行的那个远征很久之后，由于几乎完全是为了中华帝国的远征的结果而已见成效，（他）认为应为事件刻立两块纪念碑，并刻上现任总督、部长、市政厅、事件发生的年、月、日，并且表明将继续这样做。同意制作两块内容相同的石碑，立于市政厅大门两侧的墙边；但是，一块刻葡文，另一块刻中文"，"澳门市政厅所立两块石碑上的文字说明分别为葡文和中文，石碑立于市政厅入口处，作为对消灭海盗的纪念"。参见 J. F. 朱迪斯·比克（J. F. Júdice Biker）《自征服事业初至十八世纪末葡属印度国与保持关系的亚洲及东非的国王和君主之间的和平条约和协议汇编》（*Colleção de Tratados e Concertos de Pazes que o Estado da Índia Portuguesa fez com os Reis e Senhores com quem teve Relações nas Partes da Ásia e África Oriental desde o Princípio da Conquista até ao fim do século XVIII*），里斯本，国家出版局，1886，第 11 卷，第 261～262 页。也可见澳门总督 1810 年 7 月 19 日和 1811 年 5 月 1 日《致印度总督的公函》，以及 1810 年 5 月 3 日《印度总督致海外事务部长的公函》，同前引书第 262～280 页。

议"将市政厅院内的另一块对于我们来说不光彩的石柱撤除"①。这个企图在澳门社会自然而然碰壁失败，尤其遇到了来自害怕中国发觉此事并做出反应的那些人的反对。实际上，正如1811年印度总督萨尔泽达斯伯爵（Conde de Sarzedas）在给里斯本的国务秘书加尔维亚斯伯爵（Conde de Galveias）信中写的那样，"他（华嘉龄）说，在这种时候，他被说服了，一直到他离开，再没有听人说起过这件事"②。尽管这样，正是这位印度总督在当时写信给市政厅，命令利用一切手段从记忆中淡化并抹去存在于这个城市并让这个城市感到耻辱的那两块石柱，通过必要的活动竭力达到这个目的，避免与中国政府的任何妥协③。

如果说这种努力连续不断地遭到失败，那么很自然，在19世纪的上半叶，消除市政厅那些"法典"的象征意义这个想法不但继续保持，而且甚至由于目睹帝国政治的日渐腐败而更被启动了，尤其是当越来越意识到需要在帝国的体系中改变澳门的地位。

从我们了解的各种信息看，总督边度（Adrião Acácio da Silveira Pinto）为此实施了首要的一击，命人将市政厅的一块石刻"法典"除去，就是白屋的中国官员张汝霖根据乾隆帝对广东总督的一个奏折所做的批示编写，并命人于1749年竖立于澳门的那块石碑④。当时中国政府正忙于应付直接导致后来"鸦片战争"的严重局面，将这件事情发生的年代1839年与可能利用中国政府的顾此失彼联系在一起难道是没有根据的吗？

证明这些权威具有敏感的象征意义和可能遇到来自华人社会对抹除记忆做法的抵抗的便是这样的事实，即边度没有能够实施将这个记录彻底消

---

① 1811年5月3日《印度总督萨尔泽达斯伯爵致加尔维亚斯伯爵的公函》，J. F. 朱迪斯·比克：《自征服事业初至十八世纪末葡属印度国与保持关系的亚洲及东非的国王和君主之间的和平条约和协议汇编》，第11卷，第277～279页。

② J. F. 朱迪斯. 比克：《自征服事业初至十八世纪末葡属印度国与保持关系的亚洲及东非的国王和君主之间的和平条约和协议汇编》，第11卷，第277～279页。

③ 1811年5月1日《公函》，澳门历史档案馆，AH/LS 401，文件40，第42～42后页。

④ 我们提到的这些情况，是根据埃武拉公共图书馆1784年4月12日印度总督著名训令的副本上一则佚名的简短批注。通过这个训令，命令澳门总督采取一系列措施，其中包括撤除那些石柱。谈到市政厅石柱，在§32旁边那则批注是这样说的："它于1839年被边度总督下令推倒。"训令及有关的批注由高美士在上面提到的书中做了公布，即前引《历史的声音："圣名之城澳门的若干历史事件"的重新发现》。另外，如我们下面将看到的那样，亚马留命人推倒的是一个石碑而非石柱。

灭的计划。实际上，只是到了亚马留担任总督（1846～1849 年）的时候，他才通过彻底的行动使这个几乎在一个世纪以前就提出的愿望得以实现。

众所周知，亚马留在极其特殊的情况下，终于实现了一个计划，它用近乎外科手术一样的准确性，彻底打破了三个方面的平衡，在葡萄牙的控制下，从这三方面确认了澳门对中国的 "独立"：领土方面（确认葡萄牙对毗邻水域和城市围墙之外区域的统治）、行政方面（取消了澳门社会对中国地方官员的依附关系）和税收方面（葡萄牙人和中国人对政府纳贡和消除帝国的海关制度）。

注意，在这一整套行动中，有一些是具有深刻象征意义的，目的在于最后消灭市政厅的那些石碑。像对待一件似乎无足轻重的事情那样，亚马留于 1848 年 3 月将这件事通知了里斯本政府。但是，行动及其目的却是毫无疑问地明白无误的。据总督解释，在市政厅的走廊里有 "一个刻着市政厅与广东省官员之间契约条款的石碑，其中一些攻击葡萄牙尊严（的条文），我下令将其清除"[1]。

归根结底，亚马留命令从市政厅墙上取下的那块石碑，我们相信不是那块乾隆 "法典"，边度已经将其取下，而肯定是第一块，即万历 "法典"，也就是在海道俞安性建议下，并经过受到万历皇帝处罚的两广总督张鸣冈，批准于 1616 年在澳门颁布的海道禁约。由于其具有的诋毁性质，1745 年之前便被从原来市政厅建筑的显眼位置移至市政厅入口处[2]。

由于无法准确知道三个世纪以来 "法典" 在中华帝国内部支持澳门居留地存在的协约关系中曾经起过的作用，市政厅那些石碑最终变成了因袭的不平等之象征性表达的明证。在一个刚刚宣布 "殖民" 地位的地区（葡萄牙）国家主权已经不再容忍这种表达了。同时，也不能容忍存在于澳门的（中国）最高权力的许多其他表达或象征。事实表明，这不能用维持葡

---

① 1848 年 3 月 25 日《总督致海军及海外事务部长的公函》，海外历史档案馆，二室，澳门，1848 年箱。

② 由于在 1745 年之前只可能提到万历 "法典"，阿拉比多的马利亚修士说："在另外两块石碑上，市政厅委员们承认刻有表示臣服于一个陌生皇帝的文字，市政厅小心翼翼地表示接受意见并在后来自己下令将这些文字从院墙上清除，因为它们只适用于那些卑贱的葡萄牙人"，载马利亚修士《中国和日本的亚洲》，第 123～124 页。但大约在 1823 年，商人若瑟·伊纳西奥·德·安德拉德提到看见过 "1614 年神宗皇帝的法令刻在澳门市政厅入口处的石头上"，见安德拉德《1815～1835 年间的印度和中国来信》（第二版），第 123～124 页。

中关系平衡的政治秩序原则来解释，而只能从那些当地代表（葡萄牙）王国和（中华）帝国利益的人们的谋划中寻找答案。在准备将石碑作为战利品运往里斯本时，亚马留这样解释石碑失去了继续宣示其内容作用：

> 这个契约从未获得批准，既没有得到陛下的批准，也没有得到皇帝的批准，只是那些狡猾的中国官员给市政厅委员们的一些特许，其公正和高尚观念仅仅局限于肮脏的利益……①

（原载黄晓峰主编《文化杂志》，澳门，澳门特别行政区政府文化局，第 44 期，2002 年秋季刊）

---

① 1848 年 3 月 25 日《总督致海军及海外事务部长的公函》，海外历史档案馆，二室，澳门，1848 年箱。

走私与反走私：从档案看明清时期澳门对外贸易中的中国商人

从明清时期澳门的对外贸易商人来看，澳门一直实行类似广州的十三行的官商制度，客纲、澳商就是其中的代表，但是官商制度的存在并不意味着私商的绝迹，他们反而在对外贸易的各个方面无处不在，而且还时时与官商争夺利益，形成官商与私商实际并存的局面。在清代中期澳门对外贸易中，鸦片走私已构成巨大的网络，直接影响着澳门乃至整个清代的对外贸易，并对澳门近代社会产生巨大的影响。

作为明清时期重要的对外贸易港口，澳门地位举足轻重。目前不少学者对明清时期澳门的对外贸易以及明清政府贸易政策与管理制度做过深入的研究。作者在数年前也对明清两朝政府对澳门实施的外贸管理制度进行过肤浅的研究，认为明清政府对澳门实施的管理制度总的来说比较全面、严厉，对管理澳门的对外贸易起到一定的作用。但除制度、政策设计上的本身漏洞外，由于一些地方官员带头破坏，或纵容默许，致使许多管理制度流于形式，如鸦片走私贸易之猖獗使清政府的多次禁烟政策没有得到有效的实行。在明清时期澳门的对外贸易中，一直以来存在着官商与私商的问题，存在走私与反走私的较量。为此，本文欲从澳门对外贸易商人中的官商与私商问题着手，特别是通过对澳门对外贸易商人的个案分析，以便较全面及深刻地认识明清时期澳门对外贸易管理体制的复杂性。

一 明朝澳门的官商与私商

1553 年至 1644 年的近百年，是澳门对外贸易的兴盛时期，澳门成为国

---

* 厦门市台湾学会副研究员，厦门大学南洋研究院博士。

际贸易港口，世界各国的商品云集澳门。

明政府除在行政等方面加强对澳门的管理外，在经济上，设置市舶司专门管理对外贸易。文献载：

> 广属香山为海舶出入喉喉，每一舶至，常持万金，并海外珍异诸物，多有至数万者。先报本县，申达藩司，令市舶提举同县官盘验，各有长例。①

对于外国商人运来的货物，自有一批官商与之交易，即澳商，又为三十六行官商。霍与瑕曾提议，由广州府召集澳票商人，先行把澳票交与他们，然后由这些商人与葡人进行交易，最后由澳票商人代葡人交纳出口税②。另据史载：

> 洪武初，令番商集止舶所，不许入城。正德中，始有夷人始筑室于番澳者，以便交易。每房一间更替价至数百金。嘉靖三十五年海道副使汪柏乃立客纲、客纪，以广人及徽泉等商为之。③

《剑桥明代中国史》指出，在整个 16 世纪，广州间断地禁止和开放对外贸易，决定其状况的主要原因是法律和秩序。广东的地方官员们拟定了一套详细办法来控制他们管辖下的对外贸易。外国人必须在指定的地区内居住。贸易期限于一年一次（后来是两次）。中国人还发展了强制的方法。他们不给不遵守这些办法的外商提供服务和生活用品。当征收关税从澳门移往广州时，所有 19 世纪的公行制度的因素都已经有了适当的位置，它们由一个同业组织的管理人所指定的一些富有中国商人担保。④

明史料中提到的揽头，一般是指官商。而奸揽则是指那些为非作歹之官商。有的官商"玷官剥商"，有的官商冒领库银，也有的运私货、减国饷。这些官商有王廷宪、曾沛证、余腾苍、谢玉宇、陈节登、舒泰、洪丽

---

① （明）周玄玮：《泾林续纪》，第 34 页。
② （明）霍与瑕：《霍勉斋集》，引自《明经世文编》卷 368。
③ （明）黄佐：(嘉靖)《广东通志》卷 68《外志五·杂蛮》。
④ 牟复礼、崔瑞德编《剑桥明代中国史》，北京，中国社会科学出版社，1992，第 605 页。

五、许耀轩等①。

有关明朝澳门对外贸易的官商资料有限，使我们不易分析当时澳门对外贸易商人的一些具体情况，但是可以相信官商是澳门对外贸易管理制度中的重要组成部分，作为与外国商人直接打交道的中国商人，他们在对外贸易中的作用须作更深入的研究。

与官商相对的是一些私商。终明一代，私商也是澳门对外贸易中不可忽略的一个方面。私人贸易、或走私贸易，不仅是明海禁政策的副产品，也是官商垄断制度的副产品：

> 西洋人往来中国者，向以香山澳为舣舟之所入，市毕则驱之以去，日久法弛，其人渐蚁聚蜂结巢穴澳中矣。当事者利其入市，不能尽法绳之，姑从其便而严通澳之令，俾中国不得输之米谷种种，盖欲坐而困之，令自不能久居耳。然夷人金钱甚伙，一往而利数十倍，法虽严不能禁也。②

为了有效管理对外贸易，防止走私贸易的泛滥，明政府多次颁布条例，严禁私货买卖。海道副使俞安性为了加强对澳门葡人的管理，在澳门"复条具五事，勒石永禁"。其中规定：

> 禁接买私货。凡夷趁贸货物，俱赴省城公卖输饷，如有奸徒潜运到澳与夷，执送提调司报道，将所获之货尽行给赏首报者，船器没官，有违禁接买，一并究治。

由此可见明朝时澳门对外贸易利润丰厚，致使商人为利益驱使，争与贸易，甚至铤而走险。

一些私商假冒官商与外商进行交易，以期降低贸易风险。就是葡人初来澳门之时，也假冒官商：

① （明）颜俊彦：《盟水斋存牍》卷2《谳略》。载中国第一历史档案馆、澳门基金会、暨南大学古籍研究所合编《明清时期澳门问题档案文献汇编》（五），北京，人民出版社，1999，第332～334页。
② （明）王临亨：《粤剑篇》卷3《外夷》。

岁甲寅，佛朗机夷船来泊广东海上。比有周鸾，号为客纲者，乃与番夷冒他国名，诳报海道，照例抽分。海道副使汪柏故许通市，而每以小舟诱引番夷，同装番货市于广东城下，亦尝入城贸易。①

官商参与走私之例并也不鲜见。颜俊彦指出，"照得粤省密迩澳地，闽揽实逼处此，拨置夷人，往来构斗，大不利于吾粤"。如吴宇等借名充饷，依城凭社，潜踞地方，私行接济②。

另外一种方式便是通过直接或间接的走私，偷税漏税，逃避征管。明万历四十一年（1613年），郭尚宾请逐葡人离澳时曾指出：

> 乃闽广亡命之徒，因之为利，遂乘以肆奸，有见夷人之粮米牲菜等物，尽仰于广州，则不特官澳运济，而私澳之贩米于夷者更多焉。有见广州之刀环、硝磺、铳弹等物，尽中于夷用，则不特私买往贩，而投入为夷人制造者更多焉。③

明朝颜俊彦在任香山县地方官期间，曾详细记录澳门与香山之间的走私贸易情形。如商贩吴明立私将香山、顺德之木材贩运至澳门，"既无给照，又无税单"，吴本人身上还带有番书，显然就是经营澳门对外贸易的私商。漏税木户陆炳日向澳门偷运珍贵之木，香山县地方官将其一船木料没收拨充国课④。

1615至1616年任职广东巡抚的田生金指出：

> 近来闽粤奸徒，以贩为业，违禁通倭，亦踪迹不可究诘。近臣等缉得通倭真犯，有饱载而归，真赃可据者，有满贮倭货未下洋者，利

① （明）郑舜功：《日本一鉴》卷6 "海市"条。前引《明清时期澳门问题档案文献汇编》（五），第152页。
② （明）颜俊彦：《盟水斋存牍》卷1《公移》，载《明清时期澳门问题档案文献汇编》（五），第334页。
③ （明）《郭给谏疏稿》卷1，第12~17页。
④ （明）颜俊彦：《盟水斋存牍》卷1《署香山县谳略》，载《明清时期澳门问题档案文献汇编》（五），第332~334页。

之所在，此辈走死地如鹜。①

颜俊彦辛辣地指出，各地商人相继走私，接济澳门葡人，不仅是因为私商铤而走险，而且还与庞大的走私保护网有很大的关系：

> 奸宄之所引类呼朋，争为接济，越日甚一日，岂其走私如鹜哉？……今又视篆香山，密迩澳地，稔知接济之根由，不敢避忌隐匿，请得而痛言之……香山，接济之驿递也；香山参府，接济之领袖也；市舶司，接济之窝家也。何谓驿递？香山之设有抽盘科，每船出入必抽丈盘验，所以严稽核也。今且免盘矣，不肖县官甚至借此以饱蹊壑，而更拨防守之兵船为之搬运矣，此非驿递而何？何谓领袖？香山之置有参府，汉夷杂处，恃以弹压，所以重防守也。各县船艇出入海上，经其地者俱得过而问焉，而今且亡赖奸徒，向参府给与一小票，便执为护身符箓，往来无忌矣。何谓窝家？市舶官之设，所司止衡量物价贵贱多少报税足饷而已。接济之事，原非其所应问也。乃近有不肖司官，借拿接济之名，一日而破数百人之家，致激控部院，冤惨彻天。夫非接济而指为接济，则其以接济为生涯者，不得不依为城社，而诸揽为之线索，衙役为之爪牙，在该司踞为垄断，在群奸视为营窟，纵横狼籍，人人侧目，非窝家而何？②

由此可以看到当时澳门香山之间已形成巨大的利益集团，公开为走私打开大门。颜俊彦欲整顿吏治，"职请自今日始，凡船艇出入于香山者，香山令必亲访船，所应抽、应盘，实实查复，除夹带违禁货物解赃问罪外，其应纳税报饷者，照常记数填注印册，缴报海道，并移市舶司照簿查收"，欲通过一系列惩处措施，以期达到驿递撤、领袖绝、窝家除，清接济之源。然而，官商勾结情形之严重，已难以靠一个清吏所能救治。

田生金对有关澳门官兵纵容走私之情形，也有详细之描写：

---

① （明）田生金：《按粤疏稿》卷3《大计刻方面疏》、《参防汛把总疏》、《问过钦总林荣疏》。
② （明）颜俊彦：《盟水斋存牍》卷1《署香山县谳略》。

明万历十四年，访得香山寨把总以都指挥体统行事。都指挥使郑
舜臣年力尚强，意气偏颇于抱疢，操持亦励，而机权总诎于当关。濠
镜澳异类逼处，不闻挈一接济，而哨官吴元龙所获私澳之犯，径即释
放，则防守谓何？塘基环出入当严，不闻谨我藩篱，而哨官梁镇邦每
于常贩之物起私税私抽，则约束安在？旗总蔡升抢掠闽商银钱，及香
山追获，而驰书救解，不几纵之御人乎？……林荣有不在官侄林英，
在广生理，欲带私货往澳贸易，虑恐官兵盘获，窃用钦总封条封船，
当有上东总指挥赵梦得捉获解道。①

明朝末年澳门对外贸易中存在的大量走私现象，一方面反映了明政府
管治能力的日益式微，另一方面反映了垄断性的对外贸易体制问题之严
重性。

二 清朝澳门对外贸易的官商与私商

在鸦片战争之前，澳门对外贸易地位实际让位于广州，特别是在广州
独口贸易之后，澳门对外贸易更是一落千丈。尽管如此，澳门的对外贸易，
无论是合法的贸易，还是走私贸易，均在不断进行中。

清政府还对澳门葡商实施了额船贸易制度，澳门的国际贸易是以额船
进行的。额船是指悬挂葡萄牙旗、由中国政府特准在澳门从事贸易活动的
船只，共有 25 艘②。清政府对澳门的额船征收优惠的船钞，免征货税。这
些船只经营米、丝、白铅、瓷器、茶叶、皮毛、苏木、海参、棉花、布、
硝砂、胡椒、象牙、乌木、鼻烟等方面的进出口生意。凡额船出洋，必须
由澳葡理事官向澳门同知、香山知县及县丞分别呈禀，预报开行日期及实
际开行日期。在澳葡方面，有一批垄断贸易的商人从事着贸易，在澳门的
中国商人方面同样存在一些官商，额船进入澳门后须向粤海关完纳船钞。
额船丈量输钞，例有保商，又称保家，由华民中经营对外贸易的澳商承充。

---

① （明）田生金：《按粤疏稿》卷 3。
② 卜新贤、刘芳：《从国立东波塔档案馆藏中文文书简述 18 世纪澳门的国际贸易》，载刘芳辑、
章文钦注《清代澳门中文档案汇编》（下），澳门，澳门基金会，1999，第 856～861 页。

其他外国船只则在省城，由十三行商承保。船钞完缴清楚，始能出货贸易。

澳葡商人经营之船只到澳门时，只需向澳葡海关交货税，不需向粤海关上税，一般是由行商承买后，由中国商人再赴海关上税。故粤海关澳门关口进出口货税实是华商交纳的税，与澳葡商人无关。

在广州独口贸易之前，特别是在海禁期间，官商与私商实难区分。清初迁界时期，一些官商做着私商的行当，直接参与走私贸易。尚可喜多次派商人、家人到澳门贸易，甚至出洋经商。"番棍沈上达乘禁海之日，番舶不至，遂勾结亡命，私造大船，擅出外洋为市"。两广总督卢兴祖与香山知县姚启圣在迁界、海禁甚严之时，私自下令与澳门葡商交易。在这起走私案中，有不少官商与私商参与其中：

> 据知县姚启圣口供，总督卢兴祖差我追要入官五船货物去来，我同詹其祯等到澳，叫鬼子嚛哆，说将五船入官货物收了给我。嚛哆等向我们说，五船货物所到之年，我们就送总督一万三千两，将货物退给我们卖讫。若要赔补入官货物，商人所买旧货因禁截在此，你们拾分抽出四分，给予商人陆分。及告诉总督商人程之复、李之凤等……如此告诉李之凤等先往澳去，我后去了，将商人所买物件俱抽取四分，奉有不叫澳门不迁之旨。我等带领众商人出所禁之界，非系我私到澳贸易等语。①

参与这次违禁贸易的官商有程万里、李之凤、吴培宇、黄拔华、方玉、李启、程之复、原六、程启文。官商参与走私贸易，实际上对违禁贸易起了推波助澜的作用。

1757 年广州独口贸易后，中国对外贸易基本上是由粤海关管理通过十三行商人来进行的。清政府对澳门的管理规则十分严格，粤海关在澳门设立总口税务，又称澳关委员，其职能是：

> 粤海关管理总口七处，以省城大关为总汇，稽查夷船往回贸易，

---

① （清）赫玉麟：《广东通志》卷 62 卢兴祖《议除藩下苛政疏》，载《明清史料》已编《刑部残题本》。

盘诘奸宄出没，均关紧要。是以向设立旗员防御两员，一驻大关总口，一驻澳门总口，每年请将军衙门选员前往弹压。[①]

澳门为粤海管理的七处总口之一，辖关闸、大码头、南湾、娘妈阁四个小口，居于省城大关同等重要的地位。

作为清朝垄断贸易制度的一部分，清政府在澳门也安排了一些"官商"参与其中的贸易，叫澳商，他们专门承充澳行，承担起保商的作用。例如，乾隆五十七年，许敦元奏称有关澳行商人之事：

> 特调香山县正堂加十一级纪录九次记功一次许，为据禀咨复事：乾隆五十七年七月二十九日，奉本府信牌；乾隆五十七年七月十七日，奉布政使司许宪牌；乾隆五十七年七月初九日，奉署理两广总督印务巡抚广东部院郭宪牌；乾隆五十七年七月初二日，准□（粤）海关监督盛咨开：照得同昌行商人许永清承充舂行，先经本关部批准，咨明贵署督部在案。兹据该商禀称：窃商本年闰四月间投充舂行。办理上下舂货，报输税饷，散漫无稽，故商承充舂行，代为报输，以期事归划一，有所专责，本属因公，并无别有希冀。但商先经承开同昌外洋行口，现在夷船陆续进口，料理夷人生理，事务殷繁，商一人支应，已形竭蹶，若再承开舂行，更觉不能兼顾，必致贻误，获咎匪轻，合无仰恳宪恩，俯将舂准商告退，俾商得以专心办理外洋行务，于公私两有裨益。等情。……查舂行之设，原为上下省舂货物漫无统摄，是以批准该商承充，以杜偷漏而专责其成。今该商既因夷船陆续进口事务殷繁，不能兼顾，情愿告退，亦属实情。至于上下省舂货物，饬澳门委员及沿途各税口随时严密稽查，毋使稍有偷漏，以重税饷。[②]

澳商是澳门官商的总负责人，代各官商报输进出口税，责任较重大。如专门从事硝生意的，是地地道道的官商[③]。据梁廷枏《粤海关志》载，清

---

① （清）梁廷枏：《粤海关志》卷7《设官》，第4~5页；卷71《禁令》。
② 《清代澳门中文档案汇编》（下），第633页。
③ 章文钦在《清代澳门中文档案汇编》第279号档案注中也指出，硝商是清代官方特许商人之一，专门承买洋船蕃舶所带压舱硝砂，以供军需。

代军器火药之禁，始于康熙二十三年开海贸易之时："康熙二十三年，诏开海禁。其硝磺、军器等物，均不准出洋"。又据乾隆三十四年上谕：

> 向来硫磺入海口，俱系例禁。原因磺斤系火药所需，自不便令其私贩。若奸商以内地硝磺偷运出洋，或外来洋船私买内地硫磺载归者，必当实力盘诘治罪。……海外硫磺至内地，并无干碍。遇有压舱所带，自可随时收买备用，于军资亦属有益。①

此当为允许进口硝砂之始。之后，清政府也将硝砂买卖列作专卖。例如，嘉庆九年署澳门同知指出：

> 照得硝磺一项，关系军火，例禁森严。即硝商供办省局，亦须请给照票，填明斤数，方许赴澳买运，以杜影射之弊。②

嘉庆十一年，两广总督吴熊光下令严查进口硝砂及买卖之事：

> 吴熊光等奏查明粤东硝磺情形筹办透漏一折。据称，粤省产磺各厂，煎解年久，时逾缺乏。查有夷船压舱咸砂一项，亦可煎硝，曾经办理有案。且洋船压舱带硫磺例准收买。压舱咸砂较之倭磺更多，若收买不尽，尤易透漏。似应仿照办理。应请俟夷船进口时，即将压舱咸砂及所带磺斤一并饬商认买，俟二项充足，可备一二年之用，将磺厂封闭，硝厂亦一并暂停采煎。等语。③

> 军民府同知熊，为披沥苦情事：嘉庆十三年二月二十一日，准广州府关开，奉布政司衡批：据硝商冯卓干、吴荣山、保商李大成、曹安堂等禀称，现奉南海县谕开，奉藩宪批，据具禀委员押同硝商赴澳议买咸砂未成，请示办理缘由。奉批。查上年硝商曾买咸砂一百余万

---

① （清）梁廷枏：《粤海关志》卷17《禁令》。
② 《清代澳门中文档案汇编》（上），第163页。
③ 《清代澳门中文档案汇编》（上），第164页。

斤，每百价六七八元，该商等自向夷人议买，并未报司。今此次奉行准买，何至骤然增昂？该商与夷人买卖情熟，更难保无串通抬价居奇情事。①

地方官员对硝砂之进口、价格均是十分关心，因为硝砂属于军用物品，由专门的商人负责进口，每年朝廷均有资金拨出，专供采购。然而私商也参与其中，引起朝廷之关注。硝商冯卓干等称：

> 窃洋砂一项，上年奉宪议定□□（章程）之，所有夷船带到，由关部宪丈量时查明移咨，饬着洋商公同估价给照，然后商等备价赴买煎解。等因。兹本年三月内，有吕宋夷船带有洋砂二千担，收泊澳门地方，已有经纪到厂言买。商等以奉有立定章程，未敢擅为交易。现查该夷船货物系投东生洋行上饷发售。其带到洋砂，未奉查明饬知赴买。但洋砂在澳每有匪徒私贩。②

外国商人见清政府有收购硝砂之需求，便大量运进硝砂，这不仅导致硝砂价格波动较大，而且也导致大量违禁私买之事屡屡发生。如澳葡夷目"前所禀贮公所应用咸砂仅报三十八担二十五斤"，而经香山知县彭昭麟查出，澳夷映哪哩（João Daniel）私存四千一百二十三包，映嚜哆呢（João António）有六十包，每包有一百余斤，共计有四十余万斤。故香山知县等认为葡商是违例私带私售，"已干禁令"③。

一些私商也卷入私买之列。例如，嘉庆十四年，饬查船户梁顺和从澳门夷人购买炮位、火药等④。沙尾村民人容亚骚等，与容廷满、顺德人关亚四与澳门人吴亚元一起，向澳门葡人白眼大仔家购买存于货仓的硝砂，自行煮制售卖⑤。

除硝商外，澳商有从事经营出口白铅的权利。据《粤海关志》载，嘉

---

① 《清代澳门中文档案汇编》（上），第 177 页。
② 《清代澳门中文档案汇编》（上），第 161 页。
③ 《清代澳门中文档案汇编》（上），第 170 ~ 171 页。
④ 《清代澳门中文档案汇编》（上），第 179 页。
⑤ 《清代澳门中文档案汇编》（上），第 160 页。

庆十三年特别规定"夷船回货置买白铅，每年通计各船，先以最少年分七十万斤为率"①。而澳门葡人所需出口的白铅由澳商代为采购。澳葡商人因此新条例而受影响，故要求从额定的七十万斤中拨出三十万斤给澳门葡商：

> 查历年所买货物，首重白铅，为大小西洋各埠所必需，皆由澳商代夷接办，前往佛山采买，到省报明关宪，输税给照，运回澳门，统计每年不下万万斤。历年开行报单可据，相沿无异。去年新例，东省洋船买运白铅，止许七十万斤。省城贴近佛山，递年尽归洋商收买，转售黄埔各国夷船，致令澳夷欲买不得。……只得禀乞转请督、关二宪，将每年额定白铅七十万斤拨三十万斤采买，澳商承接往佛山置办到省，报明关额外，输税给照下澳。②

后清廷允许拨出十四万斤给澳葡商人，由澳商采买，当时由合澳公举殷实澳商王文德一人代办，严格规定不准在限额之外"浮买"、"重买"③。

道光初年获准从事对外贸易的中国商行，有泰记、景记、瑶记、荣记、兴记、中记、顺记、吉记、恒记、升记、佳记、雍记等。道光二年，他们在向葡商承买入口货物后，因存放货物，被澳葡设立的抽分馆执锁人役偷窃客货，以致这些商行投诉至澳葡理事官④。王文德最后希望辞去澳商之责，也因行商所负责任太重之缘故。

由于澳门是各国商人居住、贸易的重要之地，澳门大大小小的商人实际上均有与外国人做生意的机会。乾隆初年澳门已是"其商侩、传译、买办诸杂色人多闽产。若工匠、贩夫、店户则多粤人。赁夷屋以居，烟火簇簇成聚落"⑤。乾隆五十五年（1790）之后，营地街有墟亭，各行商贩在此经营。

华夷杂处给许多商人带来贸易机会，也形成了数量可观的私商。葡萄牙东波塔中文档案均有大量的记载。清统治时期，盐为专卖品，严禁私盐，

---

① （清）梁廷枏：《粤海关志》卷7《设官》。
② 《清代澳门中文档案汇编》（上），第108页。
③ 《清代澳门中文档案汇编》（上），第111页。
④ 《清代澳门中文档案汇编》（上），第351页。
⑤ （清）印光任、张汝霖：《澳门记略》，赵春晨校注，澳门，澳门文化司署，第25页。

但是贩卖私盐现象在澳门也屡见不鲜。如嘉庆九年（1804）林亚炳贩运私盐，寄放在澳门外国人的楼中，被香山县丞缉拿归案①。铁也是清政府严厉管制的出口商品，严禁私自出口。《粤海关志》载"内地商人私行夹带不成器皿之铁至五十斤者，将铁入官。百斤以上者，照例治罪"。雍正七年，规定"凡有海洋贩卖铁者，一百斤以下，杖一百，徒三年；一百斤以上，发边卫充军；若卖与外国，及明知海寇与者绞监候"②。雍正九年，还规定铁器之类之出口也有限额。乾隆六十年（1795年），粤海关澳门口委员派人拿获走私生铁的容亚安、王亚英等人③。嘉庆二年，娘妈阁水手查获三板船运铁锅四百一十二件，是由澳门葡人鲍咣哋向本澳唐人陈和所买④。当时参与这次铁品走私的商人陈和与廖亚笃招认，他们都是做买卖经纪生意的。

从上述资料中，我们可以看到，在当时澳门的对外贸易中，一直存在官商与私商的问题，存在走私与反走私的较量。清政府在澳门设县丞、粤海关在澳门设有关口委员，有一套严格的制度来规范澳门的对外贸易。但是，终清一代，澳门的走私贸易一直猖獗，对正常的对外贸易和关口管理构成较大的威胁。

三 非法鸦片贸易：一张巨大的走私网

在鸦片战争之前，澳门是鸦片贸易最猖獗的地区，大量商人、官员卷入其中，构成庞大的走私网络。

自18世纪以来，澳门的鸦片走私便以网络状不断发展，广东一些地方撑起厚厚的保护大伞，下面是大大小小的中外鸦片商。地方官吏坐收鸦片税，包庇走私商，甚至参与其中，令长城自毁。巴林指出：

> 虽然鸦片货品在名义上说是一违禁品，但仍然由各级官员对它经常地收取规费，而且在指定征收规费的官员面前进行交货，是把它作为与其他进口货相同。所以不会因为它的非法，而会有更多的特殊危

---

① 《清代澳门中文档案汇编》（上），第120页。
② （清）梁廷枏：《粤海关志》卷7《设官》。
③ 《清代澳门中文档案汇编》（上），第117页。
④ 《清代澳门中文档案汇编》（上），第118页。

险，除非公然企图逃避习惯的规费。①

林谦在《禁烟议小注》中指出：

> 澳门设有划艇，包载鸦片、私货，入口总派陋规。年终则统计所获，按股均分，而妈阁之关税不能逃。所以澳门之船钞少而货税多，洋货之公税少而鸦片之私税多，鸦片入口之夷税少而鸦片出口之民税多。故省城之关税渐亏而澳门之关税独裕，澳门之总口稍裕而妈阁之子口独丰也。②

林则徐任两广总督之时，即在鸦片战争爆发前夕，对澳门关卡之大小吏役参与鸦片走私、收取陋规进行了整顿。但这暴露出来的问题只是冰山之一角，官员、役吏腐败相当严重：

> 澳门县丞衙门弓役谭升，即谭第发，本姓林，冒名樊昌，设立琪华馆，为奸匪贩鸦片之地。又勾串妈阁税口书史谢安，即何真，兵丁卢意，即郭平，及土棍马老六，各设长成、三扒、快蟹等船，以办案缉私催输为名，盘运烟土归澳，得受窖口月规三、五圆至十圆、八圆不等。又鸦片一箱在妈阁报税十余圆，私喂大关委员银三圆，悉经谭升等分派窖口，所卖银钞夷人得六，土人得四。③

再如马士所载："粤省夷船，带来鸦片烟泥，一至海口，辄有馈送海关监督家人银两，每岁约十余万，或二三十万不等，名曰私税"。④

道光元年叶恒澍、史惠元等人鸦片走私案发，查其在澳门有船只多艘，向其熟悉的福建商人陈五用 1320 元购买鸦片 110 斤，然后以每斤高出原价 4 元卖出。

---

① 〔美〕马士（H. B. Morse）：《东印度公司对华贸易编年史》第四卷，区宗华译，广州，中山大学出版社，1991，第 15 页。
② （清）陈澧：（光绪）《香山县志》卷 22《纪事》。
③ 《两广总督林则徐奏报革役谭升等起意兴贩鸦片得银纵放审明定拟折》，前引《明清时期澳门问题档案文献汇编》（二），第 372～374 页。
④ 〔美〕马士：《东印度公司对华贸易编年史》第四卷，第 144 页。

在叶恒澍案件中，一些地方官员之腐败对鸦片走私贸易起了推波助澜的作用：

> 奴才等查阅原呈内所控，系嘉庆十三年，有英吉利国夷匪，欲行滋扰。叶恒澍奉官带领义民，申明官谕……叶恒澍曾得各官赏赠，并县给匾额，仍令缉捕洋匪。至嘉庆二十年四月，有香山协兵丁罗姓逃洋为匪，总督派令县丞带伊出关缉捕。因费无所出，随立公司名目，向卖鸦片烟之人抽银供给，事竣随将抽费作为官规，历派大小衙内官规。①

此案影响极大，许多官吏因此而被罢官。叶恒澍事件是澳门鸦片贸易的重要转折点，从此鸦片大规模走私贸易转移到伶仃外洋上。吴兰修《弥害文小注》称：

> 初，澳门叶恒澍专屯鸦片。道光元年，总督阮元按治之。乃不归屯户，自贩于零丁洋。②

英国东印度公司、英国散商、澳门葡商均直接、间接参与鸦片走私。如"女战神号"除了鸦片之外，很少载运其他货物③。1788年，当澳门一个葡人控告东印度公司一船主莱恩贩卖鸦片，莱恩却暗示有600箱鸦片是在澳门出售起货的，而且是由一个获得澳葡总督许可证的人购去的，也付清该市的税款④。1808年，东印度公司董事部曾发令禁止公司的工作人员担任鸦片买卖的代理人，但是东印度公司驻广州的大班巴林曾表示，他担任鸦片售主的代理人工作，不会阻碍他对公司的责任感或危害它的利益，而且要求公司放弃鸦片市场任由澳门葡人控制和经营的不明智政策。东印度公司与澳门葡人、中国商人一起参与鸦片贸易。

1815年的朱梅官鸦片走私案，则在另一方面反映了中外鸦片商、贪官污吏勾结在一起的事实。早在嘉庆四年、十二年、十四年，朝廷分别发布

① 〔美〕马士：《东印度公司对华贸易编年史》第一卷，第429页。
② （清）陈澧：（光绪）《香山县志》卷22《纪事》。
③ 〔美〕马士：《东印度公司对华贸易编年史》第一卷，第472页。
④ 〔美〕马士：《东印度公司对华贸易编年史》第三卷，第206页。

了不准鸦片贸易的禁令。至嘉庆后期，随着鸦片问题日益恶化，清朝政府才意识到鸦片问题并非小事一桩。嘉庆十八年，明文正式公布了对吸鸦片者处以刑罚的内禁与外禁政策。

据学者研究，清廷颁布禁令与澳门鸦片走私案有极大的关系①。据马士研究，1815 年朱梅官等六名澳门鸦片商被捕，香山县官员要朱梅官等人交出八万元，以免关押。但朱等人不肯，结果他们被押送广州审理，最后招供了贩卖鸦片之事实②。其实，当时清廷查获的鸦片犯有十二名。两广总督蒋攸铦在嘉庆二十年奏疏中称：

> 臣等因粤东地濒洋海，番船云集，难保无奸商牟利兴贩情事。节经会同海关监督臣祥，严檄沿海地方文武及守口员弁，慎密查拿。旋据香山县知县马德滋访有奸商朱梅官等贩卖鸦片烟泥等情具禀。臣等立即委员驰往，会同该管各文武并守口员弁，拿获朱梅官等十二名，解省审办……缘现获之朱梅官即朱作宁，籍隶顺德，与同县现获之朱哲堂及籍隶香山现获之郑怀魁、籍隶潮州之陈荣禧、籍隶新会之许鸣养先后至香山县属澳门地方开店贸易。朱梅官即朱哲宁、朱哲堂、郑怀魁各由监生捐纳州同职衔，陈荣禧、许鸣养各捐监生，向具安分生理。嘉庆十九年三月十六日及□月二十五日、八月初四日，该犯朱梅官、朱哲堂、陈荣禧、许鸣养各贩茶叶、布疋，赴澳售卖。有西洋人哆唎等，以胡椒、海参等货，与该犯朱梅官等兑换茶布，除以货抵兑外，哆唎尚应找朱梅官番银三千四百八十员，朱哲堂番银二千三百员，陈荣禧番银一千二百二十员，许鸣养番银三千四百员。③

因哆唎没有钱还，以鸦片抵还款项。朱梅官转手卖掉鸦片，得银三千八百四十员。朱梅官等人发配产、充军。澳门蔡全青实际上也与朱梅官等人参与走私贸易：

---

① 〔日〕井上裕正：《关于清代嘉庆、道光年间的鸦片问题》，载广州市社会科学研究所情报资料室：《外文资料译编》，1985 年第 2 期，第 1～18 页。
② 〔美〕马士：《东印度公司对华贸易编年史》，第 234 页。
③ 《清代澳门中文档案汇编》（上），第 133 页。

向年蔡保即蔡全青，与朱梅官等在澳海洋面私行贩卖。蒙马前县宪访拿详办，发遣充军……独蔡保逃匿未获，所捐州同部答，亦未追缴。时奉大宪提拿在案。讵马宪卸事后，蔡保放肆突出，在澳地内三角亭租赁鬼子味楼下，复大开鸦片公司行。确查其鸦片每年由澳出口，约有三千余箱，每箱抽银四十大员。包漳州客货，每箱加抽一十五大员。又鸦片红泥每担抽银三十大员，统计每年得银一十七万有奇……（他们在澳门）戴砗磲顶子，出入街道，乃是有人为之包手揽，恃权垄断。每逢查到，百计弥缝。复以番差出名搪塞，瞒蔽自翊，周全无恙。又有出番核货管数诸人，秘密照应，共网财利，相济为奸。①

蔡实际上是澳葡政府、外国鸦片商与清地方官员之间行贿受贿的中间人②。朱梅官在充军新疆期间还给澳门的判事官喵嘅嘁呖（Miguel de Arriaga Brum da Silveira）来信，要求借银一千四百两，转还郑祥官。该判事官喵嘅嘁呖即是19世纪初澳葡政府权倾一时的理事官阿利亚加。他不仅与朱梅官有关联，也与叶恒澍有很密切的关系，更与英国大鸦片商比利兄弟有着直接与间接的联系③。朱梅官能向澳葡官员借钱，两者关系非同小可。

因此，在澳葡政府的纵容下，加上清地方官员腐败至极，鸦片走私渗及各个行业，一些澳门中小商人（包括铺商、船主）也大量参与其中。从这些资料我们可以真正看到澳门鸦片走私贸易泛滥至极：

（1）嘉庆十六年（1811）购买鸦片者：陈美五；贩卖、囤运鸦片者：许遐运、韦亚、容成彩；参与走私的船户有郑亚五、杨绛泰④。

（2）道光十七年郭亚平在澳门开设烟片窖口，每年贩卖鸦片烟泥在八九百斤至一二千斤不等。福建漳浦等船户郭安、郭浅从澳门贩卖鸦片运回福建⑤。

（3）道光十九年香山人锺亚二（即锺亚贵），在澳门找银钱、走私鸦片

① 《清代澳门中文档案汇编》（上），第141页。
② 〔美〕马士：《东印度公司对华贸易编年史》第四卷，第16、42页。
③ 有关阿利亚加与托马斯比利兄弟合伙从事鸦片贸易的资料，详见前引马士《东印度公司对华贸易编年史》第二至四册的有关记载，以及《明清时期澳门问题档案文献汇编》（二）第144、146～147页及注释。
④ 《清代澳门中文档案汇编》（上），第129页。
⑤ 《明清时期澳门问题档案文献汇编》（二），第300～303页。

营生，向英国鸦片商买鸦片四百两，彭亚舍充当中间人，收取佣金①。

（4）王略，道光年间在澳门营生，常与外国人交易，熟悉外国人。"凡夷船之带有鸦片烟土者，必先穿泊广东外洋，勾结私船发卖尽净，再收内洋报税开舱。后因搜查严禁，私船不能逾，伊等能解夷语之人，即勾引夷船，向该国大班言明，悬挂往北木牌，驶往所熟洋面，乘间发卖，藉图渔利"。②

（5）欧宽、姚九等向在澳门地方贩卖杂货生理，后多次参与贩卖鸦片，道光十四年各出番银一万八千两，共三万六千两，雇船在伶仃洋向夷人买得烟土十六箱，载往潮州一带销售。③

（6）澳门吕宋夷船船主吡哩运鸦片、糖米、檀香来澳门，其中鸦片有一百二十箱。澳门商人谢阿伟、卢月得成吡哩的代销商，商定每年夷商各送银七十二圆。该船开至福建诏安外洋寄泊，福建鸦片贩李日舵雇渔船主郑山等搬运鸦片。④

（7）文锦全于道光二十六年（1846）托澳门之唐宗瑜，寄囤在广益铺内或售卖鸦片。

以上所列举的个案，仅是大量鸦片走私案中的极小一部分，但从上述案件中我们可以看到，清代中叶澳门鸦片走私十分严重，而且还形成了一种行业，一条分工明确的走私锁链。

四 结论

从明清时期澳门对外贸易史来看，制度的变迁固然可以反映这种贸易的兴衰的全过程，并是重要而不可忽视的因素。但明清政府制度性的安排只是从法律及政策多方面为澳门对外贸易的有序进行提供保障，然而在实际执行层面上，情形并非如此。

从明清时期澳门的对外贸易商人来看，澳门一直实行类似广州的十三行的官商制度，客纲、澳商就是其中的代表。但是官商制度的存在并不意

① 《明清时期澳门问题档案文献汇编》（二），第 375~377 页。
② 《明清时期澳门问题档案文献汇编》（二），第 228~229 页。
③ 《明清时期澳门问题档案文献汇编》（二），第 306~308 页。
④ 《明清时期澳门问题档案文献汇编》（二），第 399~401 页。

味着私商的绝迹，反而无处不在，还时时与官商争夺利益，形成官商与私
商实际并存的局面。到清代中期，鸦片走私已构成巨大的网络，直接影响
着澳门乃至整个清代的对外贸易，并对澳门近代社会产生巨大的影响。

（原载黄晓峰主编《文化杂志》，澳门，澳门特别行政区
政府文化局，第 48 期，2003 年秋季刊）

康熙初年的澳门迁界及
两广总督卢兴祖澳门诈贿案

——清档《刑部残题本》研究

汤开建[*]

顺治十八年（1661），清廷接纳郑成功叛将黄梧建议，颁令于江、浙、闽、粤沿海诸省展开全面迁界，"尽迁其民入内，地斥为空壤，画地为界，仍厉其禁，犯者坐死。"[①]康熙元年（1662年）二月，广东地区的迁界工作正式展开，"岁壬寅二月，忽有迁民之令，满洲科尔坤、介山二大人者，亲行边徼，令滨海民悉徙内地五十里，以绝接济台湾之患。"[②]

香山地区的迁界也是康熙元年开始实行，康熙《香山县志》载："康熙元年奉迁，除去口贰百壹拾捌。""康熙元年奉迁，去田壹千壹百捌拾顷零壹拾亩零壹分伍厘壹毫叁丝贰忽伍微。"[③]澳门属于香山县辖，香山沿海"黄梁都沙尾、北山、奇独澳、黄旗角、潭洲诸乡皆迁"，就连路环岛居人亦迁[④]，澳门内迁，亦属当然之事。

然而，澳门却奇迹般地保存下来，这一块自明中叶以来即成为葡萄牙绅士们居留地的小半岛却安然无恙免罹迁界之祸。这里面究竟是什么原因？具有什么样的特殊背景？在清朝国史和所有正史中均无一字交代，西文资料对此事亦无确凿证明的记录，故导致研究者们的种种推测。近日细读清档《刑部残题本》，发现了两广总督卢兴祖就澳门迁界之事向澳葡诈贿巨额

---

* 澳门大学社会科学及人文学院历史系教授，暨南大学文学院中国文化史籍研究所兼职教授。

① （清）王沄：《漫游纪略》卷4，迁海条。
② （清）屈大均：《广东新语》卷2《迁界》。
③ （清）申良翰：《香山县志》卷3《食货志》。
④ （清）申良翰：《香山县志》卷1《舆地志》。

银两一案。清档关于此案的详细记载不仅可以披露一直未被国人知晓的清初澳门特大诈贿案及两广总督卢兴祖死亡之谜，而且有助于我们认识，在清王朝屡次历令全面迁界的运动中澳门得以免迁的真正原因。

一　清档《刑部残题本》原文

清档《刑部残题本》共有三件，原档均为残件，全部收录在台湾中研院历史语言研究所编《明清史料》已编下册第六本中。现将原文全部移录如下，标点为作者加。

第一件：

> （上缺）为何隐瞒等语。查（缺十一字），诈银物之处并无确据，而（缺八字），干证及过付之人俱供没有。揆此，卢兴祖此柒款贪诈要银之处是虚，据此无容议。
>
> 据知县姚启圣口供：总督卢兴祖差我追要入官伍船货物去来，我同詹其祯等到澳去，叫鬼子唛嗦哆等，说将伍船入官货物收了给我。唛嗦哆等向我们说，伍船货物所到之年，我们就送总督银壹万叁千两，将货物退给我们卖讫。若要赔补入官货物，商人所买旧货物因禁截住在此，你们拾分之内抽取肆分，给予商人陆分，及告诉总督，将我们仍着在澳住着，并叫海上贸易，若如此，我们给银贰拾万。说时，我将澳人给总督壹万叁千两银子之处未敢告诉，其馀情俱告诉总督。时总督说，我将此事启奏，若准行，要银贰拾万，准行不准行，为启奏情由，必要银伍万两。其先买货物拾分内抽取肆分，也好即行。因此，我告诉总督，商人程之复、李之凤等，你们澳里若有所买旧货物取去，拾分之内抽取肆分入官。如此告诉李之凤等，先往澳去，我后去了，将商人所买物件俱抽取肆分，奉有不叫澳人迁移之旨。总督差伊家人师泰、陈得功并商人李之凤，叫我同到澳去，向澳人要贰拾万银子。如此说了，我带此叁人到澳去，向澳人说，不叫你们迁移住了，拿贰拾万银子来。澳人说，若叫海上贸易，得给贰拾万银子，不叫贸易，那里得贰拾万银子给，说定共给银拾万两。先给师泰银壹千肆百两，给陈得功银贰千陆百两，买了珍珠珊瑚、佛头珊瑚树、大小珊瑚素珠

送与总督，其壹千两银子交与刘益进，再有贰千陆百两银子叫给总督，曾交与王庆吕。我带领众商人出所禁之界，非系我私到澳贸易等语，官货物，明知总督推与澳人卖了得银，而又借称运取官货物，带领众商人出所禁之界，到澳去将商人买的货物拾分内抽取肆分，不入官，货物反将卖得之价送与总督。同师泰等到澳去向彝人说过，不叫你们迁移住了，要贰拾万两银子，将柒千陆百两要了给与师泰、陈得功、刘益进、王庆吕，送与总督。揆此，总督卢兴祖诈取澳人银货等物，俱系姚启圣伊身承当，做与心腹之人而行。

其据姚启圣口供，因入官之货物不足，与詹其祯商量，带了磁器卖与鬼子，所得之物，赔补入官货物，差家人同程启文叫装了磁器带来，因此将伍百伍拾两银子买的磁器未曾装完船上，总督差人拿住等语。你系现任职官，借称官货物买了磁器，出所禁之界，私到澳去要买，希图得利而行。知县姚启圣虽未与彭襄等盟誓焚表结拜兄弟，但要拜了兄弟，互相看管，扶助贫穷，曾写过书。姚启圣系职官，反带领总督家人并商人出入严禁之界，将商人所买货物拾分内抽取肆分，俱系伊身承当而行，又将澳彝人所给银物带来送与总督。据此，姚启圣照依出界律斩，事在康熙陆年拾壹月贰拾陆日赦前免罪，仍行革职，永不叙用。

据姚启圣家人李成蛟、卢应凤、张翼春、刘忠、张进忠、徐珍、施国宝、贾良材、张凤口供，我们同主姚启圣到澳去运取官货是实，非系私出贸易而行等语。李成蛟等虽未私出到澳贸易，跟随伊主姚启圣出所禁之界而行。据此，李成蛟等照出界例斩。据照磨詹其祯口供，我同姚启圣到澳去，将商人所买货物拾分内抽取肆分，并要赔补官货物，同姚启圣商量是实，我不曾管，赊了磁器拿来要卖，将官货物赔完之日，将磁器之价同还。如此说来等语。

据姚启圣口供，我同詹其祯商量，带了磁器卖与鬼子，所得之物要赔补官货物等语，詹其祯虽称姚启圣告诉总督，将商人去澳贸易拾分内抽取肆分，赔补官物之处我不知道等语。带领众商人出所禁之界到澳去，拾分内抽取肆分，又同姚启圣赊了磁器带到澳要卖俱是真。据此，詹其祯照出界例斩。

据商人程万里、吴培宇、黄拔华、方玉、李启、程之复、程启文、胡六口供，我们怎敢私出所禁之界贸易去，知县姚启圣告诉总督之言，今往澳里装彝人入官之货物去，商人乘此便去贸易，拾分内抽取肆分。如此传了，以致我们带了银子去时，查口之人搜查时将银藏了出去，到澳买了檀香、胡椒等物带来等语。你既信姚启圣说总督之言传了去，又揆出口时将所带之银藏了出去。明知禁止，与姚启圣伙了同谋，违法贸易而行。据李之凤口供，因姚启圣传了带银去时查口之人搜查时将银藏了出去，到澳买了檀香、胡椒等物带来等语。既信姚启圣所传之言而去，又揆出口时将银藏了出去。明知禁止，与姚启圣同谋，违法贸易而行。其总督差去时，同徐忠、潘鼎臣到澳去，向鬼子等将哆囉绒、伽楠香、珊瑚树等物折银柒千两，要了交与潘鼎臣，送与总督。又同姚启圣到澳去要银贰拾万。据沈献明口供，李之凤说你识货物，我往澳去，你与我同去带去，此去来并无货物带去带来等语，同李之凤出所禁之界，到澳贸易而行。程万里等虽称因官船去了等语，明知永行严禁之界，就信姚启圣之言，虽贪利同谋出界到澳贸易而行。据此，程万里、吴培宇、黄拔华、方玉、李启、程之复、程启文、胡六、李之凤、沈献明俱照出界例斩。查事俱在康熙陆年拾壹月贰拾陆日赦前，均应免罪。唐凤鸣、谭守仁、吴宴官已经物，故无容议，伊等现在新旧私货物所卖之价并抽取肆分之货物一并俱照进入官，詹其祯仍革职。

据守备丘如嵩口供，我奉总督差行，查伍只船到澳去，将澳人所给壹万叁千两银子，我拿来送与总督。又给我降香、毯子、银盃、缎子等物，我收了。其我向谭守仁、王位中说，审你们时，我必取口供，如此说了，伊等给我贰百肆拾两银子，我收了是实，俱自行招认。据师泰口供，我奉我主子卢兴祖到澳里要贰拾万银子去，将壹千叁百银子买了珍珠、珊瑚、佛头带来给与主子，我收了壹百银子是实，自行招认。据部内给守备札付陈得功口供，我奉总督差，同师泰到澳要贰拾万银子去，将珊瑚树伍株、大小珊瑚素珠拾捌挂折算银贰千陆百两，带来给总督时，叫我暂且收着。其奉总督差查盐户去李大义等说，我劳苦给银壹千贰百两，我收了是实，自行招认。据潘鼎臣口供，我奉总督差，同李之凤等到澳里去，将彝人折算柒千两银子的货物带来交与江大受，送与总督是实，其拿谭守仁去时要壹百两银子是实，俱自行招认。据此，丘如嵩、师泰、陈得功、潘鼎臣因出所禁之界，俱照出界例斩。事亦在赦前，相应免罪，所得银物照追入官，将丘如嵩、陈得功等守备札付追出，永不叙用。

据商人黄（王）庆吕口供，知县姚启圣给我贰千陆百两银子交给总督，时我将银交与江廷谟送与总督是实等语。据刘益进口供，姚启圣送与我壹千两银子，我接了收着来，江大受家人从我陆续将壹千两银子拿去买了缎子、铁丝等物；说送与总督拿去是实等语。据胡宗学口供，我同潘鼎臣等去拿谭守仁时，谭守仁之弟谭守礼给我银壹百两，我收了是实。自行招认。据马成龙口供，我同潘鼎臣等同拿谭守仁去时，谭守礼给我贰拾肆两银子，我收了是实。自行招认。据总督书手陈日生口供，江大受将壹千两银子说系商人李启、郑先德给的，如此说了给我，我收了是实。自行招认。据此，王庆吕、刘益进、胡宗学、马成龙、陈日生俱合依过付之人，与受财人同罪例，俱分别拟罪。事在赦前，应免罪，所得之银，俱追照入官。将盐商给陈日生之壹千两银子，将江大受获日查议。

据何云虎家人李进伯口供，我拿我主何云虎银贰千两，买了缎子，要带到肇庆、新会、顺德等处贸易来。我伙计唐凤鸣向我说，缎子在此处卖不得价，闻知往澳取官货物去，缎子暂收在我家，候趁取官物时，我们同去到澳贸易。如此说来，我放在我伙计唐凤鸣家来，不知何人之言查界章京将缎子查看，无有情由，给还与我后，总督又差人将拾柒柜子收去。此内有我的缎子捌柜，计叁百有馀，其馀玖柜，俱系我伙计唐凤鸣之（下缺）

第二件：

（上缺）变卖等语到臣。臣虽原奉有安插澳彝系□抚职掌之旨，但海禁森严，不敢不行拦阻，批令该县再详，总督必当请旨而行。后督臣柒月终自潮回省，见有臣批捌月初柒日方行，具题不蒙俞允，从此官民理当遵守。忽于本年捌月初捌日，据督臣移札内云，拿获违禁船只李启祥等，扳有臣下人谭守仁、程万里、王位中叁人，行府拿审。臣查谭守仁、王位中现在省城，程万里未曾拿住。臣以情事重大，不便久待，随将谭守仁、王位中先发总督收审，俟挐到程万里再送去。

后该臣窃思，边禁森严之时，何忽有此蔑法妄行之事，惊悚之极，反复以思。续于拾捌日将程万里锁拿回县，臣细加审问。

据程万里供，小的一向守法，因南海县县丞张元台是姑表亲戚，他管市舶司，奉差下澳，叫小的跟随他去。香山姚知县说，奉总督明示，趁今往澳装入官的彝货，准商人跟去买货，只要肆陆抽分。小的因顺便往澳门，故此，各处凑了些本钱向姚知县说明买些货，姚知县给我壹张印信朱标的票子。往澳里去的客商也多，小的多不认得，只认得吴培宇、黄拔华、程启文、方玉、李启这几个人，还有总督大老爷的管家师泰，浑名师破头，旗鼓陈勖宇、官商程之复、李之凤，这肆个人小的都认得，他们买的都是细货，有好几个大皮箱装着，另外还有檀香、胡椒、鱼翅、豆蔻、木香、儿茶，不知道多少。姚知县、詹照磨、张县丞、谷吏目当时同去，后又同回来，口子上并不拦阻，都是知道来历的。把客货抽分明白了才许装来上店等情。至臣当经问明住址，分差捕拿吴培宇、黄拔华、程启文去，后据拿到吴培宇前来。

据吴培宇供，小的系福建人，住在香山乌石村，耕种糊口，本年闰四月贰拾伍日，有香山县姚爷往澳追取入官货物。姚爷出示招商，各商有旧货在澳的肆陆抽分，现买新货的加叁抽分，代装来省。彼时，各商思疑，姚爷当众人吩咐回明总督大老爷，众商人才肯承领。小的装货壹船，系檀香、胡椒等物。送单姚爷，除抽分外，秤验下船，现有抽点印票存据。詹照磨押船到省，分与各人领回，路上守口官兵盘诘，俱系姚爷说明等情。又供，小的船壹只是香山一六渡，别的船只系姚爷分拨与众人，小的不在跟前。其馀外江人多都是李伯明带领，小的认不得，只认得李伯明是总督老爷官商。各船货物都是姚知县、李伯明执掌，小的不敢问他等情。

又据拿到方玉、李启前来。据方玉供，小的原领主子谭守仁本钱，先年在澳买了些槟榔、黑铅、胡椒、檀香，因禁了海，不曾装进来，小的也不指望了。今年肆月里，香山姚知县说，奉总督老爷明示，但凡客商，不论换新货装旧货，都许人去，只要肆陆抽分。小的是个小人，不知就里，因此就跟了去。又见肆个官押了船同我们去，姚知县壹个，詹照磨壹个，张县丞壹个，谷吏目壹个，还是他肆个官押船回来。回来的时候，詹照磨先把货抽分明白了，才许装货到省城，搬上房子。现有姚知县印信朱票抽点单子为证，不是小的私自去的，还有总督的大管家师泰、旗鼓陈勋宇、官商程之复、李之凤，都是往澳里去的。这肆个人装的都是檀香、胡椒、珍珠、珊瑚珠、牛黄、冰片、翠毛、多罗绒，这些好货那个不知道。他们后来柒月初头还同姚知县坐了好几个船，又去了一遭等情。随审李启口供相同。

又据拿到程炳即程启文前来。据程启文供，本年肆月里，因姚知县说奉总督面谕招商，各商人搬回旧货的，每拾石抽肆石，买新货的每拾石抽壹石，卖货鬼子每拾石抽叁石也，凑成肆陆之数。都是姚知县担承，詹照磨设立公案，照数抽分，才许上船等情。

据吴培宇递出黏单抽点印票伍张，方玉、李启递出吴宴黏单抽点印票壹张，程万里递出程方玉印票壹张。问票子共有多少。据供，商人也多，给的票子也多，有壹个人壹张票的，有几个号头合壹张票的。臣念各犯所供有总督管家旗鼓等语，总督大人岂有遣人出界之理。事属骇闻，恐系谎供。据程万里、方玉等坚称，总督差人往澳是实。随经差官前诣水师提督密行查问，现有把总阮王报称，柒月初柒日，香山姚知县坐船壹只，抚目苏昌拾橹船壹只、桨船壹只，梁敬义桨船壹只，又两广部院差官陈得功、师泰等坐船贰只，俱经过横石矶口子往香山去等情。

又据拿到黄拔华前来。据黄拔华供，小的系福建人，本年闰肆月拾捌日香山县姚爷吩咐各商说，奉总督（下缺）

第三件：

（上缺）哆囉绒虫蛀不是好的，给（缺八字）问姚启圣。据陈得功口供，给我（缺六字）我给回姚启圣，给姚启圣回鬼子等语。□□□称，陈得功壹百两银子说是师泰给的，给我时我给回鬼子是实等情。

审问总督卢兴祖。据知县姚启圣口供，叫澳人不迁移住着，要银贰拾万两，住与不住，启奏要银伍万两，如此说定。奉旨不叫迁移，仍住在此，差你标下陈得功、家人师泰去要所说之银。同姚启圣到澳去，将珊瑚树伍株、有琥珀佛头的大珊瑚素珠壹挂、小珊瑚素珠拾柒挂，交与陈得功送去，银子壹千叁百两，交与师泰送去等语。此事是何情由？供称，奉有叫澳内地迁移之旨，壹日，王差伊标下佐领刘炳到我跟前来说，澳人向迁移去的人说，不叫迁移，并叫海上贸易，给银贰拾万。告诉时我说听见了，且慢慢定夺。后我具题请（下缺）①

二 卢兴祖澳门诈贿案之背景

上述三件清刑部残档均未具明时间，但据内中文字，可断此档应在康熙六年（1667）十一月之后。刑部档中涉及的两名主要案犯，一是两广总督卢兴祖，一是香山知县姚启圣。据上引档文透露，澳门葡人为了免迁界之苦并获海上贸易权，于康熙迁海令执行最严厉之时，向两广总督卢兴祖许贿白银20万两，并查实为确实受贿。这应是清朝初期发生的一极为罕见的大案，但是，关于此案，目前保存的汉文文献中，除上述三件档案外，在其他国史、会典及方志中，竟不着一字，实为咄咄怪事。

先看卢兴祖的有关背景资料，《清史稿》、《清史列传》、《清代七百名人传》均无卢兴祖传。《碑传集》及《续编》、《三编》亦无其传，清以后的几部《广东通志》亦无卢兴祖传，其事迹唯《清国史》有载。《清国史》卷二七《卢兴祖列传》载：

> 卢兴祖，汉军镶白旗人。（顺治）十八年，擢广东巡抚。……康熙四年二月迁广东总督……寻裁广西总督，命兴祖兼制……六年九月，因盗劫案日多，兴祖自乞罢，疏下部议，寻议兴祖不能屏息盗贼，斥应革任。从之。十一月卒。②

从唯一的卢兴祖传看，卢氏是因为不能屏息盗贼而被革职，并且在革职后两个月去世，如何去世，传中并无交代。

查《清实录》，卢兴祖是康熙四年二月癸未升任广东总督，康熙六年革职。《清圣祖康熙实录》卷二四载：

---

① 《明清史料》己编下册第六本，《刑部残题本》。
② 《清国史满汉文武大臣画一列传正编》（简称《清国史》）卷27《卢兴祖列传》。

（康熙六年）十一月戊午，广东广西总督卢兴祖、广东巡抚王来任，自陈不职，并革任。①

《实录》所载则更含混，根本不提因何事被革职，更不提卢兴祖之死。卢兴祖九月上疏请辞，到十一月十八日才批复革职。而前引《清国史》称卢兴祖死于十一月，那就是接到被革职的消息后不久即死去。

关于卢兴祖之死，西文有些资料可为补充。徐萨斯（Montalto de Jesus）的《历史上的澳门》（*Macau Histórico*）这样记述：

> 皇帝得知广东总督为一己私利默许对外贸易后，意味深长地赐给他一条丝带，总督自杀，其一百多名属下均被处死。②

参阅了当时多种原始文件（包括路易斯·德·伽马神父及当时议事会文件）的美国学者威尔斯（J. E. Wills）则称：

> 1668年1月9日，卢兴祖在狱中自杀，极可能他已获悉自己被判处死刑。姚启圣去职，和商人们被科以重罚，损失惨重。卢自杀那天，他们的重罪皆被赦免。③

卢革职是康熙六年十一月戊午（即十四日），也就是阳历1668年1月1日，威尔斯所称1668年1月9日自杀，则在农历康熙六年十一月二十二日，与《清国史》卢传中"十一月卒"相合。

澳门诈贿案之另一主角姚启圣则更复杂，姚氏为康熙时襄助平定台湾的著名功臣，故诸书均列其传。《清国史》卷六二《姚启圣列传》：

> 姚启圣……康熙二年举人，授广东香山知县，八（当为六之误）

---

① 《清圣祖康熙实录》卷24，康熙六年十一月戊午条。
② 〔葡〕徐萨斯（Montalto de Jesus）：*Macau Histórico*（《历史上的澳门》），香港，1902，p. 118。
③ J. E. Wills（威尔斯），*Embassies and Illusion：Dutch and Portuguese Envoys to K' ang-hsi, 1666 - 1678*, Harvard, 1984, pp. 82 - 114。

年，以擅开海禁故罢任。①

《清史稿》卷二六〇《姚启圣传》载：

> 姚启圣，字熙止……举康熙二年八旗乡试第一，授广东香山知县。前政负课数万，系狱。启圣牒大府，悉为代偿。寻以擅开海禁，被劾夺官。②

《居业堂文集》卷五《姚少保传》记载此事则比较详细：

> 姚少保启圣……康熙二年癸卯，旗下开科，公举第一授广东香山县知县……公初至香山，澳门贼霍侣成弄兵，太吏不能制。公以计擒之。复叛，又率奇兵缚以归，海始靖。而督抚忌公才，故以通海劾公，将置公死。公夜见平南王，以危语动之，王上疏白其枉，督抚皆自杀，而公罢官。③

全祖望所撰《姚公神道第二碑铭》所载亦大致相同：

> 康熙二年……遂知香山县。甫下车，澳门贼霍侣成披倡甚，督抚不能制，公以计擒之。俄而逃去，公又以兵缚之，澳门始平。论功应得上赏，督抚恶之，反以通海诬之，且将置之死。公夜见平南王尚可喜而诉之，可喜上疏言其枉，督抚皆以是自杀，而公亦罢官客粤中。④

袁枚《福建总督太子少保姚公传》载：

> 公姓姚……举康熙二年乡试，宰广东香山县。明末，广东寇灾，民税不登，知县坐负课系狱者七人。公叹曰：明年，增吾为八矣。乃

① 《清国史》卷62《姚启圣列传》。
② 《清史稿》卷260《姚启圣传》。
③ （清）王源：《居业堂文集》卷5《姚少保传》。
④ （清）钱仪吉：《碑传集》卷15，全祖望《姚公神道第二碑铭》。

张乐置酒，出七人于狱，痛饮之，为办装遣归，而牒大府云：七令名下应追金十七万，已于某月日收库讫。督抚惊，疑公巨富，代偿帑行善；而不知公故寒士，实未办作何偿也。居亡何，三藩反，天子命康亲王南征。公谓其友吴兴诈曰：我贾祸大，非佐王立奇功不得脱，欲说王，非子不可。①

这里又透露一个背景，即香山知县姚启圣与广东督抚（督为卢兴祖，抚为王来任）之关系。

康熙二年（1663），姚启圣出任香山县令，当时，澳门附近出现了一股以霍侣成为首的反清势力，即上引文所称之"澳门贼"。这股"澳门贼"究竟是一支什么性质的队伍，上引传文均无交代。

文德泉（M. Teixeira）《17世纪的澳门》一书称：

1647年，澳门附近出现海盗，劫掠来澳船只。议事会装备了5只快船，追击海盗。

1655～1656年，海盗活动猖獗，澳门城里居民也遭到袭击。……有50只船和更多的海盗，他们洗劫了有钱的家庭。市民及其黑奴们以短剑、镖枪为武器，与海盗进行了激烈的战斗。死亡惨重，尸体不断用船运走……血流成河。②

又据《李朝实录》称香山澳"明之遗民，多入居之，大樊（台湾之闽南语译音）国遣游击柯贵主之"③。联系起来看，这一支所谓"澳门贼"很可能就是聚集在澳门和周围诸岛的反清复明的武装力量，而且势力不小。又据《清圣祖康熙实录》卷十五载：

（康熙四年）四月丙子，广东总督卢崇峻疏报，香山县知县姚启圣

---

① （清）袁枚：《小仓山房文集》卷6《福建总督太子少保姚公传》。
② 〔葡〕文德泉（M. Teixeira）：《17世纪的澳门》，澳门，澳门教育文化司署，1981，第85～96页。
③ 吴晗辑《朝鲜李朝实录中的中国史料》，第九册下编卷二，显宗元月七日乙丑条，北京，中华书局，1980。

招抚蜑寇黄起德等共四千余人。①

可知，霍侣成这股"澳门贼"实际上是居住于澳门水域（包括氹仔、路环、十字门及澳门内港）的蜑民。明遗民逃居海外者，很大部分转为水上居民。这次招抚的澳门蜑民达四千余人，当即是在抓捕其首领霍侣成后，而招抚其部属。也就是说，大约至康熙四年四月之时，这股以霍侣成为首的"澳门贼"即已被姚启圣平息。这股"澳门贼"其势力一度是很大的，当时连广东督抚都"不能制"。而姚启圣上任两年，就将其消灭，"督抚忌公才"，姚氏的才干遭到了卢兴祖及王来任的妒忌，遂导致双方构怨。这是卢兴祖澳门诈贿案的第一个背景。

第二个背景是清初以来香山县对清廷赋税的拖欠。明末以来，广东连年构兵，战争不断，严重影响了当地农业生产，农民交不起国家赋税已成不争的事实，香山地区"民税不登"，姚启圣之前已有 7 任知县"坐负课系狱"。《清国史·卢崇峻传》对广东欠税情况有详细记载：

> 崇峻以广东连岁用兵，请蠲康熙四年以前逋赋。奉旨，顺治十八年以前拖欠钱粮已颁赦尽行蠲免，今卢崇峻复将康熙四年以前积欠请蠲。徇情于下，殊为不合，著严饬行。②

香山县的欠税情况就更为严重，香山县归属清王朝当不会早于顺治四年（1647 年）③，而至康熙二年（1663）时，香山就有 7 位知县"坐负课系狱"，所负课税额达 17 万。姚启圣上任后，香山地区正雷厉风行地执行中央的迁界令，很显然，要完成国家对香山地区所征课税依然是一个极严峻的问题。有什么办法来完成清廷对香山所征收的课税呢？唯一的办法就是下澳通商，下澳通商不仅能完成他本人任内国家征税任务，而且还可以解救前面 7 位"系狱"的香山县令。然而，"下澳通商"是直接违犯清廷之大禁的。康熙四年四月，清廷还颁令：

---

① 《清圣祖康熙实录》卷 15，康熙四年四月丙子条。康熙四年二月，卢兴祖即已出任广东总督，四月还称广东总督卢崇峻，则是四月卢兴祖尚未到任。
② 《清国史》卷 63《卢崇峻列传》。
③ 《清世祖顺治实录》卷 33，顺治四年七月甲子条称："以广东初定，特颁恩诏。"

　　如借端在海贸易，通贼妄行，地方保甲隐匿不首者，照例处绞。守口官兵知情者，以同谋论，处斩。①

姚启圣乃一颇具侠肝义胆之士，性情豪荡，为了解救 7 位已经"系狱"的县令，他干脆一不做二不休，将 7 位县令全部释放，并声称"七令名下应追金十七万"已经交纳入库②。为了填补这 17 万两负课税，姚氏决定"擅开海禁"下澳通商，并且提高抽分比例，将过去征收商税"十分抽二"改为"四六抽分"：

　　姚知县说，奉总督面谕招商，各商人搬回旧货的，每拾石抽肆石，买新货的，每拾石抽壹石，卖货鬼子，每拾石抽叁石也。凑成肆陆之数。③

姚氏企图以这种办法来解决香山地区的欠税问题。这应是卢兴祖澳门诈贿案的第二个背景。

　　第三个背景是康熙元年迁界禁海令下达后，澳门葡人已陷入极度的困境之中。关于澳门迁界问题十分复杂，很多学者都认为康熙初年的迁界令，是包括澳门在内的，之所以免迁，主要是由于当时的耶稣会士汤若望在京城的斡旋，使澳门葡人免去了这一迁徙的灾难。龙思泰（Anders Ljungstedt）称：

　　康熙帝于 1662 年下令，所有沿海臣民必须弃室，内徙 30 华里，禁止一切船只下海，违者处极刑……因汤若望的活动，康熙允许澳民免于内迁，但禁海仍旧。④

徐萨斯更言：

_____

① 《清圣祖康熙实录》卷 15，康熙四年四月戊寅条。
② （清）袁枚《小仓山房文集》卷 6《福建总督太子少保姚公传》。
③ 《明清史料》已编下册第六本，《刑部残题本》。
④ 〔瑞典〕龙思泰（Anders Ljungstedt）：《葡萄牙人在华居留地史纲》，香港维京出版社，1992，第68页。

1662 年，朝廷颁布迁海令，沿海居民尽数内迁 30 里，暂停所有贸易和航海，违者处死。此刻，澳门地位岌岌可危。根据该法令，中国居民悉已内迁，但仍不能满足清朝迫切的防范需要。他们提出，葡萄牙人亦应守此禁令，澳门的防御工事须夷为平地，以免落入郑成功之手。要不是当时在北京颇得赏识的耶稣会士汤若望从中斡旋，该殖民地很可能亦不复存在。①

龙思泰与徐萨斯关于澳门免迁是汤若望从中斡旋的结果甚令人怀疑。迁界令康熙元年正式颁布，而从顺治十七年开始，汤若望在宫中已失势。顺治十四年（1657）监官吴明煊首先劾汤若望，顺治十七（1660）杨光先再劾之；康熙元年（1662）杨光先又撰《辟邪论》，向耶稣会士大举进攻；康熙三年（1644）七月，杨光先上疏参汤若望，八月受审，十月再审，并被判处死刑。后虽然没处死，但一直系狱，至康熙五年出狱，然在当年八月即病逝。在这种情况下，汤若望虽然能在宫中活动，为澳门葡人免迁求情，但这种求情效果究竟有多大？据威尔斯的材料透露，充其量是拖延了澳门迁界的时间②，但并未使朝廷撤销澳门迁界的命令。此其一。

其二，事实上强迫澳门葡人迁入内地真正执行是在 1666 年至 1667 年间，而汤若望于 1666 年 8 月即已逝世。我们看看施白蒂的记载：

> 1666 年，一支中国舰队出现在澳门，共有 60 艘军舰，载 6000 名士兵，强迫葡方船撤离，或将其焚毁。……1667 年 2 月 15 日，香山知县敦促澳门市执行北京下达的迁海旨令，但承诺如果澳门交纳 25 万两白银，他将设法重开通商。……1667 年 3 月 31 日，广东来函说，鉴于与清军为敌的海盗郑成功的袭击，皇帝下令沿海居民迁往内地，广东总督已下令派遣小船来澳，把市民及其财物迁至内地。……1667 年 4 月 7 日，前山寨官吏通告澳门居民，命令他们准备行李，准备迁往广东，已经在那里为他们选好住地。但是必须先往香山镇集中，在那里

---

① 〔葡〕徐萨斯：*Macau Histórico*, pp. 116～117。
② 方豪：《中国天主教人物传》中册，《汤若望》；〔法〕费赖之（Aloys Pfister）：《入华耶稣会士列传及书目》49《汤若望》；102《刘迪我》。另见上引 J. E. Wills 书，pp. 88－90。

等候船只运送。①

美国学者威尔斯在他的著作中公布了大量的葡文档察，其中称：

> （1666 年）11 月初，一支 60～70 艘战舰的船队抵达澳门周围水域，载水兵五六千人，澳人十分恐慌，澳门政府派人送去礼物，遭到谢绝，并下令葡船或马上离澳，或全部焚毁。……11 月 14～15 日夜行动，焚毁帆船 4 艘，舢板 3 艘，另外还将一艘沉于海中。清朝官员要求将全部船只焚毁，船东们以 1500 两白银疏通，遂获免。……（1667 年）3 月 21 日，清政府开始在广州张贴告示并送往澳门，澳门居民即刻迁往内地，勿得拖延，已于内地准备一地，俾予他们居住。②

很清楚，施白蒂及威尔斯利用的葡文档案已告诉我们，澳门居民迁往内地的命令正式执行，是在 1666 年年底之时，而这时汤若望已经死去，这就可以证明，澳门之最后免迁并不是由于汤若望的努力，而是另有原因。

清政府的禁海令下达后，不仅在海上对澳门进行封锁，禁止中国居民出海贸易，"严禁商民船只，私自出海"，"处处严防，不许片帆入口"③；陆上则"于横石矶立一口子，食粮米计口而授，每几日放一关，其一切用物，皆藉奉禁稽查，留难勒扰，不许出。"④ 澳门葡人在清政府这样海陆两方面的严厉查禁之下，"断绝往来生业，坐食致困，愁苦难言。"⑤ 特别是 1666 年 11 月份以来，清廷战舰六七十艘载水兵五六千对澳门进行全面包围，同时还彻底关闭了关闸，禁止粮食运进澳门。这样，整个澳门完全处于极度的贫困与饥饿之中。拿佛雷特（P. F. Navenete）甚至写道："近年来许多女人以自己的肉体换取异教徒的面包。"由于贫困与饥饿，澳门葡人甚

---

① 〔葡〕施白蒂（Beatriz Basto da Silva）：《澳门编年史》，小雨泽，澳门，澳门基金会，1995，第 56 页。

② J. E. Wills, *Embassies and Illusion: Dutch and Portuguese Envoys to K'ang-hsi, 1666 - 1678*, pp. 82 - 114.

③ 《清世祖顺治实录》卷 102，顺治十三年六月条。

④ （清）江日升：《台湾外纪》卷 6，康熙七年六月王来任疏。

⑤ （清）江日升：《台湾外纪》卷 6，康熙七年六月王来任疏。

至建议果阿总督"永远放弃澳门"①。这就是卢兴祖澳门诈贿案的第三个背景。

三　卢兴祖澳门诈贿案的全过程

表明了上述三个背景之后，我们再来看两广总督卢兴祖澳门诈贿一案，就比较容易了解其本末原委了。

为了解决顺治以来香山县拖欠国家赋税问题，县令姚启圣决定违禁下澳贸易通商，因为这是当时唯一能解决香山"负课数万"的问题，不然，也只能像前几任县令一样入狱。这是香山县方面的想法与考虑。

澳门方面，由于清王朝的不断海禁，而且从顺治以来到康熙以降，越来越严厉，导致澳门葡人无法展开对外贸易。马士（H. B. Morse）称：

> 从1662年起，有整整两年时间，在澳葡萄牙人不能进行任何贸易。到1664年夏，有15艘装备精良的葡萄牙船和4艘暹罗国王的船被迫停泊于澳门的港湾之内，任凭狂风浊浪的摧折、腐蚀。它们的主人不敢将它们稍稍移动，以免受到清朝官吏的严惩。②

澳门葡人本以出海贸易为生，数年时间不能展开任何贸易，无疑给他们的生存带来了极大的威胁，以致出现"众多的居民还忍饥挨饿"，"许多女人以自己的肉体换取异教徒面包"③的极度贫困局面。在这种情况下，澳葡方面强烈希望清廷开放海禁，开启关闸，并向香山方面暗示，愿意付出一定的报酬来获得上述一切。

香山与澳门方面的思路是完全一拍即合的，而这时的两广总督卢兴祖则想趁机敲诈澳门一笔。这一点在清代档案和威尔斯等人的著作中均有记

---

① J. E. Wills, *Embassies and Illusion: Dutch and Portuguese Envoys to K'ang-hsi, 1666 – 1678*, pp. 82 – 114.
② 〔美〕H. B. Morse（马士）：《东印度公司对华贸易编年史1635~1834》第1卷，第33页，转引自费成康《澳门四百年》，上海，上海人民出版社，1988，第133页。
③ J. E. Wills, *Embassies and Illusion: Dutch and Portuguese Envoys to K'ang-hsi, 1666 – 1678*, pp. 82 – 114.

载。威尔斯书称：

　　1665 年 11 月底，姚启圣及李将军给澳门带来总督的一个极为大胆的提议，如澳门出 10 万银子的酬劳，他愿为澳门取得重开海禁的朝廷允诺。葡人认为，包括他们已付出的款项（每艘船 2000 两及已在身边每只船的丈抽之费），为获得恢复海上贸易的允诺，他们约需付出 15 万两白银。姚、李称，10 万两中的 7 万两可在开海贸易时支付，其他 3 万则需先付（类似的情形，清朝官员曾向荷兰人解释，为进行一系列直至北京的必要行贿，他们必须先有现金）。葡人手头无这笔巨款，但他们送值 12000～15000 两银子的物品作为抵押，保证会支付那 3 万两。①

徐萨斯书称：

　　1665 年 11 月 4 日，议事会、兵头、全体教士和当地名流聚商支持一笔巨款，使澳门免于清朝官员令人棘手的制约贸易的措施实行。……香山县令入澳后的一席话使他们醒悟除了已经答应付出的登陆费和售物的所得税，县令还要澳门再付 12 万两银子，其中 4 万两上交朝廷，余下由广东地方大吏留用。……议事会决定请求减少该款数目，在另一次大会上，同一议员宣称，已尽了各种努力，结果数月减至 128400 两，包括已答应付出的卸货。②

施白蒂书称：

　　早在 1665 年，中国官吏已经要求交纳 5000 两白银才准我们通航，而到 1666 年，该金额提高到 15 万两，其中 3 万两必须立即缴付。因为澳门没有资金，就以礼品支付。③

---

① J. E. Wills, *Embassies and Illusion: Dutch and Portuguese Envoys to K'ang-hsi, 1666 – 1678*, pp. 82 – 114.

② 〔葡〕徐萨斯：*Macau Histórico*，第 117～118 页。

③ 前引〔葡〕施白蒂《澳门编年史》，第 55 页。

前引《刑部残题本》是这样记载：

> 据知县姚启圣口供：总督卢兴祖差我追要伍船货物去来，我同詹其祯等到澳去，叫鬼子唛嘇哆等，说将伍船入官货物收了给我。唛嘇哆等向我们说，伍船货物所到之年，我们就送了总督银壹万叁千两，将货物退给我们卖讫。若要赔补入官货物，商人所买旧货物因禁截住在此，你们拾分之内抽取肆分，给予商人陆分。及告诉总督，将我们仍着在澳住着，并叫海上贸易，若如此，我们给银贰拾万。……时总督说，我将此事启奏，若准行，要银贰拾万，准行不准行，为启奏情由，必要银伍万两。①

中文档案与西方材料所记事大致相同，除数目有差异外，完全可以说明两广总督卢兴祖向澳门葡人索贿这一事实。

为了达到让澳门葡人乖乖交银子的目的，卢兴祖还布置了一系列紧锣密鼓的行动，迫使澳门葡人就范。1666 年 11 月初，广东水师五六千士兵分乘 60～70 艘战舰将澳门全部包围，逼令葡船立即离澳，或全部焚毁，结果有 6 艘船被焚毁②。1667 年 2 月，以 12 艘船到湾仔和氹仔沿岸，包围澳门，禁止船只出海捕鱼和运木材，同时还关闭关闸，禁止运进大米③。1667 年 3 月，在广州张贴告示并送往澳门，清廷命令澳门居民即刻迁往内地，勿得拖延，已于内地准备一地，俾予他们居住④。在这层层压力之下，澳门葡人十分恐慌，迫切希望尽快开启关闸，撤去包围澳门的战舰。1667 年 4 月 21～22 日，姚启圣赴澳代表两广总督卢兴祖与澳门葡人进行了谈判，取得一致的协议，即葡人以 25 万两白银之数，换取澳门免迁和开海贸易⑤。姚启圣并提出：

---

① 《明清史料》已编下册第六本，《刑部残题本》。
② J. E. Wills, *Embassies and Illusion: Dutch and Portuguese Envoys to K'ang-hsi, 1666 – 1678,* pp. 82 – 114.
③ 〔葡〕施白蒂：《澳门编年史》，第 56 页。
④ J. E. Wills, *Embassies and Illusion: Dutch and Portuguese Envoys to K'ang-hsi, 1666 – 1678,* pp. 82 – 114.
⑤ J. E. Wills, *Embassies and Illusion: Dutch and Portuguese Envoys to K'ang-hsi, 1666 – 1678,* pp. 82 – 114.

已购进葡人进口物品的华商可到澳门取回货物，但须将货物的十分之四交官府，这些商人和其他人亦可运货到澳门出售，购买葡人货物亦可在广州出售。①

很明显，香山县令姚启圣是想通过上述办法解决香山县的"负课"问题，而两广总督卢兴祖则是利用为澳门求情免迁及开海禁之事，从中勒索一大笔财富。

卢兴祖在这一问题上也是经过几次反复才最后下决心的，据威尔斯介绍，"卢兴祖是努力劝说朝廷使澳门免于迁海的主要动议者，25 万两银子将付给他作为贿赂及官场上下活动的经费，同时亦带有极大的麻烦与冒险。"据 1667 年 2 月卢兴祖的报告，卢对葡人以 25 万两白银换取开海之事十分高兴，并准备代表澳门上禀朝廷。但以鳌拜为首的四辅政大臣坚决反对任何开放海禁的建议，1666 年 12 月，既否定荷兰人至厦门贸易之建议，又否定粤商下澳门购置葡人进口物的建议。卢兴祖特别是看到"抗议鳌拜土地政策的北方官员之归宿"，再加上 1667 年 2 月之后清廷又下令"1663～1664 年抵澳的货物应作为违禁品上缴"，因此，卢兴祖开始打退堂鼓，"不愿就澳门免于迁海的要求提出更积极的建议。"②

但是，为什么后来卢兴祖又派姚启圣赴澳门去商谈免迁索贿之事呢？4 月 22 日，香山与澳门双方达成协议后，卢为什么敢于表示同意，同时还提出：

若要他启关闸，撤去包围澳门的战舰，并向朝廷作有利于澳门的报告即满足澳门免于迁海的愿望，则要求马上得到 3 万两银子。市政府坚持仅出 2 万两，卢最终接受。澳门政府遂通过一全面征收筹集这一资金的决议。③

---

① J. E. Wills, *Embassies and Illusion: Dutch and Portuguese Envoys to K'ang-hsi, 1666 - 1678*, pp. 82 - 114.

② J. E. Wills, *Embassies and Illusion: Dutch and Portuguese Envoys to K'ang-hsi, 1666 - 1678*, pp. 82 - 114.

③ J. E. Wills, *Embassies and Illusion: Dutch and Portuguese Envoys to K'ang-hsi, 1666 - 1678*, pp. 82 - 114.

据《刑部残题本》，当时澳门送给卢兴祖的财物是：

> 先给师泰银壹千肆百两，给陈得功银贰千陆百两，买了珍珠、珊瑚、佛头珊瑚树、大小珊瑚素珠送与总督，其壹千两银子交与刘益进，再有贰千陆百两银子叫给总督，曾交与王庆吕。①

总共是"将柒千陆百两要了给与师泰、陈得功、刘益进、王庆吕，送与总督"②。如再加上前引《刑部残题本》五船入官货物所到之年送给卢兴祖的"壹万叁千两"，则在 1667 年 4 月之前，卢兴祖已收受澳门葡人贿金达 20600 两白银。

卢兴祖之所以敢于冒此风险，据威尔斯分析，除了贪婪之外，卢兴祖还拥有一个"合法"的理由，即要取回禁海时被截停在澳门的五船货物，故必须遣船、商下澳。他还分析，卢兴祖与清廷关系十分过硬，甚至同鳌拜集团有密切关系，足以应付由此而引发的轩然大波③。我以为，除上述原因外，卢兴祖这次澳门索贿之所以敢冒如此大的风险，同平南王尚可喜的支持亦有关。《刑部残题本》：

> （卢兴祖）供称，奉有叫澳内地迁移之旨，壹日，王差伊标下佐领刘炳到我跟前来说，澳人向迁移去的人说，不叫迁移，并叫海上贸易，给银贰拾万。告诉时，我说听见了，且慢慢定夺。后我具题请（下缺）④

上言之"王"，当即平南王尚可喜，尚可喜同澳门关系向来密切，屈大均《广东新语》：

> 向者海禁甚严，人民不得通澳，而藩王左右阴与为市。⑤

---

① 《明清史料》，己编下册第六本，《刑部残题本》。
② 《明清史料》，己编下册第六本，《刑部残题本》。
③ J. E. Wills, *Embassies and Illusion: Dutch and Portuguese Envoys to K'ang-hsi, 1666 – 1678*, pp. 82 – 114.
④ 《明清史料》，己编下册第六本，《刑部残题本》。
⑤ （清）屈大均：《广东新语》卷 2《澳门》。

尚可喜不仅与澳门"阴与为市",而且在清廷下令澳门迁界时亦曾为澳门求过情:

> （康熙元年）王勘界至香山濠镜澳,公议以前山界闸口为边,置噢彝于界外。王以为既奉泛海之禁,则澳彝之船不许出海贸易,界内之米,不敢私运出边。内地既不便安插,彼不知耕种,又别无营运,是坐而待毙也。恐非朝廷柔远至意,乃与将军督抚会题请命。①

可见,平南王尚可喜是不希望澳门葡人迁移内地,故他得知葡人愿出 20 万两白银以保澳门免迁的消息后,特派标下佐领刘炳向卢兴祖透漏。很明显,是希望卢兴祖出面再次向清廷请命,使澳门免迁。因为康熙元年他与广东督抚的请命并未获得成功。

卢兴祖确实向清廷请命。威尔斯称:

> （1667 年）6 月,卢兴祖这个守信的索贿者,向北京写信,为澳门求情,使其免于迁海。②

他们一面向朝廷请命,一面下令下澳通商:

> （1667 年）6 月 16 日,商人们乘 7 艘大帆船来澳门贸易,这是 5 年来首次公开性的贸易。从此,关闸再次定期开启,可得到足够的粮食供应。③

施白蒂书中则称:

> 1667 年,澳门与北方（香山和广州）大规模通商,他们向北方运

---

① （清）尹元进:《平南王元功垂范》卷下,康熙元年冬十一月请定澳彝去留条。
② J. E. Wills, *Embassies and Illusion: Dutch and Portuguese Envoys to K'ang-hsi, 1666 - 1678*, pp. 82 - 114.
③ J. E. Wills, *Embassies and Illusion: Dutch and Portuguese Envoys to K'ang-hsi, 1666 - 1678*, pp. 82 - 114.

去了从东非海岸运来的珊瑚、琥珀、鱼肚、燕窝、鱼翅和其他高级货物。原来不定期开放的关闸在这一年8月宣布每日开放，人们敲锣打鼓，放炮鸣枪，欢迎这一决定。①

据《刑部残题本》：

> 据吴培宇供，小的系福建人，住在香山乌石村，耕种糊口，本年闰四月贰拾伍日，有香山县姚爷往澳追取入官货物，姚爷出示招商，各商有旧货在澳的肆陆抽分，现买新货的加叁抽分，代装来省。……小的装货壹船，系檀香、胡椒等物。②

"本年闰四月贰拾伍日"即公历1667年6月16日，可见，中西文献记载康熙六年（1667年）下澳贸易的时间完全吻合。据《刑部残题本》，这次下澳的官员有香山县令姚启圣、照磨詹其祯、南海县丞张元台、吏目谷某、卢兴祖之管家师泰、旗鼓陈得功（勋宇），随之下澳的官商有程之复、李之凤（伯明）、徐忠、潘鼎臣、沈献明，私商则有吴培宇、黄拔华、程启文（炳）、方玉、李启、程万里、胡六、王庆吕等。商人带下澳的货物没有交代，姚启圣则是带的一船瓷器赴澳门去卖，商人在澳门买回的货物主要有檀香、胡椒、珍珠、珊瑚珠、牛黄、冰片、翠毛、多罗绒、槟榔、黑铅、鱼翅、豆蔻、木香、儿茶、铁丝、伽倆香及缎子，其中缎子装有17柜③。可以反映，这一次下澳贸易规模不小。威尔斯称是"7艘大帆船"，守备丘如嵩说是"伍只船"。之后，香山与澳门之贸易常开。在农历7月7日姚启圣再率苏昌、梁敬义、陈得功、师泰等人乘船6艘下澳贸易④。

为了偿清香山县的负课及解决香山的财政危机，姚启圣在这一事件中自始至终都表现得十分卖力。他不仅充当卢兴祖的谈判代表，还积极地替澳门葡人建议，并代表澳门上书清廷。威尔斯还说：

---

① 〔葡〕施白蒂《澳门编年史》，第56页。
② 《明清史料》，己编下册第六本，《刑部残题本》。
③ 《明清史料》，己编下册第六本，《刑部残题本》。
④ 《明清史料》，己编下册第六本，《刑部残题本》。

在这些谈判及其他谈判，姚不太像召集人民听从他命令的高高在上的县令，更似一个颇具说服能力、游刃有余的调停者。4 月 21 日，他决定向耶稣会士理事官路易斯·德·伽马神父求助，得知神父卧病在床，便在耶稣会士住宅、神父的病榻旁度过几个时辰，得出一个解决方案。①

康熙六年七月，康熙亲政，整个形势发生了很大的变化。广东违禁开海下澳贸易通商的消息亦传到了京城，康熙帝决定要处理这一严重事件。卢兴祖亦意识到问题的严重性，决定将一切罪责全推诿于姚启圣。《居业堂文集》卷五载：

> 督抚忌公（姚启圣）才，故以通海劾公，将置公死。②

威尔斯亦称：

> 卢兴祖显然已将姚下狱，欲将一切归咎于姚启圣。③

姚启圣为了清洗自己的责任，不得不投诉于平南王尚可喜：

> 公（姚启圣）夜见平南王，以危语动之，王上疏白其枉。④

尚可喜为了清洗自己在这一事件中的关系，也决定向卢兴祖开刀。"10 月 12 日夜，4 位低级官员秘密抵澳，携带尚可喜的手令，要澳门写出反对卢兴祖的冤情，议事会不想卷入中国人的官司之中，婉拒之。"卢兴祖亦展开行动，"10 月 22 日，香山县丞抵澳，收集证据，控姚启圣。"⑤ 但在澳门，香

---

① J. E. Wills, *Embassies and Illusion: Dutch and Portuguese Envoys to K'ang-hsi, 1666 – 1678*, pp. 82 – 114.

② （清）王源：《居业堂文集》卷 5《姚少保传》。

③ J. E. Wills, *Embassies and Illusion: Dutch and Portuguese Envoys to K'ang-hsi, 1666 – 1678*, pp. 82 – 114.

④ （清）王源：《居业堂文集》卷 5《姚少保传》。

⑤ J. E. Wills, *Embassies and Illusion: Dutch and Portuguese Envoys to K'ang-hsi, 1666 – 1678*, pp. 82 – 114.

山县丞听到的全是讲姚的好话，卢兴祖的阴谋未能得逞①。紧接着清廷派出大员直接审理此案，案中所涉人等均供出了卢兴祖勒贿澳门之事。至康熙六年十一月六日审结此案，将两广总督卢兴祖、广东巡抚王来任、香山县令姚启圣、香山照磨詹其祯、守备丘如嵩等一律革职，其他下澳商人一律免罪②。《清实录》是这样记载：

> （康熙六年十一月戊午）广东广西总督卢兴祖、广东巡抚王来任，自陈不职，并革任。③

卢兴祖被革职的同时亦打入大狱，据佩雷拉（Pereira）《大西洋国》记载：卢兴祖由于害怕送审北京受辱，于 1668 年 1 月 14 日自杀。而据威尔斯的记载："1668 年 1 月 9 日，卢兴祖在狱中自杀。"④ 1668 年 1 月 9 日即康熙六年十一月二十六日，亦即被革职后的 8 天就自杀身亡，与《清国史·卢兴祖列传》"十一月卒"相合。只不过传中是以"不能屏息盗贼"而撤职，实际上是因为索贿澳门事败而撤职，可见，修史者有意在为卢兴祖掩饰。

徐萨斯与施白蒂关于姚启圣的结局记载是错误的。徐萨斯称：

> 直至 1667 年，他（姚启圣）因得罪其上司而自杀。⑤

施白蒂则称：

> 广东省督或总督证实了他（香山县令）的罪行，他被迫悬梁自尽。⑥

---

① J. E. Wills, *Embassies and Illusion：Dutch and Portuguese Envoys to K'ang-hsi, 1666 – 1678*, pp. 82 – 114.
② 《明清史料》，己编下册第六本，《刑部残题本》。
③ 《清圣祖康熙实录》卷 24，康熙六年十一月戊午条。
④ 佩雷拉（Pereira）：《大西洋国》第二卷，澳门，澳门基金会影印本，1996，第 754～755 页；以及 J. E. Wills, *Embassies and Illusion：Dutch and Portuguese Envoys to K'ang-hsi, 1666 – 1678*, p. 101。
⑤ 〔葡〕徐萨斯：*Macau Histórico*，第 119 页。
⑥ 〔葡〕施白蒂《澳门编年史》，第 57 页。

其实，姚启圣在这一案件中因为并没有贪赃受贿，仅以"擅开海禁，被劾夺官"①，并没有自杀。后来，姚启圣再建功于征讨台湾之役，出任福建总督，至康熙二十二年十一月才发背疽而死②。可证，徐萨斯及施白蒂在这一事上记载有误。

卢兴祖案发后不久，康熙亦可能意识到将澳门葡人迁入内地是一件不切实际的做法，再加上1667年8月6日抵达澳门的葡萄牙马努埃尔（Manuel de Saldanha）使团给北京的信恳请清廷保存澳门③，康熙皇帝大约即在康熙六年十一月底下达赦免姚启圣死罪的同时，宣布了澳门免迁。据康熙七年六月广东巡抚王来任临终前的奏章：

> 香山外原有澳彝，以其语言难晓，不可耕种，内地既无聚扎之地，况驻香山数百年，迁立更难，昨已奉命免迁矣。是县与澳，为内地。④

"昨"当指康熙七年的前一年康熙六年，故推免迁令下达当与赦姚启圣死罪令大约同时，即康熙六年十一月底，也即是1668年1月澳门正式获令免于迁徙。

四　结论

康熙六年发生的两广总督卢兴祖澳门诈贿案，是清初发生的一件影响甚大的重要经济案件。该案不仅事牵两广总督卢兴祖、广东巡抚王来任⑤

---

① 《清史稿》卷260《姚启圣传》。
② （清）钱仪吉：《碑传集》卷15全祖望《姚公神道第二碑铭》。
③ J. E. Wills, *Embassies and Illusion: Dutch and Portuguese Envoys to K'ang-hsi, 1666 – 1678*, pp. 82 – 114.
④ （清）江日升：《台湾外纪》卷6，康熙七年六月王来任疏。
⑤ 王来任历来被人们视为好官，特别是展界一事更为世人称道，今广东沿海及香港新界还保留有王来任的生祠祭祀。但据当时的中西文材料，王来任实为一贪官，卢兴祖索贿案，他亦卷入其中，而被清廷判处死刑。于兴祖自杀后，他亦在狱中自杀。保存在《台湾外纪》中的王来任疏，很可能即是狱中遗书。《清圣祖康熙实录》卷一一六康熙二十六年七月乙亥条称："前广东巡抚内，刘秉权居官稍优，至卢兴祖、王来任、金隽，品行贪劣，人民甚为受累。"可见，王来任确是一名贪官，不值得令今人再以生祠相祭。

（并导致二人自杀）、香山县令姚启圣、兵备丘如嵩等一批官员，而且还有一大批官商、私商卷入案中，甚至连平南王尚可喜亦与此案有关。然而，这么一桩经济大案却在各种实录、国史中湮没无闻，无以半个字的透露，可以反映修史者对这一丑闻讳莫如深。今通过中西档案材料，已将此案基本还原并昭示于众。通过此案的揭示，我们还可得出几点与前人不同的看法。

第一，清王朝康熙元年下令将澳门葡人迁往内地并禁止其下海贸易，但始终没有执行这一命令，究竟为何？应该说，康熙元年时北京城内以汤若望为首传教士多方斡旋活动，延宕了澳门迁界命令的执行，同时，平南王尚可喜及当时的广东地方政府极力向清廷请命，也使清廷对澳门迁界之事迟迟没有执行。然而，清廷始终没有同意他们的请求，并没有下令澳门免迁。所以，直至康熙五年，清廷仍下令敦促澳门迁界。直至卢兴祖索贿案发后，葡国马努埃尔使团致信康熙求情，澳门才正式获令免迁。这一点是与过去的说法有很大的不同。

第二，通过卢兴祖案，我们可以看出，康熙元年禁海令颁布后，虽然对澳门的贸易产生了很大的影响，其对外贸易明显出现了很多困难，但澳门的贸易并没有中止，澳门葡人通过各种方法同东南亚及中国内地仍然进行着较大规模的贸易。从粤商下澳大批在澳门采购缎子这一事实，可以说明，澳门不仅仅是外国货物来华的聚散地，亦是中国本土商品对外贸易甚至转埠贸易的中转站。

第三，通过卢兴祖案，可以进一步说明，在对待澳门问题上，中央与地方始终存在着很大的矛盾。中央往往从全局的政治形势着眼，对澳门的政策多以限制及禁止其内外交通；而广东地方则往往从本土的经济利益着眼，希望扩大与发展同澳门的贸易往来，满足本地区的各种需求。这样就导致中央与广东地方的冲突，卢兴祖20万两的索贿不一定完全是个人的贪婪，其中很大一部分是准备用做广东地方政府的财政开支，姚启圣的冒险下澳通商，则更是为了解决香山县多年以来的财政"负课"。

第四，从卢兴祖案更暴露了中国官场的腐败。从明至清，在澳门问题上，贪污受贿就是一个频频曝光的丑闻，从开埠之初的海道副使汪柏[①]到万

①　（明）郑舜功：《日本一鑑·穷河话海》卷6《海市》。

历初两广总督陈瑞①，再至天启中两广总督何士晋②，无一不是著名的贪污犯。入清以后，澳门附清不过十余年，又爆发更具规模的两广总督卢兴祖索贿案。完全可以说明，对中国各级官员的贿赂，是葡萄牙能长期安稳地占据澳门的一个十分重要的手段。

（原载汤开建著《明清士大夫与澳门》，澳门，澳门基金会，1998）

---

① 〔意〕利玛窦、〔比〕金尼阁：《利玛窦中国札记》第二卷，何高济等译，北京，中华书局，1983，第146页。
② 《明熹宗实录》卷77，天启六年十月庚申条。

张汝霖诈贿隐史

金国平*

一

中外学界对前山同知张汝霖在处理李廷富、简亚二命案中是否有受贿行为颇有争议①。近期笔者在译注《澳门记略》一书时，于一葡语文献中偶见详述此事来龙去脉的一段详细记载。

此文献题目为《往昔之声——名城澳门史实汇集》②，其作者为萨赖瓦(Joaquim Saraiva) 主教③。龙思泰在撰写《早期澳门史》一书时，曾加以参考："由于主教阁下的恩准，使我得以把自己积累的数据与他有价值的手稿摘录相对照"④。此手稿后亦为庇礼剌（Marques Pereira）编写《澳门历史记事》（1868 年澳门版）的张本。英国学者博克塞（C. R. Boxer）所著《贵族在远东》第 14 章《一位残忍的总督》⑤，则又以庇礼剌上书及徐萨斯的《历史上的澳门》为张本。龙思泰在叙述葡中司法关系中刑事案件时，对

---

* 葡萄牙中国学学院澳门研究中心研究员。

① 中国学者的论述可见费成康《澳门四百年》，上海，上海人民出版社，1988，第 176~177 页；印光任、张汝霖《澳门记略》，赵春晨校注，澳门，澳门文化司署，1992，第 88 页；章文钦《澳门与中华历史文化》，澳门，澳门基金会，1995，第 141 页；以及汤开建《明清士大夫与澳门》，澳门，澳门基金会，1998，第 226~230 页。

② 萨赖瓦（Joaquim Saraiva）：《往昔之声——名城澳门史实汇集》，澳门，澳门文化司署，1987。

③ 关于萨赖瓦（Joaquim Saraiva）之生平，参见龙思泰《早期澳门史》，吴义雄等译，北京，东方出版社，1997，第 10~11 页。

④ 龙思泰：《早期澳门史》，第 6 页。

⑤ 博克塞：《贵族在远东》，海牙，1948，第 247~258 页。

1710 年及 1743 年两案稍有涉及①，但不知为何未对 1748 年命案加以任何叙述。

本文中有许多其他西方史家未详之处，故史料价值极高。兹译录有关段落如下：

1748 年 6 月 8 日——本日晚，巡逻队拿获二华人，将其扭送总督②。总督下令送交当时的理事官安德烈·马尔廷斯③。士兵（编者按：指安哆呢）及少尉（指亚吗哮）对他们拳打脚踢，致使一华人倒毙于曼努埃尔·科雷亚·德·拉塞尔达（Manuel Correa de Lacerda）家门口。到达理事官府上时，他对死活二人均拒绝接收，令来者将二人送往大炮台，他则于清晨前往那里。来到大炮台后，向总督汇报了情况。他下令将他们送入矿道，将二人灭尸匿迹。一说是他将二人就地掩埋。二说他将二人置于瓮中，令人投入海中。他对翌日来见他的理事官说二华人不见了踪影并要理事官对来查访此事的中国官员说曾见二华人前往理事官府上，后又前去大炮台。理事官允诺如此回答。

6 月 12 日——因地保已将此事上报，本日数名中国官员前来验尸。不见尸首，中国官员顿时暴跳如雷。他们下令商店关闭，居民出澳，以此举逼迫供出遗体的踪迹。议事亭回答他们说下落不明。中国官员并未就此善罢甘休，议事亭中会议日日不绝。总督一再坚持未见尸骨，致使中国官员严令店铺关张并责成澳门城几个士兵向香山县令汇报情况，他们决意从华人处探得两具不明尸体的下落。

6 月 17 日——本属地居民不知此事结局如何，人人忧心忡忡。禁

---

① 关于 1710 年案件，见《往昔之声——名城澳门史实汇集》，第 36～37 页。关于 1743 年案件，即嗌些庐案，汉语史料可见中国第一历史档案馆、澳门基金会、暨南大学古籍研究所合编《明清时期澳门问题档案文献汇编》（一），北京，人民出版社，1999，第 198～199 页。另见印光任、张汝霖《澳门记略》，赵春晨校注，广州，广东高等教育出版社，1988，第 34～36 页。葡方史料，见《往昔之声——名城澳门史实汇集》，第 56～57 页；原档可查《澳门档案》，第 2 卷第 2 期，1930 年 2 月，第 83～86 页。龙思泰对此两案均有记载，见龙思泰《早期澳门史》，第 98～99 页。

② António José Teles de Meneses，即《澳门记略》中记载的"若些"，1747 年至 1749 年出任澳门总督。

③ André Martins，是若昂·达·科斯达（João da Costa）妻子的祖父。

令如山，华人不得出售任何东西，食物开始短缺。固执的总督乞灵于耶稣会神父，看看是否可通过谈判的途径设法摆平中国官员。二华人遗体下落不明，澳城居民心惊胆寒，耶稣会神父亦不愿出面张罗此事。但众人聚商后决定向前山官员（编者按：指同知）进呈一书，打探一下他的反应。恰巧此日他亲临澳门，对理事官说已得知二华人早先遇难，现索尸申冤。理事官回答说对此二华人之事一无所知。怒不可遏的官员欲非礼翻译，后为理事官所阻。

　　7月18日——本日那位中国官员（编者按：指张汝霖）下达一公文，称他已得知二华人身亡，欲见尸首。若已埋藏，请说出地点，他派人起尸。为此召开了议事会，会上总督下令回答说从未见此二尸。那位中国官员反驳说，他从基督徒处得知此二华人为我巡逻兵所杀。其尸必须找出。为此又召开了议事会，会上总督对竟然有基督徒泄露此事大发雷霆。总督坚持要下面回答说此事纯系子虚乌有，从未见到二华人的尸体。此时众官员已协同耶稣会神父，以送金之诺，平息了那位官员的怒火，但他仍不舍不饶，他也害怕东窗事发。经几日交涉后，那位官员提出召见巡逻队长（编者按：指亚吗咘）及巡逻士兵（编者按：指安哆呢）。他清楚他们是凶手。少尉（Amaro da Cunha Lobo）及他手下的一士兵来见那位官员。那位官员打量了他们一番，一语未发。因无罪证，他们肯定否认无疑。他打发了他们，然后扬长而去。各店铺仍紧闭门户。耶稣会神父在他手上塞上了几块金锭。[①]

　　7月21日——那位官员去后，一份详细的报告交到了总督手上，查出了是谁向华人透露了二失踪华人的实情。颇费周折后，从中国官员处探听到是一澳门当地人弗朗西斯科·阿马内（Francisco Amane）在私下去店中购买烟草及其他东西时透露的天机。总督当即下令将其找来。待其至大炮台，命令将其绑在炮口，燃炮碎其尸。三名士兵的眼睛被火药熏伤，入院治疗。

　　7月27日——各店铺已闭门20余日，食品奇缺。在此情况下，万般无奈只得向那位官员通关节。他已候在关闸，理事官卢伊斯·科埃略（Luís Coelho）向他手中献上了30块金锭并告诉他说既然不见二人

---

① 此为初次纳贿，具体数额不详。

尸体，已将二犯遣戍帝汶，永不回归澳门。因为那位官员收下了贿赂，所以未填写关于凶伤或死亡的报告，亦未将此事通报广州，以此方式了结此案。他亦未将此笔交易落成文件。他惧怕广州大宪得知此事情后，会有杀头之祸。所以此交易为君子协定。因此他可以一直上报仍在追查之中。下令店铺重新开张后，他离去。的确，当时的居民慷慨解囊。仅卢伊斯·科埃略（Luís Coelho）一人便破费白银2000两。这在今日价值巨万。无论如何，如同1749年1月18日发生的那种情况，这一案件曾引起轩然大波。

7月27日——众中国官员一启程，总督下令少尉及其他士兵蛰居大炮台内，甚至不许登上城墙。他施放一谣言，说二人已受毒打，奄奄一息。此举的目的是避免华人索贿的故技重演。或更确切地说保护他们免受绞刑或遭虐待，保全一条性命。①

上述文献所披露的案情与《澳门记略》所载大相径庭："四月，有民人李廷富、简亚二，夜入亚吗哷、安哆呢家，毙之，弃其尸"。据葡语数据记载，李廷富、简亚二两人未闯番人之家。他们于1748年6月8日晚为一巡逻队捕获送官。"士兵及少尉对他们拳打脚踢，致使一华人倒毙于曼努埃尔·科雷亚·德·拉塞尔达（Manuel Correa de Lacerda）家门口"，"惟民夷交涉事件，罪在番人者，地方官每因其系属教门，不肯交人出澳。事难题达，类皆不禀不详，即或通报上司，亦必移易情节，改重作轻……"。张汝霖对此双命大案的前后态度的转变原因，实在是一个值得研究的问题。

为进一步探讨此案，我们先来看一下中葡双方就此所进行的公函交涉。命案发生后，前山同知及海关监督曾连发两函，催办此大案。相关文件现译如下：

（一）前山同知贰府及海关监督第一道札谕：

接地保禀，4月9日入夜后，在第四班换岗后，二华人李廷富（石匠）及简亚二（理发匠）因营生夜出。上述二华人居住在三巴寺下方一名叫卡续（Catxu，编者按：汉籍作"柳允才"）的华人店中。贰府

---

① 《往昔之声——名城澳门史实汇集》，第58~61页。

接此禀报后即刻札谕议事亭，令其归还二华人。接议事亭回报说不见此二华人，无法交人并称该夜不曾捕获华人。接此答复后，贰府遣差人将该华人店主及其四邻召来作供。他们说，那天晚上二华人外出沽酒。他们出去后，传来"救命"的喊声。据店主称，他从门缝中，望得路中观者众多。此时，一士兵来到他门前，叫他出来。因街上人众，他不敢出店。从那天晚上后，未见上述二华人的踪影。

贰府后召酒铺店东来见，问其二华人是否确实曾前往他店。店主回答说因其不在店中，二人离去。

贰府亦将众邻召来问话。就此细节，他们回答说，当晚曾听见从街上传来"救命"的叫声。听完供讯后，贰府又发一札谕，要求议事亭交人，改为还人或交人。贰府又向议事亭发一札谕，称他已将此事禀报抚院及总督并称他已得到许多消息说，上述二华人外出沽酒后消失。酒店四邻称士兵将二人捕获。还说抚院亲自过问此案并找到可以指证士兵的人，已经访得将二华人带走的士兵姓名。抚院命令贰府不必再责令议事亭交出上述二华人，因为议事亭禀报说士兵未捕获上述二华人。

贰府又称澳门华商搬弄是非，挑唆议事亭如此行事，教唆葡人蔑视王法。

抚院檄令广州府，布政使司札谕贰府询问二华人生死情况及其下落。限本文发至澳门十天内，议事亭必须交出上述二华人。否则将檄令贰府、海关监督及其他官员禁止向澳门输送生活必需品，责令华人停止买卖，一律回乡并需将执行情况禀报抚院。

本澳议事亭书记官曼努埃尔·达·席尔瓦·马尔廷斯（Manuel da Silva Martins）少尉记录并加盖私印。①

（二）发议事亭的第二道札谕：

贰府称，他深知澳门居民系欧洲人，居澳多年，向受中国皇帝恩泽，颇称恭顺。上峰令其质问此次为何冒谎并称澳门无食粮如何治理人民。上道札谕实为变通处理问题。以此对议事亭进行暗示。他说本

---

① 《澳门档案》第2卷第2期，1930年2月，第89~90页。

可禀告两广总督议事亭不秉公执法，但出于对澳门居民的恻隐之心并念及他们此为出于无知，打消此念。他十分清楚议事亭执行此事困难重重，因此由议事亭从缓处理此事。本札谕令理事官寻找凶手，送官法办。议事亭需回禀它将此指控通告全体澳门居民的情况。凡留澳者与华人同为皇帝子民，鉴此，他有权进行奖惩。如果巡逻队未曾殴打二华人，为何他们的房东、那华人店主可诬告澳门居民。中国官员从来体恤澳门居民，不愿听到有人指控澳门居民。巡逻队曾殴打二华人为确凿事实，但他不知二华人的死活及其下落，为此令议事亭追查。大府已询问此案。望童（Vanaton）报告说，4月10日早晨，他曾见二华人之一的简亚二被捆绑着并央求他设法解救。4月9日（仍系望童所言），亚吗卢及安哆呢，即那两个殴打二华人的士兵，一人名亚吗卢，另一名安哆呢。此有证人。议事亭回答说此事不属实。为何不召来亚吗卢及安哆呢，由他召来望童（Vanaton），进行双方对质，查出说谎者。

议事亭初拒并一再否认他所说并认为此事欠公正。

他还说，议事亭表面上不愿揭露此案，但心里十分清楚。此罪无论以中国王法或就夷寺法规均应受到惩罚。议事亭应扪心自问，此事真假与否。他遣送议事亭的札谕已发出多日，议事亭的回禀次次有异。给议事亭十日限期解决此案，可议事亭不愿为二人兴师动众。若议事亭有头脑的话，应召集众人商议此事，看看它是否会造福本澳。大府（mandarin grande，编者按：应指两广总督岳濬）已檄令停止食粮入澳，可供应照来。议事亭回禀说无粮无法治理民众。澳门居民受我皇浩荡龙恩。此事关系王法。我皇下旨曰华夷①无异，时对澳夷多有恻隐之心。

他可执行王法，断粮。这是澳门居民自找苦吃。断粮、停市后，毋须烦恼。他贰府是否体恤本澳，议事亭及全澳居民有目共睹。起初，限议事亭在十日内交出二华人，否则将切断供应，但现世面仍有米售。现全澳居民应协助执法，不得延迟，否则会有供应切断之虞。

---

① 原文作"cristãos"，基督徒，此处为"夷"的委婉词。澳门将中方来文中的"夷"字一律译作基督徒。

全澳居民男女不及两千。任何一中国村庄人口远过此数。

禀称断粮所带来的严重问题非议事亭力所能及，因为巡逻队殴打二华人，议事亭居然不知是否。断粮后，议事亭定会治理如善。

议事亭的回禀屡称无此二华人。此非由衷之语，乃信口雌黄。乃至议事亭会有麻烦。依照王法，二命凶案事关重大。因澳门华夷共处，他贰府无法寻得二华人，难以执法。广东大吏令其执法。所有官员，包括他无不对澳门居民怀柔体恤。议事亭应速决此案。议事亭明知谁是凶手，不要因为这二人牵连众人。他在新庙①住候。要议事亭从速了结此案。

本澳议事亭书记官曼努埃尔·达·席尔瓦·马尔廷斯（Manuel da Silva Martins）少尉记录并加盖私印。

（签字模糊）②

迫于张汝霖的巧妙威胁与高压，澳门议事亭发出了如下通告。

（三）本议事亭③关于华官称 1748 年失踪二华人之布告：

中国上帝圣名之城法官、市政议员及理事官通告如下：

贰府多次札谕本议事亭催索上月 9 日失踪之二华人。因此，本议事亭即令所有良民检举此案。凡有关二华人线索者可至本议事亭举报。王室大法官及其属下将搜集有关本案的确切举报并将其公布于众。本议事亭将在全澳进行侦破，以期获得有关消息，维护本澳公共秩序。为此，议事亭下令在全澳各处鸣锣宣读此令，以便向贰府证明本议事亭确在竭尽全力侦破此案，严格执法。本通令张贴议事亭入口处并在议事亭档案内登记注册，以便查证。

1748 年 7 月 29 日本议事亭会议决定。本澳议事亭书记官曼努埃尔·达·席尔瓦·马尔廷斯（Manuel da Silva Martins）少尉记录并加盖私印。

---

① 澳门葡语称"莲峰庙"为"新庙"，以别于附近葡人称之为"旧庙"的"观音堂"。
② 《澳门档案》第 2 卷第 2 期，1930 年 2 月，第 91～93 页。
③ 原文作"cidade"，意即"城市"，此处不作此解。在澳门古葡语中，意为"议事亭"。《澳门记略》中"事打的"，便是该词的汉语对音。

卢伊斯·科埃略（Luís Coelho），曼努埃尔·雷特·普拉塔（Manuel Leite Prata），若阿金·若泽·门多萨（Joaquim José de Mendoça），若泽（José Coelho），若昂·里贝罗·吉马良斯（João Ribeiro Guimarães），安德烈·马尔廷斯（André Martins）*私印。本澳议事亭书记官曼努埃尔·达·席尔瓦·马尔廷斯（Manuel da Silva Martins）少尉记录。*①

随后，议事亭就调查结果致函前山同知。

（四）议事亭禀贰府第三次函：

接贰府札谕后，议事亭对李廷富及简亚二一案进行了调查。查无殴打二人之事并回禀了贰府。贰府亲临澳门，再次札谕议事亭。为此议事亭又进行了调查。本年四月某晚，士兵安哆呢及亚吗咘执行总督命令于午夜后进行巡逻。巡至大炮台山下若泽·德·巴洛斯（José de Barros）宅所在的那条街时，因该宅门敞开，安哆呢及亚吗咘望见李廷富及简亚二在内，因此加以殴打。他们说住在华人卡续（Catxu）店中，系良民。巡逻队将二华人带至上述店铺，敲门询问二华人是否住在那里。店主回答不认识二人。

安哆呢及亚吗咘将二华人带至大炮台并将此事禀告总督。总督立即下令将二华人送理事官宅上，然后送前山。半路上，二华人不愿去理事官家，开始与安哆呢及亚吗咘搏斗，致使一华人身亡。

安哆呢及亚吗咘害怕因此会受到总督的惩罚，将二人尸体弃入海中并宣称二华人逃脱，且未向理事官报告此事。中国官员下令我们清查此案，安哆呢及亚吗咘供称二华人拒绝被带往理事官家，发生搏斗，致使二人身死。安哆呢及亚吗咘害怕担当责任，遂将二尸抛入海中。

他们将此事禀报了总督，但未禀报理事官。议事亭通过调查得知该日夜晚二华人行窃，为巡逻队捕获。拒绝监押，在搏斗中丧生。安哆呢及亚吗咘本无意杀害他们。

今特恳求官员赦免安哆呢及亚吗咘。今获安哆呢及亚吗咘捕获的

---

① 《澳门档案》第2卷第2期，1930年2月，第87页。

二华人用过的鞋一双。

希望官员停止查办此案。

本澳议事亭书记官曼努埃尔·达·席尔瓦·马尔廷斯（Manuel da Silva Martins）少尉记录并加盖私印。①

前山同知张汝霖竟然上报，获准满足了葡方的要求，发出了一份赦免令。

（五）赦免安哆呢及亚吗呒札谕：

貳府称，士兵安哆呢及亚吗呒殴打华人李廷富及简亚二致死，弃尸于海一事属实。

根据中国皇帝的法律，一命一抵，但念澳门居民向来恭顺并念及安哆呢及亚吗呒系一时失性②杀人且已认罪，本官恳求大府赦免二人。二人获免。

葡人向无徙流华地之俗。请告拟将二人徙流何地③。安哆呢及亚吗呒将李廷富及简亚二致死并消尸匿迹，实属罪大恶极。

令安哆呢及亚吗呒各向死者亲属缴纳 20 两，供作法事之用。应缴到小榄太爷处④。

本澳议事亭书记官曼努埃尔·达·席尔瓦·马尔廷斯（Manuel da Silva Martins）少尉记录并加盖私印，以资真实。

（签字模糊）⑤

上引材料为官样文移，通过查阅葡人的内部公函才可以找到案件的真相。就此案件，澳门议事亭向葡印总督做了汇报。

（六）1748 年 12 月 13 日澳门议事亭来函抄本：

尊敬的先生：

① 《澳门档案》第 2 卷第 2 期，1930 年 2 月，第 95～96 页。
② 原文作 "fora de sentido"，亦可译作失去理智。
③ 张汝霖此语实际暗示葡人将凶手流放。
④ 指小榄巡检。见阮元《广东通志》（第 2 卷），上海，上海古籍出版社，1990，第 2533 页。
⑤ 《澳门档案》第 2 卷第 2 期，1930 年 2 月，第 97 页。

　　本函向您汇报因二华人丧生而在本地引发的与华人的冲突。上述二华人于1748年5月在此死亡。5月6日,香山县丞致函我们,要求交出5月3日在澳门失踪的二华人。因为我们不知上述华人的情况,亦不知他们的死讯,回答他说我们不知此事。本澳门无门,华人可随时出入,毋须通知我们。我们从无得到任何消息。

　　数天后,又函至紧催交出二华人或交出将他们销声匿迹的人。此时我们得到消息说,5月3日的巡逻队在四更后,于板樟堂后看到他们。他们有盗贼的重大嫌疑。他们说刚从客栈出来。一人为理发匠,另一为石匠。他们去一店中沽酒,听见传来巡逻队的声音,躲入店中。军曹及一士兵亦入店中。因为二人与那店熟悉,于是问店主那二人是不是他的人,回答说不是,是来买东西的。听说不是那店的人,将二人抓住,带出店外,一顿拳打脚踢并问他们为何外出。二人回答说:"若你们以为我们是坏人,可将我们带至我们的住处查问。"随他们去客栈。他们一敲门,里面从门缝中看见来了这么多人,不想开门,于是回答巡逻队说那二人不住在那里。士兵揪起二人便打,他们开始大呼救命。一边毒打二人,一边将他们带至第一个店中询问他们是否有什么东西留在那里。店主看到是军曹与那士兵,回答说没有。于是将二人扭送大炮台总督处,但未向政府报告到过那两个店的情况。

　　听取汇报后,将其定为犯夜外出的盗贼,送本议事亭理事官解交香山县官。因在路上企图逃跑,用枪托击中他们的要害之处。其中一人在抵达理事官住宅前丧命。于是将此情况通知了总督,总督下令将他们带至他所在的大炮台并下令将死者就地掩埋,对活者严加看管,及时押送出境,以此避免华人找议事亭的麻烦。华人绝食气毙。但我们早已得到的这一消息仍需证实,于是我们回答说不知有巡逻队捕获二华人一事,华官的消息不确。

　　香山县令(其管辖扩至澳门华人)得到此答复后,毫无动静。我们以为事情过去了,未了7月10日香山县令传来两广总督一札谕,要求交出被巡逻队带走的二华人。如果我们不知道这是谁干的,告诉我们说是一个具有中国血统的澳门人军曹。该人名叫亚吗哮,住在大炮台附近。另一士兵亦为具有中国血统的澳门人,住在大堂附近。此案发生于5月3日晚。我们不愿交出二华人,也不应该将他们销尸匿迹。

他将下令华人离澳，禁止内地华人贩运食品至澳，不得与澳门交易。

一接此札谕，我们决定召集各教团首领及当地良民进行集议，以决定在此危急关头的办法，因为本城内与华人有过许多冲突，但从未达到禁粮、禁商的地步。最使我们担忧的是，未容我们答复札谕①，在此位官员的命令下，全澳华人，男男女女，携带全部家产已离澳。本城商人以为大难临头，同时粮食菜蔬因有禁令已不再下澳。

议事亭一致决议，由众人签署一保证书回答他说我们不知他索要的华人的事情。如果他以此理由威胁切断我们的给养，我们有人，有武器到有给养的地方去取。②做出这一决定后，总督兼城防司令下令各城堡做好准备，枕戈待旦③，将所有可以动员的人登记造册并通知他们做好一切准备，一接到第二个命令马上行动。总督的这一举动对我们有利，可以让华人看到他的决心十分坚定，不要小看他，因为当时内港华人军官率领军舰压境，在澳门周围各岛间亦部署了许多军舰。借口是监视海面，但有消息说，他们想将澳门一举结果。

当时尚未发出对总督札谕的答复，在某些谨慎人的劝阻下④，决定寻求较温和的方式，因为大家明白华人对我们武器的惧怕已消失，因为他们已有机会掌握使用。此外，我们无人手，所以将第一个答复做了修改，将"如果他以此理由威胁切断我们的给养，我们有人，有武器到有给养的地方去取"改为"我们竭尽全力；了解事情的真相，找到凶手，将其正法"。

如此决定后，资格最老的市政议员，也是当月的值理市政议员自告奋勇办理此事。我们毫无异议，因为我们知道他的勤勉与活动能力。他有几个华商朋友。通过他们可以摆平官员，以已决定的方式解决这一问题。对此他将向阁下汇报。由于通讯的原因，他于7月29日才通知我们说在不发生流血冲突，也不要凶手偿命的情况下已办妥此事，

---

① 显而易见，张汝霖通过此种方法迫使葡人献金。
② 由于张汝霖的专断，几乎酿成葡中间的武装冲突。
③ 《澳门记略》称："大府檄停交易，出居民。若些且增兵缮械，为负隅状。"但作者未透露为何葡人采取这些措施。
④ "而澳夷人无固志，蕃尼、蕃僧复助之"。

但他们必须去见那位官员（编者按：指张汝霖）问话①。他们可以放心去，因为他已得到那位官员的承诺②，不会要他们抵命。

7月31日此位官员临澳。按议事亭与他的约定，二凶手前往议事亭为他准备的公馆去见他。听取他们的供认后，他认为属实。二华人之死系偶然事故。所以说二凶手未犯凶杀罪，但议事亭应将其逐出澳门。当时与总督兼城防司令约定：将二人押监，待有船出航，将其送往地满。③

若不是我们在此事件中所做的这些工作与努力，本澳早就毁于一旦。我们听说刚刚接任耶稣会中国副省的副主教对此不甚满意，或许因为我们未采纳他的建议。

10月19日向我们要求提供一议事亭召集各教团首领，良民及民众集议时所作的保证书或决定的抄件，但他忘记了，从本文所附的决定来看，所有人同意议事亭与总督所作的决定。

上帝保佑您万寿无疆。1748年12月13日本议事亭会议决定。

本澳议事亭书记官曼努埃尔·达·席尔瓦·马尔廷斯（Manuel da Silva Martins）少尉记录并具签。贝尔纳尔多·诺格拉·卡瓦略·达·丰塞卡（Bernardo Nogueira Carvalho da Fonseca），卢伊斯·科埃略（Luís Coelho），若阿金·若泽·门多萨（Joaquim José de Mendoça），若昂·里贝罗·吉马良斯（João Ribeiro Guimarães），若泽（José Coelho），安德烈·马尔廷斯（André Martins），曼努埃尔·达·席尔瓦·马尔廷斯（Manuel da Silva Martins）。④

据此，当时的葡印总督又致函葡王唐·若昂五世（D. João V）。

---

① 张汝霖曾审问二凶手，本可将其逮捕送省查办，可他却称"汝霖已得主名，而亚吗呋、安哆呢实夷兵，兵头若些庇之，匿不出"。
② 为此他一人就拿出了2000两。
③ 张汝霖却称"澳夷人无固志，蕃尼、蕃僧复助之。因鸣鼓集讯。夷法确有见闻者，即天主所不宥。是日，称目睹者三人，耳闻者三十三人。若些无如何，乃缚诸二犯。当已弃尸，而失重罪，准诸夷法，永成地满，且声若些罪于小西洋"。"且声若些罪于小西洋"另有背景，与此案的处理无关，作者将另文详其始末。
④ 葡萄牙国立档案馆庋藏 Ministério do Reino, Maço 602, Caixa 705, Capilha 6。

（七）1749 年 12 月 16 日阿洛尔那侯爵（Marques de Alorna）致国王函：

我主

通过澳门议事亭，该教区主教大人及其他人士函件的副本，我向陛下汇报去年澳门因总督若些的冒失举动两次所经历的危险。他刚愎自用，未采取任何措施，亦未执行陛下的有关政策，即顺从华人，致使他们无机会在我们头上发泄怒火或动武。① 原因是若发生此种情况，无法救援；对澳门进行封锁与否取决于华人的意愿。只要禁运食物，便可将澳门居民置于死地。

我是按照陛下的建议任命的上述总督。他系第二次来印度。他的祖父辈人曾在印度多有建树。此外，再加上他曾在澳门以步兵上尉军衔服役三年。他是曾两次谨慎、得力治理澳门的科斯梅·达米昂（Cosme Damião）的得意门生。似乎因此理由，他较之他人更能胜任，因为他已具有对华人及葡萄牙居民的了解。

因总督对华人海关监督的侮辱，以及种种迹象表明与其不无关系的二华人死亡一事，令人担忧的是已密切过问此案的两广总督有可能采取某种对我们有害的解决办法。他已命令其手下某些官员对此二案进行调查，要求交出同谋犯。此外，还要求将其决定通知澳门总督按照中国法律执法。

全澳居民要求我立即解决此事。人数达两万之多的澳门华人向我上书，要求伸张正义。鉴此，我以为，迫不得已必须满足澳门华人及两广总督的要求，以示我并不赞同鲁莽行为，避免发生无可救药或无法及时救援的不测风云。我曾切实担忧法国人及英国人（对我们忌妒得要死，因为我们是唯一在那里定居的欧洲人）将华人挑起对付我们，利用此机会将我们加以驱逐。如果他们此牌打赢的话，一旦他们进入澳门这唯一的港口，基督教徒将受到当朝皇帝及其官员的残酷迫害。

鉴于上述理由，我以为当务之急为缓解对立，为此我任命梅特洛

---

① 由此可知，葡人的"双重效忠"是国王钦定的国策。

（Metelo）先生的同父同母亲兄弟若昂·曼努埃尔·梅特洛（João Manu-el de Metelo）出任澳门总督。此人在此以海军少将军衔服役期间声誉颇好，谨慎、胜任。同时，我派遣上诉法官庇利那（António Pereira da Silva）查办上述命案，让中国人民及两广总督看到定会按照陛下的法律处理若些问题。

华人是十分通情理的民族。我敢相信，看到新总督及项目特使的到来，他们定会心满意足。若不再出现新的不明智举动，将水搅浑，不会落至决裂的地步。

对此，我仍心有余悸。不知后果如何，总怕出现不测，但无时间得知，因为任何消息随 4 月至 5 月初的季风发自澳门港的大船才可抵达本地。

敬祝上帝保佑陛下万寿无疆

1749 年 12 月 16 日于果阿

阿洛尔那侯爵（Marques de Alorna）（签字）[①]

二

现在我们来看一下中方的内部文件。乾隆《香山县志》中录存了张汝霖于乾隆十二年（1747 年）奉旨查封"唐人庙"及张汝霖于乾隆十四年（1749 年）起草《澳门约束章程》的奏疏，但对 1748 年命案无任何涉及。张汝霖在其所著《澳门记略》中处心积虑地全文转引了两广总督策楞关于晏些咘案的奏疏并将其"与香山令暴煜详筹善后事宜"12 条照录，对 1748 年命案又闭口不谈。这有意的取舍十分说明问题。葡档中保留的数份张汝霖发议事亭的公函可补中国史料之阙，但最能说明问题的是两广大吏与皇帝的直接函件往来。

首先是主办此案的两广总督岳濬的上奏：

[①] 葡萄牙国立档案馆庋藏 Ministério do Reino，Maço 602，Caixa 705，Capilha 6。此件在葡萄牙海外历史档案馆存有一抄件 MACAU，cx 5，doc. n° 28。

今乾隆十三年四月初九夜二更时分，有寓歇柳允才家之剃头匠李廷富、泥水匠简亚二两人，乘间黉夜出街，潜入夷人若瑟吧奴（编者按：指 José de Barros）家内，被哑吗吨、嗳哆呢起身捉获，虽查未失去物件，但夜入人家，潜身货屋，其为行窃无疑，当将李廷富、简亚二拴缚屋柱，原欲等候天明送官究治，诅廷富、亚二求脱未得，詈骂不休，遂被哑吗吨将简亚二连殴毙命，嗳哆呢亦将李廷富殴伤致死，二夷复又同谋定计，将两尸乘夜扛弃入海，似此凶蛮，法难轻纵。先据该同知禀报，臣与督臣策楞随饬严查，务获正凶缚送究拟，该夷目夷兵等始犹抵赖不承，迨后臣与督臣复又严檄饬行，谆切晓谕，宣布皇恩，示以国法，又令该同知张汝霖亲往挨查，该夷目不能狡饰，随将哑吗吨、嗳哆呢及事主、邻证、凶器，并简亚二遗下布鞋一只，一并送出。该同知逐加严究，供出行窃被获殴死弃尸各真情，悉无遁讳，其追出遗鞋也亦经尸亲、店主认明无错。兹据该同知审明前情，由府司核拟具详到臣，臣复细核，供招已无疑义。

查律载，夜无故入人家，已就拘执而擅杀者，杖一百、徒三年。又弃尸水中者，杖一百、流三千里。等语。今李廷富、简亚二于二更时分潜入夷人家内，计图行窃，已就拘执，复因骂詈，擅行殴毙，而又同谋弃尸海中，夷性凶残，理应严加惩治。但按其情罪，法止杖流，哑吗吨、嗳哆呢除拘执擅杀杖徒轻罪不议外，均应照弃尸水中例，各杖一百、流三千里。案内干连笞杖各犯，照例分别发落。但夷人例无遣配之条，随查据夷目唛嚓哆等称，该国免死罪犯，向系安插地满受罪终身，其地满地方岚蒸气瘴，水土恶毒。等语。似与内地军流相等。今哑吗吨、嗳哆呢既经律拟应流，仍照向来处治夷人问罪之法，俯顺夷情，依法办理，令其发往地满永远安插，不许复回澳门。其趁船起解之日，及到地满收到回文，俱谕令该夷目呈报备案，起解之时，令该同知验明放行。现在该夷目将哑吗吨、嗳哆呢牢固羁禁，候发地满，阖澳番夷，俱各畏法宁静。[1]

乾隆帝洞悉此中定有其他原委，面谕广州将军锡特库申饬岳濬并令硕

---

[1] 《明清时期澳门问题档案文献汇编》（一），第 238～239 页。

色接办此案。

乾隆十三年十月初三日面奉谕旨：广东澳门鬼子杀死内地民人一案，岳濬办理错悮，鬼子在我地方居住，即便民人夜入其宅，彼亦理当拿送官府，等候办理。彼竟擅自杀伤，而据岳濬奏称，沿用内地律例，仅将罪犯交付彼等发放，等因议罪完结。而今仍交彼等发往其地，其流放与否之处，岳濬何以得知，此端断不能启。彼死我一民，彼即当偿还一命。岳濬太过软弱，其优柔寡断之习未改正，倘若策楞在彼，绝不如此软弱办理。①

岳濬不得不复奏，引疚请处：

乾隆十三年十一月十二日，承准大学士·伯张廷玉、协办大学士·尚书傅恒字寄两广总督岳濬，乾隆十三年十月初三日奉上谕：岳濬所奏办理澳门夷人哑吗咘等致死李廷富、简亚二二命，问拟杖流，请照夷法安插地满一折，李廷富、简亚二既死无可证，所据仅夷犯一面之辞，观其始初狡赖情形，必另有致死根由。且夷人来至内地，理应小心恭顺，益知守法，乃连毙内地民人，已为强横，又复弃尸入海，希图灭迹，尤为凶狡，自应一命一抵，若仅照内地律例，拟以杖流，则夷人笃戾之性，将来益无忌惮，办理殊为错悮。况发回夷地，照彼国之法安插，其是否如此办理，何由得知，设彼国竟置之不问，则李廷富、简亚二两命，不几视同草菅乎。此案已传谕该部饬驳，另行究拟，如该犯尚未发回，着遵驳办理，倘已趁船起解，着一面声明缘由报部，一面晓谕夷人，以示警戒。嗣后，如遇民夷重案，务按律定拟，庶使夷人共知畏罪奉法，不致恣横滋事，地方得以宁谧。岳濬着传旨申饬。钦此。遵旨寄信到臣。

又，于乾隆十四年正月十三日，广州将军臣锡特库陛见回粤，传奉皇上面谕：广东澳夷殴杀内地民人一案，办理错误，澳夷系在内地居处，即使民人夜入其家，只应挐送到官，听候办理，仍竟自擅杀，

---

① 《明清时期澳门问题档案文献汇编》（一），第240页。

而岳濬仅引内地条例，将夷犯定议流罪完结具奏，况系仍交伊处自行流遣，其果否流遣之处，何由得知，此风断不可长。伊伤一民人，即应令伊人抵偿才是。岳濬办理甚是软了，看来伊办事偏软之习尚未能改，若策楞在广，伊斯不如是办理。钦此。臣望阙叩头，只聆训诲，跪领之余，惶悚靡宁，惭感无地。

伏念，臣仰蒙皇上天恩，畀以海疆重寄，于此等夷人事件，未能妥协办理，筹划周详，以致上费圣心，两领训饬，臣虽愚昧，敢不益加奋励，以报皇上教导洪恩。臣于先奉谕旨之日，随即钦遵密札澳门同知张汝霖，令其传谕该澳夷目，速将原交羁禁之哑吗吥、嗳哆呢二犯，即日提解，听候部行再行确审。续于十一月十六日，接准刑部驳审咨文，又经转行遵照，并催令提犯具报，遵旨确审，另行妥拟，叠次行催，再三切谕，务必详慎办理，勿使笃庆夷人再有违法去后。旋据该同知禀称，已令该夷目押带夷犯到案，逐加研审，按拟具详，由司核转，其夷犯遵照奏明成例发交夷目收管，候旨等情。臣正在行司令其遵照部驳确核详拟具题间，讵该同知忽又报称，澳夷一案业经复审拟详，自应候题发落，乃该夷目以外洋番船须趁北风开行，不便久待，请将哑吗吥、嗳哆呢二犯就便附搭洋船押发地满。等语。同知随行文拦阻，而夷目已于十二月十六日，将二犯附搭第十五号万威利瓜路洋船发往地满，现在勒限严追，相应据实禀报。等情前来。臣闻不胜骇异，除一面饬司查取疏纵职名请参，并行令责成夷目勒追番船回澳提犯具报外。窃查，此案先奉谕旨，嗣准部咨，俱经严谕该同知，转谕夷目敬谨凛遵，乃该夷目不候具题部复，竟自擅行发遣，殊属不合。至该同知张汝霖系承办此案之员，任听夷人发遣，玩忽疏脱，更难宽恕，惟是臣身任海疆，处此民夷交涉之事，虽兢业自持，期于慎重，而措置不善，屡见周章，惶悚自惭，咎无可逭。伏恳皇上天恩，将臣一并交部议处，以为办理不善之戒。

再，督臣硕色已于十二月二十六日到任，此案文卷俱经照例随印移交，应听督臣查办议拟题复，并将该夷目及该同知参处，请旨遵行外，所有征臣凛奉恩谕申饬缘由，理合据实缮折陈奏，伏乞皇上训示。①

① 前引《明清时期澳门问题档案文献汇编》（一），第241～243页。

最后新任两广总督硕色奏报查办结果，建议结案：

窃照广州府香山县属澳门番夷哑吗哶等打死民人李廷富、简亚二弃尸一案，先据澳门同知张汝霖审，系李廷富等潜入夷室行窃，被殴致死，弃尸海中，将哑吗哶、嗫哆呢依弃尸律拟流，请照夷法发往夷境地满瘴毒之区永远安插，经署督臣岳濬复核具奏，并钞供报部。嗣准部咨，以行窃未确，引拟宽纵，驳今再加严审妥碍。行据按察使吴谦志等详据同知张汝霖详称，遵驳复讯，据哑吗哶、嗫哆呢供称，是夜贼甫入室，当经惊觉查看，将李廷富等获往，彼时尚未窃物，是以无赃可获。但时已二更，简亚二从货房走出被挈，李廷富亦于货房柜后搜获，非行窃而何，况夷人住居与汉人界址各别，李廷富等与夷犯素不相识，黑夜入室，挈获之后，现有邻佑映哔哆等眼见，倘因别故在他处打死，岂无汉人知觉。等语。质之尸亲简亚胜，亦称细访伊兄系因行窃被夷人殴死，别无他故。律载：夜无故入人家，原不论其是否行窃，及图窃之，曾否得赃。今李廷富等既系黉夜入人家，被事主哑吗哶等拘执擅杀，律止杖徒，因其弃尸水中，故又从重拟流，情罪相符，应请仍照原拟。等情。详复前署督臣岳濬。正在核题间，旋据该同知申报，夷目唛嚟哆，因乾隆十三年十二月十六日有第十五号万威利瓜路洋船开往地满贸易，已将哑吗哶、嗫哆呢押发该船附搭解往地满。随经署督臣岳濬以此案尚未具题，何得擅行发遣，檄行按察司飞饬督同夷目上紧追回，羁禁报参。

臣于上年十二月二十六日抵任之后，查知此事，复行司饬令该同知，将天朝恩威法纪明切晓谕夷目人等，务令星速追回具报去后。今据按察使吴谦志等详称，催据该同知张汝霖详，据夷目唛嚟哆呈称，万威利瓜路洋船开行已有数日，洋面顺风，久已扬帆远去，实属追赶不及。查，地满远处夷境，重洋遥隔，非内地兵役所能前往查挈，今虽现在严饬夷目追捕，但外洋风信向有常期，每年必秋冬北风始可扬帆前往，待至次年南风竟起方可返棹，往返一次必须两年，断非刻期所能提到，未便将部驳案件久悬，请照前详，先行题复前来。除一面严切行文晓谕番夷务遵天朝纪律，将哑吗哶等追回，恭候谕旨遵行，一面将复审供情，臣会同抚臣岳濬具疏题复，并将不行防范阻止，擅听夷目发遣之同知张汝霖附疏题参，听候部议外。臣伏查，夷人寄居内地，擅敢戕杀民人，且连毙二命，弃尸海中，今复不候具题部复，擅行发遣，自应勒限追回，从重改拟正法，以示惩创。惟是此案哑吗咘等，实因简亚二等潜入夷室行窃，以致殴打身死，已据尸亲供明，访无别故，其弃尸海中，亦系畏罪灭迹，并无别情。且查澳夷皆大西洋博尔都噶尔国人，自前明中叶住居澳地，迄今二百余年，番众不下数千，然平素惟以航海贸易为生，尚称安静，其该国夷王若望，曾于雍正五年遣使进贡，远涉波涛，输诚向化，亦颇为恭顺，今若以番夷殴死窃贼细故而必绳以重法，诚恐番众疑惧不安。且地满远隔重洋，往回难必，设或久延不到，则天朝体统所关，更势难中止。臣身任封疆，非敢因循示弱，但事有重轻，不得不据实陈明。

再，地满系大西洋所辖瘴疠之区，该国夷法，罪不至死者，发住受罪终生。上年十二月十六日，现有十五号船开往地满贸易，亦并非捏饰虚应故事，可否仰邀皇上天恩，俟部臣议复之日，特沛恩纶，着照夷例完结，免其追拏。臣仍行文①该国王严饬夷目，约束番夷，毋许擅与民人争斗滋事。倘再有干犯，定行从重治罪，并令将擅行发遣之夷目唛嘧哆议处惩治，则夷案可以早结，闽澳番众相安，感沐皇仁于靡既矣。②

三

基于中葡双方关于这一案件原档的披露，某些有争议的问题得到了澄清。

其一，关于受贿者。

在这组葡中文献披露之前，对受贿者是前山同知还是香山县令，存有疑问。

两广总督岳濬奏称："后臣与督臣复又严檄饬行，谆切晓谕，宣布皇

---

① 该文的葡译件，今存海外历史档案馆 MACAU，cx 5，doc. n° 30。
② 《明清时期澳门问题档案文献汇编》（一），第 243~245 页。

恩，示以国法，又令该同知张汝霖亲往挨查"，"至该同知张汝霖系承办此案之员，任听夷人发遣，玩忽疏脱，更难宽恕"。张汝霖是以"谬泥前例"遭参处而"贬官一等"的，若当时此诈贿案东窗事发，也许《澳门记略》的作者仅为印光任一人。与其说《澳门记略》是"补过之书"，还不如说是"自辩书"。虽说张汝霖的贪墨隐史不能勾销他的其他政绩，但"廉介公慎"这项桂冠应该摘除了。

其二，关于受贿始末。

这不是一起简单的受贿案，可以说是诈贿。前后共两次。

一是诈贿手段。见前引下述文献：

> 贰府称，他深知澳门居民系欧洲人，居澳多年，向受中国皇帝恩泽，颇称恭顺。上峰令其质问此次为何冒谎并称澳门无食粮如何治理人民。上道札谕实为变通处理问题。以此对议事亭进行暗示。他说本可禀告两广总督议事亭不秉公执法，但出于对澳门居民的恻隐之心并念及他们此为出于无知，打消此念。

> 他还说，议事亭表面上不愿揭露此案，但心里十分清楚。此罪无论以中国王法或就夷寺法规均应受到惩罚。议事亭应扪心自问，此事真假与否。他遣送议事亭的札谕已发出多日，议事亭的回禀次次有异。给议事亭十日限期解决此案，可议事亭不愿为二人兴师动众。若议事亭有头脑的话，应召集众人商议此事，看看它是否会造福本澳。大府已檄令停止食粮入澳，可供应照来。

> 所有官员，包括他无不对澳门居民怀柔体恤。议事亭应速决此案。议事亭明知谁是凶手，不要因为这二人牵连众人。他在新庙住候。要议事亭从速了结此案。

> 如此决定后，资格最老的市政议员，也是当月的值理市政议员自告奋勇办理此事。我们毫无异议，因为我们知道他的勤勉与活动能力。他有几个华商朋友。通过他们可以摆平官员，以已决定的方式解决这一问题。对此他将向阁下汇报。由于通讯的原因，他于7月29日才通知我们说在不发生流血冲突，也不要凶手偿命的情况下已办妥此事，但他们必须去见那位官员问话。他们可以放心去，因为他已得到那位官员的承诺，不会要他们抵命。

除"柔调"威胁之外，握有军权的张汝霖还出动水师逼迫葡人就范：

> 当时内港华人军官率领军舰压境，在澳门周围各岛间亦部署了许多军舰。借口是监视海面，但有消息说，他们想将澳门一举结果。

二是纳贿数额。见前引下述文献：

> 7月18日——本日那位中国官员下达一公文称他已得知二华人身亡，欲见尸首……耶稣会神父在他手上塞上了几块金锭。
> 7月27日——各店铺已闭门20余日，食品奇缺。在此情况下，万般无奈只得向那位官员通关节。他已候在关闸，理事官卢伊斯·科埃略（Luís Coelho）向他手中献上了30块金锭并告诉他说既然不见二人尸体，已将二犯遣戍帝汶，永不回归澳门。

三是李、简命案实情。

李、简二人是否有盗窃行为，似应以议事亭致葡印总督的函件为准。"数天后，又函至紧催交出二华人或交出将他们销声匿迹的人。此时我们得到消息说，5月3日的巡逻队在四更后，于板樟堂后看到他们。他们有盗贼的重大嫌疑"。李、简二人至多是疑犯并无当场人赃俱获。张汝霖曾召见二凶手，由此推断，他应该知道二者的姓氏。亚吗嚧为 Amaro 的汉译。此人为巡逻队少尉。安哆呢为 António 的对音。据葡语资料称，此人为亚吗嚧的仆人。"夜入亚吗嚧、安哆呢家"的行文亦有纰漏。我们不禁要问的是：李、简同人"亚吗嚧、安哆呢家"？分别人之？李闯亚宅？简破安门而入？《澳门记略》中似乎无法找到任何答案。但葡人的内部档案告诉我们："5月3日的巡逻队在四更后，于板樟堂后看到他们。"《澳门记略》这段关于李、简双命案的记叙中，唯有"弃其尸"一语符合事实。在作者的笔下，二人夜闯番宅，非偷即盗，业主正当防卫，将其击毙。若此系致死理由，实无"弃其尸"之必要。值得特别注意的是，档案资料确凿地证明二凶不是业主。因此不在《大清律例》明文规定的"凡夜无故入家者，主家登时杀死者，勿论"之例①。

---

① 费成康：《澳门四百年》，第177页。

溯其源，张汝霖这段叙述以上刑律为依据，但与事实不符。对此，乾隆帝已有怀疑"李廷富、简亚二既死无可证。所据仅夷犯一面之辞，观其始初狡赖情形，必另有致死根由"。在此案中张汝霖已不是"移重就轻"，而是从根本上篡改了案由。张汝霖身为朝廷命官，统制澳门，将葡人巡役殴打华人致死案篡改作"夜无故人家"实际上使元凶摆脱了中国刑法的追究。依清律，命案犯判"五刑"中正刑。且乾隆帝有旨曰"乃连毙内地民人，已属强横，有复弃尸入海，希图灭迹，尤为凶狡，自应一命一抵"。经过张汝霖的"变通"后，凶手最多"问拟杖流"。

从葡语文献中，我们可以看到连葡人都承认这是总督故意散播的一个谣言，故"而澳夷人无固志，蕃尼，蕃僧复助之。因鸣鼓集讯。夷法凡事确有见闻者，即天主所不宥。是日，称目睹者三人，耳闻者三十三人。若些无如何，乃缚送二犯，当以弃尸，而失重罪，准诸夷法，永成地满"，从今披露的史实来看，这段有声有色的记叙，无异于小说情节或戏剧台词。张汝霖在此重大问题上未以刑律问断，以致乾隆帝接两广总督岳濬奏章后"降旨责让"。"缚送二犯"当不为张汝霖眼知，"况发回夷地，照彼国之法安插，其是否如此办理，何由得知"，乾隆帝此问不无道理，葡语文献亦证实了他的狐疑。至于所谓的"永成地满"，一为保护凶手；二为解除市禁，稳定民生；三为追查此案的张汝霖提供结案的理由。

张汝霖不仅未坚持中国的司法主权，在办案的时限上亦有违清律。本案发于 1748 年 6 月 8 日晚，在澳督若些庇凶，张汝霖追查而"大府檄停交易，出居民。若些且增兵缮械，为负隅状"僵持 58 天后，于 7 月 27 日以理事官卢伊斯·科埃略（Luís Coelho）向等候在关闸的张汝霖手中献上了 30 块金锭，此案乃终。

据《大清刑律》规定："凡审限，直省寻常命案限六阅月，盗劫及情重命案、钦部事件并抢夺掘坟一切杂案俱定限四阅月"[①]。显然，李廷富、简亚二命案应属"情重命案"，应在四月内结案。"其限四月者，州县两月解府州，府州二十日解司，司二十日解督抚，督抚二十日咨题"[②]。循此规定，张汝霖应在两月内将凶犯解府，可他在案发后 58 天，查无尸体的情况下，

---

① 赵尔巽：《清史稿》，北京，中华书局，1977，第 4214 页。
② 赵尔巽：《清史稿》，第 4214 页。

受贿终案。两广总督岳濬的"咨题"日期为乾隆十三年八月二十九日（1748 年 10 月 21 日），而张汝霖早在三个月前的 7 月 27 日从理事官卢伊斯·科埃略（Luís Coelho）处得知"既然不见二人尸体，已将二犯遣戍帝汶，终身无归澳门"，换言之，广东各级官员均犯有"欺君罪"。

澳门从一临时"泊口"发展为葡人居留地后，民夷杂处。中外纠纷层出不穷，甚至命案每有发生，从而引发了司法权问题。中国从来认为澳门系"天朝地界"，自然对澳门持有司法权。但正如论者所言：

> 但葡萄牙人则视澳门为其殖民地，设官自治，自不愿受中国的干涉，然又无力公然抗拒。因之遇有人命重案，时常出以金钱运用，希冀暗中解决，如尸亲不再控诉，即算了案，否则仍需逮捕凶犯，移交中国官厅，解赴广州处决。①

澳门开埠以来，澳门土地渐失，澳门之司法权亦然。从李廷富、简亚二命案起，终审权失之 30 金锭。中国终审权之失，葡国治外法权之得历经了一缓慢过程，但 18 世纪中叶张汝霖诈贿案所起到的负面作用，是引发其质变的一高性催化剂。

（原载金国平著《西力东渐：中葡早期接触追昔》，
澳门，澳门基金会，2000）

---

① 郭廷以：《近代中国史》（合订本第 1 册），台北，商务印书馆，1979，第 524 页。

澳门与乾隆朝大教案

吴伯娅[*]

　　澳门在 16-18 世纪的中西关系史上具有独特的地位。它不仅是中西贸易的重要港口，也是天主教在中国以至远东的传教中心。西方传教士在华传教事业的发展，中国内地此起彼伏的教案，都与澳门有着密切的关系。

　　乾隆四十九年至五十年（1784~1785），中国发生了一起全国性的教案，史称乾隆朝大教案。它不仅导致了全国各地大批教士、教民的被捕入狱，还波及澳门，引起了一场中葡风波。这是中国天主教史和中西关系史上的重要事件，值得我们认真研究。现根据清代档案、清实录和有关的英文资料，就澳门与乾隆朝大教案的问题作一初步研究。

一　澳门与明清时期天主教传华史

　　1557 年（嘉靖三十六年），葡萄牙人入居澳门。在此前后，天主教士亦来到澳门进行传教活动。1562 年，澳门已建立了三座简陋的教堂。此后，澳门教堂越建越多，规模也越来越大。澳门逐渐发展成为西方传教士活动的重要基地，中国天主教徒的聚集之地。耶稣会士前来中国和远东各国传教，总是先到澳门，在澳门研讨传教方法，学习中文等东方语言，做好准备工作。

　　1582 年，利玛窦来到澳门。随后他进入内地，到过肇庆、南昌、南京、北京等地，在中国居留了 28 年，创立了一套在中国行之有效的传教方法，既打开了天主教在华传教的大门，又架起了中西文化交流的桥梁。

　　遵循利玛窦的"适应策略"，明末清初西方传教士的在华传教事业有了很大发展。清朝康熙初年，杨光先在《请诛邪教状》中指出：传教士在济南、淮安、扬州、镇江、江宁、苏州、常熟、上海、杭州、金华、福州、

---

　　*　中国社会科学院历史研究所研究员。

建宁、延平、南昌、建昌、广州、桂林、重庆、保宁、武昌、西安、太原、开封、京师等地，共建了教堂30所，"每堂每年六十余会，每会收徒二三十人"；"香山澳盈万人，踞为巢穴，接渡海上往来"①。在此，杨光先明确地将澳门指为中国天主教的大本营。

明末清初，西方传教士不仅以澳门为中心，积极向中国内地传教，而且利用澳门的特殊条件培养中国籍的神职人员。主要方法有：其一，从澳门教徒中选拔人员，逐步培养为修士或司铎。其二，从内地教徒中选拔人员，送往澳门培养为司铎。其三，以澳门为津梁，将选拔出来的中国教徒经澳门送往国外，留学深造。通过这三种方法，中国产生了一批本土的神职人员。郑玛诺、吴渔山就是其中的代表人物。他们在中国天主教史和中西文化交流史上都作出了一定的贡献。

礼仪之争发生后，清政府颁布了一系列的法令，严厉禁止天主教在中国的传播。在长达百年的禁教时期，澳门成了中国天主教的一个重要据点。它不仅是澳门华人和内地居民的进教之地，而且是对潜入内地传教的教士接引联络的津梁。

乾隆十一年（1746），澳门同知张汝霖奏报："其唐人进教者约有二种：一系在澳进教，一系各县每年一次赴澳进教。其在澳进教者，久居澳地，渐染已深，语言习俗，渐化为夷。""其各县每年一次赴澳进教者，缘澳门三巴寺下建有天主堂，名为进教寺，专为唐人进教之所。""每年清明前十日，各持斋四十九日，名为封斋。至冬至日为礼拜之期，附近南、番、东、顺、新、香各县赴拜者，接踵而至，间有外省之人"②。

乾隆十八年（1753），四川教徒王尚忠利用在澳门贸易之便，引西洋教士费布仁入川传教。他们于十二月"在澳门起身，沿途有人盘问，俱系王尚忠答应"③，十九年四月二十日到达成都。

乾隆二十二年（1757），山东教徒李松"同广东人李刚义往广东澳门，引西洋人梅神父到东，在临清、直隶、威县等处传教"④。

这样的例子不胜枚举。教会史专家方豪称：

---

① （清）杨光先：《不得已》，合肥，黄山书社，2000，第6页。
② （清）印光任、张汝霖：《澳门记略》卷上《官守篇》。
③ 《宫中档乾隆朝奏折》第8辑，第560页。
④ 《山东巡抚明兴擎获西洋人吧地哩哑哝等奏折》，载《文献丛编》第15辑，第16页。

余前在嘉兴车辐浜教堂，见有巨型麻袋及破铜勺各一，教友相传大麻袋系装西洋神父者，破铜勺系教友伪装乞丐，自浙经赣入粤赴澳门，率领神父潜行入境者。或夜行昼伏，或密藏舱底，以麻袋伪装货物。①

这个麻袋和破勺是历史的见证，反映了澳门与天主教传华史的密切关系。

二　乾隆朝大教案的起因与经过

如前所述，禁教时期不断有西方传教士从澳门潜入内地传教。乾隆四十九年（1784 年），又有四名意大利传教士由澳门进入广州，住在意大利传教士哆罗的住所，准备潜往内地，秘密传教。

哆罗（Msgr della Torre）是罗马传信部负责中国教务的代理人，从1781年开始，经清廷批准在广州居住，负责传递京城传教士的信件。在中文史料里，他被称作"罗马当家"，他的住所被称作"哆罗夷馆"。

乾隆四十九年四月中旬，中国教徒焦振纲、秦禄由陕西来到广州，来到哆罗夷馆，延请洋人前往陕西传教。他们几个从广州沿着各地传教点，潜往陕西。为了不致被发现，他们采取的办法是，每到一个传教点，即由当地教徒接手再送到另一个传教点。在这种接力式的护送下，四名意大利传教士顺利地离开了广东，走过湖南湘潭、湖北樊城。七月，他们行至襄阳，被清兵抓获，八月初被押送武昌。湖广总督特成额立即将此事向朝廷上奏，乾隆朝大教案因此爆发。在奏折中，特成额声称：

盘获西洋四人，起出书信一封，系广东罗马当家所发，往陕传教，令蔡伯多禄送至湖南湘潭暂住，另酌人送樊城，直走西安，札托李姓送往。②

---

① 方豪：《中国天主教史人物传》（下册），第 186 页。
② 《清高宗实录》卷 1213，乾隆四十九年八月癸卯。

　　乾隆闻奏，勃然大怒。首先，他想到清政府早已颁布禁教令，禁教期间，虽然并不禁止懂科学技术的传教士进京献艺，但必须报明地方官，由地方官上奏，获准后方许进京。而哆罗并未禀知督抚，辄遣人私至内地，送信传教，是严重的违法行为，必须严肃处理。其次，他对广东督抚等地方官极为不满。因为自一口通商之后，西方人难以进入中国。广东督抚竟对哆罗私遣多人，潜往内地传教，漫无觉察。尤其令他惊异不解的是，西洋人面貌异样，不难认识，他们由粤赴楚，沿途地方官吏为何一无稽查，至襄阳始行盘获？其三，联想到此时甘肃地区的回民起义，他对传教士此行的目的产生了高度的警惕，认为"西洋人与回人向属一教，恐其得有逆回滋事之信，故遣人赴陕，潜通消息，亦未可定"①。因此，他下令详细审讯被捕的传教士，将所有接送过传教士、为传教士送信、留传教士住宿的中国教民一律逮捕究办，并查明罗马当家派往陕西传教者，究竟要传与何人，按名拿办。一场轩然大波，由此而起。

　　湖广是教案的爆发地，搜捕首先在那里进行。与此案有关的教民刘绘川等先后被捕。九月，特成额奏言："将现获西洋夷人吧地里央等四名，并究出接引伴送、从习天主教之刘绘川等十人解京审讯。尚未获各犯，现在咨拿。"② 不久，护送过传教士的周正、张永信等人也纷纷落网。

　　陕西是传教士此行的目的地。教案爆发之初，陕西督抚就闻风而动，开始搜查，捉拿了隐藏在省内的传教士三人。他们还根据教士教民的招供，向乾隆奏报：陕西汉中府、山西洪洞县、潞安府、大同府及山东、湖广、直隶等省，都有学习天主教的人和传教的西洋人。"本年罗马当家寄信内言及，现派十人分往山陕、湖广、山东、直隶各省"③。

　　这份奏报使乾隆得知，中国境内的传教活动远比清政府估计的严重得多，私入内地的传教士也远不止四人，而是蔓延数省。因此，他下令各地督抚严密查拿。教案迅速扩大。

　　甘肃紧邻陕西，又是回民起义所在地，搜捕颇为严密。当局首先抓获了教民刘多明我等人。五十年（1785）正月，陕甘总督福康安又奏报："嗣

---

　　① 《清高宗实录》卷1213，乾隆四十九年八月癸卯。
　　② 《清高宗实录》卷1215，乾隆四十九年九月乙亥。
　　③ 《清高宗实录》卷1218，乾隆四十九年十一月壬戌。

据甘、凉二府属续查出天主教人犯杨生荣、韩守元、张儒、张文等共72名先后拿获具报，并将刘多明我各犯押解来省，臣率同臬司汪新逐加严鞫。"①

广东是传教士此行的出发地，可谓教案之源，搜捕自始至终非常严密。先后抓捕了罗马当家哆罗、接送过传教士的李刚义等人，另有近百名奉习天主教的教民②。

山东也密加访查，抓获了二名潜藏的传教士。五十年二月，山东巡抚明兴奏报："将西洋人吧地里亚度、格雷西洋诺，及接引之李松、邵珩，妄称神父之朱行义即朱里官，并辗转窝留之任文臬、张泰、胡恒、韩三等押解赴京，送交刑部归案。"③

山西也四处搜查，逮捕多人，并"拿获西洋人安多呢，讯据供称，系四十六年由京赴晋，在范天保家居住传教"④。

四川，五十年正月，抓获了西洋人冯若望、李多林，"并拿获接引之张万锺、张万效，及往来住宿之周仁义等犯"⑤。二月，又"拿获来川传教之西洋人额地夷德窝一犯，并窝留之唐正文"⑥。

江西，五十年二月奏报，抓获了"西洋人李玛诺，并窝留李玛诺在家之刘桂林，及引领前赴庐陵等处传教之彭彝叙"⑦。

福建，抓获了从江西来闽的西洋人方济觉，并将容留方济觉的伊益德，及私习天主教的吴永隆等人捉拿归案。

直隶抓捕了多名教徒。安徽、贵州等地虽未出现大规模的逮捕，但也大有风声鹤唳之势。

总之，此次教案犹如一场巨大的风暴。其来势之猛，发展速度之快，范围之广，缉查之严，逮捕教士教民之多，都是前所未有的。它涉及全国十几个省份，共有18名外国传教士和数百名中国教民被捕入狱。

① 《福康安奏审讯西洋人犯分别解京折》，载《文献丛编》第15辑，第6页。
② 《两广总督舒常广东巡抚孙士毅严拿西洋人李刚义等折》，载《文献丛编》第16辑。
③ 《山东巡抚明兴拿获西洋人吧地哩哑喥解京折》，载《文献丛编》第15辑，第16页。
④ 《清高宗实录》卷1219，乾隆四十九年十一月戊辰。
⑤ 《兼署四川总督印务成都将军保宁拿获西洋人讯明解京折》，载《文献丛编》第16辑，第17页。
⑥ 《四川总督李世杰续获西洋人吧地哩夫哂等讯明解京折》，载《文献丛编》第16辑，第22页。
⑦ 《江西巡抚李承邺奏严缉姜保禄折》，载《文献丛编》第15辑，第2页。

三 乾隆朝大教案与澳门风波

清廷抓获了大批教士、教民，但没有抓到广州教徒蔡伯多禄。蔡是福建人，在广州行医，是引传教士入内地的关键人物。为了抓获此人，清廷展开了大规模的搜查，并因此而引起了一场澳门风波。

教案开始时，蔡伯多禄住在广州家中。他知道有危险，就隐蔽到另一位教徒家中。1784 年 9 月 26 日晚上，不仅蔡家被抄，隐居的人家也遭到搜查。清兵到来时，蔡伯多禄被惊醒。他从后门逃往另一位教徒家中。意识到自己仍然处于危险之中，他又乘船逃到了澳门。

广东督抚没有抓到蔡伯多禄，怀疑他在澳门，便派了两名官员到澳门索取。当时澳门官员还不知蔡的到来，便声称蔡不在此地。10 月 3 日，广东督抚有了蔡伯多禄在澳门的确凿证据。他们找到了送蔡到澳门的船夫。这位船夫看见蔡进了澳门方济各修道院。然而，当广东再次派遣官员赴澳门索取时，蔡已装扮成西洋人，离开了方济各修道院，和其他逃亡者一道，藏到了奥古斯丁修道院。

广东又一次派出使者要求澳门当局交出蔡伯多禄和其他逃犯，否则就封锁澳门。由于澳门的食物供给依赖中国内地，因此封锁是一种严重的威胁。在刚从印度回来的澳门高级官员的坚持下，澳门决定不交出蔡伯多禄，并声称他们对中国逃亡者不负责任，因为澳门是向所有人开放的，他们无法阻止逃亡者的入境。

广东官府对此回答很不满意，立即下令封锁澳门。澳门的食品很快就严重短缺。10 月下旬，广东按察使准备前往澳门，他派使者先行，责令澳门当局在 24 小时内交出逃犯。澳门当局召开紧急会议，决定不交出逃犯，但在所有修道院来一个形式上的搜查，以避免触怒按察使。这样的搜查自然没有结果。

澳门的葡萄牙人开始用激烈手段缓解他们的食品危机。他们截留了一艘正要离港的载有大米的中国船只，关押了船上的部分中国船员，并向可能载有大米的其他船只开火。这在中国居民中引起极大惊恐。按察使担心引起战争，急忙返回广州。广东巡抚孙士毅也不希望此时开仗，遂于 10 月 28 日解除封锁。

乾隆帝多次下令全国通缉蔡伯多禄，孙士毅又派了一个使团前往澳门。官员们首先到了奥古斯丁修道院，他们知道逃犯曾经藏在这里。修道院院长声称，逃犯既不在院内，也不在他们的控制之下。广东官员不相信院长的话，坚持认为逃犯在此。当发现一无所获时，广东官员极为愤怒。他们召集澳门的高级官员来到现场，要求交出逃犯，并向澳方递交了一封孙士毅写的措辞强硬的信。澳门的中国商人也请求葡萄牙人让步，交出逃犯。但是，葡萄牙人固执己见。中国官员返回广州，向澳门发出严重警告。

在这种情况下，澳门当局不能再将逃犯藏在城中，决定将他们送走。恰好这时有一艘葡萄牙船准备开往印度果阿，为逃犯离澳提供了一个好机会。10 月 30 日夜晚，蔡伯多禄等人秘密登船。黎明时分，他们起航前往果阿。

孙士毅决定打破葡萄牙人的顽固不化。整个 11 月，澳门都受到军队即将来临，澳门将被包围的警报的干扰。据说：

> 广州军队确已出发，但又被孙士毅召回。他没有把握此举定能成功。他向在广州的两个外国人打听澳门的防御能力。这两人告诉他，澳门大炮优良，能有效地抵抗袭击。孙士毅于是停止了冒险，澳门的恐惧渐渐平息。[1]

四 乾隆朝大教案的处置结果

根据乾隆帝的谕令，清政府对被捕的教士教民分别作了不同的惩治。

对于外国传教士，清政府稽拿甚严。上谕："西洋人潜赴内地传教惑众，最为人心风俗之害，自不可不按名查拿。"[2] 所有被捕的外国传教士都被押送北京，由军机大臣会同刑部严审。在审讯中，清政府最重视的是传教士的政治目的。正如乾隆所说："西洋人既欲传教，亦当在广东附近之广

---

[1] Bernward H. Willeke, *Imperial Government and Catholic Missions in China during the Years 1784 – 1785.*

[2] 《清高宗实录》卷 1218，乾隆四十九年十一月丙寅。

西、福建、湖南、江西等省份，何必远赴陕西？此皆关系案内紧要情节，必须彻底根究。"① 他怀疑"西洋人与回人本属一教，今年甘省逆回滋事，而西洋人前往陕西传教者又适逢其会。且陕甘两省民回杂处，恐不无勾结煽惑情事。"②

五十年三月，审讯结束，查明西方传教士和中国教民与回民起义毫无关联。但是，这些传教士无视清政府的禁令，私赴各省，秘密传教，梅神父、安多呢等，竟以西洋人藏匿山西、山东达一二十年之久，殊干例禁，不可不严加惩治。三月二十四日，乾隆宣布：

> 此案本应按律定拟，将该犯等即置重辟，第念伊等究系夷人，免其一死，已属法外之仁，未便仍照向例发回该国惩治。因令刑部将各犯牢固监禁，以示惩儆。③

与此同时，乾隆又令广东巡抚孙士毅，将审判结果就近传集正在广州进行贸易的各国商人，详悉晓谕，使他们咸知感惧，益加小心，恪守内地法度，并严申：

> 如有情愿赴京者，仍准报明督抚，具奏伴送，不得仍前潜赴各省传教滋事。如再有干犯功令，私行派往者，必当从重严办，不能再邀宽典也。④

对于中国籍神父，乾隆认为：

> 内地民人有称神父者，即与受其官职无异。本应重治其罪。姑念愚民被惑，且利其财物资助，审明后应拟发往伊犁，给厄鲁特为奴。该犯等曾受番银者，其原籍家产，并应查抄入官。⑤

---

① 《清高宗实录》卷1216，乾隆四十九年十月丙申。
② 《清高宗实录》卷1221，乾隆四十九年十二月戊戌。
③ 《乾隆朝上谕档》第12册，北京，档案出版社，1991，第534页。
④ 《乾隆朝上谕档》第12册，第535页。
⑤ 《清高宗实录》卷1219，乾隆四十九年十一月辛未。

对于延请和护送传教士的教民，乾隆认为这些人"如果安分习教，尚在可原，何得招致西洋人往来内地，私传经教"①，遂下谕："所有接引传教之人，亦应发往伊犁，给厄鲁特为奴，以示惩儆。"② 因此，大批教民遭到了与中国神父一样的厄运。

对于因祖父相传，持戒奉教，与洋人无关的普通教民，乾隆认为自应严密访拿，照例查办。但是，这些人俱系世相传习，与接请洋人，引人入教者不同，不必押送来京。"自当勒令悛改，即将呈出经卷等项销毁，照例办理，毋庸深究"③。上谕虽有此言，但各地的实际情况却远非如此。许多普通教民也受到了严惩。例如陕甘总督福康安奏言：刘志唐等六犯"虽讯无与西洋人认识往来，亦未收到番钱，但既有教名，即系受其名号，自应从重办理。请将该犯等均发往伊犁，给厄鲁特为奴。"④

对于失察官员，清政府的惩治也很严厉。首当其冲的便是广东官员。乾隆认为此案皆由西洋人赴广东贸易，与内地民人勾结，以致潜往各省。广东官员何以竟如聋聩，毫无觉察？因此他宣布，广东官员自有应得处分，并强调：

> 倘嗣后仍有西洋人潜出滋事者，一经发觉，惟该督抚是问，即当重治其罪，不能复邀宽典也。⑤

据英文材料记载，广东省内从广州到南津县，各地的官员都受到降级处分，共罚银70万两⑥。

对于其他各省的官员，乾隆也表示了极大的不满。他难以理解，天主教在雍正年间即被严禁，不许内地人传习。而呢吗、方济各等传教士，初则为内地人勾引至广东，继则纷纷潜至各省，居住传教，时越20余年，地

---

① 《清高宗实录》卷1214，乾隆四十九年九月己未。
② 《清高宗实录》卷1214，乾隆四十九年九月己未。
③ 《清高宗实录》卷1219，乾隆四十九年十一月辛未。
④ 《福康安奏讯西洋人犯分别解京折》，载《文献丛编》第15辑，第7页。
⑤ 《清高宗实录》卷1219，乾隆四十九年十一月辛未。
⑥ Bernward H. Willeke, *Imperial Government and Catholic Missions in China during the Years 1784 - 1785.*

则连及数省，各地方官何以毫无觉察？西洋人面貌语言与内地人迥然不同，又行踪诡秘，止与教内人往来，地方上有此形迹可疑之人，自当访察严拿，何至如此疏忽？他令各省官员认真查缉，以此赎罪，并严厉警告：

> 如各省经此次查办之后，复有勾引西洋人及私自传习邪教之案，则是该督抚查办不力，漫不经心，将来别经发觉，惟该督抚是问。①

许多地方官都因此受罚。为哆罗作保的行商潘文岩等人，也深受牵连。教案发生不久，广东巡抚孙士毅就奏言："洋商潘文岩等不能防范哆罗罗马当家，任由蔡伯多禄来往勾通，情愿罚银十二万两。"乾隆谕道："准其认罪，并令将此项银两解交河南漫工充用。"②

一场席卷全国的风暴，终以传教士囚禁刑部、中国教徒充军伊犁、失察官员降革罚银而停止。留居京城为清廷服务的传教士，不甘心就此结束，多方营救，极力斡旋，希望乾隆能改变对传教士的判决，但他们的努力毫无结果。

五十年四月，遣使会派罗尼阁来到北京，接理中国教务。罗尼阁，法国人，精通天文历算。乾隆召见，颇为赏识。初授钦天监监副，后又授钦天监监正。受此礼遇，罗尼阁竭力为传教士说情，设法营救。乾隆从塞外还朝之时，他又率同道出迎。乾隆很高兴，显示出对传教士的好感。教案有了转机。同年十月八日，乾隆突然颁布一道上谕，首先回顾道：前因四名西洋人私入内地传教，经湖广查拿，究出直隶、山东、山西、陕西、四川等省俱有私自传教之犯。各省陆续解到，交刑部审拟，定为永远监禁。随即他解释道：此等人犯不过意在传教，尚无别项不法情事。如呈明地方官，料理进京者，原属无罪。因该犯等并不报明地方官，私自在各处潜藏，转相传引，如鬼蜮伎俩，必致煽惑滋事，自不得不严加惩治。虽坐以应得之罪，朕仍悯其无知，仅予圈禁。最后，他宣布：

> 今念该犯等究系外夷，未谙国法。若令其永禁图圄，情殊可悯。

---

① 《清高宗实录》卷1218，乾隆四十九年十一月壬戌。
② 《清高宗实录》卷1216，乾隆四十九年十月甲申。

所有吧地里央等十二犯，俱着加恩释放。如有愿留京城者，即准其赴堂安分居住。如情愿回洋者，着该部派司员押送回粤，以示矜恤远人，法外施恩之意。①

此时，被捕的 18 名传教士中，已有 6 名死于狱中："一系陕西正主教，二系陕西主教，三即代多来，四系意大利亚国圣方济各会士名亚多，五系外国传教会之法国司铎名德卧（华姓吴），六系德卧同会修士名代肋崩（华姓贾），亦系法国人。"② 另据英文材料记载，罗马当家哆罗也已于 1785 年 8 月 29 日死于北京狱中，时年 53 岁③。尽管如此，乾隆的上谕仍使传教士们欣喜异常。幸存的 12 名被捕传教士全都获得了自由，或留居北京，或离华回国，但不许回原地传教。

西方传教士终于获得乾隆的宽恕，但中国教徒所受的惩治却丝毫未减。这说明乾隆的禁教政策主要针对的是中国人，其宗旨就是维护封建统治。

综上所述，澳门与明清时期天主教传华史有着密切联系，与乾隆朝大教案息息相关。它既是中西文化交流的窗口，也是中西冲突的前沿阵地。在 16~18 世纪的中西关系史上，澳门的地位引人注目，我们应该进行深入的研究。

（原载耿升、吴志良主编《16~18 世纪中西关系与澳门》，
北京，商务印书馆，2005）

---

① 《清高宗实录》卷 1240，乾隆五十年十月甲申。
② 〔法〕樊国梁（Alphonse Favier）：《燕京开教略》（*Pékin*：*Histoire et description*），下篇。
③ Bernward H. Willeke, *Imperial Government and Catholic Missions in China during the Years 1784 – 1785*.

清代条例的效力

——以澳门涉外命案的审理为视角

乔素玲[*]

    近年来，明清律、例、成案的关系，以及判例和判例法的区别，成为中国法学界讨论的热门话题，呈现众说纷纭的景象[①]。本文既非专门从理论上论述律与例、判例与判例法的关系，也非探讨清代澳门涉外命案的具体司法程序[②]，而是通过澳门涉外命案审理模式变迁的个案分析[③]，考察条例的形成过程与作用，分析澳门司法模式对中国内地的辐射功能，及其对中国传统法律文化的丰富和发展，从独特视角观察中国传统法律文化的多样性，揭示澳门司法的历史地位与影响。

    就澳门涉外命案审理模式变迁过程而言，条例即皇帝认可的判例和皇帝根据某些具体案件的处理而发出的带有规范性的命令和规定。条例的作

---

[*] 暨南大学法学院法律学系副教授。

[①] 相关研究主要有郑秦《康熙"现行则例"：从判例法到法典化的回归》，载杨振山《罗马法·中国法与民法法典化》，中国政法大学出版社，1995，第202～213页；王侃、吕丽《明清例辨析》，载《法学研究》1998年第2期，第144～153页；汪世荣《中国古代判例研究》，中国政法大学出版社，1997；苏亦工《明清律典与条例》，中国政法大学出版社，2000；董茂云《比较法律文化：法典法与判例法》，中国人民公安大学出版社，2000；何勤华《清代法律渊源考》，载《中国社会科学》2001年第2期，第115～132页；王志强《清代成案的效力及其运用中的论证方式》，载《法学研究》2003年第3期，第146～160页；黄静嘉《中国法制史论述丛稿》，清华大学出版社，2006，第270～278页等。

[②] 关于清代澳门涉外命案审判程序，刘景莲进行过详细研究，见刘景莲《清代澳门涉外命案司法审判程序》，载《文化杂志》2004年总第51期，第41～52页。

[③] 涉外命案是指双方当事人分别是中国人和外国人的人命案件。按照清朝法律规定，华人杀死外国人命案的审理程序与华人间命案的审理程序相同，外国人之间的命案，则在案发地按照外国法律处置。相关规定详见（清）姚雨芗原纂、胡仰山增辑《大清律例会通新纂》卷4，载沈云龙主编《近代中国史料丛刊》（三编），第212册，台北，文海出版社影印本，1987，第527～529页。

用在于对法律规定进行变通、补充或细化，以缩小法律与社会需要之间的差距，提高法律的现实适应性。正是陈辉千等涉外案件审理过程中所形成的条例，促成了澳门涉外命案审理模式的变化，实现了与社会现实的结合，改变了清朝涉外法律在澳门沦为虚文的状况，并对内地涉外司法产生了辐射作用，丰富了中国传统法律文化的内容。

一 陈辉千案与澳门涉外命案审理程序的变更

明嘉靖年间葡萄牙人入居澳门后，中西法律文化冲突渐次展开，涉外刑事案件时有发生。案件发生后，凶犯按照哪国法律审理、由哪国主持判决，直接关系到中国司法主权。清朝将来华的外国人统称为"化外人"，按照中国"凡化外人犯罪者，并依律拟断"的法律规定①，案件发生在中国领土，自然应该由中国按照本国法律审判。

在此基础上，清政府批准的澳门涉外命案审理程序是：外国人伤毙中国人的案件发生后，由澳葡官员向中国地方官报告，同时将嫌疑犯逮捕并投入监牢，进行初审，听取证词，之后移交给到达澳门验尸的中国官员，再由中国官员对罪犯进行审讯。在清朝初年，验尸报告送到广州高级官府，后来则直接递交给两广总督，由他们决定犯人的命运。如果判处死刑，犯人就被带到广州执行②。

澳门涉外命案与华人间命案的显著差异在于前者减少了督抚题奏、皇帝批准命案执行的环节，广东督抚有先斩后奏的权利，皇帝掌握的死刑决定权转移到广东督抚手中。由于涉外命案的特殊性，增加了澳葡官员参加的凶犯缉拿、预审以及将凶犯解交中国地方官审讯的环节，相应也就增加了办案难度。特别是葡萄牙在澳门设官自治，并采取多种手段，规避中国法律，遇有人命重案，常以金钱贿买尸亲，使其不向中国官府控诉，私自解决。如果暗中解决不了，在早期因为无力公开抗拒，只好逮捕凶犯，移交中国当局，解送广州③。

---

① 张友渔主编《中华律令集成·清卷》，吉林人民出版社，1991，第18页。
② 〔瑞典〕龙思泰：《早期澳门史》，吴义雄等译，东方出版社，1997，第98页。
③ 乔素玲：《清代澳门中葡司法冲突》，载《暨南学报》2002年第4期，第69~74页。

因为遭遇多重阻力，按期办结涉外命案实际上成为"不可能完成的任务"，广东地方官为了免遭处分①，被迫采取隐瞒不报、减轻案情等办法。1710年，香山县令收受葡人贿赂，改为直接在澳门将凶犯正法。此后，一旦澳门的外国人犯罪，葡萄牙当局就在澳门自行审判，中国官员既不过问也不上报，使葡萄牙人取得了实际上的"治外法权"，直到1743年（乾隆八年）陈辉千案发生之后，这种状况才得以改变。

乾隆八年十月，在澳华人陈辉千因醉酒碰撞葡人嗹哋哖，两人口角斗殴，嗹哋哖用小刀将陈辉千戳伤致死。事发后，香山知县前往验伤，并提取口供。但澳葡当局却拒绝交出看管的罪犯。两广总督策楞严厉批示"照例审拟招解"，香山县令王之正再三催令交凶。澳葡当局辩称，居住澳门的外国人违反法纪，一向都在澳门就地处置，"百年以来从不交犯收禁。今嗹哋哖伤毙陈辉千，自应仰遵天朝法度，拟罪抵偿，但一经交出收监，违反本国禁令，阖澳夷目，均干重辟，恳请仍照各例，按法处治，候示发落"，坚持在澳门审理。

策楞认为，葡人寄居澳门已两百年，在澳定居的外国男女三四千人，"均系该夷王分派夷目管束。番人有罪，夷目俱照夷法处治，重则悬于高竿之上，用大炮打入海中；轻则提入三巴寺内，罚跪神前，忏悔完结"。葡人拒不交凶，清朝地方官则多是隐而不报，即使报告上司，也是"移易情节，改重作轻，如斗杀作为过失，冀幸外结省事"，以致历年案卷中根本没有澳门葡人因杀死中国人而抵偿的记载。现在如果强行搜拿，可能导致外国人的疑惧，发生动乱；如果听任葡人收管，中国官员就无法亲自审讯，势必难以定案判决，而且拖延时间，还可能造成凶犯潜逃，助长外国人漠视中国法律的气焰，建议"俯顺夷情，速结为便"，最后由广州知府和香山县令到达澳门，与葡萄牙官员一起按照《大清律例》将凶犯嗹哋哖处以绞刑，中国官员偕仵亲验尸结案。

之后，策楞向中央上奏案件审理情况时强调："化外之人有犯，原与内地不同，澳门均属教门，一切起居服食，更与各种夷人有间。"说明其对该

---

① 按照清律的规定，省审结命案的时限为普通案件6个月、重案4个月，州县审结普通命案的时限为三个月，重大命案两个月，逾期不能结案，负责审理的官员将受参被罚，轻则罚俸，重则革职。见张友渔主编《中华律令集成·清卷》，第389页。

案的审理是根据澳门具体情况和清朝涉外法律的基本精神，对原有程序加以变通，实际上是对清朝涉外法律的发展。在办理该案的过程中，策楞认识到，按原有法律规定勘验判决，有违外国人的意愿，必然遭到强烈抵制。葡萄牙人不肯将凶犯交出，最终将导致地方官员遭受处分。如果不明定条例，更改涉外案件的具体处理程序和办法，势必继续造成官吏为保政绩而隐瞒不报，放纵外国罪犯。为此，他奏请朝廷：

> 特降谕旨，嗣后澳夷杀人，罪应斩绞，而夷人情愿即为抵偿者，该县于相验之时，讯明确切，由司核明详报，督抚再加复核，一面批饬地方官同夷目将犯人依法办理，一面据实奏明，并抄供报部查核。①

刑部认为："查律称化外人有犯，并依律问断。但期于律无枉无纵，情实罪当，其他收禁成招等项节目，原不必悉依内地规模，转致碍难问拟。"批准策楞的奏请。最后，皇帝"诏可其奏，着为令"：

> 嗣后在澳民蕃，有交涉谋害斗殴等案，其罪在民者照律例遵行外。若夷人罪应斩绞者，该县于相验之时讯明确切，通报督抚详加复核；如果案情允当，该督抚即行批饬地方官同该夷目将该犯依法办理，免其交禁解勘。②

此即"乾隆九年定例"或"陈辉千例"，形成了新的澳门涉外命案审理模式雏形。

新模式与旧模式的最大差异，在于罪犯的押解与死刑执行环节。新模式承认涉外命案处理的实际困难，废除澳葡政府将案犯转交香山县审讯、审理后囚禁于清政府狱中以及死刑在广州执行等原有规定，实行由澳葡政府将案犯解往香山县受审后，再交还澳葡政府收监看管，直接在澳门执行死刑。新的审判模式适用于杀人凶犯是外国人的命案，至于凶犯为华人的

---

① （清）印光任、张汝霖：《澳门记略》，赵春晨点校，广东高等教育出版社，1988，第34～36页。

② （清）印光任、张汝霖：《澳门记略》，第34～36页。

命案，审判程序基本与华人间的命案相同①。

二　《澳夷善后事宜条议》与澳门涉外命案
审理模式的确立

陈辉千案虽经刑部和皇帝批准，形成新的澳门涉外命案司法模式的雏形，但其法律地位并不稳定，后来澳门涉外命案的审理并未完全遵循这一规定。

乾隆十三年（1748年）六月八日晚，澳门巡逻队拘捕了两名华人，并将他们押送给澳门总督，总督又命令送交检察长。就在押送的过程中，因为遭受巡逻兵的毒打，两名华人相继死亡。六月十二日，中国官员因未能验尸而发怒，下令中国人关闭商店，撤离澳门，中葡双方剑拔弩张。后经耶稣会士从中斡旋，据云重金贿赂澳门同知张汝霖，谎称罪犯已经被放逐帝汶。于是，张汝霖下令商店重新开业，一切恢复正常。事实上，为了使涉案的巡逻兵免于绞刑，澳门总督将他们暂时软禁在炮台中，根本没有流放帝汶②。

负责办理此案的张汝霖认定的"案情"却是：乾隆十三年四月的一个深夜，华人李廷富、简亚二潜入葡萄牙卫兵哑吗哜和安哆呢家中企图行窃，被当场捉拿，毒打致死，尸体被抛入海中。澳门总督庇护罪犯，拒绝交出，议事会也推说不知详情。中国当局下令中国商人关闭商店，离开澳门，断绝对澳门的一切物品供应，并以停止贸易施压。澳门总督组织军事力量，准备抵抗。经过传教士的调解，葡方交出罪犯，放逐到地满③，中葡对峙方得缓解。张汝霖称，自己遵照乾隆九年定例办理此案，最后却受到乾隆皇帝的斥责④。中葡之间对该案的记载为何如此悬殊，并非本文讨论的重点，

---

① 关于乾隆九年以后澳门涉外命案审理的具体程序，见刘景莲《清代澳门涉外命案司法审判程序》，第41~52页。
② 张廷茂：《澳门史葡文史料举要》，载《中国史研究动态》2000年第9期，第20~21页。瑞典的龙思泰和中国的章文钦等也持此说，见〔瑞典〕龙思泰《早期澳门史》，第126~127页。
③ 即今东南亚努登加拉群岛中位于最东边的、最大的岛屿帝汶岛。
④ （清）印光任、张汝霖：《澳门记略》，第34、36页。

甚且我们很难遽然作出结论，但张汝霖为受贿及免受责罚而捏报案情的可能性有待确证。

广东的高层官员最终认同了张汝霖的说法。广东巡抚岳濬在上奏中指出，澳门向为华夷杂处之地，外国人犯罪，按照葡国法律审理。就该案而言，按照中国法律的规定，"夜无故入人家，已就拘执而擅杀者，杖一百、徒三年。又弃尸水中者，杖一百、流三千里"；但葡萄牙法律中并无流放的规定，免除死刑的罪犯多安插地满终身服役，似乎与中国法律中的军流罪相等，同意葡方要求，按照葡萄牙法律办理。不久，澳门总督将凶犯遣送地满。岳濬等人允许由澳葡当局按照葡萄牙法律处治罪犯，全然不顾乾隆九年定例中按照中国法律定罪的规定，不仅在程序上放弃了中葡共同办理的原则，而且构成对实体法的公然违背，引起清朝中央政府的强烈不满。乾隆皇帝愤怒降旨：

> （凶夷）连毙内地民人，已为强横，又复弃尸入海，希图灭迹，尤为凶狡，自应一命一抵。若仅照内地律例，拟以杖流，则夷人鸷戾之性将来益无忌惮，办理殊属错悮。况发回夷地，照彼国之法安插，其是否如此办理，何由得知？设彼国竟置之不问，则李廷富、简亚二两命，不几视同草菅乎！[①]

乾隆将案件传谕刑部饬驳，另行究办，强调"嗣后如遇民夷重案，务须按律究拟，庶使夷人共知畏罪奉法，不致恣横滋事，地方得以安宁"，对岳濬严加申饬[②]，张汝霖也因此事被撤去同知之职。乾隆指责的重点在于处刑过轻，以及将案件交给葡萄牙审理，并未明确以乾隆九年定例作为标准，说明新的澳门涉外命案审理模式的法律地位尚欠稳固。

但此案使清政府认识到完善涉外法律的重要性，促成了新法规的出台。1749 年，澳门同知张汝霖参与制定《澳夷善后事宜条议》（以下简称《条议》），经广东督抚奏准，在澳门用汉、葡两种文字立石刊刻，以示永远信

---

① 中国第一历史档案馆等编《明清时期澳门问题档案文献汇编》（一），人民出版社，1999，第 238～242 页。
② 《大清律例会通新纂》卷 4，第 530 页。

守。其中"夷犯分别解讯"条特别强调：

> 嗣后澳夷除犯命盗罪应斩绞者，照乾隆九年定例，于相验时讯供
> 确切，将夷犯就近饬交县丞，协同夷目，于该地严密处所加谨看守，
> 取县丞钤记，收管备案，免其交禁解勘，一面申详大宪，详加复核，
> 情罪允当，即饬地方官眼同夷目依法办理，其犯该军流徒罪人犯，止
> 将夷犯解交承审衙门，在澳就近讯供，交夷目分别羁禁收保，听候律
> 议，详奉批回，督同夷目发落。如止杖笞人犯，檄行该夷目讯供，呈
> 覆该管衙门核明罪名，饬令夷目照拟发落。①

《条议》规定了葡人死刑犯由中葡双方在澳门共同处决，认同了军、
流、徒犯人在澳门就近审讯，以及杖、笞犯人由澳葡当局发落的做法，进
一步明确乾隆九年定例在澳门司法中的地位，成为澳门管理制度化、法律
化的重要标志。

由此到鸦片战争前的近百年间，澳门所发生的涉外命案，基本上按照
这一模式办理：犯死罪的葡萄牙人不再押回内地正法，葡人也不能单独处
置，必须由广东官员会同澳葡头目，在澳门依照中国法律处决②。

自此，陈辉千案一再为清朝官员引证，在审理涉外命案方面产生了重
要影响。例如，1768 年，澳门葡人唵哆呢吔打死华人方亚贵，两广总督李
侍尧上奏：

> 乾隆八年夷人嗟嗤唠戳伤民人陈辉千身死一案，经前署督臣策楞
> 奏准，嗣后在澳民番有交涉谋故斗殴等案，若夷人罪应斩绞者，该县
> 于相验时讯明确切，通报督抚详加复核，如果案情允当，即批饬地方
> 官同该夷目将该犯依法办理，免其交禁解勘，仍一面据实奏明，并将
> 供招报部存案……今澳门夷人唵哆呢吔等共殴民人方亚贵身死，据讯供
> 认明确，拟以绞抵杖责，情罪相符，随批司饬委广州府知府顾光前往澳

---

① （清）印光任、张汝霖：《澳门记略》，第 37 页。
② 其中的例外是陈亚连案。1805 年，华人陈亚连在船上被葡人戳伤，载回澳门后死亡。私了
败露后，澳葡政府自行在澳门将凶犯处死。见〔瑞典〕龙思泰《早期澳门史》，第 80、
100 页。

门，饬令夷目提出凶夷唵哆呢吧，于本年四月二十日照例用绳勒毙。①

1769 年，葡人㩐呢咕刀伤南海县民杜亚明、杜亚带致死，两广总督李侍尧遵照陈辉千案的办理原则和细节，将㩐呢咕绞立决②。1773 年，李侍尧对葡人咈嘟晒吐咕噶㕭伤毙华人刘亚来案的审理，几乎就是陈辉千案的翻版③。1790 年，葡人唑嘛哛吔唤用刀伤毙张亚意，广东官府按照陈辉千例审理，按斗杀律将凶犯交澳葡当局羁押，再委派广州知府张道源前往澳门，将凶犯"照例绞决，以彰国宪"④。1791 年，澳门葡人哝哆哷戳毙赵有光、夏得名案的处理方式与陈辉千案如出一辙⑤。广东地方官员对 1793 年澳门葡人呍喊哩哑嘶伤毙民人汤亚珍案的处罚，也严格遵照乾隆九年定例⑥。1805 年，葡人嗖哆吼呌戳伤民人陈亚连身死，香山知县彭昭麟遵照乾隆九年定例，催促澳门理事官交出凶手，强调"惟我天朝国法，必将凶夷讯取切供，验明年貌箕斗，发交该夷目羁禁，取具收管，通详各宪，听候宪驾临澳，监同处决，从无夷官自行正法之理例"⑦。在这些案件的奏报中，几乎都有一段与前引方亚贵案类似的关于陈辉千案的引证，说明《条议》的颁布进一步强化了乾隆九年定例的效力。

三 澳门涉外命案审理模式对内地的辐射

乾隆九年定例的影响力远远超出澳门，对中国内地涉外命案的审理也产生了辐射作用。一方面，当其他地区的官员对涉外命案的处理明显背离

---

① 《明清时期澳门问题档案文献汇编》（一），第 390~391 页。
② 《明清时期澳门问题档案文献汇编》（一），第 392~393 页。
③ 《明清时期澳门问题档案文献汇编》（一），第 399~400 页。
④ 台湾"中研院"编《明清史料》（庚编）下册，第八本，中华书局影印，1987，第 749 页。另见刘芳辑、章文钦注《葡萄牙东波塔档案馆藏清代澳门中文档案汇编》（上），澳门基金会，1999，第 331 页。香山知县向葡澳当局催交张亚意案的凶犯唑嘛哛也英的时间是乾隆五十四年（1789），刘景莲认为可能是香山知县对案件的审理超过了法定时限，为免被参，而捏报案发时间为乾隆五十五年（1790）。详见刘景莲《清代澳门涉外命案司法审判程序》，第 41~52 页。
⑤ 《明清时期澳门问题档案文献汇编》（一），第 506~507 页。
⑥ 《明清时期澳门问题档案文献汇编》（一），第 512 页。
⑦ 《葡萄牙东波塔档案馆藏清代澳门中文档案汇编》（上），第 340~341 页。

这一模式时，就会受到中央最高统治者的纠正。1784年，英国"嗋嘛"号船在广州黄埔送洋船返航，从舱眼放炮祝贺，炸伤中国民船水手吴亚科、王运发，终致死亡。广东官府经审讯确认是炮手啲哗哗过失所为，决定将凶犯"发还该国自行惩治"，并上奏中央。乾隆皇帝痛责两广总督孙士毅：

> （孙）所办甚属错谬，寻常斗殴毙命案犯尚应拟抵，此案啲哗哗放炮致毙二命，况现在正当查办西洋人传教之时，尤当法在必惩，示以严肃……即应传集该国人众，将该犯勒毙正法，俾共知惩儆，何得仍请发还该国。试思，发还后该国办与不办，孙士毅何由而知乎？①

乾隆责令已经启程赴京参加千叟宴的孙士毅无论行至何处，都要兼程回粤，全力办理此案，以弥补此前所犯过失，其所参照的实际上就是澳门涉外命案审理模式。

另一方面，其他地区的官员在审理涉外命案时，也会主动以澳门模式作为参照。在地处沿海的广东，常有各国商舶停泊，外国人与当地居民争斗死伤的事件时有发生，因为内地官吏与外国人之间语言不通，每当外国人杀伤中国民人的案件发生，"均系责令该国大班查出正凶，询问明确，即将凶夷交出，传同通事提省译讯，录供究办"②。

1821年，受雇来广州的美国"急庇仑"号船水手、法国人吐哆喇那啡了，因购买水果与番禺县民妇郭梁氏发生争执，郭梁氏高声吵嚷，该水手唯恐船主听到，扔下船上瓦罐，砸伤郭梁氏头部，致郭梁氏落水而死。案发后，船主将吐哆喇那啡了锁铐在船，中国官员启动了审理程序，番禺知县亲自到黄埔，与美国大班和船主等人共同验尸，证实郭梁氏确实是受伤后落水淹死。但当番禺知县到外国商船上提审时，吐哆喇那啡了却拒绝承认犯罪事实，美国大班、船主以及保商、通事等也否认吐哆喇那啡了是命案元凶。广东当局将保商和通事关进监狱，封闭美国在广州的所有货船，停止与美国的一切贸易。因不堪中国官方的强力压力，美国商船只得交出

---

① 《明清时期澳门问题档案文献汇编》（一），第451~452页。
② 故宫博物院编《史料旬刊》1930年第6期，第210页。

吐哆喇那啡了押解广州。

两广总督阮元派广州知府、广粮通判、南海和番禺知县共同审理此案。经过讯问尸亲人证，查明案件事实，吐哆喇那啡了也供认不讳。广东按察使复审后，呈报两广总督。阮元根据乾隆九年定例，委派广州知府等地方官员，传令通事、夷目，将吐哆喇那啡了照例绞决。随后，阮元向中央奏报案情，在上奏中详细引证陈辉千案作为审理依据：

> 查名例载：化外人有犯，并依律拟断。又律载：斗殴杀人者，不问手足他物金刃，并绞监候。又乾隆八年，前督臣策楞奏准，嗣后民番有谋故斗殴等案，若夷人罪应绞者，该县于相验时讯明确切，通报督抚，详加复核，如果案情允当，即批饬地方官同该夷目将该犯依法办理，免其交禁解勘，仍一面据实奏明，并将供招报部。①

此外，澳门涉外命案审理模式还以案例的形式在清朝的律例中得到反映，陈辉千案、李廷富、简亚二案，以及皇帝针对这些案件所发布的指令也被后人纂入法律典籍中，作为对"化外人有犯"的细化，对各级官员的涉外案件审判活动起到了规范作用，丰富了中国传统法律文化的内容②。

这些情况表明，乾隆九年定例不仅适用于澳门涉外命案，而且成为审理其他地区涉外命案的重要依据，其在澳门涉外案件方面发挥了重要作用的同时，也对其他地区涉外命案的审理产生了影响，体现了澳门法律文化对中国内地的辐射力。

四　条例的形成过程与作用

通过对清代澳门涉外命案审理模式变迁过程的考察，我们可以看出，条例直接来源于经过刑部或皇帝批准的案例。仅就案件本身而言，当其被

---

① 《史料旬刊》1930年第6期，第211~212页。
② 关于清朝律例有关澳门涉外命案审理的模式的列举，见《大清律例会通新纂》卷4，第528~530页。

援引为审理同类案件的依据时，其作用类似于判例①。这里所说的判例，与一般意义上的判例法不同，虽在司法实践中有指导作用，但并无法律约束力，司法机构在审理案件时可以参考，但并非必然的依据②。

与普通法系的判例法相比，清代的案例在引证方式、法律效力等方面均存在差异。此类案例并非如英美判例那样以法院编辑判决集的形式出现，也不构成法的主要渊源，其法律效力主要取决于刑部或皇帝的批准，而非判决本身，法律地位相当有限。在案例的基础上，刑部或皇帝针对案件的审理所作的批示，则构成条例的主要内容。此外，有时还会结合司法实践的需要，在条例的基础上制定专门的法规。无论是条例还是专门法规，其位阶都高于案例，具有较强的法律约束力。但相对而言，在条例的基础上出台的专门法规，则具有较高地位，是对条例的进一步强化，为处理同类案件时所必须遵守。从案例到条例，再到专门法规，前者是后者的基础，后者是前者的升华或强化，法律效力也逐级增强。

乾隆九年定例是因地制宜对原有规定进行变通的结果，是针对当时澳门的特殊情况而制定的。清朝中期以后，涉外立法滞后，在实际运作中需要条例加以补充，以增强可操作性，从而在保持法律稳定性的同时，不断引进新的法律精神，适应社会发展的需要。特别是清朝涉外法律在澳门的实施，需要澳葡官员的协助，遇到强大阻力，面临名存实亡的危险。清朝统治者不得不采取变通措施，将原来由中国方面按照中国法律单独审理的刚性法律规定与葡萄牙人擅自处置的现实加以中和，通过审判程序的变通保证实体法的执行，利用条例解决涉外关系发展迅速而律文滞后的现实矛盾，是对中国法律文化的丰富与发展。

虽然乾隆九年定例只是对"化外人有犯"律文的补充和细化，但因系根据澳门的具体情况而订，具有较强的现实针对性，有利于保障律文的实

---

① 按照一般的理解，判例是法院可以援引作为审理同类案件依据的判决。见法学词典编辑委员会编《法学词典》（第三版），上海辞书出版社，1988，第 478 页。
② 有研究者指出，判例法是一种重要的法律渊源，其存在的基础是"遵循先例"原则，要求包含在以前判决中的法律规范对同级和下级法院审理同类案件具有法律约束力，而判例则没有法律渊源地位，无法律约束力，因而只对法院审理同类案件具有参考和借鉴作用；并论及判例法制度与判例制度的区别。见余冬爱《判例法制度？判例制度？——一个似是而非的司法问题》，载 http://www.gongfa.com/yudapanlifa.htm（公法评论网）（浏览日期：2001 年 12 月 8 日）。

施，在司法实践中具有一定权威性。在澳门涉外司法模式变迁的过程中，条例在解释、弥补律的不足方面所具有的生动性、直观性、实用性得到了充分显示，体现了其独特价值。如果说律文是纲要，维护法的稳定性和连续性，那么条例则是细目，是司法实践的直接体现，赋予法以灵活性，通过补充、解释、修正律文，增强法律体系的生命力和适应性，不断缩小法律与社会现实之间的差距。

当然，对于乾隆九年定例在清代涉外法律中的地位不可估计过高，它毕竟只是对律文的补充和细化。澳门涉外命案审理模式存在的基础是"化外人有犯，并依律问断"的基本法律规定，条例所变通的只是案件审理的具体程序而已。

（原载黄晓峰主编《文化杂志》，澳门，澳门特别行政区政府文化局，第 65 期，2007 年冬季刊）

从东波档看清代澳门的民事诉讼及其审判

刘景莲[*]

　　葡萄牙里斯本国立东波塔档案馆中收藏着 1567 件清代文书[①]，中国学者称之为东波档。东波档文书大部分用中文书写，葡萄牙档案专业用语称其为汉文文书（Chapas Sínicas）。东波档汉文文书内容涉及澳门的行政、司法、贸易、防务、税收、文化诸多方面。东波档绝大多数为中国广东地方政府与澳葡机构间有关澳门事务的往来公文。文书除极少数抄件外，大部分为公文原件，是研究澳门的第一手资料，具有极高的史料价值。

　　东波档文书原存澳门议事会，后流落到葡萄牙。19 世纪末，随里斯本圣母嘉撒修院（Convento de N. Senhora da Graça de Lisboa）的文书，一并被移交东波塔档案馆收藏。自 20 世纪 50 年代起，已故台湾大学教授方豪神父和华裔学者、西班牙马德里大学教授卜新贤先生先后对这批文书编号整理，撰文介绍其重要的史料价值。大陆学者对这批宝贵的中文档案虽有极大的兴趣与关注，但苦于难见。1989 年，澳门历史档案馆将东波档汉文文书全部缩微复制，为文书的出版提供了重要条件。1997 年，刘芳对缩微胶卷全部编目，出版《汉文文书——葡萄牙国立东波塔档案馆庋藏澳门及东方档案文献》。1999 年底，澳门基金会出版了刘芳辑、章文钦校注的《清代澳门中文档案汇编》一书，书中收有刘芳辑录的东波档文书 1509 件。东波档汉文文书档案的刊出，为澳门史研究进一步深入提供了新的发展契机。

---

[*]　中国社会科学院历史研究所副研究员。

[①]　1955 年，卜新贤在东波塔档案馆整理和研究文书的过程中，将文书加以编号，共有 1495
　　件。刘芳所编《汉文文书》目录，编序为 1567 件，随后出版的《清代澳门中文档案汇
　　编》选录了其中的 1509 件。未录的 58 件中，除两件无实际内容的文书封函外，其他多为
　　内容重复者。1567 件文书中，其中乾隆二十二年（1757 年）至道光二十年（1840 年）
　　即清中期的文书 1461 件，占全部文书数量的 93%。参见刘芳辑、章文钦校《清代澳门中
　　文档案汇编》，澳门基金会，1999。

东波档中的民事案件司法文书共 67 件，包括民事诉讼、民事审判文书两类，记录了 42 宗以经济纠纷为主的民事案件。民事诉讼与民事审判文书是民事诉讼活动与诉讼结果真实的文字记录与凭证，是民事司法过程中的必然产物①。东波档民事案件司法文书，作为民事诉讼、民事审判既丰富又生动的真实记录，反映出清代中期澳门适用的民法及民法在澳门实施的具体过程，即澳门所用民法"动、静两态的种种细节"②。

东波塔民事案件司法文书与现存同一时期的其他档案文书，诸如徽州文书、巴县档案中的民事案件司法文书相比，具有独特的史料价值。徽州文书、巴县档案中的民事案件，双方当事人都是华人。而东波文件文书记载的民事案件多发生在澳门的华人与来澳的外国人，更多发生在华人与在澳的葡萄牙人间，可谓现代意义上的涉外民事案件。

东波档中的民事司法案件集中为钱货、借贷和租屋诉讼三大类。三类案件充分体现出清政府特殊政策管理下，澳门商品经济发展的特色。本文将在对东波文件民事档案系统研究基础上，探讨清代中期发生在澳门的三大类民事案件案发的特点、司法审判程序及司法实施特点。

一　澳门华葡间民事诉讼案件的案发特点

洋商买办为代表的官商与数量众多的中小私商是清代澳门中、外贸易活动的积极参与者，东波档民事案件的涉案者主要是华人中、小私商。

明清时期，洋商买办成为政府特允与葡人进行大宗货物专营买卖的官商，葡人"所需食物等物，因语言不通，不能自行采买，向设有买办之人"，由买办将葡人所需"在省买运回澳"③。洋商买办由澳门同知"就近选择土著殷实之人"充任④，开具族长、保令切节后，由澳门同知发给腰牌印照。澳门所需的米食，修船、修屋所需的铁、钉、木、石，清朝用以制造弹药的硝砂，以及葡商所需的白铅，均属洋商买办专办物资之列。葡船运到澳门的碱砂、硝砂必须如实申报，由清政府指定的硝商冯卓干、吴荣

---

① 宁致远：《中国司法文书》，香港文化教育出版有限公司，1995，"序言"。
② 张伟仁辑《清代法制研究》，台北，"中研院"史语所研究集刊之76，1983，第62页。
③ （清）梁廷枏：《粤海关志》卷17《禁令一》。
④ （清）梁廷枏：《粤海关志》卷28《夷商三》。

山等负责统一采买①。嘉庆十七年（1812）起，清政府又在澳葡再三要求下，从每年供应外商的 70 万斤白铅中特意划拨出 14 万斤，用以优待葡商专买，由洋商伍敦元负责专卖②。在外贸垄断带来的可观利益诱惑下，包括中、小私商在内的各类人物铤而走险，从洋商买办碗中分羹。以硝砂走私为例，虽有清政府屡令严禁葡商私信，抬价私卖，但走私碱砂、硝砂的事件时有发生。冒险走私只是少数中、小私商从事的，为数众多的中、小私商在澳租葡人房屋开铺，经济活动"往往与夷人交涉"③。华人在澳从事经营各类日杂、裁缝、面包、油漆、缸瓦等小本生意，为澳门华、葡居民日常生活提供服务，为葡商代购清政府允许的小宗外贸货物。华、葡间租屋与钱货交易外，因资金困难，时而亦互相借债。

以上述三类为主的华、葡民间经济活动，虽有不成文的活动"惯例"互相约束，但不免民事冲突。东波档的 42 件民事纠纷中，钱货交易纠纷 10 件，借贷纠纷 6 件，租屋纠纷 21 件，其他经济纠纷 5 件。纠纷产生的主要原因是由违反经营"惯例"，违背钱货、钱债、租屋活动中签订的合约（和约、字约）引发的，下将分别述之。

（一）钱货交易惯例与钱货纠纷

明中叶葡萄牙人入居澳门后，以既无原材料、亦无生产品的澳门为中心迅速编织起海上贸易网。明末，依仗由中国内地提供的国外所需的丝、茶、瓷等货，被称为"海上马车夫"的葡人大发其财，随之带来了澳门的繁荣。清时的澳门经济不及明时，经济的支柱却仍以对外贸易为主。葡商海上运输所需的物资，由在澳的华人洋行买办、华人中、小私商代为采办，华、葡商人间的钱货交易不断。钱货交易过程中，特别是订货、交货过程中易生冲突。为避免订货、交货中产生冲突，中、葡商人将约定俗成应共同遵守的惯例写入合约中。而华、葡间钱货交易中的纠纷，是由商人违反惯例、违背合约的行为引起的。

钱货交易的订货惯例，有两个重要环节。

---

① 《清代澳门中文档案汇编》，第 278、279、300、305 号文书。
② 《清代澳门中文档案汇编》，第 215 号文书。
③ 《清代澳门中文档案汇编》，第 549 号文书。

第一环节是订货双方签订合约。签订合约时需有订货双方及担保人在场，三方且须在文书上签字，具备上述条件的合约才具法律效力。我们在此强调合约有效性的意义在于，经济生活中合约有书面形式，亦有口头协议。而未形成文字的口头协议是无效的，无法律约束作用，东波档中的一个案例即说明这点。嘉庆二十二年（1817），一葡商与裕昌店发生订货诉讼。裕昌店按中、葡商人间的订货惯例，认为仅限于口头允诺的双方协议无效，未准备货物。葡商在交货日期未拿到口头预订的货物，状告裕昌店违约，要求裕昌店赔偿损失。香山县查明案件真相，按照商人间订货签约的旧日惯例，驳回原告的赔款要求。澳门华、葡间签订的合约内容明确，写明订货的数量、质量规格及价钱。东波档中存有嘉庆五年（1800年）十一月，华商赵盛官与葡人嘿呢哐咟嗦呱嗮咋签订的一份委托购货合约。"立接货帖人赵盛官，今接到先翁嘿呢哐咟嗦呱嗮咋二号白糖一百五十担。胡丝秤每担价银肆元贰毫半，约以来年七月内交货"①。

商人订货惯例的第二个环节，订货者必须先交一定的定银，以示信用保证，其他货款留待交货时付清，这一点在合约中亦明确写明。上面提到的赵盛官与葡人的订货合约签订后，作为订货方的嘿呢哐咟嗦呱嗮咋即交定银300元。接到定银后，华商依约准备货物，"言明价值之后，即交定银，限期交货"②。

在钱货交易中，商人们亦有被写入合约中的交货惯例。即华商在合约规定的日期保质、按量交货，外商亦按期在华商交货的同时，交齐扣除定银外的其余货款。对交货中出现的违约行为规定，根据交货惯例在合约中写明，规定的交货期限内，任何一方违反惯例都将受罚。华商若不能按约交出货物，需赔偿葡商双倍的订金；葡商若无力交付全部货款，订金罚没。正所谓"如至期无银，定银消去。至期无货，定银倍罚"③。

例如，东波档中的一例交货冲突，即发生在葡商无力交清剩余货款的情况下。嘉庆五年（1800），葡商吐嘧亚咭仔委托华商梁亚信为其承办货物，双方签订协议，交付定金后，葡商无力交付货款，又恐失去定金，故

---

① 《清代澳门中文档案汇编》，第 97 号文书。
② 《清代澳门中文档案汇编》，第 530 号文书。
③ 《清代澳门中文档案汇编》，第 530 号文书。

反告华商未办货物，请判还所交定金。香山县查明："梁顺即梁亚信铺在大街，所有置办该夷货物回澳时摆列铺面，来往民夷无不目睹。总之，该夷无银出货，又假手赊取钻石戒指，欲图扣抵定银。"葡商行为明知故犯地有违惯例，有失起码的商业道德。香山县特谕澳葡唛嘇哆通知葡商"遵照向订章程，毋得任违"①。

（二）借债惯例与钱债纠纷

文书中称"揭借"的借贷债务，与商人间的货款拖欠不同，利银是两者间的重要区别。商人间来往货款，按商界惯例，除非特别注明，概无利钱。货款拖欠，无利银可言。道光二十年（1840年），这一商界惯例仍在实行。

澳门华、葡间的借债活动，立有契约性的欠银"字约"。字约中写明借银多少，利银多少。揭借偿还本（母）银外，还要加还一定的利银。从东波档中的钱债冲突文书看，借贷利银的高低由借贷双方谈定，并在字约中明确月息利率、每月利银数量。例如，乾隆三十八年（1772），容传结向葡人啲哇嗷借银100元，月息2分②。乾隆五十六年（1792），吗哩呀向陈阶生借银40元，每月须还利银4两③，月息10分。嘉庆十九年（1814），澳葡通事陈大满借给夷书林亚沛葡银83元，月息只有一分五厘④。借贷利息的高低由借、贷双方订立，利息的高低与借贷时间的长短有关。借款时间越长利息越高，借款时间短，利息就低。玛利亚向陈阶生所借的月息10分的40元钱，借款时间至少为四年半，即乾隆五十三年（1788）五月到五十六年（1791）十二月。而容传结所借二分月息的100元钱，借款时间只一年，即乾隆三十八年到三十九年（1772～1773）。

借贷者按字约上双方商定的数量定期还银。每次还银，都在字约上逐一注明还款时间、所还数量，并在字约上由双方画押。遇有钱债纠纷，详列债务借、还详细名目的字约成为呈堂的重要物证，也是官府判案的主要依据。乾隆五十六年（1792）葡妇吗哩呀揭借望厦林氏银两，讨还中双方

---

① 《清代澳门中文档案汇编》，第530号文书。
② 《清代澳门中文档案汇编》，第526号文书。
③ 《清代澳门中文档案汇编》，第521号文书。
④ 《清代澳门中文档案汇编》，第544号文书。

发生争执、打闹。香山分县饬差唤出林氏到案问讯，据林氏供称：

> 小妇人丈夫陈阶生，于五十三年五月内曾出揭番银四十员与澳门
> 夷妇吗哩呀，立有番纸收执炳据，陆续共收得利银四十员，现有那番
> 妇每次还银取原纸画押，可以验据。①

葡人在与华人商业、借贷活动中拖欠、互欠贷款赖债行为时有发生。
债务互欠，形成纠缠不清的三角债。乾隆五十九年（1794），葡目禀称，华
民蔡鸿德欠葡人嗳哆呢嗻喳庐银 50 两，要求照数还清。此时蔡鸿德已故，
香山县丁左堂饬差招蔡鸿德的儿子蔡亚连到庭，蔡亚连禀称：

> 蚁父鸿德向与澳夷嗳哆呢嗻喳庐原借银五十两，除五十二年还过
> 银二十两零四钱四分……蚁父生前素有澳夷噎喱忌欠本银一百五十两，
> 嗳哆呢呀喇沙欠本银九十一两，均有番纸欠约可凭。②

（三）租屋惯例与租屋纠纷

东波文件文书中记载租屋纠纷的文书 40 件，事关 21 宗案件，文书件
数、案件数量在民事纠纷中所占比例都过半，而且诉讼多发生在嘉庆年间。
这与中、葡限制华人入澳，与葡人向华人出租房屋政策的变化有关。

明、清政府限制葡人在澳的发展规模，屡令禁止新建房屋，但葡人在
澳所建房屋数量不断增加。明万历四十二年（1614）间，海道俞安性与澳
葡订立禁约，"禁擅自兴作。凡澳中夷寮，除前已落成，遇有毁烂，准照旧
式修葺。此后敢有新建房屋，添造亭舍，擅兴一土一木，定行拆毁焚烧，
仍加重罪"③。清乾隆十三年（1748），张汝霖、暴煜详拟的《澳夷善后事
宜条议》，以汉、葡两种文字刻于石碑，其中规定：

---

① 《清代澳门中文档案汇编》，第 522 号文书。
② 《清代澳门中文档案汇编》，第 525 号文书。
③ （清）申良翰：《香山县志》卷 10。根据申志，俞安性勒石立碑"澳夷"的禁约有两个，
一是在万历四十一年，有关禁倭问题。一是在万历四十二年，禁倭、禁买人口、禁兵船编
饷、禁接买人口、禁擅自兴作，共五条禁令。

禁擅兴土木。澳夷房屋、庙宇，除将现在者逐一勘查，分别造册存案外，嗣后止许修葺坏烂，不得于旧有之外添建一椽一石，违者以违制律论罪。房屋、庙宇仍行毁拆，变价入官。①

清政府只限葡人在原有基础上改建房屋，不许擅自添建。为杜绝葡人在澳私建房屋，清政府对建房所用物资实行限制性的规定，"木板、灰石、砖瓦各店勿得私卖"②。尽管如此，葡人仍可通过华人从中周旋，谎称在原有地基上修建，得到清政府的许可。"瞒禀照旧修复，拼工包整"③。至嘉庆二十五年（1820 年）时，澳葡房屋数量已"溢出数倍"④。

清朝澳门房屋数量的增加与同期葡人在澳数量成反比，葡人内部对房屋的需求量不大。明末清初，在日本、马来亚先后中断与葡人贸易，特别是清初禁海令的重创下，澳门经济快速滑落。1748 年《澳夷善后事宜条议》颁布时的澳门，处于人口"少于昔"、经济"贫于昔"的状况⑤。1760 年后，随着清政府对外商在广州的行动限制，各国商务机构纷纷到澳租房，澳门房屋仍是过剩。"今在澳夷约六百余家，每家约三男而五女，其楼房多空旷无居人，赁华人居之"⑥。资金短缺的澳葡，把出租房屋视为重要的经济来源，来澳经商的华人是其房屋出租的最大客户来源。

18 世纪末之前，清政府与澳葡目的不同地采取了限制华人在澳居住的政策：除特别允准，华人在澳定居、租屋，概被视为非法。乾隆九年（1744 年）印光任实施的七条规定中，其一就是严格限制华人入澳：

凡贸易民人，悉在澳夷墙外空地搭篷市卖，毋许私入澳内，并不许携带妻室入澳。责令县丞编立保甲，细加查察。⑦

① （清）印光任、张汝霖：《澳门记略》，赵春晨校注，澳门文化司署，1992，第 93～94 页。
② 《清代澳门中文档案汇编》，第 78 号文书。
③ 《清代澳门中文档案汇编》，第 1505 号文书。
④ 《清代澳门中文档案汇编》，第 1505 号文书。
⑤ 《小方壶斋舆地丛钞》第九轶，见（清）张甄陶《澳门图说》，又见（同治）《香山县志》卷 8，《海防》。
⑥ （同治）《香山县志》卷 8，《海防》。
⑦ （清）印光任、张汝霖：《澳门记略》，第 79 页。

葡萄牙人从他们在澳门建立最初的居留地开始，就试图独占澳门，也制定政策限制华人居澳。1697年规定：除在澳门机构澳门议事会登记的华人外，其他华人必须在三天内离开，否则将被交给中国官员发落。1711年，澳门议事会甚至将葡人违令租给华人的几所房子推倒，几所由中国人自造的房子在中国官员的命令下也被推倒。1749年清官员与澳葡联合议定，只有70名中国工匠、10名屠夫、4名铁匠、100名挑夫，可以暂留澳门城内工作，但他们也不能永久定居。

中、葡限制性的措施，挡不住华人入澳的步伐，仍有部分华人非法进入澳门。澳葡为限制居澳华人的数量，下令葡人房主既不许出租，也不准出售房屋给华人①。乾隆五十二年（1787年），澳葡政府进而开展取回铺屋的大行动，希望将"在1774年非法进驻在城外望厦区的中国村民，以及其他城内的居民撵出半岛，但这种状况只维持了短短两年"②。

来澳华人的数量在不断增加，居澳华、葡人员的比例在变化。葡人的数量呈下降之势，华人数量增加。1793年，澳门人口12000人，华人已占一半以上③。面对大量空置的房屋，葡人便违章将房屋租赁给华人居住、经商。在"以资尔等日用，本属两有便益"的大势下④，中、葡政府对华、葡居民租屋问题上的态度，也不得不有所改变。1793年，果阿总督梅内泽斯（Francisco da Cunha e Menezes）终于批准承认了澳门葡人向华人出租房屋的实施⑤。葡人向华人出租房屋合法化，华、葡间由租屋而起的诉讼也随之见诸公堂。

谈论华、葡间的租屋诉讼，有必要了解华人所租房屋的屋况，由此可知何种房屋易引发诉讼，也有利于我们对租屋诉讼案发特点的认识。对发生诉讼房屋进行综合考察后发现，房屋产权、房屋层次位置、租屋用途及租屋方式等方面的问题易引发诉讼。

华人在澳所租房屋，有葡人私产，有寺产。私人产权的房屋易发生诉讼，而属于寺产的诉讼很少，东波档中寺产的房屋诉讼，只有吴阿杰因故

---

① 〔瑞典〕龙思泰：《早期澳门史》，吴义雄等译，东方出版社，1997，第72页。
② 〔葡〕潘日明：《殊途同归》，苏勤译，澳门文化司署，1992，第100页。
③ 〔英〕斯当东：《英使谒见乾隆纪实》，叶笃义译，香港，三联书店，1994，第455页。
④ 《清代澳门中文档案汇编》，第474号文书。
⑤ 〔瑞典〕龙思泰：《早期澳门史》，第72页。

未交足贞女院租金①、区亚兴拖欠呢啮寺房租两案②。华人所租葡人私房，多位于底层。葡人在澳，出于防潮的考虑，喜欢把住所建成院落式的小楼，"夷畏卑湿，故好楼居"③。华人愿租临街房，它既可用来开铺经商，又可兼为住所。正是这种租以用作店铺的临街房易发诉讼，17件租屋诉讼中有15件发生于用作铺面的临街房。

华人在澳租赁葡人房屋，除直接向葡人租用现房外，还存在另两种租屋方式。其一是在葡人房屋破损或是在葡人原有屋基空地上"自捐银两修造"，每年直接向葡人地主交租，即"递年纳夷地租者"；其二是从原承租者手中顶租，"与民人用银顶手"。房屋顶租者每年向原承租人交租，原承租人将顶租人所交房租的一部分交给葡人屋主，房屋顶租户成为"每年另纳夷人地租者"④。

房屋是一种磨损性的消耗品，随年月推移，风雨侵袭，存在损坏问题。况且华人向葡人所租房屋，有的原本已是"烂屋"。对于破损房屋的修理，澳门民间向有规矩。房屋的维修费用全部由租户承担，租主只管照收租金。"历年房屋损坏，都系租户自行修复，租主只坐收净利"⑤。经租户投资修理后的房屋，租户与租主都签有协议。协议中除写明房屋地点、朝向、租金及房子状况外，特别写明房屋经租者用银若干曾加修整，注明租居者在不欠租的前提下，具有永久居住权。

文书中唯一偶存的乾隆五十三年（1788）的一份租屋原议批纸，以汉字、葡文各书一面。这份协议为我们提供了经过租户修整后的房屋，其租户与租主应享有的权益：

> 共大鬼先翁叮喏唥啢嗲哗租到屋一间，在红窗门坐西北向东南。其屋原系瓦面，墙壁四处废烂，系叶宅自捐银修整，言明其屋租每年番面成员，上期租银六十大员。订明其屋系永远任叶宅子孙寔居，其

---

① 《清代澳门中文档案汇编》，第511、513号文书。
② 《清代澳门中文档案汇编》，第486号文书。
③ 《小方壶斋舆地丛钞》第九帙，见（清）张甄陶《澳门图说》，又见（同治）《香山县志》卷8，《海防》。
④ 《清代澳门中文档案汇编》，第504号文书。
⑤ 《清代澳门中文档案汇编》，第474号文书。

屋主永远不能超租，亦不能清言变卖此屋取回之话。恐口无凭，现有大鬼番纸交执存照①。

顶租人从原租屋者手中顶租葡人房屋，新租主与转租者间同样签有"顶约"协议，同时转租者也要将他与房屋的拥有者签订的协议——上手顶约，交给新租户。房屋顶租者的权益，由此受到两份字约的双重保护。嘉庆九年（1804 年），王岱宗所租屋遭雨，后墙倾塌，准备兴修。葡人屋主不允，要求王岱宗迁离。王不服，告到香山县，缴上"夷批番字一纸，上手顶约一纸"②。王岱宗将他与原租主签订的顶约及葡人与原租主的协议，黏附在状纸上一并作为呈堂的证据。

东波档中的华、葡居民间租屋诉讼，表现为葡人以修屋为名的逼迁行动，实质是由葡人意欲提高租金引起的。从租屋纠纷文书中可知，澳门房屋租金处于上调中。一般而言，乾隆中叶前，华人租赁用以居住的房屋每间房租 6 元左右。文书中有年租 30 两的焦园围房屋 7 间③，吴阿杰 6 元所租贞女庙房屋 1 间④。同期用于经商的铺屋，比用于居住的房屋租价高出两、三倍，租银在 18 元左右，印证了文献所言"岁租番钱十余员"⑤。乾隆末年，澳门房屋租金开始上调。文书记载，张谭氏之夫张亚发于乾隆三十二年（1767 年）"批赁万威亚婆风信庙左侧烂屋一间及门口空地一块，每年租银 18 员"。至乾隆五十年（1785 年），葡人将张谭氏所租房屋租金增加 6 元，限按月交清⑥。嘉庆年间铺屋的年租金比乾隆中叶上涨近四倍，价格在 60 至 70 元间。嘉庆四年（1799 年），杨亚旺租唛嚟哆（Manuel Pereira）位于圣多明我堂右侧的铺屋一间，年租金 72 元⑦。嘉庆七年（1802 年），黄亚秋租葡人龙口井处房屋一间，"言定每年租银六十大员"⑧。嘉庆十四年（1809 年），潮州人苏朝元在板樟庙租屋一间居住，年租 60 元。嘉庆十七年

---

① 《清代澳门中文档案汇编》，第 505 号文书。
② 《清代澳门中文档案汇编》，第 488 号文书。
③ 《清代澳门中文档案汇编》，第 476 号文书。
④ 《清代澳门中文档案汇编》，第 511 号文书。
⑤ （清）印光任、张汝霖：《澳门记略》，第 147 页。
⑥ 《清代澳门中文档案汇编》，第 479 号文书。
⑦ 《清代澳门中文档案汇编》，第 509 号文书。
⑧ 《清代澳门中文档案汇编》，第 482 号文书。

时，此屋的租价加到了 72 元①。

乾隆末年开始的房租上调是由两种情况造成的。

第一种情况是由葡人屋主藉来澳华人增加，房屋紧张，直接向租户加价造成的。"查澳门房屋，地窄人多，思住者众。夷人希冀加租，屡欲迁居易主，往往以欠租为由，禀请押迁"②。乾隆五十八年（1793 年），葡人若瑟山多以出租的三层楼铺屋十间年久失修为名③，请县令下令租户搬走修屋。此案经朱县丞查明，"现在查勘各铺墙壁木料坚固，并无朽烂，其为夷人若瑟山多藉词修整，妄冀加租"④。

第二种情况是承租房屋的华人转租，顶租过程中由华人将租价上调。"查澳门民人租赁夷屋居住，遇有损坏，俱系租户自行修整。如有迁移，后住之人，另偿修费，名为顶手，其数额较租额二三倍不等。而夷人悉照旧额收租，从无加增之例"⑤。租户将房屋转租，房屋的顶租人要负担前承租者自行修整房屋的费用，房价由此会高出原租二三倍，转租者中间收益。葡人屋主不满足只照收原租，往往违反协议，以修屋为名逼迁，与租户发生诉讼。乾隆四十五年（1780 年），华人王维新租葡人燕哪味吐吁小铺一间，修缮后加价转租他人。葡人屋主认为，王氏"转赁增租肥己"⑥，葡人对华人加价转租不满，以致借故停租引发诉讼。

二　华葡民事案件司法审判程序及审判特点

华葡间民事案件的司法审判程序与内地基本相同，但基于涉外案件的独特性，司法程序上又有其不同于内地之处。主要表现在诉讼程序上，华、葡原告身份的不同决定了其首先投诉机构的不同。

清朝上诉案件，原则上规定应由原告亲自到官衙申诉，禀控立案。只

---

① 《清代澳门中文档案汇编》，第 515 号文书。
② 《清代澳门中文档案汇编》，第 513 号文书。
③ 汤开建教授在《嘉庆十三年〈澳门形势图〉》一文中谈到，三层楼地处澳门西南海边，近下环街。此楼至少建于乾隆朝以前。为澳门著名西洋建筑，楼高三层，颇具规模，远近闻名。
④ 《清代澳门中文档案汇编》，第 474 号文书。
⑤ 《清代澳门中文档案汇编》，第 474 号文书。
⑥ 《清代澳门中文档案汇编》，第 490 号文书。

有年老、因病、因伤及其他重大事故而不能亲自控告时，才可委托他人代为控告。与葡人发生诉讼的华人，遵照清朝规定执行，直接到香山县丞、知县衙门控告，无需经澳葡机构。华人呈控一般用呈词、呈状、控词、状词、讼词的书面形式禀告，俗称为状子。

而与华人发生诉讼的葡人原告，首先应向澳葡机构中的唛嚟哆报告。澳葡机构对事端初步了解后，由唛嚟哆作为葡人原告的代理人，将案件用中文以禀文的格式，上呈香山县丞、知县，由香山县丞、知县负责审理。澳葡当局作为原告代理，往往偏听偏信葡人的一面之词，以致受到牵连。

例如，乾隆五十七年（1792 年），葡妇吗哩呀投告华人林氏，葡目唛嚟哆并未细心查察字约物证，依葡妇所言，将歪曲的案情禀报香山县丞。林氏在县丞衙门当堂出示葡妇签名的字约，唛嚟哆查办不实，混听混报，形成诬告，被责"嗣后遇有应禀事件，毋得仍前，率混偏徇。合并申饬，凛之慎之，毋违"①。

澳葡机构中为葡人工作的华人身份如何认定，这牵涉他们遇有冲突首先向谁申报的问题。澳葡机构中有从事翻译工作的华人——番书、通事。"番书两名，皆唐人"②，负责将澳葡向清政府呈递的禀文起草、翻译、誊写成中文呈禀。通事多为广东、福建地区通晓葡语的华人，他们充当口语翻译，在中葡官员直接接触中起联络、沟通作用。他们"或偶尔不在侧，则上德无由宣，下情无由达"③。

番书、通事的身份，被清政府视为葡人。嘉庆十六年（1811 年），32家华人在位于澳门城墙外的水坑尾搭屋而居，两广总督令澳门同知督查此事。经过调查，澳门同知将充当泥瓦匠的 31 家华人留居原处。只有曾任通事的陈亚满：

> 不应住居围外，应令夷目查明围内民房大小，价值相等者，押令更换。以免民夷错处，致紊中外关防。④

---

① 《清代澳门中文档案汇编》，第 521 号文书。
② （清）印光任、张汝霖：《澳门记略》，第 152 页。
③ （清）申良翰纂修《康熙香山县志》卷 10《外志总序·澳夷》。
④ 参见档案 0025 AHM/C0615 - 025。

身份本是华人的通事，被清政府视同"夷"，必须在澳城墙内居住。身份被视为葡人的番书、通事，其诉讼程序与葡人相同，遇有冲突，首先应向澳葡机构申诉。嘉庆十九年（1814 年），充任澳葡"番书"的林亚沛与陈大满家因债成诉，林亚沛借银到期不还，陈大满的孀妇将林亚沛告到葡目，希望葡目秉公判令林亚沛还清欠款。未有回音的情况下，陈温氏才上诉香山县，以求解决。

道光年间，华人作为原告的民事诉讼，诉讼程序发生变化。道光五年（1826），香山县丞告示在澳华人：

> 尔等嗣后如有夷人欠债等事，向讨无偿，务当据实指名，投赴夷目处代为追给。如遇夷人向闹，尔等赴署禀诉，以凭饬令夷目追究，毋许擅与夷人争论吵闹，滋生事端。①

华人作为原告的民事案件，不再首先直接上诉香山县，而是先经报告葡目，由其调解处理。如调节无效，再向香山县投诉。需要说明的是，这种变化只是为了华葡间民事纠纷的妥善解决，并不涉及清政府对澳门司法权的变化。

道光以前，无论原告为华人还是葡人的民事案件，审判程序与中国内地相同。审判权掌握在以香山县为代表的清朝地方政府手中。一般的钱货、钱债诉讼，香山县丞以谕文的形式直接发文澳葡当局结案。难以解决的租屋诉讼及个别的债务诉讼由香山县丞转禀香山知县、澳门军民府判理。东波档中的 21 宗租屋诉讼中，5 件由香山县丞处理，其余 16 件由香山县丞禀告香山知县、澳门军民府处理。

作为官吏考核的一项内容，清政府对民事案件审理时限有明确规定。"州县自理事件，限 20 日审结，上司批发事件，限一月申报"②。一般民事案件的审理时限，接到报案后只有 20 天。难以解决的要报上司审批的案件，审时例限可延长为一个月。

澳门的民事案件审理也基本遵照这一规定。即使有的案件先后有不同

---

① 《清代澳门中文档案汇编》，第 549 号文书。
② 赵尔巽：《清史稿》卷 142，志 117，《刑法一》。

审理阶段的几份相关文书存在，香山县下发的谕文开头必有原告何时、何事报案，而最后一份谕文的时间即结案的时间，由这两个时间差便可推算出案件判理的时间。

东波档中由香山县丞、知县负责审理的民事案件，接到报案后多在规定20天内完成调查判理。如乾隆五十七年十月二十二日葡目禀告，葡人多明我投报华人久欠货银，十一月四日香山分县根据葡人提供的线索，将调查结果谕知葡目，前后共14天①。乾隆五十九年五月四日葡目代禀，华人蔡鸿德欠葡人银两，同月二十二日香山分县判决发谕，历时18天②。

但东波档文书中也有延长审理时间的现象，主要集中在房屋加租案的审理。如蕉园围加租案，东波档中现存三份文书③，早的文书在嘉庆四年十一月，迟的在嘉庆五年四月，审时长达6个月。记载张谭氏与万威租屋诉讼的有两份文书，时间在嘉庆五年九月和六年二月，审时同样长达6个月。王岱宗控告葡人将其所租铺屋强行搬迁案，有五份相关文书。最早的一份在嘉庆九年（1804）十月初五，最晚的一份签发日期在嘉庆十年（1805）三月初七，前后也长达6个月。

清朝地方政府对华葡案件的审理，葡国当局曾有微词。1783年4月4日，葡国海事暨海外部部长卡斯特罗（Martinho de Melo e Castro）以女王唐娜·玛利亚一世（D. Maria I）的名义向印度总督发出的谕令中曾说：清朝负责管理澳门事务的地方官员"胆小怕事，只图谋私。且不识法律，不讲理性"，对案件的审理有失公允，葡国住澳居民"无人可以申诉"④。然而，东波文件的记载却恰恰相反。

对华、葡诉讼中事涉葡人的正当利益，清朝地方政府必究不怠。例如，乾隆五十七年（1792），葡人多明我向葡目投诉，华人巴土向多明我买货，欠银42元，负约不还，寻访无踪。接到葡目的禀报后，香山县丞当即饬差唤讯，几经周折，终将巴土查获。经审理所欠货款属实后，判巴土按规定偿还所欠葡人货款。又鉴于被告实在贫穷，为保证葡商利益，香山县勒令

① 《清代澳门中文档案汇编》，第523号文书。
② 《清代澳门中文档案汇编》，第525号文书。
③ 《清代澳门中文档案汇编》，第477、476、478号文书。
④ 参见吴志良《生存之道——论澳门政治制度与政治发展》，澳门成人教育学会，1998，第392页，附录《王室制诰》。

被告姐夫郭端盛保领巴土，限时还款。郭端盛代缴银 30 元，其余 12 元请求宽限。香山县丞为此发文，令多明我先收领银两，并转告延期缴款之请①。

由此可以看出，香山县并不因此案事关华人、时间久远（事在乾隆五十六年，报案已隔一年），及误报案发地点而弃置，而是不厌其烦，秉公判案。这种不分内外，一视同仁的做法，也正是乾隆皇帝力主提倡的。乾隆将"护内地民人而贱外国、屈小邦"，视为清朝要革除的"明朝陋习"②，因而对侵吞外商银两的贪官污吏惩处甚严。广东地方官吏将租居澳门的葡人与华人一样看待，"世居澳门，即系本县子民"③，平等的理念亦由地方官吏贯彻到华、葡诉讼案件的具体审理中。

香山县对民事案件的审理，主要以双方当事人所签的合约为根据，实现公正判决的初衷。这些合约主要以流动的财货——钱、货及用以出租的房屋为主要的物权内容。订货合约要写明标的、价款、酬金、期限及立约人的权利、义务等。借贷合约写明借款数、偿还期限、利息数额。租屋合约写明房屋的地点、间数、价钱及是否具有永租权。

清代中国内地的契约有红契、白契之分，红契是向官府交纳税银，加盖官印，得到官方认可的。白契是民间私立的，遇有诉讼，官府原则上不予承认。澳门的契约则多是民间手写的白契，在案件的审理中，作为重要的呈堂证据，官府承认其合法性。在经济诉讼中，澳葡当局也承认这种字约的凭据作用。对没有字约的诉讼案件处理，则比较困难，地方官员往往慎而又慎，不轻易下结论，甚至不了了之。例如，嘉庆二十一年（1816年），葡人喏嗕喱雇华人泥水匠修整围墙，因相识已久，未曾立约，"惟指天盟誓而已"④。完工后，葡人拖欠工钱，工匠告官。泥水匠因无约为凭，只祈望葡人良心发现而已。

（原载张捷夫主编《清史论丛》，北京，
中国社会科学院历史研究所明清室，2001 年号）

① 《清代澳门中文档案汇编》，第 563 号文书。
② 《清高宗实录》卷 1168，乾隆四十七年十一月辛丑。
③ 《清代澳门中文档案汇编》，第 612 号文书。
④ 《清代澳门中文档案汇编》，第 546 号文书。

谢清高与居澳葡人

——有关《海录》口述者谢清高几则档案资料研究

刘迎胜[*]

明末清初，因西方传教士入华，海外地理知识大量传入，其中最重要者有艾儒略的《职方外记》等。但这一时期尚无中国人撰写有关世界地理新知的书籍。葡萄牙人处居澳门使一些澳门的中国人对世界有了新的认识，有机会远航许多过去中国人从未涉足之地。自清中叶起，开始出现中国人撰写的介绍海外地理新知的著作，《海录》就是其中最重要者之一[①]。

《海录》由寓居澳门的谢清高于 19 世纪初叶口述，他人笔录而成。是书一出，即广为海内外所知。林则徐在鸦片战争前留心收集西方各国资料时，曾仔细阅读过此书。魏源在编写《海国图志》时，亦曾参考它。故明吕调阳在重刻《海录》序中说："中国人著书谈国事，远及大西洋外……自谢清高始"。《海录》很早就引起西方人的兴趣。1840 年 5 月澳门出版的《中国宝藏》已有专文详细介绍《海录》的内容[②]。

有关作者的生平，目前所知者主要依据《海录》现行刻本的序言。其中最详者为李兆洛的《养一斋文集》卷二所载《〈海国纪闻〉序》。序文中称，谢清高为广东嘉应州之金盘堡人。生于乾隆乙酉年（1765），18 岁时附番舶出海，以操舟为业（即任水手），曾周历诸国，无所不到。所到必目验心稽，为时 14 年。31 岁（1795）时失明，晚年业贾自活。大约是因为他虽然见多识广，但却双目失明的缘故，"常自言恨不得一人纪其所见，传之于

---

[*] 南京大学历史学系教授。

[①] 《海录》又名为《海国纪闻录》。

[②] Hae Luh, or Notices of the Seas. by Yang Pingnan of Kaeying in the provice of Kuangtung（《海录，或关于海洋的笔记》，广东省嘉应杨炳南撰），in *Chinese Repository*, Ⅸ, 1840 Macau, pp. 22 - 25。此文承葡萄牙里斯本金国平先生提供，谨此志谢。

后”，后高逝于道光元年（1821）。

《海录》的记录者杨炳南的《序》对谢清高随番舶出洋的由来及经过补充道：谢清高年轻时曾随贾人出洋，遇风船毁，为过往番舶搭救，遂开始随番船远航，每年都出洋。每至一处，均习其语言。对他出海归来后的经历，此序亦有补充：谢清高因失明而不能再出海后，流寓澳门，"为通译以自给"。冯承钧作《海录注》时，曾对上述资料作过概括。"文化大革命"结束后，潘君祥先生撰写的《我国近世介绍世界各国概况的最早著作——〈海录〉》一文，在叙述谢清高生平时，其所言均不出上述冯承钧所述者[1]。近年来葡萄牙出版的著述，如潘日明（即 Benjamim Videira Pires）的《殊途同归——澳门的文化交融》亦同此[2]。可见迄今所见有关谢清高的资料是十分有限的。

1999 年上半年，笔者利用在里斯本居留之机，在葡萄牙国立东波塔档案馆（Instituto dos Arquivos Nacionais Torre do Tombo）寻访资料。该馆收藏有大量来自澳门的中文档案，称为"汉文文书"（Chapas Sínicas）。多数为清代广东香山地方政府、粤海关等机构致澳葡当局的公文，此外也有一些澳葡当局致清地方当局的文献的底本及其他一些文献。其中以汉文档案为主，亦包括一些葡文档案。汉文档案总数达 1567 件，其中最早者为清康熙三十二年（1693），最晚者为光绪十二年（1886），时间跨度约 200 年。多数集中于乾隆四十一年（1776）至道光二十八年（1848）的约 70 年间，是研究中葡关系与澳门历史的宝贵资料。1997 年澳门文化司署以葡文出版了伊萨澳·山度士与刘芳女士合作编写的这些汉文档的编目及提要《汉文文书：国立东波塔档案馆中的有关澳门及东方（中文档案）》[3]。

笔者在查阅东波塔所藏汉文档案时，发现 5 份与《海录》作者谢清高有关的文件。由此可知，谢清高在乾隆末年至嘉庆十三年（1808）间，卷进了一场与定居澳门葡人的借款纠纷与官司。其葡方当事人是谢清高的房东叔侄。官司先打到澳葡当局，继而又诉之于清地方官府。根据档案可知，

① 该文载《社会科学战线》1982 年第 2 期，第 344～346 页；见第 344 页。

② Benjamim Videira Pires, S. J., *Os Extremos Conciliam-se*（Transculturaçao em Macau），Instituto Cultural de Macau（澳门文化司署），1998，p. 158.

③ Isaú Santos, Lau Fong, *Chapas Sínicas, Macau e o Oriente nos Arquivos Nacionais Torre do Tombo*（documentos em Chinês），Instituto Cultural de Macau，1997；此编目最近已有汉文版刊出。

当时谢清高又被称为"盲清"。这个称呼显然与他双目失明有关，可能是他街坊邻居对他的称呼，在档案中有时又写作谢亲高。

本文拟先按时间顺序，对上述档案略作介绍。所引档案编号均据上述编目提要，以便研究者查核。档案中提到的几位葡人名字的复原，据上述伊萨澳·山度士与刘芳女士之东坡档案编目，在此基础上将研究谢清高的身世，并进一步探讨 18 世纪末至 19 世纪初，居澳葡人社会与当地华人官民的关系的一些侧面。文后将此 5 份档案录出，供参阅。

第一份档案编号 441，为缩微胶卷第 9 卷第 75 份档，为清广州澳门军民府长官到澳门葡方"理事官"唩嚟哆的公文。

唩嚟哆乃葡文 ouvidor 的清代音译，意译为"理事官"，或"西洋理事官"，其义为"法官"。印光任、张汝霖在《澳门记略》中提到，澳门葡萄牙人"其小事则由判事官量予鞭责。判事官掌刑名。有批验所、挂号所。朔望、礼拜日放告。赴告者先于挂号所登记，然后向批验所投入。既受词，集两造听之。曲者予鞭，鞭不过五下。亦自小西洋遣来"①。这里的"判事官"即西洋理事官。谢清高在述葡萄牙时说，"其镇守所属外洋埠头各官，即取移居彼处之富户为之。亦分四等。一等威伊哆，掌理民间杂事"②。此威伊哆即上述之唩嚟哆（西洋理事官）。冯承钧在其注释中将"威伊哆"误释为 prefeito（州长）③。

此份档案之前有受僱于澳葡当局通事④书写的汉文题款："十一年五月，安多尼·哥沙欠盲清布艮"⑤。档案的内容为：澳葡当局唩嚟哆，向军民府⑥报告，称一位在澳的华人"盲清"欠葡人"罢德肋·唵嚟哆呢"⑦一处位于"桔仔围"⑧房子的租金。军民府即命香山县追欠。香山县丞命遣传唤，

---

① （清）印光任、张汝霖：《澳门记略》，赵春晨校注本，澳门文化司署，1992，第 152 页。小西洋，即葡属印度殖民地果阿。
② （清）谢清高口述，杨炳南笔录，冯承钧注释《海录注》，中华书局，1955，第 64 页。
③ 前引《海录注》，第 68 页。
④ 据《澳门记略》记载，澳葡当局雇有"蕃书"二名，皆唐人。见上引赵春晨校注本，第 152 页。"蕃书"即通事。
⑤ 按："艮"即银。
⑥ 军民府的全称即上述之"广州澳门海防军民府"，驻前山寨。驻澳葡人称此为 Casa Branca，即俗称"白房子"。
⑦ 此名可还原为葡文 Pedro António，今通常音译为"彼德罗·安东尼奥"。
⑧ 其地位于今新马路（Avenida de Almeida Ribeiro）西端。

发现盲清原名为谢亲高。盲清答讯时称自己是嘉应州人，在澳门租葡人嗼哆呢·嗨吵①一间位于桔仔围的铺面开店，出售水果为生。每年房租为银圆7枚有奇。不幸双目失明。过去房东之侄嗼哆呢·吩嘣㗆②在交易布匹生意中，曾欠盲清银元150枚，日久屡讨未还。

嗣后嗼哆呢·吩嘣㗆提出，愿对欠银每年支付利息二分。利息交至嘉庆四年（1799），此后又不复交纳。积欠两年后，嘉庆六年（1801），经双方协商后嗼哆呢·吩嘣㗆同意将自己位于"红窗门"③的一间铺面交出，由谢清高每年收取租银24元充抵利息。此次双方的协议立有"番纸"字据二张，并经"夷目"嗳嘿哆画花押为据。但嗼哆呢·吩嘣㗆之叔，即盲清的房东嗼哆呢·嗨吵④却强行阻止盲清收取"红窗门"铺面的租金。盲清曾邀通事及地保刘关绍向嗨吵论理，官司打到嗳嘿哆处。嗳嘿哆却要盲清向"总夷官"投告。盲清请一位葡人为之写状，但这位葡人索价银元10枚，盲清无力筹措此款。当盲清准备向中国官府禀告时，其房东嗨吵婉言表示，愿意免除谢清高所租铺屋租金，以抵欠款。于是盲清两年未缴房租。但未料房东嗨吵却教夷目隐瞒其侄欠款，及其本人强行阻止谢清高收取已经押出的房产租金的实情，要求葡方理事官请清官府协助向谢清高追欠租银。谢清高要求军民府官员对双方一视同仁，协助他向葡人追回血本。

军民府审核后，认为葡人吩嘣㗆先欠谢清高银150元，继而自愿以位于"红窗门"的铺房一间作为借款抵押，以租抵息，而其叔嗨吵不许盲清收租，但允许他免缴所租铺屋租银，逐年抵扣，而事后嗨吵却反过来要求追还"桔仔围"铺租，事实清楚，不容混淆，要求夷目立即转令嗼哆呢·嗨吵之侄嗼哆呢·吩嘣㗆将欠款照数抵兑，指责澳葡当局"混禀"，即不如实禀报，并要求葡方将履行归还欠款的过程禀报。此份档案署明时间为嘉庆十一年五月十二日（1806年6月28日）。

第二份档案编号442，为缩微胶卷第9卷第76份档，乃香山县左堂通知澳葡当局领取谢清高所交房租的公文。档案之前有葡方汉文通事写的题署："十一年七月，安多尼欠盲清艮。"该公文称：军民府发出的追查"民

① 此人葡名可还原为葡文 António Rosa，今通常音译为安东尼·罗沙。
② 此人葡名可还原为葡文 António Fonseca，今通常音译为安东尼奥·方塞卡。
③ 其地位于今市政厅（Leal Senado）附近。
④ 即上文提到的罢德肋·哝哆呢。

人盲清欠夷人罢德肋·咹哆呢屋租银一案"公文到达后，左堂即派差人传讯调查，了解到"谢清高即盲清"，并追收谢清高所欠租银十五圆半，通知澳葡当局转交给谢清高的房东罢德肋·咹哆呢，并要求出具领状，以便察销。文后署明日期为嘉庆十一年七月十二日（1806 年 8 月 25 日）。

第三份档案编号 440，为缩微胶卷第 9 卷第 74 份档，亦为香山县左堂致澳门葡方"理事官"唛嚟哆的公文。公文先简述了谢清高向香山县所禀租用葡人铺屋的经过。谢清高接着称，他"曾与呵哆侄嗳哆呢·吭嚱㗂交易"，对方"前后共欠番银一百五十员，屡取延搪"。从上下文看，谢清高双目失明在此之后。谢清高在禀词中重复介绍了双方屡次协议的经过：

吭嚱㗂先提出愿每年交付二分利息，此后利息又不能交清，继而提出将自己的"红窗门铺屋"每年租银 24 元的收租权转给谢清高以充抵利息，此议有"夷目番纸可据"。但其叔，即谢清高的房东"呵哆将铺屋把抗"，不让谢清高收取。谢清高遂"投夷目及通字地保理处"。在这种情况下，呵哆声称允许谢清高免交自己租用房屋的租银以"扣抵"。谢清高"无奈允从"，于是两年未交租银。不料"呵哆复串夷目"，报告清地方官府称谢欠租不付。谢清高在禀文中，强调自己欠租已经交清，但"夷人欠蚁血本岂无偿"？

查档案二原文，其中只字未提第一份公文中要求澳葡商当局协助追回谢清高本银的要求。此次在谢清高再次请求之下，左堂又一次发文，要求澳葡方面"即便遵照，立即查明嗳哆呢·吭嚱㗂如果与民人谢清高交易，少欠番银一百五十员，刻日照数清还"，不得推搪敷衍，并告诫葡方西洋理事官"不得偏徇干咎"。此公文署明日期为嘉庆十一年八月初二日（1806 年 9 月 14 日）。

第四份公文编号 313，为微缩胶卷第 10 卷第 54 份档案，乃军民府发给澳葡当局的公函。此份档案左下部有部分朽损，但绝大部分内容可以看清。函中通知澳葡方面，谢清高再次禀告，要求追还所借本银。此份公文所记谢清高禀报的内容较前有所增加。

其一，谢清高租用桔仔围"铺屋一间，居住摆卖"，每年纳租，"二十载无异"。

其二，葡人房东之侄嗳哆呢·吭嚱㗂以自己位于"红窗门"的铺屋为抵押，与谢清高订立协议的时间为乾隆五十八年（1793）。所借"本银一百五十员计重一百零八两"。其番字借系吭嚱㗂亲笔所书，写明"揭后无银偿还，任蚁收伊红窗门铺租，每年该银二十四员抵息等语"。

其三，借方欺谢清高失明，自揭之后，"本利毫不偿还"。而"所按红窗门铺租竟被该夷叔嗳哆呢·嗱吵恃强骑墙收去"，并且谢清高所租铺屋租银，"迟纳一刻，即被控追"，以致"绝蚁扣收之路"。

其四，葡商呀嘞喋十余年来，累欠本息已逾 300 余两。

其五，谢清高曾"屡同通事投告夷目喀嚟哆押追，奈其徇庇，推却不理，反遭辱骂"。

其六，谢清高失明，生理窘迫，正赖收还此银以度残年。

军民府新官上任后，查明旧文在案，再次要求葡方西洋理事官"立将谢清高具控夷人呀嘞喋所欠本利银三百余两作速查明，勒限照数追清禀缴"。此公文署明日期为嘉庆十二年正月十日（1807 年 3 月 8 日）。其后有葡文押签 1807 lua 1，即"1807 年阴历一月"，与原公文汉文署明日期一致，当为澳葡当局书记人员在收到此公文加署的葡文日期。

第五份公文编号 213，为微缩胶卷第 11 卷第 39 份档案，乃香山县左堂发给澳葡当局的公函。署明日期为嘉庆十三年五月二十二日（1808 年 6 月 5 日）。此公文下部有部分破损，有个别字无法认读，但基本不影响理解全文。在此公函中，香山官府再次向葡方通报了谢清高所禀与葡商纠纷的经过。透过所引禀文，可进一步了解谢清高的情况。

其一，谢清高租用葡商"桔仔围"铺屋用以"摆卖杂货生理"。租银每年七元零五钱。他曾连续交纳二十余年，在葡方房东强行阻止他依合约收取"红窗门"铺屋租金之前，双方从未有过纠纷。

其二，与上述第四份档案相同，本档案再次指出房东之侄呀嘞喋向谢清高借银 150 元事在乾隆五十八年（1793）。

其三，葡商呀嘞喋写下借据，以自己位于"红窗门"铺屋为贷款抵押事在嘉庆六年（1801）。

其四，因呀嘞喋之叔（即谢清高所租"桔仔围"铺屋的房东）强行阻止他收取"红窗门"铺房的租银，谢清高不得不于嘉庆九年（1804）和十年（1805）两年中停交自己所租"桔仔围"铺屋的租银。

其五，嘉庆十一年在夷目（即西洋理事官）向军民府提出谢清高欠缴租银后，香山左堂在协助澳葡当局追还谢清高所欠嘉庆九年（1804）和十年两年租银之时，已经了解到葡商呀嘞喋积欠谢清高本银之事（见上述第一、第三份档案)。于是上报军民府要求通知澳葡当局协助追欠。嘉庆十二年正月,清地方官府集讯,谢清高出示番文借约,经"传夷目认明番纸欠银属实"。于是一面令谢清高交纳屋租,一面传知澳葡当局通知葡人呀嘞喋向谢清高交还欠银。谢清高喜出望外,备好嘉庆十一年(1806)和十二年两年租银,准备缴纳。但当他了解到,澳葡当局并不积极追还他的银两,遂拒交嘉庆十一年及十二年两年租银。呀嘞喋之叔再次请西洋理事官向清地方官府提出谢清高欠租之事。清地方官府居然又着差人传谢清高缴清屋租。谢清高不得已再递状诉。香山县左堂按谢清高所求,从军民府调阅全部有关谢清高与葡商之间互控欠银的案卷,认为葡人呀嘞喋欠谢清高本利之事已经讯明,中国官府一再追欠查有凭据,据此要求澳葡当局令呀嘞喋缴清欠银,扣除谢清高所欠屋租后交给香山县官府。

上述资料对我们大致勾画谢清高与其澳人房东叔侄的关系,及了解这一时期居澳葡人状况提供了重要依据。

一 谢清高开始租居澳葡人房屋的时间

明嘉靖进士庞尚鹏在其《区划濠镜保安海隅疏》中曾描述,16 世纪中叶葡人初入澳门时,明守澳官权令搭篷栖息,追舶出洋即撤去。后葡人在澳大量建屋,很快达到数百所,进而至千所以上。为控制葡人势力日炽,万历间广东海道副使俞安性与澳葡约法五章,其中第五款规定禁止澳门葡人擅自兴建屋宇。葡人已有房屋朽烂时,可照旧样翻修,但不许添造一石一木①。此项规定一直延续至鸦片战争以后。

尽管如此,澳门葡人仍然拥有大量不动产。许多葡人出租房屋谋利。《澳门记略》提到,葡人房产"赁于唐人者,皆临街列肆"②。这种临街房屋可用作店铺,故当时被称为"铺"或"铺房"。东波塔档案中有不少华葡双方有关租赁房屋纠纷的文件,可见至 18 世纪末、19 世纪初,出租房屋仍是在澳葡人谋生的一种重要方式。谢清高本人租居"桔仔围"的房屋即属于葡人嗳哆呢·哆吵。上述档案四称其 20 年纳夷租银无异,档案五说谢

---

① 前引(清)印光任、张汝霖《澳门记略》,第 66~67 页。
② 前引(清)印光任、张汝霖《澳门记略》,第 147 页。

清高连续付租时间为 20 余年，可见他在此居住了相当长的时间。

据此，我们可以对谢清高开始租居桔仔围铺屋的时间作一推测：上述第一份档案中提到，嘉庆十一年（1806）军民府向谢清高追索谢所欠葡方房东两年屋租。档案五明确指出，谢清高所欠两年屋租的时间为嘉庆九年（1804）和十年。据此谢清高自述的每年纳租，二十余载无异一句应释为，从嘉庆八年（1803）起上溯的 20 年中，双方从未有过租赁纠纷。可见谢清高起租桔仔围的时间当为乾隆四十九年（1784）以前。

前已提及，谢清高生于乾隆乙酉年（1765）。18 岁（1882）时附番舶出海。杨炳南《序》中提到，谢清高每年出海。换而言之，可理解为他每年归回澳门。谢清高至少从乾隆四十九年以前就在桔仔围租居葡人房屋这一事实，证明了这一点。他并非十余年中一直在海外漂泊，而是自初次，或最初两三次出海归来后，便开始在澳门租居葡人房屋。在他漂洋过海的十余年间，一直支付着租银，每当出海归来，便居住于"桔仔围"。

二　谢清高向葡商贷款纠纷的由来

从上述档案四、档案五所记可知，谢清高最初贷出本银 150 元，计重 108 两给葡商呀嘞㖡，事在乾隆五十八年（1793）。呀嘞㖡借银是为从事布匹生意，其时应为谢清高最后一次出海之前。双方起初达成的协议的内容，今已无从得知。

谢清高贷出本银后多次讨还，但呀嘞㖡不能归还。当时谢清高还是一位在番舶上出苦力、年年出海的水手，估计当时只能利用出海归来在澳稍住、等待下海出航之际向葡商讨还本息。

谢清高于 31 岁时，即乾隆六十年（1795）双目失明，不能再出海。据上述档案三记载，谢清高双目失明以后，在借方经年不能还本，贷方屡讨无效的情况下，双方重新商定葡商每年纳息二分，即全年收息 30 元。这个新协议对于借方来说，意味着只要每年支付二分利息，就可永久占有使用其原贷资本 150 元银元。而对于贷方来说，在对方还贷无望的情况下，以对方承认债务为前提，每年坐收二分高利，也不失为一种有利的安排。

从现存资料看，葡商呀嘞㖡在起初向谢清高借贷时，以及后来许诺每年付息二分时，可能并未提交实质财产作为抵押，而且当时双方很可能未签署书面借约。这种借贷方式常见于民间，用于双方熟知底细的熟人亲朋之间。可见贷方谢清高与欠方葡商之间的关系非常密切。贷方葡商在借款时未提交自己的财产作为抵押并不等于无抵押。在这种情况下，葡商抵押的实际上是自己的信用。

据上述档案一，嘉庆四年（1799）葡商㕭嘞㪗停止向谢清高纳息。如果我们推定葡商在谢清高失明那年开始纳息二分，至嘉庆三年共纳息 4 年。借方不复纳息之后，其信用也随之破灭。谢清高采取行动保护自己的利益。经过两年追讨，于嘉庆六年（1801）贷欠双方协议，欠方㕭嘞㪗亲笔以葡文写下两张借据，将自己位于"红窗门"铺面作为向谢清高借款的抵押。借据规定如到期不能付还本息，其"红窗门"铺面任由谢清高收租抵息。该铺面每年租银 24 元，较原议的二分息少了 6 元。但铺面出租，租银收入可靠。此次协议的"番纸"契约，即葡文欠单两张，曾经"夷目"画押。

但这两份番纸契议并未能保障谢清高作为贷方索本取利的权力。协议签订后，欠方葡商㕭嘞㪗之叔，即谢清高的葡人房东嗳哆呢·嗬哆恃强不许谢清高按协议收租抵息。谢清高曾邀地保和通事向嗬哆论理，嗬哆虽然无言以对，但谢清高收取"红窗门"屋租的事并未解决。

谢清高遂将此事投诉于"夷目"嗖嚎哆处。前已提及，《澳门记略》中提到，澳门葡萄牙人"其小事则由判事官量予鞭责"。谢清高口述的《海录》在记葡萄牙海外殖民地时亦提到，"威伊哆，掌理民间杂事"。澳葡执掌刑名诸事的夷目每数年一更。借方㕭嘞㪗亲笔写下借据在嘉庆六年，澳葡理事官见证"番约"，在约书上签押的时间应相距不远，而嗬哆阻止谢清高收取"红窗门"铺租亦应在此年，故纠纷发生时在任的理事官应当就是亲自在上述"番纸"协议上画"花押"的那位葡官。但他却不受理此事，反要谢清高向"总夷官"即"兵头"（今称澳督）投诉①。

嗬哆强行阻止谢清高收取已被抵押的铺屋租银的原因，不外抵押签约人其侄㕭嘞㪗不具有该铺屋的全部处置权，或嗬哆不愿其家族不动产落入中国人手中。但此铺屋抵押合约业经葡方专理司法之官嗖嚎哆画押，已具法律效力。嗖嚎哆按责须秉公受理，不能推卸责任。铺屋抵押人葡商㕭嘞㪗即便只拥有部分处置权，嗖嚎哆亦应保证其履行部分产权的处置权。

---

① 是时在位之"兵头"为 Caetano de Sousa Pereira。

谢清高贷出的是他毕生积蓄。本利无收使他在经济上陷入窘迫，以至于无力支付请人书写向"总夷官"起诉的葡文状纸所需的 10 枚银元的费用。他在清地方官府公堂自述同唛嚟哆交涉此事的情况时说，"屡同通事投告夷目，奈其徇庇，推却不理，反遭辱骂"。在这种情况下，谢清高考虑向清地方官府起诉。

三　谢清高欠租始末

据上述档案一及档案三记载，谢清高自述当其葡人房东，即其借款人呖嚸喇之叔嘚哆得知他将向清地方官府起诉时，又提出了一个解决债务的方案，即以自己租出的"桔仔围"铺租扣抵欠银。

谢清高所租的"桔仔围"铺屋每年租银仅 7 元有奇，可见铺子很小。即使免交租金，与原先双方议定的每年二分利息，和嘉庆四年协议中规定的作为抵押的"红窗门"铺屋每年 24 元的租金均相差很远。其新建议中的"扣抵"，究竟意为房东嘚哆以免除其每年房租 7 元，作为其侄应交付给谢清高的利息，在偿债务前谢清高有权永远无偿使用所租"桔仔围"铺屋；还是谢清高放弃利息，其房东以免收的房租逐年抵还其侄原欠 150 银元，至扣清欠款为止，因资料缺乏，目前尚无法断言。但这种"扣抵"无论是上述两种意义中的哪一种，都意味着谢清高承受巨大经济损失。

据《澳夷善后事宜条议》的规定，"遇有华人拖欠夷债"，"该夷即将华人禀官究治"，"违者按律治罪"[①]。可见，在澳葡官无权处置谢清高欠租事，只能移交给清地方官。故西洋理事官在嘚哆的要求之下，向军民府提出此事。

据上述档案四记载，谢清高在清地方官府回答欠租讯问时提到：其"所住桔仔围铺每年铺租迟纳一刻，即被控追，绝蚁扣收之路。致蚁本银一百零八两，十余年来本利计银三百余两不获"，似表明谢清高有意拒交屋租，以期扣还本银。上述档案五亦提到，在房东嘈哆呢·嘚哆强行阻止谢清高收取"红窗门"铺屋租金后，谢清高陷入"口食无靠"的境地，"不已

---

① 以上见（清）印光任、张汝霖《澳门记略》，第 93 页。

将蚁与该夷赁铺租□□①员零五钱，九、十两年扣银十五员零"。可见谢清高很可能是出于保护自己的利益而主动拒交屋租的。

谢清高原贷出本银 150 元，计重 108 两。则每枚番银兑银七钱二分。其所租铺屋租银为每年七元零五钱，可折算为 7.694 元。两年当欠租 15.39 元。据上述档案二记载，谢清高在清地方官府的追索下，被迫交出嘉庆九、十两年租银 15.5 元，略高于上述数字。

上面已经提到，据《澳夷善后事宜条议》的规定，在澳华人拖欠葡人债务，只能将华人禀官究治，"违者按律治罪"。故西洋理事官向军民府提出，要求协助葡方追欠。谢清高在被迫付出嘉庆九、十两年租金后，见葡方并不协助追还他贷出的本息，于是拒交嘉庆十二年和十三年的房租。

四 谢清高与葡人的关系

谢清高居于澳门，年轻时出海遇难，为番舶所救。此后连续出海 14 年，杨炳南在《海录》序言中所言他年轻时每至一国，均习其语言，出海归来定居澳门后，"以通译以自活"。谢云龙《重刻〈海录〉序》亦记谢清高晚年"侨寓澳门，为人通译"②。从上述档案看，谢清高长期租居葡人铺屋，向葡商贷款，且执有番文借贷合约，这些都证明他懂葡语，与居澳葡人往来密切，与杨炳南所记相符。在当时的中国人中，难有人对西方的了解出于其右，这正是《海录》一书的价值所在。

但从他与澳葡西洋理事官唛嚓哆打交道时要借助通事，且不能书写葡文状纸来看，他的葡语程度并不高，不足以单独处理此次与葡商的债务纠纷。杨炳南所谓谢清高在澳门"以通译自活"，及上述谢云龙称他"为人通译"不过是说他在澳门有时担任沟通华葡两族之间民间交往的角色而已。

五 清地方官府与澳葡当局对此案的态度

谢清高租用葡人嘎咇的铺屋虽数十年，虽未签有合约，但一直按年付

---

① 按，原档案此处朽烂，当为"银柒"两字。
② 《海录注》，第 1 页。

银，过去从未有误，可见其为人诚信可靠。他之所以拒付嘉庆九、十两年屋租，并非仅因欠方葡商呀嘅㗎系其房东嘚哆之侄，而是因为嘚哆以强行阻止他收取已经抵押给他的"红窗门"屋租介入此案，成为当事者一方。

按上述档案记载，谢清高曾指出，为避免他向清地方官府告状，房东嘚哆主动提出免除谢清高所租铺屋的租银以抵扣欠银。即便谢清高所诉不实，他拒付嘚哆铺租也只不过是一种对等行为。从双方利益损失角度看，在这场双方互扣对方铺租的纠纷中，嘚哆家族的损失远小于谢清高。但嚼沙并不这样看问题，也不以此为满足。

借方葡商呀嘅㗎拥有不动产，并非无力还贷。谢清高在对方理屈的情况下，不诉之于清地方官府，既表明了中国百姓善良的本性，也显现出其性格中软弱的一面。他的一再忍让使嘚哆有恃无恐，反通过澳葡西洋理事官向清地方当局禀诉谢清高倒欠房租。谢清高与葡人嘚哆叔侄双方对处理这场借贷纠纷的态度，反映出处居澳门的葡萄牙殖民者与当地中国百姓关系一个重要侧面。

从上述档案的记载中可看出，清广东地方当局与澳葡当局在对待澳门华葡民间纠纷的态度有明显差别。澳葡当局司法长官唛嘜哆虽曾亲自在番纸借据上画过押，但当谢清高举告葡商积欠其本银利息时，他不秉公按职受理，托词要谢清高向"总夷官"禀告。在谢清高反复交涉时，他出口辱骂，其态度明显偏袒理屈一方的葡人。这就不难理解理事官为什么在向清地方官府禀告谢清高欠嘚哆屋租案时，只字不提呀嘅㗎拖欠谢清高贷款之事的态度。

军民府在接到澳葡当局禀告后，对此案作了调查，发现了事实真相。在首先应葡方要求，遣差向谢清高追欠的同时，据理向澳葡当局交涉，要求葡方协助追还葡商积欠谢清高的债款本息。由此可见中国官府在处理澳门华葡民间纠纷时，除基本上持公允立场、保护双方的合法利益外，略显迁就葡方利益。

清地方官府的干预使谢清高的房东嘚哆得到了"桔仔围"铺屋嘉庆九、十两年的租银。但澳葡当局却并不相应着手协助追回葡商呀嘅㗎的欠款，使谢清高有失去全部本息的危险。葡商呀嘅㗎积欠谢清高债务尽管有借方本人亲笔所写番书契约，并经澳葡官方见证，西洋理事官却推托不理；而谢清高与房东唛哆呢·嘚哆之间的欠租纠纷并无书约证据，清地方官府却应澳葡西洋理事官的要求协助向谢清高追欠。谢清高对上述处理非常不满，曾为之痛哭。他在禀文中表示："泣思民欠夷债，并无数约弟据，夷目一禀，本父母宪台即便追给。今夷欠民银，约数确据，夷目推却不理，国法奚存？"[①]

清地方官府与澳葡当局对这个并不复杂的案件的态度差异，究其原因是因为双方所代表的主体完全不同。澳葡当局是居澳葡人的统治机关，而清有关地方当局却是澳门华葡全体居民的"父母官"。

谢清高与葡商吪嘀喋之间的借贷关系，自乾隆五十八年（1793）谢清高贷出本银，至档案五所记嘉庆十三年（1808）清地方当局要求澳葡当局协助追欠，为时达 15 年。除去其中 4 年曾支付过二分息之外，葡商欠付本息已达 11 年，故谢清高称累欠本利三百余两。因资料限制，目前尚不清楚最终谢清高是否讨回其贷出的本银。清李兆洛在其《〈海国纪闻〉序》中所言谢清高双目失明后，"不复能操舟，业贾自活"[②]，是他晚年租居"桔仔围"铺屋摆卖水果、杂货为生的写照。

六　鸦片战争前澳门的司法管辖问题

葡萄牙人并非历史上最早移居中国的外国人。在依靠自然动力航海的时代，来自南海的蕃舶每年乘春夏的东南季风航达我国，而出航则必须等待秋冬的西北季风。故异域人在华南沿海港口城市居住有悠久的历史。这种外国人的聚居区，唐宋时代被称为"蕃坊"。在历史上，居于"蕃坊"的移民长久保持着他们自己的风俗与文化，甚至有"蕃长"管理蕃坊事务。但在历史上，"蕃坊"一直处于历代中国政府的管理之下。

自 16 世纪中叶澳门成为葡人居留地以后，澳门逐渐发展出一种与既往"蕃坊"不同的管理模式，即双重管辖权现象：中国广东地方官府管理澳门全境，兼理华葡词讼；而葡人首领则管理葡人社会。

广东地方官府兼理澳门华葡两族由来已久。万历四十一年至四十二年（1613～1614），明广东海道副使俞安性与澳葡当局相约五事，勒石永禁。

---

① 见上述档案四。
② 《海录注》，第 1 页。

天启元年（1621）明在前山寨①设立官佐。清入广东后，继续在前山寨驻军如故。雍正三年（1725）为制御澳葡，除沿袭前明澳葡房屋不许增盖的规定以外，清政府又下令阖澳所有商船均编列字号，计25艘，可减免丈抽。今后只许维修顶补，不许增添。

清广东当局认为，"外夷内附，虽不必与编氓一例约束，失之繁苛，亦宜明示绳尺，使之遵守"。雍正八年（1730），两广总督郝玉麟提出，澳门民蕃日众，而距县辽远，遂仿明代设置澳官体例，设香山县丞一职，驻于前山寨。次年香山县丞进驻前山寨，乾隆九年（1744）广东当局又认为县丞职位过低，不足以制澳，提出设府佐一员，"专理澳夷事务"，"宣布朝廷之德意，申明国家之典章，凡驻澳民夷，编查有法"。吏部根据乾隆帝的指示，将肇庆府同知移驻前山寨，"兼理民蕃"。但考虑其职责过重，于是令原驻前山寨的香山县丞移驻澳门，"专司稽查"，而民蕃一切词讼则须详据同知处理②。

鸦片战争之前，在澳葡人享受相当程度的自治权，明清政府允许他们与葡萄牙保持政治上的联系。雍正三年（1725），按两广总督所请，清政府规定，澳门"其西洋人头目遇有事故，由该国发来更换者，应听其更换"③。乾隆初，两广总督策楞向朝廷奏报云："澳门地方，系民蕃杂处之地"，"据夷目禀称，蕃人附居澳境，凡有干犯法纪，俱在澳地处置，百年以来，从不交犯收禁"，"一经交出收禁，阖澳夷目均干重辟"；又云"臣等伏查，澳门一区，夷人寄居市易，起自前明中叶，迄今垂二百年，中间聚集蕃男妇女不下三四千人，均原夷王分派夷目管束。番人有罪，夷目俱照夷法处治。重则悬于高竿之上，用大炮打入海中；轻则提入三巴寺内，罚跪神前，忏悔完结。惟民夷交涉事件，罪在蕃人者，地方官每因其系属教门，不肯交人出澳，事难题达"④。澳门在这种统治模式之下，其葡人社会的管理当局，即夷目不仅由葡人担任，而且接受葡王委任。

这种管治实际上是一种双重统治交叉的模式。广东地方当局虽然兼理澳门华葡两族间的词讼，但案件凡有涉及在澳葡人之处，则须知会澳葡当

① 前已提及，澳门葡人习惯上称之为 Casa Branca，即"白房子"。
② （清）印光任、张汝霖：《澳门记略》，第73~76页。
③ （清）印光任、张汝霖：《澳门记略》，第73页。
④ 以上见（清）印光任、张汝霖《澳门记略》，第89页。

局处理。因此只要澳葡当局推诿消极，则词讼便不能顺利解决。上述 5 份档案反映出的谢清高向葡商贷款一案不能公正处理的根子即在于此。

因此，保护澳门中、外居民双方的合法权利，使居澳葡人遵守中国法律，公正地解决双方民间争端的唯一解决办法，应是改变这种双重治权交叉的统治模式。

附　录

编者注：此五份档案均已整理出版，见刘芳辑、章文钦校注《清代澳门中文档案汇编》（澳门基金会 1999 年出版），故此从略。

（原载官龙耀主编《文化杂志》，澳门，
澳门文化司署，第 39 期，1999 年夏季刊）

论亚玛勒案件与澳门危机

郭卫东[*]

亚玛勒案是鸦片战争结束后不久发生的一起严重国际事件，它一度引起在华列强的干预和国际社会的纷乱，造成中国、葡萄牙、澳门两国三方关系史的逆转。案发很大程度上是亚玛勒等力图推行澳门殖民战略使各方矛盾激化所致，也反映出这一时期清朝当局将民众放在外交前置地位的思路，"以暴制暴"在当时的危机状况下已具有很大的或然性。案发后，澳葡当局乘机侵夺中国在澳门的权利，而清朝有关当局的应对则过分软弱，使中国对澳主权在清朝君臣恍无知觉的情形下又有了重大丧失。

1849年8月22日，澳门总督亚玛勒（Ferreira do Amaral）被刺。这是葡萄牙人占据澳门300多年来遇刺身亡的最高官员。非但仅此，由于案发正值鸦片战争后澳门事态处在极度敏感的时期，一时导出诸多变故，事件引起国际社会的强烈关注，并造成中国、葡萄牙、澳门两国三方关系史的逆转。葡萄牙学者萨安东（António Vasconcelos de Saldanha）评说：

> 实际上，这是鸦片战争以来在华发生的最严重的国际事件之一，且不说谋杀的非系一普通"夷酋"，受害者乃一主权国家的驻华代表。因为它是一交战性质的国际冲突，带来了生命损失，造成了对中国领土的军事占领；六艘西方军舰停泊在澳门港内；外国军队登陆；外国列强代表以至中华帝国最重要省份总督外交照会的形式，向中华帝国当局发出了公开的恫吓！[①]

---

[*] 北京大学历史学系教授。

[①]〔葡〕萨安东：《葡萄牙在华外交政策》，金国平译，葡中关系研究中心、澳门基金会，1997，第165页。

中国学者费成康指出：事件发生后，"葡萄牙殖民者侵夺中国在澳门各方面的主权，使开埠 300 余年的澳门终于在实际上沦为葡萄牙的殖民地"①。美国学者马士（Hosea Ballou Morse）、宓亨利（Harley Farnsworth MacNair）指陈："中国由于战争失利而丧失了香港；现在又由于一次暴行而断送了澳门主权"②。各国学者的评说未必完全精当，但足可见亚玛勒事件对时局的重大影响③。

一　案情

英国国家档案局（Public Record Office）现存有对亚玛勒的主要行刺者沈志亮 1849 年 9 月 15 日的亲录供状：

> 沈志亮供：香山县人，年四十五，祖父母、父母都故，并无兄弟，娶妻卢氏，生有一子，向在望厦村居住。西洋兵头哑吗勒行为凶暴，哑吗勒在三巴门外开辟马道，把附近坟基概行平毁。哑吗勒平时又把澳门各店铺编列夷字，勒收租银。船艇每只还要勒银收用，如不应允，就带夷兵拘拿，鞭打监禁。并藉称犯夜安拿民人勒索银钱，合澳民人忿怨不平。即西洋土夷也因哑吗勒勒派银两，短给兵饷，奸淫妇女，各有怨言。小的祖坟六穴，因哑吗勒开辟马道，全行平毁。小的心怀忿恨，起意乘间把哑吗勒杀死。七月初五日午间，忽闻土夷传说，哑吗勒下午欲出关闸，跑马游玩，带人无多。小的就身藏尖刀，在那里路旁等候。酉牌时分，哑吗勒骑马跑过来，小的看见，乘他不防，把哑吗勒拉下马来，拔出身带尖刀，砍落他头颅，并砍断他臂膊

---

① 费成康：《澳门四百年》，上海人民出版社，1988，第 299 页。
② 〔美〕马士、宓亨利：《远东国际关系史》，姚曾廙等译，上海书店，1998，第 134 页。
③ 因亚玛勒事件影响巨大，几乎所有研究 19 世纪中期澳门历史的著述均对该事件兼有涉及。除上列作者的著述外，还有戴裔煊、锺国豪《澳门历史纲要》，知识出版社，1999；万明《中葡早期关系史》，社会科学文献出版社，2001；黄鸿钊《澳门史》，福建人民出版社，1999；吴志良《澳门政治发展史》，上海社会科学院出版社，1999；等等。但中国史学界迄今未见对该重要事件深入系统的专题性质研究。

一只，哑吗勒登时身死。小的就把头颅臂膀，一并拿取祭告祖宗，旋即逃走。随即访闻查拿小的，小的害怕逃往各处躲避。今被兵役获解。哑吗勒头颅臂膀，小的埋在土名桑田地方，现蒙查起解验。小的委因，哑吗勒平毁祖坟，忿恨将他杀死，并无别的，只求恩典，所供是实。①

　　沈志亮供状事后也曾刊载在葡萄牙文报刊《大西洋国》上，因是多年后的转译，难见确状②。日本学者佐佐木正哉在 1964 年也刊出供状，此供状的原件同样收藏在英国国家档案局的外交部档案（British Foreign Office Record）中，但与笔者目下揭出的不是出自同一卷宗，佐佐木正哉辑出的文件卷宗号是 F.O.682，它以清朝钦差大臣兼两广总督徐广缙致英国驻华公使兼香港总督文翰（S. G. Bonham）照会附件的形式出现，当是沈志亮被擒后中方对英方就案件原委作出的解释。不知是在哪个抄录环节上出了差错，佐佐木正哉刊出的抄件虽与原件基本相同，但在若干重要字句上有差异，如抄件写出的亚玛勒案发日期是道光二十七年七月初七日（1849 年 8 月 24 日），但实际的案发日可以确凿无疑地肯定是七月初五日（8 月 22 日）。这就使得后来者的考订颇多疑点，难以定谳③。而笔者所辑出的卷宗号是 F.O.931，此卷宗原为清朝两广总督府档案，于 1858 年第二次鸦片战争中被英国军队掠走，藏于北京，直到 1950 年代后才被辗转运到英伦，先收藏在大英博物馆，后移交英国国家档案局④。可以确认，此份供状是未被传抄转译的原件。

　　沈志亮供状必定是经过清朝官府删削过的，最明显的证据是刺杀亚玛勒非一人所为，但在供状中却看不出其他疑犯参与的痕迹。稍后，在清朝官府的继续查缉下，拿获或击杀其他疑犯。除组织者沈志亮外，参与者还有郭金堂、郭亚安、李亚保、周亚先、周亚有、陈亚发六人，案件全貌至

---

① British Foreign Office Record（以下简称 F.O.），931/803。
② 《大西洋国》第 2 卷，第 361 页，转引自〔葡〕萨安东《葡萄牙在华外交政策》，第 158 页。作者萨安东特意提醒未将此葡文本与英国国家档案局收藏的中文原件加以比照。
③ 〔日〕佐佐木正哉：《鸦片战争后の中英抗争》（资料篇稿），东京，1964，第 154～155 页。
④ Pong David, *A Critical Guide to the Kwangtung Provincial Archives*, 1975.

此完整地浮出水面①。下面通过沈志亮供状并参照其他文献，试将案发情况复原：

8月22日下午，亚玛勒在副官赖特（Senhor Leite）的陪同下，骑马出游，6时许，亚玛勒返回至关闸门莲花茎地段时，郭金堂"以野卉盈束，置于道。马闻香，不肯前"②。沈志亮跪在路边，假装告状人呈送状纸，高喊申冤，亚玛勒停下马，伸出他唯一的一只手准备接状纸，沈志亮从身旁的雨伞内抽出尖刀刺杀，亚玛勒想拔手枪，却被掀翻下马，在近旁佯装叫卖物品的李亚保等人也一拥而上，将亚玛勒刺死，并砍下头颅和左臂带走以祭告祖先。赖特的头上也挨了一刀，并被掀翻下马，沈志亮等并未对其采取进一步行动③。

因为亚玛勒的"冷血性格"和强悍施政不仅招致中国官府和华人社群的群起反对④，也引起澳门土生葡人乃至葡人社群的强烈不满。所以，案发后，出现了一种令人惊诧的情况，那就是来自不同利益集团均处在被怀疑的位置，本来矛盾的双方或多方都被相互指责为有作案动机。

其实，在亚玛勒遇刺前就已"杀声四起"，西班牙驻华公使在给马德里的报告中说："1846年以来所采取的严厉措施带来的危险世人皆知，它一直笼罩在（亚玛勒）总督的头上。"亚氏本人对这种危险也很清楚，在他1848年写给情人的信中说："他不害怕甚至出现在里斯本报头的威胁……独臂好汉五刀不死。"就在他死前两天还称："他在劫难逃。"而在他死的当天下午，他的华仆曾劝告不要去关闸，"苦苦跪告他大有危险"⑤。

---

① 〔日〕佐佐木正哉：《鸦片战争后的中英抗争》（资料篇稿），第155页。《筹办夷务始末》（道光朝），卷80，台北，文海出版社，第3205页。
② 田明曜修、陈澧等纂（同治）《香山县志》卷15，同治十二年刊本，《沈志亮传》。
③ 以上案情的复原是根据葡方特别是中方的记述概括而成。当时英美在华人士对此也有大同小异的记录，兹附录以便对照："是日傍晚，总督由其副官赖特陪同，同平时一样骑马闲游……这时，有几个小孩来到他们跟前，手持竿头绑着树叶的竹竿敲打总督的马头。总督立即调转坐骑，试图对这种莽撞行为略施惩戒。这时有八个成年人冲上前来，围住总督的马。其中两人攻击他的副官，另外六人从袖管拔刀扑向这个不幸的受害者。总督失去右臂，又手无寸铁，无法抵御攻击，很快跌落马下。凶手们砍下他的头和手，并劈砍他的尸体。"参见 Chinese Repository, Vol. 18, p. 448。
④ 亚玛勒的自负骄横性格于中文记载中可见一斑：亚酋"素负勇，曾与异国战，去一手获胜。抵澳门，举手言曰：'身出没波涛，锻炼兵火，所到必克，扫荡一清，双手尚用不尽也！'"前引（同治）《香山县志》卷15，《沈志亮传》。
⑤ 前引〔葡〕萨安东《葡萄牙在华外交政策》，第160页。

案发当天，澳葡当局紧急成立了以主教马杰罗（Jerónimo da Mata）为首的五人政务委员会代理摄政，起草了《告民众书》，宣布刺杀是一种"残暴"、"卑鄙及怯懦的行为"，号召公众与当局合作维护社会治安，并公然宣称："澳门将永远是葡萄牙的澳门。政务委员会将不惜任何代价坚决维护它的完整、它的解放与独立。"同时向中方发出最后通牒性质的知会：

> 要求立即交出受害者的头、手。本澳政府将采取措施追查凶杀。同时，以此公文通知佐堂（清朝负责管理澳门事务的官员），若在二十四小时后（内）不交出头、手，本政府对由此而引起的一切后果概不负责。①

第二天，澳葡当局向粤督徐广缙递交的正式外交抗议书更具指向性，声称此前在广州出现过出钱购买亚玛勒人头的揭帖，因此这一谋杀即便不是中国当局策动，至少也是授意和批准。澳葡当局还就"中国臣民对葡王陛下代表的侮辱及谋杀表示抗议"：

> 此次谋杀前所未有，因此，要求以命抵命。在葡王未下达有关命令之前，本政务委员会要求阁下立即逮捕罪犯，交还遇害总督的头、手，以便按照澳门人民的愿望，将其与尸体一同安葬。否则，本政务委员会对一切后果概不负责。然而，本政务委员会在此预先通知阁下：本要求系为在澳门隆重安葬本澳最高领导及葡王陛下代表之需要。这并不影响受到冒犯的葡王陛下行使她的权利……它侵犯了国际法，尤其是侵犯了葡王陛下的主权。②

对此指责，徐广缙予以驳斥：

> 惟亚公使平日暴戾恣睢，各国想均闻见，毋庸赘述……谚云：冤

---

① 《大西洋国》第 2 卷，第 229 页。转自前引〔葡〕萨安东《葡萄牙在华外交政策》，第 151 页。
② *Chinese Repository*, Vol. 18, p. 534.

各有头，债各有主，未便专逞私愤，不察舆情。事须三思，且宜稍安勿躁。

徐广缙认为案件正在侦破，不能就此认定就是中方所为，对中国官府卷入案件的指控更是无稽之谈。在给英国、西班牙等国公使的解释照会中，徐广缙更是反唇相讥，提出澳葡方面也不能完全摆脱嫌疑关系：

> 本大臣风闻，许久以来，兵头哑吗勒秉性凶暴。其同胞恶之，欲除其而后快。华夷分属，本部堂无意过问此事。……此外，既然凶手系外来之徒，何以得知哑吗勒当日骑马出游？也许葡萄牙人暗助谋杀，以泄私愤。总督身亡后，凶手取其首级，卸其手臂，实乃出于旧隙之报复行为。此足以证明前疑非空穴来风。①

澳葡再度进行了辩解和反驳，向中方通报了他们的调查结果：

> 由政府组织的对 22 日夜晚发生的残暴谋杀行为的调查已清楚地表明：①这起残暴野蛮的谋杀是中国人在光天化日之下进行的，案发现场离中国兵丁把守的关闸大门很近，完全在其视野之内，这一点得到目击者的证实。②凶手作案之后带着我们总督的头和手逃向关闸大门，这一点在属于该汛地的中国员弁所写的供词中得到证实。似乎也表明杀手们在那里逗留了一段时间，并向神灵供奉牺牲祭品和酒类，这一点可由该处发现的血衣和该建筑物中好几处新鲜血迹得到验证。③此次谋杀不仅仅是一般的杀手和路匪所为，因为那杰出的死者的头和手被带走，阁下在来函中也许是不经意地承认了这一事实；既然凶手可以无所畏惧地携带他们犯罪的证据，那么

---

① 徐广缙：《思补斋自定年谱》，中国史学会编《第二次鸦片战争》（六），上海人民出版社，1978，第 155~156 页。另按：某些在澳葡人究竟在亚玛勒案件中扮演了何种角色至今也还是一个谜。案件中，不仅中方怀疑有在澳葡人介入，葡人内部也有这方面的猜疑。驻北京的葡籍主教当时曾函葡萄牙政府："某些澳门人是此次谋杀的同盟，舆论早就将他们与此联系了起来。"而亚玛勒生前也"获知有人煽动刺杀他，且此种煽动来自葡萄牙人。"见〔葡〕萨安东《葡萄牙在华外交政策》，第 154、161 页。

为什么不可以很自然地推论出他们得到安全保护的保证呢？这个推测不仅站得住脚，而且日益得到证实。那就是中国当局在这次事件中所表现出的拖延和忽视，完全无视事件的严重性。只要明了中国差役活动和手法的人，谁不能看出他们在侦查此案中的微小进展不过是周密计算的结果，其动机也许也不太难看穿。……政务委员会再次向阁下申明：诸如此类的逃避和矛盾不堪的陈述毫无价值，有损阁下的官声。①

应该说，澳葡对中方"拖延"的指控没有道理，广东当局对案件的侦破是抓得比较紧的。据澳门佐堂说案发当晚即"派遣差役到各处搜查"，并以"重金悬赏捉拿凶手"②。广东当局也立即在更大范围内布网，通饬毗连各县营"悬赏购线"，布置侦破③。9月12日，署顺德知县郭汝诚等缉获沈志亮，徐广缙亲自提审，讯明案情，认为亚玛勒"妄行横作，固有取死之道。而该犯遽谋杀害，并解其肢体，实属残忍，事关外夷，未便稍涉拘泥致资借口"④，于15日将沈志亮"绑出正法，委员押解首级，枭示犯事地方，以照炯戒"，将其杀害于前山鹿仔山下（今前山中学附近）⑤。

抓捕沈志亮后，广东当局据其交代，将用石灰进行过防腐处理的亚玛勒头手起出。9月16日，中方致照澳葡当局对案件的侦破和中国官府的处置，又通知对方定于9月27日将亚玛勒头手交还，并要求同时替还澳葡当局在关闸战斗中俘获的三名清朝汛兵（战斗的有关情况下文将述及）⑥，但被澳葡所拒。葡方提出俘获的守护关闸的汛兵在亚玛勒被刺时曾听任凶手

---

① 黄鸿钊：《中葡澳门交涉史料》（第1辑），澳门基金会，1998，第54~55页。
② 黄鸿钊：《中葡澳门交涉史料》（第1辑），第51页。
③ 《第二次鸦片战争》（六），第155~156页。
④ 中国第一历史档案馆编《澳门问题明清珍档荟萃》，澳门基金会，2000，第207页。
⑤ 〔日〕佐佐木正哉：《鸦片战争后的中英抗争》（资料篇稿），第154~155页。
⑥ 明清两朝在关闸的布防是："查莲花茎有关闸一所，建自前明万历二年，为防御洋人要隘。嘉靖十四年，立游击专营，为前山营添关闸汛，以把总一员驻防，后改都司专营，归香山协管辖。道光二十一年，新建炮台石炮台，将把总移驻炮台，仍兼管关闸汛务。道光二十九年，将该把总及炮位防兵退迁望厦村山后。"参见厉式金《香山县志续编》卷6，《海防》，民国十二年刊本。

逃逸，因此可以推定汛兵是凶手的同盟，至少已经渎职，拒绝将其释放①；要求中方首先应该无条件地交出被刺者的残肢；又表示对案件侦破并不满意，刺杀亚玛勒另有主谋，中国官府应继续追查②。徐广缙认为葡方的指控莫须有，且对中国的司法主权作出挑衅：

> 据称沈被捕后，未遵守合适的形式进行审判云云。我现告知你们，顺德地方官捕获罪犯后，进行了审讯，录下了口供，将罪犯押到县衙门，再到本城衙门，之后再到按察使，最后到巡抚。我与巡抚连手审讯并给以判刑，这一切有目共睹，有耳共闻，怎么说未遵守正常形式呢？中国罪犯由中国法律治罪，外国罪犯由外国法律判刑，这是条文里明文规定的，对所有国家都一样。葡人怎能违反条约，要将罪犯送到澳门？……至于其余罪犯，已下令各城镇官员，联合努力抓捕罪犯。

---

① 葡方指责："这桩骇人听闻的凶杀案完事之后，那些人（凶手）便携带着那血淋淋的谋杀证据通过关闸的大门悄悄地溜走了。"即中方官兵对凶案置若罔闻。但中方却坚持汛兵对凶杀并不是无所作为，"守卫大门的中国将领说他看见七个带兵器的人跑过大门，便追赶他们"。见黄鸿钊《中葡澳门交涉史料》（第1辑），第47页。

② 9月25日澳葡政务委员会致函徐广缙对中方处决沈志亮的方式提出质疑："至于哪个不幸的沈志亮——据说他自己宣称是真凶，没有哪个比阁下更应感到遗憾；其整个过程不仅仅是不合法的，而且违背了所有文明国家遵守的法律和习惯。……不管从哪一方面来看待这个不幸者的审判都可以看出其中的仓促和草率。这表露了那些给他下最后的判决，将他从这个他占据重要地位的场面中勾销的人们心头那有点过度的焦急。"澳葡还提出"8月22日的疯狂事件是七个中国人所为，这是臭名昭著、罪恶昭彰的事实。即使退一步承认一个人能袭击两个骑马者，至少在那种情况下，在那样短的时间里，一个人做得那样彻底周到是不可能的，而且干得那样野蛮……所以，沈志亮若真的是一个凶手，那么很明显他有同伙，既然这罪犯已供认了自己的罪行，那么当局就有责任将他处死之前找出并验明他的同伙和那些知道这宗罪行的人"。澳葡当局还声称："对于阁下信内那张您希望我们把他当作罪犯口供的文字，本政务委员会只予以提醒：这篇文字除了不具备任何可信要素以外，也缺乏证实有效性的任何形式，虽然阁下亲自审讯过罪犯。另外，在这篇文字和阁下的第一封信之间，可以体味出十分相同的思想、语言，甚至于文风，从而足以让人觉得这两篇文字乃是出自同一人之手。"黄鸿钊：《中葡澳门交涉史料》（第1辑），第57~58页。另按：后来还有葡籍学者据此思路提供了另一版本的说法，"此外，还有一种通常的说法是，诸凶从沿岸的客台（Ke Tai）村——近关闸——乘船前往广州领赏；望厦人氏金堂砍了致命的一刀并将亚玛勒的头手献交两广总督。他，连同他的两个帮凶获一匾额奖赏。沈志亮不过是前山同知花钱买来的替罪羔羊。显而易见，原本他以为只要援引华人的尊祖及孝顺，只要声明谋杀因其祖坟被毁，便会获豁免。其他两人，郭亚安、张亚先在供词中援引了同样的理由"。参见〔葡〕徐萨斯《历史上的澳门》（葡文版），第246页。转引自〔葡〕萨安东《葡萄牙在华外交政策》，第165页。

但只要罪犯仍然在逃，说这些空话是无益的。抓到之后，审讯他们及处治此案的方式都将告知你们。这该不是对此事漠然视之吧。冤有头，债有主，如今真正冒犯贵总督的凶手已经由中国政府逮捕并处决。但那关押在澳门的三个中国兵丁，与目前这桩事毫不相干，贵政务委员会却只字不提，请告诉我道理究竟在何处？沈志亮一经被认出是真凶，视他犯罪的情节，被施以绞刑。但你们却说这处决来得匆忙草率，试问这样说良心何在？说话要有理，不能随心所欲，乱说一气，否则只能导致无谓的争辩。[①]

澳门政务委员会此时处在矛盾夹境中，既不能因此导致与中方关系的全面破裂，又不能在葡萄牙政府、澳门居民和列强面前示弱，于是摆出两面姿态，一方面私下向中方部分妥协，说三名中国士兵"只是暂被扣留"，而不是监禁，只要案情调查一结束，"即行释放"，另一方面，又于9月28日公告：

> 澳门居民们！中国人的背信弃义已经由昨天清朝官员对本政府的所作所为表露无遗……本应在昨天早上五点钟在关闸大门进行交接仪式，但受委派官员迟迟不到。十点钟时，我们写了一封信给佐堂，表达我们的愤怒，抗议对本政府及被邀公众的怠慢。理事官收到佐堂的另一封信中说依照广东总督的命令，受委派官员不能交还头和手，除非我们先将扣留的三个中国人交还。理事官回信答复，关于头和手的复原，本政府不允许提任何条件。此后给他们把期限延到下午四点，五点钟又收到该官员的一封信，依然是拒绝交还。[②]

其间，广东当局的破案一直在进行，又根据线报派干员到乐昌县将拒捕的李亚保捕杀，将郭亚安等抓获，发配边塞，其供词转交葡方。继后又在归善县洋面将已经畏罪潜投海盗匪伙的周亚有、陈亚发"炮伤毙命"，已

---

① 黄鸿钊：《中葡澳门交涉史料》（第1辑），第59~60页。
② 黄鸿钊：《中葡澳门交涉史料》（第1辑），第62、64页。

改名为张亚先的周亚先"凫水上岸,经官兵拿获"①。案件至此应该说是全面告破。葡方仍然拒交汛兵,并于 11 月 26 日公布了《澳门、帝汶、索洛尔省政府委员会声明暨大清广东官府关于 1849 年 8 月 22 日澳门发生的杀人案审理说明》。事成僵局,中方在忍无可忍的情况下表示,如果澳葡还不释放汛兵,将停止交涉。在中方的强硬态度下,澳葡妥协。1849 年 12 月 26 日葡方将汛兵湛逢亮、薛连标、邓得升三人交回。1850 年 1 月 16 日,香山县军民府佐堂差遣三街地保,将亚玛勒头手"送至南湾点验,明白交还",葡方则由其理事官出面"认明具领",出具"领状"②,以资证明。至此,中方认为全案业已了结。

然而澳葡方面仍不愿罢休,当葡方领回亚玛勒残肢后,政务委员会旋即将与中方交涉的有关文件公开,并发表声明:"只要简单读一下,便可看到中国当局在此事件上种种行为的背信弃义及恶意。"澳葡当局还在亚玛勒的尸体上做文章,亚玛勒死后,遗体一直存放在总督府的小教堂内,即便在中方将亚玛勒头手交还后,澳葡当局也不予以下葬,"遗骸仍保留在那里,似乎澳门执政者以此表明此事并未完结⋯⋯尸体未葬,等待复仇"。直到 1851 年 1 月 2 日才将亚氏遗体移往嘉谟教堂安葬③。

二　案由

亚玛勒事件的发生有其偶然性,但更与此前中葡在澳的危机事局有关。对鸦片战争后葡萄牙政府和澳葡当局的行状,一位西方学者的描述是:

> (他们)像许多小国此后所做的一样,躲在大国的盾牌之下爬进来了,并且狐假虎威地要求中国许给它除迫于实际的或潜在的优越力量

---

① 中国第一历史档案馆、澳门基金会、暨南大学古籍研究所合编《明清时期澳门问题档案文献汇编》(二),人民出版社,1999,第 578 页。

② 参见 F. O. 931/815, 816, 818。

③ 外交部总档,马德里,中国公使馆,第 H - 455 档,第 221 号公函,转引自〔葡〕萨安东《葡萄牙在华外交政策》,第 159 页;〔葡〕施白蒂(Beatriz Basto da Silva):《澳门编年史:十九世纪》,姚京明译,澳门基金会,1998,第 106 页。

的炫示而外，中国也不轻易许给大国的若干让步①。

他们一改过去对中方的合作态度为进攻姿态，力图变动澳门现状，全面重构与天朝的关系。

1843 年 7 月 29 日，澳葡当局向清朝钦差大臣耆英递交包括了九条要求的文件，文件以英国对香港的占领为范式，提出在澳门享有行使主权、扩展地界、停纳地租、改变税率、公文平行、通商往来等项权利②，并派出澳葡前总督边度（Silveira Pinto）赴广州谈判，耆英认为边度不具交涉资格，以广州为澳门问题的交涉地点也有违旧制，于是致函边度：

> 照覆西洋公事与中国交涉者向归总兵官督办，贵侍郎公文均已阅悉。西洋公事与中国交涉者均在澳门……此外别无交涉。③

尽管如此，中方对葡方所提的要求仍予以受理。1844 年 4 月，耆英奉旨传谕，答允葡人享有公文平行、关税按新例缴纳、废除澳门的请牌制度等项新利权，但在关涉中国主权的款项上坚不退让，认定香港与澳门"不能相提并论"。同年 6 月，耆英就《望厦条约》事项赴澳门与美国特使顾盛（Caleb Cushing）交涉，澳葡当局试图借此重启谈判，甚而提出"北上之请"。是时，清政府坚持外使不得进入北京，所有对外交涉在广州口岸进行的旧制。而美、法等国的外交代表均以进入北京为要挟，逼迫清朝就范。葡方亦想效法。此举引起耆英的高度警惕，除当面"剀切谕阻"外，又于 6 月 18 日专门向澳葡现总督比加哆（Pegado）发照强调：前督"连次来文称欲进京，并有与本大臣会办事件。本大臣查与旧制不符，是以不便与之会办"④。

不过，葡萄牙政府改变澳门地位的决心已定。1844 年 9 月 20 日，葡王玛丽亚二世颁令澳门由过去从属于印度总督管辖升格为直接由葡萄牙中央

---

① 〔美〕马士：《中华帝国对外关系史》（第 1 卷），张汇文等译，商务印书馆，1963，第 380 页。
② 中国社会科学院近代史研究所编《中葡关系史资料集》（上卷），四川人民出版社，1999，第 955~961 页。
③ 参见 F. O. 931/505。
④ 参见 F. O. 931/508, 511, 526。

政府管辖，与帝汶和索洛尔合编为一个所谓的"海外自治省"，省会设在澳门，总督常驻澳门。1845年11月20日，葡王又悍然发布命令：

> 澳门这个城市的港口，包括内港及离岛谭仔和沙沥，向所有国家宣布为自由贸易港……本法令在澳门城市公布30天后，进口到上述口岸的所有物品及货物，不论是什么国家的，完全免征进口税①。

在葡政府的支持下，澳葡当局也采取一系列动作来强化澳门的分治。其中很重要的方面就是要求对在澳华人享有管辖权。1845年9月，澳葡向中方递交禀请：

> 称澳门各口常有匪船湾泊，华民惧怯，不敢鸣官，兼有图便纵容之处，并称华民不属西洋，其中良歹不一，未便查办，若欲多等（加）防范，必将华民隶西洋管辖，仿照造册，稽查之例，则良歹办，而地方亦安等语。

这是一个很严重的动向，表明葡人已不甘于三百多年来中方所享有的对澳门居民的最终管辖权，甚至不甘于澳葡在鸦片战争前后实际业已获得的华洋民人分治的局面，而要求对所有在澳居民包括华人进行全面管辖，它意味着将中国完全排斥在澳门的管辖权之外。

1845年9月2日，两广总督耆英与广东巡抚黄恩彤联名覆照，对葡方的侵权请求予以严词拒绝：

> 今如该领事所称，欲令华民隶于西洋方可防范，造册以分良歹。在该理事官自系为地方平安起见，非有他意，殊不思西洋食毛践土，于中华者三百余年，受王朝之覆庇不为不厚矣，华民之杂处者不为不亲。如果匪徒聚船各口间，有不肖华民图便纵容，商贩居民自可禀请查拿。即该理事官以同澳相关之谊，亦应代为防范。其图便纵容华民亦不妨由该理事官指名禀请拿办。何得率请将华民隶西洋管辖，设或

---

① 邓开颂、黄启臣编《澳门港史资料汇编》，广东人民出版社，1991，第236~238页。

本部院大臣欲令西洋人归隶内地，该理事官恐亦未必允肯。所有禀请筹办各情大属非是。此后，该理事官切宜恪遵旧制，自安职分，以期彼此永久相安，勿得以窒碍难行之事，妄行渎请。①

次日，耆英又回拒了澳葡减免关税的要求，称其减免征收船钞20年的"所请格碍难行"②。由于中方对自己传统主权的维护抗争，这期间"澳门的地位很像一个通商口岸，中国官员掌握着财政和领土管辖权，不过稍微放松一点罢了"③。

在双方对垒的情势下，葡萄牙政府认为澳督比加哆在与中方交涉中过分优柔寡断，需要更换一位铁腕人物。亚玛勒成为圈定人选。亚氏出生于一个世代从戎的贫微家族，时年43岁，身经百战，具冒险精神，可以胜任葡萄牙政府既定的更富进攻性的澳门政策。1846年4月，新任总督亚玛勒抵达澳门，一改过去与中国政府协商后采取行动的作法，而独断独行地推行澳门的殖民战略。

亚玛勒首先改变税权。1846年9月12日其报告要停泊在澳门的船只必须每月纳税一元，清朝前山同知认定此乃侵权逾规，华人社会于此强烈反对，就连澳门议事会也不以此举为然。1847年2月27日，议事会致函葡萄牙政府：

> 不出于被迫，华人是不会纳税的。这一事实证明，华人决不会老老实实地缴纳他们本不应该缴纳的税收。他们居澳，受其本国政府的管辖，不像在此定居的外国人，从未按我们的法律办事。由此可见，他们不可被视为外国人，亦不得以对待外国人的办法对待他们。需要补充的是，华人在澳从业者均向其本国纳税。④

亚玛勒仍一意孤行，强行征收。1848年12月20日，亚玛勒又命令在

---

① 参见 F. O. 931/659。另按：为示郑重，耆英还特地将葡方来禀和中方照覆分别留存备案于广东巡抚衙门和两广总督衙门两处，见 F. O. 931/663。
② 参见 F. O. 931/665。
③ 〔葡〕施白蒂：《澳门编年史：十九世纪》，第362页。
④ 1848年1月11日《政府宪报》，转见前引吴志良《澳门政治发展史》，第136页。

澳华人进行户籍登记①。这是三年前已被中方否决的旧案重翻。

亚玛勒还力谋扩大澳门地界。1847 年 2 月 27 日，亚玛勒下令修建通往关闸的马路，以图向北将澳门地界由界墙扩大到关闸，为此将迁移近 700 座华人坟茔，亚玛勒限令在一个月内须将坟迁走；更试图圈占马路以外的大片土地，"其马路之外，山岗之上，约计万余坟冢，勒限一年，尽要起迁，如到期不迁者，一体平毁。询属幽冥之魂含冤，生者同冤"②。

祖宗坟茔，在素重宗社家族的华人社会中历来被视为神圣不可侵犯，亚玛勒的迁坟引起轩然大波，这也是后来其被刺的重要原因。迁墓通告当天，香山知县即向澳葡提出强烈反对：

> 这种作法有违帝国法令，而且毫无道理，并将引起逝者、生者的共愤。睦邻和谐将遭到破坏，葡萄牙人保持了数世纪的友善、恭顺的美誉将毁于一旦。③

亚玛勒无视警告，杀气腾腾地声言"女王命令在身，一定将其捍卫至最后一滴鲜血"。他还挑衅性地将华人坟场作了专门划定④。其严重性不亚于关闸扩界的还有凼仔岛的占用。1847 年 5 月 6 日，亚玛勒突然以防御海盗为名，通知耆英将在凼仔修建碉堡，虽遭拒绝，但亚玛勒还是以既成事实来迫中方就范。亚玛勒所为得到葡萄牙政府的赞许，1848 年，葡政府决定授予澳门议事会"领地主"所有权。

亚玛勒采取的最具决定意义的行动是强行撤销中国驻澳门的海关。在 1685 年前后就已存在的粤海关澳门行台不仅仅是中国驻澳的税务机关，还享有稽查贸易走私乃至司法处置等权限，所以，又是中国驻澳的主要行政

———————

① 〔葡〕施白蒂：《澳门编年史：十九世纪》，第 97 页。
② 〔日〕佐佐木正哉：《鸦片战争后的中英抗争》（资料篇稿），第 329 页。
③ 总督于 1847 年 3 月 24 日致海事暨海外部公函，内附中国公函，海外历史档案馆，二部，澳门，1847 年函盒，转引自吴志良《澳门政治发展史》，第 138 页。
④ 总督于 1849 年 4 月 14 日致两广总督公函，附在总督于 1849 年 4 月 20 日致海事暨海外部公函内，第五号文件，海外历史档案馆，二部，澳门，1849 年函盒。转引自〔葡〕萨安东《葡萄牙在华外交政策》，第 97 页。另见〔葡〕施白蒂《澳门编年史：十九世纪》，第 98 页。

机关和中国对澳岛享有主权的重要象征①。1849 年 2 月 16 日，亚玛勒致函新任两广总督徐广缙，提出撤除中国海关问题，徐广缙回复："澳门税口，历久相安，何得扰乱旧制？"② 亚玛勒却一如既往，以行动代替商议，3 月 5日，其对外宣布"澳门已成为自由港，葡萄牙海关业已关闭，当然不能允许一个外国海关继续在澳门办公"，并下令禁止中国税馆对自澳门出口到中国内地的货物征收关税，限令广东巡抚在 8 日内撤走驻澳海关人员，关闭南湾和湾仔两个税馆，剥夺中国对澳门的监管权。此前，南湾税馆规模不大，而湾仔税馆历史悠久，"管辖广而十分有权"。3 月 12 日，亚玛勒下令在税馆正门前架设路障，增派士兵，架设大炮，禁止出入，衙内人员一律从旁门行走。"此举结束了中国对该地（澳门）实施有效管辖的最后一点权力"。3 月 13 日，亚玛勒命令撤除一切有中国海关标志的物体③。澳葡政府首席翻译公陆霜记录了这天的情景：

> 围观者神情严肃，期待着事态发展。聚集在已封闭的中国海关周围的华人达数百人之多，还有些基督徒也在那里围观。众人默不作声，一片死一般的寂静。已关闭的葡萄牙海关的两三个黑人挥舞着斧头在猛砍旗杆。这旗杆百七十年来给澳门这一殖民地的独立带来了多少屈辱。似乎在深夜的寂静中，那斧声更加清脆、呼啸、有力。最后一斧砍下去的时候，那旗杆还支撑了片刻，终于向华人方向倒去。华人必（毕）恭必（毕）敬地避开了，他们默默无语地散去。这一寂静为一我记不起来名字的基督徒的喊声所打破。他惊呼：澳门完了！④

这无疑是改变澳门传统地位的决定性一幕。中国政府因此无法直接行使对澳门的主权和治权。亚玛勒还我行我素，解散了他认为在对华交涉中过分软弱依循旧制的澳门议事会。

---

① 参见 F. O. 931/659。另按：为示郑重，耆英还特地将葡方来禀和中方照复分别留存备案于广东巡抚衙门和两广总督衙门两处，见 F. O. 931/663。
② 庄树华等编《澳门专档》（三），台北，"中研院"近代史研究所，1995，第 22～23 页。
③ *Chinese Repository*，Vol. 18，p. 550；〔葡〕施白蒂：《澳门编年史：十九世纪》，第 98～99 页。
④ 〔葡〕萨安东：《葡萄牙在华外交政策》，第 119 页。

此间，替代耆英出任粤督的徐广缙虽在民众的支持下在对英国等的交涉中态度强硬，在广州入城斗争中顶住了英人压力。但在与葡方的交涉中却持一种色厉内荏的姿态，一方面向朝廷封锁真实情报，有关澳门的重大变故不向或迟向朝廷奏报，另一方面对亚玛勒的步步进逼一再退让。

坦率地讲，徐广缙对澳门问题的处置甚至还不如以对外妥协著称的耆英强硬。这或缘出于徐广缙当时把主要注意力放在朝野均十分重视并与省城广州直接相关的对英国的抗争上，而有意无意地淡化和忽略澳门问题的重要与紧要。对亚玛勒"钉闭关门，驱逐丁役"的空前挑衅，徐广缙没有以政府行为给予果断有力地响应，而是试图仿效阻滞英人进入广州的办法，主要利用民间力量来做文章，提出"用商以制夷"的方略，协助"福潮"、"嘉应"等大的华人商号撤出澳门，迁移黄埔，而将澳门海关也搬迁到黄埔，以此带动"其余零星小铺，亦当相随迁移。众商既去，则澳门生意全无，不必糜费兴师，已可使之坐困"①。

由于徐广缙的轻描淡写和先斩后奏，不明就里的朝廷于数月之后同意将澳门税关移到黄埔②。澳门华人商家对广东政府的号召予以积极响应，1849 年 5 月 5 日，澳门各处出现告白，呼吁各行业罢市，迁移黄埔③。徐广缙把商人推向外交前置战线的做法不能说完全没有效用，曾一度使"澳门街道荒凉，港口空无一船"④。但这毕竟是民间商人的行为，见效较慢，威慑力不够。国家外交，毋庸赘言，首先应该以政府行动为主体。于此，就连一位西方人也认为广东当局的反应过分软弱：

> 粤省当局不去勇敢地抵抗这种侵略行为，也不求助于外交的运用和别的友邦的干涉，竟去鼓励，或至少是默许使用地下工作的方法以挫败葡人的企图。然而我们必须记着，国际法的规则他们是不懂的；

---

① 参见 F. O. 931/792。
② 《明清时期澳门问题档案文献汇编》（二），第 573～579 页。
③ J. C. Thomson, *Historical Landmarks of Macao*, p. 451.
④ 〔美〕马士、宓亨利：《远东国际关系史》，第 134 页。此间广东当局也获知："伏查自福潮各行迁移黄埔以后，附近小贩营生之人亦相率各归乡里，澳门顿觉冷淡。该夷向有西洋外来额船二十五号，专载来往货物，频年因生计日蹙，已减去十之六七，然尚余船四五艘不等，今则全行变卖。"见 F. O. 931/799。

在 19 世纪整个下半期里，中国官员唯恐触犯了新办法的规条以致连他们的无可置疑的权利都不敢主张。①

徐广缙等的外交弱势还反映在对亚玛勒武力迫使县丞衙门撤离澳门的不敢坚决回击。县丞衙门是清朝历久相沿派驻澳门的一级政府机构②，亚玛勒的撤废是对中国主权的悍然挑衅，徐广缙等却对此做了不可原谅的退让。其向朝廷的奏报颇为自欺欺人：

> 再查县丞一员分驻澳门，不过遇有华夷口角细故，排难解纷，诚如圣谕，官卑难恃，耳目恐有不周。惟近处尚有同知都司驻札前山，距澳门仅二十里，稍远复有香山县香山协距澳门亦不过一百二十里，足资稽查控制，并非专靠该县丞之弹压也。③

在徐广缙辈的眼中，县丞衙门之设可有可无，亚玛勒的霸蛮侵略无足轻重。但在葡人眼中，这些举措带有非同小可的意味：

> 自 1849 年 8 月开始，殖民地的自主权就成为神圣不容侵犯的了……葡萄牙由此在澳门获得了与其他殖民地没有区别的完整和绝对的主权。④

徐广缙等未能采取有力的政府行为来阻止亚玛勒的侵略行径，据称其顾虑所在是担心葡萄牙与英国的联合。根据徐广缙等"逐日密加侦探"获得的情报称：

> 哑茜于钉闭关门之后，即赴香港借兵船一只，马兵四百名助守该

---

① 〔美〕马士：《中华帝国对外关系史》（第 1 卷），第 380～381 页。
② "县丞署在澳门望厦村，旧在县署右，康熙四十七年奉裁……雍正八年复设，移驻前山寨城。乾隆八年添设同知，移县丞驻今所，动项建造"。祝淮：《新修香山县志》卷 2，道光七年刊本，《建制公署》。
③ 参见 F. O. 931/799。
④ Montalto de Jesus, *Historic Macao*, Hong Kong, Oxford University, 1902, p. 294.

夷炮台，显系英夷与之狼狈为奸。①

不知徐广缙是从何处获得此一情报的，其实，从此前和当时的情况看，葡人唯恐英国染指澳门，不可能随便向英国借兵入澳；英方也不会轻易借兵给葡方②。证诸葡、英两国的数据，也未见有此时借兵的记录。这只能是一个假情报，或者干脆就是徐广缙为欺骗朝廷而自行编出来的一个"情报"。当时，非但不存在英国借兵给葡萄牙的可能，而且，澳葡与港英面临着关系破裂的危机。随之而来的凯帕尔（Henry Keppel）事件便说明了这一点。

1849 年 7 月 7 日，英国人萨默在澳门参观规模盛大的圣体节列游，不顾警告而拒绝向圣体脱帽致敬，被澳葡当局抓捕入狱。英国海军上校凯帕尔于翌日向亚玛勒交涉放人不果，于是诉诸武力，率英军小分队突袭了澳门监狱，打死监狱守卫一人，打伤两人，劫出囚犯。案发后，葡萄牙政府命令驻伦敦公使向英国政府提出抗议，认为这是一起"完全可称之为丧心病狂"的劫狱大案：

> 在任何国家的刑法上，武装劫狱属于抗法行为，应处以严刑。若劫狱者系外国军队，罪加一等，因为一国的领土权为最高权。即便为追捕一罪犯亦不得武装入侵一国国土，犯之，则系对该国君主的侮辱。

英国政府对葡萄牙将澳门视为其领土的说法很不以为然，在覆照中说：葡政府应该承认他们"从未要求过对澳门的主权权利。它不可以在与英国政府的来往中大谈特谈对澳门的权利"③。英国政府对葡萄牙政府所宣称的享有澳门主权的法理根据提出质疑，相当程度上反映了当时国际社会的一般共识：澳门的主权归属并不以亚玛勒采取了一系列殖民政策就有所改变；

---

① 参见 F. O. 931/792。
② 佐证这一点的有亚玛勒事件时发生了北山岭战役，澳葡曾向英军求援，港督文翰拒绝了澳葡的请求，并前溯了英国不可能向澳葡提供军援的原则立场，称他早就在"1846 年 10 月对亚玛勒总督进行了解释，他只能过问有关保护英国臣民的事情"。〔葡〕萨安东：《葡萄牙在华外交政策》，第 157 页。
③ 驻英公使蒙科尔沃（Torre de Mocorvo）男爵于 1849 年 9 月 20 日致英国外相巴麦尊（Palmerston）公函及巴麦尊的覆函，见〔葡〕萨安东《葡萄牙在华外交政策》，第 141~142 页。

同时，反映了葡英两国在澳门问题上的意见分歧和关系紧张。广东当局对此不能说一无所知：

> 入夏后，哑酋敬神游街，与英夷人争道，倚恃人多，将英人拿获监禁。旋经文菖（指港督文瀚）潜遣夷目，诱哑酋到船饮酒，将其软困，一面发兵打破夷监，抢出被禁之夷，并枪毙西洋兵数名。……两夷嫌隙已成不能再事勾结。①

惜广东当局并没有利用此"以夷制夷"的有利时机，依然没有大的作为。既然广东官方不敢挑头，那么在与亚玛勒的对抗中，民间力量也就格外地突显活跃起来②，百姓以揭帖、传单等方式申述怨愤，发动串联。一份以"澳门众铺户居民绅士"名义发出的"公启"称：亚玛勒等"蔑法殃民，穷凶极暴，华人受害，苦不堪言"，并列举亚玛勒罪状13款，呼吁"张贴通衢，用播其恶于众"。另一份以"戎属众乡公启"名目的揭帖也声言：亚玛勒"罪大恶极，毁关拆埠，上既得罪于朝廷，下复得罪于百姓，实王法所难宥，天理所不容"，号召"我等各乡宜抱同仇之心，同伸切齿之恨"。甚至还出现悬赏千两白银购买亚玛勒首级的传单③。

亚玛勒与中国的官府百姓相抗，与港英当局弄僵，与澳门议事会等葡人反目，颇呈众矢之的孤家寡人之势。当间华人民众处在抗击亚氏的最前置地位，民众行为当然不会像政府行为那样富有理性的权衡，没有权力工具和外交渠道可堪利用的百姓所能选择的反抗手段十分的有限，犯了"众怒"的亚玛勒面临着被"以暴制暴"的命运。亚玛勒事件的发生和走势，

---

① F. O. 931/799。另按：〔葡〕萨安东《葡萄牙在华外交政策》第163页描述，凯帕尔事件时，徐广缙等曾"巧妙地将皇帝蒙在鼓里，未向其奏报澳门近来的骚乱，亚玛勒满心喜悦，因为（广东）官方不会对澳门采取什么行动"。这里，亚玛勒所认为的徐广缙未向北京朝廷汇报凯帕尔骚乱是错误判断。但徐广缙虽然汇报了，却有意无意地淡化了葡英交恶，并无所作为。

② 亚玛勒在澳施行强悍政策自始便引起澳门民众的反抗，1846年10月8日，澳门港的中国渔船发动了著名的"渔艇暴动"，1500多人向澳葡市政厅发起进攻，被澳葡当局镇压。其后中国商人的罢市抗议活动也被亚玛勒用武力遏制。

③ 前引〔日〕佐佐木正哉《鸦片战争后的中英抗争》（资料篇稿），第329～331页。《许云庵口述记》，转引自戴裔煊、锺国豪《澳门历史纲要》，第179页。

已具有相当的或然性。

三 结果

亚玛勒被刺是 19 世纪中期中外关系史上的重大突发事件，各方均对此作出了迅速反应。

广东当局"速饬香山协副将叶长春、前山营督司张玉堂、署香山县知县郭超凡，会同署前山同知英浚，督饬弁兵，严防该夷逞忿滋扰"，还"咨照水师洪军门，督带师船，遥为接应。并密饬澳门居民，西洋夷人果率众出犯，即可先乘机倾其巢穴。彼若不动，却不可先发，务须持以镇静，不可稍涉张皇"[1]。

澳葡方面更是一片惊慌，"事件使整个居留地大为震惊，充满哀伤"[2]。有的建议弃守澳门，也有的建议攻打香山，占领并摧毁周围村庄。但澳葡当局经过力量权衡后决定优先采取防御措施，向葡京里斯本紧急求援；担心远水不救近火，又向印度总督府提出军事增援；并修缮澳门碉堡和防护工事；考虑到单靠葡方的力量孤木难支，又决定寻求列强援助。案发当晚十时，政务委员会召开外国驻澳代表紧急会议。出席会议的有：西班牙驻华公使玛斯（Sinibaldo de Mas）、法国驻华公使陆英（Andre Forth Rouen）、美国驻华全权代表戴维斯（J. W. Davis）。与会者一致表示对澳葡的支持。但在华力量最大且与澳葡关系微妙的英国未表态。于是，葡萄牙驻英国公使在得讯后立即拜访英国首相罗素（Russell），请求不列颠海军介入，"即便不作出任何具体行动，作一道义上的表示即可"，罗素"毫不犹豫"地同意了葡方请求。

列强之所以一致支持澳葡，是因为其价值观念和在华侵略利益上有诸多共同点，认为亚玛勒事件是对整个西方世界的挑战，若是澳门落入中国的完全控制，将会带来连锁反应，进而给西方在华既得利益带来难以预料的灾难性后果。列强外交军事双管齐下，西班牙、法国、美国的驻华代表向两广总督递交集体抗议书，英国驻华公使文翰也向徐广缙发出要求"立

---

[1] 《第二次鸦片战争》（六），第 155 ~ 156 页。

[2] 黄鸿钊：《中葡澳门交涉史料》（第 1 辑），第 46 页。

即逮捕凶手"的措辞严厉的信函。

一时间，澳门大兵压境，各国兵舰云集。其中有法国的"巴永纳伊斯"（La Bayonnais）号兵船运来的部队；有美国的"道尔芬"（Dolphin）号和"普拉伊门斯"（Plymouth）号军舰；有西班牙的"麦哲伦"（Magallanes）号兵船；还有英国的"亚马逊"（Amazon）号和"陛下漫游"（Meander）号舰船。葡政府也发出组建远征军的指令，下令从印度调集"唐娜·玛利亚"（D. Maria）号三桅船，从里斯本和巴西分别调派"唐·若安"（D. João）号和"彩虹"（Iris）号轻巡洋舰到澳门，后因经费拮据未完全实现①。

亚玛勒事件使早已剑拔弩张的中葡关系空前紧张，随即进入战争状态。8月25日10时，澳葡当局出兵抢占关闸②，俘获了三名未作抵抗的汛兵。11时，更大规模的攻打北山岭拉塔石炮台的战斗爆发，炮台距离关闸半英里，是控制澳门的制高点。在攻占过程中澳葡当局动用了二门野战炮、一门山地炮和二门舰炮的支援。清军进行了顽强抵抗，战斗呈拉锯状，阵地数度易手，最后才被澳葡占领，葡兵将炮台上的20门大炮和弹药库全部炸毁。为炫示胜利和报复，澳葡军队"将中国军人的头颅和手臂，挑在一根竹竿上运回城内，游街示众"③。中国与澳葡大规模开战，在300多年的澳门开埠史上尚属首次。

战后，澳葡当局又在全岛进行战争动员。9月1日，成立警察队，将过去被民团节选下来的人，不论年龄、身体状况如何，统统予以征召。9月5日，政务委员会从当地的纳税大户中筹集了五万澳元用以布防。11月1日，印度总督派出由陆军上尉布伊（António Pedro Buys）率领105名士兵组成的

---

① 〔葡〕萨安东：《葡萄牙在华外交政策》，第150、152～153、179页。

② 于此事见题慵叟《澳门杂诗》之记述："当将沈志亮正法，饬知领事，将汛兵三人交出，葡人藉此遂不缴纳澳门地租矣。是年葡人并毁拆沙梨头显荣里之中国官署，复毁旧关闸，建一新闸名曰钵道沙高。"中国公共图书馆古籍文献珍本汇刊·史部：《澳门问题史料集》（下），北京，1998，影印本，第1327页。另按：关闸于明万历元年（1573年）修建，位于莲花茎南端的"蜂腰"处。明末《防夷防瑶残稿》记曰："其三面皆水，惟北有一路可通往来。设有关闸，禁其阑人，以严夷夏之防。关之上有香山寨参将把哨官兵环绕防守。"参见《明清史料》，乙编，第8本，第800页。关闸并非"界门"，只是明清两朝政府为便于对澳门实施管理而设的"闸门"。1874年，澳葡拆除关闸汛墙，在原关闸以北另建西洋凯旋门式的关闸，即今澳门关闸。

③ Montalto de Jesus, *Historic Macao*, p. 293.

"远征军"前往澳门①。

有必要指出，此间列强对澳葡的支持多限于一种虚张声势的姿态铺排。如果说，列强对亚玛勒被杀持一种比较坚决声援的话，那么，对澳葡的大规模军事进攻行动就多有保留，甚至予以反对。列强的共同看法，是维持而不是打破现状。驻澳外交官普遍认为关闸和北山岭战斗是"对中国领土的侵犯"，会招致严重后果。西班牙公使玛斯就坚决不同意对中国采取主动的军事行动。英国在北山岭战事时虽派军护侨，却回绝了澳葡当局提出的军援要求，港督文翰称他只能过问保护居澳英国臣民的事情。由于中葡"争端已成为一国际交战。我收到的指令十分明确，不允许我有任何介入"，但广东当局没有能顶住澳葡并不算强大的进攻，也未能有效地利用国际情势出现的变化来调整战机，使得澳葡利用亚玛勒案对澳门的扩界成为事实。

当然，北山岭之役只是一场有限的战争。广东当局不愿战事扩大；葡萄牙也无力对中国发动更大规模的战争②，这一点葡萄牙政府是很清楚的，在给澳门新督官也（Pedro Alexandrino da Cunha）的指令中强调：

> 陛下政府无意对华发动战争。倘若中国政府方面不继续某些中国军队开始的敌对活动，陛下政府绝无大动干戈之想。③

可见葡国政府只是想进行某种"武力炫耀"。中葡双方的意愿和国际社会的大背景，决定了中葡在澳军事冲突只能是节制和有限的。

亚玛勒案带来的另一面结果是，沈志亮成为诸多中国人心目中的志士仁人，成为反对澳门殖民政策和列强对华侵略的旗帜，在其后悠远漫长的岁月中，每当中外关系处在紧张时刻或澳门情势处在危急关头，沈志亮便每每被提出、被神化，乃至形成一种反映澳门和粤省民众爱国拒外的英雄

---

① 〔葡〕施白蒂：《澳门编年史：十九世纪》，第100~102页。
② 此间确有葡人提出全面打击中国的方案，该方案狂妄叫嚣："只需一艘三桅帆船，两艘双桅帆船，一千五百名士兵并装备起数不及百的澳门飞剪船，足以摧毁整个中华帝国海军、占领每年为皇帝带来数以百万计岁入的盐场，封锁北京附近的天津港，沿大江直抵大运河口，阻截七八省的粮船。总而言之，谁具有海上霸权，谁就可以对中国皇帝发号施令。"转引自〔葡〕萨安东《葡萄牙在华外交政策》，第150~157、175页。
③ 1849年11月5日向官也下达的指令，见吴志良《澳门政治发展史》，第147页。

情结的"沈志亮现象"。

这里，民间记载的沈志亮受审情节，便与官方提交的"沈志亮供状"不尽一致，"独臂于亮非有门户之仇也，只以毁关务，趋弁兵，残害人民，祸及枯骨，辱我朝廷，残我桑里，亮激于义愤"①。这里，沈志亮的形象由单纯地报一己祖坟被掘的私仇，提升到为人民、为朝廷、为桑里而自我献身。据说，沈志亮和郭金堂被捕后，两人均想替对方开脱，"金堂语志亮曰：'尔有母无子，不如我。'争自认，而卒坐志亮"②。沈志亮等又成了不惜为友舍生取义的化身。中国传统理念中的忠孝仁义被沈志亮集于一身，化为极致。对沈志亮的杀害也便成为不得已之杀。沈志亮被杀后，徐广缙即称"吾挥泪斩之。今犹呜咽不已。恤其母千金"③，反映出此辈清朝官员在中外交冲逼迫下的矛盾心态和违心而作的真心状。当地民众对沈志亮的遭际更是扼腕以叹：

> 沈是一个一辈子没做过坏事的人。当他被推选为锄奸勇士时，他的热忱犹如彩虹。他不愧为一个爱国者。唉！惜其未遇明主，时运不济，竟然被出卖遭杀戮！实堪悲矣！④

沈志亮又进而成为被冤杀的象征，"闻者冤之。凡冢墓之受害者，其子孙祭日，必先望空拜志亮。后遂立庙祀之"⑤。这已经有点很神化的味道了。

为纪念沈志亮，澳门民众特捐资修建白草坟以缅怀故人，激励来者，墓碑大书："义士沈志亮之墓"，墓志铭曰："沈（志亮）、郭（金堂）诸子，奋臂赴难，不爱其驱，立志皎然，不欺其志，其人其事虽百世而犹光也！"⑥ 沈志亮也历久不衰地成为粤中爱国人士歌咏的对象。丘逢甲诗云：

---

① 《林公福祥遗稿》，见戴裔煊、锺国豪《澳门历史纲要》，第182页。
② （同治）《香山县志》卷15《沈志亮传》。
③ （同治）《香山县志》卷15《沈志亮传》。该传尽管是几十年后的追述，但所言不虚，因沈志亮被杀后，西人在华办的报刊即有同类记载："沈志亮义士的所作所为是光明正大的，我（徐广缙）是挥泪斩英雄。"《中国丛报》（*Chinese Repository*）1849年10月号。黄鸿钊：《中葡澳门交涉史料》（第1辑），第69~70页。
④ 黄鸿钊：《中葡澳门交涉史料》（第1辑），第70~71页。
⑤ （同治）《香山县志》卷15《沈志亮传》。
⑥ 《白草坟沈义士碑》见《陈樾存稿》，载《近代广东文征》。

谁报凶酋发冢冤，宝刀饮血月黄昏。

要携十斛葡萄酒，来酹秋原壮士魂。①

郑观应诗曰：

昔有葡督极暴虐，竟为义士诛其凶。

自谓文明实昏聩，不识公法受愚蠢。

请问深知西律者，试思此事可曲从。②

直到 1909～1911 年澳门界务交涉时，斗争者仍以沈志亮为号召，时有诗咏：

夷酋苛暴吏潜逮，谁谓三军胜匹夫；

苦忆当年沈义士，万人争看好头颅。③

1927～1928 年，粤省港澳爆发了声势浩大的抗英运动，沈志亮作为反抗外国侵略的前驱英雄再被揭出，在其前山被杀处树立了纪念碑。在外侮凌侵的危局之下，软弱的官府不足恃，百姓只好寄望于民间的草莽英雄。但此类草莽英雄的真行状，往往会层累地附着于越来越多的后来者添加的内容，以致去真迹越远。这是我们今天的研究者需要仔细审定剥离的。

1850 年 1 月 1 日，在亚玛勒案发四个多月后，广东当局才向朝廷发出有关该事件的第一次奏报。隐忍不报，大事化小，瞒报虚报，本是清朝官员糊弄皇帝的惯技，此次亦不例外。奏折仅只是轻描淡写地叙述了案件始末，对中葡军事冲突、澳葡占领关闸和白山岭、列强予以广泛干涉等事只字不提，其口吻反倒颇为自得：

臣等窃查，西洋穷极无赖，伎俩不过如是。猝被掳去汛兵，原不

---

① 丘逢甲：《澳门杂诗》，载《岭云海日楼诗钞》卷 7，民国二十六年刊本。

② 郑观应：《澳门感事》，载《罗浮偫鹤山人诗草》卷 1，宣统元年，上海著易堂刊本。

③ 瑞初：《镜湖感事十咏》，载郑岸父主编《香山旬报》，第 6 期。

难进兵夺取，惟美、佛、英及吕宋均有商人附居在澳，不得不慎重思维。投鼠忌器，且各国均知哑吗勒凶横过甚，孽由自取。中国已办凶犯，尚复何说？数月以来，相安如故，竟无一相助者。然若不令其交出汛兵，遂行给回头手，由未免示之以弱。是以镇静相待，随处防范。俟其情见势屈，自然思所变计。而案情未定，有稽时日，未敢张皇渎陈，致劳宸虑。今汛兵交出，头手领回。一切安静如常。①

道光帝得报后，批示"所办万分允当，可嘉之至。朕幸得贤能柱石之臣也"。亚玛勒案件在清朝一面得到如此结案，真是令人匪夷所思。中国对澳主权在清朝君臣恍无知觉的状况下又丧失了一大块②。由于清朝有关当局的隐忍退让，亚玛勒案所牵出的澳门危机表面过去，但实际上，因案发前后葡萄牙在澳门采取殖民政策所引出的各种矛盾非但没有解决，反而变本加厉。危机似乎远去，实则变得更潜在、更深刻了。

（原载黄晓峰主编《文化杂志》，澳门，澳门特别行政区政府文化局，第 45 期，2002 年冬季刊）

---

① 《澳门问题明清珍档荟萃》，第 207～208 页。
② 中国对澳主权丧失的另一重要表征是亚玛勒事件后澳葡当局拒交明清两朝长期奉行不替的澳门"地租银"，这项为数每年仅 500 两银的"地租"，意义主要不在经济方面，而在以此象征澳门主权属于中国，葡人只是"租用"。于此，香山县的官员后有奏报："遵查澳门为西洋人所住，始自前明嘉靖年间，载在县志。每年仅纳地租银五百两，向于十一月冬至前后照会洋官，由县派拨书差前往澳门征收，附入地丁项内，批解藩库投纳，递年列入地丁钱粮奏销。道光二十八年（1848）以前，均已征收完解清楚。自道光二十九年起，各前令屡次照会饬差责投，随据差禀，洋官不收照会，不肯完纳，询其何故，并不说明，等情。"见《香山县志续编》卷 6《海防》。

经元善避难澳门与晚清政治考辨

侯 杰[*] 高冬琴^{**}

侯 杰[*] 高冬琴[**]

澳门由于远离北京政治中心，又是葡萄牙的殖民地，所以常常成为晚清时期流亡海外的政界人士的避难港湾和从事各种政治活动的舞台。近代江南著名绅商、社会慈善家经元善就曾避难澳门，却遭政治陷害惨遭被捕。这一事件究竟与晚清各社会、政治力量之间存在何种关系？一直没有引起学术界的关注。本文拟以经元善避难澳门为主要研究对象，透过扑朔迷离的历史场景，考察晚清时期中国社会政治力量之间的矛盾与冲突，透视包括外国人在内的社会各界对此一事件的态度，完成对晚清中国政治实况的进一步解读。

一

经元善，字莲珊，浙江上虞人。"子守先业，好善举"。在 1878 年针对"直豫秦晋旱灾，集捐巨万，办急赈沪地协赈公所。自此始嗣后历办各省赈捐募款达数百万，传旨嘉奖者十有一次"。1880 年"李鸿章创办电报，檄元善任其事，南北线通。次年，改归商办，首认巨股。元善好开风气，尝于沪南设经正书院，复就桂墅里化堂两处，各设女塾。事虽中止，时论多之"①。可见经元善在避难澳门之前，主要从事的社会活动，即"筹义赈"与"兴女学"。而将经元善的名声推到顶点却是 1900 年初其领衔通电总署代奏，反对"己亥立储"事件。

---

　* 南开大学历史学系教授。
** 南开大学历史学系研究助理。
① 吴馨等修《上海县续志》（民国七国刊本），载《中国方志丛书——华中地方》第 14 号，台北，成文出版有限公司。

反对"己亥立储"事件的大致经过，可参见 1900 年 3 月 5 日刊于《中国旬报》的《上海电局总办经元善被拘案录记》和 1900 年 11 月 7 日经元善《答原口闻一君问》。1900 年 1 月 24 日（光绪廿五年十二月廿四日），为穆宗毅皇帝（同治帝）立嗣的电谕下达至上海，上海绅商士庶得知慈禧太后欲废帝立储的消息，"皆谓，名为立嗣实则废立，我朝二百五十余年积德累仁，我皇上二十五（年）励精图治，深入人心，沦肌浃髓。皆有奋不顾身与君存亡之志……赴电局请列名电求总署代奏者至千余人之多，且闻各国均已电调兵舰，将挟公义清君侧"①。后又"闻西人得信，有元旦改元保庆之说"②，一时人心不稳。时任上海电报局总办的经元善见群情激越，于 26 日上书总理衙门，领衔电净，奏请"圣上力疾监御，勿存退位之思，上以慰太后之忧勤，下以弭中外之反侧"③，对"名为立嗣实则废立"之举力谏，请求撤命。署名者还有：叶瀚、张通典、章炳麟、汪贻年、唐才常、经亨颐、经亨沐等 1231 名旅居上海的绅商和社会贤达、文化名流、政治精英。

显然，经元善这一领衔通电总署代奏的行为，触怒了大权独揽的慈禧太后。因此，他获罪并成为被缉拿处死的要犯。其时，正在北京的盛宣怀闻讯后，于 1 月 28 日晨密电郑观应、杨廷杲二人力劝经元善迅速辞差，携家眷远避。经元善与郑观应曾于 1878 年在举办义赈时相识，关系日深，以至达到"交融水乳"的程度。1881 年，经元善与郑观应两人结为金兰之好。此次经元善得以逃离险境，郑观应可谓尽心尽力。在郑观应的悉心安排下，经元善于 28 日携眷南下，2 月 1 日抵香港，后落脚澳门。郑观应还函请其在澳门的挚友、亲戚叶侣珊等人多方照料经元善。经元善流落澳门，以躲避突然降临的这场政治灾难。

然而，就在盛宣怀密电郑观应，通知经元善出逃后的 1900 年 1 月 29 日（光绪廿五年十二月廿九日），言官余诚格提出参劾："电局委员聚众妄为，危词挟制，督办通同一气，纵令潜逃，请严旨勒交，以伸国宪。" 2 月初勒交经元善的上谕下达，赫然写道：

---

① 虞和平编《经元善集》，华中师范大学出版社，1985，第 309 页。
② 经元善：《答原口闻一君问》，载《居易初集》（增订本）第 1 卷，上海同文社，1902，第 4～16 页。
③ 经元善：《公吁署转奏电禀》，前引《居易初集》（增订本）第 1 卷，第 1～2 页。

有人奏，电局委员聚众妄为，危词挟制，督办通同一气，纵令潜逃，请严旨勒交，以伸国宪一折。上年十二月二十四日，特颁朱谕，为穆宗毅皇帝立嗣，薄海臣民，同深庆幸。乃有上海电报局总办委员候补知府经元善，胆敢纠众千余人，电致总理各国事务衙门，危词要挟。论其居心，与叛逆何异。正在查拿间，闻经元善即于二十八日挈眷潜逃，难保非有人暗通消息，嗾使远遁。盛宣怀督办各省电报，受过厚恩，经元善为多年任用之人，自必熟其踪迹，着勒限一个月，将经元善交出治罪，以伸国法而靖人心。傥不认真查拿，一经畏罪远飏，定惟盛宣怀是问。①

为在一个月内向朝廷交差，本来与经元善关系素善的盛宣怀，不得不设计诱捕经元善。盛宣怀根据李鸿章的"密询郑陶斋及港局廖委员，必知其踪迹"的指示②，向郑观应询问了经元善的行踪，"昨询郑道，据闻往来港澳，踪迹甚符"③。盛宣怀知晓经元善因电争废立而获罪，乃是政治犯，如说明实情加以逮捕，必为葡萄牙方面所不允，于是捏造"擅离职守，亏空巨万"的罪名，电请两广总督李鸿章派专差带移文请澳督照办。

经元善初到澳门，以为自己"得寄乐土，可免太后之怒矣"，遂"日与同志纵谈时事，以为无事矣"④。后又得家书，"知去岁大除夕（1900 年 1 月 30 日——作者注），曾接南洋院报房电称，奉署两江督宪鹿制军谕，请经观察正月上旬来辕面商"⑤，这使经元善对此次澳门之行多少有些后悔，并欲即刻回到上海。岂知 2 月 22 日下午，叶侣珊以"有远友欲访公"为由劝经元善多留澳两日。24 日，"经之被拿，乃奉到澳督签押之票而行，但至二十八号，始在府署过堂，略审一番，遂将案押候，将经由府署带往炮台禁押"。于是，经元善"在华官未有到堂作证"，澳门方面也"未取有证人

① 《大清德宗实录》卷 458。
② 李鸿章：《李鸿章致盛宣怀电》（1900 年 2 月 19 日），载顾廷龙主编《李鸿章全集》（电稿三），上海人民出版社，1987，第 885 页。
③ 盛宣怀：《愚斋存稿》卷 35，电报 12，《寄李傅相》（1900 年 2 月 21 日）。载沈云龙主编《近代中国史料丛刊续编》（第十三辑），台北，文海出版社，1974 年影印版。
④ 《上海电局总办经元善被拘案录记》，载 1900 年 3 月 5 日《中国旬报》。
⑤ 经元善：《上前摄澳督葡主教嘉若瑟君书》，载《居易初集》（增订本）第 1 卷，第 17～18 页。

发誓供词，以证明其罪据"的情况下①，便被拘于澳门大炮台。直到入狱之后，经元善方才醒悟过来：自己"与叶素昧平生，今诳言计诱而下此毒手，想必奉命不得不尔"②。奉谁之命，不言自明。郑观应向盛宣怀透露了经元善的行踪，叶侣珊又是郑观应的至亲，曾受托照顾经元善，因此经元善难逃被捕厄运。

经元善被捕期间，海内外的维新人士与绅商均设法营救。这主要是因为在人们的眼里，经元善获罪，实际上并非因为官方公布的罪名，而是不同政治集团之间斗争的结果。"殷实华商多有关心此事者，且云太后与其党，托词谓经亏空者，一边将伊拿解耳"。可是，"经天性忠诚，行为端正，素为中外人士所信，故咸欲尽力代为设法，俾免于难"。另外，他们普遍担心，"华官亦逆料有此事，故在澳尽收葡国状师入彀中，欲使经无可致辩，以实其罪"。值得庆幸的是，"有在沪著名状师受人之托，办理此事，料经亦无妨"。然而起初最让舆论界焦虑不安的是，经元善绝对不能交给华官处置，因此大声疾呼：

> 或谓经犯罪地方在上海英租界，今虽被获，亦须交回上海英官，不应提交华官，如是则可望有公平无私之办法。如葡官将经交华官，恐一千八百九十八年杀戮无辜之事将复睹于今日矣。

舆论界反复申述之理由，大略有三：

> 夫公平正直、仁慈隐恻之心，人皆有之，吾甚望澳官善体此心，勿将经交皇太后及粤督李鸿章，致其无辜受祸。……英官特请港督俟经到港为之保护一节，如经果离澳而来，当必尽力保卫，缘中国公犯逃匿本港，皆极稳固也。第此事，皇太后及各当道若不再三详审，必欲加罪于经，吾恐适足以逼成华民叛乱之祸。凡英官之在北京及伦敦者，皆欲力保中国利权，故亦欲中朝善办此事，免生不测云。……如任其显然弄计，将经解交华官，则澳第殷厚及进步之华商，亦可以随

---

① 虞和平编《经元善集》，第313页。
② 经元善：《答原口闻—君问》。

时拿办杀戮，若辈为自全计，不得不将其在澳之物业商股即行转售，另寻乐土谋事业，避地图存，以免污吏之吞噬也耶。①

无论如何，作为华人来说，大都愿此事得到持平、通融办理，"遵照文明国最善之遗传"，秉公判断。

澳门保皇会会长何廷光不惜重金全力援救和保护经元善，延请律师代办此案，甚至有人意欲采用枪击引渡经元善之清廷使臣。这让经元善非常感动。他尝谓："仆羁此将一载，幸承何君以全力相庇，纳馈之谊高若云霄。其余大都何君之侣，亦皆郑重相待。"②

澳门葡萄牙当局一方面迫于中外舆论压力，另一方面也想通过这样的机会否定1887年《中葡和好通商条约》中有关"照向来办法"查交中国罪犯的条款，指出经元善是政治犯，拒绝引渡。清政府派人到澳门控告经元善"拐款逃走"，是刑事犯罪，并派证人赴澳门对质。此案几番周折，一拖再拖，后经葡萄牙高级法庭复核，葡萄牙政府最后确定经元善是政治犯，于1901年夏予以释放，并提供政治避难。9月，经元善由澳门回到香港。11月，经元善上书外务部请求朝廷赦免。次年夏，经元善辗转从香港回到上海，闭门家居。1904年"始昭雪，开封房产"③。

二

然而，正如时人所觉察的那样，"经元善案件"留下了两处疑窦。其一，作为好友的盛宣怀和郑观应"何以又设此阴谋，必欲致先生于死地"；其二，经元善自称与新党和而不同，又何以"与凡百维新志士无间?"④ 其中缘由，尽管经元善在自述中多有论及，但纵观戊戌维新前后，新旧党派之间的多次较量，以及经元善对洋务派和维新派所持的态度变化，其根本原因还在于各自所持政见有异，以及政治派别上各有所属。

关于第一个问题，经元善曾多次向人提及，认为"盛欲顾自己卸责，

---

① 虞和平编《经元善集》，第312~313页。
② 经元善：《答原口闻一君问》。
③ 盛静英：《先翁经元善简历》，载虞和平编《经元善集》，第404~407页。
④ 经元善：《答原口闻一君问》。

不得不诬我亏空逃走"①，"想此次心有所恐惧，则不得其正。若知仆欲赴秫投案，盖亦不忍出此也"。经元善用"不得不"与"不忍"解释盛宣怀的反噬同类之行径，主要是看到此案涉及双方的利害关系，同时对盛宣怀"先己后人，先私后公"的为人颇为了解②，由此而进行了这样的推理。1900年4月，经元善在《中国旬报》上发表了《挽救中国本原迂言》一文，认为欲挽救中国，必须从孔教之本原入手，对孔教之"诚"与"仁"给予了极高的评价，痛斥了"同室之戈"所带来的误国危害。这不仅仅是对戊戌政变维新派受戮的一种反思，同时也是对此案中盛宣怀、郑观应的图以自保、诿过于人行径的一种影射和批评。

但是，经元善的这番推理并不能解释所有的问题。事实上，在此案发生之前，经元善与盛宣怀、郑观应之间并非亲密无间，毫无芥蒂。而矛盾的产生源于经元善的改良思想与活动。尽管与维新派相比，经元善显得较为保守。但较之上海的绅商界，他却不失为一位激进分子。然而，经元善略显激进的思想与活动并不能得到更多的认可与支持。相反，在很多问题上，经元善感到势单力薄，受人掣肘。除了反对"己亥立储"外，他在上海的其他社会活动经常是应者寥寥，虽经登报广告宣传，也难得大多数绅商的群体响应。经元善的影响所及只以其重要社会关系及其外延所能达到的范围为限，如亲朋、师生、同乡、同行以及一道赈灾的朋友等。而在这支弱小的队伍中，积极分子也并不多见。不仅像郑观应这样的上层人士行动保守，就像钱庄主这样的中小商人也不够热情③。对此，经元善颇为失望与不满。

在为办女学堂筹款一事上，经元善与盛宣怀、郑观应等人的矛盾已经明显地表现出来。1897年，为筹办女学堂，经元善曾磋商于盛宣怀。盛宣怀也认为"女学堂之举甚有益"④。然而正当筹备女学经费之时，京中传来旧党非议女学的消息，许多赞助者风闻而退，盛宣怀也畏缩不前了。后来，盛宣怀不仅自己不捐款，还利用职权之便处处掣肘，连经元善原本打算从

---

① 经元善：《上前摄澳督葡主教嘉若瑟君书》。
② 经元善：《答原口闻一君问》。
③ 虞和平编《经元善集》，前言，第28页。
④ 经元善：《致郑陶斋、杨子萱、董长卿论办女公学书》，虞和平编《经元善集》，第274～278页。

电报局 20 万公积金中提出一部分来维持女学堂开支的动议也遭到了否定。而女学的发起人之一郑观应则乘机背后拆台，致书盛宣怀，委婉地表达了自己不同意由电报局资助女学的意见①。这让经元善感到十分愤怒与失望。但是，面对经费困难与朝野的政治压力，经元善"认定真宰，一意孤行"②。他积极发动女界捐款，并鼓励家人率先认捐开办费 400 元，常年费 60 元，居所有捐款者中的第二位。在他的动员与影响下，半年内有 102 位女性捐款，筹集开办费 6130 元，常年费 575 元，终于使女学堂于 1898 年 5 月开学③。可是，经元善的进步之举却让盛宣怀极为反感。就在出席女公学开塾仪式时，盛宣怀向某君表达了对经元善的一些看法："元善从前和平圆通，不似现在意必固我。"经元善这时对盛宣怀似乎已没有什么好感，并有意与盛宣怀分道扬镳，"仅可与共学，未可与适道"④；"纬线既度分南北，学术难合志同方"⑤。

反对"己亥立储"案发生后，郑观应于 1900 年 3 月 5 日给盛宣怀的信中极尽夸张之能事，斥责经元善辜负了盛宣怀的栽培，不知图报，"反如狂如醉听从报馆文笔干此弥天大罪，累己累人"。他还诬陷经元善，称那份电报上"列名者，大多不知情，由经擅为开列上达"。为了免受牵连，郑观应还声明自己通知经元善外出躲避是因为"当时不知其欠巨款"，出于表明态度的考虑，也要求对经元善"清缴公款"⑥。由此可见，经元善与盛宣怀、郑观应的矛盾正在扩大化与公开化。纵观以上种种原因，经元善获罪之后，盛宣怀、郑观应突然设计诱捕，反噬同类的行径也就不难理解了。

对于第二个问题，经元善在《答原口闻一君问》一文中已经道出了原委。可是纵观经元善避难澳门前后有关维新的言行，又明显地带有政治的色彩。

早在康有为、梁启超领导的维新运动发轫之时，经元善就曾给予了不少配合和支持。其中最早的合作即 1895 年 10 月经元善协助康有为创办上海

---

① 郑观应：《盛世危言后编》第 12 卷，《电报》，第 20 页。
② 经元善：《答原口闻一君问》。
③ 虞和平编《经元善集》前言，第 16 页。
④ 经元善：《答原口闻一君问》。
⑤ 前引虞和平编《经元善集》，第 279～280 页。
⑥ 夏东元：《郑观应传》，华东师范大学出版社，1981，第 185～186 页。

强学会。经过两次面谈，经元善感到康有为"本心实欲保种强国"①，又因"经之任强学会董事，系张之洞电邀"②，因此当即参与了强学会的创办工作。但是不久，因经元善与康有为"见仁见智，志道不同"③，又加"病甚"，"旋即禀退"④；同时建议康有为邀请汪康年入会，再请郑观应等"劻襄"，并答应设法由电报局资助会费⑤。

据经元善自述其与维新人士的关系，乃是"异流同源"。所谓"同源"即双方均以维新救国为目的；所谓"异流"即指双方在达到目的之步骤和方法上不尽相同。经元善一面肯定维新派进行变法的必要性，称"维新志士舍生取义，大声疾呼"乃是"治外患之痛疽"的"刀针妙手"；而另一方面，他又认为维新派能治"内蕴热毒"，自己所办"女学、商务、教务等事，开调理清补之方"，才能解决根本问题。他坚持认为维新应该缓进，反对激进，"宁用王道，不事近功"⑥。

尽管如此，经元善发起的反对"己亥立储"事件，似乎毫无争议地被视作是戊戌变法之后的又一次新党与旧党之间的较量。经元善流亡澳门之时，康有为、梁启超、容闳都去信问候，并对经元善的所作所为给予高度评价。梁启超称赞经元善"气贯云霄，声振天地，岁寒松柏，岿然独存。国家养士数百年，得一先生，可以不恨矣"，并劝经元善"将息道履，善自摄任，留此三天两地之心力，以为他日旋乾转坤之用"。针对经元善领衔上书之事，容闳不禁感叹道："保君大节，竟出一电局总办之手，异哉奇乎！"并赞扬经元善"时青史昭垂，传播中外，必谓中国不亡，先生一电之力居多矣"⑦。

也正是由于经元善在"己亥立储"一事上的壮举，使维新人士和有识之士将其当作是同一阵营中的英雄好汉，不仅言语上多有安慰，而且竭尽所能设法营救和保护经元善。正如前面言及，经元善在澳门多由澳门保皇

---

① 经元善：《答原口闻一君问》。
② 汤志钧：《戊戌变法人物传稿》（下册），中华书局，1982，第722页。
③ 经元善：《挽救中国本原迂言》，载1900年4月24日《中国旬报》。
④ 经元善：《答原口闻一君问》。
⑤ 经元善：《复南海康主政书》，载前引《居易初集》（增订本）第1卷，第66页。
⑥ 经元善：《答原口闻一君问》。
⑦ 经元善：《双鳞志感》，载《居易初集》（增订本）第2卷，第71~74页。

会会长何廷光照料，何廷光甚至不惜重金全力援救和保护经元善。梁启超也曾致函澳门《知新报》同人，请他们礼遇经元善：

> 莲老（指经元善——作者注）来澳及被逮之事，弟从报纸中仅见之。既有英人竭力维持，想可无虑，望诸兄致敬尽礼，以待此老，方是惶惶惜惶惶，好汉惜好汉之意。当久而敬之，不可移时遂生厌倦也。①

经元善被澳门葡萄牙当局释放后，容闳致信港督，请求港督派兵护送经元善，从澳门到香港，给予保护②。

保皇党人之积极奔走，使得经元善在澳门脱离险境，并在香港受到港督夫妇的礼遇。关于这一点，经元善是颇为感激的。在与人谈话时，他情不自禁地流露出自己心存感激之情："在诸君子中，为保皇会友，原非有私于仆，而仆之身受者，固不得不感也。"③

经元善对保皇派的好感，不可避免地影响到了其对保皇派的看法。他将保皇派的所作所为视作是救国之道，并从澳门致函两广总督李鸿章，请求"速解党禁，宏开汤纲，请自隗始，并请将恩平唐姓、南海罗姓、香山梁姓，及获谴内外臣工，均一律释放，迓天麻而感召人和，亦目前仁政之要图"，并建议"罗致保皇会中各埠之彦，以储药笼"，再行变法维新，救国救民④。此文后刊于保皇党人所创办的《知新报》上，由此亦可窥见经元善与保皇派的关系。

需要补充说明的是，经元善本人对于新党、旧党的划分是颇为反感的。"先生一意孤行，不知为旧，亦不知有新。"⑤ 他认为划分新党、旧党容易导致排除异己的行为出现，危害极大。"旧党与之新党，其始本无深仇，只以

---

① 梁启超：《与知新同人书》，载丁文江、赵丰田编《梁启超年谱长编》，上海人民出版社，1983，第206页。
② 经元善：《双鳞志感》。
③ 前引经元善《答原口闻一君问》。
④ 经元善：《经太守上李傅相书》，载《知新报》，第125册，1900年8月1日。
⑤ 贺良朴《序》，前引《居易初集》（增补本），1902年。

但顾自己利害，遂至萌恶念，动杀机，忍于危君倾国。"①"误国罪臣，妄分新旧，盈廷水火，至有戊戌八月之事。"因此，在他看来，应不分新党、旧党，咸遵圣人之训，群而不党。"何新何旧，求我心之所安与其力所得为者，如是而已，明理之士必能辩之。"②当然，这番表述也包含着不触犯慈禧太后逆鳞的良苦用心。

<h1 style="text-align:center">三</h1>

经元善因反对"己亥立储"而匆匆遁往澳门一事，成为轰动一时的政治事件，引起了国内外各界的瞩目和关注。正如香港《士蔑西报》的澳门访事人所云："向来澳门香港两处拿获华人，未有如前月二十四号，澳官拿获上海中国电报局总办经元善一事之足以耸人听闻者，各处闻其事漠不关心者"③。但是，对于经元善避难澳门一事，国内外社会各界所持的态度却不尽相同。

支持者有之，"沪港各埠，中外绅商教士报馆，得信后咸抱义愤，力主公论，并致函电于葡衙者纷至沓来"④。1900年3月5日出版的《中国旬报》第4期，刊出了《上海电局总办经元善被拘案录记》一文，对经元善的所作所为进行了正面报道。文章开篇就言"经元善沪上好善人也，平日善举指不胜屈"，然后借宣传经元善以往在上海的施善佳行和其"天性忠诚，行为端正"的良好品德积极争取广泛的舆论支持和援助。此外，该文作者还努力为经元善被诬以"擅离职守，亏空巨万"的罪名申冤：

> 惟经之获罪，实非因此，人所共知，缘经联合多人电请当道阻止皇太后为穆宗立嗣，并请皇上力疾亲政，因此缘由，中国欲得而甘心，百计访拿，不遗余力。

尤其是对经元善反对"己亥立储"的政治立场给予高度的赞扬，呼吁

---

① 前引经元善《答原口闻一君问》。
② 经元善：《公吁署转奏电禀》。
③ 《上海电局总办经元善被拘案录记》，载《中国旬报》，1900年3月5日。
④ 经元善：《答原口闻一君问》。

澳门葡萄牙当局秉公办理此案。《中国旬报》，乃是孙中山托陈少白所办的一份报纸，对经元善澳门被拘持同情态度。

经元善的壮举使其名声大噪，海内外的维新人士及绅商，即使是平素少有往来的，此时都"不畏艰险"，纷纷致函经元善表示慰问，给予经元善以莫大的支持。经元善深深地感到："承中西义士存问，殆无虚日。"其中，除了已经提及的保皇人士修书慰问外，还有桂林龙积之、虞山王敬安、西泠叶浩吾等一大批绅商与社会名流致函经元善，表明各自心迹，"至若海外邮筒，乃至不胜计"①。王敬安称赞经元善，"今者天命未改，正朔依然，敷天志士，欢呼万岁，思我为皇进无疆之祝，痛定思痛，惟公一电实发其凡"②。与此同时，曾与经元善有所往来的上海、浙江绅商，也通过各种途径表达对经元善的关心，浙江绅商高尔伊等多人致函经元善的好友汪康年，向其询问经元善在澳门的近况③。

值得一提的是，由于经元善的行为受到一些社会人士的认同，所以当经元善被捕之后，在香港、澳门的维新人士与绅商奔走相告，呼吁社会援救，同时不吝重金，给予物质上的支持。当时，为了打通与澳门葡萄牙当局的关系，对经元善案进行通融办理，何廷光曾托邱炜萲以3000金购得钻石，代馈葡署，考虑到经元善当时经济上并不宽裕，两人未向他本人透露一点消息。当经元善得知此事之后，感激万分，致函两人。对此，邱炜萲回应道："君将来宽裕，代余捐助女学义赈等善举可矣。"何廷光则言："区区欠款，何足置念。"两人的义举让经元善"感且愧"④，并念念不忘，多次向人提及邱炜萲、何廷光二君对自己的恩情，"债台百级，全赖亲友，甚至海外邱何二君，素昧平生，皆有通财之惠"⑤。后来，经元善在澳门编辑出版了《居易初集》，邱炜萲还为其作序。

另一件事也让经元善感到"藏而不忘"。当经元善初被捕时，与其素不相识的香港《华字日报》主笔潘兰史及陈斗垣等人"公愤联名致书港督"，

① 前引经元善《双鳞志感》。
② 前引经元善《双鳞志感》。
③ 上海图书馆编《汪康年师友书札》，上海古籍出版社，1986，第二册，第1595页；第四册，第3463页。
④ 邱炜萲《序》，载前引《居易初集》（增订本）。
⑤ 经元善：《复余姚二弟书》，载《居易初集》（增订本）第3卷，第72～73页。

又呼吁英政府援助①。在社会舆论的压力下，港英当局也对经元善"优礼相待"。1901 年 10 月 5 日，被澳门葡萄牙当局释放的经元善由澳门到达香港后，便与港督见面，"谈一点余钟之久，制军送之门外，亲视升舆"，并许诺若经元善肯住香港，"无论久暂，定必始终保护"②。

不可否认，对于经元善出逃澳门一事，还有其他的舆论。

1900 年 1 月 26 日，经元善上书反对"己亥立储"后，《苏报》于 28 日刊出了此条消息。而上海著名的报纸《申报》对此事似乎漠不关心，事发多日都没有予以报道。直至 2 月 5 日，鉴于又有鲍士腾等寓居上海的 785 名各省商民的通电、湖南旅居上海的 256 名绅商联合通电③，《申报》才在头版刊发了《靖谣言说》，意在为己亥十二月二十四日立嗣之事辟谣，指出"名为立嗣实则废立"的传言实属谣言，"始推好事之徒，道听途说，惭且自命为识时务者，亦皆横肆议论，顾忌全无"，含沙射影地责骂领衔通电的经元善乃是"好事之徒"。

2 月 22 日，《申报》又在头版发表了《论中国人心浮动之忧》，对经元善进行了指名道姓的谩骂，"疯狂聋瞽如沪上电报局总办经莲珊者，亦纠众抗疏电请，皇上弗存退位之思，致召不测之祸"，认为这是如今中国"人心浮动"的根源，其危害"如中蛊毒"。完全站在与经元善截然相反的政治立场上，并不惜借贬低经元善的人格来达到反对经元善的目的。

与此同时，《申报》发表多篇社论表达了其与维新派势不两立的立场，责骂"康逆"虽已窜身异域，但仍"百出其技以煽惑士庶"④，大肆宣扬《申报》宗旨就是"将以开发华人之聪明，增长华人之见识"⑤。

《申报》的举动理所当然地不为维新人士及支持维新的外国人接受。有一位名叫季理斐的广学会牧师用中文写信给《申报》馆，表达自己的意见。他指摘《申报》不合之处数条，谓"《申报》不应谤毁康有为、经莲珊诸人"。而《申报》却以"牧师诚心传道，分外之事，不宜相干"之词加以驳难。显然，《申报》围绕经元善之事所发表的言论引起读者和社会各界人士

---

① 经元善：《题潘兰史遗世独立图》，载《居易初集》（增订本）第 3 卷，第 74 页。
② 经元善：《香海问答纪略》，载《居易初集》（增订本）第 3 卷，第 75～76 页。
③ 东海星郎：《补天录补刻》，第 1、2 册。
④ 《论中国新机实被康逆所阻》，载 1900 年 2 月 19 日《申报》。
⑤ 《发明申报宗旨》，载 1900 年 3 月 8 日《申报》。

的不满。

可见，经元善出走澳门所引发的国内外社会各界褒贬不一的反响。其焦点在于"己亥立储"这一政治事件所造成的各方政治态度的对立与分歧，从而也展现了晚清政治格局的基本面貌。

四

经元善虽远在澳门，心仍垂念桑梓。在澳门之际，他本人多次表示"虽身羁葡台，仍心悬魏阙"①。1900 年 7 月，经元善在澳门寄书李鸿章，建议起用维新人士，再行改良维新②。他还多次致函汪康年，请汪康年对女学一事多加照料③。次年夏，经元善得以释放，寄书乡里，建议设立上虞选报馆，并附去手拟之章程十条，试图继续进行社会教育活动，广开民智④。要言之，经元善虽然身在澳门，其政治抱负与政治生命，仍在澳门之外的"魏阙"。

综观 1900 年前后，经元善因反对"己亥立储"获罪，避难澳门所经历的由被捕到获释的过程，以及在这一事件进行中社会各界的不同反响，我们不难发现，经元善在澳门被扣押这一政治事件所激起的是晚清维新派与守旧派，维新人士内部，以及香港英国当局、澳门葡萄牙当局与清廷政府之间的对话和冲突。围绕着经元善的拘与放，以及究竟是判刑事罪还是政治罪等等，各方意见不一，众说纷纭。

1900 年前后，在澳门这一弹丸之地，中国政坛各方力量之博弈尤为清晰地展现出来，同时，因为澳门的特殊地位，西方各国因涉及各自利益亦不免要介入局中，使局面显得更为纷繁复杂。

（原载黄晓峰主编《文化杂志》，澳门，澳门特别行政区政府文化局，第 54 期，2005 春季刊）

---

① 经元善：《经太守上李傅相书》。
② 经元善：《经太守上李傅相书》。
③ 《汪康年师友书札》（第三册），第 2428 ~ 2429 页。
④ 经元善：《拟设上虞选报馆启》，载《居易初集》（增订本）第 3 卷，第 66 ~ 69 页。

多元文化结构下的法律与正义

——关于一宗 1925 年发生的华人离婚案

〔葡〕叶士朋（António Manuel Hespanha）[*]

张莲结婚刚过一年，丈夫李华森（又名 João Leitão）是澳门港务厅的一名低级职员。澳门位于中国南岸珠江三角洲，是葡萄牙的一个古老拓居地。

婚礼是采用中国仪式举行[①]。

据说，仪式中包括用一张红绿色的纸巾，在上面用汉字写上新郎的族谱和生辰八字，是当时中式婚礼要依循的做法。

五世其昌[②]			
庚谱[③]			
贯广东广州府新会县泷水都八图一甲			
李孔化户丁世居南岸新村迁居澳门住			
曾祖父	讳 祥光	字 尊旭	号 宝山[④]
曾祖母	张氏		
祖父	讳 宁	字 贤增	号 廷光
祖母	莫氏		
祖母	杨氏		

---

* 里斯本新大学法学院教授。

① 关于清代中叶婚礼习俗的象征，见 Susan Mann, *Grooming a Daughter for Marriage：Brides and Wives in the Mid-Ch'ing Period*（《为出嫁女儿梳妆——清代中叶的新娘与妻子》），Watson, 1991, pp. 204 – 230。

② 见澳门历史档案室资料文件，1925 年 4 月 20 日，案卷 308/1925，第 110 册。

③ 往日中国人成婚时用以记载新人姓名、生辰八字、籍贯、祖宗三代等的表册。

④ 对西方式的行政管理来说，中国人的名字特多构成一种麻烦，使得护照上或其他官方文件上的姓名之后要跟上一连串的又名。但中国女性则连本身的名字也没有，她们先是"某某的女儿"，跟着是"某某的妻子"，又甚至是"某某的邻居"。有关名字对妇女的重要性，见 Austin Coates《绝望之城》（*City of broken promises*），牛津，1967。

父	名成	字希作	别字渭泉
嫡母	何族		
生母	廖族		
本庚行四赋于			
陇西 郡	干庚		
戊戌年七月廿六日吉时建生			
克昌厥后			

庚谱上并没有新郎的名字,当然也没有新娘的名字了。相士只排列了其父、祖父、曾祖父的家族。妇人只用夫家的名字,毫无地位。一位是生下他的,而另一位却成了他母亲。

张莲已知道她的命运了。一种只有工作、服从,在丈夫、家婆及家长等人前没有自己的生活。家长是指当丈夫不在家时,能出主意的人。

一本有关妻子行为的书籍（《烈女传》——妇女应学习的教诲,公元1世纪）,其中肯定了妇女在婚姻生活中的角色:

> 丈夫就如妻子的上天,妻子不能逃离控制。因此,妻子是不能离开丈夫的。若有人的行为违反了天地神之意,便会被上天惩罚。同样,若做妻子的行为不检,丈夫便感到不悦,并会将她赶出家门（……）。因此,妻子应尽量令丈夫满意。这并不表示要无限度地逢迎他。必须的是对他全心全意,以一种尊敬及高洁的态度来侍奉他。对不当的事物要不闻不视。出外时不能奇装异服。在家时,不能衣冠不整。不热衷于聚会,不要管外间的事情。这样我称之为精神之集中,目的是为保持思想端正。如她行为不检,诸事八卦,在家不修边幅,出外时卖弄风情,言行不当,这样我就说她不能保持思想端正。[1]

与李华森一起的生活并不易过。他们并不富有,或者,即使曾经富有,张莲亦不知道。事实上,她并不留意夫妻间的财产,因那是丈夫的事情。她只知他在港务厅的薪酬,每月大约60元（其他人则说只有40元）。属于

---

[1] Kazuo Enoki (榎一雄), *Confucian women in theory and in reality*（《理论及现实中的儒家妇女》）, Lanciotti, 1980, pp. 1–24。

她的，只是作为嫁妆的少量手饰及衣物。而在事发当天，她把这些东西都带走了。他们家住二楼，一个两房一厅的小单位，邻里之间都没私隐。就如一位住在底下的邻居能听到他们时常争吵。这是在结婚后几天，当李华森发现或猜想妻子不是处女时开始的。

所有的事情由此开始。尽管张莲的行为检点——也有另一种说法（常有的）——她的丈夫可能受到母亲的影响，终日疑神疑鬼，一不如意就向她呼喝并说她是妓女，有情夫，又说在婚前已是这样，他不是她的第一个男人。通过某些信息（只有她才知道）张莲的婆婆，那李华森亡父的妻子，亦相信事情的确如此；若张莲不是这样谁令李华森相信是这样。为何媳妇经常不在家？为何在事发前还到香港，甚至逗留了几天？

张莲那次从香港回来在早上回到家中，并带了四位朋友一起，都已嫁人，像她那样出生于澳门，年纪相若，是邻居或未婚时的伴儿，并是婚礼的宾客。她们异口同声说张莲在港住在娘家。当时，在家的婆婆煽风点火，与早已妒火中烧的儿子一同侮辱张莲，丈夫更叫她"老举"。此外，还一拳打在她胸口和用椅子向她掷去。在邻房的朋友们听到声音赶来分开他们，但夫妻已反目。李华森把张莲赶走，并恐吓说，如她再去，便用扫帚拍她。一无所有之际（另有说法），张莲回到娘家去。

张莲的父母对事情并不清楚。不知道别人对女儿的行为的看法，但却肯定地认为出嫁妇人的归宿应是在夫家的，张莲应回到那里。他们用了一天时间来说服她。在晚上 11 时左右，张莲再次在朋友的陪同下尝试返回夫家。丈夫固执地拒绝。后来，再次在做冬时回去①，他仍拒绝见她。于是张莲便听从母亲的意见，向婆婆请求原谅。到了婆婆家中，依礼向她奉茶致意。婆婆不听她解释，只得再回到娘家。

张莲在夫家也得不到支持。李鸿，理发匠，好像是家公的大哥，对她是有些肯定的意见。是婆婆说张莲"时常连续几天不回家。而且，结合在婚后发生的事情，都惹人怀疑她结婚时已不是处女"。更可疑的是，每次在失踪期间在娘家发生的事情，有几次甚至去了香港。在被揭发及谴责后，张莲离了家。但这都是有计划的，这坏女人慢慢地取走了自己及家中的财

---

① "做冬"系广东东莞等地民间习俗，冬至是一个非常重要的节日，人们称之为"做冬"。——编者注

物。其中包括一笔钱（一位邻居称有 350 元）。这是一位朋友交给李华森保管的，真是个坏女人。

张莲自己的家人也明显地不赞同她的行为。在一个传统的澳门社会，她处于一个边缘地带。因经常失踪，惹人怀疑。尤其是在澳门，很容易便染上恶习及生活颠倒，便更令人生疑了。一位李华森称为证人的谢杜丽沙说道，在这对夫妇分居前后，曾两次看见她与同一个男人从木桥街的一间别墅走出来。而且，她很反叛。夫妇间时常吵架而吓到仆人、访客，甚至邻居。常氏，一位常到其公婆家作客的老妇人，说张莲骂她丈夫"衰鬼"，一个代表咒人行倒运的语句。当用来咒骂丈夫时，就被视为侮辱。不知是害怕还是为保险，在那次争吵时，张莲甚至带了证人，就好像预知了那是最后一次。这已足够令所有人，除了她那四个女朋友外，都对她反感。

更坏的是夫妇二人竟闹到上警厅。一位邻居邓氏说道，在李华森恐吓张莲要取回她拿走的东西那天，她看见张莲联同其母、两个姐妹及一个妯娌（女人的事情）一起侮辱李华森，甚至殴打他。

现在她又令家丑外传，把丈夫弄上法庭。是时候想想一个有教养的中国人被弄上法庭是意味着什么？[①]

根据由古至今深入中国文化的儒家学说，社会的和谐依赖各人明白天道的能力，并在其社会关系中使用它（义），待人以德以爱（仁），但亦需依赖遵循已建立的习俗及规条（礼）。只有对那些不听教诲的人，才需辅以强制力，以保持社会秩序。在任何情况下，法以及与它并行的由官方制定的规条都只不过是规范人的行为的低劣、不足及无效的手段[②]。

习俗、不成文的法律、传统规条礼教与由权力机关"人为"制定法之

---

① 有关这点，参见 António Manuel Hespanha（叶士朋），Introdução ao pensamento jurídico-político chinês. Tradição e prospectiva, *La Gracia del Derecho*: *Economía de la Cultra en la Edad Moderna*, Madrid: Centro de estúdios constitucionales, 1993。

② 参见 Kung-chuan Hsiao（萧公权），trad. de F. W. Mote（牟复礼译），*A History of Chinese Political Thought*（《中国政治思想史》），2 Vols., Princeton: Princeton University Press, 1979, pp. 377-378；又见 Leonard Shihlien Hsu, *The Political Philosophy of Confucianism*: *An Interpretation of the Social and Political Ideas of Confucius, his Forerunners, and his Early Disciples*, London: Curzon Press, 1975, p. 125。

间的冲突①，形成了儒家哲学中"法"的中心点。虽在明、清间法家学说的影响甚大，但儒家思想仍在中国政治及法律思想上有着恒久的影响力。更重要的，是它对中国社会在法律思维模式的影响。

其中主要有三方面：首先，是明白到一个良好的社会秩序乃源于在任何社会都被接受的正确的生活规则，而不是任何强制遵守的规条。其次，有意见指法律是没用的，甚至有害的。就如儒家思想认为法规的使用对象是不能通过教育而守规的低下阶层。一般感觉是强迫性接受法律并不适用于高尚阶层的人。这些人的行为是受名誉规范的。这是颇严厉的，其惩罚就是失去社会地位的威胁。第三，感觉是诉讼应在庭外，通过裁判及承诺程序来解决。如在欧洲某些曾受相似的法律意识形态模式——天主教法典影响的地方及时代一般②，人们大多接受庭外和解而不愿求诸官方解决，因为它的过程复杂、昂贵而费时，可能只能强制地判一方得直，却不能使所有关系人达致耐久的共识。

张莲一点也不理上述的一切，很快地否定习俗的方式，没有寻求和解。在外国人管治的地方，向本身的习俗挑战，破坏家庭的尊严把丈夫告上法庭，甚至不是一个澳门华人的法庭，而是个外国人的法庭。

1917 年设立的澳门华人法庭是葡人政府承认澳门华人社会法律习惯的最后一个标志。从 1822 年起，葡萄牙的多部宪法都有声明澳门是葡萄牙领土的一部分。其实，根据 1822 年的宪法，葡国所有的海外属地都视为葡国领土（第 20 条）③。虽然澳门、苏罗和帝汶当时被当作"拓居地"④，但在当时帝国眼中，这些地方被看做"省份"，适用着同样的政治通则及葡国本土一样的行政管理及法律措施（如 1836 年那走向中央集权及一致的司法及

---

① 有关"礼作为不成文的法"，见《论语·八佾》第 18、19 条；《论语·里仁》第 13 条；《论语·颜渊》第 25 条；《论语·子路》第 4 条；《论语·宪问》第 44 条。作为道德论说的要素，见《论语·颜渊》第 1 条；以及作为融和因素，见《论语·泰伯》第 7 条。

② 有关欧洲法律的干预，见笔者《法律与正义：历史与展望》（*Lei e Justiça: História e Prospectiva*），里斯本，高秉根基金会，1993。而有关非真正欧洲民族文化的干预，可参见一篇修辞学家有关社会学的文章，即 Boaventura de Sousa Santos（苏保荣）：*O discurso e o poder*（《演讲与权力》），科英布拉，1980。

③ 从前"王土"与"征服地"是有分别的，但若为取得国籍，两者都具条件。

④ 在 1826 年宪章（第 2 条），1838 年宪法（第 2 条"澳门拓居地"）及 1933 年宪法（第 1 条第 4 款只是"澳门"）出现过同样情况。

行政改革）。

　　和其他省份一样，澳门实施着葡萄牙的法律。从 1820 年开始，自由主义中的普及主义及平等主义强调中央集权及政治统一的理想，并在殖民地政府推行一个法律同化的政策①。

　　这些政治、法律及司法关系中的普及原则的实质适用性是很微小的。即使在立法工作上，各个殖民地通常各适其适并没有理会宪法②。

　　第一次反对这种普遍的政策出现在 1838 年的宪法里。该宪法的第 137 条指出"每一个海外省可根据其情况执行特别的法律"，这种原则推翻了许多自由政策假设的重点。一方面，危及在王国的土地上的立法及宪法平等性的思想以及每个公民在法律面前享有平等的原则。另一方面，一旦允许殖民地政府甚至总督公布法例，则损害了法律上国会功能的原则。直至 1842 年的宪章，才取消这种具分权及地区主义倾向的制度。但实在的情况不易改变。到 1843 年 5 月 2 日，通过了一条再次使 1838 年宪法原则生效的法例。最后，1852 年补充宪法的第 15 条再把这些原则引入宪法秩序，并从此生效。

　　无论是适用普遍性法律或地区性法律，也都是一个空间，一个国家，一个由自由与平等的公民组成的单一国家，不可分割，就如主权一般。

　　种族、血统等用作区别国民资格的因素已逐渐失去其价值。当时盛行的那种有形态、理性、难解和普及的精神，使得那些在同一土地上居住的、具有自己与集体区别因素的人感到不安。一般而言，在同一国土上出生的所有人，都应适用同一通则，不论是政治上的或法律上的。

　　在葡国，在 1826 年宪章里的那个与传统法律原则相反的倾向，声明所有在葡国出生的人，即使父亲为外国人③，都是葡国公民。1867 年的《民法

---

① 这是关于 19 世纪葡国海外政策的演变，由自由改革到世纪末反对该做法，参见 Joaquim da Silva Cunha, *Direito colonial. Política colonial*, Lisboa, Parágrafo único, 1952（lições ao 3.° ano da Faculdade de Direito da Universidade de Lisboa，1952），p. 83。

② 参见 José Joaquim Lopes Praça, *Estudos sobre a Carta Constitucional*, Lisboa, 1880, Vol. 2, p. 52。

③ 参见第 7 条第 1 款。之前参阅国令，第二册，55，《1822 年宪法》，第 22 条。《1838 年宪法》，重新限制外籍人士在葡出生的子女取得葡籍除非母亲为葡籍。《1867 年民法典》（第 18 条第 2 款）重申《1826 年宪章》中的意念，但允许放弃葡国国籍。另见 1836 年 10 月 22 日的《国令》。相对而言，对葡籍人士在国外所生子女，关于国籍的属地原则却不生效。在这方面，从前的法则规定只当葡籍父亲到外地公干时所生的孩子才有葡籍。而在 19 世纪所订立的条例放宽了，规定只要在葡国有住址，任何葡籍父母在外地所生的子女皆拥有葡籍。

典》（第 18 条 2 款）基本上取用了同样的定义①。

允许葡殖民地出生的居民拥有葡籍亦即赋予他们政治权利，同时他们也必须服从其民事法律，这做法是富争议的。试想在选举时将会发生的事情。因此宪法本身也有处理这问题，在任何一部宪法（1822 年宪法的第 24 条，1826 年宪章的第 9 条第 1 段，1838 年宪法的第 8 条）都载有因"无道德资格"而中止公民资格的条文。"无道德资格"泛指精神上或道德上不合格的人，如"无文化资格"是指未开化的民族。他们无法了解欧洲的政治组织。在纯粹关于选举方面，所有的宪法所定的"无资格"规条令当地的人不能参与政治②。更有甚者，受到古罗马法以及其他国家宪法元素（如法国民法典第 7 条）的影响③，引用了"公民"与"国民"两个不同的概念，只有前者才享有政治权利④。

此外，在非洲的殖民地里，由于界定了"本土人"的阶层，使有关的区分更加明显，表示着强烈的限制公民权的行使，犹如一个特别的制度。但澳门（像佛得角和印度）的居民文明得多，并不像非洲般。

然而，要在多种族、多宗教及多文化的基础上建立一个平等和普及的公民权，这在澳门是很困难的。

在张莲之前的数世纪以来，澳门的华人是很少上法庭的，更遑论上葡人法庭了。

由 16 世纪开始，葡国人便把这天主圣名之城称为澳门，对中国人而言，她是中国皇帝有条件赐给外国蛮人使用的地方。条件包括洋人不得审理及裁决中国人。

葡国人同意以上条件。根据古老传统，在 1583 年第一次市议会中定出本地区检察长除本身平常的任务外，还处理华人的仲裁。无论如何，在 1587 年，驻澳的葡国皇室官团被禁止干预司法事项，这是处理华人社会内

---

① 只删改了这些人士声明选择父亲国籍的可能性。

② 事实上，《1822 年宪法》第 33 条第 3～6 节规定"奴仆"、游荡者（即无业者）、文盲及《1826 年宪章》第 64 条第 5 款、《1838 年宪法》第 72 条中规定的没有一定收入的人士是没有投票权的。有关殖民地的选举法，见 1852 年补充条文第 9 条，在前引 Praça 一书中的附加法例 1880 年第二章，第 99 页。

③ 在公民之中，拉丁人与异族人所拥有的民事权利及政治权利是不同的。

④ 参见 Manuel António Coelho da Rocha, *Instituições de direito civil portuguez*, Coimbra, 1852, p. 200。

部问题的驻澳中国官员的责任。

由于治权与政权分开，自1688年起，澳门便要向中国皇帝缴纳"地租"①，中方亦在澳门设置海关。1736年，广州总督在澳门派驻一个审理华人刑事案件的官员②。

对华人与葡人的刑事审理权责变成一个长期冲突的问题。在民事审理上，华人一向对自己的法庭是信服的。

虽然葡国海外委员会于1750年11月10日承认并没有中国皇帝所下达的任何诏书，使葡人有留居澳门的法律依据③。从18世纪中叶开始，新的概念认为国家权力是绝对和不可分割的，因而有人提出把澳门完全纳入葡国的司法管辖权当中，亦即葡国拥有主权，不可与人分享或妥协，即使是当地政府又或中国当局。

19世纪初期葡国军事力量薄弱，澳门距离遥远，以及朝廷的压力等政治条件未容许葡国实现这个主权一统的新的政治意念，直至世纪中为止。由1846年开始，当时的总督利用连串有利的政治时机（如1842年英国进驻香港），最终把澳门纳入葡国主权范围。这做法很明显是冲着中国朝廷及澳门地方政府而来的。对朝廷方面，停止缴纳地租（1846年），完全占用澳门边陲的两个岛（氹仔及路环，1849年），取消中国所设海关（1849年）及终止了中国政府对澳门华人的司法审判权（1849年）。

虽然中国官员在1849年撤离澳门，但对当地华人仍保留着特有的审判权。只是这权力改由市议会的一名原本负责中澳关系的成员以检察官的身份来行使。在刑事方面，于1852年11月19日颁布了有关华人事务仲裁的新规则④。有关民事方面，1862年12月7日颁布的规则规定检察官有权对

① 参见 Montalto de Jesus（徐萨斯），*Macau histórico*（《历史上的澳门》），Macau：Livros do Oriente，1984，pp. 22 - 37；Pires，*O foro do chão de Macau*（《澳门的地租》），载《贾梅士学院报》，第319~322页。

② 参见 António da Silva Rego，*O ultramar português no século XVIII*，Lisboa：A. G. U.，1967，p. 109；Manuel de Castro Sampaio，*Os Chins de Macau*，Hong Kong：Typ. de Noronha e Filhos，1867。见附件中布告的样本。

③ 参见 Manuel Teixeira（文德泉），*Macau no Séc. XVIII*，Macau：Imprensa Nacional de Macau，1984。

④ 参见 António José da Silva e Sousa，*A Polémica acerca da Procuratura dos Negócios Sínicos de Macau*，Macau：Tipografia Popular，1870，p. 5，即第104号训令（我们未能找到）。此外在1867年《检察署改革报告》中亦有提及。

华人的诉讼或被告是华人的案件进行裁决。做法主要是寻求和解，由双方提名仲裁人以简易方式裁决再由检察官确认，亦可以向政府委员会上诉①。其中并没依循任何法律程序，只依靠仲裁人谨慎行事而已。但这正是中国南方的传统法律的特色。

在1869年颁令把1867年的《民法典》效力伸延至海外时，情况便改变了。1869年11月18日的颁令规定：①在印度，对法典有所载明以及不违反道德和不破坏公众秩序的风俗习惯应予尊重，其中包括新征服地，达满及帝乌的风俗习惯；②在澳门，尊重华人的风俗习惯，维持华人专属法庭的职权；③在帝汶，保留当地人的习俗。这可算得是承认多元法律的真实情况，不因国籍，承认某一群人本身的律法。若非如此，则法典内国际私法规范亦足用矣。

从国家理论及当时欧洲法律原则的观点看，这毕竟是一个异常的做法。公民身份是一样，但不能完全忽视各类人的各自特性。法律亦不能意图太抽象和普及，以至其适用范围只在于一本护照或一纸身份证明的形式上。

1881年，这种在各个社会文化中建立法律的情况广泛地被确认了。南中国一带经历了一段政治动荡的时期。澳门到处是难民。很多人为能享有某些特权或为逃避中方，都归化葡籍。这些葡籍市民受到一个特别的法律及司法规章保护吗？受检察官的裁判吗？

尽管这些观点有别于国籍与国际私法理论中的主要原则，但检察改革委员会依然提议将检察署的民事职能扩展到处理所有澳门的华人，甚至是那些已归化葡籍的。根据委员会的意见：

> 检察署应当被视为华人的法庭，包括那些归化葡籍的华人，因为他们并未放弃他们的宗教、独特的家庭结构、承继制度或其独特的风俗习惯；就是这些因素便应当有特别法庭的需要。对这些人来说归化纸只不过是在中国政权面前拥有一张护身符以及取得公民权益的凭证而已，在现实当中华人并不完全享有那些权益。一个生而为中国人者要想脱离华人社会只是取得归化或进入教会是不够的，更需要放弃原

---

① 1862年12月17日第67号国令第2条，1862年《政府宪报》，第14页。

来的风俗习惯转而奉行天主教会习俗，这样才不被视作中国人。[①]

委员会的建议终在 1881 年 8 月 3 日公布的规程第 1 条第 5 项中被采用[②]。这样，检察署就一直成为澳门华人的法庭了，所执行的法律亦是华人社会的法律：

> 当检察署办理案件时，都顾及到中国人的风俗习惯，接受其方式的宣誓，尊重其承继制度、家庭结构及承认以中国习俗而订立的遗嘱及其他的契约。（第 77 条）

1894 年的统一司法改革撤除了葡国海外所有特别的司法机关，其中一个就是检察署。然而，华人社会的独特法律仍继续。虽然从这时开始改由一名欧洲法官审判，但仍以 1869 年法令中被确认的中国习俗作根据。

当时已预备把这些习惯编成法典[③]。直至 1909 年才编成澳门《华人风俗习惯法典》（1909 年 6 月 17 日公布的法令）。它摘要地收集了澳门邻近的广东及广西两省在婚姻及承继权方面的传统法律习惯[④]，并参照葡国"公众秩序"法律而修改。

编好华人社会的法典之后，实时又重提设立一个专属法庭。到了 1910 年底，在报章公布了第一个计划[⑤]。但直到 1917 年 11 月 29 日才设立了澳门

---

① 澳门历史档案室，档案 248R（CX9，301 号）。
② 这建议亦符合殖民地的法律解释中的特殊性的意念，1852 年的附加条文包含这意思："不能也不应完全服从殖民地政府的原则，应当顾及到大众的利益，而且，澳门华人数目不少于 63000 人，外籍人士数目与之相比是微不足道的。"由此可见宗教仍是作为区分是否葡国（欧洲）人的因素。民法典第 8 条所指通过在本国领土出生而入籍的新原则适用于海外属地。虽导致很多中国人可获取葡籍，但因没有出生登记，所以在出生证明的问题上遇到困难。见委员会报告，1905 年 11 月 3 日的训令（1906 年第一号宪报），限制了以后需以民事登记发出的证明书才作为在澳门出生的证明，不再发出其他出生或国籍证明。
③ 事实上，在同一条例第 78 条指出："当华人的风俗习惯未有列入法典之时，检察官可召集一个由 12 名华人组成的委员会向他解释有关的风俗习惯。每一次有需要的时候，检察官就会从一份每年定出的 40 名对澳门有贡献的华人名单中抽签选出 12 人组成委员会。"
④ 法典中声明，来自中国其他省份的华人居民，他们本身的风俗习惯应当受到尊重，只要能证明这些习俗为法律所容许即可。
⑤ 《新生活》（*Vida nova*），1910 年 10 月 9 日。

华人专属法庭。法令的前言解释，设立这个法庭是因为在澳门存在着不同风俗习惯的民族，要同化他们是不可能的。该法庭的审判权，包括民事及商业诉讼（破产案除外）和轻微的刑事诉讼，其中条件是需原告被告双方都放弃上诉及被告是华人（第1条）。法官是由葡国政府委任，隶属葡国海外殖民地法庭编制（第3条）。同时，亦成立了一个以一名法官，物业登记局局长和一个"良民"组成的上诉法庭①。这个良民是由40个会写、读葡文及课税最多的葡籍市民中挑选出来的（第12条）②。这法庭使用的是1909年法典的惯例法律，但亦考虑到其他习俗的影响③。

我们不知道华人对这些法庭有什么想法。

这个澳门华人法庭受到葡国人的称赞，特别是检察署。从17世纪起，明显地看到清朝法律与葡国法律不同之处：前者腐败残酷，后者公正仁慈。到19世纪时，欧洲殖民地主义的发展加强了这个看法。1860年代的一篇手稿文章写道：

> 中国人在澳门居住，得到葡国的保护，享受欧洲文明的法律。这个国家拥有一个典型的君主政府。在它领土内的任何一个角落都能享有它宽仁的对待。这样，这些中国人得到人身和财产的保证，感觉在这个殖民地生活比在自己的国家还快乐。因为在他们自己国家的政府，贪财、利用特权、随意欺压他们并做出不公平、自私及不道德的行为。所以大部分的中国人都爱戴我们和我们的法律，跟我们融洽地生活，但还带着少许的不信任的心理。④

---

① 1920年9月27日的规条（第311号省训令）中不再有"良民"，改由战事与海事法庭法官代其位。
② 在这些情况下当需向法官提供意见时，会组成一个六人委员会。这六名都是华人，并每年从同一组男性中选出（第31条及以后的）。这委员会的意见将会在《澳门宪报》中刊出，成为相同情况下的案例（第307条），这些意见应是较空泛的，并能加强法律中的假设。
③ 华人专属法庭只维持了一段短时间。在1927年一次的海外司法改革（1927年10月20日第14453号国令），取代了1894年的改革及中央制取消了华人专属法庭，并把其职务分配到普通法庭（第307条）。
④ 参见 Manuel de Castro Sampaio, *Os Chins de Macau*, Hong Kong: Typ. de Noronha e Filhos, 1867, p. 50。

Manuel de Castro Sampaio 在中国南部政治骚动期间曾写过，澳门那时已成为成千上万难民的安身处。这些讲法正符合中国人的想法。但是，如阅读近代记载，同样来自葡人手笔的，在描述检察署的工作时，就不是那么完美了：疑犯被迫下狱，审判出现武断，假公济私，贪污，滥用统治权①。这都是可以想象得到的。法庭由一个不懂广东话的法官主持，而法庭及控辩双方所用的是双语，甚至是多种语言。就在这情况下各人利用机会谋取私利。在判决的标准中，常加插一些殖民地法官对本地习惯的意见，目的是为开化野蛮民族，减除对欧洲生活方式的排挤。

华务检察官署于 1894 年结束，并没有对此作过深入探查，华人的反应并不为人知悉。但在 1926 年，当传言华人法庭将会被取消时，澳门商会发表声明称"这消息使澳门各阶层人士感到恐慌"②。随后，一位立法委员提出一个对保存这法庭的议案，基于它代表着华人社会的悠久精神，而这精神在检察署被取消后，已受到极大的打击。该议案还赞扬了上诉法庭的工作，称它能很快地解决以往拖延已久的诉讼。

根据一个近期的研究③，在"华人法庭"存在的十年中，裁判了约 3500 宗诉讼，其中 400 多宗属民事纠纷。换言之，平均每年 40 宗左右民事案件。但应注意以下几个事实。首先，在刑事案件方面，那些不作和解又或不私下报复的华人，都要透过"华人法庭"作出仲裁。那些比较轻微的争执则到警厅处理。在民事争执方面，上告法庭只有百害而无一利，和解才是解决办法。有时，上法庭只是一种政府强迫性的需要，如在物业纠纷或需证明名分或婚姻状况的情况下。至于婚姻方面，只通过传统婚礼仪式

---

① 这是一名叫 António José de Silva de Sousa 的记者在香港《人民回声报》（*Echo do Povo*）出版一连串评论检察法庭的其中一个最严厉的评论（在结合答案及一宗滥用新闻自由罪行案件的文件后，这案件是由检察官 A. Marques Pereira，在一个对华人事务检察署的反驳中向他提出的）。作者批评检察官是被委任的，有囤积的职能及过多的职务（如国际关系主任、市行政局局长、华人管理稽查、法律辅助处委员、国家上校），这名官员不是文人，而其应有权力并不清楚（例如刑罚范围及程序）。作者认为检察权并不能在商业问题上证明是否适当。这些问题在法律上及一般程序上，对中国商人来说是太复杂及缓慢。见第 66 页。仲裁人应由陪审团代替（跟香港模式）。检察官应是暂时的并由皇室任命。

② 澳门历史档案室，档案 674T，1927 年 11 月 5 日，CX. 201，10893 条。

③ 参见 1991 年澳门东亚大学葡文学院 João Mário Eusébio de Mascarenhas 的硕士论文（未刊）。

便算已婚①。但离婚则必须得法院的判决才可以②。

所以，张莲必须经法院才可以离婚。奇怪的是，张莲并非向"华人法庭"申请离婚手续，而是向执行欧洲共同法的法庭申请。更奇怪的是她申请离婚的方式和理由。

张莲应当熟悉中国人的风俗习惯，并知道自古以来有关婚姻方面的习俗是极为明确的：女人不能提出离婚，只有丈夫可以。在末代王朝的法律中，在七种情况下，丈夫是可以提出离婚的：不敬、不孕、通奸、饶舌、偷窃、嫉忌、疾病③。但妻子只有在丈夫严重地违反夫妇生活规则的情况下才能提出分居。这些情况包括：跟岳母通奸、虐妻、诬陷通奸、对岳父母粗暴甚至杀害他们，或离家超过三年时间④。

在澳门那较为温和的法典中，只有当妻子通奸时才能真正离婚。但也有分居的情况。再者，若妻子不孕、有麻风病、爱搬弄是非、偷窃或嫉忌心重，或严重地侮辱丈夫，后者便可以跟她分居⑤。不知道中国人是否懂得分别离婚及分居⑥，其实都是把妻子遗弃。葡国立法者引入两个以西方分类的法律状况，并根据结果的重要性来界定其层次。

对妻子来说，只有当丈夫有麻风病时才能离婚⑦。但张莲却不是以这理由向澳门法院申请离婚的⑧。当张莲上告法庭时，已采用了西方的价值标准，或许她没留意到这行为对当时的葡国妇女来说已是特殊了。由此可见她是一个大胆的女性，毫不犹豫地求助于共和国法律，这法律在15年前把离婚法引入葡国："张莲，已婚，丈夫李华森，澳门港务厅职员，本澳居民，根据1910年11月3日的法令第4条第4款向本法庭提出离婚诉讼，欲证明下列事项……"接着是一段节录，目的是以"严重的奴役及侮辱"作

---

① 《华人风俗习惯法典》，第2条。

② 《华人风俗习惯法典》，第6～7条。

③ Maurizio Scarpari, *Lo status giuridico della donna cinese nel periodo imperiale*（《帝皇时代中国妇女的法律地位》），Lanciotti, 1980, pp. 79 – 94（max. 84）。

④ Maurizio Scarpari, *Lo status giuridico della donna cinese nel periodo imperiale*, pp. 79 – 94.

⑤ 可看到，这部法典限制了抛弃妻子的个案。

⑥ Maurizio Scarpari, *Lo status giuridico della donna cinese nel periodo imperiale*, pp. 79 – 94.

⑦ 也许，该法典比清末的中国法律严厉得多。

⑧ 第31 – a卷，1630号。现储存在澳门历史档案室（Proc. 308/1925，离婚诉讼，第二节，原告张莲，1925年4月20日，第110卷）。感谢澳门法院法官 Dr. Sebastião Póvoas 准许查询及刊登一些诉讼的片断。

为诉讼的依据。

事件怎样发展到这一阶段，仍是一个有待历史查证的谜。张莲所生活的环境是不说葡文的。她和她丈夫的所有证人都是用广东话作口供，并由法庭翻译员翻译。识字的便以中文签名。张莲本身不懂葡文，所以法庭翻译员要把判决向她翻译解释。她丈夫来自一个从广东新移民进来的家庭。虽然他是澳门政府公务员，一名证人说他"替政府打工"。但是，像他这样的职位，跟欧洲人的接触也很少，而且对葡国家庭法例没有认识。因有风俗习惯法典的规定（第1、2条），这些葡国家庭法例在澳门并没有实施。

甚至在葡国，这些有关家庭的共和国法例并不普遍，还受到教会及习俗卫道者批评妻子可申请离婚这较自由的规定。在那期间的澳门，甚至在葡人社会中，离婚是绝无仅有的，而所有的离婚案中，没有一宗是由妻子提出的。即使对欧洲人来说，张莲的行为也是很难理解的，得不到欧洲女性的认同。

有一位律师愿意接纳该案件，但他定了两个条件：有钱和张莲需依约付钱。钱，她应是有的。诉讼费已超过100葡币。如果她没有收入，而说她偷来350元葡币只是诬告，那么，钱应是她父母的了。

但什么事使她在一个诉讼中毁了自己？葡人常说中国人是吹毛求疵的，并在诉讼中很顽固。但在这宗案中，张莲是要争取某些东西。第一，要公开侮辱她丈夫，使他丢面，被妻子遗弃。在他们的习俗，这情况只会当丈夫患麻风时才发生的。然后，取回在被逐后丈夫尚未支付的家用。最后，还可以再嫁或作妾。但经此事扰攘后，这些假设是很难实现了。衡量种种因由，最主要的是为着精神上的报复。在他面前，花钱雇请律师、跟外国人打交道都不是问题。她对葡国法律根本不关心。在她生活的中国人社会中，只在丈夫无故嫉妒或打骂她时，才可以离开他的。

这次事件可看作闹剧，根本不值得谈论。离婚是让人知道是张莲抛弃她丈夫的。换言之，法庭承认了他的缺点大得像患了麻风病。张莲的目的就是这样，像宣判了他是麻风病人。

以下是李华森的辩护：

第一，原告、被告都是华人。两人在诉讼初期皆承认他们是以"华人风俗习惯"的仪式成婚的。

第二，以"华人风俗习惯"成婚的夫妇，只可以 1909 年澳门《华人风俗习惯法典》第 6、7 条的依据才可申请离婚，而不是以 1910 年 11 月 3 日国令第 4 条作根据。

第三，根据澳门《华人风俗习惯法典》，妻子是绝对不能提出离婚的，只有当丈夫患上麻风病，才可以提出分居及分产。

第四，被告并非麻风病人……

根据律师宣称，李华森否认妻子对他的控诉，并提出证据证明他不是麻风病患者。表面看来，就像一对聋人在对话：妻子控告丈夫残暴，而丈夫则反驳自己不是麻风病人。

对张莲或她丈夫来说，在一个葡人法庭中，葡国离婚法的基础只不过是技术细节。而后者则受着葡国法庭运作的影响。其实，最重要的是其结果——对女方有利的离婚判决。以他们的习俗，只有当丈夫患上麻风病时，社会才可以接受女方的意愿。而她所争取的只是一个象征，令丈夫在社会上丢尽面子。分居对两人都没有功能上的价值，判决只不过是一种工具，用以分辨李华森是否麻风病患者。

当然张莲所引起的问题在欧洲有别的含意价值，但最大的问题是原告很重视这些价值。在西方夫妇平等的观念中，夫妇是不应动粗或有口角之争的，但这些价值观在这对夫妇的生活中并不协调，甚至连法律也不承认它们。当律师们在葡国法官前，根据葡国法律来争论问题，事情就不一样了。对他们来说，法律争辩所注重的并不单是判决的结果，而是裁决中使用的基本技术。他们对这结果在法律技术上的严格性，还比结果本身对张莲及李华森的影响更重视。葡国离婚法是违反了"华人习俗法典"还是中国妇女应如葡国妇女一样拥有多些权利呢？而离婚法，作为一种普通法，能否废除"习俗法典"这特别法？

法官不是墨守成规地作出判决，他认为自己是有能力的。虽有一个处理华人事务的特别法庭，但他判决这案件并不是不适当的。相反，对他来说，即使干预了华人法庭的权力，对这事的处理及结果都是适当的。

法官亦会考虑到一般法能否废除特别法的技术争论，只是从一个更宏观的角度及更接近本质的情况下研究。当特别法规范真正特别情况时，一般法是不能予以废止的。实际上，婚姻、家庭及妇女在中国人社会中的地位本身是特殊的。在一个华人家庭中，妻子的地位是比丈夫低微的。这说明了在"习俗法典"中记载的妇女权力的限制。如让中国妇女拥有与欧洲妇女同样的权利，那便违反了"中国人原则"：

> （如一个国家）需要对不同的种族立法，应要重视他们的生活方式，特别是在个人原则方面。因牵涉在内的风俗习惯都是根深蒂固的，别的文化欲融入其中是不易的。

或者，法官在西方社会所接触的限制是在自由建立的家国及法律中形成的，其中包括平等、抽象、种族、宗教、文化及建立一个无形的市民形象。他考虑的问题并不是在一个地区执行法律典型问题，甚至没理会他们的公民身份——李华森和张莲都是葡籍人士，因他们都是在澳门出生的①。但向证人问话时，都有系统地问他们原告和被告是否"中国人和异教徒"——他们的种族及宗教。普及主义曾尝试把旧制度的标志从法律及国家理论中扫除，但是，在殖民地里，当欧洲的法律秩序遭遇到文化及习俗的冲击，便出现了急速地使民事及政治法律普及的现象。在澳门自 1881 年起，种族文化的认知比公民的认知还来得早。

在此情况下，判决强调有关平等原则的影响力。张莲不只要求法律平等，就像她律师在作结案陈词时指出对海外殖民地都应执行的法例（1911年 4 月 26 日的国令），还祈求一个促进平等的法律。可能她并没把这计算在其计划内。但在西方法律前，这情况会被当为一种"公共秩序条件"。这却没有动摇法官对文化事实的观点。

这名殖民地法官并没理会妇女有什么权益，只是以公众的信义指出李华森不是麻风病患者。

文中关于澳门法律及法院判决的资料是从一份本人正在预备的论文中节录出来的。在论文中可见到更多的细节及来源的指示。

在 19 世纪的 60 年代，当检察官佩雷拉（Marques Pereira）尝试重整华人事务检察署档案时，发现资料差不多已遗失了。虽然如此，他保存的资

---

① 把葡国国籍法的一般原则应用到澳门时，应考虑一些 1905 年一项国令所载的程序。

料已成为澳门历史的最重要资料①。在 1894 年取消了检察署法庭后，所有的书籍文件都存放在行政机关中。到 1917 年（6 月 16 日），许多书籍文件被迁到法庭档案室②。据说，在 20 世纪的一场大火几乎把所有资料都烧毁了。今日，昔日法庭最古旧的档案被分开：一部分存放在澳门历史档案室中，受法庭管理，另一部分依然保存在法院内，等待处理。华人专属法庭的档案室也以同样方法处理。

（原载《行政》杂志，澳门，澳门政府行政暨公职司，
总第 23 期，1994 年 5 月）

---

① 参见 Manuel de Castro Sampaio, *Os Chins de Macau*, Hong Kong: Typ. de Noronha e Filhos, 1867, p. 64。
② 澳门历史档案室，档案 44A，1917 年 6 月 16 日。

20 世纪葡萄牙与澳门

——城市规划法律史之研究

〔葡〕 阿丰索 （José da Conceição Afonso）[*]

　　法律与规章规定了特定地区空间中的、在组织与结构上相互交错的不同行为人之间的"游戏规则"。如果不了解这些法律与规章，就很难理解一个城市化的过程，无论它属于哪一种城市化的过程。

　　法律界人士、政府决策官员、城市规划者、发展商、城市规划史学家、还有其他人士，每个人对城市化立法都有着各自不同的看法。

　　对法律工作者来说，在平等、公正、合法与符合比例的原则下，最重要的是法律本身的强制性，以及将之适用于某一地区的细则性；对政府决策官员而言，他们强调的是立法中可以使城市发展的政策及战略得以确立的要素；对城市规划者而言，是在城市规划的特殊性及特点方面，强调质量、可操作性与空间形式设计方面的局限性；对发展商来说，他对城市立法之适用所带来的经济效益及可行性最感兴趣；对城市规划史学家而言，最重要的是立法及规章的公布行为（换言之，即对已建或将建之空间内容的重要性的提及），已建或将建之物在时间上的印记，以及协助了解该空间本身的工具。

　　虽然在城市立法上各有各的看法，但为保证空间发展的质量，介入城市化工作的各行为人不能互不理睬。为此，在此方面跨学科的工作越来越多，大家均努力了解其他人的行业用语，正如今天所有人都应当熟知或探求城市立法及规章的适用效力一样。

　　本人以自己作为建筑师——城市规划师所获得的经验为基础，写下这篇题为《20 世纪葡萄牙与澳门——城市规划法律史之研究》的文章，以求

---

[*]　里斯本美术高等学校建筑专业，葡萄牙建筑遗产署前地区主任，建筑师联会白朗库堡地区主席。

在澳门这个因果关系复杂的地区与葡中文化的背景之下，更好地了解使澳门城市化发展的"游戏规则"。由于本文题目跨越整个 20 世纪，本人意识到对某些时期应比其他时期作更多的论述。因此，在无法克服这些时间上的限制而进行反思的情形下，我希望能有更多的人及文章对澳门城市规划法律史进行反思，因为这种反思迄今为止仍是屈指可数的。

一 重建运动至第一共和国结束时期（1851～1926 年）

（一）王国城镇修葺总规划（1864 年 12 月 31 日国令）

在葡萄牙重建运动产生的多个措施之中，"王国城镇修葺总规划"（1864 年 12 月 31 日国令）十分突出，它规定了在征服过程中适用的规则及计划的制作、建筑物的周边及与楼宇高度有关的道路宽度。

应当指出，这一法规远远早于欧洲多个国家所公布的类似立法，尤其是瑞典（1874 年）、荷兰（1901 年）、英国与法国（1909 年）的立法。为此，它在澳门的适用具有明显的效果，对于改善居民尤其是中国居民的生活素质，以及对于澳门的城市化，都具有革命性的效果。在澳门地区，1864 年 12 月 31 日之国令一直生效，直至 1956 年 9 月 8 日第 40742 号国令公布为止①，后者是在 D. 帕切科（Duarte Pecheco）创导的城市化政策的影响下产生的。

鉴于其历史重要性，我们简要分析一下 1864 年 12 月 31 日国令在澳门的发展及影响。

1871 年 8 月 31 日，由卡斯特罗（Henrique de Castro）与丰塞卡（José M. Crispiniano da Fonseca Jr.）组成的委员会制作的《关于〈行政法典〉修订并适用于澳门的报告书》②，向总督呈交。这一报告书对前述法令作了如下摘要：

> 委员会提请注意，极有必要依据 1864 年 12 月 31 日国令第 52 条研究一个改善城市的计划，以使未来的建设服从于这一计划，不致产生

---

① 参见《政府公报》第 36 期，1956 年 9 月 8 日第 40742 号国令。
② 参见《澳门省及帝汶公报》，第 42 期，第 167、170 页。

今天所见到的、甚至可在城市的最主要街道上见到的不规范性。

12 年之后，依据 1883 年 7 月 28 日省训令第 89 条而设立的并由当时的工务局局长布雷托（Constantino José de Brito）担任主席的"澳门城市改善研究委员会"，于当年 11 月 20 日提交一份《澳门城市改善规划报告书》，再次提到 1864 年 12 月 31 日国令，并将之作为在澳门适用的规章，并表示："其中指出了一切必要的规则：法律规定之外无需补充。"

这一法规在城市化政策方面的决定性影响（当时第一次通过了计划的方式，对本地区的城市化进行了全面、系统及战略性的规划，取代了当时作为澳门城市发展逻辑之特点的即兴主义），还见于同一报告书的下述摘录之中：

作为未来在澳门进行任何重要改善的首要条件，现在就必须立即进行一个未来城市总规划的整理工作，这一规划应以澳门的详细图则为基础。

没有必要对一个几乎不言而喻的论点予以坚持，本委员会即是如此认为的。应使之成为努力改善本城之一切工作的出发点。委员会从一开始就认为这一规划是重要的，没有这一规划，一切都无据可依。

关于对现存道路的调整，该报告书指出：

若想达到这一目的，应立即确定未来道路的边界，而这一工作只有在我们首先提出的规划得以制定之后，方可有准确的认识。

城市规划所立基的图则，无疑指塞纳迪（Demétrio Cinatti）于两年前（即 1881 年）第一次通过图籍整理而以 1/2000 之比例尺作出的图则。

依据 1864 年 12 月 31 日国令适用以来取得的经验，在 1883 年 11 月 20 日《澳门城市改善规划报告书》具体指出 12 个目标之后近 20 年以来，1901 年公布了《依据 1900 年 8 月 4 日第 101 号皇室制诰及 1900 年 9 月 22 日第 113 号省训令而制定的市政工程服务实施临时规章》（以下简称"1901

年临时规章"）①。

这一临时规章继续遵从 1864 年国令中表达的政策，它规定：

第 14 条　省政府将下令制定一个澳门市改善总规划。该规划将注意对肮脏地区的整理，完善道路、广场、花园及现存建筑物，并建设新的道路、广场、花园及建筑物，使之具有卫生、美观、舒适、可居住之条件及公众可以自由行走之条件。

第 15 条　为完整实施前条所命令的、并为政府所通过的规划所必需的一切征用具有公益性及紧迫性。在制定这些征用过程中需遵守现行法律。

第 16 条　前述条款所指的建筑及改善规划一经政府通过，有关规划的条件就对新的建筑物、重建物及道路、广场及花园的开辟具有约束力。

独一附段　在这一规划制定并获通过之后，省政府得分部分通过关于其实施的确定性计划。

第 17 条　在计划未依据第 16 条之规定被通过的情形，市政工程科继续对建筑物的边界及水平标高予以确定。

（二）1912 年 7 月 20 日之国令

依据 1901 年临时规章（前述摘要即摘自该规章）而导致 1912 年 7 月 20 日国令的产生，此即《澳门私人工程服务暨都市建筑物之卫生服务规章》②。在其第一章"总则"中，具体指出了澳门城市改善规划的下述规则：

第 1 条　如果澳门市政厅的支出预算无法将批出私人工程许可证及其监察的一切程序的有关必需开支纳入预算之内，则由省政府负责这些开支，这些服务的执行由省工务司负责。

---

① 参见《政府公报》，1901 年 6 月 29 日公布。
② 《澳门私人工程服务暨都市建筑物之卫生服务规章》，载《政府公报》第 35 期，1912 年 8 月 31 日。

独一附段　有关开支费用由公共工程之一般赠与承担，每年以仁慈堂彩票预计总收入的百分之十五递增。

第 2 条　一旦正在制定中的澳门城市改善新规划被政府通过，新的建筑物、重建物及道路、广场与花园的开辟将受该规划的条件约束。

第 3 条　在依据第 2 条所定规划未被通过的情况下，工务司将对一切新建筑物的边界及水平标高予以确定，尤其注意：

（1）新的设计；

（2）角度或角落视觉更佳；

（3）由道路宽度而决定的楼宇高度之适宜性，同时保留本规章第 12 条之规则。

第 4 条　如果因建筑现存楼宇时为了确定边界而使业主被迫作出让步，则按所失去的土地进行赔偿；这一赔偿依据征用法律予以清付。

相反，如果由于所确定的边界，业主被迫将其建筑向公共道路方向前进，则应按所获得的土地交费，其价格与因土地被征用而获得赔偿的条件完全一样。

第 5 条　行将倒塌的楼宇的拆除程序，继续由 1863 年 7 月 16 日之敕令调整。

第 6 条　已经或准备建筑住宅楼宇之大型土地的业主，若此等住宅大部分无公共道路之服务，则必须适时在这些住宅之间建设必要的道路，以保证通风、卫生、消防及警事行为。

独一附段　这些楼群中的道路的宽度，依据本规章第 12 条的规定，由现存建筑物的或业主希望建筑之建筑物的高度确定。

第 7 条　如果省份的情况有需要，则与公共道路相接之土地的业主必须依照被通过的设计，在这些土地上进行建筑。

第 1 附段　这一义务只有在为此目的作出警告（Intimação），并公布于省《政府公报》之后方为有效。它对情形相同的所有业主具有普遍性，自人口最多地区之中心的土地开始。

第 2 附段　为了服从这一警告，被警告之业主应于自警告作出之日起六个月的期限内，提交他们希望建筑之楼宇的计划。

第 3 附段　如果在该条情形下的业主未在指定日期内呈交计划，或虽然呈交却未在确定之期限内开始建设，则依据征用之一般法律之规定，通过友好协商或司法诉讼，对土地予以评估。

第 4 附段　如果依据前一附段规定，被征用的土地在公开拍卖中被出售，则竞投得到土地者有义务在竞得之日起六个月内，在土地之上进行建设。不如此为之者，则受本条第 3 附段规定之制约。

虽然历史变迁表明有关工程主要与澳门港规划有关（本文对此不予详述），但正是在这一法律背景之下，自 19 世纪末至 20 世纪 20 年代，出现了下述对于城市规划而言极为重要的草案，从而决定了 20 世纪澳门城市的主色调，这一色彩一直维持至 1980 年代。

1877 年 7 月 2 日第 64 号训令①，规定公民席尔瓦（Miguel Ayres da Silva）"在澳门内港侧进行填海工程，其区域为沿海的下述地区：由位于 Caldeira 路以南 24 米的海边城墙之一点起，划一直线至 Matadouro 巷北角正面的另一点止的地区，该地区的另一面为通过上述两点的海边马路"，"承批人建议在填海地上修筑楼宇，并将这一土地用于建筑工商业企业的设施，以发展劳务，增进社会繁荣"。

在该《澳门省及帝汶公报》第 110 页，公布了这一由省政府与席尔瓦订立的合约条款。这是我们所了解的澳门第一个城市规划的卷宗，它遵守了前述第 64 号训令指出的规划标准，即"工程计划的全部细节、图则、轮廓、标的及其他特别工作均已获得工务技术委员会的通过"。

1882 年 7 月 10 日第 367 号决定，由省秘书长雷尔（José Alberto Côrte Real）于总督不在时以总督名义签署，载于《澳门省及帝汶公报》第 238 页，是对和隆街及高冠街一带地区的更新规划之制定与图则的整理。

1884 年，由于塞纳迪（Demétrio Cinatti）于 1881 年 7 月 20 日向省总督作的关于港口研究的阐述，产生了由洛瑞纳（Adolpho Ferreira Loureiro）于 1884 年完成的澳门港口先期规划。这一研究不仅是对"澳门及其港口"的一个详细的技术分析性报告，还对建议予以了论证，并已包括了一个详细的预算以及执行预算的一整套必要的要件，包括载有修缮建议的总图则与建筑的细节。在有关澳门半岛及港口的图则中，含有 1884 年进行的调查及内港、氹仔、青洲及南湾的规划，以及青洲至白石之间海边大马路的重铺

----

① 该训令公布于 1877 年 7 月 7 日《澳门省及帝汶公报》。

计划。在对全部澳门港口区的规划之中，为了保证最低限度的可航行条件（这对于澳门的经济生活至关重要），这一本应成为一个战略规划政策的基本文件的规划，在某些主要建议的实施上不幸受阻，从而使规划中的一些设想延迟实现。

1885 年 9 月 21 日，是关于高冠街一带地区城市化的第 78 号省训令公布的日期。该训令涉及开辟道路、下水道及水沟。

1900 年 6 月 30 日训令，通过了"望德堂区修缮规划"，载于《澳门省政府公报》第 26 期。

1909 年将进行中的多个计划予以联结：对新桥、龙田、沙梨头、塔石、圣美基、和隆及望德堂区的总体改善计划，被 1909 年 2 月 19 日工务技术委员会会议附条件地通过，并通过 3 月 9 日省工务局第 155 号公函送交秘书处。

1920 年第 380 号训令，于 1920 年 11 月 27 日公布于第 48 期《澳门省政府公报》，它通过了由澳门港工程局提交的工程总规划，其中有关的备忘是由水利工程师布兰科（Hugo de Lacerda Castelo Branco）及民用建筑工程师阿贝卡西斯（Duarte Abecassis）签署的，它涉及在内港进行的工程和内外航道的挖泥工作。同时通过了在澳门建设避风港的规划部分。

综上所述，关于 1864 年 12 月 31 日法令对王国城镇改善规划的实际效果，简单总结如下：

在城市规划法方面，建筑师贡萨维斯（Fernando Gonçalves）认为，1864 年 12 月 31 日国令一直生效至帕切科（Duarte Pacheco）"城市规划法"产生为止，没有产生任何具有影响力的重要效果。鉴于这一国令对澳门的影响，本人对这种认为该法规对葡国无甚重要影响的观点持怀疑的态度，应当进行更为深入的研究。

在 1864 年 12 月 31 日国令在澳门适用的问题上，这一法规对于从 1880 年代开始的澳门战略及卫生城市规划的起步与发展具有重要作用，毫无疑问，它掀开了在葡中背景之下葡国城市规划史上最为光辉的一页，在国际上也十分重要，只可惜鲜为人知。

二　自军事独裁至"二战"结束时期（1926～1945年）
——葡国现代城市规划初期：帕切科时期

（一）葡国现代城市规划初期

1. 政府倡导的城市规划

（1）地区性规划的前身

详见下文，第四章第二节"太阳海岸城市规划（1948年）"。

（2）城市总规划（1934年）

1934年12月21日第24802号国令规定，市政府必须推动市政府所在城市的城市总规划的制作。该法规第1条将这一强制性扩展到拥有2500名居民以上的城市（由人口普查核查其增长及发展），亦扩展到"'由政府指定的'旅游、娱乐、风景、疗养、宗教、历史或艺术性"地区。

（3）城市及扩张总规划（1944年）

专业技术人员及资料整理方面的普遍欠缺，使城市总规划的制定过程受到了某些延误。

在大体克服了这些问题并经过10年时间后，1944年9月5日第33931号法令，再次就"城市规划"作出了在逻辑上与前述法规相吻合的规定。这个法令影响了嗣后性立法（12年后）的批准。后者将海外各省的首府纳于法律约束之下。

在帕切科政策的影响下，产生了规定各海外省之首府及其他具有可以证明其重要性的地区或市镇政府所在地（包括城市周边地区及自然扩张区）必须受城市规划规范的立法。

这一立法就是1956年8月25日公布于《政府公报》（D.G.）第180期第一组别的第40742号国令，它被强制性公布于所有海外省的《政府公报》上，在澳门则转载于1956年9月8日《政府公报》第36期。鉴于这一法令的重要性，现将其前言及前两条抄录于此：

　　海外属地多个居民聚居地的迅速发展，要求有关负责当局注意并随时警惕保证合理使用都市空间的及时规划及建筑条例，使之符合这些规划中表现的总体利益。城市规划的制定及有关条例的产生即是为了这一目的，它们早在几年前就在海外省的主要居民聚集地使用，并由海外属地城市化办公室进行研究及引导。

但是，人们一直发现，由法律赋予行政机关的权力无法使其对在其司法管辖权范围内发生的事宜予以响应，亦无法对经常出现的有损大众利益的违规和力有不逮的工程的行为进行快速及有效的约束。为此，这已造成了过多的、严重的城市化问题，严重危及未来，没有更有力的介入，单纯以最基本的善意及适当的介入手段是难以予以阻止的。

目前急需避免危及最重要的居民点前途之行为，并为此需要给予其行政机关有效的和及时的进行保护之可能性，以使在其司法管辖下的区域的城市发展依据已被通过的规划及规范而进行，或在临时欠缺这些规范的情况下（因为有时不可能按照居民点之迅速增长相应地制定这些规划及规范），采取必要之谨慎，以不阻止对不同的城市区域可推定的最有益之利用及有机的组织。

为此，经听取海外委员会之意见，本政府经使用宪法第 109 条第 3款赋予的权能，依据第 80 条第 2 附段之规定并由本人批准，决定如下：

第 1 条　海外各省及情形与重要性得以证明之堂区或村镇之政府所在地，包括城市周边地或用于其自然扩张之地区，受本法规特订之城市化规范之制约。

独一附段　在海外省各政府委员会的审计下（如属有总督府之省份）或政府委员会之下属机构的审计下（如属其他省份），以训令形式决定哪些地区或其他居民点之政府所在地应适用本国令之制度，并规定所包括之范围。

第 2 条　在前条之规定所包括的城市区域或城市周边区域内，禁止在没有有关行政当局之预先许可的情形下建造新的建筑物，或对现存建筑物进行任何修改、翻新或修整，无论是否存在法律因特殊原因而要求的任何其他许可证或许可。

随后是关于澳门调整规划的 12 月 29 日第 66/63 号批示。

执行 1956 年 9 月 8 日第 40742 号国令（载于 1956 年 8 月 25 日第 180 期

《政府公报》（D.G.）第Ⅰ组）并使作为省府的澳门受城市化规定之制约的意图，直到该法规公布7年之后，才伴随总督12月29日第66/63批示产生。该批示任命了一个委员会，去制定澳门调整规划，但有关这一制定的研究成果从未得以公布。

（4）城市化的局部性规划（1944年）

前文提及的以"城市及扩张总规划"冠名的1944年9月5日第33931号法令，一直生效到1971年。它在第10条第4附段中创造了一个新的规划概念，即"城市化的局部性规划"。

在澳门，与"局部性规划"这一概念类似的有下述城市化方面的经历。

一是关于西望洋—妈阁地区的1965年第1677号立法性法规[①]。这一法规对西望洋—妈阁地区进行了划定，将其定为只可从事酒店活动及手工业活动的地区，命令拆除一切不卫生的设施，因为它是澳门最好的居住区。这一立法性法规还指出，西望洋—妈阁地区的城市规划已在研究之中。但直至今日，这一规划仍未在《政府公报》上公布。

二是关于黑沙环工业区城市规划的1966年1月1日第8096号训令。1966年1月1日第8096号训令，通过了黑沙环工业区城市规划规章，它后来又被1969年11月15日第9195号训令修订和调整。由于它被公布于《政府公报》之上，故一反当时普遍见于葡国及澳门的情形。这一规划成为澳门城市化法律史上的一个标志，并成为一个直至1990年代才被重提的经验（1990年代产生了新口岸填海区规划及南湾区城市化规划，这一点下文将有论述）。

2. 关于由私人倡导的城市化

1932年9月30日第21697号国令第10条规定，失业基金中的款项可被用于城市改善之中，居民与业主亦可参与，保障业主及居民具有与当地市政机关、行政机构及倡导团体一样的条件。

1934年第24802号法令第12条则规定，市政府可以"在城市总规划的制定过程中被倡议团体取代，如果这些团体如此希望。亦可通过订立被政府批准之合约被个人企业代替"。

在帕切科（Duarte Pacheco）参与其中的1935年5月22日关于太阳海

---

① 该法规载于1965年8月10日《澳门政府公报》第32期副刊。

岸的城市规划的第 1909 号法律中，由于规划者、城市规划专家阿伽奇（Al-fred Agache）的丰富经验，同样对规划区内由私人发起的规划建议予以规定和调整。

令人奇怪的是，仅过了一年时间，1936～1940 年《行政法典》便作出了与该规划中的规定完全对立的规定，默示废除了私人倡导的城市规划制度。

这些事实只能产生于由"新国家"政体开始的城乡政策之停滞程序之中，也是一种效果不太明显、反对私人将农村土地城市化企图的一种办法（当时私人极希望通过将乡村土地变作城市土地而获得不动产利润）：

> 为此，必须扩大城市规划的介入范围，使之不仅包括已城市化及可被城市化的地区，亦包括城市的郊区。
>
> 这一要求在 1944 年得以满足。当年城市及扩张总规划条例在规划的介入范围内包括了受城市聚居区保护的乡村地区。但是，由于与城市化总规划之有效性之丧失有关的理由，对这些乡村地区的确定并未完全产生所期望的效果。主要的城市的周边地区有一条非法城市化地带，以及旅游村镇四散分布便是证明。[1]

三 从战后到新国家政体结束时期（1945～1974 年）
——后帕切科时期

1. 城市化之先期规划

此即 1946 年 11 月 4 日第 35931 号法令。事实表明，虽然城市规划的通过给予了市政府更大的权力及权限，但它却使坚持强化中央行政集权的萨拉查（António de Oliveira Salazar）政府不满。在仅过了两年后，政府便通过这一法令来消除正在进行中的城市规划带来的分散中央集权的效果。为此，规定只要有城市规划的先期规划就已足够，并规定这些先期规划必须在"一切楼宇建设、重建或修改中及楼宇所在之区域的'新道路规划'中被遵

---

① 贡萨维斯（Fernando Gonçalves）：《城市化法律》，里斯本，国家行政学院，1989，第 252 页。

守，具有与规划一样的效力"。

这一法规也许表明当时在萨拉查政权内部存在着较深的矛盾。这一法规将帕切科推上了"先期规划之父"的宝座，亦使其对一直持续到 1984 年的全国范围内的非法城市化浪潮负有一定的责任。

2. 都市建设总规章（R. G. E. U）及先期规划的无效果性

1951 年 8 月 7 日第 38382 号法令即《都市建设总规章》①，一经公布便使人们对 1946 年 11 月 4 日第 35931 号法令规定的"先期规划"这一解决方案提出了很多问题和质疑。这一新规章只是明示了"已被通过的总体或局部性规划"概念，并于第 3 条规定不遵守此等规划的规定者不得被发出市政许可证，第 11 条还要求必须有被通过的规划以使市政府可对建筑物征用。应当指出，这一条款最初产生于 1934 年 12 月 21 日第 24802 号法令第 15 条之中，一直持续至今，且几乎无任何实际效果。

在 1950 年代末期，全国已有有关"先期规划"划定的两百多处地方。

我们来看一下《都市建设总规章》在澳门的演进过程。

1901 年 6 月 29 日《政府公报》公布了《依据 1900 年 8 月 4 日第 101 号敕令及当年 9 月 22 日第 113 号省训令而制定的实施市政工程部之服务的临时规章》。由这份临时规章而产生了 1912 年 7 月 20 日国令，它被命名为《澳门私人工程服务暨都市建筑物之卫生服务规章》②。这份规章后来被第 1940 年第 661 号法令默示撤销③，该法令使新的《澳门殖民地私人工程服务暨都市建筑物之卫生服务规章》生效。但这一新规章又被 1946 年第 966 号法令撤销④，《澳门殖民地都市建设总规章》则生效。这一总规章在历经多次修订、补充及更改后，被 1963 年第 1600 号法令废止⑤。依据 1963 年 6 月 23 日第 43089 号国令规定⑥：

---

① 该法令后经 1962 年 3 月 31 日第 44258 号法令及 1963 年 5 月 13 日第 45027 号法令修订。
② 该规章公布于 8 月 31 日第 35 号《政府公报》，第 85 条后经 1935 年 11 月 23 日第 467 号法令修订。
③ 该法令载于 1940 年 3 月 30 日《澳门殖民地公报》。
④ 该法令载于 1946 年 12 月 31 日《澳门殖民地公报》第 52 期。
⑤ 该法令依据 1963 年 6 月 25 日第 4308 号国令下令制定，载于 1963 年 7 月 31 日《澳门殖民地公报》第 30 期。
⑥ 该国令载于 1963 年 7 月 31 日《澳门政府公报》。

1912 年 7 月 20 日的国令通过了《澳门私人工程服务暨都市建筑物之卫生服务规章》。这个在长达前半个世纪时间内一直生效的法规，大部分已与现实不相符合，已不适应现代生活的活力及发展节奏。为此，亟需为本省订立适应城市发展需要的立法措施。

出于容易被理解的原因，建议这些规范的制定由省立法机构负责，它们无疑是最有资格权衡其自己需要程度如何的机构，况且在其权限范围内了解所调整的事宜。

......

第 1 条　废止 1912 年 7 月 20 日国令，并废止由该国令通过的《澳门私人工程服务暨都市建筑物之卫生服务规章》。

第 2 条　批准澳门省立法机关制定关于私人工程服务及都市建筑物卫生服务的新规章。

依据 1963 年 6 月 23 日第 43089 号国令，在同期《澳门政府公报》中公布了 1963 年 7 月 31 日第 1600 号立法性法规。其前言部分摘录如下：

1. 1949 年 9 月 3 日第 1100 号立法性法规对由 1946 年 12 月 31 日第 966 号立法规通过的《澳门殖民地都市建设总规章》进行了某些修订，临时实施一年。虽然有权限之部门在适当的时候已表明这些修订符合要求、甚至提交了一份其中不仅包括这些修订，而且还包括旨在承认有必要更清楚地表明立法目的或弥补某些疏漏的修订在内的新规章草案，以在一个法规之中汇集 1946 年之后所有有关都市建筑物的立法，但这些修订仍是不确定性的。

由于在该工作之后不久，在宗主国内废止了以在省份内关于建筑物方面生效的立法为基础的 1903 年 2 月 14 日国令所通过的《都市建筑物卫生规章》，并公布了含于 1951 年 8 月 7 日第 38382 号法令中的《都市建设总规章》取而代之，故有必要对本省立法予以修订并制定含于本法规内的《都市建设总规章》，以便遵守该法令中确立的新规范。

1903 年 2 月 14 日国令所通过的规章被废止，是因为在其生效之后的近半个世纪内，发生了一个巨大的变化，这一变化不仅体现在官方机构介入有关建筑活动的理念方面，而且体现在建筑所适用的技术方面。

载于 8 月 21 日《澳门政府公报》第 79/85/M 号法令，对《都市建筑总规章》规定了行政性质的规范，对在澳门实施的民用建筑工程的计划、准照及监管的审议及通过程序予以规范。其第 75 条第 1 款明示废止了由 1963 年 7 月 31 日第 1600 号立法性法规通过的《都市建设总规章》第一部分的第 I 编、第 II 编第 1 章和第 VI 编。

就澳门《都市建设总规章》而言，1963 年 7 月 31 日第 1600 号立法性法规及 8 月 21 日第 79/85/M 号法令仍然有效，虽然经过了一些修订，但与现存的都市现实和建筑大大脱节，尤其是在从 1980 年代起在城市建设出现的问题方面，故目前正在修订阶段。

简而言之，为了理解从第一个《澳门私人工程服务暨都市建筑物之卫生服务规章》（1912 年）至现在生效的《澳门殖民地都市建设总规章》（1963 年）期间的演进，我们可以指出：

第一个规章（1912 年）主要是针对城市卫生、住宅及道路的卫生而制定的，其目的是将建筑性要素置于城市规划即《城市改善规划》之下；在它之后的所有规章，均发展了控制建筑质量这一内容，而没有论及规划优先于一切建筑程序这一方针。

澳门建筑规章的这一演进，如果说一方面是在控制建筑质量方面立法的专业化和深入化，那么另一方面也毫无疑问地反映了城市规划在葡国已处于从属地位，尤其是在"后帕切科阶段"。

3. 无穷循环之规划

那么，在葡国的先期规划浪潮有无法律效力呢？

存在于关于"先期规划"与"规划"之等同性的 1946 年 11 月 4 日第 35931 号法令与只承认"被通过的总体规划及局部性规划"的《都市建设总规章》（1951 年 8 月 7 日第 38382 号法令）之间的冲突，为市政府发出都市准照的工作造成了严重后果。由此，发出准照的行政程序越来越要不断听取市政府上级机关的意见，即使是最简单的问题亦需如此。由于这种不确定及模糊性，造成了整个政府的官僚机制在审议程序上盲目随意地处理，且蔓延成风，根深蒂固。

虽然《都市建设总规章》只承认"被通过的总体规划及局部性规划"，

但萨拉查政府为了加强中央集权，继续在实际情况中拒绝这一理念，拖延对它的批准程序。贡萨维斯为此在《城市化法律》中写道：

> 只是一个法令、一个条款，便开始了本人称之为"无穷循环的规划"的程序，即：关于一个城市总体规划的研究由草图变为待修订的先期规划；由对先期规划的修订图再到待重审的、已作过修订的先期规划；再由对已被修订的先期规划的重审图样，到对已被修订并待重审的先期规划；如此循环往复……

> 由一个简单的指数我们就可以看出这种无限循环的规划制度的负面效果：从 1944 年到 1971 年，没有任何一个城市总体规划达到符合法律的"被通过之规划"的地位……为此，规划制度自我封闭起来，与现实的距离越来越远。①

他对这种规划目的得出了如下结论："唆使投机，同时增加人们认为国家正在被规划之中这一幻想。"

应当指出，这一政策已在不同的城市规划介入者的心目中根深蒂固，对国家造成了不利，且一直持续到 1990 年。1990 年最终确立了《国土规划之市政计划》，并产生了有法可依的城市规划。

由"无限循环之规划"这一表达可以轻易地理解，为什么围绕依据第 66/63 号批示而制定的《澳门调整规划》而进行的工作（这些工作由海外部在里斯本进行）迟迟不能完成，从而使该规划无法得到批准。

4. 领土区"城市总规划"与细节性规划

1971 年 12 月 17 日第 560/71 号法令，由城市规划委员会订立。它创造了"细节性规划"概念（第 7 条），并规定每五年对规划予以修订（第 3 条第 5 款），从而赋予其高度的灵活性。1946 年法规中规定且被《都市建设总规章》（1951 年）反对的先期规划，亦被改称"规划"，明显解决了一个拖延了 20 余年的问题。但是，这又提出了这样一个问题：一个有二、三十年历史的先期规划或规划的实际有效性何在？

除了这一疑问之外，虽然明确存在着"规划"这一法律概念，且由另

---

① Fernando Gonçalves：《城市化法律》，第 229 页。

一个同时性的法规（第561/71号法令）所规范，但是总体性规划、局部性规划以及细节性规划的结构由于推行政治及行政中央集权的原因，即使在该等法规产生之后，亦很少得到政府的批准。市政都市准照的发放，往往只基于对建筑（《都市建设总规章》）与相关技术结合的调整；与现实脱节且无任何法律效力的研究、草图或先期规划，甚至对于同一地点同时存在多个研究、草图及先期规划，其压力由此可见。

5. 土地分块分配之法律制度及非法小区

1965年11月29日第46673号法令，是第一个总体调整对土地分块分配的规范，直到这时才告产生。这一法规后被6月6日第289/73号法令进行了大幅修订。

由于城市规划不获批准，且处于一个"无穷循环规划"的制度之中，再加上土地分块分配程序上的严重官僚主义作风，阻止这一拟制制度之运作，因此除了这一完全虚假的规划之外，只能导致被称作非法建筑的建筑物迅速蔓延，将我国的主要城市包围起来甚至在某些情况下充斥了整个城市。

正如前文所述，第289/73号法令将非法城市建设的主要始作俑者（即负责土地分块分配者）置于无罪之地位之上。他们在该法规的保护下，只是对不可分割的土地按共同业权制度一块块出售，而不管在出售后紧接着出现的实际情况是什么（即由购买者本人自行建筑的土地块额大小如何划定）。这一法规导致了一般的公民（而非土地分块分配者）在毫无其他办法解决其居住问题的情形下，只能进行非法建筑。而在这一法规的庇护下，负责土地分块分配者则在从分块出售至对分块之界定过程中因事不关己而高高挂起；的确，按块出售土地不是土地分块分配。

我们抄录一下高美士（Osvaldo Gomes）关于第289/73号法令的一些观点[1]：

> 1987年11月19日合议庭裁判裁定："在6月6日第289/73号法令生效的情况下，包括在没有执照之土地分块分配中的土地的承诺买卖合约是有效的，除非在订立这一合约时因法律、规章或行政行为阻设

---

[1]　前引 Fernando Gonçalves《城市化法律》，第412页。

执照之出具而无法获得执照。"

如果执照作为某一契约之组成性文件被存盘，执照中具有号码及日期等要素并以契约及执照的副本作为登记之依据，则在一份契约中没有具明土地分块分配之执照的号码及日期并不造成契约无效。

……

在第 289/73 号法令生效期间，所谓的"按块出售"是非法分块分配者为绕开第 27 条第 2 款之规定而使用的办法。

这是因为，原则上共同业权之设定不意味着对土地的划分，而是意味着一个嗣后不可分割之共同支配，并不适用土地分块分配制度。

这就是说，在葡国市郊土地的业权，已以普遍方式被确定于被划成一份份土地的承诺买卖合约之中，它时刻期待着有一天，这些被非法划定的一块块土地获得批准，纳入包括划分土地的法律、规章或行政行为在内的规范范畴之内。由此产生了一个通过使用"按块划分"概念对非法小区进行合法化及收回的浪潮，当然它也未能逃脱"无穷循环规划"制度的怪圈。那么，成千个土地按块分配中的某些分配，是否已获得了执照呢？

正是在这种城市规划的法律背景之下，特别是自 1974 年 4 月革命至 1984 年这 10 年之间出现的政治激进主义、行政政策上的摇摆不定、政权脆弱、且人口向主要大城市移居的情形下，"非法"土地按块分配才引起了更高的警觉，因为这一现象已野蛮地蚕食了国家城市的郊区及沿海相当一部分地区。

当时，已国有化的银行作为这一现象的后盾，负有不可推卸的责任。这一现象只是由于最高反贪局的有力介入，方告结束。

6. 葡国城市规划与建筑的黑色之年（1973 年）

本人认为，1973 年是葡国城市规划及建筑法律史上最为黑暗的一年。6 月 6 日第 289/73 号法令及 2 月 28 日第 73/73 号法令的规定，完全是听任随意制造空间的粗陋政策，完全而明显地违背了历史背景、城市规划以及建筑设计。

在前文中我们已经看到，第 289/73 号法令是如何为非法土地按块分配大开方便之门，以及它对我国主要城市的空间结构及组织产生的灾难性影响是什么；现在我们再来看一下本人认为 1973 年是葡国城市规划及建筑法律史上最黑暗的一年的另外一个原因，即 2 月 28 日第 73/73 号法令的影响。

在"野蛮城市化"与虽无司法管辖但仍谓之以"合法"的城市化之间，从组成、功能及美学角度而言，两者区别甚微，乃至无甚区别。两者的共同点，不仅体现在均反对规划方面，亦体现在漠视城市图则及由建筑师对那里将要建设的建筑物所设计的建筑图则方面。我们认为，这一问题并非只是由于 2 月 28 日第 73/73 号法令允许未经适当培训的技术人员行使建筑师之职务而直接造成的，它还是由于当时葡国的职业建筑师这一阶层本身表现出的公开漠不关心而造成的。

直至最近，在《建筑师学刊》第 75 期一篇题为《建筑师的自身行为》的文章中，文章作者仍表示，在葡国建筑师学会看来，建筑师只应介入大型的及重要的楼宇建筑。而在全国每年的总建筑中 75% 均是小型建筑的情况下，我们可以得出这样一个结论，即第 73/73 号法令与该协会公开捍卫的如此奇怪的立场，简直是不谋而合，因为两者均允许一些未经过适当培训者，在过去及现在占据一个葡国建筑师学会认为建筑师不应占据的位置。在当时，许多建筑师认为，社会的无产阶级化可以由国家只推动集体住宅来实现。

《田园城市》杂志是一份关于城市化及建筑方面社会政治题材的杂志，它在第 1 期中激进地认为，别墅式住宅是第三帝国住宅政策及计划的独特之处。

在缺少一个务实政策的背景下，与新国家政体一起产生的别墅式住宅这一解决方案，遵循单一官方式独裁风格，反对建筑设计上的自由，并被确定为葡国人的理想住宅模式。并由于同样是意识形态及独裁政治、但却意义相反的理由，被从通过国家建造住宅的计划中激进地取消，从而违背了由乡村大量涌向国外、或涌入我国主要大城市郊区的人们在人类学及文化意义上希望的空间模式。而所谓的非法小区，对于当时采取的主流住宅模式（即一家一户的别墅式住宅）而言，是没有依循城市及建筑图则而自行建造的，它不仅是对政府企图禁止选择住宅种类自由这一盲目政策的实时及自我回答，也是对葡国建筑师学会在《建筑师的自身行为》一文中默示认为不宜参加别墅（小型建设）设计这一同样盲目的立场的即刻的自我回答。

很明显，这一切均发生于许多建筑师及某些机构认为建筑及城市图则不过是可将世界改变成平等主义充斥的乌托邦的事业，而非一种艺术，一种所有艺术中最公开的艺术的时期。

非法小区的问题与另一个问题十分接近，甚至从某种角度上说，这一问题比非法小区问题出现得更早，并与之最终混为一体。这一问题就是"侨民住宅"的建设问题。

在一段时间内，在葡萄牙国内，侨民作为"替罪羊"而被政府指责为具有一切坏处，且系破坏我国景观的罪魁祸首。但是，侨民不是应为葡国不存在城市规划负责的人，亦不是应为葡国建筑师学会负责人公开宣称该机构奉行的政策是认为建筑师不应设计任何小型建筑（暗指别墅式住宅）这种言论负责的人，更不是应为葡国关于在过去及现在允许一个未受过有关培训的人制定及签署建筑设计之立法负责的人。

令人奇怪的是，从空间人类学的角度而言，"侨民住宅"是以从农村住宅向城市住宅过渡的改革计划为基础的，这是一个无可争议的、积极且具革新性的事实，只需将其适当纳入城市规划或有关建筑图则即可。而我们的政府却对此一再漠视不理。

我们不能说在葡国没有任何法律（甚至单行法律）可以在某种程度上作为城市化程序的基础。但问题是在这一法律没有要求城市规划符合空间现实的机制，而只原则上有一个实际中可以选择的特征；各个市政府不要求对其领地予以规划，即使做了规划，人们也怀疑是否可被通过。在土地按块分配需遵守上一级之规划的情形下，或是由于这些规划根本不存在或在法律上无效，或是由于无穷循环规划制度本身的虚无缥缈性，很明显由私人推动的城市化在这种背景下势必举步维艰、令人沮丧。

直到 1990 年之后，土地按块分配的法律制度才有了新方向并沿着法律有效性之路向前发展，这是我国现行城市化有法可依的出发点。

我们试与葡国相比较，看看建筑及城市图则在澳门的行使过程是什么样的。

8 月 21 日第 79/85/M 号法令第 13 条规定，"建筑设计由建筑师制作"。

虽然这一法规没有提及城市图则之使用，而只是提及建筑之行使，但可以轻易看出：在澳门，这种专门的设计亦只能由建筑师制作及签署；这并不意味着在建筑与城市图则之间不应有建筑师之培训方面学历专长之差别，亦不意味着设立了不同的权利及责任，更不意味着可以且应当将有关领域逐一独立开来。

在葡萄牙，未经适当培训而行使建筑设计的技术人员，尤其是技术人员、民用工程师及建筑商可以制作并签署这类专门设计，除非在某些限定性领域，例如对国有纪念物及被甄别之楼宇的"保护区"。

虽然澳门现在的情形无疑比葡国更正确、更先进，但依据 8 月 21 日第 78/85/M 号法令第 13 条之规定，在这里行使建筑设计亦十分复杂且缺少透明度，其原因如下：

（1）无论在都市立法方面，还是在对建筑材料及技术的规范及调整方面，本地区均存在着很大的漏洞；

（2）上述情形使建筑师的职业责任在澳门原则上无法律参考，而主要是道德方面的参考；相应的，在澳门不存在、也因上述原因不可能存在一个职业道德法典来限定建筑师活动的责任及将之独立开来；

（3）因此，由于在城市立法领域和建筑材料与技术的调整及规范上缺少实质性提及，故职业建筑师在其他职业阶层，即建设者及不动产商人面前失去了自己的职业独立性。

（4）这一情形使每个职业建筑师在所存在的行政"合法性"之内，可以独立地经常成为一个处于城市空间定性之程序之外的行为人。需要指出的是，在城市规划的游戏规则内，如果没有法律，那么道德不过是一个幻象。

（5）在没有一个操守法典的情况下，法律本身在葡国及澳门所希望的是删除建筑师在由其赞成的方案方面不负有责任；问题的严重性在于建筑与城市化作为对空间进行组织的艺术及人类一切活动的支柱，应是所有艺术中最为公开的及公民化的。

在葡国及澳门关于建筑及城市图则实施的经验方面，可以轻易得出以下结论，即：保证产生高质量空间的必要的、但非充分的条件，是有关设计由建筑师制作并签署。

四　从 1974 年四月革命到现在

地区化理论与国土及行政非集中化理论，以及反行政官僚主义规定，在宪法中已有 23 年之久，但仍未在规划制度中得以实现和移植。

（一）非法城市化扩张阶段

1.《土地法》："城市保护及控制区"的无效性

前文已经描述了"非法分块"分配土地的情形，以及对我国主要城市市郊的土地瓜分并野蛮蚕食的情形。这些情形有时延伸到了现有的建筑之外的市镇土地的全部。而建立城市保护及控制区的目的，正是为了结束这一现象。

但是，应当指出，虽然出发点是好的，但使用的策略及手段却是完全错误而荒谬的，乃至在《土地法》（11 月 5 日第 794/76 号法令）中规定的这些区域上从未被适用过：

第 14 条

（1）将建立城市保护及控制区，其目的是为了避免及控制在与城市建筑物有关的、或建于其中的土地上进行的活动，同时避免及控制在使用这些地皮时进行的、不利于有关居民集体利益及城市适当运作的改动（它们可因缺少监管，包括生物形态上的平衡而在多个方面产生），以及保护城市发展的必要特点及条件。

（2）将以法令形式对下述地点确定一些城市保护及控制区：

①各县政府所在地；

②各超过 25000 名居民的城镇；

③被视作宜于建立这一地区的其他城镇。

（3）城市保护及控制区可建在一个含有多个市镇的区域内，只要表明这适宜于地区有序发展即可。

第 15 条

（1）城市保护及控制区按适于每个个案的情况被确定区域大小，以满足其目的之需要，但应有足够的面积以便可以对不利于集体利益，且在近期无法满足城镇扩张需要的活动进行有效控制。

（2）如果城市保护及控制区的范围全部或部分地与行政区划不相吻合，则应予以确定以保证一个可靠的认别。为此，只要有这方面的需要，就应指出较易认别的物质要素，尤其是公路及水路。

......

第 18 条

应为工业园区建立保护及控制区，应对这些保护及控制区适用经适当修订的、考虑到这些工业园区特殊需要的第 14 条及第 17 条之规定。

2. 优先城市发展区及优先建设区的无效性（5 月 3 日第 152/82 号法令）

前文所述的关于依据《土地法》而建立的城市保护及控制区的无效性，同样见于优先城市发展区和优先建设区之中。在以上两种情形中，我们均可以看到政府方面欠缺对城市规划的一个和谐而具整体性的眼光，亦缺少打击我国城郊地区非法城市化活动的策略。因此，其失败的原因与缺少实施法制性规划的政治决心及意愿有直接关系。

5 月 3 日第 152/82 号法令摘引如下：

第 1 条（优先城市发展区及优先建设区）

（1）在居民人数超过 30000 人的城市（Concelho）中，强制性在超过 2500 名居民的一切城镇设立优先城市发展区及优先建设区。在其余城镇中，则非强制性的。

（2）依据最长为期五年的目标，优先城市发展区用于作为为期最长五年的城市发展的支指。应为这一城市发展提供有质量的、一切必不可少的城市化要件，并尽可能为这些发展区提供一个可以应付在此期间人口增长的必要空间。

（3）优先建设区用于确定即将纳入市政城市活动年度计划的、立即予以建设的土地。

除此之外，关于澳门之土地法还经历如下调整。

1980 年 7 月 5 日第 6/80/M 号法律[①]，废止了一切与该法不相符的一般立法及特别立法，即废止公布于 1973 年 9 月 22 日《政府公报》第 38 期上的第 6/73 号法律。

---

① 载《政府公报》第 27 期，第 951 页。中文版公布于 1980 年 12 月 20 日《政府公报》第 2167 页。

1981 年 6 月 27 日《政府公报》第 26 期副刊第 5/81/M 号法律，修订了第 198 条。

1982 年 2 月 6 日《政府公报》第 6 期第 2/82/M 号法律，修订了第 197、198 条。

1983 年 8 月 13 日《政府公报》第 33 期第 8/83/M 号法律，修订了第 41、51、52、118、124、133～135、143、151～158、160、162、195、198 条，系与第 51/83/M 号补充性法规一起，按照公布于 12 月 26 日《政府公报》第 52 期前法第 201 条而为之。

1984 年 7 月 21 日《政府公报》第 30 期第 78/84/M 号法令，对第 29、30、43、56、57、68、107、117、169、170、179、197 条予以修订，并废止第 155 条第 2 款及第 158 条第 3 款。

1988 年 9 月 27 日《政府公报》第 39 期第 DSCI/SAOPH/SAGE 规定，设立一个工作小组，以制作一个法律草案（即《陆地、水域及天空所有权法》）。同年 1 月 25 日《政府公报》第 10/GM/88 部门指引，规定了关于批地的补充性规则。

1991 年 7 月 29 日《政府公报》第 30 期第 8/91/M 号法律，修订了第 48、54、55、59、61、124～131、133～135、162、165 及第 179 条。同年 11 月 18 日《政府公报》第 46 期第 13/91/M 号法律，修订了第 39、41、56、119 条，并废止了第 40 条 d 项。

1994 年 7 月 4 日《政府公报》第 27 期第 1 组第 2/94/M 号法律，修订了第 5、8、29、55、77、106、117、118、119、125、127、131、132、133、135、147、163、179、180、181 条。

关于土地法，我们来看一篇题为《澳门建筑格局》的文章摘要：

> 谈到澳门的土地及业权，我们就走上了一条混杂着传说、传统、富有特点的行为及特征的道路，它们很难与一个现代社会的法律规范相符合。
>
> 如果说葡国人入居这一中国地区的方式尚无定论，那么"对土地的占有"问题则是一个根源性的问题，这一问题持续了几个世纪一直存在至今。但是无论是时间的推移，还是由宗主国输入的法律，均未能予之以解决。

因此，在这一方面它仍是一个现实问题，尤其需要找到一个方法适当、合乎情理的解决办法。①

因澳门的特殊性而进行的多个单项"修订"及"例外"，于 1980 年对土地法进行了一次修改，其中第一次是以一个广阔而具本地性的眼光对问题予以定性和分析。在其"前言"中，对情况作了如下评述：

由于本地区面积细小及人口密度高，几无农作业，可动用之地段及计划填海可取得之地段主要作为市区用途，建筑物的高空发展及城市旧有部分的占用已达饱和，木屋及其他临时建筑物在空置地段的散布、离岛地区有不少面积非细小的地段单凭私人文件（所谓砂纸契）提出业权或所有权，等等，均为澳门一些特有的情况。而此等情况，除对土地问题有其本身的特征及特别的重要性外，并且在土地范围内数年来备受法律上的特别处理。

土地法将对公有土地的租赁等同于现存的永久租借，并规定未来的批地需进行公开竞投，同时规定了直接调整的权能。

在经过 20 年并进行了数平方公里的填海后，某些问题得以解决或减轻，例如木屋问题、旧区的卫生问题等等。民事建筑"转至"新填海区。

但是也产生了新的问题，例如不动产危机。同时还有一些老问题继续存在，例如"砂纸契"的问题（即不具法律价值的古老的私人契约），这对于某些土地的占有权将无法确定。

3. 关于非法建筑及土地按块分配的法规

1976 年 11 月 6 日第 804/76 号法令规定：

规定非法建筑区可成为旨在将其合法化、临时维持或立即或近期性拆除之措施的对象，同时制定使用这些不同之措施的一般性规定并要求遵守。

这要求对不同的非法建筑区进行认定及研究，它与可适用之措施

---

① 《澳门建筑格局》，载《澳门杂志》，1998 年 1 月。

的实施一起，由本地有权限之机构在中央政府的适当机构及部门以及有利害关系之居民的参与下负责进行。

包括于其中的区域的合法化应通过与利害关系人的协议而寻求。

1977 年 3 月 9 日第 90/77 号法令，对 11 月 6 日第 804/76 号法令第 3、4、5、6、16 条进行了修订。

4. 非法土地分块分配之终结

1984 年 12 月 31 日第 400/84 号法令，规定了一个新的城市土地按块分配制度。经过 11 年之后，第 289/73 号法令最终被这一法令废止。

为呼应各个市政府及其他机构的异议，第 400/84 号法令第 58 条要求，在订立任何产生或可能会产生乡村土地之共有业权设定、或共有人人数扩大的法律交易或行为时、或予之以登记时，必须有市政府同意的意见书。

如果说乡村土地按块分配在必须有市政府事先同意书面前已成为不可能，那么，对于在那时之前已经设定并登记的、具有不可分割之共同业权的各个单位之移转的法律交易之进行可能性而言，则并非如此。

第 400/84 号法令以一种简单的方式，寥寥数语便用一个条款结束了在葡国的非法土地分块分配，但却没有顾及我国城市郊区的土地，甚至全部属市政土地的土地以及沿海之土地，这些土地以最大的不合理性及完全不顾城市图则的方式被分为小块。在其上建设的非法工程，至今与约一百万葡国人有关（即全国总人口的十分之一）。许多我们最好的农业用地，同样在这一程序中被毁坏。

如果说一个楼宇的技术寿命不会超过 70 年，可由后人在那里进行另外的建筑设计的话，那么以最大的不合理性分块划定土地，则会使其黑暗的影响持续许多个世纪。由于缺少城市网络，缺少一个由此而产生的有组织、有结构的空间基础，严重影响了现代及未来的城市发展。从 1960 年代至 1984 年，这一切均对环境造成了巨大影响，而与此同时在整个欧洲却成功兴起了新兴的城市。

在此不能不指出高美士（Osvaldo Gomes）的观点，他在论及对非法土地分块分配的打击方式所具有的违宪性时，就第 400/84 号法令第 58 条之规定指出：

这一规范具有违宪性的说法使人们产生了许多疑问，因为它意味着对宪法第 62 条规定的财产权利的一个严重及野蛮的侵犯，明显违反了宪法第 13 条、第 266 条第 2 款及第 270 条规定的平等、公正及比例性原则。[①]

我们还应注意到 1984 年 12 月 31 日第 400/84 号法令 "以如此简单的方式" 终结非法土地分块分配的这一剂灵丹妙药，所面临的恰好是一个因过量提供而完全饱和的非法土地分块分配的市场——这也许是其获得成功的原因所在。

这一法规废止了《土地法》（11 月 5 日第 794/76 号法令）第 VIII 章之全部内容。而在该法令中，由于存在极端官僚主义，故法令仍继续为土地分块分配之准照设立了许多障碍。《土地法》第 32 条规定："城市土地分块分配的行动，即使符合被通过的城市规划中的工程，如果其立即或近期实施不利于该规划或总体利益规划实施的适当步骤，或不利于地区之有计划发展，亦不得被批准。" 这表明该法丝毫没有掩饰继续反对在城市规划领域及土地分块分配之中由私人倡议的立场。

很明显，在《土地法》中指出的规划（土地分块分配应遵守这一规划），只能是一个幻象，因为除此之外并无任何东西存在。百密一疏，这一切是不是仅仅意味着合法的土地分块分配仍然是不可能的，土地交易可能继续集中于非法土地分块分配之区域之中呢？

此外，在非法土地分块分配之外，这一时期还存在着另一个占领公产土地的现象。这一现象极为迅速地发展，主要见于具有很大度假潜力的地区。同时，政府本身亦在违反法律的情况下，多次轻易而毫无顾忌地占用都市土地以建设集体设施，并违反行政占有之规定和在征用时宣示公益性的规定。

在这种情况下，在实际中操纵 "游戏规则" 的，似乎是平行性城市经济的逻辑和策略。我们由此可以轻易地得出这样的结论：城市空间发展的逻辑，只不过是 "平行经济" 的一个方面。无论在 "新国家" 政体时期，还是在 1974 年 4 月革命之后的时期内，它在许多时候就是人民对城市化及

[①] Fernando Gonçalves：《城市化法律》，第 412 页。

住宅领域裹足不前的政策的回答。

5. 关于城市规划法在 1989 年在葡国面临严峻情形的一些看法

在亚马勒（Diogo Freitas do Amaral）对《城市规划法》的介绍中，我们可作出如下摘录：

> 葡国的城市规划法是拼凑起来的，它由许多互不协调而互不统一的对立法规所组成。它是由一个在基本方面未遵守公正原则的立法而形成的。如果说葡国在欧洲范围内可因一些法律部门而引以为自豪，那么城市规划法肯定不在这些法律部门之中。我们距离一个法制国家可以接受的现状，还差之千里……①

奎德洛斯（Fausto de Quadros）在上述同一著作中指出：

> （在葡国）构成城市规划之总体现实的法律要件均被立法及负责法律适用的政府忽视了。工程师们及建筑师们将城市规划视作一个与法律无关的世界（如果说不是一个与法律相对的世界的话），他们经常对法律工作者使用法律原则（其中一些是法律的基本原则）希望对城市规划作出规范的做法报以嘲笑。
>
> 有过之而无不及的是，在城市规划方面，宪法及行政法则干脆被完全忽视不提。……
>
> 在承认目前在葡国城市规划与法律联系甚少（更不用说与现代化与进步相配合）的前提之下，必须尽一切努力立即行动起来，使我们立即使城市规划法制化，使法制与法律尤其是宪法取代盲目主义及冒险主义。只有在此之后，才能谈及在葡国的城市规划法。②

（二）完全富有法律成效的规划阶段：欧共体的影响（1990 年）

1. 国土整理之市政规划

（1）前身

---

① 参见 Diogo Freitas do Amaral《城市规划法》，里斯本，国家行政学院，1989。
② 前引 Fernando Gonçalves《城市化法律》，第 269～270 页。

一是 1977 年 10 月 25 日第 79/77 号法律（第 48 条第 1 款 I 项），即关于市政机构的规定。

二是 1982 年 5 月 26 日第 208/82 号法令。

前文已述，12 月 31 日第 400/84 号法令结束了在葡国的非法土地按块分配的程序。在该法令公布的两年之前，曾公布了另一个法规，即 5 月 26 日第 208/82 号法令。它虽然像以往一样效果很小，但在我们的城市规划法方面却具有较大的意义。在该法令中规定了市政指导性规划，从而实现了早在 1977 年 10 月 25 日第 79/77 号法律（第 48 条第 1 款 I 项）中就引入的对地方市政当局的规定。但是，当时对法制性城市规划的抵触十分巨大（包括政府方面亦是如此），以致以该法规为基础仅制作了六个市政指导性规划，而在这些规划中只有两个得以通过。

第 208/82 号法令对澳门地区指导性规划产生了影响。也许是在公布于葡国的这一新法规（第 208/82 号法令）的影响下，澳门政府以极具发展性的眼光，于 1984 年下令制作《澳门地区指导性规划》。这一规划于 1986 年完成，但从未得以公布，一如当时司空见惯的一样。我们应当指出，这一规划，即《澳门地区指导性规划》并非一个法制化的规划，但却完全具有适用力，《划界之官方图则》亦使用它作为参考，并一直有效至工程师卡布拉尔（Rocha Cabral）颁行第 10/SATOP/87 号批示为止。

鉴于 1963 年《澳门都市建设总规章》系针对一个具有小型楼宇的小城市而制定，并因之完全与今天的现实脱节，因此，以政府发出的传阅文件为基础而分别在 1989 年及 1990 年编写和汇编的城市规划与建筑规章，在建筑业的压力面前，已成为一个应对方式——它虽然重要，但由于快捷而无规章的法律效力、亦不属于城市规划种类，它无法逐案在澳门地区对建筑管理作出回答。为此，"传阅文件"开始成为出具建筑"划定图则"的主要参考文件。与此相矛盾的是，每一个案的官方划定图则的内容，似乎源自任一某个并不存在的、或只处于研究阶段的细节性规划之中。这种方法明显是注定要失败的，无论其多么符合操守。

同时，在这一阶段，城市化管理的特点也与葡国无太大差别。直到 3 月 2 日第 69/90 号法令与 2 月 25 日第 25/92 号法令相结合后，法制化的城市规划方告确实出现。

（2）对国土规划计划之实际效力的承认（1990～1992 年）

其一，关于 1990 年 3 月 2 日第 69/90 号法令及其与 2 月 25 日第 25/92 号法令的衔接。

在 1982 年 5 月 26 日第 208/82 法令公布 8 年之后，情况发生了翻天覆地的变化。由于欧共体方面具有建设性的压力，以及 1990 年 3 月 2 日第 69/90 号法令"国土整理之市政规划"与 1992 年 2 月 25 日第 25/92 号法令的共同使用（它要求将国土整理之市政规划的事先存在，作为市政府与政府签署计划性合约与合作协议的先决条件），葡国的城市规划迎来了一场真正的革命，走上了法制的轨道。

当时，政府中的一些保守势力为了说明市政指导性规划可以被免除，将半个世纪之前已被埋葬的"先期规划"这一腐朽的概念又重新挖掘出来，认为它们仍对整个国土有效，因此没有必要再有什么别的规划。另一方面，技术官僚们亦反对市政指导性规划，主张一个全面的或不全面的所谓"战略"，反对城市之结构及图则，并将所谓"战略"规划仿效意大利的称谓，称之为"经磋商之规划"。

关于这一主张，洛伯（M. Costa Lobo）教授在《城市规划法》中作出了如下驳斥：

> 难道城市规划不是源自法律和规章的吗？什么样的操守有效性应当存在于一个经磋商的城市化管理之内呢？这是一个需要很好地反思以澄清混乱的题材。①

应当指出，无论是保守势力或是技术官僚，均对法制化的城市规划有很大的抵触，但明显均告失败。

关于第 69/90 号法令，我们在此转述科德洛（António Cordeiro）在《公职法律辞典》一书对"城市规划"一词的看法：

> 第 69/90 号法令对市政规划制度进行了修改，取代了 1971 年关于城市化规划的制度及 1982 年关于市政指导性规划的制度，将它们全部包括在国土整理之市政规划这一统一冠名之下。

---

① M. Costa Lobo：《城市规划法》，里斯本，国家行政学院，1986，第 22～23 页。

从规划的类别上看，它将一般性规划及局部性规划结合了起来，由此只存在"城市规划"这一种规划，虽然特别指出除城市区域及可被城市化之区域之外还可以涉及"中间性不可被城市化之区域或该等区域含括之区域"（第 2 条第 1 款 c 项），但没有指出应涉及之区域的具体面积。

它以 1982 年规定的结构为基础的形成过程亦开始对多种市政规划进行了统一：由市政府制定（第 3 条），由中央政府关注（第 6 条），有关设计由有关当局审议（第 13 条），现在再加上在批准之前进行公开调查（第 14 条）。

有关的批准程序转由市政府负责（由市政议会通过第 3 条第 2 款），并报政府批准。但是如果存在正在生效的高一级规划且与之相符合，则低一级规划的批准不必报政府批准（第 3 条第 3 和第 4 款及第 16 条）。此外，亦转由市政议会负责通过有关市政规划的预防性措施及临时性规范，而不考虑《土地法》（1976 年 11 月 5 日第 794/76 号法律）第 7 条及第 10 条规定的普遍集中性规定①。

1980 年 8 月 19 日第 313/80 号法令第 1 条，对第 794/76 号法律第 5 条进行了修订：

它具有行政性规章的性质（第 4 条），并需在国土规划总署进行集中登记（第 17 条），并强制性公布。

规划的内容（一般为"在被涉及之区域内对土地的占用、使用及改造"）规定于法规第 9 条，它力图表明规则的渐进性（即自指导性规划至细节性规划）的实施所欲达到目的。在细节性规划，已提升到了城市形态的领域，这尤其表现在"楼宇外观之特征"这一规定上。

……

在对规划之"基本性、补充性及附带性"要素的有关规定之中（第 10 条至第 12 条），应当指出，与 1982 年之制度相反，实施计划及财政规划在指导性规划中成为非强制性的，而在其他的规划中，它们

---

① 《土地法》（11 月 5 日第 794/76 号法律）完全取代了 11 月 24 日第 576/70 号法令。

则成为强制性的（第 11 条第 2 款）。

还必须指出，虽然规定了与以前的城市规划（如中期规划及具有
长期性趋势的指导性规划）相反的特点①，但却亦将有关的修订期限定
为十年，并规定如不遵行，则市政府就会遭到失去自由地对在这一期
限内未加以修订之规划予以通过的自主性这一惩罚（第 19 条第 5 款）。

随后是 1990 年 3 月 2 日第 69/90 号法令，采用了一个鼓励规划之公布
与登记的政策，同时产生了一个在规划的有效期内实行规划保障之法律原
则的趋势。它们严重打击了在城市化管理之中盲目甚至随意性的做法，因
为这些做法并不是基于可靠的城市化规定之上的。相应的，向私人工程发
出准照之法律制度本身②，不再取决于一直遵从的对城市化规定方面的盲目
及不同的解释或规定，而开始在这些方面，在对工程与设计之准照的审议
中，保证一个更高的透明度和程序的快捷性。同时，城市化和建筑上的不
法性也急剧降低。

其二，关于 3 月 2 日第 69/90 号法令对澳门地区的影响。

由于 1990 年 3 月 2 日第 69/90 法令在葡国和澳门以同样的方式被公布，
似乎在对规划的公布所表现的态度上有了某些变化。1991 年 4 月 18 日以第
68/91 号训令及第 69/91 号训令方式，在《政府公报》上分别公布了《对外
港新填海区城市化之规划》和《南湾重整规划》。

但是应当注意到，《葡萄牙共和国宪法》第 266 条和前不久的《澳门行
政程序法典》规定的政府合法性原则，必然意味着只能将那些在法律中予
以明示规定的规划视作国土整理规划，其余的任何规划则应被认为是务实
性的工作文件，不具有外部有效性及规范性质。

事实上，规划的典型性原则是政府合法性原则的一个外部依托，为此
在澳门亦应当使不同的有关机构进行完善的沟通，尽一切努力使土地整理
规划的制定和通过程序规范化，同时对这些规划作出明确的分类，规定明
确的等级。在这一方面，我们发现纯粹的土地按块分配经常被称为"指导

---

① 第 560/71 号法令第 3 条第 6 款规定对城市规划的修订以 5 年为期限，而第 208/82 号法令第
2 条第 3 款则将指导性规划的期限定为 5 年至 12 年。
② 该制度原载 1991 年 11 月 20 日第 445/91 号法令，后被 1994 年 10 月 15 日第 250/94 号法令
及 1996 年 7 月 25 日第 22/96 号法律修订。

性规划"，而划定性图则或简单的研究亦被等同于"细节性规划"，或者保护已有文物的规划只不过是一个单纯的外观设计性图则。

2. 国土规划之地区性计划

（1）国土规划之地区性计划的前身

其一，关于"太阳海岸城市规划"（1948 年）。

在一个地区性或准地区性规划中，如果不提到帕切科（Duarte Pacheco）在这些规划中同样起到的独特作用，是不正确的。

1933 年 4 月 10 日第 22444 号国令，允许聘请阿伽奇（Alfred Agache）这位具有丰富经验的法国城市建筑师来实施"太阳海岸城市规划"。两年之后，国会 1935 年 5 月 22 日第 1099 号法律依据已通过的规划，对太阳海岸予以城市化，"包括里斯本、奥埃拉斯（Oeiras）和卡斯凯斯（Cascais）等市的部分地区，其边线与设计中的高速公路平行，并超过高速公路中轴线100 米；南部至特茹河及大西洋沿岸。"

但 1935 年 5 月 22 日第 1099 号法律第 10 条却规定，在"里斯本都市总规划"制定并被通过之后，"太阳海岸城市规划应被予以必要的修订，以便完美和谐地纳入前者之中，尤其是纳入有关的地区性规划之中"。这一条款明显将太阳海岸城市规划置于一地区性（或低于地区性）规划的等级之中。这一规划直到约 13 年后才被 1948 年 1 月 28 日第 37571 号法律通过。

其二，关于《里斯本地区城市发展指导性规划》和《波尔图都市总规划》。

直到 1959 年才产生《里斯本地区城市发展指导性规划》，它包括里斯本县及塞图巴尔县。制定这一规划的基础，是 1959 年 8 月 14 日第 2099 号法律这一为地区性规划作出了重要贡献的法律。但是，由于这一在 1965 年方告完成的规范与《第三期发展规划》的经济指引不相符合，故必然受到阶层议会的制约。为此，1972 年 1 月 13 日第 17/72 号法令和 1973 年 3 月24 日第 124/73 号法令，命令再次制定《里斯本地区城市发展指导性规划》及《波尔图都市总规划》，后者包括布拉加（Braga）在内并被 1988 年 1 月16 日第 14/88 号法令修订。

（2）关于国土整理之地区性规划的主张

《葡萄牙共和国宪法》第 258 条（规划）规定：行政区制定地区性规划，并参与第 92 条规定之规划的制定。

1983 年 7 月 20 日第 338/83 号法令，产生于 1982 年 5 月 26 日第 208/82 号法令，后被 5 月 18 日第 176 - A/88 号法令取代，而这个法令后来又被 1990 年 11 月 26 日第 367/90 号法令修订。第 338/83 号法令规定了国土整理之市政规划，公布之后的第二年，它创立了国土整理之"地区性规划"这一概念。从此，我们的规划开始由这两个分别关于市政规划和地区性规划（两个规划均使用了"整理"这一措辞）的法规占据统治地位。

政府通过有关的协调委员会负责提出建议，命令制定国土整理之地区性规划，并使其中包括的市政府及其他有关公共实体参与其中。

依据该法令第 12 条第 1 款，规定于国土整理之地区性规划之中的规范及原则，"对于一切公立及私人机构均有约束力，其他任何全国性或本地性的规划、计划及项目均应与之相符合"，否则就具有无效性（第 12 条第 2 款）。这种符合的强制性后来亦通过 10 月 7 日第 351/93 号法令延伸至"土地按块分配、城市化工程及建筑工程准照。这些准照符合规定地标明权利人，尤其是通过在国土整理之地区性规划生效之日前出具的执照而标明"，其第 1 条第 1 款规定，为此，而要"确认符合"规划中的"土地使用、占有及改造规定"。

由此产生了一个在我们的城市规划法中需要解决的中心问题：除了在土地按块分配制度（1991 年 11 月 29 日第 448/91 号法令第 37 条及对此予以修订的后续性法规第 37 条）指出"通过征用而予以赔偿"的明显不足之办法外，无论在有关国土整理之地区性规划的立法内，还是在有关国土整理之市政规划的立法内，均未指出在因对规划作出修改及取代而对政府规定的对土地使用发生改变的情形下，规划对于被管理者权利之保障具有何等价值。

对于这一临界性问题，必须立即对由此产生的不公正性作出回答，也必须立即对任何私人投资战略受到的损害及因此产生的忧虑作出回答。为此，我们发现，虽然在现行立法中可能存在某种保障规划原则的趋势，但规划还远远不是一个现实。无论在葡国还是在澳门，这些问题均是十分尖锐的。

此外还应论及的是，在澳门不存在国土整理之地区性规划的问题。澳门作为未来的特别行政区，目前只有关于纳入珠江三角洲这一广阔发展区交通网络之中的研究及计划，但并不具有本身意义上的、被称之为地区性规划的东西，而所谓的地区性规划需具有地区性国土整理规划的特点，以便在战略上不仅考虑纳入有关的交通网络，而且要考虑纳入一个对城市予以规范的城市化规划的、分种类而有等级的制度之中，并与之衔接。

3. 国土整理之特别规划（1995 年）

1995 年 6 月 24 日第 151/95 号法令，规定了国土整理之特别规划的法律制度。该法规在《前言》中指出了一些说明性观点，我们在此予以部分性摘录：

> 由市政府倡导的规划符合规定地被特别立法、尤其是 3 月 2 日第 69/90 号法令所调整，同时，并非所有的由国家直接及间接之行政管理所倡导的规划在法律中均明确规定了有关制定及通过之法律制度。
>
> 事实上，除了国土整理之地区性规划之外，只有保护区之整理规划及公共水域区之整理规划被明显以专门的法律所调整。尽管如此，该法律制度的某些方面仍享有一个无理由说明之特殊对待。
>
> 对于其他的由政府直接及间接管理所倡导的规划，没有确定有关的制定及通过的法律制度。这尤其见于森林整理规划、港口整理及扩张规划、住宅整体规划及国土保护规划之中。
>
> 的确，这些规划规定于多个立法之中，但法律未具体指出有关的法律制度。为此，必须填补存在于我们法律制度中的漏洞，对由国家直接及间接管理所倡导的国土整理之特别规划的组成程序、法律性质及等级，制定统一的规定。填补这一规范漏洞的必要性，还体现在该等规划在国家土地整理的影响之上，也体现在保证在其形成过程中有不同的各界机构（尤其是负责特别制定国土规划之政府部门）参与，以保证适当地考虑有关于公共利益的必要性之上，以及保证公民依据参与原则进行参与、国家与私人之间合作的必要性之中。
>
> 另一方面，还必须注意，宪法第 266 条规定的政府合法性原则必然意味着只能将那些法律中予以明示规定的规划视作国土整理规划，其余的任何规划则应被认为是务实性的工作文件，不具有外部有效性及规范性质。事实上，规划的典型性原则是政府合法性原则的一个外部依托，为此应尽一切努力使土地的整理规划的制定及通过程序被符合规定地调整。

为此本法规不仅填补了法律制度中存在的一个漏洞，亦对有关国土整理的特别规划的制定及通过程序的法律规定进行了补充，因为这一事宜已在国土整理之地区性规划与国土整理之市政规划方面被予以规定。

......

第 2 条

1. 制定国土整理之特别规划及其预备性措施的决定属具有等级权力的政府成员、负责保证规划满足之利益的实体的负责人或监管者之权限。

2. 国土整理之特别规划及其预备性措施由部长理事会以决议形式通过。

第 3 条

......

4. 国土整理之市政规划应含有并遵循在国土整理之特别规划中规定的原则及规定。

5. 国土整理之特别规划的通过意味着对与之不相符合的国土整理之市政规划的修订或更改，使之适合前者规定的制度。

1995 年 6 月 24 日第 151/95 号法令附件，指出了下述国土整理之特别规划的内容：

1）森林整理规划。
2）港口整理及扩张规划。
3）住宅总体规划。
4）文物保护规划。
5）保护区整理规划。
6）公共水域整理规划。
7）海岸整理规划。

现在被 1995 年 6 月 24 日第 151/95 号法令所调整的这些国土整理之特别规划，提出了一个实质性的问题，即它们是否符合国土整理之地区性规划及国土整理之市政规划，尤其是是否符合市政指导性规划；同时还造成了市政府与其他有关的介入机构之间在这些规划涉及的一切领域内不可避免的冲突性。

最后，本人还想简单提及在整理国土特别规划方面葡国最新制定的立法，即1995年6月24日第151/95号法令。目前，由于缺少关于这些规划——这些规划中的一些内容在《环境纲要法》（1987年4月7日第11/87号法律）——提及在制定和通过上述立法而产生的严重问题，以及对这些规划缺乏分类（这对其行政合法性产生了影响）的问题，均已被解决。

但是本人认为，这些新的法规具有一个我国城市化立法在与环境及住宅有关的方面所具有的一个共同缺点，即：主要关注分类性问题，而忘记了维持被分类及被"保护"之地区的运作机制。

在葡国（且并非只在葡国），经验明确告诉我们，只主张自然或人文环境可持续发展的原则是不够的，城市化还必须具有这些运作机制以保证灵活性及守法性，与整顿、环境及居住有效地、系统地联系起来。这些规定了诸多不准的规划，其基础是偏激的，会造成被分类及被保护的自然环境在近期内"病死"或被"治疗而死"……

这是因为只是划分财产是不够的。例如：如果一个在此情况下的楼宇无最小的经济可行性，且又不被允许将之拆毁，其业主必然会尽一切努力，使该楼宇逐渐倒塌。

因此，住宅区的破败是与具有历史价值的小区的毁灭以及相应的城市环境和城市形象问题联系在一起的。对于这一类问题，规定城市化平均赔偿原则——它是每个总体规划（U. O. P. G）中都市土地平均利用指数的参考，同样对于问题的解决是十分重要的。此外还可采取其他一些措施，例如税务豁免或税务补偿。

在费戈拉（Francisco Figueira）发表于1993年7～8月澳门建筑师协会《建筑》杂志上的一篇文章中，作者对受《芝加哥宪章》影响更深的澳门地区力图将都市化管理原则和操作机制向立法领域移转，以克服因规划而不可避免地对被管理者造成不公平对待之情形的奋斗历史进行了阐述。很不幸的是，迄今为止，这种奋斗仍未成功，虽然在对本地区意义不大的免税或税务补偿方面采取了一些措施。

4. 对文物的保护及甄别

其一，关于在澳门对文物的保护。

在澳门，没有对文物保护规划的规定及调整，这是因为在澳门没有一个像葡国所拥有的制度，即对规划的类别及等级在城市化立法方面予以整体调整和分级；而在葡国，这一法律概念得强制性纳入并被提及。但是可以说，将之与澳门制定的城市立法相比较，对建筑文物、风景及文化文物的保护，一直得到了澳门政府的仔细关注。

我们来看一下已公布法规的一些简单摘要：

①1976 年 8 月 7 日第 34/76/M 号法令，它后来被 1984 年 6 月 30 日第 56/84/M 号法令废止：

> 经 1974 年 5 月 4 日之批示任命的负责对澳门艺术性文物分类、保护、提出发挥价值之建议及保存之委员会的建议；
>
> 经听取政府咨询会之意见；
>
> 澳门总督现使用经 2 月 17 日第 1/76 号立法性法律批准的《澳门组织章程》第 13 条第 1 款赋予的权能，制定在澳门地区具有法律效力的条文如下：
>
> 第 1 条 属下述类别之地点、楼宇及物品被视作具有公共利益，对全体澳门地区居民均具重要性的财产：
>
> 具有历史意义的楼宇。
>
> 表明澳门古老居民或澳门历史阶段的城市组合体、楼宇、记载及遗址。
>
> 具有风景价值的地点，包括绿化区、树群组合体或值得特别标明的树之个体。
>
> 含有具人类学、考古或历史价值的物品或遗迹的地点。
>
> 在上述第四点中提及的地点中找到的具有历史或文献价值的物品。
>
> 第 2 条 下述地点被甄别为在澳门地区被保护的楼宇、组合体及地点：（后有名单，从略）。①

---

① 该法令载《澳门政府公报》，1984 年第 27 期。

②1977 年 12 月 31 日第 52/77/M 号法令①。经澳门维护都市、风景及文化财产委员会之建议，并听取政府咨询会之意见，依据该法令第 4 条第 1 款之规定对 8 月 7 日第 34/76/M 号法令第 2 条有关档案部分作了修订。这一法令被 6 月 30 日第 56/84/M 号法令废止。

③1980 年 1 月 12 日第 3/80/M 号训令，系关于在市政厅广场至内港（Visconde Paço d'Arcos）之路段上联结，以及关于面积方面细则的强制性规定。

④1983 年 10 月 3 日第 9/83/M 号法律②，第 7 条是关于在被甄别之楼宇中废除建筑障碍的规定。

⑤1984 年 6 月 30 日第 56/84/M 号法令，其目的是保护澳门的建筑、景色及文化财产，其前言明确指出：

> 政府关注维护本地区历史、文化及建筑的财产及使之重现活力。澳门文化学会的设立，对实现该目标系重要的一步，而该学会将文化财产、文化工作以及培训和研究各方面再予结合，将设法在文化范围实现一项协调的工作。
>
> 由公布关注保护本地区文化财产的第一项法例起，历年来所取得之经验，令我们认为必须将甄别重订，对经已甄别有文化价值的保护区域重新界定，以及对在此方面负有职务的机关本身的组织和工作进行更改。
>
> 另一方面，在一项维护文化财产的整体政策内，有关事务处理是特别重要的、以作为避免拆卸已甄别的，或在已甄别的组合体和地方的，或在保护区内的楼宇的办法，以及成为鼓励将之复原的措施。③

今天，我们可以认为，这一法规中明确指出最为重要的战略目的之一，即通过对事宜的税务处理而达到对文物之保护，已不具有特别的效果：在澳门，减免税并无重要的力量促进文化的保护及发展。这一法令除了取消

---

① 该法令载《澳门政府公报》，1977 年第 53 期。
② 该法令载《澳门政府公报》，1983 年第 40 期。
③ 参见 1984 年 6 月 30 日第 56/84/M 号法令，《前言》。

澳门维护都市、风景及文化财产委员会，并成立保护建筑、景色及文化财产委员会这一与澳门文化司署文物厅一起运作的技术咨询机构，并列出了新的需要保存之财产的甄别名单之外，丝毫无助于解决被甄别的小型楼宇业主所受到的严重不公正待遇的问题。这些业主不能对楼宇实行改变或拆除，亦未得到应有的赔偿，而在他们的楼宇旁边，一幢幢摩天大楼却在拔地而起。

长期以来，澳葡政府努力修复澳门引以为自豪的城市建筑外墙，但对于维持这些文物而言，包括对于这些楼宇被重新居住这一问题而言，重要的是这些以"平均赔偿原则"及"土地利用之平均指数"为基础的城市化管理的操作机制转入到澳门地区的立法之中。

⑥1985 年 11 月 25 日第 102/85/M 号法令①，赋予依据 1984 年 6 月 30 日第 56/84/M 号法令设立的"保护建筑、景色及文化财产委员会"就涉及被甄别之文物或自然财产的规划、城市设计及细节性研究出具意见书的权限。

⑦1986 年 8 月 26 日第 7/86 号"一揽子批示"②，依据 1984 年 6 月 30 日第 56/84/M 号法令第 10 条、第 13 条及第 15 条，以及其发布（第 17 条），同时考虑到"保护建筑、景色及文化财产委员会"就文化司署所制定的图表研究而出具的同意性意见书，批示通过了被甄别的文化价值的确定、有关保护区的确定。这些保护区的方位，是这一揽子批示之附件公布的图则中按比例标出的方位。

⑧1986 年 8 月 30 日第 8/86 号"一揽子批示"③，规定了维持见于 1984 年 6 月 30 日第 56/84/M 号法令第 5 条所指的附属名单中"被甄别之楼宇"的概念，并规定由工务运输司、澳门市政厅、海岛市政厅及私人机构负责他们作为业主或占有人之楼宇的维修，并列举了由上述每一公共机构负责的楼宇清单。

⑨1986 年 9 月 23 日第 11/86 号"一揽子批示"④，在附件中公布了氹仔岛及路环岛的图则，其中确定并标明了被甄别之文化价值及相应的保护区。

---

① 该法令载《澳门政府公报》，1985 年第 47 期。
② 该法令载《澳门政府公报》，1986 年第 35 期第 2 副刊。
③ 该法令载《澳门政府公报》，1986 年第 35 期第 2 副刊。
④ 该法令载《澳门政府公报》，1986 年第 41 期。

由于在澳门图则的印刷过程中有一处错误，故将修订过的图则再次予以公布。

⑩1986 年 12 月 23 日第 18/86 号"一揽子批示"①，规定"位于澳门城古城墙沿线的建筑物进行改建、扩建、加固或维修的工程或新建工程，在没有依据 6 月 30 日第 56/84/M 号法令第 1 条成立的保护建筑、景色及文化财产委员会的事先意见书的情况下，不得被通过"。

⑪1989 年 5 月 31 日第 89/89/M 号训令，规定如下：

第 1 条　以字母 A 标于地籍司第 DTC/01/521 - A/8 附图中的卢廉若别墅旁边的附带物未获通过，这决定具有法律、尤其是 6 月 30 日第 56/84/M 号法令规定的一切效力。
第 2 条　应恢复别墅之原有外墙。②

其二，关于文物甄别的历史。

对于在澳门保护文物之进程的认识，除通过前述法律及规章认识之外，还可通过下文摘录的马若龙建筑师题为《尽一切可能保护》的文章来认识：

在整整 40 年前，即 1953 年 12 月 10 日，总督史伯泰任命了一个委员会，以"甄别国有纪念物及具有公共利益的楼宇"。三年之后，总督马济时又将这一工作推向前进，他任命了另一个工作小组。但是，具有当代意义的保护文物的政策直至嘉乐庇总督时代方告产生，这位总督于 1974 年任命了一个新的委员会。它更具有当代意义，因为它不仅仅涉及古老的纪念物，而且也包括没有美学浮夸但却属于真正的、具有人类学价值的组合体或地点的现存楼宇。

1974 年在李安道总督执政时期，重修后的卢九花园（而非葡国人误称的卢廉若花园）开放，这是一个澳门文物保护史上的重要标志。1976 年，产生了第一个文物保护的严肃立法，即第 34/76/M 号法令，这在整个亚洲当属首创。为了管理文物区，任命了文物保护委员会……它在整

---

①　该法令载《澳门政府公报》，1986 年第 51 期。
②　该法令载《澳门政府公报》，1989 年第 22 期第 2 副刊。

个过程中有着举足轻重的作用。我们在此应当对该委员会的一些成员
的名字提及一下，他们努力对毁灭历史性财富的不动产投机活动做了
真正的抗争，这些人士包括：文德泉（Videira Pires, S. J., 著名的研
究者及伟大的汉学家）、土生人士高美士（Luís Gonzaga Gomes）、托马
斯（Túlio Lopes Tomaz）及建筑师费戈拉（Francisco Figueira），而后两
位人士正是前述法令的草拟者。当时是文物保护最为繁荣的时期，本
人曾多次称之为"英雄时期"。这一时期一直延续到 80 年代初期。随
着 1982 年第 43/82/M 号法令设立的澳门文化学会的产生，文物保护工
作更具力量且更具后备支持。1984 年更通过第 56/84/M 号法令对法令
进行了修订。第 56/84/M 号法令确定性地巩固了文物保护政策，并创
新性地推出了一揽子税务优惠的规章。与目前世界上同类立法相比，
它仍不显落后，甚至比亚洲大多数国家的立法更加完整及现代。在近
十年之后，它仍是自 50 年代以来对整个过程的总结。人们对它陆续进
行了一些小的、纯粹情节性的修改，最后一次是在去年，当时引入了
"具有建筑利益之楼宇"这一概念，而其余则予实质性维持。被引入的
概念只是一个单纯的外观性批注。而被遗弃的是诸如"澳门之芝加哥
规划"这些极富智慧及先驱性的创意以及真正的立法修订（该修订包
括设立一个本人自 1979 年起就主张设立的"文物基金"）。1989 年第
63/89/M 号法令解散了至今仍令人怀念的保护委员会，并将澳门文化
学会重组成了今天的样子。①

5. 整理的其他机制（非规划机制）

在葡国，我们还可以指出对土地整理作出重要贡献的其他三组法规：

第一类，是关于国有农业保留地及国有环境保留地的法规。

在第一组法规中，应包括导致不使用土地的法律制度。它们对于城市
土地而言具有绝对性，但这种绝对性目前已比最初时有所减弱。它们是用
于确定国有农业保留地及国有环境保留地的法规②。

第二类，是关于保护区网络的法规。

---

① 马若龙：《尽一切可能保护》，载《澳门杂志》，1993 年 6 月号，第 17~18 页。
② 有关事宜以前被 7 月 27 日第 613/76 号法令调整，现被第 19/93 号法令所规范。

在第二组法规中，可以包括发展被概括性规定于《环境纲要法》第 29 条之中的关于建立及调整一个保护区网络之领导的法规，这种领导可是一种已经设想应如何进行城市使用的土地规划的某种预先方式①。

第三类，是土地按块分配行动及城市化工程的法律制度，包括：

1）1984 年 12 月 31 日第 400/84 号法令。

2）1991 年 11 月 29 日第 448/91 号法令，它取代了前一个法令。

3）1991 年 11 月 29 日第 63/91 号规章性法令，它对前者予以调整；

4）1992 年 3 月 20 日第 16/92 号训令；

5）1992 年 12 月 22 日第 1182/92 号训令，它规定了面积之尺度；

6）1995 年 12 月 28 日第 334/95 号法令，它修订了 11 月 29 日第 448/91 法令；

7）1996 年 8 月 1 日第 26/96 号法律，它以批准方式修订了 12 月 28 日第 334/95 号法令：土地按块分配之操作及城市化工程之准照的法律制度。

在第三组之中，有关法规的目的是，收纳由私人倡导的土地介入机制，以及关于发展商系楼宇业主之楼宇的随附事项，其中包括城市土地按块分配的法律制度②。

在本划分第一组及第二组中的法规——这一划分是由科德罗（António Cordeiro）《城市规划法》（公职法律辞典）这一词条中抄录的，目前对于前述国令整理的特别规划中某些规划的制定具有直接影响，而这些规划又对《环境纲要法》（4 月 7 日第 1187 号法律）所涉及的至今未被调整的许多领域予以调整。

---

① 第一个见于 6 月 14 日第 169/89 号法令之中，于 1989 年 8 月 31 日《共和国公报》中被修订，并被 12 月 12 日第 47/92 号法令修订；第二个见于 3 月 19 日第 93/90 号法令之中，被 10 月 13 日第 316/90 号法令及 10 月 12 日第 213/92 号法令修订。

② 12 月 31 日第 400/84 号法令；11 月 29 日第 448/91 号法令，它取代了前一个法令；11 月 29 日第 63/91 号规章性法令，它对前者予以调整；3 月 20 日第 16/92 号训令；12 月 22 日第 1182/92 号训令，它规定了面积之尺度；12 月 28 日第 334/95 号法令，它修订了 11 月 29 日第 448/91 号法令；8 月 1 日第 26/96 号法律，它以批准方式修订了 12 月 28 日第 334/95 号法令：土地份额分配之操作及城市化工程之准照的法律制度。

对于第三类法规，还应指出下述观点：

其一，关于私人倡导的城市化：土地按块分配。

除了土地按块分配是由私人倡导的，而细节性规定是由政府倡导的这一区别之外，两者并无任何区别。

1991 年 11 月 29 日第 448/91 号法令，取代并重新规定了自 1984 年以来一直生效的关于土地按块分配及城市工程作的市政准照制度（12 月 31 日第 400/84 号法令）。在 11 月 29 日当日，还公布了有关的第 63/91 号规章性法令。

其二，关于葡萄牙集体设施网络规划的标准。

1992 年 12 月 22 日第 1182/92 号训令，规定了面积之最低值，以及规划及预留空间作为绿化区及集体设施区的规则。这一训令十分重要，它是克服现存的有关问题的方式，这些问题——尤其是在对有关设施网络的土地面积大小方面，对土地按块分配的倡议人不公平对待，从而产生很多不公正。而在收回非法小区并使之合法化的"规划"中，这一训令通过指出所采纳之区域的大小及计划，使由小区社团雇用的技术队伍解除了在这些方面所承受的巨大压力。

与平均补偿问题直接相关，以使城市化推动者被公平对待的另一个问题，是为公共设施及绿化区出让土地面积的问题。应当指出，关于这一问题，葡国通过规划部公布"设施网络之规划标准"等规范性文件，以及 1992 年 12 月 22 日第 1182/92 号训令，通过不同部委及全国城市协会多个部门的参与，展开了一系列富有成果和及时的工作，在全国性、地区性及市政设施网络的合理管理、研究及实施上取得了明显的成果。

今天，所有具有被通过之市政指导规划的市，均具有被符合规定地说明的、比例尺为 1/25000 的设施规划或设计，许多市已经开始进一步按 1/10000、1/5000 甚至 1/2000 之比例尺进行研究，同时在市政机关的市政指导规划组中，设立了在这一特殊规划领域上的技术员或专业技术员之职位。

如果通过对设施网络的研究，发现对某一地点的土地出让无理由说明，则应以相应的现金取代出让，有关金额通过现行补偿办法调整，并以在有关区域的土地的每平方米的费用作为参考。

其三，关于澳门集体设施网络规划的标准。

在 1990 年至 1992 年间，在澳门同样围绕着一个关于集体设施网络规划的规范性建议，进行了有关工作。其积极作用已体现于黑沙环都市发展规划、马场都市发展规划以及外港新填海规划之中。

不幸的是，与葡国相反，这些用作设施网络规划之规范性建议的研究，从未被法规所调整，可以说目前已是被人遗忘了的文件。

在推行城市规划法方面，如果我们将葡国与澳门相比较，那么无论在规定平均补偿之城市化原则方面，还是在规定集体设施网络之规划标准方面，我们都可以发现：对于第一个问题，两地的差别并不大；而对于第二个问题，则澳门政府在行动上还欠缺这些网络规划之规范性工具，行动的盲目性还很大。但这并不意味着在建设设施方面所做出的努力不明显。

1995 年 12 月 28 日第 224/95 号法令，对 1991 年 11 月 29 日第 448/91 号法令进行了修订。我们来看一下这一新法规的前言：

> 1995 年 1 月 1 日，对私人工程之市政准照的法律制度作出的修订开始生效，其主要目的是反官僚主义并简化行政程序，并减轻公共行政介入的比重，同时加强程序的其余介入者的责任。
>
> ……
>
> 为此，由于所找到的办法结果令人满意，故现对制度予以统一，选择将某些用于私人工程准照中的规定适用于土地分块分配及城市化工程之准照之中。
>
> 引入土地分块分配及城市化工程操作之准照的法律制度中的主要创新之处在于：它对私人获得信息的权利制度进行了变更，设立了请求事先信息的制度，即可以给予被管理者由政府处获得关于可否进行某个土地分块分配或城市化工程行动的信息，并认为市政府的同意性决定设定权利，从而减少了准照发出期限及都市化工程之期限。
>
> 它还重新规定了由土地分块分配及城市工程行动的倡导人支付的费用制度，规定有关费用应等同于源自在现存或将要实施之基础建设中的土地分块分配行动中的实际费用。
>
> 另一方面，在市政府拒绝收费的情况下，允许请求人将款额存入信贷机构中的市政府账户下，或证实已通过担保或担保保险而保证了其支付。
>
> 加强了私人之争讼保障制度，由一个向负责出具执照之机关发出

司法警告的办法取代了为默示批准情形而规定的承认权利之诉讼，并赋予已警告市政府应出具执照之裁判以中止执照之效力，同时还赋予行业之代表性协会提出保护倡议者之争讼手段的合法性。

行政法院开始可以警告市政府应向市政府以外的、必须合法作出表示的机构作出咨询。

对介入发照程序者的责任作出了明确的规定，尤其是将行政机关要求补偿、对等物或法律没有规定的捐赠并将之视作发出土地按块分配及城市化工程行动准照的条件的行为定质为严重不法性，并澄清市政府只有在土地按块分配及城市化工程之实施意味着由其负责实际实施有关基建工程时，方可按城市基础建设施工而收费……①

五 征用法典 (1991 年)

1991 年 11 月 9 日第 428/91 号法令之前言如此指出：

私人业权是公民的一个基本权利（《葡萄牙共和国宪法》第 62 条第 1 款），为此，当国家必须为其公有权购买为实施有益于全社会的行为而必需的不动产时，应首先使用法律赋予的一切手段，包括私法上的契约办法，以避免对公民私有业权的粗暴侵犯。

……

依据宪法之规定，因公益性而征用之新法律制度对比例性原则的接受，阻止政府在没有事先力图通过使用其他对私人之私有业权造成较少损失的合法途径以实施公共利益的情形下，立即使用征用。只有在公共灾难、或与国防及内部安全有联系的情况下，或因公共利益之强制性原因而急需实施工程的情况下，政府才可以立即实施征用程序。

但是除此之外，还规定了一整套由政府进行的程序，使政府在实施征用程序时，将其行为置于公正、公平这些直接源自宪法有关公共行政部分之规定（第 266 条）之中的原则之下。

---

① 第 224/95 号法令，1995 年 12 月 28 日，《前言》。

同时，还规定允许私人对政府有意征用其动产的意向事先了解，以避免私人直至征用机构在其土地上开始工程或工作之时方才知晓。

最后，新的法典遵循宪法第 62 条第 2 款之规定，在向私人因其土地被以公益名义征用时所作的公正赔偿方面作了创新。而须承认的是，对公正赔偿的计算仍继续是一个对于任何公益而征用之法律制度而言十分敏感的问题。

……

现在有必要强调本法规的最富创新性的方面，正如所述，它们意味着对前有法典的一个实质性修改。

这些创新就是已经指出的政府应事先寻求以私法途径购买不动产方面的强制性；程序的统一方式；友好征用；为赔偿效力而做出的土地分类，及归还权。①

我们来看一下在澳门关于征用的基础性立法是什么：

①1864 年 7 月 13 日规章性法令②，宣布 1850 年 7 月 23 日、1857 年 9 月 17 日及 1859 年 6 月 8 日关于因公益而进行征用的敕令在一切省份有效。

②1927 年 11 月 8 日第 14048 号国令③，对为实施殖民地被宣告具有公共利益之工程的征用程序中被提出的随附事项的裁决方式进行了调整。

③1940 年 1 月 27 日第 30065 号国令④，以仲裁方式确定了购买价格或对因必须实施殖民地之公共修缮工程而进行的征用的赔偿。

④1942 年 6 月 30 日第 20034 号国令⑤，规定因公益之征用。

⑤1942 年 7 月 26 日法律⑥，系关于因公益而征用的法律。

---

① 第 428/91 号法令，1991 年 11 月 9 日，《前言》。

② 该法令载《海外委员会公报》，1864～1865 年，第 237 页。在 20 世纪初，这一法规在设立因有必要实施不同的澳门修缮规划而进行的有关征用程序的特殊立法中，发挥了重要作用。

③ 该法令公布于 1927 年 8 月 5 日《政府公报》第 167 期第 1 组，废止了与之相对之法律。载《澳门省政府公报》，1927 年第 45 期副刊，第 896 页。

④ 公布于 1939 年 11 月 17 日《政府公报》第 269 期第 1 组，载《澳门殖民地公报》，1940 年第 4 期，第 56 页。

⑤ 公布于 1931 年 7 月 8 日《政府公报》第 153 期第 1 组，载《澳门殖民地公报》，1942 年第 13 期，第 263 页。只刊登了第 1 条至第 3 条。

⑥ 公布于 1912 年 8 月 8 日《政府公报》第 185 期第 1 组，载《澳门殖民地公报》，1942 年 6 月 30 日，第 262 页，只刊登了第 1～13 条及第 20～23 条。

⑥1942 年 6 月 30 日第 438 号法律①，规定因公益而进行的征用及赔偿。

⑦1946 年 1 月 26 日第 32098 号国令②，对在海外属地因公益而进行之征用的调整性规范作了调整。

⑧1947 年 11 月 29 日第 11928 号训令（P. T. M）③，命令在进行了某些修订后，在所有殖民地公布并实施第 36284 号法令。该法令规定了因设立公共服务之紧急需要而请求或临时占用制度的基础。

⑨1950 年 2 月 25 日第 13033 号训令④，命令在所有殖民地公布并实施第 2030 号法律第 67 条之新版本。它批准了关于与居住问题有关的规定。该命令只有葡文版，现仍然有效。

⑩1952 年 11 月 29 日第 14157 号训令⑤，命令经修订后，在所有海外殖民地公布并实施由第 30688 号法令通过的《司法诉讼费用法典》第 92 条独一附段，经第 32033 号法令修订的《公证法典》第 165 条，第 2049 号法律第 179 条及第 2030 号法律第 80 条。该命令只有葡文版，现部分有效。

⑪1953 年 9 月 12 日第 2063 号法律⑥，批准了对因公益而进行的征用提出上诉的法律；废止了第 37758 号国令第 15 条的最后一句及第 31 条第 2 款规定。

⑫废止了公布于 1953 年 9 月 12 日《政府公报》第 37 期中的第 37758 号国令第 15 条的最后一句及第 31 条 2 款规定。该命令只有葡文版，现被 10 月 20 日《政府公报》第 42 期第 1 组中的第 43/97/M 号令废止。

⑬1953 年 9 月 12 日第 14507 号训令⑦，命令在遵守本训令之规定的前

---

① 公布于 1915 年 9 月 15 日《政府公报》第 186 期第 1 组，载《澳门殖民地公报》，1942 年第 13 期，第 263 页。只刊登了第 1 条、第 2 条及第 5 条。

② 公布于 1942 年 6 月 22 日《政府公报》第 143 期第 1 组，载《澳门殖民地公报》，1946 年第 4 期，第 49 页。被公布于 1953 年 9 月 12 日《政府公报》上的第 37758 国令默示废止。

③ 公布于 1947 年 7 月 5 日《政府公报》第 153 期第 1 组，载《澳门殖民地公报》，1947 年第 48 期，第 872 页。

④ 公布于 1950 年 1 月 7 日《政府公报》第 6 期第 1 组，载《澳门殖民地公报》，1950 年第 8 期，第 133 页。

⑤ 公布于 1952 年 11 月 14 日《政府公报》第 256 期第 1 组，载《政府公报》，1952 年第 48 期，第 848 页。

⑥ 公布于 1953 年 6 月 3 日《政府公报》第 117 期第 1 组，载《政府公报》，1953 年第 37 期，第 664 页。

⑦ 公布于 1953 年 8 月 19 日《政府公报》第 179 期第 1 组，载《政府公报》，1953 年第 37 期，第 658 页。

提下，在海外各省公布并实施第 37758 号国令、第 2030 号法律第 1 条至第 20 条及第 2063 号法律（因公益而进行之征用）。

⑭被 1957 年 3 月 23 日《政府公报》第 12 期中公布的第 16191 号训令废止，被公布于 1959 年 4 月 4 日《政府公报》第 14 期中的第 17070 号训令恢复全面生效。废止公布于 1953 年 9 月 12 日《政府公报》第 37 期中的第 37758 号国令。目前只有葡文版，现部分有效。

⑮1957 年 3 月 23 日第 17508 号国令①，规定了在紧急情况下因公益而进行征用的程序。

⑯废止第 16191 号训令，命令在澳门适用这一国令。1959 年 4 月 4 日《政府公报》第 14 期公布的第 17070 号训令完全恢复了公布于 1953 年 9 月 12 日《政府公报》第 37 期中的第 14507 号训令的效力。该法规只有葡文版，现被废止。

⑰1957 年 3 月 23 日 16191 号训令②，命令在遵守本训令所作之修订的前提下，在各海外省的《政府公报》上公布并在各海外省实施第 33502 号法令以及第 1750 号国令（因公益而进行征用）的规定。

⑱被公布于 1959 年 4 月 4 日《政府公报》第 14 期上的第 17070 号训令废止。该法令只有葡文本，现被废止。

⑲1959 年 4 月 4 日第 17070 号训令③，废止了第 16191 号训令并全面恢复第 14507 号训令（因公益而进行之征用）的全面效力。

⑳废止公布于 1957 年 3 月 23 日《政府公报》第 12 期上的第 16191 号训令，并完全恢复了公布于 1953 年 9 月 12 日《政府公报》第 37 期上的第 14507 号训令的效力。该训令只有葡文版，现被废止。

㉑1962 年 7 月 7 日第 19242 号训令④，命令在各海外省之《政府公报》上公布并在各海外省实施第 2030 号法律（关于与居住有关的问题）第 21

---

① 公布于 1929 年 10 月 25 日《政府公报》第 245 期第 1 组，载《政府公报》，1957 年第 12 期，第 225 页。

② 公布于 1957 年 3 月 6 日《政府公报》第 52 期第 1 组，载《政府公报》，1957 年第 12 期，第 224 页。

③ 公布于 1959 年 3 月 16 日《政府公报》第 59 期第 1 组，载《政府公报》，1959 年第 14 期，第 294 页。

④ 公布于 1962 年 6 月 20 日《政府公报》第 140 期第 1 组，载《政府公报》，1962 年第 27 期，第 840 页。

条至第 29 条。该训令只有葡文本，现仍然有效。

㉒1968 年 6 月 8 日第 43587 号国令①，批准了征用规章。废止了第 37758 号及第 39043 号国令。命令在澳门适用经公布于同一期《政府公报》上的第 23404 号训令修订后的这一国令。

㉓废止公布于 1953 年 9 月 12 日《政府公报》第 37 期上的第 37758 号国令和 1952 年 12 月 18 日的第 39047 号国令。被 8 月 17 日《政府公报》第 33 期的第 12/92/M 号法律废止。该命令只有葡文本，现被废止。

㉔1972 年 8 月 19 日第 23404 号训令②，经过本训令规定之修订，批准征用规章的第 43587 号国令被延伸海外属地。该命令只有葡文本，现已被废止。

㉕1972 年 8 月 19 日第 2142 号法律③，对紧急征用的一般程序进行了修改。废止了第 43192 号法令。

㉖废止 1960 年 9 月 24 日第 43192 号法令，后被 8 月 17 日《政府公报》第 33 期第 12/92/M 号法律废止。该法令只有葡文本，现已被废止。

㉗1972 年 8 月 19 日第 425/72 号训令④，经修订后，1962 年 5 月 14 日第 2142 号法律被延伸至所有海外属地。该法律系关于紧急征用制度的法律。该训令只有葡文本，现已被废止。

㉘1972 年 9 月 16 日第 576/70 号法令⑤，确定了力图减少土地建设成本的土地政策。

㉙1972 年 10 月 20 日《政府公报》第 42 期第 1 组的第 43/72/M 号法令，废止了其第 Ⅱ 章、第 Ⅲ 章、第 Ⅴ 章至第 Ⅷ 章。该法令只有葡文本，现部分有效。

---

① 公布于 1961 年 4 月 8 日《政府公报》第 82 期第 1 组，载《政府公报》，1968 年第 23 期，第 701 页。

② 公布于 1968 年 5 月 28 日《政府公报》第 127 期第 1 组，载《政府公报》，1972 年第 23 期，第 701 页。

③ 公布于 1969 年 5 月 14 日《政府公报》第 114 期第 1 组，载《政府公报》，1972 年第 34 期，第 1159 页。

④ 公布于 1972 年 8 月 3 日《政府公报》第 180 期第 1 组，载《政府公报》，1972 年第 34 期，第 1159 页。

⑤ 公布于 1970 年 11 月 24 日《政府公报》第 273 期第 1 组，载《政府公报》，1972 年第 38 期，第 1272 页。

⑳1972 年 9 月 16 日第 421/72 号训令①，经修订后，规定土地政策的 11 月 24 日第 576/70 号法令延伸至各海外属地。后被 10 月 20 日《政府公报》第 42 期第 1 组的第 43/97/M 号法令修订。该法令只有葡文本，现部分有效。

㉛1973 年 7 月 14 日第 332/72 号国令②，调整因征用而用出之赔偿的支付（包括分期支付或分类支付），后被 8 月 17 日《政府公报》第 33 期中的第 12/92/M 号法律废止。该法令只有葡文本，现已被废止。

㉜1973 年 7 月 14 日第 445/73 号训令③，经修订后，8 月 23 日第 332/72 号国令被延伸至所有海外省。该法令只有葡文本，现已被废止。

㉝1973 年 9 月 29 日第 385/73 国令④，规定了在由政府、当地市政或自治机构请求的征用中应予遵守的规范。该法令只有葡文本，现被 8 月 17 日《政府公报》第 33 期第 12/92/M 期号法律废止。

㉞1973 年 9 月 29 日第 616/73 号训令⑤，将 7 月 28 日第 385/73 号国令延伸至各海外省。该法令只有葡文本，现已被废止。

㉟1992 年 8 月 17 日第 12/92/M 号法律⑥，规定了关于因公益而进行的征用制度的规范及多项废止。该法令配有葡文本，现仍然有效。

㊱1995 年 12 月 26 日第 71/95/M 号法令⑦，对因未及时履行批给合约中

---

① 公布于 1972 年 8 月 1 日《政府公报》第 178 期第 1 组，载《政府公报》，1972 年第 38 期，第 1272 页。

② 公布于 1972 年 8 月 23 日《政府公报》第 196 期第 1 组，载《政府公报》，1973 年第 28 期，第 836 页。

③ 公布于 1973 年 6 月 29 日《政府公报》第 151 期第 1 组，载《政府公报》，1973 年第 28 期，第 836 页。

④ 公布于 1973 年 7 月 28 日《政府公报》第 176 期第 1 组副刊，载《政府公报》，1973 年第 39 期，第 1167 页。

⑤ 公布于 1973 年 9 月 11 日《政府公报》第 213 期第 1 组，载《政府公报》，1973 年第 39 期，第 1166 页。

⑥ 该法令废止公布于 1968 年 6 月 8 日《政府公报》第 23 期中的第 43587 号国令、公布于 1972 年 8 月 19 日《政府公报》第 34 期中的第 2142 号法律、公布于 1973 年 7 月 14 日《政府公报》第 28 期中的第 332/72 号国令及公布于 1973 年 9 月 29 日《政府公报》第 39 期中的第 385/73 号国令。该法令载《政府公报》，1992 年第 33 期，第 3378 页。

⑦ 本法规于 1996 年 1 月 1 日生效。自本法规生效之日起计，如本区土地之承批人在六个月之期限内付清欠费，则可享有延付利息上的减轻及因法律或合约规定而应承担的其他赔偿义务之减轻，减轻幅度为有关价值之 50%。该法令载《政府公报》，1995 年第 52 期第 1 组，第 2959 页。

所确定的缴费责任而延迟之制度引入了一个减轻性过渡规定。该法令配有中文本，现仍然有效。

㊲1997 年 10 月 20 日第 43/97/M 号法令①，发展了因公益而进行征用的法律制度，多项废止。该法令配有中文本，现仍然有效。

六 关于共和国之规划制度的结论

其一，依据宪法对规划制度进行改革的必要性。

在宪法规定的地区化进程的同时，主张行政分权及行政分治，在政治上是否可行呢？事实恰好证明了似乎在理论上可被接受的相反的一面。为此，我们认为，在葡国对规划体制的改革只有在一个行政分权及反官僚主义的配合下，且在已设立之机构性地区的背景下，方才可能。

关于行政分权及行政分治，《葡萄牙共和国宪法》第 238 条"地方自治团体之种类及行政区划"第一款规定：

> 1. 大陆上之地方自治团体为堂区、市及行政区。……

《葡萄牙共和国宪法》第 239 条"地方自治团体之职责及组织"规定：

> 地方自治团体之职责与组织、及其机关之权限，根据行政分权原则由法律规范之。因分权及分治决定之责任而进行反官僚主义。

《葡萄牙共和宪法》第 267 条"行政当局之结构"规定：

> 1）公共行政当局之结构应避免官僚化，使部门亲民，尤其透过公共团体、街坊组织及其他民主代表方式，确保关系人参与其实际管理。

---

① 本法规在公布之日起三个月后生效。它废止了 11 月 29 日《政府公报》第 48 期中的第 2030 号法律、9 月 12 日《政府公报》第 37 期中的第 2063 号法律及由于公布于 1972 年 9 月 16 日《政府公报》第 38 期中的第 421/72 号训令而延伸至澳门的、公布于同一期《政府公报》中的第 576/70 号法令第Ⅱ章、第Ⅲ章、第Ⅴ章至第Ⅷ章。载《政府公报》，1997 年第 42 期第 1 组，第 1210 页。

2）为着上款规定之效力，在不影响必要之行动之效能与统一、及政府之领导权与监管权下，法律应订定行政分权及行政分治之适当方式。

通过上述设计保险的强制性，使设计者负起有效的技术责任。

其二，关于城市化立法的特别行动，结论包括：一是有必要立即制定葡国城市化法典；二是有必要对《土地法》予以深入修订；三是有必要规定与城市土地利用平均指数相联系的平均补偿行动机制。

在亚马勒（Diogo de Freitas do Amaral）教授及奎德洛斯（Fausto de Quadros）教授提出有关观点 7 年之后，今天的情形终于完全不同了。在规划、城市化、建筑、住宅及环境方面，我国已经有了一个相当发达的法律体制。

有迹象表明，在不远的将来，很可能通过一个城市化法典，对整个已产生的立法进行一个系统而富有远见的处理，同时对《土地法》进行深入的修订。还必须赋予这一立法及规章以可操作性的机制，以保证规划在遵守合法性、平等和公平的原则下具有灵活性。为此，必须使平均补偿及都市土地使用的平均指数原则具有约束力，没有这些原则，规划的僵硬性会使规划丧失可信度。另一方面，几乎所有的葡国城市，目前均拥有了被通过并被公布于《共和国公报》上的指导性规划，目前已进入在各自地区设立低一级规划的新阶段。

在葡国，最近 6 年在这些方面主张法律的行为，比 20 世纪其他年份所做的主张行为的总和还要多。但我们并不认为这是一项轻松的政治任务。

七　关于澳门地区规划制度的结论

如果没有设立并确定规划的不同类别、内容及等级的立法，如果这一立法不是一个相互有机联系的、且与土地法及关于征用的立法联系的和谐制度中被提出——这些法律明显是保证规划在合法性、公平、平等及成比例原则下具有灵活性的机制，尤其是平均补偿机制及建筑平均指数机制，则很难谈论城市规划。

本人认为，澳门这一由葡国管辖的中国领土，目前在城市化法律方面还十分落后，其情形可与葡国 1970 年代的情况相匹配；而对于本地区地域狭小的特点而言，对土地进行城市化的压力又明显要严重于葡国当时的情形。

（原载《行政》杂志，澳门，澳门政府行政暨公职司，

总第 42 期，1998 年 12 月）

第四篇

其 他

澳门明清法律史料之构成

李雪梅*

随着澳门的回归，澳门的法制现状及其发展演变史逐渐引起人们的关注。尤其是，澳门是中国沿海先于香港的一个最重要的中外沟通窗口，澳门地区的法律创制较香港早两三百年。因此，对1840年前澳门地区的法制状况的研究，对于了解明清王朝法制的普遍适用性以及在澳门这一特殊地区的变通性，具有重要意义。而欲掌握这一时期澳门法制的特点，理清相关法律史料应该是个必做的基础工作。

本文所考察的澳门明清法制史料，是指自明嘉靖中期至清晚期，即大致为1540～1840年这300年间的情况，对1840年以后的档案史料等暂不作评论。之所以如此限定，是因澳门法律制度在鸦片战争前后有明显不同。故本文所探讨的澳门明清法制，更多是侧重中华法系传统在澳门这一特定区域的影响与表现。

综观澳门明清法律史料，至少应由史籍、档案等文献资料和碑刻等实物资料组成，以下试分别予以说明。

一　史籍文献

明清两代记载澳门法律发展的中文史籍专著不多，但从明清正史、实录、广东地方志及文集、笔记、野史、杂史中，仍能梳理出明清时期澳门法制发展的大概。如万历年间编就的《广东通志》和沈德符所著《万历野获编》，及清梁廷枏的《粤海关志》等典籍，都记载了一些有关澳门法制沿革的史料。但最重要的典籍应属清乾隆时期编纂的一部全面记述澳门历史、

---

　　*　中国政法大学法律古籍整理研究所副教授。

自然、风俗以及法律制度的专著——《澳门记略》（成书于 1744～1751 年间）。因该书作者印光任、张汝霖曾担任澳门同知一职，并亲自参与有关澳门法令规章的制定，更为难得的是书中内容多取自衙署档案，可信程度高，其中的《官守篇》因详细介绍了澳门的历史变迁和中国政府在澳门设官置守、推行政令的情形，故而具有重要的参考价值。

根据这些史籍资料，我们知道明清时期在澳门地区的社会生活中，《大明律》和《大清律例》是主要的参照对象。此外，广东、香山等地方政府还陆续制定了不少专门适用于澳门的特殊地方法规。如万历三十六年（1608 年）香山知县蔡善继上任后，针对居澳葡人的种种不法行为，认为必须严厉整治，于是制定了《制澳十则》，专门针对如何管治居澳葡人。万历四十一年（1613 年），两广总督张鸣冈命海道副使俞安性和香山县令但启元巡视澳门。针对葡萄牙人私畜"倭奴"的情形，俞安性提出以在澳门立碑石的方式加以禁止。俞氏的建议得到张鸣冈的重视，遂命俞安性在"禁止澳门畜倭"建议的基础上，又针对居澳葡人的多种违法行为，制定《海道禁约》，其五款内容分别为禁畜养倭奴、禁买人口、禁兵船编饷、禁接买私货、禁擅自兴作等[①]，涉及对澳门实施土地、军事、行政、司法及海关等诸多方面的管理。

清代在因袭明代管理澳门政策的基础上，又不断更定章程，进一步加强和完善对澳门的管制。从明代嘉靖（1522～1566 年）、隆庆（1567～1572 年）时开始，澳门即由广东省香山县管辖，延至清雍正九年（1731），将职秩八品的香山县丞移驻澳门关闸以北的前山寨，改为分防澳门县丞，负责理民蕃的专责。乾隆九年（1744 年），为加强统率，又在广州府内设置一个作为知府副手、职秩为五品的"澳门海防军民同知"驻扎前山寨，专责管理澳门事务；而香山县丞为其下属，改驻关闸以南的望厦村，其后更移驻到澳门围墙之内，以便"就近弹压"。故澳门海防军民同知和香山知县、县丞，就成为清朝广州府所属管理澳门政务的地方行政长官，由他们发给澳葡理事官的文书，均以谕、札、牌、示等公文形式下达。对于这些具有裁定和批示性质的文书，大多数葡人亦能"奉法唯谨"。乾隆九年（1744 年），首任澳门海防军民同知印光任曾多次深入澳门了解"夷情"，意识到

---

① （清）印光任、张汝霖：《澳门记略》，赵春晨校注，澳门文化司署，1992，第 69～70 页。

要管理好澳门，应首先控制和管理好进入澳门的中国人，遂迅即制定了管理澳门的七项措施，并上报朝廷批准执行。这七条《管理澳夷章程》既有针对出入澳门和居住澳城之内的中国人而实施的加强管制的措施，也有防范澳夷的内容，较明万历时仅针对居澳葡人的《海道禁约》内容更加丰富、具体，反映出清乾隆时期澳门的社会形势较明万历年间已发生了很大的变化。

乾隆十三年（1748），居澳葡萄牙巡逻士兵拘捕了两名中国人，并毒打致死。香山县丞得知后要求澳葡当局交出凶犯。在海防同知张汝霖再次要求仍然无效的情况下，广东政府下令关闭闸门、断绝食品供应，居澳葡人不得不屈服，让中国官员审讯罪犯。但是，此案最终因澳门总督将罪犯"流放"到帝汶而了结。对于这样一种不得已而为之的结果，乾隆帝下旨切责地方政府处理不力，有损清政府的威严，张汝霖也因此事被撤职。为以儆效尤，张汝霖和香山县令暴煜于乾隆十四年（1749）拟订《澳夷善后事宜条议》12条，即驱逐匪类、稽察船艇、赊物收货、犯夜解究、夷犯分别解讯、禁私擅凌虐、禁擅兴土木、禁贩卖子女、禁黑奴行窃等①。其中有些内容是过去没有或没有明确的，这一次正式以法规的形式确定下来，最为重要的是正式将澳门葡人、黑奴及华人犯罪的审判权进行了严格的界定。

一般说来，当时有关居澳外国人的刑事案件，由香山县丞、知县、澳门同知、广州知府以至两广督抚部院等地方行政长官负责，以"化外人有犯，并依律问断"为总原则②，即葡人在中国犯罪，由中国官员按中国法律审办，尤其是中外之间的人命重案，更必须坚持这一原则。至于外国罪犯的解讯程序，则与内地人犯略有区别。新制定的《善后事宜条议》之"夷犯分别解讯"条款规定：

> 嗣后澳夷除犯命盗罪应斩、绞者，照乾隆九年定例，于相验时讯供确切，将夷犯就近饬交县丞，协同夷目，于该地严密处所加谨看守，取县丞铃记，收管备案，免其交禁解勘。一面申详大宪，详加复核，情罪允当，即饬地方官督同夷目，依法办理。其犯该军流徒罪人犯，

---

① （清）印光任、张汝霖：《澳门记略》，第 93 ~ 94 页。
② （清）印光任、张汝霖：《澳门记略》，第 90 页。

止将夷犯解交承审衙门，在澳就近讯供，交夷目分别羁禁收保，听候律议，详奉批回，督同夷目发落。如止杖笞人犯，檄行该夷目讯供，呈覆该管衙门，核明罪名，饬令夷目照拟发落。①

此后，广东地方政府仍陆续通过完善相关法令、条例的办法加强对澳门的管理，如乾隆十五年（1750）香山知县张甄陶议《制澳三策》，乾隆二十四年（1759）两广总督李侍尧议定《防范外夷章程五条》，嘉庆十四年（1809）两广总督百龄、监督常显议定《华夷交易章程》六条，道光十一年（1831）两广总督李鸿宾、监督中祥议定《章程八条》，道光十五年（1835）两广总督卢坤、监督中祥议定《增易规条》等。另在同治十三年（1874）刊定的《钦定户部则例》中也载有《澳门民夷交易》等章程②，其内容较嘉庆十四年所定《华夷交易章程》更加翔实具体。这些地方法规与《大明律》和《大清律例》相辅相成，共同构成中国政府对澳门地区及往来澳门经商的外国人行使主权时的法律依据。

二　档案资料

历史档案对再现明清时期有关澳门问题的法律创制和实践十分重要。16世纪中叶开埠的澳门迅速发展成为中西贸易和文化交流的一个中心，是中西交通由陆路转变为海路、由西域转向西洋的一个里程碑。更重要的是，作为海上丝绸之路中继站的澳门也如同在中西文化陆路交通上的敦煌一样，还是一个汇聚珍贵史籍档案的宝库。作为一座有450年历史的古城，澳门没有经过大的战乱，不仅中西历史建筑大多保存，记载着文化交流的官方和民间档案也堆积如山。

成立于万历十一年（1583）的澳门议事会，曾是澳葡自治当局的主要行政机构。当时中国政府在坚持对澳门行使主权的同时，也给予葡人一定的自治权利和优待。依照在葡萄牙海外领地中实行的自治公民权制度，澳门葡人选举出由二名法官、三名高级市政官以及一名理事官组成的议事会，

---

① （清）印光任、张汝霖：《澳门记略》，第93页。
② 《钦定户部则例》卷41，《关税》，同治十三年刊本。

作为市政机构，享有处理政治、经济事务的权力。从果阿派来的判事官（大法官）和兵头（总督），则分别行使司法和军事方面的权力。经罗马教皇授权，葡王向澳门派来一位主教，掌管宗教方面的事务。对于有争议的问题，则召集由议事会成员、主教、兵头和判事官共同参加的政务委员会，投票决定。

曾收藏于澳门贾梅士博物院的澳门议事会档案计有 316 卷，其中包括议事会在 1630～1900 年间的各种会议记录和法令的原文件。收藏于澳门主教府的澳门主教辖区档案，可以追溯到 17 世纪中叶。葡萄牙里斯本海外历史博物馆也收藏有 1630～1974 年间有关澳门的资料，其中仅 1630～1833 年的资料，便达近 10 万份。里斯本国家图书馆收藏有与澳门有关的 81 本手抄书和 20 箱资料。葡萄牙的大学或其他学术机构也藏有数量可观的档案[①]。此外，澳门各大堂区、香港、欧洲其他国家和地区如西班牙、荷兰、英国、罗马教廷所在地梵蒂冈等也收藏不少涉及澳门的档案。当然，这些档案文献均以葡萄牙文或其他西方文字为主。

有关澳门的中文档案也极为丰富。中国明清政府对澳门这个沟通中西的窗口格外关注，故留下了为数可观的档案资料。北京中国第一历史档案馆所藏的明清档案达 900 多万件，仅宫中各处、军机处、外务部三个全宗中便有中葡关系档案约 500 件，其中仅外务部即达 300 余件。台北中研院近代史所档案馆收藏有澳门档案共 22 宗、281 册、5485 页，并据此编辑出版《澳门专档》四册。现藏于葡萄牙东波塔国家档案馆有关澳门的中文文书，已整理出版了 1567 份。而藏于英国国家档案馆的 2 万件中文文书，是 1857 年英国侵略军攻占广州后从两广总督、广东巡抚和广州将军等处衙署中抢劫去的，其中有不少涉及澳门的史料。

根据不完全统计，现藏于世界各地的有关澳门历史文化的档案文献，总数约在 150 万件以上，其数量是总数约 6 万件的敦煌文书的数十倍。这些档案是研究澳门历史文化极其丰富的宝藏，更是了解澳门明清法制发展的重要史料。而有关澳门明清法制的最重要的档案，当属北京中国第一历史档案馆和葡萄牙东波塔档案馆的收藏最为重要。

---

① 〔葡〕辛耀华（Isaú Santos）:《在异乡葡萄牙的澳门史料》，载《澳门历史文化国际学术研讨会论文集》，澳门文化研究会，1995，第 4～9 页。

（一）北京中国第一历史档案馆有关澳门的档案

1. 明代汉文档案

在中国第一历史档案馆馆藏基础上形成的《明清时期澳门问题档案文献汇编》①，载有有关澳门的历史档案 2179 件，是我们了解明清时期澳门主权归属及司法管辖权的重要依据。在该书所收档案中，虽然属于明朝的内容仅 11 件，而且时间也只涉及明末从天启三年（1623 年）至崇祯十二年（1639 年）这短短的十几年，但内容却包括葡人入居、互市贸易、官员委任等多方面，并从不同侧面反映了明政府对澳门的管理经营情况。

如从天启四年九月二十三日（1624 年 11 月 3 日）的一组兵部题行稿可以了解到，明朝驻守广东香山的参将直接管辖澳门，"每岁同巡海道临澳查阅一次"，澳地备有官兵听其调遣，负责澳关之启闭。如有"内地奸徒搬运货物、夹带人口、潜入接济，澳中夷人阑出牧马游猎、扬帆架桨、偷盗劫掠等项"，均由香山参将究办。另，明朝政府还在澳门设有关口，严禁往来船只夹带违禁物品②。

明朝档案也记载了葡萄牙人到澳门后的一些活动情况。崇祯四年八月二十四日（1631 年 9 月 9 日）的兵部题行稿这样描述道：葡萄牙人其初"不过以互市来我濠镜（即澳门），中国利其岁输涓滴，可以充饷，暂许栖息"。然而互市之后，葡人"占住濠镜，违禁之物公然船载"，沿海乡村被其掠杀，甚至其藐视官府，拆毁哨卡，已成为广东一大忧患。虽然明政府在澳关盘查往来船只，严禁夹带违禁品，但地方官吏相沿陋规，或私下收受贿赂，严重影响了澳门地区的正常贸易往来。对于奏稿中反映的情况，皇帝御批圣旨：

> 澳商法禁久弛，以致市舶豪棍作奸渔利，交通酿患依议。着香山县印官设法稽诘，凡船货出入，躬亲盘验，一切硝黄、盐铁违禁等物，不许私自夹带。及诡异船只，潜伺贿放，违者处以重典。仍着道府各

---

① 中国第一历史档案馆等编《明清时期澳门问题档案文献汇编》（全六册），人民出版社，1999。
② 《兵部尚书赵彦等为推补广东香山等地方参将事题行稿》，载《明清时期澳门问题档案文献汇编》（一），第 4~8 页。

官弹压厘剔。如讯察无方，玩纵启衅，该抚按一并参来处治。①

从档案中可以看出，明朝对澳门的管理措施不可谓不严。然而由于明末危机四伏，体现在档案文献上的对澳门地方的严厉监管措施并未能完全落到实处。

2. 清初满文档案

清朝有关澳门的档案数量繁多，其中较珍贵者为 40 余件有关澳门和葡萄牙的满文档案。这批档案分别选自宫中满文朱批奏折、军机处满文录副奏折及内务府行文档等，文件形成的时间以清初康熙朝（1662～1722 年）为主，也有部分是雍正朝（1723～1735 年）和乾隆年间（1736～1795 年）形成的。

其中与法律关系密切的，一是涉及清初教案及驱逐传教士到澳门的相关档案。如康熙四年三月十四日（1665 年 4 月 28 日）《礼部尚书祁彻白等题覆审讯栗安党等五名西洋人传教案本》、康熙四十七年三月二十二日（1708 年 4 月 12 日）《总管内务府为核查发给西洋传教士印票事致兵部咨文》等。这些档案反映了清政府对教案的态度，以及禁教宽严政策之演变。如雍正继位后马上采取了较康熙朝更为严厉的禁教措施，从雍正元年二月初十日（1723 年 3 月 16 日）的《礼科掌印给事中法敏奏陈天主教蛊惑人心理当严禁等款折》、雍正元年七月二十九日（1723 年 8 月 29 日）《闽浙总督满保奏闻西洋人在福安县传教惑众送往澳门安插外省严禁西洋人居留传教折》等奏折及皇帝的批示中，均可看出这一明显的变化。由于皇帝的批准，当时除准许通晓技艺的西洋人可留京效力外，其他传教士一律迁往澳门，并要求各省遵令清查。驱逐传教士的运动也由此在全国展开。

其二是反映清政府对澳门管理情况的。其中既有体现督抚道员对澳门的巡视及对居澳葡人的训诫管理的，如康熙五十一年七月十二日（1712 年 8 月 13 日）《广东巡抚满丕奏报巡查澳门等地接见西洋人谕令守法并训诫驻澳副将等员折》、康熙五十六年五月初十日（1717 年 6 月 18 日）《两广总督杨琳奏报巡查澳门谕令西洋人等须安分守法及沿海一带情形折》等；也有

---

① 《兵部尚书熊明遇等为澳关宜分里外之界以香山严出入之防事题行稿》，载《明清时期澳门问题档案文献汇编》（一），第 11～14 页。

展现在澳门发生的洋人与中国居民及洋人之间相互伤害等案件及审理情况的，如乾隆九年正月十五日（1744年2月27日）《广州将军策楞等奏报办理晏些卢扎伤商人陈辉千致死案缘由折》等。

从这些档案可以看出清朝中央和地方政府对澳门的关注程度，同时也反映出清代澳门法制逐渐完善的过程。

3. 清代其他档案

清代涉及澳门的档案资料，既有以皇帝名义发出的谕旨、朱批，又有大量由内阁、军机处、内务府、各部衙门、两广总督、广东巡抚等的题奏本章和相互间的咨呈指示，以及御史、给事中等言官的奏折，还有负责具体处理澳门事务的澳门海防军民同知、香山县丞的禀呈和所获的批谕等，内容丰富，涉及从重究治官吏违法失职行为、谨慎处理华夷之间的斗殴杀伤案、严格海关监管、控制鸦片走私以及持续时间颇长的教案问题，可以反映出澳门虽是偏居一隅的弹丸之地，但却因是中国对外贸易和中西交往的枢纽口岸，其兴衰又关联着粤、闽沿海百数十万人的生息家计，因而受到政府高度重视。故有关澳门的各类问题，都可上通朝廷。同样，皇帝对澳门相关问题颁发的谕旨和朱批，以及阁、部、督、抚的奏折、批示等，也均可下达府、县。

从这些上行下达的档案文献中，可了解到中国各官僚阶层对澳门地区不断出现的问题的关注程度，以及政府所采取的强力措施的执行情况。不过中国第一历史档案馆所藏的澳门档案中，1840年鸦片战争以后的内容占了相当大的比例。由于这个阶段的史料充分，研究成果较多，故不再赘述。

（二）葡萄牙东波塔档案馆藏清代澳门中文档案

《葡萄牙东波塔档案馆藏清代澳门中文档案汇编》（以后简称《汇编》）所收1500多件中文档案文献[①]，主要形成于乾隆六年（1741年）至道光二十九年（1849年），反映了从清乾隆朝初期到道光朝末期即清中期的百余年间中葡双方官员对澳门政务的处理情况。

按当时的规定，中文是中葡双方文移往来的正式文字。书中近五分之四的内容是当年广东各级官员批示给澳葡当局的公函，其中又以香山知县、

---

① 刘芳辑、章文钦校《清代澳门中文档案汇编》，澳门基金会，1999。

县丞和澳门同知发出的最多。《汇编》由居澳民蕃、屋宇房舍、约单执照、田赋地租、对外贸易、贸易额船、民蕃交涉、澳门蕃官、清朝官员与澳门、官府政令文书、剿抚海盗、天主教与传教士、澳门与中国内地关系、澳门与欧亚各国的关系、澳门与英国的关系及补遗等 17 章组成。其中第七章民蕃交涉中，涉及屋铺租赁纠纷的档案有 46 份，钱债纠纷有 31 份，失窃案件有 32 份，伤殴案件 22 份，命案 31 份；第十章官府政令文书中，有关禁约及谕、札、牌、告示的档案有 51 件，较重要者如《香山县丞查潜为饬查民蕃藏奸滋事下理事官谕》（乾隆四十一年五月十四日）、《香山知县许敦元为澳蕃禀请备船捕盗以九事要恩事下理事官谕》（乾隆五十七年正月初十日）、《香山县丞朱鸣和为来禀请改朱标笔扛有违定制事下理事官谕》（乾隆五十七年六月初八日）、《香山知县许敦元为饬遵照旧章约束蕃人西商事下理事官谕》（乾隆五十八年五月初十日）、《香山县丞朱鸣和为呈禀有违定例事下理事官谕》（乾隆五十八年六月十七日）、《香山知县杨时行为饬呈禀遵照旧章专用唐字事下理事官谕》（嘉庆八年二月二十一日）、《署香山县丞李凌翰为严查蕃人勾引疍妇宿娼事下理事官谕》（嘉庆九年五月十七日）、《澳门同知冯晋恩为民蕃相安饬遵禁约粘单》（道光六年二月十三日）等等。在其他篇章所载档案中，还有涉及蕃官擅审华民案件的 8 份，事关差役勒索的档案 11 份，海盗劫掠者 35 份，官府缉解内地人犯的 8 份，官府严禁华民入教的 8 份等。

虽然东波塔档案馆所藏中文档案所涵盖的时间不过 110 年，与中国第一历史档案馆所藏横跨 400 年相比大大缩短，但所反映的内容却更为集中、细密。此一阶段正处在中外关系日益紧密但冲突日益增多的时期，同时也是清朝的国势由鼎盛开始下滑时期。从《汇编》的篇目看，内容稍显驳杂，但正是这些繁杂细微之处，才真实反映了当时澳门地区社会经济、政治和民生实况，以及中国政府在行使司法主权方面的方针和具体运作形式。

随着葡萄牙人入居澳门时间的延长及其势力的稳固，便不时表现出对澳门的司法、行政管辖权的觊觎之心。乾隆五十七年（1792 年），澳葡当局借广东地方政府请求借其力量备船捕盗一事，提出九条非分要求，香山知县许敦元对此一一给予批驳。以下为许敦元示谕的部分内容：

一、据禀请：在澳华人查系闲游匪类，即驱逐出境。有来贸易营生者，查系殷实，方许住居。等语。查地方匪棍，原应查拿驱逐，以免扰害良民。但华夷各有官司，不能越分管理。中华有不安分之人，尔等之不敢擅自驱逐，亦犹澳内有不安分之夷，天朝不肯径自勾问，必须饬知尔等夷目查究也。嗣后如有匪徒扰害地方，尔等应仍遵向例，禀知文武衙门拿究。至于贸易之人，来向尔等租赁房屋，查明若非殷实，即不必租与居住，此可听尔等自便。如华人住居内地房屋，自与华人贸易，尔等无从过问，毋庸另为置议。

二、据禀请：除人命大案禀县定夺，其余汉人倘有过犯，尔等能行责罚。等语。查华夷自有攸分，冠履不容倒置。尔等西洋夷人世居内地数百余年，践土食毛，与齐民无二。遇有罪犯，原可照天朝法律惩治，然我大皇帝犹复重念尔等究系外夷，除人命至重，杀人者抵偿外，其余军徒杖笞等罪，均听尔等自行发落。岂尔等外国夷人反可管束华人擅加责罚耶？华人如有过犯，自应由地方官问理，尔等未便干预。

三、据禀请：华人杀死夷人，亦如夷人杀死华人一样填抵，要在澳地明正典刑，使内外共知警戒。等语。查杀人必须抵命，而天朝法度亦不容稍有纷更。定例：杀人犯先由县勘实，收监议罪，招解至省，由府司，由院层层覆审，情真罪当，然后奏闻大皇帝。俟命下之日，即于监内提出该犯正法，所以昭慎重也。因从前夷人杀死华人奏免收监解勘。是以复原情定法，即在澳地审讯，仍交尔等收管，俟详奉宪行到日，就近正法。原所以顺尔等夷情，而防凶犯之免脱也。若华人杀死夷人，则自应遵照常经，收监解勘，俟题奉谕旨勾到，然后正法，岂敢擅改旧章？况杀人重于抵偿，只须将凶犯明正典刑，以昭炯戒。尔等所请在澳正法之处，本属不关紧要，毋庸置议。①

从上述义正词严的行文中，我们既可知悉中国政府对澳门司法案件的管辖处理方式，也认识到清中期广东地方官员为维护澳门司法主权完整性所做出的不懈努力。而这种努力不仅反映在涉及澳门的刑事司法管辖等大

---

① 《香山知县许敦元为澳蕃禀请备船捕盗以九事要恩事下理事官谕》（乾隆五十七年正月初十日），载《清代澳门中文档案汇编》，第409～410页。

是大非问题上，也体现在公文往来等"细枝末节"上。如乾隆五十七年（1792 年）《香山县丞朱鸣和为来禀请改朱标笔扛有违定制事下理事官谕》是为夷目呈文格式违例而示谕。文载：

> 本月廿五日，接阅来禀，以文尾打圈，唛嚓哆"准此"字样，大拖红柱于上为言。查我国家加惠西洋，恩泽优渥。乾隆九年，前两广部堂策，以澳门夷目遇有恩恳上宪之事，每自缮禀，浼熟识商民赴辕投递，殊为衮越。饬该夷目嗣后凡有呈禀，应由本分县衙门申报军民府，据词通禀，以昭体制，相沿已久。查天朝制度，凡有宪行牌文，皆用朱标笔扛，并非独用于外夷，亦非示威于海国，乃是天朝之定例。如此，该夷目何得以相守数十年之成法，禀请更改？若云可改，是改大皇帝之成法也。①

并称凡有禀商情事可以通融办理，而此事因有违定例，乃"扞格难行"。而乾隆五十八年（1793）《香山县丞朱鸣和为呈禀有违定例事下理事官谕》是为夷目呈禀的程序而示谕。文称：

> 案照向来定例，该夷目遇有呈禀上宪事件，必先禀本分县，以凭转禀。定例如此，相沿已久。乃本月初三日，夷船出洋捕盗一事，该夷目只禀军民府宪暨本县，而本分衙署并无只字禀闻，殊违定例……此后该夷目倘有呈禀上宪事件，务遵定例，先行禀知本分县，以凭据情转禀，慎毋再蹈前辙……②

就法律史料的意义而言，嘉庆（1796～1820 年）、道光（1821～1850年）时期有关诉讼纠纷的一些档案颇值得重视。

对于民事纠纷，有广东地方官府和澳葡理事官就处理华人与葡人在土地房屋租赁典押、账款借贷、伪造契约等问题的往来谕禀。对于这类案件的处理方法，一般是县官在葡方提供的案件情节、见证人和处理意见的基

---

① 《清代澳门中文档案汇编》，第 410～411 页。
② 《清代澳门中文档案汇编》，第 411～412 页。

础上进行核实，有时知县或县丞亲自赴澳传讯有关人员，然后依法作出裁定。不论"华欠"或"夷欠"，县官均判令欠款方限期清偿。对于"华欠"，中国县官往往也秉公执法，而且档案中确有押候积欠的华人缴还给葡人贷款的判决。道光五年（1825 年）十二月，香山县丞葛景熊为华民追讨蕃人赊欠钱债事而特发出一份告示文称：

> 照得澳门地方华夷杂处，所有澳内铺店买卖及裁缝工作人等往往与夷人交涉，或相信赊欠，或熟识借贷，事所恒有。但思此等钱债事件甚属细微。如果向夷人讨取无偿，自应指名，投赴夷目代追，方为妥合，又何必互相吵闹，滋事取咎？除谕饬夷目遵照办理外，合行出示晓谕。为此，示谕阖澳军民人等知悉：尔等嗣后如有夷人少欠钱债等事，向讨无偿，务当据实指名，投赴夷目处代为追给。如遇夷人向闹，尔等赴署禀诉，以凭饬令夷目查究。毋许擅与夷人争论吵闹，滋生事端。倘敢故违，毋论事非，先将起衅之人拏究，从严责惩，枷号示儆。本分县言出法随，断不为尔等宽恕也。各宜凛遵，毋违。特示。①

当然，对于居澳葡人侵犯华人利益的行为，作为"父母官"的广东地方当局也会设法保护。如乾隆末嘉庆初之际，因土地升值，发现了多起葡人房主逼迁华人租户的案件。据嘉庆十二年（1807 年）的一份档案记载：

> 澳门民人住居铺屋，有与夷人承赁空地烂屋，自捐银两修造，递年纳夷地租者；有与民人用银顶手，每年另纳夷人地租者，历久相安无异。惟自乾隆五十二年，夷人忽欲尽逐民人，取回铺屋，又索加租，大滋事端。奉宪定案，嗣后民人居住夷人铺屋，不欠租银，不许夷人取回，亦不许加租。②

---

① 《清代澳门中文档案汇编》，第 301 页。
② 《署澳门同知嵩为饬查吗呬哷逼迁文亚雄铺屋事下理事官谕》（嘉庆十二年七月初三日），载《清代澳门中文档案汇编》，第 274 页。

该档案还记载，澳门铺民文亚雄等于乾隆五十八年用价银 180 元租铺屋一间，经营裁缝杂货，每年向吗吔叮交租金 18 元，历经十余年。后该夷忽欲取夺铺屋，并强行让铺民搬迁，铺民"理拒不从，该夷声言率奴拆毁逐出"。香山县丞吴兆晋收到铺民投诉后认真处理此案：

> 查文亚雄顶租夷人吗吔叮铺屋，开张生理，已历十五年之久，既不少欠租银，该夷何得恃蛮遽令搬迁，殊非情理，合谕禁止。谕到该夷目，立即遵照，转饬该夷吗吔叮，遵照成例，将铺照旧收纳租银，毋得擅率黑奴到铺，勒令迁移，致滋事端，大干未便。嗣后如再有似此恃蛮滋事者，该夷目尤当谆谆告诫，毋令仍蹈前辙。均毋有违。特谕。①

嘉庆十三年（1808 年）三月二十八日，香山知县彭昭麟又就一铺屋纠纷发出文谕：

> 查濠镜澳地乃天朝怜念夷人来粤贸易，寄身波涛之中，给与该地建房居住，递年酌收租银。澳内隙地，华人与夷人租赁盖屋，或夷人建屋赁与华人，岁收租银，已不止数十倍，自应感激深恩。凡租赁与华人地屋，照旧收租，不得任意加增，藉端勒迁。兹叶罗氏之夫叶琼彩已用银改造铺舍，啊嗲咔立有批约，任其永远居住，岁纳租银六十员。叶罗氏既备足租银二百四十员，何得背议不收，率令夷妇踞住，殊属非是。合行谕饬。谕到该夷目，立即饬令咟哎照旧收取租，令黑夷妇即日搬出，毋任抗踞，滋事干究。特谕。②

在这批档案中，涉及盗窃、斗殴伤人的案例也不在少数，有些重要命案及事关禁教等内容，也可在中国第一历史档案馆所藏档案文献及相关史料中找到线索。由于这批档案所反映的澳门法制内容极其丰富，尚需作认真梳理研究。

---

① 《香山县丞吴兆晋为饬查吗吔叮将文亚雄铺屋照旧收租毋得逼迁事下理事官谕》（嘉庆十二年七月初三日），载《清代澳门中文档案汇编》，第 274～275 页。

② 《香山知县彭昭麟为饬咟哎将叶罗氏铺屋照旧收租毋得踞住事下理事官谕》（嘉庆十三年三月二十八日），载《清代澳门中文档案汇编》，第 276 页。

三　碑刻实物史料

在中国内地的法制史研究中，诸如甲骨、青铜器、简牍、碑刻等实物法律史料正愈益受到重视，因为这些被誉为第一手资料的实物较第二手资料史籍文献等可信度更高，其价值也不言而喻。而有关澳门明清法制的实物史料就目前所知主要是碑刻。

将适用于一地的法规禁令铭刻于碑石并立于官衙门口或通衢闹市，在中国明清时期是普遍的做法，在整个广东地区包括澳门同样也不例外。《香山县志》曾记载有万历四十一年（1613）广东巡视海道副使俞安性在澳门刻碑之事："海道俞安性详请两院勒碑，禁约澳彝畜倭。"碑文称：

> 倭性狡鸷，澳夷蓄之为奴，养虎遗患，害将滋蔓。本道奉敕受事，凭借两台制驭，巡澳察夷，追散倭奴凡九十八人还国。除此蟊贼，尔等遂得相安乐土。此后市舶不许夹带一倭，在澳诸夷亦不得再畜幼倭。违者，倭与夷俱擒解两院，军法究处。①

万历四十二年（1614）制定的《海道禁约》也载：

> 澳彝骄悍不法，议者有谓必尽驱逐以清疆宇者，有谓移出浪白外洋不容盘踞内地者。本道念诸彝生齿蕃衍，不忍其累累若丧家之狗，当于巡澳日申以国威，随皆戢耳向化。因摘其犯顺五款，行香山县遵谕约束，免其驱徙。详奉两广部院张、巡按御史周，五款准勒石立碑，永为遵守。②

上述内容在《澳门记略》中也有同样的记载。这块载有《海道禁约》的石碑就立于澳门议事亭内。当时明政府曾规定："海道每巡历濠境一次，

---

① （清）申良翰纂修《香山县志》卷10《外志·澳彝》。
② （清）申良翰纂修《香山县志》卷10《外志·澳彝》。

宣示恩威，申明禁约。"① 即以后巡历澳门的海道，每次都要申明俞安性的禁约。

明代颜俊彦《盟水斋存牍》也多次提到立碑示禁的事例。如在《禁棍揽接济》条下有：

照得粤省密迩澳地，闽揽实逼处此，拨置夷人，往来构斗，大不利吾粤。已经本厅审详数四，钉解者钉解，驱逐者驱逐，复条陈上台勒碑永禁。②

清代有关澳门管理的碑刻较明代增加。清乾隆十四年（1749 年），经广东地方政府批准，澳门海防军民同知张汝霖、香山知县暴煜共同议订的《澳夷善后事宜条议》12 条用中、葡两种文字刻于石碑，其中葡文石碑立于澳门议事亭内，中文石碑立于香山县衙，以示永远信守。但在翻译过程中，葡萄牙人私自删节，故葡文石碑上文字简短，还去掉了第 12 条禁止华人入教的条款。遗憾的是，这块珍贵的碑刻实物后被葡人损毁，所幸石碑上的律令条文已被收载于史籍档案中③。

由于年代久远或其他原因，不少明清碑刻已损佚无存，而至今仍保存在澳门的一些清代示谕禁碑，为我们了解清代澳门的主要社会问题提供了一些线索。如现存关前街聚龙社嘉庆二十四年（1820 年）《泗滕坊示谕碑》刻立的缘由是"铺户民居甚密，日前失火延烧，皆由无备之故"，反映出作为澳门咽喉之地的泗滕坊一带因出海便捷而致商业繁荣，但也同时呈现出杂乱无章、疏于规划管理的景象。火灾之后的重新建设需要官府批准，但资金主要来自商民筹捐。碑载"奉周戎台尊谕，阖坊筹捐，开凿旧井，疏通渠道，建造码头，以便商民，以防火患"。碑文所载示谕规定："嗣后马头地段，不许摆卖及阻塞侵占，井傍不得洗身宰狗，浣濯一切秽物，致妨汲饮。如违禀究。"④ 此碑虽为官府示禁内容，但立碑者中并未出现官员的名称，而是由六家商号官府示禁刻载于石，一定程度上反映出商民在当地

---

① 《明神宗实录》卷 557，万历四十五年五月辛已兵部覆广东巡按田生金会同总督周喜谟条陈。
② （明）颜俊彦：《盟水斋存牍》，中国政法大学出版社，2002，第 334 页。
③ （清）印光任、张汝霖：《澳门记略》，第 92 页。
④ 谭棣华等编《广东碑刻集》，广东高等教育出版社，2001，第 1009 页。

社会自治中的积极作用。

道光初年的两份碑刻有些特殊性。现存莲峰庙旁刻于道光六年（1827）的《两广部堂示禁碑》系因是营汛弁兵、缉私巡船苛索滋扰周边商渔而久禁不绝事：

> 伏查嘉庆五年，曾经前宪革除陋规，严禁抽索，赏示沿海地方勒石永禁。斯时文武弁兵颇知敛戢。缘日久弊生，滋扰复炽。

不过这一情况并不是针对澳门，从碑文所载，应是广东东莞、香山、番禺、顺德情况比较严重，两广总督特再颁示谕，要求营汛弁兵及缉私巡船人等：

> 务须痛改前非，恪遵法纪。遇有腌制成鱼船只，经由出入，毋得混行拦阻，再向索取鱼更、年节规礼以及挂号银两。倘敢阳奉阴违，一经访闻，并被首告，定行严拿，从重究拟治罪，决不宽贷。其渔户人等，亦不得藉有示禁，违法带私，致干查出重究。①

碑文末有"发仰澳门新庙酒米杂货行、鱼栏行、猪肉行勒石晓谕"的字样，当是香山知县或县丞秉公行事。

另立于谭仙圣庙附近《过路环勒石晓谕碑》，同样也是严禁防守兵丁索侵渔民事，被兵丁滋扰敲诈之事发生在"九洲等处海面"，为警告各地兵丁，香山知县或县丞履行官守职责，于道光七年（1828）十一月二十五日"发仰过路环勒石晓谕"。虽然上述两碑均非针对澳门的情况，但对直接掌管澳门政事的香山知县、县丞等而言，督抚禁令的下达颁行，即使是在澳门这个较为特殊的地方，也不会有所例外。

在澳门遗存的实物资料中，还有一些是出自行会或庙宇的规约和凭证，或刻于石碑，或载于木榜，也有一定法律意义。如《澳门康真君创建暨奠土各收支数总列碑记》刻有该庙地界及收支情况，是被法律承认的一种纪事凭证；观音堂内的本庙条规由绅商共同议定，并以四句形式排列：

---

① 谭棣华等编《广东碑刻集》，第1010页。

神庙重地，理应素静。

闲人睡卧，有失诚敬。

更防小手，窥伺宜惩。

屡劝弗恤，实属顽冥。

严行鞭逐，以申法令。

倘敢抗违，送官示儆。

虽然这种"民约"不如官府禁令般严谨，但也能起到一定的警戒作用。另澳门镜湖医院保存有数十方始自清光绪年间（1875～1908年）的碑刻，如《倡设保善堂碑记》、《永行堂碑记》、《崇文社碑记》、《镜湖医院崇善堂碑记》，内中涉及赠送产业及施茶、救济等内容，可以了解澳门医疗慈善事业的发展情况。

综观上述内容可知，明清澳门法律史料实主要由史籍文献、档案资料、碑刻等实物资料三部分构成。其中史籍文献的记叙性特征鲜明，为我们构架出明清澳门法规之制定与实施的概貌；由大量公文累积而成的档案资料凸显细节，使明清澳门法制的内容更细化也更丰满；而碑刻等实物史料因最接近民众，民间化的色彩最浓，可对澳门法律的发展演变起到验证和补充作用。这些或概括或具体或细化的史料内容，在澳门法制史乃至澳门历史研究中，都是不可或缺的。而多层次史料的印证使用，可使我们避免单一史料的局限与片面，也有助于我们更全面、更真实地认知明清时期的澳门社会及其法制发展沿革之历史。这或许也是今后的法律史料整理研究应当注意的一个方向。

（原载中南财经政法大学法律史研究所编《中西法律传统》，北京，中国政法大学出版社，第二卷，2002；作者于2009年3月有所修订）

澳门东西方法律文化初探

赵炳霖[*]

　　四百多年来，澳门作为中国与西方文化的交汇区和桥梁，使东方文化和西方文化在交流中互相融合，研究和探索澳门在东西方文化交流中的法律文化问题，是探讨现实澳门社会进一步发展中的重要组成部分，本文提出初步探讨和管见供论者参酌。

一

　　社会学家和人类学家研究发现，人类的社会秩序是在一定文化的基础上建立起来的，因而文化逐步成为一个重要研究课题。英国历史学家和人种学家泰勒在 1871 年出版的《原始文化》一书中认为，文化是一种复合的整体，它包括知识、信仰、艺术、道德、法律、习惯以及作为社会一分子所获得的任何其他能力。泰勒在百多年前所提出的这一文化观念和界说，强调文化在人类社会是一种使社会赖以存在的观念和能力，迄今为止，这种看法仍有重大影响。

　　宗教、艺术、科技、文学等等，固然是社会文化的重要组成部分，但在文化的诸形态中，法律文化也占有一定位置。从历史的进程来考察，法律文化的进化与发展直接制约着社会的发展状况，公元前 451～450 年欧洲的罗马国家共和时期从《十二表法》开始所形成的罗马法是奴隶制社会完备的法律，成为世界上商品生产社会的第一部完备的法律，反映和促进了罗马社会的繁荣和发展。罗马社会的法律观以罗马法学家塞尔苏斯（Celsus）对法律所下的著名定义为代表："法律是善良与公正的艺术。"罗马法

---

　　* 　原上海社会科学院法学研究所研究员。

中的格言是，正直生活，不害他人，各得其所。这种罗马时代以善良与公正为中心的法律、权利与道德不分的法律文化，支配和调整罗马社会的种种行为。中国历史上春秋战国时代的诸子百家学说，其中也包括了法律文化的各种观点，迨至秦统一六国建立中央集权制度过程中，汉族文化地区中代表人们共同心理状态的适应家族制度的孔孟正统派儒家学说，逐步被韩非、李斯为代表将重礼变为重法的法学家学说所代替而作为当时法律文化的核心，李斯劝秦二世行督责书所谓"明君独断，权不在臣"，即体现出法家学说的思想。在这种专制剧毒的思想支配之下，以致出现法家政治从秦始皇时富国强兵、摧毁领主势力，而逐步转变为秦二世时的极端专制、刑罚残酷，因而导致秦灭亡的发展过程。从中外历史发展的进程分析，可以充分看到法律文化作为文化的一部分在社会发展中的重要作用。

各国的法学家对法律文化曾作出各种论述和解释。美国法学家李·S.温博格认为，"法律文化包括人们对于法律、法律机构和法律判决的制作者，诸如律师、法官和警察等人的知识、价值观念、态度和信仰，人们使用法律的意识，人们对于法律解决问题的能力所抱有的希望，人们选择法律的解决办法或非法律的解决办法的意愿，以及人们遵守法律判决的程度"①。有的学者以法律的传统来解释法律文化，或者认为法律文化就是决定法律制度、法律机构和法律文献作为社会文化中所处地位的态度和观念。学者们对法律文化可以从不同的角度去理解，借以阐述一定的文化现象，这均是允许的。

笔者认为，法律文化乃是人类社会中一定群体所存在着的一种生活秩序或方式，而这秩序和方式是具有普遍意义的，以及与法律有关的心理愿望和外部行为。对法律文化的探索，有助于对一定社会现象进行较深的研究，以寻求促使这个社会向前推进的途径。

二

自从16世纪中葡萄牙人踏进澳门这块中国固有的领土，使中国封建王

---

① 〔美〕李·S. 温伯格、朱迪思·W. 温伯格：《论美国的法律文化》，载《法学译丛》1985年第1期，第1页。

朝的大门被打开，在葡人筑室定居开展贸易的发展过程中，澳门逐步成为东西方经济交流的重要国际商埠，既是葡萄牙经印度到中国去日本的贸易航线枢纽，也是从中国经菲律宾到墨西哥再达秘鲁的贸易航线的起点。

在澳门经济繁荣的时期中，随着东西方经济交流的推进，澳门也成为东西方文化交流的一个重要的交汇区，多位学者在宗教、科学技术和文化艺术等方面论述了澳门在东西文化交流中所处的不可忽视的历史地位：是西方文化传入中国内地的窗口，也是东方文化西渐的通道。笔者认为，在研究澳门东西方文化交流这个大的课题当中，应当注意探讨法律文化这个分支课题，这不仅仅因为法律文化这种文化形态在历史上直接或间接地影响着澳门这块土地上社会群体的发展，而且也关系着澳门在回归祖国后的未来繁荣与稳定。

关于法律文化的基本内涵、成分或要素，学者的看法各异，一般的论者认为，构成法律文化深层次成分是法律心理、法律意识和法律思想体系，而以深层次成分为依托的外在表层结构则为法律规范、法律制度、法律机构和法律设施等，因而可以把法律文化概括为内在的法律心理或意识和外在的法律现象，外在的法律现象是由内在的法律心理所决定的，每一个社会的法律文化既有相互联系的一面，又有相互不同的一方面，各个社会的法律认知、法律情感各不相同，而对法律的评价也各不相同[1]。

就澳门四百多年来历史进程来分析，澳门的法律文化是在东西方经贸及其文化交流过程中逐步形成其自身的某些特点，初步看来，有以下两个问题值得我们研究。

（一）澳门社会成员多元化与法律文化

在一个社会中，不同的社会成员由于其固有的生活方式和语言而形成各自文化传统和法律文化观念。要研究澳门的法律文化，就必须首先从澳门社会成员多元化入手。

关于澳门人口的组成和文化传统，学者已有多篇论著阐述。但总的说来，在 50 多万澳门人口中，绝大部分（约占总人口的 95%）是华人，其次

---

① 关于法律文化要素，见王子琳、张文显主编《法律社会学》，吉林大学出版社，1991，第四章。

是占 3% ~ 4% 的土生葡裔，再次是不到 1% 的来自里斯本的葡萄牙人，此外，还有少量来自东南亚和世界各国的外籍人士。

澳门社会成员这一多元化的组成，自然会给澳门的法律文化带来相当深刻的影响。从构成澳门社会成员绝大部分的华人来分析，有长期居澳门而持有葡国护照的，也有居澳门的新移民。应当认为，在华人社会群体中自然受到葡国文化传统和法律文化的直接影响，但 400 多年来仍然保持了中国文化的固有传统，中国的孔孟儒家学说仍然熏陶着华人，他们不仅至今仍然保持中国人的传统生活习惯和风俗，而且在法律的认知、感情和判断的取向上，也是从早期的男尊女卑、守节烈女、崇信帝王、听命家长的支配下，随着时代的前进而逐步有所演变。时至今日，许多论者均认为，现今的澳门社会中，在葡萄牙人掌权的情况下，由于葡籍华裔在经济上所处的支配地位，在政治倾向上较为保守，形成地方长者协调社会重大问题的家长政治色彩①。

当我们论及华人的法律文化时，既要看到华人的法律文化是渊源于中国传统文化这一面，同时还必须看到某些法律文化受西方和葡萄牙法律文化影响的另一方面。有的论者提出 1984 年澳门选举制度改革后，在立法会和市政选举中华人进行选民登记和投票率很低，反映了华人的公民意识低②，这似可认为在华人的法律文化中，其法律情感的取向是重大问题，不是由人民决定而是取决于某些特定人。但是，这种在政治上的冷漠感随着法律情感取向的改变而增强了政治参与感，其公民意识就会提高。1992 年 9 月澳门第五届立法会选举，其投票人数占登记选民数的近 60%，投票率破历届纪录，证明澳门市民包括华人的法律文化和公民意识有了提高，对澳门的前途感到乐观和有信心。

在研讨澳门法律文化与社会成员的联系中，除了上面论及的华人文化传统及其法律文化外，另一方面就是葡萄牙人的文化传统及其法律文化的

---

① 黄汉强在《澳门经济、政治与社会》一文中分析，澳门这一特殊的社会中，地方长者在澳门社会中占有重要地位，其中庸的思想言行在澳门社会中有很大影响。笔者认为，这一论断对研究澳门的法律文化是有重要意义的。参见黄汉强《澳门经济、政治与社会》，载《澳门社会科学学会学报》（创刊号），1986 年 9 月。

② 魏美昌《迅速变革社会中的多元主义》一文分析了澳门社会多元化的根源和表现。参见魏美昌《迅速变革社会中的多元主义》，载《澳门社会科学学会学报》1991 年总第 8 期。

影响。少数来自里斯本的葡萄牙人，自然是以葡萄牙人的法律文化影响于澳门，这不仅表现在属于宪法性的法律及民法典、刑法典、民事诉讼法典、刑事诉讼法典等这些法律规范均适用于澳门，而且法官均由葡萄牙人担任，其裁决案件时也大体是运用西方的法律文化观念和法律意识。

所以，从澳门法律文化的总体上看，占支配地位的是葡萄牙法律文化。但是，在论及葡萄牙法律文化时，我们要特别注意探讨在澳门社会中的土生葡裔这一特殊阶层的法律文化，这部分世居澳门而与祖国及其亲友疏远甚至失去联系，懂得华语甚至与华人通婚，因而在他们的文化观念和法律意识方面自然就形成东西方法律文化的联合体，他们不仅有其特殊的地位与利益，在华人与葡国统治间起桥梁作用，而且在他们身上逐步形成了与澳门命运相关的澳门法律文化，在法律知识、情感及评价的取向上，是反映了东西方文化交会这一特点的。

（二）澳门历史的发展与法律文化

一种法律文化的形成，是受该社会历史发展过程所制约的。研究澳门的学者一般将葡萄牙人占据澳门的四百多年历史，划分为进入澳门开始贸易时期、取得居留发展贸易时期和统治澳门时期。若从法律文化这个角度来看，则可以1887年12月葡萄牙政府与中国清朝政府签订的《中葡和好通商条约》作为界线分为两大阶段：

在前一阶段近三百年的漫长岁月里，虽然东西方文化交流已十分频繁，甚至葡萄牙人取得了在澳门的居留权、贸易权和自治权，但是，当时澳门的法律文化居支配地位的仍是中国的法律文化，案件的裁决仍由中国政府依中国法律审断，即使涉及中葡人民之间的刑事案件，清朝的雍正、乾隆皇帝往往还发出上谕，按《大清律例》决断[①]。

迨至《中葡和好通商条约》签订以后，在葡人取得了"永居管理"澳门的过程中，葡萄牙的法律文化逐步在澳门取得了支配地位，是非的判断，罪与非罪的划分，也逐步由葡萄牙法律所代替。

---

① 参见（清）印光任、张汝霖《澳门记略》，印光任、张汝霖在18世纪中叶曾先后任清政府的澳门同知，《澳门记略》应是研究澳门法律文化的重要材料。

三

根据中葡两国的《联合声明》，1999 年后澳门将回到祖国的怀抱，但是，在"一国两制"的政策下，澳门的经济社会制度和政治法律制度将有别于内地。据此，澳门的法律文化也将有别于内地。研究澳门法律文化的目的，在于使人们注意到当澳门回到祖国大家庭后应将那些在东西方长期文化交流的过程中所形成的有利于澳门今后稳定与繁荣而又不与"一国两制"相违背的法律文化保持下来。

从这一要求出发，笔者认为，在探讨今后澳门法律文化的发展趋向中，有以下三个问题值得加以研究。

（一）与澳门法律文化特点相适应的澳门法律本地化问题

关于澳门到 1999 年的过渡时期中，有识之士已经提出了澳门的法律本地化和大力培养双语法律人才问题。实际上，为了达到实现一国两制，澳门的法制改革均离不开法律文化这个课题。四百多年来，澳门的法律文化虽渊源于中国内地和葡萄牙，但已逐步形成既不同于中国内地也不同于葡萄牙的某些特点，换句话说，为了适应澳门到 1999 年的过渡，法制改革要在一国两制前提下考虑到澳门本地的实际情况。

澳门的法律文化，包括法律理念的知识和司法制度，实际应以独立于葡萄牙法制而为广大澳门居民的接受程度为依归。众所周知，葡萄牙的法制渊源于大陆法系，而中国自古以来均强调为民众所共同遵守的法典，唐太宗的贞观之治，即强调"有司断狱，多据律文"①。这显然与英美法系强调判例的不成文法不相同。而中华人民共和国的法律理念也十分重视统一的法律体系的建立，而与大陆法系的某些特点相似。因此，强调法制的统一，做到"有法可依，有法必依"，似乎应是澳门法律文化的主要之点。

根据中葡两国《联合声明》的规定，今后澳门所保持的是与基本法不相抵触的澳门本地法律。而目前在澳门所适用的主要法律基本上都是葡萄牙法律，如 1867 年的葡萄牙民法典，1888 年的葡萄牙商法典，1886 年的葡

---

① 《贞观政要》，上海古籍出版社，1978，第 244 页。

萄牙刑法典，以及葡萄牙的民、刑诉讼法典和法院、检察院组织法等，这些法典均十分陈旧，而且许多规范均与澳门的实际情况脱节而根本无法执行，至于从今后澳门经济发展（包括挖掘澳门本地资源潜力和吸收外来资金两个方面）需求看，现行法律与完善澳门经济法规的要求相距更远。

因此，适应澳门法律文化特点，制定澳门本地法律，已成为当务之急。1992 年 12 月澳门立法会审议通过的澳门政府 1993 年施政方针中，提出了实现法律现代化作为优先目标，其重点放在修订刑法、民法刑事诉讼法、民事诉讼法典和商法典方面。极盼澳门法律本地化的工作在今后有一个大的进展。

（二）商事法律的制定和修订，似应以诚实信用原则作为重心

完善的商事法律，是发展经济所必需的。从法律文化这个范畴来观察，中国人自古就已形成"货真价实，童叟无欺"这个传统的观念来指导人们的正常交往，唐朝名相魏征上疏唐太宗说："德礼诚信，国之大纲，在于君臣父子，不可斯须而废也。"[①] 诚实信用原则作为法律原则，起源于罗马法，而为近代各国民法所接受，葡萄牙法律自不例外，中华人民共和国《民法通则》则明确规定民事活动应当遵循诚实信用原则。

据此，在澳门法律本地化过程中，民商事立法自应考虑贯彻诚实信用原则，行使债权，履行债务，均应贯穿诚实及信用。为利于巩固社会生活，维护正常交易，禁止滥用权利，以及补充、解释法律、契约，贯彻商事立法的交易安全性这些理论基础，诚实信用原则乃是各国民商事立法和学说所公认的一项基本原则。

（三）在家庭法的制定中贯彻团结和睦家庭的法律观

家庭是组成一个社会的基本单位和共同体，亲属法、婚姻法、家庭法甚至包括继承法都属调整家庭关系的法律。

就法律文化而言，具有什么样的家庭观就会制定出什么样的家庭法，而家庭法又直接或间接影响社会的发展。中国传统的法律文化是重视家庭成员之间的关系，我国自古即形成"老吾老以及人之老，幼吾幼以及人之

---

① 《贞观政要》，第 180 页。

幼"的尊老爱幼的好传统。当然，封建社会中存在着的君臣父子的封建伦理道德观念自应属于摒弃之列。

然而，从澳门的社会实际而言，虽然社会成员多元化，但团结和睦的家庭是社会稳定和发展所必需的。因此，在澳门法律本地化和修订民法典的过程中，仍应贯彻夫妻在家庭地位中的平等和相互扶养，父母扶养教育子女，子女对父母赡养扶助，夫妻间、父母子女间有相互继承遗产的权利以及非婚生子女与婚生子女有相同权利等等。

此外，一些适合葡萄牙情况而不适合澳门的规范更需重新考虑规定，例如结婚的法定年龄，葡萄牙民法最低法定婚龄（男 16 岁，女 14 岁）自不适用于东方社会的澳门①。

（原载吴志良主编《东西方文化交流》论文集，

澳门，澳门基金会，1994）

---

① 关于葡萄牙法定婚龄，引自李志敏主编《比较家庭法》，北京大学出版社，1988，第 67 页。

图书在版编目（CIP）数据

澳门人文社会科学研究文选·历史卷：含法制史/吴志良，
林发钦，何志辉主编. —北京：社会科学文献出版社，2010.8
（澳门研究丛书）
ISBN 978 - 7 - 5097 - 1131 - 6

Ⅰ. 澳… Ⅱ. ①吴… ②林… ③何… Ⅲ. ①人文科学 -
文集②社会科学 - 文集③澳门 - 地方史 - 文集 Ⅳ. ①C53
②K296.59 - 53

中国版本图书馆 CIP 数据核字（2009）第 196082 号

· 澳门研究丛书 ·

澳门人文社会科学研究文选·历史卷（含法制史）（上、中、下卷）

主　　编／吴志良　林发钦　何志辉

出 版 人／谢寿光
总 编 辑／邹东涛
出 版 者／社会科学文献出版社
地　　址／北京市西城区北三环中路甲 29 号院 3 号楼华龙大厦
邮政编码／100029
网　　址／http：//www.ssap.com.cn
网站支持／（010）59367077
责任部门／编译中心（010）59367139
电子信箱／bianyibu@ssap.cn
项目负责／祝得彬
责任编辑／杨　群　徐思彦　周志宽　孙以年
　　　　　赵子光　徐辉琪　段其刚
责任校对／岳书云　刘宏桥　吴旭栋　刘伟雷
责任印制／董　然　蔡　静　米　扬

总 经 销／社会科学文献出版社发行部
　　　　　（010）59367080　59367097
经　　销／各地书店
读者服务／读者服务中心（010）59367028
排　　版／北京德彩汇智文化有限公司
印　　刷／北京季蜂印刷有限公司

开　　本／787mm×1092mm　1/16
印　　张／99.5
字　　数／1545 千字
版　　次／2010 年 8 月第 1 版
印　　次／2010 年 8 月第 1 次印刷

书　　号／ISBN 978 - 7 - 5097 - 1131 - 6
定　　价／258.00 元（全三卷）

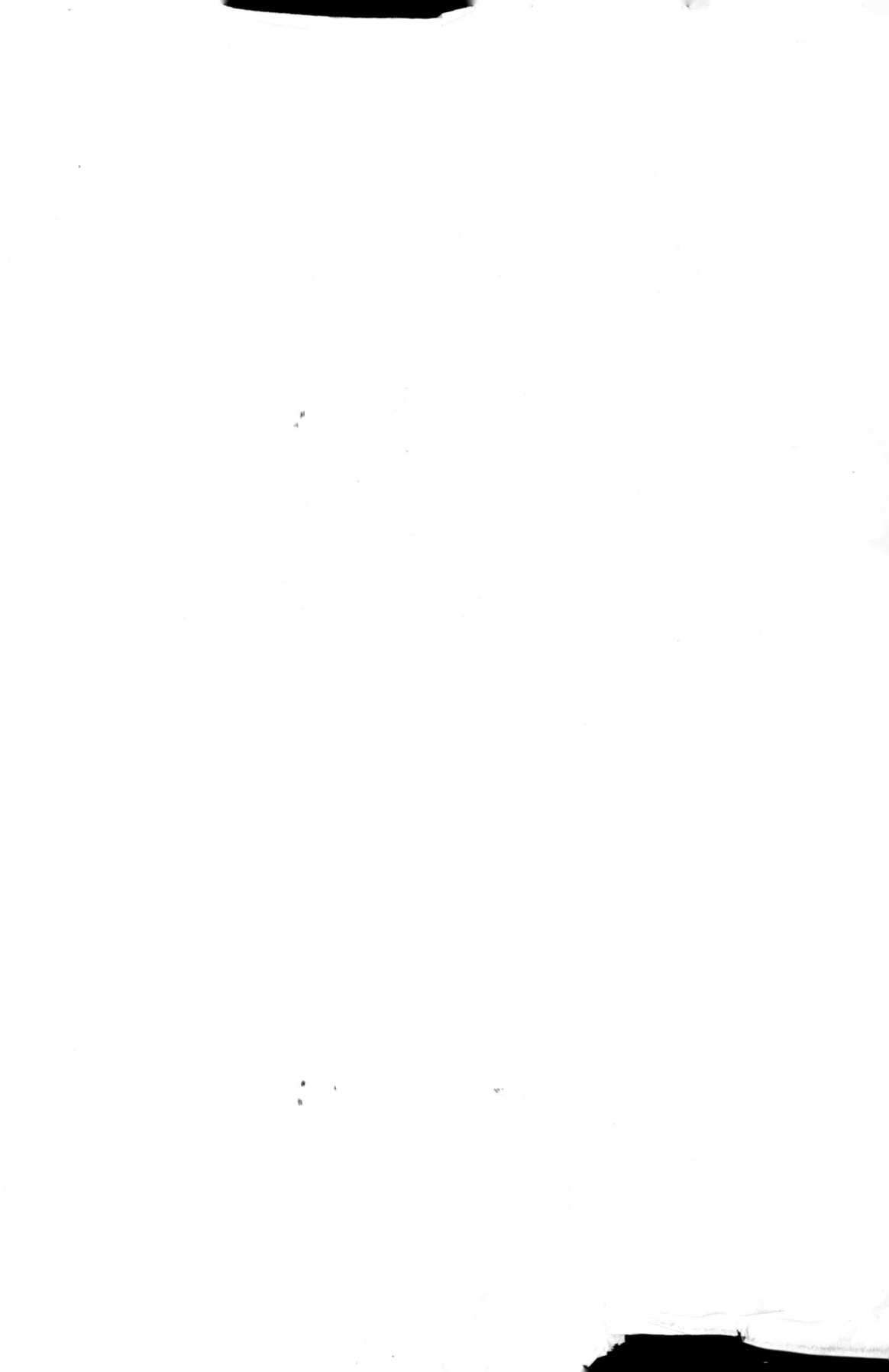